2ª Edição

COMO PASSAR EM CONCURSOS ESAF

CB131528

EDITORA FOCO

AUTORES

Wander Garcia
@wander_garcia
Procurador do Município de São Paulo. Professor e coordenador do IEDI. Doutor e Mestre em Direito pela PUC/SP.

Ana Paula Garcia
Professora do IEDI. Procuradora do Estado de São Paulo. Pós-graduada em Direito.

André Braga Nader Justo
Economista formado pela UNICAMP.
André Fioravanti – Mestre em Engenharia Elétrica pela Universidade Estadual de Campinas (UNICAMP). Doutor pela Universidade de Paris XI. Pesquisador associado à Faculdade de Engenharia Elétrica da UNICAMP. Autor do livro "H∞ Analysis and Control of Time-Delay Systems – Methods in Frequency Domain". Vencedor do concurso de programação Matlab em 2011.

André Roncaglia de Carvalho
Bacharel e Mestre em Economia Política pela PUC-SP e doutorando do Programa de Economia do Desenvolvimento – IPE-USP. Atua como pesquisador nas áreas de Economia Monetária, História do Pensamento Econômico, História Econômica do Brasil e Macroeconomia. É professor de Fundamentos da Economia, Macroeconomia e Economia Brasileira pela Fundação-Escola de Comércio Álvares Penteado (FECAP), dos Programas de MBA da Fundação Getúlio Vargas.

Anthony Rosenberg
Professor de Redação Inglês no Curso Clio, curso preparatório para a prova do Instituto Rio Branco, e Inglês Jurídico na FGV-SP no curso de Direito (graduação). Assessor do Presidente do BNDES na função de tradutor e revisor. Bacharel em Letras, com Habilitação em Tradução e Interpretação (UNIBERO) e Mestre em Língua Inglês, Linguística e Literatura (USP-SP).

Antônio Carlos do Amaral Filho
Procurador do Município de São Paulo. Professor de Cursos Preparatórios para Concursos. Economista graduado pela USP. Bacharel em Direito pela PUC/SP e Mestrando pela USP.

Eduardo Dompieri Dompieri
@eduardodompieri
Professor do IEDI. Autor de diversas obras de preparação para Concursos Públicos e Exame de Ordem. Pós-graduado em Direito.

Elson Garcia
Professor e Engenheiro graduado pela Universidade Federal do Rio de Janeiro – UFRJ.

Enildo Garcia
Analista de Sistemas Sênior (PUC/RJ). Especialista em matemática pura e aplicada (UFSJ). Professor-tutor da Pós-Graduação em Matemática (UFSJ-UAB). Professor de Matemática e Física em curso pré-vestibular comunitário. Aluno especial do Mestrado em Engenharia Elétrica do PPGEL-UFSJ. Integrante do Grupo de Estudos de Matemática Avançada – GEMA (UFSJ), do Grupo de Estudos de Temas Polêmicos em Biologia (UFSJ) e do Grupo de Estudos para a OBMEP.

Eric Universo Brasil
Doutorando e Mestre em Teoria Econômica pela USP e Bacharel em Ciências Econômicas pela FECAP. Atualmente atua como economista sênior na Tendências Consultoria Integrada, coordenador do Núcleo de Pesquisa do IFECAP e professor integral da FECAP.

Fabrício de Oliveira Barros
Auditor de Controle Interno do Governo do Distrito Federal. Professor universitário. Pós-graduado em Gestão Financeira.

Felipe Maciel
@Felipemaciel
Advogado. Assessor Jurídico Concursado do Município de Natal. Professor Universitário (UFRN e UnP) e de Cursos Preparatórios para Exame de Ordem e Concursos Públicos do IEDI. Graduado pela UFRN. Pós-graduado em Direito Constitucional pela UFRN.

Fernanda Franco
Professora de Língua Portuguesa no Colégio São Luís em São Paulo. Formada em Letras pela Universidade de São Paulo (FFLCH-USP) com habilitação em Português e Linguística e é graduanda em Filosofia também pela USP.

George Sales
Professor da Fundação Escola de Comércio Álvares Penteado (FECAP) e da Fundação Instituto de Pesquisa Contábeis, Atuariais e Financeiras (FIPECAFI). Graduado em Processamento de Dados pela Faculdade de Tecnologia da Baixada Santista (FATEC-BS), em Direito pela Universidade Metropolitana de Santos (UNIMES) e em Contabilidade pela Faculdade de Economia, Administração e Contabilidade da Universidade de São Paulo (FEA/USP). Pós-Graduado em Conhecimento, Tecnologia e Inovação pelo Master of Business Administration (MBA) da Fundação Instituto de Administração FIA/USP. Mestre em Contabilidade e Controladoria pela FEA/USP.

Gustavo C. Guimarães de Campos
Procurador da Fazenda Nacional. Mestre em Direito pela Universidade de Coimbra.

Helder Satin
Professor do IEDI. Professor de Cursos de Pós-Graduação. Graduado em Ciências da Computação, com MBA em Gestão de TI. Desenvolvedor de sistemas Web e gerente de projetos.

Henrique Subi
@henriquesubi
Agente da Fiscalização Financeira do Tribunal de Contas do Estado de São Paulo. Mestrando em Direito Político e Econômico pela Universidade Presbiteriana Mackenzie. Especialista em Direito Empresarial pela Fundação Getúlio Vargas e em Direito Tributário pela UNISUL. Professor de cursos preparatórios para concursos desde 2006. Coautor de mais de 20 obras voltadas para concursos, todas pela Editora Foco.

Hermes Cramacon
@hermescramacon
Advogado. Professor do Complexo Damásio de Jesus e do IEDI. Pós-Graduado em Direito.

Joelson Oliveira Sampaio
Bacharel em Economia pela USP. Mestre em Finanças pela EAESP – FGV. Summer Program in Finance na Kellogg School of Management. Doutorando em Teoria Econômica – Universidade de São Paulo. Doutorando em Finanças Corporativas e Mercados Financeiros – Fundação Getúlio Vargas. Professor de Finanças dos cursos de graduação da PUC/SP e FECAP. Professor tutor de Finanças da FGV-Online. Professor de pós-graduação do SENAC-SP.

Luiz Dellore
@dellore
Advogado concursado da CEF. Professor especializado em Exame de Ordem e Concursos Públicos e em cursos como IEDI, DAMÁSIO, PRAETORIUM e EXORD. Professor de Graduação (Mackenzie) e Pós-Graduação (EPD). Doutor e Mestre em Direito Processual Civil pela USP e Mestre em Direito Constitucional pela PUC/SP. Autor de livros e artigos jurídicos. Membro do IBDP e da Comissão de Processo Civil da OAB/SP.

Magally Dato
Agente de Fiscalização do Tribunal de Contas do Município de São Paulo e Professora de Língua Portuguesa.

Maria do Carmo P. Milani
Advogada graduada pela PUC/SP.

Mark Hughes
Professor de Redação Inglês e no Curso Avançado Inglês no Curso Clio, curso preparatório para a prova do Instituto Rio Branco. Bacharel pela Glasgow Caledonian University e Mestre pela University of Strathclyde.

Renan Flumian
@renanflumian
Advogado. Professor e Coordenador Acadêmico do IEDI. Mestre em Filosofia do Direito pela Universidad de Alicante, cursou a *Session Annuelle D'enseignement do Institut International des Droits de L'Homme*, a Escola de Governo da USP e a Escola de Formação da Sociedade Brasileira de Direito Público. Autor e coordenador de diversas obras de preparação para Concursos Públicos e o Exame de Ordem.

Robinson Sakiyama Barreirinhas
robinson.barreirinhas@gmail.com
Procurador do Município de São Paulo. Professor do IEDI. Autor e coautor de mais de 20 obras de preparação para concursos e OAB.

Rodrigo Ferreira de Lima
Mestre em Literatura e Cultura Russa pela Universidade de São Paulo e bacharel em Letras com habilitação em Russo e Português também pela USP.

Rodrigo Goyena Soares
Professor de História do Brasil no Ciclo EAD e Editora. Graduado em Ciências Políticas pelo Instituto de Estudos Políticos de Paris (SciencesPo.). Possui mestrado em Relações Internacionais com especialização em Economia Política Internacional pela mesma universidade. Cursou História e Relações Internacionais na Universidade de São Paulo (USP) e a Escola de Governo do Estado de São Paulo.

Sebastião Edilson Gomes
Mestre em Direito Público. Especialista em Direito Civil. Professor Universitário nas disciplinas de Direito Administrativo e Direito Civil. Autor de diversas obras de Preparação para Concursos Públicos.

Simone Cordeiro
Analista Judiciário do STJ e Mestre em Direito Público pela Universidade de Salamanca.

Teresa Melo
Procuradora Federal e Assessora de Ministro do STJ. Professora do IEDI.

Tiago Queiroz
Diretor de Cartório Judicial e Pós-Graduado em Direito.

Vanessa Tonolli Trigueiros
Analista de Promotoria. Assistente Jurídico do Ministério Público do Estado de São Paulo. Graduação em Direto pela PUC-Campinas. Pós-graduada em Direito Processual Civil pela UNISUL e em Direito Processual Civil e Civil pela UCDB.

2014 © Wander Garcia

Coordenador: Wander Garcia
Organizador: Ivo Shigueru Tomita
Autores: Wander Garcia, Ana Paula Garcia, André Braga Nader Justo, André Fioravanti, André Roncaglia de Carvalho, Anthony Rosenberg, Antônio Carlos Cintra do Amaral Filho, Eduardo Dompieri, Elson Garcia, Enildo Garcia, Eric Universo Brasil, Fabrício Bastos, Felipe Maciel, George Sales, Fernanda Franco, Gustavo Caldas Guimarães de Campos, Helder Satin, Henrique Subi, Hermes Cramacon, Joelson Sampaio, Luiz Dellore, Magally Dato, Maria do Carmo P. Milani, Mark Hughes, Renan Flumian, Robinson Sakiyama Barreirinhas, Rodrigo Ferreira de Lima, Rodrigo Goyena Soares, Sebastião Edilson Gomes, Simone Cordeiro, Teresa Melo, Tiago Queiroz e Vanessa Tonolli Trigueiros.
Editor: Márcio Dompieri
Gerente Editorial: Paula Tseng
Equipe Editora Foco: Érica Coutinho, Georgia Dias e Ivo Shigueru Tomita
Capa: Wilton Carvalho Garcia (WCG Propaganda & Design) e R2 Editorial
Projeto Gráfico e diagramação: R2 Editorial

Dados Internacionais de Catalogação na Publicação (CIP)
(Câmara Brasileira do Livro, SP, Brasil)

Como passar em concursos ESAF / Wander Garcia, coordenador. – 2. ed. – Indaiatuba, SP : Editora Foco Jurídico, 2014. – (Coleção como passar)

1. Direito – Concursos públicos I. Garcia, Wander. II. Série.

ISBN 978-85-8242-067-6

13-13980 CDU-34(81)(079.1)

Índices para Catálogo Sistemático:
1. Brasil : Concursos públicos : Questões comentadas : Direito 34(81)(079.1)

Direitos autorais: É proibida a reprodução parcial ou total desta publicação, por qualquer forma ou meio, sem a prévia autorização da Editora Foco, com exceção do teor das questões de concursos públicos que, por serem atos oficiais, não são protegidas como direitos autorais, na forma do Artigo 8º, IV, da Lei 9.610/1998. Referida vedação se estende às características gráficas da obra e sua editoração. A punição para a violação dos Direitos Autorais é crime previsto no Artigo 184 do Código Penal e as sanções civis às violações dos Direitos Autorais estão previstas nos Artigos 101 a 110 da Lei 9.610/1998.

Atualizações e erratas: a presente obra é vendida como está, sem garantia de atualização futura. Porém, atualizações voluntárias e erratas são disponibilizadas no site www.editorafoco.com.br, na seção *Atualizações*. Esforçamo-nos ao máximo para entregar ao leitor uma obra com a melhor qualidade possível e sem erros técnicos ou de conteúdo. No entanto, nem sempre isso ocorre, seja por motivo de alteração de software, interpretação ou falhas de diagramação e revisão. Sendo assim, disponibilizamos em nosso site a seção mencionada (*Atualizações*), na qual relataremos, com a devida correção, os erros encontrados na obra. Solicitamos, outrossim, que o leitor faça a gentiliza de colaborar com a perfeição da obra, comunicando eventual erro encontrado por meio de mensagem para contato@editorafoco.com.br.

Impresso no Brasil (03.2014)
Data de Fechamento (03.2014)

2014
Todos os direitos reservados à
Editora Foco Jurídico Ltda
Rua Alberto Santos Dumont, 1697 – sala 07 – Cidade Nova
CEP 13334-150 – Indaiatuba – SP
E-mail: contato@editorafoco.com.br
www.editorafoco.com.br

APRESENTAÇÃO

A experiência diz que aquele que quer ser aprovado deve cumprir três objetivos: a) entender a teoria; b) ler a letra da lei, e c) treinar. A teoria é vista em cursos e livros à disposição do candidato no mercado. O problema é que este, normalmente, para nessa providência. A **leitura da lei** e o **treinamento** acabam sendo deixados de lado. E é nesse ponto que está o grande erro. Em média, mais de 90% das questões são respondidas a partir do texto da lei. Além disso, as questões de prova se repetem muito.

É por isso que é fundamental o candidato contar com a presente obra. Com ela você poderá **ler a letra da lei** e **treinar**. Cada questão vem comentada com o dispositivo legal em que você encontrará a resposta correta. Com isso você terá acesso aos principais dispositivos legais que aparecem no Exame ESAF, de uma maneira lúdica e desafiadora. Além disso, você começará a perceber as técnicas dos examinadores, as "pegadinhas" típicas de prova e todas as demais características da Banca Examinadora, de modo a ganhar bastante segurança para o momento decisivo, que é o dia da sua prova.

É importante ressaltar que essa obra **é única no mercado**, pois somente ela traz **tamanho número de questões da ESAF**, questões estas que estão **classificadas** e **comentadas**, sendo que o comentário é feito para **cada alternativa** de cada questão[1].

É por isso que podemos afirmar com uma exclamação que esta obra vai demonstrar a você **COMO PASSAR EM CONCURSOS ESAF**!

1 Eventualmente, algumas questões respondem "de per si" a pergunta, não ensejando comentários adicionais.

SUMÁRIO

3. DIREITO PENAL 69

4. DIREITO PROCESSUAL PENAL 83

5. DIREITO CONSTITUCIONAL 87

6. DIREITO ADMINISTRATIVO 195

COMO USAR O LIVRO

Para que você consiga um ótimo aproveitamento deste livro, atente para as seguintes orientações:

1º Tenha em mãos um ***vademecum*** ou **um computador** no qual você possa acessar os textos de lei citados.

2º Se você estiver estudando a teoria (fazendo um curso preparatório ou lendo resumos, livros ou apostilas), faça as questões correspondentes deste livro na medida em que for avançando no estudo da parte teórica.

3º Se você já avançou bem no estudo da teoria, leia cada capítulo deste livro até o final, e só passe para o novo capítulo quando acabar o anterior; vai mais uma dica: alterne capítulos de acordo com suas preferências; leia um capítulo de uma disciplina que você gosta e, depois, de uma que você não gosta ou não sabe muito, e assim sucessivamente.

4º Iniciada a resolução das questões, tome o cuidado de ler cada uma delas **sem olhar para o gabarito e para os comentários**; se a curiosidade for muito grande e você não conseguir controlar os olhos, tampe os comentários e os gabaritos com uma régua ou um papel; na primeira tentativa, é fundamental que resolva a questão sozinho; só assim você vai identificar suas deficiências e "pegar o jeito" de resolver as questões; marque com um lápis a resposta que entender correta, e só depois olhe o gabarito e os comentários.

5º **Leia com muita atenção o enunciado das questões**. Ele deve ser lido, no mínimo, duas vezes. Da segunda leitura em diante, começam a aparecer os detalhes, os pontos que não percebemos na primeira leitura.

6º **Grife as palavras-chave, as afirmações e a pergunta formulada.** Ao grifar as palavras importantes e as afirmações você fixará mais os pontos-chave e não se perderá no enunciado como um todo. Tenha atenção especial com as palavras "correto", "incorreto", "certo", "errado", "prescindível" e "imprescindível".

7º Leia os comentários e também **leia também cada dispositivo legal** neles mencionados; não tenha preguiça; abra o *vademecum* e leia os textos de leis citados, tanto os que explicam as alternativas corretas, como os que explicam o porquê de ser incorreta dada alternativa; você tem que conhecer bem a letra da lei, já que mais de 90% das respostas estão nela; mesmo que você já tenha entendido determinada questão, reforce sua memória e leia o texto legal indicado nos comentários.

8º Leia também os **textos legais que estão em volta** do dispositivo; por exemplo, se aparecer, em Direito Penal, uma questão cujo comentário remete ao dispositivo que trata da falsidade ideológica, aproveite para ler também os dispositivos que tratam dos outros crimes de falsidade; outro exemplo: se aparecer uma questão, em Direito Constitucional, que trate da composição do Conselho Nacional de Justiça, leia também as outras regras que regulamentam esse conselho.

9º Depois de resolver sozinho a questão e de ler cada comentário, você deve fazer uma **anotação ao lado da questão**, deixando claro o motivo de eventual erro que você tenha cometido; conheça os motivos mais comuns de erros na resolução das questões:

DL – "desconhecimento da lei"; quando a questão puder ser resolvida apenas com o conhecimento do texto de lei;

DD – "desconhecimento da doutrina"; quando a questão só puder ser resolvida com o conhecimento da doutrina;

DJ – "desconhecimento da jurisprudência"; quando a questão só puder ser resolvida com o conhecimento da jurisprudência;

FA – "falta de atenção"; quando você tiver errado a questão por não ter lido com cuidado o enunciado e as alternativas;

NUT - "não uso das técnicas"; quando você tiver se esquecido de usar as técnicas de resolução de questões objetivas, tais como as da **repetição de**

elementos ("quanto mais elementos repetidos existirem, maior a chance de a alternativa ser correta"), das **afirmações generalizantes** ("afirmações generalizantes tendem a ser incorretas" - reconhece-se afirmações generalizantes pelas palavras *sempre, nunca, qualquer, absolutamente, apenas, só, somente exclusivamente* etc.), dos **conceitos compridos** ("os conceitos de maior extensão tendem a ser corretos"), entre outras.

obs: se você tiver interesse em fazer um Curso de "Técnicas de Resolução de Questões Objetivas", entre em contato comigo pelo endereço eletrônico wander.garcia@uol.com.br. Tenho uma excelente recomendação para fazer.

10ª Confie no **bom-senso**. Normalmente, a resposta correta é a que tem mais a ver com o bom-senso e com a ética. Não ache que todas as perguntas contêm uma pegadinha. Se aparecer um instituto que você não conhece, repare bem no seu nome e tente imaginar o seu significado.

11ª Faça um levantamento do **percentual de acertos de cada disciplina** e dos **principais motivos que levaram aos erros cometidos**; de posse da primeira informação, verifique quais disciplinas merecem um reforço no estudo; e de posse da segunda informação, fique atento aos erros que você mais comete, para que eles não se repitam.

12ª Uma semana antes da prova, faça uma **leitura dinâmica** de todas as anotações que você fez e leia de novo os dispositivos legais (e seu entorno) das questões em que você marcar "DL", ou seja, desconhecimento da lei.

13ª Para que você consiga ler o livro inteiro, faça um bom **planejamento**. Por exemplo, se você tiver 30 dias para ler a obra, divida o número de páginas do livro pelo número de dias que você tem, e cumpra, diariamente, o número de páginas necessárias para chegar até o fim. Se tiver sono ou preguiça, levante um pouco, beba água, masque chiclete ou leia em voz alta por algum tempo.

14ª Desejo a você, também, muita **energia**, **disposição**, **foco**, **organização**, **disciplina**, **perseverança**, **amor** e **ética**!

Wander Garcia
Coordenador

1. Direito Civil

Wander Garcia, Ana Paula Garcia, Henrique Subi e Vanessa Tonolli Trigueiros

1. LINDB

1.1. EFICÁCIA DA LEI NO TEMPO

1.1.1. *VACATIO LEGIS*

(Advogado – IRB – 2006 – ESAF) Se uma lei for publicada no dia 2 de janeiro, estabelecendo prazo de quinze dias de vacância, ela entrará em vigor no dia

(A) 16 de janeiro.
(B) 15 de janeiro.
(C) 20 de janeiro.
(D) 18 de janeiro.
(E) 17 de janeiro.

A, B, C e **D:** incorretas, porque estão em desacordo com o art. 1º, *caput*, da LINDB; **E:** correta. correta, pois, *salvo disposição contrária, a lei começa a vigorar em todo o país quarenta e cinco dias depois de oficialmente publicada*, sendo que a contagem do prazo dar-se-á com a inclusão da data da publicação e do último dia do prazo, entrando em vigor no dia subsequente à sua consumação integral (art. 1º, *caput*, da LINDB e art. 8º, § 1º, da LC 95/98).

Gabarito "E"

(Auditor Fiscal da Receita Federal – 2010 – ESAF) Assinale a opção falsa.

(A) Se, durante a *vacatio legis*, vier a norma a ser corrigida em seu texto, que contém erros substanciais, suscetíveis de modificar parcial ou totalmente o seu sentido, ensejando nova publicação, o prazo nela mencionado para sua entrada em vigor ou, não o havendo, os prazos de 45 dias e 3 meses começam a correr da nova publicação.
(B) O estatuto pessoal, no Brasil, baseia-se na lei do domicílio, que é o elemento de conexão indicativo da lei competente para reger conflitos de lei no espaço concernentes aos direitos de família.
(C) O costume *praeter legem*, previsto no art. 4º da Lei de Introdução ao Código Civil, por revestir-se de caráter supletivo, supre a lei nos casos omissos.
(D) Revogar é tornar sem efeito uma norma, retirando sua obrigatoriedade no todo, caso em que se tem a derrogação, ou em parte, hipótese em que se configura a ab-rogação.
(E) Para a integração jurídica, em caso de lacuna, o juiz poderá fazer uso da analogia, do costume e dos princípios gerais de direito.

A: correta, pois de pleno acordo com a LINDB, em seus arts. 1º, *caput* e § 3º; **B:** correta, pois a assertiva está de acordo com o art. 7º da LINDB; **C:** correta, pois a assertiva está de acordo com o art. 4º da LINDB, o que não se admite é o costume *contra legem*; **D:** incorreta, pois a revogação total da norma é a ab-rogação e a parcial é a derrogação; **E:** correta, pois a assertiva está de acordo com o art. 4º da LINDB.

Gabarito "D"

1.1.2. VIGÊNCIA DA LEI NO TEMPO

(Analista – MDICE – 2012 – ESAF) A propósito do início da vigência da lei, todas as afirmativas abaixo são verdadeiras, <u>exceto</u>.

(A) A contagem do prazo para entrada em vigor das leis que estabeleçam período de vacância far-se-á com a inclusão da data da publicação e do último dia do prazo, entrando em vigor no dia subsequente à sua consumação integral.
(B) Salvo disposição em contrário, a lei começa a vigorar em todo o território nacional quarenta e cinco dias depois de oficialmente publicada.
(C) As emendas ou correções à lei que já tenha entrado em vigor não serão consideradas lei nova.
(D) Se, durante a *vacatio legis*, vier a lei a ser corrigida em seu texto, que contém erros materiais ou falhas de ortografia, ensejando nova publicação, os prazos mencionados nos itens anteriores começam a correr da data da nova publicação.
(E) Nos estados estrangeiros, a obrigatoriedade da lei brasileira, quando admitida, inicia-se três meses depois de oficialmente publicada.

A: correta (art. 8º, § 1º, da Lei Complementar 95/1998); **B:** correta (art. 1º, *caput*, da LINDB); **C:** incorreta, devendo ser assinalada (art. 1º, § 4º, da LINDB); **D:** correta (art. 1º, § 3º, da LINDB); **E:** correta (art. 1º, § 1º, da LINDB).

Gabarito "C"

(Analista – MDICE – 2012 – ESAF) Assinale a opção incorreta sobre as formas de revogação da lei.

(A) A revogação expressa é, algumas vezes, singular, taxativa e refere-se especialmente à disposição abolida.
(B) A derrogação ocorre quando a nova lei regula toda a matéria, que era regulada pela lei precedente, caso em que a revogação desta é sempre total.

(C) A revogação tácita, que também é chamada de indireta, pode verificar-se de dois modos diversos, um deles ocorre quando a lei nova encerra disposições incompatíveis com as da anterior, podendo a revogação ser parcial.

(D) A revogação expressa pode também ser geral, compreensiva e aplicar-se a todas as disposições contrárias, sem individualização.

(E) A sucessiva *ab-rogação* de uma lei, que *ab-rogou* outra anterior, não faz ressurgir a anterior, nem mesmo no caso em que não tenha sido promulgada outra lei nova.

A e **D:** corretas, pois, conforme ensinam Eduardo Espínola e Eduardo Espínola Filho, (**A Lei de Introdução ao Código Civil Brasileiro Comentada**, Vol. I, Livraria Editora Freitas Bastos, p. 75): "a revogação expressa é, algumas vezes, singular, taxativa, e refere-se especialmente à disposição abolida; noutras, porém, é geral, compreensiva, e aplica-se a todas as disposições contrárias, sem individualização"; **B:** incorreta (devendo ser assinalada), pois nesse caso tem-se ab-rogação; **C:** correta; a revogação tácita é aquela em que a lei nova, apesar de não declarar inequivocamente que a lei antiga está sendo suprimida, mostra-se incompatível com ela ou regule inteiramente a matéria de que essa tratava. A incompatibilidade se dá, por exemplo, quando uma lei nova permite algo que a antiga proibia. Ou quando a primeira proíbe algo que a segunda permite. Chama-se também revogação indireta. A regulamentação por inteiro de uma matéria se dá quando a nova lei esgota a matéria da qual a lei anterior tratava. Assim, ainda que a nova Lei de Falências não fizesse referência expressa à revogação da lei anterior, o fato é que esta ficaria revogada, uma vez que aquela regula por inteiro a matéria dessa. Chama-se também revogação global; **E:** correta, pois no Brasil a repristinação não é regra (art. 2º, § 3º, da LINDB).

Gabarito "B".

(Fiscal de Tributos/PA – 2002 – ESAF) Assinale a opção falsa.

(A) Se a lei fixar prazo final de sua vigência, completado este ela não mais produzirá efeitos.

(B) A cláusula de revogação deverá enumerar expressamente as leis ou disposições legais revogadas.

(C) As disposições transitórias são elaboradas pelo legislador no próprio texto normativo para conciliar a nova norma com as relações já definidas pela anterior.

(D) O critério *lex posterior derogat legi priori* significa que, de duas normas do mesmo escalão, a última prevalece sobre a anterior.

(E) Os atos que forem praticados de conformidade com a antiga norma, no período que decorre entre a publicação da lei nova e o início de sua vigência, não terão validade.

A: correta, pois nesse caso existe um termo final de vigência da norma (LINDB, art. 2º); **B:** correta, pois de pleno acordo com a regra estabelecida pelo art. 9º da Lei Complementar nº 95/1998; **C:** correta, pois essa é exatamente a função das disposições transitórias; **D:** correta, pois é este o significado do brocardo e ele é aplicado no Brasil (LINDB, art. 2º); **E:** incorreta, pois no direito brasileiro, a regra é a irretroatividade das normas, assim, enquanto a lei nova não estiver em vigor, os atos devem ser praticados em conformidade com a lei anterior, que ainda vige, mesmo que já publicada uma nova lei.

Gabarito "E".

1.1.3. REPRISTINAÇÃO

(Auditor Fiscal do Trabalho – 2010 – ESAF) Sobre o efeito repristinatório, podemos afirmar que:

(A) a regra geral do *vacatio legis*, com os critérios progressivo e único, decorre do efeito repristinatório.

(B) a lei nova, que estabeleça disposições gerais ou especiais a par das já existentes, revogará a lei anterior quando regular inteiramente a matéria tratada na anterior.

(C) o legislador, derrogando ou ab-rogando lei que revogou a anterior, restabelece a lei abolida anteriormente, independentemente de declaração expressa.

(D) a vigência temporária da lei decorre do efeito repristinatório que fixa o tempo de sua duração.

(E) a lei revogadora de outra lei revogadora somente restabelece a velha lei, anteriormente abolida, quando expressamente declarado.

A: incorreta, pois não há qualquer ligação entre a *vacatio legis* e o efeito repristinatório previsto no art. 2º, § 3º da LINDB; **B:** incorreta, pois a lei posterior que estabelece disposições a par das já existentes convive com a lei anterior (LINDB, art. 2º, § 2º); **C:** incorreta, pois se assim fosse estaria se consumando a repristinação que – no sistema brasileiro – somente poderá ocorrer caso mediante declaração expressa da lei posterior (LINDB, art. 2º, § 3º); **D:** incorreta, pois não há ligação entre a lei com vigência temporária e a repristinação; **E:** correta, pois é exatamente a regra que vige sobre repristinação em nosso sistema (LINDB, art. 2º, § 3º).

Gabarito "E".

1.2. EFICÁCIA DA LEI NO ESPAÇO

(Auditor Fiscal da Receita Federal – 2012 – ESAF) Assinale a opção incorreta. Em relação aos conflitos de leis no espaço, a Lei de Introdução ao Código Civil estabelece os seguintes critérios:

(A) Em questões sobre o começo e fim da personalidade, o nome, a capacidade e os direitos de família, prevalece a lei do país de domicílio da pessoa.

(B) Em questões sobre a qualificação e regulação das relações concernentes a bens, prevalece a lei do país em que for domiciliado o proprietário.

(C) Em questões envolvendo obrigações, prevalece a lei do país onde foram constituídas, reputando-se constituída no lugar em que residir o proponente.

(D) Em questões envolvendo sucessão por morte, real ou presumida, prevalece a lei do país de domicílio do *de cujus*, ressalvando-se que, quanto à capacidade para suceder, aplica-se a lei do domicílio do herdeiro ou legatário.

(E) Em questões envolvendo sucessão sobre bens do estrangeiro situado no Brasil, aplicar-se-á a lei brasileira em favor do cônjuge brasileiro e dos filhos do casal, sempre que não lhes for mais favorável a lei do domicílio do *de cujus*.

A: correta, pois a alternativa encontra pleno respaldo no art. 7º da LINDB; **B:** incorreta, pois nesse caso aplica-se a lei onde estiverem situados (LINDB, art. 8º); **C:** correta, pois de pleno acordo com o art. 9º da LINDB; **D:** correta, pois de acordo com a previsão do art. 10 da LINDB; **E:** correta, pois de acordo com a previsão do art. 10 § 1º da LINDB.

Gabarito "B"

(Procurador da Fazenda Nacional – 2007 – ESAF) Assinale a opção correta.

(A) Os meios probatórios regular-se-ão pela *lex fori* por pertencerem à ordem processual e o modo de produção dessas provas reger-se-á pela norma vigente no Estado onde ocorreu o fato.

(B) A nossa Lei de Introdução ao Código Civil não contém qualquer proibição expressa e categórica do retorno; assim, o juiz poderá ater-se às normas de direito internacional privado do país em que ocorreu o fato interjurisdicional *sub judice*.

(C) A interpretação teleológica é também axiológica e conduz o intérprete-aplicador à configuração do sentido normativo em dado caso concreto, já que tem como critério o fim prático da norma de satisfazer as exigências sociais e a realização dos ideais de justiça vigentes na sociedade atual.

(D) Às coisas *in transitu* aplicar-se-á a *lex reisitae*.

(E) A *locus regit actum* é uma norma de direito internacional privado para indicar a lei aplicável à forma intrínseca do ato.

Na aplicação da lei, o juiz atenderá aos fins sociais a que ela se dirige e às exigências do bem comum (art. 5º da LINDB).

Gabarito "C"

(Procurador da Fazenda Nacional – 2007.2 – ESAF) As obrigações convencionais e as decorrentes de atos unilaterais, se interjurisdicionais, desde que efetuadas entre presentes, reger-se-ão:

(A) quanto à forma intrínseca pela *ius loci actus* e quanto à capacidade das partes pela lei da nacionalidade.

(B) quanto à forma intrínseca e extrínseca pela *locus regit actum* e quanto à capacidade das partes pela *lex fori*.

(C) pela *lex fori*.

(D) quanto à forma *ad probationem tantum* e *ad solemnitatem* pela lei do local de sua constituição e quanto à capacidade pela lei domiciliar das partes.

(E) quanto à forma extrínseca pela *lex fori* e quanto à capacidade das partes pela *locus regit actum*.

Arts. 9º e 7º da LINDB, respectivamente.

Gabarito "D"

1.3. INTERPRETAÇÃO DA LEI

(Procurador da Fazenda Nacional – 2007.2 – ESAF) Assinale a opção falsa.

(A) Uma das regras norteadoras do emprego do processo interpretativo teleológico seria: deve-se conferir ao texto normativo um sentido que resulte haver a norma regulado a espécie a favor e não em prejuízo de quem ela visa proteger.

(B) O fundamento da analogia não está na igualdade jurídica, já que o processo analógico constitui um raciocínio baseado em razões relevantes de similitude, fundando-se na identidade de razão, que é o elemento justificador da aplicabilidade da norma a casos não previstos, mas substancialmente semelhantes.

(C) O art. 5º da Lei de Introdução ao Código Civil permite corrigir a inadequação da norma à realidade fático-social e aos valores positivados, harmonizando o abstrato e rígido da norma com a realidade concreta, mitigando o seu rigor, corrigindo-lhe os desacertos, ajustando-a do melhor modo possível ao caso emergente.

(D) Os meios de preenchimento de lacuna são indicados pela própria lei.

(E) O aplicador da norma deverá perscrutar as necessidades práticas da vida social e a realidade sócio cultural, sem olvidar a valoração objetiva.

A: verdadeira (art. 5º da LINDB); **B:** falsa, pois a igualdade jurídica é fundamento do emprego da analogia; **C:** verdadeira (art. 5º da LINDB); **D:** art. 4º da LINDB; **E:** art. 5º da LINDB.

Gabarito "B"

2. GERAL

2.1. PESSOAS NATURAIS

2.1.1. CAPACIDADE

(Procurador da Fazenda Nacional – 2006 – ESAF) Assinale a opção falsa.

(A) Uma pessoa pode ter o gozo de um direito sem ter o seu exercício.

(B) A capacidade de gozo pressupõe a capacidade de exercício.

(C) A capacidade de gozo pode subsistir sem a capacidade de fato.

(D) A lei confere personalidade jurídica material ao nascituro.

(E) A lei admite restrições ao exercício de certos direitos pelos estrangeiros.

A, B, C: verdadeiras. Sim, é possível que uma pessoa tenha o gozo de um direito sem possuir seu exercício. Isso porque o artigo 1º do CC afirma que todos possuem capacidade de direito (gozo de direitos), mas nem todos possuem a capacidade de exercício. Exemplo: recém-nascidos: possuem capacidade de gozo, mas não de exercício. Além disso, pela regra, a capacidade de gozo pressupõe a de exercício, salvo nos casos previstos em lei, as quais são exceções à regra (casos de incapacidade). **D:** falsa. A personalidade civil só começa com o nascimento com vida (art. 2º, CC). **E:** verdadeira. Existem vários dispositivos legais restringindo o exercício de certos direitos ao estrangeiro (art.1.134, CC: vincula o funcionamento de sociedade estrangeira à prévia autorização do poder executivo).

Gabarito "D"

(Auditor do Tesouro Municipal/Recife-PE – 2003 – ESAF) Assinale a opção correta.

(A) Pelo Código Civil (art.14, parágrafo único) não está nítida a consagração do princípio do consenso afirmativo, pelo qual cada um deve manifestar sua vontade de doar seus órgãos e tecidos para depois de sua morte, com objetivo terapêutico.

(B) A senilidade, por si só, é causa de restrição da capacidade de fato.

(C) O agente diplomático do Brasil que, citado no estrangeiro, alegar extraterritorialidade, sem indicar seu domicílio no País, poderá ser demandado no Distrito Federal ou no último ponto do território nacional onde o teve.

(D) Os portadores de deficiência mental, que sofram apenas uma redução na sua capacidade de entendimento, poderão praticar atos na vida civil sem assistência de curador, mesmo que interditos.

(E) A capacidade de gozo não se distingue da legitimação.

A: incorreta, pois no Brasil vigora o referido princípio, a prestigiar a autonomia da vontade em assunto tão íntimo e pessoal. O art. 14, parágrafo único, ainda permite a qualquer momento a revogação do ato de disposição do próprio corpo; **B:** incorreta, pois a avançada idade de uma pessoa – por si só – não lhe retira ou diminui a capacidade de exercício; **C:** correta, pois a afirmação encontra plena identificação com a regra estabelecida no art. 77 do CC; **D:** incorreta, pois tais pessoas são consideradas relativamente incapazes (CC, art. 4º) e como tais devem ser assistidas nos atos da vida civil; **E:** incorreta, pois a legitimação é uma capacidade a mais que a lei exige de certas pessoas para praticar específicos atos, com determinadas pessoas. Assim, por exemplo, uma pessoa de 60 anos, saudável, consciente e lúcida é plenamente capaz de exercício, mas não pode vender sua casa ao seu filho sem a autorização do outro, pois lhe falta legitimação (CC, art. 496).

Gabarito "C".

(Fiscal de Tributos/PA – 2002 – ESAF) Depois de decretada a interdição,

(A) será nomeado um curador ao interdito, por não ter mais a capacidade de exercício.

(B) a pessoa interditada perde a capacidade de gozo, despindo-se de todos os atributos da personalidade.

(C) recusa-se ao interdito a capacidade de direito.

(D) nomear-se-á um tutor ao interdito, pois a capacidade de exercício supõe a de gozo.

(E) a capacidade jurídica do interdito passará a ser limitada, visto que não mais terá o gozo de um direito, pois seu representante legal o exercerá em seu nome.

A: correta, pois com a interdição, a pessoa perde a capacidade de exercer pessoalmente os atos da vida civil, necessitando de um representante legal para cuidar de seus interesses e exercer seus direitos; **B**, **C** e **D:** incorretas, pois a pessoa não perde os atributos da personalidade, mantendo a plena capacidade de direito, ou seja, a personalidade, que é a aptidão genérica para adquirir direitos e contrair obrigações na ordem civil; **E:** incorreta, pois apenas a capacidade de exercer pessoalmente os atos da vida civil é que será suprimida do interdito.

Gabarito "A".

(Agente Fiscal/PI – 2001 – ESAF) O pródigo:

(A) é absolutamente incapaz para praticar atos na vida civil.

(B) não tem capacidade de direito.

(C) com a interdição perde a capacidade de gozo.

(D) é o que não tem legitimação para estabelecer dada relação jurídica, por faltar-lhe competência.

(E) é considerado, após o processo de interdição, relativamente incapaz para a prática de certos atos da vida civil.

Pródigo é aquele que desordenadamente dilapida seu patrimônio, não tendo aptidão ou condição para gerir e tratar de assuntos de relevo patrimonial. Quando essa característica acentua-se a níveis quase doentios, referida pessoa deve ser tutelada pela lei, tornando-se – após o processo de interdição – relativamente incapaz de exercer pessoalmente certos atos da vida civil. Vale destacar que não há perda, nem diminuição da capacidade de direito, que é a aptidão genérica para adquirir direitos e contrair obrigações na ordem civil, inerente a todo ser humano (CC, arts. 4º, IV, c/c art. 1.767, V).

Gabarito "E".

2.1.2 FIM DA PERSONALIDADE. MORTE PRESUMIDA

(Auditor Fiscal da Receita Federal – 2010 – ESAF) Se uma pessoa, que participava de operações bélicas, não for encontrada até dois anos após o término da guerra, configurada está a:

(A) declaração judicial de morte presumida, sem decretação de ausência.

(B) comoriência.

(C) morte civil.

(D) morte presumida pela declaração judicial de ausência.

(E) morte real.

A: correta, pois a hipótese fática narrada na assertiva descreve a clássica situação de morte presumida, sem necessidade de se perquirir o longo processo da ausência. A lei prevê essa situação jurídica para casos nos quais a probabilidade de morte seja alta, como tragédias, naufrágios, quedas de avião, nas quais o corpo não é encontrado (CC, art. 7º); **B:** incorreta, pois a comoriência é a presunção de morte simultânea quando impossível identificar a sequência das mortes (CC, art. 8º); **C:** incorreta, pois nosso ordenamento traz apenas uma hipótese, e bastante limitada, de morte civil, que é a situação de uma pessoa viva, mas considerada juridicamente morta. Tal hipótese está prevista no art. 1.816 do CC, que assim trata o indigno apenas para fins sucessórios; **D:** incorreta, pois o longo processo de ausência, que resulta na posterior decretação de morte presumida, é reservado para hipóteses nas quais não existe uma situação trágica ou um fato extraordinário que tornem extremamente provável a morte da pessoa (CC, art. 22 até 39); **E:** incorreta, pois a morte real pressupõe a presença do corpo da pessoa que faleceu, devidamente documentado pelo atestado de óbito (Lei nº 6.015/1973, art. 77).

Gabarito "A".

2.2. PESSOAS JURÍDICAS

(Analista – MDICE – 2012 – ESAF) Sobre as pessoas jurídicas, assinale a opção correta.

(A) São livres a criação, a organização, a estruturação interna e o funcionamento das organizações religiosas, cabendo ao poder público conceder ou negar-lhes reconhecimento ou registro dos atos constitutivos e necessários ao seu funcionamento.

(B) São pessoas jurídicas de direito público interno a União, os Estados, o Distrito Federal, os Municípios, as autarquias, inclusive as associações públicas, as fundações e os partidos políticos.

(C) São pessoas jurídicas de direito privado, entre outras, as sociedades civis, religiosas, científicas, literárias e todas as pessoas que forem regidas pelo direito internacional.
(D) As pessoas jurídicas são de direito público, interno ou externo, e de direito privado.
(E) Prescreve em três anos o direito de anular a constituição das pessoas jurídicas de direito privado, por defeito do ato respectivo, contado o prazo da publicação de sua inscrição no registro.

A: incorreta, pois é vedado ao poder público negar reconhecimento ou registro dos atos constitutivos e necessários ao funcionamento das organizações religiosas (art. 44, § 1º, do CC); **B:** incorreta, pois partidos políticos são pessoas jurídicas de direito privado (art. 44, V, do CC); **C:** incorreta, pois as pessoas regidas pelo direito internacional público são pessoas jurídicas de direito público externo (art. 42 do CC); **D:** correta (art. 40 do CC); **E:** incorreta, pois se trata de prazo decadencial (art. 45, parágrafo único, do CC).

Gabarito "D"

(Agente Tributário Estadual/MS – 2001 – ESAF) Os partidos políticos são:

(A) pessoas jurídicas de direito público interno de administração direta
(B) fundações públicas
(C) fundações particulares
(D) pessoas jurídicas de direito privado
(E) pessoas jurídicas de direito público interno de administração indireta

Nosso sistema jurídico optou por conceder aos partidos políticos a natureza de pessoas jurídicas de direito privado, conforme demonstra o art. 44, V do CC. Por se tratar de reunião de pessoas e não de bens, a natureza jurídica de fundação não pode ser aplicada.

Gabarito "D"

2.2.1. FUNDAÇÕES

(Auditor Fiscal da Receita Federal – 2010 – ESAF) Na criação de fundação há duas fases:

(A) a do ato constitutivo, que deve ser escrito, podendo revestir-se da forma particular, e a do registro público.
(B) a do ato constitutivo, que deve ser escrito, pois requer instrumento particular ou testamento, e a do assento no registro competente.
(C) a do ato constitutivo, que deve ser escrito, e a da aprovação do Poder Executivo Federal.
(D) a da elaboração do estatuto por ato *inter vivos*, (instrumento público ou particular), sem necessidade de conter a dotação especial, e a do registro.
(E) a do ato constitutivo, que só pode dar-se por meio de escritura pública ou testamento, e a do registro.

Fundação é a pessoa jurídica formada pela reunião de bens com uma finalidade religiosa, moral, cultural ou assistencial. Tendo em vista sua relevância no contexto social, ela é cercada de alguns cuidados pelo legislador, como, por exemplo, a necessidade constante de fiscalização pelo Ministério Público. Ademais, a lei prescreve uma forma para sua constituição, que é a escritura pública ou o testamento, mediante os quais se fará a dotação de bens. Depois dessa fase, a Fundação será ainda registrada (CC, art. 62).

Gabarito "E"

2.3. DOMICÍLIO

(Analista – MDICE – 2012 – ESAF) Assinale a opção incorreta.

(A) O domicílio da pessoa natural é o lugar onde ela estabelece a sua residência com ânimo definitivo.
(B) O domicílio da pessoa natural, quanto às relações concernentes à profissão, será considerado o lugar onde esta é exercida.
(C) Nos contratos escritos, não poderão os contratantes especificar como domicílio o lugar onde exerçam e cumpram os direitos e obrigações deles resultantes.
(D) Tendo a pessoa jurídica diversos estabelecimentos em lugares diferentes, cada um deles será considerado domicilio para os atos nele praticados.
(E) Quanto às pessoas jurídicas, o domicílio do município é o lugar onde funcione a administração municipal.

A: correta (art. 70 do CC); **B:** correta (art. 72, *caput*, do CC); **C:** incorreta (art. 78 do CC); **D:** correta (art. 75, § 1º, do CC); **E:** correta (art. 75, III, do CC).

Gabarito "C"

2.4. BENS

(Procurador da Fazenda Nacional – 2003 – ESAF) (Adaptada) Escadas de emergência justapostas nos edifícios são consideradas:

(A) imóveis por acessão física artificial.
(B) imóveis por determinação legal.
(C) pertenças.
(D) móveis por determinação de lei.
(E) móveis por antecipação.

A: incorreta. Imóveis por acessão física artificial são os oriundos do trabalho humano, como as plantações e construções, ou seja, é tudo que se incorporar ao solo artificialmente sem que possa ser retirado sem destruição (art.79, CC). **B:** incorreta. Os imóveis por determinação legal estão elencados no artigo 80 do CC. **C:** correta. O conceito de pertenças encontra-se no artigo 93 do CC. São bens que não constituem partes integrantes, mas se destinam ao uso de outro. As escadas de emergência não são partes integrantes dos edifícios, mas se destinam ao uso destes. **D:** incorreta. Os bens móveis por determinação legal estão previstos no artigo 83 do CC. **E:** incorreta. Bens móveis por antecipação são aqueles incorporados ao solo já com o intuito de retirá-los e convertê-los em móveis (ex.: árvores destinadas ao corte).

Gabarito "C"

(Analista – MDICE – 2012 – ESAF) Sobre as diferentes classes de bens, estão corretas todas as afirmações, exceto.

(A) Os bens naturalmente divisíveis não podem tornar-se indivisíveis por vontade das partes.
(B) Os bens considerados em si mesmos podem ser imóveis ou móveis, fungíveis e consumíveis, divisíveis, singulares e coletivos ou indivisíveis, singulares e coletivos.

(C) No sentido jurídico, os bens são considerados valores materiais ou imateriais e que, por tal qualidade, podem ser objeto de uma relação de direito.

(D) Coisas e bens são conceitos que não se confundem, embora a coisa represente espécie da qual o bem é o gênero. A honra, a liberdade, a vida, entre outros, representam bens sem, no entanto, serem consideradas coisas.

(E) As coisas e os bens constituem o patrimônio de uma pessoa, porém, ao direito somente interessam coisas suscetíveis de apropriação, isto é, que sejam economicamente apreciáveis.

A: incorreta, devendo ser assinalada; os bens naturalmente divisíveis podem se tornar indivisíveis por determinação de lei *ou por vontade das partes* (art. 88 do CC); **B:** correta (arts. 79 a 91 – Cap. I – "Dos Bens Considerados em Si Mesmos"); **C:** correta, pois traz o exato conceito dos bens em sentido jurídico; **D:** correta; de fato, o bem é gênero, que abrange coisas (bens materiais) e também bens imateriais, como a vida, a honra e a liberdade; **E:** correta, pois, para que uma coisa seja considerada um bem em sentido jurídico, há de ter apreciação econômica.

Gabarito "A"

(Analista – MDICE – 2012 – ESAF) Assinale a opção incorreta.

(A) Bens públicos são os bens do domínio nacional, pertencentes às pessoas jurídicas de direito público interno. Os demais são particulares, seja qual for a pessoa a que pertencerem.

(B) Não dispondo a lei em contrário, consideram-se bens dominicais os bens pertencentes às pessoas jurídicas de direito público a que se tenha dado estrutura de direito privado.

(C) São públicos os bens de uso comum do povo, como os rios, mares, estradas, praças; os de uso especial, como os edifícios e terrenos destinados a serviço ou estabelecimento da Administração Pública, e os dominicais.

(D) Os bens de uso comum são inalienáveis; já os dominicais podem ser alienados, desde que cumpridas as exigências legais.

(E) O uso comum dos bens públicos é gratuito, não podendo a entidade a cuja administração pertencerem, estabelecer de forma diversa.

A: correta (art. 98 do CC); **B:** correta (art. 99, parágrafo único, do CC); **C:** correta (art. 99, I, II e III, do CC); **D:** correta (arts. 100 e 101, do CC); **E:** incorreta, pois o uso pode ser retribuído (art. 103 do CC).

Gabarito "E"

(Auditor do Tesouro Municipal/Fortaleza-CE – 2003 – ESAF) Petróleo de um poço é:

(A) fruto natural

(B) parte integrante

(C) produto

(D) pertença

(E) rendimento

A: incorreta, pois o fruto é o bem acessório que apresenta por principal característica o fato de se reproduzir periodicamente, característica que não se amolda ao petróleo, finito por natureza; **B:** incorreta, pois o petróleo não faz parte integrante do principal, como ocorre nas benfeitorias, por exemplo; **C:** correta, pois o produto é o bem acessório cuja principal característica é sua não renovação periódica, como ocorre com as pedras de uma mina, o carvão da jazida e o petróleo do poço; **D:** incorreta, pois a pertença (CC, art. 93) é o bem acessório que não faz parte integrante do principal e que serve ao seu uso, serviço ou aformoseamento, características que não se enquadram no exemplo do petróleo; **E:** incorreta, pois o rendimento é um exemplo de fruto civil, que deriva do capital investido, que é o bem principal.

Gabarito "C"

(Auditor do Tesouro Municipal/Recife-PE – 2003 – ESAF) A constituição do bem de família requer escritura pública, logo ter-se-á o requisito da:

(A) forma especial única.

(B) forma especial plural.

(C) forma especial genérica.

(D) forma geral.

(E) forma contratual.

A: incorreta, pois o Código não estabelece uma única maneira de se formalizar a vontade de constituir um bem de família, podendo o instituidor optar entre a escritura pública ou o testamento (CC, art. 1.711); **B:** correta, pois há mais de uma forma para se exteriorizar a vontade de instituir bem de família segundo o art. 1.711 do CC; **C** e **D:** incorretas, pois há duas formas específicas para se instituir o bem de família; **E:** incorreta, pois a forma contratual é aquela estipulada pelas partes a fim de que o contrato tenha validade (CC, art. 109).

Gabarito "B"

(Auditor do Tesouro Municipal/Recife-PE – 2003 – ESAF) Parte integrante é:

(A) o aumento do volume ou do valor do objeto da propriedade devido a forças externas, fatos eventuais ou fortuitos.

(B) o acessório que, unido ao principal, forma com ele um todo, sendo desprovida de existência material própria, embora mantenha sua identidade.

(C) o acessório destinado, de modo duradouro, a conservar ou facilitar o uso, ou prestar serviço, ou, ainda, servir de adorno do bem principal.

(D) a utilidade que a coisa produz periodicamente, cuja percepção mantém intacta a substância do bem que a gera.

(E) a obra que cria coisa nova, que se adere à propriedade anteriormente existente.

A: incorreta, pois nesse caso tem-se a acessão natural; **B:** correta, pois como o próprio nome diz, a parte integrante passa a compor com o principal um todo, embora mantenha sua identidade (ex: sistema de ar condicionado central); **C:** incorreta, pois referido acessório constitui a pertença, que não faz parte integrante do principal (CC, art. 93); **D:** incorreta, pois referido conceito se amolda à ideia de fruto e não de parte integrante; **E:** incorreta, pois nesse caso há nova coisa e não simplesmente parte integrante.

Gabarito "B"

(Agente Tributário Estadual/MS – 2001 – ESAF) Quando se empresta *ad pompam vel ostentationem* a alguém garrafas de vinho para serem usadas numa exposição, com o dever de serem restituídas, sem que possam ser substituídas por outras da mesma espécie, tais garrafas são tidas como:

(A) bens fungíveis

(B) bens consumíveis

(C) pertenças

(D) bens móveis por antecipação

(E) bens infungíveis

A: incorreta, pois nessa hipótese estipula-se que o específico bem emprestado deverá ser restituído, não se configurando, portanto, o bem fungível (CC, art. 85); **B:** incorreta, pois nessa hipótese os bens não se destroem após a natural exposição ajustada entre as partes (CC, art. 86); **C:** incorreta, pois as pertenças (CC, art. 93) são os bens acessórios que servem ao uso, serviço ou aformoseamento do principal, não fazendo parte integrantes deste; **D:** incorreta, pois os bens móveis por antecipação são aqueles que – em função da vontade humana – podem ser mobilizados, atendendo seu fim econômico; **E:** correta, pois no específico empréstimo para pompa e ostentação, os mesmos bens que foram emprestados devem ser utilizados e restituídos, caracterizando sua infungibilidade.

Gabarito "E"

(Agente Fiscal/PI – 2001 – ESAF) Os frutos armazenados em depósito para expedição ou venda são:

(A) consumidos
(B) percebidos
(C) pendentes
(D) estantes
(E) percipiendos

A: incorreta, pois os frutos consumidos são aqueles que, como diz o nome, já foram utilizados; **B:** incorreta, pois os frutos percebidos são aqueles já aproveitados; **C:** incorreta, pois os frutos pendentes são aqueles que não atingiram o ponto de colheita ou fruição; **D:** correta, pois os frutos estantes são os frutos armazenados; **E:** incorreta, pois os frutos percipiendos são aqueles que estão prontos para serem colhidos, mas ainda não o foram.

Gabarito "D"

2.5. FATOS JURÍDICOS

2.5.1. ESPÉCIES, FORMAÇÃO E DISPOSIÇÕES GERAIS

(Analista – MDICE – 2012 – ESAF) Sobre a validade do negócio jurídico, assinale a opção correta.

(A) A incapacidade relativa de uma das partes não pode ser invocada pela outra em benefício próprio, pois aproveita aos cointeressados capazes, salvo se for indivisível o objeto do direito ou da obrigação comum.
(B) A escritura pública é essencial à validade dos negócios jurídicos que visem à constituição, transferência, modificação ou renúncia de direitos reais sobre imóveis de valor superior a trinta vezes o salário mínimo vigente, exceto se a lei dispuser em contrário.
(C) A validade das declarações de vontade dependerá de forma especial, e se atenderá mais ao sentido literal da linguagem do que à intenção nelas consubstanciada.
(D) A impossibilidade inicial do objeto invalida o negócio jurídico se for relativa, ou se cessar antes de realizada a condição a que ele estiver subordinado.
(E) O silêncio importa anuência, quando as circunstâncias ou os usos o autorizarem, e for necessária a declaração de vontade expressa.

A: incorreta, pois não aproveita aos cointeressados capazes, salvo se indivisível o objeto do direito ou da obrigação comum (art. 105 do CC); **B:** correta (art. 108 do CC); **C:** incorreta (arts. 107 e 112, do CC); **D:** incorreta (art. 106 do CC); **E:** incorreta (art. 111 do CC).

Gabarito "B"

(Auditor do Tesouro Municipal/Recife-PE – 2003 – ESAF) A maioridade pode ser considerada como:

(A) fato jurídico extraordinário.
(B) ato jurídico em sentido estrito, como participação.
(C) fato jurídico ordinário.
(D) negócio jurídico.
(E) ato jurídico em sentido estrito, como mero ato material ou real.

A: incorreta, pois os fatos jurídicos extraordinários são aqueles que não se encontram na trajetória normal da vida humana, como um raio que mata um trabalhador rural; **B:** incorreta, pois o ato jurídico apresenta como característica principal a existência do elemento vontade, necessário para sua formação; **C:** correta, pois trata-se mesmo de fato jurídico de natureza ordinária, assim como a concepção, o nascimento e a morte; **D** e **E:** incorretas, pois tanto o negócio jurídico, como o ato jurídico em sentido estrito apresentam o elemento vontade como essencial para sua formação.

Gabarito "C"

2.5.2. CONDIÇÃO, TERMO E ENCARGO

(Auditor Fiscal da Receita Federal – 2010 – ESAF) A doação de um apartamento a João, jogador de golfe, se ele tiver bom desempenho no *PGA Tour,* circuito anual, com cerca de quarenta e cinco torneios masculinos de golfe, é negócio jurídico, que contém condição: 27

(A) simplesmente potestativa.
(B) puramente potestativa.
(C) ilícita.
(D) perplexa.
(E) resolutiva.

A condição potestativa é a que depende da vontade de um dos contraentes. Uma das partes pode provocar ou impedir sua ocorrência. A ela contrapõe-se a condição causal, a que depende do acaso, não estando, de qualquer modo, no poder de decisão dos contraentes. Nem todas as condições potestativas são ilícitas. Só aquelas cuja eficácia do negócio fica exclusivamente ao arbítrio de uma das partes, sem a interferência de qualquer fator externo. Por essa razão, a fim de espalmar dúvidas, o Código atual inseriu a expressão "puro arbítrio" na dicção legal mencionada. Distinguem-se, então, as condições potestativas simples das condições puramente potestativas. Nas primeiras, não há apenas vontade do interessado, mas também interferência de fato exterior. Por outro lado, a condição puramente potestativa depende apenas e exclusivamente da vontade do interessado. A proibição do art. 122 do CC refere-se tão só às condições puramente potestativas. As condições simplesmente potestativas exigem também a ocorrência de fato estranho ao mero arbítrio da parte, como é o caso da questão.

Gabarito "A"

2.5.3. DEFEITOS DO NEGÓCIO JURÍDICO

(Procurador da Fazenda Nacional – 2003 – ESAF) Se um contratante supõe estar adquirindo um lote de terreno de excelente localização, quando, na verdade, está comprando um situado em péssimo local, configurado está:

(A) o dolo acidental.

(B) o dolo negativo.
(C) o dolo principal.
(D) o erro sobre o objeto principal da declaração.
(E) o dolo positivo.

A e **C:** incorretas. O dolo é o artifício empregado por alguém a fim de levar outrem a praticar um ato que lhe é prejudicial, mas que beneficia o autor do dolo ou terceiro. O dolo acidental se caracteriza quando o negócio jurídico teria se realizado mesmo sem sua ocorrência, mas somente por outro modo (art. 146, CC). Já o dolo principal é a causa determinante do negócio jurídico, tornando o negócio anulável (art. 145, CC). **B** e **E:** incorretas. O dolo pode ser praticado por ação (dolo positivo) ou por omissão (dolo negativo), estando este último previsto no artigo 147, CC. **D:** correta. No erro a pessoa se engana sozinha, sem que haja malícia da outra parte (caso em que haveria dolo). São anuláveis os negócios que emanarem de erro, desde que sejam substanciais (arts. 138 e 139, CC). O erro sobre a localização do terreno trata-se de erro sobre o objeto da declaração.

Gabarito "D".

(Analista – MDICE – 2012 – ESAF) Sobre os defeitos do negócio jurídico, assinale a opção incorreta.

(A) A coação, para viciar a declaração de vontade, há de ser tal que incuta ao paciente fundado temor de dano iminente e considerável à sua pessoa, à sua família, ou aos seus bens.
(B) O erro é substancial quando concerne à qualidade essencial da pessoa a quem se refira a declaração de vontade, desde que tenha influído nesta de modo relevante.
(C) Poderá ser anulado o negócio jurídico por dolo de terceiro se a parte a quem aproveite dele tivesse ou devesse ter conhecimento; em caso contrário, ainda que subsista o negócio jurídico, o terceiro responderá por todas as perdas e danos da parte a quem ludibriou.
(D) Ocorre a lesão quando alguém, premido da necessidade de salvar-se, ou a pessoa de sua família, de grave dano conhecido pela outra parte, assume obrigação excessivamente onerosa.
(E) Não se considera coação a ameaça do exercício normal de um direito, nem o simples temor reverencial.

A: correta (art. 151, *caput*, do CC); **B:** correta (art. 139, II, do CC); **C:** correta (art. 148 do CC); **D:** incorreta, pois a alternativa traz a definição de estado de perigo (art. 156 do CC); **E:** correta (art. 153 do CC).

Gabarito "D".

(Auditor Fiscal da Receita Federal – 2012 – ESAF) Em relação à invalidade do negócio jurídico, todas as opções estão corretas, exceto:

(A) é nulo o negócio jurídico quando celebrado por pessoa absolutamente incapaz; o motivo determinante, comum a ambas as partes, for ilícito; não revestir a forma prescrita em lei; a lei taxativamente o declarar nulo, ou proibir-lhe a prática, sem cominar sanção.
(B) o negócio anulável pode ser confirmado pelas partes, salvo direito de terceiro, devendo o ato de confirmação conter a substância do negócio celebrado e a vontade expressa de mantê-lo.
(C) a anulabilidade não tem efeito antes de julgada por sentença, nem se pronuncia de ofício; só os interessados a podem alegar, e aproveita exclusivamente aos que a alegarem, salvo o caso de solidariedade ou indivisibilidade.
(D) as nulidades devem ser pronunciadas pelo juiz, quando conhecer do negócio jurídico ou dos seus efeitos e as encontrar provadas, não lhe sendo permitido supri-las, ainda que a requerimento das partes.
(E) o negócio anulável pode ser confirmado pelas partes, salvo direito de terceiro, sendo que a confirmação expressa, ou a execução voluntária do negócio anulável, não extingue as ações, ou exceções, de que contra ele dispusesse o devedor.

A: correta, pois a assertiva traz diversas hipóteses de nulidade absoluta, contempladas no art. 166 do CC; **B:** correta, pois a assertiva está de pleno acordo com os arts. 172 e 173 do CC; **C:** correta, pois de pleno acordo com o art. 177 do CC; **D:** correta, pois de pleno acordo com o art. 168, parágrafo único do CC; **E:** incorreta pois a confirmação expressa ou tácita do negócio anulável extingue as ações e exceções de que contra ele dispusesse o devedor (CC, art. 175).

Gabarito "E".

(Auditor Fiscal da Receita Federal – 2010 – ESAF) A nulidade absoluta do negócio jurídico

(A) somente poderá ser alegada pelos prejudicados, não podendo ser decretada de ofício pelo juiz.
(B) só aproveitará à parte que a alegou, com exceção de indivisibilidade ou solidariedade.
(C) poderá ser arguida por qualquer interessado, pelo Ministério Público, quando lhe couber intervir.
(D) poderá ser suprida pelo juiz e suscetível de confirmação e de convalidação pelo decurso do tempo.
(E) será decretada se ele for praticado por pessoa relativamente incapaz sem a devida assistência de seus legítimos representantes legais.

A: incorreta, pois a nulidade absoluta pode ser alegada por qualquer interessado, pelo juiz de ofício ou pelo Ministério Público quando lhe couber intervir (CC, art. 168); **B:** incorreta, pois referidas características são aplicáveis aos negócios anuláveis e não aos nulos; **C:** correta, pois de pleno acordo com o art. 168 do CC; **D:** incorreta, pois o negócio eivado de nulidade absoluta não pode ser confirmado pela vontade das partes, nem se convalida pelo decurso do tempo; **E:** incorreta, pois nesse caso a solução dada pela lei é a nulidade relativa (CC, art. 171, I).

Gabarito "C".

(Auditor Fiscal da Receita Federal – 2010 – ESAF) "*A*" adquire de "*B*" o lote "*X*" do Recanto Azul, ignorando que lei municipal proibia loteamento naquela localidade. Tal compra e venda poderá ser anulada, por ter havido erro:

(A) sobre a natureza do ato negocial.
(B) substancial sobre a qualidade essencial do objeto.
(C) de direito.
(D) por falso motivo.
(E) sobre o objeto principal da declaração.

A: incorreta, pois ocorre erro sobre a natureza do ato quando há uma falsa percepção sobre qual é o ato praticado. Ex.: sujeito imagina estar recebendo objeto em doação, quando se trata de empréstimo; **B:** incorreta, pois o objeto em si apresenta perfeita identidade como o imaginado pelo adquirente; **C:** correta, pois o equívoco do comprador se deu quanto à lei que proibia o loteamento. Nesses casos, o Código Civil permite a anulação do negócio desde que o erro de direito tenha sido o motivo único ou principal do negócio celebrado; **D:** incorreta, pois o motivo é o que leva o sujeito a praticar um negócio e recai não sobre a lei, mas sobre fato. Ex.: compra do sítio pelo motivo de que a cachoeira produz energia elétrica, o que não se concretiza na prática; **E:** incorreta, pois o objeto principal da declaração é o lote e ele não apresenta qualquer tipo de divergência com o imaginado pelo comprador.

Gabarito "C"

(Auditor do Tesouro Municipal/Recife-PE – 2003 – ESAF) Se houver temor de grave dano moral ou material à pessoa ou a algum parente seu, conhecido da outra parte, que compele o declarante a concluir contrato, mediante prestação exorbitante, tal negócio será passível de nulidade relativa, por ter havido a configuração de:

(A) lesão
(B) coação
(C) dolo principal
(D) estado de perigo
(E) dolo acidental

A: incorreta, pois a lesão ocorre quando uma pessoa – por premente necessidade ou inexperiência – celebra negócio desproporcional (CC, art. 157); **B:** incorreta, pois na coação, uma pessoa ameaça a outra de mal grave e injusto conduzindo a vítima a celebrar negócio que não celebraria se livre estivesse (CC, art. 151); **C:** incorreta, pois no dolo uma das partes utiliza artifício malicioso para atrapalhar o esclarecimento da outra e levá-la a praticar negócio que não praticaria se estivesse esclarecida (CC, art. 145); **D:** correta, pois o enunciado da questão traz definição bastante adequada ao vício do consentimento estado de perigo (CC, art.156); **E:** incorreta, pois o dolo acidental é o artifício malicioso que recai sobre elemento não determinante do negócio jurídico (CC, art. 146).

Gabarito "D"

(Auditor do Tesouro Municipal/Fortaleza-CE – 2003 – ESAF) Se alguém vier a vender um imóvel fora do valor mercadológico, para poder pagar uma cirurgia urgente, tal venda poderá ser anulada por apresentar o vício de consentimento chamado:

(A) lesão
(B) dolo principal
(C) erro
(D) estado de perigo
(E) coação

O enunciado da questão aponta típica hipótese de negócio praticado em estado de perigo, pois a pessoa aceita negócio desproporcional, visando salvar-se ou salvar pessoa de sua família de grave dano conhecido pela outra parte (CC, art. 156). A hipótese mencionada não se enquadra na definição de lesão, dolo, erro ou coação.

Gabarito "D"

(Agente Tributário Estadual/MS – 2001 – ESAF) Engano sobre peso ou medida do objeto do contrato é considerado:

(A) erro acidental
(B) erro substancial
(C) erro de fato
(D) erro de direito
(E) *error in qualitate*

A: correta. O erro acidental, em tese, não é capaz de viciar o consentimento da parte, pois recai apenas sobre as qualidades acessórias do objeto: medida, peso ou quantidade que não importe em prejuízo real ao indivíduo.

Gabarito "A"

(Agente Fiscal/PI – 2001 – ESAF) Assinale a opção falsa.

(A) O dolo de terceiro, para acarretar anulabilidade do negócio jurídico, não exige o conhecimento de uma das partes contratantes.
(B) A simulação relativa dá-se quando uma pessoa, sob aparência de um negócio fictício, pretende realizar outro que é o verdadeiro, diverso, no todo ou em parte, do primeiro.
(C) O erro escusável é aquele que é justificável, tendo-se em conta as circunstâncias do caso.
(D) A fraude contra credores apenas é atacável por ação pauliana.
(E) O *dolus bonus* é um comportamento lícito e tolerado por não ter a finalidade de prejudicar.

A: incorreta, devendo ser assinalada. O Código Civil (art. 148) apresenta como requisito para configurar o dolo de terceiro que a parte beneficiada com o dolo saiba do artifício malicioso utilizado em prejuízo da outra parte. (*Note que a rigor, obedecendo a este requisito legal, o dolo da parte que soube e nada mencionou já configura o seu dolo, não sendo exclusivamente de terceiro*); **B:** correta. A assertiva traz a correta definição da simulação relativa, pela qual uma pessoa finge praticar um ato visando esconder outro realmente praticado (CC, art. 167); **C:** correta. O Código Civil de 2002 não repetiu a noção de escusabilidade do erro, preferindo utilizar-se do critério de substancialidade ou acidentalidade; **D:** correta. A ação pauliana é o meio adequado para se pleitear a anulação do negócio jurídico no qual ocorre fraude contra credores. Na fraude à execução é possível pleitear-se a ineficácia do negócio jurídico nos próprios autos da ação movida contra o réu insolvente que dispõe de seus bens; **E:** correta, pois o *dolus bonus* é a gabança tolerável a respeito das qualidades do objeto negociado. Trata-se de artifício malicioso, mas plenamente aceito pelos usos e costumes do comércio jurídico.

Gabarito "A"

2.5.4. INVALIDADE DO NEGÓCIO JURÍDICO

(Procurador da Fazenda Nacional – 2007.2 – ESAF) João, ante o incessante pedido de parentes para que venha a prestar fiança ou aval, passa, para pôr fim àquele "assédio", seus bens para Pedro, seu amigo, fazendo com que não haja em seu nome lastro patrimonial, tornando-lhe impossível a prestação de qualquer garantia real ou fidejussória. Nesse caso hipotético, configurou-se

(A) simulação relativa subjetiva.
(B) reserva mental.
(C) simulação relativa objetiva.
(D) dolo principal.
(E) simulação absoluta.

Trata-se de simulação absoluta, pois não há um negócio dissimulado desejado por João.

Gabarito "E"

(Procurador da Fazenda Nacional – 2004 – ESAF) A anulabilidade do negócio jurídico

(A) produz efeito *ex tunc*.
(B) pode ser decretada *ex officio* pelo juiz.
(C) prevista em lei, sem que se estabeleça prazo decadencial para pleiteá-la, este será de dois anos, contado da data da conclusão do ato negocial.
(D) resultante da falta de autorização de terceiro, não possibilita a convalidação posterior do negócio.
(E) só aproveitará à parte que a alegou, mesmo se a obrigação for solidária ou indivisível.

A anulabilidade tem por finalidade proteger a manifestação de vontade no momento da prática do negócio jurídico. O artigo 171 do CC enumera as hipóteses em que o negócio jurídico é anulável. A anulabilidade não pode ser decretada de ofício pelo juiz; ela deve ser requerida pela parte interessada e uma vez decretada, opera efeitos *ex nunc*. Além disso, ela aproveita exclusivamente aos que a alegarem, salvo caso de solidariedade ou indivisibilidade. (art.177, CC). Quando a anulabilidade do ato resultar da falta de autorização de terceiro, será validado se este a der posteriormente (art.176, CC). Por fim, quando a lei dispuser que determinado ato é anulável, sem estabelecer prazo para pleitear a anulação, este será de dois anos, contado da data da conclusão do ato negocial (art. 179, CC).

Gabarito "C"

(Advogado – IRB – 2006 – ESAF) Assinale a opção verdadeira.

(A) A forma única é aquela que, por lei, não pode ser preterida por outra.
(B) O estado de perigo e a lesão são atos prejudiciais praticados em estado de necessidade, visto que na base do estado de perigo há risco patrimonial e na da lesão tem-se risco pessoal.
(C) O erro acidental induz anulação do negócio por incidir sobre a declaração de vontade, mesmo se for possível identificar a pessoa ou a coisa a que se refere.
(D) Exige-se, por lei, que o instrumento particular seja subscrito por duas testemunhas.
(E) O novel Código Civil não admite a conversão do ato nulo em outro de natureza diferente.

A: correta, pela própria definição trazida na alternativa; **B:** incorreta, pois no estado de perigo há risco pessoal, enquanto que na lesão há risco patrimonial (artigos 156 e 157, ambos do CC); **C:** incorreta, pois o erro acidental não induz anulação do negócio jurídico, como ocorre com o erro substancial (art. 138, do CC); **D:** incorreta (art. 221, do CC); **E:** incorreta (art. 170, do CC).

Gabarito "A"

2.6. PRESCRIÇÃO E DECADÊNCIA

(Analista – MDICE – 2012 – ESAF) Em relação à prescrição e decadência, são corretas as afirmações abaixo, exceto.

(A) A prescrição representa a interferência do tempo nas relações jurídicas, pela qual desaparece o direito de alguém pleitear o reconhecimento de um direito subjetivo violado.
(B) São causas que interrompem a prescrição: o despacho do juiz, mesmo incompetente, que ordenar a citação, se o interessado a promover no prazo e na forma da lei processual; o protesto cambial; a apresentação do título de crédito em juízo de inventário ou em concurso de credores; qualquer ato judicial que constitua em mora o devedor; qualquer ato inequívoco, ainda que extrajudicial, que importe reconhecimento do direito pelo devedor.
(C) São requisitos da prescrição e da decadência a inércia do titular de um direito e o decurso do tempo para o exercício desse mesmo direito.
(D) A decadência representa também a interferência do tempo nas relações jurídicas, dirige-se, porém, não aos direitos subjetivos, mas aos direitos potestativos.
(E) A decadência é a extinção de um direito pelo seu não exercício, no prazo assinalado por lei ou convenção. Extingue, portanto, a ação atribuída a um direito.

A: correta, pois decorrido o prazo prescricional (tempo), aquele que teve um direito violado gerando a pretensão, não mais poderá deduzi-la em juízo; **B:** correta (art. 202 do CC); **C:** correta, pois a conjugação do decurso de um tempo (de um prazo, segundo o art. 189 do CC) com a inércia do titular de um direito são os requisitos básicos da configuração dos institutos da prescrição e da decadência; **D:** correta, pois a doutrina define decadência como a causa extintiva do *direito potestativo* pelo seu não exercício no prazo estipulado na lei; **E:** incorreta (devendo ser assinalada), isso porque a decadência não extingue a *ação*, mas o próprio *direito*.

Gabarito "E"

(Procurador da Fazenda Nacional – 2007.2 – ESAF) Assinale a opção incorreta.

(A) Prescreve em cinco anos a pretensão para haver juros, dividendos ou quaisquer prestações acessórias, pagáveis, em períodos não maiores de um ano, com capitalização ou sem ela.
(B) O prazo de decadência pode ser estabelecido pela lei ou pela vontade unilateral ou bilateral.
(C) É prazo decadencial o de dez dias para a minoria vencida impugnar alteração de estatuto de fundação.
(D) Somente depois de consumada a prescrição, desde que não haja prejuízo de terceiro, é que pode haver renúncia expressa ou tácita por parte do interessado.
(E) A prescrição iniciada contra uma pessoa continua correr contra seu sucessor, a título universal ou singular, salvo se for absolutamente incapaz.

A: incorreta, devendo ser assinalada (art. 206, § 3º, III, do CC); **B:** correta (v. arts. 210 e 211 do CC); **C:** correta (art. 68 do CC); **D:** correta (art. 191 do CC); **E:** correto (arts. 196 e 198, I, do CC).

Gabarito "A"

(Procurador da Fazenda Nacional – 2006 – ESAF) Assinale a opção correta a respeito de prescrição.

(A) A prescrição somente pode ser interrompida uma vez.
(B) A prescrição atinge as ações pessoais que protegem os direitos a uma prestação.
(C) A interrupção da prescrição promovida por um credor aproveita aos demais.

(D) O juiz não pode decretar de ofício a prescrição, mesmo para favorecer a absolutamente incapaz.

(E) Antes de consumar-se a prescrição pode haver renúncia expressa ou tácita por parte do interessado.

A: correta. A interrupção da prescrição só pode ocorrer uma vez (art. 202, CC). **B:** incorreta. A prescrição não atinge a ação pessoal, mas sim a pretensão, que nasce com a violação do direito (art. 189, CC). **C:** incorreta. A interrupção da prescrição promovida por um credor não aproveita os demais (art. 204, CC). **D:** incorreta. Hoje, com a Lei nº 11.280/2006, o juiz pode decretar de ofício qualquer tipo de prescrição; a citada lei revogou o artigo 194, CC e mudou a redação do art. 219, § 5º, do CPC, autorizando o juiz a declarar de ofício a prescrição. **E:** incorreta. O CC não admite a renúncia prévia; ela só é possível depois que a prescrição se consumar (art.191, CC).

Gabarito "A"

(Auditor Fiscal da Receita Federal – 2012 – ESAF) O artigo 205 do Código Civil dispõe que "A prescrição ocorre em dez anos, quando a lei não lhe haja fixado prazo menor". De acordo com a legislação pertinente, relativa aos prazos da prescrição, assinale a única opção correta.

(A) Prescreve em um ano a pretensão do segurado contra o segurador, ou a deste contra aquele, contado o prazo para o segurado, no caso de seguro de responsabilidade civil, da data em que for citado para responder à ação de indenização proposta pelo terceiro prejudicado, ou da data que a este indeniza, com a anuência do segurador.

(B) Prescreve em três anos a pretensão para haver prestações alimentares, a partir da data que se vencerem.

(C) Prescreve em cinco anos a pretensão para haver juros, dividendos ou quaisquer prestações acessórias, pagáveis, em períodos não maiores de um ano, com capitalização ou sem ela.

(D) Prescreve em dois anos a pretensão relativa à tutela, a contar da data da aprovação das contas.

(E) Prescreve em três anos a pretensão de cobrança de dívidas líquidas constantes de instrumento público ou particular.

A: correta, pois de pleno acordo com o art. 206, § 1º, II do CC; **B:** incorreta, pois o prazo prescricional para referida hipótese é de 2 anos (CC, art. 206, § 2º do CC); **C:** incorreta, pois o prazo para tais hipóteses é de 3 anos (CC, art. 206, § 3º, III do CC); **D:** incorreta, pois o prazo para tais hipóteses é de 4 anos (CC, art. 206, § 4º do CC); **E:** incorreta, pois o prazo para tais hipóteses é de 5 anos (CC, art. 206, § 5º, I do CC).

Gabarito "A"

(Auditor Fiscal da Receita Federal – 2010 – ESAF) Assinale a opção correta.

(A) A pendência de ação de evicção não é causa suspensiva da prescrição.

(B) As causas impeditivas da prescrição são as circunstâncias que impedem que seu curso inicie, por estarem fundadas no *status* da pessoa individual ou familiar, atendendo razões de confiança, parentesco, amizade e motivos de ordem moral.

(C) A prescrição iniciada contra uma pessoa não continua a correr contra o seu sucessor a título universal ou singular.

(D) As partes podem aumentar ou reduzir prazo prescricional.

(E) A incapacidade absoluta não impede a prescrição.

A: incorreta, pois a existência de referida ação é causa que obsta a fluência do prazo prescricional (CC, art. 199, III); **B:** correta, pois como regra geral são essas características que impedem ou suspendem a prescrição (CC, art. 197 a 199); **C:** incorreta, pois a prescrição iniciada contra uma pessoa continua a correr contra o seu sucessor (CC, art. 196); **D:** incorreta, pois o Código Civil (art. 192) proíbe alteração de prazos prescricionais; **E:** incorreta, pois a incapacidade absoluta do credor é causa que obsta a fluência do prazo prescricional (CC, art. 198, I).

Gabarito "B"

3. OBRIGAÇÕES

3.1. INTRODUÇÃO, CLASSIFICAÇÃO E MODALIDADES DAS OBRIGAÇÕES

(Procurador da Fazenda Nacional – 2007 – ESAF) O fornecimento de 50.000 toneladas de petróleo em cinco carregamentos iguais, previamente ajustado, é uma obrigação, quanto ao tempo de adimplemento

(A) de execução continuada

(B) simples

(C) momentânea

(D) de dar coisa incerta

(E) divisível

Quanto ao momento do cumprimento, as obrigações podem ser classificadas como de execução instantânea, diferida ou periódica. Obrigação de execução instantânea ou momentânea *é aquela que se cumpre imediatamente após a sua constituição. Um exemplo é a obrigação de pagamento à vista.* Obrigação de execução diferida *é aquela que se cumpre em um só ato, mas em momento futuro. Por exemplo, quando se combina que a entrega será feita 60 dias após a constituição da obrigação.* Obrigação de execução continuada/periódica ou de trato de sucessivo *é aquela que se cumpre por meio de atos reiterados e protraídos no tempo.* Além do exemplo trazido no enunciado da questão, outro é a obrigação de pagar parcelas de um financiamento. Essa classificação é importante para efeito de aplicação da regra da imprevisão (arts. 317 e 478 do CC).

Gabarito "A"

(Procurador da Fazenda Nacional – 2007 – ESAF) Tanto na solidariedade como na indivisibilidade, ante a pluralidade subjetiva, cada credor pode exigir a dívida inteira e cada devedor está obrigado pelo débito todo. O credor que receber responderá pela parte dos demais e o devedor que pagar terá direito de regresso contra os outros. Apesar desses pontos de contato, há nítidas diferenças entre ambas as obrigações. Indique, entre as opções, o elemento diferencial falso:

(A) a fonte da solidariedade é o próprio título em razão do qual as partes estão obrigadas e a da indivisibilidade é, em regra, a natureza da prestação, que não comporta execução fracionada.

(B) a solidariedade se extingue com o óbito de um dos cocredores e de um dos codevedores, exceto se a obrigação for divisível; já na indivisibilidade, o falecimento de um cocredor ou codevedor tornará divisível a obrigação.

(C) a solidariedade perdura mesmo se a obrigação se converter em perdas e danos; tal, porém, não ocorrerá com a indivisibilidade, que cessará se houver essa transformação, pois, passando a ter natureza pecuniária, tornar-se-á divisível.

(D) Na obrigação solidária, havendo inadimplemento, todos os codevedores responderão pelos juros moratórios, mesmo que a ação tenha sido proposta apenas contra um deles, embora o culpado tenha de responder aos outros pela obrigação acrescida; na obrigação indivisível, sendo a culpa de um só dos devedores, os outros ficarão exonerados, respondendo só aquele pelas perdas e danos.

(E) Na solidariedade, a interrupção da prescrição aberta por um dos credores aproveitará aos demais, assim como a interrupção efetuada contra o devedor solidário envolverá os demais e seus herdeiros; na indivisibilidade, a interrupção da prescrição por um credor não aproveitará aos demais e a interrupção operada contra o codevedor ou seu herdeiro não prejudicará os demais coobrigados.

Todas as diferenças apontadas são verdadeiras, exceto as trazidas na alternativa "b", nos termos do art. 276 e 263 do CC.

Gabarito "B"

(Procurador da Fazenda Nacional – 2007.2 – ESAF) "A" deve entregar uma joia de valor correspondente a R$ 90.000,00 a "B", "C" e "D", tendo "B" remitido o débito, "C" e "D" exigirão a joia, mas deverão indenizar "A", em dinheiro (R$ 30.000,00) da parte que "B" o perdoou. Tal ocorre porque a obrigação em tela, produz esse efeito por ser

(A) solidária ativa.
(B) indivisível.
(C) divisível.
(D) solidária mista.
(E) solidária passiva.

Se um dos credores remitir a dívida, a obrigação não ficará extinta para com os outros; mas estes só a poderão exigir, descontada a quota do credor remitente (art. 262 do CC).

Gabarito "B"

(Advogado – IRB – 2006 – ESAF) A (promitente-vendedor) assume perante B a obrigação de entregar o lote compromissado e a financiar a construção que nele será erguida. Tal obrigação é

(A) alternativa.
(B) facultativa.
(C) cumulativa.
(D) disjuntiva.
(E) simples.

A alternativa correta é a "C", pois o caso narrado trata de uma obrigação cumulativa, cujas prestações devem ser cumpridas para que haja a extinção da obrigação, não havendo faculdade para o devedor.

Gabarito "C"

(Auditor Fiscal/RN – 2005 – ESAF) Se o devedor a quem compete a escolha se obriga a pagar ao credor, anualmente, dez valiosas obras de arte ou dois milhões de reais, a cada ano que passa

(A) deverá manter a escolha efetuada em determinado tempo.
(B) estará privado de optar por prestação diversa no período seguinte.
(C) a escolha, que fez num ano, o obrigará a mantê-la no ano seguinte.
(D) poderá optar ora pela entrega das obras de arte, ora pelo pagamento daquela quantia, pois a lei reconhece o *jus variandi* na escolha de prestação sucessiva.
(E) deverá fazer um acordo com o credor relativamente à concentração; não havendo unanimidade, o órgão judicante decidirá, findo o prazo por este fixado para a deliberação, indicando qual das prestações deverá ser cumprida para que o devedor se libere.

A questão versa sobre uma obrigação alternativa com prestações periódicas. Nessa hipótese, o devedor pode fazer uma opção a cada período prestacional. Assim, por exemplo, poderia num ano dar dez valiosas obras de arte e no ano seguinte pagar o valor de dois milhões de reais e assim sucessivamente, realizando suas escolhas a cada período. Segundo o Código Civil (art. 252, § 2º): "a faculdade de opção poderá ser exercida em cada período".

Gabarito "D"

(Fiscal de Tributos/PA – 2002 – ESAF) A obrigação consistente em um vínculo jurídico pelo qual o devedor se compromete a realizar diversas prestações, de tal modo que não se considerará cumprida a obrigação até a execução de todas as prestações prometidas, sem exclusão de uma só, é a

(A) obrigação simples.
(B) obrigação cumulativa.
(C) obrigação facultativa.
(D) obrigação disjuntiva.
(E) obrigação alternativa.

A: incorreta, pois na obrigação simples há apenas um objeto na obrigação, não havendo margem de escolha ou necessidade de cumulação para o perfeito adimplemento; **B:** correta, pois na obrigação cumulativa o devedor só se desonera ao cumprir todas as prestações; **C:** incorreta, pois na rara obrigação facultativa existe um objeto na obrigação, mas no momento do adimplemento surge uma faculdade ao devedor de se desonerar mediante outra prestação (é o que ocorre quando se deixa um veículo em consignação para venda, chamado pelo Código Civil de contrato estimatório no art. 534. O comerciante a quem se entregou o carro tem apenas a obrigação de pagar o valor ajustado, mas no momento de cumprir a obrigação poderá optar por devolver o veículo); **D** e **E:** incorretas, pois a obrigação alternativa (também chamada de disjuntiva) não impõe a cumulação de objetos para que o devedor se desonere da obrigação. Como o próprio nome diz, o devedor procederá à escolha da prestação devida.

Gabarito "B"

(Agente Tributário Estadual/MS – 2001 – ESAF) Havendo inexequibilidade de uma das prestações por culpa do devedor de obrigação alternativa, competindo a escolha delas ao credor:

(A) o credor somente poderá pleitear perdas e danos.

(B) o credor pleiteará o equivalente de qualquer delas mais perdas e danos.
(C) o credor terá direito de exigir ou a prestação subsistente ou o valor da outra com perdas e danos.
(D) o credor poderá reclamar o valor de qualquer das duas.
(E) cessará o *jus variandi* do devedor que não poderá forçar o credor a receber o valor da que se perdeu.

A hipótese mencionada na questão versa sobre uma obrigação alternativa com escolha do credor, na qual uma das prestações tornou-se inexequível por culpa do devedor. A solução dada pelo art. 255 do CC é simplesmente manter a opção do credor que agora poderá exigir a obrigação remanescente ou o valor da que se perdeu cumulada com perdas e danos.

Gabarito "C"

(Agente Fiscal/PI – 2001 – ESAF) Assinale a opção correta.
(A) A solidariedade não se extingue com o óbito de um dos cocredores ou de um dos codevedores.
(B) A conversão da prestação em perdas e danos não alterará a solidariedade.
(C) A constituição em mora do credor solidário pela oferta de pagamento por parte do devedor comum, não prejudicará todos os demais.
(D) A cláusula, condição ou obrigação adicional, estipulada entre um dos codevedores e o credor poderá agravar a posição dos demais.
(E) O credor não pode renunciar à solidariedade em favor de um, alguns ou todos os devedores.

A: incorreta, pois como regra – em relação aos herdeiros do credor/devedor falecido – a solidariedade se desfaz. É o que determinam os arts. 270 e 276 do CC; **B:** correta, pois a solidariedade não guarda relação com o objeto e sim com um vínculo jurídico existente entre os diversos devedores ou diversos credores. Assim, convertendo-se a prestação em perdas e danos, persiste a solidariedade entre as diversas partes de um mesmo polo da obrigação; **C:** incorreta, pois contrária à regra estabelecida pelo art. 268 do CC; **D:** incorreta, pois "qualquer cláusula, condição ou obrigação adicional, estipulada entre um dos devedores solidários e o credor, não poderá agravar a posição dos outros sem consentimento destes" (CC, art. 278); **E:** incorreta, pois é dado ao credor o direito de renunciar à solidariedade em favor de um, alguns ou todos os devedores (CC, art. 282).

Gabarito "B"

3.2. TRANSMISSÃO, ADIMPLEMENTO E EXTINÇÃO DAS OBRIGAÇÕES

(Auditor Fiscal da Receita Federal – 2012 – ESAF) O artigo 286 do Código Civil dispõe que "O credor pode ceder o seu crédito, se a isso não se opuser a natureza da obrigação, a lei, ou a convenção com o devedor; a cláusula proibitiva da cessão não poderá ser oposta ao cessionário de boa-fé, se não constar do instrumento da obrigação".

De acordo com a legislação pertinente, relativa à Cessão de Crédito, está incorreta a opção:
(A) salvo disposição em contrário, na cessão de um crédito, abrangem-se todos os seus acessórios.
(B) é ineficaz, em relação a terceiros, a transmissão de um crédito, se não celebrar-se mediante instrumento público, ou instrumento particular revestido das solenidades exigidas em lei.
(C) na cessão por título oneroso, o cedente, ainda que não se responsabilize, fica responsável ao cessionário pela existência do crédito ao tempo em que lhe cedeu; a mesma responsabilidade lhe cabe nas cessões por título gratuito, se tiver procedido de má-fé.
(D) o devedor não pode opor ao cessionário as exceções que lhe competirem, bem como as que, no momento em que veio a ter conhecimento da cessão, tinha contra o cedente.
(E) o crédito, uma vez penhorado, não pode mais ser transferido pelo credor que tiver conhecimento da penhora; mas o devedor que o pagar, não tendo notificação dela, fica exonerado, subsistindo somente contra o credor os direitos de terceiro.

A: correta (CC, art. 287), pois na cessão de crédito o cessionário (novo credor) substitui o antigo credor, titularizando então todos os seus direitos. A este fenômeno dá-se o nome de sub-rogação (CC, art. 347, I); **B:** correta, pois de pleno acordo com o art. 288 do CC. Referido dispositivo exige como condição de eficácia externa que a cessão ocorra mediante instrumento público ou particular, desde que no último caso seja utilizada a mesma forma exigida para o instrumento do mandato (CC, art. 654, § 1º); **C:** correta. A responsabilidade pela cessão de crédito pode limitar-se à existência do crédito (quando então é chamada de *pro soluto*) ou pode abranger também a solvência do devedor (quando então é chamada de *pro solvendo*). No silêncio das partes, a cessão onerosa implica apenas a responsabilidade *pro soluto*, ao passo que na cessão gratuita tal responsabilidade somente ocorrerá se o cedente tiver agido de má-fé (CC, art. 295); **D:** incorreta, pois o devedor pode opor ao cessionário as exceções que lhe competirem, conforme art. 294 do CC; **E:** correta, pois de acordo com o art. 298 do CC. Referido artigo trata da hipótese na qual o credor de um crédito é devedor de outra pessoa. Esta penhora o crédito daquele, impossibilitando desta forma a cessão. 33

Gabarito "D"

3.3. INADIMPLEMENTO DAS OBRIGAÇÕES

(Procurador da Fazenda Nacional – 2004 – ESAF) Assinale a opção falsa.
(A) O inadimplemento voluntário absoluto total ocorre quando a obrigação não foi cumprida em sua totalidade, nem poderá sê-lo, e o credor não mais terá a possibilidade de receber aquilo a que o devedor se obrigou.
(B) Se se comprovar que os juros moratórios não cobrem as perdas e danos, não havendo estipulação de cláusula penal, o órgão judicante não poderá conceder ao credor uma indenização suplementar.
(C) O inadimplemento relativo se dá quando a obrigação não for cumprida no tempo, lugar e forma devidos, porém poderá sê-lo, com proveito para o credor, hipótese em que se terá a mora.
(D) Serão insuscetíveis de indenização prejuízo eventual ou potencial.
(E) O dano emergente consiste em um *deficit* real e efetivo no patrimônio do credor, seja porque se depreciou o ativo, seja porque aumentou o passivo.

A e **C:** verdadeiras. O inadimplemento pode ser absoluto ou relativo. O inadimplemento absoluto se caracteriza quando a mora no cumprimento da obrigação torna esta inútil ao credor, ocasião em que ele não mais terá como receber aquilo que se obrigou (parágrafo único do artigo 395, CC). O inadimplemento relativo se dá quando a obrigação não é cumprida no tempo, lugar e forma devidos, porém com possibilidade de ainda sê-lo, ocasião em que se tem a mora (art. 395, CC). **B:** falsa. Provado que os juros de mora não cobrem o prejuízo, e não havendo pena convencional, pode o juiz conceder ao credor indenização suplementar (parágrafo único do artigo 404 do CC). **D:** verdadeira. O devedor só responde pelas perdas e danos resultantes diretos e imediatos da inexecução; assim, ele não responde por danos resultantes de causas alheias (art. 403, CC). **E:** verdadeira. O dano emergente é a perda efetivamente sofrida, seja porque diminuíram seus direitos seja porque aumentaram suas dívidas.

Gabarito "B".

(Procurador da Fazenda Nacional – 2003 – ESAF) Assinale a opção falsa.

(A) Vencido o termo estipulado contratualmente para o adimplemento da obrigação, sem que o devedor a cumpra, este incorrerá de *pleno iure* na cláusula penal *dies interpellat pro homine*.

(B) A cláusula penal representa uma preestimativa das perdas e danos que deverão ser pagas pelo devedor no caso de descumprimento do contrato principal.

(C) A cláusula penal possui a característica da incondicionalidade, já que o dever de pagar a pena convencional não está subordinado a nenhum evento futuro e incerto.

(D) A cláusula penal possui função ambivalente por reunir a compulsória e a indenizatória sendo, ao mesmo tempo, reforço do vínculo obrigacional, por punir seu inadimplemento, e liquidação antecipada das perdas e danos.

(E) Será moratória a pena convencional se convencionada para o caso de simples mora.

A: verdadeira. Art. 408, CC. **B** e **D:** verdadeiras. A cláusula penal possui duas funções: forma de obrigar o devedor a cumprir a obrigação para não incorrer na cláusula penal – compulsória – e preestipulação de perdas e danos devidos em caso de não cumprimento – indenizatória (art. 416, CC). **C:** falsa. A cláusula penal é condicionada a um evento futuro e incerto que é o não pagamento da obrigação principal. **E:** verdadeira. Art. 411, CC.

Gabarito "C".

(Advogado – IRB – 2006 – ESAF) A mora *ex re*:

(A) é mora do devedor, decorrente de lei, resultando do próprio fato do descumprimento da obrigação, independendo, portanto, de provocação do credor.

(B) é mora do devedor e se não houver estipulação de termo certo para a execução da relação obrigacional será imprescindível que o credor tome certas providências para constituir o devedor em mora.

(C) é modalidade de mora do credor.

(D) é aquela a que não se aplica a regra *dies interpellat pro homoine*, ou seja, a de que o termo interpela em lugar do credor, pois a *lex* ou *dies* assumirão o papel de intimação.

(E) é a injusta recusa de aceitar o adimplemento da obrigação no tempo, lugar e forma devidos.

A: correta (art. 397, *caput*, do CC); **B:** incorreta, pois a alternativa trata da mora *ex personae* (art. 397, parágrafo único, do CC); **C:** incorreta, pois é modalidade de mora do devedor; **D:** incorreta, pois se aplica a regra de que o termo interpela em lugar do credor; **E:** incorreta, pois a mora *ex re* é modalidade de mora do devedor, diante do inadimplemento da obrigação, positiva e líquida, no seu termo (art. 397, *caput*, do CC).

Gabarito "A".

4. CONTRATOS

4.1. CONCEITO, PRESSUPOSTOS, FORMAÇÃO E PRINCÍPIOS DOS CONTRATOS

(Procurador da Fazenda Nacional – 2007 – ESAF) O princípio pelo qual a liberdade contratual deverá estar voltada à solidariedade, à justiça social, à livre iniciativa, ao progresso social, à livre circulação de bens e serviços, à produção de riquezas, aos valores sociais, econômicos e morais, é o:

(A) do consensualismo

(B) do equilíbrio contratual

(C) da relatividade dos efeitos do negócio jurídico contratual

(D) da função social do contrato

(E) da boa fé objetiva

Enunciados CJF 21, 22, 23 e 360, que seguem: 21. A função social do contrato, prevista no art. 421 do novo Código Civil, constitui cláusula geral a impor a revisão do princípio da relatividade dos efeitos do contrato em relação a terceiros, implicando a tutela externa do crédito; 22: A função social do contrato, prevista no art. 421 do novo Código Civil, constitui cláusula geral que reforça o princípio de conservação do contrato, assegurando trocas úteis e justas; 23: A função social do contrato, prevista no art. 421 do novo Código Civil, não elimina o princípio da autonomia contratual, mas atenua ou reduz o alcance desse princípio quando presentes interesses metaindividuais ou interesse individual relativo à dignidade da pessoa humana; e 360: O princípio da função social dos contratos também pode ter eficácia interna entre as partes contratantes.

Gabarito "D".

(Auditor do Tesouro Municipal/Recife-PE – 2003 – ESAF) O contrato real é, quanto à forma, aquele que:

(A) sobrevive com a persistência da obrigação, apesar de ocorrerem soluções periódicas, até que, pelo implemento de uma condição ou decurso de um prazo, vem a cessar o ato negocial.

(B) se perfaz pela simples anuência das partes, sem necessidade de outro ato.

(C) não impõe nenhuma forma para sua formação, exigindo apenas o consenso dos contratantes.

(D) só se ultima com a entrega da coisa feita por um contratante a outro.

(E) depende, para se ultimar, de escritura pública ou particular.

A alternativa traz o conceito de contrato real, como o comodato, depósito e mútuo, em que a entrega da coisa é requisito para a formação do contrato.

Gabarito "D".

4.2. LOCAÇÃO

(Procurador da Fazenda Nacional – 2007.2 – ESAF) O locador tem direito de exigir do locatário, na locação de prédio urbano, uma das seguintes garantias:

(A) caução em dinheiro, caução em bens móveis ou imóveis, garantia fidejussória, seguro de fiança locatícia e cessão fiduciária de quotas de fundo de investimento.
(B) seguro de fiança locatícia, cessão fiduciária de quotas de fundo de investimento e caução em bens móveis ou imóveis.
(C) cessão fiduciária de quotas de fundo de investimento, fiança e caução em dinheiro.
(D) caução em dinheiro, fiança e caução em bens móveis ou imóveis.
(E) garantia fidejussória, penhor, hipoteca, caução em dinheiro e seguro de fiança locatícia.

Art. 37 da Lei 8.245/1991.

Gabarito "A".

(Auditor Fiscal/RN – 2005 – ESAF) A locação, quanto ao tempo de sua execução, é contrato

(A) de transmissão de uso e gozo.
(B) de execução continuada.
(C) bilateral.
(D) consensual.
(E) de execução imediata.

A questão pede que se identifique a classificação do contrato de locação no que se refere ao critério temporal de execução. Esse ponto é importante, porque o contrato de locação é bilateral e é consensual, mas tais classificações não se encaixam no critério solicitado pelo enunciado da questão. No que tange a esse específico critério de tempo de execução, não há dúvidas de que o contrato de locação é mesmo tipicamente de execução continuada.

Gabarito "B".

4.3. MÚTUO, COMODATO E DEPÓSITO

(Procurador da Fazenda Nacional – 2003 – ESAF) Se o depositário não conseguir provar suficientemente as despesas e os prejuízos, ou se o valor deles for ilíquido, deverá:

(A) exigir caução idônea do depositante.
(B) reembolsar *ex lege* o depositante.
(C) pagar *ex contractu* as benfeitorias.
(D) apurar, primeiramente, a liquidez do ressarcimento.
(E) requerer, em primeiro lugar, a remoção da coisa para o depósito público.

Se as dívidas, despesas ou prejuízos não forem provados suficientemente, ou forem ilíquidos, o depositário poderá exigir caução idônea do depositante ou, na falta desta, a remoção da coisa ao Depósito Público até que se liquidem (parágrafo único, do artigo 644, do CC).

Gabarito "A".

(Fiscal de Tributos/PA – 2002 – ESAF) É dever do comodante

(A) pagar as despesas extraordinárias e necessárias feitas pelo comodatário com a conservação da coisa emprestada, em caso de urgência, se não pôde ser avisado, oportunamente, para autorizá-las.
(B) responder se, correndo risco o objeto do comodato, vier a salvar o que lhe pertence, abandonando aquele à sua sorte, fazendo com que, por culpa sua, sofra deteriorações.
(C) restituir a coisa emprestada *in natura* no momento convencionado.
(D) limitar o uso do bem ao estipulado no contrato ou de acordo com sua natureza, sob pena de responder por perdas e danos.
(E) responder pela mora e pagar o aluguel pelo tempo do atraso em restituir o bem dado em comodato.

A: correta. Em que pese não haver previsão expressa nesse sentido, referida obrigação decorre mesmo da condição de proprietário que o comodante conserva e se mantém durante toda a execução do contrato; **B**, **C**, **D** e **E**: incorretas, pois referidas obrigações pertencem ao comodatário, conforme preceituam respectivamente os arts. 583, 581 e 582 do CC.

Gabarito "A".

4.4. PRESTAÇÃO DE SERVIÇO

(Advogado – IRB – 2006 – ESAF) Se **A** efetivar com **B** contrato escrito para a prestação do serviço "x" por 4 anos, pactuando retribuição de 100 mil reais pelo tempo de duração do acordo, havendo aliciamento de **B** por **C**, este deverá indenizar **A**, pagando

(A) 100 mil reais.
(B) 150 mil reais.
(C) 250 mil reais.
(D) 200 mil reais.
(E) 50 mil reais.

A alternativa "e" está correta, pois reflete o disposto no art. 608, do CC, ficando excluídas as demais.

Gabarito "E".

4.5. EMPREITADA

(Advogado – IRB – 2006 – ESAF) Se no contrato de preparação de áreas, tendo cada uma a extensão "x", para a lavoura, estipular-se pagamento a tanto por área, recebendo o empreiteiro *quantum* relativo ao que foi feito, ter-se-á:

(A) empreitada a preço fixo absoluto.
(B) empreitada por medida.
(C) empreitada a preço fixo relativo.
(D) empreitada de valor reajustável.
(E) empreitada por preço de custo.

A alternativa "B" está correta (art. 614, do CC). O enunciado da questão trata da empreitada por medida (*ad mensuram*) ou *marché sur devis*, "em que a execução do serviço é pactuada pelo empreiteiro e pelo dono da obra em partes", em oposição à empreitada por preço global (Flávio Tartuce, Manual de Direito Civil, editora Método).

Gabarito "B".

(Agente Fiscal/PI – 2001 – ESAF) É dever do comitente:

(A) pedir o pagamento de materiais que foram entregues ao empreiteiro e por ele inutilizados devido à sua imperícia.

(B) não fazer acréscimos ou mudanças que não sejam fundadas em razões de absoluta necessidade técnica, sem o assentimento do dono da obra.
(C) indenizar o empreiteiro pelas despesas que houver feito, se rescindir o contrato sem justa causa, pagando ainda os lucros que este poderia ter, se concluísse a obra.
(D) ceder o contrato de empreitada, dando origem à subempreitada.
(E) entregar a obra concluída a seu dono.

A: incorreta, pois não se trata de dever do comitente, mas sim de um direito seu (CC, art. 617); **B:** incorreta, pois o comitente é justamente o dono da obra; **C:** correta, pois de pleno acordo com o disposto no art. 623 do CC; **D:** incorreta, pois não existe a previsão legal de dever de ceder o contrato de empreitada; **E:** incorreta, pois trata-se de obrigação do empreiteiro e não do comitente.

Gabarito "C"

4.6. SEGURO

(Procurador da Fazenda Nacional – 2006 – ESAF) A propósito dos contratos, assinale a opção falsa.

(A) Nos contratos de seguro de pessoas o segurador não se sub-roga nos direitos do segurado.
(B) É válida a instituição da companheira de homem casado, separado de fato na data da contratação, como beneficiária do seguro.
(C) Pode-se estipular fiança sem o consentimento do devedor ou contra a sua vontade.
(D) É nula a cláusula contratual que exclui o pagamento do capital por suicídio do segurado.
(E) No seguro de pessoa admite-se transação para pagamento inferior ao capital segurado.

A: verdadeira. Art. 800, CC. **B:** verdadeira. Art. 793, CC. **C:** verdadeira. Art. 820, CC..**D:** verdadeira. Parágrafo único do art. 798, CC. **E:** falsa. É nula, no seguro de pessoa, qualquer transação para pagamento reduzido do capital segurado (art. 795, CC).

Gabarito "E"

(Procurador da Fazenda Nacional – 2003 – ESAF) Seguro de capital diferido configurar-se-á se:

(A) várias pessoas se unem por meio de estatuto para dividir danos que cada uma poderia ter em razão de certo sinistro.
(B) o segurado se obrigar a pagar um prêmio fixo, enquanto vivo, para que a seguradora pague indenização aos seus beneficiários após sua morte.
(C) compreender a vida do próprio segurado ou de terceiro.
(D) feito entre seguradora e marido e mulher, em que a indenização é paga ao cônjuge sobrevivente.
(E) o segurado tiver direito à soma do seguro se ainda estiver vivo ao fim de certo número de anos.

A alternativa E é a única que contempla corretamente o conceito de contrato de seguro de capital diferido. As demais alternativas conceituam outras espécies de contrato de seguro.

Gabarito "E"

4.7. OUTROS CONTRATOS E TEMAS COMBINADOS

(Agente Tributário Estadual/MS – 2001 – ESAF) Assinale a opção falsa.

(A) A empreitada será *ad mensuram* se contiver cláusula permissiva de variação do preço em consequência do aumento ou diminuição valorativa da mão de obra e dos materiais.
(B) A sublocação contém duas relações jurídicas: a relação *ex locato* entre locador e locatário e a entre este (sublocador) e o sublocatário.
(C) O comodatário terá o dever de responsabilizar-se solidariamente, se houver mais comodatários, devido ao caráter benéfico do comodato e ao disposto em lei, para melhor assegurar a devolução da coisa.
(D) A prestação de serviço não poderá ser convencionada por mais de quatro anos.
(E) O comitente tem o direito de pedir o pagamento de materiais que foram entregues ao empreiteiro e por ele inutilizados devido à sua imperícia.

A: incorreta, pois não é o fato de a empreitada ser *ad mensuram* que implica na cláusula permissiva de variação de preço. O que a empreitada *ad mensuram* gera é o direito do empreiteiro de "exigir o pagamento na proporção da obra executada" (CC, art. 614); **B:** correta, pois de fato, a sublocação pressupõe que o sublocador seja locatário da relação primitiva de locação; **C:** correta, pois referida solidariedade legal passiva encontra respaldo no art. 585 do CC; **D:** correta, pois de acordo com a limitação temporal estabelecida pelo art. 598 do CC; **E:** correta, pois de pleno acordo com o art. 617 do CC.

Gabarito "A"

(Auditor do Tesouro Municipal/Recife-PE – 2003 – ESAF) Assinale a opção falsa.

(A) Os cônjuges, não sendo o regime matrimonial o da comunhão universal, não havendo disposição em contrário, poderão efetivar doação entre si, importando adiantamento do que lhes cabe por herança.
(B) O comprador só tem direito aos frutos pendentes, devendo indenizar benfeitorias, porque a compra e venda não produz direito real, que só surge com a tradição ou o registro.
(C) O locador tem obrigação de responder pelos vícios ocultos do bem locado, anteriores à locação.
(D) O comitente tem direito de enjeitar a obra ou pedir abatimento no preço se houver descumprimento do ajuste ou das regras técnicas da arte.
(E) O substabelecimento do mandato não poderá ser feito por instrumento particular se o outorgou por instrumento público.

A: correta, pois o Código permite a doação de um cônjuge ao outro, o que implicará em adiantamento da legítima (CC, art. 544); **B:** correta, pois o contrato é consensual quando se aperfeiçoa mediante o simples consenso entre as partes. É exatamente o que acontece na hipótese da compra e venda (CC, art. 482). Firmado o acordo a respeito da coisa e do preço o contrato de compra e venda surge juridicamente com suas obrigações recíprocas; **C:** correta, pois tal obrigação encontra respaldo no art. 22, IV, da Lei 8.245/1991; **D:**

correta, pois de acordo com o Código Civil (arts. 615 e 616); **E:** incorreta. A regra a se observar quanto ao contrato de mandato é a forma exigida para a celebração do contrato principal. Assim, caso o negócio principal a ser celebrado não exija escritura pública, mas o as partes escolheram essa forma para o mandato (por conveniência ou segurança, por exemplo), o substabelecimento não necessariamente precisará observar a forma pública, devendo sim respeito à forma exigida para o negócio principal (CC, art. 655).

Gabarito "E"

4.8. ATOS UNILATERAIS

(Procurador da Fazenda Nacional – 2004 – ESAF) É obrigação do gestor perante o *dominus negotii*

(A) ratificar ou desaprovar a gestão.
(B) reembolsar-se das despesas feitas na administração da coisa alheia.
(C) pagar apenas as vantagens que obtiver com a gestão, se o seu negócio for conexo com o gestor, que então, será considerado seu sócio.
(D) obter a restituição do que despendeu com alimentos devidos a uma pessoa, na ausência do obrigado a prestá-los, mesmo que este não ratifique o ato.
(E) aplicar toda a sua diligência habitual na administração do negócio, ressarcindo o dono de todo prejuízo resultante de qualquer culpa na gestão.

A, **B**, **C** e **D:** incorretas. Todas as obrigações enumeradas nestas alternativas cabem ao dono do negócio e não ao gestor (arts. 868, 871, 873, 875, CC). **E:** correta. Art. 866, CC

Gabarito "E"

5. RESPONSABILIDADE CIVIL

5.1. OBRIGAÇÃO DE INDENIZAR

(Procurador da Fazenda Nacional – 2007.2 – ESAF) Quanto ao conteúdo da conduta culposa, a culpa poderá ser

(A) grave, leve ou levíssima.
(B) *in committendo, in ommittendo, in eligendo, in vigilando* ou *in custodiendo*.
(C) *in abstracto* ou *in concreto*.
(D) *aquiliana* ou *juris et de jure*.
(E) contratual ou extracontratual.

Não se deve confundir a classificação da culpa. A alternativa "B" traz a classificação da culpa quanto ao seu conteúdo.

Gabarito "B"

(Procurador da Fazenda Nacional – 2006 – ESAF) Constituem caso de responsabilidade civil por ato de outrem, exceto

(A) os pais, pelos filhos menores que estiverem sob seu poder e companhia, mesmo se comprovado que agiu de maneira incensurável quanto à vigilância e educação do menor.
(B) o tutor ou curador, pelos atos praticados pelos pupilos e curatelados, tenha ou não apurado sem culpa.
(C) o empregador ou comitente, por seus empregados, serviçais e prepostos, no exercício do trabalho ou por ocasião dele.
(D) os donos de hotéis, hospedarias, casas ou estabelecimentos onde se albergue por dinheiro, menos para fins de educação, pelos seus hóspedes e moradores, havendo, ou não, culpa *in vigilando* e *in eligendo*.
(E) os que houverem participado nos produtos do crime, mesmo os que não participaram do delito mas receberam o seu produto.

A: correta. Art. 932, I, CC; **B:** correta. Art. 932, II, CC; **C:** correta. Art. 932, III, CC; **D:** incorreta. Art. 932, IV, CC (os donos de hotéis, hospedarias, casas ou estabelecimentos onde se albergue por dinheiro, mesmo para fins de educação, pelos seus hóspedes, moradores e educandos); **E:** correta. Art. 932, V, CC.

Gabarito "D"

6. COISAS

6.1. POSSE

(Auditor do Tesouro Municipal/Recife-PE – 2003 – ESAF) O manobrista de uma empresa, em relação ao automóvel do cliente, exerce sobre o automóvel uma:

(A) posse indireta.
(B) posse natural.
(C) posse precária.
(D) composse *pro indiviso*.
(E) posse direta. 37

Quando alguém tem sobre uma coisa um poder de fato que não é protegido pela ciência do Direito verifica-se o instituto da *detenção*. Esse poder de fato ocorre basicamente em duas hipóteses legais. A primeira vem prevista no art. 1.198 do CC e responde à questão formulada. Verifica-se quando uma pessoa "achando-se em relação de dependência para com outro, conserva a posse em nome deste e em cumprimento de ordens ou instruções suas". A segunda vem prevista no art. 1.208 e verifica-se nos atos de mera permissão ou tolerância, bem como nos atos violentos ou clandestinos, enquanto tais vícios persistirem maculando a relação de fato com a coisa. Boa parte da doutrina dá à detenção o nome de "posse natural".

Gabarito "B"

6.1.1. AQUISIÇÃO E PERDA DA POSSE

(Procurador da Fazenda Nacional – 2006 – ESAF) Adquire-se a posse:

(A) pelo próprio interessado, seu representante ou procurador, terceiro sem mandato e pelo constituto possessório.
(B) pelo próprio interessado, seu representante ou procurador, terceiro sem mandato (dependendo de ratificação) e pelo constituto possessório.
(C) pelo próprio interessado e pelo constituto possessório.
(D) pelo próprio interessado, seu representante ou procurador (dependendo de ratificação), terceiro sem mandato e pelo constituto possessório.
(E) pelo próprio interessado, seu representante ou procurador e por terceiro sem mandato (dependendo de ratificação).

Art. 1.205 e incisos do CC. O constituto possessório é modo fictício de aquisição da posse. Ocorre quando o comprador já deixa o bem na posse do vendedor em comodato ou locação. O vendedor transfere a propriedade e conserva consigo a posse.

Gabarito "B".

(Procurador da Fazenda Nacional – 2003 – ESAF) Assinale a opção falsa.

(A) O constituto possessório acarreta a perda da posse, pois o possuidor altera, em virtude da cláusula *constituti*, a relação possessória, passando a possuir em nome próprio aquilo que possuía em nome alheio.

(B) Se o possuidor vier a defender sua posse, restabelecendo a situação ao estado anterior à turbação ou ao esbulho, o prazo de ano e dia não correrá.

(C) Perde-se a posse da coisa pelo abandono se o possuidor intencionalmente se afastar do bem com o intuito de se privar de sua disponibilidade física e de não mais exercer sobre ela qualquer ato possessório.

(D) As benfeitorias compensam-se com os danos que o possuidor esteja obrigado a ressarcir.

(E) O possuidor de má-fé não tem direito de ser indenizado pelas benfeitorias úteis.

A: falsa. O constituto possessório é modo fictício de aquisição da posse. Ocorre quando o comprador já deixa o bem na posse do vendedor em comodato ou locação. O vendedor transfere a propriedade e conserva consigo a posse. **B:** verdadeira. Com efeito, a partir do restabelecimento do estado anterior à turbação ou ao esbulho, o possuidor original retoma sua posse justa, não havendo que se falar em prazo de ano e dia para fins de ação possessória. **C:** verdadeira. Perde-se a posse quando cessa, ainda que contra a vontade, o poder do possuidor sobre o bem (art. 1.223, CC); o abandono é uma hipótese de perda da posse pela vontade do possuidor. **D:** verdadeira. Regra disposta no artigo 1.221, CC. **E:** verdadeira. Ao possuidor de má-fé serão ressarcidas somente as benfeitorias necessárias (art. 1.220, CC).

Gabarito "A".

6.2. DIREITOS REAIS E PESSOAIS

(Auditor do Tesouro Municipal/Fortaleza-CE – 2003 – ESAF) Assinale a opção certa.

(A) A posse-trabalho, para atender ao princípio da socialidade, reduz o prazo da usucapião extraordinária de 15 para 10 anos e o da ordinária de 10 para 5 anos, em se tratando de imóvel.

(B) Responderá, salvo convenção em contrário, o adquirente pelas dívidas fiscais (IPTU, ITR, IPVA etc.) que gravarem o bem até o momento da transferência da propriedade.

(C) Se a mistura de coisas pertencentes a pessoas diversas for involuntária, sendo uma delas a principal, cada proprietário continuará a ter o domínio sobre o mesmo bem, que lhe pertencia antes da mistura.

(D) Se a causa da resolução da propriedade constar do próprio título constitutivo, seu efeito será *ex nunc*.

(E) A construção de outro pavimento, destinado a conter novas unidades imobiliárias, requer aprovação de 2/3 dos votos dos condôminos.

A: correta, pois a usucapião extraordinária (sem justo título e boa-fé do possuidor) de bem imóvel tem como prazo 15 anos, ao passo que a ordinária (com justo título e boa-fé do possuidor) tem o prazo de 10 anos. Todavia, na hipótese de a posse ser qualificada, ou seja, "se o possuidor houver estabelecido no imóvel a sua moradia habitual, ou nele realizado obras ou serviços de caráter produtivo" (CC, art. 1.238, parágrafo único), ambos os prazos sofrerão redução de 5 anos, resultando respectivamente em prazos de 10 e 5 anos; **B:** incorreta, pois nessa hipótese é o vendedor que responde por tais débitos (CC, art. 502); **C:** incorreta, pois o art. 1.272, § 2º, do CC dispõe que: "se uma das coisas puder considerar-se principal, o dono sê-lo-á do todo, indenizando os outros"; **D:** incorreta, pois os efeitos da resolução por condição ou termo, previsto no próprio título, são ex tunc, ou seja, são retroativos, resolvendo-se a propriedade como se jamais houvesse existido; **E:** incorreta, pois o quórum exigido para tal construção é de unanimidade (CC, art. 1.343).

Gabarito "A".

(Auditor do Tesouro Municipal/Recife-PE – 2003 – ESAF) Assinale a opção falsa.

(A) A propriedade apresenta a característica da elasticidade, pois o domínio pode ser distendido ou contraído, no seu exercício, conforme lhe adicionem ou subtraiam poderes destacáveis.

(B) O usufruto, que recai sobre a herança, é, quanto a sua extensão, universal.

(C) É dever do credor pignoratício não usar da coisa empenhada, visto que não passa de depositário.

(D) No contrato de compra e venda, com pacto de retrovenda, o adquirente é proprietário resolúvel.

(E) A hipoteca legal concedida, no direito anterior, a incapaz sobre imóvel de tutor, já devidamente inscrita, não poderá, atualmente, ser cancelada, mesmo que o patrimônio do menor seja de valor considerável e o tutor tenha reconhecida idoneidade.

A: correta, pois é justamente dessa característica que decorrem os direitos reais sobre coisas alheias, a permitir que outras pessoas exerçam prerrogativas e direitos sobre bens que não são de sua propriedade (CC, art. 1.225); **B:** correta, pois a herança é uma universalidade recaindo, portanto, o direito real de usufruto sobre todo o patrimônio (CC, art. 1.392, § 3º); **C:** correta, pois – como regra – o credor pignoratício detém a posse da coisa empenhada, mas não pode usá-la, pois atua como depositário (CC, art. 1.435, I). Vale lembrar, todavia, que há hipóteses nas quais o bem empenhado nem passa às mãos do credor (como, por exemplo, no caso de penhor rural (CC, art. 1.438); **D:** correta, pois mediante o pacto de retrovenda o vendedor originário tem o direito de recomprar a coisa no prazo decadencial de 3 anos. Caso tal evento futuro e incerto ocorra, a propriedade do comprador originário se resolve (CC, art. 505); **E:** incorreta, pois a hipótese de cancelamento da referida hipoteca encontra previsão legal no art. 2.040 do CC.

Gabarito "E".

6.3. PROPRIEDADE IMÓVEL

(Procurador da Fazenda Nacional – 2006 – ESAF) São requisitos da usucapião *pro labore* (§ 4º do art. 1.228 do CC/2002):

(A) posse, por mais de cinco anos, de área traduzida em trabalho criador de um considerável número de pessoas, considerado de interesse social e econômico relevantes reconhecidos pelo Poder Executivo.

(B) posse ininterrupta e de boa-fé por mais de dez anos de uma extensa área, traduzida em trabalho criador de um considerável número de pessoas, concretizado em construção de moradia.

(C) posse por mais de cinco anos de uma extensa área, traduzida em trabalho criador de um considerável número de pessoas, concretizado em construção de moradia ou investimentos de caráter produtivo ou cultural assim considerados pelo juiz .

(D) posse por mais de dez anos de área traduzida em trabalho criador de um considerável número de pessoas, de interesse público, econômico e social relevantes.

(E) posse, por mais de cinco anos, de área traduzida em trabalho criador de um considerável número de pessoas, concretizado em construção de moradia ou investimentos de caráter produtivo ou cultural.

Os requisitos estão dispostos no § 4º, do art. 1.228, CC.

Gabarito "C"

(Procurador da Fazenda Nacional – 2003 – ESAF) Para que se tenha a usucapião extraordinária, um dos requisitos legais seria:

(A) decurso do prazo de dez anos entre presentes.

(B) presunção *juris et de jure* de boa-fé e justo título.

(C) apresentação de justo título idôneo para operar a transferência da propriedade.

(D) demonstração da boa-fé.

(E) decorrência do prazo de 15 anos entre ausentes.

Requisitos da usucapião extraordinária (art. 1.238, CC): posse de 15 anos, ininterrupta, sem necessidade de provar boa-fé ou apresentar justo título. A presunção da boa-fé e do justo título é absoluta, não cabendo questioná-los.

Gabarito "B"

6.4. DIREITOS REAIS NA COISA ALHEIA – FRUIÇÃO

(Procurador da Fazenda Nacional – 2007.2 – ESAF) É direito do usufrutuário de:

(A) fazer despesas ordinárias e comuns de conservação dos bens no estado em que os recebeu.

(B) inventariar, a suas expensas, os bens móveis que receber, determinando o estado em que se acham e estimando o seu valor.

(C) não ser obrigado a pagar deteriorações da coisa advindas do exercício regular do usufruto.

(D) autorizar a mudança da destinação econômica da coisa usufruída.

(E) aceitar a sub-rogação da indenização de danos causados por terceiro ou do valor da desapropriação no ônus do usufruto.

A: incorreta, não se trata de direito, e sim de dever (art. 1.403, I, do CC); **B:** incorreta, não se trata de direito, e sim de dever (art. 1.400 do CC); **C:** correta, art. 1.402 do CC; **D:** incorreta, art. 1.399 do CC; **E:** incorreta, art. 1.409 do CC.

Gabarito "C"

(Procurador da Fazenda Nacional – 2003 – ESAF) Assinale a opção correta.

(A) O enfiteuta não terá direito ao resgate do foro, após dez anos da constituição da enfiteuse, mediante pagamento de um laudêmio.

(B) *Canon* é uma pensão anual e invariável paga ao senhorio direto pelo enfiteuta, fixada com base no valor proporcional ao domínio pleno.

(C) A servidão *altius non tollendi*, ou seja, a de não construir além de certa altura, é aparente.

(D) O usufruto não pode ter como objeto um patrimônio.

(E) O titular do direito real de habitação pode alugar e emprestar o imóvel gravado.

ATENÇÃO! O artigo 2.038 do novo Código Civil proibiu a constituição de enfiteuses e subenfiteuses, subordinando as já existentes, até sua extinção, ao Código Civil anterior. Dito isso, passemos à análise da questão. **A:** incorreta. O artigo 693 do CC/1916 dispõe que todos os aforamentos são resgatáveis dez anos depois de constituídos, mediante pagamento de um laudêmio; **B:** correta. O ***canon*** é uma pensão anual paga ao senhorio pelo enfiteuta; **C:** incorreta. A servidão de não construir além de certa altura é não aparente, já que não há obras visíveis; a servidão aparente apresenta obras visíveis; **D:** incorreta. O usufruto pode recair em um ou mais bens e até em um patrimônio inteiro (art.1.390, CC); **E:** incorreta. O titular do direito real de habitação não pode alugar ou emprestar o imóvel gravado; portanto, deve ele residir no prédio (art. 1.414, CC).

Gabarito "B"

(Auditor do Tesouro Municipal/Fortaleza-CE – 2003 – ESAF) É obrigação do usufrutuário:

(A) Aceitar a sub-rogação da indenização de danos causados por terceiros ou do valor da desapropriação no ônus do usufruto.

(B) Perceber os frutos naturais pendentes ao tempo em que cessar o usufruto.

(C) Dar caução real ou fidejussória, se lhe exigir o nu-proprietário, garantindo a indenização dos prejuízos advindos de sua deterioração e a entrega da coisa usufruída.

(D) Ir contra o segurador, quando segurada a coisa, que é objeto do usufruto.

(E) Fazer reparação extraordinária, necessária à conservação do bem dado em usufruto.

A: incorreta, pois se o usufrutuário fizer o seguro, ao proprietário caberá o direito dele resultante contra o segurador (CC, art. 1.407 § 1º); **B:** incorreta, pois "os frutos naturais, pendentes ao tempo em que cessa o usufruto, pertencem ao dono" (CC, art. 1.396 parágrafo único); **C:** correta, pois referida caução é prevista pelo art. 1.400 do CC; **D:** incorreta, pois "se o usufrutuário fizer o seguro, ao proprietário caberá o direito dele resultante contra o segurador" (CC, art. 1.407 § 1º); **E:** incorreta, pois ao usufrutuário cabem apenas "as despesas ordinárias de conservação" (CC, art. 1.403, I).

Gabarito "C"

6.5. DIREITOS REAIS NA COISA ALHEIA – GARANTIA

(Procurador da Fazenda Nacional – 2007 – ESAF) São hipotecáveis:

(A) os imóveis e seus acessórios; o domínio direto e o útil; estrada de ferro; as jazidas, minas, pedreiras e demais recursos minerais, independentemente do solo em que se acham; os navios e as aeronaves.

(B) os imóveis; o domínio direto; o direito de uso especial para fins de moradia, as estradas de ferro, os navios, as aeronaves e o direito real de uso.

(C) os imóveis e os seus acessórios; as jazidas, minas, pedreiras e demais recursos minerais; a propriedade superficiária; as estradas de ferro, os navios e as aeronaves.

(D) os imóveis e os acessórios dos imóveis, conjuntamente com eles; o domínio direto e o domínio útil; as estradas de ferro; as jazidas, minas, pedreiras e demais recursos minerais, potenciais de energia hidráulica, independentemente do solo em que se acham; os navios; as aeronaves; o direito de uso especial para fins de moradia; o direito real de uso e a propriedade superficiária.

(E) os imóveis; o domínio direto e o útil; as estradas de ferro; as jazidas, minas, pedreiras e demais recursos minerais, potenciais de energia hidráulica, independentemente do solo em que se acham; aeronaves; navios, o direito real de uso e a propriedade superficiária.

Art. 1.473 do CC.

Gabarito "D"

(Auditor Fiscal/RN – 2005 – ESAF) Assinale a opção correta.

(A) Dá-se a liberação do imóvel hipotecado, convencionalmente, pela perempção legal, ou seja, pelo decurso de 30 anos do seu registro sem que haja renovação do direito real de garantia.

(B) O dono do prédio dominante tem o dever de exercer a servidão *civiliter modo*, evitando o agravar o prédio serviente, uma vez que a servidão deve ater-se às necessidades do proprietário do imóvel serviente.

(C) O usufruto simultâneo não é permitido em nosso ordenamento jurídico.

(D) O nu proprietário tem a posse direta porque concedeu ao usufrutuário o direito de possuir, conservando apenas a substância da coisa.

(E) A renúncia tácita ou presumida do penhor pelo credor está vedada no direito brasileiro, visto que requer que ela se dê por ato *inter vivos* ou *causa mortis*, por escrito devidamente formalizado ou por termo nos autos.

A: correta, pois referido instituto vem previsto no art. 1.485 do CC; **B:** incorreta, pois a servidão deve ater-se às necessidades do proprietário do prédio dominante (CC, art. 1.385); **C:** incorreta, pois admite-se o usufruto simultâneo (CC, art. 1.411); **D:** incorreta. O nu proprietário tem apenas a posse indireta ao passo que o usufrutuário conserva a posse direta, para usar e fruir da coisa; **E:** incorreta, pois o art. 1.436, § 1º do CC prevê a hipótese de renúncia tácita.

Gabarito "A"

(Auditor do Tesouro Municipal/Fortaleza-CE – 2003 – ESAF) A hipoteca, conferida ao ofendido sobre imóvel do delinquente, para satisfação do dano causado pelo delito e pagamento de despesas judiciais, é a:

(A) cedular

(B) legal

(C) judicial

(D) convencional

(E) judiciária

Em situações muito peculiares, a própria lei utiliza o instituto da hipoteca para gravar o bem imóvel do devedor, garantindo certos credores especiais. Assim, por exemplo, recai hipoteca sobre os imóveis do pai ou da mãe que passar a outras núpcias, antes de fazer o inventário do casal anterior. Também pende hipoteca sobre o bem imóvel do delinquente para satisfazer o dano da vítima. (CC, art. 1.489). Sempre que a lei lançar mão deste direito real de garantia para proteger determinador credor, tem-se a chamada hipoteca legal.

Gabarito "B"

7. FAMÍLIA

7.1. CASAMENTO

(Auditor Fiscal/RN – 2005 – ESAF) Assinale a opção falsa.

(A) Não podem casar padrasto e enteada mesmo já dissolvido o casamento que originou a afinidade.

(B) Com o escopo de evitar núpcias de pessoas que se acham em poder de outrem, que poderia, por isso, obter um consentimento não espontâneo, não se recomenda o casamento de tutor com a pessoa tutelada, enquanto não cessar a tutela e não estiverem saldadas as contas, sob pena de o casamento ser realizado sob o regime de separação de bens, salvo se se comprovar que não haverá dano à pupila.

(C) No pacto antenupcial, que adotar o regime de participação final nos aquestos, não se poderá convencionar a livre disposição dos bens imóveis, ainda que particulares.

(D) O dever de prestação alimentícia transmite-se *causa mortis* aos herdeiros do devedor, que por ela responderão até as forças da herança.

(E) O parentesco entre tio-avô e sobrinho-neto é colateral em 4º grau.

A: correta, pois na linha reta o vínculo da afinidade não se dissolve com a dissolução do casamento (CC, art. 1.521, I); **B:** correta, pois a questão envolve uma importante causa suspensiva do casamento prevista no art. 1.523, IV, cuja consequência é a imposição do regime de separação obrigatória de bens (CC, art. 1.641, I). A causa suspensiva, porém, poderá ser levantada pelo juiz provando-se que não há prejuízo para a pessoa tutelada ou curatelada (CC, art. 1.523 parágrafo único); **C:** incorreta, devendo ser assinalada, pois permite-se aos cônjuges estipular a livre alienação dos bens imóveis no regime de participação final nos aquestos (CC, art. 1.656); **D:** correta, pois há transmissibilidade da obrigação alimentar, nos termos do art. 1.700 do CC; **E:** correta, pois deve-se partir do sobrinho-neto e se dirigir até o ascendente comum (bisavô do sobrinho neto, no caso) e daí seguir para o tio avô, o que gera quatro graus de distância. Justamente por conta desta regra, é que não há colaterais de primeiro grau. (CC, art. 1.594).

Gabarito "C"

7.2. BEM DE FAMÍLIA

(Procurador da Fazenda Nacional – 2004 – ESAF) O bem de família voluntário

(A) poderá abranger valores mobiliários, cuja renda deverá ser aplicada na conservação do prédio e no sustento da família.

(B) só poderá ser constituído por cônjuges, logo companheiros e integrante-chefe de família monoparental não poderão destinar parte de seu patrimônio à moradia ou sustento da família, mesmo que não ultrapasse um terço dos bens líquidos existentes ao tempo da instituição.

(C) poderá abranger valores mobiliários excedentes ao valor do prédio, que constitui o domicílio familiar, à época da sua instituição.

(D) está isento de execuções por dívidas posteriores à sua constituição, oriundas de tributos relativos ao prédio ou de despesas condominiais.

(E) Extinguir-se-á, automaticamente, com a dissolução da sociedade conjugal.

A: correta. Regra disposta no artigo 1.712, segunda parte, do CC. **B:** incorreta. O bem de família pode ser instituído pelos cônjuges, ou pelos companheiros ou pelo chefe de família monoparental, pois estes integram o conceito de entidade familiar, citado no artigo 1.711 do CC e consagrado pela CF. **C:** incorreta. Os valores mobiliários não poderão exceder o valor do prédio instituído em bem de família na época da instituição (art.1.713, CC). **D:** incorreta. O bem de família é isento de execução por dívidas posteriores à sua instituição, salvo as oriundas de tributos relativos ao prédio ou de despesas de condomínio (art.1.715, CC). **E:** incorreta. A dissolução da sociedade conjugal não extingue automaticamente o bem de família (art.1.721, CC).

Gabarito "A"

8. SUCESSÕES

8.1. SUCESSÃO EM GERAL

(Procuradoria Distrital – 2007 – ESAF) Joaquim e Maria viviam em regime de união estável. Celebraram contrato no qual ficou estabelecido que a relação patrimonial, durante o período de convivência, seria o da separação absoluta de bens e que em nenhuma hipótese os bens existentes ou adquiridos se comunicariam. Joaquim veio a falecer, pondo-se, assim, fim à união estável. Quanto aos bens adquiridos onerosamente na vigência da união estável, é correto afirmar que, na qualidade de companheira, Maria:

(A) não participará da sucessão de Joaquim em face da cláusula contratual que estabeleceu a incomunicabilidade dos bens adquiridos na constância da união estável.

(B) se concorrer com filhos comuns, terá direito a uma quota equivalente à metade do que por lei for atribuída ao filho.

(C) se concorrer com descendentes só do autor da herança, tocar-lhe-á a metade do que couber a cada um daqueles.

(D) se concorrer com outros parentes sucessíveis, terá direito à metade da herança.

(E) somente participará da sucessão se não houver parentes sucessíveis.

A alternativa "c" está correta, pois reflete o disposto no art. 1.790, II, do CC.

Gabarito "C"

9. PREFERÊNCIAS E PRIVILÉGIOS CREDITÓRIOS

(Procurador da Fazenda Nacional – 2004 – ESAF) Se o valor apurado com bens do devedor for de R$ 1.000.000,00 e os créditos montarem a R$ 3.000.000,00, sendo R$ 500.000,00 devidos a **(A)** (credor privilegiado) e o restante distribuído entre três credores quirografários, dois (**B** e **C**) com R$ 1.000.000,00 cada um e o terceiro (**D**) com R$ 500.000,00, proceder-se-á ao rateio assim:

(A) A retirará seus R$ 500.000,00, D recebera seu crédito de R$ 500.000,00, B e C nada receberão, pois o *quantum* apurado não cobre seus créditos.

(B) A receberá R$ 500.000,00 e o restante do valor apurado será sorteado entre B, C e D.

(C) B, ou C, receberá o que tem direito, mediante sorteio.

(D) o credor privilegiado receberá por inteiro os R$ 500.000,00, sobrando, portanto, R$ 500.000,00 para serem divididos entre os quirografários, na base de 20%, ou seja, aqueles cujo crédito era R$ 1.000.000,00, receberão R$ 200.000,00 cada um e o terceiro, R$ 100.000,00.

(E) o credor privilegiado receberá R$ 500.000,00 e os R$ 500.000,00 restantes serão devidos igualmente entre os credores quirografários.

De acordo com o artigo 961, CC, o crédito real prefere ao pessoal; o crédito pessoal privilegiado prefere ao simples e o privilégio especial, ao geral. Dessa forma, o credor privilegiado receberá primeiro seu crédito. No caso exposto, A por ser credor privilegiado recebeu todo o crédito. Já os quirografários receberão cada um o rateio proporcional ao valor dos respectivos créditos, se o produto não bastar para o pagamento integral de todos (art. 962, CC). Foi o que ocorreu no caso apresentado. Como não havia saldo suficiente para pagar integralmente todos, houve um rateio proporcional ao crédito de cada um.

Gabarito "D"

2. DIREITO PROCESSUAL CIVIL

Luiz Dellore e Tiago Queiroz

1. PROCESSO DE CONHECIMENTO

1.1. JURISDIÇÃO E COMPETÊNCIA

(Procurador da Fazenda Nacional – 2003 – ESAF) Assinale a opção correta.

(A) A incompetência absoluta é passível de prorrogação.
(B) A incompetência territorial é, em princípio, relativa.
(C) A prevenção é determinada somente pela citação.
(D) A incompetência absoluta deve ser arguida mediante exceção.
(E) A conexão deve ser arguida mediante exceção de incompetência.

A: incorreta. Só a competência relativa prorroga-se (CPC, art. 114); **B:** correta. CPC, art. 111 (a alternativa faz ressalva considerando a regra da parte final do art. 95 do CPC – que traz, para parte da doutrina, hipótese de competência absoluta); **C:** incorreta. Se em relação a juízos da mesma competência territorial, o critério é o primeiro despacho positivo (CPC, art. 106). Se em juízos de competência distinta, o critério é a citação (CPC, art. 219); **D:** incorreta. Deve ser alegada em preliminar de contestação (CPC, art. 301, II); **E:** incorreta. Deve ser alegada em preliminar de contestação (CPC, art. 301, VII).

Gabarito "B"

(Procuradoria Distrital – 2007 – ESAF) Sobre o tema "competência interna", assinale a afirmativa incorreta.

(A) Competência material é absoluta; competência territorial é relativa.
(B) Pelo princípio da *perpetuatio jurisditionis*, uma vez proposta a ação e definida a competência, são irrelevantes as modificações do estado de fato ou de direito ocorridas posteriormente, salvo quando suprimirem o órgão judiciário ou alterarem a competência em razão da matéria ou da hierarquia.
(C) A incompetência absoluta deve ser arguida por meio de exceção.
(D) A ação fundada em direito pessoal deve ser proposta, em regra, no foro do domicílio do réu.
(D) A nulidade da cláusula de eleição de foro, em contrato de adesão, pode ser declarada de ofício pelo juiz, que declinará de competência para o foro do domicílio do réu.

A: correta (CPC, art. 111); **B:** correta (CPC, art. 87); **C:** incorreta, devendo esta ser assinalada. A incompetência absoluta é arguida em preliminar de contestação (CPC, art. 301, II); **D:** correta (CPC, art. 94); **E:** correta (CPC, art. 112, p.u.).

Gabarito "C"

(Procurador da Fazenda Nacional – 2007.2 – ESAF) Quanto ao instituto da prevenção, é incorreto afirmar que:

(A) a citação ordenada por juiz incompetente é válida, mas parcialmente ineficaz, quanto ao efeito da prevenção.
(B) é efeito da citação a determinação da prevenção de causas conexas ajuizadas perante juízos localizados em comarcas diversas, enquanto que a determinação da prevenção, nas ações conexas ajuizadas perante juízos com a mesma competência territorial, é efeito da citação válida e também da propositura da ação.
(C) em se tratando de ações conexas distribuídas perante juízos com a mesma competência territorial, a prevenção será determinada pela anterioridade do despacho inicial, entendido como despacho que determina a citação. Se, nessa hipótese, as ações tiverem sido despachadas, simultaneamente, a prevenção será determinada pela anterioridade da distribuição.
(D) independentemente da hipótese analisada, pode-se afirmar que nem a citação válida, nem o despacho inicial anterior prevenirão a competência do juízo absolutamente incompetente.
(E) em se tratando de ações conexas distribuídas perante juízos localizados em comarcas diversas, determina-se a prevenção pela citação inicial válida. Se, nessa hipótese, as citações forem feitas ao mesmo tempo, a prevenção será determinada pela anterioridade do despacho inicial.

A: correta. A citação é válida, mas, se houver a alteração da competência, não valerá a regra da prevenção (CPC, art. 219); **B:** incorreta, devendo esta ser assinalada. Diante da mesma competência territorial (mesma comarca), o critério é o primeiro despacho positivo (CPC, art. 106); em comarcas distintas, o critério é a citação (CPC, art. 219); **C:** correta, conforme exposto no item anterior e, quanto ao final, posição jurisprudencial; **D:** correta, na linha do exposto na alternativa "A"; **E:** correta CPC, art. 219 e entendimento jurisprudencial.

Gabarito "B"

(Advogado – IRB – 2006 – ESAF) A propósito de competência, assinale a opção incorreta:

(A) Modificações incidentes sobre a competência territorial ou por valor não têm a virtude jurídica de infringir a regra da perpetuatio jurisdictionis.

(B) A superveniente modificação legislativa da competência ratione materiae afasta o princípio da inalterabilidade da competência absoluta.

(C) Juiz substituto é incompetente para julgar as ações concernentes à capacidade da pessoa.

(D) Na ação de usucapião especial, a presença da União ou de qualquer de seus entes afasta a competência ratione loci.

(E) Se as ações conexas tramitam em comarcas diferentes, aplica-se a regra do art. 219 e não o art. 106 do CPC.

A e **B**: corretos. A perpetuatio jurisdictionis – estabilização da competência – ocorre com o aforamento da demanda, na forma do art. 87 do CPC, e não com a citação do réu. Em função desse princípio, a competência é determinada no momento em que a ação é ajuizada, de forma que as modificações do estado de fato ou de direito ocorridas após o aforamento da demanda não têm o condão de modificar a competência, salvo quando suprimirem o órgão judiciário ou alterarem a competência em razão da matéria ou da hierarquia (art. 87 do CPC); **C**: correto. O Código estabelece que apenas o juiz de direito deve julgar as ações concernentes ao estado e à capacidade da pessoa (art. 92, II, do CPC); **D**: incorreto, devendo ser assinalado (art. 95 do CPC). Nas demandas que versem sobre direitos reais imobiliários, bem assim sobre direito de propriedade, vizinhança, servidão, posse, divisão e demarcação de terras e nunciação de obra nova, o foro competente será o da situação da coisa (*forum rei sitae*). Nessa direção, confira-se a Súmula 11 do STJ: "A presença da União ou de qualquer de seus entes, na ação de usucapião especial, não afasta a competência do foro da situação do imóvel"; **E**: correto, já que a regra do art. 106 do CPC só se aplica entre juízos de mesma competência territorial. Estando em comarcas diferentes, incide o disposto no art. 219, caput, do CPC, de modo que a prevenção é determinada a partir da citação válida.

Gabarito "D"

1.2. PARTES, PROCURADORES, SUCUMBÊNCIA, MINISTÉRIO PÚBLICO E JUIZ

(Procuradoria Distrital – 2007 – ESAF) Sobre a atuação do Ministério Público no processo civil, assinale a afirmativa correta.

(A) Compete ao Ministério Público atuar como substituto processual do réu preso ou do réu revel citado por edital.

(B) Atuando como fiscal da lei ou como parte, o Ministério Público dispõe de prazo em quádruplo para recorrer e em dobro para responder.

(C) Não há necessidade de intervenção ministerial em causa concernente ao estado da pessoa, desde que as partes sejam maiores e capazes.

(D) Se o processo tiver corrido sem o conhecimento do Ministério Público, o juiz o anulará a partir da citação do réu.

(E) O interesse público que legitima o Ministério Público a intervir na causa pode ser evidenciado tanto pela natureza da lide, como pela qualidade da parte.

A: incorreta, pois a tais pessoas será nomeado curador especial (CPC, art. 9º); além disso, substituto processual é quem pleiteia direito alheio em nome próprio (CPC, art. 6º); **B**: incorreta. O artigo faz menção ao MP como parte (CPC, art. 188); **C**: incorreta. Há necessidade, ainda que maiores (CPC, art. 82, II); **D**: incorreta. A anulação é a partir do momento em que o MP deveria ter sido intimado (CPC, art. 246, p.u.); **E**: correta. CPC, art. 82, incisos.

Gabarito "E"

(Procuradoria Distrital – 2007 – ESAF) Sobre a responsabilidade por dano processual, assinale a afirmativa correta.

(A) A multa e a indenização decorrentes da litigância de má-fé dependem de requerimento da parte prejudicada.

(B) Responde por perdas e danos aquele que pleitear de má-fé, seja ele autor, réu ou interveniente.

(C) O valor da multa pode ser liquidado por arbitramento.

(D) Considera-se litigante de má-fé aquele que opõe resistência justificada ao andamento do processo.

(E) As sanções impostas em consequência de má-fé serão contadas como custas e reverterão em benefício do Estado.

A: incorreta. Cabe a fixação de ofício (CPC, art. 18); **B**: correta. CPC, art. 16; **C**: incorreta. O valor será desde logo fixado pelo juiz (CPC, art. 18, § 2º); **D**: incorreta. Resistência injustificada (CPC, art. 17, IV); **E**: incorreta. Serão revertidas à parte contrária (CPC, art. 18).

Gabarito "B"

1.3. ATOS PROCESSUAIS

1.3.1. LITISCONSÓRCIO E INTERVENÇÃO DE TERCEIROS

(Procurador da Fazenda Nacional – 2003 – ESAF) Denunciação de lide é forma de intervenção de terceiros destinada a:

(A) estabelecer a responsabilidade dos demais codevedores não solidários.

(B) possibilitar o ingresso voluntário no processo do titular de interesse jurídico.

(C) possibilitar o exercício do direito de regresso, fundado na obrigação de garantia.

(D) permitir o exercício do direito de regresso, fundado na solidariedade.

(E) fixar a responsabilidade de todos os fiadores.

A: incorreta. Não se trata de qualquer das hipóteses do art. 70 do CPC; **B**: incorreta. Essa é a situação da assistência (CPC, art. 50); **C**: correta (CPC, art. 70, III); **D**: incorreta. Não se trata de qualquer das hipóteses do art. 70 do CPC; **E**: incorreta. Para acionar os demais fiadores, cabível o chamamento (CPC, art. 77, II).

Gabarito "C"

(Procurador da Fazenda Nacional – 2004 – ESAF) Em relação ao instituto do litisconsórcio é correto afirmar:

(A) a decisão proferida em processo em que falte a presença de litisconsorte necessário é *inutiliter data*, ou seja, é ineficaz em relação até mesmo àqueles que participaram do processo.

(B) a limitação ao litisconsórcio multitudinário, por dizer respeito ao interesse público na direção do processo pelo juiz, aplica-se a qualquer litisconsórcio que, pelo número de integrantes, possa comprometer a rápida solução do litígio ou a defesa do réu.

(C) por força do princípio da comunhão de interesses entre os litisconsortes, expressamente acolhido pelo Código de Processo Civil como regra geral, no litisconsórcio simples as "condutas alternativas" se comunicam.

(D) o direito brasileiro admite, nas relações jurídicas incindíveis, a existência de litisconsórcio ativo necessário.

(E) a "intervenção litisconsorcial voluntária" ou "assistência litisconsorcial" provoca ampliação objetiva e subjetiva do processo.

A: correta. É a previsão do art. 47 do CPC, ao destacar que a eficácia da decisão depende da citação de todos os litisconsortes; **B:** incorreta. O litisconsórcio multitudinário ou plúrimo deverá ser desmembrado quando se tratar de litisconsórcio facultativo (CPC, art. 46, p.u.). Na linha do exposto no item anterior, não cabe se for litisconsórcio necessário; **C:** incorreta. Em regra, os atos e omissões de um litisconsorte não prejudicam nem beneficiam os outros (CPC, art. 48); **D:** incorreta. Se a relação jurídica material é incindível, a decisão deve ser a mesma (litisconsórcio unitário); **E:** incorreta. Na assistência litisconsorcial (CPC, art. 54), o litisconsorte poderia ser parte desde o início. Isso significa ampliação subjetiva (partes), não objetiva (causa de pedir e pedido).

Gabarito "A"

(Procuradoria Distrital – 2007 – ESAF) Mário ajuizou ação reivindicatória em desfavor de Pedro, dizendo ser o proprietário do imóvel indevidamente ocupado pelo demandado. Esse, regularmente citado, disse que detinha a coisa reivindicada por Mário em nome alheio, já que era mero caseiro de Manoel, esse, sim, o verdadeiro proprietário do lote. Pediu a sua exclusão do feito e requereu o chamamento ao processo de Manoel, que, segundo Pedro, é a pessoa que deve legitimamente figurar como parte na causa. À vista desses fatos, assinale a afirmativa correta.

(A) Pedro deveria ter requerido a denunciação da lide em relação a Manoel.

(B) Pedro deveria ter nomeado à autoria Manoel.

(C) Ordenado o chamamento ao processo, interrompe-se o prazo para defesa.

(D) O chamamento ao processo não interrompe o prazo para a defesa e corre em autos apartados.

(E) Se o autor discordar do chamamento ao processo, o feito continua a correr contra o réu originário.

A hipótese do caseiro é típica da nomeação à autoria (CPC, art. 62).

Gabarito "B"

(Advogado – IRB – 2006 – ESAF) Assinale a opção verdadeira.

(A) A denunciação à lide deve ser formalizada com os mesmos requisitos da petição inicial (art. 282 do CPC).

(B) Tem-se por prejudicada, e, consequentemente, extinta sem apreciação do mérito, a denunciação à lide quando o litisdenunciante for vencedor na demanda principal.

(C) Não há obrigatoriedade de denunciação à lide vinculada à responsabilidade civil.

(D) Nas hipóteses do art. 70 do CPC, a não denunciação à lide acarreta a perda da pretensão regressiva.

(E) Indeferida a denunciação à lide, fica o denunciante impossibilitado de em ação autônoma postular os direitos que da evicção lhe resultam.

A: incorreto. Embora conste do gabarito que a alternativa encontra-se incorreta, pedimos vênia para divergir de tal entendimento. Avulta observar que a denunciação da lide – modalidade de intervenção provocada de terceiros – *tem natureza de ação condenatória* que surge, seja por provocação do autor ou do réu, no bojo de outra ação condenatória. Presta-se à obtenção de sentença que reconheça o direito de regresso do denunciante em face do terceiro alienante, proprietário, possuidor indireto ou responsável civil, tudo, insista-se, dentro da mesma relação processual travada originariamente entre autor e réu. Por deter a natureza de ação, o litisdenunciante deve sim adequar sua petição aos requisitos do art. 282 do CPC. Ratificando tal posicionamento, eis a doutrina de eminente jurista: "Formalmente, a denunciação da lide deve ser oferecida em petição própria, com os requisitos do art. 282 do Código de Processo Civil (1ª Câm. Cív. Do TJRS, AI 31.405, j. 19-12-1798. Rel. Des. Athos G. Carneiro, RJTJRS, 47:368). Não haverá maior inconveniente, todavia, em que seja redigida na mesma peça da petição inicial (na denunciação pelo autor) ou da contestação (na denunciação pelo réu), dês que obedecidos os requisitos mencionados, e formalmente *destacada* a denunciação. (CARNEIRO, Athos Gusmão. *Intervenção de Terceiros*. 19. edição. São Paulo: Saraiva, 2010, p. 138); **B:** incorreto. Embora o gabarito assinale tal assertiva como incorreta, ousamos discordar do posicionamento adotado pela banca examinadora, já que a lide secundária travada entre denunciante e denunciado só terá seu mérito resolvido quando sobrevier resultado desfavorável, na lide principal, ao litisdenunciante. Por exemplo, se o autor se sagrar vencedor na demanda originária, de modo a obter a condenação do réu ao pagamento de determinada quantia, o juiz deve, na mesma sentença, decidir a ação condenatória remanescente instaurada entre o réu, na condição de litisdenunciante, e o terceiro, enquanto litisdenunciado, tudo com lastro no direito de regresso alegado por quem se socorre de tal forma de intervenção de terceiros (art. 76 do CPC). Ao abono desse entendimento, eis a doutrina de Cândido Rangel Dinamarco: "O pedido de condenação do litisdenunciado tem sempre o caráter de *eventualidade*, porque ele só poderá ter o direito alegado na hipótese (ou seja, *no evento*) de sair-se vencido no litígio relativo ao adversário comum. Se o denunciante vier a ser vencedor nesse litígio, a demanda de condenação do terceiro será inevitavelmente julgada improcedente, ainda que ele em tese pudesse ser obrigado a ressarcir pelos danos que aquele viesse a suportar (mas não suportou). Desse modo, a demanda inicial do processo é *prejudicial* em relação à segunda; esta só *poderá* ser procedente se, presentes os demais requisitos, houver a necessidade de uma recomposição do patrimônio do denunciante, pela qual o terceiro seja responsável (DINAMARCO, Cândido Rangel. **Instituições de Direito Processual Civil.** *Vol. II.* 5. ed. São Paulo: Malheiros, 2005, p. 401) [grifos do autor]; **C:** correto. A denunciação da lide ao responsável civil (art. 70, III, do CPC) é *facultativa* e não obrigatória (como se dá nos casos de denunciação da lide ao alienante, na forma do art. 70, I, do CPC). Logo, aquele que se sagrar sucumbente na lide originária, poderá, em demanda autônoma, exercer seu direito de regresso perante o responsável (art. 70, III, do CPC); **D** e **E:** incorretos. A denunciação da lide, ao contrário do que estabelece o *caput* do art. 70 do CPC, é facultativa. Mesmo no caso do art. 70, I, do CPC, cumpre registrar que o evicto, ao se abster de denunciar a lide ao alienante, fica impossibilitado tão somente de pleitear a indenização (danos emergentes e lucros cessantes) decorrentes da evicção. Porém, isso não o privará de, posteriormente, reaver o *preço* pago ao vendedor, sob pena de enriquecimento ilícito deste. Nesse sentido, observe-se o seguinte precedente da Corte Superior: "Evicção. Denunciação da lide. Precedentes da Corte. 1. Já assentou a Corte, em diversos precedentes, que o *direito que o evicto tem de recobrar o preço, que pagou pela coisa evicta, independe, para ser exercitado, de ter ele denunciado a lide ao alienante, na ação em que terceiro reivindicara a coisa.* 2. Recurso especial não conhecido (REsp 255639/SP, Rel. Ministro Carlos Alberto Menezes Direito, Terceira Turma, julgado em 24/04/2001, DJ 11/06/2001, p. 204)" [grifos nossos].

Gabarito "C"

1.3.2. PRESSUPOSTOS PROCESSUAIS. ELEMENTOS DA AÇÃO E CONDIÇÕES DA AÇÃO

(Procurador da Fazenda Nacional – 2003 – ESAF) A ilegitimidade passiva de parte implica:

(A) nulidade do processo.
(B) extinção do processo com julgamento de mérito.
(C) extinção do processo por falta de pressuposto processual.
(D) extinção do processo por carência da ação.
(E) julgamento antecipado.

A falta de uma das condições da ação acarreta a extinção do processo sem resolução de mérito (CPC, art. 267, VI). E o próprio Código denomina a falta de uma das condições da ação de carência de ação (CPC, art. 301, X).

Gabarito "D"

(Advogado – IRB – 2006 – ESAF) Contemplado no sorteio do Consórcio Boa Sorte, Caio adquiriu da concessionária Volvo no Distrito Federal um automóvel. Ao retirá-lo, ocorreu-lhe a ideia de instalar no veículo dispositivo de segurança para evitar furto. Dirigiu-se, então, à Furto Zero, empresa especializada na instalação do equipamento. Feito isso, guardou seu Volvo na garagem de sua casa. Horas mais tarde, dito automóvel foi tomado completamente pelo fogo. Chamado, o Corpo de Bombeiros Militar do Distrito Federal apagou o incêndio e, depois, elaborou laudo. Neste constou a causa do evento como "indeterminada". Caio procurou a Volvo para cobrar a responsabilidade pelo "incêndio espontâneo", a qual remeteu a causa à instalação do dispositivo de segurança. Esta empresa, todavia, eximiu-se da responsabilidade alegando que o equipamento era incapaz de produzir incêndio. Esgotados os meios suasórios, a Caio não restou outra opção senão ajuizar ação de indenização contra o(s) responsável(eis). Têm (ou tem) legitimidade passiva *ad causam*:

(A) a Volvo e a Furto Zero.
(B) a concessionária Volvo, a montadora Volvo e a Furto Zero.
(C) a concessionária Volvo, a montadora Volvo, a Furto Zero e a fabricante do equipamento de segurança.
(D) apenas a Furto Zero.
(E) nenhuma das opções, pois não foi comprovada a causa do incêndio no automóvel de Caio.

A montadora do veículo, a fabricante do alarme (art. 12, *caput*, do CDC), a concessionária (art. 13, *caput*, do CDC) e a sociedade empresária responsável pela instalação do equipamento antifurto (art. 14, *caput*, do CDC) são *objetivamente responsáveis, em tese*, por eventual dano causado ao consumidor, em virtude de *defeito* ocasionado pelo fornecimento de um produto ou pela prestação de um serviço. Com efeito, considerando que o laudo pericial elaborado pelo Corpo de Bombeiro apontou como *indeterminada* a causa do sinistro e que *as condições da ação* são analisadas abstratamente no momento em que a demanda é intentada (teoria da asserção), todos os partícipes da cadeia interna de fornecimento acima delineados ostentam legitimidade passiva em ação indenizatória agitada pelo consumidor lesado, já que todos são *possíveis* causadores do evento danoso. Ao abono de nosso entendimento, eis a doutrina de Marcos Destefenni: "É preciso destacar que as condições da ação devem ser analisadas em tese, ou seja, com base nas afirmações feitas pelo autor na petição inicial. Embora as condições da ação se aproximem do mérito, mais que os pressupostos processuais, não se confundem com ele. Nessa análise, o magistrado deve considerar as condições existentes ao tempo da propositura da ação" (DESTEFENNI, Marcos. **Curso de Processo Civil.** Vol. 1, Tomo I. 2. edição. São Paulo: Saraiva, 2009, p. 117). Aplica-se à hipótese, portanto, a teoria da asserção, segundo a qual as condições da ação são verificadas pelo juiz de acordo com o que restou afirmado pelo autor na exordial. Em consonância com tal proposição, observe-se o seguinte aresto: PROCESSO CIVIL – DIREITO ADMINISTRATIVO – RECURSO ORDINÁRIO EM MANDADO DE SEGURANÇA – ATO ADMINISTRATIVO – PERMUTA DA TITULARIDADE DE CARTÓRIOS EXTRAJUDICIAIS ENTRE PAI E FILHO – PEDIDO DE NULIFICAÇÃO – IMPETRANTE – PARTE LEGÍTIMA – CONTRADITÓRIO E AMPLA DEFESA SUPOSTAMENTE INOBSERVADOS NA ESFERA ADMINISTRATIVA – QUESTÃO DE MÉRITO – IMPOSSIBILIDADE DE EXTINÇÃO DO PROCESSO SEM JULGAMENTO DO MÉRITO – DECADÊNCIA NÃO CONFIGURADA – RETORNO DOS AUTOS AO TRIBUNAL DE ORIGEM PARA PROSSEGUIR NO JULGAMENTO. *1. A legitimidade deve ser sindicada com base na Teoria da Asserção (prospettazione), portanto com observância do que foi alinhavado pelo impetrante, sob pena de invasão do mérito da demanda. Não há falar, in casu, em ilegitimidade.* [...] (RMS 18.461/PR, Rel. Ministro HUMBERTO MARTINS, SEGUNDA TURMA, julgado em 06/08/2009, DJe 23/04/2010) [grifos nossos].

Gabarito "C"

1.3.3. FORMAÇÃO, SUSPENSÃO E EXTINÇÃO DO PROCESSO

(Advogado – IRB – 2006 – ESAF) A respeito de nulidade é correto afirmar:

(A) no sistema processual brasileiro, a nulidade *pleno jure* da citação não impede a formação da coisa julgada material e está sujeita ao decurso bienal da ação rescisória.
(B) a falta da intervenção obrigatória do Ministério Público em primeiro grau de jurisdição gera a nulidade do processo e não é suprida pela intervenção da Procuradoria de Justiça perante o colegiado de segundo grau.
(C) a impropriedade da ação não impede a sua conversão em outra.
(D) os atos inexistentes jamais convalescem e não podem ser supridos.
(E) saneado o processo, ficam preclusas as objeções e as exceções substanciais.

A: incorreto. O processo que contenha nulidade absoluta, enquanto não transitada em julgado a decisão final de mérito, pode ser declarado nulo pelo órgão jurisdicional competente. Porém, com o trânsito, a decisão passa a surtir plenos efeitos – já que imbuída da autoridade da coisa julgada material – e o ato, de nulo, se torna *rescindível*, pela via da ação rescisória. Caso tal demanda não seja intentada dentro do prazo decadencial de 2 (dois) anos cominado pelo art. 495 do CPC, a sentença prolatada em processo nulo, mesmo que apresente um dos vícios reproduzidos no bojo do art. 485 do CPC, continuará produzindo todos os seus efeitos, sendo que, a partir de então, a nulidade absoluta se afigurará sanada, ante o decurso do biênio legal. Observe-se, nesse particular, a doutrina de Arruda Alvim: "Aliás, no processo civil, à diferença do que ocorre no Direito Civil, tanto as nulidades quanto as anulabilidades se sanam. Estas, se não arguidas, sanam-se no mesmo processo em que se produziram; aquelas, em princípio, no prazo de dois anos a contar do trânsito em julgado da sentença (de mérito) que põe fim à causa em que tiveram lugar (ALVIM, Arruda. **Manual de Direito Processual Civil**. Vol. 1. 7. Edição. São Paulo: Saraiva, 2000, p. 477-478). Todavia, *a inexistência de citação ou a invalidade de tal ato conduz à inexistência do processo, visto que inexiste processo em relação ao réu*. Confira-se a doutrina de Marcus Vinícius Rios Gonçalves: "Aqui não há diferença entre falta ou vício de citação. Irrelevante se ela não se aperfeiçoou ou não se realizou de forma adequada. O que importa é que o réu não tomou conhecimento do processo e não teve a oportunidade de participar. [...] Como o vício de citação gera inexistência e não nulidade, será impróprio o ajuizamento de ação rescisória, pois nada haverá a rescindir. O correto será a ação declaratória de inexistência por falta de citação, denominada *querela nulitatis insanabilis*, que não tem prazo para ser aforada" (GONÇALVES, Marcus Vinícius Rios. **Novo Curso de Direito Processual Civil**. Vol 1. 8. edição. São Paulo: Saraiva, 2011, p. 118); **B:** incorreto. Nessa direção, note-se o seguinte precedente do STJ: "ADMINISTRATIVO E PROCESSUAL CIVIL. DESAPROPRIAÇÃO POR INTERESSE SOCIAL. INTERVENÇÃO DO MINISTÉRIO PÚBLICO (ART. 18, § 2º, DA LC Nº 76/93). SUPRESSÃO. APURAÇÃO DO PREÇO DO IMÓVEL EXPROPRIADO (ART. 12, § 2º, DA MEDIDA PROVISÓRIA Nº 1.577/97, QUE ALTEROU A REDAÇÃO DA LEI Nº 8.629/93). AUSÊNCIA DE PREQUESTIONAMENTO. [...] 3. *O Superior Tribunal de Justiça, em homenagem ao princípio da economia e celeridade processual, vem decidindo que a não intervenção do MP no primeiro grau, por força de lei, tem-se por suprida com a sua integração à lide no segundo grau, desde que não ocasione às partes prejuízo, o que, no caso dos autos, inexistiu*. 4. [...] 5. Recurso desprovido. (REsp 289.231/SC, Rel. Ministro JOSÉ DELGADO, PRIMEIRA TURMA, julgado em 13/02/2001, DJ 26/03/2001, p. 390) [grifos nossos]; **C:** incorreto. Em caso de impropriedade da via eleita – frise-se que o equívoco apontado reside na eleição da espécie de tutela pretendida e não na categoria de procedimento adotado –, o órgão jurisdicional deve extinguir o processo com fulcro no art. 267, VI, do CPC, ante a inexistência de uma das condições da ação, qual seja o interesse processual, na vertente condizente com o *interesse-adequação*, a considerar que o juízo não pode determinar a conversão de uma ação em outra, ao seu alvedrio, sem atentar contra o *princípio da correlação, da adstrição ou da congruência*, devidamente positivado nos arts. 128 e 460 do CPC. Corroborando tal posicionamento: "Com a escolha de *procedimento* não se confunde a escolha de *processo*. Escolher a espécie de processo mais conveniente implica sempre escolher a espécie de tutela jurisdicional que o demandante prefere – e por isso a escolha do processo é legítima projeção da liberdade de demandar e de pedir segundo a conveniência de cada um (*supra, n. 89)*. Assim, ainda quando seja admissível uma *tutela diferenciada*, que a lei institui em prol da urgência do demandante, tem este a faculdade de optar pelas *vias ordinárias* (o processo comum regido pelo Código de Processo Civil) e com isso renunciar aos benefícios do processo especial. O autor pode vir pelas vias ordinárias, ainda quando presentes os requisitos para o mandado de segurança ou para o processo perante o juizado especial etc., renunciando à tutela diferenciada, porque essa opção é, em substância, opção *pela espécie de tutela* que lhe pareça mais conveniente. Escolhido um *processo inadequado*, o autor carece de ação por falta de legítimo interesse processual e o processo será extinto (arts. 267, inc. VI, e 301, inc. X); o juiz é proibido de fazer *motu próprio* a conversão ao processo adequado porque isso implicaria oferecer ao autor a possibilidade de uma tutela jurisdicional diferente da pedida (arts. 128 e 460 – *supra, n. 456 e infra, n. 949)*. (DINAMARCO, Cândido Rangel. **Instituições de Direito Processual Civil**. Vol. II. 5ª edição. São Paulo: Malheiros, 2005, p. 466) [grifos do autor]; **D:** correto. O ato processual qualificado como inexistente no plano jurídico é insanável, de modo que sua eficácia pode ser extirpada, a qualquer tempo, mediante ação declaratória de inexistência (*querela nulitatis insanabilis*), porquanto tanto a nulidade quanto a inexistência dependem de pronunciamento judicial; **E:** incorreto, pois a objeção processual, por consubstanciar matéria de ordem pública, pode ser deduzida a qualquer tempo e em qualquer grau de jurisdição, não se sujeitando, pois, à preclusão. Nesse sentido: "São objeções processuais, isto é, matérias que põem e devem ser verificadas de ofício pelo juiz, em qualquer tempo e grau de jurisdição e que não se sujeitam à preclusão. Ou seja, mesmo que as partes não aleguem, o julgador pode verificar a presença de ofício. Contrapõem-se as objeções às *exceções processuais*, que são matérias que devem ser arguidas pelas partes, sob pena de preclusão e, portanto, que não podem ser pronunciadas de ofício pelo juiz" (DESTEFENNI, Marcos. **Curso de Processo Civil**. Vol. 1, Tomo I. 2. edição. São Paulo: Saraiva, 2009, p. 117).

Gabarito "D"

1.4. PROCEDIMENTO COMUM SUMÁRIO

1.4.1. PETIÇÃO INICIAL

(Procuradoria Distrital – 2007 – ESAF) A petição inicial não será imediatamente indeferida quando:

(A) lhe faltar pedido ou causa de pedir.
(B) a parte for manifestamente ilegítima.
(C) o autor carecer de interesse processual.
(D) o tipo de procedimento, escolhido pelo autor, não corresponder à natureza da causa, ou ao valor da ação.
(E) o pedido for juridicamente impossível.

A: incorreta (CPC, art. 295, p.u., I); **B:** incorreta (CPC, art. 295, II); **C:** incorreta (CPC, art. 295, III); **D:** correta. Só não será indeferida se for possível adequar o procedimento (CPC, art. 295); **E:** incorreta (CPC, art. 295, p.u., III).

Gabarito "D"

1.4.2. RESPOSTA DO RÉU

(Procurador da Fazenda Nacional – 2006 – ESAF) Na fase "da resposta do réu", conforme denominado pelo Código de Processo Civil, é correto afirmar:

(A) que nas ações sujeitas ao procedimento ordinário o prazo para a apresentação, pela União (Fazenda Nacional), de contestação, impugnação ao valor da causa ou reconvenção, tem início com a publicação, no órgão oficial, do despacho que ordena a citação.
(B) que, ressalvada a prática de atos reputados urgentes, o Procurador da Fazenda Nacional não será

admitido a atuar em juízo sem a apresentação do seu instrumento de mandato.

(C) que em ação declaratória cumulada com repetição de indébito e/ou compensação, envolvendo, conforme os documentos de arrecadação apresentados pelo contribuinte-autor com a sua petição inicial, potencial condenação da União (Fazenda Nacional) em montante principal de aproximadamente R$ 500.000,00 (quinhentos mil reais), onde foi atribuído como valor da causa, "para fins fiscais", R$ 10.000,00 (dez mil reais), não deve o Procurador da Fazenda Nacional impugnar este valor quando a ele já corresponder, conforme a respectiva tabela, obrigação de recolhimento de custas processuais iniciais no maior valor admissível.

(D) que, identificada pelo Procurador da Fazenda Nacional responsável pelo feito a existência de débitos do mesmo contribuinte-autor inscritos em Dívida Ativa da União, dele ele apresentar reconvenção para, na mesma ação, cobrar estes valores.

(E) que, conquanto não esteja a União (Fazenda Nacional) obrigada ao ônus da impugnação específica dos fatos e nem sujeita aos efeitos da revelia, o juiz da causa não está obrigado a conhecer, de ofício, quanto à existência de fato impeditivo, modificativo ou extintivo do direito do contribuinte-autor, salvo prescrição ou decadência, nem quanto à existência de atos administrativos normativos ou práticas reiteradas (consuetudinárias) da administração tributária federal que possam ter influência sobre a causa.

A: incorreta. O prazo de defesa se inicia com a juntada aos autos do mandado de citação (CPC, art. 241, I e 297); **B:** incorreta. O poder de representação do procurador decorre de lei, não de procuração (interpretação a partir da CF, art. 131); **C:** incorreta. Deverá ser apresentado valor da causa, pois o valor da causa não se refere apenas a questões fiscais (custas), mas diversas outras, como, por exemplo, fixação de outros (CPC, art. 538, p.u.); **D:** incorreta. Se há inscrição na dívida ativa, isso deve ser executado – ao passo que a reconvenção é processo de conhecimento. Assim, falta interesse de agir na reconvenção, se já é possível a execução fiscal; **E:** correta. As matérias em questão devem ser alegadas em contestação (CPC, art. 333, II).

Gabarito "E"

(Procuradoria Distrital – 2007 – ESAF) Sobre o tema "resposta do réu", assinale a afirmativa incorreta.

(A) Se não contestar a reconvenção, o autor reconvindo fica revel.

(B) Apesar de o art. 297, do CPC, estabelecer que o réu pode, no prazo de quinze dias, oferecer contestação, reconvenção e exceção, essa última também pode ser oferecida pelo autor.

(C) Havendo ação e reconvenção, e caso o autor desista da ação, o juiz deverá prosseguir rumo ao julgamento da reconvenção.

(D) Caso o tribunal acolha a exceção de suspeição do juiz, mandará remeter os autos ao seu substituto legal, condenando o juiz nas custas.

(E) Oferecida exceção de suspeição ou de impedimento do perito, suspende-se o curso do processo.

A: correta. CPC, art. 316; **B:** correta. A suspeição e impedimento podem ser alegados pelo autor (CPC, art. 304); **C:** correta. CPC, art. 317; **D:** correta. CPC, arts. 313 e 314; **E:** incorreta, devendo esta ser assinalada. A previsão legal de suspensão é só do juiz (CPC, art. 265, III).

Gabarito "E"

(Procurador da Fazenda Nacional – 2007.2 – ESAF) Quanto ao oferecimento da contestação, é incorreto afirmar que:

(A) há preclusão das razões de defesa não alegadas na contestação, salvo quando: relativas ao direito superveniente; as questões sujeitas a conhecimento *ex officio* pelo órgão judicial ou admitidas em qualquer tempo por expressa disposição de lei.

(B) há presunção de verdade quanto aos fatos narrados pelo autor e não impugnados especificamente pelo réu exceto: se não for admissível, a seu respeito, a confissão; se com a inicial não se houver juntado instrumento público que a lei considerar da substância do ato ou se os fatos forem incompatíveis com a defesa, considerada em seu conjunto.

(C) há possibilidade de o autor apresentar ação declaratória incidental se na contestação oferecida pelo réu for nela arguida questão prejudicial à questão principal posta.

(D) há responsabilidade do réu pelas custas a partir do saneamento do processo, e perda do direito a haver do autor porventura vencido honorários advocatícios, se a contestação for omissa quanto ao fato impeditivo, modificativo ou extintivo do direito postulado e tal omissão retardar o julgamento da lide.

(E) há responsabilidade integral do réu pelas custas de retardamento se não alegar na primeira oportunidade em que lhe caiba falar nos autos as matérias relacionadas às condições da ação e pressupostos processuais, salvo se apresentar o justo motivo.

A: correta. CPC, art. 302 e dispositivos que tratam de matérias de ordem pública (ex: CPC, art. 267, § 3º); **B:** correta. Trata-se do ônus da impugnação específica (CPC, art. 302); **C:** correta (CPC, arts. 5º e 325); **D:** correta (CPC, art. 22); **E:** incorreta (art. 267, § 3º, do CPC); haverá apenas responsabilidade pelas custas de retardamento.

Gabarito "E"

(Procurador da Fazenda Nacional – 2007 – ESAF) "A" ajuíza ação de ressarcimento de danos causados em acidente de veículo em face de "B", que compareceu à audiência e apresentou como defesa contestação e impugnação ao valor da causa. Arguiu, na contestação, a conversão do procedimento sumário em ordinário, em razão de o valor indicado à causa ser superior a setenta salários mínimos. Postulou, na impugnação ao valor da causa, que o valor fosse corrigido por nele constar o valor aproximado de quarenta salários mínimos. Assinale a opção correta aplicável ao caso.

(A) Defiro o pedido formulado na impugnação ao valor da causa apresentada pelo réu para que o valor atribuído à causa seja ajustado ao valor do pedido, embora o deferimento não gere a conversão do procedimento sumário em ordinário.

(B) Indefiro o pedido formulado na impugnação ao valor da causa pelo fato de a ação ter sido ajuizada com base na natureza da causa, sendo, assim, irrelevante o valor atribuído à causa.

(C) Defiro o pedido formulado na impugnação ao valor da causa, convertendo-se, por consequência, o procedimento sumário em ordinário.

(D) Indefiro o pedido formulado na impugnação ao valor da causa, mantendo-se a causa sob o procedimento sumário considerando que a matéria discutida refere-se à ação de ressarcimento.

(E) A impugnação ao valor da causa, no procedimento sumário, suspende a audiência até que o magistrado decida acerca da conversão do procedimento sumário em ordinário.

O valor da causa deve corresponder ao que pretende o autor (CPC, art. 259, I). Contudo, sendo ação de ressarcimento de danos causados em acidente de veículo, qualquer que seja o valor da causa, o procedimento será o sumário (CPC, art. 275, II, *d*).

Gabarito "A"

(Procurador da Fazenda Nacional – 2007 – ESAF) Quanto à reconvenção, é incorreto afirmar que:

(A) a reconvenção é inadmissível no procedimento sumário em razão da incompatibilidade procedimental e também pela possibilidade, no procedimento sumário, de se formular o pedido contraposto.

(B) a reconvenção é admissível em ação rescisória desde que se cumpra o prazo decadencial de dois anos e busque rescindir a mesma decisão judicial de mérito, objeto da ação rescisória.

(C) a citação na pessoa do procurador do autor reconvindo dispensa procuração com poderes especiais para receber citação, não produzindo os efeitos da revelia.

(D) o réu, em nome próprio, poderá reconvir ao autor que esteja atuando na qualidade de substituto processual, não estendendo tal raciocínio para os casos de representação por não ser parte.

(E) a reconvenção é admitida na ação monitória, após a conversão do procedimento em ordinário.

A: correta. No sumário há pedido contraposto na própria contestação; assim, falta interesse de agir para a reconvenção (CPC, art. 278, § 1º); **B:** correta. Não há vedação legal nesse sentido – apesar de não ser algo frequente; **C:** correta (CPC, art. 316); **D:** incorreta, devendo ser assinalada. Previsão do CPC, art. 315, parágrafo único; **E:** correta. Súmula 292/STJ.

Gabarito "D"

(Advogado – IRB – 2006 – ESAF) Arguem-se por meio de exceção, <u>exceto</u>:

(A) a defesa de mérito.

(B) a conexão.

(C) a suspeição.

(D) o impedimento.

(E) a incompetência.

A defesa de mérito pode ser alegada, à guisa de exemplo, por meio de exceção de executividade, enquanto mecanismo de reação ínsito ao processo de execução e à fase de cumprimento de sentença. Por meio de tal defesa *stricto sensu*, o executado, sem a necessidade de garantir o juízo, pode apresentar defesa de mérito, a exemplo do pagamento ou de outro meio extintivo da obrigação, desde que a prova de tal fato seja documental e esteja pré-constituída. Nesse sentido: "*Defesas sem necessidade de segurança do juízo. Exceção de executividade.* O primeiro meio de defesa de que dispõe o devedor na execução é a *exceção de executividade*. Admite-se-á quando desnecessária qualquer dilação probatória para a demonstração de que o credor não pode executar o devedor. Daí ser exceção de executividade e não de pré-executividade. Denomina-se *exceção* porque instrumento de defesa de direito material, que contém matérias que o juiz somente pode examinar a requerimento da parte. São arguíveis por meio de exceção de executividade o pagamento e qualquer outra forma de extinção da **Obrigação** (adimplemento, compensação, confusão, novação, consignação, remissão, sub-rogação, dação etc.) (Gomes, *obrigações*, n. 67, p. 87), desde que demonstráveis *prima facie*. Havendo necessidade de dilação probatória, para que o devedor possa demonstrar a existência da causa liberatória da obrigação é inadmissível a exceção de executividade. Nesse caso o devedor, caso queira defender-se, terá de segurar o juízo e ajuizar o incidente de impugnação ao cumprimento de sentença [ou ajuizar ação de embargos do devedor]". (NERY JR. Nelson; NERY, Rosa Maria de Andrade. **Código de processo civil comentado e legislação extravagante.** 10. edição. São Paulo: Revista dos Tribunais, 2007, p. 736;1.073) [grifos do autor]. De igual modo, a incompetência relativa, o impedimento e a suspeição devem ser articulados igualmente através de exceção (art. 304 do CPC). A conexão, por sua vez, é arguida em preliminar de contestação (art. 301, VII, do CPC).

Gabarito "B"

1.4.3. REVELIA

(Procurador da Fazenda Nacional – 2003 – ESAF) A presunção de veracidade dos fatos afirmados na inicial:

(A) constitui efeito da revelia e é absoluta.

(B) não ocorre, em caso de litisconsórcio simples ou comum, se um dos réus apresentar contestação.

(C) é efeito da revelia e não depende da natureza do direito litigioso.

(D) pode não ser aceita pelo juiz, embora prevista como efeito da revelia.

(E) é consequência da confissão.

A: incorreta. É efeito da revelia (CPC, art. 319), mas há exceções (CPC, art. 320); **B:** incorreta. Apesar dessa ser a previsão do art. 320, I, do CPC, a doutrina aponta que isso ocorrerá em relação aos fatos comuns – se os argumentos só aproveitarem a um dos réus, haverá a presunção de veracidade quanto ao outro. (conforme as demais alternativas, esta poderia até mesmo ser a correta); **C:** incorreta. Se for direito indisponível, não se aplica (CPC, art. 320, II); **D:** correta. Se presente alguma das situações do art. 320 do CPC, ainda que haja revelia, o juiz não reconhecerá a veracidade dos fatos; **E:** incorreta. Com a confissão, um determinado fato será considerado verdadeiro, não todos – e a confissão atinge tanto o autor quanto o réu (CPC, art. 348).

Gabarito "D"

(Procuradoria Distrital – 2007 – ESAF) Paulo de Tarso ajuizou ação em desfavor do Distrito Federal, postulando obter declaração de inexistência de determinado débito tributário anotado contra si. O feito seguiu o rito ordinário. Devidamente citado, o Distrito Federal deixou fluir em branco o prazo para contestação. A vista desses fatos, assinale a afirmativa correta.

(A) Ocorreu a revelia do Distrito Federal.

(B) O juiz deve reabrir o prazo para resposta, em face da indisponibilidade do direito versado no processo.

(C) No caso de sentença desfavorável ao Distrito Federal, esse não poderá interpor recurso de apelação, diante da ocorrência de preclusão lógica.
(D) O feito deveria ter seguido o rito sumário, daí porque, apesar de o Distrito Federal não ter contestado, incumbe ao juiz anular o processo desde o início.
(E) Mesmo não tendo contestado, o Distrito Federal pode, ainda assim, intervir no feito, sendo-lhe vedado, contudo, postular a produção de provas.

A: correta. Revelia é a ausência de contestação (CPC, art. 319), que também ocorre em face da Fazenda. **B:** incorreta. Há revelia, mas não um de seus efeitos, que é a presunção de veracidade dos fatos (CPC, art. 320, II); **C:** incorreta. A revelia não impede que se ingresse posteriormente no processo, realizando outros atos (CPC, art. 322, p.u.); **D:** incorreta. Não há nada no enunciado que justifique ser o caso de rito sumário (CPC, art. 275); **E:** incorreta. Mesmo argumento de "C".

Gabarito "A"

1.4.4. PROVAS

(Procuradoria Distrital – 2007 – ESAF) Cabe ao juiz, como destinatário da prova, determinar a produção das provas necessárias à instrução do processo, bem como indeferir as diligências inúteis ou meramente protelatórias. Sobre os chamados "poderes instrutórios" do juiz, assinale a afirmativa incorreta.

(A) Não dependem de prova os fatos afirmados por uma parte e confessados pela parte contrária.
(B) O depoimento pessoal das partes pode ser determinado de ofício pelo juiz.
(C) O juiz pode, de ofício, determinar a acareação de duas ou mais testemunhas ou de alguma delas com a parte.
(D) A prova pericial, que consiste em exame, vistoria ou avaliação, não pode ser determinada de ofício pelo juiz e necessita de requerimento expresso da parte interessada, até porque o seu deferimento impõe, como regra, o pagamento de honorários periciais, que devem ser suportados pela parte interessada na produção da prova.
(E) O juiz pode decidir contrariamente ao laudo pericial, devendo expor os fundamentos da divergência.

A: correta (CPC, art. 334, II); **B:** correta (CPC, art. 342); **C:** correta (CPC, art. 418, II); **D:** incorreta. Também cabe seu deferimento de ofício, hipótese em que o pagamento será do autor (CPC, arts. 130 e 33); **E:** correta (CPC, art. 436).

Gabarito "D"

(Advogado – IRB – 2006 – ESAF) Assinale a opção falsa relativamente à prova no Direito Processual Civil.

(A) O dever de fundamentar as decisões constitui restrição ao princípio do livre convencimento do juiz.
(B) O CPC adota em matéria de prova o sistema dispositivo rígido.
(C) O dever de julgar com os elementos existentes nos autos constitui restrição ao princípio do livre convencimento do juiz.
(D) Havendo conflito entre as provas pericial e oral, prevalecerá a primeira.
(E) A recusa da parte em submeter-se ao exame judicial acarreta-lhe presunção desfavorável.

A e **C:** corretos. O princípio da publicidade se contrapõe ao princípio do livre convencimento indistinto, o qual, como cediço, pode render ensejo a julgamentos impregnados de arbitrariedade. A publicidade se erige como mecanismo de ciência e, por conseguinte, de controle das decisões judiciais, as quais devem explicitar, sob pena de nulidade, os fundamentos adotados (art. 93, IX, da CF); **B:** incorreto. O juiz, de acordo com seus poderes instrutórios, tem papel ativo – e não de mero espectador – quanto à realização, *de ofício*, das provas que reputar necessárias à instrução do feito, daí por que o CPC não adotou o princípio dispositivo rígido. Essa atividade probatória do juiz se dá com plenitude nos procedimentos de jurisdição voluntária e nas causas que versem sobre direitos indisponíveis. Cuida-se de aplicação no processo civil dos ditames da *verdade material* e *do princípio inquisitivo*, visto que o juiz, atento ao escopo de pacificação social do processo, bem assim à necessidade de outorga de um provimento jurisdicional justo e atrelado à realidade dos fatos, tem o poder-dever de ordenar a produção das provas imprescindíveis ao esclarecimento da controvérsia fixada, sobretudo quando a matéria não lhe parecer suficiente esclarecida (arts. 130 e 437 do CPC); **D:** a presente assertiva se afigura correta, sob a condição de que a prova do fato dependa de conhecimento técnico ou científico (art. 145 e 400, II, do CPC). Do contrário, o juízo não está adstrito ao laudo pericial (art. 436 do CPC), gozando de liberdade para avaliar as provas coligidas aos autos e assim forrar o seu convencimento, desde que fundamente sua decisão (art. 131 do CPC e art. 93, IX, da CF); **E:** correto. Em razão da regra contida no art. 340, II, do CPC, a parte tem o dever de se submeter ao exame judicial (também denominado *inspeção judicial, inspeção ocular* ou *reconhecimento judicial)*. Deixando de fazê-lo sem justo motivo, milita em desfavor da parte faltosa presunção de veracidade do fato que se pretenda comprovar por meio da inspeção judicial. De par com tal ensinamento: "A parte tem o *dever* de submeter-se à inspeção (art. 340, II, do CPC) [...]. Ainda quando a parte se recuse sem justo motivo à inspeção, não se pode constrangê-la à força a submeter-se a ela. Esse comportamento, no entanto, pode configurar-se resistência injustificada ao andamento do processo (art. 17, IV, CPC), além de poder se considerar um indício que fundamente a presunção judicial do fato que queria provar" (DIDIER JR. Fredie. **Curso de Direito Processual Civil.** Vol. II. 6. edição. Salvador: Juspodivm, 2011, p. 262-263).

1.4.5. SENTENÇA. COISA JULGADA E AÇÃO RESCISÓRIA

(Procurador da Fazenda Nacional – 2003 – ESAF) A coisa julgada material

(A) está limitada ao dispositivo da sentença de mérito.
(B) abrange a fundamentação da sentença de mérito.
(C) é *erga omnes*.
(D) implica extinção do processo por carência da ação.
(E) impede o reexame do pedido, ainda que diversa a fundamentação fática.

A: correta. CPC, art. 469, a *contrario sensu*; **B:** incorreta (CPC, art. 469, I); **C:** incorreta. No CPC, é somente entre as partes (art. 472); **D:** incorreta. De fato acarreta a extinção, mas não se trata de uma das condições da ação (CPC, art. 269, V); **E:** incorreta. Se for outra causa de pedir, não há tríplice identidade (CPC, art. 301, §§ 1º e 2º – partes, causa de pedir e pedido), razão pela qual não existe coisa julgada.

Gabarito "A"

(Procurador do Estado/GO – 2010) O Estado de Goiás ajuíza uma ação com pedido de reintegração de posse em desfavor de alguém que esbulhou área de domínio público. Quando os autos processuais estão conclusos para sentença, o réu cede seus direitos possessórios a um terceiro. Quanto ao andamento processual a partir dessa premissa hipotética, está CORRETA a seguinte proposição:

(A) A sentença terá efeitos sobre o cessionário, ainda que este não tenha participado da relação processual.

(B) Se tomar conhecimento da alienação dos direitos possessórios, o Estado de Goiás terá de propor novamente a demanda em face do cessionário, dando-lhe oportunidade de contestar.

(C) Tendo conhecimento de que a área foi cedida a um terceiro, o Estado de Goiás deverá promover-lhe a intimação, a fim de que assuma a posição do requerido.

(D) A sentença eventualmente desfavorável ao réu não poderá atingir o terceiro-adquirente, já que ele não participou da relação processual.

(E) O terceiro-adquirente, por ser o novo possuidor, poderá adentrar na relação processual em substituição ao réu originário, independentemente de consentimento do Estado de Goiás.

A: correta (CPC, art. 42, § 3º); **B:** incorreta. Caso contrário, essa seria uma forma de sempre impedir a eficácia de uma decisão judicial; **C:** incorreta. A cessão não altera a legitimidade (CPC, art. 42); **D:** incorreta, pela mesma fundamentação da alternativa "A"; **E:** incorreta. Somente se houver autorização do Estado, será possível o ingresso do cessionário no processo (CPC, art. 42, § 1º).

Gabarito "A"

(Procuradoria Distrital – 2007 – ESAF) Sobre o tema "ação rescisória", assinale a afirmativa correta.

(A) A sentença pode ser rescindida quando tiver sido proferida por juiz impedido ou absolutamente incompetente.

(B) O terceiro, mesmo que demonstre ser juridicamente interessado, não tem legitimidade para propor a ação.

(C) O prazo para resposta deve ser fixado, pelo relator, entre o mínimo de quinze e o máximo de trinta dias.

(D) Não cabe concessão de medida de natureza cautelar que impeça o cumprimento da sentença ou do acórdão rescindendo.

(E) O direito de propor ação rescisória extingue-se em dois anos, contados da publicação da decisão.

A: incorreta. Apesar de reproduzir exatamente o art. 485, II, do CPC, a alternativa foi marcada como incorreta – o que pode se justificar apenas pela ausência da menção à sentença "de mérito"; **B:** incorreta (CPC, art. 487, II); **C:** correta (CPC, art. 491); **D:** incorreta (CPC, art. 489); **E:** incorreta. O prazo é a partir do trânsito em julgado (CPC, art. 495).

Gabarito "C"

(Procurador da Fazenda Nacional – 2004 – ESAF) Contra sentença que julgou parcialmente procedente o pedido, ambas as partes interpõem recurso de apelação. Passados três anos, o Tribunal não conhece do recurso interposto pela parte autora, por intempestivo, negando provimento ao recurso do réu para "confirmar" a sentença. O réu ainda interpõe recurso especial, não admitido, e agravo contra essa decisão, o qual deixou de ser conhecido pelo Superior Tribunal de Justiça por decisão monocrática do relator. Ajuíza a parte autora "ação rescisória" tão logo publicada a decisão e baixados os autos à vara de origem, ante a ausência de outros recursos. Postos assim os fatos, assinale a opção correta.

(A) Não deve a rescisória ter seu mérito apreciado, por haver se operado a decadência. Admite a jurisprudência prevalecente no Superior Tribunal de Justiça o chamado "trânsito em julgado em partes". Como o recurso da autora não foi conhecido por intempestivo, a decisão já havia transitado em julgado há mais de dois anos.

(B) Deve a rescisória ter o seu mérito apreciado. Prevalece no Superior Tribunal de Justiça o entendimento de que a decisão só transita em julgado após a apreciação do último recurso admissível interposto nos autos. Como a última decisão foi proferida pelo Superior Tribunal de Justiça, deve a rescisória ser ali ajuizada.

(C) Deve a rescisória ter o seu mérito apreciado. Prevalece no Superior Tribunal de Justiça o entendimento de que a decisão só transita em julgado após a apreciação do último recurso admissível interposto nos autos. Embora a última decisão tenha sido proferida pelo Superior Tribunal de Justiça, deve a rescisória ser ajuizada no Tribunal de origem, pois o agravo não teve o mérito apreciado.

(D) Deve a rescisória ter o seu mérito apreciado. Embora prevaleça no Superior Tribunal de Justiça o chamado "trânsito em julgado em partes", o fato de ter o recuso sido interposto intempestivamente não afeta a contagem do biênio decadencial, salvo comprovada má-fé, pois a apelação era o recurso adequado para atacar a decisão. Como a última decisão foi proferida pelo Superior Tribunal de Justiça, deve a rescisória ser ali ajuizada.

(E) Não deve a rescisória ter o seu mérito apreciado. Embora prevaleça no Superior Tribunal de Justiça o entendimento de que a decisão só transita em julgado após a apreciação do último recurso admissível interposto nos autos, na hipótese narrada a autora não esgotou as instâncias recursais, não podendo valer-se da rescisória como sucedâneo recursal.

A: incorreta. Súmula 401/STJ: O prazo decadencial da ação rescisória só se inicia quando não for cabível qualquer recurso do último pronunciamento judicial; **B:** incorreta. A primeira parte está correta, mas a competência para a AR é da última decisão quanto ao mérito da causa – e, no caso, não houve decisão de mérito no âmbito do STJ; **C:** correta. Considerando o exposto nos dois itens anteriores; **D:** incorreta. Além do já exposto acima, a intempestividade não envolveu o agravo (último recurso), mas sim a apelação; **E:** incorreta. Não há necessidade de esgotar as instâncias recursais (ainda caberia agravo regimental da decisão monocrática) para se valer da AR – isso acontece em relação ao RE e REsp.

Gabarito "C"

(Procurador da Fazenda Nacional – 2007.2 – ESAF) "A" ajuíza ação ordinária em face de "B" postulando a condenação do réu a cumprir uma cláusula contratual. Ao ser citado, "B" contesta o pedido e, ao mesmo tempo, questiona a validade do próprio contrato no qual a cláusula está inserida. Assinale a opção incorreta.

(A) As partes devem ser ativa e passivamente legitimadas à causa em que se discute a existência e inexistência da relação jurídica, tanto que deveriam sê-lo se a demanda de declaração fosse proposta em caráter autônomo e não incidental.

(B) Se o réu não apresentar ação declaratória incidental, devolve-se ao autor a faculdade de fazê-lo, tendo ele para tanto o prazo de dez dias a partir de quando seu defensor tiver sido intimado do teor da contestação apresentada pelo réu.

(C) Como causa proposta incidentemente a um processo já iniciado, a ação declaratória é da competência absoluta funcional do juiz desta, o qual está prevento.

(D) A ação declaratória incidental é privativa do processo de conhecimento, porque como se traduz em pedido de tutela jurisdicional mediante sentença, não teria como se acomodar no executivo, no monitório, na cautelar e no de jurisdição voluntária.

(E) Não se admite ação declaratória incidental no procedimento sumário, nos juizados especiais cíveis e nas ações possessórias, sendo que nesta última hipótese sob o argumento de que o pedido de declaração incidente colide com a expressão autorização de formular pedido contraposto.

A: correta (art. 3º do CPC); **B:** correta (art. 325 do CPC); **C:** correta (art. 109 do CPC); **D:** correta, pois somente é cabível ação declaratória incidental em processo de conhecimento porquanto há necessidade de prolação de uma sentença, incabível em outras modalidades de processo; **E:** incorreta, devendo estar ser assinalada. Na possessória não há a vedação, e não necessariamente há identidade com o pedido contraposto (arts. 280 e 922 do CPC e art. 31 da Lei 9.099/95).

Gabarito "E"

(Procurador da Fazenda Nacional – 2006 – ESAF) Julgada procedente em primeira instância (sentença), no todo ou em parte, a ação ordinária do contribuinte contra a União (Fazenda Nacional):

(A) a interposição de apelação pela União (Fazenda Nacional) torna desnecessário o "reexame necessário" ("reexame obrigatório", "remessa *ex officio*") da sentença pelo Tribunal.

(B) é indiferente a interposição de apelação, ou o conteúdo desta, pela União (Fazenda Nacional) ou a remessa do processo ao Tribunal por força do "reexame necessário" para fins de "prequestionamento", requisito próprio ao cabimento dos recursos de natureza extraordinária (recurso extraordinário e recurso especial), porque naquelas duas situações serão igualmente devolvidas ao Tribunal o conhecimento da matéria impugnada em primeira instância, inclusive as questões suscitadas e discutidas no processo ainda que a sentença não as tenha julgado por inteiro ("efeito devolutivo").

(C) o prazo para que o Procurador da Fazenda Nacional interponha apelação, na parte em que vencida a União (Fazenda Nacional), ou para contra-arrazoar (responder) a apelação do contribuinte-autor, conta-se em dobro face ao prazo ordinário do Código de Processo Civil, iniciando a contagem da respectiva intimação, por ordem do juízo competente, mediante publicação no órgão oficial.

(D) a recepção, pelo juiz da causa, da apelação interposta pelo contribuinte-autor, na parte em que julgada improcedente sua ação, no duplo efeito (suspensivo e devolutivo) não importa em manter ativa nesta mesma parte, até o julgamento pelo Tribunal, a tutela antecipada originalmente deferida em primeira instância.

(E) é possível a sua execução provisória mesmo que a apelação da União (Fazenda Nacional) tenha sido recebida no duplo efeito (suspensivo e devolutivo), e isto desde que seja prestado pelo exequente caução idônea e suficiente admitida pelo juiz da causa.

A: incorreta. Ainda que haja recurso voluntário da União (apelação), o reexame necessário também se aplicará. Ou seja, o TRF não está vinculado apenas às razões da apelação, podendo analisar tudo quanto foi decidido em 1º grau, no âmbito do reexame necessário; **B:** incorreta. Como visto na resposta anterior, parte da alternativa está correta. Contudo, não cabe falar em "reexame necessário para fins de prequestionamento" – essa finalidade pode ser atingida com os embargos declaratórios (a respeito, conferir Súmula 98/STJ); **C:** incorreta. O prazo em dobro é para recorrer, não para apresentar contrarrazões (CPC, art. 188). Ademais, a intimação é pessoal, não pela imprensa; **D:** correta. O entendimento majoritário é que a sentença substitui a decisão interlocutória que concedeu a antecipação de tutela (que, portanto, deixou de existir). Assim, o duplo efeito da apelação (proferida em juízo de cognição exauriente) não tem o condão de restabelecer a antecipação de tutela (proferida em juízo de cognição sumária), mas impede, por exemplo, eventual execução de honorários; **E:** incorreta. A execução provisória é cabível quanto o recurso de apelação é recebido somente no efeito devolutivo (CPC, art. 521).

Gabarito "D"

(Procurador da Fazenda Nacional – 2004 – ESAF) Sobre o instituto da coisa julgada <u>não</u> é correto afirmar:

(A) para a doutrina majoritária, inspirada nas lições de Liebman, coisa julgada é a qualidade que adquire a sentença após seu trânsito em julgado.

(B) a questão prejudicial decidida *incidenter tantum* jamais fará coisa julgada.

(C) segundo o Código de Processo Civil, a sentença faz coisa julgada às partes entre as quais é dada, não beneficiando, nem prejudicando terceiros, regra essa que não vale para o substituído na "substituição processual".

(D) chama-se "coisa julgada *secundum eventum litis*" o fenômeno segundo o qual uma decisão produzirá ou não autoridade de coisa julgada, conforme o resultado do processo.
(E) as "sentenças determinativas", quais sejam as que dispõem sobre uma relação jurídica continuativa, não atingem a autoridade de coisa julgada, podendo ser revistas, *rebus sic stantibus*.

A: correta. Para Liebman, a coisa julgada é a qualidade de imutabilidade e indiscutibilidade que adere à sentença de mérito, com o trânsito em julgado (vide exposição de motivos do CPC); **B:** correta. A questão prejudicial não pode produz coisa julgada (CPC, art. 469, III). Porém, se ela for decidida como questão principal (*principal iter*, mediante ação declaratória incidental), aí é coberta pela coisa julgada (CPC, art. 470); **C:** correta. CPC, arts. 472 e 6º; **D:** correta. Isso acontece, por exemplo, na ação civil pública, quando é possível a repropositura no caso de improcedência por falta de provas (L. 7.347/85, art. 16); **E:** Incorreta, devendo esta ser assinalada. Há a formação de coisa julgada – mas, conforme a alteração da situação fática, admite-se nova apreciação (CPC, art. 471, I). Contudo, parte da doutrina afirma que, nesses casos, de fato não há coisa julgada. Assim, foi gabaritada uma questão polêmica – mas que, considerando as demais alternativas corretas, deveria ser a assinalada.

Gabarito "E"

(Advogado – IRB – 2006 – ESAF) A propósito de sentença, assinale a opção falsa.

(A) É absolutamente nula a sentença ilíquida quando foi formulado pedido certo pelo autor.
(B) O *jus superveniens* (CPC, art. 462) não se dirige apenas ao juiz de primeiro grau de jurisdição.
(C) O provimento judicial de mérito deve ser certo, ainda que ilíquido, assim compreendida também a relação jurídica de direito material pendente de condição.
(D) Não deve o tribunal declarar a nulidade de sentença não embargada omissa a respeito de um dos pedidos cumulados.
(E) No caso de julgamento *ultra petita* a nulidade pode deixar de ser declarada quando a sentença puder ser decotada na instância revisora.

A: incorreto. Consoante se depreende do enunciado contido no verbete sumular de nº 318 do STJ, cuida-se de *nulidade relativa*, eis que compete ao autor, desde que lhe advenha prejuízo, arguir o vício atinente à iliquidez do título judicial, a despeito da formulação de pedido certo e determinado. Confira-se a redação de interessante julgado do STJ, o qual minudencia a questão: "PROCESSO CIVIL. SENTENÇA ILÍQUIDA. PEDIDO CERTO. '"ART. 459, PARÁGRAFO ÚNICO, CPC'". NULIDADE RELATIVA CUJA SUSCITAÇÃO SOMENTE AO AUTOR INCUMBE. INTERPRETAÇÃO TELEOLÓGICA. ÔNUS DA SUCUMBÊNCIA.RECURSO DESACOLHIDO. I – Tendo o autor formulado pedido certo na ação de cobrança e vindo ele a obter sentença que o remete à liquidação, para a aferição do "quantum" da condenação, somente a ele assiste interesse recursal para suscitar a nulidade da sentença, de caráter relativo, uma vez que nenhum prejuízo advém para o réu. II – Construção afinada com os fins teleológicos do processo, e com a instrumentalidade deste tem entendido que não se deve decretar a nulidade da sentença na hipótese contemplada no parágrafo único do art. 459, CPC, uma vez que a mesma retardaria a prestação jurisdicional, contrariando o princípio da celeridade, principal objetivo da norma. [...] (REsp 145246/SP, Rel. Ministro SÁLVIO DE FIGUEIREDO TEIXEIRA, QUARTA TURMA, julgado em 18/08/1998, DJ 03/11/1998, p. 149); **B:** correto. Do art. 462 do CPC dimana regra que impõe ao magistrado decidir conforme a matéria de fato existente *à época do julgamento da lide*, e não do ajuizamento da demanda. Logo, cuida-se de exceção à estabilização objetiva do processo, a qual se opera com a citação válida. De qualquer forma, o direito superveniente deve ser tomado em apreço pelo julgador no momento de decidir a causa, seja nas instâncias ordinárias (juiz e tribunal de apelação), seja na extraordinária, desde que a questão tenha sido devidamente prequestionada. Demonstrando o que ora se afirma, notem-se os arestos a seguir: ADMINISTRATIVO. PROCESSUAL CIVIL. AGRAVO REGIMENTAL NO AGRAVO DE INSTRUMENTO. EX-COMBATENTE. APLICAÇÃO DO ART. 462 DO CPC. JULGAMENTO *EXTRA PETITA*. NÃO OCORRÊNCIA. AGRAVO NÃO PROVIDO. [...] 2. "Nas instâncias ordinárias cabe ao magistrado, no momento de proferir a sentença, tomar em consideração, de ofício ou a requerimento da parte, a superveniência de lei nova (*jus superveniens*), nos termos do art. 462 do CPC. Nestes casos, não há que se cogitar de julgamento extra petita" (REsp 1.070.788/BA, Rel. Min. MAURO CAMPBELL MARQUES, Segunda Turma, DJe 28/9/10). [...] 4. Agravo regimental não provido (AgRg no Ag 1330124/SP, Rel. Ministro ARNALDO ESTEVES LIMA, PRIMEIRA TURMA, julgado em 17/05/2012, DJe 23/05/2012). No mesmo sentido: TRIBUTÁRIO. PROCESSUAL. DIREITO SUPERVENIENTE. ART. 462, DO CPC. LEI ESTADUAL. SEDE RECURSAL. POSSIBILIDADE. ICMS. CREDITAMENTO. REDUÇÃO DA BASE DE CÁLCULO. "CESTA BÁSICA". 1. A *ratio* do art. 462, do CPC, tutela o princípio de que a sentença deve refletir o estado de fato no momento do julgamento da ação e não da sua propositura. Daí deve-se admitir que novos fatos sejam levados em conta pelo julgador quando do proferimento da sentença. Precedentes: REsp 1090165/SP, Rel. Ministro ARNALDO ESTEVES LIMA, DJe 02/08/2010; EDcl no REsp 487784/DF, Rel. Ministro PAULO GALLOTTI, DJe 30/06/2008; REsp 887378/SP, Rel. Ministra NANCY ANDRIGHI, DJ 17/09/2007). 2. A jurisprudência desta Corte Superior tem admitido a apreciação do fato ou direito que possa influir no julgamento da lide, ainda que em instância extraordinária, desde que não importe a alteração do pedido ou da causa de pedir, porquanto a análise do *jus superveniens* pode ocorrer até a prolação da decisão final, inclusive na instância extraordinária, desde que atendido o inarredável requisito do prequestionamento. Precedentes: Precedentes do STJ: AgRg no REsp 989.026/ES, Rel. Ministra Eliana Calmon, Segunda Turma, julgado em 16.12.2008, DJe 17.02.2009; REsp 907.236/CE, Rel. Ministro Luiz Fux, Primeira Turma, julgado em 06.11.2008, DJe 01.12.2008; REsp 710.081/SP, Rel. Ministro Luiz Fux, Primeira Turma, julgado em 14.03.2006, DJ 27.03.2006; REsp 614.771/DF, Rel. Ministra Denise Arruda, Primeira Turma, julgado em 13.12.2005, DJ 01.02.2006; REsp 688.151/MG, Rel. Ministra Nancy Andrighi, Terceira Turma, julgado em 07.04.2005, DJ 08.08.2005. [...] (REsp 1109048/PR, Rel. Ministro LUIZ FUX, PRIMEIRA TURMA, julgado em 16/11/2010, DJe 14/12/2010); **C:** correto (arts. 459, parágrafo único, e 460, parágrafo único, do CPC); D e **E:** corretos. Por influxo dos princípios da *correlação*, da *congruência*, ou da *adstrição*, o juízo, na sentença, deve se cingir ao pedido e à causa de pedir, sob pena de julgamento *citra*, *ultra* ou *extra petita*. O juiz não pode inovar ou ampliar os limites objetivos da lide, devendo decidir a lide nos limites em que foi proposta, sob pena de afronta aos princípios da ampla defesa, do contraditório e ao princípio dispositivo. Prevalecem os seguintes posicionamentos quanto aos vícios intrínsecos da sentença: a) a decisão *infra* ou *citra petita* pode ser corrigida com a oposição de embargos de declaração, de forma que o próprio órgão prolator da decisão poderá remediar a omissão; b) interposto e admitido o recurso de apelação, a sentença *extra petita* deve ser anulada pelo tribunal, a fim de que os autos sejam remetidos ao órgão *a quo* para prolação de nova sentença, não havendo cogitar-se de substituição da referida decisão. A sentença *extra petita*, em razão de ofensa aos princípios constitucionais e processuais referidos, mesmo que sem oposição do réu, é nula; c) interposto e admitido o recurso de apelação, a sentença *ultra petita* pode ser corrigida pelo tribunal, mediante simples redução da parte que sobejou ao pedido formulado, sem necessidade de regresso dos autos à origem; d) quanto à sentença *infra* ou *citra petita*, se, a despeito de opostos os declaratórios, o órgão prolator da decisão não suprir a omissão, a parte prejudicada poderá apelar ao tribunal, a fim de que este supra o respectivo vício, sem necessidade de retorno dos autos à origem, com base no art. 515, §3º, do CPC. Nesse diapasão: "A omissão da sentença, se não suprida pelos embargos, poderá ensejar sua nulidade. À parte que não embargou caberá apelar para anulá-la. Mas, se todos os elementos já estiverem nos autos, poderá o tribunal apreciar aquilo que foi omitido pela instância inferior (CPC, art. 515, §3º), sem precisar anular o julgado" (GONÇALVES, Marcus Vinícius Rios. **Novo Curso de Direito Processual Civil.** Vol. 2. 7. edição. São Paulo: Saraiva, 2011, p. 143).

Gabarito "A"

2. RECURSOS

2.1. DISPOSIÇÕES GERAIS

(Procurador da Fazenda Nacional – 2003 – ESAF) Os requisitos de admissibilidade de recurso de apelação estão sujeitos ao controle

(A) apenas pelo juiz.
(B) apenas pelo tribunal.
(C) pelo juiz e pela turma julgadora.
(D) pelo relator e pela turma julgadora.
(E) pelo juiz, pelo relator e pela turma julgadora.

O juízo de admissibilidade (verificação da presença dos requisitos de admissibilidade) é apurado tanto no juízo *a quo* quanto *ad quem*. E, no âmbito dos Tribunais, é apreciado tanto pelo relator quanto pelo órgão colegiado (CPC, arts. 518 e 557).

Gabarito "E"

(Procurador da Fazenda Nacional – 2004 – ESAF) Por força de recente alteração legislativa, conhecida como a "reforma da reforma", nosso Código de Processo Civil adotou expressamente a "Teoria da Causa Madura" em sede recursal. Por essa teoria, entende-se que:

(A) nos casos de extinção do processo sem julgamento do mérito, o tribunal pode julgar desde logo a lide, se a causa versar questão exclusivamente de direito e estiver em condições de imediato julgamento.
(B) o relator do recurso negar-lhe-á seguimento se manifestamente inadmissível, improcedente, prejudicado ou em confronto com súmula ou com jurisprudência dominante do respectivo tribunal, do Supremo Tribunal Federal, ou de Tribunal Superior.
(C) se a decisão recorrida estiver em manifesto confronto com súmula ou com jurisprudência dominante do Supremo Tribunal Federal, ou de Tribunal Superior, o relator poderá dar provimento ao recurso.
(D) o juiz conhecerá diretamente do pedido, proferindo sentença, quando a questão de mérito for unicamente de direito, ou, sendo de direito e de fato, não houver necessidade de produzir prova em audiência.
(E) pode o relator de agravo de instrumento contra decisão que negar seguimento a recurso especial ou extraordinário, se o instrumento contiver os elementos necessários ao julgamento do mérito, determinar sua conversão, observando-se, daí em diante, o procedimento relativo ao recurso especial.

A: correta. O enunciado se refere ao CPC, art. 515, § 3º – que prevê exatamente o que consta desta alternativa; **B:** incorreta, não se tratando da teoria da causa madura. O reproduzido consta do art. 557 do CPC, que trata do julgamento monocrático pelo relator; **C:** incorreta, pelo mesmo motivo exposto em "B"; **D:** incorreta. A hipótese é de julgamento antecipado da lide (CPC, art. 330), presente no Código desde sua vigência; **E:** incorreta. A previsão constava da lei que tratava do agravo de instrumento contra decisão denegatória. Atualmente, com a reforma de 2010, não há mais necessidade de cópias e, por isso, o recurso deixou de ser "de instrumento" – agora é denominado "nos próprios autos" (CPC, art. 544).

Gabarito "A"

(Procurador da Fazenda Nacional – 2004 – ESAF) Após a publicação do acórdão que, por maioria de votos, negou provimento à apelação, opôs a parte vencida recurso de embargos de declaração, alegando omissão no julgado. Quando da oposição já havia sido promovida a alteração da redação do artigo 530 do CPC, por força da qual se passou a não mais se admitir os embargos infringentes nesse caso, já que não houve reforma da sentença. A alteração encontrava-se, todavia, em período de *vacatio legis*. Intimada a parte do acórdão que desproveu os embargos, opôs, no prazo legal, recurso de embargos infringentes, quando já em vigor a aludida alteração. O recurso teve seguimento negado, fazendo com que a parte interpusesse agravo interno, o qual restou, da mesma forma, desprovido. À luz de tais informações, assinale a opção correta.

(A) Nosso direito processual intertemporal agasalhou a "teoria das fases procedimentais", pela qual a lei nova não se aplica às fases já iniciadas, sob pena de inconstitucional retroação. Inaugurada a fase recursal, aplica-se a lei antiga, que admitia os embargos infringentes, os quais deveriam ter sido conhecidos.
(B) A oposição dos embargos de declaração teve por efeito interromper o prazo para a interposição de qualquer outro recurso. Tal interrupção, havida enquanto ainda em vigor o regramento antigo, tornou aplicável a antiga sistemática, pois *tempus regit actum*.
(C) Nosso direito processual civil intertemporal acatou a "teoria da unidade processual", por força da qual a relação processual deve ser encarada em bloco, aplicando-se a legislação contemporânea à sua deflagração. É de se aplicar, assim, a sistemática antiga, em vigor quando do ajuizamento da demanda, razão pela qual não está correta a decisão do Tribunal.
(D) Decidiu com acerto o Tribunal. Nosso direito processual civil intertemporal acatou a "teoria do isolamento dos atos processuais". Assim, quando

da intimação do acórdão que decidiu os embargos de declaração já não eram mesmo oponíveis os embargos infringentes.

(E) Agiu mal a parte, já que os embargos de declaração só seriam oponíveis após a conclusão do julgamento. Deveria ter oposto embargos infringentes, já que a legislação a ser observada, por força da *vacatio legis*, ainda era a antiga, que admitia a oposição, para só então pedir o esclarecimento na via dos embargos de declaração.

Essa foi a teoria adotada no nosso sistema (CPC, art. 1211 aliada ao respeito do ato jurídico processual perfeito) e confirmada pela jurisprudência do STJ.

Gabarito "D"

2.2. APELAÇÃO

(Procurador da Fazenda Nacional – 2003 – ESAF) A profundidade do efeito devolutivo da apelação

(A) impede que o tribunal examine matéria de mérito não deduzida no recurso.

(B) possibilita que o tribunal, afastada a carência, examine o mérito.

(C) torna possível que os fundamentos da ação e da defesa sejam analisados pelo tribunal, ainda que não versados na sentença.

(D) significa a necessidade de haver recurso para possibilitar ao tribunal examinar fundamentos não versados na sentença.

(E) é limitada pela vontade do apelante.

CPC, art. 515, § 1º.

Gabarito "C"

2.3. AGRAVO

(Procurador da Fazenda Nacional – 2004 – ESAF) Quanto ao juízo de admissibilidade do recurso de agravo sob a modalidade "de instrumento", e de acordo com a jurisprudência do Superior Tribunal de Justiça, é correto afirmar:

(A) é pressuposto recursal ligado à regularidade formal a juntada das "peças obrigatórias" elencadas no Código de Processo Civil, sendo ônus do agravante a juntada das "peças facultativas", que são aquelas úteis à compreensão da matéria, sob pena de obter o agravante julgamento de mérito desfavorável a seus interesses.

(B) é pressuposto recursal ligado à regularidade formal, além da juntada das "peças obrigatórias" elencadas no Código de Processo Civil, a juntada das "peças necessárias" à exata compreensão da controvérsia, embora não obrigatórias, sob pena de ter seu recurso liminarmente negado.

(C) é pressuposto recursal ligado à regularidade formal a juntada das "peças obrigatórias" elencadas no Código de Processo Civil, devendo o Tribunal abrir oportunidade para que sejam juntadas outras "necessárias" antes de negar seguimento ao recurso, pois a lei não impõe a juntada dessas últimas, não podendo a parte agravante ser prejudicada se não atuou com desídia.

(D) é pressuposto recursal ligado à regularidade formal a juntada das "peças obrigatórias" elencadas no Código de Processo Civil, só podendo o recurso não ser conhecido por outro motivo se a parte agravada alegar e provar que a ausência das "facultativas" violou seu direito à ampla defesa.

(E) em se tratando as preliminares do julgamento do recurso matéria de ordem pública e, portanto, cognoscíveis de ofício, deve o relator converter o julgamento em diligência sempre que faltar uma peça essencial à compreensão da controvérsia, seja obrigatória, seja facultativa.

A: incorreta. A ausência de peças leva ao não conhecimento do agravo – juízo de admissibilidade, não juízo de mérito; **B:** correta, à época da aplicação da prova. Contudo, necessário esclarecer que, no julgamento de recurso repetitivo e alterando entendimento anterior, o STJ definiu que o recurso somente não pode ser conhecido pela falta de peças obrigatórias, e não pela falta de peças necessárias à compreensão da controvérsia – deve o relator, se o caso, determinar sua juntada (REsp 1.102.467, DJe 29/08/2012, informativo STJ 496); **C:** incorreta, à época da aplicação da prova. Hoje, nos termos do exposto acima, esta seria a alternativa a ser assinalada; **D:** incorreta, conforme argumentos já expostos; **E:** incorreta. Sendo peça obrigatória prevista em lei (CPC, art. 525, I), o recurso não será conhecido, não sendo possível emenda.

Gabarito "B"

(Procurador da Fazenda Nacional – 2007.2 – ESAF) Quanto ao agravo retido, é incorreto afirmar que:

(A) o agravo retido deve ser interposto no prazo de dez dias e, uma vez interposto, deverá a parte contrária ser ouvida sobre ele. O juiz, estabelecendo o contraditório, poderá redecidir, hipótese na qual o agravado poderá interpor um novo agravo desta nova decisão.

(B) da decisão que determina a retenção do agravo de instrumento em retido, caberá a interposição de recurso especial, por ser tal decisão considerada de última instância por não comportar o manejo do agravo interno.

(C) as decisões interlocutórias proferidas nas audiências de instrução e julgamento serão agraváveis na forma retida e sua interposição deverá ser feita oral e imediatamente na própria audiência, constando do respectivo termo as razões sucintas de sua reforma, mas toda vez que a decisão interlocutória tiver o condão de "causar à parte lesão grave e de difícil reparação", mesmo quando proferida em audiência de instrução e julgamento, a hipótese é de agravo de instrumento.

(D) da decisão que determina a retenção do agravo de instrumento em retido não caberá recurso mas, de acordo com a jurisprudência dominante do Tribunal Regional Federal da 1ª Região, comportará a impetração do mandado de segurança.

(E) será retido o agravo interposto de qualquer decisão interlocutória que não seja: a inadmissão de apelação; relativa aos efeitos em que a apelação foi recebida; casos de urgência ou, como quer a lei, "decisão suscetível de causar à parte lesão grave e de difícil reparação".

A: correta. CPC, arts. 522 e 523, § 2º; **B:** incorreta, devendo esta ser assinalada. A decisão é monocrática e, em tese, cabível agravo regimental – mas a lei vedou. Assim, é irrecorrível, só cabe pedido de reconsideração, sem natureza recursal (CPC, art. 527, parágrafo único); **C:** correta. CPC, arts. 522 e 523, § 3º); **D:** correta. Além do exposto em "B", diante da irrecorribilidade, a jurisprudência majoritária no país entende cabível o MS nessa situação; **E:** correta. CPC, art. 522.

Gabarito "B".

(Procurador da Fazenda Nacional – 2007 – ESAF) Quanto ao recurso de agravo interposto em face da decisão de primeiro grau, é correto afirmar que:

(A) pode-se utilizar a forma de interposição de recurso pelo correio com aviso de recebimento nas hipóteses de agravos de instrumento interposto em face de decisão de primeiro grau e de decisão que não admite recursos especial e extraordinário.

(B) após a análise dos requisitos de admissibilidade do recurso de apelação, o tribunal analisará o agravo retido, sendo que o seu provimento gerará a nulidade da sentença proferida pelo magistrado de primeiro grau.

(C) o magistrado poderá de ofício, por ser matéria relativa à admissibilidade do recurso, não conhecer do recurso de agravo de instrumento quando o agravante não tiver cumprido o requisito da lei, que determina a comunicação e a comprovação ao juízo de primeiro grau acerca da interposição do agravo de instrumento, assim como dos documentos que instruíram o referido recurso.

(D) da decisão que o magistrado converter o agravo de instrumento em retido, por não se aplicar ao caso a possibilidade de lesão grave ou de difícil reparação, caberá a interposição do agravo interno no prazo de cinco dias.

(E) das decisões proferidas em audiência de instrução, nos procedimentos ordinário e no sumário, caberá a interposição do agravo de forma retida, que deve ser interposto de forma oral e imediata sob pena de preclusão, salvo quando se tratar de decisão suscetível de causar à parte lesão grave e de difícil reparação.

A: incorreta. O art. 525, § 2º, do CPC, apenas prevê em relação ao agravo de 1º grau (além disso, atualmente cabível o agravo nos próprios autos contra decisão denegatória – CPC, art. 544); **B:** incorreta. Primeiro é feita a análise do retido (CPC, art. 523); **C:** incorreta. Depende de provocação da parte contrária (CPC, art. 526); **D:** incorreta. Essa decisão é irrecorrível (CPC, art. 527, parágrafo único); **E:** correta. CPC, arts. 522 e 523, § 3º.

Gabarito "E".

2.4. RECURSOS EXTRAORDINÁRIO E ESPECIAL

(Procurador da Fazenda Nacional – 2006 – ESAF) Sobre o recurso especial:

(A) havendo decisão unânime de Turma de Tribunal Regional Federal contra a qual é interposto, pela União (Fazenda Nacional), embargos de declaração liminarmente inadmitidos, ao fundamento de impertinência, mediante decisão monocrática terminativa do relator, fica caracterizada a existência de decisão de única ou última instância que autoriza a interposição do recurso especial.

(B) quando interposto contra decisão de única ou última instância de Tribunal Regional Federal ao argumento de contrariedade ou negativa de vigência a lei federal, devolve o Superior Tribunal de Justiça o conhecimento da matéria impugnada e das demais questões de natureza infraconstitucional suscitadas e discutidas no processo.

(C) inadmitido o recurso por decisão da presidência do Tribunal recorrido, aos fundamentos de que o tema especificamente suscitado no recurso especial não foi devidamente prequestionado e que a decisão recorrida está perfeitamente ajustada à jurisprudência do Superior Tribunal de Justiça (STJ), é cabível a interposição de agravo para o STJ, sendo adequada a fundamentação deste recurso no argumento da incompetência da instância *a quo* para apreciar aspectos estranhos aos requisitos intrínsecos ao recurso.

(D) sendo omissa a decisão do Tribunal Regional Federal sobre ponto relevante, de natureza constitucional ou infraconstitucional, expressamente suscitado nas razões de apelação cível, é desde logo cabível a interposição de recurso especial desde que arguindo contrariedade não à legislação concernente ao mérito da causa mas sim aos deveres processuais daquela Corte decorrentes das disposições do Código de Processo Civil.

(E) quando interposto contra decisão de única ou última instância de Tribunal Regional Federal ao argumento de que o aresto deu a lei federal interpretação divergente da que lhe haja atribuído outro tribunal, não se exige que a divergência esteja caracterizada face a decisão de outro Tribunal Regional Federal mas sim que, mediante cotejo analítico dos fundamentos de fato e de direito de cada uma das decisões (recorrida e paradigma), fique caracterizada a perfeita identidade das premissas relevantes e a diversidade das conclusões alcançadas por cada uma das Cortes julgadoras.

A: incorreta. Se a decisão quanto aos embargos de declaração é monocrática, deverá ser interposto agravo regimental para provocar a prolação de acórdão – e aí cabível o especial; **B:** incorreta. Só é objeto do recurso especial a matéria constante do recurso, devidamente prequestionada (Súmulas 282 e 356 do STF) e que não discuta cláusula contratual ou matéria fática (Súmulas 5 e 7 do STJ); **C:** incorreta. O recurso cabível de fato é o agravo (com a reforma de 2010, agravo nos próprios autos, nos termos do art. 544 do CPC). A admissibilidade será não só em relação a aspectos formais internos do recurso, mas também quanto ao conteúdo (como, por exemplo, se vê da Súmula n. 83/STJ); **D:** incorreta. Se houve omissão, deve a parte, antes de ingressar com o especial, opor declaratórios – inclusive para fins de prequestionamento (Súmulas 98 e 211 do STJ). **E:** correta. É a hipótese de recurso fundado na divergência externa, entre o acórdão recorrido e o paradigma (CF, art. 105, III, c).

Gabarito "E".

(Procurador da Fazenda Nacional – 2006 – ESAF) Sobre o recurso extraordinário:

(A) atende ao requisito do prequestionamento a articulação da questão, sobre a qual se pretende recorrer extraordinariamente, por oportunidade dos embargos de declaração contra a decisão unânime de Turma do Tribunal Regional Federal, independentemente da sua presença específica na matéria impugnada por ocasião da apelação, ou das respectivas contrarrazões (resposta), ou nas questões anteriormente suscitadas e discutidas no processo.

(B) a inobservância, pelo juiz federal processante de primeira instância ou pelo Tribunal Regional Federal, de regra processual civil expressa, daí resultando (alegado ou presumido) prejuízo para a defesa, caracteriza, ademais de infração à respectiva legislação federal, passível de impugnação mediante recurso especial, situação de afronta aos princípios constitucionais da ampla defesa e do devido processo legal, sendo consequentemente pertinente a concomitante interposição de recurso extraordinário.

(C) suscitado, pela Turma do Tribunal Regional Federal, incidente de arguição de inconstitucionalidade de lei ou ato normativo federal, e sendo ele julgado procedente, pelo pleno ou órgão especial do respectivo Tribunal, com a respectiva declaração de inconstitucionalidade, contra esta decisão não é cabível a interposição de recurso extraordinário: apenas o será, oportunamente, contra o acórdão que, após, venha a ser proferido pela Turma no caso concreto em julgamento.

(D) a decisão de Turma do Tribunal Regional Federal que, interpretando legislação tributária, conclui, em manifesta contrariedade ao entendimento da União (Fazenda Nacional), pela inclusão do contribuinte-autor em situação de isenção fiscal, caracteriza, para fins de recurso extraordinário, decisão afrontosa ao princípio constitucional da estrita legalidade em matéria tributária (art. 150, inciso I, da Constituição).

(E) interposto agravo de instrumento, para o Supremo Tribunal Federal (STF), contra a inadmissão, por decisão da presidência do Tribunal recorrido, de recurso extraordinário, a identificação, pelo próprio STF, da ausência, no instrumento recursal, de cópia de peça obrigatória, enseja, alternativamente e a juízo do próprio Tribunal, a intimação do agravante para complementar o instrumento ou a baixa dos autos à instância de origem para que ali se promova aquela mesma complementação.

A: incorreta. Somente se houve discussão da matéria em apelação é que se pode falar em omissão capaz de levar ao provimento de embargos de declaração para fins de prequestionamento; **B:** incorreta. A jurisprudência entende que essa é situação de ofensa reflexa à CF, hipótese na qual não cabe o RE; **C:** correta. O incidente de inconstitucionalidade (CPC, art. 480), em atenção à cláusula de reserva de plenário (CF, art. 97), busca definir a questão da constitucionalidade no âmbito do Tribunal – mas a efetiva decisão, do caso concreto, será tomada pela turma após fixada a premissa quanto à inconstitucionalidade; **D:** incorreta. Na linha do exposto na alternativa "B", essa situação seria de ofensa reflexa; **E:** incorreta. No sistema anterior à Lei 12.322/2010, a falta de documento no instrumento levava ao não conhecimento do agravo. Cabe lembrar que, atualmente, o agravo nos próprios autos independe da juntada de quaisquer documentos, já que os autos do recurso sobem ao STF (CPC, art. 544).

Gabarito "C"

(Procurador da Fazenda Nacional – 2007.2 – ESAF) Quanto ao instituto da repercussão geral, é incorreto afirmar que:

(A) a decisão que não se conhece o recurso extraordinário é irrecorrível, quando a questão constitucional nela versada não oferecer repercussão geral.

(B) quando houver multiplicidade de recursos com fundamento em idêntica controvérsia, caberá ao Tribunal de origem selecionar um ou mais recursos representativos da controvérsia e, negada a existência de repercussão geral pelo Supremo Tribunal Federal, os recursos sobrestados considerar-se-ão automaticamente não admitidos.

(C) haverá repercussão geral quando o recurso impugnar decisão contrária à súmula ou jurisprudência dominante do Tribunal.

(D) caberão inicialmente ao Tribunal de origem, ao exercer o primeiro juízo de admissibilidade, e, em seguida, ao Supremo Tribunal Federal analisar a existência de repercussão geral, arguida pelo recorrente em preliminar de recurso extraordinário.

(E) o Relator poderá admitir, na análise da repercussão geral, a manifestação de terceiros, subscrita por procurador habilitado, nos termos do Regimento Interno do Supremo Tribunal Federal.

A: correta (CPC, art. 543-A); **B:** correta (CPC, art. 543-B, §§ 1º e 2º); **C:** correta (CPC, art. 543-A, § 3º); **D:** incorreta, devendo ser assinalada, pois análise da existência de repercussão geral cabe somente ao STF (CPC, art. 543-A); **E:** correta (CPC, art. 543-A, § 6º).

Gabarito "D"

2.5. EMBARGOS DE DIVERGÊNCIA

(Procurador da Fazenda Nacional – 2007 – ESAF) Quanto ao recurso de embargos de divergência, é incorreto afirmar que:

(A) não cabem embargos de divergência no âmbito do agravo de instrumento que não admite recurso especial.

(B) cabem embargos de divergência contra acórdão que, em agravo "regimental", decide recurso especial.

(C) cabem embargos de divergência da decisão que deu provimento ao agravo "regimental", afastando-se a possibilidade de julgamento monocrático pelo Ministro Relator por não se enquadrar a hipótese em jurisprudência dominante do Tribunal.

(D) cabem embargos de divergência contra acórdão que, em agravo "regimental", decide recurso extraordinário.

(E) não cabem embargos de divergência, quando a jurisprudência do tribunal se firmou no mesmo sentido do acórdão embargado.

A: correta. Súmula 315/STJ: Não cabem embargos de divergência no âmbito do agravo de instrumento que não admite recurso especial (lembrando que, atualmente, o recurso em questão é o agravo nos próprios autos – houve alteração no art. 544 do CPC, mas não na súmula); **B:** correta. Súmula 316/STJ: Cabem embargos de divergência contra acórdão que, em agravo regimental, decide recurso especial; **C:** incorreta, devendo ser assinalada, considerando o exposto nos itens acima; **D:** correta. A Súmula 599/STF foi cancelada: São incabíveis embargos de divergência de decisão de turma, em agravo regimental (DJe n. 55/2008); **E:** correta. Súmula 168/STJ: Não cabem embargos de divergência, quando a jurisprudência do tribunal se firmou no mesmo sentido do acórdão embargado.

Gabarito "C"

2.6. RECURSOS EM ESPÉCIE COMBINADOS

(Procurador da Fazenda Nacional – 2003 – ESAF) O litisconsórcio será necessário e unitário sempre que

(A) a lei determinar a pluralidade de partes.
(B) for obrigatória a participação de todos os integrantes da relação material incindível.
(C) for determinado pela lei, ainda que cindível a relação de direito material.
(D) o resultado do processo tiver de ser igual para todas as partes.
(E) o resultado do processo puder ser igual para todas as partes.

O litisconsórcio necessário é aquele que precisa existir (participação de todos); o unitário é aquele em que, existindo, a decisão tem de ser a mesma (relação material incindível).

Gabarito "B"

(Procurador da Fazenda Nacional – 2006 – ESAF) Na fase de apelação perante Tribunal Regional Federal, em ação do contribuinte contra a União (Fazenda Nacional):

(A) pode o contribuinte desistir, a qualquer tempo, de sua ação de mandado de segurança, independentemente do consentimento da União (Fazenda Nacional) mesmo que seja ela a única recorrente.
(B) em controvérsia de natureza exclusivamente infraconstitucional, sendo parcialmente provido o recurso do contribuinte, com decisão não unânime relativamente à parte improvida, deve ele, desde logo, interpor recurso especial quanto à parte unânime, sem prejuízo da interposição de embargos de divergência relativamente à parte não unânime.
(C) arguida, pelo contribuinte-recorrente, a inconstitucionalidade de lei, incumbe à respectiva turma julgadora, preliminarmente, decidir se acolhe ou não a plausibilidade da arguição, e, em caso afirmativo, submeter a arguição à apreciação do pleno ou da corte especial, conforme o caso, do respectivo Tribunal, salvo se já houver anterior pronunciamento daquele mesmo órgão superior da corte ou do Supremo Tribunal Federal: é a regra da "reserva de plenário" ou do "full bench".
(D) é facultado ao Procurador da Fazenda Nacional responsável pelo acompanhamento do feito, a qualquer tempo antes do julgamento definitivo do recurso pelo Tribunal, desistir, a seu juízo, da apelação anteriormente interposta, desde que o faça fundamentadamente e mediante justificativa escrita.
(E) até o julgamento do recurso pela correspondente turma, a competência para conhecer e decidir sobre medidas de natureza cautelar recai sobre o presidente do Tribunal; após o julgamento pela turma, e não estando pendente o julgamento de embargos infringentes ou de embargos de declaração, a competência fica transferida ao presidente do Tribunal ao qual competir o conhecimento do recurso (extraordinário ou especial) acaso cabível.

A: incorreta. Após a contestação, a desistência da ação depende da anuência da parte contrária (CPC, art. 267, § 4º); **B:** incorreta. O recurso especial quanto à parte unânime somente deverá ser interposto após o julgamento dos embargos infringentes (CPC, art. 498); **C:** correta: Trata-se da regra constitucional da reserva de plenário (CF, art. 97) que, do ponto de vista infraconstitucional, determina a instauração do incidente de inconstitucionalidade – salvo se já houver precedente do próprio tribunal ou STF quanto ao tema (CPC, arts. 480 e 481); **D:** incorreta. Isso depende de autorização interna, conforme regras próprias da PFN (indisponibilidade do interesse público); **E:** incorreta. Somente após o juízo de admissibilidade quanto ao recurso de estrito direito (especial ou extraordinário) é que a competência será dos Tribunais Superiores (Súmulas 634 e 635 do STF).

Gabarito "C"

3. PROCESSO DE EXECUÇÃO E CUMPRIMENTO DE SENTENÇA

3.1. PROCESSO DE EXECUÇÃO

(Procurador da Fazenda Nacional – 2004 – ESAF) Quanto ao processo de execução movido em face da Fazenda Pública, e de acordo com a legislação em vigor, é correto afirmar:

(A) ainda que não tenham sido opostos embargos pela Fazenda Pública, os honorários serão fixados consoante apreciação equitativa do juiz, atendidos o grau de zelo do profissional, o lugar da prestação do serviço, a natureza e a importância da causa, o trabalho realizado pelo advogado e o tempo exigido para o seu serviço.
(B) os honorários advocatícios serão fixados entre o mínimo de 10% (dez por cento) e máximo de 20% (vinte por cento) sobre o valor exequendo, independentemente da oposição de embargos do executado, exceto em se tratando de obrigações de dar coisa certa, por não se submeterem ao regime constitucional do precatório.
(C) não serão devidos honorários advocatícios nas execuções movidas em face da Fazenda Pública quando não embargadas, não tendo aplicação o Código de Processo Civil, neste ponto.
(D) a Fazenda Pública não será condenada na verba honorária desde que se trate de execução por

quantia certa não embargada, sendo possível a sua condenação, todavia, quando a execução disser respeito a obrigações de dar e fazer.

(E) a Fazenda Pública jamais será condenada em honorários advocatícios em execuções em face de si movidas, porquanto, pelo princípio da indisponibilidade do interesse público pela Administração, encontra-se sempre obrigada a embargar, não havendo, pois, falar-se em princípio da causalidade.

C: Correta (Art. 1º-D da Lei n. 9.494/1997).

Gabarito "C"

(Procurador da Fazenda Nacional – 2007 – ESAF) Quanto à averbação da certidão de distribuição de execução, é incorreto afirmar que:

(A) presume-se em fraude à execução a alienação e oneração de bens efetuadas após a averbação, não se exigindo que o processo executivo em curso tenha aptidão para levar o executado à insolvência.

(B) o exequente que promover a averbação indevida responderá por litigância de má-fé, indenizando a parte contrária no valor máximo de 20% (vinte por cento) do valor atribuído à causa.

(C) para fins de averbação, torna-se necessária certidão comprobatória do ajuizamento da execução, indicando nela o nome das partes e o valor da causa, sendo estendida também a averbação ao registro de veículos ou registro de outros bens sujeitos à penhora ou arresto.

(D) quanto à averbação da certidão de distribuição de execução, tem-se que se trata de prerrogativa do exequente, embora competirá ao magistrado indeferir o seu pleito no caso de ausência de periculum in mora.

(E) o exequente deverá comunicar ao juízo as averbações efetivas no prazo de dez dias de sua concretização.

A: correta (CPC, art. 615-A, § 3º); **B:** correta (CPC, art. 615-A, § 4º); **C:** correta (CPC, art. 615-A, *caput*); **D:** incorreta, devendo esta ser assinalada. Isso porque não pode o magistrado indeferir a expedição, por ausência de previsão legal (CPC, art. 615-A); **E:** correta (CPC, art. 615-A, § 1º).

Gabarito "D"

(Analista – MPU – 2004 – ESAF) Tendo em vista as normas sobre processo de execução contidas no Código de Processo Civil, é correto afirmar que

(A) é possível hoje afirmar que alguns procedimentos executivos não mais representam processo autônomo de execução. A execução para entrega de coisa certa fundada em título judicial, por exemplo, pode assumir hoje a forma de uma mera fase final do processo de conhecimento.

(B) declarada judicialmente a insolvência de um devedor, suas obrigações se extinguem após 5 anos.

(C) em caso de sentença que não determina o *quantum debeatur*, procede-se à sua liquidação. Se essa liquidação depender de mero cálculo aritmético, o credor elabora esses cálculos e os submete à apreciação do juiz, que poderá ou não homologá-los.

(D) a execução por quantia certa pode realizar-se apenas pela expropriação de bens do devedor. Esses bens serão alienados judicialmente e o produto das vendas será entregue ao credor como pagamento.

(E) uma sentença condenatória transitada em julgado pode ser executada em definitivo. Mas, se essa sentença for impugnada mediante recurso recebido sob efeito devolutivo e suspensivo, deverá ser executada provisoriamente.

A: correto. Com a reforma operada pela Lei 10.444/2002, a execução para entrega de coisa deixou de constituir processo autônomo para tornar-se nova *fase processual*. Assim, por exemplo, se A é condenado a entregar a B um veículo X, o credor B não precisará ajuizar uma *ação de execução para entrega de coisa* em face de B para conseguir satisfazer sua pretensão executória, bastando, para tanto, requerer ao juiz que expeça mandado de busca e apreensão para que se inicie a execução. Tal fenômeno é comumente apontado na doutrina brasileira como *sincretismo processual*, visto que, num único processo, reúnem-se as fases cognitiva (de conhecimento) e executória. De toda forma, a ação que tenha por objeto a entrega de coisa contempla atos judiciais cognitivos e executivos, a exemplo da expedição de mandado de busca e apreensão para bens móveis ou de imissão na posse para bens imóveis (art. 461-A do CPC); **B:** incorreto (art. 778 do CPC); **C:** incorreto. Atualmente, se a liquidação da sentença depender de mero cálculo aritmético, o credor deverá apurá-lo e, mediante petição simples, dar início à fase de cumprimento de sentença (arts. 475-B, *caput*, e 475-J, *caput*, do CPC), não cabendo ao juízo, portanto, homologar ou não os cálculos ofertados pelo credor. De qualquer forma, vale salientar que se a memória apresentada pelo credor exceder os limites da decisão exequenda, ou, ainda, nos casos de assistência judiciária, o juízo poderá se valer de seu contador com vistas a se certificar sobre a exatidão dos cálculos (art. 475-B, §3º, do CPC); **D:** incorreto. Cuidado com as expressões generalizantes! A assertiva emprega o advérbio apenas, o que, *de modo geral*, já demonstra o equívoco da afirmação. De fato, a regra se repete e os bens do devedor podem ser expropriados de quatro maneiras: 1) adjudicação; 2) alienação por iniciativa particular; 3) alienação em hasta pública; e 4) usufruto de bem móvel ou imóvel (art. 647 do CPC); **E:** incorreto, pois só se pode cogitar de execução provisória quando o recurso não for recebido com efeito suspensivo (art. 475-I, § 1º, do CPC).

Gabarito "A"

3.2. LIQUIDAÇÃO DE SENTENÇA, CUMPRIMENTO DE SENTENÇA E IMPUGNAÇÃO

(Procuradoria Distrital – 2007 – ESAF) O art. 162, § 1º, com a redação dada pela Lei n. 11.232/05, redefiniu a sentença, que, agora, não é mais o ato que põe termo ao processo, decidindo ou não o mérito da causa. Agora, o processo — o mesmo processo — prossegue depois da sentença e entra no que se convencionou chamar "fase de cumprimento". Sobre o cumprimento da sentença, assinale a afirmativa correta.

(A) Tratando-se de obrigação por quantia certa, o cumprimento da sentença faz-se por meio de execução.

(B) Citado para o cumprimento, o devedor tem o prazo de quinze dias para efetuar o pagamento do valor devido, sob pena de multa de dez por cento do montante da condenação.

(C) Caso não seja concedido efeito suspensivo à impugnação, essa será decidida nos próprios autos.

(D) A sentença arbitral, dada a sua natureza, não é título executivo judicial.

(E) Se o impugnante, que alegar excesso de execução, não declarar de imediato o valor que entende correto, ficará sujeito a multa de vinte por cento sobre o montante devido.

A: correta. Apesar da afirmação um tanto confusa (pois execução, a rigor, é a de título extrajudicial), trata-se da redação legal, que usa, para a obtenção de quantia, ora o termo cumprimento de sentença, ora execução (CPC, art. 475-I); **B:** incorreta. A hipótese, em regra, é de intimação (CPC, art. 475-J); **C:** incorreta. A lei prevê o contrário (CPC, art. 475-M, § 2º); **D:** incorreta. É um erro comum achar que se trata de título extrajudicial, mas é judicial (CPC, art. 475-N, IV); **E:** incorreta. Se não indicar o valor, a impugnação será liminarmente rejeitada (CPC, art. 475-L, § 2º).

Gabarito "A"

(Procurador da Fazenda Nacional – 2007.2 – ESAF) "A" ajuíza ação reparatória em face de "B", alegando que o réu deveria ser condenado no pagamento da indenização derivada de erro médico. "A" não traz valor certo para a condenação, por não saber em definitivo as consequências do ato que entende ilícito. Ao sentenciar, o magistrado reconhece que houve erro médico no sentido de que o profissional não atuou com a diligência que sua profissão lhe impunha e que o valor relativo a este erro médico será apurado assim que todas as consequências do ilícito sejam passíveis de constatação derradeira. A qualificação das consequências do ato reconhecido será discutido pelas partes "em fase de liquidação". Assinale a opção incorreta.

(A) do requerimento de liquidação de sentença será a parte intimada, na pessoa do seu advogado, sendo desnecessário novo instrumento de mandato para passar a receber as intimações relativas à "fase de liquidação" e, oportunamente, à fase de cumprimento de sentença.

(B) a liquidação poderá ser requerida na pendência de recurso, processando-se em autos apartados, no juízo de origem, cumprindo ao liquidante instruir o pedido com cópias das peças processuais pertinentes.

(C) nos casos em que a apelação for recebida no efeito suspensivo, é possível ao credor da obrigação proceder a "liquidação" independentemente de poder ou não dar início à fase de "cumprimento da sentença", posto que a "liquidação provisória" não tem o condão de trazer nenhum prejuízo para a parte contrária.

(D) nos processos sob procedimento comum sumário é defesa a sentença ilíquida, cumprindo ao juiz, se for o caso, fixar de plano, a seu prudente critério, o valor devido.

(E) a ausência de alguma peça indispensável para instruir o pedido de "liquidação" gerará vício ou nulidade processual, não comportando, em razão da preclusão, providenciar cópia dos autos que estão na instância superior para suprir a lacuna.

A: correta (CPC, art. 475-A, § 1º); **B:** correta (CPC, art. 475-A, § 2º); **C:** correta, conforme exposto no item "B"; **D:** correta, pelo gabarito. Vale destacar que o art. 475-A, § 3º do CPC aponta a impossibilidade de liquidação, no sumário, nos casos de acidente de veículo e seguro (e o enunciado trata de erro médico). Assim, a questão era passível de anulação; **E:** incorreta, devendo ser assinalada, pois não há essa previsão no Código (CPC, art. 475-A e ss.), sendo possível eventual emenda (aplicação subsidiária do art. 284 do CPC).

Gabarito "E"

3.3. EXECUÇÃO CONTRA A FAZENDA

(Procurador da Fazenda Nacional – 2006 – ESAF) A execução contra a Fazenda Nacional

(A) processa-se mediante precatório.

(B) quando empreendida sob a forma de quantia certa exige, à vista do Código de Processo Civil e também da vigente legislação orçamentária, decisão transitada em julgado, tanto na ação principal quanto na própria ação de execução.

(C) admite a expedição de "precatório complementar", especialmente se necessário para a cobrança dos "juros moratórios" incidentes entre a data de apresentação do precatório originário (1º de julho) e a data de seu efetivo pagamento no exercício seguinte.

(D) poderá ser processada sob a forma de "requisição de pequeno valor" para os valores iguais ou inferiores a 40 (quarenta) salários mínimos, seja este o montante originário da obrigação ou resulte de renúncia do excedente pelo credor-exequente.

(E) far-se-á nos próprios autos, mediante simples petição, nos casos de mandado de segurança, relativamente a parcelas pecuniárias vencidas e a honorários de advogado.

A: incorreta. Na verdade, parcialmente correta – pois, além de precatório, é possível que o pagamento se dê mediante RPV ou OPV (requisição de pequeno valor ou obrigação de pequeno valor, nos termos da CF, art. 100, §§ 3º e 4º); **B:** correta. Depende de trânsito no conhecimento e em eventuais embargos (CPC, art. 730, I). Contudo, vale destacar que a jurisprudência admite a expedição de precatório em relação ao valor incontroverso (como, por exemplo, em relação a embargos onde se alegue excesso de execução, em relação à parte não impugnada); **C:** incorreta. Jurisprudência do STF: "A orientação jurisprudencial desta Corte Superior é no sentido de ser indevida a inclusão dos juros de mora em precatório complementar – período compreendido entre a data da expedição do precatório principal e a do seu efetivo pagamento -, desde que respeitado o prazo constante no art. 100, § 1º, da CF, uma vez que, nesta hipótese, não há falar em inadimplência do Poder Público (cf. Súmula Vinculante nº 17 do STF)"; **D:** incorreta. O valor de 40 salários é para a Fazenda Estadual, na ausência de lei (ADCT, art. 87, I). Para a União, o valor é de 60 salários, nos termos da regulamentação do JEF (L. 10.259/01, art.)17, § 1º); **E:** incorreta. Não há previsão legal nesse sentido e Súmula 269/STF: O mandado de segurança não é substitutivo de ação de cobrança.

Gabarito "B"

3.4. EXECUÇÃO FISCAL

(Procurador da Fazenda Nacional – 2006 – ESAF) Na execução fiscal, considerando a legislação específica e a jurisprudência do Superior Tribunal de Justiça:

(A) é admissível, independentemente da prestação de qualquer garantia concernente à execução, a apresentação em juízo pelo devedor-executado de exceção de pré-executividade, desde que ela tenha por objeto direitos disponíveis.

(B) na execução fiscal proposta pela União (Fazenda Nacional), caso procedente, não será o devedor-executado condenado ao pagamento de honorários advocatícios, porque a dívida indicada na Certidão de Dívida Ativa já incluirá o encargo legal em substituição àqueles honorários.

(C) é possível à União (Fazenda Nacional), até a decisão de primeira instância, emendar ou substituir a Certidão de Dívida Ativa sem caracterizar processualmente a sua sucumbência, inclusive, mas não exclusivamente, nos casos de erros materiais ou defeitos formais.

(D) das sentenças proferidas em desfavor da União (Fazenda Nacional) é admissível a interposição de embargos de declaração e apelação, bem assim estão elas, independentemente do valor da causa, sujeitas a "reexame necessário" pelo Tribunal *ad quem*.

(E) é admissível a discussão judicial da dívida ativa regularmente inscrita da União (Fazenda Nacional) mediante ação anulatória do ato declarativo da dívida, desde que precedida de depósito, administrativo ou judicial, do valor total e atualizado do débito.

A: incorreta. A denominada exceção de pré-executividade (defesa sem embargos, sem previsão legal) somente é cabível em matérias de ordem pública, que permitem ao juiz, de ofício, extinguir a execução; **B:** correta. Esse encargo (previsto no artigo 1º do DL 1.025/1969), não pode ser cumulado com honorários, conforme entendimento jurisprudencial; **C:** incorreta. A emenda ou substituição da CDA acarreta a abertura do prazo para embargos (L. 6.830/1980, art. 2º, § 8º); **D:** incorreta. O reexame necessário é apenas para embargos procedentes em valor superior a 60 salários (CPC, art. 475, § 2º); **E:** incorreta. Súmula vinculante 28/STF: É inconstitucional a exigência de depósito prévio como requisito de admissibilidade de ação judicial na qual se pretenda discutir a exigibilidade de crédito tributário.

Gabarito "B"

(Procurador da Fazenda Nacional – 2007.2 – ESAF) Quanto à execução fiscal, é incorreto afirmar que:

(A) na execução fiscal, processada perante a Justiça Estadual, cumpre à Fazenda Pública antecipar o numerário destinado ao custeio das despesas com o transporte dos oficiais de justiça.

(B) na execução fiscal, não é permitida a arrematação de bem penhorado, em leilão único. A dupla licitação é indispensável no praceamento dos bens penhorados em execução fiscal, mas não sendo imprescindível constar do edital as duas licitações.

(C) proposta a execução fiscal, a posterior mudança de domicílio do executado não desloca a competência já fixada.

(D) o depósito somente suspende a exigibilidade do crédito tributário se for integral e em dinheiro.

(E) a desistência da execução fiscal, após o oferecimento dos embargos, não exime o exequente dos encargos da sucumbência.

A: correta (Súmula nº 190 do STJ); **B:** incorreta (art. 22 da Lei 6.830/1980); **C:** correta (art. 87 do CPC); **D:** correta (Súmula nº 112 do STJ); **E:** correta (Súmula nº 153 do STJ).

Gabarito "B"

(Procurador da Fazenda Nacional – 2007 – ESAF) Quanto à execução fiscal, é incorreto afirmar que:

(A) na execução fiscal, o devedor deverá ser intimado, pessoalmente, do dia e hora da realização do leilão, sob pena de nulidade deste;

(B) a interrupção da prescrição na execução fiscal ocorrerá, com a citação válida, sendo retroativa ao dia do ajuizamento da ação e não ao despacho do juiz que determina a citação;

(C) na execução fiscal, quando a ciência da penhora for pessoal, o prazo para a oposição dos embargos do devedor inicia no dia seguinte ao da intimação deste.

(D) a desistência da execução fiscal, após o oferecimento dos embargos, não exime o exequente dos encargos da sucumbência.

(E) é desnecessária a intervenção do Ministério Público nas execuções fiscais.

A: correta (art. 22, § 2º, da Lei nº 6.830/1980); **B:** incorreta, devendo esta ser assinalada (art. 8º, § 2º, da Lei nº 6.830/1980); **C:** correta (Súmula nº 12 do antigo TFR); **D:** correta (Súmula nº 153 do STJ); **E:** correta (Súmula nº 189 do STJ).

Gabarito "B"

4. TUTELA DE URGÊNCIA (PROCESSO CAUTELAR E ANTECIPAÇÃO DE TUTELA)

4.1. TUTELA ANTECIPADA

(Procurador da Fazenda Nacional – 2003 – ESAF) A tutela antecipada

(A) aplica-se a qualquer modalidade de tutela jurisdicional e implica apenas antecipação dos respectivos efeitos.

(B) limita-se a antecipar efeitos da tutela condenatória.

(C) implica antecipação da própria tutela jurisdicional e, na prática, confunde-se com o julgamento antecipado.

(D) só pode ser concedida antes do saneador.

(E) não pode ser concedida após a sentença.

A: correta. As regras do processo de conhecimento, procedimento comum ordinário, são aplicáveis de forma subsidiária aos demais processos e procedimentos (CPC, arts. 271 e 272); **B:** incorreta. Não há restrição, no art. 273 do CPC, aos demais pedidos ou tutelas; **C:** incorreta. O julgamento antecipado é a prolação de sentença sem produção de prova em audiência (CPC, art. 330). Portanto, não há relação com a antecipação de tutela; **D:** incorreta. Conforme entendimento jurisprudencial dominante, pode ser concedida a qualquer tempo, mesmo na sentença ou em grau recursal; **E:** incorreta. Vide comentário acima.

Gabarito "A"

4.2. PROCESSO CAUTELAR

(Procurador da Fazenda Nacional – 2007 – ESAF) É incorreto afirmar que, no que se refere à responsabilidade objetiva do requerente de medida cautelar, ele responde pelo prejuízo que causar ao requerido na execução da referida medida, quando:

(A) a parte não ajuizar a ação no prazo de 30 (trinta) dias, contados da data da efetivação da medida cautelar, quando esta for concedida em procedimento preparatório.
(B) independentemente do deferimento ou não da liminar, o prazo de trinta dias, que é peremptório, começa a fluir da efetivação da medida cautelar e não da intimação da sentença.
(C) a sentença no processo principal for desfavorável.
(D) o juiz declarar extinto o processo principal, com ou sem resolução do mérito.
(E) o juiz acolher, no procedimento cautelar, a alegação de decadência ou prescrição do direito do autor.

As hipóteses narradas em **A**, **C**, **D** e **E** são de extinção da cautelar – e, com isso, surge o dever de indenizar (CPC, arts. 808 e 811). **B:** Incorreto, devendo ser assinalado. Nesse caso, em que de fato o prazo é contado a partir da efetivação, não houve extinção da cautelar e, assim, não há dever de indenizar.

Gabarito "B"

(Analista – MPU – 2004 – ESAF) Em atenção às normas contidas no Livro III do Código de Processo Civil, que trata do processo cautelar, é correto afirmar que

(A) a medida cautelar de arresto difere da medida cautelar de sequestro pelo fato de que esta visa a acautelar bens móveis e aquela visa a acautelar bens imóveis.
(B) em sendo proposta demanda cautelar preparatória, a respectiva ação principal deve ser proposta em até 30 dias da propositura daquela.
(C) o poder geral de cautela do magistrado implica a permissão legal de determinar providências cautelares ainda que as partes não as tenham requerido, desde que vislumbre presentes os requisitos do *fumus boni iuris* e do *periculum in mora*.
(D) o demandante que pleitear providência de cunho cautelar, mas o fizer chamando-a de tutela antecipatória poderá ter seu pedido atendido ainda que incorreta a estrutura procedimental.
(E) a medida cautelar concedida liminarmente conserva sua eficácia até a sentença do processo cautelar. Porém, a não ser que haja decisão expressa nesse sentido, ela perde eficácia se o processo for suspenso.

A: incorreto. O arresto e o sequestro cautelares podem ter por objeto bens móveis, semoventes e imóveis (arts. 813 e 822, I, do CPC); **B:** incorreto. O prazo de trinta dias se inicia a partir da efetivação da medida cautelar (art. 806 do CPC); **C:** incorreto. Embora o gabarito tenha apontado tal assertiva como incorreta, manifestamos nossa discordância por entendermos que a questão está certa. O poder geral de cautela consiste na possibilidade de o juiz conceder medidas cautelares típicas – aquelas verificadas a partir do art. 813 do CPC – e atípicas, isto é, de determinar providências específicas não previstas pelo legislador ao longo do Livro III, em caso de fundado receio de que uma parte, antes do julgamento da lide, cause ao direito da outra lesão grave e de difícil reparação. Sendo assim, em função da garantia constitucional da *tutela jurisdicional efetiva* (art. 5º, XXXV, da CF), a doutrina majoritária entende que o juiz pode conceder medidas cautelares de ofício (quando não requeridas pelas partes), em *casos excepcionais* e *nas hipóteses expressamente autorizadas por lei*, desde que: 1) tais providências sejam objeto de processo cautelar já instaurado por uma das partes; e 2) estejam presentes os requisitos do *fumus boni iuris* e do *periculum in mora*. Para Luiz Guilherme Marinoni, é necessário ainda que a pretensão, nos casos de concessão de ofício da medida cautelar, esteja comprovada *prima facie* (arts. 797 e 798 do CPC); **D:** correto (art. 273, §7º, do CPC); **E:** incorreto, pois, salvo decisão em contrário, a medida cautelar tem sua eficácia mantida, mesmo no prazo de suspensão do processo (art. 807, parágrafo único, do CPC).

Gabarito "D"

5. PROCEDIMENTOS ESPECIAIS

5.1. POSSESSÓRIAS

(Procuradoria Distrital – 2007 – ESAF) João, casado com Maria, decide ajuizar ação de reintegração de posse para recuperar a posse da Fazenda Santa Mônica — onde morava com sua família há mais de dez anos —, situada na zona rural de Brazilândia, Distrito Federal, que foi invadida por grupo formado por integrantes do Movimento dos Trabalhadores Rurais sem Terra – MST. João não sabe os dados de qualificação de nenhum dos invasores. À vista desses fatos, assinale a afirmativa correta.

(A) Quem deve figurar no polo passivo da relação processual é o Movimento dos Trabalhadores Rurais sem Terra – MST.
(B) A ação deverá ser endereçada a uma das Varas da Fazenda Pública do Distrito Federal.
(C) A participação de Maria como coautora é indispensável.
(D) Não é necessária a intervenção do Ministério Público no feito.
(E) Como se trata de posse velha, não cabe a propositura de ação de força nova.

A: incorreta, para o banca. Apesar de o MST não ter personalidade jurídica, há quem ajuíze essa demanda em face do grupo, considerando o previsto no art. 12, VII. De qualquer forma, muitas vezes há o ajuizamento sem identificar o grupo, com nomes como "terceiros invasores" ou "ocupantes da área"; como se percebe, questão polêmica, que poderia ter sido anulada; **B:** incorreta, considerando as normas internas do TJDFT, a competência é da Vara Cível; **C:** correta. Isso porque o problema narrada que João morava com Maria na fazenda – assim, é caso de composse (CPC, art. 10, § 2º); **D:** incorreta. Necessária a intervenção do MP, tendo em vista o interesse público evidenciado na questão (CPC, art. 82); **E:** incorreta, para a banca. Mais uma alternativa polêmica, pois o enunciada fala em tempo de moradia, mas não tempo de invasão. Presumiu o examinado que o prazo foi inferior a um ano, entendendo se tratar de ação de força nova e, assim, cabível a liminar (CPC, art. 924).

Gabarito "C"

5.2. MONITÓRIA

(Procurador do Estado/GO – 2010) Reflete o entendimento sumulado do Superior Tribunal de Justiça acerca da ação monitória afirmar que

(A) é incabível ação monitória contra a Fazenda Pública.
(B) é cabível a reconvenção na ação monitória em qualquer de suas fases.
(C) cabe citação por edital em ação monitória.
(D) não se admite o cheque prescrito como documento a lastrear a petição inicial da ação monitória.
(E) é incabível o manejo de ação monitória, para haver saldo remanescente oriundo de venda extrajudicial de bem alienado fiduciariamente em garantia.

A: incorreta. Súmula 339/STJ: É cabível ação monitória contra a Fazenda Pública; **B:** incorreta. Súmula 292/STJ: A reconvenção é cabível na ação monitória, após a conversão do procedimento em ordinário; **C:** correta. Súmula 282/STJ: Cabe a citação por edital em ação monitória; **D:** incorreta. Súmula 299/STJ: É admissível a ação monitória fundada em cheque prescrito; **E:** incorreta. Súmula 384/STJ: Cabe ação monitória para haver saldo remanescente oriundo de venda extrajudicial de bem alienado fiduciariamente em garantia.

Gabarito "C"

5.3. CONSIGNAÇÃO EM PAGAMENTO

(Procurador da Fazenda Nacional – 2007.2 – ESAF) Com relação à consignação em pagamento, é incorreto afirmar que:

(A) o credor que comparece em juízo e recebe o pagamento, aceitando-se o depósito efetuado, responde proporcionalmente pelas custas e honorários, sendo julgado o pedido da consignatória procedente liberando-se o devedor da obrigação.
(B) se a causa da consignação for dúvida sobre quem legitimamente deva receber o objeto do pagamento, o credor, ou os supostos credores, serão citados para fazer prova do seu direito.
(C) cabe a consignação se o credor for incapaz de receber o pagamento e dar quitação válida, não tendo quem o assista ou o represente, sendo neste caso necessária a participação do Ministério Público para pleitear a citação do réu.
(D) se o autor protesta pelo depósito de prestações vincendas, o valor da causa deve corresponder ao equivalente a doze vezes a primeira prestação.
(E) o lugar do pagamento, foro competente para a consignatória, em regra, é o domicílio do devedor – dívida *quérable*, podendo as partes pactuar de maneira diferente – dívida *portable*.

A: incorreta, devendo esta ser assinalada (art. 897, parágrafo único, do CPC); **B:** correta (art. 895 do CPC); **C:** correta (art. 82, I, do CPC); **D:** correta (Súmula 449/STF: O valor da causa, na consignatória de aluguel, corresponde a uma anuidade; e CPC, art. 260); **E:** correta, aplicando-se o CPC, art. 891, *caput* e parágrafo único, conforme se tratar de dívida quesível ou portável.

Gabarito "A"

5.4. PROCEDIMENTOS RELATIVOS AO DIREITO DE FAMÍLIA

(Procurador da Fazenda Nacional – 2007 – ESAF) "A", menor e representada por sua mãe, ajuíza ação de alimentos em face de "B". Após ser citado, "B" apresenta contestação, na qual suscita que não é pai do menor, sendo, por consequência, indevidos os alimentos postulados. Assinale a única opção que não seja adequada ao caso.

(A) No prazo de dez dias, "A" poderá apresentar ação declaratória incidental para que a questão prejudicial suscitada por "B" na contestação seja acobertada pelo manto da coisa julgada.
(B) Se nenhuma das partes apresentar ação declaratória incidental, poderá o magistrado decidir acerca da questão prejudicial, sem violar o princípio da congruência.
(C) Como o réu suscitou questão prejudicial na contestação, não poderá o autor, no prazo decenal, apresentar ação declaratória incidental sob pena de caracterizar litispendência.
(D) Por se considerar o julgamento questão de estado, a apresentação de ação declaratória incidental por qualquer das partes suspenderá o processo, com base no art. 265 do Código de Processo Civil.
(E) A questão prejudicial deverá ser analisada pelo magistrado independentemente da apresentação da ação declaratória incidental pelas partes.

A: correta (art. 5º e 470 do CPC); **B:** correta (art. 469, III, do CPC); **C:** incorreta, devendo estar ser assinalada. Não há litispendência, pois não houve a formulação do pedido por parte do réu (CPC, art. 301, §§ e 325); **D:** correta (art. 265, IV, *c*, do CPC); **E:** correta (art. 469, III, do CPC).

Gabarito "C"

5.5. PROCEDIMENTOS ESPECIAIS COMBINADOS

(Analista – MPU – 2004 – ESAF) Considerando os ritos procedimentais especiais previstos no Código de Processo Civil, é correto afirmar que

(A) os procedimentos especiais mesclam características de processos de conhecimento, execução e cautelar, apresentam prazos diversos e estão todos previstos no Livro IV do Código de Processo Civil.
(B) a ação de reintegração de posse, manutenção de posse e o interdito proibitório são demandas destinadas a proteger o possuidor em face da turbação, esbulho ou ameaça a seu direito, respectivamente.
(C) a ação de consignação em pagamento de quantia em dinheiro admite uma fase pré-processual, consistente no depósito do valor, pelo devedor ou terceiro, em estabelecimento bancário oficial, cientificando-se o credor para, em até dez dias, manifestar eventual recusa.

(D) a ação de prestação de contas compete apenas ao indivíduo que tem o direito de exigir a prestação de contas, para fazer com que o que tem o dever de prestá-las o faça.

(E) a ação de nunciação de obra nova compete a dois sujeitos: o proprietário, para evitar a construção de obra lesiva por seu vizinho, e o Município, para evitar construção em desacordo com a legislação respectiva.

A: incorreta. Os procedimentos especiais estão previstos *não só* no Livro IV do CPC, subdividindo-se em procedimentos especiais de jurisdição contenciosa (Título I do Livro IV) e de jurisdição voluntária (Título II do Livro IV), *como também* na legislação extravagante, cujos exemplos são a Lei do Mandado de Segurança (Lei 12.016/2009), as disposições processuais da Lei do Inquilinato (Lei 8.245/1991), a Lei de busca e apreensão fundada em contrato de alienação fiduciária (Decreto-Lei 911/1969), a Lei de execução fiscal (Lei 6.830/1980), a Lei de ação popular (Lei 4.717/1965), etc.; **B:** incorreto. A ação de reintegração de posse se destina a tutelar a posse daquele que a perdeu totalmente, isto é, daquele que foi *esbulhado*. Já a ação de manutenção de posse tem como escopo a defesa da posse daquele que não a perdeu, mas que tem perturbado o pleno uso de sua posse, motivo pelo qual se cogita de *turbação*. Por último, se a hipótese é de ameaça de turbação ou esbulho à posse, a demanda cabível é a de interdito proibitório, a qual se reveste de nítido contorno preventivo (arts. 926 e 932 do CPC); **C:** correto (art. 890, §1º, do CPC); **D:** incorreto, posto que a ação de prestação de contas pode ser intentada tanto por quem tem o direito de exigi-las quanto por quem tem a obrigação de prestá-las (art. 914 do CPC); **E:** incorreto, já que o proprietário e o possuidor têm legitimidade para intentar a ação de nunciação de obra nova, visando a impedir a superveniência de prejuízos em razão de edificação realizada em imóvel vizinho (art. 934, I, do CPC).

Gabarito "C"

6. LEIS EXTRAVAGANTES

6.1. JUIZADOS ESPECIAIS

(Procurador da Fazenda Nacional – 2006 – ESAF) Nos juizados especiais cíveis do âmbito da Justiça Federal:

(A) a execução fiscal proposta pela União (Fazenda Nacional) será processada mediante penhora imediata em conta bancária do devedor-executado ou sobre bem de seu patrimônio desde logo indicado na petição inicial da execução, ressalvadas as impenhorabilidades protetivas do salário e do bem de família.

(B) o prazo de contestação é de 15 (quinze) dias, contado a partir do recebimento pelo réu da citação, sendo este prazo contato em quádruplo no caso da Fazenda Pública (federal, estadual ou municipal, inclusive autárquica), da Defensoria Pública ou do Ministério Público.

(C) contra a decisão de Turma Recursal da 1ª Região que houver divergido, sobre questões de direito material na interpretação de lei federal, de decisão proferida por Turma Recursal da 5ª Região, caberá "pedido de uniformização", o qual será julgado em reunião conjunta das Turmas em conflito.

(D) o recurso, somente admissível contra a sentença definitiva – ressalvada a hipótese das medidas cautelares incidentais –, será necessariamente voluntário, competindo às respectivas Turmas Recursais o seu julgamento.

(E) a execução provisória de acordo ou sentença far-se-á mediante a extração de carta de sentença, e tratando-se de obrigação de pagar quantia certa, o juiz, após apresentada a necessária garantia, requisitará à autoridade citada para a causa que efetue o depósito do respectivo valor no prazo de 60 (sessenta) dias.

A: incorreta. Não cabe a União como parte autora no JEF, apenas como ré (L. 10.259/2001, art. 6º, I); **B:** incorreta. Não há prazos em dobro ou diferenciados (L. 10.259/2001, art. 9º). A citação deverá ocorrer com prazo de 30 dias antes da audiência de conciliação (mesmo artigo); **C:** incorreta. A uniformização de jurisprudência entre turmas de regiões distintas será julgada pela TNU (Turma Nacional de Uniformização – L. 10.259/2001, art. 14, § 2º); **D:** correta (L. 10.259/2001, art. 4º); **E:** incorreta. A Lei menciona o pagamento só após o trânsito em julgado (L. 10.259/2001, art. 17).

Gabarito "D"

6.2. MANDADO DE SEGURANÇA E *HABEAS DATA*

(Procurador da Fazenda Nacional – 2006 – ESAF) (Adaptada) Nas ações de mandado de segurança:

(A) está legitimado para figurar no polo passivo, como "autoridade coatora", o Secretário da Receita Federal, na condição de titular máximo e representante legal, quando o ato administrativo apontado como ilegal ou abusivo for oriundo de alguma das diversas unidades (centrais, regionais, estaduais ou locais) da Secretaria da Receita Federal.

(B) a União (Fazenda Nacional), independentemente dos recursos ordinariamente cabíveis, pode requerer ao Presidente do Tribunal, ao qual competir o conhecimento respectivo do recurso, para evitar grave lesão à ordem, à saúde, à segurança ou à economia pública, a suspensão da execução da liminar anterior deferida por juiz de primeira instância.

(C) é lícito requerer, nos casos que envolvam prestações pecuniárias vencidas e vincendas, tanto a cessação *pro futuro* do alegado constrangimento quanto à repetição ou a compensação do indébito correspondente desde os seus primórdios.

(D) a decisão definitiva concessiva da segurança faz coisa julgada, formal e material, relativamente à ocorrência futura dos mesmos fatos.

(E) sendo a sentença concessiva, total ou parcialmente, da segurança requerida, incumbe à "autoridade coatora", no prazo legal contado a partir de sua notificação pelo juízo, apresentar recurso de apelação, com prejuízo do obrigatório duplo grau de jurisdição.

A: incorreta. Não se trata da autoridade responsável pelo ato (L. 12.016/09, art. 6º, § 3º); **B:** correta. Trata-se da suspensão de segurança (L. 12.016/2009, art. 15); **C:** incorreta. Não há previsão legal nesse sentido e Súmula 269/STF: O mandado de segurança não é substitutivo de ação de cobrança; **D:** incorreta. Fatos futuros se referem a uma nova causa de pedir, não havendo proteção da coisa julgada (CPC, art. 301, §§ 1º e 2º); **E:** incorreta. Cabe o recurso ao ente público – sendo possível, também, à autoridade coatora (L. 12.016/2009, art. 14, § 2º).

Gabarito "B"

(Procurador da Fazenda Nacional – 2004 – ESAF) No que concerne à legitimidade extraordinária das entidades associativas e de classe para a defesa de interesses de seus filiados em juízo é correto afirmar:

(A) as entidades associativas podem defender em juízo direitos subjetivos de seus filiados independentemente de autorização, em qualquer espécie de demanda, por se tratar de hipótese de substituição processual.

(B) as entidades associativas podem defender quaisquer direitos subjetivos de seus filiados em juízo, desde que devidamente autorizadas, por se tratar de substituição processual.

(C) as entidades associativas só podem impetrar mandado de segurança coletivo em prol de seus filiados, e desde que esteja presente o interesse da categoria reunida pela impetrante, cuidando-se de representação processual a exigir a autorização expressa.

(D) as entidades associativas só podem impetrar mandado de segurança coletivo e em prol de direitos individuais de seus membros, estejam ou não vinculados com os fins da entidade impetrante e ainda que não sejam peculiares da classe, mas independentemente de autorização, por se tratar de representação processual.

(E) as entidades associativas podem impetrar mandado de segurança coletivo independentemente de autorização expressa, para a proteção de direitos dos associados, independentemente de guardar vínculo com os fins próprios da entidade impetrante, exigindo-se, tão somente, que o direito esteja compreendido nas atividades exercidas pelos associados, mas não se exigindo que o direito seja peculiar da classe, tratando-se de substituição processual.

E: correta. Art. 21 da Lei 12.016/2009.

Gabarito "E"

(Procurador da Fazenda Nacional – 2004 – ESAF) Impetrado mandado de segurança, o juízo concede a liminar pleiteada. A sentença, todavia, denega a segurança, interpondo o impetrante recurso de apelação, que é recebido em seu duplo efeito. Postos assim os fatos, assinale a opção correta.

(A) A atribuição de efeito suspensivo ao recurso contraria a regra geral, segundo a qual o recurso contra todas as sentenças proferidas em mandado de segurança deve ser recebido apenas no efeito devolutivo. Irrecorrida a decisão que recebeu o recurso, persistem os efeitos da liminar.

(B) Correta a decisão que recebeu o recurso em seu duplo efeito. A liminar, todavia, fica absorvida pela sentença, perdendo seus efeitos *ex tunc*, isto é, desde a sua concessão.

(C) Correta a decisão que recebeu o recurso em seu duplo efeito. Por força do efeito suspensivo, a liminar subsiste até que seja decidida a apelação pelo órgão *ad quem*.

(D) A atribuição de efeito suspensivo ao recurso contraria a regra geral, segundo a qual o recurso contra todas as sentenças proferidas em mandado de segurança deve ser recebido apenas no efeito devolutivo. Tal circunstância, todavia, apenas impõe a cassação dos efeitos da liminar com eficácia *ex nunc*.

(E) Correta a decisão que recebeu o recurso em seu duplo efeito. A liminar, todavia, fica absorvida pela sentença, perdendo seus efeitos *ex nunc*, por força do efeito suspensivo.

A regra geral do CPC é o duplo efeito (CPC, art. 520). Na lei do MS, no caso de concessão da ordem, será possível a execução provisória e, assim, somente efeito devolutivo (L. 12.016/2009, art. 13, § 3º). No caso de denegação da ordem, duplo efeito na apelação. Contudo, segundo entendimento majoritário da jurisprudência, o recebimento no duplo efeito não significa que a liminar será repristinada – mas que se volta ao momento antes da impetração da medida (ou seja, sem liminar). Isso porque, dentre outros argumentos, a sentença substitui a decisão interlocutória que apreciou a liminar – por isso, não há como reativá-la.

Gabarito "B"

6.3. AÇÃO CIVIL PÚBLICA

(Analista – MPU – 2004 – ESAF) Em relação à defesa judicial dos interesses transindividuais, notadamente pela via da ação civil pública, é correto afirmar que

(A) a ação civil pública compete exclusivamente a entes públicos, seja o Ministério Público ou entidades vinculadas à União, Estados ou Municípios. Nesse último caso, desde que, entre suas finalidades institucionais, esteja a defesa do meio ambiente, o patrimônio artístico, histórico e paisagístico, o consumidor e a economia popular.

(B) ainda que a legitimação para a ação civil pública seja limitada, qualquer cidadão poderá provocar a iniciativa do Ministério Público, fornecendo informações que fundamentem a propositura. Já os servidores públicos têm essa prerrogativa como dever funcional. E os juízes, conhecendo tais informações, devem remetê-las ao Ministério Público para que esse tome as providências cabíveis.

(C) os interesses relativos à ordem econômica, a defesa da concorrência, tributos e questões previdenciárias cujos beneficiados puderem ser identificados não poderão ser tuteladas pela via da ação civil pública.

(D) na ação civil pública não há adiantamento de custas, nem de honorários periciais ou qualquer outra despesa. Mas a associação autora pode ser condenada nas verbas de sucumbência.

(E) Ainda que ambos tratem de interesses transindividuais, não se aplicam os dispositivos do Código de Defesa do Consumidor à ação civil pública, pelo caráter mais amplo dessa.

A: incorreto, já que partidos políticos, associações civis e até mesmo os sindicatos têm legitimidade ativa para o ajuizamento de ação civil pública (art. 5º da Lei 7.347/1985 e art. 8º, III, da CF); **B:** correto (arts. 6º e 7º da Lei 7.347/1985); **C:** incorreto, pois os interesses pertinentes à ordem econômica e à defesa da concorrência podem ser objeto de ação civil pública (art. 1º, V, da Lei 7.347/1985 e art. 29 da Lei 8.884/1994); **D:** incorreto, pois a associação demandante só será condenada ao pagamento de honorários advocatícios, custas e outras despesas processuais, em caso de comprovada má-fé (art. 18 da Lei 7.347/1985); **E:** incorreto (art. 21 da Lei 7.347/1985).

Gabarito "B".

6.4. TEMAS COMBINADOS

(Analista – MPU – 2004 – ESAF) Assinale a opção correta.

(A) O acusado em inquérito prévio à ação penal pública de competência originária dos Tribunais Superiores (Lei 8.038/1990), se desconhecido seu paradeiro ou estiver dificultando a diligência do oficial, será notificado por hora certa para apresentar resposta em 15 dias.

(B) O mandado de injunção está previsto entre as garantias constitucionais individuais do cidadão como o remédio cabível quando alguma das Casas do Congresso Nacional não observar a pauta de votação.

(C) O *habeas data* é o remédio constitucional destinado a assegurar ao impetrante o conhecimento de informações sobre sua pessoa constantes em bancos de dados públicos ou privados.

(D) Compete sempre ao presidente do Superior Tribunal de Justiça, para evitar grave lesão à ordem publica, suspender a execução de liminar ou de decisão concessiva de mandado de segurança, proferida em única ou última instância pelos tribunais federais, estaduais ou do Distrito Federal.

(E) A intervenção federal por desobediência à ordem judicial será promovida de ofício ou dependerá de pedido de presidente de Tribunal Federal ou Estadual. Mas, se a decisão não obedecida houver sido proferida pelo Superior Tribunal de Justiça, a intervenção poderá ser promovida mediante pedido da parte interessada.

A: incorreto, pois, em havendo suspeita de ocultação, o réu será notificado *por edital* para que apresente resposta (art. 4º, §2º, da Lei 8.038/90); **B:** incorreto. O mandado de injunção – remédio constitucional introduzido pela Carta Magna de 1988 – se presta a combater a *síndrome de inefetividade das normas constitucionais*, tendo por escopo, portanto, efetivar direitos e liberdades constitucionais, bem como as prerrogativas inerentes à nacionalidade, à soberania e à cidadania, sempre que a falta de norma regulamentadora tornar inviável seu respectivo exercício (art. 5º, LXXI, da CF); **C:** incorreto, eis que o texto constitucional prevê o cabimento de *habeas data* para assegurar o conhecimento de informações relativas à pessoa do impetrante, constantes de registros ou *bancos de dados de entidades governamentais ou de caráter público*, nada dizendo a respeito de banco de dados de entidades privadas (art. 5º, LXXII, "*a*", da CF); **D:** incorreto, já que cabe ao presidente do Superior Tribunal de Justiça suspender a execução de liminar ou de decisão concessiva de mandado de segurança somente quando proferida *em única ou última instância pelos Tribunais Regionais Federais ou pelos Tribunais dos Estados e do Distrito Federal*, desde que a requerimento da pessoa jurídica de direito público interessada ou do Procurador-Geral da República (art. 25, *caput*, da Lei 8.038/1990); **E:** correto (art. 19, I e II, da Lei 8.038/1990)

Gabarito "E".

7. OUTROS TEMAS E TEMAS COMBINADOS

(Advogado – IRB – 2006 – ESAF) Assinale a opção verdadeira.

(A) A decisão proferida na causa em que atua o substituto processual faz coisa julgada para o substituído.

(B) A legitimidade *ad processum* é uma das condições da ação: concerne à legitimidade para estar em juízo.

(C) O curador à lide tem obrigação de contestar ou embargar.

(D) O juiz não pode determinar de ofício a inclusão do cônjuge, sob pena de infringir o art. 2º do CPC, no polo passivo da demanda, nas demandas possessórias, quando o imóvel pertence a apenas ao demandado indicado na petição inicial.

(E) Gera preclusão a omissão da alegação de prescrição na contestação (inteligência dos princípios da eventualidade e da preclusão: arts. 245 e 303 do CPC).

A: correto. Antes de mais nada, é preciso alertar o candidato para a diferença havida entre substituição de partes e substituição processual. Tais noções não se confundem. A primeira trata da substituição de uma parte por outra no processo, ou seja, a parte originária se retira da lide, dando vez para que outrem assuma a sua condição, seja em decorrência da vontade dos litigantes ou de um outro evento, a exemplo da morte de um deles. Deve-se destacar que tal fenômeno é excepcional no processo civil e só se afigura possível nas hipóteses previstas em lei, a exemplo da substituição voluntária das partes prevista no art. 42, § 1º, do CPC. Via de regra, as partes não podem substituir-se, visto que, com a citação válida (art. 219 do CPC), ocorre a estabilização subjetiva da lide, isto é, o processo marchará até o seu final, passando por suas diversas fases, sem que haja alteração nos polos da demanda. Já na substituição processual, não há ingresso nem saída de qualquer das partes; o que existe é o fenômeno da legitimação extraordinária, em que a parte – o substituto processual – defende, em nome próprio, direito alheio: o do substituído processual (art. 6º do CPC). A hipótese de alienação da coisa litigiosa é uma das excepcionalidades em que se permite a substituição voluntária das partes, desde que haja um triplo consentimento (do adquirente, do alienante e da parte contrária). Faltando um deles, o adquirente do bem *sub judice* poderá, enquanto substituído processual, intervir como assistente litisconsorcial do alienante – o substituto processual – até porque a sentença proferida nos autos estenderá os efeitos da coisa julgada ao adquirente, ainda que não haja intervindo no feito (art. 42, § 3º, do CPC); **B:** incorreto. A capacidade processual das partes – *legitimatio ad processum* – tem natureza jurídica de pressuposto de validade da relação processual, e não de condição da ação. Segundo a doutrina de Humberto Theodoro Júnior, os pressupostos processuais classificam-se em de existência e de validade, sendo que estes se subdividem, ainda, em subjetivos/objetivos. Com efeito, são considerados *pressupostos processuais subjetivos*: competência do juízo e ausência de causas de impedimento ou de suspeição do juiz, capacidade civil das partes e sua representação por advogado. Por sua vez, são *pressupostos processuais objetivos:* observância da forma processual adequada à pretensão, existência nos autos do instrumento de mandato conferido ao advogado e a inexistência de litispendência, coisa julgada, compromisso, de inépcia da petição inicial, ou de qualquer das nulidades previstas na legislação processual (THEODORO JÚNIOR, Humberto. **Curso de Direito Processual Civil.** Vol. 1. 47. edição. Rio de Janeiro: Forense, 2007, p. 70); **C:** incorreto. Nada obstante ter sido apontada como incorreta, a doutrina de Nelson Nery Jr. e de Rosa Maria de Andrade Nery vocifera em sentido oposto, asseverando que o curador especial tem a *obrigação* de contestar ou de apresentar embargos do devedor (Súmula 196 do STJ), conforme a natureza do processo, sob pena, inclusive, de ser destituído, a fim de que outro seja nomeado em seu lugar para efetivamente apresentar defesa. Vale ressaltar que a reação oferecida pelo curador especial pode se dar inclusive de modo genérico, porquanto se acha desvencilhado do ônus da impugnação especificada dos fatos articulados pelo autor (art. 302, parágrafo único, do CPC). Nessa direção: "Atividade do curador especial. É destinada à defesa do réu, em face da possibilidade de não ter ciência de que contra ele corre ação judicial. A curadoria especial é múnus público, incumbindo ao curador o dever de, necessariamente, contestar o feito. Na falta de elementos, pode contestar genericamente (CPC 302, parágrafo único), não se lhe aplicando o ônus da impugnação especificada. Contestando genericamente, o curador especial controverte todos os fatos descritos na petição inicial, incumbindo ao autor o ônus de provar os fatos constitutivos de seu direito (CPC 333 I). Não há, neste caso, inversão do ônus da prova, mas aplicação ordinária da teoria do ônus da prova. Caso o curador não conteste, o juiz pode destituí-lo e nomear outro para que efetivamente apresente contestação na defesa do réu" (NERY JR. Nelson; NERY, Rosa Maria de Andrade. **Código de processo civil comentado e legislação extravagante.** 9. edição. São Paulo: Revista dos Tribunais, 2006, p. 164); **D:** incorreto. A questão é polêmica, de vez que, em demanda possessória – a qual não se confunde com ação real imobiliária (art. 10, § 1º, do CPC) – o juiz só deve determinar a citação dos cônjuges nos casos de composse, ou, ainda, se os respectivos atos houverem sido praticados por ambos (art. 10, § 2º, do CPC). Ao abono de tal entendimento, eis antigo precedente da Corte Superior: PROCESSUAL CIVIL. RESOLUÇÃO DE COMPROMISSO DE COMPRA E VENDA CUMULADA COM REINTEGRAÇÃO NA POSSE. PRESCINDIBILIDADE DE CONVOCAÇÃO DE AMBOS OS CONJUGES. CPC, ART. 10. LEI 8.952/94. DISCUSSÃO SUPERADA. RECURSO DESPROVIDO. I – EM AÇÃO DE RESOLUÇÃO DE COMPROMISSO DE COMPRA E VENDA CUMULADA COM REINTEGRAÇÃO NA POSSE, BASTA A CITAÇÃO DO CÔNJUGE QUE FIRMOU O COMPROMISSO; PRIMEIRO, PORQUE A POSSESSÓRIA É MERA DECORRÊNCIA DO PEDIDO DE RESOLUÇÃO, DE ORDEM PESSOAL; SEGUNDO, PORQUE JÁ FIXADO O ENTENDIMENTO SEGUNDO O QUAL SOMENTE SE FAZ IMPRESCINDÍVEL A CITAÇÃO DOS CÔNJUGES NAS AÇÕES POSSESSÓRIAS QUANDO SE TRATA DE COMPOSSE OU ATO POR AMBOS PRATICADOS. II – A DISCUSSÃO VIU-SE SUPERADA EM RAZÃO DA MODIFICAÇÃO DO ART. 10 DO CÓDIGO DE PROCESSO CIVIL PELA LEI 8.952/94 QUE NORMATIZOU A POSIÇÃO MAJORITARIAMENTE CONSTRUÍDA POR DOUTRINA E JURISPRUDÊNCIA. (REsp 34.197/SP, Rel. Ministro SÁLVIO DE FIGUEIREDO TEIXEIRA, QUARTA TURMA, julgado em 25/06/1996, DJ 26/08/1996, p. 29686). A doutrina também não diverge de tal posicionamento: "O CPC dirimiu a controvérsia, deixando expresso que não há necessidade de participação dos cônjuges, no polo ativo ou passivo, salvo no caso de composse ou de ato por ambos praticado. As possessórias não foram consideradas ações que versam sobre direito real, porquanto não há necessidade de autorização do cônjuge no polo ativo, nem litisconsórcio no passivo, com as ressalvas mencionadas" (GONÇALVES, Marcus Vinícius Rios. **Novo Curso de Direito Processual Civil.** Vol 1. 8. edição. São Paulo: Saraiva, 2011, p. 133); **E:** incorreto. O réu poderá arguir a prescrição da pretensão deduzida pelo autor, ressaltando-se que a prescrição desponta como matéria de ordem pública desde a entrada em vigor da Lei 11.280/06, sendo cognoscível de ofício, pois, pelo órgão judicante. Além disso, é articulada no bojo dos próprios autos e não se sujeita à preclusão, podendo ser alegada em qualquer tempo e grau de jurisdição pela parte a quem aproveita, salvo nas instâncias excepcionais (STF e STJ), de vez que, por força dos arts. 102, III, e 105, III, ambos da Carta Magna, a matéria precisa ter sido decidida nas instâncias ordinárias, sob pena de não preenchimento do pressuposto de recorribilidade atinente ao prequestionamento (arts. 219, § 5º, e 303, III, do CPC, e 193 do CC).

Gabarito "A"

(Analista – MPU – 2004 – ESAF) É correto afirmar que

(A) a aferição da suspeita de ocultação no caso de citação por hora certa é feita pelo oficial de justiça, mas deve conter o deferimento do juiz para que essa forma de citação possa ser implementada.

(B) qualquer cidadão pode impetrar o mandado de segurança individual. Mas apenas os partidos políticos com representação no Congresso Nacional ou organização sindical, entidade de classe ou associação em funcionamento há mais de um ano, podem interpor o mandado de segurança coletivo.

(C) segundo a lei, o mandado de segurança individual cabe, em alguns casos, contra sentença judicial, mas não cabe contra ato administrativo passível de recurso na esfera administrativa. Já o mandado de segurança coletiva não sofre essas restrições.

(D) os recursos interpostos contra decisões proferidas em processo de conhecimento após a audiência de instrução ficarão retidos nos autos e somente serão apreciados, independentemente de requerimento expresso, se houver apelação de qualquer das partes.

(E) em se tratando de execução fundada em título executivo judicial, são partes legítimas apenas aquelas que compuseram os polos da ação de conhecimento originária. O mesmo não acontece com os recursos: o terceiro prejudicado que não compôs a demanda originária possui legitimidade recursal.

A: incorreto, pois a citação por hora certa é realizada independentemente de novo despacho (art. 228, *caput*, do CPC); **B:** correto (art. 5º, LXIX e LXX, da CF); **C:** incorreto. O art. 5º, I, da Lei 1.533/51 (antiga Lei do Mandado de Segurança) estabelecia que não seria concedida a segurança quando o ato atacado fosse passível de ser impugnado mediante recurso administrativo *com efeito suspensivo*. Nessa direção, nada obstante a Lei 12.016/09 – atual diploma que disciplina o Mandado de Segurança e Coletivo – ter expressamente ab-rogado (revogado em sua integralidade) o antigo estatuto, seu art. 5º, I, repete a regra acima apontada, razão por que se pode concluir pela possibilidade de impetração do mandado de segurança contra ato administrativo passível de recurso na esfera administrativa, *desde que o recurso não seja dotado de efeito suspensivo*. Apenas para elucidar com mais precisão o tema, é de rigor apontar a coerência da norma: se contra o julgado proferido no âmbito administrativo (extrajudicial), é cabível recurso dotado de efeito suspensivo, isto é, de eficácia paralisante, capaz, assim, de sustar os efeitos da decisão exarada administrativamente, por que se socorrer do Judiciário através da impetração de mandado de segurança? Não há necessidade nem prejuízo à parte interessada, e, justamente por ser dispensável, carece ao impetrante, nessa hipótese, uma das três condições da ação, mais precisamente o *interesse de agir*. Por último, a assertiva está incorreta, uma vez que o rito do mandado de segurança individual é o mesmo aplicado ao coletivo; **D:** incorreto, já que o recurso de agravo retido só será apreciado pelo tribunal (órgão *ad quem*) se o recorrente *expressamente* o reiterar, em sede de preliminar, nas razões ou na resposta ao recurso de apelação (art. 523, *caput*, e §1º, do CPC); **E:** incorreto, posto que nem sempre o terceiro prejudicado será detentor de legitimidade para a interposição de recurso. Para tanto, o próprio CPC estabelece que o terceiro prejudicado deve demonstrar o nexo causal entre o seu interesse recursal e a relação processual travada entre as partes (art. 499, § 1º, do CPC).

Gabarito "B"

3. Direito Penal

Eduardo Dompieri

1. PRINCÍPIOS

(Auditor Fiscal da Previdência Social – 2002 – ESAF) Quanto ao princípio da legalidade penal pode-se dizer que:

(A) o princípio *nullum crimen nulla poena sine lege scripta* admite a incriminação através dos costumes e a aplicação analógica das normas incriminadoras.
(B) do princípio da legalidade decorrem, ao menos, três acepções, quais sejam, reserva legal, anterioridade da lei e taxatividade.
(C) a descrição penal indeterminada, isto é, que impossibilite determinar qual a abrangência do preceito primário da lei penal, não infringe o princípio da legalidade.
(D) no que concerne à sanção penal, a exigência de taxatividade revela-se compatível com as chamadas penas indeterminadas.
(E) a exigência de lei para criminalizar condutas ou impor penas não se coaduna com o princípio da reserva legal.

Reserva *legal*, *anterioridade da lei* e *taxatividade* constituem de fato subprincípios do da *legalidade*, este contido nos arts. 5º, XXXIX, da CF/1988 e 1º do CP. Prescreve o *princípio da reserva legal* que os tipos penais só podem ser veiculados, criados por meio de lei em sentido estrito, formal. Pelo *princípio da anterioridade*, a vigência da lei deve ser anterior ao fato típico. Além disso, os tipos penais devem ser claros e precisos, de modo a não suscitar dúvidas ao destinatário da norma (taxatividade). A analogia somente terá lugar em matéria penal em favor do réu (analogia *in bonam partem*). A aplicação da analogia *in malam partem* viola o princípio da legalidade. No que concerne ao costume, não se presta a criar tampouco a revogar lei penal.

Gabarito "B"

(Técnico da Receita Federal – 2003 – ESAF) Nos termos constitucionais, a lei regulará a individualização da pena, não estando prevista a adoção da seguinte:

(A) perda de bens
(B) privação ou restrição de liberdade
(C) multa
(D) prestação social alternativa
(E) perda de direitos

A pena *perda de direitos* não está contemplada no rol do art. 5º, XLVI, da CF/1988.

Gabarito "E"

(Técnico da Receita Federal – 2003 – ESAF) Na instituição do júri, conforme o texto constitucional, não é assegurado(a):

(A) a plenitude da defesa
(B) a soberania dos veredictos
(C) o duplo grau de jurisdição
(D) o sigilo das votações
(E) a competência para o julgamento dos crimes dolosos contra a vida

Art. 5º, XXXVIII, da CF/1988. A *garantia do duplo grau de jurisdição* não está contemplada de forma expressa na Constituição Federal. É oportuno registrar que o princípio do duplo grau de jurisdição, na seara processual penal, além de decorrer dos demais princípios constitucionais processuais também encontra previsão no Pacto de São José da Costa Rica (art. 8, item 2, *h*).

Gabarito "C"

2. APLICAÇÃO DA LEI PENAL

(Procurador da Fazenda Nacional – 2007 – ESAF) À luz da aplicação da lei penal no tempo, dos princípios da anterioridade, da irretroatividade, retroatividade e ultratividade da lei penal, julgue as afirmações abaixo relativas ao fato de Mévio ter sido processado pelo delito de adultério em dezembro de 2004, sendo que a Lei n. 11.106, de 28 de março de 2005, aboliu o crime de adultério:

I. Caso Mévio já tenha sido condenado antes de março de 2005, permanecerá sujeito à pena prevista na sentença condenatória.
II. A lei penal pode retroagir em algumas hipóteses.
III. Caso Mévio não tenha sido condenado no primeiro grau de jurisdição, poderá ocorrer a extinção de punibilidade desde que a mesma seja provocada pelo réu.
IV. Na hipótese, ocorre o fenômeno da *abolitio criminis*.

(A) Todas estão corretas.
(B) Somente I está incorreta.
(C) I e IV estão corretas.
(D) I e III estão corretas.
(E) II e IV estão corretas.

I: art. 2º, *caput*, do CP; II: art. 5º, XL, da CF; art. 2º, *caput* e parágrafo único, do CP (a lei penal retroagirá para beneficiar o réu); III: art. 61 do CPP (cabe ao juiz, em qualquer fase do processo, se reconhecer extinta a punibilidade, declará-la de ofício); IV: fala-se em *abolitio criminis* quando a lei posterior deixa de considerar crime fato que antes era tipificado como ilícito penal. É o que ocorreu com o adultério, que, hodiernamente, somente tem repercussão no campo do direito de família.

Gabarito "E"

(Auditor Fiscal da Receita Federal – 2012 – ESAF) Considerando a legislação, a doutrina e a jurisprudência a respeito da aplicação da lei penal no tempo, com relação ao instituto da *abolitio criminis*, analise as assertivas abaixo e assinale a opção correta.

I. A *abolitio criminis* pode ser aplicada para delitos tributários.

II. A lei penal pode retroagir para prejudicar o réu já condenado em trânsito em julgado e tal instituto denomina-se *abolitio criminis*.

III. A obrigação de indenizar o dano causado pelo crime, oriunda de efeito da condenação penal, desaparece com a *abolitio criminis*.

IV. O instituto da *abolitio criminis* não é aceito pela jurisprudência do Supremo Tribunal Federal.

(A) Todos estão corretos.
(B) Somente I está correto.
(C) I e IV estão corretos.
(D) I e III estão corretos.
(E) II e IV estão corretos.

I: correta. Ocorre a *abolitio criminis* (art. 2º, *caput*, do CP) sempre que uma lei nova deixa de considerar crime determinado fato até então criminoso. Em outras palavras, é a revogação de um tipo penal em virtude da superveniência de lei descriminalizadora. É, por força do que dispõe o art. 107, III, do CP, causa de extinção da punibilidade, que pode ser arguida e reconhecida a qualquer tempo, mesmo no curso da execução da pena. Está correta a assertiva na medida em que a *abolitio criminis* será aplicada a todas as modalidades de delito, aqui incluídos os praticados contra a ordem tributária; **II:** incorreta. A lei penal que de qualquer maneira prejudique o réu não projeta seus efeitos para o passado, isto é, não retroage. É o que se extrai do art. 5º, XL, da CF/1988; **III:** incorreta, visto que a *abolitio criminis* não alcança os efeitos extrapenais; somente serão afastados, neste caso, os efeitos penais da sentença condenatória (art. 2º, *caput*, do CP); **IV:** incorreta, dado que o STF, em diversas ocasiões, reconheceu o instituto da *abolitio criminis*. Nesse sentido, conferir: **HC 94.397/BA, rel. Min. Cezar Peluso, 09.03.2010**.

Gabarito "B"

(Auditor Fiscal do Trabalho – 2010 – ESAF) Camargo, terrorista, tenta explodir agência do Banco do Brasil, na França. Considerando o princípio da extraterritorialidade incondicionada, previsto no Código Penal brasileiro, é correto afirmar que:

(A) Camargo só pode ser processado criminalmente na França.
(B) O Estado brasileiro não tem interesse em delitos ocorridos fora do Brasil.
(C) Caso Camargo tenha sido condenado e encarcerado na França, não poderá ser preso no Brasil.
(D) O fato deve ser julgado no local onde ocorreu o crime: na França.
(E) Mesmo Camargo tendo sido julgado na França, poderá ser julgado no Brasil.

V. Art. 7º, I, *b*, do CP. O inciso I do art. 7º enuncia as hipóteses em que a aplicação da lei penal brasileira fora do território nacional não se sujeita a nenhuma condição. É a chamada *extraterritorialidade incondicionada*. A prática do crime, portanto, nesses casos, é o bastante à incidência da lei penal brasileira fora do território nacional. O art. 7º, II, do CP, por seu turno, enumera as situações em que a aplicação da lei penal brasileira fora do território nacional submete-se a determinadas condições. Estamos a falar, agora, da *extraterritorialidade condicionada*.

Gabarito "E"

(Auditor Fiscal do Trabalho – 2010 – ESAF) À luz da aplicação da lei penal no tempo, julgue as afirmações abaixo relativas ao fato de Osvaldo ter sido processado pelo delito de paralisação de trabalho de interesse coletivo, em janeiro de 2009, supondo que lei, de 10 de janeiro de 2010, tenha abolido o referido crime:

I. Caso Osvaldo já tenha sido condenado antes de janeiro de 2010, permanecerá sujeito à pena prevista na sentença condenatória;

II. A lei penal não pode retroagir para beneficiar Osvaldo;

III. Caso Osvaldo ainda não tenha sido denunciado, não mais poderá sê-lo;

IV. Osvaldo será beneficiado pela hipótese da *abolitio criminis*.

(A) Todos estão corretos.
(B) Somente I está correto.
(C) Somente III e IV estão corretos.
(D) Somente I e III estão corretos.
(E) Somente I e IV estão corretos.

I: a proposição está incorreta, visto que, ainda que Osvaldo já tenha sido condenado antes de janeiro de 2010, quando foi editada a lei que deixou de considerar criminoso o fato até então descrito no art. 201 do CP, mesmo que por sentença passada em julgado, deverá ser decretada extinta a punibilidade do agente, tendo como causa ensejadora a *abolitio criminis* – arts. 2º e 107, III, do CP. Não se sujeitará, pois, à sanção estabelecida na sentença; **II:** incorreta. Ao contrário, a lei penal deve retroagir para beneficiar Osvaldo. Em regra, a norma penal não retroage, isto é, não projeta seus efeitos para o passado; em algumas situações, no entanto, pode a norma penal retroagir. É o que se deu com Osvaldo. A retroatividade, portanto, terá lugar em benefício do acusado – art. 5º, XL, da CF/1988 e art. 2º, parágrafo único, do CP; **III:** correta. De fato, se contra Osvaldo não foi oferecida denúncia, com o advento da *abolitio criminis*, não mais poderá sê-lo, visto que o fato por ele praticado não mais constitui crime; **IV:** correta. Fala-se em *abolitio criminis* quando lei posterior deixa de considerar crime fato que antes era tipificado como ilícito penal – art. 2º, *caput*, do CP. Osvaldo fará jus a este benefício e à consequente extinção da punibilidade – art. 107, III, do CP, já que o crime pelo qual responde foi abolido.

Gabarito "C"

(Auditor Fiscal da Receita Federal – 2010 – ESAF) Com relação à aplicação da lei penal, analise o caso abaixo e o enquadre na teoria do crime prevista no Código Penal Brasileiro, assinalando a assertiva correta. Carlos atira em João com a intenção de matá-lo. Entretanto, a bala passa de raspão no braço de João. Este é socorrido e levado para o hospital. Tragicamente, o hospital é incendiado por Abelardo que deseja matar todos os pacientes do hospital e João morre carbonizado.

(A) Carlos deverá ser denunciado por tentativa de homicídio.

(B) Abelardo não pode ser denunciado pelo homicídio de João.

(C) Abelardo não cometeu crime algum em relação a João.

(D) Carlos deverá ser denunciado por homicídio.

(E) Carlos e Abelardo deverão ser denunciados em concurso de agentes como coautores do homicídio de João.

O incêndio do qual resultou a morte de João constitui *causa superveniente relativamente independente* que não se encontra na linha de desdobramento natural da conduta de Carlos, razão por que, em vista do que dispõe o art. 13, § 1º, do CP, o nexo causal será rompido e Carlos, dessa forma, não responderá pelo resultado letal, mas tão somente pelos atos que praticou (tentativa de homicídio). Já Abelardo deverá ser responsabilizado pela morte de João e também pelas mortes que porventura decorrerem do incêndio por ele provocado.

Gabarito "A"

3. CRIMES DOLOSOS, CULPOSOS E PRETERDOLOSOS

(Procurador da Fazenda Nacional – 2006 – ESAF) **Geraldo** pratica a conduta **X**. Sem desejar, porém, assumindo o risco, tendo mentalmente antevisto o resultado, danifica o patrimônio de **Ciro**. A conduta de **Geraldo**, no aspecto subjetivo, identifica.

(A) dolo direto.

(B) dolo eventual.

(C) culpa inconsciente.

(D) culpa consciente.

(E) preterdolo.

Embora não desejasse o resultado produzido no patrimônio de Ciro, Geraldo, ao praticar a conduta "X", previu o prejuízo ao patrimônio de Ciro e consentiu na possibilidade de ele ocorrer, mostrando-se indiferente em relação ao bem jurídico. Note que Geraldo não visou ao resultado lesivo, isto é, sua conduta não foi a ele dirigida. Ele, em verdade, desejava outra coisa (conduta "X"), mas, depois de avaliar a situação e vislumbrar a possibilidade de o resultado ocorrer (dano), deu sequência à sua empreitada, assumindo o risco de causá-lo. Na *culpa consciente* a situação é diferente. Aqui, embora o agente tenha a previsão do resultado ofensivo, espera sinceramente que ele não ocorra. Ele avalia a situação e conclui que a sua habilidade impedirá que o resultado antevisto seja produzido. Já na chamada *culpa inconsciente* ou *sem previsão*, embora o resultado lesivo seja previsível, o agente não o prevê (ausência de previsão). Entenda bem: o sujeito, nesta modalidade de culpa, não prevê o que é previsível. A propósito, a *previsibilidade objetiva* constitui um dos requisitos do crime culposo. Por fim, o chamado crime *preterdoloso* ou *preterintencial* é aquele que pressupõe um antecedente doloso e um consequente culposo.

Gabarito "B"

(Procurador da Fazenda Nacional – 2006 – ESAF) **A**, capaz e imputável, deseja produzir o efeito **X**. Dadas as circunstâncias, entretanto, causa o efeito **Y**, contido no âmbito da previsibilidade. Caracteriza a conduta de **A**

(A) crime preterdoloso.

(B) crime culposo.

(C) crime doloso.

(D) responsabilidade objetiva.

(E) fato atípico.

"A" desejava o efeito "X". Atuou na busca por esse resultado, em relação ao qual, portanto, agiu com dolo (antecedente doloso). Sucede que, por culpa de "A", o resultado produzido (consequente culposo) foi diverso do perseguido. Deverá, dessa forma, responder por *crime preterdoloso*. Exemplo sempre lembrado pela doutrina é o do art. 129, § 3º, do CP – lesão corporal seguida de morte. A título de exemplo, aquele que desfere um soco no rosto de alguém não deseja, em princípio, causar-lhe a morte. O agente, neste caso, quer tão só lesionar a vítima, mas, por culpa, acaba por provocar a morte do ofendido. Mas atenção: o *consequente culposo*, indispensável à caracterização do crime preterdoloso, tem de estar no âmbito de previsibilidade do agente. É o que impõe o art. 19 do CP. Para finalizar, o delito preterdoloso é espécie do gênero *crime qualificado pelo resultado*.

Gabarito "A"

(Analista – MPU – 2004 – ESAF) A diferença entre dolo eventual e culpa consciente consiste no fato de que

(A) no dolo eventual a vontade do agente visa a um ou outro resultado; e na culpa consciente o sujeito não prevê o resultado, embora este seja previsível.

(B) no dolo eventual a vontade do agente não visa a um resultado preciso e determinado; e na culpa consciente o agente conscientemente admite e aceita o risco de produzir o resultado.

(C) no dolo eventual, não é suficiente que o agente tenha se conduzido de maneira a assumir o resultado, exige-se mais, que ele haja consentido no resultado; já na culpa consciente, o sujeito prevê o resultado, mas espera que este não aconteça.

(D) se o agente concordou em última instância com o resultado, não agiu com dolo eventual, mas com culpa consciente.

(E) se não assumiu o risco de produzir, mas tão só agiu com negligência, houve dolo eventual e não culpa consciente.

No *dolo eventual*, a postura do agente em relação ao resultado é de *indiferença*. Sua vontade não é dirigida à obtenção do resultado. Ele, em verdade, deseja outra coisa, mas, prevendo a possibilidade de o resultado ocorrer, revela-se indiferente e dá sequência à sua empreitada, assumindo o risco de causá-lo. Ele não o deseja, mas se acontecer, aconteceu. Se, entretanto, o agente tem a previsão do resultado, mas acredita sinceramente que ele não irá ocorrer, está-se então diante da chamada *culpa consciente*. Aqui, o agente confia em sua habilidade. Embora tenha a previsão do resultado, não o deseja tampouco assume o risco de produzi-lo.

Gabarito "C"

4. ERRO DE TIPO, DE PROIBIÇÃO E DEMAIS ERROS

(Procurador da Fazenda Nacional – 2007 – ESAF) Adalberto, desejando matar Belina, dispara contra a mesma. Erra o alvo e atinge Cardozo, desconhecido que passava pelo local sem ter sido percebido por Adalberto. Fere Cardozo levemente no braço esquerdo. À luz da parte geral do Código Penal, julgue os itens abaixo e assinale o correto.

(A) Adalberto deverá responder por homicídio na forma tentada.

(B) Adalberto deverá responder por homicídio tentado e lesões corporais leves em concurso formal.

(C) Adalberto deverá responder por lesão corporal leve.

(D) Adalberto deverá responder por lesão corporal culposa e homicídio tentado.

(E) Adalberto deverá responder por lesão corporal culposa.

Art. 73 do CP (erro na execução ou *aberratio ictus*). Neste caso, o sujeito deseja atingir certa pessoa, mas, por acidente ou erro no uso dos meios de execução, acaba por atingir outra. O *erro na execução* não deve ser confundido com o *erro sobre a pessoa* (art. 20, § 3º, CP), em que há equívoco de representação, isto é, o agente investe contra determinada pessoa acreditando tratar-se de outra. Nos dois casos, o agente responderá como se tivesse atingido a vítima pretendida.

Gabarito "A"

(Analista – MPU – 2004 – ESAF) O erro quanto à pessoa contra a qual o crime é praticado:

(A) isenta o réu de pena, pois o agente visa a atingir certa pessoa e, por acidente ou erro no uso dos meios de execução, vem a atingir outra.

(B) não isenta o réu de pena; no entanto, as qualidades ou condições que contarão para qualificar ou agravar o delito serão as da vítima que se pretendia atingir e não as da efetivamente ofendida.

(C) não isenta o réu de pena, e o erro é reconhecido quando o resultado do crime é único e não houve intenção de atingir pessoa determinada.

(D) isenta o réu de pena, e ocorre quando o agente, por erro plenamente justificado pelas circunstâncias, supõe situação de fato que, se existisse, tornaria a ação legítima.

(E) não isenta o réu de pena; no entanto, as qualidades ou condições da vítima efetivamente atingida é que contarão para qualificar ou agravar o delito.

Consoante reza o art. 20, § 3º, do CP, devem-se levar em consideração as condições ou qualidades da pessoa contra quem o agente queria praticar o crime. Neste erro, há, por parte do agente, equívoco de representação. Ele investe contra determinada pessoa pensando tratar-se de outra. Esta modalidade de erro não deve ser confundida com o chamado *erro na execução* (*aberratio ictus*), presente no art. 73 do CP, em que o agente, por acidente ou erro no uso dos meios de execução, atinge uma pessoa no lugar de outra. Inexiste, neste caso, equívoco de representação.

Gabarito "B"

5. TENTATIVA, CONSUMAÇÃO, DESISTÊNCIA, ARREPENDIMENTO E CRIME IMPOSSÍVEL

(Analista – MPU – 2004 – ESAF) Quanto ao arrependimento posterior, previsto no artigo 16 do Código Penal, pode-se afirmar que

(A) não há limite temporal para a sua aplicação.

(B) a redução de pena é aplicável aos crimes cometidos com ou sem violência ou grave ameaça à pessoa.

(C) se trata de mera atenuante e não de causa obrigatória de diminuição de pena.

(D) a pena pode ser reduzida de 1 (um) a 2/3 (dois terços).

(E) a reparação do dano exigida não precisa ser efetiva, bastando a simples intenção de fazê-la.

A: o *arrependimento posterior* – art. 16 do CP – só terá incidência se a *reparação do dano* ou a *restituição da coisa* se der antes do recebimento da denúncia ou da queixa. Há, pois, limite temporal à aplicação do instituto; **B:** a redução de pena do art. 16 do CP atinge tão somente os crimes cometidos sem violência ou grave ameaça contra a pessoa. É o que se infere da leitura do dispositivo; **C:** o *arrependimento posterior* tem como natureza jurídica *causa obrigatória de diminuição de pena*; **D:** são os limites de redução que constam do art. 16 do CP; **E:** a reparação, ao contrário, há de ser efetiva, não sendo suficiente a mera intenção de fazê-la.

Gabarito "D"

6. CULPABILIDADE E CAUSAS EXCLUDENTES

(Analista – MPU – 2004 – ESAF) Podemos afirmar que a culpabilidade é excluída quando

(A) o crime é praticado em obediência à ordem, manifestamente legal, de superior hierárquico.

(B) há embriaguez fortuita incompleta.

(C) há erro inevitável sobre a ilicitude do fato.

(D) há coação moral resistível.

(E) há desenvolvimento mental completo.

A: art. 22 do CP; **B:** art. 28, § 1º, do CP; **C:** art. 21 do CP (erro de proibição); **D:** art. 22 do CP (coação moral *irresistível*); **E:** art. 26, *caput*, do CP (desenvolvimento mental *incompleto*).

Gabarito "C"

7. PENAS E SEUS EFEITOS

(Analista – MPU – 2004 – ESAF) Ao condenar alguém pela prática de uma infração, o juiz impõe-lhe a sanção penal que a lei prevê. Além dessa sanção, é efeito extrapenal genérico da condenação

(A) a perda de cargo, função pública ou mandato eletivo, quando aplicada pena privativa de liberdade por tempo igual ou superior a um ano, nos crimes praticados com abuso de poder ou violação de dever para com a Administração Pública.

(B) a incapacidade para o exercício do pátrio poder, tutela ou curatela, nos crimes dolosos, sujeitos à pena de reclusão, cometidos contra filho, tutelado ou curatelado.

(C) a inabilitação para dirigir veículo, quando utilizado como meio para a prática de crime doloso.

(D) tornar certa a obrigação de indenizar o dano causado pelo crime.

(E) a perda de qualquer valor, em favor da União, independentemente de ter sido ele auferido pelo agente com a prática do fato criminoso.

A, B e **C:** os *efeitos extrapenais da condenação* previstos no art. 92 do CP são *específicos* e *não automáticos*. Por essa razão, devem ser explicitados na sentença (art. 92, parágrafo único, do CP); **D:** os efeitos extrapenais do art. 91 do CP, ao revés, são *genéricos* e *automáticos*, dispensando sua declaração na sentença condenatória; **E:** somente haveria a perda em favor da União (art. 91, II, *b*, do CP) se o valor fosse auferido pelo agente com a prática do fato criminoso.

Gabarito "D"

(Auditor Fiscal da Receita Federal – 2012 – ESAF) O juiz criminal, após analisar os elementos produzidos no processo e convencer-se de que o acusado cometeu um crime, prolatará sua decisão, condenando o acusado a cumprir a pena estabelecida. A respeito dos efeitos da condenação, é correto afirmar que:

(A) faculta a obrigação de indenizar o dano causado pelo crime.
(B) a perda em favor da União dos instrumentos do crime independente do direito do lesado ou de terceiro de boa-fé.
(C) perda automática de cargo ou função pública.
(D) incapacidade para o exercício do pátrio poder nos crimes culposos contra o filho.
(E) inabilitação para dirigir veículo, quando utilizado como meio para a prática de crime doloso, se declarado na sentença.

A: incorreta. Para facilitar a compreensão deste tema, cabem os seguintes esclarecimentos: os efeitos da condenação contemplados no art. 91 do CP são *automáticos* (ou genéricos). Significa dizer que é desnecessário o pronunciamento do juiz, a esse respeito, na sentença. Já o art. 92 do CP trata dos efeitos da condenação *não automáticos* (ou específicos), que, por essa razão, somente podem incidir se o juiz, na sentença condenatória, declará-los de forma motivada. A obrigação de indenizar o dano causado pelo crime, por integrar o rol do art. 91 do CP (inciso I), constitui efeito automático da condenação, ficando o juiz, bem por isso, dispensado de declará-lo na sentença; **B:** incorreta, visto que o art. 91, II, do CP ressalva o direito do lesado e do terceiro de boa-fé; **C:** incorreta, pois a perda de cargo ou função pública (art. 92, I, do CP), porque constitui efeito *específico* da condenação, está condicionada à declaração motivada do juiz na sentença condenatória (art. 92, parágrafo único, do CP). É efeito, portanto, não automático; **D:** incorreta. O efeito da condenação consistente na incapacidade para o exercício do pátrio poder (atualmente denominado *poder familiar*) somente se dará em razão da prática, pelos pais, de crime doloso apenado com reclusão; **E:** correta, visto que em conformidade com o disposto no art. 92, III e parágrafo único, do CP (efeito específico da condenação).

Gabarito "E"

8. *SURSIS* E EFEITOS DA CONDENAÇÃO

(Procurador da Fazenda Nacional – 2004 – ESAF) Julgue os itens abaixo, marcando com **F** a afirmativa falsa e com **V** a afirmativa verdadeira e em seguida assinale a opção correta.

( ) Fabrício, servidor público, foi condenado à pena de três anos de reclusão por crime de estelionato praticado contra sua noiva. Na sentença condenatória, o juiz determinou a perda do cargo público, com suporte no art. 92, I, do Código Penal.
( ) Tício, ao dirigir um veículo de sua propriedade, atropelou e matou um pedestre, capotando seu veículo. Morreram também os quatro passageiros que viajavam no veículo conduzido por Tício. Processado, julgado e condenado por negligência, imprudência e imperícia, o juiz julgou-o inabilitado para dirigir veículo, nos termos do art. 92, III do Código Penal.
( ) As hipóteses contidas nos itens anteriores são de aplicação automática, desmerecendo fundamentação.

(A) V, F, F
(B) V, F, V
(C) F, V, V
(D) V, V, F
(E) F, F, F

É falsa a primeira assertiva, pois, para que o juiz declare a perda do cargo, da função pública ou do mandato eletivo, é necessário, se não se tratar de crime praticado com abuso de poder ou violação de dever para com a Administração Pública, que a pena privativa de liberdade aplicada seja superior a quatro anos (art. 92, I, *b*, do CP). Não é o caso, já que a pena aplicada é de três anos; a segunda assertiva também é falsa, já que o efeito da condenação a que alude o art. 92, III, do CP somente terá incidência se o veículo for utilizado como meio para a prática de *crime doloso*; também incorreta a terceira proposição, visto que os efeitos da condenação referidos nos itens anteriores não são automáticos (específicos), devendo o juiz, por isso, declará-los motivadamente na sentença.

Gabarito "E"

(Auditor Fiscal da Receita Federal – 2002.1 – ESAF) Em relação aos efeitos da condenação penal, é falso afirmar que

(A) torna certa a obrigação de indenizar o dano causado pelo crime.
(B) provoca a perda do mandato eletivo, nos crimes praticados com abuso de poder, quando a pena privativa de liberdade aplicada for igual ou superior a um ano.
(C) acarreta a inabilitação para dirigir veículo, quando utilizado como meio para a prática de crime doloso.
(D) provoca a incapacidade para o exercício do pátrio poder, tutela ou curatela, nos crimes dolosos, sujeitos à pena de reclusão, cometidos contra filho, tutelado ou curatelado.
(E) acarreta a perda do produto do crime, em favor do Estado federado, ressalvado o direito do lesado ou do terceiro de boa-fé.

A: correta (art. 91, I, do CP). Cuida-se de *efeito genérico* da condenação, que não precisa, por essa razão, ser declarado de forma expressa na sentença; **B:** correta (art. 92, I, *a*, do CP). Trata-se de *efeito específico*. Deve o magistrado, por conta disso, em consonância com o disposto no parágrafo único do dispositivo, declará-lo de forma expressa na sentença; **C:** correta (art. 92, III, do CP). É efeito específico – art. 92, parágrafo único, do CP; **D:** correta (art. 92, II, do CP). Constitui efeito específico – art. 92, parágrafo único, do CP; **E:** incorreta, devendo ser assinalada. *A perda do produto do crime* a que alude o art. 91, II, *b*, do CP é em favor da União, e não em benefício do Estado federado.

Gabarito "E"

(Auditor Fiscal/PI – 2001 – ESAF) "A" permaneceu por 6 meses preso provisoriamente sob acusação de roubo. Depois de prolatada a sentença condenatória definitiva, e tendo sido a pena privativa de liberdade fixada, questiona-se sobre o intervalo de tempo em que "A" ficou provisoriamente preso:

(A) deverá ser computado na pena privativa de liberdade, em obediência à regra da remição.
(B) deverá ser computado na pena privativa de liberdade, em obediência à regra da detração.
(C) não poderá ser computado na contagem da pena privativa de liberdade, por ter ocorrido antes da fixação da pena.

(D) não poderá ser computado na contagem da pena privativa de liberdade, por ter ocorrido antes do julgamento de segundo grau.

(E) deverá sempre ser computado metade desse tempo na pena privativa de liberdade.

Detração, prevista no art. 42 do CP, nada mais é do que o desconto no tempo da pena privativa de liberdade e da medida de segurança do tempo da prisão provisória cumprida no Brasil ou no estrangeiro, de prisão administrativa ou ainda de internação em hospital de custódia e tratamento. Dito de outro modo, o período durante o qual o sujeito permaneceu preso provisoriamente (em flagrante, preventivamente, por exemplo) deverá ser descontado do tempo da pena privativa de liberdade estabelecida na sentença.

Gabarito "B".

(Auditor Fiscal/PI – 2001 – ESAF) É correto afirmar quanto à ação penal privada:

(A) é iniciada pelo próprio ofendido através da denúncia.

(B) o perdão do ofendido será admissível somente depois que passa em julgado a sentença condenatória.

(C) pode ser subsidiária da pública, quando é promovida por particular mediante queixa, se o Ministério Público não oferecer denúncia no prazo legal.

(D) sua propositura e procedimento ficam a cargo do Ministério Público.

(E) o ofendido não poderá em caso algum renunciar ao seu direito de queixa.

A: incorreta. A peça inicial da ação de iniciativa privada é a queixa-crime (art. 100, § 2º, do CP); **B:** incorreta. O *perdão do ofendido*, instituto exclusivo da ação penal privada, tem lugar após o início da ação penal privada e desde que não tenha ocorrido o trânsito em julgado da sentença condenatória. Constitui, nos termos do art. 107, V, do CP, causa extintiva da punibilidade, desde que aceito pelo querelado; **C:** correta. A ***ação penal privada subsidiária da pública*** tem índole constitucional (art. 5º, LIX, da CF/1988). Está também prevista nos arts. 29 do CPP e 100, § 3º, do CP; **D:** incorreta. Preleciona o art. 100, § 2º, do CP que a ação de iniciativa privada incumbe à vítima ou a seu representante legal; **E:** incorreta. *Renúncia* é o ato por meio do qual o ofendido abdica do direito de propor a ação penal privada. É causa extintiva da punibilidade que independe da anuência do ofensor (art. 107, V, do CP). A regra contida no art. 49 do CPP estabelece que a renúncia feita em relação a um dos autores do crime a todos se estenderá. Esta regra contempla o ***princípio da indivisibilidade da ação penal de iniciativa privada***, presente no dispositivo anterior (art. 48 do CPP).

Gabarito "C".

9. TEMAS VARIADOS SOBRE A PARTE GERAL DO CÓDIGO PENAL

(Auditor Fiscal da Receita Federal – 2002.1 – ESAF) Em relação ao disposto no Código Penal, assinale a afirmativa correta.

(A) Denomina-se arrependimento posterior a conduta do agente que, voluntariamente, desiste de prosseguir na execução, respondendo somente pelos atos já praticados.

(B) No crime impossível, aquele em que há ineficácia absoluta do meio ou por absoluta impropriedade do objeto, só é punível a tentativa.

(C) Tratando-se de fato cometido em estrita obediência à ordem, não manifestamente ilegal, de superior hierárquico, somente é passível de punição o autor da ordem.

(D) Em todo fato previsto como crime, a conduta não dolosa do agente, em razão de imprudência, negligência ou imperícia, tipifica a hipótese de crime culposo.

(E) A legítima defesa refere-se, exclusivamente, à ação de repelir injusta agressão a direito do agente.

A: incorreta. O arrependimento *posterior*, que constitui causa obrigatória de diminuição de pena, somente terá incidência depois de consumado o crime, desde que preenchidos os requisitos contidos no art. 16 do CP. Se o agente, de modo voluntário, desiste de prosseguir na execução de crime já iniciado, caracterizada estará a *desistência voluntária*, presente no art. 15, primeira parte, do CP. Aqui, o agente dá início à execução e pode chegar à consumação, mas resolve, por ato voluntário, interromper o *iter criminis*; **B:** incorreta. O *crime impossível* torna o fato atípico (causa excludente da tipicidade), não sendo punível sequer a tentativa (art. 17 do CP); **C:** correta (art. 22 do CP). Constitui causa excludente da culpabilidade; **D:** incorreta (art. 18, parágrafo único, do CP). A punição a título de dolo constitui a regra, ao passo que a responsabilização por crime culposo é *excepcional*. Assim, só será admitida punição por crime culposo quando a lei fizer previsão expressa nesse sentido (excepcionalidade do crime culposo); **E:** incorreta. A legítima defesa pode ser própria ou de terceiro (art. 25 do CP).

Gabarito "C".

(Técnico da Receita Federal – 2002.2 – ESAF) Assinale a afirmativa falsa, tratando-se do Código Penal.

(A) O erro sobre a ilicitude do fato, se inevitável, isenta de pena.

(B) Responde pelo crime o terceiro que determina o erro.

(C) O erro sobre elemento constitutivo do tipo legal de crime exclui o dolo.

(D) Em caso de estado de necessidade, a agente responde pelo excesso culposo ou doloso.

(E) O crime tentado é aquele que não se consuma pela vontade do agente ou por outras circunstâncias alheias.

A: correta. O erro sobre a ilicitude do fato, chamado pela doutrina de *erro de proibição*, se inevitável (escusável), constitui causa de exclusão da culpabilidade, isentando de pena o agente, conforme reza o art. 21, *caput*, do CP; **B:** correta. Aquele que provocou o erro de terceiro responderá pelo crime, nos termos do que dispõe o art. 20, § 2º, do CP; **C:** correta. O engano que incide sobre elemento constitutivo do tipo legal afasta o dolo, mas permite a punição por crime culposo, desde que previsto em lei, nos exatos termos do disposto no art. 20, *caput*, do CP; **D:** correta. O excesso punível está previsto no art. 23, parágrafo único, do CP; **E:** incorreta, devendo ser assinalada. Um dos elementos do crime tentado é a falta de consumação do delito por circunstâncias alheias à vontade do agente, requisito contido no art. 14, II, do CP. Se o sujeito voluntariamente (por vontade própria) interrompe o processo de execução já iniciado, está-se diante da chamada *desistência voluntária* – art. 15, primeira parte, do CP; se, no entanto, a interrupção se dá por motivos alheios à vontade do agente, fala-se então em *delito tentado*.

Gabarito "E".

(Auditor Fiscal/PI – 2001 – ESAF) É penalmente inimputável:

(A) o agente que pratica crime em estado de embriaguez culposa, mas não por caso fortuito ou força maior.
(B) o agente que pratica crime em estado de embriaguez dolosa.
(C) o agente que pratica crime em estado de embriaguez culposa, mas não dolosa.
(D) o doente mental com total incapacidade de entender o caráter ilícito do ato praticado.
(E) o agente que pratica crime em estado de emoção e paixão.

A, B e **C:** incorretas. a embriaguez, desde que acidental e completa, somente implicará a exclusão da imputabilidade se ocorrer nos termos do art. 28, § 1º, do CP; **D:** correta (art. 26, *caput*, do CP); **E:** incorreta. A emoção e a paixão não têm o condão de excluir a imputabilidade penal, conforme dispõe o art. 28, I, do CP.

Gabarito "D"

10. CRIMES CONTRA A PESSOA E CONTRA O PATRIMÔNIO

(Procurador da Fazenda Nacional – 2006 – ESAF) **A**, capaz e imputável, com ânimo de ofender **B**, perante terceiros, qualifica-o de "burro e canalha". A conduta de **A** caracteriza

(A) crime de calúnia.
(B) crime de difamação.
(C) crime de injúria.
(D) fato atípico.
(E) crime culposo.

Injúria é a manifestação ofensiva ao decoro ou à dignidade de alguém; é o xingamento (art. 140, CP). Não há, neste crime, imputação de fato determinado; há, tão somente, atribuição de uma qualidade ofensiva, pejorativa. A honra atingida, no crime de injúria, é a subjetiva (ideia que fazemos de nós próprios). Já a *calúnia* consiste em atribuir falsamente a alguém fato capitulado como crime. A honra atingida, neste caso, é a objetiva (conceito que o sujeito tem diante do grupo no qual está inserido). Por fim, *difamar* alguém significa atribuir-lhe fatos infamantes à sua honra objetiva.

Gabarito "C"

(Auditor Fiscal/PI – 2001 – ESAF) "A", "B" e "C" planejam assalto a banco da seguinte forma: "A" transporta os assaltantes de carro até o local do crime. "B" e "C" entram no banco: o primeiro rende os guardas, os caixas e os clientes, enquanto o segundo rende o gerente, obrigando-o a entregar-lhe o dinheiro que lá se encontra. Ao saírem rapidamente do local entram no carro e são conduzidos por "A" até lugar que julgam seguro. Durante a execução do crime ocorre sério imprevisto: "B", nervoso, ao render um dos guardas, acaba por matá-lo. Contudo, os assaltantes conseguem realizar seu intento, obtendo os bens desejados. Com base na teoria monista adotada pelo artigo 29 do Código Penal vigente, que dispõe sobre concurso de pessoas, todos serão punidos pelo crime de:

(A) extorsão
(B) roubo
(C) homicídio
(D) "B" por homicídio, enquanto "A" e "C" somente por roubo
(E) latrocínio

Nos termos da lei, o latrocínio (roubo qualificado pelo evento morte) não exige que a morte esteja nos planos do agente. É suficiente, à caracterização do crime, que ele tenha empregado violência visando à subtração ou para garantir, depois desta, a impunidade do crime ou a detenção da *res*. É dizer, há de existir uma conexão entre a morte da vítima (que não precisa ser o titular do direito patrimonial) e a subtração. Assim, todos que concorreram para o crime, quer na qualidade de partícipe, quer na qualidade de coautores, por ele responderão, cada qual na medida de sua culpabilidade. Não é o caso aqui de se aplicar a regra do art. 29, § 2º, do CP (cooperação dolosamente distinta), pois todos fizeram parte do planejamento do delito e tinham ciência de seus possíveis desdobramentos.

Gabarito "E"

11. CRIMES CONTRA A ADMINISTRAÇÃO PÚBLICA

(Procurador da Fazenda Nacional – 2007.2 – ESAF) Petrônio, na qualidade de Prefeito Municipal, se apropria de determinadas rendas públicas, temporariamente em seu poder, para proveito próprio, antes de encaminhá-las ao Secretário da Fazenda da Municipalidade, responsável pela posse do numerário público. O fato é investigado e conclui-se pela autoria e materialidade do delito. A respeito dos fatos narrados, Petrônio terá cometido o crime de

(A) emprego irregular de verbas ou rendas públicas.
(B) peculato culposo.
(C) desvio de verbas municipais.
(D) apropriação indébita.
(E) peculato furto.

Art. 312, § 1º, DO CP

Gabarito "E"

(Auditor Fiscal da Receita Federal – 2012 – ESAF) Assinale a opção correta entre as assertivas abaixo relacionadas aos crimes contra a administração pública nos termos da legislação penal, doutrina e da jurisprudência dos Tribunais Superiores.

(A) O crime de Violação de Sigilo Profissional (art. 325 do CP) foi abolido pelo princípio da publicidade da atividade administrativa, não existindo mais no ordenamento jurídico.
(B) O crime de Violação do Sigilo de Proposta de Concorrência (art. 326 do CP) pode ser cometido por qualquer funcionário público.
(C) Perito Judicial é funcionário público para os fins do Código Penal.
(D) O crime de Resistência (art. 329 do CP) é crime praticado por funcionário público que exerce o poder de polícia.
(E) O crime de Desobediência (art. 330 do CP) e o crime de Desacato (art. 331 do CP) são tipos culposos.

A: incorreta, pois o art. 325 do CP, que define o crime de *violação de sigilo funcional*, permanece em vigor; **B:** incorreta, dado que o art. 326 do CP, que previa o crime de *violação do sigilo de proposta de concorrência*, foi tacitamente revogado por força do art. 94 da

Lei 8.666/1993 (Lei de Licitações); **C:** correta, pois, de fato, o perito judicial é considerado funcionário público para fins penais (art. 327 do CP); **D:** incorreta, dado que o crime de resistência, capitulado no art. 329 do CP, é considerado crime comum; pode, por isso, ser praticado por qualquer pessoa (inclusive pelo funcionário público) que, valendo-se de violência ou ameaça a funcionário público (ou a quem o esteja auxiliando), se opuser à concretização de ato legal; **E:** incorreta, pois os tipos penais previstos nos arts. 330 e 331 do CP (respectivamente desobediência e desacato) não contemplam a modalidade culposa.

Gabarito "C".

(Auditor Fiscal da Receita Federal – 2010 – ESAF) À luz da aplicação da lei penal, julgue as afirmações abaixo relativas ao fato de Marcos, funcionário público concursado, ao chegar na sua nova repartição, pegar computador da sua sala de trabalho e levar para casa junto com a impressora e resmas de papel em uma sacola grande com o fim de usá-los em casa para fins recreativos:

I. Na hipótese, Marcos comete crime contra a Administração Pública.
II. Marcos comete crime contra a Administração da Justiça.
III. Marcos comete o crime de peculato-furto, previsto no § 1º do art. 312 do Código Penal Brasileiro, pois se valeu da facilidade que proporciona a qualidade de funcionário.
IV. Marcos não cometeria o crime de peculato, descrito no enunciado do problema, se o entregasse para pessoa da sua família utilizar, pois o peculato caracteriza-se pelo proveito próprio dado ao bem.

(A) Todas estão incorretas.
(B) I e III estão corretas.
(C) I e IV estão corretas.
(D) Somente I está correta.
(E) II e IV estão corretas.

Marcos, com a sua conduta, consistente em apossar-se de computador, impressora e resmas de papel, por ele retirados do interior da repartição na qual trabalha e dos quais tinha a posse em razão do cargo, incorrerá nas penas do art. 312, *caput*, primeira parte, do CP – *peculato-apropriação*. Trata-se de crime praticado por funcionário público contra a Administração em Geral, inserto no título dos Crimes contra a Administração Pública. Ainda que Marcos tivesse entregado o objeto material do crime para pessoa de sua família, o crime, mesmo assim, estaria configurado, visto que o peculato caracteriza-se tanto pelo *proveito próprio* quanto pelo *proveito alheio* dado ao bem.

Gabarito "D".

(Auditor Fiscal da Receita Federal – 2010 – ESAF) Paulo, dirigente do sindicato dos metalúrgicos de São Bernardo, constrange Márcia, metalúrgica não filiada, a participar do sindicato dos metalúrgicos, ameaçando-a de ser demitida caso não se associe imediatamente. Tal ameaça foi presenciada por policial que se encontrava casualmente ao lado de Márcia. À luz do Código Penal, julgue os itens abaixo assinalando o correto.

(A) Márcia não tem direito de se opor à filiação, desse modo a conduta de Paulo é lícita.
(B) Paulo cometeu o crime de atentado contra a liberdade de trabalho.
(C) Paulo cometeu o crime de atentado contra a liberdade de associação.
(D) Caso Paulo seja preso em flagrante, este deverá ser preso junto com os outros detentos até que seja paga fiança ou decretada a sua liberdade provisória.
(E) Paulo estará sujeito a advertência administrativa, não tendo cometido nenhum delito.

O crime praticado por Paulo está capitulado no art. 199 do CP – *atentado contra a liberdade de associação.*

Gabarito "C".

(Técnico da Receita Federal – 2003 – ESAF) A reforma do Código Penal, introduzida pela Lei 9.983, de 14 de julho de 2000, equiparou a funcionário público, para fins penais, a seguinte categoria:

(A) empregado de sociedade de economia mista.
(B) servidor de autarquia.
(C) quem trabalha para empresa prestadora de serviço contratada para a execução de atividade típica da Administração Pública.
(D) aquele que, ainda sem remuneração e transitoriamente, exerça cargo, emprego ou função pública.
(E) quem exerce cargo, emprego ou função em entidade paraestatal.

A Lei 9.983/2000 alterou o teor do art. 327, § 1º, do CP, que já contemplava a seguinte redação: "Equipara-se a funcionário público quem exerce cargo, emprego ou função em entidade paraestatal" (conteúdo da alternativa "E"). Com a mudança implementada, o conteúdo do dispositivo foi ampliado, passando a incorporar os que trabalham para empresa prestadora de serviço contratada ou conveniada para a execução de atividade típica da Administração Pública.

Gabarito "C".

(Técnico da Receita Federal – 2003 – ESAF) Não se inclui entre os tipos penais catalogados como crimes contra a Administração Pública o seguinte crime:

(A) peculato
(B) apropriação indébita previdenciária
(C) excesso de exação
(D) condescendência criminosa
(E) violação de sigilo funcional

A: incorreta. Peculato (art. 312 do CP); **B:** correta. A apropriação indébita previdenciária (art. 168-A, CP) está inserida no Título II (Dos Crimes contra o Patrimônio). Tem como objeto jurídico a seguridade social; **C:** incorreta. Excesso de exação (art. 316, § 1º, do CP); **D:** incorreta. Condescendência criminosa (art. 320 do CP); **E:** incorreta. Violação de sigilo funcional (art. 325 do CP).

Gabarito "B".

(Auditor Fiscal da Previdência Social – 2002 – ESAF) No tocante ao crime de facilitação de contrabando e descaminho, pode-se afirmar que:

(A) quanto ao contrabando, deve-se remeter ao conceito previsto no art. 334 do Código Penal, qual seja, o ato fraudulento que se destina a evitar, total ou parcialmente, o pagamento de direitos e impostos previstos pela entrada, saída ou consumo (pagável na alfândega) e mercadorias.
(B) para a configuração do crime, o sujeito ativo não precisa estar no exercício de sua função.

(C) quanto à figura do descaminho, inclui-se a sub-reptícia importação ou exportação de mercadoria sem trânsito pela alfândega.

(D) o funcionário público que participar do fato sem que esteja no exercício de sua função responderá pelo crime de contrabando, previsto no art. 334 do Código Penal, como qualquer particular, diante da regra geral do art. 29 do mesmo diploma legal.

(E) para a configuração do crime, a lei exige finalidade especial, consistente na vantagem recebida, ou promessa de vantagem.

Somente responderá pelo crime capitulado no art. 318 do CP (facilitação de contrabando ou descaminho), que é próprio, o funcionário público ao qual incumbe exercer função fiscalizadora. Exige-se, pois, do funcionário a função de controlar a entrada de mercadoria ou assegurar o pagamento de imposto. Tal facilitação do agente, dessa forma, deve ser feita em violação a dever funcional. Se o funcionário participar do fato sem que esteja no exercício da sua função, não poderá responder pelo crime do art. 318 do CP, devendo ser responsabilizado pelo crime do art. 334 do CP.

Gabarito "D"

(Auditor Fiscal da Previdência Social – 2002 – ESAF) Em se tratando de crime de falsa identidade, pode-se afirmar que:

(A) o crime ocorrerá, mesmo se o agente dissimular ou ocultar a própria identidade sem substituir-se por outra pessoa e sem atribuir-se nome ou alguma qualidade a que a lei atribuir efeito jurídico para a prova de identidade.

(B) para a configuração do crime, basta a falsa atribuição de identidade e, sendo assim, não é necessário que o agente obtenha vantagem ou proveito próprio.

(C) não constitui crime de falsa identidade, mas a contravenção penal regulada no artigo 46 da Lei de Contravenções Penais, a conduta de usar, publicamente, uniforme ou distintivo de função que não exerça, bem como usar, indevidamente, sinal distintivo ou denominação cujo emprego seja regulado em lei.

(D) para a configuração do crime, não é necessário que o meio utilizado pelo agente seja idôneo a causar a falsidade, caracterizando-se o ilícito, mesmo quando a falsidade for grosseira.

(E) trata-se de crime contra a Administração Pública.

A: incorreta. A conduta típica está consubstanciada em *atribuir* a si mesmo ou a outrem falsa identidade, operando-se, dessa forma, a consumação do crime no exato instante em que o agente imputa de forma efetiva a falsa identidade. Se o sujeito, no entanto, se recusa a fornecer dados acerca de sua própria identidade à autoridade, responde pela contravenção penal prevista no art. 68 da LCP; **B:** incorreta. Trata-se de *delito formal*, em que a consumação se opera independentemente da ocorrência de resultado naturalístico (obtenção de vantagem, em proveito próprio ou alheio, ou causação de dano a outrem); **C:** correta. De fato, o art. 46 da LCP cuida do uso ilegítimo de uniforme e distintivo; **D:** incorreta. Pelo contrário. É de rigor que a falsa identidade tenha o condão de enganar, de iludir. Ela deve, enfim, ser capaz de ensejar a obtenção de indevida vantagem ou a causação de dano a terceiro; **E:** incorreta. É crime contra a Fé Pública (Título X).

Gabarito "C"

(Auditor Fiscal da Previdência Social – 2002 – ESAF) Para efeitos penais, assinale o conceito de funcionário público:

(A) quem, embora transitoriamente ou sem remuneração, exerce cargo, emprego ou função pública.

(B) quem exerce cargo público efetivo ou em comissão.

(C) todos os servidores dos órgãos e entidades da Administração Pública direta e indireta.

(D) quem exerce qualquer função pública remunerada, independente de seu regime jurídico.

(E) todos aqueles que tenham vínculo com o Poder Público, incluídos os empregados terceirizados.

Considera-se funcionário público, para os efeitos penais, quem, embora transitoriamente ou sem remuneração, exerce cargo, emprego ou função pública (art. 327 do CP).

Gabarito "A"

(Auditor Fiscal da Receita Federal – 2003 – ESAF) Um Auditor-Fiscal da Receita Federal constatou, durante a fiscalização de um contribuinte, que o mesmo havia cometido irregularidades fiscais que deveriam ser objeto de lançamento tributário, com imposição de multa de ofício. Todavia, ao ficar sabendo que o contribuinte era uma pessoa boa, caridosa, e que frequentava a mesma igreja que ele, decidiu encerrar a fiscalização sem resultado. Nesta hipótese, esse Auditor:

(A) cometeu o crime de condescendência criminosa.

(B) cometeu o crime de concussão.

(C) não cometeu crime algum, haja vista que não obteve qualquer vantagem econômica com a sua conduta.

(D) cometeu o crime de corrupção passiva.

(E) cometeu o crime de prevaricação.

O auditor-fiscal deixou de praticar indevidamente ato relativo às suas atribuições funcionais com o propósito de satisfazer sentimento pessoal. Cometeu, portanto, o crime capitulado no art. 319 do CP – prevaricação.

Gabarito "E"

(Auditor Fiscal da Receita Federal – 2002.1 – ESAF) Assinale entre as seguintes condutas ilícitas de servidores públicos aquela que não é tipo penal, previsto no Título "Dos Crimes contra a Administração Pública".

(A) Aceitar comissão, emprego ou pensão de Estado estrangeiro.

(B) Abandonar cargo público, fora dos casos permitidos em lei.

(C) Devassar o sigilo de proposta de concorrência pública ou proporcionar a terceiro o ensejo de devassá-lo.

(D) Revelar fato de que tem ciência em razão do cargo e que deva permanecer em segredo, ou facilitar-lhe a revelação.

(E) Entrar no exercício de função pública antes de satisfeitas as exigências legais.

A: correta. O comportamento descrito não está inserido como crime no Título "Dos Crimes contra a Administração Pública"; **B:** incorreta (art. 323 do CP); **C:** incorreta (art. 326 do CP); **D:** incorreta (art. 325 do CP); **E:** incorreta (art. 324 do CP).

Gabarito "A"

(Auditor Fiscal do Trabalho – 2010 – ESAF) Os fins da Administração Pública resumem-se em um único objetivo: o bem comum da coletividade administrativa. Toda atividade deve ser orientada para este objetivo; sendo que todo ato administrativo que não for praticado no interesse da coletividade será ilícito e imoral. Assim, temos no Código Penal o título XI – Dos crimes contra a Administração Pública. Analise a conduta abaixo, caracterizando-a com um dos tipos de crime contra a Administração Pública.

Sebastião, policial militar, exige dinheiro de Caio, usuário de maconha, para que este não seja preso. Caio, com medo da função de policial exercida pelo funcionário público militar, dá R$ 4.000,00 (quatro mil reais) a Sebastião, conforme exigido por ele. Com base nessa informação e na legislação penal especial, é correto afirmar que:

(A) Sebastião comete o crime de corrupção ativa.
(B) Sebastião comete o crime de prevaricação.
(C) Sebastião comete o crime de excesso de exação.
(D) Sebastião comete o crime de concussão.
(E) Sebastião comete o crime de patrocínio infiel.

O crime de *concussão*, praticado por Sebastião e que traz como núcleo do tipo *exigir*, que significa *ordenar*, *impor*, está capitulado no art. 316 do CP. Neste delito, a vítima, em face do constrangimento a que é submetida, acaba por ceder, propiciando ao funcionário a perseguida vantagem indevida. Já o crime previsto no art. 317 do CP, que prevê o crime de *corrupção passiva*, tem como verbos nucleares *solicitar*, *receber* ou *aceitar*. Aqui a situação é diferente. Inexiste imposição, como na concussão; há, sim, solicitação.

Gabarito "D".

(Auditor Fiscal do Trabalho – 2010 – ESAF) Carlos e Mário, isoladamente, abandonam o seu trabalho (greve) destruindo a porta do escritório e batendo no chefe Beltrão. À luz do previsto dos Crimes contra a Organização do Trabalho na parte especial do Código Penal, julgue os itens abaixo, assinalando o correto.

(A) Carlos e Mário devem responder pelo delito tentado de paralisação de trabalho, seguida de violência ou perturbação da ordem.
(B) Carlos e Mário não devem responder pelo delito de paralisação de trabalho, seguida de violência ou perturbação da ordem.
(C) Carlos e Mário devem responder pelo delito de paralisação de trabalho, seguida de violência ou perturbação da ordem na sua forma culposa.
(D) Carlos e Mário devem responder pelo delito de paralisação de trabalho, seguida de violência ou perturbação da ordem.
(E) Só Carlos deve responder pelo delito de paralisação de trabalho, seguida de violência ou perturbação da ordem.

A: incorreta. Embora este crime comporte a modalidade tentada, é necessária, para a sua configuração, a presença de, no mínimo, três pessoas. No enunciado, o movimento foi deflagrado por duas pessoas; **B:** correta. A conduta descrita no art. 200 do CP – *paralisação de trabalho seguida de violência ou perturbação da ordem* – não pode ser atribuída a Carlos e Mário na medida em que o tipo penal exige, para a configuração deste crime, o concurso de ao menos três pessoas, consoante impõe o parágrafo único do dispositivo; **C:** incorreta. Este delito – art. 200, CP – não é punido a título de culpa; **D** e **E:** incorretas. *Vide* comentário à alternativa "B".

Gabarito "B".

(Analista – MPU – 2004 – ESAF) Tício, que é médico credenciado no INSS, exigiu de Caio, paciente segurado pela Previdência Social, a importância de R$ 5.000,00, para a realização de cirurgia imprescindível à preservação de sua saúde. A vítima efetua o pagamento da importância indevida, em razão do constrangimento moral invencível a que foi submetido. No caso em tela, Tício responderá pelo crime de:

(A) Corrupção Passiva
(B) Prevaricação
(C) Abandono de função
(D) Peculato
(E) Concussão

Tício cometeu o crime de *concussão*, capitulado no art. 316, *caput*, do CP, que tem como núcleo do tipo *exigir*, que significa ordenar, impor. Por se tratar de *crime formal*, a consumação se dá com a *exigência*, independentemente do pagamento da importância indevida, que constitui mero exaurimento.

Gabarito "E".

(Auditor Fiscal/PI – 2001 – ESAF) Quanto aos crimes contra a fé pública:

(A) a falsidade ideológica está diretamente ligada à alteração do conteúdo do documento, seja este público ou particular.
(B) o fornecimento de atestado falso por médico não pode ser considerado crime contra a fé pública.
(C) a falsificação de selo postal insere-se na conduta tipificada como crime de falsificação de documento público.
(D) a mera posse de instrumento especialmente destinado à falsificação de moeda não constitui fato típico.
(E) a conduta de usar como próprio documento identidade alheia, ou ceder a outrem, para que dele se utilize, configura crime de falsidade ideológica.

A: correta. A falsidade ideológica – art. 299 do CP – recai sobre a ideia ou declaração que o documento contém. A forma do documento, portanto, é autêntica, verdadeira. Sua falsidade não é sensivelmente constatável, ao contrário do que se dá na falsidade material, em que a fraude incide na própria forma documental; **B:** incorreta. O crime de *falsidade de atestado médico* (art. 302 do CP), que consiste em fornecer o médico, no exercício da sua profissão, atestado falso, está inserido no Título X (Dos Crimes contra a Fé Pública). Tem, portanto, como *objeto jurídico* a fé pública (objeto jurídico é o bem ou interesse que a lei visa a tutelar); **C:** incorreta. O *selo postal* não se enquadra na definição de documento público (aquele elaborado por funcionário público no desempenho de suas atribuições), tampouco se trata do selo a que alude o art. 296 do CP (falsificação de selo ou sinal público). A conduta está capitulada no art. 293, I, do CP; **D:** incorreta. Aquele que tiver a posse de instrumento especialmente destinado à falsificação de moeda incorrerá nas penas do art. 291 do CP; **E:** incorreta (art. 308 do CP).

Gabarito "A".

12. CRIMES DE ABUSO DE AUTORIDADE

(Procurador da Fazenda Nacional – 2003 – ESAF) Constitui abuso de autoridade (Lei nº 4.898/65) qualquer atentado:

(A) aos direitos e garantias legais assegurados ao exercício profissional.
(B) ao direito de herança.
(C) à prestação de assistência religiosa nas entidades civis e militares de internação coletiva.
(D) ao direito de resposta proporcional ao agravo.
(E) à concessão de asilo político.

A assertiva "A" – correta – corresponde ao art. 3º, "j", da Lei 4.898/65. As demais não constituem abuso de autoridade.

Gabarito "A"

13. OUTROS CRIMES E CRIMES COMBINADOS DA LEGISLAÇÃO EXTRAVAGANTE

(Procurador da Fazenda Nacional – 2003 – ESAF) No tocante aos crimes resultantes de preconceitos, de raça ou de cor, pode-se afirmar que (Lei nº 7.716/89):

(A) não constitui efeito da condenação a perda de cargo ou função pública para o servidor público que for sujeito ativo do crime.
(B) a suspensão do funcionamento do estabelecimento particular por prazo não superior a três meses constitui um efeito da condenação automático, pois não deve ser motivadamente declarado por sentença.
(C) não se considera crime fabricar distintivo que utilize a cruz suástica para fins de divulgação do nazismo.
(D) no caso de prática de discriminação ou preconceito de raça por intermédio de publicação de qualquer natureza, constitui efeito da condenação, após o trânsito em julgado a decisão, a destruição do material apreendido.
(E) no crime de negar ingresso de aluno em estabelecimento público ou privado de qualquer grau, não há agravamento de pena quando praticado contra menor de 18 anos.

A: incorreta, pois não reflete o disposto no art. 16 da Lei 7.716/1989; **B:** os efeitos da condenação do art. 16 da Lei 7.716/1989 não são automáticos, devendo, por isso, ser declarados motivadamente na sentença (art. 18); **C:** conduta prevista no art. 20, § 1º, da Lei 7.716/1989; **D:** correta, pois em consonância com o que estabelece o art. 20, § 4º, da Lei 7.716/1989; **E:** incorreta, pois não reflete o disposto no art. 6º, parágrafo único, da Lei 7.716/1989.

Gabarito "D"

(Procurador da Fazenda Nacional – 2006 – ESAF) O elemento subjetivo, relativo à conduta típica do art. 1º, §1º, I, da Lei n. 9.613/98 – "Lavagem ou ocultação de bens, direitos e valores" é

(A) dolo.
(B) culpa.
(C) preterdolo.
(D) responsabilidade objetiva.
(E) dolo específico.

o elemento subjetivo específico (dolo específico) é representado pelo propósito de ocultar ou dissimular a utilização dos bens, direitos ou valores provenientes de infração penal antecedente. A propósito, o art. 1º, *caput*, da Lei 9.613/1998, entre outros dispositivos, teve sua redação alterada por força da Lei 12.683/2012. Agora, não mais se exige, à configuração do crime de lavagem de dinheiro, que a operação financeira esteja vinculada a determinados crimes, listados em rol taxativo.

Gabarito "E"

(Auditor Fiscal da Receita Federal – 2002.2 – ESAF) Tratando-se de legislação penal, assinale a afirmativa falsa.

(A) A superveniência de causa relativamente independente exclui a imputação quando por si só produziu o resultado.
(B) O dever de agir, para se evitar a omissão, incumbe a quem, com o seu comportamento anterior, criou o risco da ocorrência do resultado.
(C) Não exclui a imputabilidade penal o estado de embriaguez, voluntária ou culposa, pelo álcool ou substâncias de efeitos análogos.
(D) Salvo disposição em contrário, pune-se a tentativa com a pena correspondente ao crime consumado, com redução de um terço a metade.
(E) Os menores de dezoito anos são inimputáveis, ficando sujeitos às medidas previstas em legislação especial.

A: correta (art. 13, § 1º, do CP). *Causa relativamente independente* é a que, embora produza o resultado por si só, tem a sua origem na conduta do agente. Aqui, o nexo causal é rompido e o agente não responde pelo resultado, tão somente pelos atos que praticou até então; **B:** correta (art. 13, § 2º, *c*, do CP). O dispositivo estabelece o nexo de causalidade nos chamados *crimes omissivos impróprios*, em que a responsabilidade do agente decorre de um dever de evitar o resultado. Trata-se de uma omissão ilegal, já que o agente, por força do disposto no art. 13, § 2º, do CP, estava obrigado a agir. Ex.: a mãe que deixa de alimentar o filho recém-nascido, que vem a falecer por inanição, responde por homicídio; **C:** correta (art. 28, II, do CP); **D:** incorreta, devendo ser assinalada. A redução a que alude o art. 14, parágrafo único, do CP, a incidir sobre a pena correspondente ao crime consumado, é da ordem de 1/3 a 2/3; **E:** correta (arts. 27 do CP e 228 da CF/1988). A matéria está disciplinada na Lei 8.069/1990 (Estatuto da Criança e do Adolescente).

Gabarito "D"

(Auditor Fiscal da Receita Federal – 2012 – ESAF) A respeito dos crimes contra a ordem econômica e das relações de consumo, assinale a opção correta.

(A) Abusar do poder econômico é crime das relações de consumo.
(B) Formar acordo visando à fixação artificial de preços é crime contra a ordem econômica.
(C) Formar aliança entre órgãos do governo é crime contra a ordem econômica.
(D) Favorecer, com justa causa, comprador é crime das relações de consumo.
(E) Induzir o consumidor a comprar os melhores produtos é crime das relações de consumo.

A: incorreta, visto que a conduta consistente em abusar do poder econômico, nas condições descritas no art. 4º, I, da Lei 8.137/1990, constitui crime contra a ordem econômica (art. 4º, *caput*, da Lei 8.137/1990); **B:** correta. É crime contra a ordem econômica previsto no art. 4º, II, *a*, da Lei 8.137/1990; **C:** incorreta. Conduta não contemplada no art. 4º da Lei 8.137/1990; **D:** incorreta, pois o crime contra as relações de consumo descrito no art. 7º, I, da Lei 8.137/1990 pressupõe ausência de *justa causa*; **E:** incorreta, dado que se trata de conduta atípica.

Gabarito "B"

(Auditor Fiscal da Receita Federal – 2012 – ESAF) Alexandre, empresário, monta uma pirâmide (cadeia) na qual indica oportunidade infalível de investimento em que cada pessoa recrutada por ele lhe paga R$ 100,00 e tem a obrigação de recrutar mais 10 com a finalidade de aumentar o faturamento. Os recrutados obteriam dinheiro dos novos recrutados em uma cadeia progressiva de participantes em que cada pessoa ganharia mais em função do número de recrutados obtidos. Com esse processo fraudulento, causou dano efetivo a um número indeterminado de pessoas e acabou sendo denunciado por um crime. À luz da parte geral do Código Penal, das Leis de Crimes contra a Economia Popular, Ordem Econômica, Ordem Tributária e Relações de Consumo, assinale a opção correta.

(A) Alexandre deverá responder por crime contra a Ordem Tributária.
(B) A ação penal pode ser promovida por qualquer dos recrutados por Alexandre.
(C) Alexandre será submetido a Júri Popular.
(D) Alexandre pode ser denunciado pelo Ministério Público por ter infringido a Lei de Economia Popular.
(E) Alexandre deve ser absolvido pela atividade criada ser lícita.

A conduta praticada por Alexandre se subsume ao tipo penal do art. 2º, IX, da Lei 1.521/1951 (Economia Popular). O Tribunal do Júri, previsto nos arts. 12 a 30 da Lei de Economia Popular e ao qual cabia o julgamento dos crimes definidos no art. 2º dessa mesma lei, foi extinto por força da Emenda Constitucional n. 1, de 1969, cujo § 18 do art. 153 estabelecia a competência da instituição do Júri para o julgamento dos crimes dolosos contra a vida.

Gabarito "D"

(Auditor Fiscal da Receita Federal – 2010 – ESAF) Com relação ao disposto na Lei dos Juizados Especiais Criminais (Lei 9.099/1995), é correto afirmar que:

(A) essa lei aplica-se a todos os tipos de crimes cometidos após janeiro de 1995.
(B) o processo perante o Juizado Especial objetiva, sempre que possível, a reparação dos danos sofridos pela vítima.
(C) essa legislação tem aplicação só no âmbito da Justiça Estadual.
(D) o instituto da transação penal pode ser concedido pelo Juiz sem a anuência do Ministério Público.
(E) nela está prevista a *abolitio criminis* dos delitos de menor potencial ofensivo.

A: incorreta. Em consonância com o disposto no art. 61 da Lei 9.099/1995, consideram-se de menor potencial ofensivo e, por isso, estão sob a égide do rito sumaríssimo, todas as contravenções penais e todos os crimes a que a lei comine pena máxima de até dois anos. Além disso, atualmente, por força do estatuído na Lei 11.313/2006, o procedimento especial não mais representa óbice à adoção do rito sumaríssimo estabelecido na Lei 9.099/1995. Dessa forma, não é verdadeira a afirmação de que a Lei 9.099/1995 se aplica a todos os tipos de crimes cometidos após janeiro de 1995; **B:** correta. A proposição está em conformidade com o disposto no art. 62 da Lei 9.099/1995; **C:** incorreta. A Lei 10.259/2001 instituiu os Juizados Cíveis e Criminais no âmbito da Justiça Federal; **D:** incorreta. Pela disciplina estabelecida no art. 76 da Lei 9.099/1995, a proposta deve ser de iniciativa do Ministério Público, não podendo o magistrado, ante a recusa injustificada do representante do *parquet* em ofertá-la, fazê-lo em seu lugar. Nesta hipótese, terá incidência o art. 28 do CPP; **E:** incorreta. Não há previsão nesse sentido.

Gabarito "B"

(Técnico da Receita Federal – 2003 – ESAF) A Lei Federal 8.137, de 27 de dezembro de 1990, acresceu o seguinte tipo penal aos crimes funcionais contra a ordem tributária, além dos previstos no Código Penal:

(A) extraviar livro oficial, processo fiscal ou qualquer documento, de que tenha guarda em razão da função; sonegá-lo ou inutilizá-lo, total ou parcialmente, ainda que não acarrete pagamento indevido ou inexato do tributo.
(B) patrocinar, direta ou indiretamente, interesse privado perante a administração fazendária, valendo-se da condição de funcionário público.
(C) exigir, para si ou para outrem, direta ou indiretamente, ainda que fora da função, ou antes de assumi-la, mas em razão dela, vantagem indevida.
(D) facilitar, com infração de dever funcional, a prática de contrabando ou descaminho.
(E) retardar ou deixar de praticar, indevidamente, ato de ofício, ou praticá-lo contra disposição expressa de lei, para satisfazer interesse ou sentimento pessoal.

Art. 3º, III, da Lei 8.137/1990. Trata-se da incidência de norma especial em detrimento da norma geral (art. 321 do CP – advocacia administrativa). Tal ocorrerá sempre que se verificar o patrocínio de interesse privado perante a administração fazendária, prevalecendo-se da qualidade de funcionário público. Se, todavia, este patrocínio se der fora do âmbito da administração fazendária, aplica-se a norma geral (art. 321 do CP). Registre-se, ademais, que a norma especial estabelece pena bem superior (um a quatro anos de reclusão).

Gabarito "B"

(Auditor Fiscal da Previdência Social – 2002 – ESAF) Nos crimes contra o Sistema Financeiro Nacional (Lei 7.492/1986):

(A) a pessoa jurídica que capta ou administra seguros, câmbio, consórcio, capitalização ou quaisquer tipos de poupança, ou recursos de terceiros, não se equipara à instituição financeira, para efeito desta Lei.
(B) a apresentação, em liquidação extrajudicial, de declaração de crédito ou reclamação falsa não configura crime.
(C) atribuir-se, ou atribuir a terceiro, falsa identidade, para a realização de operação de câmbio, não configura crime.

(D) a ação penal é promovida perante a Justiça Comum Estadual.
(E) distribuir prospecto ou material de propaganda relativo a documento representativo de valor imobiliário, sem autorização escrita da sociedade emissora, configura crime.

A: incorreta (art. 1º, parágrafo único, I, da Lei 7.492/1986); **B:** incorreta (art. 14, *caput*, da Lei 7.492/1986); **C:** incorreta (art. 21, *caput*, da Lei 7.492/1986); **D:** incorreta (art. 26, *caput*, da Lei 7.492/1986); **E:** correta (art. 2º, parágrafo único, da Lei 7.492/1986).

Gabarito "E"

(Auditor Fiscal da Receita Federal – 2003 – ESAF) Um Auditor Fiscal da Receita Federal, em exercício em São Paulo, faz a defesa administrativa de um contribuinte num processo fiscal objeto de auto de infração lavrado por outro AFRF, em exercício na Delegacia da Receita Federal em Brasília. Nesta hipótese:

(A) comete crime funcional contra a ordem tributária.
(B) comete crime de corrupção passiva.
(C) não comete crime algum se não tiver recebido qualquer recompensa por esse trabalho.
(D) não comete crime algum se o auto de infração for mantido pela Delegacia de Julgamento.
(E) não comete crime algum porque se trata de contribuinte subordinado a outra unidade administrativa da Receita Federal.

O auditor fiscal que patrocina interesse privado perante a Administração Pública, aproveitando-se da facilidade que tem por ser funcionário, responde pelo crime capitulado no art. 3º, III, da Lei 8.137/1990.

Gabarito "A"

(Auditor Fiscal da Receita Federal – 2002.1 – ESAF) A pena de reclusão máxima, prevista na Lei 8.137, de 27 de dezembro de 1990, para o crime funcional contra a ordem tributária de extraviar livro oficial de que tenha a guarda, acarretando pagamento indevido ou inexato de tributo é de:

(A) quatro anos
(B) cinco anos
(C) seis anos
(D) sete anos
(E) oito anos

Art. 3º, I, da Lei 8.137/1990. Pena: reclusão, de 3 a 8 anos e multa.

Gabarito "E"

(Auditor Fiscal do Trabalho – 2010 – ESAF) Assinale a opção correta, entre as assertivas abaixo, relacionadas aos crimes praticados por funcionários públicos contra a ordem tributária, nos termos da legislação penal (Lei 8.137, de 27.12.1990).

(A) O crime de patrocinar, direta ou indiretamente, interesse privado perante a administração fazendária, valendo-se da qualidade de funcionário público, pode ser apenado cumulativamente com multa.
(B) O crime de exigir, solicitar ou receber, para si ou para outrem, direta ou indiretamente, ainda que fora da função ou antes de iniciar seu exercício, mas em razão dela, vantagem indevida; ou aceitar promessa de tal vantagem, para deixar de lançar ou cobrar tributo ou contribuição social, ou cobrá-los parcialmente, admite a suspensão do processo.
(C) O crime de patrocinar, direta ou indiretamente, interesse privado perante a administração fazendária, valendo-se da qualidade de funcionário público, é crime de menor potencial ofensivo.
(D) Não é possível que particular responda pelos delitos previstos no Capítulo I, Seção II – Dos crimes contra a Administração Pública previstos na Lei 8.137/1990.
(E) O crime de patrocinar, direta ou indiretamente, interesse privado perante a administração fazendária, valendo-se da qualidade de funcionário público, não admite a tentativa.

A: correta (art. 3º, III, da Lei 8.137/1990); **B:** incorreta. Não cabe, visto que a pena mínima cominada ao crime do art. 3º, II, da 8.137/1990 (três anos) é superior ao patamar estabelecido no art. 89, *caput*, da Lei 9.099/1995 (um ano); **C:** incorreta. *Crimes de menor potencial ofensivo*, em vista do que preceitua o art. 61 da Lei 9.099/1995, são aqueles aos quais a lei comine pena máxima de até dois anos. Não é o caso do delito previsto no art. 3º, III, da Lei 8.137/1990, em que a pena máxima prevista é de quatro anos; **D:** incorreta. Embora se trate de crimes próprios, visto que o sujeito ativo deve ser funcionário público, o particular pode com eles concorrer (crimes), quer na qualidade de *coautor*, quer na de *partícipe*; **E:** incorreta. Este crime comporta a tentativa na forma plurissubsistente, uma vez que, neste caso, a conduta admite fracionamento.

Gabarito "A"

4. Direito Processual Penal

Eduardo Dompieri

1. FONTES, PRINCÍPIOS GERAIS, EFICÁCIA DA LEI PROCESSUAL NO TEMPO E NO ESPAÇO

(Procurador da Fazenda Nacional – 2007.2 – ESAF) No sistema processual penal acusatório, adotado pelo legislador brasileiro, pode-se apontar os seguintes elementos:

(A) processo judicial sigiloso, inquisitivo e sistema de provas tarifado.
(B) processo judicial público e juizado de instrução.
(C) processo judicial público, contraditório e defesa restrita.
(D) separação entre as funções de acusar, julgar e defender.
(E) processo judicial público, preferência para o órgão acusador e sistema de provas do livre convencimento.

São características imanentes ao sistema acusatório: além de uma nítida separação nas funções de acusar, julgar e defender, o processo é público e contraditório; além disso, há imparcialidade e a ampla defesa é assegurada. O sistema inquisitivo constitui a antítese do acusatório, em que, *grosso modo*, as funções de acusar, defender e julgar reúnem-se na mesma pessoa. O processo é sigiloso e não vige o contraditório. No sistema misto, por fim, há uma fase inicial inquisitiva, ao final da qual tem início uma etapa em que são asseguradas todas as garantias inerentes ao acusatório.

Gabarito "D"

2. INQUÉRITO POLICIAL

(Procurador da Fazenda Nacional – 2004 – ESAF) Correlacione os dados referentes às fases e aos prazos do inquérito e da ação penal com o contido na COLUNA 2, assinalando a opção correta.

COLUNA 1

( ) início de inquérito policial
( ) conclusão, inquérito e réu solto
( ) oferecimento da denúncia (réu preso)
( ) peça inicial processo penal por crime de ação pública
( ) término do inquérito policial

COLUNA 2

(1) queixa
(2) denúncia
(3) portaria
(4) prescrição
(5) decadência
(6) relatório
(7) 15 dias
(8) 9 dias
(9) 30 dias
(10) 3 dias
(11) 5 dias

(A) 3, 9, 11, 2 e 6
(B) 10, 3, 5, 7, e 11
(C) 6, 3, 4, 2, e 1
(D) 3, 9, 4, 7, e 5
(E) 9, 5, 2, 7, e 11

1ª assertiva: uma das formas de instauração de inquérito policial é de *ofício* (art. 5º, I, do CPP). Assim, sempre que a autoridade policial tiver conhecimento da prática de uma infração penal, deve baixar a chamada *portaria*, que constitui a peça inaugural do inquérito policial. Outra forma de instauração de inquérito é o *auto de prisão em flagrante*. Neste caso, após a lavratura do auto, o inquérito é instaurado; 2ª assertiva: se solto estiver o investigado, o inquérito policial deverá ser concluído no prazo de trinta dias (art. 10, "caput", do CPP); 3ª assertiva: na hipótese de o réu encontrar-se preso, o prazo de que dispõe o Ministério Público para oferecer a denúncia é de cinco dias – art. 46, "caput", do CPP; 4ª assertiva: *denúncia* é a peça inicial da ação penal pública; *queixa*, por sua vez, é a peça inicial da ação penal privada;; 5ª assertiva: se nada mais restar a ser apurado no inquérito policial, deverá o delegado de polícia confeccionar minucioso relatório e enviar os autos ao juiz competente (art. 10, § 1º, do CPP).

Gabarito "A"

3. AÇÃO PENAL

(Procurador da Fazenda Nacional – 2003 – ESAF) Considerar-se-á perempta a ação penal quando,

(A) iniciada a ação penal privada subsidiária, o querelante deixar de promover o andamento do processo durante trinta dias seguidos.

(B) sendo o querelante pessoa jurídica, nos casos em que somente se procede mediante queixa, a empresa se extinguir sem deixar sucessor.

(C) falecendo a vítima, na ação penal pública condicionada à representação, não comparecer em juízo, para prosseguir no processo, dentro do prazo de trinta dias, qualquer das pessoas a quem couber fazê-lo.

(D) sobrevindo a incapacidade do querelante, na ação penal privada subsidiária, não comparecer em juízo, para prosseguir no processo, dentro do prazo de sessenta dias, qualquer das pessoas a quem couber fazê-lo.

(E) iniciada a ação penal privada, o querelante deixar de promover o andamento do processo durante vinte dias seguidos.

A: não há que se falar em *perempção* no âmbito da ação penal privada *subsidiária da pública*. Isso porque, nos termos do art. 29 do CPP, se o querelante agir com inércia ou negligência, pode o Ministério Público retomar a titularidade da ação; **B:** alternativa correta. É a hipótese do art. 60, IV, do CPP; **C:** a *perempção* somente tem cabimento na ação penal privada exclusiva; **D:** a perempção, como dito acima, somente pode ser reconhecida no âmbito da ação penal exclusivamente privada, vedada a sua incidência, portanto, na ação penal privada subsidiária, pois, neste caso, pode o Ministério Público retomar a ação penal; **E:** neste caso, é necessário, para que a ação penal seja considerada perempta, que o querelante deixe de promover o andamento do processo durante *trinta dias seguidos* (art. 60, I, do CPP).

Gabarito "B"

(Procurador da Fazenda Nacional – 2004 – ESAF) Julgue os itens abaixo, marcando com **F** a afirmativa falsa e com **V** a afirmativa verdadeira e em seguida assinale a opção correta.

( ) A queixa é necessária para instauração da ação penal pública.

( ) Nos crimes de ação penal pública condicionada se faz necessária a representação do ofendido.

( ) Pode haver perdão do ofendido mesmo após o trânsito em julgado da sentença condenatória.

( ) A representação é irretratável.

( ) Entre os princípios da ação penal pública, constam a oportunidade e conveniência.

( ) É possível a renúncia no caso de ação penal privada.

( ) A decadência é a perda do direito de punir do Estado.

( ) O casamento da vítima com o autor do feito no crime de estupro extingue a punibilidade.

( ) A sentença que decreta o perdão judicial gera reincidência.

( ) Com o recebimento da denúncia ou da queixa, tem início o processo penal e é causa interruptiva da prescrição.

(A) F, F, F, F, F, F, F, F, F, V

(B) F, F, V, V, F, V, V, F, F, V

(C) V, V, F, V, F, F, F, V, V, V

(D) F, V, F, F, F, V, F, F, F, V

(E) F, V, V, F, F, V, F, V, F, V

1ª assertiva: incorreta, pois a *queixa* ou *queixa-crime* constitui o instrumento por meio do qual é ajuizada a ação penal de iniciativa privada; 2ª assertiva: correta. Na ação penal pública *condicionada*, constituem *condição de procedibilidade* a *representação* do ofendido e também a *requisição* do ministro da Justiça; 3ª assertiva: incorreta. O ofendido, na ação penal privada, pode, a qualquer momento, até o trânsito em julgado da sentença penal condenatória, lançar mão do *perdão*, desistindo de dar sequência à ação penal (art. 51 do CPP e 105 do CP). Sempre é bom lembrar que o *perdão*, sendo *ato bilateral*, somente gera a extinção da punibilidade se for aceito pelo querelado – art. 51 do CPP e 105 do CP; a *renúncia*, diferentemente, constitui *ato unilateral*, que independe, portanto, da manifestação de vontade do ofensor – art. 49 do CPP e art. 104 do CP; 4ª assertiva: incorreta, pois a representação somente se torna irretratável depois de oferecida a denúncia; antes disso, pode o ofendido voltar atrás; 5ª assertiva: incorreta; o princípio da *oportunidade* ou *conveniência* é exclusivo da ação penal privada. Não constitui, por isso, princípio informador da ação penal pública, em que, preenchidos os requisitos legais, o Ministério Público, seu titular, está obrigado a propô-la (princípio da obrigatoriedade). Na ação penal privada, diferentemente, o ofendido tem a faculdade – não a obrigação – de ajuizar a ação penal (conveniência ou oportunidade); 6ª assertiva: correta. A renúncia, causa extintiva da punibilidade prevista no art. 107, V, do CP, somente tem incidência no âmbito da ação penal de iniciativa privada. Consiste na desistência do direito de queixa e prescinde da manifestação de vontade do ofensor (ato unilateral); 7ª assertiva: incorreta. No âmbito da ação penal de iniciativa privada, *decadência* é a perda do direito de ação em razão de ele não ter sido exercido no prazo estabelecido em lei; na ação penal pública condicionada, é a perda do direito de representação por não ter sido exercido no prazo de lei. Nos dois casos, a consequência é a mesma: extinção da punibilidade (art. 107, IV, do CP); 8ª assertiva: incorreta. Com o advento da Lei 11.106/2005, que revogou o art. 107, VII, do CP, não mais existe a possibilidade de extinguir-se a punibilidade do agente pelo casamento deste com a vítima, nos *crimes contra os costumes*, atualmente denominados *crimes contra a dignidade sexual*; 9ª assertiva: incorreta; segundo orientação esposada na Súmula nº 18, do STJ, a sentença concessiva do perdão judicial tem natureza *declaratória da extinção da punibilidade*, não subsistindo qualquer efeito condenatório; 10ª assertiva: correta. O recebimento da denúncia ou da queixa constitui, nos exatos termos do art. 117, I, do CP, causa interruptiva do prazo prescricional.

Gabarito "D"

(Analista – MPU – 2004 – ESAF) A ação penal nos crimes de ação pública

(A) só pode ser exercida por iniciativa do Ministério Público, sem exceção.

(B) pode ser exercida por iniciativa do particular, quando o Ministério Público dela dispor, expressamente.

(C) pode ser exercida por iniciativa do particular, quando depender de representação.

(D) pode ser exercida tanto por iniciativa do Ministério Público como do particular, quando a vítima for pobre.

(E) pode ser exercida pelo particular quando o Ministério Público não intentá-la no prazo legal.

Trata-se da chamada ação penal privada subsidiária da pública, em que, diante da inércia do membro do Ministério Público, estará o particular autorizado a intentá-la. Está prevista nos arts. 5º, LIX, da CF, 29 do CPP e 100, § 3º, do CP. Atenção: o pedido de arquivamento de autos de inquérito policial por parte do promotor de justiça não pode ser entendido como desídia, não sendo, pois, o caso de ajuizar-se a ação penal subsidiária. Se o magistrado discordar do pleito do MP, aplica-se o art. 28 do CPP.

Gabarito "E"

4. JURISDIÇÃO E COMPETÊNCIA. CONEXÃO E CONTINÊNCIA

(Procurador da Fazenda Nacional – 2003 – ESAF) A, candidato derrotado a vereador, ofendeu a dignidade de B na propaganda eleitoral, praticando assim crime contra a honra previsto no Código Eleitoral. A queixa-crime deverá ser ajuizada perante a(o)

(A) justiça estadual do local do crime.
(B) Tribunal de Justiça.
(C) justiça eleitoral do local do crime.
(D) Tribunal Regional Eleitoral.
(E) Tribunal Regional Federal.

A Justiça Eleitoral é competente para o processamento e julgamento dos crimes eleitorais e conexos (art. 121, CF).

Gabarito "C"

(Procurador da Fazenda Nacional – 2007 – ESAF) Antônio, domiciliado em Goiânia, comete crime contra Pedro, domiciliado em São Paulo. No caso, houve impossibilidade de determinação do local da infração. Assim, é correto afirmar que:

(A) A referida ação deve ser proposta em Brasília pelo Ministério Público Federal, pois se desconhece o local da infração e Brasília é a sede dos Tribunais Superiores.
(B) A referida ação deve ser proposta em São Paulo.
(C) A referida ação deve ser proposta em Goiânia pelo Ministério Público do Estado de Goiás.
(D) A referida ação deve ser proposta no local da infração, devendo ser dada baixa ao inquérito para determinação do local do delito.
(E) No Direito Processual Penal, a regra é a competência pelo domicílio da vítima.

Art. 72 do CPP.

Gabarito "C"

5. SUJEITOS PROCESSUAIS, CITAÇÃO, INTIMAÇÃO E PRAZOS

(Analista – MPU – 2004 – ESAF) Em relação ao assistente do Ministério Público, pode-se afirmar que

(A) pode ser admitido ainda durante o inquérito policial.
(B) o corréu no mesmo processo poderá intervir como assistente quando tiver interesse na condenação do outro acusado para efeitos civis.
(C) somente pode ser admitido após a denúncia e até que seja proferida sentença.
(D) pode ser admitido após a sentença, mas sempre antes do trânsito em julgado dessa.
(E) cabe recurso em sentido estrito da decisão que admitir ou não o assistente.

A: o assistente será admitido a qualquer tempo no curso do processo enquanto não passar em julgado a sentença, nos termos do disposto no art. 269 do CPP, o que exclui o inquérito policial, que constitui mero procedimento administrativo; **B:** é defeso ao corréu no mesmo processo intervir na qualidade de assistente do Ministério Público, conforme determina o art. 270 do CPP; **C** e **D:** é perfeitamente possível depois de proferida a sentença, enquanto esta não passar em julgado – art. 269 do CPP; **E:** art. 273 do CPP.

Gabarito "D"

6. PROCESSOS E PROCEDIMENTOS

(Procurador da Fazenda Nacional – 2007.2 – ESAF) Silva, servidor do Ministério da Fazenda, apropria-se indevidamente de mil litros de gasolina que seriam utilizados pelas viaturas da Secretaria da Receita Federal do Brasil para fiscalização. Tendo-se concluído o inquérito policial e formulada a denúncia,

(A) o Juiz fará o interrogatório do servidor.
(B) o Juiz citará o servidor instaurando a relação processual.
(C) o Juiz notificará o servidor para responder por escrito à acusação no prazo de 15 dias.
(D) o Ministério Público arrolará as testemunhas de acusação.
(E) o servidor pedirá a extinção do processo por não haver previsão legal do delito mencionado.

Art. 514 do CPP (defesa preliminar). Vide Súmula nº 330, STJ.

Gabarito "C"

7. RECURSOS

(Analista – MPU – 2004 – ESAF) No caso de concurso de agentes, a decisão proferida em recurso interposto por apenas um dos acusados

(A) só aproveita a quem recorreu.
(B) aproveita aos que não recorreram, quando, qualquer que seja o fundamento, for ela favorável àquele que recorreu.
(C) não pode aproveitar aos que deixaram de recorrer, porque ultrapassa em relação a esse os limites da coisa julgada.
(D) aproveita aos que deixaram de recorrer, somente quando fundada em motivos que não sejam de caráter personalíssimo.
(E) aproveita aos que deixaram de recorrer, somente quando não tiver se operado a coisa julgada em relação a esses.

Art. 580 do CPP.

Gabarito "D"

8. *HABEAS CORPUS*, MANDADO DE SEGURANÇA E REVISÃO CRIMINAL

(Analista – MPU – 2004 – ESAF) O *habeas corpus*

(A) deve conter obrigatoriamente pedido de expedição de alvará de soltura, contra mandado de prisão ou salvo-conduto.
(B) pode ser impetrado por qualquer pessoa, em seu favor ou de outrem, bem como pelo juiz ou pelo Ministério Público.

(C) pode ser concedido de ofício pelo juiz ou tribunal, independentemente de impetração.
(D) é incabível se já houver trânsito em julgado da sentença.
(E) é incabível quando a coação for apenas iminente.

Art. 654, § 2º, do CPP.

Gabarito "C"

(Analista – MPU – 2004 – ESAF) O Supremo Tribunal Federal, ao julgar um *habeas corpus*, determinou a soltura do paciente, por excesso de prazo do flagrante. Ao receber a comunicação do resultado do julgamento, porém, o juiz deixou de dar cumprimento à determinação contida no acórdão, sob a alegação de que a instrução já estava finda. A defesa, para garantir a autoridade da decisão do STF, deve

(A) interpor reclamação.
(B) impetrar novo *habeas corpus*.
(C) impetrar mandado de segurança.
(D) interpor agravo.
(E) interpor recurso extraordinário.

Art. 102, I, *l*, da CF.

Gabarito "A"

9. LEGISLAÇÃO EXTRAVAGANTE

(Analista – MPU – 2004 – ESAF) Nos processos de competência originária dos Tribunais,

(A) a deliberação sobre o recebimento ou rejeição da denúncia ou a queixa é feita pelo relator, escolhido na forma regimental.
(B) o Tribunal poderá deliberar sobre a improcedência da acusação, antes mesmo do recebimento da denúncia ou queixa, se a decisão não depender de outras provas.
(C) o acusado deve ser notificado para oferecer resposta, no prazo de 5 (cinco) dias, antes da deliberação acerca do recebimento da denúncia ou queixa.
(D) o prazo para oferecimento de alegações finais escritas é de 3 (três) dias para cada uma das partes.
(E) a acusação e a defesa terão, sucessivamente, nessa ordem, prazo de 2 (duas) horas para sustentação oral, assegurado ao assistente ¼ do tempo da acusação.

A e **B:** art. 6º, *caput*, da Lei 8.038/1990; **C:** art. 4º, *caput*, da Lei 8.038/1990; **D:** art. 11, *caput*, da Lei 8.038/1990; **E:** art. 12, I, da Lei 8.038/1990.

Gabarito "B"

5. Direito Constitucional

Felipe Maciel, Henrique Subi e Teresa Melo

1. PODER CONSTITUINTE

(Procurador da Fazenda Nacional – 2006 – ESAF) Assinale a opção correta.

(A) No Direito Brasileiro, considera-se impossível que uma norma inserida na Constituição possa ser tida como inconstitucional.
(B) Os Estados-membros não estão impedidos de adotar o instrumento legislativo das medidas provisórias em tema relacionado com direito tributário.
(C) Medida provisória constitui, hoje, instrumento apto para o estabelecimento de causas de extinção de punibilidade em virtude de pagamento de tributo sonegado.
(D) O princípio da separação dos poderes impede que o Ministério Público investigue fatos que possam consistir em crimes contra a ordem tributária, antes de que investigação, com igual objeto, por parte da Receita Federal, esteja concluída.
(E) O princípio da separação dos poderes não constitui obstáculo a que os Estados-membros adotem a solução parlamentarista no desenho da repartição de poderes da sua constituição estadual.

A: incorreta. O STF reconhece o controle de constitucionalidade de normas constitucionais oriundas do Poder Constituinte Derivado, quais, as emendas constitucionais, visto que estas encontram-se limitadas pelas disposições criadas pelo Poder Constituinte Originário (ADI-MC 1.946/DF, DJ 07/04/1999); **B:** correta. O STF reconhece a possibilidade de adoção de medidas provisórias pelos Estados-membros nos mesmos moldes da regulamentação federal (ADI 2.391, DJ 16/08/2006); **C:** incorreta. A sonegação de tributos constitui crime contra a ordem tributária, nos termos do art. 1º da Lei nº 8.137/90. Assim, a extinção da punibilidade do fato é matéria de Direito Penal, tema cuja regulamentação por medida provisória é expressamente vedada (art. 62, § 1º, I, "b", da CF); **D:** incorreta. O STF não reconhece como limite à atuação investigativa do MP o fim dos trabalhos análogos internos da Receita Federal (ADI-MC 1.571, DJ 25/09/1998); **E:** incorreta. O sistema presidencialista de governo, no qual o Chefe do Poder Executivo assume tantos as funções de Chefe de Estado quanto de Chefe de Governo, é norma de repetição obrigatória nas Constituições Estaduais por conta do princípio da separação dos poderes, não competindo ao Poder Legislativo assumir, como atividade precípua, a administração pública em sentido material (o que ocorre no parlamentarismo).

(Procurador da Fazenda Nacional – 2006 – ESAF) Considerando o Direito Brasileiro, assinale a opção correta, no que diz respeito às consequências da ação do poder constituinte originário.

(A) Uma lei federal sobre assunto que a nova Constituição entrega à competência privativa dos Municípios fica imediatamente revogada com o advento da nova Carta.
(B) Uma lei que fere o processo legislativo previsto na Constituição sob cuja regência foi editada, mas que, até o advento da nova Constituição, nunca fora objeto de controle de constitucionalidade, não é considerada recebida por esta, mesmo que com ela guarde plena compatibilidade material e esteja de acordo com o novo processo legislativo.
(C) Para que a lei anterior à Constituição seja recebida pelo novo Texto Magno, é mister que seja compatível com este, tanto do ponto de vista da forma legislativa como do conteúdo dos seus preceitos.
(D) Normas não recebidas pela nova Constituição são consideradas, ordinariamente, como sofrendo de inconstitucionalidade superveniente.
(E) A Doutrina majoritária e a jurisprudência do Supremo Tribunal Federal convergem para afirmar que normas da Constituição anterior ao novo diploma constitucional, que com este não sejam materialmente incompatíveis, são recebidas como normas infraconstitucionais.

A: incorreta. O fenômeno da recepção refere-se ao conteúdo material do ato normativo. Eventuais alterações nas previsões de forma, desde que a norma estivesse em consonância com a Constituição anterior, não impedem seu aproveitamento pela nova ordem constitucional; **B:** correta. A lei inconstitucional é inválida desde sua promulgação e dela não podem originar efeitos jurídicos, nem mesmo a possibilidade de convalidação. Assim, nem mesmo a nova ordem constitucional, que acolha integralmente o ato normativo, tanto material quanto formalmente, tem o poder de apagar o vício originário; **C:** incorreta, pelas mesmas razões expostas no comentário à alternativa "A"; **D:** incorreta. A inconstitucionalidade superveniente não se confunde com a não recepção. Naquela, a norma é editada sob vigência e nos termos de certa Constituição que é, posteriormente, alterada, gerando a incompatibilidade. Nesta, a norma é editada sob a vigência da Constituição anterior e se mostra incompatível com a nova ordem constitucional. Nesse caso, ocorre derrogação da norma e não declaração de inconstitucionalidade (STF, RE 396386/SP, DJ 29/06/2004); **E:** incorreta. A alternativa trata do fenômeno da desconstitucionalização, que não se aplica no Brasil.

Gabarito "B"

(Procurador da Fazenda Nacional – 2006 – ESAF) Assinale a opção correta.

(A) Consolidou-se o entendimento de que matéria que, no âmbito federal, está sujeita à legislação ordinária sob reserva de iniciativa do Presidente da República não pode ser regulada em Constituição Estadual.

(B) Consolidou-se o entendimento de que é possível invocar direito adquirido em face de decisão do poder constituinte originário.

(C) Do poder constituinte dos Estados-membros é possível dizer que é inicial, limitado e condicionado.

(D) Consolidou-se o entendimento de que, mediante o mecanismo da dupla revisão, é viável a superação das cláusulas pétreas entre nós.

(E) Embora nem todos os direitos enumerados no título dos Direitos Fundamentais sejam considerados cláusulas pétreas, nenhum outro, fora desse mesmo título, constitui limitação material ao poder constituinte de reforma.

A: correta. Veja, por exemplo, as razões expostas no julgamento da ADI 106/RO, DJ 10/10/2002; **B:** incorreta. O STF adota posição oposta, não reconhecendo direito adquirido em situações consolidadas na vigência de ordem constitucional anterior (RE 146331-EDv/SP, DJ 23/11/2006); **C:** incorreta. Inicial é o Poder Constituinte de 1º grau, também conhecido como originário. O Poder Constituinte dos Estados-membros é derivado, ou de 2º grau, limitado e condicionado, porque atua dentro das balizas impostas pelo Constituinte Originário; **D:** incorreta. Segundo a doutrina da dupla revisão, não devem existir cláusulas pétreas nas Constituições, porque sua existência contraria a lógica jurídica. Assim, seriam elas somente normas com dupla proteção, sendo necessário para sua alteração, primeiro, a revogação do artigo que as estabelece e, posteriormente, a revisão ou emenda de seu conteúdo. Esta teoria não encontra respaldo na doutrina majoritária (apesar de defendida por juristas de renome, como Manoel Gonçalves Ferreira Filho) nem na jurisprudência, que veem o art. 60, §4º, da CF como uma limitação implícita ao poder de reforma, sob pena de se esvaziar o instituto das cláusulas pétreas e a proteção aos temas elencados pretendida pelo Poder Constituinte Originário; **E:** incorreta. Nos termos do art. 5º, §2º, da CF, são reconhecidos outros direitos fundamentais além daqueles constantes do respectivo capítulo. Sendo caracterizados como direitos individuais, serão alçados ao *status* de cláusula pétrea.

Gabarito "A"

(Auditor Fiscal da Receita Federal – 2010 – ESAF) Marque a opção correta.

(A) O Poder Constituinte Originário é ilimitado e autônomo, pois é a base da ordem jurídica.

(B) O Poder Constituinte Derivado decorrente consiste na possibilidade de alterar-se o texto constitucional, respeitando-se a regulamentação especial prevista na própria Constituição Federal e será exercitado por determinados órgãos com caráter representativo.

(C) A outorga, forma de expressão do Poder Constituinte Originário, nasce da deliberação da representação popular, devidamente convocada pelo agente revolucionário.

(D) O Poder Constituinte Derivado decorre de uma regra jurídica de autenticidade constitucional.

(E) A doutrina aponta a contemporaneidade da ideia de Poder Constituinte com a do surgimento de Constituições históricas, visando, também, à limitação do poder estatal.

O Poder Constituinte Originário (PCO) é inicial porque inaugura uma nova ordem jurídica (portanto, não é a base da ordem jurídica, razão pela qual a alternativa "A" está incorreta); ilimitado porque não se submete aos limites impostos pela ordem jurídica anterior; autônomo porque exercido livremente por seu titular (o povo) e incondicionado por não se submeter a nenhuma forma preestabelecida para sua manifestação. Ao contrário do Poder Constituinte Originário (que é inicial, autônomo, ilimitado e incondicionado), o Poder Constituinte Derivado é secundário, subordinado, limitado, e exercido pelos representantes do povo. Daí resulta a conclusão de que o poder constituinte derivado encontra limites nas regras previstas pelo constituinte originário. Como defendido em doutrina, o poder constituinte derivado pode ser exercido através da reforma da Constituição Federal ou da Constituição Estadual (poder constituinte derivado reformador), pela revisão da Constituição Federal (poder constituinte derivado revisor, art. 3º do ADCT) ou por intermédio da elaboração das constituições estaduais e da lei orgânica do Distrito Federal (poder constituinte derivado decorrente).

Gabarito "D"

(Auditor Fiscal da Receita Federal – 2005 – ESAF) Sobre o poder constituinte, marque a única opção correta.

(A) A impossibilidade de alteração da sua própria titularidade é uma limitação material implícita do poder constituinte derivado.

(B) A existência de cláusulas pétreas, na Constituição brasileira de 1988, está relacionada com a característica de condicionado do poder constituinte derivado.

(C) Como a titularidade da soberania se confunde com a titularidade do poder constituinte, no caso brasileiro, a titularidade do poder constituinte originário é do Estado, uma vez que a soberania é um dos fundamentos da República Federativa do Brasil.

(D) A impossibilidade de a Constituição Federal ser emendada na vigência de estado de defesa se constitui em uma limitação material explícita ao poder constituinte derivado.

(E) O poder constituinte originário é inicial porque não sofre restrição de nenhuma limitação imposta por norma de direito positivo anterior.

A: correta. De acordo com a doutrina, há limites expressos ao poder de reforma da Constituição (art. 60 da CF) e limites implícitos. São exemplos desses últimos a titularidade do poder constituinte e o próprio procedimento de reforma da Constituição que, apesar de não escritos na Constituição, não podem ser alterados pelo legislador constituinte derivado; **B:** incorreta. O poder constituinte derivado é condicionado porque se submete a limitações formais e materiais previstas na Constituição (e não apenas às cláusulas pétreas); **C:** incorreta. O povo é titular do Poder Constituinte e o Estado é titular da soberania; **D:** incorreta. O art. 60, § 1º, da CF, constitui limitação circunstancial ao poder de reforma da Constituição; **E:** incorreta. O poder constituinte originário é inicial porque inaugura uma nova ordem jurídica, sem qualquer limitação da ordem anterior.

Gabarito "A"

(Auditor Fiscal da Receita Federal – 2002.1 – ESAF) Suponha que um decreto-lei de 1987 estabeleça uma determinada obrigação aos cidadãos. Suponha, ainda, que o decreto-lei é perfeitamente legítimo com relação à Constituição que se achava em vigor quando foi editado. O seu conteúdo tampouco entra em colisão com a Constituição de 1988. Diante dessas circunstâncias, assinale a opção correta.

(A) O decreto-lei deve ser considerado inconstitucional apenas a partir da vigência da Constituição de 1988, porquanto não mais existe a figura do decreto-lei no atual sistema constitucional brasileiro.

(B) O decreto-lei deve ser considerado revogado pela Constituição de 1988, que não mais prevê a figura do decreto-lei entre os instrumentos normativos que acolhe.

(C) O decreto-lei deve ser considerado como recebido pela Constituição de 1988, permanecendo em vigor enquanto não for revogado.

(D) O decreto-lei somente poderá produzir efeitos com relação a fatos ocorridos até a Constituição de 1988.

(E) O decreto-lei é inconstitucional, mas somente deixará de produzir efeitos depois de o Supremo Tribunal Federal, em ação direta de inconstitucionalidade, proclamar a sua inconstitucionalidade.

O advento de uma nova Constituição não revoga automaticamente toda a legislação a ela preexistente. Se a norma pré-constitucional for *materialmente* compatível com a nova Constituição, ou seja, se não houver incompatibilidade quanto ao conteúdo, a norma anterior à Constituição é *recepcionada* pela nova Constituição, ainda que sua forma (no caso, o Decreto-Lei) não seja mais prevista pela nova ordem constitucional.

Gabarito "C"

2. TEORIA DA CONSTITUIÇÃO E PRINCÍPIOS FUNDAMENTAIS

(Procurador da Fazenda Nacional – 2007.2 – ESAF) A República Federativa do Brasil, formada pela união indissolúvel dos Estados e Municípios e do Distrito Federal, constitui-se em Estado democrático de direito e tem como fundamentos o que se encontra na única formulação correta, entre as opções abaixo.

(A) A independência nacional; a soberania; a sociedade livre, organizada e solidária; a dignidade da pessoa humana e a liberdade individual.

(B) A cidadania; a dignidade da pessoa humana; os valores sociais do trabalho e econômicos da livre iniciativa; o pluralismo político.

(C) A soberania; a cidadania; a dignidade da pessoa humana; os valores sociais do trabalho e a livre concorrência; o pluralismo político e a defesa da paz.

(D) A soberania; a cidadania; a dignidade da pessoa humana; os valores sociais do trabalho e da livre iniciativa; o pluralismo político.

(E) A cidadania; a dignidade da pessoa humana; os valores econômicos e sociais do trabalho, da livre iniciativa e da livre concorrência; o pluralismo político.

Art. 1º da CF.

Gabarito "D"

(Procurador da Fazenda Nacional – 2004 – ESAF) Assinale a opção correta.

(A) A adoção do princípio constitucional da solução pacífica de conflitos não constitui obstáculo incontornável a que o Brasil recorra às armas para a defesa dos seus interesses no cenário internacional.

(B) Sempre que o interesse público entra em linha de colisão com um interesse individual, aquele deve prevalecer.

(C) Chamam-se princípios constitucionais sensíveis aqueles que não podem ser objeto de abolição por meio de emenda à Constituição.

(D) No conflito entre princípios constitucionais, os que se referem a direitos fundamentais devem sempre prevalecer sobre os demais.

(E) Quando dois princípios constitucionais colidem, um deles invariavelmente exclui o outro como inválido.

A: correta. Os princípios constitucionais fundamentais possuem função fundamentadora, traçando as linhas mestras de atuação do Estado brasileiro. Não detém, todavia, caráter absoluto, sendo balizados pelas normas infraconstitucionais que os definem. É o caso da solução pacífica dos conflitos: ela deve ser a primeira opção do País, mas nada impede que, frustrada esta, avance-se para o conflito armado; **B:** incorreta. O conflito entre princípios deve ser analisado caso a caso, não cabendo a adoção de fórmulas prontas. É facilmente imaginável o exemplo da antinomia entre o interesse público à segurança pública, punindo-se o criminoso, e o direito individual à intimidade, que impede a interceptação telefônica fora dos casos previstos em lei. Nesse conflito, prevalece, sem dúvidas, o direito individual; **C:** incorreta. Princípios constitucionais sensíveis são aqueles que, uma vez descumpridos, autorizam a decretação de intervenção federal, nos termos do art. 34, VII, da CF; **D:** incorreta. Como já comentado, não se aceita a aplicação de fórmulas prontas para a solução de conflitos entre princípios; **E:** incorreta. Ao analisar a aplicação dos princípios constitucionais, cabe ao intérprete encontrar a solução que contemple a coexistência deles, pois são normas de mesma hierarquia.

Gabarito "A"

(Analista – MDICE – 2012 – ESAF) Sabe-se que a doutrina constitucionalista classifica as constituições. Quanto às classificações existentes, é correto afirmar que

I. quanto ao modo de elaboração, pode ser escrita e não escrita.

II. quanto à forma, pode ser dogmática e histórica.

III. quanto à origem, pode ser promulgada e outorgada.

IV. quanto ao conteúdo, pode ser analítica e sintética.

Assinale a opção verdadeira.

(A) II, III e IV estão corretas.

(B) I, II e IV estão incorretas.

(C) I, III e IV estão corretas.

(D) I, II e III estão corretas.

(E) II e III estão incorretas.

I: incorreto, pois quanto ao modo de elaboração, a Constituição pode ser dogmática ou histórica; **II:** incorreto, pois quanto à forma, a Constituição pode ser escrita ou não escrita; **III:** correto; **IV:** incorreto, pois quanto ao conteúdo, a Constituição pode ser materialmente constitucional ou formalmente constitucional.

Gabarito "B"

(Analista – MDICE – 2012 – ESAF) O Poder Constituinte é a manifestação soberana da suprema vontade política de um povo, social e juridicamente organizado. A respeito do Poder Constituinte, é correto afirmar que

(A) no Poder Constituinte Derivado Reformador, não há observação a regulamentações especiais estabelecidas na própria Constituição, vez que com essas limitações não seria possível atingir o objetivo de reformar.

(B) o Poder Constituinte Originário é condicionado à forma prefixada para manifestar sua vontade, tendo que seguir procedimento determinado para realizar sua constitucionalização.

(C) no Poder Constituinte Derivado Decorrente, há a possibilidade de alteração do texto constitucional, respeitando-se a regulamentação especial prevista na própria Constituição. No Brasil é exercitado pelo Congresso Nacional.

(D) as formas básicas de expressão do Poder Constituinte são outorga e convenção.

(E) o Poder Constituinte Originário não é totalmente autônomo, tendo em vista ser necessária a observância do procedimento imposto pelo ordenamento então vigente para sua implantação.

A: incorreto, pois é característico do Poder Constituinte Derivado ser limitado e condicionado pelo Poder Constituinte Originário; **B:** incorreto, pois o Poder Constituinte Originário, enquanto força inicial e criadora, é incondicionado e ilimitado, não havendo qualquer forma preestabelecida; **C:** incorreto, pois esta é a função do Poder Constituinte Derivado Reformador. Ao poder Constituinte Derivado Decorrente cabe o estabelecimento das Constituições estaduais, as quais também são condicionadas e limitadas pela Constituição Federal (art. 25 da CF); **D:** correto, sendo a convenção também conhecida como assembleia constituinte; **E:** incorreto, pois trata-se sim de poder autônomo, que não se vincula à ordem constitucional anterior.

Gabarito "D"

(Analista – Ministério da Int. Nacional – 2012 – ESAF) Sobre os princípios fundamentais da Constituição da República Federativa do Brasil de 1988, é incorreto afirmar que

(A) a República Federativa do Brasil é formada pela união indissolúvel dos Estados e Municípios e do Distrito Federal.

(B) a República Federativa do Brasil tem como um dos seus fundamentos o monismo político.

(C) a República Federativa do Brasil constitui-se em Estado Democrático de Direito.

(D) se constituiu como um dos objetivos fundamentais da República Federativa do Brasil erradicar a pobreza e a marginalização e reduzir as desigualdades sociais e regionais.

(E) a República Federativa do Brasil rege-se nas suas relações internacionais, dentre outros, pelo princípio da independência nacional.

A: correto (art. 1º, *caput*, da CF); **B:** incorreto, pois se consagra o pluralismo político (art. 1º, inciso V, da CF); **C:** correto (art. 1º, *caput*, da CF); **D:** correto (art. 3º, inciso III, da CF); **E:** correto (art. 4º, inciso I, da CF).

Gabarito "B"

(Auditor Fiscal da Receita Federal – 2012 – ESAF) O Estudo da Teoria Geral da Constituição revela que a Constituição dos Estados Unidos se ocupa da definição da estrutura do Estado, funcionamento e relação entre os Poderes, entre outros dispositivos. Por sua vez, a Constituição da República Federativa do Brasil de 1988 é detalhista e minuciosa. Ambas, entretanto, se submetem a processo mais dificultoso de emenda constitucional. Considerando a classificação das constituições e tomando-se como verdadeiras essas observações, sobre uma e outra Constituição, é possível afirmar que

(A) a Constituição da República Federativa do Brasil de 1988 é escrita, analítica e rígida, a dos Estados Unidos, rígida, sintética e negativa.

(B) a Constituição da República Federativa do Brasil de 1988 é do tipo histórica, rígida, outorgada e a dos Estados Unidos rígida, sintética.

(C) a Constituição dos Estados Unidos é do tipo consuetudinária, flexível e a da República Federativa do Brasil de 1988 é escrita, rígida e detalhista.

(D) a Constituição dos Estados Unidos é analítica, rígida e a da República Federativa do Brasil de 1988 é histórica e consuetudinária.

(E) a Constituição da República Federativa do Brasil de 1988 é democrática, promulgada e flexível, a dos Estados Unidos, rígida, sintética e democrática.

As classificações mais comuns dividem as constituições em: **materiais**, quando destinadas unicamente à estruturação do Estado, distribuição de competências e direitos e garantias fundamentais, e **formais**, quando abrangem diversos tipos de normas inseridas em seu texto, independentemente do conteúdo; **escritas**, quando consolidadas em um documento escrito, e **costumeiras ou consuetudinárias**, quando suas normas estão difundidas no seio social e são cumpridas independentemente de sua consolidação escrita; **dogmáticas**, quando suas normas são fruto do poder político dominante no momento de sua elaboração, e **históricas**, quando suas normas resultam de lenta e contínua evolução do direito em determinado território; **negativas ou liberais**, quando pregam a não intervenção do Estado, e **positivas ou sociais**, quando determinam a atuação do Estado para garantir direitos sociais mínimos para a população; **rígidas**, quando adotam um meio de alteração mais complexo para a alteração de seu texto quando comparado à forma de alteração das leis ordinárias, **flexíveis**, quando podem ser alteradas pelo mesmo processo legislativo das leis ordinárias, **semirrígidas ou semiflexíveis**, quando apresentam uma parte rígida e outra flexível, e **super-rígidas**, classificação aceita por apenas parte da doutrina, que albergaria as constituições que possuem um núcleo intangível, imutável (cláusulas pétreas); **promulgadas, populares ou democráticas**, quando originárias de um Poder Constituinte escolhido voluntariamente pela população, e **outorgadas ou ditatoriais**, quando imposta pelo detentor do poder independentemente da vontade popular; **constituição-garantia**, quando sua principal finalidade é a limitação do poder estatal, **constituição-dirigente**, quando, além da limitação do poder estatal, ocupa-se em determinar os objetivos e programas que devem ser cumpridos pelo Estado, e **constituição-balanço**, própria de países socialistas, elaborada em cada momento político para consolidar as normas aplicáveis a caminho do comunismo; **sintéticas ou concisas,** quando são de curta extensão, contendo, normalmente, apenas normas materialmente constitucionais, e **analíticas ou prolixas**, quando de grande extensão, normalmente abraçando diversas normas formalmente constitucionais; **ortodoxas,** quando fundadas somente em uma ideologia, e **ecléticas,** quando fruto do debate de ideias e alinhamentos políticos diversos. Considerando esses critérios, a Constituição brasileira de 1988 é **formal, escrita, dogmática, positiva, rígida** (ou super-rígida para alguns), **promulgada, dirigente, analítica e eclética**. A Constituição norte-americana dela difere por ser **material, negativa, garantia e sintética.**

Gabarito "A".

(Auditor Fiscal da Receita Federal – 2010 – ESAF) Marque a opção incorreta.

(A) A constituição escrita, também denominada de constituição instrumental, aponta efeito racionalizador, estabilizante, de segurança jurídica e de calculabilidade e publicidade.

(B) A constituição dogmática se apresenta como produto escrito e sistematizado por um órgão constituinte, a partir de princípios e ideias fundamentais da teoria política e do direito dominante.

(C) O conceito ideal de constituição, o qual surgiu no movimento constitucional do século XIX, considera como um de seus elementos materiais caracterizadores que a constituição não deve ser escrita.

(D) A técnica denominada interpretação conforme não é utilizável quando a norma impugnada admite sentido unívoco.

(E) A constituição sintética, que é constituição negativa, caracteriza-se por ser construtora apenas de liberdade-negativa ou liberdade-impedimento, oposta à autoridade.

A: correta. As constituições escritas são também conhecidas como instrumentais e, de acordo com J. J. Gomes Canotilho, possuem os efeitos racionalizador, estabilizante, de segurança jurídica, de calculabilidade e de publicidade; **B:** correta. De acordo com a CESPE, a CF de 1988 é dogmática porque é escrita, foi elaborada por um órgão constituinte e sistematiza dogmas ou ideias da teoria política de seu momento histórico; **C:** incorreta (devendo ser assinalada). A expressão "constituição ideal" foi utilizada por J. J. Gomes Canotilho para descrever o texto constitucional como: a) texto escrito; b) com enumeração dos direitos fundamentais individuais (direitos de liberdade); c) que adota um sistema democrático formal (participação do povo nos atos legislativos) e d) assegura a limitação do poder do Estado mediante a adoção do princípio da separação dos poderes; **D:** correta. A interpretação conforme a Constituição ocorre diante de normas plurissignificativas, ou seja, que admitem mais de uma interpretação possível (não são unívocas, portanto), devendo-se preferir aquela que mais se aproxima da Constituição. Funciona como técnica de interpretação constitucional e como mecanismo de controle de constitucionalidade, sendo aceita em doutrina e também pela jurisprudência do STF; **E:** correta. As constituições sintéticas são também conhecidas como concisas ou sucintas, porque veiculam apenas os princípios fundamentais do Estado. Ao contrário, as analíticas são as constituições que, além das normas de direitos fundamentais e as de organização do Estado, tratam de todos os temas que os representantes do povo entendem importantes, como é o caso da brasileira.

Gabarito "C".

(Auditor Fiscal do Trabalho – 2010 – ESAF) Sabe-se que a Constituição Federal, apesar de ser classificada como rígida, pode sofrer reformas. A respeito das alterações na Constituição, podemos afirmar que

I. a emenda à Constituição Federal, enquanto proposta, é considerada um ato infraconstitucional.

II. de acordo com a doutrina constitucionalista, a Constituição Federal traz duas grandes espécies de limitações ao Poder de reformá-la, as limitações expressas e as implícitas.

III. as limitações expressas circunstanciais formam um núcleo intangível da Constituição Federal, denominado tradicionalmente por "cláusulas pétreas".

IV. vários doutrinadores publicistas salientam ser implicitamente irreformável a norma constitucional que prevê as limitações expressas.

Assinale a opção verdadeira.

(A) II, III e IV estão corretas.

(B) I, II e III estão incorretas.

(C) I, III e IV estão corretas.

(D) I, II e IV estão corretas.

(E) II e III estão incorretas.

Questão mal formulada. **I:** Não há problemas em considerar a proposta de emenda constitucional como um ato infraconstitucional, mas ainda não é ato normativo; **II:** Se a limitação é *implícita*, não pode estar prevista expressamente na Constituição. De qualquer forma, de acordo com a doutrina, há limites expressos ao poder de reforma da Constituição (art. 60 da CF) e limites implícitos. São exemplos desses últimos a titularidade do poder constituinte e o próprio procedimento de reforma da Constituição que, apesar de não escritos na Constituição, não podem ser alterados pelo legislador constituinte derivado; **III:** São cláusulas pétreas (ou limites materiais ao poder de reforma da Constituição) as matérias listadas no art. 60, § 4º, I a IV, da CF. Constituem o núcleo intangível do texto constitucional, ou seja, não pode ser editada emenda constitucional tendente a abolir ou a restringir as matérias consideradas cláusulas pétreas. Entretanto, não têm por objetivo preservar a redação ou o texto da norma, mas os princípios nela inseridos. Assim, mera alteração redacional ou aprovação de emenda que amplie as garantias protegidas pelas cláusulas pétreas não são inconstitucionais. Em resumo: as cláusulas pétreas não impedem a revisão "para melhor", nem para aperfeiçoamento do texto da norma constitucional, desde que não transmudem uma modificação de conteúdo. Por fim, as limitações circunstanciais estão presentes no art. 60, § 1º, da CF; **IV:** Sim, porque o procedimento de reforma da Constituição, previsto no art. 60 da CF, não pode ser alterado por emenda constitucional (pois seria uma forma indireta de diminuir a proteção estabelecida pelo constituinte originário). Daí porque o procedimento de reforma da CF constituir limite implícito ao poder de reforma.

Gabarito "D".

(Analista – CGU – 2008 – ESAF) A República Federativa do Brasil possui fundamentos e as relações internacionais do País devem ser regidas por princípios. Assinale a única opção que contempla um fundamento da República e um princípio que deve reger as relações internacionais do Brasil.

(A) Soberania e dignidade da pessoa humana.

(B) Prevalência dos direitos humanos e independência nacional.

(C) Cidadania e valores sociais do trabalho e da livre iniciativa.

(D) Pluralismo político e repúdio ao terrorismo e ao racismo.

(E) Defesa da paz e solução pacífica dos conflitos.

A: incorreto, pois ambos são fundamentos (art. 1º, incisos I e III, da CF); **B:** incorreto, pois ambos são princípios que devem reger as relações internacionais (art. 4º, incisos I e II, da CF); **C:** incorreto, pois ambos são fundamentos (art. 1º, incisos II e IV, da CF); **D:** correto (art. 1º, inciso V, e art. 4º, inciso VIII, ambos da CF); **E:** incorreto, pois ambos são princípios que devem reger as relações internacionais (art. 4º, incisos VI e VII, da CF)

Gabarito "D"

(Advogado – IRB – 2006 – ESAF) Sobre princípios constitucionais, princípios constitucionais do trabalho, hermenêutica constitucional, classificação das normas constitucionais e tipos de constituição, assinale a única opção correta.

(A) Segundo a doutrina, os princípios político-constitucionais são materializados sob a forma de normas-princípio, as quais, frequentemente, são desdobramentos dos denominados princípios fundamentais.

(B) Por ser um direito fundamental do trabalhador, o princípio da irredutibilidade salarial não admite exceções.

(C) Segundo a doutrina, na interpretação restritiva de uma norma constitucional, o intérprete deve restringir o domínio normativo atingido pela efetividade da norma para adequá-lo ao programa normativo.

(D) Uma norma constitucional classificada quanto à sua aplicabilidade como uma norma constitucional de eficácia contida não possui como característica a aplicabilidade imediata.

(E) Uma constituição é classificada como popular, quanto à origem, quando se origina de um órgão constituinte composto de representantes do povo.

A: incorreto, pois, nos termos da doutrina de Gomes Canotilho, os princípios constitucionais são divididos em duas categorias: os princípios político-constitucionais e os princípios jurídico-constitucionais. Os princípios político-constitucionais compreendem as decisões políticas fundamentais concretizadas em normas conformadoras do sistema e são considerados normas-princípios, isto é, normas das quais derivam logicamente as normas particulares que regem imediatamente a vida social. Já os princípios jurídico-constitucionais são princípios constitucionais gerais informadores da ordem jurídica, os quais decorrem de certas normas constitucionais e, em regra, constituem desdobramentos dos princípios fundamentais; **B:** incorreto, pois a própria CF prevê exceção nos casos de convenção ou acordo coletivo (art. 7º, inciso VI, da CF); **C:** incorreto, pois é aplicado erroneamente o método normativo-estruturante de Friedrich Muller, segundo o qual a norma constitucional não se confunde com o texto normativo, sendo o texto parte da norma. O teor literal de qualquer prescrição de direito positivo é apenas a "ponta do iceberg". Todo o resto – e talvez a parte mais significativa da norma – é constituído pela situação normatizada, cuja compreensão se dá através da investigação das várias funções de realização do Direito Constitucional. Destarte, o intérprete deverá considerar não apenas os elementos resultantes da interpretação do programa normativo, que é expresso pelo texto da norma, mas também aqueles que decorram da investigação do âmbito normativo, elementos que também pertencem à norma, e com igual hierarquia, eis que representam o pedaço da realidade social que o programa normativo escolheu como espaço de regulação. Enquanto que o programa se refere aos elementos da interpretação do texto da norma, o âmbito se refere aos fatos, à parcela da realidade constitutiva da norma. Assim, a interpretação restritiva é inerente ao programa e não ao âmbito da norma; **D:** incorreto, pois sendo a norma de eficácia contida, sua aplicabilidade é imediata, havendo, todavia, a possibilidade de restrição ulterior através da legislação infraconstitucional; **E:** correto, sendo também nesses casos chamada de Constituição promulgada.

Gabarito "E"

(Auditor Fiscal/RN – 2005 – ESAF) Sobre teoria geral da Constituição e princípio hierárquico das normas, marque a única opção correta.

(A) O método de interpretação constitucional, denominado hermenêutico-concretizador, pressupõe a pré-compreensão do conteúdo da norma a concretizar e a compreensão do problema concreto a resolver.

(B) A constituição em sentido político pode ser entendida como a fundamentação lógico-política de validade das normas constitucionais positivas.

(C) O poder constituinte derivado pode modificar as normas relativas ao processo legislativo das emendas constitucionais, uma vez que essa matéria não se inclui entre as cláusulas pétreas estabelecidas pela Constituição Federal de 1988.

(D) Uma norma constitucional de eficácia limitada possui eficácia plena após a sua promulgação, porém essa eficácia poderá ser restringida por uma lei, conforme expressamente previsto no texto da norma.

(E) Em razão da estrutura federativa do Estado brasileiro, as normas federais são hierarquicamente superiores às normas estaduais, porque as Constituições estaduais estão limitadas pelas regras e princípios constantes na Constituição Federal.

A: correta. O método hermenêutico-concretizador difere do método tópico-problemático justamente porque, no primeiro, parte-se da Constituição para o problema, valendo-se o intérprete de suas pré-compreensões sobre o tema para obter o sentido da norma. No tópico, ao contrário, parte-se do caso concreto para a norma. V. Pedro Lenza, **Direito constitucional esquematizado**, 2009, p. 91 a 93; **B:** incorreta. Para Carl Schmitt, idealizador da noção de Constituição em sentido político, há diferença entre Constituição e lei constitucional. Constituição refere-se, apenas, "à decisão política fundamental (estrutura e órgãos do Estado, direitos individuais, vida democrática, etc.); as leis constitucionais seriam os demais dispositivos inseridos no texto do documento constitucional, mas não contêm matéria de decisão política fundamental." (José Afonso da Silva, **Curso de Direito Constitucional Positivo**, 1998, p. 40); **C:** incorreta. Não, pois essa matéria é considerada como limite implícito ao poder de reforma da Constituição; **D:** incorreta. Normas constitucionais de eficácia limitada são as que possuem aplicabilidade indireta e eficácia mediata, pois dependem da intermediação do legislador infraconstitucional para que possam produzir seus efeitos jurídicos próprios. Isso não significa, porém, que não tenham nenhuma eficácia jurídica. Ex.: art. 161 da CF; **E:** incorreta. Não há falar em hierarquia entre lei municipal, estadual e federal, mas em respeito à competência fixada na Constituição. Assim, se a lei federal tratar de matéria atribuída ao Estado, a lei estadual sobre a matéria será válida e a federal, inconstitucional.

Gabarito "A"

(Auditor Fiscal da Receita Federal – 2005 – ESAF) Sobre os princípios fundamentais da Constituição de 1988, marque a única opção correta.

(A) No caso do Federalismo brasileiro, a soberania é um atributo da União, o qual distingue esse ente da federação dos Estados e Municípios, ambos autônomos.

(B) A adoção da dignidade humana como fundamento da República Federativa do Brasil tem reflexos, no texto constitucional brasileiro, tanto na ordem econômica como na ordem social.

(C) A forma republicana de governo, como princípio fundamental do Estado brasileiro, tem expressa proteção no texto constitucional contra alterações por parte do poder constituinte derivado.

(D) A especialização funcional, elemento essencial do princípio de divisão de poderes, implica o exercício exclusivo das funções do poder político – legislativa, executiva e judiciária – pelo órgão ao qual elas foram cometidas no texto constitucional.

(E) Segundo a doutrina, o princípio do Estado Democrático de Direito resulta da reunião formal dos elementos que integram o princípio do Estado Democrático e o princípio do Estado de Direito.

A: incorreta. A soberania é atributo do Estado Federal. Os entes federados são dotados de autonomia; **B:** correta, conforme previsto, por exemplo, no art. 170 (ordem econômica) e nos arts. 226, § 7º, e 227, *caput*, (ordem social) todos da CF; **C:** incorreta. Não reflete o disposto no Título I da CF. Além disso, o art. 2º do ADCT previu plebiscito sobre o tema, o que demonstrava, em tese, a possibilidade de alteração da forma de governo; **D:** incorreta. O princípio da separação de poderes é estruturado com base na a) especialização funcional e na b) independência entre eles. A especialização funcional diz respeito à atribuição de uma "função típica" para cada um dos Poderes, o que não exclui o exercício de "funções atípicas", vale dizer, muito embora a função típica (preponderante) do Executivo seja administrar, a do Legislativo seja legislar e a do Judiciário seja julgar, nada impede que todos os Poderes legislem, administrem e julguem. Em suma: a função típica de um Poder é atípica do outro; **E:** incorreta. O conceito de Estado Democrático de Direito é mais abrangente que a união formal dos conceitos de "Estado Democrático" e de "Estado de Direito", pois, segundo a doutrina, incorpora ao seu conteúdo a busca da promoção social (ou a transformação do *status quo*).

Gabarito "B"

(Analista – MPU – 2004 – ESAF) Sobre conceito e tipos de constituição e sobre princípios fundamentais, na Constituição de 1988, marque a única opção correta.

(A) Constituições semirrígidas são as constituições que possuem um conjunto de normas que não podem ser alteradas pelo constituinte derivado.

(B) Constituições populares são aquelas promulgadas apenas após a ratificação, pelos titulares do poder constituinte originário, do texto aprovado pelos integrantes da Assembleia Nacional Constituinte.

(C) Em decorrência do princípio federativo, a União, os Estados, o Distrito Federal, os Municípios e os Territórios são entes da organização político-administrativa do Brasil.

(D) Nos termos da Constituição de 1988, o Brasil adota a república como sistema de governo, elegendo, portanto, o princípio republicano como um dos princípios fundamentais do Estado brasileiro.

(E) O comparecimento de Ministro de Estado ao Senado Federal, por iniciativa própria, para expor assunto de relevância de seu Ministério é uma exceção ao princípio de separação dos poderes.

A: Constituições semirrígidas ou semiflexíveis são aquelas que preveem em seu texto, ao mesmo tempo, normas constitucionais que só podem ser modificadas através de procedimento mais complexo e dificultoso de reforma e outras normas constitucionais que podem ser modificadas pelo mesmo processo aplicável à alteração das leis infraconstitucionais; **B:** As constituições populares ou democráticas são fruto do trabalho de uma Assembleia Constituinte, composta de representantes eleitos pelo povo e se contrapõem às constituições outorgadas; **C:** Os territórios não integram a federação brasileira (art. 1º da CF); **D:** São formas de Estado: Unitário e Federal; Formas de Governo: República ou Monarquia; Sistemas de Governo: Presidencialista ou Parlamentarista; Regimes políticos: Aristrocracia, Oligarquia ou Democracia. O Brasil é um Estado Federal, Republicano, Presidencialista e Democrático (art. 1º da CF). O princípio republicano não consta no rol dos princípios fundamentais do Título I da CF (arts. 1º a 4º), tanto que houve plebiscito para definir a forma e o sistema de governo que deveriam vigorar no país (art. 2º do ADCT); **E:** O princípio da separação dos poderes pressupõe controle recíproco e interdependência entre os poderes, o que não existe no caso de comparecimento espontâneo.

Gabarito "E"

(Auditor Fiscal da Receita Federal – 2002.1 – ESAF) Assinale a opção correta.

(A) A República Federativa do Brasil é formada pela união dos Estados e Municípios e do Distrito Federal, que devem ser considerados entidades soberanas.

(B) O desenvolvimento nacional é objetivo fundamental da República Federativa do Brasil, devendo sempre preponderar sobre medidas que tenham por objetivo a redução das desigualdades regionais brasileiras.

(C) O princípio da independência entre os Poderes não impede que, por vezes, o membro de um Poder escolha os integrantes de outro Poder.

(D) Como o Brasil se rege, nas relações internacionais, pelo princípio da não intervenção, é contrária à Constituição a participação brasileira em qualquer missão militar promovida pela Organização das Nações Unidas (ONU).

(E) Um Estado-membro da Federação brasileira pode-se desligar da União Federal (direito de secessão), invocando o princípio da autodeterminação dos povos, inscrito na Constituição Federal.

A: incorreta. Não reflete o disposto no art. 1º, *caput*, da CF. No modelo federal, a Federação é soberana e os entes federados são dotados de autonomia; **B:** incorreta. O art. 3º da CF enumera os objetivos da República Federativa do Brasil, dentre eles a garantia do desenvolvimento nacional e a redução das desigualdades regionais, que não possuem hierarquia entre si, devendo ser buscados conjuntamente; **C:** correta, pois a independência entre os Poderes da República convive com o sistema de "freios e contrapesos", como ocorre na indicação dos Ministros do STF (Poder Judiciário) pelo Presidente da República (Poder Executivo), após aprovação do Senado Federal

(Poder Legislativo) prevista no art. 101, parágrafo único, da CF; **D:** incorreta. De acordo com a doutrina, existe intervenção quando reunidos os seguintes pressupostos: a) estado de paz; b) ingerência nos assuntos internos ou externos; c) forma compulsória dessa ingerência; d) finalidade de o autor da intervenção impor a sua vontade; e) ausência de consentimento de quem sofre a intervenção. Dessa forma, o princípio da não intervenção não desautoriza a ajuda humanitária; **E:** incorreta. A CF não garante direito de secessão (o art. 1º da CF fala em "união indissolúvel"). Ao contrário, prevê a forma federativa como cláusula pétrea (art. 60, § 4º, I).

Gabarito "C"

(Técnico da Receita Federal – 2005 – ESAF) Sobre princípios fundamentais na Constituição de 1988, marque a única opção correta.

(A) Em função da forma de governo adotada na Constituição de 1988, existe a obrigação de prestação de contas por parte da administração pública.

(B) Por ser o Brasil uma federação, é reconhecida, na Constituição brasileira, a autonomia de Estados, Distrito Federal, Territórios e Municípios.

(C) Em razão da independência funcional, um dos elementos essenciais do princípio de separação dos poderes, o exercício das funções que integram o poder político da União é exclusivo.

(D) Segundo a doutrina, não se constitui em um princípio do Estado Democrático de Direito o princípio da constitucionalidade, o qual estaria ligado apenas à noção de rigidez constitucional.

(E) A concessão de asilo diplomático é um dos princípios que rege o Brasil nas suas relações internacionais, conforme expressa previsão no texto da Constituição Federal de 1988.

A: correta. O Brasil adotou a República como forma de governo que, por definição, significa "coisa pública"; **B:** incorreta. Os territórios não integram a federação (art. 1º, *caput*, CF), nem têm autonomia (v. art. 18, § 2º, da CF); **C:** incorreta. O princípio da separação de poderes não impede a coexistência de funções típicas e atípicas de cada poder (todos legislam, administram e julgam, embora a função preponderante do Executivo seja administrar, a do Legislativo seja legislar e a do Judiciário seja julgar); **D:** incorreta. O Estado Democrático de Direito é limitado pela Constituição que o rege, razão por que a constitucionalidade é um de seus princípios; **E:** incorreta. O art. 4º, X, da CF prevê expressamente a concessão de asilo político, não faz referência expressa ao asilo diplomático. De toda sorte, é bom ter em mente que alguns doutrinadores dividem o asilo político em asilo diplomático e asilo territorial. Em síntese, pode-se dizer que o asilo político é o territorial, concedido ao estrangeiro que ingressou no território do país que concede o benefício. Já o asilo diplomático é aquele outorgado em missões diplomáticas e, por extensão, nos imóveis cobertos pela inviolabilidade, nos navios de guerra e nos acampamentos ou aeronaves militares.

Gabarito "A"

(Técnico da Receita Federal – 2003 – ESAF) Considerando os princípios fundamentais da Constituição de 1988, julgue as ações governamentais referidas abaixo e assinale a opção correta.

I. Permissão dada a Nações estrangeiras para que colaborem com a proteção do meio ambiente por meio de unidades policiais alienígenas espalhadas em áreas como a Amazônia, patrimônio natural mundial da humanidade.

94

II. Proposta de legislação que permita a escravidão no Brasil de indígenas perigosos condenados pela Justiça.

III. Ações administrativas que promovam a conscientização política de todos os brasileiros.

IV. Proposta de legislação complementar para a existência de um único partido político no Brasil.

(A) Todas estão incorretas.

(B) Somente III está correta.

(C) II e IV estão corretas.

(D) I e II estão corretas.

(E) III e IV estão corretas.

I: incorreta. Violaria o disposto no art. 1º, I, da CF; **II:** incorreta. Violaria, dentre outros, o disposto no art. 1º, III e IV, e no art. 3º, I e IV, ambos da CF; **III:** correta. Reflete o disposto no art. 1º, parágrafo único, da CF; **IV:** incorreta. Violaria o disposto no art. 1º, V, da CF.

Gabarito "B"

(Técnico da Receita Federal – 2003 – ESAF) Com relação aos objetivos fundamentais da República Federativa do Brasil, assinale a opção correta relativa a normas-regras que não contradizem os enunciados principiológicos da Constituição Federal.

(A) Incentivar o acúmulo de capitais nas mãos dos proprietários dos meios de produção para garantir o desenvolvimento nacional.

(B) Permitir o acesso dos cidadãos da região do Piauí e de Pernambuco aos cargos públicos para redução das desigualdades regionais.

(C) Estabelecer mecanismos tributários de justiça social para construção de uma sociedade justa e solidária.

(D) Facilitar nas corporações militares só o acesso a pessoas da raça negra, que possuem biologicamente organismos mais resistentes às intempéries do clima brasileiro.

(E) Combater a fome no Brasil privilegiando as mães e esposas, tendo em vista reduzir as desigualdades materiais na relação familiar e conjugal.

A: incorreta. Não reflete o disposto no art. 3º, III, da CF; **B, D, E:** incorretas. Não refletem o disposto no art. 3º, IV, da CF; **C:** correta. É o que dispõe o art. 3º, I, da CF.

Gabarito "C"

(Técnico da Receita Federal – 2003 – ESAF) Assinale a opção correta, a respeito das relações internacionais do Brasil com os outros países à luz da Constituição Federal de 1988.

(A) Repúdio à violação aos direitos humanos para com países nos quais o Brasil não mantenha relações comerciais.

(B) Apoio a guerra, quando declarada para a proteção de direitos humanitários desrespeitados por determinadas autoridades de determinados países.

(C) Busca de soluções bélicas em repúdio ao terrorismo.

(D) Interferência na escolha de dirigentes de outras Nações que sejam vinculados a grupos racistas.

(E) Colaboração como árbitro internacional na busca de solução pacífica de conflitos.

A: incorreta. Não reflete o disposto no art. 4º, II, da CF, que não estabelece limites à prevalência dos direitos humanos; B e **C:** incorretas. Não refletem o disposto no art. 4º, VI e VII, da CF; **D:** incorreta. Não reflete o disposto no art. 4º, III e IV, da CF; **E:** correta. Art. 4º, VII, da CF.

Gabarito "E"

(Técnico da Receita Federal – 2002.2 – ESAF) Assinale a opção correta.

(A) A característica da raça da pessoa não pode ser tomada pela lei como fator de tratamento diferenciado entre brasileiros.

(B) Fere o princípio da isonomia que a lei estabeleça limites mínimos de altura para candidatos em concurso público, qualquer que seja o cargo a ser provido.

(C) Uma vez verificado que o legislador não estendeu certa vantagem financeira a uma categoria funcional análoga à que foi contemplada expressamente pela lei com a benesse, ao Judiciário compete, em princípio, corrigir o vício da quebra da isonomia, realizando a extensão da vantagem omitida pela lei.

(D) O legislador pode fixar limites etários máximos para a admissão de pessoal no serviço público em atenção à natureza das atribuições do cargo a ser preenchido.

(E) Fere o princípio da isonomia que a Administração Pública recuse a um particular o mesmo tratamento que vinha sendo dispensado aos administrados ao longo do tempo, mesmo que passe a entender que aquele tratamento é ilegal.

A: incorreta. A raça não pode ser utilizada para discriminar uma pessoa, mas pode servir para tratá-la diferentemente das demais, quando para beneficiá-la (política de ação afirmativa, por exemplo); **B:** incorreta. O princípio da isonomia não é absoluto e convive com o estabelecimento de limites mínimos de altura, desde que a exigência seja razoável e adequada para determinado cargo (não pode ser prevista genericamente); **C:** incorreta. Súmula 339/STF: "Não cabe ao Poder Judiciário, que não tem função legislativa, aumentar vencimentos de servidores públicos sob fundamento de isonomia"; **D:** correta. Súmula 683/STF: "O limite de idade para a inscrição em concurso público só se legitima em face do art. 7º, XXX, da CF, quando possa ser justificado pela natureza das atribuições do cargo a ser preenchido"; **E:** incorreta. O princípio da isonomia não pode ser utilizado como fundamento para continuidade de adoção de tratamento reconhecido como ilegal.

Gabarito "D"

(Auditor do Tesouro Municipal/Natal-RN – 2001 – ESAF) A respeito dos princípios fundamentais da Constituição Federal, assinale a opção correta.

(A) O respeito à soberania de cada um dos Estados-membros que compõem a Federação brasileira é um dos fundamentos do Estado Democrático de direito entre nós.

(B) Todo o poder, de acordo com a Constituição Federal, emana do povo, mas esse poder somente pode ser exercido por meio dos seus representantes por ele eleitos.

(C) O princípio da separação dos poderes, consagrado constitucionalmente, não impede que certas funções tipicamente legislativas sejam cometidas pelo constituinte também ao Poder Executivo e ao Poder Judiciário.

(D) O Brasil, nas suas relações internacionais, rege-se pelo repúdio ao terrorismo e ao asilo político.

(E) A Constituição Federal impõe ao Brasil o dever de se integrar aos demais países da América Latina, para formar uma grande federação na região, regida por uma só Constituição, comum a todas as nações latino americanas.

A: incorreta. Os estados-membros não possuem soberania, mas apenas autonomia. Soberania é atributo exclusivo do Estado Federal. A Federação Brasileira difere um pouco do modelo clássico de federalismo, pois nela tanto União, Estados-membros, como também os Municípios, são autônomos. V. art. 18, *caput*, da CF. Segundo a doutrina, a autonomia é a capacidade de auto-organização (cada um dos entes federativos pode elaborar sua própria Constituição), autogoverno (garantia assegurada ao povo de escolher seus próprios dirigentes e de, através deles, editar leis) e autoadministração (capacidade assegurada aos estados de possuir administração própria, faculdade de dar execução às leis vigentes); **B:** incorreta. Não reflete o disposto no art. 1º, parágrafo único, da CF (que também prevê o exercício direto); **C:** correta. Sim, pois o Executivo pode adotar Medidas Provisórias (art. 62 da CF) e leis delegadas (art. 68) e ao Judiciário cabe editar o Estatuto da Magistratura (art. 93 da CF); **D:** incorreta. Apenas o repúdio ao terrorismo é princípio que rege as relações internacionais brasileiras (art. 4º, VIII, da CF). O Brasil não repudia o asilo político, mas, ao contrário, expressamente o prevê no art. 4º, X, da CF; **E:** incorreta. Não reflete o disposto no art. 4º, parágrafo único, da CF.

Gabarito "C"

3. HERMENÊUTICA CONSTITUCIONAL E EFICÁCIA DAS NORMAS CONSTITUCIONAIS

(Procurador da Fazenda Nacional – 2007 – ESAF) Assinale a opção correta.

(A) As normas programáticas não são autoaplicáveis porque retratam apenas diretrizes políticas que devem ser alcançadas pelo Estado Brasileiro, não possuindo caráter vinculante imediato.

(B) As normas definidoras de direitos e garantias fundamentais são consideradas normas de aplicação mediata, embora direta e potencialmente não integral.

(C) É autoaplicável a norma constitucional que prevê que a atividade jurisdicional será ininterrupta, sendo vedadas férias coletivas nos juízos e tribunais de segundo grau, funcionando, nos dias em que não houver expediente forense normal, juízes em plantão permanente.

(D) A norma constitucional que prevê que a lei só poderá restringir a publicidade dos atos processuais quando a defesa da intimidade ou o interesse social o exigirem é de eficácia limitada.

(E) No caso das normas constitucionais de eficácia contida, a atividade integradora do legislador infraconstitucional é vinculada e não discricionária, ante a necessidade, para fins de auto execução, de delimitar o ambiente da sua atuação restritiva.

A: as *normas programáticas* (espécie do gênero *norma de eficácia limitada*) estabelecem um programa a ser desenvolvido por meio de legislação infraconstitucional. São dotadas de eficácia jurídica, porque vinculam o legislador infraconstitucional, que fica impedido de editar norma em sentido contrário; **B:** em conformidade com o disposto no art. 5º, § 1º, da CF, as normas definidoras dos direitos e garantias fundamentais têm aplicação imediata; **C:** diz-se auto-aplicável na medida em que prescinde da atuação do legislador infraconstitucional. Independe, pois, de normatividade posterior para a sua plena operatividade; **D:** o dispositivo (art. 5º, LX, CF) não está condicionado à edição de nenhuma normatividade futura, não se tratando, portanto, de *norma de eficácia limitada*; **E:** a *norma contida* tem plena eficácia, podendo, entretanto, ter seu campo de atuação restringido pelo trabalho do legislador infraconstitucional.

Gabarito "C"

(Auditor Fiscal do Trabalho – 2010 – ESAF) Praticamente toda a doutrina constitucionalista cita os princípios e regras de interpretações enumeradas por Canotilho. Entre os princípios e as regras de interpretação abaixo, assinale aquele(a) que não foi elencado por Canotilho.

(A) Unidade da constituição.
(B) Da máxima efetividade ou da eficiência.
(C) Da supremacia eficaz.
(D) Do efeito integrador.
(E) Da concordância prática ou da harmonização.

A: Pelo princípio da unidade da Constituição, as normas constitucionais devem ser observadas não como normas isoladas, mas como preceitos integrados, de modo que em nenhuma hipótese deve-se separá-las do conjunto em que se integram. Assim, não há hierarquia formal entre normas constitucionais, mas hierarquia axiológica; **B:** Pelo princípio da máxima efetividade deve-se buscar a interpretação que maior efetividade social conferir à norma interpretada; **C:** Pelo princípio da supremacia da Constituição qualquer lei ou ato normativo só será válido se compatível com os ditames constitucionais; **D:** De acordo com o princípio do efeito integrador (Canotilho), na resolução dos problemas jurídico-constitucionais deve ser dada primazia aos critérios favorecedores da integração política e social, bem como ao reforço da unidade política; **E:** Pelo princípio da concordância prática ou harmonização, diante da inexistência de hierarquia entre os princípios constitucionais deve-se buscar a redução proporcional do alcance de cada um dos bens em conflito, de modo que seus núcleos não sejam atingidos, evitando o sacrifício total de um bem em benefício do outro.

Gabarito "C"

(Auditor Fiscal da Receita Federal –2002.2 – ESAF) Assinale a opção correta.

(A) As normas constitucionais programáticas, por se destinarem, por sua própria natureza, a uma duração limitada no tempo, estão todas situadas na parte da Constituição relativa às disposições constitucionais transitórias.
(B) As normas constitucionais programáticas não produzem efeito jurídico algum, a não ser depois de desenvolvidas pelo legislador ordinário.
(C) Nenhuma norma da Constituição Federal possui eficácia plena, porque todas elas dependem, em maior ou menor grau, de desenvolvimento do seu conteúdo pelo legislador ordinário.
(D) A Constituição que não adota normas programáticas é conhecida pela doutrina como Constituição dirigente.
(E) Um direito previsto numa norma constitucional de eficácia contida pode ser restringido por meio de lei ordinária.

A: incorreta. Normas constitucionais programáticas são as que estabelecem um programa de atuação para o legislador infraconstitucional, indicam os fins a serem alcançados pelos órgãos estatais. Podem ser encontradas ao longo do texto constitucional e não apenas no ADCT; **B:** incorreta. Toda norma constitucional, ainda que programática, possui eficácia para revogar as normas em contrário ou para servir de vetor de interpretação para o legislador ordinário. Não existe norma constitucional sem eficácia alguma; **C:** incorreta. A Constituição de 1988 possui várias normas de eficácia plena, ou seja, de aplicabilidade direta e eficácia imediata, por não dependerem da intermediação do legislador infraconstitucional para que possam produzir efeitos. Ex.: Arts. 45 e 46, § 1º, ambos da CF; **D:** incorreta. Justo o contrário: a Constituição dirigente é caracterizada pela existência de normas programáticas em seu texto; **E:** correta. As normas constitucionais de eficácia contida são aquelas que, muito embora tenham eficácia direta e aplicabilidade imediata, podem vir a ser restringidas pelo legislador infraconstitucional no futuro. Ex: art. 5º, XIII, da CF.

Gabarito "E"

(Auditor Fiscal da Receita Federal – 2002.1 – ESAF) Assinale a opção correta.

(A) É típico de uma Constituição dirigente apresentar em seu corpo normas programáticas.
(B) Uma lei ordinária que destoa de uma norma programática da Constituição não pode ser considerada inconstitucional.
(C) Uma norma constitucional programática, por representar um programa de ação política, não possui eficácia jurídica.
(D) Uma Constituição rígida não pode abrigar normas programáticas em seu texto.
(E) Toda Constituição semirrígida, por decorrência da sua própria natureza, será uma Constituição histórica.

A: correta. A Constituição dirigente é caracterizada pela existência de normas programáticas em seu texto. As normas programáticas estabelecem um programa de atuação para o legislador infraconstitucional, indicam os fins a serem alcançados pelos órgãos estatais; B e **C:** incorretas. Toda norma constitucional, ainda que programática, possui eficácia para revogar as normas em contrário ou para servir de vetor de interpretação para o legislador ordinário. Assim, mesmo tendo baixa densidade normativa, as normas programáticas podem servir como parâmetro para a declaração de inconstitucionalidade das leis que com elas colidem; **D:** incorreta. A Constituição rígida não afasta a existência de normas programáticas em seu texto. São rígidas as constituições em que o mecanismo de alteração das normas constitucionais é mais difícil que aquele previsto para a modificação de normas não constitucionais. A CF/88 é rígida, pois estabelece em seu texto um procedimento mais qualificado para aprovação de emendas constitucionais que o de alteração das leis em geral (art. 60 da CF); **E:** incorreta. Constituições semirrígidas são aquelas que preveem em seu texto, ao mesmo tempo, que determinadas normas constitucionais só podem ser alteradas mediante processo legislativo mais dificultoso e que outras normas constitucionais podem ser alteradas da mesma forma que normas não constitucionais. Constituições históricas são as que se formam ao longo do tempo, reunindo as tradições de um povo.

Gabarito "A"

4. CONTROLE DE CONSTITUCIONALIDADE

(Procurador da Fazenda Nacional – 2007.2 – ESAF) Considerem-se as seguintes formulações:

A) compete ao Supremo Tribunal Federal, precipuamente, a guarda da Constituição, cabendo-lhe processar e julgar, originariamente, a ação direta de inconstitucionalidade de lei ou ato normativo federal, estadual ou municipal e a ação declaratória de constitucionalidade de lei ou ato normativo federal;

B) cabe aos Estados a instituição de representação de inconstitucionalidade de leis ou atos normativos estaduais ou municipais, em face da Constituição estadual, vedada a atribuição de legitimação para agir a um único órgão;

C) compete ao Supremo Tribunal Federal, precipuamente, a guarda da Constituição, cabendo-lhe processar e julgar, originariamente, a ação direta de inconstitucionalidade de lei ou ato normativo federal e a ação declaratória de lei ou ato normativo federal, estadual e municipal;

D) cabe aos Estados a instituição de representação de inconstitucionalidade de leis ou atos normativos estaduais e municipais e de declaração de constitucionalidade de leis ou atos normativos municipais, em face da Constituição estadual, vedada a atribuição de legitimação para agir a um único órgão;

E) compete ao Supremo Tribunal Federal, precipuamente, a guarda da Constituição, cabendo-lhe processar e julgar, originariamente, a ação direta de inconstitucionalidade e a ação declaratória de constitucionalidade de lei ou ato normativo federal, estadual ou municipal.

As cinco opções de resposta a seguir indicam, para cada uma das formulações acima, com idêntica correspondência de letras, ou que a resposta é "certa" ou que a resposta é "errada". Assinale a única opção correta, das cinco possíveis, independentemente de essa opção correta poder indicar que "a formulação sob a letra tal, acima, está certa ou errada".

(A) A formulação, sob a letra "A", está certa.
(B) A formulação, sob a letra "D", está errada.
(C) A formulação, sob a letra "C", está errada.
(D) A formulação, sob a letra "B", está certa.
(E) A formulação, sob a letra "E", está certa.

A, C, E: Art. 102, I, *a*, da CF: não cabe ADIn contra lei municipal, mas apenas contra lei ou ato normativo federal ou estadual. A ADC tem objeto mais restrito: lei ou ato normativo federal; **B:** Art. 125, § 2º, da CF; **D:** O art. 125, § 2º, da CF autoriza apenas a instituição de ADIn estadual. Vale ressaltar que há autores que defendem que os Estados podem estabelecer outras ações de controle de constitucionalidade (Pedro Lenza).

Gabarito "D"

(Procurador da Fazenda Nacional – 2007 – ESAF) Assinale a opção incorreta.

(A) A Constituição de 1988 trouxe inúmeras inovações ao controle de constitucionalidade, entre elas a ampliação do rol de legitimados para a propositura da Ação Direta de Inconstitucionalidade.
(B) A decisão de mérito proferida em sede de controle concentrado é irrecorrível, salvo a hipótese de embargos declaratórios, e não está sujeita à desconstituição pela via da ação rescisória.
(C) A concessão de liminar em sede de Ação Declaratória de Constitucionalidade, como regra, implica na suspensão do ato normativo impugnado até decisão final de mérito pelo Supremo Tribunal Federal.
(D) Segundo jurisprudência do Supremo Tribunal Federal, a norma constitucional originária não é passível de controle de constitucionalidade.
(E) A supremacia jurídica da Constituição é que fornece o ambiente institucional favorável ao desenvolvimento do sistema de controle de constitucionalidade.

A: Até a Constituição de 1988 a legitimidade ativa para a propositura de ADIn era privativa do Procurador-Geral da República; **B:** Art. 26 da Lei 9.868/1999; **C:** O art. 21 da Lei 9.868/1999 determina a suspensão dos *processos* que envolvam a aplicação da lei ou do ato normativo objeto da ADC até seu julgamento definitivo; **D:** Certo. Vale ressaltar que as normas decorrentes de emendas constitucionais ou de revisão constitucional podem ser objeto de controle de constitucionalidade; **E:** A supremacia da Constituição e a rigidez constitucional são apontadas pela doutrina como pressupostos do controle de constitucionalidade.

Gabarito "C"

(Procurador da Fazenda Nacional – 2007 – ESAF) Assinale a opção correta.

(A) Em respeito ao pacto federativo, a Constituição prevê a possibilidade de adoção pelos Estados-Membros e pelo Distrito Federal da Ação Declaratória de Constitucionalidade, da Ação Direta de Inconstitucionalidade por Omissão e da Ação por Descumprimento de Preceito Fundamental, desde que respeitados os princípios gerais nela traçados para cada uma dessas ações.
(B) A Mesa do Congresso Nacional não tem legitimidade para a propositura da Ação Direta de Inconstitucionalidade.
(C) Segundo jurisprudência do Supremo Tribunal Federal, não é admissível a figura do amicus curiae em sede de Ação por Descumprimento de Preceito Fundamental.
(D) A perda da representação do partido político junto ao Congresso Nacional implica na perda da capacidade postulatória, com consequente extinção, sem resolução do mérito, da Ação Direta de Inconstitucionalidade anteriormente proposta.
(E) O Supremo Tribunal Federal não reconhece a legitimidade ativa das chamadas associação de associações para fins de ajuizamento da Ação Direta de Inconstitucionalidade.

A: O art. 125, § 2º, da CF só prevê a adoção da ADIn pelos Estados; **B:** O art. 103, II e III, da CF refere-se à Mesa do Senado Federal e à Mesa da Câmara dos Deputados. A CF não lista a Mesa do Congresso Nacional; **C:** O STF tem admitido a participação de *amicus curiae* na ADPF, como nas ADPF 46, 54 e 73. V. art. 6º, § 2º, da Lei 9.882/1999; **D:** O STF hoje entende que se o partido político tinha representação no Congresso Nacional na data da propositura da ADIn, a ação pode ser julgada; **E:** O STF modificou o entendimento anterior e hoje admite a propositura de ADIn por "associação de associações". V. ADIn 3.153/DF, Rel. para acórdão Min. Sepúlveda Pertence.

Gabarito "B"

(Procurador da Fazenda Nacional – 2006 – ESAF) Assinale a opção correta.

(A) É inviável o controle de constitucionalidade de norma já revogada.

(B) É impossível que se entenda devido qualquer efeito de uma lei declarada inconstitucional.

(C) Por meio da técnica da *inconstitucionalidade por arrasto*, o Supremo Tribunal Federal, em sede de controle abstrato, estende os efeitos da inconstitucionalidade declarada de uma lei a outros diplomas legislativos de igual teor, mesmo que não tenham sido objeto explícito de impugnação na demanda.

(D) É possível o controle de constitucionalidade em abstrato, pelo Supremo Tribunal Federal, em sede de recurso extraordinário, de norma municipal.

(E) Os órgãos fracionários de tribunais de segundo grau não podem declarar a inconstitucionalidade de uma norma ordinária, mas podem, sem declarar explicitamente a inconstitucionalidade, afastar a incidência da norma ordinária pertinente à lide, para decidir essa mesma lide sob critérios diversos que estimem extraídos da Constituição.

A: incorreta. A norma já revogada pode ser objeto de controle difuso de constitucionalidade, porque continua a regular as relações jurídicas constituídas sob sua vigência; **B:** incorreta. Por questões de segurança jurídica ou excepcional interesse social, o STF pode determinar que a declaração de inconstitucionalidade produza efeitos somente a partir de determinada data, mantendo-se aqueles já produzidos (art. 27 da Lei nº 9.868/99); **C:** incorreta. A inconstitucionalidade por arrastamento, ou por atração, autoriza a declaração de inconstitucionalidade de outras normas que não estejam incluídas no pedido inicial deste que haja uma relação de dependência entre elas. Em outras palavras, é necessário que uma norma encontre seu fundamento de validade na outra, declarada inconstitucional (STF, ADI 3645). Normas de igual teor não podem sofrer os efeitos da inconstitucionalidade por arrastamento; **D:** correta, porque cabível recurso extraordinário da decisão de Tribunal de Justiça estadual que julgar ação direta de inconstitucionalidade de norma municipal. Diante das características do processo originário, o RE terá caráter objetivo, abstrato e oponibilidade *erga omnes* (STF, AI 375011 AgR/RS, DJ 05/10/2004); **E:** incorreta. A cláusula de reserva de plenário abrange tanto o controle difuso quanto o controle concentrado de constitucionalidade, exceção feita apenas ao órgão especial dos tribunais (art. 93, XI, da CF).

Gabarito "D"

(Procurador da Fazenda Nacional – 2006 – ESAF) Suponha que tenha havido a propositura de uma representação de inconstitucionalidade de lei de um certo Estado-membro perante o respectivo Tribunal de Justiça. Pouco mais adiante, e antes do julgamento da representação, o Procurador-Geral da República deduz uma ação direta de inconstitucionalidade contra essa mesma lei, perante o Supremo Tribunal Federal. Assinale a opção correta.

(A) Fica caracterizado, no problema, o fenômeno da litispendência, cabendo ao Supremo Tribunal Federal processar e julgar ambas as ações.

(B) A representação deverá ser tida como prejudicada antes mesmo da decisão do Supremo Tribunal Federal.

(C) O Supremo Tribunal Federal somente deverá julgar a ação direta de inconstitucionalidade se o Tribunal de Justiça, antes, julgar improcedente a representação.

(D) O Tribunal de Justiça somente poderá julgar a representação depois do Supremo Tribunal Federal apenas se este não conhecer da ação direta de inconstitucionalidade.

(E) Mesmo que o Supremo Tribunal Federal julgue improcedente a ação direta de inconstitucionalidade, não será impossível ao Tribunal de Justiça declarar a inconstitucionalidade da mesma lei.

No campo do controle concentrado de constitucionalidade, não há que se falar em litispendência entre representações de inconstitucionalidade propostas perante o STF e Tribunal de Justiça, porquanto as causas de pedir são diversas (ofensa à CF e à Constituição Estadual, respectivamente). A questão cinge-se, portanto, à prejudicialidade entre as ações. Segundo a jurisprudência do STF, a suspensão prejudicial do processo de controle abstrato proposto perante Tribunal de Justiça em face do mesmo ato normativo questionado em ADI é de rigor quando os dispositivos da Constituição Estadual supostamente ofendidos forem dotados de predominante coeficiente de federalidade, ou seja, forem artigos análogos à CF de reprodução necessária nas Constituições Estaduais. Não sendo este o caso, quando a representação de inconstitucionalidade perante o Tribunal de Justiça fundar-se em artigo específico da Constituição Estadual e a ADI basear-se em artigo diverso da CF, as ações podem prosseguir simultaneamente e apresentar resultados diferentes (STF, ADI 4138/MT, DJ 11/12/2009).

Gabarito "E"

(Procurador da Fazenda Nacional – 2006 – ESAF) De modo geral, a decisão do Supremo Tribunal Federal declarando a inconstitucionalidade de lei em ação direta de inconstitucionalidade começa a produzir todos os seus efeitos

(A) desde o trânsito em julgado da decisão.

(B) desde a publicação do acórdão, com a respectiva ementa, no Diário de Justiça.

(C) desde a data da publicação da ata da sessão de julgamento.

(D) desde o dia mesmo do julgamento da ação.

(E) no primeiro dia útil seguinte ao do julgamento da ação.

Segundo a jurisprudência do STF, os efeitos da declaração de inconstitucionalidade em controle concentrado começam com a publicação da ata da sessão de julgamento, não sendo necessário o trânsito em julgado ou a publicação do acórdão (STF, Rcl-AgR 3632/AM, DJ 01/02/2006).

Gabarito "C"

(Procurador da Fazenda Nacional – 2006 – ESAF) Suponha que o Supremo Tribunal Federal tenha declarado a inconstitucionalidade de uma lei federal, ao julgar um mandado de segurança. Diante disso, assinale a opção correta.

(A) Essa declaração de inconstitucionalidade, mesmo não tendo eficácia *erga omnes*, apresenta efeito vinculante para todos os órgãos do Judiciário.

(B) Se um juiz de primeira instância julgar uma causa afirmando válida a lei, caberá reclamação ao Supremo Tribunal Federal para preservar a autoridade da sua decisão.

(C) Caberá à Câmara dos Deputados suspender os efeitos da lei, para que, então, a decisão do Supremo Tribunal Federal ostente efeitos *erga omnes*.

(D) O órgão fracionário do tribunal de segunda instância, deparando-se com a mesma arguição de inconstitucionalidade do diploma, não deverá suscitar o incidente de inconstitucionalidade, mas deverá simplesmente aplicar a decisão de inconstitucionalidade proferida pelo Supremo Tribunal Federal.

(E) Contra a decisão da Suprema Corte, cabe o ajuizamento da arguição de descumprimento de preceito fundamental, no prazo próprio da impetração de mandado de segurança.

A: incorreta. As decisões de inconstitucionalidade do STF prolatadas em controle difuso não têm efeito vinculante; **B:** incorreta. A reclamação ao STF presta-se a garantir a autoridade das decisões com efeito vinculante sobre os demais órgãos do Poder Judiciário, que não ocorre com a decisão emanada em controle difuso; **C:** incorreta. Tal competência é do Senado Federal (art. 52, X, da CF); **D:** correta, nos exatos termos do art. 481, parágrafo único, do CPC. Trata-se de exceção legal à cláusula de reserva de plenário em consagração ao princípio da economia processual; **E:** incorreta. Não cabe ADPF contra decisão judicial. Sua função é de evitar ou reparar lesão a preceito fundamental por ato do Poder Público, bem como avaliar relevante controvérsia constitucional sobre lei ou ato normativo (art. 1º da Lei nº 9.886/99).

Gabarito "D"

(Procurador da Fazenda Nacional – 2004 – ESAF) Assinale a opção correta.

(A) A lei que houver sido editada antes de 1988, não é objeto passível de controle abstrato no âmbito do Supremo Tribunal Federal.

(B) Se a lei, objeto de ação direta de inconstitucionalidade, for revogada depois de proposta a demanda, mas antes do julgamento, o mérito da ação deverá ser apreciado pelo Supremo Tribunal Federal, se comprovado que a lei interferiu em situações jurídicas concretas durante a sua vigência.

(C) O Governador ou a Assembleia Legislativa do Estado em que se produziu uma lei, cuja compatibilidade com a Constituição Federal é objeto de decisões judiciais conflitantes, pode propor ação declaratória de constitucionalidade perante o Supremo Tribunal Federal.

(D) É obrigatória a oitiva do Advogado-Geral da União em todos os processos de controle abstrato de constitucionalidade no Supremo Tribunal Federal.

(E) Nenhum órgão do Executivo Federal pode dar aplicação a uma lei declarada inconstitucional, pelo Supremo Tribunal Federal, em ação direta de inconstitucionalidade.

A: incorreta, porque, nesse caso, a lei pode ser discutida em sede de Arguição de Descumprimento de Preceito Fundamental (art. 1º, I, da Lei nº 9.882/1999); **B:** incorreta. Com a revogação da lei objeto da ADI, é declarada a perda de seu objeto e extinta sem julgamento de mérito; **C:** incorreta, pois o Governador de Estado e a Assembleia Legislativa não têm legitimidade para propor ADC (art. 13 da Lei nº 9.868/1999); **D:** incorreta. O Advogado-Geral da União temo como função, nos processos de controle de constitucionalidade, defender a validade do ato normativo. Na ADC, sua manifestação é prescindível, pois a constitucionalidade do ato é alegada, desde logo, pelo autor da ação. A autoridade que deve ser ouvida em todos os casos, sem exceção, é o Procurador-Geral da República (art. 103, §1º, da CF); **E:** correta. As decisões de mérito do STF em controle abstrato de constitucionalidade tem eficácia contra todos e efeito vinculante, inclusive em relação à Administração Pública (art. 28, parágrafo único, da Lei nº 9.868/1999).

Gabarito "E"

(Procurador da Fazenda Nacional – 2004 – ESAF) Assinale a opção <u>errada</u>.

(A) É possível que, em ação direta de inconstitucionalidade, o Supremo Tribunal Federal declare a inconstitucionalidade de uma norma sem que o dispositivo da lei seja excluído do ordenamento jurídico. 99

(B) O juízo de improcedência do mérito de ação declaratória de constitucionalidade equivale à declaração de inconstitucionalidade com efeito vinculante e eficácia contra todos.

(C) Dada a natureza declaratória da decisão de inconstitucionalidade de lei na ação direta de inconstitucionalidade, não se admite hipótese em que os efeitos dessa nulidade somente se produzam a partir do julgamento do Supremo Tribunal Federal.

(D) Se um juiz de primeira instância julgar uma ação ordinária, dando como inconstitucional uma lei que o Supremo Tribunal Federal julgou constitucional em ação declaratória de constitucionalidade, a parte prejudicada não precisa recorrer à segunda instância para reverter a decisão, podendo se insurgir contra a mesma diretamente no Supremo Tribunal Federal, desde que a decisão do juiz não tenha transitado em julgado.

(E) A decisão de invalidade de uma lei, proferida em ação direta de inconstitucionalidade pelo Supremo Tribunal Federal, não impede que o Congresso Nacional edite outra lei idêntica, mesmo depois do trânsito em julgado da decisão da Suprema Corte.

A: correta. É a hipótese conhecida como "declaração de inconstitucionalidade parcial sem redução de texto", na qual o STF proíbe apenas que seja dada à norma uma ou mais interpretações específicas que ofendem a CF, mantendo-se o texto integralmente em vigor com as demais interpretações possíveis (art. 28, parágrafo único, da Lei nº 9.868/99); **B:** correta. A ADI e a ADC têm natureza dúplice, de forma que a improcedência da ADI importa a procedência de eventual ADC e vice-versa (art. 24 da Lei nº 9.868/99); **C:** incorreta. Havendo fundada razão, baseada na segurança jurídica ou excepcional interesse social, o STF, por voto de dois terços dos Ministros, pode fixar data para o início da produção de efeitos da declaração da inconstitucionalidade, seja o trânsito em julgado da decisão ou qualquer outro momento (art. 27 da Lei nº 9.868/99); **D:** correta. A desobediência a decisão emanada em controle concentrado de constitucionalidade abre caminho para a reclamação junto ao STF (art. 102, I, "l", da CF e art. 13 da Lei nº 8.038/90), a qual, como qualquer impugnação à sentença, deve respeito à coisa julgada; **E:** correta, porque a decisão em controle concentrado de constitucionalidade não vincula o Poder Legislativo (art. 28, parágrafo único, da CF).

Gabarito "C"

(Procurador da Fazenda Nacional – 2004 – ESAF) Assinale qual dos instrumentos abaixo não pode ser meio de controle de constitucionalidade em abstrato no Supremo Tribunal Federal:

(A) Recurso extraordinário
(B) Ação declaratória de constitucionalidade
(C) Arguição de descumprimento de preceito fundamental
(D) Ação rescisória
(E) Ação direta de inconstitucionalidade proposta por Confederação Sindical

Dentre as alternativas listadas, a única que não traz um instrumento de controle de constitucionalidade abstrato é a letra "D". A ação rescisória não se presta a discutir, concentradamente, a constitucionalidade de lei ou ato normativo, mas sim para buscar a desconstituição da coisa julgada material.

Gabarito "D"

(Procurador da Fazenda Nacional – 2004 – ESAF) Assinale a opção correta.

(A) Declarada inconstitucional norma constante de regimento interno do Superior Tribunal de Justiça, pelo Supremo Tribunal Federal, em ação direta de inconstitucionalidade, os efeitos dessa decisão se estendem a normas idênticas de regimentos internos de Tribunais Regionais Federais, mesmo que estas não sejam objeto específico de ação direta de inconstitucionalidade.
(B) A arguição de descumprimento de preceito fundamental somente pode ser empregada para questionar atos federais ou estaduais, sendo imprópria para questionar atos municipais.
(C) A arguição de descumprimento de preceito fundamental somente pode ser ajuizada na hipótese em que, contra o ato lesivo, não caiba mandado de segurança, dada a natureza subsidiária da ação.
(D) Todo indivíduo que tenha um direito previsto em preceito fundamental da Constituição violado por ato de poder público, tem legitimidade para propor a arguição de descumprimento de preceito fundamental perante o Supremo Tribunal Federal, que será admitida se a Corte entender relevante a discussão para a ordem jurídica em geral.
(E) Somente pode ser objeto de ação declaratória de constitucionalidade lei ou ato normativo federal ou estadual, jamais ato normativo municipal.

A: correta, por força da aplicação da teoria da transcendência dos motivos determinantes. Segundo este vetor interpretativo, reconhecido pela jurisprudência do STF, a eficácia contra todos e o efeito vinculante sobre a Administração Pública e o Poder Judiciário das decisões abstratas de controle de constitucionalidade não abrange somente a parte dispositiva da decisão, mas também sua fundamentação. Assim, normas idênticas de outras esferas são também atingidas pela declaração de inconstitucionalidade, ainda que não tenham sido objeto de ação própria; **B:** incorreta. O art. 1º, parágrafo único, I, da Lei nº 9.882/1999 autoriza, expressamente, a ADPF para o questionamento de leis e atos normativos municipais; **C:** incorreta. A ADPF e o mandado de segurança tem fundamentos e objetivos totalmente diferentes, de forma que o cabimento de um em nada interfere no outros. ADPF é instrumento de controle abstrato de constitucionalidade, sendo a ela legitimados apenas as autoridades e entidades que podem movimentar a ADI, enquanto o mandado de segurança é remédio constitucional a disposição de qualquer pessoa para amparar direito líquido e certo não protegido por *habeas* corpus ou *habeas data*; **D:** incorreta, pois a ADPF somente pode ser ajuizada pelas mesmas autoridades e entidades legitimadas para a ADI (art. 2º, I, da Lei nº 9.882/1999); **E:** incorreta, porque não cabe ADC de lei ou ato normativo estadual (art. 13 da Lei nº 9.868/1999).

Gabarito "A"

(Procurador da Fazenda Nacional – 2004 – ESAF) Assinale a opção correta.

(A) Governador de Estado não pode ajuizar ação direta de inconstitucionalidade contra ato normativo federal.
(B) Em matéria tributária de interesse nacional, o Procurador-Geral da Fazenda Nacional tem legitimidade para propor arguição de descumprimento de preceito fundamental, perante o Supremo Tribunal Federal.
(C) A suspensão liminar da eficácia de lei ou de ato normativo, em ação direta de inconstitucionalidade, pelo Supremo Tribunal Federal, acarreta a suspensão dos julgamentos que envolvam a aplicação da disposição que teve sua vigência suspensa.
(D) Norma de lei orçamentária que destina verba para certa finalidade concreta, em desacordo com preceitos constitucionais, pode ser objeto de ação direta de inconstitucionalidade perante o Supremo Tribunal Federal.
(E) Nenhuma associação de classe que tenha entre os seus membros outras associações possui legitimidade para propor ação direta de inconstitucionalidade perante o Supremo Tribunal Federal.

A: incorreta. A legitimidade do Governador de Estado pode propor ação direta de inconstitucionalidade contra lei ou ato normativo federal, desde que comprova a pertinência temática; **B:** incorreta. Independentemente do tema tratado, a ADPF só pode ser manejada pelas pessoas legitimadas a propor a ação direta de inconstitucionalidade, rol no qual não se inclui o Procurador-Geral da Fazenda Nacional (art. 2º, I, da Lei nº 9.882/99 e art. 103 da CF); **C:** correta, admitindo-se a aplicação, por analogia, do art. 21 da Lei nº 9.868/99; **D:** incorreta. As leis orçamentárias são normas de efeitos concretos e, como tais, não podem ser objeto de controle concentrado de constitucionalidade (v. STF, ADI 2484/DF, DJ 19/12/2001); **E:** incorreta. Apesar da polêmica que ainda reina na jurisprudência sobre o tema, as decisões mais recentes do STF vêm reconhecendo a legitimidade ativa para ADI das "associações de associações" (v. STF, ADI 3153 AgR/DF, DJ 12/08/2004).

Gabarito "C"

(Procurador da Fazenda Nacional – 2003 – ESAF) Suponha que o Supremo Tribunal Federal tenha declarado a inconstitucionalidade de uma lei. Suponha, ainda, que um juiz de primeiro grau venha a, num caso concreto, julgar válida essa mesma lei. Nessas circunstâncias, assinale a opção correta.

(A) Se a decisão do juiz de primeiro grau é anterior à decisão do STF, a parte prejudicada poderá ajuizar reclamação perante o STF, mas apenas se a decisão do STF tiver sido adotada em sede de ação declaratória de constitucionalidade.

(B) Se a decisão do STF for anterior à do juiz, caberá reclamação ao STF contra a decisão do magistrado de primeiro grau, quer a decisão do STF tenha sido tomada em sede de controle incidental, quer tenha sido tomada em sede de controle abstrato.

(C) Se a decisão do STF foi em ação direta de inconstitucionalidade e transitou em julgado antes da sentença do juiz, esse mesmo juiz não poderia ter julgado válida a lei, diante do efeito vinculante da decisão da Suprema Corte no caso.

(D) Quer a decisão do juiz tenha sido anterior ou posterior ao julgado do STF, qualquer que tenha sido a ação em que a decisão do STF foi proferida, contra a sentença do juiz somente caberá apelação ao tribunal de segunda instância.

(E) Mesmo que a decisão do juiz de primeiro grau tenha transitado em julgado, caberá reclamação ao STF contra a decisão do juiz de primeira instância que, sendo posterior à decisão do STF, seja afrontosa da deliberação da Suprema Corte.

O instituto da reclamação visa a garantir a obediência às decisões do STF que tenham efeito vinculante aos demais órgãos do Poder Judiciário e à Administração Pública. As decisões do STF que têm essa característica são aquelas tomadas em sede de controle concentrado de constitucionalidade (ADI, ADC, ADPF) e, para que seu desrespeito enseje reclamação, devem ter transitado em julgado. Por outro lado, a insurgência da parte prejudicada pela decisão de primeiro grau tomada em desacordo com a decisão vinculante do STF deve ser manifestada, através da reclamação, antes do trânsito em julgado daquela, em respeito à coisa julgada (Súmula 734 do STF).

Gabarito "C"

(Procurador da Fazenda Nacional – 2003 – ESAF) Uma lei foi aprovada em um Estado-membro da Região Sudeste e está em pleno vigor. Essa lei fixa a alíquota do ICMS de certos produtos quando produzidos no mesmo Estado em percentual menor do que aquele incidente sobre os mesmos produtos quando produzidos em outros Estados. Dados esses fatos, assinale a opção correta.

(A) Essa lei é constitucional, já que a defesa dos interesses da produção e do emprego no Estado-membro a justifica.

(B) Essa lei é constitucional, porque cabe a cada Estado-membro fixar, por leis estaduais, a alíquota dos impostos da sua competência tributária.

(C) Essa lei é inconstitucional e pode ser objeto de ação direta de inconstitucionalidade, proposta perante o Supremo Tribunal Federal por qualquer Partido Político.

(D) Essa lei é inconstitucional e pode ser objeto de ação direta de inconstitucionalidade no Supremo Tribunal Federal, proposta pelo Conselho Federal da OAB, desde que demonstrado que a medida afeta de algum modo o interesse dos advogados que o Conselho representa.

(E) Essa lei é inconstitucional e pode ser objeto de ação direta de inconstitucionalidade no STF, movida pelo Governador de qualquer Estado que mostre prejuízo da lei à unidade federada que dirige.

A lei é inconstitucional, nos termos do disposto no art. 152 da CF, que veda a distinção no tratamento tributário de bens e serviços por conta de sua procedência ou destino. A inconstitucionalidade poderá ser arguida em ADI proposta perante o STF, restando resolver a questão da legitimidade ativa. Não é qualquer partido político que pode movê-la, apenas aquele com representação no Congresso Nacional. O Conselho Federal da OAB não precisa provar pertinência temática para manejar as ações abstratas de controle de constitucionalidade, o que não ocorre para o Governador do Estado, que deve comprovar que a lei ou ato normativo atacado traz prejuízos, de algum talante, ao Estado-membro que representa.

Gabarito "E"

(Advogado – IRB – 2006 – ESAF) Sobre Controle de Constitucionalidade, assinale a única opção correta.

(A) Observadas as peculiaridades relativas às suas proposituras, a ação direta de inconstitucionalidade e a ação declaratória de constitucionalidade têm caráter fungível.

(B) Segundo o novel entendimento do Supremo Tribunal Federal, é possível a aplicação, no direito brasileiro, do conceito de inconstitucionalidade de normas constitucionais originárias, defendido na obra de Otto Bachof, uma vez que a enumeração de cláusulas pétreas, no texto original da Constituição, imporia uma hierarquia entre as normas constitucionais originárias.

(C) Nos termos da legislação que disciplina a matéria, não há, na ação direta de inconstitucionalidade, possibilidade de intervenção de terceiros ou de manifestação de outros órgãos ou entidades distintos daquele que propôs a ação.

(D) Na concessão de medida cautelar em sede de ação direta de inconstitucionalidade, seus efeitos serão, regra geral, *erga omnes* e *ex tunc*.

(E) Não cabe nenhum recurso contra a decisão que declara a constitucionalidade de uma norma em uma ação declaratória de constitucionalidade; tampouco caberá ação rescisória.

A: correto, pois se reconhece o caráter dúplice de ambas as ações, ou seja, a decisão pela procedência da ação na ADI tem o mesmo efeito da decisão pela improcedência na ADC e vice-versa (ADPF 72 QO, DJ 02/12/05). Todavia, deve ser considerado que, a despeito do caráter dúplice, se na ADC não se demonstrar na inicial a relevante controvérsia a respeito da constitucionalidade de determinada lei ou ato normativo, haverá carência de ação por falta de interesse de agir. Por isso que a alternativa ressalva que sejam "atendidas as peculiaridades relativas às suas proposituras"; **B:** incorreto, pois não se admite tanto a inconstitucionalidade de normas constitucionais originárias como a hierarquia entre quaisquer espécies de normas constitucionais; **C:** incorreto, pois há previsão expressa nesse sentido (art. 7º, § 2º, da Lei 9.868/99); **D:** incorreto, pois, em se tratando de medida cautelar, os efeitos serão *erga omnes* e *ex nunc* (art. 11, § 1º, da Lei 9.868/99); **E:** incorreto, pois são cabíveis embargos declaratórios (art. 26, da Lei 9.868/99).

Gabarito "A".

(Analista – MDICE – 2012 – ESAF) A respeito da arguição de descumprimento de preceito fundamental, é correto afirmar que

(A) tem caráter subsidiário, porque a lei expressamente veda a possibilidade de arguição de descumprimento de preceito fundamental quando houver qualquer outro meio eficaz de sanar a lesividade.

(B) os legitimados ativos não são os mesmos para a propositura da ação direta de inconstitucionalidade.

(C) é norma constitucional que independe de regulamentação, por isso diz-se que não possui eficácia limitada.

(D) da decisão que julgar procedente ou improcedente o pedido cabe recurso, inclusive ação rescisória.

(E) não ocorre de forma preventiva perante o Supremo Tribunal Federal, mas repressiva para reparar lesões a direitos quando causadas pela conduta comissiva ou omissiva de qualquer dos poderes públicos.

A: correto (art. 4º, § 1º, da Lei 9.882/1999); **B:** incorreto, pois são os mesmos legitimados (art. 2º, inciso I, da Lei 9.882/1999; **C:** incorreto, pois se trata de norma constitucional de eficácia limitada, eis que a Constituição estabeleceu que a apreciação da ADPF pelo STF dar-se-ia na forma da lei (art. 102, § 1º, da CF); **D:** incorreto, pois a decisão é irrecorrível, não podendo ser objeto de ação rescisória (art. 12 da Lei 9.882/1999); **E:** incorreto, pois a ADPF tem como objeto evitar ou reparar lesão a preceito fundamental, resultante de ato do Poder Público (art. 1º, *caput*, da Lei 9.882/1999).

Gabarito "A".

(Analista – MDICE – 2012 – ESAF) O controle da constitucionalidade consiste na verificação da adequação de uma lei ou de um ato normativo com a Constituição, verificando seus requisitos formais e materiais. Sobre o controle de constitucionalidade, é correto afirmar que

(A) o Supremo Tribunal Federal afirmou ser "legítima a utilização da ação civil pública como instrumento de fiscalização incidental de constitucionalidade, pela via difusa, de quaisquer leis ou atos do Poder Público, desde que a controvérsia constitucional não se identifique como objeto único da demanda, mas simples questão prejudicial, indispensável à resolução do litígio principal".

(B) somente pelo voto de dois terços de seus membros ou dos membros do respectivo órgão especial poderão os tribunais declarar a inconstitucionalidade de lei ou ato normativo do Poder Público.

(C) no Brasil o sistema de controle de constitucionalidade repressivo judiciário foi somente o concentrado, vez que compete ao Supremo Tribunal Federal, precipuamente, a guarda da Constituição.

(D) os parlamentares são legitimados, mas não os únicos, à propositura de mandado de segurança para a defesa do direito líquido e certo a um processo legislativo conforme as normas constitucionais e legais. Quando a autoria for de parlamentares, o prosseguimento do processo, até decisão final do Supremo Tribunal Federal, dependerá da manutenção do autor de sua condição de membro do Congresso Nacional.

(E) antes de declarada a inconstitucionalidade por omissão de medida para tornar efetiva norma constitucional, será dada ciência e oportunidade para que o Poder competente adote as providências necessárias e, em se tratando de órgão administrativo, para fazê-lo em trinta dias.

A: correto (RE 424.993, DJ 18/10/2007 do STF); **B:** incorreto, pois somente pelo voto da maioria absoluta de seus membros ou dos membros do respectivo órgão especial poderão os tribunais declarar a inconstitucionalidade de lei ou ato normativo do Poder Público (art. 97 da CF), o que a doutrina denomina "cláusula de reserva de plenário". **C:** incorreto, pois no Brasil também se realiza o controle difuso de constitucionalidade, realizado por qualquer órgão do Poder Judiciário, com exceção do CNJ; **D:** incorreto, pois somente os parlamentares que integram a Casa onde tramita o projeto de Emenda à Constituição estão legitimados para a propositura do mandato de segurança para esta finalidade; **E:** incorreto, pois a ciência é dada após a declaração da inconstitucionalidade por omissão, e não antes, como indica o enunciado (art. 12-H da Lei 9.868/1999).

Gabarito "A".

(Analista – Ministério da Int. Nacional – 2012 – ESAF) Sobre o sistema brasileiro de controle judicial de constitucionalidade, é <u>incorreto</u> afirmar que

(A) o mandado de injunção é cabível quando a falta de norma regulamentadora torne inviável o exercício de direitos e liberdades constitucionais e das prerrogativas inerentes à nacionalidade, à soberania e à cidadania.

(B) o sistema brasileiro de controle judicial de constitucionalidade não compreende mecanismo destinado ao controle preventivo da constitucionalidade formal ou material das leis, salvo na excepcional situação do denominado "devido processo legislativo".

(C) o recurso extraordinário é cabível contra decisão de única ou última instância que, dentre outras hipóteses, contraria dispositivo da Constituição Federal.

(D) o processamento e julgamento da ação direta de inconstitucionalidade, quando articulada contra lei ou ato normativo federal, compete exclusivamente ao Supremo Tribunal Federal.

(E) no sistema brasileiro de controle judicial de constitucionalidade, apenas os tribunais, órgãos colegiados do Poder Judiciário, podem declarar a inconstitucionalidade de lei ou ato normativo, devendo fazê-lo pelo voto da maioria absoluta dos seus membros.

A: correto (art. 5º, inciso LXXI, da CF); **B:** correto, pois o controle judicial, em regra, somente é exercido de forma repressiva. Todavia, excepcionalmente, permite-se que os membros do Congresso Nacional, através de mandado de segurança contra a respectiva

Mesa, pleiteiem o trancamento de proposta de Emenda à Constituição tendente a abolir cláusula pétrea (art. 60, § 4º), o que compreende exemplo de controle judicial preventivo de constitucionalidade; **C:** correto (art. 102, inciso III, alínea "a", da CF); **D:** correto (art. 102, inciso I, alínea "a", da CF); **E:** incorreto, devendo ser assinalada, pois também os juízes singulares, isto é, órgãos de primeiro grau, podem exercer o controle difuso de constitucionalidade.

Gabarito "E"

(Auditor Fiscal da Receita Federal – 2012 – ESAF) O controle de constitucionalidade das leis é um dos mais importantes instrumentos da manutenção da supremacia da Constituição. Por essa razão é adotado, com algumas variações, pela grande maioria dos países democráticos. Com relação ao controle de constitucionalidade, pode-se afirmar que

(A) o controle difuso caracteriza-se por possibilitar a um número amplo de interessados impugnar a constitucionalidade de uma norma perante um único tribunal.

(B) o controle abstrato permite que um grupo restrito de pessoas impugne uma determinada norma, desde que fundamentado em um caso concreto, perante qualquer tribunal.

(C) o controle concentrado decorre de construção normativa de Hans Kelsen e a primeira Constituição a incorporá-lo foi a Constituição Alemã de 1919, também conhecida como Constituição de Weimar.

(D) o Brasil adota o controle difuso e o abstrato desde a Constituição Federal de 1891.

(E) o controle difuso é fruto de construção jurisprudencial da Suprema Corte dos Estados Unidos, embora alguns autores defendam que decisões anteriores já indicavam a possibilidade de o Judiciário declarar uma norma contrária à Constituição.

A: incorreta. O controle difuso é feito por todo o Poder Judiciário. A limitação a um único tribunal é característica do controle concentrado ou abstrato; **B:** incorreta. Novamente, houve inversão. O controle realizado por qualquer tribunal é característica do controle difuso ou concreto; **C:** incorreta. O processo de controle de constitucionalidade concentrado foi realmente idealizado por Hans Kelsen como crítica ao sistema até então vigente pela Constituição de Weimar; **D:** incorreta. O controle concentrado de constitucionalidade foi inserido no ordenamento jurídico brasileiro por meio da Emenda Constitucional nº 16/1965, que alterou o texto da Constituição de 1937; **E:** correta. O controle difuso de constitucionalidade foi desenvolvido na prática judiciária norte-americana, na qual qualquer juiz poderia declarar a "nulidade" de uma norma por "incompatibilidade" com a Constituição.

Gabarito "E"

(Auditor Fiscal da Receita Federal – 2012 – ESAF) Assinale a opção correta.

(A) O controle de constitucionalidade concentrado, abstrato, pode ser deflagrado mediante o ajuizamento de ação direta de inconstitucionalidade perante o STF, o STJ ou qualquer um dos Tribunais de Justiça dos Estados.

(B) Comporta exceções a regra geral que na declaração judicial de inconstitucionalidade de um ato normativo a decisão tem efeito *ex tunc*.

(C) A Comissão de Constituição e Justiça do Senado tem legitimidade para ajuizar Ação Direta de Inconstitucionalidade.

(D) O controle difuso foi introduzido no Direito Constitucional brasileiro com a Constituição de 1988.

(E) Nas decisões proferidas nas ações diretas de inconstitucionalidade, ao declarar a inconstitucionalidade de uma norma, o STF deve submeter sua decisão ao crivo do Senado Federal.

A: incorreta. O controle concentrado de constitucionalidade é exercido exclusivamente pelo STF, em caso de ofensa à Constituição Federal, e pelos Tribunais de Justiça dos Estados, em caso de ofensa à Constituição Estadual respectiva; **B:** correta. Nos termos do art. 27 da Lei 9.868/1999, havendo razões de segurança jurídica ou excepcional interesse social, pode o STF, por voto de dois terços de seus membros, modular os efeitos da decisão em controle concentrado de constitucionalidade, designando seu início para o trânsito em julgado da decisão ou qualquer outro momento futuro; **C:** incorreta. Os legitimados para a propositura da ADI são aqueles listados no art. 103 da CF, dentre os quais não se encontra a Comissão de Constituição e Justiça. Essa exclusão decorre do fato da CCJ atuar em sede de controle **prévio** de constitucionalidade; **D:** incorreta. O controle difuso de constitucionalidade, de inspiração norte-americana, é reconhecido pelo ordenamento jurídico pátrio desde a Constituição de 1891; **E:** incorreta. A decisão do STF em sede de controle concentrado é definitiva e irrecorrível, não podendo ser objeto sequer de ação rescisória (art. 26 da Lei 9.868/1999). A comunicação da decisão ao Senado para que, querendo, suspenda os efeitos da lei declarada inconstitucional ocorre somente em sede de controle difuso de constitucionalidade.

Gabarito "B"

(Auditor Fiscal da Receita Federal – 2010 – ESAF) Marque a opção correta.

(A) Declarada *incidenter tantum* a inconstitucionalidade da lei ou ato normativo pelo Supremo Tribunal Federal, referidos efeitos serão ex nunc, sendo desnecessário qualquer atuação do Senado Federal.

(B) O Supremo Tribunal Federal não admite controle concentrado pelo Tribunal de Justiça local de lei ou ato normativo municipal contrário, diretamente, à Constituição Federal.

(C) Proclamada a inconstitucionalidade do dispositivo, pelo Supremo Tribunal Federal, julgar-se-á improcedente a ação direta de inconstitucionalidade.

(D) Atos estatais de efeitos concretos se submetem, em sede de controle concentrado, à jurisdição abstrata.

(E) As Súmulas, por apresentarem densidade normativa, são submetidas à jurisdição constitucional concentrada.

A: incorreta. No controle por via incidental (ou *incidenter tantum*), a produção de efeitos ocorre entre as partes que participaram do processo principal (*inter partes*) e para elas tem efeitos *ex tunc*, podendo ser editada resolução do Senado Federal visando à suspensão dos efeitos contra todos (*erga omnes*), conforme previsão no art. 52, X, da CF. A produção de efeitos contra terceiros, a partir da edição da Resolução do Senado, tem eficácia *ex nunc*. Note-se que a competência atribuída ao Senado Federal pelo art. 52, X, da CF, limita-se ao controle difuso ou incidental de constitucionalidade. No controle concentrado, a decisão do STF, por si só, produz efeitos contra todos (ou *erga omnes*) e vinculantes, por força do art. 102, §

2º, da CF, reproduzido no art. 28, parágrafo único, da Lei 9.868/1999; **B:** correta. Os TJs locais realizam controle concentrado de constitucionalidade de leis municipais ou estaduais sempre em face da Constituição Estadual (não podem analisar a constitucionalidade dessas normas em face da Constituição Federal). Assim, as leis estaduais estão sujeitas a duplo controle, igualmente abstrato: por intermédio de ADIn no STF (art. 102, I, "a", da CF, tendo como parâmetro a Constituição Federal) e por intermédio de ADIn estadual perante o TJ local (art. 125, § 2º, da CF, tendo por parâmetro a Constituição do Estado); **C:** incorreta. Proclamada a inconstitucionalidade da norma objeto do controle, a ADIn será procedente (possível ação declaratória de constitucionalidade em face do mesmo dispositivo seria improcedente). Se o STF declara sua constitucionalidade, a ADIn é improcedente e a ADC, procedente; **D:** incorreta. Atos de efeitos concretos são analisados em controle difuso, ou *incidenter tantum* ou incidental. Não cabe jurisdição abstrata; **E:** incorreta. Súmulas não possuem generalidade e abstração para serem objeto de controle de constitucionalidade.

Gabarito "B"

(Auditor Fiscal da Receita Federal – 2010 – ESAF) Marque a opção correta.

(A) O Supremo Tribunal Federal, em sede de Ação Direta de Inconstitucionalidade, exige pertinência temática, quando a ação é proposta pelo Governador do Distrito Federal.

(B) Antes da concessão da liminar em sede de Ação Direta de Inconstitucionalidade, é possível que seu autor peça desistência da mesma.

(C) Para a propositura da Ação Direta de Inconstitucionalidade, se faz necessário observar um dos requisitos objetivos pertinente ao prazo prescricional.

(D) A Arguição de Descumprimento de Preceito Fundamental é cabível, mesmo quando impetrado Mandado de Segurança com a finalidade de sanar a lesividade.

(E) A Arguição de Descumprimento de Preceito Fundamental, segundo a legislação pertinente, apresenta mais legitimados ao que se verifica na legitimidade para a propositura de Ação Direta de Inconstitucionalidade.

A: correta. A legitimidade ativa para a propositura de ADIn encontra-se prevista no art. 103, I a IX, da CF. O STF, em interpretação restritiva do dispositivo constitucional, entende que determinados legitimados ativos devem observar o requisito da *pertinência temática* para propor ADIn, exigência que não está prevista na Constituição nem na legislação infraconstitucional, mas encontra-se amplamente sedimentada na jurisprudência do STF. Por pertinência temática deve-se entender a existência de uma relação direta entre a questão presente na lei ou no ato normativo a ser impugnado e os objetivos sociais da entidade demandante (ou entre a lei objeto de controle e as funções institucionais do legitimado ativo). Vale dizer, a noção é muito próxima do *interesse de agir* da Teoria Geral do Processo e faz surgir duas classes de legitimados ativos: os *universais* ou *neutros* e os *interessados* ou *especiais*. De acordo com o STF, são legitimados *neutros* ou *universais* para a propositura de ADIn (= têm legitimidade ativa em qualquer hipótese, sem necessidade de demonstração de pertinência temática): o Presidente da República, as Mesas do Senado e da Câmara, o Procurador-Geral da República, o Conselho Federal da OAB e o partido político com representação no Congresso Nacional. São legitimados *interessados* ou *especiais*, ou seja, precisam demonstrar relação de pertinência temática entre o objeto da ADIn e sua esfera jurídica (ou a de seus filiados): o Governador de Estado, a Mesa de Assembleia Legislativa (ou da Câmara Legislativa do DF), bem como as confederações sindicais ou entidades de classe de âmbito nacional; **B:** incorreta. A lei veda a intervenção de terceiros e a desistência na ADIn (arts. 5º e 7º da Lei 9.868/1999); **C:** incorreta. A propositura de ADIN não se sujeita a prazo prescricional porque a inconstitucionalidade não se convalida com o decurso do tempo; **D:** incorreta. A ADPF só é cabível se não houver outro meio capaz de sanar a lesividade (art. 4º da Lei 9.882/1999); **E:** incorreta. Os legitimados para a ADPF são os mesmos da ADIn (art. 2º, I, da Lei 9.882/1999 e art. 103 da CF).

Gabarito "A"

(Auditor Fiscal da Receita Federal – 2005 – ESAF) Sobre a Ação Declaratória de Constitucionalidade e Ação de Descumprimento de Preceito Fundamental, marque a única opção correta.

(A) Nos termos da Constituição Federal, poderão ser objeto de ação declaratória de constitucionalidade os atos normativos federais e estaduais.

(B) A medida cautelar, concedida em sede de ação declaratória de constitucionalidade, não pode ter efeito vinculante para os demais órgãos do Poder Judiciário, em face do princípio da independência do juiz.

(C) Segundo o entendimento do Supremo Tribunal Federal, só cabe a propositura de arguição de descumprimento de preceito fundamental para reparar lesões a princípios, direitos e garantias fundamentais previstos na Constituição Federal.

(D) A decisão prolatada em sede de arguição de descumprimento de preceito fundamental pode ser objeto de ação rescisória.

(E) Ao declarar a inconstitucionalidade de lei ou ato normativo, no processo de arguição de descumprimento de preceito fundamental, por razões de segurança jurídica ou de excepcional interesse social, o Supremo Tribunal Federal, por quórum qualificado, poderá restringir os efeitos daquela declaração.

A: incorreta. A ADC só tem por objeto lei federal (art. 102, I, "a", da CF); **B:** incorreta. O STF poderá deferir pedido de medida cautelar na ADC para determinar que os juízes e os Tribunais suspendam o julgamento dos processos que envolvam a aplicação da lei ou do ato normativo objeto da ação até seu julgamento definitivo (art. 21 da Lei 9.868/1999); **C:** incorreta. Também cabe ADPF quando for relevante o fundamento da controvérsia constitucional sobre lei ou ato normativo federal, estadual ou municipal, incluídos os anteriores à Constituição (art. 1º, parágrafo único, I, da Lei 9.882/1999); **D:** incorreta. Não reflete o disposto no art. 12 da Lei 9.882/1999; **E:** correta. Art. 11 da Lei 9.882/1999.

Gabarito "E"

(Auditor Fiscal da Receita Federal – 2005 – ESAF) Sobre a Ação Direta de Inconstitucionalidade (ADI), marque a única opção correta.

(A) Pode ser proposta ação direta de inconstitucionalidade em relação a qualquer lei distrital, em razão da equivalência entre o Distrito Federal e os estados-membros.

(B) Não há possibilidade de ser conhecida pelo Supremo Tribunal Federal uma ação direta de inconstitucionalidade na qual se discute a constitucionalidade de um decreto.

(C) Mesmo sendo equivalentes às emendas constitucionais, os tratados internacionais sobre direitos humanos que forem aprovados, em cada Casa do Congresso Nacional, em dois turnos de votação, por três quintos dos votos dos respectivos membros, poderão ser objeto de controle de constitucionalidade por meio de uma ação direta de inconstitucionalidade.

(D) No caso de um partido político perder sua representação no Congresso Nacional após ter proposto uma ação direta de inconstitucionalidade, essa ação é considerada prejudicada, por perda superveniente de legitimidade ativa para a sua propositura.

(E) A eficácia de uma liminar concedida em sede de ação direta de inconstitucionalidade opera, regra geral, com efeitos ex tunc, podendo ter efeitos ex nunc, em caráter excepcional, se o Supremo Tribunal Federal assim o declarar expressamente, demonstrando a conveniência da medida.

A: incorreta. Só cabe ADIn de lei ou ato normativo federal ou estadual (art. 102, I, "a", da CF). Por isso, em relação às leis distritais, só caberá ADIn se tiverem conteúdo de lei estadual; **B:** incorreta. Cabe ADIn contra decreto autônomo, vale dizer, aquele que não regulamenta nenhuma lei, mas que inova no mundo jurídico; **C:** correta, pois cabe ADIn contra normas constitucionais oriundas de emendas à Constituição (só não podem ser objeto de controle as normas constitucionais originárias); **D:** incorreta. Essa orientação foi superada pelo STF, que hoje entende que a representação do partido político deve ser verificada no momento da propositura da ação; **E:** incorreta. De acordo com o art. 11, § 1º, da Lei 9.868/1999 a cautelar em ADIn tem, em regra, eficácia *ex nunc* ou *pro futuro.*

Gabarito "C"

(Auditor Fiscal da Receita Federal – 2005 – ESAF) Sobre o controle de constitucionalidade, marque a única opção correta.

(A) A inconstitucionalidade por omissão, segundo o entendimento do Supremo Tribunal Federal, só pode ser total.

(B) O Supremo Tribunal Federal não aceita a inconstitucionalidade superveniente por entender que a norma incompatível com o novo texto constitucional foi por ele derrogada.

(C) Não há possibilidade de manifestar-se o Supremo Tribunal Federal, ainda que incidentalmente, sobre a constitucionalidade de uma proposta de emenda à Constituição, uma vez que o controle de constitucionalidade no Brasil é repressivo e essa manifestação ofenderia o princípio de separação dos poderes.

(D) Os órgãos fracionários de Tribunais, onde houver, podem declarar, por maioria absoluta de seus membros, a inconstitucionalidade de uma lei.

(E) A atribuição do Senado Federal de suspender a execução, no todo ou em parte, de lei declarada inconstitucional por decisão definitiva do Supremo Tribunal Federal é vinculada.

A: incorreta. A omissão pode ser também parcial; **B:** correta, daí decorre a impossibilidade de propositura de ADIn de normas pré--constitucionais (pois não há que se falar em inconstitucionalidade superveniente, mas em revogação); **C:** incorreta. Excepcionalmente, o STF admite a impetração de mandado de segurança por congressistas, para obstar a tramitação de proposta de emenda constitucional contrária ao art. 60, 4º, da CF; **D:** incorreta. Não reflete o disposto no art. 97 da CF; **E:** incorreta. O Senado Federal não está obrigado a editar resolução suspendendo, no todo ou em parte, lei declarada inconstitucional pelo STF em controle difuso. A competência é discricionária.

Gabarito "B"

(Auditor Fiscal da Receita Federal – 2003 – ESAF) Constitui instrumento típico do controle abstrato de constitucionalidade de leis e atos normativos:

(A) A ação direta de inconstitucionalidade.

(B) O recurso extraordinário.

(C) A ação cível originária.

(D) O *habeas data*.

(E) O mandado de segurança.

São instrumentos de controle abstrato: a ação direta de inconstitucionalidade, a ação direta de inconstitucionalidade interventiva, a ação direta de inconstitucionalidade por omissão, a ação declaratória de constitucionalidade e a arguição de descumprimento de preceito fundamental.

Gabarito "A"

(Auditor Fiscal da Receita Federal – 2003 – ESAF) Considere que o STF tenha julgado procedente certa ação declaratória de constitucionalidade. Sabendo disso, é possível afirmar que:

(A) Essa ação pode ter sido proposta por um Governador de Estado.

(B) Não há impedimento jurídico a que a mesma lei, objeto da ação, venha a ser tida como inconstitucional por outro tribunal. 105

(C) Tratava-se de uma lei ou ato normativo federal.

(D) Essa ação pode ter sido proposta por partido político com representação no Congresso Nacional.

(E) Essa lei não pode mais ser revogada enquanto a Constituição estiver em vigor.

A e **D:** incorretas. A questão data de 2003 e, portanto, é anterior à alteração promovida no art. 103 da CF pela EC 45/2004. Antes da citada emenda, o Governador de Estado e os partidos políticos não tinham legitimidade para propor ADC, mas apenas para ingressar com ADIn. Após a EC 45/2004, os legitimados ativos para ADC e ADIn passaram a ser os mesmos; **B:** incorreta. A decisão final em ADC tem eficácia contra todos e efeitos vinculantes (art. 102, § 2º, da CF); **C:** correta, diante da redação do art. 102, I, "a", da CF; **E:** incorreta. A decisão da ADC tem por consequência a transformação da presunção relativa de constitucionalidade das leis em presunção absoluta. Entretanto, isso não impede que a lei seja posteriormente revogada.

Gabarito "C"

(Auditor Fiscal da Receita Federal – 2003 – ESAF) Assinale a opção correta.

(A) O Senado Federal deve suspender a execução das leis declaradas inconstitucionais pelo STF em ação direta de inconstitucionalidade.

(B) A Receita Federal não pode, juridicamente, dar execução a uma lei que tenha sido julgada inconstitucional pelo STF em sede de ação declaratória de constitucionalidade, mesmo não tendo sido a União parte em tal feito.

(C) Diante da omissão do Legislativo em editar leis que sejam necessárias para que o cidadão goze efetivamente dos direitos fundamentais dispostos na Constituição Federal, o STF pode, provocado por ação direta de inconstitucionalidade por omissão, criar, ele próprio, as normas faltantes.

(D) Depois de cinco anos de vigência de uma lei, ela não mais pode ser objeto de ação direta de inconstitucionalidade.

(E) Cabe ao Superior Tribunal de Justiça julgar, em controle abstrato, a constitucionalidade das leis estaduais em face da Constituição dos Estados e da Constituição Federal.

A: incorreta. A competência atribuída ao Senado Federal pelo art. 52, X, da CF, limita-se ao controle difuso ou incidental de constitucionalidade. No controle concentrado, a decisão do STF, por si só, já produz efeitos contra todos e vinculantes (art. 28, parágrafo único, da Lei 9.868/1999); **B:** correta, pois a decisão final em ADC tem eficácia contra todos e efeitos vinculantes (art. 102, § 2º, da CF); **C:** incorreta. Não reflete o disposto no art. 103, § 2º, da CF; **D:** incorreta. Podem ser objeto de ADIn qualquer lei ou ato normativo federal ou estadual (art. 102, I, "a", da CF); **E:** incorreta. O STJ só pode declarar a inconstitucionalidade em controle difuso, observada a regra do art. 97 da CF.

Gabarito "B"

(Auditor Fiscal da Receita Federal – 2002.1 – ESAF) Assinale a opção em que não consta ente ou autoridade legitimado para propor ação direta de inconstitucionalidade.

(A) Conselho Federal da Ordem dos Advogados do Brasil.

(B) Presidente da República.

(C) Qualquer partido político com representação no Congresso Nacional.

(D) Qualquer sindicato de classe.

(E) Procurador-Geral da República.

Art. 103, I a IX, da CF.

Gabarito "D"

(Auditor Fiscal da Receita Federal – 2002.1 – ESAF) Suponha que certa câmara legislativa municipal edite uma lei – flagrantemente inconstitucional – que restringe a atividade de fiscalização dos Auditores Fiscais da Receita Federal com relação aos habitantes do mesmo município. À vista disso, assinale a opção correta.

(A) O Procurador-Geral da República pode ajuizar uma ação direta de inconstitucionalidade, perante o Supremo Tribunal Federal, contra tal lei.

(B) A lei deverá ser objeto de controle abstrato, perante o Tribunal de Justiça do Estado em que está situado o Município, único órgão jurisdicional legitimado para proclamar que tal lei municipal é contrária à Constituição Federal.

(C) Em face do princípio da autonomia dos Municípios, nem o Tribunal de Justiça do Estado nem o Supremo Tribunal Federal podem declarar a inconstitucionalidade dessa lei municipal.

(D) O Supremo Tribunal Federal poderá proclamar a inconstitucionalidade da lei num caso concreto (controle incidental), mas não o poderá fazer em sede de ação direta de inconstitucionalidade.

(E) Somente o Supremo Tribunal Federal poderá proclamar a inconstitucionalidade da lei, tanto pelo controle incidental como pelo controle em tese, por ser a única Corte brasileira com competência para declarar a inconstitucionalidade de atos do Poder Legislativo.

A: incorreta. Apesar de o PGR ter legitimidade para propor ADIn (art. 103, VI, da CF), não cabe ação direta de inconstitucionalidade de lei municipal em face da CF (art. 102, I, "a", da CF); **B:** incorreta. Ao TJ cabe o controle concentrado de lei municipal em face da Constituição Estadual e não em face da CF; **C:** incorreta. O princípio da autonomia municipal não neutraliza o princípio da supremacia da Constituição, de modo que qualquer lei ou ato normativo contrário a seu texto pode ser declarado inconstitucional; **D:** correta, pois a lei municipal pode ser contestada em face da CF apenas em controle difuso (via Recurso Extraordinário), mas não em controle concentrado (via ADIn, v. art. 102, I, "a", da CF); **E:** incorreta. Qualquer juiz ou tribunal pode declarar a inconstitucionalidade de lei ou ato normativo, desde que a questão constitucional não seja o pedido principal da ação (controle difuso), ou seja, desde que tenha surgido em um caso concreto, como fundamento da ação. Ex.: Pedido de não pagamento de tributo (pedido principal) porque é inconstitucional (fundamento do pedido, ou causa de pedir). Se o pedido de declaração de inconstitucionalidade for o objeto principal da ação, cabe apenas ao STF apreciar a matéria (controle concentrado).

Gabarito "D"

(Auditor Fiscal da Receita Federal – 2002.1 – ESAF) A respeito da ação declaratória de constitucionalidade no Supremo Tribunal Federal, assinale a opção correta.

(A) O Procurador-Geral da República pode ajuizar ação declaratória de constitucionalidade tendo por objeto lei federal, mas não pode ajuizar a mesma ação se ela tiver por objeto uma lei estadual.

(B) O Presidente da República não pode ajuizar ação declaratória de constitucionalidade.

(C) O Governador de Estado pode ajuizar ação declaratória de constitucionalidade que tenha por objeto lei estadual, mas não pode ajuizar a mesma ação se ela tiver por objeto uma lei federal.

(D) Uma associação de classe que reúna os Auditores Fiscais da Receita Federal de todo o Brasil pode ajuizar a ação declaratória de constitucionalidade que tenha por objeto lei federal de interesse da classe que representa.

(E) Qualquer partido político pode ajuizar ação declaratória de constitucionalidade de lei estadual ou federal.

A: correta, pois só cabe ação declaratória de constitucionalidade (ADC ou Adecon) de lei ou ato normativo federal (art. 102, I, "a", da CF e art. 13 da Lei 9.868/1999); **B:** incorreta. Desde a EC 45/2004 os legitimados para propositura da ADC são os mesmos da ADIn (art. 103 da CF); **C:** incorreta. Justo o contrário: só cabe ADC de lei federal (art. 102, I, "a", da CF); **D:** incorreta. Não basta reunir Auditores Fiscais de todo o Brasil (a entidade poderia limitar-se territorialmente a São Paulo e lá ter filiados de todos os estados brasileiros). Para ter legitimidade ativa, a entidade de classe precisa ser "de âmbito nacional" (art. 103, IX, da CF). De acordo com a jurisprudência do STF, o critério da espacialidade, além da atuação transregional da instituição, demanda a existência de associados em pelo menos nove estados da Federação (aplicação, por analogia, da Lei Orgânica dos Partidos Políticos). V. ADI 79 QO, Rel. Min. Celso de Mello; **E:** incorreta. Para ter legitimidade ativa, o partido político precisa ter representação no Congresso Nacional (art. 103, VIII, da CF). Além disso, só cabe ADC de lei federal (art. 102, I, "a", da CF).

Gabarito "A"

(Auditor Fiscal da Receita Federal – 2002.1 – ESAF) Assinale a opção correta.

(A) Como regra, a declaração de inconstitucionalidade de uma lei pelo Supremo Tribunal Federal, em ação direta de inconstitucionalidade, somente produz efeitos a partir da data do julgamento da ação, sendo por isso válidos todos os atos praticados com base na lei até o julgamento da ação direta de inconstitucionalidade.

(B) O Tribunal de Justiça não tem competência para apreciar ação direta de inconstitucionalidade de lei estadual em face da Constituição Federal.

(C) Mesmo que declarada pelo Supremo Tribunal Federal a validade de uma lei, numa ação declaratória de constitucionalidade, um juiz de primeira instância é livre para declarar a inconstitucionalidade da mesma lei, com base em argumentação não apreciada pelo STF.

(D) As leis da União, dos Estados-membros, do Distrito Federal e dos Municípios podem ser objeto de controle de constitucionalidade pelo STF, por meio de ação direta de inconstitucionalidade.

(E) A decisão do Supremo Tribunal Federal, tomada em ação direta de inconstitucionalidade, no sentido da inconstitucionalidade de uma lei federal, somente produz efeitos jurídicos depois de o Senado suspender a vigência da lei.

A: incorreta. A produção de efeitos prospectivos, ou *pro futuro*, ou *ex nunc*, é excepcional. Como regra, a declaração de inconstitucionalidade tem eficácia *ex tunc* ou retroativa. V. art. 27 da Lei 9.868/1999; **B:** correta. O controle de lei estadual em face da Constituição Federal é realizado pelo STF. Os TJs controlam a constitucionalidade de lei estadual tendo como parâmetro a Constituição Estadual; **C:** incorreta. A decisão final da ADC tem eficácia contra todos e efeitos vinculantes (art. 102, § 2º, da CF); **D:** incorreta. Não cabe controle concentrado no STF (via ADIn) de leis municipais (art. 102, I, "a", da CF); **E:** incorreta. A competência atribuída ao Senado Federal pelo art. 52, X, da CF, limita-se ao controle difuso ou incidental de constitucionalidade. No controle concentrado, a decisão do STF, por si só, já produz efeitos contra todos e vinculantes (art. 28, parágrafo único, da Lei 9.868/1999).

Gabarito "B"

(Auditor Fiscal da Receita Federal – 2002.2 – ESAF) Assinale a opção correta.

(A) Uma vantagem funcional incorporada à remuneração do servidor público no regime da Constituição passada deve continuar a ser paga a ele, mesmo que a Constituição nova o proíba, uma vez que a nova Constituição não pode retroagir para afetar situações que foram iniciadas antes do seu advento.

(B) Leis anteriores à Constituição em vigor somente continuam a produzir efeitos na vigência da nova ordem se forem expressamente recepcionadas pelo legislador da nova ordem.

(C) Tratados celebrados pelo Brasil, que estejam em linha colidente com normas constitucionais, embora não revoguem a Constituição, paralisam a eficácia desta nos pontos em que se chocam.

(D) O STF pode declarar a inconstitucionalidade de certos entendimentos de um ato normativo, objeto de uma ação direta de inconstitucionalidade, sem, contudo, declarar inválido o próprio ato normativo.

(E) O Judiciário não tem competência para desautorizar decisões tomadas pelo poder constituinte de reforma, que, no exercício da sua função de emendar a Constituição, é soberano.

A: incorreta. O STF possui firme entendimento de que não há direito adquirido a regime jurídico; **B:** incorreta. O fenômeno da recepção não é realizado expressamente, para toda e qualquer lei anterior. Pelo princípio da recepção, a legislação anterior à nova Constituição, desde que seja *materialmente* compatível com o novo texto, é validada e passa a se submeter à nova disciplina constitucional. Se a contrariedade com a CF de 1988 for apenas formal, sendo válido seu conteúdo, ainda assim são recepcionadas; **C:** incorreta. As normas previstas em Tratados, após internalizadas, têm *status* de lei ordinária (exceção: art. 5º, § 3º, da CF) e não de norma constitucional. Além disso, a alteração da Constituição só pode ser feita pelo procedimento previsto no art. 60 da CF; **D:** correta. Aplicando ao caso as técnicas da interpretação conforme a Constituição e da declaração de inconstitucionalidade sem redução de texto; **E:** incorreta. É pacífico o entendimento de que cabe controle de constitucionalidade de norma constitucional oriunda de emenda à Constituição. Só não podem ser objeto de controle as normas constitucionais originárias.

Gabarito "D"

(Auditor Fiscal da Receita Federal – 2002.2 – ESAF) Assinale a opção correta.

(A) A lei anterior à Constituição em vigor, que com ela não se compatibiliza materialmente, é considerada revogada por esta.

(B) Somente o Supremo Tribunal Federal, em ação direta de inconstitucionalidade, pode resolver controvérsia sobre a continuidade da vigência, no atual regime constitucional, de lei ordinária anterior à Constituição de 1988.

(C) Os Estados-membros podem efetuar o controle abstrato de leis estaduais e municipais em face da Constituição Federal, por meio de representação de inconstitucionalidade.

(D) A declaração de inconstitucionalidade de uma lei pelo Supremo Tribunal Federal, em uma ação direta de inconstitucionalidade, somente produzirá eficácia contra todos depois de suspensa a execução da lei pelo Senado Federal.

(E) O Advogado-Geral da União tem legitimidade para, em nome do Presidente da República, propor ação direta de inconstitucionalidade contra lei ou ato normativo federal, estadual ou municipal.

A: correta. O STF não adota a doutrina da "inconstitucionalidade superveniente", mas entende que as normas pré-constitucionais que não se compatibilizam com o *conteúdo* da nova Constituição são por ela revogadas; **B:** incorreta. Não cabe ADIn de normas pré--constitucionais, pois o STF entende que se houver incompatibilidade material opera-se a revogação. Essa é a principal consequência de não se adotar o entendimento da "inconstitucionalidade superveniente". Entretanto, na hipótese, cabe ADPF (art. 1º, parágrafo único, I, da Lei 9.882/1999); **C:** incorreta. Não cabe representação de inconstitucionalidade (ou ADIn estadual) de normas estaduais ou municipais em face da Constituição Federal, mas apenas da Constituição Estadual; **D:** incorreta. A competência atribuída ao Senado Federal pelo art. 52, X, da CF, limita-se ao controle difuso ou incidental de constitucionalidade. No controle concentrado, a decisão do STF, por si só, já produz efeitos contra todos e vinculantes (art. 28, parágrafo único, da Lei 9.868/1999); **E:** incorreta. A capacidade postulatória do Presidente da República decorre da própria Constituição (apenas os partidos políticos e as confederações sindicais ou entidades de classe de âmbito nacional precisam constituir advogado para arguir a inconstitucionalidade). Ademais, ao Advogado-Geral da União cabe função oposta: a de defender a constitucionalidade da norma impugnada (art. 103, § 3º, da CF).

Gabarito "A"

(Auditor Fiscal da Receita Federal – 2002.2 – ESAF) Assinale o ato normativo abaixo que não é objeto próprio de ação direta de inconstitucionalidade proposta perante o Supremo Tribunal Federal:

(A) Medida Provisória.
(B) Emenda à Constituição.
(C) Decreto regulamentador de lei.
(D) Dispositivo de Constituição Estadual.
(E) Emenda ao Ato das Disposições Constitucionais Transitórias da Constituição Federal.

Podem ser objeto de controle via ADIn por constituírem atos primários (que inovam, criam, modificam ou extinguem direitos). Decretos regulamentadores de lei, como o próprio nome afirma, apenas detalham a lei que lhes confere validade (são atos secundários). Aqui caberia controle de legalidade, não de constitucionalidade.

Gabarito "C"

(Auditor Fiscal da Receita Federal – 2002.2 – ESAF) Suponha que uma lei que concede aumento a servidores públicos, depois de três meses de vigência, venha a ser declarada inconstitucional pelo Supremo Tribunal Federal em ação direta de inconstitucionalidade. À vista disso, assinale a opção correta.

(A) Embora a lei seja declarada inconstitucional, os servidores deverão continuar a receber o aumento que ela concedeu, a título de vantagem pessoal nominalmente identificada, à conta do princípio da irredutibilidade de vencimentos.
(B) Porque a declaração de inconstitucionalidade é retro-operante, em princípio, poderá ser demandada dos servidores a devolução do que receberam em virtude da lei inconstitucional.
(C) Por causa do princípio da irredutibilidade de vencimentos, os servidores não deverão repor o que receberam antes de a lei ser declarada inconstitucional.
(D) Porque a declaração de inconstitucionalidade, em regra, produz efeitos a partir da decisão do STF, somente os servidores que ingressarem no serviço público depois do julgamento da ação direta de inconstitucionalidade estarão impedidos de receber a vantagem criada na lei criticada.
(E) A declaração de inconstitucionalidade do STF em ação direta de inconstitucionalidade, porque é abstrata, não produz nenhuma influência sobre a situação dos servidores que vinham recebendo a vantagem.

A: incorreta. Lei inconstitucional não pode continuar a produzir efeitos por ser nula de pleno direito; **B:** correta, porque a declaração de inconstitucionalidade tem eficácia *ex tunc* ou retroativa. Entretanto, é preciso considerar o caráter alimentar do salário, o que poderia justificar a não devolução dos valores já recebidos (daí a questão ter utilizado a expressão "em princípio"); **C:** incorreta. O princípio da irredutibilidade de vencimentos não neutraliza o princípio da supremacia da Constituição, de modo que não pode ser utilizado para justificar a produção de efeitos de lei inconstitucional. A depender do caso concreto, porém, o STF pode determinar que a declaração de inconstitucionalidade só tenha eficácia a partir do trânsito em julgado da decisão ou de outro momento que entender oportuno (art. 27 da Lei 9.868/1999); **D:** incorreta. A eficácia temporal da decisão de inconstitucionalidade é, em regra, retroativa ou *ex tunc*. A produção de efeitos a partir da decisão do STF é excepcional e depende dos requisitos listados no art. 27 da Lei 9.868/1999; **E:** incorreta. A declaração de inconstitucionalidade em ADIn gera efeitos contra todos e eficácia vinculante (art. 102, § 2º, da CF).

Gabarito "B"

(Auditor Fiscal da Receita Federal – 2002.2 – ESAF) Suponha que o Supremo Tribunal Federal tenha julgado, no mérito, definitivamente improcedente uma ação declaratória de constitucionalidade. A decisão já transitou em julgado. Com estas informações é seguro e certo afirmar que:

(A) A ação declaratória de constitucionalidade não foi proposta pelo Presidente da República.
(B) A lei é federal ou estadual, mas com certeza não é municipal.
(C) A lei não mais poderá ser aplicada por nenhum órgão do Poder Executivo Federal.
(D) Se a lei era estadual, a ação terá sido proposta pelo Governador do Estado.
(E) O resultado da decisão não cria obstáculo a que a lei venha a ser apreciada por outros órgãos do Judiciário, no exercício do controle incidental de constitucionalidade, e que a lei venha a ser declarada quer constitucional quer inconstitucional pelo julgador.

A: incorretas. A ADC pode ser proposta pelos legitimados listados no art. 103 da CF, dentre eles o Presidente da República; B e **D:** incorretas. Só cabe ADC de lei federal (art. 102, I, "a", da CF); **C:** correta. A decisão final em ADC produz eficácia contra todos e efeitos vinculantes para todos os órgãos da Administração Pública (art. 102, § 2º, da CF). **E:** incorreta. Conforme explicação da alternativa "C".

Gabarito "C"

(Auditor Fiscal da Previdência Social – 2002 – ESAF) Suponha que um servidor público da Administração autárquica se depare, num certo processo, com a necessidade de aplicar uma lei, cuja constitucionalidade lhe parece duvidosa. Ele entende que o STF deveria apreciar o tema, para pacificar a questão que lhe parece de especial importância. Assinale a única opção em que o servidor teria chance de ver o STF se manifestando sobre o mérito da questão que o preocupa.

(A) O servidor pode provocar o STF a analisar a constitucionalidade da lei, de modo abstrato, propondo uma arguição de descumprimento de preceito fundamental.

(B) O servidor pode provocar o Supremo Tribunal Federal a se manifestar sobre a questão, com efeitos para todas as pessoas, propondo ele próprio à Corte uma ação declaratória de constitucionalidade.

(C) O servidor pode pleitear, ele mesmo, ao Procurador-Geral da República que ajuíze uma ação direta de inconstitucionalidade contra a lei, mas o Procurador-Geral da República não estará obrigado a propor a demanda.

(D) O servidor deve dirigir-se ao Ministro de Estado a que a sua autarquia está subordinada, para que este, por intermédio do Advogado- Geral da União, provoque o Supremo Tribunal Federal a realizar o controle de constitucionalidade em abstrato da lei.

(E) O servidor pode requerer ao Ministério Público Federal que proponha uma ação civil pública que tenha como pedido único a declaração da inconstitucionalidade da lei com efeitos para todas as pessoas.

A: incorreta. Os legitimados para a ADPF são os mesmos para a propositura da ADIn, por força do art. 2º da Lei 9.882/1999; **B:** incorreta. O servidor não tem legitimidade para propor ADC (art. 103 da CF); **C:** correta. Qualquer cidadão pode representar ao Procurador-Geral da República pleiteando a propositura de ADIn ou ADC a respeito de alguma controvérsia constitucional. Entretanto, cabe apenas ao Procurador-Geral decidir sobre a propositura ou não da ação; **D:** incorreta. O AGU não é legitimado para a propositura de ADIn (art. 103 da CF), mas sim para a defesa da constitucionalidade do texto impugnado (art. 103, § 3º, da CF); **E:** incorreta. O controle de constitucionalidade em ACP é exercido incidentalmente, pois a inconstitucionalidade da norma é apreciada como causa de pedir e não como pedido principal da ação.

Gabarito "C"

(Auditor Fiscal do Trabalho – 2010 – ESAF) Sabe-se que a Constituição Federal sofre controle de diversas formas. Acerca do controle constitucional, é correto afirmar que

(A) é admitida a concessão de liminar em Ação Direta de Inconstitucionalidade, por omissão.

(B) o ajuizamento da Ação Direta de Inconstitucionalidade não se sujeita a prazos prescricional ou decadencial, vez que atos inconstitucionais não são suscetíveis de convalidação pelo decurso do tempo.

(C) o procedimento a ser seguido pela Ação Direta de Inconstitucionalidade por omissão não é o mesmo da ação de inconstitucionalidade genérica.

(D) a Ação Direta de Inconstitucionalidade, em face de sua natureza e finalidade especial, é suscetível de desistência a qualquer tempo.

(E) na Ação Direta de Inconstitucionalidade por omissão é obrigatória a oitiva do Advogado-Geral da União, tendo em vista que qualquer ato impugnado deve ser defendido.

A: Incorreta. De acordo com o STF, "a suspensão liminar de eficácia de atos normativos, questionados em sede de controle concentrado, não se revela compatível com a natureza e a finalidade da ação direta de inconstitucionalidade por omissão, eis que, nesta, a única consequência político-jurídica possível traduz-se na mera comunicação formal, ao órgão estatal inadimplente, de que está em mora constitucional". (ADI 267 MC, Rel. Min. Celso de Mello, Tribunal Pleno, julgado em 25/10/1990); **B:** correta, a nulidade se verifica desde a edição da lei, ainda que os efeitos da declaração de inconstitucionalidade possam ser excepcionalmente modulados no tempo (v. art. 27 da Lei 9.868/1999); **C:** Incorreta. O procedimento da ADIn por omissão é, no que couber, o mesmo da ADIn genérica (art. 12-E da Lei 9.868/1999). Da mesma forma, as regras concernentes à decisão da ADIn por omissão também são as mesmas da ADIn genérica (art. 12-H, *caput* e § 2º da Lei 9.868/1999); **D:** Incorreta. São vedadas a intervenção de terceiros e a desistência da ação, por se tratar de processo objetivo (arts. 5º e 7º da Lei 9.868/1999); **E:** Incorreta. O Procurador-Geral da República deverá ser previamente ouvido, por força do art. 103, § 1º, da CF. Já o Advogado-Geral da União, que funciona como curador da constitucionalidade da norma impugnada (art. 103, § 3º, da CF), tem sua participação dispensada por motivos óbvios: por se tratar de ADIn *por omissão*, não há texto legal a ser defendido.

Gabarito "B"

(Auditor Fiscal/RN – 2005 – ESAF) Sobre controle de constitucionalidade das leis e dos atos normativos, no direito brasileiro, julgue os itens a seguir e assinale a opção correta.

(A) O controle concentrado pelo Supremo Tribunal da constitucionalidade de leis federais foi introduzido no ordenamento jurídico brasileiro, em sede de direito constitucional, a partir da Constituição Federal de 1988.

(B) A medida cautelar, em sede de ação direta de inconstitucionalidade, tem eficácia erga omnes e, regra geral, será concedida com efeito ex tunc.

(C) Ao declarar a inconstitucionalidade de lei ou ato normativo, em sede de ação direta de inconstitucionalidade, poderá o Supremo Tribunal Federal, por maioria qualificada de seus membros, restringir os efeitos daquela declaração ou fixar data para que a declaração tenha eficácia.

(D) A decisão que julga procedente ou improcedente a ação direta de inconstitucionalidade é irrecorrível, não cabendo contra ela nenhum recurso ou mesmo a propositura de ação rescisória.

(E) Por ser uma ação objetiva, a declaração de constitucionalidade, em sede de ação declaratória de constitucionalidade, tem eficácia contra todos e efeito vinculante em relação aos Poderes Legislativo e Judiciário e à Administração Pública federal, estadual e municipal.

A: incorreta. O controle concentrado, ou direto, ou abstrato surgiu com a EC 16/1965; **B:** incorreta. Não reflete o disposto no art. 11, § 1º, da Lei 9.868/1999; **C:** correta. Conforme art. 27 da Lei 9.868/1999; **D:** incorreta. Cabe embargos de declaração (art. 26 da Lei 9.868/1999); **E:** incorreta. A produção de efeitos contra todos e vinculantes não decorre da natureza de ação objetiva, mas da própria Constituição (art. 102, § 2º, da CF). Ao exercer a competência prevista no art. 52, X, da CF, o Senado Federal autoriza a produção de efeitos contra todos de decisão tomada em processo subjetivo.

Gabarito "C"

(Auditor do Tesouro Municipal/Fortaleza-CE – 2003 – ESAF) Quando uma ação declaratória de constitucionalidade é julgada, no seu mérito, improcedente pelo STF, é possível afirmar que:

(A) A lei, objeto da ação, foi considerada inconstitucional.

(B) A lei, objeto da ação, pode ainda ser aplicada pela Administração Pública e pelos demais órgãos do Judiciário, enquanto não for ajuizada e julgada procedente uma ação direta de inconstitucionalidade tendo como objeto a mesma lei.

(C) Somente por meio do controle constitucional difuso a lei, objeto da ação declaratória de constitucionalidade, poderá ser declarada inconstitucional.

(D) Nada impede que os juízes e demais tribunais do país, em outros processos, venham a declarar a constitucionalidade da mesma lei.

(E) O Congresso Nacional estará proibido de editar outra lei com o mesmo teor da que foi objeto da ação declaratória de constitucionalidade.

A e **C**: A doutrina costuma dizer que a ADC é a ADIn com sinal trocado. Assim, ao se julgar improcedente o pedido da ADC (que visa a declaração de constitucionalidade, pode-se dizer que a lei foi considerada inconstitucional (V. art. 23 da Lei 9.868/1999); B e **D**: A decisão final na ADC tem eficácia contra todos e efeitos vinculantes (art. 28, parágrafo único, da Lei 9.868/1999); **E**: O efeito vinculante previsto no art. 28, parágrafo único, da Lei 9.868/1999, não atinge o Poder Legislativo, que pode editar novo ato com conteúdo idêntico ao declarado inconstitucional.

Gabarito "A"

(Auditor do Tesouro Municipal/Recife – PE – 2003 – ESAF) Assinale a opção correta.

(A) Lei municipal não pode ser objeto de ação direta de inconstitucionalidade perante o Supremo Tribunal Federal.

(B) Por força do princípio da hierarquia das leis, sempre que uma lei municipal estiver em conflito com uma lei votada na Assembleia Legislativa do Estado em que o Município se situa, a lei municipal deverá ser tida como inconstitucional.

(C) O Presidente da República é autoridade competente para propor ação declaratória de constitucionalidade de lei municipal perante o Supremo Tribunal Federal.

(D) Uma lei não pode ser declarada inconstitucional numa ação declaratória de constitucionalidade proposta perante o Supremo Tribunal Federal.

(E) O Tribunal de Justiça do Estado não tem competência para declarar a inconstitucionalidade de lei federal.

A: correta, por força do disposto no art. 102, I, "a", da CF; **B**: incorreta. Não há falar em hierarquia entre lei municipal, estadual e federal, mas em respeito à competência fixada na Constituição. Assim, se a lei estadual tratar de matéria atribuída ao município, a lei municipal será válida e a estadual inconstitucional; **C**: incorreta. Só a lei federal pode ser objeto de ADC (art. 102, I, "a", da CF); **D**: incorreta. Pode, se a ADC for julgada improcedente (v. art. 23 da Lei 9.868/1999); **E**: incorreta. O TJ pode declarar a inconstitucionalidade de leis, desde que tenha como parâmetro a Constituição Estadual.

Gabarito "A"

(Fiscal de Tributos/PA- 2002 – ESAF) Assinale a opção correta.

(A) Não somente leis estaduais, mas também certos atos do Executivo e do Judiciário estaduais podem ser objeto de ação direta de inconstitucionalidade perante o Supremo Tribunal Federal.

(B) Todo partido político tem legitimidade constitucional para ajuizar ação direta de inconstitucionalidade perante o STF.

(C) O STF não pode declarar a inconstitucionalidade de lei municipal em sede de controle de constitucionalidade em concreto.

(D) Lei estadual declarada inconstitucional pelo STF em ação direta de inconstitucionalidade somente perde eficácia depois de revogada por ato da Assembleia Legislativa estadual.

(E) Leis federais e estaduais podem ser objeto de ação declaratória de constitucionalidade perante o Supremo Tribunal Federal.

A: correta. Qualquer lei ou ato normativo federal ou estadual pode ser objeto de ADIn (art. 102, I, "a", da CF), como os decretos autônomos do Executivo ou as Resoluções do CNJ; **B**: incorreta. **Não reflete o disposto no art.103, VIII, da CF, que exige a existência de representação no Congresso Nacional**; **C**: incorreta. Não há óbice para declaração de inconstitucionalidade de lei municipal em controle difuso ou concreto. Só não há possibilidade de controle abstrato de leis municipais, ante a redação do art. 102, I, "a", da CF; **D**: incorreta. A perda de eficácia decorre da declaração de inconstitucionalidade, o que não impede futura revogação, que atinge a vigência da norma; **E**: incorreta. Só cabe ADC de lei federal (art. 102, I, "a", da CF).

Gabarito "A"

(Agente Tributário Estadual/MS – 2001 – ESAF) Sobre o controle de constitucionalidade das leis, é correto afirmar:

(A) Somente o Supremo Tribunal Federal pode realizar o controle direto da validade de uma lei estadual em face da Constituição Federal.

(B) Normalmente, a declaração de inconstitucionalidade de uma lei numa ação direta de inconstitucionalidade somente produz efeitos para o autor da ação. Os efeitos do julgamento somente serão estendidos para todas as pessoas se o Congresso Nacional suspender a execução da lei.

(C) Cabe ao Supremo Tribunal Federal julgar e processar ação declaratória de constitucionalidade tendo por objeto lei estadual, cuja validade esteja sendo objeto de contestação no Estado.

(D) O Governador do Estado pode propor ação direta de inconstitucionalidade contra lei municipal perante o Supremo Tribunal Federal.

(E) Somente atos do Poder Legislativo estão sujeitos ao controle abstrato de constitucionalidade.

A: correta. O controle direto nos tribunais de justiça só pode ter como parâmetro a Constituição Estadual; **B**: incorreta. A competência atribuída ao Senado Federal pelo art. 52, X, da CF, limita-se ao controle difuso ou incidental de constitucionalidade. No controle concentrado, a decisão do STF, por si só, já produz efeitos contra todos e vinculantes (art. 28, parágrafo único, da Lei 9.868/1999); **C**: incorreta. Só cabe ADC de lei federal (art. 102, I, "a", da CF); **D**: incorreta. Só cabe ADIn de lei federal ou estadual (art. 102, I, "a", da CF); **E**: incorreta. Qualquer lei ou ato normativo federal ou estadual pode ser objeto de ADIn e qualquer lei ou ato normativo federal pode ser objeto de ADC. Medidas provisórias são adotadas pelo Poder Executivo e podem ser objeto de controle abstrato.

Gabarito "A"

(Agente Tributário Estadual/MS – 2001 – ESAF) Sobre o controle de constitucionalidade no Brasil, é correto afirmar:

(A) Somente o Supremo Tribunal Federal pode exercer o controle abstrato da legitimidade de leis em face da Constituição Federal.

(B) Os Tribunais de Justiça podem declarar, incidentalmente, a inconstitucionalidade de leis em face da Constituição do Estado, mas não em face da Constituição Federal.

(C) Um juiz estadual, confrontado com uma questão de inconstitucionalidade de lei estadual, deve suspender o processo e submeter a questão ao Plenário ou ao órgão especial do Tribunal de Justiça a que se vincula.

(D) Somente juízes federais têm autorização constitucional para declarar, incidentalmente, a inconstitucionalidade de leis federais.

(E) O Congresso Nacional está expressamente autorizado pela Constituição a declarar a inconstitucionalidade de leis que ele próprio editou.

A: Correta. Os Tribunais de Justiça exercem controle abstrato de leis municipais ou estaduais em face da Constituição Estadual; **B:** incorreta. Em controle incidental, não há óbice para que os Tribunais de Justiça declarem a inconstitucionalidade de leis em face da Constituição Federal; C e **D:** incorretas. Qualquer juiz ou tribunal pode declarar a inconstitucionalidade de lei ou ato normativo, desde que em um caso concreto (controle difuso); **E:** incorreta. Não existe essa previsão na CF, embora haja casos de controle de constitucionalidade pelo Legislativo (rejeição de projeto de lei pela Comissão de Constituição e Justiça por inconstitucionalidade – controle preventivo – e não aprovação, pelo Congresso Nacional, de Medida Provisória inconstitucional – controle repressivo).

Gabarito "A".

(Técnico – ANEEL – 2009 – ESAF) Não tem legitimidade para propor a ação direta de inconstitucionalidade perante o Supremo Tribunal Federal:

(A) Presidente da República.

(B) Presidente do Congresso Nacional.

(C) Governador do Distrito Federal.

(D) Confederação sindical.

(E) Entidade de classe de âmbito nacional.

De acordo com o art. 103 da CF, são legitimados à propositura das ações do controle concentrado: I – o Presidente da República; II – a Mesa do Senado Federal; III – a Mesa da Câmara dos Deputados; IV a Mesa de Assembleia Legislativa ou da Câmara Legislativa do Distrito Federal; V o Governador de Estado ou do Distrito Federal; VI – o Procurador-Geral da República; VII – o Conselho Federal da Ordem dos Advogados do Brasil; VIII – partido político com representação no Congresso Nacional e a IX – confederação sindical ou entidade de classe de âmbito nacional. Desse modo, dentre as alternativas, o único que não tem legitimidade para propor a ação direta de inconstitucionalidade é o Presidente do Congresso Nacional.

Gabarito "B".

(Técnico – ANEEL – 2009 – ESAF) Assinale a opção correta.

(A) Uma norma que, embora não siga o processo legislativo indicado na Constituição para a sua feitura, não fere nenhum princípio material da mesma Constituição, não pode ser tida como inconstitucional.

(B) Uma emenda à Constituição não pode ser declarada norma inconstitucional.

(C) No Brasil, também um juiz de primeira instância pode declarar inconstitucional uma norma contrária à Constituição em vigor.

(D) Um artigo de lei complementar pode revogar dispositivo com ele incompatível de uma Emenda à Constituição.

(E) Se o artigo de uma lei, composta por vários dispositivos, é inconstitucional, necessariamente toda a lei deve ser considerada inválida.

A: errada. A norma pode ser declarada formalmente inconstitucional, pois viola regra de procedimento. Vale lembrar que existem dois tipos de inconstitucionalidade: formal (regras relativas ao processo legislativo e material (conteúdo). Ambas são passíveis de controle de constitucionalidade; **B:** errada. A emenda constitucional pode ser objeto de controle de constitucionalidade, pois ela é fruto do poder derivado reformador que, necessariamente, deve observar os limites trazidos pelo poder originário; **C:** correta. Em sede de controle difuso, aquele que se dá em um caso concreto, o juiz (1ª grau) pode, incidentalmente, declarar a inconstitucionalidade de uma norma contrária à Constituição em vigor. Nesse caso, os efeitos, em regra, só valem para as partes; **D:** errada. A emenda constitucional tem natureza de norma constitucional, portanto, está acima das leis. Assim, um dispositivo de lei complementar não tem o condão de revogar texto de emenda. Por outro lado, se uma lei complementar trouxer algo que seja incompatível com a emenda constitucional ela sim será tida como inconstitucional; **E:** errada. O STF, ao analisar a constitucionalidade de uma lei, se vale do princípio da parcelaridade, ou seja, declara inconstitucional apenas a parte da norma que colide com a CF. Desse modo, não é toda lei que é considerada invalida, mas tão somente os dispositivos que afrontam a CF. É possível, por exemplo, que um ou mais artigos, parágrafos, incisos, alíneas e até mesmo uma só palavra, sejam declarados inconstitucionais.

Gabarito "C".

5. DIREITOS E DEVERES INDIVIDUAIS E COLETIVOS

(Procurador da Fazenda Nacional – 2007 – ESAF) Assinale a opção correta no contexto dos direitos e das garantias fundamentais.

(A) Pelo princípio da árvore dos frutos envenenados ou proibidos, a tão só existência de prova reconhecidamente ilícita no processo basta para que a condenação seja nula, porquanto a proibição constitucional se harmoniza com a exigência de um processo contraditório, em que se assegure ampla defesa.

(B) Entre as características funcionais dos direitos fundamentais encontra-se a legitimidade que conferem à ordem constitucional e o seu caráter irrenunciável e absoluto, que converge para o sentido da imutabilidade.

(C) Na esfera administrativa do inquérito policial não sobressai a garantia constitucional expressa da ampla defesa e do contraditório, motivo pelo qual, visando à eficiência das investigações, e no contexto do princípio da proporcionalidade, é válida a vedação de consulta dos autos pelo defensor do indiciado, em se tratando de procedimento sigiloso.

(D) A conformação constitucional do mandado de injunção tem recebido novas leituras interpretativas do Supremo Tribunal Federal, motivo pelo qual a decisão nele proferida não se encontra mais limitada à possibilidade de declaração da existência da mora legislativa para a edição da norma regulamentadora específica, sendo atualmente aceitável a possibilidade, dentro dos limites e das possibilidades do caso concreto, de uma regulação provisória pelo próprio Judiciário.

(E) O direito de livre locomoção pode sofrer restrição, conforme previsto na Constituição, por meio da chamada reserva legal qualificada.

Com efeito, o STF tem dado mostras de que a posição *não concretista*, dominante por bom tempo naquela Corte, tem perdido campo para a *concretista*. A título de exemplo, o Supremo declarou a omissão legislativa e determinou, no que couber, a incidência da lei de greve do setor privado. Isso se deu ante a ausência de uma lei que disciplinasse a greve no setor público, direito consagrado no art. 37, VII, da CF. Adotou-se, pois, nesse caso, a *teoria concretista geral*.

Gabarito "D"

(Procurador da Fazenda Nacional – 2006 – ESAF) Assinale a opção correta.

(A) O direito constitucional de reunião não protege pretensão do indivíduo de não se reunir a outros.

(B) As limitações do financeiramente possível não têm aplicação quando se trata de definir o âmbito normativo dos direitos sociais previstos na Constituição.

(C) O direito de propriedade apresenta aspecto de direito a prestação jurídica.

(D) O fenômeno da colisão dos direitos fundamentais não é admitido como possível no ordenamento jurídico brasileiro, já que a Constituição não pode abrigar normas que conduzam a soluções contraditórias na sua aplicação prática.

(E) Verificado que um direito fundamental traz consigo um dever de proteção por parte do Estado, fica também caracterizado que incumbe ao Judiciário especificar como esse direito será protegido.

A: incorreta. Qualquer direito fundamental garantido pela CF abrange o direito de não usá-lo. Assim, o direito de reunião abrange o direito de não se reunir, o direito de crença garante o direito ao ateísmo e assim sucessivamente; **B:** incorreta. Para o STF, a teoria da reserva do possível é aplicável à concretização dos direitos sociais, mas desde que devidamente fundamentada, ou seja, o Poder Público não pode apenas alegar a insuficiência de recursos ou manipular indevidamente sua atividade financeira. Deve provar, objetivamente, a escassez de numerário para a efetivação das políticas públicas quanto aos direitos sociais; **C:** correta. A alternativa cobra conhecimentos sobre a teoria dos quatro *status*, proposta por Jellinek. Para o jusfilósofo, o indivíduo pode assumir diversas posições (*status*) frente ao Estado. Em uma delas, chamada de *status negativo*, o indivíduo tem garantido o direito de liberdade, de agir livremente, sem a interferência do Estado. Tal *status* está relacionado com os denominados "direitos de defesa", que impõem ao Estado uma obrigação de não fazer (por exemplo, o direito à liberdade). Outra posição que o indivíduo pode assumir é a de credor de uma obrigação positiva, uma prestação de fazer, do Estado, por isso chamado de *status positivo*. Aqui, cabe ao Estado prover as condições mínimas para subsistência do indivíduo. Esta posição está relacionada com os "direitos de prestação", que se subdividem em "prestação material", como o serviço público de saúde, e "prestação jurídica", o dever do Estado de legislar sobre o tema. Inserir o direito de propriedade nesta classificação importa em reconhecer que, ontologicamente, enquadra-se na categoria de "direitos de defesa" (liberdades negativas ou direitos fundamentais de 1º geração). Ocorre que, para o manejo completo dos poderes inerentes à propriedade, bem como as possibilidades de intervenção do estado para garantir o bem comum, é inafastável a criação de normas jurídicas, pelo que guarda aspecto de "direito de prestação jurídica"; **D:** incorreta. Ocorre a colisão de direitos fundamentais quando o exercício de um direito fundamental por determinada pessoa esbarra no exercício de outro direito fundamental por outra pessoa. Exemplo clássico é o conflito entre a liberdade de imprensa e o direito á intimidade. O STF reconhece a ocorrência de colisão de direitos fundamentais e determina, para sua solução, a aplicação do princípio da razoabilidade (ou proporcionalidade); **E:** incorreta. A especificação das normas constitucionais cabe à lei complementar ou lei ordinária, conforme estabelecido na CF. Compete ao Poder Judiciário compor os conflitos originados do desrespeito aos direitos constitucionais e, apenas excepcionalmente, determinar a forma de exercício deles, através do mandado de injunção.

Gabarito "C"

(Procurador da Fazenda Nacional – 2006 – ESAF) Assinale a opção correta.

(A) A vedação constitucional à pena de caráter perpétuo se circunscreve à esfera das reprimendas penais.

(B) Nenhum indivíduo pode, invocando a autonomia privada, contrair, por livre deliberação, obrigações que os poderes públicos não lhe poderiam impor.

(C) Somente no que tange aos direitos de índole trabalhistas dispostos no título da Constituição que cuida dos direitos fundamentais, pode-se falar em eficácia dos direitos fundamentais nas relações entre particulares.

(D) Os estrangeiros não residentes estão alijados da titularidade dos direitos fundamentais entre nós.

(E) Pessoa jurídica de direito público pode ser titular de direitos fundamentais invocáveis contra interesses de indivíduos.

A: incorreta. A CF não determina a limitação sugerida, entendendo a doutrina e a jurisprudência majoritárias que as penas não podem ter caráter perpétuo em nenhuma esfera (penal, civil, administrativa ou política); **B:** incorreta. A autonomia da vontade encontra limitações somente nos casos dispostos em lei (por exemplo, o Direito do Trabalho, que determina a presunção absoluta de prejuízo ao trabalhador caso este não goze dos direitos estabelecidos). O fato do Poder Público não ser atribuído de competência para impor certos deveres não afasta o poder de autodeterminação do indivíduo em assumi-los; **C:** incorreta. Diversos direitos fundamentais têm aplicação nas relações particulares. Além das questões trabalhistas, podemos invocar o direito à intimidade e à vida privada, bem como a possibilidade de oferecimento de *habeas corpus* contra ato praticado por particular; **D:** incorreta. A despeito do texto constitucional (art. 5º, *caput*) sugerir essa interpretação, o STF a repudia, afirmando que a qualificação subjetiva da pessoa não pode ser usada como fundamento para negação de direitos fundamentais, porque estes decorrem da natureza humana, independentemente de outras circunstâncias (STF, HC 97147/MT, DJ 04/08/2009); **E:** correta. As pessoas jurídicas, mesmo que de direito público, são sujeitos de direito, incluídos aqueles qualificados como fundamentais, podendo invocá-los em sua proteção, desde que compatíveis com sua condição. Um exemplo é o direito à imagem da pessoa jurídica de direito público, cuja violação importará na responsabilização por danos morais do ofensor.

Gabarito "E"

(Procurador da Fazenda Nacional – 2004 – ESAF) Assinale a opção correta.

(A) Não é cabível o mandado de segurança contra ato disciplinar.
(B) O conceito de casa, na garantia constitucional da inviolabilidade de domicílio, abrange também o compartimento privado onde alguém exerce profissão ou atividade.
(C) Somente quando munida de autorização judicial pode uma autoridade pública ingressar durante o dia ou durante a noite no domicílio de terceiro.
(D) A garantia da liberdade de manifestação de pensamento traz ínsita em si mesma a possibilidade do anonimato.
(E) A ofensa à imagem de um indivíduo pode gerar pretensão de indenização por danos materiais,não, porém, de indenização por danos meramente morais.

A: na nova sistemática do mandado de segurança, nos termos da Lei nº 12.016/09, não há qualquer restrição à sua concessão contra atos disciplinares; **B:** está correta, porque o conceito de casa é extraído, por analogia, do art. 150, §4º, do Código Penal, cujo inciso III contempla o compartimento não aberto ao público onde alguém exerce profissão ou atividade; **C:** a autorização judicial não autoriza a entrada na casa sem o consentimento do morador durante a noite (art. 5º, XI, da CF); **D:** incorreta. O art. 5º, IV, da CF veda expressamente o anonimato, não se configurando este, portanto, como parte integrante do direito á livre manifestação do pensamento; **E:** o direito à indenização por danos morais decorrentes de ofensa à imagem do indivíduo está previsto no art. 5º, X, da CF.

Gabarito "B"

(Procurador da Fazenda Nacional – 2004 – ESAF) Assinale a opção correta.

(A) O mandado de segurança impetrado contra ato do Superior Tribunal de Justiça deve ser impetrado originariamente no Supremo Tribunal Federal.
(B) Somente questões de direito não controvertidas podem ensejar a impetração de mandado de segurança.
(C) Concedido o mandado de segurança na primeira instância, a ordem deve ser invariavelmente obedecida pela autoridade coatora, mesmo que a liminar, com o mesmo objeto, anteriormente deferida no mesmo processo, tenha sido suspensa pelo Supremo Tribunal Federal.
(D) A entidade de classe tem legitimação para o mandado de segurança, ainda quando a pretensão veiculada interesse apenas a uma parte da respectiva categoria.
(E) A entidade de classe precisa da autorização expressa dos associados para impetrar mandado de segurança coletivo em favor dos associados.

A: incorreta, pois a competência originária, nesse caso, é do próprio STJ (art. 105, I, "b", da CF); **B:** incorreta. O mandado de segurança é cabível para defender direito líquido e certo, independentemente de sua origem ser controvertida ou não. Segundo a jurisprudência majoritária, a liquidez e certeza do direito decorrem dos fatos, ou seja, o que não se aceita em sede de mandado de segurança são fatos controvertidos, que demandem dilação probatória. No âmbito jurídico, ainda que questionável a lei de regência, não há óbice para a impetração; **C:** incorreta. A suspensão da liminar em mandado de segurança vigora até o trânsito em julgado da decisão definitiva da concessão da segurança (Súmula nº 626 do STF); **D:** correta, nos termos do art. 21 da Lei nº 12.016/09; **E:** incorreta. Exige-se, apenas, que a defesa seja pertinente às finalidades da entidade, dispensada autorização especial (art. 21 da Lei nº 12.016/09).

Gabarito "D"

(Procurador da Fazenda Nacional – 2004 – ESAF) Assinale a opção correta.

(A) Uma lei desarrazoada pode ser, por isso, declarada inconstitucional.
(B) Somente agentes públicos investidos em cargos públicos podem responder a mandado de segurança,na qualidade de autoridade coatora.
(C) O Pacto de San José, tratado que entrou em vigor no Brasil depois do advento da Constituição de 1988, revogou o dispositivo constitucional que admitia a prisão civil do depositário infiel.
(D) Somente cabe a ação popular quando comprovado de plano o grave prejuízo financeiro acarretado ao erário pela conduta do administrador-réu.
(E) O patrimônio dos indivíduos está garantido contra o confisco, não se admitindo a perda de bens como sanção criminal.

A: está correta. Devemos entender por lei desarrazoada aquela que não respeita o princípio da razoabilidade (ou proporcionalidade, para alguns), ou seja, seus efeitos não guardam relação aceitável, proporcional, com os motivos alegados. A questão, portanto, cinge-se à possibilidade de uma lei ser declarada inconstitucional apenas por ofender determinado princípio. Isto é totalmente possível segundo a jurisprudência do STF (v. ADI 3783/RO, DJ 17/03/11); **B:** particulares que ocupem determinados cargos em pessoas jurídicas de direito privado podem ser considerados como autoridades coatoras para fins de mandado de segurança (art. 1º, §1º, da Lei nº 12.016/09); **C:** incorreta, porque não houve revogação da CF. O STF atribui ao Pacto de São José da Costa Rica o atributo da supralegalidade: não tem força de emenda constitucional por não ter seguido os requisitos no art. 5º, §3º, da CF, mas tem o condão de afastar a validade de todas as normas infraconstitucionais que tratem da prisão civil do depositário infiel; **D:** não há necessidade de se demonstrar, de plano, o prejuízo ao erário, visto que a ação popular, nos termos da Lei nº 4.717/65, admite dilação probatória. Incorreta, portanto, a assertiva; **E:** incorreta. A proibição ao confisco é proteção de natureza tributária, estando a perda de bens expressamente prevista como sanção criminal pelo art. 5º, XLVI, "b", da CF.

Gabarito "A"

(Procurador da Fazenda Nacional – 2004 – ESAF) Assinale a opção correta.

(A) O mandado de segurança não pode ser impetrado para atacar decisão tomada em juízo criminal.
(B) Pacificou-se o entendimento de que o mandado de segurança coletivo tanto se presta à proteção de direitos subjetivos como de outros interesses dos beneficiados pela impetração.
(C) O mandado de segurança contra ato do Procurador-Geral da Fazenda Nacional deve ser impetrado perante a Justiça Federal de primeira instância.

(D) Se, no curso do mandado de segurança, não mais é fisicamente realizável a prestação pretendida pela ação, e se o juiz entende que houve ofensa ao direito do impetrante, deve a sentença condenar a impetrada em perdas e danos.

(E) Nos termos da jurisprudência do Supremo Tribunal Federal, não cabe a desistência do mandado de segurança, depois de proferida a sentença de mérito.

A: incorreta. Não há qualquer vedação ao manejo do mandado de segurança em matéria criminal, sendo célebre o exemplo de seu uso pelo advogado para garantir acesso aos autos de inquérito policial; **B:** incorreta. O mandado de segurança coletivo deve ter por objeto direitos difusos, coletivos ou individuais homogêneos (art. 21, parágrafo único, da Lei nº 12.016/09); **C:** correta. O Procurador-Geral da Fazenda Nacional não tem foro por prerrogativa de função em sede de mandado de segurança. Sendo autoridade federal, deve o mandado de segurança correr na Justiça Federal (art. 109, VIII, da CF); **D:** incorreta. Não cabe condenação a indenização em sede de mandado de segurança, diante da impossibilidade de dilação probatória a verificar o valor eventualmente devido. Nesse caso, deve o interessado buscar o ressarcimento pelas vias ordinárias; **E:** incorreta. A jurisprudência do STF fixou-se no sentido de autorizar a desistência do mandado de segurança a qualquer momento, mesmo após a decisão de mérito. Veja, entre outros, AI 609415 AgR/RS, DJ 03/05/2011.

Gabarito "C"

(Procurador da Fazenda Nacional – 2003 – ESAF) Assinale a opção correta.

(A) O *habeas corpus* é instrumento adequado para se impugnar ordem de juiz de primeiro grau de quebra de sigilo bancário.

(B) O sentenciado penal não pode ser preso para cumprir a sentença, enquanto dela pender recurso extraordinário, em virtude da presunção de inocência, que perdura enquanto não transitada em julgado a decisão condenatória.

(C) Não há reparação por danos morais sem prova de dano à reputação do autor da demanda.

(D) A Constituição Federal não admite perquirição sobre a culpa do particular, já que esta não pode atuar como circunstância liberatória da responsabilidade civil objetiva do Estado.

(E) O mandado de segurança é remédio constitucional adequado para cobrar do Estado verbas por ele devidas ao impetrante e não pagas oportunamente.

A: correta. o STF reconhece a idoneidade do *habeas corpus* para combater a quebra indevida de sigilo bancário do investigado (AI 573623 QO/RJ, DJ 31/10/06, HC 84869, DJ 19/08/2005); **B:** incorreta. O recurso especial e o recurso extraordinário, como regra, não tem efeito suspensivo, podendo, assim, a sentença ser executada enquanto pendentes seus julgamentos (art. 27, § 2º, da Lei nº 8.038/90); **C:** incorreta. Em determinadas situações, o dano moral é presumido, como no caso de devolução indevida de cheque (Súmula nº 388 do STJ); **D:** incorreta. Atualmente, rege a responsabilidade civil da Administração Pública a teoria do risco administrativo, segundo a qual a responsabilidade do Estado é objetiva, porém admite a verificação de eventuais excludentes da responsabilidade (culpa exclusiva da vítima, caso fortuito ou força maior). A alternativa refere-se à teoria do risco integral, que não encontra respaldo em nosso ordenamento; **E:** incorreta. O mandado de segurança não substitui a ação de cobrança (Súmula nº 269 do STF).

Gabarito "A"

(Procurador da Fazenda Nacional – 2003 – ESAF) Assinale a opção correta.

(A) As pessoas que se dedicam à vida pública abrem mão, implicitamente, da pretensão ao direito à privacidade.

(B) Lei não pode exigir autorização dos poderes públicos para o exercício de atividade econômica.

(C) Por ter que adotar o regime próprio das empresas privadas, as sociedades de economia mista não estão sujeitas à necessidade de licitar para adquirir bens e serviços.

(D) É cabível a ação popular para a proteção do meio ambiente.

(E) Os direitos sociais previstos na Constituição, por serem normas programáticas, não produzem efeitos jurídicos, senão depois de regulados pelo legislador ordinário.

A: incorreta. Os direitos fundamentais, dentre os quais se inclui o direito à intimidade, são irrenunciáveis. Ainda que exista um conflito corrente entre as pessoas públicas e a liberdade de imprensa, no qual o sopesamento dos princípios, por vezes, tende a autorizar a publicação de determinadas notícias, é certo que o núcleo da intimidade do indivíduo, por mais famoso que seja, não pode ser ofendido sem que disso resulte responsabilidade civil e eventualmente criminal ao ofensor. Mais correto seria dizer que, segundo parte da doutrina e jurisprudência, as pessoas públicas sofrem certa restrição ao seu direito à intimidade; **B:** incorreta. Determinadas atividades econômicas somente podem ser exercidas com autorização dos poderes públicos, como a pesquisa e a lavra de recursos minerais (art. 176 da CF) e a atividade rural por estrangeiros (art. 190 da CF); **C:** incorreta. As empresas públicas e sociedades de economia mista, por terem personalidade jurídica de direito privado e, também, integrarem a Administração Pública Indireta, sujeitam-se a regime jurídico híbrido, devendo cumprir as obrigações das empresas privadas e da Administração Pública, inclusive o dever de licitar (art. 37, XXI, da CF); **D:** correta, uma vez que a proteção ao meio ambiente está expressamente prevista dentre os objetos da ação popular (art. 5º, LXXIII, da CF); **E:** incorreta. O art. 5º, §1º, da CF garante eficácia plena e aplicabilidade imediata aos direitos fundamentais, o que inclui os direitos sociais (direitos fundamentais de segunda geração).

Gabarito "D"

(Advogado – IRB – 2006 – ESAF) Sobre direitos e garantias fundamentais, direitos e deveres individuais, difusos e coletivos e garantias constitucionais, assinale a única opção correta.

(A) A liberdade de manifestação do pensamento, nos termos em que foi definida no texto constitucional, só sofre restrições em razão de eventual colisão com o direito à intimidade, vida privada, honra e imagem.

(B) São imprescritíveis e insuscetíveis de graça ou anistia os crimes definidos como hediondos, na forma da lei.

(C) Por ser direito personalíssimo, os indivíduos só têm direito a receber dos órgãos públicos informações de seu interesse particular.

(D) Nos termos do texto constitucional, a todos são assegurados, como direito individual, os meios que garantam a celeridade da tramitação do processo judicial e administrativo.

(E) Com relação aos efeitos do mandado de injunção, o Supremo Tribunal Federal adota, de forma majoritária em suas decisões, a posição concretista individual intermediária.

A: incorreto, pois a única vedação constitucional diz respeito ao anonimato (art. 5º, inciso IV, da CF); **B:** incorreto, pois os crimes hediondos, embora sejam insuscetíveis de graça ou de anistia, não são imprescritíveis (art. 5º, inciso XLIII, da CF); **C:** incorreto, pois todos têm direito a receber dos órgãos públicos informações de seu interesse particular, ou de interesse coletivo ou geral, que serão prestadas no prazo da lei, sob pena de responsabilidade, ressalvadas aquelas cujo sigilo seja imprescindível à segurança da sociedade e do Estado (art. 5º, inciso XXXIII, da CF); **D:** correto (art. 5º, inciso LXXVIII, da CF); **E:** incorreto. Atualmente, existem cinco posicionamentos doutrinários em relação aos efeitos do mandado de injunção: posição não concretista; posição concretista individual; posição concretista individual direta; posição concretista individual intermediária; posição concretista geral. Atualmente, o STF adota a corrente concretista geral, ou seja, diante da omissão constitucional, pode a Corte implementar a normatividade geral, até que a omissão seja suprida (STF, MI 712, DJ 30/10/2008).

Gabarito "D".

(Analista-Tributário da Receita Federal – 2012 – ESAF) Sobre os direitos e deveres individuais e coletivos, assinale a única opção correta.

(A) O sigilo profissional constitucionalmente determinado exclui a possibilidade de cumprimento de mandado de busca e apreensão em escritório de advocacia.

(B) Os dados obtidos em interceptação de comunicações telefônicas, judicialmente autorizadas para produção de prova em investigação criminal ou em instrução processual penal, não podem ser usados em procedimento administrativo disciplinar instaurado contra a mesma pessoa investigada, haja vista que prevalece no texto constitucional o regime da independência das instâncias.

(C) Sob a perspectiva objetiva, os direitos fundamentais outorgam aos indivíduos posições jurídicas exigíveis do Estado, ao passo que, na perspectiva subjetiva, os direitos fundamentais representam uma matriz diretiva de todo o ordenamento jurídico, bem como vinculam atuação do Poder Público em todas as esferas.

(D) O conteúdo do princípio da dignidade da pessoa humana se identifica necessariamente com o núcleo essencial dos direitos fundamentais.

(E) O estatuto constitucional das liberdades públicas, ao delinear o regime jurídico a que estas estão sujeitas, permite que sobre elas incidam limitações de ordem jurídica, destinadas, de um lado, a proteger a integridade do interesse social e, de outro, a assegurar a coexistência harmoniosa das liberdades, pois nenhum direito ou garantia pode ser exercido em detrimento da ordem pública ou com desrespeito aos direitos e garantias de terceiros.

A: incorreta. A diligência é possível. A inviolabilidade do escritório não é absoluta, podendo ser declarada judicialmente caso haja suspeita de ocultação de pessoas e documentos de interesse para a instrução processual. O art. 7º da Lei 8.906/1994 (Estatuto da OAB) limita, porém, o alcance da diligência àquilo que não disser respeito ao exercício da advocacia; B: incorreta. É possível o instituto da prova emprestada, desde que garantidos o contraditório e a ampla defesa também no processo administrativo; C: incorreta. Os conceitos de perspectiva objetiva e subjetiva estão invertidos; D: incorreta. A dignidade da pessoa humana, não obstante esteja inserida em todo direito fundamental, com ele não necessariamente se identifica, vez que não há direito ou garantia absoluto em nosso ordenamento, porém há sempre de ser respeitada a dignidade; E: correta. Trata-se da possibilidade de relativização dos direitos e garantias fundamentais.

Gabarito "E".

(Analista-Tributário da Receita Federal – 2012 – ESAF) Sobre os direitos e deveres individuais e coletivos, assinale a única opção correta.

(A) A jurisprudência do Supremo Tribunal Federal firmou entendimento no sentido de que afronta o princípio da isonomia a adoção de critérios distintos para a promoção de integrantes do corpo feminino e masculino da Aeronáutica.

(B) Enquanto os direitos de primeira geração realçam o princípio da igualdade, os direitos de segunda geração acentuam o princípio da liberdade.

(C) O súdito estrangeiro, mesmo aquele sem domicílio no Brasil, tem direito a todas as prerrogativas básicas que lhe assegurem a preservação da liberdade e a observância, pelo Poder Público, da cláusula constitucional do devido processo legal.

(D) O Supremo Tribunal Federal reconheceu a necessidade do diploma de curso superior para o exercício da profissão de jornalista.

(E) As Comissões Parlamentares de Inquérito podem decretar a quebra do sigilo bancário ou fiscal, independentemente de qualquer motivação, uma vez que tal exigência está restrita às decisões judiciais.

A: incorreta. Desde o ano 2000, a jurisprudência do STF está consolidada no sentido oposto, de que tal diferenciação não ofende o princípio da isonomia porquanto as carreiras possuem estatutos jurídicos também distintos (RE 597359 AgR/RJ, DJ 28/05/2009, AI 586621 AgR/RJ, DJ 04/11/2008, RE 440725 AgR/RJ, DJ 06/12/2007); B: incorreta. A correlação está invertida. Os direitos fundamentais de primeira geração são as liberdades individuais, ao passo que os de segunda geração se ligam ao princípio da igualdade por determinar a atuação do Estado em prol daqueles que mais precisam em busca da igualdade material; C: correta. Os direitos e garantias fundamentais, dentre eles o devido processo legal, nada mais são do que a positivação dos direitos humanos, devendo ser respeitados independentemente da condição jurídica da pessoa. Ademais, o próprio art. 5º, *caput*, da CF assegura sua aplicação em prol dos estrangeiros residentes no país; D: incorreta. Ficou célebre a decisão do Pretório Excelso que dispensa tal formalidade para o exercício da profissão (RE 511961/SP, DJ 12/11/2009); E: incorreta. As decisões da CPI, mormente aquelas que impliquem restrição a direitos e garantias fundamentais, devem ser motivadas, independentemente de previsão constitucional expressa nesse sentido.

Gabarito "C".

(Analista-Tributário da Receita Federal – 2012 – ESAF) Sobre os direitos e deveres individuais e coletivos, assinale a única opção correta.

(A) É livre a manifestação do pensamento, sendo permitido o anonimato.
(B) Os direitos fundamentais se revestem de caráter absoluto, não se admitindo, portanto, qualquer restrição.
(C) As associações só poderão ser compulsoriamente dissolvidas ou ter suas atividades suspensas por decisão do Ministro da Justiça.
(D) O princípio da isonomia, que se reveste de autoaplicabilidade, não é suscetível de regulamentação ou de complementação normativa. Esse princípio deve ser considerado sob duplo aspecto: (i) o da igualdade na lei; e (ii) o da igualdade perante a lei.
(E) A Constituição Federal de 1988 admite a aplicação de pena de banimento.

A: incorreta. O anonimato é vedado pelo art. 5º, IV, da CF; B: incorreta. Não há direitos absolutos. Mesmo os direitos e garantias fundamentais comportam restrição quando há autorização constitucional nesse sentido ou se houver conflito aparente entre eles (veja-se, por exemplo, STF, ADC 29/DF, DJ 28/06/2012); C: incorreta. As associações somente poderão ser dissolvidas por determinação judicial (art. 5º, XIX, da CF); D: correta. O princípio da isonomia é norma constitucional de eficácia plena e aplicabilidade imediata, dispensando qualquer regulamentação. Realmente, pode ser analisado sob esses dois prismas: a igualdade material (igualdade na lei) e igualdade formal (igualdade perante a lei), conforme já decidiu o STF (AI 360461 AgR/MG, DJ 27/03/2008); E: incorreta. A pena de banimento foi expressamente proscrita do ordenamento jurídico pelo art. 5º, XLVII, "d", da CF.

Gabarito "D"

(Analista-Tributário da Receita Federal – 2012 – ESAF) Sobre os direitos e deveres individuais e coletivos, assinale a única opção correta.

(A) Ressalvadas as situações excepcionais taxativamente previstas no texto constitucional, nenhum agente público, ainda que vinculado à administração tributária do Estado, poderá, contra a vontade de quem de direito, ingressar, durante o dia, sem mandado judicial, em espaço privado não aberto ao público, onde alguém exerce sua atividade profissional, sob pena de a prova resultante da diligência de busca e apreensão assim executada reputar-se inadmissível.
(B) A Constituição Federal de 1988 admite a aplicação de pena de trabalhos forçados.
(C) A atividade de músico deve ser condicionada ao cumprimento de condições legais para o seu exercício, não sendo cabível a alegação de que, por ser manifestação artística, estaria protegida pela garantia da liberdade de expressão.
(D) A gravação de conversa telefônica feita por um dos interlocutores, sem conhecimento do outro, é considerada prova ilícita.
(E) A defesa da legalização das drogas em espaços públicos não constitui exercício legítimo do direito à livre manifestação do pensamento, sendo, portanto, vedada pelo ordenamento jurídico pátrio.

A: correta, conforme decidiu o STF no julgamento do HC 93050/RJ, DJ 31/07/2008; B: incorreta. A pena de trabalhos forçados foi expressamente proscrita do ordenamento jurídico pelo art. 5º, XLVII, "c", da CF; C: incorreta. A liberdade de exercício da atividade de músico, independentemente de quaisquer condições, foi garantida pelo STF no julgamento do RE 414426/SC, DJ 07/10/2011; D: incorreta. A gravação feita pelo próprio interlocutor é totalmente lícita, nos termos da iterativa jurisprudência do STF, inclusive em sede de repercussão geral (RE 583937 QO-RG/RJ, DJ 17/12/2009); E: incorreta. O STF decidiu, no contexto da ADPF 187, que é legítima a manifestação voltada à legalização das drogas, amparada que está pelos direitos de reunião e livre manifestação do pensamento.

Gabarito "A"

(Analista-Tributário da Receita Federal – 2012 – ESAF) Sobre os direitos e deveres individuais e coletivos, assinale a única opção correta.

(A) Ninguém será considerado culpado até a prolação da sentença penal condenatória.
(B) O exercício concreto da liberdade de expressão assegura ao jornalista o direito de expender críticas a qualquer pessoa, ainda que em tom áspero, contundente, sarcástico, irônico ou irreverente, especialmente contra as autoridades e aparelhos de Estado. No entanto, deve responder penal e civilmente pelos abusos que cometer, e sujeitar-se ao direito de resposta previsto no texto constitucional.
(C) Conceder-se-á mandado de injunção para proteger direito líquido e certo, não amparado por *habeas corpus* ou *habeas data*, quando o responsável pela ilegalidade ou abuso de poder for autoridade pública ou agente de pessoa jurídica no exercício de atribuições do Poder Público.
(D) Segundo a jurisprudência do Supremo Tribunal Federal, o foro especial para a mulher nas ações de separação judicial e de conversão da separação judicial em divórcio ofende o princípio da isonomia entre homens e mulheres ou da igualdade entre os cônjuges.
(E) Nos concursos públicos, é cabível a realização de exame psicotécnico, ainda que não haja previsão em lei, bastando, apenas, que o edital tenha regra específica sobre tal questão.

A: incorreta. Ninguém será considerado culpado até o trânsito em julgado da sentença penal condenatória (art. 5º, LVII, da CF); B: correta, nos exatos termos do quanto decidido pelo STF na ADI 4451 MC-REF/DF, DJ 30/06/2011; C: incorreta. O conceito apresentado é o do mandado de segurança. Mandado de injunção é o remédio constitucional destinado a prover omissão legislativa (art. 5º, LXIX e LXXI, da CF); D: incorreta. A jurisprudência do STF está consolidada no sentido oposto, de que não há ofensa ao princípio da isonomia (RE 227114/SP, DJ 15/02/2012); E: incorreta. Para o STF, a realização de exame psicotécnico em concursos públicos está vinculada à sua previsão legal (AI 758533 QO-RG/MG, DJ 12/08/2010).

Gabarito "B"

(Analista-Tributário da Receita Federal – 2012 – ESAF) Sobre os direitos e deveres individuais e coletivos, assinale a única opção correta.

(A) A garantia constitucional da ampla defesa não afasta a exigência do depósito como pressuposto de admissibilidade de recurso administrativo.

(B) Não viola a garantia constitucional de acesso à jurisdição a taxa judiciária calculada sem limite sobre o valor da causa.

(C) Os direitos fundamentais de defesa geram uma obrigação para o Estado de se abster, ou seja, implicam numa postura de natureza negativa do Poder Público. Assim, impõe-se ao Estado um dever de abstenção em relação à liberdade, à intimidade e à propriedade do cidadão, permitindo-se a intervenção estatal apenas em situações excepcionais, onde haja, ainda, o pleno atendimento dos requisitos previamente estabelecidos nas normas.

(D) A extradição será deferida pelo STF no caso de fatos delituosos puníveis com prisão perpétua, não sendo necessário que o Estado requerente assuma o compromisso de comutá-la em pena não superior à duração máxima admitida na lei penal do Brasil.

(E) Ninguém poderá ser compelido a associar-se ou a permanecer associado, salvo quando houver previsão específica em lei.

A: incorreta. Nos termos da Súmula Vinculante nº 21, é inconstitucional a exigência de depósito para a admissibilidade do recurso administrativo, justamente por ofender o princípio da ampla defesa; **B:** incorreta. Tal prática viola a Constituição, nos termos da Súmula nº 667 do STF; **C:** correta. Os direitos fundamentais de primeira geração, ou "de defesa", determinam um não fazer do Estado, o dever de respeitar as liberdades individuais estabelecidas pela Lei Maior; **D:** incorreta. A despeito de não constar da Constituição ou do Estatuto do Estrangeiro (Lei nº 6.815/1980), há precedente do STF vinculando a concessão da extradição à comutação da pena de prisão perpétua para prisão pelo tempo máximo previsto no Brasil (Ext 855/CL – Chile, DJ 01/07/2005); **E:** incorreta. Não há qualquer exceção à liberdade de associação (art. 5º, XX, da CF).

Gabarito "C"

(Analista-Tributário da Receita Federal – 2012 – ESAF) Sobre os direitos sociais, assinale a única opção correta.

(A) Não viola a Constituição o estabelecimento de remuneração inferior ao salário mínimo para as praças prestadoras de serviço militar inicial.

(B) O Supremo Tribunal Federal assentou o entendimento de que é possível a fixação do piso salarial em múltiplos do salário mínimo.

(C) A fundação de sindicato depende de autorização do Ministério do Trabalho.

(D) O aposentado filiado não tem direito a ser votado nas organizações sindicais.

(E) O texto constitucional prevê o direito ao Fundo de Garantia do Tempo de Serviço à categoria dos trabalhadores domésticos.

A: correta, nos termos da Súmula Vinculante 6: "Não viola a constituição o estabelecimento de remuneração inferior ao salário mínimo para as praças prestadoras de serviço militar inicial"; **B:** incorreta. Tal medida contraria o entendimento do STF esposado no AI 620193, AgR/PE, DJ 08/03/2012; **C:** incorreta. É livre a criação de sindicatos, não podendo a lei exigir autorização do Estado para tanto (art. 8º, I, da CF); **D:** incorreta. A participação política dos aposentados nos sindicatos de sua categoria profissional está assegurada pelo art. 8º, VII, da CF; **E:** incorreta quando da aplicação da prova. Em seu texto original, a CF realmente garantia o direito ao FGTS apenas aos segurados empregados. Tal direito foi estendido aos domésticos pela EC 72/2013 (art. 7º, parágrafo único, da CF).

Gabarito "A"

(Auditor Fiscal da Receita Federal – 2010 – ESAF) Nos termos da Constituição Federal de 1988, marque a opção incorreta.

(A) É assegurada, nos termos da lei, a prestação de assistência religiosa nas entidades civis e militares de internação privada ou pública.

(B) A prisão civil por dívida é cabível em se tratando de depositário infiel.

(C) O lazer é um direito social.

(D) A mulher é protegida quanto ao mercado de trabalho, mediante incentivos específicos.

(E) O trabalhador com vínculo empregatício permanente e o trabalhador avulso têm igualdade de direitos.

A: incorreta, devendo ser assinalada, pois não reflete o disposto no art. 5º, VII, da CF, segundo o qual "é assegurada, nos termos da lei, a prestação de assistência religiosa nas entidades civis e militares de internação coletiva"; **B:** correta. Essa alternativa é lamentável. A prisão civil por dívida é, em regra, vedada pelo nosso ordenamento. A Constituição Federal, entretanto, estabelece duas exceções à regra, legitimando a prisão civil do devedor que não paga pensão alimentícia e a do depositário infiel (art. 5º, LXVII, da CF). Entretanto, o Pacto de San José da Costa Rica, ratificado pelo Brasil, é ainda mais restritivo: só permite a prisão dos devedores de pensão alimentícia; ou seja, com base na Convenção Americana de Direitos Humanos, o depositário infiel não pode ser preso. O conflito entre a norma internacional e a norma constitucional foi inúmeras vezes analisado pelo STF que, em entendimento tradicional, decidia pela prevalência da Constituição e autorizava a prisão do depositário infiel. Ocorre que, em recente virada jurisprudencial (RE 466.343-1/SP, Rel. Min. Cezar Peluso), o STF acabou por consagrar a tese da *supralegalidade* dos tratados para concluir que a prisão do depositário infiel é ilícita. Com base no entendimento atual do STF, portanto, só é permitida a prisão do devedor de pensão alimentícia. Com base no texto expresso da CF (art. 5º, LXVII, da CF), cabe a prisão no caso de depositário infiel; **C:** correta. Art. 6º, *caput*, da CF; **D:** correta. Art. 6º, XX, da CF; **E:** correta. Art. 7º, XXXIV, da CF.

Gabarito "A"

(Analista-Tributário da Receita Federal – 2012 – ESAF) Assinale a única opção correta.

(A) O cargo de Ministro da Fazenda é privativo de brasileiro nato.

(B) O cargo de Ministro do Tribunal Superior do Trabalho é privativo de brasileiro nato.

(C) O brasileiro nato poderá ser extraditado no caso de comprovado envolvimento em tráfico ilícito de entorpecentes e drogas afins.

(D) São brasileiros natos os nascidos no estrangeiro, de pai brasileiro ou mãe brasileira, desde que qualquer deles esteja a serviço da República Federativa do Brasil.

(E) No sistema jurídico-constitucional pátrio, é cabível a aquisição da nacionalidade brasileira como efeito direto e imediato resultante do casamento civil.

A: incorreta. Com exceção do Ministro da Defesa, os cargos de Ministro são acessíveis a todos os brasileiros, natos ou naturalizados (art. 87 da CF); **B:** incorreta. Apenas os Ministros do STF devem ser brasileiros natos, não havendo disposição similar para os membros dos demais tribunais superiores, inclusive o TST (art. 111-A da CF);

C: incorreta. O brasileiro nato nunca será extraditado. A hipótese narrada aplica-se ao brasileiro naturalizado (art. 5º, LI, da CF); **D**: correta, nos termos do art. 12, I, "b", da CF); **E**: incorreta. Não há qualquer previsão nesse sentido em nossa Lei Maior (sobre o tema, leia-se o art. 12 da CF).

Gabarito "D"

(Auditor Fiscal da Receita Federal – 2010 – ESAF) Marque a opção correta, nos termos da Constituição Federal de 1988.

(A) São brasileiros natos os nascidos no estrangeiro de pai brasileiro ou de mãe brasileira, desde que sejam registrados em repartição brasileira competente e optem, em qualquer tempo, depois de residirem no Brasil, pela nacionalidade brasileira.

(B) Os direitos políticos serão cassados no caso de recusa a cumprir obrigação a todos imposta.

(C) É assegurado assistência gratuita aos filhos e dependentes desde o nascimento até 7 (sete) anos de idade em creches e pré-escolas.

(D) O Brasil se submete à jurisdição de Tribunal Constitucional Internacional a cuja criação tenha manifestado adesão.

(E) Nenhum brasileiro será extraditado, salvo o naturalizado, em caso de crime hediondo, praticado antes da naturalização.

NULA – Todas são incorretas. **A:** Só podem optar pela nacionalidade brasileira após atingida a maioridade (art. 12, I, "c", da CF); **B:** O art. 15 da CF veda expressamente a cassação de direitos políticos, prevendo hipóteses de perda ou de suspensão; **C:** Até 5 (cinco) anos, de acordo com o art. 7º, XXV, da CF; **D:** O art. 5º, § 4º, da CF refere-se a Tribunal Penal Internacional e não a Tribunal Constitucional Internacional; **E:** O art. 5º, LI, da CF refere-se a crime comum e não a crime hediondo.

(Auditor Fiscal da Receita Federal – 2010 – ESAF) Marque a opção correta.

I. Não cabe mandado de segurança contra os atos de gestão comercial praticados pelos administradores de concessionárias de serviço público.

II. Compete originariamente ao Supremo Tribunal Federal o julgamento de Habeas Corpus contra decisão de turma recursal de Juizados Especiais Criminais.

III. Consoante entendimento jurisprudencial predominante, não se exige negativa da via administrativa para justificar o ajuizamento do habeas data.

IV. O Supremo Tribunal Federal decidiu pela autoaplicabilidade do mandado de injunção, cabendo ao Plenário decidir sobre as medidas liminares propostas.

V. Consoante entendimento jurisprudencial dominante, o Supremo Tribunal Federal adotou a posição não concretista quanto aos efeitos da decisão judicial no mandado de injunção.

(A) I e V estão corretas.

(B) II e IV estão corretas.

(C) II e III estão incorretas.

(D) I e II estão corretas.

(E) III e IV estão incorretas.

NULA – Sem resposta. **I:** Correta, porque o art. 5º, LXIX, da CF exige que a ilegalidade ou o abuso de poder sejam praticados por autoridade pública ou agente de pessoa jurídica *no exercício de atribuições do Poder Público*, sendo certo que os atos comerciais não se enquadram nesse conceito; **II:** Errada. Sobre o tema, a Súmula 690/STF assim estabelecia: "Compete originariamente ao Supremo Tribunal Federal o julgamento de *habeas corpus* contra decisão de turma recursal de juizados especiais criminais". Esse entendimento, contudo, foi superado a partir do julgamento do HC 86.834/SP, Rel. Min. Marco Aurélio, julgado que firmou a competência do Tribunal de Justiça para julgamento do HC. De acordo com a nova orientação do Supremo Tribunal, compete ao Tribunal de Justiça local o julgamento de *habeas corpus* contra decisão de Turma Recursal de Juizado Especial Criminal. Isso porque, muito embora as turmas recursais funcionem como órgão de segunda instância recursal, elas não se incluem no conceito de *tribunal*, já que integradas por juízes de primeiro grau. Assim, deve-se aplicar a regra do art. 96, III, da CF para firmar a competência de julgamento do pedido formulado no HC. Além disso, o entendimento anterior do STF, de que cabia ao próprio Supremo o julgamento de HC contra ato de turma recursal de juizados especiais criminais, acabava por contrariar a taxatividade do rol de suas competências originárias, estabelecido no art. 102, I, do texto constitucional; **III:** A jurisprudência se firmou em sentido contrário, até porque o art. 8º, parágrafo único, da Lei 9.507/97, que disciplina o *habeas data*, determina que a "petição inicial deverá ser instruída com prova: I – da recusa ao acesso às informações ou do decurso de mais de dez dias sem decisão; II – da recusa em fazer-se a retificação ou do decurso de mais de quinze dias, sem decisão; ou III – da recusa em fazer-se a anotação a que se refere o § 2º do art. 4º ou do decurso de mais de quinze dias sem decisão"; **IV:** O mandado de injunção (art. 5º, LXXI, da CF) integra o conjunto dos "remédios constitucionais", pois visa tutelar *in concreto* os direitos subjetivos violados diante da falta de norma jurídica regulamentadora, referente a direitos ou prerrogativas referentes à nacionalidade, à soberania e à cidadania. É norma autoaplicável, muito embora não caiba liminar em seu procedimento (razão pela qual a alternativa está errada); **V:** Quanto aos seus efeitos, é muito importante observar que a doutrina majoritária defende que o provimento jurisdicional tem natureza constitutiva, ou seja, na ausência de norma regulamentadora, deve o órgão julgador suprir a omissão e formular a norma do caso concreto, com eficácia *inter partes*. Entretanto, por muitos anos a jurisprudência do STF não consagrou essa tese, orientando-se no sentido de que o provimento do MI tinha natureza meramente declaratória, limitando-se a dar ciência da mora legislativa ao órgão omisso, para que tomasse as providências necessárias quanto à edição do ato normativo (não concretista). Em alguns casos, o STF passou a regulamentar o direito violado, desde que o silêncio normativo fosse considerado desproporcional. Atualmente, porém, o STF tem adotado postura mais ativa no que tange ao Mandado de Injunção para viabilizar a própria fruição do direito subjetivo antes impedido de ser exercido por força de omissão legislativa inconstitucional (posição concretista). A questão, portanto, não tem resposta.

(Auditor Fiscal da Receita Federal – 2005 – ESAF) Sobre os direitos e garantias individuais e coletivos, na Constituição de 1988, marque a única opção correta.

(A) Em face da liberdade de associação para fins lícitos, as associações só poderão ter suas atividades suspensas por decisão judicial transitada em julgado.

(B) Nos termos da Constituição Federal, toda desapropriação por necessidade ou utilidade pública, ou por interesse social, dar-se-á mediante justa e prévia indenização em dinheiro.

(C) Segundo a Constituição Federal, os atos necessários ao exercício da cidadania serão gratuitos, na forma da lei.

(D) Havendo cônjuge ou filhos brasileiros, a sucessão de bens de estrangeiros situados no Brasil será sempre regulada pela lei brasileira.

(E) Segundo a Constituição Federal, a todos é assegurado o direito de obtenção de certidões em repartições públicas, para defesa de direitos e esclarecimento de situações de interesse pessoal, independentemente do pagamento de taxas, salvo nas hipóteses que a lei o exigir.

A: incorreta. O art. 5º, XVII, da CF deve ser interpretado em conjunto com o inciso XIX do mesmo artigo. Assim, só se exige trânsito em julgado para a dissolução compulsória da associação. A suspensão de atividades só pode ser determinada por decisão judicial, mas não se exige o trânsito em julgado da decisão nesse caso; **B:** incorreta. Não reflete o disposto no art. 5º, XXIV, da CF, que deve ser remetido aos arts. 182, § 4º, III, 184 e 243, todos da CF. Necessário observar que na hipótese do art. 184 da CF, apesar de falar em justa indenização, o pagamento não se dá em dinheiro, mas em títulos da dívida agrária; **C:** correta. Art. 5º, LXXVII, da CF; **D:** incorreta. Não reflete o disposto no art. 5º, XXXI, da CF; **E:** incorreta. Não reflete o disposto no art. 5º, XXXIV, "b", da CF, que impõe a gratuidade nesse caso.

Gabarito "C".

(Auditor Fiscal da Receita Federal – 2005 – ESAF) Sobre a tutela constitucional das liberdades, marque a única opção correta.

(A) Uma organização sindical, desde que em funcionamento há pelo menos um ano, poderá impetrar mandado de segurança coletivo em defesa de seus membros ou associados.

(B) Como definido no texto constitucional, o habeas corpus poderá ser utilizado para fazer cessar coação à liberdade de locomoção promovida por ato ilegal de particular.

(C) O ajuizamento da ação de habeas data, por ter as hipóteses de cabimento previstas no texto constitucional, dispensa a comprovação da negativa administrativa de fornecimento de informações relativas à pessoa do impetrante ou retificação de dados.

(D) Quanto aos efeitos do mandado de injunção, a jurisprudência dominante do Supremo Tribunal Federal filia-se à corrente concretista individual direta.

(E) A ação popular, por ter a possibilidade de condenação no ônus da sucumbência no caso de comprovada má-fé, não pode ser proposta por brasileiro com dezessete anos de idade, ainda que ele tenha realizado seu alistamento eleitoral.

A: incorreta. A CF exige também a constituição legal da entidade sindical, além do funcionamento há pelo menos um ano (Art. 5º, LXX, "b", da CF); **B:** correta. Art. 5º, LXVIII, da CF, que não faz menção a ato do Poder Público; **C:** incorreta. Não reflete o disposto no art. 8º, parágrafo único, da Lei 9.507/1999; **D:** incorreta. quando da elaboração da presente questão, o entendimento do STF era não concretista, ou seja, o mandado de injunção era considerado sucedâneo da ação direta de inconstitucionalidade por omissão. Atualmente, porém, o STF tem adotado postura mais ativa no que tange ao Mandado de Injunção para viabilizar a própria fruição do direito subjetivo antes impedido de ser exercido por força de omissão legislativa inconstitucional (v. MI 670/ES, MI 708/DF e MI 712/PA). Conforme notícia publicada no Informativo STF 477/2007, o STF julgou parcialmente procedente pedido formulado em mandado de injunção impetrado, contra o Presidente da República, por servidora do Ministério da Saúde, para, de forma mandamental, adotando o sistema do regime geral de previdência social (Lei 8.213/1991, art. 57), assentar o direito da impetrante à aposentadoria especial de que trata o § 4º do art. 40 da CF. Na espécie, a impetrante, auxiliar de enfermagem, pleiteava fosse suprida a falta da norma regulamentadora a que se refere o art. 40, § 4º, a fim de possibilitar o exercício do seu direito à aposentadoria especial, haja vista ter trabalhado por mais de 25 anos em atividade considerada insalubre — v. Informativos 442 e 450. Salientando o caráter mandamental e não simplesmente declaratório do mandado de injunção, asseverou-se caber ao Judiciário, por força do disposto no art. 5º, LXXI e seu § 1º, da CF, não apenas emitir certidão de omissão do Poder incumbido de regulamentar o direito a liberdades constitucionais, a prerrogativas inerentes à nacionalidade, à soberania e à cidadania, mas viabilizar, no caso concreto, o exercício desse direito, afastando as consequências da inércia do legislador; **E:** incorreta. A regra do art. 5º, LXXIII, da CF, não se aplica àquele que, entre 16 e 18 anos, possui título de eleitor, por não existir má-fé. Pode ser autor popular todo aquele que estiver no pleno gozo dos direitos políticos, ou seja, aquele que tem título de eleitor válido (art. 1º, § 3º, da Lei 4.717/1965).

Gabarito "B".

(Auditor Fiscal do Trabalho – 2010 – ESAF) A nacionalidade pode ter repercussões na vida de brasileiros e estrangeiros. Nos termos da Constituição Brasileira, é brasileiro nato:

(A) os nascidos na República Federativa do Brasil, ainda que de pais estrangeiros e mesmo que estes não estejam a serviço de seu país.

(B) os nascidos no estrangeiro, de pai brasileiro ou mãe brasileira, ainda que nenhum deles esteja a serviço da República Federativa do Brasil.

(C) os nascidos no estrangeiro, de pai brasileiro ou de mãe brasileira, desde que sejam registrados em repartição brasileira competente, ou venham residir na República Federativa do Brasil antes da maioridade e, alcançada esta, optem, em qualquer tempo, pela nacionalidade brasileira.

(D) os nascidos no estrangeiro, de pai brasileiro ou mãe brasileira, desde que venham a residir na República Federativa do Brasil e optem, em qualquer tempo, pela nacionalidade brasileira.

(E) os nascidos no estrangeiro, de pai brasileiro ou de mãe brasileira, desde que sejam registrados em repartição brasileira competente ou venham a residir na República Federativa do Brasil e optem, em qualquer tempo, depois de atingida a maioridade, pela nacionalidade brasileira.

De acordo com o art. 12, I, da CF, são brasileiros natos: a) os nascidos na República Federativa do Brasil, ainda que de pais estrangeiros, desde que estes não estejam a serviço de seu país; b) os nascidos no estrangeiro, de pai brasileiro ou mãe brasileira, desde que qualquer deles esteja a serviço da República Federativa do Brasil e c) os nascidos no estrangeiro de pai brasileiro ou de mãe brasileira, desde que sejam registrados em repartição brasileira competente ou venham a residir na República Federativa do Brasil e optem, em qualquer tempo, depois de atingida a maioridade, pela nacionalidade brasileira.

Gabarito "E".

(Auditor Fiscal do Trabalho – 2010 – ESAF) A doutrina constitucionalista tem comentado muito sobre os direitos dos trabalhadores garantidos constitucionalmente. Sobre tais direitos, considerando a doutrina de José Afonso da Silva, é correto afirmar que:

(A) a distinção entre trabalhadores urbanos e rurais ainda tem sua importância, pois ainda não gozam dos mesmos direitos.

(B) a garantia do emprego previsto pela Constituição não é, por si só, suficiente bastante para gerar o direito nela previsto, necessitando, por isso, de regulamentação.

(C) a Constituição Federal garantiu o direito ao gozo de férias anuais remuneradas estabelecendo o período de 30 dias.

(D) a Constituição conferiu direito à participação nos lucros ou resultados da empresa. Tal direito já pode ser exercido de imediato, em razão de a norma constitucional ser autoaplicável.

(E) a proteção do mercado de trabalho da mulher não é autoaplicável.

A: incorreta. Para José Afonso da Silva a distinção perdeu importância porque todos gozam dos mesmos direitos, inclusive quanto ao prazo prescricional relativo aos créditos resultantes da relação de trabalho. Para o autor, o que hoje importa é distinguir o trabalhador *doméstico* dos demais, pois enquanto o art. 7º refere-se a trabalhadores *urbanos e rurais*, seu parágrafo único assegura apenas alguns dos direitos listados no art. 7º aos domésticos; **B:** incorreta. A garantia de emprego diz respeito ao direito de o trabalhador conservar sua relação de emprego contra despedida arbitrária ou sem justa causa. Ainda de acordo com José Afonso da Silva, "a norma do art. 7º, I, é por si só suficiente para gerar o direito nela previsto. Em termos técnicos, é de aplicabilidade imediata, de sorte que a lei complementar apenas virá determinar os limites dessa aplicabilidade, com a definição dos elementos (despedida arbitrária e justa causa)"; **C:** incorreta. O art. 7º, XVII, da CF não estabeleceu prazo mínimo de férias, mas apenas o adicional mínimo de um terço a mais do salário normal; **D:** incorreta. O art. 7º, XI, da CF prevê a regulamentação do direito por lei, daí porque não é autoaplicável; **E:** correta, porque o art. 7º, XX, da CF prevê a regulamentação por lei.

Gabarito "E"

(Auditor Fiscal do Trabalho – 2010 – ESAF) A Constituição da República previu a chamada Tutela Constitucional das Liberdades. Assinale a assertiva que traz características corretas em relação aos instrumentos abaixo.

(A) Habeas corpus – trata-se de um recurso, estando, por isso, regulamentado no capítulo a eles destinados no Código de Processo Penal.

(B) Mandado de segurança – a natureza civil da ação impede o ajuizamento de mandado de segurança em matéria criminal, inclusive contra ato de juiz criminal, praticado no processo penal.

(C) Mandado de injunção – as normas constitucionais que permitem o ajuizamento do mandado de injunção não decorrem de todas as espécies de omissões do Poder Público, mas tão só em relação às normas constitucionais de eficácia limitada de princípio institutivo e de caráter impositivo e das normas programáticas vinculadas ao princípio da legalidade, por dependerem de atuação normativa ulterior para garantir sua aplicabilidade.

(D) Mandado de injunção – em razão da ausência constitucional, não é possível o mandado de injunção coletivo, não tendo sido, por isso, atribuída a legitimidade para as associações de classe, ainda que devidamente constituídas.

(E) Mandado de segurança – o mandado de segurança coletivo não poderá ter por objeto a defesa dos mesmos direitos que podem ser objeto do mandado de segurança individual.

O *habeas corpus* protege o direito de ir, vir e permanecer (art. 5º, LXVIII, da CF). O *habeas data* tem por objetivo: a) assegurar o conhecimento de informações relativas à pessoa do impetrante, constantes de registros ou bancos de dados de entidades governamentais ou de caráter público e b) a retificação de dados, quando não se prefira fazê-lo por processo sigiloso, judicial ou administrativo (art. 5º, LXXII, da CF). O mandado de segurança visa proteger direito líquido e certo (art. 5º, LXIX, da CF). A ação popular pode ser proposta pelo cidadão para anular ato lesivo ao patrimônio público ou de entidade de que o Estado participe, à moralidade administrativa, ao meio ambiente e ao patrimônio histórico e cultural (art. 5º, LXXIII, da CF). A ação civil pública é cabível para proteger o meio ambiente, o consumidor, a ordem urbanística, bens e direitos de valor artístico, estético, histórico, turístico e paisagístico e por infração da ordem econômica e da economia popular (art. 1º da Lei 7.347/1985). De todos os remédios constitucionais, apenas a ação civil pública não pode ser proposta por pessoa física (art. 5º da Lei 7.347/1985). O mandado de injunção tem por objetivo impedir que a falta de norma regulamentadora torne inviável o exercício de direitos relativos à nacionalidade, à soberania e à cidadania (art. 5º, LXXI, da CF), daí porque seu conceito relaciona-se com as normas de eficácia limitada.

Gabarito "C"

(Auditor Fiscal do Trabalho – 2010 – ESAF) A Constituição Federal estabelece em seu art. 50 os direitos e garantias fundamentais do cidadão, assunto bastante comentado pela doutrina pátria. A respeito do tema, é correto afirmar que

(A) o princípio do juiz natural deve ser interpretado buscando não só evitar a criação de tribunais de exceção, mas também de respeito absoluto às regras objetivas de determinação de competência, para que não sejam afetadas a independência e imparcialidade do órgão julgador.

(B) somente nas hipóteses constitucionais será possível a concessão da extradição, sem possibilidade de legislação federal infraconstitucional determinar outros requisitos formais.

(C) a tutela jurídica do direito de reunião se efetiva pelo habeas corpus, vez que o bem jurídico a ser tutelado é a liberdade de locomoção.

(D) o Supremo Tribunal Federal decidiu que é impossível a interceptação de carta de presidiário pela administração penitenciária, por violar o direito ao sigilo de correspondência e de comunicação garantido pela Constituição Federal.

(E) já está pacificado pelo Supremo Tribunal Federal que locais onde se exerce a profissão como escritório profissional não é domicílio para fins de aplicação do direito à inviolabilidade domiciliar, pois apesar de fechado tem livre acesso ao público.

A: correta. O princípio do juiz natural desdobra-se nas garantias insculpidas no art. 5º, XXXVII e LIII, da CF; **B:** incorreta. A Lei 6.815/1980 traz os requisitos e o procedimento para a extradição; **C:** incorreta. A liberdade de locomoção é tutelada pelo *habeas corpus* (art. 5º, LXVIII, da CF), mas a hipótese é de violação de direito líquido e certo, amparado por mandado de segurança. Isso porque o art. 5º, XVI, da CF, garante o direito de reunião independentemente de autorização, sendo exigida apenas comunicação prévia à autoridade competente. Assim, caso o Poder Público não respeite o direito assegurado constitucionalmente, caberá mandado de segurança; **D:** incorreta. O STF admitiu a interceptação de carta de presidiário sob o fundamento de que a "inviolabilidade do sigilo epistolar não pode constituir instrumento de salvaguarda de práticas ilícitas"; **E:** incorreta. A regra prevista no art. 5º, XI, da CF foi ampliada pela jurisprudência do STF para abranger também o escritório particular que funciona na casa do administrado.

Gabarito "A"

(Analista – ANEEL – 2004 – ESAF) Assinale a opção correta.

(A) No conflito entre um direito fundamental individual e um interesse público protegido constitucionalmente, este deve sempre preponderar.
(B) Os direitos individuais, no Brasil, somente podem ser invocados em juízo, depois de serem disciplinados pelo legislador infraconstitucional.
(C) Não há direito coletivo autoaplicável.
(D) A garantia do direito adquirido não é mais considerada entre nós um direito fundamental, podendo, por isso, ser superada por meio de emenda à Constituição.
(E) Em tempos de paz, é absoluta a incompatibilidade com a Constituição em vigor da instituição da pena de morte, mesmo que para crimes graves.

A: incorreto, pois havendo colisão entre direitos fundamentais ou entre direitos fundamentais e outros princípios constitucionais, não existe uma regra geral a respeito de qual deve prevalecer. Cabe ao juiz, sempre a partir do caso concreto, realizar um juízo de ponderação, aplicando o método da proporcionalidade, a fim de decidir qual princípio deverá prevalecer sobre o outro; **B:** incorreto, pois as normas definidoras de direitos e garantias fundamentais possuem aplicação imediata, de modo que se prescinde da conformação legislativa para o seu cumprimento. Nem mesmo diante de uma norma constitucional de eficácia limitada poderá o Poder Judiciário se furtar a garantir a proteção de um direito ou garantia fundamental (art. 5º, § 1º, da CF); **C:** incorreto, pois há sim direitos coletivos autoaplicáveis, mormente porque vários deles são consagrados através de normas constitucionais de eficácia plena. Ademais, pelas razões expostas na alternativa anterior, em se tratando de direito fundamental, por força do que dispõe a Constituição Federal, a aplicação deverá ser imediata; **D:** incorreto, pois a Constituição expressamente reconhece o direito adquirido enquanto direito fundamental (art. 5º, inciso XXXVI, da CF); **E:** correto, pois a Constituição proíbe a pena de morte, excetuando, todavia, a situação de guerra declarada (art. 5º, XLVII, da CF).

Gabarito "E"

(Analista – ANEEL – 2004 – ESAF) Suponha que uma associação legalmente constituída, reunindo torcedores de futebol de um certo time, se desvirtue e passe a patrocinar e a estimular atos de violência em estádios. Nessas circunstâncias, assinale a opção correta.

(A) A polícia tem legitimidade para dissolver compulsoriamente a atividade, independentemente de ordem judicial, embora o ato possa ser discutido, posteriormente, quanto ao seu mérito, em juízo.
(B) A associação somente pode ser compulsoriamente dissolvida por decisão judicial transitada em julgado.
(C) O Ministério da Justiça pode expedir ato de dissolução compulsória da associação, desde que garantido o direito de defesa dos seus integrantes.
(D) O Ministério Público pode expedir determinação de suspensão das atividades da associação, embora não possa, ele próprio, determinar a sua extinção.
(E) Se a associação é legalmente constituída, não há como ser compulsoriamente suspensa nem dissolvida, mas os seus membros podem ser responsabilizados pelos excessos que praticarem.

Conforme previsão constitucional expressa, as associações só poderão ser compulsoriamente dissolvidas ou ter suas atividades suspensas por decisão judicial, exigindo-se, no primeiro caso, o trânsito em julgado (art. 5º, inciso XIX, da CF).

Gabarito "B"

(Analista – ANEEL – 2004 – ESAF) Assinale a opção correta.

(A) A defesa da intimidade ou o interesse social podem fazer com que a lei restrinja a publicidade dos atos processuais.
(B) Inclui-se entre as atribuições da autoridade administrativa civil determinar a detenção de servidor público, que lhe seja subordinado, depois de apurada falta especialmente grave por ele cometida.
(C) Em caso de relevante interesse público, a Constituição expressamente permite que se prenda suspeito de prática de crime, sem a imediata comunicação do fato à sua família ou à pessoa por ele indicada.
(D) A garantia constitucional da ampla defesa e do contraditório se aplica ao processo judicial, mas não ao administrativo.
(E) Ninguém se pode recusar a responder a perguntas que lhe forem feitas por autoridade policial ou judicial.

A: correto, pois, em verdade, a lei só poderá restringir a publicidade dos atos processuais quando a defesa da intimidade ou o interesse social o exigirem (art. 5º, inciso LX, da CF); **B:** incorreto, pois a Constituição veda a prisão administrativa ao determinar que ninguém pode ser preso senão em flagrante delito ou por ordem escrita e fundamentada de autoridade judiciária competente, salvo nos casos de transgressão militar ou crime propriamente militar, definidos em lei (art. 5º, inciso LXI, da CF); **C:** incorreto, pois o texto constitucional não apresenta nenhuma exceção à garantia de que a prisão de qualquer pessoa e o local onde se encontre serão comunicados imediatamente ao juiz competente e à família do preso ou à pessoa por ele indicada (art. 5º, inciso LXII, da CF); **D:** incorreto, pois tais garantias aplicam-se às duas formas processuais (art. 5º, inciso LV, da CF); **E:** incorreto, pois é garantido ao preso o direito de permanecer calado (art. 5º, inciso LXIII, da CF).

Gabarito "A"

(Analista – ANEEL – 2004 – ESAF) O abuso de poder de autoridade, que, embora sem restringir a liberdade de locomoção, afeta o direito de várias pessoas de desempenhar uma profissão legítima pode ser atacado por meio de

(A) *habeas corpus*.
(B) mandado de injunção.

(C) mandado de segurança coletivo, impetrado por familiares das vítimas.
(D) mandado de segurança individual.
(E) *habeas data*.

Conceder-se-á mandado de segurança para proteger direito líquido e certo, não amparado por *habeas corpus* ou *habeas data*, quando o responsável pela ilegalidade ou abuso de poder for autoridade pública ou agente de pessoa jurídica no exercício de atribuições do Poder Público (art. 5º, inciso LXIX, da CF). Nesse caso, o mandado de segurança individual seria impetrado em litisconsórcio. Por outro lado, o mandado de segurança coletivo tem legitimidade restrita aos Partidos Políticos e às organizações sindicais, entidades de classe ou associações legalmente constituídas e em funcionamento há pelo menos um ano, em defesa dos interesses de seus membros ou associados. Entendemos, assim, que a alternativa "D"também poderia ser considerada certa, pois seria possível a impetração de mandado de segurança coletivo através da entidade sindical.

Gabarito "D"

(Analista – ANEEL – 2004 – ESAF) Assinale a opção correta.

(A) A propriedade é considerada um direito fundamental absoluto pela Constituição de 1988.
(B) Por força da soberania dos veredictos do tribunal do júri, não se admite nenhum recurso das decisões ali tomadas.
(C) Se uma pessoa é condenada à pena de reclusão pela prática de fato que, à época, era considerado crime e, mais tarde, durante o cumprimento da pena, uma nova lei deixa de considerar o mesmo fato como penalmente punível, deverá ser imediatamente solta.
(D) A lei que define uma conduta como crime pode ser usada para punir alguém que tenha praticado o fato antes do advento da mesma lei, dependendo da gravidade do acontecimento.
(E) Diante da proibição geral do confisco, a lei não pode instituir a perda de bens como pena por crime cometido.

A: incorreto, pois a propriedade, além de estar vinculada ao cumprimento da sua função social (art. 5º, XXIII, da CF), poderá ser desapropriada e, até mesmo, confiscada pelo poder público; **B:** incorreto, pois a soberania dos vereditos, assegurada expressamente pela Constituição, deve ser compreendida no sentido de que o mérito da decisão dos jurados que compõem o Conselho de Sentença não poderá ser revisto pelo juiz presidente. Todavia, em havendo nulidades processuais, a decisão poderá ser reformada através de recurso; **C:** correto, pois a lei penal que beneficia o réu retroage em seu favor (art. 5º, inciso XL, da CF), de modo que a conduta tornar-se-á atípica, determinando a imediata soltura do preso; **D:** incorreto, pois em face do princípio da anterioridade penal, não há crime sem lei anterior que o defina, nem pena sem prévia cominação legal (art. 5º, inciso XXXIX, da CF); **E:** incorreto, pois o perdimento de bens é previsto expressamente enquanto modalidade de pena permitida (art. 5º, inciso XLVI, alínea "b", da CF).

Gabarito "C"

(Analista – ANEEL – 2006 – ESAF) Assinale a opção correta.

(A) O indivíduo não pode, em caso algum, invocar suas convicções políticas para se escusar a cumprir uma obrigação legal a todos impostas, mas pode, para o mesmo fim, invocar crença religiosa bem demonstrada, sem perder os seus direitos de cidadão.
(B) Por ser a liberdade de expressão livre de censura, pacificou-se o entendimento de que não se pode punir a opinião divulgada que seja agressiva à honra de terceiros.
(C) Para a reparação do dano moral por ofensa à intimidade e à privacidade exige-se a ocorrência de ofensa à reputação do indivíduo.
(D) A casa é o asilo inviolável do indivíduo, não se podendo em nenhum caso nela penetrar, durante a noite, sem o consentimento do proprietário, nem mesmo com mandado judicial.
(E) A sala alugada, mas não aberta ao público, em que o indivíduo exerce a sua profissão, mesmo que ali não resida, recebe a proteção do direito constitucional da inviolabilidade de domicílio.

A: incorreto, pois "ninguém pode ser privado de direitos por motivo de crença religiosa ou de convicção filosófica ou política, salvo se as invocar para eximir-se de obrigação legal a todos imposta e se recusar a cumprir prestação alternativa, fixada em lei" (art. 5º, inciso VIII, da CF); **B:** incorreto, pois a proibição de censura diz respeito tão somente ao controle estatal realizado de forma prévia. Ademais, a própria Constituição consagra que a intimidade, a vida privada, a honra e a imagem das pessoas são invioláveis, assegurando o direito à reparação por danos morais e materiais (Art. 5º, inciso X, da CF). Assim, o direito a liberdade de expressão – assim como ocorre em regra com os demais direitos fundamentais – não é absoluto e não está imune a punições; **C:** incorreto, pois a reputação diz respeito à imagem, que não se confunde com a intimidade e a privacidade; **D:** incorreto, pois durante o período noturno, a inviolabilidade do domicílio é afastada nos casos de prisão em flagrante, de desastre ou para prestar socorro (art. 5º, inciso XI, da CF); **E:** correto, pois a jurisprudência do STF confere interpretação extensiva ao conceito de "casa", de modo a abarcar também o domicílio profissional (HC 93.050, DJ 31/07/2008).

Gabarito "E"

(Analista – ANEEL – 2006 – ESAF) Assinale a opção correta.

(A) Uma lei nova, desde que seja de ordem pública, pode incidir sobre prestações futuras de um contrato preexistente, admitindo-se, portanto, que assuma caráter retroativo.
(B) A garantia constitucional da irretroatividade da lei não é invocável pela entidade estatal que a tenha editado.
(C) Ofende a garantia da ampla defesa o indeferimento de prova em processo judicial ou administrativo por ser desnecessária.
(D) Todo brasileiro está legitimado para propor ação popular em defesa do patrimônio público contra lesões provenientes de atos ilegítimos dos poderes públicos.
(E) Sempre que um grupo de indivíduos sofre uma mesma lesão a direito individual pode buscar reparação por meio de mandado de segurança coletivo por ele mesmo impetrado.

A: incorreto, pois conforme a Jurisprudência do STF (ADI 493, DJ 04/09/1992), somente as normas constitucionais – e não qualquer norma de ordem pública – são dotadas de retroatividade mínima, vale dizer, embora tenham vigência imediata, afetam apenas as obrigações futuras dos negócios jurídicos anteriormente pactuados (proteção ao ato jurídico perfeito e ao direito adquirido – art. 5º, inciso XXXVI, da CF); **B:** correto, sendo este o conteúdo da Súmula 654 do

STF; **C:** incorreto, porque é em sentido contrário a jurisprudência do STF (RE 345.580, DJ 10/09/2004); **D:** incorreto, pois a legitimidade é de todo "cidadão" e não de todo "brasileiro" (art. 5º, inciso LXXIII, da CF). Nesse sentido, entende-se como cidadão o brasileiro que estiver no pleno gozo de seus direitos políticos; **E:** incorreto, pois o mandado de segurança coletivo somente pode ser impetrado por partido político com representação no Congresso Nacional ou organização sindical, entidade de classe ou associação legalmente constituída e em funcionamento há pelo menos um ano, em defesa dos interesses de seus membros ou associados.

Gabarito "B"

(Analista – ANEEL – 2006 – ESAF) Assinale a opção correta.

(A) Constitui prova ilícita a gravação, por um dos interlocutores, sem autorização judicial, de conversa telefônica, em que esteja sendo vítima de crime de extorsão.

(B) É necessariamente nulo todo o processo em que se descobre uma prova ilícita.

(C) É válida a prova de um crime descoberta acidentalmente durante a escuta telefônica autorizada judicialmente para apuração de crime diverso.

(D) A proibição do uso de prova ilícita não opera no âmbito do processo administrativo.

(E) A escuta telefônica determinada por membro do Ministério Público para apuração de crime hediondo não constitui prova ilícita.

A: incorreto, pois segundo a jurisprudência do STF, quando a gravação é feita por um dos interlocutores, a prova é lícita (RE 630.944, DJ 16/12/2011); **B:** incorreto, pois a nulidade da prova tem como efeito o seu simples desentranhamento do processo. Caso haja decisão lastreada na prova ilícita, poderá haver a sua anulação, mas jamais do processo como um todo; **C:** correto, sendo esta a posição consolidada na jurisprudência do STF (HC 78.098, DJ 06/08/1999); **D:** incorreto, pois a vedação Constitucional abrange não apenas o processo judicial como também o processo administrativo (art. 5º, inciso LVI, da CF); **E:** incorreto, pois somente mediante determinação judicial é que se permite a escuta telefônica, não detendo o Ministério Público legitimidade para fazê-lo de forma independente (art. 5º, inciso XII, da CF).

Gabarito "C"

(Analista – CGU – 2012 – ESAF) Os direitos e garantias fundamentais têm previsão constitucional e é sem dúvida um dos grandes avanços na busca pelas garantias do cidadão. Sobre o assunto, é correto afirmar que

(A) a Constituição assegura aos brasileiros e aos estrangeiros residentes no país, em igualdade de condições, os direitos e garantias individuais tais como: a inviolabilidade do direito à vida, à liberdade, à igualdade, à segurança e à propriedade, mas aos estrangeiros não se estende os direitos sociais destinados aos brasileiros.

(B) o Supremo Tribunal Federal afastou a chamada "barreira ao acesso ao Poder Judiciário", como definido pelo Ministro Eros Grau, quando declarou inconstitucional "toda a exigência de depósito prévio ou arrolamento prévio de dinheiro ou bens, para admissibilidade de recurso administrativo".

(C) o princípio da isonomia, que não se reveste de autoaplicabilidade, é enquanto postulado fundamental de nossa ordem político-jurídica, suscetível de regulamentação ou de complementação.

(D) as restrições constitucionais e legais pátrias incidem sobre os pedidos de extradição ativa, que consiste naqueles requeridos por Estados soberanos à República Federativa do Brasil.

(E) a liberdade de reunião não está plena e eficazmente assegurada, pois depende de lei que preveja os casos em que será necessária a comunicação prévia à autoridade bem como a designação, por esta, do local da reunião.

A: incorreto, pois a Constituição assegura aos estrangeiros residentes no país a proteção a todos os direitos e garantias fundamentais. Por outro lado, entende-se que a expressão "residentes" deve ser interpretada de forma extensiva, de movo a proteger inclusive o estrangeiro em trânsito, desde que esteja efetivamente em território brasileiro; **B:** correto (RE 370.927 AgR, DJ 06/12/2007 / Súmula Vinculante nº 21); **C:** incorreto, pois se trata sim de princípio autoaplicável, não obstante a possibilidade de regulamentação ou de complementação infraconstitucional; **D:** incorreto, pois nesse caso se trata de extradição passiva. Haveria extradição ativa se o Brasil fosse o requerente; **E:** incorreto, pois a Constituição prescreve que todos podem reunir-se pacificamente, sem armas, em locais abertos ao público, independentemente de autorização, desde que não frustrem outra reunião anteriormente convocada para o mesmo local, sendo apenas exigido prévio aviso à autoridade competente (art. 5º, inciso XVI).

Gabarito "B"

(Analista – CGU – 2008 – ESAF) Assinale a única opção que esteja em consonância com os direitos e deveres individuais e coletivos assegurados pela Constituição.

(A) A recusa de oficial do registro civil de registrar também no nome do companheiro filho de pessoa que não seja casada, quando a mulher comparecer sozinha para fazer o registro da criança, não viola a igualdade de homens e mulheres em direitos e obrigações nos termos da Constituição.

(B) É livre a expressão da atividade intelectual, artística, científica e de comunicação, observados os limites estabelecidos pela censura e obtenção de licença nos termos da lei.

(C) São invioláveis a intimidade, a vida privada, a honra e a imagem das pessoas, assegurado o direito a pagamento pela utilização devidamente autorizada e o direito a indenização pelo dano material ou moral decorrente de sua violação.

(D) Nenhuma pena passará da pessoa do condenado, mas a obrigação de reparar o dano e a decretação do perdimento de bens vai até o limite do valor do patrimônio dos sucessores.

(E) A prática do racismo constitui crime inafiançável e imprescritível, sujeito à pena de reclusão, nos termos da lei.

A: incorreto (art. 5º, inciso I, da CF); **B:** incorreto, pois a liberdade se dá independentemente de censura e de licença (art. 5º, inciso IX, da CF); **C:** incorreto, pois a Constituição não assegura o direito ao pagamento pela utilização devidamente autorizada; **D:** incorreto, pois a obrigação de reparar o dano e a decretação de perdimento de bens vai até o limite do patrimônio transferido e não do patrimônio dos sucessores (art. 5º, inciso XLV, da CF); **E:** correto (art. 5º, inciso XLII, da CF).

Gabarito "E"

(Analista – MDICE – 2012 – ESAF) A respeito da tutela constitucional das liberdades, é correto afirmar que

(A) o *habeas corpus* poderá ser utilizado para a correção de qualquer inidoneidade, mesmo que não implique coação ou iminência direta de coação à liberdade de ir e vir.

(B) será possível à pessoa jurídica figurar como paciente na impetração de *habeas corpus*.

(C) o entendimento pacificado nos Tribunais Superiores é o de que não se concederá *habeas data* caso não tenha havido uma negativa do pedido no âmbito administrativo.

(D) o cabimento do mandado de segurança ocorrerá mesmo quando existir decisão judicial da qual caiba recurso suspensivo.

(E) os processos de *habeas data* terão prioridade sobre qualquer outro processo.

A: incorreto, pois se trata de ação cabível exclusivamente quando alguém sofrer ou se achar ameaçado de sofrer violência ou coação em sua liberdade de locomoção, por ilegalidade ou abuso de poder; **B:** incorreto, pois somente a pessoa natural pode ter sua liberdade de locomoção ameaçada ou violada; **C:** correto, pois a ausência de recusa implica a falta de interesse de agir (art. 8º, parágrafo único, inciso I, da Lei 9.507/1997); **D:** incorreto, pois a Lei de Mandado de Segurança determina expressamente que não caberá a ação constitucional quando se tratar de ato do qual caiba recurso administrativo com efeito suspensivo, independentemente de caução (art. 5º, inciso I, da Lei 12.016/2009); **E:** incorreto, pois não há qualquer norma processual nesse sentido.

Gabarito "C"

(Analista – Ministério da Int. Nacional – 2012 – ESAF) Sobre os direitos fundamentais individuais previstos na Constituição da República Federativa do Brasil de 1988, é correto afirmar que

(A) a casa do indivíduo, enquanto seu domicílio é violável durante a noite mediante ordem judicial.

(B) a casa do indivíduo, enquanto seu domicílio é violável, porém somente durante o dia, em caso de flagrante delito ou desastre.

(C) a liberdade de consciência autoriza o cidadão a se escusar do cumprimento de obrigação jurídica a todos imposta, desde que se submeta à correspondente prestação alternativa se assim previsto em lei.

(D) o direito de reunião pacífica não contempla, sem prévia anuência expressa da autoridade pública de trânsito, a realização de manifestação coletiva, com objetivo de protesto contra a carga tributária, em via pública de circulação automobilística.

(E) no caso de iminente perigo público, a autoridade competente poderá usar de propriedade particular, vedada ao proprietário indenização ulterior.

A e **B:** incorreto, pois a Constituição prescreve que a casa é asilo inviolável do indivíduo, ninguém nela podendo penetrar sem consentimento do morador, salvo em caso de flagrante delito ou desastre, ou para prestar socorro, ou, durante o dia, por determinação judicial (art. 5º, inciso XI, da CF); **C:** correto (art. 5º, inciso VIII, da CF); **D:** incorreto, pois o exercício do direito de reunião prescinde de prévia anuência, sendo apenas necessário o aviso prévio à autoridade competente (art. 5º, inciso XVI, da CF); **E:** incorreto, pois, nos casos de requisição pública, a Constituição garante ao proprietário a indenização ulterior, se houver dano (art. 5º, inciso XXV, da CF).

Gabarito "C"

(Analista – Ministério da Int. Nacional – 2012 – ESAF) Sobre o direito de acesso à informação pública, naquilo em que constitucionalmente disposto como direito fundamental ou como base da Administração Pública, é <u>incorreto</u> afirmar que

(A) todos têm direito a receber dos órgãos públicos informações de seu interesse particular, que serão prestadas no prazo da lei, sob pena de responsabilidade, ressalvadas aquelas cujo sigilo seja imprescindível à preservação ou da intimidade, da vida privada, da honra e da imagem de outras pessoas, ou à segurança da sociedade e do Estado.

(B) são a todos assegurados, independentemente do pagamento de taxas, a obtenção de certidões em repartições públicas, para defesa de direitos e esclarecimento de situações de interesse pessoal.

(C) a publicidade dos atos, programas, obras, serviços e campanhas dos órgãos públicos deverá ter caráter educativo, informativo ou de orientação social, dela apenas podendo constar nomes, símbolos ou imagens que caracterizem promoção pessoal de autoridades ou servidores públicos quando estes sejam diretamente responsáveis pelos respectivos atos, programas, obras, serviços ou campanhas.

(D) todos têm direito a receber dos órgãos públicos informações de interesse coletivo ou geral, que serão prestadas no prazo da lei, sob pena de responsabilidade, ressalvadas aquelas cujo sigilo seja imprescindível à preservação ou da intimidade, da vida privada, da honra e da imagem de outras pessoas, ou à segurança da sociedade e do Estado.

(E) na forma da lei disciplinadora das formas de participação dos usuários na administração pública direta e indireta, é garantido o acesso dos usuários a registros administrativos e informações sobre atos de governo, ressalvados aqueles cujo sigilo seja imprescindível à preservação ou da intimidade, da vida privada, da honra e da imagem de outras pessoas, ou à segurança da sociedade e do Estado.

A: correto (art. 5º, inciso XXXIII, da CF); **B:** correto (art. 5º, inciso XXXIV, alínea "b", da CF); **C:** incorreto, pois a Constituição determina expressamente que a publicidade dos atos, programas, obras, serviços e campanhas dos órgãos públicos deverá ter caráter educativo, informativo ou de orientação social, dela não podendo constar nomes, símbolos ou imagens que caracterizem promoção pessoal de autoridades ou servidores públicos (art. 37, § 1º, da CF); **D:** (art. 5º, inciso XXXIII, da CF); **E:** correto (art. 37, § 3º, inciso II, da CF).

Gabarito "C"

(Analista – MPU – 2004 – ESAF) Assinale a opção correta:

(A) Os direitos fundamentais, na ordem constitucional brasileira, não podem ter por sujeitos passivos pessoas físicas.

(B) Toda gravação de conversa telefônica sem autorização de autoridade judicial constitui prova ilícita.

(C) O Ministério Público tem o poder de, em procedimento de ordem administrativa, determinar a dissolução compulsória de associação que esteja sendo usada para a prática de atos nocivos ao interesse público.

(D) O direito de reunião em lugares abertos ao público não depende de prévia autorização de autoridade pública.

(E) A existência, num processo administrativo ou penal, de prova ilicitamente obtida contamina necessariamente todo o feito, tornando-o nulo.

A: Os direitos fundamentais são oponíveis contra o Estado (eficácia vertical) e entre os próprios particulares (eficácia horizontal dos direitos fundamentais); **B:** O art. 5º, XII, parte final, da CF, estabelece exceção à regra (por ordem judicial, nas hipóteses e na forma que a lei estabelecer, para fins de investigação criminal ou instrução processual penal). Além disso, pode ser utilizada em legítima defesa do interlocutor que participou da conversa e a gravou; **C:** Não reflete o disposto no art. 5º, XIX, da CF; **D:** Correta, pois o art. 5º, XVI, da CF só exige prévia comunicação à autoridade competente para que sejam tomadas as providências necessárias para a organização da reunião; **E:** A existência de provas ilícitas não anula todo o processo administrativo ou penal, mas não podem ser consideradas e não têm força probante, devendo ser retiradas dos autos. Importante observar que, se de uma prova ilícita decorreram outras provas, todas são consideradas ilícitas – as originárias e as derivadas – o que o STF chama de "teoria dos frutos da árvore envenenada" ("fruits of the poisonous tree").

Gabarito "D"

(Analista – MPU – 2004 – ESAF) Sobre direitos e garantias fundamentais, na Constituição de 1988, marque a única opção correta.

(A) O seguro contra acidentes do trabalho, quando feito pelo empregador, substitui eventuais indenizações por ele devidas quando o acidente com o empregado se der por culpa do empregador.

(B) A obrigação de reparação do dano decorrente da prática de um delito desaparece com a morte da pessoa condenada pela prática desse delito.

(C) As associações só poderão ser compulsoriamente dissolvidas por sentença judicial com trânsito em julgado.

(D) A condição de brasileiro nato só é assegurada ao filho de brasileiro nascido no exterior no caso dele vir a residir no Brasil e optar a qualquer tempo pela nacionalidade brasileira. – Se o pai ou a mãe estiver a serviço do Brasil ele é automaticamente brasileiro nato.

(E) O cargo de Ministro da Justiça é privativo de brasileiro nato.

A: Não reflete o disposto no art. 7º, XXVIII, da CF; **B:** Não reflete o disposto no art. 5º, XLV, da CF; **C:** Art. 5º, XIX, da CF; **D:** Não reflete o disposto no art. 12, I, "b" e "c", da CF; **E:** Não se encontra no rol do art. 12, § 3º, I a VII, da CF.

Gabarito "C"

(Técnico da Receita Federal – 2005 – ESAF) Sobre direitos e deveres individuais e coletivos, marque a única opção correta.

(A) No texto constitucional brasileiro, o direito de reunião pacífica, sem armas, em locais abertos ao público, independentemente de autorização, não sofre qualquer tipo de restrição.

(B) O ingresso na casa, sem consentimento do proprietário, só poderá ocorrer em caso de flagrante delito ou desastre ou, durante o dia, para a prestação de socorro.

(C) Segundo a Constituição Federal de 1988, a lei assegurará aos autores de inventos industriais privilégio permanente para sua utilização, bem como proteção às criações industriais e à propriedade das marcas.

(D) No caso de iminente perigo público, a autoridade competente poderá usar de propriedade particular, sendo assegurada ao proprietário, nos termos da Constituição Federal, a indenização pelo uso, independentemente de dano.

(E) Nos termos da Constituição Federal, as entidades associativas têm legitimidade para representar seus filiados judicial ou extrajudicialmente, apenas quando expressamente autorizadas.

A: incorreta, pois não reflete o disposto no art. 5º, XVI, da CF; **B:** incorreta, pois não reflete o disposto no art. 5º, XI, da CF; **C:** incorreta, pois não reflete o disposto no art. 5º, XXIX, da CF; **D:** incorreta, pois não reflete o disposto no art. 5º, XXV, da CF; **E:** correta. Art. 5º, XXI, da CF.

Gabarito "E"

(Auditor Fiscal/CE – 2006 – ESAF) Sobre a aplicabilidade das normas constitucionais e sobre os direitos e garantias fundamentais, marque a única opção correta.

(A) As normas definidoras dos direitos e garantias fundamentais têm aplicação imediata e eficácia plena.

(B) As normas constitucionais de eficácia contida são aquelas que apresentam aplicabilidade reduzida, haja vista necessitarem de norma ulterior para que sejam aplicadas.

(C) As normas constitucionais de eficácia limitada estreitam-se com o princípio da reserva legal, haja vista regularem interesses relativos à determinada matéria, possibilitando a restrição por parte do legislador derivado.

(D) O condicionamento da aplicação de direitos e garantias fundamentais à preexistência de lei não retira o poder normativo do dispositivo constitucional, haja vista impor ao legislador e ao aplicador da norma limites de atuação.

(E) Caberá mandado de injunção sempre que a falta de norma regulamentadora torne inviável o exercício de direitos e liberdades constitucionais e das prerrogativas inerentes à nacionalidade, à soberania e à cidadania. Logo, poderá ser impetrado o remédio constitucional para sanar a omissão de norma de eficácia contida.

A: incorreta. Nem todas as normas definidoras de direitos são de eficácia plena, ou seja, de aplicabilidade direta e eficácia imediata; **B:** incorreta. As normas constitucionais de eficácia contida são aquelas que, desde a promulgação da Constituição, têm eficácia plena, mas, no futuro, podem vir a ser restringidas pelo legislador infraconstitucional; **C:** incorreta. As normas constitucionais de eficácia limitada são as de aplicabilidade indireta e eficácia mediata, por dependerem da intermediação do legislador para que possam produzir seus efeitos jurídicos próprios. Não se referem a determinado grupo específico de matérias; **D:** correta. Toda norma constitucional, ainda que de eficácia limitada, possui eficácia para revogar as normas em contrário ou para servir de vetor de interpretação para o legislador ordinário; **E:** incorreta. A primeira parte da assertiva está correta (art. 5º, LXXI, da CF), mas o conceito relaciona-se com as normas de eficácia limitada, haja vista que as normas de eficácia contida possuem eficácia plena, apenas podendo ser restringidas no futuro.

Gabarito "D"

(Auditor Fiscal/CE – 2006 – ESAF) Sobre os direitos e garantias fundamentais, assinale a única opção correta.

(A) O indivíduo poderá se negar à prestação do serviço militar obrigatório, mesmo em tempo de guerra, alegando escusa de consciência (convicção filosófica). Todavia, não poderá se negar à prestação de atividade alternativa legalmente definida.

(B) A Constituição Federal de 1988 assegura o direito de reunião pacífica em locais públicos, independentemente de autorização, condicionado, entretanto, ao aviso prévio à autoridade competente e desde que não frustre outra reunião anteriormente convocada para o mesmo local.

(C) Segundo o texto constitucional, a criação de associações, na forma prescrita em lei, independe de autorização. Por outro lado, a dissolução de associações imprescinde de autorização legal, mesmo que seja a vontade de seus associados, haja vista a necessidade de se resguardar interesses públicos decorrentes da atividade.

(D) Segundo a Constituição Federal de 1988, todos têm direito de receber dos órgãos públicos informações de interesse coletivo ou geral, ressalvadas aquelas imperiosas à segurança nacional. Caso o Poder Público se negue à prestação das informações, o remédio constitucional cabível será o habeas data.

(E) O princípio da personificação da pena, contemplado no texto constitucional, informa que nenhuma pena passará da pessoa do condenado. Logo, se o condenado vier a falecer antes de restituir à vítima o equivalente aos danos que proporcionou, não poderá o seu espólio ser acionado para que cumpra a obrigação.

A: incorreta. A chamada escusa de consciência encontra-se prevista no art. 143, § 1º, da CF, cujo texto refere-se apenas ao tempo de paz. A negativa em prestar serviço alternativo gera perda de direitos políticos, na forma do art. 15, IV, da CF; **B:** correta. Art. 5º, XVI, da CF; **C:** incorreta. Não reflete o disposto no art. 5º, XVIII e XIX, da CF; **D:** incorreta. O art. 5º, XXXIII, da CF, garante a prestação de informações de caráter geral ou coletivo. Entretanto, não caberá *habeas data* em caso de negativa de fornecimento, haja vista que o remédio destina-se apenas à obtenção de informações pessoais (art. 5º, LXXII, da CF); **E:** incorreta. Não reflete o disposto no art. 5º, XLV, da CF.

Gabarito "B"

(Auditor Fiscal/MG – 2005 – ESAF) Assinale a opção correta.

(A) A Constituição enumera, de forma taxativa, no seu Título sobre Direitos e Garantias Fundamentais, os direitos individuais reconhecidos como fundamentais pela nossa ordem jurídica.

(B) As garantias constitucionais do direito adquirido e do ato jurídico perfeito não constituem cláusulas pétreas.

(C) Os direitos individuais fundamentais, por serem considerados cláusulas pétreas, somente podem ser abolidos ou modificados por meio de emenda à Constituição.

(D) O mandado de segurança, o habeas corpus e o mandado de injunção são instrumentos processuais que compõem o grupo das garantias constitucionais.

(E) O princípio da separação dos poderes impede que o juiz invoque o princípio da proporcionalidade como fundamento para a declaração de inconstitucionalidade de uma lei.

A: incorreta. Há outros direitos fundamentais no corpo da Constituição, como o princípio da anterioridade tributária, assim reconhecido pelo STF (ADI 939/DF, Rel. Sydney Sanches, DJ 18.3.1994). V. também art. 5º, § 2º, da CF; **B:** incorreta. Não reflete o disposto no art. 60, § 4º, IV, da CF (art. 5º, XXXVI, da CF); **C:** incorreta. Os direitos fundamentais, por serem cláusulas pétreas, não podem ser abolidos por emenda à Constituição (art. 60, § 4º, IV, da CF); **D:** correta, ao lado do *habeas data*, da ação civil pública e da ação popular, formando o chamado grupo dos "remédios constitucionais"; **E:** incorreta. Pelo princípio da separação de Poderes, é função típica ou precípua do Poder Judiciário julgar.

Gabarito "D"

(Auditor do Tesouro Municipal/Fortaleza-CE – 2003 – ESAF) Assinale a opção correta.

(A) A lei jamais pode conferir tratamento diferenciado entre homens e mulheres.

(B) O critério racial em nenhum caso pode servir de fundamento para a edição de uma lei.

(C) O princípio da isonomia pode exigir que seja editada lei diferenciando pessoas.

(D) No Brasil, a pena de morte é proibida em qualquer caso.

(E) A escuta telefônica, no Brasil, somente pode ocorrer por determinação do Poder Judiciário ou do Ministério Público.

A: incorreta. A igualdade entre homens e mulheres não afasta a possibilidade de estabelecimento de direitos diferenciados para mulheres ou para homens, desde que a distinção obedeça ao princípio da razoabilidade. Não há nenhuma inconstitucionalidade, por exemplo, em a mulher possuir período de licença-maternidade maior que o da licença-paternidade, notadamente porque a diferenciação se dá em função da necessidade de amamentação da criança (critério razoável). O princípio da igualdade, ao mesmo tempo em que veda as desigualdades, muitas vezes impõe o tratamento desigual; **B:** incorreta. Pode, desde que a "discriminação" seja positiva, ou seja, exemplo de ação afirmativa (lei de cotas para negros); **C:** correta. A doutrina costuma observar que o princípio da igualdade impõe que os iguais sejam tratados igualmente e os desiguais de forma desigual, na exata medida em que se desigualam. Aliás, legislar é, por princípio, diferenciar pessoas; **D:** incorreta, não reflete o disposto no art. 84, XIX, da CF (art. 5º, XLVII, a, da CF). **E:** Não reflete o disposto no art. 5º, XII, da CF. A escuta telefônica é matéria de "reserva de jurisdição", ou seja, só pode ser decretada pelo Poder Judiciário, e não pelo Ministério Público.

Gabarito "C"

(Auditor do Tesouro Municipal/Fortaleza-CE – 2003 – ESAF) Assinale a opção que contém direito classificado como direito social pela Constituição de 1988.

(A) Direito à saúde.
(B) Direito de herança.
(C) Liberdade de expressão.
(D) Inviolabilidade de domicílio.
(E) Liberdade de culto religioso.

Art. 6º da CF.

Gabarito "A".

(Auditor do Tesouro Municipal/Fortaleza-CE – 2003 – ESAF) Assinale a opção que indica ação de que apenas o cidadão brasileiro pode ser autor.

(A) Habeas corpus.
(B) Ação popular.
(C) Mandado de segurança.
(D) Mandado de injunção.
(E) Ação direta de inconstitucionalidade perante o Supremo Tribunal Federal.

A: incorreta. Não há referência ao cidadão como legitimado ativo exclusivo no art. 5º, LXVIII, da CF; **B:** correta. Pode ser autor popular todo aquele que estiver no pleno gozo dos direitos políticos (art. 5º, LXXIII, da CF), ou seja, aquele que tem título de eleitor válido (art. 1º, § 3º, da Lei 4.717/1965); **C:** incorreta. Não há referência ao cidadão como legitimado ativo exclusivo no art. 5º, LXIX, da CF; **D:** incorreta. Não há referência ao cidadão como legitimado ativo exclusivo no art. 5º, LXXI, da CF; **E:** incorreta. Podem propor ADIn perante o STF apenas os legitimados ativos listados no art. 103 da CF.

Gabarito "B".

(Auditor Fiscal/Recife-PE – 2003.2– ESAF) Sobre os direitos fundamentais, como concebidos pelo constituinte de 1988, é correto afirmar:

(A) O direito à vida foi consagrado como um direito absoluto pela Constituição, sendo que em nenhum caso se admite a pena de morte.
(B) O estrangeiro, no Brasil, não é titular de direitos fundamentais.
(C) Pessoas jurídicas não podem ser titulares de direitos fundamentais.
(D) Provas obtidas por meios ilícitos não são admissíveis no processo judicial, mas podem instruir o processo administrativo, em que se busca alcançar a verdade real.
(E) A presunção de inocência, entre nós, não é obstáculo a que o condenado por sentença penal ainda pendente de recurso seja preso para cumprir a pena imposta.

A: incorreta. Não reflete o disposto no art. 5º, XLVII, "a", parte final, da CF; **B:** incorreta. O art. 5º, *caput*, da CF garante proteção aos brasileiros e, expressamente, aos estrangeiros residentes no Brasil. De acordo com a doutrina e a jurisprudência, a norma deve ser interpretada extensivamente para tutelar também os estrangeiros de passagem pelo Brasil; **C:** incorreta. A pessoa jurídica é titular, por exemplo, do direito fundamental à honra objetiva (art. 5º, X, da CF). Daí a Súmula 227/STJ prever que: "A pessoa jurídica pode sofrer dano moral"; **D:** incorreta. Não reflete o disposto no art. 5º, LVI, da CF, que também se destina ao processo administrativo (V., tb., art. 30 da Lei 9.784/1999); **E:** correta. O princípio da presunção de inocência (art. 5º, LVII, da CF) não é absoluto, uma vez que não impede, por exemplo, a prisão em flagrante e a prisão preventiva (art. 5º, LXI, da CF). A execução provisória de sentença condenatória recorrível, hipótese da questão, é objeto de discussões acirradas na doutrina e na jurisprudência, mas a banca filia-se à posição de que não é obstada pelo princípio constitucional.

Gabarito "E".

(Auditor Fiscal/Recife-PE – 2003.2– ESAF) Quanto à ação popular, é correto afirmar:

(A) Todo brasileiro pode propor a ação popular.
(B) Um ato praticado por uma empresa pública pode vir a ser objeto de censura em ação popular.
(C) Julgada improcedente a ação popular, o seu autor deverá sempre ser condenado no pagamento dos ônus da sucumbência.
(D) Todo estrangeiro com residência permanente no Brasil, se demonstrar interesse na causa, pode propor ação popular.
(E) A ação popular não é instrumento processual adequado para a proteção do meio ambiente.

A: incorreta. A ação popular só pode ser proposta pelo *cidadão* (art. 5, LXXIII, da CF). Pode ser autor popular todo aquele que estiver no pleno gozo dos direitos políticos, ou seja, aquele que tem título de eleitor válido (art. 1º, § 3º, da Lei 4.717/1965); **B:** correta. Art. 5º, LXXIII, da CF; **C:** incorreta. A regra é o não pagamento, salvo nas hipóteses de má-fé (Art. 5º, LXXIII, da CF); **D:** incorreta. Como visto no item *a*, para ser autor popular é necessário ser cidadão. A nacionalidade brasileira é pressuposto para o exercício da cidadania, de modo que os estrangeiros, porque não podem ser cidadãos, tampouco são legitimados para propor ação popular; **E:** incorreta. Não reflete o disposto no art. 5º, LXXIII, da CF.

Gabarito "B".

(Auditor Fiscal/Recife-PE – 2003.2– ESAF) Assinale a opção correta.

(A) As normas da Constituição Federal que proclamam direitos sociais não possuem eficácia jurídica, uma vez que dependem sempre de especificação pelo legislador ordinário para que produza algum efeito.
(B) Fere o princípio da isonomia que a lei conceda incentivos específicos para a proteção do mercado de trabalho da mulher.
(C) A Constituição Federal determina que a lei estabeleça tratamento diferenciado entre profissionais que desempenham trabalho manual com relação aos que desempenham trabalho intelectual.
(D) Não se pode invocar a liberdade sindical para se criar um novo sindicato, quando já existe organização sindical na mesma base territorial para representar a mesma categoria profissional.
(E) Os trabalhadores são constitucionalmente obrigados a se filiar à organização sindical que representa a sua categoria profissional.

A: incorreta. Toda norma constitucional, ainda que veicule direito social, possui eficácia para revogar as normas em contrário ou para servir de vetor de interpretação para o legislador ordinário. Assim, mesmo tendo baixa densidade normativa, podem, por exemplo, servir como parâmetro para a declaração de inconstitucionalidade das leis que com elas colidem; **B:** incorreta. A igualdade entre homens e mulheres não afasta a possibilidade de estabelecimento de direitos diferenciados para mulheres ou para homens, desde que a distinção obedeça ao princípio da razoabilidade. Não há nenhuma inconstitucionalidade, por exemplo, em a mulher possuir período de licença-maternidade maior que o da licença-paternidade, notadamente porque a diferenciação se dá em função da necessidade de amamentação da criança (critério razoável). O princípio da igualdade, ao mesmo tempo em que veda as desigualdades, muitas vezes impõe o tratamento desigual; **C:** incorreta. Não reflete o disposto no art. 7º, XXXII, da CF; **D:** correta. Art. 8º, II, da CF; **E:** incorreta. Não reflete o disposto no art. 8º, V, da CF.

Gabarito "D"

(Fiscal de Tributos/PA – 2002 – ESAF) Assinale a opção correta.

(A) O princípio constitucional da igualdade entre homens e mulheres impede que se confira qualquer direito a pessoas do sexo feminino que não seja extensível também às do sexo masculino.

(B) Todos podem reunir-se pacificamente, sem armas, em locais abertos ao público, desde que não frustrem outra reunião anteriormente convocada para o mesmo local, sendo apenas exigida prévia autorização da autoridade competente.

(C) O jornalista está constitucionalmente obrigado a revelar a fonte das informações que divulga, sempre que concitado a tanto, por qualquer autoridade pública.

(D) O compartimento privado onde alguém exerce a sua profissão está abrangido pela proteção que o constituinte confere à casa do indivíduo.

(E) As associações podem ter as suas atividades suspensas por determinação de autoridade administrativa, quando essas atividades forem consideradas nocivas ao interesse público.

A: incorreta. O princípio da igualdade consiste em igualar os iguais e diferenciar os desiguais, na medida em que se desigualam. Assim, pode ser estabelecido direito só para as mulheres, desde que fundado em critério de escolha razoável, como ocorre na licença-maternidade. O princípio da igualdade, ao mesmo tempo em que veda as desigualdades, muitas vezes impõe o tratamento desigual; **B:** incorreta. Não reflete o disposto no art. 5º, XVI, da CF; **C:** incorreta. Não reflete o disposto no art. 5º, XIV, da CF; **D:** correta. De acordo com o STF, para ser destinatário da proteção constitucional o compartimento privado *não pode ser aberto ao público*. Confira-se: "Para os fins da proteção jurídica a que se refere o art. 5º, XI, da Constituição da República, o conceito normativo de 'casa' revela-se abrangente e, por estender-se a qualquer compartimento privado não aberto ao público, onde alguém exerce profissão ou atividade (CP, art. 150, § 4º, III), compreende, observada essa específica limitação espacial (área interna não acessível ao público), os escritórios profissionais, inclusive os de contabilidade, 'embora sem conexão com a casa de moradia propriamente dita' (NELSON HUNGRIA)" (HC 93050, Rel. Min. Celso de Mello). **E:** incorreta. Não reflete o disposto no art. 5º, XIX, da CF.

Gabarito "D"

(Agente Fiscal/PI – 2001 – ESAF) Assinale a opção correta.

(A) Demonstrado, num processo administrativo, que uma associação vem reiteradamente descumprindo obrigações legais de ordem tributária e praticando atos nocivos ao interesse público, pode ser decretada, no mesmo processo, a suspensão das suas atividades ou a sua dissolução compulsória.

(B) O direito de um grupo de pessoas de se reunir em lugar aberto ao público, para realizar manifestação de cunho político, subordina-se à prévia autorização de autoridade policial.

(C) O princípio constitucional da ampla defesa não exige que sejam admitidas todas as provas requeridas pelo acusado num processo administrativo.

(D) Durante o dia, agentes públicos de repartição de fiscalização tributária podem entrar na residência ou no escritório de pessoa sob a sua investigação, independentemente de autorização judicial, sempre que isso seja indispensável para preservar provas úteis à instrução de um processo administrativo.

(E) A lei pode criar a obrigatoriedade de filiação de trabalhadores ao sindicato da sua categoria.

A: incorreta. Não reflete o disposto no art. 5º, XIX, da CF; **B:** incorreta. Não reflete o disposto no art. 5º, XVI, da CF; **C:** correta. Art. 5º, LVI, da CF; **D:** incorreta. Não reflete o disposto no art. 5º, XI, da CF, que se estende ao escritório que funciona na casa do investigado; **E:** incorreta. Não reflete o disposto no art. 8º, V, da CF.

Gabarito "C"

(Agente Tributário Estadual/MS – 2001 – ESAF) Assinale a opção correta.

(A) Um agente da Administração fazendária tem o poder de dissolver uma associação ou sociedade civil cujos atos sejam contrários aos interesses do fisco.

(B) A Administração pode se recusar, segundo um juízo de conveniência e oportunidade insuscetível de ser impugnado em juízo, a fornecer certidão requerida por um indivíduo, desejoso de ver esclarecida certa situação do seu interesse pessoal.

(C) Independe de autorização judicial a escuta telefônica de indivíduo suspeito de sonegação fiscal, desde que a escuta se faça por determinação de autoridade fazendária, em processo administrativo regularmente aberto.

(D) O mandado de injunção é a garantia constitucional concebida para proteger direito líquido e certo contra abuso de autoridade pública.

(E) A Constituição Federal proíbe a prisão civil por dívida, mas admite que seja preso o responsável pelo inadimplemento voluntário e inescusável de obrigação alimentícia.

A: incorreta. Não reflete o disposto no art. 5º, XIX, da CF; **B:** incorreta. Não reflete o disposto no art. 5º, XXXIV, "b", da CF; **C:** incorreta. Não reflete o disposto no art. 5º, XII, da CF; **D:** incorreta. Não reflete o disposto no art. 5º, LXXI, da CF; **E:** correta. Art. 5º, LXVII, da CF.

Gabarito "E"

(Agente Tributário Estadual/MS – 2001 – ESAF) Sobre os direitos fundamentais, assinale a opção errada.

(A) Ninguém pode ser obrigado a se filiar a sindicato ou a associação de classe.

(B) Em nenhum caso a Constituição Federal admite pena cruel.

(C) A Constituição garante a todo o brasileiro nato não ser extraditado.

(D) Nenhuma lei penal pode retroagir.

(E) Nenhuma lei ordinária, mesmo que seja de ordem pública, pode prejudicar ato jurídico perfeito ou direito adquirido.

A: correta. Art. 8º, V, da CF; **B:** correta. Art. 5º, XLVII, "e", da CF; **C:** correta. Art. 5º, LI, da CF; **D:** incorreta,devendo ser assinalada, pois não reflete o disposto no art. 5º, XL, da CF; **E:** correta. Art. 5º, XXXVI, da CF.

Gabarito "D"

(Auditor Fiscal/Natal-RN – 2001 – ESAF) Assinale a opção correta.

(A) Informação sobre contribuinte, obtida por meio de escuta telefônica ilícita, não pode, por si só, ensejar condenação criminal do mesmo contribuinte e nem instruir processo administrativo para apuração de ilícito administrativo-tributário.

(B) As sentenças em processos judiciais não podem ser tornadas públicas, a não ser depois de transitadas em julgado, como exigência do princípio da presunção de inocência e da proteção da privacidade de todos os litigantes.

(C) A Administração pode-se recusar a dar certidão sobre documento que detenha, toda vez em que a divulgação do fato certificado não atender a requisitos de conveniência e de oportunidade administrativa.

(D) Em face do princípio da presunção de inocência, ninguém pode ser preso antes de transitada em julgado sentença condenatória criminal, ressalvada a hipótese de prisão em flagrante.

(E) A prisão administrativa de servidor acusado de faltas graves não está proibida na Constituição, podendo, por isso, ser decretada pela autoridade administrativa máxima do órgão a que se vincula o servidor, nas hipóteses que a lei vier a estabelecer.

A: correta. Vedação prevista no art. 5º, LVI, da CF, que também se destina ao processo administrativo (V., tb., art. 30 da Lei 9.784/1999); **B:** incorreta. Não reflete o disposto no art. 5º, LX, da CF, no art. 37, *caput*, da CF (princípio da publicidade dos atos do Poder Público) e no art. 93, IX, da CF; **C:** incorreta. Não reflete o disposto no art. 5º, XXXIII, da CF; **D:** incorreta. O princípio da presunção de inocência (art. 5º, LVII, da CF) não é absoluto, uma vez que não impede, por exemplo, a prisão em flagrante e a prisão preventiva (art. 5º, LXI, da CF). A execução provisória de sentença condenatória recorrível, apesar de polêmica na doutrina e na jurisprudência, também é tida pelas bancas de concursos fiscais como possível; **E:** incorreta. Súmula 280/STJ: "O art. 35 do Decreto-Lei n° 7.661, de 1945, que estabelece a prisão administrativa, foi revogado pelos incisos LXI e LXVII do art. 5° da Constituição Federal de 1988".

Gabarito "A"

(Auditor Fiscal/Natal-RN – 2001 – ESAF) Assinale a opção correta.

(A) Munido de autorização judicial, o agente público pode ingressar, a qualquer hora, no domicílio de um particular.

(B) No exercício de atividade de fiscalização tributária, o servidor público está legitimado a ingressar em escritório profissional de investigado, independentemente de sua autorização ou de autorização judicial, desde que o faça durante o dia.

(C) A correspondência pessoal de indivíduo sujeito a investigação por órgão de fiscalização tributária pode ser aberta pelo agente público que a esteja conduzindo, desde que ele tenha motivo suficiente para crer que a correspondência auxiliará as suas averiguações.

(D) A alegação de crença religiosa não pode, em nenhuma hipótese, ser invocada para que o indivíduo se exima de cumprir obrigação a todos imposta por lei.

(E) É possível a cumulação de danos morais com danos materiais em indenização por violência ao direito à intimidade, à imagem ou à honra do indivíduo.

A: incorreta. Não reflete o disposto no art. 5º, XI, da CF; **B:** incorreta. A regra prevista no art. 5º, XI, da CF foi ampliada pela jurisprudência do STF para abranger também o escritório particular que funciona na casa do administrado; **C:** incorreta. Não reflete o disposto no art. 5º, XI, da CF; **D:** incorreta. Não reflete o disposto no art. 5º, VIII, e no art. 143, § 1º, ambos da CF; **E:** correta. Art. 5º, X, da CF.

Gabarito "E"

(Auditor Fiscal/Teresina-PI – 2001 – ESAF) Assinale a opção correta.

(A) É incabível o habeas data impetrado contra autoridade da Fazenda Pública.

(B) A Constituição prevê expressamente o habeas data para assegurar o conhecimento de informações relativas à pessoa do impetrante, constantes de bancos de dados de entidades estritamente privadas.

(C) A Constituição condiciona o exercício da liberdade de reunião em espaços públicos ao prévio pagamento das taxas pertinentes.

(D) É permitida a prisão civil no Brasil no caso do depositário infiel.

(E) As provas obtidas com infração de proibição legal não podem ser usadas em processo judicial, mas nada impede que sejam usadas em processos administrativos, desde que úteis para a descoberta da verdade.

A e **B:** incorretas. Não refletem o disposto no art. 5º, LXXII, "a", da CF; **C:** incorreta. Não reflete o disposto no art. 5º, XVI, da CF; **D:** correta. Art. 5º, LXVII, da CF. A questão data de 2002, mas, em 2008, o STF reviu a orientação anterior e entendeu que a circunstância de o Brasil haver subscrito o Pacto de São José da Costa Rica, que restringe a prisão civil por dívida ao descumprimento inescusável de prestação alimentícia (art. 7º, 7), conduz à inexistência de balizas visando à eficácia do previsto no art. 5º, LXVII, da CF. Concluiu-se, assim, que, com a introdução do aludido Pacto no ordenamento jurídico nacional, restaram derrogadas as normas estritamente legais definidoras da custódia do depositário infiel. Portanto, atualmente, apenas a prisão civil do devedor de alimentos é legítima (STF, HC 87585, Rel. Min. Marco Aurélio, Tribunal Pleno, julgado em 03/12/2008); **E:** incorreta. Não reflete o disposto no art. 5º, LVI, da CF, que também se destina ao processo administrativo (V., tb., art. 30 da Lei 9.784/1999).

Gabarito "D"

(Técnico da Receita Federal – 2005 – ESAF) Sobre direitos e deveres individuais e coletivos, marque a única opção correta.

(A) Nos termos da Constituição Federal, não será concedida extradição de estrangeiro por crime político ou de opinião.

(B) Estabelece a Constituição Federal que não haverá prisão civil por dívida, salvo a do responsável pelo inadimplemento escusável de obrigação alimentícia e a do depositário infiel.

(C) Com relação ao direito, a todos assegurado, de não ser obrigado a fazer ou deixar de fazer alguma coisa, senão em virtude de lei, o sentido do termo "lei" é restrito, não contemplando nenhuma outra espécie de ato normativo primário.
(D) A Constituição Federal, como estímulo para que qualquer cidadão proponha ação popular visando a anular ato lesivo ao patrimônio público, estabelece que essa ação é isenta de custas e, em nenhuma hipótese, poderá haver condenação do autor no ônus da sucumbência.
(E) Nos termos da Constituição Federal, conceder-se-á mandado de segurança para proteger direito líquido e certo de uma pessoa de permanecer em determinado local, quando o responsável pela ilegalidade ou abuso de poder for autoridade pública ou agente de pessoa jurídica no exercício de atribuições do poder público.

A: correta. Art. 5º, LII, da CF; **B:** incorreta, pois não reflete o disposto no art. 5º, LXVII, da CF; **C:** incorreta. A expressão "lei" prevista no art. 5º, II, da CF tem sentido amplo; **D:** incorreta, pois não reflete o disposto no art. 5º, LXXIII, da CF; **E:** incorreta, pois não reflete o disposto no art. 5º, LXIX, da CF.

Gabarito "A"

(Técnico da Receita Federal – 2005 – ESAF) Sobre direitos sociais, marque a única opção correta.

(A) A duração do trabalho normal tem previsão constitucional, não havendo a possibilidade de ser estabelecida redução da jornada de trabalho.
(B) Nos termos da Constituição Federal, a existência de seguro contra acidentes de trabalho, pago pelo empregador, impede que ele venha a ser condenado a indenizar o seu empregado, em caso de acidente durante a jornada normal de trabalho.
(C) A irredutibilidade do salário não é um direito absoluto do empregado, podendo ocorrer redução salarial, desde que ela seja aprovada em convenção ou acordo coletivo.
(D) A Constituição Federal assegura, como regra geral, a participação do empregado na gestão da empresa, salvo disposição legal em contrário.
(E) Não integra os direitos sociais, previstos na Constituição Federal, a assistência aos desamparados.

A: incorreta, pois não reflete o disposto no art. 7º, XIII, da CF; **B:** incorreta, pois não reflete o disposto no art. 7º, XXVIII, da CF; **C:** correta. Art. 7º, VI, da CF; **D:** incorreta, pois não reflete o disposto no art. 7º, XI, da CF; **E:** incorreta, pois não reflete o disposto no art. 6º da CF.

Gabarito "C"

(Técnico da Receita Federal – 2003 – ESAF) Assinale a opção correta, entre as assertivas abaixo relacionadas às garantias dos direitos fundamentais:

(A) Menor de dezesseis anos pode propor ação popular para anular ato lesivo à proteção do meio ambiente.
(B) O habeas data pode ser impetrado para proteção de direito líquido e certo.
(C) Conceder-se-á mandado de segurança para proteger direito líquido e certo, não amparado por *habeas corpus* ou *habeas data*.
(D) Não há possibilidade constitucional de impetração de *habeas corpus* preventivo nem de *habeas corpus* contra ato praticado por particular.
(E) O Estado prestará assistência jurídica integral e gratuita a todos os brasileiros residentes no Brasil.

A: incorreta. A ação popular só pode ser proposta pelo cidadão (art. 5, LXXIII, da CF). Pode ser autor popular todo aquele que estiver no pleno gozo dos direitos políticos, ou seja, aquele que tem título de eleitor válido (art. 1º, § 3º, da Lei 4.717/1965). Assim, os menores de dezesseis anos não podem ser autores populares (v. art. 14, § 1º, II, "c", da CF); **B:** incorreta. Não reflete o disposto no art. 5º, LXIX e LXXII, da CF; **C:** correta. Art. 5º, LXIX, da CF; **D:** incorreta. O art. 5º, LXVIII, da CF, refere-se também à ameaça de lesão (hipótese em que o *habeas corpus* será preventivo) e não associa o remédio constitucional a ato do poder público (como o faz no mandado de segurança), o que possibilita sua impetração contra ato de particular; **E:** incorreta. Não reflete o disposto no art. 5º, LXXIV, da CF.

Gabarito "C"

(Técnico da Receita Federal – 2003 – ESAF) Assinale a opção correta entre as assertivas abaixo relativas aos direitos eleitorais e à nacionalidade:

(A) Um determinado cidadão brasileiro pode ter o direito de votar e não ter o de ser votado.
(B) O brasileiro nato sempre poderá exercer o direito ao sufrágio.
(C) Basta ter nacionalidade brasileira para ter o direito de ser votado.
(D) Todo brasileiro nato é cidadão passível de exercício do poder de votar e de ser votado.
(E) Os conscritos podem votar.

A: correta. A cidadania pode ser ativa (direito de votar) e passiva (direito de ser votado, de se eleger). Há casos em que, embora detentor de cidadania ativa, o nacional é inelegível (não pode ser votado). Ex.: Analfabetos (podem votar, ainda que facultativamente – art. 14, § 1º, II, "a", da CF), mas não podem ser votados (art. 14, § 4º, da CF); **B**, **D** e **E:** incorretas. Não refletem o disposto no art. 14, § 2º, parte final, da CF; **C:** incorreta. Não reflete o disposto no art. 14, §§ 4º, 7º e 9º, da CF.

Gabarito "A"

(Técnico da Receita Federal – 2003 – ESAF) Assinale a opção correta com relação aos direitos sociais.

(A) Seguro-desemprego a ser concedido em qualquer caso por tempo determinado.
(B) Fundo de garantia por tempo de serviço a ser fornecido a todos os trabalhadores brasileiros públicos e privados.
(C) Remuneração do trabalho noturno igual à do diurno.
(D) Proteção em face da automação, na forma da lei.
(E) Salário-família pago a todos os empregados urbanos e rurais.

A: incorreta. Não reflete o disposto no art. 7º, II, da CF; **B:** incorreta. Têm direito ao FGTS os trabalhadores privados e os empregados públicos submetidos ao regime da CLT (art. 7º, III, da CF). Os servidores públicos estatutários gozam de estabilidade, após três anos de efetivo exercício (art. 41 da CF); **C:** incorreta. Não reflete o disposto no art. 7º, IX, da CF; **D:** correta. Art. 7º, XXVII, da CF; **E:** incorreta. Não reflete o disposto no art. 7º, XII, da CF.

Gabarito "D"

(Técnico da Receita Federal – 2002.1 – ESAF) Assinale a opção correta.

(A) A liberdade de expressão, um direito fundamental consagrado na Constituição Federal, é incompatível com lei que exija licença para o funcionamento de rádios, em especial de rádios comunitárias.
(B) A liberdade de expressão artística somente protege o artista que cria obras consideradas de superior valor estético.
(C) Inclui-se no âmbito da liberdade de expressão a manifestação de opiniões anonimamente.
(D) O servidor público, enquanto estiver no desempenho de cargo público, não pode exercer a liberdade de expressão.
(E) O abuso na manifestação de pensamento não está protegido pela liberdade de expressão, e pode ensejar indenização por danos morais e materiais.

A: incorreta. Nenhum direito é absoluto, podendo o Estado estabelecer condições ao seu exercício, desde que razoáveis e que não esvazie seu conteúdo; **B:** incorreta. O art. 5º, IX, da CF não restringe seu conteúdo; **C:** incorreta. Não reflete o disposto no art. 5º, IV, da CF; **D:** incorreta. O servidor público pode, como qualquer outra pessoa, manifestar-se livremente, observadas as normas sobre sigilo que lhes são aplicáveis (v. art. 37, § 7º, da CF); **E:** correta. A Constituição protege e garante o exercício regular de direitos. O abuso ou a inobservância de seus limites pode ensejar responsabilização.

Gabarito "E"

(Técnico da Receita Federal – 2002.1 – ESAF) Assinale a opção correta.

(A) A Constituição protege a liberdade de exercício de culto religioso apenas quando este acontece em lugar fechado ao público em geral.
(B) Uma vez que a Constituição estabelece que homens e mulheres são iguais em direitos e obrigações, todo o direito instituído pelo constituinte ou pelo legislador ordinário em favor do homem deverá ser considerado como estendido automaticamente à mulher e vice-versa.
(C) Em nenhum caso alguém pode ingressar, à noite, na casa de outrem, sem a permissão expressa do morador.
(D) Um trabalho, ofício ou profissão somente pode ser exercido depois de regulado por lei.
(E) O proprietário de um bem requisitado pelo Poder Público para enfrentar perigo iminente será indenizado posteriormente, se houver dano.

A: incorreta. O art. 5º, VI, da CF protege a liberdade de culto, extensível aos locais em que é praticado, sem restringir sua prática a locais fechados ao público em geral; **B:** incorreta. A igualdade entre homens e mulheres não afasta a possibilidade de estabelecimento de direitos diferenciados para mulheres ou para homens, desde que a distinção obedeça ao princípio da razoabilidade. Não há nenhuma inconstitucionalidade em a mulher possuir período de licença-maternidade maior que o da licença-paternidade, notadamente porque a diferenciação se dá em função da necessidade de amamentação da criança (critério razoável). O princípio da igualdade, ao mesmo tempo em que veda as desigualdades, muitas vezes impõe o tratamento desigual; **C:** incorreta. Não reflete o disposto no art. 5º, XI, da CF; **D:** incorreta. Não reflete o disposto no art. 5º, XIII, da CF, que estabelece, desde já, a liberdade de exercício de qualquer trabalho, ofício ou profissão, o que não afasta a possibilidade de a lei, no futuro, regulamentar esse exercício (norma constitucional de eficácia contida); **E:** correta. Art. 5º, XXV, da CF.

Gabarito "E"

(Técnico da Receita Federal – 2002.1 – ESAF) Se o acusado num processo criminal se recusa a responder às perguntas que lhe são feitas pelo juiz, o magistrado

(A) deve punir o acusado, retirando-lhe o direito de defesa.
(B) poderá prender o acusado até que ele se disponha a dar as respostas pedidas.
(C) pode decretar a prisão do acusado, em face da desobediência à sua ordem.
(D) pode considerar o silêncio como confissão tácita dos crimes que lhe são atribuídos.
(E) deverá respeitar essa decisão.

A doutrina e a jurisprudência entendem que do princípio da presunção de inocência (art. 5º, LVII, da CF) decorre o direito à não autoincriminação, o que abrange o direito ao silêncio (sem que dele possa resultar consequências negativas ao acusado).

Gabarito "E"

(Técnico da Receita Federal – 2002.1 – ESAF) Assinale a opção em que não consta um direito classificado como direito social:

(A) Direito de associação para fins lícitos.
(B) Direito à educação.
(C) Direito à saúde.
(D) Direito à moradia.
(E) Direito ao trabalho.

Os direitos sociais estão listados, dentre outros, no art. 6º da CF, que não inclui o direto de associação para fins lícitos, previsto no art. 5º, XVII, da CF.

Gabarito "A"

(Técnico da Receita Federal – 2002.1 – ESAF) Não constitui direito social expressamente previsto pelo constituinte:

(A) direito a piso salarial proporcional à extensão e complexidade do trabalho.
(B) direito ao décimo terceiro salário com base na remuneração integral ou no valor da aposentadoria.
(C) proibição de diferença de salários e de critérios de admissão por motivo de sexo, idade, cor ou estado civil.
(D) direito ao repouso semanal remunerado, preferencialmente aos domingos.
(E) direito à estabilidade no emprego depois de dez anos de vigência do contrato de trabalho.

A: Art. 7º, V, da CF; **B:** Art. 7º, VIII, da CF; **C:** Art. 7º, XXX, da CF; **D:** Art. 7º, XV, da CF; **E:** O FGTS, previsto no art. 7º, III, da CF, veio substituir o direito à estabilidade no emprego.

Gabarito "E"

(Técnico da Receita Federal – 2002.1 – ESAF) Juan nasceu na Espanha. O seu pai, um brasileiro, havia emigrado há muitos anos, por motivos estritamente pessoais, perdendo todo o contato com o Brasil. A mãe de Juan é espanhola. Aos vinte e dois anos de idade,

Juan veio ao Brasil pela primeira vez. Dadas essas coordenadas, assinale a opção correta abaixo:

(A) Se Juan desejar a nacionalidade brasileira, poderá adquiri-la, mas tão somente na condição de naturalizado.
(B) Se Juan obtiver a nacionalidade brasileira, nunca poderá ingressar na carreira diplomática.
(C) Juan será considerado brasileiro, desde o momento em que veio viver no Brasil, independentemente de qualquer outra manifestação de vontade.
(D) Juan poderá optar pela nacionalidade brasileira, e será considerado, então, brasileiro nato.
(E) Independentemente de qualquer manifestação de vontade, Juan é considerado brasileiro nato desde o seu nascimento, antes mesmo, portanto, de vir ao Brasil.

Art. 12, I, "c", da CF.

Gabarito "D"

(Técnico da Receita Federal – 2002.2 – ESAF) Assinale a opção correta.

(A) Normas de direitos fundamentais podem criar deveres e obrigações não somente para o Estado como também para o particular.
(B) Todas as normas de direitos fundamentais são aptas, por si mesmas, para gerar pretensões exigíveis em juízo.
(C) Os direitos sociais previstos na Constituição em vigor não podem ser considerados direitos fundamentais.
(D) Somente podem ser considerados titulares de direito fundamental os brasileiros ou os estrangeiros aqui residentes que tenham atingido a maioridade.
(E) Os direitos fundamentais são irrenunciáveis, o que significa dizer que é inadmissível a autolimitação, mesmo que temporária e para finalidades específicas, do exercício de um direito fundamental.

A: correta, pois há direitos fundamentais oponíveis contra o Estado (eficácia vertical) e há direitos fundamentais oponíveis entre particulares (eficácia horizontal dos direitos fundamentais); **B:** incorreta. Dentre as normas de direitos fundamentais há normas constitucionais de eficácia limitada, que dependem da intervenção do legislador ordinário para que possam produzir efeitos; **C:** incorreta. Os direitos sociais inserem-se no Título II da Constituição e, por isso, são considerados direitos fundamentais; **D:** incorreta. Apesar de o art. 5º, *caput*, da CF, falar em brasileiros e estrangeiros residentes no país, doutrina e jurisprudência concordam que são destinatários das normas de direitos fundamentais também os estrangeiros de passagem pelo Brasil, sem exigência de maioridade; **E:** incorreta. A irrenunciabilidade nada tem a ver com a proibição de autolimitação. Além disso, é necessário ter em mente que nenhum direito é absoluto, nem mesmo os fundamentais, de modo que o legislador pode estabelecer restrições e condições ao seu exercício, desde que legítimas e que não esvaziem o "núcleo duro" desses direitos.

Gabarito "A"

(Técnico da Receita Federal – 2002.2 – ESAF) Assinale a opção correta.

(A) Não se admite hipótese de lei retroativa no sistema constitucional em vigor.
(B) Uma lei desarrazoada pode ser considerada ofensiva à garantia constitucional do devido processo legal.
(C) Como regra geral, pode-se invocar a garantia constitucional do direito adquirido, para se escapar da incidência de uma norma editada pelo poder constituinte originário.
(D) Porque o confisco de bens é proibido entre nós, o legislador não pode instituir pena de perda de bens.
(E) No conflito entre o direito constitucional de liberdade de expressão e o direito constitucional à intimidade, este último deve invariavelmente prevalecer.

A: incorreta. A lei pode retroagir para beneficiar o réu (art. 5º, XL, da CF); **B:** correta. A garantia do devido processo legal (art. 5º, LIV, da CF) é princípio que engloba várias outras garantias, dentre elas o contraditório, a ampla defesa e, para alguns, a razoabilidade; **C:** incorreta. O STF possui firme entendimento de que não existe direito adquirido em face de normas constitucionais; **D:** incorreta. Não reflete o disposto no art. 5º, XLVI, "b", da CF; **E:** incorreta. Não há hierarquia entre normas constitucionais e, por isso, não se pode falar que determinada norma sempre prevalecerá sobre outra. O conflito entre normas constitucionais é resolvido caso a caso, mediante aplicação do princípio da razoabilidade.

Gabarito "B"

(Técnico da Receita Federal – 2002.2 – ESAF) Assinale a opção correta.

(A) Tanto o brasileiro, nato ou naturalizado, como o estrangeiro residente no Brasil podem propor ação popular, na defesa do patrimônio público contra atos administrativos contrários à moralidade administrativa.
(B) Somente por fato definido como crime alguém pode ser preso, no atual regime constitucional.
(C) Somente por ordem de autoridade judiciária alguém pode ser preso, no atual regime constitucional.
(D) Somente por decisão judicial uma associação pode ser compulsoriamente dissolvida.
(E) Toda desapropriação deve ser precedida de justa indenização.

A: incorreta. Art. 5º, LXXIII, da CF. Pode ser autor popular todo aquele que estiver no pleno gozo dos direitos políticos, ou seja, aquele que tem título de eleitor válido (art. 1º, § 3º, da Lei 4.717/1965). Para aquisição da cidadania é pressuposto fundamental a nacionalidade brasileira, de modo que estrangeiros, ainda que residentes no país, não podem ser autores populares, haja vista que não são cidadãos; **B:** incorreta. A CF admite prisão por falta de pagamento de pensão alimentícia, o que não constitui crime (art. 5º, LXVII, da CF); **C:** incorreta. Não reflete o disposto no art. 5º, LXI, da CF: **D:** correta. Art. 5º, XIX, da CF; **E:** incorreta. Não reflete o disposto no art. 5º, XXIV, da CF, que deve ser remetido aos arts. 182, § 4º, III, 184 e 243, ambos da CF. Necessário observar que na hipótese do art. 184 da CF, apesar de falar em justa indenização, o pagamento não se dá em dinheiro, mas em títulos da dívida agrária.

Gabarito "D"

(Técnico da Receita Federal – 2002.2 – ESAF) A respeito da associação profissional ou sindical, é correto afirmar:

(A) é obrigatória a autorização estatal para a fundação de sindicato.

(B) não é possível haver mais de uma organização sindical representativa de uma mesma categoria profissional numa mesma base territorial.
(C) os sindicatos podem defender em juízo apenas os direitos coletivos da categoria que representam, não podendo defender direitos individuais dos sindicalizados.
(D) é compulsória a filiação do trabalhador ao sindicato da categoria a que pertence.
(E) o aposentado não tem direito de participar de sindicato profissional.

A: incorreta. Não reflete o disposto no art. 8º, I, da CF; **B:** correta. Art. 8º, II, da CF; **C:** incorreta. Não reflete o disposto no art. 8º, III, da CF; **D:** incorreta. Não reflete o disposto no art. 8º, V, da CF; **E:** incorreta. Não reflete o disposto no art. 8º, VII, da CF.

Gabarito "B"

(Técnico da Receita Federal – 2002.2 – ESAF) Assinale a opção correta.
(A) Se o brasileiro adquiriu a nacionalidade de um Estado estrangeiro porque as normas deste condicionam a permanência no seu território à aquisição da sua nacionalidade, não perderá a nacionalidade brasileira.
(B) Os portugueses em passagem pelo Território Nacional gozam de todos os direitos inerentes ao brasileiro naturalizado.
(C) O brasileiro nato ou naturalizado perde a nacionalidade brasileira, se for condenado, em juízo, por atividade nociva ao interesse nacional.
(D) A Constituição Federal não admite hipótese de dupla nacionalidade originária de brasileiro.
(E) O legislador é livre para, a seu critério, estabelecer os cargos da Administração Pública que devem ser preenchidos exclusivamente por brasileiros natos.

A: correta. Art. 12, § 4º, II, "b", da CF; **B:** incorreta. Não reflete o disposto no art. 12, § 1º, da CF; **C:** incorreta. O art. 12, § 4º, I, da CF refere-se apenas aos brasileiros naturalizados; **D:** incorreta. Não reflete o disposto no art. 12, § 4º, II, "a", da CF; **E:** incorreta. Não reflete o disposto no art. 12, § 3º, da CF.

Gabarito "A"

6. DIREITOS SOCIAIS

(Analista – CGU – 2008 – ESAF) O Estado brasileiro também é regido por um princípio de estatura constitucional que visa a impedir que sejam frustrados os direitos políticos, sociais, culturais e econômicos já concretizados, tanto na ordem constitucional como na infraconstitucional, em atenção aos objetivos da República Federativa do Brasil, que são os de promover o bem de todos, sem quaisquer formas de discriminação, constituir uma sociedade livre, justa e solidária, erradicar a pobreza e a marginalização, reduzir as desigualdades sociais e regionais e promover o bem de todos, sem preconceitos de origem, raça, sexo, cor, idade e quaisquer outras formas de discriminação. Assinale a opção que denomina com exatidão o princípio constitucional descrito.
(A) Proibição do retrocesso no domínio dos direitos fundamentais e sociais.
(B) Proibição de juízo ou tribunal de exceção.
(C) Proibição de privação da liberdade ou de bens patrimoniais sem o devido processo legal.
(D) Proibição de trabalho noturno, perigoso ou insalubre a menores de dezoito e de qualquer trabalho a menores de dezesseis anos, salvo na condição de aprendiz, a partir de quatorze anos.
(E) Proibição de privação de direitos por motivo de crença religiosa ou de convicção filosófica ou política.

Pelo princípio da proibição do retrocesso, uma norma definidora de um direito fundamental, ao instituí-lo, se incorpora ao patrimônio jurídico da cidadania e não pode mais ser absolutamente suprimido. Sua maior expressão são as cláusulas pétreas, através das quais a Constituição proíbe a deliberação de proposta de emenda à Constituição tendente a abolir os direitos e garantias fundamentais (art. 60, § 4º, inciso IV).

Gabarito "A"

7. NACIONALIDADE

(Analista – Ministério da Int. Nacional – 2012 – ESAF) Acerca da configuração fundamental da cidadania brasileira na Constituição da República Federativa do Brasil de 1988, é incorreto afirmar que
(A) são brasileiros natos os nascidos no estrangeiro de pai ou mãe brasileiro (nato ou naturalizado) que ali se encontrasse a serviço oficial da República Federativa do Brasil.
(B) podem ser brasileiros naturalizados os estrangeiros que, provenientes de países que tenham o português como língua nativa, residam no país há mais de um ano e não tenham pendente contra si qualquer desabono grave jurídico ou moral. 133
(C) é privativo de brasileiro nato o posto de Ministro do Supremo Tribunal Federal.
(D) o brasileiro nato não pode perder a cidadania brasileira.
(E) aos portugueses com residência permanente no país são assegurados os mesmos direitos constitucionalmente assegurados aos brasileiros naturalizados, desde que haja, em Portugal, reciprocidade em favor dos brasileiros ali residentes permanentemente.

A: correto (art. 12, inciso I, alínea "a", da CF); **B:** correto (art. 12, inciso II, alínea "a", da CF); **C:** correto (art. 12, § 3º, inciso IV, da CF); **D:** incorreto, pois o brasileiro nato pode sim perder nacionalidade brasileira quando adquirir outra nacionalidade, salvo nos casos de reconhecimento de nacionalidade originária pela lei ou de imposição de naturalização, pela norma estrangeira, ao brasileiro residente em estado estrangeiro, como condição para permanência em seu território ou para o exercício de direitos civis (art. 12, § 4º, inciso II, alíneas "a" e "b", da CF).

Gabarito "D"

8. DIREITOS POLÍTICOS

(Analista – MDICE – 2012 – ESAF) Sobre os direitos políticos, é correto afirmar que
(A) a inelegibilidade absoluta é excepcional e somente pode ser estabelecida, taxativamente, em lei ordinária específica.

(B) a Constituição determina que não podem alistar-se como eleitores os estrangeiros e, durante o período do serviço militar obrigatório, os conscritos. Não se enquadra no conceito de conscritos os médicos, dentistas, farmacêuticos e veterinários que prestam serviço militar obrigatório.

(C) é garantido o exercício do direito ao voto em plebiscitos e referendos. Enquanto o plebiscito é convocado com posterioridade a ato legislativo ou administrativo, cumprindo ao povo a respectiva ratificação ou rejeição, o referendo é convocado com anterioridade a ato legislativo ou administrativo, cabendo ao povo, pelo voto, aprovar ou denegar o que lhe tenha sido submetido.

(D) segundo a doutrina, o sufrágio restrito poderá ser censitário, quando o nacional tiver que preencher qualificação econômica, ou capacitaria, quando necessitar apresentar alguma característica especial (natureza intelectual, por exemplo).

(E) a inelegibilidade absoluta, a despeito da denominação absoluta, não consiste em impedimento eleitoral para todos os cargos eletivos.

A: incorreto, pois as hipóteses de inelegibilidade, sejam elas relativas ou absolutas, estão previstas na Constituição ou em lei complementar (art. 14, § 9º, da CF); **B:** incorreto. Conscrito é o recruta ou o alistado nas Forças Armadas durante o serviço militar obrigatório. Nesse sentido, a conscrição também diz respeito aos médicos, dentistas, farmacêuticos e veterinários que prestam serviço militar obrigatório; **C:** incorreto, pois os conceitos foram invertidos: o plebiscito é convocado com anterioridade, enquanto que o referendo é convocado posteriormente, para se ratificar algum ato; **D:** correto. O voto restrito se contrapõe ao voto universal, extensível a todos. Por outro lado, uma das formas de restrição é o voto censitário, prática comum no início da República brasileira, caracterizado pela restrição de cunho econômico; **E:** incorreto, pois as inelegibilidades absolutas compreendem justamente o impedimento eleitoral para todo e qualquer cargo eletivo, ao passo que as relativas se restringem ao impedimento para um determinado cargo.

Gabarito "D"

9. ORGANIZAÇÃO DO ESTADO

(Analista-Tributário da Receita Federal – 2012 – ESAF) Sobre as competências da União, Estados, Distrito Federal e Municípios, assinale a única opção correta.

(A) Compete privativamente à União legislar sobre direito penitenciário.

(B) Compete privativamente à União legislar sobre registros públicos.

(C) Compete à União, aos Estados e ao Distrito Federal legislar concorrentemente sobre desapropriação.

(D) Compete privativamente à União legislar sobre juntas comerciais.

(E) No âmbito da legislação concorrente, a competência da União limitar-se-á a estabelecer normas gerais. Inexistindo lei federal sobre normas gerais, os Estados não estão autorizados a exercer a competência legislativa plena.

A: incorreta. Trata-se de competência concorrente entre a União e os Estados (art. 24, I, da CF); **B:** correta, nos termos do art. 22, XXV, da CF; **C:** incorreta. Trata-se de competência privativa da União (art. 22, II, da CF); **D:** incorreta. Trata-se de competência concorrente entre a União e os Estados (art. 24, III, da CF); **E:** incorreta. Silente a legislação federal em caso de competência concorrente, os Estados exercerão a competência legislativa plena (art. 24, § 3º, da CF).

Gabarito "B"

(Auditor Fiscal da Receita Federal – 2012 – ESAF) A Constituição Federal permite a criação de novos Estados. No que diz respeito a esse tema (criação de Estados), é correto afirmar que

(A) é vedado à União, direta ou indiretamente, assumir, em decorrência da criação de Estado, encargos referentes à despesa com pessoal inativo e com encargos e amortizações da dívida interna ou externa da administração pública.

(B) o Congresso Nacional deve se manifestar através de Lei Ordinária, aprovando a proposta.

(C) a população diretamente interessada deve se manifestar, aprovando a proposição na hipótese de a Assembleia Estadual discordar da proposta.

(D) o Tribunal de Justiça do novo Estado poderá funcionar com desembargadores do Tribunal de Justiça dos Estados limítrofes, pelo prazo máximo de dois anos, até que se organize o Tribunal do novo Estado.

(E) o primeiro Governador do novo Estado será indicado pelo Presidente da República, com mandato de no máximo dois anos, prazo em que devem estar concluídas as primeiras eleições gerais estaduais.

A: correta, nos termos do art. 234 da CF; **B:** incorreta. A aprovação pelo Congresso deve dar-se por lei complementar (art. 18, § 3º, da CF); **C:** incorreta. As Assembleias Legislativas não se manifestam no processo de criação de Estados, apenas a população diretamente interessada e o Congresso Nacional (art. 18, § 3º, da CF); **D:** incorreta. Os primeiros desembargadores do Tribunal de Justiça devem ser indicados pelo governador eleito (art. 235, V, da CF); **E:** incorreta. O governador deve ser eleito pela população do novo Estado.

Gabarito "A"

(Analista – Ministério da Int. Nacional – 2012 – ESAF) Em torno das funções da União na organização político-administrativa do Estado brasileiro, é <u>incorreto</u> afirmar que

(A) lei complementar federal pode autorizar Municípios a legislar sobre questões específicas das matérias atinentes à competência legislativa privativa da União.

(B) é vedado à União recusar fé aos documentos públicos.

(C) compete à União planejar e promover a defesa permanente contra as calamidades públicas, especialmente as secas e as inundações.

(D) compete privativamente à União legislar sobre defesa civil e mobilização nacional.

(E) o mar territorial é bem da União.

A: incorreto, pois a Constituição prescreve que lei complementar federal pode autorizar apenas os Estados e o Distrito Federal a legislarem sobre questões específicas das matérias atinentes à competência legislativa privativa da União, sem incluir, portanto, os Municípios (art. 22, parágrafo único, da CF); **B:** correto, sendo a vedação também aplicável aos Estados, Distrito Federal e Municípios (art. 19, inciso II, da CF); **C:** correto (art. 21, inciso XVIII, da CF); **D:** correto (art. 22, inciso XXVIII); **E:** correto (art. 20, inciso VI, da CF).

Gabarito "A"

(Analista – Ministério da Int. Nacional – 2012 – ESAF) Sobre a disciplina constitucional referida ao gerenciamento pelo Poder Público de riscos e desastres naturais e sociais, é <u>incorreto</u> afirmar que

(A) compete aos Estados e ao Distrito Federal planejar a defesa permanente contra as calamidades públicas e legislar sobre a correlata defesa civil e mobilização nacional.

(B) compete à União legislar sobre normas gerais de convocação e mobilização das polícias militares e corpos de bombeiros militares.

(C) o decreto presidencial que instituir o estado de defesa determinará, dentre outros aspectos relevantes à matéria, as medidas coercitivas a vigorarem no seu curso de duração, que poderão compreender, na hipótese de calamidade pública, a ocupação e uso temporário de bens e serviços públicos, respondendo a União, posteriormente, pelos danos e custos decorrentes.

(D) incumbe aos corpos de bombeiros militares, além de outras atribuições definidas em lei, a execução de atividades de defesa civil.

(E) a proteção e tutela constitucionalmente deferida aos índios e aos grupos indígenas não veda a remoção compulsória de suas terras, por ato do Poder Executivo, em caso de catástrofe ou epidemia que ponha em risco a respectiva população, cabendo, neste caso, apreciação posterior ("ad referendum") do Congresso Nacional.

A: incorreto, pois se trata de competência da União (art. 21, inciso XVIII, e art. 22, inciso XXVIII, da CF); **B:** correto (art. 22, inciso XXI, da CF); **C:** correto (art. 136, § 1º, da CF); **D:** correto (art. 144, § 5º, da CF); **E:** correto (art. 231, § 5º, da CF).

Gabarito "A"

(Analista – Ministério da Int. Nacional – 2012 – ESAF) Sobre as bases constitucionais da Administração Pública, é correto afirmar que

(A) os cargos, empregos e funções públicas em geral são acessíveis apenas aos brasileiros que preencham os requisitos estabelecidos em lei.

(B) durante o prazo improrrogável previsto no edital de convocação, aquele aprovado em concurso público de provas ou de provas e títulos será convocado com prioridade sobre novos concursados.

(C) a investidura em cargo ou emprego público depende da aprovação prévia em concurso público de provas ou de provas e títulos.

(D) é permitida, mediante lei específica, a vinculação ou equiparação de quaisquer espécies remuneratórias para o efeito de remuneração de pessoal do serviço público.

(E) é vedada a acumulação remunerada de cargos, empregos ou funções públicas exceto, quando houver compatibilidade de horários, a de dois cargos de direção escolar.

A: incorreto, pois o acesso também é permitido aos estrangeiros, embora com algumas restrições previstas na própria Constituição e também na legislação infraconstitucional (art. 37, inciso I, da CF); **B:** correto (art. 37, inciso IV, da CF); **C:** incorreto, pois, excepcionalmente, o ingresso pode se dar através de nomeações para cargo em comissão declarado em lei de livre nomeação e exoneração (art. 37, inciso II, da CF); **D:** incorreto, pois a Constituição veda expressamente a vinculação ou equiparação (art. 37, inciso XIII); **E:** incorreto, pois a Constituição determina que seja vedada a acumulação remunerada de cargos públicos, exceto, quando houver compatibilidade de horários, a de dois cargos de professor, de um cargo de professor com outro técnico ou científico, ou a de dois cargos ou empregos privativos de profissionais de saúde, com profissões regulamentadas (art. 37, inciso XVI, alíneas "a", "b" e "c", da CF).

Gabarito "B"

(Analista – Ministério da Int. Nacional – 2012 – ESAF) Sobre a hierarquia constitucionalmente caracterizada entre os atos jurídico-normativos do Poder Público, é correto afirmar que

(A) a Constituição Federal é a norma fundamental de nosso ordenamento jurídico desde que não revele incompatibilidade com os tratados internacionais de direitos humanos pactuados pelo País.

(B) as emendas à Constituição Federal, uma vez apreciadas e aprovadas em ambas as Casas do Congresso Nacional – cada uma delas em dois turnos e em cada turno por no mínimo três quintos dos respectivos membros –, se integram ao texto constitucional, não estando sujeitas a qualquer limite formal ou material.

(C) as leis complementares são hierarquicamente superiores às leis ordinárias.

(D) os decretos de natureza regulamentar, editados pelo Presidente da República para a fiel execução das leis, podem dispor sobre outras matérias não expressamente contempladas na legislação regulamentada, desde que não a contrariem e nem inovem na instituição de deveres aos cidadãos em geral, e que se destinem à adequada organização da Administração Pública com vistas àquela mesma execução legal.

(E) as medidas provisórias são atos emanados pelo Presidente da República, em casos de relevância e urgência, com força de lei, que adquirem eficácia normativa trinta dias após a sua apreciação e aprovação por ambas as Casas do Congresso Nacional.

A: incorreto, pois em qualquer hipótese a Constituição será a norma fundamental de nosso ordenamento jurídico. Em verdade, até mesmo os tratados internacionais de direitos humanos devem obediência ao texto constitucional originário e podem ser objeto de controle de constitucionalidade, ainda que sejam incorporados com o status de emenda à Constituição (art. 5º, § 4º, da CF); **B:** incorreto, pois até mesmo as emendas constitucionais podem ser objeto de controle de constitucionalidade e guardam obediência formal e material ao texto constitucional originário; **C:** incorreto, pois não há entre as duas espécies uma relação de hierarquia, mas apenas de diferenciação. Em primeiro lugar, as leis complementares são aprovadas por maioria absoluta (art. 69 da CF), enquanto que as leis ordinárias são aprovadas por maioria relativa (art. 47 da CF). Por outro lado, somente pode ser objeto de lei complementar os casos previstos expressamente na Constituição. O que não for reservado à lei complementar deve ser disciplinado por lei ordinária. Assim, se o Congresso Nacional aprovar determinada lei com a nomenclatura de complementar fora dos casos expressamente previstos na Constituição, tal lei será formalmente complementar e materialmente ordinária, podendo perfeitamente ser revogada por uma lei ordinária posterior (STF, RE 677.589, DJ 19/09/2012); **D:** o decreto regulamentar não pode contrariar a lei regulamentada, nem tampouco extrapolar o seu conteúdo. Todavia, nada impede que disponha sobre outras matérias não contempladas na lei, desde que não seja ultrapassado o sentido desta; **E:** incorreto, pois desde a publicação as medidas provisórias já produzem efeitos.

Gabarito "D"

(Analista – CGU – 2008 – ESAF) Assinale a única opção correta relativa à organização político-administrativa da República Federativa do Brasil, segundo as normas da Constituição de 1988.

(A) Compreende a União, os Estados, o Distrito Federal e os Municípios, todos soberanos, nos termos da Constituição.

(B) A criação de territórios federais, que fazem parte da União, depende de emenda à Constituição.

(C) O Distrito Federal é chamado de Brasília e com esse nome constitui a Capital Federal.

(D) A criação de Municípios deve ser feita por lei complementar federal.

(E) É vedado à União, aos Estados, ao Distrito Federal e aos Municípios criar distinções entre brasileiros ou estrangeiros.

A: incorreto, pois somente a União, enquanto ente representante da República Federativa do Brasil, é soberana. Os demais entes federativos são autônomos, mas não soberanos; **B:** incorreto, pois é suficiente lei complementar, apreciada após a aprovação da população interessada, através de plebiscito (art. 18, § 3º); **C:** correto. A ESAF considerou que o Distrito Federal (unidade federativa, nos termos do art. 32 da CF) também é chamado de Brasília (capital federal, conforme o art. 18, § 1º, da CF). Todavia, ousamos discordar do entendimento apresentado pela banca, eis que em nenhum momento, na Constituição Federal, o Distrito Federal é chamado de Brasília. Brasília é a Capital Federal (art. 18, § 1º), enquanto o Distrito Federal é um dos entes que integram o nosso Estado Federal (art. 1º), dotado de autonomia política (art. 18), com plena capacidade de auto-organização, autoadministração e auto legislação (art. 32). Por estas razões, com a devida vênia, entendemos que a questão mereceria ser anulada; D: incorreto, pois a criação, a incorporação, a fusão e o desmembramento de Municípios, são feitas por lei estadual, dentro do período determinado por Lei Complementar Federal, e dependerão de consulta prévia, mediante plebiscito, às populações dos Municípios envolvidos, após divulgação dos Estudos de Viabilidade Municipal, apresentados e publicados na forma da lei(art. 18, § 4º, da CF); E: incorreto, pois a vedação constitucional é no sentido de criar distinções entre brasileiros ou preferências entre si e não em relação a estrangeiros (art. 19, inciso III, da CF).

Gabarito "C"

(Analista – CGU – 2008 – ESAF) Assinale a única opção que contempla competências materiais comuns da União, dos Estados, do Distrito Federal e dos Municípios.

(A) Combater as causas da pobreza e os fatores de marginalização, promovendo a integração social dos setores desfavorecidos, estabelecer e implantar política de educação para a segurança do trânsito.

(B) Estabelecer princípios e diretrizes para o sistema nacional de viação e promover programas de construção de moradias e a melhoria das condições habitacionais e de saneamento básico.

(C) Elaborar e executar planos nacionais e regionais de ordenação do território e de desenvolvimento econômico e social e preservar as florestas, a fauna e a flora.

(D) Instituir diretrizes para o desenvolvimento urbano, inclusive habitação, saneamento básico e transportes urbanos e cuidar da saúde e assistência pública, da proteção e garantia das pessoas portadoras de deficiência.

(E) Exercer a classificação, para efeito indicativo, de diversões públicas e de programas de rádio e televisão e planejar e promover a defesa permanente contra as calamidades públicas, especialmente as secas e as inundações.

A: correto (art. 23, incisos X e XII, da CF); **B:** incorreto, pois estabelecer princípios e diretrizes para o sistema nacional de viação compete à União (art. 21, inciso XXI, da CF), e promover programas de construção de moradias e a melhoria das condições habitacionais e de saneamento básico pertence à competência concorrente comum dos entes federativos (art. 23, inciso IX, da CF); **C:** incorreto, pois elaborar e executar planos nacionais e regionais de ordenação do território e de desenvolvimento econômico e social compete à União (art. 21, inciso IX, da CF), e preservar as florestas, a fauna e a flora pertence à competência comum dos entes federativos (art. 23, inciso VII, da CF); **D:** incorreto, pois Instituir diretrizes para o desenvolvimento urbano, inclusive habitação, saneamento básico e transportes urbanos compete à União (art. 21, inciso XX, da CF), e cuidar da saúde e assistência pública, da proteção e garantia das pessoas portadoras de deficiência pertence à competência comum dos entes federativos (art. 23, inciso I, da CF); **E:** incorreto, pois exercer a classificação, para efeito indicativo, de diversões públicas e de programas de rádio e televisão compete à União (art. 21, inciso XVI, da CF), e planejar e promover a defesa permanente contra as calamidades públicas, especialmente as secas e as inundações pertence à competência comum dos entes federativos (art. 21, inciso XVIII, da CF).

Gabarito "A"

(Analista – CGU – 2008 – ESAF) Assinale a única opção que contempla princípios aos quais deve obedecer a administração pública direta e indireta de qualquer dos Poderes da União, dos Estados, do Distrito Federal e dos Municípios.

(A) Eficiência e acessibilidade aos cargos, empregos e funções públicas aos brasileiros e aos estrangeiros residentes no País em igualdade de condições.

(B) Economicidade e exercício exclusivo de funções de confiança por servidores ocupantes de cargo efetivo, e preenchimento de cargos em comissão, destinados apenas às atribuições de direção, chefia e assessoramento, por servidores de carreira nos casos, condições e percentuais mínimos previstos em lei.

(C) Legalidade e precedência da administração fazendária e seus servidores fiscais, dentro de suas áreas de competência, sobre os demais Poderes da União, na forma da lei.

(D) Moralidade e contratação de obras, convênios, compras e alienações mediante processo de licitação pública que assegure igualdade de condições aos concorrentes, permitidas exigências de qualificação técnica e econômica indispensáveis à garantia do cumprimento das obrigações, nos termos da lei.

(E) Publicidade e destinação prioritária de recursos para a realização de atividades das administrações tributárias da União, dos Estados, do Distrito Federal e dos Municípios, que atuarão de forma integrada, inclusive com o compartilhamento de cadastros e de informações fiscais, desde que haja autorização judicial para tanto.

A: incorreto, pois é possível a desigualdade de condições entre brasileiros e estrangeiros no que diz respeito ao acesso ao serviço público (art. 37, inciso I, da CF), havendo na própria Constituição diversa exemplos de cargos privativos de brasileiros; **B:** correto (art. 37, inciso V, da CF); **C:** incorreto, pois a administração fazendária e os seus fiscais têm, na forma da lei, precedência apenas sobre os demais setores administrativos, o que se dá dentro de suas áreas de competência e jurisdição (art. 37, inciso XVIII, da CF); **D:** incorreto, pois a Constituição não inclui os convênios na exigência de licitação (art. 37, inciso XXI, da CF); **E:** incorreto, pois se prescinde de autorização judicial, bastando que se obedeça a forma da lei ou de convênio (art. 37, inciso XXII, da CF).

Gabarito "B"

(Analista – CGU – 2008 – ESAF) Assinale a única opção correta relativa aos Poderes, as respectivas funções e à organização do Estado brasileiro, considerando a supremacia da Constituição Federal.

(A) Os Estados organizam-se e regem-se pelas Constituições e leis que adotarem, observados os princípios da Constituição Federal, por isso que Constituição estadual pode criar órgão de controle administrativo do Poder Judiciário do qual participem representantes de outros poderes ou entidades.

(B) É facultado aos Estados, desde que colocada previsão na Constituição estadual, disciplinar a convocação do Presidente do Tribunal de Justiça pela Assembleia Legislativa para prestar, pessoalmente, informações sobre assunto previamente determinado, sob pena de crime de responsabilidade.

(C) O princípio da separação do exercício das funções estatais não impede que o Poder Legislativo examine o acerto ou o desacerto de decisão judicial, especialmente quando o próprio regimento interno da Casa Legislativa admita possibilidade de instauração de comissão parlamentar de inquérito sobre matérias pertinentes à competência do Poder Judiciário.

(D) Não é plausível, em face do ordenamento constitucional brasileiro, a existência de leis interpretativas que veiculariam a denominada interpretação autêntica. Leis interpretativas consubstanciariam usurpação das atribuições institucionais do Poder Judiciário e, em consequência, ofenderiam o postulado fundamental da divisão funcional do Poder.

(E) Ainda que os Poderes Legislativo e Executivo detenham prerrogativas de formular e executar políticas públicas, o Poder Judiciário pode determinar a órgãos estatais inadimplentes que implementem políticas públicas definidas pela própria Constituição, cuja omissão possa comprometer a eficácia e a integridade de direitos sociais e culturais.

A: incorreto, nos termos da Súmula nº 649 do STF: "é inconstitucional a criação, por Constituição estadual, de órgão de controle administrativo do Poder Judiciário do qual participem representantes de outros poderes ou entidades"; **B:** incorreto, pois se trata de previsão que afrontaria o princípio da separação dos poderes. A única possibilidade de convocação seria no âmbito de Comissão Parlamentar de Inquérito e, ainda assim, o depoimento somente poderia versar sobre ato administrativo, jamais sobre ato judicial (STF, HC 80.089, DJ 29/09/2000); **C:** incorreto, pois o âmbito de investigação das Comissões Parlamentares de Inquérito se limita aos atos administrativos praticados por membros do Poder Judiciário, não se podendo adentrar no exame do mérito de decisões judiciais, sob pena de afronta ao princípio da separação dos poderes (STF, HC 80.089, DJ 29/09/2000); **D:** incorreto, pois é perfeitamente possível a existência de leis interpretativas e da interpretação autêntica. Como exemplo, o art. 327 do Código Penal define o conceito de funcionário público: "considera-se funcionário público, para os efeitos penais, quem, embora transitoriamente ou sem remuneração, exerce cargo, emprego ou função pública"; **E:** correto, sendo uma das facetas do neoconstitucionalismo e do reconhecimento da eficácia jurídica dos direitos fundamentais sociais. Nesse sentido, "o caráter programático das regras inscritas no texto da Carta Política não pode converter-se em promessa constitucional inconsequente, sob pena de o Poder Público, fraudando justas expectativas nele depositadas pela coletividade, substituir, de maneira ilegítima, o cumprimento de seu impostergável dever, por um gesto irresponsável de infidelidade governamental ao que determina a própria Lei Fundamental do Estado" (STF, ADPF 45, Relator Ministro Celso de Mello, Informativo STF nº 345).

Gabarito "E"

(Auditor Fiscal da Receita Federal – 2005 – ESAF) Sobre os princípios constitucionais da Administração Pública, na Constituição de 1988, marque a única opção correta.

(A) Segundo a doutrina, o conteúdo do princípio da eficiência relaciona-se com o modo de atuação do agente público e o modo de organização, estruturação e disciplina da Administração Pública.

(B) O princípio da impessoalidade não guarda relação com a proibição, prevista no texto constitucional, de que conste da publicidade oficial nomes, símbolos ou imagens que caracterizem promoção pessoal de autoridade ou servidores públicos.

(C) O princípio da moralidade administrativa incide apenas em relação às ações do administrador público, não sendo aplicável ao particular que se relaciona com a Administração Pública.

(D) O conteúdo do princípio da publicidade não abrange a questão do acesso do particular aos atos administrativos, concluídos ou em andamento, em relação aos quais tenha comprovado interesse.

(E) Segundo a doutrina, há perfeita identidade do conteúdo do princípio da legalidade aplicado à Administração Pública e o princípio da legalidade aplicado ao particular.

A: correta. A inserção do princípio da eficiência na CF reflete a busca pela administração gerencial, otimizada, e dirige-se tanto ao agente público como à estrutura organizacional do Poder Público; **B:** incorreta. O princípio da impessoalidade (art. 37 da CF) tem dupla acepção no direito brasileiro: a primeira relaciona-se à finalidade pública e impede o favorecimento e a prática de atos em benefício próprio ou de terceiros (corolário do princípio da igualdade). A segunda indica que os atos administrativos não devem ser imputados ao agente que os praticou, mas ao órgão ou entidade administrativa a que está vinculado, o que impede, por exemplo, a propaganda pessoal por intermédio de ações públicas (art. 37, § 1º, da CF); **C:** incorreta. A moral administrativa é imperativo destinado a toda administração pública (direta e indireta), aos particulares em colaboração com o poder público e a todos que tratam da coisa pública; **D:** incorreta. O princípio da publicidade também tem duplo conteúdo: determina a divulgação oficial dos atos do Poder Público e a transparência da atuação dos órgãos administrativos, o que gera o direito à obtenção de informações de interesse particular (art. 5º, XXXIII, da CF); **E:** incorreta. A Administração só pode agir nos limites impostos pela lei (só atua quando a lei autoriza). Já o particular pode fazer tudo o que a lei não proíba (art. 5º, II, da CF).

Gabarito "A".

(Auditor Fiscal da Receita Federal – 2003 – ESAF) Assinale a opção correta.

(A) O desrespeito por um dos Municípios existentes hoje no país de um princípio constitucional sensível da Constituição Federal enseja intervenção federal.

(B) Desrespeito por qualquer pessoa jurídica de direito público que forma a República Federativa do Brasil de uma decisão do Supremo Tribunal Federal enseja intervenção federal.

(C) Apenas o Supremo Tribunal Federal pode requisitar intervenção federal ao Presidente da República.

(D) O Estado-membro não pode realizar intervenção em Município, mesmo que situado no seu território.

(E) O Estado-membro que não assegura os direitos da pessoa humana expõe-se à intervenção federal.

A: incorreta. A União não intervém nos Municípios, apenas no Distrito Federal e nos Estados (art. 34 da CF). Os chamados princípios constitucionais sensíveis são os listados no art. 34, VII, da CF; **B:** incorreta. A intervenção federal só ocorre em Estados e no DF, não em Municípios. Além disso, qualquer decisão judicial enseja, em tese, a intervenção (art. 34, VI, da CF); **C:** incorreta. Não reflete o disposto no art. 36, I, II e III, da CF; **D:** incorreta. Não reflete o disposto no art. 35, *caput*, da CF; **E:** correta, conforme art. 34, VII, "b", da CF.

Gabarito "E".

(Auditor Fiscal da Receita Federal – 2003 – ESAF) Assinale a opção correta.

(A) Estrangeiros não podem exercer cargos públicos no Brasil.

(B) Qualquer cargo público pode vir a ser declarado por lei como de livre nomeação e exoneração e, em consequência, o seu provimento não dependerá de prévia aprovação em concurso público.

(C) Os servidores públicos não podem exercer o direito de greve, enquanto esse direito não for regulado por lei.

(D) Nada impede que, por economia legislativa, a lei estabeleça que a remuneração dos integrantes de uma certa carreira será sempre igual à remuneração dos integrantes de outra carreira, expressamente nominada pelo legislador.

(E) Quando o legislador cria gratificação para apenas um segmento do funcionalismo, deixando de estendê-la arbitrariamente a outro segmento, o Judiciário pode, diante da inconstitucionalidade por omissão, determinar que o segmento preterido também receba a vantagem.

A: incorreta. São vedados aos estrangeiros apenas os cargos previstos no art. 12, § 3º, da CF. Para os demais, exige-se concurso público (art. 37, I e II, da CF); **B:** incorreta. Os cargos em comissão (de livre nomeação e exoneração) destinam-se apenas às funções de direção, chefia e assessoramento (art. 37, V, da CF); **C:** correta. Art. 37, VII, da CF. A alternativa deve ser marcada por exclusão das demais, pois o STF tem reconhecido o direito de greve aos servidores, mesmo sem edição de lei específica, aplicando-lhes, por analogia, a lei de greve da iniciativa privada (Lei 7.783/1989), editada com fundamento no art. 9º, §§ 1º e 2º, da CF. Importante lembrar, ainda, que os militares não possuem direito à greve (art. 142, IV, da CF); **D:** incorreta. Não reflete o disposto no art. 37, XIII, da CF; **E:** incorreta. Súmula 339/STF: "Não cabe ao Poder Judiciário, que não tem função legislativa, aumentar vencimentos de servidores públicos sob fundamento de isonomia".

Gabarito "C".

(Auditor Fiscal da Receita Federal – 2002.1 – ESAF) Assinale a opção correta.

(A) A Constituição prevê que a Administração Pública deve obedecer aos princípios da legalidade, moralidade e impessoalidade, mas não consagra o princípio da eficiência.

(B) Somente aos brasileiros é aberto o acesso a cargos públicos.

(C) É legítimo que o legislador ordinário, reconhecendo que cargos de diferentes carreiras têm a mesma relevância e semelhantes responsabilidades, estabeleça que, no futuro, sempre que um desses cargos for contemplado com aumento de remuneração, o outro, automaticamente, também receberá o mesmo percentual de aumento.

(D) Não depende de lei a criação de autarquias.

(E) Gratificação criada de forma genérica e atribuída a todos os servidores em atividade não pode ser excluída dos servidores aposentados.

A: incorreta. Não reflete o disposto no art. 37, *caput*, da CF; **B:** incorreta. Apenas os cargos expressamente vedados pela Constituição não são acessíveis aos estrangeiros (art. 12, § 3º, da CF); **C:** incorreta. Não reflete o disposto no art. 37, XIII, da CF; **D:** incorreta. Não reflete o disposto no art. 37, XIX, da CF; **E:** correta, conforme art. 40, § 8º, da CF.

Gabarito "E".

(Auditor Fiscal da Receita Federal – 2002.1 – ESAF) Assinale a hipótese em que se mencionam cargos e/ou empregos públicos que podem ser objeto de cumulação remunerada por um mesmo servidor, havendo compatibilidade de horários.

(A) Cargo Técnico de uma sociedade de economia mista e Médico da Administração Direta Federal.

(B) Médico da Administração Pública Federal e Médico de sociedade de economia mista estadual.

(C) Professor de universidade pública federal, Professor de universidade pública estadual e Médico da Administração Pública Direta Federal.

(D) Professor de instituição pública federal, cargo técnico da Administração Pública Federal e cargo científico da Administração Pública Federal.

(E) Dois cargos técnicos da Administração Pública Federal.

Art. 37, XVI, da CF.

Gabarito "B".

(Auditor Fiscal da Receita Federal – 2002.1 – ESAF) Suponha que um decreto do Presidente da República estabeleça um teto para os vencimentos dos servidores públicos federais. Quanto a esse ato, assinale a opção correta.

(A) Deve ser considerado inconstitucional, porque a matéria de que trata não pode ser regulada por meio de decreto.

(B) Não poderá ser impugnado em ação direta de inconstitucionalidade, porque nesta ação somente se discute a validade de leis, e nunca a validade de outros atos, como o decreto.

(C) É ato válido, porque cabe ao Presidente da República dispor sobre regime jurídico dos servidores públicos federais.

(D) É ato válido mas apenas para os servidores públicos do Executivo.

(E) É inconstitucional porque o atual regime constitucional é incompatível com a fixação, por qualquer meio, de limites máximos de remuneração de servidores públicos.

A, **C** e **D**: Art. 37, X, da CF; **B**: Cabe ADIn para impugnar decretos quando não expedidos para regulamentar uma lei, mas sim com conteúdo autônomo, como na hipótese; **E**: Não reflete o disposto no art. 37, XI, da CF.

Gabarito "A".

(Auditor Fiscal da Receita Federal – 2002.2 – ESAF) Assinale a opção correta.

(A) É autoaplicável a norma constitucional que estabelece que a remuneração dos ocupantes de cargos na Administração Pública, incluídas as vantagens pessoais, não pode exceder o subsídio mensal, em espécie, do Ministro do Supremo Tribunal Federal.

(B) Servidores inativos, mesmo que aposentados antes da promulgação da Constituição, estão sujeitos ao teto de remuneração nela estabelecido.

(C) Nada impede que, em dispositivo específico, lei orçamentária fixe nova remuneração para servidores públicos de determinadas carreiras.

(D) A Constituição de um Estado-membro pode determinar a equiparação remuneratória entre cargos do serviço público estadual.

(E) O Presidente da República tem a iniciativa privativa de projetos de lei sobre a remuneração e subsídios de servidores públicos e membros dos três poderes da União.

A: incorreta. Não reflete o disposto no art. 37, XI, da CF; **B**: correta, pois o STF possui firme entendimento de que não há direito adquirido a regime jurídico; **C** e **E**: incorretas. Não reflete o disposto no art. 37, X, da CF; **D**: incorreta. Não reflete o disposto no art. 37, XIII, da CF (por simetria).

Gabarito "B".

(Auditor Fiscal da Receita Federal – 2002.2 – ESAF) Assinale a opção em que consta caso de acumulação vedada constitucionalmente. Considere, para a sua resposta, que as profissões de médico, dentista e de fisioterapeuta são profissões regulamentadas por lei.

(A) Dois cargos de professor de ensino médio.

(B) Dois cargos de dentista na Administração Direta Federal.

(C) Cargo de professor de instituição de ensino superior federal com emprego de professor em instituição privada de ensino.

(D) Vencimentos de cargo de médico com vencimento de professor de Universidade Federal com proventos de outro cargo de médico.

(E) Cargo de fisioterapeuta na Administração autárquica federal com outro emprego de fisioterapeuta em uma sociedade de economia mista estadual.

É vedada a acumulação remunerada de cargos públicos, exceto, quando houver compatibilidade de horários, observado em qualquer caso o disposto no inciso XI: a) a de dois cargos de professor; b) a de um cargo de professor com outro técnico ou científico; c) a de dois cargos ou empregos privativos de profissionais de saúde, com profissões regulamentadas (Art. 37, XVI, da CF).

Gabarito "D".

(Auditor Fiscal da Receita Federal – 2002.2 – ESAF) Assinale a opção em que consta afirmativa errada sobre a intervenção federal: 139

(A) A intervenção federal pode ser decretada para pôr termo a grave comprometimento da ordem pública em um Estado da Federação.

(B) Os Municípios situados nos Estados da Federação são insuscetíveis de sofrer intervenção federal.

(C) A intervenção federal pode ser decretada pelo Procurador-Geral da República para preservar os direitos humanos em Estado da Federação que não o esteja defendendo a contento.

(D) O Distrito Federal pode sofrer intervenção federal.

(E) O Estado que descumpre decisão judicial provinda da Justiça do Trabalho pode sofrer intervenção federal por requisição do Supremo Tribunal Federal.

Arts. 34 e 36 da CF.

Gabarito "C".

(Auditor Fiscal da Receita Federal – 2002.2 – ESAF) Assinale a opção correta.

(A) Deve ser estendida ao aposentado a gratificação deferida de forma geral a todos os servidores públicos da mesma carreira do inativo, mesmo que a lei seja silente sobre essa extensão.

(B) A lei pode estipular teto máximo do valor da aposentadoria de todos os servidores públicos, diferente do teto fixado para os servidores em atividade.

(C) O pensionista do servidor público somente faz jus aos reajustes gerais dos servidores públicos, não lhe podendo ser pagas vantagens e gratificações criadas para os integrantes da carreira do instituidor da pensão depois da morte deste.

(D) Como regra geral, uma vez provada a similitude de atribuições entre duas carreiras distintas do serviço público, o Judiciário pode estender vantagem pecuniária criada por lei para os servidores de uma delas aos servidores da outra carreira não contemplada pelo legislador com a benesse.

(E) O vencimento básico do servidor público não pode ser inferior ao salário-mínimo e deve ser complementado até atingir esse patamar, mesmo que a sua remuneração total, obtida pela soma do vencimento básico com outras vantagens de natureza permanente, supere o valor do salário--mínimo.

A e **C:** Art. 40, § 8º, da CF; **B:** Art. 40, § 2º, da CF; **D:** Súmula 339/STF: "Não cabe ao Poder Judiciário, que não tem função legislativa, aumentar vencimentos de servidores públicos sob fundamento de isonomia"; **E:** Para verificar o respeito à norma do art. 39, § 3º, da CF, deve-se considerar a *remuneração* do servidor (vencimento básico + vantagens).

Gabarito "A"

(Auditor Fiscal da Receita Federal – 2002.2 – ESAF) Assinale a opção correta.

(A) Harmoniza-se com a Constituição o advento de uma lei que determine a contagem em dobro, para fins de aposentadoria, do tempo de serviço prestado pelo servidor estatutário em localidades de difícil acesso, desde que seja premente a necessidade de preenchimento de quadros de pessoal nessas localidades.

(B) O efetivo exercício do direito de greve por servidores públicos estatutários na órbita da União e no âmbito do Estado-membro depende da edição de lei complementar federal e de lei complementar estadual, respectivamente.

(C) Somente em virtude de sentença judicial transitada em julgado o servidor público estável pode perder o seu cargo.

(D) Não há previsão constitucional para qualquer aposentadoria do servidor público ocupante, exclusivamente, de cargo em comissão declarado em lei de livre nomeação e exoneração.

(E) O Poder Executivo está constitucionalmente obrigado a tomar medidas que assegurem aos servidores públicos a revisão geral anual de suas remunerações.

A: incorreta. Não reflete o disposto no art. 40, § 4º, da CF; **B:** incorreta. Não reflete o disposto no art. 37, VII, da CF; **C:** incorreta. Não reflete o disposto no art. 41, § 1º, I, II e III, da CF; **D:** incorreta. Não reflete o disposto no art. 40, § 13, da CF; **E:** correta, conforme art. 37, X, da CF.

Gabarito "E"

(Auditor Fiscal da Receita Federal – 2002.2 – ESAF) Assinale a opção correta.

(A) Pessoa jurídica não pode pleitear danos morais em ação de responsabilidade civil do Estado.

(B) Em caso algum admite-se a responsabilidade civil do Estado por ato praticado por membro do Poder Judiciário.

(C) Não cabe ação de indenização por responsabilidade civil do Estado, por danos físicos em paciente, decorrentes de cirurgia em hospital do Estado, se não provado que houve erro médico.

(D) O Estado deve ser considerado responsável, objetivamente, por todo crime que resulta em dano material para a vítima, pressupondo-se a sua omissão no dever de prestar segurança.

(E) Não apenas as hipóteses de ofensa à reputação, dignidade e imagem da pessoa podem ensejar indenização a título de responsabilidade civil do Estado. Também a dor pela morte, em circunstâncias que atraem a responsabilidade do poder público, pode ser objeto de indenização.

A: incorreta. Súmula 227/STJ: "A pessoa jurídica pode sofrer dano moral"; **B:** incorreta. O Estado responde civilmente pelos danos que seus agentes, de todos os Poderes, causarem a terceiros; **C:** incorreta. Não reflete o disposto no art. 37, § 6º, da CF, que prescreve a responsabilidade civil objetiva do Estado, ou seja, independentemente de dolo ou culpa; **D:** incorreta. A responsabilidade civil objetiva do Estado prescinde do elemento subjetivo (culpa ou dolo), mas não dispensa a presença de nexo de causalidade. Se não houver relação direta e comprovada entre a ação/omissão do Estado e o resultado danoso, não há como imputar-lhe a responsabilidade; **E:** correta, pois o Estado responde civilmente pelo dano material e, também, pelo dano moral.

Gabarito "E"

(Auditor Fiscal da Previdência Social – 2002 – ESAF) Assinale a opção correta.

(A) A invalidez permanente do servidor público, por qualquer causa, assegura-lhe aposentadoria com proventos integrais.

(B) Não é possível que um servidor público receba mais de uma aposentadoria por tempo de contribuição.

(C) Na aposentadoria compulsória, o servidor receberá proventos integrais, independentemente do tempo de contribuição.

(D) As vantagens pecuniárias que beneficiam, em caráter geral, todos os integrantes de uma categoria de servidores públicos devem ser pagas também aos servidores dessa categoria já aposentados.

(E) Uma vez que o sistema previdenciário do servidor público federal não se confunde com o sistema previdenciário do servidor público estadual, o tempo de contribuição estadual não se conta para fins de aposentadoria em cargo público federal.

A: incorreta, pois não reflete o disposto no art. 40, § 1º, I, da CF; **B:** incorreta, pois não reflete o disposto no art. 40, § 6º, da CF; **C:** incorreta, pois não reflete o disposto no art. 40, § 1º, II, da CF; **D:** correta, conforme art. 40, § 8º, da CF; **E:** incorreta, pois não reflete o disposto no art. 40, § 9º, da CF.

Gabarito "D"

(Auditor Fiscal da Previdência Social – 2002 – ESAF) Assinale a opção correta.

(A) Nos termos expressos da Constituição Federal, todos os servidores públicos federais estão sujeitos a julgamento por crime de responsabilidade, perante Juiz Federal, Tribunal Regional Federal, Superior Tribunal de Justiça ou Supremo Tribunal Federal, conforme a hierarquia do cargo ocupado.

(B) Como regra geral, o provimento de cargos públicos na Administração direta e autárquica depende de prévia aprovação em concurso público; por outro lado, como regra geral, a investidura em empregos em sociedades de economia mista e em empresas públicas prescinde de concurso público.

(C) A Constituição Federal expressamente assegura aos servidores públicos que, anualmente, se faça a revisão geral das suas remunerações, sendo que a falta de lei que defina esse reajuste constitui omissão inconstitucional.

(D) Enquanto não regulado por lei ordinária, o direito de greve por servidores públicos somente pode ser exercido por servidores filiados a alguma associação sindical.

(E) É legítimo que, durante a apreciação de projeto de lei do Executivo, sobre reestruturação de serviço do INSS, os congressistas aprovem emenda parlamentar estipulando aumento de vencimentos para os servidores incumbidos das novas tarefas criadas pela lei.

A: incorreta. Não reflete o disposto nos arts. 52, I e II, 86 e 102, I, "c", todos da CF; **B:** incorreta. A exigência de concurso público destina-se a toda Administração Pública, seja direta ou indireta (art. 37, II, da CF); **C:** correta, conforme art. 37, X, da CF; **D:** incorreta. Não reflete o disposto no art. 37, VII, da CF. O STF tem reconhecido o direito de greve aos servidores, mesmo sem edição de lei específica, aplicando-lhes, por analogia, a lei de greve da iniciativa privada (Lei 7.783/1989), editada com fundamento no art. 9º, §§ 1º e 2º, da CF. Importante lembrar, ainda, que os militares não possuem direito à greve (art. 142, IV, da CF). Não é demais lembrar que o Plenário do Supremo Tribunal Federal decidiu, no dia 25.10.2007, no Mandado de Injunção 708, por unanimidade, declarar a omissão legislativa quanto ao dever constitucional em editar lei que regulamente o exercício do direito de greve no setor público e, por maioria, aplicar ao setor, no que couber, a lei de greve vigente no setor privado (Lei 7.783/89); **E:** incorreta. Não reflete o disposto no art. 37, X, da CF.

Gabarito "C"

(Auditor Fiscal da Previdência Social – 2002 – ESAF) Sobre os limites constitucionais à ação da Administração Pública num processo administrativo, assinale a opção correta.

(A) A Administração não pode, sob pena de desrespeito ao princípio da ampla defesa, negar-se a realizar prova pedida por investigado num processo disciplinar, mesmo que não haja proveito útil algum na prova requerida.

(B) A Administração não pode deixar de fornecer advogado dativo a todo investigado em processo administrativo, sempre que o investigado não possua ou não queira indicar advogado próprio, sob pena de desrespeito ao princípio da ampla defesa.

(C) Mesmo que sejam convincentes para o agente público as suspeitas de fraude na concessão de benefício previdenciário a um certo segurado, a autarquia previdenciária deverá, antes de cassar o benefício, ouvir o segurado, sob pena de desrespeito ao princípio do devido processo legal.

(D) Nada impede que a Administração aplique sanção a investigado em processo administrativo, com base apenas em dados sigilosos pertencentes ao investigado, que tenham sido enviados à Administração por pessoa que os furtou.

(E) É contrário ao princípio constitucional da ampla defesa e do contraditório que um processo administrativo contra um investigado corra sem que o mesmo seja ouvido, mesmo que ele, intimado a tanto, se recuse, imotivadamente, a comparecer à audiência marcada.

A: incorreta. A produção de provas, nos processos em geral, depende de sua utilidade e necessidade (art. 38, § 2º, da Lei 9.784/1999), sem que isso viole a ampla defesa; **B:** incorreta. Não reflete o disposto no art. 3º, IV, da Lei 9.784/1999; **C:** correta. O princípio do devido processo legal (art. 5º, LIV, da CF) abrange, dentre outras garantias, o direito ao contraditório e à ampla defesa. No caso, o direito de ser ouvido é exigência do contraditório; **D:** incorreta. Viola o disposto no art. 5º, LVI, da CF e no art. 30 da Lei 9.784/1999; **E:** incorreta. O art. 41 da Lei 9.784/1999 determina a intimação do interessado. Entretanto, a recusa ao comparecimento, desde que intimado, não significa ofensa ao devido processo administrativo.

Gabarito "C"

(Auditor Fiscal do Trabalho – 2010 – ESAF) A Constituição Federal prevê que as pessoas jurídicas de direito público e as de direito privado prestadoras de serviços públicos responderão pelos danos que seus agentes, nessa qualidade, causarem a terceiros, assegurado o direito de regresso contra o responsável nos casos de dolo ou culpa. Sobre o princípio da responsabilidade civil objetiva do poder público, é correto afirmar que

(A) se reveste de caráter absoluto, vez que não admite o abrandamento ou a exclusão da própria responsabilidade civil do Estado.

(B) conforme decidiu o Superior Tribunal de Justiça, nem a força maior exclui a responsabilidade civil do Estado.

(C) havendo culpa exclusiva da vítima, não ficará excluída a responsabilidade do Estado, vez que a culpa é objetiva.

(D) se a culpa for concorrente, a responsabilidade civil do Estado deverá ser mitigada, repartindo-se o quanto da indenização.

(E) a indenização do dano deve abranger o que a vítima efetivamente perdeu, exceto os danos emergentes e lucros cessantes.

A responsabilidade civil objetiva do Estado (art. 37, § 6º, da CF) prescinde do elemento subjetivo (ou seja, o Estado responde mesmo se ausente culpa ou dolo), mas não dispensa a presença de nexo de causalidade (vínculo entre o ato estatal e o resultado). Se não houver relação direta e comprovada entre a ação/omissão do Estado e o resultado danoso, não há como imputar-lhe a responsabilidade. Se for comprovada culpa exclusiva da vítima ou força maior (força da natureza irresistível), afasta-se o nexo causal entre a atuação do Estado e o dano ocorrido e não há que se falar em responsabilização do Estado. Além disso, a indenização é integral, devendo abarcar tanto os danos emergentes quanto os lucros cessantes.

Gabarito "D"

(Auditor Fiscal/MG – 2005 – ESAF) Sobre a competência para legislar sobre Direito Tributário, assinale a opção correta.

(A) Somente a União pode legislar a respeito.
(B) O Estado pode legislar a respeito, mas estará sujeito às regras gerais que a União expedir sobre a matéria em lei federal.
(C) Nessa matéria, o Estado goza de competência legislativa exclusiva.
(D) Tanto o Estado como a União podem legislar livremente a respeito, mas, em caso de conflito entre as disposições normativas, prevalecerá invariavelmente a legislação federal.
(E) A competência para legislar, no caso, é concorrente, sendo que somente a União pode legislar sobre normas gerais, estando vedada a legislação suplementar por parte do Estado.

A e **C**: incorretas. Não refletem o disposto no art. 24, I, da CF: **B**: correta, conforme art. 24, I e § 1º, da CF; **D**: incorreta. O Estado só exerce a competência plena se inexistir lei geral da União (art. 24, § 3º, da CF). Em caso de conflito, prevalecerá a lei da União se a norma for geral (art. 24, § 4º, da CF); **E**: incorreta. Não reflete o disposto no art. 24, § 2º, da CF.

Gabarito "B"

(Auditor Fiscal/MG – 2005 – ESAF) Assinale a opção correta.

(A) Cabe ao Estado-membro criar Distritos no âmbito dos Municípios.
(B) O Município pode, como decorrência do seu poder de auto-organização, criar um tribunal de contas municipal para efetuar o controle externo do Poder Executivo municipal.
(C) Os Municípios hoje existentes na Federação brasileira que deixarem de cumprir ordem judicial emanada de tribunal federal não estão sujeitos a intervenção federal.
(D) A autonomia dos Municípios na Constituição em vigor é incompatível com toda e qualquer intervenção estadual no âmbito municipal.
(E) Os servidores públicos estaduais, ao contrário do que ocorre com os servidores públicos federais, não gozam da garantia da irredutibilidade de vencimentos.

A: incorreta. Não reflete o disposto no art. 30, IV, da CF; **B**: incorreta. Não reflete o disposto no art. 31, § 4º, da CF; **C**: correta. A União pode intervir nos Estados ou no Distrito Federal (art. 34 da CF). Nos Municípios cabe intervenção do Estado a que pertencem (art. 35 da CF); **D**: incorreta. Não reflete o disposto no art. 35 da CF; **E**: incorreta. A irredutibilidade salarial é direito social (art. 7º, VI, da CF), dirigido a todos os empregados. Além disso, há regra própria para os servidores públicos (art. 37, XV, da CF).

Gabarito "C"

(Auditor Fiscal/RN – 2005 – ESAF) Sobre Poderes do Estado e respectivas funções, formas de Estado e formas e sistemas de governo, marque a única opção correta.

(A) A adoção do princípio de separação de poderes, inspirado nas lições de Montesquieu e materializado na atribuição das diferentes funções do poder estatal a órgãos diferentes, afastou a concepção clássica de que a unidade seria uma das características fundamentais do poder político.
(B) O Estado unitário distingue-se do Estado federal em razão da inexistência de repartição regional de poderes autônomos, o que não impede a existência, no Estado unitário, de uma descentralização administrativa do tipo autárquico.
(C) Em um Estado federal temos sempre presente uma entidade denominada União, que possui personalidade jurídica de direito público internacional, cabendo a ela a representação do Estado federal no plano internacional.
(D) O presidencialismo é a forma de governo que tem por característica reunir, em uma única autoridade, o Presidente da República, a Chefia do Estado e a Chefia do Governo.
(E) Sistema de governo pode ser definido como a maneira pela qual se dá a instituição do poder na sociedade e como se dá a relação entre governantes e governados.

A: incorreta. O poder político é uno e indivisível. A teoria de Montesquieu refere-se, em verdade, à tripartição de funções estatais. Daí alguns autores preferirem a denominação "divisão de poderes"; **B**: correta. A doutrina aponta duas formas de Estado: Unitário e Federação, onde o Estado Federal é qualificado pela descentralização política e administrativa, imperando a repartição constitucional de competências entre os entes federados. O Estado Unitário é caracterizado pela unidade de poder sobre o território, pessoas e bens (Estado unitário puro). Nada impede, porém, que seja descentralizado administrativamente (Estado unitário descentralizado); **C**: incorreta. Não é certo afirmar que uma entidade chamada União estará sempre presente no Estado Federal. Se é certo que a descentralização política é característica maior da Federação, isso significa que na federação há uma ordem federal (representada pela União, mas que com ela não se confunde) e uma ordem federada. Além disso, o Estado soberano é pessoa jurídica de direito público internacional, embora representado pela União (art. 21, I a IV, da CF); **D**: incorreta. O presidencialismo é *sistema de governo* caracterizado pela reunião, na figura do Presidente, das chefias de Estado e de Governo. As formas de governo são a República e a Monarquia; **E**: incorreta. O conceito apresentado é de "formas de governo".

Gabarito "B"

(Auditor Fiscal/RN – 2005 – ESAF) Sobre a organização do Estado brasileiro, julgue os itens a seguir e assinale a opção correta.

(A) As terras devolutas localizadas no território brasileiro são, por força de disposição constitucional, bens da União.
(B) Nos termos da Constituição Federal, a fixação dos subsídios dos vereadores dependerá, tão somente, do número de habitantes do município e do valor do subsídio do Deputado Estadual.
(C) A divisão dos Territórios em municípios depende de lei e poderá ser feita, apenas, nos Territórios cuja população seja superior ao limite mínimo estabelecido no texto constitucional.
(D) A intervenção da União em um Estado, em razão de impedimento do livre exercício do Poder Judiciário estadual, depende de solicitação, ao presidente da República, do Poder Judiciário impedido, feita pelo presidente do Tribunal.
(E) A administração fazendária e seus servidores fiscais terão, na forma da lei, dentro das suas áreas de competência e jurisdição, precedência sobre os demais setores administrativos.

A: incorreta. São bens da União apenas as terras devolutas qualificadas no art. 20, II, da CF. A regra, portanto, é de que as terras devolutas são bens dos Estados (art. 26, IV, da CF); **B:** incorreta. Não reflete o disposto no art. 29, VI, da CF; **C:** incorreta. Não reflete o disposto no art. 33, § 1º, da CF. Note-se que hoje não existem mais territórios (arts. 14 e 15 do ADCT), mas podem vir a ser criados; **D:** incorreta. Não reflete o disposto no art. 34, IV c/c art. 36, I, da CF; **E:** correta, conforme art. 37, XVIII, da CF.

Gabarito "E"

(Auditor Fiscal/MG – 2005 – ESAF) Assinale a opção que não está de acordo com a Constituição.

(A) Nenhum servidor público pode acumular cargo público federal com outro estadual.

(B) A greve é direito previsto constitucionalmente para os servidores públicos.

(C) Tanto as ações de ressarcimento por danos causados ao erário como as de punição por ilícitos administrativos cometidos por servidores públicos que causem dano ao erário são imprescritíveis.

(D) Os vencimentos dos cargos em comissão no âmbito estadual podem ser fixados por decreto do Executivo.

(E) Cargos públicos, em certas circunstâncias, podem ser ocupados por estrangeiros.

A: incorreta. Pode, desde que observado o art. 37, XVI, da CF; **B:** incorreta. Não reflete o disposto no art. 37, VII, da CF, que exige lei específica. Note-se que o STF tem reconhecido o direito de greve aos servidores, aplicando-lhes, por analogia, a lei de greve da iniciativa privada (Lei 7.783/1989), editada com fundamento no art. 9º, §§ 1º e 2º, da CF. Importante lembrar, ainda, que os militares não possuem direito à greve (art. 142, IV, da CF); **C:** incorreta. Apenas as de ressarcimento (art. 37, § 5º, da CF); D incorreta.Não reflete o disposto no art. 37, X, da CF; **E:** correta, pois são vedados aos estrangeiros apenas os cargos listados no art. 12, § 3º, da CF.

Gabarito "E"

(Auditor do Tesouro Municipal/Fortaleza-CE – 2003 – ESAF) Sobre a responsabilidade civil do Estado é correto afirmar:

(A) O Estado somente responde por danos causados a particulares, se comprovada a culpa ou dolo do agente público que provocou o prejuízo.

(B) O Estado somente responde por danos causados a terceiros por ação do seus agentes, mas não por omissão do serviço público.

(C) Segundo a teoria da responsabilidade civil do Estado adotada entre nós, a culpa do particular é sem nenhuma relevância para definir a existência e a extensão da obrigação do Estado de indenizá-lo por danos ocorridos no decorrer da prestação de um serviço público.

(D) Também as pessoas jurídicas de direito privado, prestadoras de serviço público, estão sujeitas ao regime da responsabilidade civil objetiva do Estado.

(E) Os danos causados a terceiro por agentes públicos no regular cumprimento de seus deveres legais jamais são passíveis de serem indenizados pelo Estado.

A: incorreta. Não reflete o disposto no art. 37, § 6º, da CF, que prevê a responsabilidade objetiva do Estado (ou seja, o Estado responde mesmo que não haja dolo ou culpa); **B:** incorreta. A responsabilidade do Estado decorre de ações ou de omissões; **C:** incorreta. Se a culpa pelo dano é exclusiva da vítima, não há que se falar em ação/omissão imputável ao Estado. Se a culpa é recíproca, ou seja, em parte do particular e, em parte, do Poder Público, esse fator será considerado na identificação da *extensão* do dano (o que refletirá, diretamente, no valor da indenização a ser paga); **D:** correta, conforme art. 37, § 6º, da CF; **E:** incorreta. Em determinadas hipóteses, o Estado também responde por atos lícitos.

Gabarito "D"

(Auditor do Tesouro Municipal/Recife-PE – 2003 – ESAF) Assinale a opção correta.

(A) Depende de lei estadual a incorporação de um Município a outro.

(B) O desmembramento de um Município se faz por lei votada na Câmara Municipal do ente a ser desmembrado.

(C) Para a fusão de dois Municípios, as populações respectivas devem se manifestar a respeito, por meio dos seus representantes nas respectivas Câmaras Municipais.

(D) Somente por emenda à Constituição pode ser criado um Estado-membro por desmembramento de outro.

(E) O Congresso Nacional não pode estabelecer restrição à criação de Municípios.

A, B e **C:** A criação, a incorporação, a fusão e o desmembramento de Municípios, far-se-ão por lei estadual, dentro do período determinado por Lei Complementar Federal, e dependerão de consulta prévia, mediante plebiscito, às populações dos Municípios envolvidos, após divulgação dos Estudos de Viabilidade Municipal, apresentados e publicados na forma da lei (Art. 18, § 4º, da CF); **D:** Não reflete o disposto no art. 18, § 3º, da CF; **E:** O art. 18, § 4º, menciona a necessidade de lei complementar federal que estabelecerá o período em que pode se dar a criação, a incorporação, a fusão e o desmembramento de Municípios.

Gabarito "A"

(Auditor do Tesouro Municipal/Recife-PE – 2003 – ESAF) Assinale a opção correta.

(A) Servidores públicos municipais não têm o direito de constituir associação sindical.

(B) É inconstitucional toda lei que reserve percentual de cargos públicos para portadores de deficiência.

(C) Os vencimentos dos servidores públicos podem ser reduzidos por lei complementar, uma vez que não existe direito adquirido a regime jurídico.

(D) Somente provando a culpa ou o dolo de servidor público, o particular, que sofreu prejuízo decorrente de uma ação dos poderes públicos, poderá receber indenização do Estado.

(E) É inconstitucional a lei que determine que uma certa carreira do serviço público municipal terá sempre o mesmo reajuste de vencimentos que vier a receber carreira semelhante do serviço público estadual.

A: incorreta. Não reflete o disposto no art. 37, VI, da CF; **B:** incorreta. Não reflete o disposto no art. 37, VIII, da CF; **C:** incorreta. Não reflete o disposto no art. 37, XV, da CF; **D:** incorreta. Não reflete o disposto no art. 37, § 6º, da CF, que institui a responsabilidade objetiva do Estado (ou seja, independentemente de dolo ou culpa); **E:** correta. Art. 37, XIII, da CF.

Gabarito "E"

(Auditor do Tesouro Municipal/Recife-PE – 2003 – ESAF) Assinale a opção em que consta ação que se inclui na competência constitucional dos Municípios.

(A) Legislar sobre desapropriação de bens imóveis situados no território municipal, para fins de reforma agrária.
(B) Organizar e manter o Poder Judiciário no Município.
(C) Legislar sobre o número de Vereadores da Câmara Municipal, respeitados os limites estabelecidos na Constituição Federal.
(D) Estabelecer o horário de funcionamento dos bancos estabelecidos no território do Município.
(E) Disciplinar o processo de impeachment do Prefeito e demais autoridades políticas municipais.

A: incorreta. Art. 22, II, da CF (competência privativa da União); **B:** incorreta. Art. 22, XVII, da CF (organização judiciária é competência privativa da União); **C:** correta. Art. 29, *caput* e IV, da CF (previsão na lei orgânica municipal, atendidos os limites da CF); **D:** incorreta. Súmula 19/STJ: "A fixação do horário bancário, para atendimento ao público, é da competência da União"; **E:** incorreta. Não reflete o disposto no art. 22, I, da CF (competência privativa da União para legislar sobre direito eleitoral).

Gabarito "C"

(Fiscal de Tributos/PA – 2002 – ESAF) Assinale a opção em que consta matéria que se insere no âmbito da competência legislativa privativa da União:

(A) direito tributário;
(B) desapropriação;
(C) organização das polícias civis;
(D) proteção do meio ambiente;
(E) orçamento.

A: incorreta. Não reflete o disposto no art. 24, I, da CF (competência legislativa concorrente); **B:** correta. Art. 22, II, da CF (competência legislativa privativa da União); **C:** incorreta. Não reflete o disposto no art. 24, XVI, da CF (competência legislativa concorrente); **D:** incorreta. Não reflete o disposto no art. 24, VI, da CF (competência legislativa concorrente); **E:** incorreta. Não reflete o disposto no art. 24, II, da CF (competência legislativa concorrente).

Gabarito "B"

(Auditor Fiscal/Teresina-PI – 2001 – ESAF) Assinale a opção em que consta ação não vedada ao Estado-membro.

(A) Subvencionar cultos religiosos.
(B) Recusar fé a documentos públicos de outros Estados-membros.
(C) Conceder preferência aos indivíduos nascidos no seu território no momento de contratar serviços e obras com particulares.
(D) Instituir regiões metropolitanas e microrregiões, constituídas por agrupamento de Municípios limítrofes, para integrar a organização, o planejamento e a execução de funções públicas de interesse comum.
(E) Equiparar a remuneração ou os subsídios dos seus Deputados Estaduais à remuneração ou subsídios dos Deputados Federais.

A, B, C, E: incorretas, pois é vedado à União, aos Estados, ao Distrito Federal e aos Municípios: I – estabelecer cultos religiosos ou igrejas, subvencioná-los, embaraçar-lhes o funcionamento ou manter com eles ou seus representantes relações de dependência ou aliança, ressalvada, na forma da lei, a colaboração de interesse público; II – recusar fé aos documentos públicos; III – criar distinções entre brasileiros ou preferências entre si (art. 19, I, II e III, e art. 27, § 2º, ambos da CF); **D:** correta. Art. 25, § 3º, da CF.

Gabarito "D"

(Agente Tributário Estadual/MS – 2001 – ESAF) Assinale a opção correta.

(A) Os agentes públicos não estão protegidos pelos sigilos bancário, fiscal e telefônico.
(B) Todo agente público que esteja presidindo um processo administrativo tem legitimidade para determinar a quebra de sigilo bancário de pessoa sob a sua investigação.
(C) O agente público não tem direito à privacidade e não pode opor-se a que a imprensa revele todo detalhe íntimo que venha a descobrir a seu respeito.
(D) O agente público pode usar provas ilícitas num processo administrativo, em detrimento dos interesses de um investigado, porquanto o interesse público deve sempre prevalecer sobre o interesse particular.
(E) O agente público, ocupante exclusivamente de cargo em comissão, pode se aposentar, mas a sua aposentadoria será regulada pelo regime geral da previdência social.

A: incorreta. Não reflete o disposto no art. 5º, XII, da CF; **B:** incorreta. Apesar de o sigilo bancário não ser direito absoluto, sua quebra depende de decisão judicial (é medida que se submete à "reserva de jurisdição"); **C:** incorreta. Não reflete o disposto no art. 5º, X, da CF; **D:** incorreta. Não reflete o disposto no art. 5º, LVI, da CF, que também se destina ao processo administrativo (V., tb., art. 30 da Lei 9.784/1999); **E:** correta. Art. 40, § 13, da CF.

Gabarito "E"

(Agente Tributário Estadual/MS – 2001 – ESAF) Quanto à repartição de competências legislativas entre a União e os Estados-Membros, assinale a opção correta.

(A) O Estado-Membro pode legislar sobre matérias da competência privativa da União, desde que o faça por meio de lei complementar.
(B) No âmbito da competência concorrente, cabe à União legislar sobre normas gerais e específicas, cabendo aos Estados-Membros apenas a legislação supletiva.
(C) No âmbito da competência concorrente, inexistindo lei federal sobre normas gerais, os Estados exercerão a competência legislativa plena, para atender às suas peculiaridades.
(D) As competências dos Estados estão enumeradas de modo explícito e taxativo na Constituição Federal, cabendo à União as competências não atribuídas expressamente aos Estados.
(E) Aos Estados-Membros incumbe editar a lei orgânica dos Municípios compreendidos no seu território.

A: incorreta. Não reflete o disposto no art. 22, parágrafo único, da CF; **B:** incorreta. Não reflete o disposto no art. 24, §§ 1º e 2º, da CF; **C:** correta. Art. 24, § 3º, da CF; **D:** incorreta. Não reflete o disposto no art. 25, § 1º, da CF; **E:** incorreta. Não reflete o disposto no art. 29 da CF.

Gabarito "C"

(Auditor Fiscal/Teresina-PI – 2001 – ESAF) A Constituição de 1988 adotou como forma de Estado no Brasil:

(A) o parlamentarismo;

(B) o presidencialismo;

(C) o federalismo;

(D) a forma unitária do Estado;

(E) a democracia direta.

São formas de Estado: Unitário ou Federal; Formas de Governo: República ou Monarquia; Sistemas de Governo: Presidencialista ou Parlamentarista; Regimes políticos: Aristocracia, Oligarquia ou Democracia. Outros falam simplesmente em Democracia ou Ditadura. O Brasil é um Estado Federal, Republicano, Presidencialista e Democrático (art. 1º da CF).

Gabarito "C"

(Técnico da Receita Federal – 2005 – ESAF) Sobre organização e competências da União, Estados, Distrito Federal e Municípios, marque a única opção correta.

(A) Obedecendo ao princípio geral de repartição de competência adotado pela Constituição de 1988, a exploração dos serviços locais de gás canalizado foi reservada para os municípios.

(B) Se um prefeito municipal realizar o repasse de recursos do Poder Legislativo Municipal após o dia vinte de cada mês, ele estará incorrendo em hipótese de crime de responsabilidade.

(C) O parecer prévio sobre as contas anuais do Prefeito, emitido pelo órgão que auxilia a Câmara Municipal no exercício do controle externo, é meramente indicativo, podendo ser rejeitado pela maioria simples dos membros do Poder Legislativo Municipal.

(D) Em razão de sua autonomia administrativa, para criar, organizar e suprimir distritos, o município não é obrigado a observar a legislação estadual.

(E) Após a Constituição de 1988, ficou vedada a criação, no âmbito do Estado, de Tribunal de Contas dos Municípios.

A: incorreta. Não reflete o disposto no art. 25, § 2º, da CF; **B:** correta, conforme art. 29-A, § 2º, II, da CF; **C:** incorreta. Não reflete o disposto no art. 31, § 2º, da CF; **D:** incorreta. Não reflete o disposto no art. 30, IV, da CF; **E:** incorreta. A Constituição de 1988 vedou a criação de Tribunais de Contas Municipais que, por definição, situam-se no âmbito do Município (art. 31, § 4º, da CF), ressalvando a existência dos já estruturados à época da sua promulgação (v. art. 31, § 1º, da CF).

Gabarito "B"

(Técnico da Receita Federal – 2005 – ESAF) Sobre organização e competências da União, Estados, Distrito Federal e Municípios e sobre Administração Pública, marque a única opção correta.

(A) A Lei Orgânica do Distrito Federal, embora tenha, segundo a doutrina, status de Constituição Estadual, disporá sobre competências legislativas reservadas aos municípios.

(B) Nos termos da Constituição Federal, a utilização, pelo Governo do Distrito Federal, das polícias civil e militar do Distrito Federal deverá ser disciplinada em lei distrital, pois esses órgãos são subordinados ao Governador do Distrito Federal.

(C) A Constituição assegura, sem restrições, o acesso de brasileiros e estrangeiros a cargos públicos.

(D) Conforme disciplina constitucional, nenhum concurso poderá ter prazo de validade inferior a dois anos.

(E) Havendo novo concurso público, durante o prazo de validade de concurso anterior, será dada prioridade para a convocação dos primeiros classificados no novo concurso, em razão do princípio da eficiência, que implica obter melhor qualidade para o serviço público.

A: correta, conforme art. 32, *caput* e § 1º, da CF; **B:** incorreta. Não reflete o disposto no art. 32, § 4º, da CF; **C:** incorreta. Não reflete o disposto no art. 12, § 3º, da CF; incorreta. **D:** Não reflete o disposto no art. 37, III, da CF; incorreta. **E:** Não reflete o disposto no art. 37, IV, da CF.

Gabarito "A"

(Técnico da Receita Federal – 2005 – ESAF) Sobre organização e competências da União, Estados, Distrito Federal e Municípios, marque a única opção correta.

(A) Em razão da responsabilidade objetiva do Estado, a responsabilidade civil do Estado brasileiro por danos nucleares pode ser afastada se for demonstrada a inexistência de culpa da União.

(B) Um Estado ao aprovar uma lei sobre produção e consumo estará invadindo competência legislativa privativa da União.

(C) Em relação à disciplina legal de determinada matéria submetida à competência legislativa concorrente entre União e Estados, a colisão entre a norma estadual e a norma federal implica a revogação da lei estadual, por expressa previsão constitucional.

(D) Em razão de alteração promovida por emenda constitucional, a ilha costeira que seja sede da capital do Estado passou a ser considerada bem estadual.

(E) Nos termos da Constituição Federal, é competência da União instituir diretrizes para o desenvolvimento urbano.

A: incorreta. A responsabilidade civil do Estado (art. 37, § 6º, da CF) é objetiva, ou seja, prescinde da existência de dolo ou culpa do agente estatal para que o Estado seja obrigado a indenizar a vítima. Basta que se comprove o dano e o nexo de causalidade entre a ocorrência do dano e a ação/omissão do Estado (art. 21, XXIII, d, da CF); **B:** incorreta. A competência legislativa sobre produção e consumo não é privativa da União, mas concorrente (art. 24, V, da CF); **C:** incorreta. No âmbito da legislação concorrente, a competência da União limitar-se-á a estabelecer normas gerais, o que não exclui a competência suplementar dos Estados. Além disso, inexistindo lei federal sobre normas gerais, os Estados exercerão a competência legislativa plena para atender a suas peculiaridades. Nesse último caso (de exercício de competência plena pelos Estados), a superveniência de lei federal sobre normas gerais suspende a eficácia da lei estadual, apenas no que lhe for contrário (art. 24, §§ 1º a 4º, da CF); **D:** incorreta. Não houve alteração via Emenda Constitucional no art. 26, II, da CF, mas no art. 20, IV, da CF; **E:** correta, conforme art. 21, XX, da CF.

Gabarito "E"

(Técnico da Receita Federal – 2005 – ESAF) Sobre organização e competências da União, Estados, Distrito Federal e Municípios, marque a única opção correta.

(A) Disciplinar a propaganda comercial é competência comum da União, Estados, Distrito Federal e Municípios.
(B) De acordo com a técnica de repartição de competência adotada na Constituição Federal, as competências estaduais são sempre remanescentes ou reservadas.
(C) O subsídio dos Deputados Estaduais, que é fixado por lei de iniciativa da Assembleia Legislativa, tem por limite o valor correspondente a um percentual, definido na Constituição Federal, que é aplicado sobre o subsídio, em espécie, estabelecido para os Deputados Federais.
(D) Segundo a Constituição Federal de 1988, todas as águas superficiais ou subterrâneas, fluentes, emergentes e em depósito, que estejam exclusivamente dentro de seu território, serão bens dos Estados.
(E) A inviolabilidade do Deputado Estadual por opiniões, palavras e votos só se aplica a atos praticados no estrito exercício de sua atividade parlamentar e está restrita à circunscrição estadual.

A: incorreta. Não reflete o disposto no art. 22, XXIX, da CF; **B:** incorreta. Os Estados possuem competências expressamente previstas na Constituição e competências legislativas remanescentes (art. 25, § 1º, da CF); **C:** correta, conforme art. 27, § 2º, da CF; **D:** incorreta. Não reflete o disposto no art. 26, I, da CF; **E:** incorreta. A limitação territorial da imunidade parlamentar material existe apenas para os vereadores (art. 29, VIII, da CF – v., também, art. 53 da CF).

Gabarito "C".

(Técnico da Receita Federal – 2005 – ESAF) Sobre organização e competências da União, Estados, Distrito Federal e Municípios, marque a única opção correta.

(A) O subsídio dos Vereadores, fixado por ato da Câmara Municipal, nos termos da Constituição Federal, só entrará em vigência no ano seguinte ao da publicação do ato, observados os critérios estabelecidos na respectiva Lei Orgânica e os limites máximos estabelecidos no texto constitucional.
(B) Para fins de verificação da adequação do total da despesa do Poder Legislativo municipal com o limite estabelecido no texto constitucional, os gastos com os subsídios dos Vereadores devem ser incluídos no valor total da despesa e os gastos com inativos, excluídos.
(C) A eleição do Prefeito e do Vice-Prefeito de um município só terá segundo turno se, simultaneamente, nenhum dos candidatos obtiver a maioria absoluta dos votos válidos e o município tiver mais de duzentos mil habitantes.
(D) Os prefeitos serão julgados, em razão de ilícitos penais e cíveis, pelo Tribunal de Justiça do Estado.
(E) O município não possui competência para suplementar a legislação federal, cabendo-lhe, tão somente, a suplementação da legislação estadual.

A: incorreta. Não reflete o disposto no art. 29, VI, da CF; **B:** correta, conforme art. 29-A, da CF; **C:** incorreta. Não reflete o disposto no art. 29, II, c/c art. 77, § 3º, da CF; **D:** incorreta. A prerrogativa prevista no art. 29, X, da CF diz respeito à competência penal originária, não abrangendo a competência cível. V., tb., Súmula 702/STF : "A competência do Tribunal de Justiça para julgar Prefeitos restringe-se aos crimes de competência da Justiça comum estadual; nos demais casos, a competência originária caberá ao respectivo tribunal de segundo grau", como no caso de crimes eleitorais, cuja competência é do Tribunal Regional Eleitoral; **E:** Não reflete o disposto no art. 30, II, da CF.

Gabarito "B".

(Técnico da Receita Federal – 2005 – ESAF) Sobre Administração Pública, marque a única opção correta.

(A) Nos termos da Constituição Federal, é garantido ao servidor público civil o direito à associação sindical, nos termos definidos em lei específica.
(B) A remuneração dos servidores públicos deve ser fixada por lei específica, assegurada a revisão geral anual, depois de decorrido o prazo mínimo de um ano do último reajuste concedido à categoria.
(C) Para fins de aplicação do limite imposto pela Constituição Federal à remuneração dos servidores públicos, devem ser computados proventos, pensões ou outras espécies remuneratórias, percebidos cumulativamente com a remuneração, bem como as vantagens pessoais, e excluídas as parcelas de caráter indenizatório previstas em lei.
(D) A acumulação remunerada de um cargo de professor com outro, técnico ou científico, é possível se houver correlação de matérias e compatibilidade de horários.
(E) O limite remuneratório imposto pela Constituição Federal não pode ser aplicado às empresas públicas e às sociedades de economia mista, por serem elas pessoas jurídicas de direito privado.

A: incorreta. O art. 37, VI, da CF é norma de eficácia plena, não demanda lei específica para que possa ser exercido; **B:** incorreta. Não reflete o disposto no art. 37, X, da CF; **C:** correta, conforme art. 37, XI, da CF (teto constitucional); **D:** incorreta. Não reflete o disposto no art. 37, XVI, da CF; **E:** incorreta. Não reflete o disposto no art. 37, § 9º, da CF.

Gabarito "C".

(Técnico da Receita Federal – 2005 – ESAF) Sobre Administração Pública, marque a única opção correta.

(A) A proibição de acumulação remunerada de funções e empregos públicos não se estende às sociedades que são apenas controladas, direta ou indiretamente, pelo poder público.
(B) A autorização para a criação de subsidiárias de sociedade de economia mista deve ser feita, por lei específica, caso a caso, sendo vedada uma autorização geral feita por meio de lei.
(C) Todas as obras, compras, alienações e serviços realizados no âmbito da Administração Pública deverão ser contratados mediante processo de licitação.

(D) As administrações tributárias da União e dos Estados poderão compartilhar cadastros e informações fiscais, na forma da lei ou convênio.

(E) Para evitar a duplicidade de sanção, os atos de improbidade administrativa que importarem em suspensão dos direitos políticos, em razão de trânsito em julgado de sentença condenatória em ação de improbidade administrativa, não poderão ser apreciados no âmbito de uma ação penal.

A: incorreta. Não reflete o disposto no art. 37, XVII, da CF; **B:** incorreta. Não reflete o disposto no art. 37, XX, da CF; **C:** incorreta. Não reflete o disposto no art. 37, XXI, da CF; **D:** correta, conforme art. 37, XXII, da CF; **E:** incorreta. Não reflete o disposto no art. 37, § 4º, da CF.

Gabarito "D"

(Técnico da Receita Federal – 2005 – ESAF) Sobre Administração Pública, marque a única opção correta.

(A) Apenas nos casos em que uma sociedade de economia mista é prestadora de serviço público considerado essencial à segurança nacional, a lei poderá dispor sobre os requisitos e as restrições para quem nela ocupe cargo que possibilite o acesso a informações privilegiadas.

(B) A Constituição Federal não permite que nenhum servidor perceba, simultaneamente, proventos de aposentadoria pagos pelo regime de previdência do servidor público e remuneração de um cargo público.

(C) Os Estados não podem, mediante previsão em suas Constituições estaduais, fixar o subsídio mensal dos desembargadores do respectivo Tribunal de Justiça como limite único para a remuneração dos servidores públicos estaduais.

(D) O servidor público investido no mandato de vereador poderá sempre optar por perceber as vantagens de seu cargo sem prejuízo da remuneração do cargo eletivo.

(E) A lei estabelecerá os prazos de prescrição para ilícitos praticados por servidor público que causem danos ao erário, ressalvadas as respectivas ações de ressarcimento.

A: incorreta. Não reflete o disposto no art. 37, § 7º, da CF; **B:** incorreta. Não reflete o disposto no art. 37, § 10, da CF; **C:** incorreta. Violaria o art. 37, XI, da CF; **D:** incorreta. Não reflete o disposto no art. 38, II e III, da CF; **E:** correta, conforme art. 37, § 5º, da CF.

Gabarito "E"

(Técnico da Receita Federal – 2003 – ESAF) Assinale a opção que constitui competência exclusiva da União para legislar sobre:

(A) Proteção ao meio ambiente.

(B) Direito econômico.

(C) Educação.

(D) Proteção à infância e à juventude.

(E) Registros públicos.

A: incorreta. Art. 24, VI, da CF (competência legislativa concorrente); **B:** incorreta. Art. 24, I, da CF (competência legislativa concorrente); **C:** incorreta. Art. 24, IX, da CF (competência legislativa concorrente); **D:** incorreta. Art. 24, XV, da CF (competência legislativa concorrente); **E:** correta, conforme art. 22, XXV, da CF (competência legislativa privativa da União).

Gabarito "E"

(Técnico da Receita Federal – 2003 – ESAF) Assinale a opção que não constitui competência administrativa de todos os entes da federação.

(A) Preservar a fauna.

(B) Cuidar da saúde.

(C) Fiscalizar a exploração de recursos hídricos.

(D) Fiscalizar as instalações nucleares.

(E) Impedir a destruição de obras de arte.

O art. 23 da CF lista as competências administrativas comuns de todos os entes. **A:** correta. Art. 23, VII, da CF; **B:** correta. Art. 23, II, da CF; **C:** correta. Art. 23, XI, da CF; **D:** incorreta, devendo ser assinalada, conforme art. 21, XXIII, da CF (competência da União); **E:** correta. Art. 23, IV, da CF.

Gabarito "D"

(Técnico da Receita Federal – 2003 – ESAF) Assinale a opção correta, entre as assertivas abaixo, relativa aos Municípios.

(A) O Município é unidade integrante da federação brasileira, possuindo autogoverno, auto-organização e autoadministração.

(B) O Município reger-se-á por lei orgânica, votada em um turno.

(C) O número de Vereadores é proporcional sempre à população do Município.

(D) O Distrito Federal equipara-se, em termos de competências, a um Município.

(E) Compete ao Município legislar sobre assuntos regionais.

A: correta. O Município integra a Federação Brasileira (art. 1º da CF) e possui autonomia. Segundo a doutrina, a autonomia é a capacidade de auto-organização (cada um dos entes federativos pode elaborar sua própria Constituição), autogoverno (garantia assegurada ao povo de escolher seus próprios dirigentes e de, através deles, editar leis) e autoadministração (capacidade assegurada aos entes federativos de possuir administração própria, faculdade de dar execução às leis vigentes); **B:** incorreta. Não reflete o disposto no art. 29 da CF; **C:** incorreta. Não reflete o disposto no art. 29, IV, da CF; **D:** incorreta. Não reflete o disposto no art. 32, § 1º, da CF; **E:** incorreta. Não reflete o disposto no art. 30, I, da CF.

Gabarito "A"

(Técnico da Receita Federal – 2002.1 – ESAF) Em matéria de competência legislativa sobre orçamento, assinale a opção correta.

(A) A União tem competência privativa para legislar a respeito.

(B) A União e os Estados-membros têm competência concorrente na matéria.

(C) Nem a União nem os Estados-membros têm competência para legislar sobre orçamento, uma vez que a Constituição já exauriu a regulação dessa matéria.

(D) Cabe exclusivamente à União legislar a respeito, mas lei complementar federal pode autorizar os Estados-membros a legislar sobre tópicos que especificar.

(E) Com relação ao tema, os Estados-membros legislam sobre normas gerais, ficando a competência suplementar com a União.

Art. 24, II e §§ 1º ao 4º, da CF.

Gabarito "B"

(Técnico da Receita Federal – 2002.1 – ESAF) Assinale a opção correta.

(A) Na Federação brasileira, a União, os Estados membros e o Distrito Federal são autônomos; os municípios, porém, não o são.
(B) Somente por meio de emenda à Constituição, os Estados-membros podem subdividir-se ou incorporar-se entre si.
(C) Cabe à União, com exclusividade, regular, aprovar e executar todo o processo de criação de Municípios no país.
(D) Não se contém no âmbito da autonomia do Estado-membro recusar fé pública a documentos provindos de órgãos públicos de outro Estado-membro.
(E) Consideram-se bens do Estado-membro todos aqueles que se situam no seu território e não pertencem nem a algum Município nem a particulares.

A: incorreta. A federação brasileira difere um pouco do modelo clássico de federalismo, pois nela tanto União, Estados-membros, como também os Municípios, são autônomos; **B:** incorreta. Não reflete o disposto no art. 18, § 3º, da CF; **C:** incorreta. Não reflete o disposto no art. 18, § 4º, da CF; **D:** correta, conforme art. 19, II, da CF; **E:** incorreta. Não reflete o disposto no art. 26 da CF.

Gabarito "D"

(Técnico da Receita Federal – 2002.2 – ESAF) Suponha que, num Estado da Federação, tenha sido editada uma lei, estabelecendo que os supermercados são responsáveis civilmente – ou seja, devem indenizar os prejudicados – pelos furtos e roubos de veículos estacionados em vagas próximas ao estabelecimento comercial. À vista disso, assinale a opção correta.

(A) A lei é inconstitucional, porque disciplina matéria que se inclui na competência legislativa privativa da União.
(B) A lei é inconstitucional, porque o tema é tipicamente municipal, devendo ser regulado pelo legislador do Município.
(C) A lei foi editada por entidade competente para tanto, uma vez que, sendo o assunto de direito civil, tanto o Estado como a União podem legislar sobre ele.
(D) O Estado é competente para legislar sobre o tema, uma vez que, sendo de direito civil, inclui-se na lista das matérias da competência residual dos Estados-membros.
(E) A lei somente poderá ser tida como constitucional, se houver sido aprovada pela Assembleia Legislativa como lei complementar.

Conforme o art. 22, I, da CF, a responsabilidade civil é matéria de direito civil, consequentemente de competência privativa da união.

Gabarito "A"

9.1. DA UNIÃO, ESTADOS, MUNICÍPIOS E TERRITÓRIOS

(Procurador da Fazenda Nacional – 2007.2 – ESAF) Das opções abaixo, assinale a que contém matéria compreendida na competência privativa da União para legislar ou dispor sobre.

(A) Produção e consumo.
(B) Proteção do meio ambiente e combate à poluição em qualquer de suas formas.
(C) Propaganda comercial.
(D) Proteção à infância e à juventude.
(E) Direito Tributário, Financeiro, Penitenciário e Econômico.

A: Art. 24, V, da CF: competência concorrente; **B:** Art. 23, VI, da CF: competência comum; **C:** Art. 22, XXIX, da CF; **D:** Art. 24, XV, da CF: competência concorrente; **E:** Art. 24, I, da CF: competência concorrente.

Gabarito "C"

(Procurador da Fazenda Nacional – 2007 – ESAF) Assinale a única opção correta no âmbito da repartição de competência federativa.

(A) Compete privativamente à União manter o serviço postal e o correio aéreo nacional.
(B) É vedado à União, aos Estados, ao Distrito Federal e aos Municípios recusar fé aos documentos públicos, salvo nas hipóteses previstas em lei.
(C) No caso da competência concorrente, a cooperação entre os entes federados deverá ser estabelecida em lei complementar federal.
(D) Compete aos Estados-Membros, no âmbito de sua autonomia, instituir regiões metropolitanas, aglomerações urbanas e microrregiões.
(E) Compete exclusivamente à União legislar sobre sistema monetário, mas a legislação sobre direito econômico é de natureza privativa.

A: A competência é da União (art. 21, X, da CF), mas não é privativa; **B:** Não reflete o disposto no art. 19, II, da CF. O referido dispositivo não menciona a exceção de hipóteses previstas em lei.; **C:** Não reflete o disposto no art. 24, §§ 1º a 4º, da CF; **D:** Art. 25, § 3º, da CF; **E:** Legislar sobre sistema monetário é competência privativa da União (art. 22, VI, da CF). Já sobre direito econômico é concorrente (art. 24, I, da CF).

Gabarito "D"

(Procurador da Fazenda Nacional – 2006 – ESAF) Assinale a norma que não fere a Constituição Federal.

(A) Norma estadual que determina a perda da propriedade de veículo cujo IPVA não seja pago por mais de 3 anos consecutivos.
(B) Norma municipal que estipula tempo máximo para que as agências bancárias situadas no território do Município atendam clientes em fila de espera.
(C) Norma de lei estadual que veda a concessão de gratuidade no transporte coletivo urbano.
(D) Norma da Constituição Estadual que estabelece a competência do Governador para conceder, por decreto, anistia tributária.
(E) Lei estadual que, versando sobre trânsito de automóveis no território do Estado, proíbe a instalação de barreiras eletrônicas e impõe a desativação das já existentes.

A: incorreta. A medida fere a CF diante da proibição do confisco na seara tributária (art. 150, IV, da CF); **B:** correta. Cabe aos Municípios legislar sobre assuntos de interesse local (art. 30, I, da CF); **C:** incorreta. A norma fere frontalmente o art. 230, §2º da CF; **D:**

incorreta. A CF estabelece que a concessão de anistia se dará pelo Congresso Nacional (art. 48, VIII), sendo as atribuições de cada Poder consideradas como normas de reprodução necessária nas Constituições Estaduais; **E:** incorreta. Compete privativamente à União legislar sobre trânsito (art. 22, XI, da CF).

Gabarito "B"

(Procurador da Fazenda Nacional – 2004 – ESAF) Assinale a opção correta.

(A) Quanto às competências legislativas concorrentes da União e dos Estados-membros, a lei federal sempre prepondera sobre a estadual.

(B) É correto afirmar que o legislador federal efetua um bloqueio de competências do Estado-membro,quando legisla em matéria de competência legislativa concorrente.

(C) Os Estados-membros são livres para suplementar a legislação federal editada no exercício da competência exclusiva da União.

(D) Os Estados-membros e, nunca a União, dispõem de competências legislativas residuais.

(E) Os Estados-membros, por meio de leis complementares estaduais, podem dispor sobre questões específicas de matérias da competência privativa da União, independentemente de autorização federal para tanto.

A competência legislativa da União pode ser dividida em duas espécies: privativa (ou exclusiva) e concorrente. No âmbito da competência concorrente (art. 24 da CF), cabe à União a edição de normas gerais, reservado aos Estados e Distrito Federal o poder de editar as normas específicas para atender a suas peculiaridades. Assim, se a norma federal extrapolar sua função de delimitar apenas normas gerais, será declarada inconstitucional, não podendo prevalecer. De outra banda, enquanto respeitar seus limites, a norma federal impõe uma restrição à competência estadual, que deverá observá-la ainda que a lei federal seja superveniente. Já no âmbito da competência privativa (ou exclusiva) da União (art. 22 da CF), os Estados não detém competência suplementar, devendo abster-se de tratar da matéria. Há uma exceção somente: a União pode delegar, através de lei complementar federal, a competência aos Estados para tratar de matéria específica objeto de sua competência privativa. Por fim, resta esclarecer que a competência legislativa residual geral, realmente, pertence aos Estados (art. 25, §1º, da CF). Não obstante, em determinadas matérias, a União também a recebeu, como vemos, por exemplo, na ordem tributária (art. 154, I, da CF).

Gabarito "B"

(Procurador da Fazenda Nacional – 2003 – ESAF) Assinale a opção correta.

(A) Pacificou-se o entendimento de que depende de juízo politicamente discricionário do Presidente da República a decisão de promover a intervenção federal em decorrência de provimento de ação de executoriedade de lei federal.

(B) Uma causa que opõe a União a uma autarquia estadual, em torno de disputa sobre certo título executivo, deverá ser julgada originariamente pelo Supremo Tribunal Federal, ainda que não tenha substrato político e possua conteúdo estritamente patrimonial.

(C) Da decisão de Tribunal de Justiça em representação para fins interventivos em Município cabe recurso extraordinário para o Supremo Tribunal Federal.

(D) O Estado-membro que descumpre decisão judicial do Tribunal Superior do Trabalho está sujeito a intervenção federal requisitada pelo Supremo Tribunal Federal.

(E) É válida a lei municipal que fixa horário de funcionamento dos bancos e instituições financeiras nos limites do território do Município.

A: incorreta. A doutrina majoritária aponta que, em caso de procedência da representação interventiva pelo STJ visando a garantir a executoriedade de lei federal, não há discricionariedade na atuação do Presidente da República, que deve acatar a ordem judicial e decretar a intervenção. A razão do posicionamento é e a entrega de competência para decidir sobre a intervenção, nesse caso, ao Poder Judiciário, não se admitindo recusa do Poder Executivo em cumprir o quanto determinado; **B:** incorreta. Nestes casos, a competência originária é da Justiça Federal de primeiro grau, pelo interesse da União, não havendo previsão de deslocamento da competência para tribunal superior; **C:** incorreta, nos termos da Súmula nº 637 do STF, que não reconhece o cabimento do recurso extraordinário nesta hipótese; **D:** correta. Estabelece o art. 36, II, da CF que a intervenção fundada em desobediência a decisão judicial será requisitada pelo Supremo Tribunal Federal, pelo Superior Tribunal de Justiça ou pelo Tribunal Superior Eleitoral. A legitimidade para requerer a intervenção decorre da vinculação do tribunal cuja autoridade foi questionada ao se negar cumprimento à sua decisão. Em caso de violação a decisão do TST, apenas o STF pode agir, por ser, dentre os legitimados, o único que se vincula à Justiça do Trabalho; **E:** incorreta, nos termos da Súmula nº do STJ, que determina competência da União para fixação de horários bancários.

Gabarito "D"

(Advogado – IRB – 2006 – ESAF) Sobre evolução político-constitucional, sistema de repartição de competência na organização do Estado brasileiro, Estado-membro e Intervenção no Estado e nos Municípios, assinale a única opção correta.

(A) Sob a ordem constitucional de 1824, o Poder Judiciário era composto por juízes nomeados pelo Imperador, que podiam ser suspensos mediante processo e audiência do Conselho do Estado; sob a Constituição de 1891, os juízes tinham garantia de irredutibilidade de vencimentos, mas não eram vitalícios.

(B) A constituição de 1937 rompeu com o bicameralismo, ficando a atividade legislativa a cargo, exclusivamente, da Câmara dos Deputados.

(C) Em razão do sistema de repartição de competências adotado na Constituição de 1988, regra geral, tem-se que as atribuições e competências dos municípios são definidas indicativamente.

(D) A intervenção da União no Estado, para prover a execução de decisão judicial, far-se-á, tão somente, por meio de requisição do Supremo Tribunal Federal.

(E) Como o controle político do ato de intervenção cabe ao Congresso Nacional, todo decreto de intervenção será submetido à apreciação do Congresso Nacional, no prazo constitucionalmente estabelecido.

A: incorreto, pois na Constituição de 1891 os juízes eram vitalícios (art. 57); **B:** incorreto, pois na Constituição de 1937 o Parlamento Nacional era composto pela Câmara dos Deputados e pelo Conselho Federal (art. 38, § 1º); **C:** correto, pois cabe aos Municípios legislar sobre assuntos de interesse local e suplementar a legislação federal e estadual no que couber, sem que haja a especificação das matérias (art. 30, incisos I e II, da CF); **D:** incorreto, pois a requisição também poderá partir do STJ ou do TSE (art. 36, inciso II, da CF); **E:** incorreto, pois em nem todas as hipóteses de intervenção há o controle político do Congresso Nacional (art. 36, § 3º, da CF).

Gabarito "C"

(Analista – Ministério da Int. Nacional – 2012 – ESAF) Sobre a repartição de competências comuns e concorrentes entre os entes da federação brasileira (União, Estados, Distrito Federal e Municípios), é correto afirmar que

(A) no âmbito das competências concorrentes, compete aos Municípios a fixação de normas gerais de direito orçamentário.

(B) é competência constitucional concorrente à União, aos Estados e ao Distrito Federal legislar sobre defesa civil e gerenciamento de riscos e desastres.

(C) no âmbito das competências comuns, compete a todos os entes da federação brasileira legislar sobre sistema estatístico, sistema cartográfico e de geologia nacionais.

(D) é competência comum da União, dos Estados, do Distrito Federal e dos Municípios proteger o meio ambiente, combatendo os desastres nacionais de qualquer natureza.

(E) é competência comum da União, dos Estados, do Distrito Federal e dos Municípios preservar as florestas, a fauna e a flora.

A: incorreto, pois sempre cabe à União, em se tratando de competência concorrente, o estabelecimento de normas gerais (art. 24, § 1º). Em verdade, os Municípios nem sequer participam da competência legislativa concorrente, a qual se restringe à União, Estados e Distrito Federal; **B:** incorreto, pois se trata de competência privativa da União (art. 22, inciso XXVIII, da CF); **C:** incorreto, pois se trata de competência privativa da União (art. 22, inciso XVIII, da CF); **D:** incorreto, pois a Constituição se limita a estabelecer como competência concorrente a proteção do meio ambiente e o combate à poluição em qualquer de suas formas, não havendo qualquer menção a desastres nacionais de qualquer natureza (art. 23, inciso VI); **E:** correto (art. 23, inciso VII, da CF).

Gabarito "E"

(Analista – MPU – 2004 – ESAF) Assinale a opção correta:

(A) Nas matérias da competência privativas da União, os Estados-membros, o Distrito Federal e os Municípios não podem legislar para suprir a falta de lei federal.

(B) A criação de municípios depende apenas de consulta às populações interessadas e de lei estadual autorizadora.

(C) Autoridades municipais não se sujeitam à Justiça Federal.

(D) Pacificou-se o entendimento de que as leis federais são hierarquicamente superiores às leis estaduais.

(E) Para pôr fim a situações de grave violação a direitos humanos, a União pode intervir nos Estados-membros e nos Municípios brasileiros.

A: Se a competência é privativa da União, só ela pode dispor sobre a matéria. Ao contrário, se a matéria é de competência concorrente, podem ser aplicadas as regras do art. 24, §§ 1º a 4º, da CF; **B:** Não reflete o disposto no art. 18, § 4º, da CF; **C:** Não existe essa regra na Constituição. Diferentemente, o art. 109, II, da CF, expressamente prevê hipótese em que Município se submete à justiça federal; **D:** Não há que se há falar em hierarquia, mas em respeito à competência fixada na Constituição para cada ente. Assim, se lei federal invadir a competência estadual, a lei federal será inconstitucional; **E:** A União só intervém nos Estados, no Distrito Federal, ou nos Municípios localizados em Territórios Federais; assim, não há intervenção federal em municípios (art. 34, *caput*, e art. 35, *caput*, da CF). Ademais, "pôr fim a situações de grave violação a direitos humanos" não é hipótese que autoriza a intervenção federal, pois não se encontra listada no art. 34, I, "a", VII, da CF. Autoriza, por outro lado, o incidente de deslocamento de competência previsto no art. 109, § 5º, da CF.

Gabarito "A"

9.2. DA ADMINISTRAÇÃO PÚBLICA

(Advogado – IRB – 2006 – ESAF) Sobre Administração Pública, assinale a única opção correta.

(A) Com a nova redação constitucional para os limites de remuneração do servidor público, os vencimentos dos cargos do Poder Legislativo e do Poder Executivo não poderão ser superiores aos pagos pelo Poder Judiciário.

(B) É garantido ao servidor público, nos termos de lei específica, o direito à livre associação sindical.

(C) Os requisitos de idade e de tempo de contribuição serão reduzidos em cinco anos, em relação aos requisitos estabelecidos para os demais servidores públicos, para os professores que comprovem exclusivamente tempo de efetivo exercício das funções de magistério.

(D) A contribuição para custeio da previdência social não incidirá sobre os proventos de aposentadoria e de pensão, quando o beneficiário, na forma da lei, for portador de doença incapacitante.

(E) É possível, nos termos definidos em lei, a adoção de requisitos e critérios diferenciados para a concessão de aposentadoria para servidores públicos que sejam portadores de deficiência.

A: incorreto, pois a regra existente é no sentido de que os vencimentos dos cargos do Poder Legislativo e do Poder Judiciário não poderão ser superiores aos pagos pelo Poder Executivo (art. 37, inciso XII, da CF); **B:** incorreto, pois tal direito é garantido ao servidor público civil sem qualquer reserva legal (art. 37, inciso VI, da CF); **C:** incorreto, pois é necessário que o magistério se dê na educação infantil e no ensino fundamental e médio (art. 40, § 5º, da CF); **D:** incorreto, pois há sim incidência, todavia apenas sobre as parcelas de proventos de aposentadoria e de pensão que superem o dobro do limite estabelecido para os benefícios do regime geral de previdência social (art. 40, § 21, da CF); **E:** correto (art. 201, § 1º, da CF).

Gabarito "E"

(Procurador da Fazenda Nacional – 2006 – ESAF) Assinale a opção correta.

(A) O Estado não é responsável civilmente pelo dano sofrido por particular que sofre sequestro cometido por presidiário que fugiu da penitenciária, por negligência de agentes penitenciários, e, formando quadrilha, passou a praticar delitos.

(B) O servidor público, que sofreu prejuízo enquanto desempenhava função pública, não pode invocar a responsabilidade civil objetiva do Estado pelos danos sofridos, mesmo que não tenha concorrido para o evento danoso.

(C) É objetiva a responsabilidade civil do Estado por danos causados por omissão de seus agentes.

(D) A responsabilidade civil das pessoas jurídicas de direito privado prestadoras de serviço público é objetiva relativamente tanto aos usuários do serviço quanto às demais pessoas que não ostentem a condição de usuário, mas que sejam prejudicadas pela ação dessas pessoas jurídicas.

(E) Não é juridicamente possível a ação de indenização por dano moral decorrente de ato do Poder Judiciário.

A: correta. A jurisprudência do STF não nega a responsabilidade do Estado pelos atos praticados pelo preso que se evadiu pela imperícia dos agentes públicos responsáveis por sua custódia (RE 136247/RJ, DJ 20/06/2000). Não obstante, reconhece que a teoria da responsabilidade objetiva não dispensa a comprovação do nexo de causalidade entre a ação ou omissão e o resultado danoso. Para o Excelso Pretório, algumas concausas, como a formação de quadrilha ou o longo período entre a fuga e a prática do crime, interrompem o nexo de causalidade, afastando a responsabilidade estatal (STF, RE 172025/RJ, DJ 08/10/1996; STF, RE 130764/PR, DJ 12/05/1992); **B:** incorreta. A responsabilidade objetiva do Estado alcança também os danos provocados aos agentes públicos no exercício de sua função, desde que estes não sejam os responsáveis ou tenham concorrido para o evento danoso; **C:** incorreta. Segundo a doutrina e jurisprudência hodiernas, a responsabilidade objetiva do Estado é restrita a condutas positivas, a ações estatais. A responsabilidade por omissão é subjetiva, dependendo da comprovação de dolo ou culpa; **D:** incorreta. Nos termos do art. 37, §6º, da CF; **E:** incorreta. A CF garante indenização cabal à vítima de erro judiciário (art. 5º, LXXV, da CF).

Gabarito "A".

(Procurador da Fazenda Nacional – 2004 – ESAF) Assinale a opção correta.

(A) É inconstitucional a cobrança de contribuição previdenciária de servidores públicos já aposentados na data da criação da contribuição.

(B) O tempo de contribuição estadual ou municipal não pode ser contado para efeito de aposentadoria em cargo público federal.

(C) Nos termos da Constituição em vigor, ninguém pode perceber mais de uma aposentadoria à conta do regime de previdência pública.

(D) Os servidores abrangidos pelo regime de previdência pública, quando aposentados por invalidez permanente, qualquer que seja a causa desta, recebem proventos proporcionais ao tempo de contribuição.

(E) Ao servidor ocupante, exclusivamente, de cargo em comissão, declarado em lei de livre nomeação e exoneração, aplica-se o regime geral de previdência social.

A: incorreta. O art. 40, §18, da CF autoriza a cobrança de contribuição previdenciária dos servidores inativos, que incidirá sobre a parcela da aposentadoria que exceder ao limite imposto para o Regime Geral de Previdência Social; **B:** incorreta, pois o art. 40, §9º, da CF autoriza expressamente a contagem recíproca do tempo de contribuição estadual ou municipal para fins de aposentadoria; **C:** incorreta. A alternativa narra a regra geral, porém o art. 40, §6º, da CF aponta como exceção as aposentadorias decorrentes de cargos cumuláveis. Isto é natural, porque se o servidor pôde acumular cargos enquanto na atividade, seria absurdo obrigar-lhe a escolher apenas uma aposentadoria; **D:** incorreta. A aposentadoria por invalidez será integral quando decorrente de acidente em serviço, moléstia profissional ou doença grave, contagiosa ou incurável (art. 40, §1º, I, da CF); **E:** correta, nos exatos termos do art. 40, §13, da CF. O regime próprio de previdência é privativo dos servidores ocupantes de cargo efetivo.

Gabarito "E".

(Procurador da Fazenda Nacional – 2003 – ESAF) (Adaptada) Assinale a opção correta.

(A) É legítimo o procedimento criminal contra indivíduo, aberto exclusivamente com base em gravação clandestina de conversa telefônica, se a gravação não foi feita por agente público, mas por terceira pessoa, ainda que sem autorização judicial.

(B) A exigência de depósito de multa como condição de admissibilidade de recurso administrativo fere a garantia constitucional da ampla defesa e do devido processo legal.

(C) Fere a garantia do direito adquirido que uma lei venha a suprimir gratificação recebida pelo servidor, mesmo que essa mesma lei compense a perda da gratificação extinta com a criação de outra, não ensejando diminuição do montante total dos vencimentos recebido pelo servidor.

(D) A Constituição não admite que lei estabeleça limite mínimo de idade para ingresso em cargo público – exceto nos casos em que a própria Constituição estabelece esse limite etário.

(E) De acordo com o Supremo Tribunal Federal, a extensão da garantia constitucional do contraditório (art. 5º, LV) aos procedimentos administrativos tem o significado de subordinar a estes toda a normatividade referente aos feitos judiciais, tornando por isso indispensável a atuação de advogado nos feitos administrativos abertos para dirimir conflitos de interesses.

A: incorreta. A interceptação telefônica deve, sempre, ser autorizada judicialmente e ser realizada por agente público. O STF não reconhece como legítima a persecução criminal iniciada com prova obtida por meio ilícito, como no caso em tela. Tal situação foi objeto do HC 80948/ES, DJ 07/08/2001; **B:** correta. A exigência do depósito prévio para admissibilidade do recurso administrativo foi julgada inconstitucional pelo STF na ADI 1976, DJ 28/03/2007, que veio, posteriormente, a dar origem à Súmula Vinculante nº 21; **C:** incorreta. Segundo jurisprudência assentada do STJ, não há direito adquirido a regime jurídico nem a regime de remuneração (AgRg no RMS 29763/MS, DJ 20/10/2011); **D:** incorreta. Nos termos da Súmula nº 683 do STF, a discriminação etária em concursos públicos pode ser justifica pela natureza do cargo a ser preenchido; **E:** incorreta. A Súmula Vinculante nº 05 do STF estabelece que a falta de defesa técnica por advogado no processo administrativo não ofende a CF.

Gabarito "B".

(Analista – MDICE – 2012 – ESAF) Sobre a Administração Pública e seus servidores, é correto afirmar que

(A) o direito de greve será exercido nos termos e nos limites definidos em lei complementar.

(B) lei complementar reservará percentual dos cargos e empregos públicos para as pessoas portadoras de deficiência e definirá os critérios de sua admissão.

(C) é vedada a adoção de requisitos e critérios diferenciados para a concessão de aposentadoria aos servidores titulares de cargos efetivos da União, dos Estados, do Distrito Federal e dos Municípios, incluídas suas autarquias e fundações, ressalvados, nos termos definidos em leis complementares, os casos de servidores: portadores de deficiência; que exerçam atividades de risco e aqueles cujas atividades sejam exercidas sob condições especiais que prejudiquem a saúde ou a integridade física.

(D) os atos de improbidade administrativa importarão a suspensão dos direitos políticos, a perda da função pública, a indisponibilidade dos bens e o ressarcimento ao erário, na forma e gradação previstas em lei complementar, sem prejuízo da ação penal cabível do efeito integrador.

(E) as administrações tributárias da União, dos Estados, do Distrito Federal e dos Municípios, atividades essenciais ao funcionamento do Estado, exercidas por servidores de carreiras específicas, terão recursos prioritários para a realização de suas atividades e atuarão de forma integrada, inclusive com o compartilhamento de cadastros e de informações fiscais, na forma da lei complementar.

A: incorreto, pois se prescinde de lei complementar (art. 37, inciso VII, da CF); **B:** incorreto, pois também se prescinde de lei complementar (art. inciso VIII, da CF); **C:** correto (art. 40, § 4º, da CF); **D:** incorreto, pois também se prescinde de lei complementar (art. 37, § 4º, da CF); **E:** incorreto, pois também se prescinde de lei complementar (art. 37, XXII).

Gabarito "C"

(Analista – MPU – 2004 – ESAF) Sobre administração pública, marque a única opção correta.

(A) A criação de subsidiárias, por empresa pública, depende de autorização legislativa específica, para cada subsidiária que se pretender criar.

(B) As patentes dos oficiais da polícia militar do Distrito Federal são conferidas pelo governador do Distrito Federal.

(C) O servidor ocupante, exclusivamente, de cargo declarado em lei de livre nomeação contribuirá para o regime de previdência do servidor público.

(D) É possível a percepção simultânea dos proventos decorrentes da aposentadoria como médico, pelo regime de previdência dos servidores públicos federais, com a remuneração de outro cargo técnico ou científico, em uma empresa pública federal.

(E) A extinção de cargo ocupado por servidor estável obriga a administração a aproveitá-lo, de imediato, em outro cargo.

A: O art. 37, XX, da CF, não exige autorização legislativa específica; **B:** Art. 42, § 1º, da CF; **C:** Não reflete o disposto no art. 40, § 3º, da CF: contribuirão para o RGPS; **D:** Não reflete o disposto no art. 37, XVI, "a", "b", e "c", da CF; **E:** Não reflete o disposto no art. 41, § 3º, da CF.

Gabarito "B"

10. ORGANIZAÇÃO DO PODER EXECUTIVO

(Procurador da Fazenda Nacional – 2007 – ESAF) Assinale a opção correta.

(A) O Presidente ficará suspenso de suas funções nas infrações penais comuns e nos crimes de responsabilidade quando autorizados os respectivos processamentos pela Câmara dos Deputados.

(B) Entre as competências do Presidente se encontra a de convocar o Conselho da República e o Conselho de Defesa Nacional, embora eventualmente possa delegar a atribuição de presidi-los.

(C) A Constituição não prevê expressamente a existência do cargo de Ministro do Planejamento, motivo pelo qual a sua criação depende da estruturação proposta pelo Presidente da República.

(D) Como não se trata de matéria constitucionalmente reservada à lei, o Presidente da República pode dispor, mediante decreto, sobre a extinção de funções ou cargos públicos, mesmo que a prática do ato crie ou extinga direitos e obrigações.

(E) Em caso de crime de responsabilidade do Presidente da República, a competência para o julgamento é do Senado Federal, sendo que a condenação depende da deliberação favorável do equivalente a 2/3 dos votos daquela Casa Parlamentar.

A: Não reflete o disposto no art. 86, § 1º, da CF; **B:** Não reflete o disposto no art. 84, XVIII e parágrafo único, da CF; **C:** Não reflete o disposto no art. 91, VII, da CF; **D:** Não reflete o disposto no art. 84, VI, *b*, da CF; **E:** Art. 86 c/c art. 52, I e parágrafo único, ambos da CF.

Gabarito "E"

(Advogado – IRB – 2006 – ESAF) Sobre Poder Executivo e Defesa do Estado Democrático e das Instituições Democráticas, assinale a única opção correta.

(A) Por força de disposição constitucional, as posses do Presidente e do Vice-Presidente da República deverão ser sempre simultâneas, sob pena dos cargos serem declarados vagos.

(B) Compete ao Presidente da República nomear, após aprovação pelo Senado Federal, os Ministros dos Tribunais Superiores, o presidente e os diretores do Banco Central.

(C) Nas infrações penais comuns e nos crimes de responsabilidade, o Presidente da República ficará suspenso de suas funções após a aprovação, pela Câmara dos Deputados, da instauração do processo por crime de responsabilidade ou do recebimento da denúncia pelo Supremo Tribunal Federal, nos crimes comuns.

(D) Em razão de sua condição de mero órgão de consulta, a audiência prévia do Conselho de Defesa Nacional, pelo Presidente da República, para fins de decretação do estado de defesa é facultativa, decorrendo de decisão discricionária do Presidente da República.

(E) Na vigência do estado de sítio, poderá haver restrição da liberdade de reunião, não sendo admitida a suspensão desse direito, uma vez que ele tem proteção constitucional até mesmo contra alterações pelo poder constituinte derivado.

A: incorreto, pois há previsão constitucional no sentido de que se, decorridos dez dias da data fixada para a posse, o Presidente ou o Vice-Presidente, salvo motivo de força maior, não tiverem assumido o cargo, este será declarado vago (art. 78, parágrafo único, da CF). Logo, as posses podem ocorrer em dias distintos; **B:** correto (art. 84, inciso XIV, da CF); **C:** incorreto, pois o Presidente ficará suspenso de suas funções nas infrações penais comuns, se recebida a denúncia ou queixa-crime pelo Supremo Tribunal Federa e nos crimes de responsabilidade, após a instauração do processo pelo Senado Federal (art. 86, § 1º, da CF); **D:** incorreto, pois a consulta é obrigatória (art. 136 da CF); **E:** incorreto, pois é possível a suspensão da liberdade de reunião no Estado de Sítio (art. 139, inciso IV, da CF).

Gabarito "B"

(Auditor Fiscal da Receita Federal – 2012 – ESAF) O Conselho da República e o Conselho de Defesa Nacional são órgãos de consulta do Presidente da República. Ambos têm composição e atribuições previstas na Constituição Federal. Sobre eles, assinale a opção correta.

(A) Entre outros membros o Conselho de Defesa Nacional é composto pelo Vice-Presidente da República, pelo Presidente da Câmara dos Deputados, pelo Presidente do Senado e por seis brasileiros natos, indicados, dois pela Câmara dos Deputados, dois pelo Senado e dois pelo Presidente da República, que opinam nas hipóteses de declaração de guerra e celebração da paz.

(B) O Conselho da República opina sobre intervenção federal, estado de sítio, estado de defesa, e sobre questões relevantes para a estabilidade das instituições democráticas bem como sobre o uso efetivo das áreas de faixa de fronteira.

(C) O Conselho da República é composto pelo Vice-Presidente da República, pelo Presidente da Câmara dos Deputados, pelo Presidente do Senado e pelo Ministro da Justiça e se incumbe de opinar nos casos de pedido de asilo formulado ao Brasil.

(D) O Conselho de Defesa Nacional é composto pelo Vice-Presidente da República, pelo Presidente da Câmara dos Deputados, pelo Presidente do Senado, pelo Ministro da Justiça, pelo Ministro de Estado da Defesa, entre outros, e compete-lhe opinar sobre declaração de guerra e celebração da paz.

(E) Os membros do Conselho da República e do Conselho de Defesa Nacional são julgados, em casos da prática de crime comum, pelo Supremo Tribunal Federal.

A: incorreta. Os seis brasileiros natos, indicados nessas condições, pertencem ao Conselho da República (art. 89, VII, da CF); **B:** incorreta. Opina sobre o uso efetivo das faixas de fronteira apenas o Conselho de Defesa Nacional (art. 91, § 1º, III, da CF); **C:** incorreta. Não compete a esses órgãos manifestar-se sobre a concessão de asilo político; **D:** correta, nos termos do art. 91, *caput* e § 1º, I, da CF); **E:** incorreta. Os membros do Conselho da República e do Conselho de Defesa Nacional não gozam de foro por prerrogativa de função específico. Deve-se seguir as regras aplicáveis aos cargos que originalmente ocupam.

Gabarito "D"

(Analista – CGU – 2008 – ESAF) Leia o trecho a seguir, que retrata situação ocorrida na vigência da Constituição Federal de 1946, e, depois, assinale a única opção correta relativa ao Poder Executivo segundo as normas da Constituição de 1988:

"Abertas as urnas, Jânio Quadros venceu a corrida presidencial com 5.626.623 votos (48%), contra 3.846.825 de Lott (28%) e 2.195.709 (23%) de Adhemar de Barros. Mas seu companheiro de chapa, Milton Campos, apesar de ter recebido 4.237.719 votos (36%), perdeu para João Goulart, que foi novamente eleito vice-presidente com 4.547.010 votos (39%)." (Fábio Koifman [Org.]. Presidentes do Brasil: de Deodoro a FHC. Rio de Janeiro: Rio, 2002, p. 547).

(A) Com resultado de eleição proporcionalmente idêntico ao narrado no texto não haveria segundo turno.

(B) O presidente e o vice-presidente da República tomam posse em sessão do Tribunal Superior Eleitoral.

(C) Não ocorreria diferença no número de votos entre o candidato a presidente e o candidato a vice-presidente.

(D) O cargo será declarado vago se, na data fixada para a posse, o presidente ou o vice-presidente não o assumir.

(E) No caso de vacância dos cargos de presidente e de vice-presidente da República nos últimos três anos do mandato, o Congresso Nacional fará eleição para ambos os cargos trinta dias depois da última vaga.

A: incorreto, pois pelo sistema atual, haveria sim segundo turno, eis que o candidato mais votado não atingiu a maioria dos votos válidos (art. 77, § 2º, da CF); **B:** incorreto, pois a posse se dá em sessão do Congresso Nacional (art. 78 da CF); **C:** correto, pois nas eleições majoritárias, os candidatos a presidente e a vice-presidente concorrem em chapa única, sendo os votos direcionados a ambos, sem a possibilidade de fracionamento; **D:** incorreto, pois a declaração de vacância somente se dá após o decurso de dez dias da data fixada para a posse e salvo se não houver motivo de força maior (art. 78, parágrafo único, da CF); **E:** incorreto, pois a forma de eleição dependerá do momento em que se deu a vacância. Vagando os cargos nos dois primeiros anos de mandato, far-se-á nova eleição direta noventa dias depois de aberta a última vaga (art. 81, caput). Por outro lado, ocorrendo a vacância nos últimos dois anos do período presidencial, a eleição para ambos os cargos será feita trinta dias depois da última vaga, pelo Congresso Nacional, na forma da lei, ou seja, através de eleição indireta (art. 81, parágrafo único, da CF).

Gabarito "C"

(Auditor Fiscal da Receita Federal – 2005 – ESAF) Sobre a organização do Poder Executivo, na Constituição de 1988, marque a única opção correta.

(A) Na eleição para presidente da República, será considerado eleito em primeiro turno de votação o candidato que, registrado por partido político, obtiver a maioria absoluta do total de votos apurados na eleição.

(B) Tendo sido autorizada, pela Câmara dos Deputados, a instauração de processo contra o presidente da República, por prática de crime comum, o presidente ficará suspenso de suas funções, em decorrência da autorização, por cento e oitenta dias, cabendo ao Supremo Tribunal Federal processá-lo e julgá-lo.

(C) O Conselho da República é o órgão superior de consulta do presidente da República competente para pronunciar-se sobre questões relevantes para a soberania nacional e a defesa do Estado Democrático.

(D) Compete aos ministros de Estado, na sua área de competência, referendar os atos e decretos assinados pelo presidente da República.

(E) Do Conselho de Defesa Nacional participam os líderes da maioria e minoria na Câmara dos Deputados e no Senado Federal.

A: incorreta. Não reflete o disposto no art. 77, § 2º, da CF; **B**: incorreta. Não reflete o disposto no art. 86, *caput* e § 1º, I, da CF; **C**: incorreta. Não reflete o disposto nos arts. 90 e 91, ambos da CF; **D**: correta. Art. 87, I, da CF; **E**: incorreta. Não reflete o disposto no art. 91 da CF.

Gabarito "D"

(Analista – MPU – 2004 – ESAF) Sobre o Poder Executivo, marque a única opção correta.

(A) O presidente da República pode delegar a Ministro de Estado sua competência para dispor, mediante decreto, sobre a extinção de funções ou cargos públicos vagos.

(B) Se, por qualquer motivo, o presidente da República não tomar posse na data fixada no texto constitucional, o cargo será declarado vago, após dez dias, contados dessa data.

(C) O vice-presidente da República substituirá o presidente da República no caso de vacância do cargo e, nessa hipótese, responderá pela presidência da República nos afastamentos do titular, sucessivamente, o presidente da Câmara dos Deputados, o presidente do Senado Federal e o presidente do Supremo Tribunal Federal.

(D) Será considerado eleito presidente da República, em primeiro turno, o candidato que atingir uma votação que seja igual ou superior à maioria absoluta dos votos apurados na eleição.

(E) Para a constitucionalidade da declaração de guerra, pelo presidente da República, no caso de agressão estrangeira, ela terá que ser, sempre, submetida ao referendo do Congresso Nacional.

A: Art. 84, VI, "b", c/c parágrafo único, da CF; **B**: Salvo motivo de força maior (art. 78, parágrafo único, da CF), sendo certo, ainda, que a CF não fixa a data da posse; **C**: Não reflete o disposto nos arts. 79 e 80 da CF; **D**: Não reflete o disposto no art. 77, § 2º, da CF; **E**: Não reflete o disposto no art. 84, XIX, da CF.

Gabarito "A"

(Auditor Fiscal da Receita Federal – 2003 – ESAF) Assinale a opção correta.

(A) Projetos de lei da iniciativa do Presidente da República não podem ser objeto de emenda parlamentar.

(B) Somente por projeto de iniciativa do Presidente da República é possível ao Congresso Nacional deliberar sobre assunto relacionado a direito tributário.

(C) O decreto legislativo somente tem vigência e eficácia depois de sancionado pelo Presidente da República.

(D) O regime de medidas provisórias, por ser uma exceção ao princípio da divisão de poderes, não pode ser adotado nos Estados membros, por falta de explícita previsão constitucional para tanto.

(E) Na apreciação de projeto de lei delegada pelo Congresso Nacional, não se admitem emendas parlamentares.

A: incorreta. O Legislativo pode apresentar emendas em projeto de lei de iniciativa privativa do Presidente da República, desde que: a) tenha relação direta com o projeto de lei (pertinência temática) e b) que não acarrete aumento de despesa (art. 63, I, da CF); **B**: incorreta. São de iniciativa privativa do Presidente da República apenas as matérias listadas no art. 61, § 1º, da CF, dentre as quais não se inclui projetos de lei de cunho tributário; **C**: incorreta. O decreto legislativo não precisa de sanção (art. 48 da CF); **D**: incorreta. O STF tem firme entendimento de que as medidas provisórias podem ser adotadas pelos chefes do Poder Executivo estadual, por simetria ao modelo federal; **E**: correta. Art. 68, § 3º, da CF.

Gabarito "E"

(Auditor Fiscal da Receita Federal – 2003 – ESAF) Sobre as medidas provisórias, assinale a opção correta.

(A) Nenhuma medida provisória pode ter vigência por prazo superior a 120 dias corridos.

(B) Se o Congresso Nacional não aprecia a medida provisória no prazo constitucional, ela perde eficácia desde a edição e o Congresso Nacional deverá editar lei, sujeita a sanção ou veto do Presidente da República, para disciplinar as relações jurídicas formadas durante a sua vigência.

(C) A medida provisória que perdeu eficácia por decurso de prazo pode ser reeditada pelo Presidente da República, mas este não pode, em tempo algum, reeditar a medida provisória que foi rejeitada pelo Congresso Nacional.

(D) Mesmo que rejeitada a medida provisória pelo Congresso Nacional, há caso em que as relações jurídicas decorrentes de atos praticados durante a sua vigência conservam-se regidas por essa mesma medida provisória.

(E) De acordo com a atual disciplina constitucional do tema, uma medida provisória não pode revogar outra medida provisória que ainda esteja pendente de apreciação pelo Congresso Nacional.

A: incorreta. Não reflete o disposto no art. 62, § 3º, § 11 e § 12, da CF; **B:** incorreta. Não reflete o disposto no art. 62, § 3º, da CF, que prescreve a edição de decreto legislativo (e não de lei) que, por força do art. 48 da CF, não está sujeito à sanção; **C:** incorreta. Não reflete o disposto no art. 62, § 10, da CF; **D:** correta. Art. 62, § 11, da CF; **E:** incorreta. Só há vedação para a adoção de medida provisória sobre matéria já disciplinada em projeto de lei aprovado pelo Congresso Nacional e pendente de sanção ou veto do Presidente da República (art. 62, § 1º, IV, da CF).

Gabarito "D"

(Auditor Fiscal da Receita Federal – 2002.1 – ESAF) A respeito do Presidente da República, assinale a opção correta.

(A) Responde a processo criminal, qualquer que seja o crime que lhe seja imputado, perante o Superior Tribunal de Justiça.

(B) Poderá ser processado pelo Supremo Tribunal Federal, qualquer que seja o crime cometido, uma vez obtida licença da Câmara dos Deputados.

(C) Na vigência do seu mandato, somente pode ser processado por crime de responsabilidade.

(D) Na vigência do seu mandato, não pode ser responsabilizado por atos estranhos ao exercício de suas funções.

(E) Não pode ser processado criminalmente, enquanto estiver no exercício do seu mandato, uma vez que representa a soberania brasileira no cenário internacional.

A e **B:** incorretas. O Presidente da República responde perante o Supremo Tribunal Federal pelas infrações penais comuns (art. 102, I, "b", da CF) e perante o Senado Federal pelos crimes de responsabilidade, após autorização da Câmara dos Deputados (art. 86, II, da CF); **C** e **E:** incorretas. Também pode ser processado por infração penal comum (art. 86, *caput* e § 1º, I, da CF); **D:** correta. Art. 86, § 4º, da CF.

Gabarito "D"

(Auditor Fiscal da Receita Federal – 2002.1 – ESAF) A respeito de uma lei da iniciativa privativa do Presidente da República, assinale a opção correta.

(A) Se o Presidente da República estiver obrigado a apresentar o projeto de lei da sua iniciativa exclusiva, e não o fizer tempestivamente, o projeto poderá ser apresentado por qualquer comissão do Congresso Nacional.

(B) Se o Presidente da República estiver obrigado a apresentar o projeto de lei da sua iniciativa exclusiva, e não o fizer tempestivamente, o Supremo Tribunal Federal poderá legislar sobre o assunto, se provocado por meio de mandado de injunção.

(C) Projeto de lei da iniciativa privativa do Presidente da República não pode sofrer emenda no âmbito do Congresso Nacional.

(D) É inconstitucional o projeto de lei apresentado por membros do Congresso Nacional sobre matéria que o constituinte diz pertencer ao âmbito da iniciativa privativa do Presidente da República.

(E) O Presidente da República tem iniciativa privativa de leis que versem matéria relacionada com tributos.

A e **B:** incorretas. Quando a Constituição estabelece matérias de iniciativa privativa de determinadas autoridades confere, por consequência, a discricionariedade da escolha do melhor momento para o legitimado dar início ao processo legislativo, a não ser que a própria CF determine prazo para tanto. Nesse último caso, o STF poderá determinar que o agente cumpra a Constituição, mas não poderá editar a norma faltante; **C:** incorreta. A iniciativa do projeto de lei é privativa do Presidente da República, mas, uma vez apresentado, o Legislativo pode apresentar emendas, desde que: a) tenha relação direta com o projeto de lei (pertinência temática) e b) que não acarrete aumento de despesa (art. 63, I, da CF); **D:** correta, por vício de forma; **E:** incorreta. São de iniciativa privativa do Presidente apenas as matérias relacionadas no art. 61, § 1º, da CF. Note-se que o disposto no art. 61, § 1º, II, "b", da CF diz respeito exclusivamente aos Territórios Federais.

Gabarito "D"

(Auditor Fiscal da Receita Federal – 2002.2 – ESAF) Assinale a opção correta.

(A) Todas as deliberações do Congresso Nacional estão sujeitas a veto do Presidente da República.

(B) Dá-se o chamado veto tácito quando o Presidente da República permanece inerte durante o prazo de que dispõe para vetar ou sancionar o projeto de lei.

(C) Cabe ao Presidente do Supremo Tribunal Federal sancionar projetos de lei do interesse da magistratura federal.

(D) O Presidente da República pode vetar um parágrafo de um artigo de um projeto de lei, sem vetar todo o artigo.

(E) O Congresso Nacional pode rejeitar o veto do Presidente da República a um projeto de lei, desde que assim o delibere até o final da sessão legislativa em que o veto ocorreu.

A: incorreta. Os atos listados nos arts. 49, 51, e 52, todos da CF, não exigem sanção do Presidente da República, daí concluindo-se que tampouco estão sujeitos a veto (art. 48 da CF); **B:** incorreta. O silêncio do Presidente por mais de quinze dias importa sanção, e não veto (art. 66, §§ 1º e 3º, da CF); **C:** incorreta. O STF, para determinadas matérias listadas na CF, tem *iniciativa* do processo legislativo (art. 93 da CF), mas não lhe cabe sancionar projetos de lei; **D:** correto. A CF admite o veto parcial, desde que incida sobre texto integral de artigo, de parágrafo, de inciso ou de alínea (art. 66, §§ 1º e 2º, da CF), ou seja, não se pode vetar apenas determinadas expressões. Por exemplo: ao Presidente é proibido vetar apenas a palavra "não", fazendo com que determinada regra deixe de ser "não incidirá", para ser "incidirá". O veto parcial, nesse caso, alteraria todo o significado do texto aprovado pelo Poder Legislativo, razão por que é vedado pelo art. 66, § 2º, da CF; **E:** incorreta. Não reflete o disposto no art. 66, § 4º, da CF.

Gabarito "D"

(Técnico – ANEEL – 2009 – ESAF) Assinale a opção correta.

(A) Os cargos de uma autarquia podem ser cumulados com empregos em sociedades de economia mista, com a única condição de haver compatibilidade de horário de trabalho entre eles.

(B) O aposentado pode sempre acumular proventos com a remuneração de outro cargo público a que tenha chegado por concurso público.

(C) Toda contratação de obra e serviço pela Administração Pública deve ser precedida de licitação, não podendo a lei excepcionar essa obrigação.

(D) A ação de ressarcimento contra servidor que causa prejuízo ao erário é imprescritível.

(E) Somente brasileiro (nato ou naturalizado) pode ocupar cargo, função ou emprego público na Administração Pública.

A: errada. De acordo com o art. 37, XVI, da CF, é **vedada a acumulação** remunerada de cargos públicos, exceto, quando houver compatibilidade de horários e submissão ao teto, nos seguintes casos a) a de dois cargos de professor; b) a de um cargo de professor com outro técnico ou científico; c) a de dois cargos ou empregos privativos de profissionais de saúde, com profissões regulamentadas. Vale lembrar que essa proibição estende-se a empregos e funções e **abrange autarquias**, fundações, empresas públicas, **sociedades de economia mista**, suas subsidiárias, e sociedades controladas, direta ou indiretamente, pelo poder público; **B:** errada. Conforme disposição do art. 37, §9º, da CF, é **proibido o recebimento simultâneo** de proventos de aposentadoria decorrentes do art. 40 ou dos arts. 42 e 142 com a remuneração de cargo, emprego ou função pública, ressalvados os cargos acumuláveis na forma desta Constituição, os cargos eletivos e os cargos em comissão declarados em lei de livre nomeação e exoneração; **C:** errada. A regra é que a contratação se dê por meio do processo de licitação. Ocorre que a própria Constituição, em seu art. 37, XXI, determina que a legislação especifique os **casos em que não haverá licitação**. A lei 8.666/93 traz, por exemplo, hipóteses de contratação direta nos seus artigos 17 (licitação dispensada), 24 (dispensa de licitação) e 25 (inexigibilidade de licitação); **D:** correta. De fato, a **ação de ressarcimento ao erário é imprescritível** (art. 37, §5º, da CF); **E:** errada. De acordo com o art. 37, I, da CF, os cargos, empregos e funções públicas são acessíveis aos brasileiros que preencham os requisitos estabelecidos em lei, **assim como aos estrangeiros**, na forma da lei.

Gabarito "D"

11. ORGANIZAÇÃO DO PODER LEGISLATIVO

(Procurador da Fazenda Nacional – 2007 – ESAF) Assinale a opção correta.

(A) É viável reforma constitucional que aperfeiçoe o processo legislativo de emenda constitucional, tornando-o formalmente mais rigoroso.

(B) A Constituição Federal conferiu, de forma explícita, o poder de editar medidas provisórias unicamente ao Presidente da República; assim, e por se tratar de instrumento de exceção ao princípio da Separação de Poderes, a comportar interpretação restritiva, tal espécie normativa não pode ser adotada por Estados e Municípios.

(C) Adotada medida provisória pelo Presidente da República, o Congresso Nacional deverá sobre ela deliberar durante a convocação extraordinária, caso tenha constado como objeto da convocação, ou, caso contrário, o prazo de 60 dias será considerado interrompido desde a sua edição.

(D) Desde que observados os requisitos da relevância e da urgência, medida provisória poderá dispor sobre a composição dos organismos regionais, que equivalem a formas especiais de organização administrativa do território, de iniciativa da União, com a finalidade de promover, no âmbito do complexo geoeconômico e social, o seu desenvolvimento, com redução das desigualdades regionais, mas tal espécie normativa não poderá dispor sobre os planos regionais, integrantes dos planos nacionais de desenvolvimento econômico e social.

(E) É válida a revogação por lei ordinária de dispositivo formalmente inserido em lei complementar, cuja matéria disciplinada não estava constitucionalmente reservada a esta última.

A: A doutrina aponta a alteração do processo de emenda como limitação implícita ao poder constituinte derivado; **B:** O STF admite a adoção de MPs por Estados (art. 25, §§ 1º e 2º, da CF). Por simetria e com restrições doutrinárias, também são admitidas no âmbito municipal; **C:** Não reflete o disposto no art. 57, §§ 7º e 8º, da CF; **D:** MP não pode dispor sobre a matéria, porque reservada à lei complementar (art. 62, § 1º, III, c/c art. 43, § 1º, ambos da CF); **E:** Sim, em virtude do paralelismo das formas.

Gabarito "E"

(Procurador da Fazenda Nacional – 2006 – ESAF) Suponha que o Congresso Nacional aprove lei, de iniciativa de Deputado Federal, que reduz alíquota do Imposto de Renda de Pessoas Físicas. O Presidente da República sanciona o projeto. Mais tarde, percebe que a lei é ruinosa e ouve seus conselheiros jurídicos que lhe dizem:

1. Houve vício de iniciativa na elaboração da lei.
2. O Presidente da República não pode provocar o Supremo Tribunal Federal a exercer o controle de constitucionalidade sobre a lei, porque sancionou o projeto.
3. O Presidente da República pode, desde que se atenha ao prazo de veto de que dispõe constitucionalmente, voltar atrás na sanção e vetar o projeto.
4. Tendo o Presidente da República sancionado a lei, toda discussão sobre eventual invasão da sua iniciativa privativa fica prejudicada, já que, qualquer que seja o caso, a sanção supre o vício de iniciativa.

Assinale a opção correta.

(A) Todas as afirmações estão corretas.

(B) Apenas uma das afirmações está correta.

(C) Apenas duas das afirmações estão corretas.

(D) Apenas três das afirmações estão corretas.

(E) Nenhuma das afirmações está correta.

1: incorreta. Não se inclui dentre as matérias de competência privativa de qualquer autoridade para iniciativa de projeto de lei a alteração da legislação tributária; **2:** incorreta. O Presidente da República está dentre as autoridades autorizadas a propor a ação direta de inconstitucionalidade e a ação declaratória de constitucionalidade (art. 103, I, da CF), não sendo a sanção um óbice para tanto, considerando que a inconstitucionalidade de lei ou ato normativo não pode ser convalidada; **3:** incorreta. A sanção e o veto são atos irretratáveis; **4:** incorreta. O STF pacificou o entendimento de que o veto presidencial não supre o vício de iniciativa do projeto de lei (ADI 2113/MG, DJ 04/03/2009). Portanto, nenhuma das afirmações está correta.

Gabarito "E"

(Procurador da Fazenda Nacional – 2004 – ESAF) Assinale a opção correta.

(A) A conversão em lei de medida provisória torna insuscetível de discussão qualquer eventual inconstitucionalidade formal de que a medida provisória pudesse padecer.

(B) Uma medida provisória pode ter vigência superior a 120 dias, sem que o Presidente da República a reedite.

(C) A medida provisória não é instrumento apto para dispor sobre matéria de direito penal, exceto quando favorece o indivíduo contra a ação persecutória penal do Estado.

(D) Consideram-se sem eficácia todas as medidas provisórias editadas antes do advento da Emenda Constitucional no 32/2001 (que conferiu novo regime a esse instrumento normativo), que não foram reeditadas pelo Presidente da República depois da Emenda e não foram convertidas em lei pelo Congresso Nacional no prazo constitucional.

(E) A Emenda Constitucional no 32/2001 proíbe o uso de medida provisória para criar ou majorar imposto,tornando superada a jurisprudência do Supremo Tribunal Federal que o admitia.

A: está incorreta, porque o STF admite o controle e a eventual declaração de inconstitucionalidade de lei que tenha sido criada por conversão de medida provisória formalmente inconstitucional (v. ADI 3090/DF, DJ 11/10/2006); **B:** correta. A vigência da medida provisória pode, excepcionalmente, alcançar mais de 120 dias em dois casos: se ela foi editada antes da Emenda Constitucional nº 32/01 e estava em vigor na data de publicação desta e se o transcurso de seu prazo adentrar o período de recesso do Congresso Nacional, hipótese em que ficará suspenso até o retorno dos trabalhos (art. 62, §4º, da CF); **C:** incorreta, porque a proibição de edição de medida provisória sobre matéria de direito penal não comporta exceção (art. 62, §1º, I, "b", da CF); **D:** incorreta. Ao contrário, a Emenda Constitucional nº 32/01 determinou que todas as medidas provisórias em vigor na data de sua publicação teriam sua vigência mantidas até que fossem analisadas pelo Congresso Nacional; **E:** incorreta. Continua permitida a edição de medida provisória em matéria tributária, inclusive para criar ou majorar imposto (art. 62, §2º, da CF).

Gabarito "B".

(Procurador da Fazenda Nacional – 2003 – ESAF) Suponha que, no curso de uma CPI no Congresso Nacional, tenham sido decretadas as medidas abaixo, com relação a certos investigados:

I. quebra de sigilo bancário;

II. busca domiciliar de documentos incriminadores;

III. interceptação telefônica;

IV. proibição de o investigado se ausentar do país;

V. proibição de o investigado se comunicar com o seu advogado durante a sua inquirição;

VI. sequestro de bens mediante ato fundamentado em provas de desvio de bens públicos.

Dessas medidas, quantas não poderiam ter sido decretadas pela CPI:

(A) uma

(B) duas

(C) três

(D) quatro

(E) cinco

Dentre as medidas listadas, a única ao alcance da CPI é a quebra do sigilo bancário, diante de sua natureza tipicamente probatória. A busca domiciliar está fundada no poder geral de cautela do juiz, que não se estende à CPI, e a interceptação telefônica é tema a ser analisado exclusivamente pelo Poder Judiciário. Segundo o STF, a expressão constitucional de que as CPI's detêm os mesmos poderes da autoridade judicial é limitada ao campo da indagação probatória , com absoluta exclusão de outras prerrogativas que se incluem na esfera de competência dos Tribunais (MS 23452/RJ, DJ 06/09/1999), o que abrange também os itens IV e VI. O item V não pode ser decretado sequer por autoridade judicial, diante dos princípios do contraditório, da ampla defesa e da imprescindibilidade do advogado na prestação jurisdicional.

Gabarito "E".

(Procurador da Fazenda Nacional – 2003 – ESAF) Assinale a opção correta.

(A) O Tribunal de Contas da União pode impor à autoridade administrativa sujeita à sua fiscalização a suspensão de pagamento de vantagem pecuniária incluída em proventos de aposentadoria de servidor, se a entender ilegítima, mesmo que a vantagem tenha sido assegurada ao aposentado por força de decisão judicial transitada em julgado.

(B) Não sofre de inconstitucionalidade formal a lei federal, de iniciativa de parlamentar, que, versando sobre matéria tributária, concede benefício fiscal a certas categorias de contribuintes de impostos de competência da União. 157

(C) Não havendo aumento de despesa, o Poder Legislativo pode livremente emendar projeto de lei de iniciativa privativa do Chefe do Poder Executivo.

(D) Diante de demora do Chefe do Executivo em apresentar projeto de lei da sua iniciativa privativa, o Poder Legislativo pode aprovar lei fixando prazo para que o projeto seja encaminhado.

(E) É firme a jurisprudência do Supremo Tribunal Federal no sentido de que a sanção presidencial a projeto de lei supre eventual vício de iniciativa.

A: incorreta, porque as decisões do TCU não têm caráter jurisdicional (dado que não é órgão do Poder Judiciário), não podendo, por isso, sobrepor decisões judiciais albergadas pela coisa julgada (STF, MS 25805/DF, DJ 07/02/2006); **B:** correta. A iniciativa de projetos de lei compete a qualquer parlamentar, exceto quando a outra autoridade for atribuída competência privativa para tanto, o que não ocorre com a matéria tributária; **C:** incorreta, porque a emenda parlamentar a projeto de lei de iniciativa privativa do Chefe do Poder Executivo, segundo o STF, somente se autoriza quando, além de não determinar o aumento de despesa, guardar pertinência ao objeto do projeto de lei (RE 134278/SP, DJ 27/05/2004). Portanto, não é livre a emenda, como sugere a alternativa; **D:** incorreta, por força do princípio da separação dos Poderes. A elaboração de projeto de lei pelo Presidente da República, em sede de iniciativa privativa, é um juízo de conveniência e oportunidade, não podendo o Poder Legislativo interferir; **E:** incorreta. Para a jurisprudência do STF, ao contrário do sugerido, a sanção presidencial não afasta eventual inconstitucionalidade formal por vício de iniciativa (ADI 2113/MG, DJ 04/03/2009).

Gabarito "B".

(Auditor Fiscal da Receita Federal – 2012 – ESAF) Uma Assembleia Legislativa de um dos Estados da Federação brasileira acolheu proposta de um dos seus deputados e emendou a Constituição Estadual, estabelecendo que o governador do Estado, na hipótese de viagem ao exterior, necessitaria de autorização prévia do Legislativo estadual, sempre que esse deslocamento ao exterior ultrapassasse o prazo de 7 (sete) dias. Considerando o enunciado, assinale a opção correta.

(A) A emenda implementada na Constituição estadual é constitucional sob qualquer ponto de vista, inclusive porque, dentro da autonomia legislativa do Estado, em alterar sua própria Constituição.

(B) A emenda é constitucional no âmbito da autonomia estadual, entretanto, somente pode ser considerada efetiva após a sanção do governador do Estado, considerando que sem ela o processo legislativo não se completa.

(C) A emenda é inconstitucional porque a Proposta de Emenda não poderia ser de autoria do deputado, e sim do governador, na medida em que se trata de tema que diz respeito a essa autoridade.

(D) A emenda é inconstitucional porque contraria o princípio da simetria constitucional, estabelecendo norma mais rígida do que aquela que a Constituição Federal estabelece para o Presidente da República, em casos de viagem ao exterior.

(E) A emenda é inconstitucional porque viola uma cláusula pétrea comum às Constituições estaduais.

A: incorreta. A emenda é inconstitucional tanto por vício de iniciativa quanto por ofensa ao princípio da simetria; **B:** incorreta. As emendas constitucionais não se sujeitam a sanção do Chefe do Poder Executivo, porque decorrem do Poder Constituinte, que é superior a todos os poderes constituídos do Estado; **C:** incorreta. Há vício de iniciativa, mas não porque deveria a emenda ser proposta pelo Governador. Na verdade, não poderia ela ser proposta por apenas um deputado, e sim por no mínimo um terço dos membros da Casa Legislativa; **D:** correta. A CF estabelece, em seu art. 49, III, que o afastamento do Presidente da República e do Vice-Presidente para viagem ao exterior depende de autorização do Congresso Nacional quando superior a 15 dias. Sendo assim, a alteração narrada no enunciado viola o princípio da simetria; **E:** incorreta. O tema não está inserido dentre as cláusulas pétreas do ordenamento jurídico brasileiro.

Gabarito "D".

(Analista – CGU – 2012 – ESAF) Sobre o Poder Legislativo, é correto afirmar que

(A) o não atendimento, no prazo de 30 dias, dos pedidos de informações escritas encaminhados pelas Mesas aos ministros ou qualquer autoridade diretamente subordinada à Presidência da República, é suficiente para caracterizar o chamado crime de responsabilidade.

(B) a convocação extraordinária do Congresso Nacional ocorrerá por intermédio de Presidentes, ou seja, Presidente da República, pelo Presidente do Senado e pelo Presidente da Câmara. Portanto, nem mesmo a maioria dos membros de ambas as Casas Legislativas teria legitimidade para requerer a convocação.

(C) o rol da competência exclusiva do Congresso Nacional é na verdade exemplificativa, na medida em que é admitida a competência supletiva de uma das Casas Legislativas em alguns casos excepcionais.

(D) diferente do critério majoritário para a eleição de Deputado Federal, o critério proporcional aplicado no Senado Federal determina a eleição do Senador da República acompanhado por dois suplentes.

(E) o Congresso Nacional não tem controle sobre a declaração de guerra e celebração da paz, que é competência do Presidente da República, e só dele, por ser ato de soberania nacional.

A: correto (art. 50, § 2º, da CF); **B:** incorreto, pois a convocação extraordinária também pode se dar por requerimento da maioria dos membros de ambas as Casas, em caso de urgência ou interesse público relevante, sendo necessária a aprovação da maioria absoluta de cada uma das Casas do Congresso Nacional (art. 57, § 6º, inciso II, da CF); **C:** incorreto, pois não há previsão constitucional de competência supletiva por parte das Casas Legislativas; **D:** incorreto, pois os Deputados Federais são eleitos pelo sistema proporcional e os Senadores da República pelo sistema majoritário; **E:** incorreto, pois compete ao Congresso Nacional autorizar o Presidente da República a declarar guerra, a celebrar a paz, a permitir que forças estrangeiras transitem pelo território nacional ou nele permaneçam temporariamente, ressalvados os casos previstos em lei complementar (art. 49, inciso II, da CF).

Gabarito "A".

(Analista – CGU – 2012 – ESAF) Nos termos da atual redação da Constituição, os Deputados e Senadores são invioláveis, civil e penalmente, por quaisquer de suas opiniões, palavras e votos. A respeito da inviolabilidade e da imunidade parlamentar, é correto afirmar que

(A) a inviolabilidade não é uma exclusão de cometimento de crime por parte de deputados e senadores por suas opiniões, palavras e votos.

(B) nos termos do enunciado, não fica excluída a pretensão de ressarcimento de eventual dano material ou moral decorrente da atuação do congressista.

(C) o Supremo Tribunal Federal firmou entendimento no sentido de que qualquer declaração feita nas dependências do Congresso Nacional, seja na Tribuna ou nas Comissões, é objeto da inviolabilidade parlamentar, não sendo necessário analisar se existe ou não nexo causal entre as afirmações e o exercício do cargo para se aplicar a inviolabilidade.

(D) não importa a natureza do crime, nem se é ou não afiançável, o congressista não poderá ser processado criminalmente sem licença de sua Casa, de acordo com a redação dada pela Emenda Constitucional 35/2001, de sorte que, proposta a ação penal contra um deputado ou senador no exercício do mandato, o Supremo Tribunal Federal sequer pode receber a denúncia ou instaurar o processo.

(E) a inviolabilidade é prerrogativa processual, e esta é a verdadeira inviolabilidade, dita formal, para diferençar da material, que é a imunidade.

A: incorreto, pois a inviolabilidade (art. 53) representa sim a exclusão do crime, sendo, para a corrente penalista majoritária e para o STF (Pet 4.935, DJ 28/09/2012), causa de exclusão da tipicidade; **B:** incorreto, pois a inviolabilidade também alcança a esfera cível, de modo que não haverá o dever de reparar os eventuais danos causados por opiniões, palavras e votos; **C:** correto (STF, Inq 655, DJ 29/08/2003); **D:** incorreto, pois com a Emenda Constitucional 35/2001, não é mais necessária a licença da respectiva Casa. Todavia, uma vez recebida a denúncia contra o Senador ou Deputado, por crime ocorrido após a diplomação, o Supremo Tribunal Federal dará ciência à Casa respectiva, que, por iniciativa de partido político nela representado e pelo voto da maioria de seus membros, poderá, até a decisão final, sustar o andamento da ação (art. 53, § 3º). Nesse caso, os prazos prescricionais serão suspensos (art. 53, § 5º) e o processo será retomado após o fim do mandato do parlamentar; **E:** incorreto, pois a inviolabilidade é prerrogativa material, que exclui o crime, tornando a conduta atípica; já a imunidade é garantia processual e abrange restrições à prisão (art. 53, § 2º, da CF) e a possibilidade de sustação do processo ação (art. 53, §§ 3º e 4º).

Gabarito "C"

(Analista – CGU – 2012 – ESAF) No processo legislativo a ser utilizado pelo Poder Legislativo, é correto afirmar que

(A) o fenômeno da desconstitucionalização encontra guarida no nosso sistema constitucional.

(B) considera-se processo legislativo direto aquele que é discutido e votado pelo próprio povo.

(C) as propostas que dependem da iniciativa privativa do Presidente da República, por ser de interesse exclusivamente federal, não são de observância obrigatória por parte dos Estados membros que, ao tratar de seu processo legislativo no âmbito das Constituições estaduais, poderão de forma autônoma afastar-se da disciplina constitucional federal.

(D) mesmo no projeto de lei, cuja iniciativa seja exclusiva do Presidente da República, é possível aos parlamentares emendá-lo em razão de sua atividade legiferante. Não seria juridicamente possível sustentar a vedação de emendas que visem ao aumento de despesa prevista no projeto inicial, pois isso limitaria diretamente o exercício legiferante do parlamentar, garantido pela Constituição Federal. Além disso, tal limitação implicaria flagrante ofensa ao princípio de independência e harmonia entre os Poderes da República.

(E) atualmente o Supremo Tribunal Federal entende que um projeto de lei de iniciativa exclusiva do Presidente da República, apresentado por um parlamentar, votado e aprovado pelo Congresso Nacional, pode ter o vício de iniciativa sanado pela sanção do Presidente.

A: incorreto, pois não há previsão constitucional nesse sentido. Desconstitucionalização compreende a recepção da ordem constitucional anterior como lei infraconstitucional, desde que se verifique a compatibilidade material com a nova Constituição em vigor; **B:** correto, sendo uma das características de democracia direta, onde o povo exerce seu poder soberano diretamente, sem o intermédio de representantes eleitos através do voto; **C:** incorreto, pois, em face do princípio da simetria, as Constituição estaduais deverão obedecer às hipóteses de iniciativa legislativa privativa do chefe do Poder Executivo (art. 25 da CF); **D:** incorreto, pois as emendas são permitidas, desde que guardem pertinência temática com o objeto da proposta presidencial e desde que não impliquem em aumento de despesa, com exceção das emendas à lei do orçamento anual e à lei de diretrizes orçamentárias que, em alguns casos, permitem o aumento; **E:** incorreto, pois o entendimento é no sentido de que a sanção do projeto de lei não convalida o vício de inconstitucionalidade resultante da usurpação do poder de iniciativa (STF, ADI 2113, DJ 20/08/2009).

Gabarito "B"

(Analista – CGU – 2012 – ESAF) A respeito da capacidade de fiscalizar do Poder Legislativo, é correto afirmar que

(A) o poder investigativo da Comissão Parlamentar de Inquérito é amplo e irrestrito, daí não dever observância nem mesmo à separação dos poderes e à autonomia dos Estados membros, Distrito Federal e Municípios, pois se assim não fosse a amplitude do poder investigativo ficaria comprometida.

(B) o Tribunal de Contas da União – TCU emite parecer prévio sobre as contas anuais do Presidente da República no prazo de 60 dias a contar do seu recebimento. O julgamento a despeito de ser político, feito pelo Congresso Nacional, acaba por vincular-se ao parecer emitido pelo TCU em razão dos fundamentos técnicos, os quais, via de regra, são bem consistentes.

(C) conforme entendimento do Supremo Tribunal Federal, as Cortes de Contas são dotadas de autonomia e de autogoverno, todavia isso não lhe dá o direito de iniciativa reservada para instaurar processo legislativo que pretenda alterar sua organização e seu funcionamento, pois para isso a iniciativa deve ser do Congresso Nacional.

(D) as multas aplicadas pelo TCU têm força de título executivo e cabe ao Tribunal providenciar a cobrança, por intermédio da Advocacia-Geral da União, a quem caberá o ajuizamento da execução.

(E) as funções de Ministério Público junto ao Tribunal de Contas da União serão exercidas por instituição que integra os quadros do Ministério Público da União especializado, assim como ocorre com o Ministério Público Militar e do Trabalho.

A: incorreto, pois o poder de investigação das Comissões Parlamentares de Inquérito não é ilimitado. Como exemplo, não detém o poder de determinar buscas e apreensões e mandados de busca e apreensão (STF, MS 23.452, DJ 12/05/2000); **B:** incorreto, pois, apesar do caráter técnico do parecer prévio do TCU, o julgamento do Congresso Nacional não se vincula a este. Segundo a jurisprudência do STF, o TCU funciona como órgão opinativo, sendo a competência para julgar as contas exclusivas do Poder Legislativo (RE 471506, DJ 19/05/2011); **C:** incorreto, pois entende o STF que as Cortes de Contas do país gozam das prerrogativas da autonomia e do autogoverno, o que inclui, essencialmente, a iniciativa reservada para instaurar processo legislativo que pretenda alterar sua organização e seu funcionamento (artigos 73, 75 e 96, inciso II, alínea "d", da CF / ADI-MC 4421, DJ 22/02/2011); D: correto (art. 71, § 3º da CF); E: incorreto, pois se trata de instituição que não integra o Ministério Público da União, embora seus membros gozem dos mesmos direitos e possuam as mesmas vedações e forma de investidura (art. 130 da CF).

Gabarito "D"

(Advogado – IRB – 2006 – ESAF) Sobre Poder Legislativo, assinale a única opção correta.

(A) Nos termos da Constituição Federal, o número total de Deputados Federais, bem como a representação por Estado e pelo Distrito Federal, deve ser ajustado por lei, proporcionalmente à população, no ano das eleições para o Congresso Nacional.

(B) Cabe ao Congresso Nacional, com a sanção do Presidente da República, a fixação do subsídio dos Ministros do Supremo Tribunal Federal, por lei de iniciativa conjunta dos Presidentes da República, da Câmara dos Deputados, do Senado Federal e do Supremo Tribunal Federal.

(C) Se um Senador, após a posse, continuar como proprietário de empresa que goze de favor decorrente de contrato com pessoa jurídica de direito público, ele estará sujeito à perda de mandato, a ser declarada pela Mesa da Casa respectiva, de ofício ou mediante provocação de qualquer de seus membros, ou de partido político representado no Congresso Nacional, assegurada ampla defesa.

(D) Uma medida provisória aprovada sem alteração do seu texto original não é encaminhada à sanção e promulgação pelo Presidente da República, sendo convertida em lei e promulgada pelo Presidente da Mesa do Congresso Nacional.

(E) Compete ao Tribunal de Contas da União apreciar, para fins de registro, a legalidade dos atos de concessão de aposentadorias, reformas e pensões, bem como a legalidade dos atos de concessão de melhorias posteriores, mesmo que delas não decorra alteração no fundamento legal do ato concessório.

A: incorreto, pois o ajuste deve se dá no ano anterior às eleições (art. 45, § 1º, da CF); **B:** incorreto, pois tal disposição constitucional deixou de existir com a Emenda 41/2003. Atualmente, a iniciativa é exclusiva do STF (art. 96, inciso II, aliena "b", da CF), cabendo ao Congresso Nacional a fixação, com a sanção do Presidente da República (art. 48, inciso XV, da CF); **C:** incorreto, pois nesse caso, a perda do mandato será decidida pelo Senado Federal, por voto secreto e maioria absoluta, mediante provocação da respectiva Mesa ou de partido político com representação no Congresso Nacional, assegurada a ampla defesa (arts. 54 e 55, inciso I, e § 2º, da CF); **D:** correto, pois não teria sentido lógico ir para a sanção do Presidente uma medida provisória baixada por este e sem alteração alguma, mormente se lembrarmos que a sanção é típica dos projetos de lei (art. 65, *caput*, da CF); **E:** incorreto, pois a CF ressalva da necessidade de registrar as melhorias posteriores que não alterem o fundamento legal do ato concessório.

Gabarito "D"

(Analista – ANEEL – 2006 – ESAF) Sobre o processo legislativo das Emendas à Constituição, assinale a única opção correta.

(A) A Constituição Federal prevê a possibilidade de apresentação de proposta de Emenda à Constituição conjuntamente pelo Senado Federal e pela Câmara dos Deputados, sendo necessário, nesse caso, que a iniciativa seja apoiada por um número de Parlamentares equivalente a um terço do número total de membros do Congresso Nacional.

(B) A proibição de promulgação de emenda à Constituição durante a vigência do Estado de Defesa não se aplica após a aprovação do decreto de intervenção pelo Congresso Nacional.

(C) A emenda à Constituição será promulgada pela Mesa do Congresso Nacional, com o respectivo número de ordem, em sessão conjunta das duas Casas.

(D) A transformação do Brasil em um Estado unitário, com sistema de governo parlamentarista, pode ser feita por emenda à Constituição, desde que mantido o voto direto, secreto, universal e periódico.

(E) A matéria constante de proposta de emenda à Constituição rejeitada não poderá ser objeto de nova proposta na mesma sessão legislativa, mesmo que a nova proposta seja apoiada por três quintos dos Parlamentares da sua Casa de origem.

A: incorreto, pois não existe previsão Constitucional para uma propositura conjunta. Deste modo, somente em separado é que cada uma das Casas pode apresentar seu projeto de Emenda, através da manifestação de pelo menos um terço de seus respectivos membros (art. 60, inciso I, da CF); **B:** incorreto, pois a aprovação pelo Congresso Nacional tem o condão de tão somente ratificar a intervenção, cujos efeitos já se operam desde o decreto (art. 136, §§ 1º e 6º da CF); **C:** incorreto, pois as Emendas são promulgadas pelas Mesas da Câmara dos Deputados e do Senado Federal, em cada qual, com o respectivo número de ordem (art. 60, § 3º da CF); **D:** incorreto, pois a forma federativa de Estado é cláusula pétrea, não podendo ser objeto de deliberação a proposta de Emenda tendente a aboli-la (art. 60, § 4º, inciso I, da CF); **E:** correto, por expressa disposição constitucional (art. 60, § 5º, da CF).

Gabarito "E"

(Analista – ANEEL – 2006 – ESAF) Sobre o processo legislativo das leis ordinárias, complementares e delegadas, assinale a única opção correta.

(A) As normas gerais para organização do Ministério Público dos Territórios podem ter por origem projeto de lei de iniciativa do Presidente da República ou de membro do Congresso Nacional.

(B) Não pode haver projeto de lei de iniciativa popular sobre matéria reservada pela Constituição para lei complementar.

(C) A Constituição Federal não permite emendas a projeto de lei de iniciativa do Presidente da República.

(D) Havendo emendas, na Casa revisora, ao texto do projeto de lei aprovado pela Casa iniciadora do processo legislativo, caberá à Casa iniciadora enviar o projeto de lei à sanção do Presidente da República.

(E) Um projeto de lei de iniciativa do Supremo Tribunal Federal terá sua discussão e votação iniciada no Senado Federal.

A: incorreto, pois a Constituição determina que a iniciativa nesse caso é privativa do Presidente da República (art. 61, § 1º, alínea "d", da CF); **B:** incorreto, pois a iniciativa popular pode deflagrar o processo legislativo tanto de leis ordinárias como de leis complementares (art. 61, § 2º, da CF); **C:** incorreto, pois as emendas são permitidas, não sendo admitido, todavia, o aumento da despesa prevista, com exceção das leis orçamentárias, que permitem o aumento com alguns condicionamentos (art. 63, inciso I, c/c art. 166, §§ 3º e 4º da CF); **D:** correto (art. 65, *caput*, e § 1º, da CF); **E:** incorreto, pois a discussão e votação dos projetos de lei de iniciativa do Presidente da República, do Supremo Tribunal Federal e dos Tribunais Superiores têm início na Câmara dos Deputados (art. 64 da CF).

Gabarito "D"

(Analista – ANEEL – 2006 – ESAF) Sobre o processo legislativo das leis ordinárias, complementares e delegadas, assinale a única opção correta.

(A) O Presidente da República poderá solicitar urgência para apreciação de projeto de lei de sua iniciativa, mesmo que a matéria constante da proposição não seja reservada a leis de sua iniciativa privativa.

(B) No caso de ser solicitada, pelo Presidente da República, urgência para apreciação do projeto do Código de Direito Administrativo dos Territórios Federais, que é de sua iniciativa, a Casa em que estiver tramitando a proposição deverá sobre ela deliberar, em até quarenta e cinco dias, sob pena de se sobrestarem as demais deliberações legislativas da respectiva Casa.

(C) A possibilidade de veto do Presidente da República a projeto de lei aprovado pelo Congresso Nacional deve ser exercida no prazo máximo de quinze dias, contados da data do recebimento da proposição pelo Poder Executivo, sob pena de se considerar o projeto de lei sancionado tacitamente.

(D) O veto presidencial será apreciado, sucessivamente, em cada Casa do Congresso Nacional, só podendo se rejeitado pelo voto da maioria absoluta dos membros da Casa.

(E) Uma vez concedida, pelo Congresso Nacional, ao Presidente da República, a delegação legislativa por este solicitada, não há previsão constitucional de que o Congresso Nacional possa rejeitar o projeto de lei delegada elaborado pelo Poder Executivo.

A: correto (art. 64, § 1º, da CF); **B:** incorreto, as demais deliberações somente serão sobrestadas se ambas as Casas não se manifestarem, cada qual sucessivamente, em até quarenta em cinco dias. Ademais, mesmo que isso ocorra, não serão sobrestadas as matérias que tenham prazo constitucional determinado (art. 64, § 2º, da CF); **C:** incorreto, pois o prazo é de quinze dias úteis e não quinze dias corridos (art. 66, § 1º, da CF); **D:** incorreto, pois o veto presidencial é apreciado em sessão conjunta do Congresso Nacional, que só poderá rejeitá-lo pela maioria absoluta de seus membros, em escrutínio secreto (art. 66, § 4º, da CF); **E:** incorreto, pois o Congresso Nacional detém a competência de sustar os atos normativos do Presidente da República que exorbitem do poder regulamentar ou dos limites da delegação legislativa (art. 49, inciso V, da CF).

Gabarito "A"

(Analista – ANEEL – 2006 – ESAF) Sobre o processo legislativo das medidas provisórias, assinale a única opção correta.

(A) A Constituição veda, de forma expressa, a edição de medidas provisórias sobre matéria relativa a garantias individuais, salvo para ampliar o campo de aplicação dessas garantias.

(B) A majoração da alíquota do imposto de importação de produtos estrangeiros, feita por medida provisória no mês de novembro, só produzirá efeitos no exercício financeiro seguinte se ela for convertida em lei até o último dia do ano em que foi editada.

(C) Não é possível a edição de medida provisória sobre matéria constante de projeto de lei aprovado pelo Congresso Nacional que esteja pendente de sanção ou veto do Presidente da República.

(D) O processo legislativo das medidas provisórias iniciará, alternadamente, na Câmara dos Deputados e no Senado Federal.

(E) O prazo de quarenta e cinco dias para a entrada das medidas provisórias em regime de urgência é contado, separadamente, em cada uma das Casas do Congresso Nacional, sendo o marco inicial da contagem do prazo a data do recebimento da medida provisória no Protocolo Geral de cada Casa.

A: incorreto, pois, entre os direitos fundamentais, existe vedação apenas com relação à nacionalidade, cidadania e direitos políticos (art. 62, § 1º, inciso I, alínea "a", da CF); **B:** incorreto, pois tal regra não vale para o mencionado imposto, por expressa disposição constitucional, sendo uma de suas exceções (art. 62, § 2º, da CF); **C:** correto (art. 62, § 1º, inciso IV, da CF); **D:** incorreto, pois o processo será sempre iniciado na Câmara dos Deputados (art. 62, § 8º, da CF); **E:** incorreto, pois o prazo se refere à apreciação de ambas as casas e tem sua contagem iniciada com a publicação da medida provisória (art. 62, § 7º, da CF).

Gabarito "C"

(Analista – ANEEL – 2006 – ESAF) Sobre o processo legislativo das medidas provisórias, assinale a única opção correta.

(A) Conforme previsão expressa do texto constitucional, a prorrogação do prazo de vigência inicial da medida provisória depende de solicitação do Presidente da República, na condição de autor da proposição.

(B) Caso o Congresso Nacional não exerça sua atribuição exclusiva de disciplinar as relações jurídicas decorrentes da aplicação de medida provisória, no prazo de sessenta dias após a sua rejeição ou perda de eficácia, todas essas relações jurídicas conservar-se-ão regidas pela medida provisória rejeitada expressa ou tacitamente.

(C) A contagem do prazo de vigência de uma medida provisória, para fins de verificação de sua eficácia, é contínua, não havendo previsão constitucional de sua interrupção.

(D) A composição da comissão responsável para examinar a medida provisória e sobre ela emitir juízo prévio sobre o atendimento de seus pressupostos constitucionais varia de acordo com a Casa pela qual se inicia o processo legislativo dessa proposição.

(E) Caso seja aprovado projeto de lei de conversão alterando o texto original da medida provisória, se ele não for sancionado dentro de prazo de validade da medida provisória, ela perderá sua eficácia.

A: incorreto, pois a prorrogação é ato do Congresso Nacional e não do Presidente da República (art. 62, § 3º, da CF); **B:** correto (art. 62, § 3º e 11, da CF); **C:** incorreto, pois há previsão expressa de que o prazo é suspenso durante os períodos de recesso do Congresso Nacional (art. 62, § 4º, da CF); **D:** incorreto, pois a Constituição determina que a comissão deva ser mista, isto é, composta por Deputados e Senadores, que examinarão as medidas provisórias antes de serem apreciadas, em sessão separada, pelo plenário de cada uma das Casas do Congresso Nacional (art. 62, § 9º, da CF); **E:** incorreto, pois, neste caso, a medida provisória será mantida integralmente em vigor até que seja sancionado ou vetado o projeto de lei substitutivo, ainda que isso aconteça após o prazo de validade (art. 62, § 12, da CF).

Gabarito "B"

(Auditor Fiscal da Receita Federal – 2005 – ESAF) Sobre a organização do Poder Legislativo, na Constituição de 1988, marque a única opção correta.

(A) É competência exclusiva do Congresso Nacional a concessão de anistia.

(B) O julgamento, pelo Senado Federal, do Advogado-Geral da União, por crime de responsabilidade, não prescinde da autorização da Câmara dos Deputados, por quorum qualificado, para a instauração do processo.

(C) A inviolabilidade civil e penal dos parlamentares, por quaisquer de suas opiniões, palavras e votos, abrange atos praticados fora do exercício da atividade parlamentar.

(D) Não é possível, em uma sessão legislativa extraordinária, o Congresso Nacional deliberar sobre matéria para a qual não foi convocado.

(E) A perda de mandato do parlamentar que sofrer condenação criminal em sentença transitada em julgado será decidida pela Casa respectiva, por voto secreto e maioria absoluta.

A: incorreta. Não reflete o disposto no art. 21, XVII, da CF; **B:** incorreta. Não reflete o disposto no art. 51, I, da CF, que exige prévia autorização da Câmara dos Deputados para processar os Ministros de Estado por crime de responsabilidade. O Advogado-Geral da União, por força do art. 25, parágrafo único, da Lei 10.683/2003 tem *status* de Ministro de Estado; **C:** incorreta. A imunidade material (por opiniões, palavras e votos) só protege o parlamentar no exercício do mandato ou em razão dele. No âmbito penal, o parlamentar responde sem necessidade de prévia licença da Casa respectiva, mas há a possibilidade de sustação da ação na forma do art. 53, § 3º, da CF: **D:** incorreta. Não reflete o disposto no art. 57, §§ 7º e 8º, da CF; **E:** correta. Art. 55, VI e § 2º, da CF.

Gabarito "E"

(Analista – MPU – 2004 – ESAF) Sobre o Poder Legislativo, marque a única opção correta.

(A) Compete privativamente ao Senado Federal avaliar periodicamente a funcionalidade do Sistema Tributário Nacional, em sua estrutura e seus componentes.

(B) A concessão de anistia é da competência exclusiva do Congresso Nacional.

(C) A fixação da remuneração dos servidores da Câmara dos Deputados é da sua competência privativa, sendo essa competência exercida por meio de resolução.

(D) Os deputados federais são eleitos pelo sistema majoritário, obedecendo-se às vagas estabelecidas, por meio de lei complementar, para cada Estado e para o Distrito Federal.

(E) O exercício da competência do Senado Federal quanto à aprovação prévia da escolha do procurador-geral da República é feito por meio de voto secreto, após a arguição, em sessão secreta, do candidato indicado pelo presidente da República.

A: Art. 52, XV, da CF; **B:** Não reflete o disposto no art. 48, *caput* e VIII, da CF, que exige sanção do Presidente da República. As competências exclusivas do Congresso Nacional estão listadas no art. 49 da CF; **C:** A competência é privativa, mas exercida por meio de lei (art. 51, IV, da CF); **D:** Não reflete o disposto no art. 45, *caput* e § 1º, da CF; **E:** O voto é secreto, mas a arguição é pública (art. 52, III, "e", da CF).

Gabarito "A"

(Analista – ANEEL – 2004 – ESAF) Sobre processo legislativo da proposta de emenda à Constituição e de projeto de lei, na Constituição de 1988, marque a única opção correta.

(A) A promulgação de uma emenda à Constituição far-se-á, pela Mesa do Congresso Nacional, em sessão conjunta, com o respectivo número de ordem.

(B) A matéria constante de proposta de emenda rejeitada ou havida por prejudicada pode ser objeto de nova proposta na mesma sessão legislativa, desde que receba o apoio de três quintos dos membros de qualquer uma das Casas do Congresso Nacional.

(C) Obedecida a forma prevista nas regras constitucionais, pode haver iniciativa popular em relação a uma matéria reservada, pela Constituição Federal, à lei complementar.

(D) Em relação às matérias relativas à organização do Poder Judiciário federal, a iniciativa das leis cabe, por força de disposição constitucional, apenas, ao Supremo Tribunal Federal, que é o órgão supremo desse Poder.

(E) A extinção de cargos no âmbito da Administração direta só poderá ocorrer por meio de lei, a qual é de iniciativa privativa do presidente da República.

A: incorreto, pois as emendas à Constituição são promulgadas pelas Mesas da Câmara dos Deputados e do Senado Federal, com o respectivo número de ordem (art. 60, § 3º, da CF); **B:** incorreto, pois em nenhuma hipótese a matéria constante de proposta de emenda rejeitada ou havida por prejudicada poderá ser objeto de nova proposta na mesma sessão legislativa (art. 60, § 5º, da CF); **C:** correto, pois a iniciativa popular pode deflagrar o processo legislativo tanto de leis ordinárias como de leis complementares (art. 61, § 2º, da CF); **D:** incorreto, pois a iniciativa das leis que dispõem sobre organização judiciária dos Territórios é privativa do Presidente da República (art. 61, § 1º, inciso II, alínea "b", da CF); **E:** incorreto, pois o Presidente da República pode, através de decreto, dispor sobre a extinção de funções ou cargos públicos, quando vagos (art. 84, inciso VI, alínea "b", da CF).

Gabarito "C"

(Analista – ANEEL – 2004 – ESAF) Sobre processo legislativo de projeto de lei, na Constituição de 1988, marque a única opção correta.

(A) A Constituição Federal veda expressamente aumento de despesa, durante o processo legislativo no âmbito do Congresso Nacional, em qualquer projeto de lei de iniciativa exclusiva do presidente da República.

(B) Se um projeto de lei de iniciativa do presidente da República, que esteja em regime de urgência, for emendado pelo Senado Federal, a Câmara dos Deputados terá dez dias para se manifestar sobre a emenda, sob pena de serem sobrestadas todas as demais deliberações legislativas da Casa, com exceção das que tenham prazo constitucional determinado.

(C) Um projeto de lei iniciou sua tramitação pelo Senado Federal, sendo aprovado naquela Casa Legislativa. Se for rejeitado pela Câmara dos Deputados, ele retornará à Casa iniciadora para que ela delibere sobre a rejeição, por maioria qualificada de votos.

(D) A iniciativa de leis relativas à criação de funções nas agências reguladoras poderá ser da própria agência reguladora, em face da sua autonomia administrativa e operacional.

(E) O projeto de lei relativo ao provimento de cargos de órgãos da União poderá iniciar sua tramitação na Câmara dos Deputados ou no Senado Federal, dependendo da iniciativa da propositura do projeto de lei.

A: incorreto, pois a Constituição determina proíbe o aumento da despesa prevista nos projetos de lei de iniciativa exclusiva do Presidente da República, com exceção das emendas à lei do orçamento anual e à lei de diretrizes orçamentárias que, em alguns casos, podem gerar aumento de despesa (art. 63, inciso I, da CF); **B:** correto (art. 64, § 2º, da CF); **C:** incorreto, pois a rejeição do projeto pela Casa revisora gera o arquivamento (art. 65 da CF); **D:** incorreto, pois a iniciativa é privativa do Presidente da República (art. 61, § 1º, inciso II, alínea "b", da CF); **E:** incorreto, pois, em se tratando de assunto de iniciativa privativa do Presidente da República (art. 61, § 1º, inciso II, alínea "c", da CF), o processo legislativo, necessariamente, terá início na Câmara dos Deputados (art. 64, *caput*, da CF).

Gabarito "B"

(Analista – ANEEL – 2004 – ESAF) Sobre processo legislativo de medida provisória, na Constituição de 1988, marque a única opção correta.

(A) No caso de necessidade de modificações na organização do Ministério Público, o presidente da República poderá editar uma medida provisória sobre a matéria, desde que demonstrada a sua relevância e urgência.

(B) Havendo a necessidade urgente de majoração da alíquota do imposto sobre produtos industrializados, o presidente da República poderá editar medida provisória promovendo essa majoração, porém essa medida provisória só produzirá efeitos no exercício financeiro seguinte se for convertida em lei até o último dia do exercício financeiro em que foi editada.

(C) Nos termos estabelecidos pelo texto constitucional, a deliberação sobre o mérito das medidas provisórias dependerá de juízo prévio sobre o atendimento de seus pressupostos constitucionais, não sendo o prazo para a manifestação sobre seus pressupostos constitucionais computados para fins de ingresso da medida provisória em regime de urgência.

(D) Uma medida provisória poderá manter sua eficácia por mais de cento e vinte dias, corridos ou não, desde que presentes as condições especiais estabelecidas no texto constitucional.

(E) No caso de rejeição da medida provisória, se não for editado, simultaneamente com a rejeição, o decreto legislativo que deve disciplinar as relações jurídicas dela decorrentes, essas relações são consideradas inexistentes, porque a perda de eficácia da medida provisória se dá desde a sua edição.

A: incorreto, pois se trata de matéria sobre a qual é vedada a edição de medidas provisórias (art. 62, § 1º, inciso I, alínea "c", da CF); **B:** incorreto, pois tal regra não se aplica ao IPI, sendo uma das exceções (art. 62, § 2º, da CF); **C:** incorreto, pois o regime de urgência passa a existir após o decurso de quarenta e cinco dias, contados da data da publicação da medida provisória, não prevendo a Constituição qualquer ressalva (art. 62, § 3º); **D:** correto, pois aprovado projeto de lei de conversão alterando o texto original da medida provisória, esta se manterá integralmente em vigor até que seja sancionado ou vetado o projeto (art. 62, § 12, da CF). Assim, é possível que a medida provisória tenha sua eficácia mantida até a posterior apreciação – pelo rito legislativo ordinário – do projeto de conversão; **E:** incorreto, pois a Constituição estabelece o prazo de 60 (sessenta) dias para que o Congresso Nacional, através de decreto legislativo, discipline as relações jurídicas decorrentes da medida provisória rejeitada. Não editado e respectivo decreto legislativo no prazo mencionado, as relações jurídicas constituídas e decorrentes de atos praticados durante sua vigência conservar-se-ão por ela regidas (art. 62, §§ 3º e 11, da CF).

Gabarito "D"

(Analista – ANEEL – 2004 – ESAF) Sobre o processo legislativo da lei delegada e sobre a sanção e o veto, na Constituição Federal de 1988, marque a única opção correta.

(A) Encaminhado o projeto de lei, aprovado no Congresso Nacional, para a sanção, o presidente da República poderá vetar todos os seus dispositivos – veto total – ou aplicar o veto a partes dos textos dos dispositivos – veto parcial.

(B) O veto será apreciado em sessão unicameral do Congresso Nacional, só podendo ser rejeitado pelo voto da maioria absoluta dos membros do Congresso Nacional.

(C) Derrubado o veto, a lei é encaminhada ao presidente da República, que terá o prazo de quarenta e oito horas para sancioná-la e publicá-la e, se ele não o fizer, caberá ao presidente do Senado Federal fazê-lo, no mesmo prazo.

(D) Havendo a necessidade de disciplinar o acesso do indivíduo a informações constantes de órgãos públicos, e não querendo o presidente da República fazê-lo por medida provisória, ele poderá solicitar ao Congresso Nacional autorização para elaborar uma lei delegada.

(E) A delegação ao presidente da República de poderes para elaborar uma lei delegada terá a forma de Resolução do Congresso Nacional, na qual se especificará o conteúdo e os temos da delegação, sendo que o projeto de lei do presidente da República poderá, se a resolução assim estabelecer, ser apreciado pelo Congresso Nacional, antes da publicação da lei delegada, cabendo-lhe rejeitar o projeto ou aprová-lo, sem emendas, em votação única.

A, B, C, D: incorretos, pois no processo legislativo das leis delegadas não há posterior aprovação pelo Congresso Nacional, nem tampouco sanção ou veto presidencial. Após a solicitação pelo Presidente da República, o Congresso Nacional, através de resolução, especifica o conteúdo e os termos da delegação (art. 68 da Constituição). Desta forma, a lei delegada surtirá efeitos desde a sua promulgação pelo Presidente da República. Todavia, cabe ao Congresso Nacional, também através de resolução, sustar os atos normativos do Poder Executivo que exorbitem dos limites da delegação legislativa (art. 49, inciso V, da Constituição Federal). Vale dizer, a apreciação da lei delgada pelo Congresso Nacional só ocorre quando houver abuso do exercício por parte do Presidente da República. **E:** correta, nos termos do art. 68 da CF.

Gabarito "E".

(Analista – ANEEL – 2004 – ESAF) Sobre o processo legislativo do plano plurianual, da lei de diretrizes orçamentárias e da lei orçamentária anual, na Constituição de 1988, marque a única opção correta.

(A) O projeto de lei de diretrizes orçamentárias, que pode ter como um dos seus conteúdos a definição de metas e prioridades da administração pública federal, deve ser encaminhado para a apreciação do Congresso Nacional até oito meses e meio antes do final do exercício financeiro e deverá ser devolvido ao presidente da República, para sanção, até o encerramento do primeiro período da sessão legislativa.

(B) No projeto de lei de diretrizes orçamentárias, o Poder Executivo estabelecerá, de forma regionalizada, as diretrizes, objetivos e metas da administração pública federal.

(C) O projeto de lei orçamentária anual, nos termos da Constituição Federal, só poderá conter dispositivos relativos à previsão da receita e à previsão da despesa.

(D) O projeto de lei orçamentária anual inicia sua tramitação pela Câmara dos Deputados, cabendo a uma comissão especial dessa Casa Legislativa, examinar o mérito e emitir parecer sobre o projeto, o qual, após aprovado pelo Plenário da Câmara dos Deputados, será encaminhado ao Senado Federal, na condição de Casa revisora.

(E) As emendas que modificarem o projeto de lei orçamentária anual poderão ser aprovadas se estiverem de acordo com o plano plurianual e a lei de diretrizes orçamentárias e indicarem os recursos necessários para a sua execução, sendo admitidos, entre outros, os provenientes de anulação de despesa, excluídas apenas as anulações de despesa que incidam sobre transferências tributárias constitucionais para Estados, Distrito Federal ou Municípios.

A: correto (art. 165, § 2º da CF c/c art. 35, § 2º, incisos II e III, do ADCT); **B:** incorreto, pois o estabelecimento, de forma regionalizada, das diretrizes, objetivos e metas da administração pública federal para as despesas de capital e outras delas decorrentes e para as relativas aos programas de duração continuada, é objeto da lei que estabelece o plano plurianual – e não da lei de diretrizes orçamentárias (art. 165, § 1º, da CF); **C:** incorreto, pois a lei orçamentária anual não conterá dispositivo estranho à previsão da receita e à fixação da despesa, não se incluindo na proibição a autorização para abertura de créditos suplementares e contratação de operações de crédito, ainda que por antecipação de receita, nos termos da lei (art. 165, § 8º, da CF); **D:** incorreto, pois caberá a uma comissão mista permanente de Deputados e Senadores emitir parecer sobre as leis orçamentárias (art. 166, § 1º, inciso I, da CF); **E:** incorreto, pois, conforme dispõe a Constituição, "as emendas ao projeto de lei do orçamento anual ou aos projetos que o modifiquem somente podem ser aprovadas caso: I – sejam compatíveis com o plano plurianual e com a lei de diretrizes orçamentárias; II – indiquem os recursos necessários, admitidos apenas os provenientes de anulação de despesa, excluídas as que incidam sobre: a) dotações para pessoal e seus encargos; b) serviço da dívida; c) transferências tributárias constitucionais para Estados, Municípios e Distrito Federal; ou III – sejam relacionadas: a) com a correção de erros ou omissões; ou b) com os dispositivos do texto do projeto de lei" (art. 166, § 3º, da CF).

Gabarito "A".

(Analista – CGU – 2008 – ESAF) Assinale a única opção que contempla normas reguladoras do Poder Legislativo previstas na Constituição.

(A) A Câmara dos Deputados compõe-se de representantes do povo de cada Município e do Distrito Federal eleitos pelo sistema proporcional.

(B) As deliberações de cada Casa e de suas comissões serão tomadas por maioria dos votos, presente a maioria absoluta de seus membros, salvo acordo de líderes partidários.

(C) O Senado compõe-se de três representantes de cada Estado e do Distrito Federal eleitos segundo o princípio majoritário para mandato de oito anos.

(D) Cabe ao Congresso Nacional, com a sanção do Presidente da República, fixar idêntico subsídio para Deputados Federais e Senadores, assim como para o Presidente, o Vice-Presidente da República e Ministros de Estado.

(E) Desde a expedição do diploma, os Deputados e os Senadores não poderão ser proprietários, controladores ou diretores de empresa que goze de favor decorrente de contrato com pessoa jurídica de direito público, ou nela exercer função remunerada.

A: incorreto, pois a CD é composta de representantes do povo de cada Estado, em cada Território, e do Distrito Federal, e não dos

Municípios (art. 45, *caput*, da CF); **B:** incorreto, pois, as deliberações não são tomadas pela maioria dos votos, presente a maioria absoluta dos seus membros, somente nos casos previstos na própria Constituição (art. 47); **C:** correto (art. 46 *caput e* § 1º da CF); **D:** incorreto, pois as hipóteses de competência exclusiva do Congresso Nacional dispensa a sanção presidencial (art. 49, incisos VII e VIII, da CF); **E:** incorreto, pois a vedação se dá desde a posse, e não desde a diplomação (art. 54, inciso II, alínea "a", da CF).

Gabarito "C"

(Analista – CGU – 2008 – ESAF) Assinale a única opção incorreta relativa à fiscalização contábil, financeira e orçamentária.

(A) Deve prestar contas qualquer pessoa física ou jurídica, pública ou privada, que utilize, arrecade, guarde, gerencie ou administre dinheiro, bens e valores públicos ou pelos quais a União responda, ou que, em nome desta, assuma obrigações de natureza pecuniária.

(B) Comprovar a legalidade e avaliar os resultados quanto à eficácia e eficiência da gestão orçamentária, financeira e patrimonial nos órgãos e entidades da administração federal, bem como da aplicação de recursos públicos por entidades de direito privado, são finalidades do sistema de controle interno que devem ser mantidos de forma integrada pelos Poderes Legislativo, Executivo e Judiciário.

(C) O Tribunal de Contas da União possui competência para aplicar aos responsáveis, em caso de ilegalidade de despesa ou irregularidade de contas, as sanções previstas em lei, que estabelecerá, entre outras cominações, multa proporcional ao dano causado ao erário.

(D) O Tribunal de Contas da União não possui competência para realizar, por iniciativa própria, inspeções e auditorias de natureza contábil, financeira, orçamentária, operacional e patrimonial, nas unidades administrativas dos Poderes Legislativo, Executivo e Judiciário.

(E) O ato de sustar a execução de contrato ilegal não é de competência do Tribunal de Contas da União porque deve ser adotado diretamente pelo Congresso Nacional, que solicitará, de imediato, ao Poder Executivo as medidas cabíveis.

A: correto (art. 70, parágrafo único, da CF); **B:** correto (art. 74, inciso II, da CF); **C:** correto (art. 71, inciso VIII, da CF); **D:** incorreto, pois a Constituição prevê expressamente tal competência (art. 71, inciso IV, da CF); **E:** correto, pois cabe ao TCU apenas o estabelecimento de prazo para que o órgão ou entidade promova a sustação do ato. Se isto não for feito, caberá ao Congresso Nacional fazê-lo, cabendo a este a solicitação, de imediato, ao Poder Executivo, das medidas cabíveis (art. 71, inciso X e § 1º da CF).

Gabarito "D"

(Analista – MPU – 2004 – ESAF) Sobre as medidas provisórias, é correto dizer que

(A) se trata de instrumento legislativo de adoção expressamente vedada aos Estados-membros.

(B) o presidente da República pode delegar a edição de medidas provisórias, que versem sobre assunto de organização do Poder Judiciário, ao presidente do Supremo Tribunal Federal.

(C) medida provisória não pode dispor sobre direito penal, nem mesmo para beneficiar o réu.

(D) dada a sua natureza de "lei sob condição resolutiva", medida provisória não se sujeita ao controle abstrato da constitucionalidade, antes de convertida em lei.

(E) não cabe o uso de medida provisória para regular assunto que venha a ser objeto, hoje, de uma emenda constitucional.

A: O STF admite a adoção de medida provisória por governador de estado desde que haja previsão na constituição estadual e sejam observados os princípios e limitações impostos pelo modelo estabelecido na CF; **B:** É vedada a edição de medida provisória sobre organização do Poder Judiciário (art. 62, § 1º, I, "c", da CF). Assim, se o Presidente não pode nem sequer editar a MP, tampouco tem poderes para delegar sua adoção; **C:** Art. 62, § 1º, I, "b", da CF; **D:** O art. 62, *caput*, da CF, confere "força de lei" às medidas provisórias, o que autoriza o controle de constitucionalidade abstrato. Além disso, é importante ressaltar que as medidas provisórias anteriores à EC 62/2001 continuam em vigor até que medida provisória ulterior as revogue explicitamente ou até deliberação definitiva do Congresso Nacional. Caso não fosse possível o controle abstrato de medidas provisórias, as MPs anteriores a 2001 só poderiam ser contestadas em controle difuso; **E:** O artigo 246 da CF limita a adoção de MPs para regulamentar artigos da CF alterados até a EC 32/1001.

Gabarito "C"

(Analista – MPU – 2004 – ESAF) Sobre processo legislativo e fiscalização contábil, financeira e orçamentária, marque a única opção correta.

(A) A matéria constante de proposta de emenda à constituição rejeitada ou havida por prejudicada não pode ser objeto de nova proposta na mesma sessão legislativa, salvo se a nova proposta for apoiada por um número de parlamentares superior ao exigido para a sua aprovação.

(B) Compete ao Tribunal de Contas da União apreciar, para fins de registro, a legalidade dos atos de concessão de aposentadorias, reformas ou pensões e as melhorias posteriores, ainda que essas melhorias não alterem o fundamento legal do ato concessório.

(C) O projeto de lei de iniciativa do presidente da República, em regime de urgência constitucional há mais de quarenta e cinco dias, uma vez aprovado na Câmara dos Deputados será revisto pelo Senado Federal, sobrestando, desde seu recebimento pelo Senado Federal, todas as demais deliberações dessa casa legislativa, até que se ultime a sua votação.

(D) As medidas provisórias que perderem sua eficácia por rejeição tácita ou expressa continuarão disciplinando as relações constituídas e decorrentes de atos praticados durante a sua vigência, se o Congresso Nacional não editar, até sessenta dias após a rejeição, um decreto legislativo disciplinando os efeitos da aplicação dessas medidas provisórias.

(E) Compete ao Tribunal de Contas da União comunicar ao Congresso Nacional os casos de ilegalidade de despesas apurados, a fim de que tome as providências necessárias para a aplicação aos responsáveis das sanções previstas em lei.

A: O art. 60, § 5º, da CF não prevê exceções; **B:** Não reflete o disposto no art. 71, III, da CF; **C:** Não reflete o disposto no art. 64, §§ 1º a 4º, da CF; **D:** Art. 62, § 11, da CF; **E:** Não reflete o disposto no art. 71, VIII, da CF.

Gabarito "D"

(Analista – MPU – 2004 – ESAF) Uma Comissão Parlamentar de Inquérito instaurada no plano federal não pode

(A) quebrar sigilo telefônico de investigado.

(B) investigar ato administrativo algum de integrante do Judiciário.

(C) quebrar sigilo bancário de investigado.

(D) anular ato do Executivo praticado de modo comprovadamente contrário à moral e ao direito.

(E) convocar integrante do Ministério Público para depor.

V. art. 58, § 3º, da CF. O STF entende que as CPIs podem determinar a quebra de sigilo bancário, fiscal e telefônico por terem poderes próprios de autoridades judiciais, desde que o ato seja adequadamente fundamentado e revele a necessidade objetiva da medida extraordinária. Entretanto, não lhes cabe autorizar a interceptação telefônica ou decretar a indisponibilidade de bens, "que não é medida de instrução – a cujo âmbito se restringem os poderes de autoridade judicial a elas conferidos no art. 58, § 3º – mas de provimento cautelar de eventual sentença futura, que só pode caber ao Juiz competente para proferi-la" (STF, MS 23480, Rel. Min. Sepúlveda Pertence). Ato administrativo de integrante do Judiciário pode ser objeto de CPI, pois só é vedado instaurar comissão parlamentar para investigar ato jurisdicional. Por fim, os poderes das CPIs limitam-se à investigação, sendo certo que suas conclusões devem ser encaminhadas ao Ministério Público para que promova a responsabilidade civil ou criminal dos infratores. A CPI não pode, assim, anular ato do Executivo.

Gabarito "D"

(Auditor Fiscal da Receita Federal – 2002.1 – ESAF) Assinale a opção que melhor se ajusta ao conceito de cláusula pétrea.

(A) Conjunto de princípios constitucionais que regula o exercício da autonomia do Estado membro, no momento em que redige a sua própria constituição (a constituição estadual).

(B) Norma da Constituição Federal que, por ser autoaplicável, o Poder Legislativo não pode regular por meio de lei.

(C) Matéria que somente pode ser objeto de emenda constitucional.

(D) Princípio ou norma da Constituição que não pode ser objeto de emenda constitucional tendente a aboli-lo.

(E) Norma da Constituição que depende de desenvolvimento legislativo para produzir todos os seus efeitos.

Art. 60, § 4º, da CF, que lista as matérias insuscetíveis de reforma constitucional tendente a restringi-las ou extingui-las. Cláusulas pétreas constituem o núcleo intangível da Constituição, sendo certo dizer que não têm por objetivo preservar a redação ou o texto da norma, mas os princípios nela inseridos. Assim, mera alteração redacional ou aprovação de emenda que amplie as garantias protegidas pelas cláusulas pétreas não são inconstitucionais. Em resumo: as cláusulas pétreas não impedem a revisão "para melhor", nem para aperfeiçoamento do texto da norma constitucional, desde que não transmudem uma modificação de conteúdo.

Gabarito "D"

(Auditor Fiscal da Receita Federal – 2002.1 – ESAF) Assinale a opção correta.

(A) As normas de um tratado já incorporado ao direito interno não podem ser objeto de controle de constitucionalidade no Judiciário brasileiro.

(B) Conforme pacificado na doutrina e na jurisprudência, se o tratado for posterior à Constituição e se disser respeito a direitos e garantias individuais, revogará as normas da Constituição que com ele não forem compatíveis.

(C) Sobrevindo ao tratado lei ordinária com ele incompatível no seu conteúdo, o tratado não deverá ser aplicado pelos tribunais brasileiros.

(D) Medida provisória não pode disciplinar assunto que tenha sido objeto de tratado já incorporado à ordem jurídica interna.

(E) O tratado incorporado ao direito interno tem o mesmo nível hierárquico das emendas à Constituição.

A: incorreta. Podem ser objeto de controle de constitucionalidade qualquer lei ou ato normativo, entendidos em seu sentido amplo, ou seja, qualquer ato dotado de abstração, generalidade e imperatividade, aí incluídas as normas de tratados internacionais incorporados ao direito interno (tanto as de tratados de caráter geral como as de tratados sobre direitos humanos); **B** e **E:** incorretas. Em regra, os tratados internacionais *de caráter geral* têm suas regras incorporadas ao direito interno com *status* de lei ordinária, não tendo força para alterar normas constitucionais. Já as normas de tratados e convenções internacionais *sobre direitos humanos* que forem aprovadas, em cada Casa do Congresso Nacional, em dois turnos, por três quintos dos votos dos respectivos membros, serão equivalentes às emendas constitucionais (art. 5º, § 3º, da CF). Note-se que não são todos os tratados sobre direitos humanos que modificam a Constituição, mas apenas aqueles que seguirem o rito do art. 5º, § 3º, da CF; **C:** correta. Como visto na assertiva *b*, a regra é a de internalização das normas de tratados com *status* de lei ordinária. Assim, podem ser modificadas ou revogadas por lei ordinária posterior (princípio da cronologia); **D:** incorreta. Não reflete o disposto no art. 62, § 1º, da CF.

Gabarito "C"

(Auditor Fiscal da Receita Federal – 2002.1 – ESAF) Assinale a opção correta.

(A) Uma lei ordinária que disponha sobre assunto que a Constituição reserva à lei complementar deve ser considerada inconstitucional.

(B) Uma lei complementar que dispõe sobre assunto que a Constituição não reserva à lei complementar é, segundo a doutrina pacífica, inválida e insuscetível de produzir efeitos jurídicos.

(C) O legislador é livre para regular por meio de lei complementar qualquer assunto que considere de especial relevância.

(D) Enquanto não for votada pelo Congresso Nacional, é válida a medida provisória que regula matéria reservada à lei complementar.

(E) Toda lei complementar é hierarquicamente superior a qualquer lei ordinária, o que não impede que a lei ordinária posterior à lei complementar possa revogá-la.

A: correta. A lei será formalmente inconstitucional; **B:** incorreta. Se a matéria não é reservada à lei complementar pela Constituição, pode ser tratada por lei ordinária. Se veiculada em lei complementar, não há nenhum vício de forma (porque as exigências para aprovação de lei complementar são maiores que as da lei ordinária), mas futuras alterações em seu texto podem ser feitas por simples lei ordinária, não se exigindo lei complementar; **C:** incorreta. Só serão necessariamente regulamentadas por lei complementar as matérias expressamente indicadas pela CF. Quando a Constituição traz o texto "na forma da lei", refere-se à lei ordinária. Contudo, para determinados temas refere-se expressamente à necessidade de "lei complementar" (CF, art. 14, § 9º; art. 18; §§ 2º, 3º e 4º; art. 21, IV e parágrafo único; art. 25, § 3º, dentre outros). Quando assim o faz, possível lei ordinária sobre a matéria será formalmente inconstitucional; **D:** incorreta. Não reflete o disposto no art. 62, § 1º, III, da CF; **E:** incorreta. O tema não é pacífico na doutrina, mas para o STF não existe hierarquia entre as espécies normativas, mas apenas "reserva constitucional de lei complementar". Ou seja, leis complementares diferenciam-se das leis ordinárias porque a Constituição definiu que certas matérias somente podem ser veiculadas em lei complementar, que são aprovadas por maioria absoluta (art. 69 da CF).

Gabarito "A"

(Auditor Fiscal da Receita Federal – 2002.1 – ESAF) Sobre medida provisória é correto dizer.

(A) Uma vez rejeitada pelo Congresso Nacional, nunca mais pode ser reeditada.
(B) Ainda que a medida provisória seja rejeitada, as relações jurídicas que se formaram enquanto esteve em vigor continuarão, necessariamente, a ser regidas pelo disposto na mesma medida provisória.
(C) A medida provisória não pode ser objeto de ação direta de inconstitucionalidade.
(D) Se não apreciada no prazo constitucional, a medida provisória é tida como tacitamente convertida em lei.
(E) Medida provisória não pode ser editada para criar uma nova garantia para os membros do Judiciário.

A: incorreta. Não reflete o disposto no art. 62, § 10, da CF; **B:** incorreta. Não reflete o disposto no art. 62, § 3º, parte final, da CF; **C:** incorreta. Pode ser objeto de ADIn qualquer lei ou ato normativo federal ou estadual (art. 102, I, "a", da CF). As medidas provisórias têm força de lei (art. 62, *caput,* da CF); **D:** incorreta. Não reflete o disposto no art. 62, § 3º, da CF; **E:** correta, conforme art. 62, § 1º, I, "c", da CF.

Gabarito "E"

(Auditor Fiscal da Receita Federal – 2002.1 – ESAF) A medida provisória pode ser editada para:

(A) aumentar imposto.
(B) simplificar procedimentos regulados no Código de Processo Civil.
(C) tipificar certa conduta como crime.
(D) estabelecer hipóteses de perda da nacionalidade brasileira pelo brasileiro naturalizado.
(E) dispor sobre direito eleitoral.

A: correta, na forma do art. 62, § 2º, da CF; B e **C:** incorretas. Vedações previstas no art. 62, § 1º, I, "b", da CF; D e **E:** incorretas. Vedações previstas no art. 62, § 1º, I, "a", da CF.

Gabarito "A"

(Auditor Fiscal da Receita Federal – 2002.1 – ESAF) A respeito da iniciativa das leis, assinale a pessoa, órgão ou entidade à qual a Constituição não confere legitimidade para dar início ao processo legislativo federal.

(A) um Senador isoladamente.
(B) uma Comissão da Câmara dos Deputados.
(C) o Superior Tribunal de Justiça.
(D) o Supremo Tribunal Federal.
(E) o Governador de um Estado-membro.

A iniciativa das leis complementares e ordinárias cabe a qualquer membro ou Comissão da Câmara dos Deputados, do Senado Federal ou do Congresso Nacional, ao Presidente da República, ao Supremo Tribunal Federal, aos Tribunais Superiores, ao Procurador-Geral da República e aos cidadãos, na forma e nos casos previstos nesta Constituição (Art. 61 da CF).

Gabarito "E"

(Auditor Fiscal da Receita Federal – 2002.1 – ESAF) Assinale a opção correta.

(A) O membro do Congresso Nacional tem legitimidade para, mesmo que sozinho, apresentar proposta de emenda à Constituição.
(B) Se uma proposta de emenda for rejeitada, não poderá ser reapresentada na mesma legislatura.
(C) Deve ser tida como inconstitucional uma proposta de emenda à Constituição que proíba o voto do analfabeto.
(D) Somente por meio de emenda à Constituição, a União pode instituir imposto incidente sobre renda de Estado-membro ou de Município.
(E) O Supremo Tribunal Federal não pode declarar a inconstitucionalidade de emenda à Constituição já promulgada.

A: incorreta. Não reflete o disposto no art. 60, I, da CF; **B:** incorreta. Não reflete o disposto no art. 60, § 5º, da CF, sendo certo que *legislatura* é o período de quatro anos (art. 44, parágrafo único, da CF), *sessão legislativa* é o ano parlamentar (art. 57 da CF), que pode ser dividido em dois períodos: de 2 de fevereiro a 17 de julho (*primeiro período de sessão legislativa*) e de 1º de agosto a 22 de dezembro (*segundo período de sessão legislativa*); **C:** correta. Violaria o art. 60, § 4º, IV, da CF, que deve ser interpretado em conjunto com o art. 14, § 1º, II, "a", da CF, que se insere no Título II da Constituição; **D:** incorreta. Há vedação expressa na CF a esse respeito: art. 150, VI, "a"; **E:** incorreta. É pacífico o entendimento pela possibilidade de controle de constitucionalidade de emendas constitucionais ou de normas oriundas de revisão constitucional (fruto do Poder Constituinte Derivado). Só não cabe declaração de inconstitucionalidade de normas originárias (estabelecidas pelo Poder Constituinte Originário).

Gabarito "C"

(Auditor Fiscal da Receita Federal – 2002.1 – ESAF) Suponha que um membro do Congresso Nacional, em discurso proferido na tribuna da sua Casa Legislativa, afirme que um certo servidor público cometeu diversos crimes na condição de funcionário público federal. Esse servidor, sentindo-se agredido, quer que o congressista seja criminalmente punido, porque o Código Penal diz ser calúnia imputar a outrem injustamente fato definido como crime. Tais as circunstâncias, assinale a opção correta.

(A) O servidor pode propor, ele próprio, ação penal pública contra o congressista perante qualquer juiz de direito competente.

(B) O servidor pode ajuizar, ele próprio, a ação penal pública, mas deve endereçá-la ao Supremo Tribunal Federal.

(C) O congressista deverá sofrer sanção penal pelo crime que cometeu, a ser imposta pelo próprio Congresso Nacional, em processo penal aberto pelo Ministério Público.

(D) O congressista está sujeito a processo criminal no Supremo Tribunal Federal, desde que a Casa a que ele pertence dê ao STF licença para o processo.

(E) O congressista não pode ser processado criminalmente pelo discurso que proferiu.

A e **B:** incorretas. A ação penal pública é privativa do Ministério Público (art. 129, I, da CF); C e **D:** incorretas. Os congressistas são julgados perante o Supremo Tribunal Federal (art. 53, § 1º, da CF). O processo penal pode ser iniciado sem qualquer autorização da Casa a que pertença o deputado ou senador que, entretanto, pode sustar o andamento da ação (art. 53, § 3º, da CF); **E:** correta. Deputados e Senadores, no exercício do mandato, são invioláveis, civil e penalmente, por suas opiniões, palavras e votos (art. 53 da CF).

Gabarito "E"

(Auditor Fiscal da Receita Federal – 2002.2 – ESAF) Assinale a opção correta.

(A) Toda lei emanada do Congresso Nacional, por ser hierarquicamente superior às leis ordinárias estaduais, prevalece sobre essas, quando dispuserem em sentido conflitante.

(B) A lei ordinária federal válida, por conta do princípio da hierarquia das leis, não pode contrariar o disposto em Constituição Estadual.

(C) Sendo a matéria da competência legislativa da União, o princípio federativo não obsta que a lei federal ordinária prevaleça sobre as leis complementares dos Estados que versam sobre o mesmo assunto.

(D) Em face do princípio federativo, toda vez que uma lei ordinária estadual conflitar com o disposto numa lei ordinária federal, aquela deverá prevalecer.

(E) Em sendo a matéria da competência legislativa comum dos Estados e da União, o legislador estadual somente pode editar lei se a União não o fizer.

A e **D:** incorretas. Não há que se falar em hierarquia entre lei municipal, estadual e federal, mas em respeito à competência fixada na Constituição. Assim, se a lei federal tratar de matéria atribuída ao Estado, a lei estadual sobre a matéria será válida e a federal, inconstitucional; **B:** incorreta. A lei federal, como qualquer outra lei ou ato normativo, não pode contrariar o disposto na Constituição Federal, pelo princípio da supremacia da Constituição; **C:** correta, mas registre-se que a questão resolve-se pela divisão constitucional de competências, e não por hierarquia entre normas federais e estaduais, que não existe; **E:** incorreta. Não existe norma nesse sentido no art. 23 da CF, que trata da competência legislativa comum.

Gabarito "C"

(Auditor Fiscal da Receita Federal – 2002.2 – ESAF) Sobre as medidas provisórias, assinale a opção correta.

(A) Podem dispor sobre assunto que o constituinte entregou à regulação por lei ordinária ou complementar.

(B) Medida provisória não pode, no regime constitucional atual, alterar o Código Penal, mesmo que seja para descriminalizar condutas.

(C) O Presidente da República pode delegar o poder de editar medida provisória a autoridades graduadas da República.

(D) Havendo urgência e relevância, o Presidente da República pode revogar, por meio de medida provisória, dispositivos da legislação eleitoral vigente.

(E) O juízo de relevância e urgência para a edição de medida provisória é insuscetível de exame pelo Poder Judiciário.

A: incorreta. Medidas provisórias não podem versar sobre matéria reservada à lei complementar (art. 62, § 1º, III, da CF); **B:** correta. Art. 62, § 1º, I, "b", da CF; **C:** incorreta. O juízo de relevância e urgência para adoção de Medidas Provisórias é ato privativo do Presidente da República (art. 84, XXVI, da CF) e indelegável (art. 84, parágrafo único, da CF); **D:** incorreta. Não reflete o disposto no art. 62, § 1º, I, "a", da CF); **E:** Excepcionalmente, os requisitos de relevância e urgência são *sindicáveis*, ou seja, podem ser objeto de análise pelo Poder Judiciário, com fundamento no respeito ao princípio da separação de poderes. Para o STF, "os pressupostos da urgência e da relevância, embora conceitos jurídicos relativamente indeterminados e fluidos, mesmo expondo-se, inicialmente, à avaliação discricionária do Presidente da República, estão sujeitos, ainda que excepcionalmente, ao controle do Poder Judiciário, porque compõem a própria estrutura constitucional que disciplina as medidas provisórias, qualificando-se como requisitos legitimadores e juridicamente condicionantes do exercício, pelo Chefe do Poder Executivo, da competência normativa primária que lhe foi outorgada, extraordinariamente, pela Constituição da República. (...) – A possibilidade de controle jurisdicional, mesmo sendo excepcional, apoia-se na necessidade de impedir que o Presidente da República, ao editar medidas provisórias, incida em excesso de poder ou em situação de manifesto abuso institucional, pois o sistema de limitação de poderes não permite que práticas governamentais abusivas venham a prevalecer sobre os postulados constitucionais que informam a concepção democrática de Poder e de Estado, especialmente naquelas hipóteses em que se registrar o exercício anômalo e arbitrário das funções estatais" (STF, ADI 2213 MC, Rel. Min. Celso de Mello).

Gabarito "B"

(Auditor Fiscal da Receita Federal – 2002.2 – ESAF) Assinale a opção correta.

(A) O Legislativo não pode dispor sobre matéria da iniciativa legislativa privativa do Chefe do Executivo sem a provocação deste, nem pode fixar prazo para que o Chefe do Executivo apresente projeto de lei sobre tema da iniciativa privativa deste.

(B) O projeto de lei da iniciativa privativa do Presidente da República pode sofrer qualquer emenda no Congresso Nacional, desde que a inovação não aumente o total das despesas da União, previsto na lei orçamentária anual.

(C) Pacificou-se o entendimento de que não sofre de inconstitucionalidade a lei resultante de projeto de lei apresentado por parlamentar, versando matéria da iniciativa privativa do Chefe do Executivo, desde que tenha sido sancionada pelo Presidente da República.

(D) A medida provisória pode ser editada com relação a matéria que se inclui no âmbito da iniciativa legislativa reservada ao Poder Legislativo ou ao Poder Judiciário.

(E) A Constituição Federal não pode ser emendada por proposta de membros do Congresso Nacional em matéria que, no plano legal, se situa no âmbito da iniciativa legislativa privativa do Chefe do Executivo.

A: correta, de acordo com entendimento do STF, sob pena de violação do princípio da separação de poderes; **B:** incorreta. O art. 63, I, da CF lista exceções à regra nele prevista; **C:** incorreta. A sanção do Presidente da República em matéria de sua iniciativa privativa não supre o vício de iniciativa, sendo a lei inconstitucional. Note-se que a Súmula 5/STF, editada à luz da Constituição de 1946, não se coaduna com a Constituição de 1988, sendo inaplicável; **D:** incorreta. Não reflete, quanto ao Poder Judiciário, o disposto no art. 62, § 1º, I, "c", da CF. O Presidente pode dispor sobre todas as matérias do Legislativo, exceto as listadas no art. 62, § 1º, I, da CF; **E:** incorreta. A Constituição não pode sofrer alteração nas matérias listadas no art. 60, § 4º, da CF (cláusulas pétreas).

Gabarito "A"

(Auditor Fiscal da Receita Federal – 2002.2 – ESAF) Assinale a opção correta.

(A) Durante a vigência do seu mandato, o Senador ou o Deputado Federal está livre de qualquer espécie de prisão.

(B) Somente depois de obtida licença da Câmara dos Deputados, o membro dessa Casa do Congresso Nacional pode ser processado por crime comum.

(C) Nos crimes comuns, o Deputado Federal e o Senador são processados pelo Superior Tribunal de Justiça, nos crimes de responsabilidade, pelo Supremo Tribunal Federal.

(D) A proteção resultante da garantia da imunidade em sentido material dos Deputados Federais e Senadores por suas palavras e opiniões limita-se aos casos em que expendidas no exercício do mandato ou em razão deste.

(E) Iniciado o processo criminal contra o Senador ou o Deputado Federal, o processo não poderá ser sustado pela Casa Legislativa a que pertence o réu.

A: incorreta. O art. 53, § 2º, da CF ressalva a hipótese de prisão em caso de flagrante de crime inafiançável; **B:** incorreta. A sistemática atual não exige licença prévia da Casa para iniciar o processo contra o congressista, mas sim a possibilidade de sustar o seu andamento (art. 53, § 3º, da CF); **C:** incorreta. Os membros do Congresso Nacional são julgados perante o STF pelas infrações penais comuns (art. 102, I, "b", da CF). Não respondem por crime de responsabilidade; **D:** correta. A imunidade material não é um benefício pessoal, mas decorre do exercício do cargo; **E:** incorreta. Não reflete o disposto no art. 53, § 3º, da CF.

Gabarito "D"

(Auditor Fiscal da Previdência Social – 2002 – ESAF) Não configura fator impeditivo da apresentação, discussão ou votação de uma proposta de emenda à Constituição:

(A) que a proposta de emenda seja a reiteração idêntica de outra proposta de emenda rejeitada na sessão legislativa anterior.

(B) que a proposta de emenda seja apresentada à discussão por partido político sem representação no Congresso Nacional.

(C) que durante a votação da emenda esteja em curso uma intervenção federal em Estado membro.

(D) que a proposta tenha por objeto a criação de novos casos de prisão civil por dívidas, além daqueles já previstos pelo constituinte originário.

(E) que a proposta tenha por objeto a criação da pena de banimento, para crimes hediondos.

A: correta. A matéria constante de proposta de emenda rejeitada ou havida por prejudicada não pode ser objeto de nova proposta na mesma sessão legislativa (art. 60, § 5º, da CF); **B:** incorreta. Não atende o disposto no art. 60, I, da CF; **C:** incorreta. Vedação prevista no art. 60, § 1º, da CF; **D:** incorreta. Vedação prevista no art. 60, § 4º, IV, c/c art. 5º, LXVII, da CF; **E:** incorreta. Vedação prevista no art. 60, § 4º, IV, c/c art. 5º, XLVII, "d", da CF.

Gabarito "A"

(Auditor Fiscal da Receita Federal – 2012 – ESAF) O presidente, o vice-presidente e o relator de uma Comissão Parlamentar de Inquérito, após minuciosa análise de documentos referentes a um dos investigados, decidiram, por unanimidade, determinar, com a finalidade de aprofundar a investigação, a quebra do sigilo bancário e fiscal desse investigado. A decisão unânime e fundamentada dos três integrantes da Comissão é

(A) legal somente no que diz respeito ao sigilo bancário.

(B) ilegal porque as decisões de CPI têm que ser tomadas pela maioria dos seus membros, considerando o caráter colegiado da Comissão, especialmente quando importem em quebra de sigilo bancário e fiscal.

(C) legal, considerando que a decisão foi unânime e fundamentada, além do que a Constituição autoriza esse tipo de procedimento.

(D) ilegal porque CPI não tem competência para determinar quebra de sigilo bancário e fiscal.

(E) ilegal porque, em se tratando de ato de CPI, relativo à quebra de sigilo, tem que ser aprovada também pelo Presidente do Congresso Nacional.

A Comissão Parlamentar de Inquérito goza dos mesmos poderes instrutórios da autoridade judicial (art. 58, § 3º, da CF), o que abrange a possibilidade de decretar a quebra dos sigilos bancário e fiscal dos investigados. Contudo, tais diligências devem ser determinadas pela maioria de seus membros, diante do caráter colegiado do órgão e considerando a excepcionalidade dessas medidas.

Gabarito "B"

(Auditor Fiscal da Previdência Social – 2002 – ESAF) Sobre as comissões parlamentares de inquérito, é correto afirmar:

(A) Elas têm competência para editar leis novas, quando verificarem a inadequação da legislação em vigor.

(B) Dependem de autorização judicial para determinar a quebra do sigilo bancário de investigados.

(C) Não têm prazo determinado para encerrar os seus trabalhos, valendo o princípio de que, enquanto houver o que investigar, permanece em funcionamento a comissão instaurada.

(D) Dependem de autorização judicial para quebrar o sigilo fiscal e telefônico do investigado.

(E) Não podem exigir de testemunha que responda a pergunta que não tenha pertinência com o objeto da CPI ou que envolva assunto protegido pelo sigilo profissional.

A: incorreta. As CPIs não têm competência legislativa (art. 58, § 3º, da CF); **B** e **D:** incorretas. O STF entende que as CPIs podem determinar a quebra de sigilo bancário, fiscal e telefônico por terem poderes próprios de autoridades judiciais, desde que o ato seja adequadamente fundamentado e revele a necessidade objetiva da medida extraordinária; **C:** O art. 58, § 3º, da CF impõe que sejam criadas para apurar fato certo e por prazo determinado, o que não impede sucessivas prorrogações dentro da mesma legislatura, nos termos da Lei 1.579/1952; **E:** correta. O direito ao silêncio e à não autoincriminação pode ser exercido perante os Poderes Executivo, Legislativo e Judiciário.

Gabarito "E"

(Auditor Fiscal da Previdência Social – 2002 – ESAF) Assinale a opção correta.

(A) Toda vez que a Constituição determina que um direito ou uma competência seja regulado em lei, essa lei terá nome e o tratamento de lei complementar.

(B) Lei ordinária que dispõe sobre assunto próprio de lei complementar é inconstitucional.

(C) A lei complementar se define por ser aprovada pelo Congresso Nacional mediante o mesmo procedimento de elaboração de emenda à Constituição.

(D) O legislador é livre para escolher as matérias que pretende regular sob a forma de lei complementar, conforme lhes queira emprestar maior ou menor estabilidade.

(E) Leis complementares, como as emendas à Constituição, não se sujeitam à sanção ou ao veto do Presidente da República.

A: incorreta. Justo o contrário: quando a Constituição menciona apenas "lei" ou "na forma da lei", sem qualificá-la, está se referindo à lei ordinária. Quando exige lei complementar o faz sempre expressamente; **B:** correta. Será inconstitucional por vício de forma, pois a lei complementar é aprovada por maioria absoluta (art. 69 da CF), o que não se exige para as leis ordinárias. O contrário, entretanto, não ocorre: lei complementar que dispõe sobre matéria de lei ordinária não é inconstitucional, mas pode ser alterada por simples lei ordinária; **C:** incorreta. O procedimento para aprovação de emendas (art. 60 da CF) é mais gravoso que o das leis complementares (art. 69 da CF); **D:** incorreta. A Constituição determina as matérias que devem ser tratadas por lei complementar. Nesses casos, a edição de lei ordinária será inconstitucional. O legislador pode, para as demais matérias, aprovar lei complementar. Nesse último caso, porém, as leis complementares poderão ser alteradas por simples lei ordinária; **E:** incorreta. O processo legislativo das leis complementares compreende as mesmas fases que o da lei ordinária, inclusive a sanção ou veto. As emendas à Constituição carecem de sanção por constituírem exercício do Poder Constituinte Derivado.

Gabarito "B"

(Auditor Fiscal da Previdência Social – 2002 – ESAF) Assinale a opção correta.

(A) Mediante proposta da maioria absoluta dos membros de qualquer das Casas do Congresso Nacional, a matéria de projeto de lei rejeitado pode ser objeto de novo projeto de lei na mesma sessão legislativa.

(B) A medida provisória não convertida em lei perde toda a sua eficácia e, em nenhuma circunstância, um ato praticado com base na medida provisória, enquanto ela esteve em vigor, poderá ser considerado válido.

(C) Se um projeto de lei teve início na Câmara dos Deputados, poderá o Senado, em seguida, rejeitá-lo, hipótese em que será arquivado, ou poderá aprová-lo integralmente ou com emendas, sendo que, nessas duas últimas hipóteses, o projeto seguirá, de imediato, para a sanção ou veto do Presidente da República.

(D) O Presidente da República, mesmo depois de comunicado ao Presidente do Senado os motivos pelos quais vetou o projeto de lei, pode revogar o veto e ter o projeto de lei como sancionado.

(E) Se o Presidente da República se convencer de que apenas um trecho do caput de um artigo do projeto de lei é inconstitucional, poderá vetá-lo apenas em tal passagem, por tal motivo.

A: correta. Art. 67 da CF; **B:** incorreta. Não reflete o disposto no art. 62, § 11, da CF; **C:** incorreta. Não reflete o disposto no art. 65, *caput* e parágrafo único, da CF; **D:** incorreta. Não reflete o disposto no art. 66, §§ 1º e 4º, da CF; **E:** incorreta. Não reflete o disposto no art. 66, § 2º, da CF.

Gabarito "A"

(Auditor Fiscal/CE – 2006 – ESAF) Sobre a possibilidade de emendas à Constituição Federal de 1988, marque a única opção correta.

(A) Não poderá ser objeto de deliberação a proposta de emenda à Constituição, na vigência de intervenção federal, estado de defesa ou estado de sítio.

(B) Constitui limitação material implícita ao poder constituinte derivado a proposição de emenda constitucional que vise à modificação de dispositivos referentes aos direitos sociais, considerados cláusulas pétreas.

(C) A emenda à Constituição Federal só ingressa no ordenamento jurídico após a sua promulgação pelo Presidente da República, e apresenta a mesma hierarquia das normas constitucionais originárias.

(D) O Presidente da República poderá ajuizar ação direta de inconstitucionalidade, perante o Supremo Tribunal Federal, a fim de que seja arquivada proposta de emenda à Constituição tendente a abolir cláusula pétrea.

(E) A promulgação de emendas à Constituição Federal compete às Mesas da Câmara e do Senado, não se sujeitando à sanção ou veto presidencial.

A: incorreta. O art. 60, § 1º, da CF, não se refere à proposta de emenda; **B:** incorreta. Essa vedação é expressa, não implícita (art. 60, § 4º, IV, da CF); **C:** incorreta. Não reflete o disposto no art. 60, § 3º, da CF; **D:** incorreta. O STF admite a impetração de MS por deputados e senadores (não pelo Presidente da República), para evitar a tramitação de proposta de emenda constitucional que fira o art. 60, § 4º, da CF; **E:** correta. Art. 60, § 3º, da CF.

Gabarito "E".

(Auditor do Tesouro Municipal/Fortaleza-CE – 2003 – ESAF) Assinale a opção correta.

(A) Os Conselheiros dos Tribunais de Contas estaduais devem necessariamente ser bacharéis em Direito.
(B) Nos termos da Constituição Federal, o Tribunal de Contas estadual deve, por força de comando expresso da Constituição Federal, apresentar suas próprias contas para julgamento pela Assembleia Legislativa.
(C) Todos os membros do Tribunal de Contas do Estado são livremente escolhidos pelo Governador do Estado, devendo o nome ser aprovado pela Assembleia Legislativa.
(D) O Tribunal de Contas do Estado julga as contas do Governador do Estado.
(E) No desempenho da fiscalização contábil, financeira, orçamentária a cargo do Tribunal de Contas, são apreciados gastos públicos sob os aspectos da legalidade, legitimidade e também economicidade.

A: incorreta. Por força do art. 75 da CF, as normas aplicáveis ao Tribunal de Contas da União devem reger, por simetria, os Tribunais de Contas Estaduais. Assim, não há necessidade de o Conselheiro ser bacharel em Direito, haja vista que a regra federal exige apenas notórios conhecimentos jurídicos (art. 73, § 1º, III, da CF); **B:** incorreta. Não há norma constitucional nesse sentido. A propósito, v. art. 71, § 4º, da CF; **C:** incorreta. Súmula 653/STF: "No Tribunal de Contas estadual, composto por sete conselheiros, quatro devem ser escolhidos pela Assembleia Legislativa e três pelo Chefe do Poder Executivo estadual, cabendo a este indicar um dentre auditores e outro dentre membros do Ministério Público, e um terceiro à sua livre escolha"; **D:** incorreta. A alternativa traz uma "pegadinha", pois as contas são do Governo do Estado e não do Governador. Se não fosse pela "pegadinha", a opção estaria correta (por aplicação do art. 71, I, da CF ao nível estadual, por simetria); **E:** correta. Art. 70 da CF, aplicável aos Estados por simetria.

Gabarito "E".

(Auditor do Tesouro Municipal/Recife-PE – 2003 – ESAF) Assinale a opção correta.

(A) Se o Presidente da República não sanciona o projeto de lei no prazo estabelecido para tanto, o projeto é tido como rejeitado.
(B) Não se admite, em nenhum caso, veto parcial de projeto de lei pelo Presidente da República.
(C) Vetado o projeto de lei pelo Presidente da República, a mesma matéria não pode ser objeto de deliberação do Congresso Nacional durante a mesma sessão legislativa.
(D) O Presidente da República não tem competência para apresentar proposta de emenda à Constituição ao Congresso Nacional.
(E) Deve ter início na Câmara dos Deputados a discussão e a votação dos projetos de lei de iniciativa do Presidente da República, do Supremo Tribunal Federal e dos Tribunais Superiores.

A: incorreta. Não reflete o disposto no art. 66, § 3º, da CF, que admite a sanção tácita; **B:** incorreta. Não reflete o disposto no art. 66, §§ 1º e 2º, da CF; **C:** incorreta. Não reflete o disposto no art. 67 da CF; **D:** incorreta. Não reflete o disposto no art. 60, II, da CF; **E:** correta. Art. 64 da CF.

Gabarito "E".

(Auditor do Tesouro Municipal/Recife-PE – 2003 – ESAF) Assinale a opção que alude a matéria que não enfrenta proibição explícita ao uso de medida provisória.

(A) Revogação de artigo do Código Penal.
(B) Alteração de norma do Código de Processo Civil sobre prazo para contestar ações.
(C) Alteração de artigo do Código Civil sobre direito de propriedade.
(D) Reorganização da carreira do Ministério Público.
(E) Alteração de artigo do Código de Processo Penal que estabelece prazo para apelação.

Só não pode ser editada Medida Provisória sobre as matérias listadas no art. 62, § 1º, I, da CF que não inclui "direito civil".

Gabarito "C".

(Fiscal de Tributos/PA – 2002 – ESAF) A respeito das medidas provisórias, de acordo com a Constituição em vigor, assinale a opção correta.

(A) Medida provisória não pode mais ser reeditada.
(B) Medida provisória não pode instituir ou aumentar imposto.
(C) Medida provisória não pode ser editada para alterar lei de diretrizes orçamentárias.
(D) Medida provisória não pode disciplinar assunto algum de direito privado.
(E) Os pressupostos da urgência e da relevância das medidas provisórias não podem ser analisados pelo Poder Judiciário.

A: incorreta. Não reflete o disposto no art. 62 da CF (art. 62, § 10, da CF); **B:** incorreta. Não reflete o disposto no art. 62, § 2º, da CF, que admite a adoção de medida provisória em matéria tributária, ainda que com limitações; **C:** correta. Art. 62, § 1º, I, "d", da CF; **D:** incorreta. Só não pode ser editada medida provisória sobre as matérias listadas no art. 62, § 1º, I, da CF que não inclui "direito civil"; **E:** incorreta. Excepcionalmente, os requisitos de relevância e urgência são *sindicáveis*, ou seja, podem ser objeto de análise pelo Poder Judiciário, com fundamento no respeito ao princípio da separação de poderes. Para o STF, "os pressupostos da urgência e da relevância, embora conceitos jurídicos relativamente indeterminados e fluidos, mesmo expondo-se, inicialmente, à avaliação discricionária do Presidente da República, estão sujeitos, ainda que excepcionalmente, ao controle do Poder Judiciário, porque compõem a própria estrutura constitucional que disciplina as medidas provisórias, qualificando-se como requisitos legitimadores e juridicamente condicionantes do exercício, pelo Chefe do Poder Executivo, da competência normativa primária que lhe foi outorgada, extraordinariamente, pela Constituição da República" (STF, ADI 2213 MC, Rel. Min. Celso de Mello).

Gabarito "C".

(Agente Tributário Estadual/MS – 2001 – ESAF) Incumbe ao Senado Federal:

(A) aprovar previamente a escolha pelo Presidente da República de todos os magistrados federais.

(B) autorizar operações externas de natureza financeira de interesse dos Estados.

(C) revogar lei declarada inconstitucional pelo Superior Tribunal de Justiça ou pelo Supremo Tribunal Federal.

(D) processar e julgar o Presidente da República, Ministros de Estado além dos Ministros de Tribunais Superiores nos crimes comuns que cometerem.

(E) declarar a inconstitucionalidade dos decretos do Presidente da República, editados com ofensa a qualquer norma da Constituição Federal.

A: incorreta. Não reflete o disposto no art. 52, III, "a", da CF, que se refere às hipóteses previstas no art. 101, parágrafo único, da CF (Ministros do STF); no art. 104, parágrafo único, da CF (Ministros do STJ); no art. 111-A da CF (Ministros do TST); e no art. 123 da CF (Ministros do STM); **B:** correta. Art. 52, V, da CF; **C:** incorreta. Não reflete o disposto no art. 52, X, da CF, que se refere à suspensão da execução da lei, apenas em relação ao STF o Senado vai suspender a execução; **D:** incorreta. O Senado julga as autoridades listadas no art. 52, I e II, da CF apenas por crimes de responsabilidade. Não tem competência para julgar crimes comuns; **E:** incorreta. No Brasil apenas o Poder Judiciário, por intermédio de seus juízes e tribunais, tem a atribuição própria de declarar a inconstitucionalidade de uma lei. O Poder Legislativo participa do controle de constitucionalidade, por exemplo, a rejeição de projeto de lei pela Comissão de Constituição e Justiça por inconstitucionalidade ou ao não aprovar medida provisória por inconstitucionalidade.

Gabarito "B".

12. DA ORGANIZAÇÃO DO PODER JUDICIÁRIO

(Procurador da Fazenda Nacional – 2007 – ESAF) Assinale a opção correta.

(A) A garantia da inamovibilidade dos Juízes não é absoluta, uma vez que é possível a remoção por interesse público, devendo a decisão ser tomada pelo voto da maioria absoluta do respectivo tribunal ou do Conselho Nacional de Justiça, assegurada a ampla defesa.

(B) O subsídio mensal dos membros do Judiciário, incluídas as vantagens pessoais ou de qualquer natureza, e ainda as parcelas de caráter indenizatório previstas em lei, não poderão exceder o subsídio mensal, em espécie, dos Ministros do Supremo Tribunal Federal.

(C) As decisões administrativas dos tribunais serão motivadas e em sessão pública, salvo as disciplinares, as quais, ainda, deverão ser tomadas pelo voto da maioria absoluta de seus membros.

(D) Cabe reclamação no Supremo Tribunal Federal em face de qualquer ato judicial que contrarie decisões proferidas em ações diretas de inconstitucionalidade, as quais possuem eficácia contra todos e efeito vinculante, em relação aos demais órgãos do Poder Judiciário e à Administração Pública direta e indireta, nas esferas federal, estadual e municipal.

(E) A reclamação cabível no Supremo Tribunal Federal, a fim de preservar a sua competência ou garantir a autoridade de suas decisões, tem natureza jurídica de medida processual de caráter excepcional, a ser manejada pelos mesmos legitimados para a propositura de ação direta de inconstitucionalidade.

A: Art. 95, II c/c art. 93, VIII, ambos da CF; **B:** Não reflete o disposto no art. 37, II, e § 11, da CF; **C:** Não reflete o disposto no art. 93, X, da CF; **D:** Não cabe reclamação contra qualquer ato judicial. É incabível, *e.g.*, contra decisões transitadas em julgado; **E:** A matéria não é pacificada, mas prevalece a tese de que a reclamação tem natureza jurídica de ação. V. STF, Rcl 5470/PA, Rel. Min. Gilmar Mendes.

Gabarito "A".

(Procurador da Fazenda Nacional – 2007 – ESAF) Assinale a opção correta.

(A) No caso das súmulas vinculantes, a aprovação, revisão ou cancelamento dependem da provocação da maioria qualificada dos Ministros do Supremo Tribunal Federal, considerando para tanto decisão que seja tomada por 2/3 dos votos dos seus membros, figurando como requisito para sua edição a existência de reiteradas decisões do Supremo Tribunal Federal sobre matérias que constitucionalmente lhe são afetas.

(B) Compete à Justiça do Trabalho apreciar e julgar pedidos concernentes a perdas e danos morais e/ou materiais, deduzidos em face do (ex) empregador, decorrentes de acidente do trabalho.

(C) De acordo com a atual jurisprudência do Supremo Tribunal Federal, a ele compete originariamente julgar o habeas corpus contra decisão denegatória de turma recursal dos Juizados Especiais Criminais.

(D) No caso de mandado de segurança de competência originária de Tribunal Regional Federal, o recurso adequado contra o acórdão que o julgar será o recurso extraordinário ou o recurso especial, dependendo de o fundamento da decisão ter sido, respectivamente, constitucional ou infraconstitucional.

(E) Compete ao Supremo Tribunal Federal processar e julgar, originariamente, a homologação das sentenças estrangeiras e a concessão do exequatur às cartas rogatórias, que podem ser conferidas pelo regimento interno ao seu Presidente.

A: Não reflete o disposto no art. 103-A da CF; **B:** Art. 114, VI, da CF; **C:** Não reflete o entendimento do STF no RHC 87449, Rel. Min. Celso de Mello, Segunda Turma, j. 07/03/2006, DJe 02/08/2007; **D:** Embora essa seja a disposição da Súmula 690/STF, o Supremo decidiu em contrário no HC 85240/SP, rel. Min. Carlos Britto e no HC 86834/SP, Rel. Min. Marco Aurélio; **E:** Não reflete o disposto no art. 105, I, *i*, da CF.

Gabarito "B".

(Procurador da Fazenda Nacional – 2006 – ESAF) Assinale a opção correta.

(A) As normas constantes do Ato das Disposições Constitucionais Transitórias são insuscetíveis de revogação.

(B) Consolidou-se o entendimento de que o Presidente da República não dispõe de foro por prerrogativa de função para responder a ação por crime de responsabilidade.

(C) Incumbe ao Supremo Tribunal Federal o julgamento de representação do Procurador-Geral da

República para intervenção federal no caso de recusa de execução de lei federal por parte de Estado-membro.

(D) Verificado que o legislador tratou desigualmente situações desiguais fica desautorizado todo argumento de ofensa ao princípio da isonomia.

(E) *Princípio da legalidade* e *reserva de parlamento* são expressões sinônimas no constitucionalismo brasileiro.

A: incorreta. As normas do ADCT são normas constitucionais comuns, apenas com a característica da transitoriedade, não havendo qualquer óbice para sua alteração; **B:** incorreta. O foro por prerrogativa de função do Presidente da República nos crimes de responsabilidade está expresso na CF, que atribui a competência para julgamento ao Senado Federal (art. 52., I); **C:** correta, nos termos do art. 36, III, da CF; **D:** incorreta. A aplicação do princípio da isonomia não comporta engessamento genérico nos termos sugeridos. O tratamento diferenciado a pessoas que se encontrem em situação desigual, apesar de atender, em tese, aos ditames da igualdade, é passível de controle com o escopo de se verificar se o tratamento desigual é justificável, bem como se observa a necessária razoabilidade; **E:** incorreta. O princípio da legalidade é amplo, pois abrange a lei em sentido material, ou seja, quaisquer atos normativos dotados de generalidade e abstração, ainda que não emanados do Poder Legislativo. A reserva de parlamento, por outro lado, liga-se à estrita legalidade, situações nas quais somente a lei em sentido formal (ato emanado do Poder Legislativo que obedece ao processo legislativo constitucionalmente estabelecido), tendo significado, mais restrito. Não são, portanto, sinônimos.

Gabarito "C"

(Procurador da Fazenda Nacional – 2004 – ESAF) Assinale a opção correta.

(A) O presidente da República não pode editar medida provisória para revogar outra medida provisória ainda não apreciada pelo Congresso Nacional.

(B) O *habeas corpus*, jamais o mandado de segurança, constitui instrumento apto para se insurgir contra a quebra de sigilo bancário de alguém.

(C) As Comissões Parlamentares de Inquérito, o Ministério Público, as autoridades policiais e autoridades da Receita Federal, além dos juízes, podem determinar a quebra do sigilo fiscal e bancário de pessoa sob investigação.

(D) O Superior Tribunal de Justiça é incompetente para processar e julgar, originariamente, mandado de segurança contra ato de órgão colegiado presidido por Ministro de Estado.

(E) Compete ao Supremo Tribunal Federal o julgamento originário de mandado de segurança contra ato do Conselho Recursal de Juizado Especial.

A: no que toca à edição de medidas provisórias, os impedimentos encontram-se dispostos no art. 62, §1º, da CF, que não contempla a hipótese descrita; **B:** o STF reconhece a idoneidade do *habeas corpus* para combater a quebra indevida de sigilo bancário do investigado (AI 573623 QO/RJ, DJ 31/10/06, HC 84869, DJ 19/08/2005), sem afastar, porém, o cabimento do mandado de segurança; **C:** dentre as autoridades citadas, apenas os juízes e as CPI's (art. 58, §3º, da CF) detêm o poder de quebrar o sigilo bancário de alguém no interesse da investigação; **D:** correta. A competência originária do STJ, estabelecida no art. 105, I, da CF, não contempla o disposto na alternativa; **E:** incorreta, diante da inexistência de tal previsão no art. 102, I, da CF, que traz a competência originária do STF.

Gabarito "D"

(Procurador da Fazenda Nacional – 2003 – ESAF) Assinale a opção correta.

(A) Cabe ao Supremo Tribunal Federal julgar *habeas corpus* contra ato de turma recursal de Juizado Especial.

(B) A ação popular pode ser ajuizada para atacar ato jurisdicional.

(C) O Advogado-Geral da União é processado e julgado nos crimes comuns e de responsabilidade pelo Supremo Tribunal Federal.

(D) Deve ser ajuizado perante juiz federal de primeira instância o *habeas corpus* impetrado contra ato de Procurador da República com atuação no primeiro grau de jurisdição.

(E) Incumbe ao Supremo Tribunal Federal julgar o Presidente da República nas ações de improbidade e nas ações civis públicas em que ele figure como réu.

A: correta, nos termos da Súmula nº 690 do STF. A questão foi cobrada em 2003, portanto insta frisar que, em 2007, esta Súmula foi declarada superada pelo Tribunal Pleno do STF no julgamento do HC 86834, DJ 23/08/2006); **B:** incorreta. Visa a ação popular a declaração de nulidade de atos administrativos, não podendo ser invocada contra atos jurisdicionais (art. 5º, LXXIII, da CF e arts. 1º e 2º da Lei nº 4.717/65); Alternativa **C:** incorreta. O Advogado-Geral da União não tem foro por prerrogativa de função nos crimes comuns e, nos crimes de responsabilidade, é julgado perante o Senado Federal (art. 52, II,d a CF); **D:** incorreta. Diante do silêncio da CF sobre o tema, e considerando a equiparação constitucional entre membros da Magistratura e do Ministério Público quanto a direitos e vedações, o STJ firmou entendimento de que o habeas corpus contra ato de procurador da república deve ser julgado pelo TRF da região de atuação do membro do MPF, por analogia ao disposto no art. 108, I, "d", da CF (RHC 15132/SP, DJ 09/03/2004); **E:** incorreta. O foro por prerrogativa de função é adotado pela CF para as ações penais comuns e para os crimes de responsabilidade. Não há previsão de foro por prerrogativa de função para ações de natureza civil, como a improbidade administrativa e ações civis públicas.

Gabarito "A"

(Advogado – IRB – 2006 – ESAF) Sobre o Poder Judiciário, assinale a única opção correta.

(A) Conforme dispõe o texto constitucional, o juiz titular residirá na respectiva comarca, salvo autorização do Tribunal.

(B) Compete ao Supremo Tribunal Federal julgar, em recurso ordinário, os mandados de segurança decididos em única instância pelos Tribunais Superiores.

(C) O Conselho Nacional de Justiça não pode, de ofício, rever os processos disciplinares de juízes e membros de tribunais julgados há menos de um ano.

(D) Em razão de alteração do texto constitucional promulgado em 1988, as causas relativas a violações de direitos humanos passaram a ser de competência da Justiça Federal.

(E) Mesmo decorrentes da relação de trabalho, as ações de indenização por dano moral não se inserem na competência da Justiça do Trabalho, sendo processadas e julgadas na Justiça Comum.

A: correto (art. 93, inciso VII, da CF); **B:** incorreto, pois o STF só é competente nestes casos se for denegatória a decisão (art. 102, inciso II, alínea "a", da CF); **C:** incorreto, pois o CNJ possui tal prerrogativa (art. 103-B, § 4º, inciso V, da CF); **D:** incorreto, pois a inovação foi no sentido de que nas hipóteses de grave violação de direitos humanos, o Procurador-Geral da República, com a finalidade de assegurar o cumprimento de obrigações decorrentes de tratados internacionais de direitos humanos dos quais o Brasil seja parte, poderá suscitar, perante o Superior Tribunal de Justiça, em qualquer fase do inquérito ou processo, incidente de deslocamento de competência para a Justiça Federal (art. 109, § 5º, da CF); **E:** incorreto, pois compete a Justiça do Trabalho processar e julgar todas as ações oriundas das relações de trabalho, incluindo as de indenização decorrentes de acidentes de trabalho (art. 114, inciso I, da CF).

Gabarito "A".

(Analista – CGU – 2012 – ESAF) A respeito do Poder Judiciário, é correto afirmar que

(A) compete ao Supremo Tribunal Federal processar e julgar originariamente os mandados de segurança e os *habeas data* contra ato de Ministro de Estado, dos Comandantes da Marinha, do Exército e da Aeronáutica ou do próprio Tribunal.

(B) A arguição de descumprimento de preceito fundamental, decorrente desta Constituição, será apreciada pelo Superior Tribunal de Justiça em grau de recurso especial, na forma da lei.

(C) compete, ao Superior Tribunal de Justiça, processar e julgar originariamente, nas infrações penais comuns e nos crimes de responsabilidade, os Ministros de Estado e os Comandantes da Marinha, do Exército e da Aeronáutica, os membros dos Tribunais Superiores, os do Tribunal de Contas da União e os chefes de missão diplomática de caráter permanente.

(D) compete aos Juízes Federais processar e julgar as causas fundadas em tratado ou contrato da União com Estado estrangeiro ou organismo internacional.

(E) Compete ao Superior Tribunal de Justiça julgar, mediante recurso extraordinário, as causas decididas em única ou última instância, quando a decisão recorrida declarar a inconstitucionalidade de tratado ou lei federal.

A: incorreto, pois a competência é do STF (art. 105, inciso I, alínea "b", da CF); **B:** incorreto, pois a competência é do STF (art. 102, § 1º, da CF); **C:** incorreto, pois a competência é do STF (art. 102, § 1º, inciso I, alínea "c", da CF); **D:** correto (art. 109, inciso III, da CF); **E:** incorreto, pois somente cabe recurso extraordinário no âmbito do STF (art. 102, inciso III, da CF).

Gabarito "D".

(Auditor Fiscal da Receita Federal – 2012 – ESAF) O Supremo Tribunal Federal é a mais alta Corte de Justiça do país. Composta por 11 Ministros, tem sede em Brasília e jurisdição em todo o território nacional. Sobre o Supremo Tribunal Federal, é correto dizer que:

(A) seus Ministros devem ser escolhidos entre brasileiros natos, com mais de 35 e menos de 65 anos de idade, de notável saber jurídico e reputação ilibada. A indicação cabe ao Presidente da República, que a submete à Câmara dos Deputados e em seguida ao Senado Federal.

(B) como instância máxima do Judiciário brasileiro, somente tem competência originária.

(C) seus Ministros gozam da garantia da vitaliciedade após dois anos no exercício do cargo.

(D) compete-lhe processar e julgar, originariamente, os governadores de Estado nos casos de crime praticado após a posse.

(E) pode acatar o pedido de abertura de ação penal contra parlamentar sem a necessidade de autorização prévia da Câmara ou Senado, bastando que posteriormente comunique a existência da ação à Casa respectiva a que pertencer o parlamentar.

A: incorreta. A confirmação da indicação dos ministros é feita exclusivamente pelo Senado (art. 101, parágrafo único, da CF); **B:** incorreta. O STF dispõe, também, de competência recursal, tanto ordinária quanto extraordinária (art. 102, II e III, da CF); **C:** incorreta. Os membros do Poder Judiciário que são levados ao cargo por nomeação direta (Ministros do STF e STJ, desembargadores indicados pela regra do "quinto constitucional") adquirem a garantia da vitaliciedade imediatamente, a partir do exercício da função (interpretação *a contrario sensu* do art. 95, I, da CF); **D:** incorreta. O julgamento dos governadores, em caso de crime comum, é de competência originária do STJ (art. 105, I, "a", da CF); **E:** correta, nos termos do art. 53, § 3º, da CF. Vale lembrar que, no prazo de 45 dias, a Casa Legislativa pode determinar a sustação do andamento da ação penal (§ 4º do mesmo dispositivo).

Gabarito "E".

(Analista – CGU – 2008 – ESAF) Assinale a única opção incorreta relativa ao Poder Judiciário.

(A) São órgãos do Poder Judiciário, os Tribunais e Juízes Eleitorais, inclusive as Juntas Eleitorais.

(B) São órgãos do Poder Judiciário, os Tribunais e Juízes Militares, inclusive o Tribunal Marítimo.

(C) A participação em curso oficial ou reconhecido por escola nacional de formação e aperfeiçoamento de magistrados constitui etapa obrigatória do processo de vitaliciamento do juiz.

(D) A lei pode limitar a presença, em determinados atos dos órgãos do Poder Judiciário, inclusive julgamentos, às próprias partes e a seus advogados, ou somente a estes.

(E) As decisões administrativas dos tribunais serão motivadas e em sessão pública, inclusive as disciplinares, que também devem ser tomadas pelo voto da maioria absoluta de seus membros.

A: correto (art. 92, inciso V, da CF); **B:** incorreto, pois o Tribunal Marítimo é órgão vinculado ao Ministério da Marinha e auxiliar do Poder Judiciário (art. 1º da Lei nº 2.180/54); **C:** correto (art. 93, inciso IV, da CF); **D:** correto (art. 93, inciso IX, da CF); **E:** correto (art. 93, inciso X, da CF).

Gabarito "B".

(Auditor Fiscal da Receita Federal – 2005 – ESAF) Sobre organização do Poder Judiciário, na Constituição de 1988, marque a única opção correta.

(A) Caberá ao Supremo Tribunal Federal julgar, mediante recurso extraordinário, decisão de Tribunal de Justiça que considerar válida lei estadual contestada em face da Constituição Federal ou contestada em face de lei federal.

(B) As súmulas aprovadas pelo Supremo Tribunal Federal, após a sua publicação na imprensa oficial, terão efeito vinculante para todos os demais Poderes e para os órgãos da administração pública direta e indireta, nas esferas federal, estadual e municipal.

(C) Não pode o Conselho Nacional de Justiça, quando da apreciação da legalidade dos atos administrativos praticados por membros ou órgãos do Poder Judiciário, desconstituir os atos considerados irregulares, cabendo-lhe, apenas, fixar prazo para que sejam adotadas as providências necessárias para sua legalização.

(D) A concessão de exequatur às cartas rogatórias é competência do Supremo Tribunal Federal.

(E) Nos termos da Constituição Federal, os servidores do Poder Judiciário poderão receber delegação para a prática de atos administrativos e atos de mero expediente com caráter decisório, desde que, no último caso, a conduta estabelecida no ato já esteja sumulada no Tribunal.

A: correta. Art. 102, III, "c" e "d", da CF; **B:** incorreta. Não reflete o disposto no art. 103-A da CF; **C:** incorreta. Não reflete o disposto no art. 103-B, § 4º, II, da CF; **D:** incorreta. A competência é do Superior Tribunal de Justiça (art. 105, I, "i", da CF); **E:** incorreta. Não reflete o disposto no art. 93, XIV, da CF.

Gabarito "A"

(Analista – MPU – 2004 – ESAF) O *habeas corpus* contra ato de procurador da República com atuação em primeiro grau de jurisdição da Seção Judiciária do Distrito Federal é julgado pelo seguinte órgão jurisdicional:

(A) Superior Tribunal de Justiça.

(B) Tribunal Regional Federal com jurisdição sobre o Distrito Federal.

(C) Tribunal de Justiça do Distrito Federal e Territórios.

(D) Juiz de Direito da Justiça comum de primeira instância do Distrito Federal.

(E) Juiz Federal da Seção Judiciária do Distrito Federal.

Conforme já decidido pelo STF, compete ao Tribunal Regional Federal, com fundamento no art. 108, I, "a", da CF, processar e julgar, originariamente, *habeas corpus* contra ato de membro do Ministério Público Federal com atuação na primeira instância (RE 377356/SP, Rel. Min. Cezar Peluso, 7.10.2008). V. art. 18, II, da LC 75/1993.

Gabarito "B"

(Analista – MPU – 2004 – ESAF) Assinale a opção correta:

(A) Somente o Supremo Tribunal Federal pode julgar, em abstrato, a constitucionalidade de uma lei em face da Constituição Federal.

(B) Decidido pelo STF, em ação direta de inconstitucionalidade, que uma lei é inconstitucional, nenhum outro órgão do Judiciário pode decidir em sentido contrário, qualquer que seja o processo que esteja analisando.

(C) Os Tribunais de Justiça dos Estados não podem declarar a inconstitucionalidade de lei federal.

(D) Créditos, decorrentes de sentença judicial, de natureza alimentícia não se sujeitam ao regime de pagamento por meio de precatório.

(E) Todos os legitimados para propor ação direta de inconstitucionalidade perante o Supremo Tribunal Federal também o são para ajuizar ação declaratória de constitucionalidade perante a mesma Corte.

A: O art. 102, I, "a", da CF é o fundamento para o controle abstrato de constitucionalidade realizado pelo STF, em face da Constituição Federal. Muito embora os Tribunais de Justiça locais, obedecida a regra do art. 97 da CF, também realizem controle abstrato de constitucionalidade, esse controle só pode ter como parâmetro a Constituição estadual (art. 125, § 2º, da CF). Portanto, a questão está certa, pois só o STF realiza controle abstrato de constitucionalidade em face da CF; **B:** Também está correta, por força do art. 102, § 2º, da CF; **C:** Os TJs podem apreciar a constitucionalidade de lei federal em controle difuso. Só não podem em controle concentrado, haja vista a norma do art. 125, § 2º, da CF; **D:** Os créditos de natureza alimentícia também se sujeitam ao regime de precatórios, embora com regras próprias (art. 100, §§ 1º e 2º, da CF); **E:** Também está correta, pois a EC 45/2004 alterou a redação do art. 103 da CF para prever a coincidência entre os legitimados para propor ADIn e ADC. Portanto, desde 2004, os legitimados para propor ADIN e ADC são os mesmos.

Gabarito "A", B e E"

(Analista – MPU – 2004 – ESAF) Sobre o Poder Judiciário, marque a única opção correta.

(A) É do Supremo Tribunal Federal a competência exclusiva para julgar os comandantes da Marinha, do Exército e da Aeronáutica nas infrações penais comuns e nos crimes de responsabilidade.

(B) No âmbito da União, o encaminhamento, para o Executivo, da proposta orçamentária dos órgãos do poder judiciário é da competência do presidente do Supremo Tribunal Federal.

(C) Para concorrer à vaga de juiz em Tribunal Regional Federal, no quinto constitucional, o membro do Ministério Público deverá ter mais de dez anos de carreira e ser indicado, pelo seu órgão, em lista sêxtupla, a ser encaminhada ao respectivo tribunal.

(D) Caberá ao Superior Tribunal de Justiça o julgamento de recurso ordinário contra a decisão que concedeu a segurança em mandado de segurança julgado em única instância pelo Tribunal de Justiça do Distrito Federal.

(E) A promoção de juiz federal para Tribunal Regional Federal far-se-á, alternadamente, por antiguidade e merecimento, exigindo-se do juiz a ser promovido mais de dez anos de efetivo exercício da magistratura federal.

A: O art. 102, I, "c", da CF, ressalva a hipótese do art. 52, I, da CF; **B:** Não reflete o disposto no art. 99, § 2º, I, da CF; **C:** Art. 94 da CF; **D:** Se o TJDFT concedeu a segurança, caberá recurso especial para o STJ, e não recurso ordinário. Só caberá recurso ordinário em mandado de segurança se a decisão for denegatória (art. 105, II, "b", da CF); **E:** Não reflete o disposto no art. 107, II, da CF.

Gabarito "C"

(Auditor Fiscal da Receita Federal – 2002.2 – ESAF) Assinale a opção correta.

(A) Cabe ao Supremo Tribunal Federal processar e julgar o Presidente da República, quando este figurar como réu em ação popular.

(B) O Supremo Tribunal Federal tem competência para julgar conflitos entre a União e os Estados-membros, além de conflitos destes últimos entre si.

(C) Cabe ao Supremo Tribunal Federal julgar ação popular contra ato jurisdicional praticado por membro da mesma Corte.

(D) Cabe à Justiça Federal de primeira instância julgar o habeas corpus contra ato do Presidente da República.

(E) Cabe ao Supremo Tribunal Federal julgar o Presidente da República nos crimes de responsabilidade.

A: incorreta. O STF julga o Presidente da República nas infrações penais comuns (art. 86, I da CF). A ação popular tem natureza cível; **B:** correta. Art. 102, I, "f", da CF; **C:** incorreta. A CF não prevê essa competência para o STF (art. 102, I, da CF); **D:** incorreta. A competência é do STF (art. 102, I, "b" e "d", da CF); **E:** incorreta. A competência é do Senado Federal (art. 86 da CF).

Gabarito "B"

13. DAS FUNÇÕES ESSENCIAIS À JUSTIÇA

(Procurador da Fazenda Nacional – 2007.2 – ESAF) Assinale a opção correta.

(A) A Advocacia-Geral da União é a instituição que, diretamente ou através de órgão vinculado, representa a União judicialmente, cabendo-lhe, nos termos da lei que dispuser sobre sua organização e funcionamento, as atividades de consultoria e assessoramento jurídico ao Poder Executivo.

(B) Os Procuradores dos Estados e do Distrito Federal, organizados em carreira, na qual o ingresso dependerá de concurso público de provas e títulos, com a participação da Ordem dos Advogados do Brasil em todas as suas fases, exercerão a representação judicial e extrajudicial, a consultoria e a assessoria jurídicas das respectivas unidades federadas.

(C) A Advocacia-Geral da União tem por chefe o Advogado-Geral da União, de livre nomeação pelo Presidente da República, após arguição pública e aprovação pelo Senado Federal, dentre cidadãos maiores de trinta e cinco anos, de notável saber jurídico e reputação ilibada.

(D) O ingresso nas classes iniciais das carreiras da Advocacia-Geral da União far-se-á mediante concurso público de provas e títulos.

(E) O ingresso nas classes iniciais das carreiras da Advocacia-Geral da União far-se-á mediante concurso público de provas e títulos, com a participação da Ordem dos Advogados do Brasil na última fase.

A: Não reflete o disposto no art. 131 da CF. O referido artigo, prevê que a AGU, disporá sobre consultoria e assessoramento, e não organização e funcionamento.; **B:** Não reflete o disposto no art. 132 da CF; **C:** Não reflete o disposto no art. 131, § 1º, da CF; D, **E:** Art. 131, § 2º, da CF.

Gabarito "D"

(Procurador da Fazenda Nacional – 2007.2 – ESAF) Compete à Procuradoria-Geral da Fazenda Nacional, expressamente nos termos da Constituição, que, no caso da norma que contém a resposta certa a esta questão da prova, também determina a observância do seu comando ao disposto em lei:

(A) a representação da União na execução da dívida ativa de natureza tributária, no exercício de função essencial à Justiça.

(B) a representação judicial e extrajudicial da União na execução da dívida ativa de natureza tributária e não tributária, no exercício ou não de função essencial à Justiça.

(C) a representação da União na execução da dívida ativa e consolidada de natureza tributária, no exercício ou não de função essencial à Justiça.

(D) a representação judicial da União na execução da dívida interna de natureza tributária ou não tributária, no exercício de função essencial à Justiça.

(E) a representação judicial da União na execução da dívida ativa de natureza tributária e não tributária, no exercício de função essencial à Justiça.

Art. 131, § 3º, da CF.

Gabarito "A"

(Procurador da Fazenda Nacional – 2006 – ESAF) Assinale a opção correta.

(A) A Procuradoria da Fazenda Nacional tem por autoridade hierárquica máxima o Ministro de Estado da Fazenda.

(B) As Casas Legislativas da União ou dos Estados-membros têm os seus direitos e prerrogativas defendidos em juízo pela Advocacia da União e pelas Procuradorias Estaduais, respectivamente, sendo-lhes vedado criar procuradorias próprias que as represente em juízo.

(C) A Constituição de um Estado-membro não pode conferir autonomia funcional, administrativa e financeira à Procuradoria-Geral do seu Estado.

(D) Os membros da Advocacia da União, depois de adquirida a estabilidade, gozam das mesmas garantias dos membros também estáveis do Ministério Público da União.

(E) Constitui função institucional privativa do Ministério Público a propositura de ação civil pública para a defesa do patrimônio público.

A: incorreta. A Procuradoria-Geral da Fazenda Nacional subordina-se, técnica e juridicamente, ao Advogado-Geral da União; **B:** incorreta. Nos termos dos arts. 131 e 132 da CF, compete à Advocacia-Geral da União e às Procuradorias Estaduais a consultoria e assessoramento jurídico do Poder Executivo. O Poder Legislativo deve criar corpo próprio de advogados para sua consultoria e representação em juízo; **C:** correta. A organização administrativa da Advocacia-Geral da União é norma de reprodução obrigatória nas Constituições Estaduais para as respectivas Procuradorias, diante da função análoga que exercem; **D:** incorreta. Os membros do Ministério Público da União não são estáveis, são vitalícios. Ademais, as prerrogativas de cada cargo são diferentes; **E:** incorreta. A atribuição da ação civil pública ao Ministério Público não foi feita em caráter exclusivo, competindo-a também a outras instituições, como a Defensoria Pública, por exemplo (art. 129, III, da CF).

Gabarito "C"

(Advogado – IRB – 2006 – ESAF) Sobre Funções Essenciais à Justiça, assinale a única opção correta.

(A) Cabe à Advocacia-Geral da União, nos termos da lei complementar que dispuser sobre sua organização e funcionamento, representar, judicial e extrajudicialmente, e exercer as atividades de consultoria e assessoramento jurídico dos Poderes da União.
(B) Aos integrantes da carreira de defensor público da União é garantida a inamovibilidade e vedado o exercício da advocacia fora das atribuições institucionais.
(C) Salvo as exceções expressamente previstas em lei, é vedado ao membro do Ministério Público exercer atividade político-partidária.
(D) Em razão de sua autonomia financeira e administrativa, durante a execução orçamentária do exercício, o Ministério Público poderá, justificadamente, assumir obrigações que extrapolem os limites estabelecidos na lei de diretrizes orçamentárias, desde que já esteja em tramitação no Congresso Nacional pedido de abertura de crédito suplementar ou especial.
(E) Os membros do Conselho Nacional do Ministério Público são nomeados pelo Presidente da República, depois de aprovada a escolha pela maioria absoluta do Senado Federal, para um mandato de dois anos, sem possibilidade de recondução.

A: incorreto, pois à AGU cabem as atividades de consultoria e assessoramento jurídico apenas do Poder Executivo (art. 131 *caput* da CF); **B:** correto (art. 134, § 1º, da CF); **C:** incorreto, pois a vedação é absoluta (art. 128, § 5º inciso II, alínea "e", da CF); **D:** incorreto, pois, para tanto, é preciso que haja prévia autorização, mediante abertura de créditos suplementares ou especiais, isto é, de leis já aprovadas e em vigor nesse sentido (art. 127, § 6º, da CF); **E:** incorreto, pois é permitida uma recondução (art. 130-A, *caput,* da CF).

Gabarito "B".

(Auditor Fiscal da Receita Federal – 2012 – ESAF) A Constituição de 1988 instituiu a Advocacia-Geral da União como órgão de defesa judicial e extrajudicial da União. Sobre essa instituição, é correto afirmar que:

(A) os membros das Carreiras que a integram gozam da prerrogativa constitucional da inamovibilidade.
(B) as Procuradorias de Estado devem seguir a orientação normativa do Advogado-Geral da União.
(C) o Advogado-Geral da União é cargo de livre nomeação do Presidente da República, atendendo os requisitos de notável saber jurídico e moral ilibada.
(D) a Procuradoria-Geral da Fazenda Nacional é responsável pela representação judicial das Autarquias e Fundações públicas federais.
(E) antes de sua posse, o Advogado-Geral da União é sabatinado pelo Senado Federal.

A: incorreta. Não há a previsão dessa garantia para os membros da AGU; **B:** incorreta. As Procuradorias dos Estados não estão vinculadas à Advocacia-Geral da União; **C:** correta, nos termos do art. 131, § 1º, da CF; **D:** incorreta. Tal atribuição cabe à Procuradoria Federal. A PGFN cuida da execução da dívida ativa de natureza tributária (art. 131, § 3º, da CF); **E:** incorreta. A nomeação do Advogado-Geral da União independe de aprovação pelo Senado (art. 131, § 1º, da CF).

Gabarito "C".

(Analista – CGU – 2008 – ESAF) Assinale a única opção incorreta relativa ao Ministério Público.

(A) A Constituição Federal confere explicitamente apenas ao Ministério Público a incumbência de defender o regime democrático.
(B) O Ministério Público possui a faculdade de propor ao Poder Legislativo, a criação e extinção de seus cargos e serviços auxiliares, a política remuneratória e os planos de carreira.
(C) O Procurador-Geral de Justiça do Ministério Público dos Estados e o do Distrito Federal e Territórios podem ser destituídos por deliberação da maioria absoluta do Poder Legislativo, na forma da lei complementar respectiva.
(D) O Procurador-Geral de Justiça do Ministério Público dos Estados e o do Distrito Federal e Territórios são nomeados pelo respectivo governador, que o escolhe de lista tríplice elaborada pelos integrantes da carreira.
(E) Além das previstas na Constituição, o Ministério Público pode exercer outras funções que lhe forem conferidas, desde que compatíveis com sua finalidade, mas lhe é vedada a representação judicial e a consultoria jurídica de entidades públicas.

A: correto (art. 127, *caput,* da CF); **B:** correto (art. 127, § 2º, da CF); **C:** correto (art. 128, § 4º, da CF); **D:** incorreto, pois no caso do MPDFT, a nomeação é feita pelo Presidente da República (art. 21, inciso XIII, da CF); **E:** correto (art. 129, inciso IX, da CF).

Gabarito "D".

(Analista – MPU – 2004 – ESAF) Assinale a opção correta:

(A) Por iniciativa do Conselho Superior do Ministério Público, o procurador-geral da República pode ser destituído da sua função, desde que com isso concorde a maioria dos integrantes do Senado Federal.
(B) Por votação da maioria absoluta da Câmara Legislativa do Distrito Federal, o procurador-geral do Ministério Público do Distrito Federal e Territórios pode ser destituído do seu cargo.
(C) Incumbe ao procurador-geral da República indicar os procuradores da República que atuarão como membros do Ministério Público junto ao Tribunal de Contas da União.
(D) O membro do Ministério Público que adquiriu a vitaliciedade somente pode perder o seu cargo em virtude de decisão da maioria absoluta do Conselho Superior do ramo do Ministério Público a que pertence.
(E) O procurador-geral da República tem legitimidade para apresentar diretamente à Câmara dos Deputados projeto de lei fixando novos valores de retribuição pecuniária dos membros e servidores do Ministério Público da União.

A: A iniciativa é do Presidente da República (art. 128, § 2º, da CF); **B:** A regra do art. 128, § 4º, da CF, no caso do MPDFT, deve ser interpretada em conjunto com o art. 128, I, "d", da CF, para se chegar à conclusão de que o Poder Legislativo correspondente não diz respeito à "Câmara Legislativa do DF", mas ao Congresso Nacional; **C:** O Ministério Público junto ao Tribunal de Contas da União integra a estrutura do TCU, ainda que detenha regime especial. Não há interferência ou submissão ao Procurador-Geral da República; **D:** O membro vitalício só perde o cargo por sentença judicial transitada em julgado (art. 128, § 5º, I, "a", da CF); **E:** Art. 127, § 2º, da CF.

Gabarito "E"

(Analista – MPU – 2004 – ESAF) Sobre as funções essenciais da Justiça, marque a única opção correta.

(A) A nomeação dos procuradores-gerais, nos Estados e no Distrito Federal, é feita pelos respectivos governadores, para mandato de dois anos, permitida uma recondução.

(B) É vedado ao membro do Ministério Público, em qualquer hipótese, exercer atividade político-partidária, ainda que em disponibilidade.

(C) A Constituição reconhece a total inviolabilidade dos advogados por seus atos e manifestações no exercício da profissão.

(D) Os procuradores dos Estados, nos termos da Constituição Federal, são estáveis após três anos de efetivo exercício, mediante avaliação de desempenho perante os órgãos próprios, após relatório circunstanciado elaborado por comissão especial, temporária, nomeada pela chefia da procuradoria estadual com essa finalidade específica.

(E) A Advocacia-Geral da União, diretamente ou por meio de órgão vinculado, representa judicialmente a Câmara dos Deputados.

A: Não reflete o disposto no art. 128, § 3º, da CF; **B:** O art. 128, § 5º, II, "e", da CF, não se refere à vedação ainda que em disponibilidade, como o faz na alínea "d"; **C:** A inviolabilidade condiciona-se aos limites da lei (art. 133 da CF); **D:** Não reflete o disposto no art. 132, parágrafo único, da CF; **E:** Sim, pois a Câmara dos Deputados integra o Poder Legislativo, que é representado pela Advocacia-Geral da União (como os demais poderes da República).

Gabarito "E"

(Auditor Fiscal da Receita Federal – 2002.2 – ESAF) Nas questões seguintes, assinale a opção correta.

(A) O Ministério Público tem legitimidade para defender judicialmente interesses das populações indígenas.

(B) Ao estabelecer que o Ministério Público é o titular da ação penal pública, a Constituição implicitamente proíbe, entre nós, a ação penal privada.

(C) Em função do princípio da unidade do Ministério Público, atos próprios de membro do Ministério Público Federal podem ser praticados por membro do Ministério Público estadual, no impedimento daquele.

(D) Ao Ministério Público cabe a defesa da ordem jurídica e dos interesses sociais; é-lhe vedada, porém, a defesa de interesses individuais quaisquer.

(E) Nos termos da jurisprudência pacificada, o Ministério Público pode, prescindindo de ordem judicial, determinar a quebra do sigilo bancário de pessoa sob a sua investigação.

A: correta. Art. 129, V, da CF; **B:** incorreta. O art. 129, I, da CF não exclui a possibilidade de existir ação penal privada (que, de fato, existe), apenas afirma que a ação penal *pública* só pode ser promovida pelo MP; **C:** incorreta. São princípios institucionais do Ministério Público a unidade, a indivisibilidade e a independência funcional. De acordo com Hugo Nigro Mazzilli, *unidade* significa que os membros do MP integram um só órgão, sob a direção de um só chefe. Deve ser entendido, entretanto, nos limites estabelecidos em lei, de modo que não há unidade e indivisibilidade entre membros de ministérios públicos diversos; **D:** incorreta. É assente na doutrina e na jurisprudência que o Ministério Público pode agir na defesa dos direitos individuais homogêneos (art. 81, III, da Lei 8.078/1990), ou seja, aqueles que, quando visualizados em seu conjunto, passam a representar mais que a soma dos interesses de seus titulares; **E:** incorreta. A quebra de sigilo bancário é matéria sujeita à "reserva de jurisdição", ou seja, só pode ser determinada pelo Poder Judiciário.

Gabarito "A"

14. DEFESA DO ESTADO

(Auditor Fiscal da Receita Federal – 2012 – ESAF) O Estado de Sítio e o Estado de Defesa são institutos previstos no Texto Constitucional de 1988 e adotados em situações extremas. Sobre eles é correto afirmar que:

(A) cabe ao governador do Estado, com a autorização da Assembleia Legislativa, decretar o Estado de Sítio no âmbito do Estado respectivo.

(B) as imunidades de Deputados ou Senadores subsistirão durante o estado de sítio, só podendo ser suspensas mediante o voto da maioria absoluta dos membros da Casa respectiva, nos casos de atos praticados fora do recinto do Congresso Nacional, que sejam incompatíveis com a execução da medida.

(C) a decretação de estado de defesa e o pedido de autorização para a decretação de estado de sítio são hipóteses previstas na Constituição Federal para a convocação extraordinária do Congresso Nacional pelo Presidente do Senado Federal.

(D) na vigência de Estado de Sítio, é suspenso qualquer procedimento em processo de cassação de Deputado ou Senador.

(E) o Estado de Defesa e o Estado de Sítio somente podem ser decretados após deliberação por maioria absoluta do Congresso Nacional.

A: incorreta. Os estados de defesa e de sítio são determinados exclusivamente pelo Presidente da República, ouvidos o Conselho da República e o Conselho de Defesa Nacional, após aprovação do Congresso Nacional, no segundo caso (arts. 136 e 137 da CF); **B:** incorreta. Para a suspensão das prerrogativas dos parlamentares durante o estado de sítio é necessário o voto de dois terços dos membros da Casa respectiva (art. 53, § 8º, da CF); **C:** correta, nos termos do art. 57, § 6º, I, da CF; **D:** incorreta. Não há qualquer determinação constitucional nesse sentido; **E:** incorreta. Tal limitação ocorre apenas para o estado de sítio (art. 137, parágrafo único, da CF). Em caso de estado de defesa, o Presidente da República decreta imediatamente a medida, devendo informá-la ao Congresso Nacional no prazo de 24 horas, para que resolva, por maioria absoluta, sobre sua continuidade ou suspensão (art. 136, § 4º, da CF).

Gabarito "C"

15. TRIBUTAÇÃO E ORÇAMENTO

(Procurador da Fazenda Nacional – 2007.2 – ESAF) Das formulações abaixo, assinale a que não se inclui entre os conteúdos normativos que a Constituição considera, relaciona e tipifica, na Seção II, do Capítulo I, do seu Título VI, como "Limitações do Poder de Tributar".

(A) É vedado à União, aos Estados, ao Distrito Federal e aos Municípios exigir ou aumentar tributo sem lei que o estabeleça.
(B) É vedado à União, aos Estados, ao Distrito Federal e aos Municípios instituir impostos sobre patrimônio, renda ou serviços, uns dos outros.
(C) É vedado aos Estados, ao Distrito Federal e aos Municípios estabelecer diferença tributária entre bens e serviços, de qualquer natureza, em razão de sua procedência ou destino.
(D) A lei determinará medidas para que os consumidores sejam esclarecidos acerca dos impostos que incidam sobre mercadorias e serviços.
(E) É vedado aos Estados, ao Distrito Federal e aos Municípios instituir isenções de tributos da competência da União, bem como da competência de uns e outros.

A: princípio da legalidade – art. 150, I, da CF; **B:** imunidade recíproca – art. 150, VI, *a*, da CF; **C:** vedação de distinção prevista no art. 152 da CF; **D:** art. 150, § 5º, da CF; **E:** embora a privatividade da competência tributária seja característica de nosso sistema constitucional, o art. 151, III, da CF faz referência expressa apenas à União, ao vedar as isenções heterônomas.

Gabarito "E".

(Procurador da Fazenda Nacional – 2004 – ESAF) Assinale a opção correta.

(A) Como regra geral, os impostos podem ser cobrados no mesmo exercício financeiro em que instituídos, desde que decorridos noventa dias da data em que haja sido publicada a lei que os instituiu.
(B) É vedado à União conceder incentivos fiscais que não sejam idênticos em todo o território nacional.
(C) O princípio da legalidade não tolera que imposto algum seja aumentado senão por ato normativo com força de lei.
(D) A Constituição, hoje, embora em norma programática, proíbe taxas de juros reais acima de12% ao ano.
(E) A concessão de anistia relativamente a imposto federal depende necessariamente de lei específica federal.

A: incorreta. Os impostos devem obediência tanto à anterioridade de exercício (entrando em vigor apenas no exercício seguinte ao da publicação da lei que os houver instituído ou aumentado) como à anterioridade nonagesimal (entram em vigor, no mínimo, 90 dias após a publicação da lei), conforme art. 150, III, "b" e "c", da CF; **B:** incorreta, pois a concessão de benefícios diferenciados pode ser fundamentada na promoção do equilíbrio do desenvolvimento socioeconômico entre as diferentes regiões do país (art. 151, I, da CF); **C:** incorreta, pois os impostos extrafiscais (Importação, Exportação, IPI e IOF) podem ter suas alíquotas alteradas por ato do Poder Executivo (decreto do Presidente da República), nos termos do art. 153, §1º, da CF, configurando exceção constitucional ao princípio da legalidade; **D:** incorreta. A proibição genérica de taxas de juros acima de 12% ao ano foi revogada pela Emenda Constitucional nº 40/03; **E:** correta, conforme determinado no art. 150, §6º, da CF.

Gabarito "E".

(Analista – CGU – 2012 – ESAF) Sobre o sistema tributário nacional, assinale a opção correta.

I. A previsão constitucional de repartição das receitas tributárias altera a distribuição de competência, tendo em vista que influi na privatividade do ente federativo em instituir e cobrar seus próprios tributos.
II. A vedação ao confisco é facilmente conceituada no direito pátrio, vez que há definição objetiva, expressa em nosso ordenamento jurídico, que possibilita aplicá-lo concretamente, sem a necessidade de ser estudada com o sistema socioeconômico.
III. A princípio da carência veda cobrar tributos antes de decorridos 90 dias da data em que haja sido publicada a lei que os instituiu ou aumentou, porém ele só se aplica a algumas espécies de tributos.
IV. A orientação do Supremo Tribunal Federal inclina-se na linha de que o empréstimo compulsório é identificado como uma típica modalidade tributária que se sujeita, por isso mesmo, ao regime jurídico constitucional inerente aos tributos em geral.

(A) Somente II, III e IV estão corretas.
(B) Somente I, II e III estão incorretas.
(C) Somente III e IV estão corretas.
(D) Somente I, II e IV estão incorretas.
(E) Somente II e III estão corretas.

I: incorreto, pois a competência tributária não se confunde com a repartição de receitas tributárias. A primeira compreende a capacidade de instituir e cobrar os tributos; a segunda diz respeito tão somente à partilha do produto da arrecadação. Assim, ainda que o produto de um tributo instituído e cobrado por um ente federativo seja totalmente direcionado a outro, a competência tributária do primeiro permanece inalterada; **II:** incorreto, eis que não há, nem na Constituição, nem na legislação infraconstitucional, a definição objetiva do conceito de vedação ao confisco. Todavia, de acordo com a doutrina tributarista, o princípio determina que a imposição de um determinado tributo não pode ter por consequência o desaparecimento total de um determinado bem. Vale dizer, o valor de uma exação deve ser razoável e observar a capacidade contributiva do sujeito passivo, o que implica uma análise socioeconômica; **III:** correto, sendo também chamado de princípio da anterioridade nonagesimal (art. 150, inciso III, alínea "c", da CF); **IV:** correto, por expressa disposição constitucional, que inclui o empréstimo compulsório entre as modalidades tributárias (art. 148 da CF).

Gabarito "C".

(Analista – CGU – 2012 – ESAF) O título IV da Constituição dispõe sobre a Tributação e o Orçamento do país. Sobre o tema, é correto afirmar que

(A) as emendas aos projetos de lei do Plano Plurianual, da Lei de Diretrizes Orçamentárias e da Lei Orçamentária Anual serão apresentadas na Comissão mista e serão apreciadas pelo Plenário das duas Casas do Congresso Nacional.

(B) o imposto de caráter real ou objetivo deve ser definido levando-se em conta as características reais e particulares dos contribuintes, adequando-se a sua capacidade econômica.

(C) na conceituação de tributo, pode ser verificado o caráter punitivo, pois expressamente prevê as sanções por ato ilícito. Por essa razão devemos considerar que as multas têm natureza tributária.

(D) sobre as contribuições sociais e de intervenção no domínio econômico, o texto constitucional determina que incidirão sobre as receitas decorrentes de exportação.

(E) a Lei de Diretrizes Orçamentárias compreenderá as metas e prioridades da Administração Pública Federal, exceto as despesas de capital, orientará a elaboração da Lei Orçamentária Anual, disporá sobre as alterações na legislação tributária e estabelecerá a política de aplicação das agências financeiras oficiais de fomento.

A: correto (art. 166, § 2º, da CF); **B:** incorreto, pois os impostos de caráter real ou objetivo, pelo contrário, desconsideram os aspectos pessoais do contribuinte, limitando-se a descrever um fato ou estado de fato (hipótese de incidência); **C:** incorreto, pois o próprio Código Tributário Nacional (CTN) conceitua tributo como toda prestação pecuniária compulsória, em moeda ou cujo valor nela se possa exprimir, que não constitua sanção de ato ilícito, instituída em lei e cobrada mediante atividade administrativa plenamente vinculada. Dessa forma, não há qualquer caráter punitivo em sua definição (art. 3º). Ademais, também determina o CTN que ato gerador da obrigação acessória é qualquer situação que, na forma da legislação aplicável, impõe a prática ou a abstenção de ato que não configure obrigação principal (art. 115), ou seja, as multas não possuem natureza tributária, mas sim acessória; **D:** incorreto, pois a Constituição veda expressamente que as contribuições sociais e de intervenção no domínio econômico incidam sobre as receitas decorrentes de exportação (art. 149, § 2º, inciso I; **E:** incorreto, pois as despesas de capital também fazem parta da LDO (art. 165, § 2º, da CF).

Gabarito "A".

(Analista – CGU – 2008 – ESAF) Assinale a única opção correta relativa ao Sistema Tributário Nacional.

(A) A União, os Estados, o Distrito Federal e os Municípios podem instituir impostos, taxas e contribuições de melhoria e, sempre que possível, esses tributos devem ter caráter pessoal e serem graduados segundo a capacidade econômica do contribuinte.

(B) A União, os Estados e o Distrito Federal podem instituir contribuições sociais, de intervenção no domínio econômico e de interesse das categorias profissionais ou econômicas, como instrumento de sua atuação nas respectivas áreas.

(C) Os Municípios e o Distrito Federal podem instituir contribuição para custeio dos serviços de iluminação e segurança públicas.

(D) A lei poderá atribuir a sujeito passivo de obrigação tributária a condição de responsável pelo pagamento de taxa ou contribuição de melhoria, cujo fato gerador deva ocorrer posteriormente, assegurada a imediata e preferencial restituição da quantia paga, caso não se realize o fato gerador presumido.

(E) Aos Estados, ao Distrito Federal e aos Municípios é vedado estabelecer limitações ao tráfego de pessoas ou bens, por meio de tributos interestaduais ou intermunicipais, mas a cobrança de pedágio pela utilização de vias conservadas pelo poder público é expressamente permitida, inclusive para a União.

A: incorreto, pois a preferência pelo caráter pessoal e pela aplicação do princípio da capacidade contributiva vale apenas para os impostos (art. 145, § 1º, da CF); **B:** incorreto, pois somente a União que pode instituir tal espécie tributária (art. 149 da CF); **C:** incorreto, pois a Constituição se limita a permitir a instituição de contribuição para custeio dos serviços de iluminação pública, não incluindo o de segurança pública (art. 149-A da CF); **D:** incorreto, pois a substituição tributária só é possível quando o tributo for imposto ou contribuição (art. 150, § 7º, da CF); **E:** correto (art. 150, inciso V, da CF).

Gabarito "E".

(Analista – CGU – 2008 – ESAF) Assinale a única opção correta relativa às Finanças e ao Orçamento Público.

(A) O plano plurianual estabelecerá as metas e prioridades da administração pública federal, incluindo as despesas de capital para o exercício financeiro subsequente, orientará a elaboração da lei orçamentária anual, disporá sobre as alterações na legislação tributária e estabelecerá a política de aplicação das agências financeiras oficiais de fomento.

(B) Ao Banco Central é proibido conceder, direta ou indiretamente, empréstimos ao Tesouro Nacional e a qualquer órgão ou entidade que não seja instituição financeira, mas possui a faculdade de comprar e vender títulos de emissão do Tesouro Nacional, com o objetivo de regular a oferta de moeda ou a taxa de juros.

(C) A lei orçamentária anual compreende o orçamento fiscal referente aos Poderes Executivo, Legislativo e Judiciário da União, seus fundos, órgãos e entidades da administração direta e indireta, inclusive fundações instituídas e mantidas pelo poder público, excetuado o orçamento de investimento das empresas em que a União, direta ou indiretamente, detenha a maioria do capital social com direito a voto.

(D) O orçamento da seguridade social, abrangendo todas as entidades e órgãos a ela vinculados, da administração direta ou indireta, bem como os fundos e fundações instituídos e mantidos pelo poder público, compatibilizado com o plano plurianual, também terá entre suas funções a de reduzir desigualdades inter-regionais, segundo critério populacional.

(E) A lei orçamentária anual não conterá dispositivo estranho à previsão da receita e à fixação da despesa, nem autorização para abertura de créditos suplementares e contratação de operações de crédito por antecipação de receita.

A: incorreto, pois esta é, na verdade, o objeto da lei de diretrizes orçamentárias (art. 165, § 2º, da CF0); **B:** correto (art. 164, §§ 1º e 2º); **C:** incorreto, pois a lei orçamentária anual também inclui o orçamento de investimento das empresas em que a União, direta ou indiretamente, detenha a maioria do capital social com direito a voto (art. 165, § 5º, incisos I e II); **D:** incorreto, pois a Constituição exclui expressamente do orçamento da seguridade social a finalidade mencionada no enunciado em análise (art. 165, § 7º, da CF); **E:** incorreto, pois a Constituição prescreve que a lei orçamentária anual não conterá dispositivo estranho à previsão da receita e à fixação da despesa, não se incluindo na proibição a autorização para abertura de créditos suplementares e contratação de operações de crédito, ainda que por antecipação de receita, nos termos da lei (art. 165, § 8º, da CF).

Gabarito "B"

(Fiscal de Tributos/PA – 2002 – ESAF) Assinale a opção correta.

(A) Uma vez que o produto da arrecadação do imposto de renda na fonte de servidores públicos estaduais pertence ao Estado-membro, este pode conceder isenção desse imposto aos seus servidores.

(B) O imposto de importação de produtos estrangeiros e o de propriedade territorial rural não estão sujeitos ao princípio da anterioridade.

(C) A União não pode instituir tributo que não esteja expressamente previsto e especificado na Constituição Federal.

(D) Por meio de lei complementar, a União pode conceder isenção de imposto da competência dos Estados-membros e dos Municípios.

(E) O Estado-membro pode instituir imposto sobre operações relativas a energia elétrica.

A: incorreta. Embora pertença aos Estados o produto da arrecadação do IR incidente na fonte, sobre os rendimentos pagos pelos próprios Estados, suas autarquias ou fundações (art. 157, I, da CF), a Constituição veda expressamente a isenção heterônoma (heterotópica), ou seja, aquela concedida por outro ente que não o titular da competência tributária (art. 151, III, da CF); **B:** incorreta. O imposto de importação (art. 153, I, da CF) não está sujeito ao princípio da anterioridade (art. 150, § 1º, da CF), mas o imposto sobre propriedade territorial rural (art. 153, VI, da CF) não se insere na exceção constitucional do art. 150, § 1º, da CF, que é interpretada restritivamente; **C:** incorreta. Além dos tributos expressamente previstos na Constituição, a União tem competência tributária residual (art. 154, I, da CF) e competência para instituir impostos extraordinários (art. 154, II, da CF); **D:** incorreta. A Constituição veda expressamente a isenção heterônoma (heterotópica), ou seja, aquela concedida por outro ente que não o titular da competência tributária (art. 151, III, da CF); **E:** correta. O art. 155, § 3º, da CF expressamente ressalva a incidência de ICMS, tributo de competência estadual (art. 155, II, da CF), sobre o consumo de energia elétrica.

Gabarito "E"

(Auditor Fiscal/Teresina-PI – 2001 – ESAF) Assinale a opção correta.

(A) Nenhum tributo da competência tributária dos Estados-membros está dispensado da observância do princípio da anterioridade.

(B) O Estado-membro está autorizado, constitucionalmente, a instituir tributos não previstos na Constituição, desde que não sejam coincidentes com tributos da União ou dos Municípios.

(C) Todo o produto da arrecadação do imposto sobre produtos industrializados deve ser entregue aos Estados-membros e Municípios, segundo critérios de divisão estabelecidos em lei complementar federal.

(D) O produto da arrecadação dos impostos estaduais pertencem exclusivamente ao Estado membro.

(E) É constitucionalmente proibida a apresentação de emenda parlamentar a projeto de lei orçamentária encaminhada ao Poder Legislativo pelo chefe do Poder Executivo.

A: correta. O princípio da anterioridade refere-se à impossibilidade de cobrança do tributo no mesmo exercício em que foi publicada a lei que o instituiu ou majorou (art. 150, III, "b", da CF). Conforme expressa previsão no art. 150, § 3º, da CF, estão dispensados da observância à anterioridade apenas os tributos listados nos arts. 148, I; 153, I, II, IV e V; e 154, II, todos da CF, que não são de competência tributária estadual; **B:** incorreta. A competência tributária residual (art. 154, I, da CF) e a competência para instituir impostos extraordinários (art. 154, II, da CF) é da União. Os Estados só podem cobrar os tributos já previstos pela Constituição Federal; **C:** incorreta. Não reflete o disposto no art. 159, I, da CF, que partilha 48% do produto da arrecadação do IPI; **D:** incorreta. Pertencem aos Municípios 50% do produto da arrecadação do IPVA (art. 158, III, da CF) e 25% do produto da arrecadação do ICMS (art. 158, IV, da CF); **E:** incorreta. O art. 63, I, da CF, ressalva as hipóteses previstas no art. 166, §§ 3º e 4º, da CF.

Gabarito "A"

(Agente Tributário Estadual/MS – 2001 – ESAF) Assinale a opção correta.

(A) A União não pode instituir impostos sobre o patrimônio, a renda ou os serviços de um Estado-Membro, nem pode tributar o patrimônio ou a renda de autarquia estadual ou de qualquer empresa pública estadual que explore atividade econômica.

(B) A União pode conceder isenção de impostos estaduais e municipais sempre que isso for relevante para a consecução de planos governamentais de desenvolvimento nacional.

(C) De acordo com a jurisprudência pacífica do STF, medida provisória é instrumento apto para majorar impostos, atendendo ao requisito do princípio da legalidade.

(D) Para atender a situações de crise financeira, a Constituição expressamente admite que o Estado-Membro estabeleça diferenças tributárias entre bens e serviços, visando à proteção do nível de atividades econômicas no âmbito do seu território.

(E) Conforme disposto na Constituição Federal, por meio de lei complementar, o Estado-Membro poderá instituir impostos que não tenham sido previstos expressa e especificamente pelo constituinte, desde que não tenham fato gerador coincidente com imposto da União ou dos Municípios.

A: incorreta. A Constituição estende a imunidade recíproca prevista no art. 150, VI, "a", da CF, apenas às autarquias e fundações públicas (art. 150, § 2º, da CF). As empresas públicas e as sociedades de economia mista não são beneficiadas pela imunidade recíproca prevista no art. 150, VI, *a*, da CF (art. 150, § 3º, da CF), embora o STF tenha reconhecido exceções em favor dos Correios e da Infraero;

B: incorreta. O art. 151, III, da CF veda expressamente a isenção heterônoma (heterotópica), ou seja, aquela concedida por outro ente que não o titular da competência tributária; **C:** correta. Medida provisória que implique instituição ou majoração de impostos, exceto os previstos nos arts. 153, I, II, IV, V, e 154, II, só produzirá efeitos no exercício financeiro seguinte se houver sido convertida em lei até o último dia daquele em que foi editada (art. 62, § 2º, da CF); **D:** incorreta. Há expressa vedação nesse sentido no art. 152 da CF; **E:** incorreta. A competência tributária residual (art. 154, I, da CF) e a competência para instituir impostos extraordinários (art. 154, II, da CF) é da União. Os Estados só podem cobrar os tributos já instituídos pela Constituição Federal.

Gabarito "C".

(Agente Tributário Estadual/MS – 2001 – ESAF) Assinale o imposto que a Constituição Federal não sujeita ao princípio da anterioridade.

(A) Imposto sobre transmissão causa mortis de bens e direitos.
(B) Imposto sobre produtos industrializados.
(C) Imposto sobre transmissão inter vivos, por ato oneroso, de bens imóveis.
(D) Imposto sobre grandes fortunas.
(E) Imposto sobre propriedade de veículos automotores.

O princípio da anterioridade refere-se à impossibilidade de cobrança do tributo no mesmo exercício em que foi publicada a lei que o instituiu ou majorou (art. 150, III, "b", da CF). Conforme expressa previsão no art. 150, § 3º, da CF, estão dispensados da observância ao princípio da anterioridade apenas os tributos listados nos arts. 148, I; 153, I, II, IV e V; e 154, II, todos da CF, aí incluídos o imposto de importação (II), o imposto de exportação (IE), o imposto sobre produtos industrializados (IPI) e o imposto sobre operações de crédito, câmbio e seguro, ou relativos a títulos ou valores mobiliários (IOF).

Gabarito "B".

(Auditor do Tesouro Municipal/Natal-RN – 2001 – ESAF) Assinale a opção correta.

(A) O imposto de renda é tributo da competência da União e o produto da sua arrecadação a ela pertence integralmente.
(B) A arrecadação do imposto sobre propriedade de automóveis pertence ao Município em cujo território eles houverem sido licenciados.
(C) O Município não recebe parcela alguma da arrecadação do imposto sobre produtos industrializados.
(D) Recursos originados de arrecadação de impostos do Estado-membro, que a Constituição afirma pertencerem aos Municípios, podem ter a sua entrega condicionada ao pagamento de débito do Município para com o Estado-membro.
(E) O Município não tem direito a receber nenhuma parcela do produto da arrecadação do imposto sobre operações relativas à circulação de mercadorias e sobre prestações de serviços de transporte interestadual e intermunicipal e de comunicação.

A: incorreta. Não reflete o disposto nos arts. 157, I, e 158, I, da CF, que destina aos Estados, ao DF e aos Municípios o produto da arrecadação do IR incidente na fonte, sobre rendimentos por eles pagos, a qualquer título. Além disso, da parcela do IR destinada à União, quarenta e oito por cento é dividida na forma do art. 159, I, da CF; **B:** incorreta. O IPVA é tributo de competência estadual, não municipal (art. 155, III, da CF). Entretanto, pertence ao Município cinquenta por cento do produto da arrecadação do IPVA dos veículos licenciados em seu território (art. 158, III, da CF); **C:** correta. A União deverá entregar parcela da arrecadação do IPI ao Fundo de Participação dos Municípios (art. 159, I, "b" e "d", da CF); **D:** incorreta. Art. 160, parágrafo único, I, da CF; **E:** incorreta. Não reflete o disposto no art. 158, IV, da CF.

Gabarito "C".

(Auditor Fiscal/Teresina-PI – 2001 – ESAF) Um Município não pode cobrar o IPTU de um imóvel da União localizado no seu território, em face do princípio constitucional da:

(A) Não regressibilidade.
(B) Imunidade tributária recíproca.
(C) Capacidade contributiva.
(D) Não cumulatividade.
(E) Impessoalidade.

A: incorreta. A regra é a progressividade dos impostos pessoais, conforme art. 145, § 1º, da CF; **B:** correta. A imunidade tributária recíproca está prevista no art. 150, VI, "a", da CF e diz respeito à impossibilidade de um ente político cobrar imposto sobre renda, patrimônio ou serviços de outro, em decorrência do princípio federativo; **C:** incorreta. A capacidade contributiva (art. 145, § 1º, da CF) decorre do princípio da isonomia e destina-se ao legislador que deverá, ao instituir determinado tributo, apreciar a capacidade econômica do contribuinte, ou seja, os sinais representativos de riqueza (renda, patrimônio, atividades econômicas, consumo etc.) para que os que têm mais contribuam mais para a manutenção do Estado; **D:** incorreta. A não cumulatividade é técnica pela qual a tributação é dividida entre os diversos agentes da cadeia de produção e consumo das mercadorias, sem que haja aumento do tributo "em cascata" (que ocorre no caso de tributos cumulativos). Não há que se falar em "não cumulatividade" para o IPTU, mas para o ICMS e IPI, que são tributos plurifásicos; incorreta. **E:** A impessoalidade é princípio da Administração Pública (art. 37 da CF), tem dupla acepção no direito brasileiro: a primeira relaciona-se à finalidade pública e impede o favorecimento e a prática de atos em benefício próprio ou de terceiros (corolário do princípio da igualdade). A segunda indica que os atos administrativos não devem ser imputados ao agente que os praticou, mas ao órgão ou entidade administrativa a que está vinculado, o que impede, por exemplo, a propaganda pessoal por intermédio de ações públicas (art. 37, § 1º, da CF).

Gabarito "B".

16. ORDEM ECONÔMICA E FINANCEIRA

(Procurador da Fazenda Nacional – 2007.2 – ESAF) Assinale a opção incorreta.

(A) "A propriedade atenderá a sua função social" (art. 5º, XXIII, da C. F.).
(B) "A ordem econômica, fundada na valorização do trabalho humano e na livre iniciativa, tem por fim assegurar a todos existência digna, conforme os ditames da justiça social, observados os seguintes princípios: ... III – função social da propriedade" (art. 170, III, da C.F.).
(C) "A propriedade urbana cumpre sua função social quando atende às exigências fundamentais de ordenação da cidade expressas no plano diretor" (art. 182, §2º, da C.F.).

(D) As opções constantes das letras "a", "b" e "c" desta questão contêm transcrições de normas constitucionais, que dão destaque ao regime constitucional da propriedade, o qual estabelece a dimensão prevalecente do valor "função social da propriedade" sobre um conceito privatista de propriedade como sendo direito real de cunho, puramente, patrimonial e, portanto, somente econômico.

(E) A letra "d" desta questão está errada.

As assertivas em A, B e C reproduzem as disposições constitucionais indicadas, nos termos da assertiva em D. A assertiva em E é, portanto, incorreta.

Gabarito "E".

(Analista – CGU – 2012 – ESAF) A respeito da Ordem Econômica e Financeira, é correto afirmar que:

(A) embora capitalista, não é possível afirmar que a ordem econômica prioriza os valores do trabalho humano sobre todos os demais valores da economia de mercado.

(B) exceto sob o regime de permissão, são autorizadas a produção, comercialização e utilização de radioisótopos de meia-vida igual ou inferior a 10 horas.

(C) além da remessa de lucro, que inclui a transferência de rendimento e de juros para o estrangeiro, também tem sua importância a transferência de capital. Só esta está prevista na Constituição, mas aquela tem sua importância porque implica retirada de recursos da economia nacional, quer quando se dá o retorno de capital das empresas, quer pelas amortizações de empréstimos e pagamento de juros da dívida externa.

(D) o Supremo Tribunal Federal, a respeito do usucapião constitucional, já decidiu que, na contagem dos 5 anos, será considerado o tempo de posse anterior à promulgação da Constituição da República de 1988.

(E) a Constituição condena o capitalismo monopolista, não como um dos princípios da ordem econômica, mas como um fator de intervenção do Estado na economia, em favor da economia de livre mercado.

A: incorreto, pois a Constituição expressamente determina que a ordem econômica é fundada na valorização do trabalho humano e tem por fim assegurar a todos uma existência digna, conforme os ditames da justiça social (art. 170, caput, da CF). Ademais, a dignidade da pessoa humana é fundamento do próprio Estado brasileiro (art. 1º, inciso III, da CF). Desta forma, embora se consagre uma economia de mercado, priorizam-se os valores do trabalho humano; **B:** incorreto, é autorizada, sob regime de permissão, a produção, comercialização e utilização de radioisótopos de meia-vida igual ou inferior a duas horas (art. 21, inciso XXIII, alínea "c", da CF); **C:** incorreto, pois a remessa de lucros também está prevista na Constituição, que determina que a lei disciplinará, com base no interesse nacional, os investimentos de capital estrangeiro, incentivará os reinvestimentos e regulará a remessa de lucros (art. 172); **D:** incorreto, pois entendeu o STF que a posse anterior à entrada em vigor da Constituição não se inclui no prazo da usucapião (RE 206.659, DJ 06/02/98); **E:** correto, pois, embora somente haverá regimes de monopólio nos casos expressamente previstos na Constituição e sob a titularidade da União (art. 177). Por outro lado, a Constituição determina que a exploração direta de atividade econômica pelo Estado só será permitida quando necessária aos imperativos da segurança nacional ou a relevante interesse coletivo, conforme definidos em lei (art. 173).

Gabarito "E".

(Analista – Ministério da Int. Nacional – 2012 – ESAF) Sobre a disciplina constitucional referida aos aspectos financeiros do gerenciamento pelo Poder Público de riscos e desastres naturais e sociais, é correto afirmar que

(A) a União, mediante a edição pelo Presidente da República de medida provisória, poderá instituir empréstimos compulsórios para atender a despesas extraordinárias decorrentes de calamidade pública.

(B) é admitida a abertura de crédito orçamentário extraordinário para atender a despesas previsíveis, cujo emprego financeiro deve ser urgente quando necessário, referidas ao gerenciamento de riscos e desastres.

(C) a edição pelo Presidente da República de medida provisória é o meio legislativo mais adequado à abertura de crédito orçamentário extraordinário para atender a despesas imprevisíveis e urgentes decorrentes de calamidade pública.

(D) a União poderá instituir empréstimos compulsórios, de natureza tributária, para atender a despesas ordinárias decorrentes da mobilização administrativa permanente referida ao gerenciamento de riscos e desastres.

(E) os créditos orçamentários adicionais são o instrumento financeiro-público adequado ao suprimento de despesas previsíveis ou imprevisíveis referidas ao gerenciamento de riscos e desastres.

A: incorreto, pois a instituição de empréstimo compulsório depende de lei complementar (art. 148 da CF); **B:** incorreto, pois somente as despesas imprevisíveis permitem a abertura de crédito orçamentário extraordinário (art. 167, § 3º, da CF); **C:** correto, pois os créditos orçamentários extraordinários estão ligados a despesas imprevisíveis e urgentes, como as decorrentes de guerra, comoção interna ou calamidade pública, situações que se amoldam aos pressupostos da relevância e urgência, necessários para instituição de medidas provisórias; **D:** incorreto, pois o empréstimo compulsório é cabível apenas para despesas extraordinárias (art. 148, inciso I, da CF); **E:** incorreto, pois o instrumento mais adequado, nesses casos, é o crédito orçamentário extraordinário (art. 167, § 3º, da CF).

Gabarito "C".

(Auditor Fiscal da Receita Federal – 2010 – ESAF) Marque a opção correta, nos termos do disposto na Constituição Federal de 1988.

(A) A ordem econômica e financeira rege-se, entre outros, pelo princípio da função econômica da propriedade.

(B) A lei disciplinará, com base no interesse social, os investimentos de capital estrangeiro, incentivando os reinvestimentos.

(C) O Sistema Financeiro Nacional abrange as cooperativas de crédito.

(D) A União poderá contratar somente com empresas estatais a refinação do petróleo nacional.

(E) A seguridade social será financiada pela União e pelo plano gestor dos Estados e Municípios.

A: incorreta. Rege-se pela função *social* da propriedade (art. 170, III, da CF); **B:** incorreta. Com base no interesse *nacional* (art. 172 da CF); **C:** correta. Art. 192 da CF; **D:** incorreta. O art. 177, II, da CF estabelece monopólio da União sobre a refinação do petróleo nacional e estrangeiro; **E:** incorreta. A seguridade social será financiada por toda a sociedade, de forma direta e indireta, nos termos da lei, mediante recursos provenientes dos orçamentos da União, dos Estados, do Distrito Federal e dos Municípios e das contribuições sociais previstas no art. 195 da CF.

Gabarito "C"

(Agente Tributário Estadual/MS – 2001 – ESAF) Assinale a opção correta.

(A) A Constituição expressamente veda a participação de capital estrangeiro em instituição financeira no Brasil.

(B) A concessão pelo Poder Público da prestação de um serviço público prescinde de licitação.

(C) Nos termos expressos da Constituição, a exploração direta da atividade econômica está, em princípio, livremente franqueada tanto à iniciativa privada como ao Estado; com relação a este, porém, a lei pode proibir a exploração direta da atividade econômica, em nome do interesse público.

(D) Embora seja assegurado a todos o livre exercício de qualquer atividade econômica, a lei pode vir a exigir a autorização de órgãos públicos para as atividades econômicas que especificar.

(E) Lei estadual pode eximir as empresas públicas e sociedades de economia mista estaduais que exploram atividade econômica do cumprimento de obrigações trabalhistas e comerciais próprias das empresas privadas.

A: incorreta. Não reflete o disposto no art. 192 da CF; **B:** incorreta. Não reflete o disposto no art. 175 da CF; **C:** incorreta. Não reflete o disposto no art. 173 da CF; **D:** correta. Art. 170, parágrafo único, da CF; **E:** incorreta. Violaria o art. 173, § 1º, II, da CF, aplicável aos estados por simetria.

Gabarito "D"

17. ORDEM SOCIAL

(Advogado – IRB – 2006 – ESAF) Sobre ordem social, seguridade social, meio ambiente, ordem econômica e financeira, atividade econômica do Estado, princípios das atividades econômicas, propriedades da ordem econômica, sistema financeiro nacional e disposições constitucionais transitórias, assinale a única opção correta.

(A) Dentro da disciplina constitucional de proteção do meio ambiente, as usinas estaduais que operem com reator nuclear, desde que de acordo com o Plano Nacional de Proteção Ambiental, poderão ter sua localização definida em lei estadual.

(B) Em caráter excepcional, presentes as condições definidas no texto constitucional, os benefícios da seguridade social relativos aos idosos poderão ser majorados, sem a correspondente fonte de custeio total.

(C) O produtor que exerça sua atividade em regime de economia familiar, sem empregados permanentes, contribuirá para a seguridade social mediante a aplicação de uma alíquota sobre o resultado da comercialização da produção.

(D) Em razão de alteração do texto original da Constituição Federal de 1988, o aproveitamento do potencial de energia renovável de capacidade reduzida, por particular, dependerá de autorização expressa da União.

(E) Nos termos da Constituição Federal, a contribuição provisória sobre movimentação ou transmissão de valores e de créditos e direitos de natureza financeira incide nos lançamentos das companhias securitizadoras.

A: incorreto, pois a CF determina que as usinas que operem com reator nuclear deverão ter sua localização definida em lei federal (art. 225, § 6º, da CF) e que tal atividade é de competência exclusiva da União (art. 21, inciso XXIII, da CF); **B:** incorreto, pois nenhum benefício ou serviço da seguridade social poderá ser criado, majorado ou estendido sem a correspondente fonte de custeio total, não havendo qualquer exceção (art. 195, § 5º, da CF); **C:** correto (art. 195, § 8º, da CF); **D:** incorreto, pois tal atividade independe de autorização ou concessão (art. 176, § 4º, da CF); **E:** incorreto, pois a contribuição provisória deixou de incidir sobre tal atividade desde a Emenda Constitucional nº 37/02 (art. 85, inciso I, alínea "b", do ADCT).

Gabarito "C"

(Analista – MDICE – 2012 – ESAF) Nos termos da atual redação da Constituição, são objetivos estabelecidos para a organização da seguridade social, <u>exceto</u>:

(A) seletividade e distributividade na prestação dos benefícios e serviços.

(B) distinção dos benefícios e serviços às populações urbanas e rurais, conforme suas peculiaridades.

(C) equidade na forma de participação no custeio.

(D) irredutibilidade do valor dos benefícios.

(E) diversidade da base de financiamento.

A: correto (art. 194, parágrafo único, inciso III); **B:** incorreto, pois a Constituição prescreve como objetivo a uniformidade e equivalência dos benefícios e serviços às populações urbanas e rurais (art. 194, parágrafo único, inciso II); **C:** correto (art. 194, parágrafo único, inciso V); **D:** (art. 194, parágrafo único, inciso IV); **E:** (art. 194, parágrafo único, inciso VI).

Gabarito "B"

(Analista – MDICE – 2012 – ESAF) A Constituição, em seu Título VIII, tratou da ordem social, um assunto de muita relevância para o país. Sobre esse assunto, é correto afirmar que

(A) o art. 195 e seus incisos da Constituição, ao disporem sobre o custeio da seguridade social, passaram a prever contribuição a cargo dos aposentados e pensionistas, sendo vedado aos Estados-membros ou Municípios editarem disciplina em contrário.

(B) a assistência social será prestada a quem dela necessitar, mediante contribuição, pois apresenta natureza de seguro social, sendo ainda realizada mediante recursos do orçamento da seguridade social, previsto no art. 195 da Constituição, além de outras fontes.

(C) entre as diretrizes constitucionais afetas à saúde, temos a possibilidade da destinação de recursos públicos para auxílio ou subvenção às instituições privadas com fins lucrativos, desde que, quando preciso, prestem atendimento público.

(D) são de relevância pública as ações e serviços de saúde, cabendo ao Poder Público dispor, nos termos da lei complementar, sobre sua regulamentação, fiscalização e controle, devendo sua execução ser feita diretamente ou através de terceiros e, também, por pessoa física ou jurídica de direito privado.

(E) veda-se a filiação ao regime geral de previdência social, na qualidade de segurado facultativo, de pessoa participante de regime próprio de previdência.

A: incorreto, pois não há previsão de custeio no Regime Geral de Previdência Social a cargo dos aposentados e pensionistas. Todavia, vale ressaltar em se tratando de Regime Próprio de Previdência Social, aplicado aos servidores públicos da União, Estados, Distrito Federal e Municípios, a Constituição determina a contribuição dos servidores aposentados e dos respectivos pensionistas (art. 40, § 18, da CF). **B:** incorreta pois a assistência social é um serviço seletivo, não contributivo, na medida em que é prestada aos necessitados, sem que seja preciso qualquer contribuição; **C:** incorreta, pois a Constituição expressamente determina que é vedada a destinação de recursos públicos para auxílios ou subvenções às instituições privadas com fins lucrativos (art. 199, §2º); **D:** incorreto, pois se prescinde de lei complementar (art. 197 da CF); **E:** correta, pois a Constituição expressamente determina que é vedada a filiação ao regime geral de previdência social, na qualidade de segurado facultativo, de pessoa participante de regime próprio de previdência (art. 201, § 5º).

Gabarito "E"

(Auditor Fiscal do Trabalho – 2010 – ESAF) A saúde integra o tópico da Constituição Federal que trata da Ordem Social. A saúde é um direito de todos e dever do Estado. As ações e serviços públicos de saúde integram uma rede regionalizada e hierarquizada e constituem um sistema único. Sobre a saúde, é correto afirmar que

(A) lei federal disporá sobre o regime jurídico e a regulamentação das atividades de agente comunitário de saúde e agente de combate às endemias, vedada a previsão de piso salarial nacional.

(B) o regime jurídico e a regulamentação das atividades de agente comunitário de saúde e agente de combate às endemias são previstos na Constituição. Tais regimes e regulamentações são suficientes para garantir as prerrogativas das duas classes, por tratar-se de um comando normativo constitucional autoaplicável.

(C) lei federal disporá sobre o regime jurídico, o piso salarial profissional nacional, as diretrizes para os Planos de Carreira e a regulamentação das atividades de agente comunitário de saúde e agente de combate às endemias, competindo à União, nos termos da lei, prestar assistência financeira complementar aos Estados, ao Distrito Federal e aos Municípios, para o cumprimento do referido piso salarial.

(D) lei complementar disporá sobre o regime jurídico e a regulamentação das atividades de agente comunitário de saúde e agente de combate às endemias, vedada a previsão de piso salarial nacional.

(E) os gestores locais do sistema único de saúde poderão admitir agentes comunitários de saúde e agentes de combate às endemias sem processo seletivo público, nas condições previstas na Constituição Federal, avaliando-se as circunstâncias, de acordo com a natureza e complexidade de suas atribuições e requisitos específicos para sua atuação.

Art. 198, § 5º, da CF, que remete a regulamentação da matéria à lei federal, tratando-se, por isso, de norma de eficácia limitada.

Gabarito "C"

(Auditor Fiscal do Trabalho – 2010 – ESAF) A Seguridade Social, nos termos da Constituição, compreende um conjunto integrado de ações de iniciativa dos Poderes Públicos e da sociedade destinadas a assegurar os direitos relativos à saúde, à previdência e à assistência social. A Constituição Federal estabelece objetivos da seguridade social, que a doutrina constitucionalista de José Afonso da Silva tem preferido chamar de princípios. Sobre tais objetivos, é correto afirmar que

(A) a doutrina subdivide a universalidade em objetiva, significando que o atendimento deve abranger pessoas de todo o país, no âmbito urbano ou rural, e subjetiva, significando que a abrangência deve abarcar os riscos sociais e a prevenção do surgimento da necessidade protetora em qualquer circunstância.

(B) a distributividade não é uma consequência da seletividade, na medida em que não se dá mais a quem mais necessite. A distributividade deve ocorrer de maneira uniforme.

(C) a equidade, na forma de participação, significa que cada fonte de financiamento há de contribuir com valores iguais.

(D) segundo a doutrina, a descentralização da Administração é concebida pelo ordenamento jurídico federal como um princípio fundamental da atividade da Administração e deve efetivar-se em três planos: a) dentro da própria Administração, distinguindo-se os níveis de direção e os de execução; b) da Administração Central, para as unidades federadas, mediante agências, delegacias e repartições distribuídas no território nacional, tanto quanto possível perto dos usuários da Seguridade Social; c) da Administração Federal, para a órbita privada, mediante contrato ou concessão.

(E) o financiamento vem de diversas fontes. Ao contrário do que muitos pensam, tal financiamento pode ser concebido no sentido próprio da palavra, na medida que o retorno ocorre com juros, não se constituindo, portanto, como uma subvenção.

A: incorreta. De acordo com Carlos Alberto Pereira de Castro e João Batista Lazzari, "por universalidade da cobertura entende-se que a proteção social deve alcançar todos os eventos cuja reparação seja premente, a fim de manter a subsistência de quem dela necessite (objetiva). A universalidade do atendimento significa, por seu turno, a entrega das ações, prestações e serviços de seguridade social a todos que necessitem, tanto em termos de previdência social – obedecido o princípio contributivo – como no caso da saúde e da assistência social (subjetiva)"; **B:** incorreta. Estão intimamente ligados, já que a seletividade pressupõe que os benefícios devem ser concedidos a quem deles efetivamente necessite, e a distributividade veicula a norma de distribuição de renda. Ou seja, ao se deferir benefício a um segurado necessitado, distribui-se renda; **C:** incorreta. A equidade na forma de participação do custeio decorre do princípio da igualdade, sendo certo que se deve tratar os desiguais na medida em que se desigualam. Assim, não há participação igual entre necessitados e empregadores, devendo-se observar a capacidade contributiva; **D:** correta. Sim e deve-se diferenciar, ainda, a descentralização da desconcentração administrativa. A descentralização pressupõe a existência de pessoas jurídicas diversas, enquanto que na desconcentração a divisão de competências ocorre dentro da mesma pessoa jurídica, mantendo-se a hierarquia; **E:** incorreta. Conforme observação de Sérgio Pinto Martins, o princípio deveria ser conhecido como diversidade de fontes de custeio (e não de financiamento), já que o objetivo não é financiar com juros e correção monetária as prestações do sistema, mas sim custeá-las.

Gabarito "D"

(Analista – MPU – 2004 – ESAF) Sobre a ordem social, marque a única opção correta.

(A) As contribuições sociais destinadas ao custeio da seguridade social serão exigíveis noventa dias após a data da promulgação da lei que as houver instituído ou modificado ou no primeiro dia do exercício financeiro seguinte, quando a lei for promulgada a menos de noventa dias do fim do exercício financeiro.

(B) A entidade familiar, nos termos da Constituição Federal, pode ser a união estável entre homem e mulher ou a comunidade formada por qualquer dos pais e seus descendentes.

(C) O valor da gratificação natalina dos aposentados e pensionistas do regime geral de previdência social corresponderá à média dos proventos ou pensões recebidos ao longo do ano ou ao valor do provento ou pensão recebido no mês de dezembro de cada ano, prevalecendo o valor mais favorável.

(D) A assistência social será prestada a quem dela precisar, independentemente de contribuição à seguridade social, sendo facultado aos Estados vincular um percentual, definido na Constituição Federal, de sua receita tributária líquida para o pagamento de despesas com pessoal contratado para a realização de programas de apoio à inclusão e promoção social.

(E) No caso de uma instituição privada de saúde, com fins lucrativos, assinar com o poder público um contrato de direito público ou convênio para participar de forma complementar do sistema único de saúde, poderão ser destinados a essa instituição recursos públicos para auxílios ou subvenções.

A: Não reflete o disposto no art. 195, § 6º, da CF; **B:** Art. 226, §§ 3º e 4º, da CF; **C:** Não reflete o disposto no art. 201, § 6º, da CF; **D:** A primeira parte está correta (art. 203, *caput*, da CF), mas a segunda não corresponde ao texto do art. 204, parágrafo único, I, da CF; **E:** Não reflete o disposto no art. 199, §§ 1º e 2º, da CF.

Gabarito "B"

(Auditor Fiscal da Receita Federal – 2005 – ESAF) Sobre a previdência social, na Constituição de 1988, marque a única opção correta.

(A) A Constituição Federal, ao disciplinar o sistema especial de inclusão previdenciária para atender a trabalhadores de baixa renda, autoriza que esse sistema tenha alíquotas inferiores às vigentes para os demais segurados do regime geral de previdência social, mas veda a fixação de prazos de carência inferiores.

(B) As condições contratuais previstas nos estatutos das entidades de previdência privada integram o contrato de trabalho dos participantes.

(C) Desde que haja expressa previsão legal, o aporte de recursos pela União a entidade de previdência privada de suas empresas públicas, feito na condição de patrocinadora, sob a forma de contribuição normal, pode corresponder até ao dobro da contribuição do segurado.

(D) A Constituição Federal embora permita, para fins de aposentadoria, a contagem recíproca do tempo de contribuição na administração pública e na atividade privada, veda a aplicação desse instituto em relação à atividade privada rural, pela impossibilidade, nesse caso, de compensação financeira dos diferentes regimes de previdência social.

(E) A lei complementar que disciplinar a relação entre a União, Estados, Distrito Federal ou Municípios, incluídas as suas autarquias, fundações, sociedades de economia mista, e suas respectivas entidades fechadas de previdência privada, aplicar-se-á às empresas privadas concessionárias de prestação de serviço público, quando patrocinadoras de entidades fechadas de previdência privada.

A: incorreta. Não reflete o disposto no art. 201, §§ 12 e 13, da CF (alíquotas e carências inferiores); **B:** incorreta. Não reflete o disposto no art. 202, § 2º, da CF; **C:** incorreta. Não reflete o disposto no art. 202, § 3º, da CF; **D:** incorreta. Não reflete o disposto no art. 201, § 9º, da CF; **E:** correta. Art. 202, §§ 4º e 5º, da CF.

Gabarito "E"

(Auditor Fiscal da Receita Federal – 2005 – ESAF) Sobre a seguridade social, na Constituição de 1988, marque a única opção correta.

(A) A seguridade social será financiada com recursos, entre outros, provenientes de contribuições do trabalhador e demais segurados da previdência social, incidentes, inclusive, sobre aposentadorias e pensões concedidas pelo regime geral de previdência social.

(B) Nenhum benefício da seguridade social poderá ser criado ou majorado sem a correspondente fonte de custeio total, salvo os de caráter emergencial para atendimento de calamidade pública.

(C) O pescador artesanal que exerça a sua atividade em regime de economia familiar, ainda que possua até três empregados permanentes, contribuirá para a seguridade social mediante aplicação de uma alíquota sobre o resultado da comercialização da produção.

(D) A contribuição para financiamento da seguridade social paga pela empresa poderá ter alíquota diferenciada em razão da utilização intensiva da mão de obra.

(E) É vedada, pela Constituição Federal, a transferência de recursos para o Sistema Único de Saúde e ações de assistência social da União para os estados.

A: incorreta. Não reflete o disposto no art. 195 da CF; **B:** incorreta. O art. 195, § 5º, da CF não prevê exceções; **C:** incorreta. Não reflete o disposto no art. 195, § 8º, da CF; **D:** correta. Art. 195, § 9º, da CF; **E:** incorreta. Não reflete o disposto no art. 195, § 10, da CF.

Gabarito "D"

(Auditor Fiscal da Receita Federal – 2005 – ESAF) Sobre a saúde, na Constituição de 1988, marque a única opção correta.

(A) As diretrizes constitucionais para organização do Sistema Único de Saúde permitem, em cada esfera de governo, a descentralização da direção e das ações e serviços públicos de saúde.

(B) A Constituição Federal não impõe condições para a participação indireta de empresas estrangeiras na assistência à saúde no Brasil; no entanto, com relação à participação direta, ela só poderá ocorrer nos casos previstos em lei.

(C) A participação de instituições privadas no Sistema Único de Saúde dar-se-á de forma complementar, mediante contrato de direito público ou convênio, dando-se preferência às entidades filantrópicas ou as sem fins lucrativos.

(D) O Sistema Único de Saúde pode controlar e fiscalizar produtos de interesse à saúde, mas não pode participar da produção de medicamentos.

(E) A atribuição do Sistema Único de Saúde na colaboração à proteção do meio ambiente, restringe-se ao meio ambiente do trabalho.

A: incorreta.Não reflete o disposto no art. 198, I, da CF; **B:** incorreta. Não reflete o disposto no art. 199, § 3º, da CF; **C:** correta. Art. 199, § 1º, da CF; **D:** incorreta. Não reflete o disposto no art. 200, I, da CF; **E:** incorreta. Não reflete o disposto no art. 200, VIII, da CF.

Gabarito "C"

(Auditor Fiscal da Receita Federal – 2005 – ESAF) Sobre a previdência social, na Constituição de 1988, marque a única opção correta.

(A) Os ganhos habituais do empregado, a qualquer título, serão incorporados ao salário para efeito de contribuição previdenciária.

(B) É vedada a filiação ao regime geral de previdência social de pessoa participante de regime próprio de previdência.

(C) A gratificação natalina dos aposentados e pensionistas tem por base o valor dos proventos do mês de novembro de cada ano.

(D) A idade mínima exigida do produtor rural em regime de economia familiar, para fins, nos termos da lei, de aposentadoria pelo regime geral de previdência social, é de sessenta e cinco anos, desde que ele tenha trinta e cinco anos de contribuição.

(E) O regime geral de previdência social não atende a cobertura do evento idade avançada, a qual se insere dentro das ações da assistência social.

A: correta. Art. 201, § 11, da CF; **B:** incorreta. Não reflete o disposto no art. 201, § 5º, que só veda a filiação ao RGPS na qualidade de segurado facultativo; **C:** incorreta. Não reflete o disposto no art. 201, § 6º, da CF (mês de dezembro); **D:** incorreta. Não reflete o disposto no art. 201, § 7º, II, da CF; **E:** incorreta. Não reflete o disposto no art. 201, I, da CF.

Gabarito "A"

(Auditor Fiscal da Previdência Social – 2002 – ESAF) Assinale a opção correta.

(A) Benefícios assistenciais são pagos a quem deles necessitar, desde que a pessoa beneficiada desempenhe atividade que a torne filiada obrigatória da Previdência Social.

(B) Nos termos literais da Constituição Federal, a Previdência Social está compelida a assegurar proteção ao trabalhador em situação de desemprego voluntário ou involuntário.

(C) Nos termos da Constituição Federal, a pensão por morte de segurado da Previdência Social somente é devida à mulher. O homem, viúvo de segurada, não faz jus ao benefício.

(D) Pessoa que participa de regime próprio de previdência não pode filiar-se, como segurado facultativo, ao regime geral da previdência. 187

(E) A interpretação correta da Constituição Federal conduz à conclusão de que todos os benefícios previdenciários, para manterem o seu valor real, devem ser atualizados nos mesmos índices e na mesma data em que reajustado o salário mínimo.

A: incorreta. Não reflete o disposto no art. 203 da CF; **B:** incorreta. Não reflete o disposto no art. 201, III, da CF; **C:** incorreta. Não reflete o disposto no art. 201, V, da CF; **D:** correta. Art. 201, § 5º, da CF; **E:** incorreta. Não reflete o disposto no art. 201, § 4º, da CF.

Gabarito "D"

18. TEMAS COMBINADOS

(Procurador da Fazenda Nacional – 2007.2 – ESAF) Assinale, como única opção que contém a resposta correta, aquela que não corresponde a uma norma ou a um preceito normativo constante da parte permanente da Constituição Federal de 1988.

(A) "A revisão constitucional será realizada após cinco anos, contados da promulgação da Constituição, pelo voto da maioria absoluta dos membros do Congresso Nacional, em sessão unicameral."

(B) "As leis complementares serão aprovadas por maioria absoluta."

(C) "A lei disciplinará, com base no interesse nacional, os investimentos de capital estrangeiro, incentivará os reinvestimentos e regulará a remessa de lucros."

(D) "Em caso de relevância e urgência, o Presidente da República poderá adotar medidas provisórias, com força de lei, devendo submetê-las de imediato ao Congresso Nacional."

(E) "Todos têm direito ao meio ambiente ecologicamente equilibrado, bem de uso comum do povo e essencial à sadia qualidade de vida, impondo-se ao poder público e à coletividade o dever de defendê-lo e preservá-lo para as presentes e futuras gerações."

A: somente esta assertiva refere-se a dispositivo do ADCT, qual seja, o art. 3º; **B:** art. 69 da CF; **C:** art. 172 da CF; **D:** art. 62 da CF; **E:** art. 225 da CF.

Gabarito "A"

(Analista – Ministério da Int. Nacional – 2012 – ESAF) Sobre a disciplina constitucional das finanças públicas e do controle externo concernente à fiscalização contábil, financeira e orçamentária, é incorreto afirmar que

(A) nenhum investimento cuja execução ultrapasse um exercício financeiro poderá ser iniciado sem prévia inclusão no plano plurianual, ou sem lei que autorize a inclusão.

(B) incumbem às leis de iniciativa do Poder Executivo estabelecer o plano plurianual, as diretrizes orçamentárias e os orçamentos anuais.

(C) a lei orçamentária anual da União compreenderá o orçamento fiscal, o orçamento de investimento das empresas estatais e o orçamento da seguridade social.

(D) os projetos de lei relativos ao plano plurianual, às diretrizes orçamentárias, aos orçamentos anuais e aos créditos adicionais serão apreciados pelas duas Casas do Congresso Nacional, sendo-o inicialmente por uma comissão mista de deputados e senadores.

(E) no contexto do controle concernente à fiscalização contábil, financeira e orçamentária, naquilo em que exercido pelo Congresso Nacional com o auxílio do Tribunal de Contas da União, não compete a este fiscalizar a aplicação de recursos repassados pela União mediante convênio, acordo, ajuste ou outros instrumentos congêneres, a Estado, ao Distrito Federal ou a Município, quando tal repasse decorra de previsão contida em emenda parlamentar ao projeto de lei orçamentária anual.

A: correto (art. 167, § 1º, da CF); **B:** correto (art. 165, incisos I, II e III, da CF); **C:** correto (art. 165, § 5º, incisos I, II e III, da CF); **D:** correto (art. 166, § 1º, da CF); **E:** incorreto, pois a Constituição determina, sem qualquer ressalva, que compete ao controle externo fiscalizar a aplicação de quaisquer recursos repassados pela União mediante convênio, acordo, ajuste ou outros instrumentos congêneres, a Estado, ao Distrito Federal ou a Município (art. 71, inciso VI, da CF).

Gabarito "E"

(Analista – Ministério da Int. Nacional – 2012 – ESAF) Sobre a organização dos poderes no sistema constitucional brasileiro, é correto afirmar que

(A) cabe ao Congresso Nacional, com a sanção do Presidente da República, resolver definitivamente sobre tratados, acordos ou atos internacionais que acarretem encargos ou compromissos gravosos ao patrimônio nacional.

(B) cabe ao Presidente da República, ouvidos os Conselhos da República, e de Defesa Nacional, e mediante prévia autorização do Congresso Nacional, decretar estado de defesa nas hipóteses e limites constitucionais.

(C) nos projetos de lei de iniciativa do Presidente da República, não será admitida, no curso da sua discussão e votação pelas Casas do Congresso Nacional, emenda parlamentar que importe em aumento da despesa originalmente prevista, salvo se o autor da emenda, na mesma oportunidade, indicar os recursos novos ou adicionais necessários a tal finalidade.

(D) compete ao Conselho Nacional de Justiça, órgão do Poder Judiciário, o controle tanto da atuação administrativa e financeira do mesmo Poder Judiciário quanto do cumprimento dos deveres funcionais dos juízes.

(E) compete privativamente ao Presidente da República, ouvidos os Ministros de Estado e o Conselho de Estado, exercer a direção superior da Administração Pública do Poder Executivo Federal.

A: incorreto. Trata-se, de fato, de competência exclusiva do Congresso Nacional (art. 49, inciso I, da CF), que independe de sanção presidencial; **B:** incorreto, pois, no estado de defesa, a apreciação do Congresso Nacional é posterior ao decreto presidencial (art. 136, § 4º, da CF); **C:** incorreto, pois a Constituição determina que não se admita aumento da despesa prevista nos projetos de lei de iniciativa exclusiva do Presidente da República, com exceção das emendas à lei do orçamento anual e à lei de diretrizes orçamentárias que, em alguns casos, podem gerar aumento de despesa (art. 63, inciso I, da CF); **D:** correto (art. 103-B, § 4º, da CF); **E:** incorreto, pois tal atribuição do Presidente da República é feita exclusivamente com o auxílio dos Ministros de Estado (art. 84, inciso II, da CF).

Gabarito "D"

(Analista-Tributário da Receita Federal – 2012 – ESAF) Assinale a única opção correta.

(A) O princípio da livre iniciativa pode ser invocado para afastar regras de regulamentação do mercado e de defesa do consumidor.

(B) A República Federativa do Brasil rege-se nas suas relações internacionais pelo princípio da concessão de asilo político.

(C) Compete à União, aos Estados e ao Distrito Federal legislar concorrentemente sobre sistemas de sorteios.

(D) O Estado-membro dispõe de competência legislativa para instituir cláusulas tipificadoras de crimes de responsabilidade.

(E) Compete privativamente à União legislar sobre procedimentos em matéria processual.

A: incorreta. O princípio da livre iniciativa, que autoriza o livre exercício de atividade econômica pelos agentes privados, é temperado pelas hipóteses constitucionais de intervenção do Estado na economia e pelos direitos e garantias individuais e coletivos; B: correta, nos termos do art. 4º, X, da CF; C: incorreta. Os sistemas de sorteios são de competência privativa da União (art. 22, XX, da CF); D: incorreta. Os crimes de responsabilidade são aqueles tipificados exclusivamente na Constituição Federal (arts. 29-A, §§

1º e 2º, e art. 50, por exemplo) e pela legislação federal (atualmente estão definidos na Lei nº 1.079/1950 e no Decreto-lei nº 201/1967); E: incorreta. Trata-se de competência concorrente com os Estados-membros (art. 24, IX, da CF).

Gabarito "B"

(Analista-Tributário da Receita Federal – 2012 – ESAF) Assinale a única opção correta.

(A) Compete privativamente à União proteger os sítios arqueológicos.

(B) São gratuitas as ações de *habeas corpus*, *habeas data* e mandado de segurança.

(C) A prática do racismo não constitui conduta ilícita, pois está garantida pelo direito constitucional de liberdade de expressão.

(D) Ao Distrito Federal é atribuído apenas as competências legislativas reservadas aos Estados.

(E) A vedação do nepotismo não exige a edição de lei formal para coibir a prática, uma vez que decorre diretamente dos princípios constitucionais da Administração Pública.

A: incorreta. Trata-se de competência comum da União, Estados, DF e Municípios (art. 23, III, da CF); B: incorreta. O mandado de segurança não é gratuito (art. 5º, LXXVII, da CF); C: incorreta. O racismo é crime inafiançável e imprescritível (art. 5º, XLII, da CF); D: incorreta. O DF reúne as competências legislativas dos Estados e dos Municípios (art. 32, § 1º, da CF); E: correta, nos termos do julgamento, pelo STF, da Rcl 6702 MC-AgR/PR, DJ 29/04/2009). Vale lembrar que a vedação ao nepotismo é também objeto da Súmula Vinculante nº 13.

Gabarito "E"

(Analista-Tributário da Receita Federal – 2012 – ESAF) Assinale a única opção correta.

(A) Os Estados podem incorporar-se entre si, subdividir-se ou desmembrar-se para se anexarem a outros, ou formarem novos Estados ou Territórios Federais, mediante aprovação da população diretamente interessada, através de plebiscito, e do Congresso Nacional, por lei ordinária.

(B) A fusão de Municípios far-se-á por lei estadual, dentro do período determinado por Lei Complementar Federal, e dependerá de consulta prévia, mediante plebiscito, às populações dos Municípios envolvidos, sendo prescindível a realização de Estudo de Viabilidade Municipal.

(C) As terras tradicionalmente ocupadas pelos índios são bens da União.

(D) Os recursos minerais do subsolo são bens dos Municípios.

(E) Compete aos Estados organizar, manter e executar a inspeção do trabalho.

A: incorreta. A aprovação do Congresso Nacional deve dar-se por meio de lei complementar (art. 18, § 3º, da CF); B: incorreta. É imprescindível a realização do Estudo de Viabilidade Municipal (art. 18, § 4º, da CF); C: correta, nos termos do art. 20, XI, da CF; D: incorreta. Tais bens pertencem à União (art. 20, IX, da CF); E: incorreta. Trata-se de competência administrativa exclusiva da União (art. 21, XXIV, da CF).

Gabarito "C"

(Técnico – ANEEL – 2009 – ESAF) Assinale a opção correta.

(A) O Presidente do Supremo Tribunal Federal é a autoridade hierárquica máxima do Judiciário e do Ministério Público da União.

(B) A ação penal pública pode ser proposta, hoje, pelo Ministério Público e pela autoridade policial.

(C) Somente o Ministério Público pode promover a ação civil pública.

(D) Incumbe à Justiça do Trabalho processar e julgar toda ação movida por servidor público contra a União, em que se postulem verbas de índole remuneratória.

(E) Entre as competências do Conselho Nacional de Justiça não se inclui a de rever decisões judiciais do Supremo Tribunal Federal.

A: errada. A autoridade máxima do Ministério Público da União não é o Presidente do Supremo e sim o Procurador-Geral da República. De acordo com o art. 128, § 1º, da CF, o Ministério Público da União tem por chefe o Procurador-Geral da República, nomeado pelo Presidente da República dentre integrantes da carreira, maiores de trinta e cinco anos, após a aprovação de seu nome pela maioria absoluta dos membros do Senado Federal, para mandato de dois anos, permitida a recondução; **B:** errada. A autoridade policial não pode promover a ação penal pública. Conforme o art. 129, I, da CF, é função institucional do Ministério Público a promoção, de forma privativa, da ação penal pública, na forma da lei; **C:** errada. De acordo com o art. 5º da Lei 7347/1985 (Ação Civil Pública) tem legitimidade para propor a ACP: I – o Ministério Público; II – a Defensoria Pública; III – a União, os Estados, o Distrito Federal e os Municípios; IV – a autarquia, empresa pública, fundação ou sociedade de economia mista; V – a associação que, concomitantemente: a) esteja constituída há pelo menos 1 (um) ano nos termos da lei civil; b) inclua, entre suas finalidades institucionais, a proteção ao meio ambiente, ao consumidor, à ordem econômica, à livre concorrência ou ao patrimônio artístico, estético, histórico, turístico e paisagístico; **D:** errada. A competência da justiça do trabalho é trazida pelo art. 114 da CF e ação movida por servidor público contra a União, em que se postulem verbas de índole remuneratória não consta do rol. Além disso, o servidor público da União é regido pela Lei 8.112/1990 e não pela CLT; **E:** correta. O CNJ não possui função jurisdicional. Suas atribuições estão previstas no art. 103-B, §4º, da CF, o qual **não** traz a possibilidade do CNJ rever decisões judiciais do STF. Vale lembrar que o STF é hierarquicamente superior ao CNJ.

Gabarito "E"

(Técnico – ANEEL – 2009 – ESAF) Assinale a opção correta.

(A) Somente a União pode instituir empréstimos compulsórios.

(B) O Estado-membro não pode cobrar impostos da União, mas esta pode cobrar impostos dos Estados-membros.

(C) A União está autorizada a utilizar tributo com efeito de confisco.

(D) O servidor ocupante exclusivamente de cargo em comissão não tem direito a aposentadoria.

(E) O servidor público estável somente perde o cargo em virtude de sentença judicial transitada em julgado.

A: correta (art. 148, I e II, da CF); **B:** errada. De acordo com o art. 150, VI, "a", da CF (imunidade recíproca) é **vedado** à União, aos Estados, ao Distrito Federal e aos Municípios instituir **impostos** sobre patrimônio, renda ou serviços, **uns dos outros**; **C:** errada. Conforme o art. 150, IV, da CF, a utilização de tributo com efeito de confisco é proibida a todos os entes federativos; **D:** errada. O servidor ocupante exclusivamente de cargo em comissão tem direito à aposentadoria, a qual seguirá o regime geral de previdência social (art. 40, §13, da CF); **E:** errada. De acordo com o art. 41, §1º, I a III, da CF, a perda do cargo do servidor público estável poderá se dar: I – em virtude de sentença judicial transitada em julgado, II – mediante processo administrativo em que lhe seja assegurada ampla defesa, III – mediante procedimento de avaliação periódica de desempenho, na forma de lei complementar, assegurada ampla defesa.

Gabarito "A"

(Auditor Fiscal da Receita Federal – 2010 – ESAF) Marque a opção correta.

I. O disposto no artigo 5º, inciso XIII da Constituição Federal – "é livre o exercício de qualquer trabalho, ofício ou profissão, atendidas as qualificações profissionais que a lei estabelecer", cuida-se de uma norma de eficácia limitada.

II. A ideia e escalonamento normativo é pressuposto necessário para a supremacia constitucional e, além disso, nas constituições materiais se verifica a superioridade da norma magna em relação àquelas produzidas pelo Poder Legislativo.

III. O sistema de controle Judiciário de Constitucionalidade repressivo denominado reservado ou concentrado é exercido por via de ação.

IV. Na via de exceção, a pronúncia do Judiciário sobre a inconstitucionalidade não é feita enquanto manifestação sobre o objeto principal da lide, mas sim sobre questão prévia, indispensável ao julgamento do mérito.

V. A cláusula de reserva de plenário não veda a possibilidade de o juiz monocrático declarar a inconstitucionalidade de lei ou ato normativo do Poder Público.

(A) As afirmativas I e III estão corretas.
(B) As afirmativas II e V estão incorretas.
(C) As afirmativas III e IV estão incorretas.
(D) As afirmativas I e V estão incorretas.
(E) As afirmativas IV e V estão corretas.

I: Norma de eficácia contida, porque pode produzir todos os efeitos jurídicos que lhe são próprios no momento da promulgação da Constituição, mas no futuro pode vir a ser restringida; **II:** Na constituição material, tanto as normas provenientes do constituinte como as do legislador têm a mesma força normativa, pois o que importa é o conteúdo da norma. Assim, o escalonamento normativo é próprio das constituições formais, não havendo que se falar nesse conceito para as constituições materiais; **III:** O controle repressivo, ou seja, realizado após a edição da norma, pode ser realizado pela via de ação ou de exceção (difuso ou concentrado); **IV:** Sim, pois a declaração de inconstitucionalidade não era o objeto principal da ação, mas sua *causa de pedir*. Todo aquele que vir seu direito subjetivo atingido por força de norma inconstitucional poderá ajuizar ação para que seus interesses sejam resguardados, afastando-se a aplicação da regra ou da interpretação inconstitucional no caso concreto; **V:** A cláusula de reserva de plenário (art. 97 da CF) dirige-se aos tribunais.

Gabarito "E"

(Auditor Fiscal da Receita Federal – 2010 – ESAF) Marque a opção correta, nos termos do disposto na Constituição Federal de 1988.

(A) Constitui objetivo fundamental da República Federativa do Brasil, segundo preceitua o artigo 3º da Constituição Federal da República/88, o respeito aos valores sociais do trabalho e da livre iniciativa.
(B) Compete privativamente ao Senado Federal resolver definitivamente sobre tratados, acordos ou atos internacionais que acarretem encargos ou compromissos gravosos ao patrimônio nacional.
(C) A matéria constante de projeto de lei rejeitado não poderá constituir objeto de novo projeto, na mesma sessão legislativa, mediante proposta da maioria absoluta dos membros de qualquer das Casas do Congresso Nacional.
(D) Vagando os cargos de Presidente e Vice-Presidente da República, far-se-á eleição noventa dias depois de aberta a última vaga.
(E) São órgãos do Poder Judiciário os Tribunais e Juízes Militares, os Tribunais Arbitrais e o Conselho Nacional de Justiça.

A: incorreta. O respeito aos valores sociais do trabalho e da livre iniciativa é fundamento (e não objetivo) da República Federativa do Brasil (art. 1º, IV, da CF); **B:** incorreta. Competência exclusiva do Congresso Nacional (art. 49, I, da CF); **C:** incorreta. A matéria constante de projeto de lei rejeitado somente poderá constituir objeto de novo projeto, na mesma sessão legislativa, mediante proposta da maioria absoluta dos membros de qualquer das Casas do Congresso Nacional (art. 67 da CF); **D:** correta. Art. 81 da CF; **E:** incorreta. O art. 92, I a VII, da CF não se refere a tribunais arbitrais.

Gabarito "D"

(Auditor Fiscal da Receita Federal – 2003 – ESAF) Assinale a opção correta.

(A) A norma constitucional programática, porque somente delineia programa de ação para os poderes públicos, não é considerada norma jurídica.
(B) Chama-se norma constitucional de eficácia limitada aquela emenda à Constituição que já foi votada e aprovada no Congresso Nacional, mas ainda não entrou em vigor, por não ter sido promulgada.
(C) Somente o Supremo Tribunal Federal – STF está juridicamente autorizado para interpretar a Constituição.
(D) Da Constituição em vigor pode ser dito que corresponde ao modelo de Constituição escrita, dogmática, promulgada e rígida.
(E) Os princípios da Constituição que se classificam como cláusulas pétreas são hierarquicamente superiores às demais normas concebidas pelo poder constituinte originário.

A: incorreta. Toda norma constitucional é norma jurídica e, ainda que programática, possui eficácia para revogar as normas em contrário ou para servir de vetor de interpretação para o legislador ordinário. Assim, mesmo tendo baixa densidade normativa, as normas programáticas podem servir como parâmetro para a declaração de inconstitucionalidade das leis que com elas colidem ou como vetor de interpretação das leis infraconstitucionais; **B:** incorreta. Normas constitucionais de eficácia limitada são as que possuem aplicabilidade indireta e eficácia mediata, pois dependem da intermediação do legislador infraconstitucional para que possam produzir seus efeitos jurídicos próprios. Isso não significa, porém, que não tenham nenhuma eficácia jurídica. Ex.: art. 161 da CF; **C:** incorreta. O STF é o guardião maior da Constituição (art. 102 da CF), mas isso não significa que somente ele pode interpretar o texto da Constituição. O Brasil adota o sistema misto de constitucionalidade, vale dizer, convivem em nosso país o controle abstrato (ou concentrado) e o controle difuso (ou concreto). Dessa forma, qualquer juiz ou tribunal, ao analisar um caso concreto, pode verificar a compatibilidade de lei ou ato normativo diante da Constituição Federal (controle difuso). Ao mesmo tempo, apenas ao STF cabe o controle concentrado (ou abstrato ou por via de ação direta) de lei ou ato normativo federal ou estadual diante da Constituição Federal; **D:** correta. A Constituição de 1988 pode ser assim classificada: a) quanto à origem: promulgada; b) quanto à forma: escrita; c) quanto à extensão: analítica; d) quanto ao modo de elaboração: dogmática (ou sistemática); d) quanto à estabilidade ou alterabilidade: rígida; **E:** incorreta. As cláusulas pétreas, ou limites materiais ao poder de reforma da Constituição, estão listadas no art. 60, § 4, da CF e constituem o núcleo intangível do texto constitucional, ou seja, não pode ser editada emenda constitucional tendente a abolir ou a restringir as matérias consideradas cláusulas pétreas. Isso não significa, porém, que tenham hierarquia superior às demais normas constitucionais.

Gabarito "D"

(Auditor Fiscal da Receita Federal – 2002.2 – ESAF) Assinale a opção correta.

(A) Entes estaduais não têm competência para apresentar proposta de emenda à Constituição.

(B) A lei pode declarar a inconstitucionalidade de outro ato normativo, sempre que for evidente o vício de legitimidade.

(C) Os projetos encaminhados pelo Presidente da República ao Congresso Nacional podem ter a sua discussão iniciada, indiferentemente, no Senado Federal ou na Câmara dos Deputados.

(D) Uma vez aprovado o projeto de lei na Câmara dos Deputados, onde tiveram início as discussões e votação do mesmo, o projeto seguirá para o Senado Federal, que, se o aprovar, mesmo que com emendas, deverá remetê-lo ao Presidente da República para a sanção ou veto.

(E) Uma lei federal, no regime constitucional vigente, pode ser aprovada pelo Congresso Nacional sem a manifestação do Plenário da Câmara dos Deputados ou do Plenário do Senado Federal.

A: incorreta. Não reflete o disposto no art. 60, III, da CF; **B:** incorreta. No Brasil, embora haja casos de controle de constitucionalidade pelo Poder Legislativo (não aprovação de medida provisória por inconstitucionalidade, rejeição de projeto de lei pela Comissão de Constituição e Justiça por inconstitucionalidade), o sistema de controle é eminentemente *judicial*, vale dizer, cabe ao Poder Judiciário a verificação de compatibilidade entre uma lei e o texto da Constituição Federal. Não é possível ao Legislativo editar uma lei declarando a inconstitucionalidade de lei ou de ato normativo; **C:** incorreta. Não reflete o disposto no art. 64 da CF; **D:** incorreta. Não reflete o disposto no art. 65, parágrafo único, da CF; **E:** correta. Art. 58, § 2º, I, da CF.

Gabarito "E"

(Auditor Fiscal da Previdência Social – 2002 – ESAF) Assinale a opção correta.

(A) Todas as normas da Constituição relativas a direito fundamental são classificadas como de eficácia plena.

(B) Normas legais anteriores à Constituição nova, que com ela sejam incompatíveis no seu conteúdo, devem ser tidas como revogadas pela nova Constituição.

(C) Somente o Supremo Tribunal Federal está autorizado a interpretar a Constituição Federal, por ser o guardião da Carta da República.

(D) Todos os direitos previstos na Constituição, por causa da hierarquia dela no ordenamento jurídico, recebem o nome e o tratamento de direitos fundamentais.

(E) Uma vez que a Constituição de 1988 não previu a figura do Decreto-Lei, todos os decretos-leis editados antes dela ficaram revogados com o advento da Constituição em vigor.

A: incorreta. Há normas que veiculam direitos fundamentais que são de eficácia limitada, outras de eficácia plena e outras, ainda, de eficácia contida; **B:** correta, pois o STF não adota a doutrina da "inconstitucionalidade superveniente", mas entende que as normas pré-constitucionais que não se compatibilizam com o *conteúdo* da nova Constituição são por ela revogadas; **C:** incorreta. O STF é o guardião maior da Constituição (art. 102 da CF), mas isso não significa que somente ele pode interpretar o texto da Constituição. O Brasil adota o sistema misto de constitucionalidade, vale dizer, convivem em nosso país o controle abstrato (ou concentrado) e o controle difuso (ou concreto). Dessa forma, qualquer juiz ou tribunal, ao analisar um caso concreto, pode verificar a compatibilidade de lei ou ato normativo diante da Constituição Federal (controle difuso). Ao mesmo tempo, apenas ao STF cabe o controle concentrado (ou abstrato ou por via de ação direta) de lei ou ato normativo federal ou estadual diante da Constituição Federal; **D:** incorreta. Os direitos fundamentais encontram-se, em sua maioria, no Título II da CF, mas há outros direitos fundamentais listados no corpo da Constituição. Entretanto, a Constituição não possui apenas esses direitos, mas normas de organização do Estado, dos Poderes, etc.; **E:** incorreta. O advento de uma nova Constituição não revoga automaticamente toda a legislação a ela preexistente. Se a norma pré-constitucional for *materialmente* compatível com a nova Constituição, ou seja, se não houver incompatibilidade quanto ao conteúdo, a norma anterior à Constituição é *recepcionada* pela nova Constituição, ainda que sua forma (no caso, o Decreto-Lei) não seja mais prevista pela nova ordem constitucional.

Gabarito "B"

(Técnico da Receita Federal – 2005 – ESAF) Sobre nacionalidade brasileira e a organização e competências da União, Estados, Distrito Federal e Municípios, marque a única opção correta.

(A) Um brasileiro nato poderá perder a nacionalidade brasileira em razão de condenação penal transitada em julgado, decorrente de prática de atividade nociva ao interesse nacional.

(B) Os nascidos no estrangeiro de pai brasileiro ou de mãe brasileira só terão sua nacionalidade nata reconhecida se vierem a residir no Brasil e optarem, em qualquer tempo, pela nacionalidade brasileira.

(C) A criação de um novo Estado, a partir do desmembramento de parte de um Estado já existente, depende de aprovação pela população do Estado a ser desmembrado, por meio de plebiscito estadual, e de promulgação e publicação de lei complementar, cujo projeto foi aprovado pelo Congresso Nacional e sancionado pelo Presidente da República.

(D) O ouro de uma mina localizada na área do município "A" pertence à União; porém, o município tem direito à participação no resultado da exploração do ouro ou compensação financeira por essa exploração.

(E) Compete à União explorar diretamente, ou mediante autorização, concessão ou permissão, os serviços de transporte rodoviário interestadual e intermunicipal de passageiros.

A: incorreta. O disposto no art. 12, § 4º, I, da CF dirige-se ao brasileiro naturalizado. O brasileiro nato pode perder a nacionalidade brasileira na hipótese prevista no art. 12, § 4º, II, da CF; **B:** incorreta. no próprio art. 12, I, c, há também a hipótese de ser registrado em repartição brasileira competente; **C:** incorreta. Não reflete o disposto no art. 18, § 3º, da CF; **D:** correta. Art. 20, IX e § 1º, da CF; **E:** incorreta. Não reflete o disposto no art. 21, XII, "e", em cuja redação não se inclui o transporte intermunicipal de passageiros.

Gabarito "D"

(Técnico da Receita Federal – 2002.1 – ESAF) Assinale a opção correta.

(A) Na Federação brasileira, os Estados membros dispõem do direito de secessão, como expressão do princípio da autodeterminação dos povos.

(B) A Constituição Federal, ao proclamar o princípio da separação de Poderes, cria obstáculo absoluto a que um poder fiscalize o outro.

(C) Lei que viesse a instituir o regime de partido político único entre nós feriria princípio fundamental da República Federativa do Brasil.

(D) A Constituição Federal em vigor é toda ela voltada para a defesa de valores sociais e da cidadania, por isso mesmo, os valores da livre iniciativa não são arrolados como princípios fundamentais da República Federativa do Brasil.

(E) Embora diga que todo poder emana do povo, a Constituição estabelece que o poder é exercido pelos representantes do povo, não admitindo hipótese de exercício do poder diretamente pelo povo.

A: incorreta. A CF não garante direito de secessão (o art. 1º da CF fala em "união indissolúvel"). Ao contrário, prevê a forma federativa como cláusula pétrea (art. 60, § 4º, I); **B:** incorreta. A separação de Poderes é princípio limitador do poder estatal, pois ao dividir os Poderes impede o exercício arbitrário e centralizado de cada um deles. Além disso, não impede a coexistência de funções típicas e atípicas de cada Poder (todos legislam, administram e julgam, embora a função preponderante do Executivo seja administrar, a do Legislativo seja legislar e a do Judiciário seja julgar); **C:** correta. A Constituição garante o pluralismo político e o pluripartidarismo (art. 1º, V, e art. 17, ambos da CF); **D:** incorreta. Não reflete o disposto no art. 1º, IV, e no art. 170, ambos da CF; **E:** incorreta. Não reflete o disposto no art. 1º, parágrafo único, da CF.

Gabarito "C"

(Técnico da Receita Federal – 2002.1 – ESAF) Assinale a opção correta.

(A) Ninguém pode ser punido, criminal ou administrativamente, antes que a decisão punitiva seja revista por autoridade superior, já que a Constituição consagrou a garantia constitucional do duplo grau de jurisdição administrativa e judicial.

(B) O Ministério Público não está autorizado pela Constituição para quebrar o sigilo das comunicações telefônicas de indivíduo que esteja sob investigação criminal.

(C) Nenhum brasileiro pode ser extraditado.

(D) É inconstitucional a prisão em flagrante delito de pessoa que esteja no interior da sua casa.

(E) Em um processo administrativo, a autoridade que o dirige nunca deve indeferir prova requerida pelo acusado, sob pena de violar o direito constitucional de ampla defesa.

A: incorreta. O duplo grau de jurisdição não impede a produção de efeitos das sentenças de primeiro grau. O tema é extremamente polêmico, muitos afirmam que não há previsão do duplo grau na Constituição; **B:** correta. As garantias listadas no art. 5º, XII, da CF constituem matérias de "reserva de jurisdição", ou seja, só podem ser decretadas pelo Poder Judiciário, e não pelo Ministério Público; **C:** incorreta. Os brasileiros natos não, mas os naturalizados podem ser extraditados nas hipóteses previstas no art. 5º, LI, da CF; **D:** incorreta. Não reflete o disposto no art. 5º, XI, da CF; **E:** incorreta. A produção de provas, nos processos em geral, depende da sua utilidade e necessidade (art. 38, § 2º, da Lei 9.884/1999), sem que isso viole a ampla defesa.

Gabarito "B"

(Auditor Fiscal/RN – 2005 – ESAF) Sobre os princípios fundamentais e a organização dos Poderes na Constituição Brasileira, julgue os itens a seguir e assinale a opção correta.

(A) A fixação dos subsídios dos Ministros de Estado é feita por meio de lei, cuja iniciativa é privativa do presidente da República, em razão do princípio de separação dos poderes.

(B) A medida provisória que implique majoração de impostos só produzirá efeitos no exercício financeiro seguinte se for convertida em lei até o último dia daquele em que foi editada, não se aplicando essa regra ao imposto de renda.

(C) Caso sejam declarados vagos os cargos de presidente e vice-presidente da República, durante o penúltimo ano dos seus mandatos, serão realizadas, antecipadamente, as eleições que ocorreriam no último ano do mandato, cabendo aos eleitos completar o período de mandato de seus antecessores.

(D) A competência para julgar ação proposta por empresa pública federal contra massa falida de empresa privada será da justiça federal, desde que essa ação não pleiteie a falência ou a quebra da empresa privada, nas hipóteses reguladas em lei específica.

(E) A legitimidade ativa do Ministério Público para a propositura de ação civil pública com vistas à proteção do meio ambiente, impede, por expressa determinação constitucional, a legitimação de terceiros para a propositura dessa ação.

A: incorreta. O subsídio é fixado por lei (art. 37, X, da CF), mas não se insere na iniciativa privativa do Presidente da República (art. 61, § 1º, da CF); **B:** incorreta. Não reflete o disposto no art. 62, § 2º, da CF; **C:** incorreta. Não reflete o disposto no art. 81, § 1º, da CF; **D:** correta. Art. 109, I, da CF; **E:** incorreta. Não reflete o disposto no art. 129, III e § 1º, da CF.

Gabarito "D"

(Auditor Fiscal/Teresina-PI – 2001 – ESAF) Assinale a opção correta.

(A) O Ministério Público pode decretar a prisão preventiva de indivíduo acusado de crime contra a ordem tributária.
(B) A Administração Pública somente está obrigada a fornecer certidão sobre fatos do interesse de um particular, se assim lhe for determinado por um juiz, no curso de um processo de habeas data.
(C) Uma profissão somente pode ser exercida, no Brasil, depois de regulamentada por lei.
(D) Por força da garantia constitucional do direito adquirido é correto afirmar que, no Brasil, vigora o princípio de que nenhuma lei pode dispor sobre fato ocorrido antes da sua edição.
(E) O servidor público, injustamente agredido por uma reportagem jornalística da imprensa escrita, além de direito à indenização, tanto por danos morais como por danos materiais, tem o direito de resposta, proporcional ao agravo sofrido.

A: incorreta. A decretação de prisão é ato do Poder Judiciário; **B:** incorreta. Não reflete o disposto no art. 5º, XXXIII, da CF; **C:** incorreta. Não reflete o disposto no art. 5º, XIII, da CF. De acordo com a norma constitucional, o exercício de profissões é livre, mas a lei pode estabelecer condições ao seu exercício, desde que razoáveis; **D:** incorreta. Emendas constitucionais podem versar sobre fatos anteriores à sua edição, sem que se possa arguir direito adquirido ao regime anterior; **E:** correta. É assegurado o direito de resposta, proporcional ao agravo, além da indenização por dano material, moral ou à imagem (Art. 5º, V, da CF).

Gabarito "E".

(Agente Tributário Estadual/MS – 2001 – ESAF) Assinale a opção correta.

(A) Qualquer juiz de direito de um Estado-Membro pode declarar a inconstitucionalidade de lei federal no curso de um processo ordinário, se isso for necessário para resolver a pendência sob a sua apreciação.
(B) É facultado às autoridades do Poder Executivo, no uso do seu poder regulamentar e por meio de decreto, complementar a lei, criando direitos e obrigações.
(C) Incluem-se no âmbito do Poder Executivo tanto o Ministério Público como o Tribunal de Contas.
(D) Incumbe ao Senado Federal julgar o Governador do Estado nos crimes comuns.
(E) O julgamento pelo TCU das contas dos administradores públicos é insuscetível de ser revisto pelo Poder Judiciário.

A: correta, em controle difuso de constitucionalidade; **B:** incorreta. Regulamentos são atos normativos secundários e, por isso, não podem criar direitos ou obrigações. Caso o Executivo exorbite do poder regulamentar, o Congresso Nacional poderá sustar o ato (art. 49, V, da CF); **C:** incorreta. O Ministério Público não se insere em nenhum dos Poderes, sendo função essencial à justiça (art. 127 da CF). O Tribunal de Contas é órgão auxiliar do Poder Legislativo para o exercício do controle externo (art. 71 da CF); **D:** incorreta. O Senado Federal tem competência para julgar as autoridades listadas no art. 52, I e II, da CF apenas por crimes de responsabilidade. O Governador de Estado é julgado pelo STJ por infração penal comum (art. 105, I, "a", da CF); **E:** incorreta. Não reflete o disposto no art. 5º, XXXV, da CF (princípio da inafastabilidade do controle pelo Poder Judiciário).

Gabarito "A".

6. Direito Administrativo

Wander Garcia e Henrique Subi

1. REGIME JURÍDICO ADMINISTRATIVO E PRINCÍPIOS DO DIREITO ADMINISTRATIVO

1.1. REGIME JURÍDICO ADMINISTRATIVO

(Procuradoria Distrital – 2007 – ESAF) Em relação ao conceito e evolução histórica do Direito Administrativo e ao conceito e abrangência da Administração Pública, selecione a opção correta.

(A) Na evolução do conceito de Direito Administrativo, surge a Escola do Serviço Público, que se desenvolveu em torno de duas concepções. Na concepção de Léon Duguit, o Serviço Público deveria ser entendido em sentido estrito, abrangendo toda a atividade material, submetida a regime exorbitante do direito comum, desenvolvida pelo Estado para a satisfação de necessidades da coletividade.

(B) Na busca de conceituação do Direito Administrativo encontra-se o critério da Administração Pública, segundo o qual, sinteticamente, o Direito Administrativo deve ser concebido como o conjunto de princípios que regem a Administração Pública.

(C) A Administração Pública, em sentido objetivo, deve ser compreendida como o conjunto das pessoas jurídicas e dos órgãos incumbidos do exercício da função administrativa do Estado.

(D) O conceito estrito de Administração Pública abarca os Poderes estruturais do Estado, sobretudo o Poder Executivo.

(E) Na evolução histórica do Direito Administrativo, encontramos a Escola Exegética, que tinha por objeto a interpretação das leis administrativas, a qual também defendia o postulado da carga normativa dos princípios aplicáveis à atividade da Administração Pública.

Vários critérios foram utilizados para tentar conceituar o Direito Administrativo. O primeiro foi o critério do "Poder" (o direito administrativo regula a autoridade estatal), que se seguiu aos critérios do "Serviço Público" (o direito administrativo regula os ***serviços públicos*** em geral – ***serviços públicos*** em sentido amplo, portanto), do "Poder Executivo" (o direito administrativo regula a atividade do Poder Executivo), das "Relações Jurídicas" (o direito administrativo regula as relações entre a Administração e os administrados), "Teleológico" (o direito administrativo regula a atividade do Estado para cumprir os seus fins) e ao critério da "Administração Pública". Neste critério, o Direito Administrativo é o conjunto de princípios que regem a Administração Pública. Trata-se do critério mais adotado entre os juristas, daí porque está correta a alternativa "B".

Gabarito "B".

(Auditor Fiscal da Receita Federal – 2005 – ESAF) Em seu sentido subjetivo, o estudo da Administração Pública abrange

(A) a atividade administrativa.

(B) o poder de polícia administrativa.

(C) as entidades e órgãos que exercem as funções administrativas.

(D) o serviço público.

(E) a intervenção do Estado nas atividades privadas.

A expressão "subjetivo" diz respeito ao *sujeito*, ou seja, à *pessoa*. Assim, em sentido subjetivo, a Administração Pública abrange as pessoas (as entidades) e seus órgãos.

Gabarito "C".

(Auditor Fiscal da Receita Federal – 2005 – ESAF) A Emenda Constitucional n. 32, de 2001, à Constituição Federal, autorizou o presidente da República, mediante Decreto, a dispor sobre:

(A) extinção de funções públicas, quando vagas.

(B) extinção de cargos e funções públicas, quando ocupados por servidores não estáveis.

(C) funcionamento da administração federal, mesmo quando implicar aumento de despesa.

(D) fixação de quantitativo de cargos dos quadros de pessoal da Administração Direta.

(E) criação ou extinção de órgãos e entidades públicas.

Normalmente, os *decretos*, do Chefe do Executivo (Prefeito, Governador e Presidente), não têm o mesmo poder das *leis*, que emanam do Poder Legislativo. A função dos decretos é apenas de explicar a lei, de operacionalizar a aplicação da lei. Daí porque, como regra, os *decretos são de execução de lei*. Porém, a EC 32/2001 criou duas hipóteses de *decreto autônomo de lei*, ou seja, de decretos que podem ser expedidos mesmo sem lei o autorizando. Tais hipóteses estão no art. 84, VI, da Constituição Federal, e uma delas é justamente a prevista na alternativa "a" (art. 84, VI, *b*, da CF/1988).

Gabarito "A".

1.2. PRINCÍPIOS BASILARES DO DIREITO ADMINISTRATIVO (SUPREMACIA E INDISPONIBILIDADE)

(Analista – MPU – 2004 – ESAF) Um dos princípios informativos do Direito Administrativo, que o distingue dos demais ramos, no disciplinamento das relações jurídicas, sob sua incidência, é o da

(A) comutatividade na solução dos interesses em questão.
(B) subordinação do interesse público ao privado.
(C) supremacia do interesse público sobre o privado.
(D) predominância da liberdade decisória.
(E) correlação absoluta entre direitos e obrigações.

A: incorreta, pois a comutatividade pressupõe igualdade, equilíbrio na relação, ao passo que no Direito Administrativo há uma relação de desigualdade expressada pela supremacia do interesse público sobre o interesse privado; **B:** incorreta, pois é justamente o contrário que acontece, ou seja, há subordinação do interesse privado ao interesse público; **C:** correta, pois tal supremacia é um princípio basilar do Direito Administrativo; **D:** incorreta, pois predomina a lei, e não a vontade dos agentes públicos; **E:** incorreta, pois, como se viu, não há equilíbrio entre direitos e obrigações, considerando o Estado e os administrados, em face dos princípios da *indisponibilidade do interesse público* e da *supremacia do interesse público.*

Gabarito "C".

1.3. PRINCÍPIOS ADMINISTRATIVOS EXPRESSOS NA CONSTITUIÇÃO

(Procurador da Fazenda Nacional – 2003 – ESAF) A distinção entre a lei formal e a lei material está na presença ou não do seguinte elemento:

(A) generalidade
(B) novidade
(C) imperatividade
(D) abstração
(E) normatividade

Em apertada síntese, lei em sentido formal é todo ato normativo que passou pelo regular processo legislativo (aprovação pelo Poder Legislativo e sanção do Chefe do Poder Executivo), enquanto lei material pode ser entendida como qualquer ato normativo dotado de generalidade e abstração, ainda que não emanado do Poder Legislativo. Analisando as alternativas: a lei material deve ser genérica e a lei formal pode sê-lo, portanto não é possível indicar a generalidade como elemento diferenciador. A imperatividade é ínsita a qualquer ato normativo, presente, portanto, nas duas espécies analisadas. Novamente, a lei material é necessariamente abstrata, ao passo que a lei formal pode ser abstrata ou concreta (como a lei orçamentária, por exemplo), logo não é elemento diferenciador a abstração. Normatividade, tal qual a abstração, é atributo sempre presente nas leis materiais e facultativo nas leis formais (normativo é a regra de conduta geral e abstrata). Resta, então, a novidade, no sentido de que leis em sentido meramente material, por não terem passado pelo processo legislativo constitucional, não podem inovar no ordenamento jurídico. Portanto, a novidade é característica exclusiva das leis formais.

Gabarito "B".

(Analista – MDICE – 2012 – ESAF) Determinado município da federação brasileira, visando dar cumprimento à sua estratégia organizacional, implantou o programa denominado Administração Transparente. Uma das ações do referido programa consistiu na divulgação da remuneração bruta mensal, com o respectivo nome de cada servidor da municipalidade em sítio eletrônico da internet.

A partir da leitura do caso concreto acima narrado, assinale a opção que melhor exprima a posição do Supremo Tribunal Federal – STF acerca do tema.

(A) A atuação do município encontra-se em consonância com o princípio da publicidade administrativa.
(B) A atuação do município viola a segurança dos servidores.
(C) A atuação do município fere a intimidade dos servidores.
(D) A remuneração bruta mensal não é um dado diretamente ligado à função pública.
(E) Em nome da transparência, o município está autorizado a proceder a divulgação da remuneração bruta do servidor e do respectivo CPF.

O princípio da publicidade exige a ampla divulgação dos atos praticados pela Administração, salvo as hipóteses de sigilo previstas em lei. Assim sendo, a divulgação da remuneração bruta mensal dos servidores, segundo entendimento do STF, encontra consonância com o princípio da publicidade previsto no *caput* do art. 37 da Constituição Federal.

Gabarito "A".

(Analista – MDICE – 2012 – ESAF) Fundamentada no seu poder de autotutela administrativa, a Administração Pública Federal procedeu à revisão nas vantagens concedidas a servidor público que repercutiu diretamente na sua esfera patrimonial, ocasionando-lhe diminuição remuneratória.

A partir do caso concreto acima narrado, assinale a opção que exprime a posição do Supremo Tribunal Federal – STF acerca do tema.

(A) A autotutela administrativa, *per si*, afasta a necessidade de abertura de procedimento administrativo garantidor do contraditório.
(B) O devido processo legal administrativo é exigível tanto nos casos de anulação quanto de revogação do ato administrativo.
(C) O acesso ao Poder Judiciário já representa a garantia do contraditório e da ampla defesa, estando a Administração desincumbida de fazê-lo.
(D) Somente nos casos de revogação do ato administrativo a Administração deve garantir o contraditório e a ampla defesa.
(E) Considerando-se que o ato da Administração retirava do servidor pagamento indevido, a executoriedade autorizava-lhe a suspender o referido pagamento sem o devido processo legal.

Quando a Administração Pública, em exercício de autotutela, anula atos por ela considerados viciados ou os revoga por conveniência e oportunidade, pode vir a afetar o patrimônio de administrados ou pessoas com as quais mantém vínculos de natureza especial, tais como contratados, servidores, concessionários, etc. Nesses casos, faz-se imprescindível o devido processo legal.

Gabarito "B"

(Auditor Fiscal da Previdência Social – 2002 – ESAF) Entre os fenômenos, cuja ocorrência assegura a observância do princípio legal da segurança jurídica, destaca-se a preclusão, em razão da qual, com relação a determinado questionamento, diz-se que

(A) fica exaurida a instância administrativa.
(B) fica inviabilizado o controle jurisdicional.
(C) o ato respectivo ganha presunção de legalidade.
(D) o ato respectivo passa a ser autoexecutável.
(E) o ato respectivo torna-se irrevogável.

O princípio da segurança jurídica significa que as relações jurídicas de que faz parte a Administração Pública devem ser mais estáveis. De um lado, isso implica respeitar os direitos adquiridos (direitos já consolidados), os atos jurídicos perfeitos (p. ex., um contrato) e a coisa julgada (decisão judicial de que não caiba mais recurso). De outro lado, a segurança jurídica implica não poder a Administração Pública anular atos ilegais depois de passado um certo período de tempo, sob pena de deixar as pessoas muito inseguras. Bom, no processo administrativo, que é aquele processo em que as pessoas ingressam no âmbito da própria Administração Pública (e não no âmbito do Poder Judiciário), é necessário que, depois de dada a oportunidade de defesa e de interposição de recursos administrativos, não caiba mais recursos e a instância administrativa acabe, ou seja, fique exaurida. Assim, exaurida a instância administrativa, fala-se em coisa julgada administrativa, coisa julgada essa que não mais permite recursos, em virtude da *preclusão*, que é a perda do direito de defesa por este já ter sido exercido ou por não caber mais defesa no processo.

Gabarito "A"

(Auditor Fiscal da Previdência Social – 2002 – ESAF) Entre os princípios de Direito Administrativo, que a Administração Pública está obrigada a obedecer e observar nos seus atos, por força de expressa previsão constitucional e legal, os que se correspondem entre si, quanto à escolha do objeto e ao alcance do seu resultado, porque a violação de um deles importa de regra na inobservância do outro, são:

(A) legalidade e motivação.
(B) motivação e razoabilidade.
(C) razoabilidade e finalidade.
(D) finalidade e impessoalidade.
(E) impessoalidade e legalidade.

De fato, o princípio da finalidade tem total relação com o da impessoalidade. A Constituição Federal, ao impor o princípio da impessoalidade (art. 37, *caput*), impõe **três condutas**: **a)** *respeito à igualdade* entre as pessoas (ou seja, a administração não pode nem favorecer, nem perseguir pessoas); **b)** *proibição de autopromoção* dos agentes públicos (ou seja, os agentes públicos não podem fazer autopromoção usando dinheiro e recursos públicos); **c)** *respeito à finalidade* dos atos administrativos (ou seja, o agente público deve ser impessoal ao praticar os atos administrativos, buscando a finalidade prevista na lei, e não a finalidade que o agente entende melhor a ser alcançada).

Gabarito "D"

(Auditor Fiscal/CE – 2006 – ESAF) Selecione a opção que apresenta corretamente princípios constitucionais de natureza ética.

(A) Eficiência é um princípio ético e moral que se acentua a partir da década de 70, associado à reivindicação geral de democracia administrativa, e significa dar transparência às ações de governo.
(B) O princípio da publicidade diz respeito ao direito do cidadão de receber dos órgãos públicos informações do seu interesse particular ou de interesse coletivo e geral.
(C) O princípio da continuidade justifica a proibição de greve dos servidores públicos, conforme a Constituição de 1988 que remete à lei específica as punições e penalidades advindas da greve.
(D) Segundo o princípio da impessoalidade, o órgão público pode agir por fatores pessoais e subjetivos, dando cumprimento aos princípios da legalidade e isonomia que rege o direito administrativo.
(E) O princípio da moralidade administrativa obriga que todo funcionário público aja conforme a lei, utilizando eficazmente o erário público proveniente de impostos pagos pelo cidadão.

A: incorreta, pois o princípio da eficiência só passou a integrar nossa Constituição Federal em 1998, já que foi inserido pela Emenda Constitucional 19/1998 (art. 37, *caput*); seu objetivo está relacionado com a eficiência, como o próprio nome diz, e não com a transparência; este é objetivo do princípio da publicidade, também previsto no art. 37, *caput*, da CF/1988; **B:** correta. De fato, pelo princípio da publicidade, impõe-se o direito trazido na alternativa, que está previsto também no art. 5º, XXXIII, da CF/1988; **C:** incorreta, pois a Constituição Federal assegura o direito de greve ao servidor (art. 37, VII); **D:** incorreta, pois ser impessoal é justamente fazer o contrário; é agir apenas conforme o que a lei determinar, sem favorecer, nem perseguir pessoas; **E:** incorreta, pois a definição dada ("obriga que todo funcionário público aja conforme a *lei*") é do princípio da legalidade; pelo princípio da moralidade, determina-se que o agente público atue conforme a *moralidade administrativa*, ou seja, de forma honesta, leal, proba etc.

Gabarito "B"

(Auditor do Tesouro Municipal/Natal-RN – 2001 – ESAF) Sobre os princípios constitucionais da administração pública, pode-se afirmar que

I. o princípio da legalidade pode ser visto como incentivador do ócio, haja vista que, segundo esse princípio, a prática de um ato concreto exige norma expressa que o autorize, mesmo que seja inerente às funções do agente público;
II. o princípio da publicidade visa a dar transparência aos atos da administração pública e contribuir para a concretização do princípio da moralidade administrativa;
III. a exigência de concurso público para ingresso nos cargos públicos reflete uma aplicação constitucional do princípio da impessoalidade;
IV. o princípio da impessoalidade é violado quando se utiliza na publicidade oficial de obras e de serviços públicos o nome ou a imagem do governante, de modo a caracterizar promoção pessoal do mesmo;

V. a aplicação do princípio da moralidade administrativa demanda a compreensão do conceito de "moral administrativa", o qual comporta juízos de valor bastante elásticos;

VI. o princípio da eficiência não pode ser exigido enquanto não for editada a lei federal que deve defini-lo e estabelecer os seus contornos.

Estão corretas as afirmativas

(A) I, II, III e IV.
(B) II, III, IV e V.
(C) I, II, IV e VI.
(D) II, III, IV e VI.
(E) III, IV, V e VI.

I: errada, pois o princípio da legalidade não significa que a lei traga o detalhe de cada atividade que o servidor deve exercer; a lei, ao criar uma competência, pode estabelecer de modo genérico as funções do agente público responsável, de modo que este deve praticar todos os atos concretos inerentes às suas funções, e isso deve ser feito de ofício e com busca da eficiência, e não do ócio; **II:** correta, pois a transparência, imposta pelo princípio da publicidade, colabora para que tudo fique às claras, inibindo atos que firam a moralidade administrativa; **III:** correta, pois uma das facetas do princípio da impessoalidade é o respeito à *igualdade*, ficando proibidos favorecimentos indevidos e perseguições; a exigência de concurso público preserva a isonomia, pois evita contratações motivadas em favorecimentos indevidos e evita também perseguições e preconceitos contra pessoas que desejam trabalhar na Administração, mas não são bem-vindas nela por motivos pessoais; **IV:** correta, pois outra faceta do princípio da impessoalidade é a vedação à *autopromoção*, proibida nos termos do art. 37, § 1º, da CF/1988; **V:** incorreta, pois, para boa parte da doutrina, a moral administrativa é tirada dos preceitos existentes no interior da administração e das normas que tornam jurídicos preceitos morais, o que revela que esses preceitos morais não são tão elásticos assim, ou seja, não são tão vagos como seriam caso fossem tirados exclusivamente da moral comum, da moral da sociedade em geral; **VI:** essa afirmativa foi considerada correta, porém trata-se de questão bastante polêmica, pois enquanto não vier a tal lei a Administração não poderia exigir eficiência de seus agentes? Como se sabe, os agentes públicos estão sujeitos a avaliações de desempenho e uma delas é a *avaliação especial de desempenho* (art. 41, § 4º, da CF/1988), que medirá, dentre outros aspectos, a eficiência do agente público e foi introduzida por uma norma autoaplicável, que não depende de regulamentação por outra lei.

Gabarito "D"

(Agente Tributário Estadual/MS – 2001 – ESAF) A vedação à utilização de imagens e símbolos que possam significar promoção pessoal de autoridades e servidores públicos justifica-se, basicamente, pelo princípio da

(A) legalidade.
(B) publicidade.
(C) eficiência.
(D) moralidade.
(E) razoabilidade.

A proibição narrada na questão, prevista no art. 37, § 1º, da CF/1988, fere dois princípios, o da impessoalidade e da moralidade. Como só este estava numa das alternativas, a resposta correta é a alternativa "d".

Gabarito "D"

(Fiscal de Tributos/PA – 2002 – ESAF) Assinale a situação que não se relaciona com o princípio da impessoalidade, em alguma das suas acepções.

(A) Vedação ao uso da imagem da autoridade para promoção pessoal.
(B) Provimento de cargo público efetivo mediante concurso público.
(C) Anulação de ato cometido com desvio de finalidade.
(D) Verificação da presença do interesse público em todo ato cometido pela Administração Pública.
(E) Obrigação da divulgação pública dos atos oficiais.

O princípio da impessoalidade tem três facetas: i) respeito à igualdade; ii) vedação de autopromoção; iii) respeito à finalidade. A alternativa "a" relaciona-se com a vedação à autopromoção. A alternativa "b" relaciona-se com o respeito à igualdade. A alternativa "c" relaciona-se com o respeito à finalidade. A alternativa "d" relaciona-se com o respeito à finalidade dos atos administrativos, que, em última análise, é atender ao interesse público. E a alternativa "e" não se relacionada com o princípio da impessoalidade, mas com o princípio da publicidade.

Gabarito "E"

(Auditor do Tesouro Municipal/Recife-PE – 2003 – ESAF) Com referência aos princípios constitucionais da Administração Pública, é falso afirmar:

(A) a moralidade tem relação com a noção de costumes.
(B) a eficiência vincula-se ao tipo de administração dito gerencial.
(C) a publicidade impõe que todos os atos administrativos sejam publicados em diário oficial.
(D) a observância da legalidade alcança os atos legislativos materiais, ainda que não formais.
(E) a impessoalidade pode significar finalidade ou isonomia.

A: verdadeiro, pois a moralidade está relacionada com os costumes, principalmente os costumes (bons) tirados do interior da Administração Pública; **B:** verdadeiro, pois a administração gerencial está preocupada com o *controle de fins*, ou seja, com a eficiência, ao contrário da administração burocrática, que está preocupada com o *controle de meios*; **C:** falso, pois o princípio não determina que todos os atos sejam publicados necessariamente em diário oficial, por exemplo, numa licitação pela modalidade convite não é necessário publicar edital em diário oficial; basta que se faça uma carta-convite e a entregue a pelo menos três interessados; **D:** verdadeiro, pois a expressão legalidade deve ser interpretada em sentido amplo, ou seja, no sentido de que a administração deve atender tanto as leis (atos legislativos em *sentido formal e material*), como os demais atos normativos, como regulamentos editados pelo Poder Executivo (atos legislativos em *sentido material*); **E:** verdadeiro, pois a impessoalidade tem três facetas (respeito à isonomia, proibição de autopromoção e respeito à finalidade) e duas delas foram lembradas na alternativa.

Gabarito "C"

(Auditor do Tesouro Municipal/Fortaleza-CE – 2003 – ESAF) O princípio constitucional da legalidade significa:

(A) que tudo que não estiver proibido por lei é lícito ao administrador público fazer.
(B) que os atos praticados pelos servidores públicos devem estar de acordo com o que estabelece a lei.

(C) que, se determinada tarefa operacional não estiver especificamente descrita em lei, o servidor não deve fazê-la, ainda que se inclua no rol geral de suas atribuições.
(D) que todos os atos dos servidores públicos devem ser públicos.
(E) que o servidor público não deve agir de modo impessoal.

A: incorreta, pois essa é a definição de "legalidade para o particular"; a "legalidade para o administrador público" estabelece que este **só** pode fazer o que a lei determinar ou permitir; **B:** correta, pois os atos dos servidores públicos devem, por óbvio, estar de acordo com o que estabelece a lei, até porque os agentes públicos só podem fazer o que a lei determinar ou permitir; **C:** incorreta, pois o princípio da legalidade não significa que a lei traga o detalhe de cada atividade que o servidor deve exercer; a lei, ao criar uma competência, pode estabelecer de modo genérico as funções do agente público responsável, de modo que este deve praticar todos os atos que se incluam no rol geral de suas atribuições; **D:** incorreta, pois a lei admite o sigilo em determinados casos, como nos casos em que há interesse da sociedade e do Estado ou nos casos em que se deva proteger a intimidade, a vida privada, a imagem e a honra das pessoas; **E:** incorreta, pois a redação deveria ser "o servidor público **deve** agir de modo impessoal".

Gabarito "B"

(Técnico da Receita Federal – 2006 – ESAF) A primordial fonte formal do Direito Administrativo no Brasil é
(A) a lei.
(B) a doutrina.
(C) a jurisprudência.
(D) os costumes.
(E) o *vade mecum.*

De fato, a atuação da Administração Pública só pode se dar quando há **lei** permitindo ou determinando alguma conduta. O princípio da legalidade é o primeiro princípio a ser obedecido pela Administração Pública, que está amarrada, ou seja, que só pode fazer o que a lei permitir. O art. 37, *caput*, da CF/1988, ao enunciar os cinco princípios constitucionais do Direito Administrativo, começa justamente pelo *princípio da legalidade*. Dessa forma, a *lei* é a primordial fonte formal do Direito Administrativo Brasileiro.

Gabarito "A"

(Técnico da Receita Federal – 2002.2 – ESAF) O princípio da motivação, a que a Administração Pública Federal está obrigada a obedecer, de acordo com o que dispõe o art. 2º da Lei 9.784, de 29/01/1999, consiste em ter de indicar nos seus atos administrativos os respectivos pressupostos fáticos e jurídicos, sendo isso dispensável, porém, nos casos em que a autoridade decide
(A) processo administrativo de concurso público.
(B) dispensa de procedimento licitatório.
(C) recurso administrativo.
(D) em decorrência de reexame de ofício.
(E) caso concreto aplicando jurisprudência sobre ele já firmada.

O princípio da motivação nos atos administrativos, apesar de não estar expresso na Constituição Federal (lá, o princípio está colocado apenas quanto aos atos judiciais e administrativos do Poder Judiciário – art. 93, IX, da CF/1988), está presente em vários dispositivos da Lei 9.784/1999. O princípio está no art. 2º, *caput*, dessa lei e também no inciso VII do parágrafo único do próprio art. 2º da lei. Para reforçar ainda mais o princípio, o art. 50 da Lei 9.784/1999 enuncia uma série de situações em que a motivação é obrigatória. O rol é tão amplo, que fica difícil imaginar uma situação em que a motivação não é obrigatória. Um exemplo pode ser a nomeação de alguém para um cargo em comissão, que é *livre*, ou seja, independe de motivação (art. 37, II, da CF). A questão apresenta, em suas alternativas, diversos casos em que a lei deixa claro que a motivação é obrigatória (vide os incisos III, IV, V, VI, do art. 50, respectivamente). No entanto, a alternativa "e" não aparece no dispositivo. Pelo contrário, o inciso VII do art. 50 só determina a motivação quando se decide um caso concreto *deixando de aplicar jurisprudência firmada.*

Gabarito "E"

(Técnico da Receita Federal – 2002.1 – ESAF) A finalidade, como elemento essencial à validade dos atos administrativos, é aquele reconhecido como o mais condizente com a observância pela Administração do princípio fundamental da
(A) legalidade.
(B) impessoalidade.
(C) moralidade.
(D) eficiência.
(E) economicidade.

Conforme já comentado em questão acima, o princípio da impessoalidade impõe respeito à finalidade dos atos administrativos, não pode um agente público praticar um ato que tem uma finalidade X, buscando uma finalidade Y, sob pena de estar sendo *pessoal*, o que é vedado, já que o agente tem que ser *impessoal.*

Gabarito "B"

1.4. PRINCÍPIOS ADMINISTRATIVOS EXPRESSOS EM OUTRAS LEIS OU IMPLÍCITOS

(Procuradoria Distrital – 2007 – ESAF) No que tange aos princípios expressos e implícitos consagrados no Direito Administrativo brasileiro, está correto asseverar que:
(A) à luz do Princípio da Motivação, a validade do ato administrativo independe do caráter prévio ou da concomitância da motivação pela autoridade que o proferiu com relação ao momento da prática do próprio ato.
(B) o denominado interesse secundário do Estado, na lição de Celso Antônio Bandeira de Mello, não se insere na categoria dos interesses públicos propriamente ditos.
(C) na esfera administrativa, o sigilo, como exceção ao princípio da publicidade, é inadmissível ante a existência de preceito constitucional expresso que veda sua adoção pela Administração Pública.
(D) o Princípio da Finalidade prescreve que a Administração Pública detém a faculdade de alvejar a finalidade normativa, isto porque o princípio em questão é inerente ao princípio da legalidade.
(E) em face da sistemática constitucional do Estado brasileiro, regido que é pelo fundamento do Estado Democrático de Direito, a plenitude da vigência do princípio da legalidade (art. 37, *caput*, da CF) não pode sofrer constrição provisória e excepcional.

A: está incorreta, pois a validade do ato administrativo depende sim da motivação, que deve ser prévia ou contemporânea à prática do ato; **B:** está correta, pois Celso Antônio Bandeira de Mello assevera que "uma vez reconhecido que os interesses públicos correspondem à dimensão pública dos interesses individuais (...), põe-se a nu a circunstância de que não existe coincidência necessária entre interesse público e interesse do Estado e demais pessoas de Direito Público"; **C:** está incorreta, pois há casos em que se admite o sigilo (vide, p. ex., o art. 5º, LX, da CF e os arts. 4º, III, e 21 a 31 da Lei 12.527/2011); **D:** incorreta, pois pelo princípio da finalidade, a Administração não tem a faculdade de buscar a finalidade normativa, mas sim o dever de buscar a finalidade da lei; **E:** incorreta, pois há exceções ao princípio da legalidade (exs: arts. 84, VI, e 137 e ss., ambos da CF).

Gabarito "B"

(Procurador da Fazenda Nacional – 2007.2 – ESAF) Analise os itens a seguir e marque com (V) a assertiva verdadeira e com (F) a falsa, assinalando ao final a opção correspondente.

I. A expressão Administração Pública, em sentido formal, designa a natureza da atividade exercida pelos referidos entes, sendo a própria função administrativa; e, no sentido material, designa os entes que exercem a atividade administrativa, compreendendo pessoas jurídicas, órgãos e agentes públicos incumbidos de exercer uma das funções em que se triparte a atividade estatal: a função administrativa.

II. Considerando os princípios expressos e implícitos componentes do regime jurídico-administrativo no Direito Brasileiro, a Lei n. 9.874/1999 arrola os princípios da legalidade; finalidade; motivação; razoabilidade; proporcionalidade; moralidade; ampla defesa; contraditório; segurança jurídica; interesse público e eficiência.

III. Considerando o princípio da Supremacia do Interesse Público, verifica-se que o ordenamento jurídico brasileiro ao expressamente prever o interesse público dispõe que ao observar o atendimento a fins de interesse geral, a autoridade administrativa está autorizada a renunciar total ou parcialmente os poderes ou competências, não necessitando de autorização legal para fazê-lo.

IV. Considerando o princípio da Motivação, a Constituição Federal prevê a exigência de motivação apenas para as decisões administrativas dos Tribunais e do Ministério Público.

V. O agente de fato, ao exercer funções dentro da Administração, não tem direito à percepção de remuneração visto que ilegítima sua investidura.

(A) V, V, F, V, V
(B) V, F, F, F, F
(C) F, F, V, F, V
(D) F, V, F, V, F
(E) V, V, V, F, F

I: é falsa, pois houve inversão dos conceitos; Administração Pública em sentido formal diz respeito às pessoas, órgãos e agentes públicos; e em sentido material diz respeito à função administrativa; **II:** é verdadeira, conforme art. 2º, *caput*, da Lei 9.784/1999; **III:** é falsa, pois, além da supremacia do interesse público, também é princípio basilar da administração pública o da indisponibilidade do interesse público, de modo que a autoridade não está autorizada a renunciar a poderes ou competências; **IV:** é verdadeira, pois a CF só prevê expressamente o dever de motivação nesses dois casos (arts. 93, X, c/c 129, § 4º, ambos da CF); de qualquer forma, segundo a doutrina, o princípio da motivação está implícito na CF, pois decorre da própria ideia de República, e está expresso no art. 2º da Lei 9.784/1999; **V:** falsa, pois o agente de fato, enquanto estiver de boa-fé, tem direito à remuneração que tiver recebido, não cabendo ação de repetição de indébito, sob pena de enriquecimento sem causa por parte da administração.

Gabarito "D"

(Analista – CGU – 2012 – ESAF) O princípio que instrumentaliza a Administração para a revisão de seus próprios atos, consubstanciando um meio adicional de controle da sua atuação e, no que toca ao controle de legalidade, representando potencial redução do congestionamento do Poder Judiciário, denomina-se

(A) Razoabilidade.
(B) Proporcionalidade.
(C) Autotutela.
(D) Eficiência.
(E) Eficácia.

A: incorreta – em razão do princípio da razoabilidade temos que a Administração Pública, quando atuando no exercício de competência discricionária, deve atuar de modo racional, dentro do senso comum, sem despautérios, incoerências ou bizarrices, em fuga à liberdade dada pela lei para o ótimo atingimento da finalidade legal; **B:** incorreta – proporcionalidade consiste na adequação entre os fins e os meios utilizados para atingi-los; **C:** correta – autotutela é o poder segundo o qual a Administração Pública tem a permissão de rever seus atos e anulá-los ou revogá-los em casos de ilegalidade, ou inoportunidade e inconveniência, respectivamente. É uma decorrência do princípio da legalidade: se a Administração Pública está sujeita à lei, cabe-lhe, evidentemente, o controle da legalidade; **D:** incorreta – o princípio da eficiência determina que a Administração Pública atue com presteza, visando à melhor prestação ao administrado. Para alguns, corresponde ao conhecido princípio da boa administração; **E:** incorreta – eficácia não é propriamente um princípio, mas a aptidão para produzir efeitos.

Gabarito "C"

(Auditor Fiscal da Receita Federal – 2005 – ESAF) Os princípios constitucionais da legalidade e da moralidade vinculam-se, originalmente, à noção de administração

(A) patrimonialista.
(B) descentralizada.
(C) gerencial.
(D) centralizada.
(E) burocrática.

A administração *burocrática* direciona sua atenção ao controle de *meios*. Para isso, o respeito à legalidade e à moralidade são fundamentais. Já a administração gerencial direciona sua atenção ao controle de *fins* (de *resultados*). Por isso, o princípio da eficiência é fundamental.

Gabarito "E"

(Auditor Fiscal/Natal-RN – 2001 – ESAF) O ato de remoção de servidor público, de ofício, como forma de punição do mesmo, confronta o seguinte princípio da Administração Pública:

(A) legalidade.
(B) finalidade.
(C) publicidade.
(D) razoabilidade.
(E) ampla defesa.

O ato administrativo **remoção**, que consiste no deslocamento do servidor no âmbito do mesmo quadro funcional em que trabalha, tem por *finalidade* ou atender o *interesse da Administração* em organizar melhor o serviço público ou atender o *interesse do servidor*, por motivo de união de cônjuges ou companheiros, saúde ou outro interesse previsto na lei (vide art. 36 da Lei 8.112/1990). Ou seja, a finalidade da remoção não é de *punir*, de modo que quando se usa a remoção de um agente público com a finalidade de punir está-se ferindo o princípio da finalidade e, consequentemente, o princípio da impessoalidade.

Gabarito "B"

2. PODERES DA ADMINISTRAÇÃO PÚBLICA

Para resolver as questões deste item, vale citar as definições de cada poder administrativo apresentadas por Hely Lopes Meirelles, definições estas muito utilizadas em concursos públicos. Confira:

a) **poder vinculado** – "é aquele que o Direito Positivo – a lei – confere à Administração Pública para a prática de ato de sua competência, determinando os elementos e requisitos necessários à sua formalização";

b) **poder discricionário** – "é o que o Direito concede à Administração, de modo explícito, para a prática de atos administrativos com liberdade na escolha de sua conveniência, oportunidade e conteúdo";

c) **poder hierárquico** – "é o de que dispõe o Executivo para distribuir e escalonar as funções de seus órgãos, ordenar e rever a atuação de seus agentes, estabelecendo a relação de subordinação entre os servidores do seu quadro de pessoal";

d) **poder disciplinar** – "é a faculdade de punir internamente as infrações funcionais dos servidores e demais pessoas sujeitas à disciplina dos órgãos e serviços da Administração";

e) **poder regulamentar** – "é a faculdade de que dispõem os Chefes de Executivo (Presidente da República, Governadores e Prefeitos) de explicar a lei para sua correta execução, ou de expedir decretos autônomos sobre matéria de sua competência ainda não disciplinada por lei";

f) **poder de polícia** – "é a faculdade de que dispõe a Administração Pública para condicionar e restringir o uso e gozo de bens, atividades e direitos individuais, em benefício da coletividade ou do próprio Estado".

(**Direito Administrativo Brasileiro,** 26ª ed., São Paulo: Malheiros, p. 109 a 123)

2.1. PODER VINCULADO E DISCRICIONÁRIO

(Auditor Fiscal da Receita Federal – 2010 – ESAF) São elementos nucleares do poder discricionário da administração pública, passíveis de valoração pelo agente público:

(A) a conveniência e a oportunidade.
(B) a forma e a competência.
(C) o sujeito e a finalidade.
(D) a competência e o mérito.
(E) a finalidade e a forma.

A: correto, pois a conveniência e a oportunidade são justamente os aspectos de mérito do ato discricionário, aspectos esses que são valorados pelo agente público, não podendo ser controlados pelo Judiciário; **B:** incorreto, pois a *competência* e *forma* são, para Hely Lopes Meirelles, elementos sempre vinculados; **C:** incorreto, pois o *sujeito* (que deve ser competente) e a *finalidade* são, para Hely Lopes Meirelles, elementos sempre vinculados; **D:** incorreta, pois, apesar do *mérito* ser expressão do poder discricionário, a *competência* é um elemento sempre vinculado; **E:** incorreto, pois a *finalidade* e a *forma* são, para Hely Lopes Meirelles, elementos sempre vinculados.

Gabarito "A"

(Auditor Fiscal/Natal-RN – 2001 – ESAF) Assinale, entre os atos abaixo, aquele decorrente do poder vinculado da Administração Pública.

(A) Nomeação de servidor para o exercício de cargo de provimento em comissão.
(B) Decreto de desapropriação de imóvel urbano para construção de hospital público.
(C) Autorização para o uso temporário de área pública.
(D) Concessão do título de cidadão honorário do Município.
(E) Aposentadoria compulsória pelo implemento de idade.

A: incorreta. Trata-se de ato discricionário, pois esse tipo de nomeação é livre (art. 37, II, da CF/1988); **B:** incorreta. Trata-se de ato discricionário, pois o Chefe do Executivo tem liberdade para desapropriar ou não uma área e também para verificar qual imóvel é mais adequado para a desapropriação; **C:** incorreta. Trata-se de ato discricionário; aliás, a autorização é um *ato unilateral e discricionário, pela qual se faculta a uma pessoa, em proveito desta, o uso de um bem público*; **D:** incorreta. Trata-se de ato discricionário, pois os vereadores têm margem de liberdade para conceder ou não esse título a um cidadão; **E:** correta. Trata-se de ato vinculado, pois cumpridos os requisitos para a aposentadoria, a administração não tem margem de liberdade para conceder ou não a aposentadoria; a administração tem o dever de concedê-la.

Gabarito "E"

(Analista – MPU – 2004 – ESAF) Os poderes vinculado e discricionário, simultaneamente, podem ser exercidos pela autoridade administrativa, na prática de um determinado ato, ressalvado que esse último se restringe à conveniência e oportunidade, bem como quanto

(A) ao conteúdo.
(B) à forma.
(C) à finalidade.
(D) à competência.
(E) ao modo.

Poder discricionário é o que o Direito concede à Administração, de modo explícito, para a prática de atos administrativos com liberdade na escolha de sua *conveniência, oportunidade* e *conteúdo*. De fato, quanto ao conteúdo (e quanto ao motivo) é que incide a discricionariedade. Quanto à competência, à forma e à finalidade, o ato administrativo costuma ser regrado ou vinculado.

Gabarito "A"

2.2. PODER HIERÁRQUICO

(Procurador da Fazenda Nacional – 2007 – ESAF) A organização administrativa é baseada em dois pressupostos fundamentais: a distribuição de competências e a hierarquia. Nesse diapasão, quanto ao poder hierárquico, marque a opção incorreta.

(A) Hierarquia é o escalonamento em plano vertical dos órgãos e agentes da Administração que tem como objetivo a organização da função administrativa.

(B) Do sistema hierárquico na Administração decorrem alguns efeitos específicos, como o poder de comando, o dever de obediência, a fiscalização, o poder de revisão, a delegação e a avocação.

(C) Avocação é a transferência de atribuições de um órgão a outro no aparelho administrativo, abrangendo funções genéricas e comuns da Administração.

(D) Os órgãos consultivos, embora incluídos na hierarquia administrativa para fins disciplinares, fogem à relação hierárquica.

(E) Como resultado do poder hierárquico, a Administração é dotada da prerrogativa de ordenar, coordenar, controlar e corrigir as atividades de seus órgãos e agentes no seu âmbito interno.

A avocação é a transferência ***temporária*** de ***competências*** de um órgão inferior para um ***órgão superior*** hierarquicamente (art. 15 da Lei 9.784/1999).

Gabarito "C".

(Procurador da Fazenda Nacional – 2004 – ESAF) Sobre a delegação de competência administrativa, assinale a opção correta.

(A) É possível a delegação da decisão de recursos administrativos, ainda que não o seja para atos de caráter normativo.

(B) Em vista da necessidade de segurança jurídica aos atos da Administração, não se admite, em regra, que o ato de delegação seja revogável a qualquer tempo pela autoridade delegante.

(C) Não há a necessidade, como regra, de que o ato de delegação e o de sua revogação sejam publicados no meio oficial.

(D) As decisões adotadas por delegação consideram-se editadas pelo delegante.

(E) Se não houver impedimento legal, e for conveniente, em razão de circunstâncias de índole técnica, social, econômica, jurídica ou territorial, é possível a um órgão administrativo delegar parte de sua competência a outro órgão, ainda que este não lhe seja hierarquicamente subordinado.

O tema da delegação de atos administrativos está regulamentado pela Lei n. 9.784/1999, que determina a impossibilidade de delegação tanto de atos de decisão de recursos administrativos quanto de atos normativos (art. 13, I e II), o que torna incorreta a alternativa "A". A letra "B" também está errada, pois o ato de delegação é revogável a qualquer tempo pela autoridade delegante (art. 14, § 2º), considerando que o poder de decisão lhe é atribuído por lei e é irrenunciável. Como todo ato administrativo, devem obediência ao princípio da publicidade, sendo obrigatória a publicação em *Diário Oficial* do ato de delegação e sua revogação (art. 14), afastando-se a alternativa "C". As decisões adotadas por delegação devem mencionar explicitamente esta situação e serão consideradas como obra do agente delegado (art. 14, § 3º), dado que este não age em nome do delegante, mas no exercício da competência que lhe foi transmitida com base no poder hierárquico. Incorreta, portanto, a alternativa "D". A alternativa "E" é a única correta, pois expressa literalmente o disposto no art. 12 da Lei n. 9.784/1999, que define a delegação horizontal de competência, ou seja, entre órgãos que não se encontram vinculados por relação de hierarquia.

Gabarito "E".

(Analista – CGU – 2008 – ESAF) Decorrente da presença do poder hierárquico na Administração, afigura-se a questão da competência administrativa e sua delegação. Sobre o tema é correto afirmar, exceto:

(A) a competência é irrenunciável e se exerce pelos órgãos administrativos a que foi atribuída como própria, salvo os casos de delegação e avocação legalmente admitidos.

(B) um órgão administrativo e seu titular poderão, se não houver impedimento legal, delegar parte de sua competência a outros órgãos ou titulares, ainda que estes não lhe sejam hierarquicamente subordinados, quando for conveniente, em razão de circunstâncias de índole técnica, social, econômica, jurídica ou territorial.

(C) a edição de ato de caráter normativo não pode ser objeto de delegação.

(D) a decisão de recursos administrativos pode ser objeto de delegação.

(E) o ato de delegação e sua revogação deverão ser publicados no meio oficial.

D: incorreta – poder hierárquico consiste no poder de que dispõe o Executivo para distribuir e escalonar as funções de seus órgãos, ordenar e rever a atuação de seus agentes, estabelecendo uma relação de subordinação entre servidores de seu quadro de pessoal. Em razão dessa hierarquia, isto é, em virtude dessa relação de subordinação existente entre os vários órgãos e agentes *de um mesmo ente*, tem-se a possibilidade de delegação e avocação *dentro dos limites legalmente admitidos*. Em especial às delegações, são frequentes no âmbito administrativo e não podem ser recursadas pelo inferior (justamente em decorrência do poder hierárquico), bem como não podem ser subdelegadas sem autorização do delegante. Ainda, *não pode haver delegação de atribuição conferida pela lei especificamente a determinado órgão ou agente: é esse o caso dos recursos administrativos, os quais não podem ser objeto de delegação.*

Gabarito "D".

(Auditor do Tesouro Municipal/Natal-RN – 2001 – ESAF) A autoridade administrativa, que no exercício da sua competência funcional, cassa a autorização dada a um administrado, a qual era necessária, para legitimar determinada atividade por ele desempenhada, pratica ato compreendido, especificamente, nos seus poderes discricionários, hierárquico e de polícia.

Está incorreta esta assertiva, porque

(A) a cassação de autorização é ato necessariamente vinculado.

(B) a prática de ato dessa natureza não condiz, propriamente, com o exercício do poder hierárquico.

(C) a prática de ato dessa natureza não condiz com o exercício do poder discricionário.

(D) a prática de ato dessa natureza não condiz com o exercício do poder de polícia.

(E) a prática de ato dessa natureza não condiz com o exercício dos poderes discricionários e de polícia.

Está incorreta a afirmativa, pois o poder hierárquico não se relaciona com o exemplo, já que esse poder é exercido em face de agentes públicos e não em face dos particulares. No mais, o ato praticado pode ser discricionário ou vinculado (a depender da lei que regula a cassação do ato) e diz respeito ao poder de polícia, pois importa em autorizar ou não a prática de atividades pelos particulares.

Gabarito "B".

2.3. PODER DE POLÍCIA

(Procurador da Fazenda Nacional – 2007.2 – ESAF) Em relação ao Poder de Polícia, analise os itens a seguir e marque com (V) a assertiva verdadeira e com (F) a falsa, assinalando ao final a opção correspondente:

I. o Poder de Polícia que o Estado exerce pode incidir em duas áreas de atuação estatal: na administrativa e na judiciária, podendo ser apontada como principal diferença entre ambas o caráter preventivo da polícia judiciária.

II. a competência, a finalidade e a forma, acrescidas da proporcionalidade da sanção e da legalidade dos meios empregados pela Administração são atributos do Poder de Polícia.

III. a aplicação das sanções prescreve em cinco anos da ação punitiva da Administração Pública Federal, direta e indireta, no exercício do Poder de Polícia, sendo passível a interrupção e a suspensão da prescrição.

IV. quanto aos fins, o Poder de Polícia pode ser exercido para atender a interesse público ou particular.

V. a autoexecutoriedade é a possibilidade que tem a Administração de, com os próprios meios, por em execução as suas decisões, sem precisar recorrer previamente ao Poder Judiciário.

(A) V, V, F, F, F
(B) V, F, F, V, V
(C) F, F, V, F, V
(D) F, V, V, F, V
(E) V, F, V, V, F

I: é falsa por dois motivos; primeiro, porque o poder de polícia incide em duas áreas estatais: na legislativa e na executiva; em sentido amplo, poder de polícia abrange as leis e os atos administrativos que condicionam a liberdade e a propriedade das pessoas; a atividade judiciária nada tem a ver com o poder de polícia; segundo, porque a polícia administrativa (poder de polícia em sentido estrito) pode ser tanto preventiva como repressiva; já a polícia judiciária normalmente é repressiva; **II:** é falsa, pois os institutos jurídicos relacionados na alternativa são ***requisitos de validade*** do ato administrativo, e não atributos (os atributos são presunção de legitimidade, imperatividade, exigibilidade, autoexecutoriedade e tipicidade); **III:** é verdadeira, de acordo com os arts. 1º, 2º e 3º da Lei 9.873/1999; **IV:** é falsa, pois o poder de polícia tem por objetivo atender os interesses da coletividade; **V:** é verdadeira, pois, pela autoexecutoriedade a administração pode fazer acontecer suas decisões, mediante coação direta, sem ter que recorrer ao Poder Judiciário.

Gabarito "C".

(Advogado – IRB – 2006 – ESAF) Considerando que o poder de polícia pode incidir em duas áreas de atuação estatal, a administrativa e a judiciária, relacione cada área de atuação com a respectiva característica e aponte a ordem correta.

(1) Polícia Administrativa
(2) Polícia Judiciária

( ) Atua sobre bens, direitos ou atividades.
( ) Pune infratores da lei penal.
( ) É privativa de corporações especializadas.
( ) Atua preventiva ou repressivamente na área do ilícito administrativo.
( ) Sua atuação incide apenas sobre as pessoas.

(A) 1/2/2/1/2
(B) 2/1/2/1/2
(C) 2/2/2/1/1
(D) 1/2/1/1/2
(E) 1/2/2/2/1

Não se pode confundir a polícia administrativa (exs.: fiscalizações de vigilância sanitária, de trânsito e de construções), com a polícia judiciária (ex.: investigação feita pela polícia civil); tais polícias têm as seguintes diferenças: i) a primeira age sobre ilícitos administrativos, ao passo que a segunda age sobre ilícitos penais; ii) a primeira age sobre bens, direitos ou atividades, ao passo que a segunda age sobre pessoas; iii) a primeira atua por variados órgãos, ao passo que a segunda atua por corporações especializadas, no caso, pela polícia civil e pela polícia federal; iv) a primeira tem atuação preventiva, repressiva e punitiva, ao passo que a segunda costuma atuar repressivamente, voltada a investigar ilícitos penais; v) a primeira é custeada por taxas, ao passo que a segunda, por impostos. Dessa forma, a alternativa "a" é a única que traz as correspondências adequadas.

Gabarito "A".

(Analista – CGU – 2012 – ESAF) Assinale a opção que contempla três atributos do poder de polícia.

(A) Discricionariedade, autoexecutoriedade e coercibilidade.
(B) Vinculação, coercibilidade e delegabilidade.
(C) Razoabilidade, proporcionalidade e legalidade.
(D) Hierarquia, discricionariedade e delegabilidade.
(E) Coercibilidade, hierarquia e vinculação.

A: correta – o poder de polícia possui atributos peculiares para que seu exercício seja possível. A discricionariedade é a possibilidade de livre escolha pela Administração Pública, dentro dos limites traçados pela lei, da oportunidade e conveniência em exercer o poder de polícia e aplicar as sanções e empregar os meios apropriados para o atingimento da finalidade perseguida; a autoexecutoriedade é a faculdade que possui a Administração de decidir e executar diretamente e por seus próprios meios suas decisões, sem precisar recorrer ao Poder Judiciário para tanto e, por fim, a coercibilidade consiste na imposição coativa das medidas adotadas pela Administração, até mesmo com o emprego da força pública para seu cumprimento.

Gabarito "A".

(Auditor Fiscal do Trabalho – 2010 – ESAF) Ao exercer o poder de polícia, o agente público percorre determinado ciclo até a aplicação da sanção, também chamado ciclo de polícia. Identifique, entre as opções abaixo, a fase que pode ou não estar presente na atuação da polícia administrativa.

(A) Ordem de polícia.
(B) Consentimento de polícia.

(C) Sanção de polícia.
(D) Fiscalização de polícia.
(E) Aplicação da pena criminal.

A: incorreta, pois a ordem de polícia está *sempre* presente na polícia administrativa, mesmo quando há consentimento, pois o consentimento está sempre ligado a ordens de como dada atividade deve ser exercida; por exemplo, o consentimento para alguém construir uma casa (licença para construir) traz uma série de ordens de como deverá se desenvolver a construção; **B:** correta, pois o consentimento de polícia *nem sempre* vai acontecer; por exemplo, a polícia administrativa de trânsito não pode consentir que alguém, sem carteira de habilitação, continue dirigindo veículo automotor; **C:** incorreta, pois a sanção de polícia está *sempre* presente, ainda que em sentido potencial, pois, descumprido um dever de não fazer (próprio do poder de polícia), uma sanção respectiva deverá ser aplicada; **D:** incorreta, pois a polícia administrativa trabalha *sempre* com a fiscalização; **E:** incorreta, pois a polícia administrativa *nunca* pode aplicar a pena criminal.

Gabarito "B"

2.4. PODERES ADMINISTRATIVOS COMBINADOS

(Analista – CGU – 2012 – ESAF) A Coluna I abaixo traz exemplos de atos punitivos da Administração enquanto que na Coluna II encontram-se os fundamentos de sua prática. Correlacione as colunas para, ao final, assinalar a opção que contenha a sequência correta.

Coluna I

( ) Penalidade de Demissão
( ) Multa de Trânsito
( ) Apreensão de Veículo
( ) Declaração de Inidoneidade para Licitar ou Contratar com a Administração Pública

Coluna II

(1) Poder Disciplinar
(2) Poder de Polícia

(A) 1 / 1 / 2 / 2
(B) 2 / 1 / 2 / 2
(C) 1 / 2 / 2 / 1
(D) 1 / 2 / 2 / 2
(E) 2 / 2 / 1 / 2

C: correta – o poder disciplinar consiste na faculdade de punir internamente as infrações funcionais de servidores e demais pessoas sujeitas à disciplina nos órgãos e serviços da Administração. Ela decorre de um vínculo de sujeição especial que essas pessoas possuem para com a Administração Pública em virtude de uma relação de qualquer natureza existente entre eles. É o caso da aplicação da penalidade de demissão ou ainda da pena de declaração de inidoneidade para contratar com a Administração Pública. Já o poder de polícia consiste na faculdade de que dispõe a Administração Pública para condicionar e limitar a liberdade e a propriedade individual em prol do bem comum. Ele atua em caráter geral, isto é, independentemente da existência de uma relação específica entre a Administração e determinada pessoa, abrangendo a todos nos limites previstos pela lei. No caso desta assertiva, temos como exemplo de poder de polícia a aplicação de multas de trânsito ou ainda a apreensão de veículos.

Gabarito "C"

(Analista – MDICE – 2012 – ESAF) Correlacione as colunas I e II, distinguindo as polícias administrativa e judiciária. Ao final, assinale a opção que contenha a sequência correta para a coluna II.

COLUNA I

(1) Polícia Administrativa.
(2) Polícia Judiciária.

COLUNA II

( ) Atuação predominantemente voltada para as pessoas.
( ) Atuação voltada para as atividades das pessoas.
( ) Preparatória para a repressão penal.
( ) Relaciona-se com o valor contido na liberdade de ir e vir.
( ) Relaciona-se com os valores informadores dos interesses gerais, convivenciais.

(A) 1, 1, 2, 1, 2
(B) 2, 2, 1, 1, 1
(C) 1, 2, 1, 2, 1
(D) 2, 1, 2, 2, 1
(E) 1, 2, 2, 1, 1

Embora tanto a polícia administrativa como a polícia judiciária tenham traços repressivos, a primeira tem caráter mais preventivo do que propriamente repressivo, visando, tão somente, impedir ou paralisar atividades antissociais. Já a polícia judiciária tem a função de reprimir a atividade dos delinquentes através da instrução criminal e aplicação da lei penal. Volta-se, destarte, à responsabilização dos infratores da ordem jurídica. Daí porque se pode afirmar que a polícia judiciária direciona-se predominantemente para as pessoas, sendo preparatória para a repressão penal e ligada ao valor contido na liberdade de ir e vir, ao passo que a polícia administrativa volta-se para *a atividade* das pessoas, relacionando-se com os valores informadores dos interesses gerais, condicionando ou restringindo a liberdade e a propriedade em prol do bem comum.

Gabarito "D"

(Auditor Fiscal/CE – 2006 – ESAF) A aplicação da penalidade de advertência a servidor público infrator, por sua chefia imediata, é ato administrativo que expressa a manifestação do poder

(A) hierárquico.
(B) regulamentar.
(C) de polícia.
(D) disciplinar.
(E) vinculado.

O exemplo narra a aplicação de uma penalidade por uma falta disciplinar de um agente público. Portanto, trata-se do *poder disciplinar*.

Gabarito "D"

(Analista – MPU – 2004 – ESAF) Quanto aos poderes administrativos, assinale a afirmativa falsa.

(A) A esfera discricionária nos regulamentos de organização é maior do que aquela nos regulamentos normativos.
(B) O poder disciplinar pode alcançar particulares, desde que vinculados ao Poder Público mediante contratos.
(C) No âmbito do poder hierárquico, insere-se a faculdade de revogar-se atos de órgãos inferiores, considerados inconvenientes, de ofício ou por provocação.

(D) A regra quanto à avocação de competências determina a sua possibilidade, desde que a competência a ser avocada não seja privativa do órgão subordinado.

(E) O poder de polícia administrativa pode se dar em diversas gradações, finalizando, em todas as situações, com a autoexecutoriedade, pela qual o administrado é materialmente compelido a cumprir a determinação administrativa.

A: verdadeira, pois os *regulamentos normativos* estão limitados a regulamentar determinada norma, por exemplo, uma lei X, e, nesse sentido, têm seu âmbito de liberdade limitado por essa lei; já os *regulamentos de organização* são regulamentos em que o órgão da Administração recebe da lei poder regulamentar para regular matérias que têm os seus princípios e limites fixados na legislação, mas sem estarem contidos num só diploma que seja preciso completar, o que, naturalmente, confere maior margem de liberdade de atuação; **B:** verdadeira, pois o conceito doutrinário de poder disciplinar abrange essa possibilidade – "é a faculdade de punir internamente as infrações funcionais dos servidores *e demais pessoas sujeitas à disciplina dos órgãos e serviços da Administração*" ; **C:** verdadeira, pois o conceito doutrinário de poder hierárquico abrange essa possibilidade – "é o de que dispõe o Executivo para distribuir e escalonar as funções de seus órgãos, ordenar e *rever* a atuação de seus agentes, estabelecendo a relação de subordinação entre os servidores do seu quadro de pessoal"; **D:** verdadeira, pois não existe essa limitação no art. 15 da Lei 9.784/99; **E:** falsa, pois a administração só pode usar a força (autoexecutoriedade) quando a lei expressamente determinar ou quando não houver tempo para buscar a prestação jurisdicional.

Gabarito "E"

(Auditor Fiscal da Receita Federal – 2005 – ESAF) Considerando-se os poderes administrativos, relacione cada poder com o respectivo ato administrativo e aponte a ordem correta.

1. poder vinculado
2. poder de polícia
3. poder hierárquico
4. poder regulamentar
5. poder disciplinar

( ) decreto estadual sobre transporte intermunicipal
( ) alvará para construção de imóvel comercial
( ) aplicação de penalidade administrativa a servidor
( ) avocação de competência por autoridade superior
( ) apreensão de mercadoria ilegal na alfândega

(A) 3/2/5/4/1
(B) 1/2/3/5/4
(C) 4/1/5/3/2
(D) 2/5/4/1/3
(E) 4/1/2/3/5

Confira os conceitos de cada um dos poderes abaixo relacionados na questão. **Poder vinculado** é aquele em que a administração só tem uma opção de atuação. **Poder discricionário** é aquele em que a administração tem margem de liberdade para atuar. **Poder de polícia** é o direito de administração condicionar a liberdade e a propriedade das pessoas às exigências do interesse público. **Poder hierárquico** é o direito de organizar os trabalhos e fiscalizar a atuação dos subordinados. **Poder disciplinar** é o direito de aplicar penalidades aos agentes públicos que cometerem faltas disciplinares. **Poder regulamentar** é aquele conferido ao Chefe do Poder Executivo para explicar a lei, com vistas à sua aplicação. O "decreto estadual sobre transporte intermunicipal" é expressão do poder regulamentar (item 4), pois é elaborado pelo Chefe do Executivo para regulamentar o transporte coletivo. O "alvará para construção de imóvel comercial" é expressão do poder vinculado (item 1), pois a lei define clara e objetivamente os requisitos para concessão desse tipo de alvará, cujo conteúdo é uma licença. A "aplicação de penalidade administrativa a servidor" é expressão do poder disciplinar (item 5). A "avocação de competência por autoridade superior" é expressão do poder hierárquico (item 3), pois este poder abrange, dentre outras, as faculdades de *dar ordens*, *fiscalizar* o seu cumprimento, *delegar* e *avocar* atribuições, bem como *rever* os atos dos agentes inferiores. A "apreensão de mercadoria ilegal na alfândega" é expressão do poder de polícia (item 2), pois este poder importa em restringir a liberdade e a propriedade das pessoas, em benefício da coletividade.

Gabarito "C"

(Técnico da Receita Federal – 2002.1 – ESAF) Os poderes vinculados e discricionários se opõem entre si, quanto à liberdade da autoridade na prática de determinado ato, os hierárquico e disciplinar se equivalem, com relação ao público interno da Administração a que se destinam, enquanto os de polícia e regulamentar podem se opor e/ou se equiparar, em cada caso, quer no tocante a seus destinatários (público interno e/ou externo) como no atinente à liberdade na sua formulação (em tese tais atos tanto podem conter aspectos vinculados e discricionários, como podem se dirigir a público interno e/ou externo da Administração).

(A) Correta a assertiva.
(B) Incorreta a assertiva, porque o poder de polícia é sempre e necessariamente vinculado, só se dirigindo a público externo.
(C) Incorreta a assertiva, porque o poder regulamentar é sempre e necessariamente discricionário, só se dirigindo a um público interno.
(D) Incorreta a assertiva, porque o poder de polícia é sempre necessariamente discricionário, só se dirigindo a um público interno.
(E) Incorreta a assertiva, porque o poder regulamentar é sempre e necessariamente vinculado, só se dirigindo a um público externo.

As três afirmações estão corretas. A primeira afirmativa (poderes vinculados e discricionários) é verdadeira, pois a existência ou não de margem de liberdade à autoridade é o que contrapõe os dois poderes; no poder vinculado não há margem liberdade para o agente público; já no discricionário, há margem de liberdade. A segunda afirmativa (poderes hierárquico e disciplinar) é verdadeira, pois os dois se dirigem ao público interno da Administração, no caso, aos agentes públicos. A terceira afirmativa (poderes de polícia e regulamentar) também é verdadeira, pois os dois poderes podem se dirigir para ao público interno e externo da Administração (o poder de polícia se exerce contra particulares e contra a administração também; uma obra de um banco estatal, por exemplo, pode ser embargada pela Prefeitura) e os dois poderes podem conter aspectos vinculados e discricionários (a lei que ditar o poder de polícia e o poder regulamentar pode trazer ou não margem de liberdade para o agente público; por exemplo, as leis de trânsito costumam trazer poderes vinculados ao agente público; já a lei que trata da defesa do pudor público, costuma trazer poderes discricionários).

Gabarito "A"

(Técnico da Receita Federal – 2003 – ESAF) O ato de autoridade administrativa que aplica uma penalidade de advertência a servidor seu subordinado, pela inobservância de um determinado dever funcional, estará contido no contexto, particularmente, do exercício regular de seu poder

(A) discricionário e de polícia.
(B) discricionário e de império.
(C) disciplinar e hierárquico.
(D) regulamentar e de polícia.
(E) vinculado e de gestão.

Trata-se de poder disciplinar, pois diz respeito à aplicação de uma pena por conta de uma falta disciplinar de um agente público. O poder disciplinar é especial em relação ao poder hierárquico, que é mais abrangente. Todavia, como, no exemplo dado pela questão, quem tem competência para aplicar a penalidade disciplinar é o superior hierárquico, o poder hierárquico também é pertinente à situação narrada.

Gabarito "C"

(Fiscal de Tributos/PA – 2002 – ESAF) A aplicação de uma penalidade de trânsito, por desrespeito à legislação desta matéria, decorre do seguinte poder:

(A) disciplinar.
(B) normativo.
(C) de polícia.
(D) regulamentar.
(E) hierárquico.

Trata-se de poder de polícia, enquadrando-se perfeitamente na sua definição: "é a faculdade de que dispõe a Administração Pública para condicionar e restringir o uso e gozo de bens, atividades e direitos individuais, em benefício da coletividade ou do próprio Estado." (Hely Lopes Meirelles).

Gabarito "C"

(Auditor do Tesouro Municipal/Recife-PE – 2003 – ESAF) Considerando-se os poderes administrativos, relacione cada poder com o respectivo ato administrativo e aponte a ordem correta:

1. poder vinculado
2. poder de polícia
3. poder hierárquico
4. poder regulamentar
5. poder disciplinar

( ) decreto estadual sobre ICMS.
( ) ato de autorização para funcionamento de estabelecimento comercial.
( ) apreensão de mercadoria estragada em depósito alimentício.
( ) aplicação de penalidade administrativa a servidor desidioso.
( ) delegação de competência a autoridade inferior.

(A) 3/2/5/4/1
(B) 4/1/2/5/3
(C) 1/2/3/5/4
(D) 2/5/4/1/3
(E) 3/1/2/4/5

"O decreto estadual sobre ICMS" encerra poder regulamentar (item 4), pois é de competência do Chefe do Executivo e consiste em regulamentar a lei do ICMS. O "ato de autorização para funcionamento de estabelecimento comercial" é vinculado (item 1), pois preenchidos os requisitos legais (que estão bem claros e objetivos na lei), a licença deve ser dada. A "apreensão de mercadoria estragada em depósito alimentício" é expressão do poder de polícia (item 2), pois importa na limitação da liberdade e da propriedade em prol da coletividade. A "aplicação de penalidade administrativa a servidor desidioso" é expressão do poder disciplinar (item 5), pois importa na aplicação de pena por infração disciplinar por parte do servidor. A "delegação de competência a autoridade inferior" é expressão do poder hierárquico (item 3), pois este poder abrange, dentre outras, as faculdades de *dar ordens*, *fiscalizar* o seu cumprimento, *delegar* e *avocar* atribuições, bem como *rever* os atos dos agentes inferiores.

Gabarito "B"

3. ATOS ADMINISTRATIVOS

3.1. CONCEITO, PERFEIÇÃO, VALIDADE E EFICÁCIA

(Analista – MPU – 2004 – ESAF) O ato administrativo goza da presunção de legitimidade, mas, quando dele decorrerem efeitos favoráveis, para seus destinatários e estiver eivado de vício insanável de legalidade, a Administração tem o direito de anulá-lo

(A) enquanto não produzir efeitos.
(B) no prazo decadencial de 5 anos.
(C) a qualquer tempo.
(D) no prazo prescricional de 10 anos.
(E) no prazo decadencial de 2 anos.

Art. 54 da Lei 9.784/1999.

Gabarito "B"

(MPU –2004 – ESAF) Os atos administrativos, mesmo quando eivados de vícios passíveis de invalidá-los, gozam de atributo da presunção de legitimidade, o que

(A) autoriza sua imediata execução ou operacionalidade.
(B) impede sua anulação pela própria Administração.
(C) não admite impugnação nem prova em contrário.
(D) só admite sua anulação por decisão judicial.
(E) garante validade aos direitos produzidos, até antes de serem anulados.

A: correta, pois, conforme já se viu, o fato de o ato administrativo gozar da presunção mencionada faz com que este pode ser imediatamente executado; **B:** incorreta, pois a Administração deve anular seus atos, quando estes forem ilegais (art. 53 da Lei 9.784/99); **C:** incorreta, pois a presunção de legitimidade é relativa (*juris tantum*), e não absoluta (*juris et de jure*), ou seja, trata-se de uma presunção que admite prova em contrário, com vistas ao desfazimento do ato; **D:** incorreta, pois a Administração não só pode, como deve anular seus atos (art. 53 da Lei 9.784/99); **E:** incorreta, pois a presunção de legitimidade garante a validade do *ato administrativo* praticado.

Gabarito "A"

(Analista – MPU – 2004 – ESAF) Um dos elementos essenciais à validade, dos atos administrativos, é a motivação, que consiste na indicação dos seus pressupostos fáticos e jurídicos, o que porém e preterível, naqueles que

(A) importem anulação ou revogação de outro anterior.
(B) dispensem ou declarem inexigível licitação.

(C) apliquem jurisprudência indicada em parecer adotado.

(D) importem ou agravem encargos ou sanções.

(E) neguem, limitem ou afetem direitos.

A alternativa "c" traz a interpretação *a contrario sensu* do art. 50, VII, da Lei 9.784/1999. Caso ao ato não se aplicasse a jurisprudência ou o parecer anterior, não seria possível sua prática sem a motivação. As demais alternativas ("a", "b", "d" e "e") trazem caso em que a motivação não pode ser preterida (*vide* os demais incisos do art. 50 da Lei 9.784/1999.

Gabarito "C"

(Analista – MPU – 2004 – ESAF) O estudo dos atos funcionais do Estado foi desenvolvido, entre nós, por Miguel Seabra Fagundes. Pela sua doutrina, os atos funcionais podem classificar-se sob o critério formal e material. Assinale, entre os atos legislativos abaixo, aquele que se classifica, materialmente, como ato administrativo, decorrente de função administrativa do Estado.

(A) Medida provisória sobre política salarial.

(B) Código Civil.

(C) Lei municipal sobre zoneamento urbano.

(D) Lei orçamentária estadual.

(E) Emenda à Constituição Federal, alterando a ordem tributária.

Quanto à função, o Estado tem funções legislativas, jurisdicionais e executivas (ou administrativas). Analisando os atos funcionais partindo dos critérios material e formal chega-se à conclusão de que, formalmente falando, a lei orçamentária estadual (alternativa "d") é um ato legislativo, porém, materialmente falando, ou seja no sentido que diz respeito à natureza dos atos praticados, essa lei traz um comando administrativo, decorrente da função administrativa do Estado.

Gabarito "D"

(Auditor Fiscal da Receita Federal – 2002.2 – ESAF) Os vícios do ato administrativo estão previstos na lei que regulamenta o seguinte instituto de controle do Poder Público:

(A) mandado de segurança.

(B) ação popular.

(C) ação direta de inconstitucionalidade.

(D) ação civil pública.

(E) mandado de injunção.

Os vícios dos atos administrativos estão regulamentados no art. 2º da Lei 4.717/1965 (Lei de Ação Popular).

Gabarito "B"

(Auditor Fiscal da Receita Federal – 2002.1 – ESAF) O Decreto do Prefeito Municipal que, desejando aumentar a receita pública local para suprir necessidade de abertura de novas escolas públicas, regulamenta norma tributária, em desacordo com a lei, padece de vício quanto ao seguinte elemento do ato administrativo:

(A) finalidade.

(B) objeto.

(C) motivo.

(D) forma.

(E) competência.

Segundo a alínea *c* do parágrafo único do art. 2º da Lei 4.717/1965 ocorre vício no objetivo quando "o resultado do ato importa em violação de lei, regulamento ou outro ato normativo", justamente o que acontece no caso em tela, em que houve "desacordo com a lei", ou seja, "violação da lei".

Gabarito "B"

3.2. REQUISITOS DO ATO ADMINISTRATIVO (ELEMENTOS, PRESSUPOSTOS)

Para resolver as questões sobre os requisitos do ato administrativo, vale a pena trazer alguns elementos doutrinários. Confira:

Requisitos do ato administrativo (são requisitos para que o ato seja válido)

– **Competência:** *é a atribuição legal de cargos, órgãos e entidades*. São vícios de competência os seguintes: a1) usurpação de função: alguém se faz passar por agente público sem o ser, ocasião em que o ato será inexistente; a2) excesso de poder: alguém que é agente público acaba por exceder os limites de sua competência (ex.: fiscal do sossego que multa um bar que visita por falta de higiene); o excesso de poder torna nulo ato, salvo em caso de incompetência relativa, em que o ato é considerado anulável; a3) função de fato: exercida por agente que está irregularmente investido em cargo público, apesar de a situação ter aparência de legalidade; nesse caso, s praticados serão considerados válidos, se houver boa-fé.

– **Objeto:** *é o conteúdo do ato, aquilo que o ato dispõe, decide, enuncia, opina ou modifica na ordem jurídica*. O objeto deve ser lícito, possível e determinável, sob pena de nulidade. Ex.: o objeto de um alvará para construir é a licença.

– **Forma:** *são as formalidades necessárias para a seriedade do ato*. A seriedade do ato impõe a) respeito à forma propriamente dita; b) motivação.

– **Motivo:** *fundamento de fato e de direito que autoriza a expedição do ato*. Ex.: o motivo da interdição de estabelecimento consiste no fato de este não ter licença (motivo de fato) e de a lei proibir o funcionamento sem licença (motivo de direito). Pela Teoria dos Motivos Determinantes, o motivo invocado para a prática do ato condiciona sua validade. Provando-se que o motivo é inexistente, falso ou mal qualificado, o ato será considerado nulo.

– **Finalidade:** *é o bem jurídico objetivado pelo ato*. Ex.: proteger a paz pública, a salubridade, a ordem pública. Cada ato administrativo tem uma finalidade. **Desvio de poder (ou de finalidade):** *ocorre quando um agente exerce uma competência que possuía, mas para alcançar finalidade diversa daquela para a qual foi criada*. Não confunda o excesso de poder (vício de sujeito) com o desvio de poder (vício de finalidade), espécies do gênero abuso de autoridade.

(Procuradoria Distrital – 2007 – ESAF) À luz da teoria dos Atos Administrativos, marque a assertiva correta.

(A) No peculiar magistério de Celso Antônio Bandeira de Mello sobre os pressupostos de validez do ato administrativo, a CAUSA se identifica com a situação de fato que determina ou autoriza a prática do ato administrativo.

(B) Prevalece no direito administrativo brasileiro a teoria unitária quanto aos graus de invalidade do ato administrativo.

(C) Diogo de Figueiredo Moreira Neto, em sua Teoria do Aperfeiçoamento da Relação Jurídica com Defeito de Legalidade, formula o conceito do fato sanatório, o qual ocorre com a consumação da prescrição, tanto introversa quanto extroversa.

(D) Com relação a vício ligado ao motivo, como elemento do ato administrativo, é possível a convalidação.

(E) Segundo Celso Antônio Bandeira de Mello, diante da errônea suposição da existência de uma situação de fato, que autorizaria ou determinaria a prática do ato, há a possibilidade de revogação do ato administrativo.

A: incorreta, a definição dada na alternativa é de MOTIVO; para Celso Antônio CAUSA é o vínculo de pertinência entre o motivo e o conteúdo do ato, ou seja, causa tem a ver com a análise da razoabilidade e da proporcionalidade do ato administrativo; é bom lembrar que, para Celso Antônio, são elementos de existência do ato administrativo o ***objeto*** e a ***pertinência do ato à função administrativa***; e são pressupostos de validade o ***sujeito***, o ***motivo***, os ***requisitos procedimentais***, a ***finalidade***, a ***causa*** e a ***formalização***; **B:** incorreta, para a teoria unitária o único grau de invalidade do ato administrativo é a ***nulidade***; todavia, a Lei 9.784/1999 admite a existência não só de atos administrativos nulos, como também de anuláveis (art. 55), o que faz cair por terra a teoria unitária; aliás, para alguns juristas, como Celso Antônio Bandeira de Mello, há ainda uma terceira categoria de atos viciados: os atos inexistentes, que não podem ser objetos de conversão (instituto aplicável aos atos nulos) e ensejam direito de resistência por parte dos administrados; **C:** correta; Diogo de Figueiredo Moreira Neto, ao tratar da sanatória, como forma de resolver problemas de legalidade, divide-a em duas espécies: a) os atos sanatórios (ratificação, reforma e conversão); b) e os fatos sanatórios (prescrição); a prescrição introversa ocorre caso a Administração não possa mais rever seus atos (prescrição administrativa), ao passo que a extroversa ocorre na hipótese de o Judiciário não poder mais atacar o ato ilegal (**Curso de Direito Administrativo**, 14ª ed., São Paulo: Forense, pp. 215/219); **D:** incorreta, pois não é possível a convalidação quanto ao motivo, em virtude da teoria dos motivos determinantes, pela qual a existência do motivo condiciona a validade do ato; **E:** incorreta, pois o caso é de anulação (por existir ilegalidade), e não de revogação (porque não se trata de inconveniência).

Gabarito "C"

(Procurador da Fazenda Nacional – 2003 – ESAF) A remoção de ofício de servidor público como punição por algum ato por ele praticado caracteriza vício quanto ao seguinte elemento do ato administrativo:

(A) motivo

(B) forma

(C) finalidade

(D) objeto

(E) competência

A finalidade, como elemento do ato administrativo, deve sempre ser o interesse público. Qualquer ato praticado com objetivo diverso, de índole pessoal, é anulável por desvio de finalidade. A remoção de ofício de servidor deve ser realizada no interesse da Administração Pública, entendido este interesse como o melhor para a prestação do serviço público, e não como punição. As sanções disciplinares previstas na Lei n. 8.112/1990 são os atos previsto para punir o servidor faltoso, não se podendo usar outro instituto (a remoção de ofício) para este fim.

Gabarito "C"

(Advogado – IRB – 2006 – ESAF) Assinale a opção que veicula, concomitantemente, elementos do ato administrativo e do ato jurídico *lato sensu*:

(A) agente/motivo/objeto

(B) motivo/finalidade/forma

(C) motivo/objeto/forma

(D) finalidade/agente/objeto

(E) agente/forma/objeto

A: incorreta, pois o motivo não é um elemento dos atos jurídicos em geral, mas apenas dos atos administrativos; **B:** incorreta, pois o motivo e a finalidade não são elementos dos atos jurídicos em geral, mas apenas dos atos administrativos; **C:** incorreta, pois o motivo não é elemento dos atos jurídicos em geral, mas apenas dos atos administrativos; **D:** incorreta, pois a finalidade não é elemento dos atos jurídicos em geral, mas apenas dos atos administrativos; **E:** correta, pois os elementos citados são elementos tanto dos atos jurídicos em geral, como dos atos administrativos.

Gabarito "E"

(Advogado – IRB – 2006 – ESAF) Tício, servidor público de uma Autarquia Federal, aprovado em concurso público de provas e títulos, ao tomar posse, descobre que seria chefiado pelo Sr. Abel, pessoa com quem sua família havia cortado relações, desde a época de seus avós, sem que Tício soubesse sequer o motivo. Depois de sua primeira semana de trabalho, apesar da indiferença de seu chefe, Tício sentia-se feliz, era seu primeiro trabalho depois de tanto estudar para o concurso ao qual se submetera. Qual não foi sua surpresa ao descobrir, em sua segunda semana de trabalho, que havia sido removido para a cidade de São Paulo, devendo, em trinta dias adaptar-se para se apresentar ao seu novo chefe, naquela localidade. Considerando essa situação hipotética e os preceitos, a doutrina e a jurisprudência do Direito Administrativo Brasileiro, assinale a única opção correta.

(A) A conduta do Sr. Abel não merece reparos, posto que amparada pela lei.

(B) O Sr. Abel agiu com excesso de poder, razão pela qual seu ato padece de vício.

(C) O Sr. Abel agiu corretamente, na medida em que Tício ainda se encontrava em estágio probatório.

(D) O Sr. Abel incidiu em desvio de finalidade, razão pela qual o ato por ele praticado merece ser anulado.

(E) Considerando que o ato do Sr. Abel padece de vício, o mesmo deverá ser revogado.

O ato administrativo "remoção" tem finalidades específicas, quais sejam, organizar melhor a prestação do serviço ou atender a interesse de servidor público em ser removido. Esse ato não pode ser utilizado para finalidade diversa, sob pena de se configurar o chamado desvio de poder ou desvio de finalidade. No caso em tela, a remoção promovida pelo Sr. Abel, feita por motivos de ordem pessoal, não atendeu às finalidades previstas na lei, de maneira a configurar o desvio de finalidade, razão pela qual o ato por ele praticado poderá ser anulado, devendo ser assinalada a alternativa "d".

Gabarito "D"

(Técnico Administrativo – MPU –2004 – ESAF) Entre os requisitos ou elementos sempre essenciais de validade dos atos administrativos, que lhes são característicos e cuja preterição torna-os passível de nulidade, destacam-se

(A) agente capaz e forma própria ou não defesa em lei.
(B) agente capaz, motivo e objeto não vedado em lei.
(C) competência, motivo e finalidade de interesse público.
(D) forma própria e objeto previsto ou não vedado em lei.
(E) objeto e forma previstos ou não vedados em lei.

Os requisitos de validade do ato administrativo são: competência, objeto, forma, motivo e finalidade. Quanto ao objeto, é certo dizer que este deve ser lícito, possível, determinável e moral. Quanto à forma, deve ser a prescrita em lei. Portanto, a alternativa "c" está correta.

Gabarito "C"

(Auditor Fiscal da Receita Federal – 2010 – ESAF) Quanto à competência para a prática dos atos administrativos, assinale a assertiva incorreta.

(A) Não se presume a competência administrativa para a prática de qualquer ato; necessária previsão normativa expressa.
(B) A definição da competência decorre de critérios em razão da matéria, da hierarquia e do lugar, entre outros.
(C) A competência é, em regra, inderrogável e improrrogável.
(D) Admite-se, excepcionalmente, a avocação e a delegação de competência administrativa pela autoridade superior competente, nos limites definidos em lei.
(E) Com o ato de delegação, a competência para a prática do ato administrativo deixa de pertencer à autoridade delegante em favor da autoridade delegada.

A: correta, pois a competência não se presume, devendo estar expressa na lei; **B:** correta, pois a competência é fixada a partir dos critérios citados, além de outros como, por exemplo, o critério do *valor*; **C:** correta, pois a lei é expressa no sentido de que a competência é *irrenunciável* (art. 11 da Lei 9.784/1999); **D:** correta (art. 11, parte final, da Lei 9.784/1999); **E:** incorreta, pois a delegação pode, inclusive, ser revogada pelo delegante (art. 14, § 2º, da Lei 9.784/1999).

Gabarito "E"

(Auditor Fiscal da Receita Federal – 2005 – ESAF) Analise o seguinte ato administrativo: O Governador do Estado Y baixa Decreto declarando um imóvel urbano de utilidade pública, para fins de desapropriação, para a construção de uma cadeia pública, por necessidade de vagas no sistema prisional. Identifique os elementos desse ato, correlacionando as duas colunas.

1. Governador do Estado
2. Interesse Público
3. Decreto
4. Necessidade de vagas no sistema prisional
5. Declaração de utilidade pública

( ) finalidade
( ) forma
( ) motivo
( ) objeto
( ) competência

(A) 4/3/5/2/1
(B) 4/3/2/5/1
(C) 2/3/4/5/1
(D) 5/3/2/4/1
(E) 2/3/5/4/1

A finalidade do ato é o "interesse público" (item 2); a forma é o "decreto" (item 3); o "motivo" da prática do ato é a "necessidade de vagas no sistema prisional" (item 4), ou seja, tal necessidade é o fato que autoriza a prática do ato; "objeto" do ato, ou seja, o seu conteúdo é a "declaração de utilidade pública" (item 5); e agente público que tem competência para prática de ato é o "governador" (item 1).

Gabarito "C"

(Auditor Fiscal do Trabalho – 2010 – ESAF) Sabendo-se que o agente público, ao utilizar-se do poder que lhe foi conferido para atender o interesse público, por vezes o faz de forma abusiva; leia os casos concretos abaixo narrados e assinale: (1) para o abuso de poder na modalidade de excesso de poder; e (2) para o abuso de poder na modalidade de desvio de poder. Após, assinale a opção que contenha a sequência correta.

I. Remoção de servidor público, *ex officio*, com o intuito de afastar o removido da sede do órgão, localidade onde também funciona a associação sindical da qual o referido servidor faz parte;
II. Aplicação de penalidade de advertência por comissão disciplinar constituída para apurar eventual prática de infração disciplinar;
III. Deslocamento de servidor público, em serviço, com o consequente pagamento de diárias e passagens, para a participação em suposta reunião que, na realidade, revestia festa de confraternização entre os servidores da localidade de destino;
IV. Agente público que, durante a fiscalização sanitária, interdita estabelecimento pelo fato de ter encontrado no local inspecionado um único produto com prazo de validade expirado.

(A) 2 / 1 / 2 / 1
(B) 1 / 1 / 2 / 2
(C) 1 / 2 / 1 / 2

(D) 2 / 2 / 1 / 2
(E) 2 / 1 / 1 / 2

Em primeiro lugar, é importante lembrar que o *excesso de poder* (1) é um vício no elemento *competência*, ao passo que o *desvio de poder* (2) ou *desvio de finalidade* é um vício no elemento *finalidade*. **I:** 2 (desvio de poder), pois o fato caracteriza um desvio de finalidade, já que remoção não serve para perseguir servidores; **II:** 1 (excesso de poder), pois o fato configura vício de competência, já que a advertência deve ser aplicada pelo chefe da repartição ou outra autoridade designada nos regimentos ou regulamentos, e não pela comissão disciplinar (art. 141, III, da Lei 8.112/1990); **III:** 2 (desvio de poder), pois o fato configura desvio de finalidade, já que esse tipo de deslocamento só é lícito para fins profissionais; **IV:** 1 (excesso de poder), pois o fato configura vício de competência, já que o agente público não tem competência para interditar o estabelecimento diante de um fato dessa natureza.

Gabarito "A".

(Auditor Fiscal do Trabalho – 2010 – ESAF) Relativamente à vinculação e à discricionariedade da atuação administrativa, assinale a opção que contenha elementos do ato administrativo que são sempre vinculados.

(A) Competência e objeto.
(B) Finalidade e motivo.
(C) Competência e finalidade.
(D) Finalidade e objeto.
(E) Motivo e objeto.

Segundo Hely Lopes Meirelles são sempre vinculados os seguintes elementos do ato administrativo: competência, forma e finalidade, de modo que apenas a alternativa "c" está correta.

Gabarito "C".

(Auditor do Tesouro Municipal/Recife-PE – 2003 – ESAF) A lei federal que trata da ação popular alude aos elementos do ato administrativo, de forma a apontar os atos lesivos ao patrimônio público. Assinale no rol seguinte o vício que não está presente na citada legislação:

(A) ausência de motivação.
(B) incompetência.
(C) desvio de finalidade.
(D) vício de forma.
(E) ilegalidade do objeto.

A ausência de motivação não está expressa no art. 2º da Lei 4.717/1965. Porém, a ausência de motivação consiste em vício no requisito "forma". Para que este requisito seja atendido é necessário respeito à forma propriamente dita (escrita, escritura pública etc.) e a presença de alguma motivação. Uma vez existente uma motivação qualquer (uma explicação, uma fundamentação), passa-se à análise da verdade dos fatos narrados e da adequação do direito aplicado, ocasião em que se analisa o requisito "motivo".

Gabarito "A".

(Técnico da Receita Federal – 2006 – ESAF) Entre os requisitos ou elementos essenciais à validade dos atos administrativos, o que mais condiz com o atendimento da observância do princípio fundamental da impessoalidade é o relativo à/ao

(A) competência.
(B) forma.
(C) finalidade.
(D) motivação.
(E) objeto lícito.

Conforme já foi visto, um dos aspectos do princípio da impessoalidade é o dever de respeito à finalidade.

Gabarito "C".

(Técnico da Receita Federal – 2003 – ESAF) Entre os elementos sempre essenciais à validade dos atos administrativos, destaca-se um deles que se refere, propriamente, à observância do princípio fundamental da impessoalidade, pelo qual deve atender ao interesse público, sintetizado no termo

(A) competência.
(B) legalidade.
(C) forma.
(D) motivação.
(E) finalidade.

Conforme já foi visto, um dos aspectos do princípio da impessoalidade é o dever de respeito à finalidade.

Gabarito "E".

(Técnico da Receita Federal – 2002.2 – ESAF) Considere a seguinte situação: Pedro, servidor público, incide em acumulação remunerada de cargos públicos. O ato de sua punição pode se graduar entre a demissão ou a devolução dos valores percebidos, a critério da autoridade. Neste exemplo, o poder discricionário do ato administrativo de punição encontra-se no seguinte elemento:

(A) forma.
(B) finalidade.
(C) objeto.
(D) competência.
(E) motivo.

A discricionariedade está no objeto, pois este é o conteúdo do ato, ou seja, o que o ato dispõe, enuncia. No caso o conteúdo do ato pode ser tanto a "demissão", como a "devolução dos valores percebidos". A autoridade tem margem de liberdade para decidir sobre o melhor conteúdo a ser aplicado.

Gabarito "C".

(Auditor Fiscal/Teresina-PI – 2001 – ESAF) Decreto Municipal nomeou José da Silva para o cargo de Secretário Municipal da Fazenda. Considerando o ato administrativo acima e os seus elementos, correlacione as duas colunas e assinale a opção correta.

1. Forma
2. Competência
3. Objeto
4. Finalidade
5. Motivo

( ) vacância do cargo
( ) interesse público
( ) decreto municipal
( ) nomeação de José da Silva
( ) Prefeito Municipal

(A) 4, 5, 1, 3, 2
(B) 4, 5, 3, 2, 1
(C) 3, 4, 2, 5, 1
(D) 5, 4, 1, 3, 2
(E) 5, 3, 1, 4, 2

A "vacância do cargo" é motivo que justifica a nomeação (item 5). O "interesse público" é a finalidade de todo ato administrativo (item 4). O "decreto municipal" é a forma pela qual a nomeação vem ao mundo jurídico (item 1). A "nomeação de José da Silva" é o conteúdo do ato, ou seja, o objeto (item 3). E o "Prefeito Municipal" é o sujeito que pode praticar o ato de nomeação, ou seja, é a pessoa que tem competência (item 2).

Gabarito "D"

3.3. ATRIBUTOS DO ATO ADMINISTRATIVO

Para resolver as questões sobre os atributos do ato administrativo, vale a pena trazer alguns elementos doutrinários. Confira:

Atributos do ato administrativo (são as qualidades, as prerrogativas dos atos)

- **Presunção de legitimidade** *é a qualidade do ato pela qual este se presume verdadeiro e legal até prova em contrário*; ex.: uma multa aplicada pelo Fisco presume-se verdadeira quanto aos fatos narrados para a sua aplicação e se presume legal quanto ao direito aplicado, a pessoa tida como infratora e o valor aplicado.
- **Imperatividade** *é a qualidade do ato pela qual este pode se impor a terceiros, independentemente de sua concordância*; ex.: uma notificação da fiscalização municipal para que alguém limpe um terreno ainda não objeto de construção, que esteja cheio de mato.
- **Exigibilidade** *é a qualidade do ato pela qual, imposta a obrigação, esta pode ser exigida mediante coação indireta*; ex.: no exemplo anterior, não sendo atendida a notificação, cabe a aplicação de uma multa pela fiscalização, sendo a multa uma forma de coação indireta.
- **Autoexecutoriedade** *é a qualidade pela qual, imposta e exigida a obrigação, esta pode ser implementada mediante coação direta, ou seja, mediante o uso da coação material, da força*; ex.: no exemplo anterior, já tendo sido aplicada a multa, mais uma vez sem êxito, pode a fiscalização municipal ingressar à força no terreno particular, fazer a limpeza e mandar a conta, o que se traduz numa coação direta. A autoexecutoriedade não é a regra. Ela existe quando a lei expressamente autorizar ou quando não houver tempo hábil para requerer a apreciação jurisdicional.

Obs. 1: a expressão autoexecutoriedade também é usada no sentido da qualidade do ato que enseja sua imediata e direta execução pela própria Administração, independentemente de ordem judicial.

Obs. 2: repare que esses atributos não existem normalmente no direito privado; um particular não pode, unilateralmente, valer-se desses atributos; há exceções, em que o particular tem algum desses poderes; mas essas exceções, por serem exceções, confirmam a regra de que os atos administrativos se diferenciam dos atos privados pela ausência nestes, como regra, dos atributos acima mencionados.

(Procurador da Fazenda Nacional – 2007.2 – ESAF) Entre os atos da Administração, verifica-se a prática do ato administrativo, o qual abrange somente determinada categoria de atos praticados no exercício da função administrativa. Destarte, assinale a opção correta.

(A) A presunção de legitimidade e veracidade, a imperatividade e a autoexecutoriedade são elementos do ato administrativo.
(B) Procedimento administrativo consiste no *iter* legal a ser percorrido pelos agentes públicos para a obtenção dos efeitos regulares de um ato administrativo principal.
(C) Os atos de gestão são os praticados pela Administração com todas as prerrogativas e privilégios de autoridade e impostos unilateral e coercitivamente ao particular, independentemente de autorização judicial.
(D) Ato composto é o que resulta da manifestação de dois ou mais órgãos, sejam eles singulares ou colegiados, cuja vontade se funde para formar um ato único.
(E) Na executoriedade, a Administração emprega meios indiretos de coerção, como a multa ou outras penalidades administrativas impostas em caso de descumprimento do ato, compelindo materialmente o administrado a fazer alguma coisa.

A: incorreta, pois não são ***elementos***, são ***atributos*** do ato administrativo; **B:** correta, pois traz adequada definição de processo administrativo; **C:** incorreta, pois a definição corresponde aos ***atos de império***, e não aos ***atos de gestão***; **D:** incorreta, pois a definição corresponde ao ***ato complexo***; **E:** incorreta, pois na executoriedade, a Administração emprega meios ***diretos*** de coerção, usando a ***força*** e ***compelindo materialmente*** o administrado; não é coação indireta, como na aplicação de multas.

Gabarito "B"

(Auditor Fiscal/MG – 2005 – ESAF) Relativamente aos atributos dos atos administrativos, assinale a opção correta.

(A) Há atos administrativos para os quais a presunção de legitimidade (ou legalidade) é absoluta, ou seja, por terem sido produzidos na órbita da Administração Pública, não admitem a alegação, por eventuais interessados, quanto à ilegalidade de tais atos.
(B) A presunção de legitimidade não está presente em todos os atos administrativos, o que fundamenta a possibilidade de seu desfazimento pelo Poder Judiciário.
(C) Não se pode dizer que a imperatividade seja elemento de distinção entre os atos administrativos e os atos praticados por particulares, eis que estes últimos também podem, em alguns casos, apresentar tal atributo (por exemplo, quando defendem o direito de propriedade).

(D) O ato administrativo nem sempre apresenta o atributo da imperatividade, ainda que o fim visado pela Administração deva ser sempre o interesse público.

(E) O ato administrativo que tenha autoexecutoriedade não pode ser objeto de exame pelo Poder Judiciário, em momento posterior, pois já produziu todos os seus efeitos.

A: incorreta. Não há atos com presunção absoluta de legitimidade, valendo salientar que nenhuma ilegalidade pode ser subtraída da apreciação do Poder Judiciário (art. 5º, XXXV, da CF/1988); **B:** incorreta. Todos os atos têm presunção de legitimidade; o que fundamenta a possibilidade de seu desfazimento pelo Poder Judiciário é o fato de que tal presunção é relativa, e não absoluta; **C:** incorreta. Todos os atributos do ato administrativo são traços distintivos deste ato como os atos regidos pelo direito privado; a **presunção de legitimidade** é a qualidade do ato pela qual este se presume verdadeiro e legal até prova em contrário (ex.: uma multa aplicada pelo Fisco presume que é verdadeira quanto aos fatos narrados para a sua aplicação e se presume legal quanto ao direito aplicado, a pessoa tida como infratora e o valor aplicado); a **imperatividade** é qualidade do ato pela qual este pode se impor a terceiros, independentemente de sua concordância (ex.: uma notificação da fiscalização municipal para que alguém limpe um terreno ainda não objeto de construção, que esteja cheio de mato); a **exigibilidade** é a qualidade do ato pela qual, imposta a obrigação, esta pode ser exigida mediante coação indireta (ex.: no exemplo anterior, não sendo atendida a notificação, cabe a aplicação de uma multa pela fiscalização, sendo a multa uma forma de *coação indireta*); **autoexecutoriedade** é a qualidade pela qual, imposta e exigida a obrigação, esta pode ser implementada mediante coação direta, ou seja, mediante o uso da coação material, da força (ex.: no exemplo anterior, já tendo sido aplicada a multa, mais uma vez sem resultado, pode a fiscalização municipal ingressar à força no terreno particular, fazer a limpeza e mandar a conta, o que se traduz numa *coação direta*); repare que esses atributos não existem normalmente no direito privado; um particular não pode, unilateralmente, valer-se desses atributos; há exceções, em que o particular tem algum desses poderes; mas essas exceções, por serem exceções, confirmam a regra de que os atos administrativos se diferenciam dos atos privados pela ausência nestes, como regra, dos atributos acima mencionados; aliás, a alternativa também está incorreta, pois o exemplo dado (usar a força para defender a propriedade – isso é possível em caso de esbulho ou turbação da posse, ou seja, em caso de invasão e de perturbação da posse de imóvel) é de autoexecutoriedade, e não de imperatividade; **D:** correta. De fato, nem todo ato administrativo apresenta o atributo da imperatividade; por exemplo, há atos administrativos que concedem benefícios (e não ordens aos particulares), situação em que não se impõe obrigações, característica típica da imperatividade; **E:** incorreta. O ato administrativo que tem autoexecutoriedade pode ser apreciado e julgado posteriormente pelo Poder Judiciário; por exemplo, a Administração Pública, ao fazer a apreensão de uma mercadoria de um particular (uso da força), pode tê-la feito de modo ilegal; assim, posteriormente, pode o Judiciário analisar a medida tomada e até condenar o Poder Público a devolver a mercadoria e a pagar indenização, se for o caso.

Gabarito "D"

(Agente Tributário Estadual/MS – 2001 – ESAF) O atributo do poder de polícia pelo qual a Administração impõe uma conduta por meio indireto de coação denomina-se:

(A) exigibilidade

(B) imperatividade

(C) autoexecutoriedade

(D) discricionariedade

(E) proporcionalidade

Vide as definições dadas no início deste item. Repare no enunciado que se trata de *coação indireta*, de modo que a resposta é *exigibilidade*.

Gabarito "A"

(Técnico da Receita Federal – 2002.1 – ESAF) A presunção de legitimidade é o atributo próprio dos atos administrativos

(A) que não admite prova de vício formal e/ou ideológico.

(B) que os torna irrevisíveis judicialmente.

(C) que impede sua anulação pela Administração.

(D) que autoriza sua imediata execução.

(E) que lhes dá condição de ser insusceptível de controle quanto ao mérito.

A: incorreta. A presunção de legitimidade *é a qualidade do ato pelo qual se presume verdadeiro e legal até prova em contrário*; portanto admite-se prova de vício formal (ex.: problema na forma e na competência) e de vício ideológico (ex.: falsidade nos fatos alegados); **B** e **C:** incorretas. O fato de ser uma presunção relativa (*juris tantum*), admitindo prova em contrário, permite a revisão judicial e também administrativa do ato; **D:** correta. O fato de existir a presunção de legitimidade dos atos faz com que não seja necessário buscar um provimento jurisdicional de conhecimento, podendo o ato ser executado imediatamente no plano administrativo e, muitas vezes, permitindo sua execução em juízo, nos casos em que se admite a inscrição na dívida ativa de eventual dívida em dinheiro; **E:** incorreta. Não é a presunção de legitimidade que impede o controle do mérito administrativo, e sim a lei que confere essa margem de liberdade ao agente público; é bom lembrar, todavia, que o ato administrativo pode ser controlado em sua legalidade, o que inclui o controle de razoabilidade e moralidade.

Gabarito "D"

3.4. VINCULAÇÃO E DISCRICIONARIEDADE

(Auditor Fiscal da Receita Federal – 2005 – ESAF) Em relação à invalidação dos atos administrativos, é incorreto afirmar que

(A) a anulação pode se dar mediante provocação do interessado ao Poder Judiciário.

(B) a revogação tem os seus efeitos *ex nunc*.

(C) tratando-se de motivo de conveniência ou oportunidade, a invalidação dar-se-á por revogação.

(D) anulação e revogação podem incidir sobre todos os tipos de ato administrativo.

(E) diante do ato viciado, a anulação é obrigatória para a Administração.

A: correta. De fato, a anulação pode se dar pela Administração e pelo Poder Judiciário; **B:** correta. De fato, uma vez revogado um ato, esta revogação não retroage, de modo que seu efeito é *ex nunc*, ao contrário da anulação, que diz respeito a um ato que sempre foi ilegal, e que retroage, ou seja, tem efeitos *ex tunc*; **C:** correta. Quando um ato discricionário fica inconveniente ou inoportuno o caso é de revogação, e não de invalidação; **D:** incorreta. A revogação só incide sobre atos discricionários, pois somente neles é possível verificar um fato novo que os torna inconvenientes; nos atos vinculados só há uma opção, hoje, amanhã e sempre; **E:** correta, porém entendemos ser incorreta. Um ato viciado pode ser *mantido* em algumas situações, como na hipótese de vício sanável (por exemplo, a Administração faz um contrato com alguém que tem 17 anos, sem a presença dos responsáveis deste; trata-se de vício sanável, pois basta que os responsáveis ratifiquem o ato posteriormente, para que este seja convalidado), em que cabe a convalidação (art. 55 da Lei 9.784/1999). Assim, a anulação não é obrigatória em certos casos.

Gabarito "D"

(Técnico da Receita Federal – 2003 – ESAF) No âmbito da Administração Pública Federal, o ato administrativo, quando eivado de vício insanável de legalidade do qual tenha gerado efeitos patrimoniais, para terceiros de boa-fé,

(A) só pode ser anulado, administrativamente, no prazo decadencial de cinco anos.
(B) pode ser anulado, a qualquer tempo, com eficácia *ex nunc* (doravante), desde que respeitados os direitos adquiridos.
(C) não pode ser anulado, sequer por decisão judicial.
(D) só por decisão judicial é que pode vir a ser reformado.
(E) torna-se irreversível, em razão da presunção de legalidade e da segurança jurídica.

A: correta, pois o art. 54 da Lei 9.784/1999 estabelece esse prazo decadencial para a anulação, quando determinado ato beneficia alguém de boa-fé; **B:** incorreta. Como se viu, a Administração tem prazo máximo de 5 anos para anular o ato no caso; além disso, quando se anula um ato, o efeito é *ex tunc* (retroage), e não *ex nunc* (não retroage); **C:** incorreta. Pelo princípio da autotutela, a Administração pode anular (e revogar) seus atos por si só, ou seja, sem ter que pedir ao Poder Judiciário; **D:** incorreta. O ato em questão, por ser insanável, não admite reforma, que, caso fosse admitida, poderia ser feita pela própria administração; **E:** incorreta. O ato em questão não é irreversível, pois pode ser anulado dentro prazo de 5 anos, conforme o disposto no art. 54 da Lei 9.784/1999.

Gabarito "A"

(Analista – MPU – 2004 – ESAF) Com referência à discricionariedade, assinale a afirmativa verdadeira.

(A) A discricionariedade manifesta-se, exclusivamente, quando a lei expressamente confere à administração competência para decidir em face de uma situação concreta.
(B) O poder discricionário pode ocorrer em qualquer elemento do ato administrativo.
(C) É possível o controle judicial da discricionariedade administrativa, respeitados os limites que são assegurados pela lei à atuação da administração.
(D) O princípio da razoabilidade é o único meio para se verificar a extensão da discricionariedade no caso concreto.
(E) Pela moderna doutrina de direito administrativo, afirma-se que, no âmbito dos denominados conceitos jurídicos indeterminados, sempre ocorre a discricionariedade administrativa.

A: falsa, pois a lei pode estar dando competência para a administração decidir em face de uma situação concreta, sem estar dando, ao mesmo tempo, margem de liberdade para a tomada dessa decisão; a discricionariedade manifesta-se justamente quando a lei confere margem de liberdade para a administração exercer dada competência; aliás, atentar para o fato de que a alternativa contém expressão generalizante ("exclusivamente") e, nesses casos, normalmente tem-se afirmativa falsa; **B:** falsa, pois o poder discricionário não ocorre nos requisitos competência, forma e finalidade, ocorrendo apenas quanto aos requisitos objeto e motivo; **C:** verdadeira, pois o ato discricionário pode sim ser controlado pelo Judiciário, desde que quanto aos aspectos de legalidade e legitimidade; o que não pode ser controlado é o mérito administrativo, que é justamente a liberdade que remanesce à administração depois de verificada a lei e os demais princípios administrativos; **D:** falsa, pois todo ato discricionário é parcialmente regrado ou vinculado, ou seja, todo ato discricionário tem balizas legais a serem obedecidas, balizas essas que também darão o contorno da discricionariedade daquele ato no caso concreto; **E:** falsa, pois há conceitos jurídicos indeterminados que, diante das balizas, legais, principiológicas e fáticas existentes, acabam gerando competência vinculada para a administração pública; ademais, é bom atentar para o fato de que a alternativa traz expressão generalizante ("sempre").

Gabarito "C"

(Auditor Fiscal da Receita Federal – 2002.2 – ESAF) Consoante a legislação federal, é falso afirmar-se quanto à convalidação do ato administrativo:

(A) decorre de poder discricionário.
(B) somente se aplica em atos com vícios sanáveis.
(C) não pode se dar por ato jurisdicional.
(D) pode ocorrer em hipótese de desvio de finalidade.
(E) não se aplica a atos que tenham acarretado prejuízo a terceiros.

A: correta. A convalidação importa em ato discricionário, pois nela se analisa conceito bem aberto, que é o da existência de "interesse público" na medida (art. 55 da Lei 9.784/1999); **B:** correta (art. 55 da Lei 9.784/1999); **C:** correta. A convalidação é ato da própria Administração (art. 55 da Lei 9.784/1999); **D:** incorreta, devendo ser assinalada. O desvio de finalidade é um vício insanável, de modo que não cabe convalidação (art. 55 da Lei 9.784/1999); **E:** correta (art. 55 da Lei 9.784/1999).

Gabarito "D"

(Técnico da Receita Federal – 2002.2 – ESAF) O mérito é aspecto do ato administrativo que, particularmente, diz respeito à(ao)

(A) conveniência de sua prática.
(B) sua forma legal.
(C) sua motivação fática.
(D) princípio da legalidade.
(E) poder vinculado.

Mérito administrativo é a *margem de liberdade que tem a Administração para praticar certos atos*. Para Hely Lopes Meirelles o mérito administrativo consubstancia-se na *valoração dos motivos e na escolha do objeto do ato*. Só existe mérito administrativo nos atos discricionários, que são aqueles que conferem uma margem de liberdade para a Administração verificar a *conveniência* de *quando agir* (motivos) e/ou de *como agir* (objeto). Nos atos vinculados, ao contrário, a lei deixa bem claro o objetivo, quando se deve agir e como se deve agir, não havendo subjetividade, margem de liberdade para a Administração. Assim, o mérito está relacionado com a "conveniência de sua prática", devendo ser marcada a alternativa "a". A alternativa "b" não deve ser marcada, pois o mérito está relacionado com o *motivo* e com o *objeto*, e não com a *forma*, como regra. A alternativa "c" também não está correta, pois a motivação tem a ver com a *forma*. A alternativa "d" também é incorreta, pois o mérito é justamente a parte do ato em que a lei (o princípio da legalidade) não amarrou a Administração Pública. E a alternativa "e" é falsa, pois, como se viu, o mérito está relacionado com o poder discricionário, e não com o poder vinculado.

Gabarito "A".

(Agente Tributário Estadual/MS – 2001 – ESAF) Faça a correlação entre as duas colunas e identifique a ordem correta da classificação:

1. Ato vinculado
2. Ato discricionário

( ) aposentadoria compulsória por implemento de idade.
( ) exoneração de titular de cargo de provimento em comissão.
( ) autorização para uso precário de bem público.
( ) regulamento municipal sobre feiras de abastecimento.
( ) licença para abertura de estabelecimento comercial.

(A) 2, 1, 1, 2, 1
(B) 1, 2, 2, 2, 1
(C) 1, 2, 1, 1, 2
(D) 1, 2, 2, 1, 2
(E) 2, 1, 1, 1, 2

A "aposentadoria compulsória por implemento de idade", para ser concedida, requer o cumprimento de requisitos claros e objetivos, portanto envolve ato vinculado (1); a "exoneração de titular de cargo de provimento em comissão" é *livre* (art. 37, II, da CF/1988), portanto envolve ato discricionário (2); a "autorização para uso precário de bem público" é um *ato unilateral, discricionário e precário da Administração*, portanto envolve ato discricionário (2); o "regulamento municipal sobre feiras de abastecimento", por ser um ato normativo, é um ato discricionário (2); e a "licença para abertura de estabelecimento comercial", por ser uma licença (*ato unilateral e vinculado pela qual se faculta a alguém o exercício de uma atividade*) é ato vinculado, bastando que o interessado cumpra requisitos claros e objetivos estabelecidos na lei para que consiga receber uma licença em seu favor, não havendo subjetivismos por parte da Administração Pública.

Gabarito "B".

(Auditor Fiscal/MG – 2005 – ESAF) Determinado particular ingressa com ação, pleiteando ao Poder Judiciário que modifique o conteúdo de um ato administrativo, alegando exclusivamente sua inconveniência. Em vista do fundamento apresentado para o pedido, o Poder Judiciário:

(A) poderá modificar o ato, diretamente, se entender que é, efetivamente, inconveniente.
(B) poderá obrigar a autoridade administrativa a modificá-lo.
(C) somente poderá modificar o ato se entender que foi editado em momento inoportuno, sem adentrar no exame quanto à sua conveniência.
(D) não poderá atender o pedido apresentado, por ser a conveniência aspecto relacionado à discricionariedade do administrador.
(E) não poderá atender o pedido, pois a intervenção do Poder Judiciário somente se justificaria se, a um só tempo, o ato fosse inconveniente e tivesse sido editado em momento claramente inoportuno.

Como já se viu, a análise sobre a conveniência ou não de um ato só pode ser feita pela Administração Pública; portanto, somente ela pode revogar atos administrativos.

Gabarito "D".

(Auditor Fiscal/Natal-RN – 2001 – ESAF) Em relação à invalidação dos atos administrativos, é correto afirmar:

(A) a revogação pode-se dar mediante provocação do interessado ao Poder Judiciário.
(B) a anulação tem os seus efeitos *ex nunc*.
(C) anulação e revogação podem incidir sobre todos os tipos de ato administrativo.
(D) tratando-se de motivo de conveniência ou oportunidade, a invalidação dar-se-á por revogação.
(E) diante do ato viciado, a anulação é facultativa para a Administração e obrigatória para o Judiciário.

A: incorreta. Somente a Administração pode revogar seus próprios atos; **B:** incorreta. A anulação tem efeitos *ex tunc* (retroage); **C:** incorreta. A revogação só pode incidir sobre atos discricionários; **D:** correta. A expressão *invalidação* não é adequada para se referir à *revogação*; a expressão invalidação tem a ver com *anulação*; **E:** incorreta. Diante de um ato viciado insanável, a anulação é obrigatória para a Administração e, caso o ato seja levado ao Judiciário, este também deve proceder à anulação; há de se lembrar também que, após 5 anos, o ato que beneficia terceiros de boa-fé não pode ser mais anulado nem pela Administração, nem pelo Judiciário.

Gabarito "D".

3.5. EXTINÇÃO DOS ATOS ADMINISTRATIVOS

Segue resumo acerca das formas de extinção dos atos administrativos

– **Cumprimento de seus efeitos:** como exemplo, temos a autorização da Prefeitura para que seja feita uma festa na praça de uma cidade. Este ato administrativo se extingue no momento em que a festa termina, uma vez que seus efeitos foram cumpridos.
– **Desaparecimento do sujeito ou do objeto sobre o qual recai o ato:** morte de um servidor público, por exemplo.
– **Contraposição:** *extinção de um ato administrativo pela prática de outro antagônico em relação ao primeiro*. Ex.: com o ato de exoneração do servidor público, o ato de nomeação fica automaticamente extinto.
– **Renúncia:** extinção do ato por vontade do beneficiário deste.
– **Cassação:** *extinção de um ato que beneficia um particular por este não ter cumprido os deveres para dele continuar gozando*. Não se confunde com a revogação – que é a extinção do ato por não ser mais conveniente ao interesse público.

Também difere da anulação – que é a extinção do ato por ser nulo. Como exemplo desse tipo de extinção tem-se a permissão para banca de jornal se instalar numa praça, cassada porque seu dono não paga o preço público devido; ou a autorização de porte de arma de fogo, cassada porque o beneficiário é detido ou abordado em estado de embriaguez ou sob efeito de entorpecentes (art. 10, § 2º, do Estatuto do Desarmamento – Lei 10.826/2003).

– **Caducidade.** *Extinção de um ato porque a lei não mais o permite.* Trata-se de extinção por invalidade ou ilegalidade *superveniente*. Exs.: autorização para condutor de perua praticar sua atividade que se torna caduca por conta de lei posterior não mais permitir tal transporte na cidade; autorizações de porte de arma que caducaram 90 dias após a publicação do Estatuto do Desarmamento, conforme reza seu art. 29.

– **Revogação.** *Extinção de um ato administrativo legal ou de seus efeitos por outro ato administrativo, efetuada somente pela Administração, dada a existência de fato novo que o torne inconveniente ou inoportuno, respeitando-se os efeitos precedentes* (efeito "ex nunc"). Ex.: permissão para a mesma banca de jornal se instalar numa praça, revogada por estar atrapalhando o trânsito de pedestres, dado o aumento populacional, não havendo mais conveniência na sua manutenção.

O **sujeito ativo da revogação** é a *Administração Pública*, por meio da autoridade administrativa competente para o ato, podendo ser seu superior hierárquico. O Poder Judiciário nunca poderá revogar um ato administrativo, já que se limita a apreciar aspectos de legalidade (o que gera a anulação), e não de conveniência, salvo se se tratar de um ato administrativo da Administração Pública dele, como na hipótese em que um provimento do próprio Tribunal é revogado.

Quanto ao tema **objeto da revogação**, tem-se que este recai sobre o ato administrativo ou relação jurídica deste decorrente, salientando-se que o ato administrativo deve ser válido, pois, caso seja inválido, estaremos diante de hipótese que enseja anulação. Importante ressaltar que não é possível revogar um ato administrativo já extinto, dada a falta de utilidade em tal proceder, diferente do que se dá com a anulação de um ato extinto, que, por envolver a retroação de seus efeitos (a invalidação tem efeitos *ex tunc*), é útil e, portanto, possível.

O **fundamento da revogação** *é a mesma regra de competência que habilitou o administrador à prática do ato que está sendo revogado*, devendo-se lembrar que só há que se falar em revogação nas hipóteses de ato discricionário.

Já o **motivo da revogação** é a *inconveniência ou inoportunidade* da manutenção do ato ou da relação jurídica gerada por este. Isto é, o administrador público faz apreciação ulterior e conclui pela necessidade da revogação do ato para atender ao interesse público.

Quanto aos efeitos da revogação, esta suprime o ato ou seus efeitos, mas respeita os efeitos que já transcorreram. Trata-se, portanto, de eficácia *ex nunc*.

Há **limites ao poder de revogar**. São atos irrevogáveis os seguintes atos: os que a lei assim declarar; os atos já exauridos, ou seja, que cumpriram seus efeitos; os atos vinculados, já que não se fala em conveniência ou oportunidade neste tipo de ato, em que o agente só tem uma opção; os meros ou puros atos administrativos (exs.: certidão, voto dentro de uma comissão de servidores); os atos de controle; os atos complexos (praticados por mais de um órgão em conjunto); e atos que geram direitos adquiridos. Os atos gerais ou regulamentares são, por sua natureza, revogáveis a qualquer tempo e em quaisquer circunstâncias, respeitando-se os efeitos produzidos.

- **Anulação (invalidação):** *extinção do ato administrativo ou de seus efeitos por outro ato administrativo ou por decisão judicial, por motivo de ilegalidade, com efeito retroativo* (ex tunc). Ex.: anulação da permissão para instalação de banca de jornal em bem público por ter sido conferida sem licitação.

O **sujeito ativo da invalidação** pode ser tanto o *administrador público* como o *juiz*. A Administração Pública poderá invalidar de ofício ou a requerimento do interessado. O Poder Judiciário, por sua vez, só poderá invalidar por provocação ou no bojo de uma lide. A possibilidade de o Poder Judiciário anular atos administrativos decorre do fato de estarmos num Estado de Direito (art. 1º, CF), em que a lei deve ser obedecida por todos, e também por conta do princípio da inafastabilidade da jurisdição ("a lei não poderá excluir da apreciação do Poder Judiciário lesão ou ameaça de lesão a direito" – artigo 5º, XXXV) e da previsão constitucional do mandado de segurança, do "habeas data" e da ação popular.

O **objeto da invalidação** é o ato administrativo inválido ou os efeitos de tal ato (relação jurídica).

Seu **fundamento** é o dever de obediência ao princípio da legalidade. Não se pode conviver com a ilegalidade. Portanto, o ato nulo deve ser invalidado.

O **motivo da invalidação** é a *ilegalidade* do ato e da eventual relação jurídica por ele gerada. Hely Lopes Meirelles diz que o *motivo da anulação* é a *ilegalidade ou ilegitimidade* do ato, diferente do *motivo da revogação*, que é a inconveniência ou inoportunidade.

Quanto ao **prazo** para se efetivar a invalidação, o art. 54 da Lei 9.784/1999 dispõe *"O direito da Administração de anular os atos administrativos de que decorram efeitos favoráveis para os destinatários decai em 5 (cinco) anos, contados da data em que foram praticados, salvo comprovada má-fé"*. Perceba-se que tal disposição só vale para atos administrativos em geral de que decorram efeitos favoráveis ao agente (ex.: permissão, licença) e que tal decadência só aproveita ao particular se este estiver de boa-fé. A regra do art. 54 contém ainda os seguintes parágrafos: § 1º: *"No caso de efeitos patrimoniais contínuos, o prazo de decadência contar-se-á da percepção do primeiro pagamento"*; § 2º: *"Considera-se exercício do direito de anular qualquer medida de autoridade administrativa que importe impugnação à validade do ato"*.

No que concerne aos **efeitos da invalidação**, como o ato nulo já nasce com a sanção de nulidade, a declaração se dá retroativamente, ou seja, com efeito "ex tunc". Invalidam-se as consequências passadas, presentes e futuras do ato. Do ato ilegal não nascem direitos. A anulação importa no desfazimento do vínculo e no retorno das partes ao estado anterior. Tal regra é atenuada em face dos terceiros de boa-fé. Assim, a anulação de uma nomeação de um agente público surte efeitos em relação a este (que é parte da relação jurídica anulada), mas não em relação aos terceiros que sofreram consequências dos atos por este praticados, desde que tais atos respeitem a lei quanto aos demais aspectos.

(Advogado – IRB – 2006 – ESAF) Assinale a opção que contemple dois exemplos de atos administrativos que não são passíveis de extinção por revogação.

(A) Autorização para porte de arma/licença para o exercício de profissão regulamentada.

(B) Autorização para uso de bem público/edital que declare abertas as inscrições para concurso público.

(C) Edital de licitação na modalidade de concorrência/alvará de autorização de funcionamento.

(D) Posse de candidato aprovado em concurso público e previamente nomeado/atestado médico emitido por servidor público médico do trabalho.

(E) Homologação de concurso público/ato que declare dispensa de licitação.

A: incorreta, pois a autorização é ato discricionário e que, portanto, é passível de ser revogado; **B:** incorreta, pois a autorização é ato discricionário e que, portanto, é passível de ser revogado; **C:** incorreta, pois o edital de licitação é ato discricionário e que, portanto, é passível de ser revogado; **D:** correta, pois, uma vez nomeado, o candidato tem direito à posse, que, assim, é ato vinculado para a Administração, sendo que atos vinculados NÃO são passíveis de serem revogados; o atestado médico, por sua vez, é mero ou puro ato administrativo, ato esse que não é passível de revogação; **E:** incorreta, pois o ato que declare a dispensa de licitação é ato discricionário e que, portanto, é passível de ser revogado.

Gabarito "D"

3.6. CLASSIFICAÇÃO DOS ATOS ADMINISTRATIVOS E ATOS EM ESPÉCIE

Antes de verificarmos as questões deste item, vale trazer um resumo das principais espécies de atos administrativos.

Espécies de atos administrativos segundo Hely Lopes Meirelles:

- **Atos normativos** *são aqueles que contêm comando geral da Administração Pública, com o objetivo de executar a lei*. Exs.: regulamentos (da alçada do chefe do Executivo), instruções normativas (da alçada dos Ministros de Estado), regimentos, resoluções etc.
- **Atos ordinatórios** *são aqueles que disciplinam o funcionamento da Administração e a conduta funcional de seus agentes*. Ex.: instruções (são escritas e gerais, destinadas a determinado serviço público), circulares (escritas e de caráter uniforme, direcionadas a determinados servidores), avisos, portarias (expedidas por chefes de órgãos – trazem determinações gerais ou especiais aos subordinados, designam alguns servidores, instauram sindicâncias e processos administrativos etc.), ordens de serviço (determinações especiais ao responsável pelo ato), ofícios (destinados às comunicações escritas entre autoridades) e despacho (contém decisões administrativas).
- **Atos negociais** *são declarações de vontade coincidentes com a pretensão do particular*. Ex.: licença, autorização e protocolo administrativo.
- **Atos enunciativos** *são aqueles que apenas atestam, enunciam situações existentes*. Não há prescrição de conduta por parte da Administração. Ex.: certidões, atestados, apostilas e pareceres.
- **Atos punitivos** *são as sanções aplicadas pela Administração aos servidores públicos e aos particulares*. Ex.: advertência, suspensão e demissão; multa de trânsito.

Confira mais classificações dos atos administrativos:

- **Quanto à liberdade de atuação do agente**

Ato vinculado *é aquele em que a lei tipifica objetiva e claramente a situação em que o agente deve agir e o único comportamento que poderá tomar*. Tanto a situação em que o agente deve agir, como o comportamento que vai tomar são únicos e estão clara e objetivamente definidos na lei, de forma a inexistir qualquer margem de liberdade ou apreciação subjetiva por parte do agente público. Exs.: licença para construir e concessão de aposentadoria.

Ato discricionário *é aquele em que a lei confere margem de liberdade para avaliação da situação em que o agente deve agir ou para escolha do melhor comportamento a ser tomado.*

Seja na situação em que o agente deve agir, seja no comportamento que vai tomar, o agente público terá uma margem de liberdade na escolha do que mais atende ao interesse público. Neste ponto fala-se em mérito administrativo, ou seja, na valoração dos motivos e escolha do comportamento a ser tomado pelo agente.

Vale dizer, o agente público fará apreciação subjetiva, agindo segundo o que entender mais conveniente e oportuno ao interesse público. Reconhece-se a discricionariedade, por exemplo, quando a regra que traz a competência do agente traz conceitos fluídos, como *bem comum, moralidade, ordem pública* etc. Ou ainda quando a lei não traz um motivo que enseja a prática do ato, como, por exemplo, a que permite nomeação para cargo em comissão, de livre provimento e exoneração. Também se está diante de ato discricionário quando há mais de uma opção para o agente quanto ao momento de atuar, a forma do ato (ex.: verbal, gestual ou escrita), sua finalidade ou conteúdo (ex.: advertência, multa ou apreensão).

A discricionariedade sofre alguns temperamentos. Em primeiro lugar é bom lembrar que todo ato discricionário é parcialmente regrado ou vinculado. A competência, por exemplo, é sempre vinculada (Hely Lopes Meirelles entende que *competência, forma* e *finalidade* são sempre vinculadas, conforme vimos). Ademais, só há discricionariedade nas situações marginais, nas zonas cinzentas. Assim, se algo for patente, como quando, por exemplo, uma dada conduta fira veementemente a moralidade pública (ex.: pessoas fazendo sexo no meio de uma rua), o agente, em que pese estar diante de um conceito fluído, deverá agir reconhecendo a existência de uma situação de imoralidade. Deve-se deixar claro, portanto, que a situação concreta diminui o espectro da discricionariedade (a margem de liberdade) conferida ao agente.

Assim, o Judiciário até pode apreciar um ato discricionário, mas apenas quanto aos aspectos de legalidade, razoabilidade e moralidade, não sendo possível a revisão dos critérios adotados pelo administrador (mérito administrativo), se tirados de dentro da margem de liberdade a ele conferida pelo sistema normativo.

– **Quanto às prerrogativas da administração**

Atos de império são os *praticados no gozo de prerrogativas de autoridade.* Ex.: interdição de um estabelecimento.

Atos de gestão são os *praticados sem uso de prerrogativas públicas, em igualdade com o particular, na administração de bens e serviços.* Ex.: contrato de compra e venda ou de locação de um bem imóvel.

Atos de expediente *são os destinados a dar andamentos aos processos e papéis que tramitam pelas repartições, preparando-os para decisão de mérito a ser proferida pela autoridade.* Ex.: remessa dos autos à autoridade para julgá-lo.

A distinção entre ato de gestão e de império está em desuso, pois era feita para excluir a responsabilidade do Estado pela prática de atos de império, de soberania. Melhor é distingui-los em atos regidos pelo direito público e pelo direito privado.

– **Quanto aos destinatários**

Atos individuais *são os dirigidos a destinatários certos, criando-lhes situação jurídica particular.* Ex.: decreto de desapropriação, nomeação, exoneração, licença, autorização, tombamento.

Atos gerais *são os dirigidos a todas as pessoas que se encontram na mesma situação, tendo finalidade normativa.*

São diferenças entre um e outro as seguintes:

- só ato individual pode ser impugnado individualmente; atos normativos, só por ADIN ou após providência concreta.
- ato normativo prevalece sobre o ato individual
- ato normativo é revogável em qualquer situação; ato individual deve respeitar direito adquirido.
- ato normativo não pode ser impugnado administrativamente, mas só após providência concreta; ato individual pode ser impugnado desde que praticado.

– **Quanto à formação da vontade**

Atos simples: *decorrem de um órgão, seja ele singular ou colegiado.* Ex.: nomeação feita pelo Prefeito; deliberação de um conselho ou de uma comissão.

Atos complexos: *decorrem de dois ou mais órgãos, em que as vontades se fundem para formar um único ato.* Ex.: decreto do Presidente, com referendo de Ministros.

Atos compostos: *decorrem de dois ou mais órgãos, em que vontade de um é instrumental à vontade de outro, que edita o ato principal.* Aqui existem dois atos pelo menos: um principal e um acessório. Exs.: nomeação do Procurador Geral da República, que depende de prévia aprovação pelo Senado; e atos que dependem de aprovação ou homologação. Não se deve confundir *atos compostos* com *atos de um procedimento*, vez que este é composto de vários atos acessórios, com vistas à produção de um ato principal, a decisão.

– **Quanto aos efeitos**

Ato constitutivo *é aquele em que a Administração cria, modifica ou extingue direito ou situação jurídica do administrado.* Ex.: permissão, penalidade, revogação e autorização.

Ato declaratório *é aquele em que a Administração reconhece um direito que já existia*. Ex.: admissão, licença, homologação, isenção e anulação.

Ato enunciativo *é aquele em que a Administração apenas atesta dada situação de fato ou de direito*. Não produz efeitos jurídicos diretos. São juízos de conhecimento ou de opinião. Ex.: certidões, atestados, informações e pareceres.

– **Quanto à situação de terceiros**

Atos internos são *aqueles que produzem efeitos apenas no interior da Administração*. Ex.: pareceres, informações.

Atos externos *são aqueles que produzem efeitos sobre terceiros*. Nesse caso, dependerão de publicidade para terem eficácia. Ex.: admissão, licença.

– **Quanto à estrutura**

Atos concretos *são aqueles que dispõem para uma única situação, para um caso concreto*. Ex.: exoneração de um agente público.

Atos abstratos *são aqueles que dispõem para reiteradas e infinitas situações, de forma abstrata*. Ex.: regulamento.

Confira **outros atos administrativos, em espécie**:

– **Quanto ao conteúdo:** a) **autorização**: *ato unilateral, discricionário e precário pelo qual se faculta ao particular, em proveito deste, o uso privativo de bem público ou o desempenho de uma atividade, os quais, sem esse consentimento, seriam legalmente proibidos*. Exs.: autorização de uso de praça para festa beneficente; autorização para porte de arma; b) **licença**: *ato administrativo unilateral e vinculado pelo qual a Administração faculta àquele que preencha requisitos legais o exercício de uma atividade*. Ex.: licença para construir; c) **admissão**: *ato unilateral e vinculado pelo qual se reconhece ao particular que preencha requisitos legais o direito de receber serviço público*. Ex.: aluno de escola; paciente em hospital; programa de assistência social; d) **permissão**: *ato administrativo unilateral, discricionário e precário, pelo qual a Administração faculta ao particular a execução de serviço público ou a utilização privativa de bem público, mediante licitação*. Exs.: permissão para perueiro; permissão para uma banca de jornal. Vale lembrar que, por ser precária, pode ser revogada a qualquer momento, sem direito à indenização; e) **concessão**: *ato bilateral e não precário, pelo qual a Administração faculta ao particular a execução de serviço público ou a utilização privativa de bem público, mediante licitação*. Ex.: concessão para empresa de ônibus efetuar transporte remunerado de passageiros. Quanto aos bens públicos, há também a *concessão de direito real de uso*, oponível até ao poder concedente, e a *cessão de uso*, em que se transfere o uso para entes ou órgãos públicos; f) **aprovação**: *ato de controle discricionário*. Vê-se a conveniência do ato controlado. Ex.: aprovação pelo Senado de indicação para Ministro do STF; g) **homologação**: *ato de controle vinculado*. Ex.: homologação de licitação ou de concurso público; h) **parecer**: *ato pelo qual órgãos consultivos da Administração emitem opinião técnica sobre assunto de sua competência*. Podem ser das seguintes espécies: *facultativo* (parecer solicitado se a autoridade quiser); *obrigatório* (autoridade é obrigada a solicitar o parecer, mas não a acatá-lo) e *vinculante* (a autoridade é obrigada a solicitar o parecer e a acatar o seu conteúdo; ex.: parecer médico). Quando um parecer tem o poder de *decidir* um caso, ou seja, quando o parecer é, na verdade, uma decisão, a autoridade que emite esse parecer responde por eventual ilegalidade do ato (ex.: parecer jurídico sobre edital de licitação e minutas de contratos, convênios e ajustes – art. 38 da Lei 8.666/1993).

– **Quanto à forma:** a) **decreto**: é a forma de que se revestem os atos individuais ou gerais, emanados do Chefe do Poder Executivo. Exs.: nomeação e exoneração (atos individuais); regulamentos (atos gerais que têm por objeto proporcionar a fiel execução da lei – art. 84, IV, da CF); b) **resolução e portaria**: são as formas de que se revestem os atos, gerais ou individuais, emanados de autoridades que não sejam o Chefe do Executivo; c) **alvará**: forma pela qual a Administração confere licença ou autorização para a prática de ato ou exercício de atividade sujeita ao poderes de polícia do Estado. Exs.: alvará de construção (instrumento da licença); alvará de porte de arma (instrumento da autorização).

(Procurador da Fazenda Nacional – 2007 – ESAF) Considerando os atos administrativos, analise os itens a seguir:

I. Recentemente, o Supremo Tribunal Federal decidiu que cabe ao Poder Judiciário apreciar o mérito dos atos administrativos, e que a análise de sua discricionariedade é possível para a verificação de sua regularidade em relação à forma, objeto e finalidade;

II. Não se aplica a Teoria dos Motivos Determinantes aos atos discricionários;

III. A Administração pode revogar seus próprios atos, quando eivados de vícios que os tornam ilegais, porque deles não se originam direitos, respeitados os direitos adquiridos;

IV. Uma vez anulado o ato pela própria Administração, cessa imediatamente sua operatividade, não obstante possa o interessado pleitear judicialmente o restabelecimento da situação anterior;

V. O ato administrativo pode ser extinto pela caducidade, a qual ocorre porque o destinatário descumpriu condições que deveriam permanecer atendidas a fim de poder continuar desfrutando da situação jurídica.

A quantidade de itens corretos é igual a:

(A) 1
(B) 2
(C) 3
(D) 4
(E) 5

I: incorreta, pois o mérito administrativo não pode ser apreciado; **II:** incorreta, pois a teoria se aplica em relação a qualquer ato administrativo; **III:** incorreta pois atos ilegais são anulados, e não revogados; **IV:** está correta, pois descreve acertadamente a consequência da anulação do ato pela própria administração; **V:** está incorreta, pois o instituto jurídico definido é o da ***cassação***.

Gabarito "A".

(Técnico da Receita Federal – 2006 – ESAF) O ato administrativo, – para cuja prática a Administração desfruta de uma certa margem de liberdade, porque exige do administrador, por força da maneira como a lei regulou a matéria, que sofresse as circunstâncias concretas do caso, de tal modo a ser inevitável uma apreciação subjetiva sua, quanto à melhor maneira de proceder, para dar correto atendimento à finalidade legal, – classifica-se como sendo

(A) complexo.
(B) de império.
(C) de gestão.
(D) discricionário.
(E) vinculado.

Trata-se da definição de ato discricionário, pois esse tipo de ato, ao contrário do ato vinculado, confere margem de liberdade ao agente público.

Gabarito "D".

(Técnico da Receita Federal – 2002.2 – ESAF) O instituto jurídico administrativo, pelo qual o Estado transfere a outra entidade a execução de determinado serviço público, com a particularidade de que para cuja remuneração ela pode cobrar tarifas de seus usuários, classifica-se mais propriamente como sendo

(A) autorização.
(B) desconcentração.
(C) delegação.
(D) concessão.
(E) permissão.

Vale trazer os conceitos dados acima. Vamos trazê-los numa ordem mais didática. **Autorização** é o ato unilateral, discricionário e precário pela qual a Administração faculta ao particular, no interesse deste, o uso de um bem público ou a prestação de um serviço público (ex.: autorização para que uma pessoa física faça o transporte de outras pessoas físicas em caráter eventual). **Permissão** é o ato unilateral, discricionário e precário pela qual a Administração faculta ao particular o uso de um bem público ou a prestação de um serviço público, mediante licitação (ex.: permissão para que uma pessoa física ou jurídica opere vans ou peruas, no transporte de pessoas). **Concessão** é o ato bilateral (contrato) pelo qual a Administração faculta a uma pessoa jurídica o uso de um bem público ou a prestação de um serviço público, mediante licitação (ex.: concessão para que uma pessoa jurídica ou consórcio de empresas operem transporte por meio de ônibus). Repare que, de acordo com o *tamanho do investimento* e com a *complexidade do serviço*, escolhe-se o instituto jurídico mais apropriado. Além disso, a concessão só pode ser dada para *pessoa jurídica*. Como o enunciado trazia a informação de que o serviço está sendo passado para uma entidade (pessoa jurídica), provavelmente trata-se de concessão, pois esta só admite pessoa jurídica, como se disse, ao passo que a permissão admite tanto pessoa física como pessoa jurídica (art. 2º, II e IV, da Lei 8.987/1995). A expressão **delegação** não é a mais adequada para a outorga do direito de prestar um serviço público. Como se viu, as expressões adequadas são permissão e concessão. A expressão delegação é utilizada mais para atribuição de *competência* de um *órgão* para outro, *dentro* da própria pessoa jurídica, e não para uma pessoa jurídica *externa* (arts. 11 e ss. da Lei 9.784/1999). Aliás, a distribuição interna de competências tem o nome de **desconcentração** (o exemplo do enunciado não tratava de uma distribuição de competência para um *órgão interno*, mas sim da outorga de um serviço público para uma *entidade externa*), ao passo que a distribuição externa de competência (por exemplo, pela concessão) leva o nome de *descentralização*.

Gabarito "D".

(Auditor Fiscal do Trabalho – 2010 – ESAF) Assinale a opção que contemple ato administrativo passível de revogação.

(A) Atestado de óbito.
(B) Homologação de procedimento licitatório.
(C) Licença para edificar.
(D) Certidão de nascimento.
(E) Autorização de uso de bem público.

Antes de comentar as alternativas, vale lembrar que não são irrevogáveis os seguintes atos: enunciativos, vinculados e já exauridos. **A:** incorreta, pois o atestado de óbito é um ato meramente enunciativo, não podendo ser revogado; **B:** incorreta, pois a homologação é um ato de controle vinculado (ao contrário da aprovação, que é um ato de controle discricionário), não podendo ser revogado; **C:** incorreta, pois a licença para edificar é um ato de vinculado, não podendo ser revogado; **D:** incorreta, pois a certidão de nascimento é um ato meramente enunciativo, não podendo ser revogado; **E:** correta, pois a autorização de uso de bem público é um ato discricionário, que pode ser revogado.

Gabarito "E".

(Auditor do Tesouro Municipal/Recife-PE – 2003 – ESAF) Com referência ao ato administrativo normativo, assinale a afirmação falsa.

(A) O ato normativo tem precedência hierárquica sobre o ato individual.
(B) O ato normativo é sempre revogável.
(C) O ato normativo não pode ser impugnado na via administrativa, por meio dos recursos administrativos ordinários.
(D) O ato normativo tem natureza de ato vinculado, pois não pode exorbitar da lei.
(E) O ato normativo não pode ser impugnado, judicialmente, diretamente pela pessoa lesada, mas apenas pela via de arguição de inconstitucionalidade.

Os **atos administrativos normativos** são aqueles que contêm um comando geral do Executivo, visando à correta aplicação da lei. São exemplos desses atos os decretos regulamentares, os regimentos, as resoluções, as deliberações e as portarias de conteúdo geral. Tais não são leis em sentido formal, mas são leis em sentido material, já que são gerais e abstratas. Assim, os atos administrativos normativos têm precedência hierárquica em relação ao ato individual (alternativa "a"), são revogáveis (alternativa "b"), devem ser impugnados pelas vias iguais às que são utilizadas para a impugnação das leis (alternativas "c" e "e"), são discricionários (e não vinculados, por isso é falsa a alternativa "d").

Gabarito "D".

4. ORGANIZAÇÃO ADMINISTRATIVA

4.1. TEMAS GERAIS (ADMINISTRAÇÃO PÚBLICA, ÓRGÃOS E ENTIDADES, DESCENTRALIZAÇÃO E DESCONCENTRAÇÃO, CONTROLE E HIERARQUIA, TEORIA DO ÓRGÃO)

Segue um resumo sobre a parte introdutória do tema Organização da Administração Pública:

O objetivo deste tópico é efetuar uma série de distinções, de grande valia para o estudo sistematizado do tema. A primeira delas tratará da relação entre pessoa jurídica e órgãos estatais.

Pessoas jurídicas estatais *são entidades integrantes da estrutura do Estado e dotadas de personalidade jurídica*, ou seja, de aptidão genérica para contrair direitos e obrigações.

Órgãos públicos *são centros de competência integrantes das pessoas estatais instituídos para o desempenho das funções públicas por meio de agentes públicos*. São, portanto, parte do corpo (pessoa jurídica). Cada órgão é investido de determinada competência, dividida entre seus cargos. Apesar de não terem personalidade jurídica, têm prerrogativas funcionais, o que admite até que interponham mandado de segurança, quando violadas. Tal capacidade processual, todavia, só têm os órgãos independentes e os autônomos. Todo ato de um órgão é imputado diretamente à pessoa jurídica da qual é integrante, assim como todo ato de agente público é imputado diretamente ao órgão à qual pertence (trata-se da chamada "teoria do órgão", que se contrapõe à teoria da representação ou do mandato). Deve-se ressaltar, todavia, que a representação legal da entidade é atribuição de determinados agentes, como o Chefe do Poder Executivo e os Procuradores. Confiram-se algumas classificações dos órgãos públicos, segundo o magistério de Hely Lopes Meirelles:

Quanto à **posição**, podem ser órgãos *independentes* (originários da Constituição e representativos dos Poderes do Estado: Legislativo, Executivo de Judiciário – aqui estão todas as corporações legislativas, chefias de executivo e tribunais, e juízos singulares); *autônomos* (estão na cúpula da Administração, logo abaixo dos órgãos independentes, tendo autonomia administrativa, financeira e técnica, segundo as diretrizes dos órgãos a eles superiores – cá estão os Ministérios, as Secretarias Estaduais e Municipais, a AGU etc.), *superiores* (detêm poder de direção quanto aos assuntos de sua competência, mas sem autonomia administrativa e financeira – ex.: gabinetes, procuradorias judiciais, departamentos, divisões etc.) e *subalternos* (são os que se acham na base da hierarquia entre órgãos, tendo reduzido poder decisório, com atribuições de mera execução – ex.: portarias, seções de expediente).

Quanto à **estrutura**, podem ser *simples* ou *unitários* (constituídos por um só centro de competência) e *compostos* (reúnem outros órgãos menores com atividades-fim idênticas ou atividades auxiliares – ex.: Ministério da Saúde).

Quanto à **atuação funcional**, podem ser *singulares* ou *unipessoais* (atuam por um único agente – ex.: Presidência da República) e *colegiados* ou *pluripessoais* (atuam por manifestação conjunta da vontade de seus membros – ex.: corporações legislativas, tribunais e comissões).

Outra distinção relevante para o estudo da estrutura da Administração Pública é a que se faz entre desconcentração e descentralização. Confira-se.

Desconcentração *é a distribuição interna de atividades administrativas, de competências*. Ocorre de órgão para órgão da entidade Ex.: competência no âmbito da Prefeitura, que poderia estar totalmente concentrada no órgão Prefeito Municipal, mas que é distribuída internamente aos Secretários de Saúde, Educação etc.

Descentralização *é a distribuição externa de atividades administrativas, que passam a ser exercidas por pessoa ou pessoas distintas do Estado*. Dá-se de pessoa jurídica para pessoa jurídica como técnica de especialização. Ex.: criação de autarquia para titularizar e executar um dado serviço público, antes de titularidade do ente político que a criou.

Na descentralização **por serviço** a lei atribui ou autoriza que outra pessoa detenha a *titularidade* e a execução do serviço. Depende de lei. Fala-se também em *outorga* do serviço.

Na descentralização **por colaboração** o contrato ou ato unilateral atribui a outra pessoa a *execução* do serviço. Aqui o particular pode colaborar, recebendo a execução do serviço, e não a titularidade. Fala-se também em *delegação* do serviço e o caráter é transitório.

É importante também saber a seguinte distinção.

Administração direta *compreende os órgãos integrados no âmbito direto das pessoas políticas (União, Estados, Distrito Federal e Municípios)*.

Administração indireta *compreende as pessoas jurídicas criadas pelo Estado para titularizar e exercer atividades públicas (autarquias e fundações públicas) e para agir na atividade econômica quando necessário (empresas públicas e sociedades de economia mista)*.

Outra classificação relevante para o estudo do tema em questão é a que segue.

As **pessoas jurídicas de direito público** *são os entes políticos e as pessoas jurídicas criadas por estes para exercerem típica atividade administrativa, o que impõe tenham, de um lado, prerrogativas de direito público, e, de outro, restrições de direito público, próprias de quem gere coisa pública.*[1] Além dos entes políticos (União, Estados, Distrito Federal e Municípios), são pessoas jurídicas de direito público as *autarquias, fundações públicas, agências reguladoras* e *associações públicas* (consórcios públicos de direito público).

As **pessoas jurídicas de direito privado estatais** *são aquelas criadas pelos entes políticos para exercer atividade econômica, devendo ter os mesmos direitos e restrições das demais pessoas jurídica privadas, em que pese terem algumas restrições adicionais, pelo fato de terem sido criadas pelo Estado.* São pessoas jurídicas de direito privado estatais as *empresas públicas*, as *sociedades de economia mista*, as *fundações privadas criadas pelo Estado* e os *consórcios públicos de direito privado*.

Também é necessário conhecer a seguinte distinção.

Hierarquia *consiste no poder que um órgão superior tem sobre outro inferior, que lhe confere, dentre outras prerrogativas, uma ampla possibilidade de fiscalização dos atos do órgão subordinado.*

Controle (tutela ou supervisão ministerial) *consiste no poder de fiscalização que a pessoa jurídica política tem sobre a pessoa jurídica que criou, que lhe confere tão somente a possibilidade de submeter a segunda ao cumprimento de seus objetivos globais, nos termos do que dispuser a lei.* Ex.: a União não pode anular um ato administrativo de concessão de aposentadoria por parte do INSS (autarquia por ela criada), por não haver hierarquia; mas pode impedir que o INSS passe a comercializar títulos de capitalização, por exemplo, por haver nítido desvio dos objetivos globais para os quais fora criada a autarquia. Aqui não se fala em subordinação, mas em vinculação administrativa.

Por fim, há entidades que, apesar de *não fazerem* parte da Administração Pública Direta e Indireta, colaboram com a Administração Pública e são estudadas no Direito Administrativo. Tais entidades são denominadas *entes de cooperação* ou *entidades paraestatais*. São entidades que não têm fins lucrativos e que colaboram com o Estado em atividades não exclusivas deste. São exemplos de paraestatais as seguintes: a) *entidades do Sistema S* (SESI, SENAI, SENAC etc. – ligadas a categorias profissionais, cobram contribuições parafiscais para o custeio de suas atividades); b) *organizações sociais* (celebram *contrato de gestão* com a Administração); c) *organizações da sociedade civil de interesse público* – OSCIPs (celebram *termo de parceria* com a Administração).

1 *Vide* art. 41 do atual Código Civil. O parágrafo único deste artigo faz referência às *pessoas de direito público com estrutura de direito privado*, que serão regidas, no que couber, pelas normas do CC. A referência é quanto às fundações públicas, aplicando-se as normas do CC apenas quando não contrariarem os preceitos de direito público.

(Procurador da Fazenda Nacional – 2004 – ESAF) Quanto à teoria do órgão e sua aplicação ao Direito Administrativo, aponte a opção correta.

(A) Consoante tal teoria, o órgão é apenas parte do corpo da entidade e, por consequência, todas as suas manifestações de vontade são consideradas como da própria entidade.

(B) Essa teoria não distingue órgão de entidade, reconhecendo personalidade jurídica a ambos, indistintamente, e, por conseguinte, reconhecendo serem sujeitos de direitos e obrigações, de forma direta.

(C) Essa teoria, de ampla aceitação entre os administrativistas pátrios, reconhece personalidade jurídica ao órgão, que passa a ser sujeito de direitos e obrigações.

(D) Por tal teoria, o agente (pessoa física) atua como representante da pessoa jurídica, à semelhança do tutor e do curador de incapazes.

(E) Essa teoria não tem aceitação entre os publicistas contemporâneos, por não explicar, de forma satisfatória, como atribuir aos entes públicos os atos das pessoas humanas que agem em seu nome.

A teoria do órgão estabelece que o órgão público é parte integrante da entidade, da mesma forma que é cada órgão do corpo humano. Com isso, a manifestação do órgão deve ser vista como manifestação da própria pessoa jurídica que o contém, pois aquele não tem autonomia ou personalidade jurídica própria. A teoria do órgão é aceita pela grande maioria dos doutrinadores, pois representa a evolução das explanações sobre o órgão público, suplantando a teoria do mandato (na qual o agente receberia uma espécie de procuração da pessoa jurídica, para exercer, ele mesmo, parcela do poder estatal) e a teoria da representação (na qual o agente atuaria em nome da pessoa jurídica).

(Procurador da Fazenda Nacional – 2003 – ESAF) Assinale, entre os atos abaixo, aquele que não pode ser considerado como de manifestação da atividade finalística da Administração Pública, em seu sentido material.

(A) Concessão para exploração de serviço público de transporte coletivo urbano.

(B) Desapropriação para a construção de uma unidade escolar.

(C) Interdição de um estabelecimento comercial em razão de violação a normas de posturas municipais.

(D) Nomeação de um servidor público, aprovado em virtude de concurso público.

(E) Concessão de benefício fiscal para a implantação de uma nova indústria em determinado Estado-federado.

A questão cobra do candidato dois conceitos de Direito Administrativo: administração pública material, que é a efetiva atividade administrativa (contrapõe-se à administração pública em sentido formal, que estuda os órgãos e agentes públicos em sentido amplo), e atividade finalística (ou atividade-fim) da Administração, que pode ser conceituada como aquela voltada diretamente à consecução dos objetivos da Administração Pública (opõe-se a atividade-meio, todas aquelas necessárias à viabilização da atividade-fim). Visto isso, percebemos que a exploração de serviço público é atividade-fim da administração material, porque voltada a fornecer serviço típico do Estado aos cidadãos. Também o é a desapropriação, como forma de intervenção do Estado na propriedade com vistas ao interesse público. Segue a mesma lógica a interdição de estabelecimento comercial, porém baseada no poder de polícia administrativa, outra atividade-fim da Administração Pública. A concessão de benefício fiscal é uma espécie de fomento da atividade econômica, dever do Estado previsto na CF e, portanto, igualmente classificada como atividade-fim. Resta a nomeação de servidor público que, em consagração aos conceitos mencionados, classifica-se como atividade-meio, considerando que este servidor, apenas futuramente, poderá vir a exercer alguma atividade-fim.

Gabarito "D"

(Procurador da Fazenda Nacional – 2003 – ESAF) Tratando-se de Administração Pública Descentralizada ou Indireta, assinale a afirmativa falsa.

(A) A qualificação como agência executiva pode recair tanto sobre entidade autárquica quanto fundacional, integrante da Administração Pública.
(B) Conforme a norma constitucional, a empresa pública exploradora de atividade econômica terá um tratamento diferenciado quanto às regras de licitação.
(C) Admite-se, na esfera federal, uma empresa pública, sob a forma de sociedade anônima, com um único sócio.
(D) Pode se instituir uma agência reguladora cujo objeto de fiscalização ou regulação não seja uma atividade considerada como de serviço público.
(E) As entidades qualificadas como Organizações Sociais, pela União Federal, passam a integrar, para efeitos de supervisão, a Administração Pública Descentralizada.

A: verdadeira. Qualifica-se como agência executiva a entidade da Administração Indireta que celebra contrato de gestão com o ministério com poder de supervisão sobre ela para a evolução dos serviços prestados. Tanto a autarquia quanto a fundação pública podem celebrar contrato de gestão e, assim, serem vistas como agências executivas; **B:** verdadeira. A CF efetivamente abre caminho para que seja instituído mediante lei um regime jurídico específico para as empresas públicas e sociedades de economia mista que explorem atividade econômica, tratando, inclusive, do sistema de licitação a ser empregado (art. 173, § 1º). Ressalte-se, todavia, que este regime jurídico diferenciado nunca foi implantado, estando, na prática, todas as empresas públicas ainda se sujeitam às disposições da Lei 8.666/1993; **C:** verdadeira. A empresa pública pode assumir qualquer dos tipos societários previstos para as pessoas jurídicas de direito privado, inclusive sociedade anônima com capital exclusivamente público; **D:** verdadeira. As agências reguladoras, autarquias em regime especial voltadas à fiscalização e regulação de parcelas determinadas do mercado, podem ser constituídas para atividades classificadas como serviço público ou não. Um bom exemplo do segundo caso é a ANP, que regulamenta o mercado de derivados de petróleo, que não pode ser considerado como serviço público; **E:** falsa. O terceiro setor, constituído pelas organizações sociais e as organizações da sociedade civil de interesse público, são entes de cooperação do Estado, atuando paralelamente a este, e não se integram ao conceito de Administração Pública Indireta.

Gabarito "E"

(Auditor Fiscal da Receita Federal – 2010 – ESAF) Quanto à organização administrativa brasileira, analise as assertivas abaixo e assinale a opção correta.

I. A administração pública federal brasileira indireta é composta por autarquias, fundações, sociedades de economia mista, empresas públicas e entidades paraestatais.
II. Diferentemente das pessoas jurídicas de direito privado, as entidades da administração pública indireta de personalidade jurídica de direito público são criadas por lei específica.
III. Em regra, a execução judicial contra o Instituto Brasileiro do Meio Ambiente e dos Recursos Naturais Renováveis – IBAMA enquanto autarquia federal está sujeita ao regime de precatórios previsto no art. 100 da Constituição Federal, respeitadas as exceções.
IV. A Caixa Econômica Federal enquanto empresa pública é exemplo do que se passou a chamar, pela doutrina do direito administrativo, de desconcentração da atividade estatal.
V. O Instituto Nacional do Seguro Social – INSS enquanto autarquia vinculada ao Ministério da Previdência Social está subordinada à sua hierarquia e à sua supervisão.

(A) Apenas os itens I e II estão corretos.
(B) Apenas os itens II e III estão corretos.
(C) Apenas os itens III e IV estão corretos.
(D) Apenas os itens IV e V estão corretos.
(E) Apenas os itens II e V estão corretos.

I: incorreta, pois as entidades paraestatais (exs.: entidades do Sistema "S", organizações sociais e OSCIPs) não fazem parte da administração indireta, vez que não são entidades criadas pelo Estado; **II:** correta, ao passo que as pessoas de direito privado estatais têm sua criação *autorizada pela lei* (art. 37, XIX, da CF/1988); **III:** correta, pois o IBAMA é uma autarquia, de modo que é uma pessoa jurídica de direito público, cuja execução judicial se dá mediante a expedição de precatório, nos termos do art. 100 da CF/1988, ressalvadas as exceções previstas na Constituição; **IV:** incorreta, pois a criação de entidades estatais está no contexto da *descentralização*, e não da *desconcentração*; **V:** incorreta, pois entre o Ministério da Previdência e o INSS há o *controle* ou *tutela* ou *supervisão ministerial*, e não a *hierarquia*.

Gabarito "B"

(Auditor Fiscal da Receita Federal – 2005 – ESAF) Assinale, entre as seguintes definições, aquela que pode ser considerada correta como a de órgão público.

(A) Unidade personalizada, composta de agentes públicos, com competências específicas.
(B) Centro funcional, integrante da estrutura de uma entidade, com personalidade jurídica de direito público.

(C) Conjunto de agentes públicos hierarquicamente organizados.

(D) Centro de competências, com patrimônio, responsabilidades e agentes próprios, criado para uma determinada atividade.

(E) Unidade organizacional, composta de agentes e competências, sem personalidade jurídica.

A e **B**: incorretas. Órgão público não tem personalidade jurídica, não se confundindo com as pessoas jurídicas; dentro de uma pessoa jurídica há vários órgãos públicos (por exemplo, dentro da União, há vários Ministérios, que são órgãos bastante importantes); dentro de grandes órgãos há outros órgãos e também agentes públicos; **C**: incorreta. Dentro de um mesmo órgão, de fato, há agentes públicos; porém o que caracteriza os órgãos não é a existência de uma hierarquia de agentes públicos, mas a existência de *competências específicas, cargos públicos* e *agentes públicos*; Hely Lopes Meirelles define órgãos públicos como "centros de competência instituídos para o desempenho de funções estatais, através de seus agentes, cuja atuação é imputada à pessoa jurídica a que pertencem" (**Direito Administrativo Brasileiro**, 26. ed., São Paulo: Malheiros, p. 62); **D**: incorreta. Os órgãos não têm personalidade, portanto não têm patrimônio próprio; por ex., um imóvel da Receita Federal (que é um órgão), não pertence a esta, mas sim à União; a Receita Federal, no caso, apenas administra o imóvel, que está sob seus cuidados, mas como não tem personalidade jurídica, não tem aptidão para ser proprietária do bem; **E**: correta. Essa alternativa traz um conceito adequado de órgãos públicos.

Gabarito "E"

(Auditor Fiscal da Previdência Social – 2002 – ESAF) O que distingue, fundamentalmente, os órgãos da Administração Direta Federal das entidades da Administração Indireta é o fato de

(A) terem personalidade jurídica de direito público (órgãos) e de direito privado (entidades).

(B) terem atuação de âmbito nacional ou regional.

(C) serem jurisdicionados da justiça federal ou da justiça comum.

(D) serem criados por lei ou ato dela decorrente.

(E) integrarem ou não a estrutura orgânica da União Federal.

A alternativa "e" está correta, pois, de fato, a diferença entre órgãos (ex.: o Ministério da Fazenda) e entidades (ex.: o Banco Central, que é uma autarquia) é que os primeiros integram a estrutura orgânica da União Federal, ao passo que os segundos integram a administração indireta federal. A alternativa "a" está errada, pois os órgãos públicos não têm personalidade jurídica, e as entidades da administração indireta podem ter personalidade de direito público (as que fazem atividade típica de estado, como o Banco Central) ou de direito privado (as que exploram atividade econômica ou meramente prestem serviços públicos, como o Banco do Brasil e os Correios, por exemplo). A alternativa "b" está errada, pois tanto os órgãos como as entidades podem ter atuação nacional. A alternativa "c" está errada, pois os atos de órgãos e entidades federais são apreciados pela Justiça Federal. Há exceções, como os atos das *entidades de direito privado estatais do tipo sociedades de economia mista* (por ex., o Banco do Brasil), cujos atos são julgados pela Justiça Estadual. A alternativa "d" está errada, pois é necessário lei tanto para criar um órgão como para criar uma entidade da administração indireta.

Gabarito "E"

(Auditor Fiscal do Trabalho – 2010 – ESAF) Tendo por base a organização administrativa brasileira, classifique as descrições abaixo como sendo fenômenos: (1) de descentralização; ou (2) de desconcentração. Após, assinale a opção correta.

I. Criação da Fundação Instituto Brasileiro de Geografia e Estatística (IBGE), para prestar serviços oficiais de estatística, geologia e cartografia de âmbito nacional;

II. Criação de delegacia regional do trabalho a ser instalada em municipalidade recém-emancipada e em franco desenvolvimento industrial e no setor de serviços;

III. Concessão de serviço público para a exploração do serviço de manutenção e conservação de estradas;

IV. Criação de novo território federal.

(A) 2 / 1 / 2 / 1

(B) 1/ 2 / 2 / 1

(C) 2/ 2 / 1 / 1

(D) 1/ 2 / 1 / 1

(E) 1/ 2 / 1 / 2

A *descentralização* (1) é a distribuição *externa* de competência, ou seja, é a distribuição de competência de *pessoa jurídica* para *pessoa jurídica*. Já a *desconcentração* (2) é a distribuição *interna* de competência, ou seja, é a distribuição de competência de *órgão* para *órgão*. **I**: descentralização (1), pois o IBGE é uma pessoa jurídica; **II**: desconcentração (2), pois a delegacia regional é um órgão público; **III**: descentralização (1), pois a concessão de serviço público é sempre para uma pessoa jurídica; **IV**: descentralização (1), pois o território é uma pessoa jurídica.

Gabarito "D"

(Auditor Fiscal da Receita Federal – 2005 – ESAF) Em relação à organização administrativa da União Federal, assinale a afirmativa verdadeira.

(A) O contrato de gestão só pode ser celebrado entre a União Federal e as entidades descentralizadas.

(B) As fundações públicas de direito público estão impedidas de exercer poder de polícia administrativa.

(C) É possível, na esfera federal, uma empresa pública ser organizada sob a forma de sociedade anônima, sendo a União Federal a sua única acionista.

(D) As agências reguladoras podem, no âmbito da Administração Indireta, assumir a forma de autarquias, fundações ou empresas públicas.

(E) As denominadas fundações de apoio às instituições federais de ensino superior integram o rol da Administração Pública Indireta.

A: incorreta. O contrato de gestão pode ser celebrado com *órgãos* e entidades da administração *direta* e *indireta* (art. 37, § 8º, da CF/1988); **B**: incorreta. É possível criar dois tipos de fundações estatais, uma de direito privado (para realizar atividades que o setor privado pode fazer) e a outra de direito público (para realizar atividades típicas da Administração Pública); o exercício do poder de polícia é uma atividade típica da Administração Pública; portanto, as fundações públicas de direito público podem, sim, exercer poder de polícia; **C**: correta, nos termos do art. 5º, II, do Dec.-lei 200/1967; **D**: incorreta. As agências reguladoras, por exercerem atividade típica da Administração, são autarquias (art. 5º, I, do Dec.-lei 200/1967); porém, por terem algumas características especiais (os dirigentes só podem ser nomeados após aprovação do Senado; os dirigentes têm mandato fixo; os dirigentes ficam vinculados por um período de tempo às agências, findo o mandato), as agências reguladoras são autarquias especiais; **E:** incorreta. As fundações de apoio às instituições federais de ensino superior não são estatais, ou seja, não fazem parte da Administração Indireta; elas fazem um mero *contrato* com as instituições federais de ensino (art. 1º da Lei 8.958/1994).

Gabarito "C".

(Auditor Fiscal da Previdência Social – 2002 – ESAF) A entidade da Administração Pública Federal, com personalidade jurídica de direito privado, que é submetida ao controle jurisdicional na Justiça Federal de Primeira Instância, nas ações em que figure como autora ou ré, quando não se tratar de falência, acidente de trabalho, questão eleitoral e matéria trabalhista, é a

(A) autarquia.
(B) empresa pública.
(C) fundação pública.
(D) sociedade de economia mista.
(E) fazenda pública.

Art. 109, I, da CF/1988.

Gabarito "B".

(Auditor Fiscal da Previdência Social – 2002 – ESAF) De acordo com as normas legais vigentes, as chamadas fundações públicas, na área federal, são

(A) equiparadas às empresas públicas.
(B) entidades privadas fora da Administração.
(C) entidades da Administração Indireta.
(D) regidas por disposições do Código Civil.
(E) órgãos da Administração Direta.

Art. 4º, II, *a* (fundações públicas de direito público = autarquias) e *d* (fundações públicas de direito privado = art. 5º, IV, do Dec.-lei 200/1967), do Dec.-lei 200/1967.

Gabarito "C".

(Agente Fiscal/PI – 2001 – ESAF) Com relação à administração pública, é correto afirmar.

(A) A expressão "administração pública" possui um sentido unívoco.
(B) Administração pública é expressão sinônima de governo.
(C) A administração pública manifesta-se, com exclusividade, no Poder Executivo.
(D) A atividade da administração pública pode ter, excepcionalmente, natureza jurisdicional.
(E) A organização básica da administração pública depende de lei.

A: incorreta. A expressão Administração Pública, em sentido **formal** é conjunto de *órgãos* instituídos para a consecução dos fins do Governo; já em sentido **material** é conjunto de *funções* necessárias aos serviços públicos em geral; e em sentido **operacional** é o *desempenho sistemático* dos serviços estatais; **B:** incorreta. Como se viu, em sentido formal, a Administração Pública é o conjunto de órgãos instituídos para a consecução dos fins do Governo; e este é o comando, a iniciativa, que faz com que tais órgãos se movimentem, de modo que não se deve confundir a Administração, no sentido de aparato estatal, com o Governo, que é o que movimenta esse aparato; **C:** incorreta. Existe Administração Pública no âmbito dos três Poderes; os poderes Judiciário e Legislativo quando fazem compras e contratam servidores expedem atos administrativos, próprios da Administração Pública; **D:** incorreta. A atividade da administração pública é uma atividade de execução; ela se dá mediante a prática de atos administrativos, não podendo praticar atos jurisdicionais e legislativos; **E:** está correta; porém, pode-se, por meio de decreto, tratar da organização e do funcionamento da administração, quando não haja aumento de despesa ou criação/extinção de órgãos públicos (art. 84, VI, da CF/1988).

Gabarito "E".

(Auditor do Tesouro Municipal/Recife-PE – 2003 – ESAF) No sistema brasileiro, a noção de pessoa política engloba as seguintes entidades:

(A) Estados-Federados, autarquias e fundações públicas.
(B) União Federal e Municípios.
(C) Distrito Federal e empresas públicas.
(D) Municípios, Distrito Federal e autarquias.
(E) Autarquias e fundações públicas.

As pessoas políticas (ou entes federativos) são: União, Estados, Distrito Federal e Municípios.

Gabarito "B".

(Técnico da Receita Federal – 2006 – ESAF) A entidade da Administração Indireta, que se conceitua como sendo uma pessoa jurídica de direito público, criada por força de lei, com capacidade exclusivamente administrativa, tendo por substrato um patrimônio personalizado, gerido pelos seus próprios órgãos e destinado a uma finalidade específica, de interesse público, é a

(A) autarquia.
(B) fundação pública.
(C) empresa pública.
(D) sociedade de economia mista.
(E) agência reguladora.

Trata-se do conceito de fundação pública de direito público, que tem natureza jurídica de autarquia. Só se dá o nome de fundação, no caso, porque o elemento patrimonial é o mais importante ("patrimônio personalizado").

Gabarito "B".

(Técnico da Receita Federal – 2006 – ESAF) As sociedades de economia mista, constituídas com capitais predominantes do Estado, são pessoas jurídicas de direito privado, integrantes da Administração Pública Indireta, são regidas pelas normas comuns aplicáveis às empresas particulares, estando fora do âmbito de incidência do Direito Administrativo.

(A) Correta esta assertiva.
(B) Incorreta a assertiva, porque elas são pessoas jurídicas de direito público.
(C) Incorreta a assertiva, porque eles são de regime híbrido, sujeitando-se ao direito privado e, em muitos aspectos, ao direito público.
(D) Incorreta a assertiva, porque seus capitais são predominantes privados.
(E) Incorreta a assertiva, porque elas são de regime público, regidas exclusivamente pelo Direito Administrativo.

A assertiva "c" está correta em quase todos os aspectos (art. 5º, III, do Dec.-lei 200/1967). Porém, tais empresas têm de respeitar, em alguns aspectos, o direito público. Por exemplo, estão sujeitas à fiscalização do Tribunal de Contas, devem fazer licitação pública e só podem contratar agentes por meio de concurso público.

Gabarito "C"

(Técnico da Receita Federal – 2003 – ESAF) Entre outras, integram a Administração Pública Federal Indireta, também, as seguintes entidades, dotadas de personalidade jurídica de direito privado:

(A) as autarquias, organizações sociais e sociedades de economia mista.
(B) os serviços sociais autônomos (SENAI, SENAC etc.) e as concessionárias de serviços públicos.
(C) os serviços sociais autônomos e as agências reguladoras.
(D) as empresas públicas e sociedades de economia mista.
(E) as fundações e organizações não governamentais.

Art. 5º, II e III, do Dec.-lei 200/1967. São também pessoas de direito privado estatais as fundações públicas de direito privado (art. 5º, IV, da referida lei) e os consórcios públicos de direito privado (art. 1º, § 1º, da Lei 11.107/2005).

Gabarito "D"

(Técnico da Receita Federal – 2002.2 – ESAF) Na Administração Pública Federal, a sociedade de economia mista é considerada como sendo um(a)

(A) órgão estatal.
(B) entidade de direito público.
(C) pessoa jurídica de direito privado.
(D) entidade da Administração Direta.
(E) paraestatal fora da Administração.

Art. 5º, III, do Dec.-lei 200/1967.

Gabarito "C"

(Técnico da Receita Federal – 2002.1 – ESAF) As empresas públicas e sociedades de economia mista, no contexto da Administração Pública Federal, detêm alguns aspectos e pontos em comum, juridicamente, mas entre os que lhes são diferentes destaca-se

(A) a sua natureza jurídica.
(B) o regime jurídico dos seus servidores.
(C) o foro de controle jurisdicional.
(D) o tratamento fiscal privilegiado.
(E) a exigibilidade de licitação.

De fato, o foro das empresas públicas federais é a Justiça Federal, ao passo que o das sociedades de economia mista federais é a Justiça Estadual (art. 109, I, da CF/1988).

Gabarito "C"

(Auditor Fiscal/CE – 2006 – ESAF) Assinale a opção que contemple o ponto de distinção entre a empresa pública e a sociedade de economia mista.

(A) Natureza jurídica.
(B) Atuação na ordem econômica.
(C) Regime do pessoal.
(D) Natureza do patrimônio.
(E) Formação do capital social.

Na empresa pública o capital é exclusivamente público, ao passo que na sociedade de economia mista há, necessariamente, capital público e capital privado (art. 5º, II e III, do Dec.-lei 200/1967).

Gabarito "E"

(Auditor do Tesouro Municipal/Natal-RN – 2001 – ESAF) O patrimônio personificado, destinado a um fim específico, que constitui uma entidade da Administração Pública, com personalidade jurídica de direito público, cuja criação depende de prévia autorização expressa por lei, conceitua-se como sendo

(A) um órgão autônomo.
(B) um serviço social autônomo.
(C) uma autarquia.
(D) uma empresa pública.
(E) uma fundação pública.

Trata-se do conceito de fundação pública de direito público, que tem natureza jurídica de autarquia. Só se dá o nome de fundação, no caso, porque o elemento patrimonial é o mais importante ("patrimônio personificado").

Gabarito "E"

(Agente Tributário Estadual/MS – 2001 – ESAF) Em relação à organização administrativa brasileira, assinale a afirmativa verdadeira.

(A) A recente figura das organizações sociais reveste-se da personalidade jurídica de direito público.
(B) Após a Emenda Constitucional 19/1998, ficou vedado ao Poder Público criar fundações sob regime de direito privado.
(C) Empresas públicas e sociedades de economia mista têm, exclusivamente, como objeto institucional atividades relativas a serviços públicos.
(D) No momento, somente existem no Brasil autarquias classificadas como de serviço.
(E) Caracteriza o órgão autônomo a personalidade jurídica própria.

A: incorreta (art. 1º da Lei 9.637/1998); **B:** incorreta. Não há essa limitação em tal emenda; **C:** incorreta. Tais entidades são criadas para a exploração de atividade econômica ou para a mera execução de serviços públicos; **D:** correta (art. 5º, I, do Dec.-lei 200/1967); **E:** incorreta. O *órgão* autônomo (por ex., um Ministério e uma Secretaria Municipal ou Estadual) não tem personalidade jurídica.

Gabarito "D"

(Fiscal de Tributos/PA – 2002 – ESAF) Em relação à organização administrativa brasileira, é correto afirmar que

(A) agências executivas e agências reguladoras são expressões com o mesmo significado jurídico.
(B) o contrato de gestão pode ser celebrado com órgão despersonalizado da Administração Direta.
(C) as fundações governamentais com personalidade jurídica de direito privado podem exercer poder de polícia administrativa.
(D) a empresa pública tem por objeto, sempre, a exploração de atividade econômica.
(E) as organizações sociais podem assumir a forma de autarquias.

A: incorreta. Agência executiva é um qualificativo atribuível a autarquias e fundações federais, por iniciativa do Ministério supervisor, à entidade que haja celebrado contrato de gestão com este e que possua um plano estratégico de desenvolvimento institucional. De um lado, as entidades recebem mais autonomia. De outro, metas de desempenho e eficiência. A grande vantagem é a ampliação dos valores de dispensa de licitação (art. 24, XXIV, da Lei 8.666/1993). Já agências reguladoras são autarquias sob regime especial, encarregadas do exercício do poder normativo e fiscalizador das concessões e permissões de serviço público, bem como do poder de polícia sobre certas atividades e também do fomento de certos setores. Ex.: ANEEL, ANATEL, ANP (petróleo), ANVISA (vigilância sanitária), ANS (saúde complementar), ANA (águas), ANCINE (fomento do cinema). Regime jurídico: igual ao das autarquias, com algumas peculiaridades: a) dirigentes são nomeados com prévia aprovação pelo Senado; b) dirigentes têm mandato fixo; c) ex-dirigentes estão sujeitos a "quarentena", período em que continuam vinculados à autarquia após o exercício do cargo, ficando impedidos de prestar serviços às empresas sob sua regulamentação ou fiscalização. **B:** correta (art. 37, § 8º, da CF/1988); **C:** incorreta. As fundações governamentais de direito privado não podem exercer atividade típica da Administração Pública (art. 5º, IV, do Dec.-lei 200/1967); **D:** incorreta. A empresa pública pode ter por objeto a exploração de atividade econômica ou a prestação de serviço público (art. 173, § 1º, da CF/1988); **E:** incorreta (art. 1º da Lei 9.637/1998 – são pessoas de direito privado).

Gabarito "B"

4.2. AUTARQUIAS

(Auditor Fiscal/MG – 2005 – ESAF) Relativamente às autarquias, aponte o item correto.

(A) Os bens de uma autarquia não podem ser objeto de penhora, não obstante tais entidades não integrarem a Administração direta.

(B) Há subordinação hierárquica entre a autarquia e a Administração direta.

(C) Nosso sistema legislativo expressamente exclui a possibilidade de criação de autarquias municipais.

(D) Não se pode dizer que as autarquias tenham capacidade de autoadministração, tendo em vista a tutela que sobre ela exerce a Administração direta.

(E) Os servidores das autarquias estão subordinados ao regime jurídico único estatutário, não havendo mais amparo, em nosso sistema legislativo, para a contratação pelo regime da Consolidação das Leis do Trabalho – CLT.

A: correta. As autarquias, por executarem atividades típicas da Administração Pública, são pessoas jurídicas de direito público, e, portanto, têm regime jurídico parecido com as pessoas políticas; assim, seus bens são bens públicos e, portanto, não pode ser penhorados; a execução por quantia certa contra as autarquias deve se realizar pela expedição de precatório, e não pela penhora de bens; **B:** incorreta. Entre a Administração Direta e a autarquia há *controle, tutela ou supervisão ministerial* (art. 26 do Dec.-lei 200/1967), e não *hierarquia* (esta existe no interior de pessoas jurídicas). A *hierarquia* confere amplo poder de fiscalização para o superior hierárquico. Já o *controle* só se dá nos limites da lei (vide o art. 26 referido); **C:** incorreta. Não há impedimento legal ou constitucional à criação de autarquias municipais; **D:** as incorreta. Autarquias, como o próprio nome diz (auto + governo), têm capacidade de autoadministração; **E:** incorreta. É possível contratação pela CLT nas autarquias, para funções subalternas e industriais (art. 5º, I, c/c art. 182 do Dec.-lei 200/1967).

Gabarito "A"

4.3. AGÊNCIAS REGULADORAS

(Analista – ANEEL – 2006 – ESAF) Com relação à instituição denominada Câmara de Comercialização de Energia Elétrica (CCEE), assinale a opção correta.

(A) Apesar de a CCEE apurar a tarifa de suprimento para as distribuidoras, essa tarifa não é levada em conta pela Agência Nacional de Energia Elétrica (ANEEL) na formação das tarifas de fornecimento aos consumidores regulados.

(B) O custeio da CCEE é coberto com recursos de taxas provenientes de fiscalizações realizadas pela ANEEL nas empresas do setor elétrico.

(C) No caso de concessionários do serviço público de energia elétrica, a CCEE administra somente a contratação de compra de energia.

(D) A estrutura de governança da CCEE é semelhante à da ANEEL, à exceção das áreas de regulação e fiscalização, que estão presentes somente nesta última instituição.

(E) A CCEE caracteriza-se como pessoa jurídica de direito privado sem fins lucrativos.

E: correta. A Câmara de Comercialização de Energia Elétrica (CCEE) tem por finalidade viabilizar a comercialização de energia elétrica no mercado de energia brasileiro. Trata-se de uma Associação Civil de Direito Privado, sem fins lucrativos, que efetua a contabilização e a liquidação financeira das operações realizadas no mercado de curto prazo. As Regras e os Procedimentos de Comercialização que regulam as atividades realizadas na CCEE são aprovados pela ANEEL. A Câmara de Comercialização de Energia Elétrica é gerida por um Conselho de Administração (órgão colegiado constituído por cinco executivos profissionais eleitos pela Assembleia Geral, com mandato de quatro anos, não coincidentes, sendo permitida uma única recondução).

Gabarito "E"

(Analista – ANEEL – 2006 – ESAF) A Empresa de Pesquisa Energética (EPE) foi criada com a implantação do modelo do setor elétrico brasileiro vigente.

Acerca dessa instituição, assinale a opção correta.

(A) A EPE é impedida de celebrar contratos de prestação de serviços com pessoas físicas ou jurídicas para realizar trabalhos comprovadamente de sua competência técnica.

(B) As receitas da EPE são provenientes de contratos de prestação de serviço com a ANEEL e com o ONS.

(C) Um condicionante para a formatação da EPE foi a sua vinculação à CCEE.

(D) A EPE conta com câmaras técnicas para fins de desenvolvimento de estudos setoriais que lhes são pertinentes.

(E) A EPE não dispõe de autonomia técnica, tal como o requisito necessário para promover estudos de viabilidade técnico-econômica e socioambiental de usinas para aproveitamentos hidrelétricos.

D: correta. A Empresa de Pesquisa Energética é uma empresa pública vinculada ao *Ministério de Minas e Energia*. Tem por finalidade prestar serviços na área de estudos e pesquisas destinadas a subsidiar o planejamento do setor energético (art. 2º da Lei 10.847/2004). Está autorizada a estabelecer convênios de cooperação técnica com entidades da Administração Direta e Indireta, destinados a viabilizar as atividades técnicas e administrativas indispensáveis ao seu funcionamento (art. 15, § 4º da Lei 10.847/2004).

Gabarito "D".

(Analista – ANEEL – 2006 – ESAF) Considere que uma determinada empresa concessionária de energia elétrica tenha concessão de serviço público, formalizada adequadamente dentro da lei. De acordo com a Lei nº 8.987/95, que dispõe sobre o regime de concessão e permissão de prestação de serviço público, a extinção da concessão pode ocorrer por caducidade. O poder concedente não poderá declarar a caducidade da concessão quando

(A) a concessionária paralisar o serviço ou contribuir para tanto, ressalvadas as hipóteses decorrentes de caso fortuito ou força maior.

(B) a concessionária, após ser apenada por imposição de infração, cumprir, nos devidos prazos, as obrigações decorrentes dessa apenação.

(C) a concessionária for condenada em sentença transitada em julgado por sonegação de contribuições sociais.

(D) a concessionária descumprir cláusulas contratuais concernentes à concessão.

(E) a concessionária atingir condições econômicas insatisfatórias, de modo que não possa manter a adequada prestação do serviço público.

B: correta. O art. 38, § 1º, V da Lei nº 8.987/1995 estabelece que a caducidade da concessão poderá ser declarada pelo poder concedente quando a concessionária não cumprir, dentro dos devidos prazos, as penalidades impostas por infrações, de tal sorte que, em sendo as sanções cumpridas tempestivamente, não se poderá extinguir a concessão.

Gabarito "B".

(Analista – ANEEL – 2006 – ESAF) Ainda com relação aos ditames da Lei nº 9.427, de 26.12.1996, assinale a opção incorreta.

(A) As receitas da ANEEL incluem recursos oriundos da cobrança da taxa de fiscalização sobre serviços de energia elétrica e rendimentos de operações financeiras que realizar.

(B) A Taxa de Fiscalização de Serviços de Energia Elétrica é diferenciada em função da modalidade e proporcional ao porte do serviço concedido, permitido ou autorizado, incluindo a produção independente de energia elétrica.

(C) Nos doze meses subsequentes ao exercício do cargo, o ex-dirigente da ANEEL estará impedido de prestar, mesmo que indiretamente, qualquer tipo de serviço às empresas que estiveram sob sua regulamentação ou fiscalização.

(D) Um acionista com participação individual direta de 3% no capital social de empresa permissionária está impedido de exercer cargo de direção na ANEEL.

(E) Os mandatos do Diretor-geral e dos demais diretores da ANEEL são coincidentes e com duração de quatro anos.

A afirmativa incorreta está na alternativa "E", pois contraria o disposto no art. 5º, *caput*, da Lei 9.427/1996, que assim estabelece: "O Diretor-Geral e os demais Diretores serão nomeados pelo Presidente da República para cumprir mandatos não coincidentes de quatro anos, ressalvado o que dispõe o art. 29". As demais afirmativas estão corretas.

Gabarito "E".

(Analista – ANEEL – 2006 – ESAF) A Lei nº 9.427, de 26.12.1996, define atribuições da ANEEL, que incluem a de

(A) promover os procedimentos licitatórios para a contratação de concessionárias de serviço público para a produção e a transmissão de energia elétrica, sendo que a correspondente contratação para a distribuição de energia elétrica é responsabilidade direta do Ministério de Minas e Energia.

(B) dirimir quaisquer divergências entre concessionárias, sendo que as divergências entre estas e seus respectivos consumidores devem ser resolvidas por acordo entre as partes ou pelo Poder Judiciário.

(C) definir as tarifas de uso do sistema de transmissão, assegurando arrecadação de recursos suficientes para a cobertura dos custos deste sistema e utilizando sinal locacional para assegurar maiores encargos para os agentes que mais oneram o sistema de transmissão.

(D) estabelecer tarifas para o suprimento de energia elétrica realizado às concessionárias de distribuição cujos mercados próprios sejam superiores a 300 GWh/ano.

(E) regular o serviço concedido e o permitido, fiscalizando permanentemente a prestação dele, estando a regulação e a fiscalização do serviço autorizado fora da alçada da ANEEL.

C: correta, pois está em conformidade com a regra disposta no art. 3º, XVIII, *a* e *b*, da Lei nº 9.427/1996.

Gabarito "C".

(Analista – ANEEL – 2006 – ESAF) Segundo o Regimento Interno da ANEEL, não compete à Diretoria, em regime de colegiado, analisar, discutir e decidir, em instância administrativa final, acerca do(a)

(A) planejamento estratégico da Agência.

(B) coordenação das ações de proteção e defesa dos consumidores de energia elétrica que sejam incumbência da Agência.

(C) designação do diretor que presidirá cada audiência pública.

(D) delegação eventual a diretor para deliberar sobre assuntos relacionados às Superintendências de Processos Organizacionais.

(E) designação de comissões de licitação.

A alternativa "B" é correta, pois, segundo o art. 17, III, do Regimento Interno da ANEEL, compete ao Diretor-Ouvidor a referida incumbência.

Gabarito "B".

(Analista – ANEEL – 2006 – ESAF) Ainda com relação às prescrições da Lei nº 8.987, de 13.02.1995, que dispõe sobre o regime de concessão e permissão da prestação de serviços públicos, assinale a opção correta.

(A) No julgamento da licitação, deverão ser considerados simultaneamente, pelo menos, os critérios do menor valor da tarifa do serviço público a ser prestado e da melhor proposta técnica, com preço fixado no edital.

(B) São várias as cláusulas essenciais do contrato de concessão, porém elas não incluem as relativas à obrigatoriedade, forma e periodicidade da prestação de contas da concessionária ao poder concedente e aos direitos dos usuários para a obtenção e utilização do serviço: essas cláusulas devem ser tratadas em lei.

(C) É incumbência do poder concedente intervir na prestação do serviço sempre que houver denúncia de que ela é inadequada ou de qualidade insuficiente.

(D) O poder concedente poderá intervir na concessão, sendo que a intervenção será feita por decreto do poder concedente, que conterá a designação do interventor e o prazo da intervenção.

(E) A não regularização pela concessionária da prestação do serviço após intimação do poder concedente neste sentido pode gerar a encampação, que é uma das razões para a extinção unilateral da concessão sem pagamento de indenização.

A alternativa "D" é correta, pois se encontra em sintonia com o disposto no art. 32 da Lei nº 8.987/1995. A alternativa A é incorreta, pois contraria o disposto no art. 15 da Lei nº 8.987/1995. A alternativa B é incorreta, pois não encontra ressonância na regra contida no art. 23 da Lei nº 8.987/1995. A alternativa C é incorreta, uma vez que o art. 29, III, da Lei nº 8.987/1995 define que o poder concedente tem a incumbência de intervir na prestação do serviço, nos casos e condições previstos em lei. A alternativa E é incorreta, pois o art. 38, § 1º, VI define que poderá ser declarada a caducidade da concessão quando a concessionária não atender a intimação do poder concedente no sentido de regularizar a prestação do serviço.

Gabarito "D"

(Analista – ANEEL – 2006 – ESAF) A respeito das prescrições da Lei nº 8.987, de 13.02.1995, que dispõe sobre o regime de concessão e permissão da prestação de serviços públicos, assinale a opção incorreta.

(A) As concessões estão sujeitas à fiscalização contínua e exclusiva pelo poder concedente responsável pela delegação. Por sua vez, as permissões, por serem delegações a título precário, sujeitam-se à fiscalização pelo poder concedente com a cooperação dos usuários.

(B) Um município de um Estado brasileiro que, no passado, tenha sido território pode ser poder concedente.

(C) As condições de prestação de um serviço adequado incluem continuidade, cortesia na prestação e modicidade das tarifas.

(D) Os usuários devem levar ao conhecimento do Poder Público e da concessionária as irregularidades de que tomem conhecimento, relativas ao serviço prestado.

(E) Os contratos relativos à concessão de serviços públicos poderão prever mecanismos de revisão tarifária, com a finalidade de manter-se o equilíbrio econômico-financeiro.

A afirmativa contida na alternativa "A" está incorreta, pois o art. 3º da Lei nº 8.987/1995 revela que a fiscalização das concessões e permissões será realizada pelo poder concedente, com a cooperação dos usuários. A afirmativa contida na alternativa B se encontra em conformidade com o disposto no art. 2º, I, da Lei nº 8.987/1995. A afirmativa contida na alternativa C está em consonância com o disposto no art. 6º, § 1º, da Lei nº 8.987/1995. A afirmativa contida na alternativa D encontra amparo na regra estabelecida no art. 7º, IV, da Lei nº 8.987/1995. A afirmativa contida na alternativa E está em consonância com o disposto no art. 9º, § 2º, da Lei nº 8.987/1995.

Gabarito "A"

4.4. CONSÓRCIOS PÚBLICOS

(Procurador da Fazenda Nacional – 2006 – ESAF) O sistema legislativo pátrio possibilita aos Consórcios Públicos a promoção de amplo rol de atividades, entre as quais não se inclui

(A) realizar desapropriações.

(B) receber subvenções econômicas ou sociais de órgãos do Governo.

(C) explorar atividade econômica, com intuito de lucro, desde que tal atenda a um interesse específico da Administração Pública.

(D) promover a arrecadação de tarifas.

(E) outorgar concessão de serviços públicos (mediante autorização prevista no contrato de Consórcio Público).

A: correta (art. 2º, § 1º, II, da Lei 11.107/2005); **B:** correta (art. 2º, § 1º, I, da Lei 11.107/2005); **C:** incorreta. Os consórcios públicos são constituídos para a gestão associada de serviços públicos e realização de objetivos de interesse comum, não se autorizando a atividade econômica lucrativa; **D:** correta (art. 2º, § 2º, da Lei 11.107/2005); **E:** correta (art. 4º, XI, "c", da Lei 11.107/2005).

Gabarito "C"

(Procurador da Fazenda Nacional – 2006 – ESAF) Ainda sobre Consórcios Públicos, assinale a opção incorreta.

(A) Os consorciados respondem solidariamente pelas obrigações assumidas pelo consórcio.

(B) Os Consórcios Públicos podem realizar licitação da qual decorram contratos administrativos celebrados por órgãos dos entes da Federação consorciados.

(C) O Consórcio Público com personalidade jurídica de direito público integra a administração indireta de todos os entes da Federação consorciados.

(D) Os Consórcios Públicos podem ter personalidade jurídica de direito público ou de direito privado.

(E) Revestindo personalidade jurídica de direito privado, o Consórcio Público observará as normas de direito público no que concerne à celebração de contratos.

A: incorreta. Não há responsabilidade solidária dos consorciados com obrigações assumidas pelo consórcio, dado que este possui personalidade jurídica própria; **B:** correta (art. 112, § 1º, da Lei 8.666/1993); **C:** correta (art. 6º, § 1º, da Lei 11.107/2005); **D:** correta (art. 6º da Lei 11.107/2005); **E:** correta (art. 6º, § 2º, da Lei 11.107/2005).

Gabarito "A"

4.5. EMPRESAS ESTATAIS

(Advogado – IRB – 2006 – ESAF) Assinale a opção falsa. As empresas públicas federais, no direito brasileiro, submetem-se ao regime jurídico próprio das empresas privadas no que toca:

(A) aos direitos e obrigações civis.
(B) às obrigações trabalhistas.
(C) ao foro, nas causas de competência da justiça comum.
(D) às obrigações tributárias.
(E) à forma de organização.

Segundo o art. 173, § 1º, II, da CF, as empresas estatais têm "sujeição ao regime jurídico próprio das empresas privadas, inclusive quanto aos direitos e obrigações civis, comerciais, trabalhistas e tributários". Assim, qualquer empresa estatal está sujeita ao que dispõe às alternativas "a", "b" e "d". Quanto à forma de organização, as empresas públicas (as sociedades de economia mista não!) podem se revestir de qualquer forma societária prevista para as empresas privadas, de modo que a alternativa "e" também fica afastada. A diferença, então, está em relação à Justiça competente para as causas das empresas públicas, que é a Justiça Federal (art. 109, I, da CF), diferentemente das demais empresas privadas, cujo foro é a Justiça Estadual.

Gabarito "C"

4.6. ENTES DE COOPERAÇÃO

(Procuradoria Distrital – 2007 – ESAF) Com pertinência à Estrutura da Administração Pública, assinale a proposição incorreta.

(A) Para Celso Antônio Bandeira de Mello, as denominadas Entidades Públicas Não Estatais (pós-reforma do Estado – EC n. 19 e EC n. 20) são pessoas privadas que colaboram com o Estado e que, entre os privilégios que recebem do Poder Público, está o conceito tributário da parafiscalidade.
(B) De acordo com a clássica classificação dos órgãos públicos de Hely Lopes Meirelles, os denominados órgãos singulares ou unipessoais são aqueles integrados por um único agente administrativo, por existir neles um único cargo em sua estrutura.
(C) À luz da teoria da Reforma do Estado, o que caracteriza o Terceiro Setor é o desenvolvimento de atividades sem fim lucrativo e voltadas a fins públicos.
(D) O Termo de Parceria é definido na Lei n. 9.790/1999 como o instrumento passível de ser firmado entre o Poder Público e as Organizações da Sociedade Civil de Interesse Público, destinado à formação do vínculo de cooperação entre as partes para o fomento e a execução de atividades de interesse público.
(E) À ideia de descentralização administrativa está estreitamente ligada o Princípio da Especialidade, segundo o qual, quando o Estado cria uma entidade autárquica, seus administradores não podem afastar-se dos objetivos definidos em lei, ainda que sob o argumento de que sua atuação (fora dos objetivos legais) se dê com vistas a atender interesse público, fim maior da atividade administrativa.

A: correta, pois há entidades de cooperação que podem cobrar contribuições parafiscais, como as entidades do Sistema "S" (ex.: SESC, SENAI, SENAC etc.); **B:** incorreta, pois os órgãos públicos ***singulares*** ou ***unipessoais***, apesar de atuarem por um único agente, como é o caso da Presidência da República, podem ter mais cargos em sua estrutura (ex.: os assessores do Presidente da República); **C:** correta, pois tais entidades não têm fins lucrativos e colaboram com o Estado em atividades não exclusivas deste; **D:** correta (art. 9º da Lei 9.790/1999); **E:** correta, pois o princípio da legalidade impõe que o agente só atue nos termos do que a lei autorizar ou determinar.

Gabarito "B"

(Procurador da Fazenda Nacional – 2006 – ESAF) As pessoas jurídicas que integram o chamado Terceiro Setor têm regime jurídico

(A) de direito público.
(B) de direito privado.
(C) predominantemente de direito público, parcialmente derrogado por normas de direito privado.
(D) predominantemente de direito privado, parcialmente derrogado por normas de direito público.
(E) de direito público ou de direito privado, conforme a pessoa jurídica.

A doutrina majoritária esclarece que as entidades que integram o Terceiro Setor (organizações sociais e organizações da sociedade civil de interesse público) têm regime jurídico predominantemente privado (porque são pessoas jurídicas de direito privado e não integram a Administração Pública Indireta), porém derrogado parcialmente por normas de direito público, como se vê, por exemplo, no art. 4º, I, da Lei 9.790/1999, que impõe às OSCIPs a observância dos princípios constitucionais da administração pública e o art. 4º, VII, "d", que, obedecendo ao art. 70 da CF, submete a controle do Tribunal de Contas qualquer pessoa jurídica, pública ou privada, que receba subvenções das pessoas jurídicas de direito público.

Gabarito "D"

(Procurador da Fazenda Nacional – 2006 – ESAF) Sobre as pessoas jurídicas qualificadas como Organizações da Sociedade Civil de Interesse Público, assinale a opção incorreta.

(A) Não podem ser fundações públicas.
(B) Prestam contas, na sistemática adotada para o controle externo pela Constituição Federal, de todos os bens e recursos que tenha recebido de terceiros.
(C) Devem possuir conselho fiscal ou órgão equivalente.
(D) O vínculo de cooperação com o Poder Público é estabelecido por meio de termo de parceria.
(E) Necessariamente não têm fins lucrativos.

A: correta (art. 2º, XI, da Lei 9.790/1999); **B:** incorreta. Devem prestar contas somente dos bens e valores de origem pública (art. 4º, VII, "d", da Lei 9.790/1999); **C:** correta (art. 4º, III, da Lei 9.790/1999); **D:** correta (art. 9º da Lei 9.790/1999); **E:** correta (art. 1º da Lei 9.790/1999).

Gabarito "B"

(Auditor Fiscal da Receita Federal – 2005 – ESAF) Assinale entre o seguinte rol de entidades de cooperação com o Poder Público, não integrantes do rol de entidades descentralizadas, aquela que pode resultar de extinção de entidade integrante da Administração Pública Indireta.

(A) Organização social.
(B) Fundação previdenciária.
(C) Organização da sociedade civil de interesse público.
(D) Entidade de apoio às universidades federais.
(E) Serviço social autônomo.

São extintos o Laboratório Nacional de Luz Síncrotron, integrante da estrutura do Conselho Nacional de Desenvolvimento Científico e Tecnológico – CNPq, e a Fundação Roquette Pinto, entidade vinculada à Presidência da República. (...) § 3º É o Poder Executivo autorizado a qualificar como organizações sociais, nos termos desta Lei, as pessoas jurídicas de direito privado indicadas no Anexo I, bem assim a permitir a absorção de atividades desempenhadas pelas entidades extintas por este artigo (art. 21, § 3º, da Lei 9.637). Vide, também, o Anexo I da Lei 9.637/1998.

Gabarito "A".

(Auditor Fiscal/Natal-RN – 2001 – ESAF) Em relação à Organização Social, nova categoria de entidade surgida com a reforma do Estado, assinale a afirmativa falsa.

(A) A Organização Social tem personalidade jurídica de direito privado.
(B) Sua qualificação resulta de um ato administrativo.
(C) A lei de licitação, expressamente, inclui como hipótese de dispensa a celebração do contrato de gestão com Organização Social.
(D) A Organização Social não integra a Administração Pública Indireta, classificando-se como entidade de colaboração com o Poder Público.
(E) Pode haver cessão de servidores da pessoa política para a Organização Social, bem como de bens e equipamentos.

A: correta (art. 1º da Lei 9.637/1998); **B:** correta (art. 2º, II, da Lei 9.637/1998); **C:** incorreta, devendo ser assinalada. A dispensa lá prevista é para a celebração de contrato de prestação de serviços, e não para a celebração de contrato de gestão (art. 24, XXIV, da Lei 8.666/1993); **D:** correta (art. 1º da Lei 9.637/1998); **E:** correta (arts. 12 e 14 da Lei 9.637/1998).

Gabarito "C".

(Auditor do Tesouro Municipal/Recife-PE – 2003 – ESAF) Assinale, entre o seguinte rol de entidades paraestatais, de cooperação com o Poder Público, aquela que pode se originar de uma transformação de entidade integrante da Administração Pública Indireta:

(A) serviço social autônomo.
(B) fundação de apoio a instituição federal de ensino superior.
(C) organização da sociedade civil de interesse público.
(D) fundação previdenciária de regime fechado.
(E) organização social.

São extintos o Laboratório Nacional de Luz Síncrotron, integrante da estrutura do Conselho Nacional de Desenvolvimento Científico e Tecnológico – CNPq, e a Fundação Roquette Pinto, entidade vinculada à Presidência da República. (...) § 3º É o Poder Executivo autorizado a qualificar como organizações sociais, nos termos desta Lei, as pessoas jurídicas de direito privado indicadas no Anexo I, bem assim a permitir a absorção de atividades desempenhadas pelas entidades extintas por este artigo (art. 21, § 3º, da Lei 9.637). Vide, também, o Anexo I da Lei 9.637/1998.

Gabarito "A".

5. IMPROBIDADE ADMINISTRATIVA

5.1. CONCEITO, MODALIDADES, TIPIFICAÇÃO E SUJEITOS ATIVO E PASSIVO

(Procurador da Fazenda Nacional – 2007.2 – ESAF) A Lei n. 8.429/1992 regula os atos de improbidade administrativa contra os agentes públicos. Cláudia aceita suborno para assinar contrato superfaturado. À luz do previsto nos arts. 9º, 10 e 11 da referida Lei e na legislação penal comum e especial, assinale a opção incorreta quanto ao enquadramento da referida conduta.

(A) Não há tipificação de improbidade administrativa na hipótese.
(B) Enquadra-se no artigo 10, que trata dos atos de improbidade administrativa que causam prejuízo ao erário.
(C) Enquadra-se no artigo 11, que aborda os atos de improbidade administrativa que atentam contra os princípios da administração pública.
(D) Enquadra-se no artigo 9, que prevê os atos de improbidade administrativa que importam em enriquecimento ilícito.
(E) Há improbidade administrativa e crime.

Há improbidade administrativa, caracterizadas as três modalidades, e crime de corrupção passiva.

Gabarito "A".

(Procurador da Fazenda Nacional – 2006 – ESAF) Sobre improbidade administrativa, na forma como disciplinada em legislação federal, é correto dizer que

(A) é possível se falar em improbidade administrativa para atos que não importem enriquecimento ilícito e não tenham causado prejuízo ao erário.
(B) a obrigação de ressarcimento do dano se restringe aos atos de lesão ao patrimônio público dolosos, sejam omissivos ou comissivos.
(C) a regra de que o sucessor responde por dívidas do sucedido não se aplica em hipóteses de improbidade administrativa, dada a natureza personalíssima da responsabilidade pelos atos envolvidos.
(D) em vista da gravidade dos atos de improbidade administrativa, o legislador federal optou por tornar as ações respectivas imprescritíveis, o que deu azo a duras críticas pela doutrina e jurisprudência pátrias.

(E) tecnicamente, somente o servidor público pode praticar atos de improbidade administrativa.

A: correta. Caracteriza ato de improbidade administrativa o atentado a princípios da administração pública (honestidade, imparcialidade, legalidade e lealdade às instituições), ainda que não causem enriquecimento ilícito do agente ou prejuízo ao erário (art. 11 da Lei 8.429/1992); **B:** incorreta. Atos culposos também ensejam a reparação integral do dano (art. 5º da Lei 8.429/1992); **C:** incorreta, transmitindo-se a responsabilidade aos sucessores no limite das forças da herança (art. 8º da Lei 8.429/1992); **D:** incorreta. A ação de improbidade administrativa prescreve em cinco anos após o término do mandato ou do exercício do cargo em comissão ou função de confiança ou no prazo prescricional previsto em lei para a penalidade de demissão a bem do serviço público caso o agente ocupe cargo efetivo ou emprego público (que, por coincidência, é também de cinco anos), conforme art. 23 da Lei 8.429/1992); **E:** incorreta. Para fins de improbidade administrativa, o conceito de agente público é bastante amplo, abrangendo qualquer pessoa que exerça, ainda que transitoriamente ou sem remuneração, por eleição, nomeação, designação, contratação ou qualquer outra forma de investidura ou vínculo, mandato, cargo, emprego ou função em qualquer órgão ou entidade da administração direta ou indireta, bem como em entidades privadas que recebam subvenção, benefício ou incentivo públicos (art. 2º da Lei 8.429/1992).

Gabarito "A".

(Auditor Fiscal da Receita Federal – 2010 – ESAF) Quanto à disciplina da Lei de Improbidade Administrativa – Lei 8.429, de 2 de junho de 1992, é incorreto afirmar:

(A) considera-se agente público todo aquele que exerce, ainda que transitoriamente ou sem remuneração, por eleição, nomeação, designação, contratação ou qualquer outra forma de investidura ou vínculo, mandato, cargo, emprego ou função nas entidades mencionadas no art. 1º da Lei.
(B) aplicam-se também as disposições da Lei de Improbidade Administrativa, no que couber, àquele que, mesmo não sendo agente público, induza ou concorra para a prática do ato de improbidade ou dele se beneficie sob qualquer forma direta ou indireta.
(C) o Supremo Tribunal Federal excluiu da sujeição à Lei de Improbidade Administrativa os agentes políticos que estejam sujeitos ao regime de crime de responsabilidade.
(D) ocorrendo lesão ao patrimônio público por ação ou omissão, dolosa ou culposa, do agente ou de terceiro, dar-se-á o integral ressarcimento do dano e, no caso de enriquecimento ilícito, perderá o agente público ou terceiro beneficiário os bens ou valores acrescidos ao seu patrimônio.
(E) tratando-se de penalidades personalíssimas, em nenhuma hipótese, poderá o sucessor ser alcançado por sanções previstas na Lei de Improbidade Administrativa.

A: correta (art. 2º da Lei 8.429/1992); **B:** correta (art. 3º da Lei 8.429/1992); **C:** correta (RE 579.799, DJ 18.12.2008); **D:** correta (arts. 5º e 6º da Lei 8.429/1992); **E:** incorreta, devendo ser assinalada (art. 8º da Lei 8.429/1992).

Gabarito "E".

(Auditor Fiscal da Receita Federal – 2003 – ESAF) Das condutas relacionadas a seguir, indique todas aquelas que podem configurar ato de improbidade administrativa de um Auditor-Fiscal da Receita Federal:

I. por negligência no exercício da função, deixar de adotar as medidas necessárias à cobrança do tributo devido por uma empresa, vindo tal fato acarretar a prescrição da dívida;
II. revelar fato que chegou ao seu conhecimento em razão das suas atribuições e que deveria permanecer em segredo;
III. receber hospedagem grátis em um hotel de luxo, a título de presente de um contribuinte que ele acabou de fiscalizar;
IV. prestar assessoria a uma empresa sediada no mesmo município onde ele exerce as suas funções.

(A) I, II e III
(B) I, II, III e IV
(C) II, III e IV
(D) I, III e IV
(E) I, II e IV

I: art. 10, X, da Lei 8.429/92; **II:** art. 11, III, da Lei 8.429/92; **III:** art. 9º, I, da Lei 8.429/92; **IV:** art. 9º, VIII, da Lei 8.429/92.

Gabarito "B".

(Auditor Fiscal da Receita Federal – 2002.2 – ESAF) O fato de um servidor público federal, investido em cargo que lhe confere competência legal, para conceder determinado benefício fiscal e no exercício dessa sua função, deliberadamente, concede esse benefício a alguém, mas sem a observância das formalidades legais ou regulamentares aplicáveis à espécie, causando com isso lesão ao Erário

(A) comete ato de improbidade administrativa, como tal previsto em lei (Lei nº 8.429/92, art. 10).
(B) comete apenas infração administrativa, punível com a penalidade de suspensão (Lei nº 8.112/90, arts. 117/IX e 130).
(C) comete infração capitulada como crime funcional contra a ordem tributária (Lei nº 8.137/90, art. 3º).
(D) não comete nenhuma infração prevista em lei como passível de punição.
(E) viola o Código de Ética (Decreto nº 1.171/94), mas isso não é tipificado como ato de improbidade nem como crime funcional contra a ordem tributária.

Art. 10, VII, da Lei 8.429/92.

Gabarito "A".

(Técnico da Receita Federal – 2003 – ESAF) Pela Lei Federal nº 8.429/1992, o agente público deverá prestar declaração de seus bens. Tal declaração somente não inclui a seguinte categoria de bens:

(A) semoventes
(B) móveis
(C) dinheiro
(D) utensílios de uso pessoal
(E) títulos e ações

Art. 13, § 1º, da Lei 8.429/92.

Gabarito "D".

(Técnico da Receita Federal – 2002.2 – ESAF) Nos termos da Lei Federal nº 8.429/1992, é obrigatória a declaração de bens do agente público ao tomar posse. Esta declaração não inclui, necessariamente, os seguintes bens:

(A) semoventes.
(B) de filhos que vivam sob a dependência econômica do declarante.
(C) localizados no exterior.
(D) objetos e utensílios de uso doméstico.
(E) qualquer espécie de valores patrimoniais.

Art. 13, § 1º, da Lei 8.429/1992.
Gabarito "D"

(Auditor do Tesouro Municipal/Natal-RN – 2001 – ESAF) Configura enriquecimento ilícito no exercício da função pública

(A) agir negligentemente na arrecadação de tributo.
(B) a liberação de verba pública sem a observância das normas pertinentes.
(C) permitir a aquisição de bem público por valor superior ao de mercado.
(D) frustrar a licitude de processo licitatório.
(E) o servidor público aumentar o seu patrimônio de forma desproporcional à sua renda, se não conseguir justificar a origem lícita desse aumento.

A: art.10, X, da Lei 8429/1992; **B:** art.10, XI, da Lei 8429/1992; **C:** art.10, V, da Lei 8429/1992; **D:** art.10, VIII, da Lei 8429/1992. **E:** art. 9º, VII, da Lei 8.429/1992.
Gabarito "E"

(Auditor do Tesouro Municipal/Natal-RN – 2001 – ESAF) Configuram ato de improbidade administrativa as seguintes condutas praticadas por um Auditor-Fiscal do Tesouro do Estado do Rio Grande do Norte:

I. prestar serviço de consultoria a uma empresa contribuinte do ICMS, sediada nesse Estado;
II. deixar de adotar, por displicência, as medidas necessárias à cobrança do ICMS devido por uma empresa, dando causa, com tal conduta, à prescrição da dívida;
III. revelar a terceiros a situação fiscal de um contribuinte, cujo conhecimento decorreu do exercício das funções;
IV. morar gratuitamente num imóvel de propriedade de um contribuinte do ICMS, sediado no mesmo município onde exerce suas funções.

Estão corretas as afirmativas

(A) apenas I e III.
(B) apenas II e IV.
(C) apenas I, II e III.
(D) apenas II, III e IV.
(E) I, II, III e IV.

I: art. 9º, VIII, da Lei 8.429/1992; **II:** art. 10, X, da Lei 8.429/1992; **III:** art. 11, III, da Lei 8.429/1992; **IV:** art. 9º, I, da Lei 8.429/1992.
Gabarito "E"

(Auditor do Tesouro Municipal/Fortaleza-CE – 2003 – ESAF) Um Auditor do Tesouro Municipal de Fortaleza que presta assessoria a uma empresa contribuinte do ISS, sediada nesse Município,

(A) não comete ato de improbidade administrativa se a atividade de assessoria não for de natureza tributária.
(B) comete ato de improbidade administrativa somente se a empresa tiver sido por ele fiscalizada.
(C) não comete ato de improbidade administrativa se a atividade de assessoria for fora do horário de expediente.
(D) comete ato de improbidade administrativa.
(E) não comete ato de improbidade administrativa.

Art. 9º, VIII, da Lei 8.429/92.
Gabarito "D"

5.2. SANÇÕES E PROVIDÊNCIAS CAUTELARES POR ATO DE IMPROBIDADE ADMINISTRATIVA

(Auditor Fiscal da Receita Federal – 2002.1 – ESAF) Considerando a legislação sobre improbidade administrativa, Lei nº 8.429, de 2 de junho de 1992, assinale a opção incorreta.

(A) Constitui crime a representação por ato de improbidade contra agente público ou terceiro beneficiário quando o autor da denúncia o sabe inocente.
(B) A perda da função pública só se efetiva com o trânsito em julgado da sentença condenatória.
(C) A autoridade administrativa ou judicial competente pode determinar o afastamento do agente público de seu cargo, sem direito a remuneração, quando a medida for necessária à instrução processual.
(D) A aplicação das sanções decorrentes desta legislação independe da efetiva ocorrência de dano ao patrimônio público.
(E) A prescrição para as ações destinadas a efetivar as sanções desta legislação ocorre em até cinco anos após o término do mandato eletivo.

A: art. 19 da Lei 8.429/1992; **B:** art. 20 da Lei 8.429/1992; **C:** com direito à remuneração (art. 20, p. único, da Lei 8.429/1992); **D:** art. 21, I, da Lei 8.429/1992; E: art. 23, I, da Lei 8.429/1992.
Gabarito "C"

(Auditor Fiscal/MG – 2005 – ESAF) Um servidor público do Estado de Minas Gerais praticou um ato que configura infração disciplinar grave, punível com a pena de demissão. Esse mesmo ato está previsto na Lei nº 8.429/1992 como ato de improbidade administrativa e, no Código Penal, como crime contra a Administração Pública. Ele foi punido administrativamente, com a pena de demissão. Nessa hipótese:

(A) não poderá ser punido criminalmente porque ninguém pode ser punido duas vezes pelo mesmo fato.
(B) a sanção administrativa disciplinar impede a sanção por improbidade administrativa porque ambas têm a mesma natureza e finalidade.
(C) não há impedimento para que seja punido criminalmente e, também, por improbidade administrativa.

(D) poderá ser punido criminalmente, também, mas, não, por ato de improbidade administrativa.
(E) a punição por ato de improbidade administrativa dependerá da ocorrência de dano ao erário.

Art. 12, *caput*, da Lei 8.429/1992.
Gabarito "C".

(Auditor Fiscal/CE – 2006 – ESAF) São consequências da prática de ato de improbidade pelo agente público infrator, exceto:

(A) a perda da função pública, após sentença condenatória transitada em julgado.
(B) a perda dos direitos políticos, após sentença condenatória transitada em julgado.
(C) ressarcimento integral do dano, se houver.
(D) pagamento de multa civil.
(E) proibição de contratar com o Poder Público.

Não há *perda*, mas *suspensão* dos direitos políticos (art. 12 da Lei 8.429/1992).
Gabarito "B".

(Auditor do Tesouro Municipal/Natal-RN – 2001 – ESAF) Assinale a afirmativa correta.

(A) As sanções previstas na Lei de Improbidade Administrativa somente se aplicam aos que ostentam a condição de agente público.
(B) O herdeiro do servidor público que se enriqueceu ilicitamente no exercício da função pode perder o quinhão da herança que seja fruto do enriquecimento ilícito.
(C) A indisponibilidade dos bens, para fins de garantir o ressarcimento do dano, nos casos de improbidade administrativa, somente pode ser requerida depois de transitar em julgado a condenação imposta.
(D) Para fins da Lei de Improbidade Administrativa, somente pode ser considerado agente público a pessoa que ocupe um cargo público remunerado.
(E) Empregado de sociedade de economia mista não está sujeito à Lei de Improbidade Administrativa.

A: art. 3º da Lei 8.429/92; **B:** art. 8º da Lei 8.429/92; **C:** o art. 7º da Lei 8.429/92 permite que se requeira em juízo a medida mesmo antes do aforamento da ação por improbidade administrativa; **D:** art. 2º da Lei 8.429/92; **E:** art. 2º da Lei 8.429/92
Gabarito "B".

(Fiscal de Tributos/PA – 2002 – ESAF) O ato de "perceber vantagem econômica, direta ou indireta, para facilitar a alienação, permuta ou locação de bem público ou o fornecimento de serviço por ente estatal por preço inferior ao valor de mercado" importa em pena de:

(A) suspensão dos direitos políticos por até dez anos.
(B) pagamento de multa civil de até duas vezes o valor do dano.
(C) suspensão da função pública.
(D) proibição de contratar com o Poder Público pelo prazo de cinco anos.
(E) perda da nacionalidade brasileira.

Art. 9º, III, c/c art. 12, I, da Lei 8.429/1992.
Gabarito "A".

5.3. PROCESSO E OUTRAS QUESTÕES RELATIVAS À IMPROBIDADE ADMINISTRATIVA

(Auditor Fiscal da Receita Federal – 2002.2 – ESAF) Quanto ao procedimento administrativo e ao processo judicial relativos à Lei de Improbidade Administrativa, é falso afirmar:

(A) havendo fundados indícios de responsabilidade, a Comissão Processante poderá requerer ao Ministério Público que solicite ao Judiciário o sequestro de bens do agente.
(B) a ação principal, com rito ordinário, será proposta pelo Ministério Público no prazo de até 30 dias da efetivação da medida cautelar.
(C) caso o acusado reponha o prejuízo causado ao erário, é possível a conciliação nos autos da ação de improbidade.
(D) a sentença que julgar procedente a ação civil de reparação de dano determinará o pagamento do dano ou a reversão de bens a favor da pessoa jurídica prejudicada pelo ato ilícito.
(E) a representação que solicitar a investigação destinada a apurar a prática de ato de improbidade não poderá ser verbal, sendo escrita ou reduzida a termo e assinada.

A: art. 16 da Lei 8.429/1992; **B:** art. 806 do Código de Processo Civil e art. 17, *caput*, da Lei 8.429/1992; **C:** art. 17, § 1º, da Lei 8.429/1992; **D:** art. 18 da Lei 8.429/1992; E: art. 14, § 1º, da Lei 8.429/1992. 233
Gabarito "C".

(Auditor Fiscal da Previdência Social – 2002 – ESAF) A representação por ato de improbidade contra agente público ou terceiro beneficiário, quando o autor da denúncia o sabe inocente, é crime punível com a pena de:

(A) detenção de seis meses a 10 meses e multa.
(B) reclusão de três meses a ano e multa.
(C) detenção de seis meses a dois anos ou multa.
(D) detenção de seis meses a dois anos e multa.
(E) reclusão de seis meses a um ano e multa.

Art. 19 da Lei 8.429/1992.
Gabarito "A".

5.4. QUESTÕES DE CONTEÚDO VARIADO SOBRE IMPROBIDADE ADMINISTRATIVA

(Agente Tributário Estadual/MS – 2001 – ESAF) Em relação à legislação que pune os atos de improbidade administrativa, assinale a afirmativa verdadeira.

(A) Pode ocorrer ato de improbidade administrativa mesmo se não houver dano ao patrimônio público.
(B) A aprovação, pelo competente Tribunal de Contas, do ato impugnado exclui a aplicação de sanções por improbidade.
(C) As ações relativas à improbidade prescrevem em cinco anos contados do fato, quando o acusado for servidor público efetivo.

(D) É permitida a representação por autor anônimo para a instauração do procedimento administrativo destinado a apurar denúncias de improbidade.

(E) A perda da função pública ocorre quando da decisão condenatória, ainda que não definitiva.

A: art. 21, I, da Lei 8.429/1992; **B:** art. 21, II, da Lei 8.429/1992; **C:** isso depende do estatuto dos servidores públicos locais, conforme se depreende do art. 23, II, da Lei 8.429/1992; **D:** art. 14, § 1º, da Lei 8.429/1992; E: art. 20 da Lei 8.429/1992.

Gabarito "A"

(Auditor do Tesouro Municipal/Fortaleza-CE – 2003 – ESAF) Assinale a assertiva correta.

(A) Servidor de autarquia não está sujeito às disposições da Lei da Improbidade Administrativa.

(B) O terceiro, não servidor, que se beneficia do ato de improbidade administrativa, não pode ser condenado a restituir o benefício indevido.

(C) Não está sujeito às disposições da Lei de Improbidade Administrativa aquele que não seja agente público, mesmo que tenha concorrido para a prática do ato ímprobo.

(D) O herdeiro do servidor que se enriqueceu ilicitamente no exercício da função não está sujeito a perder o quinhão da herança que seja fruto do enriquecimento ilícito.

(E) A perda da função pública é uma das sanções cominadas na Lei da Improbidade Administrativa.

A: art. 2º c/c art. 1º da Lei 8.429/92; B e **C:** art. 3º da Lei 8.429/92; **D:** art. 8º da Lei 8.429/92; E: art. 12 da Lei 8.429/92.

Gabarito "E"

6. BENS PÚBLICOS

6.1. CONCEITO E CLASSIFICAÇÃO

(Analista – MPU – 2004 – ESAF) A alienação aos proprietários de imóveis lindeiros, de área remanescente ou resultante de obra pública, a qual se torne inaproveitável, isoladamente, que a Lei nº 8.666/93, considera dispensável a licitação, para esse fim, é conceituada nesse diploma legal como sendo

(A) dação em pagamento.

(B) retrovenda.

(C) retrocessão.

(D) investidura.

(E) tredestinação.

Art. 17, § 3º, I, da Lei 8.666/93.

Gabarito "D"

6.2. REGIME JURÍDICO (CARACTERÍSTICAS)

(Procurador da Fazenda Nacional – 2004 – ESAF) Sobre os bens públicos, assinale a opção <u>incorreta</u>.

(A) Os bens dominicais constituem objeto de direito pessoal ou real das pessoas de direito público.

(B) Os bens públicos de uso comum e os bens dominicais estão fora do comércio.

(C) A imprescritibilidade dos bens públicos diz respeito à impossibilidade de que sejam usucapidos.

(D) A legislação pátria vigente admite a possibilidade de que o uso comum de bens públicos seja, em alguns casos, oneroso.

(E) Aplicam-se aos bens das autarquias os atributos da impenhorabilidade e da imprescritibilidade.

A: correta, conforme disposto no art. 99, III, do CC; **B:** incorreta. Os bens dominicais podem ser alienados, observadas as exigências da lei (art. 101 do CC); **C:** correta, nos termos do art. 102 do CC; **D:** correta, pela autorização dada pelo art. 103 do CC; **E:** correta. O patrimônio das autarquias é de natureza pública, aplicando-se as disposições gerais dos bens públicos previstos no CC.

Gabarito "B"

6.3. USO DOS BENS PÚBLICOS

(Procurador da Fazenda Nacional – 2004 – ESAF) O ato administrativo unilateral, discricionário e precário, pelo qual a Administração consente que o particular utilize bem público de modo privado, primordialmente no interesse do utente, é o (a)

(A) concessão de uso.

(B) autorização de uso.

(C) permissão de uso.

(D) aforamento.

(E) concessão de domínio pleno.

Trata-se do conceito doutrinário clássico de autorização de uso, a qual dispensa quaisquer requisitos formais (como licitação prévia) e pode, se deferida por prazo determinado, ensejar indenização em caso de revogação antes de findo aquele prazo.

Gabarito "B"

7. INTERVENÇÃO DO ESTADO NA PROPRIEDADE

7.1. DESAPROPRIAÇÃO

(Procuradoria Distrital – 2007 – ESAF) Quanto ao tema da intervenção do Estado na propriedade privada, assinale a alternativa incorreta.

(A) O art. 2º, § 3º, do Decreto-lei n. 3.365/1941, estabelece que os Municípios, Distrito Federal, Territórios e Estados não podem, sem prévia autorização, por Decreto do Presidente da República, expropriar ações, cotas e direitos representativos do capital de instituições e empresas cujo funcionamento depende de autorização e se submeta à fiscalização do Governo Federal.

(B) Os bens públicos podem ser desapropriados.

(C) As desapropriações podem ser feitas em favor das Pessoas de Direito Público ou de Pessoas de Direito Privado, desde que delegadas ou concessionárias de serviço público, como também, excepcionalmente, a outras Pessoas de Direito Privado que desempenhem atividade considerada de interesse público.

(D) A figura da tredestinação, no âmbito da desapropriação, pressupõe em todas as hipóteses um caráter de ilicitude que envolve conceitualmente um desvio de finalidade.

(E) O direito de preferência que se estabelece sobre o bem tombado, em caso de alienação onerosa, não inibe o proprietário de gravar livremente a coisa tombada de penhor, anticrese ou hipoteca, nos termos do Decreto-lei n. 25/1937.

A: correta, nos termos do dispositivo citado; **B:** correta, nos termos do art. 2º, § 2º, do Dec.-lei 3.365/1941; **C:** correta, desde que o destino dado à coisa seja de utilidade pública, necessidade pública ou interesse social, obedecidas as leis de regência; **D:** incorreta, pois é possível que uma tredestinação se dê para um fim de acordo com o interesse público; por ex., caso um decreto expropriatório objetive a construção de uma escola na área a ser desapropriada e a Administração acabe fazendo um hospital no local, apesar de haver uma tredestinação (uma "terceira destinação"), esta não será ilícita, pois é de interesse público a construção de um hospital; **E:** correta, nos termos do art. 22, § 3º, do Dec.-lei 25/1937.

Gabarito "D"

(Procurador da Fazenda Nacional – 2006 – ESAF) Determinado Município pretende desapropriar direitos representativos do capital de instituição cujo funcionamento depende de autorização do Governo Federal, e que se submete à fiscalização deste. Tal pretensão

(A) não poderá se concretizar, pois direitos representativos de capital de uma determinada instituição não podem ser objeto de desapropriação.
(B) não encontra amparo no Direito Brasileiro, pois os Municípios só têm competência para desapropriar áreas urbanas.
(C) não poderá se concretizar, pois somente a União poderia realizar a referida desapropriação.
(D) somente poderá se concretizar se houver prévia autorização do Presidente da República, por meio de Decreto.
(E) poderá se concretizar, desde que a instituição tenha funcionamento exclusivamente no próprio Município, e independentemente de prévia autorização de membros de outro ente da Federação, sob pena de violação do pacto federativo.

Correta a alternativa "D", nos exatos termos do art. 2º, § 3º, do Decreto-lei 3.365/1941.

Gabarito "D"

(Procurador da Fazenda Nacional – 2006 – ESAF) A desapropriação que ocorre em uma área maior que a necessária à realização de uma obra, com vistas a que seja reservada para posterior desenvolvimento da própria obra, é hipótese de

(A) desapropriação indireta, por já ter o Supremo Tribunal Federal pacificado o entendimento de ser inconstitucional a perda de propriedade por alguém para que o bem fique, simplesmente, reservado para utilização futura.
(B) desapropriação indireta, vez que a desapropriação em área maior do que a inicialmente necessária somente seria juridicamente viável para assentamentos rurais, em atividades concernentes à Reforma Agrária.
(C) direito de extensão, reconhecido ao poder público quando razões de utilidade pública ou interesse social justifiquem a medida.
(D) desapropriação por zona, expressamente prevista em legislação que disciplina a desapropriação por utilidade pública.
(E) desapropriação por interesse social, tendo em vista que a destinação do bem se dará no interesse da coletividade.

Trata a questão do conceito de desapropriação por zona, prevista no art. 4º do Decreto-lei 3.365/1941, ressaltando que o ato expropriatório deve prever qual área se destina ao prosseguimento da obra. Correta, portanto, a alternativa "D". Desapropriação indireta é aquela que ocorre sem observância do procedimento estabelecido em lei, enquanto desapropriação por interesse social ocorre nas hipóteses previstas na Lei 4.132/1962, na desapropriação de imóvel urbano não edificado, subutilizado ou utilizado (art. 182 da CF) ou para fins de reforma agrária (art. 184 da CF). O direito de extensão, por fim, está previsto no art. 12 do Decreto 4.956/1903, e refere-se ao direito do proprietário de exigir do Poder Público a expropriação da parte do imóvel que restou inútil ou de difícil utilização após a desapropriação.

Gabarito "D"

7.1.1. DESAPROPRIAÇÃO PARA A REFORMA AGRÁRIA

(Procurador da Fazenda Nacional – 2006 – ESAF) Consoante a Constituição, compete à União desapropriar imóveis rurais para fins de reforma agrária. Assinale a opção correta.

(A) As benfeitorias úteis e necessárias são indenizadas em títulos da dívida agrária, com clausula de preservação do valor real, resgatáveis no prazo de até vinte anos.
(B) Não podem ser desapropriadas a pequena e média propriedade rural, mesmo que seu proprietário possua outra, bem como a propriedade produtiva.
(C) Não podem ser desapropriadas as propriedades rurais que cumpram sua função social, a qual pressupõe o aproveitamento racional e adequado, a utilização adequada dos recursos naturais disponíveis e preservação do meio ambiente, observância das disposições que regulam as relações de trabalho e exploração que favoreça o bem-estar dos proprietários, dos trabalhadores e dos consumidores.
(D) A desapropriação ocorre mediante ação judicial, após a edição de decreto que declara o imóvel como de interesse social.
(E) Sobre as operações de transferência de imóveis desapropriados para fins de reforma agrária incidem apenas os impostos federais.

A: incorreta. Enquanto o valor do imóvel é pago em títulos da dívida agrária, as benfeitorias úteis e necessárias serão indenizadas em dinheiro (art. 184, §1º, da CF); **B:** incorreta. A pequena e média propriedade rural podem ser desapropriadas se seu proprietário tiver outra(s) (art. 185, I, da CF); **C:** incorreta. O único erro da alternativa está em seu final: a exploração a favorecer o bem-estar dos consumidores não é necessária para a caracterização da função social da propriedade (art. 186, IV, da CF); **D:** correta, conforme o procedimento mencionado no art. 184 da CF; **E:** incorreta. As operações de transferência de imóveis desapropriados para fins de reforma agrária são imunes a impostos de qualquer esfera (art. 184, §5º, da CF).

Gabarito "D"

(Procurador da Fazenda Nacional – 2003 – ESAF) Assinale a opção correta.

(A) A competência para desapropriar imóvel rural para fins de reforma agrária pertence exclusivamente à União e aos Estados.

(B) São imunes a impostos federais, estaduais, municipais e distritais, as operações de transferência de imóveis desapropriados para fins de reforma agrária.

(C) Na desapropriação de imóvel rural por interesse social, para fins de reforma agrária, o pagamento da indenização, inclusive das benfeitorias úteis e necessárias, será feito em títulos da dívida agrária.

(D) Os títulos da dívida agrária não decorrem do sistema financeiro comum, motivo pelo qual não são passíveis de negociação no mercado.

(E) Apenas nos casos expressamente estabelecidos em lei, poderá a propriedade produtiva ser desapropriada para fins de reforma agrária.

A: incorreta. A competência, nesse caso, é exclusiva da União (art. 184 da CF); **B:** correta, nos termos do art. 184, §5º, da CF (que erroneamente tratou o favor fiscal como isenção, sendo pacífico na doutrina e jurisprudência que o dispositivo contempla uma imunidade tributária); **C:** incorreta, porque a indenização das benfeitorias úteis e necessárias será realizada em dinheiro (art. 184, §1º, da CF); **D:** incorreta. Como quaisquer outros títulos públicos, os títulos da dívida agrária são papéis negociáveis no mercado financeiro (art. 105 da Lei nº 4.504/1964); **E:** incorreta. A propriedade produtiva é insuscetível de desapropriação para fins de reforma agrária (art. 185, II, da CF).

Gabarito "B"

7.2. SERVIDÃO ADMINISTRATIVA

(Procurador da Fazenda Nacional – 2006 – ESAF) Sobre as servidões administrativas, assinale a opção incorreta.

(A) Como regra, dão direito à indenização.

(B) Estão fora do comércio.

(C) Observam o princípio da indivisibilidade.

(D) Podem incidir sobre bem público.

(E) Podem implicar não apenas uma obrigação de deixar de fazer, mas também uma obrigação de fazer.

A servidão administrativa é a limitação ao direito de propriedade imposta pela Administração para possibilitar a realização de obras e serviços públicos, como, por exemplo, a passagem de linhas de energia elétrica. Tal qual as servidões de direito privado, as administrativas também se sujeitam ao princípio da indivisibilidade (art. 1.386 do CC). As semelhanças, porém, terminam aí. A doutrina elenca algumas características específicas da servidão administrativa: estão fora do comércio, de sorte que não se extinguem pela prescrição, como ocorre com as servidões privadas; podem incidir sobre bem público, dado que o requisito para a constituição da servidão é a propriedade alheia do imóvel, bastando que este pertença a pessoa jurídica de direito público diversa daquela que pretende instituir a servidão; abrangem não só obrigações de não fazer (mais comuns), como também podem criar obrigações de fazer, como roçar o mato ou cortar árvores; e, por fim, não dão direito à indenização, como regra, porque não retiram do particular a posse ou propriedade do imóvel. A indenização será devida somente se comprovada ocorrência de danos ou prejuízos ao imóvel.

Gabarito "A"

8. RESPONSABILIDADE DO ESTADO

8.1. EVOLUÇÃO HISTÓRICA E TEORIAS

(Advogado – IRB – 2006 – ESAF) Caio, servidor público federal efetivo e regularmente investido na função pública, motorista da Presidência da República, ao dirigir carro oficial em serviço, dorme ao volante e atropela uma pessoa que atravessava, prudentemente, em uma faixa de pedestres em Brasília, ferindo-a. Considerando essa situação hipotética e os preceitos, a doutrina e a jurisprudência da responsabilidade civil do Estado, assinale a única opção correta.

(A) Na hipótese, há aplicação da teoria do risco integral.

(B) A teoria aplicada ao caso para a responsabilização do Estado é a subjetiva.

(C) No âmbito de ação indenizatória pertinente e após o seu trânsito em julgado, Caio nunca poderá ser responsabilizado, regressivamente, caso receba menos de dois salários mínimos.

(D) Caso Caio estivesse transportando material radioativo, indevidamente acondicionado, que se propagasse no ar em face do acidente, o Estado só poderia ser responsabilizado pelo dano oriundo do atropelamento.

(E) Na teoria do risco administrativo, há hipóteses em que, mesmo com a responsabilização objetiva, o Estado não será passível de responsabilização.

A: incorreta, pois nosso Direito adotou a responsabilidade objetiva pela teoria do risco administrativo; **B:** incorreta, pois a responsabilidade da União, pessoa jurídica de direito público, é objetiva (art. 37, § 6º, da CF); **C:** incorreta, pois, se tiver agido com culpa ou dolo, caberá ação regressiva da União em face de Caio, pouco importando o valor de sua remuneração (art. 37, § 6º, da CF); **D:** incorreta, pois o Estado responde objetivamente pelos atos de seus agentes públicos, pouco importando, para essa responsabilidade estatal, que o agente público tenha agido de modo indevido (art. 37, § 6º, da CF); **E:** correta, pois a teoria do risco administrativo admite as chamadas excludentes de responsabilidade, como caso fortuito, força maior, culpa exclusiva da vítima e culpa exclusiva de terceiro.

Gabarito "E"

(Analista – Ministério da Int. Nacional – 2012 – ESAF) A teoria do risco administrativo costuma ser associada pela doutrina pátria à seguinte teoria de responsabilidade civil do Estado:

(A) teoria da irresponsabilidade do Estado.

(B) teoria da culpa anônima.

(C) teoria da culpa administrativa.

(D) teoria da responsabilidade subjetiva.

(E) teoria da responsabilidade objetiva.

E: correta – Adota-se no Brasil a teoria do risco administrativo, a qual estabelece que a regra geral é a responsabilidade objetiva do Estado (art. 37, § 6º da CF/88), admitidas algumas excludentes: caso fortuito ou de força maior, culpa de terceiros ou culpa exclusiva da vítima.

Gabarito "E"

8.2. MODALIDADES DE RESPONSABILIDADE (OBJETIVA E SUBJETIVA). REQUISITOS DA RESPONSABILIDADE OBJETIVA

(Advogado – IRB – 2006 – ESAF) A respeito da responsabilidade civil da Administração Pública pode-se afirmar que respondem objetivamente pelos danos que seus agentes causarem a terceiros, exceto:

(A) as estatais que explorem atividade econômica.
(B) as agências reguladoras de serviços públicos.
(C) as agências reguladoras de atividades econômicas.
(D) as concessionárias e permissionárias de serviço público.
(E) as fundações públicas, desde que possuam natureza jurídica de direito privado.

A: assertiva incorreta (devendo ser assinalada), pois somente as estatais prestadoras de serviço público é que respondem objetivamente (art. 37, § 6º, da CF); **B** e **C:** assertivas corretas, pois as agências reguladoras são pessoas jurídicas de direito público (art. 37, § 6º, da CF); **D:** assertiva correta, pois as pessoas jurídicas prestadoras de serviço público respondem objetivamente (art. 37, § 6º, da CF).

Gabarito "A"

(Auditor Fiscal da Receita Federal – 2005 – ESAF) Assinale, entre as entidades abaixo, aquela que não se submete à responsabilidade objetiva pelos danos que seus agentes, nessa qualidade, causem a terceiros.

(A) FUNASA – Fundação Nacional de Saúde
(B) CAIXA ECONÔMICA FEDERAL
(C) ANATEL – Agência Nacional de Telecomunicações
(D) REDE GLOBO DE TELEVISÃO
(E) TELEMAR

A responsabilidade é objetiva (ou seja, deve-se pagar indenização independente de verificação de *culpa* – negligência, imperícia, imprudência – ou *dolo* – intenção) nos atos praticados por agentes de **pessoas jurídicas de direito público** (União, estados, DF, municípios, autarquias, fundações públicas de direito público, agências reguladoras e associações públicas) e de **pessoas jurídicas de direito privado prestadoras de serviço público** (qualquer pessoa de direito privado, estatal ou não, que preste serviço público). São pessoas de direito público a Funasa (fundação pública de direito público) e a Anatel (agência reguladora). São pessoas de direito privado prestadoras de serviço público a Rede Globo (serviço de comunicação social por radiodifusão de sons e imagens) e a Telemar (serviço de telecomunicações). A Caixa Econômica Federal é uma pessoa jurídica de direito privado *exploradora de atividade econômica*, e não prestadora de serviço público, portanto sua responsabilidade é subjetiva (verifica-se culpa e dolo), e não objetiva.

Gabarito "B"

(Técnico da Receita Federal – 2006 – ESAF) A responsabilidade civil objetiva, da Administração Pública, compreende os danos causados aos particulares, até mesmo

(A) sem haver culpa ou dolo do seu agente, pelo ato ou fato danoso.
(B) quando houver culpa do respectivo paciente.
(C) sem nexo causal entre o ato ou fato e o dano.
(D) quanto aos atos predatórios de terceiros e fenômenos naturais.
(E) quando seu agente não agiu nessa condição, ao causar o dano.

De fato, a responsabilidade civil objetiva reclama apenas os seguintes elementos: a) uma ação estatal; b) um dano; c) um nexo de causalidade entre a ação e o dano. Assim, uma "bala perdida" saída de uma arma de um policial e que cause danos a alguém enseja responsabilidade do Estado, não sendo necessário verificar se o policial foi imprudente, negligente, imperito ou teve intenção de machucar a vítima. No caso, há uma ação estatal (um tiro saído da arma do policial), um dano (a vítima foi baleada) e um nexo de causalidade entre a atuação estatal e o dano (que é comprovado pela prova de que a bala que atingiu a pessoa era de arma da polícia). Assim, a alternativa "a" está correta, pois não se verifica culpa ou dolo na responsabilidade objetiva. A alternativa "b" está incorreta, pois a responsabilidade do Estado fica excluída se houver culpa exclusiva da vítima (do paciente). A alternativa "c" está incorreta, pois é necessário nexo causal, como se viu. A alternativa "d" está incorreta, pois a responsabilidade do Estado fica excluída quando houver culpa exclusiva de terceiro ou caso fortuito ou força maior. E a alternativa "e" está incorreta, pois o Estado não responde quando o agente público não age na qualidade de agente público. Assim, se um agente público comete um dano a alguém no final de semana, sem qualquer relação com a função pública dele, o Estado não responde pela indenização respectiva, pois o agente não atuou na qualidade de agente público.

Gabarito "A"

Para responder à questão seguinte, considere a situação abaixo descrita: Um servidor público de determinado Estado da federação, responsável pela solução de consultas tributárias, recebeu consulta formal de uma empresa sobre a interpretação de determinado dispositivo da legislação estadual sobre o Imposto sobre Circulação de Mercadorias e Serviços – ICMS. O servidor público, competente para a tarefa, respondeu a consulta e submeteu-a a seu superior hierárquico, que a ratificou. Posteriormente, verificou-se que a resposta dada pelo servidor público estava equivocada, porque ignorava a existência de dispositivo legal expressamente contrário ao entendimento ali defendido. Assim, a solução da consulta foi invalidada e a empresa foi autuada pelo recolhimento a menor do tributo, arcando com as penalidades previstas na legislação.

(Auditor Fiscal do Trabalho – 2010 – ESAF) No que concerne à responsabilidade civil do Estado, pode-se afirmar que respondem objetivamente pelos danos que seus agentes causarem a terceiros, na modalidade de risco administrativo, as seguintes pessoas jurídicas, exceto:

(A) Petrobras.
(B) Instituto Nacional da Seguridade Social.
(C) União.
(D) Banco Central do Brasil.
(E) Banco Nacional do Desenvolvimento Econômico e Social.

Todas as pessoas jurídicas mencionadas nas alternativas são pessoas jurídicas de direito público, que respondem objetivamente (art. 37, § 6º, da CF/1988), salvo a Petrobras, que é uma pessoa jurídica de direito privado exploradora de atividade econômica.

Gabarito "A"

8.3. RESPONSABILIDADE DO AGENTE PÚBLICO, AÇÃO DE REGRESSO E DENUNCIAÇÃO DA LIDE.

(Técnico da Receita Federal – 2003 – ESAF) As pessoas jurídicas de direito público respondem pelos danos que seus agentes, nessa qualidade, causarem a terceiros,

(A) ainda que haja comprovada culpa exclusiva do paciente.
(B) assegurado o direito de regresso, quando couber.
(C) contra os quais cabe ação regressiva, independente de haver culpa ou dolo deles (agentes).
(D) mas só nos casos de comprovada culpa deles (agentes).
(E) salvo nos casos de comprovada culpa pessoal do agente, em que ele responde, diretamente, pelas consequências dos danos causados.

A: incorreta. A culpa exclusiva da vítima (paciente) é causa que exclui a responsabilidade civil; **B** e **C:** As pessoas de direito público podem se voltar contra seus agentes, exercendo o direito de regresso, desde que os agentes tenham atuado com culpa ou dolo; **D:** incorreta. As pessoas jurídicas de direito público respondem perante as vítimas independente de culpa dos agentes públicos; **E:** incorreta. Os agentes públicos não respondem diretamente pelos danos causados a terceiros; a ação deve ser promovida contra a pessoa de direito público e esta, quando houver culpa ou dolo de seu agente público, pode acioná-lo regressivamente.

Gabarito "B"

(Auditor Fiscal do Trabalho – 2010 – ESAF) Um funcionário público federal, titular do cargo de motorista, estava dirigindo um veículo oficial, em serviço, quando, por imprudência, colidiu-o contra uma árvore, danificando-o. Neste caso:

I. deverá ressarcir o dano causado ao patrimônio público.
II. deverá ser responsabilizado por ato de improbidade administrativa porque causou lesão ao erário.
III. não poderá valer-se da faculdade prevista no art. 46 da Lei 8.112/1990 (pagamento parcelado, mediante desconto em folha de pagamento) porque agiu com imprudência.
IV. somente estará obrigado a ressarcir o dano causado ao patrimônio público se for condenado judicialmente a fazê-lo.
V. o dever de indenizar poderá ser apurado na via administrativa.

Estão corretas:

(A) apenas as afirmativas I, II, III e IV.
(B) apenas as afirmativas I, II, III e V.
(C) apenas as afirmativas I e V.
(D) apenas as afirmativas I, III e IV.
(E) apenas as afirmativas I, III e V.

I: correta (art. 122 da Lei 8.112/1990); **II:** incorreta, pois, apesar de a improbidade administrativa por prejuízo ao erário se configurar por ato culposo ou doloso (art. 10 da Lei 8.429/1992), o fato narrado não afeta o bem jurídico protegido pela Lei de Improbidade; **III:** incorreta, pois o art. 46 não traz limitação nesse sentido, até porque o servidor só é obrigado a ressarcir o erário quando agir com culpa ou dolo; **IV:** incorreta, pois o dever de ressarcir decorre da própria lei (arts. 121 e 122 da Lei 8.112/1990); no entanto, caso o agente público não aceite o desconto em folha, o Poder Público deverá acioná-lo, ingressando com ação de cobrança; **V:** correta, pois o dever de indenizar pode e deve ser apurado administrativamente, mas a cobrança deve ser judicial, caso o agente público não aceite o desconto em folha de pagamento.

Gabarito "C"

9. SERVIÇOS PÚBLICOS

9.1. CONCEITO, CARACTERÍSTICAS PRINCIPAIS, CLASSIFICAÇÃO E PRINCÍPIOS

(Analista – ANEEL – 2004 – ESAF) A prestação do serviço de fornecimento de energia elétrica pressupõe a observância ao conceito de "serviço adequado" previsto na lei de concessões e permissões. Assinale a opção que melhor expressa esse conceito. Serviço adequado é aquele

(A) que garante o atendimento do usuário com segurança, regularidade e modicidade tarifária.
(B) realizado de forma regular, com garantia de qualidade assegurada segundo os padrões definidos pela ANEEL.
(C) que caracteriza as melhores condições de atendimento ao consumidor, de forma não discriminatória e com tarifas inferiores às dos concorrentes.
(D) que satisfaz as condições de regularidade, continuidade, eficiência, segurança, atualidade, generalidade, cortesia na sua prestação e modicidade das tarifas.
(E) realizado com regularidade, generalidade, atualidade, segurança e em observância aos padrões técnicos atualizados em nível internacional.

D: correta – art. 6º, § 1º da Lei nº 8.987/1995.

Gabarito "D"

(Analista – CGU – 2012 – ESAF) A impossibilidade de o particular prestador de serviço público por delegação interromper sua prestação é restrição que decorre do seguinte princípio:

(A) Legalidade.
(B) Autotutela.
(C) Proporcionalidade.
(D) Continuidade do Serviço Público.
(E) Moralidade.

D: correta – pelo princípio da continuidade do serviço público tem-se que esse não pode parar, tanto em relação aos contratos administrativos como em relação à função pública. Dessa vedação à paralisação, no que concerne aos contratos administrativos, tem-se como consequência: a imposição de rigorosos prazos ao contraente; a aplicação da teoria da imprevisão, recompondo-se o equilíbrio econômico-financeiro do contrato de modo a permitir a continuidade do serviço público; a aplicabilidade mitigada a exceção do contrato não cumprido em face da Administração; o reconhecimento de prerrogativas à Administração, tais como a encampação e o uso compulsório de recursos humanos e bens. De outra banda, em relação à continuidade da função pública, a aplicação do princípio da continuidade do serviço público implica: no exercício de greve mitigado pelos servidores públicos; nos institutos da substituição, da suplência e da delegação e em normas que determinam a permanência do servidor em serviço por determinado prazo quando esse pede exoneração.

Gabarito "D".

(Analista – Ministério da Int. Nacional – 2012 – ESAF) A doutrina pátria costuma classificar a prestação de serviços públicos entre concentrados e desconcentrados, centralizados e descentralizados. Tendo em conta tal classificação, é correto afirmar que o serviço público realizado por órgão com competência específica para tanto, integrante da estrutura de uma entidade que compõe a Administração indireta titular de tal serviço, configura uma prestação de serviços

(A) descentralizada por colaboração.
(B) concentrada descentralizada.
(C) desconcentrada centralizada.
(D) concentrada centralizada.
(E) desconcentrada descentralizada.

E: correta – Descentralização e desconcentração são conceitos bastante diferentes. Desconcentração é a distribuição de competências no âmbito interno de pessoas da Administração Pública Direta e Indireta, isto é, consiste na divisão de competências ente órgãos de um mesmo ente para decidir os assuntos que lhes são afetos. Diversamente, a descentralização pressupõe a existência de pessoas jurídicas diversas, na medida em que o ente que detém a titularidade de determinada atividade cria um outro ente a fim de melhor desempenhá-la (princípio da especialidade). No caso, tratando-se de um órgão (desconcentração) integrante de um ente da Administração Pública (descentralização), tem-se claramente uma prestação de serviços desconcentrada descentralizada.

Gabarito "E".

(Auditor Fiscal da Receita Federal – 2010 – ESAF) "Incumbe ao Poder Público, na forma da lei, diretamente ou sob regime de concessão ou permissão, sempre através de licitação, a prestação de serviços públicos". Esta é a previsão do *caput* do art. 175 da Constituição Federal. Sobre os serviços públicos, no ordenamento jurídico brasileiro, analise as assertivas abaixo e assinale a opção correspondente.

I. Sob o critério formal, serviço público é aquele disciplinado por regime de direito público.
II. Segundo o critério material, serviço público é aquele que tem por objeto a satisfação de necessidades coletivas.
III. O critério orgânico ou subjetivo classifica o serviço como público pela pessoa responsável por sua prestação, qual seja, o Estado.
IV. A concessão e a permissão transferem a titularidade de um serviço público a quem aceitar prestá-lo, mediante licitação.
V. Enquanto a permissão de serviço público, diante de sua precariedade, ocorre necessariamente por prazo determinado, a concessão pode ocorrer por prazo indeterminado.

(A) V, F, V, F, F
(B) F, V, F, F, V
(C) F, F, V, V, F
(D) V, V, V, F, V
(E) V, V, V, F, F

I a III: verdadeiros, pois trazem afirmativas adequadas à noção de serviço público; **IV:** falso, pois a concessão e a permissão transferem a *execução* do serviço público, e não a *titularidade* deste; **V:** falso, pois é justamente o contrário, ou seja, a concessão se dá por prazo determinado (art. 2º, II, da Lei 8.987/1995), ao passo que a permissão, por ser precária, dá-se, normalmente, por prazo indeterminado.

Gabarito "E".

(Técnico da Receita Federal – 2006 – ESAF) O que existe em comum, sob o aspecto jurídico-doutrinário, entre a concessão, permissão e autorização de serviços públicos, é a circunstância de.

(A) constituírem outorga a título precário.
(B) formalizarem-se por meio de ato administrativo unilateral.
(C) formalizarem-se por meio de contrato administrativo.
(D) poderem ser modalidades de serviços públicos delegados a particulares.
(E) serem atos administrativos discricionários.

De fato, os três institutos destinam-se à delegação de serviços públicos aos particulares. A concessão exige licitação e é contratual. A permissão exige licitação, mas é precária. E a autorização não exige licitação e é precária.

Gabarito "D".

(Auditor Fiscal do Trabalho – 2010 – ESAF) Naquilo que diz respeito à extinção do contrato de concessão de serviço público, correlacione as colunas abaixo e assinale a opção que contemple a correlação correta.

(1) Retomada do serviço, por motivo de interesse público.
(2) Retomada do serviço, por inexecução total ou parcial do contrato por parte da concessionária.
(3) Extinção do contrato, por descumprimento de normas contratuais pelo concedente.

( ) caducidade;
( ) encampação;
( ) rescisão.

(A) 3 / 1 / 2
(B) 2 / 3 / 1
(C) 1 / 2 / 3
(D) 2 / 1 / 3
(E) 3 / 2 / 1

A retomada por interesse público tem o nome de *encampação ou resgate* (art. 37 da Lei 8.987/1995). A retomada por inexecução contratual tem o nome de *caducidade* (art. 38 da Lei 8.987/1995). E a retomada por descumprimento de normas contratuais pelo Poder Concedente tem o nome de *rescisão* (art. 39 da Lei 8.987/1995).

Gabarito "D".

9.2. AUTORIZAÇÃO E PERMISSÃO DE SERVIÇO PÚBLICO

(Procurador da Fazenda Nacional – 2003 – ESAF) A permissão de serviço público, nos termos da legislação federal, deverá ser formalizada mediante:

(A) termo de permissão
(B) contrato administrativo
(C) contrato de permissão
(D) contrato de adesão
(E) termo de compromisso

Os contratos de permissão de serviço público são regidos pela Lei 8.981/1995, que dispõe, em seu art. 18, XVI, que as permissões serão autorizadas por meio de contrato de adesão, cujas cláusulas devem constar do edital de licitação.

Gabarito "D"

9.3. CONCESSÃO DE SERVIÇO PÚBLICO

(Procurador da Fazenda Nacional – 2004 – ESAF) Em face da inexecução parcial de um determinado contrato de concessão de serviço público, a Administração concedente, observadas as formalidades legais, declarou extinta a concessão, mediante decreto. É correto dizer que a extinção da concessão, em tal caso, se deu por declaração de

(A) encampação, com direito a indenização prévia ao concessionário.
(B) encampação, com direito a indenização posterior ao concessionário.
(C) caducidade, com direito a indenização prévia ao concessionário.
(D) caducidade, com direito a indenização posterior ao concessionário.
(E) rescisão, sem que o concessionário tenha direito a qualquer indenização.

A situação descrita trata do instituto da caducidade das concessões, na qual a indenização eventualmente devida ao concessionário será calculada posteriormente, no decurso do processo (art. 38, § 4º, da Lei 8.987/1995). Encampação ocorre por interesse público e deve ser precedida de indenização. A rescisão, por sua vez, é pedida pelo concessionário em caso de inadimplemento do poder concedente.

Gabarito "D"

(Analista – CGU – 2008 – ESAF) Sobre o regime de concessão e permissão da prestação de serviços públicos é correto afirmar:

(A) nos contratos de financiamento, as concessionárias não poderão oferecer em garantia os direitos emergentes da concessão.
(B) para garantir contratos de mútuo de longo prazo, destinados a investimentos relacionados a contratos de concessão, em qualquer de suas modalidades, não se admite que as concessionárias cedam ao mutuante, em caráter fiduciário, parcela de seus créditos operacionais futuros.
(C) incumbe à concessionária a execução do serviço concedido, cabendo-lhe responder por todos os prejuízos causados ao poder concedente, aos usuários ou a terceiros. A responsabilização será atenuada em razão da existência da fiscalização exercida pelo órgão competente.
(D) o contrato de concessão poderá prever o emprego de mecanismos privados para resolução de disputas decorrentes ou relacionadas ao contrato, inclusive a arbitragem, nos termos da lei.
(E) a encampação e a caducidade não extinguem a concessão, vez que sua extinção ocorrerá pelo advento do termo contratual, pela rescisão, ou pela anulação.

A: incorreta – nos contratos de financiamento, as concessionárias poderão oferecer em garantia os direitos emergentes da concessão, até o limite que não comprometa a operacionalização e a continuidade da prestação do serviço – art. 28 da Lei nº 8.987/1895; **B:** incorreta – art. 28-A da Lei nº 8.987/1995; **C:** incorreta – incumbe à concessionária a execução do serviço concedido, cabendo-lhe responder por todos os prejuízos causados ao poder concedente, aos usuários ou a terceiros, sem que a fiscalização exercida pelo órgão competente exclua ou atenue essa responsabilidade – art. 25 da Lei nº 8.987/1995; **D:** correta – art. 23-A da lei nº 8.987/1995; **E:** incorreta – Extingue-se a concessão por: I – advento do termo contratual; II – encampação; III – caducidade; IV – rescisão; V – anulação; e VI – falência ou extinção da empresa concessionária e falecimento ou incapacidade do titular, no caso de empresa individual.

Gabarito "D"

(Auditor Fiscal da Receita Federal – 2005 – ESAF) Na concessão de serviço público, considera-se encargo da concessionária

(A) arcar com as indenizações de desapropriações promovidas pelo Poder Público de bens necessários à execução do serviço concedido.
(B) permitir acesso da fiscalização do poder concedente e dos usuários aos seus registros contábeis.
(C) captar recursos financeiros, junto ao poder concedente, necessários à prestação do serviço.
(D) dar publicidade periódica de seus resultados financeiros aos usuários, nos termos contratuais.
(E) constituir servidões administrativas autorizadas pelo poder concedente, conforme previsto no edital e no contrato.

Art. 31, VI, da Lei 8.987/1995.

Gabarito "E"

(Auditor Fiscal da Receita Federal – 2002.2 – ESAF) Não se considera hipótese de caducidade de concessão de serviço público quando

(A) o serviço estiver sendo prestado de forma inadequada, conforme os critérios definidores da qualidade do serviço.
(B) a concessionária perder as condições econômicas para manter a adequada prestação do serviço concedido.
(C) a concessionária não cumprir as penalidades impostas por infrações, nos devidos prazos.

(D) a concessionária descumprir cláusulas regulamentares concernentes à concessão.

(E) a concessionária for condenada, em processo administrativo, por sonegação de tributos, inclusive contribuições sociais.

Art. 38 da Lei 8.987/1995.

Gabarito "E"

(Auditor Fiscal da Receita Federal – 2002.1 – ESAF) Em relação à concessão de serviços públicos, assinale a opção incorreta.

(A) A modicidade das tarifas integra o conceito de serviço público adequado.

(B) A subconcessão é admitida desde que prevista no contrato de concessão e será precedida por licitação, na modalidade concorrência ou tomada de preços.

(C) A extinção da concessão decorrente de inexecução total ou parcial do contrato, pelo concessionário, denomina-se caducidade.

(D) Incumbe ao poder concedente regulamentar o serviço concedido, bem como intervir na prestação dos serviços, nos casos e condições previstos em lei.

(E) Na concessão, é válido, no julgamento da respectiva licitação, o critério de oferta de menor valor da tarifa do serviço público a ser prestado.

A: correta (art. 6º, § 1º, da Lei 8.987/1995); **B:** incorreta, devendo ser assinalada (art. 26, § 1º, da Lei 8.987/1995 – somente *concorrência*); **C:** correta (art. 38 da Lei 8.987/1995); **D:** correta (art. 29, I e III, da Lei 8.987/1995); **E:** correta (art. 15, I, da Lei 8.987/1995).

Gabarito "B"

9.4. PARCERIAS PÚBLICO-PRIVADAS (PPP)

(Procuradoria Distrital – 2007 – ESAF) A respeito da Parceria Público-Privada (Lei n. 11.079/2004) e das concessões de serviços públicos, aponte a afirmação incorreta.

(A) A Lei n. 8.987/1995, art. 2º (IV), estatui de modo expresso que a modalidade de licitação na hipótese de permissão de serviço público será obrigatoriamente a concorrência.

(B) A Parceria Público-Privada possui a modalidade patrocinada, que é a própria concessão de serviço ou de obra de que trata a Lei n. 8.987/2004 e, ainda, envolve, adicionalmente ao valor cobrado dos usuários, a contraprestação do contratante público ao contratante privado.

(C) Enquanto a concessão pode ser contratada com pessoas jurídicas ou consórcios de empresa, a permissão, por sua vez, somente pode ser firmada com pessoa física ou jurídica.

(D) Nas concessões, a tarifa do serviço público concedido não será subordinada à legislação específica anterior e somente nos casos expressamente previstos em lei, sua cobrança poderá ser condicionada à existência de serviço público alternativo e gratuito para o usuário.

(E) Entre as hipóteses legais de extinção da concessão encontra-se a figura da caducidade.

A: incorreta. O art. 2º, IV, da Lei 8.987/1995 não exige licitação na modalidade concorrência, diferente do art. 2º, II, da Lei 8.987/1995; **B:** correta (art. 2º, § 1º, da Lei 11.079/2004); **C:** correta (art. 2º, IV, da Lei 8.987/1995); **D:** correta (art. 9º, § 1º, da Lei 8.987/1995); **E:** correta (art. 35, III, da Lei 8.987/1995).

Gabarito "A"

(Procurador da Fazenda Nacional – 2007.2 – ESAF) Assinale a opção correta.

(A) Os contratos não poderão prever adicionalmente a possibilidade de emissão de empenho em nome dos financiadores do projeto em relação às obrigações pecuniárias da Administração Pública.

(B) Antes da celebração do contrato, deverá ser constituída sociedade de propósito específico, incumbida de implantar e gerir o objeto da parceria.

(C) O Fundo Garantidor de Parcerias Público-Privadas – FGP terá natureza pública e patrimônio próprio separado do patrimônio dos cotistas, e será sujeito a direitos e obrigações próprios.

(D) O Tribunal de Contas da União editará, na forma da legislação pertinente, normas gerais relativas à consolidação das contas públicas aplicáveis aos contratos de parceria público-privada.

(E) Compete à Procuradoria da Fazenda Nacional e às Agências Reguladoras, nas suas respectivas áreas de competência, submeter o edital de licitação ao órgão gestor, proceder à licitação, acompanhar e fiscalizar os contratos de parceria público-privada.

241

A: incorreta (art. 5º, § 2º, II, da Lei 11.079/2004); **B:** correta (art. 9º da Lei 11.079/2004); **C:** incorreta (art. 16, § 1º, da Lei 11.079/2004); **D:** incorreta (art. 25 da Lei 11.079/2004); **E:** incorreta (art. 15 da Lei 11.079/2004).

Gabarito "B"

(Procurador da Fazenda Nacional – 2006 – ESAF) A legislação federal estabelece como formas de Parceria Público-Privada apenas

(A) a concessão comum.

(B) a concessão patrocinada.

(C) a concessão patrocinada e a concessão administrativa.

(D) as concessões comum, patrocinada e administrativa.

(E) as formas de concessão admitidas em direito, e demais contratos administrativos.

Correta a alternativa "C", nos termos do art. 2º da Lei 11.079/2004.

Gabarito "C"

(Procurador da Fazenda Nacional – 2006 – ESAF) Relativamente às Parcerias Público-Privadas, conforme disciplinadas na legislação federal, assinale a opção correta.

(A) Não se admite a possibilidade de adoção da arbitragem para dirimir conflitos relacionados com o contrato, pois tal ofenderia os princípios da indisponibilidade do interesse público e de sua primazia em face do interesse do particular.

(B) Se comprovadamente for favorável ao interesse público, admite-se parceria público-privada que tenha como objeto único a execução de obra pública.

(C) Por meio de parceria público-privada, pode-se delegar a função estatal de regulação.

(D) Não é possível reconhecer legitimidade aos financiadores do projeto para receber indenizações por extinção antecipada do contrato, tendo em vista que não integraram a relação contratual de parceria.

(E) Ainda que a licitação para a contratação da parceria não possa ser feita sob a modalidade Pregão, admite-se que o edital respectivo preveja a inversão das fases de habilitação e julgamento.

A: incorreta. A arbitragem é autorizada, desde que prevista na minuta do contrato (art. 11, III, da Lei 11.079/2004); **B:** incorreta, por expressa proibição legal, não estando prevista qualquer exceção (art. 2º, § 4º, III, da Lei 11.079/2004); **C:** incorreta, por expressa vedação legal (art. 4º, III, da Lei 11.079/2004); **D:** incorreta. A legitimidade dos financiadores é autorizada, desde que prevista em contrato (art. 5º, § 2º, III, da Lei 11.079/2004); **E:** correta. Trata-se de regulamentação específica da concorrência para parceria público-privada (art. 13 da Lei 11.079/2004)

Gabarito "E"

(Analista – CGU – 2008 – ESAF) Parceria público-privada – PPP é o contrato administrativo de concessão, na modalidade patrocinada ou administrativa. Sobre a PPP é correto afirmar:

(A) após a celebração do contrato, poderá ser constituída sociedade de propósito específico, incumbida de implantar e gerir o objeto da parceria.

(B) o contrato não poderá prever o pagamento ao parceiro privado de remuneração variável.

(C) as obrigações pecuniárias contraídas pela Administração Pública em contrato de parceria público-privada poderão ser garantidas mediante garantia prestada por organismos internacionais ou instituições financeiras que não sejam controladas pelo Poder Público.

(D) o certame para a contratação de parcerias público-privadas não obedecerá ao procedimento previsto na legislação vigente sobre licitações e contratos administrativos, mais a legislação específica.

(E) é vedada a celebração de contrato de parceria público-privada cujo período seja inferior a dois anos.

A: incorreta – *antes* da celebração do contrato *deverá* ser constituída sociedade de propósito específico, incumbida de implantar e gerir o objeto da garantia – art. 9º da Lei nº 11.079/2004; **B:** incorreta – art. 6º, § 1º da Lei nº 11.079/2004; **C:** correta – art. 8º, IV da Lei nº 11.079/2004; **D:** incorreta – art. 12 da Lei nº 11.079/2004; **E:** incorreta – o prazo de vigência do contrato não poderá ser inferior a 05 nem superior a 35 anos, incluída eventual prorrogação – art. 5º, I da Lei nº 11.079/2004.

Gabarito "C"

10. CONTROLE DA ADMINISTRAÇÃO PÚBLICA

10.1. CONTROLE INTERNO – PROCESSO ADMINISTRATIVO

(Procuradoria Distrital – 2007 – ESAF) Nos termos dos dispositivos da Lei n. 9.784/1999, que regula o processo administrativo, é incorreta a afirmação de que:

(A) não pode ser objeto de delegação a decisão de recursos administrativos.

(B) quando a lei não fixar prazos diferentes, é de 10 (dez) dias o prazo para interpor o recurso administrativo, contado da ciência da decisão ou divulgação oficial da decisão recorrida.

(C) a redação do art. 55 impõe expressamente o dever de a Administração convalidar, *sponte* própria, os atos que apresentem defeitos sanáveis, nos quais se evidencia não acarretarem lesão ao interesse público nem prejuízo a terceiros.

(D) salvo disposição em contrário, os recursos administrativos não terão efeito suspensivo.

(E) o prazo para os órgãos consultivos emitirem seu parecer, quando devam ser obrigatoriamente ouvidos, é de 15 (quinze) dias.

A: correta (art. 13, II, da Lei 9.784/1999); **B:** correta (art. 59 da Lei 9.784/1999); **C:** incorreta ("poderão" – art. 55 da Lei 9.784/1999); **D:** correta (art. 61 da Lei 9.784/1999); **E:** correta (art. 42 da Lei 9.784/1999).

Gabarito "C"

(Procurador da Fazenda Nacional – 2004 – ESAF) Sobre as petições apresentadas à Administração, marque a opção correta.

(A) É recurso hierárquico próprio aquele interposto perante outro órgão, estranho àquele que exarou o ato impugnado.

(B) O recurso hierárquico impróprio só pode ser recebido, como tal, se houver previsão específica em lei, que o autorize.

(C) É entendimento pacífico, no Supremo Tribunal Federal, que representações anônimas encaminhadas à Administração, que digam respeito a irregularidades cometidas em prejuízo do Poder Público, não podem dar azo a investigações, em face da vedação ao anonimato, prevista na Constituição Federal.

(D) Reclamação e representação administrativas são expressões que podem ser utilizadas indistintamente, por apresentarem o mesmo significado.

(E) Também se considera pedido de reconsideração aquele dirigido diretamente à autoridade superior, desde que integrante de um mesmo órgão.

A: incorreta. Recurso hierárquico próprio, segundo Maria Sylvia Zanella di Pietro "é dirigido à autoridade imediatamente superior, dentro do mesmo órgão em que o ato foi praticado" (**Direito Administrativo**, p. 605); **B:** correta. Por não decorrer diretamente do poder hierárquico da Administração Pública, o recurso hierárquico impróprio (aquele dirigido a autoridade estranha ao órgão onde o ato foi praticado) só pode ser recebido se houver expressa previsão legal autorizando sua interposição; **C**: incorreta. A matéria ainda é discutida no STF, havendo decisões em ambos os sentidos. No caso específico de representações a respeito de irregularidades cometidas na Administração Pública, ao contrário do disposto na alternativa, o Pretório Excelso vem julgando pela aceitação das representações anônimas, em face da supremacia do interesse público (STF, MS 24.369, *DJ* 10.10.2002); **D**: incorreta. Representação é a notícia de irregularidades endereçada à Administração Pública, solicitando as providências cabíveis, enquanto reclamação é termo amplo que engloba todas as espécies de recursos administrativos (art. 1º do Decreto 20.910/1932; **E**: incorreta, pois pedido de reconsideração é somente aquele endereçado à mesma autoridade que proferiu a decisão (art. 56, § 1º, da Lei n. 9.784/1999).

Gabarito "B"

(Analista – ANEEL – 2006 – ESAF) Têm (tem) legitimidade para interpor recurso administrativo, nos termos da Lei nº 9.784/1999, **exceto**:

(A) Os titulares de direitos e interesses que forem parte no processo.

(B) Aqueles cujos direitos forem indiretamente afetados pela decisão.

(C) Os cidadãos ou associações, quanto a direitos ou interesses difusos.

(D) O Ministério Público da União.

(E) As organizações representativas, em se tratando de direitos e interesses coletivos.

A: correta – art. 9º, I da Lei nº 9.784/1999; **B**: correta – art. 9º, II da Lei nº 9.784/1999; **C**: correta – art. 9º, IV da Lei nº 9.784/1999; **D**: incorreta – o Ministério Público não possui a qualidade de legitimado como interessado no processo administrativo segundo a Lei nº 9.784/1999; **E**: correta – art. 9º, III da Lei nº 9.784/1999.

Gabarito "D"

(Analista – CGU – 2008 – ESAF) A respeito do processo administrativo disciplinar, é correto afirmar que:

(A) mesmo que o fato narrado não configure evidente infração disciplinar ou ilícito penal, a denúncia não poderá ser arquivada.

(B) o prazo para a conclusão do processo disciplinar não excederá a sessenta dias, contados da oitiva do investigado, admitida a sua prorrogação por prazo não superior a trinta dias.

(C) no inquérito, o servidor terá que acompanhar o processo pessoalmente.

(D) não poderá participar de comissão de sindicância ou de inquérito, cônjuge, companheiro ou parente do acusado, consanguíneo ou afim, em linha reta, até o segundo grau.

(E) como medida cautelar e a fim de que o servidor não venha a influir na apuração da irregularidade, a autoridade instauradora do processo disciplinar poderá determinar o seu afastamento do exercício do cargo, pelo prazo de até 60 (sessenta) dias, sem prejuízo da remuneração.

A: incorreta – nesse caso a denúncia será arquivada por falta de objeto – art. 144, parágrafo único da Lei nº 8.112/1990; **B**: incorreta – o prazo para conclusão do processo administrativo disciplinar não excederá a 60 dias, contados da data da publicação ao ato que constituir da Comissão, admitida a prorrogação por igual prazo quando as circunstâncias o exigirem – art. 152 da Lei nº 8.112/1990; **C**: incorreta – pode acompanhar o inquérito pessoalmente ou por intermédio de procurador – art. 156 da Lei nº 8.112/1990; **D**: incorreta – a vedação é até terceiro grau – art. 149, § 2º da Lei nº 8.112/1990; **E**: correta – art. 147 da Lei nº 8.112/1990.

Gabarito "E"

(Analista – CGU – 2008 – ESAF) Assinale a opção correta, no que tange aos processos administrativos.

(A) Devem ser objeto de intimação os atos do processo que resultem para o interessado em imposição de deveres, ônus, sanções ou restrição ao exercício de direitos e atividades e os atos de outra natureza, de seu interesse.

(B) Os atos do processo devem realizar-se em dias úteis, no horário normal de funcionamento da repartição na qual tramitar o processo, não podendo os atos serem praticados fora dessas condições.

(C) Os atos do processo devem realizar-se necessariamente na sede do órgão, cientificando-se o interessado.

(D) O desatendimento da intimação importa o reconhecimento da verdade dos fatos e a renúncia a direitos pelo administrado.

(E) Os processos administrativos obrigatoriamente vão depender de forma determinada.

A: correta – art. 28 da Lei nº 9.784/1999; **B**: incorreta – art. 23, parágrafo único da Lei nº 9.784/1999; **C**: incorreta – devem ser preferencialmente realizados na sede do órgão – art. 25 da Lei nº 9.784/1999; **D**: incorreta – art. 27 da Lei nº 9.784/1999; **E**: incorreta – os atos do processo administrativo não dependem de forma determinada senão quando a lei expressamente a exigir – art. 22 da Lei nº 9.784/1999.

Gabarito "A"

(Analista – CGU – 2008 – ESAF) De acordo com a Lei n. 10.180/01, são de competência dos órgãos e unidades do Sistema de Controle Interno do Poder Executivo Federal as seguintes ações, exceto:

(A) avaliar o cumprimento das metas estabelecidas no plano plurianual.

(B) avaliar a execução dos orçamentos da União.

(C) realizar auditoria sobre a gestão dos recursos públicos federais sob a responsabilidade de órgãos e entidades públicos e privados.

(D) realizar auditorias nos sistemas contábil, financeiro, orçamentário e de pessoal das entidades privadas que guardem ou gerenciem recursos públicos federais.

(E) avaliar o desempenho da auditoria interna das entidades da administração indireta federal.

Não constitui competência do Sistema de Controle Interno do Poder Executivo realizar auditorias nos sistemas contábil, financeiro, orçamentário e de pessoal das entidades privadas que guardem ou gerenciem recursos públicos federais, nos termos do art. 24, VIII, da Lei 10.180/2001).

Gabarito "D"

(Analista – CGU – 2008 – ESAF) De acordo com a IN SFC/MF n. 001/2001, tem-se como correto que a circularização de informações confere suporte básico ao procedimento da seguinte técnica de auditoria:

(A) *Cut-Off*.

(B) Correlação das Informações Obtidas.

(C) Confirmação Interna.
(D) Rastreamento.
(E) Confirmação Externa.

A técnica de auditoria aplicada é a da "conformação técnica", consoante Capítulo IV, Seção III, item 9, IV, da IN SFC/MF 001/2001.

Gabarito "E"

(Analista – CGU – 2008 – ESAF) Nos termos da IN SFC/MF n. 001/2001, assim como as auditorias, as fiscalizações podem ser realizadas sob as seguintes formas, exceto:

(A) centralizada.
(B) integrada.
(C) compartilhada.
(D) simplificada.
(E) terceirizada.

As fiscalizações não podem ser realizadas por meio da forma simplificada, conforme Capítulo IV, Seção III, item 5, da IN SFC/MF 001/2001.

Gabarito "D"

(Analista – CGU – 2008 – ESAF) O servidor do Sistema de Controle Interno do Poder Executivo Federal, no decorrer de qualquer atividade, deve prestar especial atenção àquelas transações ou situações que denotem indícios de irregularidades. Acerca do tema "impropriedades e irregularidades", nos termos da IN SFC/MF n. 001/2001, é correto afirmar que:

(A) a irregularidade consiste em falhas de natureza formal de que não resulte dano ao erário, porém evidencia-se a não observância aos princípios de legalidade, legitimidade, eficiência, eficácia e economicidade.
(B) o objetivo primordial das atividades do Sistema de Controle Interno do Poder Executivo Federal não é a busca de impropriedades ou de irregularidades.
(C) ao verificar a ocorrência de impropriedades, o servidor deve registrar o assunto e aguardar pela finalização dos trabalhos de campo, quando só então será solicitado ao dirigente da unidade ou entidade examinada prestar os esclarecimentos e justificativas pertinentes.
(D) a impropriedade é caracterizada pela não observância aos princípios de legalidade, legitimidade, eficiência, eficácia e economicidade, constatando a existência de desfalque, alcance, desvio de bens ou outra irregularidade de que resulte prejuízo quantificável para o Erário.
(E) ao verificar a ocorrência de irregularidades, o servidor deve registrar o assunto e aguardar pela finalização dos trabalhos de campo, quando só então será solicitado ao dirigente da unidade ou entidade examinada prestar os esclarecimentos e justificativas pertinentes.

Apesar de não ser o objetivo primordial das atividades do Sistema de Controle Interno do Poder Executivo Federal a busca de impropriedades ou de irregularidades, o servidor deve estar consciente da probabilidade de, no decorrer dos exames, defrontar se com tais ocorrências. Compete-lhe assim, prestar especial atenção às transações ou situações que apresentem indícios de irregularidades e, quando obtida evidências, comunicar o fato aos dirigentes para adoção das medidas corretivas cabíveis. Tal previsão encontra respaldo no Capítulo VII, Seção III, item 7, II, da IN SFC/MF 001/2001.

Gabarito "B"

(Analista – CGU – 2008 – ESAF) No âmbito do Sistema de Controle Interno do Poder Executivo Federal, segundo a IN SFC/MF n. 001/2001, a mensuração de indicativos e indicadores que expressam a variação positiva da relação custo/benefício, na qual se busca a otimização dos resultados na escolha dos menores custos em relação aos maiores benefícios, revelando a atenção da gestão com o bom uso qualitativo dos recursos financeiros, desde a adequação da proposta orçamentária das metas a serem atingidas, passando pela coerência com respeito aos preços de mercado, o desenvolvimento de fontes alternativas de receita e a obtenção dos menores custos por produto gerado, permite aferir a

(A) legalidade da ação avaliada.
(B) eficácia da ação avaliada.
(C) economicidade da ação avaliada
(D) eficiência da ação avaliada.
(E) efetividade da ação avaliada.

A assertiva reproduz literalmente o disposto no Capítulo III, Seção IV, item 5, II, da IN SFC/MF 001/2001.

Gabarito "C"

(Analista – CGU – 2008 – ESAF) Para a IN SFC/MF n. 001/2001, no decorrer do processo de planificação dos trabalhos de controle, o conceito de materialidade refere-se

(A) à importância relativa ou papel desempenhado por uma determinada questão, situação ou unidade, existentes em um dado contexto.
(B) à obrigatoriedade de, em uma Amostra Aleatória Simples, cada elemento da população ter a mesma chance de pertencer à amostra.
(C) ao quadro de situações críticas efetivas ou potenciais a auditar ou fiscalizar, identificadas em uma determinada unidade ou programa. Trata-se, portanto, da composição dos elementos referenciais de vulnerabilidade, das fraquezas, dos pontos de controle com riscos latentes, das trilhas de auditoria ou fiscalização.
(D) ao montante de recursos orçamentários ou financeiros alocados por uma gestão, em um específico ponto de controle (unidade, sistema, área, processo, programa ou ação), objeto dos exames de auditoria ou fiscalização.
(E) à obrigatoriedade de, face a uma população pequena, o auditor lançar mão de uma abordagem censitária e não por amostragem.

A assertiva reproduz literalmente o disposto no Capítulo VI, Seção II, item 2, da IN SFC/MF 001/2001.

Gabarito "D"

(Analista – CGU – 2008 – ESAF) Em suas incursões sobre o controle interno administrativo, segundo a IN SFC/MF n. 001/2001, o servidor do Sistema de Controle Interno do Poder Executivo Federal deve ter em mente que:

(A) em decorrência do rodízio de funções, a estrutura das unidades/entidades deve prever a separação entre as funções de autorização/aprovação de operações, execução, controle e contabilização, de tal forma que nenhuma pessoa detenha competências e atribuições em desacordo com este princípio.

(B) os controles internos administrativos implementados em uma organização devem, prioritariamente, ter caráter repressivo, sendo de sua responsabilidade instaurar e conduzir o devido processo administrativo disciplinar, no caso de desvio ou alcance de recursos públicos.

(C) o objetivo geral dos controles internos administrativos é evitar a ocorrência de impropriedades e irregularidades, por meio dos princípios e instrumentos que lhe são próprios.

(D) a delegação de competência, conforme previsto em lei, será utilizada como instrumento de centralização administrativa e apenas nos casos em que seja imprescindível assegurar maior rapidez e objetividade às decisões.

(E) é finalidade do órgão de Contabilidade (e não, consequentemente, do controle interno administrativo) assegurar, nas informações contábeis, sua exatidão, confiabilidade, integridade e oportunidade.

A assertiva reproduz literalmente o disposto no Capítulo VII, Seção VIII, item 4, da IN SFC/MF 001/2001.

Gabarito "C".

(Analista – CGU – 2008 – ESAF) De acordo com a IN SFC/MF n. 001/2001, é correto afirmar que estão sujeitos à

(A) Prestação de Contas as pessoas físicas que recebam recursos da União, para atender necessidades previstas em lei específica.

(B) Tomada de Contas os dirigentes das entidades supervisionadas da Administração Indireta Federal.

(C) Prestação de Contas aqueles que arrecadem, gerenciem ou guardem dinheiros, valores e bens da União, ou que por eles respondam.

(D) Tomada de Contas os responsáveis por entidades ou organizações, de direito público ou privado, que se utilizem de contribuições para fins sociais, recebam subvenções ou transferências à conta do Tesouro.

(E) Prestação de Contas os ordenadores de despesas das unidades da Administração Direta Federal.

A assertiva reproduz literalmente o disposto no Capítulo II, Seção II, item 3, II, *c*, da IN SFC/MF 001/2001.

Gabarito "A".

(Analista – CGU – 2008 – ESAF) Segundo a IN SFC/MF n. 001/2001, o planejamento das ações de controle adotado no Sistema de Controle Interno do Poder Executivo Federal divide-se em quatro grandes tópicos, com a seguinte estrutura, exceto:

(A) ações sob controle.

(B) orçamento global do Ministério.

(C) programas e programações sob controle.

(D) hierarquização.

(E) decisões do TCU.

A assertiva reproduz literalmente o disposto no Capítulo III, Seção II, item 1, da IN SFC/MF 001/2001.

Gabarito "E".

(Analista – CGU – 2008 – ESAF) De acordo com a IN SFC/MF n. 001/2001, a opinião do Órgão ou Unidade de Controle Interno do Poder Executivo Federal deve ser expressa por meio dos seguintes instrumentos, exceto:

(A) Certificado.

(B) Auto de Infração.

(C) Nota.

(D) Parecer.

(E) Relatório.

A assertiva reproduz literalmente o disposto no Capítulo VII, Seção IV, item 1, da IN SFC/MF 001/2001.

Gabarito "B".

(Analista – CGU – 2008 – ESAF) Segundo a IN SFC/MF n. 001/2001, o documento que representa a opinião do Sistema de Controle Interno sobre a exatidão e regularidade, ou não, da gestão e a adequacidade, ou não, das peças examinadas, devendo ser assinado pelo Coordenador-Geral ou Gerente Regional de Controle Interno, ou ainda, por autoridades de nível hierárquico equivalentes nos órgãos e unidades setoriais do Sistema de Controle Interno do Poder Executivo Federal, denomina-se:

(A) Certificado.

(B) Relatório.

(C) Parecer do Dirigente do Órgão de Controle Interno.

(D) Registro das Constatações.

(E) Solicitação de Auditoria.

A assertiva reproduz literalmente o disposto no Capítulo V, Seção III, Item 16, da IN SFC/MF 001/2001.

Gabarito "C".

10.2. CONTROLE EXTERNO

10.2.1. CONTROLE DO LEGISLATIVO E DO TRIBUNAL DE CONTAS

(Procuradoria Distrital – 2007 – ESAF) De acordo com a jurisprudência já consolidada do Tribunal de Contas da União, são requisitos necessários para a caracterização da dispensa de licitação com base em situação emergencial ou de calamidade pública, exceto:

(A) que exista urgência concreta e efetiva do atendimento a situação decorrente do estado emergencial ou calamitoso, visando afastar risco de danos a bens ou à saúde ou à vida de pessoas.

(B) que o risco, além de concreto e efetivamente provável, se mostre iminente e especialmente gravoso.

(C) que a contratação direta seja o único meio de se afastar o perigo de forma efetiva e eficiente, devendo o objeto da contratação estar limitado em termos qualitativos e quantitativos ao suficiente para afastar o perigo iminente.

(D) que o administrador comprove, nos autos do processo de dispensa, que a licitação tenha-se iniciado com a devida antecedência em razão do tempo normal que envolve este procedimento e que o atraso na conclusão do procedimento não tenha sido resultante de falta de planejamento, desídia administrativa ou má gestão dos recursos disponíveis.

(E) que o administrador comprove, nos autos do processo de dispensa, que, caso a licitação não se tenha iniciado com a devida antecedência em razão do tempo normal que envolve este procedimento, que determine a apuração do responsável pela falta de planejamento, desídia administrativa ou má gestão dos recursos disponíveis, a fim de não permitir que a sociedade seja duas vezes prejudicada, primeiro pela não realização da licitação e segundo pela falta de um serviço ou bem essencial.

De fato, a emergência oriunda de desídia administrativa, apesar de ensejar a contratação com dispensa de licitação (desde que a situação seja mesmo emergencial), impõe a concomitante determinação de apuração do responsável pela desídia.

Gabarito "E".

(Procuradoria Distrital – 2007 – ESAF) Em relação à Lei n. 8.666/1993 que disciplina as licitações e as contratações na Administração Pública é correto afirmar:

(A) para restar caracterizada a hipótese de inexigibilidade de licitação prevista no inciso II do artigo 25 da Lei n. 8.666/1993, faz-se necessária a presença simultânea de dois elementos, quais sejam, o serviço profissional especializado e a notória especialização do profissional ou da empresa.

(B) nos editais de licitação a Administração poderá fixar critérios de aceitabilidade dos preços unitários e global, os quais deverão servir de parâmetro quando do julgamento da proposta de preços, sendo vedada a fixação de preços mínimos e recomendada a fixação de preços máximos, conforme orientação do Tribunal de Contas da União.

(C) a revogação do procedimento licitatório pode ser efetivada a qualquer momento desde que fundamentada exclusivamente em razões de interesse público, assegurado ao particular o direito à indenização por perdas e danos.

(D) consoante entendimento fixado pelo Tribunal de Contas do Distrito Federal, no caso da contratação de serviços contínuos, a escolha da modalidade de licitação (concorrência, tomada de preços ou convite) deverá ser compatível com o valor do primeiro contrato e não com o valor total, considerado o prazo máximo de vigência contratual definido no edital, vez que a prorrogação do prazo contratual nesse caso é faculdade da Administração e poderá ou não ser utilizada.

(E) de acordo com o disposto no artigo 49 da Lei n. 8.666/1993 a nulidade do procedimento licitatório, quando eivado de ilegalidade, assegura ao particular o direito ao contraditório e à ampla defesa, mas por tratar-se de ato nulo não há previsão do dever de indenizar.

A questão descreve o previsto no art. 40, X, da Lei 8.666/1993.

Gabarito "B".

(Procuradoria Distrital – 2007 – ESAF) Ainda acerca da disciplina dos contratos e convênios administrativos, estabelecida na Lei n. 8.666/1993, é correto afirmar:

(A) nos contratos administrativos tanto o reajuste de preços como o reequilíbrio econômico-financeiro podem ser concedidos a qualquer tempo a partir da contratação, considerando serem medidas que visam manter inalteradas as condições da contratação.

(B) a utilização do instrumento de convênio, quando cabível o contrato, pode ser considerado um mero erro de forma, porquanto ambos estão sujeitos à aplicação da Lei n. 8.666/1993 e à fiscalização pelos órgãos de controle da Administração Pública.

(C) as alterações contratuais decorrentes de acréscimos ou supressões no objeto do contrato podem ser classificadas como quantitativas e qualitativas, sendo que ambas estão sujeitas ao limite de 25% do valor atualizado do contrato. Entretanto, em situações especialíssimas, o Tribunal de Contas da União admite a extrapolação do limite de 25% apenas quando se tratar de alterações qualitativas.

(D) o equilíbrio econômico-financeiro do contrato administrativo se perfaz na relação entre os encargos impostos ao particular e a remuneração correspondente, dessa forma o momento da definição desse equilíbrio é o da assinatura do contrato, pois é a partir daí que se estabelecem as obrigações e os direitos.

(E) o convênio é modalidade de contrato administrativo que se caracteriza por ser um contrato "cooperativo", pois aqui não há a contraposição de interesses, mas sim um acordo entre os partícipes visando à consecução de um objetivo comum. Dessa forma, admite-se a cobrança de taxa pela realização do serviço, desde que a entidade convenente não tenha fins lucrativos; caso contrário fica inviabilizada a celebração do convênio e o instrumento passa a ter características de contrato.

A questão compreende o disposto no art. 65, I, *a*, da Lei 8.666/1993.

Gabarito "C".

(Procurador da Fazenda Nacional – 2004 – ESAF) No que tange às atividades de controle interno e externo da Administração Pública, assinale a opção correta.

(A) A atividade do controle da União e da Administração indireta envolve a fiscalização contábil, financeira, operacional e patrimonial, mas não diz respeito à matéria orçamentária, eis que a forma de execução do orçamento é matéria típica do campo discricionário do administrador público.

(B) Por não envolver gastos públicos, não há controle interno ou externo sobre a renúncia de receitas.

(C) Nos termos de nossa Constituição Federal, o controle externo da União e da Administração indireta correspondente está a cargo do Congresso Nacional, que o exerce com o auxílio do Tribunal de Contas da União.

(D) O Tribunal de Contas da União julga não apenas as contas dos administradores e demais responsáveis por dinheiros, valores e bens públicos, na órbita federal, mas também as contas prestadas anualmente pelo Presidente da República.

(E) Na órbita federal, o Tribunal de Contas da União aprecia, para fins de registro, a legalidade dos atos de admissão de pessoal, aí incluídas as nomeações para cargo de provimento em comissão.

A: incorreta, por força do disposto no art. 70 da CF, que inclui a fiscalização orçamentária; **B:** incorreta. A renúncia de receitas está incluída no art. 70 da CF como objeto de fiscalização pelo Congresso Nacional; **C:** correta. A competência do TCU, em auxílio ao Congresso Nacional no mister de exercer o controle externo da União, está prevista no art. 71 da CF; **D:** incorreta. Quanto às contas do Presidente da República, cabe ao TCU apenas emitir parecer opinativo, ficando o julgamento a cargo do Congresso Nacional (art. 71, I, da CF); **E:** incorreta. As nomeações para cargo de provimento em comissão estão expressamente excluídas da apreciação para fins de registro pelo TCU (art. 71, III, da CF).

Gabarito "C"

(Analista – CGU – 2008 – ESAF) Sobre o tema "controle externo", nos termos da Constituição Federal, é correto afirmar que:

(A) é exercido, no âmbito federal, pelo Congresso Nacional com o auxílio do Tribunal de Contas da União.

(B) é exercido, no âmbito federal, pelo Senado Federal com o auxílio do sistema de controle interno dos demais Poderes.

(C) é exercido, no âmbito estadual, pelo Congresso Nacional com o auxílio do Tribunal de Contas da União.

(D) é exercido, no âmbito federal, pelo Congresso Nacional e pelo Tribunal de Contas da União e, no âmbito estadual e municipal, exclusivamente pelas respectivas Assembleias Legislativas e Câmaras de Vereadores.

(E) é exercido, no âmbito federal, exclusivamente pelo Tribunal de Contas da União e, no âmbito estadual e municipal, exclusivamente pelos Tribunais de Contas Estaduais e Municipais.

O controle externo, a cargo do Congresso Nacional, será exercido com o auxílio do Tribunal de Contas da União, conforme art. 71 da CF.

Gabarito "A"

(Analista – CGU – 2008 – ESAF) Acerca da natureza, competência e jurisdição do Tribunal de Contas da União (TCU), segundo sua Lei Orgânica, é correto afirmar que:

(A) compete ao TCU julgar as contas do Governo de Território Federal, no prazo de sessenta dias a contar de seu recebimento, na forma estabelecida em seu Regimento Interno.

(B) compete ao TCU apreciar, para fins de registro, a arrecadação da receita a cargo da União, mediante inspeções e auditorias, ou por meio de demonstrativos próprios, na forma estabelecida em seu Regimento Interno.

(C) a jurisdição do TCU abrange os responsáveis por entidades dotadas de personalidade jurídica de direito privado que recebam contribuições parafiscais e prestem serviço de interesse público ou social.

(D) ao Tribunal de Contas da União, no âmbito de sua competência e jurisdição, assiste o poder de polícia, podendo, em consequência desse poder, expedir atos e instruções normativas sobre matéria de suas atribuições e sobre a organização dos processos que lhe devam ser submetidos, obrigando ao seu cumprimento, sob pena de responsabilidade.

(E) a resposta sobre consulta que lhe seja formulada por autoridade competente, a respeito de dúvida suscitada na aplicação de dispositivos legais e regulamentares concernentes a matéria de sua competência, tem caráter normativo e constitui prejulgamento do fato ou caso concreto. 247

A assertiva reproduz literalmente o disposto no art. 5º, V, da Lei 8.443/1992.

Gabarito "C"

(Analista – CGU – 2008 – ESAF) Nos termos da Lei Orgânica do TCU, a autoridade administrativa competente, sob pena de responsabilidade solidária, visando à apuração dos fatos, identificação dos responsáveis e quantificação do dano, deverá imediatamente adotar providências com vistas à instauração da Tomada de Contas Especial diante dos seguintes casos, exceto:

(A) omissão no dever de prestar contas.

(B) descumprimento de recomendações exaradas pelo Tribunal em julgamento de contas de exercícios anteriores.

(C) não comprovação da aplicação dos recursos repassados pela União, na forma prevista no art. 5º, inciso VII, da citada lei.

(D) ocorrência de desfalque ou desvio de dinheiro, bens ou valores públicos.

(E) prática de qualquer ato ilegal, ilegítimo ou antieconômico de que resulte dano ao erário.

A assertiva reproduz literalmente o disposto no art. 8º da Lei 8.443/1992.

Gabarito "B"

(Auditor Fiscal da Receita Federal – 2010 – ESAF) Não se inclui na competência do Tribunal de Contas da União, determinada pela Constituição Federal, enquanto órgão auxiliar do Congresso Nacional na realização do controle externo da administração pública federal:

(A) julgar as contas dos administradores e demais responsáveis por dinheiros, bens e valores públicos da administração direta e indireta.
(B) julgar as contas daqueles que derem causa a perda, extravio ou outra irregularidade de que resulte prejuízo ao erário público.
(C) fiscalizar a aplicação de quaisquer recursos repassados pela União mediante convênio, acordo, ajuste ou outros instrumentos congêneres, a Estado, ao Distrito Federal ou a Município.
(D) revogar os atos administrativos em que se constate ilegalidade de que resulte prejuízo ao erário, comunicando a decisão à Câmara dos Deputados e ao Senado Federal.
(E) aplicar aos responsáveis, em caso de ilegalidade de despesa ou irregularidade de contas, as sanções previstas em lei, que estabelecerá, entre outras cominações, multa proporcional ao dano causado ao erário.

A: correta (art. 71, II, da CF/1988); **B:** correta (art. 71, II, parte final, da CF/1988); **C:** correta (art. 71, VI, da CF/1988); **D:** incorreta (devendo ser assinalada), pois o máximo que o TCU pode fazer é *sustar a execução* de atos impugnados (art. 71, X, da CF/1988); **E:** correta (art. 71, VIII, da CF/1988).

Gabarito "D".

(Técnico da Receita Federal – 2006 – ESAF) O controle externo, exercido pelo Tribunal de Contas da União, quanto aos atos praticados pela Administração Pública Federal, relativos a concessões de aposentadorias, é característico do tipo

(A) concomitante.
(B) declaratório.
(C) jurisdicional.
(D) posterior.
(E) prévio.

Trata-se de controle posterior, pois, *após* a concessão de aposentadoria em favor de servidor, esta deve ou não ser registrada no Tribunal de Contas (art. 71, III, da CF/1988).

Gabarito "D".

(Técnico da Receita Federal – 2003 – ESAF) Em tema de controle externo, no âmbito da Administração Pública Federal, a competência constitucional para julgar as contas dos administradores e demais responsáveis por bens, dinheiros ou valores públicos, é

(A) do Tribunal de Contas local, recorrível ao Tribunal de Contas da União.
(B) do Tribunal de Contas da União, recorrível ao Supremo Tribunal Federal.
(C) do Tribunal de Contas da União, recorrível ao Congresso Nacional.
(D) própria e privativa do Tribunal de Contas da União.
(E) própria e privativa do Congresso Nacional.

Art. 71, II, da CF/1988.

Gabarito "D".

(Técnico da Receita Federal – 2002.2 – ESAF) Na área federal, o Tribunal de Contas da União (TCU) exerce o monopólio do controle contábil, financeiro e orçamentário, da Administração Pública Federal Direta e Indireta, quanto aos aspectos de legalidade, legitimidade e economicidade.

(A) Correta essa assertiva.
(B) Incorreta a assertiva, porque esse controle é exercido com exclusividade pelo Congresso Nacional (CN).
(C) Incorreta a assertiva, porque tal função cabe ao sistema de controle interno, com exclusividade.
(D) Incorreta a assertiva, porque tal fiscalização é compartilhada entre CN, TCU e sistema de controle interno.
(E) Incorreta a assertiva, porque esse controle exercido pelo TCU se restringe à Administração Direta.

Os arts. 70 e 71 da CF/1988 realmente dispõem que o controle quanto aos aspectos de legitimidade, legalidade e economicidade se dá pelo Congresso Nacional (CN), pelo Tribunal de Contas da União (TCU), e próprio Poder.

Gabarito "D".

(Técnico da Receita Federal – 2002.1 – ESAF) A fiscalização dos órgãos da Administração Pública Federal, quanto aos aspectos de legalidade, legitimidade e economicidade, será exercida pelo Congresso Nacional, com o auxílio do Tribunal de Contas da União – TCU, e pelo sistema de controle interno de cada Poder, sendo que ao TCU compete apreciar as contas anuais do Presidente da República e das suas decisões, em geral, cabe recurso para o Congresso, salvo as de que resulte imputação de débito, porque terão eficácia de título executivo.

(A) Correta a assertiva.
(B) Incorreta a assertiva, porque a apreciação das contas presidenciais é da competência exclusiva do Congresso Nacional.
(C) Incorreta a assertiva, porque das decisões do TCU não cabe recurso para o Congresso Nacional.
(D) Incorreta a assertiva, porque as decisões do TCU imputando débito não têm eficácia de título executivo.
(E) Incorreta a assertiva, porque o controle interno se restringe a verificar a regularidade contábil de contas.

Art. 71, I, da CF/1988.

Gabarito "C".

10.2.2. CONTROLE PELO JUDICIÁRIO

(Analista – CGU – 2008 – ESAF) Quanto à aplicação de princípios constitucionais em processos administrativos, é entendimento pacificado no Supremo Tribunal Federal, constituindo súmula vinculante para toda a administração e tribunais inferiores, que, nos processos perante o Tribunal de Contas da União, asseguram-se o contraditório e a ampla defesa

(A) mesmo quando da decisão não resultar anulação ou revogação de ato administrativo que beneficie o interessado, inclusive a apreciação da legalidade do ato de concessão inicial de aposentadoria, reforma e pensão.

(B) quando da decisão puder resultar anulação ou revogação de ato administrativo que beneficie o interessado, sem exceção.

(C) quando da decisão puder resultar anulação ou revogação de ato administrativo que beneficie o interessado, excetuada a apreciação da legalidade do ato de concessão inicial de aposentadoria, reforma e pensão.

(D) quando da decisão puder resultar anulação ou revogação de ato administrativo que beneficie o interessado, inclusive na apreciação da legalidade do ato de concessão inicial de aposentadoria, reforma e pensão.

(E) quando da decisão puder resultar anulação ou revogação de ato administrativo que beneficie o interessado, inclusive a apreciação da legalidade do ato de concessão inicial de aposentadoria, exceto reforma e pensão.

C: correta – Nos processos perante o Tribunal de Contas da União asseguram-se o contraditório e a ampla defesa quando da decisão puder resultar anulação ou revogação de ato administrativo que beneficie o interessado, excetuada a apreciação da legalidade do ato de concessão inicial de aposentadoria, reforma e pensão – Súmula Vinculante nº 3 do STF.

Gabarito "C".

(Auditor Fiscal do Trabalho – 2010 – ESAF) É sabido, nos termos do art. 5º, inciso LXIX, da Constituição da República Federativa do Brasil, que o mandado de segurança é ação constitucional por intermédio da qual se dá ensejo ao controle jurisdicional dos atos da Administração Pública. São considerados requisitos necessários ao cabimento do mandado de segurança, exceto:

(A) tratar-se de ato de autoridade pública, ou de particular, no exercício de funções públicas.

(B) tratar-se de ato que caiba recurso administrativo com efeito suspensivo, independentemente de caução.

(C) o ato importar lesão ou ameaça de lesão a direito subjetivo.

(D) o ato importar ilegalidade ou abuso de poder.

(E) o ato violar direito líquido e certo não amparado por *habeas corpus* ou *habeas data*.

Art. 5º, LXIX, da CF/1988 e art. 5º, I, da Lei 12.016/2009

Gabarito "B".

10.3. TEMAS VARIADOS

(Auditor Fiscal/CE – 2006 – ESAF) Assinale a opção que contenha a correlação correta.

1. Controle Interno da Administração
2. Controle Parlamentar
3. Controle Jurisdicional

( ) Revogação ou anulação do ato administrativo – súmula 473 – STF
( ) Processo administrativo disciplinar
( ) Comissão Parlamentar de Inquérito
( ) Mandado de segurança
( ) Ação popular

(A) 1 – 1 – 2 – 3 – 3
(B) 2 – 1 – 2 – 3 – 1
(C) 3 – 2 -1 – 2 – 1
(D) 1 – 1 – 3 – 2 – 1
(E) 2 – 3 – 1 – 2 – 2

A autotutela dos atos e o processo administrativo disciplinar são expressões do controle interno da Administração. A Comissão Parlamentar de Inquérito, instaurada no âmbito do Poder Legislativo, é expressão do controle parlamentar. E as ações mencionadas (mandado de segurança e ação popular) são formas de controle da Administração junto ao Poder Judiciário.

Gabarito "A".

11. TERCEIRO SETOR

(Analista – CGU – 2008 – ESAF) Sobre as Organizações da Sociedade Civil de Interesse Público – OSCIP, julgue as assertivas a seguir:

I. a outorga da qualificação como OSCIP é ato discricionário.

II. as entidades de beneficio mútuo destinadas a proporcionar bens ou serviços a um círculo restrito de associados ou sócios são passíveis de qualificação como OSCIP prevista na lei.

III. a promoção da segurança alimentar e nutricional é uma das finalidades exigidas para a qualificação como OSCIP, instituída pela lei.

IV. as organizações sociais são passíveis de qualificação como OSCIP.

V. as fundações, sociedades civis ou associações de direito privado criadas por órgão público ou por fundações públicas não poderão ser qualificadas como OSCIP.

Assinale a opção correta.

(A) I, II e III são verdadeiras e IV e V são falsas.
(B) II e III são falsas e I, IV e V são verdadeiras.
(C) I e III são verdadeiras e II, IV e V são falsas.
(D) I, III e V são verdadeiras e II e IV são falsas.
(E) I, II e IV são falsas e III e V são verdadeiras.

I: incorreta – art. 1º, § 2º da Lei nº 9.790/1999; **II:** incorreta – art. 2º, V da Lei nº 9.790/1999; **III:** correta – art. 3º, V da Lei nº 9.790/1999; **IV:** incorreta – art. 2º, IX da Lei nº 9.790/1999; **E:** correta – art. 2º, XII da Lei nº 9.790/1999.

Gabarito "E".

7. Lei nº 8.112/1990

Sebastião Edilson Gomes

1. VÍNCULOS (CARGO, EMPREGO E FUNÇÃO)

(Procurador da Fazenda Nacional – 2003 – ESAF) O contrato de trabalho por prazo indeterminado celebrado pela Administração Pública Federal não pode ser rescindido, unilateralmente, em virtude de:

(A) necessidade de redução de pessoal, por excesso de despesa.
(B) prática de falta grave, nos termos da CLT.
(C) acumulação ilegal de cargos, empregos ou funções.
(D) insuficiência de desempenho, observadas as cautelas legais.
(E) extinção do órgão público de lotação do empregado público.

As hipóteses de rescisão do contrato de trabalho por prazo indeterminado pela Administração Pública (emprego público) estão disciplinadas no art. 3º da Lei 9.962/2000, dentre as quais não se inclui a extinção do órgão público de lotação do empregado público. Nesse caso, cabe à Administração aproveitar o empregado em outro órgão.

Gabarito "E".

(Auditor Fiscal da Previdência Social – 2002 – ESAF) Todos os ocupantes de cargos públicos federais são regidos pelo mesmo regime jurídico (chamado de "único") da Lei 8.112/1990, inclusive quanto a direitos, vantagens e condições de aposentadoria.

(A) Correta a assertiva.
(B) Incorreta a assertiva, porque embora sujeitos àquele regime jurídico único, os direitos e as vantagens dos magistrados são objeto de disciplinamento especial e diferenciado.
(C) Incorreta a assertiva, porque embora regidos por aquele regime jurídico único, os magistrados dispõem de condições especiais para aposentadoria.
(D) Incorreta a assertiva, porque aquele regime jurídico único só se aplica aos servidores efetivos e comissionados da União.
(E) Incorreta a assertiva, porque aquele regime jurídico único se restringe, especificamente, a servidores ocupantes de cargos efetivos e em parte aos comissionados, não se aplicando a ocupantes de determinados cargos vitalícios, de mandato e outros de membros do poder.

Arts. 1º e 2º da Lei 8.112/1990.

Gabarito "E".

(Técnico da Receita Federal – 2002.2 – ESAF) Assinale entre os seguintes cargos públicos, aquele que não pode ser provido em comissão:

(A) Secretário da Receita Federal.
(B) Assistente do Diretor da Imprensa Nacional.
(C) Gerente do Departamento Municipal de Saúde Pública.
(D) Motorista do veículo oficial do Prefeito Municipal.
(E) Diretor de escola pública estadual.

Os cargos em comissão (chamados vulgarmente de cargos de confiança) são destinados apenas às atribuições de *direção, chefia* e *assessoramento* (art. 37, V, da CF/1988). O motorista não se enquadra em nenhum dos três casos citados.

Gabarito "D".

2. PROVIMENTO, VACÂNCIA, REMOÇÃO, DISTRIBUIÇÃO E SUBSTITUIÇÃO

2.1. PROVIMENTO

(Procurador da Fazenda Nacional – 2004 – ESAF) Assinale a opção que não constitui forma de provimento de cargo público, nos termos da Lei n. 8.112, de 1990.

(A) promoção
(B) readaptação
(C) transferência
(D) aproveitamento
(E) recondução

Promoção é o provimento de cargo superior da carreira por servidor efetivo que esta já integra. Readaptação é a investidura do servidor em cargo de atribuições e responsabilidade compatíveis com a limitação que tenha sofrido em sua capacidade física ou mental. Aproveitamento é o retorno à atividade do servidor em disponibilidade. Recondução é o retorno do servidor ao cargo anteriormente ocupado em caso de inabilitação em estágio probatório relativo a outro cargo ou pela reintegração do antigo ocupante do cargo que ora exerce. Todas são formas de provimento previstas no art. 8º da Lei n. 8.112/1991, com exceção da transferência, que é a movimentação do servidor para quadro de pessoal diverso, que foi revogada em 1997.

Gabarito "C".

(Procurador da Fazenda Nacional – 2004 – ESAF) Reversão é forma de provimento de cargo público, pelo retorno à atividade de servidor aposentado. Sobre o assunto, assinale a opção incorreta.

(A) Na hipótese de reversão, o tempo em que o servidor estiver em exercício não será considerado, para concessão de aposentadoria.
(B) O retorno à atividade, no interesse da Administração, somente será possível se a aposentadoria tiver sido voluntária.
(C) A reversão no interesse da Administração só é aplicável a servidor que era estável, quando em atividade.
(D) O servidor que retornar à atividade por interesse da administração perceberá, em substituição aos proventos da aposentadoria, a remuneração do cargo que voltar a exercer, inclusive com as vantagens de natureza pessoal que percebia anteriormente à aposentadoria.
(E) Não é possível a reversão no interesse da Administração se a aposentadoria tiver ocorrido há mais de 5 (cinco) anos da data da solicitação.

A: incorreta. Se o servidor está em exercício, naturalmente esse tempo de trabalho será considerado como tempo de serviço para fins de aposentadoria (art. 25, § 2º, da Lei 8.112/1991; **B:** correta. O requisito é determinado pelo art. 25, II, "b", da Lei 8.112/1991; **C:** correta, conforme art. 25, II, "c", da Lei 8.112/1991; **D:** correta, nos exatos termos do art. 25, § 4º, da Lei 8.112/1991; **E:** correta. A limitação temporal é prevista no art. 25, II, "d", da Lei 8.112/1991.

Gabarito "A".

(ADVOGADO – IRB – 2006 – ESAF) Relativamente às formas de provimento do servidor público, assinale a opção em que o servidor passa a exercer suas atribuições como excedente.

(A) Reintegração
(B) Readaptação
(C) Recondução
(D) Redistribuição
(E) Reversão, no interesse da Administração

Conforme previsto no art. 24, § 2º, da Lei 8.112/1990, trata-se da readaptação.

Gabarito "B".

(Auditor Fiscal da Receita Federal – 2010 – ESAF) Relacione as formas de provimento de cargo público, previstas no art. 8º da Lei 8.112, de 11 de dezembro de 1990, às suas respectivas características. Ao final, assinale a opção correspondente.

1. nomeação
2. promoção
3. readaptação
4. reintegração
5. recondução

I. é caracterizada pelo retorno do servidor estável ao cargo anteriormente ocupado quando inabilitado em estágio probatório relativo a outro cargo ou quando o anterior ocupante é reintegrado.
II. é o ato administrativo que materializa o provimento originário. Pode-se dar em comissão ou em caráter efetivo, dependendo, neste último caso, de prévia habilitação em concurso público de provas ou de provas e títulos, obedecidos a ordem de classificação e o prazo de sua validade.
III. é a investidura do servidor em cargo de atribuições e responsabilidades compatíveis com a limitação que tenha sofrido em sua capacidade física ou mental verificada em inspeção médica.
IV. é caracterizada pelo retorno do servidor estável a seu cargo anteriormente ocupado, ou cargo resultante de sua transformação, após ter sido invalidada sua demissão, com ressarcimento de todas as vantagens.
V. é a forma de provimento pela qual o servidor sai de seu cargo e ingressa em outro situado em classe mais elevada.

(A) 1, 2, 3, 4, 5
(B) 2, 3, 5, 1, 4
(C) 5, 1, 3, 4, 2
(D) 3, 4, 2, 1, 5
(E) 4, 1, 5, 3, 2

I: recondução (5), nos termos do art. 29 da Lei 8.112/1990; **II:** nomeação (1), nos termos dos arts. 9º e 10 da Lei 8.112/1990; **III:** readaptação (3), nos termos do art. 24 da Lei 8.112/1990; **IV:** reintegração (4), nos termos do art. 28 da Lei 8.112/1990; **V:** promoção (2), pois esta é uma forma de provimento (art. 8º, II, da Lei 8.112/1990) em que o servidor ascende de um cargo para outro de classe mais elevada.

Gabarito "C".

(Analista – ANEEL – 2006 – ESAF) Assinale a opção verdadeira a respeito do instituto da redistribuição.

(A) Trata-se de forma de provimento do servidor público.
(B) Somente é possível sua ocorrência em se tratando de cargo vago.
(C) Poderá ocorrer independentemente do interesse da Administração.
(D) É vedada a servidores públicos ocupantes de cargos e carreiras das agências reguladoras e para as agências reguladoras de que trata a Lei nº 10.871, de 20.05.2004.
(E) Poderá ocorrer independentemente da compatibilidade entre as atribuições do cargo e as finalidades institucionais do órgão ou entidade para onde se redistribui.

O art. 37 da Lei nº 8.112/1990 define redistribuição como sendo o deslocamento de cargo de provimento efetivo, ocupado ou vago no âmbito do quadro geral de pessoal, para outro órgão ou entidade do mesmo Poder. No entanto a Lei nº 10.871/2004 que dispõe sobre a criação de carreiras e organização de cargos efetivos das agências reguladoras, no parágrafo único do art. 6º, diz que é vedada a aplicação do instituto da redistribuição a servidores ocupantes de cargos e carreiras das Agências Reguladoras.

Gabarito "D".

(Analista – ANEEL – 2006 – ESAF) É objeto de avaliação para desempenho do cargo durante o período de estágio probatório do servidor os seguintes fatores, exceto:

(A) Responsabilidade.
(B) Produtividade.

(C) Urbanidade.
(D) Capacidade de iniciativa.
(E) Disciplina.

Serão objeto de avaliação de desempenho a assiduidade; disciplina; capacidade de iniciativa; produtividade e responsabilidade (art. 20).

Gabarito "C"

(Analista – ANEEL – 2006 – ESAF) Assinale a opção que não retrata uma forma de desprovimento do servidor no cargo público.

(A) Readaptação.
(B) Remoção.
(C) Promoção.
(D) Falecimento.
(E) Exoneração.

A remoção não é forma de provimento de cargo público (art. 8º), mas sim deslocamento do servidor, a pedido ou de ofício, no âmbito do mesmo quadro, com ou sem mudança de sede (art. 36).

Gabarito "B"

(Analista – ANEEL – 2006 – ESAF) Tício, servidor público federal, já tendo cumprido o período de estágio confirmatório, afasta-se do exercício de suas funções para exercer mandato eletivo em âmbito estadual, retornando à sua instituição de origem após quatro anos.

Caio, também servidor público federal e contemporâneo de Tício na instituição, é cedido para a Casa Civil da Presidência da República e lá permanece durante todo o tempo em que Tício esteve afastado. Também Caio retorna à sua instituição de origem após quatro anos de exercício na Casa Civil da Presidência da República.

A respeito do desenvolvimento do servidor na respectiva carreira e considerando o caso concreto acima narrado, bem como o que disciplina a Lei nº 8.112/1990, assinale a opção verdadeira.

(A) Admitindo-se que Caio e Tício ingressaram conjuntamente no serviço público federal e na instituição em que trabalham, ambos contabilizarão igual tempo de serviço para fins de promoção por merecimento.
(B) O período em que Tício exerceu mandato eletivo estadual não será contabilizado como de efetivo exercício para fins de promoção por antiguidade.
(C) O período em que Caio esteve cedido para a Casa Civil da Presidência da República não será contabilizado como de efetivo exercício para fins de promoção por merecimento.
(D) O período em que Tício exerceu mandato eletivo estadual será considerado como de efetivo exercício, exceto para a promoção por merecimento.
(E) Tendo em vista que nem Caio, nem Tício estiveram no exercício das funções de seu cargo durante o período de quatro anos, este interregno será descontado de seus tempos de serviço para todos os fins.

Estabelece o art. 102, V, que são considerados como de efetivo exercício os afastamentos em virtude de desempenho de mandato eletivo federal, estadual, municipal ou do Distrito Federal, exceto para promoção por merecimento.

Gabarito "D"

(Analista – CGU – 2012 – ESAF) Quanto à investidura em cargo público, analise as assertivas abaixo e assinale a opção correta.

I. A investidura em cargo público ocorre com a posse.
II. A posse deve ocorrer no prazo de 30 (trinta) dias contados da publicação do ato de provimento.
III. Em se tratando de servidor que esteja na data de publicação do ato de provimento em licença por motivo de doença em pessoa da família, o prazo para a posse será de 60 (sessenta) dias.
IV. A posse pode dar-se mediante procuração específica.

(A) Todas as assertivas estão corretas.
(B) Apenas as assertivas I, II e III estão corretas.
(C) Apenas as assertivas I, II e IV estão corretas.
(D) Apenas as assertivas I e IV estão corretas.
(E) Todas as assertivas estão erradas.

I: a investidura em cargo público ocorrerá com a posse (art. 7º); **II:** posse ocorrerá no prazo de trinta dias contados da publicação do ato de provimento (art. 13, § 1º); **III:** mesmo se tratando de servidor, que esteja na data de publicação do ato de provimento, em licença por motivo de doença em pessoa da família, o prazo será contado do término do impedimento (art. 13, § 2º); **IV:** a posse poderá dar-se mediante procuração específica (art. 13, § 3º).

Gabarito "C"

(Analista – CGU – 2012 – ESAF) Quanto às formas de provimento dos cargos públicos, é correto afirmar que:

(A) a nomeação é um ato administrativo que materializa uma das formas de provimento derivado.
(B) a promoção decorre de desenvolvimento do servidor na carreira, mediante o cumprimento dos requisitos estabelecidos pela lei. 253
(C) depois de aposentado por invalidez, na hipótese de uma junta médica oficial declarar insubsistentes os motivos da aposentadoria, o servidor retornará à atividade por meio de readaptação.
(D) reversão é a reinvestidura do servidor estável no cargo anteriormente ocupado ou no cargo resultante de sua transformação, quando invalidada a sua demissão por decisão administrativa ou judicial, com ressarcimento de todas as vantagens.
(E) quando servidor estável retorna ao cargo anteriormente ocupado por conta da reintegração do anterior ocupante, trata-se de aproveitamento.

A promoção é uma das formas de provimento de cargo público (art. 8º, II). No entanto, os requisitos para o desenvolvimento do servidor na carreira, mediante promoção, serão estabelecidos pela lei que fixar as diretrizes do sistema de carreira na Administração Pública Federal e seus regulamentos (art. 10, parágrafo único).

Gabarito "B"

(Analista – CGU – 2012 – ESAF) Quanto às regras a que se sujeita o servidor público durante o estágio probatório, é incorreto afirmar que

(A) a aptidão e a capacidade do servidor serão objeto de avaliação para o desempenho do cargo, observados os seguintes fatores: assiduidade, disciplina, capacidade de iniciativa, produtividade e responsabilidade.
(B) poderá o servidor exercer quaisquer cargos de provimento em comissão ou funções de direção,

chefia, assessoramento no órgão ou entidade de lotação.

(C) poderá o servidor ser cedido a outro órgão ou entidade para ocupar cargos de Natureza Especial, cargos de provimento em comissão do Grupo-Direção e Assessoramento Superiores - DAS, de níveis 6, 5 e 4, ou equivalentes.

(D) são admitidas, entre outras previstas expressamente na lei, as licenças por motivo de doença em pessoa da família; por motivo de afastamento do cônjuge ou companheiro; para o serviço militar; e para atividade política.

(E) em todas as hipóteses de licenças e afastamentos admitidos legalmente durante este período, fica o estágio probatório suspenso até o término do impedimento.

O estágio probatório ficará suspenso durante as licenças e os afastamentos previstos nos arts. 83 (licença por motivo de doença em pessoa da família), 84, § 1º (licença por motivo de afastamento do cônjuge, por prazo indeterminado e sem remuneração), 86 (licença para atividade política), 96-A (afastamento para participação em programa de pós-graduação *stricto sensu* no País, a interesse da Administração Pública), bem como na hipótese de participação em curso de formação, e será retomado a partir do término do impedimento (art. 20, § 5º).

Gabarito "E".

(Analista – MDICE – 2012 – ESAF) As alternativas abaixo exprimem formas de provimento derivado do servidor público. Assinale a opção em que ambos os provimentos requeiram a estabilidade como uma das condições de sua implementação.

(A) Readaptação e reversão por invalidez cessada.

(B) Promoção e aproveitamento.

(C) Reintegração e recondução.

(D) Promoção e recondução.

(E) Reversão por invalidez cessada e recondução.

A reintegração é a reinvestidura do servidor estável no cargo anteriormente ocupado, ou no cargo resultante de sua transformação, quando invalidada a sua demissão por decisão administrativa ou judicial, com ressarcimento de todas as vantagens (art. 28). Já a recondução é o retorno do servidor estável ao cargo anteriormente ocupado e decorrerá de inabilitação em estágio probatório relativo a outro cargo e de reintegração do anterior ocupante (art. 29).

Gabarito "C".

(Analista – MPU – 2004 – ESAF) A respeito da estabilidade dos servidores públicos e dos membros do Ministério Público da União (MPU) com base na Constituição Federal e legislação correspondente, assinale a opção correta.

(A) Ambos se tornam estáveis após o decurso do mesmo lapso temporal de exercício.

(B) Os estáveis não podem ser demitidos.

(C) A vitaliciedade é um atributo comum aos servidores públicos e aos membros do Ministério Público.

(D) São estáveis os servidores públicos federais após 3 anos de efetivo exercício.

(E) Os membros do MPU são estáveis após três anos de exercício.

A e **C**: arts. 41, *caput*, e 128, § 5º, I, da CF; **B**: art. 41, § 1º, da CF; **D**: art. 41, *caput*, da CF; **E**: Art. 128, § 5º, I, da CF.

Gabarito "D".

254

(Analista – MPU – 2004 – ESAF) Não se inclui nas exigências para a ocorrência da reversão do servidor aposentado, quando de interesse da administração,

(A) o servidor ter solicitado a reversão.

(B) a aposentadoria ter ocorrido nos dois anos anteriores à solicitação.

(C) o servidor ser estável quando na atividade.

(D) a existência de cargo vago.

(E) a aposentadoria ter sido voluntária.

A: art. 25, II, *a*, da Lei 8.112/90; **B**: art. 25, II, *d*, da Lei 8.112/90; **C**: art. 25, II, *c*, da Lei 8.112/90; **D**: art. 25, II, *e*, da Lei 8.112/90; **E**: art. 25, II, *b*, da Lei 8.112/90.

Gabarito "B".

(Analista – MPU – 2004 – ESAF) A recondução de servidor estável decorrerá de

(A) invalidação de sua demissão judicial por decisão administrativa ou judicial.

(B) anulação de processo de promoção para cargo superior na respectiva carreira.

(C) aproveitamento de servidor em disponibilidade remunerada.

(D) readaptação de servidor decorrente de incapacidade física ou mental.

(E) inabilitação em estágio probatório relativo a outro cargo.

Art. 29, I, da Lei 8.112/90.

Gabarito "E".

(Técnico – ANEEL – 2009 – ESAF) São causas de suspensão do período de estágio probatório, exceto:

(A) A participação em curso de formação para ingresso em outra carreira.

(B) O gozo de licença por motivo de doença em pessoa da família.

(C) O gozo de licença para atividade política.

(D) O afastamento para exercício de mandato eletivo.

(E) O gozo de licença para desempenho de mandato classista.

O estágio probatório ficará suspenso durante as licenças e os afastamentos previstos nos arts. 83 (motivo de doença do cônjuge), 84, § 1º (acompanhar cônjuge ou companheiro que foi deslocado para outro ponto do território nacional, para o exterior ou para o exercício de mandato eletivo dos Poderes Executivo e Legislativo), 86 (durante o período que mediar entre a sua escolha em convenção partidária, como candidato a cargo eletivo, e a véspera do registro de sua candidatura perante a Justiça Eleitoral), e 96-A (no interesse da Administração, para participar em programa de pós-graduação *stricto sensu* em instituição de ensino superior no País), e na hipótese de participação em curso de formação, e será retomado a partir do término do impedimento (art. 20, § 5º).

Gabarito "D".

(Técnico da Receita Federal – 2006 – ESAF) À luz da Lei 8.112/1990, que dispõe sobre o regime jurídico dos servidores públicos civis da União, não constitui forma de provimento nem de vacância de cargo, a figura

(A) do aproveitamento.

(B) da promoção.

(C) da readaptação.

(D) da recondução.
(E) da redistribuição.

Redistribuição é o deslocamento de cargo de provimento efetivo, ocupado ou vago no âmbito do quadro geral de pessoal, para outro órgão ou entidade do mesmo Poder, com prévia apreciação do órgão central do SIPEC, observados os seguintes preceitos: I – interesse da administração; II – equivalência de vencimentos; III – manutenção da essência das atribuições do cargo; IV – vinculação entre os graus de responsabilidade e complexidade das atividades; V – mesmo nível de escolaridade, especialidade ou habilitação profissional; VI – compatibilidade entre as atribuições do cargo e as finalidades institucionais do órgão ou entidade (art. 37 da Lei 8.112/90).

Gabarito "E".

(Técnico da Receita Federal – 2003 – ESAF) A forma de prover cargo público da União, prevista na Lei 8.112/1990, originariamente, mas que se considera inconstitucional, pela preterição de concurso público, é a

(A) promoção.
(B) recondução.
(C) reversão.
(D) reintegração.
(E) redistribuição.

Na redação original da Lei 8.112/1990 "redistribuição é o deslocamento do servidor, com o respectivo cargo, para quadro de pessoal de outro órgão ou entidade do mesmo poder, cujos planos de cargos e vencimentos sejam idênticos, observado sempre o interesse da administração" (art. 37). Não existe mais essa possibilidade, pois isso fere o dever de realizar concurso público. Hoje, redistribuição é apenas o deslocamento do *cargo* para quadro de pessoal de outro órgão ou entidade do mesmo poder (art. 37 atual).

Gabarito "E".

(Técnico da Receita Federal – 2002.2 – ESAF) Não se considera requisito básico para investidura em cargo público:

(A) gozo dos direitos políticos.
(B) idade mínima de dezoito anos.
(C) aptidão física e mental.
(D) quitação com obrigações militares e eleitorais.
(E) aprovação em concurso público.

Art. 5º da Lei 8.112/1990. O concurso público não é requisito básico, pois não é necessário para os cargos em comissão.

Gabarito "E".

(Agente Tributário Estadual/MS – 2001 – ESAF) A Lei Complementar 101/2000 estabelece limites para as despesas com pessoal no serviço público. Na verificação destes limites, são incluídas as seguintes despesas, exceto:

(A) proventos de aposentadoria.
(B) horas extras.
(C) as relativas a incentivos à demissão voluntária.
(D) contribuições recolhidas às entidades de previdência.
(E) subsídios de membros de Poder.

Art.19, § 1º, II, da LC 101/2000.

Gabarito "C".

(Fiscal de Tributos/PA – 2002 – ESAF) No âmbito do percentual máximo de 60% (sessenta por cento) para despesa de pessoal dos estados, fixado pela Lei de Responsabilidade Fiscal, o percentual máximo autorizado para a despesa de pessoal do Poder Judiciário é de:

(A) 3%
(B) 4%
(C) 5%
(D) 6%
(E) 10%

Art. 20, II, *b*, da LC 101/2000.

Gabarito "D".

2.2. VACÂNCIA

(Técnico – ANEEL – 2009 – ESAF) Assinale a opção que contemple uma forma de vacância comum aos cargos efetivos e em comissão.

(A) Promoção.
(B) Demissão.
(C) Exoneração.
(D) Readaptação.
(E) Redistribuição.

A exoneração de cargo efetivo dar-se-á a pedido do servidor, ou de ofício, e a exoneração de cargo em comissão e a dispensa de função de confiança dar-se-á a juízo da autoridade competente, ou a pedido do próprio servidor (arts. 34 e 35).

Gabarito "C".

2.3. REMOÇÃO, REDISTRIBUIÇÃO E SUBSTITUIÇÃO

(Procurador da Fazenda Nacional – 2006 – ESAF) Nos termos da Lei n. 8.112/1990, entende-se como o deslocamento de cargo de provimento efetivo, ocupado ou vago no âmbito do quadro geral de pessoal, para outro órgão ou entidade do mesmo Poder

(A) a redistribuição.
(B) a remoção.
(C) a cessão.
(D) a disponibilidade.
(E) a substituição.

Correta a alternativa "A", nos exatos termos do art. 37 da Lei 8.112/1990.

Gabarito "A".

2.4. EFETIVIDADE, ESTABILIDADE E VITALICIEDADE

(Procurador da Fazenda Nacional – 2006 – ESAF) Em 1981, João passou a ocupar, sem prévia aprovação em concurso público, um cargo efetivo de auxiliar administrativo, em administração direta municipal. Em 1985, seu irmão, Tomás, passou a ocupar cargo efetivo de fiscal, em autarquia vinculada ao Ministério da Fazenda, também sem prévia aprovação em concurso público. Levando em conta que a lei não declara tais cargos como de livre exoneração, que ambos permanecem em exercício desde a data de suas posses, bem assim as disposições de nossa Constituição Federal sobre a matéria, é correto afirmar que, na atualidade

(A) João e Tomás são servidores estáveis.
(B) João é servidor estável; Tomás, não.
(C) Tomás é servidor estável; João, não.
(D) por terem ingressado no serviço público sem prévia aprovação em concurso, nenhum dos dois detêm estabilidade nos cargos que ocupam.
(E) não há informações suficientes, no comando desta questão, para saber se João e Tomás são servidores estáveis.

Dispõe o art. 19 do ADCT que "os servidores públicos da Administração Direta, das autarquias e fundações públicas, admitidos sem concurso que estivessem em exercício há pelo menos cinco anos na data de promulgação da CF (05 de outubro de 1988), passariam automaticamente a serem considerados estáveis. Com isso, João adquiriu sua estabilidade, porque ingressou no serviço público em 1981, mas Tomás não, porque contava somente três anos de exercício.

Gabarito "B"

(Procurador da Fazenda Nacional – 2004 – ESAF) Em vista dos preceitos constitucionais que tratam da estabilidade do servidor público, assinale a opção correta.

(A) Na atualidade, existem apenas duas formas de perda do cargo pelo servidor público estável: em virtude de sentença judicial transitada em julgado, ou mediante processo administrativo disciplinar em que lhe seja assegurada ampla defesa.
(B) Com a reforma administrativa promovida por meio da Emenda Constitucional n. 19/1998, restou afastada a necessidade de instituição de comissão para que se dê a avaliação de desempenho do servidor, durante seu estágio probatório.
(C) Se restar declarada a desnecessidade do cargo, o servidor, mesmo que ainda não seja estável, poderá ficar em disponibilidade.
(D) Invalidada por sentença judicial a demissão do servidor estável, será ele reintegrado, e o eventual ocupante da vaga, se estável, reconduzido ao cargo de origem. Em tal hipótese, ambos os servidores (o reintegrado e o reconduzido) terão direito à indenização, em vista da falha cometida pela Administração Pública.
(E) Na sistemática da Constituição Federal, está claro que há distinção entre estabilidade e efetividade.

A: incorreta. Há, ainda, uma terceira hipótese: pelo conceito negativo obtido em avaliação periódica de desempenho, assegurada ampla defesa (art. 41, § 1º, III, da CF); **B:** incorreta. A comissão para avaliação do desempenho do servidor está expressamente prevista no art. 41, § 4º da CF, incluído pela Emenda Constitucional 19/1998; **C:** incorreta. A disponibilidade por extinção do cargo declarado desnecessário é prerrogativa apenas dos servidores estáveis (art. 41, § 3º da CF); **D:** incorreta. O reconduzido não tem direito à indenização, por expressa disposição constitucional (art. 41, § 2º, da CF); **E:** correta. Estabilidade é prerrogativa do servidor, ao passo que efetividade é característica do cargo público.

Gabarito "E"

2.5. ACUMULAÇÃO REMUNERADA E AFASTAMENTO

(Auditor Fiscal da Receita Federal – 2005 – ESAF) A Emenda Constitucional 34/2001 alterou uma regra relativa à exceção ao princípio de não acumulação remunerada de cargos públicos. Essa alteração referiu-se à possibilidade da acumulação lícita de

(A) um cargo de juiz e um de professor.
(B) um cargo técnico e outro de provimento em comissão.
(C) um cargo de professor e outro de provimento em comissão.
(D) um cargo de provimento em comissão, de recrutamento amplo, e os proventos de servidor aposentado.
(E) dois cargos ou empregos privativos de profissionais de saúde, com profissões regulamentadas.

Art. 37, XVI, *c*, da CF/1988.

Gabarito "E"

(Auditor Fiscal da Receita Federal – 2002.2 – ESAF) Havendo compatibilidade de horários, é possível a acumulação remunerada do exercício do cargo público com o desempenho do seguinte mandato eletivo:

(A) Prefeito Municipal.
(B) Deputado Estadual.
(C) Juiz de Paz.
(D) Vereador.
(E) Secretário Municipal.

Art. 38, III, da CF/1988.

Gabarito "D"

(Auditor do Tesouro Municipal/Natal-RN – 2001 – ESAF) Ao servidor público estável do Estado do Rio Grande do Norte, que seja investido em mandato eletivo federal, ficará afastado do seu cargo efetivo,

(A) sem percepção de sua remuneração.
(B) sem perda da sua remuneração.
(C) podendo optar entre sua remuneração e o subsídio do mandato.
(D) percebendo cumulativamente a sua remuneração e o subsídio do mandato.
(E) com a percepção de metade da sua remuneração.

Art. 38, I, da CF/1988.

Gabarito "A"

(Auditor do Tesouro Municipal/Recife-PE – 2003 – ESAF) A mais recente Emenda Constitucional ao artigo 37 da Constituição Federal, datada de 2001, alterou uma regra relativa à exceção ao princípio de não acumulação remunerada de cargos públicos. Esta alteração referiu-se à possibilidade da seguinte acumulação lícita:

(A) dois cargos de professor.
(B) um cargo técnico e outro de provimento em comissão.

(C) um cargo de professor e outro técnico ou científico.
(D) dois cargos ou empregos privativos de profissionais de saúde, com profissões regulamentadas.
(E) um cargo de provimento em comissão, de recrutamento amplo, e os proventos de servidor aposentado.

Art. 37, XVI, *c*, da CF/1988.

Gabarito "D".

(Auditor do Tesouro Municipal/Recife-PE – 2003 – ESAF) O servidor público no exercício de mandato eletivo de Vereador:

(A) afasta-se, em qualquer situação, de seu cargo, emprego ou função.
(B) havendo compatibilidade de horários, perceberá as vantagens de seu cargo, emprego ou função, sem prejuízo da remuneração do cargo eletivo.
(C) será afastado de seu cargo, emprego ou função, havendo compatibilidade ou não de horários, sendo-lhe facultado optar pela sua remuneração.
(D) terá seu tempo de serviço contado para todos os efeitos, em caso de afastamento.
(E) só terá seu tempo de serviço contado para todos os efeitos, caso não se afaste do exercício de seu cargo.

Art. 38, III, da CF/1988.

Gabarito "B".

3. DIREITOS E VANTAGENS

3.1. VENCIMENTOS E REMUNERAÇÃO

(Analista – CGU – 2012 – ESAF) Quanto ao sistema remuneratório do servidor público, assinale a opção incorreta.

(A) Vencimento é a retribuição pecuniária pelo exercício de cargo público, com valor fixado em lei.
(B) Remuneração é o vencimento do cargo efetivo, acrescido das vantagens pecuniárias permanentes estabelecidas em lei.
(C) O vencimento do cargo efetivo, acrescido das vantagens de caráter permanente, é irredutível.
(D) Nenhum servidor receberá remuneração inferior ao salário mínimo.
(E) Em nenhuma hipótese poderá haver consignação em folha de pagamento a favor de terceiros, sendo o vencimento, a remuneração e os proventos do servidor público impenhoráveis.

Dispõe o art. 45 da Lei nº 8.112/1990, que salvo por imposição legal, ou mandado judicial, nenhum desconto incidirá sobre a remuneração ou provento. Entretanto, em seu parágrafo único, prescreve que mediante autorização do servidor, poderá haver consignação em folha de pagamento a favor de terceiros, a critério da Administração e com reposição de custos, na forma definida em regulamento. Quanto ao vencimento, remuneração e provento não serão objeto de arresto, sequestro ou penhora, *exceto nos casos de prestação de alimentos resultante de decisão judicial* (art. 48).

Gabarito "E".

(Analista – CGU – 2012 – ESAF) São direitos deferidos aos servidores públicos federais, além do vencimento e das vantagens, conforme requisitos estabelecidos em lei, exceto

(A) adicional pelo exercício de atividades insalubres, perigosas ou penosas.
(B) fundo de garantia do tempo de serviço.
(C) adicional noturno.
(D) gratificação natalina.
(E) gratificação por encargo de curso ou concurso.

O vencimento é a retribuição pecuniária pelo exercício de cargo público, com valor fixado em lei (art. 40). Além do vencimento, poderão ser pagas ao servidor as seguintes vantagens: indenizações; gratificações e adicionais (art. 49). A gratificação natalina corresponde a 1/12 (um doze avos) da remuneração a que o servidor fizer jus no mês de dezembro, por mês de exercício no respectivo ano, e não será considerada para cálculo de qualquer vantagem pecuniária (arts. 63 e 66).

Gabarito "B".

(Analista – CGU – 2012 – ESAF) Constatada administrativamente a irregularidade de um pagamento feito pela Administração Pública a um servidor de seu quadro efetivo, a reposição ao erário poderá ser feita

(A) mediante desconto imediato em uma única parcela, quando o pagamento indevido houver ocorrido no mês anterior ao do processamento da folha.
(B) no prazo de sessenta dias, em qualquer hipótese.
(C) por meio da inscrição do débito em dívida ativa, na hipótese de valores recebidos em decorrência de cumprimento de decisão judicial.
(D) por meio de pagamento parcelado, em que cada parcela corresponderá ao valor total da remuneração, provento ou pensão, observado o limite do valor total recebido indevidamente.
(E) por meio de arresto, sequestro ou penhora.

Quando o pagamento indevido houver ocorrido no mês anterior ao do processamento da folha, a reposição será feita imediatamente, em uma única parcela (art. 46, § 2º).

Gabarito "A".

(Auditor Fiscal da Receita Federal – 2005 – ESAF) O sistema de remuneração dos servidores públicos, sob a forma de parcela única, ou subsídio, permite o pagamento somente da seguinte vantagem:

(A) gratificação por hora extra.
(B) verba de representação.
(C) diária por deslocamento de sua sede.
(D) gratificação de função.
(E) adicional de periculosidade.

A *diária*, por ter natureza *indenizatória* (art. 51, II, da Lei 8.112/1990), não se enquadra na proibição de acréscimos prevista na regra constitucional que trata do *subsídio*, que é devido em parcela única, não admitindo acréscimo de *gratificação, adicional, abono, prêmio, verba de representação* ou *outra espécie remuneratória* (art. 39, § 4º, da CF/1988).

Gabarito "C".

(Analista – MPU – 2004 – ESAF) Indique qual das hipóteses abaixo não possibilita a interrupção das férias.

(A) Calamidade pública.
(B) Motivo de interesse particular relevante.
(C) Convocação para júri.
(D) Convocação para serviço militar.
(E) Comoção interna.

Art. 80, *caput*, da Lei 8.112/90.
Gabarito "B"

(Analista – MPU – 2004 – ESAF) Com referência a férias de servidor, assinale a afirmativa falsa.

(A) O período de 30 dias de férias pode ser acumulado, por necessidade do serviço, pelo máximo de dois períodos.
(B) É vedado levar à conta de férias qualquer falta ao serviço.
(C) Após o primeiro período aquisitivo de férias, não se exigirá mais doze meses de exercício, passando ao regime de anualidade.
(D) O parcelamento das férias em até três etapas é direito do servidor, independente da aquiescência da Administração.
(E) As férias poderão ser interrompidas por motivo de comoção interna ou por necessidade do serviço, declarada pela autoridade máxima do órgão ou entidade.

A: art. 77, *caput*, da Lei 8.112/90; **B:** art. 77, § 2º, da Lei 8.112/90; **C:** art. 77, § 1º, da Lei 8.112/90; **D:** art. 77, § 3º, da Lei 8.112/90; **E:** art. 80, *caput*, da Lei 8.112/90.
Gabarito "D"

(Analista – MPU – 2004 – ESAF) O servidor em débito com o erário que for demitido ou exonerado terá o prazo de 60 dias para quitar o débito. Caso não o faça nesse prazo, ocorrerá

(A) inscrição do débito em dívida ativa.
(B) retenção de eventual crédito do servidor.
(C) vedação de novo ingresso no serviço público.
(D) ajuizamento de ação por improbidade administrativa.
(E) inquérito policial por crime contra a administração pública.

Art. 47, p. único, da Lei 8.112/90.
Gabarito "A"

(Auditor Fiscal da Receita Federal – 2002.1 – ESAF) O teto remuneratório previsto na Constituição Federal, correspondente ao subsídio mensal do Ministro do Supremo Tribunal Federal, não alcança:

(A) o vencimento de servidor público de fundação pública estadual.
(B) o provento de aposentadoria de membro do Ministério Público de um Estado federado.
(C) o subsídio de Vereador de Câmara Municipal.
(D) o salário de empregado de empresa pública federal.
(E) a pensão devida à viúva dependente de Delegado de Polícia Federal falecido.

De fato, as empresas estatais não se sujeitam ao teto remuneratório previsto no art. 37, XI, da CF/1988. Porém, é bom lembrar que existe uma exceção no art. 37, § 9º, da CF/1988.
Gabarito "D"

3.2. VANTAGENS (INDENIZAÇÃO, AJUDA DE CUSTO, DIÁRIA, INDENIZAÇÃO DE TRANSPORTE, AUXÍLIO-MORADIA, GRATIFICAÇÕES E ADICIONAIS, RETRIBUIÇÃO, GRATIFICAÇÃO NATALINA, ADICIONAIS, GRATIFICAÇÃO POR ENCARGO DE CURSOS OU CONCURSO)

(Analista – CGU – 2012 – ESAF) Sobre a indenização de ajuda de custo ao servidor, não se pode afirmar corretamente que

(A) o cálculo do valor a ser pago a título de ajuda de custo é feito com base em tabela única para os servidores públicos federais, levando-se em consideração a localidade a que se destina, o número de dependentes e o tempo de serviço público.
(B) na hipótese de falecimento do servidor na nova sede, são assegurados ajuda de custo e transporte para a localidade de origem, dentro do prazo de um 1 (um) ano, contado do óbito.
(C) a ajuda de custo destina-se a compensar as despesas de instalação do servidor que, no interesse do serviço, passar a ter exercício em nova sede, com mudança de domicílio em caráter permanente.
(D) será concedida ajuda de custo àquele que, não sendo servidor da União, for nomeado para cargo em comissão, com mudança de domicílio.
(E) o servidor ficará obrigado a restituir a ajuda de custo quando, injustificadamente, não se apresentar na nova sede no prazo de 30 (trinta) dias.

A ajuda de custo é calculada sobre a remuneração do servidor, conforme se dispuser em regulamento, não podendo exceder a importância correspondente a 3 (três) meses (art. 54).
Gabarito "A"

(Auditor Fiscal do Trabalho – 2010 – ESAF) São direitos e garantias dos trabalhadores em geral também aplicáveis aos servidores públicos, exceto:

(A) piso salarial proporcional à extensão e à complexidade do trabalho.
(B) salário-família.
(C) remuneração do trabalho noturno superior à do diurno.
(D) repouso semanal remunerado.
(E) salário mínimo.

A: incorreta, devendo ser assinalada. Não se trata de direito previsto em favor dos servidores públicos (vide art. 39, § 3º c/c art. 7º, V, da CF/1988); **B:** correta (art. 39, § 3º, c/c art. 7º, XII, ambos da CF/1988); **C:** correta (art. 39, § 3º, c/c art. 7º, IX, ambos da CF/1988); **D:** correta (art. 39, § 3º, c/c art. 7º, XV, ambos da CF/1988); **E:** correta (art. 39, § 3º, c/c art. 7º, VII, ambos da CF/1988).
Gabarito "A"

(Auditor Fiscal da Receita Federal – 2005 – ESAF) No âmbito do Regime Jurídico dos Servidores Públicos Civis da União (Lei 8.112/1990), a vantagem que se caracteriza como indenização é

(A) ajuda de custo.
(B) adicional de insalubridade.
(C) gratificação natalina.
(D) abono pecuniário.
(E) adicional noturno.

Constituem **indenizações** a *ajuda de custo*, as *diárias*, o *transporte* e o *auxílio-moradia* (art. 51 da Lei 8.112/1990). As outras vantagens, além da indenização, são o **vencimento**, as **retribuições** (pelo *exercício de função de direção, chefia e assessoramento*), as **gratificações** (*natalina* e por *encargo de curso/concurso*) e os **adicionais** (por *atividades insalubres, perigosas ou penosas*, pela *prestação de serviço extraordinário*, por *serviço noturno*, de *férias*), tudo nos termos dos arts. 49 e ss. da Lei 8.112/1990.

Gabarito "A"

(Técnico da Receita Federal – 2002.2 – ESAF) Em relação à ajuda de custo devida ao servidor público, é correto afirmar:

(A) a ajuda de custo é devida exclusivamente aos servidores de carreira.
(B) incluem-se na ajuda de custo as despesas de transporte do servidor e de sua bagagem.
(C) a ajuda de custo é limitada a três vezes o valor correspondente à remuneração mensal do servidor.
(D) a ajuda de custo deverá ser restituída quando o servidor, injustificadamente, não comparecer, em 15 dias, à sua nova sede.
(E) a ajuda de custo decorre de mudança de domicílio do servidor, em caráter permanente ou provisório.

A: incorreta (art. 56 da Lei 8.112/1990); **B:** incorreta. Não se deve confundir a ajuda de custo ("destinada a compensar as despesas de instalação do servidor" – art. 53, *caput*, da Lei 8.112/1990) com as despesas de transporte do servidor e sua família, previstas no § 1º do art. 53 da Lei 8.112/1990; **C:** correta (art. 54 da Lei 8.112/1990); **D:** incorreta (art. 57 da Lei 8.112/1990); **E:** incorreta (art. 53, *caput*, da Lei 8.112/1990 – *caráter permanente*).

Gabarito "C"

3.3. LICENÇAS

(Técnico – ANEEL – 2009 – ESAF) Assinale a opção que contemple um exemplo de licença não remunerada do servidor público.

(A) Licença para capacitação.
(B) Licença para tratamento da própria saúde, por seis meses.
(C) Licença para o desempenho de mandato classista.
(D) Licença à adotante.
(E) Licença por motivo de acidente em serviço.

Estabelece o art. 92 da Lei nº 8.112/1990 que é assegurado ao servidor o direito à *licença sem remuneração para o desempenho de mandato* em confederação, federação, associação de classe de âmbito nacional, sindicato representativo da categoria ou entidade fiscalizadora da profissão ou, ainda, para participar de gerência ou administração em sociedade cooperativa constituída por servidores públicos para prestar serviços a seus membros.

Gabarito "C"

(Analista – CGU – 2012 – ESAF) São ausências admitidas ao servidor público da União, sem qualquer prejuízo, exceto

(A) por 8 (oito) dias consecutivos em razão de casamento.
(B) por 1 (um) dia para doação de sangue.
(C) por 2 (dois) dias para se alistar como eleitor.
(D) por 5 (cinco) dias, ao servidor estudante, por período letivo, para cumprimento de atividades acadêmicas obrigatórias.
(E) por 8 (oito) dias consecutivos em razão de falecimento de irmãos.

As hipóteses de ausências admitidas são as seguintes: por 1 (um) dia, para doação de sangue; por 2 (dois) dias, para se alistar como eleitor; por 8 (oito) dias consecutivos em razão de casamento ou falecimento do cônjuge, companheiro, pais, madrasta ou padrasto, filhos, enteados, menor sob guarda ou tutela e irmãos (art. 97).

Gabarito "D"

(Analista – MPU – 2004 – ESAF) Nos termos do Regime Jurídico Único do servidor público da União (Lei nº 8.112/90), não é possível conceder-se a seguinte licença ao servidor em estágio probatório

(A) para capacitação.
(B) para o serviço militar.
(C) para atividade política.
(D) por motivo de afastamento do cônjuge ou companheiro.
(E) por motivo de doença em pessoa da família.

Arts. 20, § 4º, 81, I, II, III, e IV, da Lei 8.112/1990.

Gabarito "A"

(Analista – MPU – 2004 – ESAF) O afastamento de servidor para servir em organismo internacional de que o Brasil participe ou com o qual coopere dar-se-á

(A) com ressarcimento de sua remuneração pelo organismo cessionário.
(B) com perda total da remuneração.
(C) mediante licença para tratar de assuntos particulares.
(D) com remuneração proporcional ao tempo de serviço.
(E) sem prejuízo de sua remuneração.

Art. 96 da Lei 8.112/1990.

Gabarito "B"

(Analista – MPU – 2004 – ESAF) Não se considera como de efetivo exercício o afastamento decorrente de

(A) missão ou estudo no exterior, quando autorizado o afastamento, nos termos do regulamento.
(B) exercício de cargo em comissão nos poderes dos Estados e Municípios.
(C) licença para tratamento de saúde, até o limite de três anos.
(D) participação em competição desportiva nacional, conforme disposto em lei específica.
(E) deslocamento para nova sede em que for servir.

A: art. 102, VII, da Lei 8.112/90; B: art. 102, II, da Lei 8.112/90; C: art. 102, VIII, *b*, da Lei 8.112/90; D: art. 102, X, da Lei 8.112/90; E: art. 102, IX, da Lei 8.112/90.

Gabarito "C"

(Auditor Fiscal da Receita Federal – 2002.1 – ESAF) Assinale a afirmativa falsa.

(A) A licença para atividade política é concedida a partir do registro da candidatura até o décimo dia após o da eleição, sendo remunerada, somente, pelo período de três meses.

(B) A licença para o desempenho de mandato classista pode ser prorrogada, no caso de reeleição, por uma única vez.

(C) A licença para capacitação, de até três meses, para participar de curso de capacitação profissional, com remuneração, é concedida, no interesse da administração, após cada quinquênio de efetivo exercício.

(D) A licença para tratar de interesses particulares pode ser concedida, a critério da administração, ao servidor ocupante de cargo público, efetivo ou em comissão, pelo prazo de até três anos consecutivos, sem remuneração.

(E) A licença por motivo de afastamento do cônjuge, deslocado para outro ponto do território nacional, para o exercício de mandato eletivo dos Poderes Legislativo ou Executivo, é concedida sem remuneração.

A: correta (art. 86, § 2º, da Lei 8.112/1990); **B:** correta (art. 92, § 2º, da Lei 8.112/1990); **C:** correta (art. 87 da Lei 8.112/1990); **D:** incorreta, devendo ser assinalada (art. 91 da Lei 8.112/1990 – *cargo efetivo*); **E:** correta (art. 84, § 1º, da Lei 8.112/1990).

Gabarito "D"

3.4. DIREITO DE PETIÇÃO

(Analista – MPU – 2004 – ESAF) Quanto ao direito de petição, previsto no Estatuto dos Servidores Públicos da União, Lei nº 8.112/90, assinale a afirmativa verdadeira.

(A) O recurso interposto quanto ao indeferimento do pedido de reconsideração será recebido com efeito suspensivo.

(B) O direito de requerer prescreve em três anos quanto aos atos de demissão.

(C) A prescrição é de ordem pública, não podendo ser relevada pela administração.

(D) O pedido de reconsideração e o recurso, em qualquer caso, interrompem a prescrição.

(E) O pedido de reconsideração deve ser dirigido à autoridade que houver proferido a primeira decisão, podendo ser renovado uma única vez.

A: art. 109, *caput*, da Lei 8.112/90; B: art. 110 da Lei 8.112/90; C: art. 112 da Lei 8.112/90; D: art. 111 da Lei 8.112/90; E: o pedido de reconsideração não pode ser renovado (art. 106, *caput*, da Lei 8.112/90).

Gabarito "C"

4. REGIME DISCIPLINAR

4.1. RESPONSABILIDADES

(Analista – CGU – 2012 – ESAF) Quanto às responsabilidades do servidor público federal, é incorreto afirmar que

(A) o servidor responde civil, penal e administrativamente pelo exercício irregular de suas atribuições.

(B) a responsabilidade civil decorre de ato omissivo ou comissivo, doloso ou culposo, que resulte em prejuízo ao erário ou a terceiros.

(C) na hipótese de dano causado a terceiros, responderá civilmente o servidor diretamente ao prejudicado, sem prejuízo de responsabilização também perante a Fazenda Pública.

(D) a responsabilidade penal abrange os crimes e contravenções imputadas ao servidor, nessa qualidade.

(E) a responsabilidade administrativa do servidor será afastada no caso de absolvição criminal que negue a existência do fato ou sua autoria.

Tratando-se de dano causado a terceiros, responderá o servidor perante a Fazenda Pública, em ação regressiva (art. 122, § 2º).

Gabarito "C"

(Auditor Fiscal do Trabalho – 2010 – ESAF) Um funcionário público regido pela Lei 8.112/1990 praticou um ato regular e lícito, o qual era da sua competência e de interesse da empresa que prestava serviços para o órgão no qual ele trabalha. Pela presteza e boa vontade com que cumpriu a sua obrigação, a empresa beneficiada ofereceu-lhe passagem e hospedagem, por três dias, num *resort* de luxo, com tudo incluso (todas as refeições e bebidas). Ele aceitou a oferta e a utilizou. Neste caso, o funcionário:

(A) não poderá ser punido penalmente porque não recebeu vantagem indevida para a prática de um ato no exercício das funções. O que recebeu foi uma espécie de reconhecimento pela presteza no cumprimento do dever funcional.

(B) não poderá ser punido nas esferas penal, civil e administrativa porque a vantagem lhe foi oferecida após a prática do ato administrativo. Teria cometido, no máximo, uma infração de natureza ética.

(C) não poderá ser punido nas esferas penal, civil e administrativa porque o ato administrativo que praticou foi regular e lícito e se inseria no âmbito das suas atribuições.

(D) poderá ser punido penalmente, por crime de corrupção passiva; civilmente, por ato de improbidade administrativa; administrativamente, por ter recebido uma vantagem indevida em razão das suas atribuições; e eticamente, por ter descumprido uma proibição estabelecida no Código de Ética Profissional do Servidor Público Civil do Poder Executivo Federal.

(E) caso seja punido administrativamente, não o poderá ser civilmente, porque configuraria "*bis in idem*".

O funcionário público recebeu a vantagem em tela em razão do cargo público que ocupa. Portanto, cometeu o crime de corrupção passiva (art. 317 do CP), praticou ato de improbidade administrativa (art. 9º, I, da Lei 8.429/1992), incidiu em infração disciplinar (art. 117, XII, c/c art. 132, XIII, da Lei 8.112/1990) e contrariou o disposto no item XV, *g*, do Código de Ética Profissional do Servidor Público Civil do Poder Executivo Federal (Decreto Federal 1.171/1994).

Gabarito "D"

(Analista – MPU – 2004 – ESAF) Nos termos da Lei nº 8.112/90, assinale a assertiva correta a respeito da responsabilidade do servidor.

(A) O servidor só responde civil e administrativamente pelo exercício irregular de suas atribuições.
(B) Tratando-se de dano causado à Administração, responderá o servidor perante a Fazenda Pública em ação regressiva.
(C) A responsabilidade administrativa do servidor será afastada no caso de absolvição criminal por falta de provas.
(D) As sanções civis, penais e administrativas não poderão cumular-se, sendo independentes entre si.
(E) A obrigação de reparar o dano estende-se aos sucessores e contra eles será executada, até o limite do valor da herança recebida.

A: o servidor responde também penalmente (art. 121 da Lei 8.112/1990); **B:** tratando-se de dano causado a terceiro (art. 122, § 2º, da Lei 8.112/1990); **C:** a responsabilidade administrativa somente será afastada no caso de absolvição criminal que negue a existência do fato ou sua autoria (art. 126 da Lei 8.112/1990); **D:** as sanções podem se cumular (art. 125 da Lei 8.112/1990); **E:** art. 122, § 3º, da Lei 8.112/1990.

Gabarito "E"

(Agente Tributário Estadual/MS – 2001 – ESAF) Tratando-se de indenização à Fazenda Estadual, o funcionário poderá fazer a reposição da importância parceladamente, mediante desconto em sua remuneração, no caso de:

(A) alcance.
(B) remissão.
(C) omissão em recolher numerário no prazo legal.
(D) desfalque.
(E) ressarcimento decorrente de responsabilidade subjetiva por acidente de trânsito.

Normalmente, os estatutos dos servidores públicos costumam permitir a reposição parcelada de prejuízos à Administração Pública por parte de servidores apenas em caso de ilícitos mais leves, como é o caso do acidente de trânsito causado por servidor público.

Gabarito "E"

(Auditor do Tesouro Municipal/Fortaleza-CE – 2003 – ESAF) Um servidor cometeu crime de peculato e foi por isso condenado por decisão judicial transitada em julgado. Em razão desse mesmo fato:

(A) não poderá sofrer sanção na esfera administrativa, sob pena de configurar um *bis in idem*.
(B) a condenação criminal exclui a obrigação de reparar o dano causado ao erário.
(C) poderá ser apenado na esfera administrativa e, também, ser acionado civilmente para reparar o dano.
(D) está isento de qualquer consequência nas esferas cível e administrativa.
(E) somente estará isento de consequência na esfera cível se a pena criminal aplicada for restritiva de direitos.

Art. 125 da Lei 8.112/1990.

Gabarito "C"

(Técnico da Receita Federal – 2003 – ESAF) Não se inclui entre os deveres do servidor, elencados no Estatuto dos Servidores Públicos Civis da União:

(A) levar ao conhecimento da autoridade superior as irregularidades de que tiver ciência.
(B) tratar com urbanidade as pessoas.
(C) guardar sigilo sobre assunto da repartição.
(D) manter conduta compatível com a moralidade administrativa.
(E) cumprir as ordens superiores, exceto quando manifestamente ilegais.

A: incorreta, devendo ser assinalada. "As irregularidades de que tiver ciência em razão do cargo" (art. 116, VI, da Lei 8.112/1990 – g.n.); **B:** correta (art. 116, XI, da Lei 8.112/1990); **C:** correta (art. 116, VIII, da Lei 8.112/1990); **D:** correta (art. 116, IX, da Lei 8.112/1990); **E:** correta (art. 116, IV, da Lei 8.112/1990).

Gabarito "A"

(Técnico da Receita Federal – 2003 – ESAF) Tratando-se da responsabilidade do servidor público, assinale a afirmativa verdadeira.

(A) A responsabilidade civil decorre exclusivamente de ato comissivo, doloso ou culposo.
(B) A obrigação de reparar o dano estende-se aos sucessores e contra eles será executada, até o limite do valor da herança.
(C) As sanções penais, civis e administrativas poderão cumular-se, havendo vinculação entre as mesmas.
(D) A responsabilidade administrativa somente será afastada no caso de absolvição criminal que negue o fato.
(E) A responsabilidade penal abrange somente os crimes imputados ao servidor, nesta qualidade.

A: incorreta. A responsabilidade civil do servidor é subjetiva (decorre de culpa ou dolo), mas pode surgir de conduta comissiva ou omissiva (art. 122 da Lei 8.112/1990); **B:** correta (art. 122, § 3º, da Lei 8.112/1990); **C:** incorreta (art. 125 da Lei 8.112/1990); **D:** incorreta (art. 126 da Lei 8.112/1990); **E:** incorreta (art. 123 da Lei 8.112/1990 – crimes e *contravenções*).

Gabarito "B"

(Auditor do Tesouro Municipal/Natal-RN – 2001 – ESAF) Em relação à responsabilidade do servidor, pode-se afirmar que,

I. nos casos em que a Fazenda Pública for condenada a indenizar terceiro, poderá ingressar com ação contra o servidor causador do dano, para fins de ser ressarcida do valor da condenação, se o servidor tiver agido com dolo ou culpa;
II. não pode haver condenação criminal e civil, pelo mesmo fato, sob pena de configurar um *bis in idem;*
III. nos casos em que a sentença criminal absolver o servidor, por falta de prova, não poderá haver

responsabilização nas esferas cível e administrativa;

IV. a obrigação de reparar o dano estende-se aos sucessores e contra eles é executada até o limite do valor da herança recebida;

V. a responsabilidade penal abrange os crimes e contravenções imputados ao servidor, nessa qualidade.

Estão corretas as afirmativas

(A) I, II e III.
(B) II, III e IV.
(C) I, IV e V.
(D) I, III, IV e V.
(E) I, II, III, IV e V.

I: correta (art. 37, § 6º, da CF/1988 e art. 122, § 2º, da Lei 8.112/1990); **II:** incorreta (art. 125 da Lei 8.112/1990); **III:** incorreta, pois tal impossibilidade só ocorrerá em caso de absolvição que negue a autoria ou a existência do fato (art. 126 da Lei 8.112/1990); **IV:** correta (art. 122, § 3º, da Lei 8.112/1990); **V:** correta (art. 123 da Lei 8.112/1990).

Gabarito "C".

4.2. PENALIDADES

(Procurador da Fazenda Nacional – 2006 – ESAF) Entre as opções abaixo, assinale aquela que, consoante estabelece a Lei n. 8.112/1990, não constitui, por si só, razão para demissão de servidor público federal.

(A) Incontinência pública e conduta escandalosa, na repartição.
(B) Revelação de segredo do qual se apropriou em razão do cargo.
(C) Inassiduidade habitual.
(D) Acumulação ilegal de cargos, empregos ou funções públicas.
(E) Manter sob sua chefia imediata, em cargo ou função de confiança, cônjuge, companheiro ou parente até o segundo grau civil.

Todas são faltas funcionais puníveis com demissão (art. 132 da Lei 8.112/1990), exceto a alternativa "E", que enseja apenas a penalidade de advertência (art. 129 da Lei 8.112/1990).

Gabarito "E".

(Auditor Fiscal da Receita Federal – 2003 – ESAF) Das condutas relacionadas a seguir, indique todas aquelas cuja pena prevista é a demissão do cargo público:

I. receber um presente de alto valor, apenas para agilizar a decisão num processo administrativo;
II. recusar fé a documentos públicos;
III. coagir subordinado a filiar-se ao partido político que está no governo;
IV. apropriar-se de bem pertencente ao órgão público, o qual recebera para uso em razão do cargo.

(A) I e III.
(B) III e IV.
(C) I, III e IV.
(D) I e IV.
(E) I, II, III e IV.

Art. 132, XIII, c/c art. 117, XII e XVI, da Lei 8.112/1990.

Gabarito "D".

(Analista – CGU – 2012 – ESAF) José foi nomeado para o exercício de cargo em comissão em órgão da Administração Pública Federal direta, sem que fosse ocupante de cargo efetivo. Certo dia, ao ser questionado pela sua chefia sobre documento público que estava sob sua responsabilidade, José informou que o tinha levado para analisar em sua casa e ainda não o havia trazido de volta à repartição. A autoridade competente aplicou-lhe a penalidade cabível nos termos da lei. Numa outra oportunidade, posteriormente à referida aplicação de penalidade, José foi novamente provocado a apresentar documento público sob sua guarda. Mais uma vez, ele respondeu à sua chefia não possuir, naquele momento, o documento por tê-lo retirado da repartição. Na reincidência da falta apresentada, a penalidade disciplinar a ser corretamente aplicada a José será:

(A) Advertência.
(B) Suspensão.
(C) Demissão.
(D) Destituição de cargo em comissão.
(E) Exoneração.

No caso, José é considerado servidor público. O art. 117, II reza que é proibido a retirada, sem prévia anuência da autoridade competente, qualquer documento ou objeto da repartição pública. A José aplicar-se-á, a pena de advertência por escrito (art. 129). Como houve reincidência, deve-se aplicar a pena de suspensão (art. 130). Decorre daí que a destituição de cargo em comissão, exercido por não ocupante de cargo efetivo, será aplicada nos casos de infração sujeita às penalidades de suspensão e de demissão (art. 135).

Gabarito "D".

(Auditor Fiscal da Previdência Social – 2002 – ESAF) Conforme previsão expressa contida na Lei 8.112/1990, que dispõe sobre o regime jurídico dos servidores públicos da União, a violação da regra legal proibitiva de coagir subordinado, para filiar-se a determinado partido político, sujeita o agente primário à penalidade administrativa disciplinar de

(A) advertência.
(B) suspensão de até 30 dias.
(C) suspensão superior a 30 dias.
(D) demissão.
(E) destituição do cargo comissionado.

Art. 129 c/c art. 117, VII, da Lei 8.112/1990.

Gabarito "A".

(Analista – MPU – 2004 – ESAF) Sobre as penalidades aplicáveis aos servidores públicos federais por infração disciplinar, é correto afirmar que

(A) incluem a suspensão de direitos políticos.
(B) preveem a imposição de multa.
(C) são elencadas em *numerus clausus*.
(D) não guardam relação com a gravidade da falta praticada.
(E) dispensam, em certas hipóteses, a garantia da ampla defesa.

A, B e **C**: art. 127 da Lei 8.112/1990; **D**: art. 128, *caput*, da Lei 8.112/1990; **E**: art. 143, *caput*, da Lei 8.112/1990.

Gabarito "C".

(Técnico – ANEEL – 2009 – ESAF) São penalidades disciplinares, exceto:

(A) A destituição de cargo em comissão.
(B) A cassação de aposentadoria.
(C) A suspensão.
(D) O afastamento preventivo.
(E) A advertência.

As penalidades disciplinares são: advertência; suspensão; demissão; cassação de aposentadoria ou disponibilidade; destituição de cargo em comissão; destituição de função comissionada (art. 127). Já o afastamento preventivo é medida cautelar com o objetivo de que o servidor não venha a influir na apuração da irregularidade, caso em que a autoridade instauradora do processo disciplinar poderá determinar o afastamento do servidor do exercício do cargo, pelo prazo de até 60 (sessenta) dias, sem prejuízo da remuneração. O afastamento poderá ser prorrogado por igual prazo, findo o qual cessarão os seus efeitos, ainda que não concluído o processo (art. 147).

Gabarito "D"

(Técnico – ANEEL – 2009 – ESAF) Correlacione as infrações disciplinares com as penalidades a ela aplicáveis e assinale a opção correta, considerando os artigos 117 e 132 da Lei nº 8.112/1990.

(1) Demissão com incompatibilidade para nova investidura pelo prazo de cinco anos.
(2) Demissão com proibição de retorno ao serviço público federal.
( ) Crime contra a Administração Pública.
( ) Valer-se do cargo para lograr proveito pessoal em detrimento da dignidade da função pública.
( ) Improbidade administrativa.
( ) Corrupção.
( ) Atuar junto às repartições públicas como procurador de terceiros sem qualquer grau de parentesco.

(A) 2/2/1/1/2
(B) 1/2/1/2/1
(C) 2/1/1/2/2
(D) 1/1/2/2/2
(E) 2/1/2/2/1

2: Segundo o art. 132, a demissão será aplicada nos seguintes casos: crime contra a Administração Pública (inc. I); improbidade administrativa (inc. IV) e corrupção (inc. XI). **1:** O art. 132, em seu inc. XIII, prescreve que a demissão também será aplicada nos casos transgressão dos incisos IX a XVI do art. 117. O art. 117 por sua vez, diz que ao servidor é proibido valer-se do cargo para lograr proveito pessoal ou de outrem, em detrimento da dignidade da função pública (inc. IX) e atuar, como procurador ou intermediário, junto a repartições públicas, salvo quando se tratar de benefícios previdenciários ou assistenciais de parentes até o segundo grau, e de cônjuge ou companheiro (inc. XI).

Gabarito "E"

(Técnico da Receita Federal – 2003 – ESAF) Assinale a hipótese de demissão que não implica, necessariamente, a indisponibilidade dos bens e o ressarcimento ao erário.

(A) Improbidade administrativa.
(B) Aplicação irregular de dinheiros públicos.
(C) Lesão aos cofres públicos e dilapidação do patrimônio nacional.
(D) Corrupção.
(E) Crime contra a administração pública.

Art. 136 da Lei 8.112/1990.

Gabarito "E"

5. PROCESSO DISCIPLINAR

5.1. DISPOSIÇÕES GERAIS

(Analista – CGU – 2012 – ESAF) Quanto ao Processo Administrativo Disciplinar, é incorreto afirmar que

(A) a autoridade que tiver ciência de irregularidade no serviço público é obrigada a promover a sua apuração imediata, mediante sindicância ou processo administrativo disciplinar, assegurada ao acusado ampla defesa.
(B) as denúncias sobre irregularidades serão objeto de apuração, desde que contenham a identificação e o endereço do denunciante e sejam formuladas por escrito, confirmada a autenticidade.
(C) da sindicância poderá resultar: arquivamento do processo; aplicação de penalidade de advertência, suspensão ou demissão; ou instauração de processo disciplinar.
(D) o processo disciplinar é o instrumento destinado a apurar responsabilidade de servidor por infração praticada no exercício de suas atribuições ou que tenha relação com as atribuições do cargo em que se encontre investido.
(E) o processo disciplinar será conduzido por comissão composta de três servidores estáveis designados pela autoridade competente.

Da sindicância poderá resultar: arquivamento do processo; aplicação de penalidade de advertência ou suspensão de até 30 (trinta) dias; instauração de processo disciplinar (art. 145).

Gabarito "C"

(Analista – ANEEL – 2004 – ESAF) De acordo com expressa previsão, contida na Lei nº 8.112/1990, os prazos de prescrição, previstos na lei penal, aplicam-se às infrações disciplinares, capituladas também como crime, desde que sejam inferiores a cinco anos.

(A) Está correta essa assertiva.
(B) Está incorreta a assertiva, porque só se aplica o prazo da lei penal, desde que essa seja superior a cinco anos.
(C) Está incorreta a assertiva, porque se aplica o prazo da lei penal, sem a ressalva de ser ele inferior a cinco anos.
(D) Está incorreta a assertiva, porque não se aplicam os prazos da lei penal, por serem independentes as instâncias.
(E) Está incorreta a assertiva, porque, sendo a prescrição de ordem pública, aplica-se a que primeiro ocorrer.

Informa o art. 142, I, § 2º que a ação disciplinar prescreverá, em 5 (cinco) anos, quanto às infrações puníveis com demissão, cassação de aposentadoria ou disponibilidade e destituição de cargo em comissão, sendo que os prazos de prescrição previstos na lei penal aplicam-se às infrações disciplinares capituladas também como crime, mas nada fala que deve ser inferior a cinco anos.

Gabarito "C"

(Analista – MPU – 2004 – ESAF) No processo administrativo disciplinar, conforme expressa previsão contida na Lei nº 8.112/90, a indiciação do servidor será formulada,

(A) no ato de constituição da comissão.
(B) após tipificada a infração, para citação do indiciado.
(C) no relatório final, para julgamento.
(D) após inquisição das testemunhas para orientar o interrogatório do acusado.
(E) na ata de instalação da comissão.

Art. 161, § 1º, da Lei 8.112/90.
Gabarito "B".

(Auditor Fiscal da Previdência Social – 2002 – ESAF) No Estatuto dos Servidores Públicos Civis da União, Lei 8.112/1990, a pena de demissão ou destituição de cargo em comissão, não implica a indisponibilidade dos bens e o ressarcimento ao erário, sem prejuízo da ação penal cabível, no caso de:

(A) corrupção.
(B) aplicação irregular de dinheiros públicos.
(C) lesão aos cofres públicos e dilapidação do patrimônio nacional.
(D) improbidade administrativa.
(E) crime contra a administração pública.

Art. 136 da Lei 8.112/1990.
Gabarito "E".

5.2. PROCESSO DISCIPLINAR (EM GERAL, INQUÉRITO, JULGAMENTO E REVISÃO)

(Analista – CGU – 2012 – ESAF) Quanto à infração disciplinar e à prescrição da ação disciplinar, é incorreto afirmar que

(A) é de 5 (cinco) anos o prazo prescricional para as infrações puníveis com demissão, cassação de aposentadoria ou disponibilidade e destituição de cargo em comissão.
(B) o marco inicial para o cômputo do prazo de prescrição é a data em que o fato ocorreu, independente de ter-se tornado conhecido.
(C) a contagem do prazo prescricional é interrompida pela abertura de sindicância ou instauração de processo disciplinar até a decisão final proferida por autoridade competente.
(D) interrompido o curso da prescrição, o prazo começará a correr a partir do dia em que cessar a interrupção.
(E) os prazos de prescrição previstos na lei penal aplicam-se às infrações disciplinares capituladas também como crime.

A assertiva "B" encontra-se incorreta, devendo ser assinalada, pois o prazo de prescrição começa a correr da data em que o fato se tornou conhecido (art. 142, § 1º).
Gabarito "B".

(Auditor Fiscal da Previdência Social – 2002 – ESAF) Uma vez instaurado o processo administrativo disciplinar, interrompe-se a prescrição, até a decisão final, pela autoridade competente, o que deve ocorrer no prazo máximo de 140 dias, após o qual

(A) fica extinta a punibilidade.
(B) o prazo prescricional começa a correr todo ele por inteiro.
(C) o prazo prescricional continua a correr, pelo período que lhe faltava, ao ser interrompido.
(D) o prazo prescricional continua a correr pela metade.
(E) os autos devem ser arquivados.

Art. 142, §§ 3º e 4º, da Lei 8.112/1990.
Gabarito "B".

(Auditor Fiscal da Previdência Social – 2002 – ESAF) No caso de denúncia formal sobre irregularidade, cujo fato possa configurar infração disciplinar administrativa, a autoridade competente deve instaurar sindicância, a qual

(A) deve ser concluída no prazo de 20 dias, prorrogável por igual período.
(B) deve ser transformada em processo disciplinar, se resultar configurada qualquer tipo de infração punível.
(C) deve ser concluída no prazo de 60 dias, prorrogável por igual período.
(D) pode resultar na aplicação de suspensão.por até 60 dias.
(E) pode resultar na aplicação de suspensão por até 30 dias.

Art. 145, II, da Lei 8.112/1990.
Gabarito "E".

(Auditor Fiscal da Previdência Social – 2002 – ESAF) No âmbito do processo administrativo disciplinar, é possível o afastamento preventivo do servidor, como medida cautelar, de forma que este não venha a influir na apuração da irregularidade. Este afastamento do exercício do cargo se dará:

(A) por até 60 dias, sem remuneração.
(B) por até 30 dias, prorrogáveis por mais 30 dias, sem prejuízo da remuneração.
(C) por até 60 dias, prorrogáveis por igual prazo, sem prejuízo da remuneração.
(D) por até 30 dias, sem prejuízo da remuneração.
(E) por até 30 dias, prorrogáveis por igual período, sem remuneração.

Art. 147 da Lei 8.112/1990.
Gabarito "C".

(Auditor Fiscal da Previdência Social – 2002 – ESAF) Quanto ao julgamento do processo administrativo disciplinar, assinale a afirmativa falsa.

(A) Havendo mais de um indiciado e diversidade de sanções, o julgamento caberá à autoridade competente para a imposição da penalidade mais grave.
(B) Tratando-se de servidor do Poder Executivo, a penalidade demissão será aplicada pelo Presidente da República.

(C) A autoridade tem o prazo de vinte dias para proferir a sua decisão, contados do recebimento do processo.
(D) Quando o relatório da comissão contrariar as provas dos autos, a autoridade julgadora somente poderá anular o processo e determinar o seu reinício.
(E) O julgamento fora do prazo legal não implica nulidade do processo.

A: correta (art. 167, § 2º, da Lei 8.112/1990); **B:** correta (art. 141, I, da Lei 8.112/1990); **C:** correta (art. 167 da Lei 8.112/1990); **D:** incorreta, devendo ser assinalada (art. 168, parágrafo único, da Lei 8.112/1990); **E:** correta (art. 169, § 1º, da Lei 8.112/1990).

Gabarito "D".

(Técnico da Receita Federal – 2002.1 – ESAF) Na fase do inquérito administrativo do processo disciplinar, a indiciação do servidor será formulada
(A) logo na instauração do processo.
(B) quando tipificada a infração disciplinar.
(C) após a apresentação da defesa.
(D) no relatório final.
(E) no julgamento, ao ser aplicada a penalidade.

Art. 161. Tipificada a infração disciplinar, será formulada a indiciação do servidor, com a especificação dos fatos a ele imputados e das respectivas provas. § 1º O indiciado será citado por mandado expedido pelo presidente da comissão para apresentar defesa escrita, no prazo de 10 (dez) dias, assegurando-se-lhe vista do processo na repartição. § 2º Havendo dois ou mais indiciados, o prazo será comum e de 20 (vinte) dias. § 3º O prazo de defesa poderá ser prorrogado pelo dobro, para diligências reputadas indispensáveis. § 4º No caso de recusa do indiciado em apor o ciente na cópia da citação, o prazo para defesa contar-se-á da data declarada, em termo próprio, pelo membro da comissão que fez a citação, com a assinatura de (2) duas testemunhas (art. 161 da Lei 8.112/1990).

Gabarito "B".

6. SEGURIDADE SOCIAL DO SERVIDOR – BENEFÍCIOS (APOSENTADORIA; AUXÍLIO-NATALIDADE; SALÁRIO-FAMÍLIA; LICENÇA PARA TRATAMENTO DE SAÚDE; LICENÇA À GESTANTE, À ADOTANTE E POR PATERNIDADE; LICENÇA POR ACIDENTE EM SERVIÇO; PENSÃO; AUXÍLIO-FUNERAL E AUXÍLIO-RECLUSÃO)

(Analista – CGU – 2012 – ESAF) São beneficiários de pensão vitalícia do servidor público, exceto
(A) o cônjuge.
(B) a mãe e o pai que comprovem dependência econômica.
(C) os filhos.
(D) o companheiro ou companheira designado que comprove união estável como entidade familiar.
(E) a pessoa designada, maior de 60 (sessenta) anos e a pessoa portadora de deficiência, que vivam sob a dependência econômica do servidor.

As pensões distinguem-se, em vitalícias e temporárias. A vitalícia é composta de cota ou cotas permanentes, que somente se extinguem ou revertem com a morte de seus beneficiários. Já a pensão temporária é composta de cota ou cotas que podem se extinguir ou reverter por motivo de morte, cessação de invalidez ou maioridade do beneficiário (art. 216). Os beneficiários da pensão vitalícia são: o cônjuge; a pessoa desquitada, separada judicialmente ou divorciada, com percepção de pensão alimentícia; o companheiro ou companheira designado que comprove união estável como entidade familiar; a mãe e o pai que comprovem dependência econômica do servidor; a pessoa designada, maior de 60 (sessenta) anos e a pessoa portadora de deficiência, que vivam sob a dependência econômica do servidor (art. 217, I, "a" a "e"). Os beneficiários da pensão temporária são os seguintes: os filhos, enteados, até 21 (vinte e um) anos de idade, ou, se inválidos, enquanto durar a invalidez; o menor sob guarda ou tutela até 21 (vinte e um) anos de idade; o irmão órfão, até 21 (vinte e um) anos, e o inválido, enquanto durar a invalidez, que comprovem dependência econômica do servidor; a pessoa designada que viva na dependência econômica do servidor, até 21 (vinte e um) anos, ou, se inválida, enquanto durar a invalidez. (art. 217, II, "a" a "d").

Gabarito "C".

(Procuradoria Distrital – 2007 – ESAF) No tocante aos Agentes e Servidores Públicos está incorreta a assertiva de que:
(A) os particulares que atuam em colaboração (por delegação, requisição etc.) com o Poder Público não se inserem no conceito de Servidores Públicos.
(B) o art. 38 da Constituição Federal estabelece que o tempo de serviço do servidor público da administração direta autárquica e fundacional, em qualquer caso que exija o seu afastamento para o exercício de mandato eletivo, será contado para todos os efeitos legais, exceto para promoção por merecimento. 265
(C) o art. 40 da CF expressamente veda à lei o estabelecimento de qualquer forma de contagem de tempo de contribuição fictício.
(D) para efeito de benefício previdenciário, no caso de afastamento de servidor público para o exercício de mandato eletivo, os valores serão determinados como se em exercício estivesse.
(E) os requisitos de idade e de tempo de contribuição serão reduzidos em cinco anos, em relação ao § 1º, III, "a" do art. 40 da CF, para o professor que comprove exclusivamente tempo de efetivo exercício das funções de magistério na educação infantil e no ensino superior, médio e fundamental.

A: correta, pois os agentes citados são considerados agentes públicos do tipo **agentes delegados**, e não **servidores públicos; B:** correta (art. 38, IV, da CF); **C:** correta (art. 40, § 10, da CF); **D:** correta (art. 38, V, da CF); **E:** incorreta, pois não há esse benefício para professores do ensino superior (art. 40, § 5º, da CF).

Gabarito "E".

(Auditor Fiscal da Receita Federal – 2002.2 – ESAF) Não se inclui(em) entre os beneficiários de pensões temporárias:
(A) A mãe e o pai que comprovem dependência econômica do servidor.
(B) O menor, sob guarda ou tutela, até 21 anos de idade.
(C) Os filhos ou enteados até 21 anos de idade.

(D) O irmão órfão, até 21 anos de idade, que comprove dependência econômica do servidor.
(E) A pessoa inválida designada, que viva na dependência econômica do servidor, enquanto durar a invalidez.

Art. 217, I, *b*, da Lei 8.112/1990.

Gabarito "A".

(Auditor Fiscal da Receita Federal – 2002.1 – ESAF) Assinale, entre os seguintes benefícios da seguridade social do servidor, aquele que não é devido ao seu dependente.

(A) Auxílio-funeral.
(B) Auxílio-reclusão.
(C) Salário-família.
(D) Assistência à saúde.
(E) Pensão vitalícia e temporária.

O salário-família é devido ao próprio servidor ativo ou inativo (art. 197 da Lei 8.112/1990), *em virtude da existência de* dependente econômico, e não *para o* dependente econômico.

Gabarito "C".

(Técnico da Receita Federal – 2006 – ESAF) À luz da Lei 8.112/1990, que dispõe sobre o regime jurídico dos servidores públicos civis da União, não constitui benefício do Plano de Seguridade Social do Servidor, e sim direito ou vantagem, a

(A) garantia de condições individuais e ambientais de trabalho satisfatórios.
(B) licença à gestante.
(C) licença para tratamento de saúde.
(D) licença por acidente em serviço.
(E) licença por motivo de doença em pessoa da família.

Art. 81, I, da Lei 8.112/1990 (repare que esse artigo está no Título III – "Dos direitos e vantagens", e não no Título VI – "Da seguridade social do servidor").

Gabarito "E".

(Técnico da Receita Federal – 2002.2 – ESAF) Assinale a afirmativa falsa.

(A) Aplica-se o regime geral de previdência social ao detentor de emprego público ou de cargo temporário.
(B) Haverá contagem recíproca de tempo de serviço público, entre as esferas da Federação, para fins de aposentadoria e para efeito de disponibilidade.
(C) Para aposentadoria voluntária é necessária a comprovação de dez anos de efetivo exercício no serviço público e cinco anos no cargo efetivo em que se dará a aposentadoria.
(D) Desde que haja instituição de regime de previdência complementar para os seus respectivos servidores, o Poder Público poderá estabelecer valor máximo para aposentadorias e pensões, correspondente àquele estabelecido para os benefícios do regime geral de previdência social.
(E) É possível a adoção de requisitos e critérios diferenciados para a concessão de aposentadoria aos servidores públicos efetivos, desde que exerçam atividades sob condições especiais, que prejudiquem a saúde ou a integridade física, conforme lei complementar.

A: correta. O regime *próprio* de previdência social se aplica apenas aos servidores titulares de cargo efetivo (art. 40, § 20, da CF/1988); aos servidores titulares de cargo em comissão (art. 40, § 13, da CF/1988), aos <u>empregados públicos</u> e aos <u>temporários</u> aplica-se o regime *geral* da previdência social; **B:** incorreta, devendo ser assinalada (art. 201, § 9º, da CF/1988 – a contagem é só para efeito de *aposentadoria*); **C:** correta (art. 40, § 1º, III, da CF/1988); **D:** correta (art. 40, § 14, da CF/1988); **E:** correta (art. 40, § 4º, da CF/1988).

Gabarito "B".

7. TEMAS COMBINADOS

(Técnico da Receita Federal – 2002.2 – ESAF) De acordo com as atuais regras constitucionais relativas aos servidores públicos da União, regidos pelo regime da Lei 8.112/1990,

(A) a estabilidade ocorre aos 2 anos.
(B) a estabilidade ocorre aos 5 anos.
(C) a remuneração do trabalho noturno deve ser superior à do diurno.
(D) é permitida a diferença, para o exercício de certos cargos ou funções e de critério para admissão, por motivo de sexo ou estado civil.
(E) extinto o cargo ocupado por servidor estável ele fica em disponibilidade, com vencimentos integrais.

A e **B:** incorretas. A estabilidade ocorre aos 3 anos de efetivo exercício e requer avaliação especial de desempenho (art. 41, *caput*, e § 4º, da CF/1988); **C:** correta (art. 75 da Lei 8.112/1990); **D:** incorreta (art. 7º, XXX, c/c art. 39, § 3º, ambos da CF/1988); **E:** incorreta (art.41, § 3º, da CF/1988).

Gabarito "C".

(Técnico da Receita Federal – 2002.1 – ESAF) Conforme previsão em norma constitucional expressa, aos servidores civis ocupantes de cargos públicos aplicam-se entre outros direitos dos trabalhadores urbanos o de

(A) fundo de garantia do tempo de serviço.
(B) seguro desemprego em caso de desemprego involuntário.
(C) seguro contra acidente de trabalho.
(D) remuneração de trabalho noturno superior à do diurno.
(E) jornada de seis horas para o trabalho realizado em turnos ininterruptos de revezamento.

Art. 7º, IX, c/c art. 39, § 3º, da CF/1988.

Gabarito "D".

8. Lei nº 8.666/1993

Sebastião Edilson Gomes e Wander Garcia

1. LICITAÇÃO

1.1. PRINCÍPIOS

(Analista – CGU – 2012 – ESAF) Determinada empresa "A" fora punida com a penalidade inscrita no inciso IV do art. 87 da Lei 8.666/1993. Passados seis meses após a aplicação definitiva da penalidade, seus únicos dois sócios constituíram a empresa "B", com o mesmo objetivo social, mesmo quadro societário e mesmo endereço.

Após sua constituição, a empresa "B" acudiu à licitação conduzida pelo mesmo Município que aplicara a penalidade à empresa "A".

O Município condutor do certame, após ter percebido o indigitado feito, (assegurados o contraditório e a ampla defesa à empresa "B" estendeu à empresa "B" os efeitos da sanção de inidoneidade para licitar aplicada à empresa "A", aplicando-se no caso em tela a desconsideração da personalidade jurídica na esfera administrativa.

Acerca do caso concreto acima descrito, assinale a opção correta.

(A) A extensão da penalidade à empresa "B" seria válida ainda que não tivesse sido precedida de procedimento administrativo que lhe tenha garantido o contraditório e a ampla defesa.
(B) O ato administrativo que estendeu os efeitos da penalidade à empresa "B" não era autoexecutório e seria necessário levar o caso à apreciação do Poder Judiciário.
(C) O ato administrativo que estendeu os efeitos da penalidade à empresa "B" é nulo, posto que a lei não faculta à Administração Pública a possibilidade de desconsiderar a personalidade jurídica para estender sanções administrativas a outra sociedade empresária.
(D) A aplicação da teoria da desconsideração da personalidade jurídica neste caso concreto deu-se em respeito ao princípio da moralidade administrativa.
(E) Somente Poder Judiciário, em situações envolvendo relação de consumo, poderia desconsiderar a personalidade jurídica de uma empresa.

A desconsideração da personalidade jurídica é originária do Direito Civil. No entanto, no âmbito do Direito Administrativo, a aplicação se dá em relação às sanções administrativas impostas no processo de licitação e contratos administrativos. Ocorre que, às vezes, a fim de se ver livre de sanções impostas, o particular utiliza-se de artifícios com o objetivo de enganar a Administração Pública, a exemplo da abertura de nova empresa que possa participar de certames licitatórios. Tal fato caracteriza a utilização abusiva da personalidade jurídica. Diante de tal situação, deve a Administração Pública promover a desconsideração da personalidade jurídica a fim de inibir a ação daqueles que pretendem causar prejuízo ao erário, e consequentemente afastá-los do processo licitatório, respeitando-se contudo, o contraditório e a ampla defesa.

Gabarito "D"

1.2. CONTRATAÇÃO DIRETA (LICITAÇÃO DISPENSADA, DISPENSA E INEXIGIBILIDADE)

(Procurador da Fazenda Nacional – 2004 – ESAF) Entre as opções a seguir, marque aquela apta a justificar o reconhecimento de inexigibilidade de licitação.

(A) Casos de aquisição de bens junto a representante comercial exclusivo, caracterizando inviabilidade de competição.
(B) Casos de contratação em ocasiões de grave perturbação da ordem.
(C) Casos em que caracterizada a urgência de atendimento de situação que possa ocasionar prejuízo ou comprometer a segurança de pessoas.
(D) Casos de contratação de remanescente de serviço, em consequência de rescisão contratual, atendida a ordem de classificação da licitação anterior e aceitas as mesmas condições oferecidas pelo licitante vencedor.
(E) Casos de contratação de prestação de serviços com organizações sociais, qualificadas no âmbito das respectivas esferas de governo, para atividades contempladas no contrato de gestão.

A inexigibilidade da licitação ocorre se a competição não for viável, seja por conta da especificidade técnica do objeto contratado ou da inexistência de mais de um fornecedor ou prestador de serviço apto a realizar o trabalho. Suas hipóteses estão exemplificativamente listadas no art. 25 da Lei n. 8.666/1993, o qual inclui a aquisição de bens junto a representante comercial exclusivo. As demais alternativas, todas, expressam hipóteses de licitação dispensável, nos termos do art. 24 da Lei n. 8.666/1993.

Gabarito "A"

(Procurador da Fazenda Nacional – 2003 – ESAF) Assinale no rol abaixo aquele serviço que não pode ser considerado como serviço técnico profissional especializado, nos termos da legislação vigente:

(A) criação de peças publicitárias
(B) restauração de obras de arte
(C) patrocínio de causas judiciais
(D) treinamento de pessoal
(E) gerenciamento de obras

A contratação de serviço técnico especializado é uma das causas de inexigibilidade de licitação, nos termos do art. 25 da Lei 8.666/1993. Há, porém, vedação expressa de que se considere serviços de publicidade como "técnicos especializados", tornando obrigatória a licitação nesse caso (art. 25, II).

Gabarito "A"

(Procurador da Fazenda Nacional – 2006 – ESAF) Uma das Secretarias do Ministério da Fazenda pretende comprar um bem de determinada marca. Nesse sentido, solicita manifestação do órgão de consultoria jurídica, após demonstrar ser tecnicamente justificável a opção pela marca. À luz da Lei n. 8.666/1993, é correto afirmar que

(A) o pleito da Secretaria não encontra amparo legal, pois a lei veda a opção por marca.
(B) será possível a aquisição, limitada ao valor de contratação para a qual seria cabível licitação na modalidade Convite.
(C) será possível a compra, mas somente após prévia licitação.
(D) será possível a compra, mas somente por meio do reconhecimento de inexigibilidade de licitação, em vista da necessidade de que o bem seja de determinada marca.
(E) será possível a compra, não se podendo apontar, a partir das informações do comando desta questão, se deverá ou não haver prévia licitação.

O art. 7º, § 5º, da Lei 8.666/1993 autoriza a aquisição de mercadorias de determinada marca exclusiva quando for tecnicamente justificável. Presente este requisito, por meio de parecer do órgão de consultoria jurídica, a compra é possível e fica afastada a proibição genérica do art. 25, I, do mesmo diploma legal. Assim, caso a marca do produto a ser adquirido tenha distribuidor exclusivo, nos termos do art. 25, I, poderá ser declarada a inexigibilidade. Caso contrário, a licitação é obrigatória dentre os interessados que comercializem a marca em questão. Portanto, com as informações fornecidas, não é possível asseverar, com certeza, a obrigatoriedade de licitação.

Gabarito "E"

(ADVOGADO – IRB – 2006 – ESAF) Assinale a única opção verdadeira. Estão dispensadas da realização de procedimento licitatório:

(A) as agências reguladoras, por serem autarquias de regime especial.
(B) as fundações públicas, por possuírem natureza jurídica de direito privado.
(C) as sociedades de economia mista exploradoras de atividade econômica, na venda de bens por ela produzidos em virtude de suas finalidades.
(D) as empresas públicas, devido a sua natureza jurídica de direito privado.
(E) as agências executivas que firmarem com a União contrato de gestão, nos termos do § 8º do artigo 37 da Constituição da República Federativa do Brasil.

A alternativa "c" está correta, de acordo com o disposto no art. 17, II, "e", da Lei 8.666/1993.

Gabarito "C"

(Auditor Fiscal da Previdência Social – 2002 – ESAF) De acordo com previsão expressa contida na Lei 8.666/1993, é cabível inexigibilidade de licitação e não sua dispensa, para a contratação de serviço

(A) de pequeno valor, até 10% do limite fixado para convite.
(B) quando não acudirem interessados à licitação anterior que não possa ser repetida.
(C) de profissional do setor artístico, desde que consagrado pela crítica especializada.
(D) de impressão do Diário Oficial.
(E) quando houver possibilidade de comprometimento da segurança nacional.

A: incorreta. Trata-se de *dispensa* (art. 24, I, da Lei 8.666/1993); **B:** incorreta. Trata-se de *dispensa* (art. 24, V, da Lei 8.666/1993); **C:** correta. Trata-se de *inexigibilidade* (art. 25, III, da Lei 8.666/1993); **D:** incorreta. Pode se tratar de *dispensa*, cumpridos todos os requisitos do art. 24, XVI, da Lei 8.666/1993; **E:** incorreta. Trata-se de *dispensa* (art. 24, IX, da Lei 8.666/1993).

Gabarito "C"

(Analista – CGU – 2012 – ESAF) Considera-se inviável a competição, exceto:

(A) por ausência de pluralidade de alternativas.
(B) por ausência de mercado concorrencial.
(C) por impossibilidade de julgamento objetivo.
(D) por ausência de definição objetiva da prestação.
(E) por preferência subjetiva em relação ao objeto da contratação.

A licitação inexigível é aquela que não pode ser exigida por inviabilidade de competição entre os interessados. A Lei 8.666/1993, em seu art. 25, I a III, elenca como hipóteses de inexigibilidade: fornecedor exclusivo, serviços técnicos especializados e atividades artísticas.

Gabarito "E"

(Analista – CGU – 2012 – ESAF) As colunas abaixo trazem, respectivamente, hipóteses arroladas na Lei 8.666/1993 como passíveis de dispensa e o ângulo de manifestação de desequilíbrio na relação custo/benefício caso houvesse obrigatoriedade para licitar. Correlacione-as para, ao final, assinalar a opção que contenha a sequência correta.

Coluna I

( ) Para serviços e compras de valor até 10% (dez por cento) do limite previsto na alínea “a”, do inciso I do artigo 23 da Lei 8.666/1993, desde que não se refiram a parcelas de um mesmo serviço, compra ou alienação de maior vulto que possa ser realizada de uma só vez.

( ) Quando não acudirem interessados à licitação anterior e esta, justificadamente, não puder ser repetida sem prejuízo para a Administração, mantidas, neste caso, todas as condições preestabelecidas.

( ) Nos casos de guerra ou grave perturbação da ordem.

( ) Quando houver possibilidade de comprometimento da segurança nacional, nos casos estabelecidos em decreto do Presidente da República, ouvido o Conselho de Defesa Nacional.

Coluna II

(1) Custo econômico da licitação.

(2) Ausência de potencialidade de benefícios.

(3) Destinação da contratação.

(4) Custo temporal da licitação.

(A) 3 / 2 / 1 / 4

(B) 1 / 2 / 4 / 3

(C) 2 / 1 / 4 / 3

(D) 1 / 2 / 3 / 4

(E) 4 / 2 / 1 / 3

A licitação dispensável admite concorrência entre interessados, mas a Administração Pública em razão de seu poder discricionário, e levando-se em conta os critérios de conveniência e oportunidade, pode realizá-la ou não. Se a opção for pela não realização da concorrência, fica o Poder Público autorizado a realizar a contratação direta, nos casos elencados no art. 24 e incisos: “I – para obras e serviços de engenharia de valor até 10% (dez por cento) do limite previsto na alínea ‘a’, do inciso I do artigo anterior, desde que não se refiram a parcelas de uma mesma obra ou serviço ou ainda para obras e serviços da mesma natureza e no mesmo local que possam ser realizadas conjunta e concomitantemente; (...) III – nos casos de guerra ou grave perturbação da ordem; (...) V – quando não acudirem interessados à licitação anterior e esta, justificadamente, não puder ser repetida sem prejuízo para a Administração, mantidas, neste caso, todas as condições preestabelecidas (...) IX – quando houver possibilidade de comprometimento da segurança nacional, nos casos estabelecidos em decreto do Presidente da República, ouvido o Conselho de Defesa Nacional”.

Gabarito “B”

(Analista – CGU – 2012 – ESAF) Assinale a opção incorreta acerca das contratações públicas com empresas de pequeno porte no âmbito da Administração Pública Federal.

(A) Nas licitações do tipo menor preço, será assegurada, como critério de desempate, preferência de contratação para as microempresas e empresas de pequeno porte.

(B) Nas licitações para a aquisição de bens, serviços e obras de natureza divisível, e desde que não haja prejuízo para o conjunto ou complexo do objeto, os órgãos e entidades contratantes poderão reservar cota de até vinte e cinco por cento do objeto, para a contratação de microempresas e empresas de pequeno porte.

(C) Os critérios de tratamento diferenciado e simplificado para as microempresas e empresas de pequeno porte deverão estar expressamente previstos no instrumento convocatório.

(D) Ainda que a licitação seja dispensável, a Administração deverá zelar para que haja a contratação de microempresa ou empresa de pequeno porte sempre que o valor da contratação não exceder a R$ 80.000,00 (oitenta mil reais).

(E) A comprovação de regularidade fiscal das microempresas e empresas de pequeno porte somente será exigida para efeito de contratação, e não como condição para participação na licitação.

A Lei Complementar 123/2006, conhecida como Estatuto Nacional da Microempresa e da Empresa de Pequeno Porte, prevê, em seu art. 47, a possibilidade de a União, Estados e Municípios, concederem “tratamento diferenciado e simplificado para microempresas e empresas de pequeno porte objetivando a promoção do desenvolvimento econômico e social no âmbito municipal e regional, a ampliação da eficiência das políticas públicas e o incentivo a inovação tecnológica, desde que previsto e regulamentado na legislação do respectivo ente”.

Entretanto, o tratamento a que se refere o texto legal, encontra restrições impostas pelo art. 48, I a III da lei em comento. Ou seja. Desde que: “I – destinado exclusivamente à participação de microempresas e empresas de pequeno porte nas contratações cujo valor seja de até R$ 80.000,00 (oitenta mil reais); II – em que seja exigida dos licitantes a subcontratação de microempresa ou de empresa de pequeno porte, desde que o percentual máximo do objeto a ser subcontratado não exceda a 30% (trinta por cento) do total licitado; III – em que se estabeleça cota de até 25% (vinte e cinco por cento) do objeto para a contratação de microempresas e empresas de pequeno porte, em certames para a aquisição de bens e serviços de natureza divisível.”

Gabarito “D”

(Analista – MPU – 2004 – ESAF) Não se inclui no rol legal de hipóteses de dispensa de licitação a seguinte situação:

(A) aquisição de bens ou serviços nos termos de acordo internacional específico aprovado pelo Poder Executivo, quando as condições ofertadas forem manifestamente vantajosas para o Poder Público.

(B) compras de hortifrutigranjeiros, pão e outros gêneros perecíveis, no tempo necessário para a realização dos processos licitatórios correspondentes, realizadas diretamente com base no preço do dia.

(C) quando houver possibilidade de comprometimento da segurança nacional, nos casos estabelecidos em decreto do presidente da República, ouvido o Conselho de Defesa Nacional.

(D) quando não acudirem interessados à licitação anterior e essa, justificadamente, não puder ser repetida sem prejuízo para a Administração, mantidas, nesse caso, todas as condições preestabelecidas.
(E) aquisição ou restauração de obras de arte e objetos históricos, de autenticidade certificada, desde que compatíveis ou inerentes às finalidades do órgão ou entidade.

A: o acordo deve ser aprovado pelo Congresso Nacional (art. 24, XIV, da Lei 8.666/1993); **B:** art. 24, XII, da Lei 8.666/1993; **C:** art. 24, IX, da Lei 8.666/1993; **D:** art. 24, V, da Lei 8.666/1993; **E:** art. 24, XV, da Lei 8.666/1993.
Gabarito "A".

(Técnico da Receita Federal – 2003 – ESAF) Conforme previsão expressa na Lei 8.666/1993, quando caracterizada a inviabilidade de competição, para a contratação de determinado serviço específico, a licitação será considerada

(A) dispensável.
(B) facultativa.
(C) inexigível.
(D) obrigatória.
(E) proibida.

Art. 25, *caput*, da Lei 8.666/1993.
Gabarito "C".

(Técnico da Receita Federal – 2002.1 – ESAF) Conforme previsão expressa na Lei 8.666/1993, é inexigível a licitação, quando houver inviabilidade de competição, em especial e atendidas determinadas condições:

(A) no caso de guerra.
(B) nos casos de emergência ou de calamidade pública.
(C) quando não acudirem interessados à licitação anterior para o mesmo fim.
(D) quando a União tiver de intervir no domínio econômico, para regular preços ou normatizar o abastecimento.
(E) para a contratação de certos serviços técnicos especializados previstos na lei, inclusive o patrocínio ou defesa de causas judiciais.

A: incorreta. Trata-se de *dispensa* (art. 24, III, da Lei 8.666/1993); **B:** incorreta. Trata-se de *dispensa* (art. 24, IV, da Lei 8.666/1993); **C:** incorreta. Trata-se de *dispensa* (art. 24, V, da Lei 8.666/1993); **D:** incorreta. Trata-se de *dispensa* (art. 24, VI, da Lei 8.666/1993); **E:** correta. Trata-se de **inexigibilidade** (art. 25, II, da Lei 8.666/1993).
Gabarito "E".

(Auditor Fiscal/Natal-RN – 2001 – ESAF) A contratação direta de profissional de notória especialização pressupõe a ocorrência simultânea dos seguintes elementos:

(A) prestação de serviços técnicos especializados, singularidade do objeto e preço compatível com o de mercado.
(B) notoriedade do contratado, prestação de serviços técnicos especializados e singularidade do objeto.
(C) singularidade do objeto, preço compatível com o de mercado e notoriedade do contratado.
(D) notoriedade do contratado, preço compatível com o de mercado e prestação de serviços técnicos especializados.
(E) singularidade do objeto, prestação de serviços técnicos especializados, notoriedade do contratado e preço compatível com o de mercado.

Art. 25, II, da Lei 8.666/1993.
Gabarito "B".

(Auditor do Tesouro Municipal/Recife-PE – 2003 – ESAF) No âmbito da legislação de licitação, existe vedação para a contratação direta, com base em inexigibilidade por notória especialização, de serviços de:

(A) publicidade e divulgação.
(B) patrocínio ou defesa de causas judiciais ou administrativas.
(C) auditorias financeiras ou tributárias.
(D) treinamento e aperfeiçoamento de pessoal.
(E) restauração de obras de arte.

Art. 25, II (parte final), da Lei 8.666/1993.
Gabarito "A".

1.3. MODALIDADES E TIPOS

(Procuradoria Distrital – 2007 – ESAF) A Lei n. 10.520, de 17 de julho de 2002, disciplina uma nova modalidade de licitação denominada pregão; acerca desse tema assinale a opção incorreta.

(A) No pregão é permitida a exigência de garantia de proposta não superior a 1% (um por cento) do valor estimado do objeto da contratação, por força da aplicação subsidiária do disposto no inciso III do artigo 31 da Lei n. 8.666/1993.
(B) O licitante interessado em recorrer do resultado do julgamento do pregão deverá manifestar sua intenção na sessão, caso contrário decairá do seu direito e o objeto licitado será adjudicado ao vencedor.
(C) O pregão é a modalidade de licitação em que a disputa pelo fornecimento de bens e serviços comuns é feita em sessão pública por meio de propostas de preços escritas e lances verbais. Neste sentido não se admite a utilização desta modalidade às contratações de obras e serviços de engenharia.
(D) O acatamento do recurso no pregão importará apenas a invalidação dos atos insuscetíveis de aproveitamento.
(E) Conforme entendimento fixado pelo Tribunal de Contas da União, a limitação dos lances verbais para ofertas de preços dos licitantes imposta por pregoeiro implica restrição ao caráter competitivo do certame.

A: incorreta, nos termos do art. 5º, I, da Lei 10.520/2002; **B:** correta (art. 4º, XVIII, da Lei 10.520/2002); **C:** correta, pois, de fato, o art. 1º da Lei 10.520/2002 assevera que o pregão serve apenas para a aquisição de bens e serviços comuns; dessa forma, não há como usar o pregão para obras e para a maior parte dos serviços de engenharia; todavia os serviços de engenharia que se encaixarem na definição do parágrafo único do art. 1º da Lei 10.520/2002 poderão ser licitados por pregão, como é o caso do serviço de topografia; de qualquer forma, a alternativa está "mais correta" do que a de letra "**A**"; **D:** correta (art. 4º, XIX, da Lei 10.520/2002); **E:** correta, pois, de fato, as limitações de lances podem ofender ao princípio da competitividade, se o pregoeiro não tiver margem de liberdade para alterá-la nos momentos finais da competição.

Gabarito "A"

(Procurador da Fazenda Nacional – 2006 – ESAF) Relativamente à utilização do Sistema de Registro de Preços em âmbito federal, assinale a opção correta.

(A) A Ata de Registro de Preços somente poderá ser utilizada por órgão ou entidade da Administração que tenha participado do registro de preços.

(B) A licitação para registro de preços deve ser feita na modalidade Pregão, tendo em vista o tipo de certame a ser adotado, qual seja, o do menor preço.

(C) Não há prazo máximo de validade da Ata de Registro de Preços, podendo esta ser adotada enquanto puder ser comprovada sua vantajosidade para a Administração.

(D) Não há impedimento a que a Administração realize licitações específicas para a aquisição de bens que já tenham preços registrados por tal Sistema.

(E) Em vista da natureza do objeto contratual, que demandaria a realização de certame do tipo técnica e preço, não se admite o registro de preços para a contratação de bens e serviços de informática.

A: incorreta. A ata pode ser utilizada por qualquer órgão ou entidade mediante consulta ao órgão gerenciador (art. 8º do Decreto 3.931/2001); **B:** incorreta. A licitação pode ser feita mediante concorrência ou pregão (art. 3º do Decreto 3.931/2001); **C:** incorreta. A ata terá validade máxima de um ano, já computadas eventuais prorrogações (art. 4º do Decreto 3.931/2001); **D:** correta (art. 7º do Decreto 3.931/2001); **E:** incorreta. A aquisição de bens e serviços de informática está autorizada mediante justificativa (art. 2º, parágrafo único, do Decreto 3.931/2001), bem como excepcionalmente a adoção de concorrência do tipo técnica e preço (art. 3º, § 1º, do Decreto 3.931/2001).

Gabarito "D"

(Procurador da Fazenda Nacional – 2007 – ESAF) Analise os itens a seguir:

I. Consideram-se licitações simultâneas aquelas com objetos similares e que o edital subsequente tenha uma data anterior a cento e vinte dias após o término do contrato resultante da licitação antecedente;

II. Será adotado, preferencialmente, o SRP (Sistema de Registro de Preços) quando, pelas características do bem ou serviço, não houver necessidade de contratações frequentes;

III. A licitação para registro de preços será realizada na modalidade Tomada de Preços, do tipo menor preço, e será precedida de ampla pesquisa de mercado;

IV. As compras e contratações de bens e serviços comuns, no âmbito da União, dos Estados, do Distrito Federal e dos Municípios, quando efetuadas pelo sistema de registro de preços, não poderão adotar a modalidade de pregão;

V. No âmbito da Administração Pública, em atendimento à previsão constitucional de observância ao procedimento licitatório, não se admite contrato verbal em hipótese alguma.

A quantidade de itens incorretos é igual a:

(A) 1

(B) 2

(C) 3

(D) 4

(E) 5

I: incorreta (art. 39, parágrafo único, da Lei 8.666/1993); **II:** incorreta (art. 15, II, da Lei 8.666/1993); **III** e **IV:** incorretas, pois deve-se adotar concorrência ou pregão (art. 15, § 3º, I, da Lei 8.666/1993 e art. 11 da Lei 10.520/2002); **V:** incorreta. Cuidado com as expressões muito peremptórias; há uma exceção no art. 60, parágrafo único, da Lei 8.666/1993.

Gabarito "E"

(Procurador da Fazenda Nacional – 2004 – ESAF) Sobre as modalidades de licitação, assinale a opção correta.

(A) O Pregão, por ser modalidade que não está inserida entre as previstas na Lei n. 8.666, de 1993 (que estabelece normas gerais sobre licitações e contratos administrativos no âmbito da União, dos Estados, do Distrito Federal e Municípios), somente pode ser utilizado, na sistemática atual, pela União.

(B) Nos casos em que couber a Concorrência, a Administração sempre poderá utilizar a Tomada de Preços; a recíproca, contudo, não é verdadeira.

(C) A Lei n.8.666, de 1993, ao disciplinar a modalidade Concurso, estabelece normas gerais a serem observadas nos concursos públicos para a seleção de candidatos à ocupação de cargos e empregos públicos.

(D) O Convite é modalidade de licitação da qual somente podem participar licitantes previamente cadastrados pela Administração.

(E) A Lei n.8.666, de 1993, veda a criação de outras modalidades de licitação ou a combinação das modalidades nela referidas.

A: incorreta, pois a Lei 10.520/2002 instituiu o pregão como modalidade de licitação para todas as entidades federadas; **B:** incorreta. A regra está invertida: sempre é possível utilizar modalidade mais formal de licitação do que aquela autorizada em lei, não o inverso. Assim, se cabe convite, pode ser feita tomada de preços ou concorrência. Se cabe tomada de preços, pode ser feito concorrência. O caminho inverso, porém, nunca pode ser considerado (art. 23, § 4º, da Lei 8.666/1993); **C:** incorreta. O concurso regulamentado pela Lei 8.666/1993 é modalidade de licitação para escolha de trabalho técnico, científico ou artístico (art. 22, § 4º). O concurso público para admissão de pessoal é regulado pela Constituição Federal e, no âmbito da União, pela Lei 8.112/1991; **D:** incorreta. É possível a participação de pessoas que não estejam previamente cadastradas (art. 22, § 3º, da Lei 8.666/1993); **E:** correta, nos exatos termos do art. 22, § 8º, da Lei n. 8.666/1993.

Gabarito "E"

(Procurador da Fazenda Nacional – 2004 – ESAF) Especificamente quanto à modalidade de licitação denominada Pregão, assinale a opção <u>incorreta</u>.

(A) Tal modalidade somente é cabível para aquisição de bens ou contratação de serviços considerados comuns.
(B) É possível, em tal modalidade, a realização de licitação por meio eletrônico, conforme regulamentação específica.
(C) Em tal modalidade de licitação, é possível a apresentação não apenas de propostas escritas, mas também de lances verbais.
(D) Em tal modalidade de licitação, primeiro se promove o exame dos requisitos de habilitação dos licitantes, para somente após passar à fase de avaliação das propostas de preços.
(E) Aplicam-se apenas subsidiariamente, para a modalidade Pregão, as normas da Lei n. 8.666, de 1993.

A disciplina legal do pregão é dada pela Lei 10.520/2002. Ela estabelece o pregão como a modalidade de licitação para aquisição de bens ou contratação de serviços comuns, assim entendidos aqueles cujos padrões de desempenho e qualidade possam ser objetivamente definidos pelo edital, por meio de especificações usuais do mercado (art. 1º, parágrafo único). Existe, ainda, o pregão eletrônico, nos termos do Decreto 5.450/2005. A grande diferença do pregão em relação às demais modalidades de licitação é a possibilidade de lances verbais após a apresentação das propostas (art. 4º, VIII, da Lei 10.520/2002) e a inversão das etapas, ocorrendo primeiro a análise das propostas para, só depois, verificar os requisitos da habilitação dos participantes (art. 4º, XII, da Lei n. 10.520/2002). Por fim, cumpre ressaltar que aplicam-se subsidiariamente as normas da Lei 8.666/1993 (art. 9º da Lei 10.520/2002).

Gabarito "D"

(Analista – CGU – 2008 – ESAF) Determinada repartição militar teve parte de suas unidades operacionais e parte do prédio da Administração destruídas em razão de uma explosão em seu centro de munição. Em decorrência da explosão, verificou-se que diversos equipamentos bélicos e pólvoras ficaram expostos ao tempo, sofrendo risco de perecimento. Diante da urgência, decidiu-se realizar a contratação por emergência para recuperação de todas as instalações da unidade. Cabe ressaltar que a assessoria jurídica do órgão alertou os servidores envolvidos para o fato de que a contratação emergencial somente poderia ser utilizada para resguardar a integridade e segurança de bens e pessoas.

Diante da situação exposta, assinale a opção correta.

(A) A Administração agiu corretamente, porque seria possível realizar toda a tarefa no prazo de 190 dias, portanto inferior a 240 dias.
(B) A Administração não agiu corretamente, por não estar caracterizada a situação emergencial, e, por conseguinte, pela necessidade de realizar licitação para todas as unidades atingidas indiscriminadamente.
(C) A Administração não agiu corretamente, porque a dispensa de licitação por emergência somente poderia ocorrer para a recuperação dos compartimentos em que estavam contidos os equipamentos bélicos e pólvoras, por correrem risco de perecimento, devendo a recuperação do prédio da Administração ocorrer por licitação pública.
(D) A Administração agiu corretamente em razão de os equipamentos bélicos e pólvoras estarem expostos ao tempo e a recuperação do prédio da Administração também ser importante, mesmo sua recuperação total estando prevista para ser feita no prazo de 190 dias.
(E) A Administração agiu corretamente porque, em que pese o prazo previsto para o término das obras ser de 190 dias, a lei prevê a possibilidade de prorrogação do prazo máximo para a contratação por emergência.

C: correta – as contratações que ocorrem diretamente por inexigibilidade de licitação em razão de emergência logicamente devem ser realizadas restritivamente, de modo que as Forças Armadas não poderiam, a pretexto de reparar seu centro de munição, contratar diretamente a reforma de toda a unidade.

Gabarito "C"

(Analista – MPU – 2004 – ESAF) Entre as modalidades de licitação, assinale a opção que se refere à tomada de preços.

(A) Modalidade de licitação entre quaisquer interessados que, na fase inicial de habilitação preliminar, comprovem possuir requisitos mínimos de qualificação exigidos no edital para a execução de seu projeto.
(B) Modalidade de licitação entre quaisquer interessados, para a escolha de trabalho técnico, científico ou artístico, mediante a instituição de prêmios ou remuneração aos vendedores.
(C) Modalidade de licitação entre interessados do ramo pertinente a seu objeto, cadastrados ou não, escolhidos e convidados em número mínimo de três pela unidade administrativa a qual afixará, em local apropriado, cópia do instrumento convocatório.
(D) Modalidade de licitação entre quaisquer interessados para a venda de bens móveis inservíveis para a Administração Pública ou de produtos legalmente apreendidos ou penhorados.
(E) Modalidade de licitação entre interessados devidamente cadastrados ou que atenderem a todas as condições exigidas para o cadastramento até o terceiro dia anterior à data de recebimento das propostas, observada a necessária qualificação.

Art. 22, § 2º, da Lei 8.666/93.

Gabarito "E"

(Analista – MPU – 2004 – ESAF) A legislação das agências reguladoras estabeleceu a possibilidade de se utilizar, para a aquisição de bens e contratação de serviços por essas entidades, uma modalidade especial de licitação, prevista tão somente para essa categoria organizacional. Tal modalidade denomina-se:

(A) pregão
(B) consulta
(C) convite
(D) credenciamento
(E) registro de preços

Art. 37 da Lei 9.986/2000.

Gabarito "B"

(Técnico – ANEEL – 2009 – ESAF) Correlacione a contratação almejada pela Administração com a modalidade de licitação correspondente e assinale a opção correta.

(1) Concorrência
(2) Tomada de preços
(3) Concurso
(4) Leilão

( ) Para a alienação de bem imóvel cuja aquisição derivou de dação em pagamento.
( ) Para a concessão de direito real de uso.
( ) Para a escolha de trabalho técnico científico.
( ) Para a aquisição de imóvel.
( ) Para licitações internacionais em que o licitador disponha de cadastro internacional de fornecedores.

(A) 1/1/4/3/3
(B) 3/3/4/1/1
(C) 4/1/3/1/1
(D) 1/1/3/4/2
(E) 4/3/3/1/4

A *concorrência* é a modalidade que apresenta maior complexidade, e pode ser definida como a modalidade de licitação entre quaisquer interessados que, na fase inicial de habilitação preliminar, comprovem possuir os requisitos mínimos de qualificação exigidos no edital para execução de seu objeto (art. 22, § 1º). Em regra, a concorrência é utilizada para contratação de obras, serviços de engenharia, compras e serviços de grande vulto. *Tomada de preços* é a modalidade de licitação entre interessados devidamente cadastrados ou que atenderem a todas as condições exigidas para cadastramento até o terceiro dia anterior à data do recebimento das propostas, observada a necessária qualificação (art. 22, § 2º). A tomada de preços exige cadastramento prévio à abertura do procedimento licitatório. *Concurso* é a modalidade de licitação que ocorre entre quaisquer interessados para escolha de trabalho técnico, científico ou artístico, mediante a instituição de prêmios ou remuneração aos vencedores, conforme critérios previamente definidos em edital publicado na imprensa oficial com antecedência mínima de 45 (quarenta e cinco) dias (art. 22, § 4º). O concurso deve ser precedido de regulamento próprio, onde deverá constar a qualificação exigida dos participantes; as diretrizes e a forma de apresentação do trabalho; as condições de realização do concurso e os prêmios a serem concedidos. Em se tratando de projeto, o vencedor deverá autorizar a Administração a executá-lo quando julgar conveniente (art. 52, §§ 1º e 2º). No concurso, o julgamento será feito por uma comissão especial integrada por pessoas de reputação ilibada e reconhecido conhecimento da matéria em exame, servidores públicos ou não (art. 51, § 5º). O *leilão* é a modalidade de licitação entre quaisquer interessados que tem por objetivo a venda de bens móveis inservíveis para a Administração ou de produtos legalmente apreendidos ou penhorados, ou para a alienação de bens imóveis prevista no art. 19 da Lei 8.666/1993, a quem oferecer o maior lance, igual ou superior ao valor da avaliação (art. 22, § 5º).

Gabarito "C"

(Analista – CGU – 2012 – ESAF) A coluna I, abaixo, traz uma relação de objetos para cuja contratação a Administração Pública está obrigada a licitar.

A coluna II elenca determinadas modalidades de licitação.

Correlacione as colunas e ao final assinale a opção que contenha a sequência correta para a coluna I

Coluna I

( ) Venda de produtos apreendidos ou penhorados.
( ) Escolha de trabalho técnico, científico, ou artístico mediante a instituição de prêmio.
( ) Para a contratação de bens ou serviços comuns.
( ) Para a concessão de direito real de uso.
( ) No caso de licitação internacional em que não haja cadastro internacional de fornecedores.

Coluna II

(1) Concorrência.
(2) Pregão.
(3) Leilão.
(4) Concurso.

(A) 1 / 2 / 3 / 4 / 1
(B) 3 / 4 / 1 / 2 / 1
(C) 3 / 4 / 2 / 1 / 1
(D) 2 / 4 / 2 / 1 / 3
(E) 4 / 3 / 1 / 2 / 2

3: O leilão é a modalidade de licitação entre quaisquer interessados que tem por objetivo a venda de bens móveis inservíveis para a Administração ou de produtos legalmente apreendidos ou penhorados, ou para a alienação de bens imóveis prevista no art. 19 da Lei 8.666/1993, a quem oferecer o maior lance, igual ou superior ao valor da avaliação (art. 22, § 5º). **4:** Concurso é a modalidade de licitação que ocorre entre quaisquer interessados para escolha de trabalho técnico, científico ou artístico, mediante a instituição de prêmios ou remuneração aos vencedores, conforme critérios previamente definidos em edital publicado na imprensa oficial com antecedência mínima de 45 (quarenta e cinco) dias (art. 22, § 4º). **2:** O pregão é uma modalidade de licitação não compreendida na lei de licitações. Tal modalidade foi instituída pela Lei 10.520/2002 para aquisição de bens e serviços comuns pela União, Estados, Distrito Federal e Municípios, conforme disposto em regulamento, qualquer que seja o valor da contratação, podendo ocorrer na forma presencial ou eletrônica. Para todos os efeitos, consideram-se bens e serviços comuns, aqueles cujos padrões de desempenho e qualidade possam ser objetivamente definidos pelo edital, por meio de especificações usuais no mercado (art. 1º, parágrafo único da Lei 10.520/2002); **1:** Em regra a concorrência é utilizada para contratação de obras, serviços de engenharia, compras e serviços de grande vulto. A concorrência é a modalidade de licitação cabível, qualquer que seja o valor de seu objeto, tanto na compra ou alienação de bens imóveis, ressalvado o disposto no art. 19 da Lei 8.666/1993, como nas concessões de direito real de uso e nas licitações internacionais, admitindo-s,e neste último caso, observados os limites impostos pelo art. 23 da Lei 8.666/1993, a tomada de preços, quando o órgão ou entidade dispuser de cadastro internacional de fornecedores ou o convite, quando não houver fornecedor do bem ou serviço no País (art. 23, § 3º).

Gabarito "C"

1.4. FASES/PROCEDIMENTO (EDITAL, HABILITAÇÃO, JULGAMENTO, ADJUDICAÇÃO E HOMOLOGAÇÃO)

(Analista – MPU – 2004 – ESAF) Dos atos da Administração, decorrentes de aplicação da Lei nº 8.666/93, em matéria de licitação ou contrato, no caso de julgamento das propostas, cabe recurso administrativo, no prazo de

(A) 5 dias úteis, sem efeito suspensivo.
(B) 10 dias úteis, sem efeito suspensivo.
(C) 15 dias consecutivos, sem efeito suspensivo.

(D) 10 dias úteis, com efeito suspensivo.
(E) 5 dias úteis, com efeito suspensivo.

Art. 109, I, *b*, § 2º, da Lei 8.666/1993.

Gabarito "E".

2. CONTRATOS

2.1. DISPOSIÇÕES PRELIMINARES

(Analista – ANEEL – 2004 – ESAF) Os contratos administrativos, regidos pela Lei 8.666/1993, por expressa previsão legal, regem-se pelas suas cláusulas,

(A) com exclusão da incidência de quaisquer outros preceitos ou princípios, de direito público ou privado.
(B) entre as quais não se incluem, necessariamente, as que estabeleçam os casos de rescisão e a legislação aplicável à sua execução.
(C) não se lhes aplicando, supletivamente, os princípios da teoria geral dos contratos.
(D) aplicando-se-lhes, supletivamente, as disposições do direito privado.
(E) sendo elas desvinculadas do edital da respectiva licitação e dos termos de sua dispensa ou inexigibilidade.

Os contratos administrativos são regidos pelas normas de direito público. Contudo, é bom frisar que os contratos celebrados entre a Administração Pública e particulares são regidos pelas normas de direito privado, mais especificamente do Direito Civil e Empresarial, a exemplos de contratos de compra e venda, permutas, locações, etc. Porém, o que diferencia o contrato administrativo do contrato privado é a existência de *cláusulas exorbitantes*. Estas, consistem em *prerrogativas especiais* para a Administração Pública, fato que se dá em razão da supremacia do interesse público sobre o interesse privado.

Gabarito "D".

(Analista – MPU – 2004 – ESAF) De regra, os contratos administrativos, regidos pela Lei nº 8.666/93, devem ter sua duração adstrita à vigência dos respectivos créditos orçamentários, mas entre as exceções incluem-se os relativos à prestação de serviços, a serem executados de forma continuada, que poderão tê-la

(A) prorrogada, por iguais e sucessivos períodos, até 60 meses.
(B) fixada em 10 anos.
(C) prorrogada, por iguais e sucessivos períodos, até 48 meses.
(D) fixada em 5 anos.
(E) prorrogada, por iguais e sucessivos períodos, até 10 anos.

Art. 57, II, da Lei 8.666/93.

Gabarito "A".

2.2. CONCEITO, CARACTERÍSTICAS PRINCIPAIS, FORMALIZAÇÃO E CLÁUSULAS CONTRATUAIS NECESSÁRIAS

(Procurador da Fazenda Nacional – 2004 – ESAF) O regime jurídico dos contratos administrativos confere à Administração, em relação a eles, diversas prerrogativas, entre as quais <u>não</u> se inclui

(A) fiscalizar-lhes a execução.
(B) aplicar sanções motivadas pela inexecução total ou parcial do ajuste.
(C) rescindi-los, unilateralmente, nos casos especificados em lei.
(D) alterar, unilateralmente, as cláusulas econômico--financeiras e monetárias dos contratos administrativos.
(E) modificá-los, unilateralmente, para melhor adequação às finalidades de interesse público, respeitados os direitos do contratado.

Todas as alternativas constam no art. 58 da Lei 8.666/1993, exceto a letra "D". Com efeito, a alteração das cláusulas econômico--financeiras e monetárias do contrato administrativo não podem ser alteradas unilateralmente pela Administração, sob pena de se impor excessiva onerosidade para a outra parte. Tais cláusulas devem ser alteradas por mútuo acordo (art. 58, § 1º).

Gabarito "D".

(Analista – Ministério da Int. Nacional – 2012 – ESAF) Não constitui cláusula exorbitante dos contratos administrativos, legalmente prevista, a que estabeleça a seguinte possibilidade:

(A) de aplicação de sanções pela Administração contratante.
(B) de alteração unilateral de cláusulas contratuais.
(C) de rescisão unilateral do contrato.
(D) de ocupação provisória de móveis, imóveis, pessoal e serviços vinculados ao objeto do contrato.
(E) de prorrogação unilateral dos contratos de serviços contínuos.

A Administração Pública em razão da supremacia do interesse público sobre o interesse privado e da indisponibilidade do interesse público, possui algumas prerrogativas (privilégios). Dentre estas, encontram-se as chamadas cláusulas exorbitantes. O art. 58, I a V, da Lei 8.666/1993, elenca as principais cláusulas exorbitantes, pois o regime jurídico dos contratos administrativos confere à Administração a prerrogativa de: modificá-los, unilateralmente, para melhor adequação às finalidades de interesse público, respeitados os direitos do contratado; rescindi-los, unilateralmente, nos casos especificados no inc. I do art. 79 da Lei 8.666/1993; fiscalizar-lhes a execução; aplicar sanções motivadas pela inexecução total ou parcial do ajuste e, nos casos de serviços essenciais, ocupar provisoriamente bens móveis, imóveis, pessoal e serviços vinculados ao objeto do contrato, na hipótese da necessidade de acautelar apuração administrativa de faltas contratuais pelo contratado, bem como na hipótese de rescisão do contrato administrativo. A prorrogação unilateral dos contratos de serviços contínuos não está prevista no art. 58 da Lei 8.666/1993 como hipótese de cláusula exorbitante.

Gabarito "E".

(ADVOGADO – IRB – 2006 – ESAF) Assinale a opção que contemple cláusula exorbitante possível nos contratos públicos e privados.

(A) Rescisão unilateral do contrato.
(B) Exigência de garantia.
(C) Alteração unilateral do contrato.
(D) Anulação.
(E) Retomada do objeto.

A, C, D e **E:** incorretas, pois essas cláusulas são típicas de contratos públicos (art. 58 da Lei 8.666/1993); **B:** correta, pois a garantia é exigência comum tanto em contratos públicos, como em contratos privados (ex: fiança, seguro etc).

Gabarito "B".

(Analista – CGU – 2008 – ESAF) Sobre os contratos administrativos, é correto afirmar que:

(A) o contratado, na execução do contrato, sem prejuízo das responsabilidades contratuais e legais, não poderá subcontratar partes da obra.
(B) a Administração Pública responde solidariamente com o contratado pelos encargos previdenciários resultantes da execução do contrato, nos termos do art. 31 da Lei nº 8.212, de 24 de julho de 1991.
(C) executado qualquer objeto contratual, a lei admite apenas o recebimento definitivo do objeto.
(D) constitui motivo para a rescisão unilateral do contrato o atraso superior a 60 dias dos pagamentos devidos pela Administração.
(E) a supressão resultante de acordo celebrado entre os contratantes sobre a redução no quantitativo do objeto não poderá exceder a 25% do valor inicial atualizado do contrato.

A: incorreta – O contratado, na execução do contrato, sem prejuízo das responsabilidades contratuais e legais, poderá subcontratar partes da obra, serviço ou fornecimento, até o limite admitido, em cada caso, pela Administração – art. 72 da Lei nº 8.666/1993; **B:** correta – art. 71, § 2º da Lei nº 8.666/1993; **C:** incorreta – art. 73, I da Lei nº 8.666/1993; **D:** incorreta – o atraso deve ser superior a 90 dias – art. 78, XV da Lei nº 8.666/1993; **E:** incorreta – por acordo entre as partes essa supressão em porcentagem maior de 25% é possível – art. 65 da Lei nº 8.666/1993.

Gabarito "B"

(Auditor Fiscal da Previdência Social – 2002 – ESAF) Aos contratos administrativos, regidos pela Lei 8.666/1993, para a realização de obras públicas,

(A) não se aplicam princípios da teoria geral dos contratos.
(B) não se aplicam disposições do direito privado.
(C) aplicam-se, supletivamente, preceitos de direito público.
(D) aplicam-se, supletivamente, preceitos de direito privado.
(E) não se vinculam os preceitos licitatórios de que decorrem.

Art. 54 da Lei 8.666/1993.

Gabarito "D"

(Auditor Fiscal da Previdência Social – 2002 – ESAF) Em razão da observância do princípio da publicidade, conforme previsão expressa na Lei 8.666/1993, os contratos administrativos devem ser publicados

(A) integralmente, no órgão da imprensa oficial.
(B) integralmente, no Boletim Interno do órgão respectivo.
(C) resumidamente, na imprensa oficial e em jornal de circulação local.
(D) resumidamente, no órgão da imprensa oficial.
(E) resumidamente, na imprensa oficial e, integralmente, no Boletim Interno do órgão respectivo.

Art. 61, parágrafo único, da Lei 8.666/1993.

Gabarito "D"

(Técnico da Receita Federal – 2003 – ESAF) As normas gerais, relativas a contratos administrativos, contidas na Lei 8.666/1993, assim como as prerrogativas conferidas à Administração, em razão do seu regime jurídico, aplicam-se aos de seguro, de financiamento e de locação (em que o Poder Público seja locatário), no que couber.

(A) Correta a assertiva.
(B) Incorreta a assertiva, porque esses contratos, desde que a Administração seja parte, são todos e por inteiro regidos pela Lei 8.666/1993.
(C) Incorreta a assertiva, porque esses contratos, mesmo tendo a Administração como parte, são todos regidos, exclusivamente, pelas normas de direito privado.
(D) incorreta a assertiva, porque desses contratos só os de locação são regidos pela Lei 8.666/1993, pois os de seguro e financiamento subordinam-se, inteiramente, às normas de direito civil.
(E) Incorreta a assertiva, porque o regime jurídico da Lei 8.666/1993 só se aplica aos contratos em que a Administração for parte contratante, e não nesses casos indicados.

Art. 62, § 3º, I, da Lei 8.666/1993.

Gabarito "A"

(Técnico da Receita Federal – 2002.2 – ESAF) Toda conduta, ação ou omissão da autoridade administrativa ou do poder público, que tenha incidência sobre contrato firmado com particular, de certa forma retardando ou impedindo sua execução, entende-se como sendo 275

(A) caso fortuito.
(B) fato da administração.
(C) fato do príncipe.
(D) força maior.
(E) teoria da imprevisão.

O enunciado traz o conceito de fato da administração, que é o *fato específico* da administração, que incide sobre determinado contrato, retardando ou impedindo sua execução. Esse fato se contrapõe ao fato do príncipe, que é o *fato geral* da administração, que acaba interferindo em contratos administrativos, gerando um desequilíbrio contratual.

Gabarito "B"

(Técnico da Receita Federal – 2002.2 – ESAF) Aos convênios celebrados por órgãos da Administração Pública Federal Direta

(A) não se aplicam as disposições da Lei 8.666/1993, que estabelece normas gerais sobre licitações e contratos administrativos.
(B) aplicam-se as disposições da Lei 8.666/1993.
(C) só se aplicam as disposições da Lei 8.666/1993, quanto às chamadas cláusulas derrogativas ou excepcionais.
(D) só se aplicam as disposições da Lei 8.666/1993, quanto à exigência de licitação.
(E) aplicam-se as disposições da Lei 8.666/1993, no que couber.

Art. 116 da Lei 8.666/1993.

Gabarito "E"

(Auditor Fiscal/Teresina-PI – 2001 – ESAF) Na doutrina do contrato administrativo, a situação decorrente de uma decisão da Administração contratante, de caráter geral e imperativo, a provocar o desequilíbrio do contrato, denomina-se:

(A) fato do príncipe.
(B) teoria da imprevisão.
(C) fato imprevisto.
(D) força maior.
(E) fato da administração.

O enunciado traz o conceito de fato do príncipe, que é o *fato geral* da administração, que acaba interferindo em contratos administrativos, gerando um desequilíbrio contratual. Esse fato se contrapõe ao fato da administração, que é o *fato específico* da administração, que incide sobre determinado contrato, retardando ou impedindo sua execução.

Gabarito "A".

(Técnico – ANEEL – 2009 – ESAF) Assinale a opção que contemple um exemplo de contrato firmado pela Administração sem a presença das cláusulas exorbitantes.

(A) Fornecimento de bens e serviços de informática.
(B) Terceirização de mão de obra.
(C) Assinatura de periódicos.
(D) Manutenção de elevadores.
(E) Contrato de seguro.

A Administração Pública, em razão da supremacia do interesse público sobre o interesse privado e da indisponibilidade do interesse público, possui algumas prerrogativas (privilégios). Dentre estas, encontram-se as chamadas cláusulas exorbitantes, justamente porque exorbitam, extrapolam as cláusulas comuns admissíveis nos contratos regidos pelo direito privado. Estabelece o art. 62, § 3º, I, que "aos contratos de seguro, de financiamento, de locação em que o Poder Público seja locatário, e aos demais cujo conteúdo seja regido, predominantemente, por norma de direito privado." Por isso, tais contratos não possuem as prerrogativas aplicáveis aos contratos públicos, mais especificamente as cláusulas exorbitantes.

Gabarito "E".

2.3. ALTERAÇÃO DOS CONTRATOS

(Procurador da Fazenda Nacional – 2003 – ESAF) Conforme a legislação federal vigente sobre o tema, a superveniência de qualquer tributo ou encargo geral, ocorrida após a data de apresentação da proposta, enseja a possibilidade de revisão dos preços do contrato administrativo em execução.

Esta alteração do contrato administrativo ampara-se no seguinte instituto:

(A) teoria da imprevisão
(B) fato do príncipe
(C) força maior
(D) fato da administração
(E) caso fortuito

Teoria da imprevisão é gênero, comportando qualquer situação imprevisível e inevitável cuja ocorrência implica no desequilíbrio econômico-financeiro do contrato e enseja a revisão de suas cláusulas. Trata, a questão, do fato do príncipe, conceituado como qualquer medida geral da Administração Pública não vinculada diretamente ao contrato administrativo em questão, mas que nele acaba por repercutir criando um entrave econômico-financeiro. A instituição de tributos ou encargos gerais é exemplo clássico de fato do príncipe. Fato da administração, por sua vez, é o ato ou omissão administrativa que incide direta e especificamente sobre o contrato administrativo analisado, como a recusa ao fornecimento de materiais quando restou acertado que o Poder Público os entregaria. Caso fortuito é o acontecimento humano imprevisível e inevitável que impede a regular execução do contrato (ex.: greve), ao passo que força maior pressupõe fenômeno natural com consequências danosas (ex.: enchente). Frise-se que a doutrina diverge na conceituação desses dois últimos institutos, havendo autores que os colocam com os conceitos invertidos.

Gabarito "B".

(Analista – CGU – 2012 – ESAF) A coluna I, abaixo, traz as características de três instrumentos jurídicos utilizados para a recomposição da equação econômico-financeira. Já a coluna II traz a nomenclatura desses institutos. Correlacione as colunas I e II para, ao final, assinalar a sequência correta para a coluna I.

Coluna I

( ) Solução aplicável apenas para os contratos de serviços contínuos, objeto de renovação, nos termos do art. 57, II da Lei 8.666/1993. Elimina a indexação absoluta dos preços.
( ) Consiste em análise realizada ordinária ou extraordinariamente, destinada a reestabelecer a relação original entre encargos e vantagens. Resume-se numa comparação entre as situações existentes em dois momentos distintos.
( ) Envolve uma previsão contratual de indexação da remuneração devida ao particular a um determinado índice, de modo a promover a alteração do preço periodicamente de acordo com a variação do referido índice.

Coluna II

(1) Revisão.
(2) Reajuste.
(3) Repactuação.

(A) 1 / 2 / 3
(B) 3 / 1 / 2
(C) 2 / 1 / 3
(D) 1 / 3 / 2
(E) 3 / 2 / 1

1: Quaisquer tributos ou encargos legais criados, alterados ou extintos, bem como a superveniência de disposições legais, quando ocorridas após a data da apresentação da proposta, de comprovada repercussão nos preços contratados, implicarão a *revisão* destes para mais ou para menos, conforme o caso (art. 65, § 5º); **2:** A variação do valor contratual para fazer face ao *reajuste* de preços previsto no próprio contrato, as atualizações, compensações ou penalizações financeiras decorrentes das condições de pagamento nele previstas, bem como o empenho de dotações orçamentárias suplementares até o limite do seu valor corrigido, não caracterizam alteração do mesmo, podendo ser registrados por simples apostila, dispensando a celebração de aditamento (art. 65, § 8º). **3:** A duração dos contratos regidos pela Lei de Licitações ficará adstrita à vigência dos respectivos créditos orçamentários, exceto quanto aos relativos: à prestação de serviços a serem executados de forma contínua, que *poderão ter a sua duração prorrogada* por iguais e sucessivos períodos com vistas à obtenção de preços e condições mais vantajosas para a administração, limitada a sessenta meses (art. 57, II).

Gabarito "B".

(Técnico da Receita Federal – 2002.1 – ESAF) Os contratos administrativos, regidos pela Lei 8.666/1993, poderão ser alterados unilateralmente pela Administração contratante, com as devidas justificativas, quando

(A) houver modificação do projeto ou das especificações, para melhor adequação técnica aos seus objetivos.
(B) por ser conveniente a substituição da garantia de sua execução.
(C) necessária a modificação do regime de execução da obra ou do serviço, bem como do modo de fornecimento, em face de verificação técnica da inaplicabilidade dos termos contratuais originários.
(D) necessária a modificação da forma de pagamento, por imposição de circunstâncias supervenientes.
(E) para restabelecer a relação que as partes pactuaram inicialmente entre os encargos do contrato e a retribuição da Administração, objetivando manter o equilíbrio econômico-financeiro inicial do contrato.

Art. 65, I, da Lei 8.666/1993.

Gabarito "A".

(Agente Fiscal/PI – 2001 – ESAF) Entre as hipóteses de alteração do contrato administrativo abaixo, assinalar aquela que se dá por ato unilateral da administração.

(A) Quando conveniente a substituição da garantia da execução.
(B) Para restabelecer a relação que as partes pactuaram inicialmente entre os encargos do contratado e a retribuição da administração.
(C) Quando necessária a modificação do valor contratual em decorrência de acréscimo ou diminuição quantitativa de seu objeto, nos limites da lei.
(D) Quando necessária a modificação da forma de pagamento, por imposição de circunstâncias supervenientes, mantido o valor inicial atualizado.
(E) Quando necessária a modificação do regime de execução da obra ou serviço, bem como do modo de fornecimento.

Art. 65, I, da Lei 8.666/1993.

Gabarito "C".

2.4. INEXECUÇÃO E RESCISÃO DOS CONTRATOS

(Analista – CGU – 2012 – ESAF) Determinada municipalidade firmou contrato de prestação de serviços com a empresa "W". A contratação ainda vigia quando foi declarada nula, após o Tribunal de Contas competente para fiscalizar o Município ter apontado vício insanável ante a ausência de prévia licitação.

Acerca da situação fática acima narrada, assinale a opção correta.

(A) Quando houve a declaração de nulidade, as prestações resolveram-se de parte a parte, sendo dever de cada um suportar os próprios prejuízos.
(B) O contratado faz jus à indenização dos prejuízos ainda que tenha concorrido para a nulidade.
(C) O ente público não poderá deixar de efetuar o pagamento pelos serviços prestados, ou pelos prejuízos decorrentes do encerramento antecipado da avença.
(D) O custo da desmobilização não deve integrar os danos emergentes porquanto já pago nas parcelas iniciais do contrato.
(E) Não há que se falar em indenização do contratado pelos lucros cessantes, sendo devida apenas a reparação pelos danos emergentes regularmente comprovados.

Em regra, a anulação do contrato administrativo não gera obrigação de indenizar por parte da Administração Pública (art. 49, § 1º). Entretanto, *a nulidade não exonera a Administração do dever de indenizar o contratado pelo que este houver executado até a data em que ela for declarada e por outros prejuízos regularmente comprovados*, contanto que não lhe seja imputável, promovendo-se a responsabilidade de quem lhe deu causa (art. 59, parágrafo único).

Gabarito "C".

2.5. FIGURAS ASSEMELHADAS (CONTRATO DE GESTÃO, TERMO DE PARCERIA, CONVÊNIO, CONTRATO DE PROGRAMA ETC.)

(Procurador da Fazenda Nacional – 2007.2 – ESAF) Assinale a opção incorreta.

(A) A obrigatoriedade de celebração de convênio não se aplica aos casos em que lei específica discipline a transferência de recursos para execução de programas em parceria do Governo Federal com governos estaduais e municipais, que regulamente critérios de habilitação.
(B) A liberação de recursos financeiros por força de convênio, nos casos em que o convenente não integre os orçamentos fiscal e da seguridade social, constituirá despesa do concedente; e o recebimento, receita do convenente.
(C) No caso da apresentação da prestação de contas ou recolhimento integral do débito imputado, antes do encaminhamento da Tomada de Contas Especial ao Tribunal de Contas da União, deverá ser dada a baixa do registro de inadimplência.
(D) Na hipótese de a prestação de contas não ser aprovada e exauridas todas as providências cabíveis, o ordenador de despesas registrará o fato no Cadastro de Convênios no SIAFI (Sistema Integrado de Administração Financeira do Governo Federal).
(E) Quando o convênio compreender a aquisição de equipamentos e materiais permanentes, não será obrigatória a estipulação do destino a ser dado aos bens remanescentes na data da extinção do acordo ou ajuste.

A: correta (art. 1º, § 4º, da Portaria STN 01/1997); **B:** correta (art. 19 da Portaria STN 01/1997); **C:** correta (art. 38, § 2º, I, da Portaria STN 01/1997); **D:** correta (art. 31, § 4º, da Portaria STN 01/1997); **E:** incorreta (art. 26 da Portaria STN 01/1997).

Gabarito "E".

(Procurador da Fazenda Nacional – 2007 – ESAF) Em observância à Instrução Normativa STN (Secretaria do Tesouro Nacional) 01/1997, a qual disciplina a celebração de convênios de natureza financeira que tenham por objeto a execução de projetos ou realização de eventos e dá outras providências, assinale a opção incorreta.

(A) A execução descentralizada de Programa de Trabalho a cargo de órgãos e entidades da Administração Pública Federal, Direta e Indireta, que envolva a transferência de recursos financeiros oriundos de dotações consignadas nos Orçamentos Fiscal e da Seguridade Social, objetivando a realização de programas de trabalho, projeto, atividade, ou de eventos com duração certa, será efetivada mediante a celebração de convênios ou destinação por Portaria Ministerial.

(B) Para fins da Instrução Normativa STN (Secretaria do Tesouro Nacional) n. 01/1997, considera-se convenente o instrumento qualquer que discipline a transferência de recursos públicos e tenha como partícipe órgão da administração pública federal direta, autárquica ou fundacional, empresa pública ou sociedade de economia mista que estejam gerindo recursos dos orçamentos da União, visando à execução de programas de trabalho, projeto/atividade ou evento de interesse recíproco, em regime de mútua cooperação.

(C) É vedado celebrar convênio, efetuar transferência, ou conceder benefícios sob qualquer modalidade, destinado a órgão ou entidade da Administração Pública Federal, estadual, municipal, do Distrito Federal, ou para qualquer órgão ou entidade, de direito público ou privado, que esteja em mora.

(D) É vedada a inclusão, tolerância ou admissão, nos convênios, sob pena de nulidade do ato e responsabilidade do agente, de cláusulas ou condições que prevejam ou permitam a realização de despesas com publicidade, salvo as de caráter educativo.

(E) Assinarão, obrigatoriamente, o termo de convênio os partícipes, duas testemunhas devidamente qualificadas e o interveniente, se houver.

A: correta (art. 1º, § 1º, I, da Portaria STN 01/1997); **B:** incorreta (art. 1º, § 1º, III, da Portaria STN 01/1997); **C:** correta (art. 5º, I, da Portaria STN 01/1997); **D:** correta (art. 8º, IX, da Portaria STN 01/1997); **E:** correta (art. 10 da Portaria STN 01/1997).

Gabarito "B".

3. TEMAS COMBINADOS

(Analista – CGU – 2012 – ESAF) Determinada municipalidade realizou procedimento licitatório para contratação de empresa a ser responsável pela construção de 2 km de rede coletora de esgoto.

Findo o certame, sua homologação foi realizada pelo prefeito do município contratante. Adjudicou-se o objeto licitado à empresa de propriedade do sobrinho do referido prefeito.

A referida licitação foi realizada sob a modalidade de convite, tendo sido a empresa vencedora a única a comparecer ao certame.

A despeito da exigência editalícia de apresentação de CND, relativamente à regularidade fiscal da licitante, foram apresentadas declarações de auditores fiscais que atestavam a inexistência de débitos.

Acerca do caso concreto acima narrado, assinale a opção correta.

(A) O procedimento licitatório foi regular, não havendo qualquer vício em sua homologação ou adjudicação.

(B) Não há, na Lei 8.666/1993, qualquer dispositivo que proíba a participação de parentes nas licitações em que o servidor público atue na condição de responsável pela homologação do certame, portanto, foi regular a homologação realizada pelo prefeito da municipalidade.

(C) Declarações de auditores fiscais podem atestar a regularidade fiscal do licitante, não sendo exigível a certidão negativa de débitos para este fim.

(D) O fato de a empresa vencedora ter sido a única licitante a apresentar proposta válida não ensejaria, por si só, a repetição do convite, ainda que não tenham sido apostas justificativas formais para a ausência de outros licitantes concorrentes.

(E) Houve conflito de interesses na condução do certame, configurando-se violação da norma contida nos §§ 3º e 4º do art. 9º da Lei 8.666/1993.

Estabelece o art. 9º em seus §§ 3º e 4º que: "Não poderá participar, direta ou indiretamente, da licitação ou da execução de obra ou serviço e do fornecimento de bens a eles necessários: (...) § 3º. Considera-se participação indireta, para fins do disposto neste artigo, a existência de qualquer vínculo de natureza técnica, comercial, econômica, financeira ou trabalhista entre o autor do projeto, pessoa física ou jurídica, e o licitante ou responsável pelos serviços, fornecimentos e obras, incluindo-se os fornecimentos de bens e serviços a estes necessários. § 4º. O disposto no parágrafo anterior aplica-se aos membros da comissão de licitação."

Gabarito "E".

(Analista – CGU – 2012 – ESAF) Determinado órgão pertencente à estrutura da União é participante de registro de preços regularmente processado para a aquisição de papel A4. A despeito do registro da ata resultante do certame acima referido, o citado órgão resolve promover licitação na modalidade de Pregão para a contratação de papel A4. A respeito do caso hipotético acima narrado, indique a opção correta.

(A) Não é lícito ao órgão promover nova licitação para a contratação de objeto constante da ata de registro de preços da qual seja participante.

(B) Independentemente do preço ofertado, o órgão estará obrigado a contratar como licitante vitorioso na segunda licitação, posto que não realizada pelo sistema de registro de preços.

(C) Caso o preço ofertado pelo licitante vitorioso na segunda licitação seja o mesmo preço registrado em ata, terá preferência na aquisição o licitante cujo preço consta registrado em ata.

(D) Para fins de aplicação do art. 7º do Decreto 3.931/2001, não basta cotejar somente os preços respectivamente ofertados na segunda licitação e os registrados em ata, sendo necessário analisar as condições das propostas, a fim de buscar a existência de igualdade de condições.

(E) O órgão público está obrigado a mencionar, no termo de referência da segunda licitação, a existência de ata de registro de preços da qual faça parte e que conte com o mesmo objeto então licitado.

O Sistema de Registros de Preços foi regulamentado pelo Decreto 3.931/2001(com algumas modificações posteriores advindas do Decreto 4.342/2002), que o definiu como o *conjunto de procedimentos para registro formal de preços relativos à prestação de serviços e aquisição de bens, para contratações futuras* (art. 1º, I do Decreto 3.931/2001). Segundo dispõe em seu art. 7º *a existência de preços registrados não obriga a Administração a firmar as contratações que deles poderão advir, facultando-se a realização de licitação específica para a aquisição pretendida, sendo assegurado ao beneficiário do registro a preferência de fornecimento em igualdade de condições.*

Gabarito "D".

(Analista – CGU – 2012 – ESAF) São contratos que podem durar além da vigência da Lei Orçamentária Anual, exceto:

(A) os contratos autorizados pelo plano plurianual.

(B) a contratação de serviços contínuos.

(C) a aquisição ou restauração de obras de arte e objetos históricos, de autenticidade certificada, desde que compatíveis ou inerentes às finalidades do órgão ou entidade.

(D) a contratação de equipamentos e programas de informática.

(E) a locação de imóvel destinado ao atendimento das finalidades precípuas da Administração, cujas necessidades de instalação e localização condicionem a sua escolha, desde que o preço seja compatível com o valor de mercado, segundo avaliação prévia.

De início, convém destacar que é *vedado* o contrato com *prazo* de vigência *indeterminado* (art. 57, § 3º), ficando a duração dos mesmos, como regra, limitados à vigência dos respectivos créditos orçamentários, exceto nos casos enumerados no art. 57, em seus incs. **I, II** e **IV**: "I – aos projetos cujos produtos estejam contemplados nas metas estabelecidas no Plano Plurianual, os quais poderão ser prorrogados se houver interesse da Administração e desde que isso tenha sido previsto no ato convocatório; II – à prestação de serviços a serem executados de forma contínua, que poderão ter a sua duração prorrogada por iguais e sucessivos períodos com vistas à obtenção de preços e condições mais vantajosas para a Administração, limitada a sessenta meses; IV – ao aluguel de equipamentos e à utilização de programas de informática, podendo a duração estender-se pelo prazo de até 48 (quarenta e oito) meses após o início da vigência do contrato." Estão excluídos a aquisição ou restauração de obras de arte e objetos históricos, de autenticidade certificada, desde que compatíveis ou inerentes às finalidades do órgão ou entidade.

Gabarito "C".

(Analista – CGU – 2012 – ESAF) A aplicação da teoria da imprevisão deriva da conjugação dos seguintes requisitos, exceto:

(A) Inimputabilidade do evento às partes.

(B) Ausência de impedimento absoluto.

(C) Imprevisibilidade do evento ou incalculabilidade de seus efeitos.

(D) Grave modificação das condições do contrato.

(E) Álea ordinária, também chamada de risco do negócio.

A teoria da imprevisão se dá quando após a celebração do contrato administrativo, surgem situações imprevisíveis e extraordinárias, que torna extremamente difícil o cumprimento das cláusulas contratuais. Estabelece a lei civil que, *se a prestação de uma das partes se tornar excessivamente onerosa, com extrema vantagem para a outra, em virtude de acontecimentos extraordinários e imprevisíveis, poderá o devedor pedir a resolução do contrato* (art. 478 do CC). O que fundamenta a teoria da imprevisão dos contratos é cláusula *rebus sic stantibus*. Tal expressão significa que *se as coisas não permanecerem como eram no momento da celebração*, as partes podem alegar que os fatos imprevistos e imprevisíveis justificam o inadimplemento do contrato. Todavia, o que autoriza a aplicação da cláusula *rebus sic stantibus* é somente a álea econômica extraordinária e extracontratual que correspondem a exemplos de crises econômicas, desastres naturais e outros. Tais fatos causam desequilíbrio econômico-financeiro ou a impossibilidade de execução do contrato nos termos pactuados (art. 65, II, "d").

Gabarito "E".

(Analista – CGU – 2012 – ESAF) A empresa "X", contratada pela União Federal, por intermédio do Ministério da Fazenda para prestar serviços de limpeza, conservação e asseio, solicita ao contratante a recomposição do equilíbrio econômico-financeiro do contrato em virtude do aumento salarial determinado por dissídio coletivo da categoria profissional e com base na teoria da imprevisão.

Acerca da situação fática acima narrada e de acordo com a jurisprudência majoritária no STJ, assinale a opção correta.

(A) O dissídio coletivo é acontecimento imprevisível capaz de legitimar a aplicação da teoria da imprevisão.

(B) O dissídio coletivo é acontecimento previsível, porém de consequências incalculáveis e, portanto, legitima a aplicação da teoria da imprevisão.

(C) O dissídio coletivo da categoria profissional constitui-se em álea ordinária, capaz de legitimar a teoria da imprevisão.

(D) O aumento salarial dos empregados da contratada em virtude de dissídio coletivo constitui evento certo que deveria ser levado em conta quando da efetivação da proposta.

(E) O dissídio coletivo de categoria profissional configura álea extraordinária, capaz de possibilitar a aplicação da teoria da cláusula *rebus sic stantibus*.

A teoria da imprevisão se dá quando após a celebração do contrato administrativo, surgem situações imprevisíveis e extraordinárias, que torna extremamente difícil o cumprimento das cláusulas contratuais. Estabelece a lei civil que, *se a prestação de uma das partes se tornar excessivamente onerosa, com extrema vantagem para a outra, em virtude de acontecimentos extraordinários e imprevisíveis, poderá o devedor pedir a resolução do contrato* (art. 478 do CC). O que fundamenta a teoria da imprevisão dos contratos é cláusula *rebus sic stantibus*. Tal expressão significa que *se as coisas não permanecerem como eram no momento da celebração*, as partes podem alegar que os fatos imprevistos e imprevisíveis justificam o inadimplemento do contrato. Todavia, o que autoriza a aplicação da cláusula *rebus sic stantibus* é somente a álea econômica extraordinária e extracontratual que correspondem a exemplos de crises econômicas, desastres naturais e outros. Tais fatos causam desequilíbrio econômico-financeiro ou a impossibilidade de execução do contrato nos termos pactuados (art. 65, II, "d"). A cláusula *rebus sic stantibus* que justifica a mutabilidade do contrato será aplicada em: *caso fortuito ou força maior, fato do príncipe, fato da administração e interferências imprevistas.* A posição dominante no STJ é que não é possível alteração do contrato, em virtude da teoria da imprevisão, pelo aumento salarial determinado por dissídio coletivo da categoria profissional, porque é um fato previsto. Observe o seguinte julgado:

"ADMINISTRATIVO. AGRAVO REGIMENTAL. RECURSO ESPECIAL. AUMENTO SALARIAL. DISSÍDIO COLETIVO. REVISÃO CONTRATUAL. INADMISSIBILIDADE.

I – Esta Corte tem entendimento dominante no sentido de que o aumento salarial a que está obrigada a contratada, em decorrência de dissídio coletivo *não autoriza a revisão dos critérios contratuais ajustados no momento de sua celebração.*

II – Precedentes: REsp nº 382.260/RS, rel. Min. Eliana Calmon, DJ de 19.12.2002; REsp nº 411.101/RS, rel. Min. Eliana Calmon, DJ de 07.08.2003; REsp nº 134.797/DF, rel. Min. Paulo Gallotti, DJ de 01.08.2000; REsp nº 471.544/SP, rel. Min. Luiz Fux, DJ de 16.06.2003).

III – Agravo regimental improvido." (STJ, AgRg no REsp 239964/MG, 1999/0107396-0, rel. Min. Francisco Falcão, 1ª T., j. 05.10.2004, DJ 16.11.2004, p. 185, sem grifo no original).

Gabarito "D"

(Analista – CGU – 2012 – ESAF) De acordo com os termos do Decreto 6.170/2007, é vedada a celebração de convênios e contratos de repasse, exceto:

(A) quando tratar-se de avença em que se pactue o ingresso de receita para o ente público mediante repasse de recursos oriundos de pessoa jurídica de direito privado.

(B) com órgãos e entidades da Administração Pública direta e indireta dos Estados, Distrito Federal e Municípios cujo valor seja inferior a R$ 100.000,00 (cem mil reais).

(C) com entidades privadas sem fins lucrativos que tenham se omitido do dever de prestar contas em relações anteriores com a União.

(D) entre órgãos e entidades da Administração Pública Federal, quando então deverá celebrar-se termo de cooperação.

(E) com entidades privadas sem fins lucrativos que não logrem comprovar a realização de atividades referentes ao objeto do convênio ou contrato de repasse durante os três anos anteriores à avença.

O art. 2º do Decreto 6.170/2007 elenca as hipóteses para celebração de convênios e repasse. A alternativa B encontra fundamento no art. 2º, I; a alternativa C no art. 2º, V,"a"; a alternativa D no art. 2º, III e a alternativa E no art. 2º, IV. Nada dispõe o decreto sobre o repasse de recursos oriundos de pessoa jurídica de direito privado.

Gabarito "A"

(Analista – CGU – 2012 – ESAF) A comissão gestora do SICONV, que funciona como órgão central do sistema, é composta por representantes dos seguintes órgãos, exceto:

(A) Secretaria Nacional de Justiça.

(B) Secretaria de Logística e Tecnologia da Informação.

(C) Secretaria Federal de Controle Interno.

(D) Secretaria do Tesouro Nacional.

(E) Secretaria de Gestão Pública.

A celebração, a liberação de recursos, o acompanhamento da execução e a prestação de contas de convênios, contratos de repasse e termos de parceria serão registrados no SICONV, que será aberto ao público, via rede mundial de computadores – internet, por meio de página específica denominada Portal dos Convênios. A Comissão Gestora do SICONV, funcionará como órgão central do sistema, e será composta por representantes dos seguintes órgãos: Secretaria do Tesouro Nacional do Ministério da Fazenda; Secretaria de Orçamento Federal do Ministério do Planejamento, Orçamento e Gestão; Secretaria de Logística e Tecnologia da Informação do Ministério do Planejamento, Orçamento e Gestão; Secretaria Federal de Controle Interno da Controladoria-Geral da União; e Secretaria Nacional de Justiça do Ministério da Justiça. (art. 13, § 1º, I a V do Decreto 6.170/2007).

Gabarito "E"

(Analista – CGU – 2012 – ESAF) São cláusulas obrigatórias no Protocolo de Intenções, exceto:

(A) Indicação do concedente responsável pelo protocolo.

(B) Montante dos recursos que cada órgão ou entidade irá repassar.

(C) A duração do ajuste.

(D) Descrição detalhada do objeto, indicando os programas por ele abrangidos.

(E) Datas e critérios objetivos de seleção e julgamento das propostas.

O Decreto 6.017/2007, em seu art. 5º, I a XII informa que o protocolo de intenções, sob pena de nulidade, deverá conter, no mínimo, cláusulas que estabeleçam: "I – a denominação, as finalidades, o prazo de duração e a sede do consórcio público, admitindo-se a fixação de prazo indeterminado e a previsão de alteração da sede mediante decisão da Assembleia Geral; II – a identificação de cada um dos entes da Federação que podem vir a integrar o consórcio público, podendo indicar prazo para que subscrevam o protocolo de intenções; III – a indicação da área de atuação do consórcio público; IV – a previsão de que o consórcio público é associação pública, com personalidade jurídica de direito público e natureza autárquica, ou pessoa jurídica de direito privado; V – os critérios para, em assuntos de interesse comum, autorizar o consórcio público a representar os entes da Federação consorciados perante outras esferas de governo; VI – as normas de convocação e funcionamento da assembleia geral, inclusive para a elaboração, aprovação e modificação dos estatutos do consórcio público; VII – a previsão de que a assembleia geral é a instância máxima do consórcio público e o número de votos para as suas deliberações; VIII – a forma de eleição e a duração do mandato do representante legal do consórcio público que, obrigatoriamente, deverá ser Chefe do Poder Executivo de ente da Federação consorciado; IX – o número, as formas de provimento e a remuneração dos empregados do consórcio público; X – os casos de contratação por tempo determinado para atender a necessidade temporária de excepcional interesse público; XI – as condições para que o consórcio público celebre contrato de gestão, nos termos da Lei nº 9.649, de 1998, ou termo de parceria, na forma da Lei nº 9.790, de 1999; XII – a autorização para a gestão associada de serviço público; e XIII – o direito de qualquer dos contratantes, quando adimplentes com as suas obrigações, de exigir o pleno cumprimento das cláusulas do contrato de consórcio público."

Gabarito "E".

(Analista – CGU – 2012 – ESAF) Acerca da disciplina dos convênios e contratos de repasse, assinale a opção correta.

(A) Eventuais vícios no projeto básico, ou no termo de referência, serão sempre considerados insanáveis, ensejando a nulidade do instrumento.

(B) O projeto básico ou o termo de referência poderá ser dispensado no caso de padronização do objeto, a critério da autoridade competente do concedente, em despacho fundamentado.

(C) O prazo para a apresentação do projeto básico ou do termo de referência não poderá ultrapassar 24 (vinte e quatro) meses contados da data da celebração da avença.

(D) Ainda que aprovados pelo concedente *a posteriori*, o projeto básico ou o termo de referência não deverão influenciar no plano de trabalho.

(E) Não será admitida a previsão de transferência de recursos para a elaboração do projeto básico ou do termo de referência.

A alternativa B encontra-se correta, conforme determinação do art. 4º, § 2º, III do Decreto 6.170/2007.

Gabarito "B".

(Auditor Fiscal da Previdência Social – 2002 – ESAF) No caso de concorrência, decairá do direito de impugnar os termos do edital de licitação, perante a Administração Pública, o licitante que não o fizer até

(A) o segundo dia útil que anteceder a abertura dos envelopes da habilitação.

(B) o dia que anteceder a abertura dos envelopes da habilitação.

(C) o momento da abertura dos envelopes da habilitação.

(D) o segundo dia útil que anteceder a data dos envelopes das propostas.

(E) o dia anterior ao da abertura dos envelopes das propostas.

Art. 41, § 1º, da Lei 8.666/1993.

Gabarito "A".

(Auditor do Tesouro Municipal/Natal-RN – 2001 – ESAF) A licitação, conforme previsão expressa na Lei 8.666/1993, destina-se à observância do princípio constitucional da isonomia e, em relação à Administração Pública, a selecionar a proposta que lhe

(A) ofereça melhores condições.

(B) seja mais conveniente.

(C) seja mais vantajosa.

(D) proporcione melhor preço.

(E) atenda nas suas necessidades.

Art. 3º da Lei 8.666/1993.

Gabarito "C".

9. LEI Nº 9.784/1999

Sebastião Edilson Gomes

1. DISPOSIÇÕES GERAIS

(Técnico – ANEEL – 2009 – ESAF) Assinale a opção que elenque dois princípios norteadores da Administração Pública que se encontram implícitos na Constituição da República Federativa do Brasil e explícitos na Lei nº 9.784/1999.

(A) Legalidade / moralidade.
(B) Motivação / razoabilidade.
(C) Eficiência / ampla defesa.
(D) Contraditório / segurança jurídica.
(E) Finalidade / eficiência.

A CF, em seu art. 37, *caput*, dispõe que a Administração Pública direta e indireta de qualquer dos Poderes da União, dos Estados, do Distrito Federal e dos Municípios obedecerá aos princípios de legalidade, impessoalidade, moralidade, publicidade e eficiência. Já a Lei nº 9.784/1999 prescreve que a – Administração Pública obedecerá, dentre outros, aos princípios da legalidade, finalidade, *motivação*, *razoabilidade*, proporcionalidade, moralidade, ampla defesa, contraditório, segurança jurídica, interesse público e eficiência (art. 2º).

Gabarito "B".

(Técnico da Receita Federal – 2003 – ESAF) Correlacione as duas colunas quanto aos princípios da lei federal de processo administrativo:

1. gratuidade
2. oficialidade
3. segurança jurídica
4. motivação
5. finalidade

( ) Interpretação da norma administrativa da forma que melhor garanta o atendimento ao fim público a que se destina, vedada a aplicação retroativa de nova interpretação.
( ) Proibição de cobrança de despesas processuais, ressalvadas as previstas em lei.
( ) Atendimento a fins de interesse geral, vedada a renúncia total ou parcial de poderes ou competências, salvo autorização em lei.
( ) Impulsão, de ofício, do processo administrativo, sem prejuízo da atuação dos interessados.
( ) Indicação dos pressupostos de fato e de direito que determinarem a decisão.

(A) 3/1/5/2/4
(B) 5/1/3/4/2
(C) 3/1/2/5/4
(D) 2/3/1/4/5
(E) 5/1/4/3/2

Pela ordem, temos o disposto no art. 2º, parágrafo único, XIII (segurança jurídica), XI (gratuidade), II (finalidade), XII (oficialidade) e VII (motivação), da Lei 9.784/1999.

Gabarito "A".

2. INÍCIO DO PROCESSO E INTERESSADOS

(Analista – ANEEL – 2004 – ESAF) Nos processos administrativos, de que possam resultar sanções, conforme expressa previsão contida na Lei nº 9.784/1999, quando ela for aplicável ao caso, não é de rigor a necessária observância, em relação ao administrado, do critério de garantia dos direitos à

(A) apresentação de alegações finais.
(B) comunicação das decisões proferidas.
(C) interposição de recursos.
(D) produção de provas.
(E) interpretação a ele mais favorável.

Os processos administrativos de que resultem sanções poderão ser revistos, a qualquer tempo, a pedido ou de ofício, quando surgirem fatos novos ou circunstâncias relevantes suscetíveis de justificar a inadequação da sanção aplicada. Entretanto, da *revisão do processo não poderá resultar agravamento da sanção* (art. 65, parágrafo único).

Gabarito "E".

(Técnico da Receita Federal – 2003 – ESAF) Não está impedido de atuar no processo administrativo o servidor que:

(A) tenha interesse indireto na matéria.
(B) esteja litigando administrativamente com o interessado.
(C) tenha participado como perito, testemunha ou representante.
(D) venha a participar como perito, testemunha ou representante.
(E) esteja litigando judicialmente com o interessado ou com seu parente até o terceiro grau.

Art. 18 da Lei 9.784/1999.

Gabarito "E".

3. COMPETÊNCIA

(Técnico da Receita Federal – 2002.2 – ESAF) De acordo com a legislação federal, não é possível a delegação administrativa para a prática do seguinte ato administrativo:

(A) decisão de recursos administrativos.
(B) nomeação de servidores para cargos em comissão.
(C) concessão de aposentadoria a servidor público.
(D) homologação de procedimento licitatório.
(E) ordenação de despesa pública.

Art. 13, II, da Lei 9.784/1999.

Gabarito "A"

(Técnico da Receita Federal – 2002.2 – ESAF) A avocação é um fenômeno, inerente ao poder hierárquico, aplicável ao processo administrativo, pelo qual a autoridade pode em certos casos, como assim previsto na Lei 9.784/1999,

(A) delegar competência a órgão inferior.
(B) rever decisão em instância recursal.
(C) exercer delegação de órgão superior.
(D) exercer competência atribuída a órgão inferior.
(E) rever suas próprias decisões.

Art. 15 da Lei 9.784/1999.

Gabarito "D"

4. FORMA, TEMPO, LUGAR DOS ATOS DO PROCESSO E PRAZOS

(Auditor Fiscal da Previdência Social – 2002 – ESAF) No caso de um ato administrativo estar eivado de vício insanável de legalidade, cuja ilegalidade seja constatada pela autoridade superior àquela que o praticou, em face de instância recursal instaurada pelo próprio interessado, a solução prevista na legislação de regência seria

(A) a devolução do caso à autoridade inferior que praticou o ato respectivo, para sua anulação.
(B) a devolução do caso à autoridade inferior que praticou o ato respectivo, para sua reformulação.
(C) a devolução do caso à autoridade inferior que praticou o ato respectivo, para sua revogação.
(D) que a autoridade competente para decidir o recurso pode anular o ato que constatou ser ilegal.
(E) que a autoridade competente para decidir o recurso deve revogar o ato que constatou ser ilegal.

Art. 64 da Lei 9.784/1999.

Gabarito "D"

5. COMUNICAÇÃO DOS ATOS

(Analista – Ministério da Int. Nacional – 2012 – ESAF) O desatendimento, pelo particular, de intimação realizada pela Administração Pública Federal em processo administrativo

(A) não importa o reconhecimento da verdade dos fatos, nem a renúncia a direito pelo administrado.
(B) não importa o reconhecimento da verdade dos fatos, mas constitui renúncia a direito pelo administrado, se se tratar de direito disponível.
(C) importa o reconhecimento da verdade dos fatos, mas não constitui renúncia automática a direito pelo administrado, tratando-se de direito indisponível.
(D) importa o reconhecimento da verdade dos fatos, e a renúncia a direito pelo administrado.
(E) opera extinção do direito de defesa, por opção do próprio particular.

De fato, pois o desatendimento da intimação não importa o reconhecimento da verdade dos fatos, nem a renúncia a direito pelo administrado (art. 27).

Gabarito "A"

6. INSTRUÇÃO, DECISÃO, MOTIVAÇÃO, DESISTÊNCIA, EXTINÇÃO

(Auditor Fiscal da Receita Federal – 2010 – ESAF) João pretende fazer um requerimento, de seu interesse, junto à unidade da Secretaria da Receita Federal do Brasil em sua cidade. Conforme o que determina a Lei 9.784, de 29 de janeiro de 1999, assinale a opção que relata a correta conduta.

(A) Tratando-se de uma situação urgente, João protocolou seu requerimento num domingo, pela manhã, junto ao segurança do prédio em que funciona a Receita Federal do Brasil em sua cidade, conforme a exceção legal para as hipóteses de emergência.
(B) O servidor da Receita Federal do Brasil negou-se a receber o requerimento de João alegando a ausência de reconhecimento de sua firma pelo cartório competente.
(C) Tendo em mãos os documentos originais, João solicitou ao servidor da Receita Federal do Brasil que autenticasse as cópias que apresentava, tendo sido seu pedido deferido.
(D) Após o transcurso de 15 (quinze) dias do protocolo de seu pedido, João recebeu a intimação para o seu próprio comparecimento à sede do órgão naquele mesmo dia, com um prazo de 3 (três) horas para a apresentação.
(E) Tendo comparecido na data, hora e local marcados, João alegou a nulidade absoluta da intimação. A autoridade competente, assim, declarou nulo o ato e determinou que a intimação fosse realizada novamente.

A: incorreta, pois os atos do processo devem realizar-se em dias úteis (art. 23 da Lei 9.784/1999); B: incorreta, pois, salvo imposição legal, o reconhecimento de firma somente será exigido quando houver dúvida de autenticidade (art. 22, § 2º, da Lei 9.784/1999); C: correta (art. 22, § 3º, da Lei 9.784/1999); D: incorreta, pois a intimação observará a antecedência mínima de *três dias úteis* quanto à data de comparecimento (art. 26, § 2º, da Lei 9.784/1999); E: incorreta, pois o comparecimento do administrado supre sua falta ou irregularidade (art. 26, § 5º, da Lei 9.784/1999).

Gabarito "C"

7. RECURSO ADMINISTRATIVO E REVISÃO

(Auditor Fiscal da Previdência Social – 2002 – ESAF) De modo geral, conforme previsto em lei, os processos administrativos, de que resultem sanções, poderão ser revistos, a qualquer tempo, a pedido ou de ofício, quando surgirem fatos novos ou circunstanciais relevantes, susceptíveis de justificar a inadequação da penalidade aplicada, a qual poderá ser agravada, se for o caso, conforme o que resultar daquela revisão.

(A) Correta a assertiva.
(B) Incorreta a assertiva, porque só cabe revisão do processo a pedido do respectivo interessado.
(C) Incorreta a assertiva, porque da revisão do processo não poderá resultar agravamento da sanção.
(D) Incorreta a assertiva, porque a regra geral é de que os processos não podem ser revistos, em razão de fatos novos.
(E) Incorreta a assertiva, porque a regra geral é de que os processos não podem ser revistos, em razão de superveniência de circunstâncias, mesmo se forem relevantes e susceptíveis de justificar a inadequação da penalidade aplicada.

Art. 65, *caput* e parágrafo único, da Lei 9.784/1999.
Gabarito "C".

(Técnico da Receita Federal – 2002.2 – ESAF) Salvo disposição legal específica em sentido contrário, o prazo normal para a interposição de recurso administrativo, quanto aos processos autuados no âmbito da Administração Pública Federal Direta, conforme previsto na Lei 9.784/1999, é de

(A) cinco dias.
(B) dez dias.
(C) quinze dias.
(D) vinte dias.
(E) trinta dias.

Art. 59 da Lei 9.784/1999.
Gabarito "B".

(Técnico da Receita Federal – 2002.1 – ESAF) De acordo com previsão expressa na Lei 9.784, de 29/01/1999, que regula o processo administrativo no âmbito da Administração Pública Federal, das decisões administrativas cabe recurso, em face de razões de legalidade e de mérito, no prazo de dez dias, salvo disposição legal específica em contrário.

(A) Incorreta a assertiva, porque o prazo geral para recurso é de trinta dias.
(B) Incorreta a assertiva, porque só cabe recurso em face de razões de legalidade.
(C) Incorreta a assertiva, porque só cabe recurso em face de razões de mérito.
(D) Incorreta a assertiva, porque o prazo geral para recurso é de quinze dias.
(E) Correta a assertiva.

Arts. 56 e 59 da Lei 9.784/1999.
Gabarito "E".

10. DIREITO TRIBUTÁRIO

Robinson Sakiyama Barreirinhas

1. COMPETÊNCIA TRIBUTÁRIA

(Procurador da Fazenda Nacional – 2004 – ESAF) Considerados os temas competência tributária e capacidade tributária ativa, marque com **V** a assertiva verdadeira e com **F** a falsa, assinalando ao final a opção correspondente.

( ) A competência tributária é delegável.
( ) A capacidade tributária ativa é indelegável.
( ) A União é quem detém a competência tributária no que toca às contribuições sociais para o financiamento da Seguridade Social.
( ) Lei complementar pode delegar a qualquer pessoa jurídica de direito público a competência tributária.

(A) V, F, V, V
(B) F, V, F, V
(C) F, F, V, F
(D) V, V, V, F
(E) F, V, F, F

1 e **4**: assertivas incorretas, pois a competência para legislar sobre o tributo (= competência tributária) é indelegável – art. 7º, § 3º, do CTN; **2**: incorreta, pois, diferentemente do que ocorre com a competência tributária, a ocupação do polo ativo da obrigação tributária (= capacidade ativa tributária, sujeição ativa) pode ser delegada por lei – art. 7º do CTN; **3**: correta, nos termos do art. 149 da CF.

Gabarito "C"

(Advogado – IRB – 2006 – ESAF) A Constituição Federal outorga competência tributária, ou seja, aptidão para criar tributos, aos diversos entes da Federação. Sobre essa afirmativa, podemos dizer que

(A) a contribuição de melhoria, decorrente de obras públicas, poderá ser cobrada pelo ente executor da obra da qual os contribuintes tenham-se beneficiado, ou, no caso de omissão deste, pela União.
(B) as taxas poderão ser instituídas em razão do exercício do poder de polícia ou pela utilização, efetiva ou potencial, de serviços públicos específicos e divisíveis, prestados ou postos à disposição do contribuinte.
(C) a aplicação dos recursos provenientes de empréstimos compulsórios será preferencialmente vinculada à despesa que fundamentou sua instituição.
(D) os impostos terão, sempre que possível, caráter pessoal e base de cálculo diversa das taxas e todos os tributos deverão respeitar a capacidade econômica dos contribuintes.

A: incorreta. O não exercício da competência tributária pelo ente a que ela pertence não a transfere para outro (art. 8º do CTN). Logo, se o ente político responsável pela obra não cobrar a contribuição de melhoria, não cabe à União fazê-lo; **B:** correta, nos termos do art. 77 do CTN; **C:** incorreta. O erro está no termo "preferencialmente". A CF estabelece, em seu art. 148, parágrafo único, a obrigatoriedade de que os recursos arrecadados pelo empréstimo compulsório sejam utilizados para as despesas que o fundamentaram; **D:** incorreta. A diversidade entre bases de cálculo é imperiosa, devendo sempre ser respeitada, sob pena de ilegalidade do tributo diante da bitributação (art. 145, § 2º, da CF). Quanto ao respeito à capacidade contributiva, reina certa divergência na doutrina. A maior parte dos autores entende que ela atinge todos os tributos. Outros, porém, ligados à literalidade do art. 145, § 1º, da CF, entendem que só há de se falar em respeito à capacidade contributiva na cobrança de impostos.

Gabarito "B"

(Procuradoria Distrital – 2007 – ESAF) Assinale a opção correta. O Distrito Federal, entidade integrante da República Federativa do Brasil, pode instituir:

(A) imposto sobre propriedade territorial rural; imposto sobre transmissão *causa mortis* de quaisquer bens ou direitos, contribuição de melhoria e contribuições sociais de quaisquer espécies.
(B) impostos extraordinários, taxas e empréstimos compulsórios.
(C) imposto sobre doação de quaisquer bens ou direitos; taxas pela utilização, efetiva ou potencial, de serviços públicos específicos e divisíveis; contribuições de interesse de categorias econômicas.
(D) contribuição para o custeio de sistemas de previdência e assistência social de seus servidores; imposto sobre serviços de qualquer natureza; taxas, em razão do exercício do poder de polícia.
(E) imposto sobre propriedade predial e territorial urbana; contribuição de melhoria; contribuições sociais e contribuição de intervenção no domínio econômico.

O Distrito Federal tem competência para instituir os tributos estaduais e os municipais – art. 147, *in fine*, da CF.

Gabarito "D"

(Procuradoria Distrital – 2007 – ESAF) Assinale a opção correta. As leis complementares prestam-se basicamente a três (3) tipos de atuação em matéria tributária. Em consequência, elas dispõem sobre:

(A) conflitos de competência, em matéria tributária, entre a União, os Estados, o Distrito Federal e os Municípios; limitações constitucionais ao poder de tributar da União, dos Estados, do Distrito Federal e dos Municípios; normas gerais de legislação tributária.

(B) conflitos de competência, em matéria tributária, só entre os Estados e os Municípios; limitações constitucionais ao poder de tributar da União e dos Estados; normas gerais de direito tributário.

(C) conflitos de competência, em matéria tributária, só entre a União e os Estados e o Distrito Federal; limitações constitucionais ao poder de tributar dos Estados; normas gerais de direito tributário.

(D) conflitos de competência, em matéria tributária, entre a União, os Estados, o Distrito Federal e os Municípios; limitações constitucionais ao poder de tributar dos Estados, do Distrito Federal e dos Municípios; normas gerais de legislação tributária.

(E) conflitos de competência, em matéria tributária, entre a União, os Estados, o Distrito Federal e os Municípios; limitações constitucionais ao poder de tributar da União e dos Estados, desdobrando as exigências do princípio da legalidade, regulando as imunidades tributárias etc.; normas gerais de direito tributário material e formal.

A alternativa "A" traz os três casos clássicos de lei complementar federal de natureza nacional em matéria tributária, conforme o art. 146, I, II e III, da CF. Note que houve inovações com a EC 42/2003, com a inclusão do art. 146-A.

Gabarito "A"

(Agente Fiscal/PI – 2001 – ESAF) A União poderá instituir impostos não previstos na Constituição Federal, desde que sejam não cumulativos e não tenham fato gerador ou base de cálculo próprios dos nela discriminados, mediante:

(A) emenda constitucional

(B) lei complementar

(C) lei ordinária

(D) lei delegada

(E) resolução do Senado Federal

A competência residual da União é exercida por meio de lei complementar federal – art. 154, I, da CF.

Gabarito "B"

(Auditor Fiscal da Receita Federal – 2012 – ESAF) Sobre competência concorrente da União, Estados, Distrito Federal e Municípios, assinale a opção *incorreta*.

(A) A competência, privativa ou concorrente, para legislar sobre determinada matéria, não implica automaticamente a competência para a instituição de tributos.

(B) Os entes federativos somente podem instituir os impostos e as contribuições que lhes foram expressamente outorgados pela Constituição.

(C) Os Estados-membros podem instituir apenas contribuição que tenha por finalidade o custeio do regime de previdência de seus servidores.

(D) Norma que pretendesse fixar alíquota mínima igual à da contribuição dos servidores titulares de cargos efetivos na União, para a contribuição a ser cobrada pelos Estados, pelo Distrito Federal e pelos Municípios de seus servidores, para o custeio, em benefício destes, do regime previdenciário, seria inconstitucional por contrariar o pacto federativo.

(E) A expressão "regime previdenciário" de seus servidores, a ensejar a instituição de contribuição pelos Estados-membros, não abrange a prestação de serviços médicos, hospitalares, odontológicos e farmacêuticos.

A: correta, pois a competência tributária, relativa à possibilidade de legislar acerca de tributos (art. 153 da CF, por exemplo), é específica, não se confunde, nem é abrangida pela competência para legislar acerca de outras matérias (art. 24 da CF, por exemplo) ou pela competência material, relativa à atuação administrativa do poder público (prestação de serviços, fiscalização etc. – art. 23 da CF, por exemplo); **B:** assertiva correta, pois a competência tributária é definida pela Constituição Federal. É importante ressaltar, entretanto, que a União detém a chamada competência residual, podendo instituir outros impostos além daqueles expressamente previstos pela CF, mas por determinação e nos termos do art. 154, I, da própria Constituição Federal. Ademais, a União pode também instituir outras contribuições sociais, além daquelas previstas expressamente na Constituição, por força do art. 195, § 4.º, da CF; **C:** assertiva correta, pois essa é a única contribuição especial inserida na competência dos Estados – art. 149, § 1.º, da CF; **D:** essa é a incorreta (devendo ser assinalada), pois a alíquota mínima da contribuição para custeio do regime próprio dos servidores estaduais, distritais e municipais deve mesmo ser igual ou superior à alíquota da contribuição dos servidores federais – art. 149, § 1.º, *in fine*, da CF; **E:** correta, pois o art. 149, § 1.º, da CF refere-se apenas a regime previdenciário (a redação anterior à EC 41/2003 era mais ampla, indicando também assistência social), o que implica cobertura de aposentadoria e pensão, mas não "a prestação de serviços médicos, hospitalares, odontológicos e farmacêuticos" (RE 573.540/MG).

Gabarito "D"

(Analista-Tributário da Receita Federal – 2012 – ESAF) Analise as proposições a seguir e assinale a opção correta.

I. Se a Constituição atribuir à União a competência para instituir certa taxa e determinar que 100% de sua arrecadação pertencerá aos Estados ou ao Distrito Federal, caberá, segundo as regras de competência previstas no Código Tributário Nacional, a essas unidades federativas a competência para regular a arrecadação do tributo.

II. Embora seja indelegável a competência tributária,uma pessoa jurídica de direito público pode atribuir a outra as funções de arrecadar e fiscalizar tributos.

III. É permitido, sem que tal seja considerado delegação de competência, cometer a uma sociedade anônima privada o encargo de arrecadar impostos.

(A) As duas primeiras afirmações são corretas, e errada a outra.

(B) A primeira é correta, sendo erradas as demais.

(C) As três são corretas.

(D) A primeira é errada, sendo corretas as demais.

(E) As três são erradas.

I: incorreta, pois a competência tributária, ou seja, a competência para legislar acerca do tributo, é indelegável – art. 7.º do CTN; **II:** correta, conforme dispõe expressamente o art. 7.º do CTN; **III:** correta, conforme o art. 7.º, § 3.º, do CTN (é o caso da contratação de bancos para simples recebimento de tributos pela rede de agências).

Gabarito "D"

(Auditor Fiscal da Previdência Social – 2002 – ESAF) Em relação ao tema competência tributária, é correto afirmar que:

(A) a Constituição atribui à União competência residual para instituir impostos, contribuições para a seguridade social e taxas.

(B) a instituição de empréstimos compulsórios requer lei complementar da União, dos Estados ou do Distrito Federal, conforme competência que a Constituição confere a cada um desses entes da Federação.

(C) para instituir impostos com fundamento na competência residual, é imprescindível, além da competência tributária, veiculação da matéria por lei complementar e observância dos princípios constitucionais da não cumulatividade e da identidade plena com outros impostos discriminados na Constituição, no que se refere a fato gerador e base de cálculo.

(D) somente a União tem competência residual para instituir impostos.

(E) os Estados, o Distrito Federal e os Municípios têm competência para instituir impostos, taxas, contribuição de melhoria e contribuição de intervenção no domínio econômico, que a Constituição lhes reserva.

A: a União detém competência residual em relação a impostos (art. 154, I, da CF) e a contribuições sociais (art. 195, § 4º, da CF), mas não para a instituição de taxas; **B:** somente a União pode instituir empréstimos compulsórios, por meio de lei complementar federal – art. 148 da CF; **C:** o imposto da competência residual não pode ter base de cálculo própria de outro já previsto na própria Constituição Federal (art. 154, I, da CF), o que significa que a União não pode invadir a competência tributária de outro ente político; **D:** art. 154, I, da CF; **E:** a competência para as contribuições de intervenção no domínio econômico (CIDE) é exclusiva da União – art. 149 da CF.

Gabarito "D"

(Auditor Fiscal da Receita Federal – 2005 – ESAF) Responda às perguntas:

Aos estados, ao Distrito Federal e aos municípios compete instituir contribuições de intervenção no domínio econômico e de interesse das categorias profissionais ou econômicas, desde que para o custeio, em benefício dos respectivos sujeitos passivos, e no âmbito territorial do ente tributante?

A Contribuição de Intervenção no Domínio Econômico incidente sobre a importação e a comercialização de petróleo e seus derivados, gás natural e seus derivados, e álcool etílico combustível (CIDE) foi instituída pela União com a finalidade de financiamento de projetos de proteção ao meio ambiente, ao consumidor, a bens e direitos de valor artístico, estético, histórico, turístico e paisagístico?

Compete aos municípios o imposto sobre a cessão, a título oneroso, de direitos à aquisição, por ato oneroso, de bens imóveis, por natureza ou acessão física, e de direitos reais sobre imóveis?

(A) Não, não, sim

(B) Não, não, não

(C) Sim, sim, sim

(D) Não, sim, sim

(E) Não, sim, não

1ª: a competência para as contribuições de intervenção no domínio econômico (CIDE) e para as contribuições de interesse de categorias profissionais ou econômicas é privativa da União – art. 149 da CF; **2ª:** a CIDE sobre combustíveis financia subsídios e projetos ambientais relacionados à indústria de combustíveis, e programas de infraestrutura em transportes, nos termos do art. 177, § 4º, II, da CF; **3ª:** o ITBI é tributo municipal – art. 156, II, da CF.

Gabarito "A"

(Auditor Fiscal da Receita Federal – 2002.2 – ESAF) Leia o texto, preencha as lacunas e escolha, em seguida, a opção que contém a sequência em que foram preenchidas.

O Tribunal Regional Federal da 2ª Região julgou interessante questão sobre a competência para cobrar imposto de renda descontado na fonte sobre vencimentos de vereadores. Como você julgaria?

O imposto de renda incidente sobre rendimentos pagos a servidores municipais, descontado na fonte, pertence ____[i]____. Caberá ____[ii]____ exigi-lo, faltando ____[iii]____ capacidade ativa para fazê-lo. Quanto às parcelas do vencimento que os servidores julgam isentas ou imunes a tributação, contra o entendimento da Receita Federal, e por isso excluídas das respectivas declarações, competente para exigi-las é ____[iv]____.

(A) [i] à União...[ii] a ela...[iii] ao Município...[iv] a União

(B) [i] à União ...[ii] ao Município...[iii] à União...[iv] o Município

(C) [i] ao próprio Município ...[ii] a ele...[iii] à União... [iv] o Município

(D) [i] ao próprio Município ...[ii] a ele...[iii] à União... [iv] a União

(E) [i] ao próprio Município ...[ii] à União ...[iii] ao Município, caso não tenha descontado na fonte, ...[iv] a União

i: o IR retido na fonte pertence ao próprio Município – art. 158, I, da CF; **ii, iii** e **iv**: a capacidade tributária ativa, assim como a competência, é da União.

Gabarito "E"

(Auditor Fiscal da Receita Federal – 2002.1 – ESAF) Assinale a assertiva incorreta.

(A) No âmbito da legislação concorrente, a competência da União limitar-se-á a estabelecer normas gerais.

(B) A competência da União para legislar sobre normas gerais não exclui a competência suplementar dos Estados.

(C) Não existindo lei federal sobre normas gerais, os Estados exercerão a competência legislativa plena, para atender a suas peculiaridades.

(D) A superveniência de lei federal sobre normas gerais suspende a eficácia da lei estadual, no que lhe for contrário.

(E) A Constituição não prevê as normas de direito tributário como pertencendo ao âmbito da legislação concorrente.

A, **B** e **E:** art. 24, I, e § 2º, da CF – a competência é concorrente, cabendo à União estabelecer normas gerais e, aos Estados, suplementá-las; **C:** Se não houver lei federal sobre normas gerais, os Estados exercem a competência legislativa plena, para atender a suas peculiaridades – art. 24, § 3º, da CF; **D:** a superveniência da lei federal suspende a eficácia da norma estadual, no que lhe for contrário – art. 24, § 4º, da CF.

Gabarito "E".

(Auditor Fiscal da Receita Federal – 2002.1 – ESAF) Observe os quadros abaixo e procure relacionar cada uma das alíneas do primeiro quadro com as do segundo. Atente para a possibilidade de haver mais de uma vinculação possível, isto é, mais de uma alínea pode estar vinculada a um mesmo ente tributante ou vice-versa.

(1º quadro)

Estas competências...
v) instituir taxas, em razão do exercício do poder de polícia ou pela utilização, efetiva ou potencial, de serviços públicos específicos e divisíveis, prestados ao contribuinte ou postos a sua disposição;
w) dispor sobre conflitos de competência, em matéria tributária, entre as pessoas políticas;
x) estabelecer normas gerais em matéria de legislação tributária, especialmente sobre obrigação, lançamento, crédito, prescrição e decadência tributários;
y) legislar sobre impostos municipais;
z) instituir contribuições de seguridade social, mas apenas para seus servidores, destinadas ao custeio, em benefício destes, de sistemas de previdência e assistência social.

290

(2º quadro)

... a Constituição atribuiu aos seguintes entes:
1 – à União.
2 – aos Municípios e ao Distrito Federal ou, excepcionalmente, à União.
3 – aos Municípios, aos Estados, ao Distrito Federal e à União.
4 – ao Distrito Federal e aos Estados.
5 – aos Estados, ao Distrito Federal e aos Municípios.

É (são) errada(s) a(s) seguinte(s) vinculação(ões):

(A) v1, v2 e v4
(B) w1
(C) x1
(D) z5
(E) y3

v: as taxas podem ser instituídas e cobradas por todos os entes políticos (União, Estados, DF e Municípios), em relação aos serviços por eles prestados e ao poder de polícia exercido. Trata-se da chamada competência comum, prevista no art. 145, II, da CF; **w:** compete ao Congresso Nacional produzir normas que dirimam conflitos de competência, por meio de leis complementares, conforme o art. 146, I, da CF; **x:** compete ao Congresso Nacional produzir normas gerais em matéria de legislação tributária, por meio de leis complementares, conforme o art. 146, III, da CF; **y:** somente os Municípios podem legislar sobre tributos municipais (= privatividade da competência tributária), com exceção das normas nacionais previstas pelo art. 146 da CF (produzidas pelo Congresso Nacional).

Gabarito "E".

(Auditor Fiscal da Receita Federal – 2002.1 – ESAF) Se no cabeçalho dos quadros da questão anterior estivesse o advérbio "exclusivamente" ("Estas competências a Constituição atribuiu exclusivamente aos seguintes entes"), estaria certa a seguinte vinculação:

(A) v2
(B) w3
(C) x1
(D) y5
(E) z3

Vide comentários à questão anterior.

Gabarito "C".

(Auditor Fiscal da Receita Federal – 2002.1 – ESAF) Responda às perguntas:

A Justiça do Trabalho tem o dever de arrecadar, mediante execução de sua iniciativa, contribuições sociais devidas pelo empregador e pelo trabalhador e seus acréscimos legais decorrentes das sentenças que proferir?

Está proibida a concessão de qualquer subsídio ou isenção, redução de base de cálculo, concessão de crédito presumido, anistia ou remissão, relativas a impostos, taxas ou contribuições, se não foi concedida mediante lei específica, federal, estadual ou municipal, que regule só esses benefícios ou o correspondente tributo ou contribuição?

A Constituição diz competir exclusivamente à União a instituição do imposto de renda e ser vedada a instituição de taxas que tenham por base de cálculo a mesma dos impostos. É, por isso, vedada a instituição de qualquer outra exação sobre o lucro (a renda)?

(A) Sim, Sim, Sim
(B) Sim, Sim, Não
(C) Sim, Não, Sim
(D) Não, Não, Não
(E) Não, Sim, Não

1ª: art. 114, VIII, da CF; **2ª:** art. 150, § 6º, da CF; **3ª:** É vedada a instituição de outro imposto sobre a renda (exceto no caso excepcional do imposto extraordinário – art. 154, II, da CF), mas não é vedada a instituição de contribuição (que é outra espécie de exação), como a Contribuição Social sobre o Lucro Líquido – CSSL (art. 195, I, *c*, da CF).

Gabarito "B".

(Auditor Fiscal da Receita Federal – 2002.1 – ESAF) Compete aos Estados instituir, entre outros, impostos sobre:

(A) a transmissão de bens imóveis a título oneroso, por ato entre vivos.
(B) a transmissão de ações da sociedade para o acionista no ato da formação do capital.
(C) a constituição de direitos reais de garantia incidente sobre imóveis.
(D) a transmissão de bens imóveis a título gratuito.
(E) a transmissão a título oneroso de bens móveis por natureza ou semoventes.

A: o ITBI é da competência municipal – art. 156, II, da CF; **B** e **E:** os Estados não podem tributar a alienação onerosa de bens. Somente as transmissões *causa mortis* e doações sujeitam-se à sua competência tributária – art. 155, I, da CF; **C:** a CF não prevê competência tributária para isso; **D:** o ITCMD é da competência estadual – art. 155, I, da CF.

Gabarito "D".

(Fiscal de Tributos/PA – 2002 – ESAF) A Constituição Federal atribui a denominada competência residual ou remanescente, quanto aos impostos ___¹___, e, no que se refere às taxas e às contribuições de melhoria, ___²___.

(A) ¹ aos Estados-membros, ² à União
(B) ¹ à União, ² aos Municípios
(C) ¹ ao Distrito Federal, ² aos Estados-membros
(D) ¹ à União, ² aos Estados-membros
(E) ¹ aos Estados-membros, ² aos Municípios

1: a União detém a chamada competência residual – art. 154, I, da CF; **2:** há autores que entendem que os Estados detêm competência tributária residual relativa às taxas e contribuições de melhoria, por conta da competência residual prevista no art. 25, § 1º, da CF. Importante lembrar, entretanto, que a competência tributária é sempre privativa. No caso das taxas, somente o ente que preste o serviço ou que exerça regularmente o poder de polícia pode instituí-las. Da mesma forma, somente o ente que realiza a obra pública pode instituir a correspondente contribuição de melhoria.

Gabarito "D".

(Auditor Fiscal/RN – 2005 – ESAF) Avalie as indagações abaixo e em seguida assinale a resposta correta.

Em caso de guerra externa, é vedado à União instituir impostos extraordinários não compreendidos em sua competência tributária?

É permitido ao Distrito Federal e aos Municípios instituir contribuição para o custeio do serviço de iluminação pública?

É permitido que o serviço de iluminação pública seja remunerado mediante taxa?

(A) Não, sim, não
(B) Não, não, sim
(C) Sim, sim, não
(D) Sim, não, sim
(E) Sim, sim, sim

1ª: o caso de guerra externa ou sua iminência autoriza a União a exercer sua competência extraordinária – art. 154, II, da CF; **2ª:** art. 149-A, da CF; **3ª:** o serviço de iluminação pública não é divisível, de modo que não pode ser custeado por taxa (art. 145, II, da CF), mas apenas pela contribuição do art. 149-A da CF.

Gabarito "A".

(Técnico da Receita Federal – 2002.2 – ESAF) Verifique os quadros abaixo e relacione cada uma das alíneas do primeiro quadro com uma das alternativas do segundo e assinale a opção correta.

V. Imposto sobre transmissão *causa mortis* e doação, de quaisquer bens ou direitos.
W. Imposto sobre a propriedade de veículos automotores nos Territórios Federais.
X. Imposto não previsto no art. 153 da Constituição Federal, criado por Lei Complementar.
Y. Taxa em razão do exercício do poder de polícia.
Z. Imposto sobre transmissão *inter-vivos*, por ato oneroso, de bens imóveis.

1. Tributo da competência privativa da União.
2. Tributo da competência privativa dos Municípios.
3. Tributo da competência comum.
4. Tributo da competência residual da União.
5. Tributo da competência privativa dos Estados e do Distrito Federal.

(A) V1 W3 X5 Y2 Z4
(B) V5 W1 X4 Y3 Z2
(C) V2 W4 X3 Y1 Z5
(D) V3 W5 X2 Y4 Z1
(E) V4 W2 X1 Y5 Z3

V: o ITCMD é tributo estadual – art. 155, I, da CF; **W:** nos Territórios Federais (caso voltem a existir) a competência relativa a tributos estaduais (como o IPVA) é da União – art. 147 da CF; **X:** a União detém a chamada competência residual – art. 154, I, da CF; **Y:** as taxas, assim como as contribuições de melhoria, podem ser instituídas por todos os entes políticos, em relação aos respectivos serviços prestados e ao poder de polícia exercido. É a chamada competência comum – art. 145, II e III, da CF; **Z:** o ITBI é tributo municipal – art. 156, II, da CF.

Gabarito "B".

Veja a seguinte tabela com as competências dos ente políticos em relação aos impostos, para estudo e memorização:

Competência em relação aos impostos		
União	Estados e DF	Municípios e DF
- imposto de importação - imposto de exportação - imposto de renda - IPI - IOF ITR - Imposto sobre grandes fortunas - Impostos extraordinários - Impostos da competência residual	- ITCMD - ICMS - IPVA	- IPTU - ITBI - ISS

(Técnico da Receita Federal – 2003 – ESAF) Assinale a opção correta.

(A) O sistema tributário nacional é regido pelo disposto na Constituição Federal de 1988, em leis complementares, em resoluções do Congresso Nacional e, nos limites das respectivas competências, em leis federais, nas Constituições e em leis estaduais, e em leis municipais.

(B) O sistema tributário federal é regido pelo disposto na Constituição Federal de 1988, em leis complementares, em resoluções do Congresso Nacional e, nos limites das respectivas competências, em leis federais, nas Constituições e em leis estaduais, e em leis municipais.

(C) O sistema tributário nacional é regido pelo disposto na Constituição Federal de 1988, em leis complementares, em resoluções do Senado e, nos limites das respectivas competências, em leis federais, nas Constituições e em leis estaduais, e em leis municipais.

(D) O sistema tributário federal é regido pelo disposto na Constituição Federal de 1988, em leis complementares, em resoluções do Senado e, nos limites das respectivas competências, pela legislação tributária federal, estadual, e pelas leis municipais.

(E) O sistema tributário nacional é regido pelo disposto na Constituição Federal de 1988, em leis complementares, e, nos limites das respectivas competências, em leis federais, em resoluções do Senado, nas Constituições, em leis estaduais e em resoluções do CONFAZ e em leis municipais.

A, **B** e **E**: não há previsão de resoluções do Congresso Nacional ou do CONFAZ para regular o Sistema Tributário Nacional. O art. 2º do CTN faz referência a resoluções do Senado; **C**: a assertiva reflete o disposto no art. 2º do CTN; **D**: o art. 2º do CTN faz referência às Constituições Estaduais, o que não aparece na alternativa.

Gabarito "C".

(Agente Fiscal/PI – 2001 – ESAF) Relativamente às normas gerais de direito tributário, é correto afirmar que:

(A) são de competência concorrente da União, dos Estados, do Distrito Federal e dos Municípios.

(B) o exercício, pela União, da competência para legislar sobre tais normas exclui a competência, ainda que suplementar, dos Estados e do Distrito Federal.

(C) apenas os Municípios não dispõem de competência para estabelecê-las.

(D) em nenhuma hipótese os Estados e o Distrito Federal exercerão competência legislativa plena.

(E) no âmbito dos Estados e do Distrito Federal, prevalecem as respectivas leis sobre as leis federais.

A: as normas de direito tributário são da competência concorrente da União, dos Estados e do Distrito Federal, na forma do art. 24, I, da CF; **B**: a competência da União para legislar sobre normas gerais não exclui a competência suplementar dos Estados e do Distrito Federal – art. 24, § 2º, da CF; **C**: os Municípios não são citados pelo art. 24 da CF (que trata da competência concorrente), embora detenham competência para suplementar a legislação federal e estadual no que couber – art. 30, II, da CF; **D**: se houver omissão da União, no que se refere à competência concorrente, os Estados e o Distrito Federal exercerão a competência legislativa plena, para atender a suas peculiaridades – art. 24, § 3º, da CF; **E**: a norma geral federal prevalece sobre as normas Estaduais e do Distrito Federal, no que se refere ao art. 24, § 4º, da CF.

Gabarito "C".

(Agente Fiscal/PI – 2001 – ESAF) Assinale a opção correta.

(A) A competência tributária consiste na faculdade de que dispõem os entes políticos para instituir tributos em relação às pessoas submetidas a sua soberania, e a capacidade tributária ativa consiste na aptidão atribuída a uma pessoa para figurar no polo ativo de uma relação jurídico-tributária.

(B) A competência tributária é a aptidão para arrecadar tributos, obedecidos os requisitos legais, e a capacidade tributária ativa é a aptidão para instituí-los, sempre por meio de lei.

(C) A competência tributária e a capacidade tributária ativa são indelegáveis, ainda que por meio de lei.

(D) A competência tributária é, em determinadas situações, delegável, por meio de lei, mas a capacidade tributária ativa é indelegável.

(E) A atribuição da capacidade tributária ativa a pessoa diferente daquela que dispõe da competência tributária ocorre sempre de forma discricionária, de acordo com o interesse das pessoas envolvidas.

A e **B**: a assertiva em A define adequadamente competência tributária e capacidade ativa. Anotamos, entretanto, que o termo "soberania" é reservado ao Estado Federal, não aos Estados-membros ou aos Municípios; **C** e **D**: a capacidade tributária ativa é delegável, diferentemente da competência tributária, que é sempre indelegável – art. 7º do CTN; **E**: o termo "discricionariedade" não é o mais adequado, já que a atribuição da capacidade ativa depende de lei.

Gabarito "A".

(Auditor Fiscal/RN – 2005 – ESAF) Marque a opção correta.

(A) Cabe aos Estados e ao Distrito Federal instituir e cobrar adicional de até cinco por cento do que for pago à União por pessoas físicas ou jurídicas domiciliadas nos respectivos territórios, a título de imposto sobre a renda e proventos de qualquer natureza, incidente sobre lucros, ganhos e rendimentos de capital.

(B) Não é permitido instituir e cobrar taxa de conservação de estradas de rodagem cuja base de cálculo seja idêntica à do imposto sobre propriedade territorial rural.

(C) O imposto sobre vendas a varejo de combustíveis líquidos e gasosos é instituído e cobrado pelos Municípios.

(D) É permitido à União continuar a exigir o imposto sobre movimentação ou transmissão de valores e de créditos e direitos de natureza financeira, que instituiu com base na Emenda Constitucional nº 3, de 17 de março de 1993.

(E) É permitido à União, aos Estados e ao Distrito Federal instituir, nos respectivos âmbitos de atuação, contribuições de intervenção no domínio econômico.

A: a competência para instituir o adicional estadual sobre o Imposto de Renda foi excluída pela EC 3/1993, que deu nova redação ao art. 155 da CF; **B**: nenhuma taxa pode ter base de cálculo própria de imposto – art. 145, § 2º, da CF; **C**: a competência para instituição e cobrança do imposto sobre vendas a varejo de combustíveis líquidos e gasosos foi excluída pela EC 3/1993, que deu nova redação ao art. 156, III, da CF; **D**: o IPMF não vige no sistema tributário atual; **E**: a CIDE é exclusivamente da competência federal – art. 149 da CF.

Gabarito "B".

(Agente Tributário Estadual/MS – 2001 – ESAF) Em tema de competência legislativa sobre matéria de Direito Tributário, é correta a afirmação de que:

(A) Os Estados têm competência para legislar suplementarmente sobre normas gerais de Direito Tributário.
(B) Mesmo na ausência de lei federal sobre normas gerais de Direito Tributário, é vedado aos Estados exercer essa competência legislativa.
(C) A eficácia de lei estadual sobre normas gerais de Direito Tributário fica mantida ante a superveniência de lei federal da mesma natureza, mesmo no que lhe for contrário.
(D) No âmbito da competência concorrente para legislar sobre Direito Tributário os Estados só podem legislar sobre normas gerais.
(E) A legislação tributária dos Estados é aplicada nos respectivos Municípios, em virtude de estes não terem competência para legislar sobre Direito Tributário.

A e **D:** art. 24, I, e § 2º, da CF – a competência é concorrente, cabendo à União estabelecer normas gerais e, aos Estados, suplementá-las; **B:** se não houver lei federal sobre normas gerais, os Estados exercem a competência legislativa plena, para atender a suas peculiaridades – art. 24, § 3º, da CF; **C:** a superveniência da lei federal suspende a eficácia da norma estadual, no que lhe for contrário – art. 24, § 4º, da CF; **E:** os Municípios detêm competência legislativa plena, em relação aos seus tributos – art. 30, III, da CF.

Gabarito "A"

(Auditor do Tesouro Municipal/Recife-PE – 2003 – ESAF) Avalie as formulações seguintes, observadas as disposições pertinentes ao tema "competência tributária", constantes do Código Tributário Nacional, e, ao final, assinale a opção que corresponde à resposta correta.

I. É vedado à União, aos Estados, ao Distrito Federal e aos Municípios o cometimento, a pessoas de direito privado, do encargo ou da função de arrecadar tributos.
II. Os tributos cuja receita seja distribuída, no todo ou em parte, a outras pessoas jurídicas de direito público pertencem à competência legislativa daquela a que tenham sido atribuídos.
III. A atribuição das funções de arrecadar ou fiscalizar tributos, conferida por uma pessoa jurídica de direito público a outra, pode ser revogada, a qualquer tempo, por ato unilateral da pessoa jurídica de direito público que a tenha conferido.
IV. A atribuição das funções de executar leis, serviços, atos ou decisões administrativas em matéria tributária, conferida por uma pessoa jurídica de direito público a outra, compreende as garantias e os privilégios processuais que competem à pessoa jurídica de direito público que a conferir.

(A) Apenas as formulações I, II e III são corretas.
(B) Apenas as formulações II, III e IV são corretas.
(C) Apenas as formulações I, III e IV são corretas.
(D) Apenas as formulações II e IV são corretas.
(E) Todas as formulações são corretas.

I: isso é permitido, nos termos do art. 7º, § 3º, do CTN; **II:** a competência tributária é privativa e inalterável, ou seja, a distribuição de parcela de sua receita a outros entes não a modifica; **III:** art. 7º, § 2º, do CTN; **IV:** art. 7º, § 1º, do CTN.

Gabarito "B"

(Agente Tributário Estadual/MS – 2001 – ESAF) Em matéria tributária, é correta a afirmação de que:

(A) A União pode exigir ou aumentar tributo sem a respectiva lei autorizativa.
(B) A União pode conceder isenções de tributos da competência dos Estados.
(C) Aos Estados é permitido tributar a renda, o patrimônio e os serviços dos Municípios.
(D) Compete aos Estados e ao DF o imposto sobre a transmissão *causa mortis* e doação de bens e direitos.
(E) Os Estados não têm competência para a instituição de contribuições de melhoria.

A: a exigência tributária não prescinde de lei (princípio da legalidade – art. 150, I, da CF); **B:** a CF/1988 não admite as chamadas isenções heterônomas, pois a competência tributária é privativa (somente os Estados podem conceder isenções relativas a tributos de sua competência) – art. 151, III, da CF; **C:** isso é vedado, por conta da imunidade recíproca – art. 150, VI, *a*, da CF; **D:** art. 155, I, da CF; **E:** todos os entes políticos (União, Estados, DF e Municípios) podem instituir contribuições de melhoria, com relação às suas respectivas obras públicas – art. 145, III, da CF.

Gabarito "D"

(Agente Tributário Estadual/MS – 2001 – ESAF) A competência tributária do Estado do Mato Grosso do Sul não compreende:

(A) imposto sobre operações relativas à circulação de mercadorias
(B) imposto sobre a propriedade de veículos automotores
(C) imposto sobre operações relativas a transporte urbano
(D) imposto sobre operações relativas a serviços de comunicação
(E) contribuição de melhoria, decorrente de obras públicas

A: art. 155, I, da CF – ICMS; **B:** art. 155, III, da CF – IPVA; **C:** o transporte urbano (não intermunicipal) é de competência dos Municípios. Ao Estado compete tributar o transporte interestadual e intermunicipal – art. 155, II, da CF; **D:** art. 155, II, da CF – ICMS; **E:** art. 145, III, da CF.

Gabarito "C"

(Agente Tributário Estadual/MS – 2001 – ESAF) Com base no disposto na Constituição Federal e no Código Tributário Nacional, pode-se afirmar que:

(A) Compete tanto à União quanto aos Estados, DF e Municípios a instituição de taxas em razão do exercício do poder de polícia.
(B) Somente a União e os Estados podem instituir contribuições de melhoria.
(C) As contribuições especiais, com fins econômicos ou sociais, são privativas dos Estados e DF.
(D) A União pode transferir aos Estados o exercício regular de sua competência tributária.
(E) A cumulatividade e a seletividade são características essenciais do Imposto sobre Produtos Industrializados.

A: trata-se da chamada competência comum – art. 145, II, da CF; **B:** União, Estados, DF e Municípios podem instituir contribuições de melhoria em relação às suas obras que gerem valorização imobiliária – competência comum prevista no art. 145, III, da CF; **C:** compete privativamente à União a instituição de contribuições de intervenção no domínio econômico (CIDE) e de interesse de categorias profissionais e econômicas – art. 149 da CF; **D:** a competência tributária é privativa e indelegável – art. 7º do CTN; **E:** o IPI é tributo não cumulativo – art. 153, § 3º, II, da CF.

Gabarito "A"

(Agente Tributário Estadual/MS – 2001 – ESAF) A instituição de contribuições sociais, de intervenção no domínio econômico e de interesse das categorias profissionais ou econômicas, inclui-se na competência impositiva

(A) dos Estados e do Distrito Federal.
(B) da União.
(C) da União, dos Estados e do Distrito Federal.
(D) da União, dos Estados, do Distrito Federal e dos Municípios.
(E) dos Estados, do Distrito Federal e dos Municípios.

A competência para as chamadas contribuições especiais é privativa da União – art. 149 da CF.

Gabarito "B"

(Agente Tributário Estadual/MS – 2001 – ESAF) É da competência dos Estados o seguinte imposto:

(A) sobre a propriedade de veículos automotores.
(B) sobre a importação de produtos estrangeiros.
(C) sobre serviços de qualquer natureza.
(D) sobre a propriedade territorial urbana.
(E) sobre produtos industrializados.

A: o IPVA é tributo estadual – art. 155, III, da CF; **B:** o II é tributo federal – art. 153, I, da CF; **C:** o ISS é tributo municipal – art. 156, III, da CF; **D:** o IPTU é tributo municipal – art. 156, I, da CF; o IPI é tributo federal – art. 153, IV, da CF.

Gabarito "A"

(Auditor Fiscal/Teresina-PI – 2001 – ESAF) Assinale a opção que completa corretamente a proposição a seguir.

A competência tributária do Município de Teresina não compreende a instituição de

(A) taxa de licença para exercer quaisquer atividades comerciais, inclusive as de ambulantes.
(B) contribuição dos servidores municipais para custeio dos seus benefícios, de sistemas de previdência e de assistência social.
(C) imposto sobre a propriedade predial e territorial urbana.
(D) contribuição de melhoria.
(E) imposto sobre doações de bens imóveis.

A: o Município tem competência tributária relativa ao exercício do poder de polícia – art. 145, II, da CF; **B:** art. 149, § 1º, da CF; **C:** o IPTU é da competência municipal – art. 156, I, da CF; **D:** a contribuição de melhoria pode ser instituída pelo Município, em relação às obras por ele realizadas – art. 145, III, da CF; **E:** O ITCMD é da competência estadual (não municipal) – art. 155, I, da CF.

Gabarito "E"

(Auditor Fiscal/Teresina-PI – 2001 – ESAF) Tem competência para conceder isenções de impostos:

(A) a União, em relação aos impostos federais, estaduais e municipais.
(B) a União, somente em relação aos impostos federais.
(C) os Estados, em relação aos impostos estaduais e municipais.
(D) os Estados, em relação aos impostos estaduais e do Distrito Federal.
(E) a União, em relação aos impostos federais, do Distrito Federal e dos Territórios Federais.

A CF/1988 não admite as chamadas isenções heterônomas, pois a competência tributária é privativa (somente a União, os Estados, o DF e os Municípios podem conceder isenções relativas a tributos de suas respectivas competências) – art. 151, III, da CF. No caso do Território, caso venha a existir, a União detém a competência relativa aos tributos estaduais e municipais, estes últimos (os municipais) apenas na hipótese de não haver subdivisão em municípios – art. 147 da CF.

Gabarito "B"

(Auditor Fiscal/Teresina-PI – 2001 – ESAF) É da competência dos Estados a instituição do imposto sobre

(A) a propriedade territorial urbana.
(B) a propriedade territorial rural.
(C) a transmissão *inter vivos* de bens imóveis.
(D) a transmissão *causa mortis* e a doação, de quaisquer bens ou direitos.
(E) serviços de qualquer natureza.

A: o IPTU é da competência municipal – art. 156, I, da CF; **B:** o ITR é da competência federal – art. 153, VI, da CF; **C:** o ITBI é da competência municipal – art. 156, II, da CF; **D:** o ITCMD é da competência estadual – art. 155, I, da CF; **E:** o ISS é da competência municipal – art. 156, III, da CF.

Gabarito "D"

(Auditor do Tesouro Municipal/Recife-PE – 2003 – ESAF) Assinale a opção que completa corretamente a proposição a seguir:

A competência tributária do Município do Recife compreende a instituição de

(A) contribuição de melhoria e taxa de licença incidente sobre a localização de estabelecimento no seu território.
(B) imposto sobre a propriedade predial e territorial urbana e imposto sobre a transmissão *causa mortis* de bens imóveis.
(C) imposto sobre a propriedade territorial rural e contribuição de melhoria.
(D) taxa de licença incidente sobre o exercício de atividade ambulante e imposto sobre a transmissão de quaisquer bens.
(E) imposto sobre doações de bens imóveis e taxa de iluminação pública.

A: os Municípios têm competência para instituir contribuições de melhoria em relação às suas obras públicas e taxas pelo exercício do poder de polícia – art. 145, II e III, da CF (é a chamada competência comum); **B:** a transmissão *causa mortis* é tributada pelos Estados e pelo Distrito Federal (ITCMD) – art. 155, I, da CF; **C:** o ITR é da competência federal – art. 153, VI, da CF; **D:** quanto à tributação sobre transmissão de bens, a competência municipal restringe-se aos imóveis e direitos reais transmitidos de modo oneroso (ITBI) – art. 156, II, da CF; **E:** as doações são tributadas pelos Estados e pelo Distrito Federal (ITCMD) – art. 155, I, da CF.

Gabarito "A"

(Auditor do Tesouro Municipal/Recife-PE – 2003 – ESAF) Em consonância com a Constituição Federal, somente a União é dotada de competência tributária para instituir:

(A) imposto sobre operações de crédito, câmbio e seguro, ou relativas a títulos ou valores mobiliários, empréstimos compulsórios e contribuição de intervenção no domínio econômico.

(B) imposto sobre propriedade territorial rural, imposto sobre serviços de transporte internacional e contribuição de intervenção no domínio econômico.

(C) empréstimos compulsórios, imposto sobre grandes fortunas e contribuição social para custeio de sistemas de previdência e assistência social.

(D) imposto sobre produtos industrializados, imposto sobre transmissão de bens imóveis situados no exterior e contribuição de interesse de categorias econômicas ou profissionais.

(E) impostos extraordinários na iminência ou no caso de guerra externa, imposto sobre renda e proventos de qualquer natureza e contribuição social para custeio de sistemas de previdência e assistência social.

A: art. 153, V, da CF (IOF), art. 148 da CF (empréstimos compulsórios) e art. 149 da CF (CIDE); **B:** a União não tem competência para tributar o transporte internacional; C e **E:** Estados, Distrito Federal e Municípios devem instituir e cobrar contribuição de seus servidores para custeio do regime previdenciário próprio – art. 149, § 1º, da CF; **D:** a União não tem competência para tributar as transmissões de imóveis situados no exterior.

Gabarito "A".

(Auditor do Tesouro Municipal/Recife-PE – 2003 – ESAF) Assinale a resposta correta.

(A) A Constituição Federal permite que os serviços de telecomunicações sejam alcançados pela incidência do imposto sobre serviços de qualquer natureza, de competência dos Municípios.

(B) É permitido aos Municípios editar leis que visem a conceder isenções, incentivos ou benefícios fiscais, que resultem, direta ou indiretamente, na redução da alíquota mínima de 2%, incidente sobre determinados serviços de qualquer natureza, prevista no Ato das Disposições Constitucionais Transitórias, enquanto a União não expedir lei complementar que discipline a matéria.

(C) De acordo com a Constituição Federal, os Municípios não têm competência para instituir contribuição que se destine ao custeio de serviço municipal de iluminação pública.

(D) Cabe a lei complementar da União excluir da incidência do imposto sobre serviços de qualquer natureza, de competência dos Municípios, exportações de serviços para o exterior.

(E) Em relação ao imposto sobre propriedade predial e territorial urbana, é vedada pela Constituição Federal a adoção de alíquotas diferentes em razão da localização e do uso do imóvel.

A: os serviços de comunicação são tributados exclusivamente pelos Estados e pelo Distrito Federal (ICMS) – art. 155, II, da CF; **B:** isso é expressamente vedado – art. 156, § 3º, I e III, da CF c/c art. 88 do ADCT; **C:** os Municípios e o Distrito Federal têm essa competência – art. 149-A da CF; **D:** art. 156, § 3º, II, da CF; **E:** isso é permitido – art. 156, § 1º, II, da CF.

Gabarito "D".

(Auditor do Tesouro Municipal/Fortaleza-CE – 2003 – ESAF) A respeito do tema competência para instituir impostos, é correto afirmar:

(A) aos Estados e ao Distrito Federal compete instituir, entre outros impostos que a Constituição Federal lhes atribui, o imposto sobre propriedade de veículos automotores e o imposto sobre transmissão *inter vivos* de bens imóveis situados em seus territórios.

(B) o imposto sobre serviços de transportes intermunicipais é de competência do Município em que se iniciarem as prestações dos serviços.

(C) os impostos sobre propriedade predial e territorial urbana e sobre vendas a varejo de combustíveis líquidos e gasosos são de competência dos Municípios.

(D) compete ao Distrito Federal instituir os impostos que cabem aos Municípios, sem prejuízo da competência que a Constituição Federal lhe assegura para instituir outros impostos expressamente indicados.

(E) por força de emenda constitucional promulgada recentemente, a competência para instituir o imposto sobre propriedade territorial rural foi transferida da União para os Estados e o Distrito Federal.

A: o ITBI é da competência municipal – art. 156, II, da CF; **B:** os serviços de transportes intermunicipais e interestaduais são tributados pelos Estados (ICMS) – art. 155, II, da CF; **C:** a competência para instituição e cobrança do imposto sobre vendas a varejo de combustíveis líquidos e gasosos foi excluída pela EC 3/1993, que deu nova redação ao art. 156, III, da CF; **D:** o Distrito Federal detém a competência relativa aos tributos municipais e estaduais – arts. 147 e 155 da CF; **E:** o ITR é da competência da União – art. 153, VI, da CF. A EC 42/2003 permitiu que os Municípios fiscalizem e cobrem esse tributo, na forma do art. 153, § 4º, III, da CF.

Gabarito "D".

(Auditor do Tesouro Municipal/Natal-RN – 2001 – ESAF) Inclui-se na competência tributária dos Municípios a instituição de

(A) Empréstimo compulsório.

(B) Imposto sobre a propriedade de veículos automotores.

(C) Imposto sobre a propriedade predial e territorial urbana.

(D) Imposto sobre a propriedade territorial rural.

(E) Imposto sobre serviço de transporte intermunicipal e de comunicação.

A: o empréstimo compulsório é da competência federal – art. 148 da CF; **B:** o IPVA é da competência estadual – art. 155, III, da CF; **C:** o IPTU é da competência municipal – art. 156, I, da CF; **D:** o ITR é da competência federal – art. 153, VI, da CF; **E:** os serviços de transporte intermunicipal e de comunicação são tributados pelos Estados e pelo Distrito Federal (ICMS) – art. 155, II, da CF.

Gabarito "C".

(Auditor do Tesouro Municipal/Natal-RN – 2001 – ESAF) Em matéria de competência para a instituição de impostos, é correto afirmar-se que:

(A) os Municípios dos Territórios Federais são competentes para instituir seus próprios impostos, tal como nos Estados.
(B) nos Territórios Federais compete aos Estados dos quais foram desmembrados a instituição dos impostos estaduais.
(C) compete aos Territórios Federais a instituição de seus impostos, tanto estaduais quanto municipais.
(D) os Estados podem instituir impostos extraordinários e temporários, com arrecadação vinculada a fins específicos.
(E) os Municípios podem instituir novos impostos, além daqueles expressamente previstos na Constituição Federal.

A: a assertiva é verdadeira, na hipótese de vir a existir Território dividido em Municípios – art. 147 da CF; **B:** compete à União a instituição de tributos estaduais no Território eventualmente criado – art. 147 da CF; **C:** os Territórios não têm competência tributária – art. 147 da CF; **D:** a competência para instituir impostos extraordinários é da União, nos termos do art. 154, II, da CF; **E:** a competência residual é exclusiva da União – art. 154, I, da CF.

Gabarito "A"

2. PRINCÍPIOS

(Procurador da Fazenda Nacional – 2004 – ESAF) Considerado o entendimento atualmente dominante no Supremo Tribunal Federal, assinale a resposta que completa corretamente a assertiva.

"A alíquota de contribuição social destinada ao financiamento da Seguridade Social, majorada por medida provisória que tenha sido editada na primeira metade do exercício financeiro, objeto de reedição e conversão em Lei, poderá ser exigida ..."

(A) depois de decorridos noventa dias da data da publicação da Lei resultante da conversão.
(B) depois de decorridos noventa dias da data da publicação da medida provisória originária.
(C) depois de decorridos noventa dias da data da reedição da medida provisória.
(D) no próximo exercício financeiro.
(E) depois de decorridos noventa dias do início do próximo exercício financeiro.

As contribuições sociais são exceção ao princípio da anterioridade anual, sujeitando-se apenas à nonagesimal – art. 195, § 6º, da CF. Ademais, não se submetem à norma restritiva do art. 62, § 2º, da CF (que exige a conversão de lei da MP até o final do ano). Assim, a citada majoração é exigível a partir de 90 dias contados da publicação da MP, de modo que a alternativa "B" é a correta.

Gabarito "B"

(ADVOGADO – IRB – 2006 – ESAF) O Sistema Tributário Nacional é disciplinado na Constituição Federal de 1988 a partir do art. 145. Sobre seus princípios gerais, é incorreto afirmar-se que,

(A) a fim de conferir efetividade aos princípios da pessoalidade e da capacidade econômica do contribuinte, faculta-se à administração tributária identificar, respeitados os direitos individuais e nos termos da lei, o patrimônio, os rendimentos e as atividades econômicas a que se dedique o contribuinte.
(B) embora originalmente não tenha sido elaborado com o atendimento aos requisitos de tal espécie normativa, o Código Tributário Nacional, sendo lei ordinária, foi recepcionado pela Constituição com o *status* de lei complementar. Portanto, suas alterações somente podem ser efetuadas por intermédio de lei complementar.
(C) aos Municípios e ao Distrito Federal é facultada a instituição de contribuição para o custeio do serviço de iluminação pública, na forma da respectiva lei; todavia, se optarem por cobrá-la, tais entes deverão fazê-lo por via da respectiva fatura de consumo de energia elétrica.
(D) a instituição de contribuições de intervenção no domínio econômico é da competência exclusiva da União, não podendo, portanto, ser delegada a outros entes federativos, como Estados, Municípios e Distrito Federal.
(E) somente a União possui a competência para a instituição de duas diferentes modalidades de empréstimos compulsórios, sendo necessário, para ambas, a edição de lei complementar.

A: correta, nos termos do art. 145, § 1º, da CF; **B:** correta. Trata-se de antiga lição da doutrina e da jurisprudência sobre o tema. O CTN é lei ordinária em sua origem. Porém, como a CF de 1988 o recepcionou materialmente e, ao mesmo tempo, determinou que as matérias nele constantes fossem tratadas em lei complementar, ele passou a ter esse *status*; **C:** incorreta, devendo ser assinalada. A cobrança da contribuição para custeio da iluminação pública pode, facultativamente, ser feita através da fatura do serviço de energia elétrica do contribuinte. Não é uma obrigação do Município ou DF fazê-la por esse instrumento (art. 149-A, parágrafo único, da CF); **D:** correta, nos termos do art. 149 da CF e art. 7º do CTN; **E:** correta, nos termos do art. 148 da CF.

Gabarito "C"

(ADVOGADO – IRB – 2006 – ESAF) A Emenda Constitucional n. 42/2003 promoveu algumas alterações no Sistema Tributário Nacional, objetivando dar tratamento diferenciado às pequenas e médias empresas. Considerando esse dado, avalie o acerto das afirmações abaixo; em seguida, marque a opção correta.

I. lei complementar poderá instituir regime único de arrecadação dos impostos e contribuições da União, dos Estados, do Distrito Federal e dos Municípios.
II. uma vez instituído o regime único a que se refere o item I acima, poderá o contribuinte optar ou não por ele.
III. ainda sobre o regime mencionado no item I, se vier a ser adotado, nele não poderão ser estabelecidas condições de enquadramento diferenciadas por Estado.
IV. os entes federados poderão, no regime único, adotar cadastro único de contribuintes.

(A) Todos os itens estão corretos.
(B) Há apenas um item correto.
(C) Há apenas dois itens corretos.
(D) Há apenas três itens corretos.
(E) Todos os itens estão errados.

I: correta, nos termos do art. 146, parágrafo único, da CF; **II:** correta, nos termos do art. 146, parágrafo único, I, da CF; **III:** incorreta. É possível a previsão de condições diferentes para cada Estado (art. 146, parágrafo único, II, da CF); **IV:** correta, nos termos do art. 146, parágrafo único, IV, da CF.

Gabarito "D"

(Auditor Fiscal da Receita Federal – 2012 – ESAF) Parte significativa da doutrina entende que os princípios da legalidade e da anterioridade tributária constituem regras concretizadoras da segurança jurídica. Sobre os conteúdos desta, no direito tributário, analise os itens a seguir, classificando-os como corretos ou incorretos, para, a seguir, assinalar a assertiva que corresponda à sua opção.

I. Certeza do direito, segundo a qual a instituição e a majoração de tributos obedecem aos postulados da legalidade, da irretroatividade e das anterioridades de exercício e nonagesimais mínima e especial, demonstrando a garantia adicional que representam para o contribuinte se comparadas ao princípio geral da legalidade e às garantias de proteção ao direito adquirido, ato jurídico perfeito e coisa julgada.

II. Intangibilidade das posições jurídicas, o que se vislumbra, por exemplo, com o estabelecimento de prazos decadenciais e prescricionais a correrem contra o Fisco.

III. Estabilidade das relações jurídicas, por exemplo, no que diz respeito à consideração da formalização de um parcelamento de dívida como ato jurídico perfeito a vincular o contribuinte e o ente tributante.

IV. Confiança no tráfego jurídico, segundo o qual o contribuinte não pode ser penalizado se agir em obediência às normas complementares das leis e dos decretos.

V. Tutela jurisdicional, que se materializa pela ampla gama de instrumentos processuais colocados à disposição do contribuinte para o questionamento de créditos tributários, tanto na esfera administrativa como na esfera judicial.

Estão corretos apenas os itens:

(A) I, III e IV.
(B) II, III e IV.
(C) I, IV e V.
(D) III, IV e V.
(E) todos os itens estão corretos.

I: correta, indicando adequadamente a natureza especial dos princípios tributários atinentes à segurança jurídica (ver art. 150 da CF, principalmente, em relação aos princípios e garantias gerais apontadas no art. 5.º da CF); **II:** incorreta, pois não se pode afirmar que há intangibilidade, já que os prazos decadencial e prescricional podem ser alterados por lei complementar federal – art. 146, III, *b*, da CF; **III:** questionável, pois a formalização do parcelamento não impede a exclusão do contribuinte do benefício, em caso de descumprimento das normas aplicáveis – art. 155 c/c art. 155-A, § 2.º, do CTN; **IV:** adequada, conforme o art. 100, parágrafo único, do CTN; **V:** correta, pois a tutela jurisdicional é garantia última da segurança jurídica – art. 5.º, XXXV, da CF.

Gabarito "C"

(Auditor Fiscal da Receita Federal – 2012 – ESAF) A Constituição Federal de 1988 veda aos entes tributantes instituir tratamento desigual entre contribuintes que se encontrem em situação equivalente, proibida qualquer distinção em razão de ocupação profissional ou função por eles exercida, independentemente da denominação jurídica dos rendimentos, títulos ou direitos. Considerando decisões emanadas do STF sobre o tema, assinale a opção incorreta.

(A) A exclusão do arrendamento mercantil do campo de aplicação do regime de admissão temporária não constitui violação ao princípio da isonomia tributária.
(B) A progressividade da alíquota, que resulta do rateio do custo da iluminação pública entre os consumidores de energia elétrica, não afronta o princípio da isonomia.
(C) A sobrecarga imposta aos bancos comerciais e às entidades financeiras, no tocante à contribuição previdenciária sobre a folha de salários, fere o princípio da isonomia tributária.
(D) Lei complementar estadual que isenta os membros do Ministério Público do pagamento de custas judiciais, notariais, cartorárias e quaisquer taxas ou emolumentos fere o princípio da isonomia.
(E) Não há ofensa ao princípio da isonomia tributária se a lei, por motivos extrafiscais, imprime tratamento desigual a microempresas e empresas de pequeno porte de capacidade contributiva distinta, afastando do regime do simples aquelas cujos sócios têm condição de disputar o mercado de trabalho sem assistência do Estado.

A: correta, pois o STF ratificou a disposição do art. 17 da Lei 6.099/1974, excluindo arrendamento mercantil do regime de admissão temporária – ver RE 429.306/PR; **B:** correta, pois o STF admite a progressividade na contribuição para custeio do serviço de iluminação pública – ver RE 573.675/SC; **C:** incorreta, pois o STF ratificou o adicional previsto no art. 22, § 1.º, da Lei 8.212/1991 – ver AC 1.109 MC/SP; **D:** correta, pois tal norma violaria o princípio da isonomia – ver ADIn 3.260/RN. É importante salientar que a decisão do STF refere-se à lei que isentava os membros do Ministério Público, inclusive os inativos (não era benefício em favor da instituição, mas das pessoas naturais); **E:** correta, pois esse é o entendimento do STF – ver ADIn 1.643/UF.

Gabarito "C"

(Analista-Tributário da Receita Federal – 2012 – ESAF) Responda às perguntas abaixo e em seguida assinale a opção correta.

I. É vedado à União, aos Estados, ao Distrito Federal e aos Municípios cobrar imposto sobre o patrimônio, a renda ou os serviços uns dos outros. Isso, em tese, impede à lei de um Município atribuir à União a condição de responsável pela retenção na fonte do imposto sobre serviços?

II. Para combater o tráfego de gado infectado de uma região para outra, pode o Estado impor tributos interestaduais ou intermunicipais?

III. Atende ao princípio da anterioridade a majoração de um imposto no dia 2 de dezembro de um ano, para ser cobrado no exercício seguinte?

(A) Sim, não e não.
(B) Sim, sim e sim.
(C) Não, não e sim.
(D) Não, sim e não.
(E) Não, não e não.

I: não, pois a imunidade recíproca não afasta a responsabilidade por retenção na fonte (o ônus econômico não é suportado pela entidade imune, mas por terceiro) – art. 9.º, § 1.º, do CTN; **II:** não, pois a tributação não se presta a essa função. É expressamente vedado o estabelecimento de limitações ao tráfego de pessoas ou bens, por meio de tributos interestaduais ou intermunicipais, ressalvada a cobrança de pedágio pela utilização de vias conservadas pelo Poder Público – art. 150, V, da CF; **III:** em termos; a exigência atende à anterioridade anual ou do exercício (art. 150, III, *b*, da CF), mas não necessariamente à anterioridade nonagesimal, que exige lapso mínimo de 90 dias entre a publicação da lei e a cobrança (art. 150, III, *c*, da CF). Por essas razões, a alternativa "C" é a melhor, embora possa haver discussão quanto à "E", por conta da assertiva "III".

Gabarito "C".

(Auditor Fiscal da Receita Federal – 2010 – ESAF) Entre as limitações constitucionais ao poder de tributar, que constituem garantias dos contribuintes em relação ao fisco, é incorreto afirmar que:

(A) os impostos sobre o patrimônio podem ser confiscatórios, quando considerados em sua perspectiva estática.
(B) uma alíquota do imposto sobre produtos industrializados de 150%, por exemplo, não significa necessariamente confisco.
(C) o imposto de transmissão *causa mortis*, na sua perspectiva dinâmica, pode ser confiscatório.
(D) o princípio do não confisco ajuda a dimensionar o alcance do princípio da progressividade, já que exige equilíbrio, moderação e medida na quantificação dos tributos.
(E) a identificação do efeito confiscatório não deve ser feita em função da totalidade da carga tributária, mas sim em cada tributo isoladamente.

298

O princípio de vedação do confisco busca impedir a supressão da propriedade, garantida constitucionalmente, e da própria capacidade econômica do contribuinte. É mais facilmente visualizado em relação aos tributos que incidem sobre a renda e o patrimônio (estaticamente considerado, caso do ITR, do IPVA e do IPTU, por exemplo; ou dinamicamente, em relação às transferências, caso do ITCMD e do ITBI, por exemplo). Imagine a cobrança de IPTU em 50% ao ano ou de imposto de renda a 95% sobre o salário mínimo: ninguém discutiria tratar-se de confisco e, portanto, de exigência inconstitucional. Entretanto, no caso dos tributos incidentes sobre a produção e a circulação de bens e serviços, essa visualização é bem mais difícil, especialmente nos casos dos impostos com alíquotas seletivas em função da essencialidade (IPI e ICMS) ou aqueles de carga fortemente extrafiscal (IPI, II, IE, e IOF, por exemplo). Nesses casos, não há nítida redução de bem diretamente tributado, mas sim oneração do consumidor. Nesse sentido, não é confiscatório a cobrança de imposto de importação com alíquota de 50% para bens supérfluos (perfumes de luxo) ou IPI de 150% sobre cigarros, por exemplo. Por essas razões, as assertivas A, B e C estão corretas. A assertiva D também é verdadeira, pois o princípio do não confisco acaba sendo diretriz para o legislador, que o orienta na quantificação dos tributos. A alternativa E é a melhor, até por exclusão das demais. Entende-se que o princípio de vedação do confisco deve ser analisado em relação a cada tributo, mas isso não significa (aí está o erro) que a identificação do efeito confiscatório **não deva** ser feita em função da totalidade da carga tributária, que é, sem dúvida, uma variável relevante para a interpretação.

Gabarito "E".

(Auditor Fiscal da Receita Federal – 2005 – ESAF) A Constituição da República veda a cobrança de tributos no mesmo exercício financeiro em que haja sido publicada a lei que os instituiu ou aumentou. Trata-se do princípio da anterioridade tributária, que, contudo, encontra na própria Constituição algumas exceções. Assinale, a seguir, a modalidade tributária em que só pode ser exigido o tributo no exercício seguinte ao de sua instituição ou majoração:

(A) Imposto sobre operações de crédito, câmbio e seguro, ou relativas a títulos ou valores mobiliários.
(B) Imposto sobre produtos industrializados.
(C) Empréstimo compulsório para atender a investimento público urgente e relevante.
(D) Empréstimo compulsório por motivo de guerra externa ou de calamidade pública.
(E) Imposto sobre exportação, para o exterior, de produtos nacionais ou nacionalizados.

Art. 150, § 1º, da CF: o IOF (**A**), o IPI (**B**), o empréstimo compulsório para atender a despesas extraordinárias (guerra ou calamidade) – (**D**) e o IE (**E**) são exceções ao princípio da anterioridade; **C:** o empréstimo compulsório para atender a investimentos públicos urgentes e de relevante interesse nacional submete-se ao princípio da anterioridade.

Gabarito "C".

Veja a seguinte tabela, para memorização:

Exceções à anterioridade anual (art. 150, III, *b*, da CF)	Exceções à anterioridade nonagesimal (art. 150, III, *c*, da CF)
– empréstimo compulsório para atender a despesas extraordinárias decorrentes de calamidade pública ou de guerra externa ou sua iminência (art. 148, I, *in fine*, da CF, em sentido contrário); – imposto de importação (art. 150, § 1º, da CF); – imposto de exportação (art. 150, § 1º, da CF); – IPI (art. 150, § 1º, da CF); – IOF (art. 150, § 1º, da CF); – impostos extraordinários na iminência ou no caso de guerra externa (art. 150, § 1º, da CF); – restabelecimento das alíquotas do ICMS sobre combustíveis e lubrificantes (art. 155, § 4º, IV, *c*, da CF); – restabelecimento da alíquota da CIDE sobre combustíveis (art. 177, § 4º, I, *b*, da CF); – contribuições sociais (art. 195, § 6º, da CF).	– empréstimo compulsório para atender a despesas extraordinárias decorrentes de calamidade pública ou de guerra externa ou sua iminência (art. 148, I, *in fine*, da CF, em sentido contrário – entendimento doutrinário); – imposto de importação (art. 150, § 1º, da CF); – imposto de exportação (art. 150, § 1º, da CF); – IR (art. 150, § 1º, da CF); – IOF (art. 150, § 1º, da CF); – impostos extraordinários na iminência ou no caso de guerra externa (art. 150, § 1º, da CF); – fixação da base de cálculo do IPVA (art. 150, § 1º, da CF); – fixação da base de cálculo do IPTU (art. 150, § 1º, da CF);

(Auditor Fiscal da Receita Federal – 2005 – ESAF) Ainda que atendidas as condições e os limites estabelecidos em lei, é vedado ao Poder Executivo alterar as alíquotas do imposto sobre

(A) importação de produtos estrangeiros.
(B) exportação, para o exterior, de produtos nacionais ou nacionalizados.
(C) propriedade territorial rural.
(D) operações de crédito, câmbio e seguro, ou relativas a títulos ou valores mobiliários.
(E) produtos industrializados.

O Executivo, observadas as condições e os limites legais, pode alterar as alíquotas do II (A), do IE (B), do IOF (D) e do IPI (E) – art. 153, § 1º, da CF; **C:** as alíquotas do ITR não podem ser alteradas pelo Executivo.

Gabarito "C"

(Auditor Fiscal da Receita Federal – 2002.2 – ESAF) Avalie o acerto das afirmações adiante e marque com V as verdadeiras e com F as falsas; em seguida, marque a opção correta.

( ) O princípio da anterioridade tributária não pode ser afastado por meio de emenda constitucional, ainda que em relação a um imposto determinado, não constante da enumeração excetuada no próprio texto constitucional original.
( ) O princípio da irretroatividade protege de alterações a tributação dos lucros apurados no período-base a ser encerrado em data futura.
( ) É inconstitucional a cobrança de imposto sobre movimentação financeira que atinja indiscriminadamente todas as aplicações, no ponto em que atinja as realizadas por Estados e Municípios, por exemplo (imunidade recíproca), sendo portanto inválido o § 2º do art. 2º da Emenda Constitucional nº 3, de 18 de março de 1993.

(A) V, V, V
(B) V, V, F
(C) V, F, V
(D) F, F, F
(E) F, V, F

1ª e **3ª**: o STF ratificou esse entendimento ao julgar o caso do antigo IPMF – ver ADI 939/DF; **2ª**: o STF entende que as majorações do IR durante o ano-base aplicam-se ao fato gerador que ocorrerá (ou concluir-se-á) apenas em 31 de dezembro – ver RE 250.521/SP-STF.

Gabarito "C"

(Auditor Fiscal da Receita Federal – 2002.1 – ESAF) É lícito ao ente tributante

(A) instituir distinção em razão de ocupação profissional ou função exercida pelo contribuinte, desde que prevista em lei adequada denominação jurídica dos rendimentos, títulos ou direitos.
(B) cobrar tributos em relação a fatos geradores ocorridos antes do início da vigência da norma jurídica que os houver instituído ou aumentado, desde que expressa a lei que os tenha previsto.
(C) estabelecer limitações ao tráfego de pessoas ou bens, mediante cobrança de pedágios, interestaduais ou intermunicipais, pela utilização de vias conservadas pelo Poder Público.
(D) cobrar imposto no mesmo exercício financeiro em que haja sido publicada a lei que os instituiu ou aumentou.
(E) exigir ou aumentar tributo mediante decreto ou ato administrativo, desde que publicado antes do início do exercício em que será cobrado.

A: essa distinção é vedada expressamente pelo art. 150, II, da CF; **B:** o princípio da irretroatividade não pode ser afastado por norma legal – art. 150, III, *a*, da CF; **C:** a vedação à limitação ao tráfego não impede a cobrança de pedágio – art. 150, V, da CF; **D:** isso é vedado pelo princípio da anterioridade – art. 150, III, *b*, da CF; **E:** a instituição e a majoração de tributos submetem-se ao princípio da legalidade – art. 150, I, da CF.

Gabarito "C"

(Auditor Fiscal da Previdência Social – 2002 – ESAF) À luz da Constituição, avalie as formulações seguintes e, ao final, assinale a opção que corresponde à resposta correta.

I. É vedado à União elevar a alíquota do imposto sobre a renda e proventos de qualquer natureza, de 27,5% para 41%, incidente sobre renda líquida igual ou superior a R$ 120.000,00, auferida no ano civil por pessoa física, por força da disposição constitucional vedatória da utilização de tributo com efeito de confisco, bem assim da que prevê a graduação de impostos segundo a capacidade econômica do contribuinte.
II. A cobrança de pedágio pela utilização de vias conservadas pelo poder público não constitui violação do dispositivo constitucional que veda o estabelecimento de limitações ao tráfego de pessoas ou bens por meio de tributos interestaduais ou intermunicipais.
III. Somente à União compete instituir impostos extraordinários, na iminência ou no caso de guerra externa, compreendidos ou não em sua competência tributária, podendo a respectiva cobrança ser iniciada no mesmo exercício financeiro em que seja publicada a lei ordinária que os instituir.

(A) Somente I é falsa.
(B) I e II são falsas.
(C) I e III são falsas.
(D) II e III são falsas.
(E) Todas são falsas.

I: ainda que possa ser suscitada a questão da vedação de confisco, a majoração da alíquota do imposto de renda atende (não agride) a graduação segundo a capacidade contributiva; **II:** art. 150, V, *in fine*, da CF; **III:** art. 154, II, c/c art. 150, § 1º, ambos da CF.

Gabarito "A"

(Técnico da Receita Federal – 2002.2 – ESAF) Assinale a opção correta.

(A) As empresas públicas, as sociedades de economia mista e suas subsidiárias gozarão dos privilégios tributários estabelecidos em lei complementar.
(B) As empresas públicas, as sociedades de economia mista e suas subsidiárias gozarão dos privilégios fiscais estabelecidos em lei complementar.

(C) As empresas públicas, as sociedades de economia mista e suas subsidiárias gozarão dos privilégios tributários estabelecidos em lei, desde que extensivos às do setor privado.
(D) As autarquias federais, municipais e estaduais gozam de imunidade quanto aos tributos dos outros entes políticos em decorrência da imunidade recíproca.
(E) O regime jurídico tributário das empresas públicas e das sociedades de economia mista que explorem atividade econômica de produção ou de comercialização de bens é estabelecido em norma complementar da legislação tributária.

As empresas públicas e sociedades de economia mista não podem gozar de privilégios fiscais não extensivos às entidades do setor privado – art. 173, § 2º, da CF.

Gabarito "C"

(Técnico da Receita Federal – 2006– ESAF) A competência tributária, assim entendido o poder que os entes políticos têm para instituir tributos, encontra limites na Constituição Federal e no Código Tributário Nacional. Entre as limitações constitucionais ao poder de tributar, é incorreto afirmar que

(A) é vedado à União cobrar tributos em relação a fatos geradores ocorridos antes da vigência da lei que os houver instituído ou aumentado.
(B) é vedado aos entes políticos – União, Estados, Distrito Federal e Municípios – instituir impostos sobre patrimônio, renda ou serviços, uns dos outros.
(C) é vedado à União conceder isenções de tributos da competência dos Estados, do Distrito Federal ou dos Municípios, exceto para os produtos definidos em lei como integrantes da denominada "cesta básica".
(D) é vedado aos entes políticos, em geral, utilizar tributo com efeito de confisco.
(E) por meio de medida provisória, pode a União majorar imposto de sua competência.

A: princípio da irretroatividade – art. 150, III, *a*, da CF; **B:** imunidade recíproca – art. 150, VI, *a*, da CF; **C:** a CF/1988 não admite as chamadas isenções heterônomas, pois a competência tributária é privativa (somente o próprio ente político pode conceder isenções relativas a tributos de sua competência) – art. 151, III, da CF; **D:** princípio da vedação de confisco – art. 150, IV, da CF; **E:** isso é possível, nos termos do art. 62, § 2º, da CF.

Gabarito "C"

(Técnico da Receita Federal – 2002.2 – ESAF) Avalie a correção das afirmações abaixo. Atribua a letra V para as verdadeiras e F para as falsas. Em seguida, marque a opção que contenha a sequência correta.

A Constituição Federal de 1988 veda

( ) o estabelecimento de limitações ao tráfego de pessoas, capitais ou bens por meio de impostos.
( ) a instituição de tributo sobre o patrimônio, a renda ou serviços dos partidos políticos, das entidades sindicais e das instituições de educação e de assistência social.
( ) a instituição de imposto que não seja uniforme em todo o território estadual ou municipal do ente político criador do imposto, admitida a concessão de incentivos fiscais para a correção dos desequilíbrios regionais socioeconômicos.

(A) V, V, V
(B) V, V, F
(C) V, F, F
(D) F, F, F
(E) V, F, V

1ª: a vedação prevista no art. 150, V, da CF refere-se a qualquer espécie de tributo (não apenas impostos), mas não se aplica à movimentação de capitais; **2ª**: a imunidade prevista no art. 150, VI, *c*, da CF relaciona-se apenas a impostos (não às demais espécies de tributos). O princípio da uniformidade territorial orienta especificamente a União – art. 151, I, da CF.

Gabarito "D"

(Fiscal de Tributos/PA – 2002 – ESAF) Publicada lei que institua ou majore contribuição social para a seguridade social, poderá ser aplicada somente

(A) no exercício financeiro seguinte.
(B) decorrido o prazo de três meses.
(C) decorrido o prazo de noventa dias.
(D) decorrido o prazo de quarenta e cinco dias.
(E) decorrido o prazo de trinta dias.

As contribuições sociais são exigíveis somente noventa dias após a publicação da respectiva lei (anterioridade nonagesimal) – art. 195, § 6º, da CF.

Gabarito "C"

(Agente Tributário Estadual/MS – 2001 – ESAF) Na defesa de seus interesses econômicos, os Estados podem:

(A) Estabelecer limitações ao tráfego de bens, por meio de tributos intermunicipais.
(B) Estabelecer diferença tributária entre bens, em razão de sua procedência.
(C) Dar caráter de seletividade, em função da essencialidade das mercadorias, a imposto de sua competência.
(D) Em caso de calamidade pública, instituir imposto novo, temporário, destinando cinquenta por cento (50%) da arrecadação aos Municípios.
(E) Conceder isenção geral dos impostos estaduais e municipais, mediante lei complementar.

A: isso é vedado nos termos do art. 150, V, da CF; **B:** isso é vedado nos termos do art. 152 da CF; **C:** o ICMS pode ser seletivo em função da essencialidade das mercadorias e dos serviços – art. 155, § 2º, III, da CF; **D:** não há previsão desse imposto na CF (existe apenas o empréstimo compulsório da competência federal – art. 148, I, da CF); **E:** não há possibilidade de isenções heterônomas no sistema tributário atual (as isenções somente podem ser concedidas pelo próprio ente competente para legislar acerca do tributo).

Gabarito "C"

(Fiscal de Tributos/PA – 2002 – ESAF) Os princípios da ____1____ e da ____2____ não se aplicam aos impostos sobre: importação de produtos estrangeiros; exportação, para o exterior, de produtos nacionais ou nacionalizados; produtos industrializados; operações de crédito, câmbio e seguro, ou relativas a títulos ou valores mobiliários.

(A) 1 estrita reserva legal, 2 anterioridade
(B) 1 isonomia, 2 irretroatividade da lei

(C) [1] uniformidade da tributação, [2] capacidade contributiva
(D) [1] igualdade tributária, [2] liberdade de tráfego
(E) [1] vedação de tributo confiscatório, [2] transparência dos impostos

Os impostos listados (II, IE, IPI e IOF) podem ter as alíquotas modificadas pelo Executivo (não se submetem, nesse sentido, à estrita reserva legal) – art. 153, § 1º, da CF. Ademais, são exceções ao princípio da anterioridade – art. 150, § 1º, da CF.

Gabarito "A"

(Auditor Fiscal/MG – 2005 – ESAF) Assinale a opção correta. O princípio segundo o qual é vedado cobrar tributos em relação a fatos geradores ocorridos antes do início da vigência da lei que os houver instituído ou aumentado (art. 150,III, 'a' da CRFB/88) é o da:

(A) anterioridade.
(B) irretroatividade.
(C) anualidade.
(D) imunidade recíproca.
(E) legalidade.

A assertiva refere-se ao princípio da irretroatividade.

Gabarito "B"

(Auditor Fiscal/CE – 2006 – ESAF) As limitações constitucionais ao poder de tributar constituem garantias aos contribuintes de que não serão submetidos à tributação sem a estrita observância de tais princípios. Sobre estes, é correto afirmar-se que:

(A) somente as leis poderão instituir ou aumentar tributos, admitindo-se algumas exceções, somente em relação a alguns impostos, em que estes poderão ser majorados por meio de decretos presidenciais.
(B) é vedado a todos os entes tributantes instituir tributos sobre templos de qualquer culto.
(C) os tributos deverão observar o princípio da capacidade contributiva.
(D) é vedado à União instituir tributo que não seja uniforme em todo o território nacional.
(E) é vedado aos entes tributantes cobrar tributos no mesmo exercício financeiro em que haja sido publicada a lei que os tenha aumentado, em quaisquer casos.

A: a alíquota da CIDE sobre combustíveis (trata-se de contribuição, não imposto) pode ser reduzida e restabelecida pelo Executivo, sem observar o princípio da anterioridade – art. 177, § 4º, I, *b*, da CF; **B:** a imunidade dos templos refere-se apenas aos impostos (não a qualquer espécie de tributo) – art. 150, VI, *b*, da CF; **C:** o art. 145, § 1º, da CF faz referência expressa apenas a impostos; **D:** art. 151, I, da CF; **E:** há exceções ao princípio da anterioridade – art. 150, § 1º, da CF.

Gabarito "D"

(Agente Tributário Estadual/MS – 2001 – ESAF) Em tema de competência legislativa sobre matéria de Direito Tributário, é correta a afirmação de que:

(A) Os Estados têm competência para legislar suplementarmente sobre normas gerais de Direito Tributário.
(B) Mesmo na ausência de lei federal sobre normas gerais de Direito Tributário, é vedado aos Estados exercer essa competência legislativa.
(C) A eficácia de lei estadual sobre normas gerais de Direito Tributário fica mantida ante a superveniência de lei federal da mesma natureza, mesmo no que lhe for contrário.
(D) No âmbito da competência concorrente para legislar sobre Direito Tributário os Estados só podem legislar sobre normas gerais.
(E) A legislação tributária dos Estados é aplicada nos respectivos Municípios, em virtude de estes não terem competência para legislar sobre Direito Tributário.

A e **D:** art. 24, I, e § 2º, da CF – a competência é concorrente, cabendo à União estabelecer normas gerais e, aos Estados, suplementá-las; **B:** se não houver lei federal sobre normas gerais, os Estados exercem a competência legislativa plena, para atender a suas peculiaridades – art. 24, § 3º, da CF; **C:** a superveniência da lei federal suspende a eficácia da norma estadual, no que lhe for contrário – art. 24, § 4º, da CF; **E:** os Municípios detêm competência legislativa plena, em relação aos seus tributos – art. 30, III, da CF.

Gabarito "A"

(Agente Tributário Estadual/MS – 2001 – ESAF) Em matéria tributária, é correta a afirmação de que:

(A) A União pode exigir ou aumentar tributo sem a respectiva lei autorizativa.
(B) A União pode conceder isenções de tributos da competência dos Estados.
(C) Aos Estados é permitido tributar a renda, o patrimônio e os serviços dos Municípios.
(D) Compete aos Estados e ao DF o imposto sobre a transmissão *causa mortis* e doação de bens e direitos.
(E) Os Estados não têm competência para a instituição de contribuições de melhoria.

A: a exigência tributária não prescinde de lei (princípio da legalidade – art. 150, I, da CF); **B:** a CF/1988 não admite as chamadas isenções heterônomas, pois a competência tributária é privativa (somente os Estados podem conceder isenções relativas a tributos de sua competência) – art. 151, III, da CF; **C:** isso é vedado, por conta da imunidade recíproca – art. 150, VI, *a*, da CF; **D:** art. 155, I, da CF; **E:** todos os entes políticos (União, Estados, DF e Municípios) podem instituir contribuições de melhoria, com relação às suas respectivas obras públicas – art. 145, III, da CF.

Gabarito "D"

(Agente Tributário Estadual/MS – 2001 – ESAF) A competência tributária do Estado do Mato Grosso do Sul não compreende:

(A) imposto sobre operações relativas à circulação de mercadorias
(B) imposto sobre a propriedade de veículos automotores
(C) imposto sobre operações relativas a transporte urbano
(D) imposto sobre operações relativas a serviços de comunicação
(E) contribuição de melhoria, decorrente de obras públicas

A: art. 155, I, da CF – ICMS; **B:** art. 155, III, da CF – IPVA; **C:** o transporte urbano (não intermunicipal) é de competência dos Municípios. Ao Estado compete tributar o transporte interestadual e intermunicipal – art. 155, II, da CF; **D:** art. 155, II, da CF – ICMS; **E:** art. 145, III, da CF.

Gabarito "C"

(Agente Tributário Estadual/MS – 2001 – ESAF) Com base no disposto na Constituição Federal e no Código Tributário Nacional, pode-se afirmar que:

(A) Compete tanto à União quanto aos Estados, DF e Municípios a instituição de taxas em razão do exercício do poder de polícia.
(B) Somente a União e os Estados podem instituir contribuições de melhoria.
(C) As contribuições especiais, com fins econômicos ou sociais, são privativas dos Estados e DF.
(D) A União pode transferir aos Estados o exercício regular de sua competência tributária.
(E) A cumulatividade e a seletividade são características essenciais do Imposto sobre Produtos Industrializados.

A: trata-se da chamada competência comum – art. 145, II, da CF; **B:** União, Estados, DF e Municípios podem instituir contribuições de melhoria em relação às suas obras que gerem valorização imobiliária – competência comum prevista no art. 145, III, da CF; **C:** compete privativamente à União a instituição de contribuições de intervenção no domínio econômico (CIDE) e de interesse de categorias profissionais e econômicas – art. 149 da CF; **D:** a competência tributária é privativa e indelegável – art. 7º do CTN; **E:** o IPI é tributo não cumulativo – art. 153, § 3º, II, da CF.

Gabarito "A"

(Agente Tributário Estadual/MS – 2001 – ESAF) A instituição de contribuições sociais, de intervenção no domínio econômico e de interesse das categorias profissionais ou econômicas, inclui-se na competência impositiva

(A) dos Estados e do Distrito Federal.
(B) da União.
(C) da União, dos Estados e do Distrito Federal.
(D) da União, dos Estados, do Distrito Federal e dos Municípios.
(E) dos Estados, do Distrito Federal e dos Municípios.

A competência para as chamadas contribuições especiais é privativa da União – art. 149 da CF.

Gabarito "B"

(Agente Tributário Estadual/MS – 2001 – ESAF) É da competência dos Estados o seguinte imposto:

(A) sobre a propriedade de veículos automotores.
(B) sobre a importação de produtos estrangeiros.
(C) sobre serviços de qualquer natureza.
(D) sobre a propriedade territorial urbana.
(E) sobre produtos industrializados.

A: o IPVA é tributo estadual – art. 155, III, da CF; **B:** o II é tributo federal – art. 153, I, da CF; **C:** o ISS é tributo municipal – art. 156, III, da CF; **D:** o IPTU é tributo municipal – art. 156, I, da CF; o IPI é tributo federal – art. 153, IV, da CF.

Gabarito "A"

(Auditor do Tesouro Municipal/Recife-PE – 2003 – ESAF) Avalie as formulações seguintes, observadas as disposições pertinentes ao tema "competência tributária", constantes do Código Tributário Nacional, e, ao final, assinale a opção que corresponde à resposta correta.

I. É vedado à União, aos Estados, ao Distrito Federal e aos Municípios o cometimento, a pessoas de direito privado, do encargo ou da função de arrecadar tributos.
II. Os tributos cuja receita seja distribuída, no todo ou em parte, a outras pessoas jurídicas de direito público pertencem à competência legislativa daquela a que tenham sido atribuídos.
III. A atribuição das funções de arrecadar ou fiscalizar tributos, conferida por uma pessoa jurídica de direito público a outra, pode ser revogada, a qualquer tempo, por ato unilateral da pessoa jurídica de direito público que a tenha conferido.
IV. A atribuição das funções de executar leis, serviços, atos ou decisões administrativas em matéria tributária, conferida por uma pessoa jurídica de direito público a outra, compreende as garantias e os privilégios processuais que competem à pessoa jurídica de direito público que a conferir.

(A) Apenas as formulações I, II e III são corretas.
(B) Apenas as formulações II, III e IV são corretas.
(C) Apenas as formulações I, III e IV são corretas.
(D) Apenas as formulações II e IV são corretas.
(E) Todas as formulações são corretas.

I: isso é permitido, nos termos do art. 7º, § 3º, do CTN; **II:** a competência tributária é privativa e inalterável, ou seja, a distribuição de parcela de sua receita a outros entes não a modifica; **III:** art. 7º, § 2º, do CTN; **IV:** art. 7º, § 1º, do CTN.

Gabarito "B"

(ADVOGADO – IRB – 2006 – ESAF) Um dos efeitos da definição do fato gerador dos tributos, em geral, é o de estabelecer os conceitos de *incidência*, *não incidência*, *imunidade* e *isenção*. Sobre estas, é incorreto afirmar-se que

(A) há *incidência* de tributo quando determinado fato, por enquadrar-se no modelo abstratamente previsto pela lei, faz nascer a obrigação de recolher tributo.
(B) a *isenção* concedida por prazo certo e em função de determinadas condições não pode ser revogada nem reduzida.
(C) a *não incidência* caracteriza-se pela não previsão do fato na hipótese de incidência.
(D) a *imunidade* é uma hipótese de não incidência constitucionalmente qualificada.
(E) consoante entendimento do Supremo Tribunal Federal, consubstanciado em Súmula, a revogação de *incidência* não tem eficácia imediata, já que equivaleria à criação ou majoração de tributo.

Ocorre **incidência** do tributo quando vislumbra-se a tipicidade do fato concreto, ou seja, quando há perfeita coincidência entre ele e a hipótese de incidência abstratamente prevista em lei. Por consequência, chama-se **não incidência** a ausência da obrigação de pagar determinado tributo porque falta ao fato concreto algum requisito para tanto. A não incidência pode ocorrer por razões **lógicas**, fáticas (exemplo: não incide IPVA sobre bicicletas porque elas não são veículos automotores) ou **jurídicas**, isto é, quando o ordenamento jurídico expressamente exclui determinada situação do campo de incidência. A essas hipóteses damos o nome de imunidade, que, nas conhecidas palavras de José Souto Maior Borges, "é hipótese de não incidência constitucionalmente qualificada". Por fim, isenção é forma de **exclusão** do crédito tributário. Enquanto na imunidade o crédito tributário sequer existe, porque a Constituição proíbe a incidência, na isenção o crédito existe, mas é afastado por imposição **legal** (não constitucional). A única alternativa incorreta, portanto, é a letra "E", já que não faz sentido afirmar que revogar a **incidência** implica a criação ou majoração de imposto (o efeito seria o contrário, a desnecessidade de pagá-lo). O entendimento jurisprudencial dominante afirma que a revogação de isenção se equipara à criação ou majoração de tributo.

Gabarito "E"

3. IMUNIDADES

(Auditor Fiscal da Receita Federal – 2012 – ESAF) No tocante à imunidade tributária recíproca, assinale o único item que não corresponde ao entendimento do STF acerca do tema.

(A) Sociedade de economia mista prestadora de serviço público de água e esgoto.
(B) Sociedades de economia mista prestadoras de ações e serviços de saúde, cujo capital social seja majoritariamente estatal.
(C) Empresa pública a quem a União atribui a execução de serviços de infraestrutura aeroportuária.
(D) Empresa pública encarregada de manter o serviço postal.
(E) Caixa de Assistência aos Advogados, vinculada à Ordem dos Advogados do Brasil.

A questão está mal escrita, mas a banca esperava que o candidato apontasse a alternativa em que consta entidade não abrangida pela imunidade recíproca. **A:** as sociedades de economia mista prestadoras de serviços públicos de água e esgoto são abrangidas pela imunidade recíproca, segundo a jurisprudência do STF – ver RE 631.309 AgR/SP; **B:** essas sociedades de economia mista prestadoras de ações e serviços de saúde também são abrangidas pela imunidade recíproca – ver RE 580.264/RS; **C:** a Infraero, empresa pública prestadora de serviço público de infraestrutura aeroportuária, é abrangida pela imunidade recíproca, conforme o entendimento do STF – ver RE 542.454 AgR/BA; **D:** a Empresa Brasileira de Correios e Telégrafos (ECT), empresa pública prestadora de serviço público postal, também goza da imunidade recíproca – ver ACO 789/PI; **E:** essa é a alternativa a ser indicada, pois as Caixas de Assistência aos Advogados não são abrangidas pela imunidade recíproca ver RE 405.267 ED/MG.

Gabarito "E"

(Auditor Fiscal da Receita Federal – 2010 – ESAF) Diversos fatos podem resultar na desoneração tributária.

Assinale, entre as que se seguem, a forma de desoneração tributária pela qual não nascem nem a obrigação tributária, nem o respectivo crédito por força do não exercício da competência a que tem direito o poder tributante.

(A) Imunidade.
(B) Não incidência.
(C) Isenção.
(D) Alíquota zero.
(E) Remissão.

É muito importante que o candidato tenha clara a distinção entre imunidade, isenção e não incidência, conceitos muito exigidos em concursos públicos. A imunidade decorre de norma constitucional que afasta a competência tributária, ou seja, não há como União, Estados, DF e Municípios pretenderem criar ou cobrar tributos nesse caso, muito menos haver incidência tributária. A isenção pressupõe a existência de competência tributária, mas o ente político opta por afastar a cobrança do tributo em determinadas hipóteses, por meio de lei própria (existe uma lei que fixa expressamente a isenção, que, nos termos do CTN, é causa de exclusão do crédito tributário). Finalmente, a não incidência é conceito doutrinário mais aberto (há críticas e diversas definições), que implica inexistência de previsão legal para a incidência tributária. Por exemplo, há não -incidência no caso de propriedade de cavalos. **A:** incorreta, pois a imunidade implica inexistência de competência tributária; **B:** essa é a melhor alternativa; **C:** incorreta. A isenção pressupõe o exercício da competência legislativa, ainda que de forma negativa. Segundo o CTN, ocorre o fato gerador e surge a obrigação tributária (razão pela qual a assertiva é incorreta), mas o crédito é excluído – art. 175, I, do CTN; **D:** incorreta, pois a alíquota-zero significa que há competência e houve previsão legal de incidência em relação a determinado evento, mas o cálculo do tributo é nulo (já que a base de cálculo é multiplicada por zero); **E:** remissão é perdão do crédito tributário, modalidade de extinção – art. 156, IV, do CTN.

Gabarito "B"

(Auditor Fiscal da Receita Federal – 2005 – ESAF) No tocante às imunidades tributárias conferidas às instituições de assistência social sem fins lucrativos, só uma afirmação não pode ser feita:

(A) É subordinada, entre outros, ao requisito de que apliquem integralmente no País os seus recursos na manutenção de seus objetivos institucionais, ou de outros que com estes guardem semelhança.
(B) Somente alcançam as entidades fechadas de previdência social privada se não houver contribuição dos beneficiários.
(C) Não excluem a atribuição, por lei, às instituições de assistência social, da condição de responsáveis pelos tributos que lhes caiba reter na fonte.
(D) Não dispensa tais entidades do cumprimento de obrigações tributárias acessórias, como a de manterem escrituração de suas receitas e despesas em livros revestidos de formalidades capazes de assegurar sua exatidão.
(E) Ainda quando alugado a terceiros, permanece imune ao IPTU o imóvel pertencente a tais instituições, desde que o valor dos aluguéis seja aplicado nas atividades essenciais de tais entidades.

A: a obrigação de aplicação dos recursos no Brasil refere-se estritamente à manutenção dos objetivos institucionais (não há opção quanto a outros objetivos semelhantes, como consta da assertiva) – art. 14, II, do CTN; **B:** Esse é o entendimento do Judiciário – ver Súmula 730/STF; C e **D:** a imunidade não afasta eventual responsabilidade tributária prevista em lei, como é o caso da retenção na fonte, nem as obrigações acessórias – art. 9º, § 1º, do CTN; **E:** esse é o teor da Súmula 724/STF.

Gabarito "A"

(Auditor Fiscal da Receita Federal – 2003 – ESAF) Responda às perguntas:

Entidade fechada de previdência privada, que só confere benefícios aos seus filiados desde que eles recolham as contribuições pactuadas, goza de imunidade tributária?

Segundo entendimento firmado pelo Supremo Tribunal Federal, filmes fotográficos destinados à composição de livros, jornais e periódicos estão abrangidos por imunidade tributária?

A Constituição Federal veda a instituição de contribuição social para a seguridade social sobre o lucro auferido por pessoas jurídicas, que decorra de comercialização de livros, jornais, periódicos e papel destinado a sua impressão?

(A) Não, sim, não
(B) Não, não, sim
(C) Não, não, não
(D) Sim, sim, não
(E) Sim, não, sim

1ª: as entidades fechadas de previdência social privada somente são abrangidas pela imunidade do art. 150, VI, *c*, da CF se não houver contribuição dos beneficiários – Súmula 730/STF; **2ª**: esse é o teor da Súmula 657/STF; **3ª**: as imunidades previstas no art. 150, VI, da CF referem-se apenas aos impostos (não a contribuições).

Gabarito "A"

(Técnico da Receita Federal – 2006– ESAF) Em relação às imunidades, avalie as afirmações abaixo e, em seguida, marque a opção correta.

I. A diferença básica entre imunidade e isenção está em que a primeira atua no plano da definição da competência, e a segunda no plano do exercício da competência.
II. As imunidades podem ser definidas em função de condições pessoais de quem venha a vincular-se às situações materiais que ensejariam a tributação.
III. As imunidades podem ser definidas em função do objeto suscetível de ser tributado.
IV. A Constituição, ao definir a competência, excepciona determinadas situações que, não fosse a imunidade, estariam dentro do campo da competência, mas por força da norma de imunidade, permanecem fora do alcance do poder de tributar.

(A) Todos os itens estão corretos.
(B) Há apenas um item correto.
(C) Há dois itens corretos.
(D) Há três itens corretos.
(E) Todos os itens estão errados.

I e **IV**: a imunidade é regra negativa de competência, enquanto a isenção é concedida pelo ente competente, por meio de lei; **II**: a imunidade recíproca e a dos partidos políticos, por exemplo, referem-se à condição pessoal do beneficiário; **III**: a imunidade dos livros, por exemplo, refere-se ao objeto da tributação, não à pessoa beneficiada.

Gabarito "A"

(Técnico da Receita Federal – 2003 – ESAF) Assinale a opção correta.

(A) A Constituição Federal de 1988 impede que o Imposto sobre a Renda e proventos de qualquer natureza incida sobre as diárias e ajudas de custo pagas pela União, pelos Estados, Distrito Federal e Municípios.
(B) O parcelamento suspende a exigibilidade das obrigações acessórias do crédito tributário e impede lançamentos de tributos e penalidades relacionados com as suas obrigações principais e acessórias.
(C) O Imposto sobre Produtos Industrializados não incide sobre produtos industrializados destinados ao exterior, excluídos os semi-industrializados definidos em lei complementar.
(D) O Imposto sobre a Renda e proventos de qualquer natureza não pode incidir sobre receita ou rendimento oriundo do exterior, cabendo à lei estabelecer as condições e o momento em que se dará sua disponibilidade.
(E) Podem ser instituídos impostos federais, estaduais ou municipais sobre o patrimônio, a renda e os serviços não relacionados com as finalidades essenciais dos partidos políticos e de suas fundações.

A: a Constituição Federal não tem disposição nesse sentido – arts. 150, II, e 153, III, da CF; **B:** o parcelamento é causa de suspensão da exigibilidade do crédito tributário (art. 151, VI, do CTN), mas não dispensa o cumprimento das obrigações acessórias (p. único do mesmo dispositivo). Ademais, a suspensão da exigibilidade não impede o lançamento (caso não tenha ocorrido até então, evidentemente); **C:** nenhuma exportação sofre a incidência do IPI – art. 153, § 3º, III, da CF (note que havia norma específica quanto ao ICMS sobre exportações de semielaborados, antes da EC 42/2003 – art. 155, § 2º, X, *a*, da CF); **D:** o IR pode incidir sobre receitas ou rendimentos oriundos do exterior – art. 43, § 2º, do CTN; **E:** a imunidade abrange apenas os fatos relacionados com as finalidades essenciais das entidades – art. 150, § 4º, da CF.

Gabarito "E"

(Técnico da Receita Federal – 2002.1 – ESAF) Constituição Federal, art.150, VI, b.

art.150 – Sem prejuízo de outras garantias asseguradas ao contribuinte, é vedado à União, aos Estados, ao Distrito Federal e aos Municípios: VI – Instituir impostos sobre; (B)templos de qualquer culto.

Regulamento do Imposto de Renda, Dec. 3.000/99 art.168: art.168 – Não estão sujeitos ao imposto os templos de qualquer culto.

Em face dos enunciados acima, assinale a opção correta.

(A) A isenção concedida aos templos de qualquer culto não é de caráter amplo e irrestrito, alcançando apenas as rendas relativas às finalidades essenciais da entidade religiosa, o que não ocorre quando recursos são empregados na concessão de empréstimos para membros da Igreja, sejam eles a título gratuito ou oneroso.
(B) A imunidade concedida aos templos de qualquer culto é de caráter amplo e irrestrito, alcançando apenas as rendas relativas às finalidades essenciais da entidade religiosa, o que não ocorre quando recursos são empregados na concessão de empréstimos para membros da Igreja, sejam eles a título gratuito ou oneroso.

(C) A imunidade concedida aos templos de qualquer culto é de caráter restrito, alcançando as rendas relativas às finalidades da entidade religiosa, o que ocorre quando recursos são empregados na concessão de empréstimos para membros da Igreja, sejam eles a título gratuito ou oneroso.

(D) A imunidade aplicada aos templos de qualquer culto não é de caráter amplo e irrestrito, alcançando apenas as rendas relativas às finalidades essenciais da entidade religiosa, o que ocorre quando recursos são empregados na concessão de empréstimos para membros da Igreja, a título gratuito ou oneroso.

(E) A imunidade concedida aos templos de qualquer culto é de caráter restrito, alcançando apenas as rendas relativas às finalidades essenciais da entidade religiosa, o que ocorre quando recursos são empregados na concessão de empréstimos para membros da Igreja, sejam eles a título gratuito ou oneroso.

O STF dá às imunidades, como regra, interpretação ampla (há importantes exceções no caso da imunidade relativa a livros e periódicos). No entanto, essa imunidade refere-se apenas aos fatos relacionados às finalidades essenciais da entidade (art. 150, § 4º, da CF), o que não se verifica no caso de empréstimos realizados pelo templo.

Gabarito "B".

(Fiscal de Tributos/PA – 2002 – ESAF) A não incidência de impostos sobre as autarquias e as fundações públicas, no que se refere ao patrimônio, à renda e aos serviços vinculados às suas finalidades essenciais ou delas decorrentes, resulta de:

(A) remissão
(B) anistia
(C) isenção
(D) imunidade
(E) moratória

Trata-se de imunidade, nos termos do art. 150, VI, *a*, e § 2º, da CF.

Gabarito "D".

(Auditor Fiscal/CE – 2006 – ESAF) Sobre a imunidade constitucional recíproca, de acordo com a Constituição Federal, é correto afirmar-se que a imunidade recíproca

(A) compreende todos os tributos que incidem sobre o patrimônio, a renda ou os serviços, uns dos outros.

(B) protege as pessoas jurídicas de direito público umas das outras, abrangendo quaisquer espécies de tributos.

(C) não compreende os impostos incidentes sobre a produção e a circulação de riquezas (IPI e ICMS).

(D) é extensiva às autarquias e fundações mantidas pelo poder público, no que se refere ao seu patrimônio, renda ou serviços vinculados a qualquer finalidade.

(E) é extensiva às fundações, mas não às autarquias mantidas pelo poder público.

A e **B:** a imunidade recíproca refere-se apenas aos impostos (e não às demais espécies tributárias) – art. 150, VI, *a*, da CF; **C:** a imunidade recíproca afasta a incidência do IPI e do ICMS quando o ente imune é o contribuinte de direito – ver Súmula 591/STF; D e **E:** o reconhecimento da imunidade recíproca em relação às autarquias e fundações públicas refere-se exclusivamente às suas finalidades essenciais – art. 150, § 2º, da CF.

Gabarito "C".

(Auditor Fiscal/RN – 2005 – ESAF) Avalie as indagações abaixo e em seguida assinale a resposta correta.

Cabe à União exigir o imposto sobre produtos industrializados antes de decorridos noventa dias da data de publicação da lei que o majorar?

Empresa pública federal goza de imunidade tributária no que se refere ao patrimônio, à renda e aos serviços vinculados às suas atividades que não tenham fins lucrativos?

Cabe aos Estados e ao Distrito Federal estabelecer hipótese de imunidade tributária em relação a fato que esteja sujeito à incidência do imposto sobre propriedade de veículos automotores?

As contribuições sociais para a seguridade social só poderão ser exigidas após decorridos noventa dias da data de publicação da lei que as houver instituído ou aumentado?

(A) Não, sim, não, não
(B) Não, não, não, sim
(C) Sim, sim, sim, não
(D) Sim, não, sim, sim
(E) Sim, sim, não, não

1ª: o IPI submete-se à anterioridade nonagesimal (art. 150, III, *c*, da CF), embora não à anterioridade do art. 150, III, *b*, da CF; **2ª:** As empresas públicas e as sociedades de economia mista não são abrangidas pela imunidade recíproca – art. 150, VI, *a*, e § 2º, da CF. Há exceções reconhecidas pelo STF em casos muito específicos, relacionados à prestação de serviços essenciais (Correios e Infraero); **3ª:** a imunidade é norma constitucional, de modo que é impossível ser instituída por Estados ou pelo DF; **4ª:** as contribuições sociais submetem-se à anterioridade nonagesimal – art. 150, § 6º, da CF.

Gabarito "B".

(Agente Fiscal/PI – 2001 – ESAF) Determinado Estado da Federação exige taxa de um partido político, em virtude de um serviço público específico e divisível a este prestado. Tal exigência:

(A) é inconstitucional, pois os partidos políticos são imunes à tributação.

(B) é perfeitamente legal e legítima, desde que a taxa tenha sido anteriormente instituída por lei.

(C) é inconstitucional, pois os partidos políticos são equiparados ao Estado.

(D) é inconstitucional, pois os partidos políticos são entidades de utilidade pública.

(E) é perfeitamente legal e legítima, ainda que não tenha sido formalmente instituída por lei, considerando que foi expressamente prevista pelo Código Tributário Nacional – CTN.

A imunidade dos partidos políticos refere-se apenas a impostos, não a taxas – art. 150, VI, *c*, da CF. No entanto, a taxa (como todo tributo) deve ser instituída por lei do ente tributante – art. 150, I, da CF (princípio da legalidade).

Gabarito "B".

4. DEFINIÇÃO DE TRIBUTO E ESPÉCIES TRIBUTÁRIAS

(Procuradoria Distrital – 2007 – ESAF) O Sistema Tributário Nacional é regido por regras e princípios gerais que estão postos nos artigos 145 a 162 da Constituição Federal. Com base no conteúdo das disposições acima referidas, assinale, entre as opções abaixo apresentadas, a que está correta.

(A) É inconstitucional a taxa de fiscalização dos mercados de títulos e valores mobiliários instituída pela Lei n. 7.940, de 1989, haja vista não ser conferido, pelo ordenamento jurídico positivado, poder de polícia à Comissão de Valores Mobiliários.

(B) O serviço de iluminação pública, pela sua natureza jurídica, deve ser sempre remunerado mediante taxa.

(C) Os serviços gerais prestados por órgãos de Segurança Pública não podem ser sustentados por taxas. Essa atividade pública, por sua natureza, deve ser retribuída, genericamente, por impostos.

(D) É inconstitucional lei estadual que cria taxa destinando a arrecadação de seu produto aos serviços de fiscalização da atividade notarial e de registro a órgão público.

(E) É constitucional a taxa municipal de conservação de estradas de rodagem que tem como base de cálculo a adotada para o imposto territorial rural.

A: Súmula 665/STF; **B:** o serviço de iluminação pública é indivisível, o que impede a remuneração por taxa. O art. 149-A da CF permite a tributação por meio de contribuição específica; **C:** a afirmação é correta (art. 16 do CTN); **D:** é possível a vinculação do produto da arrecadação de taxa a uma despesa pública específica. Há vedação em relação aos impostos (art. 167, IV, da CF); **E:** a taxa não pode ter base de cálculo própria de impostos – art. 145, § 2º, da CF. Ver Súmula Vinculante 29/STF.

Gabarito "C"

(Procurador da Fazenda Nacional – 2007.2 – ESAF) O Código Tributário Nacional, embora tenha sido criado __________, foi recebido pelas Constituições como __________. Normas especiais sobre obrigação, lançamento e crédito tributários cabem à __________ de cada ente tributante. __________, decorrente de obras públicas, poderá ser instituída(o), conforme o caso, pela União, os Estados, o Distrito Federal e os Municípios. Examine as afirmações e as lacunas supra. Após, selecione, entre as expressões abaixo, as que preenchem corretamente as lacunas, na devida sequência.

(A) como lei ordinária / código / lei complementar / A contribuição de melhoria

(B) como código / lei complementar / lei complementar / A taxa de obra

(C) como lei ordinária / lei complementar / legislação ordinária / A contribuição de melhoria

(D) como ato complementar / código / legislação ordinária / O tributo vinculado

(E) como lei complementar / lei ordinária / legislação ordinária / A taxa de serviço

As expressões contidas na resposta esclarecem os conceitos.

Gabarito "C"

(Procurador da Fazenda Nacional – 2007.2 – ESAF) Responda às questões abaixo, com Sim ou Não. Em seguida, indique a opção que contenha a sequência correta. 1. Segundo a Constituição da República, é vedado à lei que instituir contribuição de intervenção no domínio econômico relativa às atividades de importação ou comercialização de petróleo destinar o produto de sua arrecadação a órgão, fundo, despesa ou qualquer outra finalidade determinada? 2. A lei brasileira prevê a cobrança de contribuição de intervenção no domínio econômico, devida por pessoa jurídica adquirente de conhecimentos tecnológicos? 3. Entre os métodos de cálculo dos chamados "preços de transferência" está o Método dos Preços Independentes Comparados, definido como a média aritmética dos preços de bens, serviços ou direitos, idênticos ou similares, apurados no mercado brasileiro ou de outros países, em operações de compra e venda, em condições de pagamento semelhantes?

(A) Sim, Sim, Sim

(B) Não, Não, Não

(C) Sim, Não, Sim

(D) Sim, Sim, Não

(E) Não, Sim, Sim

1: não há essa vedação – ver art. 177 da CF; **2:** Art. 2º da Lei 10.168/2000; **3:** art. 241, I, do RIR (regulamento do imposto de renda – Decreto 3.000/1999).

Gabarito "E"

(Procurador da Fazenda Nacional – 2007 – ESAF) Contribuição previdenciária classifica-se como

(A) contribuição de intervenção no domínio econômico.

(B) taxa vinculada à prestação de benefícios previdenciários de natureza continuada.

(C) contribuição corporativa.

(D) contribuição social.

(E) contribuição de seguridade vinculada ao tesouro da União, em razão da universalidade de cobertura e de atendimento.

Art. 149 e 195 da CF.

Gabarito "D"

(Auditor Fiscal da Receita Federal – 2010 – ESAF) Sobre as taxas, podemos afirmar, exceto, que:

(A) o fato gerador da taxa não é um fato do contribuinte, mas um fato do Estado; este exerce determinada atividade, e por isso cobra a taxa das pessoas que dela se aproveitam.

(B) a atuação estatal referível, que pode ensejar a cobrança de taxa, pode consistir no exercício regular do poder de polícia.

(C) a atuação estatal referível, que pode ensejar a cobrança de taxa, pode consistir na prestação ao contribuinte, ou na colocação à disposição deste, de serviço público específico, divisível ou não.

(D) as atividades gerais do Estado devem ser financiadas com os impostos, e não com as taxas.

(E) o poder de polícia, que enseja a cobrança de taxa, considera-se regular quando desempenhado pelo órgão competente e nos limites da lei aplicável, com observância do processo legal e, tratando-se de atividade que a lei tenha como discricionária, sem abuso ou desvio de poder.

A e **B**: assertivas corretas, pois o fato gerador da taxa é sempre uma atividade estatal específica voltada ao contribuinte (referível ao contribuinte, na terminologia de Geraldo Ataliba), seja a prestação de serviço público, seja o exercício do poder de polícia – art. 145, II, da CF; **C**: incorreta, pois somente os serviços públicos específicos e divisíveis dão ensejo à taxa (os indivisíveis não); **D**: assertiva adequada. De fato, os impostos, cujos fatos geradores não se referem a atividades estatais específicas, não podem, em regra, ter seus recursos vinculados a despesa específica, exatamente por que se prestam a custear as atividades gerais do Estado – art. 167, IV, da CF e art. 16 do CTN; **E**: assertiva correta, nos termos do art. 78, p. único, do CTN.

Gabarito "C"

(Auditor Fiscal da Receita Federal – 2010 – ESAF) Em relação aos empréstimos compulsórios, é correto afirmar que:

(A) é um tributo, pois atende às cláusulas que integram o art. 3º do Código Tributário Nacional.

(B) é espécie de confisco, como ocorreu com a retenção dos saldos de depósitos a vista, cadernetas de poupança e outros ativos financeiros, por ocasião do chamado "Plano Collor" (Lei n. 8.024/90).

(C) o conceito de 'despesa extraordinária' a que alude o art. 148, inciso I, da Constituição Federal, pode abranger inclusive aquelas incorridas sem que tenham sido esgotados todos os fundos públicos de contingência.

(D) se conceitua como um contrato de direito público, com a característica da obrigatoriedade de sua devolução ao final do prazo estipulado na lei de sua criação.

(E) se subordina, em todos os casos, ao princípio da anterioridade da lei que o houver instituído.

A: assertiva correta, pois hoje é pacífico o entendimento de que o empréstimo compulsório tem natureza tributária – ver RE 146.615/PE; **B**: incorreta, pois se trata de tributo válido, constitucionalmente previsto – art. 148 da CF; **C**: incorreta, pois, em princípio, se há disponibilidade orçamentária e financeira para incorrer à despesa, não há razão para instituição do empréstimo compulsório, cuja receita deve, necessariamente, ser vinculada à despesa que fundamentou sua instituição – art. 148, p. único, da CF; **D**: incorreta, pois não mais se aceita a classificação do empréstimo compulsório como "contrato coativo" – ver RE 111.954/PR e REsp 638.862/PR, afastando a aplicação da Súmula 418/STF; **E**: incorreta, pois o empréstimo compulsório instituído no caso de investimento público de caráter urgente e de relevante interesse nacional deve observar o princípio da anterioridade – art. 148, II, da CF.

Gabarito "A"

(Auditor Fiscal da Receita Federal – 2005 – ESAF) Taxas, na dicção do artigo 145, inciso II, da Constituição Federal, constituem a modalidade de tributo que se podem cobrar em razão do exercício do poder de polícia ou pela utilização, efetiva ou potencial, de serviços públicos específicos e divisíveis, prestados ao contribuinte ou postos à sua disposição. Sobre a taxa, é errado afirmar que

(A) é um tributo cuja base de cálculo ou fato gerador há de ser diversa dos de imposto, e não pode ser calculada em função do capital das empresas.

(B) competente para instituir e cobrar a taxa é a pessoa política – União, Estado, Distrito Federal ou Município – legitimada para a realização da atividade que caracterize o fato gerador do tributo.

(C) os serviços públicos que ensejam sua cobrança consideram-se utilizados pelo contribuinte, efetivamente, quando, sendo de utilização compulsória, sejam postos à sua disposição mediante atividade administrativa em efetivo funcionamento.

(D) serviços públicos específicos são aqueles destacáveis em unidades autônomas de intervenção, de utilidade ou de necessidade públicas.

(E) serviços públicos divisíveis são aqueles suscetíveis de utilização, separadamente, por parte de cada um dos seus usuários.

A: art. 145, § 2º, da CF e art. 77, p. único, *in fine*, do CTN; **B**: art. 77, *caput*, do CTN; **C**: a assertiva descreve a utilização potencial do serviço, que dá ensejo à taxa, e não à utilização efetiva – art. 79, I, do CTN; **D**: art. 79, II, do CTN; **E**: art. 79, III, do CTN.

Gabarito "C"

(Auditor Fiscal da Receita Federal – 2003 – ESAF) Indique a opção que preenche corretamente as lacunas, consideradas as pertinentes disposições do Código Tributário Nacional.

Para efeito de fato gerador e cobrança de taxa, considera-se regular o exercício do poder de polícia quando desempenhado ______ nos limites da lei aplicável, com observância ______ e, tratando-se de atividade que a lei tenha como ______, sem abuso ou desvio de poder.

(A) pelo Poder Público / das disposições regulamentares aplicáveis / contrária aos bons costumes

(B) por órgão de segurança pública / das normas administrativas aplicáveis / perigosa

(C) pelo órgão competente / de procedimentos administrativos / vinculada

(D) somente por órgão de segurança pública / do devido processo legal / atentatória a direitos fundamentais

(E) pelo órgão competente / do processo legal / discricionária

A frase, completada com as expressões da alternativa E, define o regular exercício do poder de polícia, conforme o art. 78, p. único, do CTN.

Gabarito "E"

(Auditor Fiscal da Receita Federal – 2002.2 – ESAF) A assertiva errada, entre as constantes abaixo, é a que afirma que

(A) a instituição de empréstimos compulsórios só pode ser feita por lei complementar.
(B) um dos fundamentos possíveis do empréstimo compulsório é a calamidade pública.
(C) a simples iminência de guerra externa pode justificar a instituição de empréstimos compulsórios.
(D) no caso de investimento público de relevante interesse nacional e de caráter urgente não se aplica o princípio da anterioridade.
(E) os recursos provenientes de empréstimo compulsório só podem ser aplicados para atender à despesa que tiver fundamentado a sua instituição.

A: art. 148 da CF; B e **C:** art. 148, I, da CF; **D:** na hipótese, aplica-se o princípio da anterioridade (diferentemente do empréstimo compulsório decorrente de despesa extraordinária, que não se sujeita a esse princípio) – art. 148, II, *in fine*, da CF; **E:** art. 148, p. único, da CF.

Gabarito "D"

(Auditor Fiscal da Receita Federal – 2002.2 – ESAF) Responda às perguntas:

O Município de Campinas instituiu a taxa de serviços urbanos, cuja base de cálculo repousa nos elementos localização, área e dimensões do imóvel. Essa taxa é constitucional?

O texto constitucional (art. 145, III) deixou de se referir expressamente à valorização imobiliária, ao cogitar de contribuição de melhoria. Com isso, o acréscimo do valor do imóvel localizado nas áreas beneficiadas direta ou indiretamente por obras públicas ainda figura como fato gerador da contribuição?

O imposto sobre operações financeiras está sujeito ao princípio da anterioridade?

(A) Não, não, não
(B) Não, sim, não
(C) Sim, não, não
(D) Sim, sim, não
(E) Sim, sim, sim

1: essa exação tem base de cálculo própria de imposto imobiliário (IPTU), que não pode ser adotada para taxas – art. 145, § 2º, da CF; **2:** a valorização imobiliária é pressuposto para a cobrança da contribuição de melhoria, apesar de o art. 145, III, da CF não fazer referência expressa a isso – art. 81 do CTN; **3:** o IOF não se submete ao princípio da anterioridade – art. 150, § 1º, da CF.

Gabarito "B"

(Auditor Fiscal da Previdência Social – 2002 – ESAF) Com referência a tributo e suas espécies, é correto afirmar que:

(A) empréstimo compulsório, contribuição de melhoria, contribuição de intervenção no domínio econômico e compensação financeira aos Estados pela exploração de petróleo por empresas privadas são espécies tributárias.
(B) tributo é um gravame cuja obrigação tem por fato gerador uma situação independente de qualquer atividade estatal específica, relativa ao contribuinte.
(C) são espécies tributárias, entre outras, imposto, taxa, contribuição em favor de categoria profissional, preço público e contribuição de intervenção no domínio econômico.
(D) tributo é toda prestação pecuniária compulsória, em moeda, ou cujo valor nela se possa exprimir, que não constitua sanção de ato ilícito, instituída em lei e cobrada mediante atividade administrativa plenamente vinculada.
(E) tributo é a prestação pecuniária compulsória, em moeda, ou cujo valor nela se possa exprimir, instituída em lei e cobrada mediante atividade administrativa plenamente vinculada, que não constitua sanção de ato ilícito, ressalvado o caso de ato ilícito que requeira reparação em virtude de guerra.

A: a compensação financeira pela exploração de petróleo não tem natureza tributária; **B:** a assertiva descreve os impostos (não os tributos em geral) – art. 16 do CTN; **C:** preço público não é tributo (não há compulsoriedade); **D:** a assertiva descreve o tributo, conforme o art. 3º do CTN; **E:** em nenhuma hipótese o tributo decorre de ato ilícito – art. 3º do CTN.

Gabarito "D"

(Agente Tributário Estadual/MS – 2001 – ESAF) Assinale as proposições abaixo com F para falsa ou V para verdadeira e, a seguir, indique a opção que contém a sequência correta.

( ) A Contribuição de Melhoria é devida sempre que o Estado realizar obra pública.
( ) O contribuinte pode pagar o débito referente à Contribuição de Melhoria com apólices da dívida pública emitidas especialmente para o financiamento da obra, pelo valor nominal.
( ) O lançamento da Contribuição de Melhoria sobre determinados imóveis deve ser realizado quando já executada a obra em sua totalidade ou em parte suficiente para justificar a exigência.

(A) F, V, V
(B) F, F, F
(C) F, F, V
(D) V, V, V
(E) V, V, F

1ª: a contribuição de melhoria somente pode ser cobrada se houver valorização imobiliária decorrente da obra pública – art. 145, III, da CF e art. 81 do CTN; **2ª:** essa possibilidade é prevista pelo art. 12, § 4º, do Decreto-Lei 195/1967; **3ª:** art. 9º do Decreto-Lei 195/1967.

Gabarito "A"

(Agente Tributário Estadual/MS – 2001 – ESAF) Indique qual dos tributos abaixo deve ter a característica de não cumulatividade, podendo ser seletivo em função de critério de essencialidade.

(A) Imposto sobre a transmissão *causa mortis* e doação de bens e direitos.
(B) Taxa de limpeza urbana.
(C) Imposto sobre operações relativas à circulação de mercadorias e prestações de serviços de transporte e comunicação – ICMS.

(D) Imposto sobre serviço de qualquer natureza – ISS.
(E) Imposto sobre operações financeiras – IOF.

O ICMS é não cumulativo e pode ser seletivo em função da essencialidade das mercadoria ou dos serviços – art. 155, § 2º, III, da CF. O IPI é não cumulativo e deve (é uma imposição, não possibilidade) ser seletivo em função da essencialidade do produto – art. 153, § 3º, I, da CF.

Gabarito "C".

(Agente Tributário Estadual/MS – 2001 – ESAF) Com referência à instituição de empréstimos compulsórios, assinale abaixo a assertiva correta.

(A) O empréstimo compulsório não é uma espécie de tributo, não estando sujeito à exigência de prévia autorização orçamentária.
(B) A União pode instituí-lo por meio de lei ordinária federal.
(C) Cabe à lei complementar definir as hipóteses excepcionais para sua instituição.
(D) Aos empréstimos compulsórios aplicam-se as disposições constitucionais relativas aos tributos e às normas gerais de Direito Tributário.
(E) A competência para instituir empréstimos compulsórios é da União, podendo ser excepcionalmente atribuída ao Distrito Federal.

A e **D:** o empréstimo compulsório tem natureza tributária – art. 148 da CF; **B:** o empréstimo compulsório deve ser instituído por lei complementar federal; **C:** as hipóteses que dão ensejo à criação do empréstimo compulsório estão expressamente previstas no art. 148 da CF (despesa extraordinária ou investimento público urgente e nacionalmente relevante); **E:** a competência tributária é sempre indelegável.

Gabarito "D".

(Agente Tributário Estadual/MS – 2001 – ESAF) A natureza jurídica dos tributos é determinada pela(o)

(A) denominação adotada pela lei
(B) compulsoriedade que lhe é inerente
(C) fato gerador da respectiva obrigação
(D) destinação legal do montante arrecadado
(E) adoção estrita do princípio da legalidade

A: A denominação é irrelevante para caracterização do tributo – art. 4º, I, do CTN; **B:** a compulsoriedade é característica de todos os tributos, mas não determina sua natureza jurídica (as penalidades, por exemplo, também são compulsórias); **C:** A natureza jurídica específica do tributo é determinada pelo respectivo fato gerador, conforme art. 4º, do CTN, e pela base de cálculo; **D:** a destinação legal do produto da arrecadação é irrelevante para determinar a natureza jurídica do tributo – art. 4º, II, do CTN; **E:** todos os tributos sujeitam-se ao princípio da legalidade, mas isso não determina sua natureza (as penalidades, por exemplo, também se sujeitam à legalidade).

Gabarito "C".

(Agente Tributário Estadual/MS – 2001 – ESAF) Para atender a despesas extraordinárias, decorrentes de calamidade pública, a União pode instituir:

(A) imposto extraordinário;
(B) imposto seletivo;
(C) taxa especial;
(D) empréstimo compulsório;
(E) imposto emergencial progressivo.

A despesa extraordinária decorrente de calamidade pública dá ensejo à instituição de empréstimo compulsório, por meio de lei complementar federal – art. 148, I, da CF.

Gabarito "D".

(Agente Tributário Estadual/MS – 2001 – ESAF) Em matéria tributária, é correto afirmar-se que:

(A) Somente a União pode instituir impostos com fundamento no exercício regular do poder de polícia.
(B) Os Estados e o Distrito Federal têm competência para instituir empréstimo compulsório.
(C) A contribuição de melhoria é devida em função da prestação de serviços públicos divisíveis.
(D) As taxas têm que ter bases de cálculo diferentes das dos impostos.
(E) As contribuições sociais decorrem da realização de obras públicas que promovam a valorização imobiliária privada.

A: todos os entes políticos podem instituir taxas (não impostos) pelo exercício do poder de polícia – art. 145, II, da CF; **B:** somente a União tem competência para instituir empréstimos compulsórios – art. 148 da CF; **C:** a prestação de serviços específicos e divisíveis permite a instituição e cobrança de taxas (não contribuições de melhoria) – art. 145, II, da CF; **D:** art. 145, § 2º, da CF; **E:** a valorização imobiliária decorrente de obra pública dá ensejo à cobrança de contribuição de melhoria (não contribuição social) – art. 145, III, da CF e art. 81 do CTN.

Gabarito "D".

(Agente Tributário Estadual/MS – 2001 – ESAF) As receitas compulsórias, cuja arrecadação e utilização são conferidas, pelo Poder Público competente, a uma entidade paraestatal dotada de autonomia administrativa e financeira, são chamadas:

(A) Acessórias
(B) Complementares
(C) Extraordinárias
(D) Extrafiscais
(E) Parafiscais

A assertiva descreve a parafiscalidade.

Gabarito "E".

(Fiscal de Tributos/PA – 2002 – ESAF) Identifique, nas opções abaixo, o tributo cujo fundamento ético-jurídico é o não enriquecimento injusto.

(A) imposto
(B) taxa
(C) empréstimo compulsório
(D) contribuição social
(E) contribuição de melhoria

A assertiva refere-se à contribuição de melhoria, que leva o cidadão que percebeu valorização imobiliária decorrente de obra pública a recolher exação ao fisco.

Gabarito "E".

(Fiscal de Tributos/PA – 2002 – ESAF) Tem por fato gerador uma situação independente de qualquer atividade estatal específica, relativa ao contribuinte:

(A) imposto
(B) taxa

(C) contribuição de melhoria
(D) pedágio
(E) preço público

A assertiva refere-se ao imposto, nos termos do art. 16 do CTN.

Gabarito "A"

(Fiscal de Tributos/PA – 2002 – ESAF) A Constituição Federal atribui aos Estados a competência para a instituição de:

(A) taxas, contribuições de melhoria e empréstimos compulsórios.
(B) contribuições de interesse de categorias profissionais ou econômicas, contribuições de melhoria e taxas.
(C) contribuições sociais relativas à seguridade social, contribuições de melhoria e taxas.
(D) pedágios, empréstimos compulsórios e imposto sobre a propriedade de veículos automotores.
(E) contribuições de intervenção no domínio econômico, pedágios e imposto sobre a transmissão *causa mortis* e doação de quaisquer bens e direitos.

A e **D:** os empréstimos compulsórios são da competência exclusiva da União – art. 148 da CF; **B:** as contribuições de interesse de categorias profissionais ou econômicas são da competência exclusiva da União – art. 149 da CF; **C:** arts. 145 e 149, § 1º, da CF – importante notar que a competência estadual relacionada às contribuições sociais restringe-se àquelas cobradas de seus servidores para custeio do regime previdenciário próprio; **E:** as CIDEs são da competência exclusiva da União – art. 149 da CF.

Gabarito "C"

(Auditor Fiscal/RN – 2005 – ESAF) Preencha as lacunas do texto abaixo e escolha, em seguida, a opção que contém a sequência em que foram preenchidas.

Para fins de instituição e cobrança de taxas, o Código Tributário Nacional considera os serviços públicos: ______________, quando suscetíveis de utilização, separadamente, por parte de cada um dos seus usuários; ______________, quando possam ser destacados em unidades autônomas de intervenção, de utilidade ou de necessidade públicas; ______________ utilizados pelo contribuinte, quando por ele usufruídos a qualquer título.

(A) específicos / unitários / potencialmente
(B) individuais / autônomos / virtualmente
(C) utilizáveis / independentes / normalmente
(D) potenciais / necessários / essencialmente
(E) divisíveis / específicos / efetivamente

As palavras na alternativa E completam a frase de modo a definir serviços públicos suscetíveis de taxação, nos termos do art. 79 do CTN.

Gabarito "E"

(Agente Fiscal/PI – 2001 – ESAF) Marque com V a assertiva verdadeira e com F a falsa, assinalando em seguida a opção correspondente.

( ) A autorização para que loja coloque anúncio luminoso na porta externa, concedida (a autorização) pela administração municipal, pode ensejar a cobrança, pelo Município, de uma taxa fundada no seu poder de polícia.
( ) A União, por meio de lei complementar e atendendo a relevante interesse social, poderá conceder isenção de taxas estaduais.
( ) Criança de doze anos de idade não pode ser sujeito passivo de imposto sobre a renda e proventos de qualquer natureza.
( ) Tributo exigido em virtude de serviços públicos postos à disposição do contribuinte, mas não utilizados por ele, constitui taxa de serviço.

(A) V, V, V, V
(B) V, V, F, F
(C) V, F, F, V
(D) F, V, V, F
(E) F, F, F, F

1ª: art. 145, II, da CF e art. 78 do CTN; **2ª:** a CF/1988 não admite as chamadas isenções heterônomas, pois a competência tributária é privativa (somente o próprio ente político pode conceder isenções relativas a tributos de sua competência) – art. 151, III, da CF; **3ª:** a capacidade tributária independe da capacidade civil das pessoas naturais – art. 126, I, do CTN; **4ª:** art. 145, II, da CF e art. 79, I, *b*, da CF – é possível a cobrança de taxa no caso de serviço colocado à disposição do contribuinte, desde que seja de utilização compulsória.

Gabarito "C"

(Auditor Fiscal/Teresina-PI – 2001 – ESAF) Assinale as assertivas abaixo com F (para falsa) ou V (para verdadeira) e, a seguir, indique a opção que contém a sequência correta.

( ) Sempre que o Município realizar melhoramentos em praças e vias públicas nasce para os proprietários dos imóveis que se situam nas áreas vizinhas a obrigação de pagar contribuição de melhoria.
( ) A cobrança da contribuição de melhoria, para cada sujeito passivo, tem como limite máximo o equivalente à valorização do seu imóvel.
( ) Se houver impugnação ao edital referente à contribuição de melhoria, o lançamento só pode ser feito após o julgamento definitivo das impugnações.
( ) Em caso de imóvel alugado, o locatário é responsável solidário pelo pagamento da contribuição de melhoria.

(A) F, V, F, F
(B) V, F, V, F
(C) F, V, F, V
(D) V, F, F, V
(E) V, V, F, F

1ª: a contribuição de melhoria somente pode ser cobrada se houver valorização imobiliária decorrente da obra pública – art. 145, III, da CF e art. 81 do CTN; **2ª:** art. 81 do CTN; **3ª:** a impugnação do edital não impede o lançamento – art. 11 do DL 195/1967; **4ª:** o locatário não é sujeito passivo da contribuição de melhoria – ver, a propósito, o art. 8º, § 3º, do DL 195/1967.

Gabarito "A"

(Auditor Fiscal/Teresina-PI – 2001 – ESAF) O fato gerador da obrigação tributária é determinante para o estabelecimento da natureza jurídica do(da)

(A) crédito tributário
(B) lançamento
(C) sujeito passivo

(D) tributo

(E) dívida ativa

Art. 4º do CTN.

Gabarito "D"

(Auditor do Tesouro Municipal/Recife-PE – 2003 – ESAF) Assinale as assertivas abaixo com F para falsa e V para verdadeira e, a seguir, indique a opção que contém a sequência correta.

( ) Sempre que o Município realizar a construção de pontes e viadutos nasce, para os proprietários dos imóveis que se situam nas áreas vizinhas, a obrigação de pagar contribuição de melhoria.

( ) O valor da contribuição de melhoria, para cada sujeito passivo, será o obtido mediante divisão do custo total da obra pelo número de imóveis atingidos.

( ) O lançamento da contribuição de melhoria deverá ser feito quando executada total ou parcialmente a obra pública que justifica sua cobrança.

(A) F, F, F

(B) V, F, V

(C) F, V, V

(D) V, F, F

(E) V, V, F

1ª: a contribuição de melhoria somente pode ser cobrada se houver valorização imobiliária decorrente da obra pública – art. 145, III, da CF e art. 81 do CTN; **2ª:** o valor cobrado de cada contribuinte depende do fator individual de valorização, nos termos do art. 82, § 1º, do CTN; **3ª:** art. 9º do Decreto-Lei 195/1967.

Gabarito "A"

(Auditor do Tesouro Municipal/Recife-PE – 2003 – ESAF) Nos termos do Código Tributário Nacional, a natureza jurídica específica do tributo é determinada:

(A) pelos dispositivos da Constituição Federal que disciplinam as espécies tributárias neles previstas.

(B) pela denominação e demais características formais do tributo, estabelecidas na lei que o institui.

(C) pela base de cálculo e a alíquota do tributo, fixadas em lei.

(D) pelo fato gerador da respectiva obrigação.

(E) pela destinação constitucionalmente conferida ao produto da arrecadação do tributo.

A natureza jurídica específica do tributo é determinada pelo respectivo fato gerador, conforme art. 4º, do CTN, e pela base de cálculo (que deve quantificar o fato gerador).

Gabarito "D"

(Auditor do Tesouro Municipal/Fortaleza-CE – 2003 – ESAF) Considerando as disposições relativas à Contribuição de Melhoria, assinale, a seguir, a opção correta.

(A) Se houver impugnação ao edital de notificação referente à contribuição de melhoria, fica suspenso o início ou prosseguimento das obras.

(B) Em caso de imóvel alugado, o locatário é responsável solidário pelo pagamento da contribuição de melhoria.

(C) Sempre que o Município realizar a construção de pontes e viadutos nasce para os proprietários dos imóveis que se situam nas áreas vizinhas a obrigação de pagar contribuição de melhoria.

(D) A contribuição de melhoria tem como limite individual o acréscimo de valor que da obra resultar para o imóvel beneficiado.

(E) O lançamento da contribuição de melhoria só pode ser feito quando executada totalmente a obra pública que justifica sua cobrança.

A: as obras não são suspensas, na hipótese – art. 11 do DL 195/1967; **B:** o locatário não é sujeito passivo da contribuição de melhoria – ver, a propósito, o art. 8º, § 3º, do DL 195/1967; **C:** a contribuição de melhoria somente pode ser cobrada se houver valorização imobiliária decorrente da obra pública – art. 145, III, da CF e art. 81 do CTN; **D:** art. 81 do CTN; **E:** a execução parcial da obra permite a cobrança da contribuição de melhoria, desde que seja suficiente para beneficiar determinados imóveis, nos termos do art. 9º do DL 195/1967.

Gabarito "D"

(Auditor do Tesouro Municipal/Fortaleza-CE – 2003 – ESAF) Avalie as formulações seguintes, relativas a tributo e suas espécies, consideradas as pertinentes disposições da Constituição Federal e do Código Tributário Nacional, e, ao final, assinale a opção que corresponde à resposta correta.

I. Imposto, taxa, preço público e contribuição de interesse de categorias profissionais são espécies tributárias.

II. A natureza jurídica específica do tributo é determinada pelo fato gerador da respectiva obrigação, sendo irrelevantes para qualificá-la: (A) a denominação e demais características formais adotadas pela lei; (B) a destinação legal do produto da sua arrecadação.

III. Empréstimo compulsório, contribuição de melhoria, contribuição de intervenção no domínio econômico e contribuição para a seguridade social são espécies tributárias.

IV. Contribuição de interesse de categorias econômicas, taxa, imposto e encargo de reparação de guerra são espécies tributárias.

(A) Apenas as formulações II e III são corretas.

(B) Apenas as formulações III e IV são corretas.

(C) Apenas as formulações I e III são corretas.

(D) Apenas a formulação II é correta.

(E) Apenas as formulações I e II são corretas.

I: preço público não é tributo (não há compulsoriedade); **II:** art. 4º do CTN; **III:** a assertiva é verdadeira – arts. 145, III, 148 e 149 da CF; IV: encargo de reparação de guerra não é tributo.

Gabarito "A"

(Auditor do Tesouro Municipal/Natal-RN – 2001 – ESAF) Entre as proposições abaixo, assinale a única falsa.

(A) O lançamento da contribuição de melhoria só pode ser efetuado quando concluída a obra.

(B) O lançamento da contribuição de melhoria deve ser precedido da publicação de edital contendo, entre outros elementos, o orçamento do custo da obra.

(C) A contribuição de melhoria é lançada em nome do sujeito passivo, com base nos dados constantes do Cadastro Imobiliário de Contribuintes – CIC.

(D) Para efeito de incidência da contribuição de melhoria não pode ser considerada obra de recapeamento de pavimentação.

(E) Publicado o edital referente à obra que ensejará a contribuição de melhoria, o legítimo interessado pode impugnar qualquer dos seus elementos no prazo de 30 (trinta) dias contados da publicação.

A: a execução parcial da obra permite a cobrança da contribuição de melhoria, desde que seja suficiente para beneficiar determinados imóveis, nos termos do art. 9º do DL 195/1967; **B:** art. 82, I, do CTN e art. 5º do DL 195/1967; **C:** cada Município utiliza a base de dados que disponha, para fins de identificação do sujeito passivo; **D:** em princípio, a conservação, a operação e a manutenção das obras não dão ensejo à contribuição de melhoria – art. 14 do DL 195/1967; **E:** art. 82, II, do CTN (o dispositivo refere-se a prazo mínimo de 30 dias) e art. 6º do DL 195/1967.

Gabarito "A".

(Auditor do Tesouro Municipal/Natal-RN – 2001 – ESAF) Assinale as assertivas abaixo com F para falsa ou V para verdadeira e, a seguir, indique a opção que contém a sequência correta.

( ) A contribuição de melhoria tem como fato gerador a realização de obra pública municipal.

( ) A contribuição de melhoria não incide no caso de colocação de guias e sarjetas.

( ) A contribuição de melhoria é calculada mediante divisão do custo total da obra pelo número de imóveis atingidos.

( ) Dentre outras, podem ser consideradas, para efeito de incidência da contribuição de melhoria, as obras de urbanização, construção de pontes, construção de viadutos e arborização de logradouros públicos.

(A) V, V, F, V
(B) F, V, F, F
(C) F, V, F, V
(D) V, V, V, F
(E) V, F, F, V

1ª: o fato gerador da contribuição de melhoria é a valorização imobiliária decorrente da obra pública – art. 145, III, da CF e art. 81 do CTN; **2ª:** em princípio, a conservação, a operação e a manutenção das obras não dão ensejo à contribuição de melhoria – art. 14 do DL 195/1967; **3ª:** o valor cobrado de cada contribuinte depende do fator individual de valorização, nos termos do art. 82, § 1º, do CTN; **4ª:** art. 2° do 195/1967.

Gabarito "C".

(Auditor do Tesouro Municipal/Natal-RN – 2001 – ESAF) Tratando-se de matéria tributária, é lícita a assertiva de que, no Brasil,

(A) as taxas são instituídas para suportar os custos da realização de obras públicas de que decorra a valorização imobiliária de particulares.

(B) os tributos intermunicipais, cobrados pelos Municípios, destinam-se a estabelecer limitações ao tráfego de bens, tendo em vista o interesse público.

(C) as contribuições de melhoria são devidas em função da prestação de serviços públicos divisíveis.

(D) os Municípios e os Estados, assim como a União, têm competência para instituir impostos extraordinários, em caso de calamidade pública.

(E) os Municípios podem instituir taxas em razão do exercício do poder de polícia, com bases de cálculo diferentes das dos impostos.

A: as contribuições de melhoria é que decorrem da valorização imobiliária decorrente de obras públicas – art. 145, III, da CF; **B:** isso é vedado expressamente pelo art. 150, V, da CF; **C:** a prestação de serviços públicos específicos e divisíveis permite a instituição e a cobrança de taxa, não de contribuição de melhoria – art. 145, II, da CF; **D:** a competência extraordinária é exclusiva da União e refere-se à guerra externa ou à sua iminência – art. 154, II, da CF. A calamidade pública permite a instituição e a cobrança de empréstimo compulsório pela União – art. 148, I, da CF; **E:** art. 145, II, e § 2º, da CF.

Gabarito "E".

5. LEGISLAÇÃO TRIBUTÁRIA – FONTES

(Auditor Fiscal da Receita Federal – 2012 – ESAF) Em matéria tributária, de acordo com a Constituição Federal, compete à Lei Complementar, *exceto*,

(A) instituir as limitações constitucionais ao poder de tributar.

(B) dispor sobre obrigação, lançamento, crédito, prescrição e decadência tributários.

(C) estabelecer critérios especiais de tributação, com o objetivo de prevenir desequilíbrios da concorrência.

(D) dispor sobre o adequado tratamento tributário ao ato cooperativo praticado pelas sociedades cooperativas.

(E) estabelecer tratamento diferenciado e favorecido para as microempresas e para as empresas de pequeno porte, inclusive regimes especiais ou simplificados.

Nos termos do art. 146 da CF, cabe à lei complementar: "I – dispor sobre conflitos de competência, em matéria tributária, entre a União, os Estados, o Distrito Federal e os Municípios; II – regular as limitações constitucionais ao poder de tributar; III – estabelecer normas gerais em matéria de legislação tributária, especialmente sobr**E:** *a)* definição de tributos e de suas espécies, bem como, em relação aos impostos discriminados na Constituição, a dos respectivos fatos geradores, bases de cálculo e contribuintes; *b)* obrigação, lançamento, crédito, prescrição e decadência tributários; *c)* adequado tratamento tributário ao ato cooperativo praticado pelas sociedades cooperativas; *d)* definição de tratamento diferenciado e favorecido para as microempresas e para as empresas de pequeno porte, inclusive regimes especiais ou simplificados no caso do imposto previsto no art. 155, II [ICMS], das contribuições previstas no art. 195, I e §§ 12 e 13 [da CF] e da contribuição a que se refere o art. 239 [da CF]". Ademais, nos termos do art. 146-A da Constituição, lei complementar poderá estabelecer critérios especiais de tributação, com o objetivo de prevenir desequilíbrios da concorrência, sem prejuízo da competência da União, por lei, estabelecer normas de igual objetivo.

Por essas razões, a alternativa "A" deve ser indicada (cabe à lei complementar, apenas, *regular* as limitações constitucionais ao poder de tributar, não *instituí-las*) – somente a CF institui limitações constitucionais, evidentemente.

Gabarito "A"

(Auditor Fiscal da Receita Federal – 2012 – ESAF) Sobre a vigência da legislação tributária, assinale a opção *incorreta*.

(A) Entende-se por vigência a aptidão de uma norma para qualificar fatos, desencadeando seus efeitos de direito.

(B) Vigência e eficácia, atributos normativos que costumam existir simultaneamente, no Direito Tributário podem existir separadamente.

(C) Pode-se ter no Direito Tributário norma vigente mas não eficaz, como no caso das que majorem tributos, que em geral têm sua eficácia diferida para o início do exercício financeiro seguinte ao qual foi publicada; todavia, não se admite norma eficaz e não vigente.

(D) As normas constitucionais de eficácia limitada constituem exemplo de norma que, embora em vigor, não está apta a produzir efeitos.

(E) No caso das leis que necessitem regulamentação, é lícito ao regulamento, sem alterar o mandamento legal, estabelecer o termo *a quo* de incidência da novel norma tributária, não podendo ser interpretado, todavia, de forma a surpreender o contribuinte.

As definições de validade, vigência e eficácia das normas não são uniformes na doutrina e jurisprudência, o que pode gerar discussões em relação a esta questão. Seguindo a lição de Tércio Sampaio Ferraz e a normatização do CTN (art. 101), definimos que (a) validade é a pertinência da norma ao sistema jurídico, aquela produzida regularmente pelo órgão competente; (b) vigência é a delimitação temporal e espacial da validade da norma – art. 101 do CTN; e (c) eficácia refere-se à possibilidade de a norma produzir efeitos concretos. Exemplo de norma válida, mas não vigent**E:** durante *vacatio legis*; exemplo de norma não válida, mas vigent**E:** norma revogada, com vigência para fatos passados (ou vigor); exemplo de norma válida e vigente, mas não eficaz: ausência de regulamentação necessária para sua aplicação, antes do prazo da anterioridade (eficácia limitada). **A:** adequada, pois é comum essa definição, embora possa se confundir com eficácia; B, D e **E:** corretas, conforme comentários iniciais; **C:** essa é a incorreta, pois é possível norma válida e eficaz em relação a fatos pretéritos, por exemplo, ainda que já tenha sido revogada (não é mais vigente no tempo).

Gabarito "C"

(Analista-Tributário da Receita Federal – 2012 – ESAF) Responda às perguntas abaixo e, em seguida, assinale a opção correta.

Os decretos que apenas em parte versem sobre tributos compreendem-se na expressão "legislação tributária"?

A cominação de penalidades para as ações ou omissões contrárias a seus dispositivos, ou para outras infrações nela definidas, relativa às obrigações principais ou acessórias, somente se pode estabelecer mediante lei?

Segundo o Código Tributário Nacional, a atualização do valor monetário da base de cálculo, de que resulte maior valor do tributo, pode ser feita por ato administrativo, em vez de lei?

(A) Não, não e não.

(B) Sim, sim e sim.

(C) Não, não e sim.

(D) Não, sim e não.

(E) Sim, não e não.

1: sim, pois a expressão "legislação tributária" compreende as leis, os tratados e as convenções internacionais, os decretos e as normas complementares que versem, no todo ou em parte, sobre tributos e relações jurídicas a eles pertinentes – art. 96 do CTN; **2:** sim, nos termos do art. 97, V, do CTN; **3:** sim, conforme o art. 97, § 2.º, do CTN, lembrando que essa atualização por norma infralegal deve observar os limites da inflação medida pelos índices oficiais (acima disso há majoração real do tributo, o que exige lei) – ver Súmula 160/STJ.

Gabarito "B"

(Auditor Fiscal da Receita Federal – 2010 – ESAF) Sobre a Legislação Tributária, assinale a opção correta.

(A) Pode-se afirmar que ordem de serviço, expedida por Delegado da Receita Federal do Brasil, contendo normas relativas ao atendimento do contribuinte, integra a "legislação tributária".

(B) O prazo de recolhimento de determinado tributo não pode ser minorado por regulamento específico, haja vista a exigência constitucional de lei em sentido estrito.

(C) Segundo a Constituição Federal, há exigência de lei complementar para a instituição de contribuição de intervenção no domínio econômico.

(D) Com o advento da Emenda Constitucional n. 45/2004, os tratados e convenções internacionais, que visam ao estabelecimento de regras para coibir a evasão fiscal, ao serem aprovados pelo Congresso Nacional, serão equivalentes às emendas constitucionais.

(E) As decisões proferidas pelas Delegacias da Receita Federal de Julgamento, em regra, integram a legislação tributária.

A: assertiva correta, pois atos normativos expedidos pelas autoridades administrativas são normas tributárias complementares, que integram o conceito de "legislação tributária", nos termos do art. 96 c/c o art. 100, I, do CTN; **B:** incorreta, pois a alteração do prazo de pagamento do tributo não se submete ao princípio da legalidade estrita (pode ser veiculada por norma infralegal), nem ao da anterioridade – ver RE 195.218/MG e Súmula 669/STF; **C:** incorreta, pois as CIDEs podem ser instituídas por lei ordinária federal – art. 149 da CF; **D:** incorreta, pois somente os tratados relativos aos direitos humanos podem ser equiparados a emendas constitucionais, desde que atendidos os requisitos do art. 5º, § 3º, da CF; **E:** incorreta, pois somente as decisões administrativas a que a lei atribua eficácia normativa são consideradas normas tributárias complementares – art. 100, II, do CTN.

Gabarito "A"

Veja esta tabela, para memorização:

Dependem de lei – art. 97 do CTN	Não dependem de lei
– a instituição de tributos, ou a sua extinção; – a majoração de tributos, ou sua redução (exceção: alteração das alíquotas do II, IE, IPI, IOF e da CIDE sobre combustíveis). Equipara-se à majoração do tributo a modificação da sua base de cálculo, que importe em torná-lo mais oneroso. Não constitui majoração de tributo a atualização do valor monetário da respectiva base de cálculo; – a definição do fato gerador da obrigação tributária principal, ressalvado o disposto no inciso I do § 3º do artigo 52, e do seu sujeito passivo; – a fixação de alíquota do tributo e da sua base de cálculo, ressalvado o disposto nos artigos 21, 26, 39, 57 e 65; – a cominação de penalidades para as ações ou omissões contrárias a seus dispositivos, ou para outras infrações nela definidas; – as hipóteses de exclusão, suspensão e extinção de créditos tributários, ou de dispensa ou redução de penalidades.	– fixação da data para pagamento do tributo; – regulamentação das obrigações acessórias (forma de declaração, escrituração, recolhimento etc.). Há controvérsia quanto à própria fixação de obrigações acessórias, pois o art. 113, § 2º, do CTN faz referência à legislação tributária (expressão que inclui não apenas as leis, mas também os decretos, portarias etc.); – alteração das alíquotas do II, IE, IPI, IOF e da CIDE sobre combustíveis.

(Auditor Fiscal da Receita Federal – 2010 – ESAF) Considerando a publicação de norma, em 15 de dezembro de 2009, visando à majoração de tributo, sem disposição expressa sobre a data de vigência, aponte a opção correta.

(A) Tratando-se de imposto sobre a renda e proventos de qualquer natureza, poderá ser editada lei ordinária, produzindo efeitos financeiros a partir de 1º de janeiro de 2010.

(B) Tratando-se de imposto sobre produtos industrializados, poderá ser expedido decreto presidencial, produzindo efeitos financeiros a partir de sua publicação.

(C) Tratando-se de imposto sobre a propriedade territorial rural, poderá ser editada medida provisória, produzindo efeitos financeiros noventa dias após a sua publicação.

(D) Tratando-se de imposto sobre importação, poderá ser expedido decreto presidencial, produzindo efeitos financeiros noventa dias após a sua publicação.

(E) Tratando-se de contribuição social, poderá ser editada medida provisória, produzindo efeitos financeiros a partir de 1º de janeiro de 2011, caso não tenha sido convertida em lei no mesmo exercício financeiro em que tenha sido publicada.

A rigor, a lei tributária, como toda outra, deve indicar a data de início de vigência (art. 3º, III, da LC 95/1998). No caso de omissão, a vigência iniciar-se-á somente 45 dias após a publicação (art. 1º da Lei de Introdução às Normas do Direito Brasileiro – LINDB). Nesse contexto, a lei publicada em 15 de dezembro de 2009 somente teria vigência a partir do final de janeiro de 2010, independentemente dos princípios da anterioridade anual e nonagesimal. Para solução da questão, ignoraremos isso (ou não haveria alternativa correta) e consideraremos que as leis a que se referem as assertivas entram em vigor na data de suas publicações (o mais comum é que as leis tragam disposição expressa nesse sentido), embora sua eficácia possa ser postergada, em conformidade com os princípios da anterioridade anual e nonagesimal. **A:** assertiva correta, pois a majoração do IR submete-se apenas à anterioridade anual, mas não à nonagesimal, e não exige lei complementar (pode ser veiculada por lei ordinária federal) – art. 150, § 1º, da CF; **B:** incorreta, pois o Executivo Federal pode apenas modificar as alíquotas do IPI, mas não sua base de cálculo (a assertiva não especifica se é alteração da alíquota ou da base de cálculo) – art. 153, § 1º, da CF. Ademais, a majoração do IPI não se sujeita à anterioridade anual, mas sim à nonagesimal – art. 150, § 1º, da CF; **C:** incorreta, pois a majoração de imposto por MP somente terá efeitos no exercício seguinte se a medida provisória for convertida em lei até o final do ano em que foi publicada – art. 62, § 2º, da CF; **D:** incorreta, pois o Executivo Federal pode apenas modificar as alíquotas do II, mas não sua base de cálculo (a assertiva não especifica se é alteração da alíquota ou da base de cálculo) – art. 153, § 1º, da CF. Ademais, a majoração do II não se sujeita à anterioridade anual, nem à nonagesimal – art. 150, § 1º, da CF; **E:** assertiva imprecisa. Embora não haja jurisprudência a respeito, nem doutrina relevante, parece-nos que a eficácia da norma em 1º de janeiro de 2011 depende da conversão da MP em lei até o final do exercício de 2010 (a assertiva informa apenas que não foi convertida até o final de 2009, mas não indica se isso ocorreu no ano seguinte) – art. 62, § 2º, da CF.

Gabarito "A"

(Auditor Fiscal da Receita Federal – 2005 – ESAF) Leis complementares, ou leis complementares à Constituição, são espécies normativas que têm a função de complementar dispositivos constitucionais que tratam genericamente de determinadas matérias, normalmente devido à sua complexidade. As leis complementares, por força do art. 69 da Constituição, serão aprovadas pela maioria absoluta dos membros do Congresso Nacional. Considerando apenas o texto expresso da Constituição, pode-se concluir que as leis complementares em matéria tributária não tratam:

(A) da instituição de impostos residuais.

(B) da definição dos produtos industrializados sobre os quais o imposto incidirá uma única vez.

(C) da instituição de um regime único de arrecadação dos impostos e contribuições da União, dos estados, do Distrito Federal e dos municípios.

(D) do estabelecimento de critérios especiais de tributação com o objetivo de prevenir desequilíbrios da concorrência.

(E) da regulação da forma e das condições como isenções, incentivos e benefícios fiscais serão concedidos e revogados, relativamente ao Imposto sobre Circulação de Mercadorias e Serviços (ICMS).

A: a competência residual é exercida por meio de leis complementares federais – art. 154, I, da CF; **B:** não há previsão constitucional nesse sentido (há norma relativa a ICMS sobre combustíveis e lubrificantes – art. 155, § 2º, XII, *h*, da CF); **C:** a instituição do Simples Nacional depende de lei complementar federal (atualmente, a LC 123/2006) – art. 146, p. único, da CF; **D:** art. 146-A da CF; **E:** art. 155, § 2º, XII, *g*, da CF.

Gabarito "B"

(Auditor Fiscal da Receita Federal – 2005 – ESAF) Leia cada um dos assertos abaixo e assinale (V) ou (F), conforme seja verdadeiro ou falso. Depois, marque a opção que contenha a exata sequência.

( ) Os convênios reclamam o prévio abono da Assembleia Legislativa, por assimilação deles aos tratados internacionais que, pela Constituição, necessitam da aprovação prévia do Congresso Nacional.

( ) A lei instituidora da isenção de mercadorias, mesmo que nada diga a respeito, é extensiva às mercadorias estrangeiras, quando haja previsão da lei mais favorecida, porque para não ofender o disposto no art. 98 do CTN ela tem de ser interpretada como aplicável a todos os casos que não os ressalvados, em virtude de extensão de isenção pelos tratados internacionais.

( ) Os atos administrativos normativos entram em vigor, em regra, na data da sua publicação.

(A) F, F, V
(B) F, F, F
(C) V, V, V
(D) F, V, V
(E) V, F, V

1ª: em se tratando de Convênios Interestaduais de ICMS, a legislação não prevê aprovação pelas Assembleias Legislativas, apesar de crítica doutrinária – art. 4º da LC 24/1975; **2ª:** a tributação de mercadorias estrangeiras não pode ser superior à dos similares nacionais nos termos de determinados tratados internacionais (GATT, OMC, Mercosul etc.) – ver Súmulas 575/STF, 20/SJT e 71/STJ; **3ª:** art. 103, I, do CTN.

Gabarito "D"

(Auditor Fiscal da Receita Federal – 2003 – ESAF) Responda com base na Constituição Federal.

Medida Provisória publicada em 10 de dezembro de 2002 que majorou, a partir de 1º de janeiro de 2003, o imposto sobre a renda e proventos de qualquer natureza de pessoas físicas, mas não convertida em lei até 31 de dezembro de 2002, continuou a produzir efeitos a partir de 1º de janeiro de 2003?

É admitida a edição de medida provisória para estabelecer, em matéria de legislação tributária, normas gerais sobre a definição de base de cálculo do imposto de competência da União sobre propriedade territorial rural?

No tocante ao imposto sobre operações relativas à circulação de mercadorias e sobre prestações de serviços de transporte interestadual e intermunicipal e de comunicação (ICMS), cabe à lei complementar estabelecer as alíquotas aplicáveis às operações e prestações, interestaduais e de exportação?

(A) Não, não, não
(B) Não, sim, não
(C) Não, não, sim
(D) Sim, não, sim
(E) Sim, sim, não

1ª: art. 62, § 2º, da CF; **2ª:** normas gerais em matéria tributária são veiculadas por lei complementar federal (art. 146, III, da CF), que não pode ser substituída por medida provisória – art. 62, § 1º, III, da CF; **3ª:** cabe ao Senado Federal, por meio de Resolução – art. 155, § 2º, IV, da CF. Importante notar que, a partir da EC 42/2003, não há mais hipótese de incidência do ICMS sobre exportações – art. 155, § 2º, X, *a*, da CF.

Gabarito "A"

(Auditor Fiscal da Receita Federal – 2002.2 – ESAF) Para efeitos administrativos, a União poderá articular sua ação em um mesmo complexo geoeconômico e social, visando a seu desenvolvimento e à redução das desigualdades regionais. Nesse contexto, disporá sobre isenções, reduções ou diferimento temporário de tributos federais devidos por pessoas físicas ou jurídicas. Ela o fará mediante

(A) resolução do Senado Federal.
(B) decreto legislativo.
(C) lei complementar.
(D) lei ordinária.
(E) lei delegada ou medida provisória.

A competência tributária é exercida, em regra, por meio de lei ordinária – art. 150, § 6º, c/c art. 151, I, *in fine*, ambos da CF.

Gabarito "D"

(Auditor Fiscal da Receita Federal – 2002.2 – ESAF) O estabelecimento, em caráter geral, da definição da base de cálculo e do fato gerador dos impostos discriminados na Constituição há de ser feito por

(A) lei complementar federal, em todos os casos.
(B) exclusivamente por lei complementar federal, para a União, e por lei complementar estadual para os Estados e Municípios.
(C) apenas em lei ordinária federal, estadual e municipal, conforme o caso, tendo em vista o princípio da autonomia dos Estados e Municípios.
(D) lei delegada, medida provisória ou lei ordinária federal em qualquer caso.
(E) lei delegada, medida provisória ou lei ordinária federal quanto aos tributos da União, por lei estadual ou convênios para os Estados, e por lei municipal, para os Municípios.

Trata-se de matéria a ser veiculada por lei complementar federal, mesmo em relação aos impostos estaduais e municipais – art. 146, III, *a*, da CF.

Gabarito "A"

(Auditor Fiscal da Receita Federal – 2002.2 – ESAF) Avalie o acerto das afirmações adiante e marque com V as verdadeiras e com F as falsas; em seguida, marque a opção correta.

( ) Lei federal estabelecerá em tabelas de valores, mediante normas gerais, as taxas ou emolumentos relativos aos atos praticados pelos serviços notariais e de registro.

( ) Segundo a jurisprudência, a correção monetária de débito fiscal pode ser regulada por lei estadual.

( ) Compete privativamente aos Estados instituir contribuições previdenciárias passíveis de cobrança de seus servidores.

(A) V, V, V
(B) V, V, F
(C) V, F, F
(D) F, F, F
(E) F, V, F

1ª: a lei federal estabelecerá apenas as normas gerais para fixação dos emolumentos, e não os valores específicos – art. 236, § 2º, da CF; **2ª:** a assertiva é verdadeira; **3ª:** a assertiva é dúbia. União, Estados, DF e Municípios devem estabelecer as contribuições cobradas de seus respectivos servidores, para custeio do regime previdenciário próprio – art.149, §1º, da CF – nesse sentido, a assertiva está errada. No entanto, com relação aos seus servidores, somente o respectivo Estado pode instituir a contribuição previdenciária – nesse sentido, a assertiva está correta. De qualquer forma, a alternativa **E** é a melhor, por conta das duas primeiras assertivas.

Gabarito "E".

(Auditor Fiscal da Receita Federal – 2002.1 – ESAF) Responda às questões:

Segundo o Código Tributário Nacional (CTN), os tratados internacionais precisam ser observados pelo legislador, que, assim, não poderá alterá-los por normas com eles incompatíveis?

À luz do CTN, os atos normativos expedidos pelas autoridades administrativas podem ser considerados como "legislação tributária"?

Decretos podem instituir impostos autorizados pela Constituição?

(A) Sim, Sim, Sim
(B) Sim, Sim, Não
(C) Sim, Não, Sim
(D) Não, Não, Não
(E) Não, Sim, Não

1ª: esse é o conteúdo do art. 98 do CTN; **2ª:** são normas complementares, que compõem a legislação tributária – arts. 96 e 100, I, do CTN; **3ª:** os tributos somente podem ser instituídos por lei – princípio da legalidade – art. 150, I, da CF.

Gabarito "B".

(Auditor Fiscal da Receita Federal – 2002.1 – ESAF) Segundo decorre da Constituição, especialmente depois da redação dada pela Emenda Constitucional nº 32, de 2001, pode(m) ser objeto de medida provisória

(A) normas sobre limitações constitucionais ao poder de tributar.
(B) matéria tributária disciplinada em projeto de lei aprovado pelo Congresso Nacional e pendente de sanção ou veto do Presidente da República.
(C) majoração de imposto de renda, quando, embora convertida em lei no mês de janeiro seguinte, tenha sido aprovada antes do início do exercício em que será cobrada.
(D) aquela que constitua reedição, na mesma sessão legislativa, de outra que não tenha sido rejeitada, mas apenas perdido sua eficácia por decurso de prazo.
(E) matéria tributária não sujeita a restrição em razão do processo legislativo.

A: as limitações constitucionais ao poder de tributar devem ser veiculadas por lei complementar federal (art. 146, II, da CF), que não pode ser substituída por medida provisória – art. 62, § 1º, III, da CF; **B:** isso é vedado expressamente – art. 62, § 1º, IV, da CF; **C:** para que a majoração do IR valesse, seria necessária a conversão da MP em lei até o final do exercício em que foi editada – art. 62, § 2º, da CF; **D:** isso é vedado expressamente pelo art. 62, § 10, da CF; **E:** é possível veicular normas tributárias por MP, com exceção daquelas que exigem lei complementar federal – art. 62, § 1º, III, e § 2º, da CF.

Gabarito "E".

(Auditor Fiscal da Receita Federal – 2002.1 – ESAF) O Acordo para Isenção de Impostos Relativos à Implementação do Projeto do Gasoduto Brasil- Bolívia, celebrado entre o Governo da República Federativa do Brasil e o Governo da República da Bolívia, em Brasília, em 5 de agosto de 1996, se obedeceu aos comandos constitucionais, foi aprovado por

(A) lei ordinária.
(B) lei complementar.
(C) lei delegada.
(D) decreto legislativo.
(E) resolução do Senado Federal.

O tratado é celebrado pelo Presidente da República (art. 84, VIII, da CF), muitas vezes por meio do plenipotenciário. Posteriormente submete-se ao referendo do Congresso Nacional (art. 49, I, da CF), que pode aprová-lo por meio de decreto legislativo. A seguir, o Presidente ratifica o tratado, manifestando, aos demais países, o consentimento. Finalmente, o Presidente promulga o tratado por decreto, cuja publicação insere-o no sistema jurídico nacional.

Gabarito "D".

(Auditor Fiscal da Receita Federal – 2002.1 – ESAF) Avalie a correção das afirmações abaixo. Atribua a letra V para as verdadeiras e F para as falsas. Em seguida, marque a opção que contenha a sequência correta.

1) O Código Tributário Nacional, embora tenha sido aprovado como lei ordinária, pode regular as matérias para as quais a Constituição, que lhe é posterior, passou a exigir lei complementar.
2) Cabe a lei complementar federal, em relação aos impostos em geral, como o ICMS e o ISS, a definição dos respectivos fatos geradores, bases de cálculo e contribuintes.
3) Resolução do Senado Federal, obedecidas as condições constitucionais, poderá estabelecer, para o ICMS, as alíquotas aplicáveis às operações e prestações, interestaduais e de exportação.

(A) V, V, V
(B) V, V, F
(C) V, F, F
(D) F, F, F
(E) V, F, V

1: o CTN foi recepcionado pelo sistema constitucional atual com força de lei complementar federal; **2:** art. 146, III, *a*, da CF; **3:** art. 155, § 2º, IV, da CF. Importante notar que, a partir da EC 42/2003, não há mais hipótese de incidência do ICMS sobre exportações – art. 155, § 2º, X, *a*, da CF.

Gabarito "A"

(Técnico da Receita Federal – 2006– ESAF) Com relação às medidas provisórias em matéria tributária é errôneo afirmar-se que

(A) o Supremo Tribunal Federal tem entendido que cabe ao chefe do Poder Executivo e ao Poder Legislativo a avaliação subjetiva das hipóteses de urgência que possam ensejar a edição de medida provisória.
(B) na hipótese de veto do projeto de lei de conversão por parte do Presidente da República, a medida provisória deverá ser tida por rejeitada, cabendo ao Congresso Nacional, em sessenta dias, disciplinar, por Decreto Legislativo, as relações jurídicas decorrentes.
(C) a medida provisória paralisa temporariamente a eficácia da lei que versava sobre a matéria, eis que, caso venha a ser rejeitada, restaura-se a eficácia da norma anterior.
(D) somente poderão ser instituídos ou majorados por medida provisória aqueles que não dependam de lei complementar.
(E) caso instituam ou majorem tributo, só produzirão efeitos no exercício financeiro seguinte se forem convertidas em lei até o último dia daquele em que houver sido editada.

A: a assertiva reflete o entendimento do STF; **B:** art. 62, §§ 3º e 12, da CF; **C:** art. 62, § 3º, da CF; **D:** art. 62, § 1º, III, da CF; **E:** essa norma de anterioridade refere-se apenas aos impostos – art. 62, § 2º, da CF.

Gabarito "E"

(Técnico da Receita Federal – 2003 – ESAF) Avalie a correção das afirmações abaixo e atribua a letra V para as verdadeiras e F para as falsas. Em seguida, marque a opção que contenha a sequência correta. A concessão de subsídio ou isenção, redução de base de cálculo, crédito presumido, anistia ou remissão relativos a impostos, taxas ou contribuições

( ) depende de lei complementar específica, que regule exclusivamente as matérias acima enumeradas ou o correspondente tributo ou contribuição;
( ) depende de lei federal, estadual ou municipal, não constituindo limitação constitucional do poder de tributar;
( ) depende de lei federal, estadual ou municipal específica, sendo uma limitação do poder de tributar.

(A) V, V, F
(B) V, F, F
(C) F, F, F
(D) F, F, V
(E) F, V, V

1ª: não se exige, em regra, lei complementar, basta lei ordinária específica – art. 150, § 6º, da CF; **2ª** e **3ª**: a norma do art. 150, § 6º, da CF localiza-se na Seção denominada "Das limitações do poder de tributar".

Gabarito "D"

(Técnico da Receita Federal – 2002.1 – ESAF) São normas complementares das leis, dos tratados e das convenções internacionais e dos decretos:

(A) os atos normativos expedidos pelo Congresso Nacional e pelo Supremo Tribunal Federal.
(B) as decisões dos órgãos singulares ou coletivos de jurisdição administrativa, sempre que despidos de eficácia normativa.
(C) as práticas reiteradamente observadas pelas autoridades administrativas.
(D) os Acordos Internacionais.
(E) os Convênios que entre si celebrem as Partes Contratantes no âmbito da Aladi e do Mercosul.

A: somente os atos normativos expedidos pelas autoridades administrativas são consideradas normas complementares – art. 100, I, do CTN; **B:** essas decisões serão consideradas normas complementares se a lei atribuir-lhes eficácia normativa – art. 100, II, do CTN; **C:** art. 100, III, do CTN; **D** e **E:** os tratados e as convenções internacionais estão compreendidos no conceito de legislação tributária (não de normas complementares) – art. 96 do CTN.

Gabarito "C"

(Auditor Fiscal/CE – 2006 – ESAF) A lei complementar, de modo geral, em matéria tributária, é utilizada para, entre outras matérias, estabelecer as normas gerais. Já em relação ao ICMS – Imposto sobre Circulação de Mercadorias e Serviços de Transporte Interestadual e Intermunicipal e de Comunicação, ela possui atribuições específicas. Sobre estas, julgue os itens abaixo; em seguida, assinale a opção correta. Cabe à lei complementar, em tema de ICMS:

I. definir as suas alíquotas em operações interestaduais com gás natural, seus derivados, lubrificantes e combustíveis.
II. definir os combustíveis e lubrificantes sobre os quais incidirá uma única vez.
III. disciplinar o regime de compensação do imposto.
IV. prever casos de manutenção de crédito relativamente à exportação de serviços e mercadorias.

(A) Estão corretos apenas os itens I, II e III.
(B) Estão corretos apenas os itens I, III e IV.
(C) Estão corretos apenas os itens III e IV.
(D) Estão corretos apenas os itens I e II.
(E) Estão corretos apenas os itens II, III e IV.

I: não é matéria a ser tratada necessariamente por lei complementar federal; **II:** art. 155, § 2º, XII, *h*, da CF; **III:** art. 155, § 2º, XII, *c*, da CF; **IV:** art. 155, § 2º, XII, *f*, da CF.

Gabarito "E"

(Agente Tributário Estadual/MS – 2001 – ESAF) Os tratados e as convenções internacionais que disponham sobre matéria tributária

(A) submetem-se à legislação tributária interna.
(B) revogam ou modificam a legislação tributária interna, mas não serão observados pela que lhes sobrevenha.

(C) não têm eficácia se contrários à legislação tributária interna.
(D) terão suas cláusulas modificadas para serem aplicadas no Brasil, adaptando-se à legislação interna.
(E) modificam ou revogam a legislação tributária interna, e serão observados pela que lhes sobrevenha.

A assertiva em E reflete estritamente o disposto no art. 98 do CTN.

Gabarito "E"

(Agente Tributário Estadual/MS – 2001 – ESAF) Os convênios sobre matéria tributária, incluídos entre as normas complementares da legislação tributária, têm como regra de vigência temporal o seguinte:

(A) entram em vigor no primeiro dia do exercício seguinte ao de sua publicação
(B) entram em vigor trinta dias após a data de sua publicação
(C) entram em vigor na data neles prevista
(D) entram em vigor na data de sua publicação
(E) entram em vigor trinta dias após sua homologação pela Assembleia Legislativa

A assertiva em C reflete o disposto no art. 103, III, do CTN.

Gabarito "C"

(Agente Tributário Estadual/MS – 2001 – ESAF) Compete ao Senado Federal, mediante Resolução, aprovada pela maioria absoluta de seus membros:

(A) Fixar as alíquotas máxima e mínima dos impostos sobre a importação e a exportação.
(B) Estabelecer as alíquotas do imposto sobre operações relativas à circulação de mercadorias e prestações de serviços – ICMS, aplicáveis às operações e prestações interestaduais e de exportação.
(C) Autorizar os Estados a darem caráter de nãocumulatividade ao imposto sobre transmissão *causa mortis* e doação de bens e direitos.
(D) Autorizar a União a estabelecer impostos extraordinários, por motivo de guerra.
(E) Fixar as alíquotas e a base de cálculo do imposto territorial rural.

Somente a assertiva em B indica matéria de competência do Senado Federal, a ser veiculada por Resolução – art. 155, § 2º, IV, da CF. Importante notar que, a partir da EC 42/2003, não há mais hipótese de incidência do ICMS sobre exportações – art. 155, § 2º, X, *a*, da CF.

Gabarito "B"

(Fiscal de Tributos/PA – 2002 – ESAF) Prestam-se a adensar a disciplina constitucional conferida ao sistema tributário e a criar certos tributos:

(A) normas complementares
(B) decretos
(C) tratados internacionais
(D) leis ordinárias
(E) leis complementares

As leis complementares veiculam normas gerais relativas à matéria tributária – art. 146 do CTN –, além de normas específicas relativas a determinados tributos – v. g. arts. 148, e 154, I, da CF.

Gabarito "E"

(Fiscal de Tributos/PA – 2002 – ESAF) No Brasil, persiste controvérsia doutrinária sobre se, por meio de leis delegadas, podem ser instituídos tributos. A Constituição Federal, todavia, veda expressamente a utilização de tais normas jurídicas para a criação de:

(A) taxas
(B) contribuições de melhoria
(C) empréstimos compulsórios
(D) contribuições sociais
(E) pedágios

As leis delegadas não podem veicular matéria reservada à lei complementar, o que impede a instituição de empréstimos compulsórios – art. 68, § 1º, c/c art. 148, ambos da CF.

Gabarito "C"

(Fiscal de Tributos/PA – 2002 – ESAF) Os acordos sobre dupla tributação internacional, como todos os tratados que requerem aprovação congressional, começam a vigorar no ordenamento jurídico interno brasileiro

(A) com a aprovação do projeto de acordo internacional pelo Congresso Nacional, que o faz por meio de decreto legislativo.
(B) com o início da vigência dos decretos que os promulgaram.
(C) com a troca dos instrumentos de ratificação.
(D) com a assinatura do projeto de acordo internacional.
(E) com a rubrica do texto convencional, feita pelos chefes das delegações nacionais.

O tratado é celebrado pelo Presidente da República (art. 84, VIII, da CF), muitas vezes por meio do plenipotenciário. Posteriormente submete-se ao referendo do Congresso Nacional (art. 49, I, da CF), que pode aprová-lo por meio de decreto legislativo. A seguir, o Presidente ratifica o tratado, manifestando, aos demais países, o consentimento. Finalmente, o Presidente promulga o tratado por decreto, cuja publicação insere-o no sistema jurídico nacional.

Gabarito "B"

(Auditor Fiscal/MG – 2005 – ESAF) Considerando o disposto no art. 146 da CRFB/88, marque com (V) a assertiva verdadeira e com (F) a falsa, assinalando ao final a opção correspondente.

( ) Somente lei complementar pode criar formas de extinção do crédito tributário.
( ) Lei ordinária pode atribuir imunidade a determinado grupo ou conjunto de contribuintes.
( ) Lei ordinária pode criar modalidade de lançamento do crédito tributário.
( ) Lei ordinária pode prever a extinção do crédito tributário mediante dação em pagamento de bens móveis.

(A) V, F, F, F
(B) F, V, F, V
(C) V, F, F, V
(D) F, F, F, V
(E) V, F, V, F

1ª, **3ª** e **4ª**: trata-se de matérias a serem veiculadas por lei complementar federal – art. 146, III, *b*, da CF; **2ª**: a imunidade é fixada diretamente pela Constituição Federal e regulada por lei complementar – art. 146, II, da CF.

Gabarito "A"

(Auditor Fiscal/Teresina-PI – 2001 – ESAF) A fixação das alíquotas do imposto sobre operações relativas à circulação de mercadorias e sobre prestações de serviços de transporte interestadual e intermunicipal e de comunicação – ICMS – aplicáveis às operações e prestações interestaduais e de exportação é da competência da(do)

(A) Câmara dos Deputados, por decisão da Mesa Diretora.
(B) Congresso Nacional, por meio de Decreto Legislativo.
(C) Senado Federal, por meio de Resolução.
(D) Presidência da República, por meio de Decreto.
(E) Banco Central, mediante Resolução.

A competência é do Senado Federal, que a exerce por meio de resolução – art. 155, § 2º, IV, da CF. Importante notar que, a partir da EC 42/2003, não há mais hipótese de incidência do ICMS sobre exportações – art. 155, § 2º, X, *a*, da CF.

Gabarito "C"

6. VIGÊNCIA, APLICAÇÃO, INTERPRETAÇÃO E INTEGRAÇÃO

(Procurador da Fazenda Nacional – 2004 – ESAF) Segundo o Código Tributário Nacional, está sujeita à interpretação literal a norma tributária que verse sobre

(A) remissão.
(B) compensação.
(C) prescrição.
(D) decadência.
(E) parcelamento.

O art. 111 do CTN prevê expressamente a interpretação literal para os casos de (i) suspensão ou exclusão do crédito tributário, (ii) outorga de isenção e (iii) dispensa do cumprimento de obrigações tributárias acessórias. Note que remissão, compensação, prescrição e decadência são modalidades de extinção do crédito tributário, o que não é expressamente previsto no art. 111 do CTN. Já o parcelamento é modalidade de suspensão do crédito tributário, de modo que a norma correspondente deve ser interpretada literalmente – art. 111, I, do CTN. Por essa razão, a alternativa "E" é a única correta.

Gabarito "E"

(Procurador da Fazenda Nacional – 2006 – ESAF) Considerando os temas "vigência e aplicação da legislação tributária" e "interpretação e integração da legislação tributária" e as disposições do CTN, marque com (**V**) a assertiva verdadeira e com (**F**) a falsa, assinalando ao final a opção correspondente.

( ) O emprego da analogia pode resultar na exigência de tributo.
( ) A lei tributária aplica-se ao ato ou fato pretérito, quando for interpretativa, ressalvadas as hipóteses em que redundar na aplicação de penalidade.
( ) Quando extinguir tributo, a lei tributária pode ser aplicada a fato anterior à sua vigência.
( ) A lei que disponha sobre moratória e remissão do crédito tributário deve ser interpretada, segundo o Código Tributário Nacional, em benefício do contribuinte.

(A) F, F, V, F
(B) V, V, F, F
(C) F, V, V, F
(D) V, F, F, V
(E) F, V, V, V

1: incorreta, pois o emprego da analogia não poderá resultar na exigência de tributo não previsto em lei – art. 108, § 1º, do CTN; **2:** correta, nos termo do art. 106, I, do CTN; **3:** correta, pois se trata de remissão, modalidade de extinção do crédito que, naturalmente, aplica-se ao passado (se é perdão do crédito, obviamente o fato gerador é anterior) – art. 156, IV, do CTN; **4:** incorreta, pois os benefícios fiscais deve ser interpretados estritamente, pois são exceção à regra da tributação – veja o art. 111 do CTN, embora o dispositivo não se refira expressamente às modalidades de extinção do crédito tributário.

Gabarito "C"

(Procurador da Fazenda Nacional – 2006 – ESAF) A Lei Complementar n. 118, de 9 de fevereiro de 2005, dispõe:

"Art. 3º – Para efeito de interpretação do inciso I do art. 168 da Lei n. 5.172, de 25 de outubro de 1966 – Código Tributário Nacional, a extinção do crédito tributário ocorre, no caso de tributo sujeito a lançamento por homologação, no momento do pagamento antecipado de que trata o § 1º do art. 150 da referida Lei.

Art. 4º – Esta Lei entra em vigor 120 (cento e vinte) dias após a sua publicação, observado, quanto ao art. 3º o disposto no art. 106, inciso I, da Lei n. 5.172, de 25 de outubro de 1966 – Código Tributário Nacional."

Julgue os itens abaixo segundo o entendimento atualmente dominante no Superior Tribunal de Justiça – STJ e marque, a seguir, a opção que apresenta a resposta correta. 319

I. O art. 3º é preceito normativo e não meramente interpretativo.
II. Os dispositivos são inconstitucionais, pois, ao veicular preceito interpretativo, fazem-no contra expressa jurisprudência da Corte, violando assim o princípio da separação dos poderes, já que impõem ao juiz uma interpretação da lei, função que é privativa deste e vedada ao legislador.
III. Os processos em curso ao tempo da entrada em vigor da lei devem ser julgados considerando o disposto no art. 3º.

(A) Apenas o item II está errado.
(B) Apenas o item I está correto.
(C) Apenas os itens I e II estão corretos.
(D) Apenas o item II está correto.
(E) Apenas o item III está correto.

O STF e o STJ decidiram que, apesar da literalidade do dispositivo, não se trata de norma meramente interpretativa, pois alterou a lei tributária tal como interpretada pelo judiciário. A jurisprudência do STJ era pacífica no sentido de que o prazo prescricional para a restituição de tributos sujeitos ao lançamento por homologação era de 5 anos contados da homologação que, se tácita, ocorria após 5 anos a partir do fato gerador (tese dos "cinco mais cinco"). A LC 118/2005 veio afirmar que o prazo para repetição deve ser contado do pagamento indevido (5 anos, apenas). Entretanto, o entendimento do STF e do STJ é de que não pode haver retroatividade e a regra atual vale apenas para as ações ajuizadas após o início de vigência da LC 118/2005 (o critério para aplicação da LC 118/2005 é, portanto, a data do ajuizamento da ação) – ver o EDcl AgRg AREsp 6.406/RS-STJ. Para as ações ajuizadas antes do início de vigência da LC 118/2005, continua aplicável a tese do “cinco mais cinco”. **I:** correta, conforme comentário inicial; **II:** incorreta, pois a inconstitucionalidade refere-se apenas à retroatividade, que foi afastada. No mais, a norma é válida e plenamente aplicada pelo judiciário; **III:** incorreta, pois a nova sistemática aplica-se apenas às ações ajuizadas após o início de vigência da LC 118/2005.

Gabarito “B”

(Auditor Fiscal da Receita Federal – 2012 – ESAF) Com relação à retroatividade das leis tributárias, permitida pelo Código Tributário Nacional, assinale a opção correta.

(A) Embora o CTN seja categórico ao admitir a aplicação da lei tributária a fatos pretéritos, é necessário que a lei que se enquadrar nas hipóteses em que ele admite esta retroação decline de modo expresso tal previsão.

(B) Apesar da multa fiscal ser estabelecida de acordo com a lei vigente ao tempo do fato gerador, a pena menos severa da lei posterior substitui a mais grave da lei anterior, podendo prevalecer para efeito de pagamento.

(C) No caso da retroatividade das leis interpretativas, esta retroatividade será meramente aparente, vigente que estava a lei interpretada. Torna-se ainda necessário que a interpretação que der à lei anterior coincida com a interpretação que lhe der o Judiciário.

(D) As leis interpretativas, em alguns casos, podem vir a alterar as relações jurídicas advindas da lei interpretada.

(E) No Estado Democrático de Direito, a lei interpretativa constitui uma exceção, de vez que a função interpretativa constitui prerrogativa da doutrina e dos tribunais.

A: incorreta, pois não se exige expressa indicação da retroatividade na própria norma. Anote-se que, no caso do art. 106, I, do CTN, a norma deve ser *expressamente* interpretativa para ter efeitos retroativos (a qualificação de *interpretativa* é que deve ser expressa, não o efeito retroativo); **B:** adequada, pois a penalidade menos severa aplica-se à infração pretérita, em substituição à norma então vigente, desde que não haja decisão definitiva – art. 106, II, *c*, do CTN; **C:** essa é a melhor alternativa, pois corresponde ao entendimento do STF e do STJ, apresentado em relação ao art. 3.º da LC 118/2005 – RE 566.621/RS e REsp 1.269.570/MG; **D:** inadequada, conforme comentário à alternativa anterior; **E:** incorreta, pois é plenamente possível e aceita a chamada interpretação autêntica (feita pelo próprio legislador). Ademais, qualquer cidadão interpreta as normas jurídicas, como pressuposto para sua aplicação (não apenas juristas, advogados, promotores etc.).

Gabarito “C”

(Auditor Fiscal da Receita Federal – 2012 – ESAF) O CTN determina que se proceda à interpretação literal sempre que se estiver diante de legislação tributária que disponha, entre outros, sobre a outorga de isenção. Tal regra permite as seguintes conclusões, com *exceção* de:

(A) ainda que a interpretação literal preconizada pelo CTN tenha como objetivo evitar interpretações ampliativas, não se admite, porém, interpretação que venha a ser mais restritiva do que a própria lei.

(B) a busca do real significado, sentido e alcance de benefício fiscal não configura ofensa à mencionada regra.

(C) sua aplicação veda o emprego da analogia, mas não impossibilita uma interpretação mais ampla.

(D) a requalificação de verba em razão de seus elementos essenciais, para fins de reconhecê-la isenta, em detrimento da terminologia adotada pela legislação previdenciária, é vedada ao Juiz, por força desta regra.

(E) tal regra não constitui norma geral de interpretação da legislação que disponha sobre deduções de despesas na determinação da base de cálculo de tributos.

A: correta, pois a interpretação deve ser, a rigor, estrita, não restritiva; **B:** correta, pois essa é uma definição possível do esforço interpretativo; **C:** adequada, pois a aplicação da analogia é inviável em relação a isenções – art. 111, II, do CTN; **D:** essa é a incorreta, pois somente pela análise dos elementos essenciais de qualquer fato (e não sua denominação) é que se permite a adequada aplicação da norma tributária; **E:** correta, pois a dedução de despesas refere-se ao próprio cálculo da base do tributo, não a isenção ou outro benefício fiscal.

Gabarito “D”

(Auditor Fiscal da Receita Federal – 2012 – ESAF) Na hipótese da ausência de disposição legislativa expressa, está a autoridade competente para aplicar a legislação tributária a utilizar-se da equidade, por expressa autorização do Código Tributário Nacional. Sobre esta, podemos afirmar que:

(A) sua utilização é permitida, por exemplo, nos casos em que o legislador não previu limitação temporal, a reduzir seu percentual mensal, de modo a evitar-se o confisco.

(B) na equidade, de certa forma, até se poderia afirmar que o Juiz poderia estar se rebelando contra a regra geral determinada pela norma.

(C) pode ser encarada como um meio de suprir a falta de norma adequada ao caso singular; todavia, não pode ser vista como uma forma de amortecer essa norma.

(D) pela equidade, aproxima-se do conceito de justiça real.

(E) sua natureza consiste em corrigir a lei, nas vezes em que esta se mostrar inadequada ao caso concreto, em razão do seu caráter geral.

A: essa assertiva é obscura. Não é possível entender o que teria sido limitado temporalmente ou o que teria tido seu percentual mensal reduzido; **B:** adequada, pois se pode afirmar muita coisa a respeito da equidade, ainda que absolutamente genérica, como a assertiva; **C:** discutível, pois a equidade é definida como regra de integração, ou seja, aplicável em caso de lacuna legislativa apenas; **D:** adequada, pois corresponde a definição bastante usual da equidade (justiça para o caso concreto); **E:** incorreta, pois a equidade é aplicada apenas em caso de lacuna legislativa, não para correção de leis.

Gabarito “A”

(Auditor Fiscal da Receita Federal – 2005 – ESAF) Em relação à vigência da legislação tributária podemos afirmar que,salvo disposição em contrário,

(A) os atos normativos expedidos pelas autoridades administrativas entram em vigor, 30 dias após sua publicação.

(B) as decisões dos órgãos singulares ou coletivos de jurisdição administrativa, a que a lei atribua eficácia normativa, entram em vigor na data de sua publicação.
(C) os convênios que entre si celebrem a União, os estados, o Distrito Federal e os municípios entram em vigor na data de sua publicação.
(D) em face do princípio da legalidade, uma lei pode estar vigente e eficaz, mas só se pode aplicá-la aos fatos geradores que ocorrerem no exercício seguinte ao da sua publicação.
(E) a medida provisória, até que seja convertida em lei, revoga ou suspende a lei com ela incompatível. Caso não haja a conversão, a lei anterior voltará em sua plenitude, cabendo ao Congresso Nacional disciplinar as relações jurídicas formadas no período de vigência da medida provisória.

A: os atos administrativos entram em vigor na data de sua publicação, salvo disposição em contrário – art. 103, I, do CTN; **B:** as decisões, em regra, entram em vigor 30 dias após sua publicação – art. 103, II, do CTN; **C:** os convênios entram em vigor na data neles prevista – art. 103, III, do CTN; **D:** a assertiva refere-se ao princípio da anterioridade. A questão é controversa na doutrina. Ainda que haja suporte para a assertiva, boa parte dos autores entende que, na anterioridade, a norma é vigente, mas a eficácia inicia-se apenas no exercício seguinte; **E:** embora haja discussão doutrinária quanto à utilização dos termos "revogação" e "suspensão", no caso de MP não convertida, a assertiva parece adequada aos termos do art. 62, § 3º, da CF. Note-se que o gabarito oficial foi alterado de E para D, talvez por conta dessa dubiedade.

Gabarito "D"

(Auditor Fiscal da Receita Federal – 2005 – ESAF) Considerando os temas "vigência" e "aplicação" da legislação tributária, julgue os itens a seguir. Marque com (V) a assertiva verdadeira e com (F) a falsa, assinalando ao final a opção correspondente.

( ) É condição de vigência da lei tributária a sua eficácia.
( ) O CTN veda a extraterritorialidade da legislação tributária.
( ) Não é vedado aos decretos dispor sobre o termo inicial da vigência dos atos expedidos pelas autoridades administrativas tributárias.
( ) O Código Tributário Nacional adota como regra a irretroatividade da lei tributária.

(A) V, F, F, V
(B) F, F, V, F
(C) F, F, V, V
(D) V, F, V, V
(E) V, F, V, F

1ª: há normas vigentes, mas sem eficácia (para parte da doutrina, é o que ocorre no caso da anterioridade); **2ª:** é possível a aplicação extraterritorial de normas estaduais, distritais e municipais quando autorizadas por convênio – art. 102 do CTN; **3ª:** isso é possível; **4ª:** essa é a norma, em conformidade com o princípio da irretroatividade – art. 150, III, *a*, da CF e art. 105 do CTN.

Gabarito "C"

(Auditor Fiscal da Receita Federal – 2003 – ESAF) Relativamente à interpretação e integração da legislação tributária, avalie o acerto das afirmações adiante e marque com V as verdadeiras e com F as falsas; em seguida, marque a opção correta.

( ) Interpreta-se da maneira mais favorável ao sujeito passivo a legislação tributária que disponha sobre dispensa do cumprimento de obrigações tributárias acessórias.
( ) Os princípios gerais de direito privado utilizam-se para pesquisa da definição, do conteúdo e do alcance de seus institutos, conceitos e formas, bem assim para definição dos respectivos efeitos tributários.
( ) Na ausência de disposição expressa, a autoridade competente para aplicar a legislação tributária utilizará sucessivamente, na rigorosa ordem, a analogia, os princípios gerais de direito público, os princípios gerais de direito tributário e a equidade.

(A) F, V, F
(B) F, F, F
(C) F, F, V
(D) V, V, F
(E) V, F, V

1ª: o art. 111, III, do CTN prevê a interpretação literal, na hipótese; **2ª:** a definição dos efeitos tributários não decorre da aplicação dos princípios de direito privado – art. 109 do CTN; **3ª:** o art. 108 do CTN prevê a utilização, pela autoridade competente, dos princípios gerais de direito tributário antes dos de direito público.

Gabarito "B"

Veja a seguinte tabela, com as ferramentas de integração, na ordem em que devem ser aplicadas, para estudo e memorização:

Ferramentas de integração – casos de ausência de disposição expressa
1º – analogia (não pode implicar exigência de tributo ao arrepio da lei)
2º – princípios gerais de direito tributário
3º – princípios gerais de direito público
4º – equidade (não pode implicar dispensa de pagamento do tributo devido)

(Auditor Fiscal da Previdência Social – 2002 – ESAF) A Lei nº 9.311, de 24 de outubro de 1996, em seu art. 11, § 3º, impedia o uso das informações relativas à Contribuição Provisória sobre Movimentação ou Transmissão de Valores e de Créditos e Direitos de Natureza Financeira (CPMF), pela Fazenda Pública, para constituir crédito tributário referente a outros tributos. O referido dispositivo legal foi modificado pela Lei nº 10.174, de 9 de janeiro de 2001, que entrou em vigor em 10 de janeiro de 2001, passando-se, desde então, a ser admitida a possibilidade de utilização das mencionadas informações para constituição de créditos tributários relativos a outros tributos, inclusive no tocante ao imposto sobre a renda e proventos de qualquer natureza. A Lei Complementar nº 105, de 10 de janeiro de 2002, prevê que o fornecimento de informações da CPMF pelas instituições financeiras à administração tributária federal não constitui violação do dever de sigilo. A fiscalização tributária federal, à vista dos novos permissivos legais, utilizou informações da CPMF relativas a movimentações financeiras efetuadas antes de 2001, que já se encontravam em seu poder, com base nas quais apurou que a empresa WGP deixou de recolher parte do imposto de renda devido, relativo a fatos geradores ocorridos em 1999 e 2000. A fiscalização lançou a diferença do imposto apurado, por meio de auto de infração. A empresa WGP, não concordando com o lançamento, impugnou-o, tempestivamente, na esfera administrativa própria, alegando que a exigência fiscal era improcedente, sob o argumento de que, em face do princípio da irretroatividade das leis, não poderia a Fazenda Pública valer-se de informações anteriormente obtidas, para lançar crédito tributário relativo a períodos em que a lei proibia o uso dessas informações para fiscalizar imposto de renda. Com base nos elementos ora apresentados e na legislação aplicável à matéria, assinale a resposta correta.

(A) A impugnação deve ser julgada procedente e, por conseguinte, declarado extinto o crédito tributário, considerando-se que o lançamento se reporta, nos termos do Código Tributário Nacional, "à data de ocorrência do fato gerador da obrigação e rege-se pela lei então vigente, ainda que posteriormente modificada ou revogada".

(B) A impugnação deve ser julgada procedente, tendo em vista que as informações sobre movimentação financeira da empresa, por serem sigilosas, só poderiam ter sido utilizadas pela fiscalização, se tivesse havido, para tanto, prévia autorização judicial, conforme determina a legislação infraconstitucional.

(C) A impugnação deve ser julgada procedente, para desconstituir o crédito lançado, tendo em vista que, nos termos do Código Tributário Nacional, a legislação tributária aplica-se aos fatos geradores futuros e aos pendentes.

(D) A impugnação deve ser julgada procedente, considerando-se que o lançamento de crédito tributário regularmente notificado ao contribuinte pode ser desconstituído em virtude de impugnação apresentada na esfera administrativa e tendo em vista a plausibilidade da tese jurídica sustentada pela empresa WGP.

(E) A impugnação deve ser julgada improcedente e, em consequência, deve ser mantido o lançamento do crédito tributário, porquanto é aplicável ao lançamento a legislação que, posteriormente à ocorrência do fato gerador da obrigação, tenha instituído novos critérios de apuração ou processos de fiscalização, ampliando os poderes de investigação das autoridades administrativas.

A assertiva E reflete o disposto no art. 144, § 1º, do CTN e a jurisprudência pacífica a respeito da questão – ver EREsp 806.753/RS-STJ.

Gabarito "E".

(Auditor Fiscal da Previdência Social – 2002 – ESAF) Sobre o tema legislação tributária, é correto afirmar que, nos termos do Código Tributário Nacional:

(A) a aplicação da legislação tributária restringe-se a fatos geradores futuros, isto é, àqueles ocorridos a partir de sua vigência, em consonância com o princípio constitucional da irretroatividade das leis.

(B) a lei tributária aplica-se a ato ou fato pretérito, quando seja expressamente interpretativa, incluída a aplicação de penalidade à infração dos dispositivos interpretados.

(C) a lei tributária aplica-se a ato pretérito que não tenha sido definitivamente julgado, quando deixe de defini-lo como infração.

(D) a lei tributária aplica-se a ato ou fato pretérito, não definitivamente julgado, quando deixe de tratá-lo como contrário a qualquer exigência de ação ou omissão, inclusive no caso de envolver inadimplemento de obrigação principal, desde que o ato ou fato não se tenha realizado por meio de fraude.

(E) é permitido à autoridade administrativa empregar a equidade para dispensar o cumprimento de obrigação tributária principal, quando se depara com ausência de disposição legal expressa para decidir litígio tributário cujo julgamento é de sua competência.

A: há hipóteses excepcionais de aplicação da legislação a fatos pretéritos – art. 106 do CTN; **B:** a aplicação de penalidade fica excluída, na hipótese – art. 106, I, do CTN; **C:** art. 106, II, *a*, do CTN (*lex mitior*); **D:** a falta de pagamento do tributo impede a aplicação retroativa prevista no art. 106, II, *b*, do CTN; **E:** é inviável dispensar o pagamento de tributo pelo emprego da equidade – art. 108, § 2º, do CTN.

Gabarito "C".

Veja a seguinte tabela, com as hipóteses de aplicação da lei tributária a ato ou a fato pretérito, para estudo e memorização:

Aplicação da lei tributária a ato ou a fato pretérito
– lei expressamente interpretativa – art. 106, I, do CTN
– redução ou extinção de sanção (*lex mitior*) – art. 106, II, do CTN
– normas relativas à fiscalização ou ao aumento de garantias e privilégios do crédito tributário, exceto para atribuir responsabilidade tributária a terceiros – art. 144, § 1º, do CTN

(Técnico da Receita Federal – 2002.1 – ESAF) Na ausência de disposição expressa, a autoridade competente para aplicar a legislação tributária utilizará, sucessivamente, na ordem indicada (art.108 da Lei 5.172/65-Código Tributário Nacional):

(A) a analogia; os princípios gerais de direito tributário; os princípios gerais de direito público; a equidade.

(B) os princípios gerais de direito tributário; os princípios gerais de direito público, a equidade; a analogia.

(C) a equidade; os princípios gerais de direito tributário; os princípios gerais de direito público; a analogia.

(D) a analogia; os princípios gerais de direito público; os princípios gerais de direito tributário; a equidade.

(E) a analogia; a equidade; os princípios gerais de direito público; os princípios gerais de direito tributário.

A assertiva em A reproduz o disposto no art. 108 do CTN.

Gabarito "A".

(Agente Tributário Estadual/MS – 2001 – ESAF) A legislação tributária que disponha sobre exclusão do crédito tributário deve ser interpretada:

(A) logicamente
(B) analogicamente
(C) sistematicamente
(D) literalmente
(E) teleologicamente

O art. 111, I, do CTN determina a interpretação literal, na hipótese.
Gabarito "D"

(Agente Tributário Estadual/MS – 2001 – ESAF) 37- Uma das formas de integração da norma jurídica, como etapa final do procedimento de interpretação legal, que visa a preencher lacuna da lei a ser aplicada a caso concreto de natureza tributária, consistente na aplicação de disposição legal relativa a um caso semelhante, é:

(A) Analogia
(B) Anatocismo
(C) Equidade
(D) Remição
(E) Liberalidade

A assertiva descreve a analogia – art. 108, I, do CTN.
Gabarito "A"

(Fiscal de Tributos/PA – 2002 – ESAF) A analogia constitui elemento de

(A) integração da legislação tributária.
(B) interpretação da legislação tributária.
(C) exclusão do crédito tributário.
(D) suspensão da exigibilidade do crédito tributário.
(E) extinção do crédito tributário.

A analogia é instrumento para a integração (aplica-se em caso de ausência de disposição expressa) – art. 108, I, do CTN.
Gabarito "A"

(Auditor Fiscal/RN – 2005 – ESAF) Avalie o acerto das formulações adiante e marque com V as verdadeiras e com F as falsas. Em seguida, marque a opção correta.

( ) É vedada a aplicação imediata da legislação tributária a fatos geradores cuja ocorrência tenha tido início mas não esteja completa.
( ) A lei tributária é aplicável a ato ou fato pretérito definitivamente julgado, quando deixe de defini-lo como infração.
( ) A legislação tributária que disponha sobre parcelamento de crédito tributário deve ser interpretada literalmente.
( ) Quando não há dúvida quanto à capitulação legal do fato, a lei tributária que define infrações, ou lhe comina penalidades, deve ser interpretada da maneira mais favorável ao acusado.

(A) V, F, V, F
(B) V, V, F, V
(C) F, V, F, F
(D) F, F, V, V
(E) F, F, V, F

1ª: aplica-se imediatamente à legislação, na hipótese – art. 105 do CTN; 2ª: não há retroatividade em face do ato definitivamente julgado – art. 106, II, do CTN; 3ª: o art. 111, I, do CTN, prevê a interpretação literal da legislação relativa à suspensão do crédito tributário (caso do parcelamento); 4ª: a interpretação mais favorável é possível apenas em caso de dúvida – art. 112 do CTN.
Gabarito "E"

(Auditor Fiscal/MG – 2005 – ESAF) Considerando os temas "vigência e aplicação da legislação tributária" e "interpretação e integração da legislação tributária", marque com (V) a assertiva verdadeira e com (F) a falsa, assinalando ao final a opção correspondente.

( ) A lei que disponha sobre suspensão e exclusão do crédito tributário deve ser interpretada, segundo o Código Tributário Nacional, em benefício do contribuinte.
( ) A lei tributária aplica-se ao ato ou fato pretérito, quando for interpretativa, ressalvadas as hipóteses em que redundar na aplicação de penalidade.
( ) Segundo o Código Tributário Nacional, o emprego da analogia não poderá resultar na exigência de tributo não previsto em lei.
( ) A lei tributária é aplicada a fato anterior à sua vigência quando extinguir tributo, já que vem em benefício do contribuinte.

(A) V, V, V, F
(B) F, V, F, V
(C) F, V, V, V
(D) F, V, V, F
(E) F, F, V, F

1ª: o CTN prevê a interpretação literal, na hipótese – art. 111, I, do CTN; 2ª: art. 106, I, do CTN; 3ª: art. 108, § 1º, do CTN; 4ª: a retroatividade refere-se apenas a penalidades, não ao próprio tributo (exceto quando a própria lei prevê a remissão) – art. 106, II, do CTN (*lex mitior*).
Gabarito "D"

(Agente Fiscal/PI – 2001 – ESAF) Lei instituidora de tributo, publicada em 30 de dezembro, omissa quanto à data de início de sua vigência, tornar-se-á obrigatória:

(A) na data de sua publicação.
(B) no primeiro dia do exercício financeiro seguinte.
(C) trinta dias após a data de sua publicação.
(D) quarenta e cinco dias após a data de sua publicação.
(E) sessenta dias após a data de sua publicação.

A Lei de Introdução ao Código Civil prevê prazo de 45 dias para que a lei passe a vigorar (*vacatio legis*), salvo disposição em contrário – art. 1º da Lei de Introdução às Normas do Direito Brasileiro – LINDB.
Gabarito "D"

(Auditor do Tesouro Municipal/Recife-PE – 2003 – ESAF) Conforme estabelece o Código Tributário Nacional, a legislação tributária que disponha sobre suspensão ou exclusão do crédito tributário é interpretada:

(A) da maneira mais favorável ao sujeito passivo, em caso de dúvida quanto à natureza ou às circunstâncias materiais do fato, ou à natureza ou extensão dos seus efeitos.
(B) mediante aplicação do método teleológico.
(C) mediante aplicação do método sistemático.

(D) de tal modo que o emprego da equidade implique dispensa de tributo devido, quando a autoridade tributária competente, à vista de disposição normativa expressa, não puder utilizar a analogia.

(E) literalmente.

O art. 111, I, do CTN prevê a interpretação literal, na hipótese.

Gabarito "E".

(Auditor do Tesouro Municipal/Recife-PE – 2003 – ESAF) Avalie as formulações seguintes e, ao final, assinale a opção que corresponde à resposta correta.

I. Em consonância com a Constituição Federal, medida provisória que implique majoração do imposto sobre propriedade territorial rural só produzirá efeitos no exercício financeiro seguinte se houver sido convertida em lei até o último dia daquele em que foi editada.

II. De conformidade com a Lei nº 5.172, de 25 de outubro de 1966, a legislação tributária dos Estados, do Distrito Federal e dos Municípios vigora, no País, fora dos respectivos territórios, nos limites em que lhe reconheçam extraterritorialidade os convênios de que participem, ou do que disponham o Código Tributário Nacional ou outras leis de normas gerais expedidas pela União.

III. Os dispositivos de lei que definem novas hipóteses de incidência, referentes a impostos sobre o patrimônio ou a renda, entram em vigor no primeiro dia do exercício seguinte àquele em que ocorra a sua publicação, conforme estabelece o Código Tributário Nacional.

IV. Determina o Código Tributário Nacional que, salvo disposição em contrário, os convênios que entre si celebrem a União, os Estados, o Distrito Federal e os Municípios entram em vigor na data da sua publicação.

(A) Apenas as formulações I, II e III são corretas.

(B) Apenas as formulações I, II e IV são corretas.

(C) Apenas as formulações I, III e IV são corretas.

(D) Apenas as formulações II, III e IV são corretas.

(E) Todas as formulações são corretas.

I: art. 62, § 2º, da CF; **II:** art. 102 do CTN; **III:** essa é a disposição do art. 104, II, do CTN, embora seja importante lembrar que a instituição de qualquer tributo (não apenas impostos sobre renda e patrimônio) sujeita-se ao princípio da anterioridade – art. 150, III, *b*, da CF; **IV:** nos termos do art. 103, III, do CTN, os convênios entram em vigor na data neles prevista.

Gabarito "A".

(Auditor do Tesouro Municipal/Fortaleza-CE – 2003 – ESAF) O Código Tributário Nacional estabelece expressamente a seguinte regra no seu capítulo intitulado "Interpretação e Integração da Legislação Tributária":

(A) em caso de dúvida quanto à capitulação legal do fato, os dispositivos de lei tributária que tratam de fato gerador, definem infrações, ou lhes cominam penalidades, devem ser interpretados da maneira mais favorável ao sujeito passivo.

(B) os princípios gerais de direito privado utilizam-se para pesquisa da definição, do conteúdo e do alcance de seus institutos, conceitos e formas, mas não para definição dos respectivos efeitos tributários.

(C) a legislação tributária que dispõe sobre lançamento de crédito tributário deve ser interpretada literalmente.

(D) o emprego da analogia não poderá resultar na exigência de tributo previsto em lei.

(E) na ausência de disposição expressa, a autoridade competente para aplicar a legislação tributária utilizará, sucessivamente, na rigorosa ordem que se segue, a analogia, os princípios gerais de direito público, os princípios gerais de direito tributário e a equidade.

A: a lei que define o fato gerador do tributo deve ser interpretada estritamente. Não há previsão de sua interpretação mais benéfica em favor do sujeito passivo, no art. 112 do CTN; **B:** art. 109 do CTN; **C:** o CTN prevê a interpretação literal para hipóteses de benefícios fiscais, não no que se refere ao lançamento – art. 111 do CTN; **D:** a analogia não poderá implicar exigência de tributo não previsto em lei (a exação prevista em lei é exigível); **E:** o art. 108 do CTN prevê aplicação dos princípios gerais de direito tributário antes dos princípios gerais de direito público.

Gabarito "B".

(Auditor do Tesouro Municipal/Natal-RN – 2001 – ESAF) Tratando-se de regras de interpretação da legislação tributária, temos que:

(A) a ausência de disposição normativa expressa não autoriza o emprego da analogia.

(B) pelo emprego da equidade é possível a dispensa do pagamento de tributo devido.

(C) os princípios gerais de Direito Privado podem ser utilizados para definição dos efeitos tributários dos institutos e conceitos dessa área jurídica.

(D) deve ser interpretada de maneira mais favorável ao FISCO a lei tributária que defina infrações e comine penalidades.

(E) deve ser interpretada literalmente a legislação tributária referente à outorga de isenção.

A: é possível a aplicação da analogia, na hipótese – art. 108, I, do CTN; **B:** isso não é possível – art. 108, § 2º, do CTN; **C:** os princípios de direito privado não se prestam à definição dos efeitos jurídicos, no âmbito tributário, dos institutos e conceitos utilizados na legislação – art. 109, *in fine*, do CTN; **D:** em caso de dúvida, a lei sancionadora é interpretada de forma mais favorável ao acusado – art. 112 do CTN; **E:** art. 111, II, do CTN.

Gabarito "E".

7. FATO GERADOR E OBRIGAÇÃO TRIBUTÁRIA

(Procurador da Fazenda Nacional – 2007.2 – ESAF) Responda às perguntas abaixo, com um Sim ou um Não e em seguida selecione, entre as opções abaixo, a que contenha as respostas certas, na devida sequência. A definição do fato gerador da obrigação tributária pode ser estabelecida apenas por lei? A obrigação tributária principal pode ter por objeto exclusivamente penalidade pecuniária? Uma situação que, na forma da legislação aplicável, impõe a prática ou a abstenção de ato que não configure pagamento de tributo é denominada, no CTN, obrigação acessória?

(A) Sim, Não, Não
(B) Sim, Não, Sim
(C) Sim, Sim, Sim
(D) Não, Sim, Sim
(E) Não, Sim, Não

1ª: art. 114 do CTN; **2ª**: art. 113, § 1º, do CTN; **3ª**: art. 113, § 2º, do CTN.

Gabarito "C"

(Procurador da Fazenda Nacional – 2006 – ESAF) Considerando o tema "obrigação tributária" e as disposições do CTN, marque com (**V**) a assertiva verdadeira e com (**F**) a falsa, assinalando ao final a opção correspondente.

( ) O interditado pode ser sujeito passivo da obrigação tributária.
( ) A definição legal do fato gerador não pode ser verificada se for abstraída a validade jurídica dos atos praticados.
( ) A utilização de pauta fiscal pela administração tributária é uma forma de arbitramento da base de cálculo.
( ) A obrigação acessória nasce em razão da ocorrência de um fato gerador e independe de providência da autoridade fiscal para ser exigida.

(A) V, V, V, V
(B) F, V, F, F
(C) F, V, F, V
(D) V, F, V, V
(E) V, F, V, F

1: verdadeira, pois a capacidade civil é irrelevante para a capacidade tributária – art. 126, I, do CTN; **2:** falsa, pois a validade jurídica dos atos praticados é irrelevante para a definição do fato gerador tributário – art. 118, I, do CTN; **3:** assertiva verdadeira, conforme as normas específicas que costumam reger a matéria e o entendimento jurisprudencial; **4:** verdadeira, pois o sujeito passivo deve cumprir imediatamente as obrigações acessórias (emitir nota fiscal, escriturar livros fiscais) por força da legislação, em muitos casos independentemente de qualquer providência da autoridade fiscal – art. 115 do CTN.

Gabarito "D"

(Auditor Fiscal da Receita Federal – 2012 – ESAF) Sobre a relação entre obrigação e crédito tributário, assinale a opção *incorreta*.

(A) A relação tributária é uma relação obrigacional cujo conteúdo é uma prestação pecuniária, em que num dos polos está o devedor, e no outro o credor. Obrigação e crédito pressupõem um e outro.
(B) A obrigação, quando surge, já se estabelece em favor do sujeito ativo (a ela corresponde o crédito e vice-versa). Quando o CTN diz do surgimento da obrigação com o crédito tributário, e da constituição do crédito com o lançamento, quis na verdade referir-se ao crédito formalizado, certo, líquido e oponível ao sujeito passivo.
(C) Embora obrigação e crédito sejam, no direito privado, dois aspectos da mesma relação, o direito tributário houve por bem distingui-los: a obrigação como um primeiro momento na relação tributária, de conteúdo e sujeito passivo ainda não determinados e formalmente identificados; o crédito como um segundo momento na mesma relação, que surge com o lançamento.
(D) De acordo com o CTN, o lançamento possui natureza constitutiva da obrigação tributária, e declaratória do respectivo crédito tributário.
(E) À obrigação tributária corresponde o direito de proceder-se ao lançamento.

A: adequada, pois reflete o entendimento de boa parte da doutrina. É importante salientar, entretanto, que o CTN prevê a constituição do crédito tributário em momento posterior ao surgimento da obrigação tributária (a obrigação surge automaticamente com o fato gerador, mas o crédito correspondente é constituído somente em momento posterior, com o lançamento) – art. 142 do CTN; **B:** adequada, pois reflete entendimento bastante acatado da doutrina; **C:** correta, conforme comentário à alternativa "A" (embora se afaste, de certa forma, da doutrina adotada nas assertivas anteriores); **D:** essa é a incorreta, pois, segundo o CTN, o lançamento é constitutivo do crédito – art. 142 do CTN; **E:** correta, pois o lançamento pressupõe a existência da obrigação tributária – art. 142 do CTN.

Gabarito "D"

(Auditor Fiscal da Receita Federal – 2012 – ESAF) Sobre as obrigações tributárias acessórias, assinale a opção *incorreta*.

(A) As multas aplicadas pela Receita Federal do Brasil, decorrentes do descumprimento de obrigação acessória, detêm caráter tributário e são incluídas nos programas de parcelamentos de débitos fiscais.
(B) O gozo de imunidade ou de benefício fiscal não dispensa o seu titular de cumprir as obrigações tributárias acessórias a que estão obrigados quaisquer contribuintes.
(C) O sujeito passivo, na obrigação acessória, transforma-se em *longa manus* da Administração Pública, no sentido que pratica atos que seriam próprios da administração, com o intuito de auxiliá-la em sua função fiscalizatória e arrecadatória.
(C) Parte da doutrina entende faltar às obrigações acessórias o conteúdo dimensível em valores patrimoniais, pelo que as entende como deveres instrumentais ou formais.
(D) O cumprimento, por determinado sujeito, de obrigação acessória, não o condiciona à obrigação tributária principal.
(E) A criação de obrigação acessória sem a específica e expressa autorização legal importa em usurpação da competência legislativa do Poder Legislativo.

A: correta, pois as penalidades pecuniárias, inclusive decorrentes de descumprimento de obrigações acessórias, integram a obrigação tributária principal (têm natureza tributária) – art. 113, § 2.º, do CTN; **B:** correta, conforme os arts. 9.º, § 1.º, e 175, parágrafo único, do CTN, entre outros; **C:** assertiva correta, pois indica entendimento doutrinário bastante difundido, que não aceita a qualificação de "obrigação" acessória; **D:** assertiva correta, pois, apesar do nome ("acessória"), a obrigação acessória não é condicionada à obrigação principal (nem, muito menos, condiciona-a); **E:** essa é melhor alternativa, podendo se afirmar que é incorreta (devendo, portanto, ser assinalada), pois boa parte jurisprudência (e parte menor da doutrina) entendem que a instituição de obrigação acessória não depende de previsão expressa e específica em lei (norma infralegal pode especificar esse dever instrumental) – ver no STJ RMS 20.587/MG e REsp 838.143/PR.

Gabarito "E".

(Auditor Fiscal da Receita Federal – 2012 – ESAF) Sobre a elisão fiscal, assinale a opção *incorreta*.

(A) Distingue-se da elusão fiscal por ser esta expressão utilizada para designar a prática de atos ou negócios como base em um planejamento tributário lícito.
(B) Tem como sinônimo a simulação, que consiste em uma discrepância entre a vontade real e a vontade declarada pelas partes.
(C) A elisão abusiva deve ser coibida, por ofender a um sistema tributário criado sob as bases constitucionais da capacidade contributiva e da isonomia tributária.
(D) Para fins de sua configuração, tem grande utilidade a análise do *business purpose test* do direito tributário norte-americano, que aceita como lícita a economia fiscal que, além da economia de imposto, tenha um objetivo negocial explícito.
(E) Não se confunde com a dissimulação.

A: a assertiva é dúbia ou mesmo incorreta. A utilização do pronome "esta" indica que a qualificação como prática relacionada a planejamento lícito refere-se à elusão fiscal, o que é incorreto. Elisão fiscal é o planejamento tributário lícito, em que o contribuinte busca organizar suas atividades de modo a reduzir a carga tributária, sem fraude ou simulação. A elusão fiscal é algo ilícito, que, embora pretendendo apresentar-se como elisão fiscal (planejamento lícito), implica simulação; **B:** essa é a assertiva incorreta (devendo ser assinalada), conforme comentário à alternativa anterior (a elusão é que implica simulação); **C:** assertiva correta, pois a elisão fiscal é lícita. Se houve abuso de direito, por exemplo, não se trata, a rigor, de elisão, mas elusão ou evasão fiscal (ilícito); **D:** assertiva correta, pois os atos do planejamento tributário lícito devem ter propósito negocial, ou seja, não devem ser inúteis; **E:** assertiva correta, pois dissimulação implica esconder algo que efetivamente ocorreu (o fato gerador, no caso), o que indica evasão fiscal. Simulação indica a tentativa de fazer acreditar em algo que não existiu.

Gabarito "B".

(Auditor Fiscal da Receita Federal – 2012 – ESAF) Sobre os diversos aspectos da norma tributária impositiva, julgue os itens a seguir, classificando-os como corretos ou incorretos, para, a seguir, assinalar a assertiva que corresponda à sua opção.

I. Ainda que se trate de um ato jurídico, no sentido dessa expressão no Código Civil, o fato gerador da obrigação tributária há de ser sempre considerado como um fato.
II. O aspecto temporal é a indicação das circunstâncias de tempo importantes para a configuração dos fatos imponíveis, que necessariamente será explícita.
III. Aspecto espacial da hipótese de incidência corresponde ao território no qual, ocorrida a situação descrita no aspecto material, surge a obrigação tributária.
IV. Aspecto pessoal é aquele que diz respeito à definição dos sujeitos ativo e passivo da relação tributária.
V. O montante da obrigação tributária é o aspecto quantitativo da norma tributária impositiva, que pode ser um valor fixo, um percentual incidente sobre determinada grandeza ou até mesmo a lei pode utilizar-se do enquadramento em tabelas.

Estão corretos apenas os itens:

(A) I, IV e V.
(B) I, III, IV e V.
(C) II, III e V.
(D) II, IV e V.
(E) Todos os itens estão corretos.

I: questionável. O fato gerador é mesmo um fato, não um ato, já que a capacidade do agente, sua vontade e intenção e o resultado são irrelevantes – arts. 114, 118 e 126 do CTN, entre outros; **II:** incorreta. A indicação do momento da incidência é essencial, não apenas importante, para a configuração do fato gerador. É possível que a ESAF tenha considerado a assertiva incorreta por outra razão (necessidade de o aspecto temporal ser explícito). De fato, nem sempre a indicação do aspecto temporal é clara na legislação tributária, mas parece-nos que deve ser explícita, pois essencial para a configuração do fato gerador; **III, IV** e **V:** corretas, definindo adequadamente os aspectos espacial, pessoal e quantitativo da hipótese de incidência.

Gabarito "B".

(Analista-Tributário da Receita Federal – 2012 – ESAF) Avalie as três proposições abaixo, à luz do Código Tributário Nacional, e responda à questão correspondente, assinalando a opção correta.

I. Em regra, a definição do fato gerador da obrigação tributária principal só pode ser estabelecida em lei,mas a definição do sujeito passivo dessa obrigação pode ser estabelecida em decretos e normas complementares.
II. A obrigação acessória tem por objeto a prestação positiva de pagamento do tributo ou penalidade pecuniária e outras prestações previstas no interesse da arrecadação.
III. Poderão ser desconsiderados pela autoridade os atos ou negócios jurídicos praticados com a finalidade de dissimular a ocorrência do fato gerador do tributo.

Contém ou contêm erro:

(A) apenas as duas primeiras proposições.
(B) apenas a primeira.
(C) apenas a segunda.
(D) apenas a terceira.
(E) nenhuma, pois as três estão certas.

I: incorreta, pois a definição do sujeito passivo é matéria também reservada à lei – art. 97, III, do CTN; **II:** incorreta, pois o pagamento de tributo ou penalidade é objeto da obrigação principal, não da acessória – art. 113, § 1.º, do CTN; **III:** correta, sendo a chamada norma antielisiva – art. 116, parágrafo único, do CTN.

Gabarito "A".

(Auditor Fiscal da Receita Federal – 2010 – ESAF) Sobre a obrigação tributária principal e acessória e sobre o fato gerador do tributo, assinale a opção correta.

(A) Segundo o Código Tributário Nacional, a obrigação de pagar multas e juros tributários constitui-se como obrigação acessória.

(B) A obrigação acessória, quando não observada, converte-se em obrigação principal somente em relação à penalidade pecuniária.

(C) A existência de uma obrigação tributária acessória pressupõe a existência de uma obrigação tributária principal.

(D) A instituição de obrigação acessória, com a finalidade de dar cumprimento à obrigação principal, deve atenção ao princípio da estrita legalidade.

(E) No Sistema Tributário Nacional, admite-se que a obrigação de fazer, em situações específicas, seja considerada obrigação tributária principal.

A: incorreta, pois a prestação pecuniária (tributos, acréscimos ou penalidades) é sempre objeto da obrigação tributária principal, não da acessória – art. 113, § 1º, do CTN; **B:** assertiva correta, pois o descumprimento da obrigação acessória (fazer ou deixar de fazer algo no interesse da administração tributária, que não seja pagar dinheiro, ou seja, não pecuniária) implica multa (que é objeto da obrigação principal) – art. 113, § 3º, do CTN; **C:** incorreta, pois, mesmo no caso de inexistência de obrigação tributária principal, pode haver obrigação acessória (por exemplo, mesmo entidade imune pode ser obrigada a manter registros fiscais, até para que o fisco possa verificar o preenchimento dos requisitos para a imunidade – art. 14, III, do CTN); **D:** a rigor, o CTN não prevê lei para a instituição da obrigação tributária acessória, mas apenas "legislação tributária", que inclui decretos e normas complementares – arts. 113, § 2º, e 115 do CTN; **E:** incorreta, pois a obrigação principal somente pode ter por objeto prestação pecuniária (pagamento de tributo ou de penalidade pecuniária, ou seja, em dinheiro).

Gabarito "B".

(Auditor Fiscal da Receita Federal – 2005 – ESAF) Leia cada um dos assertos abaixo e assinale (V) ou (F), conforme seja verdadeiro ou falso. Depois, marque a opção que contenha a exata sequência.

( ) A situação definida em lei, desde que necessária para o nascimento da obrigação tributária principal é o seu fato gerador.

( ) Qualquer situação que, na forma da legislação aplicável, impõe a prática de um ato que não tenha por objeto o pagamento de tributo ou multa, é obrigação tributária acessória.

( ) Atos ou negócios jurídicos praticados com a finalidade de encobrir a ocorrência do fato gerador do tributo ou a natureza dos elementos constitutivos da obrigação tributária, desde que legítimos perante a legislação civil, não podem ser desconsiderados pela autoridade tributária.

(A) V, V, V
(B) F, V, V
(C) F, F, F
(D) F, F, V
(E) V, F, V

1ª: art. 114 do CTN; **2ª:** a assertiva é verdadeira, considerando que a prática do ato, a que se refere a assertiva, relacione-se à arrecadação ou à fiscalização dos tributos – art. 113, § 2º, do CTN; **3ª:** trata-se de dissimulação, que deve ser desconsiderada pelo fisco – art. 116, p. único, do CTN.

Gabarito "C".

(Auditor Fiscal da Receita Federal – 2002.1 – ESAF) Avalie as afirmações abaixo e marque a opção que corresponda, na devida ordem, ao acerto ou erro de cada uma (V ou F, respectivamente).

1) Multa decorrente de obrigação acessória constitui obrigação principal.

2) Se a lei impõe a determinados sujeitos que não façam alguma coisa, está a impor-lhes uma obrigação tributária acessória e a simples situação de fato que a lei considera relevante para impor a abstenção já é considerada fato gerador dessa obrigação.

3) Quando um sujeito passivo não está sujeito ao imposto, mas apenas a prestar informações ao fisco sobre matéria de interesse da fiscalização, esta é sua obrigação tributária principal.

(A) V, V, V
(B) V, V, F
(C) V, F, F
(D) F, F, F
(E) F, F, V

1: toda exigência pecuniária (tributo ou penalidade), prevista na legislação tributária, é objeto da obrigação principal – art. 113, § 1º, do CTN; **2:** arts. 113, § 2º, e 115 do CTN; **3:** somente o dever de pagar em dinheiro (a título de tributo ou penalidade) é objeto da obrigação principal – 113, § 1º, do CTN.

Gabarito "B".

(Técnico da Receita Federal – 2002.1 – ESAF) O procedimento através do qual opera-se a constituição do crédito tributário pela identificação do sujeito passivo, pela descrição e classificação do produto, pela declaração de seu valor, pelo cálculo do imposto, e, sendo o caso, da penalidade prevista, é denominado:

(A) diferimento;
(B) base de cálculo;
(C) fato gerador;
(D) lançamento;
(E) deferimento.

A assertiva descreve o lançamento tributário – art. 142 do CTN.

Gabarito "D".

(Técnico da Receita Federal – 2006– ESAF) Sobre a obrigação tributária acessória, é incorreto afirmar-se que

(A) tem por objeto prestações positivas previstas na legislação tributária.

(B) tal como a obrigação principal, supõe, para o seu surgimento, a ocorrência de fato gerador.

(C) objetiva dar meios à fiscalização tributária para a investigação e o controle do recolhimento de tributos.

(D) sua inobservância converte-se em obrigação principal, relativamente a penalidade pecuniária.

(E) realizar matrícula no cadastro de contribuintes, emitir nota fiscal e apresentar declarações ao Fisco constituem, entre outros, alguns exemplos.

A: a assertiva é dúbia. A obrigação acessória não se refere apenas a prestações positivas (são possíveis prestações negativas também) – art. 113, § 1º, do CTN. Essa é a melhor alternativa, por exclusão das demais, que são totalmente corretas; **B:** art. 115 do CTN; **C:** essa é a função das obrigações acessórias – art. 113, § 2º, *in fine*, do CTN; **D:** art. 113, § 3º, do CTN; **E:** esses são exemplos de obrigações acessórias, ou seja, são deveres relativos à tributação que não se confundem com o recolhimento de dinheiro ao fisco (não se trata de recolhimento de tributo ou de penalidade pecuniária).

Gabarito "A"

(Auditor Fiscal/MG – 2005 – ESAF) Considerando o tema "obrigação tributária", marque com (V) a assertiva verdadeira e com (F) a falsa, assinalando ao final a opção correspondente.

( ) A obrigação acessória nasce em razão da ocorrência de um fato gerador, contudo depende sempre de uma providência a ser tomada pela autoridade fiscal.

( ) A definição legal do fato gerador deve ser verificada independentemente da validade jurídica dos atos praticados.

( ) A pessoa interditada judicialmente pode ser considerada sujeito passivo da obrigação tributária.

( ) Quando o fato gerador da obrigação tributária é um negócio jurídico sob condição suspensiva, considera-se nascida a obrigação desde o momento em que se verificar a condição.

(A) F, V, F, F
(B) F, V, F, V
(C) F, V, V, V
(D) V, F, V, F
(E) V, V, V, V

1ª: a obrigação tributária (seja principal ou acessória) decorre única e exclusivamente do fato gerador – arts. 114 e 115 do CTN; **2ª:** art. 118, I, do CTN; **3ª:** a capacidade tributária independe da capacidade civil ou de eventuais restrições – art. 126, I e II, do CTN; **4ª:** art. 117, I, do CTN.

Gabarito "C"

(Fiscal de Tributos/PA – 2002 – ESAF) De acordo com o Código Tributário Nacional, a obrigação que surge com a ocorrência do fato gerador e tem por objeto o pagamento de penalidade pecuniária é denominada:

(A) indireta;
(B) secundária;
(C) punitiva;
(D) acessória;
(E) principal.

A assertiva refere-se à obrigação principal – art. 113, § 1º, do CTN.

Gabarito "E"

(Auditor Fiscal/RN – 2005 – ESAF) Avalie as indagações abaixo e em seguida assinale a resposta correta.

É vedada a aplicação ao lançamento da legislação que, posteriormente à ocorrência do fato gerador da obrigação, tenha ampliado os poderes de investigação das autoridades administrativas?

O crédito tributário tem a mesma natureza da obrigação tributária principal?

A lei vigente à data da ocorrência do fato gerador da obrigação, que tenha sido posteriormente revogada, é aplicável ao lançamento do crédito tributário?

(A) Sim, sim, sim
(B) Sim, sim, não
(C) Sim, não, sim
(D) Não, sim, sim
(E) Não, sim, não

1ª: é possível a aplicação da norma posterior, na hipótese – art. 144, § 1º, do CTN; **2ª:** essa identidade é prevista pelo art. 139 do CTN; **3ª:** aplica-se a lei vigente à época do fato gerador, ainda que posteriormente modificada ou revogada – art. 144 do CTN (observados os casos excepcionais de retroatividade – art. 106 do CTN).

Gabarito "D"

(Auditor Fiscal/Teresina-PI – 2001 – ESAF) Assinale as proposições abaixo com F (para falsa) ou V (para verdadeira) e, a seguir, indique a opção que contém a sequência correta.

( ) Não constitui objeto da obrigação tributária principal o pagamento de penalidade pecuniária.

( ) A obrigação tributária acessória pode se converter em obrigação tributária principal.

( ) A obrigação tributária principal surge com o lançamento.

( ) As circunstâncias que alteram o crédito não afetam obrigação tributária principal, e, assim, não extingue a obrigação tributária principal a extinção do crédito dela decorrente.

(A) F, V, F, F
(B) V, V, V, F
(C) F, F, V, V
(D) V, F, V, F
(E) F, F, V, F

1ª: A obrigação tributária principal é sempre pecuniária, ou seja, tem por objeto o pagamento de tributo ou penalidade pecuniária – art. 113, § 1º, do CTN; **2ª:** o descumprimento de obrigação acessória (= não pecuniária) que implique cobrança de multa (= penalidade pecuniária) faz surgir uma obrigação principal (o CTN dispõe que a obrigação acessória converte-se em principal, na hipótese) – art. 113, § 3º, do CTN; **3ª:** a obrigação tributária surge com o fato gerador (o lançamento constitui o crédito) – art. 114 do CTN; **4ª:** a extinção do crédito tributário extingue, em regra, a obrigação correspondente (há exceção no caso de decisão que anule o lançamento por vício formal, por exemplo).

Gabarito "A"

(Auditor do Tesouro Municipal/Fortaleza-CE – 2003 – ESAF) Com base em disposições expressas do Código Tributário Nacional, avalie as formulações seguintes, relativas aos temas obrigação tributária e fato gerador, e, ao final, assinale a opção que corresponde à resposta correta:

I. Fato gerador da obrigação tributária principal é a situação definida em lei, que impõe a prática ou a abstenção de ato não caracterizador de obrigação tributária acessória.

II. Os efeitos dos fatos efetivamente ocorridos devem ser considerados na interpretação da definição legal do fato gerador.

III. Salvo disposição de lei em contrário, considera-se ocorrido o fato gerador e existentes os seus efeitos, tratando-se de situação jurídica, desde o momento em que se verifiquem as circunstâncias materiais necessárias a que produza os efeitos que normalmente lhe são próprios.

IV. A autoridade administrativa poderá desconsiderar atos ou negócios jurídicos praticados com a finalidade de dissimular a ocorrência do fato gerador do tributo ou a natureza dos elementos constitutivos da obrigação tributária, observados os procedimentos a serem estabelecidos em lei ordinária.

(A) Apenas a formulação IV é correta.
(B) Apenas as formulações II e IV são corretas.
(C) Apenas as formulações III e IV são corretas.
(D) Apenas as formulações I, II e III são corretas.
(E) Apenas as formulações II e III são corretas.

I: a assertiva refere-se à obrigação acessória – art. 113, § 2º, do CTN; **II:** a validade jurídica dos atos praticados e a natureza de seu objeto ou de seus efeitos é irrelevante para a definição legal do fato gerador – art. 118 do CTN; **III:** a assertiva refere-se ao fato gerador que corresponde à situação de fato – art. 116, I, do CTN; **IV:** art. 116, p. único, do CTN.

Gabarito "A"

8. LANÇAMENTO, CRÉDITO TRIBUTÁRIO

(Procurador da Fazenda Nacional – 2007.2 – ESAF) Verifique a veracidade dos assertos abaixo e, em seguida, marque com V as proposições verdadeiras, e com F as falsas. Em seguida, marque a opção que contenha, na mesma sequência, a resposta correta.

( ) Salvo disposição de lei em contrário, quando o valor tributário esteja expresso em moeda estrangeira, no lançamento do imposto de exportação far-se-á sua conversão em moeda nacional ao câmbio do dia da expedição da fatura pelo exportador.

( ) O lançamento leva em consideração a legislação vigente na data em que lavrado pela autoridade competente, e rege-se pela lei então vigente, ainda que posteriormente modificada ou revogada.

( ) A modificação introduzida, de ofício ou em consequência de decisão administrativa ou judicial, nos critérios jurídicos adotados pela autoridade administrativa no exercício do lançamento somente pode ser efetivada, em relação a um mesmo sujeito passivo, quanto a fato gerador ocorrido posteriormente à sua introdução.

(A) F, F, V
(B) V, F, V
(C) V, V, F
(D) V, V, V
(E) F, F, F

1ª: art. 143 do CTN – observa-se a data do fato gerador; **2ª**: art. 144 do CTN – o lançamento submete-se à legislação vigente à época do fato gerador; **3ª**: a assertiva é verdadeira – veda-se a aplicação a fatos pretéritos (art. 146 do CTN).

Gabarito "A"

(Procurador da Fazenda Nacional – 2004 – ESAF) Consideradas as disposições do Código Tributário Nacional, é correto afirmar que é lícito à autoridade administrativa rever de ofício o lançamento já procedido

(A) somente no caso de lançamento anterior por homologação.
(B) no caso de qualquer lançamento anterior, exceto o de ofício.
(C) no caso de qualquer lançamento anterior, inclusive o de ofício.
(D) somente no caso de lançamento anterior com base na declaração do sujeito passivo.
(E) somente no caso de lançamento anterior relativo à empresa concordatária.

A possibilidade de revisão de lançamento pela autoridade fiscal, nas hipóteses dos arts. 145 e 149 do CTN, aplicam-se a todos, independentemente da modalidade (ofício, declaração ou homologação). Ou seja, ainda que o lançamento tenha sido realizado por declaração ou por homologação, a autoridade fiscal pode revê-lo de ofício, desde que dentro do prazo decadencial. Por essa razão, a alternativa "C" é a correta.

Gabarito "C"

(Analista-Tributário da Receita Federal – 2012 – ESAF) Responda às perguntas abaixo e, em seguida, assinale a opção correta.

I. Se o lançamento não foi notificado ao sujeito passivo, pode ser livremente alterado pela autoridade?

II. A alteração de entendimento (modificação dos critérios jurídicos adotados pela autoridade administrativa) no exercício do lançamento pode ser efetivada, em relação aos outros contribuintes, quanto a fato gerador ocorrido anteriormente à sua introdução?

III. A certidão com efeito de negativa pode ser expedida em favor de contribuinte que tenha efetuado o depósito do montante integral do crédito tributário, pois, em tal caso, este estará com sua exigibilidade suspensa?

(A) Não, não e não.
(B) Sim, sim e sim.
(C) Não, não e sim.
(D) Não, sim e não.
(E) Sim, não e não.

I: sim, pois o lançamento não foi concluído (não existe como ato de constituição do crédito tributário) antes da notificação. A rigor, não é exato falar em alteração do lançamento, por essa mesma razão; **II:** sim, pois isso é vedado apenas em relação ao mesmo sujeito passivo (não em relação a outros contribuintes), nos termos do art. 146 do CTN; **III:** correta, conforme o art. 151, II, c/c o art. 206 do CTN.

Gabarito "B"

(Auditor Fiscal da Receita Federal – 2010 – ESAF) Sobre o lançamento, com base no Código Tributário Nacional, assinale a opção correta.

(A) O lançamento é um procedimento administrativo pelo qual a autoridade fiscal, entre outras coisas, declara a existência de uma obrigação tributária.
(B) Ao se estabelecer a competência privativa da autoridade administrativa para efetuar o lançamento, permitiu- se a delegação dessa função.

(C) No lançamento referente à penalidade pecuniária, a autoridade administrativa deve aplicar a legislação em vigor no momento da ocorrência do fato gerador.

(D) A legislação posterior à ocorrência do fato gerador da obrigação que instituir novos critérios de apuração ou processos de fiscalização, ampliando os poderes de investigação da autoridade administrativa, não se aplica ao lançamento.

(E) A aplicação retroativa de legislação tributária formal pode atribuir responsabilidade tributária a terceiros.

A: assertiva correta, conforme boa parte da doutrina, para a qual o lançamento é declaratório. É importante ressaltar, entretanto, que o CTN consigna tratar-se de procedimento constitutivo do crédito tributário – art. 142 do CTN; **B:** incorreta, pois o lançamento é competência privativa da autoridade fiscal, de modo que não pode ser delegada – art. 142 do CTN. É importante ressaltar, entretanto, que o lançamento por homologação é considerado pela doutrina majoritária como sendo autolançamento, realizado pelo próprio contribuinte; **C:** incorreta, pois há casos de retroatividade da norma mais benéfica, em relação às penalidades (*lex mitior*) – art. 112 do CTN; **D:** incorreta, pois há retroatividade também nessa hipótese – art. 144, § 1º, do CTN; **E:** incorreta, pois a atribuição de responsabilidade tributária implica criação de dever em relação a determinada pessoa, de modo que não pode, jamais, ser feita de modo retroativo – art. 144, § 1º, *in fine*, do CTN.

Gabarito "A"

(Auditor Fiscal da Receita Federal – 2005 – ESAF) O lançamento, a teor do art. 142 do Código Tributário Nacional, é o procedimento administrativo tendente a verificar a ocorrência do fato gerador da obrigação correspondente, determinar a matéria tributável, calcular o montante do tributo devido, identificar o sujeito passivo e, sendo o caso, propor a aplicação da penalidade cabível.

Sobre o lançamento, avalie o acerto das afirmações adiante e marque com (V) as verdadeiras e com (F) as falsas; em seguida, marque a opção correta.

( ) Trata-se de uma atividade vinculada e obrigatória, sob pena de responsabilidade funcional.

( ) O lançamento regularmente notificado ao sujeito passivo somente poderá ser alterado por iniciativa de ofício da autoridade administrativa.

( ) Salvo disposição de lei em contrário, quando o valor tributário esteja expresso em moeda estrangeira, no lançamento far-se-á sua conversão em moeda nacional ao preço médio do câmbio do mês da ocorrência do fato gerador da obrigação.

(A) F, F, V
(B) V, F, F
(C) V, V, F
(D) F, F, V
(E) V, F, V

1ª: art. 142, p. único, do CTN; **2ª:** o lançamento também pode ser modificado por iniciativa do sujeito passivo – art. 145, I, do CTN; **3ª:** a conversão se dá pelo câmbio do dia da ocorrência do fato gerador – art. 143 do CTN.

Gabarito "B"

(Auditor Fiscal da Receita Federal – 2003 – ESAF) Não se admite alteração do lançamento regularmente notificado ao sujeito passivo em virtude de:

(A) iniciativa de ofício da autoridade administrativa, quando se comprove que o sujeito passivo, ou terceiro em benefício daquele, agiu com dolo, fraude ou simulação.

(B) impugnação do sujeito passivo.

(C) recurso de ofício.

(D) iniciativa de ofício da autoridade administrativa, quando se comprove que, no lançamento anterior, ocorreu fraude ou falta funcional da autoridade que o efetuou, ou omissão, pela mesma autoridade, de ato ou formalidade especial.

(E) iniciativa de ofício da autoridade administrativa, quando reconhece a necessidade de apuração de fato não conhecido ou não provado por ocasião do lançamento anterior, no caso de estar extinto o direito da Fazenda Pública de revisar o lançamento.

A: art. 149, VII, do CTN; **B:** art. 145, I, do CTN; **C:** art. 145, II, do CTN; **D:** art. 149, IX, do CTN; **E:** inviável a revisão no caso de extinção do direito da fazenda (decadência) – art. 149, p. único, do CTN.

Gabarito "E"

(Auditor Fiscal da Receita Federal – 2002.2 – ESAF) Preencha as lacunas com as expressões oferecidas entre as cinco opções abaixo.

Se a lei atribui ao contribuinte o dever de prestar declaração de imposto de renda e de efetuar o pagamento sem prévio exame da autoridade, o lançamento é por ________.

Segundo os termos do CTN, na redação vigente a partir de 11 de janeiro de 2002, a lei pode circunscrever a aplicabilidade do __________ a determinada região ou a determinada categoria de ________.

(A) declaração / crédito tributário / ocupação profissional

(B) declaração / regime aduaneiro / mercadorias

(C) homologação / regime automotivo / empresas, segundo seu porte ou procedência

(D) homologação / parcelamento / moeda de conta ou de pagamento

(E) homologação / parcelamento / responsáveis ou contribuintes

---

1ª: a assertiva refere-se ao lançamento por homologação – art. 150 do CTN; **2ª:** ao parcelamento aplicam-se subsidiariamente as regras da moratória (art. 155-A, § 2º, do CTN), inclusive a que admite sua aplicabilidade a determinada área territorial ou a determinada classe ou categoria de sujeitos passivos – art. 152, p. único, do CTN.

Gabarito "E"

(Técnico da Receita Federal – 2006– ESAF) Sobre as modalidades de lançamento do crédito tributário, podemos afirmar que

(A) lançamento por homologação é feito quanto aos tributos cuja legislação atribua ao sujeito passivo o dever de calcular o tributo, submetê-lo ao prévio exame da autoridade administrativa, e realizar seu pagamento.

(B) o lançamento por declaração é aquele feito em face da declaração prestada pelo próprio contribuinte ou por terceiro.
(C) o lançamento de ofício é aquele feito pela autoridade administrativa, com base nas informações prestadas pelo contribuinte.
(D) a revisão do lançamento, em quaisquer de suas modalidades, pode ser iniciada mesmo após a extinção do direito da Fazenda Pública, nos casos de erro por parte do contribuinte.
(E) na hipótese do lançamento por homologação, não fixando a lei ou o regulamento prazo diverso para homologação, seu prazo será de cinco anos, contados do fato gerador.

A: no lançamento por homologação não há exame prévio pelo fisco, em relação ao pagamento – art. 150 do CTN; **B:** art. 147 do CTN; **C:** esse é o lançamento por declaração, que pode se dar a partir de informações prestadas pelo sujeito passivo ou por terceiros – art. 147 do CTN; **D:** após a extinção do direito da fazenda (= decadência), não é possível rever o lançamento – art. 149, p. único, do CTN; **E:** o prazo para a homologação não pode ser fixado por simples regulamento – art. 150, § 4º, do CTN.

Gabarito "B"

(Técnico da Receita Federal – 2002.2 – ESAF) Avalie a correção das afirmações abaixo. Atribua a letra V para as verdadeiras e F para as falsas. Em seguida, marque a opção que contenha a sequência correta.

( ) O crédito tributário não é atingido pela decadência.
( ) Modificados a extensão e os efeitos do crédito tributário, altera-se a obrigação tributária que lhe deu origem.
( ) O lançamento é regido pela legislação vigente à época da ocorrência do fato gerador, não lhe sendo aplicável a legislação posterior.

(A) V, V, V
(B) V, V, F
(C) V, F, F
(D) F, F, F
(E) V, F, V

1ª: a não cobrança do crédito no prazo legal implica prescrição em desfavor do fisco (a decadência refere-se ao direito de lançar) – art. 174 do CTN; **2ª:** a modificação do crédito não altera a obrigação tributária correspondente – art. 140 do CTN; **3ª:** em regra, aplica-se a lei vigente à época do fato gerador, mas há exceções nos casos de normas relativas a critérios de apuração, processos de fiscalização, poderes de investigação, e garantias e privilégios do crédito, nos termos do art. 144, § 1º, do CTN.

Gabarito "C"

(Agente Tributário Estadual/MS – 2001 – ESAF) Lançamento por homologação é aquele efetuado

(A) de ofício.
(B) pelo contribuinte.
(C) pela repartição fiscal.
(D) pelo sujeito passivo, com prévio exame da autoridade fiscal.
(E) por presunção, pelo agente fiscal.

No lançamento por homologação o sujeito passivo (contribuinte ou responsável) calcula e recolhe o tributo, sem intervenção prévia do fisco – art. 150 do CTN.

Gabarito "B"

(Auditor Fiscal/CE – 2006 – ESAF) Sobre o lançamento tributário, procedimento administrativo tendente a verificar, entre outras coisas, a ocorrência do fato gerador da obrigação correspondente e determinar a matéria tributável, pode-se afirmar que

(A) a sua revisão só pode ser iniciada enquanto não extinto o direito da Fazenda Pública.
(B) o CTN não admite hipótese em que a legislação a ele aplicável seja aquela vigente à época em que for efetuado.
(C) só pode ser alterado por impugnação do sujeito passivo.
(D) se o cálculo do tributo tiver por base valor de bens ou direitos, e estes não forem corretamente informados pelo sujeito passivo, a autoridade que efetivar o lançamento arbitrará estes valores, não podendo mais o sujeito passivo contraditá-los.
(E) trata-se de uma atividade administrativa vinculada e obrigatória, mas que pode ser postergada, a critério da autoridade lançadora, por razões de conveniência e oportunidade.

A: art. 149, p. único, do CTN; **B:** em regra, aplica-se a lei vigente à época do fato gerador, mas há exceções nos casos de normas relativas a critérios de apuração, processos de fiscalização, poderes de investigação e garantias e privilégios do crédito, nos termos do art. 144, § 1º, do CTN; **C:** o lançamento também pode ser revisto de ofício – art. 145, III, do CTN; **D:** o contraditório é assegurado, na hipótese – art. 148, *in fine*, do CTN; **E:** por ser atividade vinculada e obrigatória, o lançamento não pode ser postergado por razões de conveniência e oportunidade (não há discricionariedade) – art. 142, p. único, do CTN.

Gabarito "A"

(Fiscal de Tributos/PA – 2002 – ESAF) O ato ou procedimento administrativo de lançamento tem as finalidades abaixo, exceto

(A) identificar o sujeito passivo da obrigação tributária.
(B) determinar a matéria tributável.
(C) quantificar o montante do tributo devido.
(D) verificar a ocorrência do fato gerador da obrigação tributária.
(E) ensejar o nascimento da obrigação tributária.

As assertivas em A, B, C e D refletem o disposto no art. 142 do CTN. A assertiva em E é incorreta, pois o nascimento da obrigação tributária decorre do fato gerador, não do lançamento – arts. 113 a 155 do CTN.

Gabarito "E"

(Fiscal de Tributos/PA – 2002 – ESAF) O lançamento regularmente notificado ao sujeito passivo poderá ser alterado em decorrência de

(A) transferência da sujeição passiva a pessoa isenta.
(B) majoração superveniente das alíquotas do tributo.
(C) modificação posterior da lei tributária.
(D) interposição de recurso de ofício.
(E) decurso do prazo decadencial.

O art. 145 do CTN prevê a alteração do lançamento regulamente notificado em caso de impugnação pelo sujeito passivo, recurso de ofício ou iniciativa de ofício da autoridade fiscal.

Gabarito "D"

(Auditor Fiscal/MG – 2005 – ESAF) Considerando o tema "crédito tributário", marque com (V) a assertiva verdadeira e com (F) a falsa, assinalando ao final a opção correspondente.

( ) O lançamento reporta-se à data da ocorrência do fato gerador e se rege pela lei vigente à época dessa ocorrência.

( ) A utilização de pauta fiscal pela administração tributária é uma forma de arbitramento da base de cálculo para o pagamento do tributo.

( ) O lançamento pode ser revisto de ofício, mesmo se efetuado em qualquer modalidade.

( ) A propositura de embargos à execução fiscal, mediante penhora regular, suspende a exigibilidade do tributo.

(A) V, F, V, V
(B) V, V, V, V
(C) V, F, F, F
(D) F, V, F, F
(E) V, V, V, F

1ª: art. 144 do CTN; **2ª**: esse é o entendimento dos fiscos que adotam a pauta fiscal (embora haja controvérsia doutrinária e jurisprudencial) – art. 148 do CTN; **3ª**: a revisão de ofício pode se dar mesmo no caso de tributos originariamente lançados por declaração ou homologação – art. 149, II a V, do CTN; **4ª**: a penhora suficiente para garantir o crédito executado permite a expedição de certidão positiva com efeito de negativa, mas não é caso de suspensão da exigibilidade do crédito, até porque se presta a satisfazer a pretensão do fisco – arts. 151 e 206 do CTN.

Gabarito "E".

(Agente Fiscal/PI – 2001 – ESAF) Após a ocorrência do fato gerador, nova lei foi publicada, aumentando as alíquotas do tributo. Neste caso, o lançamento será regido pela lei em vigor na data

(A) da ocorrência do fato gerador.
(B) da feitura do lançamento.
(C) do pagamento do tributo.
(D) da cobrança do tributo.
(E) escolhida pelo sujeito passivo.

O tributo é sempre calculado em conformidade com a legislação vigente à época do fato gerador. A excepcional retroatividade refere-se ao cálculo da penalidade pecuniária (nunca do tributo) – arts. 106, II, e §1º do art.144 ambos do CTN.

Gabarito "A".

(Auditor do Tesouro Municipal/Recife-PE – 2003 – ESAF) Avalie as formulações seguintes, observadas as disposições pertinentes ao tema "crédito tributário", constantes do Código Tributário Nacional, e, ao final, assinale a opção que corresponde à resposta correta.

I. As circunstâncias que modificam o crédito tributário, sua extensão ou seus efeitos, ou as garantias ou os privilégios a ele atribuídos, ou que excluem sua exigibilidade não afetam a obrigação tributária que lhe deu origem.

II. O crédito tributário regularmente constituído somente se modifica ou extingue, ou tem sua exigibilidade suspensa ou excluída, nos casos previstos no Código Tributário Nacional, fora dos quais não podem ser dispensadas, sob pena de responsabilidade funcional na forma da lei, a sua efetivação ou as respectivas garantias.

III. Salvo disposição de lei em contrário, quando o valor tributário esteja expresso em moeda estrangeira, no lançamento far-se-á a conversão em moeda nacional ao câmbio do dia de vencimento do prazo fixado para pagamento do tributo.

IV. A modificação introduzida, de ofício ou em consequência de decisão administrativa ou judicial, nos critérios jurídicos adotados pela autoridade administrativa no exercício do lançamento, somente pode ser efetivada, em relação a um mesmo sujeito passivo, quanto a fato gerador ocorrido posteriormente à sua introdução.

(A) Apenas as formulações I, II e IV são corretas.
(B) Apenas as formulações II, III e IV são corretas.
(C) Apenas as formulações I, III e IV são corretas.
(D) Apenas as formulações I e IV são corretas.
(E) Todas as formulações são corretas.

I: art. 140 do CTN; **II:** art. 141 do CTN; **III:** a conversão se dá pelo câmbio do dia da ocorrência do fato gerador – art. 143 do CTN; **IV:** art. 146 do CTN.

Gabarito "A".

(Auditor do Tesouro Municipal/Natal-RN – 2001 – ESAF) O ato administrativo tributário que se reporta à data da ocorrência do fato gerador da obrigação tributária e rege-se pela lei então vigente, constituindo atividade administrativa vinculada e obrigatória, é:

(A) notificação
(B) responsabilização
(C) integração
(D) lançamento
(E) conversão

A assertiva refere-se ao lançamento, nos termos dos arts. 142, p. único, e 144 do CTN.

Gabarito "D".

9. SUJEIÇÃO PASSIVA, RESPONSABILIDADE TRIBUTÁRIA, CAPACIDADE E DOMICÍLIO

(Procurador da Fazenda Nacional – 2007.2 – ESAF) Leia o enunciado e indique a opção correta, entre as cinco que se seguem. Segundo o art. 133 do Código Tributário Nacional (CTN), a pessoa natural ou jurídica de direito privado que adquirir de outra, por qualquer título, fundo de comércio ou estabelecimento comercial, industrial ou profissional, e continuar a respectiva exploração, sob a mesma ou outra razão social ou sob firma ou nome individual, responde integralmente pelos tributos, relativos ao fundo ou estabelecimento adquirido, devidos até a data do ato, se o alienante cessar a exploração do comércio, indústria ou atividade. No entanto, segundo o mesmo Código,

(A) a responsabilidade tributária será apenas subsidiária com o alienante, se este prosseguir na exploração, e se tratar de alienação judicial em processo de falência.

(B) não haverá responsabilidade do adquirente em caso de alienação consensual, extraprocesso, de cuja deliberação haja participado o representante da Fazenda Nacional.
(C) não haverá responsabilidade integral do adquirente em caso de alienação judicial em processo de falência, mas subsiste a subsidiária.
(D) não haverá responsabilidade do adquirente, integral ou subsidiária, quando se tratar de alienação judicial em processo de falência.
(E) a responsabilidade tributária do falido será excluída, no caso de alienação determinada pelo juízo universal de falência.

A responsabilidade do adquirente é integral, exceto se o alienante prosseguir (ou reiniciar) a exploração de qualquer atividade profissional, industrial ou comercial nos seis meses seguintes à alienação – art. 133, I e II, do CTN. Ademais, não há responsabilidade em casos de falência e recuperação judicial, nos termos do § 1º e com as exclusões do § 2º, ambos do mesmo dispositivo (art. 133 do CTN).

Gabarito "D".

(Procurador da Fazenda Nacional – 2007 – ESAF) A pessoa natural ou jurídica de direito privado que adquirir de outra, por qualquer título, fundo de comércio ou estabelecimento comercial, industrial ou profissional, e continuar a respectiva exploração, sob a mesma ou outra razão social ou sob firma ou nome individual, responde pelos tributos, relativos ao fundo ou estabelecimento adquirido, devidos até a data do ato, subsidiariamente com o alienante, se este prosseguir na exploração ou iniciar, dentro de seis meses, a contar da data da alienação, nova atividade no mesmo ou em outro ramo de comércio, indústria ou profissão. No entanto, há casos em que isso não ocorrerá. Entre os casos em que não haverá responsabilidade por sucessão, está a de qualquer alienação judicial

(A) a sócio da falida.
(B) a sociedade controlada pelo devedor em recuperação judicial.
(C) em processo de falência, a um concorrente do devedor que não tenha relação com ele nem com sócio seu.
(D) em processo de liquidação extrajudicial quando a relação com o devedor é de mero cunhadio.
(E) em processo de falência quando a relação com o falido for até o quinto grau.

A e **B:** art. 133, § 2º, I, do CTN; **C:** é caso de exclusão da responsabilidade, nos termos do art. 133, § 1º, I, do CTN; **D:** liquidação extrajudicial (não judicial) não exclui a responsabilidade do adquirente; **E:** há responsabilidade até o quarto grau (ou seja, exclui-se a partir do quinto grau, e não até ele) – art. 133, § 2º, II, do CTN.

Gabarito "C".

(Procurador da Fazenda Nacional – 2004 – ESAF) Tendo em conta as disposições do Código Tributário Nacional, é correto afirmar que a responsabilidade do sucessor pelos créditos tributários incidentes sobre os bens adquiridos é excluída

(A) mediante cláusula contratual firmada entre o alienante e o adquirente.
(B) quando o alienante cessar a exploração da atividade.
(C) quando o alienante continuar na exploração da atividade.
(D) apenas quanto à metade, se o alienante continuar na exploração da atividade.
(E) quando a alienação ocorrer por hasta pública vinculada a processo de falência.

A: incorreta, pois o acordo entre particulares não altera a sujeição passiva – art. 123 do CTN; **B:** incorreta, pois, no caso do art. 133, I, do CTN, por exemplo, a responsabilidade do sucessor é integral quando o alienante cessa a exploração de atividade empresarial; **C:** incorreta, pois, no caso do art. 133, II, do CTN, por exemplo, a responsabilidade do sucessor é subsidiária quando o alienante prossegue na exploração de atividade empresarial; **D:** incorreta, pois não há previsão legal nesse sentido; **E:** assertiva correta, conforme o art. 130, parágrafo único, do CTN (o STJ aplica o mesmo entendimento para o caso de aquisição de bens móveis em hasta pública – ver REsp 1.128.903/RS).

Gabarito "E".

(ADVOGADO – IRB – 2006 – ESAF) Da obrigação tributária principal decorre o crédito tributário, com a mesma natureza. Sobre a obrigação tributária, nos termos do art. 113 e seguintes do Código Tributário Nacional (Lei n. 5.172, de 25 de outubro de 1966), é correto afirmar-se que

(A) em processo de falência, o produto da alienação judicial de empresa, filial ou unidade produtiva isolada permanecerá em conta de depósito à disposição do juízo falimentar pelo prazo de um ano, contado da data de alienação, somente podendo ser utilizado para o pagamento de créditos extraconcursais ou de créditos que preferem ao tributário.
(B) a autoridade administrativa poderá desconsiderar atos ou negócios jurídicos praticados com a finalidade de dissimular a ocorrência do fato gerador do tributo ou dos elementos constitutivos da obrigação tributária, observados os procedimentos do Código Tributário Nacional.
(C) a lei pode atribuir de modo expresso a responsabilidade pelo crédito tributário a terceira pessoa, vinculada ou não ao fato gerador da respectiva obrigação, desde que se exclua totalmente a responsabilidade do contribuinte.
(D) uma vez verificado o nascimento da obrigação tributária, com a realização do fato gerador, o sujeito passivo torna-se imediatamente compelível ao pagamento do tributo pertinente, sendo desnecessária a prática de quaisquer atos formais por parte do sujeito ativo, em quaisquer hipóteses.
(E) a responsabilidade por infrações da legislação tributária somente é excluída pela denúncia espontânea da infração quando acompanhada do pagamento do tributo devido e dos juros de mora.

A: correta, nos termos do art. 133, § 3º, do CTN; **B:** incorreta. A cláusula geral antielisiva, prevista no art. 116, parágrafo único, do CTN, que pretende conferir poderes à Administração Tributária para coibir atos de elisão fiscal, depende de regulamentação por lei ordinária;

C: incorreta. A figura do responsável tributário, além de expressa disposição legal, depende de sua vinculação indireta ao fato gerador (art. 128 do CTN); **D:** incorreta. No Direito Tributário, em regra, a obrigação do contribuinte pagar o tributo nasce antes do direito do sujeito ativo de recebê-lo. Enquanto a obrigação tributária nasce com a ocorrência do fato gerador, o crédito tributário será constituído apenas posteriormente por meio do lançamento (art. 142 do CTN), que poderá depender da atos administrativos para sua concretização, nas hipóteses de lançamento de ofício e por declaração; **E:** incorreta. A denúncia espontânea também é reconhecida através do depósito da importância arbitrada pela autoridade, quando o montante exato dependa ainda de apuração (art. 138, *in fine*, do CTN).

Gabarito "A".

(ADVOGADO – IRB – 2006 – ESAF) Em relação aos sujeitos ativo e passivo da obrigação tributária avalie o acerto das afirmações abaixo. Em seguida, marque a opção correta.

I. o sujeito passivo da obrigação tributária principal, em regra, é aquela pessoa que realiza o seu fato gerador.

II. a capacidade tributária passiva independe da capacidade civil das pessoas naturais; porém, assim como esta, aquela também pode sujeitar-se a medidas que importem privação ou limitação do exercício de atividades civis, comerciais ou profissionais.

III. sendo o sujeito passivo pessoa jurídica, sua capacidade tributária independe de estar ela regularmente constituída, nos termos do direito civil, bastando que configure uma unidade econômica ou profissional.

IV. chama-se sujeito ativo da obrigação tributária a pessoa jurídica de direito público dotada da competência para exigir seu cumprimento.

(A) Todos os itens estão corretos.
(B) Há apenas três itens corretos.
(C) Há apenas dois itens corretos.
(D) Há apenas um item correto.
(E) Todos os itens estão errados.

I: correta. Salvo nos casos em que a lei atribuir responsabilidade tributária por substituição, sujeito passivo do tributo será aquele que praticou o fato gerador previsto em lei; **II:** incorreta. Não há qualquer ressalva na caracterização da sujeição passiva das pessoas naturais (art. 126, I, do CTN); **III:** correta, nos termos do art. 126, II, do CTN; **IV:** correta, nos termos do art. 119 do CTN.

Gabarito "B".

(ADVOGADO – IRB – 2006 – ESAF) Sobre a responsabilidade tributária, tratada nos arts. 128 e seguintes do Código Tributário Nacional, é incorreto afirmar-se que

(A) o cônjuge meeiro é solidariamente responsável pelos tributos devidos pelo *de cujus* até a data da partilha ou adjudicação.
(B) o adquirente de um bem é pessoalmente responsável pelos tributos relativos a este.
(C) a pessoa jurídica de direito privado que resultar da fusão de outras é responsável pelos tributos devidos até a data do ato por aquelas que tenham sido fusionadas.
(D) os administradores de bens de terceiros são solidariamente responsáveis pelos tributos devidos por estes.
(E) os diretores de uma sociedade empresária são pes-soalmente responsáveis pelos créditos correspondentes a obrigações tributárias resultantes de atos praticados com excesso de poderes ou infração de lei, contrato social ou estatutos.

A: incorreta, devendo ser assinalada. A responsabilidade do cônjuge meeiro é limitada ao montante de sua meação (art. 131, II, do CTN); **B:** correta, nos termos do art. 131, I, do CTN; **C:** correta, nos termos do art. 132 do CTN; **D:** correta, nos termos do art. 134, III, do CTN; **E:** correta, nos termos do art. 135 do CTN.

Gabarito "A".

(Auditor Fiscal da Receita Federal – 2012 – ESAF) Sobre o instituto da responsabilidade no Código Tributário Nacional, assinale a opção *incorreta*.

(A) A obrigação do terceiro, de responder por dívida originariamente do contribuinte, jamais decorre direta e automaticamente da pura e simples ocorrência do fato gerador do tributo.
(B) Exige-se que o responsável guarde relação com o contribuinte ou com o fato gerador, ou seja, que tenha possibilidade de influir para o bom pagamento do tributo.
(C) Pode ser um sucessor ou um terceiro e responder solidária ou subsidiariamente, ou ainda por substituição.
(D) Contribuinte e responsável são sujeitos passivos da mesma relação jurídica, cujo objeto, pagar o tributo, coincide.
(E) O vínculo que obriga o responsável ao pagamento do tributo surge de lei específica.

A: correta. Existe a chamada responsabilidade por transferência, hipótese em que há contribuinte (sujeito passivo direito, com relação pessoal e direta com o fato gerador) no momento do fato gerador, mas, em decorrência de um fato posterior (venda de imóvel, falecimento, violação da lei), surge a responsabilidade tributária de terceiro (adquirente do imóvel, herdeiro, sócio que violou a lei) – art. 135 do CTN, por exemplo. Há, entretanto, a responsabilidade por substituição, quando o responsável tributário (sujeito passivo que não tem relação pessoal e direta com o fato gerador) surge imediatamente com a ocorrência do fato gerador, ou até mesmo antes dele (por exemplo, no caso de da fábrica de automóveis, em relação ao ICMS que seria devido pela revenda do veículo pela concessionária) – ver art. 150, § 7.º, da CF; **B:** assertiva correta. As leis dos entes tributantes podem instituir hipóteses de responsabilidade tributária, desde que haja vínculo com o fato gerador (não basta a relação com o contribuinte) – art. 128 do CTN. Entretanto, o CTN prevê hipóteses de responsabilidade por conta da relação com o contribuinte – art. 131, por exemplo; **C:** correta, conforme arts. 128 e seguintes do CTN; **D:** incorreta (devendo ser assinalada), pois há distinção entre as duas espécies de sujeito passivo, que não coexistem necessariamente na mesma obrigação tributária – art. 121 do CTN; **E:** discutível. Não há dúvida que qualquer sujeição passiva, inclusive a responsabilidade, exige previsão legal – art. 128 do CTN. Entretanto, é discutível o conceito de generalidade, já que as normas nacionais veiculadas pelo CTN fixam diretamente hipóteses de responsabilidade tributária (independentemente de normas específicas dos entes tributantes).

Gabarito "D".

(Analista-Tributário da Receita Federal – 2012 – ESAF) É incorreto dizer, em relação à recuperação judicial,

(A) que a concessão desse regime de pagamento dos créditos depende da apresentação da prova de quitação de todos os tributos.

(B) que a alienação de unidade produtiva isolada acarreta para o adquirente a responsabilidade pelos tributos,relativos ao fundo adquirido, quando o adquirente for sócio da transmitente.

(C) que condições de parcelamento dos créditos tributários do devedor em recuperação judicial dependem de lei específica.

(D) que a inexistência da lei estadual específica de parcelamento importa na aplicação das leis gerais,sobre o assunto, do Estado ao devedor.

(E) que a alienação judicial de filial acarreta para o adquirente a responsabilidade pelos tributos, relativos ao fundo ou estabelecimento adquirido.

A: isso é correto – art. 191-A do CTN c/c arts. 151, 205 e 206, do CTN e art. 57 da Lei 11.101/2005; **B:** correta, conforme o art. 133, § 2.º, I, do CTN; **C:** correta também, nos termos do art. 155-A, § 3.º, do CTN; **D:** correta, conforme o art. 155-A, § 4.º, do CTN; **E:** essa é incorreta (devendo ser assinalada), pois diverge da regra do art. 133, § 1.º, II, do CTN.

Gabarito "E."

(Procurador da Fazenda Nacional – 2004 – ESAF) Tendo em conta as disposições do Código Tributário Nacional, em relação aos temas capacidade tributária passiva e solidariedade, é correto afirmar que

(A) a capacidade tributária passiva das pessoas naturais depende da capacidade civil.

(B) a capacidade tributária passiva depende da pessoa jurídica estar regularmente constituída.

(C) podem valer-se do benefício de ordem os devedores solidários, que são assim considerados por deterem interesse comum na situação que constitua o fato gerador da obrigação principal.

(D) a isenção subjetiva concedida a um não exonera os demais coobrigados.

(E) a isenção objetiva não exonera todos os coobrigados.

A: incorreta, pois a capacidade tributária independe da capacidade civil – art. 126, I, do CTN; **B:** incorreta, pois não há essa necessidade – art. 126, III, CTN; **C:** incorreta, pois a solidariedade tributária afasta o benefício de ordem – art. 124, parágrafo único, do CTN; **D:** assertiva correta, conforme o art. 125, II, *in fine*, do CTN; **E:** incorreta, pois a isenção ou remissão de crédito exonera todos os obrigados, salvo se outorgada pessoalmente a um deles, subsistindo, nesse caso, a solidariedade quanto aos demais pelo saldo – art. 125, II, do CTN.

Gabarito "D."

(Auditor Fiscal da Receita Federal – 2010 – ESAF) Sobre a solidariedade e os sujeitos da obrigação tributária, com base no Código Tributário Nacional, assinale a opção correta.

(A) O sujeito ativo da obrigação tributária é a pessoa jurídica de direito público que detém capacidade ativa, sendo esta indelegável.

(B) No pólo ativo da relação jurídico-tributária, necessariamente deve figurar pessoa jurídica de direito público.

(C) O contribuinte de fato integra a relação jurídico-tributária, haja vista possuir relação direta com o fato gerador da obrigação.

(D) Em regra, há solidariedade entre o contribuinte de fato e o contribuinte de direito, na relação jurídico-tributária.

(E) A solidariedade ativa decorre da situação em que houve delegação do poder de arrecadar e fiscalizar tributos.

A: incorreta, pois embora a competência tributária seja indelegável, a capacidade ativa (ocupação do polo ativo da obrigação tributária) pode ser delegada por lei – art. 7º do CTN; **B:** essa é a disposição do art. 7º do CTN, de modo que a alternativa é a melhor. Entretanto, há entendimento doutrinário no sentido de que o polo ativo da obrigação tributária pode, excepcionalmente, ser ocupado por pessoa de direito privado, como é caso dos tabeliães e notários; **C:** incorreta, pois o contribuinte de fato é aquele a quem é repassado o ônus econômico do tributo indireto (v. g. consumidor final, em relação ao ICMS), que não tem relação jurídica tributária com o fisco. A obrigação tributária é composta exclusivamente pelo contribuinte de direito (aquele indicado na lei como quem deve recolher o tributo ao fisco); **D:** incorreta, pois, como dito, o contribuinte de fato não integra a obrigação tributária (não tem dever em relação ao sujeito ativo, ou seja, não tem obrigação de recolher nada ao fisco, nem de cumprir obrigação acessória); **E:** não existe solidariedade ativa no direito tributário.

Gabarito "B."

(Auditor Fiscal da Receita Federal – 2010 – ESAF) Sobre a disciplina conferida ao domicílio tributário, pelo Código Tributário Nacional, assinale a opção correta.

(A) O domicílio do contribuinte ou responsável, em regra, será estabelecido por eleição.

(B) O domicílio da pessoa jurídica de direito privado será o lugar em que estiver localizada sua sede.

(C) O domicílio da pessoa jurídica de direito público será o lugar em que estiver localizada sua sede.

(D) O lugar eleito pelo contribuinte como domicílio tributário não poderá ser recusado pela autoridade tributária, sob a alegação de prejuízo à atividade fiscalizatória.

(E) Caso a autoridade fiscal não consiga notificar a pessoa jurídica de direito privado em sua sede, poderá fazê-lo em qualquer de suas unidades.

A: assertiva correta, pois, em regra, o domicílio tributário é eleito pelo contribuinte ou pelo responsável tributário – art. 127 do CTN. O dispositivo legal traz as regras subsidiárias, para o caso de não haver eleição de domicílio; **B:** incorreta, pois o domicílio é eleito pelo contribuinte ou responsável. Ademais, inexistindo eleição, o domicílio tributário da pessoa jurídica de direito privado será o lugar da sua sede, ou, em relação aos atos ou fatos que derem origem à obrigação, **o de cada estabelecimento** – art. 127, II, do CTN; **C:** incorreta, pois, inexistindo eleição, o domicílio da pessoa jurídica de direito público será qualquer de suas repartições no território do ente tributante – art. 127, III, do CTN; **D:** incorreta, pois pode haver recusa, nessa hipótese – art. 127, § 2º, do CTN; **E:** incorreta, conforme comentário à alternativa B.

Gabarito "A."

(Auditor Fiscal da Receita Federal – 2010 – ESAF) Sobre a responsabilidade tributária, assinale a opção correta.

(A) O transportador, ao firmar termo de responsabilidade por determinada mercadoria, pode ser considerado, por ato da autoridade administrativa, responsável pelo pagamento do ICMS.

(B) O espólio, até a data da abertura da sucessão, e o sucessor, até a data da partilha, no que se refere aos tributos devidos pelo *de cujus*, podem ser considerados, respectivamente, responsável tributário e contribuinte.

(C) Sabendo-se que a fonte pagadora é responsável pela retenção do imposto de renda, não pode ser imputada ao contribuinte a obrigação pelo pagamento do tributo, caso o imposto não tenha sido recolhido.

(D) Na substituição tributária progressiva, o dever de pagar o tributo recai sobre o contribuinte que ocupa posição posterior na cadeia produtiva.

(E) Na substituição tributária para frente não há recolhimento de imposto ou contribuição antes da ocorrência do fato gerador, mas apenas a antecipação de seu pagamento por responsável definido por lei.

A: incorreta, pois a simples responsabilidade pela mercadoria não dá ensejo à responsabilidade tributária, pois não implica vínculo do transportador com o fato gerador do ICMS (circulação econômica da mercadoria). Perceba que é necessário que haja esse vínculo, ainda que indireto, com o fato gerador, para que a pessoa possa ser qualificada como responsável tributário pela lei – art. 128 do CTN; **B:** incorreta, pois tanto o espólio quanto o sucessor são considerados responsáveis (não contribuintes) em relação aos tributos até o momento da abertura da sucessão e da partilha, nos termos do art. 131, II e III, do CTN; **C:** incorreta, já que a legislação dos entes tributantes costuma manter a responsabilidade do contribuinte, no caso de inadimplência da fonte pagadora. Entretanto, é importante ressaltar que a jurisprudência aceita a cobrança contra o contribuinte apenas na hipótese de não ter havido retenção na fonte – ver AgRg no EREsp 830.609/RJ-STJ; **D:** incorreta, pois a substituição tributária "para frente" ou progressiva refere-se a fatos geradores futuros, ou seja, recai sobre o contribuinte que ocupa posição anterior (não posterior) na cadeia produtiva ou comercial – art. 150, § 7º, da CF; **E:** essa é a melhor alternativa, até por exclusão das demais. Trata-se de interpretação dada por alguns, para justificar a cobrança do tributo antes da ocorrência do fato gerador (afirma-se que não é pagamento, mas simples antecipação). De qualquer forma, o art. 150, § 7º, da CF fala em pagamento do imposto ou contribuição, assim como a jurisprudência do STF – ver ADI 1.851/AL.

Gabarito "E"

(Auditor Fiscal da Receita Federal – 2005 – ESAF) Responda às seguintes perguntas:

No interregno que medeia a declaração e o vencimento, o valor declarado a título de tributo, corre o prazo prescricional da pretensão de cobrança?

O inadimplemento de obrigações tributárias caracteriza infração legal que justifique redirecionamento da responsabilidade para o sócio-gerente da empresa?

A expressão 'ato não definitivamente julgado' constante do artigo 106, II, letra 'c', do Código Tributário Nacional refere-se ao âmbito administrativo (já que no âmbito judicial não se procede ao lançamento)?

(A) Sim, não, sim

(B) Não, sim, não

(C) Sim, sim, não

(D) Não, não, não

(E) Sim, sim, sim

1ª: se ainda não houve vencimento, não há possibilidade de o fisco cobrar o tributo, ou seja, não nasceu o direito à cobrança (não há *actio nata*), de modo que o prazo prescricional não flui; **2ª:** o STJ entende que o simples inadimplemento não pode ser considerado infração à lei para fins de responsabilização do gestor da empresa nos termos do art. 135 do CTN; **3ª:** o "definitivamente julgado" do art. 106, II, do CTN refere-se à decisão judicial.

Gabarito "D"

(Auditor Fiscal da Receita Federal – 2005 – ESAF) A lei tributária pode atribuir responsabilidade solidária

(A) a terceira pessoa, vinculada ao fato gerador da respectiva obrigação.

(B) a diversas pessoas, cabível a invocação, por elas, do benefício de ordem, não do benefício de divisão.

(C) quando não haja comunhão de interesses relativamente à situação que constitua fato gerador da obrigação principal.

(D) restrita às hipóteses expressas no Código Tributário Nacional.

(E) a quem tenha interesse comum no fato imponível, caso em que será exigível o tributo, integralmente, de cada um dos coobrigados.

A: art. 128 do CTN; **B:** a solidariedade não comporta benefício de ordem – art. 124, p. único, do CTN; **C:** a comunhão de interesse na situação que constitui o fato gerador implica solidariedade, nos termos do art. 124, I, do CTN; **D:** a lei do ente tributante pode fixar outras hipóteses de responsabilidade, além daquelas previstas no CTN – art. 128 do CTN; **E:** o interesse comum implica, por si só, solidariedade (art. 124, I, do CTN), mas o pagamento realizado por um dos obrigados aproveita aos demais (não é possível cobrar o tributo integralmente de cada um deles) – art. 125, I, do CTN.

Gabarito "A"

(Auditor Fiscal da Receita Federal – 2003 – ESAF) Responda de acordo com as pertinentes disposições do Código Tributário Nacional.

O benefício da denúncia espontânea da infração, previsto no art. 138 do Código Tributário Nacional, é aplicável, em caso de parcelamento do débito, para efeito de excluir a responsabilidade do contribuinte pelo pagamento de multa moratória?

O síndico de massa falida responde pessoalmente pelos créditos tributários correspondentes a obrigações tributárias que resultem de atos praticados por ele, no exercício de suas funções, com excesso de poderes ou infração de lei?

A responsabilidade pessoal do sucessor a qualquer título e do cônjuge meeiro, pelos tributos devidos pelo de cujus até a data da partilha ou adjudicação, está limitada à metade do quinhão do legado ou da meação?

(A) Não, não, sim
(B) Não, sim, não
(C) Não, sim, sim
(D) Sim, sim, não
(E) Sim, sim, sim

1ª: o benefício da denúncia espontânea pressupõe o pagamento integral do tributo, o que não ocorre no caso de parcelamento – art. 138 do CTN; **2ª**: art. 135, I, c/c art. 134, V, ambos do CTN; **3ª**: a responsabilidade, na hipótese, limita-se ao total do quinhão, do legado ou da meação – art. 131, II, do CTN.

Gabarito "B"

(Auditor Fiscal da Receita Federal – 2003 – ESAF) Avalie o acerto das afirmações adiante e marque com V as verdadeiras e com F as falsas; em seguida, marque a opção correta.

( ) Salvo disposição de lei em contrário, considera-se ocorrido o fato gerador e existentes os seus efeitos, tratando-se de situação jurídica, desde o momento em que se verifiquem as circunstâncias materiais necessárias a que produza os efeitos que normalmente lhe são próprios.

( ) A autoridade administrativa poderá desconsiderar atos ou negócios jurídicos praticados com a finalidade de dissimular a ocorrência do fato gerador do tributo ou a natureza dos elementos constitutivos da obrigação tributária, observados os procedimentos a serem estabelecidos em lei ordinária.

( ) Salvo disposição de lei em contrário, as convenções particulares, relativas à responsabilidade pelo pagamento de tributos, podem ser opostas à Fazenda Pública para modificar a sujeição passiva, desde que o novo sujeito passivo comunique a existência do convencionado à repartição fazendária competente antes de ocorrer o fato gerador da correspondente obrigação tributária.

(A) F, V, F
(B) F, F, V
(C) F, F, F
(D) V, V, F
(E) V, F, F

1ª: a assertiva refere-se ao fato gerador que corresponde à situação de fato – art. 116, I, do CTN; **2ª**: art. 116, p. único, do CTN; **3ª**: as convenções particulares jamais alteram a sujeição passiva, matéria reservada à lei – art. 123 do CTN.

Gabarito "A"

(Auditor Fiscal da Receita Federal – 2003 – ESAF) O texto abaixo sobre substituição tributária é reprodução do § 7º do art. 150 da Constituição Federal.

Assinale a opção que preenche corretamente as lacunas do texto.

"______[I]______ poderá atribuir a sujeito passivo de obrigação tributária a condição de _____[II]_____ pelo pagamento ______[III]_____, cujo fato gerador deva ocorrer posteriormente, assegurada a imediata e preferencial restituição da quantia paga, caso _____[IV]_____ o fato gerador presumido."

(A) [I] A lei...[II] responsável...[III] de impostos ou contribuição...[IV] não se realize
(B) [I] A legislação tributária...[II] substituto tributário...[III] de tributos...[IV] não ocorra
(C) [I] Resolução do CONFAZ...[II] responsável...[III] do ICMS...[IV] se efetive
(D) [I] Somente lei complementar...[II] substituto tributário...[III] do ICMS...[IV] não se materialize
(E) [I] Medida Provisória...[II] substituto legal...[III] de impostos e contribuições...[IV] ocorra

As expressões em A completam a frase de modo a reproduzir o disposto no art. 150, § 7º, da CF.

Gabarito "A"

(Auditor Fiscal da Receita Federal – 2002.2 – ESAF) Assinale a opção errada entre as relacionadas abaixo. Salvo disposição de lei em contrário, são os seguintes os efeitos da solidariedade tributária:

(A) o pagamento efetuado por um dos obrigados aproveita aos demais.
(B) a isenção ou remissão de crédito exonera todos os obrigados, salvo se outorgada pessoalmente a um deles, subsistindo, nesse caso, a solidariedade quanto aos demais pelo saldo.
(C) a interrupção da prescrição, em favor de um dos obrigados, favorece aos demais.
(D) a interrupção da prescrição, contra um dos obrigados, prejudica aos demais.
(E) ao demandado assiste o direito de apontar o devedor originário para solver o débito e assim exonerar-se.

A: art. 125, I, do CTN; **B**: art. 125, II, do CTN; C e **D**: art. 125, III, do CTN; **E**: não há benefício de ordem – art. 124, p. único, do CTN.

Gabarito "E"

(Auditor Fiscal da Receita Federal – 2002.1 – ESAF) Avalie a correção das afirmações abaixo. Atribua a letra V para as verdadeiras e F para as falsas. Em seguida, marque a opção que contenha tais letras na sequência correta.

(1) Relativamente ao imposto territorial rural notificado a apenas um dos condôminos, o outro condômino está excluído de qualquer responsabilidade.
(2) A solidariedade tributária, segundo os princípios gerais vigentes em nosso direito, não se presume, pois tem de estar prevista em lei.
(3) Normalmente, quando há solidariedade tributária e um dos devedores é perdoado por lei, a dívida se reparte pelos demais, que respondem pela totalidade.

(A) V, V, V
(B) V, V, F
(C) V, F, F
(D) F, F, F
(E) F, V, F

1: a notificação de um dos coobrigados solidários (condôminos de imóvel rural) implica cientificação de todos – a propósito, ver art. 125, III, do CTN; **2:** diferentemente da regra civilista (art. 265 do CC), no âmbito tributário a solidariedade jamais advém da vontade das partes. Nesse sentido, decorre sempre da lei. Importante lembrar que há a solidariedade natural, fixada diretamente nos termos do art. 124, I, do CTN (não é necessária lei específica do ente tributante, como no caso do art. 124, II, do CTN); 3. A justificativa do erro está no art. 125, II, do CTN.

Gabarito "E"

(Auditor Fiscal da Receita Federal – 2002.1 – ESAF) Responda às questões:

O imposto territorial rural incidente sobre um imóvel, em cujo título aquisitivo conste ter sido quitado, sub-roga-se na pessoa do respectivo adquirente?

Neste caso, o tabelião em cujas notas foi feita a escritura responde pelo imposto?

A incorporação de uma instituição financeira por outra, a bem da segurança do sistema financeiro, e mediante o assentimento da autoridade competente, extingue as obrigações da incorporada?

(A) Sim, Sim, Sim
(B) Sim, Sim, Não
(D) Sim, Não, Sim
(D) Não, Não, Não
(E) Não, Sim, Não

1ª: não há responsabilização do adquirente, na hipótese – art. 130, *caput*, do CTN; **2ª:** o tabelião responde nos termos dos arts. 134, VI, ou 135, I, ambos do CTN, desde que haja ato ou omissão a ele imputável (se o erro foi do fisco, que emitiu certidão negativa errada, por exemplo, não há que se falar em responsabilidade do tabelião); **3ª:** não há previsão legal de perdão (remissão ou anistia) na hipótese. A incorporadora responde pelos débitos da incorporada – art. 132 do CTN.

Gabarito "E"

(Auditor Fiscal da Receita Federal – 2002.1 – ESAF) Responda às questões:

As sociedades sem personalidade jurídica, quando demandadas, poderão opor ao fisco a inexistência de sua constituição formal?

Segundo decorre do Código Tributário Nacional, silvícola, enquanto durar sua incapacidade civil, é passível de ter capacidade tributária?

Certa pessoa dedicada ao comércio ambulante, sem endereço fixo, somente encontrado junto à sua banca de comércio, poderá ser considerada pela autoridade fiscalizadora como sem domicílio fiscal?

(A) Não, Sim, Não
(B) Sim, Sim, Não
(C) Sim, Não, Sim
(D) Não, Não, Não
(E) Sim, Sim, Sim.

1ª e 2ª: a capacidade tributária independe da regular constituição da pessoa jurídica ou da capacidade civil da pessoa natural – art. 126, I e III, do CTN; **3ª:** considera-se, na hipótese, o local das atividades habituais (onde está a banca) como sendo o domicílio tributário – art. 127, I, do CTN.

Gabarito "A"

338

(Auditor Fiscal da Previdência Social – 2002 – ESAF) A fiscalização do Instituto Nacional do Seguro Social (INSS) iniciou ação fiscal na empresa XYZ, em 20 de junho de 2002, para verificar o cumprimento de obrigações tributárias, inclusive o recolhimento de contribuições devidas à seguridade social, ocasião em que foi lavrado o respectivo termo de início de fiscalização. No referido termo, o agente fiscal do INSS intimou a empresa a apresentar os documentos comprobatórios de escrituração em seus livros, bem assim os comprovantes de recolhimento das contribuições devidas. Em 15 de julho de 2002, percebendo que poderia ser apenado por haver cometido infração à legislação pertinente, consistente no fato de ter deixado de recolher aos cofres públicos contribuição descontada de seus empregados, o representante legal da empresa, antes mesmo de apresentar à fiscalização os documentos solicitados no termo inicial de fiscalização, denunciou espontaneamente a infração, incluindo em tal denúncia a prova de recolhimento aos cofres do INSS do valor integral da contribuição, acrescido dos juros de mora exigidos por lei. É sabido que a referida contribuição, recolhida pelo sujeito passivo, submete-se à modalidade de lançamento por homologação. Com base nos elementos ora apresentados e tendo em vista a legislação pertinente à matéria, é correto afirmar que a responsabilidade pela infração cometida:

(A) ficou excluída, considerando-se que houve denúncia espontânea da infração, acompanhada do pagamento integral da contribuição e dos juros de mora.
(B) não ficou excluída, porquanto a autoridade administrativa competente do INSS deveria, previamente ao pagamento, arbitrar o montante do valor da contribuição devida, em consonância com as normas legais reguladoras do lançamento por homologação.
(C) não ficou excluída, pois não se considera espontânea a denúncia apresentada após o início do procedimento de fiscalização, ainda que tenha sido pago o valor integral da contribuição e dos juros de mora devidos.
(D) não pode remanescer na esfera administrativa do INSS, considerando-se que o pagamento integral da contribuição e dos juros de mora devidos extingue a punibilidade criminal do agente.
(E) possibilitará que haja condenação do agente pela prática de crime de sonegação fiscal, considerando-se que deveria ter sido pago, inclusive, o valor da multa de mora incidente sobre a contribuição recolhida fora do prazo fixado em lei.

Não há denúncia espontânea, nem, portanto, dispensa do pagamento das multas, após o início de fiscalização relacionada à infração considerada – art. 138, p. único, do CTN.

Gabarito "C"

(Auditor Fiscal da Previdência Social – 2002 – ESAF) Relativamente ao tema obrigação tributária, o Código Tributário Nacional estabelece que, salvo disposição de lei em contrário, a solidariedade tributária passiva produz o seguinte efeito, entre outros:

(A) a suspensão da prescrição, em favor ou contra um dos obrigados, favorece ou prejudica os demais.
(B) o pagamento efetuado por um dos obrigados não aproveita aos demais.
(C) a isenção ou anistia do crédito tributário exonera todos os obrigados, salvo se outorgada pessoalmente a um deles, subsistindo, nesse caso, a solidariedade quanto aos demais pelo saldo.
(D) a isenção ou remissão de crédito exonera todos os obrigados, salvo se outorgada pessoalmente a um deles, subsistindo, nesse caso, a solidariedade quanto aos demais pelo saldo.
(E) a interrupção da prescrição em favor de um dos obrigados não favorece os demais.

A: o art. 125, III, do CTN não faz referência expressa à hipótese de suspensão da prescrição; **B:** o pagamento aproveita aos demais – art. 125, I, do CTN; **C:** o art. 125, II, do CTN não faz referência expressa à anistia; **D:** art. 125, II, do CTN; **E:** a interrupção da prescrição favorece os demais – art. 125, III, do CTN.

Gabarito "D"

(Técnico da Receita Federal – 2006– ESAF) Em relação ao domicílio tributário, é correto afirmar-se que

(A) este pode ser livremente eleito pelo sujeito passivo da obrigação tributária, não tendo a autoridade administrativa o poder de recusá-lo.
(B) relativamente às pessoas jurídicas de direito público, será considerado como seu domicílio tributário aquele situado no Município de maior relevância econômica da entidade tributante.
(C) quanto às pessoas naturais, a sua residência habitual, ou, sendo esta incerta ou desconhecida, aquela que a autoridade administrativa assim eleger.
(D) é definido pelo lugar dos bens ou da ocorrência dos atos ou fatos que tenham dado origem à obrigação tributária, na impossibilidade de aplicação dos critérios de identificação indicados pelo Código Tributário Nacional.
(E) no caso de pessoa jurídica de direito privado que possua mais de um estabelecimento, seu domicílio será aquele cuja escrituração contábil demonstre maior faturamento.

A: a autoridade fiscal pode recusar o domicílio eleito, quando impossibilite ou dificulte a arrecadação ou a fiscalização do tributo – art. 127, § 2º, do CTN; **B:** o domicílio das pessoas de direito público corresponde a qualquer de suas repartições no território do ente tributante – art. 127, III, do CTN; **C:** no caso de residência incerta ou desconhecida, considera-se domicílio o centro habitual de atividade do sujeito passivo – art. 127, I, do CTN; **D:** art. 127, § 1º, do CTN; **E:** no caso das pessoas jurídicas de direito privado, considera-se o lugar da sede ou de cada estabelecimento, nos termos do art. 127, II, do CTN.

Gabarito "D"

(Técnico da Receita Federal – 2002.2 – ESAF) Excluem a espontaneidade:

(A) o registro da Declaração de Importação e o termo de início de fiscalização aduaneira de zona secundária.
(B) o desembaraço aduaneiro e a homologação do lançamento.
(C) a revisão aduaneira do despacho de importação e a seleção do despacho para fiscalização de zona secundária.
(D) a concessão do regime aduaneiro suspensivo e a conferência final de manifesto.
(E) a lavratura de auto de infração ou a expedição de notificação de lançamento.

A espontaneidade é afastada com o início da fiscalização relacionada à infração considerada – art. 138, p. único, do CTN.

Gabarito "A"

(Agente Tributário Estadual/MS – 2001 – ESAF) É sujeito passivo da obrigação tributária acessória:

(A) pessoa que tenha interesse comum na situação que constitua seu fato gerador
(B) pessoa obrigada às prestações que constituam seu objeto
(C) pessoa obrigada ao pagamento de penalidade pecuniária
(D) pessoa considerada responsável por disposição legal
(E) pessoa obrigada ao pagamento do montante do tributo devido

A assertiva em B descreve o sujeito passivo da obrigação acessória, nos termos do art. 122 do CTN.

Gabarito "B"

(Agente Tributário Estadual/MS – 2001 – ESAF) O fato de o pagamento efetuado por um dos obrigados ao recolhimento de tributo devido aproveitar aos demais obrigados, na mesma relação jurídica tributária, caracteriza a:

(A) responsabilidade
(B) convenção da obrigação principal
(C) sujeição do sujeito passivo
(D) incorporação tributária
(E) solidariedade

A assertiva refere-se à solidariedade, nos termos do art. 125, I, do CTN.

Gabarito "E"

(Auditor Fiscal/CE – 2006 – ESAF) Nos casos de impossibilidade de exigência do cumprimento da obrigação principal pelo contribuinte, respondem solidariamente com este nos atos em que intervierem ou pelas omissões de que forem responsáveis as seguintes pessoas, exceto:

(A) o inventariante, pelos tributos devidos pelo espólio.
(B) o síndico e o comissário, pelos tributos devidos pela massa falida.
(C) os sócios, no caso de liquidação de sociedade de pessoas.

(D) os mandatários e prepostos.
(E) os administradores de bens de terceiros, pelos tributos devidos por estes.

A: art. 134, IV, do CTN; **B:** art. 134, V, do CTN; **C:** art. 134, VII, do CTN; **D:** não há previsão de responsabilidade de mandatários e prepostos na hipótese do art. 134 do CTN; **E:** art. 134, III, do CTN.
Gabarito "D"

(Auditor Fiscal/CE – 2006 – ESAF) No regime de substituição tributária, o entendimento atual do Supremo Tribunal Federal permite afirmar-se que:

(A) a operação realizada por preço inferior ao que tenha servido de base para o cálculo do imposto faz nascer o direito à compensação da diferença.
(B) existe a responsabilidade solidária sobre o tributo.
(C) assegura-se ao contribuinte substituído o direito à restituição do valor pago em qualquer hipótese.
(D) a restituição ocorre apenas nas hipóteses em que o fato gerador presumido não vier a acontecer.
(E) assegura-se ao contribuinte substituído o direito à restituição do valor pago apenas na hipótese em que este (substituído) venha a assumir também a condição de substituto.

No que se refere à substituição tributária "para frente" e à interpretação do art. 150, § 7º, da CF, o entendimento do STF é apontado pela assertiva na alternativa D.
Gabarito "D"

(Auditor Fiscal/Teresina-PI – 2001 – ESAF) Indique, nas opções abaixo, em que hipótese podem as convenções formalizadas entre particulares ser opostas à Fazenda Pública, relativamente à responsabilidade pelo pagamento de tributo, com o objetivo de modificar a definição do sujeito passivo da obrigação tributária.

(A) Quando é decorrente de clara e expressa cláusula do acordo de vontades entre os particulares.
(B) Quando está expressamente previsto em disposição legal específica.
(C) Em casos de dúvida quanto à vinculação do sujeito passivo ao fato gerador.
(D) Quando resulta de decisão administrativa da Fazenda Pública.
(E) Em nenhuma hipótese pode ocorrer tal oposição em face da Fazenda Pública.

Em regra, o acordo entre particulares não tem o condão de alterar a sujeição passiva, que é sempre fixada por lei. No entanto, o art. 123 do CTN prevê a possibilidade de disposição legal em contrário.
Gabarito "B"

(Fiscal de Tributos/PA – 2002 – ESAF) Sujeito passivo da obrigação tributária acessória é a pessoa

(A) obrigada a pagar a prestação pecuniária compulsória.
(B) obrigada às prestações no interesse da arrecadação e da fiscalização.
(C) obrigada a pagar o tributo estabelecido em lei ordinária.
(D) que determina a matéria tributável.
(E) que quantifica o montante do tributo devido.

A assertiva em B reflete o disposto no art. 122 c/c art. 113, § 2º, ambos do CTN.
Gabarito "B"

(Fiscal de Tributos/PA – 2002 – ESAF) Relativamente aos efeitos da solidariedade tributária passiva, é correto afirmar que

(A) o pagamento feito por apenas um dos obrigados não aproveita aos demais.
(B) a isenção objetiva aproveita a todos.
(C) a remissão concedida pessoalmente a um dos obrigados aproveita aos demais.
(D) a interrupção da prescrição contra um dos coobrigados atinge a todos os demais.
(E) não se aplicam aos responsáveis tributários.

A: o pagamento feito aproveita aos demais obrigados – art. 125, I, do CTN; **B:** art. 125, II, do CTN; **C:** as isenções e remissões subjetivas (= pessoais, ou relacionadas estritamente ao sujeito, não ao objeto) não aproveitam aos demais – art. 125, II, do CTN; **D:** art. 125, III, do CTN; **E:** a lei pode fixar solidariedade em relação a responsável tributário.
Gabarito "B"

(Auditor Fiscal/RN – 2005 – ESAF) Avalie o acerto das formulações adiante e marque com V as verdadeiras e com F as falsas. Em seguida, marque a resposta correta.

( ) O sucessor a qualquer título e o cônjuge meeiro são pessoalmente responsáveis pelos tributos devidos pelo *de cujus* até a data da partilha ou adjudicação, limitada esta responsabilidade ao montante do quinhão do legado ou da meação.
( ) Mesmo no caso de ser possível a exigência do cumprimento da obrigação principal pelo contribuinte, respondem solidariamente com este, nos atos em que intervierem ou pelas omissões de que forem responsáveis, os tutores e curadores, pelos tributos devidos por seus tutelados ou curatelados.
( ) A pessoa jurídica de direito privado que resultar de fusão, transformação ou incorporação de outra ou em outra é responsável pelos tributos devidos até à data do ato pelas pessoas jurídicas de direito privado fusionadas, transformadas ou incorporadas.

(A) V, F, F
(B) V, F, V
(C) V, V, V
(D) F, F, V
(E) F, V, V

1ª: art. 131, II, do CTN; **2ª:** a responsabilidade, na hipótese, pressupõe impossibilidade de se exigir do contribuinte o pagamento do crédito – art. 134 do CTN; **3ª:** art. 132 do CTN.
Gabarito "B"

(Auditor Fiscal/RN – 2005 – ESAF) Em relação ao tema responsabilidade por infrações da legislação tributária, avalie o acerto das formulações adiante e marque com V as verdadeiras e com F as falsas; em seguida, marque a resposta correta.

( ) A denúncia espontânea da infração, acompanhada de pedido de parcelamento do valor do tributo devido e dos juros de mora e apresentada antes do início de qualquer procedimento administrativo ou medida de fiscalização, exclui a responsabilidade do agente.

( ) Salvo disposição de lei em contrário, a responsabilidade por infrações da legislação tributária depende da intenção do agente.

( ) A responsabilidade é pessoal ao agente quanto às infrações da legislação tributária em cuja definição o dolo específico do agente seja elementar.

(A) V, F, F
(B) V, V, F
(C) F, F, V
(D) F, V, V
(E) F, F, F

1ª: o benefício da denúncia espontânea pressupõe pagamento integral do tributo e dos juros, o que não pode ser equiparado a simples parcelamento – art. 138 do CTN; **2ª**: é o oposto, em regra, a responsabilidade por infração tributária independe da intenção do agente – art. 136 do CTN; **3ª**: art. 137, II, do CTN.

Gabarito "C"

(Auditor Fiscal/RN – 2005 – ESAF) Marque a resposta correta, considerando as formulações abaixo.

I. As pessoas que tenham interesse comum na situação que constitua o fato gerador da obrigação principal são solidariamente obrigadas.

II. A obrigação tributária acessória, pelo simples fato da sua inobservância, converte-se em obrigação principal relativamente à penalidade não pecuniária.

III. O Código Tributário Nacional não permite a tributação de rendas provenientes de atividades ilícitas.

IV. De acordo com o Código Tributário Nacional, cabe exclusivamente à autoridade judicial competente desconsiderar, em decisão fundamentada, os atos ou negócios jurídicos praticados com a finalidade de dissimular a natureza dos elementos constitutivos da obrigação tributária.

(A) Somente I é verdadeira.
(B) Somente I e II são verdadeiras.
(C) Somente I, II e III são verdadeiras.
(D) Somente II, III e IV são verdadeiras.
(E) Somente III e IV são verdadeiras.

I: art. 124, I, do CTN; **II:** somente penalidade pecuniária pode ser objeto da obrigação principal, nunca penalidade não pecuniária – art. 113, §§ 1º e 3º, do CTN; **III:** o CTN dispõe que o tributo não decorre de fato ilícito (art. 3º), mas o fato gerador, na hipótese, é um fato lícito (= auferir renda). A origem dessa renda é algo que não interessa ao direito tributário, pelo menos no que se refere à exigibilidade do tributo; **IV:** a autoridade fiscal (não apenas a judicial) pode e deve desconsiderar atos e negócios nessa hipótese, conforme expressamente previsto pelo art. 116, p. único, do CTN.

Gabarito "A"

(Auditor Fiscal/MG – 2005 – ESAF) Assinale a opção correta. Quando a lei atribui a capacidade tributária ativa a ente diverso daquele que detém a competência tributária, estar-se-á diante do fenômeno da

(A) solidariedade ativa.
(B) parafiscalidade.
(C) extrafiscalidade.
(D) sujeição ativa.
(E) inconstitucionalidade da lei tributária.

A assertiva refere-se à parafiscalidade. Muitos autores acrescentam que, para haver parafiscalidade, a lei deve dispor que a receita tributária auferida seja destinada à própria entidade que cobrou o tributo, para atender às suas finalidades.

Gabarito "B"

(Auditor Fiscal/MG – 2005 – ESAF) Assinale a opção correta.

"A lei poderá atribuir a sujeito passivo da obrigação tributária a condição de responsável pelo pagamento de imposto ou contribuição, cujo fato gerador deva ocorrer posteriormente, assegurada a imediata restituição da quantia paga, caso não se realize o fato gerador presumido" – art. 150, § 7º da CRFB/88.

O dispositivo referido veicula:

(A) o instituto da substituição tributária para frente.
(B) o lançamento por homologação.
(C) um privilégio do crédito tributário.
(D) hipótese de responsabilidade por sucessão.
(E) sujeição passiva extraordinária.

Trata-se da substituição tributária "para frente".

Gabarito "A"

(Auditor do Tesouro Municipal/Recife-PE – 2003 – ESAF) Estabelece o Código Tributário Nacional que, salvo disposição de lei em contrário, a solidariedade tributária produz o seguinte efeito, entre outros:

(A) a interrupção da decadência do direito de a Fazenda Pública constituir o crédito tributário, em favor ou contra um dos obrigados, favorece ou prejudica aos demais.

(B) a isenção ou anistia de crédito tributário, concedida em caráter geral, exonera todos os obrigados, mas se concedida pessoalmente a um deles, a solidariedade subsiste, quanto aos demais, pelo saldo.

(C) o pagamento efetuado por um dos obrigados não aproveita aos demais.

(D) a isenção ou remissão de crédito tributário exonera todos os obrigados, salvo se outorgada pessoalmente a um deles, subsistindo, nesse caso, a solidariedade quanto aos demais pelo saldo.

(E) não liquidado, no prazo legal, o crédito tributário da Fazenda Pública, o codevedor que for prejudicado, em virtude da omissão do sujeito passivo principal no cumprimento da obrigação tributária, fará jus ao benefício de ordem.

A: o art. 125, III, do CTN, que trata da solidariedade, refere-se à interrupção da prescrição (não da decadência); **B:** o art. 125, II, do CTN não se refere à anistia; **C:** o pagamento efetuado por um dos obrigados aproveita aos demais – art. 125, I, do CTN; **D:** art. 125, II, do CTN; **E:** a solidariedade tributária não comporta benefício de ordem – art. 124, p. único, do CTN.

Gabarito "D"

(Auditor do Tesouro Municipal/Recife-PE – 2003 – ESAF) Sobre o tema "responsabilidade tributária", é correto afirmar, em consonância com o Código Tributário Nacional, que:

(A) a responsabilidade por infrações da legislação tributária é excluída pela denúncia espontânea da infração, acompanhada, se for o caso, do pagamento do tributo devido e dos juros de mora, assim considerada aquela que o sujeito passivo apresenta espontaneamente no prazo máximo de trinta dias, contado da data de início do procedimento de fiscalização relacionado com a infração, desde que não tenha sido lavrado auto de infração pela fiscalização tributária.

(B) sem prejuízo da responsabilidade tributária atribuída diretamente pelo Código Tributário Nacional, nas hipóteses que menciona, lei ordinária pode atribuir de modo expresso a responsabilidade pessoal pelo crédito tributário a terceira pessoa sem vínculo com o fato gerador da respectiva obrigação, excluindo totalmente a responsabilidade do contribuinte.

(C) entre outras pessoas arroladas pelo Código Tributário Nacional, os diretores, gerentes ou representantes de pessoas jurídicas de direito privado e os administradores de bens de terceiros são pessoalmente responsáveis pelos créditos da Fazenda Pública correspondentes a obrigações tributárias resultantes de atos praticados com excesso de poderes ou infração de lei, contrato social ou estatutos.

(D) o sucessor a qualquer título, o cônjuge meeiro e os serventuários da Justiça, nos atos em que intervierem, são pessoalmente responsáveis pelos tributos devidos pelo *de cujus* até a data da partilha ou adjudicação, limitada esta responsabilidade ao montante do quinhão do legado ou da meação.

(E) a pessoa natural ou jurídica de direito privado que adquirir de outra, por qualquer título, fundo de comércio ou estabelecimento comercial, industrial ou profissional, e continuar a respectiva exploração, sob a mesma ou outra razão social ou sob firma ou nome individual, responde integralmente pelos tributos, relativos ao fundo ou estabelecimento adquirido, devidos até à data do ato, se o alienante prosseguir na exploração ou iniciar dentro de seis meses, a contar da data da alienação, nova atividade no mesmo ou em outro ramo de comércio, indústria ou profissão.

A: o início da fiscalização relacionada à infração afasta a espontaneidade – art. 138, p. único, do CTN; **B:** a lei poderá atribuir responsabilidade a terceira pessoa, desde que vinculada ao fato gerador da respectiva obrigação – art. 128 do CTN; **C:** arts. 135 e 134 do CTN, este último (art. 134) combinado com o inciso I do art. 135; **D:** o art. 131, II, do CTN não faz referência a serventuários da Justiça; **E:** na hipótese, a responsabilidade do adquirente é subsidiária (não responde integralmente, como consta da assertiva) – art. 133, II, do CTN.

Gabarito "C".

(Auditor do Tesouro Municipal/Fortaleza-CE – 2003 – ESAF) Marque a resposta correta, em consonância com as disposições pertinentes do Código Tributário Nacional.

(A) É denominado responsável o sujeito passivo da obrigação tributária principal que tem relação pessoal e direta com a situação que constitua o respectivo fato gerador.

(B) É vedado às leis tributárias atribuir capacidade tributária passiva à pessoa natural que o Código Civil considere absolutamente incapaz.

(C) As pessoas que tenham interesse comum na situação que constitua o fato gerador da obrigação principal são solidariamente responsáveis.

(D) É vedado à autoridade administrativa recusar o domicílio eleito pelo sujeito passivo, no caso de tal eleição dificultar a arrecadação ou a fiscalização do tributo.

(E) Salvo disposição legal em contrário, acordo particular, por constituir lei entre as partes, pode ser oposto à Fazenda Pública, para modificar a definição legal do sujeito passivo das obrigações tributárias correspondentes, hipótese em que fica afastada a responsabilidade do contribuinte pelo pagamento dos tributos, dando lugar à responsabilidade tributária integral do terceiro que tem relação direta e pessoal com a situação constitutiva do gerador.

A: essa é a definição de contribuinte, não de responsável tributário – art. 121, p. único, I, do CTN; **B:** a capacidade tributária independe da capacidade civil – art. 126, I, do CTN; **C:** trata-se da solidariedade natural, prevista pelo art. 124, I, do CTN; **D:** a recusa é possível, na hipótese – art. 127, § 2º, do CTN; **E:** isso é inviável – art. 123 do CTN.

Gabarito "C".

(Auditor do Tesouro Municipal/Fortaleza-CE – 2003 – ESAF) Marque a resposta correta, observadas as pertinentes disposições do Código Tributário Nacional.

(A) O sucessor a qualquer título, o cônjuge meeiro e os serventuários da Justiça, estes nos atos em que intervierem, respondem pessoal e integralmente pelos tributos devidos pelo *de cujus* até a data da partilha ou adjudicação, limitada esta responsabilidade ao montante do quinhão do legado ou da meação.

(B) Na impossibilidade de a Fazenda Pública exigir da massa falida o cumprimento de obrigações tributárias, o síndico responde solidariamente com a massa, nos atos em que ele intervier ou pelas omissões de que for responsável, pelos tributos e correspondentes multas moratórias e punitivas, devidos pela massa falida.

(C) A pessoa jurídica de direito privado que resultar de fusão, transformação ou incorporação de outra ou em outra não responde pelos tributos devidos pelas pessoas jurídicas fusionadas, transformadas ou incorporadas.

(D) Os créditos tributários relativos a impostos cujo fato gerador seja a propriedade ou a posse de bens móveis e imóveis subrogam-se nas pessoas dos respectivos adquirentes, salvo quando conste do título a prova de sua quitação.

(E) Os empregados são pessoalmente responsáveis pelos créditos correspondentes a obrigações tributárias resultantes de atos praticados com excesso de poderes ou infração de lei, contrato social ou estatutos.

A: os serventuários da Justiça não são indicados como responsáveis pelo art. 131, II, do CTN; **B:** o art. 134 não prevê responsabilidade pelas multas punitivas, apenas pelas moratórias – inciso V e p. único, do dispositivo; **C:** a pessoa jurídica resultante responde pelos débitos tributários, nos termos do art. 132 do CTN; **D:** o art. 130 do CTN refere-se apenas aos bens imóveis (o art. 131, I, do CTN inclui qualquer espécie de bem, mas não há previsão de afastamento da responsabilidade em caso de prova de quitação constante do título translativo); **E:** art. 135, II, do CTN.

Gabarito "E".

10. SUSPENSÃO, EXTINÇÃO E EXCLUSÃO DO CRÉDITO

(Procuradoria Distrital – 2007 – ESAF) A prescrição, em direito tributário, é, em regra geral, conceituada pela doutrina como produzindo entre outros efeitos o de, quando apurada, em face do decurso do tempo, determinar a perda do direito da Fazenda Pública de ajuizar ação de cobrança (ou, mais propriamente, de Execução Fiscal) relativamente a crédito tributário não pago. Assinale, considerando a conceituação acima e as inovações introduzidas pelo Código Civil e pelo Código de Processo Civil a respeito da prescrição, a opção correta, entre as enumeradas a seguir, que a ela deve ser aplicada.

(A) Não pode ser decretada, de ofício, pelo juiz, necessitando ser alegada por uma das partes; admite tanto causas suspensivas, como interruptivas; pode operar tanto antes do ajuizamento da ação, como durante o seu curso.

(B) Não pode ser decretada, de ofício, pelo juiz, necessitando ser alegada por uma das partes; não admite tanto causas suspensivas, como interruptivas; só opera durante o curso da ação, pelo que não será reconhecida quando consumada antes do seu ajuizamento.

(C) Pode ser decretada, de ofício, pelo juiz, não necessitando ser alegada por uma das partes; admite tanto causas suspensivas, como interruptivas; pode operar tanto antes do ajuizamento da ação, como durante o seu curso.

(D) Necessita ser sempre alegada pela parte a quem a beneficia, não podendo o juiz decretá-la de ofício; não admite causas suspensivas; admite, porém, causas interruptivas; só pode operar durante o curso da ação.

(E) Só o contribuinte pode alegar a prescrição em seu favor; não pode ser decretada, de ofício, pelo juiz; admite causas suspensivas, porém, não admite causas interruptivas; pode operar antes do ajuizamento da ação, como durante o seu curso.

A, B, D e **E:** atualmente, a prescrição pode ser decretada de ofício pelo juiz (art. 219, § 5º, do CPC); **C:** a assertiva é correta.

Gabarito "C".

(Procurador da Fazenda Nacional – 2004 – ESAF) Julgue os itens abaixo segundo o entendimento atualmente dominante no Superior Tribunal de Justiça e marque, a seguir, a opção que apresenta a resposta correta.

I. No caso de tributo lançado por auto de infração, diz-se definitivamente constituído o crédito tributário depois de fluído o prazo para interposição do recurso administrativo, sem que ele tenha ocorrido, ou decidido o recurso administrativo interposto pelo contribuinte, começando a fluir, daí, o prazo de prescrição da pretensão do Fisco.

II. Na pendência do julgamento de impugnação ou recurso administrativo apresentado tempestivamente, não correm nem prescrição nem decadência.

III. A compensação de créditos tributários não pode ser deferida por medida liminar.

IV. A compensação de créditos tributários pode ser deferida por antecipação de tutela.

(A) Apenas III e IV estão corretos.
(B) Apenas IV está errado.
(C) Apenas I e II estão corretos.
(D) Apenas III está correto.
(E) Apenas I e III estão corretos.

I: adequada, conforme entendimento bastante acatado no STJ – ver REsp 1.131.051/SP e Súmula Vinculante 24/STF. Entretanto, veja o AgRg no Ag 1.338.717/RS, em que o STJ afirma que a "constituição definitiva do crédito tributário (lançamento) ocorre com a notificação do contribuinte (auto de infração), exceto nos casos em que o crédito tributário origina-se de informações prestadas pelo próprio contribuinte"; **II:** correta, pois o prazo prescricional não corre no período em que a exigibilidade do crédito está suspensa, pelo princípio da *actio nata* (não há fluência do prazo prescricional se não existe inércia do titular do direito). Não há falar em contagem do prazo decadencial, pois o crédito já foi constituído; **III:** correta, conforme o art. 170-A do CTN e a Súmula 212/STJ; **IV:** incorreta, pois isso é vedado nos termos do art. 170-A do CTN e da Súmula 212/STJ.

Gabarito "B".

(Procurador da Fazenda Nacional – 2003 – ESAF) Expressamente estabelece o Código Tributário Nacional, no tocante a modalidades de extinção do crédito tributário:

(A) gera direito adquirido para o sujeito passivo o despacho fundamentado, exarado por autoridade administrativa competente, mediante o qual se conceda remissão de crédito tributário com fundamento em disposição expressa de lei.

(B) o pagamento integral do crédito tributário é ilidido pela imposição de penalidade, na hipótese de haver correlação entre o crédito e a penalidade.

(C) é vedado conceder, mediante lei, desconto pela antecipação do pagamento de crédito tributário, exceto na hipótese de ocorrência de expressivos índices inflacionários ou desvalorização acentuada da moeda nacional.

(D) é vedado à lei autorizar a compensação de créditos tributários inscritos em dívida ativa da Fazenda Pública com créditos líquidos e certos, vincendos, do sujeito passivo contra a Fazenda Pública.

(E) é vedada a compensação de créditos tributários com créditos do sujeito passivo contra a Fazenda Pública, mediante o aproveitamento de tributo, objeto de contestação judicial pelo sujeito passivo, antes do trânsito em julgado da respectiva decisão judicial.

A: incorreta, pois o despacho concessivo não gera direito adquirido, podendo ser revogado de ofício na hipótese do art. 155 do CTN (relativo à moratória, mas aplicável também à remissão, isenção e anistia concedidas em caráter individual); **B:** incorreta, pois a imposição de penalidade não afasta o dever de pagar integralmente o crédito – art. 157 do CTN; **C:** incorreta, pois a legislação tributária pode conceder desconto pela antecipação do pagamento, nas condições que estabeleça – art. 160, parágrafo único, do CTN; **D:** incorreta, pois a lei pode prever a extinção do crédito tributário por meio de compensação, conforme o art. 170 do CTN; **E:** correta, pois reflete exatamente o disposto no art. 170-A do CTN – ver também a Súmula 212/STJ.

Gabarito "E"

(Procurador da Fazenda Nacional – 2003 – ESAF) Dispõe o Código Tributário Nacional que o prazo de prescrição da ação anulatória da decisão administrativa que denegar a restituição de tributos:

(A) é de cinco anos e interrompe-se pelo protesto judicial ou por qualquer ato inequívoco, ainda que extrajudicial, que importe em reconhecimento de erro da decisão, pela autoridade administrativa que a proferiu.

(B) interrompe-se pelo início da ação judicial, recomeçando o seu curso, por metade, a partir da data da intimação validamente feita ao representante judicial da Fazenda Pública interessada.

(C) interrompe-se pelo início da ação judicial, recomeçando o seu curso, por inteiro, a partir da data da intimação validamente feita ao representante judicial da Fazenda Pública interessada.

(D) é de dois anos e não se interrompe pelo início da ação judicial, exceto na hipótese de reconhecimento pela autoridade administrativa de que houve erro material em sua decisão denegatória de restituição de tributos.

(E) é de dois anos e não se interrompe pelo início da ação judicial, exceto se, em virtude de requerimento do sujeito passivo por ocasião da petição inicial, o juiz expressamente reconhecer o direito postulado quanto à interrupção da prescrição.

Prescreve em dois anos a ação anulatória da decisão administrativa que denegar a restituição, nos termos do art. 169 do CTN. Esse prazo é interrompido pelo início da ação judicial, recomeçando o seu curso, por metade, a partir da data da intimação validamente feita ao representante judicial da Fazenda Pública interessada – art. 169, parágrafo único, do CTN. Assim, a alternativa correta é a "B".

Gabarito "B"

(Procurador da Fazenda Nacional – 2004 – ESAF) (Adaptada) Segundo o entendimento atualmente dominante no Superior Tribunal de Justiça, nas hipóteses de tributos sujeitos ao lançamento por homologação, o direito do contribuinte pleitear a repetição extingue-se em

(A) 5 (cinco) anos, contados a partir da extinção do crédito tributário pelo pagamento antecipado.

(B) 5 (cinco) anos, contados a partir da data do trânsito em julgado de decisão do Supremo Tribunal Federal que declarou a inconstitucionalidade da lei pela primeira vez.

(C) 5 (cinco) anos, contados a partir da data da Resolução do Senado Federal que suspender a execução de lei tributária declarada inconstitucional pelo Supremo Tribunal Federal.

(D) 5 (cinco) anos, contados a partir da data do julgamento da ação em que houver declaração de inconstitucionalidade da lei tributária pelo Supremo Tribunal Federal, em controle difuso ou concentrado.

(E) 5 (cinco) anos, contados a partir da data do ajuizamento da ação em que houver declaração de inconstitucionalidade da lei tributária pelo Supremo Tribunal Federal, em controle difuso ou concentrado.

O prazo prescricional para a repetição de indébito é de 5 anos contados do pagamento indevido, em regra, exceto se houve prévio pedido administrativo indeferido, caso em que o prazo é reduzido para 2 anos contados da decisão administrativa – arts. 168 e 169 do CTN. Atualmente é pacífico o entendimento de que o prazo, no caso dos tributos lançados por homologação, é contado a partir do pagamento antecipado, e não da homologação – art. 3º da LC 118/2005. A decisão do STF relativa à inconstitucionalidade do tributo, em controle difuso ou concentrado, não interrompe o prazo, embora haja precedentes em sentido contrário ao entendimento dominante. Por essa razão, a alternativa "A" é a correta.

Gabarito "A"

(Procurador da Fazenda Nacional – 2007.2 – ESAF) Segundo a Lei n. 10.684, de 2003, os débitos junto à Secretaria da Receita Federal do Brasil ou à Procuradoria-Geral da Fazenda Nacional, com vencimento até 28 de fevereiro de 2003, poderão ser parcelados em até _____ prestações mensais e sucessivas. Para fazer jus ao parcelamento, ______________________ ______________________________. Indique a opção que contém as palavras que preencham de forma correta as lacunas acima.

(A) 60 / os débitos ainda não constituídos deverão ser confessados, de forma irretratável e irrevogável

(B) 120 / os débitos ainda não constituídos devem ser objeto de prévia constituição, a requerimento do sujeito passivo

(C) 180 / os débitos ainda não constituídos deverão ser confessados, de forma irretratável e irrevogável

(D) 180 / os débitos que não tiverem sido lançados deverão ser objeto de procedimento sumário para sua constituição

(E) 120 / os débitos não constituídos devem ser objeto de prévia constituição, e não poderão integrar o montante parcelado Nas questões 26 e 27, assinale a opção que completa, corretamente, os respectivos enunciados.

Art. 1º, *caput*, e § 2º da Lei 10.684/2003 (PAES). A legislação específica prevê prazo de até 180 meses para o pagamento parcelado. Os débitos ainda não constituídos deverão ser confessados.

Gabarito "C"

(Procuradoria Distrital – 2007 – ESAF) Em se tratando de isenção do ICMS, assinale, entre as opções abaixo apresentadas, a que está correta.

(A) A concessão e revogação de isenções do ICMS pelos Estados-membros independe de Lei Complementar à Constituição Federal.

(B) É constitucional ato governamental do Executivo Estadual que concede isenção do ICMS em operações internas, haja vista ser desnecessário para tal a existência de convênio e regulação por Lei Complementar.

(C) As regras constitucionais que impõem um tratamento federativo uniforme em matéria de ICMS no trato de isenção, atentam contra o princípio da autonomia dos Estados-membros e do Distrito Federal.

(D) Os Estados-membros, para concederem isenção fiscal de ICMS, necessitam, apenas, de autorização do Poder Legislativo, por via de Resolução da respectiva Mesa Diretora.

(E) A concessão de isenções do ICMS só é admitida quando existir, a respeito, deliberação dos Estados-membros e do DF, mediante convênio.

A, **B**, **D** e **E**: a concessão de isenção de ICMS é regulada por lei complementar, que dispõe sobre a deliberação entre os Estados e o Distrito Federal e a autorização por meio de convênio – art. 155, § 2º, XII, *g*, da CF; **C**: as normas constitucionais que tratam da matéria são originárias (constam do texto constitucional original), não cabendo falar em inconstitucionalidade (elas delimitam originariamente a autonomia dos entes federados) – ademais, o ICMS é tributo estadual, mas de natureza nacional, o que sugere a regulação harmônica entre os Estados e o Distrito Federal.

Gabarito "E"

(Procuradoria Distrital – 2007 – ESAF) O art. 151, III, da CF estipula que é vedado à União instituir isenções de tributos da competência dos Estados, do Distrito Federal e dos Municípios. Com base na interpretação e aplicação do mencionado dispositivo, assinale, entre as opções abaixo enumeradas, a que está correta.

(A) A legislação federal, quando não inclui o IPI na base de cálculo do ICMS não está isentando o contribuinte do pagamento desse tributo.

(B) Isenção concedida mediante convênio celebrado por Estados-membros, por receber apoio da legislação federal, incide em violação à regra constitucional que veda à União instituir isenções de tributos da competência dos Estados e do Distrito Federal.

(C) A isenção heterônoma é, em regra, admitida pelo art. 151, III, da Constituição Federal.

(D) O constituinte derivado pode outorgar competência à União para instituir isenção de imposto estadual, sem ferir a regra do art. 151, III, da CF.

(E) Os Estados-membros, mediante convênio, podem autorizar a União a conceder isenção de ICMS para a circulação de mercadorias em determinadas regiões do País, por período certo.

A: trata-se de norma constitucional que não se refere a isenção – art. 155, § 2º, XI, da CF; **B**: isenções de ICMS demandam convênio interestadual por expressa determinação constitucional – art. 155, § 2º, XII, *g*, da CF; **C**: o dispositivo legal (art. 151, III, da CF) é exatamente o que veda isenções heterônomas (isenções não podem ser concedidas por outra pessoa, que não o próprio ente tributante); **D**: a vedação é garantia da autonomia federativa e pode, portanto, ser considerada cláusula pétrea, nos termos do art. 60, § 4º, I, da CF (mesmo que se discorde, a alternativa A é a melhor, pois inquestionavelmente correta); **E**: a competência tributária é indelegável – art. 7º do CTN.

Gabarito "A"

(Analista-Tributário da Receita Federal – 2012 – ESAF) Analise os itens a seguir e assinale a opção correta.

I. A isenção, desde que concedida por prazo certo, e independentemente de ser condicionada a contrapartidas por parte do contribuinte, não poderá ser revogada por lei.

II. A anistia só abrange as infrações cometidas a partir da sua vigência, devido ao princípio da irretroatividade das leis.

III. A anistia dos crimes, concedida em lei penal, não estende seus efeitos à matéria tributária.

(A) Somente o item I está correto.

(B) Somente o item II está correto.

(C) Somente o item III está correto.

(D) Estão corretos os itens I e III.

(E) Estão corretos os itens II e III.

I: incorreta, pois a irrevogabilidade da isenção, prevista no art. 178 do CTN, somente ocorre se o benefício for concedido por prazo certo e em função de determinadas condições; **II**: incorreta, pois a anistia abrange exclusivamente as infrações cometidas anteriormente à vigência da lei que a concede – art. 180 do CTN; **III**: correta, pois são esferas distintas e, nesse aspecto, autônomas do Direito.

Gabarito "C"

(Auditor Fiscal da Receita Federal – 2010 – ESAF) Sobre a prescrição e a decadência, como modalidades de extinção do crédito tributário, assinale a opção correta.

(A) O despacho do juiz que ordenar a citação em execução fiscal suspende a prescrição.

(B) A inscrição do débito em dívida ativa constitui causa de suspensão do prazo prescricional.

(C) Notificado o sujeito passivo do lançamento, inicia-se o prazo decadencial de cinco anos para extinção do crédito.

(D) A Constituição Federal autoriza que lei ordinária, em situações específicas, estabeleça normas gerais em matéria de legislação tributária, especialmente sobre decadência e prescrição.

(E) O pagamento de débitos prescritos não gera o direito a sua repetição, na medida em que, embora extinta a pretensão, subsiste o direito material.

A: incorreta, pois o despacho do juiz, no caso, **interrompe** a prescrição (não suspende) – art. 174, p. único, I, do CTN; **B**: incorreta, pois não há essa hipótese de suspensão. O judiciário entende que o art. 2º, § 3º, da Lei 6.830/1980, que prevê a suspensão por 180 dias, não se aplica à dívida ativa tributária (apenas à não tributária), já que a matéria é reservada à lei complementar federal – ver EREsp 657.536/RJ-STJ; **C**: incorreta, pois o prazo decadencial refere-se à constituição do crédito, ou seja, ao lançamento. Após a notificação do lançamento, não há mais que se falar em decadência (exceto em relação à eventual revisão), mas apenas em prescrição. Assim, após a notificação, inicia-se o prazo quinquenal **prescricional** para a cobrança – art. 174 do CTN; **D:** incorreta, pois as normas gerais relativas à decadência e à prescrição tributária devem ser veiculadas sempre por lei complementar federal – art. 146, III, *b*, da CF; **E:** incorreta, pois isso não ocorre no direito tributário, diferentemente do que acontece no direito privado. Com a prescrição, há extinção do próprio crédito tributário, e não apenas da pretensão do fisco de cobrar, de modo que o pagamento é indevido e o valor deve ser restituído.

Gabarito "B".

Veja a seguinte tabela para estudar e memorizar as causas de suspensão, extinção e exclusão do crédito tributário:

Suspensão	Extinção	Exclusão
– a moratória	– pagamento	– a isenção
– o depósito do seu montante integral	– a compensação	– a anistia
– as reclamações e os recursos, nos termos das leis reguladoras do processo tributário administrativo	– a transação	
– a concessão de medida liminar em mandado de segurança	– remissão	
– a concessão de medida liminar ou de tutela antecipada, em outras espécies de ação judicial	– a prescrição e a decadência	
– o parcelamento	– a conversão de depósito em renda	
	– o pagamento antecipado e a homologação do lançamento nos termos do disposto no artigo 150 e seus §§ 1º e 4º	
	– a consignação em pagamento, nos termos do disposto no § 2º do artigo 164	
	– a decisão administrativa irreformável, assim entendida a definitiva na órbita administrativa, que não mais possa ser objeto de ação anulatória	
	– a decisão judicial passada em julgado	
	– a dação em pagamento em bens imóveis, na forma e condições estabelecidas em lei	

(Auditor Fiscal da Receita Federal – 2005 – ESAF) O artigo 151 do Código Tributário Nacional enumera as hipóteses de suspensão da exigibilidade do crédito tributário. Sobre estas, avalie o acerto das afirmações adiante e marque com (V) as verdadeiras e com (F) as falsas; em seguida, marque a opção correta.

( ) A moratória pode ser concedida em caráter geral ou em caráter individual, dependendo, em ambos os casos, da prévia existência de lei autorizativa.

( ) A consignação em pagamento do montante integral do débito constitui direito subjetivo do contribuinte, enquanto discute, na via administrativa ou judicial, a legalidade da cobrança que lhe é imputada.

( ) A concessão de medida liminar ou de tutela antecipada, acarretam a suspensão da exigibilidade do crédito tributário.

(A) V, V, V.
(B) F, V, V.
(C) F, V, V.
(D) V, F, V.
(E) F, V, F.

1ª: art. 152 do CTN; **2ª:** a assertiva refere-se ao depósito. A consignação é espécie de ação judicial – art. 890 do CPC; **3ª:** art. 151, V, do CTN.

Gabarito "D".

(Auditor Fiscal da Receita Federal – 2005 – ESAF) Sobre o pagamento indevido de tributos é correto afirmar-se, de acordo com o Código Tributário Nacional, que

(A) a reforma, a anulação, a revogação ou a rescisão de decisão condenatória, à vista da qual se tenha efetuado o recolhimento, afinal tido por indevido também podem ensejar a restituição.

(B) a restituição de tributos que comportem, por sua natureza, transferência do respectivo encargo financeiro, será feita a quem comprove ter efetuado o pagamento indevido, tenha ele ou não assumido o referido encargo financeiro.

(C) ao falar de sujeito passivo, está a referir-se ao obrigado que o seja na condição de contribuinte, não àquela em que ele tenha figurado como responsável.

(D) para que haja o direito à restituição, nos casos de tributos sujeitos a lançamento por homologação, é necessária a prática do ato homologatório por parte da autoridade fazendária.

(E) o sujeito passivo tem direito à restituição total ou parcial do tributo, recolhido indevidamente ou a maior do que o devido, desde que comprove ter havido erro, de sua parte, na interpretação da legislação aplicável ao caso.

A: art. 165, III, do CTN; **B:** é necessário comprovar, na hipótese, a assunção do encargo financeiro ou conseguir autorização de quem o tenha assumido – art. 166 do CTN; **C:** o responsável tributário também pode repetir indébito tributário, na forma da lei (em geral, desde que tenha assumido o encargo financeiro); **D:** basta haver pagamento indevido para que haja direito à restituição – art. 165 do CTN; **E:** é desnecessária a comprovação de erro por parte do sujeito passivo – art. 165 do CTN.

Gabarito "A".

(Auditor Fiscal da Receita Federal – 2005 – ESAF) Leia cada um dos assertos abaixo e assinale (V) ou (F), conforme seja verdadeiro ou falso. Depois, marque a opção que contenha a exata sequência.

( ) A Lei de Execução Fiscal (LEF) prevê que a inscrição em dívida ativa suspende o curso do prazo prescricional.

( ) O Código Tributário Nacional não prevê essa suspensão.

( ) O STJ entende que a suspensão do prazo prescricional prevista na LEF sofre as limitações impostas pelo CTN.

(A) F, V, V
(B) F, F, F
(C) V, F, V
(D) F, F, V
(E) V, V, V

1ª: art. 2º, § 3º, lei 6830/80 (LEF); **2ª**: a assertiva é verdadeira; **3ª**: esse é um entendimento antigo do STJ, mas que vem sendo rediscutido atualmente.

Gabarito "E".

(Auditor Fiscal da Receita Federal – 2005 – ESAF) Considerando o tema "isenção tributária", julgue os itens a seguir e marque com (V) a assertiva verdadeira e com (F) a falsa, assinalando ao final a opção correspondente.

( ) Se concedida com prazo determinado e sob condições não pode ser revogada.

( ) Com o advento da Constituição de 1988, a concessão da isenção heterotópica passou a ser proibida (art. 151, III).

( ) Por ser a isenção nada mais que o reverso da tributação, a lei isentiva só entra em vigor no exercício financeiro seguinte ao em que instituída.

( ) Segundo a letra do Código Tributário Nacional, a isenção constitui mera dispensa legal do pagamento do tributo.

(A) V, F, F, V
(B) V, V, F, V
(C) V, F, V, F
(D) F, V, F, V
(E) V, F, F, F

1ª: art. 178 do CTN; **2ª**: o art. 151, III, da CF veda expressamente a isenção heterônoma (heterotópica), ou seja, aquela concedida por outro ente que não o titular da competência tributária; **3ª**: o princípio da anterioridade refere-se apenas à instituição ou à majoração de tributos, não aos benefícios fiscais – art. 150, III, *b*, da CF; **4ª**: de fato, o CTN descreve a isenção como exclusão do crédito, que seria exatamente essa dispensa do pagamento (a obrigação tributária surge com o fato gerador, mas a lei dispensa o sujeito passivo de pagar o valor correspondente) – art. 175, I, do CTN.

Gabarito "B".

(Auditor Fiscal da Receita Federal – 2005 – ESAF) A restituição de tributos, cujo encargo financeiro possa transferir-se, somente pode ser obtida se o __________ provar que não o transferiu ou que está autorizado pelo __________. No caso do direito ao creditamento do IPI, não se aplica esta regra, porque não se trata de __________.

(A) contribuinte .... fisco.... tributo indireto.
(B) sujeito passivo .... sujeito ativo .... compensação.
(C) sujeito passivo .... sujeito ativo .... restituição do indevido.
(D) contribuinte de direito .... contribuinte de fato .... repetição de indébito.
(E) responsável .... contribuinte .... repetição de indébito.

As expressões em D completam a frase de maneira adequada. Contribuinte de direito é aquele que a lei indica como sujeito passivo e que deve recolher o tributo. Contribuinte de fato é o sujeito que suporta o ônus financeiro dos tributos que permitem, por sua natureza, esse repasse (tributos indiretos, como o ICMS e o IPI). Eventuais diferenças relativas a creditamento de IPI, desde que correspondente à entrada de produtos, não implicam repasse financeiro a terceiros.

Gabarito "D".

(Auditor Fiscal da Receita Federal – 2003 – ESAF) Avalie o acerto das afirmações adiante e marque com V as verdadeiras e com F as falsas; em seguida, marque a opção correta.

( ) A dação em pagamento em bens móveis, a remissão, a compensação e a decadência extinguem o crédito tributário.

( ) O parcelamento concedido na forma e condição estabelecidas em lei específica, o depósito do montante integral do crédito tributário, a homologação do lançamento e a concessão de medida liminar em mandado de segurança suspendem a exigibilidade do crédito tributário.

( ) As disposições do Código Tributário Nacional, relativas ao parcelamento, aplicam-se, subsidiariamente, à moratória.

(A) V, V, F
(B) V, F, V
(C) V, V, V
(D) F, F, V
(E) F, F, F

1ª: o CTN admite apenas a dação de bens imóveis em pagamento (não de móveis) – art. 156, XI, do CTN; **2ª**: a homologação do lançamento (art. 150, §§ 1º e 4º, do CTN) é causa de extinção do crédito – art. 156, VII, do CTN; **3ª**: é o oposto, as disposições do CTN relativas à moratória aplicam-se, subsidiariamente, ao parcelamento – art. 155-A, § 2º, do CTN.

Gabarito "E".

(Auditor Fiscal da Receita Federal – 2003 – ESAF) Responda de acordo com as pertinentes disposições do Código Tributário Nacional.

É permitido que a anistia abranja infrações cometidas posteriormente ao início da vigência da lei que a concede?

É vedado às entidades tributantes conceder anistia e isenção que alcancem apenas determinada região do seu território, em função de condições a ela peculiares?

O despacho da autoridade administrativa que concede isenção gera direito adquirido para o beneficiário?

(A) Não, não, sim
(B) Não, sim, não
(C) Não, não, não
(D) Sim, não, sim
(E) Sim, não, não

1ª: não há possibilidade de anistia para fatos futuros (isso seria o mesmo que revogar, ainda que parcialmente, a norma que fixa a penalidade) – art. 180 do CTN; **2ª**: isso é permitido, desde que por meio de lei – arts. 176, p. único, e 181, II, *c*, ambos do CTN; **3ª**: o despacho concessivo de isenção, moratória ou anistia não gera direito adquirido – art. 179, § 2º, do CTN.

Gabarito "C"

(Auditor Fiscal da Previdência Social – 2002 – ESAF) Não obstante o pagamento seja a forma mais comum de extinção do crédito tributário, o Código Tributário Nacional prevê outras causas extintivas. Assim, é correto afirmar que são causas ou formas extintivas do crédito tributário, entre outras, as seguintes:

(A) a compensação, a transação, a anistia e a dação em pagamento.
(B) a prescrição, a dação em pagamento e o depósito do montante integral.
(C) a decadência, a novação e a decisão administrativa irreformável.
(D) a consignação em pagamento, a dação em pagamento e a concessão de medida liminar em ação direta de inconstitucionalidade.
(E) a dação em pagamento em bens imóveis, a decisão judicial passada em julgado, a transação e a compensação.

A: a anistia exclui o crédito (ao lado da isenção) – art. 175, II, do CTN; **B:** o depósito suspende do crédito – art. 151, II, do CTN; **C:** a novação não é prevista no CTN como causa de extinção do crédito. O parcelamento, por exemplo, suspende o crédito – art. 151, VI, do CTN; **D:** a concessão de liminar suspende a exigibilidade do crédito – art. 151, V, do CTN; **E:** art. 156, II, III, X, XI, do CTN.

Gabarito "E"

(Técnico da Receita Federal – 2006– ESAF) De acordo com o art. 175 do Código Tributário Nacional, a isenção e a anistia excluem o crédito tributário. Por isso, podemos afirmar que

(A) a exclusão do crédito tributário dispensa, inclusive, o cumprimento das obrigações acessórias dependentes da obrigação principal cujo crédito seja excluído.
(B) a isenção pode-se estender às taxas e às contribuições de melhoria, caso haja previsão legal.
(C) a anistia somente pode ser concedida em caráter geral.
(D) a isenção pode ser revogada ou modificada, em qualquer hipótese, por despacho fundamentado da autoridade competente para concedê-la.
(E) a anistia, como regra, abrange exclusivamente as infrações cometidas anteriormente à vigência da lei que a concede. Entretanto, esta lei poderá ter efeitos futuros, nas situações e condições que especificar.

A: as obrigações assessórias não são dispensadas, na hipótese – art. 175, p. único, do CTN; **B:** art. 177, I, do CTN; **C:** a anistia pode ser concedida limitadamente (não apenas em caráter geral), nos termos do art. 181, II, do CTN; **D:** as isenções concedidas em função de determinadas condições (onerosas) e por prazo certo não podem ser livremente revogadas ou modificadas; **E:** não há possibilidade de anistia para fatos futuros (isso seria o mesmo que revogar, ainda que parcialmente, a norma que fixa a penalidade) – art. 180 do CTN.

Gabarito "B"

(Técnico da Receita Federal – 2003 – ESAF) Verifique os quadros abaixo e relacione cada uma das alíneas do primeiro quadro com uma das opções do segundo. Assinale, a seguir, a opção correta.

V. a moratória, concedida por lei em caráter geral ou concedida em caráter individual, com base em lei autorizativa.
W. a remissão.
X. a consignação em pagamento, julgada procedente.
Y. a anistia concedida em caráter geral ou limitadamente.
Z. a conversão do depósito do montante integral do crédito em renda.

1. Suspende a exigibilidade do crédito tributário
2. Extingue o crédito tributário
3. Exclui o crédito tributário

(A) V2, W3, X1, Y2, Z4
(B) V1, W2, X2, Y3, Z2
(C) V2, W2, X2, Y2, Z3
(D) V3, W1, X3, Y3, Z1
(E) V1, W3, X1, Y1, Z2

V: suspensão do crédito – art. 151, I, do CTN; W: extinção do crédito – art. 156, IV, do CTN; X: extinção do crédito – art. 156, VIII, do CTN; Y: exclusão do crédito – art. 175, II, do CTN; Z: extinção do crédito – art. 156, VI, do CTN.

Gabarito "B"

(Técnico da Receita Federal – 2002.1 – ESAF) Indique quais situações, entre outras, "suspendem" a exigibilidade do crédito tributário:

(A) a concessão de medida liminar em mandado de segurança; a isenção condicionada; as reclamações e os recursos, nos termos das leis reguladoras do processo tributário administrativo.
(B) o depósito do montante integral do crédito; a isenção condicionada; as reclamações e os recursos, nos termos das leis reguladoras do processo tributário administrativo; a anistia fiscal.
(C) a moratória; o depósito do montante integral do crédito; as reclamações e os recursos, nos termos das leis reguladoras do processo tributário administrativo; a concessão de medida liminar em mandado de segurança.
(D) a moratória, a anistia fiscal, a remissão; as reclamações e os recursos, nos termos das leis reguladoras do processo tributário administrativo; a concessão de medida liminar em mandado de segurança.
(E) a concessão de medida liminar em mandado de segurança; a isenção condicionada; as reclamações e os recursos, nos termos das leis reguladoras do processo tributário administrativo; a isenção condicionada.

A, **B**, **D** e **E:** a isenção e a anistia excluem o crédito – art. 175 do CTN; **C:** art. 151, I, II, III e IV, do CTN.

Gabarito "C"

(Técnico da Receita Federal – 2002.1 – ESAF) Indique em quantos anos prescreve o direito a interpor ação anulatória da decisão administrativa que denegar restituição.

(A) 1 ano
(B) 2 anos
(C) 3 anos
(D) 4 anos
(E) 5 anos

O prazo é de dois anos, nos termos do art. 169 do CTN.

Gabarito "B".

(Agente Tributário Estadual/MS – 2001 – ESAF) Assinale as proposições abaixo com F para falsa ou V para verdadeira e, a seguir, indique a opção que contém a sequência correta.

( ) A apresentação de consulta sobre interpretação e aplicação da legislação tributária impede o início de qualquer procedimento fiscal destinado à apuração de fatos relacionados com a matéria consultada, perdurando o impedimento até o término do prazo fixado na resposta.

( ) A observância, pelo consulente, da resposta dada à consulta, enquanto prevalecer o entendimento nela consubstanciado, exime-o de qualquer penalidade e exonera-o do pagamento do tributo considerado não devido.

( ) A orientação dada pelo órgão competente, em resposta a consulta formulada pelo contribuinte, somente pode ser modificada por ato normativo do Superintendente de Administração Tributária da Secretaria de Estado, de Finanças, Orçamento e Planejamento.

(A) F, V, V
(B) V, F, F
(C) V, F, V
(D) V, V, V
(E) V, V, F

1ª: art. 161, § 2º, do CTN; **2ª**: enquanto perdurar o entendimento consubstanciado na consulta, não faz sentido o fisco cobrar penalidade ou tributo considerado indevido; **3ª**: é necessária análise da legislação local.

Gabarito "E".

(Agente Tributário Estadual/MS – 2001 – ESAF) A dilação de prazo para pagamento de tributo devido, cujo crédito tributário já se encontra com prazo vencido, é:

(A) Concordata
(B) Transação
(C) Moratória
(D) Consignação
(E) Prescrição

A assertiva descreve a moratória – art. 151, I, do CTN. Há quem entenda que a moratória aplica-se a situações anteriores ao vencimento, mas, nesses casos, não é necessária lei (basta adiar o vencimento por meio de norma infralegal).

Gabarito "C".

(Agente Tributário Estadual/MS – 2001 – ESAF) É sabido que o direito de a Fazenda Pública constituir o crédito tributário, por meio do lançamento, extingue-se em cinco anos, contados a partir do primeiro dia do exercício seguinte àquele em que o lançamento poderia ter sido efetuado. Esse modo de extinção do crédito tributário é:

(A) Prescrição
(B) Transação
(C) Remissão
(D) Compensação
(E) Decadência

A assertiva descreve a decadência (= extinção do direito de o fisco lançar) – art. 173 do CTN.

Gabarito "E".

(Agente Tributário Estadual/MS – 2001 – ESAF) Entre as formas de exclusão do crédito tributário, pode ser mencionada a seguinte:

(A) concessão de medida liminar em mandado de segurança
(B) depósito de seu montante integral
(C) transação
(D) isenção
(E) decadência

A e **B:** essas são causas de suspensão – art. 151, II e IV, do CTN; C e **E:** transação e decadência extinguem o crédito – art. 156, III e V, do CTN; **D:** a isenção e a anistia são as duas causas de exclusão do crédito tributário previstas pelo CTN – art. 175 do Código.

Gabarito "D".

(Agente Tributário Estadual/MS – 2001 – ESAF) Uma das espécies de exclusão do crédito tributário, que somente pode ser autorizada por lei e aplicável apenas às infrações cometidas pelo sujeito passivo anteriormente à vigência da lei que a concede, sendo, portanto, retroativa, é:

(A) Isenção
(B) Remissão
(C) Moratória
(D) Imunidade
(E) Anistia

A assertiva refere-se à anistia (art. 175, II, do CTN). A outra espécie de exclusão do crédito é a isenção (art. 175, I, do CTN).

Gabarito "E".

(Agente Tributário Estadual/MS – 2001 – ESAF) Em face da legislação e da jurisprudência dos tribunais superiores, pode-se afirmar que as isenções tributárias, concedidas sob condição onerosa, podem ser livremente suprimidas?

(A) Somente em situações de calamidade pública.
(B) Sim.
(C) Não.
(D) Somente a partir do exercício seguinte.
(E) Dentro do mesmo exercício, com expressa autorização legal.

Entende-se que as isenções concedidas em função de determinadas condições (onerosas), desde que por prazo certo, não podem ser livremente revogadas ou modificadas.

Gabarito "C".

(Auditor Fiscal/CE – 2006 – ESAF) A ação para a cobrança do crédito tributário prescreve em 5 (cinco) anos contados da data de sua constituição definitiva. O prazo prescricional se interrompe em determinadas hipóteses elencadas pelo Código Tributário Nacional. Assinale abaixo a opção que contenha hipóteses de interrupção da prescrição

(A) Protesto judicial / ato inequívoco que importe em reconhecimento de débito pelo devedor / citação válida em execução fiscal.

(B) Qualquer ato judicial ou extrajudicial que constitua em mora o devedor / ato inequívoco que importe em reconhecimento de débito pelo devedor / protesto judicial.

(C) Despacho do juiz que ordenar a citação em execução fiscal/ qualquer ato judicial ou extrajudicial que constitua em mora o devedor / protesto judicial.

(D) Citação válida em execução fiscal / qualquer ato judicial que constitua em mora o devedor / protesto judicial.

(E) Despacho do juiz que ordenar a citação em execução fiscal/ ato inequívoco que importe em reconhecimento de débito pelo devedor / protesto judicial.

A e **D:** a prescrição é interrompida pelo despacho do juiz que defere a citação (não pela própria citação) – art. 174, p. único, I, do CTN; B e **C:** a prescrição é interrompida pelo ato judicial (não extrajudicial) que constitua o devedor em mora – art. 174, p. único, III, do CTN; **E:** art. 174, p. único, I, II e IV, do CTN.

Gabarito "E".

(Auditor Fiscal/CE – 2006 – ESAF) A isenção, prevista no Código Tributário Nacional como modalidade de exclusão do crédito tributário, isto é, não se permite nem sequer que haja a constituição do crédito tributário. Sobre ela, podemos fazer as seguintes afirmações, com exceção de:

(A) pode ser revogada ou modificada por lei, a qualquer tempo, em qualquer hipótese.

(B) pode ser extensiva aos tributos instituídos posteriormente à sua concessão.

(C) salvo disposição de lei em contrário, não se estende às taxas.

(D) em determinadas situações, efetiva-se por despacho da autoridade administrativa.

(E) a lei que a conceder deverá especificar, entre outros, as condições e requisitos exigidos para a sua concessão.

A: as isenções concedidas em função de determinadas condições (onerosas) e por prazo certo não podem ser livremente revogadas ou modificadas; **B:** isso é possível, desde que expressamente previsto em lei – art. 177, II, do CTN; **C:** art. 177, I, do CTN; **D:** isso ocorre no caso de isenções que não são concedidas em caráter geral – art. 179 do CTN; **E:** art. 176 do CTN.

Gabarito "A".

(Fiscal de Tributos/PA – 2002 – ESAF) É correto afirmar que, por meio da ______________, opera-se a dispensa legal de pagamento do tributo devido, pressupondo crédito tributário regularmente constituído.

(A) isenção

(B) prescrição

(C) remissão

(D) anistia

(E) decadência

O CTN dispõe que a isenção é causa de exclusão do crédito tributário (art. 175, I), ou seja, o fato gerador ocorre e faz surgir a obrigação tributária, mas o pagamento é dispensado.

Gabarito "A".

(Auditor Fiscal/RN – 2005 – ESAF) Avalie o acerto das formulações adiante e marque com V as verdadeiras e com F as falsas; em seguida, marque a resposta correta.

( ) É vedado conceder, mediante lei, moratória que abranja obrigação tributária cujo lançamento do respectivo crédito não tenha sido iniciado até a data de início de vigência da lei concessiva.

( ) A concessão de moratória em caráter individual gera direito adquirido, vedada a sua revogação.

( ) O Código Tributário Nacional permite que Lei Concessiva de Moratória circunscreva a sua aplicabilidade a determinada categoria de contribuintes.

(A) F, F, V

(B) F, V, F

(C) V, F, V

(D) V, V, F

(E) V, V, V

1ª: isso é possível, na forma da lei concessiva – art. 154 do CTN ("salvo disposição de lei em contrário..."); **2ª:** a exemplo do que ocorre com a isenção e a anistia, não há direito adquirido – art. 155, do CTN; **3ª:** art. 152, p. único, do CTN.

Gabarito "A".

(Auditor Fiscal/RN – 2005 – ESAF) Marque a opção correta.

(A) A compensação, a dação em pagamento em bens móveis e a decadência extinguem o crédito tributário.

(B) O parcelamento, o depósito do montante integral e a concessão de tutela antecipada em ação judicial suspendem a exigibilidade do crédito tributário.

(C) A remissão, a decisão administrativa irreformável (decisão definitiva na órbita administrativa, que não mais possa ser objeto de ação anulatória) e a anistia são modalidades de extinção do crédito tributário.

(D) Extinguem o crédito tributário a transação, a conversão do depósito em renda e a decisão judicial proferida em última instância, integralmente favorável ao sujeito passivo, da qual caiba recurso.

(E) A moratória, a concessão de liminar em mandado de segurança e a isenção suspendem a exigibilidade do crédito tributário.

A: o art. 156, XI, do CTN prevê apenas a dação em pagamento de bens imóveis (não móveis) como causa de extinção do crédito tributário; **B:** art. 151, II, V, VI, do CTN; **C:** a anistia exclui o crédito tributário – art. 175, II, do CTN; **D:** somente a decisão judicial transitada em julgado (contra a qual não caiba recurso) extingue o crédito tributário – art. 156, X, do CTN; **E:** a isenção exclui o crédito tributário – art. 175, I, do CTN.

Gabarito "B".

(Auditor Fiscal/RN – 2005 – ESAF) Marque a resposta correta, considerando as formulações abaixo.

I. O prazo de prescrição (cinco anos) da ação para a cobrança do crédito tributário tem como termo inicial a data de inscrição na dívida ativa.

II. O reconhecimento do débito pelo devedor, se formalizado por ato extrajudicial, não interrompe o prazo de prescrição da ação para a cobrança do crédito tributário.

III. Na hipótese de anulação, por vício formal, do lançamento anteriormente efetuado, o direito de a Fazenda Pública constituir o crédito tributário extingue-se após cinco anos, contados da data em que se tornar definitiva a decisão que o houver anulado.

(A) Somente I é verdadeira.
(B) Somente II é verdadeira.
(C) Somente III é verdadeira.
(D) Somente I e II são verdadeiras.
(E) Somente II e III são verdadeiras.

I: o prazo prescricional para cobrança inicia-se da constituição definitiva do crédito (lançamento) – art. 174 do CTN; **II:** qualquer ato inequívoco que importe reconhecimento do débito pelo devedor, ainda que extrajudicial, interrompe a prescrição – art. 174, p. único, IV, do CTN; **III:** art.173, II, do CTN.

Gabarito "C"

(Auditor Fiscal/RN – 2005 – ESAF) Avalie o acerto das formulações adiante e marque com V as verdadeiras e com F as falsas. Em seguida, marque a resposta correta.

( ) A intimação ou citação judicial, validamente feita ao representante da Fazenda Pública interessada, interrompe o prazo de prescrição da ação anulatória da decisão administrativa que denegar a restituição de tributo.

( ) A restituição total ou parcial do tributo dá lugar à restituição, na mesma proporção, dos juros de mora e das penalidades pecuniárias, salvo as referentes a infrações de caráter formal não prejudicadas pela causa da restituição.

( ) A restituição vence juros capitalizáveis, a partir do trânsito em julgado da decisão definitiva que a determinar.

(A) V, F, F
(B) V, V, F
(C) V, F, V
(D) F, V, F
(E) F, V, V

1ª: a interrupção do prazo prescricional se dá com o início da ação judicial. A intimação (citação) implica reinício da contagem, pela metade – art. 169, p. único, do CTN; **2ª:** art. 167, do CTN; **3ª:** os juros não são capitalizáveis – art. 167, p. único, do CTN.

Gabarito "D"

(Auditor Fiscal/RN – 2005 – ESAF) Avalie as indagações abaixo e em seguida assinale a resposta correta.

É permitido conceder anistia que abranja atos praticados com simulação por terceiro em benefício do sujeito passivo?

É permitido que lei tributária concessiva de anistia condicione o benefício fiscal ao pagamento de tributo?

Admite-se a revogação por lei, a qualquer tempo, de isenção concedida por prazo certo e em função de determinadas condições?

É permitido que a isenção e a anistia sejam concedidas restritamente a determinada região do território do ente tributante, em função de condições a ela peculiares?

(A) Sim, não, sim, sim
(B) Sim, sim, não, sim
(C) Sim, sim, não, não
(D) Não, não, não, sim
(E) Não, sim, não, sim

1ª: não é possível anistia, na hipótese – art. 180, I, do CTN; **2ª:** art. 181, II, *d*, do CTN; **3ª:** isso é vedado pelo art. 178 do CTN; **4ª:** arts. 176, p. único, e 181, II, *c*, ambos do CTN.

Gabarito "E"

(Agente Fiscal/PI – 2001 – ESAF) No primeiro dia do exercício seguinte àquele em que o lançamento poderia ter sido efetuado, inicia- se o prazo para:

(A) remissão
(B) compensação
(C) prescrição
(D) decadência
(E) parcelamento

A assertiva refere-se ao termo inicial do prazo decadencial, relativamente ao direito de o fisco constituir o crédito tributário (lançar) – art. 173, I, do CTN.

Gabarito "D"

(Agente Fiscal/PI – 2001 – ESAF) A anistia tributária atinge:

(A) os atos praticados com dolo.
(B) os atos praticados com simulação.
(C) os atos praticados com fraude.
(D) os atos qualificados em lei como contravenções.
(E) as penalidades provenientes de infrações às leis tributárias.

A, B, C e **D:** a anistia não abrange esses atos – art. 180, I, do CTN; **E:** a anistia é exatamente o perdão a essas penalidades, nos termos do at. 180 do CTN.

Gabarito "E"

(Auditor Fiscal/Teresina-PI – 2001 – ESAF) Não constitui(em) modalidade(s) de suspensão da exigibilidade do crédito tributário

(A) a concessão de medida liminar em mandado de segurança.
(B) a reclamação e os recursos no processo administrativo tributário.
(C) a isenção.
(D) o depósito do montante integral do crédito.
(E) a moratória.

Das assertivas, apenas a C não indica causa de suspensão da exigibilidade do crédito tributário (art. 151 do CTN). A isenção exclui o crédito – art. 175, I, do CTN.

Gabarito "C"

(Auditor Fiscal/Teresina-PI – 2001 – ESAF) Assinale a opção que não corresponde à modalidade de extinção do crédito tributário.

(A) Isenção.
(B) Transação.
(C) Prescrição.
(D) Decadência.
(E) Remissão.

Das assertivas, apenas a A não indica causa de extinção do crédito tributário (art. 156 do CTN). A isenção exclui o crédito – art. 175, I, do CTN.

Gabarito "A"

(Auditor do Tesouro Municipal/Recife-PE – 2003 – ESAF) Observadas as prescrições constantes do Código Tributário Nacional sobre o tema "pagamento indevido de tributos", é incorreto afirmar que:

(A) a restituição de tributos que comportem, por sua natureza, transferência do respectivo encargo financeiro somente será feita a quem prove haver assumido o referido encargo, ou, no caso de tê-lo transferido a terceiro, estar por este expressamente autorizado a recebê-la.
(B) o direito de pleitear restituição de tributos extingue-se com o decurso do prazo de cinco anos, contado da data em que se tornar definitiva a decisão administrativa ou passar em julgado a decisão judicial que tiver reformado, anulado, revogado ou rescindido a decisão condenatória.
(C) a restituição de tributos vence juros capitalizáveis, a partir do trânsito em julgado da decisão definitiva que a determinar.
(D) a restituição total ou parcial do tributo pago indevidamente dá lugar à restituição, na mesma proporção, dos juros de mora e das penalidades pecuniárias, salvo as referentes a infrações de caráter meramente formal não prejudicadas pela causa da restituição.
(E) o prazo de prescrição da ação anulatória da decisão administrativa que denegar a restituição de tributos é interrompido pelo início da ação judicial, recomeçando o seu curso, por metade, a partir da data da intimação validamente feita ao representante judicial da Fazenda Pública interessada.

A: art. 166 do CTN; **B:** art. 168, II, do CTN; **C:** os juros na restituição não são capitalizáveis – art. 167, p. único, do CTN; **D:** art. 167 do CTN; **E:** art. 169, p. único, do CTN.

Gabarito "C"

(Auditor do Tesouro Municipal/Recife-PE – 2003 – ESAF) Assinale a resposta correta, em consonância com as disposições pertinentes ao tema "crédito tributário", constantes do Código Tributário Nacional.

(A) Extinguem o crédito tributário a decisão administrativa irreformável, assim entendida a definitiva na órbita administrativa, que não mais possa ser objeto de ação anulatória, o pagamento, a decadência, a anistia.
(B) Extinguem o crédito tributário a transação, o depósito do seu montante integral, a compensação, a decisão judicial passada em julgado.
(C) A isenção e a remissão excluem o crédito tributário.
(D) Suspendem a exigibilidade do crédito tributário a moratória, a concessão de medida liminar ou de tutela antecipada em ação judicial, a conversão de depósito em renda, as reclamações e os recursos, nos termos das leis reguladoras do processo tributário administrativo.
(E) Extinguem o crédito tributário a dação em pagamento em bens imóveis, na forma e condições estabelecidas em lei, a transação, a prescrição, a compensação.

A: há forte entendimento no sentido de que o Fisco não pode propor ação judicial contra a decisão administrativa final favorável ao contribuinte. A anistia exclui o crédito (não é causa de extinção) – art. 175, II, do CTN; **B:** o depósito integral suspende a exigibilidade do crédito – art. 151, II, do CTN; **C:** isenção e anistia são as únicas causas de exclusão do crédito previstas pelo CTN (art. 175); **D:** a conversão do depósito em renda extingue o crédito – art. 156, VI, do CTN; **E:** art. 156, II, III, V e XI, do CTN.

Gabarito "E"

(Auditor do Tesouro Municipal/Fortaleza-CE – 2003 – ESAF) Assinale a resposta correta.

(A) Extingue o crédito tributário a dação em pagamento em bens de qualquer natureza, na forma e nas condições estabelecidas em lei.
(B) A conversão de depósito em renda, a remissão e a anistia extinguem o crédito tributário.
(C) É permitido que a lei concessiva de moratória circunscreva expressamente a sua aplicabilidade a determinada classe ou categoria de sujeitos passivos.
(D) A decisão administrativa de que não mais caiba recurso administrativo, mas que esteja sendo questionada mediante ação anulatória, extingue o crédito tributário.
(E) O pagamento, a compensação, a transação e o depósito integral do montante exigido pela Fazenda Pública extinguem o crédito tributário.

A: o CTN prevê apenas a dação de bens imóveis em pagamento (não móveis) como causa de extinção do crédito tributário – art. 156, XI, do CTN; **B:** anistia exclui o crédito – art. 175, II, do CTN; **C:** art. 152, p. único, do CTN; **D:** há forte entendimento no sentido de que o Fisco não pode propor ação judicial contra decisão administrativa final favorável ao contribuinte. Pela assertiva, pode se supor que a ação anulatória foi movida pelo contribuinte, ou seja, a decisão administrativa foi pela existência de crédito tributário (não há que se falar, portanto, em sua extinção); **E:** o depósito integral é causa de suspensão da exigibilidade do crédito – art. 151, II, do CTN.

Gabarito "C"

(Auditor do Tesouro Municipal/Natal-RN – 2001 – ESAF) A decadência é forma de extinção do crédito tributário, que ocorre quando:

(A) decorridos cinco anos a partir do primeiro dia do exercício seguinte àquele em que o lançamento poderia ter sido efetuado, este não é realizado.
(B) a partir de cinco anos da data de sua constituição definitiva, não é realizado o lançamento.

(C) a obrigação tributária principal é excluída em decorrência de determinação legal.
(D) o direito de a Fazenda Pública cobrar o montante tributário devido não é exercido no prazo de dez anos.
(E) mediante concessões mútuas entre os sujeitos ativo e passivo da obrigação tributária, ocorre a terminação do litígio referente ao crédito correspondente, com sua consequente extinção.

A decadência refere-se à extinção do direito de o fisco constituir o crédito tributário (= lançar). Seu prazo é de cinco anos contados, em regra, a partir do primeiro dia do exercício seguinte àquele em que o lançamento poderia ter sido efetuado – art. 173, I, do CTN.

Gabarito "A".

(Auditor do Tesouro Municipal/Natal-RN – 2001 – ESAF) Entre as formas de exclusão do crédito tributário, pode ser mencionada a seguinte:
(A) concessão de medida liminar em mandado de segurança
(B) anistia
(C) prescrição
(D) transação
(E) moratória

A: suspensão – art. 151, IV, do CTN; **B:** exclusão – art. 175, II, do CTN; **C:** extinção – art. 156, V, do CTN; **D:** extinção – art. 156, III, do CTN; **E:** suspensão – art. 151, I, do CTN.

Gabarito "B".

(Fiscal de Tributos/PA – 2002 – ESAF) Será suspensa a exigibilidade do crédito tributário no caso de
(A) parcelamento
(B) isenção
(C) remissão
(D) decadência
(E) compensação

A: art. 151, VI, do CTN; **B:** isenção é causa de exclusão do crédito – art. 175, I, do CTN; **C:** remissão extingue o crédito – art. 156, IV, do CTN; **D:** decadência extingue o crédito – art. 156, V, do CTN; **E:** compensação é causa de extinção do crédito tributário – art. 156, II, do CTN.

Gabarito "A".

11. REPARTIÇÃO DE RECEITAS

(Agente Tributário Estadual/MS – 2001 – ESAF) Dos impostos arrecadados pelos Estados, pertencem aos Municípios:
(A) Cinquenta por cento (50%) do produto da arrecadação do imposto sobre operações relativas à circulação de mercadorias e sobre prestações de serviços de transporte interestadual e intermunicipal e de comunicação – ICMS.
(B) Cinquenta por cento (50%) do produto da arrecadação do imposto sobre a propriedade de veículos automotores – IPVA, licenciados no território municipal.
(C) Cinquenta por cento (50%) do produto da arrecadação do imposto sobre a propriedade territorial rural – ITR.
(D) Cinquenta por cento (50%) do produto da arrecadação do imposto sobre a renda e proventos de qualquer natureza – IR.
(E) Cinquenta por cento (50%) do produto da arrecadação do imposto sobre a transmissão *causa mortis* e doação de quaisquer bens ou direitos – ITDB.

A: apenas 25% (não 50%) da receita do ICMS pertence aos Municípios – art. 158, IV, da CF; **B:** art. 158, III, da CF; C e **D:** o ITR e o IR são cobrados pela União – art. 153, III e VI, da CF; **E:** a CF não prevê a repartição da receita do ITCMD estadual.

Gabarito "B".

(Auditor do Tesouro Municipal/Recife-PE – 2003 – ESAF) Assinale a opção que apresenta resposta correta.
(A) Aos Municípios, aos Estados e ao Distrito Federal pertence o produto da arrecadação do imposto da União sobre renda e proventos de qualquer natureza, incidente na fonte, sobre rendimentos pagos, a qualquer título, por eles, suas autarquias, empresas públicas e fundações que instituírem e mantiverem.
(B) Pertencem aos Municípios vinte e cinco por cento do produto da arrecadação do imposto do Estado sobre operações relativas à circulação de mercadorias e sobre prestações de serviços de transporte interestadual e intermunicipal e de comunicação.
(C) Do produto da arrecadação dos impostos sobre renda e proventos de qualquer natureza e sobre produtos industrializados e da contribuição provisória sobre movimentação ou transmissão de valores e de créditos e direitos de natureza financeira – CPMF, a União entregará três por cento, para aplicação em programas de financiamento ao setor produtivo das Regiões Norte, Nordeste e Centro-Oeste, através de suas instituições financeiras de caráter regional, de acordo com os planos regionais de desenvolvimento, ficando assegurada ao semiárido do Nordeste a metade dos recursos destinados à Região, na forma que a lei estabelecer.
(D) A União entregará aos Estados, ao Distrito Federal e aos Municípios dez por cento do produto da arrecadação do imposto sobre produtos industrializados, proporcionalmente ao valor das respectivas exportações de produtos industrializados.
(E) Pertencem aos Estados e ao Distrito Federal vinte por cento do produto da arrecadação dos impostos extraordinários que a União instituir por motivo de guerra externa.

A: o IR retido pelas empresas públicas não pertence aos Estados, DF e Municípios, nem às empresas, que devem recolher os valores ao fisco federal – arts. 157, I, e 158, I, da CF; **B:** art. 158, IV, da CF; **C:** o art. 159, I, *c*, da CF prevê a aplicação de 3% da receita do IR e do IPI nesses programas (não da CPMF, hoje extinta); **D:** a parcela da receita do IPI proporcional às exportações é entregue a Estados e ao DF, não a Municípios – art. 159, II, da CF; **E:** somente eventual imposto da competência residual (não da competência extraordinária) terá sua receita repartida com Estados e Distrito Federal – art. 157, II, da CF.

Gabarito "B".

(Auditor do Tesouro Municipal/Fortaleza-CE – 2003 – ESAF) Assinale a opção que apresenta resposta correta.

(A) A União entregará ao Fundo de Participação dos Municípios o produto da arrecadação do imposto sobre renda e proventos de qualquer natureza, incidente na fonte, sobre rendimentos pagos, a qualquer título, por eles, suas autarquias e fundações que instituírem e mantiverem.

(B) Aos Municípios pertencem vinte por cento do produto da arrecadação do imposto que a União instituir no exercício de sua competência residual.

(C) Do produto da arrecadação da contribuição provisória sobre movimentação ou transmissão de valores e de créditos e direitos de natureza financeira (CPMF), a União entregará vinte por cento aos Municípios, para aplicação em ações e serviços públicos de saúde.

(D) Pertence aos Municípios o produto da arrecadação do imposto sobre a propriedade de veículos automotores licenciados em seus territórios.

(E) Do montante da arrecadação do imposto da União sobre operações de crédito, câmbio e seguro, ou relativas a títulos ou valores mobiliários (IOF), cobrado na operação de origem, relativa ao ouro definido em lei como ativo financeiro ou instrumento cambial, é assegurada a transferência de setenta por cento para o Município de origem.

A: esse imposto de renda retido na fonte fica diretamente com o retentor (não é recolhido à União para ser posteriormente distribuído) – art. 158, I, da CF; **B:** há distribuição de parcela do imposto da competência residual aos Estados e ao DF, não aos Municípios – art. 157, II, da CF; **C:** a receita da CPMF (hoje extinta) não era repartida com os Municípios; **D:** somente 50% do IPVA pertence aos Municípios, nos termos do art. 158, III, da CF; **E:** art. 153, § 5º, II, da CF.

Gabarito "E"

12. IMPOSTOS E CONTRIBUIÇÕES EM ESPÉCIE

12.1. IMPOSTO DE IMPORTAÇÃO E IMPOSTO DE EXPORTAÇÃO

(Auditor Fiscal da Receita Federal – 2010 – ESAF) Com relação ao imposto sobre importação de produtos estrangeiros, assinale a opção incorreta.

(A) Somente se deve considerar entrada e importada aquela mercadoria estrangeira que ingressa no território nacional para uso comercial ou industrial e consumo, não aquela em trânsito, destinada a outro país.

(B) A Constituição Federal outorga à União a competência para instituí-lo, vale dizer, concede a este ente político a possibilidade de instituir imposto sobre a entrada no território nacional, para incorporação à economia interna, de bem destinado ou não ao comércio, produzido pela natureza ou pela ação humana, fora do território nacional.

(C) A simples entrada em território nacional de um quadro para exposição temporária num museu ou de uma máquina para exposição em feira, destinados a retornar ao país de origem, não configuram importação, e, por conseguinte não constituem fato gerador.

(D) Terá suas alíquotas graduadas de acordo com o grau de essencialidade do produto, de modo a se tributar com alíquotas mais elevadas os produtos considerados supérfluos, e com alíquotas inferiores os produtos tidos como essenciais.

(E) Possui caráter nitidamente extrafiscal, tanto que a Constituição Federal faculta ao Poder Executivo, atendidas as condições e os limites estabelecidos em lei, alterar suas alíquotas, já que sua arrecadação não possui objetivo exclusivo de abastecer os cofres públicos, mas também a conjugação de outros interesses que interferem no direcionamento da atividade impositiva – políticos, sociais e econômicos, por exemplo.

A: correta, pois, de fato, não incide o imposto de importação – II no caso de mercadoria estrangeira destinada a outro país, em trânsito regular pelo território nacional, trafegando por via usual ao comércio internacional – art. 1º, § 1º, da Lei 3.244/1957 e art. 318, V, do Regulamento Aduaneiro – RA (Decreto 6.759/2009); **B:** assertiva correta, já que a competência tributária para o II é privativa da União – ver art. 19 do CTN e arts. 69 e 72 do RA; **C:** correta, nos termos do art. 354 do RA (admissão temporária); **D:** incorreta, pois o II não se submete, necessariamente, ao princípio da seletividade conforme a essencialidade do bem. Trata-se de tributo de caráter fortemente extrafiscal, com alíquotas fixadas em conformidade com a política aduaneira do país; **E:** correta, conforme o art. 153, § 1º, da CF.

Gabarito "D"

(Auditor Fiscal da Receita Federal – 2005 – ESAF) Responda às perguntas que seguem:

O sócio cotista pode ser responsabilizado com base na regra de solidariedade do CTN, sem que tenha participado da gerência?

A alíquota incidente sobre as importações de mercadorias entradas em território nacional é definida pela norma vigente no momento em que se efetivou o registro da declaração apresentada pelo importador à repartição alfandegária competente?

O fato gerador do imposto de importação é a data da celebração, no Brasil ou no exterior, do contrato de compra e venda relativo aos produtos importados, ou, se conhecido, o instante em que são embarcadas as mercadorias adquiridas no estrangeiro?

(A) Sim, sim, sim

(B) Não, não, não

(C) Não, sim, não

(D) Não, sim, sim

(E) Não, não, sim

1ª: em princípio, somente o sócio que participa da administração da empresa pode ser responsabilizado nos termos do art. 135, III, do CTN (importante ressaltar que há entendimento de que esse dispositivo trata de responsabilidade subsidiária, não solidária); **2ª** e **3ª**: a legislação aplicável é aquela vigente no momento do fato gerador (art. 144 do CTN), que se considera ocorrido na data de registro da declaração de importação da mercadoria submetida a despacho para consumo – art. 73, I, do RA.

Gabarito "C"

(Auditor Fiscal da Receita Federal – 2005 – ESAF) Segundo a legislação própria, considera-se estrangeira(o) e, salvo disposição em contrário, pode, sobre ela(e), incidir o imposto de importação (salvo se por outra razão seja verificada sua não incidência) :

(A) mercadoria restituída pelo importador estrangeiro, por motivo de modificações na sistemática de importação por parte do país importador.
(B) mercadoria enviada em consignação e não vendida no exterior no prazo autorizado, quando retorna ao País.
(C) produto devolvido do exterior por motivo de defeito técnico, para reparo ou substituição.
(D) mercadoria nacional que retornar ao País.
(E) produto estrangeiro em trânsito aduaneiro de passagem acidentalmente destruído no País.

A, **B**, **C** e **E**: a mercadoria não é considerada estrangeira, nessas hipóteses – arts. 70, I, II, III, e 71,VII, ambos do RA; **D**: a mercadoria nacional que retorne ao Brasil é considerada estrangeira, em regra – art. 70, *caput*, do RA.

Gabarito "D"

(Auditor Fiscal da Receita Federal – 2003 – ESAF) Avalie o acerto das afirmações adiante e marque com V as verdadeiras e com F as falsas; em seguida, marque a opção correta.

( ) A base de cálculo do imposto sobre a importação de produtos estrangeiros, quando a alíquota seja específica, é o preço normal que o produto, ou seu similar, alcançaria, ao tempo da importação, em uma venda em condições de livre concorrência, para entrega no porto ou lugar de entrada do produto no País.
( ) É facultado ao Poder Executivo, nas condições e nos limites estabelecidos em lei, alterar as alíquotas ou as bases de cálculo do imposto sobre a importação de produtos estrangeiros.
( ) A posse de imóvel por natureza, como definido na lei civil, localizado fora da zona urbana do Município, não constitui fato gerador do imposto sobre propriedade territorial rural.

(A) F, V, F
(B) F, F, V
(C) F, F, F
(D) V, F, V
(E) V, V, F

1ª: a base de cálculo do II é: quando a alíquota for *ad valorem*, o valor aduaneiro apurado segundo as normas do Artigo VII do Acordo Geral sobre Tarifas e Comércio – GATT 1994; e quando a alíquota for específica, a quantidade de mercadoria expressa na unidade de medida estabelecida art. 75 do RA; **2ª**: somente a alíquota do II (entre os impostos citados) pode ser alterada pelo Executivo – art. 153, § 1º, da CF; **3ª**: o ITR incide exatamente nessa hipótese – art. 153, VI, da CF e art. 29 do CTN.

Gabarito "C"

(Auditor Fiscal da Receita Federal – 2002.2 – ESAF) Quanto ao imposto de exportação, avalie o acerto das afirmações adiante e marque com V as verdadeiras e com F as falsas; em seguida, marque a opção correta.

( ) O imposto incide sobre mercadoria nacional ou nacionalizada destinada ao exterior.
( ) Pelas regras vigentes, o imposto é excepcional, pois somente os produtos relacionados estão a ele sujeitos.
( ) O preço, a vista, da mercadoria, FOB ou colocada na fronteira, é indicativo do preço normal, que é a base de cálculo do imposto.

(A) V, V, V
(B) V, V, F
(C) V, F, F
(D) F, F, F
(E) F, V, F

1ª: art. 212 do RA; **2ª**: de fato, somente a exportação das mercadorias relacionadas pela Câmara de Comércio Exterior sujeitam-se ao IE – art. 212, § 2º, do RA; **3ª**: art. 214 do RA.

Gabarito "A"

(Técnico da Receita Federal – 2003 – ESAF) Não haverá incidência do Imposto de Importação nas seguintes situações, exceto:

(A) devolução de dois aparelhos de ultrassonografia nacionalizados, por motivo de defeito técnico e que retornaram ao País para substituição.
(B) retorno ao País de veículo de fabricação nacional, adquirido no mercado interno, por empresa nacional de engenharia e exportado para execução de obra contratada no exterior.
(C) retorno ao Brasil de peças de artesanato, sob a alegação de que não correspondia à amostra apresentada ao importador estrangeiro pelo representante da cooperativa de artesãos.
(D) retorno ao País de produtos nacionais, enviados em consignação e não vendidos, imediatamente após o término do prazo autorizado.
(E) redestinação ou devolução para o exterior de mercadoria estrangeira, corretamente descrita e cujo erro de expedição foi comprovado.

A: art. 70, II, do RA; **B**: art. 70, p. único, do RA; **C**: art. 70, V, do RA; **D**: art. 70, I, do RA; **E**: art. 71, I, do RA.

Gabarito "B"

(Técnico da Receita Federal – 2002.1 – ESAF) As normas legais e regulamentares que dispõem sobre o Imposto de Exportação prescrevem que:

(A) o Imposto de Exportação incide sobre mercadoria nacional ou nacionalizada destinada ao exterior.
(B) a base de cálculo do Imposto de Exportação é o preço normal que a mercadoria, ou seu similar, alcançaria ao tempo de uma exportação, em uma venda em condições de livre concorrência no mercado internacional, observadas as normas expedidas pelo Conselho de Política Aduaneira do Ministério da Fazenda.
(C) poderá o Ministro do Desenvolvimento, Indústria e Comércio Exterior reduzir ou elevar a alíquota para atender aos objetivos da política cambial e do comércio exterior.

(D) considera-se ocorrido o fato gerador do Imposto de Exportação na data do efetivo embarque, devidamente comprovada pela exibição do conhecimento de transporte.

(E) Na administração do Imposto de Exportação aplicar-se-ão supletivamente as normas que regulam a administração do Imposto sobre Produtos Industrializados.

A: art. 212 do RA; **B:** o art. 214 do RA prevê observância das normas expedidas pela Câmara de Comércio Exterior (não pelo Conselho de Política Aduaneira); **C:** a competência para a alteração da alíquota é deferida à Câmara de Comércio Exterior, não ao Ministro – art. 215, § 1º, do RA; **D:** considera-se ocorrido o fato gerador na data do registro de exportação no Sistema Integrado de Comércio Exterior (SISCOMEX) – art. 213, p. único, do RA; **E:** ao IE aplica-se, subsidiariamente, a legislação relativa ao II – art. 235 do RA.

Gabarito "A".

(Técnico da Receita Federal – 2002.1 – ESAF) – O pagamento do Imposto de Exportação será realizado na forma e momento fixados pelo

(A) Ministro do Desenvolvimento, Indústria e Comércio Exterior, que poderá determinar sua exigibilidade antes da efetiva saída do território aduaneiro da mercadoria a ser exportada.

(B) Ministro da Fazenda, que poderá determinar sua exigibilidade antes da efetiva saída do território aduaneiro da mercadoria a ser exportada.

(C) Secretário-Executivo da Câmara de Comércio Exterior-CAMEX, que poderá determinar sua exigibilidade antes da efetiva saída do território aduaneiro da mercadoria a ser exportada.

(D) Diretor do Departamento de Comércio Exterior, da Secretaria do Comércio Exterior do Ministério do Desenvolvimento, Indústria e Comércio Exterior, que poderá determinar sua exigibilidade antes da efetiva saída do território aduaneiro da mercadoria a ser exportada.

(E) Presidente do Banco Central do Brasil, que poderá determinar sua exigibilidade antes da efetiva saída do território aduaneiro da mercadoria a ser exportada.

A assertiva em B reflete o disposto no art. 216 do RA.

Gabarito "B".

(Técnico da Receita Federal – 2002.1 – ESAF) A base de cálculo do Imposto de Importação é:

(A) em se tratando de alíquota específica, a quantidade de mercadoria expressa na unidade de medida indicada na Tarifa baixada pelo Ministro da Fazenda.

(B) em se tratando de alíquota *ad valorem*, o preço pelo qual a mercadoria ou similar é normalmente oferecida a venda no mercado atacadista do país exportador, somado às despesas efetivamente pagas para sua colocação a bordo no porto de embarque para o Brasil, ao seguro e ao frete (CIF), deduzidos, quando for o caso, os impostos exigíveis para consumo interno e recuperáveis pela exportação.

(C) em se tratando de alíquota *ad-valorem*, o preço do produto adquirido numa venda internacional em condições de livre concorrência, e relativo ao custo da exportação acrescido das despesas incorridas para colocação no porto de embarque.

(D) em se tratando de alíquota *ad-valorem*, o preço do produto adquirido em licitação pública, deduzidos os impostos internos exigíveis no mercado interno e acrescido do frete e seguro internacionais.

(E) quando a alíquota for *ad-valorem*, o valor aduaneiro definido no Artigo VII do Acordo Geral sobre Tarifas e Comércio (GATT), no qual o Brasil é parte.

A base de cálculo do II é: quando a alíquota for *ad valorem*, o valor aduaneiro apurado segundo as normas do Artigo VII do Acordo Geral sobre Tarifas e Comércio – GATT 1994; e quando a alíquota for específica, a quantidade de mercadoria expressa na unidade de medida estabelecida – art. 75 do RA.

Gabarito "E".

12.2. IPI

(Procurador da Fazenda Nacional – 2007 – ESAF) O Código Tributário Nacional dispõe que o fato gerador do imposto de importação é a entrada do produto estrangeiro no território nacional, não esclarecendo exatamente quando se considera ocorrida essa entrada. Quanto à tributação de produtos alienígenas, observe as asserções seguintes e avalie se elas são verdadeiras ou falsas.

1. A legislação do IPI esclarece que o fato gerador desse imposto (sobre produtos industrializados) é o desembaraço aduaneiro, quando de procedência estrangeira, considerando-se ocorrido esse desembaraço relativamente à mercadoria que constar como tendo sido importada e cujo extravio seja verificado pela autoridade fiscal.
2. É na data do registro da declaração de importação de mercadoria submetida a despacho para consumo que se considera ocorrido o fato gerador do imposto de importação.
3. Como o CTN dispõe que, quando o valor tributário esteja expresso em moeda estrangeira, no lançamento far-se-á sua conversão em moeda nacional ao câmbio do dia da ocorrência do fato gerador da obrigação, para efeito de cálculo do imposto os valores expressos em moeda estrangeira deverão ser convertidos em moeda nacional à taxa de câmbio vigente na data da entrada do bem em águas territoriais nacionais.

(A) As três afirmações são verdadeiras.

(B) Só é verdadeira a primeira asserção.

(C) Só é falsa a terceira afirmação.

(D) Só são verdadeiras as duas últimas.

(E) São todas falsas.

1: art. 238, § 1º, do RA (regulamento aduaneiro – Decreto 6.759/2009); **2:** art. 73 do RA; **3:** a entrada do bem em águas territoriais nacionais não é momento de ocorrência de fato gerador na importação.

Gabarito "C".

(Auditor Fiscal da Receita Federal – 2012 – ESAF) De acordo com a legislação tributária sobre o Imposto sobre Produtos Industrializados (IPI), assinale a opção correta.

(A) As bebidas alcoólicas, os produtos de perfumaria ou toucador e as preparações cosméticas industrializadas na Zona Franca de Manaus, com utilização de matérias-primas da fauna e flora regionais, em conformidade com processo produtivo básico, por estabelecimentos com projetos aprovados pelo Conselho de Administração da Superintendência da Zona Franca de Manaus – SUFRAMA, são isentos de IPI, quando destinados à comercialização em qualquer outro ponto do território nacional.

(B) Os produtos industrializados na Zona Franca de Manaus, destinados ao seu consumo interno, não são isentos de IPI.

(C) Os automóveis de passageiros de fabricação nacional que obedeçam às especificações previstas em Lei são isentos de IPI, quando adquiridos por pessoas portadoras de deficiência mental severa ou profunda, ou autistas, desde que atendidos os requisitos previstos na legislação tributária.

(D) Os bens de informática destinados à coleta eletrônica de votos, fornecidos diretamente ao Tribunal Superior Eleitoral, assim como os caixões funerários, são objeto de suspensão de IPI.

(E) Há isenção de IPI sobre hidrocarbonetos, assim entendidos os derivados do petróleo, resultantes da sua transformação, mediante processos genericamente denominados refino ou refinação.

A: incorreta, pois, dentre os produtos listados, somente os produtos de perfumaria, cosméticos etc. são isentos, nos termos do art. 81, II, do Regulamento do IPI – RIPI (Decreto 7.212/2010); **B:** incorreta, pois há isenção, nos termos do art. 81, I, do RIPI; **C:** essa é a correta, nos termos do art. 55, IV, do RIPI; **D:** incorreta, pois se trata de isenção, não de simples suspensão do IPI – art. 54, VII e XXV, do RIPI; **E:** incorreta, pois há imunidade, no caso – art. 155, § 3.º, da CF e art. 18, IV, do RIPI.

Gabarito "C".

(Auditor Fiscal da Receita Federal – 2012 – ESAF) Assinale a opção que contém a sequência correspondente à classificação correta dos institutos tratados em cada um dos itens a seguir:

I. Crédito atribuído a empresa produtora e exportadora de mercadorias nacionais, como ressarcimento das contribuições, legalmente especificadas, incidentes sobre as respectivas aquisições, no mercado interno, de matéria-prima, produto intermediário e material de embalagem, para utilização no processo produtivo.

II. Crédito correspondente ao imposto incidente sobre matéria-prima, produto intermediário e material de embalagem, adquiridos para emprego na industrialização de produtos tributados, incluindo-se, entre as matérias-primas e os produtos intermediários, aqueles que, embora não se integrando ao novo produto, forem consumidos no processo de industrialização, salvo se compreendidos entre os bens do ativo permanente.

III. Créditos extintos em 1990, antes atribuídos a empresas fabricantes e exportadoras de produtos manufaturados, a título estímulo fiscal, sobre suas vendas para o exterior, como ressarcimento de tributos pagos internamente.

IV. Valores instituídos por prazo determinado, atribuídos a pessoa jurídica produtora que efetue exportação de bens manufaturados no País, calculados pela aplicação de percentual estabelecido pelo Poder Executivo sobre a receita decorrente da exportação desses bens, objetivando ressarcir o resíduo tributário federal existente nessa cadeia de produção.

(A) Crédito-prêmio; crédito-escritural; crédito-básico; valores decorrentes do Regime Especial de Reintegração de Valores Tributários para as Empresas Exportadoras (Reintegra).

(B) Crédito presumido; crédito-básico; crédito-prêmio; crédito-básico.

(C) Crédito-prêmio; crédito não cumulativo; valores decorrentes do Regime Especial de Reintegração de Valores Tributários para as Empresas Exportadoras (Reintegra); crédito por devolução.

(D) Crédito presumido; crédito-básico; crédito-prêmio; valores decorrentes do Regime Especial de Reintegração de Valores Tributários para as Empresas Exportadoras (Reintegra).

(E) Crédito não cumulativo; crédito presumido; crédito por devolução; crédito-prêmio.

I: crédito presumido – art. 241 do RIPI; **II:** crédito-básico – art. 226, I, do RIPI; **III:** crédito-prêmio – ver no STJ: REsp 1.129.971/BA; **IV:** Reintegra – Lei 12.546/2011. Por essas razões, a alternativa "D" é a correta.

Gabarito "D".

(Auditor Fiscal da Receita Federal – 2012 – ESAF) De acordo com a legislação tributária do Imposto sobre Produtos Industrializados (IPI), julgue os itens abaixo, classificando-os como corretos (C) ou errados (E). Em seguida, escolha a opção adequada às suas respostas.

I. O saldo credor do Imposto sobre Produtos Industrializados – IPI, acumulado em cada trimestre-calendário, decorrente de aquisição de matéria-prima, produto intermediário e material de embalagem, aplicados na industrialização, inclusive de produto isento ou tributado à alíquota zero, que o contribuinte não puder compensar com o IPI devido na saída de outros produtos, poderá ser utilizado na forma prevista em Lei.

II. A incidência do IPI na importação de produtos industrializados depende do título jurídico a que se der a importação. Por isso, a Lei exclui da sujeição passiva do IPI a pessoa física na condição de importadora de produtos industrializados para uso próprio.

III. Segundo entendimento atual do Superior Tribunal de Justiça, é devida a correção monetária ao creditamento do IPI quando há oposição ao seu aproveitamento decorrente de resistência ilegítima do Fisco.

IV. A legislação tributária determina, em observância à não cumulatividade do tributo, que a entrada de insumos não onerados – seja por força de alíquota zero, de não incidência, de isenção ou de imunidade – gera direito ao crédito de IPI na saída dos produtos industrializados.

(A) Apenas os itens I e III estão corretos.
(B) Apenas os itens I e IV estão corretos.
(C) Apenas o item IV está correto.
(D) Apenas os itens II e IV estão corretos.
(E) Apenas o item III está errado.

I: correta, nos termos do art. 256, § 2.º, do RIPI; **II:** incorreta, pois o título jurídico a que se faça a importação é irrelevante para a incidência do IPI na importação – art. 39 do RIPI; **III:** correta – Súmula 411/STJ; **IV:** incorreta – ver no STF: RE 370.682/SC; e no STJ: REsp 1.134.903/SP. Por essas razões, a alternativa "A" é a correta.

Gabarito "A"

(Auditor Fiscal da Receita Federal – 2012 – ESAF) Tendo por base a legislação tributária aplicável ao Imposto sobre Produtos Industrializados (IPI), julgue os itens abaixo, classificando-os como corretos (C) ou errados (E). Em seguida, escolha a opção adequada às suas respostas.

I. A tributação das bebidas classificadas nas Posições 22.04, 22.05, 22.06 e 22.08 da TIPI, vulgarmente chamadas de "bebidas quentes", dá-se por intermédio de técnica especial, consistente no enquadramento dos produtos por Classes de valores de imposto. Este enquadramento é passível de alteração pelo Ministro da Fazenda, desde que o comportamento do mercado justifique a alteração, sendo esta alteração legalmente limitada ao valor do imposto que resultaria da aplicação da alíquota do produto constante da TIPI sobre o seu valor tributável.

II. Mediante intimação escrita, as empresas transportadoras e os transportadores autônomos são obrigados a prestar aos Auditores-Fiscais da Receita Federal do Brasil todas as informações de que disponham com relação aos produtos, negócios ou atividades de terceiros, exceto quanto a fatos sobre os quais estejam legalmente obrigados a observar segredo em razão de cargo, ofício, função, ministério, atividade ou profissão.

III. A mistura de tintas entre si, ou com concentrados de pigmentos, sob encomenda do consumidor ou usuário, realizada em estabelecimento comercial varejista, efetuada por máquina automática ou manual, não se caracteriza como industrialização, desde que fabricante e varejista não sejam empresas interdependentes, controladora, controlada ou coligadas.

IV. Para fins de controle do quantitativo de produtos industrializados tributados pelo IPI, a legislação tributária pode instituir obrigação acessória consistente na aplicação de selo especial, confeccionado pela Casa da Moeda do Brasil e distribuído aos contribuintes pela Secretaria da Receita Federal do Brasil, proibida cobrança de valores pela distribuição, exceto no caso de inutilização ou desperdício ocasionado pelo contribuinte, hipótese em que será cobrado ressarcimento pela redistribuição dos selos.

(A) Apenas o item II está correto.
(B) Apenas os itens II e III estão corretos.
(C) Apenas o item III está correto.
(D) Apenas o item IV está errado.
(E) Todos os itens estão corretos.

I: correta – ver Nota Complementar (NC) 22-2 da Tabela de Incidência do IPI – TIPI; **II:** correta, nos termos do art. 517, III, do RIPI; **III:** correta, nos termos do art. 5.º, XIV, do RIPI; **IV:** incorreta, pois é possível a cobrança relativa a ressarcimento de custos e demais encargos, conforme determinação do Ministro de Estado da Fazenda, nos termos do art. 298 do RIPI.

Gabarito "D"

(Auditor Fiscal da Receita Federal – 2012 – ESAF) A Lei n. 12.546, de 14 de dezembro de 2011, prevê incidência específica do Imposto sobre Produtos Industrializados (IPI) sobre certos tipos de cigarros (Cigarros que contenham tabaco – classificados no código 2402.20.00 da TIPI, com exceção do EX 01). A respeito desta incidência, assinale a opção *incorreta*.

(A) O IPI em questão será apurado e recolhido, uma única vez, pelo estabelecimento industrial, em relação às saídas dos cigarros destinados ao mercado interno, ou pelo importador, no desembaraço aduaneiro dos cigarros de procedência estrangeira.
(B) O valor a ser pago a título desse IPI é calculado mediante a aplicação da alíquota do tributo sobre a sua base de cálculo, a qual é obtida mediante aplicação de uma porcentagem, cujo mínimo está previsto em lei, incidente sobre o preço de venda a varejo do produto.
(C) O Poder Executivo poderá fixar preço mínimo de venda no varejo dos cigarros de que trata o *caput*, válido em todo o território nacional, abaixo do qual fica proibida a sua comercialização.
(D) O fabricante dos cigarros em questão é obrigado a Registro Especial junto à Secretaria da Receita Federal do Brasil, cuja concessão dar-se-á por estabelecimento industrial e estará, também, na hipótese de produção, condicionada à instalação de contadores automáticos da quantidade produzida, sendo a ausência de regularidade fiscal uma das hipóteses que pode resultar no cancelamento deste Registro Especial.
(E) A pessoa jurídica industrial ou importadora dos cigarros referidos poderá optar por regime favorecido de apuração e recolhimento do IPI, caso em que, atendidos certos requisitos, a base de cálculo do tributo será o menor preço de venda a varejo do produto, praticado em cada Estado ou no Distrito Federal.

A: correta, conforme o art. 16 da Lei 12.546/2011; **B** e **C:** corretas, nos termos do art. 4.º do DL 1.593/1977 e do art. 20 da Lei 12.546/2011 (embora haja claro erro na menção ao *caput*); **D:** correta, nos termos do art. 1.º do DL 1.593/1977; **E:** essa é a incorreta (devendo ser assinalada), conforme comentários às alternativas anteriores.

Gabarito "E"

(Analista Tributário da Receita Federal – 2012 – ESAF) Avalie os itens a seguir e assinale a opção correta.

I. Para fins da incidência do Imposto sobre Produtos Industrializados, a industrialização é caracterizada como qualquer operação que modifique a natureza, o funcionamento, o acabamento, a apresentação ou a finalidade do produto.

II. O aperfeiçoamento para consumo é considerado como industrialização, para fins da incidência do Imposto sobre Produtos Industrializados, dependendo do processo utilizado para obtenção do produto e da localização e condições das instalações ou equipamentos empregados.

III. A alteração da apresentação do produto pela colocação de embalagem, ainda que em substituição da original,salvo quando a embalagem colocada se destine apenas ao transporte da mercadoria, é caracterizado como industrialização para fins da incidência do Imposto sobre Produtos Industrializados.

(A) Somente o item I está correto.
(B) O item I e o item II estão corretos.
(C) Os itens I, II e III estão corretos.
(D) Os itens II e III estão corretos.
(E) Os itens I e III estão corretos.

I: correta, nos termos do art. 46, parágrafo único, do CTN e art. 4.º do RIPI; **II:** incorreta, pois são irrelevantes, para caracterizar a operação como industrialização, o processo utilizado para obtenção do produto e a localização e condições das instalações ou equipamentos empregados – art. 4.º, parágrafo único, do RIPI; **III:** correta, nos termos do art. 4.º, IV, do RIPI. A alternativa "E" é a correta, portanto.

Gabarito "E".

(Analista Tributário da Receita Federal – 2012 – ESAF) Avalie os itens a seguir e assinale a opção correta. São equiparados aos estabelecimentos industriais para fins de incidência do Imposto sobre Produtos Industrializados:

I. Os estabelecimentos que comercializam produtos cuja industrialização tenha sido realizada por outro estabelecimento da mesma firma ou de terceiro, mediante a remessa, por eles efetuada, de matérias-primas,produtos intermediários, embalagens, recipientes,moldes, matrizes ou modelos.

II. Os estabelecimentos, ainda que varejistas, que receberem, para comercialização, diretamente da repartição que os liberou, produtos importados por outro estabelecimento da mesma firma.

III. Os estabelecimentos atacadistas e cooperativas de produtores que derem saída a bebidas alcoólicas.

(A) Somente o item I está correto.
(B) O item I e o item II estão corretos.
(C) Os itens I, II e III estão corretos.
(D) Os itens II e III estão corretos.
(E) Os itens I e III estão corretos.

I: correta, conforme art. 9.º, IV, do RIPI; **II:** correta, nos termos do art. 9.º, II, do RIPI; **III:** também correta, observadas as condições do art. 9.º, VII, do RIPI. Por essas razões, a alternativa "C" é a correta.

Gabarito "C".

(Analista Tributário da Receita Federal – 2012 – ESAF) Assinale a opção incorreta.

(A) As isenções do Imposto sobre Produtos Industrializados, salvo disposição expressa de lei, referem-se ao produto e não ao contribuinte ou adquirente.
(B) A isenção do Imposto sobre Produtos Industrializados,quando possuir caráter subjetivo, só exclui o crédito tributário quando o seu titular estiver na situação de contribuinte ou responsável.
(C) Se a isenção do Imposto sobre Produtos Industrializados estiver condicionada à destinação do produto e a este for dado destino diverso do previsto, estará o responsável pelo fato sujeito ao pagamento do imposto e da penalidade cabível.
(D) Os produtos desembaraçados como bagagem só poderão ser depositados para fins comerciais ou expostos à venda após comunicação obrigatória à Receita Federal para fins de controle do pagamento posterior do Imposto sobre Produtos Industrializados.
(E) O titular da isenção do Imposto sobre Produtos Industrializados poderá renunciar ao benefício,devendo comunicar o fato à unidade da Receita Federal de sua jurisdição.

A: correta, nos termos do art. 50 do RIPI; **B:** correta, conforme art. 51 do RIPI; **C:** correta, na forma do art. 52 do RIPI; **D:** essa é a incorreta (devendo ser assinalada), pois tais produtos somente poderão ser depositados para fins comerciais, expostos à venda ou vendidos após o pagamento do imposto e acréscimos – art. 53 do RIPI; **E:** correta, nos termos do art. 51, parágrafo único, do RIPI.

Gabarito "D".

(Analista Tributário da Receita Federal – 2012 – ESAF) Quanto à obrigatoriedade de rotulação ou marcação de produtos, exigida na legislação do Imposto sobre Produtos Industrializados, pode-se afirmar, exceto:

(A) a rotulagem ou marcação será feita no produto e no seu recipiente, envoltório ou embalagem.
(B) a rotulagem ou marcação será feita antes da saída do estabelecimento, em cada unidade, em lugar visível, por processo de gravação, estampagem ou impressão.
(C) nos tecidos a rotulagem ou marcação será feita nas extremidades de cada peça, com indicação de sua composição, vedado cortar as indicações constantes da parte final da peça.
(D) no caso de impossibilidade ou impropriedade de rotulagem ou marcação no produto, o fato será comunicado à Receita Federal do Brasil para fins de dispensa.
(E) das amostras grátis isentas do imposto e das que,embora destinadas a distribuição gratuita, sejam tributadas, constarão, respectivamente, as expressões "Amostra Grátis Isenta de IPI" e "Amostra Grátis Tributada".

A: correta, conforme art. 273, § 1.º, do RIPI; **B:** correta, também por conta do disposto no art. 273, § 1.º, do RIPI; **C:** correta, nos termos do art. 273, § 2.º, do RIPI; **D:** essa é a incorreta (devendo ser assinalada), já que, nesse caso, a rotulagem ou a marcação serão feitas apenas no recipiente, envoltório ou embalagem – art. 273, § 3.º, do RIPI; **E:** correta, nos termos do art. 273, § 9.º, do RIPI.

Gabarito "D".

(Analista Tributário da Receita Federal – 2012 – ESAF) Quanto aos estabelecimentos industriais fabricantes de cigarros, segundo a legislação do Imposto sobre Produtos Industrializados, assinale a opção correta.

(A) Tais estabelecimentos estão obrigados à instalação de contadores de produção, exceto no caso da instalação de equipamento que permita o controle e o rastreamento dos produtos em todo território nacional.

(B) Os equipamentos contadores de produção deverão ser instalados em todas as linhas de produção existentes nos estabelecimentos industriais fabricantes de cigarros, em local correspondente ao da aplicação do selo de controle.

(C) No caso de avaria dos contadores de produção, o contribuinte terá o prazo de trinta dias para conserto,sendo obrigado a utilizar o selo de controle enquanto perdurar a interrupção.

(D) Os equipamentos contadores de produção, em condições normais de operação, deverão permanecer acessíveis para ações de configuração ou para interação manual direta com o fabricante.

(E) Nem todos os estabelecimentos industriais fabricantes de cigarros estão obrigados à instalação de contadores de produção, somente aqueles que não tenham aparelhos que façam o controle, registro, gravação e transmissão dos quantitativos produzidos.

A: incorreta, pois os estabelecimentos estão obrigados à instalação dos contadores de produção e desses aparelhos, que deverão possibilitar o controle e o rastreamento – art. 378, *caput* e § 1.º, do RIPI; **B:** essa é a correta – art. 379 do RIPI; **C:** incorreta, pois o contribuinte deve comunicar a ocorrência no prazo de vinte e quatro horas, mantendo o controle do volume de produção na forma estabelecida pela Secretaria da Receita Federal do Brasil – art. 378, § 2.º, do RIPI; **D:** incorreta, pois deve haver inacessibilidade, nos termos do art. 380 do RIPI; **E:** incorreta, conforme comentário à alternativa "A".

Gabarito "B"

(Analista Tributário da Receita Federal – 2012 – ESAF) São responsáveis solidários pelo pagamento do Imposto sobre Produtos Industrializados

(A) os possuidores ou detentores, em relação os produtos tributados que possuírem ou mantiverem para fins de venda ou industrialização, acompanhados ou não de documentação comprobatória de sua procedência.

(B) os adquirentes de mercadorias de procedência estrangeira, no caso de importação realizada por sua conta e ordem, por intermédio de pessoa jurídica importadora.

(C) os transportadores em relação aos produtos tributados que transportarem, acompanhados ou nãode documentação comprobatória de sua procedência.

(D) os que consumirem ou utilizarem em outra finalidade,ou remeterem a pessoas que não sejam empresas jornalísticas ou editoras, o papel destinado à impressão de livros, mesmo que não alcançado pela imunidade prevista no art. 150 da Constituição Federal.

(E) os estabelecimentos equiparados a industrial, quanto aos fatos geradores relativos aos produtos que deles saírem, bem como quanto aos demais fatos geradores decorrente de atos que sejam por eles praticados.

Consulte o art. 27 do RIPI e verifique que apenas a alternativa "B" indica responsabilidade solidária (inciso III).

Gabarito "B"

(Auditor Fiscal da Receita Federal – 2005 – ESAF) O Imposto sobre Produtos Industrializados (IPI), de competência da União,

(A) terá reduzido seu impacto sobre a aquisição de bens de capital pelo contribuinte do imposto, mediante ato do Poder Executivo.

(B) poderá incidir sobre produtos industrializados destinados ao exterior.

(C) poderá ser seletivo, em função da essencialidade do produto.

(D) constitui exceção ao princípio da legalidade, eis que é facultado ao Poder Executivo, atendidas as condições e os limites da lei, alterar suas alíquotas.

(E) poderá ser não cumulativo, compensando-se o que for devido em cada operação com o montante cobrado nas anteriores.

A: essa redução do impacto tributário se dará na forma da lei – art. 153, § 3º, IV, da CF; **B:** há imunidade, na hipótese – art. 153, § 3º, III, da CF; **C:** o IPI deverá ser seletivo em função da essencialidade do produto (é uma imposição, não possibilidade) – art. 153, § 3º, I, da CF; **D:** art. 153, § 1º, da CF; **E:** o IPI será não cumulativo (é uma imposição, não possibilidade) – art. 153, § 3º, II, da CF.

Gabarito "D"

(Auditor Fiscal da Receita Federal – 2005 – ESAF) O campo de incidência do Imposto sobre Produtos Industrializados abrange:

(A) todos os produtos relacionados na TIPI.

(B) todos os produtos relacionados na TIPI, com alíquota, mesmo os com alíquota zero.

(C) todos os produtos, exceto aqueles a que corresponde a notação "Zero".

(D) todos os produtos com alíquota.

(E) todos os produtos, mesmo os com alíquota zero ou com a notação NT, ainda que não relacionados na TIPI.

Considera-se que há incidência do IPI nos impostos listados na TIPI que indiquem alguma alíquota, ainda que zero. A alíquota zero pressupõe incidência, embora o valor do tributo calculado seja nulo. Já a notação NT refere-se a produto não tributado, ou seja, sobre o qual não incide o IPI – art. 2º, p. único, do RIPI.

Gabarito "B"

Avalie o acerto das afirmações adiante e marque com V as verdadeiras e com F as falsas; em seguida, marque a opção correta.

( ) Os encargos cambiais pagos pelo importador ou dele exigíveis não se incluem na base de cálculo do imposto sobre produtos industrializados, no caso de importação de produto de procedência estrangeira.

( ) A base de cálculo do imposto sobre produtos industrializados, em se tratando de produto de procedência estrangeira apreendido ou abandonado e levado a leilão, é o preço da arrematação, acrescido do valor dos demais tributos exigíveis na importação regular do produto.

( ) O imposto de importação não integra a base de cálculo do imposto sobre produtos industrializados, no caso de importação de produto de procedência estrangeira.

(A) V, V, F
(B) V, F, V
(C) V, V, V
(D) F, V, F
(E) F, F, F

1ª: esses encargos compõem a base de cálculo do IPI incidente sobre a importação – art. 190, I, *a*, do RIPI e art. 239 do RA; 2ª: o art. 47, III, do CTN, prevê que a base de cálculo, na hipótese, é o preço da arrematação; 3ª: o II integra a base de cálculo do IPI, na hipótese – art. 190, I, *a*, do RIPI e art. 239 do RA.

Gabarito "E"

(Auditor Fiscal da Receita Federal – 2002.2 – ESAF) Assinale a resposta correta.

(i) O imposto sobre produtos industrializados (IPI) incide sobre produtos industrializados estrangeiros?
(ii) O campo de incidência do IPI abrange os produtos com alíquota zero?

(A) (i) Sim, porque para efeito de IPI não há distinção em relação à procedência dos bens. (ii) Não, porque alíquota zero equivale à ausência de alíquota.
(B) (i) Sim, porque se o produto é industrializado esse imposto substitui o de importação. (ii) Sim, porque alíquota zero não impede que o produto siga o regime geral do imposto.
(C) (i) Sim. A lei assim o diz. (ii) Sim, porque a lei determina que seu campo de incidência abrange todos os produtos com alíquota.
(D) (i) Não, porque haveria *bis in idem*, já que sobre eles incide o imposto de importação. (ii) Sim, porque o campo de incidência desse imposto abrange todos os produtos industrializados.
(E) (i) Não, porque o IPI não é um tributo aduaneiro. (ii) Não, porque o campo de incidência advém da Constituição e esta não previu a hipótese.

i: o IPI incide sobre produtos estrangeiros (sem prejuízo da incidência do II), nos termos do art. 2º, *caput*, do RIPI; ii: Considera-se que há incidência do IPI nos impostos listados na TIPI que indiquem alguma alíquota, ainda que zero – art. 2º, p. único, do RIPI.

Gabarito "C"

(Técnico da Receita Federal – 2003 – ESAF) Para ser caracterizado como tal, o estabelecimento industrial deve

(A) estar estabelecido em local apropriado, ou seja, na área industrial do município.
(B) exercer uma, ou mais, das operações a seguir: transformação, beneficiamento, montagem, acondicionamento ou recondicionamento e renovação ou restauração, e que destas operações resulte produto tributado, ainda que de alíquota zero.
(C) revender produtos industrializados por terceiros, na condição de estabelecimento atacadista.
(D) somente elaborar produtos com alíquota do IPI superior a 0% (zero por cento).
(E) importar produtos industrializados diretamente do exterior e dê saída a tais produtos.

O estabelecimento industrial, para fins de IPI, é aquele que executa qualquer das operações indicadas no art. 4º do RIPI (transformação, beneficiamento, montagem, acondicionamento, reacondicionamento, renovação ou recondicionamento), de que resulte produto tributado, ainda que de alíquota zero ou isento – art. 8º do RIPI.

Gabarito "B"

(Técnico da Receita Federal – 2003 – ESAF) Considera-se ocorrido o fato gerador do IPI, quando:

(A) ocorrer a venda do produto industrializado por intermédio de ambulante.
(B) acontecer a revenda de produtos industrializados sem qualquer operação de recondicionamento ou renovação.
(C) ocorrer a saída do cliente do bar que elabora, em seu estabelecimento, a cerveja.
(D) houver a emissão da competente nota-fiscal, que registra o fato, o valor e, especialmente, o imposto devido.
(E) o produto, que tiver saído do estabelecimento industrial com o fim específico de exportação, for revendido no mercado interno, no momento da efetivação da venda.

A: art. 36, I, do RIPI; B: a simples revenda de produto industrializado, sem qualquer operação de industrialização, não implica incidência do IPI, exceto no caso do art. 51, III, do CTN; C: a saída do cliente não corresponde ao fato gerador do IPI. No caso, o fato gerador ocorre no momento da venda do produto – art. 36, XI, do RIPI; D: o fato gerador do IPI independe da emissão de nota fiscal, exceto no caso do art. 36, X, do RIPI; E: tem-se por ocorrido o fato gerador no momento de emissão da nota fiscal pelo industrial, sendo que a responsabilidade pelo recolhimento é da empresa comercial exportadora – art. 36, X, c/c art. 25, VII, *b*, ambos do RIPI.

Gabarito "A"

(Técnico da Receita Federal – 2003 – ESAF) O IPI, de acordo com a Constituição Federal, deve atender a dois princípios:

(A) não cumulatividade e progressividade, em função de o produto ser considerado supérfluo.
(B) diferenciação de alíquotas, em função dos títulos dos capítulos e posição, e a nãocumulatividade.
(C) não cumulatividade e superficialidade.
(D) seletividade, em função da essencialidade do produto, e a cumulatividade.
(E) seletividade, em função da essencialidade do produto, e a não cumulatividade.

A assertiva em E reflete princípios constitucionais aplicáveis ao IPI – art. 153, § 3º, I e II, da CF.

Gabarito "E"

(Técnico da Receita Federal – 2002.2 – ESAF) A notação NT(não tributado) aposta diante do código TIPI, constante da Tabela de Incidência do IPI, implica considerar-se que o produto está:

(A) imune.
(B) isento.
(C) sujeito a pauta de valores.

(D) fora do campo de incidência.
(E) sujeito à tributação pelo preço da operação.

A: a imunidade é fixada pela Constituição Federal; **B:** a isenção é concedida por lei e dispensa o recolhimento do tributo, na dicção do CTN (ou exclui determinados produtos da incidência do IPI, segundo parte da doutrina); **C:** a sujeição à pauta de valores não tem relação com a notação NT; **D:** a assertiva descreve a não tributação, conforme entendida por parte da doutrina. Esta é a melhor alternativa, por exclusão das demais (para alguns autores, a isenção retira determinados fatos do âmbito de incidência do tributo); **E:** NT significa não tributação, o que é incompatível com a assertiva.

Gabarito "D"

(Técnico da Receita Federal – 2002.2 – ESAF) Considera-se ocorrido o fato gerador do IPI, entre outras hipóteses, na seguinte situação:

(A) na saída do estabelecimento filial de estabelecimento industrial ou equiparado a industrial, que opere exclusivamente no comércio varejista.
(B) no retorno de produtos ao estabelecimento industrial remetente, efetivado pelo comprador ou destinatário.
(C) nas saídas de estabelecimentos atacadistas, sem vínculo com os estabelecimentos industriais ou equiparados.
(D) nas saídas subsequentes à primeira, nos casos de locação ou arrendamento.
(E) no momento da sua venda, quanto aos produtos objeto de operação de venda que forem consumidos ou utilizados dentro do estabelecimento industrial.

A: a saída de estabelecimento varejista (não industrial) não é fato gerador do IPI (houve incidência no momento da saída do estabelecimento industrial para o estabelecimento varejista, ainda que da mesma empresa – art. 35, II, do RIPI); **B:** o retorno de produtos não é fato gerador do IPI; **C:** somente excepcionalmente há equiparação de estabelecimentos comerciais atacadistas a estabelecimentos industriais – art. 9º do RIPI; **D:** em regra, não incide IPI na hipótese – art. 38, II, *a*, do RIPI; **E:** art. 36, XI, do RIPI.

Gabarito "E"

(Técnico da Receita Federal – 2002.2 – ESAF) [Quanto ao IPI] A empresa Ypsolon Ltda. importou da Índia 2000 jaquetas de couro de boi e 5000 varetas de incenso, varetas essas que seriam para brinde aos seus compradores. Diante destas informações, responda qual a opção correta.

(A) Ocorre o fato gerador nas saídas das 2000 jaquetas e das 5000 varetas no desembaraço aduaneiro, e, na saída do estabelecimento importador, apenas nas saídas das 2000 jaquetas de couro.
(B) Ocorre apenas o fato gerador no desembaraço das jaquetas e das varetas.
(C) Ocorre o fato gerador, no desembaraço e na saída de seu estabelecimento comercial importador, tanto das jaquetas como das varetas.
(D) Produtos doados não estão sujeitos ao imposto.
(E) Não ocorre o fato gerador em nenhum dos casos acima apontados.

Há uma peculiaridade no caso de importação e saída de produtos industrializados no mercado interno que pode parecer estranho: o importador paga IPI quando importa (1ª operação) e, novamente, quando dá saída ao produto no mercado interno (2ª operação).
Há duas incidências distintas, lembrando que do valor a ser pago sobre a segunda operação é descontado o crédito relativo à primeira (grosso modo, é o princípio da não cumulatividade).
Na questão proposta, o importador pagará IPI: (i) na importação (1ª operação), independentemente da destinação dada ao produto (art. 39 do RIPI – mesmo no caso dos brindes – veja o REsp 794.352/RJ). A incidência é prevista no art. 35, I, do RIPI/2010; e (ii) na saída do produto no mercado interno, ainda que não industrialize o produto importado, o importador é equiparado a industrial, nos termos do art. 9º, I, do RIPI/2010. Ou seja, paga IPI também sobre essa saída, nos termos do art. 35, II, do RIPI/2010.
Há contribuintes que alegam que isso é bitributação, havendo inclusive precedentes jurisprudenciais do STJ nesse sentido (REsp 841.269/BA). A alternativa "B", portanto, tem fundamento.
Entretanto, parece-nos que a alternativa "C" é a melhor.
A jurisprudência, apesar do precedente citado, não é pacífica (não nos parece que haja bitributação, pois os fatos geradores são distintos e há o fenômeno da não cumulatividade). Ademais, lembre-se que o concurso é para a Receita Federal, que tem entendimento consolidado no sentido de que o IPI incide sobre as duas operações (importação e saída no mercado interno).

Dic**A:** nos concursos para a Receita, havendo entendimentos diversos e não havendo jurisprudência pacífica, siga o entendimento da Receita!

Gabarito "C"

(Técnico da Receita Federal – 2002.1 – ESAF) Constituição Federal, artigo 153, parágrafo 3º:

§ 3º – O imposto previsto no inciso IV: (Imposto Sobre Produtos Industrializados)

I – será seletivo, em função da essencialidade do produto;

II – ....

Em face do enunciado, assinale a opção correta.

(A) Seletividade quer dizer discriminação ou sistema de alíquotas diferenciais por espécies de mercadorias. Trata-se de dispositivo programático endereçado ao legislador ordinário, recomendando-lhe que estabeleça as alíquotas em razão inversa da imprescindibilidade das mercadorias de consumo generalizado. Quanto mais sejam elas necessárias à alimentação, ao vestuário, à moradia, ao tratamento médico e higiênico das classes mais numerosas, tanto menores devem ser.
(B) Seletividade quer dizer discriminação ou sistema de alíquotas diferenciais por espécies de mercadorias. Trata-se de dispositivo programático endereçado ao legislador ordinário, recomendando-lhe que estabeleça as alíquotas em razão direta da imprescindibilidade das mercadorias de consumo generalizado. Quanto menos sejam elas necessárias à alimentação, ao vestuário, à moradia, ao tratamento médico e higiênico das classes mais numerosas, tanto menores devem ser.
(C) Seletividade quer dizer discriminação ou sistema de alíquotas homogêneas por espécies de mercadorias. Trata-se de dispositivo programático endereçado ao legislador ordinário, recomendando-lhe que estabeleça as alíquotas em razão direta da

imprescindibilidade das mercadorias de consumo supérfluo. Quanto mais sejam elas necessárias à alimentação, ao vestuário, à moradia, ao tratamento médico e higiênico das classes mais numerosas, tanto maiores devem ser.

(D) Seletividade quer dizer não discriminação ou sistema de alíquotas homogêneas por espécies de mercadorias. Trata-se de dispositivo programático endereçado ao legislador ordinário, recomendando-lhe que estabeleça as alíquotas em razão inversa da imprescindibilidade das mercadorias de consumo generalizado. Quanto mais sejam elas necessárias à alimentação, ao vestuário, à moradia, ao tratamento médico e higiênico das classes mais numerosas, tanto menores devem ser.

(E) Seletividade quer dizer discriminação ou sistema de alíquotas diferenciais por espécies de mercadorias. Trata-se de dispositivo programático endereçado ao legislador constitucional, recomendando-lhe que estabeleça as alíquotas em razão inversa da imprescindibilidade das mercadorias de consumo supérfluo. Quanto mais sejam elas necessárias à alimentação, ao vestuário, à moradia, ao tratamento médico e higiênico das classes menos numerosas, tanto menores devem ser.

A assertiva em A descreve adequadamente o princípio da seletividade em função da essencialidade do produto.

Gabarito "A"

12.3. IR

(Procurador da Fazenda Nacional – 2007 – ESAF) Para os fins de limitar a dedutibilidade dos custos, despesas e encargos, que reduzia a base de cálculo do imposto de renda, a Lei n. 9.430, de 1996, estabeleceu regras para determinação dos "preços de transferência". Relativamente ao assunto, examine as afirmações abaixo, julgue se elas são verdadeiras ou falsas e assinale a opção correta. 1. A regra concernente ao Método dos Preços Independentes Comparados (PIC) determina que se levem em consideração os descontos incondicionais concedidos em operações de compra e venda, em condições de pagamento semelhantes. 2. Para o Método do Preço de Revenda menos Lucro (PRL) a lei determina seja diminuída a metade do preço de revenda após deduzidos certos valores (que a lei indica), na hipótese de bens importados aplicados à produção. 3. O Método do Custo de Produção mais Lucro – CPL é o custo médio de produção de bens, serviços ou direitos, idênticos ou similares, durante o último mês a que se referirem os custos.

(A) As três afirmações são verdadeiras.
(B) Só é verdadeira a primeira asserção .
(C) Só é falsa a terceira afirmação.
(D) Só são verdadeiras as duas últimas.
(E) São todas falsas.

Art. 241, I, II e III, do RIR (regulamento do imposto sobre a renda – Decreto 3.000/1999).

Gabarito "E"

(Auditor Fiscal da Receita Federal – 2012 – ESAF) Os seguintes valores são onerados pelo Imposto sobre a Renda devido pelas pessoas físicas, *exceto*:

(A) os lucros do comércio e da indústria, auferidos por todo aquele que não exercer, habitualmente, a profissão de comerciante ou industrial.
(B) as importâncias recebidas a título de juros e indenizações por lucros cessantes.
(C) os valores correspondentes a bolsas de estudo e de pesquisa caracterizadas como doação, quando recebidas exclusivamente para proceder a estudos ou pesquisas e desde que os resultados dessas atividades não representem vantagem para o doador, nem importem contraprestação de serviços.
(D) o valor do laudêmio recebido.
(E) os rendimentos derivados de atividades ou transações ilícitas ou percebidos com infração à lei.

A: correta, pois há incidência do IR no caso – art. 55, III, do Regulamento do Imposto de Renda – RIR (Decreto 3.000/1999); **B:** correta, pois incide IR, conforme art. 55, VI, do RIR; **C:** incorreta (devendo essa alternativa a ser indicada), pois não há incidência do IR, no caso – art. 39, VII, do RIR; **D:** correta, pois incide IR, conforme art. 55, XVII, do RIR; **E:** correta, pois incide também o IR, nos termos do art. 55, X, do RIR.

Gabarito "C"

(Auditor Fiscal da Receita Federal – 2012 – ESAF) As seguintes hipóteses de rendimentos estão sujeitas ao recolhimento mensal do Imposto sobre a Renda devido pelas pessoas físicas, *exceto*:

(A) os emolumentos e custas dos serventuários da Justiça, como tabeliães, notários, oficiais públicos e outros, quando não forem remunerados exclusivamente pelos cofres públicos.
(B) os rendimentos recebidos em dinheiro, a título de alimentos ou pensões, em cumprimento de decisão judicial, ou acordo homologado judicialmente, inclusive alimentos provisionais.
(C) os rendimentos recebidos por residentes ou domiciliados no Brasil que prestem serviços a embaixadas, repartições consulares, missões diplomáticas ou técnicas ou a organismos internacionais de que o Brasil faça parte.
(D) os ganhos de capital auferidos pela pessoa física na alienação de bens ou direitos de qualquer natureza.
(E) os rendimentos de aluguéis recebidos de pessoas físicas.

Consulte o art. 106 do RIR, que trata do pagamento mensal do IR pelas pessoas físicas e perceba que somente a alternativa "D" indica hipótese em que isso não ocorre. No caso do ganho de capital, o imposto é apurado no mês em que auferido (art. 117, § 2.º, do RIR) recolhimento se dá até o último dia útil do mês subsequente (art. 852 do RIR).

Gabarito "D"

(Auditor Fiscal da Receita Federal – 2012 – ESAF) De acordo com a legislação tributária em vigor, assinale a opção *incorreta*.

(A) As contraprestações de arrendamento mercantil somente serão dedutíveis pela pessoa jurídica arrendatária quando o bem arrendado estiver relacionado intrinsecamente com a produção e comercialização dos bens e serviços.

(B) Não são dedutíveis, como custos ou despesas operacionais, as gratificações ou participações no resultado, atribuídas aos dirigentes ou administradores da pessoa jurídica.

(C) Regra geral, são dedutíveis, na determinação do lucro real da pessoa jurídica, as remunerações pagas aos sócios ou dirigentes.

(D) Para efeito de apuração do lucro real, a pessoa jurídica poderá deduzir, como despesa operacional, as participações atribuídas aos empregados nos lucros ou resultados, dentro do próprio exercício de sua constituição.

(E) O valor correspondente a aluguel de imóvel cedido pela pessoa jurídica para uso de seu administrador, diretor, gerente e assessor, assim como outras espécies de remuneração indireta, é despesa indedutível para efeito de apuração do lucro real, ainda que sejam individualizados a operação e o beneficiário da despesa.

A: correta, conforme o art. 356, § 5.º, do RIR; **B:** correta, nos termos do art. 303 do RIR; **C:** também correta, conforme o art. 357 do RIR; **D:** correta, nos termos do art. 359 do RIR; **E:** essa é a incorreta (devendo ser assinalada), pois essa despesa é dedutível, no caso de beneficiários individualizados e identificados – art. 358, § 3.º, I, do RIR.

Gabarito "E"

(Auditor Fiscal da Receita Federal – 2012 – ESAF) Julgue os itens abaixo, classificando-os como corretos (C) ou errados (E), de acordo com a sua correspondência com as hipóteses legais que determinam a apuração do Imposto sobre a Renda da Pessoa Jurídica (IRPJ) sobre o lucro arbitrado. Em seguida, escolha a opção adequada às suas respostas.

I. Quando o contribuinte, obrigado à tributação com base no lucro real, não mantiver escrituração na forma das leis comerciais e fiscais, ou deixar de elaborar as demonstrações financeiras exigidas pela legislação fiscal.

II. Quando a escrituração a que estiver obrigado o contribuinte revelar evidentes indícios de fraudes ou contiver vícios, erros ou deficiências que a tornem imprestável para identificar a efetiva movimentação financeira, inclusive bancária.

III. Quando a escrituração a que estiver obrigado o contribuinte revelar evidentes indícios de fraudes ou contiver vícios, erros ou deficiências que a tornem imprestável para determinar a receita bruta.

IV. Quando o contribuinte optar indevidamente pela tributação com base no lucro presumido.

V. Quando o contribuinte não mantiver, em boa ordem e segundo as normas contábeis recomendadas, Livro Razão ou fichas utilizadas para resumir e totalizar, por conta ou subconta, os lançamentos efetuados no Diário.

(A) Apenas os itens I, II, III e V estão corretos.
(B) Apenas os itens I, II, IV e V estão corretos.
(C) Apenas os itens I, IV e V estão errados.
(D) Apenas o item II está errado.
(E) Todos os itens estão corretos.

I: correta, nos termos do art. 530, I, do RIR; **II:** correta, conforme o art. 530, II, *a*, do RIR; **III:** essa é incorreta, pois a imprestabilidade que implica apuração pelo lucro arbitrado refere-se à identificação do lucro real, não da receita bruta – art. 530, II, *b*, do RIR; IV: correta, conforme art. 530, IV, do RIR; **V:** também correta, nos termos do art. 530, VI, do RIR. Por essa razão, a alternativa "B" deve ser escolhida.

Gabarito "B"

(Auditor Fiscal da Receita Federal – 2012 – ESAF) Sobre o Imposto sobre a Renda da Pessoa Jurídica (IRPJ) e de acordo com a legislação tributária em vigor, julgue os itens a seguir, classificando-os como corretos (C) ou errados (E). Em seguida, escolha a opção adequada às suas respostas.

I. Os juros, o desconto, o lucro na operação de reporte e os rendimentos de aplicações financeiras de renda fixa, ganhos pelo contribuinte, serão incluídos no lucro operacional e, quando derivados de operações ou títulos com vencimento posterior ao encerramento do período de apuração, poderão ser rateados pelos períodos a que competirem.

II. Na fusão, incorporação ou cisão de sociedades com extinção de ações ou quotas de capital de uma possuída por outra, a diferença entre o valor contábil das ações ou quotas extintas e o valor de acervo líquido que as substituir será computada na determinação do lucro real como perda ou ganho de capital, conforme o valor do acervo líquido, avaliado segundo os parâmetros legalmente previstos, seja menor ou maior que o valor contábil das ações ou quotas liquidadas, permitido ao contribuinte o diferimento dos efeitos tributários resultantes dessa diferença, desde que atendidos os requisitos legais.

III. A pessoa jurídica que tiver parte ou todo o seu patrimônio absorvido em virtude de incorporação, fusão ou cisão deverá levantar balanço específico para esse fim, no qual os bens e direitos serão avaliados pelo valor contábil ou de mercado. No caso de pessoa jurídica tributada com base no lucro presumido ou arbitrado, que optar pela avaliação a valor de mercado, a diferença entre este e o custo de aquisição, diminuído dos encargos de depreciação, amortização ou exaustão, será considerada ganho de capital, que deverá ser adicionado à base de cálculo do imposto de renda devido.

IV. Os incentivos e benefícios fiscais concedidos por prazo certo e em função de determinadas condições a pessoa jurídica que vier a ser incorporada poderão ser transferidos, por sucessão, à pessoa jurídica incorporadora, mediante requerimento desta, desde que observados os limites e as condições fixados na legislação que institui o incentivo ou o benefício.

(A) Os itens I e II estão corretos.
(B) Os itens II e III estão corretos.
(C) Os itens III e IV estão corretos.
(D) Os itens II, III e IV estão corretos.
(E) Todos os itens estão corretos.

I: correta, conforme o art. 373 do RIR; **II:** também correta, nos termos do art. 430 do RIR; **III:** correta, refletindo o disposto no art. 235 do RIR; **IV:** correta, em conformidade com o art. 8.º da Lei 11.434/2006. Por essas razões, a alternativa "E" é a adequada.

Gabarito "E"

(Auditor Fiscal da Receita Federal – 2012 – ESAF) De acordo com a legislação tributária em vigor, assinale a opção incorreta.

(A) Os lucros auferidos no exterior, por intermédio de filiais, sucursais, controladas ou coligadas, serão computados para fins de determinação do lucro real no balanço levantado em 31 de dezembro do ano-calendário em que tiverem sido disponibilizados para a pessoa jurídica domiciliada no Brasil.
(B) Para fins de determinação da base de cálculo do imposto de renda, os lucros auferidos por controlada ou coligada no exterior serão considerados disponibilizados para a controladora ou coligada no Brasil na data do balanço do qual constar a sua distribuição para a pessoa jurídica domiciliada no Brasil, na forma do regulamento.
(C) Os prejuízos e perdas apurados por filiais, sucursais ou controladas, no exterior, de pessoas jurídicas domiciliadas no Brasil, não serão compensados com lucros auferidos no Brasil para fins de apuração do lucro real.
(D) A pessoa jurídica poderá compensar o imposto de renda incidente, no exterior, sobre os lucros, rendimentos e ganhos de capital computados no lucro real, até o limite do imposto de renda incidente, no Brasil, sobre os referidos lucros, rendimentos ou ganhos de capital.
(E) Serão computados na determinação do lucro real os resultados líquidos, positivos ou negativos, obtidos em operações de cobertura (*hedge*) realizadas em mercados de liquidação futura, diretamente pela empresa brasileira, em bolsas no exterior.

A: correta, nos termos do art. 394 do RIR; **B:** incorreta (devendo ser assinalada), pois, no caso de controlada ou coligada, os lucros serão considerados disponibilizados para a empresa no Brasil na data do pagamento ou do crédito em conta representativa de obrigação da empresa no exterior – art. 394, §§ 2.º e 3.º, do RIR; **C:** correta, nos termos do art. 394, § 8.º, do RIR; **D:** correta, nos termos do art. 395 do RIR; **E:** também correta, conforme o art. 396 do RIR.

Gabarito "B"

(Auditor Fiscal da Receita Federal – 2012 – ESAF) Sobre os Preços de Transferência, julgue os itens a seguir, classificando-os como corretos (C) ou errados (E). Em seguida, escolha a opção adequada às suas respostas.

I. Os Preços de Transferência, consistentes na manipulação de preços de negócios havidos entre pessoas vinculadas, constituem prática ilícita, passível de ser desconsiderada pela autoridade fiscal, porque sua utilização tem por único objetivo a transferência de lucros para a parte do negócio que esteja domiciliada no exterior, em país com menor carga tributária.
II. O Método dos Preços Independentes Comparados (PIC) e o Método do Custo de Produção mais Lucro (CPL) são parâmetros legalmente previstos para o alcance de limite mínimo permitido para dedução de valores na determinação do lucro real, a título de custos, despesas e encargos, relativos a bens, serviços e direitos, constantes de documento de importação ou de aquisição, nas operações realizadas entre pessoas vinculadas.
III. As disposições legais relativas aos Preços de Transferência se aplicam, também, às operações realizadas entre pessoas jurídicas ou físicas domiciliadas no Brasil e pessoas jurídicas ou físicas residentes ou domiciliadas em país que não tribute a renda ou que a tribute abaixo de percentual legalmente previsto pela lei brasileira ou cuja lei não permita acesso a informações relativas à composição societária, titularidade de bens ou direitos ou às operações econômicas realizadas, casos para os quais a aplicação das regras de preços de transferência prescinde da existência de vínculo entre as partes contratantes.
IV. Nos termos da legislação tributária, as operações de exportação de bens, serviços ou direitos produzidos no território brasileiro para empresa vinculada, sediada em outro país, que venham a ser configuradas como exportações destinadas à conquista de novos mercados, fazem jus a tratamento normativo diferenciado relativo a Preços de Transferência em comparação ao aplicável a operações de exportação comuns entre partes vinculadas.

(A) Somente o item I está errado.
(B) Somente o item III está correto.
(C) Apenas os itens II e IV estão corretos.
(D) Todos os itens estão errados.
(E) Apenas os itens III e IV estão corretos.

I: incorreta, pois o preço de transferência não é necessariamente ilícito, até porque as operações entre pessoas vinculadas têm inegáveis peculiaridades quanto à formação dos preços que não podem ser desconsideradas pela legislação tributária; **II:** incorreta, pois a legislação tributária prevê apenas os métodos listados no art. 240, § 3.º, do RIR; **III:** correta, conforme o art. 245 do RIR e 24, *caput*, e § 4.º, da Lei 9.430/1996; **IV:** correta, conforme o art. 30 da IN SRF 243/2002.

Gabarito "E"

(Analista Tributário da Receita Federal – 2012 – ESAF) Constitui rendimento para fins do Imposto sobre a Renda, *exceto*,

(A) todo o produto do capital.

(B) o provento de qualquer natureza.

(C) o acréscimo patrimonial não correspondente aos rendimentos declarados.

(D) a pensão e os alimentos percebidos em mercadoria.

(E) todo produto do trabalho.

Nos termos do art. 37 do RIR, constituem rendimento bruto todo o produto do capital, do trabalho ou da combinação de ambos, os alimentos e pensões percebidos em dinheiro, os proventos de qualquer natureza, assim também entendidos os acréscimos patrimoniais não correspondentes aos rendimentos declarados. Por essa razão, a alternativa "D" deve ser indicada.

Gabarito "D".

(Analista Tributário da Receita Federal – 2012 – ESAF) É pessoalmente responsável pelo pagamento do Imposto de Renda da Pessoa Física

(A) o sucessor a qualquer título quando se apurar, na abertura da sucessão, que o *de cujus* não apresentou declaração de rendimentos de exercícios anteriores,caso em que responde por toda a dívida.

(B) o espólio, pelo tributo devido pelo *de cujus*, quando se apurar que houve falta de pagamento de imposto devido até a data da abertura da sucessão, sendo que, nesse caso, não serão cobrados juros moratórios e multa de mora.

(C) o cônjuge meeiro, quando se apurar, na abertura da sucessão, que o *de cujus* apresentou declaração de exercícios anteriores com omissão de rendimentos, mesmo que a declaração tenha sido em separado.

(D) o sucessor a qualquer título, pelo tributo devido pelo *de cujus* até a data da partilha ou da adjudicação,limitada esta responsabilidade ao montante do quinhão, do legado ou da herança.

(E) o sucessor a qualquer título e o cônjuge meeiro quando se apurar, na abertura da sucessão, que o *de cujus* não apresentou declaração de rendimentos de exercícios anteriores ou o fez com omissão de rendimentos, caso em que respondem por toda a dívida.

A, C e **E:** incorretas, pois, nesse caso, o espólio é que responde pelo imposto devido – art. 23, § 1.º, do RIR; **B:** incorreta, pois o imposto será exigido acrescido de juros moratórios e multa – art. 23, § 2.º, do RIR; **D:** correta, conforme o art. 131, II, do CTN e o art. 23, I, do RIR.

Gabarito "D".

(Analista Tributário da Receita Federal – 2012 – ESAF) São contribuintes do Imposto de Renda da Pessoa Física

(A) as pessoas físicas domiciliadas ou residentes no Brasil, titulares de disponibilidade econômica ou jurídica de renda ou proventos de qualquer natureza.

(B) as pessoas físicas domiciliadas ou residentes no Brasil, e aquelas que mesmo sem serem residentes no País, sejam titulares de disponibilidade econômica ou jurídica de renda ou proventos de qualquer natureza percebidos no exterior.

(C) as pessoas físicas brasileiras domiciliadas ou residentes no Brasil, titulares de disponibilidade econômica ou jurídica de renda ou proventos de qualquer natureza.

(D) as pessoas físicas domiciliadas ou residentes no Brasil, titulares de disponibilidade econômica ou jurídica de renda ou proventos de qualquer natureza que percebam os rendimentos somente de fontes situadas no País.

(E) as pessoas físicas brasileiras domiciliadas ou residentes no Brasil, titulares de disponibilidade econômica ou jurídica de renda ou proventos de qualquer natureza, que percebam rendimentos,independentemente da localização da fonte.

Os contribuintes dos impostos previstos na Constituição devem ser definidos por lei complementar federal – art. 146, III, *a*, da CF. Nesse sentido, o art. 45 do CTN dispõe que contribuinte do IR é o titular da disponibilidade da renda ou do provento de qualquer natureza, sem prejuízo de atribuir a lei essa condição ao possuidor, a qualquer título, dos bens produtores de renda ou dos proventos tributáveis. Ver também o art. 2.º do RIR. Nesse sentido, a alternativa "A" é a correta.

Gabarito "A".

(Analista Tributário da Receita Federal – 2012 – ESAF) Respondem pelo Imposto de Renda devido pelas pessoas jurídicas, exceto

(A) a pessoa física sócia da pessoa jurídica extinta mediante liquidação que continuar a exploração da atividade social.

(B) as sociedades que receberem parcelas do patrimônio da pessoa jurídica extinta por cisão.

(C) a pessoa jurídica que incorporar outra.

(D) a pessoa jurídica resultante da transformação de outra.

(E) a pessoa jurídica que adquirir unidade produtiva isolada.

A, B, C e **D:** corretas, pois essas pessoas respondem pelo imposto, nos termos do art. 132, *caput* e parágrafo único, do CTN: **E:** essa é a melhor alternativa, embora o adquirente de estabelecimento empresarial possa ser responsabilizado nos termos do art. 133 do CTN.

Gabarito "E".

(Analista Tributário da Receita Federal – 2012 – ESAF) Quanto ao domicílio fiscal da pessoa jurídica, relativo ao Imposto sobre a Renda, assinale a opção correta.

(A) Quando houver pluralidade de estabelecimentos, a pessoa jurídica pode optar pelo lugar onde se achara residência do sócio administrador ou a sede da empresa.

(B) Quando existir um único estabelecimento, o domicílio será o lugar da situação deste.

(C) O domicílio fiscal de residentes ou domiciliados no exterior é o lugar onde se achar a residência do procurador ou representante no país.

(D) Quando a empresa é fonte pagadora, o domicílio será no estabelecimento centralizador de suas operações,independentemente do lugar do estabelecimento que pagar, creditar, remeter ou empregar rendimento sujeito ao imposto no regime de tributação na fonte.

(E) No caso de eleição de domicílio que dificulte a arrecadação ou a fiscalização do tributo, a autoridade pode considerar como tal o lugar da residência do administrador.

A: incorreta, pois, no caso de pluralidade de estabelecimentos, o domicílio da pessoa jurídica é escolhido por ela entre o lugar onde se achar o estabelecimento centralizador das suas obrigações ou a sede da empresa dentro do País – art. 212, I, *b*, do RIR; **B:** correta, pois essa é a regra do art. 212, I, *a*, do RIR; **C:** incorreta. Caso haja procurador ou representante, o seu domicílio (do procurador ou representante) é o lugar onde se achar sua residência habitual ou a sede da representação no País – art. 32 do RIR. Se o representante ou procurador for pessoa jurídica, o domicílio fiscal é o lugar onde se achar seu estabelecimento ou a sede de sua representação no País – art. 212, § 1.º, do RIR; **D:** incorreta, pois, no caso de obrigações em que incorra como fonte pagadora, domicílio é o lugar do estabelecimento que pagar, creditar, entregar, remeter ou empregar rendimento sujeito ao imposto no regime de tributação na fonte – art. 212, II, do RIR; **E:** incorreta, pois, em caso de recusa do domicílio eleito pela pessoa jurídica, será considerado o lugar da situação dos bens ou da ocorrência dos autos ou fatos que deram origem à obrigação tributária – art. 212, §§ 2.º e 3.º, do RIR.

Gabarito "B".

(Analista Tributário da Receita Federal – 2012 – ESAF) Com relação à tributação da pessoa jurídica, pode-se afirmar que

(A) a regra é o pagamento com base no lucro real,a exceção é a opção feita pelo contribuinte pelo pagamento do imposto sobre a renda e adicional determinados sobre base de cálculo estimada.

(B) a pessoa jurídica pode optar pelo arbitramento, pois se trata de base de cálculo substitutiva em face de dificuldade ocorrida na apuração pelo lucro presumido.

(C) a opção do contribuinte pela apuração com base no lucro presumido permite ao contribuinte deixar de apresentar ao fisco sua escrituração contábil.

(D) o contribuinte é sempre obrigado à tributação com base no lucro real.

(E) o contribuinte é livre para optar entre a tributação pelo lucro real, lucro presumido ou arbitrado.

A: correta, nos termos dos arts. 219 e 516 do RIR; **B:** incorreta, pois, em princípio, não há opção pelo lucro arbitrado – art. 530 do RIR; **C:** incorreta, pois a escrituração contábil, embora simplificada, não é dispensada; **D:** incorreta, pois há a opção pelo lucro presumido – art. 516 do RIR; **E:** incorreta, pois determinadas pessoas jurídicas são obrigadas à tributação pelo lucro real – art. 516, *caput* e § 3.º, do RIR. Ademais, não há, a rigor, opção pelo lucro arbitrado – art. 530 do RIR.

Gabarito "A".

(Analista Tributário da Receita Federal – 2012 – ESAF) Assinale a opção incorreta quanto ao Imposto de Renda da Pessoa Jurídica.

(A) O sujeito passivo, demonstrando por meio de balanços ou balancetes mensais, que o valor acumulado já pago excede o valor do imposto devido no período calculado com base no lucro real, pode suspender ou reduzir o pagamento do imposto devido em cada mês.

(B) Ficam dispensadas do pagamento mensal as pessoas jurídicas que demonstrarem, por meio de balanços ou balancetes mensais, a existência de prejuízos fiscais apurados a partir do mês de janeiro do ano-calendário.

(C) O pagamento do imposto de renda no mês de janeiro do ano-calendário fica dispensado se for demonstrado, por meio de balancetes mensais relativos ao ano anterior, que o valor já pago excedeu o valor devido no mês de dezembro.

(D) A inobservância do regime de competência quanto a apuração de escrituração de receita, rendimento,custo ou dedução, somente constitui fundamento para lançamento de imposto ou de diferença de imposto se dela resultar a postergação de seu pagamento para período de apuração posterior ao que seria devido.

(E) A inobservância do regime de competência quanto a apuração de escrituração de receita, rendimento,custo ou dedução ou do reconhecimento de lucro,somente constitui fundamento para lançamento de imposto ou de diferença de imposto se dela resultar a redução indevida do lucro real em qualquer período de apuração.

A: correta, conforme o art. 230 do RIR; **B:** correta, nos termos do art. 230, § 2.º, do RIR; **C:** incorreta (devendo ser assinalada), pois não há dispensa do IR relativo ao mês de janeiro por conta do valor recolhido em dezembro do ano anterior; **D:** correta, conforme o art. 273, I, do RIR (embora o termo "somente" seja impreciso – veja comentário à próxima alternativa); **E:** correta, nos termos do art. 273, II, do RIR (embora o termo "somente" seja impreciso – veja comentário à alternativa anterior).

Gabarito "C".

(Auditor Fiscal da Receita Federal – 2005 – ESAF) Para os efeitos do imposto de renda, o ________ percebido na alienação de bens imóveis considera-se ________. Já a importância paga a título de aluguel, remetida, creditada, empregada ou entregue ao contribuinte, produzido por bens imóveis é denominada ________. Um(a)________, na linguagem tributária, é o valor percebido independentemente de ser produzido pelo capital ou o trabalho do contribuinte.

(A) rendimento....rendimento de capital........ganho imobiliário....sinecura

(B) provento.......rendimento imobiliário.......provento predial....provento

(C) rendimento....rendimento de capital.......ganho imobiliário....prebenda

(D) ganho....ganho de capital.......rendimento de capital.... sinecura

(E) ganho ....ganho de capital......rendimento de capital.... provento

O acréscimo percebido na alienação de bens (diferença entre preço da aquisição e da venda) é ganho de capital – art. 117 do RIR. O acréscimo relativo à exploração do imóvel (aluguel) é rendimento de capital – art. 49 do RIR. O art. 43, II, do CTN denomina "proventos de qualquer natureza" os acréscimos patrimoniais que não são classificados como renda, que é produto do capital, do trabalho ou da combinação de ambos.

Gabarito "E".

(Auditor Fiscal da Receita Federal – 2002.2 – ESAF) Relativamente ao imposto de renda, assinale a afirmação correta.

(A) A Constituição determina que o imposto de renda seja informado pelo critério de que aquele que ganhe mais deverá pagar de imposto uma proporção maior do que aquele que ganhe menos.
(B) A renda e os proventos de qualquer natureza percebidos no País por residentes ou domiciliados no exterior ou a eles equiparados não estão sujeitos ao imposto em razão do princípio da extraterritorialidade.
(C) No caso de rendimentos percebidos em dinheiro a título de alimentos ou pensões em cumprimento de acordo homologado judicialmente ou decisão judicial, inclusive alimentos provisionais ou provisórios, verificando-se a incapacidade civil do alimentado, não há incidência do imposto.
(D) Em razão do princípio da universalidade da tributação, a ajuda de custo destinada a atender às despesas com transporte, frete e locomoção do beneficiado e seus familiares, em caso de remoção de um município para outro, está sujeita ao imposto.
(E) A tributação dos rendimentos recebidos por residentes ou domiciliados no Brasil que prestem serviços a embaixadas, repartições consulares, missões diplomáticas ou técnicas não está sujeita à legislação brasileira, por força da Convenção de Viena sobre Relações Diplomáticas.

A: a assertiva refere-se ao princípio da progressividade – arts. 153, § 2º, I, e 145, § 1º, ambos da CF; B, C e **E:** incide IR, nessas hipóteses – arts. 3º, 5º e 106, III, todos do RIR; **D:** não incide IR, na hipótese – art. 39, I, do RIR.

Gabarito "A".

(Técnico da Receita Federal – 2003 – ESAF) Para atender a despesas extraordinárias decorrentes de calamidade pública, em janeiro do ano de 200X, o Congresso Nacional aprovou uma lei complementar que instituiu um imposto de renda adicional, à alíquota de 5%, a ser cobrado imediatamente, incidente sobre quaisquer rendimentos de pessoas físicas. Esse imposto, cobrado de forma definitiva (o que significa que não é deduzido do imposto apurado na declaração anual de rendimentos), não exclui a incidência do imposto de renda segundo a tabela progressiva.

Considerando a situação descrita, assinale as proposições abaixo com F para falsa ou V para verdadeira e, a seguir, indique a opção que contém a sequência correta.

( ) A lei em questão não atende o critério da progressividade.
( ) Dada a situação de urgência e excepcionalidade, o Congresso pode editar uma lei nessas condições, sem observar o princípio da anterioridade.
( ) A lei em questão está informada pelos critérios da generalidade, da universalidade e da seletividade.

(A) F, F, V
(B) V, V, F
(C) F, V, F
(D) V, F, V
(E) V, F, F

1ª: a existência de alíquota única, não relacionada à tabela progressiva do IR, implica inexistência de progressividade, pois não há gradação segundo a renda do contribuinte; **2ª**: em princípio, o adicional ao imposto de renda submete-se ao princípio da anterioridade. O mesmo não ocorreria em caso de empréstimo compulsório criado nos termos do art. 148, I, da CF; **3ª**: não há seletividade, pois a alíquota é única e incide sobre quaisquer rendimentos das pessoas físicas.

Gabarito "E".

(Técnico da Receita Federal – 2003 – ESAF) Assinale as proposições abaixo com F para falsa ou V para verdadeira e, a seguir, indique a opção que contém a sequência correta.

( ) O critério da progressividade do imposto de renda está sintonizado com a capacidade econômica do contribuinte e observa o caráter pessoal previsto na Constituição.
( ) O princípio constitucional da anterioridade significa que a lei tributária não se aplica aos fatos geradores anteriores à sua publicação.
( ) Em atendimento às normas constitucionais relativas aos impostos de competência da União, para fins de incidência do imposto de renda, devem ser deduzidos da renda recebida todos os valores pagos, necessários à sua percepção, atendendo-se, assim, o princípio da não cumulatividade.

(A) V, F, V
(B) V, V, F
(C) F, V, V
(D) V, F, F
(E) F, F, V

1ª: a assertiva descreve a progressividade do IR, à luz dos arts. 145, § 1º, e 153, § 2º, I, ambos da CF; **2ª**: a assertiva refere-se ao princípio da irretroatividade, não ao da anterioridade – art. 150, III, *a*, da CF; **3ª**: o princípio da não cumulatividade refere-se a tributos plurifásicos (v. g. ICMS e IPI). Não é o caso do IR.

Gabarito "D".

(Técnico da Receita Federal – 2003 – ESAF) De acordo com a Lei 10.637/2002, o imposto de renda devido na declaração de rendimentos das pessoas físicas deve ser calculado mediante utilização da seguinte tabela:

Base de cálculo em R$	Alíquota (%)	Parcela a deduzir
Até 12.696,00	–	–
De 12.696,01 a 25.380,00	15	1.904,40
Acima de 25.380,00	27,5	5.076,90

Sabe-se que, de acordo com a lei, essa foi a tabela utilizada para cálculo do imposto devido na declaração apresentada em 2003, relativa ao ano calendário de 2002.

Suponha que em 10 de dezembro de 2003 seja publicada uma lei com a seguinte redação:

Art. 1º O imposto de renda devido na declaração de rendimentos das pessoas físicas deve ser calculado mediante utilização da seguinte tabela:

Base de cálculo em R$	Alíquota (%)	Parcela a deduzir
Até 10.000,00	–	–
De 10.000,01 a 20.000,00	15	1.500,00
De 20.000,01 a 30.000,00	20	2.500,00
Acima de 30.000,00	30	5.500,00

Art. 2º Esta lei entra em vigor na data de sua publicação, revogadas as disposições em contrário.

As informações a respeito do contribuinte João da Silva são as seguintes:

Ano-calendário de 2003	
Rendimento do trabalho assalariado	R$ 60.000,00
Contribuição para a Previdência Social da União	R$ 6.600,00
Despesas de locomoção, escrituradas em Livro Caixa	R$ 2.500,00
Despesas médicas	R$ 3.400,00
Despesas com aluguel	R$ 3.720,00

Isto posto, assinale a seguir a opção que indica corretamente o valor do imposto de renda devido na declaração de João da Silva, relativa ao ano calendário de 2003 (data de entrega, até 30/04/2004)

(A) R$ 9.500,00

(B) R$ 8.750,00

(C) R$ 8.673,10

(D) R$ 6.962,60

(E) R$ 7.634,00

Para o ano-calendário (ano-base) 2003, ou seja, para o IR relativo ao exercício de 2003, aplica-se a legislação vigente no momento em que o fato gerador ocorre (ou conclui-se), que corresponde ao último instante do dia 31 de dezembro de 2003. Assim, para o cálculo do imposto relativo a 2003 aplica-se a Lei publicada em 10 de dezembro daquele ano (essa é a jurisprudência do STF – ver RE 199.352/PR e RE 250.521/SP). A seguir, é preciso aferir qual o rendimento tributável. Para isso, pega-se o rendimento do trabalho (R$ 60 mil) e subtraem-se as despesas legalmente autorizadas, quais sejam contribuição previdenciária (R$ 6.600,00 – art. 74 do RIR) e despesas médicas (R$ 3.400,00 – art. 80 do RIR). A base de cálculo corresponde, portanto, a R$ 50.000,00 (= R$ 60 mil – R$ 6.600,00 – R$ 3.400). Os primeiros R$ 10 mil, correspondentes à primeira faixa da tabela progressiva, não são tributados. R$ 10 mil sujeitam-se à alíquota de 15%, correspondentes à segunda faixa da tabela (= R$ 1.500,00 de imposto). R$ 10 mil submetem-se à alíquota de 20 % (= R$ 2 mil de imposto). Os R$ 20 mil restantes sujeitam-se à alíquota máxima de 30% (= R$ 6 mil de imposto). O total final é de R$ 9.500,00 devidos a título de imposto de renda. Outra forma (mais simples) de calcular é a utilização da tabela prática com a dedução: aplica-se a alíquota máxima (30%) sobre o total do rendimento tributável (R$ 50 mil) e aplica-se a "parcela a deduzir" de R$ 5.500,00 (30% de 50 mil – 5.500 = 9.500). **Em nossa opinião o gabarito está errado**. A ESAF adotou forte entendimento doutrinário, no sentido de que a lei publicada em 2003 aplica-se apenas ao Imposto de Renda relativo ao exercício de 2004. No entanto, como dito, o STF tem entendimento de que ao ano-base 2003 aplica-se a legislação vigente no último instante daquele exercício (em 31 de dezembro de 2003). Não haveria violação ao princípio da irretroatividade (pois o fato gerador ainda não ocorreu) ou ao princípio da anterioridade (o tributo somente será cobrado no exercício seguinte, por conta de sua periodicidade anual).

Gabarito "C".

(Técnico da Receita Federal – 2003 – ESAF) Assinale as proposições abaixo com F para falsa ou V para verdadeira e, a seguir, indique a opção que contém a sequência correta.

( ) O fato gerador do imposto sobre a renda é a aquisição, de fonte situada no Brasil, da disponibilidade econômica ou jurídica de renda ou de proventos de qualquer natureza.

( ) A fonte pagadora da renda ou dos proventos tributáveis pode ser contribuinte do imposto sobre as importâncias que a esse título pagar, desde que a lei assim o determine.

( ) São contribuintes do imposto de renda todas as pessoas jurídicas domiciliadas no País, sejam quais forem seus fins, nacionalidade ou participantes no capital.

( ) Os períodos-base de apuração do imposto de renda de pessoa jurídica são trimestrais, sendo que, no caso de lucro real, o contribuinte pode apurar o imposto anualmente, pagando mensalmente o imposto sobre bases estimadas.

( ) De acordo com a legislação em vigor, são formas de tributação pelo imposto de renda das pessoas jurídicas, a tributação pelo lucro real, a tributação pelo lucro presumido e a tributação pelo lucro arbitrado, podendo o contribuinte livremente optar por uma das duas primeiras, sendo a tributação pelo lucro arbitrado privativa do fisco.

(A) F, F, F, V, F

(B) V, V, F, F, V

(C) F, V, F, F, V

(D) V, F, V, V, F

(E) F, F, F, F, V

1ª: o IR incide sobre determinadas rendas decorrentes de fontes situadas no exterior, na forma da legislação aplicável – art. 103 do RIR; **2ª**: a fonte pagadora pode ser responsável tributário (art. 45, p. único, do CTN), mas nunca contribuinte (contribuinte é quem tem relação pessoal e direta com o fato gerador – art. 121, p. único, I, do CTN – ou seja, quem aufere a renda); **3ª**: o art. 147, I, do RIR refere-se apenas às pessoas jurídicas de direito privado domiciliadas no País; **4ª**: arts. 220, 221 e 222 do RIR; **5ª**: o contribuinte pode efetuar o pagamento com base no lucro arbitrado, no caso do art. 531 do RIR.

Gabarito "A".

(Técnico da Receita Federal – 2003 – ESAF) Assinale as proposições abaixo com F para falsa ou V para verdadeira e, a seguir, indique a opção que contém a sequência correta.

( ) Os rendimentos relativos a aluguel de imóvel situado em Paris, pagos por pessoa física de nacionalidade francesa, residente e domiciliada na França, a brasileiro residente e domiciliado no Brasil, não estão sujeitos à tributação pelo imposto de renda no Brasil (suponha a inexistência de tratado internacional regulando o assunto).

( ) São tributáveis os valores recebidos a título de alimentos, em cumprimento de decisão judicial.

( ) Os rendimentos relativos a aluguel de imóvel situado em Brasília, pagos a pessoa física de nacionalidade francesa, residente e domiciliada no Brasil em caráter permanente, por pessoa física de nacionalidade brasileira, residente e domiciliada em Paris, não estão sujeitos à tributação pelo imposto de renda no Brasil (suponha a inexistência de tratado internacional regulando o assunto).

( ) São isentos do imposto de renda os valores recebidos por deficiente mental a título de pensão.

( ) São isentos do imposto de renda os rendimentos provenientes de aposentadoria, pagos a maiores de sessenta e cinco anos de idade.

(A) F, V, F, V, V
(B) V, V, F, F, V
(C) V, V, F, F, F
(D) V, F, V, V, F
(E) F, V, F, F, F

1ª: o brasileiro deve , em princípio, recolher imposto sobre a renda proveniente de fonte (imóvel) localizada no exterior, conforme o princípio da universalidade – art. 103 do RIR; **2ª**: art. 5º do RIR; **3ª**: a pessoa domiciliada ou residente no Brasil, independentemente de sua nacionalidade, é contribuinte do imposto sobre a renda proveniente do imóvel localizado no país – 2º do RIR; **4ª**: a isenção abrange apenas valores decorrentes do regime de previdência social ou de entidades de previdência privada – art. 39, VI, do RIR; **5ª**: a isenção, na hipótese, é limitada na forma do art. 39, XXXIV, do RIR.

Gabarito "E".

(Técnico da Receita Federal – 2003 – ESAF) Assinale as proposições abaixo com F para falsa ou V para verdadeira e, a seguir, indique a opção que contém a sequência correta.

( ) As pessoas jurídicas devem apresentar, anualmente e exclusivamente por meio magnético, declaração contendo informações sobre o imposto de renda.

( ) As pessoas físicas devem apresentar anualmente declaração de rendimentos para determinar o saldo do imposto a pagar ou a ser restituído, estando desobrigadas as que tenham auferido exclusivamente rendimentos que tenham sido tributados na fonte.

( ) As pessoas jurídicas devem apurar anualmente o imposto de renda, podendo optar por fazê-lo sobre o lucro real, presumido ou arbitrado.

(A) V, F, V
(B) F, V, V
(C) V, F, F
(D) V, V, F
(E) F, F, V

1ª: as regras têm sido modificadas anualmente, por conta da evolução tecnológica. Nos últimos exercícios a declaração anual vem sendo enviada pela internet, não por meio magnético; **2ª**: mesmo aqueles que auferiram apenas rendimentos tributados na fonte devem apresentar a declaração anual, desde que atinjam o valor mínimo; **3ª**: arts. 220 e 531 do RIR.

Gabarito "E".

(Técnico da Receita Federal – 2003 – ESAF) Assinale as proposições abaixo com F para falsa ou V para verdadeira e, a seguir, indique a opção que contém a sequência correta.

( ) A pessoa física que receber, de outras pessoas físicas, rendimentos que não tenham sido tributados na fonte no País, deve pagar mensalmente o imposto sobre os rendimentos percebidos no mês, calculado segundo a tabela progressiva.

( ) Para fins de apuração do imposto a pagar ou a restituir, na declaração anual de ajuste, as pessoas físicas podem deduzir, do imposto calculado com base na tabela progressiva, o imposto retido na fonte e o pago no curso do ano-calendário, correspondentes aos rendimentos incluídos na base de cálculo.

( ) Para efeito de apuração do saldo do imposto a pagar ou a ser restituído, relativamente aos rendimentos percebidos no ano-calendário pelas pessoas físicas, são admitidas algumas deduções a título de incentivo fiscal, entre elas as contribuições e doações feitas a entidades filantrópicas de assistência social.

(A) F, V, V
(B) V, V, F
(C) V, F, V
(D) F, F, V
(E) V, V, V

1ª: art. 106 do RIR; **2ª**: art. 620, § 3º, do RIR; **3ª**: admite-se o abatimento de doações feitas aos fundos controlados pelos Conselhos dos Direitos da Criança e do Adolescente, mas não a quaisquer entidades filantrópicas de assistência social – art. 102 do RIR.

Gabarito "B".

(Técnico da Receita Federal – 2003 – ESAF) Assinale as proposições abaixo com F para falsa ou V para verdadeira e, a seguir, indique a opção que contém a sequência correta.

( ) Na determinação da base de cálculo sujeita à incidência mensal do imposto de renda das pessoas físicas, poderão ser deduzidas as contribuições para a Previdência Social da União.

( ) Na determinação da base de cálculo sujeita à incidência mensal do imposto de renda das pessoas físicas, poderão ser deduzidas as importâncias pagas em cumprimento de decisão judicial, a título de pensão alimentícia, em face das normas do Direito de Família.

( ) Na determinação da base de cálculo sujeita à incidência mensal do imposto de renda das pessoas físicas, poderão ser deduzidos os pagamentos a título de despesas médicas com o contribuinte e seus dependentes.

( ) Na determinação da base de cálculo sujeita à incidência mensal do imposto de renda das pessoas físicas poderão ser deduzidos os pagamentos efetuados a estabelecimentos de ensino relativamente à educação pré-escolar, de 1º, 2º e 3º graus feitos com o contribuinte e seus dependentes.

(A) V, F, V, F
(B) V, V, V, F
(C) F, F, V, V
(D) V, V, F, F
(E) F, V, V, V

1ª: art. 74, I, do RIR; **2ª**: art. 78 do RIR; **3ª e 4ª**: as despesas médicas e educacionais somente podem ser deduzidas na declaração anual (não reduzem a base de cálculo sujeita à incidência mensal) – arts. 80 e 81 do RIR.

Gabarito "D"

(Técnico da Receita Federal – 2002.2 – ESAF) Assinale as proposições abaixo com F para falsa ou V para verdadeira e, a seguir, indique a opção que contém a sequência correta.

( ) O imposto sobre a renda e proventos de qualquer natureza, de competência da União, deve ser informado pelos critérios da progressividade e da especialidade.

( ) É vedado à União instituir imposto sobre a renda das empresas públicas estaduais e municipais.

( ) De acordo com o princípio da anterioridade, sobrevindo lei que aumente o imposto de renda e preveja expressamente sua entrada em vigor para a data de sua publicação, o imposto decorrente do aumento pode ser cobrado imediatamente a partir da data da publicação, porém sem alcançar fatos geradores ocorridos anteriormente.

(A) V, V, F
(B) F, F, F
(C) V, F, F
(D) V, V, V
(E) F, V, V

1ª: o IR é informado pelos princípios da generalidade (atinge a todos que auferem rendas ou proventos), da universalidade (atinge a todas as rendas e proventos auferidos no período) e da progressividade (alíquotas diferenciadas em razão da base de cálculo) – art. 153, § 2º, I, da CF; **2ª**: as empresas públicas não são beneficiadas pela imunidade prevista no art. 150, VI, *a*, da CF (embora o STF tenha reconhecido exceções em favor dos Correios e da Infraero); **3ª**: a anterioridade refere-se à impossibilidade de cobrança no mesmo exercício em que publicada a lei que instituiu ou majorou o tributo – art. 150, III, *b*, da CF.

Gabarito "B"

(Técnico da Receita Federal – 2002.2 – ESAF) Complete a proposição abaixo com as alternativas I, II, III e IV e, a seguir, assinale a resposta que contém somente as opções que resultam numa proposição verdadeira.

No que se refere ao imposto de renda, não estão ao abrigo de imunidade:

I. as rendas dos partidos políticos relacionadas com suas atividades essenciais.
II. as sociedades cooperativas.
III. atendidos os requisitos da lei, as instituições de educação sem fins lucrativos.
IV. os rendimentos provenientes de aposentadoria ou pensão pagos pela previdência social da União, dos Estados, do Distrito Federal e dos Municípios, a pessoa com idade superior a 65 anos.

(A) I e II.
(B) I e III.
(C) I e IV.
(D) II e IV.
(E) II e III.

A imunidade é prevista exclusivamente pela CF. As assertivas em I e III referem-se à imunidade prevista no art. 150, VI, *c*, da CF. Não há imunidade relacionada às assertivas em II e IV.

Gabarito "D"

(Técnico da Receita Federal – 2002.2 – ESAF) Não são contribuintes do Imposto de Renda Pessoa Jurídica:

(A) as filiais das pessoas jurídicas com sede no exterior.
(B) as sociedades em conta de participação.
(C) as firmas individuais.
(D) as pessoas físicas que, em nome individual, pratiquem habitual e profissionalmente a venda de serviços a terceiros, com o fim especulativo de lucro.
(E) as pessoas físicas que em um mesmo ano calendário alienarem mais de 10 imóveis de sua propriedade.

A: essas filiais são contribuintes do IR-PJ – art. 147, II, do RIR; **B:** as sociedades em conta de participação, apesar de não possuírem personalidade jurídica (art. 993 do CC), são equiparadas a pessoas jurídicas para fins de IR – art. 148 do RIR; **C:** as firmas individuais são equiparadas a pessoas jurídicas, para fins de IR – art. 150, § 1º, I, do RIR; **D:** essas pessoas são consideradas empresas individuais e, portanto, equiparadas a pessoas jurídicas, para fins de IR – art. 150, § 1º, II, do RIR; **E:** essas pessoas físicas não são equiparadas a pessoas jurídicas.

Gabarito "E"

(Técnico da Receita Federal – 2002.2 – ESAF) Assinale as proposições abaixo com F para falsa ou V para verdadeira e, a seguir, indique a opção que contém a sequência correta.

( ) O imposto de renda das pessoas jurídicas será devido no encerramento do balanço anual.

( ) A pessoa jurídica pode optar por apurar o imposto de renda em períodos mensais, trimestrais ou semestrais, devendo, em qualquer caso, fazer o ajuste anual.

( ) Não integram a base de cálculo do Imposto de Renda Pessoa Jurídica os rendimentos, lucros e ganhos auferidos no exterior.

(A) V, V, F
(B) F, F, F
(C) V, F, F
(D) V, V, V
(E) F, V, F

1ª: a apuração anual refere-se ao lucro em 31 de dezembro de cada ano, mas o recolhimento será devido apenas no exercício seguinte – art. 221 do RIR; **2ª**: a apuração será trimestral, sendo possível a apuração anual (na hipótese de lucro real), com recolhimento mensal, por estimativa – arts. 220 a 222 do RIR; **3ª**: esses lucros e ganhos são tributados, conforme o princípio da universalidade – art. 394 do RIR.

Gabarito "B".

(Técnico da Receita Federal – 2002.2 – ESAF) Entre as formas de tributação pelo Imposto de Renda Pessoa Jurídica previstas na legislação, não se inclui:

(A) a tributação pelo lucro presumido.
(B) o pagamento mensal unificado de impostos e contribuições federais (SIMPLES).
(C) a tributação pelo lucro arbitrado.
(D) a tributação pelo lucro bruto.
(E) a tributação pelo lucro real.

A legislação do IR-PJ prevê a tributação pelo lucro real, presumido e arbitrado (art. 220 do RIR). O antigo Simples Federal foi substituído pelo Simples Nacional (LC 123/2006), que representa regime único de apuração e recolhimento, com cálculo sobre a receita bruta da empresa.

Gabarito "D".

(Técnico da Receita Federal – 2002.2 – ESAF) De acordo com a legislação do Imposto de Renda – Pessoa Física, não constitui rendimento tributável:

(A) a remuneração dos estagiários.
(B) a licença-prêmio convertida em pecúnia.
(C) o auxílio transporte pago em pecúnia ao servidor público federal ativo.
(D) a verba para custeio de despesas necessárias para o exercício do cargo ou função.
(E) a indenização por lucros cessantes.

A, **B**, **D** e **E**: essas verbas representam acréscimo patrimonial tributado pelo IR-PF – arts. 43, I, III, e X, e 55, VI, ambos do RIR; **C**: o IR não incide sobre o auxílio transporte pago aos servidores federais ativos – art. 39, V, do RIR.

Gabarito "C".

(Técnico da Receita Federal – 2002.2 – ESAF) Considerando as disposições da legislação referentes às deduções na apuração da base de cálculo do Imposto de Renda da Pessoa Física, assinale, entre as opções abaixo, a que não corresponde a uma proposição verdadeira.

(A) O contribuinte que receber rendimentos de trabalho não assalariado pode deduzir as despesas de custeio pagas, necessárias à percepção da receita e à manutenção da fonte produtora.
(B) A dedução a título de dependente está sujeita a limite fixado por dependente.
(C) O contribuinte pode considerar como dependente o irmão, neto ou bisneto, sem arrimo dos pais, bastando, para tanto, que seja ele menor de 21 anos.
(D) Na declaração de rendimentos podem ser deduzidos os pagamentos feitos no ano calendário de próteses ortopédicas e dentárias, relativas a tratamento do próprio contribuinte e dos seus dependentes.
(E) Observado o limite por dependente, podem ser deduzidos os pagamentos efetuados a creches.

A: art. 75, III, do RIR; **B**: art. 77, *caput*, do RIR; **C**: é preciso, ainda, que o contribuinte detenha a guarda judicial do irmão, do neto ou do bisneto – art. 77, § 1º, V, do RIR; **D**: art. 80 do RIR; **E**: art. 81, § 4º, do RIR.

Gabarito "C".

(Técnico da Receita Federal – 2002.2 – ESAF) Assinale as proposições abaixo com F para falsa ou V para verdadeira e, a seguir, indique a opção que contém a sequência correta.

( ) Os rendimentos e ganhos auferidos por pessoas físicas são tributados no curso do ano calendário, à medida em que são percebidos, devendo ser feito o ajuste anual quando concluído o ano-calendário.
( ) No curso do ano-calendário, os rendimentos percebidos pelas pessoas físicas devem ser tributados, conforme a hipótese, mediante retenção e recolhimento do imposto feito diretamente pela fonte pagadora ou mediante recolhimento feito pelo próprio contribuinte.
( ) A pessoa física que receber, de outras pessoas físicas, rendimentos que não tenham sido tributados na fonte no País, pode optar entre pagar mensalmente o imposto sobre os rendimentos percebidos no mês e fazer o ajuste anual, ou oferecê-los à tributação apenas na declaração anual.

(A) V, V, F
(B) F, F, V
(C) V, F, F
(D) V, F, V
(E) F, V, F

1ª e **2ª**: essa é a sistemática de apuração e recolhimento para pessoas físicas – arts. 85, 87, IV, 106 e 113, entre outros do RIR; **3ª**: não há opção, já que o recolhimento é mensal, na hipótese – art. 106 do RIR.

Gabarito "A".

(Técnico da Receita Federal – 2002.1 – ESAF) São contribuintes pessoa jurídica do Imposto de Renda:

(A) as pessoas jurídicas de direito privado domiciliadas no País, sejam quais forem seus fins, nacionalidade ou participantes no capital; as filiais, sucursais, agências ou representações no País das pessoas jurídicas com sede no exterior; os comissários domiciliados no exterior, quanto aos resultados das operações realizadas por seus mandatários ou comitentes no País.
(B) as pessoas jurídicas de direito privado domiciliadas no País, sejam quais forem seus fins, nacionalidade ou participantes no capital; das pessoas jurídicas com sede no exterior; os comitentes domiciliados no exterior, quanto aos resultados das operações realizadas por seus mandatários ou comissários no País.

(C) as pessoas jurídicas de direito privado domiciliadas no País, sejam quais forem seus fins, nacionalidade ou participantes no capital; as filiais, sucursais, agências ou representações no País das pessoas jurídicas com sede no exterior; os comitentes domiciliados no exterior, quanto aos resultados das operações realizadas por seus mandatários ou comissários no País.

(D) as pessoas jurídicas de direito privado domiciliadas no País, sejam quais forem seus fins, nacionalidade ou participantes no capital; as filiais, sucursais, agências ou representações no País das pessoas jurídicas com sede no exterior; os comissários domiciliados no exterior, quanto aos resultados das operações realizadas por seus mandantes ou comitentes no País.

(E) as pessoas jurídicas de direito privado domiciliadas ou não no País, sejam quais forem seus fins, nacionalidade ou participantes no capital; as filiais, sucursais, agências ou representações no País das pessoas jurídicas com sede no exterior; os comitentes domiciliados no exterior, quanto aos resultados das operações realizadas por seus mandatários ou comissários no País.

A e **D:** os comitentes, não os comissários, são considerados pessoas jurídicas para fins de IR-PJ, na hipótese – art. 147, III, do RIR; **B:** apenas as filiais, sucursais, agências ou representações no País das pessoas jurídicas com sede no exterior são consideradas pessoas jurídicas para fins do IR-PJ – art. 147, I, do RIR; **C:** a assertiva reflete o disposto no art. 147, I, II e III, do RIR; **E:** em princípio, somente as pessoas domiciliadas no País são consideradas pessoas jurídicas para fins do IR-PJ – art. 147, I, do RIR.

Gabarito "C".

(Técnico da Receita Federal – 2002.1 – ESAF) O imposto de renda das pessoas jurídicas, inclusive das equiparadas, das sociedades civis em geral e das sociedades cooperativas em relação aos resultados obtidos nas operações ou atividades estranhas à sua finalidade, será devido

(A) por ocasião da entrega da declaração de rendimentos do ano-base correspondente ao período gerador da renda.

(B) no período trimestral imediatamente subsequente à obtenção do rendimento.

(C) à medida que os rendimentos, ganhos e lucros forem sendo auferidos.

(D) até a primeira quinzena do mês subsequente à obtenção do rendimento.

(E) à medida que os rendimentos, ganhos e lucros forem sendo declarados.

A assertiva em C reflete o disposto no art. 218 do RIR (o imposto da PJ é devido à medida que os rendimentos, ganhos e lucros forem sendo auferidos).

Gabarito "C".

(Técnico da Receita Federal – 2002.1 – ESAF) A base de cálculo do imposto, correspondente ao período de apuração, é determinada segundo a lei vigente na data da ocorrência do fato gerador, pelo:

(A) lucro real; lucro diferido; lucro determinado.

(B) lucro real; lucro presumido; lucro efetivo.

(C) lucro real; lucro diferido; lucro efetivo.

(D) lucro real; lucro presumido; lucro arbitrado.

(E) lucro real; lucro presumido; lucro diferido.

A legislação do IR-PJ prevê a tributação pelo lucro real, presumido e arbitrado (art. 220 do RIR). Ademais, há o Simples Nacional (LC 123/2006), que representa regime único de apuração e recolhimento, com cálculo sobre a receita bruta da empresa.

Gabarito "D".

(Técnico da Receita Federal – 2002.1 – ESAF) As pessoas físicas poderão deduzir, do imposto apurado no Brasil, o imposto cobrado pela nação de origem dos rendimentos no exterior, desde que a dedução se dê em conformidade com o previsto em acordo, (ou convenção internacional), firmado com o país de origem dos rendimentos,

(A) quando não houver sido restituído ou compensado naquele país, ou quando haja reciprocidade de tratamento em relação aos rendimentos produzidos no Brasil.

(B) quando houver sido restituído ou compensado naquele país, ou quando haja reciprocidade de tratamento em relação aos rendimentos produzidos no Brasil.

(C) quando houver sido restituído ou compensado naquele país, ou quando não haja reciprocidade de tratamento em relação aos rendimentos produzidos no Brasil.

(D) quando não houver sido restituído ou compensado naquele país, ou quando não haja reciprocidade de tratamento em relação aos rendimentos produzidos no Brasil.

(E) quando não houver sido restituído ou compensado naquele país, ou quando haja reciprocidade de tratamento em relação aos rendimentos produzidos em qualquer País.

A assertiva em A completa adequadamente a frase inicial, nos termos do art. 103, I e II, do RIR.

Gabarito "A".

(Técnico da Receita Federal – 2002.1 – ESAF) A ajuda de custo destinada a atender as despesas com transporte, frete e locomoção do beneficiado e seus familiares, em caso de remoção de um município para outro,

(A) não integrará o cômputo do rendimento líquido, caracterizando-se como uma isenção condicionada à comprovação posterior.

(B) integrará o cômputo do rendimento bruto, caracterizando-se como uma dedução condicionada à comprovação posterior.

(C) não integrará o cômputo do rendimento líquido, caracterizando-se como um abatimento condicionado à comprovação posterior.

(D) integrará o cômputo do rendimento bruto, caracterizando-se como uma não incidência condicionada à comprovação posterior.

(E) não integrará o cômputo do rendimento bruto, caracterizando-se como uma isenção condicionada à comprovação posterior.

Trata-se de isenção condicionada à comprovação posterior. O montante correspondente não entrará no cômputo do rendimento bruto, nos termos do art. 39, I, do RIR.

Gabarito "E".

(Técnico da Receita Federal – 2002.1 – ESAF) É permitida a dedução, até determinado limite estabelecido pela legislação, de despesas incorridas individualmente com a educação do contribuinte e de seus dependentes. Em face do enunciado, assinale a opção correta.

(A) O valor da dedução será obtido multiplicando-se o limite legal estabelecido pelo número de pessoas (contribuinte mais dependentes); admitida a transferência do excesso individual para outra pessoa.

(B) O valor da dedução será obtido multiplicando-se o limite legal estabelecido pelo número de pessoas (contribuinte mais dependentes); vedada a transferência do excesso individual para outra pessoa.

(C) O valor da dedução é o limite legal estabelecido independentemente do número de pessoas (contribuinte mais dependentes); admitida a transferência do excesso individual para outra pessoa.

(D) O valor da dedução é o limite legal estabelecido independentemente do número de pessoas (contribuinte mais dependentes); vedada a transferência do excesso individual para outra pessoa.

(E) O valor da dedução é o limite legal estabelecido dividido pelo número de pessoas (contribuinte mais dependentes); admitida a transferência do excesso individual para outra pessoa.

A dedução na base de cálculo é calculada pela multiplicação do montante fixado pela legislação do IR pelo número de dependentes. A dedução relativa a cada dependente não pode ser aproveitada por mais de um contribuinte (não se permite, portanto, transferência de excesso individual) – art. 77, *caput* e § 5º, do RIR.

Gabarito "B".

12.4. ITR

(Procurador da Fazenda Nacional – 2004 – ESAF) A norma constitucional que determina que o Imposto Territorial Rural (ITR) não incide sobre pequenas glebas rurais, assim definidas em lei, quando as explore o proprietário que não possua outro imóvel, veicula uma

(A) isenção subjetiva, por levar em conta a condição da entidade familiar.

(B) regra de não incidência da norma tributária.

(C) isenção real, por recair sobre coisa.

(D) imunidade.

(E) elisão lícita imprópria.

Qualquer norma constitucional que afaste a tributação é norma que delimita negativamente a competência tributária, ou seja, é imunidade, ainda que o constituinte tenha adotado outra terminologia (isenção, não incidência). Assim, a norma descrita pelo examinador é de imunidade – art. 153, § 4º, II, da CF, de modo que a alternativa "D" é a correta.

Gabarito "D".

(Auditor Fiscal da Receita Federal – 2002.2 – ESAF) Relativamente ao Imposto Territorial Rural (ITR), avalie o acerto das afirmações adiante e marque com V as verdadeiras e com F as falsas; em seguida, marque a opção correta.

( ) Como regra, o ITR incide inclusive sobre o imóvel declarado de interesse social para fins de reforma agrária.

( ) Segundo a interpretação legal, imóvel rural de área inferior a 30 hectares, independentemente do local onde se encontre, é considerada pequena propriedade, imune ao imposto.

( ) O "posseiro" do imóvel é estranho à relação jurídica relativa ao ITR, pois o contribuinte do imposto é o titular do domínio útil ou o proprietário.

(A) V, V, V

(B) V, V, F

(C) V, F, F

(D) F, F, F

(E) F, V, F

1ª: a simples declaração de interesse social não afasta a incidência do ITR, enquanto o possível expropriado continuar na posse ou no domínio do imóvel, nos termos do art. 2º, § 1º, do RITR; **2ª**: embora haja limites maiores para determinadas regiões do país, o imóvel com área igual ou inferior a 30 ha será sempre considerado pequena gleba rural, para fins do art. 153, § 4º, II, da CF – art. 3º, § 1º, III, do RITR; **3ª**: o possuidor a qualquer título é contribuinte do ITR, desde que a posse seja com *animus domini* ou *ad usucapionem* (quando o possuidor age como proprietário ou pode vir a ter o domínio da terra por usucapião) – art. 5º do RITR e art. 31 do CTN.

Gabarito "B".

(Auditor Fiscal da Receita Federal – 2002.1 – ESAF) Avalie as afirmações abaixo e marque a opção que corresponda, na devida ordem, ao acerto ou erro de cada uma (V ou F, respectivamente).

1) Sobre o imóvel declarado de interesse social para fins de reforma agrária deixa *ipso facto* de incidir o imposto territorial rural (ITR).

2) Um imóvel de 100 hectares, localizado na Amazônia Ocidental, é considerado "pequena gleba rural" para fins de não incidência (imunidade) do ITR, se presentes as demais condições.

3) Competem ao INCRA as atividades de arrecadação, tributação e fiscalização do ITR.

(A) V, V, V

(B) V, V, F

(C) F, V, F

(D) F, F, F

(E) F, F, V

1ª: a simples declaração de interesse social não afasta a incidência do ITR, enquanto o possível expropriado continuar na posse ou no domínio do imóvel, nos termos do art. 2º, § 1º, do RITR; **2ª**: art. 3ª, § 1º, I, do RITR c/c art. 153, § 4º, II, da CF; **3ª**: a arrecadação e a fiscalização são de competência da Receita Federal do Brasil, embora possa firmar convênio com o INCRA para delegar-lhe determinadas funções – art. 73 do RITR.

Gabarito "C".

(Auditor Fiscal da Receita Federal – 2005 – ESAF) Os impostos são modalidades de tributos cuja cobrança tem por fato gerador situação independente de qualquer atividade estatal específica, relativa ao contribuinte. Assim, indique qual opção que não condiz com a realidade referente ao Imposto sobre a Propriedade Territorial Rural.

(A) Sua destinação legal é distribuída entre a União (50%) e os Estados (50%), onde os imóveis estiverem situados.
(B) Tem suas alíquotas fixadas de forma a desestimular a manutenção de propriedades improdutivas.
(C) É de competência da União.
(D) São contribuintes o proprietário do imóvel, o titular de seu domínio útil, ou o seu possuidor a qualquer título.
(E) Tem como fato gerador a propriedade, o domicílio útil ou a posse de imóvel localizado fora da zona urbana do município.

A: a receita do ITR é repartida igualmente entre a União e o Município onde estiver o imóvel (50% para cada), exceto se o imposto for cobrado pelo Município, na forma do art. 153, § 4º, III, da CF, hipótese em que o ente local ficará com toda a receita – art. 158, II, da CF; **B:** art. 153, § 4º, I, da CF; **C:** art. 153, VI, da CF; **D:** art. 31 do CTN; **E:** art. 29 do CTN.

Gabarito "A"

12.5. ICMS

(Procuradoria Distrital – 2007 – ESAF) Em face da jurisprudência assentada pelo Supremo Tribunal Federal sobre o ICMS, assinale a opção correta.

(A) É ilegítima a exigência de fazer incidir ICMS na comercialização de exemplares de obras cinematográficas, gravadas em fitas de videocassete.
(B) A imunidade prevista no art. 150, VI, "d", da Constituição Federal não abrange os filmes e papéis fotográficos necessários à publicação de jornais e periódicos, pelo que o ICMS é devido quando da entrada da referida mercadoria no estabelecimento do comprador.
(C) Na entrada de mercadoria importada do exterior, é legítima a cobrança do ICMS por ocasião do desembaraço aduaneiro.
(D) Na entrada de mercadoria importada dos países que integram o Mercosul, a cobrança do ICMS só pode ser feita por ocasião da entrada da mercadoria no estabelecimento do importador.
(E) É assente a jurisprudência do Supremo Tribunal que, em se tratando de regular lançamento de crédito tributário em decorrência de recolhimento do ICMS, haverá incidência de correção monetária no momento da compensação com o tributo devido na saída da mercadoria do estabelecimento.

A: Súmula 662/STF; **B:** Súmula 657/STF; **C:** Súmula 661/STF; **D:** não há jurisprudência nesse sentido; **E:** o crédito de ICMS é escritural e, em regra, não pode ser corrigido monetariamente (exceto se houve óbice do fisco ao seu aproveitamento tempestivo).

Gabarito "C"

(Procuradoria Distrital – 2007 – ESAF) A Constituição Federal, em seu art. 155, II, afirma que é da competência dos Estados e do Distrito Federal instituir imposto sobre operações relativas à circulação de mercadorias e sobre prestação de serviços de transporte interestadual e intermunicipal e de comunicação, ainda que as operações e as prestações se iniciem no exterior. Tendo-se como base a interpretação do referido dispositivo constitucional e a jurisprudência do STF a seu respeito, assinale, entre as opções apresentadas a seguir, a que está correta.

(A) Constitui fato gerador do ICMS a saída física do estabelecimento do comerciante de máquinas, utensílios, e implementos a título de comodato.
(B) Incide o ICMS nas operações de comercialização de fitas de videocassete geradas em série por empresas dedicadas a esse tipo de negócio jurídico.
(C) O contribuinte de ICMS tem o direito de creditar-se do valor do ICMS, quando pago em razão de operações de consumo de energia elétrica, ou de utilização de serviços de comunicação, ou, ainda, de aquisição de bens destinados ao uso e/ou à integração no ativo fixo do seu próprio estabelecimento.
(D) Há ofensa ao princípio da não cumulatividade do ICMS quando a legislação estadual proíbe a compensação de créditos de ICMS advindos da aquisição de bens destinados ao consumo e ao ativo fixo do contribuinte.
(E) Há ofensa ao princípio da não cumulatividade a exigência feita em legislação estadual de estorno proporcional de crédito do ICMS relativo à entrada de mercadorias que, posteriormente, têm a saída tributada com base de cálculo ou alíquota inferior.

A: não há circulação da mercadoria; **B:** em regra, o comércio "de prateleira" (em oposição às encomendas personalizadas) submete-se ao ICMS; C e **D:** as restrições aos creditamentos, previstas no art. 33 da LC 87/1996, não são consideradas violações à não cumulatividade; **E:** art. 155, § 2º, II, da CF – os Tribunais Superiores reconhecem a aplicação do dispositivo no caso de base de cálculo ou alíquota reduzida (o que equivale a isenção parcial), com estorno proporcional do crédito.

Gabarito "B"

(Auditor Fiscal da Receita Federal – 2012 – ESAF) Assinale, entre as hipóteses abaixo, a única que constitui hipótese de incidência do ICMS – Imposto sobre Operações relativas à Circulação de Mercadorias e sobre Prestações de Serviços de transporte interestadual e intermunicipal e de comunicação.

(A) Fornecimento de alimentação e bebidas em restaurante ou estabelecimento similar, sem a previsão na respectiva lei estadual.
(B) Saída física de máquinas, utensílios e implementos a título de comodato.
(C) Comercialização de exemplares de obras cinematográficas, gravados em fitas de videocassete.
(D) Alienação de salvados de sinistro pelas seguradoras.
(E) Operações de industrialização por encomenda de embalagens, destinadas à utilização direta em processo subsequente de industrialização.

A: incorreta, pois é sempre necessária previsão da hipótese de incidência na lei estadual ou distrital – art. 1.º da LC 87/1996; **B:** incorreta, pois, no caso de comodato (empréstimo) não há circulação de mercadoria – Súmula 573/STF; **C:** correta – Súmula 662/STF; **D:** incorreta, pois a atual jurisprudência afasta a cobrança nesse caso, tendo sido cancelada a Súmula 152/STJ pela 1.ª Seção do STJ, no julgamento do REsp 73.552/RJ; **E:** incorreta, pois incide exclusivamente o ISS, na hipótese – ver REsp 1.097.249/ES e REsp 888.852/ES.

Gabarito "C"

(Auditor Fiscal da Receita Federal – 2012 – ESAF) A Constituição Federal prevê que o ICMS – Imposto sobre Operações relativas à Circulação de Mercadorias e sobre Prestações de Serviços de transporte interestadual e intermunicipal e de comunicação – será não cumulativo, compensando-se o que for devido em cada operação relativa à circulação de mercadorias ou prestação de serviços com o montante cobrado nas anteriores pelo mesmo ou outro Estado ou pelo Distrito Federal. Sobre a não cumulatividade do ICMS, assinale a opção correta.

(A) Cabe a restituição do tributo pago indevidamente, independentemente de haver decisão reconhecendo que o contribuinte de direito não recuperou do contribuinte de fato o *quantum* respectivo.

(B) Nas operações interestaduais, o creditamento do ICMS na operação subsequente deve corresponder ao montante que foi efetivamente recolhido na operação anterior.

(C) No caso de a mercadoria ser alienada, intencionalmente, por importância inferior ao valor que serviu de base de cálculo na operação de que decorreu sua entrada, o contribuinte, se desejar, poderá efetuar a anulação do crédito correspondente à diferença entre o valor referido e o que serviu de base ao cálculo na saída respectiva.

(D) Viola o princípio da não cumulatividade a vedação ao creditamento do ICMS relativo à entrada de insumos usados em industrialização de produtos cujas saídas foram isentas.

(E) O registro tardio dos créditos, por inércia do contribuinte, não é vedado. Todavia, fica afastada a possibilidade de correção de tais créditos, na medida em que foi ele próprio quem lhe deu causa.

A: incorreta, pois, no caso dos chamados tributos indiretos, a restituição do indébito submete-se ao disposto no art. 166 do CTN; **B:** adequada, embora a CF e a LC 87/1996 refiram-se ao valor "cobrado" nas operações anteriores, não necessariamente "recolhido" – art. 155, § 2.º, I, da CF e art. 19 da LC 87/1996; **C:** ilógica. O creditamento é escritural e um direito do contribuinte. Não teria sentido ele optar por cancelar parcialmente o crédito da entrada para pagar mais ICMS ao fisco; **D:** incorreta – art. 155, § 2.º, II, *a*, da CF; **E:** correta, pois a natureza escritural dos créditos veda sua correção monetária, exceto se o aproveitamento tardio decorrer de culpa do fisco.

Gabarito "B"

(Técnico da Receita Federal – 2006– ESAF) Consoante decisões recentes dos Tribunais Superiores acerca do Imposto sobre Circulação de Mercadorias e Serviços – ICMS, é incorreto afirmar-se que

(A) não incide ICMS na importação de bens por pessoa física ou jurídica que não seja contribuinte do imposto.

(B) é legítima a incidência do ICMS na comercialização de exemplares de obras cinematográficas, gravados em fitas de videocassete.

(C) na entrada de mercadoria importada do exterior, é ilegítima a cobrança do ICMS por ocasião do desembaraço aduaneiro.

(D) não constitui fato gerador do ICMS o simples deslocamento de mercadoria de um para outro

(E) o fornecimento de mercadorias com a simultânea prestação de serviços em bares, restaurantes e estabelecimentos similares constitui fato gerador do ICMS a incidir sobre o valor total da operação.

A: a partir da EC 33/2001, incide ICMS na hipótese – art. 155, § 2º, IX, *a*, da CF; **B:** não incide ICMS, na hipótese – Súmula 135/STJ; **C:** admite-se a cobrança do ICMS no momento do desembaraço aduaneiro – art. 12, IX, da LC 87/1996; **D:** os fiscos estaduais e distrital defendem a incidência, na hipótese, nos termos do art. 12, I, da LC 87/1996. Argumentam que a Súmula 166/STJ não se aplica aos deslocamentos definitivos entre estabelecimentos (afasta-se a incidência do ICMS somente quando a mercadoria é deslocada provisoriamente, com retorno ao estabelecimento originário); **E:** art. 2º, I, da LC 87/1996. Em nossa opinião, o gabarito é impreciso. A assertiva em A também é incorreta e, no que se refere à assertiva em D, há forte debate quanto ao significado da Súmula 166/STJ.

Gabarito "C"

Veja a seguinte tabela, para estudo e memorização dos casos de fornecimento de mercadoria com serviços e as incidências do ICMS e do ISS:

Fornecimento de mercadoria com prestação de serviço **Art. 1º, § 2º, da LC 116/2003 e art. 2º, IV e V, da LC 87/1996**		
Situação	**Incidência**	**Exemplos**
Serviço constante da lista da LC 116/2003, sem ressalva em relação à mercadoria	ISS sobre o preço total	Súmula 156/STJ. A prestação do serviço de composição gráfica, personalizada e sob encomenda, ainda que envolva fornecimento de mercadorias, está sujeita, apenas, ao ISS. (Especificamente no caso de embalagens a serem utilizadas como insumo industrial, o STF entende que incide ICMS sobre o valor total) Súmula 274/STJ. O ISS incide sobre o valor dos serviços de assistência médica, incluindo-se neles as refeições, os medicamentos e as diárias hospitalares.
Serviço constante da lista da LC 116/2003, com ressalva em relação à mercadoria	ISS sobre o preço do serviço e ICMS sobre o valor da mercadoria	Item 14.03 – Recondicionamento de motores (exceto peças e partes empregadas, que ficam sujeitas ao ICMS).
Serviço não constante da lista da LC 116/2003	ICMS sobre o valor total da operação	Súmula 163/STJ. O fornecimento de mercadorias com a simultânea prestação de serviços em bares, restaurantes e estabelecimentos similares constitui fato gerador do ICMS a incidir sobre o valor total da operação.

(Agente Tributário Estadual/MS – 2001 – ESAF) Entre as opções abaixo, assinale a que não corresponde a momento em que incide o ICMS, no caso de operações realizadas por empresa de construção civil.

(A) Desembaraço aduaneiro de bem importado do exterior.
(B) Saída de resíduos decorrentes da obra executada, destinados a terceiros.
(C) Saída de material de fabricação própria, industrializado no seu estabelecimento.
(D) Saída, para o estoque da própria empresa, de materiais decorrentes de demolição.
(E) Utilização, pela empresa, de serviço cuja prestação se tenha iniciado em outra unidade da Federação e não esteja vinculada a operação ou prestação subsequente alcançada pela incidência do ICMS.

A: mesmo quem não é contribuinte habitual do ICMS, caso das construtoras, sujeita-se ao tributo estadual na importação – art. 155, § 2º, IX, *a*, da CF e art. 12, IX, da LC 87/1996; **B:** a saída de resíduos das obras, quando destinados a terceiros, corresponde à circulação de mercadoria e sujeita-se, portanto, ao ICMS – art. 12, I, da LC 87/1996; **C:** a saída de material que não se destina a obra realizada pelo próprio contribuinte, ou seja, que não seja insumo para o serviço realizado, submete-se ao ICMS; **D:** não há circulação de mercadoria, na hipótese, nem mesmo entre estabelecimentos da mesma empresa, o que afasta a incidência do ICMS; **E:** art. 12, XIII, da LC 87/1996.

Gabarito "D"

(Agente Tributário Estadual/MS – 2001 – ESAF) Das assertivas abaixo, assinale a única que não corresponde ao momento em que incide o ICMS.

(A) Momento da saída de mercadoria de estabelecimento de contribuinte para outro estabelecimento do mesmo titular.
(B) Momento do recebimento, pelo destinatário, de serviço prestado no exterior.
(C) Momento do encerramento da atividade do estabelecimento, quanto às mercadorias em estoque.
(D) Momento do final da prestação de serviço de transporte interestadual e intermunicipal, de qualquer natureza.
(E) Momento da transmissão, a terceiro, da propriedade de mercadoria depositada em armazém geral ou em depósito fechado, neste Estado.

A: art. 12, I, da LC 87/1996; **B: A:** art. 12, X, da LC 87/1996; **C:** o encerramento das atividades implica transmissão das mercadorias para outro estabelecimento e, portanto, incidência do ICMS – art. 12, I, da LC 87/1996. Embora possa haver discussão a respeito, a D é a melhor alternativa, pois está claramente errada; **D:** o fato gerador, na hipótese, ocorre no início da prestação do serviço – art. 12, V, da LC 87/1996; **E:** art. 12, III, da LC 87/1996.

Gabarito "D"

(Auditor Fiscal/CE – 2006 – ESAF) Considerando as normas do ICMS relativas à substituição tributária, assinale, a seguir, a opção incorreta.

(A) Nas operações ou prestações interestaduais que destinem bens e serviços a consumidor final no Estado do Ceará, que seja contribuinte do ICMS, a responsabilidade pelo pagamento do ICMS, na condição de contribuinte substituto, pode ser atribuída em relação ao imposto incidente sobre uma ou mais operações ou prestações, sejam antecedentes, concomitantes ou subsequentes.
(B) O contribuinte substituto sub-roga-se nas obrigações principais do contribuinte substituído, relativamente às obrigações internas.
(C) A base de cálculo, para fins de substituição tributária em relação às operações anteriores, é o valor da operação ou prestação praticada pelo contribuinte substituído.
(D) Na substituição tributária, a responsabilidade pela retenção e recolhimento do imposto é exclusiva do substituto, ficando afastada a responsabilidade do contribuinte substituído, ainda que o substituto não tenha efetuado a retenção.
(E) Para efeito de exigência do ICMS por substituição tributária, a entrada de mercadoria no estabelecimento do destinatário, ou em outro por ele indicado, inclui-se como fato gerador do tributo.

A: é possível a substituição tributária relativa ao ICMS incidente nas operações interestaduais, desde que prevista em convênio interestadual – arts. 6º, § 1º, e 9º, ambos da LC 87/1996; **B:** o substituto é responsável pelo recolhimento do tributo, que é objeto da obrigação principal – art. 150, § 7º, da CF; **C:** art. 8º, I, da LC 87/1996; **D:** as características secundárias da responsabilidade por substituição são fixadas pela lei estadual – art. 6º da LC 87/1996. Entretanto, na substituição tributária "para frente" não há, a rigor, retenção do imposto, pois o substituto não faz pagamento (não há como reter nada, mas apenas incluir, no preço cobrado, o valor relativo ao ônus tributário); **E:** art. 7º, da LC 87/1996.

Gabarito "D"

(Auditor Fiscal/CE – 2006 – ESAF) Considerando as normas relativas ao ICMS, é correto afirmar:

(A) sempre que ocorrer entrada de mercadoria importada do exterior, a alíquota aplicável é a interestadual.
(B) sempre que ocorrer prestação de serviços de transporte contratado no exterior, a alíquota aplicável é a interestadual.
(C) sempre que ocorrer arrematação de bens, a alíquota aplicável é a interna.
(D) sempre que ocorrer saída de mercadoria para destinatário localizado em outro Estado da Federação, a alíquota aplicável é a interestadual.
(E) sempre que ocorrer a entrada de energia elétrica no Estado do Ceará, incidirá o ICMS mediante aplicação da alíquota interna.

A e **B:** a legislação de cada Estado e do DF fixa as alíquotas relativas às importações de mercadorias e serviços, que não se confudem com as interestaduais (até porque estas são fixadas pelo Senado – art. 155, § 2º, IV, da CF); **C:** a alíquota interna, aplicável às arrematações, é fixada pela lei de cada Estado e do DF. É facultado ao Senado fixar alíquota mínima e, excepcionalmente, máxima, nos termos do art. 155, § 2º, V, *a* e *b*, da CF; **D:** aplica-se a alíquota interna nas saídas interestaduais destinadas a não contribuintes do ICMS – art. 155, § 2º, VII, *b*, da CF; **E:** a alíquota interna é aplicada no momento da entrada da energia no Estado de destino somente no caso de adquirente que não a revenderá, nem a utilizará em atividade industrial – art. 2º, § 1º, III, da LC 87/1996.

Gabarito "C"

(Auditor Fiscal/CE – 2006 – ESAF) Considerando as normas relativas à não cumulatividade do ICMS, assinale a afirmativa incorreta.

(A) Para atender ao princípio da não cumulatividade do imposto, compensa-se o que for devido em cada operação relativa à circulação de mercadorias ou prestação de serviços de transporte interestadual ou intermunicipal e de comunicações com o montante do tributo cobrado pelo Estado do Ceará ou por outro Estado nas operações ou prestações anteriores.

(B) O montante do ICMS a recolher resultará da diferença positiva, no período considerado, do confronto entre o débito e o crédito escriturados em conta gráfica.

(C) Se no final do período de apuração for apurado saldo credor, é ele transferível para o período ou períodos seguintes.

(D) Para fins de apuração do imposto no período considerado, devem ser computadas, como débito, as importâncias relativas a estornos de créditos.

(E) O estabelecimento que, no final do período de apuração, apurar saldo credor, pode optar por compensá-lo com saldo devedor de outro estabelecimento do mesmo sujeito passivo localizado no mesmo ou em outro Estado.

A: art. 155, § 2º, I, da CF. É importante notar que há restrições ao creditamento de ICMS relativo aos serviços de comunicação e ao consumo de energia elétrica, por exemplo – art. 33, II e IV, da LC 87/1996; **B:** é assim que se operacionaliza a apuração e cálculo do ICMS devido, à luz da não cumulatividade – art. 24 da LC 87/1996; **C:** art. 24, III, da LC 87/1996; **D:** os estornos de crédito são contabilizados como débito no período da escrituração – art. 21 da LC 87/1996; **E:** a partir da LC 102/2000, deverão ser compensados os saldos credores e devedores entre os estabelecimentos do mesmo sujeito passivo localizados no Estado (ou no DF) – art. 25 da LC 87/1996.

Gabarito "E"

(Auditor Fiscal/CE – 2006 – ESAF) Assinale as proposições abaixo com F para falsa e V para verdadeira e, a seguir, indique a opção que contém a sequência correta.

( ) Sobre o débito fiscal decorrente de multa por infração à legislação do ICMS, e não pago na data de seu vencimento, incidem juros de mora.

( ) O pagamento espontâneo do ICMS, mas fora do prazo previsto na legislação, sujeita-se à incidência da multa de mora, calculada sobre o valor do imposto, e de juros de mora calculados sobre a soma do imposto com a multa.

( ) No caso de atraso no pagamento do ICMS, os juros de mora incidem a partir do primeiro dia subsequente ao vencimento.

(A) F, F, F
(B) V, F, F
(C) V, V, F
(D) F, F, V
(E) F, V, F

1ª: a inadimplência relativa ao crédito tributário (a penalidade pecuniária corresponde a crédito tributário, objeto da obrigação principal) implica acréscimo de juros moratórios – art. 161 do CTN; **2ª:** se não houve declaração do imposto devido, há denúncia espontânea, o que afasta a cobrança da multa moratória, mas não dos juros moratórios – art. 138 do CTN; **3ª:** isso depende da lei estadual, embora seja comum o cálculo dos juros de mora já a partir do dia seguinte ao vencimento – art. 161 do CTN.

Gabarito "B"

(Auditor Fiscal/CE – 2006 – ESAF) Assinale a afirmativa correta.

(A) O fornecimento de bebidas em bares, restaurantes e similares constitui hipótese de incidência do ICMS, exceto no caso de água mineral e refrigerantes contendo suco de frutas.

(B) O fornecimento de mercadorias, quando feito com prestação de serviços, não constitui hipótese de incidência do ICMS.

(C) A entrada de bem importado do exterior por pessoa jurídica não contribuinte habitual do imposto só constituirá hipótese de incidência do ICMS se o bem não se destinar ao seu consumo próprio.

(D) Para que a prestação de serviços de transporte de valores constitua hipótese de incidência do ICMS é necessário que se trate de serviço interestadual.

(E) A entrada de bem importado do exterior por pessoa física constitui hipótese de incidência do ICMS.

A: o ICMS incide na hipótese, sem as exceções indicadas na assertiva – art. 2º, I, da LC 87/1996; **B:** se os serviços não estiverem compreendidos na competência Municipal, conforme a LC 116/2003, o ICMS incidirá sobre o valor total da operação – art. 155, § 2º, IX, *b*, da CF; C e **E:** incide o ICMS sobre importações, qualquer que seja a finalidade, mesmo quando realizada por quem não seja contribuinte habitual do imposto, seja pessoa física ou jurídica – art. 155, § 2º, IX, *a*, da CF; **D:** os serviços de transportes intermunicipais também se sujeitam ao ICMS – art. 155, II, da CF.

Gabarito "E"

(Auditor Fiscal/CE – 2006 – ESAF) Considerando as normas relativas ao ICMS, as afirmativas a seguir estão corretas, exceto:

(A) é contribuinte do ICMS a pessoa física que importe mercadoria do exterior para uso próprio.

(B) no caso de operação interestadual com combustível líquido derivado de petróleo, destinado a consumo do adquirente, local da operação, para fins de cobrança do imposto e definição do estabelecimento responsável, é o do Estado onde estiver localizado o alienante.

(C) incluem-se entre os contribuintes do ICMS as cooperativas.

(D) em se tratando de mercadoria em situação irregular por falta de documentação fiscal, local da operação, para fins de cobrança do imposto e definição do estabelecimento responsável, é o local onde ela se encontre.

(E) a pessoa física destinatária de serviço prestado no exterior é contribuinte do ICMS.

A e E: art. 155, § 2º, IX, *a*, da CF; **B:** no caso de combustíveis derivados do petróleo, o ICMS é sempre devido ao Estado (ou ao DF) onde ocorrer o consumo – art. 155, § 4º, I, da CF; **C:** qualquer pessoa que realize operações tributáveis com habitualidade ou em volume que caracterize intuito comercial é contribuinte do ICMS – art. 4º da LC 87/1996; **D:** art. 11, I, *b*, da LC 87/1996.

Gabarito "B"

(Auditor Fiscal/CE – 2006 – ESAF) Considerando as normas relativas ao ICMS, as afirmativas a seguir estão corretas, exceto:

(A) para fins de cobrança do imposto e definição do estabelecimento responsável, o local da prestação, na prestação de serviços de transporte, é onde tenha início a prestação.

(B) para efeito de manutenção e escrituração de livros e documentos fiscais, cada estabelecimento, ainda que do mesmo contribuinte, é considerado autônomo.

(C) é contribuinte do ICMS qualquer pessoa que realize, com habitualidade, operações de circulação de mercadorias.

(D) inclui-se entre os contribuintes do ICMS a concessionária de serviço público de energia elétrica.

(E) o entreposto aduaneiro ou qualquer pessoa que promova a reintrodução, no mercado interno, de mercadoria depositada para o fim específico de exportação, é contribuinte do ICMS .

A: art. 11, II, *a*, da LC 87/1996; **B:** art. 11, § 3º, II, da LC 87/1996; **C:** art. 4º da LC 87/1996; **D:** a concessionária de serviço público sujeita-se ao ICMS; **E:** somente pode ser considerado contribuinte quem promove a circulação de mercadoria. O entreposto, na hipótese, pode ser considerado responsável tributário (não contribuinte), na forma da lei, se concorrer para o não recolhimento do tributo – art. 5º da LC 87/1996.

Gabarito "E".

(Auditor Fiscal/CE – 2006 – ESAF) Em relação aos créditos escriturais do Imposto sobre a Circulação de Mercadorias e Serviços, da competência estadual e do Distrito Federal, é correto afirmar-se que sobre eles

(A) não incide a correção monetária.

(B) incide a correção monetária apenas nas hipóteses em que sua incidência for monofásica.

(C) incide a correção monetária por força do princípio constitucional da isonomia.

(D) não incide a correção monetária quando a legislação estadual não contiver tal previsão.

(E) incide a correção monetária, já que é vedado o enriquecimento sem causa do ente tributante.

Salvo previsão legal em contrário, esses créditos, por serem escriturais, não podem ser corrigidos monetariamente, exceto se houver óbice do Fisco ao seu aproveitamento.

Gabarito "D".

(Fiscal de Tributos/PA – 2002 – ESAF) O sujeito passivo não está obrigado a efetuar o estorno (total ou parcial) do imposto de que se tiver creditado referente a

(A) mercadoria ou serviços entrados no estabelecimento e que venham a ser objeto de operações ou prestações destinadas ao exterior.

(B) mercadoria entrada no estabelecimento que seja objeto de saída com redução de base de cálculo.

(C) mercadoria entrada no estabelecimento que vier a ser utilizada em fim alheio à atividade do estabelecimento.

(D) mercadoria entrada no estabelecimento que tenha sido objeto de roubo.

(E) mercadoria entrada no estabelecimento que for consumida em processo de industrialização, quando a saída do produto resultante esteja isenta do ICMS.

A: a manutenção do crédito é garantida constitucionalmente, na hipótese – art. 155, § 2º, X, *a, in fine*, da CF; **B:** o STF fixou o entendimento de que deve haver estorno parcial, na hipótese – art. 155, § 2º, II, *b*, da CF; **C:** somente as entradas de mercadorias e serviços relacionados às atividades da empresa permitem o creditamento – art. 21, III, da LC 87/1996; **D:** deve haver estorno correspondente à mercadoria roubada – art. 21, IV, da LC 87/1996; **E:** as saídas isentas implicam estorno do crédito relativo às entradas correspondentes – art. 155, § 2º, *b*, da CF e art. 21, II, da LC 87/1996.

Gabarito "A".

(Fiscal de Tributos/PA – 2002 – ESAF) Assinale, entre as opções abaixo, a que, completando a proposição a seguir, resulta numa afirmativa incorreta.

Constitui obrigação acessória, para o sujeito passivo, prevista na legislação do ICMS,

(A) exibir a outro contribuinte, quando solicitada, a Ficha de Inscrição Cadastral – FIC, nas operações que com ele realizar.

(B) sempre que solicitado, entregar ao adquirente o documento fiscal correspondente às mercadorias cuja saída efetuar.

(C) facilitar à fiscalização o acesso aos livros, documentos, levantamentos e mercadorias em estoque.

(D) emitir o documento fiscal próprio sempre que promover a saída de mercadorias.

(E) comunicar ao Fisco Estadual quaisquer irregularidades de que tiver conhecimento.

Todos os deveres impostos ao sujeito passivo (de fazer ou não fazer), que visam a permitir ou a facilitar a fiscalização e a arrecadação de tributos, são objeto de obrigação acessória – art. 113, § 2º, do CTN. Dentre as assertivas, a B é a afirmação incorreta pois a emissão do documento fiscal é, em regra, obrigatória (não é devida apenas quando solicitada pelo adquirente).

Gabarito "B".

(Fiscal de Tributos/PA – 2002 – ESAF) Tendo em vista as normas da legislação relativa ao ICMS, assinale as proposições abaixo com **F** para falsa ou **V** para verdadeira e, a seguir, indique a opção que contém a sequência correta.

( ) A concessão e revogação de benefícios fiscais do ICMS é feita por meio de convênios celebrados e ratificados pelos Estados e pelo Distrito Federal.

( ) A legislação do ICMS contém previsão para concessão de benefício fiscal sob forma de crédito presumido.

( ) Os benefícios fiscais aplicáveis à circulação de mercadorias alcançam a prestação de serviços de transporte com ela relacionados.

(A) F, F, F

(B) V, V, F

(C) V, F, F

(D) V, F, V

(E) F, V, V

1ª: art. 155, § 2º, XII, *g*, da CF; **2ª:** há convênios interestaduais que autorizam a concessão de créditos presumidos de ICMS – v. g. Convênio ICMS 147/2008; **3ª:** os benefícios fiscais, como exceções à regra geral (que é a incidência e a cobrança plena dos tributos) não podem ser interpretados de modo ampliativo.

Gabarito "B".

(Fiscal de Tributos/PA – 2002 – ESAF) Entre as operações ou prestações abaixo, assinale a que não implica incidência do ICMS.

(A) Entrada de mercadoria importada do exterior, por pessoa natural, destinada ao seu consumo próprio.
(B) Prestação de serviço intramunicipal de transporte de valores.
(C) Fornecimento de bebidas em restaurantes.
(D) Venda de bem ao arrendatário, em operação de arrendamento mercantil.
(E) Prestação onerosa de serviço de comunicação.

A: a importação por pessoa natural implica incidência do ICMS, independentemente da finalidade – art. 155, § 2º, IX, *a*, da CF; **B:** incide exclusivamente o ISS, na hipótese; **C:** art. 2º, I, da LC 87/1996; **D:** art. 3º, VIII, *in fine*, da LC 87/1996; **E:** art. 2º, III, da LC 87/1996.
Gabarito "B"

(Auditor Fiscal/RN – 2005 – ESAF) Considerando a legislação do ICMS, assinale os enunciados abaixo com F para falso e com V para verdadeiro e, a seguir, assinale a opção que indica a sequência correta.

( ) Para fins de substituição tributária, a base de cálculo, em relação às operações ou prestações antecedentes, é o valor da operação ou prestação praticado pelo contribuinte substituído.
( ) Nos casos de mercadoria cujo preço final a consumidor seja fixado por órgão público competente, a base de cálculo do ICMS, para fins de substituição tributária, é o preço fixado pelo órgão.
( ) Existindo preço final a consumidor sugerido pelo fabricante, a base de cálculo do ICMS para fins de substituição tributária, será o preço sugerido ou o valor da saída do substituto acrescido de margem de 15%, o que for maior.

(A) V, V, F
(B) F, F, F
(C) V, F, V
(D) V, F, F
(E) F, V, V

1ª: art. 8º, I, da LC 87/1996; **2ª:** art. 8º, § 2º, da LC 87/1996; **3ª:** a base de cálculo do ICMS na sistemática da substituição tributária "para frente" é apurada em conformidade com o disposto no art. 8º, II, da LC 87/1996, que não prevê acréscimo de percentual fixo ao preço sugerido pelo fabricante.
Gabarito "A"

(Auditor Fiscal/RN – 2005 – ESAF) Assinale, a seguir, a única opção que configura uma assertiva incondicionalmente verdadeira.

(A) O ICMS incide na aquisição, em licitação pública, de mercadorias ou bens importados do exterior e apreendidos ou abandonados, sendo contribuinte do imposto o leiloeiro.
(B) É contribuinte do ICMS a pessoa jurídica que adquire lubrificantes e combustíveis líquidos e gasosos derivados de petróleo e energia elétrica oriundos de outro Estado.
(C) É obrigação do contribuinte do ICMS entregar ao adquirente, quando solicitado, o documento fiscal correspondente às mercadorias cuja saída promover.
(D) É obrigação do contribuinte de ICMS exibir a outro contribuinte, quando solicitado, o comprovante de inscrição, nas operações que com ele realizar.
(E) O adquirente de mercadorias saídas de estabelecimento de produtor não inscrito no cadastro de contribuintes do Estado responde pelo ICMS em relação às mesmas, ficando excluída a responsabilidade do produtor.

A: contribuinte, na hipótese, é o arrematante – art. 4º, p. único, III, da LC 87/1996; **B:** o adquirente é contribuinte, na hipótese, apenas quando os lubrificantes, os combustíveis ou a energia não forem destinados à comercialização ou à industrialização – art. 4º, p. único, IV, da LC 87/1996; **C:** em regra, o contribuinte deve entregar sempre o documento fiscal correspondente às saídas que promover (não apenas quando solicitado); **D:** eventual exigência nesse sentido depende de previsão na legislação estadual; **E:** isso depende da legislação estadual, mas, em geral, não se exclui a responsabilidade de contribuintes que descumprem a legislação tributária (como aqueles que deixam de se inscrever no cadastro de contribuintes).
Gabarito "D"

(Auditor Fiscal/RN – 2005 – ESAF) Indique, nas opções a seguir, aquela que, de acordo com as normas do Estado do Rio Grande do Norte, relativas ao Imposto Sobre a Circulação de Mercadorias e sobre a prestação de serviços de sua competência (ICMS), não configura o momento em que se considera ocorrido o fato gerador.

(A) Entrada, no estabelecimento do contribuinte, de mercadoria oriunda de outro Estado, destinada ao seu ativo permanente.
(B) Desembaraço de mercadoria importada do exterior.
(C) Ato final da prestação de serviço de transporte intermunicipal.
(D) Saída de mercadoria de estabelecimento de contribuinte para outro estabelecimento do mesmo titular.
(E) Transmissão da propriedade de título que represente a mercadoria, quando esta não tiver transitado pelo estabelecimento do transmitente.

A: a incidência do ICMS sobre a operação interestadual se dá com a saída da mercadoria promovida pelo alienante – art. 12, I, da LC 87/1996, embora seja comum as legislações estaduais exigirem o recolhimento do diferencial de alíquota (entre a interestadual e a interna) no momento da entrada da mercadoria no estabelecimento adquirente, especialmente quando destinada ao ativo permanente (ainda que não se conheça a legislação local, é possível solucionar a questão, pois a alternativa C é claramente incorreta); **B:** art. 12, IX, da LC 87/1996; **C:** a incidência do ICMS se dá no início da prestação do serviço de transporte – art. 12, V, da LC 87/1996; **D:** art. 12, I, da LC 87/1996; **E:** art. 12, IV, da LC 87/1996.
Gabarito "C"

(Auditor Fiscal/RN – 2005 – ESAF) Considerando as normas do Estado do Rio Grande do Norte, relativas ao imposto sobre a circulação de mercadorias e sobre a prestação de serviços de sua competência (ICMS), assinale os enunciados abaixo com F para falso e V para verdadeiro e, a seguir, assinale a opção que indica a sequência correta.

( ) A pessoa física que, mesmo sem habitualidade, importe mercadorias do exterior, é contribuinte do imposto.

( ) A pessoa jurídica domiciliada no Rio Grande do Norte que adquira energia elétrica oriunda de outro Estado, para comercialização, é contribuinte do imposto.

( ) O lançamento do imposto nos livros fiscais do contribuinte considera-se tacitamente homologado após cinco anos, contados a partir do primeiro dia do mês seguinte ao de sua efetivação.

( ) É isento de ICMS o consumo residencial de energia elétrica.

(A) F, V, V, F
(B) V, V, F, F
(C) V, F, F, F
(D) F, F, V, V
(E) F, F, V, F

1ª: art. 155, § 2º, IX, *a*, da CF; **2ª**: a assertiva é dúbia (razão pela qual o gabarito oficial foi alterado de C para B). Embora a pessoa jurídica não seja contribuinte em relação à aquisição da energia elétrica (art. 4º, p. único, IV, *in fine*, da LC 87/1996), será contribuinte no momento em que promover a saída da energia (quando comercializá-la no mercado interno – art. 12, I, da LC 87/1996); **3ª**: a homologação tácita ocorre após cinco anos contados do fato gerador, desde que tenha havido pagamento (ainda que parcial) e o contribuinte não tenha incorrido em dolo, fraude ou simulação – art. 150, § 4º, do CTN; **4ª**: não há isenção, na hipótese.

Gabarito "B".

(Auditor Fiscal/RN – 2005 – ESAF) Em relação ao imposto sobre operações relativas à circulação de mercadorias e sobre prestações de serviços de transporte interestadual e intermunicipal e de comunicação (ICMS) e sua disciplina na Constituição Federal, é correto afirmar que

(A) o ICMS incidirá sobre o valor total da operação, quando mercadorias forem fornecidas com serviços compreendidos na competência tributária dos Municípios.
(B) o ICMS incidirá nas prestações de serviço de comunicação nas modalidades de radiodifusão sonora e de sons e imagens de recepção livre e gratuita.
(C) a definição dos contribuintes do ICMS é matéria reservada à lei complementar estadual.
(D) o ICMS não incidirá sobre operações que destinem mercadorias para o exterior.
(E) incidirá o ICMS sobre as operações com ouro, quando este é definido em lei como ativo financeiro.

A: a competência municipal (em conformidade com a LC 116/2003) exclui a estadual, na hipótese – art. 155, § 2º, IX, *b*, *in fine*, da CF; **B:** o ICMS incide apenas sobre as prestações onerosas de serviços de comunicação – art. 155, § 2º, X, *d*, da CF e art. 2º, III, da LC 87/1996; **C:** a definição dos contribuinte do ICMS (e de todos os impostos previstos na Constituição Federal) é matéria reservada à lei complementar federal – arts. 146, III, *a*, e 155, § 2º, XII, *g*, ambos da CF; **D:** art. 155, § 2º, X, *a*, da CF; **E:** não incide ICMS, na hipótese, mas apena o IOF – art. 153, § 5º, da CF.

Gabarito "D".

(Auditor Fiscal/MG – 2005 – ESAF) João adquiriu, no estabelecimento comercial varejista Loja A, bem de consumo durável, obtendo financiamento da instituição financeira X. Como garantia do financiamento, o bem ficou alienado fiduciariamente à instituição X. João não adimpliu o financiamento, e X executou a garantia.

Considerando a situação descrita, assinale as assertivas abaixo com (F) para falsa e (V) para verdadeira e, a seguir, assinale a opção que indica a sequência correta.

( ) Na saída do bem de Loja A para João, incide o ICMS.

( ) Na transmissão do domínio do bem de João para X, não incide o ICMS.

( ) Na transferência da posse do bem de João para X em virtude da execução da garantia em razão do inadimplemento de João, incide o ICMS.

(A) F, V, F
(B) V, F, V
(C) V, F, F
(D) F, F, V
(E) V, V, F

1ª: incide ICMS, cuja base de cálculo é o valor da mercadoria, sem inclusão dos encargos do financiamento; 2ª e **3ª**: o ICMS não incide nas operações decorrentes de alienação fiduciária em garantia, inclusive a operação efetuada pelo credor em decorrência do inadimplemento do devedor – art. 3º, VII, da LC 87/1996.

Gabarito "E".

(Agente Tributário Estadual/MS – 2001 – ESAF) A empresa Billings Arrendamento Mercantil, estabelecida no Mato Grosso do Sul, adquiriu duas máquinas produzidas em São Paulo, por R$ 10.000,00 a máquina A e R$ 12.000,00 a máquina B, para arrendá-las pelo prazo de 3 anos à empresa Centro-Oeste Industrial Ltda., também estabelecida no Mato Grosso do Sul. O valor previsto para opção de compra pela arrendatária, constante do contrato, é de R$ 8.000,00 para a máquina A e R$ 11.000,00 para a máquina B. Ao final do prazo de arrendamento, a arrendatária exerceu a opção de compra para a máquina B e devolveu a máquina A. Considerando as operações descritas, assinale a opção correta.

(A) Na saída das máquinas da empresa Billings para a empresa Centro-Oeste Industrial Ltda. Incide ICMS, cujo valor é de R$ 3.740,00.
(B) No retorno da máquina A para a arrendadora Billings incide o ICMS sobre o valor residual de R$ 7.000,00 (R$10.000,00 menos depreciação de 10% ao ano).
(C) Na venda da máquina B à arrendatária incide ICMS, cujo valor é de R$ 1.870,00.
(D) Na venda da máquina B à arrendatária incide ICMS, cujo valor é de R$ 374,00.
(E) Em nenhuma das operações (quer de saída das máquinas da arrendadora para a arrendatária, quer do retorno para a arrendadora, quer pelo exercício da opção de compra) incide ICMS, por se tratar de operações especiais sujeitas ao controle do Banco Central.

A, **B** e **E:** não incide ICMS sobre a operação de arrendamento. O tributo estadual incide apenas sobre a venda do bem arrendado ao arrendatário – art. 3º, VIII, da LC 87/1996; C e **D:** é preciso conhecer a alíquota fixada pela legislação estadual para calcular o imposto devido.

Gabarito "D".

(Agente Tributário Estadual/MS – 2001 – ESAF) Tendo em vista a sistemática de apuração do imposto prevista no Regulamento do ICMS, assinale a opção correta.

(A) Para que seja observado o princípio da não cumulatividade, compensa-se o que for devido em cada operação apenas com o montante cobrado na operação anterior pelo Estado do Mato Grosso do Sul.

(B) Na devolução de mercadoria, em virtude de troca, por pessoa natural, o contribuinte pode creditar-se do ICMS.

(C) Quando não realizado no período em que se verificar a entrada das mercadorias ou dos bens, o registro do ICMS a eles relativo é vedado.

(D) Não gera direito de crédito para o sujeito passivo o valor do ICMS anteriormente cobrado em operação de que tenha resultado a entrada de mercadoria destinada ao seu próprio consumo.

(E) Em qualquer situação, o remetente da mercadoria pode se creditar do ICMS cobrado em prestações de serviços de transporte.

A: o Estado de destino deve reconhecer o creditamento relativo ao tributo recolhido na origem – art. 155, § 2º, I, *in fine*, da CF; **B:** isso depende da legislação estadual, sendo comum previsão de creditamento, na hipótese; **C:** admite-se o creditamento extemporâneo, no prazo de cinco anos contados da emissão do documento fiscal, sem direito à correção monetária (exceto se houver óbice do fisco ao aproveitamento) – art. 23, p. único, da LC 87/1996; **D:** o art. 20 da LC 87/1996 prevê o creditamento relativo a bens destinados ao uso e ao consumo, desde que relacionados às atividades do estabelecimento. No entanto, a eficácia da norma vem sendo postergada, conforme art. 33, I, da LC 87/1996; **E:** não é possível creditamento em favor do remetente se ele próprio realizar o transporte.

Gabarito "B".

(Agente Tributário Estadual/MS – 2001 – ESAF) Entre as proposições abaixo, indique a que não corresponde à obrigatoriedade do sujeito passivo de efetuar o estorno do imposto de que se tiver creditado.

(A) Relativo a mercadoria ou bem entrado no estabelecimento e que passe a integrar seu ativo fixo.

(B) Relativo a mercadoria entrada no estabelecimento que seja objeto de remessa efetivada por contribuinte com inscrição cancelada.

(C) Relativo a mercadoria entrada no estabelecimento que vier a ser utilizada em fim alheio à atividade do estabelecimento.

(D) Relativo a mercadoria entrada no estabelecimento que seja objeto de roubo.

(E) Relativo a mercadoria entrada no estabelecimento que for consumida em processo de industrialização, quando a saída do produto resultante esteja isenta do ICMS.

A: é garantido o creditamento relativo a bens destinados ao ativo permanente – art. 20, da LC 87/1996; **B:** a inidoneidade da documentação fiscal (caso daquela emitida por estabelecimento com inscrição cancelada) impede o aproveitamento do crédito correspondente – art. 23 da LC 87/1996; C, D e **E:** o art. 21, II, III e IV da LC 87/1996, impõe o estorno do crédito correspondente, nessas hipóteses.

Gabarito "A".

(Agente Tributário Estadual/MS – 2001 – ESAF) Determinado estabelecimento contribuinte deu saída, para outro estabelecimento contribuinte situado em outro município no Estado do Mato Grosso do Sul, a produto tributado pelo ICMS, destinado à comercialização. A operação teve as seguintes características:

a) Valor normal da mercadoria: R$ 10.300,00 (dez mil e trezentos reais)
b) Desconto incondicional concedido: R$ 300,00 (trezentos reais)
c) Seguro debitado ao adquirente: R$ 200,00 (duzentos reais)
d) IPI: R$ 250,00 (duzentos e cinquenta reais)
e) Frete destacado na nota fiscal e cobrado do adquirente: R$ 200,00 (duzentos reais)
f) Prazo para pagamento: 30 dias
g) Desconto para pagamento antecipado: 5%

Sabendo-se que o pagamento foi efetuado dez dias antes do vencimento, assinale, entre as opções abaixo, a que corresponde à base de cálculo do ICMS.

(A) R$ 10.700,00
(B) R$ 10.150,00
(C) R$ 9.900,00
(D) R$ 10.650,00
(E) R$ 10.400,00

A base de cálculo corresponde ao valor da mercadoria (R$ 10.300,00), subtraído o valor do desconto incondicional (R$ 300,00), acrescido do seguro (R$ 200,00) e do frete (R$ 200,00) – art. 13, I e II da LC 87/1996. Não se inclui, na base de cálculo, o valor do IPI, pois a operação é entre contribuintes e a mercadoria é destinada à comercialização – art. 155, § 2º, XI, da CF e art. 13, § 2º, da LC 87/1996. Tampouco o desconto condicionado é abatido da base de cálculo – art. 13, § 1º, II, *a*, da LC 87/1996. Assim, a base de cálculo é R$ 10.400,00 (= R$ 10.300,00 – R$ 300,00 + R$ 200,00 + R$ 200,00).

Gabarito "E".

(Auditor Fiscal/MG – 2005 – ESAF) Considerando as normas relativas à não cumulatividade do ICMS, é correto afirmar:

(A) o atendimento do princípio da não cumulatividade do imposto é alcançado mediante a compensação do que for devido em cada operação ou prestação de serviços com o montante do tributo cobrado pelo Estado de Minas Gerais nas operações ou prestações anteriores.

(B) o imposto incidente sobre a prestação do serviço de transporte rodoviário da mercadoria alienada não pode ser abatido, sob a forma de crédito, pelo contribuinte alienante responsável por seu recolhimento.

(C) para fins de apuração do valor do imposto devido, é computado o ICMS cobrado relativamente à entrada, no estabelecimento, de energia elétrica destinada a ser consumida no processo de industrialização.

(D) como regra geral, a apuração do valor do imposto devido por período é feita de forma individualizada, por estabelecimento, transferindo-se para o período seguinte o saldo credor eventualmente apurado, vedada sua transferência para outro estabelecimento do mesmo titular.

(E) é vedada a apropriação do crédito do imposto destacado em documento fiscal e que corresponda à vantagem econômica decorrente da concessão de incentivo ou benefício fiscal.

A: os Estados devem reconhecer o creditamento relativo ao tributo recolhido a outros Estados, nas operações anteriores – art. 155, § 2º, I, *in fine*, da CF; **B:** em princípio, se o alienante é o tomador do serviço de transporte, pode se creditar do ICMS correspondente; **C:** admite-se creditamento de ICMS relativo à aquisição de energia elétrica consumida no processo de industrialização – arts. 20 e 33, II, *b*, da LC 87/1996; **D:** os saldos credores e devedores devem ser compensados entre os estabelecimentos do mesmo sujeito passivo localizados no Estado (ou no DF) – art. 25 da LC 87/1996; **E:** a apropriação do crédito é possível e deve ser reconhecida pelo fisco, desde que o benefício ou o incentivo seja regular (ou seja, desde que concedido por meio de convênio interestadual – art. 155, § 2º, XII, *g*, da CF).

Gabarito "C"

(Auditor Fiscal/MG – 2005 – ESAF) As assertivas abaixo são verdadeiras, exceto:

(A) é vedado o aproveitamento do ICMS, a título de crédito, quando o documento fiscal indicar como destinatário estabelecimento diverso daquele que o registrar.

(B) como regra, é vedado o aproveitamento do ICMS, a título de crédito, quando deva não ocorrer, por qualquer motivo, operação posterior com a mesma mercadoria ou com outra dela resultante.

(C) deve ser estornado o crédito do ICMS referente a mercadorias adquiridas e consumidas em processo de produção de mercadorias que venham a ser objeto de operação de exportação para o exterior.

(D) é vedado o aproveitamento do ICMS, a título de crédito, quando o imposto se relacionar à entrada de bens ou ao recebimento de serviços alheios à atividade do estabelecimento.

(E) o contribuinte deve efetuar o estorno do crédito de ICMS relativo a mercadoria que venha a ser objeto de extravio.

A: o creditamento pressupõe idoneidade da documentação fiscal – art. 23 da LC 87/1996; **B:** como regra, o creditamento pressupõe operação posterior com a mercadoria adquirida ou com produto integrado por ela – art. 20, § 1º, da LC 87/1996. É importante salientar que essa norma foi bastante mitigada pela LC 87/1996, que admite creditamento relativo a bens de uso e consumo, energia elétrica, comunicação (embora a eficácia plena da norma venha sendo postergada) e bens destinados ao ativo permanente – arts. 20, *caput*, e 33 da LC 87/1996; **C:** a Constituição Federal garante a manutenção e o aproveitamento do crédito, na hipótese – art. 155, § 2º, X, *a*, da CF; **D:** art. 20, § 1º, da LC 87/1996; **E:** art. 21, IV, da LC 87/1996.

Gabarito "C"

(Auditor Fiscal/MG – 2005 – ESAF) O estabelecimento X, situado em Minas Gerais, industrializa produtos cuja alíquota de ICMS, nas operações internas, é de 18%. Necessitando adquirir máquina para seu ativo imobilizado que, se fosse comprada de estabelecimento em Minas Gerais, estaria sujeita à alíquota de 12%, importou-a do exterior. O preço declarado, de acordo com os documentos de importação, foi de US$10.000.00 (dez mil dólares). O valor fixado pela autoridade aduaneira para base de cálculo do imposto de importação foi de US$15.000,00. A empresa arcou ainda com os seguintes ônus: a) US$ 700.00 (setecentos dólares) de imposto de importação, à taxa de câmbio de R$ 3,00 (três reais); b) R$ 1.000,00 de IPI; c) R$ 500,00 de despesas aduaneiras diversas. O pagamento da máquina ao exportador estrangeiro foi feito ao câmbio de R$ 2,80 (dois reais e oitenta centavos). Assinale a opção que indica o valor do imposto a ser recolhido, apurado no encerramento do período, considerando que: (a) a máquina foi desembaraçada e incorporada ao ativo da empresa no primeiro dia do mês; (b) nesse mesmo mês a escrituração do contribuinte registrava crédito de R$ 1.000,00 relativo a matérias-primas e insumos diversos; (c) todas as operações realizadas por X nesse mesmo mês consistiram em vendas de produtos de sua fabricação a estabelecimentos contribuintes do imposto, situados no Rio de Janeiro, sendo o valor total das operações de R$ 100.000,00.

(A) R$ 10.878,50

(B) R$ 16.878,50

(C) R$ 10.908,50

(D) R$ 11.168,00

(E) R$ 7.608,00

A empresa é contribuinte do ICMS na importação, devido no momento do desembaraço aduaneiro – art. 155, § 2º, IX, *a*, da CF e art. 12, IX, da LC 87/1996. A alíquota aplicável é a interna (12%), incidente sobre o valor fixado pela autoridade aduaneira (US$ 15.000,00 – art. 14, p. único, da LC 87/1996), acrescido do II (US$ 700,00), do IPI (R$ 1.000,00) e das despesas aduaneiras (R$ 500,00) – art. 13, V, *a, b, c* e *e*, da LC 87/1996. A conversão dos valores em dólares para reais se dá pelo câmbio adotado para cálculo do II, ou seja R$ 3,00 – art. 14 da LC 87/1996 (resultando R$ 45.000,00 relativos à mercadoria e R$ 2.100,00 relativos ao II). Assim, a base de cálculo do ICMS incidente sobre a importação é R$ 48.600,00 (= R$ 45.000,00 + R$ 2.100,00 + R$ 1.000,00 + R$ 500,00), o que resulta em imposto devido de R$ 5.832,00 (= alíquota de 12% sobre a operação de importação). Esse valor de ICMS poderá ser apropriado como crédito à razão de um quarenta e oito avos (1/48) por mês, iniciando-se no mês em que ocorrer a entrada no estabelecimento, por se tratar de bem destinado ao ativo permanente da empresa – art. 20, § 5º, I, da LC 87/1996. Assim, no período considerado, a empresa irá se creditar no montante de R$ 121,50 (= 1/48 de R$ 5.832,00). Para cálculo do valor de ICMS no período, é preciso considerar que houve vendas interestaduais no valor de R$ 100.000,00 destinadas ao RJ. As alíquotas interestaduais são fixadas pelo Senado Federal, nos termos do art. 155, § 2º, IV, da CF. Atualmente, a alíquota básica é de 12%, nos termos da Resolução do Senado 22/1989, exceto nas operações realizadas nas regiões Sul e Sudeste, destinadas às regiões Norte, Nordeste e Centro-Oeste e ao Estado do Espírito Santo, hipóteses em que a alíquota é de 7%. Assim, sobre as vendas realizadas no mês é devido ICMS no montante de R$ 12.000,00 (= 12% de R$ 100.000,00). Desse débito (R$ 12.000,00) devem ser abatidos os créditos do período, que são R$ 1.000,00, relativos a matérias-primas e insumos adquiridos e os R$ 121,50 (= 1/48 de R$ 5.832,00) relativos à importação. Conclui-se que o valor de ICMS a ser recolhido, relativamente ao período considerado, é de R$ 10.878,50 (= R$ 12.000,00 – R$ 1.000,00 – R$ 121,50).

Gabarito "A"

(Auditor Fiscal/MG – 2005 – ESAF) O estabelecimento E, fabricante do produto P, vendeu, nos dias 10, 20 e 30 do mês X, respectivamente, 1000, 1000 e 300 produtos ao preço unitário FOB estabelecimento industrial a vista de, respectivamente, R$ 500,00, R$ 500,00 e R$ 700,00. No dia 05 do mês seguinte transferiu, para o estabelecimento E1, de sua própria titularidade, 100 unidades do produto. A operação de transferência foi sem valor. Nessa mesma data (dia 05), o preço corrente no mercado atacadista local, para o produto, era de R$ 550,00 por unidade. Considerando a situação descrita, assinale, a seguir, a afirmativa correta.

(A) Na saída dos produtos de E para E1, não ocorre fato gerador do ICMS.
(B) A base de cálculo do ICMS na saída de E para E1 é R$ 55.000,00.
(C) A base de cálculo do ICMS na saída de E para E1 é R$ 70.000,00.
(D) A base de cálculo do ICMS na saída de E para E1 é R$ 52.608,70.
(E) A base de cálculo do ICMS na saída de E para E1 é R$ 56.666,00.

Os fiscos estaduais e distrital defendem a incidência, na hipótese, nos termos do art. 12, I, da LC 87/1996. Argumentam que a Súmula 166/STJ não se aplica aos deslocamentos definitivos entre estabelecimentos (afasta-se a incidência do ICMS somente quando a mercadoria é deslocada provisoriamente, com retorno ao estabelecimento originário). Adota-se, como base de cálculo, o valor da última operação (R$ 700,00 multiplicado pelas 100 unidades transferidas = R$ 70.000,00).

Gabarito "C"

(Auditor Fiscal/MG – 2005 – ESAF) Das pessoas a seguir relacionadas, que realizam operação de circulação de mercadoria ou prestação de serviço descrita como fato gerador do ICMS, não se incluem entre os contribuintes do imposto:

(A) os extratores de substância mineral.
(B) as sociedades cooperativas.
(C) as instituições financeiras.
(D) os órgãos da administração pública.
(E) o leiloeiro, quanto ao imposto devido na operação realizada em leilão.

A, **B** e **C**: todos aqueles que realizem circulação de mercadoria ou prestação de serviços tributáveis com habitualidade ou em volume que denote intuito comercial são contribuintes do ICMS – art. 4º, *caput*, da LC 87/1996; **D**: a imunidade recíproca não abrange atividades comerciais – art. 150, § 3º, da CF; **E**: o arrematante é o contribuinte, na hipótese – art. 4º, p. único, III, da LC 87/1996.

Gabarito "E"

(Auditor Fiscal/MG – 2005 – ESAF) Assinale a afirmativa correta.

(A) Uma vez comprovada a invalidade do título jurídico pelo qual a mercadoria se encontrava na posse do titular do estabelecimento, a respectiva saída efetiva não constitui fato gerador do ICMS.
(B) O ICMS não incide sobre operações com livros em branco, destinados à escrituração.
(C) O ICMS não incide sobre a saída de mercadoria do estabelecimento do comerciante, destinada a armazém geral de terceiro, para guarda em nome do adquirente.
(D) Não ocorre o fato gerador do ICMS na saída de mercadoria de estabelecimento de contribuinte, quando em decorrência de bonificação.
(E) O ICMS não incide na saída de bem em decorrência de comodato.

A: o fato gerador do ICMS independe da validade jurídica do título aquisitivo – art. 118, I, do CTN; **B:** não são livros, na acepção adotada pelo art. 150, VI, *d*, da CF, ao tratar da imunidade; **C:** o ICMS incide, na hipótese – art. 12, I, da LC 87/1996; **D:** embora a jurisprudência não seja pacífica, os fiscos defendem a incidência do ICMS. A entrega de uma unidade, a título de bonificação, para cada cem unidades vendidas, por exemplo, significa que houve desconto de 1% sobre o preço de cada unidade, e não que a unidade de bonificação foi entregue gratuitamente; **E:** no empréstimo (comodato) não há circulação de mercadoria, nem, portanto, incidência do ICMS.

Gabarito "E"

(Agente Fiscal/PI – 2001 – ESAF) A empresa ALFA Arrendamento Mercantil, estabelecida no Piauí, adquiriu duas máquinas produzidas em São Paulo, máquina A e máquina B, para arrendá-las pelo prazo de 3 anos à empresa BETA Industrial Ltda., também estabelecida no Piauí. Ao final do prazo de arrendamento, a arrendatária exerceu a opção de compra para a máquina B e devolveu a máquina A. Considerando as operações descritas, assinale a opção correta.

(A) Na saída das máquinas da empresa ALFA para a empresa BETA incide ICMS.
(B) No retorno da máquina A para a arrendadora ALFA incide o ICMS sendo a base de cálculo o valor residual garantido (preço estipulado no contrato para exercício da opção de compra).
(C) No retorno da máquina A para a arrendadora ALFA incide o ICMS, não podendo a base de cálculo ser inferior ao valor de mercado da máquina.
(D) Na venda da máquina B à arrendatária incide ICMS.
(E) Em nenhuma das operações (quer de saída das máquinas da arrendadora para a arrendatária, quer do retorno para a arrendadora, quer pelo exercício da opção de compra) incide ICMS, por se tratar de operações especiais sujeitas ao controle do Banco Central.

Não incide ICMS sobre a operação de arrendamento. O tributo estadual incide apenas sobre a venda do bem arrendado ao arrendatário – art. 3º, VIII, da LC 87/1996.

Gabarito "D"

(Auditor Fiscal/Teresina-PI – 2001 – ESAF) Em tema de natureza e características do imposto estadual sobre operações relativas à circulação de mercadorias e sobre serviços de transporte interestadual e intermunicipal e de comunicação – ICMS – é correta a assertiva de que

(A) o ICMS deve ser, obrigatoriamente, seletivo em função da essencialidade do produto e não cumulativo.
(B) o ICMS pode ser, opcionalmente, não cumulativo, e seletivo em função da essencialidade do produto.
(C) o ICMS tem que ser não cumulativo, e poderá ser seletivo em função da essencialidade das mercadorias e dos serviços.
(D) o ICMS tem que ser seletivo, em função da essencialidade das mercadorias e dos serviços, e poderá ser não cumulativo.
(E) a isenção do ICMS não acarretará a anulação do crédito relativo às operações anteriores.

A, B, C e **D:** diferentemente do IPI, que deve ser seletivo, o ICMS pode (é opção, não imposição) ser seletivo em função da essencialidade da mercadoria e do serviço – art. 155, § 2º, III, da CF. A não cumulatividade é uma característica essencial do ICMS, não uma opção – art. 155, § 2º, I, da CF; **E:** o crédito deve ser estornado, na hipótese – art. 155, II, *b*, da CF.

Gabarito "C"

12.6. IPVA

(Fiscal de Tributos/PA – 2002 – ESAF) Considerando que o valor anual do IPVA de determinado veículo novo é R$ 1.200,00 (um mil e duzentos reais), assinale a opção que indica o valor correto do IPVA a ser cobrado no exercício de 2002 para a hipótese de o veículo ser adquirido do fabricante pela primeira vez em 29 de setembro do ano de 2002.

(A) R$ 900,00
(B) R$ 300,00
(C) R$ 400,00
(D) R$ 1.200,00
(E) R$ 800,00

Questão típica de IPVA em concursos de fiscalização. Não foi produzida, até hoje, norma nacional relativa ao fato gerador do IPVA (art. 146, III, *a*, da CF), de modo que os Estados e o DF exercem a competência legislativa plena (art. 24, § 3º, da CF). É preciso, portanto, conhecer a legislação de cada Estado e do DF para calcular o valor devido de IPVA (alíquotas, isenções, benefícios, incentivos), eventuais restituições por perda ou destruição do automóvel etc. No entanto, é interessante notar que, em regra, as normas estaduais exigem o tributo apenas a partir da primeira aquisição de veículo novo por consumidor final ou, em caso de importação por consumidor final, no momento do desembaraço aduaneiro. Caso essa primeira aquisição ocorra após janeiro, as legislações estaduais costumam determinar o cálculo proporcional aos meses restantes até o final do ano. A partir do exercício seguinte à primeira aquisição, é comum a legislação dos Estados fixar a incidência no dia 1º de janeiro de cada ano (como tradicionalmente ocorre com os tributos sobre propriedade – fato gerador continuado). Nesta questão, como o veículo foi adquirido originalmente em setembro, o IPVA é calculado em 4/12 (quatro doze avos) do total anual.

Gabarito "C"

(Auditor Fiscal/RN – 2005 – ESAF) Paulo, consumidor final, adquiriu, em 02 de março do ano X, automóvel novo, cujo valor venal constante da nota fiscal foi R$ 48.000,00, tendo pago correta e pontualmente o IPVA. Em 20 de outubro do mesmo ano o veículo foi totalmente destruído por incêndio. Tendo em vista a situação descrita, assinale a afirmativa correta.

(A) O valor do IPVA pago no exercício foi de R$ 1.200,00, não havendo direito à restituição.
(B) O valor do IPVA pago no exercício foi de R$ 1.000,00, tendo Paulo direito à restituição de R$ 200,00 em razão da perda total do veículo antes do final do exercício.
(C) O valor do IPVA pago no exercício foi de R$ 1.200,00, tendo Paulo direito à restituição de R$ 200,00 em razão da perda total do veículo antes do final do exercício.
(D) O valor do IPVA pago foi de R$ 1.000,00, não havendo direito a qualquer restituição.
(E) O valor do IPVA foi R$ 960,00, não havendo direito a qualquer restituição.

Note que os eventos ocorridos após o fato gerador (perda, roubo, destruição do automóvel etc.) não têm o condão de, por si só, alterar a incidência tributária. De fato, a propriedade do automóvel no momento fixado pela lei (primeira aquisição ou 1º de janeiro de cada ano, como tradicionalmente ocorre nas legislações estaduais) configura o fato gerador do IPVA, ou seja, é situação necessária e suficiente para o surgimento da obrigação tributária – art. 114 do CTN. Assim, se não houver lei estadual em contrário, o roubo ou a destruição do automóvel posterior à ocorrência do fato gerador não implica restituição do IPVA pago. Por outro lado, é importante notar que há Estados que preveem, em sua legislação, restituição do tributo (total ou proporcional aos meses restantes no ano), na hipótese.

Gabarito "D"

(Auditor Fiscal/RN – 2005 – ESAF) Avalie o acerto das formulações adiante e marque com V as verdadeiras e com F as falsas; em seguida, marque a resposta correta.

( ) O imposto sobre propriedade de veículos automotores (IPVA), de competência dos Estados e do Distrito Federal, terá alíquotas mínimas fixadas pelo Senado Federal.
( ) Não se admite a fixação de alíquotas diferenciadas do IPVA em função do tipo e utilização de veículo automotor.
( ) A Constituição Federal exige deliberação conjunta dos Estados e do Distrito Federal, na forma regulada em lei complementar da União, para fixação de alíquotas máximas do IPVA.

(A) F, F, V
(B) F, V, F
(C) V, F, F
(D) V, V, F
(E) V, V, V

1ª: art. 155, § 6º, I, da CF; **2ª:** é possível essa diferenciação – art. 155, § 6º, II, da CF; **3ª:** não há essa previsão.

Gabarito "C"

12.7. ITCMD

(Procuradoria Distrital – 2007 – ESAF) No referente aos impostos sobre transmissão *causa mortis*, doação e propriedade de veículos automotores, é correto afirmar:

(A) o imposto sobre transmissão *causa mortis* relativo a bens imóveis e respectivos direitos, compete ao Estado onde se processar o inventário ou arrolamento.

(B) o imposto sobre propriedade de veículos automotores terá alíquotas mínimas fixadas pelo Senado Federal.

(C) o imposto sobre doação relativamente a bens móveis, títulos e créditos, compete ao Estado onde o referido negócio jurídico tiver sido consumado.

(D) o imposto sobre propriedade de veículos automotores não poderá ter alíquotas diferenciadas em função do tipo e utilização do bem.

(E) não há incidência de qualquer imposto quando há doação apenas de direitos.

A: compete ao Estado (ou DF) onde o bem imóvel se localiza – art. 155, § 1º, I, da CF; **B:** art. 155, § 6º, I, da CF; **C:** compete ao Estado (ou DF) do domicílio do doador – art. 155, § 1º, II, da CF; **D:** poderá sim – art. 155, § 6º, II, da CF; **E:** incide o ITCMD – art. 155, I, da CF.

Gabarito "B"

(Auditor Fiscal da Receita Federal – 2012 – ESAF) Sobre o imposto de transmissão *causa mortis* e doação, de quaisquer bens ou direitos, de competência dos Estados e do Distrito Federal, assinale a opção *incorreta*.

(A) Sua incidência é legítima no caso de inventário por morte presumida.

(B) Não incide sobre os honorários do advogado contratado pelo inventariante, com a homologação do juiz.

(C) Sua existência não obsta que se utilize o valor do monte-mor como base de cálculo da taxa judiciária.

(D) Não é exigível antes da homologação do cálculo do valor do bem transmitido.

(E) É calculado sobre o valor dos bens na data da avaliação.

A: correta, nos termos da Súmula 331/STF; **B:** correta, conforme a Súmula 115/STF; **C:** incorreta (devendo ser assinalada), pois o valor da herança (monte-mor) é base de cálculo própria de imposto (ITCMD), não servindo para cálculo de taxa – art. 145, § 2.º, da CF – ver RE 394.736/RS; **D:** correta, conforme a Súmula 114/STF; **E:** correta, nos termos da Súmula 113/STF.

Gabarito "C"

(Fiscal de Tributos/PA – 2002 – ESAF) Considerando que a sigla ITCD designa o imposto de competência do Estado, incidente sobre a transmissão *causa mortis* ou doação de bens ou direitos, entre as proposições abaixo, indique a verdadeira.

(A) O ITCD relativo à transmissão *causa mortis* de imóveis situados em São Paulo, onde era domiciliado o *de cujus*, a herdeiros legítimos residentes no Pará, é devido ao Estado do Pará.

(B) O ITCD relativo à doação de bens móveis, sendo o donatário domiciliado no Pará e o doador domiciliado em Pernambuco, é devido ao Estado do Pará.

(C) O ITCD relativo à transmissão *causa mortis* de bens móveis a herdeiros legítimos residentes no Pará, tendo o inventário se processado na Bahia, onde era domiciliado o *de cujus*, é devido ao Estado do Pará.

(D) Se o contribuinte não concordar com o valor estipulado pela autoridade fiscal, para efeito de cálculo do ITCD, poderá requerer, no prazo de 15 dias, avaliação contraditória na forma prevista na lei, interrompendo a fluência do prazo para pagamento do tributo.

(E) O ITCD relativo à transmissão *causa mortis* de imóveis situados no Pará, pertencentes a *de cujus* que era domiciliado no Rio de Janeiro e que faleceu na Bahia, a herdeiros legítimos residentes em São Paulo, é devido ao Estado de São Paulo, onde se processou o inventário.

A e **E:** os impostos sobre a propriedade imobiliária ou sua transmissão são sempre devidos no local em que se encontrem (SP e PA, respectivamente) – art. 155, § 1º, I, da CF; **B:** o ITCMD sobre doação de bens móveis é devido no local do domicílio do doador (PE, na hipótese) – art. 155, § 1º, II, da CF; **C:** o ITCMD sobre transmissão *causa mortis* de bens móveis é devido no local em que se processar o inventário ou o arrolamento (BA, na hipótese) – art. 155, § 1º, II, da CF; **D:** o procedimento administrativo é fixado pela legislação local. Mesmo que não se conheça a norma estadual, é possível responder a esta questão, por exclusão das demais alternativas.

Gabarito "D"

(Auditor Fiscal/RN – 2005 – ESAF) Alfredo, casado em segundas núpcias com Maria, sob o regime de comunhão universal de bens, veio a falecer. Deixou três filhos menores tidos do segundo casamento (Pedro, Marcelo e João) e um filho do primeiro casamento (Antônio), maior, casado e que reside em casa própria. Antônio habilitou-se à herança, mas depois renunciou à sua parte em favor do monte, sem ressalva. Na partilha, os bens não foram individualmente atribuídos, tendo cada um recebido quota parte de todo o monte. Tendo em vista a hipótese descrita e considerando as disposições relativas ao Imposto Sobre a Transmissão Causa Mortis e Doações de Quaisquer Bens ou Direitos (ITCD), assinale, entre as opções abaixo, a correta.

(A) São sujeitos passivos do imposto Maria, Pedro, Marcelo, João e Antônio.

(B) São sujeitos passivos do imposto Pedro, Marcelo e João.

(C) São sujeitos passivos do imposto Maria, Pedro, Marcelo e João.

(D) São sujeitos passivos do imposto Pedro, Marcelo, João e Antônio.

(E) O fato gerador ocorre na data da homologação da partilha.

Maria era casada em comunhão universal de bens, de modo que não é herdeira, mas sim meeira (já era proprietária da metade dos bens). Todos os filhos são contribuintes, mesmo aquele que renunciou apenas após a habilitação.

Gabarito "D"

(Auditor Fiscal/RN – 2005 – ESAF) José, residente e domiciliado em São Paulo, possuía ações e três imóveis: um no Rio de Janeiro, um no Rio Grande do Norte e um em Minas Gerais. Em janeiro do ano X, José doou o imóvel situado em Minas Gerais e 20% das ações, ao seu afilhado Paulo, residente no Rio Grande do Norte. Em junho José faleceu, processando-se o inventário em São Paulo. Seu filho mais velho, Luís, residente no Paraná, herdou o imóvel do Rio de Janeiro e metade das ações remanescentes. O filho mais novo, Guilherme, residente em Goiás, herdou o imóvel no Rio Grande do Norte e a outra metade das ações remanescentes. Considerando a situação descrita e as disposições relativas ao local da operação para fins de incidência do Imposto Sobre a Transmissão Causa Mortis e Doações de Quaisquer Bens ou Direitos (ITCD), assinale, a seguir, a opção que indica corretamente o local da operação, para fins de incidência do imposto, nas transmissões: das ações a Paulo, das ações a Luís, das ações a Guilherme, do imóvel a Paulo, do imóvel a Luís e do imóvel a Guilherme, nessa ordem:

(A) Rio Grande do Norte, Paraná, Goiás, Minas Gerais, Rio de Janeiro e Rio Grande do Norte.
(B) Rio Grande do Norte, Rio Grande do Norte, Paraná, Paraná, Goiás, Goiás.
(C) São Paulo, São Paulo, São Paulo, Minas Gerais, Rio de Janeiro e Rio Grande do Norte.
(D) São Paulo, São Paulo, São Paulo, São Paulo, São Paulo, São Paulo.
(E) São Paulo, São Paulo, São Paulo, Rio Grande do Norte, Paraná, Goiás.

Os impostos sobre a propriedade imobiliária ou sua transmissão são sempre devidos no local em que se encontrem (RJ, RN e MG) – art. 155, § 1º, I, da CF. Quanto aos bens móveis, títulos e créditos (caso das ações), o ITCMD é devido no local de domicílio do doador ou onde se processar o inventário ou o arrolamento (SP) – art. 155, § 1º, II, da CF.

Gabarito "C"

(Auditor Fiscal/RN – 2005 – ESAF) Considerando as normas relativas ao Imposto Sobre a Transmissão Causa Mortis e Doações de Quaisquer Bens ou Direitos (ITCD), assinale as assertivas abaixo com F, para falsa e com V, para verdadeira e, a seguir, marque a opção que contém a sequência correta.

( ) Nas transmissões de imóveis *causa mortis*, o fato gerador do ITCD ocorre com a averbação do instrumento (formal de partilha ou adjudicação) no Registro de Imóveis.
( ) Está isenta do ITCD a doação de imóvel destinado à própria residência do donatário.
( ) O ITCD não incide nas transmissões a título de antecipação de herança.
( ) O ITCD não incide nas transmissões de direitos hipotecários.
( ) A base de cálculo do ITCD nas transmissões *causa mortis* é o valor venal dos bens, direitos e créditos, no momento da ocorrência do fato gerador, segundo estimativa fiscal, não sendo admitida qualquer dedução.

(A) F, V, F, V, F
(B) V, F, F, V, V
(C) F, F, F, F, F
(D) V, V, V, F, V
(E) V, V, F, F, V

1ª: a transmissão dos bens, e, portanto, o fato gerador do imposto sobre transmissão *causa mortis*, ocorre no momento em que o autor da herança falece – art. 1.784 do CC; **2ª**: as isenções devem ser concedidas por lei estadual; **3ª**: incide ITCMD, na hipótese, por se tratar de espécie de doação (até porque, se não incidisse, seria relativamente fácil deixar de recolher o tributo); **4ª**: o ITCMD incide sobre a transmissão de qualquer espécie de bens e direitos, desde que a transmissão não seja onerosa – art. 155, I, da CF; **5ª**: a base de cálculo é o valor venal dos bens transmitidos, e eventuais deduções devem estar previstas na lei estadual, pois a norma nacional não regula a matéria – arts. 146, III, *a*, e 24, § 3º, da CF (ainda que não se conheça a legislação estadual, é possível resolver a questão, por exclusão das demais alternativas).

Gabarito "C"

(Agente Tributário Estadual/MS – 2001 – ESAF) Assinale, entre as opções abaixo, a que não é alcançada pela incidência do Imposto Sobre a Transmissão *Causa Mortis* e Doações de Quaisquer Bens ou Direitos.

(A) Permuta de bens imóveis.
(B) Sucessão testamentária.
(C) Instituição de usufruto por ato não oneroso.
(D) Doação em adiantamento de legítima.
(E) Desigualdade de valores da partilha decorrente de divórcio.

A: o ITCMD não incide sobre operações onerosas, como é o caso de permuta de imóveis (a operação sujeita-se ao ITBI municipal); **B:** trata-se de transmissão *causa mortis*, sujeita ao ITCMD; **C:** é doação de direito, sobre a qual incide ITCMD; **D:** incide o tributo estadual sobre doações de qualquer espécie; **E:** se não houve pagamento pela diferença, há doação, sujeita ao ITCMD.

Gabarito "A"

(Agente Tributário Estadual/MS – 2001 – ESAF) Considerando que a sigla ITCD significa Imposto Sobre a Transmissão *Causa Mortis* e Doações de Quaisquer Bens ou Direitos, entre as proposições abaixo, indique a verdadeira.

(A) O ITCD relativo à transmissão *causa mortis* de imóveis situados em Minas Gerais, a herdeiros legítimos residentes no Mato Grosso do Sul, decorrente de falecimento de pessoa que também residia no Mato Grosso do Sul, é devido no Mato Grosso do Sul.
(B) O ITCD só incide sobre doações em que haja aceitação expressa do donatário.
(C) Ocorrendo o falecimento de pessoa que tenha vários herdeiros, mas um único bem indivisível a partilhar, ocorre apenas um fato gerador do ITCD.
(D) Os cartórios de registros de títulos e documentos respondem solidariamente pelo recolhimento do ITCD, por qualquer irregularidade cometida.
(E) O contribuinte que não concordar com a avaliação dos bens, para efeito de ITCD, poderá apresentar reclamação ao órgão competente no prazo de 30 dias.

A: os impostos sobre a propriedade imobiliária ou sua transmissão são sempre devidos no local em que se encontrem (MG) – art. 155, § 1º, I, da CF; **B:** o fato gerador do ITCMD é a transmissão do bem que, no caso da doação, pressupõe aceitação expressa ou tácita – art. 539 do CC; **C:** o art. 35, p. único, do CTN dispõe que, na transmissão *causa mortis*, ocorrem tantos fatos geradores distintos quantos sejam os herdeiros ou legatários; **D:** os titulares dos cartórios respondem pelos tributos incidentes sobre os atos praticados por eles, ou perante eles, em razão de seu ofício, nos termos do art. 134, VI, do CTN; **E:** o procedimento administrativo é regulado pela legislação estadual.

Gabarito "D"

(Auditor Fiscal/CE – 2006 – ESAF) João, nascido em Fortaleza e residente e domiciliado no Rio de Janeiro, veio a falecer deixando testamento em favor de Pedro, residente no Rio de Janeiro, e de Paulo, residente no Ceará. Pelo testamento, foram destinadas a Pedro uma casa em Fortaleza e várias obras de arte, e a Paulo um apartamento no Rio de Janeiro e um lote de ações da Cia. Vale do Rio Doce. O inventário processou-se no Rio de Janeiro. Considerando os dados acima, e tendo em vista as normas sobre o Imposto sobre Transmissão *Causa Mortis* e Doação (ITCD), assinale as afirmativas abaixo com F ou V, conforme sejam falsas ou verdadeiras e, a seguir, marque a opção que contém a sequência correta.

( ) Paulo é contribuinte do ITCD, devido ao Estado do Ceará, incidente sobre o apartamento.
( ) Paulo é contribuinte do ITCD, devido ao Estado do Ceará, incidente sobre as ações.
( ) Pedro é contribuinte do ITCD, devido ao Estado do Ceará, incidente sobre a casa.
( ) Pedro é contribuinte do ITCD, devido ao Estado do Ceará, incidente sobre as obras de arte.
( ) Pedro não é contribuinte do ITCD devido ao Estado do Ceará.
( ) Paulo não é contribuinte do ITCD devido ao Estado do Ceará.

(A) F, V, V, F, V, F
(B) F, F, V, F, F, V
(C) V, F, F, V, V ,F
(D) V, V, F, F, F, V
(E) F, F, F, V, V, V

Os impostos sobre a propriedade imobiliária ou sua transmissão são sempre devidos no local em que se encontrem (CE e RJ) – art. 155, § 1º, I, da CF. Quanto aos bens móveis, títulos e créditos (obras de artes de ações), o ITCMD é devido no local de domicílio do doador ou onde se processar o inventário ou arrolamento (RJ) – art. 155, § 1º, II, da CF.

Gabarito "B"

(Auditor Fiscal/CE – 2006 – ESAF) O patrimônio de João e Maria, casados em comunhão de bens, é constituído de uma casa no valor de R$ 500.000,00 e de um apartamento no valor de R$ 400.000,00. Ao se divorciarem, coube à Maria a casa e a João o apartamento. Considerando as normas relativas ao Imposto sobre Transmissão *Causa Mortis* e Doações (ITCD), assinale a afirmativa correta.

(A) Pela situação descrita, não se configurou fato gerador do ITCD.
(B) Maria deve recolher ITCD sobre R$ 50.000,00.
(C) Maria deve recolher ITCD sobre R$100.000,00.
(D) Antes de transitar em julgado a sentença homologatória do divórcio, João deve recolher o imposto calculado sobre R$ 400.000,00 e Maria deve recolher o imposto calculado sobre R$ 500.000,00.
(E) É devido imposto de transmissão (ITCD), que deverá ser recolhido no prazo de 10 dias contados do trânsito em julgado da sentença homologatória do divórcio.

Maria tem direito à metade dos bens, equivalente a R$ 450.000,00. Se ela recebeu R$ 500.000,00 (equivalente à casa) e não pagou pelo excesso na partilha, é porque houve doação da diferença (R$ 50.000,00), sobre a qual incide o ITCMD.

Gabarito "B"

(Auditor Fiscal/CE – 2006 – ESAF) Sobre o Imposto de Transmissão *Causa Mortis* e Doações, previsto no art. 155, I, da Constituição, inserido na competência dos estados e do Distrito Federal, julgue as afirmativas abaixo, e a seguir assinale a opção correta.

( ) Relativamente a bens imóveis, compete ao estado da situação do bem, ou ao Distrito Federal.
( ) A competência para a sua instituição será regulada por lei complementar, se o doador tiver domicílio no exterior.
( ) Terá suas alíquotas mínimas e máximas fixadas pelo Senado Federal.

(A) V – F – F
(B) F – V – V
(C) V – V – V
(D) F – F – V
(E) V – V – F

1ª: art. 155, § 1º, I, da CF; **2ª**: art. 155, § 1º, III, *a*, da CF; **3ª**: somente as alíquotas máximas serão fixadas pelo Senado (não as mínimas) – art. 155, § 1º, IV, da CF.

Gabarito "E"

12.8. ISS

(Auditor Fiscal da Receita Federal – 2012 – ESAF) Sobre o ISS – Imposto Sobre Serviços de Qualquer Natureza, de competência dos Municípios e do Distrito Federal, é *incorreto* afirmar-se que:

(A) no conjunto de serviços tributáveis pelo ISS, a lei complementar definirá aqueles sobre os quais poderá incidir o mencionado imposto, com o que realiza a sua finalidade principal, que é afastar os conflitos de competência, em matéria tributária, entre as pessoas políticas.
(B) na construção civil, a dedução do valor dos materiais e subempreitadas no cálculo do preço do serviço, para fins de apuração do ISS, não configura isenção.
(C) não há incidência sobre operações bancárias.
(D) serviços de registros públicos, cartorários e notariais são imunes à incidência do ISS.
(E) se houver ao mesmo tempo locação de bem móvel e prestação de serviços, o ISS incide sobre o segundo fato, sem atingir o primeiro.

A: adequada, pois compete à lei complementar federal definir os serviços tributáveis pelos Municípios e pelo Distrito Federal por meio do ISS – art. 156, III, da CF; **B:** correta, pois se trata de definição da base de cálculo do ISS pela lei complementar – art. 146, III, *a*, da CF e art. 7.º, § 2.º, I, da LC 116/2003, lembrando que essa lei complementar não prevê o abatimento das subempreitadas (ver art. 9.º, § 2.º, *b*, do DL 406/1968); **C:** discutível, pois o ISS incide sobre determinados serviços relacionados ao setor bancário ou financeiro, o que poderia ser indicado como "operações bancárias" – item 15 da lista anexa à LC 116/2003. De qualquer forma, é importante lembrar que incide exclusivamente o IOF federal sobre determinadas operações financeiras; **D:** incorreta, pois o STF já pacificou o entendimento pela incidência do ISS sobre essas atividades – ver ADIn 3.089/DF; **E:** correta – Súmula Vinculante 31/STF.

Gabarito "D"

(Auditor Fiscal/CE – 2006 – ESAF) Em relação ao Imposto Sobre Serviços, se não consta da lista anexa à Lei Complementar n. 116/2003 determinado serviço, podemos afirmar que a sua não exigência ocorre em vista de:

(A) isenção.
(B) anistia.
(C) não incidência.
(D) imunidade.
(E) não cumulatividade.

A: a isenção pressupõe previsão legal genérica de incidência, que é especificamente afastada em relação a determinada situação ou a determinada pessoa (na dicção do CTN, há exclusão do crédito ou dispensa do pagamento). Ou seja, a isenção é exceção legal à regra da tributação; **B:** a anistia é perdão, não se confundindo com a situação narrada; **C:** não incidência descreve a situação narrada; **D:** imunidade é norma constitucional que afasta a competência tributária; **E:** não cumulatividade é técnica de tributação ou princípio relacionado a determinados tributos (v. g. ICMS e IPI).

Gabarito "C"

(Auditor Fiscal/Teresina-PI – 2001 – ESAF) Considerando que a sigla ISSQN designa o imposto, de competência do Município, incidente sobre serviços de qualquer natureza, entre as proposições abaixo, indique a verdadeira.

(A) O ISSQN incide sobre os serviços prestados pelos membros de conselho fiscal de sociedades.
(B) São responsáveis pelo pagamento do imposto todos os que efetuarem pagamento, a terceiros, de serviços sujeitos ao ISSQN.
(C) O ISSQN não incide sobre serviços prestados por trabalhadores autônomos e por trabalhadores avulsos.
(D) Para efeitos de incidência do imposto considera-se local da prestação do serviço, no caso de construção civil, o domicílio do prestador.
(E) Na prestação de serviço a título gratuito, feita por contribuinte do imposto, este será calculado sobre o preço do serviço, que não pode ser inferior ao vigente no mercado local.

A: o imposto não incide, na hipótese – art. 2º, II, da LC 116/2003; **B:** a responsabilidade do tomador do serviço é fixada diretamente pela LC 116/2003 apenas nos casos listados em seu art. 6º, § 2º, sem prejuízo de a legislação local fixar outras hipóteses (art. 6º, *caput*); **C:** embora o serviço prestado por avulsos não se sujeite ao ISS (art. 2º, II, da LC 116/2003), o serviço prestado por autônomos se sujeita ao tributo municipal; **D:** o serviço considera-se prestado no local da obra – art. 3º, III, da LC 116/2003; **E:** o art. 7º da LC 116/2003 indica que a base de cálculo do ISS é o preço do serviço. As legislações municipais, não raro, determinam que se não houver preço ou se o preço for desconhecido, adotar-se-á o corrente no mercado local. Ainda que possa haver discussões a respeito, essa é a melhor alternativa, por exclusão das demais.

Gabarito "E"

(Auditor do Tesouro Municipal/Recife-PE – 2003 – ESAF) Considerando as disposições relativas ao Imposto Sobre Serviços de Qualquer Natureza (ISS) de competência do Município, assinale as proposições abaixo com F para falsa e V para verdadeira e, a seguir, indique a opção que contém a sequência correta.

( ) O ISS não incide sobre serviços de transporte.
( ) O ISS não incide na prestação de serviços sob vínculo empregatício.
( ) A base de cálculo do ISS é o preço do serviço efetivamente recebido pelo prestador.

(A) F, F, V
(B) V, F, V
(C) F, V, F
(D) V, V, F
(E) V, V, V

1ª: incide ISS sobre os serviços de transporte intramunicipais – item 16.01 da lista anexa à LC 116/2003. Sobre os serviços de transporte intermunicipais e interestaduais incide o ICMS – art. 155, II, da CF; **2ª:** art. 2º, II, da LC 116/2003; **3ª:** a base de cálculo do ISS é o preço do serviço, independentemente de haver pagamento (parcial ou integral) por parte do tomador – art. 7º da LC 116/2003.

Gabarito "C"

(Auditor do Tesouro Municipal/Fortaleza-CE – 2003 – ESAF) Considerando as disposições relativas ao Imposto Sobre Serviços de Qualquer Natureza (ISQN), assinale as proposições abaixo com F para falsa ou V para verdadeira e, a seguir, indique a opção que contém a sequência correta:

( ) No caso de prestação de serviços de construção civil efetuada em Fortaleza, o ISQN será devido ao Município de Fortaleza mesmo que o domicílio do prestador esteja situado fora do território.
( ) A cobrança do imposto será efetuada na medida em que ocorrer o recebimento do preço do serviço prestado.
( ) É contribuinte do imposto o prestador de serviço, empresa ou profissional autônomo de qualquer natureza e o trabalhador avulso.

(A) F, F, V
(B) V, V, F
(C) V, F, F
(D) F, V, V
(E) V, V, V

1ª: o serviço considera-se prestado e o tributo é devido no local da obra – art. 3º, III, da LC 116/2003; **2ª:** a base de cálculo do ISS é o preço do serviço, independentemente de haver pagamento (parcial ou integral) por parte do tomador – art. 7º da LC 116/2003; **3ª:** o trabalhador avulso não é contribuinte, pois o ISS não incide sobre os serviços por ele prestados – art. 2º, II, da LC 116/2003.

Gabarito "C"

(Auditor do Tesouro Municipal/Natal-RN – 2001 – ESAF) Considerando que a sigla ISS significa Imposto Sobre Serviços, entre as proposições abaixo, indique a verdadeira.

(A) O ISS não incide sobre a prestação de serviços de diversões públicas de natureza itinerante.
(B) A critério da Fazenda Municipal, são responsáveis pelo imposto os que efetuarem pagamento, a terceiros não identificados, de serviços sujeitos ao ISS, exceto no caso de o pagador ser pessoa jurídica alcançada por imunidade ou isenção.
(C) Possuindo a pessoa jurídica mais de um estabelecimento, para efeito do ISS, considera-se estabelecimento prestador o local da sede.
(D) Cada estabelecimento da pessoa jurídica contribuinte do ISS é considerado autônomo para efeito exclusivo de manutenção de livros e documentos, efetuando-se o recolhimento do imposto de maneira centralizada pela sede ou matriz.
(E) Na prestação de serviços de execução, por empreitada, de obras de construção civil, da base de cálculo são deduzidas as parcelas correspondentes ao valor das subempreitadas já tributadas pelo ISS.

A: o ISS incide, na hipótese – item 12 da lista anexa à LC 116/2003; **B:** a imunidade do tomador não afasta sua responsabilidade pela retenção do ISS no pagamento pelo serviço prestado – art. 9º, § 1º, do CTN; C e **D:** cada um dos locais onde o prestador desenvolva as atividades de prestação de serviço e que configure unidade econômica ou profissional é considerado estabelecimento para fins de ISS, sendo irrelevante a denominação de sede, filial, agência etc., conforme disposto no art. 4º da LC 116/2003; **E:** essa previsão, constante da legislação revogada (art. 9º, § 2º, *b*, do DL 406/1968) não consta da legislação atual, pois o inciso II, do art. 7º, § 2º, da LC 116/2003 foi vetado pelo Presidente da República.

Gabarito "E"

12.9. IPTU

(Procurador da Fazenda Nacional – 2006 – ESAF) Acerca do Imposto Sobre a Propriedade Predial e Territorial Urbana – IPTU é correto afirmar que:

(A) o posseiro não pode ser considerado contribuinte.
(B) suas alíquotas podem ser progressivas apenas em função do grau de utilização do imóvel.
(C) a base de cálculo é o valor real do imóvel.
(D) o STF entendeu inconstitucional lei municipal que tenha estabelecido, antes da Emenda Constitucional 29/2000, alíquotas progressivas, salvo se destinadas a assegurar o cumprimento da função social da propriedade urbana.
(E) lei municipal não pode, para efeito da cobrança do tributo, considerar urbanas áreas com urbanização ainda incompleta.

A: incorreta, pois o possuidor com *animus domini* a qualquer título é contribuinte do IPTU – art. 34 do CTN; **B:** incorreta, pois a Constituição prevê a progressividade de alíquotas em razão do valor do imóvel (art. 156, § 1º, I, da CF), além da progressividade no tempo com função extrafiscal prevista no art. 182, § 4º, II, da CF. Não há previsão de progressividade segundo o grau de utilização do imóvel – note que o grau de produtividade é relevante para a progressividade do ITR federal – art. 153, § 4º, I, da CF; **C:** imprecisa, pois o art. 33 do CTN dispõe que a base de cálculo do IPTU é o valor venal do imóvel, ou seja, o valor de mercado, em condições normais para uma venda à vista; **D:** correta, conforme a Súmula 668/STF; **E:** incorreta, pois, nos termos do art. 32, § 2º, do CTN, a lei municipal pode considerar urbanas as áreas urbanizáveis, ou de expansão urbana, constantes de loteamentos aprovados pelos órgãos competentes, destinados à habitação, à indústria ou ao comércio, mesmo que localizados fora das zonas definidas nos termos do § 1º desse dispositivo.

Gabarito "D"

(Auditor Fiscal da Receita Federal – 2012 – ESAF) A progressividade no tempo das alíquotas do IPTU – Imposto sobre a Propriedade Predial e Territorial Urbana, de competência dos Municípios e do Distrito Federal, prevista na Constituição Federal, como medida de política pública que busca dar efetividade à função social da propriedade, caracteriza-se pela

(A) seletividade.
(B) parafiscalidade.
(C) capacidade contributiva.
(D) extrafiscalidade.
(E) essencialidade.

A e **E:** incorretas, pois não há distinção das alíquotas conforme algum critério relacionado ao imóvel (essencialidade do bem, por exemplo); **B:** incorreta, pois a parafiscalidade refere-se à delegação legal da sujeição ativa e à destinação da receita do imposto ao próprio sujeito ativo delegado; **C:** incorreta, pois a progressividade no tempo prevista no art. 182, § 4.º, II, da CF é pena pelo não cumprimento da função social da propriedade urbana; **D:** essa é a correta, pois essa função de pena, indicada nos comentários à alternativa anterior, é extrafiscal, isto é, não se refere à função arrecadatória do tributo (não é função fiscal).

Gabarito "D"

(Auditor Fiscal da Receita Federal – 2012 – ESAF) O IPTU – Imposto sobre a Propriedade Predial e Territorial Urbana, de competência dos Municípios e do Distrito Federal, possui as seguintes características, *exceto*:

(A) pode ser progressivo em razão do valor venal do imóvel, o que permite calibrar o valor do tributo de acordo com índice hábil à mensuração da essencialidade do bem.
(B) a progressividade de sua alíquota, com base no valor venal do imóvel, só é admissível para o fim de assegurar o cumprimento da função social da propriedade urbana.
(C) é inconstitucional a lei do município que reduz o imposto predial urbano sobre imóvel ocupado pela residência do proprietário, que não possua outro.
(D) pode ter diversidade de alíquotas no caso de imóvel edificado, não edificado, residencial ou comercial.
(E) não se admite a progressividade fiscal decorrente da capacidade econômica do contribuinte, dada a natureza real do imposto.

A: correta, conforme o art. 156, § 1.º, I, da CF; **B:** incorreta, pois a progressividade em relação ao valor do imóvel, prevista no art. 156, § 1.º, I, da CF, refere-se diretamente à capacidade contributiva. O cumprimento da função social da propriedade refere-se diretamente à progressividade no tempo prevista no art. 182, § 4.º, II, da CF; **C:** incorreta, pois não há vedação constitucional a essa redução do IPTU, que atende à função social da propriedade urbana; **D:** correta, sendo possível a tributação distinta do terreno não edificado e daquele ocupado por edificação (lembre-se que o imposto refere--se ao terreno e à edificação), além da distinção relativa ao uso do imóvel – art. 156, § 1.º, II, da CF; **E:** incorreta, pois o entendimento do STF nesse sentido ficou ultrapassado pela EC 29/2000, que alterou a redação do art. 156, § 1.º, I, da CF – Súmula 668/STF. Observação: parece-nos que há 3 alternativas que se afastam das características do IPTU, o que prejudica a questão.

Gabarito "C"

(Auditor Fiscal da Receita Federal – 2005 – ESAF) Sobre o Imposto sobre a Propriedade Predial e Territorial Urbana (IPTU), previsto no artigo 156, I, da Constituição Federal, de competência dos municípios, é incorreto afirmar que

(A) terá alíquotas progressivas em razão do valor do imóvel.
(B) poderá ter alíquotas diferentes de acordo com a localização do imóvel.
(C) poderá ter alíquotas diferentes de acordo com o uso do imóvel.
(D) poderá ter suas alíquotas progressivas no tempo, no caso de solo urbano não edificado, subutilizado ou não utilizado.
(E) terá como fato gerador a propriedade, o domínio útil ou a posse de imóvel localizado em zona urbana.

A: o IPTU poderá (é uma opção do legislador local, não uma imposição constitucional) ter alíquotas progressivas em razão do valor do imóvel – art. 156, § 1º, I, da CF; B e **C:** art. 156, § 1º, II, da CF; **D:** art. 182, § 4º, II, da CF; **E:** art. 32 do CTN.

Gabarito "A"

(Auditor do Tesouro Municipal/Fortaleza-CE – 2003 – ESAF) Considerando as disposições relativas ao Imposto Predial e Territorial Urbano, assinale as proposições abaixo com F para falsa ou V para verdadeira e, a seguir, indique a opção que contém a sequência correta:

( ) O imposto constitui ônus real, acompanhando o imóvel em todas as mutações de domínio.
( ) No caso de condomínio indiviso, o lançamento do imposto será realizado no nome de cada condômino, pela divisão do valor total pelo número de condôminos.
( ) Contribuinte do imposto é o proprietário do imóvel, o titular do domínio útil, ou o seu possuidor a qualquer título.

(A) V, V, V
(B) V, F, F
(C) F, V, V
(D) V, F, V
(E) F, F, V

1ª: art. 130 do CTN; **2ª:** há solidariedade, na hipótese (art. 124, I, do CTN), de modo que as legislação municipais, em regra, determinam o lançamento único; **3ª:** art. 34 do CTN.

Gabarito "D"

(Auditor do Tesouro Municipal/Natal-RN – 2001 – ESAF) Não são passíveis de serem objeto do IPTU imóveis localizados em área cujos únicos melhoramentos existentes, construídos ou mantidos pelo Poder Público, são os seguintes:

(A) escola primária a 3 quilômetros do imóvel considerado e sistema de esgoto sanitário.
(B) abastecimento de água e rede de iluminação pública, para distribuição domiciliar.
(C) calçamento com canalização de águas pluviais e sistema de transporte coletivo.
(D) posto de saúde a 2 quilômetros do imóvel considerado e abastecimento de água.
(E) meio fio com canalização de águas pluviais e sistema de esgoto sanitário.

Das assertivas, apenas C indica melhoria (transporte coletivo) que não é critério para determinação da área urbana, para fins de incidência do IPTU – art. 32, § 1º, do CTN.

Gabarito "C"

12.10. ITBI

(Auditor Fiscal da Receita Federal – 2002.2 – ESAF) Compete ao Município o imposto sobre

(A) a transmissão causa mortis e doação, de quaisquer bens imóveis ou direitos a eles relativos, situados em seu território.
(B) operações relativas a prestações de serviços de transporte intramunicipal.
(C) a propriedade de veículos automotores licenciados em seu território.
(D) a transmissão inter vivos, relativamente a bens móveis, títulos e créditos, se em seu território tiver domicílio o transmitente, ou ao Distrito Federal.
(E) a transmissão inter vivos por ato oneroso, de bens imóveis, exceto a dos imóveis por definição legal.

A: as doações são tributadas pelos Estados e pelo DF – art. 155, I, da CF; **B:** incide o ISS, na hipótese; **C:** o Estado e o DF exigem o IPVA sobre a propriedade de veículos automotores – art. 155, III, da CF; **D:** os Municípios tributam apenas a transmissão onerosa de bens imóveis e de direitos reais, nos termos do art. 156, II, da CF; **E:** o ITBI incide sobre a transmissão de imóveis, como definidos pela lei civil – art. 35, I, do CTN.

Gabarito "B"

(Auditor Fiscal/Teresina-PI – 2001 – ESAF) Considerando que a sigla ITBI está sendo usada para designar o imposto, de competência do Município, incidente sobre a transmissão de bens, assinale as proposições abaixo com F (para falsa) ou V (para verdadeira) e, a seguir, indique a opção que contém a sequência correta.

( ) Não constitui fato gerador do ITBI a instituição de usufruto a título oneroso.
( ) Ocorre o fato gerador do ITBI sempre que houver transmissão, *inter vivos*, da propriedade ou do domínio útil de bem imóvel por natureza ou por acessão física.
( ) A base de cálculo do imposto é determinada pela administração tributária através de avaliação.

(A) V, V, F
(B) F, F, V
(C) V, F, F
(D) V, V, V
(E) V, F, V

1ª: O ITBI incide sobre a transmissão onerosa de direitos reais (exceto os de garantia), como no caso de instituição de usufruto – art. 156, I, da CF; **2ª**: o ITBI incide somente na transmissão onerosa (as doações são tributadas pelos Estados e pelo DF); **3ª**: a base de cálculo do ITBI é o valor venal do imóvel e seu lançamento é regulado pela legislação local – art. 38 do CTN (ainda que não se conheça a legislação do Município, é possível solucionar a questão, por exclusão das demais alternativas).

Gabarito "B"

(Auditor do Tesouro Municipal/Recife-PE – 2003 – ESAF) Considerando as disposições relativas ao Imposto sobre a Transmissão *Inter Vivos* de Bens Imóveis e de direitos a eles relativos (ITBI), assinale as proposições abaixo com F para falsa e V para verdadeira e, a seguir, indique a opção que contém a sequência correta.

( ) Não incide o ITBI sobre a transmissão de imóveis integrantes do patrimônio de uma empresa, que os vende em conjunto com a totalidade de seu patrimônio, a outra pessoa jurídica cuja única atividade é a compra e venda de imóveis.

( ) Constitui fato gerador do ITBI o compromisso de compra e venda de imóveis, sem cláusula de arrependimento, inscrito no Registro de Imóveis.

( ) Em caso do permuta de imóveis situados no Município do Recife, cada um dos permutantes é contribuinte do ITBI.

(A) F, F, V
(B) F, V, V
(C) V, F, V
(D) F, V, F
(E) V, V, V

1ª: art. 37, § 4º, do CTN; **2ª**: embora a jurisprudência consigne que o ITBI somente é devido no momento do registro da alienação no cartório de imóveis, as legislações municipais, em regra, exigem o tributo no momento do registro da escritura; **3ª**: a norma nacional (art. 42 do CTN) não fixa especificamente o sujeito passivo do ITBI, nos termos do art. 146, III, *b*, da CF. Assim, a legislação de cada Município determina quem é o contribuinte – art. 30, II e III, da CF. Em regra, as leis municipais indicam o adquirente do imóvel como contribuinte que, no caso da permuta, é cada uma das partes contratantes.

Gabarito "E"

(Auditor do Tesouro Municipal/Fortaleza-CE – 2003 – ESAF) José dos Santos subscreveu capital da empresa X, que estava iniciando suas atividades e cujo objeto social incluía, entre outras atividades, a compra e venda de imóveis, integralizando o capital subscrito mediante incorporação, ao patrimônio da pessoa jurídica, de prédio comercial de sua propriedade. A empresa X, que estava iniciando suas atividades, teve, nos 36 meses seguintes à integralização do capital por José, receita operacional de R$ 10.000.000,00, sendo R$ 6.000.000,00 decorrentes da venda de imóveis. Quatro anos após ter integralizado o capital, José retirou-se da empresa, recebendo, por suas quotas, um imóvel residencial que integrava o patrimônio da pessoa jurídica. Considerando a situação descrita e as disposições relativas ao imposto, de competência do Município, sobre a transmissão de bens e direitos (ITBI), assinale a opção que contém uma proposição verdadeira.

(A) Não incide o imposto em nenhuma das transmissões.
(B) Incide o imposto apenas em relação à primeira transmissão, sendo contribuinte a empresa X.
(C) Incide o imposto em ambas as transmissões, sendo contribuinte na primeira a empresa X e na segunda José dos Santos.
(D) O imposto em relação à segunda transmissão é devido por José, e a empresa X tem direito à restituição do imposto que incidiu na primeira transmissão.
(E) Incide o imposto na segunda transmissão, sendo a base de cálculo o valor do capital integralizado por José.

Em regra, não incide ITBI na integralização de capital por meio de transmissão de propriedade imobiliária. No entanto, há incidência quando a empresa adquirente tem como atividade preponderante a exploração de negócios imobiliários descritos no art. 37 do CTN. No caso de sociedade que inicia suas atividades, a preponderância é aferida pela receita operacional nos três primeiros anos de existência (se mais de 50% dessa receita vier da exploração de negócios imobiliários, haverá preponderância e incidirá o ITBI) – art. 37, § 2º, do CTN. Nessa hipótese (quando há essa preponderância), a saída do sócio implica nova transmissão onerosa do patrimônio imobiliário e, portanto, incidência do tributo municipal – art. 37, *caput*, do CTN. A norma nacional (art. 42 do CTN) não fixa especificamente o contribuinte do ITBI, nos termos do art. 146, III, *b*, da CF. Assim, a legislação de cada Município determina quem é o sujeito passivo direto – art. 30, II e III, da CF. Em regra, as leis municipais indicam o adquirente do imóvel como contribuinte (na incorporação, a empresa, e, na saída do sócio, o próprio).

Gabarito "C"

12.11. OUTROS IMPOSTOS E COMBINADAS

(Procurador da Fazenda Nacional – 2004 – ESAF) Com atenção aos princípios do sistema tributário nacional, marque com **V** a assertiva verdadeira e com **F** a falsa, assinalando ao final a opção correspondente.

( ) O imposto sobre operações relativas à circulação de mercadorias e prestações de serviços de transporte interestadual e intermunicipal e de comunicação – ICMS sujeita-se ao princípio da não cumulatividade, podendo a lei que o instituir observar o princípio da seletividade.

( ) O imposto sobre produtos industrializados (IPI) sujeita-se ao princípio da não cumulatividade, em função da essencialidade do produto.

( ) O imposto sobre renda e proventos de qualquer natureza sujeita-se aos princípios da generalidade, uniformidade e progressividade.

( ) O princípio da legalidade tributária remonta à Declaração dos Direitos do Homem e do Cidadão.

(A) V, F, F, F
(B) V, V, V, V
(C) F, F, V, V
(D) V, F, V, F
(E) V, V, V, F

1: correta, conforme o art. 155, § 2º, I e III, da CF; **2:** incorreta, pois a essencialidade do produto é relevante para a seletividade, não para a não cumulatividade – art. 153, § 3º, I, da CF; **3:** incorreta, já que o IR submete-se aos princípios da generalidade (incide sobre todos), universalidade (incide sobre todas as rendas), e progressividade (alíquotas maiores conforme maiores forem as bases de cálculo) – art. 153, § 2º, I, da CF (note que o princípio da uniformidade não se refere especificamente ao IR); **4:** incorreta, pois é comum referir-se ao princípio da legalidade em período histórico muito anterior à Declaração Universal dos Direitos do Homem e do Cidadão. Muitos autores referem-se à Magna Carta inglesa de 1215, assinada pelo rei João Sem Terra, que previa a instituição dos tributos pelo Parlamento.

Gabarito "A"

(Procurador da Fazenda Nacional – 2003 – ESAF) Nos termos do Código Tributário Nacional, constitui base de cálculo do imposto, de competência da União, sobre operações de crédito, câmbio e seguro, e sobre operações relativas a títulos e valores mobiliários, entre outras hipóteses:

(A) Quanto às operações de seguro, o montante do valor contratado que a seguradora deverá pagar ao segurado na hipótese de ocorrência de sinistro.
(B) Quanto às operações relativas a títulos e valores mobiliários, na emissão, o valor nominal do título menos o deságio, se houver.
(C) Quanto às operações relativas a títulos e valores mobiliários, na transmissão, o preço ou o valor nominal, ou o valor da cotação em Bolsa, conforme determinar decreto do Poder Executivo.
(D) Quanto às operações de câmbio, o respectivo montante em moeda nacional, recebido, entregue ou posto à disposição.
(E) Quanto às operações de crédito, o montante da obrigação, exclusive os juros.

Nos termos do art. 64 do CTN, a base de cálculo do IOF é, (i) quanto às operações de crédito, o montante da obrigação, compreendendo o principal e os juros; (ii) quanto às operações de câmbio, o respectivo montante em moeda nacional, recebido, entregue ou posto à disposição; (iii) quanto às operações de seguro, o montante do prêmio; (iv) quanto às operações relativas a títulos e valores mobiliários: (a) na emissão, o valor nominal mais o ágio, se houver; (b) na transmissão, o preço ou o valor nominal, ou o valor da cotação em Bolsa, como determinar a lei; e (c) no pagamento ou resgate, o preço. Por essa razões, a alternativa "D" é a única correta.

Gabarito "D"

(Analista Tributário da Receita Federal – 2012 – ESAF) O ouro, quando não for considerado como simples metal,mas definido em lei como ativo financeiro ou instrumento cambial, sujeita-se exclusivamente à incidência do ________________.

Esse imposto é devido na operação _____________

Está sujeito à alíquota __________________ ,já estabelecida na Constituição.

O produto da arrecadação pertence _____________.

(A) ICMS / de origem / máxima / ao Estado.
(B) ICMS / de destino / máxima / ao Estado de destino.
(C) IOF / de origem / mínima / ao Estado e ao Município de origem.
(D) IOF / de origem / máxima / À União e, compartilhadamente, ao Estado e Município de origem.
(E) IOF / de destino / mínima / ao Estado e ao Município de destino.

As operações com ouro ativo financeiro ou instrumento cambial são tributadas pelo IOF federal (art. 153, § 5.º, da CF), incidente apenas na operação de origem (ver RE 181.849 AgR/RS e RE 190.363/RS). Apesar de ser um tributo da competência federal, o produto da arrecadação é totalmente destinado ao Estado ou Distrito Federal (30%) e ao Município (70%) de origem do minério – art. 153, § 5.º, I e II, da CF. Por essas razões, a alternativa "C" é a correta.

Gabarito "C"

(Auditor Fiscal da Receita Federal – 2010 – ESAF) Analise os itens a seguir, classificando-os como verdadeiros (V) ou falsos (F). Em seguida, escolha a opção adequada às suas respostas:

I. de acordo com a Constituição Federal, o imposto sobre a renda e proventos de qualquer natureza será informado pela generalidade, universalidade e progressividade, na forma da lei. Pode-se afirmar que o critério da progressividade decorre dos princípios da igualdade e da capacidade contributiva, na medida em que contribuintes com maiores rendimentos sejam tributados de modo mais gravoso do que aqueles com menores rendimentos;
II. a Constituição estabelece expressamente que o imposto sobre a renda será progressivo, enquanto o imposto sobre a propriedade imobiliária poderá ser progressivo;
III. a Constituição traça uma dupla progressividade para o IPTU, quais sejam, progressividade em razão do imóvel e em razão do tempo;
IV. o princípio da capacidade contributiva não possui significado muito importante para o IPTU, visto que este tributo se caracteriza por ser um imposto real, sem relação com as características pessoais do sujeito passivo.

(A) Estão corretos somente os itens I e III.
(B) Estão corretos somente os itens I, II e IV.
(C) Estão corretos somente os itens I e II.
(D) Estão corretos somente os itens II e IV.
(E) Todos os itens estão corretos.

I: correta, conforme o art. 153, § 2º, I, da CF; **II:** assertiva correta, nos termos dos arts. 153, § 2º, I, *in fine*, e 156, § 1º, I, da CF; **III:** correta, pois o IPTU admite a progressividade em razão do valor do imóvel e em razão do tempo, nos termos dos arts. 156, § 1 º, I, e 182, § 4º, II, da CF.

Gabarito "E"

(Auditor Fiscal da Receita Federal – 2010 – ESAF) Analise os itens a seguir, classificando-os como verdadeiros (V) ou falsos(F). Em seguida, escolha a opção adequada às suas respostas:

I. as operações de câmbio constituem fato gerador do IOF – imposto sobre operações de crédito, câmbio e seguro, ou relativas a títulos ou valores mobiliários;
II. o câmbio traz um comércio de dinheiro, no qual este se torne mercadoria e, como tal, tem custo e preço;
III. operações de câmbio são negócios jurídicos de compra e venda de moeda estrangeira ou nacional, ou, ainda, os negócios jurídicos consistentes na entrega de uma determinada moeda a alguém em contrapartida de outra moeda recebida.

(A) Somente o item I está correto.
(B) Estão corretos somente os itens I e II.
(C) Estão corretos somente os itens I e III.
(D) Todos os itens estão corretos.
(E) Todos os itens estão errados.

I: assertiva correta, pois o IOF incide sobre operações de (i) crédito, (ii) câmbio e (iii) seguro, ou (iv) relativas a títulos ou valores mobiliários – art. 153, V, da CF; **II** e **III:** corretas, pois na operação de câmbio há aquisição de determinada quantidade de moeda (tal qual mercadoria) com pagamento em outra moeda – arts. 63, II, e 64, II, do CTN.

Gabarito "D"

(Auditor Fiscal da Receita Federal – 2002.2 – ESAF) É correto o seguinte asserto:

(A) No que se refere ao imposto de importação, a legislação brasileira, devido ao princípio da nação mais favorecida, determina que todo tratamento aduaneiro decorrente de ato internacional aplica-se a mercadorias originárias de qualquer exportador e não apenas a do país beneficiário.
(B) Compete à autoridade monetária, em especial ao Banco Central do Brasil, a administração do IOF, incluídas as atividades de arrecadação, tributação e fiscalização.
(C) O imposto sobre operações financeiras (IOF) incide sobre operações de crédito realizadas por comerciantes (crédito direto ao consumidor) quando os direitos creditórios não tenham sido alienados.
(D) Quando se tratar de mercadoria despachada para consumo, a norma legal considera como ocorrido o fato gerador do imposto de importação não na data do ingresso nas águas territoriais brasileiras, mas na do registro, na repartição aduaneira, da declaração de importação.
(E) O fato gerador do Imposto sobre a Propriedade Territorial Rural (ITR) ocorre em cada exercício ao completar-se um ano civil em que o contribuinte esteja vinculado ao imóvel.

A: somente as exportações originárias de país signatário do acordo em que se previu a cláusula da nação mais favorecida terão garantidas o mesmo tratamento fiscal ofertado a outras nações; **B:** a fiscalização e a arrecadação do IOF são realizadas pela Receita Federal do Brasil; **C:** incide o IOF somente se essas operações forem realizadas por meio de instituição financeira; **D:** art. 73, I, do RA; **E:** o fato gerador do ITR ocorre em 1º de janeiro de cada exercício – art. 32, § 1º, do RITR.

Gabarito "D"

(Auditor do Tesouro Municipal/Natal-RN – 2001 – ESAF) Indique, nas opções abaixo, o imposto que deverá, obrigatoriamente, ter as características de seletividade, em função da essencialidade e de não cumulatividade.

(A) Imposto sobre a renda e proventos.
(B) Imposto sobre operações relativas à circulação de mercadorias e sobre prestações de serviços de transporte interestadual e intermunicipal e de comunicação.
(C) Imposto sobre a propriedade de veículos automotores.
(D) Imposto sobre produtos industrializados.
(E) Imposto sobre transmissão *causa mortis* e doação.

O IPI deverá ser seletivo, em função da essencialidade do produto – art. 153, § 3º, I, da CF. O ICMS poderá ser seletivo – art. 155, § 2º, III, da CF. Ambos deverão ser não cumulativos – arts. 153, § 3º, I, e 155, § 2º, I, da CF.

Gabarito "D"

12.12. CONTRIBUIÇÕES ESPECIAIS

(Auditor Fiscal da Receita Federal – 2010 – ESAF) Segundo o art. 195, caput, da Constituição Federal, a seguridade social será financiada por toda a sociedade, de forma direta e indireta, nos termos da lei, mediante recursos provenientes dos orçamentos da União, dos Estados, do Distrito Federal e dos Municípios, e das contribuições sociais que enumera. Sobre estas, é incorreto afirmar que:

(A) ao afirmar que o financiamento da seguridade social se dará por toda a sociedade, revela-se o caráter solidário de tal financiamento. Todavia, as pessoas físicas e jurídicas somente podem ser chamadas ao custeio em razão da relevância social da seguridade se tiverem relação direta com os segurados ou se forem, necessariamente, destinatárias de benefícios.
(B) a solidariedade não autoriza a cobrança de tributo sem lei, não autoriza exigência de quem não tenha sido indicado por lei como sujeito passivo de obrigação tributária, e não autoriza que seja desconsiderada a legalidade estrita que condiciona o exercício válido da competência relativamente a quaisquer tributos.
(C) as contribuições de seguridade social, sendo tributos, submetem-se às normas referentes às limitações do poder de tributar, contidas no art. 150 da Constituição Federal, com exceção da anterioridade geral, em face da norma especial contida no art. 195, § 6º (anterioridade nonagesimal), especialmente concebida para o condicionamento da instituição de contribuições de seguridade social.
(D) para a instituição de contribuições ordinárias (nominadas) de seguridade social, quais sejam, as já previstas nos incisos I a IV do art. 195 da Constituição, basta a via legislativa da lei ordinária, consoante o entendimento pacificado do Supremo Tribunal Federal.
(E) as entidades beneficentes de assistência social gozam de imunidade das contribuições para a seguridade social.

A: essa é a assertiva incorreta, pois a solidariedade implica também contribuição independentemente de benefício direto. Perceba, por exemplo, que a assistência social (que integra a seguridade) concede benefícios independentemente de contribuição, de modo que aqueles que têm capacidade devem contribuir para o sistema em favor dos menos afortunados; **B:** assertiva correta, pois as contribuições sociais são tributos e, como tais, submetem-se às limitações constitucionais ao poder de tributar; **C:** correta, conforme o citado dispositivo constitucional; **D:** correta. Somente outras contribuições (art. 195, § 4º, da CF) dependem de lei complementar federal; **E:** assertiva correta. Apesar de o art. 195, § 7º, da CF usar o termo "isenção", trata-se de imunidade, pois é norma constitucional que afasta a competência tributária.

Gabarito "A"

(Auditor Fiscal da Receita Federal – 2010 – ESAF) Sobre a Contribuição Social para o Lucro Líquido (CSLL), instituída pela Lei n. 7.689/88, julgue os itens abaixo, classificando-os como verdadeiros (V) ou falsos (F). Em seguida, escolha a opção adequada às suas respostas:

I. a sua base de cálculo é a mesma do imposto de renda das pessoas físicas, sendo que as deduções e compensações admissíveis para a apuração de um correspondem àquelas admitidas para fins de apuração da base de cálculo do outro;

II. a sua base de cálculo é o valor do resultado do exercício antes da provisão para o imposto de renda;

III. a CSLL poderá incidir sobre o resultado presumido ou arbitrado, quando tal seja o regime de apuração a que a pessoa jurídica se submete relativamente ao imposto de renda.

(A) Estão corretos os itens I e II.
(B) Estão corretos os itens I e III.
(C) Estão corretos os itens II e III.
(D) Todos os itens estão corretos.
(E) Todos os itens estão errados.

I: incorreta, pois, apesar de semelhantes, as bases de cálculo não são coincidentes, até porque a da CSLL é o valor do resultado do exercício, **antes** da provisão para o Imposto de Renda – art. 2º da Lei 7.689/1988; **II:** correta, conforme comentário à assertiva anterior; **III:** correta, conforme o art. 20 da Lei 9.249/1995.

Gabarito "C".

(Auditor Fiscal da Receita Federal – 2005 – ESAF) Sobre as contribuições sociais gerais (art. 149 da Constituição Federal), é errôneo afirmar-se, haver previsão de que

(A) poderão ter alíquotas *ad valorem* ou específicas.
(B) incidirão, também sobre a importação de produtos estrangeiros ou serviços.
(C) incidirão, em todos os casos, uma única vez.
(D) poderão ter por base, entre outras, o faturamento e a receita bruta.
(E) não incidirão sobre as receitas decorrentes de exportação.

A: art. 149, § 2º, III, *b*, da CF; **B:** art. 149, § 2º, II, da CF; **C:** a lei definirá as hipóteses em que as contribuições incidirão uma única vez – art. 149, § 4º, da CF; **D:** art. 149, § 2º, III, *a*, da CF; **E:** art. 149, § 2º, I, da CF.

Gabarito "C".

(Auditor Fiscal da Receita Federal – 2005 – ESAF) Sobre as contribuições para a seguridade social (art. 195 da Constituição), podemos afirmar que

(A) nenhum benefício ou serviço da seguridade social poderá ser criado, majorado ou estendido sem a correspondente fonte de custeio, parcial ou total.
(B) as contribuições do empregador sobre a folha de salários não poderão ter alíquotas ou bases de cálculo diferenciadas em razão da atividade econômica a que se dedique a empresa.
(C) as receitas dos estados, do Distrito Federal e dos municípios destinadas à seguridade social integrarão o orçamento da União.
(D) são isentas de contribuição para a seguridade social as entidades beneficentes de assistência social que atendam às exigências estabelecidas pelo Poder Executivo.
(E) somente poderão ser exigidas após decorridos noventa dias da data da publicação da lei que as houver instituído ou modificado.

A: a fonte de custeio deverá atender a toda despesa criada ou à parcela majorada (não pode ser parcial) – art. 195, § 5º, da CF; **B:** isso é admitido expressamente pelo art. 195, § 9º, da CF; **C:** as receitas de cada ente político constarão dos respectivos orçamentos – art. 195, § 1º, da CF; **D:** as exigências, a serem atendidas, são estabelecidas por lei – art. 195, § 7º, da CF; **E:** as contribuições sociais sujeitam-se à noventena – art. 195, § 6º, da CF.

Gabarito "E".

(Auditor Fiscal da Receita Federal – 2005 – ESAF) Responda às questões:

Podem os Municípios instituir contribuição para o custeio do serviço de iluminação pública, cobrando-a na fatura de consumo de energia elétrica?

Podem os Estados cobrar contribuição previdenciária de seus servidores, para o custeio, em benefício destes, de regime previdenciário, com alíquota inferior à da contribuição dos servidores titulares de cargos efetivos da União?

As contribuições sociais de intervenção no domínio econômico e de interesse das categorias profissionais ou econômicas, como instrumento de sua atuação nas respectivas áreas, poderão incidir sobre as receitas decorrentes de exportação?

(A) Não, sim, não.
(B) Sim, não, sim.
(C) Sim, não, não.
(D) Não, não, sim.
(E) Sim, sim, não.

1ª: isso é admitido expressamente pelo art. 149-A, p. único, da CF; **2ª:** a alíquota da contribuição exigida pela União é a mínima a ser observada pelos demais entes políticos – art. 149, § 1º, da CF; **3ª:** há vedação expressa à incidência das contribuições sociais e de intervenção sobre receitas de exportação – art. 149, § 2º, I, da CF.

Gabarito "C".

(Auditor Fiscal da Receita Federal – 2005 – ESAF) Leia cada um dos assertos abaixo e assinale (V) ou (F), conforme seja verdadeiro ou falso. Depois, marque a opção que contenha a exata sequência.

( ) É legítima a cobrança da COFINS e do PIS sobre as operações relativas à energia elétrica, serviços de telecomunicações, derivados de petróleo, combustíveis e minerais do País.
( ) A Contribuição para o Financiamento da Seguridade Social – COFINS, com a incidência não cumulativa, tem como fato gerador o faturamento mensal, assim entendido o total das receitas auferidas pela pessoa jurídica, independentemente de sua denominação ou classificação contábil.
( ) Foram instituídas a Contribuição para o PIS/PASEP Importação e a Contribuição para a COFINS, devida pelo importador de bens estrangeiros ou serviços do exterior.

(A) V, V, F
(B) F, V, F
(C) V, F, F
(D) F, F, F
(E) V, V, V

1ª: arts. 2º e 3º da Lei 9.718/1998; **2ª**: art. 1º da Lei 10.637/2002; **3ª**: art. 1º da Lei 10.865/2004.

Gabarito "E".

(Auditor Fiscal da Receita Federal – 2005 – ESAF) A lei autorizou a remissão dos débitos incidentes sobre a receita bruta decorrente do transporte internacional de cargas ou passageiros, mas essa remissão é restrita aos débitos

(A) constituídos antes de fevereiro de 1999 das empresas nacionais proprietárias de embarcações em tráfego internacional, quando o pagamento for efetuado em moedas conversíveis, relativamente à COFINS e ao PIS/PASEP.
(B) independentemente de serem constituídos ou não, mesmo os inscritos em dívida ativa, correspondentes à contribuição para o PIS/PASEP, à COFINS e ao FINSOCIAL de responsabilidade das empresas de transporte aéreo.
(C) não inscritos em Dívida Ativa, correspondentes à contribuição para o PIS/PASEP, à COFINS e ao FINSOCIAL incidentes sobre a receita bruta decorrente do transporte marítimo de cargas ou passageiros.
(D) constituídos apenas depois de fevereiro de 1999, das empresas nacionais proprietárias de embarcações em tráfego internacional, quando o pagamento for efetuado em moedas conversíveis, relativamente à COFINS e ao PIS/PASEP.
(E) constituídos antes de fevereiro de 1999 pelas empresas nacionais de transporte aéreo e empresas armadoras nacionais, quando o pagamento for efetuado em moedas conversíveis, relativamente à COFINS e ao PIS/PASEP.

A assertiva em B reflete o disposto no art. 4º da Lei 10.560/2002.

Gabarito "B".

(Auditor Fiscal da Receita Federal – 2005 – ESAF) Relativamente aos fatos geradores ocorridos a partir de 1º de janeiro de 2002, foram isentas da Contribuição Social sobre o Lucro Líquido (CSLL)

(A) as pessoas físicas que perceberam apenas rendimentos do trabalho.
(B) as pessoas jurídicas que participarem do programa do primeiro emprego.
(C) as pessoas jurídicas que aplicarem em títulos e valores mobiliários a favor de seus empregados.
(D) as entidades fechadas de previdência complementar.
(E) as organizações não governamentais dedicadas à proteção do meio ambiente.

As entidades fechadas de previdência complementar foram isentadas da CSLL nos termos da assertiva – art. 5º da Lei 10.426/2002.

Gabarito "D".

(Auditor Fiscal da Receita Federal – 2003 – ESAF) O Supremo Tribunal Federal julgou importante questão sobre a exigibilidade da contribuição para o Programa de Formação do Patrimônio do Servidor Público (PASEP), pela União Federal, ao Estado do Paraná. Aponte a opção que preenche corretamente as lacunas do texto abaixo.

"... o Estado do Paraná, que, durante a vigência da Lei Complementar nº 8, de 3 de dezembro de 1970, _____[I]_____, por força da Lei nº 6.278, de 23/05/1972, a contribuir para o PROGRAMA DE FORMAÇÃO DO PATRIMÔNIO DO SERVIDOR PÚBLICO, _____[II]_____ da contribuição, _____[III]_____ nº 10.533, de 30/11/1993, pois, com o advento da Constituição Federal de 1988, a contribuição deixou de ser _____[IV]_____, para ser _____[V]_____, nos termos do art. 239."

(A) [I] já não se comprometera... [II] não pode sofrer a incidência... [III] mesmo diante da Lei Federal... [IV] compulsória... [V] facultativa
(B) [I] se desobrigara... [II] pôde-se eximir... [III] em face de sua Lei... [IV] obrigatória... [V] voluntária
(C) [I] se prontificara... [II] tem o direito de eximir-se... [III] por meio de sua Lei... [IV] obrigatória... [V] voluntária
(D) [I] se obrigara... [II] já não poderia se eximir... [III] mediante sua Lei... [IV] facultativa... [V] obrigatória
(E) [I] se comprometera... [II] já se liberou... [III] diante da Lei... [IV] fonte de estímulo ao servidor público... [V] instrumento financiador do seguro-desemprego

As expressões em D completam a assertiva de modo que reflita a decisão do STF na ACO 471/PR.

Gabarito "D".

(Auditor Fiscal da Receita Federal – 2003 – ESAF) Responda com base na Constituição Federal.

É vedado que as contribuições sociais para a seguridade social tenham base de cálculo própria de impostos?

Incide contribuição social para a seguridade social sobre aposentadoria e pensão concedidas pelo regime geral de previdência social?

As contribuições sociais para a seguridade social sobre a folha de salários, a receita ou o faturamento de pessoas jurídicas poderão ter alíquotas ou bases de cálculo diferenciadas, em razão da atividade econômica ou da utilização intensiva de mão de obra?

(A) Sim, não, não
(B) Sim, sim, sim
(C) Sim, sim, não
(D) Não, não, sim
(E) Não, sim, sim

1ª: essa vedação refere-se às taxas – art. 145, § 2º, da CF; **2ª**: art. 195, II, *in fine*, da CF; **3ª**: art. 195, § 9º, da CF.

Gabarito "D".

(Auditor Fiscal da Receita Federal – 2003 – ESAF) Indique a opção que preenche corretamente as lacunas, consideradas as pertinentes disposições constitucionais.

As contribuições sociais e de intervenção no domínio econômico previstas no *caput* do art. 149 da Constituição Federal ______________ sobre as receitas decorrentes de exportação, ______________ sobre a importação de petróleo e seus derivados, gás natural e seus derivados e álcool combustível.

As contribuições de intervenção no domínio econômico, previstas no art. 149 da Constituição Federal, estão submetidas ao princípio da ______________.

(A) incidirão / podendo incidir também / anterioridade
(B) não incidirão / mas poderão incidir / anterioridade
(C) não incidirão / mas poderão incidir / anterioridade mitigada ou nonagesimal
(D) incidirão / não podendo incidir / anterioridade
(E) não incidirão / não podendo incidir também / anterioridade mitigada ou nonagesimal

1ª: nenhuma contribuição social ou de intervenção poderá incidir sobre as receitas decorrentes de exportação, mas incidirão sobre as importações de produtos estrangeiros ou serviços – art. 149, § 2º, I e II, da CF; **2ª:** apenas as contribuições sociais não se submetem à anterioridade, mas as instituições e majorações das CIDE devem observar o princípio – art. 195, § 6º, da CF.

Gabarito "B"

(Auditor Fiscal da Receita Federal – 2002.2 – ESAF) A assertiva errada, entre as constantes abaixo, é a que afirma que

(A) As contribuições para o PIS/PASEP e a COFINS, devidas pelas pessoas jurídicas, seguirão regime próprio de reconhecimento de receitas e não o previsto na legislação do imposto de renda.
(B) uma das alternativas da pessoa jurídica produtora e exportadora de mercadorias nacionais para o exterior é determinar o valor do crédito presumido do Imposto sobre Produtos Industrializados (IPI), como ressarcimento relativo às contribuições para os Programas de Integração Social e de Formação do Patrimônio do Servidor Público (PIS/PASEP) e para a Seguridade Social (COFINS).
(C) segundo entendimento sumulado pelo Superior Tribunal de Justiça, a parcela relativa ao ICM inclui-se na base de cálculo do PIS.
(D) Aplicam-se à pessoa jurídica adquirente de mercadoria de procedência estrangeira, no caso da importação realizada por sua conta e ordem, por intermédio de pessoa jurídica importadora, as normas de incidência das contribuições para o PIS/PASEP e COFINS sobre a receita bruta do importador.
(E) As instituições responsáveis pela retenção e pelo recolhimento da CPMF deverão apurar e registrar os valores devidos, mesmo no período de vigência de decisão judicial impeditiva da retenção e do recolhimento da contribuição.

A: aplica-se a definição dada pela legislação do imposto de renda, na hipótese – art. 3º da Lei 9.715/1998, art. 7º da Lei 11.051/2004 e art. 2º da MP 2.221/2001.

Gabarito "A"

(Auditor Fiscal da Receita Federal – 2002.2 – ESAF) Assinale a opção correta.

(A) Compete supletivamente à União instituir contribuições sociais, de intervenção no domínio econômico e de interesse das categorias profissionais ou econômicas, como instrumento de sua atuação nas respectivas áreas.
(B) A instituição das contribuições sociais, de intervenção no domínio econômico e de interesse das categorias profissionais ou econômicas depende de lei complementar de caráter geral que defina o fato gerador e a base de cálculo.
(C) Os Estados, o Distrito Federal e os Municípios poderão reter a contribuição federal, cobrada de seus servidores, para o custeio, em benefício desses, de sistemas de previdência e assistência social.
(D) Os rendimentos do trabalho pagos ou creditados, a qualquer título, a pessoa física que preste serviços à empresa não pode ser objeto da contribuição para a seguridade social por constituírem base de cálculo de outra exação, o imposto de renda.
(E) As contribuições para a seguridade podem ser exigidas imediatamente, por não se lhe aplicar a anterioridade da data da publicação da lei que as houver instituído ou modificado em relação ao exercício financeiro da cobrança.

A: a competência da União é privativa (não supletiva), na hipótese – art. 149 da CF; **B:** a assertiva descreve entendimento ultrapassado, pois a jurisprudência atual do STF é de que essas contribuições podem ser criadas e alteradas por lei ordinária federal (ver RE 396.266/SC-STF), com exceção das contribuições sociais instituídas no exercício da competência residual prevista no art. 195, § 4º, da CF, que exigem lei complementar federal; **C:** não há essa previsão no art. 149, § 1º, da CF; **D:** há previsão expressa de incidência da contribuição social, nos termos do art. 195, I, *a*, da CF; **E:** embora não se aplique a anterioridade, as contribuições sociais sujeitam-se à noventena, de modo que não é possível sua imediata exigência, em caso de instituição ou majoração – art. 195, § 6º, da CF.

Gabarito "B"

(Auditor Fiscal da Previdência Social – 2002 – ESAF) Em relação às contribuições sociais, inclusive às destinadas à seguridade social, a Constituição estabelece limitações que devem ser respeitadas pela legislação infraconstitucional. Isto posto, avalie as formulações seguintes e, ao final, assinale a opção que corresponde à resposta correta.

I. É vedada a concessão de remissão ou anistia da contribuição social destinada à seguridade social, para débitos em montante superior ao fixado em lei complementar, do empregador, da empresa e da entidade equiparada a empresa na forma da lei, incidente sobre a folha de salários e demais rendimentos do trabalho pagos ou creditados, a qualquer título, à pessoa física que lhe preste serviço, mesmo sem vínculo empregatício. Igual vedação se aplica, para débitos em montante superior ao fixado em lei complementar, à contribuição social de seguridade social, a que se sujeitam o trabalhador e os demais segurados da previdência social.

II. É vedada a incidência de contribuições sociais sobre as receitas decorrentes de exportação e sobre a importação de petróleo e seus derivados. Vedada também é a incidência de contribuição para a seguridade social sobre o valor das aposentadorias e pensões concedidas pelo regime geral de previdência social.

III. É vedada a concessão de isenção ou anistia da contribuição social destinada à seguridade social, incidente sobre a receita de concursos de prognósticos, para débitos em montante superior ao fixado em lei complementar.

(A) Somente I é verdadeira.
(B) I e II são verdadeiras.
(C) I e III são verdadeiras.
(D) II e III são verdadeiras.
(E) Todas são falsas.

I: art. 195, § 11, da CF; **II:** embora seja vedada a cobrança de contribuição social sobre as exportações, é possível a incidência sobre importações (art. 149, § 2º, I e II, da CF); **III:** a vedação prevista no art. 195, § 11, da CF não atinge a contribuição incidente sobre concursos de prognósticos (loterias).

Gabarito "A"

(Técnico da Receita Federal – 2002.1 – ESAF) Compete exclusivamente à União Federal instituir contribuições sociais, de intervenção no domínio econômico e de interesse das categorias profissionais ou econômicas, como instrumento de sua atuação nas respectivas áreas, observado o disposto na Constituição Federal, nos arts.146, III, e 150, I e III, e sem prejuízo do previsto o art.195, § 6º, relativamente às contribuições a que alude o dispositivo.(art.149 da Constituição Federal) Em face do enunciado, assinale a opção correta.

(A) As contribuições sociais estão jungidas aos princípios da legalidade estrita (art.150, I), da irretroatividade (150, III, "a"), e da anterioridade (art.150, III, "b"), excepcionado o princípio da anterioridade para as contribuições sociais destinadas à seguridade social, as quais serão exigidas após decorridos noventa dias da data da publicação que as houver instituído ou modificado (art.195, § 6º).

(B) As contribuições sociais não estão jungidas aos princípios da legalidade estrita (art.150, I), da irretroatividade (150, III, "a"), e da anterioridade (art.150, III, "b"), excepcionado o princípio da anterioridade para as contribuições sociais destinadas à seguridade social, as quais serão exigidas após decorridos noventa dias da data da publicação que as houver instituído ou modificado (art.195, § 6º).

(C) As contribuições sociais estão jungidas aos princípios da legalidade estrita (art.150, I), da irretroatividade (150, III, "a"), e da anterioridade (art.150, III, "b"), excepcionado o princípio da anterioridade para as contribuições sociais destinadas à intervenção no domínio econômico, as quais serão exigidas após decorridos noventa dias da data da publicação que as houver instituído ou modificado (art.195, § 6º).

(D) As contribuições sociais estão jungidas aos princípios da legalidade estrita (art.150, I), da irretroatividade (150, III, "a"), e da anterioridade (art.150, III, "b"), excepcionado o princípio da anterioridade para as contribuições sociais de interesse de categorias profissionais ou econômicas, as quais serão exigidas após decorridos noventa dias da data da publicação que as houver instituído ou modificado (art.195, § 6º).

(E) As contribuições sociais estão jungidas aos princípios da legalidade estrita (art.150, I), da irretroatividade (150, III, "a"), e da anterioridade (art.150, III, "b"), excepcionado o princípio da anterioridade para as contribuições de melhoria, as quais serão exigidas após decorridos noventa dias da data da publicação que as houver instituído ou modificado (art.195, § 6º).

A assertiva A é verdadeira e reflete o disposto nos dispositivos constitucionais citados.

Gabarito "A"

(Técnico da Receita Federal – 2003 – ESAF) A assertiva errada, entre as constantes abaixo, é a que afirma que:

(A) é permitido às entidades fechadas de previdência complementar excluir da base de cálculo da contribuição social para financiamento da seguridade social, conhecida pela sigla COFINS, a receita resultante da venda de bens imóveis, destinada ao pagamento de benefícios de aposentadoria, pensão, pecúlio e resgates.

(B) as sociedades cooperativas não estão submetidas ao regime da não cumulatividade na cobrança da contribuição para o Programa de Integração Social (PIS), estabelecido na Lei nº 10.637, de 30 de dezembro de 2002.

(C) a contribuição para o PIS, devida por pessoa jurídica submetida ao regime da não cumulatividade de que trata a Lei nº 10.637, de 30 de dezembro de 2002, tem como fato gerador o faturamento mensal, assim entendido o total das receitas auferidas pela pessoa jurídica, independentemente de sua denominação ou classificação contábil.

(D) as receitas não operacionais decorrentes da venda de ativo imobilizado integram a base de cálculo da contribuição para o PIS, no caso de pessoa jurídica submetida ao regime da não cumulatividade na cobrança da contribuição, de que trata a Lei nº 10.637, de 30 de dezembro de 2002.

(E) para efeito de apuração da base de cálculo da Contribuição Social sobre o Lucro Líquido (CSLL), poderá ser deduzido o valor das provisões técnicas das operadoras de planos de assistência à saúde, cuja constituição é exigida pela legislação especial a elas aplicável.

A: art. 32, II, da Lei 10.637/2002; **B:** art. 8º, X, da Lei 10.637/2002; **C:** art. 1º da Lei 10.637/2002; **D:** essas receitas não integram a base de cálculo da contribuição não cumulativa para o PIS/PASEP – art. 1º, § 3º, VI, da Lei 10.637/2002; **E:** art. 13, I, da Lei 9.249/1995.

Gabarito "D"

(Técnico da Receita Federal – 2003 – ESAF) Em relação à Contribuição de Intervenção no Domínio Econômico sobre a importação e a comercialização de petróleo e seus derivados, gás natural e seus derivados, e álcool etílico combustível (Cide), é incorreto afirmar que

(A) as operações de importação e de comercialização no mercado interno de querosene de aviação constituem fatos geradores da Cide.

(B) o formulador de combustível líquido, derivados de petróleo e derivados de gás natural é contribuinte da Cide.

(C) a base de cálculo da Cide, na comercialização no mercado interno, é o valor da operação de que decorrer a saída, do estabelecimento do contribuinte, de petróleo e seus derivados, gás natural e seus derivados, e álcool etílico combustível.

(D) a Cide não incide sobre as receitas de exportação, para o exterior, de petróleo e seus derivados, gás natural e seus derivados, e álcool etílico combustível.

(E) é responsável solidário pela Cide o adquirente de mercadoria de procedência estrangeira, no caso de importação realizada por sua conta e ordem, por intermédio de pessoa jurídica importadora.

A: a CIDE sobre combustíveis incide sobre derivados do petróleo, como a querosene de aviação – art. 177, § 4º, da CF e art. 3º, III, da Lei 10.336/2001; **B:** o produtor, o formulador e o importador (pessoa física ou jurídica) são contribuintes da CIDE sobre combustíveis – art. 2º da Lei 10.336/2001; **C:** a base de cálculo da CIDE sobre combustíveis é a unidade de medida adotada pela Lei 10.336/2001, conforme seu art. 4º, quais sejam m³ e tonelada (art. 5º); **D:** nenhuma contribuição social ou de intervenção poderá incidir sobre as receitas decorrentes de exportação – art. 149, § 2º, I, da CF e art. 3º, § 2º, da Lei 10.336/2001; **E:** essa responsabilidade é prevista pelo art. 11 da Lei 10.336/2001.

Gabarito "C"

(Técnico da Receita Federal – 2003 – ESAF) Responda às questões:

Na determinação da base de cálculo da contribuição para o Programa de Integração Social (PIS) e da contribuição social para financiamento da seguridade social, conhecida pela sigla COFINS, é permitida a dedução das despesas de captação de recursos incorridas pelas pessoas jurídicas que tenham por objeto a securitização de créditos financeiros, se observada a regulamentação editada pelo Conselho Monetário Nacional?

No caso de pessoa jurídica submetida ao regime da não cumulatividade na cobrança da contribuição para o PIS, de que trata a Lei nº 10.637, de 30 de dezembro de 2002, o crédito por ela não aproveitado em determinado mês poderá sê-lo nos meses subsequentes?

É vedado às pessoas jurídicas deduzir do lucro líquido, na determinação da base de cálculo da Contribuição Social sobre o Lucro Líquido (CSLL), as despesas operacionais relativas aos dispêndios realizados com desenvolvimento de inovação tecnológica de produtos?

(A) Sim, não, sim

(B) Sim, sim, não

(C) Não, não, sim

(D) Não, sim, não

(E) Não, não, não

1ª: art. 3º, § 8º, da Lei 9.718/1998; **2ª:** art. 3º, § 4º, da Lei 10.637/2002; **3ª:** art. 39 da Lei 10.637/2002.

Gabarito "B"

(Técnico da Receita Federal – 2002.2 – ESAF) Avalie as formulações seguintes e, ao final, assinale a opção que corresponde à resposta correta.

I. Nos termos da Constituição Federal, somente a União pode instituir contribuições sociais, de intervenção no domínio econômico e de interesse de categorias profissionais, ressalvada a permissão conferida aos Estados, ao Distrito Federal e aos Municípios para instituírem contribuição, exigível de seus servidores, para o custeio, em benefício destes, de sistemas de previdência e assistência social.

II. Por força da Constituição Federal, as contribuições sociais e de intervenção no domínio econômico não podem incidir sobre as receitas decorrentes de exportação e sobre a importação de petróleo e seus derivados. 399

III. Por determinação constitucional, as contribuições sociais e de intervenção no domínio econômico poderão ter alíquotas: *ad valorem*, tendo por base o faturamento, a receita bruta ou o valor da operação e, no caso de importação, o valor aduaneiro; e específica, tendo por base a unidade de medida adotada.

(A) I e II são verdadeiras.

(B) I e III são verdadeiras.

(C) II e III são verdadeiras.

(D) somente a II é verdadeira.

(E) todas são verdadeiras.

I: art. 149 da CF; **II:** embora seja vedada a cobrança de contribuição social sobre as exportações, é possível a incidência sobre importações (art. 149, § 2º, I e II, da CF); **III:** art. 149, § 2º, III, *a* e *b*, da CF.

Gabarito "B"

(Técnico da Receita Federal – 2002.2 – ESAF) Relativamente à contribuição social sobre o lucro das pessoas jurídicas, é correto afirmar que:

(A) a base de cálculo da contribuição devida pelas pessoas jurídicas desobrigadas de escrituração contábil corresponderá a doze por cento da receita bruta, na forma definida na legislação vigente, auferida em cada mês do ano civil.

(B) o lucro bruto auferido pelas entidades fechadas de previdência complementar constitui base de cálculo da contribuição que lhes é exigida nos termos da lei.

(C) para apuração da base de cálculo da contribuição em referência, são tomados como parâmetro, supletivamente, no caso de ausência de componentes apropriados, elementos formadores da base de cálculo do imposto sobre produtos industrializados.

(D) são computados na determinação da base de cálculo da contribuição os resultados brutos, positivos ou negativos, obtidos em operações de cobertura (*hedge*) realizadas em mercados de liquidação futura, diretamente pela empresa brasileira, em bolsas no exterior.

(E) não se sujeitam à contribuição os lucros das sociedades civis de prestação de serviços profissionais relativos ao exercício de profissão legalmente regulamentada de que trata o art. 1º do Decreto-Lei nº 2.397, de 21 de dezembro de 1987.

A: art. 20 da Lei 9.249/1995; **B:** essas entidades são isentas em relação à CSLL, nos termos do art. 5º da Lei 10.426/2002; **C:** aplica-se à apuração da base de cálculo a legislação relativa ao imposto de renda, nos termos do art. 28 da Lei 9.430/1996; **D:** art. 28 c/c art. 17, ambos da Lei 9.430/1996; **E:** essas sociedades submetem-se à contribuição, nos termos dos art. 55 e 56 da Lei 9.430/1996.

Gabarito "A"

(Técnico da Receita Federal – 2002.2 – ESAF) A contribuição social para financiamento da seguridade social, conhecida pela sigla Cofins, incidente sobre a receita ou o faturamento de pessoas jurídicas:

(A) não alcança, para efeito de apuração de sua base de cálculo, receitas financeiras das pessoas jurídicas sujeitas à exação.

(B) não pode ter bases de cálculo diferenciadas, em razão da atividade econômica do contribuinte.

(C) inclui em sua base de cálculo receitas de entidades beneficentes de assistência social que atendam às exigências estabelecidas em lei.

(D) não alcança receita de pessoa jurídica adquirente de mercadoria de procedência estrangeira, no caso da importação realizada por sua conta e ordem, por intermédio de pessoa jurídica importadora.

(E) não inclui em sua base de cálculo as receitas decorrentes de fornecimentos de mercadorias ou serviços para uso ou consumo de bordo em embarcações ou aeronaves em tráfego internacional, quando o pagamento for efetuado em moeda conversível.

A: a contribuição incide na hipótese, embora haja casos de redução da alíquota a zero – ver art. 1º do Decreto 5.442/2005; **B:** isso é admitido expressamente pelo art. 195, § 9º, da CF; **C:** há imunidade, na hipótese – art. 195, § 7º, da CF; **D:** essa pessoa jurídica é responsável solidária, nos termos do art. 6º, I, da Lei 10.865/2004; **E:** há isenção, na hipótese – art. 14, IV, da MP 2.158-35/2001.

Gabarito "E"

(Técnico da Receita Federal – 2002.2 – ESAF) Avalie as formulações seguintes e, ao final, assinale a opção que corresponde à resposta correta.

I. A contribuição para o Programa de Integração Social (PIS) deve ser apurada semestralmente pelas empresas públicas, sociedades de economia mista e suas subsidiárias e, mensalmente, pelas demais pessoas jurídicas de direito privado.

II. Na determinação da base de cálculo das contribuições para o PIS e a Cofins, os bancos comerciais, bancos de investimentos, bancos de desenvolvimento, caixas econômicas, sociedades de crédito, financiamento e investimento, sociedades de crédito imobiliário, sociedades corretoras, distribuidoras de títulos e valores mobiliários, empresas de arrendamento mercantil e cooperativas de crédito poderão excluir ou deduzir deságio na colocação de títulos.

III. Na determinação da base de cálculo da contribuição para o PIS e a Cofins, as operadoras de planos de assistência à saúde poderão deduzir a parcela das contraprestações pecuniárias destinada à constituição de provisões técnicas.

(A) I e II são verdadeiras.

(B) I e III são verdadeiras.

(C) II e III são verdadeiras.

(D) II é falsa.

(E) todas são verdadeiras.

I: a apuração é mensal – art. 2º, I, da Lei 9.715/1998; **II:** art. 3º, § 6º, I, *c*, da Lei 9.718/1998; **III:** art. 3º, § 9º, II, da Lei 9.718/1998.

Gabarito "C"

(Técnico da Receita Federal – 2002.1 – ESAF) A contribuição para o PIS/PASEP será apurada:

(A) anualmente

(B) semestralmente

(C) trimestralmente

(D) mensalmente

(E) quinzenalmente

A apuração das pessoas jurídicas em geral é mensal – art. 2º, I, da Lei 9.715/1998.

Gabarito "D"

(Técnico da Receita Federal – 2002.1 – ESAF) A base de cálculo das contribuições sociais destinadas ao PIS/PASEP e ao COFINS é obtida pela receita:

(A) bruta (faturamento) da pessoa jurídica, acrescida das inclusões previstas em lei.

(B) líquida (faturamento) da pessoa jurídica, deduzidas as exclusões previstas em lei.

(C) líquida (faturamento) da pessoa jurídica, deduzidas as inclusões previstas em lei.

(D) líquida (faturamento) da pessoa jurídica, acrescidas das exclusões previstas em lei.

(E) bruta (faturamento) da pessoa jurídica, deduzidas as exclusões previstas em lei.

A base de cálculo dessas contribuições é o faturamento, correspondendo, para fins tributários, à receita bruta da pessoa jurídica, admitidas as deduções legalmente previstas – art. 3º da Lei 9.718/1998.

Gabarito "E"

(Técnico da Receita Federal – 2002.1 – ESAF) Admite-se o crédito presumido do Imposto sobre Produtos Industrializados-IPI, como ressarcimento da contribuição para o PIS/PASEP e da Contribuição para a Seguridade Social-COFINS, incidentes sobre as aquisições, no mercado interno, de matérias-primas, produtos intermediários e material de embalagem utilizados no processo produtivo de bens destinados à exportação. Assim, crédito presumido destina-se

(A) unicamente a empresa comercial exportadora, com o fim específico de exportação.
(B) unicamente a empresa produtora e exportadora de mercadorias nacionais.
(C) a empresa produtora e exportadora de mercadorias nacionais e a empresa comercial exportadora, com o fim específico de exportação.
(D) a empresa produtora e a importadora de mercadorias estrangeiras, e a empresa comercial exportadora, com o fim específico de exportação.
(E) a empresa produtora e exportadora de mercadorias nacionais e a empresa comercial exportadora, com o fim específico de importação vinculada à exportação.

O benefício descrito na questão favorece apenas as pessoas jurídicas produtoras e exportadoras de mercadorias nacionais – art. 1º da Lei 10.276/2001.

Gabarito "B".

13. GARANTIAS E PRIVILÉGIOS DO CRÉDITO

(Procurador da Fazenda Nacional – 2007 – ESAF)

- Créditos decorrentes de acidente de trabalho, e não apenas créditos trabalhistas, preferem ao crédito tributário.
- O crédito tributário não prefere aos créditos extraconcursais ou às importâncias passíveis de restituição, nos termos da lei falimentar.
- Na falência, dentro do limite do valor do bem gravado, o crédito tributário fica abaixo dos créditos com hipoteca.

(A) As três afirmações são verdadeiras.
(B) Só é verdadeira a primeira asserção.
(C) Só é falsa a terceira afirmação.
(D) Só é falsa a primeira.
(E) São todas falsas.

1ª: os créditos trabalhistas e acidentários preferem aos tributários – art. 186 do CTN; 2ª e **3ª**: na falência, o crédito tributário não prefere àqueles indicados no art. 186, parágrafo único, I, do CTN.

Gabarito "A".

(Procurador da Fazenda Nacional – 2007 – ESAF) Indique a opção que preenche corretamente as lacunas das asserções abaixo. 1) Decorre do CTN que a multa tributária ________, na falência, a mesma preferência dos demais __________ . 2) ________ a dívida inscrita estar em fase de execução, para que se presuma fraudulenta a alienação de bem efetuada por __________, em débito para com a Fazenda Pública.

(A) tem / créditos tributários / Não precisa / sujeito passivo insolvente
(B) tem / créditos / Precisa / sujeito passivo insolvente
(C) não tem / débitos / Precisa / sujeito passivo
(D) não tem / créditos tributários / Não precisa / sujeito passivo insolvente
(E) tem / créditos tributários vencidos / Precisa / sujeito passivo

1: a multa tributária, na falência, fica ainda mais abaixo na lista de preferências, com relação ao tributo (a multa prefere apenas aos créditos subordinados) – art. 186, parágrafo único, III, do CTN; **2:** A partir da inscrição em dívida ativa, há presunção de fraude na alienação ou na oneração (ou início dessas operações) de bens e rendas, exceto se o sujeito passivo reservar patrimônio suficiente para responder pelo débito – art. 185 do CTN.

Gabarito "D".

(Procurador da Fazenda Nacional – 2003 – ESAF) Dispõe expressamente o Código Tributário Nacional, a respeito de garantias e privilégio do crédito tributário:

(A) Na hipótese de não terem sido reservados pelo devedor bens ou rendas suficientes ao total pagamento da dívida, presume-se fraudulenta a alienação ou oneração de bens ou rendas, ou seu começo, por sujeito passivo em débito para com a Fazenda Pública por crédito tributário regularmente constituído por órgão e autoridade competentes, que se encontre em fase de cobrança administrativa para, se não for liquidado no prazo legal, ser inscrito em dívida ativa e executado judicialmente.
(B) Sem prejuízo dos privilégios especiais sobre determinados bens, que sejam previstos em lei, responde pelo pagamento do crédito tributário a totalidade dos bens e das rendas, de qualquer origem ou natureza, do sujeito passivo, seu espólio ou sua massa falida, inclusive os gravados por ônus real ou cláusula de inalienabilidade ou impenhorabilidade, seja qual for a data da constituição do ônus ou da cláusula, excetuados unicamente os bens e rendas que a lei declare absolutamente inalienáveis ou impenhoráveis.
(C) O crédito tributário prefere a qualquer outro, seja qual for a natureza ou o tempo da constituição deste, ressalvados os créditos decorrentes da legislação do trabalho e os protegidos por garantia real.
(D) Nenhuma sentença de julgamento de partilha ou adjudicação será proferida sem prova da quitação de todos os tributos relativos aos bens do espólio, ou às suas rendas.
(E) Não será concedida concordata nem declarada a extinção das obrigações do falido, sem que o requerente prove a quitação dos tributos relativos à sua atividade mercantil, exceto se, entre outras hipóteses, fizer prova de que impetrou mandado de segurança ou ingressou na Justiça com outra espécie de ação cabível para questionar a exigência tributária com a qual não concorda.

A: incorreta, pois a presunção de fraude à execução inicia-se a partir da inscrição do crédito em dívida ativa, nas condições e com a exceção previstas no art. 185 do CTN; **B:** incorreta, pois a exceção refere-se unicamente aos bens e rendas que a lei declare absolutamente impenhoráveis, e não bens que a lei eventualmente declare absolutamente inalienáveis – art. 184 do CTN; **C:** incorreta, pois somente os créditos decorrentes da legislação do trabalho ou do acidente de trabalho preferem ao tributário, conforme o art. 186, *caput*, do CTN; **D:** correta, pois a exigência é prevista no art. 192 do CTN; **E:** incorreta. Note que, a partir da LC 118/2005, o art. 191 do CTN passou a dispor que a extinção das obrigações do falido requer prova de quitação de todos os tributos. Ademais, foi acrescentado o art. 191-A, dispondo que a concessão de recuperação judicial (que substituiu a concordata) depende da apresentação da prova de quitação de todos os tributos, observado o disposto nos arts. 151, 205 e 206 do CTN. Assim, não basta a prova de que há ação judicial questionando a exigência tributária, sendo necessária a suspensão da exigibilidade do crédito tributário, por uma das modalidades previstas no CTN, ou garantia da execução por penhora suficiente, para expedição de certidão positiva com efeito de negativa – art. 206 do CTN.

Gabarito "D"

(Auditor Fiscal da Previdência Social – 2002 – ESAF) Em relação às garantias e privilégios do crédito tributário, é correto afirmar que:

(A) presume-se fraudulenta a alienação de bens pelo sujeito passivo em débito para com a Fazenda Pública por crédito tributário constituído regularmente e inscrito como dívida ativa.

(B) os bens do sujeito passivo, gravados por ônus real ou cláusula de inalienabilidade ou impenhorabilidade, respondem, em sua totalidade, pelo pagamento do crédito tributário da Fazenda Pública, excluídos os bens que a lei declare absolutamente impenhoráveis.

(C) a cobrança judicial do crédito tributário não se sujeita a habilitação em falência, concordata, inventário ou arrolamento, sendo admitida a execução fiscal antes da inscrição do débito do sujeito passivo como dívida ativa da Fazenda Pública, no caso de a autoridade judicial competente reconhecer a presença dos requisitos de urgência e relevância na questão submetida a julgamento, para evitar insucesso na realização do crédito tributário.

(D) o crédito tributário prefere aos demais, ressalvados os créditos decorrentes da legislação trabalhista e os protegidos por garantia real.

(E) a natureza do crédito tributário é alterada pelas garantias que a ele são atribuídas pelo Código Tributário Nacional.

A: a assertiva estava errada no período anterior à LC 118/2005 (o termo inicial para a presunção de alienação ou de oneração fraudulenta era a execução do débito). Atualmente, a presunção de fraude na alienação ou na oneração dos bens inicia-se com a inscrição do débito em dívida ativa – art. 185 do CTN; **B:** art. 184 do CTN; **C:** a inscrição do débito em dívida ativa e a extração da respectiva certidão são pressupostos necessários para a execução fiscal – art. 6º, § 1º, da Lei 6.830/1980; **D:** os créditos decorrentes de acidentes de trabalho preferem aos tributários. Os créditos com garantia real não preferem aos tributários (exceto no caso de falência) – art. 186, *caput*, do CTN; **E:** a natureza do crédito tributário não é alterada pelas garantias – art. 183, p. único, do CTN.

Gabarito "B"

(Auditor Fiscal da Receita Federal – 2005 – ESAF) Consoante o caput do art. 186 do Código Tributário Nacional, o crédito tributário prefere a qualquer outro, seja qual for a natureza ou o tempo da sua constituição, ressalvados os créditos decorrentes da legislação do trabalho ou do acidente de trabalho. Entretanto, por força de alteração legislativa havida recentemente no referido artigo, e de súmula editada pelo Superior Tribunal de Justiça, pode-se afirmar que, na falência, o crédito tributário:

(A) Prefere aos créditos com garantia real, no limite do bem gravado.

(B) Para que possam preferir ao crédito tributário, os créditos decorrentes da legislação do trabalho serão limitados à quantia equivalente a 100 (cem) salários mínimos.

(C) A cobrança judicial do crédito tributário é sujeita a habilitação em processo de falência.

(D) Não prefere à restituição de adiantamento de contrato de câmbio, que deve ser atendida antes de qualquer crédito.

(E) A multa tributária não prefere aos créditos subordinados.

A: o crédito com garantia real prefere ao tributário – art. 186, p. único, I, do CTN; **B:** os créditos trabalhistas que preferem aos tributários são limitados a 150 salários mínimos por credor – art. 83, I, da Lei 11.101/2005 c/c art. 186, p. único, II, do CTN; **C:** o crédito tributário não se sujeita à habilitação em falência – art. 187, *caput*, do CTN; **D:** esse adiantamento feito ao devedor deve ser restituído em dinheiro, nos termos do art. 86, II, da Lei 11.101/2005, ou seja, não se sujeita ao concurso de credores; **E:** a multa tributária prefere apenas aos créditos subordinados – art. 186, III, do CTN.

Gabarito "D"

(Auditor Fiscal da Receita Federal – 2003 – ESAF) Avalie o acerto das afirmações adiante e marque com V as verdadeiras e com F as falsas; em seguida, marque a opção correta.

( ) Os bens do sujeito passivo, seu espólio ou sua massa falida gravados por ônus real respondem pelo pagamento do crédito tributário da Fazenda Pública.

( ) Não se presume fraudulenta a alienação ou oneração de bens ou rendas por sujeito passivo em débito para com a Fazenda Pública por crédito tributário regularmente inscrito como dívida ativa em fase de execução, na hipótese de terem sido reservados bens ou rendas suficientes ao total pagamento da dívida em fase de execução.

( ) Nenhuma sentença de julgamento de partilha ou adjudicação será proferida sem prova da quitação de todos os tributos relativos aos bens do espólio, ou às suas rendas.

(A) F, V, F
(B) F, F, V
(C) F, F, F
(D) V, V, V
(E) V, V, F

1ª: art. 184 do CTN; **2ª:** art. 185, p. único, do CTN; **3ª:** art. 192 do CTN.

Gabarito "D"

(Auditor Fiscal da Receita Federal – 2002.1 – ESAF) Avalie a correção das afirmações abaixo. Atribua a letra V para a(s) verdadeira(s) e F para a(s) falsa(s). Em seguida, marque a opção que contenha tais letras na sequência correta.

1) Em regra, respondem pelo pagamento do crédito tributário os bens gravados por ônus real ou cláusula de inalienabilidade ou impenhorabilidade, seja qual for a data da constituição do ônus ou da cláusula.
2) Aplica-se ao lançamento a legislação que, posteriormente à ocorrência do fato gerador da obrigação, tenha outorgado ao crédito maiores garantias ou privilégios, para o efeito de atribuir responsabilidade tributária a terceiros.
3) Presume-se fraudulenta a alienação ou oneração de bens ou rendas, ou seu começo, por sujeito passivo em débito para com a Fazenda Pública por crédito tributário regularmente enviado para inscrição como dívida ativa e posterior execução.

(A) V, V, V
(B) V, V, F
(C) V, F, F
(D) F, F, F
(E) F, F, V

1: art. 184 do CTN; **2:** não há aplicação da norma superveniente, no que se refere à atribuição de responsabilidade tributária a terceiros – art. 144, § 2º, do CTN; **2:** a presunção de fraude refere-se a crédito regularmente inscrito (não simplesmente enviado para inscrição) – art. 185 do CTN.

Gabarito "C"

(Auditor Fiscal/RN – 2005 – ESAF) Marque a resposta correta, considerando as formulações abaixo.

I. O Código Tributário Nacional veda que lei estadual autorize os órgãos da administração pública estadual direta a aceitar proposta em concorrência pública sem que o proponente faça prova da quitação de todos os tributos devidos à Fazenda Pública Estadual, relativos à atividade em cujo exercício concorre.
II. Os créditos tributários vencidos e vincendos, exigíveis no decurso do processo de falência, devem ser pagos preferencialmente a quaisquer outros e às dívidas da massa, ressalvados os créditos decorrentes da legislação do trabalho e os protegidos por garantia real.
III. A cobrança judicial do crédito tributário não está sujeita à habilitação em inventário, exceto se houver herdeiro civilmente incapaz.

(A) Somente I é verdadeira.
(B) Somente II é verdadeira.
(C) Somente I e II são verdadeiras.
(D) Somente I e III são verdadeiras.
(E) Todas são falsas.

I: essa vedação pode ser afastada por autorização legal expressa – art. 193 do CTN; **II:** os créditos tributários relativos a fatos geradores ocorridos durante o processo de falência são extraconcursais, ou seja, não concorrem com as dívidas anteriores da massa (nem mesmo com as decorrentes da legislação do trabalho e as com garantia real) – art. 188 do CTN; **III:** não há essa exceção, relativa ao herdeiro incapaz – art. 187 do CTN.

Gabarito "E"

(Agente Tributário Estadual/MS – 2001 – ESAF) A natureza das garantias atribuídas ao crédito tributário:

(A) não altera a natureza do crédito tributário, nem da correspondente obrigação
(B) afeta a obrigação tributária que lhe deu origem
(C) modifica sua liquidez e certeza
(D) vincula o lançamento da obrigação principal
(E) impede a suspensão do crédito tributário

A assertiva em A descreve o disposto no art. 183, p. único, do CTN.

Gabarito "A"

(Auditor Fiscal/CE – 2006 – ESAF) Com a edição da nova lei de falências, houve a necessidade da alteração de alguns artigos do Código Tributário Nacional referentes às preferências dos créditos tributários. Assim, após a inserção das alterações mencionadas, podemos afirmar, exceto:

(A) o crédito tributário, bem como os seus acréscimos legais, em casos de falência, não preferem aos créditos extraconcursais.
(B) a cobrança judicial do crédito tributário não se sujeita à habilitação em falência ou recuperação judicial.
(C) em se tratando de pessoas jurídicas de direito público, haverá, entre elas, concurso de preferência, ocupando a União posição prioritária em relação às demais – Estados, Distrito Federal, Territórios e Municípios.
(D) havendo, concomitantemente, créditos tributários decorrentes de fatos geradores ocorridos antes, e créditos tributários decorrentes de fatos geradores ocorridos no curso do processo de falência, estes últimos terão prioridade em relação àqueles.
(E) a concessão de recuperação judicial dependerá da apresentação da prova de quitação de todos os tributos.

A e **D:** os créditos tributários relativos a fatos geradores ocorridos durante o processo de falência são extraconcursais, ou seja, não concorrem com as dívidas anteriores da massa – art. 188 do CTN; **B:** art. 187, *caput*, do CTN; **C:** art. 187, p. único, do CTN; **E:** art. 191-A do CTN.

Gabarito "A"

(Auditor do Tesouro Municipal/Fortaleza-CE – 2003 – ESAF) Com base em disposição expressa do Código Tributário Nacional, assinale a resposta correta.

(A) Presume-se fraudulenta a alienação ou oneração de bens ou rendas, ou seu começo, por sujeito passivo em débito para com a Fazenda Pública por crédito tributário definido em decisão administrativa irreformável, que se encontre em fase de cobrança administrativa.
(B) O crédito tributário prefere a qualquer outro, seja qual for a natureza ou o tempo da constituição deste, ressalvados os créditos decorrentes da legislação do trabalho e os créditos da Fazenda Pública resultantes de contratos firmados com particulares.
(C) Não será concedida concordata nem declarada a extinção das obrigações do falido, sem que o requerente faça prova da quitação de todos os

tributos relativos à sua atividade mercantil, ou ofereça bens, em arrolamento, que sejam suficientes à garantia do crédito da Fazenda Pública.

(D) São pagos preferencialmente a quaisquer outros os créditos tributários vencidos ou vincendos, a cargo de pessoas jurídicas de direito privado em liquidação judicial ou voluntária, exigíveis no decurso da liquidação.

(E) Nenhuma sentença de julgamento de partilha ou adjudicação será proferida sem prova da quitação de todos os tributos relativos aos bens do espólio, ou às suas rendas, ressalvada a hipótese de prévia concordância da autoridade administrativa competente, à vista do depósito de vinte por cento do montante da dívida que esteja sendo questionada administrativamente.

A: atualmente, a presunção de fraude na alienação ou na oneração dos bens inicia-se com a inscrição do débito em dívida ativa – art. 185 do CTN; **B:** os créditos contratuais da fazenda pública não preferem aos tributários – art. 186 do CTN; **C:** atualmente, a recuperação judicial (não há mais concordata) e a extinção das obrigações do falido dependem de prova de quitação dos tributos, nos termos dos arts. 191 e 191-A do CTN; **D:** art. 190 do CTN; **E:** não há essa exceção, relativa à concordância da autoridade administrativa – art. 192 do CTN.

Gabarito "D"

(Auditor do Tesouro Municipal/Natal-RN – 2001 – ESAF) A natureza das garantias atribuídas ao crédito tributário

(A) afeta o conteúdo e os efeitos da obrigação tributária correspondente.

(B) modifica as características de certeza e liquidez que lhes são inerentes.

(C) não altera a natureza do crédito tributário nem da correspondente obrigação.

(D) vincula e condiciona o lançamento relativo à obrigação tributária acessória.

(E) impossibilita a suspensão e a exclusão do crédito tributário, na hipótese de este possuir condição resolutiva.

A assertiva em C descreve o disposto no art. 183, p. único, do CTN.

Gabarito "C"

14. ADMINISTRAÇÃO TRIBUTÁRIA, FISCALIZAÇÃO

(Procurador da Fazenda Nacional – 2007.2 – ESAF) A lei não previu expressamente como operações financeiras (como operação financeira), para fins de informação periódica à Administração Tributária da União,

(A) os depósitos à vista e a prazo

(B) os contratos de locação de cofres para guarda de pecúnia e outros valores

(C) a emissão de ordens de crédito

(D) os resgates em contas de depósitos à vista ou a prazo, inclusive de poupança

(E) os pagamentos em moeda corrente ou em cheques

Art. 5º, § 1º, da LC 105/2001.

Gabarito "B"

(Procurador da Fazenda Nacional – 2007.2 – ESAF) Responda às questões abaixo, com Sim ou Não. Em seguida, indique a opção que contenha a sequência correta. 1.º) O parcelamento especial, em até 180 meses, depende de arrolamento de bens ou apresentação de garantias? 2.º) A inclusão do nome no CADIN (Cadastro Informativo dos Créditos Não Quitados) depende de prévia comunicação (direta ou indireta) ao devedor? 3.º) A formalização da exigência tributária, feita por servidor de jurisdição diversa da do domicílio tributário do sujeito passivo é nula por incompetência do agente?

(A) Sim, Sim, Sim

(B) Não, Não, Não

(C) Sim, Não, Sim

(D) Sim, Sim, Não

(E) Não, Sim, Não

1º: não há, em regra, essa exigência – arts. 4º, V, e 5º, § 3º, ambos da Lei 10.684/2003 (PAES); 2º: art. 2º, § 2º, da Lei 10.522/2002; 3º: não há nulidade, desde que o servidor seja auditor fiscal do ente tributante.

Gabarito "E"

(Procurador da Fazenda Nacional – 2007.2 – ESAF) Verifique a veracidade dos assertos abaixo e, em seguida, marque com V as proposições verdadeiras, e com F as falsas. Em seguida, indique a opção que contenha, na mesma sequência, a resposta correta. 1.º) A participação de servidores públicos na cobrança da Dívida da União, a que se referem os artigos 21 da Lei n. 4.439, de 27 de outubro de 1964, e 1º, inciso II, da Lei n. 5.421, de 25 de abril de 1968 ("quota-parte"), é hoje devida aos Procuradores da Fazenda Nacional, quando a Fazenda é vencedora em juízo. 2.º) A parte da remuneração pela cobrança da dívida ativa e defesa judicial e extrajudicial da Fazenda Nacional, o Decreto-lei n. 1.025, de 1969, fixou em valor correspondente até a um mês do vencimento estabelecido em lei para o Procurador da Fazenda Nacional, observado o limite de retribuição, mandando que o pagamento se fizesse juntamente com o vencimento. 3.º) No CADIN, um cadastro de maus pagadores, como regra geral, conterá relação das pessoas naturais ou jurídicas que sejam responsáveis por obrigações pecuniárias vencidas e não pagas, para com órgãos e entidades da Administração Pública Federal, direta e indireta, sejam de natureza tributária ou não.

(A) F, V, V

(B) V, F, V

(C) V, V, F

(D) V, V, V

(E) F, F, F

1º: trata-se de renda da União – art. 1º do Decreto-Lei 1.025/1969; 2º: art. 2º do Decreto-Lei 1.025/1969; 3º: art. 2º, I, da Lei 10.522/2002.

Gabarito "A"

(Procurador da Fazenda Nacional – 2007.2 – ESAF) Com a Lei n. 9.964, de 2000, criou-se o Programa de Recuperação Fiscal – REFIS, destinado a promover a regularização de créditos da União, decorrentes de débitos _______, relativos a _______, com vencimento até 29 de fevereiro de 2000, ______. Assinale a opção que contenha as expressões que preencham corretamente, na ordem indicada, as lacunas acima.

(A) 1 de sujeitos passivos de qualquer natureza / tributos e contribuições administrados pela "Receita Federal do Brasil" / desde que inscritos em dívida ativa, ainda que não ajuizados;

(B) 1 de pessoas naturais / tributos e contribuições administrados pela "Receita Federal do Brasil" / desde que constituídos àquela data;

(C) 1 de pessoas jurídicas / quaisquer receitas públicas, inclusive de natureza patrimonial / desde que inscritos em dívida ativa, ainda que não ajuizados;

(D) 1 de pessoas físicas e jurídicas / tributos e contribuições administrados pela "Receita Federal do Brasil e pelo Instituto Nacional do Seguro Social – INSS" / constituídos ou não, desde que não tenham sua exigibilidade suspensa em decorrência de decisão judicial;

(E) 1 de pessoas jurídicas / tributos e contribuições administrados pela "Receita Federal do Brasil e pelo Instituto Nacional do Seguro Social – INSS" / constituídos ou não.

A alternativa E completa a assertiva, de modo que reflete o disposto no art. 1º da Lei 9.964/2000.

Gabarito "E".

(Procurador da Fazenda Nacional – 2007 – ESAF)

- A inclusão de pessoa física no CADIN poderá ser efetuada pela Caixa Econômica Federal, se aquela for responsável por dívida de empréstimo vencida e não paga?
- A inexistência de registro de pessoa física no CADIN implica reconhecimento de regularidade de situação?
- O produto da arrecadação de multas incidentes sobre os tributos e contribuições administrados pela Secretaria da Receita Federal e próprios da União, as transferências tributárias constitucionais para Estados, Distrito Federal e Municípios constituirá receita do FUNDAF, destinado à melhoria da Administração Tributária?

(A) Sim, sim, sim;

(B) Não, não, não;

(C) Sim, não, sim;

(D) Não, não, sim;

(E) Sim, não, não.

1ª: é possível, desde que o empréstimo envolva recursos orçamentários (financiamento a Município, por exemplo) – art. 2º, § 8º, da Lei 10.522/2002; **2ª**: não implica reconhecimento de regularidade – art. 4º da Lei 10.522/2002; **3ª**: a assertiva é falsa – arts. 7º e 8º do DL 1.437/1975.

Gabarito "E".

(Procurador da Fazenda Nacional – 2007 – ESAF)

- A concessão de medida cautelar fiscal contra a pessoa jurídica autoriza sua exclusão do REFIS.
- Qualquer valor cuja cobrança seja atribuída por lei à União poderá inscrever-se como Dívida Ativa da Fazenda Pública Federal, para fins de execução fiscal.
- A atualização monetária e os juros também integram a dívida ativa.

(A) As três afirmações são verdadeiras.

(B) Só é verdadeira a primeira asserção.

(C) Só é falsa a terceira afirmação.

(D) Só são verdadeiras as duas últimas.

(E) São todas falsas.

1ª: a concessão de cautelar fiscal suspende o crédito, de modo que o registro no CADIN pode ser suspenso – art. 7º da Lei 10.522/2002; **2ª**: art. 2º, § 1º, da Lei 6.830/1980; **3ª**: art. 2º, § 2º, da Lei 6.830/1980.

Gabarito "A".

(Auditor Fiscal da Receita Federal – 2010 – ESAF) Sobre a Administração Tributária e o poder de fiscalizar, assinale a opção correta.

(A) Iniciado o procedimento fiscalizatório pela autoridade administrativa, com a lavratura de Termo de Início de Fiscalização, tem-se a antecipação do prazo decadencial que, normalmente, ocorreria com o lançamento.

(B) Diante de requisição da autoridade administrativa de apresentação de informações sigilosas, não pode o agente público responsável pelo deferimento negar-se a entregá-la.

(C) Em que pese o dever de sigilo da autoridade fiscal, o Código Tributário Nacional autoriza a divulgação de informações relativas a representações fiscais para fins penais, inscrições na Dívida Ativa da Fazenda Pública e parcelamento ou moratória.

(D) A Constituição Federal estabeleceu que as administrações tributárias da União, dos Estados, do Distrito Federal e dos Municípios atuarão de forma integrada, inclusive com o compartilhamento de cadastros e de informações fiscais, independentemente da existência de lei ou convênio.

(E) Verificada a existência de crime contra a ordem tributária, praticado por particular, deve a autoridade administrativa representar ao Ministério Público, mesmo antes de proferida decisão final, na esfera administrativa, sobre a exigência do crédito tributário.

A: incorreta, pois o prazo decadencial refere-se ao período no qual o fisco pode realizar o lançamento, de modo que não tem sentido afirmar que esse ato (o lançamento) é termo inicial para a decadência – art. 173 do CTN; **B**: incorreta, pois o agente da administração tributária é obrigado a observar o sigilo, nos termos e com as exceções previstas no art. 198 do CTN; **C**: correta, conforme o art. 198, § 3º, do CTN; **D**: incorreta, pois a atuação integrada se dá na forma da lei ou de convênio – art. 37, XXII, *in fine*, da CF; **E**: incorreta, pois o STF entende que a tipificação dos crimes tributários materiais depende do lançamento definitivo (término do processo administrativo correspondente) – Súmula Vinculante 24/STF.

Gabarito "C".

(Auditor Fiscal da Receita Federal – 2005 – ESAF) Leia cada um dos assertos abaixo e assinale (V) ou (F), conforme seja verdadeiro ou falso. Depois, marque a opção que contenha a exata sequência.

( ) A Secretaria da Receita Federal do Brasil resguardará, na forma da legislação aplicável à matéria, o sigilo das informações prestadas, relativamente à Contribuição Provisória sobre Movimentação ou Transmissão de Valores e de Crédito e Direitos de Natureza Financeira – CPMF.

( ) À Secretaria da Receita Federal do Brasil é facultada a utilização das informações obtidas, relativamente à Contribuição Provisória sobre Movimentação ou Transmissão de Valores e de Crédito e Direitos de Natureza Financeira – CPMF, para instaurar procedimento administrativo tendente a verificar a existência de crédito tributário relativo a impostos e contribuições e para lançamento, no âmbito do procedimento fiscal, do crédito tributário porventura existente.

( ) À vista do dever de resguardar o sigilo das informações prestadas relativamente à CPMF, as autoridades fazendárias não poderão utilizá-las para instaurar procedimento administrativo tendente à constituição de crédito tributário relativo a outras contribuições ou impostos, nem exigir dos contribuintes informações respeitantes à movimentação financeira bancária.

(A) V, V, V
(B) V, V, F
(C) F, F, V
(D) F, F, F
(E) V, F, V

1ª: o fisco deve manter em sigilo todas as informações que obtiver em razão do ofício, relativas à situação econômica ou financeira dos sujeitos passivos ou de terceiros e sobre a natureza e o estado de seus negócios ou atividades (que podem ser deduzidas, ainda que parcialmente, a partir dos dados da CPMF), nos termos e com as exceções do art. 198 do CTN – art. 11, § 3º, da Lei 9.311/1996; 2ª e **3ª**: os dados da CPMF (hoje extinta) podem ser utilizados para a fiscalização relativa a outros tributos, inclusive com relação a fatos geradores anteriores à vigência da Lei 10.174/2001, que deu nova redação ao art. 11, § 3º, *in fine*, da Lei 9.311/1996.

Gabarito "B"

(Auditor Fiscal da Receita Federal – 2003 – ESAF) Avalie o acerto das afirmações adiante e marque com V as verdadeiras e com F as falsas, considerada estritamente a Lei Complementar nº 105, de 10 de janeiro de 2001, que "Dispõe sobre o sigilo das operações de instituições financeiras e dá outras providências". A seguir, marque a opção correta.

( ) Cabe ao Poder Executivo disciplinar, inclusive quanto à periodicidade e aos limites de valor, os critérios segundo os quais as instituições financeiras informarão à administração tributária da União, dos Estados, do Distrito Federal e dos Municípios, as operações financeiras efetuadas pelos usuários de seus serviços, desde que as referidas informações se restrinjam a informes relacionados com a identificação dos titulares das operações e os montantes globais mensalmente movimentados, vedada a inserção de qualquer elemento que permita identificar a sua origem ou a natureza dos gastos a partir deles efetuados.

( ) Os agentes fiscais tributários da União, dos Estados, do Distrito Federal e dos Municípios somente poderão examinar documentos, livros e registros de instituições financeiras, referentes a contas de depósitos e aplicações financeiras mantidas por sujeitos passivos de obrigação tributária, se houver prévia autorização da autoridade judiciária competente.

( ) É vedado às instituições financeiras, exceto se houver prévia autorização da autoridade judiciária competente, fornecer à Secretaria da Receita Federal as informações necessárias à identificação dos contribuintes e os valores globais das respectivas operações, no que se refere à Contribuição Provisória sobre Movimentação ou Transmissão de Valores e de Créditos e Direitos de Natureza Financeira (CPMF), por constituírem dados protegidos por sigilo bancário.

(A) F, F, V
(B) F, V, V
(C) F, F, F
(D) V, F, V
(E) V, V, F

1ª: o art. 5º da LC 105/2001 refere-se a informações a serem prestadas à União, e não aos Estados, ao DF e aos Municípios; **2ª**: não é necessária autorização judicial, desde que observado o disposto no art. 6º da LC 105/2001; **3ª**: os dados relativos à CPMF (hoje extinta) devem ser fornecidos pelas instituições financeiras independentemente de ordem ou autorização judicial, nos termos do art. 5º da LC 105/2001 e do art. 11, § 2º, da Lei 9.311/1996.

Gabarito "C"

(Auditor Fiscal da Receita Federal – 2002.1 – ESAF) Indique, entre as opções abaixo, aquela que contém procedimentos em que a Fazenda Pública depende, para executá-los, de prévia autorização judicial.

(A) Destruição de bebidas e apreensão de mercadorias.
(B) Exame de extratos bancários e exame de dados de empresa arquivados em computadores.
(C) Escuta telefônica e apreensão de mercadorias estrangeiras guardadas em imóvel utilizado como domicílio.
(D) Escuta telefônica e exame de extratos bancários.
(E) Apreensão de documentos da escrita contábil e escuta telefônica.

A: há diversos dispositivos legais que autorizam a apreensão de mercadorias e a destruição pela fiscalização (por exemplo, no caso de contrabando de bebidas falsificadas) – v. g. art. 390, I, *b*, do RA, art. 44 do Decreto 70.235/1972 e art. 430 do RIPI. Importante lembrar, porém, que a jurisprudência impede a apreensão de mercadoria como meio coercitivo para o pagamento de tributos – Súmula 323/STF; **B:** o fisco pode examinar todos os documentos detidos pelo contribuinte, relacionados com a tributação – art. 195 do CTN; **C:** o sigilo telefônico é garantido constitucionalmente, sua quebra depende de autorização judicial e somente se dará para fins de investigação criminal ou instrução processual penal (art. 5º, XII, da CF). O domicílio é inviolável, exceto em caso de ordem judicial (art. 5º, XII, da CF), mesmo quando o imóvel também seja utilizado na atividade empresarial do contribuinte – ver HC 93.050/RJ-STF; **D** e **E:** os extratos bancários detidos pelo contribuinte e os documentos da escrita contábil podem ser examinados pela fiscalização, independentemente de ordem judicial – art. 195 do CTN.

Gabarito "C"

(Auditor Fiscal da Receita Federal – 2002.1 – ESAF) Diz o Código Tributário Nacional que "a legislação tributária, observado o disposto nesta Lei, regulará, em caráter geral, ou especificamente em função da natureza do tributo de que se tratar, a competência e os poderes das autoridades administrativas em matéria de fiscalização da sua aplicação". A legislação mencionada, salvo disposição em contrário, aplica-se, exclusivamente,

(A) a pessoas naturais ou jurídicas que sejam contribuintes do imposto a que alude a norma respectiva.

(B) a pessoas naturais ou, quando se trate de pessoa jurídica, a seus diretores ou representantes legais.

(C) a todas as pessoas que se achem em seu campo de incidência, inclusive às que gozem de imunidade tributária ou de isenção de caráter pessoal.

(D) a pessoas jurídicas que sejam contribuintes ou responsáveis por tributos em geral ou pelo tributo específico a que se refira.

(E) a pessoas naturais ou jurídicas não imunes, inclusive às que sejam isentas ou não tributadas por força de norma infraconstitucional (leis, decretos etc.).

A legislação tributária aplica-se a todas as pessoas, jurídicas ou naturais, contribuintes ou não, inclusive às que gozem de imunidade ou isenção de caráter pessoal – art. 194, p. único, do CTN.

Gabarito "C"

(Auditor Fiscal da Previdência Social – 2002 – ESAF) A fiscalização de tributos federais, devidamente autorizada e procedendo em conformidade com a legislação regente de sua atuação, iniciou ação fiscal na empresa QSZ, com o objetivo de verificar se estavam sendo cumpridas as obrigações tributárias referentes à contribuição social sobre o lucro e ao imposto sobre a renda e proventos de qualquer natureza. No curso da ação fiscal, examinados os livros, documentos e registros pertinentes, deparou-se com situação indiciária de omissão de receitas pela empresa. Entretanto, para provar a existência da infração à legislação tributária, a fiscalização necessitava de elementos adicionais, tais como extratos das contas correntes da empresa mantidas em instituições financeiras. Assim, a fiscalização intimou a empresa para que apresentasse os referidos extratos bancários. A empresa recusou-se a fornecê-los, sob a alegação de que tais extratos continham informações protegidas por sigilo bancário. Em face dessa negativa da empresa, a fiscalização relatou o fato, circunstanciadamente, ao chefe da repartição fazendária – que dispõe de competência legal para requisitar às instituições financeiras informações sobre movimentação financeira de terceiros – com vistas a que adotasse as providências de sua competência. Examinado o relatório da fiscalização, o chefe da repartição fazendária concluiu que estava caracterizada a hipótese de indispensabilidade das informações bancárias, à luz dos fatos e da legislação aplicável à matéria. Por essa razão, requisitou as informações pretendidas pela fiscalização às instituições financeiras. Com base nos elementos ora apresentados e considerando a legislação reguladora do sigilo bancário e da atuação da fiscalização tributária, assinale a resposta correta.

(A) As instituições financeiras devem atender à requisição fazendária, se, avaliando o caso concreto, chegarem à conclusão de que as informações requisitadas são indispensáveis ao prosseguimento da ação fiscal.

(B) As instituições financeiras não estão obrigadas a fornecer as informações requisitadas, pois envolveria quebra de sigilo bancário e, assim, ficariam os responsáveis pela quebra de sigilo sujeitos a sanções nas esferas penal e civil.

(C) As informações requisitadas só devem ser fornecidas pelas instituições financeiras, se houver prévia autorização judicial.

(D) As informações requisitadas não devem ser fornecidas, se as instituições financeiras não forem prévia e expressamente autorizadas pela empresa QSZ.

(E) É legalmente cabível que o chefe da repartição fazendária requisite as informações bancárias pretendidas pela fiscalização, indispensáveis à aplicação da legislação tributária, assim como as instituições financeiras têm o dever legal de fornecê-las.

O art. 6º da LC 105/2001 prevê a possibilidade de a autoridade fiscal ter acesso a dados protegidos pelo sigilo bancário quando houver processo administrativo instaurado ou procedimento fiscal em curso e tais dados sejam considerados indispensáveis pela autoridade administrativa competente. Não é necessária, portanto, autorização judicial, desde que atendida a legislação do ente tributante relativa à competência das autoridades fiscais que podem avaliar a necessidade das informações e solicitá-las. Nessa hipótese, as instituições financeiras não podem se recusar a prestar as informações.

Gabarito "E"

(Técnico da Receita Federal – 2006– ESAF) É vedada a divulgação, por parte da Fazenda Nacional e de seus servidores, de informação obtida em razão do ofício sobre a situação econômica ou financeira do sujeito passivo ou de terceiros e sobre a natureza e o estado de seus negócios ou atividades. Trata-se de regra contida no Código Tributário Nacional que consagra o sigilo fiscal, a que se submetem todos os servidores da administração tributária, que, no entanto, comporta algumas exceções. Avalie os itens abaixo e, em seguida, marque a opção correta.

I. A autoridade judiciária pode requisitar informações protegidas por sigilo, no interesse da justiça.

II. Não é vedada a divulgação de informações relativas a representações fiscais para fins penais.

III. A Fazenda Pública da União poderá permutar informações com Estados estrangeiros no interesse da arrecadação e da fiscalização de tributos, independentemente de previsão em tratados, acordos ou convênios.

IV. A Fazenda Pública da União e as dos Estados, do Distrito Federal e dos Municípios poderão permutar entre si informações sigilosas, desde que haja expressa previsão legal.

(A) Todos os itens estão corretos.

(B) Há apenas um item correto.

(C) Há dois itens corretos.

(D) Há três itens corretos.

(E) Todos os itens estão errados.

I: assertiva correta – art. 198, § 1º, I, do CTN; **II:** assertiva correta – art. 198, § 3º, I, do CTN; **III:** é preciso tratado, acordo ou convênio internacional para a permuta dessas informações – art. 199, p. único, do CTN; IV: é possível a permuta mediante convênio, ainda que não haja previsão legal expressa, conforme art. 199, *caput*, do CTN.

Gabarito "C"

(Fiscal de Tributos/PA – 2002 – ESAF) É vedada a divulgação, por servidores da Fazenda Pública, de informações obtidas em razão do ofício relativas a

(A) parcelamento.
(B) moratória.
(C) representações fiscais para fins penais.
(D) negócios, atividades e situação econômica do sujeito passivo.
(E) inscrições na Dívida Ativa da Fazenda Pública.

A, B, C e **E:** é permitida a divulgação relativa a esses fatos, nos termos do art. 198, § 2º, do CTN; **D:** isso é vedado, nos termos do art. 198, *caput*, do CTN.

Gabarito "D"

(Auditor Fiscal/MG – 2005 – ESAF) Considerando o tema "administração tributária", marque com (V) a assertiva verdadeira e com (F) a falsa, assinalando ao final a opção correspondente.

( ) É legal o exame dos livros contábeis das pessoas imunes.
( ) Mesmo os profissionais submetidos às regras do segredo profissional devem prestar, quando solicitadas, informações ao Fisco sobre seus clientes.
( ) Fica automaticamente inscrito em Dívida Ativa o tributo lançado não pago e não objeto de impugnação ou recurso administrativo.
( ) É ilegal a concessão de certidão positiva com efeito de negativa se existente crédito tributário ainda não vencido.

(A) V, F, F, V
(B) F, F, F, V
(C) F, F, V, V
(D) V, F, F, F
(E) V, V, F, V

1ª: a imunidade e a isenção de caráter pessoal não afastam o dever de cumprir a legislação tributária relativa à fiscalização – art. 194, p. único, da CF; **2ª:** em caso de segredo legalmente imposto em razão de cargo, ofício, função, ministério, atividade ou profissão, não há dever de informação ao fisco – art. 197, p. único, do CTN; **3ª:** embora isso seja admitido pela jurisprudência, depende da legislação do ente tributante; **4ª:** é devida a emissão da certidão positiva com efeito de negativa, na hipótese – art. 206 do CTN.

Gabarito "D"

(Agente Tributário Estadual/MS – 2001 – ESAF) Os comprovantes dos lançamentos tributários efetuados nos livros obrigatórios de escrituração comercial e fiscal devem ser conservados

(A) até que ocorra a prescrição dos créditos tributários decorrentes das operações a que se refiram.
(B) até que se extingam a imunidade e as isenções dos sujeitos passivos respectivos.
(C) até que ocorra a decadência do direito de efetuar a constituição do crédito tributário correspondente.
(D) até o fim do exercício financeiro em que podem ser cobrados os respectivos créditos.
(E) pelo prazo relativo à inscrição do crédito na dívida ativa.

A assertiva em A reflete o disposto no art. 195, p. único, do CTN.

Gabarito "A"

(Auditor Fiscal/CE – 2006 – ESAF) De acordo com o disposto no art. 198 do Código Tributário Nacional, os servidores fazendários não podem divulgar informações obtidas sobre a situação econômica ou financeira de sujeitos passivos, em razão do ofício. Entre as hipóteses a seguir, assinale as que constituem exceção a essa regra e marque a opção correspondente. Não constitui(em) violação ao dever funcional de manutenção do sigilo das informações obtidas pelos servidores da Fazenda Pública:

I. fornecimento de informações a autoridade Judiciária.
II. divulgação de informações relativas a parcelamento ou moratória.
III. fornecimento de informações a membro do Ministério Público.
IV. divulgação de informações relativas a inscrições na Dívida Ativa da Fazenda Pública.

(A) Todos os itens estão corretos.
(B) Estão corretos apenas os itens I e III.
(C) Estão corretos apenas os itens II e IV.
(D) Estão corretos apenas os itens I, II e III.
(E) Estão corretos apenas os itens I, II e IV.

I: art. 198, § 1º, I, do CTN – é possível o fornecimento de informação sigilosa, desde que a autoridade judiciária requisite-as no interesse da justiça (nunca para atendimento de interesse pessoal do juiz, evidentemente); **II:** art. 198, § 3º, III, do CTN; **III:** o Ministério Público deve solicitar a informação por meio do Judiciário, não diretamente ao fisco; IV: art. 198, § 3º, II, do CTN.

Gabarito "E"

(Auditor do Tesouro Municipal/Recife-PE – 2003 – ESAF) Assinale as proposições abaixo com F para falsa e V para verdadeira e, a seguir, indique a opção que contém a sequência correta.

( ) Não estão sujeitas à fiscalização relativa aos tributos municipais as pessoas jurídicas que gozam de imunidade.
( ) É dever dos servidores encarregados da fiscalização, quando solicitados, orientar os sujeitos passivos sobre a correta aplicação da legislação tributária.
( ) É vedada a repetição do exame de livros e documentos fiscais e/ou contábeis, em relação a um mesmo fato ou período de tempo, salvo autorização formal e específica do Secretário de Finanças.

(A) F, F, F
(B) F, V, F
(C) V, V, F
(D) V, V, V
(E) F, V, V

1ª: a imunidade e a isenção de caráter pessoal não afastam o dever de cumprir a legislação tributária relativa à fiscalização – art. 194, p. único, da CF; **2ª**: a orientação dos contribuintes deve ser realizada pelos servidores da fiscalização (em atendimento aos princípios da moralidade e da eficiência, inclusive – art. 37, *caput*, da CF), observada a legislação tributária do ente político correspondente; **3ª**: a matéria é regulada pela legislação do ente tributante, mas, em regra, as fiscalizações em repetição seguem a sistemática normal (para garantir a impessoalidade), sem maiores exigências relativamente às autorizações.

Gabarito "B".

15. DÍVIDA ATIVA, INSCRIÇÃO, CERTIDÕES

(Procuradoria Distrital – 2007 – ESAF) Assinale a opção incorreta.

(A) A decisão administrativa desfavorável ao contribuinte, quer proferida por autoridade singular, quer emanada de órgão colegiado, não adquire, para ele, caráter definitivo.

(B) O auto de infração caracteriza autêntico lançamento tributário, uma vez que atende aos requisitos básicos previstos na legislação tributária, contendo o fato gerador da obrigação correspondente, a determinação da matéria tributável, o cálculo do montante do tributo devido, a identificação do sujeito passivo e a cominação da penalidade cabível.

(C) A lei poderá exigir que a prova da quitação de determinado tributo, quando exigível, seja feita por certidão negativa, expedida à vista de requerimento do interessado, que contenha todas as informações necessárias à identificação de sua pessoa, domicílio fiscal e ramo de negócio ou atividade e indique o período a que se refere o pedido.

(D) A certidão de que conste a existência de créditos não vencidos, em curso de cobrança executiva em que tenha sido efetivada a penhora, ou cuja exigibilidade esteja suspensa, tem os mesmos efeitos da certidão negativa.

(E) A certidão positiva com efeitos de negativa poderá, a critério da Administração Pública, ter sua validade restringida ou limitada nas hipóteses de licitação, concordata, transferência de propriedade e de direitos relativos a bens imóveis e móveis; e junto a órgãos e entidades da administração pública.

A: o contribuinte pode acessar o Judiciário; **B**: auto de infração é a denominação comumente utilizada no caso de lançamento de ofício decorrente da fiscalização; **C**: art. 205 do CTN; **D**: é a certidão positiva com efeitos de negativa – art. 206 do CTN; **E**: a certidão positiva com efeitos de negativa tem, como diz o nome, o mesmo efeito da certidão negativa, não podendo, portanto, ser recusada ou ter sua validade restringida pela Administração – art. 206 do CTN.

Gabarito "E".

(Procuradoria Distrital – 2007 – ESAF) Assinale a opção correta.

(A) A execução fiscal é o único local adequado para discussão judicial da Dívida Ativa, salvo as hipóteses de mandado de segurança, da ação de repetição do indébito e da ação anulatória do ato declarativo da dívida.

(B) Não é mais cabível, por impossibilidade jurídica do pedido, o ajuizamento da ação declaratória de inexistência do débito fiscal, tendo como objeto débito tributário ainda não inscrito em Dívida Ativa.

(C) A ação declaratória de inexistência de obrigação tributária é manejável apenas depois da inscrição, ficando a ação anulatória reservada para os casos de obrigação ainda não inscrita em Dívida Ativa.

(D) Das sentenças proferidas em primeira instância, nas execuções fiscais de valor igual ou inferior a 50 ORTN, só se admitem os recursos de embargos infringentes e de declaração. Das decisões emanadas desses recursos cabem os recursos especial e extraordinário.

(E) Não são cabíveis os embargos à arrematação ou à adjudicação nas execuções fiscais, mas tão somente à execução, de terceiro e à penhora.

A: art. 38 da Lei 6.830/1980; B e **C**: há forte entendimento no sentido de que a declaratória cabe antes do lançamento e a anulatória, após a constituição do crédito; **D**: somente cabem os aclaratórios e os chamados "embarguinhos" dirigidos ao próprio juiz – art. 34 da Lei 6.830/1980 – embora o dispositivo não se refira aos recursos especial e extraordinário, não cabe o primeiro (REsp), pois não há decisão final proferida por Tribunal (art. 105, III, da CF); **E**: não há restrição com relação aos embargos à execução e de terceiros.

Gabarito "A".

(Procuradoria Distrital – 2007 – ESAF) Assinale a opção correta.

(A) A Certidão de Dívida Ativa não pode ser emendada ou substituída nos autos da execução fiscal.

(B) A Certidão de Dívida Ativa pode ser substituída nos autos da execução fiscal em qualquer momento processual.

(C) A execução fiscal é extinta em qualquer momento processual, sem qualquer ônus para as partes, por motivo de cancelamento, a qualquer título, da inscrição da Dívida Ativa.

(D) A Administração Direta e Indireta das Pessoas Jurídicas de Direito Público interno dispõe, para cobrança de seus créditos tributários e não tributários, de título executivo extrajudicial chamado "Certidão de Dívida Ativa".

(E) A Dívida Ativa regularmente inscrita goza da presunção de certeza e liquidez, podendo, entretanto, haver emenda ou substituição da respectiva Certidão, desde que feita até a decisão de primeira instância.

A, **B** e **E**: a CDA pode ser substituída a até a decisão de primeira instância – art. 203 do CTN; **C**: a extinção sem ônus ocorre apenas até a decisão de primeira instância, nos termos do art. 26 da Lei 6.830/1980 – no entanto, há precedentes do STJ reconhecendo o direito a honorários, mesmo no caso de execuções não embargadas (especialmente quando há exceção de pré-executividade); **D**: a inscrição em dívida ativa e a CDA correspondente referem-se apenas à administração direta e às suas autarquias – art. 1º da Lei 6.830/1980.

Gabarito "E".

(Procurador da Fazenda Nacional – 2007.2 – ESAF) Verifique a veracidade dos assertos abaixo e, em seguida, marque com V as proposições verdadeiras, e com F as falsas. Em seguida, indique a opção que contenha, na mesma sequência, a resposta correta.

( ) A dívida ativa tributária pode ser regularmente inscrita no curso do prazo fixado, para pagamento, pela lei ou por decisão final proferida em processo regular.

( ) A certidão da dívida ativa necessita vir acompanhada dos elementos necessários à comprovação da exigibilidade do crédito tributário.

( ) A maneira de calcular os juros de mora acrescidos ao crédito tributário deve constar da certidão da dívida ativa.

(A) F, F, V
(B) V, F, V
(C) V, V, F
(D) V, V, V
(E) F, F, F

1ª: a inscrição se dá após o prazo para pagamento – art. 201 do CTN; **2ª**: a CDA goza de presunção de liquidez e certeza e deve conter apenas os dados relacionados no art. 202 do CTN; **3ª**: a assertiva é correta – art. 202, II, do CTN.

Gabarito "A".

(Procurador da Fazenda Nacional – 2004 – ESAF) No que se relaciona à Dívida Ativa da União e à Ação de Execução Fiscal, marque com **V** a assertiva verdadeira e com **F** a falsa, assinalando ao final a opção correspondente.

( ) No caso de débito inscrito em Dívida Ativa da União mas ainda não objeto de execução judicial, é ilegal a concessão de Certidão Positiva com efeitos de Negativa mesmo que prestada diretamente perante a autoridade administrativa caução real.

( ) A penhora consistente em garantia idônea e suficiente habilita o devedor a apresentar Embargos à execução fiscal e implica a suspensão da exigibilidade do crédito tributário.

( ) O disposto no art. 185 do Código Tributário Nacional, que dispõe sobre Fraude à Execução, aplica-se à Dívida Ativa de natureza não tributária.

( ) Predomina nos tribunais o entendimento de que a execução fiscal pode ser "redirecionada" contra o responsável independentemente do nome deste constar na Certidão de Dívida Ativa.

(A) F, F, F,V
(B) V, F, V, V
(C) V, F, F,V
(D) V, V,F, V
(E) F, F, V, V

1: correta, pois a apresentação de caução real perante a autoridade administrativa não é modalidade de suspensão da exigibilidade do crédito tributário, de modo que não permite a emissão de certidão positiva com efeito de negativa – arts. 151 e 206 do CTN; **2:** incorreta, pois a penhora não implica suspensão da exigibilidade do crédito (embora permita a emissão da certidão positiva com efeito de negativa), até porque isso iria contra a lógica da execução, que não poderia prosseguir – art. 151 do CTN. Atualmente, nem mesmo a interposição de embargos à execução tem efeito suspensivo automático em relação à execução, que poderá ser deferido pelo juiz, se entender presentes os pressupostos do art. 739-A do CPC – ver AgRg no AREsp 121.809/PR; **3:** incorreta, pois o art. 185 do CTN refere-se a garantia do crédito tributário; **4:** assertiva correta. A diferença é que, caso o nome do responsável conste da CDA, o ônus para afastar a presunção de certeza a respeito da responsabilidade é do próprio; já se o nome não constar da CDA, o ônus é da fazenda, que deverá comprovar a situação que dá ensejo à responsabilidade, no bojo da execução fiscal, para que o redirecionamento seja deferido – ver AgRg EAREsp 41.860/GO.

Gabarito "C".

(Auditor Fiscal da Receita Federal – 2002.1 – ESAF) A inscrição em dívida ativa

(A) não é requisito indispensável para a execução judicial do crédito correspondente.
(B) é atividade vinculada e obrigatória.
(C) somente se aplica a créditos tributários.
(D) é realizada, no âmbito da União, pela Secretaria da Receita Federal.
(E) constitui ato de controle administrativo da legalidade.

A: a inscrição do débito em dívida ativa é imprescindível para a execução fiscal – art. 6º, § 1º, da Lei 6.830/1980; **B:** há casos excepcionais, de débitos não tributários, especificamente, em que o poder público pode entender desnecessária a inscrição em dívida ativa (por exemplo, se já houver título executivo, como um cheque, uma promissória ou uma sentença condenatória); **C:** os débitos não tributários também devem ser inscritos em dívida ativa, como pressuposto necessário para a execução fiscal – art. 2º, *caput*, da Lei 6.830/1980; **D:** a dívida ativa da União é inscrita pela Procuradoria da Fazenda Nacional – art. 2º, § 4º, da Lei 6.830/1980; **E:** art. 2º, § 3º, da Lei 6.830/1980.

Gabarito "E".

(Auditor Fiscal da Receita Federal – 2002.1 – ESAF) A Fazenda Pública lavrou contra determinado contribuinte Auto de Infração em razão de infração à legislação do Imposto de Renda, formalizando o respectivo crédito tributário. O lançamento foi devidamente impugnado no prazo legal, e a Delegacia da Receita Federal de Julgamento manteve a exigência por ocasião do julgamento em primeira instância. Esse contribuinte, por sua vez, requereu, ainda no prazo para interposição do recurso voluntário, Certidão Negativa de Débito – CND junto à repartição que jurisdiciona o seu domicílio fiscal. Nesse caso, deverá a autoridade fiscal

(A) expedir a Certidão Positiva de Débito, pois há um débito lançado e não pago pelo contribuinte.
(B) conceder Certidão Positiva de Débito com efeito de Negativa, pois o crédito ainda não é exigível.
(C) expedir Certidão Positiva com efeito de Negativa, condicionada à apresentação de recurso no prazo legal.
(D) expedir a correspondente Certidão Negativa de Débito, com validade pelo prazo restante para a apresentação do recurso.
(E) aguardar o transcurso do prazo de recurso, para conceder a Certidão Positiva ou Negativa, dependendo da apresentação, ou não, do apelo.

O Fisco deve fornecer, na hipótese, certidão positiva com efeitos de negativa, pois, apesar de haver débito tributário vencido e não pago, sua exigibilidade está suspensa, por conta do processo administrativo em curso – art. 206 c/c art. 151, III, ambos do CTN.

Gabarito "B".

(Auditor Fiscal da Receita Federal – 2002.1 – ESAF) Assinale, abaixo, a opção que, segundo decorre do Código Tributário Nacional, contém afirmação falsa.

(A) A dívida regularmente inscrita goza da presunção absoluta de certeza e liquidez e tem o efeito de prova pré-constituída, dispensando a autoridade exequente, portanto, do ônus de provar sua legitimidade.

(B) A omissão de quaisquer dos requisitos previstos no artigo anterior ou o erro a eles relativo são causas de nulidade da inscrição e do processo de cobrança dela decorrente.

(C) A nulidade poderá ser sanada até a decisão de primeira instância, mediante substituição da certidão nula, devolvido ao sujeito passivo, acusado ou interessado, o prazo para defesa, que somente poderá versar sobre a parte modificada.

(D) À certidão positiva, de que conste a existência de créditos não vencidos, o Código Tributário Nacional atribuiu o mesmo efeito de certidão negativa.

(E) A certidão de que conste a existência de créditos vencidos mas que estejam em curso de cobrança executiva em que tenha sido efetivada a penhora, ou cuja exigibilidade esteja suspensa, tem efeito de certidão negativa.

A: a presunção é relativa, não absoluta – art. 204 do CTN; **B:** a assertiva é transcrição do disposto art. 203 do CTN, daí a estranha referência a "previstos no artigo anterior"; **C:** art. 2º, § 8º, da Lei 6.830/1980; D e **E:** art. 206 do CTN.

Gabarito "A"

(Auditor Fiscal da Previdência Social – 2002 – ESAF) Assinale as afirmativas abaixo com F para falsa e V para verdadeira e, a seguir, marque a opção que contém a sequência correta.

( ) A Certidão da Dívida Ativa, que vai aparelhar a execução fiscal, não pode ser emendada ou substituída.

( ) A inscrição do crédito na Dívida Ativa suspende a prescrição até a distribuição da execução fiscal.

( ) A Dívida Ativa da Fazenda Pública abrange atualização monetária, juros de mora e demais encargos previstos em lei, sem que a fluência desses encargos lhe tire a liquidez.

(A) F, V, F
(B) F, V, V
(C) V, F, V
(D) V, V, F
(E) F, F, V

1ª: é possível a emenda ou a substituição da certidão de dívida ativa (CDA) até a decisão de primeira instância – art. 2º, § 8º, da Lei 6.830/1980; **2ª:** o STJ fixou o entendimento de que o disposto no art. 2º, § 3º, da Lei 6.830/1980 (que prevê a suspensão da prescrição) não se aplica às dívidas de natureza tributária, pois a matéria é reservada à lei complementar federal – art. 146, III, *b*, da CF; **3ª:** art. 2º, § 2º, da Lei 6.830/1980 e art. 201, p. único, do CTN.

Gabarito "E"

(Auditor Fiscal da Previdência Social – 2002 – ESAF) Entre as indicações que a lei prevê que o Termo de Inscrição de Dívida Ativa deve conter não se inclui(em):

(A) O nome dos corresponsáveis.
(B) A maneira de calcular os juros de mora acrescidos.
(C) A disposição legal em que o crédito seja fundado.
(D) O nome e a identificação funcional da autoridade responsável pela apuração da liquidez e certeza.
(E) A data em que foi inscrita a dívida.

A: art. 202, I, do CTN e art. 2º, § 5º, I, da Lei 6.830/1980; **B:** art. 202, II, do CTN e art. 2º, § 5º, II, da Lei 6.830/1980; **C:** art. 202, III, do CTN e art. 2º, § 5º, III, da Lei 6.830/1980; **D:** não há essa exigência; **E:** art. 202, IV, do CTN e art. 2º, § 5º, V, da Lei 6.830/1980;

Gabarito "D"

(Auditor Fiscal da Previdência Social – 2002 – ESAF) Assinale a única proposição abaixo que não é verdadeira.

(A) Constitui dívida ativa tributária a proveniente de créditos tributários, regularmente inscrita na repartição administrativa competente, depois de esgotado o prazo para pagamento fixado pela lei ou por decisão final proferida em processo regular.

(B) A dívida ativa regularmente inscrita goza de presunção de certeza e liquidez e tem efeito de prova pré-constituída.

(C) A presunção de certeza e liquidez da dívida ativa regularmente inscrita não pode ser elidida.

(D) A inscrição do crédito na Dívida Ativa da Fazenda Pública se constitui no ato de controle administrativo de sua legalidade.

(E) Com a inscrição do crédito tributário definitivamente lançado e não pago na Dívida Ativa e extração da respectiva Certidão de Dívida Ativa, que formaliza o título executivo, encerra-se a autotutela da Administração tributária.

A: art. 201, *caput*, do CTN; **B:** art. 204, *caput*, do CTN; **C:** a presunção é relativa e pode ser ilidida, nos termos do art. 204, p. único, do CTN; **D:** art. 2º, § 3º, da Lei 6.830/1980; **E:** a assertiva refere-se à impossibilidade de cobrança administrativa do débito inscrito. Ou seja, a partir da extração da CDA, o fisco deve se dirigir ao Judiciário para satisfazer seu crédito por meio da Execução Fiscal.

Gabarito "C"

(Auditor Fiscal da Previdência Social – 2002 – ESAF) A Fazenda Pública efetuou lançamento de crédito tributário, em 30 de outubro de 1995, para exigir da empresa FNJ valor de tributos que deixou de ser recolhido aos cofres públicos na época própria, fixada na legislação, referente a fatos geradores ocorridos em 1991. Não concordando com lançamento do crédito tributário que lhe foi exigido pela Fazenda Pública, a empresa impugnou-o, tempestivamente. A decisão de primeira instância administrativa considerou improcedente uma parte do lançamento e manteve outra. Não se conformando com tal decisão, a empresa interpôs, tempestivamente e com observância dos preceitos legais pertinentes, recurso para a segunda instância administrativa, o qual ainda não foi julgado. A empresa, não tendo outro débito tributário pendente de pagamento ou julgamento e precisando provar a quitação de tributos, para fins de participação em licitação, requereu, em 2 de janeiro de 2002, certidão negativa de débitos à repartição fiscal competente.

Com base nesses elementos e consideradas as pertinentes disposições do Código Tributário Nacional, assinale a assertiva correta.

(A) A empresa faz jus à certidão negativa de débito, sem que dela conste restrição relativa a débitos, porque, mesmo havendo litígio fiscal pendente de julgamento, a Fazenda Pública está impedida de exigir o respectivo crédito tributário em virtude de sua exigibilidade estar suspensa.

(B) A Fazenda Pública deve fornecer a certidão negativa nos termos em que foi requerida, tendo em vista que o débito pendente de julgamento já foi extinto pela prescrição e que não há qualquer outro débito pendente em nome da empresa.

(C) Deve a Fazenda Pública fornecer apenas certidão positiva de débito, com efeitos de certidão negativa, considerando-se que não ocorreu a prescrição do seu direito de ação e que o recurso interposto pela empresa suspende a exigibilidade do crédito tributário.

(D) A empresa não faz jus à certidão positiva de débito, com efeitos de certidão negativa, porque o recurso para a segunda instância administrativa, ainda que interposto tempestivamente, não tem o condão de suspender a exigibilidade do crédito tributário.

(E) A empresa pode obter certidão negativa de débitos, se depositar, administrativa ou judicialmente, o montante integral do valor que a decisão de primeira instância considerou devido à Fazenda Pública.

O Fisco deve fornecer, na hipótese, certidão positiva com efeitos de negativa, pois, apesar de haver débito tributário vencido e não pago, sua exigibilidade está suspensa, por conta do recurso administrativo – art. 206 c/c art. 151, III, ambos do CTN.

Gabarito "C".

(Técnico da Receita Federal – 2006– ESAF) Em determinadas situações, como para participar de processo licitatório promovido pela Administração Pública, a lei pode exigir que o contribuinte comprove estar em dia com os tributos e contribuições que deva recolher, por meio de certidão negativa. Sobre esta, podemos afirmar que

(A) havendo permissão legal, poderá ser dispensada a prova de quitação de tributos, ou seu suprimento, quando se tratar de prática de ato indispensável para evitar a caducidade de direito.

(B) será sempre expedida nos termos em que tenha sido solicitada pelo interessado, no prazo de 15 (quinze) dias da data de entrada do requerimento na repartição.

(C) a certidão negativa expedida com culpa, dolo ou fraude, que contenha erro contra a Fazenda Pública, responsabiliza pessoalmente o servidor que a expedir, pelo crédito e juros de mora acrescidos.

(D) caso o servidor seja responsabilizado pessoalmente, na via administrativa, pelo fornecimento de certidão que contenha erro contra a Fazenda Pública, não há que se falar em responsabilidade criminal.

(E) tem os mesmos efeitos de certidão negativa documento firmado pela autoridade competente que indique a existência de crédito vincendo, ou sob execução garantida por penhora, ou com a exigibilidade suspensa.

A: a prova de quitação é dispensada, na hipótese, independentemente de disposição legal permissiva – art. 207 do CTN; **B:** o prazo para emissão da certidão negativa é de dez dias – art. 205, p. único, do CTN; **C:** a responsabilidade do servidor, descrita na assertiva, ocorre apenas nos casos de dolo ou fraude, não de simples culpa – art. 208 do CTN; **D:** a responsabilidade criminal não é afastada, nos termos do art. 208, p. único, do CTN; **E:** art. 206 do CTN.

Gabarito "E".

(Técnico da Receita Federal – 2003 – ESAF) Assinale a opção incorreta. Tem o mesmo efeito de certidão negativa, a certidão de que conste a existência de crédito tributário

(A) em curso de cobrança executiva em que tenham sido oferecidos bens à penhora.

(B) ao qual tenha sido concedida moratória ou objeto de parcelamento.

(C) não vencido ou cujo montante integral tenha sido depositado.

(D) cuja exigibilidade esteja suspensa.

(E) objeto de medida liminar ou de tutela antecipada.

A: não basta o oferecimento de bens à penhora. É necessária a efetiva penhora de bens suficientes para garantir o crédito executado – art. 206 do CTN; B, C, D e **E:** a suspensão do crédito tributário permite a emissão de certidão positiva com efeito de negativa – art. 206 c/c art. 151, I, II, IV e VI, ambos do CTN.

Gabarito "A".

(Fiscal de Tributos/PA – 2002 – ESAF) A presunção de liquidez e certeza de que goza a dívida regularmente inscrita na repartição administrativa competente, de natureza tributária ou não tributária, é:

(A) absoluta

(B) relativa

(C) inexistente

(D) imprópria

(E) *juris et de jure*

A presunção da dívida regularmente inscrita é relativa, pois pode ser ilidida por prova inequívoca – art. 204 do CTN, parágrafo único.

Gabarito "B".

(Agente Fiscal/PI – 2001 – ESAF) O funcionário que expedir certidão negativa com dolo ou fraude, contendo erro contra a Fazenda Pública, será pessoalmente responsável:

(A) pelo crédito tributário, excluídos os juros de mora.

(B) pelo crédito tributário e juros de mora, excluindo-se possível responsabilidade criminal e funcional.

(C) pelos juros de mora, não pelo tributo devido, podendo ainda ser responsabilizado funcional e criminalmente.

(D) funcional e criminalmente, excluída a responsabilidade pelo crédito tributário.
(E) pelo crédito tributário e juros de mora, não se excluindo a responsabilidade criminal e funcional que no caso couber.

O servidor, na hipótese, será responsabilizado pessoalmente pelo crédito tributário e pelos juros de mora, sem prejuízo da responsabilidade criminal e funcional – art. 208 do CTN.

Gabarito "E"

(Agente Tributário Estadual/MS – 2001 – ESAF) Com relação à certidão negativa de débito tributário perante a Fazenda Pública, pode-se afirmar que

(A) não é meio hábil para provar a quitação de tributos.
(B) se expedida com fraude, implica responsabilidade funcional, mas exclui a responsabilidade criminal de quem a expediu.
(C) o funcionário que a expedir com dolo, contendo erro contra a Fazenda Pública, é pessoalmente responsável pelo crédito tributário.
(D) é sempre expedida de ofício (*ex-oficio*), quando julgada necessária pela autoridade fiscal competente.
(E) em nenhuma hipótese pode ser dispensada a sua apresentação como prova de quitação de tributos.

A: a certidão negativa comprova a quitação de tributos – art. 205 do CTN; **B:** a responsabilidade criminal não é afastada, na hipótese – art. 208, p. único, do CTN; **C:** art. 208, *caput*, do CTN; **E:** a prova de quitação de tributos é dispensada quando se tratar de prática de ato indispensável para evitar a caducidade de direito, nos termos do art. 207 do CTN.

Gabarito "C"

(Agente Tributário Estadual/MS – 2001 – ESAF) Assinale a assertiva correta, com referência à natureza da dívida ativa tributária.

(A) Goza da presunção de certeza, de forma absoluta.
(B) Tem o efeito de prova pré-constituída.
(C) Desfruta apenas da presunção de liquidez.
(D) Goza da presunção de certeza e liquidez, que não pode ser ilidida por qualquer espécie de prova.
(E) A liquidez do crédito tributário inscrito em dívida ativa fica excluída em decorrência da fluência de juros de mora.

A, B, C e **D:** a dívida ativa regularmente inscrita tem efeito de prova pré-constituída, goza de presunção relativa (não absoluta) de liquidez e certeza e pode ser ilidida por prova inequívoca a ser produzida pelo sujeito passivo ou por terceiro a que aproveite – art. 204, p. único, do CTN; **E:** a fluência de juros de mora não afasta a liquidez da dívida inscrita – art. 201, p. único, do CTN.

Gabarito "B"

(Auditor Fiscal/Teresina-PI – 2001 – ESAF) Assinale a única proposição que não é verdadeira.

(A) Sobre débitos inscritos na dívida ativa incidirão correção monetária, multa e juros, a contar da data da inscrição.
(B) A fluência de juros de mora não exclui a presunção de liquidez do débito inscrito na dívida ativa.
(C) Constitui dívida ativa tributária a proveniente de débitos tributários e seus acréscimos, bem como quaisquer outros débitos tributários lançados mas não recolhidos, a partir da data de sua regular inscrição na repartição administrativa competente.
(D) A Fazenda Municipal inscreverá em dívida ativa, a partir do primeiro dia do exercício seguinte ao do lançamento dos débitos tributários, os contribuintes inadimplentes com as obrigações.
(E) No caso de débito com pagamento parcelado, considerar-se-á data do vencimento, para efeito de inscrição em dívida ativa, aquela da primeira parcela não paga.

A: o débito inscrito pode ser corrigido monetariamente e acrescido de juros, na forma da legislação tributária, mas não há que se falar em incidência de multas apenas por conta da inscrição; **B:** art. 201, p. único, do CTN; **C:** art. 201, *caput*, do CTN; **D:** o prazo e os termos para a inscrição são fixados pela legislação do ente tributante (ainda que não se conheça a legislação local, é possível solucionar a questão, pois a assertiva em A é claramente incorreta).

Gabarito "A"

(Auditor Fiscal/Teresina-PI – 2001 – ESAF) Tratando-se de matéria relativa à dívida ativa tributária, pode-se afirmar que:

(A) Sua presunção de certeza e liquidez é relativa.
(B) Não tem efeito de prova pré-constituída.
(C) Na hipótese trata-se de presunção de certeza de natureza *juris et de jure*.
(D) A presunção de certeza e liquidez que lhe é conferida não pode ser ilidida por nenhuma espécie de prova.
(E) Sua presunção de certeza e liquidez é absoluta.

A dívida ativa regularmente inscrita tem efeito de prova pré-constituída, goza de presunção relativa (não absoluta) de liquidez e certeza e pode ser ilidida por prova inequívoca a ser produzida pelo sujeito passivo ou por terceiro a que aproveite – art. 204, p. único, do CTN.

Gabarito "A"

(Auditor do Tesouro Municipal/Fortaleza-CE – 2003 – ESAF) Assinale a única das proposições a seguir que não é verdadeira.

(A) A Dívida Ativa da Fazenda Pública Municipal abrange atualização monetária, juros e multa de mora e demais encargos previstos em lei ou contrato.
(B) Os débitos fiscais não pagos em tempo hábil poderão ser inscritos em livro próprio da Dívida Ativa Municipal, para cobrança executiva imediata, independentemente do término do exercício financeiro.
(C) A prova de quitação de tributos devidos ao Município será feita exclusivamente por certidão negativa regularmente expedida pela Secretaria de Finanças.
(D) Para expedição de certidão negativa de débito relativo ao IPTU será exigido o pagamento de todas as cotas do exercício correspondente à data do requerimento.
(E) A certidão negativa de débito expedida pela Secretaria de Finanças constitui garantia do contribuinte de que nenhum débito anterior à data de sua expedição poderá ser-lhe cobrado.

A: art. 2º, § 2º, da Lei 6.830/1980; **B:** qualquer débito fiscal vencido pode ser inscrito em dívida ativa, nos termos do art. 201 do CTN; **C:** a legislação local regula a forma como a quitação dos tributos será comprovada, sendo possível a exigência de certidão negativa para essa finalidade – art. 205 do CTN; **D:** isso é regulado pela legislação local, mas, a rigor, o contribuinte tem direito à certidão negativa, desde que não haja débito inadimplido – art. 205, p. único, do CTN; **E:** essa assertiva está claramente errada (o que permite a solução da questão, mesmo por quem não conheça a legislação local), pois a emissão de certidão negativa reflete os registros fiscais existentes naquele momento, ou seja, não impede que o fisco realize o lançamento de débitos descobertos posteriormente, em relação a fatos geradores ou ilícitos anteriores à certidão.

Gabarito "E"

(Auditor do Tesouro Municipal/Fortaleza-CE – 2003 – ESAF) Dispõe o Código Tributário Nacional (CTN) que a lei pode exigir que a prova de quitação de determinado tributo, quando exigível, seja feita por certidão negativa. A respeito do tema determina, ainda, o CTN:

(A) a certidão negativa será expedida nos termos em que tenha sido requerida e será fornecida dentro de trinta dias da data de entrada do requerimento na repartição.

(B) a certidão negativa expedida com dolo ou fraude, que contenha erro contra a Fazenda Pública, responsabiliza pessoalmente o funcionário que a expedir, pelo crédito tributário e juros de mora acrescidos.

(C) não tem os mesmos efeitos de certidão negativa a certidão de que conste a existência de crédito tributário objeto de parcelamento, cujas parcelas vêm sendo pagas pontualmente pelo contribuinte.

(D) depende de lei ordinária a dispensa da prova de quitação de tributos, quando se tratar de prática de ato indispensável para evitar a caducidade de direito do contribuinte.

(E) não tem os mesmos efeitos de certidão negativa a certidão de que conste a existência de crédito tributário da Fazenda Pública que, por meio de recurso administrativo, esteja sendo questionado pelo contribuinte.

A: o prazo para emissão da certidão negativa é de dez dias – art. 205, p. único, do CTN; **B:** art. 208 do CTN; C e **E:** essa certidão terá o mesmo efeito que a certidão negativa, pois a exigibilidade do crédito está suspensa, nesses casos – art. 206, *in fine*, c/c art. 151, III e VI, ambos do CTN; **D:** a prova é dispensada, na hipótese, independentemente de disposição legal permissiva – art. 207 do CTN.

Gabarito "B"

(Auditor do Tesouro Municipal/Natal-RN – 2001 – ESAF) Em relação à natureza e características da dívida ativa tributária, pode ser considerada correta a seguinte assertiva:

(A) goza da presunção absoluta de certeza e liquidez.

(B) tem o efeito de prova pré-constituída.

(C) a liquidez do correspondente crédito tributário fica excluída em decorrência da fluência de juros de mora.

(D) apenas a presunção relativa de certeza lhe pode ser atribuída.

(E) a presunção de liquidez atribuída à referida dívida não pode ser ilidida em nenhuma hipótese.

A, B, D e **E:** a dívida ativa regularmente inscrita tem efeito de prova pré-constituída, goza de presunção relativa (não absoluta) de liquidez e certeza e pode ser ilidida por prova inequívoca a ser produzida pelo sujeito passivo ou por terceiro a que aproveite – art. 204, p. único, do CTN; **C:** a fluência de juros de mora não afasta a liquidez da dívida inscrita – art. 201, p. único, do CTN.

Gabarito "B"

16. AÇÕES TRIBUTÁRIAS

(Procuradoria Distrital – 2007 – ESAF) Assinale a opção correta.

(A) A citação pessoal nas execuções fiscais só será realizada se a citação postal for frustrada.

(B) A citação postal se aperfeiçoa com a juntada do Aviso de Recebimento do Correio (AR) aos autos da execução fiscal.

(C) A citação por edital nas execuções fiscais tem prazo de 30 dias e a divulgação se faz com a publicação no órgão oficial e na imprensa local, apenas uma vez.

(D) O despacho do juiz que defere a inicial da execução fiscal importa em ordem para citação, penhora, arresto, registro da penhora ou do arresto, e avaliação dos bens penhorados ou arrestados.

(E) O despacho do juiz que ordenar a citação suspende a prescrição.

A: a primeira tentativa de citação é feita, em regra, por via postal, mas o fisco pode requerer a citação pessoal a qualquer momento – art. 8º, I, *in fine*, da Lei 6.830/1980; **B:** art. 8º, II, da Lei 6.830/1980 – considera-se feita no momento da entrega no domicílio do citado ou, se não houver indicação de data no registro, dez dias após a entrega na agência postal; **C:** art. 8º, IV, da Lei 6.830/1980 – não há necessidade de publicação a imprensa local; **D:** art. 7º da Lei 6.830/1980; **E:** o despacho interrompe (não suspende) a prescrição – art. 174, parágrafo único, I, do CTN.

Gabarito "D"

(Procuradoria Distrital – 2007 – ESAF) Assinale a opção correta.

(A) Caso o falecimento do executado ocorra no curso da execução fiscal, a competência para processar e julgar a execução da dívida ativa desloca-se para o juízo universal da sucessão.

(B) Caso a falência seja decretada no curso da execução fiscal, a competência para processar e julgar a execução da dívida ativa não se desloca para o juízo universal falimentar.

(C) Em caso de reunião de diversas execuções intentadas pela Fazenda Pública contra o mesmo devedor, a prevenção é feita pelo despacho inicial e não pela citação válida.

(D) As pessoas jurídicas de direito público não são sujeitas ao concurso de preferências.

(E) A citação concederá ao executado o prazo de 24 horas para pagamento ou constituição de segurança em juízo.

A e **B:** o crédito tributário não se submete ao juízo da falência, do inventário ou do arrolamento – art. 187 do CTN; **C:** a prevenção refere-se à primeira distribuição – art. 28, parágrafo único, da Lei

6.830/1980; **D:** há o concurso de preferências previsto no art. 187, parágrafo único, do CTN; **E:** o prazo é de cinco dias – art. 8º da Lei 6.830/1980.

Gabarito "B"

(Procuradoria Distrital – 2007 – ESAF) A medida cautelar fiscal

(A) pode ser instaurada antes ou após a constituição do crédito, mesmo já estando em curso a execução judicial da Dívida Ativa.

(B) pode ser requerida desde que o crédito tributário ou não tributário esteja regularmente constituído em procedimento administrativo.

(C) pode ser requerida independentemente da prévia constituição do crédito tributário somente na hipótese em que o devedor aliene bens ou direitos sem proceder à devida comunicação ao órgão da Fazenda Pública competente, quando exigível em virtude de lei.

(D) poderá ser requerida somente contra sujeito passivo de crédito tributário.

(E) será recebida, em regra, no duplo efeito, a apelação interposta em face da sentença que decreta a medida cautelar.

A e **B:** há, excepcionalmente, possibilidade de o fisco requerer cautelar fiscal antes da constituição do crédito – art. 1º, parágrafo único, da Lei 8.397/1992; **C:** outra hipótese de cautelar antes do lançamento é quando o devedor põe ou tenta pôr seus bens em nome de terceiros – art. 2º, V, *b*, da Lei 8.397/1992; **D:** é possível cautelar relativa a crédito não tributário – art. 2º, *caput*, da Lei 8.397/1992; **E:** a apelação não tem efeito suspensivo, exceto se garantido o débito – art. 17 da Lei 8.397/1992.

Gabarito "A"

(Procuradoria Distrital – 2007 – ESAF) Assinale a opção incorreta.

(A) Não é cabível medida liminar contra atos do Poder Público, no procedimento cautelar ou em quaisquer outras ações de natureza cautelar ou preventiva, que esgote, no todo ou em parte, o objeto da ação.

(B) Não é cabível, no juízo de primeiro grau, medida cautelar inominada ou a sua liminar, quando impugnado ato de autoridade sujeita, na via de mandado de segurança, à competência originária de tribunal.

(C) Não é cabível a concessão de medida liminar em mandado de segurança impetrado em matéria financeira, tributária ou fiscal.

(D) Não é cabível medida liminar contra atos do Poder Público, no procedimento cautelar ou em quaisquer outras ações de natureza cautelar ou preventiva, toda vez que providência semelhante não puder ser concedida em ações de mandado de segurança, em virtude de vedação legal.

(E) Não é cabível tutela antecipada contra a Fazenda Pública que tenha por pressuposto, segundo entendimento majoritário do Supremo Tribunal Federal, a constitucionalidade ou a inconstitucionalidade da Lei n. 9.494/92, que dispõe sobre a matéria.

A: art. 1º, § 3º, da Lei 8.437/1992; **B:** art. 1º, § 1º, da Lei 8.437/1992; **C:** essa vedação não é aceita pelo Judiciário, exceto no caso de compensação (Súmula 212/STJ); **D:** art. 1º, *caput*, da Lei 8.437/1992; **E:** a assertiva é correta.

Gabarito "C"

(Procuradoria Distrital – 2007 – ESAF) Assinale a opção correta.

(A) Para evitar grave lesão à ordem, à saúde, à segurança e à economia públicas, o Presidente do Tribunal, ao qual couber o conhecimento do respectivo recurso, poderá suspender, de ofício, a execução da liminar proferida, com fulcro no poder geral de cautela.

(B) Para evitar grave lesão à ordem, à saúde, à segurança e à economia públicas, o Presidente do Tribunal, ao qual couber o conhecimento do respectivo recurso, poderá suspender, se houver requerimento da pessoa jurídica de direito público, a execução da liminar proferida.

(C) Do indeferimento do pedido de suspensão de liminar, cabe recurso ordinário ao Presidente do Tribunal competente para conhecer de eventual recurso especial ou extraordinário .

(D) Para cassar os efeitos da decisão que defere medida cautelar, proferida monocraticamente pelo Relator do Mandado de Segurança, cabe a interposição de Agravo Regimental ao Plenário do Tribunal.

(E) O Presidente do Tribunal competente para julgar o pedido de suspensão de segurança poderá proferir decisão revogando ou modificando a liminar, mas é vedado o exame de mérito do Mandado de Segurança.

A e **B:** não há suspensão de ofício, mas mediante requerimento da pessoa jurídica de direito público interessada ou do Ministério Público – art. 4º da Lei 8.437/1992 e art. 15 da Lei 12.016/2009; **C:** da decisão do Presidente cabe agravo ao colegiado indicado no regimento interno do Tribunal – art. 4º, § 3º, da Lei 8.437/1992 e art. 15 da Lei 12.016/2009; **D:** o juiz de primeira instância pode deferir liminar em mandado de segurança, que se sujeita ao agravo de instrumento no Tribunal *ad quem* (art. 7º, § 1º, da Lei 12.016/2009). O art. 527, parágrafo único, do CPC prevê que a liminar em agravo de instrumento somente poderá ser reformada no momento do julgamento do próprio agravo de instrumento pelo colegiado, exceto se o relator a reconsiderar. O recurso contra a decisão monocrática não prejudica ou condiciona o pedido de suspensão ao Presidente do Tribunal – art. 4º, § 6º, da Lei 8.437/1992 e art. 15, § 3º, da Lei 12.016/2009. Da decisão monocrática do relator em mandado de segurança originário (impetrado diretamente no Tribunal), cabe agravo regimental (agravo interno) para o órgão colegiado indicado em seu regimento interno (não necessariamente ao Plenário); **E:** o Presidente do Tribunal pode apenas suspender a execução da liminar proferida na ação movida contra o Poder Público ou seus os agentes, não revogá-la ou modificá-la – art. 4º da Lei 8.437/1992 e art. 15 da Lei 12.016/2009.

Gabarito "B"

(Procurador da Fazenda Nacional – 2007 – ESAF)

- Nos casos de tributos lançados por homologação, tem o STJ entendido que, ocorrendo a homologação tácita, o prazo para propositura de ação de repetição de indébito é de dez anos.

- Para dar à ação declaratória ou anulatória o tratamento que daria à ação de embargos, no tocante ao efeito suspensivo da execução, é necessário que o juízo esteja garantido pela penhora ou pelo depósito.
- O procedimento cautelar fiscal poderá ser instaurado após a constituição do crédito, inclusive a constituição mediante entrega do auto de infração ao contribuinte.

(A) Só é falsa a segunda asserção.
(B) As três afirmações são verdadeiras.
(C) Só é falsa a terceira afirmação.
(D) Só são falsas as duas últimas.
(E) São todas falsas.

1ª: esse era o entendimento do STJ, mas que não se aplica a ações propostas após o início de vigência da LC 118/2005; **2ª**: a assertiva refere-se a modalidades de garantia do juízo previstas para os embargos à execução e que podem ser exigidas no bojo de ação ordinária; **3ª**: art. 1º da Lei 8.397/1992.

Gabarito "B".

(Procurador da Fazenda Nacional – 2007.2 – ESAF) Examine a veracidade dos assertos abaixo e, em seguida, marque com V as proposições verdadeiras, e com F as falsas. Em seguida, indique a opção que contenha, na mesma sequência, a resposta correta. 1.º) O registro de contrato ou outros documentos em Cartórios de Registro de Títulos e Documentos é um dos eventos que a lei prevê como indicadores da obrigatoriedade de comprovar a quitação de créditos tributários. 2.º)
416 A ação de repetição de indébito tem lugar quando o contribuinte alega o pagamento de imposto devido, cuja prova não ingressou nos sistemas da Receita Federal do Brasil, nem o contribuinte dispõe dos comprovantes de sua alegação. 3.º) Uma execução fiscal, que tenha por objeto imposto territorial rural vencido e não pago, pode ser proposta no foro da situação do imóvel rural, embora o réu tenha dois domicílios conhecidos da Fazenda.

(A) V, V, V
(B) F, V, V
(C) V, V, F
(D) V, F, V
(E) F, F, F

1º: sob pena de responsabilidade do tabelião ou notário – art. 134, VI, do CTN; 2º: se não há registro de pagamento indevido ou comprovante em favor do interessado, não há possibilidade de repetição; 3º: art. 127, § 1º, do CTN – a execução pode ser proposta no local do imóvel.

Gabarito "D".

(Procurador da Fazenda Nacional – 2006 – ESAF) Considerando o tema "Ação de Execução Fiscal", julgue os itens abaixo segundo o entendimento atualmente dominante no Superior Tribunal de Justiça – STJ e marque, a seguir, a opção que apresenta a resposta correta.

I. Nunca repousou controvérsia acerca da isenção da União em relação às despesas decorrentes da expedição da Carta de Citação com Aviso de Recebimento – AR.
II. É cabível a apresentação, pelo executado, de Exceção de Pré-Executividade para arguir a ocorrência de prescrição, desde que possível a análise de plano desta, independente de dilação probatória.
III. Não é possível a citação por edital.
IV. A alteração procedida no art. 40 da LEF, permitindo o reconhecimento, de ofício, da prescrição, é aplicável aos processos em curso ao tempo da publicação da mudança legislativa.

(A) Todos os itens estão corretos.
(B) Apenas o item III está errado.
(C) Apenas o item II está correto.
(D) Apenas os itens II e IV estão corretos.
(E) Todos os itens estão errados.

I: incorreta, pois já houve dissídio jurisprudencial, atualmente pacificado no sentido de que a fazenda não está sujeita à antecipação das despesas com correio para a citação via postal – ver RMS 24.488/SC; **II**: correta, pois cabe a exceção de pré-executividade relativamente às matérias conhecíveis de ofício que não demandem dilação probatória – Súmula 393/STJ; **III**: incorreta, pois admite-se a citação por edital quando esgotados todos os meios para localização do devedor – ver AgRg Ag 1.019.636/SP e art. 8º, III, *in fine*, da LEF; **IV**: correta, conforme entendimento jurisprudencial, por se tratar de norma processual – ver REsp 790.530/RS.

Gabarito "D".

(Procurador da Fazenda Nacional – 2006 – ESAF) Segundo entendimento predominante da doutrina e jurisprudência, a ação de execução fiscal movida por um Estado contra uma autarquia estadual:

(A) será julgada extinta sem julgamento de mérito, por ausência de interesse de agir.
(B) seguirá o rito previsto na Lei n. 6.830/80.
(C) seguirá o rito previsto no art. 730 do CPC.
(D) poderá acarretar a penhora de bens da autarquia.
(E) impedirá, em todas as hipóteses, a obtenção de certidão de regularidade fiscal em favor da autarquia.

A execução contra a autarquia estadual segue o rito do art. 730 do CPC, de modo que a alternativa "C" é a correta – ver REsp 181.881/RS.

Gabarito "C".

(Procurador da Fazenda Nacional – 2006 – ESAF) Julgue os itens abaixo segundo o que dispõe a Lei n. 8.397, de 6 de janeiro de 1992, e marque, a seguir, a opção que apresenta a resposta correta.

I. A medida cautelar fiscal não pode ser requerida contra o sujeito passivo de crédito de natureza não tributária.
II. Pode o juiz solicitar a realização de audiência de justificação prévia.
III. A medida cautelar fiscal conserva sua eficácia durante a pendência da ação de execução fiscal correspondente ao débito.
IV. A medida cautelar pode ser proposta antes da ação de execução fiscal correspondente.

(A) Apenas o item I está errado.
(B) Apenas o item II está correto.

(C) Apenas o item I está correto.
(D) Apenas o item IV está errado.
(E) Apenas os itens II e IV estão corretos.

I: incorreta, pois cabe cautelar fiscal em relação a débitos tributários e não tributários – art. 2º da Lei 8.397/1992; **II:** correta, embora a fazenda esteja dispensada de justificação prévia e de prestação de caução para a concessão da liminar – art. 7º da Lei 8.397/1992; **III:** correta, nos termos do art. 12 da Lei 8.397/1992; **IV:** correta, conforme o art. 1º da Lei 8.397/1992.

Gabarito "A"

(Procurador da Fazenda Nacional – 2003 – ESAF) Em relação à restituição de tributos pagos indevidamente, o Código Tributário Nacional estabelece, de forma expressa, a seguinte regra, entre outras:

(A) a restituição de tributos vence juros capitalizáveis, a partir do trânsito em julgado da decisão definitiva que a determinar, calculados com base na mesma taxa utilizada pela Fazenda Pública para cobrar seus créditos tributários não liquidados no vencimento.
(B) a restituição de tributos pagos indevidamente não dá lugar à restituição dos valores pagos a título de penalidades pecuniárias impostas por autoridade administrativa competente, ressalvados os valores relativos a infrações de caráter formal não prejudicadas pela causa da restituição.
(C) o direito de pleitear restituição de tributos extingue-se com o decurso do prazo de dez anos, segundo jurisprudência do Superior Tribunal de Justiça, contado da data em que se tornar definitiva a decisão administrativa ou passar em julgado a decisão judicial que houver reformado, anulado, revogado ou rescindido a decisão condenatória.
(D) o direito de pleitear restituição de tributos extingue-se com o decurso do prazo de dois anos, contado da data em que se tornar definitiva a decisão administrativa ou passar em julgado a decisão judicial que tiver reformado, anulado, revogado ou rescindido a decisão condenatória.
(E) a restituição de tributos que comportem, por sua natureza, transferência do respectivo encargo financeiro somente será feita a quem prove haver assumido o referido encargo, ou, no caso de tê-lo transferido a terceiro, estar por este expressamente autorizado a recebê-la.

A: incorreta, pois o CTN não fixa o percentual dos juros para a repetição e, ademais, determina que ele não serão capitalizáveis – art. 167, parágrafo único, do CTN; **B:** incorreta, pois a restituição total ou parcial do tributo dá lugar à restituição, na mesma proporção, dos juros de mora e das penalidades pecuniárias, salvo as referentes a infrações de caráter formal não prejudicadas pela causa da restituição – art. 167, *caput*, do CTN; **C:** incorreta, pois o prazo para pleitear a restituição de indébito tributário é prescricional e quinquenal, em regra, reduzido para dois anos em caso de prévio pedido administrativo indeferido – arts. 168 e 169 do CTN. Atualmente é pacífico o entendimento de que o prazo, no caso dos tributos lançados por homologação, é contado a partir do pagamento antecipado, e não da homologação – art. 3º da LC 118/2005; **D:** incorreta, pois o prazo, no caso, é de 5 anos, conforme o art. 168, II, do CTN; **E:** correta, nos termos do art. 166 do CTN.

Gabarito "E"

(Procurador da Fazenda Nacional – 2003 – ESAF) Em relação ao mandado de segurança, é correto afirmar que:

(A) admite-se reiterar pedido de mandado de segurança, cuja decisão denegatória lhe haja apreciado o mérito.
(B) liminar concedida em mandado de segurança, que suste a cobrança de crédito tributário, depende da efetivação de depósito do montante integral do crédito para produzir o efeito de suspender-lhe a exigibilidade.
(C) o mandado de segurança admite dilação probatória.
(D) o direito de requerer mandado de segurança extingue-se com o decurso do prazo de quatro meses, contado da data de ciência, pelo interessado, do ato impugnado.
(E) o julgamento de mandado de segurança impetrado contra ato do Ministro de Estado da Fazenda, que trate de matéria constitucional-tributária, compete, originariamente, ao Superior Tribunal de Justiça.

A: incorreta, pois há coisa julgada, nesse caso – art. 6º, § 6º, da LMS; **B:** incorreta, pois a liminar em mandado de segurança independe de depósito para suspender a exigibilidade do crédito tributário – art. 151, IV, do CTN e art. 7º, III, da LMS; **C:** incorreta, pois a prova deve ser pré-constituída, ou seja, deve ser exclusivamente documental e instruir a inicial – art. 1º da LMS; **D:** incorreta, pois o prazo para impetração do mandado de segurança é de 120 dias contados da ciência pelo interessado do ato coator – art. 23 da LMS; **E:** essa é a correta, nos termos do art. 105, I, *b*, da CF.

Gabarito "E"

(Procurador da Fazenda Nacional – 2003 – ESAF) Sempre que _(i)________________, a autoridade fiscal competente procederá ao arrolamento de bens e direitos dele. Nesse caso, a partir da data da notificação do ato de arrolamento, mediante entrega de cópia do respectivo termo, o proprietário dos bens e direitos arrolados, ao transferi-los, aliená-los ou onerá-los, _(ii)________________ a transferência, alienação ou oneração "autoriza o requerimento de medida cautelar fiscal" contra ele.

(A) (i) o valor dos créditos tributários de responsabilidade do sujeito passivo for superior a trinta por cento do seu patrimônio conhecido
(ii) deve comunicar o fato à unidade do órgão fazendário que jurisdiciona seu domicílio tributário, pois, se não,
(B) (i) o valor dos créditos tributários de responsabilidade do sujeito passivo for superior a certo valor, estabelecido na lei, e também superior a trinta por cento do seu patrimônio conhecido
(ii) deve comunicar o fato à unidade do órgão fazendário que jurisdiciona seu domicílio tributário, pois, do contrário,
(C) (i) a Procuradoria da Fazenda Nacional tiver razões para temer que o sujeito passivo pretenda ilidir o pagamento dos créditos tributários de sua responsabilidade
(ii) se não proceder ao pagamento do tributo, logo após atos de disposição de seus bens imóveis, transferirá ao adquirente a obrigação respectiva e

(D) (i) o sujeito passivo ausentar-se sem deixar representante para administrar o negócio, habilitado com recursos suficientes para pagar a dívida fiscal (ii) deverá antes depositar o valor do crédito tributário junto ao Cartório de Registro de Imóveis, cujo Oficial será responsável solidário por seu recolhimento e

(E) (i) o sujeito passivo abandonar o estabelecimento, ocultar-se ou tentar ocultar-se, deixando furtivamente o seu domicílio
(ii) deverá proceder com lealdade, comunicando o fato ao órgão da Procuradoria da Fazenda Nacional de seu domicílio, sem o que

(A) Sim, Sim, Sim
(B) Não, Não, Não
(C) Não, Sim, Não
(D) Sim, Não, Sim
(E) Sim, Não, Não

Nos termos do art. 64 da Lei 9.532/1997, a autoridade fiscal competente procederá ao arrolamento de bens e direitos do sujeito passivo sempre que o valor dos créditos tributários de sua responsabilidade for superior a trinta por cento do seu patrimônio conhecido. A partir da data da notificação do ato de arrolamento, mediante entrega de cópia do respectivo termo, o proprietário dos bens e direitos arrolados, ao transferi-los, aliená-los ou onerá-los, deve comunicar o fato à unidade do órgão fazendário que jurisdiciona o domicílio tributário do sujeito passive (§ 3º). A alienação, oneração ou transferência, a qualquer título, dos bens e direitos arrolados, sem o cumprimento da formalidade prevista no parágrafo anterior, autoriza o requerimento de medida cautelar fiscal contra o sujeito passivo (§ 4º). Por essa razão, a alternativa "B" é a única correta.

Gabarito "B".

(Procurador da Fazenda Nacional – 2004 – ESAF) Julgue os itens abaixo segundo o que dispõe a Lei nº8.397, de 6 de janeiro de 1992, e marque, a seguir, a opção que apresenta a resposta correta.

I. A medida cautelar fiscal pode ser concedida em procedimento preparatório, antes de inscrito o débito em Dívida Ativa.
II. A decretação da medida cautelar fiscal implica a indisponibilidade de todos os bens do ativo da pessoa jurídica.
III. A medida cautelar fiscal pode ser requerida somente contra o sujeito passivo de créditos de natureza tributária.
IV. A medida cautelar fiscal pode ser requerida contra o devedor que possui débitos, inscritos ou não em Dívida Ativa, que somados ultrapassem trinta por cento do seu patrimônio conhecido.

(A) Apenas I e IV estão corretos.
(B) Apenas I e II estão corretos.
(C) Apenas II e IV estão corretos.
(D) Apenas II e III estão corretos.
(E) Apenas IV está errado.

I: assertiva correta, nos termos do art. 1º da Lei 8.397/1992; **II:** incorreta, pois a indisponibilidade atinge os bens apenas até o limite da satisfação da obrigação – art. 4º da Lei 8.397/1992; **III:** incorreta, pois a medida pode ser requerida também contra o sujeito passivo de crédito de natureza não tributária – art. 2º da Lei 8.397/1992; **IV:** correta, nos termos do art. 2º, VI, da Lei 8.397/1992.

Gabarito "A".

(ADVOGADO – IRB – 2006 – ESAF) A concessão de liminar em mandado de segurança, ou de tutela antecipada, em outras espécies de ação judicial, em que se discuta a existência de débito tributário,

(A) constitui hipótese de extinção do crédito tributário, salvo se a decisão for reformada em instância judicial superior.
(B) impede a administração tributária de ter acesso aos livros fiscais do contribuinte.
(C) impede que o contribuinte participe de processo licitatório promovido pela Administração Pública.
(D) somente pode ser deferida pela autoridade judiciária se precedida do depósito do montante integral do crédito discutido.
(E) assemelha-se à isenção e à anistia, no que diz respeito às obrigações acessórias.

A concessão de liminar em mandado de segurança ou outras espécies de ações judiciais é causa de suspensão da exigibilidade do crédito tributário (art. 151, IV e V, do CTN). Sua aplicação não traz qualquer desvalia para o contribuinte, não exige caução, nem o libera das obrigações acessórias, tal qual, nesse último caso, ocorre com a isenção e a anistia (art. 175, parágrafo único, do CTN).

Gabarito "E".

(Auditor Fiscal da Receita Federal – 2002.1 – ESAF) Relativamente ao processo judicial e processo administrativo de exigência de crédito tributário, é correto afirmar que

(A) a impugnação da exigência, na esfera administrativa, não impede a fluência do prazo de prescrição para a execução do crédito tributário.
(B) a ação judicial não pode ser utilizada para questionar atos processuais administrativos.
(C) a ação judicial somente pode ser proposta depois de encerrado o processo administrativo.
(D) o depósito judicial dos valores controversos impede a Fazenda Pública de formalizar o lançamento.
(E) a propositura de ação judicial importa na desistência do processo administrativo, se possuírem o mesmo objeto e a definitividade da exigência.

A: a impugnação administrativa (= recurso ou reclamação) suspende a exigência do crédito tributário e, portanto, o prazo prescricional – art. 151, III, do CTN; B e **C:** o acesso ao Judiciário não pode ser obstado ou restringido, por conta do princípio da inafastabilidade da tutela jurisdicional – art. 5º, XXXV, da CF; **D:** o lançamento não é obstado por depósito, liminar, antecipação de tutela etc. , até porque o prazo decadencial (para constituir o crédito tributário) não se interrompe, nem se suspende em decorrência desses fatos; **E:** a definitividade da exigência não decorre da simples propositura de ação judicial – art. 38, p. único, da Lei 6.830/1980.

Gabarito "E".

(Auditor Fiscal da Receita Federal – 2002.1 – ESAF) Deferida a Medida Cautelar Fiscal contra o devedor, indique o prazo que tem a Fazenda Pública, a partir da data em que se configurou a definitividade da decisão administrativa, para propor a ação de execução fiscal correspondente sem que cessem seus efeitos.

(A) 30 dias
(B) 60 dias

(C) 90 dias
(D) 120 dias
(E) 15 dias

O prazo é de 60 dias, nos termos do art. 13, I, c/c art. 11, ambos da Lei 8.397/1992.

Gabarito "B".

(Auditor Fiscal da Previdência Social – 2002 – ESAF) Em relação a processos tributários, é correto afirmar que:

(A) não cabe ação civil pública para veicular pretensões que envolvam tributos, cujos beneficiários podem ser individualmente determinados, exceto na hipótese de ser requerida pelo Ministério Público com a finalidade de impugnar ato administrativo executado com base em lei que instituiu ou majorou tributo sem a observância de princípio constitucional garantidor de direitos dos contribuintes.
(B) o pedido de mandado de segurança poderá ser renovado, se a decisão judicial denegatória não lhe houver apreciado o mérito.
(C) revela-se juridicamente admissível a propositura de ação de execução fiscal, antes de estar o crédito tributário inscrito em dívida ativa da Fazenda Pública, desde que tenha sido proferida decisão definitiva pelo órgão competente de julgamento administrativo, da qual não mais caiba recurso, no correspondente processo administrativo tributário.
(D) o seguimento de recursos que visem questionar decisão confirmatória de lançamento de crédito tributário, interpostos pelo contribuinte para a segunda instância administrativa, não pode ficar condicionado à exigência de depósito prévio, ainda que estabelecida em lei ordinária, em face de evidente inconstitucionalidade de tal exigência, tendo em vista o preceito constitucional que assegura aos litigantes, em processo administrativo, o direito ao contraditório e à ampla defesa.
(E) o prazo de prescrição da ação anulatória de decisão administrativa que denegar restituição de tributos não se interrompe pelo início da referida ação judicial.

A: o art. 1º da Lei 7.347/1985 veda a possibilidade, sem a exceção indicada na assertiva; **B:** se não houve apreciação de mérito, a sentença em mandado de segurança não faz coisa julgada material, ou seja, não impede a impetração de novo *writ*, observado o prazo de 120 dias – art. 23 da Lei 12.016/2009; **C:** a inscrição do débito em dívida ativa e a extração da respectiva certidão são pressupostos necessários para a execução fiscal – art. 6º, § 1º, da Lei 6.830/1980; **D:** esse é o entendimento do fisco, mas, atualmente, já está pacificada a jurisprudência contrária ao chamado depósito recursal. O disposto no art. 33, § 2º, do Decreto 70.235/1972 foi revogado; **E:** há interrupção, nos termos do art. 169, p. único, do CTN.

Gabarito "B".

(Auditor Fiscal da Previdência Social – 2002 – ESAF) O contribuinte BPV, discordando de crédito tributário que a Fazenda Pública lhe exigiu, ingressou na Justiça com mandado de segurança, visando a obstar a cobrança que entendia indevida. O juiz concedeu liminar, no mandado de segurança, para impedir a Fazenda Pública de exigir o crédito tributário em questão. Prevê o Código Tributário Nacional que medidas liminares concedidas em ações judiciais suspendem a exigibilidade do crédito tributário. Tendo em vista esses elementos e com base na legislação pertinente, assinale a resposta correta.

(A) Se o juiz não julgar o processo em noventa dias, a liminar perde eficácia, podendo, assim, a Fazenda Pública inscrever o débito em dívida ativa e promover a execução judicial.
(B) Ainda que o juiz de 1ª instância demore um, cinco, dez ou mais anos para proferir sentença no mandado de segurança, a Fazenda Pública fica impedida de promover a execução judicial da dívida do sujeito passivo durante todo o período em que a liminar não estiver revogada, suspensa ou cassada por decisão judicial.
(C) Se no prazo de um ano o processo não for julgado em primeira instância, a liminar perde eficácia, podendo, assim, a Fazenda Pública inscrever o débito em dívida ativa e promover a execução judicial.
(D) Existente a eficácia da liminar, deve ser promovida a execução judicial da dívida, independentemente de ter sido, ou não, proferida sentença no mandado de segurança, antes de expirar o prazo de cinco anos, contado da data em que o representante da Fazenda Pública foi notificado da liminar.
(E) Existente a eficácia da liminar, fica a Fazenda Pública autorizada a promover a execução judicial da dívida, independentemente de ter sido, ou não, proferida sentença no mandado de segurança, antes de expirar o prazo de cinco anos, contado da data em que o contribuinte foi notificado do lançamento do crédito tributário, com vistas a prevenir a ocorrência de prescrição da ação de execução fiscal.

Não há prazo máximo para a eficácia da liminar, embora o juiz, como todo servidor público, deva se pautar pelo princípio da eficiência – art. 37, *caput*, da CF. De qualquer forma, durante a vigência da liminar, a exigibilidade do crédito fica suspensa, assim como o prazo prescricional, o que impede a execução fiscal – art. 151, IV, do CTN.

Gabarito "B".

(Auditor Fiscal/CE – 2006 – ESAF) A exceção de pré-executividade, na Execução Fiscal,

(A) não é admissível.
(B) é admissível mesmo sem estar seguro o juízo.
(C) somente é admissível nas hipóteses taxativamente previstas em lei.
(D) somente é admissível se, simultaneamente, houver a interposição de embargos de devedor.
(E) não é admissível nos casos em que o Juiz puder proclamá-la de ofício.

A jurisprudência admite a exceção de pré-executividade quando houver inequívoca improcedência da execução, que possa ser aferida pelo juiz sem necessidade de dilação probatória (v. g. as hipóteses que podem ser conhecidas de ofício pelo juiz – Súmula 393/STJ). Nesse caso, não é necessária garantia da execução, nem interposição de embargos de devedor.

Gabarito "B".

(Auditor Fiscal/RN – 2005 – ESAF) Determinado contribuinte, entendendo fazer jus à isenção do tributo, impetrou mandado de segurança, tendo obtido liminar determinando que a autoridade se abstivesse de efetuar o lançamento. Nessa situação, e considerando as disposições contidas no Regulamento de Procedimentos e de Processo Administrativo Tributário do Estado do Rio Grande do Norte, é correto afirmar que

(A) estão fluindo os prazos de decadência e de prescrição.
(B) está fluindo apenas o prazo de decadência, devendo a autoridade formalizar o lançamento para preveni-la.
(C) não estão fluindo os prazos de decadência e de prescrição.
(D) se ocorrer a prescrição, a autoridade não pode reconhecê-la e declará-la de ofício.
(E) se ocorrer a decadência enquanto o contribuinte estiver acobertado pela medida liminar, a autoridade deve reconhecê-la e declará-la de ofício.

Não há dúvida de que a liminar, ao suspender a exigibilidade do crédito tributário, suspende também o prazo prescricional (para cobrança do tributo). A rigor, não caberia falar em prazo prescricional, no caso descrito, pois nem sequer houve a constituição do crédito tributário. Quanto ao prazo decadencial (para lançar), a liminar, em princípio, não o interrompe. Em regra, o fisco deve constituir o crédito, para acautelar-se, conforme a assertiva em B. No entanto, há uma peculiaridade nesta questão: o juiz determinou expressamente que o fisco se abstivesse de lançar. Não há como, portanto, a autoridade fiscal constituir o crédito tributário, sob pena de desobediência. Nesse caso muito específico, é razoável defender que o prazo decadencial não corre, por conta do princípio da *actio nata* (não há como contar prazo em desfavor do fisco se não há inércia em relação ao exercício do direito).

Gabarito "C".

17. PROCESSO ADMINISTRATIVO FISCAL

(Auditor Fiscal da Receita Federal – 2002.1 – ESAF) A manifestação de inconformidade apresentada pelo sujeito passivo, tal como definida nas normas que tratam do processo de restituição de indébito tributário, tem como objeto:

(A) o não provimento do recurso de ofício pela autoridade julgadora de segunda instância.
(B) a revisão da decisão da Delegacia da Receita Federal de Julgamento pelos Conselhos de Contribuintes.
(C) a correção de omissões nas decisões da Delegacia da Receita Federal de Julgamento e nos acórdãos do Conselho de Contribuintes.
(D) a revisão do despacho decisório do Delegado da Receita Federal pela Delegacia da Receita Federal de Julgamento.
(E) a discordância em relação aos cálculos contidos na decisão da Delegacia da Receita Federal de Julgamento.

A manifestação de inconformidade impugna a não homologação da compensação declarada pelo sujeito passivo – art. 74, § 9º, da Lei 9.430/1996. A assertiva em D indica as autoridades competentes para o julgamento – art. 25 do Decreto 70.235/1972.

Gabarito "D".

(Auditor Fiscal da Receita Federal – 2002.1 – ESAF) O julgamento, em segunda instância, dos processos administrativos relativos à exigência fiscal decorrente de erro na classificação fiscal de mercadoria, para efeitos de apuração do Imposto sobre Produtos Industrializados – IPI, e de infração à legislação do Imposto sobre a Propriedade Territorial Rural – ITR, compete ao

(A) Segundo Conselho de Contribuintes, em ambos os casos.
(B) Terceiro e Segundo Conselhos de Contribuintes, respectivamente.
(C) Terceiro Conselho de Contribuintes, em ambos os casos.
(D) Segundo e Terceiro Conselhos de Contribuintes, respectivamente.
(E) Primeiro e Segundo Conselhos de Contribuintes, respectivamente.

A competência é do Terceiro Conselho de Contribuintes, nos termos do art. 22, XIV e XV, do Regimento Interno dos Conselhos de Contribuintes (anexo à Portaria MF 147/2007).

Gabarito "C".

(Auditor Fiscal da Receita Federal – 2002.1 – ESAF) O recurso de ofício é de interposição obrigatória nos casos em que a decisão da Delegacia da Receita Federal de Julgamento

(A) exonerar crédito tributário total superior a R$ 500.000,00 ou deixar de aplicar pena de perda de mercadoria.
(B) exonerar crédito tributário total superior a R$ 500.000,00, somente.
(C) exonerar crédito tributário total superior a 500.000 UFIRs somente.
(D) deixar de aplicar pena de perda de mercadoria, somente.
(E) exonerar crédito tributário total superior a 500.000 UFIRs ou deixar de aplicar pena de perda de mercadoria.

A autoridade julgadora de primeira instância deve recorrer de ofício sempre que a decisão exonerar o sujeito passivo do pagamento de crédito em montante superior ao fixado pelo Ministro de Estado da Fazenda ou deixar de aplicar pena de perdimento de bens – art. 34 do Decreto 70.235/1972. A assertiva em A indica o piso atual.

Gabarito "A".

(Auditor Fiscal da Receita Federal – 2002.1 – ESAF) Estão dispensados de efetivação do depósito de parte do crédito tributário como condição para admissibilidade do recurso voluntário, exceto:

(A) Órgãos da administração direta dos Estados e Municípios.
(B) Fundações públicas.
(C) Autarquias.
(D) Órgãos da administração direta da União.
(E) Empresas de economia mista.

O STF fixou o entendimento contrário à exigibilidade do chamado depósito recursal – Súmula Vinculante 21/STF e Súmula 373/STJ. O disposto no art. 33, § 2º, do Decreto 70.235/1972 foi revogado.

Gabarito "E".

(Auditor Fiscal da Receita Federal – 2002.1 – ESAF) Assinale qual das autoridades abaixo indicadas não tem competência para expedir o Mandado de Procedimento Fiscal – MPF.

(A) Delegado da Receita Federal.
(B) Coordenador-Geral do Sistema de Fiscalização.
(C) Secretário da Receita Federal.
(D) Coordenador-Geral de Pesquisa e Investigação.
(E) Corregedor-Geral da Receita Federal.

As autoridades competentes para emissão do MPF estão atualmente indicadas no art. 6º da Portaria RFB 11.371/2007.

Gabarito "C"

(Auditor Fiscal da Receita Federal – 2002.1 – ESAF) Assinale qual dos procedimentos abaixo indicados não exige, no âmbito da Secretaria da Receita Federal, a expedição de Mandado de Procedimento Fiscal – MPF.

(A) Substituição, inclusão ou exclusão de Auditor-Fiscal da Receita Federal responsável.
(B) Realização de diligências.
(C) Coleta de informações e documentos destinados a subsidiar procedimento de fiscalização relativo a outro sujeito passivo.
(D) Procedimento fiscal realizado no curso do despacho aduaneiro.
(E) Verificação do cumprimento das obrigações tributárias, por parte do sujeito passivo, relativas aos tributos e contribuições administrados pela SRF.

As hipóteses em que não é exigido o MPF estão atualmente listadas no art. 10 da Portaria RFB 11.371/2007.

Gabarito "C"

(Auditor Fiscal da Receita Federal – 2002.1 – ESAF) O arrolamento de bens deve ser procedido de ofício pela autoridade fiscal sempre que a soma dos créditos tributários relativos a tributos e contribuições administrados pela SRF

(A) seja igual ou superior a R$ 500.000,00 e exceda a 30% do seu patrimônio conhecido, cumulativamente.
(B) seja igual ou superior a R$ 500.000,00 ou exceda a 30% do seu patrimônio conhecido.
(C) seja igual ou superior a R$ 500.000,00, somente.
(D) seja superior a 30% do seu patrimônio conhecido, somente.
(E) seja superior a 30% do seu patrimônio conhecido e tenha ocorrido fraude, conluio ou simulação.

Art. 64, *caput* e § 7º, da Lei 9.532/1997.

Gabarito "A"

(Auditor Fiscal da Receita Federal – 2002.1 – ESAF) A admissibilidade do recurso voluntário pelos Conselhos de Contribuintes está condicionada ao

(A) depósito de, no mínimo, 30% do crédito tributário exigido no lançamento, ou, alternativamente, ao arrolamento de bens e valores que garantam 30% do referido crédito.
(B) depósito de, no mínimo, 30% do crédito tributário exigido no lançamento, ou, alternativamente, ao arrolamento de bens e valores que garantam a totalidade do referido crédito.
(C) depósito de, no mínimo, 30% do crédito tributário exigido na decisão recorrida, ou, alternativamente, ao arrolamento de bens e valores que garantam 30% do referido crédito.
(D) depósito de, no mínimo, 30% do crédito tributário exigido na decisão recorrida, ou, alternativamente, ao arrolamento de bens e valores que garantam a totalidade do referido crédito.
(E) depósito da totalidade do crédito tributário exigido na decisão recorrida, ou, alternativamente, ao arrolamento de bens e valores que garantam o mesmo valor.

O STF fixou o entendimento contrário à exigibilidade do chamado depósito recursal – Súmula Vinculante 21/STF e Súmula 373/STJ. O disposto no art. 33, § 2º, do Decreto 70.235/1972 foi revogado.

Gabarito "D"

(Auditor Fiscal da Receita Federal – 2002.1 – ESAF) O processo de consulta, no âmbito da Secretaria da Receita Federal, desenvolve-se

(A) em duas instâncias, sendo competentes para solucioná-lo o Superintendente Regional da Secretaria da Receita Federal e o Secretário da Receita Federal em primeira e segunda instâncias, respectivamente.
(B) em instância única, sendo competente para solucioná-lo, o Secretário da Receita Federal nos casos de consultas formuladas por órgão central da administração pública federal ou por entidade representativa de categoria econômica ou profissional de âmbito nacional.
(C) em duas instâncias, sendo competentes para solucioná-lo o Superintendente Regional da Receita Federal e a Coordenação-Geral do Sistema de Tributação em primeira e segunda instâncias, respectivamente.
(D) em instância única, sendo competentes para solucioná-lo as Coordenações-Gerais do Sistema de Tributação e do Sistema Aduaneiro, dependendo da matéria.
(E) em instância única, sendo competente para solucioná-lo, como regra geral, o Superintendente Regional da Receita Federal.

O processo de consulta é atualmente solucionado em instância única pelo órgão regional da SRF, em regra – art. 48, § 1º, II, da Lei 9.430/1996.

Gabarito "E"

(Auditor Fiscal da Receita Federal – 2002.1 – ESAF) A mudança de orientação, relativamente à posição expressa em processo de consulta anterior,

(A) somente atinge os fatos geradores que ocorram após a ciência ou a publicação na imprensa oficial da nova orientação.
(B) retroage seus efeitos à data de propositura do processo de consulta.
(C) por ser de caráter interpretativa, retroage seus efeitos a todos os fatos anteriores, sem limitação temporal.

(D) não se aplica aos processos de consulta já definitivamente solucionados.

(E) deve ser veiculada em ato normativo para que possa produzir efeitos.

A assertiva em A reflete o disposto no art. 48, § 12, da Lei 9.430/1996.

Gabarito "A".

(Auditor Fiscal da Receita Federal – 2002.1 – ESAF) Relativamente à representação penal para fins fiscais, é incorreto afirmar que

(A) os processos fiscais em que houve a representação têm andamento e serão julgados prioritariamente pelos órgãos competentes da Secretaria da Receita Federal e pelos Conselhos de Contribuintes do Ministério da Fazenda.

(B) deve ser formalizada em autos separados do processo administrativo fiscal e protocolizada na mesma data deste.

(C) somente deve ser formalizada no caso de ocorrência de crimes contra a ordem tributária.

(D) os processos fiscais em que houve representação têm prioridade de tratamento na cobrança administrativa, no encaminhamento para execução em Dívida Ativa, na efetivação da inscrição e no ajuizamento das respectivas inscrições.

(E) será encaminhada ao órgão do Ministério Público no prazo de dez dias contados da data de concessão de parcelamento.

A e **D**: art. 27 do Decreto 70.235/1972; **B**: art. 1º do Decreto 2.730/1998; **C**: qualquer situação que, em tese, configure crime relacionado às atividades da Receita Federal deve ser objeto de representação fiscal para fins penais, inclusive no caso de contrabando e descaminho – ver, a propósito, o disposto no art. 1º, II, Decreto 2.730/1998; **E**: art. 4º, II, da Portaria RFB 665/2008.

Gabarito "C".

(Auditor Fiscal da Receita Federal – 2002.1 – ESAF) Contra decisão de Turma da Câmara Superior de Recursos Fiscais

(A) não cabe recurso, porque a decisão é definitiva na esfera administrativa.

(B) cabe recurso especial, dirigido ao Pleno daquele órgão, quando der à lei tributária interpretação divergente da que lhe tenha dado outra Turma.

(C) cabe recurso de ofício, quando determinar o cancelamento de crédito tributário superior ao limite de alçada.

(D) cabe recurso especial, dirigido ao Pleno daquele órgão, quando for contrária à lei ou à evidência da prova.

(E) cabem embargos infringentes para a Seção daquele órgão.

Há previsão de recurso especial à Câmara Superior de Recurso Fiscais no caso de interpretação divergente da que tenha sido dada à lei tributária por outra Câmara, turma de Câmara, turma especial ou pela própria Câmara Superior de Recursos Fiscais – art. 37, § 2º, II, do Decreto 70.235/1972.

Gabarito "B".

(Auditor Fiscal da Receita Federal – 2002.1 – ESAF) Os atos processuais, no processo administrativo, podem ser praticados somente por

(A) maiores de 16 anos, diretamente.

(B) maiores de 21 anos, diretamente.

(C) intermédio de advogado devidamente inscrito na OAB.

(D) maiores de 18 anos, diretamente.

(E) despachantes aduaneiros, nos processos de importação de mercadorias.

Os atos processuais podem ser praticados por pessoas com plena capacidade civil (a partir dos dezoito anos de idade, em regra – art. 5º do CC).

Gabarito "D".

(Auditor Fiscal da Receita Federal – 2002.1 – ESAF) Havendo, no processo administrativo, expressões injuriosas ao agente público, o procedimento apropriado é

(A) mandar riscar as expressões injuriosas.

(B) cientificar o ofendido para que possa representar ao Ministério Público, por se tratar de crime de ação pública condicionada.

(C) comunicar ao Ministério Público para que promova a competente ação penal.

(D) apreciar a questão na decisão administrativa, para que não ocorra nulidade pelo cerceamento do direito de defesa.

(E) determinar a abertura de inquérito administrativo para a apuração dos fatos.

O julgador, de ofício ou por requerimento do ofendido, mandará riscar expressões injuriosas eventualmente escritas – art. 16, § 2º, do Decreto 70.235/1972.

Gabarito "A".

(Auditor Fiscal da Receita Federal – 2002.1 – ESAF) Indique a opção que expressa de forma correta a ordem cronológica dos atos relativos ao procedimento de cassação da imunidade de impostos federais.

(A) Instauração do procedimento fiscal; expedição de ato declaratório; apresentação de alegações contra a cassação; ciência do relatório de auditoria fiscal; lavratura de auto de infração; impugnação ao lançamento; impugnação contra a cassação da imunidade; reunião dos processos administrativos de cassação da imunidade e de exigência de crédito tributário.

(B) Instauração do procedimento fiscal; ciência do relatório de auditoria fiscal; expedição de ato declaratório; apresentação de alegações contra a cassação; impugnação contra a cassação da imunidade; lavratura de auto de infração; impugnação ao lançamento; reunião dos processos administrativos de cassação da imunidade e de exigência de crédito tributário.

(C) Instauração do procedimento fiscal; lavratura de auto de infração; impugnação ao lançamento; ciência do relatório de auditoria fiscal; apresentação de alegações contra a cassação; expedição de ato declaratório; impugnação contra a cassação da imunidade; reunião dos processos administrativos de cassação da imunidade e de exigência de crédito tributário.

(D) Instauração do procedimento fiscal; ciência do relatório de auditoria fiscal; apresentação de alegações contra a cassação; expedição de ato declaratório; impugnação contra a cassação da imunidade; lavratura de auto de infração; impugnação ao lançamento; reunião dos processos administrativos de cassação da imunidade e de exigência de crédito tributário.

(E) Instauração do procedimento fiscal; ciência do relatório de auditoria fiscal; apresentação de alegações contra a cassação; lavratura de auto de infração; impugnação ao lançamento; impugnação contra a cassação da imunidade; expedição de ato declaratório; reunião dos processos administrativos de cassação da imunidade e de exigência de crédito tributário.

A assertiva em D descreve o procedimento previsto no art. 32 da Lei 9.430/1996.

Gabarito "D"

(Auditor Fiscal da Receita Federal – 2002.1 – ESAF) O julgamento do processo relativo à infração de perda de mercadoria, aplicado segundo a legislação do Imposto sobre Produtos Industrializados – IPI, é realizado em

(A) duas instâncias ordinárias e uma especial, pelas Delegacias da Receita Federal de Julgamento, Conselho de Contribuintes e Câmara Superior de Recursos Fiscais, respectivamente.

(B) instância única, pelo Delegado da Receita Federal.

(C) duas instâncias, pelo Delegado e pelo Superintendente Regional da Receita Federal.

(D) duas instâncias, pelo Delegado e pelo Secretário da Receita Federal.

(E) instância única, pelo Superintendente Regional da Receita Federal.

Art. 25 do Decreto 70.235/1972.

Gabarito "A"

(Auditor Fiscal da Receita Federal – 2002.1 – ESAF) Em relação à intimação, no processo administrativo fiscal de exigência de créditos tributários, é incorreto afirmar:

(A) não existe ordem de preferência para utilização da intimação pessoal e por via postal.

(B) considera-se domicílio tributário eleito pelo sujeito passivo, o do endereço postal, eletrônico ou de fax, por ele fornecido, para fins cadastrais, à Secretaria da Receita Federal.

(C) quando por via postal, telegráfica ou qualquer outro meio ou via, se omitida a data do recebimento, considera-se efetivada trinta dias após a data da expedição da intimação.

(D) o edital deve ser publicado, uma única vez, em órgão da imprensa oficial, ou afixado em dependência, franqueada ao público, do órgão encarregado da intimação.

(E) a intimação pessoal dá-se com a assinatura do sujeito passivo, seu mandatário ou preposto.

A: art. 23, § 3º, do Decreto 70.235/1972; **B:** art. 23, § 4º, do Decreto 70.235/1972; **C:** o prazo, na hipótese, é de quinze dias (não trinta) – art. 23, § 2º, II, do Decreto 70.235/1972; **D:** art. 23, § 1º, II e III, do Decreto 70.235/1972; **E:** art. 23, I, do Decreto 70.235/1972.

Gabarito "C"

(Auditor Fiscal da Receita Federal – 2002.1 – ESAF) Relativamente à suspeição de autoridade ou servidor e sua arguição, no processo administrativo, assinale a opção incorreta.

(A) É suspeita a autoridade que tenha amizade íntima com algum dos interessados.

(B) É suspeita a autoridade que tenha inimizade notória com o advogado do interessado.

(C) É suspeita a autoridade que tenha inimizade notória com a companheira do interessado.

(D) É suspeita a autoridade que tenha inimizade notória com o cônjuge do interessado.

(E) É suspeita a autoridade que tenha amizade íntima com qualquer parente ou afim do interessado, até o terceiro grau.

A suspeição de autoridade ou servidor refere-se à amizade íntima ou à inimizade notória com algum dos interessados ou com os respectivos cônjuges, companheiros, parentes e afins até o terceiro grau – art. 20 da Lei 9.784/1999.

Gabarito "B"

(Auditor Fiscal da Receita Federal – 2002.1 – ESAF) Relativamente à contagem de prazos, no processo administrativo, é incorreto afirmar que

(A) o último dia para praticar o ato processual é aquele em que recair o termo final do prazo.

(B) os prazos fixados em meses ou anos contam-se de data a data. Se no mês do vencimento não houver o dia equivalente àquele do início do prazo, tem-se como termo o último dia do mês.

(C) os prazos só se iniciam ou vencem no dia de expediente normal no órgão em que corra o processo ou deva ser praticado o ato.

(D) uma vez iniciada a contagem, nela incluem-se os finais de semana e feriados.

(E) a contagem do prazo, cuja intimação foi feita em dia não útil, inicia-se no primeiro dia útil subsequente.

Art. 5º do Decreto 70.235/1972 e art. 66 da Lei 9.784/1999.

Gabarito "E"

(Auditor Fiscal da Receita Federal – 2002.1 – ESAF) Os princípios que expressam a garantia da parte de tomar conhecimento dos atos processuais e de reagir contra esses, bem como o dever da administração pública de apreciar a legalidade dos atos de seus agentes independentemente de provocação, devendo impulsionar o processo até sua conclusão e diligenciar no sentido de reunir o conhecimento dos atos necessários ao seu deslinde, são, respectivamente:

(A) contraditório e oficialidade;

(B) ampla defesa e legalidade;

(C) contraditório e legalidade;

(D) ampla defesa e oficialidade;

(E) contraditório e verdade material.

A assertiva refere-se aos princípios do contraditório e da oficialidade (ou impulso oficial).

Gabarito "A"

(Auditor Fiscal da Receita Federal – 2002.1 – ESAF) "Quando puder decidir do mérito a favor do sujeito passivo a quem aproveitaria a declaração de nulidade, a autoridade julgadora não a pronunciará nem mandará repetir o ato ou suprir-lhe a falta." Esta norma, contida no art. 59, § 3º do Decreto nº 70.235/72, exprime o princípio da

(A) legalidade
(B) oficialidade
(C) verdade material
(D) economia processual
(E) ampla defesa

A assertiva refere-se ao princípio da economia processual. Pode-se, ainda, fazer referência ao princípio do *pas de nullité sans grief* (não há nulidade se não houver prejuízo).

Gabarito "D"

(Auditor Fiscal da Previdência Social – 2002 – ESAF) Assinale com V ou F as assertivas abaixo, conforme sejam verdadeiras ou falsas e, a seguir, indique a sequência correta.

( ) No âmbito a Administração Pública Federal, e em se tratando de processo administrativo que afete interesse do administrado, este pode se recusar a colaborar para o esclarecimento dos fatos que lhe sejam desfavoráveis.

( ) Nos casos em que a representação por advogado não seja exigida por lei, no processo administrativo no âmbito da Administração Pública Federal é assegurado ao administrado o direito de fazer-se assistir por advogado.

( ) No âmbito da Administração Pública Federal, ressalvados os processos sigilosos, o administrado tem direito de obter cópias dos documentos contidos nos processos administrativos em que tenha a condição de interessado.

(A) F, F. V
(B) F, V, F
(C) V, V, F
(D) V, F, V
(E) V, V, V

1ª: o administrado tem o dever de prestar as informações que lhe forem solicitadas e colaborar para o esclarecimento dos fatos – art. 4º, IV, da Lei 9.784/1999; **2ª**: art. 3º, IV, da Lei 9.784/1999; **3ª**: o interessado tem direito de obter cópia dos processos administrativos, mesmo no caso de sigilo, que não pode ser oposto contra ele – art. 3º, II, da Lei 9.784/1999.

Gabarito "B"

(Auditor Fiscal da Previdência Social – 2002 – ESAF) O órgão julgador competente, apreciando litígio relativo a cancelamento de isenção de determinada fundação, após se fundamentar nos aspectos fáticos da questão e se reportar a anteriores pronunciamentos da Consultoria Jurídica do MPAS, decidiu pela manutenção do cancelamento. A parte dispositiva da decisão registra: "Tendo em vista os aspectos fáticos supra referidos e considerando o que consta do Parecer/CJ/nº 696/96, é de ser mantido o cancelamento da isenção." A decisão em questão:

(A) É nula por não estar motivada.
(B) Independe de motivação explícita por não impor sanção.
(C) É nula, porque a motivação não pode consistir em concordância com fundamentos de pareceres anteriores.
(D) Não padece de vício quanto à motivação, desde que o parecer nela mencionado faça parte integrante do ato.
(E) Independe de motivação explícita porque será obrigatoriamente revista pelo órgão hierarquicamente superior que, por dever de ofício, deve conhecer o parecer nela referido.

A decisão pode adotar os fundamentos de parecer, sem ofensa ao princípio da motivação. Ver, a propósito, precedente relativo a decisão judicial – RMS 22.676/DF-STJ.

Gabarito "D"

(Auditor Fiscal da Previdência Social – 2002 – ESAF) Assinale com F ou V as assertivas abaixo, conforme sejam falsas ou verdadeiras e, a seguir, indique a opção que contém a sequência correta.

( ) Entendido o processo administrativo genericamente como "instrumento indispensável para o exercício da função administrativa", no sentido amplo "de modo a abranger a série de atos preparatórios de uma decisão final da Administração", pode-se considerar que o processo administrativo tributário alcança os relativos a consulta sobre interpretação da legislação tributária e pedido de isenção.

( ) O processo administrativo tributário decorrente de auto de infração e de notificação de lançamento constitui uma revisão interna da legalidade do ato administrativo, como manifestação da função de autocontrole da Administração Pública.

( ) O processo administrativo tributário insere-se no sistema jurídico brasileiro como um processo com função jurisdicional.

(A) V, V, F
(B) V, V, V
(C) F, V, F
(D) F, F, V
(E) F, V, V

1ª: as consultas atinentes à legislação tributária e as demandas administrativas relativas a isenções submetem-se ao processo administrativo fiscal; **2ª**: interessa à administração assegurar-se da correção de seus autos, o que é reforçado pelo contraditório mediante processo administrativo; **3ª**: o termo "jurisdicional" é normalmente adotado para se referir à atividade estatal exercida pelo Poder Judiciário.

Gabarito "A"

(Auditor Fiscal da Previdência Social – 2002 – ESAF) A empresa ALFA foi notificada de lançamento por falta de recolhimento de contribuição social de competência do INSS. Dentro do prazo legal, impugnou a exigência, alegando que deixou de efetuar o recolhimento amparada em autorização judicial e instruiu sua impugnação com cópia da petição inicial de ação objetivando não ser compelida a recolher a contribuição por não se caracterizar como sujeito passivo, bem como da liminar concedida. Argumenta, ainda, que, mesmo que não estivesse amparada em medida judicial, o lançamento, tal qual formalizado, não poderia prosperar, pois padece de erros na sua quantificação (determinação errônea da base de cálculo), conforme demonstra. Nesse caso, a autoridade julgadora deverá:

(A) Não tomar conhecimento da impugnação porque, ao ingressar na justiça, o contribuinte renunciou à via administrativa para discutir o lançamento, determinando o encaminhamento do crédito, sem julgamento, para a cobrança.
(B) Não tomar conhecimento da impugnação no que se refere à matéria submetida ao judiciário e decidi-la quanto à determinação da base de cálculo.
(C) Sustar o andamento do processo até que sobrevenha a decisão definitiva na esfera judicial e só então, se for o caso, encaminhar o crédito para cobrança.
(D) Não tomar conhecimento da impugnação e julgar o processo normalmente, em todos seus aspectos, pois as instâncias administrativa e judicial são independentes.
(E) Cancelar o lançamento, porque estando o contribuinte amparado por liminar, o crédito não poderia ter sido formalizado.

Quanto à questão submetida ao Judiciário, entende-se que houve desistência da via administrativa – art. 38, p. único, da Lei 6.830/1980. No que se refere à matéria que não foi objeto de demanda judicial (determinação da base de cálculo), não há prejudicialidade, de modo que o processo administrativo deve prosseguir.

Gabarito "B"

(Auditor Fiscal da Previdência Social – 2002 – ESAF) Assinale a afirmativa correta.

(A) A decisão irrecorrível, no processo administrativo tributário, contrária ao sujeito passivo, faz coisa julgada, não podendo ser submetida à apreciação do Poder Judiciário.
(B) Na contagem dos prazos no processo administrativo tributário excluem-se os dias em que não seja normal o expediente no órgão em que corra o processo.
(C) Não havendo pedido de revisão do acórdão de Câmara de Julgamento do Conselho de Recursos da Previdência Social (CRPS), o trânsito em julgado administrativo da decisão ocorre com a ciência do sujeito passivo.
(D) Não sendo feito o depósito para recurso, o INSS não pode apreciar sequer a matéria de fato nele alegada.
(E) De acordo com o Decreto que rege o processo administrativo de consulta sobre a legislação tributária federal, estando o sujeito passivo com dúvidas a respeito de dispositivo da legislação aplicável a fato em relação ao qual tenha sido intimado a cumprir obrigação, a apresentação de consulta suspende o procedimento fiscal em curso até a solução final da consulta.

A: o sujeito passivo pode questionar a decisão administrativa final em ação judicial, por conta do princípio da inafastabilidade do controle jurisdicional – art. 5º, XXXV, da CF; **B:** os prazos somente se iniciam ou vencem em dia de expediente normal, mas não se suspendem nos períodos em que não há expediente – art. 5º, p. único, do Decreto 70.235/1972; **C:** atualmente, o julgamento compete ao 2º Conselho de Contribuintes do Ministério da Fazenda – art. 29 da Lei 11.457/2007 (Receita Federal do Brasil); **D:** o STF pacificou o entendimento contrário à exigibilidade do chamado depósito recursal; **E:** a consulta não produzirá efeito, na hipótese – art. 52, II, do Decreto 70.235/1972.

Gabarito "C"

(Auditor Fiscal da Previdência Social – 2002 – ESAF) Em relação aos conflitos referentes a exigências de contribuição social de competência do INSS e considerando a natureza jurídica do processo administrativo tributário, assinale, a seguir, a assertiva incorreta.

(A) O sujeito passivo tem o direito de discutir o conflito concomitantemente nas vias administrativa e judicial, desde que a propositura da ação judicial seja anterior ao lançamento.
(B) O sujeito passivo pode discutir o conflito inicialmente na via administrativa para, posteriormente, dirigir-se à via judicial.
(C) O sujeito passivo pode, se o desejar, discutir o conflito apenas na via administrativa ou apenas na via judicial.
(D) Os conflitos entre o INSS e o sujeito passivo podem ser solucionados tanto no âmbito administrativo como na esfera judicial.
(E) A propositura, pelo sujeito passivo, de ação judicial que tenha por objeto idêntico pedido sobre o qual trate o processo administrativo importa renúncia à discussão na via administrativa.

O sujeito passivo pode discutir a exigibilidade do tributo tanto na via administrativa como na judicial. No entanto, a opção pela ação judicial implica renúncia ao direito de recorrer administrativamente e desistência de recurso eventualmente apresentado – art. 38, p. único, da Lei 6.830/1980. Ou seja, é inviável a discussão simultânea nas duas vias.

Gabarito "A"

(Auditor Fiscal da Previdência Social – 2002 – ESAF) Ao determinar, de ofício, a realização de diligência, e ao mesmo tempo ordenar que seja dada ciência do resultado da diligência ao sujeito passivo para que sobre esse resultado se manifestasse, a autoridade julgadora está observando, ao mesmo tempo, os seguintes princípios:

(A) Informalidade, contraditório e ampla defesa.
(B) Oficialidade, contraditório e ampla defesa.
(C) Neutralidade, contraditório e inércia.
(D) Verdade material, informalidade e oficialidade.
(E) Inércia, verdade material e contraditório.

A determinação de ofício indica o impulso oficial ou oficialidade. A ciência ao sujeito passivo permite o exercício do contraditório e da ampla defesa.

Gabarito "B"

(Auditor Fiscal da Previdência Social – 2002 – ESAF) Assinale, a seguir, a opção em que não há uma correspondência entre o princípio enunciado e sua influência no processo administrativo tributário.

(A) Livre convencimento- O julgador não está adstrito à conclusão apresentada como resultado da diligência solicitada, podendo dele divergir, desde que fundamentadamente.
(B) Contraditório e ampla defesa- Se no curso do processo ocorrer alteração da fundamentação legal, devolve-se ao sujeito passivo o prazo para impugnação.
(C) Legalidade- O julgador age apenas quando provocado pelas partes e no limite dos seus pedidos.
(D) Oficialidade- Iniciado o processo, compete à própria administração impulsioná-lo até sua conclusão, diligenciando no sentido de reunir o conhecimento dos atos necessários ao seu deslinde.
(E) Verdade material- A autoridade julgadora tem o direito e o dever de carrear para o expediente todos os dados, informações, documentos a respeito da matéria tratada, sem estar jungida aos aspectos considerados pelos sujeitos.

As alternativas descrevem corretamente os princípios indicados, com exceção da C. O princípio da legalidade refere-se à vinculação às disposições legais. A assertiva em C, de que o julgador age apenas quando provocado pela partes no limite do pedido, refere-se à inércia (ou princípio dispositivo).

Gabarito "C"

(Auditor Fiscal da Previdência Social – 2002 – ESAF) Ao apreciar impugnação, a autoridade julgadora, antes de proferir a decisão, determinou, de ofício, a realização de diligência e abertura de prazo para que o sujeito passivo se manifestasse sobre seu resultado. Assinale, com F ou V, conforme sejam falsas ou verdadeiras as afirmativas abaixo acerca da atitude da autoridade e, a seguir, assinale a opção que contém a sequência correta.

( ) Atende ao princípio da oficialidade.
( ) Atende ao princípio da livre convicção.
( ) Viola o princípio da verdade material.
( ) Atende ao princípio da verdade formal.
( ) Viola o princípio do contraditório.

(A) F, V, F, F, F
(B) V, V, F, F, F
(C) V, V, F, V, F
(D) V, V, F, F, V
(E) F, V, F, F, V

1ª: o impulso oficial para o andamento do processo, pela determinação de ofício, refere-se ao princípio da oficialidade; **2ª**: atende-se o princípio do livre convencimento ou da livre convicção, pois o julgador busca subsídios para bem fundamentar sua decisão; 3ª e **4ª**: é o oposto, pois a determinação de diligências visa a investigar a realidade, para chegar-se o mais próximo possível da verdade material (não se atendo à verdade formal); **5ª**: não há violação ao contraditório, pois foi dada oportunidade para que o interessado se manifestasse acerca da diligência realizada.

Gabarito "B"

(Auditor Fiscal da Previdência Social – 2002 – ESAF) Tendo em vista as normas e princípios do processo administrativo federal e, particularmente, do contencioso administrativo fiscal no âmbito do INSS, é correto afirmar que:

(A) A legitimidade para formular consulta sobre dispositivo da legislação relativa à contribuição social para a seguridade social é privativa do sujeito passivo, competindo à autoridade julgadora declarar sua ineficácia, se for o caso.
(B) Tendo o impugnante tomado ciência de Decisão-Notificação que lhe foi totalmente desfavorável no dia 07/06/2002 (sexta-feira), e, transcorrido o dia 24/06/2002 (segunda-feira) sem interposição de recurso voluntário, a decisão transitou em julgado administrativamente no dia 25/06/2002.
(C) Em caso de intimação feita por via postal, não constando do aviso de recebimento (AR) data e assinatura do recebedor, considera-se feita a intimação quinze dias após a data da postagem.
(D) O julgador deve agir somente quando provocado pelas partes e no limite dos seus pedidos.
(E) De acordo com o princípio da informalidade, no contencioso administrativo a autoridade pode escolher livremente a forma de fazer a intimação, entre as previstas na legislação (ciência no processo, via postal mediante AR, edital, telegrama ou qualquer outro meio que assegure a certeza da ciência do interessado).

A: os órgãos da administração pública e as entidades representativas de categorias econômicas ou profissionais também podem formular consultas – art. 46, p. único, do Decreto 70.235/1972; **B:** atualmente, o prazo para recurso voluntário é de 30 dias (não vigora o prazo de 15 dias previsto na Portaria MPAS 357/2002 – isso prejudica o gabarito oficial) – art. 21, § 1º, da Portaria RFB 10.875/2007; **C:** o prazo é de 15 dias da data da expedição da intimação, na hipótese – art. 29, § 2º, II, da Portaria RFB 10.875/2007; **D:** o julgador pode determinar a realização de diligências ou perícias de ofício (princípio da oficialidade) – art. 11 da Portaria RFB 10.875/2007; **E:** a intimação por edital somente é realizada quando improfícuos os demais meios – art. 29, § 1º, da Portaria RFB 10.875/2007.

Gabarito "B"

(Auditor Fiscal da Previdência Social – 2002 – ESAF) Considerando os princípios e normas que regem o Contencioso Administrativo Fiscal no âmbito do INSS, assinale, a seguir, a afirmativa correta.

(A) Por envolver situação de litígio e objetivando a maior segurança jurídica, os atos e termos processuais, no contencioso administrativo fiscal, possuem formas rígidas, previstas na lei, que, se não observadas, acarretam a nulidade absoluta do processo.
(B) Qualquer irregularidade na numeração das páginas do processo referente ao contencioso administrativo fiscal, por gerar dúvida quanto ao cumprimento do contraditório e ampla defesa, constitui vício insanável, acarretando a nulidade do processo.

(C) No âmbito do INSS, compete ao Pleno Conselho de Recursos da Previdência Social (CRPS) julgar, em última instância, os recursos interpostos contra decisões do INSS, nos processos de interesse dos contribuintes.

(D) O INSS não pode, em hipótese alguma, escusar- se de, no prazo previsto no ato normativo regulamentador, cumprir a decisão de Câmara de Julgamento do Conselho de Recursos da Previdência Social (CRPS), sob pena de responsabilidade pessoal do chefe do setor encarregado da execução do julgado.

(E) Compete aos respectivos Presidentes ou ao Presidente do Conselho de Recursos da Previdência Social (CRPS) lançar, de ofício ou a requerimento das partes, as inexatidões materiais constantes de decisões proferidas pelos órgãos do CRPS.

A e **B**: o processo administrativo fiscal observa, em boa medida, o princípio da informalidade, sendo que não há a rigidez do processo judicial, por exemplo. Assim, não é declarada a nulidade quando (a) o mérito puder ser decidido favoravelmente ao sujeito passivo a quem aproveitaria essa declaração, (b) quando resultar em prejuízo ao sujeito passivo e ele não tiver dado causa à nulidade ou (c) quando não influir na solução do litígio (*pas de nullité sans grief* – não há nulidade sem prejuízo) – arts. 59, § 3º, e 60, ambos do Decreto 70.235/1972; **C**: atualmente, a segunda instância administrativa corresponde ao Conselho Administrativo de Recursos Fiscais do Ministério da Fazenda, cabendo, excepcionalmente, recurso especial à Câmara Superior de Recursos Fiscais – arts. 25, II, e 37, § 2º, ambos do Decreto 70.235/1972; D e **E**: alternativas prejudicadas pela transferência das atribuições do Conselho de Recursos da Previdência Social para o 2º Conselho de Contribuintes do Ministério da Fazenda – art. 29 da Lei 11.457/2007.

Gabarito "E".

(Auditor Fiscal da Previdência Social – 2002 – ESAF) Assinale com F ou V as afirmativas abaixo, conforme sejam falsas ou verdadeiras e, a seguir, indique a sequência correta.

( ) Devendo observar, entre outros, o princípio da verdade material, o contencioso administrativo fiscal, no âmbito do INSS, não pode ter prazos preclusivos.

( ) Estando sujeito ao contraditório e à garantia de ampla defesa, o contencioso administrativo fiscal, no âmbito do INSS, deve admitir a reabertura de prazo para pronunciamento do sujeito passivo sempre que a administração apresentar contrarrazões.

( ) O contencioso administrativo fiscal, no âmbito do INSS, admite a juntada de documentos após a impugnação.

(A) F, V, F
(B) V, V, F
(C) F, V, V
(D) V, F, F
(E) F, F, V

1ª: embora o processo administrativo fiscal seja orientado pelo princípio da verdade material, o interessado deve observar os prazos processuais, sob pena de preclusão (se descumprir o prazo, não poderá praticar o ato processual); **2ª**: o julgador deve analisar a necessidade de reabertura do prazo para resposta às contrarrazões, ou então o processo poderá se alongar indefinidamente; **3ª**: isso é possível, nos casos descritos no art. 16, §§ 4º e 5º, do Decreto 70.235/1972.

Gabarito "E".

(Auditor Fiscal da Previdência Social – 2002 – ESAF) Embora o artigo 142 do Código Tributário Nacional se refira ao lançamento como "procedimento administrativo" e como "atividade administrativa vinculada e obrigatória", a doutrina não é uniforme quanto a constituir, o lançamento, um procedimento ou um ato administrativo tributário. Figuras das mais respeitáveis entre os estudiosos do Direito Tributário brasileiro entendem que o lançamento seja um ato (Alberto Xavier, Paulo de Barros Carvalho, Luciano Amaro). Aceitando a tese segundo a qual "*o lançamento não é procedimento, é ato, ainda que praticado após um procedimento (eventual, e não necessário) de investigação de fatos cujo conhecimento e valorização se façam necessários para a consecução do lançamento*" (Luciano Amaro) e tendo em vista as normas sobre vícios, revisão e extinção dos atos administrativos, assinale as afirmativas abaixo com F para falsa e V para verdadeira e, a seguir, marque a opção que contém a sequência correta.

( ) O ato administrativo tributário do lançamento pode ser revogado no curso do processo pela autoridade administrativa que o praticou.

( ) O ato administrativo tributário do lançamento pode ser revisto no curso do processo.

( ) O processo administrativo tributário pode resultar em anulação do ato administrativo tributário do lançamento.

( ) No curso do processo administrativo pode ser verificado que o ato administrativo tributário do lançamento contém vícios que, todavia, não acarretam sua nulidade.

(A) F, F, F, V
(B) V, V, F, F
(C) V, F, V, V
(D) F, F, V, F
(E) F, V, V, V

1ª: o lançamento é ato (ou procedimento) vinculado e obrigatório (art. 142, p. único, do CTN), ou seja, não se sujeita ao juízo de conveniência e oportunidade da autoridade fiscal. A revogação pressupõe juízo de conveniência e oportunidade, o que evidencia sua incompatibilidade com o lançamento – art. 53 da Lei 9.784/1999; 2ª, 3ª e **4ª**: o processo administrativo é uma forma de controle da regularidade do lançamento, de modo que pode ser revisto ou anulado pela autoridade julgadora – art. 145 do CTN. Eventualmente, caso o vício não prejudique a essência do ato (ou procedimento), não haverá falar em nulidade (*pas de nullité sans grief* – não há nulidade sem prejuízo).

Gabarito "E".

(Auditor Fiscal da Previdência Social – 2002 – ESAF) Considerando as normas que regem o Contencioso Administrativo Fiscal no âmbito do INSS, assinale, a seguir, a opção correta.

(A) Os documentos que instruem o processo podem, mediante requerimento, ser restituídos ao sujeito passivo em qualquer fase do processo, bastando, para tanto, que fique cópia autenticada dos mesmos nos autos.

(B) Havendo, entre órgãos do Ministério da Previdência e Assistência Social, controvérsia na aplicação da lei, o Chefe da Divisão de Arrecadação da Gerência Executiva do INSS solicitará ao Ministro de Estado da Previdência e Assistência Social que a solucione.

(C) O recurso contra decisão do INSS, mesmo intempestivo, deve sempre ser encaminhado ao Conselho de Recursos da Previdência Social (CRPS), a quem compete julgar a intempestividade.

(D) Se a autoridade julgadora entender desnecessária a perícia requerida pelo impugnante, pode indeferi-la, cabendo, do indeferimento, recurso hierárquico.

(E) A autoridade competente para julgar a impugnação tem competência para declarar a nulidade do ato impugnado.

A: a restituição de documentos somente é autorizada se não prejudicar a instrução do processo – art. 64 do Decreto 70.235/1972; **B:** alternativa prejudicada, pois o disposto no art. 40, I, da Portaria MPAS 357/2002 não vige atualmente; **C:** alternativa prejudicada, pois o disposto no art. 23, § 2º, da Portaria MPAS 357/2002 e no art. 27 da Portaria MPS 520/2004 não vigem atualmente; **D:** não há previsão de recurso hierárquico, na hipótese – arts. 18, 28 e 33 do Decreto 70.235/1972; **E:** art. 61 do Decreto 70.235/1972.

Gabarito "E".

(Auditor Fiscal da Previdência Social – 2002 – ESAF) Considerando as normas que regem o Contencioso Administrativo Fiscal no âmbito do INSS, assinale com F ou V, conforme a assertiva seja falsa ou verdadeira e, em seguida, assinale a opção que contém a sequência correta.

( ) Em hipótese alguma pode ser dado seguimento a recurso voluntário desacompanhado do depósito de 30% do valor da exigência fiscal definida na decisão.

( ) O processo decidido pelo Conselho de Recursos da Previdência Social (CRPS) pode ser objeto de revisão de julgado, por proposição do Chefe do Serviço/Divisão de Arrecadação.

( ) Cabe pedido de reconsideração, com efeito suspensivo, das decisões do INSS que julguem impugnação a auto de infração.

( ) Da decisão que declare indevida contribuição cabe recurso de ofício ao Conselho de Recursos da Previdência Social (CRPS).

(A) F, V, F, V
(B) V, V, F, F
(C) F, V, F, F
(D) V, F, V, F
(E) F, F, V, V

A: o STF fixou o entendimento pela inexigibilidade do chamado depósito recursal. O art. 33, § 2º, do Decreto 70.235/1972 foi revogado; **2ª:** assertiva prejudicada pela transferência das atribuições do Conselho de Recursos da Previdência Social para o 2º Conselho de Contribuintes do Ministério da Fazenda – art. 29 da Lei 11.457/2007; 3ª e **4ª:** atualmente, o julgamento do processo administrativo fiscal previdenciário é feito por órgãos do Ministério da Fazenda (não mais do INSS) – art. 25 da Lei 11.457/2007. Não cabe pedido de reconsideração da decisão de primeira instância – art. 36 do Decreto 70.235/1972. Somente há recurso de ofício à segunda instância administrativa quando a decisão afastar crédito em valor superior ao fixado por ato do Ministro da Fazenda ou deixar de aplicar pena de perda de mercadoria ou outros bens cominada à infração denunciada – art. 34, I e II, do Decreto 70.235/1972.

Gabarito "C".

(Auditor Fiscal da Previdência Social – 2002 – ESAF) Na segunda coluna abaixo, numere os parênteses com o algarismo romano que identifica o conceito apropriado contido na primeira coluna e, a seguir, indique a opção que contém a sequência correta.

1ª COLUNA:

I. Ato que dá início à fase litigiosa do procedimento.
II. Instrumento utilizado para formalização da constituição de crédito da Seguridade Social.
III. Requisito da notificação fiscal de lançamento de débito.
IV. Ato pelo qual a autoridade competente decide o litígio relacionado a auto de infração.
V. Ato pelo qual a autoridade competente, no curso do processo, retifica de ofício o lançamento de débito.
VI. Requisito do auto de infração.
VII. Dá continuidade à fase litigiosa do procedimento.

2ª COLUNA:

( ) Despacho-Decisório
( ) Auto de Infração
( ) Critérios de gradação da penalidade
( ) Discriminação dos fatos geradores
( ) Notificação fiscal de lançamento de débito
( ) Impugnação
( ) Decisão-Notificação
( ) Recurso contra decisão que indefere pedido de restituição

(A) V-II-VI-III-II-I-IV-I
(B) V-II-VI-II-I-IV-V-VII
(C) IV-II-VI-III-II-I-V-I
(D) V-II-VI-III-II-I-IV-VII
(E) IV-VII-VI-III-II-I-IV-I

I: a impugnação da exigência instaura a fase litigiosa do processo administrativo fiscal – art. 14 do Decreto 70.235/1972. Isso também ocorre por conta do recurso contra cancelamento de isenção, indeferimento do pedido de isenção, de restituição ou de reembolso – art. 2º da Portaria RFB 10.875/2007; **II:** o instrumento de constituição dos créditos da seguridade social são a Notificação Fiscal de Lançamento de Débito (NFLD) e o auto de infração – art. 1º da Portaria RFB 10.875/2007; **III:** a Notificação Fiscal de Lançamento de Débito (NFLD), como todo instrumento que formaliza o lançamento, deve descrever adequadamente a ocorrência do fato gerador e os elementos da obrigação tributária – art. 142 do CTN; IV e V: decisão-notificação e despacho-decisório eram termos antes utilizados – art. 3º, I e II, da Portaria MPAS 357/2002 e arts. 6º, I e II, da Portaria 520/2004. Atualmente, diz-se decisão, simplesmente – art. 28 do Decreto 70.235/1972 e art. 15 da Portaria RFB 10.875/2007; **VI:** o auto de infração deve descrever adequadamente o ilícito cometido e a aplicação da penalidade; **VII:** os atos processuais, promovidos pelo julgador ou pelo sujeito passivo, dão continuidade ao procedimento administrativo.

Gabarito "A".

(Auditor Fiscal da Previdência Social – 2002 – ESAF) O Código Tributário Nacional estabelece que a responsabilidade é excluída pela denúncia espontânea da infração, acompanhada, se for o caso, do pagamento do tributo e dos juros de mora devidos. Adotando o termo *espontaneidade* para designar esse procedimento do sujeito passivo e tendo em vista as normas estabelecidas no Decreto 70.235/72, que rege o processo administrativo de determinação e exigência dos créditos tributários da União e o de consulta, assinale, a seguir, a afirmativa correta.

(A) Uma vez regularmente iniciado o procedimento de fiscalização pela intimação do contribuinte para apresentação de livros e documentos, a espontaneidade do sujeito passivo fica excluída quanto aos atos anteriores e posteriores relacionados com a matéria objeto da fiscalização.

(B) O início do procedimento de fiscalização junto a um sujeito passivo exclui a responsabilidade dos demais envolvidos, após regularmente intimados.

(C) Se, decorridos mais de sessenta dias do início do procedimento fiscal, o agente fiscalizador não der ciência ao fiscalizado de nenhum ato relacionado com o procedimento de fiscalização, o sujeito passivo recupera a espontaneidade.

(D) O prazo de duração dos efeitos da exclusão da espontaneidade é improrrogável.

(E) Regularmente iniciado o procedimento de fiscalização, se o contribuinte apresentar consulta relacionada com o fato objeto da fiscalização, a espontaneidade fica recuperada até a decisão final da consulta.

A: a exclusão da espontaneidade, na hipótese, refere-se apenas aos atos anteriores – art. 7º, § 1º, do Decreto 70.235/1972; **B:** o início do procedimento exclui a espontaneidade dos demais envolvidos nas infrações verificadas, independentemente de intimação – art. 7º, § 1º, *in fine*, do Decreto 70.235/1972; **C:** art. 7º, § 2º, do Decreto 70.235/1972; **D:** o prazo é prorrogável, sucessivamente, por igual período (60 dias), por qualquer ato escrito que indique o prosseguimento dos trabalhos – art. 7º, § 1º, *in fine*, do Decreto 70.235/1972; **E:** a consulta não produz efeito quando formulada por quem estiver sob procedimento fiscal iniciado para apurar fatos que se relacionem com a matéria consultada – art. 52, III, do Decreto 70.235/1972.

Gabarito "C"

(Auditor Fiscal da Previdência Social – 2002 – ESAF) Alguns itens da primeira coluna abaixo constituem requisito da decisão administrativa. Numere os parênteses contidos em cada item da segunda coluna com o algarismo romano que, na primeira coluna, identifica requisito da decisão administrativa a ele relacionado. A seguir, indique a opção que contém a sequência correta.

1ª COLUNA:

I. Irrevisibilidade
II. Motivação
III. Publicidade
IV. Informalidade
V. Imparcialidade
VI. Discricionariedade

2ª COLUNA:

( ) Independência perante os interesses privados, individuais ou de grupos, perante os interesses partidários, perante os concretos interesses políticos do Governo.
( ) Objetiva garantir a ampla defesa e a plena possibilidade de controle, inclusive jurisdicional, da validade do ato.
( ) Constitui uma das características de que se compõe o princípio da eficiência do ato administrativo.
( ) Relaciona-se com a transparência do ato administrativo.
( ) Narrativa dos fatos e das razões jurídicas ensejadores do ato e demonstração da pertinêncialógica entre eles.

(A) VI, V, IV, III, I
(B) I, III, II, V, II
(C) V, III, II, III, II
(D) II, II, V, III, II
(E) V, II, V, III, II

I: em princípio, o lançamento pode ser revisto (revisibilidade) nos casos previstos no art. 145 do CTN. Ademais, a decisão administrativa pode ser revista pelo Judiciário, quando desfavorável ao sujeito passivo; **II:** a motivação é requisito essencial da decisão, garantindo a ampla defesa e o controle, inclusive pelo Judiciário; **III:** a publicidade é essencial para a validade dos atos administrativos fiscais, garantindo a transparência e permitindo o contraditório, a ampla defesa e o controle das decisões; IV: o processo administrativo fiscal observa, em boa medida, o princípio da informalidade, sendo que não há a rigidez do processo judicial, por exemplo; V: o julgador deve se manter equidistante dos interesses em disputa, como pressuposto para a decisão justa; **VI:** a discricionariedade refere-se ao juízo de conveniência e oportunidade, inaplicável, em regra, aos atos processuais a cargo do julgador.

Gabarito "E"

(Auditor Fiscal da Previdência Social – 2002 – ESAF) Em relação à prova, no procedimento administrativo de apuração e formalização de crédito tributário, é incorreto dizer que:

(A) não tendo ocorrido recusa ou sonegação de documento ou informação por parte do sujeito passivo, o ônus da prova do ilícito é da fiscalização.

(B) um indício, isoladamente, não é meio de prova que autorize o lançamento.

(C) a presunção legal relativa inverte o ônus da prova.

(D) em se tratando de presunção legal absoluta, qualquer prova em contrário apresentada pelo sujeito passivo não será considerada.

(E) não há qualquer limitação quanto às provas a serem usadas no processo administrativo tributário.

A: art. 9º, *in fine*, do Decreto 70.235/1972; **B:** não parece razoável a realização de lançamento com base em simples indício, já que é necessária a adequada descrição do fato gerador ou do ilícito cometido – art. 142 do CTN; **C:** a prova deve ser produzida por quem pretende ilidir a presunção relativa; **D:** a presunção absoluta não pode ser ilidida, de modo que qualquer prova em contrário é impossível; **E:** são inadmissíveis as provas obtidas por meios ilícitos (v. g. violação de correspondência ou escuta telefônica não autorizada judicialmente) – art. 30 da Lei 9.784/1999.

Gabarito "E"

(Auditor Fiscal da Previdência Social – 2002 – ESAF) Ao impugnar uma notificação de lançamento de débito, o sujeito passivo expôs os motivos de fato e de direito pelos quais entendia não poder prosperar a exigência e solicitou perícia, expondo os motivos que a justificavam, formulando os quesitos referentes aos exames desejados e indicando nome, endereço e qualificação profissional de seu perito. A autoridade julgadora singular não se manifestou sobre o pedido de perícia e julgou improcedente a impugnação. O sujeito passivo apresentou recurso, arguindo nulidade da decisão singular . Considerando a situação descrita, assinale, a seguir, a afirmativa correta.

(A) A Câmara julgadora do recurso, se entender que os elementos contidos no processo são suficientes para formação de sua convicção e se esta for em favor do sujeito passivo, deixará de decretar a nulidade e decidirá o mérito.

(B) A falta de pronunciamento do julgador singular sobre o pedido de perícia caracteriza nulidade da decisão por cerceamento de defesa, ficando a Câmara julgadora do recurso obrigada a anular o processo a partir da decisão singular, inclusive.

(C) A Câmara julgadora do recurso, se entender que a perícia solicitada na impugnação tem caráter meramente protelatório e que a decisão recorrida, no mérito, está correta, tendo em vista o princípio da economicidade processual, deverá não acolher a preliminar de nulidade e negar provimento ao recurso.

(D) O processo é nulo a partir da decisão da autoridade singular, inclusive, pois, tendo o impugnante observado os requisitos previstos na legislação para a formulação do pedido de perícia, a autoridade julgadora estava obrigada a deferi-lo.

(E) A Câmara julgadora do recurso, para evitar a supressão de instância, deverá determinar que o julgador singular defira a perícia e, a partir do seu resultado, profira nova decisão, só subindo o processo em grau de recurso se a nova decisão também for desfavorável ao sujeito passivo.

Não é declarada nulidade quando (a) o mérito puder ser decidido favoravelmente ao sujeito passivo a quem aproveitaria essa declaração, (b) quando resultar em prejuízo ao sujeito passivo e ele não tiver dado causa à nulidade ou (c) quando não influir na solução do litígio (*pas de nullité sans grief* – não há nulidade sem prejuízo) – arts. 59, § 3º, e 60, ambos do Decreto 70.235/1972.

Gabarito "A".

(Auditor Fiscal da Previdência Social – 2002 – ESAF) Intimado a cumprir exigência formalizada em notificação de lançamento de débito, o sujeito passivo impugnou-a, alegando erro na apuração do crédito por parte do autor do lançamento. Ao mesmo tempo, declarou não estar juntando os documentos que comprovam suas alegações, tendo em vista o excessivo volume, e requereu que os mesmos fossem verificados em seu estabelecimento. Considerando as normas e princípios que regem o processo administrativo, assinale as afirmativas abaixo com F para falsa e V para verdadeira e, a seguir, marque a opção que contém a sequência correta.

( ) A autoridade julgadora, sem qualquer outra indagação, deverá julgar procedente o lançamento, uma vez que, apresentadas pela fiscalização as provas em que se fundamentou, é ônus do sujeito passivo trazer aos autos as provas para desconstituir a acusação da fiscalização.

( ) O excessivo volume de documentos é motivo suficiente para justificar a inversão do ônus da prova.

( ) Tendo em vista o princípio da verdade material, a autoridade julgadora está obrigada a converter o julgamento em diligência para averiguar se ocorreu erro no lançamento.

( ) Se as alegações de defesa do contribuinte forem convincentes e os equívocos estiverem individualizados e demonstrados com precisão na impugnação, inclusive fazendo referência aos documentos e livros que os comprovam, justifica-se, pelos princípios da razoabilidade e da proporcionalidade, que a autoridade julgadora converta em diligência o julgamento para comprovação das alegações de defesa, evitando que se onere em demasia o sujeito passivo com a juntada dos documentos.

( ) Se na impugnação estiverem demonstrados e identificados os equívocos alegados, com referência expressa aos documentos e livros que os provam e que não foram juntados sob alegação de excessivo volume, a autoridade julgadora não deve se furtar de analisar as razões de defesa; se essas não a sensibilizarem, indeferirá motivadamente as pretensões do sujeito passivo por razões de mérito, sem que, desnecessariamente, tenha ele sido excessivamente onerado.

(A) F, F, V, V, F
(B) V, F, V, V, V
(C) V, F, F, F, F
(D) F, F, F, V, V
(E) V, F, F, F, V

A 4ª e a 5ª assertivas indicam adequadamente o procedimento a ser observado pela autoridade julgadora, à luz dos princípios da razoabilidade, proporcionalidade, informalidade e verdade material.

Gabarito "D".

(Auditor Fiscal da Previdência Social – 2002 – ESAF) Considerando as normas que regem o processo administrativo no âmbito da Administração Pública Federal (Lei 9.784/99), assinale com F ou V as proposições abaixo, conforme sejam falsas ou verdadeiras, e, a seguir, assinale a opção que contém a sequência correta.

( ) No processo administrativo, só é admitida a imposição de obrigações se estritamente necessárias ao atendimento do interesse público.

( ) Os atos administrativos, sem exceção, devem obrigatoriamente ter divulgação oficial.

( ) Nos processos relativos a situações de litígio, deve ser garantido o direito de apresentação de alegações finais.

( ) É vedada a aplicação retroativa de nova interpretação de norma administrativa.

( ) Desde que justificadamente atenda a fins de interesse geral, o administrador pode renunciar total ou parcialmente à sua competência.

(A) F, V, V, F, F
(B) V, V, V, F, F
(C) V, F, V, V, F
(D) V, V, F, F, V
(E) F, V, F, V, F

1ª: art. 2º, p. único, VI, da Lei 9.784/1999; **2ª**: o princípio da publicidade é excepcionalmente afastado no caso de sigilo previsto na Constituição Federal – art. 2º, p. único, V, da Lei 9.784/1999; **3ª**: art. 2º, p. único, X, da Lei 9.784/1999; **4ª**: art. 2º, p. único, XIII, *in fine*, da Lei 9.784/1999; **5ª**: a competência é irrenunciável, salvo os casos de delegação e avocação legalmente admitidos – art. 11 da Lei 9.784/1999.

Gabarito "C"

(Agente Tributário Estadual/MS – 2001 – ESAF) Assinale as proposições abaixo com F para falsa ou V para verdadeira e, a seguir, indique a opção que contém a sequência correta.

( ) Durante a tramitação do processo administrativo fiscal, a garantia da execução do crédito tributário mediante depósito administrativo do valor do crédito impugnado constitui faculdade do contribuinte.

( ) Tendo sido efetuado o depósito administrativo correspondente ao montante integral do valor impugnado e respectivos acréscimos, na hipótese de decisão definitiva favorável à Fazenda Pública, o valor depositado é convertido em renda ordinária, cobrando-se apenas do sujeito passivo os juros de mora incidentes pelo período transcorrido entre a data da efetivação do depósito e a data da conversão.

( ) É vedado estabelecer hipótese de obrigatoriedade de depósito prévio como garantia a ser oferecida pelo sujeito passivo, nos casos de compensação.

(A) F, F, F
(B) V, V, F
(C) V, F, F
(D) V, F, V
(E) F, V, V

1ª: esse é o entendimento do Judiciário, que, inclusive, afasta a obrigatoriedade do chamado depósito recursal; 2º: se houve depósito integral (administrativo ou judicial), não há aplicação de juros moratórios em desfavor do contribuinte; **3ª**: a compensação tributária é regulada pela legislação local, inclusive quanto às condições e às garantias exigidas – arts. 170, *caput*, e 183, *caput*, ambos do CTN.

Gabarito "C"

18. MICROEMPRESAS – ME E EMPRESAS DE PEQUENO PORTE – EPP

(Auditor Fiscal/CE – 2006 – ESAF) Considerando o tratamento diferenciado de que gozam as Microempresas (ME) e as Empresas de Pequeno Porte (EPP), assinale a afirmativa correta.

(A) Para fins de enquadramento como ME, no caso de empresa que possui mais de um estabelecimento no Estado do Ceará, o limite de receita bruta a ser considerado será o somatório da receita bruta de todos os seus estabelecimentos nesse Estado.

(B) A ME fica dispensada do cumprimento de obrigações tributárias acessórias, exceto emissão de nota fiscal.

(C) Se a ME ou a EPP ultrapassar, em qualquer mês do ano, o limite de receita bruta previsto na legislação para fim de enquadramento no regime diferenciado, deverá comunicar o fato à repartição fiscal, que fará o enquadramento em outro regime, que lhe seja mais adequado, a partir do ano subsequente.

(D) As MEs e as EPPs que promoverem operações de circulação de mercadorias emitirão nota fiscal com destaque do ICMS apurado segundo o regime simplificado.

(E) É vedado o enquadramento em regime diferenciado favorecido para ME e EPP de empresa que realize operações relativas a saídas interestaduais de mercadorias.

A: a receita bruta é contabilizada por contribuinte (por empresa), independentemente de quantos estabelecimentos tenha (dito de outra forma, soma-se a receita de todos os estabelecimentos) – art. 3º, I e II, da LC 123/2006; **B**: as MEs e EPPs sujeitam-se a diversas obrigações acessórias, além da emissão de documentos fiscais de venda ou serviço, como declarações anuais à Secretaria da Receita Federal, manutenção de livro-caixa etc. – arts. 25 a 27 da LC 123/2006; **C**: caso a ME ultrapasse o limite de receita, poderá se reenquadrar como EPP, desde que dentro do limite fixado para esta. Se ultrapassar o limite para as EPPs, o termo para sua exclusão decorre diretamente da lei e pode ser retroativo ao início das atividades ou a partir do exercício seguinte – art. 3º, §§ 7º a 12, da LC 123/2006; **D**: antes da LC 128/2008 não havia creditamento de ICMS nas operações realizadas por ME e EPP, o que tornava a assertiva incorreta. Porém, a partir dessa alteração legislativa, há possibilidade das MEs e EPPs emitirem nota fiscal com destaque de ICMS a ser apropriado pelo adquirente (desde que não optante pelo regime simplificado), em percentual equivalente ao previsto para o Simples Nacional – art. 23, §§ 1º a 6º, da LC 123/2006; **E**: não há essa vedação.

Gabarito "A"

19. CRIMES TRIBUTÁRIOS

(Auditor Fiscal da Previdência Social – 2002 – ESAF) No tocante ao crime de facilitação de contrabando e descaminho, pode-se afirmar que:

(A) quanto ao contrabando, deve-se remeter ao conceito previsto no art. 334 do Código Penal, qual seja, o ato fraudulento que se destina a evitar, total ou parcialmente, o pagamento de direitos e impostos previstos pela entrada, saída ou consumo (pagável na alfândega) de mercadorias.

(B) para a configuração do crime, o sujeito ativo não precisa estar no exercício de sua função.

(C) quanto à figura do descaminho, inclui-se a sub-reptícia importação ou exportação de mercadoria sem trânsito pela alfândega.

(D) o funcionário público que participar do fato sem que esteja no exercício de sua função responderá pelo crime de contrabando, previsto no art. 334 do Código Penal, como qualquer particular, diante da regra geral do art. 29 do mesmo diploma legal.

(E) para a configuração do crime, a lei exige finalidade especial, consistente na vantagem recebida, ou promessa de vantagem.

A: a assertiva refere-se ao descaminho, não ao contrabando; **B:** é preciso haver infração de dever funcional para configurar o crime de facilitação previsto no art. 318 do CP; **C:** a assertiva refere-se ao contrabando (o descaminho relaciona-se ao não pagamento de direito ou imposto) – art. 334 do CP; **D:** a assertiva é verdadeira; **E:** não há essa previsão.

Gabarito "D"

(Auditor Fiscal/CE – 2006 – ESAF) A expressão *direito tributário penal* identifica:

(A) normas do direito penal destinadas ao estudo dos crimes contra a ordem tributária.

(B) o setor do direito tributário que comina sanções não criminais para determinadas condutas ilegais.

(C) o mesmo que direito penal tributário.

(D) normas que figuram nos tipos penais relativos a diferentes crimes contra a administração pública.

(E) o conjunto das sanções criminais para determinadas condutas tributárias ilegais.

A responsabilidade tributária penal (prevista no chamado direito tributário penal) refere-se às sanções fixadas pela legislação tributária, em sentido estrito (multas, apreensões, perdimentos, exclusão do sujeito passivo de regimes especiais etc.). A responsabilidade penal tributária relaciona-se às sanções criminais (prisão, especificamente).

Gabarito "B"

(Auditor do Tesouro Municipal/Recife-PE – 2003 – ESAF) Prevê a Lei nº 8.137, de 27 de dezembro de 1990, que, nos crimes contra a ordem tributária cometidos em quadrilha ou coautoria, o coautor ou partícipe que por meio de confissão espontânea revelar à autoridade policial ou judicial toda a trama delituosa:

(A) ficará isento da pena de multa e terá, nos termos do Código Penal, reduzida a sua pena de detenção ou reclusão.

(B) fará jus à redução de um terço da sua pena, exceto no caso de pena de reclusão.

(C) terá a sua pena reduzida de um a três quartos, se for réu primário.

(D) ficará isento das penas de multa, detenção ou reclusão.

(E) terá a sua pena reduzida de um a dois terços.

O art. 16, p. único, da Lei 8.137/1990 prevê a redução da pena de um a dois terços, na hipótese.

Gabarito "E"

20. OUTRAS MATÉRIAS E TEMAS COMBINADOS

(Procurador da Fazenda Nacional – 2007 – ESAF)

- O Decreto n. 40.643/96, do Estado de São Paulo, que aprovou os termos do Convênio n. 132/95, concedeu certa isenção para os estabelecimentos industriais. A circunstância de a Lei Federal n. 4.502/64, que, para os fins nela previstos, equiparou o estabelecimento industrial ao importador, permite, segundo o CTN, a interpretação de que também o importador se beneficia da isenção?
- À luz do art. 38, § 2º, da Lei n. 6.374/89, do Estado de São Paulo, discutiu-se a atualização monetária do crédito do ICMS. Em face de norma estadual expressa, é admitido o uso das formas de integração do direito tributário, quais sejam, a analogia, os princípios gerais de direito tributário e de direito público e a equidade, se já previstas em lei federal (CTN, art. 108, I a IV)?
- O Plenário do STF, ao julgar o RE 213.396 (DJ de 01/12/2000), assentou a constitucionalidade do sistema de substituição tributária "para frente", mesmo antes da promulgação da EC n. 3/93. Nesse sistema, a obrigação tributária mostra-se anterior à realização concreta do fato tributável. O Convênio ICMS 10/89, que previu esse sistema, foi publicado no dia 30 de março. Poderia o Convênio alcançar os substitutos tributários por ele instituídos, já no mês de março de 1989?

(A) Sim, sim, sim

(B) Não, não, não

(C) Sim, não, sim

(D) Não, sim, não

(E) Sim, não, não

1ª: não, pois a norma isentiva deve ser interpretada estritamente (literalmente, na dicção do art. 111, II, do CTN); **2ª:** não, pois a integração pressupõe lacuna, ou seja, inexistência de norma expressa acerca do assunto – art. 108 do CTN; **3ª:** não há como, pois a substituição "para frente" implica inclusão do ônus relativo ao ICMS futuro no preço da mercadoria vendida pelo substituto – no caso, as saídas já realizadas até 30 de março não se submeteram à sistemática e é impossível alterá-las sem violar o ato jurídico perfeito.

Gabarito "B"

(Procurador da Fazenda Nacional – 2007 – ESAF)

- É solidária a responsabilidade dos sócios, ainda que integrantes de sociedade por quotas de responsabilidade limitada, em virtude do disposto em lei específica, qual seja, a Lei n. 8.620/93, segundo a qual "o titular da firma individual e os sócios das empresas por cotas de responsabilidade limitada respondem solidariamente, com seus bens pessoais, pelos débitos junto à Seguridade Social". Essa norma foi julgada inválida pelo STJ só porque proveniente de lei ordinária?
- Em se tratando de contribuição para o salário-educação, competia não ao INSS, agente arrecadador, mas à União, que a instituiu e é, portanto, sujeito ativo da obrigação tributária nos termos do art. 119 do CTN, integrar o polo passivo da ação de repetição de indébito?
- O resultado da venda de mercadorias constitui base de incidência de contribuição para a seguridade social?

(A) Sim, sim, sim

(B) Não, não, não

(C) Sim, não, sim

(D) Sim, não, não

(E) Sim, sim, não

1ª: sim, pois o STJ entende que a solidariedade prevista no art. 13 da Lei 8.620/1993 (atualmente revogado) deve ser interpretada em conjunto com o art. 135, III, do CTN, que tem força de lei complementar; **2ª**: não, pois a instituição do tributo é feita por quem detém competência tributária (União), o que não se confunde com sujeição ativa ou legitimidade passiva para a repetição (INSS); **3ª**: sim, pois o faturamento, que inclui as receitas de vendas de mercadorias, é fato gerador da contribuição social a cargo da empresa – art. 195, I, *b*, da CF.

Gabarito “C”

(Procurador da Fazenda Nacional – 2007 – ESAF)

- A autoridade administrativa poderá desconsiderar atos ou negócios jurídicos praticados com a finalidade de dissimular a ocorrência do fato gerador do tributo, observados os procedimentos a serem estabelecidos em lei ordinária.
- O CTN omitiu-se em prever a possibilidade de, na forma e condições estabelecidas em lei, a dação em pagamento em bens móveis extinguir o crédito tributário.
- Segundo o CTN, prescrição da pretensão do fisco se interrompe pelo despacho do juiz que ordenar a citação em execução fiscal e não pela citação pessoal feita ao devedor em execução ou qualquer outro processo judicial.

(A) As três afirmações são verdadeiras.
(B) Só é falsa a segunda asserção.
(C) Só é falsa a terceira afirmação.
(D) Só são falsas as duas últimas.
(E) São todas falsas.

1ª: verdadeira, nos termos art. 116, parágrafo único, do CTN; **2ª**: verdadeira, já que há previsão apenas para a dação de imóveis em pagamento – art. 156, XI, do CTN; **3ª**: verdadeira, considerando que, atualmente, o despacho que ordena a citação em execução fiscal interrompe a prescrição – art. 174, parágrafo único, I, do CTN.

Gabarito “A”

(Procurador da Fazenda Nacional – 2007 – ESAF) 1) O STJ, em matéria de direito internacional tributário, tem entendido que os tratados-leis, diferentemente dos tratados-contratos, não podem ser alterados pela legislação interna. 2) Cabe à lei complementar dispor sobre a vedação a que se estabeleçam limitações ao tráfego de pessoas ou bens, por meio de tributos interestaduais. 3) A União não pode criar situação de isenção ao ICMS, por via indireta, ou seja, por meio de tratado ou convenção internacional que garanta ao produto estrangeiro a mesma tributação do similar nacional.

(A) As três afirmações são verdadeiras.
(B) Só é verdadeira a primeira asserção.
(C) Só é falsa a terceira afirmação.
(D) Só são verdadeiras as duas últimas.
(E) São todas falsas.

1ª: correta, pois há jurisprudência nesse sentido (v.g. REsp 426.945/PR). Ver também RE 460.320/PR; **2ª**: correta, pois as limitações constitucionais ao poder de tributar (art. 150, V, da CF) são reguladas por lei complementar (art. 146, II, da CF); **3ª**: incorreta, pois os Tribunais Superiores aceitam que tratado internacional firmado pela União (GATT, Mercosul etc.) garanta tratamento isonômico para o similar importado – ver REsp 309.769/RJ. Veja também o RE 229.096/RS, em que houve manifestação do STF pela possibilidade de concessão de isenção heterônoma (dada pela União, em relação a tributo de outro ente) por meio de tratado internacional.

Gabarito “C”

(Procurador da Fazenda Nacional – 2007 – ESAF)

- O Decreto n. 70.235, de 6 de março de 1972, que dispõe sobre o Processo Administrativo Fiscal, considera nulos os atos com espaço em branco, ou com entrelinhas ou rasuras não ressalvadas?
- No Decreto n. 70.235, a palavra “representação” é utilizada no sentido de comunicação escrita ao chefe imediato, quando o servidor é incompetente para praticar determinado ato?
- A concessão de parcelamento de débitos junto à Secretaria da Receita Federal, à Procuradoria-Geral da Fazenda Nacional e ao Instituto Nacional do Seguro Social dependerá de apresentação de garantia ou de arrolamento de bens?

(A) Sim, sim, sim
(B) Não, não, não
(C) Não, sim, sim
(D) Não, sim, não
(E) Sim, não, não

1ª: não há previsão de nulidade – art. 2º do Decreto 70.235/1972; **2ª**: é esse o sentido da palavra no art. 12 do Decreto 70.235/1972; **3ª**: não há, em regra, essa exigência – arts. 4º, V, e 5º, § 3º, ambos da Lei 10.684/2003 (PAES). 433

Gabarito “D”

(Procurador da Fazenda Nacional – 2006 – ESAF) Leia a assertiva a seguir e assinale, adiante, a opção que a completa corretamente.

Em programas de parcelamento amplos como o Refis, o Paes etc., tem sido comum o legislador condicionar a fruição de benefícios como diminuição de multa e juros à desistência de ação judicial eventualmente em curso contra a cobrança do tributo passível de parcelamento. Essa exigência

(A) tem sido majoritariamente afastada pelos tribunais, que a entendem inconstitucional, por violar o princípio da inafastabilidade do Poder Judiciário.
(B) ainda é objeto de grave controvérsia nos tribunais superiores sobre o assunto.
(C) predomina como legítima nos tribunais, vez que é opção do devedor desistir da ação e aderir ao programa, a cuja adesão é facultativa.
(D) não tem sido objeto de irresignação pelos devedores.
(E) tem sido sistematicamente julgada inconstitucional pelo STF.

É pacífico o entendimento judicial no sentido de que o ingresso nos programas de parcelamento é opção do contribuinte e implica reconhecimento do débito, pressupondo desistência das ações – ver REsp 1.070.246/RS-STJ. Por essa razão, a alternativa “C” é a correta.

Gabarito “C”

(Procurador da Fazenda Nacional – 2006 – ESAF) Julgue os itens abaixo segundo o entendimento atualmente dominante no Superior Tribunal de Justiça – STJ e marque, a seguir, a opção que apresenta a resposta correta.

I. Para a repetição dos tributos chamados "indiretos", é inafastável a prova acerca de não ter havido o repasse do encargo financeiro a terceiro, como condição para propor a ação.

II. No caso de denúncia espontânea acompanhada de pedido de parcelamento, é indevida a incidência da multa por atraso.

III. É inconstitucional a lei que prevê o recurso hierárquico especial ao Secretário de Estado da Fazenda contra decisão do Conselho de Contribuintes.

IV. Em concurso de credores fazendários, o direito à preferência independe de penhora sobre o bem de cujo o fruto da arrematação se dá a disputa.

(A) Apenas o item I está correto.
(B) Apenas os itens I e II estão corretos.
(C) Apenas o item III está errado.
(D) Apenas os itens I e III estão errados
(E) Todos os itens estão errados.

I: incorreta, pois há também a possibilidade de o terceiro que assumiu o ônus econômico autorizar expressamente o "contribuinte de direito" a pedir a restituição – art. 166 do CTN; **II:** incorreta, pois o pedido de parcelamento não dá ensejo ao benefício da denúncia espontânea, sendo essencial o pagamento integral do débito – art. 138 do CTN e Súmula 208/TFR; **III:** incorreta, pois o STF não afasta essa possibilidade – ver RE 462.136 AgR/PR (embora, nesse caso, não conheça da matéria por entender que eventual inconstitucionalidade seria meramente reflexa); IV: incorreta, pois somente há concurso de preferência entre entes públicos, previsto no art. 187, parágrafo único, do CTN, em caso de penhora sobre determinado bem "instituída em favor de um e ambicionada por outro órgão" (REsp 555.286/MG).

Gabarito "E".

(Procurador da Fazenda Nacional – 2006 – ESAF) Considerando os temas "administração tributária" e "repartição de receitas tributárias", julgue os itens abaixo e marque, a seguir, a opção que apresenta a resposta correta.

I. A pessoa jurídica imune está obrigada a submeter-se ao exame de sua contabilidade pela autoridade fiscal.

II. Os profissionais submetidos às regras do sigilo profissional não estão obrigados a auxiliar o Fisco com informações de seus clientes.

III. Pertencem aos municípios o equivalente a 25% da arrecadação da União havida com o Imposto Sobre a Renda e Proventos de Qualquer Natureza – IR de contribuintes domiciliados em seu território.

IV. Os estados têm direito à parcela da arrecadação da União havida com o Imposto Sobre Produtos Industrializados – IPI.

(A) Todos os itens estão corretos.
(B) Todos os itens estão errados.
(C) Apenas o item I está errado.
(D) Apenas o item III está errado.
(E) Apenas o item II está correto.

I: assertiva correta, pois a obrigação acessória independe da existência de obrigação principal, sendo que todos se submetem a ela, inclusive as pessoas imunes ou isentas – art. 194, parágrafo único, do CTN; **II:** correta, conforme o art. 197, parágrafo único, do CTN; **III:** incorreta, pois não há distribuição de parcela da receita de IR a municípios pelo critério do domicílio do contribuinte – arts. 158 e 159 da CF; IV: correta, pois há a distribuição de 21,5% da receita do IPI por meio do Fundo de Participação dos Estados e do Distrito Federal, além de 10% distribuídos proporcionalmente ao valor das respectivas exportações de produtos industrializados – art. 159, I, *a*, e II, da CF.

Gabarito "D".

(Procurador da Fazenda Nacional – 2006 – ESAF) Tendo em conta o que dispõe a CRFB/1988, marque com (**V**) a assertiva verdadeira e com (**F**) a falsa, assinalando ao final a opção correspondente.

( ) Território Federal pode instituir taxa.
( ) O Distrito Federal pode instituir os impostos estaduais, municipais, taxas e contribuição de melhoria.
( ) Uma norma geral poderá, a pretexto de definir tratamento diferenciado e favorecido para as micro e pequenas empresas, instituir regime único de arrecadação de impostos e contribuições dos entes federados.
( ) A planta de valores dos imóveis, para efeitos de cobrança do Imposto Sobre Veículos Automotores – IPVA no exercício seguinte, deve ser publicada antes de 90 dias de findo o exercício financeiro em curso.

(A) V, V, F, V
(B) F, V, V, F
(C) F, V, F, V
(D) V, F, V, V
(E) V, F, V, F

1: incorreta, pois eventual Território Federal que venha a ser criado não terá competência tributária (ela será exercida pela União e, caso haja, pelos municípios) – art. 147 da CF; **2:** correta, pois o DF cumula as competências estaduais e municipais – arts. 145 e 147 da CF; **3:** correta, como previsto pelo art. 146, III, *d*, e parágrafo único, da CF; **4:** incorreta, pois a majoração da base de cálculo do IPVA (a exemplo do IPTU) não se sujeita ao princípio da anterioridade nonagesimal, apenas à anual – art. 150, parágrafo único, da CF.

Gabarito "B".

(Procurador da Fazenda Nacional – 2006 – ESAF) Considerando o que dispõe a Lei n. 10.522, de 19 de julho de 2002, marque com (**V**) a assertiva verdadeira e com (**F**) a falsa, assinalando ao final a opção correspondente.

( ) O Cadin contém a relação dos devedores da Fazenda Nacional responsáveis por dívidas de natureza tributária e não tributária.
( ) O registro no Cadin é suspenso quando o devedor ajuíza ação com o intuito de discutir a natureza do débito.
( ) As ações de execução fiscal da União que veiculem valores inferiores a R$ 10.000,00 (dez mil reais) podem ser extintas, a requerimento do Procurador da Fazenda Nacional.
( ) Em determinados casos, quando citado para responder a ação, o Procurador da Fazenda Nacional pode reconhecer a procedência do autor.

(A) V, V, V, F
(B) V, F, F, F
(C) V, F, F, V
(D) F, V, V, V
(E) F, V, F, F

1: correta, nos termos do art. 2º, I, da Lei 10.522/2002; **2:** incorreta, pois haverá suspensão do registro somente com o oferecimento de garantia idônea e suficiente ao juízo, na forma da lei – art. 7º, I, da Lei 10.522/2002; **3:** incorreta, pois não se trata de extinção, mas arquivamento, com baixa na distribuição – art. 20 da Lei 10.522/2002; **4:** correta, nos termos do art. 19, § 1º, da Lei 10.522/2002.

Gabarito "C"

(Procurador da Fazenda Nacional – 2006 – ESAF) Julgue os itens abaixo segundo o entendimento atualmente dominante no Supremo Tribunal Federal – STF e marque (**V**) para proposição verdadeira e (**F**) para a falsa, e a seguir, assinale a opção que apresenta a resposta correta.

( ) O Pleno do Tribunal já analisou a constitucionalidade do inciso II do art. 198, acrescentado pela Lei Complementar n. 104/2001, que admite, em certas condições, o fornecimento de informações fiscais submetidas a sigilo, independente de autorização judicial, para uma autoridade administrativa (inciso II do art. 198 do CTN).

( ) Ao tempo da edição da Lei Complementar n. 104/2001, que alterou o art. 198 do CTN, o Tribunal entendia imprescindível a autorização judicial para a obtenção das informações fiscais submetidas a sigilo.

( ) A imunidade tributária conferida a instituições de assistência social sem fins lucrativos pelo art. 150, VI, "c", da CRFB/1988, alcança as entidades fechadas de previdência social privada, independente de haver ou não contribuições dos beneficiários.

( ) A imunidade prevista no art. 150, VI, "d", da CRFB/1988, abrange os filmes e papéis fotográficos necessários à publicação de jornais e periódicos.

(A) V, V, V, F
(B) F, V, V, V
(C) V, V, F, V
(D) V, F, V, F
(E) F, V, F, V

1: assertiva incorreta; **2:** correta, pois era esse o entendimento do STF; **3:** incorreta, pois as entidades fechadas de previdência privada somente são imunes caso não haja contribuição dos beneficiários – Súmula 730/STF; correta, conforme a Súmula 657/STF.

Gabarito "E"

(Procurador da Fazenda Nacional – 2006 – ESAF) Considerando o tema "Lei Complementar n. 105, de 10/01/01" e as disposições da citada lei, marque, a seguir, a opção que apresenta a assertiva correta.

(A) A quebra de sigilo poderá ser decretada, quando necessária para apuração de crime contra a Administração Pública, pelo juiz, apenas na fase judicial.

(B) Além das requisições judiciais, o Banco Central do Brasil e a Comissão de Valores Mobiliários podem fornecer à Advocacia-Geral da União as informações e os documentos necessários à defesa da União nas ações em que seja parte.

(C) A constitucionalidade da LC n. 105/01 foi declarada pelo STF em ADIn específica.

(D) A inconstitucionalidade da LC n. 105/01 foi declarada pelo STF em ADIn específica.

(E) Os agentes fiscais tributários da União podem examinar documentos, livros e registros de instituições financeiras, inclusive os referentes a contas de depósitos e aplicações financeiras, como providência prévia à instauração de procedimento fiscal.

A: incorreta, pois a quebra de sigilo poderá ser decretada, quando necessária para apuração de ocorrência de qualquer ilícito, em qualquer fase do inquérito ou do processo judicial – art. 1º, § 4º, da LC 105/2001; **B:** essa é a correta, pois reflete o disposto no art. 3º, § 3º, da LC 105/2001; C e **D:** incorretas, pois não houve declaração de constitucionalidade ou inconstitucionalidade em ADIn específica; **E:** incorreta, pois a possibilidade de exame de documentos e registros bancários pela fiscalização, conforme previsto no art. 6º da LC 105/2001, depende de processo administrativo instaurado ou procedimento fiscal em curso. Importante salientar que atualmente o STF entende necessária autorização judicial para que o fisco acesso dados protegidos pelo sigilo bancário – RE 389.808/PR.

Gabarito "B"

(Procurador da Fazenda Nacional – 2003 – ESAF) A Lei Complementar nº 105, de 10 de janeiro de 2001, que "Dispõe sobre o sigilo das operações de instituições financeiras e dá outras providências", estabelece expressamente:

(A) É vedado às instituições financeiras, exceto se houver prévia autorização do Poder Judiciário, fornecer à Secretaria da Receita Federal as informações necessárias à identificação dos contribuintes e os valores globais das respectivas operações, no que se refere à Contribuição Provisória sobre Movimentação ou Transmissão de Valores e de Créditos e Direitos de Natureza Financeira (CPMF), por constituírem informes e operações protegidos por sigilo bancário.

(B) Independem de prévia autorização do Poder Judiciário a prestação de informações e o fornecimento de documentos sigilosos pelas instituições financeiras, quando solicitados por comissão de inquérito administrativo destinada a apurar responsabilidade de servidor público por infração praticada no exercício de suas atribuições, ou que tenha relação com as atribuições do cargo em que se encontre investido.

(C) As autoridades e os agentes fiscais tributários da União, dos Estados, do Distrito Federal e dos Municípios somente poderão examinar documentos, livros e registros de instituições financeiras, inclusive os referentes a contas de depósitos e aplicações financeiras, quando houver processo administrativo instaurado ou procedimento fiscal em curso e tais exames sejam considerados indispensáveis pela autoridade administrativa competente.

(D) As autoridades e os agentes fiscais tributários da União, dos Estados, do Distrito Federal e dos Municípios não têm permissão legal para, sem prévia autorização do Poder Judiciário, examinar documentos, livros e registros de instituições financeiras, que se refiram a contas de depósitos e aplicações financeiras, ainda que haja processo administrativo instaurado e tais exames sejam considerados indispensáveis pela autoridade administrativa competente.

(E) O Banco Central do Brasil não tem permissão legal para fornecer informação protegida por sigilo bancário ao Conselho de Controle de Atividades Financeiras (COAF), órgão do Ministério da Fazenda, exceto na hipótese de prévia autorização do Poder Judiciário.

A: incorreta, pois não há essa vedação expressa; **B:** incorreta, pois há necessidade de prévia autorização pelo poder judiciário, nesse caso – art. 3º, § 1º, da LC 105/2001; **C:** assertiva correta, nos termos do art. 6º da LC 105/2001; **D:** incorreta, à luz do art. 6º da LC 105/2001. É importante salientar, entretanto, o entendimento do STF pela necessidade de autorização judicial para que o fisco acesso dados protegidos pelo sigilo bancário – RE 389.808/PR; **E:** incorreta, nos termos do art. 2º, § 6º, da LC 150/2001.

Gabarito "C"

(Procurador da Fazenda Nacional – 2004 – ESAF) Em atenção ao tema substituição tributária, marque com **V** a assertiva verdadeira e com **F** a falsa, assinalando ao final a opção correta correspondente.

( ) Segundo o entendimento atualmente dominante no Supremo Tribunal Federal, o fato gerador presumido é provisório e, por isso, dá ensejo à restituição ou complementação do imposto pago na hipótese de sua não realização ou realização em dimensão diversa da presumida.

( ) Segundo o entendimento atualmente dominante no Supremo Tribunal Federal, o fato gerador presumido não é provisório mas sim definitivo, não dando ensejo à restituição ou complementação do imposto pago, senão, no primeiro caso, na hipótese de sua não realização final.

( ) A substituição tributária progressiva, ou para frente, é técnica de tributação introduzida no ordenamento jurídico brasileiro pela Emenda Constitucional nº 03, de 17 de março de 2003, e regulamentada pela Lei Complementar nº 87, de 13 de setembro de 1996.

( ) Instituto que atende ao princípio da praticabilidade da tributação, a substituição tributária pode ser: regressiva, ou para trás, tendo por efeito o diferimento do tributo; e progressiva, ou para frente, pressupondo a antecipação do fato gerador, calculando-se o tributo devido de acordo com uma base de cálculo estimada.

(A) V, F, F, F
(B) F, V, F, V
(C) F, V, V, F
(D) V, F, V, V
(E) V, F, V, F

1: incorreta, pois o STF entendeu exatamente o contrário, que o fato gerador presumido (que deve ocorrer futuramente – art. 150, § 7º, da CF) é definitivo, daí porque não há falar em restituição no caso de valor menor que o previsto. Nos termos do acórdão na ADIn 1.851/AL: "O fato gerador presumido, por isso mesmo, não é provisório, mas definitivo, não dando ensejo a restituição ou complementação do imposto pago, senão, no primeiro caso, na hipótese de sua não realização final."; **2:** correta, conforme comentário à assertiva anterior; **3:** incorreta, pois o STF já admitia a substituição tributária para frente, prevista pela legislação tributária, antes da inclusão do § 7º ao art. 150 da CF pela EC 3/1993; **4:** assertiva correta, pois descreve adequadamente a substituição tributária "para frente" e "para trás" que, como reconheceu o STF no julgamento da ADIn 1.851/AL, implica "redução, a um só tempo, da máquina-fiscal e da evasão fiscal a dimensões mínimas, propiciando, portanto, maior comodidade, economia, eficiência e celeridade às atividades de tributação e arrecadação".

Gabarito "B"

(Analista Tributário da Receita Federal – 2012 – ESAF) Avalie as três proposições abaixo, à luz do Código Tributário Nacional, e responda à questão correspondente, assinalando a opção correta.

I. No ICMS incidente sobre o ponto telefônico, decidiu o Superior Tribunal de Justiça que o sujeito ativo da obrigação tributária é a concessionária, titular da competência para exigir o seu cumprimento.

II. Um menor de 10 anos de idade é absolutamente incapaz do ponto de vista civil e tributário.

III. Salvo se a lei o previr, os contratos feitos entre o contribuinte do ITR e o arrendatário do imóvel, para excluir a responsabilidade daquele pelo pagamento desse imposto, embora válido entre as partes, não é eficaz em relação à fazenda pública.

Contém ou contêm erro:

(A) apenas a segunda proposição.
(B) apenas a terceira.
(C) apenas as duas primeiras.
(D) apenas a primeira.
(E) nenhuma, pois as três estão certas.

I: incorreta, pois sujeito ativo do ICMS é o Estado ou o Distrito Federal (art. 155, II, da CF); **II:** incorreta, pois a incapacidade civil é irrelevante para a capacidade tributária (o menor tem essa última) – art. 126, I, do CTN; **III:** correta, nos termos do art. 123 do CTN.

Gabarito "C"

(Analista Tributário da Receita Federal – 2012 – ESAF) Avalie as três proposições abaixo, à luz do Código Tributário Nacional, e responda a questão correspondente, assinalando a opção correta.

I. Os condôminos de um imóvel são solidariamente obrigados pelo imposto que tenha por fato gerador a respectiva propriedade.

II. Segundo entendimento do STJ, a expressão 'crédito tributário' não diz respeito apenas a tributo em sentido estrito, mas alcança, também, as penalidades que incidem sobre ele.

III. No lançamento por homologação, a legislação impõe ao sujeito passivo o dever de pagar, sem que o fisco tenha previamente examinado a matéria ou cobrado o tributo.

Contém ou contêm erro:

(A) apenas as duas primeiras proposições.
(B) apenas a primeira.
(C) apenas a segunda.
(D) apenas a terceira.
(E) nenhuma, pois as três estão certas.

I: correta, pois os condôminos têm interesse comum na situação que constituiu o fato gerador do imposto (a propriedade do imóvel) – art. 124, I, do CTN; **II:** correta, pois a obrigação tributária principal tem por objeto o tributo e a penalidade pecuniária – art. 113, § 1.º, do CTN; **III:** correta, pois o contribuinte se antecipa a qualquer atuação do fisco no lançamento por homologação – art. 150 do CTN.

Gabarito "E"

(Auditor Fiscal da Receita Federal – 2010 – ESAF) Assinale a afirmativa incorreta.

(A) A Constituição Federal, além de conter normas instituidoras de tributos, igualmente contempla, em seus dispositivos, regras voltadas à discriminação das competências tributárias, a fim de que os entes políticos possam criar seus tributos, dentro das suas respectivas esferas de atribuições.
(B) A Constituição Federal prevê a possibilidade da criação, exclusivamente por lei, de contribuição de intervenção no domínio econômico relativa às atividades de importação ou comercialização de petróleo e seus derivados, gás natural e seus derivados e álcool combustível.
(C) De acordo com o Código Tributário Nacional, a pessoa que alienar sua empresa, o fundo de comércio ou apenas um estabelecimento da empresa, e o adquirente continuar a respectiva exploração, sob a mesma ou diversa razão social ou sob firma ou nome individual, a este último recai a responsabilidade pelos tributos do primeiro devidos até a data da alienação e que incidam sobre quaisquer daquelas universalidades de coisas.
(D) Consoante entendimento do STF, o imposto de transmissão *causa mortis* é devido pela alíquota vigente ao tempo da abertura da sucessão e não ao tempo do início do processo de inventário e partilha.
(E) Ainda sobre o imposto de transmissão *causa mortis*, o cálculo do referido imposto deve operar-se sobre o valor dos bens na data da avaliação.

A: essa é a assertiva incorreta, pois a CF apenas fixa competências, não institui diretamente tributos; **B:** correta, conforme o art. 177, § 4º, da CF; **C:** assertiva correta, nos termos do art. 133 do CTN; **D:** correta, conforme a Súmula 112/STF; **E:** correta, nos termos da Súmula 113/STF.

Gabarito "A"

(Auditor Fiscal da Receita Federal – 2003 – ESAF) Responda às questões:

O Código Tributário Nacional admite que por ato de autoridade administrativa seja suspensa a aplicação da imunidade tributária à instituição de assistência social, sem fins lucrativos, que distribuir qualquer parcela de seu patrimônio ou de suas rendas, a qualquer título?

A Constituição Federal veda à União conceder incentivos fiscais destinados a promover o equilíbrio do desenvolvimento socioeconômico entre as diferentes regiões do País?

Na iminência ou no caso de guerra externa, é vedado à União instituir impostos extraordinários não compreendidos em sua competência tributária?

(A) Sim, não, sim
(B) Sim, sim, não
(C) Sim, não, não
(D) Não, não, sim
(E) Não, sim, não

1ª: a situação descrita implica descumprimento de requisito legal para reconhecimento da imunidade, o que permite a exigibilidade imediata dos tributos por parte do fisco – art. 150, VI, *c, in fine*, da CF e art. 14, I, do CTN; **2ª:** isso é admitido expressamente – art. 151, I, *in fine*, da CF; **3ª:** a competência extraordinária é prevista pelo art. 154, II, da CF.

Gabarito "C"

(Auditor Fiscal da Receita Federal – 2002.2 – ESAF) Responda às questões:

Uma decisão judicial reconheceu ao contribuinte o direito de efetuar a compensação do imposto de renda mediante o aproveitamento de certa parcela do IPI que considerou indevida. O contribuinte efetuou o referido aproveitamento. O Auditor considerou errado o procedimento do contribuinte, porque a Fazenda havia recorrido da decisão do juiz de primeiro grau. Está certo o Auditor?

A isenção outorgada depois do fato gerador mas antes do lançamento exclui o crédito tributário?

É vedada a divulgação, por parte da Fazenda Pública ou de seus servidores, de informação relativa a representação fiscal para fins penais, obtida em razão do ofício?

(A) Não, não, não
(B) Sim, não, não
(C) Sim, sim, não
(D) Sim, não, sim
(E) Sim, sim, sim

1ª: não se admite a compensação mediante aproveitamento de tributo discutido judicialmente, antes do trânsito em julgado da decisão – art. 170-A; **2ª:** em princípio, se já houve fato gerador, a legislação posterior que afaste a tributação tem efeito de perdão (= remissão), ou seja, de extinção do crédito tributário (não de exclusão); **3ª:** isso não é vedado – art. 198, § 3º, I, do CTN.

Gabarito "B"

(Auditor Fiscal da Receita Federal – 2002.2 – ESAF) Avalie o acerto das afirmações adiante e marque com V as verdadeiras e com F as falsas; em seguida, marque a opção correta.

( ) O legislador não poderá autorizar a desconsideração dos atos ou negócios jurídicos praticados com a finalidade de eclipsar a ocorrência do fato gerador do tributo ou a natureza dos elementos constitutivos da obrigação tributária, desde que observados pelo sujeito passivo as normas próprias do direito privado.

( ) O CTN foi alterado, entre outros pontos, para esclarecer que a imunidade das instituições de educação e de assistência social só atinge aquelas sem fins lucrativos.

( ) A antecipação de tutela é figura mais recentemente introduzida no direito processual pátrio (1994), e o CTN lhe é anterior (1966), não se achando expressamente prevista neste como uma das modalidades de suspensão da exigibilidade do crédito tributário.

(A) V, V, V
(B) V, V, F
(C) V, F, F
(D) F, V, F
(E) F, F, F

1ª: se o ato ou o negócio jurídico foi praticado com o intuito de dissimular (esconder, ocultar) a ocorrência do fato gerador, a administração tributária poderá desconsiderá-lo – art. 116, p. único, do CTN; **2ª**: art. 9º, IV, *c*, do CTN; **3ª**: a antecipação de tutela é expressamente prevista como causa de suspensão da exigibilidade do crédito tributário – art. 151, V, do CTN.

Gabarito "D"

(Auditor Fiscal da Receita Federal – 2002.1 – ESAF) Responda às questões:

Segundo a Constituição, é possível ao Presidente da República, mediante decreto, e sem consulta ao Congresso Nacional, alterar as alíquotas do imposto de importação, do imposto de exportação e do imposto sobre produtos industrializados (IPI)?

Poderão os Estados, como instrumento de sua atuação nas respectivas áreas, instituir contribuições sociais, de intervenção no domínio econômico e de interesse das categorias profissionais ou econômicas?

É verdade que, segundo a parte permanente da Constituição, mais de 40% do IPI e do imposto de renda que a União arrecada deve ser repartido com o Distrito Federal, os Estados e os Municípios?

(A) Sim, Sim, Sim
(B) Sim, Sim, Não
(C) Sim, Não, Sim
(D) Não, Não, Não
(E) Não, Sim, Não

1ª: art. 153, § 1º, da CF; **2ª**: a competência para a instituição dessas contribuições é privativa da União – art. 149, *caput*, da CF; **3ª**: mais de 40% do produto da arrecadação desses impostos é entregue a Estados, DF e municípios – art. 159, I, *a*, *b* e *d*, e II, da CF.

Gabarito "C"

(Técnico da Receita Federal – 2002.1 – ESAF) Assinale a opção correta.

(A) A expressão "Fazenda Pública", nos termos do Código Tributário Nacional, somente se aplica à Fazenda Pública da União.
(B) A expressão "Fazenda Pública", nos termos do Código Tributário Nacional, aplica-se à Fazenda Pública da União e dos Estados.
(C) A expressão "Fazenda Pública", nos termos do Código Tributário Nacional, aplica-se à Fazenda Pública da União, dos Estados e dos Municípios.
(D) A expressão "Fazenda Pública", nos termos do Código Tributário Nacional, aplica-se à Fazenda Pública da União, dos Estados, do Distrito Federal e dos Municípios.
(E) A expressão "Fazenda Pública", nos termos do Código Tributário Nacional, aplica-se exclusivamente ao Ministério da Fazenda.

A assertiva em D reflete o disposto no art. 209 do CTN.

Gabarito "D"

(Técnico da Receita Federal – 2003 – ESAF) Assinale a opção incorreta.

(A) Os atos normativos, as decisões dos órgãos de jurisdição administrativa com eficácia normativa, os convênios e os decretos são normas complementares das leis, tratados e convenções internacionais que versem sobre tributos.
(B) Os tributos não podem ser cobrados no mesmo exercício financeiro em que foi publicado o ato legal que os criou ou majorou, com exceção de alguns impostos, entrando em vigor no primeiro dia do exercício seguinte ao de sua publicação os dispositivos de lei que criam ou majoram impostos sobre o patrimônio ou a renda.
(C) As leis tributárias não podem alterar a definição, o conteúdo e o alcance de conceitos, institutos e formas de direito privado, utilizados para definir ou limitar competências tributárias, expressa ou implicitamente.
(D) Cada uma das pessoas que tenham interesse comum na situação que constitua o fato gerador da obrigação principal responde por todo o débito tributário, aproveitando aos demais o pagamento que for feito.
(E) O Código Tributário Nacional diz o que se considera domicílio tributário, podendo a autoridade administrativa recusar o domicílio tributário escolhido pelo contribuinte quando dificulte ou impossibilite a arrecadação ou fiscalização.

A: os decretos não são classificados como normas complementares pelo Código Tributário Nacional – arts. 96 e 100 do CTN; **B:** a assertiva refere-se adequadamente ao princípio da anterioridade – art. 150, III, *b*, da CF e art. 104 do CTN; **C:** a competência tributária não pode ser alterada pela legislação infraconstitucional – art. 110 do CTN; **D:** a assertiva refere-se à solidariedade natural – art. 124, I, do CTN; **E:** art. 127, *caput* e § 2º, do CTN.

Gabarito "A"

(Auditor Fiscal/RN – 2005 – ESAF) Marque a resposta correta, considerando as formulações abaixo.

I. Norma legal que altera o prazo de recolhimento da obrigação tributária não se sujeita ao princípio da anterioridade.
II. O depósito em títulos da dívida agrária suspende a exigibilidade do crédito tributário da União.
III. Não é legítima a cobrança de multa fiscal de empresa em regime de concordata, porquanto, de acordo com o disposto no art. 112, II, do Código Tributário Nacional, a lei tributária que define infrações, ou lhe comina penalidades, deve ser interpretada da maneira mais favorável

ao acusado, em caso de dúvida quanto à natureza ou às circunstâncias materiais do fato, ou à natureza ou extensão dos seus efeitos.

IV. É inconstitucional a lei que estabelece alíquotas progressivas para o imposto de transmissão *inter vivos* de bens imóveis (ITBI) com base no valor venal do imóvel.

(A) Somente I, II e III são verdadeiras.
(B) Somente II, III e IV são verdadeiras.
(C) Somente I e II são verdadeiras.
(D) Somente I e IV são verdadeiras.
(E) Somente II e IV são verdadeiras.

I: Súmula 669/STF; **II:** somente o depósito integral em dinheiro suspende a exigibilidade do crédito tributário – art. 151, II, do CTN; **III:** não há essa vedação; IV: Súmula 656/STF.

Gabarito "D"

(Auditor Fiscal/MG – 2005 – ESAF) Considerando os temas "limitações constitucionais ao poder de tributar", "competência tributária", "princípios constitucionais tributários" e "imunidades", marque com (V) a assertiva verdadeira e com (F) a falsa, assinalando ao final a opção correspondente.

( ) Decreto que reduz o prazo de recolhimento de imposto é inconstitucional, porque o prazo integra as exigências do princípio da legalidade.
( ) A competência tributária não exercida por um ente da Federação poderá ser delegada a outro.
( ) O imposto sobre produtos industrializados – IPI e o imposto sobre operações relativas à circulação de mercadorias e prestações de serviços de transporte interestadual e intermunicipal e de comunicação – ICMS estão sujeitos ao princípio da não cumulatividade, em função da essencialidade do produto.
( ) É vedado aos Estados instituírem contribuição de melhoria.

(A) V, F, F, F
(B) V, F, F, V
(C) F, V, F, F
(D) F, F, V, F
(E) F, F, F, F

1ª: a alteração do prazo de recolhimento do tributo é válida – ver, a propósito, Súmula 669/STF; **2ª:** a competência tributária é indelegável – art. 7º do CTN; **3ª:** o IPI e o ICMS são não cumulativos. A essencialidade da mercadoria, do produto ou do serviço refere-se à seletividade (não à não cumulatividade); **4ª:** União, Estados, DF e Municípios podem instituir a contribuição de melhoria em relação às suas respectivas obras públicas – art. 145, III, da CF.

Gabarito "E"

(Auditor Fiscal/Teresina-PI – 2001 – ESAF) Assinale a única opção que não representa uma proposição totalmente verdadeira.

(A) O regulamento de lei que verse sobre matéria tributária de competência do Município não pode criar obrigações acessórias.
(B) A atualização da base de cálculo dos tributos municipais deve ser promovida periodicamente pelo Prefeito Municipal, em períodos não inferiores a um ano e segundo índices não superiores aos índices oficiais de atualização monetária.
(C) Ao contribuinte é facultado escolher e indicar o seu domicílio tributário, podendo o órgão fazendário, em determinadas circunstâncias, recusar o domicílio eleito.
(D) Ocorrendo decadência do direito de constituir o crédito tributário, será aberto inquérito administrativo para apurar as responsabilidades, cumprindo ao responsável indenizar o Município pelo crédito não lançado.
(E) Lançamento direto é a modalidade de lançamento cuja iniciativa compete ao Fisco.

A: embora haja controvérsia doutrinária a respeito, o CTN, ao definir a obrigação acessória, dispôs que ela decorre da legislação tributária, o que abrange, além da lei em sentido estrito, decretos, regulamentos, portarias etc. – arts. 113, § 2º, e 115, ambos do CTN; **B:** embora isso seja matéria prevista na legislação local, é comum que o Executivo promova a correção da base de cálculo do IPTU (não de todos os tributos municipais) anualmente. O índice deve ser igual ou inferior à inflação no período, ou implicará aumento real, que somente pode ser veiculado por lei – art. 97, § 2º, do CTN; **C:** art. 127, *caput*, e § 2º, do CTN; **D:** a atividade de lançamento é obrigatória e vinculada, o que significa que o servidor responsável não pode deixar de realizá-la, sob pena de responsabilidade funcional – art. 142, p. único, do CTN; **E:** essa é a definição de lançamento de ofício ou direto.

Gabarito "B"

(Auditor do Tesouro Municipal/Recife-PE – 2003 – ESAF) Assinale a única opção que representa uma proposição totalmente verdadeira.

(A) O reconhecimento e a cassação da imunidade referente ao Imposto sobre a Propriedade Predial e Territorial Urbana (IPTU) são de competência do Secretário de Finanças.
(B) Constitui fato gerador da Contribuição de Melhoria a realização de obra pública.
(C) É vedado ao Município do Recife instituir impostos sobre o patrimônio e os serviços das instituições de educação.
(D) As entidades cujo patrimônio e serviços estejam alcançados pela imunidade estão desobrigadas de manter escrituração.
(E) As decisões do Conselho de Recursos Fiscais constituem norma complementar, integrante de legislação tributária municipal.

A: a competência é definida pela legislação local; **B:** o fato gerador da contribuição de melhoria é a valorização imobiliária decorrente da obra pública (não basta a realização da obra); **C:** a imunidade somente aproveita às instituições educacionais sem fins lucrativos, desde que observados os requisitos legais – art. 150, VI, *c*, da CF e art. 14 do CTN; **D:** a imunidade não afasta todas as obrigações acessórias, em especial o dever de manter escrituração contábil (até para que se possa aferir o cumprimento dos requisitos para o reconhecimento da imunidade); **E:** as decisões dos órgãos colegiados de julgamento administrativo, a que a lei atribua eficácia normativa, são consideradas normas complementares – art. 100, II, do CTN.

Gabarito "E"

11. DIREITO EMPRESARIAL

Robinson Sakiyama Barreirinhas e Henrique Subi

1. TEORIA GERAL

1.1. EMPRESA, EMPRESÁRIO, CARACTERIZAÇÃO E CAPACIDADE

(Procurador da Fazenda Nacional – 2007.2 – ESAF) Qualificam--se como contratos de empresa aqueles que

(A) são celebrados pelo empresário.
(B) são celebrados entre duas ou mais empresas.
(C) são celebrados entre empresas para fins de fornecimento de energia elétrica.
(D) são celebrados para organizar o funcionamento de qualquer empresa.
(E) são celebrados entre empresas e consumidores esclarecidos.

Os contratos de empresa referem-se à organização da atividade empresarial (entendimento doutrinário adotado pela ESAF).

Gabarito "D"

(Procurador da Fazenda Nacional – 2006 – ESAF) Com base no que dispõe o Código Civil Brasileiro, julgue os itens a seguir, assinalando, ao final, a opção com a resposta correta.

( ) As obrigações contraídas pela pessoa impedida legalmente de exercer atividade própria de empresário são nulas.
( ) Poderá o representante ou assistente legal do incapaz continuar a empresa antes exercida por ele, enquanto capaz, mediante autorização judicial.
( ) Ocorrendo emancipação do menor, a inscrição no Registro Civil é suficiente para dar publicidade a esta condição para o exercício da atividade de empresário até então exercida pelo assistente legal.
( ) O empresário casado pode alienar os imóveis que integrem o patrimônio da empresa sem necessidade de outorga conjugal, qualquer que seja o regime de bens.
( ) Não podem contratar sociedade, entre si ou com terceiros, os cônjuges casados no regime de separação de bens convencional ou comunhão universal de bens.

(A) V, F, V, F, V
(B) F, V, V, V, F
(C) F, V, F, V, F
(D) F, F, F, V, V
(E) V, V, V, F, F

I – Falsa. O impedido de exercer empresa responde pelas obrigações contraídas (art. 973 do CC); II – Verdadeira (art. 974 do CC); III – Falsa. Deve haver a inscrição ou averbação no Registro Público de Empresas Mercantis (art. 976 do CC); IV – Verdadeira (art. 978 do CC); V – Falsa. O regime da separação convencional autoriza a sociedade entre cônjuges, que fica vedada em caso de separação obrigatória ou comunhão universal de bens (art. 977 do CC).

Gabarito "C"

(Procurador da Fazenda Nacional – 2004 – ESAF) A questão relativa aos atos de comércio e sua importância na qualificação das operações negociais mercantis, após a unificação do direito obrigacional,

(A) perde relevância uma vez que a figura do comerciante desaparece.
(B) equivale à noção de atos de empresa.
(C) tem caráter residual em relação às atividades econômicas.
(D) explica-se em face da noção de mercado.
(E) refere-se a certas operações realizadas em massa.

Com a adoção da teoria a empresa, a relação dos atos de comércio, antes fundamental para o Direito Comercial, perde grande parte de sua relevância, porém continua sendo instrumento residual de caracterização de atividades econômicas como empresárias, isto é, atividades que eram consideradas atos de comércio certamente serão acolhidas pela teoria da empresa.

Gabarito "C"

(Auditor Fiscal da Receita Federal – 2010 – ESAF) A respeito do empresário individual no âmbito do direito comercial, marque a opção correta.

(A) O empresário individual atua sob a forma de pessoa jurídica.
(B) Da inscrição do empresário individual, constam o objeto e a sede da empresa.
(C) O analfabeto não pode registrar-se como empresário individual.

(D) O empresário, cuja atividade principal seja a rural, não pode registrar-se no Registro Público de Empresas.
(E) O empresário individual registra uma razão social no Registro Público de Empresas.

A: incorreta, pois o empresário individual confunde-se com a própria pessoa natural que exerce profissionalmente atividade econômica organizada para a produção ou a circulação de bens ou de serviços (empresa) – art. 966 do CC. Ou seja, não há pessoa jurídica, distinta do empresário individual; **B:** correta, conforme previsto no art. 968, IV, do CC; **C:** incorreta, pois não existe essa vedação; **D:** incorreta, pois o registro do empresário rural é facultativo – art. 971 do CC; **E:** incorreta, pois o empresário individual opera sob firma constituída por seu nome, completo ou abreviado, aditando-lhe, se quiser, designação mais precisa da sua pessoa ou do gênero de atividade – art. 1.156 do CC.

Gabarito "B"

(Auditor Fiscal da Receita Federal – 2002.1 – ESAF) Considera-se empresária a sociedade que:

(A) assume os riscos da produção.
(B) exerce atividade econômica com a colaboração de terceiros não familiares.
(C) é titular de estabelecimento.
(D) esteja matriculada no registro de empresas.
(E) seja mercantil.

A: a sociedade caracteriza-se como empresária por exercer atividade organizada para a produção ou a circulação de bens ou de serviços. A sociedade empresária explora o capital e o trabalho com intuito lucrativo, assumindo os riscos inerentes a essa atividade – art. 966, *caput*, c/c art. 982, ambos do CC; **B:** é possível a sociedade formada exclusivamente por familiares, por exemplo, sem que isso afaste a natureza empresária; **C:** a titularidade de estabelecimento não é elemento definidor da sociedade empresária; **D:** a ausência de registro não afasta a natureza empresária; **E:** há sociedades empresárias prestadoras de serviços, por exemplo, que não têm natureza mercantil.

Gabarito "A"

(Agente Tributário Estadual/MS – 2001 – ESAF) Do ponto de vista do Direito Comercial, o conceito de empresário deve ser entendido como equivalente ao

(A) do titular da empresa, empresário individual ou alguma espécie de sociedade mercantil, que assume o risco do negócio.
(B) de estabelecimento, como tal o conjunto de bens utilizados para o exercício da atividade mercantil.
(C) de qualquer entidade de fins lucrativos, qualquer que seja a forma utilizada.
(D) de uma atividade organizada com o objetivo da obtenção de lucros.
(E) de empresa, ou seja, o sujeito da atividade mercantil, que se apropria do lucro.

A: empresário é quem exerce atividade organizada para a produção ou a circulação de bens ou de serviços. O empresário explora o capital e o trabalho com intuito lucrativo, assumindo os riscos inerentes a essa atividade – art. 966, *caput*, c/c art. 982, ambos do CC; **B:** a titularidade de estabelecimento não é elemento definidor da sociedade empresária; **C:** o empresário pode ser pessoa física (o que não é identificada, usualmente, como entidade nem utiliza "forma" para atuar). Ademais, a sociedade empresária deve constituir-se segundo um dos tipos regulados nos arts. 1.039 a 1.092 do CC – arts. 966 e 983 do CC; **D** e **E:** o empresário não se confunde com a atividade que exerce, ou seja, não se confunde com a empresa – arts. 966 e 981 do CC.

Gabarito "A"

(Agente Fiscal/PI – 2001 – ESAF) Do ponto de vista do Direito Comercial, o conceito de empresa deve ser entendido como equivalente

(A) ao de empresário, ou seja, o sujeito da atividade mercantil, que assume os riscos do negócio.
(B) ao de estabelecimento, como tal o conjunto de bens utilizados para o exercício da atividade mercantil.
(C) ao de qualquer entidade de fins lucrativos, qualquer que seja a forma utilizada.
(D) ao de uma atividade organizada com o objetivo da obtenção de lucros.
(E) ao de empresário, de estabelecimento, ou de uma forma societária qualquer, não se tratando de conceito doutrinariamente unívoco.

A e **E:** o empresário não se confunde com a atividade que exerce, ou seja, não se confunde com a empresa – arts. 966 e 981 do CC; **B** e **E:** estabelecimento é o complexo de bens organizados para o exercício da empresa, ou seja, para a atividade do empresário, com quem não se confunde – art. 1.142 do CC; **C:** entidades sem fins lucrativos não são, em princípio, empresárias; **D:** empresa é atividade do empresário, organizada para a produção ou a circulação de bens ou de serviços. O empresário explora o capital e o trabalho com intuito lucrativo, assumindo os riscos inerentes a essa atividade – art. 966, *caput*, c/c art. 982, ambos do CC.

Gabarito "D"

(Auditor Fiscal/RN – 2005 – ESAF) Os requisitos previstos em lei para que as pessoas naturais sejam qualificadas como empresários destinam-se a

(A) garantir o cumprimento de obrigações contraídas no exercício de atividade profissional.
(B) impedir, em face do registro obrigatório, que incapazes venham a ser considerados empresários.
(C) facilitar a aplicação da teoria da aparência.
(D) por conta da inscrição no Registro de Empresas, servirem para dar conhecimento a terceiros sobre os exercentes da profissão.
(E) facilitar o controle dos exercentes de atividades empresariais.

Nos termos do Código Civil, somente a pessoa em pleno gozo de sua capacidade civil e que não seja legalmente impedida pode exercer a atividade empresarial – art. 972 do CC. Ademais, há diversas exigências relativas à representação ou à assistência de incapazes (art. 974 do CC) e aos registros relativos a emancipação, autorização, regime de casamento etc. (arts. 976 e 979) . Essas normas visam a, entre outras coisas, resguardar a segurança jurídica nas relações empresariais e com os consumidores.

Gabarito "A"

(Auditor do Tesouro Municipal/Fortaleza-CE – 2003 – ESAF) Em vista de uma denúncia anônima, foi descoberto que um funcionário público era titular de um estabelecimento comercial. Como consequência desse fato,

(A) os negócios por ele feitos eram nulos de pleno direito.

(B) não haveria qualquer penalidade, desde que ele não tivesse se valido do cargo para conseguir algum favor.
(C) independentemente de efeitos na esfera administrativa, suas obrigações manter-se-iam válidas.
(D) ele não poderia ter a falência decretada.
(E) sua falência seria decretada de pleno direito.

A e **C:** ainda que o funcionário público seja impedido de exercer atividade empresarial, responderá pelas obrigações contraídas – art. 973 do CC; **B:** se há impedimento legal com cominação de sanção, o funcionário deverá ser apenado; **D** e **E:** qualquer empresário, ainda que impedido, sujeita-se à falência, que somente será decretada na forma e nos casos previstos na legislação específica – art. 1º da LF.

Gabarito "C"

1.2. DESCONSIDERAÇÃO DA PERSONALIDADE JURÍDICA

(Procuradoria Distrital – 2007 – ESAF) A criação de sociedades personificadas faz surgir um ente autônomo com direitos e obrigações próprias, não se confundindo com a pessoa de seus membros, os quais investem apenas uma parcela do seu patrimônio, assumindo riscos limitados de prejuízo. Esta limitação de prejuízo só pode ser reforçada com as sociedades de responsabilidade limitada. Nesses tipos societários, destaca-se claramente a autonomia patrimonial, pela qual, a princípio, é o patrimônio da pessoa jurídica a garantia única dos seus credores e, por conseguinte, os credores, a princípio não possuem pretensão sobre os bens dos sócios.

Excepcionalmente, tal autonomia é suspensa, para responsabilizar os sócios ou administradores, mesmo nas sociedades de responsabilidade limitada, por meio da desconsideração da personalidade jurídica, a qual:

(A) depende de previsão legal para poder ser determinada.
(B) acarreta a dissolução da pessoa jurídica ou ao menos a exclusão de um sócio.
(C) não pode ser deferida em favor do Distrito Federal, ou dos entes públicos em geral.
(D) poderá ser decretada no caso de dissolução irregular da pessoa jurídica, que se caracteriza como uma espécie de abuso de direito.
(E) nas relações regidas pelo Código Civil, depende da falência da pessoa jurídica.

A e **E:** incorretas. O art. 50 do CC e o art. 28 do CDC preveem a desconsideração da personalidade jurídica, sem prejuízo de disposições específicas relativas a atos culposos ou dolosos praticados pelos administradores (art. 1.016 do CC e arts. 134, II e VII, e 135, III, ambos do CTN); **B:** incorreta. Não há essa previsão; **C:** a assertiva é falsa; **D:** correta. A dissolução irregular é causa típica para desconsideração.

Gabarito "D"

(Procurador da Fazenda Nacional – 2006 – ESAF) Assinale a opção correta.

(A) A teoria da desconsideração da personalidade jurídica, positivada pela primeira vez no direito brasileiro pelo Código Civil de 2002, permite que, preenchidos os requisitos legais, os efeitos de certas e determinadas obrigações sociais sejam estendidos aos bens particulares dos administradores ou sócios da pessoa jurídica.
(B) A decisão pela desconsideração da personalidade jurídica é faculdade do juiz nos termos do Código Civil, e mediante requerimento da parte ou do Ministério Público quando lhe couber intervir, não sendo possível a concessão de ofício.
(C) De acordo com o entendimento dominante no Superior Tribunal de Justiça, é necessária ação judicial autônoma para a desconsideração da pessoa jurídica.
(D) Consoante entendimento dominante na jurisprudência pátria, havendo dívida líquida não paga pela pessoa jurídica, é possível ao credor ajuizar execução diretamente contra os sócios da pessoa jurídica, requerendo a desconsideração da pessoa jurídica, presumindo-se o abuso da personalidade jurídica.
(E) O entendimento predominante na jurisprudência pátria é no sentido de que, sendo deferida a desconsideração da personalidade jurídica, a execução pode atingir a todos os sócios indistintamente, tenham ou não participado da gestão da sociedade.

A: incorreta. A primeira positivação da teoria da desconsideração da personalidade jurídica ocorreu com o Código de Defesa do Consumidor (Lei nº 8.078/1990); **B:** correta. No regime do Código Civil, a desconsideração da personalidade jurídica somente pode ser decidida por provocação, não se autorizando a atuação de ofício do juiz (art. 50 do CC); **C:** incorreta. A jurisprudência é pacífica no sentido de que a desconsideração da personalidade jurídica deve ser alegada e decidida nos próprios autos que discutem a obrigação (STJ, RMS 16105/GO, DJ 19/08/2003); **D:** incorreta. Ao contrário, o STJ tem entendimento consolidado de que o credor, para lograr a desconsideração da personalidade jurídica, deve provar a ocorrência de abuso da personalidade jurídica, não bastando o mero inadimplemento; **E:** incorreta. A desconsideração da personalidade jurídica alcança somente os sócios com poderes de gestão (Enunciado nº 7 das JDC/CJF).

Gabarito "B"

(Agente Fiscal/PI – 2001 – ESAF) A desconsideração da personalidade prevista na Lei nº 8.078/90

(A) abrange firmas individuais nos casos de insolvência.
(B) alcança todos os bens dos sócios, indistintamente, quando houver abuso da personalidade.
(C) aplica-se quando houver falência da sociedade e seus bens forem insuficientes para ressarcir credores involuntários.
(D) extingue a pessoa jurídica para garantir consumidores lesados.
(E) constitui instrumento específico para tutela de consumidores.

A: o art. 28 do CDC (Lei 8.078/1990) refere-se às sociedades, até porque no caso de firma individual o empresário responde diretamente pelo débito; **B** e **E:** a desconsideração em caso de abuso da personalidade jurídica é expressamente prevista pelo art. 50 do CC; **C:** art. 28 do CDC; **D:** a desconsideração da personalidade jurídica não implica extinção da sociedade.

Gabarito "C".

(Agente Tributário Estadual/MS – 2001 – ESAF) A desconsideração da personalidade jurídica

(A) abrange a firma individual, caso tenha ocorrido confusão patrimonial

(B) alcança os bens de todos os sócios, indistintamente, toda vez que há abuso da personalidade.

(C) acarreta a falência da sociedade que tiver título protestado.

(D) não extingue a pessoa jurídica.

(E) depende de previsão legal expressa para que possa ser aplicada.

A: o empresário individual, titular da firma individual, responde ilimitadamente com seus bens pelos débitos decorrentes de sua atividade empresarial, de modo que não há que se falar em desconsideração da personalidade jurídica (aplicável apenas às sociedades); **B:** o juiz poderá decidir pela desconsideração em desfavor de administrador ou sócio, quando houver desvio de finalidade ou confusão patrimonial. Não se trata de responsabilização de todos os sócios indistinta e automaticamente – art. 50 do CC; **C:** não há essa correlação necessária, embora a falência decorrente de má administração possa implicar desconsideração da personalidade jurídica em favor do consumidor – art. 28 do CDC; **D:** a desconsideração da personalidade jurídica não implica extinção da sociedade; **E:** a desconsideração da personalidade jurídica foi construção jurisprudencial, atualmente positivada (prevista expressamente em lei) – art. 50 do CC e art. 28 do CDC.

Gabarito "D".

1.3. NOME EMPRESARIAL

(Auditor Fiscal do Trabalho – 2010 – ESAF) Assinale, a seguir, a sociedade que só pode adotar denominação social.

(A) Companhia.

(B) Sociedade em nome coletivo.

(C) Sociedade Limitada.

(D) Sociedade em conta de participação.

(E) Sociedade em comum.

A: essa é a assertiva correta, pois a companhia (= sociedade anônima) adotará obrigatoriamente denominação social (jamais firma ou razão social) designativa do objeto social, integrada pelas expressões "sociedade anônima" ou "companhia", por extenso ou abreviadamente, muito embora possa indicar o nome do fundador, acionista, ou pessoa que haja concorrido para o bom êxito da formação da empresa – art. 1.160 do CC; **B:** incorreta, pois a sociedade por nome coletivo, cujos sócios têm responsabilidade solidária e ilimitada pelas obrigações sociais (art. 1.039 do CC), adotará obrigatoriamente razão social (= firma coletiva), em que conste o nome dos sócios, bastando para formá-la aditar ao nome de um deles a expressão "e companhia" ou sua abreviatura – art. 1.157 do CC; **C:** incorreta, pois a sociedade limitada pode adotar firma ou denominação, integradas pela palavra final "limitada" ou a sua abreviatura – art. 1.158 do CC; **D:** incorreta, pois a sociedade em conta de participação não pode ter firma nem denominação – art. 1.162 do CC; **E:** incorreta, pois a sociedade em comum, cujos atos constitutivos não foram inscritos no registro competente, não tem personalidade jurídica própria nem, portanto, nome empresarial em sentido estrito – art. 986 do CC.

Gabarito "A".

Veja a seguinte tabela, para estudo e memorização:

	Uso	Exemplo
Firma individual	a) empresário individual – responsabilidade ilimitada	a) João da Silva Marcenaria
Firma coletiva, razão social	b) sociedade em nome coletivo – responsabilidade ilimitada	b) João da Silva e companhia; João da Silva e Pedro de Souza; João da Silva e irmãos
	c) sociedade em comandita simples	c) João da Silva e companhia
	d) sociedade limitada – não há responsabilidade ilimitada, desde que conste a palavra "limitada" ou "Ltda."	d) João da Silva Marcenaria Ltda.
	e) comandita por ações – diretor responde subsidiária e ilimitadamente	e) João da Silva Marcenaria Comandita por Ações
Denominação social	f) sociedade limitada – não há responsabilidade ilimitada, desde que conste a palavra "limitada" ou "Ltda."	f) Marcenaria Modelo Ltda.
	g) sociedade anônima – responsabilidade limitada ao preço das ações	g) Marcenaria Modelo Sociedade Anônima; Companhia Marcenaria Modelo; João da Silva Marcenaria S.A.
	h) comandita por ações – diretor responde subsidiária e ilimitadamente	h) Marcenaria Modelo Comandita por Ações
	i) sociedade cooperativa – pode ser de responsabilidade limitada ou ilimitada	i) Cooperativa Modelo de Marceneiros

1.4. INSCRIÇÃO, REGISTROS, ESCRITURAÇÃO E LIVROS

(Auditor Fiscal da Receita Federal – 2012 – ESAF) Sobre a disciplina escrituração empresarial prevista no Código Civil, assinale a opção incorreta.

(A) O empresário e a sociedade empresária são obrigados a seguir um sistema de contabilidade, mecanizado ou não, com base na escrituração uniforme de seus livros, em correspondência com a documentação respectiva, e a levantar anualmente o balanço patrimonial e o de resultado econômico.

(B) A escrituração será feita em idioma e moeda corrente nacionais e em forma contábil, por ordem cronológica de dia, mês e ano, sem intervalos em branco, nem entrelinhas, borrões, rasuras, emendas ou transportes para as margens, sendo permitido o uso de código de números ou de abreviaturas, que constem de livro próprio, regularmente autenticado.

(C) O empresário ou sociedade empresária que adotar o sistema de fichas de lançamentos poderá substituir o livro Diário pelo livro Balancetes Diários e Balanços, observadas as mesmas formalidades extrínsecas exigidas para aquele.

(D) O empresário e a sociedade empresária são obrigados a conservar em boa guarda toda a escrituração, correspondência e mais papéis concernentes à sua atividade, enquanto não ocorrer prescrição ou decadência no tocante aos atos neles consignados.

(E) O juiz ou tribunal pode autorizar a exibição integral dos livros e papéis de escrituração empresarial quando necessária para resolver qualquer questão de caráter patrimonial.

A: correta, pois reflete exatamente o disposto no art. 1.179 do CC; **B:** correta, conforme dispõe o art. 1.183 do CC; **C:** correta, por indicar exatamente a norma do art. 1.185 do CC; **D:** correta, nos termos do art. 1.194 do CC; **E:** essa é a incorreta, já que a possibilidade de o juiz ou o tribunal determinar a exibição integral de livros e papéis de escrituração restringe-se às questões relativas a sucessão, comunhão ou sociedade, administração ou gestão à conta de outrem, ou em caso de falência – art. 1.191 do CC.

Gabarito "E"

(Auditor do Tesouro Municipal/Recife-PE – 2003 – ESAF) Em relação às Juntas Comerciais, elas

(A) somente podem fazer o exame formal dos atos que lhes são apresentados.

(B) abrem um processo próprio para registrar e dar proteção ao nome empresarial.

(C) são órgãos administrativos, mas suas decisões são vinculantes em definitivo.

(D) efetuam o registro de empresas estrangeiras após autorizadas pelo órgão federal competente.

(E) deverão efetuar o registro também de associações, nos termos do Novo Código Civil (Lei 10.406/2002).

A: embora o exame formal seja essencial (art. 40 da Lei 8.934/1994), cumpre à autoridade competente fiscalizar a observância das prescrições legais concernentes ao ato ou aos documentos apresentados – art. 1.153, *caput*, *in fine*, do CC; **B:** a proteção ao nome empresarial decorre automaticamente do arquivamento dos atos constitutivos ou de suas alterações – art. 1.166 do CC e art. 33 da Lei 8.934/1994; **C:** as decisões das juntas podem ser revistas pelo Judiciário, em regra – art. 5º, XXXV, da CF; **D:** arts. 1.134 e 1.136 do CC, e art. 32, II, *c*, da Lei 8.934/1994; **E:** às juntas comerciais competem os registros dos empresários e das sociedades empresárias. As sociedades simples (não empresárias) submetem-se ao Registro Civil das Pessoas Jurídicas – art. 1.150 do CC.

Gabarito "D"

(Auditor Fiscal/RN – 2005 – ESAF) A obrigação de manter a escrituração das operações comerciais seja em livros seja de forma mecanizada, em fichas ou arquivos eletrônicos,

(A) serve para que, periodicamente, se apure a variação patrimonial.

(B) permite que se apure o cumprimento das obrigações e sua regularidade.

(C) serve para preservar informações de interesse dos sócios das sociedades empresárias.

(D) constitui prova do exercício regular de atividade empresária.

(E) facilita a organização de balancetes mensais para prestação de contas aos sócios.

Embora as demais alternativas não estejam absoluta ou necessariamente erradas, a função básica da escrituração é fazer prova do exercício regular da empresa.

Gabarito "D"

1.5. ESTABELECIMENTO

(Procurador da Fazenda Nacional – 2007.2 – ESAF) O estabelecimento, como universalidade de fato, constitui

(A) um conjunto de bens materiais que não pode ser desmembrado.

(B) um conjunto de bens materiais e imateriais que serve ao exercício de atividades econômicas.

(C) complexo de relações jurídicas ativas e passivas derivadas do exercício da empresa.

(D) uma criação do direito para promover a organização da empresa.

(E) um mecanismo instrumental necessário para o desenvolvimento da empresa.

A: incorreta. Os elementos da universalidade de fato (caso do estabelecimento empresarial) podem ser objetos de relações jurídicas próprias – art. 90, parágrafo único, do CC; **B:** correta. A assertiva descreve estabelecimento em conformidade com o art. 1.142 do CC; **C:** incorreta. O estabelecimento é complexo de bens (universalidade de fato – art. 90 do CC), e não de relações jurídicas (universalidade de direito – art. 91 do CC); **D** e **E:** incorretas. Estabelecimento é o complexo de bens organizado pelo empresário (ou pela sociedade empresária) para o exercício da empresa – art. 1.142 do CC.

Gabarito "B"

(Auditor do Tesouro Municipal/Fortaleza-CE – 2003 – ESAF) Considera-se estabelecimento:

(A) o estúdio de um artista plástico desde que em local diferente do da residência.

(B) o consultório dentário em que são prestados serviços e oferecidos aos clientes, para venda, produtos para a higiene bucal.

(C) o escritório de advocacia de que são locatários, em conjunto, vários profissionais do direito que dividem tarefas conforme as diferentes especializações.

(D) os locais mantidos por fotógrafos amadores no qual são revelados os filmes.

(E) somente são estabelecimentos, sujeitos à disciplina do Código Civil, aqueles locais nos quais o titular for empresário.

A: o artista plástico, em princípio, não é empresário, não havendo que se falar em estabelecimento empresarial – art. 966, p. único, do CC; **B:** a venda de produtos configura atividade empresarial (art. 966, *caput*, do CC), de modo que as instalações destinadas à atividade (consultório) integram o estabelecimento – art. 1.142 do CC; **C:** trata-se de sociedade simples (art. 982, *caput*, *in fine*, c/c art. 966, p. único, ambos do CC), formada por profissionais liberais, de modo que não há estabelecimento empresarial; **D:** não há atividade empresarial (art. 966, p. único, do CC), o que afasta a existência de estabelecimento; **E:** a sociedade empresária (além do empresário) também pode ser titular de estabelecimento – art. 1.142 do CC.

Gabarito "B"

2. DIREITO SOCIETÁRIO

2.1. SOCIEDADE SIMPLES

(Procurador da Fazenda Nacional – 2004 – ESAF) A responsabilidade de administradores nos termos da disciplina geral do Código Civil no Livro II

(A) depende de terem sido designados no instrumento de contrato, ou em documento separado.
(B) corresponde à de um fiduciário.
(C) pode ser limitada a certas operações desde que haja previsão contratual.
(D) é solidária em relação aos atos de gestão, com outros administradores, se os houver.
(E) pode ser reduzida se não agirem com excesso de poder.

A: incorreta, porque a responsabilidade dos administradores é sempre a mesma, em nada alterando o fato de serem nomeados no próprio contrato ou em instrumento separado. A distinção ocorre apenas no âmbito da formalização (averbação na Junta Comercial) e na destituição; **B:** correta. Na alternativa, "fiduciário" significa "aquele que cuida dos negócios alheios". É justamente o que dispõe o art. 1.011 do CC; **C:** incorreta. A responsabilidade dos administradores alcança sempre todos os atos que praticarem, não podendo ser limitada a apenas algumas operações; **D:** incorreta. Atos normais de gestão não geram responsabilidade dos administradores, exceto se agirem com excesso de poderes (teoria *ultra vires*); **E:** incorreta. Inexistindo excesso de poder, não há que se falar em responsabilidade dos administradores.

Gabarito "B"

(Procurador da Fazenda Nacional – 2004 – ESAF) A sociedade simples do Código Civil de 2002

(A) destina-se a permitir a separação de atividades econômicas em dois grupos: as comerciais e as civis.
(B) inova na estruturação de sociedades que exercem atividades econômicas.
(C) facilita extremar sociedades de associações no que concerne à disciplina jurídica.
(D) foi concebida como modelo de organização ao qual se deu função supletiva.
(E) serve para recepcionar as sociedades prestadoras de serviços.

A: incorreta. Sociedade simples é toda aquela que não é empresária, classificação dicotômica que veio exatamente para substituir a antiga entre sociedades comerciais e civis; **B:** incorreta. Não há nada de inovador na disciplina das sociedades simples. Suas disposições seguem, em muitos aspectos, as determinações do antigo Código Comercial; **C:** incorreta. Não há razões para confundir sociedades com associações. As primeiras estão dispostas nos arts. 981 e ss. do CC, enquanto as segundas localizam-se a partir do art. 53 do mesmo diploma legal; **D:** correta. Seu modelo de organização é bastante amplo e genérico, sendo utilizado por todas as demais sociedades, direta ou indiretamente, como regras de aplicação supletiva; **E:** incorreta. Prestadores de serviços, pela teoria da empresa, são sociedades empresárias, não se lhes aplicando, a não ser supletivamente, as normas da sociedade simples.

Gabarito "D"

2.2. SOCIEDADE EMPRESÁRIA

(Auditor Fiscal da Receita Federal – 2012 – ESAF) São elementos do conceito de sociedade, exceto

(A) pluralidade de partes.
(B) exercício de atividade econômica.
(C) personalidade jurídica.
(D) *affectio societatis*.
(E) coparticipação dos sócios nos resultados.

A: correta, pois sociedade pressupõe mais de uma pessoa. Existem o empresário individual e a empresa individual de responsabilidade limitada, mas não se confundem com sociedade – arts. 966 e 980-A do CC; **B:** essa é a incorreta, pois nem toda sociedade é empresarial (existe a sociedade simples, sem objeto empresarial – art. 982, *caput*, *in fine*, do CC); **C:** adequada, pois essa é a regra – arts. 45 e 985 do CC. Mas é importante lembrar que existe a figura das sociedades despersonificadas (sociedades em comum e em conta de participação) – arts. 986 a 996 do CC; **D:** correta, pois a vontade e a disposição dos sócios para realizar conjunta e harmonicamente o objeto societário são essenciais para o conceito de sociedade; **E:** correta, pois essa é também diretriz inafastável nas sociedades, sendo nula a estipulação contratual que exclua qualquer sócio de participar dos lucros e das perdas – art. 1.008 do CC.

Gabarito "B"

(Auditor Fiscal da Receita Federal – 2010 – ESAF) Sobre as sociedades, marque a opção correta.

(A) Os sócios podem contribuir com serviços para realização de suas cotas na sociedade limitada.
(B) A sociedade em conta de participação é uma pessoa jurídica.
(C) As companhias abertas constituem-se mediante o arquivamento dos seus atos constitutivos na Comissão de Valores Mobiliários – CVM.
(D) A sociedade limitada opera sob firma ou denominação social.
(E) A sociedade de economia mista é uma sociedade limitada, com o capital dividido em cotas.

A: incorreta, pois não é possível a integralização das quotas em serviço – art. 1.055, § 2º, do CC; **B:** incorreta, pois a sociedade em conta de participação não tem personalidade jurídica própria, por definição (é sociedade não personificada, prevista no Código Civil, ao lado da sociedade em comum) – art. 991 do CC; **C:** a sociedade por ações (aberta ou fechada) constitui-se como qualquer sociedade empresária, pelo arquivamento de seus atos constitutivos na junta comercial – arts. 45 e 985 do CC; **D:** essa é a assertiva correta, conforme o art. 1.158 do CC; **E:** incorreta, pois a sociedade de economia mista é uma sociedade por ações (nunca limitada), cuja constituição é autorizada por lei e sob o controle do Poder Público – art. 236 da Lei das Sociedades por Ações – LSA (Lei 6.404/1976).

Gabarito "D"

(Auditor Fiscal do Trabalho – 2010 – ESAF) Sobre a disciplina dos prepostos no Livro do Direito de Empresa do Código Civil, assinale a opção incorreta.

(A) Considera-se o gerente autorizado a praticar todos os atos necessários ao exercício dos poderes que lhe foram outorgados, mesmo quando a lei exigir poderes especiais.

(B) Em regra, considera-se perfeita a entrega de papéis, bens ou valores ao preposto, encarregado pelo preponente, se os recebeu sem protesto.

(C) O preposto não pode, sem autorização escrita, fazer-se substituir no desempenho da preposição, sob pena de responder, pessoalmente, pelos atos do substituto e pelas obrigações por ele contraídas.

(D) O gerente pode estar em juízo em nome do preponente, pelas obrigações resultantes do exercício da sua função.

(E) Na falta de estipulação diversa, consideram-se solidários os poderes conferidos a dois ou mais gerentes.

A: incorreta, pois o gerente não é considerado autorizado no caso de a lei exigir poderes especiais – art. 1.173 do CC; **B:** correta, nos termos do art. 1.171 do CC, salvo nos casos em que haja prazo para reclamação; **C:** correta, pois reflete o disposto no art. 1.169 do CC; **D:** correta, pois são os termos do art. 1.176 do CC; **E:** assertiva correta, conforme o art. 1.173, p. único, do CC.

Gabarito "A"

(Auditor do Tesouro Municipal/Recife-PE – 2003 – ESAF) Nos termos do Código Civil, as sociedades são classificadas:

(A) empresárias e simples.

(B) de pessoas e de capitais.

(C) unipessoais e pluripessoais.

(D) grupadas e isoladas.

(E) com finalidade econômica e com finalidade religiosa ou cultural.

A: essa é a distinção básica, prevista no art. 983 do CC; **B:** embora o CC preveja tipos societários classificados como de pessoas (v.g. limitadas) e de capital (v.g. anônimas), essa não é uma distinção expressa na lei; **C:** o Código Civil não prevê a sociedade unipessoal, mas, ao contrário, fixa regra para a solução da unipessoalidade – art. 1.033, IV, do CC; **D:** não há essa classificação, embora o CC preveja a coligação societária – art. 1.097 do CC; **E:** o CC não prevê essa classificação.

Gabarito "A"

2.3. SOCIEDADES EM COMUM, EM CONTA DE PARTICIPAÇÃO, EM NOME COLETIVO, EM COMANDITA

(Auditor Fiscal da Receita Federal – 2012 – ESAF) A propósito da sociedade em conta de participação, assinale a opção incorreta.

(A) O contrato da sociedade em conta de participação produz efeito somente entre os sócios, e a eventual inscrição de seu instrumento em qualquer registro não confere personalidade jurídica à sociedade.

(B) A contribuição do sócio participante constitui, com a do sócio ostensivo, patrimônio especial, objeto da conta de participação relativa aos negócios sociais.

(C) A falência do sócio ostensivo acarreta a dissolução da sociedade e a liquidação da respectiva conta, cujo saldo constituirá crédito quirografário.

(D) Salvo estipulação em contrário, o sócio ostensivo não pode admitir novo sócio sem o consentimento expresso dos demais.

(E) Os sócios, nas relações entre si ou com terceiros, somente por escrito podem provar a existência da sociedade em conta de participação, mas os terceiros podem prová-la de qualquer modo.

A: correta, pois isso é o que dispõe o art. 993 do CC; **B:** correta, refletindo o art. 994 do CC; **C:** correta, nos termos do art. 994, § 2º, do CC; **D:** também correta, nos exatos termos do art. 995 do CC; **E:** essa é a incorreta, pois a disposição do art. 987 do CC, descrita na alternativa, refere-se à sociedade em comum, não à sociedade em conta de participação. A sociedade em conta de participação pode ser provada por todos os meios de direito – art. 992, *in fine*, do CC.

Gabarito "E"

(Auditor Fiscal/Teresina-PI – 2001 – ESAF) Sociedades em conta de participação assemelham-se às sociedades irregulares por

(A) não terem personalidade jurídica.

(B) organizarem empresas em que há apenas dois sócios.

(C) faltar contrato escrito.

(D) não se admitir registro dos contratos.

(E) haver mais de uma espécie de sócios.

A: de fato, tanto as sociedades em conta de participação como as sociedades em comum não têm personalidade jurídica – arts. 986 e 991 do CC; **B:** não há essa limitação em relação ao número dos sócios; **C:** a existência de contrato escrito é irrelevante – arts. 987 e 992 do CC; **D:** a sociedade em comum, por definição, não possui inscrição de seus atos constitutivos no registro público (art. 986 do CC), e eventual inscrição dos atos da sociedade em conta de participação não lhe confere personalidade jurídica (art. 993 do CC); **E:** não há essa distinção, no caso da sociedade em comum – arts. 988 e 990. Na sociedade em conta de participação, há sócio ostensivo (que pratica atos de gestão) e sócio participante – art. 991 do CC.

Gabarito "A"

2.4. SOCIEDADE LIMITADA

(Procurador da Fazenda Nacional – 2006 – ESAF) Julgue os itens de acordo com o Código Civil Brasileiro e assinale a opção que contém a resposta correta.

( ) Na sociedade limitada, exige-se a concordância de três quartos do capital social para a mudança do objeto social, enquanto que na sociedade simples esta alteração deve ser unânime e na sociedade anônima, pela metade, no mínimo, das ações com direito a voto.

( ) Admite-se a sociedade unipessoal sem limitações.

( ) Em caso de omissão na regulamentação à sociedade limitada, aplicam-se os dispositivos da sociedade simples, e apenas supletivamente os da sociedade anônima e desde que tal aplicação esteja prevista no contrato social, não sendo possível usar de dispositivos da lei que de sociedade anônima quando a matéria estiver regida por artigos do Código Civil no capítulo relativo à limitada.

( ) Em relação à sociedade limitada, permite-se a existência de cotas preferenciais, com vantagens aos sócios, como uma participação maior nos lucros, exclusão da participação em perdas e limitação do direito de voto.

( ) Não havendo disposição em contrário no contrato, desejando o sócio ceder suas cotas, total ou parcialmente, a outro sócio ou a terceiro, poderá fazê-lo desde que não haja oposição de mais de um quarto do capital social.

(A) V, F, V, F, F
(B) V, V, F, V, F
(C) F, F, V, F, V
(D) F, V, F, V, V
(E) V, F, V, F, V

I: Verdadeira (art. 1.076, I, do CC; art. 999 do CC; art. 136, VI, da Lei nº 6.404/1976); **II:** Falsa. A sociedade contratual que tornar-se unipessoal deve restabelecer a pluralidade de sócios ou solicitar sua conversão em empresa individual de responsabilidade limitada no prazo de 180 dias (art. 1.033, IV, do CC). Já a sociedade anônima deve fazê-lo até a assembleia geral ordinária do ano seguinte ao da unipessoalidade (art. 206, I, "d", da Lei nº 6.404/1976); **III:** Verdadeira (art. 1.053 do CC); **IV:** Falsa. As quotas podem ter valores diferentes (art. 1.055 do CC), mas nunca atribuir direitos ou vantagens diferentes aos sócios; **V:** Falsa. A cessão ou transferência de quotas para outro sócio independe da concordância dos demais, sendo a aprovação de mais de um quarto do capital social exigida somente em caso de alienação a terceiro estranho aos quadros sociais (art. 1.057, do CC).

Gabarito "A"

(Procurador da Fazenda Nacional – 2003 – ESAF) A responsabilidade de sócios-gerentes das sociedades limitadas é:

(A) limitada à sua participação no capital social.
(B) ilimitada, embora subsidiária, perante credores sociais.
(C) ilimitada na hipótese de delegação da função administrativa pelos atos do delegado.
(D) solidária com os demais gerentes pelos atos de gestão.
(E) solidária com a sociedade em certas hipóteses.

Os administradores (antes denominados "gerentes"), ainda que sócios, não estão sempre protegidos pela responsabilidade limitada à integralização do capital social (incorreta, portanto, a alternativa "A"). Terão, nos termos do CC, responsabilidade pessoal, por exemplo, pelo descumprimento do dever de diligência (arts. 1.011 e 1.016) e por prejuízos causados à sociedade se agirem em desacordo com a decisão da maioria (art. 1.013, § 2º). Mais ainda, respondem solidariamente com a sociedade nos casos de atos praticados antes da averbação de seu ato de nomeação (art. 1.012) e quando agirem com excesso de poder nas hipóteses do art. 1.015, parágrafo único (teoria *ultra vires*). Quanto a esta última hipótese, o CC pretende que a responsabilidade do administrador seja exclusiva, afastando-se da sociedade. Porém, a doutrina e jurisprudência majoritárias entendem que o terceiro de boa-fé deve ter a máxima proteção assegurada nesses casos, impondo a presença da pessoa jurídica no polo passivo. Com isso, vemos que as alternativas "B" a "D" estão incorretas, por não representarem hipóteses de responsabilidade pessoal do administrador. Resta como correta a letra "E", que, genericamente, atribui a responsabilidade solidária entre administradores e a sociedade, a qual realmente existe nas hipóteses mencionadas.

Gabarito "E"

(Auditor Fiscal do Trabalho – 2010 – ESAF) Sobre as quotas da sociedade limitada, assinale a opção correta.

(A) Os sócios podem realizar suas quotas mediante prestação de serviços.
(B) Não integralizada a quota do sócio remisso, os outros sócios podem tomá-la para si ou transferi-la a terceiros, nos termos da lei.
(C) O capital pode ser dividido somente em quotas iguais.
(D) As quotas são consideradas divisíveis em relação à sociedade.
(E) Pela exata estimação dos bens dados em realização das quotas responde apenas o respectivo sócio.

A: incorreta, pois não é possível a integralização das quotas em serviço – art. 1.055, § 2º, do CC; **B:** correta, nos termos do art. 1.058 do CC; **C:** incorreta, pois o capital social da limitada pode ser dividido em quotas iguais **ou desiguais**, cabendo uma ou diversas delas a cada sócio – art. 1.055, *caput*, do CC; **D:** incorreta, pois a quota é **indivisível** em relação à sociedade, salvo para efeito de transferência, nos termos do art. 1.056 do CC; **E:** incorreta, pois todos os sócios respondem solidariamente pela exata estimação de bens conferidos ao capital social, até o prazo de cinco anos da data do registro da sociedade – art. 1.055, § 1º, do CC.

Gabarito "B"

2.5. SOCIEDADE ANÔNIMA

2.5.1. CONSTITUIÇÃO, CAPITAL SOCIAL, AÇÕES, DEBÊNTURES E OUTROS VALORES MOBILIÁRIOS. ACIONISTAS, ACORDOS E CONTROLE

(Advogado – IRB – 2006 – ESAF) O acordo de acionistas, disciplinado no art. 118 da Lei n. 6.404/1976 e alterações posteriores, como qualquer pacto parassocial pode ser considerado

(A) segundo seja de voto ou de preferência para a compra de ações, de negócio político e patrimonial, respectivamente.
(B) mecanismo para preservação do controle da companhia.
(C) meio de partilha do poder nos casos de acordos de voto.
(D) mecanismo de partilha da mais valia do controle se considerada a preferência para a compra de ações.
(E) forma de submissão de alguns acionistas aos ditames de quem detenha o poder para determinar a direção do voto.

O acordo de acionistas pode ser definido como o pacto celebrado entre dois ou mais acionistas, que, uma vez registrado junto à sede da companhia, obriga esta e os demais acionistas a respeitá-lo. Um de seus objetos possíveis é a concessão do poder de controle por meio da concordância de acionistas que detenham a maioria das ações com direito a voto. Assim, aqueles submetidos ao acordo devem cumpri-lo, votando de acordo com o interesse determinado pelos demais.

Gabarito "E"

(Auditor Fiscal da Receita Federal – 2010 – ESAF) Assinale a opção abaixo que contém o valor mobiliário que confere ao respectivo titular direito de crédito eventual, consistente na participação nos lucros anuais da sociedade.

(A) Debêntures.
(B) Ações.
(C) Bônus de subscrição.
(D) Partes beneficiárias.
(E) Commercial paper.

A: incorreta, pois a debênture confere ao seu titular direito de crédito contra a companhia (não se trata de simples direito eventual), nas condições constantes da escritura de emissão e, se houver, do certificado, podendo assegurar participação no lucro da sociedade (a participação no lucro é uma possibilidade, não uma característica essencial) – arts. 52 e 56 da Lei das Sociedades por Ações – LSA (Lei 6.404/1976); **B:** incorreta, pois a ação representa fração do capital social, cujo titular é qualificado como sócio da companhia – art. 11 da LSA; **C:** incorreta, pois o bônus de subscrição é o valor mobiliário que confere ao seu titular direito de subscrever ações do capital social, nas condições constantes do certificado, que será exercido mediante apresentação do título à companhia e pagamento do preço de emissão das ações – art. 75, p. único, da LSA; **D:** essa é a assertiva correta, pois as partes beneficiárias conferirão aos seus titulares direito de crédito eventual contra a companhia, consistente na participação nos lucros anuais, nos exatos termos do art. 46, § 1º, da LSA; **E:** incorreta, pois o *commercial paper* é uma espécie de nota promissória emitida pela companhia, que se distingue da debênture por ser resgatável no curto prazo (entre 30 a 360 dias) e por submeter-se a normas específicas quanto à sua emissão e circulação.

Gabarito "D"

(Auditor do Tesouro Municipal/Recife-PE – 2003 – ESAF) A disciplina da emissão de ações pelas companhias prevê:

(A) a autorização prévia da CVM para emissões privadas.
(B) a prévia aprovação da emissão pela Assembleia Geral em qualquer caso.
(C) a manutenção de proporção da participação dos acionistas no capital social.
(D) o pagamento integral do preço de emissão em todos os casos.
(E) a possibilidade de emissões sem aprovação da Assembleia Geral.

A: a emissão privada não se sujeita ao controle da CVM – art. 4º, § 2º, da LSA; **B** e **E:** não é necessária a aprovação pela assembleia-geral – arts. 122 e 132 da LSA; **C:** não há essa previsão; **D:** a integralização pode ser posterior à subscrição, nos termos do art. 106 da LSA.

Gabarito "E"

2.5.2. ASSEMBLEIA GERAL, CONSELHO DE ADMINISTRAÇÃO, DIRETORIA, ADMINISTRADORES E CONSELHO FISCAL

(Procurador da Fazenda Nacional – 2007 – ESAF) A administração das companhias abertas, com dois colegiados, dá a um deles o poder para formular as políticas gerais da sociedade e ao outro a competência para sua execução. Dessa forma, se a diretoria não seguir as diretrizes formuladas pelo Conselho de Administração, visa-se a:

(A) facilitar a destituição dos diretores a qualquer tempo.
(B) permitir que os administradores sejam convocados para apresentarem explicação à Assembleia Geral.
(C) dividir a responsabilidade dos administradores, reduzindo a qualidade da informação aos acionistas com aumento da assimetria.
(D) dar transparência para apuração de responsabilidades por danos causados à sociedade por qualquer dos colegiados.
(E) reduzir o ônus para aqueles acionistas minoritários que tenham interesse em promover ações de responsabilidade quando entenderem haver prejuízos para a sociedade.

Dentre as assertivas, apenas a D reflete finalidade da divisão de poderes entre os dois órgãos societários, no que se refere a eventual dissídio entre a Diretoria e o Conselho de Administração – arts. 138 e ss. da LSA.

Gabarito "D"

(Advogado – IRB – 2006 – ESAF) A existência de conselho de administração, obrigatória nas companhias abertas e de capital autorizado, equivale à (a)

(A) delegação de competência da assembleia geral a outro colegiado.
(B) partilha de poder entre grupos de acionistas dada a composição do Conselho de Administração.
(C) administração dual para garantir maior eficiência na tomada de decisões.
(D) possibilidade de inclusão de não acionistas na composição do Conselho de Administração.
(E) dar representatividade especial aos minoritários de forma a que as deliberações dos Conselhos de Administração sejam mais equitativas.

O Conselho de Administração, previsto nos arts. 138 e seguintes da LSA, divide as atribuições relacionadas com a administração da companhia com a diretoria, mormente por meio de sua fiscalização. Isso garante maior eficiência e legalidade nas decisões da sociedade. É composto por, no mínimo três membros, necessariamente acionistas, eleitos pela assembleia geral.

Gabarito "C"

(Auditor Fiscal da Previdência Social – 2002 – ESAF) Nas sociedades anônimas,

(A) os diretores devem ser acionistas titulares, ao menos, de ações preferenciais.
(B) os membros do conselho de administração devem ser brasileiros, necessariamente.
(C) os membros do conselho de administração necessitam invariavelmente ter domicílio no Brasil.
(D) a competência das assembleias gerais extraordinárias é formada por exclusão, em relação à competência das assembleias gerais ordinárias.
(E) para os efeitos legais de responsabilidade, os diretores são considerados administradores e os membros do conselho de administração responsáveis pelo controle social.

A: os diretores das sociedades anônimas não precisam ser acionistas – art. 146 da LSA; B e **C:** não há essas exigências, para integrar o conselho de administração – art. 146 da LSA; **D:** art. 131 da LSA; **E:** arts. 142, 145 e 158 da LSA.

Gabarito "D"

2.5.3. TRANSFORMAÇÃO, INCORPORAÇÃO, FUSÃO E CISÃO

(Procuradoria Distrital – 2007) A Lei Distrital n. 3.863/2006 autoriza a incorporação da Sociedade de Abastecimento de Brasília S.A. – SAB, às Centrais de Abastecimento do Distrito Federal S.A. – CEASA-DF, ambas empresas públicas sob o controle do Distrito Federal. Com a finalização do processo de incorporação:

(A) a SAB irá desaparecer e a CEASA-DF terá um aumento do capital social equivalente ao patrimônio líquido da SAB.
(B) o Distrito Federal, na condição de acionista controlador, é responsável pessoalmente por todas as obrigações das empresas citadas.
(C) ocorrerá o vencimento antecipado das obrigações da SAB.
(D) a CEASA-DF irá ter seu controle alterado.
(E) tanto a Sociedade de Abastecimento de Brasília S.A. – SAB, quanto as Centrais de Abastecimento do Distrito Federal S.A. – CEASA-DF irão desaparecer dando origem a uma nova sociedade.

A: a assertiva reflete a operação de incorporação – art. 227 da LSA e art. 1.116 do CC; **B:** o controlador não se confunde com as companhias – sua responsabilidade, em princípio, limita-se ao preço de emissão das ações subscritas ou adquiridas – art. 1.088 do CC; **C:** a incorporação não tem esse efeito, até porque os direitos dos credores não são prejudicados – art. 227, *caput*, da LSA; **D:** considerando que o Distrito Federal controla ambas as companhias e que não há alteração na participação societária, não ocorre modificação do controle por conta da incorporação – art. 116 da LSA; **E:** na incorporação, a incorporada desaparece e a incorporadora subsiste – art. 227 da LSA.

Gabarito "A"

(Procurador da Fazenda Nacional – 2007.2 – ESAF) A incorporação de uma sociedade por outra, qualquer que seja a natureza da atividade exercida,

(A) só será eficaz se não implicar perdas patrimoniais a nenhum sócio da incorporada.
(B) dará aos dissidentes o direito de se retirarem mediante a venda de suas participações aos controladores da sociedade incorporadora.
(C) deverá seguir a disciplina da Lei n. 6.404/1976 com as alterações posteriores.
(D) garantirá o direito de ressarcimento de perdas impostas aos sócios da incorporadora pelos sócios da incorporada.
(E) dependerá de ratificação dos acionistas titulares de ações sem direito de voto.

Todas as assertivas, com exceção da C, são estranhas à normatização das incorporações (arts. 1.116 a 1.118 do CC e arts. 223 a 227 e 230 a 232 da LSA).

Gabarito "C"

(Auditor Fiscal da Receita Federal – 2010 – ESAF) Sobre a transformação, assinale a opção incorreta.

(A) A passagem de uma companhia fechada para uma aberta constitui transformação societária.
(B) O ato de transformação independe da prévia dissolução ou baixa da forma empresarial originária.
(C) Na hipótese de concentração de todas as cotas da sociedade limitada sob titularidade de um único sócio, este pode requerer ao Registro Público de Empresas a transformação do registro da sociedade para empresário individual.
(D) Admite-se a transformação de uma sociedade em nome coletivo para uma sociedade limitada.
(E) Caso venha a admitir sócios, o empresário individual poderá solicitar ao Registro Público de Empresas a transformação de seu registro de empresário para registro de sociedade empresária.

A: essa é a assertiva incorreta, pois não houve alteração do tipo societário, no caso, ou seja, não houve transformação societária – art. 1.113 do CC; **B:** correta, conforme o art. 1.113 do CC; **C:** correta, pois reflete o disposto no art. 1.033, p. único, do CC; **D:** correta, pois não há restrição a essa modificação do tipo societário; **E:** correta, conforme a previsão do art. 968, § 3º, do CC.

Gabarito "A"

(Auditor Fiscal/RN – 2005 – ESAF) As operações de fusão e incorporação de sociedades

(A) dependem de aprovação por todos os membros de cada uma das sociedades envolvidas.
(B) constituem formas de reorganizar as relações societárias.
(C) podem ser deliberadas por maioria desde que haja previsão contratual.
(D) facilitam a mudança dos tipos societários.
(E) permitem a redução do capital social de qualquer das envolvidas no processo sem que os credores possam se opor.

A e **C:** as fusões e as incorporações dependem do voto representativo de pelo menos três quartos do capital social, no caso das limitadas (art. 1.076, I, c/c art. 1.071, VI, ambos do CC), e da maioria das ações com direito a voto (como regra), no caso das sociedades anônimas (art. 136, IV, da LSA); **B:** a assertiva é verdadeira; **D:** a mudança do tipo societário é a transformação (art. 220 da LSA) e não tem relação necessária com a fusão ou com a incorporação; **E:** a incorporação e a fusão não implicam, por si, redução do capital social, nem podem prejudicar os credores (aos quais cabe ação anulatória, em caso de prejuízo – art. 1.112 do CC e art. 232 da LSA).

Gabarito "B"

(Auditor do Tesouro Municipal/Recife-PE – 2003 – ESAF) As operações de reorganização societária como a incorporação, fusão ou a cisão caracterizam-se por:

(A) alterar as relações entre sociedade e credores.
(B) alterar a proporção em que os sócios participam do capital social.
(C) sucessão nas obrigações.
(D) modificação da estrutura societária.
(E) modificação tipológica em todas as hipóteses.

A: em princípio, essas operações não poderão prejudicar os credores – arts. 1.116, 1.119 e, especialmente, 1.122, todos do CC; **B:** a proporção na participação no capital não é característica necessária de todas as operações de reorganização; **C:** há sucessão das sociedades resultantes, nas obrigações – arts. 1.116 e 1.119 do CC e arts. 232 e 233 da LSA; **D:** não há, necessariamente, alteração na estrutura societária; **E:** não há, necessariamente, alteração de tipo societário, nos casos de incorporação, fusão e cisão.

Gabarito "C"

(Auditor do Tesouro Municipal/Fortaleza-CE – 2003 – ESAF) A incorporação de uma sociedade por outra é operação:

(A) de liquidação da sociedade incorporada.

(B) destinada a aumentar o patrimônio líquido da incorporadora.
(C) de reordenação patrimonial.
(D) de combinação do corpo de sócios das envolvidas.
(E) de transformação tipológica em qualquer circunstância.

A: na incorporação há extinção da incorporada, não liquidação – art. 1.118 do CC; **B:** a incorporação não implica, necessariamente, aumento do patrimônio líquido da incorporadora (pode ser que a incorporada possua patrimônio líquido negativo); **C:** há, de certa forma, reordenação patrimonial, pois o patrimônio da incorporada é totalmente vertido à incorporadora – art. 1.116 do CC; **D:** a combinação do corpo de sócios não é elemento definidor da incorporação; **E:** não há, necessariamente, alteração do tipo societário (transformação), por conta da incorporação.

Gabarito "C"

2.5.4. SOCIEDADES DE ECONOMIA MISTA

(Procuradoria Distrital – 2007) A administração indireta do Distrito Federal é composta também por empresas públicas e sociedades de economia mista, sendo que estas últimas adotam sempre a forma de S/A. Sobre essas sociedades de economia mista é correto afirmar que:

(A) não há submissão às regras da Lei n. 6.404/1976, dada a sua natureza pública.
(B) o conselho de administração é facultativo, dependendo de previsão do estatuto.
(C) seus administradores fazem jus a uma remuneração a ser fixada pela assembleia geral.
(D) uma determinação feita pelo acionista controlador substitui a assembleia geral.
(E) suas ações serão nominativas, endossáveis ou ao portador.

A: incorreta. As sociedades de economia mista são reguladas pela LSA, conforme seu art. 235; **B:** incorreta. O conselho de administração é obrigatório – art. 239 da LSA; **C:** correta, conforme disposto no art. 152, c/c art. 239, parágrafo único, ambos da LSA; **D:** incorreta. O acionista controlador submete-se às mesmas regras que sujeitam os controladores das demais companhias, embora possa orientar a empresa no sentido do interesse público que justificou sua criação (ou seja, não se sobrepõe à assembleia geral) – art. 238 da LSA; **E:** incorreta. Atualmente, as ações devem ser nominativas – art. 20 da LSA.

Gabarito "C"

3. DIREITO CAMBIÁRIO

3.1. TEORIA GERAL

(Procurador da Fazenda Nacional – 2006 – ESAF) Com base no que dispõe o Código Civil Brasileiro sobre Títulos de Crédito, julgue os itens a seguir, assinalando, ao final, a opção com a resposta correta.

( ) A omissão de algum requisito legal que tire do documento sua validade como título de crédito, não implica a invalidade do negócio jurídico que lhe deu origem.
( ) Invalida o título de crédito a cláusula que exclua ou restrinja direitos e obrigações além dos limites fixados em lei.
( ) O pagamento de título de crédito, que contenha obrigação de pagar soma determinada, pode ser garantido por aval, total ou parcial.
( ) O aval posterior ao vencimento do título de crédito não produz efeitos.
( ) O pagamento parcial do título não pode ser recusado pelo credor, se no seu vencimento.

(A) V, F, F, F, F
(B) V, F, V, V, V
(C) F, V, F, V, V
(D) V, F, F, F, V
(E) V, V, V, F, F

I: Verdadeira (art. 888 do CC); **II:** Falsa. Tal cláusula será apenas considerada como não escrita, mantendo-se as demais disposições do título de crédito (art. 890 do CC); **III:** Falsa. É vedado o aval parcial nos títulos de crédito atípicos, regidos pelo CC (art. 897, parágrafo único, do CC); **IV:** Falsa. O aval póstumo produz os mesmos efeitos daquele dado antes do vencimento da obrigação (art. 900 do CC); **V:** Verdadeira (art. 902, § 1º, do CC).

Gabarito "D"

(Procurador da Fazenda Nacional – 2003 – ESAF) O exercício de direitos cartulares compete:

(A) apenas ao titular do crédito.
(B) a qualquer possuidor.
(C) a quem figure como nomeado no instrumento no caso de títulos nominativos.
(D) a qualquer portador da cártula em circulação no mercado.
(E) a legitimado cambiário na forma de circulação do título.

O exercício dos direitos cartulares deve observância aos três princípios básicos dos títulos de crédito: cartularidade, literalidade e autonomia das relações cambiais. De acordo com o primeiro, o exercício do direito representado pelo título de crédito exige que o beneficiário esteja na posse da cártula. Pelo segundo, são válidas apenas as disposições apostas diretamente no título de crédito, inclusive aquelas que identificam o beneficiário. Posto isto, temos que a alternativa "A" está incorreta, porque o título, em regra, pode circular e ser negociado livremente; as alternativas "B" e "D" são iguais e ambas incorretas, diante da possibilidade de o título ser nominativo; as alternativas "C" e "E" também dizem a mesma coisa. Foi considerada correta a alternativa "E", diante de sua maior generalidade e porque o termo "instrumento", constante da opção "C", pode representar o contrato que deu origem ao título de crédito, e não ele próprio, o que ofenderia o princípio da literalidade.

Gabarito "E"

(Advogado – IRB – 2006 – ESAF) O Código Civil – Lei n. 10.406/2002 – ao incluir disposições sobre matéria cambiária, trouxe importante modificação doutrinária que consiste em

(A) positivar a definição de Vivante.
(B) ampliar os tipos de documentos cambiários.
(C) gerar incerteza relativamente à circulação de direitos cambiários.
(D) aproximar direitos cambiários dos cambiariformes.
(E) facultar, no exercício da autonomia privada, a criação de documentos constitutivos.

Os arts. 887 e seguintes do CC aplicam-se apenas aos títulos de crédito atípicos, ou seja, não previstos em legislação específica (art. 903 do CC). Essa disposição, na verdade, traz ínsita a única modificação no regime jurídico dos títulos de crédito dentre as listadas na questão, porque permite ao interessado, desde que atente aos requisitos expostos, criar seus próprios títulos de crédito.

Gabarito "E".

(Advogado – IRB – 2006 – ESAF) Considere-se um título de crédito emitido parcialmente em branco, devendo ser preenchido pelo portador segundo os termos de um pacto adjeto. Nesse caso,

(A) o devedor poderá impugnar perante terceiro, em qualquer situação, o seu preenchimento em desconformidade com os ajustes realizados.

(B) se o preenchimento se deu em desconformidade com os ajustes e depois foi assim endossado a terceiro, o devedor poderá impugnar o pagamento apenas em relação ao favorecido original.

(C) o portador do título, preenchido indevidamente e objeto de uma série regular de endossos, poderá sofrer oposição do devedor, pois as transmissões ficaram contaminadas pelo vício referido.

(D) se o pacto adjecto não acompanhar a circulação do título, jamais qualquer credor poderá sofrer impugnação por parte do devedor diante do descumprimento indevido.

(E) a emissão de um título incompleto é risco absoluto que o emitente assume ao fazê-lo.

A questão é regulamentada pelo art. 891 do CC, que determina que o título seja complementado nos termos do pacto realizado. Não o sendo, ou seja, agindo o beneficiário original de má-fé ao preenchê-lo, não é permitido ao devedor alegar essa situação contra o terceiro de boa-fé que recebeu o título por endosso. Deverá, portanto, pagar a dívida e, de posse da cártula, promover ação de regresso contra o beneficiário original.

Gabarito "B".

(Fiscal de Tributos/PA – 2002 – ESAF) O endosso é instituto de direito cambiário que

(A) se aplica apenas para representar a transferência de titularidade.

(B) serve para determinar a legitimação cambiária.

(C) impõe ao endossante o dever de garantir a legitimidade dos endossos anteriores.

(D) deve ser em preto para garantir a formação da cadeia de regresso.

(E) serve para indicar que alguém deixa de ser titular do direito cambiário.

A: o endosso, além de servir à transferência do título, que se completa com a tradição (art. 910, § 2º, do CC), pode representar garantia pelo cumprimento da prestação, se houver cláusula expressa – art. 914, *caput*, do CC. A responsabilidade é efeito automático do endosso, mesmo sem cláusula expressa, nos casos em que a lei especial assim determinar – v.g. art. 15 da LU (letras de câmbio e promissórias) e art. 21 da LC (cheques); **B:** a assertiva parece se referir à prova de que a transmissão do título é legítima, o que é correto. Essa é a melhor alternativa, por exclusão das demais; **C** e **E:** além de transferir o título à ordem (a transferência se completa com a tradição da cártula – art. 910, § 2º, do CC), o endossante garante o aceite e o pagamento do título, nos termos das normas especiais das letras de câmbio, das promissórias, dos cheques e das duplicatas. Importante lembrar, entretanto, que o art. 914 do CC indica, como regra geral, a inexistência de garantia por parte do endossante. Em princípio, havendo série ininterrupta de endossos, presume-se a legitimidade do portador ou do último endossatário; **D:** é possível o endosso em branco (em que não se indica o endossatário), sem prejuízo do direito de regresso – arts. 913 e 914, § 2º, ambos do CC.

Gabarito "B".

(Agente Tributário Estadual/MS – 2001 – ESAF) O endossante de um título de crédito responde pelo crédito nele representado.

(A) somente diante do endossante direto e de seu avalista.

(B) uma vez protestado o título e pelas obrigações dele emergentes.

(C) desde que o devedor principal não possa ser encontrado, caracterizando-se tal fato pelo protesto.

(D) respeitado o prazo de prescrição de cinco anos.

(E) da mesma forma que o avalista do aceitante.

Atualmente, o Código Civil prevê, em regra, a não responsabilização do endossante – art. 914 do CC. Entretanto, a responsabilidade é efeito automático do endosso, mesmo sem cláusula expressa, quando a lei especial assim determinar, caso da letras de câmbio, das promissórias, dos cheques e das duplicatas – arts. 15 e 77 da LU, art. 21 da LC e art. 25 da LD. Nas hipóteses em que o endossante responde pela obrigação constante do título (quando há cláusula expressa ou previsão em lei especial), a responsabilidade é solidária (o credor pode exigir do endossante o pagamento imediato da totalidade do título), desde que haja protesto tempestivo – art. 914, § 1º, do CC e art. 47 da LU.

Gabarito "B".

3.2. TÍTULOS EM ESPÉCIE

(Auditor Fiscal da Receita Federal – 2012 – ESAF) A respeito da nota promissória, do cheque e da duplicata, assinale a opção correta.

(A) O cheque apresentado para pagamento antes do dia indicado como data de emissão é pagável no dia da apresentação.

(B) Enquanto o cheque é uma ordem de pagamento à vista, a duplicata e a nota promissória não podem ser emitidas à vista.

(C) A nota promissória, o cheque e a duplicata são títulos causais.

(D) Não é lícito ao comprador resgatar a duplicata antes de aceitá-la ou antes da data do vencimento.

(E) Para ser admitido o endosso de uma nota promissória, é necessária a previsão expressa da cláusula "à ordem".

A: correta, pois o cheque é pagável à vista, considerando-se não escrita qualquer menção em contrário. A assertiva reflete exatamente o disposto no art. 32, parágrafo único, da Lei do Cheque - LC (Lei 7.357/1985). É preciso registrar, entretanto, que o Poder Judiciário vem reconhecendo e dando eficácia ao amplamente difundido cheque pré-datado, dispondo que a apresentação antes do prazo ajustado gera dano moral indenizável – Súmula 370 do STJ; **B:** incorreta, pois é possível a emissão de duplicata e nota promissória para pagamento à vista – art. 2º, III, da Lei das Duplicatas – LD (Lei 5.474/1968) e art. 76 da Lei Uniforme - LU (promulgada pelo Decreto 57.663/1966); **C:** incorreta, pois, dentre esses, apenas a duplicata é indicada como título de crédito causal, pois somente pode ser emitida na hipótese descrita em lei – art. 2º da LD; **D:** incorreta, pois o comprador pode fazer isso – art. 9º da LD; **E:** incorreta, pois a regra é a possibilidade de endosso da nota, exceto se houve aposição da cláusula "não à ordem" – art. 11 c/c art. 77 da LU.

Gabarito "A".

Veja as seguintes tabelas, com a classificação dos títulos de crédito:

Classificações dos Títulos de Crédito	
Critério	**Espécies**
Modelo	– vinculados – livres
Estrutura	– ordem de pagamento – promessa de pagamento
Hipóteses de emissão	– causais – limitados – não causais
Circulação	– ao portador – nominativos à ordem – nominativos não à ordem (ou ao portador, à ordem e nominativos)

Veja também essa tabela, com os princípios do direito cambiário:

<table>
<tr><th colspan="2">Princípios do Direito Cambiário</th></tr>
<tr><td colspan="2">Cartularidade: o documento (cártula) é necessário para o exercício dos direitos cambiários.
Caso de relativização da cartularidade: protesto da duplicata por indicação – art. 13, § 1º, da Lei das Duplicatas</td></tr>
<tr><td colspan="2">Literalidade: somente aquilo que está escrito no título produz efeitos jurídicos-cambiais.
Caso de relativização da literalidade: aceite informado por escrito, previsto no art. 29 da Lei Uniforme</td></tr>
<tr><td rowspan="2">Autonomia: cada obrigação que deriva do título é autônoma em relação às demais – os vícios que comprometem a validade de uma relação jurídica, documentada em título de crédito, não se estendem às demais relações abrangidas no mesmo documento.</td><td>Subprincípio da Abstração: com a circulação, há desvinculação do título em relação ao ato ou ao negócio jurídico que deu ensejo à sua criação.
Caso de relativização da abstração: necessidade de se indicar a origem do crédito para habilitação em falência – art. 9º, II, da Lei de Falências.</td></tr>
<tr><td>Subprincípio da Inoponibilidade: o executado não pode opor exceções pessoais a terceiro de boa-fé.</td></tr>
</table>

(Auditor Fiscal da Receita Federal – 2010 – ESAF) Sobre a nota promissória, o cheque e a duplicata, marque a afirmativa correta.

(A) À exceção do cheque, a duplicata e a nota promissória constituem títulos executivos.

(B) A nota promissória, o cheque e a duplicata são títulos de crédito impróprios.

(C) O cheque e a duplicata são ordens de pagamento, e a nota promissória é uma promessa de pagamento.

(D) A nota promissória é um título causal.

(E) Admite-se o endosso parcial do cheque.

A: incorreta, pois os títulos de crédito (caso do cheque, da duplicata e da nota promissória) são títulos executivos extrajudiciais, desde que preenchidos os requisitos legais – art. 585, I e VIII, do CPC; **B:** incorreta. A classificação de títulos próprios e impróprios não é uniforme na doutrina. Considerando que títulos próprios são apenas os que representam operação de crédito, a promissória e a duplicata se enquadram perfeitamente nessa classificação; **C:** assertiva correta, pois no caso do cheque e da duplicata, o sacador (emitente) dá ordem para que o sacado (banco, no caso do cheque; adquirente dos bens ou serviços, no caso da duplicata) pague determinado valor ao titular da cártula (= ordem de pagamento). Já na promissória, o próprio sacador (emitente) promete pagar o valor ao titular da cártula (= promessa de pagamento); **D:** incorreta, pois a promissória pode ser emitida em qualquer situação (a promissória é título não causal), ou seja, não está restrita a determinadas causas, diferentemente da duplicata, por exemplo, que só pode ser emitida para documentar crédito decorrente de venda ou prestação de serviço empresarial (a duplicata, sim, é título causal); **E:** assertiva incorreta, pois é nulo o endosso parcial no cheque – art. 912, p. único, do CC e art. 17, § 1º, da Lei do Cheque – LC (Lei 7.357/1985).

Gabarito "C"

(Auditor Fiscal do Trabalho – 2010 – ESAF) Todos os títulos de crédito abaixo têm força executória, exceto:

(A) a duplicata de serviços aceita.

(B) o cheque administrativo.

(C) a nota promissória protestada.

(D) a duplicata mercantil, não aceita e sem protesto.

(E) o cheque cruzado.

Os títulos de crédito são títulos executivos extrajudiciais, desde que preenchidos os requisitos legais – art. 585, I e VIII, do CPC. **A:** o aceite torna a duplicata exigível judicialmente, independentemente de protesto, nos termos do art. 15, I, da Lei das Duplicatas – LD (Lei 5.474/1968); **B** e **E:** o cheque regularmente emitido é título executivo – art. 585, I, do CPC; **C:** o protesto da nota promissória regularmente emitida torna-a exigível judicialmente contra os coobrigados – arts. 53 e 77 da Lei Uniforme – LU (promulgada pelo Decreto 57.663/1966); **D:** incorreta, pois a duplicata mercantil não aceita deve ser protestada, para que possa ser exigida judicialmente – art. 15, II, *a*, da LD.

Gabarito "D"

(Agente Fiscal/PI – 2001 – ESAF) Tendo sido enviada uma duplicata para aceite pelo sacado,

(A) o título não precisa ser devolvido, caso tenha sido sacado à vista.

(B) a remessa precisa ser feita necessariamente por meio de instituição financeira.

(C) a recusa do aceite sem justa causa caracteriza uma das hipóteses da falência.

(D) ela deverá ser devolvida ao sacado em qualquer hipótese, com o aceite ou acompanhada de declaração contendo as razões de sua recusa.

(E) presume-se o aceite, caso não seja devolvida no prazo de dez dias do seu recebimento.

A e **D:** no saque à vista, não é necessária a devolução da duplicata – art. 7º da LD. Ademais, é possível a retenção até a data do vencimento, pelo sacado, quando houver expressa concordância da instituição financeira cobradora, desde que comunique, por escrito, o aceite e a retenção – art. 7º, § 1º, da LD; **B:** a remessa da duplicata pode ser feita diretamente pelo vendedor, por seus representantes, por intermédio de instituições financeiras, procuradores ou correspondentes – art. 6º da LD; **C:** a falta de aceite dá ensejo ao protesto – art. 13 da LD. O eventual inadimplemento poderá, posteriormente, fundamentar pedido de falência, desde que atendidos os requisitos da LF; **E:** não há essa presunção. A falta de aceite enseja protesto – art. 13 da LD.

Gabarito "A"

(Agente Tributário Estadual/MS – 2001 – ESAF) A cédula de crédito industrial

(A) é uma promessa condicional de pagamento, dada pelo emitente à instituição financeira concedente do empréstimo na relação jurídica subjacente.

(B) é de uso obrigatório nas operações de financiamento industrial.

(C) tem o seu valor livremente estabelecido pelas partes.

(D) é uma promessa de pagamento com garantia real, cedularmente constituída, com uso vinculado dos recursos correspondentes.

(E) proporciona o levantamento de recursos pelo favorecido de forma inteiramente livre, dentro do objeto social do emitente.

A: a cédula é título líquido e certo, ou seja, não há condição – art. 10 do DL 413/1969; **B:** seu uso nas operações de financiamento industrial é opcional, não obrigatório – art. 1º do DL 413/1969; **C:** o valor equivale ao crédito industrial deferido – art. 14, IV, do DL 413/1969; **D:** a assertiva descreve a cédula de crédito industrial, conforme previsto nos arts. 2º e 9º do DL 413/1969; **E:** os recursos levantados por meio da cédula de crédito industrial devem ser aplicados nos fins ajustados, o que será comprovado no prazo e na forma exigidos pela instituição financiadora – art. 2º do DL 413/1969.

Gabarito "D"

Veja a seguinte tabela com os prazos prescricionais para cobrança da letra de câmbio, da promissória e da duplicata, para estudo e memorização:

	Prazos prescricionais para letras de câmbio e promissórias – art. 70 da Lei Uniforme	Prazos prescricionais para duplicatas – art. 18 da Lei 5.474/1968
Contra o devedor principal (aceitante, na letra – sacado, na duplicata) e seus avalistas	3 anos a contar do vencimento	3 anos a contar do vencimento
Contra os coobrigados – endossantes e seus avalistas (também o sacador, no caso de letra aceita)	1 ano do protesto tempestivo ou do vencimento (se houve cláusula "sem despesas")	1 ano do protesto tempestivo
Regresso dos coobrigados uns contra os outros	6 meses do dia em que o coobrigado pagou o título ou em que ele próprio foi acionado	1 ano da data de pagamento do título

(Auditor do Tesouro Municipal/Recife-PE – 2003 – ESAF) A transferência de um conhecimento de depósito:

(A) indica que há mercadorias em trânsito.

(B) representa venda dos bens nele mencionados.

(C) requer que o warrant esteja a ele ligado para a imediata liberação das coisas em poder de terceiro.

(D) serve para facilitar operações de garantia sobre produtos agrícolas.

(E) transfere ao novo titular do documento a responsabilidade pela guarda dos bens.

A: o conhecimento de depósito incorpora o direito de propriedade sobre as mercadorias que estão no armazém geral (não há, portanto, trânsito de mercadorias) – art. 15 do Decreto 1.102/1903; **B:** a assertiva encontra respaldo em parte da doutrina, mas pode-se entender que a propriedade plena (direito de livre disposição) somente é transferida com a cessão conjunta do conhecimento e do *warrant*, nos termos do art. 18, § 2º, do Decreto 1.102/1903 (a C é a melhor alternativa, pois reflete disposição legal expressa); **C:** art. 21 do Decreto 1.102/1903. Além disso, admite-se a retirada da mercadoria contra apresentação apenas do conhecimento de depósito, antes do vencimento da dívida constante do *warrant*, desde que o portador consigne o valor do principal e dos juros até o vencimento e pague os impostos e as despesas incorridas na armazenagem – art. 22 do Decreto 1.102/1903; **D:** a transferência do conhecimento de depósito não implica facilitação da operação de garantia; **E:** a guarda dos bens é sempre realizada pelo armazém geral, o que não é alterado pela transmissão do conhecimento de depósito.

Gabarito "C"

4. DIREITO CONCURSAL – FALÊNCIA E RECUPERAÇÃO

4.1. ASPECTOS GERAIS

(Procurador da Fazenda Nacional – 2007 – ESAF) A Lei n. 11.101/2005, que introduz no direito brasileiro a reorganização das empresas em crise, com a consequente revogação da concordata, seja a preventiva seja a suspensiva, visou:

(A) facilitar a continuação da atividade das empresas mercantis em crise.

(B) pretendeu facilitar a preservação de postos de trabalho nos casos de abalo no crédito que leva à crise da empresa.

(C) enfatizar a importância da tutela da circulação do crédito.

(D) apresentar nova forma de direito potestativo que atende ao interesse dos credores.

(E) permitir que os credores, aqueles sobre os quais recaem, de forma indireta, os efeitos da crise, sejam ouvidos.

As assertivas são subjetivas. O art. 47 da LF dispõe que "a recuperação judicial tem por objetivo viabilizar a superação da situação de crise econômico-financeira do devedor, a fim de permitir a manutenção da fonte produtora, do emprego dos trabalhadores e dos interesses dos credores, promovendo, assim, a preservação da empresa, sua função social e o estímulo à atividade econômica". O art. 75 define que a falência "visa a preservar e otimizar a utilização produtiva dos bens, ativos e recursos produtivos, inclusive os intangíveis, da empresa". Assim, a sistemática da LF visa a preservar e a otimizar a alocação econômica do capital produtivo, o que interessa a credores, a empresários, a trabalhadores e a toda sociedade.

Gabarito "E"

(Procurador da Fazenda Nacional – 2006 – ESAF) Considerando a legislação vigente, assinale a opção correta.

(A) Na falência, são exigíveis as despesas que os credores fizerem para tomar parte na recuperação judicial ou na falência, incluindo as custas judiciais decorrentes de litígio contra o devedor.

(B) A decretação da falência interrompe a prescrição.

(C) O administrador judicial será remunerado em valores fixados pelo juiz, considerando o grau de complexidade do trabalho, entre outros itens, e, se substituído durante o processo, terá sempre direito à remuneração proporcional ao trabalho realizado.

(D) Quem requerer a falência de outrem por dolo será condenado a indenizar o devedor, em ação própria após o trânsito em julgado da decisão que julgar improcedente o pedido de falência.

(E) As microempresas e empresas de pequeno porte poderão apresentar plano de recuperação judicial, que abrangerá apenas os créditos quirografários.

A: incorreta (art. 5º, II, da Lei 11.101/2005); **B:** incorreta (art. 6º da Lei 11.101/2005); **C:** incorreta (art. 24, § 3º, da Lei 11.101/2005); **D:** incorreta (art. 101 da Lei 11.101/2005); **E:** correta (art. 71 da Lei 11.101/2005).

Gabarito "E"

(Procurador da Fazenda Nacional – 2003 – ESAF) (Adaptada) Decretada a falência de uma sociedade comercial,

(A) os administradores podem continuar gerindo a empresa até a posse do administrador judicial.

(B) o juiz deverá, em qualquer hipótese, fixar o termo legal, que não pode ultrapassar de 60 dias a data do primeiro protesto por falta de pagamento.

(C) tornam-se ineficazes os efeitos de todos os contratos celebrados anteriormente pela sociedade.

(D) a falta de livros contábeis obrigatórios caracterizará crime falimentar.

(E) estabelece-se o juízo universal, significando que todas as ações em relação às quais a massa falida seja autora ou ré deverão ser instauradas ou deslocadas para o juízo da falência.

A: incorreta, pois a decretação da falência impõe o afastamento imediato dos administradores, com a nomeação do administrador judicial na própria sentença (art. 99, IX, da Lei 11.101/2005 – LF); **B:** incorreta, dado que o termo legal pode retroagir até 90 dias da data do primeiro protesto por falta de pagamento (art. 99, II, da LF); **C:** incorreta, uma vez que a decisão sobre o cumprimento ou não dos contratos do falido fica a cargo do administrador judicial, que decidirá no interesse da massa (art. 117 da LF); **D:** correta, nos termos do art. 178 da LF; **E:** incorreta. A decretação da falência estabelece o juízo universal, porém esta não tem o condão de atrair todas as ações onde o falido figure como autor ou réu. Prosseguem em seus juízos de origem as reclamações trabalhistas, as ações que demandem quantia ilíquida e as de natureza fiscal (art. 76 da LF).

Gabarito "D"

4.2. FALÊNCIA

(Procuradoria Distrital – 2007 – ESAF) Em julho de 2005, foi requerida a falência da sociedade empresária K-Lote Ltda. que atua no ramo da construção civil. Tal falência foi decretada em maio de 2006, encerrando a fase pré-falimentar. Nesse processo:

(A) o falido continuará na administração dos seus negócios, sendo apenas fiscalizado pelo Administrador judicial.

(B) quem adquirir os bens vendidos para satisfação dos credores, não sucede o falido em nenhuma obrigação.

(C) os créditos fiscais não se sujeitam à habilitação, gozando de preferência sobre todos os créditos, exceto os trabalhistas e os decorrentes de acidente de trabalho.

(D) o administrador judicial fará jus a uma remuneração que será classificada como crédito trabalhista.

(E) antes de iniciar a liquidação da massa falida, o falido terá a chance de requerer uma recuperação judicial suspensiva.

A: incorreta. O falido perde o direito de administrar seus negócios – art. 103 da LF; **B:** correta, nos termos do art. 141, II, da LF; **C:** incorreta. O crédito tributário fica abaixo também do crédito com garantia real. As multas tributárias ficam ainda mais abaixo, após os créditos quirografários – art. 83, III e VII, da LF e art. 186, parágrafo único, do CTN; **D:** incorreta. A remuneração do administrador constitui crédito extraconcursal (não entra no concurso de credores) – art. 84, I, da LF; **E:** incorreta. Não há essa previsão na Lei de Recuperações e Falências.

Gabarito "B"

(Auditor Fiscal da Receita Federal – 2012 – ESAF) Assinale a opção em que todas as categorias mencionadas sujeitam-se à falência.

(A) Sociedade anônima, empresário, sociedade limitada registrada no Registro Civil de Pessoas Jurídicas.

(B) Sociedade cooperativa e sociedade limitada registrada na junta comercial. 455

(C) Sociedade limitada registrada na junta comercial, empresário e sociedade simples.

(D) Sociedade anônima, sociedade limitada registrada na junta comercial e empresário que exerce atividade rural e está registrado na junta comercial.

(E) Companhia e sociedade cooperativa de trabalho.

A: incorreta, pois a sociedade registrada no Registro Civil das Pessoas Jurídicas não tem natureza empresarial, de modo que não se sujeita à Lei de Recuperação e Falência – LF (Lei 11.101/2005), conforme seu art. 1º – lembre-se que somente empresários ou sociedades empresários sujeitam-se à falência; **B:** incorreta, pois a sociedade cooperativa não tem natureza empresarial (art. 982, parágrafo único, *in fine*, do CC), ficando excluída, portanto, da sistemática da falência – art. 1º da LF; **C:** incorreta, pois a sociedade simples não tem natureza empresarial – art. 982, *caput*, *in fine*, do CC; **D:** correta, pois (i) toda sociedade anônima tem natureza empresarial, independentemente de seu objeto (art. 982, parágrafo único, do CC), (ii) a limitada registrada na junta comercial é empresária e (iii) o empresário rural pode optar por registrar na junta comercial, hipótese em que fica equiparado ao empresário sujeito a registro e, portanto, submetido à LF – art. 971 do CC.

Interessante registrar que estão absolutamente excluídas da legislação falimentar: (i) empresas públicas e sociedades de economia mista – art. 2º, I, da LF; (ii) câmaras ou prestadoras de serviços de compensação e de liquidação financeira – art. 194 da LF; e (iii) entidades fechadas de previdência complementar – art. 47 da LC 109/2001. Estão relativamente excluídas: (i) companhias de seguro – art. 26 do DL 73/1966; (ii) operadoras de planos privados de assistência à saúde – Lei 9.656/1998 e MP 2.177-44/2001; e (iii) instituições financeiras e equiparadas (empresas de leasing, consórcios, fundos, sociedades de capitalização etc.) – Lei 6.024/1974, Lei 5.768/1971 e DL 261/1967.

Gabarito "D"

(Auditor Fiscal da Receita Federal – 2012 – ESAF) Sobre a Lei 11.101/2005, assinale a opção incorreta.

(A) É dever do falido depositar em cartório, no ato de assinatura do termo de comparecimento, os seus livros obrigatórios, a fim de serem entregues ao administrador judicial, depois de encerrados por termos assinados pelo juiz.

(B) Na falência, os créditos tributários, independentemente da sua natureza e tempo de constituição, excetuadas as multas, têm prioridade sobre os créditos com garantia real até o limite do valor do bem gravado.

(C) Constitui crime falimentar deixar de elaborar, escriturar ou autenticar, antes ou depois da sentença que decretar a falência, conceder a recuperação judicial ou homologar o plano de recuperação extrajudicial, os documentos de escrituração contábil obrigatórios.

(D) No caso de crime falimentar de fraude a credores, a pena é aumentada se o devedor manteve ou movimentou recursos ou valores paralelamente à contabilidade exigida pela legislação.

(E) Os Registros Públicos de Empresas manterão banco de dados público e gratuito, disponível na rede mundial de computadores, contendo a relação de todos os devedores falidos ou em recuperação judicial.

A: correta, conforme o art. 104, II, da LF; **B:** incorreta, pois os créditos tributários estão abaixo dos créditos com garantia real até o limite do valor do bem gravado – art. 83 da LF; **C:** correta, nos termos do art. 178 da LF; **D:** correta, nos termos do art. 168, § 2º, da LF; **E:** correta, pois reflete o disposto no art. 196 da LF.

Gabarito "B"

Veja a seguinte tabela com a ordem de classificação dos créditos na falência (art. 83 da LF):

Ordem de classificação dos créditos na falência (art. 83 da LF)
1º – os créditos derivados da legislação do trabalho, limitados a 150 (cento e cinquenta) salários-mínimos por credor, e os decorrentes de acidentes de trabalho. Também os créditos equiparados a trabalhistas, como os relativos ao FGTS (art. 2º, § 3º, da Lei 8.844/1994) e os devidos ao representante comercial (art. 44 da Lei 4.886/1965).
2º – créditos com garantia real até o limite do valor do bem gravado (será considerado como valor do bem objeto de garantia real a importância efetivamente arrecadada com sua venda, ou, no caso de alienação em bloco, o valor de avaliação do bem individualmente considerado).
3º – créditos tributários, independentemente da sua natureza e tempo de constituição, excetuadas as multas tributárias.
4º – com privilégio especial (= os previstos no art. 964 da Lei 10.406/2002; os assim definidos em outras leis civis e comerciais, salvo disposição contrária da LF; e aqueles a cujos titulares a lei confira o direito de retenção sobre a coisa dada em garantia).
5º – créditos com privilégio geral (= os previstos no art. 965 da Lei n 10.406/2002; os previstos no parágrafo único do art. 67 da LF; e os assim definidos em outras leis civis e comerciais, salvo disposição contrária da LF).
6º – créditos quirografários (= aqueles não previstos nos demais incisos do art. 83 da LF; os saldos dos créditos não cobertos pelo produto da alienação dos bens vinculados ao seu pagamento; e os saldos dos créditos derivados da legislação do trabalho que excederem o limite estabelecido no inc. I do *caput* do art. 83 da LF). Ademais, os créditos trabalhistas cedidos a terceiros serão considerados quirografários.
7º – as multas contratuais e as penas pecuniárias por infração das leis penais ou administrativas, inclusive as multas tributárias.
8º – créditos subordinados (= os assim previstos em lei ou em contrato; e os créditos dos sócios e dos administradores sem vínculo empregatício).
Lembre-se que os **créditos extraconcursais** (= basicamente os surgidos no curso do processo falimentar, que não entram no concurso de credores) são pagos com precedência sobre todos esses anteriormente mencionados, na ordem prevista no art. 84 da LF: **(i)** remunerações devidas ao administrador judicial e seus auxiliares, e créditos derivados da legislação do trabalho ou decorrentes de acidentes de trabalho relativos a serviços prestados após a decretação da falência; **(ii)** quantias fornecidas à massa pelos credores; **(iii)** despesas com arrecadação, administração, realização do ativo e distribuição do seu produto, bem como custas do processo de falência; **(iv)** custas judiciais relativas às ações e execuções em que a massa falida tenha sido vencida; e **(v)** obrigações resultantes de atos jurídicos válidos praticados durante a recuperação judicial, nos termos do art. 67 da LF, ou após a decretação da falência, e tributos relativos a fatos geradores ocorridos após a decretação da falência, respeitada a ordem estabelecida no art. 83 da LF.

(Auditor Fiscal da Receita Federal – 2010 – ESAF) Assinale abaixo o crédito com maior prioridade na falência.

(A) Créditos com garantia real.

(B) Créditos fiscais, excetuadas as multas tributárias.

(C) Créditos com privilégio geral.

(D) Créditos quirografários.

(E) Créditos derivados da legislação trabalhista, nos limites legais.

Na falência, a maior prioridade é para os créditos derivados da legislação do trabalho, limitados a 150 salários-mínimos por credor, e para os decorrentes de acidentes de trabalho – art. 83, I, da Lei de Recuperações e Falências – LF (Lei 11.101/2005).

Gabarito "E"

(Auditor Fiscal da Receita Federal – 2002.1 – ESAF) A legislação falimentar prevê a revogação de atos praticados pelo falido antes da falência por força de

(A) fraude contra credores no período suspeito da falência.

(B) declaração de ineficácia.

(C) conluio para beneficiar um ou poucos credores durante o período de concordata preventiva da falência.

(D) pagamento de obrigações naturais antes da falência.

(E) declaração de ilegalidade.

A: ainda que não tenha havido intenção de fraudar credores, pode haver revogação de atos praticados antes da falência – art. 129, *caput*, da LF; **B** e **E:** o juiz poderá declarar a ineficácia (não especificamente a ilegalidade) dos atos, nos termos do art. 129, p. único, da LF; **C:** a legislação atual não prevê a concordata; **D:** o pagamento de obrigação natural (não exigível nos termos da lei, que não permite execução forçada) não se confunde com prática de ato a título gratuito, de modo que não pode ser declarado ineficaz ou revogado – art. 129, IV, da LF.

Gabarito "B"

(Auditor Fiscal da Receita Federal – 2002.1 – ESAF) Na hipótese de falência de instituição financeira, aplicam-se as regras de liquidação extrajudicial, quanto à indisponibilidade de bens:

(A) ao controlador e administradores à época do ato da autoridade administrativa.

(B) a todos os administradores exercentes de cargos à época da decretação da liquidação.

(C) apenas ao controlador e aos seus parentes em linha reta.

(D) a todos e quaisquer administradores, eleitos e ocupantes de cargos nos 12 meses anteriores à decretação da liquidação.

(E) apenas aos últimos administradores antes da liquidação extrajudicial.

A indisponibilidade atinge todos os bens de todos os administradores que tenham estado no exercício das funções nos doze meses anteriores à decretação da intervenção ou da liquidação extrajudicial – art. 36, *caput*, e § 1º, da Lei 6.024/1974.

Gabarito "D"

(Auditor Fiscal da Previdência Social – 2002 – ESAF) A falência, procedimento de liquidação e solução de atividades mercantis visa a:

(A) impedir que a perda de liquidez de qualquer comerciante contamine os que com ele contratam.

(B) garantir que, na condução de seus negócios, os comerciantes evitem operações arriscadas que possam dar causa a desequilíbrio patrimonial adverso.

(C) transferir o risco dos negócios para a comunidade de credores quando atinge companhias.

(D) punir comerciantes que traiam a confiança de seus credores.

(E) manter a confiança entre comerciantes para facilitar a concessão de crédito.

As assertivas são subjetivas. O art. 75 dispõe que a falência "visa a preservar e otimizar a utilização produtiva dos bens, ativos e recursos produtivos, inclusive os intangíveis, da empresa". O art. 47 da LF assevera que "a recuperação judicial tem por objetivo viabilizar a superação da situação de crise econômico-financeira do devedor, a fim de permitir a manutenção da fonte produtora, do emprego dos trabalhadores e dos interesses dos credores, promovendo, assim, a preservação da empresa, sua função social e o estímulo à atividade econômica". Assim, a sistemática da LF visa a preservar e a otimizar a alocação econômica do capital produtivo, o que interessa a credores, a empresários, a trabalhadores e a toda sociedade.

Gabarito "C"

(Auditor Fiscal da Previdência Social – 2002 – ESAF) Nas liquidações extrajudiciais compete ao liquidante nomeado pelo Banco Central do Brasil:

(A) administrar a instituição financeira para o fim de recuperá-la.

(B) administrar a instituição financeira de forma a pagar todos os depositantes e investidores.

(C) impedir que os administradores retomem suas funções quando tiverem exercido suas funções de forma temerária.

(D) promover a reorganização das atividades, a fim de manter a concorrência no mercado.

(E) tomar as medidas necessárias para liquidar o ativo e solver as obrigações.

A função primordial do liquidante é, como diz o nome, liquidar a empresa, realizando os ativos e pagando os débitos, e não recuperá-la – art. 16 da Lei 6.024/1974.

Gabarito "E"

(Fiscal de Tributos/PA – 2002 – ESAF) A legislação falimentar e a relativa à liquidação extrajudicial de instituições financeiras têm, uma em relação à outra, a seguinte relação:

(A) o Decreto nº 7.661/45 é norma geral e a lei nº 6.024/74 é especial.

(B) o Decreto nº 7.661/45 é norma de aplicação a todos os comerciantes, salvo as instituições financeiras.

(C) o recurso à Lei nº 6.024/74 exclui a falência.

(D) a Lei nº 6.024/74 comporta a decretação da falência em certos casos.

(E) a Lei nº 6.024/74 dá aos credores das instituições financeiras maiores garantias do que a legislação falimentar.

As instituições financeiras privadas e as públicas não federais, assim como as cooperativas de crédito, sujeitam-se à intervenção e à liquidação extrajudicial regulada pela Lei 6.024/1974. O seu art. 34 prevê a aplicação subsidiária das normas da legislação falimentar, no que couber e não colidir com as suas disposições. A Lei 6.024/1974 admite a possibilidade de falência dessas instituições em diversos dispositivos – v.g. arts. 19, *d*, e 21, *b*. É importante salientar, entretanto, que o antigo DL 7.661/1945 foi revogado pela atual Lei de Falências e Recuperações, que dispõe expressamente quanto à inaplicabilidade de suas normas às instituições financeiras e às cooperativas de crédito – art. 2º, II, da LF.

Gabarito "D"

(Agente Tributário Estadual/MS – 2001 – ESAF) Declarada a falência,

(A) são anuláveis todos os atos anteriores praticados pelo devedor.

(B) o síndico tem ampla liberdade para manter em vigor todos os contratos de interesse da massa, ouvido o Ministério Público.

(C) os créditos serão classificados em igualdade absoluta, em obediência ao princípio da pars conditio creditorum.
(D) os créditos fazendários são habilitados na massa, apenas abaixo dos créditos trabalhistas.
(E) poderá dar-se a continuação do negócio em caráter excepcional, no interesse dos credores.

A: é possível a declaração de ineficácia e a revogação de determinados atos (não de todos) praticados no período anterior à falência – arts. 129 e 130 da LF; **B:** a legislação atual faz referência ao administrador judicial, que poderá cumprir os contratos bilaterais, se isso reduzir ou evitar o aumento do passivo da massa falida ou for necessário à manutenção e à preservação de seus ativos, mediante autorização do comitê de credores – art. 117 da LF; **C:** os créditos são classificados pela ordem do art. 83 da LF; **D:** os créditos tributários não são habilitados na falência (art. 187 do CTN). Quanto à ordem de classificação, estão abaixo dos créditos trabalhistas (limitados a 150 salários-mínimos por credor), dos decorrentes de acidentes de trabalho e dos créditos com garantia real (até o limite do bem gravado) – art. 83, I a III, da LF; **E:** o juiz poderá determinar a continuação provisória das atividades do falido com o administrador judicial – art. 99, XI, da LF.

Gabarito "E"

(Agente Tributário Estadual/MS – 2001 – ESAF) No exercício do seu poder de polícia, o Banco Central do Brasil

(A) pode decretar a liquidação extrajudicial de instituições financeiras, inclusive as federais, mediante autorização do Presidente da República.
(B) afasta momentaneamente e sob condição a decretação de falência pelo Juiz de uma instituição financeira privada, caso decrete sua liquidação extrajudicial.
(C) tem poder incontrastável sobre os destinos da empresa.
(D) responde, perante os credores, de forma objetiva, pela insolvência das instituições financeiras, por meio do sistema de seguro de crédito.
(E) deve, necessariamente, iniciar o processo interventivo nas instituições financeiras pela decretação de regime de administração especial temporária.

A: as instituições financeiras públicas federais não se submetem à Lei 6.024/1974 – art. 1º; **B:** o antigo DL 7.661/1945 foi revogado pela atual Lei de Falências e Recuperações, que dispõe expressamente quanto à sua inaplicabilidade às instituições financeiras e cooperativas de crédito – art. 2º, II, da LF; **C:** o Banco Central apenas decreta a intervenção ou a liquidação extrajudicial, não havendo que se falar em poder incontrastável, até porque seus atos submetem-se ao controle do Judiciário – art. 1º da Lei 6.024/1974; **D:** embora haja determinadas ferramentas para a garantia de credores, não há responsabilidade objetiva como descrita na assertiva; **E:** a intervenção inicia-se com a imediata investidura do interventor em suas funções, mesmo antes da publicação do ato de sua nomeação, nos termos do art. 8º da Lei 6.024/1974.

Gabarito "B"

(Auditor do Tesouro Municipal/Recife-PE – 2003 – ESAF) A decretação da falência ocorre quando:

(A) o comerciante não tiver crédito na data do pedido.
(B) na impontualidade ou insolvabilidade do comerciante.
(C) em face do não pagamento de impostos apurado pela fiscalização.
(D) na eventualidade de insolvabilidade do empresário.
(E) não forem pagas dívidas garantidas por hipoteca.

A: a inexistência de crédito não é suficiente para a decretação de falência; **B** e **D:** a impontualidade qualificada ou a insolvência descritas no art. 94 da LF permitem a decretação de falência; **C:** o não pagamento de imposto, por si só, não é suficiente para a decretação de falência; **D:** a inadimplência deve ser qualificada, nos termos do art. 94, I, da LF, para dar ensejo à decretação de falência.

Gabarito "B"

4.3. RECUPERAÇÃO JUDICIAL E EXTRAJUDICIAL

(Procuradoria Distrital – 2007 – ESAF) Modernamente empresas têm sofrido várias crises, que podem significar uma deterioração das condições econômicas de sua atuação, bem como uma dificuldade de ordem financeira para o prosseguimento da atividade. Tais crises podem advir de fatores alheios ao empresário, mas também podem advir de características intrínsecas à sua atuação. Entre as possíveis soluções para essa crise, está a recuperação judicial, sobre a qual é correto afirmar:

(A) os credores fiscais ficam sujeitos às condições aprovadas no plano de recuperação judicial.
(B) não haverá a nomeação de administrador judicial.
(C) a lei enumera taxativamente as medidas que podem ser invocadas na recuperação.
(D) as sociedades limitadas, ainda que não tenham objeto empresarial, podem requerer a recuperação judicial.
(E) a não aprovação do plano de recuperação judicial, pela assembleia de credores, acarretará a convolação em falência.

A: incorreta. A recuperação judicial não abarca, em princípio, os créditos fiscais (art. 57 da LF e art. 191-A do CTN), embora possa haver parcelamento previsto em legislação específica (art. 68 da LF); **B:** incorreta. Há nomeação de administrador judicial, ainda que o devedor (ou seu administrador) continue na condução da empresa – art. 52, I, da LF; **C:** incorreta. A listagem do art. 50 da LF não é taxativa; **D:** incorreta. Somente os empresários e as sociedades empresárias podem requerer recuperação judicial – art. 1º da LF; **E:** correta, nos termos do art. 56, § 4º, da LF.

Gabarito "E"

(Procurador da Fazenda Nacional – 2007.2 – ESAF) A recuperação judicial das sociedades empresárias tem por finalidade

(A) facilitar a reorganização da atividade empresarial.
(B) facilitar a continuidade da empresa.
(C) dar maior segurança aos trabalhadores com a preservação de postos de trabalho.
(D) substituir a concordata preventiva.
(E) manter a atividade econômica quando detectada crise estrutural da empresa.

As assertivas são subjetivas. O art. 47 da LF dispõe que "a recuperação judicial tem por objetivo viabilizar a superação da situação de crise econômico-financeira do devedor, a fim de permitir a manutenção da fonte produtora, do emprego dos trabalhadores e dos interesses dos credores, promovendo, assim, a preservação da empresa, sua função social e o estímulo à atividade econômica".

Gabarito "A"

5. INTERVENÇÃO E LIQUIDAÇÃO EXTRAJUDICIAL

(Procurador da Fazenda Nacional – 2004 – ESAF) As instituições financeiras privadas

(A) quando estão sob liquidação extrajudicial proporcionam aos seus credores melhores possibilidades de recuperação dos prejuízos do que na falência porque os seus administradores são solidariamente responsáveis com o prejuízo apurado.

(B) jamais podem ter sua falência decretada, pois se sujeitam a um regime especial a cargo do Banco Central do Brasil.

(C) podem pedir concordata desde que não recebam depósitos do público.

(D) sob regime de intervenção continuam em funcionamento normal, limitado o interventor a permitir a movimentação de recursos até o limite de R$ 20.000,00 por cliente.

(E) sob liquidação extrajudicial ficam imunes a quaisquer ações individuais de credores, que devem recorrer ao juízo universal.

O tema da liquidação extrajudicial de instituições financeiras é tratado na Lei 6.024/1974. Segundo seus dispositivos, os administradores são solidariamente responsáveis pelas obrigações assumidas durante sua gestão, sendo seu patrimônio pessoal objeto de declaração de indisponibilidade. Com isso, aumenta-se a segurança dos credores, diante da existência de maior patrimônio que pode ser utilizado para pagamento das dívidas. Correta, portanto, a alternativa "A". A letra "B" está incorreta porque a falência das instituições financeiras é possível, mesmo com a possibilidade de intervenção e liquidação extrajudicial. Na esteira da revogada legislação sobre direito falimentar, o art. 53 da Lei 6.024/1974 proibia, em qualquer caso, o pedido de concordata, afastando a alternativa "C". Sobre a opção "D", vale dizer que a instituição financeira, realmente, continua com seu funcionamento normal, mas não há qualquer limitação à atuação do interventor. A alternativa "E", por fim, é contraditória: se falamos em liquidação extrajudicial, não há "juízo universal" a quem recorrer. As ações individuais são suspensas e nenhuma outra poderá ser proposta enquanto durar a intervenção (art. 18, "a", da Lei 6.024/1974).

Gabarito "A".

(Procurador da Fazenda Nacional – 2003 – ESAF) A liquidação extrajudicial disciplinada pela Lei 6.024/1974 visa a:

(A) superar as dificuldades típicas das execuções coletivas tal como prescrito no Decreto nº 7.661/45.

(B) dar aos aplicadores, credores das instituições financeiras, suporte normativo para exercerem suas pretensões.

(C) criar condições mais eficientes para atender ao rateio dos créditos contra as instituições financeiras insolventes.

(D) impedir pedidos de falência contra instituições financeiras por qualquer credor.

(E) garantir igualdade entre credores de mesma classe nos rateios da massa.

A: correta. A existência do procedimento de liquidação extrajudicial se justifica na procura pela eficiência, evitando-se o excessivo formalismo da Lei de Falências; alternativa **B:** incorreta, pois a liquidação extrajudicial não garante qualquer benefício ou vantagens aos aplicadores de fundos nas instituições financeiras; alternativas **C** e **E:** incorretas porque estas vantagens também são alcançadas pelo procedimento de falência, não sendo objetivo próprio da liquidação extrajudicial; alternativa **D:** incorreta. A liquidação extrajudicial não se presta a evitar a falência da instituição financeira, vez que seus efeitos são idênticos e a falência pode decorrer do próprio pedido de liquidação extrajudicial formulado pela instituição (art. 21 da Lei 6.024/1974).

Gabarito "A".

6. CONTRATOS EMPRESARIAIS

6.1. ARRENDAMENTO MERCANTIL / *LEASING*

(Procurador da Fazenda Nacional – 2004 – ESAF) (Adaptada) Nos contratos de arrendamento mercantil,

(A) a transferência da propriedade do bem arrendado somente passará do vendedor original para o arrendatário se este vier a fazer a opção de compra.

(B) o arrendador pode ser qualquer empresário regularmente estabelecido.

(C) o custo financeiro do contrato para o arrendatário sempre será mais barato do que o de um financiamento bancário.

(D) o objeto somente pode ser bens móveis infungíveis.

(E) a opção de compra não pode estar predeterminada.

A: correta, vez que a propriedade do bem permanece com a arrendadora, a não ser que a arrendatária exerça sua opção de compra; **B:** incorreta. O arrendador deve, obrigatoriamente, ser instituição financeira cadastrada no BACEN e deve constar em seu nome empresarial a expressão "arrendamento mercantil"; **C:** incorreta, por conta do advérbio "sempre". Tanto o *leasing* quanto o financiamento bancário são contratos livremente pactuados pelas partes, não podendo se presumir qual deles será mais vantajoso; **D:** incorreta. O arrendamento mercantil está autorizado para bens móveis e imóveis; **E:** incorreta, considerando que a opção de compra pode ser efetivada a qualquer momento e, até mesmo, paga antecipadamente, nos termos da Súmula 293 do STJ.

Gabarito "A".

(Auditor do Tesouro Municipal/Fortaleza-CE – 2003 – ESAF) O leasing é contrato mediante o qual:

(A) o consumidor obtém crédito para a compra de bens de consumo.

(B) a instituição financeira loca bens para uso do consumidor.

(C) é possível financiar operações imobiliárias externas.

(D) no termo do prazo contratual o valor residual do bem deve ser zero.

(E) o cliente obtém benefício fiscal mediante o parcelamento do valor do bem.

A: o *leasing* muitas vezes se presta à compra financiada de bens (embora haja discussão a respeito dessa assertiva, por conta da tributação), mas a aquisição, ao final do contrato, não é característica essencial; **B:** embora haja uma espécie de locação do bem, o intuito da instituição financeira é realizar a operação de financiamento; **C:** em princípio, o Conselho Monetário Nacional indicará apenas bens de produção estrangeira (não bens imóveis estrangeiros) que poderão ser objeto do *leasing* – art. 10 da Lei 6.099/1974; **D:** embora o Judiciário admita o pagamento antecipado do valor residual (Súmula 293/STJ), em regra ele será superior a zero ao final do contrato; **E:** o parcelamento, em si, não gera benefício fiscal.

Gabarito "A"

6.2. OUTROS CONTRATOS E QUESTÕES COMBINADAS

(Procurador da Fazenda Nacional – 2007 – ESAF) Contratos empresariais caracterizam-se por:

(A) uma das partes ser empresária.
(B) terem por objeto o exercício da empresa.
(C) serem uma das formas de organização da atividade empresária.
(D) haver cooperação entre diferentes agentes econômicos na organização dos negócios.
(E) serem essenciais para a circulação de bens e serviços em mercados.

Os contratos de empresa referem-se à organização da atividade empresarial*. (*Entendimento doutrinário adotado pela ESAF).

Gabarito "C"

(Auditor Fiscal da Previdência Social – 2002 – ESAF) No contrato de representação comercial,

(A) é absolutamente proibida a cláusula segundo a qual o representante assumiria o ônus do inadimplemento do adquirente dos produtos do representado, que poderia descontar o valor correspondente das comissões àquele devidas.
(B) o representante é parte obrigatória nas relações a serem estabelecidas com terceiros, na venda dos produtos do representado.
(C) sempre existe exclusividade conjunta de bens e de zona.
(D) para efeitos trabalhistas, o representante é considerado empregado do representado.
(E) se não estiver com sua situação regularizada perante o Conselho Regional de Representantes Comerciais correspondente, o representante comercial de fato não terá direito a qualquer remuneração.

A: o art. 43 da Lei 4.886/1965 veda expressamente a cláusula *del credere* nos contratos de representação comercial (não confunda: admite-se a responsabilidade solidária do comissário com o terceiro perante o comitente, no contrato de comissão, regulado pelo Código Civil – art. 698); **B:** se houver cláusula de exclusividade territorial em seu favor, ou se o contrato for omisso, o representante fará jus à comissão pelos negócios realizados na região, ainda que esses negócios tenham sido realizados diretamente pelo representado ou por intermédio de terceiros – art. 31, p. único, da Lei 4.886/1965; **C:** o contrato deverá dispor a respeito da exclusividade em relação à área de atuação do representante (se poderá haver outro representante no local) e em relação ao representado (se o representante poderá representar outro) – art. 27, *e* e *i*, da Lei 4.886/1965. Na representação comercial, se não existir disposição contratual expressa, haverá presunção de exclusividade em favor do representante, mas não em favor do representado – art. 31, *caput* e p. único, da Lei 4.886/1965. Não confunda: nos casos dos contratos de agência e distribuição regulados pelo Código Civil, há presunção de exclusividade em favor do agente e do proponente – art. 711; **D:** não há relação de emprego na representação comercial – art. 1º da Lei 4.886/1965; **E:** apesar do disposto no art. 5º da Lei 4.886/1965, será devida a remuneração do representante de fato pelos negócios realizados, na hipótese descrita, sob pena de enriquecimento sem causa do representado.

Gabarito "A"

(Auditor Fiscal da Previdência Social – 2002 – ESAF) Contratos de franquia são negócios jurídicos que servem para:

(A) formação de redes de fidelização de clientes a certas marcas.
(B) induzir o consumidor a adquirir produtos ou serviços de mesma origem.
(C) desenvolver a cooperação entre franqueadores e franqueados.
(D) reduzir a concorrência pela formação de mercados oligopolizados.
(E) divulgar a marca dos franqueadores.

Ver Lei 8.955/1994. As alternativas são bastante subjetivas e o gabarito oficial demonstra claramente uma visão crítica a respeito do contrato. Analise, a propósito, a questão relativa à franquia, abaixo (**Fiscal de Tributos/PA – 2002**), formulada pela mesma entidade (ESAF).

Gabarito "C"

(Fiscal de Tributos/PA – 2002 – ESAF) A franquia é contrato mercantil que visa

(A) substituir a representação comercial.
(B) reduzir investimentos em controles e fiscalização na oferta de bens.
(C) ampliar os canais de distribuição de bens.
(D) dar maior visibilidade a marcas de serviços.
(E) criar sociedades entre franqueador e franquiados.

A: a franquia não se refere à promoção de negócios à conta de terceiros, como é o caso da representação comercial – art. 2º da Lei 8.955/1994 e art. 1º da Lei 4.886/1965; **B:** a redução dos investimentos em controle e fiscalização da oferta de bens não é a razão para contratação da franquia; **C:** o franqueador busca ampliar seu negócio, especificamente a distribuição de seus produtos e serviços, valendo-se dos investimentos realizados pelos franqueados – art. 2º da Lei 8.955/1994; **D:** a maior visibilidade a marcas e serviços é consequência da ampliação do negócio e não, necessariamente, o objetivo do contrato; **E:** o franqueador e o franqueado não formam sociedade.

Gabarito "C"

Veja a seguinte tabela, com as principais súmulas relativas ao direito bancário, para estudo e memorização:

Súmulas de Direito Bancário	
Súmula 596/STF	As disposições do Decreto 22.626/1933 [Lei de Usura, que limita a taxa de juros] não se aplicam às taxas de juros e aos outros encargos cobrados nas operações realizadas por instituições públicas ou privadas, que integram o sistema financeiro nacional.
Súmula 382/STJ	A estipulação de juros remuneratórios superiores a 12% ao ano, por si só, não indica abusividade.
Súmula 381/STJ	Nos contratos bancários, é vedado ao julgador conhecer, de ofício, da abusividade das cláusulas.
Súmula 379/STJ	Nos contratos bancários não regidos por legislação específica, os juros moratórios poderão ser convencionados até o limite de 1% ao mês.
Súmula 328/STJ	Na execução contra instituição financeira, é penhorável o numerário disponível, excluídas as reservas bancárias mantidas no Banco Central.
Súmula 322/STJ	Para a repetição de indébito, nos contratos de abertura de crédito em conta-corrente, não se exige a prova do erro.
Súmula 300/STJ	O instrumento de confissão de dívida, ainda que originário de contrato de abertura de crédito, constitui título executivo extrajudicial.
Súmula 299/STJ	É admissível a ação monitória fundada em cheque prescrito
Súmula 297/STJ	O Código de Defesa do Consumidor é aplicável às instituições financeiras.
Súmula 296/STJ	Os juros remuneratórios, não cumuláveis com a comissão de permanência, são devidos no período de inadimplência, à taxa média de mercado estipulada pelo Banco Central do Brasil, limitada ao percentual contratado.
Súmula 294/STJ	Não é potestativa a cláusula contratual que prevê a comissão de permanência, calculada pela taxa média de mercado apurada pelo Banco Central do Brasil, limitada à taxa do contrato.
Súmula 286/STJ	A renegociação de contrato bancário ou a confissão da dívida não impede a possibilidade de discussão sobre eventuais ilegalidades dos contratos anteriores.
Súmula 285/STJ	Nos contratos bancários posteriores ao Código de Defesa do Consumidor incide a multa moratória nele prevista.
Súmula 283/STJ	As empresas administradoras de cartão de crédito são instituições financeiras e, por isso, os juros remuneratórios por elas cobrados não sofrem as limitações da Lei de Usura.
Súmula 258/STJ	A nota promissória vinculada a contrato de abertura de crédito não goza de autonomia em razão da iliquidez do título que a originou.
Súmula 247/STJ	O contrato de abertura de crédito em conta-corrente, acompanhado do demonstrativo de débito, constitui documento hábil para o ajuizamento da ação monitória.
Súmula 233/STJ	O contrato de abertura de crédito, ainda que acompanhado de extrato da conta-corrente, não é título executivo.
Súmula 30/STJ	A comissão de permanência e a correção monetária são inacumuláveis.

(Auditor Fiscal/RN – 2005 – ESAF) Denomina-se contratos de empresa ao conjunto de tipos negociais que

(A) refletem operações internas típicas de quem exerce atividade empresária.
(B) representam operações para a obtenção de bens necessários ao exercício da empresa.
(C) organizam a captação de recursos, a produção e a distribuição de bens e serviços em mercados.
(D) são fundamentais para o exercício da empresa excluídos os contratos de trabalho.
(E) estão ligados, direta ou indiretamente, ao exercício da empresa.

Os contratos de empresa referem-se à organização da atividade empresarial.* (*Entendimento doutrinário adotado pela ESAF.)

Gabarito "C"

(Auditor do Tesouro Municipal/Recife-PE – 2003 – ESAF) Os contratos comerciais, no regime do Novo Código Civil (Lei 10.406/2002),

(A) somente subsistem em leis especiais que cuidam de espécies ali definidas.
(B) encontram-se submetidos à disciplina geral daquele Código, com as modificações determinadas por leis que rejam determinadas espécies.
(C) desapareceram como tais pela revogação do Código Comercial Brasileiro de 1850.
(D) ficaram reduzidos àqueles disciplinados pelo próprio texto do novo Código, quando praticados por empresários.
(E) tiveram o prazo de prescrição igualado ao dos civis.

A: o Código Civil regula determinados tipos contratuais que são adotados nas operações empresariais, independentemente de previsão em leis especiais; **B:** a assertiva é verdadeira – v.g. arts. 593, 721, 744, 777 e 853 do CC; **C:** subsistem os contratos empresariais; **D:** há diversas leis especiais que regulam determinados contratos empresariais, como franquia, alienação fiduciária em garantia, representação comercial, além dos usos e costumes mercantis; **E:** há prazos prescricionais previstos na legislação cível e em leis especiais.

Gabarito "B"

(Auditor do Tesouro Municipal/Recife-PE – 2003 – ESAF) Em relação a um contrato de compra e venda,

(A) pode ser celebrado em relação à coisa futura, mantendo-se íntegro mesmo que a coisa vendida venha a não existir.
(B) a responsabilidade pelos riscos da coisa passa do vendedor para o comprador apenas quando se faz a entrega efetiva da coisa vendida.
(C) a obrigação do comprador somente surge após a entrega da coisa pelo vendedor.
(D) quando feito a prazo, a propriedade da coisa somente passa para o comprador após o pagamento da última parcela.
(E) se a coisa vendida apresenta defeito após a entrega, somente cabe ao comprador pedir abatimento do preço.

A: art. 483 do CC; **B:** embora essa seja a regra, há exceções, no caso de coisas já colocadas à disposição do comprador (na situação descrita no art. 492, § 1º, do CC) e, especialmente, se o devedor estiver em mora de as receber (art. 492, § 2º, do CC); **C:** a obrigação das partes surge com o acordo de vontades acerca do objeto e do preço, pois o contrato de compra e venda é consensual, não real – art. 482; **D:** em regra, a transmissão da propriedade se dá com a tradição (coisas móveis – art. 1.267 do CC) ou com o registro público (imóveis – art. 1.245 do CC), e não com o contrato de compra e venda, muito embora seja possível disposição contratual em contrário no caso dos bens móveis, v.g. venda com reserva de domínio – art. 521 do CC; **E:** é possível devolver a coisa na hipótese do art. 441 do CC, em vez de reclamar abatimento no preço (art. 442 do CC).

Gabarito "A"

(Auditor do Tesouro Municipal/Recife-PE – 2003 – ESAF) A faturização, espécie de operação financeira,

(A) facilita a obtenção de créditos pelo empresário.
(B) constitui venda de duplicatas.
(C) é desconto de duplicatas.
(D) é negócio atípico de cessão de crédito.
(E) é negócio indireto de financiamento.

O *factoring* ou faturização é contrato em que há cessão de crédito proveniente de vendas a prazo. Não há regulação legal específica (é contrato atípico).

Gabarito "D"

7. LEGISLAÇÃO DE SEGURO E RESSEGURO

(Advogado – IRB – 2006 – ESAF) São órgãos de administração do IRB – Instituto de Resseguros do Brasil:

(A) Conselho de Administração e Conselho Consultivo.
(B) Conselho Fiscal e Diretoria.
(C) Presidência e Diretoria.
(D) Conselho Consultivo e Diretoria.
(E) Conselho de Administração e Diretoria.

462

Nos termos do art. 46 do Decreto-lei 73/1966, são órgãos de administração do IRB o Conselho de Administração e a Diretoria.

Gabarito "E"

(Advogado – IRB – 2006 – ESAF) Os seguros de pessoas devem ter suas apólices ou bilhetes emitidos nominativos

(A) ao portador ou a ordem.
(B) à ordem.
(C) ao portador.
(D) endossáveis ao portador.
(E) à ordem ou transferível.

Nos termos do art. 760, parágrafo único, do CC, os seguros de pessoas somente podem ser nominativos "à ordem", sendo vedadas as apólices ao portador.

Gabarito "B"

(Advogado – IRB – 2006 – ESAF) O segurado ao efetuar a proposta de seguro, efetua declaração inexata sobre as condições do bem a ser segurado. Nessas condições, pode-se afirmar:

(A) desde que não tenha sido de má-fé, o segurador terá direito a resolver o contrato ou a cobrar a diferença do prêmio, mesmo após o sinistro.
(B) desde que não tenha sido de má-fé, o segurador terá direito a resolver o contrato sem cobrar a diferença do prêmio, por se tratar de ato não condicional.
(C) independente de que tenha sido de má-fé, ou não haverá cobertura do risco.
(D) somente se o segurado declarar ter efetuado a declaração inexata, tendo conhecimento dos fatos errados quando da declaração, ficando o segurador obrigado a indenizar.
(E) desde que tenha sido comprovada a má-fé, o segurador terá o dever de resolver o contrato ou a cobrar a diferença do prêmio, mesmo após o sinistro.

Nos termos do art. 766 do CC, se o segurado, por si ou por seu representante, fizer declarações inexatas ou omitir circunstâncias que possam influir na aceitação da proposta ou na taxa do prêmio, perderá o direito à garantia, além de ficar obrigado ao prêmio vencido. Da mesma forma, Se a inexatidão ou omissão nas declarações não resultar de má-fé do segurado, o segurador terá direito a resolver o contrato, ou a cobrar, mesmo após o sinistro, a diferença do prêmio.

Gabarito "A"

(Advogado – IRB – 2006 – ESAF) Com relação à indenização do risco assumido, o segurador é obrigado a:

(A) sempre indenizar em moeda corrente.
(B) pagar em dinheiro ou em reposição da coisa, independente de previsão contratual.
(C) primeiramente repor a coisa e se não for possível pagar em dinheiro.
(D) pagar em dinheiro, desde que não haja previsão para indenização em reposição da coisa.
(E) pagar em dinheiro ou em papéis do governo federal.

Nos termos do art. 776 do CC, o segurador é obrigado a pagar a indenização em dinheiro, salvo se convencionada expressamente a reposição da coisa objeto do sinistro.

Gabarito "D"

(Advogado – IRB – 2006 – ESAF) O segurado Prevenção S.A., tem contra sua empresa uma ação indenizatória de responsabilidade civil. O mesmo possui apólice vigente de seguro de responsabilidade civil, junto à seguradora que se encontra insolvente. Nessa situação, o segurado

(A) não terá obrigação perante o terceiro, visto a seguradora ter assumido o risco.
(B) poderá exigir da SUSEP a indenização.
(C) continuará com a responsabilidade perante o terceiro.
(D) será obrigado a indenizar a seguradora.
(E) se habilitará como credor da seguradora, eximindo-se do pagamento ao terceiro.

Nos termos do art. 787, § 4º, do CC, no seguro de responsabilidade civil, subsistirá a responsabilidade do segurado em caso de insolvência do segurador.

Gabarito "C".

(Advogado – IRB – 2006 – ESAF) Na aceitação fora de prazo de proposta com modificações, restrições ou adições, esta deve

(A) ser substituída por nova proposta, cancelando a anterior.
(B) ser mantida, uma vez que o prazo já foi decorrido.
(C) ser retificada, mediante inclusão das alterações na mesma proposta.
(D) ser desconsiderada, por somente ter validade o contrato final.
(E) ser modificada por meio de aditivo à proposta.

Nos termos do art. 431, aplicável a todos os contratos, a aceitação fora do prazo com adições, restrições ou modificações será considerada nova proposta.

Gabarito "A".

(Advogado – IRB – 2006 – ESAF) Ao contratar, o estipulante pode reservar-se o direito de substituir o

(A) terceiro no contrato, somente com a anuência deste.
(B) terceiro, mas obrigando-se a ter a anuência do contratante.
(C) contratante a qualquer momento sem a anuência do terceiro.
(D) contratante e o terceiro, desde que com anuência de ambos.
(E) terceiro designado no contrato, independente de sua anuência ou do outro contratante.

Na estipulação em favor de terceiro, o estipulante pode reservar a si o direito de substituir o terceiro designado, independentemente de concordância da outra parte (art. 438 do CC).

Gabarito "E".

(Advogado – IRB – 2006 – ESAF) A vigência da garantia/cobertura, no seguro de coisas transportadas, inicia:

(A) na negociação e contratação da apólice do seguro.
(B) no momento em que são recebidas pelo distribuidor até a entrega.
(C) quando da averbação do conhecimento ou do manifesto pela transportadora.
(D) no momento em que são recebidas pelo transportador até a entrega ao destinatário.
(E) quando do faturamento pela empresa vendedora da coisa.

Nos termos do art. 780 do CC, a cobertura do seguro de coisas transportadas começa no momento em que são recebidas pelo transportador e cessa com sua entrega ao destinatário.

Gabarito "D".

(Advogado – IRB – 2006 – ESAF) Assinale a opção que preenche corretamente as lacunas do texto seguinte.

Durante a liquidação de uma sociedade seguradora, fica ________a prescrição extintiva contra ou a favor da massa liquidanda. Há suspensão da incidência de ________, ainda que conste em contrato, se a massa liquidanda não bastar para o pagamento do ________.

(A) mantida / multa / principal.
(B) suspensa / penalidades / complemento.
(C) interrompida / juros / principal.
(D) invalidada / exigibilidade / complemento.
(E) cancelada / atualização / total.

A liquidação da companhia de seguros determina a suspensão da prescrição extintiva contra ou a favor da massa liquidanda (art. 98, § 1º, do Decreto-lei 73/1966). Ficam suspensos também os juros, ainda que expressamente pactuados, caso o ativo da massa não seja suficiente para saldar o passivo principal (art. 98, "c", do Decreto-lei 73/1966).

Gabarito "C".

(Advogado – IRB – 2006 – ESAF) Os recursos das provisões técnicas e dos fundos dos resseguradores locais e dos recursos exigidos no País, para garantia dos resseguradores estrangeiros cadastrados na SUSEP, serão efetuados de acordo com as diretrizes da (do)

(A) Superintendência de Seguros Privados – SUSEP.
(B) Conselho Monetário Nacional.
(C) Banco Mundial.
(D) Banco Central do Brasil.
(E) Tesouro Nacional.

Nos termos do art. 17 da Lei Complementar 126/2007, tal atribuição cabe ao Conselho Monetário Nacional – CMN.

Gabarito "B".

(Advogado – IRB – 2006 – ESAF) O seguro de vida caracteriza-se por

(A) garantir ao segurado, desde que ultrapasse a idade convencionada, o recebimento da indenização pactuada.
(B) garantir ao segurado pagamento de parcelas mensais de montante predeterminado.
(C) garantir aos herdeiros do segurado nomeados na apólice, o recebimento do montante pago à seguradora.
(D) dar ao beneficiário a faculdade de oferecê-lo como garantia na contratação de empréstimos
(E) representar uma forma de poupança voluntária do segurado em benefício seu ou de terceiros.

Nos termos do art. 7º, II, do Decreto 61.589/1967, seguros de vida são aqueles que, com base na duração da vida humana, visem a garantir, a segurados ou terceiros, o pagamento, dentro de determinado prazo e condições, de quantia certa, renda ou outro benefício.

Gabarito "E".

(Advogado – IRB – 2006 – ESAF) Resseguro e retrocessão são institutos próprios dos sistemas de seguros privados. Assinale a opção que não corresponde aos objetivos destes institutos:

(A) diluir riscos.
(B) cumprir exigências atuariais que garantam o bom funcionamento do sistema.
(C) o resseguro visa garantir solvência das seguradoras e a retrocessão à do sistema.
(D) transferir riscos entre sociedades que integram o sistema.
(E) manter íntegras as reservas para pagamento de sinistros.

Nos termos do art. 2º, § 1º, III, da Lei Complementar 126/2007, considera-se resseguro a operação de transferência de riscos de uma cedente para um ressegurador, e retrocessão a operação de transferência de riscos de resseguro de resseguradores para resseguradores ou de resseguradores para sociedades seguradoras locais. Nota-se, destarte, que os institutos não se relacionam com a manutenção do equilíbrio atuarial do sistema, mas sim com sua solvência e diluição de riscos.

Gabarito "B"

(Advogado – IRB – 2006 – ESAF) Seguro e mutualidade diferem dada

(A) a incerteza quanto ao momento em que o sinistro ocorrerá.
(B) a forma de cálculo dos prêmios.
(C) a maneira pela qual são constituídas as reservas para cobrir necessidades geradas pelos eventos previstos.
(D) o cálculo atuarial requerido no primeiro que pode ser dispensado na mutualidade.
(E) a política legislativa de formação dos grupos de segurados.

Considera-se mutualidade a entidade que funciona como uma cooperativa de segurados, na qual, eles mesmos, tornam-se os seguradores por meio da constituição de um capital formado da contribuição de seus filiados. Sua diferença estrutural em relação ao contrato de seguro reside justamente na formação desta reserva, pois a companhia seguradora deve fornecer capital próprio para o pagamento das indenizações alheias.

Gabarito "C"

(Advogado – IRB – 2006 – ESAF) O cosseguro, tal como previsto no Código Civil Brasileiro, leva à

(A) estruturação, sob forma consorcial, da prestação da garantia.
(B) assunção de riscos extraordinários pelo conjunto de cosseguradores.
(C) eficiente distribuição de riscos entre cosseguradores.
(D) ampla pulverização de riscos.
(E) preservação das reservas para liquidação de sinistros.

A relação de cosseguro ocorre nas hipóteses em que mais de um segurador assume o risco do sinistro. Nele, a apólice é emitida pela seguradora principal, na qual deve constar a parcela de responsabilidade de cada uma das outras, formando uma espécie de consórcio para o pagamento da indenização.

Gabarito "A"

(Advogado – IRB – 2006 – ESAF) Em razão da idade do consumidor, ou da condição de pessoa portadora de deficiência,

(A) ninguém pode ser privado de participar de planos ou seguros privados de assistência à saúde.
(B) a operadora do plano pode recusar a participação de pessoas de idade superior à idade média de sobrevida no Brasil, baseada no desbalanceamento das condições contratuais de risco.
(C) qualquer pessoa acima de sessenta anos tem o direito de plano ou seguro privado de saúde, não permitida a variação da contraprestação em favor da operadora.
(D) os portadores de deficiência terão o direito de participar de planos da espécie, com direitos restritos ao fatores decorrentes de sua condição pessoal.
(E) para o efeito da classificação de deficiência em relação aos planos acima, o cadeirante (pessoa que usa cadeira de rodas) não é considerado deficiente, pois é dotado de mobilidade relativa.

Nos termos do art. 14 da Lei 9.656/1998, ninguém poderá ser impedido de participar de planos privados de assistência à saúde em razão da idade ou de deficiência.

Gabarito "A"

(Advogado – IRB – 2006 – ESAF) O plano de seguro-referência de assistência à saúde com cobertura assistencial

(A) jamais cobre casos de cataclismos, guerras e comoções internas.
(B) não retira do paciente os direitos em casos de tratamentos antiéticos se apenas o médico conhecia esse fato.
(C) cobre tratamentos correspondentes a próteses estéticas, se o defeito causar depressão ao paciente.
(D) abrange tratamento de efeitos pós-operatórios a cesárias, em unidades de terapia intensiva, independentemente de erro médico.
(E) abrange os procedimentos odontológicos em geral.

A: incorreta. A exclusão da cobertura de cataclismos, guerras e comoções internas depende de declaração destas pela autoridade competente (art. 10, X, da Lei 9.656/1998); **B:** incorreta. A exclusão é expressa no art. 10, IX, da Lei 9.656/1998, sem exceções; **C:** incorreta. O plano-referência não cobre intervenções estéticas em nenhum caso (art. 10, II, da Lei 9.656/1998); **D:** correta, nos termos do art. 10, *caput*, da Lei 9.656/1998; **E:** incorreta. O art. 12, IV, da Lei 9.656/1998 prevê a proteção de procedimentos odontológicos apenas atendidos os requisitos expostos.

Gabarito "D"

8. PROPRIEDADE INDUSTRIAL

(Advogado – IRB – 2006 – ESAF) O reconhecimento de direitos sobre criações intelectuais, monopólio legal, visa a

(A) estimular inovações tecnológicas.
(B) evitar concorrência predatória e preservar mercados.
(C) favorecer o esforço de reconhecimento de qualidade de produtos ou serviços ligados à marca.
(D) inibir comportamentos indesejados como a reprodução de ideias inovadoras.
(E) premiar o talento do autor da criação.

A garantia da exploração econômica exclusiva da propriedade intelectual, de status constitucional (art. 5º, XXIX, da CF), visa a estimular a atividade inventiva humana, considerando-a como força-motriz do avanço tecnológico, diante dos efetivos ganhos sociais que dela advirão.

Gabarito "A"

9. CRIMES

(Agente Tributário Estadual/MS – 2001 – ESAF) No que diz respeito aos crimes de "lavagem" ou ocultação de bens, direitos, ou valores, as instituições financeiras

(A) serão consideradas coautoras quando forem negligentes na fiscalização de transferências financeiras indevidas para o exterior.
(B) devem exigir a prova da inexistência dos crimes antecedentes quando praticarem operações com seus clientes.
(C) devem estar especialmente atentas para as operações que possam constituir-se em sérios indícios de crimes da espécie, nos termos das instruções baixadas pelos órgãos competentes.
(D) devem consultar o Conselho de Controle de Atividades Financeiras – COAF antes de qualquer remessa ao exterior.
(E) devem celebrar convênio com a Polícia Federal para poderem ter acesso a eventuais informações negativas sobre seus clientes.

A: a instituição financeira não pode, em princípio, ser considerada autora ou coautora desses crimes. Se a negligência implicar violação dos deveres fixados nos arts. 10 e 11 da Lei 9.613/1998, a instituição financeira sofrerá as sanções previstas no art. 12 da mesma lei; **B**, **D** e **E:** isso não é previsto na legislação, embora a instituição deva atentar para os indícios de crimes e informá-los às autoridades competentes, conforme a regulamentação por elas expedida – art. 11 da Lei 9.613/1998; **C:** art. 11, I, da Lei 9.613/1998.

Gabarito "C"

(Auditor Fiscal/Teresina-PI – 2001 – ESAF) O crime de lavagem de dinheiro tem relação com a forma pela qual

(A) a instituição financeira identifica os clientes.
(B) se apura movimentação das contas correntes bancárias.
(C) se procura determinar como os fundos foram adquiridos.
(D) se quebra o sigilo bancário do cliente.
(E) a instituição cadastra os clientes.

A tipificação do crime de lavagem de dinheiro faz expressa referência à origem criminosa dos recursos (tráfico ilícito de drogas, terrorismo, contrabando ou tráfico de armas, extorsão mediante sequestro, crimes contra a administração pública, contra o sistema financeiro nacional etc.) – art. 1º da Lei 9.613/1998.

Gabarito "C"

10. QUESTÕES COMBINADAS E OUTROS TEMAS

(Procurador da Fazenda Nacional – 2006 – ESAF) Com base no que dispõe a legislação e considerando o entendimento da jurisprudência pátria, julgue os itens a seguir e assinale o item que contenha a opção correta.

I. O Código Civil de 2002 não prevê a possibilidade de aquisição de cotas do sócio pela própria sociedade limitada, mas a opção existirá para os contratos sociais que adotarem a legislação das sociedades anônimas supletivamente.
II. Há Súmula do Superior Tribunal de Justiça que considera que a cobrança antecipada do Valor Residual Garantido nos contratos de *leasing* os descaracteriza.
III. Pelo entendimento predominante nos tribunais pátrios, na falta de pagamento das prestações do contrato de *leasing*, a ação cabível para a retomada do bem é a reintegração de posse, não se admitindo a equiparação do arrendatário à depositário infiel.
IV. Em regra, o trespasse importa em sub-rogação do adquirente nos contratos estipulados para exploração do estabelecimento, respondendo o adquirente também pelo pagamento dos débitos contabilizados anteriores à transferência.
V. Com o trespasse, o alienante não pode fazer concorrência ao adquirente pelo prazo de três anos subsequentes à transferência.

(A) Apenas os itens II e III estão corretos.
(B) Apenas os itens III e IV estão corretos.
(C) Apenas o item II está errado.
(D) Apenas os itens II e V estão errados.
(E) Apenas os itens I e III estão corretos.

I: correta, conforme entendimento da jurisprudência e doutrina majoritárias (Enunciado 391 das JDC/CJF); **II:** incorreta. A Súmula 263 do STJ, que assim dispunha, foi cancelada em 2003, sendo posteriormente editado o verbete 293 que dispõe exatamente no sentido inverso, ou seja, pela não descaracterização do contrato de *leasing* pela cobrança antecipada do VRG; **III:** correta (STJ, REsp 259750/SP, DJ 10/10/2000); **IV:** correta (arts. 1.146 e 1.148 do CC); **V:** Incorreta. Salvo previsão em contrário, a cláusula de não restabelecimento perdura por cinco anos (art. 1.147 do CC).

Gabarito "D"

(Procurador da Fazenda Nacional – 2003 – ESAF) O capital estrangeiro, para efeito de sua utilização no Brasil por empresários nacionais

(A) depende, como solenidade essencial, de registro perante o Banco Central do Brasil.
(B) está sujeito a regras jurídicas diferenciadas daquelas aplicáveis ao capital nacional.
(C) deve ser registrado tão somente para fins de controle e de retorno pelo sistema oficial.
(D) somente pode ingressar a título de empréstimo em dinheiro ou subscrição de ações.
(E) está obrigado a um período mínimo de permanência no país, de forma a que o empresário receptor possa beneficiar-se de incentivos fiscais.

O regime jurídico do capital estrangeiro no Brasil está disciplinado na Lei 4.131/1962, que afasta a possibilidade de tratamento diferenciado em relação ao capital nacional em igualdade de condições e estabelece um sistema de registro de entrada desse capital no país por meio do Banco Central, antiga Superintendência da Moeda e do Crédito. Tal registro não se apresenta como formalidade essencial, sendo apenas uma forma de controle das entradas e saídas de capital estrangeiro do país. O ingresso do capital é válido mesmo sem o registro, porém sua ausência impõe o pagamento de multa. Não há qualquer menção a período mínimo de permanência do capital no país (que pode ser em forma de recursos financeiros, bens ou equipamentos) para o gozo de benefícios fiscais, considerando, uma vez mais, o tratamento isonômico dispensado ao capital estrangeiro em comparação ao capital nacional.

Gabarito "C"

(Procurador da Fazenda Nacional – 2003 – ESAF) Na celebração de operações de crédito, as instituições financeiras

(A) estão sujeitas a limites legais na fixação da taxa de juros.

(B) não podem emprestar a seus administradores e familiares até o segundo grau, em qualquer hipótese.

(C) podem efetuar empréstimos a administradores e familiares, independentemente do grau de parentesco, desde que autorizadas previamente pelo Banco Central do Brasil.

(D) são obrigadas a exigir garantias reais dos favorecidos para valores acima de R$100.000,00.

(E) notadamente, os bancos de investimento somente podem contratá-las acima de 180 dias.

A: incorreta. A Súmula 596 do STF estabelece que as instituições financeiras não devem respeito aos limites das taxas de juros criadas pelo Decreto 22.626/1933; alternativa **B:** correta, nos termos do art. 34 da Lei 4.595/1964; alternativa **C:** incorreta, por ofensa ao artigo retrocitado; alternativas **D** e **E:** incorretas, ante a ausência de qualquer disposição legal que imponha os limites apontados.

Gabarito "B"

(Procurador da Fazenda Nacional – 2003 – ESAF) A competência da Comissão de Valores Mobiliários, estabelecida na Lei n. 6.385/1976, dá à autarquia poder para:

(A) determinar a anulação de operações realizadas em Bolsas de Valores sempre que houver suspeita de irregularidades.

(B) determinar a ineficácia de operações de *swaps* de taxas de juros celebradas entre instituições financeiras.

(C) fixar limites para negócios celebrados em Bolsas de Futuros.

(D) aprovar a criação de mercados para negócios de derivativos.

(E) suspender a negociação de quaisquer valores mobiliários em mercados.

Dentro das competências atribuídas à CVM pela Lei 6.385/1976, somente se deduz o poder de aprovar a criação de mercados de derivativos, conforme disposto no art. 1º, III, e 2º, VII. As demais alternativas não apresentam poderes legítimos da CVM.

Gabarito "D"

(Auditor Fiscal do Trabalho – 2010 – ESAF) A respeito de fiscalização de microempresas e empresas de pequeno porte, marque a assertiva correta.

(A) Será observado o critério da dupla visita da fiscalização trabalhista, para lavratura de autos de infração, inclusive quando for constatada infração por falta de registro de empregado.

(B) A fiscalização, no que se refere ao aspecto metrológico, deverá ter natureza prioritariamente punitiva.

(C) A fiscalização, no que se refere aos aspectos sanitário, ambiental e de segurança, deverá ser prioritariamente orientadora, mesmo quanto a atividades e situações cujo grau de risco seja considerado alto.

(D) No caso de fraude, resistência ou embaraço à fiscalização trabalhista será também observado o critério de dupla visita para lavratura de autos de infração.

(E) A fiscalização trabalhista deverá ter natureza prioritariamente orientadora.

A e **D:** incorretas, pois o critério da dupla visita não é aplicado em relação à infração por falta de registro de empregado ou anotação da Carteira de Trabalho e Previdência Social – CTPS, ou, ainda, na ocorrência de reincidência, fraude, resistência ou embaraço à fiscalização – art. 55, § 1º, da LC 123/2006; **B:** incorreta, pois a fiscalização, no que se refere aos aspectos trabalhista, metrológico, sanitário, ambiental e de segurança, das microempresas e empresas de pequeno porte deverá ter natureza **prioritariamente orientadora**, quando a atividade ou situação, por sua natureza, comportar grau de risco compatível com esse procedimento – art. 55, *caput*, da LC 123/2006; **C:** incorreta, pois a natureza prioritariamente orientadora não se aplica no caso de atividade ou situação de alto risco – art. 55, *caput*, *in fine*, da LC 123/1996; **E:** assertiva correta, conforme comentário à alternativa B.

Gabarito "E"

Veja a seguinte tabela, com os requisitos de patenteabilidade e de registrabilidade, para estudo e memorização:

Requisitos de patenteabilidade de invenção e modelo de utilidade	
Novidade	não pode estar compreendida no estado da técnica, ou seja, não pode ter sido tornada acessível ao público antes do depósito do pedido de patente – art. 11 da LPI
Atividade inventiva	não pode simplesmente decorrer, para um técnico no assunto, de maneira evidente ou óbvia, do estado da técnica – art. 13 da LPI
Aplicação industrial	deve ser suscetível de aplicação industrial – art. 15 da LPI
Desimpedimento	não é patenteável aquilo que está listado no art. 18 da LPI

Requisitos para registro de desenho industrial	
Novidade	não pode estar compreendido no estado da técnica, ou seja, não pode ter sido tornado acessível ao público antes do depósito do pedido de registro – art. 96 da LPI
Originalidade	dele deve resultar uma configuração visual distintiva, em relação a outros objetos anteriores – art. 97 da LPI
Desimpedimento	não é registrável aquilo que está listado nos arts. 98 e 100 da LPI

Requisitos para registro de marca	
Novidade relativa	não pode ter sido previamente registrada (princípio da novidade) para a classe do produto ou do serviço (princípio da especificidade)
Não violação de marca notoriamente conhecida	não pode violar marca de alto renome ou notoriamente conhecida – arts. 125 e 126 da LPI
Desimpedimento	não é registrável aquilo que está listado no art. 124 da LPI

12. Direito do Trabalho

Hermes Cramacon

1. INTRODUÇÃO, FONTES E PRINCÍPIOS

(Procuradoria Distrital – 2007 – ESAF) Examine os itens seguintes:

I. A fonte material do Direito do Trabalho é originária da pressão exercida sobre o Estado capitalista pela reivindicação dos trabalhadores;

II. A Constituição, a lei, a sentença normativa e a convenção coletiva são fontes formais e heterônomas do Direito do Trabalho, e o regulamento de empresa, a sua vez, já não é mais considerado fonte do Direito do Trabalho;

II. Norma constitucional de conteúdo material trabalhista pode ser desaplicada, no Direito do Trabalho, diante de conflito com norma profissional ou contratual mais favorável, desde que aquelas não tenham conteúdo de lei proibitiva;

IV. Nos contratos de trabalho é legal a transformação das condições de trabalho por mútuo consentimento do empregador e do empregado;

V. São nulos os atos praticados pelo empregador com o objetivo de desvirtuar a aplicação dos preceitos trabalhistas, salvo se ratificados posteriormente pelo empregado.

A quantidade de itens corretos é igual a:

(A) 1
(B) 2
(C) 3
(D) 4
(E) 5

Existem duas afirmativas verdadeiras. **I:** verdadeira, eis que fonte material é a pressão de fatos sociais, *são as que ditam a substância do próprio direito*; **II:** falsa, pois convenção coletiva é classificada como fonte formal autônoma; **III:** verdadeira, pois no Direito do Trabalho existe o princípio da aplicação da norma mais benéfica ao empregado; **IV:** falsa, pois a afirmativa está em desacordo com o disposto no art. 468 da CLT; V: falsa, pois a alternativa não está de acordo com o art. 9º da CLT.

Gabarito "B"

(Auditor Fiscal do Trabalho – 2010 – ESAF) Marque a opção correta, considerando os temas da prescrição e da decadência no Direito do Trabalho.

(A) A prescrição, no Direito do Trabalho, que equivale à perda de uma faculdade processual, tem seus prazos definidos tanto em fonte heterônoma como autônoma.

(B) De acordo com a previsão legal que rege o tema, na hipótese de incapacidade civil originária, em razão da faixa etária, os prazos prescricionais trabalhistas ficam suspensos, e nos casos de incapacidade civil superveniente eles são interrompidos.

(C) O juiz pode conhecer de ofício da decadência tanto quando estabelecida por lei como na hipótese de previsão contida em norma de produção autônoma.

(D) Como o Fundo de Garantia por Tempo de Serviço (FGTS), embora direito trabalhista em sentido estrito, também guarda as características de típico fundo social, a prescrição do direito de reclamar as diferenças reflexas geradas pelo não pagamento de horas extras é de trinta anos, mas desde que observado o de dois anos após o término do contrato de trabalho ou o advento da aposentadoria.

(E) Considera-se de decadência o prazo de 180 dias estabelecido por determinada empresa para a adesão ao seu Plano de Demissão Incentivada, que prevê acréscimos financeiros específicos e vantajosos para o desligamento dos empregados.

A: opção incorreta, pois a prescrição consiste na perda da pretensão e seus prazos são definidos em fontes formais heterônomas, como a CF em seu art. 7º, XXIX e na CLT em seu art. 11. **B:** opção incorreta, pois nos termos do art. 440 da CLT contra os menores de 18 anos não corre nenhum prazo de prescrição. Ademais, incapacidade civil superveniente é causa de suspensão da prescrição. **C:** opção incorreta, pois nos termos do art. 211 do Código Civil em se tratando de decadência convencional, a parte a quem aproveita pode alegá-la em qualquer grau de jurisdição, mas o juiz não pode suprir a alegação, ou seja, se pronunciar de ofício. **D:** opção incorreta, pois em que pese a 1º parte da assertiva estar correta, Súmula 362 do TST, a aposentadoria não é causa de extinção do contrato de trabalho. **E:** opção correta, pois o prazo estipulado para adesão ao Plano de Demissão Voluntária é decadencial. Prazo decadencial refere-se à extinção do próprio direito material. Assim, não observado o prazo estipulado pela empresa, o empregado perderá tal direito, daí a razão de ser considerado prazo decadencial.

Gabarito "E"

2. CONTRATO INDIVIDUAL DE TRABALHO E ESPÉCIES DE EMPREGADOS E TRABALHADORES

(Procurador da Fazenda Nacional – 2004 – ESAF) Assinale a opção correta acerca do contrato individual de trabalho.

(A) Verificada a prestação pessoal de serviços habituais, onerosos e subordinados ao tomador dos serviços, o contrato de trabalho será válido e regular, ainda que firmado tacitamente.

(B) Quando envolver a prestação de serviços insalubres, apenas será válido o contrato se contar com autorização prévia do Ministério do Trabalho.

(C) Quando o contrato for celebrado por trabalhador com 15 anos de idade, deverá contar com a prévia e expressa autorização de seus representantes legais, sob pena de nulidade.

(D) O contrato de trabalho é o instrumento jurídico adequado para reger a relação entre o pequeno empreiteiro e o sujeito que contrata os seus serviços.

(E) Ainda que envolva a execução de atividade ilícita, o contrato de trabalho produz os efeitos jurídicos que lhe são próprios.

A: opção correta, pois preenchidos os requisitos dos arts. 2º (empregador) e 3º (empregado) ficará caracterizada a relação de emprego, que se expressa no contrato de trabalho, art. 442 da CLT que não prevê, em regra, formalidades, podendo ser, inclusive, tácito; **B:** opção incorreta, pois não há formalidades para que o contrato de trabalho exista, veja art. 442 da CLT; **C:** opção incorreta, pois não haverá nulidade do contrato de trabalho, ficando resguardados todos os efeitos do contrato de trabalho; **D:** opção incorreta, pois as relações entre o empreiteiro e o "dono da obra" serão regidas pelo Código Civil, arts. 610 a 626 do CC; **E:** opção incorreta, pois não se reconhece a produção de efeitos ao contrato de trabalho cujo objeto seja ilícito. O TST firmou entendimento da OJ 199 da SDI 1 do TST.

Gabarito "A"

(Procurador da Fazenda Nacional – 2007.2 – ESAF) Julgue os itens abaixo marcando V a afirmativa verdadeira e F a afirmativa falsa e, em seguida, assinale a opção correta.

( ) Entre as características do contrato individual de trabalho pode-se afirmar que é um acordo de direito privado, sinalagmático, de trato sucessivo, oneroso, consensual e celebrado *intuito personae* tanto em relação ao empregado quanto ao empregador.

( ) Desnatura a característica de onerosidade do contrato de trabalho a circunstância de, eventualmente, a remuneração ser paga, ainda que parcialmente, por terceiros ou *in natura*.

( ) A regra prevista em contrato individual de trabalho, mesmo contrariando norma inserta em acordo coletivo de trabalho, terá prevalência pois a lei privilegia o ajuste direto entre empregado e empregador.

( ) O contrato de trabalho do artista profissional, ainda que celebrado em desacordo com as formalidades previstas na legislação produzirá efeitos no âmbito trabalhista, pois a lei não suprime por inteiro dita eficácia.

(A) V, V, F, V
(B) F, F, V, F
(C) F, F, F, V
(D) V, F, V, V
(E) F, F, F, F

Falso, pois o contrato de trabalho é *intuito personae* apenas com relação ao empregado; Falso, pois a remuneração pode ser paga por terceiro ou *in natura*, de forma parcial, sem desnaturar o contrato de trabalho (art. 458, *caput*, da CLT); Falso, pois a alternativa está em desacordo com o art. 620 da CLT; Verdadeiro, pois a afirmativa está de acordo com o princípio da primazia da realidade.

Gabarito "C"

(Auditor Fiscal do Trabalho – 2010 – ESAF) Marque a opção correta.

(A) Em face da cláusula constitucional da não discriminação, a possibilidade de ajuste tácito, consensual e não solene para a formação do contrato de emprego, e respectiva projeção dos seus efeitos, estende-se a todos os ofícios e profissões.

(B) O contrato de trabalho tem natureza jurídica essencialmente privada, salvo quando o Estado é um dos sujeitos pactuantes, em face das prerrogativas processuais que lhe confere a legislação brasileira.

(C) O menor de 18 anos, conforme previsto na Constituição, não pode, em razão da sua incapacidade, prestar serviços, nem receber por eles, em período noturno ou em circunstâncias perigosas ou insalubres.

(D) É possível reconhecer-se a condição de empregado, com cômputo do tempo de serviço, ao eleito para ocupar cargo de diretor quando, a despeito da nova posição ocupada na estrutura hierárquica da empresa, ainda se fizerem presentes os traços característicos da subordinação jurídica.

(E) Para a configuração do grupo econômico, ou do chamado "empregador único", que atrai a hipótese de responsabilidade solidária pelos créditos trabalhistas, é necessária a prova do nexo relacional entre as empresas, nos formatos previstos pelo Direito Comercial e pelo Direito Empresarial, como no caso dos consórcios, holdings e pool de empresas.

A: opção incorreta, pois embora não exista solenidade e possa ser celebrado tacitamente, nos termos do art. 443 da CLT, alguns contratos devem ser celebrados por escrito, como é o caso do empregado aprendiz, nos termos do art. 428 da CLT. **B:** opção incorreta, pois o contrato de trabalho é natureza privada. **C:** opção incorreta, pois embora a CF/88 em seu art. 7.º, XXXIII, proíba o trabalho noturno, perigoso ou insalubre aos menores de dezoito e de qualquer trabalho aos menores de dezesseis anos, salvo na condição de aprendiz, a partir de quatorze anos, caso o menor labore nessas condições deverá receber pelo trabalho exercido. **D:** opção correta, pois persistindo a subordinação jurídica, o contrato de trabalho do empregado eleito não será interrompido (embora existam doutrinadores defendendo se tratar de suspensão do contrato de trabalho, entendemos se tratar de hipótese de interrupção do contrato de trabalho em razão do art. 499 da CLT), sendo possível o reconhecimento da condição de empregado, com cômputo do tempo de serviço, nos termos do art. 499 da CLT. Veja, também, a súmula 269 do TST. **E:** opção incorreta, pois nos termos do art. 2º, § 2º, da CLT "sempre que uma ou mais empresas, tendo, embora, cada uma delas, personalidade jurídica própria, estiverem sob a direção, controle ou administração de outra, constituindo grupo industrial, comercial ou de qualquer outra atividade econômica..." estará configurado o grupo econômico.

Gabarito "D"

(Auditor Fiscal do Trabalho – 2010 – ESAF) Assinale a opção correta.

(A) Constituem requisitos para a caracterização da relação de emprego a pessoalidade e a exclusividade na prestação dos serviços.

(B) O afastamento do empregado nos dias em que estiver comprovadamente realizando provas de exame vestibular para ingresso em estabelecimento de ensino superior ou quando tiver que comparecer em juízo gera a interrupção do contrato de trabalho.

(C) A partir do afastamento do serviço para tratamento de saúde, em face de doença ou de acidente, independentemente de guardar relação de causalidade com os serviços prestados, o empregado tem o respectivo contrato de trabalho suspenso.

(D) A subordinação que define e caracteriza a existência da relação de emprego é a econômica, fundada no reconhecimento jurídico-institucional da hipossuficiência material do trabalhador.

(E) A suspensão do empregado por prazo superior a 30 dias consecutivos, fundamentada em punição disciplinar, não prejudica a fluência do contrato de trabalho.

A: opção incorreta, pois a exclusividade não é requisito para a relação de emprego. Veja arts. 2º e 3º da CLT. **B:** opção correta, pois reflete o disposto no art. 473, VII, da CLT. O dispositivo traz hipóteses de faltas justificadas que constituem interrupção do contrato de trabalho, na medida em que o trabalhador recebe a remuneração do dia, sem prestar serviços. **C:** opção incorreta, pois nos termos do art. 59 da Lei 8.213/91, a partir do 16º dia é que teremos hipótese de suspensão do contrato de trabalho, tendo em vista que a partir daí é que o trabalhador percebe o benefício do auxílio-doença, pago pela Previdência Social. Os primeiros 15 dias são considerados como interrupção do contrato de trabalho. **D:** opção incorreta, pois a subordinação que caracteriza a relação de emprego é jurídica no sentido de submissão aos comandos do empregador. **E:** opção incorreta, pois nos termos do art. 474 da CLT a suspensão do empregado por mais de 30 (trinta) dias consecutivos importa na rescisão injusta do contrato de trabalho.

Gabarito "B"

(Auditor Fiscal do Trabalho – 2010 – ESAF) Assinale a opção correta.

(A) É equiparada ao empregador rural, a pessoa física ou jurídica que, de forma habitual, em caráter profissional, e por conta de terceiros, execute serviços de natureza agrária, mediante utilização do trabalho de outrem.

(B) A legislação trabalhista estabelece expressamente a possibilidade de distinções relativas à espécie de emprego e à condição de trabalhador e entre o trabalho intelectual, técnico e manual.

(C) De acordo com a jurisprudência do Tribunal Superior do Trabalho, é ilícito o desconto salarial do trabalhador frentista, referente à devolução de cheques sem fundos, ainda quando deixa de observar as recomendações previstas em instrumento coletivo, tendo em vista que o desconto descaracterizaria a alteridade própria da figura do empregador.

(D) De acordo com a jurisprudência do Tribunal Superior do Trabalho, a prestação de serviços a mais de uma empresa do mesmo grupo econômico, durante a mesma jornada de trabalho, caracteriza a coexistência de mais de um contrato de trabalho.

(E) Não se equipara ao empregador rural a pessoa física ou jurídica, proprietária ou não, que explore atividade industrial em estabelecimento agrário não compreendido na Consolidação das Leis do Trabalho.

A: opção correta, pois reflete o disposto no art. 4º da Lei 5.889/73. **B:** opção incorreta, pois nos termos do art. 3º, parágrafo único, da CLT não haverá distinções relativas à espécie de emprego e à condição de trabalhador, nem entre o trabalho intelectual, técnico e manual. **C:** opção incorreta, pois nos termos da orientação jurisprudencial 251 da SDI 1 do TST considera-se lícito o desconto salarial referente à devolução de cheques sem fundos, quando o frentista não observar as recomendações previstas em instrumento coletivo. Veja, também, o Precedente Normativo 14 da SDC do TST. **D:** opção incorreta, pois nos termos da súmula 129 do TST a prestação de serviços a mais de uma empresa do mesmo grupo econômico, durante a mesma jornada de trabalho, não caracteriza a coexistência de mais de um contrato de trabalho, salvo ajuste em contrário. **E:** opção incorreta, pois de acordo com o art. 4º da Lei 5.889/73 será equiparado a empregador rural. Veja comentário da alternativa "a".

Gabarito "A"

(Auditor Fiscal do Trabalho – 2010 – ESAF) Marque a opção correta.

(A) Após o advento da Constituição de 1988, foi superada, no Direito do Trabalho, a regra geral baseada no critério da dispensa imotivada, motivo pelo qual, nos casos de contratos de duração indeterminada, com ruptura de iniciativa do empregador, há necessidade, para a sua validação, da indicação dos motivos que a ensejaram.

(B) Nos contratos a prazo determinado sem cláusula assecuratória do direito recíproco de rescisão, ocorrendo a chamada extinção anormal, isto é, quando há antecipação por vontade do empregador ou do empregado, não há direito ao levantamento do FGTS.

(C) Nos contratos a prazo indeterminado, havendo pedido de demissão do empregado, devem ser pagos o décimo terceiro salário proporcional e as férias proporcionais, acrescidas do 1/3 constitucional, mas o trabalhador perde a proteção, de que eventualmente fosse destinatário, das garantias de emprego, e ainda deve conceder aviso prévio de 30 (trinta) dias ao empregador.

(D) Nos contratos a prazo determinado, com cláusula assecuratória do direito recíproco de rescisão, quando há pedido de demissão do contratado, embora sejam devidas férias proporcionais, acrescidas do 1/3 constitucional, e décimo terceiro também proporcional ao período, o trabalhador indenizará o empregador dos prejuízos decorrentes do rompimento.

(E) Nos contratos a prazo determinado, na hipótese de antecipação empresarial em razão de justa causa do trabalhador, não são devidas parcelas trabalhistas remanescentes do período.

A: opção incorreta, pois o empregador não necessita de indicar os motivos da dispensa do empregado, desde que pague a indenização correspondente, art. 7º, I, da CLT. **B:** opção incorreta, pois o empregado poderá sacar o FGTS caso o empregador coloque fim ao contrato antes do termo, art. 20, I, da Lei 8.036/90. No entanto, caso seja o empregado que queira por fim ao contrato, ele não poderá levantar o FGTS. **C:** opção correta, pois de fato caso peça demissão o empregado terá direito ao recebimento das seguintes verbas: saldo de salário, aviso prévio (se cumprido); férias vendidas, simples e proporcionais, 13º salário. Nos termos do art. 487 da CLT a parte, seja o empregado ou o empregador, que quiser sem justo motivo colocar fim ao contrato, deverá avisar a outra sobre a intenção. **D:** opção incorreta, pois havendo cláusula assecuratória, art. 481 da CLT não haverá obrigação de indenização por parte do empregado, pois a rescisão se regerá pelos princípios da extinção dos contratos com prazo determinado. **E:** opção incorreta, pois serão devidas as seguintes verbas: saldo de salário, férias simples e vencidas, 13º salário integral.

Gabarito "C"

(Auditor Fiscal do Trabalho – 2010 – ESAF) Marque a opção incorreta.

(A) Havia exclusão dos trabalhadores rurais do tratamento geral da CLT, mas no sistema constitucional atual há plena paridade jurídica entre os trabalhadores urbanos e os rurais, embora algumas especificidades ainda remanesçam.

(B) No caso dos trabalhadores rurais, é devido adicional noturno definido em 25%, nos casos em que houver labor no horário compreendido entre 21h e 5h, na agricultura, e 20h e 4h, na pecuária.

(C) Em se considerando as empresas de reflorestamento, os trabalhadores serão considerados rurais, inclusive para eventual contagem diferenciada do prazo prescricional, quando se ativarem no campo, exercendo tarefas próprias aos rurícolas.

(D) Também aos trabalhadores rurais é obrigatória a concessão de um intervalo mínimo de 1 (uma) hora para repouso e alimentação, em caso de trabalho contínuo de duração superior a 6 (seis) horas, observados os usos e costumes da região.

(E) No caso dos trabalhadores domésticos, o FGTS e o seguro-desemprego estão previstos em norma de caráter dispositivo, motivo pelo qual dependem de ato voluntário do empregador.

A: opção correta, pois a atual Constituição Federal prevê a igualdade de direitos entre o trabalhador urbano e rural, nos termos do art. 7º, *caput*, da CF. No entanto algumas peculiaridades permanecem como exemplo podemos citar o intervalo intrajornada que será concedido observado os usos e costumes (art. 5º da Lei 5.889/73), diferentemente de como ocorre com os empregados urbanos, nos termos do art. 71 da CLT. **B:** opção correta, pois reflete o disposto no art. 7º da Lei 5.889/73. **C:** opção incorreta, pois o prazo prescricional não será diferenciado, nos termos do art. 7º, XXIX, da CF. **D:** opção correta, pois reflete o disposto no art. 5º da Lei 5.889/73. **E:** opção correta, pois reflete o disposto no art. 3º-A da Lei 5.859/72.

Gabarito "C"

(Auditor Fiscal do Trabalho – 2010 – ESAF) Acerca do contrato de trabalho e considerando a jurisprudência do Tribunal Superior do Trabalho, assinale a opção correta.

(A) A sucessão de empregador é hipótese de alteração objetiva do contrato de trabalho.

(B) Percebida a gratificação de função por dez ou mais anos pelo empregado, se o empregador, sem justo motivo, revertê-lo ao cargo efetivo, não poderá retirar-lhe a gratificação, tendo em vista o princípio da estabilidade financeira.

(C) O fato de o empregado exercer cargo de confiança, ou a existência de previsão de transferência no contrato de trabalho, afasta seu direito à percepção do adicional correspondente em caso de alteração do local da prestação de serviços.

(D) A supressão, pelo empregador, do serviço suplementar prestado com habitualidade, durante pelo menos seis meses, assegura ao empregado o direito à indenização correspondente ao valor de um mês das horas extras suprimidas para cada seis meses de prestação de serviço acima da jornada normal.

(E) A transferência do empregado para o período diurno de trabalho não implica a perda do direito ao adicional noturno, tendo em vista o princípio da inalterabilidade contratual lesiva.

A: opção incorreta, pois é considerada alteração subjetiva do contrato de trabalho. **B:** opção correta, pois reflete o entendimento disposto na súmula 372 do TST. **C:** opção incorreta, pois nos termos do art. 470 da CLT as despesas resultantes da transferência correrão por conta do empregador. **D:** opção incorreta, pois nos termos da Súmula 291 do TST somente o serviço suplementar prestado durante pelo menos 1 (um) ano, assegura ao empregado o direito à indenização correspondente ao valor de 1 (um) mês das horas suprimidas, total ou parcialmente, para cada ano ou fração igual ou superior a seis meses de prestação de serviço acima da jornada normal. O cálculo observará a média das horas suplementares nos últimos 12 (doze) meses anteriores à mudança, multiplicada pelo valor da hora extra do dia da supressão. **E:** opção incorreta, pois a transferência para o período diurno de trabalho implica a perda do direito ao adicional noturno, nos termos da súmula 265 do TST.

Gabarito "B"

(Auditor Fiscal do Trabalho – 2010 – ESAF) Acerca da intermediação de mão de obra (terceirização), é correto afirmar:

(A) salvo nos casos previstos em lei, é ilegal a contratação de trabalhadores por empresa interposta, por isso, nas intermediações ilícitas de mão de obra, devem ser consideradas responsáveis solidárias pelo adimplemento dos débitos trabalhistas tanto a prestadora quanto a tomadora dos serviços, ainda que esta última seja ente pertencente à Administração Pública.

(B) a chamada Lei do FGTS (8.036/90) faz referência à relação trilateral terceirizante ao englobar na definição de empregador as figuras do prestador e do tomador de serviços, independentemente da responsabilidade solidária e/ou subsidiária que lhes sejam reconhecidas.

(C) constatada a existência de fraude na atuação de cooperativa de trabalho, intermediadora de mão de obra, o vínculo de emprego se forma com a tomadora final do serviço, sem prejuízo da responsabilidade subsidiária da prestadora.

(D) nos casos de intermediação de mão de obra, há restrição ao alcance da responsabilidade subsidiária do tomador de serviços, especialmente em se tratando de ente da Administração Pública, porque nela não poderão estar compreendidas as multas por atraso no pagamento de verbas rescisórias de que tratam os arts. 467 e 477, ambos da CLT.

(E) por expressa disposição legal, consideram-se lícitas as atividades terceirizadas para atender aos serviços de limpeza e conservação e de vigilância bancária, motivo pelo qual, nesses casos, é recomendável a contratação da mão de obra por meio de cooperativas de trabalho regularmente constituídas.

A: opção incorreta, pois em que pese existir responsabilidade solidária em razão da terceirização ilícita, em se tratando de administração pública participando de terceirização ilícita, não é possível o reconhecimento de vínculo de emprego, reconhecendo a responsabilidade direta da administração ao pagamento da contraprestação pactuada, em relação ao número de horas trabalhadas, respeitado o valor da hora do salário mínimo, e dos valores referentes aos depósitos do FGTS, nos termos da súmula 363 do TST. **B:** opção correta, pois reflete o disposto no art. 15, § 1.°, da Lei 8.036/90. **C:** opção incorreta, pois haverá responsabilidade solidária. **D:** opção incorreta, pois não há restrição ao alcance da responsabilidade subsidiária. Veja OJ 238 da SDI 1 do TST. **E:** opção incorreta, pois por ser hipótese de terceirização lícita não há porque contratar uma cooperativa.

Gabarito "B".

(Técnico – MPU –2004 – ESAF) A propósito dos sujeitos da relação de emprego, assinale a opção correta.

(A) O trabalhador que se filia por livre e espontânea vontade a uma cooperativa de mão de obra não pode ser considerado empregado, ainda que preste serviços pessoais com habitualidade, onerosidade e subordinação jurídica a um mesmo tomador de seus serviços.

(B) O trabalhador contratado por uma clínica médica para a execução de serviços certos e específicos de marcenaria e que conta com o auxílio de até dois outros trabalhadores, por ele próprio remunerados, deve ser considerado empregado.

(C) O tomador de serviços terceirizados, quando prestados com pessoalidade e subordinação jurídica, deve ser considerado empregador subsidiário dos trabalhadores, sendo responsável, nessa condição, por eventuais débitos trabalhistas inadimplidos pelo empregador principal.

(D) O trabalhador que presta serviços voluntários a determinada instituição de beneficência, recebendo auxílio financeiro mensal, em nenhuma hipótese poderá ser considerado empregado.

(E) O corretor de seguros que presta serviços pessoais, com habitualidade, subordinação jurídica e onerosidade deve ser considerado empregado, ainda que tenha firmado contrato revelando a condição de autônomo.

A: forte no princípio da primazia da realidade, ou do contrato-realidade, que inspira o Direito do Trabalho e que vem positivado no art. 9º da CLT (cláusula geral antielisiva de direitos trabalhistas), a norma prevista no parágrafo único do art. 442 da CLT é afastada quando presentes os elementos constitutivos do vínculo empregatício previstos nos arts. 2º e 3º da CLT; **B:** a figura descrita corresponde ao pequeno empreiteiro ou artífice e, conquanto o art. 652, a, III, da CLT preveja expressamente a competência da Justiça do Trabalho para o julgamento de lides que envolvam a pequena empreitada, trata-se de relação de trabalho autônoma quando, nos moldes descritos no enunciado, inocorra a distorção dos elementos configuradores da autonomia; **C:** na hipótese descrita, dá-se a terceirização ilícita, com a configuração do vínculo de emprego diretamente com o tomador (Súmula 331, III, do TST); **D:** haverá que se aferir se o auxílio financeiro possui caráter remuneratório ou ressarcitório de despesas: possuindo natureza remuneratória, ausente estará o ânimo benevolente que caracteriza o serviço voluntário e, presentes os demais elementos característicos do vínculo, será possível considerar empregado o trabalhador voluntário; **E:** arts. 2º e 3º c/c art. 9º da CLT (princípio da primazia da realidade).

Gabarito "E".

3. ALTERAÇÃO, INTERRUPÇÃO E SUSPENSÃO DO CONTRATO DE TRABALHO

(Auditor Fiscal do Trabalho – 2010 – ESAF) Assinale a única opção que enseja a interrupção do contrato de trabalho.

(A) Licença-maternidade da empregada gestante.

(B) Eleição para cargo de direção sindical.

(C) Aposentadoria provisória, sendo o trabalhador considerado incapaz para trabalhar.

(D) Atendimento a encargo público, na hipótese de cumprimento de mandato político eletivo.

(E) Prisão provisória do empregado.

A: opção correta, pois a licença-maternidade, art. 7º, XVIII, da CF constitui hipótese de interrupção do contrato de trabalho, na medida em que a empregada receberá seus salários. **B:** opção incorreta, pois a representação sindical é considerada licença não remunerada, nos termos do art. 543, § 2º, da CLT constitui uma modalidade de suspensão do contrato de trabalho. **C:** opção incorreta, pois nos termos do art. 475 da CLT é considerada modalidade de suspensão do contrato de trabalho. **D:** opção incorreta, pois o exercício de encargo público por parte do empregado representa modalidade de suspensão do contrato de trabalho, art. 472 da CLT. **E:** opção incorreta, pois a prisão do empregado constitui modalidade de suspensão do contrato de trabalho, pois não se verifica o direito ao recebimento do salário.

Gabarito "A".

(Analista – MPU – 2004 – ESAF) Em relação ao empregado eleito para ocupar cargo de diretor de sociedade anônima, é correto afirmar que

(A) ele tem o tempo de serviço atinente ao período de exercício na função de diretor computado para todos os efeitos legais.
(B) ele tem seu contrato de trabalho automaticamente rescindido na medida em que não pode ostentar a condição simultânea de empregado e empregador.
(C) ele tem seu contrato de trabalho interrompido, não se computando o tempo de serviço do período pertinente ao exercício da função de diretor, mesmo diante da presença da subordinação jurídica atinente ao liame empregatício.
(D) ele tem seu contrato de trabalho suspenso, não se computando o tempo de serviço do período em que exerceu a função de diretor, ainda que presente a subordinação jurídica imanente ao vínculo empregatício.
(E) ele tem seu contrato de trabalho suspenso, não se computando o tempo de serviço do período em que exerceu a função de diretor, salvo na hipótese de permanência da subordinação jurídica própria do vínculo empregatício.

Súmula 269 do TST.

Gabarito "E"

4. REMUNERAÇÃO E SALÁRIO

(Procurador da Fazenda Nacional – 2006 – ESAF) Assinale a opção em que todas as verbas arroladas têm natureza remuneratória.

(A) Comissões; adicional noturno; participação nos lucros e resultados; férias.
(B) Diárias para viagem; adicional de periculosidade; 13º salário; complementação de aposentadoria.
(C) Gratificações; adicional de insalubridade; aviso-prévio; transporte destinado ao deslocamento para o trabalho e retorno.
(D) Abonos; adicional de transferência; ajuda de custo; prêmios.
(E) Gorjetas; adicional de horas extras; descansos semanais remunerados; vale-refeição.

A: opção incorreta, pois a participação nos lucros e resultados não possui natureza remuneratória, nos termos do art. 3º da Lei 10.101/2000; **B:** opção incorreta, pois complementação de aposentadoria não integra a remuneração do empregado; **C:** opção incorreta, pois o transporte destinado ao deslocamento para o trabalho e retorno não tem natureza salarial, veja art. 458, § 2º, III, da CLT; **D:** opção incorreta, pois nos termos do art. 457, § 2º, da CLT as ajudas de custo não se incluem; **E:** opção correta, pois nos termos do art. 457 da CLT as gorjetas integram a remuneração do empregado, assim como os adicionais, art. 457, § 1º, da CLT e o repouso semanal remunerado. Veja art. 67 da CLT e Lei 605/1949. O vale-refeição, nos termos da Súmula 241 do TST possui natureza remuneratória.

Gabarito "E"

(Advogado – IRB – 2006 – ESAF) Para evitar pleitos de equiparação salarial, a empresa que possuir quadro organizado em carreiras deverá realizar promoções

(A) sucessivas pelos critérios de produtividade e antiguidade.
(B) alternadas pelos critérios de merecimento e antiguidade.
(C) alternadas pelos critérios de assiduidade e mérito.
(D) alternadas pelos critérios de antiguidade e de provas e títulos.
(E) sucessivas pelos critérios de produtividade e merecimento.

B é a opção correta, pois nos termos do art. 461, § 2º, da CLT, o pedido de equiparação não será possível quando o empregador tiver pessoal organizado em quadro de carreira, hipótese em que as promoções deverão obedecer aos critérios de antiguidade e merecimento. Importante lembrar que somente é válido o quadro de pessoal organizado em carreira quando homologado pelo Ministério do Trabalho, excluindo-se, apenas, dessa exigência, o quadro de carreira das entidades de direito público da administração direta, autárquica e fundacional aprovado por ato administrativo da autoridade competente.

Gabarito "B"

(Auditor Fiscal do Trabalho – 2010 – ESAF) Considerando a jurisprudência do Tribunal Superior do Trabalho, assinale a opção correta.

(A) O adiantamento da gratificação natalina deve ser pago no mesmo mês para todos os empregados da empresa, sob pena de desrespeito ao princípio da isonomia salarial.
(B) Ao empregador é vedado efetuar qualquer desconto nos salários, sendo, porém, lícito o desconto em caso de dano causado pelo empregado, desde que esta possibilidade tenha sido acordada ou na ocorrência de dolo ou culpa do empregado.
(C) Impede o reconhecimento do direito à equiparação salarial a existência de quadro de pessoal organizado em carreira, que será válido apenas quando homologado pelo Ministério do Trabalho, excluindo-se dessa exigência as entidades da administração pública direta e indireta da União, dos Estados, do Distrito Federal e dos Municípios.
(D) O pagamento do salário deverá ser efetuado contra recibo, assinado pelo empregado, tendo força de recibo o comprovante de depósito em conta bancária, aberta para esse fim em nome de cada empregado, com o consentimento deste, em estabelecimento de crédito próximo ao local de trabalho.
(E) O salário deve ser pago no lugar da contratação do trabalhador, ainda que a prestação de serviços ocorra em outra localidade.

A: opção incorreta, pois nos termos do art. 3º, § 2º do Decreto 57.155/65 o empregador não está obrigado a efetuar o adiantamento no mesmo mês a todos os seus empregados. **B:** opção incorreta, pois nos termos do art. 462, § 1º da CLT em caso de dano doloso é permitido o desconto, porém em se tratando de dano culposo o desconto somente será permitido com o consentimento do empregado. **C:** opção incorreta, pois nos termos da Súmula 6, I, do TST a administração indireta não está compreendida na prerrogativa. **D:** opção correta, pois reflete o disposto no art. 464 e seu parágrafo único, da CLT. **E:** opção incorreta, pois nos termos do art. 465 da CLT o pagamento dos salários será efetuado em dia útil e no local do trabalho, dentro do horário do serviço ou imediatamente após o encerramento deste, salvo quando efetuado por depósito em conta bancária.

Gabarito "D"

(Auditor Fiscal do Trabalho – 2010 – ESAF) Assinale a opção correta.

(A) A hipossuficiência econômica do empregado, que fundamenta o direito do trabalho e a relação de emprego, torna recomendável que, em determinadas hipóteses, o empregador limite a liberdade dos empregados de dispor do seu salário.

(B) Em relação às utilidades concedidas pelo empregador, não será considerado salário o fornecimento de educação, compreendendo os valores relativos a matrícula, mensalidade, anuidade, livros e material didático, salvo quando concedida em estabelecimento próprio do empregador, hipótese em que terá natureza salarial.

(C) O pagamento do salário, qualquer que seja a modalidade do trabalho, não deve ser estipulado com periodicidade superior à de um mês, inclusive no que diz respeito a comissões, percentagens e gratificações.

(D) Considera-se gorjeta não só a importância espontaneamente dada pelo cliente ao empregado, como também aquela que for cobrada pela empresa ao cliente, como adicional nas contas, a qualquer título, e destinada à distribuição aos empregados.

(E) Com relação às comissões decorrentes de transações realizadas por prestações sucessivas, o término das relações de trabalho afasta o direito do empregado à percepção das comissões e percentagens restantes.

A: opção incorreta, pois o salário tem como uma de suas características a indisponibilidade. **B:** opção incorreta, pois nos termos do art. 458, § 2º, II, da CLT educação, em estabelecimento de ensino próprio ou de terceiros, compreendendo os valores relativos a matrícula, mensalidade, anuidade, livros e material didático , não serão considerados como salário utilidade. **C:** opção incorreta, pois nos termos do art. 459 da CLT o pagamento do salário, qualquer que seja a modalidade do trabalho, não deve ser estipulado por período superior a 1 (um) mês, salvo no que concerne a comissões, percentagens e gratificações. **D:** opção correta, pois reflete o disposto no art. 457, *caput* e seu § 3º, da CLT. **E:** opção incorreta, pois serão devidas as comissões e percentagens. Veja art. 466, § 1º, da CLT.

Gabarito "D"

(Auditor Fiscal do Trabalho – 2010 – ESAF) Assinale a opção correta.

(A) Para o cálculo das férias, deve ser considerada a média dos salários fixos apurada durante o período aquisitivo, com integração, também, pela média duodecimal, de outras parcelas de caráter salarial recebidas habitualmente.

(B) Pode-se considerar "salário normativo" tanto o menor parâmetro (valor) definido para certa categoria profissional, por meio de sentença normativa ou de convenção ou de acordo coletivo de trabalho, como a equivalência de remuneração entre o trabalhador temporário e os empregados da mesma categoria da empresa tomadora dos serviços temporários.

(C) São características do salário o caráter alimentar e forfetário, a disponibilidade relativa, a irrenunciabilidade, a periodicidade, a intermitência, a tendência à determinação autônoma e a pós-numeração.

(D) Tanto no cálculo das férias como da gratificação natalina, deve ser considerada a integração, pela média, das gorjetas, porquanto, embora pagas por terceiros, compõem a remuneração do trabalhador.

(E) O décimo terceiro salário é direito de todo empregado, incluindo os trabalhadores domésticos e os rurícolas, mas não é devido no caso dos safristas informalmente contratados e na hipótese de rescisão contratual por culpa recíproca.

A: opção incorreta, pois o cálculo das férias vem disposto no art. 142 da CLT. **B:** opção incorreta, pois salário normativo é aquele fixado para determinadas categorias profissionais por acordo coletivo, convenção coletiva ou sentença normativa. **C:** opção incorreta, pois é uma característica do salário a indisponibilidade, pois não poderá haver transações a respeito do salário. **D:** opção correta, pois as gorjetas integram a remuneração do empregado, nos termos do art. 457 da CLT. De acordo com o art. 1º, § 1º, da Lei 4090/62 o 13º salário será calculado com base na remuneração, assim como as férias, nos termos do art. 142 da CLT. **E:** opção incorreta, pois aos safristas será devido o 13º salário, veja art. 1º e seu § 3º, inciso I, da Lei 4090/62. Será devido, também, na rescisão contratual por culpa recíproca, hipótese em que o 13º salário será devido integralmente caso tenha o período de 12 meses completo ou pela metade (50%) em se tratando de 13 salário proporcional.

Gabarito "D"

5. JORNADA DE TRABALHO

(Procurador da Fazenda Nacional – 2007.2 – ESAF) No que pertine à jornada de trabalho, indique a opção correta.

(A) A legislação trabalhista pontua que a jornada de trabalho que não suporta controle e fiscalização por parte do empregador não rende ensejo ao pagamento das horas extras eventualmente laboradas.

(B) Na jornada contínua e excedente a seis horas diárias, a concessão de intervalo para repouso ou alimentação é obrigatória, a qual será de no mínimo duas horas e, salvo acordo escrito ou contrato coletivo em contrário, não poderá exceder de três horas.

(C) Serão descontadas e computadas como jornada extraordinária as variações de horário consignadas em registro de ponto que não excedam a cinco minutos, observado o limite máximo de dez minutos diários.

(D) Na jornada de trabalho cuja duração ultrapasse a quatro e não exceda a seis horas diárias, o intervalo intrajornada não será obrigatório considerando-se a curta duração do labor.

(E) Nas atividades legalmente consideradas insalubres a prorrogação da jornada de trabalho, desde que ultimada via acordo escrito, poderá ser livremente ajustada, sendo despicienda licença prévia das autoridades competentes em matéria de higiene do trabalho.

A: correta, pois a assertiva reflete o disposto no art. 62 da CLT; **B:** incorreta, pois o intervalo será de no mínimo uma hora, conforme dispõe o art. 71, *caput*, da CLT; **C:** incorreta, pois a assertiva contraria o disposto no art. 58, § 1º, da CLT; **D:** incorreta, pois no caso o intervalo intrajornada de 15 minutos é obrigatório, conforme art. 71, § 1º, da CLT; **E:** incorreta, pois nesse tipo de atividade quaisquer prorrogações só poderão ser acordadas mediante licença prévia das autoridades competentes em matéria de higiene do trabalho, de acordo com o art. 60 da CLT.

Gabarito "A".

(Procurador da Fazenda Nacional – 2007 – ESAF) No que pertine à jornada de trabalho indique a opção correta.

(A) Entre duas jornadas de trabalho deverá existir um período mínimo de descanso de 12 (doze) horas consecutivas.

(B) Os empregados sujeitos ao regime de tempo parcial poderão prestar horas extraordinárias, desde que não excedam de 2 (duas) diárias, que serão remuneradas, pelo menos, com adicional de 50% (cinquenta por cento).

474

(C) Entende-se por tempo de sobreaviso o período que integra o tempo de serviço do trabalhador ferroviário no qual permanece em sua residência aguardando a qualquer instante ser convocado a prestar serviço.

(D) Os menores de 18 (dezoito) anos não estão proibidos de trabalhar em horário noturno, desde que tal circunstância resulte devidamente anotada em sua Carteira de Trabalho e Previdência Social.

(E) A simples insuficiência de transporte público constitui elemento permissivo do pagamento das horas *in itinere* (tempo de deslocamento).

A: incorreta, pois o descanso mínimo será de 11 horas, conforme art. 66 da CLT; **B:** incorreta, pois a assertiva contraria o art. 59, § 4º, da CLT; **C:** correta, pois reflete o disposto no art. 244, § 2º, da CLT; **D:** incorreta, pois a assertiva contraria o disposto no art. 404 da CLT, que não admite o trabalho noturno do menor de 18 anos; **E:** incorreta, pois a assertiva contraria a Súmula 90 do TST: "HORAS *IN ITINERE*. TEMPO DE SERVIÇO (...) III - A mera insuficiência de transporte público não enseja o pagamento de horas *in itinere*".

Gabarito "C".

(Advogado – IRB – 2006 – ESAF) Assinale a afirmação incorreta.

(A) Considera-se trabalho em regime de tempo parcial aquele cuja duração não exceda a 25 (vinte e cinco) horas semanais.

(B) Entre duas jornadas de trabalho haverá um período mínimo de 11 (onze) horas consecutivas para descanso.

(C) Os intervalos de descanso intrajornada não serão computados na jornada de trabalho.

(D) Os empregados sob o regime de tempo parcial não poderão prestar horas extras.

(E) Não serão descontadas nem computadas como jornada extraordinária as variações de horário no registro de ponto não excedentes de 10 (dez) minutos, observado o limite máximo de 20 (vinte) minutos diários.

A: opção correta, pois reflete o disposto no art. 58-A da CLT;. **B:** opção correta, pois reflete o disposto no art. 66 da CLT; **C:** opção correta, pois reflete o disposto no art. 71, § 2º, da CLT; **D:** opção correta, pois reflete o disposto no art. 59, § 4º, da CLT; **E:** opção incorreta, pois nos termos do art. 58, § 1º, da CLT não serão descontadas nem computadas como jornada extraordinária as variações de horário no registro de ponto não excedentes de cinco minutos, observado o limite máximo de dez minutos diários.

Gabarito "E".

(Auditor Fiscal do Trabalho – 2010 – ESAF) Marque a opção correta.

(A) Acaso o trabalhador, durante a semana, não observe os requisitos da frequência, faltando injustificadamente ao serviço, e da pontualidade, por iniciar ou terminar o expediente fora do horário estabelecido, perderá o direito ao descanso semanal e à sua respectiva remuneração.

(B) Na hipótese de empregados com jornada de seis horas, em razão de cumprirem turnos ininterruptos de revezamento, iniciado o expediente às 23h e encerrado às 7h30min, o direito ao adicional noturno se circunscreve ao período compreendido entre 22h e 5h, e, quanto às horas extras, deverão ser computadas a partir de 5 horas.

(C) Quando o empregado exerce a função de vigilante, na condição de "folguista", não tem direito à jornada reduzida de 6 (seis) horas, mesmo que trabalhe em vários turnos durante a semana, isso porque a natureza do seu serviço não equivale ao conceito de turno ininterrupto de revezamento, motivo pelo qual as horas extras só poderão ser computadas a partir da 8ª (oitava) diária e 44ª (quadragésima quarta) semanal.

(D) O motorista de caminhão que cumpre jornada predominantemente externa não é destinatário das regras pertinentes à limitação da jornada de trabalho, ainda que sofra rígido controle de horário pelo empregador, porque, nesse caso, há apenas a adoção de postura discricionária por parte do contratante dos serviços.

(E) Observando a alteração legislativa promovida em 1994 (Lei n. 8.966), versando sobre os empregados que não estão abrangidos pelas normas de limitação da jornada de trabalho (art. 62 da CLT), não mais se considera requisito essencial à configuração do exercício de gerência a prova do encargo de gestão, com investidura por meio de mandato legal.

A: opção incorreta, pois o empregado perderá somente a remuneração, nos termos do art. 6º da Lei 605/49. **B:** opção incorreta, pois no caso o adicional noturno será devido por todo o período laborado após as 22h, nos termos do art. 73, § 5º da CLT e Súmula 60, II, do TST. **C:** opção incorreta, pois caso o folguista cumpra sua jornada alternando seus turnos de trabalho, terá direito à jornada de trabalho de 6 horas, nos termos do art. 7º, XIV, da CF. **D:** opção incorreta, sobre motoristas profissionais veja os arts. 235-A ao 235-H da CLT introduzidos pela Lei 12.619/2012. **E:** opção correta, pois de acordo com o art. 62, parágrafo único, da CLT o encargo de gestão ficará caracterizado desde que o empregado possua poderes de mando e seu salário, compreendendo a gratificação de função, se houver, for inferior ao valor do respectivo salário efetivo acrescido de 40% (quarenta por cento).

Gabarito "E"

(Auditor Fiscal do Trabalho – 2010 – ESAF) Certo empregado celebrou, com o respectivo empregador, acordo escrito de compensação de jornada. Entretanto, após a pactuação, o acordo foi reiteradamente descumprido, diante da prestação habitual de horas extras, inclusive acima do limite previsto no acordo, sem que houvesse qualquer compensação de horário. Considerando as normas relativas à jornada de trabalho, a situação hipotética descrita e a jurisprudência do Tribunal Superior do Trabalho, assinale a opção correta.

(A) O acordo de compensação de jornada poderia ter sido firmado tacitamente entre empregado e empregador, o que não afetaria sua validade.

(B) A prestação habitual de horas extras descaracteriza o acordo de compensação de horário, tendo o empregado direito ao pagamento como horas extraordinárias das que ultrapassarem a duração semanal normal.

(C) É requisito de validade do acordo de compensação de jornada a previsão de que, em caso de não compensação das horas excedentes, o empregado terá direito a percebê-las com o adicional de no mínimo 75% (setenta e cinco por cento) do valor da hora normal de trabalho.

(D) O acordo individual de compensação de horário é inválido, exigindo a legislação pertinente a celebração via convenção ou acordo coletivo de trabalho.

(E) Em caso de força maior para atender à realização ou conclusão de serviços inadiáveis, poderá o empregador exigir horas extras do empregado, além do limite legal, contratual ou convencional, desde que haja previsão nesse sentido em convenção ou acordo coletivo de trabalho.

A: opção incorreta, pois embora possa ser ajustado por acordo individual, nos termos da Súmula 85, I, do TST, não é possível sua celebração tácita. **B:** opção correta, pois reflete o entendimento disposto na Súmula 85, IV, do TST. **C:** opção incorreta, pois o adicional mínimo será de 50% nos termos do art. 59, § 1º, da CLT e art. 7º, XVI, da CF. **D:** opção incorreta, pois nos termos da súmula 85, I, do TST permite-se por acordo individual. No entanto, a regime considerado "banco de horas" deverá ser feito por acordo ou convenção coletiva de trabalho, nos termos do item V da Súmula 85 do TST. **E:** opção incorreta, pois nos termos do § 1º do art. 61 da CLT independentemente de acordo ou contrato coletivo.

Gabarito "B"

(Auditor Fiscal do Trabalho – 2010 – ESAF) Assinale a opção correta.

(A) A legislação considera trabalho em regime de tempo parcial aquele cuja duração não exceda a vinte horas semanais.

(B) De acordo com a jurisprudência do Tribunal Superior do Trabalho, inexistindo instrumento coletivo fixando jornada diferente, o empregado horista submetido a turno ininterrupto de revezamento tem jus ao pagamento apenas do adicional das horas extraordinárias trabalhadas além da 6ª diária.

(C) O adicional noturno, inclusive quando pago com habitualidade, detém natureza indenizatória, tendo em vista que tem por objetivo compensar o desgaste do trabalhador que se ativa em horário biologicamente destinado a descanso.

(D) O tempo despendido pelo empregado até o local de trabalho e para o seu retorno, por qualquer meio de transporte, não será computado na jornada de trabalho, salvo quando, tratando-se de local de difícil acesso ou não servido por transporte público, o empregador fornecer a condução. Para esse fim, considera-se de difícil acesso o local de trabalho quando há mera insuficiência de transporte público.

(E) Para os empregados que trabalham por dia, semana, quinzena ou mês, a remuneração do repouso semanal corresponderá à de um dia de serviço, computadas as horas extraordinárias habitualmente prestadas.

A: opção incorreta, pois nos termos do art. 58-A da CLT considera-se trabalho em regime de tempo parcial aquele cuja duração não exceda a 25 horas semanais. **B:** opção incorreta, pois sendo estabelecida jornada superior a 6 horas e limitada a 8 horas por meio de negociação coletiva, os empregados submetidos a turnos ininterruptos de revezamento não tem direito ao pagamento da 7ª e 8ª horas como extras, em conformidade com o entendimento disposto na Súmula 423 do TST. **C:** opção incorreta, pois o adicional noturno pago com habitualidade possui natureza salarial, devendo, nos termos da súmula 60, I, do TST, na medida em que deverá integrar o salário do empregado para todos os efeitos. **D:** opção incorreta, pois a mera insuficiência de transporte público não enseja o pagamento de horas *in itinere*, nos termos da Súmula 90, III, do TST. **E:** opção correta, pois reflete o disposto no art. 7º, alínea a, da Lei 605/49.

Gabarito "E"

6. EXTINÇÃO DO CONTRATO DE TRABALHO

(Procurador da Fazenda Nacional – 2006 – ESAF) Os direitos trabalhistas devidos ao empregado por força da extinção do contrato de trabalho variam conforme a modalidade da extinção. A esse respeito, assinale a opção incorreta.

(A) No pedido de demissão, são devidos ao empregado saldo de salários, aviso-prévio, 13º salário e férias.

(B) Na dispensa com justa causa, são devidos ao empregado saldo de salários e férias.

(C) Na dispensa indireta, são devidos ao empregado os mesmos direitos decorrentes da dispensa sem justa causa, inclusive a indenização correspondente a 40% (quarenta por cento) dos depósitos na conta vinculada do FGTS.

(D) Na culpa recíproca, a indenização devida ao empregado corresponde a 20% (vinte por cento) dos depósitos na conta vinculada do FGTS.

(E) Na extinção da empresa por força maior, a indenização devida ao empregado corresponde a 20% (vinte por cento) dos depósitos na conta vinculada do FGTS.

A: opção incorreta, pois no pedido de demissão do empregado são devidos: saldo de salário; férias simples e vencidas + 1/3 constitucional, 13º salário integral e depósitos de FGTS de 8% sobre o salário. Não é devido aviso-prévio ao empregado, pelo contrário, é ele quem deve ao empregador; **B:** opção correta, pois na dispensa com justa causa (art. 482 da CLT) dentre outros há o direito ao saldo de salário e férias simples ou em dobro, nos termos do art. 146 parágrafo único, da CLT. Vale lembrar que nessa hipótese não é devido o pagamento de férias proporcionais, de acordo com o entendimento disposto na Súmula 171 do TST; **C:** opção correta, pois na rescisão indireta ou justa causa do empregador (art. 483 da CLT, são devidas as mesmas parcelas da rescisão sem justa causa, quais sejam: saldo de salário; aviso-prévio; férias vencidas + 1/3 constitucional; férias simples e proporcionais + 1/3 constitucional; 13º salário integral e/ou proporcional; depósitos de FGTS de 8% sobre o salário, multa de 40% sobre os depósitos do FGTS; entrega das guias para levantamento do FGTS; entrega da guia de seguro desemprego ou indenização substitutiva, nos termos da Súmula 389 TST; **D:** opção correta, pois a assertiva está de acordo com a disposição contida no art. 484 da CLT; **E:** opção correta, pois reflete o entendimento disposto no art. 502, II, da CLT.

Gabarito "A"

(Procurador da Fazenda Nacional – 2004 – ESAF) Considerando as regras que informam a solidariedade de empresas no âmbito do Direito do Trabalho, assinale a opção correta.

(A) O reconhecimento da responsabilidade solidária entre duas empresas, por dívidas de natureza trabalhista, apenas é possível se houver previsão contratual expressa nesse sentido.

(B) Em se tratando de empresas que integram o mesmo grupo econômico, o reconhecimento da responsabilidade solidária depende da demonstração do efetivo aproveitamento, por todas elas, da prestação de serviços desenvolvida pelo trabalhador.

(C) Quando verificada a terceirização de serviços, o empregado da empresa prestadora apenas poderá demandar a responsabilização solidária da empresa tomadora se os serviços por ele executados estiverem ligados à atividade-fim desta última.

(D) Ainda que não pertencentes ao mesmo grupo econômico, a responsabilidade solidária entre as empresas que mantêm relação estritamente comercial deve ser reconhecida, se restar evidenciado que a empresa empregadora tem como única cliente a empresa contratante.

(E) Nos contratos de subempreitada, o empreiteiro principal é responsável solidário em relação às dívidas trabalhistas do subempreiteiro, independentemente de qualquer ajuste contratual nesse sentido.

A: opção incorreta, pois a responsabilidade solidária deve estar expressa em lei e uma vez reconhecida, não poderá ser alterada por vontade das partes; **B:** opção incorreta, pois as empresas do grupo econômico serão consideradas "empregador único" sendo responsáveis solidariamente, art. 2º, § 2º, da CLT e Súmula 129 do TST; **C:** opção incorreta, pois poderá demandar responsabilidade solidária em se tratando de atividade-meio, sempre que existir pessoalidade e subordinação. Veja Súmula 331, item III, do TST/ **D:** opção incorreta, pois não há nenhum tipo de responsabilidade entre empresas que possuem relação estritamente comercial; **E:** opção correta, pois reflete o entendimento disposto no art. 455 da CLT.

Gabarito "E"

(Auditor Fiscal do Trabalho – 2010 – ESAF) Assinale a opção correta, em relação ao seguro-desemprego.

(A) O direito ao seguro-desemprego não é compatível com a percepção simultânea de qualquer benefício previdenciário de prestação continuada.

(B) A prova dos valores percebidos durante o período que a lei define como aquisitivo do seguro-desemprego é que serve de parâmetro para a definição do valor do benefício, mas que nunca poderá ser inferior ao salário mínimo.

(C) Não impede a percepção do benefício do seguro-desemprego a existência de renda própria de que seja destinatário o trabalhador, desde que de origem privada.

(D) A legislação define como período aquisitivo do benefício do seguro-desemprego o de 6 (seis) meses imediatamente anteriores à dispensa, e que se considera devidamente provado com a percepção de salários de pessoa física ou jurídica.

(E) A morte do segurado é causa de cancelamento do benefício do seguro-desemprego.

A: opção incorreta, pois o Seguro-desemprego não pode ser acumulado com qualquer benefício de prestação continuada da Previdência Social, exceto pensão por morte, auxílio-reclusão, auxílio-acidente, auxílio-suplementar e abono de permanência em serviço. **B:** opção incorreta, pois o valor dos benefícios está disposto no art. 5º da Lei 7.998/90. **C:** opção incorreta, pois nos termos do art. 3º, V, da Lei 7.998/90 para ter direito à percepção do seguro-desemprego o segurado não pode possuir renda própria. **D:** opção incorreta, pois o período é de 16 (dezesseis) meses, nos termos do art. 4º da Lei 7.789/90. **E:** opção correta, pois reflete o disposto no art. 8º, IV, da Lei 7.889/90.

Gabarito "E"

(Auditor Fiscal do Trabalho – 2010 – ESAF) Assinale a opção incorreta.

(A) O instrumento de rescisão do contrato de trabalho ou recibo de quitação deve ter especificada a natureza de cada parcela paga ao empregado e discriminado o seu valor, sendo válida a quitação apenas relativamente aos valores indicados.

(B) Qualquer compensação no pagamento a que tiver direito o empregado no ato da homologação da rescisão do contrato de trabalho não poderá exceder o equivalente a um mês de remuneração.

(C) Caso o empregador não cumpra as suas obrigações contratuais, poderá o empregado pleitear em juízo a rescisão do contrato de trabalho e o pagamento das verbas respectivas, permanecendo ou não no serviço até decisão final do processo.

(D) Quando o aviso prévio for indenizado pelo empregador, as parcelas constantes do instrumento de rescisão ou recibo de quitação devem ser pagas até o décimo dia, contado da data da notificação da demissão.

(E) O ato da assistência pelo sindicato respectivo na rescisão contratual deve ocorrer sem ônus para o trabalhador e empregador.

A: opção incorreta, pois nos termos do art. 477, § 2º, da CLT será válida a quitação, apenas, relativamente às mesmas parcelas indicadas e não aos valores. **B:** opção correta, pois reflete o disposto no § 5º do art. 477 da CLT. **C:** opção correta, pois reflete o disposto no art. 483, alínea "d", da CLT. **D:** opção correta, pois reflete o disposto no art. 477, § 6º, alínea "b", da CLT: **E:** opção correta, pois reflete o disposto no art. 477, § 7º, da CLT.

Gabarito "A"

(Técnico – MPU –2004 – ESAF) A propósito da prescrição no âmbito do Direito do Trabalho, aponte a opção correta.

(A) O prazo de prescrição para o empregador ingressar em juízo para cobrar valor devido pelo empregado é de cinco anos, reduzindo-se a dois após a extinção do contrato de trabalho.

(B) Para o trabalhador rural, o prazo de prescrição é de dois anos após a extinção do contrato; observado esse prazo, será viável a discussão dos créditos oriundos de toda a relação de emprego, independentemente do seu período de duração.

(C) O prazo de prescrição das pretensões alusivas aos dois primeiros períodos de férias de trabalhador que laborou por cinco anos tem início no instante em que extinto o contrato de trabalho.

(D) Sob pena de incidir a prescrição, a ação que tenha por objeto a anotação da CTPS para fins de prova junto à Previdência Social, deve ser proposta em dois anos após a extinção do contrato de trabalho.

(E) Processada alteração contratual ilícita pelo empregador, o prazo de prescrição para revertê-la apenas terá início após a extinção do contrato.

A: art. 7º, XXIX, da CF; **B:** tal sistemática do prazo prescricional do trabalhador rural deixou de vigorar com a EC 28/00, que unificou os prazos prescricionais aplicáveis a trabalhadores urbanos e rurais; **C:** art. 149 c/c art. 134 da CLT; **D:** art. 11, §1º, da CLT; **E:** o prazo prescricional inicia-se com o nascimento do direito (princípio da actio nata).

Gabarito "A"

7. ESTABILIDADE

(Analista – MPU – 2004 – ESAF) No que tange aos efeitos pertinentes à estabilidade, aponte a opção incorreta.

(A) Admite-se a reintegração de empregado detentor de estabilidade provisória ainda que esgotado o período estabilitário.

(B) O desconhecimento do empregador da gravidez da empregada não inibe o direito ao pagamento da indenização defluente da estabilidade, salvo na hipótese de previsão contrária em norma coletiva.

(C) O empregado candidato ao cargo de dirigente sindical tem direito à estabilidade provisória mesmo que o registro de candidatura tenha ocorrido durante o período do aviso prévio.

(D) Os efeitos da projeção do contrato de trabalho para o futuro em decorrência da concessão de aviso prévio alcançam as vantagens econômicas conquistadas durante o aviso prévio (salários, reflexos e parcelas rescisórias), com exceção da estabilidade provisória.

(E) A extinção do estabelecimento comercial na área de abrangência da base territorial do sindicato prejudica o direito do dirigente sindical à estabilidade provisória.

A: Súmula 244, II, do TST; **B:** Súmula 244, I, do TST; **C:** Súmula 369, V, do TST; **D:** o não reconhecimento da aquisição de estabilidade provisória no curso de aviso prévio (salvo na estabilidade acidentária, havendo divergências em relação à empregada gestante) se trata de tendência jurisprudencial já verificada na Súmula 369, V, do TST; **E:** Súmula 369, IV, do TST.

Gabarito "A"

8. SEGURANÇA E MEDICINA DO TRABALHO

(Auditor Fiscal do Trabalho – 2010 – ESAF) Assinale a opção incorreta.

(A) Os empregadores, tomadores e intermediadores de serviços, empresas, instituições, associações, órgãos e entidades de qualquer natureza ou finalidade ficam obrigados a franquear, aos Auditores-Fiscais do Trabalho, o acesso aos estabelecimentos, respectivas dependências e locais de trabalho e, desde que notificados com antecedência mínima de vinte e quatro horas, exibir os documentos e materiais solicitados para fins de inspeção do trabalho.

(B) Para fins de inspeção, o território de cada unidade federativa será dividido em circunscrições, que, por sua vez, poderão ser divididas em áreas de inspeção, pelas quais os Auditores-Fiscais do Trabalho serão distribuídos de acordo com sistema de rodízio, efetuado em sorteio público.

(C) Os Auditores-Fiscais do Trabalho integram o Sistema Federal de Inspeção do Trabalho e são subordinados tecnicamente à autoridade nacional competente em matéria de inspeção do trabalho.

(D) Compete aos Auditores-Fiscais do Trabalho propor a interdição de estabelecimento, setor de serviço, máquina ou equipamento, ou o embargo de obra, total ou parcial, quando constatar situação de grave e iminente risco à saúde ou à integridade física do trabalhador, por meio de emissão de laudo técnico que indique a situação de risco verificada e especifique as medidas corretivas que deverão ser adotadas pelas pessoas sujeitas à inspeção do trabalho.

(E) Os Auditores-Fiscais do Trabalho têm o dever de orientar e advertir as pessoas sujeitas à inspeção do trabalho e os trabalhadores quanto ao cumprimento da legislação trabalhista, e observarão o critério da dupla visita quando se tratar de primeira inspeção nos estabelecimentos ou locais de trabalho recentemente inaugurados.

A: opção incorreta, pois nos termos do art. 15 do Decreto 4.552/2002 ensina que as inspeções serão efetuadas de forma imprevista. **B:** opção correta, pois reflete as disposições contidas nos arts. 4º e 5º do Decreto 4.552/2002. **C:** opção correta, pois reflete o disposto no art. 2º, II, do Decreto 4.552/2002. **D:** opção correta, pois reflete o disposto no art. 18, XIII, do Decreto 4.552/2002. **E:** opção correta, pois reflete o disposto no art. 23 do Decreto 4.552/2002.

Gabarito "A"

9. FÉRIAS

(Procurador da Fazenda Nacional – 2007.2 – ESAF) Em relação às férias assinale a opção correta.

(A) Dado ao seu caráter imperativo, a aquisição das férias, pelo trabalhador, durante o pacto laboral bem assim a fixação de sua duração não se assenta na assiduidade do empregado apurada durante o período aquisitivo.

(B) As parcelas que têm feição salarial, como por exemplo, as gratificações anuais, semestrais ou trimestrais integram a remuneração para efeito de cálculo das férias.

(C) A alimentação fornecida habitualmente ao trabalhador pelo empregador não integra o cálculo da remuneração das férias mesmo quando o trabalhador deixe de percebê-la durante o período de gozo das mesmas.

(D) O empregado que, no curso do período aquisitivo, pede demissão ou se aposenta espontaneamente e, não sendo readmitido em 60 (sessenta) dias de sua saída, não fará jus às férias.

(E) O vale-transporte apesar de não ter natureza salarial mas considerando o caráter social da parcela se incorpora à remuneração para efeito de cálculo das férias.

A: incorreta, pois conforme dispõe o art. 130 da CLT, o direito à férias está diretamente ligado à assiduidade do empregado ao trabalho; **B:** incorreta, pois as gratificações anuais, semestrais ou trimestrais, embora tenham caráter salarial, não integram o cálculo para remuneração das férias e o Ministro Maurício Godinho Delgado explica: "Tais verbas são devidas em épocas próprias, independentemente da circunstância de o empregado estar (ou não) em gozo de férias" (*Curso de Direito do Trabalho*, LTR, 9ª edição, p. 914); **C:** incorreta, pois o valor da alimentação fornecida habitualmente deverá integrar conforme valor constante na anotação em CTPS ou, se não houver anotação, segundo valor estimado. O valor só não será computado se o empregado continuar recebendo, *in natura*, durante o período de férias por já estarem sendo efetivamente fruídas; **D:** correta, pois a assertiva reflete o art. 133, I, da CLT; **E:** incorreta, pois o vale-transporte, por não ter natureza salarial, conforme determinação contida no art. 2º da Lei 7.418/1985, não terá seu valor incorporado para o cálculo das férias. Recentemente o STF decidiu, por maioria, vencidos os ministros Marco Aurélio e Joaquim Barbosa, que o vale-transporte, tanto em tíquete como em dinheiro, tem natureza indenizatória e sobre o mesmo não há qualquer reflexo trabalhista ou fiscal (Recurso Extraordinário 478.410, j. 10/03/2010).

Gabarito "D"

(Advogado – IRB – 2006 – ESAF) Assinale a afirmação incorreta.

(A) Não terá direito a férias o empregado que, no curso do período aquisitivo, permanecer em gozo de licença, com percepção de salário, por mais de 30 (trinta) dias.

(B) Aos menores de 18 (dezoito) anos e aos maiores de 50 (cinquenta) anos de idade, as férias serão sempre concedidas de uma só vez.

(C) O empregado estudante, menor de 18 (dezoito) anos, terá o direito a fazer coincidir suas férias com as férias escolares.

(D) As férias coletivas anuais poderão ser gozadas em três períodos, desde que nenhum deles seja inferior a 10 (dez) dias corridos.

(E) O abono de férias deverá ser requerido até 15 (quinze) dias antes do término do período aquisitivo.

A: opção correta, pois reflete o disposto no art. 133, II, da CLT; **B:** opção correta, pois reflete o disposto no art. 134, § 2º, da CLT; **C:** opção correta, pois reflete o disposto no art. 136, § 2º, da CLT; **D:** opção incorreta, pois nos termos do art. 139, § 1º, da CLT as férias coletivas poderão ser gozadas em 2 (dois) períodos, desde que nenhum deles seja inferior a 10 (dez) dias corridos; **E:** opção correta, pois reflete o disposto no art. 143, § 1º, da CLT.

Gabarito "D"

(Auditor Fiscal do Trabalho – 2010 – ESAF) Acerca do instituto das férias, é correto afirmar:

(A) a depender da livre conveniência do empregador e da necessidade do trabalho, serão as férias concedidas em dois períodos, um dos quais não poderá ser inferior a 10 (dez) dias corridos.

(B) o abono de férias concedido na forma da lei, bem como o decorrente de cláusula do contrato de trabalho, do regulamento empresarial, de convenção ou acordo coletivo de trabalho integrarão a remuneração do empregado, independentemente do valor e para todos os fins.

(C) independentemente do tempo de serviço, havendo cessação do contrato de trabalho, qualquer que seja sua causa, será devido ao empregado a remuneração em dobro correspondente ao período de férias cujo direito tenha adquirido.

(D) a concessão das férias suspende o contrato de trabalho, de forma que o período respectivo não é computado como tempo de serviço.

(E) poderão ser concedidas férias coletivas a todos os empregados de uma empresa ou de determinados estabelecimentos ou setores, e os empregados contratados há menos de 12 (doze) meses gozarão, na oportunidade, férias proporcionais, iniciando-se, então, novo período aquisitivo.

A: opção incorreta, pois nos termos do art. 134, § 1º, da CLT somente em casos excepcionais serão as férias concedidas em 2 (dois) períodos, um dos quais não poderá ser inferior a 10 (dez) dias corridos. **B:** opção incorreta, pois nos termos do art. 144 da CLT o abono de férias, bem como o concedido em virtude de cláusula do contrato de trabalho, do regulamento da empresa, de convenção ou acordo coletivo, desde que não excedente de 20 dias do salário, não integrarão a remuneração do empregado para os efeitos da legislação do trabalho. **C:** opção incorreta, pois será necessário tempo de serviço superior a 1 ano, veja art. 146 da CLT. **D:** opção incorreta, pois as férias consistem em uma modalidade de interrupção do contrato de trabalho. Ademais, nos termos do art. 130, § 2º, da CLT o período das férias será computado, para todos os efeitos, como tempo de serviço. **E:** opção correta, pois reflete o disposto nos arts. 139 e 140 da CLT.

Gabarito "E"

10. DIREITO COLETIVO DO TRABALHO

10.1. CONVENÇÃO E ACORDO COLETIVO

(Advogado – IRB – 2006 – ESAF) Assinale a afirmação correta.

(A) A convenção coletiva de trabalho é fonte material heterônoma do Direito do Trabalho.
(B) A lei é fonte formal autônoma do Direito do Trabalho.
(C) A sentença normativa é fonte formal heterônoma do Direito do Trabalho.
(D) O acordo coletivo de trabalho é fonte material autônoma do Direito do Trabalho.
(E) Os fatos sociais são fontes formais autônomas do Direito do Trabalho.

A: opção incorreta, pois a convenção coletiva de trabalho é considerada fonte formal autônoma do Direito do Trabalho; **B:** opção incorreta, pois a lei é considerada fonte formal heterônoma; **C:** opção correta, pois é considerada fonte formal heterônoma na medida em que existe um agente estranho às relações (esse agente é o Estado) que atua na atividade legiferante; **D:** opção incorreta, pois o acordo coletivo é fonte formal autônoma e não material como consignado na assertiva; **E:** opção incorreta, pois os fatos sociais são considerados fontes materiais que constituem o momento pré-jurídico da norma, ou seja, a norma ainda não formalizada.

Gabarito "C"

(Auditor Fiscal do Trabalho – 2010 – ESAF) Acerca das convenções e acordos coletivos do trabalho, é correto afirmar:

(A) acordo coletivo é o contrato de caráter normativo pelo qual dois ou mais sindicatos representativos de categorias econômicas e profissionais estipulam condições de trabalho aplicáveis, no âmbito das respectivas representações, às relações individuais de trabalho.
(B) em relação a categorias econômicas e profissionais inorganizadas em sindicatos, as federações e, na falta destas, as confederações representativas poderão celebrar convenções coletivas de trabalho para reger as relações das categorias a elas vinculadas, no âmbito de suas representações.
(C) de acordo com a jurisprudência do Tribunal Superior do Trabalho, o depósito da convenção ou do acordo no órgão competente do Ministério do Trabalho é condição de validade da norma coletiva.
(D) as condições estabelecidas em convenção, quando mais favoráveis, prevalecerão sobre as estipuladas em acordo e, de acordo com a jurisprudência do Tribunal Superior do Trabalho, em caso de conflito entre acordo e convenção, deve o intérprete valer-se da teoria da acumulação, identificando em cada norma coletiva as cláusulas que sejam benéficas aos trabalhadores, aplicando-as separadamente das demais.
(E) de acordo com a jurisprudência do Tribunal Superior do Trabalho, as condições de trabalho firmadas em sentença normativa, acordo ou convenção vigoram inclusive após o seu prazo de vigência, incorporando-se, de forma definitiva, ao patrimônio jurídico dos empregados representados.

A: opção incorreta, pois nos termos do art. 611, § 1º, da CLT é um instrumento normativo firmado pelo sindicato da categoria profissional com uma ou mais empresas. **B:** opção correta, pois reflete o disposto no art. 611, § 2º, da CLT. **C:** opção incorreta, pois o depósito da convenção ou do acordo coletivo no Ministério do Trabalho não é condição de validade, servindo apenas para os referidos instrumentos se tornarem público. **D:** opção incorreta, pois nos termos do art. 620 da CLT as condições estabelecidas em Convenção quando mais favoráveis, prevalecerão sobre as estipuladas em Acordo, porém havendo conflito entre elas deverá ser aplicada a mais favorável ao empregado. **E:** opção incorreta, pois nos termos da Súmula 277 do TST as cláusulas normativas dos acordos coletivos ou convenções coletivas integram os contratos individuais de trabalho e somente poderão ser modificadas ou suprimidas mediante negociação coletiva de trabalho.

Gabarito "B"

11. TEMAS COMBINADOS E FGTS

(Procurador da Fazenda Nacional – 2004 – ESAF) Considerando as regras que informam o Fundo de Garantia do Tempo de Serviço (FGTS), assinale a opção correta.

(A) Possuindo natureza tributária, os depósitos do FGTS serão devidos mesmo quando interrompido ou suspenso, por qualquer motivo, o contrato de trabalho.
(B) Os depósitos do FGTS hão de ser efetuados mensalmente, tendo como base de cálculo o valor do salário pago ou devido, incluída a gratificação natalina.
(C) A alíquota para cálculo dos depósitos do FGTS pode ser objeto de livre pactuação entre empregado e empregador, desde que verificada a assistência do sindicato profissional correspondente.
(D) Havendo rescisão do contrato de trabalho, qualquer que seja sua causa, os depósitos do FGTS serão liberados ao trabalhador, ressalvando-se, porém, a incidência do acréscimo indenizatório de 40% sobre esses depósitos aos casos em que a dispensa imotivada tiver sido deliberada pelo empregador.
(E) Mediante previsão em Convenção Coletiva de Trabalho, os depósitos do FGTS, relativos aos vínculos jurídicos por ela regulados, podem receber destinação diversa da prevista em lei, desde que em benefício dos próprios trabalhadores representados.

A: opção incorreta, pois nos termos do art. 15, § 5º, da Lei 8.036/1990 somente nos casos de afastamento para prestação do serviço militar obrigatório e licença por acidente do trabalho; **B:** opção correta, pois reflete o disposto no art. 15, *caput*, da Lei 8.036/1990; **C:** opção incorreta, pois a lei não permite a livre pactuação da alíquota do FGTS; **D:** opção incorreta, pois o valor será liberado em se tratando de dispensa sem justa causa, inclusive a despedida indireta, força maior e culpa recíproca. Veja art. 20, I, da Lei 8.036/1990; **E:** opção incorreta, pois a destinação será nos termos da lei.

Gabarito "B"

(Advogado – IRB – 2006 – ESAF) Assinale a afirmação correta.

(A) O trabalhador readaptado em nova função, por motivo de deficiência física ou mental atestada pelo órgão competente da Previdência Social, não servirá de paradigma para fins de equiparação salarial.
(B) O empregado que for aposentado por invalidez terá interrompido o seu contrato de trabalho durante o prazo fixado pelas leis de Previdência Social para a efetivação do benefício.

(C) O contrato de experiência não poderá exceder de 120 (cento e vinte) dias.

(D) Ao trabalhador que comete falta grave, a Lei imputa a rescisão indireta do contrato individual de trabalho.

(E) Presume-se a continuidade do contrato individual de trabalho, quando, dado o aviso-prévio, o empregador o reconsidera, antes de seu termo, comunicando a decisão ao trabalhador.

A: opção correta, pois reflete o disposto no art. 461, § 4º, da CLT; **B:** opção incorreta, pois aposentadoria por invalidez é causa de suspensão do contrato de trabalho, art. 475 da CLT. Veja também a Súmula 160 do TST; **C:** opção incorreta, pois o contrato de experiência não poderá exceder 90 (noventa) dias, art. 445, parágrafo único, da CLT; **D:** opção incorreta, pois rescisão indireta (art. 483 da CLT) corresponde à justa causa do empregador; **E:** opção incorreta, pois nesse caso a reconsideração do aviso-prévio depende da concordância do empregado, art. 489 da CLT.

Gabarito "A"

(Auditor Fiscal do Trabalho – 2010 – ESAF) Os seguintes atos do empregador: medida destinada à exclusão do empregado de sua atividade profissional, atacando, injustificadamente, seu rendimento pessoal; manipulação da reputação pessoal e profissional do empregado, mediante rumores e ridicularização; abuso do poder com atitudes de menosprezo e controle desmedido do desempenho do empregado:

(A) minam a autoestima e a dignidade do trabalhador, destruindo sua capacidade de resistência, levando-o a pedir dispensa do emprego e possibilitam apenas indenização por dano patrimonial.

(B) criam uma situação vexatória de forma continuada, incutindo no empregado sentimento de incapacidade profissional, dando azo tão somente ao pedido de demissão e percepção do salário.

(C) geram constrangimento na relação trabalhista por desrespeitarem o lesado em sua intimidade, honra e nome, mas não responsabilizam civilmente o empregador, visto que não acarretam no empregado nenhuma desestabilização emocional.

(D) constituem assédio moral suscetível de gerar apenas o direito de reclamar, judicialmente, as verbas resultantes de resilição contratual indireta.

(E) configuram assédio moral no trabalho, fazendo pressão para que o obreiro lesado se demita, possibilitando que reclame, em juízo, não só as verbas oriundas de resilição contratual, mas também indenização por dano moral e patrimonial, pois geram responsabilidade civil do empregador, visto que sua conduta trouxe humilhação no ambiente laborativo e interferiu na vida do assediado, comprometendo sua saúde física e mental.

A: opção incorreta, pois ocorrendo a conduta retratada na questão, poderá o empregado requerer a rescisão indireta do contrato de trabalho, nos termos do art. 483, alínea b, da CLT. Ademais, nos termos do arts. 186 e 927 do Código Civil é possível a indenização por danos morais e patrimoniais. **B:** opção incorreta, pois além do pedido de rescisão indireta, art. 483, alínea *b*, da CLT, poderá haver indenização por danos morais e materiais. **C:** opção incorreta, pois nos termos dos arts. 186 e 927 do Código Civil, havendo o cometimento de ato ilícito, deverá haver uma indenização. **D:** opção incorreta, pois além de reclamar todas as verbas de uma demissão imotivada, como de fato ocorre quando há constatação de justa causa do empregador (rescisão indireta, art. 483 da CLT), existe ainda indenização por danos morais e materiais. **E:** opção correta, pois nos termos do art. 483, alínea *b*, *f* e *g*, da CLT, a conduta do empregador acarreta na rescisão indireta do contrato de trabalho (justa causa do empregador) conferindo direito às verbas rescisórias como de uma rescisão sem justa causa ou imotivada. O ato ilícito do empregador dá ensejo, ainda, a indenização por danos morais e patrimoniais nos termos dos arts. 186 e 927 do Código Civil.

Gabarito "E"

(Auditor Fiscal do Trabalho – 2010 – ESAF) Assinale a única opção falsa.

(A) Como consequência econômica da adoção da teoria do risco profissional, deve ser observado que o ressarcimento dos danos deve ser tão amplo como no caso da indenização pelo direito comum, pois o risco cobre todo o dano causado pelo acidente.

(B) A teoria do risco profissional reflete a evolução da teoria do risco, consistindo na responsabilidade fundada nas circunstâncias que cercam determinada atividade e nas obrigações oriundas do contrato de trabalho, sem levar-se em conta a culpa do empregador ou a do empregado.

(C) A teoria do risco consiste na consagração da responsabilidade do empregador, no caso de acidente do trabalho, baseada não na culpa, mas no contrato de locação de serviços; ao contratar, o empregador assume a responsabilidade contratual.

(D) As indenizações relativas ao risco profissional são pagas mediante tabelas previamente determinadas, catalogadas pelos institutos oficiais de Previdência Social e seus valores são fixados em patamares mais módicos, segundo o tipo de infortúnio.

(E) A teoria do dano objetivo consagra a tese de que o dano deve ser reparado, independentemente da comprovação da culpa.

Alternativa "A" é a correta, pois a teoria do risco profissional tem como fundamento a própria atividade empresarial, que constitui um risco para o trabalhador, independente das medidas preventivas adotadas pela empresa. Nessa teoria não se discute a culpa, como ocorre nas relações contratuais. Podemos dizer que é o risco profissional o fato gerador do acontecimento danoso. Pela teoria do risco profissional o empregador deve responder pelo pagamento de indenização quando o empregado sofre acidentes ou contrai enfermidade em virtude dos riscos a que é exposto no local de trabalho, independente de culpa.

Gabarito "A"

(Auditor Fiscal do Trabalho – 2010 – ESAF) Constituem situações que autorizam o levantamento, pelo trabalhador, dos depósitos efetuados na respectiva conta vinculada do Fundo de Garantia do Tempo de Serviço – FGTS, exceto:

(A) quando o trabalhador tiver idade igual ou superior a setenta anos.

(B) rescisão contratual decorrente de força maior ou culpa recíproca.

(C) quando o trabalhador ou qualquer de seus dependentes estiver em estágio terminal, em razão de doença grave, segundo previsão em regulamento.

(D) suspensão total do trabalho avulso por período igual ou superior a noventa dias, comprovada por declaração do respectivo sindicato profissional.

(E) despedida voluntária quando o trabalhador tiver tempo de serviço igual ou superior a um ano.

A: opção incorreta, pois nos termos do inciso XV do art. 20 da Lei 8.036/90 o trabalhador poderá movimentar a conta de FGTS quando tiver idade igual ou superior a setenta anos. **B:** opção incorreta, pois nos termos do inciso I do art. 20 da Lei 8.036/90 o trabalhador poderá movimentar a conta de FGTS em se tratando de despedida sem justa causa, inclusive a indireta, de culpa recíproca e de força maior. **C:** opção incorreta, pois nos termos do inciso XIV do art. 20 da Lei 8.036/90 poderá movimentar a conta de FGTS quando o trabalhador ou qualquer de seus dependentes estiver em estágio terminal, em razão de doença grave. **D:** opção incorreta, pois nos termos do inciso X do art. 20 da Lei 8.036/90 o trabalhador poderá movimentar a conta de FGTS quando a suspensão total do trabalho avulso por período igual ou superior a 90 (noventa) dias, comprovada por declaração do sindicato representativo da categoria profissional. **E:** opção correta, pois nesse caso não será possível a movimentação da conta de FGTS. Todas as hipóteses de movimentação estão elencadas no art. 20 da Lei 8.036/90.

Gabarito "E"

(Auditor Fiscal do Trabalho – 2010 – ESAF) Marque a opção correta.

(A) Em face do princípio da autonomia da vontade, constatando o trabalhador, após a homologação da rescisão contratual, a existência de diferenças da indenização compensatória de 40% sobre o FGTS, em razão de depósitos insuficientes do período contratual, estará impedido de postulá-las, acaso tenha conferido ao empregador ampla quitação na transação extrajudicial realizada para adesão ao plano de demissão voluntária.

(B) O pedido de demissão ou recibo de quitação de rescisão, do contrato de trabalho, firmado por empregado com mais de 1 (um) ano de serviço, só será válido quando feito com a assistência do respectivo Sindicato ou perante a autoridade do Ministério do Trabalho e Previdência Social, salvo no caso em que o documento seja confeccionado e assinado perante comissão instituída pela empresa, e formada por representantes dos trabalhadores e da empregadora.

(C) A multa por atraso no pagamento das verbas rescisórias incide mesmo nos casos em que a rescisão contratual tenha-se operado por prática de justa causa pelo trabalhador.

(D) O pagamento das parcelas constante do instrumento de rescisão ou recibo de quitação deverá ser efetuado em até um dia útil nas hipóteses de término do contrato a prazo e de pedido de demissão, com dispensa do aviso prévio.

(E) Conforme previsão legal pertinente ao tema, no caso de trabalhador analfabeto, o pagamento das verbas rescisórias poderá ser realizado em dinheiro ou cheque, acaso o ato seja acompanhado por duas testemunhas, caso contrário, deverá ser feito apenas em espécie.

A: opção incorreta, pois tal cláusula será considerada nula em razão dos princípios da proteção e da irrenunciabilidade inerentes ao Direito do Trabalho. Ademais, nos termos do art. 5º, XXXV, da CF a lei não excluirá da apreciação do Poder Judiciário, lesão ou ameaça de direito. **B:** opção incorreta, pois nos termos do art. 477, § 1º, da CLT o pedido de demissão ou recibo de quitação de rescisão, do contrato de trabalho, firmado por empregado com mais de 1 (um) ano de serviço, só será válido quando feito com a assistência do respectivo Sindicato ou perante a autoridade do Ministério do Trabalho e Previdência Social. **C:** opção correta, pois está em consonância com o art. 477, §§ 6º e 8º da CLT, pois em qualquer tipo de despedida deve ser observado os prazos disciplinados no dispositivo legal em questão. **D:** opção incorreta, pois embora nos contratos com prazo certo as verbas devam ser pagas em até um dia útil, nos termos do art. 477, § 6º, alínea "a", da CLT, no pedido de demissão do empregado com dispensa do aviso prévio, as verbas deverão ser pagas até o 10º dia, nos termos do art. 477, § 6º, alínea "b", da CLT. **E:** opção incorreta, pois para o empregado analfabeto o pagamento deverá ser feito em dinheiro, nos termos do art. 477, § 4º, da CLT.

Gabarito "C"

(Auditor Fiscal do Trabalho – 2010 – ESAF) Assinale a opção correta.

(A) Em caso de aposentadoria concedida pela Previdência Social, o trabalhador não terá direito a levantar os valores depositados em sua conta vinculada no Fundo de Garantia do Tempo de Serviço (FGTS), devendo aguardar o prazo de três anos a partir da cessação da última relação de emprego.

(B) A extinção normal do contrato a termo autoriza o levantamento dos valores depositados na conta vinculada do Fundo de Garantia do Tempo de Serviço, salvo se se tratar de trabalhador temporário contratado na forma da Lei n. 6.019/1974.

(C) De acordo com a jurisprudência do Tribunal Superior do Trabalho, o empregado poderá ter direito à indenização em caso de não fornecimento pelo empregador da guia necessária para o recebimento do seguro- desemprego.

(D) O trabalhador cujo contrato de trabalho foi extinto por culpa recíproca tem direito à percepção do seguro- desemprego.

(E) De acordo com a jurisprudência do Tribunal Superior do Trabalho, o trabalhador cujo contrato de trabalho seja declarado nulo por ausência de prévia aprovação em concurso público (art. 37, § 20, da Constituição) não tem direito ao depósito do FGTS na conta vinculada, ainda que preservado o direito ao salário.

A: opção incorreta, pois nos termos do art. 20, III, da Lei 8.036/90 a conta poderá ser movimentada. **B:** opção incorreta, pois nos termos do art. 20, IX, da Lei 8.036/90 inclusive os temporários regulados pela Lei 6.019/74 poderão movimentar as contas. **C:** opção correta, pois reflete o entendimento consubstanciado na Súmula 389, II, do TST. **D:** opção incorreta, pois nos termos do art. 2º, I, e 3º da Lei 7.998/90 somente o empregado dispensado sem justa causa fará jus ao seguro-desemprego. **E:** opção incorreta, pois nos termos da Súmula 363 do TST o empregado fará jus ao pagamento da contraprestação pactuada, em relação ao número de horas trabalhadas, respeitado o valor da hora do salário mínimo, e dos valores referentes aos depósitos do FGTS.

Gabarito "C"

(Auditor Fiscal do Trabalho – 2010 – ESAF) Assinale a opção correta.

(A) Tendo em vista os benefícios trazidos ao trabalhador, a empresa de trabalho temporário pode cobrar importância a título de mediação, desde que o valor seja proporcional à remuneração paga.

(B) Em caso de falência da empresa de trabalho temporário, a empresa tomadora ou cliente é responsável subsidiária pelo recolhimento das contribuições previdenciárias, no tocante ao tempo em que o trabalhador esteve sob suas ordens.

(C) Uma vez reconhecido em juízo o vínculo empregatício, diante da fraude na contratação por interposta pessoa, fora das hipóteses legais, o trabalhador tem direito à multa por atraso no pagamento das verbas rescisórias.

(D) É válido o pagamento parcelado das verbas rescisórias desde que haja previsão nesse sentido em convenção ou acordo coletivo de trabalho ou anuência da entidade sindical representativa da categoria profissional.

(E) É nula de pleno direito a contratação do trabalhador pela empresa tomadora ou cliente ao fim do prazo em que tenha sido colocado à sua disposição pela empresa de trabalho temporário.

A: opção incorreta, pois nos termos do art. 18 da Lei 6.019/74 é proibida qualquer tipo de cobrança. **B:** opção incorreta, pois nos termos do art. 16 da Lei 6.019/74 a responsabilidade é solidária. **C:** opção incorreta, pois reconhecido o vínculo empregatício há responsabilidade solidária entre as empresas, porém havendo controvérsia sobre o vínculo de emprego, que somente foi esclarecida em juízo, não é cabível a multa pelo atraso no pagamento das verbas rescisórias, prevista no artigo 477, § 8º, da CLT. **D:** opção correta, pois embora exista corrente de entendimento que sustente a impossibilidade de parcelamento das verbas rescisórias, na medida em que a norma do art. 477 da CLT, norma que estipula prazo para seu pagamento, é de conteúdo cogente e caráter imperativo, uma segunda corrente de entendimento sustenta ser possível o parcelamento das verbas rescisórias em razão do princípio da autonomia coletiva das vontades, com fulcro nos arts. 7º, XXVI e 8º, VI, ambos da CF. Veja.RR 790044/01 **E:** opção incorreta, pois extinto o contrato pelo prazo assinalado, a contratação é absolutamente possível.

Gabarito "D"

(Auditor Fiscal do Trabalho – 2010 – ESAF) Assinale a opção incorreta.

(A) Os empregadores, tomadores e intermediadores de serviços, empresas, instituições, associações, órgãos e entidades de qualquer natureza ou finalidade ficam obrigados a franquear, aos Auditores-Fiscais do Trabalho, o acesso aos estabelecimentos, respectivas dependências e locais de trabalho e, desde que notificados com antecedência mínima de vinte e quatro horas, exibir os documentos e materiais solicitados para fins de inspeção do trabalho.

(B) Para fins de inspeção, o território de cada unidade federativa será dividido em circunscrições, que, por sua vez, poderão ser divididas em áreas de inspeção, pelas quais os Auditores-Fiscais do Trabalho serão distribuídos de acordo com sistema de rodízio, efetuado em sorteio público.

(C) Os Auditores-Fiscais do Trabalho integram o Sistema Federal de Inspeção do Trabalho e são subordinados tecnicamente à autoridade nacional competente em matéria de inspeção do trabalho.

(D) Compete aos Auditores-Fiscais do Trabalho propor a interdição de estabelecimento, setor de serviço, máquina ou equipamento, ou o embargo de obra, total ou parcial, quando constatar situação de grave e iminente risco à saúde ou à integridade física do trabalhador, por meio de emissão de laudo técnico que indique a situação de risco verificada e especifique as medidas corretivas que deverão ser adotadas pelas pessoas sujeitas à inspeção do trabalho.

(E) Os Auditores-Fiscais do Trabalho têm o dever de orientar e advertir as pessoas sujeitas à inspeção do trabalho e os trabalhadores quanto ao cumprimento da legislação trabalhista, e observarão o critério da dupla visita quando se tratar de primeira inspeção nos estabelecimentos ou locais de trabalho recentemente inaugurados.

A: opção incorreta, pois nos termos do art. 15 do Decreto 4.552/2002 ensina que as inspeções serão efetuadas de forma imprevista. **B:** opção correta, pois reflete as disposições contidas nos arts. 4º e 5º do Decreto 4.552/2002. **C:** opção correta, pois reflete o disposto no art. 2º, II, do Decreto 4.552/2002. **D:** opção correta, pois reflete o disposto no art. 18, XIII, do Decreto 4.552/2002. **E:** opção correta, pois reflete o disposto no art. 23 do Decreto 4.552/2002.

Gabarito "A"

(Auditor Fiscal do Trabalho – 2010 – ESAF) Assinale a opção incorreta.

(A) O processo especial para ação fiscal poderá ser instaurado de imediato pelo Auditor-Fiscal do Trabalho, independentemente de anuência da chefia imediata, quando concluir pela ocorrência de motivo grave ou relevante que impossibilite ou dificulte o cumprimento da legislação trabalhista por pessoas ou setor econômico sujeito à inspeção do trabalho.

(B) O levantamento técnico das condições de segurança nos locais de trabalho, com vistas à investigação de acidentes do trabalho; o levantamento de dados para fins de cálculo dos coeficientes de frequência e gravidade dos acidentes; e a avaliação quantitativa ou qualitativa dos riscos ambientais são atividades auxiliares de apoio operacional à inspeção do trabalho, sendo desenvolvidas pelos Agentes de Higiene e Segurança do Trabalho.

(C) Compete aos Auditores-Fiscais do Trabalho, em todo território nacional, verificar o cumprimento das disposições legais e regulamentares, inclusive as relacionadas à segurança e à saúde do trabalho, no âmbito das relações de trabalho e de emprego, em especial os registros em Carteira de Trabalho e Previdência Social e o recolhimento do Fundo de Garantia do Tempo de Serviço.

(D) O Auditor-Fiscal do Trabalho poderá solicitar o concurso de especialistas e técnicos devidamente qualificados, bem como recorrer a laboratórios técnico-científicos governamentais ou credenciados, com o objetivo de assegurar a aplicação das disposições legais e regulamentares relativas à segurança e saúde no trabalho.

(E) As empresas de transportes de qualquer natureza, inclusive as exploradas pela União, Distrito Federal, Estados e Municípios, bem como as concessionárias de rodovias que cobram pedágio para o trânsito, concederão passe livre aos Auditores-Fiscais do Trabalho e aos Agentes de Higiene e Segurança do Trabalho, dentro do território de exercício da sua função, diante da apresentação da Carteira de Identidade Fiscal, estando abrangida pelo passe livre a travessia realizada em veículos de transporte aquaviário.

A: opção incorreta, pois o procedimento especial para ação fiscal deverá ser instaurado com a anuência da chefia imediata, nos termos do art. 28 do Decreto 4.552/2002. **B:** opção correta, pois reflete o disposto nos incisos I, II e III do art. 31 do Decreto 4.552/2002. **C:** opção correta, pois reflete o disposto no art. 18, I, do Decreto 4.552/2002. **D:** opção correta, pois reflete o disposto no art. 22 do Decreto 4.552/2002. **E:** opção correta, pois reflete o disposto no art. 34 do Decreto 4.552/2002.

Gabarito "A"

13. SEGURANÇA E SAÚDE NO TRABALHO

Hermes Cramacon

Lista de Siglas e Abreviaturas da disciplina Segurança e Saúde no Trabalho

AFT – Auditor-Fiscal do Trabalho

ASO – Atestado de Saúde Ocupacional

CA – Certificado de Aprovação

CAT – Comunicação de Acidente de Trabalho

CLT – Consolidação das Leis do Trabalho

CNAE – Classificação Nacional de Atividade Econômica

dB (A) – decibel (circuito de compensação)

EPI – Equipamento de Proteção Individual

FGTS – Fundo de Garantia do Tempo de Serviço

Fundacentro - Fundação Jorge Duprat de Figueiredo de Segurança e Medicina do Trabalho

NTEP - Nexo Técnico Epidemiológico Previdenciário

NR – Norma Regulamentadora

MTE – Ministério do Trabalho e Emprego

PCMAT – Programa de Condições e Meio Ambiente de Trabalho na Indústria da Construção

PPRA - Programa de Prevenção de Riscos Ambientais

PCMSO – Programa de Controle Médico de Saúde Ocupacional

Petrobras – Petróleo Brasileiro S/A

P - máxima pressão de operação em kPa

V - volume geométrico interno em m³

SESMT – Serviços Especializados em Engenharia de Segurança e em Medicina do Trabalho

SMT – Segurança e Medicina do Trabalho

(Procurador da Fazenda Nacional – 2003 – ESAF) Não se pode dizer, em relação aos adicionais legais, que:

(A) o adicional de periculosidade é devido mesmo se o contato com o agente de risco é intermitente.

(B) o adicional de periculosidade deve ser pago proporcionalmente ao tempo de exposição ao agente de risco.

(C) o adicional de periculosidade é devido pelo contato com inflamáveis, explosivos e em condições de risco no setor de energia elétrica.

(D) o adicional de insalubridade tem como base de cálculo o salário mínimo.

(E) o adicional de insalubridade integra a base de cálculo das horas extras.

A: opção correta, pois nos termos da Súmula 364 do TST tem direito ao adicional de periculosidade o empregado exposto permanentemente ou que, de forma intermitente, sujeita-se a condições de risco. Indevido, apenas, quando o contato dá-se de forma eventual, assim considerado o fortuito, ou o que, sendo habitual, dá-se por tempo extremamente reduzido; **B:** opção incorreta, pois não há pagamento proporcional ao tempo de serviço. Veja Súmulas 361 e 364 do TST; **C:** opção correta, pois reflete o disposto no art. 193 da CLT e na Lei 7.369/1985. Veja também Súmula 361 do TST; **D:** opção correta, pois reflete o disposto no art. 192 da CLT. Importante lembrar que o STF em decisão proferida na Reclamação 6266 entende que enquanto não exista nova lei determinando uma base de cálculo para o adicional de insalubridade, deve ser utilizado como base o salário mínimo. Veja Súmula Vinculante 4 do TST. **E:** opção correta, veja OJ 47 da SDI 1 do TST.

Gabarito "B".

A partir das disposições contidas na NR-09 (PPRA) e no Capítulo V da CLT, responda as próximas 4 questões

(Auditor Fiscal do Trabalho – 2010 – ESAF) Analise as proposições a seguir apresentadas e assinale a opção correta.

I. A elaboração e implementação do PPRA são obrigatórias, a depender do grau de risco e da quantidade de empregados, para todos os empregadores e instituições que admitam trabalhadores como empregados.

II. O PPRA encerra um todo, cujas partes integrantes consideram, entre outros, o subprograma de conservação auditiva, o laudo de análise ergonômica e o perfil profissiográfico, de forma a assegurar a efetividade ao monitoramento da saúde, bem como a integridade física e mental dos trabalhadores, inclusos os terceirizados.

III. O Programa deverá ser mantido nos arquivos da empresa por no mínimo 30 anos, prazo igual à prescrição do FGTS, pelo fato de o trabalhador acidentado continuar recebendo essa rubrica enquanto perdurar a incapacidade para o trabalho, devendo ficar disponível aos trabalhadores interessados ou seus representantes e às autoridades competentes.

IV. Em uma operação de corte de uma chapa metálica, o ruído e a poeira provenientes desse processo produtivo são considerados riscos físicos, enquanto que a presença de fungos na corrente do ar condicionado desse mesmo ambiente é considerada risco biológico.

(A) Apenas uma proposição está correta.
(B) Todas as proposições estão erradas.
(C) Apenas três proposições estão corretas.
(D) Apenas duas proposições estão corretas.
(E) Todas as proposições estão corretas.

I: opção incorreta, pois nos termos do item 9.1.1 da NR 9 a elaboração e implementação do PPRA são obrigatórios a todos os empregadores, independente do grau de risco e quantidade de empregados. **II:** opção incorreta, pois nos termos do item 9.1.3 o PPRA é parte integrante do conjunto mais amplo das iniciativas da empresa no campo da preservação da saúde e da integridade dos trabalhadores. **III:** opção incorreta, pois nos termos do item 9.3.8.2 os dados deverão ser mantidos por um período mínimo de 20 (vinte) anos. **IV:** opção incorreta, pois embora nos termos do item 9.1.5.1. o ruído seja um agente físico, a poeira, nos termos do item 9.1.5.2. é um agente químico. Os fungos são agentes biológicos nos termos do item 9.1.5.3.

Gabarito "B"

(Auditor Fiscal do Trabalho – 2010 – ESAF) Considere as proposições abaixo, quanto à necessária presença na estrutura do PPRA, e assinale a seguir a opção correta.

I. Planejamento anual, metas, prioridades, cronograma e homologação pelo MTE.

II. Estratégia, metodologia de ação e homologação por entidade certificadora credenciada pelo MTE.

III. Forma do registro, manutenção e divulgação dos dados e homologação do sindicato patronal registrado no MTE.

IV. Periodicidade, forma de avaliação e homologação do sindicato dos trabalhadores registrado no MTE.

(A) Todas as proposições estão corretas.
(B) Apenas uma proposição está correta.
(C) Todas as proposições estão erradas.
(D) Apenas três proposições estão corretas.
(E) Apenas duas proposições estão corretas.

I: opção incorreta, pois nos termos do item 9.2.1 "a" da NR 9, não há necessidade da homologação pelo MTE. **II:** opção incorreta, pois nos termos do item 9.2.1 "b" da NR 9, não há necessidade da homologação por entidade credenciada pelo MTE. **III:** opção incorreta, pois nos termos do item 9.2.1 "c" da NR 9, não há necessidade da homologação do sindicato patronal registrado no MTE. **IV:** opção incorreta, pois nos termos do item 9.2.1 "d" da NR 9, não há necessidade da homologação pelo MTE.

Gabarito "C"

(Auditor Fiscal do Trabalho – 2010 – ESAF) Julgue as proposições seguintes e assinale a opção correta.

I. A antecipação dos riscos ambientais deverá conter, entre outros, os seguintes itens: a sua identificação; a determinação e localização das possíveis fontes geradoras; a identificação das possíveis trajetórias e dos meios de propagação dos agentes no ambiente de trabalho e a identificação das funções e determinação do número de trabalhadores expostos.

II. A avaliação quantitativa deverá ser realizada sempre que necessária à caracterização das atividades e do tipo da exposição; à obtenção de dados existentes na empresa, indicativos de possível comprometimento da saúde decorrente do trabalho; aos possíveis danos à saúde relacionados aos riscos identificados, disponíveis na literatura técnica.

III. O monitoramento destina-se à comprovação do controle da exposição ou à inexistência de riscos identificados na etapa de reconhecimento; ao dimensionamento da exposição dos trabalhadores e como subsídio ao equacionamento das medidas de controle.

(A) Apenas a II está correta.
(B) Todas as proposições estão corretas.
(C) Apenas a I está correta.
(D) Todas as proposições estão erradas.
(E) Apenas a III está correta.

I: opção incorreta, pois nos termos do item 9.3.2 a antecipação deverá envolver a análise de projetos de novas instalações, métodos ou processos de trabalho, ou de modificação dos já existentes, visando a identificar os riscos potenciais e introduzir medidas de proteção para sua redução ou eliminação. A assertiva traz itens referentes ao reconhecimento dos riscos ambientais, em conformidade com o item 9.3.3. **II:** opção incorreta, pois a avaliação quantitativa deverá ser realizada sempre que necessária para: a) comprovar o controle da exposição ou a inexistência riscos identificados na etapa de reconhecimento; b) dimensionar a exposição dos trabalhadores; c) subsidiar o equacionamento das medidas de controle, nos termos do item 9.3.4. A assertiva traz itens referentes ao reconhecimento dos riscos ambientais, em conformidade com o item 9.3.3. **III:** opção incorreta, pois nos termos do item 9.3.7.1., para o monitoramento deve ser realizada uma avaliação sistemática e repetitiva da exposição a um dado risco, visando à introdução ou modificação das medidas de controle, sempre que necessário.

Gabarito "D"

(Auditor Fiscal do Trabalho – 2010 – ESAF) Julgue as proposições seguintes e assinale a opção correta.

I. O contador da empresa Prevenir Para Sempre Ltda. é uma pessoa autodidata e muito comprometida com as questões sociais envoltas ao trabalho e goza de prestígio perante o conselho de administração da empresa ao ponto de indicar, com êxito, a contratação de um amigo, médico do trabalho, para coordenar o PCMSO. Nesse cenário, é possível que a empresa designe esse contador como responsável pelo PPRA.

II. O AFT, em pleno exercício de suas prerrogativas legais, poderá autuar a empresa por apresentar como responsável pelo PPRA uma pessoa inepta em função do baixo desempenho decorrente de avaliação, por escrito, a que foi submetida pelo AFT, sobre o tema, em consonância com o devido processo legal.

III. Cabe ao empregador, bem como aos trabalhadores, assegurar o cumprimento do PPRA como atividade permanente da empresa, inclusive nas fases de elaboração, implantação e execução.

(A) Apenas a I está correta.
(B) Todas as proposições estão corretas.
(C) Todas as proposições estão erradas.
(D) Apenas a II está correta.
(E) Apenas a III está correta.

I: opção correta, pois nos termos do item 9.3.1.1 da NR 9 a elaboração, implementação, acompanhamento e avaliação do PPRA poderão ser feitas por pessoa ou equipe de pessoas que, a critério do empregador, sejam capazes de desenvolve-las. Portanto, não existe óbice para que o contador não os realize. **II:** opção incorreta, pois nos termos do item 9.3.1.1 a pessoa quem elaborou o PPRA não é submetida a avaliação pelo Auditor Fiscal. **III:** opção incorreta, pois nos termos do item 9.4.1, I, da NR 9 essa função é unicamente do empregador.

Gabarito "A"

A partir das disposições contidas na NR-07 (PCMSO) e no Capítulo V da CLT, responda as próximas 4 questões.

(Auditor Fiscal do Trabalho – 2010 – ESAF) Julgue as proposições seguintes e assinale a opção correta.

I. No tocante às diretrizes do PCMSO, entende-se que a precocidade do diagnóstico é fundamental ao êxito no combate aos agravos à saúde dos trabalhadores e por isso mesmo alcança os exames pré-admissionais de forma a assegurar a necessária rastreabilidade epidemiológica.

II. A avaliação clínica, por junta médica multidisciplinar, no caso de retorno ao trabalho, deverá ser realizada obrigatoriamente no primeiro dia da volta ao trabalho de trabalhador ausente por período igual ou superior a 30 (trinta) dias, por motivo de doença ou acidente, de natureza ocupacional ou não, ou parto.

III. O médico coordenador do PCMSO, sabedor da existência de fortes indícios mórbidos em um determinado trabalhador, resolve recomendar à empresa (de grau de risco 4, segundo o Quadro I da NR-4) que o dispense em até 90 (noventa) dias do último exame médico, sob o álibi de que, nesse ínterim, não há exigência do exame demissional; dispensa consumada, não cabe ao AFT emitir auto de infração.

(A) Todas as proposições estão erradas.
(B) Todas as proposições estão corretas.
(C) Apenas a III está correta.
(D) Apenas a II está correta.
(E) Apenas a I está correta.

I: opção incorreta, pois em que pese tenha o PCMSO caráter de prevenção, rastreamento e diagnóstico precoce dos agravos à saúde relacionados ao trabalho, inclusive de natureza subclínica, além da constatação da existência de casos de doenças profissionais ou danos irreversíveis à saúde dos trabalhadores, nos termos do item 7.2.3. da NR 7 ele não alcança os exames pré-admissionais, como se observa pela leitura do item 7.4.1. da NR 7. **II:** opção incorreta, pois nos termos do item 7.4.3.3. da NR 7, no caso deverá ser feito exame médico de retorno ao trabalho. **III:** opção correta, pois reflete o disposto no item 7.4.3.5, segunda linha.

Gabarito "C"

(Auditor Fiscal do Trabalho – 2010 – ESAF) Julgue as proposições seguintes e assinale a opção correta.

I. É possível que a empresa seja obrigada a emitir CAT mesmo em caso onde não haja sintomatologia.

II. Indicar, quando necessário, o afastamento do trabalhador da exposição ao risco, ou do trabalho é competência concorrente do médico ou enfermeiro do PCMSO.

III. Adotando-se medidas de proteção coletiva que atendam às exigências de salubridade, fica desobrigado o empregador de fornecer EPI.

IV. As empresas são obrigadas a manter SESMT em função do porte econômico e da natureza do risco de suas atividades.

(A) I e II estão corretas.
(B) I e IV estão corretas.
(C) Todas as proposições estão erradas.
(D) Todas as proposições estão corretas.
(E) I e III estão corretas.

I: opção correta, pois nos termos do item 7.4.8., "a", da NR 7 constatada a ocorrência ou agravamento de doenças profissionais, através de exames médicos ou sendo verificadas alterações que revelem qualquer tipo de disfunção de órgão ou sistema biológico, através de exames, o médico-coordenador ou encarregado solicitará a emissão de CAT. **II:** opção incorreta, pois nos termos do item 7.4.8. "b", da NR 7 a competência será do médico-coordenador ou encarregado e não do médico ou enfermeiro. **III:** opção correta, pois nos termos do art. 166 da CLT a empresa é obrigada a fornecer os EPIs aos empregados, sempre que as medidas de ordem geral não ofereçam completa proteção contra os riscos de acidentes e danos à saúde dos empregados. Ocorrendo a neutralização ou eliminação da insalubridade, o empregado não fará jus ao respectivo adicional. Veja súmula 289 do TST. **IV:** opção incorreta, pois as responsabilidades da empresa estão elencadas no item 7.3.1. da NR 7.

Gabarito "E"

(Auditor Fiscal do Trabalho – 2010 – ESAF) Julgue as proposições seguintes e assinale a opção correta.

I. No caso de a empresa estar desobrigada de manter médico do trabalho, deverá o empregador indicar enfermeiro do trabalho, empregado ou não da empresa, para coordenar o PCMSO; e, inexistindo esses profissionais na localidade, o empregador poderá contratar médico de outra especialidade.

II. O PCMSO deverá considerar as questões incidentes sobre o indivíduo e a coletividade de trabalhadores, privilegiando o instrumental clínico-biológico na abordagem da relação entre sua saúde e o trabalho.

III. O PCMSO deverá ter caráter de preventivo-ambulatorial com forte ênfase no tratamento precoce dos agravos à saúde dos trabalhadores, bem como os primeiros socorros.

IV. Ao empregador compete custear sem ônus para o empregado todos os procedimentos relacionados ao PCMSO, salvo convenção coletiva que poderá dispor de modo diverso.

(A) Todas as proposições estão corretas.
(B) I e IV estão corretas.
(C) I e II estão corretas.
(D) I e III estão corretas.
(E) Todas as proposições estão erradas.

I: opção incorreta, pois nos termos do item 7.4.1. "d" e "e", da NR 7, no caso de a empresa estar desobrigada de manter médico do trabalho, de acordo com a NR 4, deverá o empregador indicar médico do trabalho, empregado ou não da empresa, para coordenar o PCMSO e não um enfermeiro como induz a assertiva. **II:** opção incorreta, pois nos termos do item 7.2.2. da NR 7 o PCMSO deverá considerar as questões incidentes sobre o indivíduo e a coletividade de trabalhadores, privilegiando o instrumental clínico-epidemiológico na abordagem da relação entre sua saúde e o trabalho. **III:** opção incorreta, pois nos termos do item 7.2.3. o PCMSO deverá ter caráter de prevenção, rastreamento e diagnóstico precoce dos agravos à saúde relacionados ao trabalho, inclusive de natureza subclínica, além da constatação da existência de casos de doenças profissionais ou danos irreversíveis à saúde dos trabalhadores. **IV:** opção incorreta, pois nos termos do item 7.3.1. "b" da NR 7 todos os procedimentos relacionados ao PCMSO serão custeados pelo empregador, sem exceções.

Gabarito "E".

(Auditor Fiscal do Trabalho – 2010 – ESAF) Julgue as proposições seguintes e assinale a opção correta.

I. Para uma grande empresa de fabricação de bebidas é obrigatório, no âmbito do PCMSO, a contratação, ainda que por tempo parcial, de um odontólogo do trabalho, entre outros motivos, devido à forte exposição (risco à saúde bucal) relacionada à prova e degustação de licores e preparados básicos à formulação de novos compostos alimentares.

II. Os exames médicos previstos no PCMSO compreendem aqueles ditos complementares, realizados de acordo com a normativa em vigor, mas também, e principalmente, por avaliação clínica, abrangendo anamnese ocupacional e exame físico e mental, este último corroborado por laudo da psiquiatria, conforme o caso.

III. Para cada exame médico realizado, o médico emitirá o ASO, em 3 (três) vias: a primeira via arquivada no local de trabalho do trabalhador (inclusive frente de trabalho ou canteiro de obras), à disposição da fiscalização do trabalho; a segunda via entregue ao trabalhador e a terceira via encaminhada à vigilância sanitária estadual que circunscreva o estabelecimento da empresa.

(A) Apenas a II está correta.
(B) Todas as proposições estão corretas.
(C) Apenas a I está correta.
(D) Todas as proposições estão erradas.
(E) Apenas a III está correta.

I: opção incorreta, pois nos termos da NR 7 não há obrigatoriedade na contratação de um odontólogo. **II:** opção incorreta, pois em conformidade com o item 7.4.1. os exames médicos previstos no PCMSO devem incluir, entre outros, a realização obrigatória dos exames médicos: a) admissional; b) periódico; c) de retorno ao trabalho; d) de mudança de função; e) demissional e, nos termos do item 7.4.2., compreendem: a) avaliação clínica, abrangendo anamnese ocupacional e exame físico e mental; b) exames complementares. **III:** opção incorreta, pois nos termos do item 7.4.4. da NR 7 para cada exame médico realizado, o médico emitirá o Atestado de Saúde Ocupacional - ASO, em 2 (duas) vias.

Gabarito "D".

(Auditor Fiscal do Trabalho – 2010 – ESAF) Com base nas disposições da NR-13 (Caldeiras e Vasos de Pressão), assinale o item correto.

(A) Refervedores de água, bem como demais equipamentos similares utilizados em unidades de processo industrial, são equipamentos destinados a produzir vapor sob pressão superior à atmosférica, utilizando qualquer fonte de energia, considerados como caldeiras a vapor.

(B) Um gasoduto da Petrobras que interliga as cidades do Rio de Janeiro e São Paulo é considerado um vaso de pressão de tal ordem importante, em termos de risco, que a norma obriga a designação pela empresa de um "Profissional Habilitado", assim entendido, aquele que tem competência legal para o exercício da profissão de engenheiro nas atividades de acompanhamento, operação, manutenção e inspeção.

(C) Um extintor de incêndio cujo produto "P.V" resulta 16 (dezesseis) kPa x m³ é considerado um vaso de pressão pelo fato de representar o dobro do limite previsto na NR-13.

(D) Uma caldeira a vapor cujo produto "P.V" não seja superior a 8 (oito) é considerada, para efeito da NR-13, um vaso de pressão.

(E) A NR-13 classifica os vasos de pressão em categorias segundo o tipo de fluido e o potencial de risco, assim considerados aqueles equipamentos que contêm fluidos sob pressão interna ou externa, sendo obrigatório, no estabelecimento onde estiver instalado, entre outros, o "Prontuário do Vaso de Pressão" a ser fornecido pelo fabricante; "Registro de Segurança"; "Projeto de Instalação"; "Projeto de Alteração ou Reparo", bem como "Relatórios de Inspeção".

A: opção incorreta, pois nos termos do item 13.1.1. da NR 13 os refervedores não são considerados como caldeiras a vapor. **B:** opção incorreta, pois o gasoduto são dutos destinados para condução de fluídos e por esse motivo, nos termos do item 2 "d" do Anexo III da NR 13 não se sujeitam às disposições da NR 13. **C:** opção incorreta, pois nos termos do item 2 "a" do anexo III da NR 13 aos extintores de incêndio não se aplicam as disposições da NR, independente do seu PV. **D:** opção incorreta, pois nos termos do item 1. "a" do anexo

III da NR 13 será considerada para efeito da aplicação somente será considerado vaso de pressão se o PV estiver acima de 8 kPa x m3. **E:** opção correta, pois reflete a disposição contida nos itens 13.6.1.; 13.6.1.1; 13.61.2.. Veja também os anexos III e IV da NR 13.

Gabarito "E"

(Auditor Fiscal do Trabalho – 2010 – ESAF) Julgue as proposições seguintes e assinale a opção correta.

I. O AFT, em procedimento ordinário fiscalizatório no gozo de suas prerrogativas legais, deverá autuar o MTE como órgão da administração direta da União, na qualidade de empregador de servidores públicos concursados sob o regime celetista, por descumprimento de norma de segurança e medicina do trabalho.

II. Não é necessário que o AFT possua diploma de engenharia ou medicina do trabalho para exercer a fiscalização dessas matérias uma vez que é o legítimo portador de expressa prerrogativa legal para tal mister, inclusive quanto à competência de intimação de informações relacionadas ao sigilo do paciente no âmbito do PCMSO e ao sigilo fiscal da empresa no âmbito do PPRA, devendo autuar a empresa no caso de negativa à intimação supramencionada.

III. Sempre que uma ou mais empresas, tendo, embora, cada uma delas, personalidade jurídica própria, estiverem sob direção, controle ou administração de outra, constituindo grupo industrial, comercial ou de qualquer outra atividade econômica, serão, para efeito de aplicação das NRs, subsidiariamente responsáveis à empresa principal.

(A) Todas as proposições estão corretas.
(B) I e III estão corretas.
(C) Todas as proposições estão erradas.
(D) I e II estão corretas.
(E) II e III estão corretas.

I: opção correta, pois nos termos do item 1.1 da NR 1 as suas disposições se aplicam também para a administração pública direta. **II:** opção correta, pois nos termos do art. 3º da Lei 10.593/2002 é exigido curso superior em nível de graduação concluído ou habilitação legal equivalente. No entanto, para investidura no cargo de Auditor-Fiscal do Trabalho, nas áreas de especialização em segurança e medicina do trabalho, será exigida a comprovação da respectiva capacitação profissional, em nível de pós-graduação, oficialmente reconhecida. Ademais, nota-se que em razão do que dispõe o item 7.4.4.1. da NR 7, que "a primeira via do ASO ficará arquivada no local de trabalho do trabalhador, inclusive frente de trabalho ou canteiro de obras, à disposição da fiscalização do trabalho" o AFT terá acesso as informações. **III:** opção incorreta, pois a responsabilidade será solidária, nos termos do item 1.6.1. da NR 1.

Gabarito "D"

(Auditor Fiscal do Trabalho – 2010 – ESAF) Analise as proposições e assinale, a seguir, a opção correta.

I. Considera-se precário o sistema de gestão baseado em EPI dado que tais dispositivos só devem ser utilizados quando comprovado pelo empregador a inviabilidade técnica da adoção de medidas de proteção coletiva ou quando estas não forem suficientes ou ainda em caráter complementar ou emergencial e mesmo assim depois de exauridas todas as possíveis medidas de caráter administrativo ou de organização do trabalho.

II. O EPI, de fabricação nacional ou importado, tão somente poderá ser posto à venda ou utilizado com a indicação do CA, expedido pelo órgão nacional competente em matéria de segurança e saúde no trabalho do MTE.

III. Considera-se que os EPI(s), em algumas situações, são responsáveis por agravar as condições de trabalho quanto à insalubridade, ainda que proteja contra riscos mecânicos; tal seria o caso das vestimentas de couro para corpo-inteiro submetido ao calor, pois, não obstante o reforço mecânico de tais roupas, há uma enorme sobrecarga térmica imposta pela redução dos níveis de evaporação do corpo humano.

IV. Equipamento Conjugado de Proteção Individual é aquele composto por vários dispositivos que o fabricante tenha associado contra um ou mais riscos que possam ocorrer simultaneamente e que sejam suscetíveis de ameaçar a segurança e a saúde no trabalho.

(A) Todas as proposições estão erradas.
(B) Apenas três proposições estão corretas.
(C) Apenas uma proposição está correta.
(D) Apenas duas proposições estão corretas.
(E) Todas as proposições estão corretas.

I: opção correta, pois reflete o disposto no item 9.3.5.4 da NR 9. **II:** opção correta, pois reflete o disposto no item 6.2 da NR 6. **III:** opção correta, pois os EPIs devem ser fornecidos de acordo com a peculiaridade de cada caso, item 6.4 da NR 6. **IV:** opção correta, pois reflete o disposto no item 6.1.1. da NR 6.

Gabarito "E"

(Auditor Fiscal do Trabalho – 2010 – ESAF) Analise as proposições a seguir e assinale a opção correta.

I. A observância, em todos os locais de trabalho, das normas SMT, desobriga as empresas, no campo do direito do trabalho, a cumprirem outras disposições afins que estejam sob a égide do direito sanitário, tais como códigos de obras ou regulamentos sanitários dos Estados ou Municípios em que se situem os respectivos estabelecimentos.

II. Serão consideradas atividades ou operações insalubres aquelas que, por sua natureza, condições ou métodos de trabalho, exponham o trabalhador de modo permanente, não ocasional nem intermitente, aos agentes nocivos químicos, físicos, biológicos ou associação de agentes prejudiciais à saúde ou à integridade física.

III. A descaracterização da insalubridade ou periculosidade, segundo as normas do Ministério do Trabalho, far-se-á por meio de perícia a cargo de profissional legalmente habilitado, registrado no Ministério do Trabalho, ou por laudo emitido pela Fundacentro.

(A) Todas as proposições estão erradas.
(B) I e III estão corretas.
(C) I e II estão corretas.
(D) Todas as proposições estão corretas.
(E) II e III estão corretas.

I: opção incorreta, pois nos termos do art. 154 da CLT a observância, em todos os locais de trabalho, do disposto neste Capitulo, não desobriga as empresas do cumprimento de outras disposições. **II:** opção incorreta, pois nos termos da NR 15 a exposição em caráter intermitente também é considerada como insalubre. **III:** opção incorreta, pois nos termos do art. 195 da CLT a caracterização e a classificação da insalubridade e da periculosidade, serão feitas através de perícia a cargo de Médico do Trabalho ou Engenheiro do Trabalho, registrados no Ministério do Trabalho.

Gabarito "A".

(Auditor Fiscal do Trabalho – 2010 – ESAF) Com base nas disposições da NR-18 (PCMAT), assinale o item incorreto.

(A) No tocante às máquinas, equipamentos e ferramentas diversas, os protetores removíveis só podem ser retirados para limpeza, lubrificação, reparo e ajuste, e após devem ser, obrigatoriamente, recolocados; os operadores não podem se afastar da área de controle das máquinas ou equipamentos sob sua responsabilidade, quando em funcionamento; nas paradas temporárias ou prolongadas, os operadores de máquinas e equipamentos devem colocar os controles em posição neutra, acionar os freios e adotar outras medidas com o objetivo de eliminar riscos provenientes de funcionamento acidental.
(B) São considerados trabalhadores habilitados aqueles que comprovem, perante o empregador e a inspeção do trabalho, uma das seguintes condições: a) capacitação, mediante curso específico do sistema oficial de ensino; b) capacitação, mediante curso especializado ministrado por centros de treinamento e reconhecido pelo sistema.
(C) O PCMAT é obrigatório, nos estabelecimentos com 20 (vinte) trabalhadores ou mais, devendo contemplar os aspectos da NR-18 e as exigências contidas na NR-09 e outros normativos; ser mantido no estabelecimento à disposição do MTE; ser elaborado e executado por Engenheiro de Segurança do Trabalho com registro, sem restrições, no CREA de circunscrição da obra, cuja implementação é de inteira responsabilidade do empregador ou condomínio.
(D) O PCMAT é integrado pelos seguintes documentos: a) memorial sobre condições e meio ambiente de trabalho nas atividades e operações, levando-se em consideração riscos de acidentes e de doenças do trabalho e suas respectivas medidas preventivas; b) projeto de execução das proteções coletivas em conformidade com as etapas de execução da obra; c) especificação técnica das proteções coletivas e individuais a serem utilizadas; d) cronograma de implantação das medidas preventivas definidas no PCMAT; e) *layout* inicial do canteiro de obras, contemplando, inclusive, previsão de dimensionamento das áreas de vivência; f) programa educativo contemplando a temática de prevenção de acidentes e doenças do trabalho, com sua carga horária.
(E) São considerados trabalhadores qualificados aqueles que comprovem, perante o empregador e a inspeção do trabalho, uma das seguintes condições: a) capacitação mediante treinamento na empresa; b) capacitação mediante curso ministrado por instituições privadas ou públicas, desde que conduzido por profissional habilitado; c) ter experiência comprovada em Carteira de Trabalho de pelo menos 6 (seis) meses na função.

A: Opção correta, pois reflete o disposto no item 18.36.2, "a", "b" e "c" da NR 18. **B:** opção correta, pois reflete o disposto no item 18.37.4. da NR 18. **C:** opção incorreta, pois nos termos do item 18.3.2. o PCMAT deve ser elaborado por profissional legalmente habilitado na área de segurança do trabalho. **D:** opção correta, pois reflete o disposto no item 18.3.4. da NR 18. **E:** opção correta, pois reflete o disposto no item 18.37.5 da NR 18.

Gabarito "C".

(Auditor Fiscal do Trabalho – 2010 – ESAF) Acerca da inspeção do trabalho e do processo de multas administrativas, é correto afirmar:

(A) comprovada a má-fé do agente de inspeção, quanto à omissão ou lançamento de qualquer elemento no livro empresarial "Inspeção do Trabalho", responderá ele por falta grave no cumprimento do dever, ficando passível, desde logo, da pena de advertência, instaurando-se, facultativamente, em caso de reincidência, inquérito administrativo, a depender da discricionariedade do Delegado do Trabalho.
(B) o auto de infração terá seu valor probante condicionado à assinatura de duas testemunhas ou do infrator e será obrigatoriamente lavrado no local da inspeção.
(C) qualquer funcionário público da administração federal, estadual ou municipal, bem como o representante legal de entidade sindical podem comunicar à autoridade competente do Ministério do Trabalho as infrações que verificar à legislação de proteção trabalhista.
(D) uma vez lavrado o auto de infração, poderá o autuado requerer a audiência de testemunhas e as diligências que entender necessárias à elucidação do processo, não podendo a autoridade competente indeferir as provas requeridas.
(E) de acordo com a jurisprudência do Supremo Tribunal Federal e do Tribunal Superior do Trabalho, o seguimento do recurso interposto contra decisão que impuser multa por infração da legislação trabalhista dependerá de o interessado instruí-lo com a prova do depósito do valor da penalidade.

A: opção incorreta, pois nos termos do art. 628, § 3º, da CLT a pena será de suspensão de até 30 (trinta) dias e, em caso de reincidência, inquérito administrativo. **B:** opção incorreta, pois o valor probante não dependerá da assinatura de testemunhas ou do próprio infrator, nos termos do art. 629 da CLT. **C:** opção correta, pois reflete o disposto no art. 631 da CLT. Veja, também, o art. 32 do Decreto 55.841/1965. **D:** opção incorreta, pois nos termos do art. 629, § 2º, da CLT, lavrado o auto de infração, não poderá ele ser inutilizado, nem sustado o curso do respectivo processo, devendo o agente da inspeção apresentá-lo à autoridade competente, mesmo se incidir em erro. O infrator terá o prazo de 10 (dez) dias contados do recebimento do auto, para apresentar defesa, nos termos do § 3º do art. 629 da CLT. **E:** opção incorreta, pois nos termos da Súmula 424 do TST o §1º do art. 636 da CLT, que estabelece a exigência de prova do depósito prévio do valor da multa cominada em razão de autuação administrativa como pressuposto de admissibilidade de recurso administrativo, não foi recepcionado pela Constituição Federal de 1988, ante a sua incompatibilidade com o inciso LV do art. 5º. O STF publicou a Súmula Vinculante 21 que assim dispõe: "É inconstitucional a exigência de depósito ou arrolamento prévios de dinheiro ou bens para admissibilidade de recurso administrativo."

Gabarito "C"

(Auditor Fiscal do Trabalho – 2010 – ESAF) Com base nas disposições da NR-17 e Anexos (Ergonomia), assinale o item incorreto.

(A) Os ambientes de trabalho que não atenderem aos parâmetros de nível de ruído de aceitável, de até 65 dB(A); índice de temperatura efetiva entre 20º e 23ºC; velocidade do ar não superior a 0,75 m/s e umidade relativa do ar não inferior a 40% (quarenta por cento) suscitam pagamento de insalubridade.

(B) Denominam-se "síndrome do edifício doente" as situações prediais, segundo as quais não são atendidos os programas e regulamentos sobre "Qualidade do Ar de Interiores em Ambientes Climatizados", bem como os "Padrões Referenciais de Qualidade do Ar Interior" em ambientes climatizados artificialmente de uso público e coletivo.

(C) Em busca do ponto ótimo entre produtividade e salubridade, a empresa e os trabalhadores podem pactuar a implantação de um sistema de avaliação dos trabalhadores envolvidos nas atividades de digitação, baseado no número individual de toques sobre o teclado, inclusive o automatizado, para efeito de remuneração e outras vantagens.

(D) Estabelecer parâmetros que permitam a adaptação das condições de trabalho às características psicofisiológicas dos trabalhadores, de modo a proporcionar um máximo de conforto, segurança e desempenho eficiente às condições de trabalho que incluem aspectos relacionados ao levantamento, transporte e descarga de materiais, ao mobiliário, aos equipamentos e às condições ambientais do posto de trabalho e à própria organização do trabalho são o mote dos normativos trabalhistas em matéria ergonômica.

(E) A Análise Ergonômica do Trabalho, a cargo exclusivamente do empregador, é peça chave para avaliar a adaptação das condições de trabalho às características psicofisiológicas dos trabalhadores; para definir o mobiliário e os equipamentos dos postos de trabalho; para estabelecer princípios, limites e recomendações, notadamente quanto à organização do trabalho, e para definir parâmetros às atividades que exijam sobrecarga muscular estática ou dinâmica do pescoço, ombros, dorso e membros superiores e inferiores.

A: opção incorreta, pois nessas condições nos termos dos itens 17.5.2. e 17.5.2.1. da NR 17 não será devido o pagamento de insalubridade. **B:** opção correta, pois reflete o disposto no item 4.3.do anexo II, da NR 17. **C:** opção correta, pois reflete o disposto no item 17.6.4. "a" da NR 17. **D:** opção correta, pois reflete o disposto no item 17.1 e 17.1.1. da NR 17. **E:** opção correta, pois reflete o disposto nos itens 17.1.2. 17.4.2; 17.6.3. da NR 17.

Gabarito "A"

14. Economia do Trabalho e Sociologia do Trabalho

Hermes Cramacon

(Auditor Fiscal do Trabalho – 2010 – ESAF) Avalie as seguintes considerações sobre o subemprego e emprego, oriundas da Resolução Relativa à Medição do Subemprego e das Situações de Emprego Inadequado, da Organização Internacional do Trabalho – OIT, e assinale a opção incorreta.

(A) A medição do subemprego e dos indicadores de emprego inadequado devem basear-se, principalmente, nas atuais capacidades dos trabalhadores e na sua situação de trabalho de acordo com o que for descrito por esses trabalhadores.

(B) O conceito de subemprego é baseado em modelos teóricos relativos a capacidades potenciais e aos desejos de trabalho da população em idade de trabalhar.

(C) O subemprego reflete a subutilização da capacidade produtiva da população com emprego, incluindo a que resulta de um sistema econômico deficiente ao nível nacional ou regional.

(D) O subemprego, ligado à duração do trabalho, existe quando a duração do trabalho de uma pessoa com emprego é insuficiente em relação a uma situação de emprego possível, que essa pessoa está disposta a ocupar e disponível para fazê-lo.

(E) O emprego inadequado ligado ao rendimento resulta de uma organização insuficiente do trabalho ou de uma fraca produtividade de utensílios, equipamentos ou formação insuficientes, ou de uma infraestrutura deficiente.

A: opção correta, pois de acordo com o item 3 da resolução relativa à medição do subemprego e das situações de emprego inadequado da OIT prevalece o entendimento de que devem basear-se nas atuais capacidades dos trabalhadores e na sua situação de trabalho de acordo com o que for descrito por esses trabalhadores. **B:** opção incorreta, pois na parte final do item 3 estabeleceu-se que fica excluída do âmbito da citada resolução o conceito de subemprego baseado em modelos teóricos relativos a capacidades potenciais e aos desejos de trabalho da população em idade de trabalhar em reflete o entendimento da OIT. **C:** opção correta, pois reflete o entendimento disposto no item 4 da resolução relativa à medição do subemprego e das situações de emprego inadequado da OIT. **D:** opção correta, pois reflete o entendimento disposto no subparágrafo 8.1 da resolução relativa à medição do subemprego e das situações de emprego inadequado da OIT. **E:** opção correta, pois reflete o disposto no item 17, b, da resolução relativa à medição do subemprego e das situações de emprego inadequado da OIT.

Veja a resolução no seguinte endereço eletrônico: http://www.ilo.org/public/portugue/bureau/stat/res/underemp.htm

Gabarito "B"

(Auditor Fiscal do Trabalho – 2010 – ESAF) Com relação ao mercado de trabalho brasileiro, assinale, a seguir, a opção incorreta.

(A) A partir da segunda metade da década de 1950, o predomínio do padrão fordista de produção levou a que o regime de contratação de mão de obra se concentrasse fundamentalmente no assalariamento formal.

(B) Desde 1990, a abertura comercial e financeira impôs generalizadamente ao setor produtivo a flexibilização dos contratos de trabalho.

(C) Associada à vigência de políticas de desregulamentação do mercado de trabalho, a terceirização se mostrou fortemente redutora dos custos do trabalho.

(D) Segundo a Pesquisa Nacional por Amostra de Domicílios, realizada pelo IBGE entre 1995 e 2005, os postos de trabalho terceirizados formais foram os que menos cresceram no total da ocupação do país.

(E) Em geral, a remuneração do trabalhador terceirizado representa, em média, cerca de 2/3 da remuneração média dos empregados formais no ano de 2005.

Alternativa "d" é a incorreta. Isso porque na década entre 1995 e 2005 os empregos terceirizados cresceram 127%. O aumento para esse tipo de contratação se dá em razão da maior eficiência do trabalho e menores custos para as empresas.

Gabarito "D"

(Auditor Fiscal do Trabalho – 2010 – ESAF) Sobre a teoria do Capital Humano, assinale a opção incorreta.

(A) A correlação entre capital humano e salários é mediada pela produtividade.

(B) A firma, ao não ser proprietária de seus assalariados, tenderá a dar-lhes uma formação o mais específica possível a fim de não gerar (ou minimizar) as externalidades.

(C) O investimento nos próprios assalariados pode tornar-se inviável (em termos de valor presente) se o tempo de permanência do mesmo na firma é reduzido.

(D) O mercado de trabalho constitui um espaço onde a interação entre a oferta e a demanda de trabalho determina o nível dos salários reais de equilíbrio.

(E) Na teoria do Capital Humano, o fator determinante da produtividade é o próprio posto de trabalho.

Alternativa "e" é a incorreta. Isso porque para a Teoria do Capital Humano, o fator determinante da produtividade é educação do trabalhador.

Gabarito "E"

(Auditor Fiscal do Trabalho – 2010 – ESAF) Com relação às instituições e o mercado de trabalho, assinale a opção correta.

(A) A literatura teórica mostra que, sempre que as instituições e regulação que regem o comportamento de firmas e trabalhadores são extensas, o mercado de trabalho é flexível.

(B) Em um mercado de trabalho flexível, a duração do desemprego é longa.

(C) O elevado nível de rotatividade da força de trabalho é também resultado do conjunto de instituições que induz firmas e trabalhadores a romperem o contrato de trabalho frequentemente.

(D) Os contratos de trabalho de curta duração motivam os trabalhadores e a firma a investirem em capital humano específico.

(E) Os contratos de trabalho individuais podem estipular condições de trabalho (salário, jornada de trabalho, etc.) piores do que aquelas vigentes nos contratos coletivos.

A: opção incorreta, pois quando falamos que as instituições e regulação que regem o comportamento de firmas e trabalhadores são extensas, o mercado de trabalho é rígido. **B:** opção incorreta, pois no mercado de trabalho flexível tem como característica a alta rotatividade de trabalhadores, promovida pelas facilidades que as empresas possuem em contratar e despedir seus empregados e pelas opções que se apresentam aos trabalhadores. **C:** opção correta. Veja comentário da alternativa "b" sobre o mercado de trabalho flexível. **D:** opção incorreta, pois tendo em vista que as empresas farão uso da mão de obra daquele determinado trabalhador, não há razão para o investimento no capital humano. **E:** opção incorreta, pois existindo contrato coletivo mais benéfico ao empregado, pelo princípio da norma mais favorável deverão ser aplicadas as normas do contrato coletivo, que faz lei entre as categorias envolvidas. Nessa linha, ensina o art. 619 da CLT que: "Nenhuma disposição de contrato individual de trabalho que contrarie normas de Convenção ou Acordo Coletivo de Trabalho poderá prevalecer na execução do mesmo, sendo considerada nula de pleno direito."

Gabarito "C"

(Auditor Fiscal do Trabalho – 2010 – ESAF) Segundo Marcio Pochmann, a decisão de elevação contínua do salário mínimo requer muito mais do que o simples debate acerca do índice de reajuste monetário. Inegavelmente, a decisão de elevação real do salário mínimo requer o estabelecimento de um conjunto de diretrizes de políticas públicas que apontam para a redefinição de uma nova estratégia de desenvolvimento socioeconômico para o país.

(POCHMAN, Mario & FAGNANI, Eduardo (organizadores). **Debates contemporâneos: economia social e do trabalho**, n.1. Mercado de trabalho, relações sindicais, pobreza e ajuste fiscal, São Paulo: LTr, 2007, p. 41).

Baseado nesse pressuposto assinale a opção incorreta.

(A) A política de salário mínimo constitui a base de um processo amplo e complexo de redistribuição de renda.

(B) A elevação do valor nominal do salário mínimo garante a redistribuição de renda e a elevação da qualidade de vida dos trabalhadores de salário base.

(C) A ampliação consistente do nível ocupacional, capaz de absorver em maior ritmo o excedente de mão de obra, representa a sustentação basilar da pressão social por maior poder de compra do salário mínimo.

(D) O debate sobre o salário mínimo tende a ser colocado de forma inadequada, quando é isolado do contexto de políticas públicas com ligações diretas ou indiretas no padrão de vida dos trabalhadores de baixa renda.

(E) Na direção da elevação do poder aquisitivo do salário mínimo, há de ser definida previamente a diretriz responsável pelo abastecimento popular.

A alternativa "b" é a incorreta. Salário-base é a contraprestação salarial fixa principal paga pelo empregador ao empregado, excluído parcelas salarial como os adicionais, gratificações etc., ou seja, é o salário contratual pago diretamente sem os acréscimos. A elevação do salário mínimo não obriga o empregador a elevar o salário de seu empregado, salvo se ele receber salário mínimo.

Gabarito "B"

(Auditor Fiscal do Trabalho – 2010 – ESAF) Nos últimos tempos, o conceito de trabalho e ocupação tem-se alterado fundamentalmente; as certezas e obviedades fundamentais que vinculamos ao trabalho se dissolvem, se erodem (...).

(BECK, Ulrich. **Liberdade ou Capitalismo, Ulrich Beck conversa com Johannes Willms**, São Paulo: Editora UNESP, 2003, p. 159).

A partir do texto assinale a opção correta.

(A) Na antiguidade grega, o trabalho era o estigma que excluía as pessoas da sociedade.

(B) Na sociedade capitalista, o trabalho deixou de ser a característica central da identidade social.

(C) Atualmente, estamos no início da sociedade do pleno emprego, no sentido clássico.

(D) A flexibilização do trabalho torna o trabalho homogêneo, em suas dimensões espacial, temporal e contratual.

(E) Atividades temporalmente limitadas, empregos sem contrato e trabalhos informais afetam somente trabalhadores com níveis de qualificação inferiores.

A: opção correta, pois na antiguidade grega os que trabalhavam não eram considerados membros da sociedade, que naquela época se idealizava como uma comunidade política. **B:** opção incorreta, pois de acordo com o autor indicado, com o capitalismo o trabalho passou a ser a característica central da identidade social, da posição social e da segurança existencial do homem. **C:** opção incorreta, pois segundo o autor atualmente estamos no fim da sociedade do pleno emprego, que após a Segunda Guerra Mundial ficou inscrita como princípio fundamental da política. **D:** opção incorreta, pois segundo o autor a flexibilização faz fragmentar o trabalho em suas dimensões espacial, temporal e contratual. **E:** opção incorreta, pois segundo o autor ocorre em todos os níveis de qualificação.

Gabarito "A"

(Auditor Fiscal do Trabalho – 2010 – ESAF) Vinte anos de reestruturação das grandes fábricas levaram a um estranho paradoxo. Com efeito, é contemporaneamente, sobre a derrota do operário fordista e sobre o reconhecimento da centralidade de um trabalho vivo sempre mais intelectualizado, que se constituíram as variantes do modelo pós-fordista. Na grande empresa reestruturada, o trabalho do operário é um trabalho que implica sempre mais, em diversos níveis, capacidade de escolher entre diversas alternativas e, portanto, a responsabilidade de certas decisões.

(LAZZARATO, Mauricio & NEGRI, Antonio. **Trabalho imaterial formas de vida e produção de subjetividade**, Rio de Janeiro: DP&A, 2001, p. 25).

Baseado nos pressupostos teóricos, assinale a opção incorreta.

(A) Na sociedade pós-fordista, o trabalho se transforma integralmente em trabalho imaterial e a força de trabalho em "intelectualidade de massa".

(B) O novo *management* prescreve que a alma do operário deve descer na oficina e que sua personalidade e subjetividade devem ser organizadas e comandadas.

(C) A subjetividade produtiva pós-industrial tem como pressupostos e como origens históricas a "luta contra o trabalho" do operário fordista.

(D) O ciclo do trabalho imaterial é pré-constituído por uma força de trabalho social e autônoma, capaz de organizar o próprio trabalho e as próprias relações com a empresa.

(E) O trabalho operário, como atividade abstrata ligada à subjetividade, pertence somente aos operários mais qualificados.

Alternativa "e" é a incorreta, pois os autores qualificam o trabalho desenvolvido pelo trabalhador contemporâneo como uma "atividade abstrata ligada à subjetividade", advertindo que a qualificação vai além dos operários qualificados, aplicando também aos demais trabalhadores produtivos.

Gabarito "E"

(Auditor Fiscal do Trabalho – 2010 – ESAF) Ao contrário daqueles autores que defendem a perda da centralidade da categoria "trabalho" na sociedade contemporânea, as tendências em curso, quer em direção a uma maior intelectualização do trabalho fabril ou ao incremento do trabalho qualificado, quer em direção à desqualificação ou à sua subproletarização, não permitem concluir pela perda desta centralidade no universo de uma sociedade produtora de mercadorias.

(ANTUNES, Ricardo. **Adeus ao trabalho?** Ensaio sobre as metamorfoses e a centralidade do mundo do trabalho, São Paulo: Cortez; Campinas, SP: Editora da Universidade Estadual de Campinas, 1995, p. 75).

Baseado nos pressupostos teóricos, assinale a opção incorreta.

(A) Ainda que presenciando uma redução quantitativa (com repercussões qualitativas) no mundo produtivo, o trabalho abstrato cumpre papel decisivo na criação de valores de troca.

(B) Os produtos criados pela Toyota, Benetton ou Volvo, por exemplo, constituem mercadorias, que resultam da interação entre capital variável e capital constante.

(C) Em termos marxianos, a crise do trabalho abstrato somente poderá ser entendida como a redução do trabalho vivo e a ampliação do trabalho morto.

(D) Considerando a crise da sociedade do trabalho, as condições de vida emancipada e digna do homem já não devem resultar, diretamente, de uma reviravolta nas condições de trabalho.

(E) A superação da sociedade do trabalho abstrato requer, como condição, o reconhecimento do papel central do trabalho assalariado.

Alternativa "d" é a incorreta, pois o autor não fala em seu texto das condições dignas do homem, mas somente das condições de vida emancipada.

Gabarito "D"

(Auditor Fiscal do Trabalho – 2010 – ESAF) Atualmente estão se impondo outras formas de vida, não para o conjunto da população, mas sim para uma parte considerável dela. Trata-se de formas de vida similares às conhecidas pelas mulheres nos últimos decênios. Essas formas de vida estão feitas de trabalho a tempo parcial, contratos temporários, trabalhos não retribuídos e voluntários.

(BECK, Ulrich. **Un nuevo mundo feliz**. La precariedad del trabajo en la era de la globalización. Barcelona: Ediciones Paidós Ibérica, S. A., 2000, p. 102).

Embasado nos pressupostos teóricos do texto, assinale a opção correta.

(A) Constata-se, em todo o mundo, que o aumento das formas de emprego inseguras e precárias é maior entre as mulheres que entre os homens.

(B) O contexto cultural e a importância do trabalho informal na Europa e na América do Sul podem ser considerados semelhantes.

(C) As formas de flexibilização do trabalho, no contexto da desregulação das relações laborais, aumentam o poder negociador dos sindicatos.

(D) No Brasil, o trabalho assalariado estável e formal constitui a experiência histórica da maioria da população.

(E) Na conjuntura do mercado mundial, o crescimento econômico atualiza a ideia do pleno emprego e a consigna em empregos permanentes.

A: opção correta, pois de fato as mulheres e as crianças são as principais vítimas da exploração da mão de obra, dentre elas a escrava e a sexual. **B:** opção incorreta, pois a economia europeia tem uma forte ação contra a economia informal, ao passo que na América do Sul o trabalho informal é fonte geradora de renda para as famílias mais humildes. **C:** opção incorreta, pois as formas de flexibilização diminuem o poder de negociação dos sindicatos. **D:** opção incorreta, pois no Brasil, apesar dos esforços para regulamentação das relações de trabalho (veja a Lei Complementar 123/2006 que criou a figura do Microempreendedor Individual) o trabalho informal sempre foi altíssimo e, portanto, o trabalho com registro formal não foi a experiência da maior parte da população. **E:** opção incorreta, pois na atualidade o mercado de trabalho tende à flexibilização das relações trabalhistas.

Gabarito "A"

15. DIREITO PROCESSUAL DO TRABALHO

Hermes Cramacon

1. PRINCÍPIOS, ORGANIZAÇÃO DA JUSTIÇA DO TRABALHO, COMPETÊNCIA E NULIDADES PROCESSUAIS

(Procurador da Fazenda Nacional – 2006 – ESAF) Sobre a renúncia e a transação no direito do trabalho, assinale a opção incorreta.

(A) São irrenunciáveis os direitos trabalhistas atribuídos aos empregados por normas protetivas de ordem pública, sendo nulos de pleno direito os atos praticados com o objetivo de desvirtuar, impedir ou fraudar a aplicação dos preceitos contidos na CLT.

(B) São renunciáveis os direitos trabalhistas livremente pactuados pelas partes no contrato de trabalho, desde que demonstrado o livre consentimento.

(C) São transacionáveis os direitos trabalhistas previstos tanto em normas dispositivas quanto nas cogentes, desde que configurada a *res dubia* e, em relação aos direitos trabalhistas atribuídos aos empregados por normas protetivas de ordem pública, o caráter patrimonial.

(D) A transação extrajudicial celebrada perante as Comissões de Conciliação Prévia tem, nos termos da lei, eficácia liberatória geral dos direitos decorrentes do contrato de trabalho, exceto quanto às parcelas expressamente ressalvadas, valendo o termo de conciliação como título executivo.

(E) A transação judicial tem eficácia liberatória nos limites da homologação, valendo o termo de conciliação como decisão irrecorrível, salvo para a Previdência Social, quanto às contribuições que lhe forem devidas.

A: opção correta, pois vigora no Direito do Trabalho o princípio da irrenunciabilidade sendo permitidas a renúncia e a transação desde que não haja proibição legal. Havendo desrespeito às ordens, nos termos do art. 9º da CLT os atos serão declarados nulos; **B:** opção correta, pois os direitos pactuados em contrato podem ser renunciados; **C:** opção incorreta, podem ser transacionados desde que não haja proibição legal; prejuízo para o trabalhador, em conformidade com o art. 468 da CLT e vício de consentimento, arts. 138 a 165 do Código Civil; **D:** opção correta, pois reflete o disposto no art. 625-E, parágrafo único, da CLT; **E:** opção correta, pois reflete o disposto no art. 831, parágrafo único, da CLT.

Gabarito "B"

(Procurador da Fazenda Nacional – 2006 – ESAF) A Justiça do Trabalho é competente para processar e julgar:

(A) as ações oriundas da relação de emprego, abrangidos os entes de Direito Público externo e da Administração direta e indireta da União, dos Estados, do Distrito Federal e dos Municípios, e outras controvérsias decorrentes da relação de trabalho, na forma da lei.

(B) as ações relativas às penalidades administrativas impostas pelos órgãos de fiscalização das relações de trabalho, salvo quando inscritas em dívida ativa, sendo da Justiça Federal a competência para a execução fiscal das mesmas.

(C) a execução, de ofício, das contribuições sociais previstas no artigo 195, I, "a" e II, e seus acréscimos legais, decorrentes das sentenças que proferir, inclusive as devidas no curso da relação de emprego reconhecido em juízo.

(D) as ações de indenização por dano moral ou patrimonial decorrentes da relação de trabalho, salvo quando o dano tiver origem em acidente de trabalho, sendo da Justiça Estadual a competência nessa hipótese.

(E) os conflitos de competência entre quaisquer órgãos com jurisdição trabalhista.

A: opção incorreta, pois nos termos do inciso I do art. 114 da CF a Justiça do Trabalho é competente para processar e julgar as ações oriundas da relação de trabalho; **B:** opção incorreta, pois nos termos do art. 114, VII, da CF a competência será da Justiça do Trabalho; **C:** opção correta, pois reflete o disposto no art. 114, VIII, da CF; **D:** opção incorreta, pois sendo o dano decorrente da relação de trabalho, como é o caso de acidente do trabalho, a ação será de competência da Justiça do Trabalho. Essas ações não podem ser confundidas com as ações acidentárias cuja competência é da justiça comum; **E:** opção incorreta, pois nos termos do art. 114, V, da CF não são de competência da Justiça do Trabalho os conflitos de competência entre o STJ e quaisquer tribunais, entre Tribunais Superiores, ou entre estes e qualquer outro tribunal.

Gabarito "C"

(Procurador da Fazenda Nacional – 2007 – ESAF) No âmbito do processo do trabalho, a nulidade de todo o processado não pode ser declarada quando ocorrer a possibilidade de aproveitamento de determinado ato válido praticado no processo. Indique entre as opções abaixo aquela que encerra o princípio revelado pelo enunciado da questão.

(A) Princípio da transcendência ou do prejuízo.
(B) Princípio da convalidação.
(C) Princípio do interesse de agir.
(D) Princípio da instrumentalidade das formas.
(E) Princípio da utilidade.

A: a assertiva está errada, pois o princípio da transcendência ou prejuízo, previsto no art. 794 da CLT, ensina que somente haverá nulidade quando resultar dos atos inquinados manifesto prejuízo processual aos litigantes; **B:** a assertiva está errada, pois o princípio da convalidação, previsto no art. 795 da CLT, significa que as nulidades não serão declaradas senão mediante provocação das partes, que deverão arguir na primeira oportunidade que falarem nos autos; **C:** a assertiva está errada, pois o princípio do interesse, previsto no art. 796, *b*, da CLT, indica que a nulidade não será pronunciada quando arguida por quem lhe deu causa; **D:** a assertiva está errada, pois o princípio da instrumentalidade das formas (arts. 154 e 244 do CPC) ensina que a forma é apenas um instrumento para se alcançar a finalidade do processo, sendo que o juiz considerará válido o ato que, realizado de outra forma, alcançar a finalidade; **E:** a assertiva está correta, pois o princípio da utilidade, previsto no art. 798 da CLT, determina que a nulidade do ato não prejudicará senão os posteriores que dele dependam, que é o caso da questão.

Gabarito "E"

(Advogado – IRB – 2006 – ESAF) As nulidades, no processo do trabalho:

(A) devem ser declaradas de ofício pelo juiz.
(B) prejudicam todos os atos processuais pregressos.
(C) podem ser apontadas a qualquer momento.
(D) pressupõem, para ver-se declaradas, manifestação imediata da parte prejudicada.
(E) não toleram suprimento da falha.

A: opção incorreta, pois as nulidades devem ser alegadas pelas partes, nos termos do art. 795 da CLT; **B:** opção incorreta, pois nos termos do art. 797 da CLT o juiz ou Tribunal que pronunciar a nulidade declarará os atos a que ela se estende. E, ainda, ensina o art. 798 da CLT que a nulidade do ato não prejudicará os posteriores que dele dependam ou sejam consequência; **C:** opção incorreta, pois nos termos da parte final do art. 795 da CLT deverá ser alegada na primeira vez em que tiverem de falar em audiência ou nos autos; **D:** opção correta, pois reflete o entendimento disposto no art. 795 da CLT; **E:** opção incorreta, pois nas hipóteses trazidas pelo art. 796 da CLT a nulidade não será declarada.

Gabarito "D"

(Advogado – IRB – 2006 – ESAF) Assinale a afirmação <u>incorreta</u>.

(A) Os conflitos de jurisdição podem ocorrer entre Vara do Trabalho e respectivo Tribunal Regional do Trabalho.
(B) É vedado à parte interessada suscitar conflitos de jurisdição quando já houver oposto na causa exceção de incompetência.
(C) No ato de suscitar o conflito, deverá a parte interessada produzir a prova da existência dele.
(D) Os conflitos de jurisdição serão decididos pelo Tribunal Superior do Trabalho, quando suscitados entre Varas e Juízos de Direito sujeitos à jurisdição de Tribunais Regionais diferentes.
(E) No Tribunal Regional, havendo conflito positivo de jurisdição entre Varas, poderá o relator ordenar que sobrestejam o andamento dos respectivos processos.

A: opção incorreta, pois não há conflito de competência entre vara do Trabalho e o TRT à ele vinculado, nos termos da Súmula 420 do TST, pois nesse caso não há conflito de competência, mas hierarquia entre a Vara e o TRT; **B:** opção correta, pois reflete o disposto no art. 806 da CLT; **C:** opção correta, pois reflete o disposto no art. 807 da CLT; **D:** opção correta, pois reflete o entendimento disposto na Súmula 236 do STJ. **E:** opção correta, pois reflete o disposto no art. 809, II, da CLT. "

Gabarito "A"

(Advogado – IRB – 2006 – ESAF) Entre a data de protocolização da petição inicial e a realização da audiência haverá prazo mínimo de:

(A) 20 dias.
(B) 15 dias.
(C) 10 dias.
(D) 8 dias.
(E) 5 dias.

"E" é a alternativa correta, pois reflete o disposto no art. 841 da CLT.

Gabarito "E"

2. RESPOSTAS/INSTRUÇÃO PROCESSUAL/PROCEDIMENTOS E SENTENÇA

(Procurador da Fazenda Nacional – 2007.2 – ESAF) No que tange às decisões homologatórias de acordos no âmbito da justiça do trabalho é correto afirmar:

(A) a União será intimada mesmo quando contenham parcela de natureza indenizatória. Contudo, delas não poderá recorrer já que sobre a referida parcela não incide tributação.
(B) a União será intimada quando contenham parcela indenizatória, facultada a interposição de recurso relativo aos tributos que lhe forem devidos.
(C) a União será intimada quando contenham parcela indenizatória e estará obrigada a recorrer quanto aos tributos que lhe forem devidos.
(D) o Ministro de Estado da Fazenda ou o Procurador da Fazenda Nacional poderão, mediante ato fundamentado, dispensar a manifestação da União nas decisões homologatórias de acordo, em que o montante da parcela indenizatória envolvida resultar perda de escala decorrente da atuação do órgão jurídico.
(E) uma vez intimada da sentença homologatória de acordo a União não poderá interpor recurso questionando a natureza jurídica das parcelas constantes do acordo pois tal discriminação tem feição de decisão interlocutória.

Art. 832, § 4º, da CLT.

Gabarito "B"

3. RECURSOS

(Procurador da Fazenda Nacional – 2006 – ESAF) Sobre o sistema recursal trabalhista, é correto afirmar que

(A) as decisões interlocutórias são irrecorríveis, salvo se terminativas do feito.
(B) os recursos são interpostos por mera petição no prazo comum de 8 (oito) dias e têm efeito meramente devolutivo.
(C) o Agravo de Instrumento é cabível contra a decisão que denega a interposição de recurso e deve ser apresentado diretamente no Tribunal competente para o julgamento do recurso denegado.
(D) das decisões proferidas em execução, inclusive a sentença que julga os embargos do devedor, o recurso cabível é o Agravo de Petição.
(E) em fase de execução de sentença, é cabível a interposição de Recurso de Revista, mas somente em caso de afronta direta e literal à Constituição ou lei federal.

A: opção incorreta, pois em regra, as decisões interlocutórias são irrecorríveis de imediato, salvo as exceções previstas na Súmula 214 do TST; **B:** opção incorreta, pois o prazo não é comum, na medida em que cada parte terá prazo de 8 (oito) dias para interpor o recurso; **C:** opção incorreta, pois o agravo de instrumento nos domínios do processo do trabalho será apresentado no juiz que indeferiu o processamento do recurso; **D:** opção correta, pois reflete o disposto no art. 897, *a*, da CLT; **E:** opção incorreta, pois em execução de sentença é cabível o recurso de revista somente por de ofensa direta e literal de norma da Constituição Federal.

Gabarito "D"

(Procurador da Fazenda Nacional – 2007.2 – ESAF) Julgue os itens abaixo marcando V a afirmativa verdadeira e F a afirmativa falsa e, em seguida, assinale a opção correta.

I. O princípio da unirecorribilidade não se aplica ao processo trabalhista posto que a parte poderá manejar simultaneamente o recurso de revista e o agravo de instrumento.
II. O Recurso Ordinário interposto contra decisão de primeiro grau de jurisdição prolatada em processo de conhecimento pode ser manejado por simples petição, sendo desnecessária a fundamentação.
III. O objetivo tanto do recurso de revista (art. 896 da CLT) quanto dos embargos (art. 894 da CLT) é, fundamentalmente, a uniformização da interpretação em torno da jurisprudência das Turmas do Tribunal Superior do Trabalho.
IV. Não cabe recurso ordinário contra a decisão de primeiro grau que determina o arquivamento do feito em face do não comparecimento do reclamante à audiência inaugural.

(A) F, F, F, F
(B) V, F, V, V
(C) V, F, V, F
(D) F, F, F, V
(E) F, V, F, F

I: falso, pois o princípio da unirrecorribilidade aplica-se ao processo do trabalho e indica que não podem ser utilizados vários recursos simultaneamente, mas só sucessivamente; **II:** verdadeiro, eis que, nos termos do art. 899 da CLT, a maioria dos doutrinadores entende que, em razão do princípio do *jus postulandi* das partes, basta a petição de recurso, sem a necessidade de razões recursais, o que inviabilizaria um leigo do seu direito de recorrer; **III:** falso, pois o recurso de revista tem como objetivos a uniformização de interpretação dos tribunais regionais entre eles e deles em relação ao Tribunal Superior do Trabalho, bem como garantir aplicação de dispositivo de lei federal e da Constituição Federal; **IV:** falso, pois se trata de decisão terminativa e é cabível o recurso ordinário, nos termos do art. 895, I, da CLT. Sobre a matéria leciona Amauri Mascaro Nascimento: "o arquivamento do processo, decorrente da ausência do reclamante na audiência inicial, põe fim à atuação da Vara no dissídio individual. Assim, ele cabe, em tese, do termo do arquivamento, como consequência do mesmo princípio geral. Terminada a prestação jurisdicional, segue-se, correlatamente, o direito ao seu uso" (**Curso de Direito Processual do Trabalho**, Saraiva, 25ª edição, p. 719).

Gabarito "E"

(Procurador da Fazenda Nacional – 2007 – ESAF) Julgue os itens abaixo marcando V para a asserção verdadeira e F para a falsa e, em seguida, assinale a opção correta.

(1) O prazo recursal para interposição do Recurso Ordinário contra decisões definitivas das Varas do Trabalho é de 8 (oito) dias. Contudo, tal regra não se aplica à reclamação sujeita ao rito sumaríssimo quando tal prazo é reduzido para 4 (quatro) dias.
(2) O Recurso de Revista, mercê de ostentar feição de recurso de natureza extraordinária no âmbito do processo do trabalho, não admite o reexame de fatos e provas, com exceção das hipóteses em que se discute a existência ou não do vínculo empregatício entre as partes. 497
(3) Contra decisão em execução de sentença proferida pelo juízo de 1º grau em embargos de terceiro cabe Recurso Ordinário para o Tribunal Regional do Trabalho no prazo de 8 (oito) dias.
(4) Na órbita do processo do trabalho, o recurso de Agravo de Instrumento busca atacar despacho denegatório de recurso.

(A) F, V, V, F
(B) V, F, V,V
(C) V, V, V, F
(D) F, F, F, V
(E) V, F,V, F

I: falso, pois em qualquer procedimento o prazo do recurso ordinário é de 8 dias (art. 895, I, da CLT); **II:** falso, eis que não existe exceção para reexame de fatos e provas em sede de recurso de revista, a teor da Súmula 126 do TST: "RECURSO. CABIMENTO. Incabível o recurso de revista ou de embargos (arts. 896 e 894, "*b*", da CLT) para reexame de fatos e provas"; **III:** falso, pois no caso caberá agravo de petição (art. 897, *a*, da CLT); **IV:** verdadeiro, pois a assertiva está de acordo com o art. 897, *b*, da CLT.

Gabarito "D"

(Advogado – IRB – 2006 – ESAF) Indeferida pelo Juiz da Vara do Trabalho a oitiva de testemunha, com os protestos da parte, caberá:

(A) insurreição por agravo de instrumento, retido nos autos.
(B) manifestação restrita a agravo de petição.
(C) oposição de recurso de revista.

(D) manifestação oportuna em recurso ordinário.
(E) impetração de mandado de segurança.

A: opção incorreta, pois nos domínios do processo do trabalho o agravo de instrumento serve unicamente para destrancar recurso que teve o seguimento negado, art. 897, *b*, da CLT. No processo do trabalho não existe agravo retido; **B:** opção incorreta, pois o agravo de petição é recurso destinado a impugnar as decisões na fase de execução, art. 897, *a*, da CLT; **C:** opção incorreta, pois o recurso de revista é cabível nas hipóteses trazidas pelas alíneas do art. 896 da CLT; **D:** opção correta, pois por ser uma decisão interlocutória, nos termos do art. 893, § 1º, da CLT, não enseja recurso de imediato. A parte deverá aguardar o momento oportuno para, depois de proferida a sentença, impugnar a decisão que indeferiu a oitiva de testemunha em recurso ordinário, art. 895 da CLT; **E:** opção incorreta, pois a impetração do mandado de segurança está atrelada à violação de direito líquido e certo.

Gabarito "D"

(Advogado – IRB – 2006 – ESAF) O prazo para as pessoas jurídicas de direito público oferecerem contrarrazões aos recursos contra elas interpostos é

(A) duplo.
(B) triplo.
(C) quádruplo.
(D) quíntuplo.
(E) simples.

"E" é a opção correta, pois a regra disposta no art. 1º, III, do Decreto 779/1969 que determina o prazo em dobro para recurso é aplicada somente para a interposição e não para apresentação de contrarrazões aos recursos.

Gabarito "E"

4. EXECUÇÃO TRABALHISTA

(Procurador da Fazenda Nacional – 2006 – ESAF) Sobre a execução na Justiça do Trabalho, assinale a opção incorreta.

(A) Os trâmites e incidentes do processo executivo trabalhista são regidos, subsidiariamente, pela Lei de Execuções fiscais (Lei n. 6.830/1980).
(B) A liquidação por cálculo das sentenças exequendas ilíquidas é feita pelas partes, exceto quanto às contribuições previdenciárias incidentes, que são apuradas pelo órgão arrecadador.
(C) Estão sujeitos à execução na Justiça do Trabalho as decisões passadas em julgado ou das quais não tenha havido recurso com efeito suspensivo; os acordos, quando não cumpridos; os termos de ajuste de conduta firmados perante o Ministério Público do Trabalho e os termos de conciliação firmados perante as Comissões de Conciliação Prévia.
(D) O devedor será citado por oficial de justiça para, em 48 (quarenta e oito) horas, efetuar o pagamento, inclusive das contribuições sociais, ou nomear bens à penhora, com observância da ordem preferencial estabelecida no artigo 655 do Código de Processo Civil.
(E) Garantida a execução ou penhorados bens, é de cinco dias o prazo para interposição de embargos pelo devedor e de impugnação à conta de liquidação pelo credor trabalhista, os quais serão julgados na mesma sentença, assim como a impugnação apresentada pelo credor previdenciário.

A: opção correta, pois reflete o disposto no art. 889 da CLT; **B:** opção incorreta, pois nos termos do art. 879, § 1-A, da CLT a liquidação abrangerá, também, o cálculo das contribuições previdenciárias devidas; **C:** opção correta, pois reflete o disposto no art. 876 da CLT; **D:** opção correta, pois reflete a disposição contida nos arts. 880 e 882 da CLT; **E:** opção correta, pois reflete a disposição contida nos arts. 884, *caput* e §§ 3º e 4º, da CLT.

Gabarito "B"

(Advogado – IRB – 2006 – ESAF) Em execução trabalhista,

(A) não cabe recurso de revista.
(B) o recurso de revista caberá contra decisão que contrariar a legislação ordinária.
(C) o recurso de revista caberá quando houver violação de norma constitucional.
(D) o recurso de revista tipicamente repele a figura do prequestionamento.
(E) o recurso de revista caberá quando constatada divergência jurisprudencial.

"C" é a opção correta, pois nos termos do art. 896, § 2º, da CLT: "Das decisões proferidas pelos Tribunais Regionais do Trabalho ou por suas Turmas, em execução de sentença, inclusive em processo incidente de embargos de terceiro, não caberá Recurso de Revista, salvo na hipótese de ofensa direta e literal de norma da Constituição Federal".

Gabarito "C"

(Advogado – IRB – 2006 – ESAF) No processo do trabalho, o prazo para as empresas públicas embargarem a execução é de

(A) 30 dias.
(B) 15 dias.
(C) 10 dias.
(D) 8 dias.
(E) 5 dias.

"E" é a alternativa correta, pois nos termos do art. 884 da CLT o prazo para embargos à execução será de 5 dias, contados da ciência da formalização da penhora.

Gabarito "E"

5. AÇÕES ESPECIAIS

(Procurador da Fazenda Nacional – 2003 – ESAF) O termo inicial do prazo decadencial da ação rescisória na Justiça do Trabalho não é protraído no caso da interposição, no processo que deu origem à decisão rescindenda, de recurso:

(A) manifestamente intempestivo ou incabível.
(B) intempestivo ou com irregularidade de representação.
(C) manifestamente incabível ou com irregularidade de representação.
(D) intempestivo ou com valor inferior ao da alçada.
(E) manifestamente incabível ou com valor inferior ao da alçada.

A: opção correta, pois nos termos da Súmula 100, item III, do TST salvo se houver dúvida razoável, a interposição de recurso intempestivo ou a interposição de recurso incabível não protrai o termo inicial do prazo decadencial.

Gabarito "A"

6. TEMAS COMBINADOS

(Advogado – IRB – 2006 – ESAF) No processo do trabalho, é correto afirmar-se que

(A) no caso de conciliação, o termo que for lavrado valerá como decisão irrecorrível, inclusive para a Previdência Social, quanto às contribuições que lhe forem devidas.

(B) adotado o procedimento sumaríssimo, a sentença dispensa relatório.

(C) a execução da ação rescisória faz-se nos próprios autos, perante o Tribunal Regional.

(D) erros materiais na sentença poderão ser corrigidos, desde que interpostos embargos de declaração.

(E) a sentença prolatada em ação de cumprimento é irrecorrível.

A: opção incorreta, pois a Previdência Social poderá interpor recurso, nos termos do art. 831, parágrafo único, da CLT; **B:** opção correta, pois reflete o disposto no art. 852-I da CLT; **C:** opção incorreta, se fará na Vara do Trabalho; **D:** opção incorreta, pois nos termos do art. 897-A, parágrafo único, da CLT erros materiais poderão ser corrigidos de ofício ou a requerimento de qualquer das partes; **E:** opção incorreta, pois é a sentença é recorrível via recurso ordinário, nos termos do art. 895, II, da CLT.

Gabarito "B"

16. Direito Financeiro

Robinson Sakiyama Barreirinhas e Henrique Subi

1. PRINCÍPIOS E NORMAS GERAIS

(Procurador da Fazenda Nacional – 2007.2 – ESAF) A respeito das finanças públicas, assinale a opção correta.

(A) As disponibilidades de caixa da União, dos Estados, do Distrito Federal, dos Municípios e dos órgão ou entidades do Poder Público e das empresas por ele controladas, serão depositadas em instituições financeiras oficiais, ressalvados os casos previstos em lei.

(B) Compete privativamente à União legislar sobre normas gerais de direito financeiro, podendo a Lei complementar autorizar os Estados a legislar sobre questões específicas, para atender a suas peculiaridades.

(C) Pelo princípio da unidade orçamentária, todas as receitas e despesas devem ser previstas em documento único, ressalvados os orçamentos fiscal, de investimento e da seguridade social, que serão previstos em documentos autônomos.

(D) A competência da União para estabelecer limites à emissão de moeda será exercida exclusivamente pelo Banco Central.

(E) O princípio da exclusividade da matéria orçamentária não impede que a lei orçamentária anual contenha autorização para contratação de operações de crédito.

A: incorreta. As disponibilidades de caixa da União serão depositadas no Banco Central – art. 164, § 3º, da CF; **B:** incorreta. A competência para legislar a respeito de direito financeiro é concorrente, nos termos do art. 24, I, e §§ 1º a 4º, da CF; **C:** incorreta. A LOA é composta pelos orçamentos fiscal, de investimento e da seguridade social, reunidos em documento único – art. 165, § 5º, da CF; **D:** incorreta. A competência da União para emissão de moeda (e não para estabelecer limites à emissão) é exercida exclusivamente pelo Banco Central – art. 164 da CF; **E:** correta. A LOA pode conter autorização para operações de crédito – art. 165, § 8º, da CF.

Gabarito "E"

(Procurador da Fazenda Nacional – 2007 – ESAF) A disposição do artigo 165, § 5º, da Constituição do Brasil

(A) consubstancia o princípio da legalidade, uma vez que estabelece que o orçamento anual será aprovado por lei.

(B) permite que as empresas estatais (inciso II) recebam recursos da União a título de capital desde que previamente previsto no orçamento de investimento.

(C) combinada com a disposição do § 7º do mesmo artigo subordina a aprovação da Lei orçamentária à do orçamento plurianual de investimento.

(D) expressa o princípio da universalidade da Lei orçamentária.

(E) impõe, nos seus incisos I e II, o equilíbrio orçamentário da previdência social.

O art. 165, § 5º, da CF dispõe que a LOA compreenderá os orçamentos fiscal, de investimento e da seguridade social (princípio da universalidade), em um único documento (princípio da unidade).

Gabarito "D"

(Procurador da Fazenda Nacional – 2007 – ESAF) Sob o princípio constitucional de que "a lei não excluirá da apreciação do Poder Judiciário lesão ou ameaça a direito" (art. 5º, XXXV da CF), pode-se afirmar que:

(A) em face da independência entre os Poderes do Estado e da discricionariedade que fundamenta os atos da administração, a execução orçamentária constitui exceção a esse mandamento constitucional.

(B) a Lei Orçamentária é lei em sentido formal, do que decorre que suas disposições implicam vinculação para a ação do administrador público que não pode deixar de realizar a despesa nela contemplada.

(C) a ação popular não é cabível em matéria orçamentária.

(D) a competência do Tribunal de Contas para julgamento das contas é definitiva e impede qualquer questionamento perante o Poder Judiciário.

(E) o orçamento, no que se refere à despesa pública, por se constituir em autorização para realizá-la, não implica a vinculação do administrador em fazê-lo, mas há de motivar [dar causa] para não executar a despesa, cabendo, assim, ao administrador público responsável pela execução orçamentária justificar-se perante o Poder Judiciário, se a tanto provocado.

A: incorreta. A execução orçamentária não é exceção e pode ser levada à análise do Judiciário; B e **E:** A LOA é autorizativa (autoriza a realização de despesas), não impositiva – de qualquer forma, o agente público deve prestar contas quanto à sua execução (art. 165, § 3º, da CF e art. 48 da LRF, entre outros); **C:** incorreta. A ação popular é cabível quando há lesão ao patrimônio público e à moralidade administrativa (entre outras), de modo que se aplica em matéria orçamentária – art. 5º, LXXIII, da CF; **D:** incorreta. As decisões do Tribunal de Contas podem ser revistas pelo Judiciário, pois não fazem coisa julgada (o TC não exerce jurisdição, em sentido estrito).

Gabarito "E"

2. LEI DE DIRETRIZES ORÇAMENTÁRIAS – LDO E PLANO PLURIANUAL – PPA

(Procurador da Fazenda Nacional – 2006 – ESAF) Em relação ao controle concentrado de constitucionalidade, a ser efetivado em relação à lei de diretrizes orçamentárias, o Supremo Tribunal Federal assentou que

(A) é possível, e até necessária, a fiscalização de constitucionalidade de lei orçamentária, de forma concentrada.

(B) a matéria é de âmbito político, e segundo orientação que segue o modelo da Suprema Corte norte-americana, não se justifica fiscalização por parte do poder judiciário.

(C) a questão é disciplinada integralmente pelo texto constitucional vigente, que outorga ao judiciário o controle direto, por via de ação, em relação a disposições de lei orçamentária que permitem ampliação de despesas, tão somente.

(D) a questão suscita lacuna no modelo constitucional vigente, e deste modo só admite controle abstrato de constitucionalidade ou eventual controle difuso, que o Supremo Tribunal evita implementar, nos termos de recorrentes decisões.

(E) a lei de diretrizes orçamentárias, que tem objeto determinado e destinatários certos, assim sem generalidade abstrata, é lei de efeitos concretos, que não está sujeita à fiscalização jurisdicional no controle concentrado.

O STF manifestou-se no sentido de que a LDO, "que tem objeto determinado e destinatários certos, assim sem generalidade abstrata, é lei de efeitos concretos, que não está sujeita à fiscalização jurisdicional no controle concentrado" (ADIn 2.484 MC/DF, rel. Ministro Carlos Veloso, j. 19.12.2011, Tribunal Pleno). Por essa razão, a alternativa "E" foi considerada correta. Posteriormente, entretanto, a Suprema Corte entendeu que "deve exercer sua função precípua de fiscalização da constitucionalidade das leis e dos atos normativos quando houver um tema ou uma controvérsia constitucional suscitada em abstrato, independente do caráter geral ou específico, concreto ou abstrato de seu objeto." Decidiu, assim, pela "Possibilidade de submissão das normas orçamentárias ao controle abstrato de constitucionalidade" (ADIn 4.048 MC/DF, rel. Min. Gilmar Mendes, j. 14.05.2008, Tribunal Pleno).

Gabarito "E"

(Procurador da Fazenda Nacional – 2004 – ESAF) Nos termos da Constituição de 1988, a lei de diretrizes orçamentárias compreenderá as metas e prioridades da administração pública federal, incluindo as despesas

(A) correntes para os três próximos exercícios financeiros, orientando a elaboração da lei orçamentária plurianual, vedando-se a disposição sobre alterações na legislação tributária.

(B) correntes para o exercício financeiro subsequente, orientando a elaboração da lei orçamentária plurianual, vedando-se a disposição sobre alterações na legislação tributária e estabelecendo a política de aplicação das agências financeiras de incentivo à reforma agrária.

(C) de capital para o exercício financeiro subsequente, orientando a elaboração da lei orçamentária anual, dispondo sobre as alterações na legislação tributária e estabelecendo a política de aplicação das agências financeiras oficiais de fomento.

(D) de capital para o exercício financeiro subsequente, orientando a elaboração da lei orçamentária anual, vedando-se a disposição sobre alterações na legislação tributária e estabelecendo a política de aplicação das agências oficiais de integração regional.

(E) correntes para os cinco próximos exercícios financeiros, orientando a elaboração da lei orçamentária plurianual, dispondo sobre as alterações nas legislações tributária e financeira e estabelecendo a política de aplicação das agências financeiras dos bancos que contam com capital público.

Nos termos do art. 165, § 2º, da CF, a lei de diretrizes orçamentárias compreenderá as metas e prioridades da administração pública federal, incluindo as despesas de capital para o exercício financeiro subsequente, orientará a elaboração da lei orçamentária anual, disporá sobre as alterações na legislação tributária e estabelecerá a política de aplicação das agências financeiras oficiais de fomento. Por essa razão, a alternativa "C" é a correta.

Gabarito "C"

3. LEI ORÇAMENTÁRIA ANUAL – LOA

(Procurador da Fazenda Nacional – 2006 – ESAF) A propósito do orçamento, e de acordo com o modelo constitucional brasileiro vigente, a lei que instituir o plano plurianual estabelecerá

(A) o orçamento fiscal referente aos Poderes da União, de modo pormenorizado, com exceção de fundos para órgãos e entidades da administração indireta.

(B) de forma regionalizada, as diretrizes, objetivos e metas da administração pública federal para as despesas de capital e outras delas decorrentes e para as relativas aos programas de duração continuada.

(C) o orçamento de investimento das empresas em que a União, direta ou indiretamente, detenha a maioria do capital social, bem como das empresas que contêm com participação federal, embora a União não exerça direito de voto.

(D) o orçamento da administração direta e indireta, sob responsabilidade da União, excluindo-se o orçamento da Seguridade Social.

(E) sistema específico e pormenorizado para redução de desigualdades sociais, vedando-se, no entanto, a utilização de anistias e de remissões.

Nos termos do art. 165, § 1º, da CF, a lei que instituir o plano plurianual estabelecerá, de forma regionalizada, as diretrizes, objetivos e metas da administração pública federal para as despesas de capital e outras delas decorrentes e para as relativas aos programas de duração continuada. Por essa razão, a alternativa "B" é a correta.

Gabarito "B"

(Procurador da Fazenda Nacional – 2004 – ESAF) O estudo da evolução dos contornos normativos dados ao orçamento pelo direito brasileiro indica-nos as caudas orçamentárias, combatidas tanto por Artur Bernardes como por Rui Barbosa, e que possibilitavam a inclusão de variados assuntos em disposições orçamentárias, a exemplo da lei do orçamento vetada em janeiro de 1922 pelo então presidente Epitácio Pessoa. No modelo atual, as caudas orçamentárias

(A) são autorizadas, por conta de adequação dos gastos com o plano plurianual, guardados limites para contratação de operações de crédito, nos termos de lei complementar.

(B) são autorizadas, devido a dispositivo que permite inclusão de créditos e despesas até trinta dias após o encerramento de cada bimestre, mediante relatório resumido da execução orçamentária, nos termos da lei.

(C) são absolutamente proibidas, por meio de vedação implícita, decorrente de incompatibilização com o plano plurianual, cuja função não se vincula a mecanismos de redução de desigualdades inter-regionais, segundo critério populacional, nos termos de lei complementar.

(D) são absolutamente proibidas, dada a vedação de dispositivo estranho à previsão da receita e à fixação da despesa na lei orçamentária plurianual, em qualquer circunstância, nos termos de lei complementar.

(E) são proibidas, por causa da vedação da lei orçamentária anual de conter dispositivo estranho à previsão da receita e à fixação da despesa, embora não se incluam na proibição a autorização para abertura de créditos suplementares e contratações de operações de crédito, ainda que por antecipação de receita, nos termos da lei.

O conteúdo formal da LOA é bastante restrito, devendo ater-se à previsão de receita e à fixação da despesa (são vedadas as matérias estranhas, as chamadas "caudas orçamentárias"). Excepcionalmente, admite-se apenas a autorização para abertura de créditos suplementares e a contratação de operações de crédito, ainda que por antecipação de receita – art. 165, § 8º, da CF. Por essa razão, a alternativa "E" é a correta.

Gabarito "E"

(Procurador da Fazenda Nacional – 2004 – ESAF) De acordo com a Lei Complementar nº101, de 4 de maio de 2000, integrarão as despesas da União e serão incluídas na lei orçamentária

(A) as despesas com pessoal do governo do Distrito Federal, ressalvando-se o limite de 50% de comprometimento dos percentuais da receita corrente líquida.

(B) as despesas do Banco Central do Brasil relativas a pessoal e encargos sociais, custeio administrativo, inclusive os destinados a benefícios e assistência aos servidores, e a investimentos.

(C) as despesas referentes à reserva de contingência, cuja forma de utilização e montante, definida com base nas subvenções sociais e na constituição dos fundos rotativos das inversões financeiras, será calculada conforme estabelecido na lei de diretrizes orçamentárias.

(D) a atualização monetária do principal da dívida mobiliária refinanciada, excetuando-se despesas de custeio, juros da dívida pública fundada externa e interna e as transferências correntes para as entidades internacionais.

(E) os créditos com finalidade imprecisa ou com dotação ilimitada, referentes aos transportes ferroviário, rodoviário, aeroviário, por dutos, urbano, além de navegação marítima e de interior.

A: incorreta, pois as despesas da União como pessoal do Distrito Federal (art. 21, XIII e XIV, da CF) entram no cômputo do limite de gasto federal com pessoal, fixado em 3% (três pontos percentuais) do total de 40,9% previstos no art. 20, I, *c*, da LRF; **B:** correta, nos exatos termos do art. 5º, § 6º, da LRF; **C:** incorreta, pois o montante da reserva de contingência será definido com base na receita corrente líquida – art. 5º, III, da LRF; **D:** incorreta, pois todas as despesas relativas à dívida pública, mobiliária ou contratual, e as receitas que as atenderão, constarão da lei orçamentária anual – art. 5º, § 1º, da LRF; **E:** incorreta, pois o art. 5º, § 4º, da LRF veda expressamente consignar na lei orçamentária crédito com finalidade imprecisa ou com dotação ilimitada. Ver também o art. 167, VII, da CF.

Gabarito "B"

4. LEI DE RESPONSABILIDADE FISCAL – LRF

(Procurador da Fazenda Nacional – 2007.2 – ESAF) A Lei de Responsabilidade Fiscal – LRF estabelece normas de finanças públicas voltadas para a responsabilidade na gestão fiscal. Entre as normas da LRF, não se inclui:

(A) a inexistência de estimativa do impacto orçamentário-financeiro e de demonstração da origem dos recursos para as despesas destinadas ao serviço da dívida.

(B) a proibição de que o Banco Central do Brasil emita títulos de dívida pública a partir de dois anos após a publicação da LRF.

(C) a necessidade de estimativa do impacto orçamentário-financeiro para redução da alíquota do IPI.

(D) a nulidade do ato de que resulte aumento da despesa com pessoal nos cento e oitenta dias anteriores ao final do mandato do titular do respectivo Poder ou órgão.

(E) a vedação da realização de operação de crédito entre uma instituição financeira estatal e o ente da Federação que a controle, na qualidade de beneficiário do empréstimo.

A: arts. 4º, § 1º, e 5º, § 1º, ambos da LRF; **B:** art. 34 da LRF; **C:** a redução de alíquota do IPI, com intuito extrafiscal e realizada nos termos do art. 153, § 1º, da CF, não exige estimativa de impacto orçamentário-financeiro; **D:** art. 21, parágrafo único, da LRF; **E:** art. 36 da LRF.

Gabarito "C"

(Procurador da Fazenda Nacional – 2007.2 – ESAF) Ainda sobre a Lei de Responsabilidade Fiscal - LRF, assinale a opção incorreta.

(A) Compete ao Ministério da Fazenda verificar o cumprimento dos limites e condições relativos à realização de operações de crédito de cada ente da Federação, inclusive das empresas por eles controladas, direta ou indiretamente.

(B) Os entes poderão conceder garantia em operações de crédito internas ou externas, observados o disposto na LRF e, no caso da União, também os limites e as condições estabelecidos pelo Senado Federal.

(C) As sanções de suspensão de transferências voluntárias constantes da LRF não se aplicam a ações de educação, saúde e assistência social.

(D) A captação de recursos a título de antecipação de receita de tributo ou contribuição cujo fato gerador já tenha ocorrido é equiparada a operação de crédito.

(E) Compete privativamente ao Senado Federal autorizar operações externas de natureza financeira, de interesse da União, dos Estados, do Distrito Federal, dos Territórios e dos Municípios.

A: correta. Art. 32 da LRF; **B:** correta. Art. 40 da LRF; **C:** correta. Art. 25, § 3º, da LRF; **D:** incorreta. A antecipação de receita referente a tributo cujo fato gerador ainda não tenha ocorrido equipara-se a operação de crédito e é vedada, com exceção da substituição tributária "para frente" (art. 37, I, da LRF); **E:** correta. art. 52, V, da CF.

Gabarito "D"

(Procurador da Fazenda Nacional – 2006 – ESAF) Nos termos da Lei Complementar n. 101, de 4 de maio de 2000, os dispositivos que indicam vedação de renúncia, a exemplo de anistia, remissão, subsídio, crédito presumido, concessão de isenção de caráter não geral, alteração de alíquota ou modificação de base de cálculo que implique redução discriminada de tributos, não se aplicam, quanto à alteração de alíquotas:

(A) aos impostos de propriedade territorial rural, de renda e de proventos de qualquer natureza e de transmissão *causa mortis* e doação, de quaisquer bens ou direitos.

(B) aos impostos de propriedade de veículo automotores, aos impostos extraordinários de guerra e aos impostos de renda e de proventos de qualquer natureza.

(C) aos impostos de importação de produtos estrangeiros, de exportação, para o exterior, de produtos nacionais ou nacionalizados, de produtos industrializados e de operações de crédito, câmbio e seguro, ou relativas a títulos ou valores mobiliários.

(D) aos impostos sobre grandes fortunas, sobre propriedade predial e territorial urbana e sobre transmissão *inter vivos*, a qualquer título, por ato oneroso, de bens móveis, por natureza ou acessão física, e de direitos reais sobre imóveis.

(E) aos impostos sobre serviços de qualquer natureza, bem como ao imposto sobre renda e proventos de qualquer natureza.

As condições para concessão ou ampliação de benefícios fiscais fixadas pelo art. 14 da LRF não se aplicam às alterações das alíquotas do imposto de importação, imposto de exportação, IPI e IOF realizadas pelo Executivo nos termos do art. 153, § 1º, da CF – art. 14, § 3º, I, da LRF. Por essa razão, a alternativa "C" é a correta.

Gabarito "C"

5. RECEITAS

(Procurador da Fazenda Nacional – 2004 – ESAF) Uma abordagem dos tributos, em relação à receita pública e à teoria dos ingressos públicos, indica-nos que as receitas tributárias classificam-se como

(A) receitas derivadas.

(B) receitas originárias.

(C) receitas de economia privada.

(D) receitas de direito privado a título oneroso.

(E) receitas de direito público a título voluntário.

Os tributos correspondem a receitas derivadas, decorrentes de imposição legal. Por essa razão, a alternativa "A" é a correta.

Gabarito "A"

(Procurador da Fazenda Nacional – 2004 – ESAF) Consoante a redação da Lei nº 6.830, de 22 de setembro de 1980, constituem dívida ativa da fazenda pública, exceto

(A) a dívida definida como tributária na Lei nº 4.320, de 17 de março de 1964.

(B) a dívida definida como não tributária na Lei nº 4.320, de 17 de março de 1964.

(C) qualquer valor, cuja cobrança seja atribuída por lei aos Estados.

(D) qualquer valor, cuja cobrança seja atribuída por lei às estatais e às sociedades de economia mista.

(E) qualquer valor, cuja cobrança seja atribuída por lei às autarquias federais.

Constitui dívida ativa da fazenda pública aquela definida como tributária ou não tributária na Lei nº 4.320/1964. Qualquer valor, cuja cobrança seja atribuída por lei à União, aos Estados, ao Distrito Federal, aos Municípios e às respectivas autarquias, será considerado dívida ativa da fazenda pública. A dívida ativa, compreendendo a tributária e a não tributária, abrange atualização monetária, juros e multa de mora e demais encargos previstos em lei ou contrato – art. 2º, *caput* e §§ 1º e 2º, da Lei 6.830/1980. Por essas razões, a alternativa "D" deve ser indicada, pois somente os valores cobrados pelos entes políticos e suas autarquias integram a dívida ativa da fazenda pública.

Gabarito "D"

6. RENÚNCIA DE RECEITA

(Procurador da Fazenda Nacional – 2007 – ESAF) Isenção, anistia e remissão constituem:

(A) medidas que asseguram o princípio da isonomia perante a legislação infraconstitucional.

(B) privilégios da receita pública que podem ser concedidos pela Fazenda Nacional e/ou pelo Tesouro Nacional em razão do exercício do poder discricionário de que são titulares para execução orçamentária.

(C) medidas que afetam a receita pública e, por isso, só podem ser concedidas mediante redução das correspondentes despesas.

(D) medidas voltadas para implementar o crescimento econômico porque impõem a redução da despesa pública, constituindo-se em instrumentos de atuação do Estado sobre o domínio econômico.

(E) institutos do direito tributário cuja interferência na execução do orçamento público apenas se verifica legitimamente após expressa manifestação do Poder Judiciário sobre a constitucionalidade da Lei que as institui em cada caso.

A: incorreta. Assegurar o princípio da isonomia não é função essencial desses benefícios, especialmente no caso dos perdões (anistia e remissão) que, em geral, têm sentido inverso (contrário à isonomia); **B:** incorreta. Os benefícios fiscais dependem de lei específica – art. 150, § 6º, da CF; **C:** correta. O impacto negativo do benefício fiscal na receita deve ter sido considerado na LOA e não pode prejudicar as metas da LDO, ou deve vir acompanhado de medida compensatória, nos termos do art. 14, I e II, da LRF (apesar de não ser precisa, a alternativa C é a melhor, por exclusão das demais); **D:** correta. Os benefícios fiscais não impõem, necessariamente, redução das despesas (podem ser compensados pelo aumento de arrecadação com outros tributos, por exemplo); **E:** incorreta. O controle pelo Judiciário é eventual, posterior, depende de impulso e não é requisito de validade do benefício fiscal.

Gabarito "C"

7. DESPESAS

(Procuradoria Distrital – 2007 – ESAF) Assinale a opção correta. As despesas públicas são aplicações em dinheiro de recursos arrecadados pelo Estado com o objetivo de prover os serviços de ordem pública ou atender ao próprio desenvolvimento econômico do Estado. Elas, segundo o ordenamento doutrinário jurídico, obedecem a determinados requisitos, a saber:

(A) generalidade, impessoalidade, aprovação pelo Poder Executivo, razoabilidade, proporcionalidade, discricionariedade e controle interno.

(B) utilidade, legitimidade, discussão pública, possibilidade contributiva, oportunidade, hierarquia de gastos e estipulação por lei.

(C) pessoalidade, eficiência, publicidade, controle externo, sociabilidade, praticidade e progressividade.

(D) transparência, autorização, praticidade, operosidade, ética, impulso oficial e sociabilidade.

(E) veracidade, ética, impulso oficial, verdade real, moralidade, controle externo e adequabilidade.

A: incorreta. A despesa é autorizada pelo Legislativo (por meio da LOA) e realizada pelo Executivo; **B:** correta. A alternativa indica requisitos e diretrizes para a despesa pública; **C:** incorreta. A despesa deve ser impessoal (não pessoal); D e **E:** incorretas. Impulso oficial não é requisito da despesa pública.

Gabarito "B"

Veja as seguintes tabelas, para estudo e memorização da discriminação da despesa por elementos, conforme as categorias econômicas – art. 13 da Lei 4.320/1964:

DESPESAS CORRENTES	Despesas de Custeio	Pessoa Civil Pessoal Militar Material de Consumo Serviços de Terceiros Encargos Diversos
	Transferências Correntes	Subvenções Sociais Subvenções Econômicas Inativos Pensionistas Salário-Família e Abono Familiar Juros da Dívida Pública Contribuições de Previdência Social Diversas Transferências Correntes

DESPESAS DE CAPITAL	Investimentos	- Obras Públicas - Serviços em Regime de Programação Especial - Equipamentos e Instalações - Material Permanente - Participação em Constituição ou Aumento de Capital de Empresas ou Entidades Industriais ou Agrícolas
	Inversões Financeiras	- Aquisição de Imóveis -Participação em Constituição ou Aumento de Capital de Empresas ou Entidades Comerciais ou Financeiras - Aquisição de Títulos Representativos de Capital de Empresa em Funcionamento - Constituição de Fundos Rotativos - Concessão de Empréstimos - Diversas Inversões Financeiras
	Transferências de Capital	- Amortização da Dívida Pública - Auxílios para Obras Públicas - Auxílios para Equipamentos e Instalações - Auxílios para Inversões Financeiras - Outras Contribuições

(Procurador da Fazenda Nacional – 2004 – ESAF) Na redação da Lei nº 4.320, de 17 de março de 1964, as despesas são classificadas em categorias econômicas de despesas correntes e despesas de capital. Entre as despesas correntes classificam-se as transferências correntes, definidas como as dotações

(A) para manutenção de serviços anteriormente criados, inclusive as destinadas a atender a obras de conservação e adaptação de bens imóveis.

(B) para as despesas às quais não corresponda contraprestação direta em bens ou serviços, inclusive para contribuições e subvenções destinadas a atender à manifestação de outras entidades de direito público ou privado.

(C) destinadas à aquisição de títulos representativos do capital de empresas ou entidades de qualquer espécie, já constituídas, quando a operação não importe em aumento de capital.

(D) destinadas para constituição ou aumento de capital de entidades ou empresas que visem objetivos comerciais ou financeiros, inclusive operações bancárias e de seguros.

(E) para o planejamento e a execução de obras, inclusive as destinadas à aquisição de imóveis considerados necessários à realização destas últimas, bem como para os programas especiais de trabalho, aquisição de instalações, equipamentos e material.

Nos termos do art. 12, § 2º, da Lei 4.320/1964, classificam-se como transferências correntes as dotações para despesas as quais não corresponda contraprestação direta em bens ou serviços, inclusive para contribuições e subvenções destinadas a atender à manifestação de outras entidades de direito público ou privado. Por essa razão, a alternativa "B" é a correta.

Gabarito "B".

8. EXECUÇÃO ORÇAMENTÁRIA, CRÉDITOS ADICIONAIS

(Procurador da Fazenda Nacional – 2006 – ESAF) O empenho de despesa, nos termos da Lei n. 4.320, de 17 de março de 1964,

(A) é ato emanado de autoridade competente que cria para o Estado obrigação de pagamento pendente ou não de implemento de condição.

(B) é ato emanado do Presidente do Tribunal de Contas que cria para o fiscalizado obrigação de pagamento imediato.

(C) é ato de iniciativa do Chefe do Poder Executivo, que detém competência exclusiva para tal, e que não depende de posterior avaliação do Tribunal de Contas.

(D) é ato extraordinário, que decorre de circunstâncias específicas, enumeradas pela lei, e que visam atender emergências.

(E) é ato ordinário, de competência de todo agente público, que não cria para o Estado obrigação de pagamento, dado que vinculado a controle prévio do Tribunal de Contas.

Nos termos do art. 58 da Lei 4.320/1964, empenho de despesa é o ato emanado de autoridade competente que cria para o Estado obrigação de pagamento pendente ou não de implemento de condição. Por essa razão, a alternativa "A" é a correta.

Gabarito "A".

9. OPERAÇÕES DE CRÉDITO, DÍVIDA PÚBLICA

(Procurador da Fazenda Nacional – 2003 – ESAF) A competência privativa para fixar limites globais para o montante da dívida consolidada da União, dos Estados, do Distrito Federal e dos Municípios pertence ao:

(A) Tribunal de Contas da União

(B) Banco Central

(C) Presidente da República
(D) Congresso Nacional
(E) Senado Federal

Compete privativamente ao Senado Federal, em relação às operações de crédito público e ao endividamento: (i) autorizar operações externas de natureza financeira, de interesse da União, dos Estados, do Distrito Federal, dos Territórios e dos Municípios, (ii) fixar, por proposta do Presidente da República, limites globais para o montante da dívida consolidada da União, dos Estados, do Distrito Federal e dos Municípios, (iii) dispor sobre limites globais e condições para as operações de crédito externo e interno da União, dos Estados, do Distrito Federal e dos Municípios, de suas autarquias e demais entidades controladas pelo Poder Público federal, (iv) dispor sobre limites e condições para a concessão de garantia da União em operações de crédito externo e interno e (v) estabelecer limites globais e condições para o montante da dívida mobiliária dos Estados, do Distrito Federal e dos Municípios – art. 52, V a IX, da CF. Por essa razão, a alternativa "E" é a correta.

Gabarito "E"

(Procurador da Fazenda Nacional – 2003 – ESAF) Sobre empréstimos públicos, marque com **V** a assertiva verdadeira e com **F** a falsa, assinalando em seguida a opção correspondente.

( ) Assim como a União, Estados, Municípios e Distrito Federal podem adquirir empréstimos, mediante a emissão de títulos.
( ) No caso de empréstimo a Estado, Distrito Federal ou Município, é vedada a concessão de aval pelo Governo Federal.
( ) É vedada a concessão de empréstimos, pelo Governo Federal, para pagamento de despesas com pessoal dos Estados, do Distrito Federal e dos Municípios.
( ) Compete à União estabelecer a política a respeito dos empréstimos públicos e, bem assim, fiscalizar as operações realizadas.

(A) V, V, V, V
(B) V, F, F, V
(C) F, V, V, F
(D) V, F, V, V
(E) F, F, F, F

1: correta, devendo ser observados os limites e as condições fixados pelo Senado Federal relativos à dívida mobiliária – art. 52, IX, da CF; 2: incorreta, pois a União pode garantir a operação de crédito, devendo exigir contragarantia do ente que toma o empréstimo – art. 40, *caput* e § 1º, da LRF; 3: correta, pois o art. 167, X, da CF veda expressamente a transferência voluntária de recursos e a concessão de empréstimos, inclusive por antecipação de receita, pelos governos federal e estaduais e suas instituições financeiras, para pagamento de despesas com pessoal ativo, inativo e pensionista, dos Estados, do Distrito Federal e dos Municípios; 4: correta, conforme os arts. 22, VII, 48, II, e 52, V a IX, da CF.

Gabarito "D"

10. PRECATÓRIOS

(Procurador da Fazenda Nacional – 2003 – ESAF) Em se tratando de precatórios, é correto afirmar que:

(A) devem ser apresentados até 1º de julho para que o pagamento seja realizado até o final do exercício seguinte.
(B) constituem requisição, feita por juiz de primeiro grau, de verba necessária para o pagamento do crédito de alguém perante pessoa política, em face de decisão judicial.
(C) incorre em crime comum o Presidente do Tribunal que aja com culpa ou dolo, retardando ou tentando frustrar a sua liquidação regular.
(D) o credor preterido do seu direito de precedência, relativamente à ordem cronológica de sua apresentação, poderá requerer ao juiz que proferiu a decisão exequenda que determine o sequestro da quantia necessária à satisfação do seu crédito.
(E) a ordem cronológica de sua apresentação deve ser rigorosamente respeitada, para efeito dos pagamentos devidos por pessoas políticas, independentemente do valor das obrigações.

A: correta. Os precatórios apresentados após 1º de julho serão incluídos no projeto de lei orçamentária a ser elaborado no ano seguinte, para vigorar, portanto, somente no segundo ano seguinte – art. 100, § 5º, da CF; **B:** incorreta, pois o precatório é requisição feita pelo presidente do Tribunal – art. 100, §§ 6º e 7º, da CF; **C:** incorreta, pois se trata de crime de responsabilidade – art. 100, § 7º, da CF; **D:** incorreta, pois o pedido de sequestro é feito ao presidente do Tribunal, a quem compete analisa-lo e, se for o caso, determinar o sequestro – art. 100, § 6º, *in fine*, da CF; **E:** incorreta, pois devem ser pagas imediatamente, fora da sistemática dos precatórios, as obrigações definidas em leis como de pequeno valor, nos termos do art. 100, § 3º, da CF.

Gabarito "A"

(Procurador da Fazenda Nacional – 2004 – ESAF) (Adaptada) Segundo a doutrina, precatório ou ofício precatório é a solicitação que o Juiz de primeiro grau faz ao Presidente do Tribunal respectivo para que este requisite a verba necessária para o pagamento de algum credor perante a União, o Estado, o Distrito Federal ou o Município, em face de decisão judicial. A matéria é disciplinada pelo artigo 100 da Constituição Federal de 1988 e foi objeto da Emenda Constitucional de número 62, de 09 de dezembro de 2009 e que, entre outros, de acordo com a redação do texto constitucional,

(A) definiu os débitos de natureza alimentícia como os que compreendem aqueles decorrentes de salários, de vencimentos, de proventos, de pensões e suas complementações e de benefícios previdenciários e indenizações por morte ou invalidez, fundadas na responsabilidade civil, independentemente do trânsito em julgado da sentença.
(B) vedou a expedição de precatório complementar ou suplementar de valor pago, bem como fracionamento ou repartição de valor, dando fim a critérios que identificavam dívidas de pequeno valor.
(C) extinguiu a previsão de crime de responsabilidade para o Presidente de Tribunal competente que, por ato comissivo ou omissivo, retardasse ou tentasse frustrar a liquidação regular de precatório.
(D) tornou obrigatória a inclusão, no orçamento das entidades de direito público, de verba necessária ao pagamento de seus débitos oriundos de

sentenças transitadas em julgado, constantes de precatórios judiciários, apresentados até 1º de julho, fazendo-se o pagamento até o final do exercício seguinte, quando terão seus valores atualizados monetariamente.

(E) determinou que as dotações orçamentárias e os créditos abertos serão consignados diretamente ao Poder Judiciário, cabendo ao Presidente do Tribunal que proferir a decisão exequenda determinar o pagamento de acordo com a ordem decrescente de valores e autorizar, a requerimento do credor, o adiantamento de parcelas a título de salários, vencimentos e demais verbas alimentícias.

A: incorreta, pois somente após o trânsito em julgado da sentença é que será emitido precatório – art. 100, § 5º, da CF; **B:** incorreta, pois os pagamentos de pequenos valores, conforme definidos em lei, são pagos imediatamente, sem se subordinar à sistemática dos precatórios – art. 100, § 3º, da CF – são as requisições de pequenos valores – RPV. Entretanto, é realmente vedada a expedição de precatórios complementares ou suplementares de valor pago, bem como o fracionamento, a repartição ou a quebra do valor da execução para fins de enquadramento de parcela do total como RPV – art. 100, § 8º, da CF; **C:** incorreta, pois há crime de responsabilidade do presidente do Tribunal nesse caso – art. 100, § 7º, da CF; **D:** essa é a correta, pois reflete o disposto no art. 100, § 5º, da CF; **E:** incorreta, pois o presidente do Tribunal determinará o pagamento na ordem cronológica de apresentação dos precatórios, sem quebra ou preferências – art. 100, § 6º, da CF.

Gabarito "D"

11. CONTROLE, FISCALIZAÇÃO, TRIBUNAIS DE CONTAS

(Procurador da Fazenda Nacional – 2007 – ESAF) O Tribunal de Contas, como órgão auxiliar do controle externo da fiscalização contábil, financeira, orçamentária, operacional e patrimonial da União, a cargo do Congresso Nacional,

(A) com base no princípio da economicidade, toma em consideração a relação custo/benefício no fornecimento de serviços públicos, em vista da despesa para tanto realizada.

(B) não está autorizado ao controle das premissas constitucionais das decisões de política financeira, fiscal e econômica.

(C) tem legitimidade para as decisões políticas, *ex vi* do disposto no artigo 74, § 2º, apenas quando lhe for feita denúncia de irregularidades ou ilegalidades.

(D) pode apreciar a constitucionalidade das leis e dos atos do Poder Público, como reza a Súmula 347 do STF, do que resulta exercer função jurisdicional.

(E) em vista da disposição do artigo 73 da Constituição Federal e da natureza técnica dos julgamentos das contas, as suas decisões não podem juridicamente ser objeto de revisão pelo Poder Judiciário.

A: correta. A economicidade refere-se à boa relação entre custo (despesa pública) e benefício (resultado em favor do interesse público); **B:** incorreta. O controle externo abrange a análise de legitimidade, o que inclui a motivação do agente público e a finalidade de seus atos – art. 70 da CF; **C:** incorreta. O Tribunal de Contas pode investigar e punir irregularidades e ilegalidades por impulso próprio (de ofício) – art. 71, IV, VIII e IX, da CF; D e **E:** incorretas. Apesar de disposto na Súmula 347/STF, entende-se que o Tribunal de Contas não exerce jurisdição no sentido estrito da palavra (apenas "jurisdição administrativa"), pois seus atos podem ser revistos pelo Judiciário (não fazem coisa julgada – ver Súmula 6/STF e art. 5º, XXXV, da CF).

Gabarito "A"

(Procurador da Fazenda Nacional – 2004 – ESAF) De acordo com a redação dada pela Emenda Constitucional nº 40, de 29 de maio de 2003, a fiscalização financeira da administração pública direta e indireta será disposta por

(A) lei complementar.

(B) lei ordinária.

(C) lei delegada.

(D) decreto legislativo.

(E) resolução do Senado.

Cabe à lei complementar federal dispor sobre a fiscalização financeira da administração pública direta e indireta, conforme o art. 163, V, da CF, com a redação dada pela EC 40/2003. Por essa razão, a alternativa "A" é a correta.

Gabarito "A"

12. OUTROS TEMAS E COMBINADOS

(Procurador da Fazenda Nacional – 2007 – ESAF) Assinale a opção correta.

(A) A expressão "vinculação de receita orçamentária" tem o significado de forma especial de garantia criada para suportar a execução judicial contra a Fazenda Pública, mediante a prévia especialização do direito a ser penhorado, quando inadimplente o ente público devedor da operação de crédito.

(B) O artigo 816 do Código Civil, que atribuiu tutela jurisdicional aos contratos diferenciais cujo objeto sejam títulos de bolsa, mercadorias ou valores, eliminou a discussão sobre a legitimidade da participação das instituições financeiras controladas pelo Poder Público em operações com ouro ou moedas estrangeiras nos mercados futuros.

(C) A disposição do artigo 1.479 do antigo Código Civil não implicava qualquer restrição ou dúvida sobre a legitimidade da participação de instituições financeiras oficiais em operações com ouro ou moedas estrangeiras nos mercados futuros.

(D) As instituições financeiras privatizadas, a despeito do disposto no artigo 164, § 3º, da Constituição do Brasil, têm assegurado o direito de continuarem a ser depositárias das disponibilidades financeiras dos entes públicos que as controlavam, porque, no caso, há direito adquirido e, assim, tutelado pelo artigo 5º, inciso XXXVI, da Constituição do Brasil.

(E) As operações de crédito por antecipação da receita orçamentária constituem modalidade contratual cujas obrigações devem ser liquidadas apenas até o montante realizado das receitas da arrecadação tributária orçada que deu causa à obtenção da operação de crédito, e o saldo, para cujo pagamento inexistir receita corrente realizada, deve ser inscrito juntamente com tais receitas como “restos a pagar”.

A: a vinculação de receita é vedada apenas com relação aos impostos, nos termos e com as exceções do art. 167, IV, da CF. Assim, a possibilidade de vinculação de receita não se restringe à garantia para operações de crédito (§ 4º do dispositivo); **B** e **C:** o art. 816 do CC afastou a dúvida oriunda da interpretação dada ao art. 1.479 do CC/1916; **D:** o STF entendeu que as instituições financeiras privatizadas não se equiparam às instituições oficiais, para fins dos depósitos públicos previstos no art. 164, § 3º, da CF; **E:** as operações de crédito por antecipação de receita orçamentária (ARO) devem ser liquidadas (pagas) integralmente até o dia 10 de dezembro do exercício em que foram contratadas – art. 38, II, da LRF.

Gabarito “B”

(Procurador da Fazenda Nacional – 2003 – ESAF) Marque com **V** a assertiva verdadeira e com **F** a falsa, assinalando em seguida a opção correspondente.

( ) De acordo com o princípio da universalidade, que não comporta exceções, todas as despesas e receitas devem estar previstas na lei orçamentária anual.

( ) O plano plurianual, que define o planejamento das atividades governamentais, limita-se às despesas de capital e às delas decorrentes e, bem assim, às relativas aos programas de duração continuada.

( ) A lei de diretrizes orçamentárias deverá dispor sobre as alterações na legislação tributária.

( ) Depois de enviados ao Congresso Nacional, o Presidente da República não poderá propor modificações nos projetos de lei relativos ao plano plurianual, às diretrizes orçamentárias e ao orçamento anual.

(A) V, V, V, V
(B) V, F, F, V
(C) F, V, V, F
(D) V, F, V, V
(E) F, F, F, F

1: incorreta, pois o art. 3º, parágrafo único, da Lei 4.320/1964 admite que não sejam incluídas na LOA as receitas relativas a operações de crédito por antecipação da receita, emissões de papel-moeda e outras entradas compensatórias, no ativo e passivo financeiros; **2:** correta, pois o PPA estabelecerá, de forma regionalizada, as diretrizes, objetivos e metas da administração pública federal para as despesas de capital e outras delas decorrentes e para as relativas aos programas de duração continuada – art. 165, § 1º, da CF; **3:** correta, pois a LDO compreenderá as metas e prioridades da administração pública federal, incluindo as despesas de capital para o exercício financeiro subsequente, orientará a elaboração da lei orçamentária anual, disporá sobre as alterações na legislação tributária e estabelecerá a política de aplicação das agências financeiras oficiais de fomento – art. 165, § 2º, da CF; **4:** incorreta, pois o Presidente poderá enviar mensagem ao Congresso Nacional para propor modificação nos projetos a que se refere este artigo enquanto não iniciada a votação, na Comissão mista, da parte cuja alteração é proposta – art. 166, § 5º, da CF.

Gabarito “C”

17. DIREITO ECONÔMICO

Robinson Sakiyama Barreirinhas e Henrique Subi

1. PRINCÍPIOS GERAIS DA ATIVIDADE ECONÔMICA

(Procurador da Fazenda Nacional – 2007.2 – ESAF) São princípios da ordem econômica na Constituição Federal de 1988:

(A) a defesa do meio ambiente e a busca do pleno emprego.
(B) a defesa do consumidor e o tratamento favorecido às empresas de capital nacional.
(C) a função social da propriedade e a aposentadoria integral para os servidores públicos.
(D) a livre concorrência e a proteção da propriedade comunitária.
(E) a redução das desigualdades regionais e a intervenção do Estado nas atividades de transporte.

A: assertiva correta, conforme o art. 170, VI e VIII, da CF; **B:** o tratamento favorecido às empresas de capital nacional não é mais princípio orientador da ordem econômica – art. 170, IX, da CF, com a redação dada pela EC 6/1995; **C:** a aposentadoria integral dos servidores não é princípio orientador da ordem econômica; **D:** a proteção da propriedade privada (não comunitária) é princípio orientador da ordem econômica – art. 170, II, da CF; **E:** a intervenção do Estado nas atividades de transporte não é princípio orientador da ordem econômica.

Gabarito "A".

(Procurador da Fazenda Nacional – 2007 – ESAF) Constituem monopólio da União, exceto:

(A) a pesquisa e a lavra das jazidas de petróleo e gás natural e outros hidrocarbonetos fluidos.
(B) a refinação do petróleo nacional ou estrangeiro, que poderá ser contratada com empresas estatais ou privadas.
(C) a navegação de cabotagem entre portos localizados no mar territorial brasileiro.
(D) o transporte marítimo do petróleo bruto de origem nacional ou de derivados básicos de petróleo produzidos no País.
(E) a pesquisa e o comércio de minérios e minerais nucleares e seus derivados.

A: art. 177, I, da CF; **B:** art. 177, II, e § 1º, da CF; **C:** não há monopólio no que se refere à navegação de cabotagem; **D:** art. 177, IV, da CF; **E:** art. 177, V, da CF.

Gabarito "C".

(Procurador da Fazenda Nacional – 2006 – ESAF) Nos termos da Constituição, a ordem econômica, fundada na valorização do trabalho humano e na livre-iniciativa, tem por fim assegurar a todos existência digna, conforme os ditames da justiça social, observados os seguintes princípios:

(A) obediência aos tratados internacionais de que o Brasil seja signatário, propriedade privada, função social da propriedade, livre concorrência, defesa do consumidor, defesa do meio ambiente, inclusive mediante tratamento diferenciado conforme o impacto ambiental dos produtos e serviços e de seus processos de elaboração e prestação, redução das desigualdades regionais e sociais, busca do pleno emprego, tratamento favorecido para as empresas de pequeno porte constituídas sob as leis brasileiras e que tenham sua sede e administração no País.
(B) soberania nacional, propriedade privada, função social da propriedade, livre concorrência, defesa do consumidor, defesa do meio ambiente, inclusive mediante tratamento diferenciado conforme o impacto ambiental dos produtos e serviços e de seus processos de elaboração e prestação, redução das desigualdades regionais e sociais, busca do pleno emprego, tratamento favorecido para as empresas de pequeno porte constituídas sob as leis brasileiras e que tenham sua sede e administração no País.
(C) defesa intransigente do patrimônio nacional, propriedade privada, função social da propriedade, livre concorrência, defesa do consumidor, defesa do meio ambiente, inclusive mediante tratamento diferenciado conforme o impacto ambiental dos produtos e serviços e de seus processos de elaboração e prestação, redução das desigualdades regionais e sociais, busca do pleno emprego, tratamento favorecido para as empresas de pequeno porte constituídas sob as leis brasileiras e que tenham sua sede e administração no País.
(D) soberania nacional, propriedade privada, função social da propriedade, livre concorrência, direitos humanos, defesa do consumidor, defesa do meio ambiente, inclusive mediante tratamento diferen-

ciado conforme o impacto ambiental dos produtos e serviços e de seus processos de elaboração e prestação, redução das desigualdades regionais e sociais, busca do pleno emprego, tratamento favorecido para as empresas de pequeno porte constituídas sob as leis brasileiras e que tenham sua sede e administração no País.

(E) soberania nacional, propriedade privada, função social da propriedade, livre concorrência, defesa do consumidor, defesa do meio ambiente, inclusive mediante tratamento diferenciado conforme o impacto ambiental dos produtos e serviços e de seus processos de elaboração e prestação, redução das desigualdades regionais e sociais, busca do pleno emprego, tratamento favorecido para as empresas de pequeno e médio porte constituídas sob as leis brasileiras e que tenham sua sede e administração no País.

Correta a alternativa "B", única que traz todos os princípios da ordem econômica previstos no art. 170 da CF.

Gabarito "B".

(Procurador da Fazenda Nacional – 2006 – ESAF) A exploração direta da atividade econômica pelo Estado, ressalvados os casos previstos na Constituição, só é permitida quando necessária aos imperativos da segurança nacional ou a relevante interesse coletivo. Assinale a opção correta.

(A) As empresas públicas e sociedades de economia mista, bem como suas subsidiárias, possuem regime jurídico próprio, que prevalece sobre o regime jurídico aplicável às empresas privadas.

(B) Às empresas públicas, às sociedades de economia mista e às suas subsidiárias não se aplicam os princípios da administração pública.

(C) Nos conselhos de administração e fiscais das sociedades de economia mista, não se admite a participação de acionistas minoritários.

(D) Todas as atividades que constituem monopólio da União podem ser realizadas tanto por empresas estatais como por empresas privadas.

(E) Certas atividades que constituem monopólio da União somente podem ser realizadas por empresas estatais.

A: incorreta. As empresas públicas e sociedades de economia mista possuem regime jurídico híbrido, composto majoritariamente das normas de direito privado, porém, sem desconsiderar vinculações ao regime jurídico da Administração Pública por determinação constitucional (dever de licitar e prestação de contas ao Tribunal de Contas, por exemplo – art. 173, § 1º, da CF); **B:** incorreta. Os princípios da Administração Pública aplicam-se à Administração Direta e Indireta (art. 37, *caput*, da CF); **C:** incorreta. As sociedades de economia mista adotam, necessariamente, o tipo de sociedade anônima, sendo-lhes aplicável, portanto, a Lei nº 6.404/1976. O art. 141 deste diploma legal garante o direito de eleição de um membro do conselho de administração pelos acionistas minoritários, o mesmo ocorrendo com o conselho fiscal (art. 161); **D:** incorreta. As atividades relacionadas com minerais nucleares, com exceção dos radioisótopos que a lei autorize a exploração por meio de permissão, devem ser realizadas diretamente pela União (art. 177, V, da CF); **E:** correta. Vide comentário anterior.

Gabarito "E".

(Procurador da Fazenda Nacional – 2004 – ESAF) Consoante a Constituição Federal, a lei deverá reprimir o abuso do poder econômico que vise à

(A) dominação dos mercados, à eliminação da concorrência e ao aumento arbitrário dos lucros.

(B) dominação dos mercados, à eliminação da concorrência e ao aumento das desigualdades regionais e sociais.

(C) dominação dos mercados, à eliminação da concorrência e a causar lesão ao meio ambiente.

(D) dominação dos mercados, à eliminação da concorrência e à redução do emprego.

(E) dominação dos mercados, à eliminação da concorrência e ao aumento arbitrário dos preços.

Vide art. 173, § 4º, da CF.

Gabarito "A".

2. SISTEMA FINANCEIRO NACIONAL

(Procurador da Fazenda Nacional – 2007.2 – ESAF) Sobre o Sistema Financeiro Nacional, é correto afirmar:

(A) o sistema financeiro nacional será regulado por leis complementares que disporão, inclusive, sobre a participação do capital estrangeiro nas instituições que o integram.

(B) compete ao Conselho Monetário Nacional julgar recursos contra decisões do Banco Central do Brasil, relativas à aplicação de penalidades por infrações à legislação cambial, de capitais estrangeiros e de crédito rural e industrial.

(C) as infrações aos dispositivos da Lei n. 4.595, de 1964, sujeitam as instituições financeiras, seus diretores, membros de conselhos administrativos, fiscais e semelhantes, mas não os gerentes, às penalidades nela estabelecidas.

(D) o Conselho Monetário Nacional é integrado pelo Ministro da Fazenda, pelo Presidente do Banco do Brasil S.A., pelo Presidente do Banco Nacional de Desenvolvimento Econômico e por 7 (sete) membros nomeados pelo Presidente da República, após aprovação do Senado Federal.

(E) a Comissão de Valores Mobiliários, no âmbito da sua competência específica, não integra o sistema financeiro nacional.

A: correta, conforme disposto no art. 192 da CF; **B:** incorreta, pois não há essa competência – arts. 4º e 10, IX, da Lei 4.595/1964; **C:** incorreta, os gerentes também estão sujeitos às penalidades – art. 44 da Lei 4.595/1964; **D:** incorreta. Atualmente, o CMN é formado apenas pelo Ministro da Fazenda, pelo Ministro do Planejamento e Orçamento e pelo Presidente do Banco Central – art. 8º da Lei 9.069/1995; **E:** incorreta, de acordo os arts. 5º e 8º da Lei 6.385/1976.

Gabarito "A".

3. DIREITO CONCORRENCIAL, LEI ANTITRUSTE

(Procurador da Fazenda Nacional – 2007.2 – ESAF) De acordo com a Lei n. 8.884/94, constituem infração da ordem econômica, exceto:

(A) limitar, falsear ou de qualquer forma prejudicar a livre concorrência ou a livre-iniciativa.

(B) exercer de forma abusiva posição dominante.
(C) aumentar arbitrariamente os lucros.
(D) estipular preços em estrutura de monopólio natural.
(E) dominar mercado relevante de bens ou serviços.

Os arts. 20 e 21 da Lei 8.884/1994 não previam a conduta de estipular preços em estrutura de monopólio natural como caracterizadora de infração da ordem econômica. Os arts. 20 e 21 da Lei 8.884/1994 correspondem ao art. 36 da Lei 12.529/2011.

Gabarito "D"

(Procurador da Fazenda Nacional – 2007.2 – ESAF) Sobre o âmbito da aplicação da Lei n. 8.884/94, pode-se afirmar que:

(A) a Lei n. 8.884 se sobrepõe expressamente a tratados que regulamentem infrações contra a ordem econômica no âmbito do Mercosul.
(B) a Lei n. 8.884 é aplicável exclusivamente à formação de cartéis no território brasileiro, compreendendo este também o mar territorial.
(C) a punição de infrações contra a ordem econômica que transcendam o território nacional está regulamentada por tratados multilaterais.
(D) a repressão às infrações contra a ordem econômica deve ser iniciada exclusivamente pelo Ministério Público Estadual.
(E) a Lei n. 8.884 pode ser aplicável também às práticas cometidas no exterior que produzam efeitos no território brasileiro.

A: não há sobreposição expressa; **B**, **C** e **E:** a LAT aplica-se a qualquer prática que produza ou possa vir a produzir efeitos no país, sem prejuízo de tratados internacionais firmados pelo Brasil – art. 2º; **D:** a repressão às infrações pode ser iniciada por qualquer interessado (art. 29 da Lei 8.884/1994 – correspondente ao art. 47 da Lei 12.529/2011).

Gabarito "E"

(Procurador da Fazenda Nacional – 2007 – ESAF) De acordo com a Lei n. 8.884/94, o Conselho Administrativo de Defesa Econômica é:

(A) Agência autônoma e independente do Poder Executivo, com poder de fiscalização e sanção às infrações da ordem econômica.
(B) Autarquia federal, com jurisdição em todo o território nacional, a quem cabe decidir sobre a existência de infração à ordem econômica.
(C) Agência vinculada à Secretaria de Defesa do Consumidor do Ministério da Justiça, com poder conjunto de repressão às infrações da ordem econômica.
(D) Departamento do Ministério do Desenvolvimento, Indústria e Comércio Exterior, com jurisdição específica sobre conduta desleal de empresas de capital nacional.
(E) Conselho componente da Câmara de Comércio Exterior, com competência exclusiva sobre práticas desleais de comércio internacional.

Nos termos do art. 3º da Lei 8.884/1994 – correspondente ao art. 4º da Lei 12.529/2011, o CADE é autarquia federal, vinculada ao Ministério da Justiça, e órgão judicante com jurisdição em todo o território nacional.

Gabarito "B"

(Procurador da Fazenda Nacional – 2007 – ESAF) De acordo com a Lei n. 8.884/94, somente constituem infrações da ordem econômica os atos que:

(A) sejam especificamente tipificados e limitem a livre concorrência, independentemente de culpa.
(B) levem ao aumento arbitrário de lucros e ao abuso da posição dominante, desde que seja provado o dolo específico do agente.
(C) prejudiquem a livre concorrência e aumentem arbitrariamente os lucros, desde que sejam especificamente tipificados.
(D) levem ao abuso de poder dominante, uma vez comprovado que os atos dolosos que lhe deram causa tenham ocorrido no território nacional.
(E) tenham por objeto exercer de forma abusiva posição dominante, independentemente de culpa.

Constituem infrações contra a ordem econômica os atos que, independentemente de culpa, tenham por objeto ou possam produzir concorrência desleal, dominação do mercado ou abuso de posição dominante, ainda que os efeitos não sejam alcançados – art. 20 da Lei 8.884/1994 – correspondente ao art. 36 da Lei 12.529/2011.

Gabarito "E"

(Procurador da Fazenda Nacional – 2004 – ESAF) (Adaptada) Nos termos da Lei nº 12.529/2011, a prevenção às infrações contra a ordem econômica ocorre mediante o controle dos atos de concentração pelo Conselho Administrativo de Defesa Econômica (CADE), o qual poderá autorizá-los desde que atendam, além de outras, a pelo menos uma das seguintes condições:

(A) ausência de prejuízo à economia nacional.
(B) ausência de prejuízo ao bem comum.
(C) ausência de prejuízo ao meio ambiente.
(D) aumento da produtividade.
(E) aumento do nível de emprego no mercado relevante.

O direito brasileiro adota a doutrina da concorrência-meio, segundo a qual a livre concorrência não é um bem jurídico a ser tutelado em si mesmo, devendo ser visto em conjunto com os demais objetivos da ordem econômica estabelecidos pela CF. Assim, atos de concentração poderão ser autorizados pelo CADE, desde que atendam a pelo menos uma das hipóteses do art. 88, § 6º, da Lei nº 12.529/2011 e sejam repassados aos consumidores parte relevante dos benefícios decorrentes. Com isso, o CADE estará buscando o bem comum, mesmo que em detrimento de certa parcela da livre-iniciativa. Dentre as alternativas, a única que consta do mencionado artigo é o aumento da produtividade.

Gabarito "D"

(Procurador da Fazenda Nacional – 2004 – ESAF) Constituem infração da ordem econômica os atos que tenham por objeto ou possam produzir efeitos anticoncorrenciais. A caracterização dos ilícitos

(A) depende do estabelecimento do nexo causal entre a conduta e o efeito e da prova da culpa.
(B) não depende do estabelecimento do nexo causal entre a conduta e o efeito ou da prova da culpa.
(C) depende do estabelecimento do nexo causal entre a conduta e o efeito, mas não depende da prova da culpa.

(D) não depende do estabelecimento do nexo causal entre a conduta e o efeito, mas depende da prova da culpa.

(E) não depende do estabelecimento do nexo causal entre a conduta e o efeito, nem da prova da culpa, nem admite qualquer justificativa.

A responsabilidade por infrações à ordem econômica é objetiva, ou seja, independe da existência de dolo ou culpa (art. 36 da Lei nº 12.529/2011). Todavia, mesmo na responsabilidade objetiva, não se pode afastar o nexo de causalidade entre a conduta e o resultado.

Gabarito "C"

(Procurador da Fazenda Nacional – 2004 – ESAF) (Adaptada) O compromisso de cessação de prática lesiva à ordem econômica, previsto na Lei nº 12.529/2011, exige a estipulação de obrigação de recolher ao Fundo de Defesa dos Direitos Difusos um valor pecuniário, nos termos da lei, para uma das seguintes condutas:

(A) limitar ou impedir o acesso de novas empresas ao mercado.

(B) obter ou influenciar a adoção de conduta comercial uniforme ou concertada entre concorrentes.

(C) utilizar meios enganosos para provocar a oscilação de preços de terceiros.

(D) discriminar adquirentes ou fornecedores de bens ou serviços por meio da fixação diferenciada de preços, ou de condições operacionais de venda ou prestação de serviços.

(E) impedir o acesso de concorrente às fontes de insumo, matérias-primas, equipamentos ou tecnologia, bem como aos canais de distribuição.

Vide art. 85, § 2º, da Lei nº 12.529/2011.

Gabarito "B"

(Procurador da Fazenda Nacional – 2003 – ESAF) Marque com **V** a assertiva verdadeira e com **F** a falsa, assinalando em seguida a opção correspondente.

( ) A responsabilidade individual dos dirigentes ou administradores de pessoa jurídica, por infração da ordem econômica, será subsidiária, em relação à responsabilidade da empresa.

( ) A dominação de mercado relevante de bens ou serviços, ainda que decorra de processo natural fundado na maior eficiência de agente econômico em relação a seus competidores, constitui infração da ordem econômica.

( ) Constitui título executivo extrajudicial a decisão do Plenário do Conselho Administrativo de Defesa Econômica – CADE que comine multa ou imponha obrigação de fazer ou não fazer.

( ) A execução das decisões do Conselho Administrativo de Defesa Econômica – CADE será promovida na Justiça Federal do Distrito Federal ou, a critério da Autarquia, na da sede ou domicílio do executado.

(A) V, V, V, V

(B) V, F, F, V

(C) F, V, V, F

(D) F, F, V, V

(E) F, F, F, F

I: Falsa. A responsabilidade dos dirigentes ou administradores é solidária à da pessoa jurídica por infrações à ordem econômica (art. 32 da Lei nº 12.529/2011); **II:** Falsa. Quando a dominação for resultado da maior eficiência de um dos agentes econômicos (concentração natural), não restará configurada qualquer infração á ordem econômica (art. 36, § 1º, da Lei nº 12.529/2011); **III:** Verdadeira, nos termos do art. 93 da Lei nº 12.529/2011; **IV:** Verdadeira, conforme disposto no art. 97 da Lei nº 12.529/2011.

Gabarito "D"

4. DIREITO ECONÔMICO INTERNACIONAL

(Procurador da Fazenda Nacional – 2007.2 – ESAF) Sobre o Mercado Comum do Sul (MERCOSUL), pode-se afirmar que:

(A) apesar de constituir um mercado comum, seus tratados constitutivos determinam, como seu objetivo último, a conformação de uma união econômica e monetária.

(B) seu sucesso político pode ser comprovado pelas recentes adesões do Chile e da Venezuela.

(C) foi criado em 1991, pelo Tratado de Assunção. Apesar de reestruturado em 1994 pelo Tratado de Ouro Preto, constitui ainda uma união aduaneira.

(D) o Protocolo de Olivos estipula os critérios para a harmonização tributária entre seus Estados Membros, inclusive com a harmonização de tributos entre os entes federativos.

(E) em razão de dispositivo das constituições dos Estados Membros, os tratados do Mercosul têm força de emenda constitucional e aplicabilidade imediata após ratificação.

A e **C:** o Tratado de Assunção instituiu o Mercado Comum do Sul – Mercosul que é, atualmente, união aduaneira. O objetivo último é a formação de um verdadeiro mercado comum, sem previsão expressa de união monetária; **B:** o Chile é Estado Associado (não é membro) e a Venezuela encontra-se em fase de adesão; **D:** o Protocolo de Olivos trata de mecanismos e procedimentos para solução de controvérsias e instituiu o Tribunal Permanente de Revisão do Mercosul; **E:** os tratados internacionais relacionados ao Mercosul não têm força de emenda constitucional – art. 5º, § 3º, da CF.

Gabarito "C"

(Procurador da Fazenda Nacional – 2007.2 – ESAF) Sobre a ordem econômica internacional, pode-se afirmar que:

(A) a Organização para a Cooperação e Desenvolvimento Econômico (OCDE), à qual aderiu o Brasil, sucedeu ao Acordo Geral sobre Tarifas e Comércio (GATT).

(B) entre os acordos da OMC, destacam-se o Acordo sobre Comércio de Serviços (GATS) e o Acordo sobre Direitos da Propriedade Intelectual relacionados ao Comércio (TRIPS).

(C) o Brasil retirou-se da Associação Latino-Americana de Integração (ALADI), a fim de poder aderir à OCDE, uma vez que havia incompatibilidade entre os dois tratados constitutivos.

(D) a intervenção no domínio econômico, por parte da União, pressupõe autorização expressa do Comitê de Subsídios da OMC.

(E) caso ocorra algum litígio envolvendo desobediência a tratados comerciais entre Argentina e Brasil, qualquer desses países pode recorrer ao sistema de solução de controvérsias do Mercosul, podendo em seguida apelar desta decisão à Organização Mundial do Comércio (OMC).

A e **C:** incorretas. O Brasil não é membro da OCDE; **B:** a assertiva é correta; **D:** incorreta. O Brasil é soberano com relação à intervenção no domínio econômico, embora possa responder, posteriormente, por eventual violação de tratado firmado pelo país; **E:** incorreta. O Protocolo de Olivos não prevê recurso da decisão proferida pelo Tribunal Permanente de Revisão do Mercosul.

Gabarito "B"

(Procurador da Fazenda Nacional – 2007 – ESAF) Sobre as medidas de defesa comercial, conforme as normas de direito econômico internacional, é correto afirmar que:

(A) os Membros da Organização Mundial do Comércio (OMC) podem, uma vez verificadas as condições jurídicas e econômicas, aplicar medidas *antidumping*, medidas compensatórias ou medidas de salvaguardas.

(B) as medidas *antidumping* são aplicáveis, pelo país importador, quando o bem importado recebe subsídios concedidos pelo país exportador.

(C) as medidas de salvaguardas são aplicáveis somente em áreas de integração regional, a exemplo do MERCOSUL.

(D) as medidas compensatórias são aplicadas, no Brasil, pelo Banco Central, quando se verifica grande disparidade cambial entre o mercado de exportação e o câmbio praticado no Brasil.

(E) as medidas *antidumping* são determinadas, no Brasil, pelo Conselho Administrativo de Defesa Econômica, uma vez que se verifique que o ato constitui infração da ordem econômica.

A: assertiva correta, pois os acordos *antidumping*, de subsídios e medidas compensatórias, e de salvaguardas, firmados no âmbito do GATT e da OMC, permitem que os países apliquem essas medidas para proteção de seus mercados, desde que observados os requisitos, as normas e os procedimentos respectivos – Acordo *Antidumping* – Decreto 93.941/1987, Acordo de Subsídios e Direitos Compensatórios – Decreto 93.962/1987 e Acordo sobre Salvaguardas – Decreto 1.488/1995; **B:** incorreta, pois há *dumping* quando determinado produto é exportado por preço inferior ao que é normalmente praticado no mercado doméstico (pode, ou não, decorrer de subsídio concedido pelo país exportador) – art. 2º, 1, do Acordo *Antidumping*; **C:** assertiva incorreta, já que as salvaguardas referem-se à possibilidade de o país (independentemente de integrar mercado comum ou união aduaneira, caso do Mercosul) restringir temporariamente importações de determinado produto de modo a proteger a indústria local – art. 1º do Acordo sobre Salvaguardas; **D** e **E:** incorretas, pois compete à Câmara de Comércio Exterior – CAMEX fixar os direitos *antidumping* e compensatórios – art. 6º da Lei 9.019/1995.

Gabarito "A"

(Procurador da Fazenda Nacional – 2007 – ESAF) O Mercado Comum do Sul (MERCOSUL) foi criado em 1991, pelo Tratado de Assunção. Sobre o sistema de solução de controvérsias do MERCOSUL é correto afirmar que:

(A) o sistema de solução de controvérsias foi criado pelo Protocolo de Brasília, ainda em vigor e que já resolveu dezenas de litígios entre os Estados Partes do MERCOSUL.

(B) o sistema de solução de controvérsias ganhou maior efetividade após o Protocolo de Ushuaia, que passou a permitir a reclamação direta das empresas perante os tribunais arbitrais.

(C) apesar das críticas, o vigente Protocolo de Brasília mostra-se como uma norma suficiente, diante da inexistência de controvérsias resolvidas no âmbito do MERCOSUL.

(D) uma das características marcantes do Protocolo de Olivos, que atualmente regulamenta a solução de controvérsias no MERCOSUL, é permitir o recurso das decisões arbitrais ao Tribunal Permanente de Revisão.

(E) o Protocolo de Brasília foi revogado expressamente após a adesão, pelos Estados Partes do MERCOSUL, ao sistema de solução de controvérsias da Organização Mundial do Comércio.

A, **C** e **D:** o sistema de solução de controvérsias vigente é regulado primordialmente pelo Protocolo de Olivos, que instituiu o Tribunal Permanente de Revisão do Mercosul; **B:** o Protocolo de Ushuaia refere-se ao compromisso democrático – a reclamação de particulares é prevista no Protocolo de Brasília (Capítulo V) e no Protocolo de Olivos (Capítulo XI); **E:** os acordos firmados no âmbito da OMC não prejudicam o sistema de solução de controvérsias do Mercosul. 515

Gabarito "D"

(Procurador da Fazenda Nacional – 2004 – ESAF) O Protocolo de Fortaleza, além de harmonizar, no âmbito do Mercosul, os procedimentos de investigação, julgamento e aplicação de penalidades por infração à livre concorrência, impõe a observância da "regra da razão", a qual se aplica

(A) apenas à análise dos atos de concentração.

(B) apenas às condutas que caracterizam infração à livre concorrência.

(C) à análise dos atos de concentração e a algumas condutas que caracterizam infração à livre concorrência.

(D) à análise dos atos de concentração e a todas as condutas que caracterizam "per se" infração à ordem econômica.

(E) à análise dos atos de concentração e a todas as condutas que caracterizam infração à ordem econômica, afastadas as infrações "per se".

No âmbito do direito concorrencial, chama-se de "regra da razão" a análise individual de cada conduta potencialmente limitadora da concorrência, incluindo os atos de concentração e aquelas que caracterizam, em tese, infração à ordem econômica, a fim de verificar se há efeitos positivos para a sociedade nesta conduta. Se houver, o ato será autorizado, ainda que limite a concorrência. De outro lado, temos a regra "per se", que determina a proibição de atos de concentração e a punição por infrações à ordem econômica exclusivamente por sua tipicidade, não se questionando sobre eventuais benefícios. O MERCOSUL, por meio do Protocolo de Fortaleza, e o Brasil, nos termos da Lei nº 12.529/2011, adotam, no direito antitruste, a "regra da razão".

Gabarito "E".

(Procurador da Fazenda Nacional – 2003 – ESAF) Sobre o Mercado Comum do Sul – MERCOSUL, é correto afirmar que:

(A) o Grupo Mercado Comum constitui o seu órgão político superior.

(B) compete ao Parlamento aprovar o orçamento e a prestação de contas anual apresentada pela Secretaria Administrativa.

(C) o seu sistema de solução de controvérsias culmina com o processo arbitral, ao qual os particulares têm acesso, não sendo, pois, necessário que o Estado nacional patrocine as respectivas causas.

(D) as normas emanadas dos seus órgãos têm caráter obrigatório e efeito de aplicação direta, não havendo a necessidade de que sejam incorporadas no ordenamento jurídico dos Estados-membros.

(E) não foi originariamente dotado de personalidade jurídica própria, tornando-se organização internacional com o Protocolo de Ouro Preto, vigente desde 1995.

A: incorreta. O Grupo Mercado Comum é órgão executivo do MERCOSUL e encontra-se subordinado ao Conselho do Mercado Comum, este sim seu órgão político superior, nos termos do art. 3º do Protocolo de Ouro Preto; **B:** incorreta. Cabe ao Parlamento apenas receber o relatório da Secretaria sobre a execução orçamentária do ano anterior, não dispondo de poder decisório, nos termos do art. 4º, 19, do Protocolo Constitutivo do Parlamento do MERCOSUL; **C:** incorreta. A solução de controvérsias no âmbito do MERCOSUL, nos termos do Protocolo de Olivos, efetivamente culmina com o procedimento arbitral que pode ser iniciado por reclamação de particular. Não obstante, este procedimento depende da intervenção do Estado-parte onde o particular tem residência habitual ou sua sede de negócios, que patrocinará a causa junto ao Grupo Mercado Comum; **D:** incorreta. O MERCOSUL mantém o sistema dualista de internalização dos tratados, segundo o qual os acordos internacionais devem ser aprovados pelos países-membros para que sejam incorporados aos respectivos ordenamentos jurídicos; **E:** correta. O MERCOSUL foi criado como união aduaneira pelo Tratado de Assunção, em 1991. Apenas em 1995, com o Protocolo de Ouro Preto, é que alçou o status de organização internacional.

Gabarito "E".

18. Direito Previdenciário

Robinson Sakiyama Barreirinhas e Henrique Subi

1. PRINCÍPIOS E NORMAS GERAIS

(Procurador da Fazenda Nacional – 2006 – ESAF) De acordo com a Constituição Federal de 1988, a Seguridade Social compreende um conjunto de ações de iniciativa dos Poderes Públicos e da sociedade, destinadas a

(A) assegurar os direitos relativos à previdência, assistência social e à educação, tendo como princípio, entre outros, a diversidade da base de financiamento.
(B) assegurar os direitos relativos à saúde, à assistência social e à previdência, tendo como princípio, entre outros, a diversidade da base de financiamento.
(C) assegurar os direitos relativos à previdência, assistência social, saúde e educação, tendo como princípio, entre outros, a diversidade da base de financiamento.
(D) assegurar os benefícios previdenciários e o direito à assistência social, independentemente da equidade na forma de participação no custeio, tendo como princípio, entre outros, a diversidade da base de financiamento.
(E) assegurar os direitos relativos à saúde, à assistência social e à educação, tendo como princípio, entre outros, a diversidade da base de financiamento.

Correta a alternativa "B", nos termos do art. 194 da CF.

Gabarito "B"

(Procurador da Fazenda Nacional – 2006 – ESAF) Quanto aos princípios constitucionais da Seguridade Social, é correto afirmar:

(A) a universalidade da cobertura e do atendimento significa a cobertura de todos os riscos, chamados riscos sociais, que podem atingir as pessoas que vivem em sociedade e que todos os residentes e domiciliados no território nacional – brasileiros e estrangeiros – devem ser atendidos pelo Sistema de Seguridade Social.
(B) a seletividade refere-se à escolha dos beneficiários que serão atendidos pelo Sistema da Seguridade Social, enquanto que a distributividade define o papel de distribuição efetiva de renda reconhecido à Seguridade Social.
(C) o princípio da irredutibilidade do valor dos benefícios, segundo a orientação do Supremo Tribunal Federal, significa a irredutibilidade do valor real, protegendo-os do fenômeno inflacionário.
(D) o princípio da uniformidade e equivalência dos benefícios e serviços às populações urbanas e rurais não abrange o valor econômico dos benefícios do trabalhador rural, que podem ser menores em razão das características do trabalho desenvolvido, conforme legislação própria.
(E) a garantia do caráter democrático e descentralizado da administração é o princípio materializado na gestão tripartite – empregadores, aposentados e Governo – nos órgãos colegiados.

A: correta. Enquanto a universalidade de cobertura preocupa-se com os riscos inerentes à vida em sociedade, a universalidade de atendimento volta-se à proteção do maior número possível de pessoas; **B:** incorreta. A seletividade relaciona-se com os benefícios e serviços que serão criados, devendo ser estabelecidos primeiro aqueles mais urgentes e que atenderão ao maior número de pessoas. A distributividade, realmente, cuida da melhor distribuição de renda possível por meio de benefícios e serviços da Seguridade Social; **C:** incorreta. A irredutibilidade abrange, também, a impossibilidade de reduzir-se o valor nominal dos benefícios; **D:** incorreta. A equivalência dos benefícios impõe que, efetuadas as contribuições nos mesmos montantes, trabalhadores urbanos e rurais têm direito a benefícios de mesmo valor; **E:** incorreta. A gestão da Seguridade Social é quadripartite, com representantes do Governo, trabalhadores, empregadores e aposentados nos órgãos colegiados.

Gabarito "A"

(Procurador da Fazenda Nacional – 2006 – ESAF) Quanto à diversidade da base de financiamento da Seguridade Social é <u>incorreto</u> afirmar que:

(A) toda a sociedade tem a incumbência de financiar a Seguridade Social, de forma direta ou indireta, nos termos da lei.
(B) os trabalhadores e demais segurados devem contribuir, não incidindo a contribuição sobre a aposentadoria e pensão concedidas pelo Regime Geral de Previdência Social de que trata o art. 201, da Constituição Federal de 1988.
(C) o importador de bens ou serviços está excluído do custeio da Seguridade Social em razão da inexistência de risco social a ser coberto na atividade que lhe é peculiar, além de não haver base

de cálculo contemplada no art. 195, incisos I a IV, da Constituição Federal.

(D) a folha de salários e demais rendimentos do trabalho pagos ou creditados a pessoa física, a receita ou o faturamento e o lucro são bases de cálculo para as contribuições devidas pela empresa ou entidade a ela equiparada.

(E) a Seguridade Social receberá recursos dos orçamentos da União, Estados, Distrito Federal e Municípios.

A: correta (art. 195 da CF); **B:** correta (art. 195, II, da CF); **C:** incorreta, devendo ser assinalada (art. 195, IV, da CF); **D:** correta (art. 195, I, da CF); **E:** correta (art. 195, § 1º, da CF).

Gabarito "C".

(Procurador da Fazenda Nacional – 2006 – ESAF) Assinale a opção <u>incorreta</u>.

(A) Os direitos sociais a prestações da Seguridade Social estão sob a chamada "reserva do possível", sendo vedada a criação ou majoração de benefícios sem a correspondente fonte de custeio.

(B) Aplicam-se às contribuições da Seguridade Social as limitações constitucionais ao poder de tributar, excetuada a norma do art. 150, III, b, da Constituição Federal de 1988, por expressa previsão da anterioridade nonagesimal no art. 195, § 6º, da mesma Constituição.

(C) A instituição de outras fontes destinadas a garantir a manutenção ou expansão da Seguridade Social, que não aquelas previstas no art. 195, I a IV, da Constituição Federal de 1988, deverá obedecer ao disposto no art. 154, I, do texto constitucional, devendo ocorrer por meio de lei complementar.

(D) As contribuições sociais previstas no inciso I, do art. 195, da Constituição Federal de 1988, não poderão ter alíquotas ou bases de cálculo diferenciadas em razão da atividade econômica ou da utilização intensiva de mão de obra, porte da empresa ou da condição estrutural do mercado de trabalho.

(E) É vedada a concessão de remissão ou anistia das contribuições sociais de que tratam os incisos I, "a" e II, do art. 195, da Constituição Federal de 1988, para débitos em montante superior ao fixado em lei complementar.

A: correta. A jurisprudência acolhe, com ressalvas, a tese da "reserva do financeiramente possível", razão pela qual se instituiu a regra da previsão do custeio (art. 195, § 5º, da CF); **B:** correta, nos termos dos artigos indicados na alternativa; **C:** correta (art. 195 , § 4º, da CF); **D:** incorreta, devendo ser assinalada (art. 195, § 9º, da CF); **E:** correta (art. 195, § 11, da CF).

Gabarito "D".

(Procurador da Fazenda Nacional - 2003 - ESAF) Considerando o conceito, organização e princípios constitucionais da seguridade social na Constituição Federal, julgue os itens abaixo.

I. Seguridade social vincula-se a um conjunto de ações independentes e estanques na área de saúde, previdência e assistência social.

II. Não há previsão constitucional de recursos financeiros para a seguridade social.

III. A contribuição social não constitui exação fiscal vinculada.

IV. Só as empresas contribuem para o financiamento da seguridade social.

(A) Todos estão incorretos.

(B) Somente I está incorreto.

(C) II e IV estão corretos.

(D) I e II estão corretos.

(E) III e IV estão corretos.

I: incorreta. Nos termos do art. 194 da CF, a seguridade social compreende um conjunto integrado de ações destinadas a assegurar os direitos relativos à saúde, previdência e assistência social; **II:** incorreta. A CF elenca diversas fontes de financiamento no art. 195; **III:** incorreta. A receita arrecadada com a cobrança de contribuições sociais deve ser destinada, necessariamente, a programas da área da seguridade social (art. 167, XI, da CF); **IV:** incorreta. Como visto, o art. 195 da CF elenca como fonte de custeio, além da empresa, o trabalhador, a receita do concurso de prognósticos e o importador, em consonância com o princípio da diversidade da base de financiamento previsto no art. 194, parágrafo único, VI.

Gabarito "A".

(Procurador da Fazenda Nacional – 2004 – ESAF) (Adaptada) Considerando os princípios constitucionais que informam a Seguridade Social, assinale a opção <u>incorreta</u>.

(A) Como expressão do princípio da universalidade da cobertura, a Seguridade Social deve ser organizada para garantir seus benefícios a todos os residentes no país, sem distinções de quaisquer naturezas, desde que atendidos os requisitos previstos em lei.

(B) Por força do princípio da universalidade do atendimento, a prestação dos serviços de saúde a cargo da Seguridade Social é garantida a todos, independentemente do pagamento de contribuições.

(C) O princípio da uniformidade e equivalência dos benefícios às populações urbanas e rurais veda a concessão de benefícios diferenciados para cada qual das populações citadas, ainda que justificados por circunstâncias particulares e objetivas.

(D) O princípio da seletividade na prestação de serviços e benefícios corresponde à noção de que compete ao legislador considerar critérios equitativos de solidariedade e justiça social e as possibilidades econômico-financeiras do sistema para definir quais benefícios serão concedidos a determinados grupos de pessoas, em razão de suas especificidades.

(E) À luz dos princípios da isonomia e da equidade na forma de participação do custeio das atividades da Seguridade Social, ao legislador é possível fixar, para as empresas ou entidades a ela equiparadas, alíquotas ou bases de cálculo diferenciadas, em razão da atividade econômica desenvolvida.

Todas as alternativas trazem o conceito correto dos princípios que mencionam, exceto a alternativa "A". O princípio da universalidade da cobertura refere-se às contingências protegidas pela Seguridade Social, sendo seu objetivo proteger o cidadão de tudo aquilo que possa reduzir ou suprimir as condições de uma vida digna. A alternativa descreve o princípio da universalidade do atendimento.

Gabarito "A".

(Analista-Tributário da Receita Federal – 2012 – ESAF) Assinale a opção incorreta.

Compete ao Poder Público, nos termos da lei, organizar a seguridade social, com base nos seguintes objetivos:

(A) universalidade da cobertura e do atendimento.
(B) prevalência dos benefícios e serviços às populações rurais.
(C) seletividade e distributividade na prestação dos benefícios e serviços.
(D) irredutibilidade do valor dos benefícios.
(E) equidade na forma de participação no custeio.

A: correta, nos termos do art. 194, parágrafo único, I, da CF; **B:** incorreta, pois o Poder Público deve organizar a seguridade social com base na uniformidade e equivalência dos benefícios e serviços às populações urbanas e rurais – art. 194, parágrafo único, II, da CF; **C:** correta, conforme art. 194, parágrafo único, III, da CF; **D:** correta, nos termos do art. 194, parágrafo único, IV, da CF; **E:** correta, conforme o art. 194, parágrafo único, V, da CF.

Gabarito "B".

Veja a seguinte tabela, para estudo e memorização dos objetivos da seguridade social, listados no art. 194 da CF:

Objetivos da Seguridade Social – art. 194 da CF
– universalidade da cobertura e do atendimento;
– uniformidade e equivalência dos benefícios e serviços às populações urbanas e rurais;
– seletividade e distributividade na prestação dos benefícios e serviços;
– irredutibilidade do valor dos benefícios;
– equidade na forma de participação no custeio;
– diversidade da base de financiamento;
– caráter democrático e descentralizado da Administração, mediante gestão quadripartite, com participação dos trabalhadores, dos empregadores, dos aposentados e do Governo nos órgãos colegiados.

(Auditor Fiscal da Receita Federal – 2010 – ESAF) À luz da Organização da Seguridade Social definida na Constituição Federal, julgue os itens abaixo:

I. Previdência Social, Educação e Assistência Social são partes da Seguridade Social;
II. a Saúde possui abrangência universal, sendo qualquer pessoa por ela amparada;
III. a Previdência Social pode ser dada gratuitamente à população rural carente;
IV. a Assistência Social, por meio de sistema único e centralizado no poder central federal, pode ser dada a todos os contribuintes individuais da Previdência Social.

O número de itens errados é:

(A) zero
(B) um
(C) dois
(D) três
(E) quatro

I: incorreta, pois a seguridade social é composta por (i) previdência social, (ii) saúde e (iii) assistência social (não pela educação) – art. 194, *caput*, da CF; **II:** assertiva correta, pois o acesso universal é previsto o art. 196 da CF; **III:** incorreta, já que a previdência social tem caráter contributivo (diferentemente da assistência social, por exemplo) – art. 201, *caput*, da CF. Veja, entretanto, o disposto no art. 39, I, do Plano de Benefícios da Previdência Social – PBPS (Lei 8.213/1991); **IV:** incorreta, pois a assistência social é organizada com **descentralização** político-administrativa (não há um sistema único centralizado, como consta da assertiva) – art. 204, I, da CF. De fato, a assistência social pode ser dada a todos os contribuintes individuais, mas não apenas a eles. Perceba que a assistência social atende a **todos** que dela necessitem, independentemente de contribuições – art. 203, *caput*, da CF.

Gabarito "D".

(Auditor Fiscal da Receita Federal – 2010 – ESAF – adaptada) A respeito da Ordem Social e princípios constitucionais da seguridade social, assinale a opção incorreta.

(A) As contribuições sociais da empresa podem ter alíquotas diferenciadas.
(B) O orçamento da seguridade social dos entes federados descentralizados é distinto do orçamento da União.
(C) Poderá haver contribuição social do trabalhador sobre o lucro e o faturamento.
(D) A lei definirá critério de transferência de recursos para o Sistema Único de Saúde.
(E) É vedada a concessão de remissão ou anistia das contribuições sociais devidas pelo trabalhador e demais segurados da previdência social, para débitos em montante superior ao fixado em lei complementar.

A: correta, pois a diferenciação de alíquotas e bases de cálculo é autorizada nos termos do art. 195, § 9º, da CF; **B:** correta, pois cada ente federado tem seu próprio orçamento – art. 165, § 5º, da CF; **C:** incorreta, devendo ser assinalada, pois a contribuição social sobre lucro e faturamento recai sobre o empregador, na forma do art. 195, I, *b* e *c*, da CF. O trabalhador não tem capacidade contributiva para figurar como sujeito passivo dessa exação; **D:** assertiva correta, nos termos do art. 195, § 10, da CF; **E:** correta, nos termos do art. 195, § 11, da CF, c/c o inciso II do mesmo dispositivo constitucional. Alteramos essa assertiva, pois a original era imprecisa ("Pode ser dada remissão para as contribuições sociais do empregado retidas pelas empresas no pagamento dos salários"), razão pela qual a questão foi anulada.

Gabarito "C".

(Auditor Fiscal da Receita Federal – 2005 – ESAF) No âmbito da Seguridade Social, com sede na Constituição Federal/88 (art. 194), podemos afirmar:

(A) A seguridade social compreende um conjunto de ações de iniciativa dos Poderes Públicos e da sociedade, visando a assegurar os direitos relativos à saúde, à vida, à previdência e à assistência social.
(B) A seguridade social compreende um conjunto integrado de ações de iniciativa dos Poderes Públicos e da sociedade, destinadas a assegurar os direitos relativos à saúde, à previdência e à assistência social.
(C) A seguridade social compreende um conjunto de ações dos Poderes Públicos e da sociedade, destinadas a assegurar os direitos relativos à saúde, à previdência e à assistência social.

(D) A seguridade social compreende um conjunto integrado de ações dos Poderes Públicos e da sociedade, destinadas a assegurar os direitos relativos à saúde, à previdência, à vida e à assistência social.

(E) A seguridade social compreende um conjunto integrado de ações de iniciativa dos Poderes Públicos constituídos e da sociedade, destinado a assegurar os direitos relativos à saúde, à previdência e a assistência social.

A e **D:** o art. 194 da CF não faz referência expressa à vida; **B:** a assertiva reproduz o disposto no art. 194 da CF; **C:** falta a palavra "integrado", após "conjunto"; **E:** o art. 194 da CF não faz referência a Poderes Públicos "constituídos". Há outra diferenciação no texto, pois o dispositivo constitucional utiliza o termo "destinadas" (fazendo referência às ações), e não "destinado".

Gabarito "B"

(Auditor Fiscal da Receita Federal – 2005 – ESAF) Indique qual das opções está correta com relação aos objetivos constitucionais da Seguridade Social:

(A) Irredutibilidade do valor dos serviços.

(B) Equidade na cobertura.

(C) Uniformidade e equivalência dos benefícios e serviços às populações urbanas e rurais.

(D) Seletividade na prestação dos benefícios e serviços às populações urbanas e rurais.

(E) Diversidade de atendimento.

A: a CF prevê a irredutibilidade do valor dos benefícios, não dos serviços – art. 194, p. único, IV, da CF; **B:** a CF prevê a equidade na forma de participação no custeio (não na cobertura) e a universalidade da cobertura e do atendimento – art. 194, p. único, I e V, da CF; **C:** art. 194, p. único, II, da CF; **D:** a seletividade na prestação dos benefícios e serviços não é restrita às populações urbanas e rurais – art. 194, p. único, III, da CF; **E:** a CF prevê universalidade do atendimento (não diversidade) e diversidade da base de financiamento – art. 194, p. único, I e VI, da CF.

Gabarito "C"

(Auditor Fiscal da Receita Federal – 2005 – ESAF) Segundo dispõe o art. 196, da CF/88, a saúde é direito de todos e dever do Estado. Diante dessa premissa, assinale a opção que está correta.

(A) As ações e serviços públicos de saúde integram uma rede regionalizada e hierarquizada e constituem um sistema único, sem a participação da comunidade.

(B) O acesso universal igualitário às ações e serviços para sua promoção, proteção e recuperação constitui garantia constitucional.

(C) O sistema único de saúde será financiado, nos termos do art. 195, da CF/88, com recursos exclusivamente do orçamento, da seguridade social, da União, dos estados, do Distrito Federal e dos municípios.

(D) As ações e serviços de saúde não são de relevância pública, cabendo ao Poder Público dispor, nos termos da lei, sobre sua regulamentação, fiscalização e controle, com a execução inclusive através de terceiros.

(E) Independe de lei complementar a instituição de normas de fiscalização, avaliação e controle das despesas com saúde nas esferas federal, estadual, distrital e municipal.

A: o sistema único de saúde terá a participação da comunidade – art. 198, III, da CF; **B:** a garantia de acesso universal e igualitário é prevista no art. 196 da CF; **C:** o sistema único de saúde conta com outras fontes de custeio, além dos orçamentos públicos, especialmente as contribuições sociais – arts. 195 e 198, § 1º, da CF; **D:** as ações e os serviços de saúde são de relevância pública, evidentemente – art. 197 da CF; **E:** a matéria deve ser regulada por lei complementar federal – art. 198, § 3º, III, da CF.

Gabarito "B"

(Auditor Fiscal da Previdência Social – 2002 – ESAF) À luz da Seguridade Social definida na Constituição Federal, julgue os itens abaixo:

I. Previdência Social, Saúde e Assistência Social são partes da Seguridade Social.

II. A saúde exige contribuição prévia.

III. A Previdência Social exige contribuição prévia.

IV. A assistência social possui abrangência universal, sendo qualquer pessoa por ela amparada.

(A) Todos estão corretos.

(B) Somente I está incorreto.

(C) II e IV estão incorretos.

(D) I e II estão incorretos.

(E) III e IV estão incorretos.

I: a seguridade social compreende conjunto integrado de ações destinadas a assegurar os direitos relativos à saúde, à previdência e à assistência social – art. 194 da CF; **II:** o acesso à saúde é universal e igualitário, independentemente de contribuição prévia – art. 196 da CF; **III:** a previdência social tem caráter contributivo, diferentemente da saúde e da assistência social (cujos serviços e benefícios independem de contribuição) – art. 201 da CF; **IV:** os serviços e benefícios da assistência social não são universais, pois apenas determinadas categorias são abrangidas (idosos, cidadãos de baixa renda etc.) – art. 203 da CF.

Gabarito "C"

(Auditor Fiscal da Previdência Social – 2002 – ESAF) Com relação aos objetivos constitucionais da Seguridade Social, assinale a opção correta.

(A) Universalidade da base de financiamento.

(B) Seletividade e distributividade na prestação dos benefícios e serviços.

(C) Irredutibilidade do valor dos serviços.

(D) Equidade na cobertura.

(E) Diversidade do atendimento.

A e **E:** a CF prevê a universalidade da cobertura e do atendimento (não da base de financiamento) e diversidade da base de financiamento (não do atendimento) – art. 194, p. único, I e VI, da CF; **B:** art. 194, p. único, III, da CF; **C:** a irredutibilidade é do valor dos benefícios (não dos serviços) – art. 194, p. único, IV, da CF; **D:** a CF prevê equidade na forma de participação no custeio (não na cobertura) e universalidade da cobertura – art. 194, p. único, I e V, da CF.

Gabarito "B"

(Auditor Fiscal da Previdência Social – 2002 – ESAF) Assinale a opção correta entre as assertivas abaixo relacionadas à gestão da Seguridade Social, nos termos da Constituição Federal.

(A) A gestão da Seguridade Social ocorre de forma centralizada, monocrática, quadripartite.

(B) A gestão da Seguridade Social ocorre de forma descentralizada, monocrática, quadripartite.

(C) A gestão da Seguridade Social ocorre de forma centralizada, colegiada, quadripartite.
(D) A gestão da Seguridade Social ocorre de forma descentralizada, colegiada, tripartite.
(E) A gestão da Seguridade Social ocorre de forma descentralizada, colegiada, quadripartite.

A seguridade social será organizada com base no caráter democrático e descentralizado da administração, mediante gestão quadripartite, com participação dos trabalhadores, dos empregadores, dos aposentados e do Governo nos órgãos colegiados – art. 194, p. único, VII, da CF.

Gabarito "E"

(Auditor Fiscal da Previdência Social – 2002 – ESAF) A respeito da organização e princípios constitucionais da Seguridade Social, assinale a opção incorreta.

(A) As contribuições sociais da empresa podem ter alíquotas diferenciadas.
(B) O orçamento da seguridade social dos entes federados descentralizados é distinto do orçamento da União.
(C) Pode ser dada remissão para as contribuições sociais das empresas sobre a folha de salários.
(D) A lei definirá critério de transferência de recursos para o sistema único de saúde.
(E) Poderá haver contribuição social do trabalhador sobre o lucro e o faturamento.

A: art. 195, I, e § 9º, da CF; **B:** art. 195, § 1º, da CF; **C:** isso é possível, desde que observadas as normas dos arts. 195, § 11, e 150, § 6º, ambos da CF; **D:** art. 195, § 10, da CF; **E:** a contribuição social sobre o lucro e o faturamento somente pode ser exigida das empresas – art. 195, I, *b* e *c*, da CF.

Gabarito "E"

(Auditor Fiscal da Previdência Social – 2002 – ESAF) A Saúde é direito de todos e dever do Estado; analise as assertivas abaixo, buscando a correta, nos termos da definição constitucional da Saúde.

(A) A manutenção dos índices do risco de doença e de outros agravos constituem garantia constitucional.
(B) O acesso universal e igualitário às ações e serviços para sua promoção, proteção e recuperação constitui garantia constitucional.
(C) As ações e serviços públicos de saúde integram uma rede regionalizada e hierarquizada, constituindo um sistema múltiplo.
(D) Atendimento integral, com prioridade para as atividades repressivas, sem prejuízo dos serviços assistenciais, é característica da saúde.
(E) O sistema único de saúde será financiado, nos termos do art. 195, com recursos do orçamento da União, dos Estados e dos Municípios.

A: a redução do risco de doença e de outros agravos (não sua manutenção) refere-se à garantia do direito à saúde – art. 196 da CF; **B:** art. 196 da CF; **C:** as ações e os serviços públicos de saúde constituem sistema único (não múltiplo) – art. 198 da CF; **D:** a prioridade é para as atividades preventivas (não repressivas) – art. 198, II, da CF; **E:** além dos recursos do orçamento da União, dos Estados, do DF e dos Municípios, há outras fontes de financiamento do sistema único de saúde, especialmente as contribuições sociais – art. 198, § 1º, *in fine*, da CF.

Gabarito "B"

(Auditor Fiscal da Previdência Social – 2002 – ESAF) Com relação à forma com que as ações e serviços de saúde, em regra, são executados, assinale a opção incorreta em relação às instituições autorizadas a realizá-las:

(A) Instituições privadas.
(B) Instituições públicas.
(C) Instituições públicas municipais.
(D) Empresas de capitais estrangeiros.
(E) Instituições privadas locais.

As ações e os serviços de saúde são realizados diretamente pelo Poder Público ou através de terceiros e, também, por pessoa física ou jurídica de direito privado – art. 197 da CF. O art. 199, § 3º, da CF veda a participação direta ou indireta de empresas ou capitais estrangeiros na assistência à saúde no País, salvo nos casos previstos em lei.

Gabarito "D"

(Técnico da Receita Federal – 2006 – ESAF) A Seguridade Social será financiada por toda a sociedade, de forma direta e indireta, nos termos da lei, mediante recursos provenientes dos orçamentos da União, dos Estados, do Distrito Federal e dos Municípios. Será financiada também por contribuições sociais, mas não pela contribuição

(A) do empregador, da empresa e da entidade a ela equiparada na forma da lei, incidentes sobre a folha de salários e demais rendimentos do trabalho pagos ou creditados, a qualquer título, à pessoa física que lhe preste serviço, mesmo sem vínculo empregatício.
(B) sobre a receita ou o faturamento, relativo a operações de comércio interno, do empregador, da empresa e da entidade a ela equiparada na forma da lei.
(C) sobre o lucro do empregador, da empresa e da entidade a ela equiparada na forma da lei, independentemente de ser sujeito também pelo imposto de renda.
(D) do importador de bens ou serviços do exterior, ou de quem a lei a ele equiparar, independentemente da incidência do imposto de importação que no caso couber.
(E) sobre os proventos de aposentadoria ou pensão concedidos pelo Regime Geral de Previdência Social ao trabalhador ou demais segurados submetidos a tal regime.

A: art. 195, I, *a*, da CF; **B:** art. 195, I, *b*, da CF; **C:** art. 195, I, *c*, da CF; **D:** art. 195, IV, da CF; **E:** as aposentadorias e as pensões concedidas pelo regime geral da previdência social – RGPS – são imunes à contribuição previdenciária – art. 195, II, *in fine*, da CF.

Gabarito "E"

(Técnico da Receita Federal – 2006 – ESAF) De acordo com os princípios constitucionais da Seguridade Social, é incorreta a seguinte opção:

(A) não incidirá contribuição sobre aposentadoria e pensão concedidas pelo Regime Geral da Previdência Social de que trata o art. 201 da CF/88.
(B) poderá ser instituída contribuição social do trabalhador sobre o lucro e o faturamento.
(C) podem ter alíquotas diferenciadas as contribuições sociais da empresa.

(D) os entes federados descentralizados têm seu orçamento da Seguridade Social distinto do orçamento da União.

(E) a transferência de recursos para o Sistema Único de Saúde terá seus critérios definidos em lei.

A: as aposentadorias e as pensões concedidas pelo regime geral da previdência social – RGPS – são imunes à contribuição previdenciária – art. 195, II, *in fine*, da CF; **B:** a contribuição social sobre o lucro e o faturamento somente pode ser exigida das empresas – art. 195, I, *b* e *c*, da CF; **C:** art. 195, I, e § 9º, da CF; **D:** art. 195, § 1º, da CF; **E:** art. 195, § 10, da CF.

Gabarito "B"

(Técnico da Receita Federal – 2006 – ESAF) De acordo com a Constituição Federal/88, as instituições poderão participar do Sistema Único de Saúde, segundo diretrizes deste, mediante contrato de direito público ou convênio, tendo preferência as entidades filantrópicas e as sem fins lucrativos, podendo elas participar de forma

(A) alternativa.

(B) supletiva.

(C) complementar.

(D) contributiva.

(E) suspensiva.

As instituições privadas poderão participar de forma complementar do sistema único de saúde – art. 199, § 1º, da CF.

Gabarito "C"

(Técnico da Receita Federal – 2006 – ESAF) A Constituição Federal, no seu art. 194, parágrafo único, elenca os objetivos da Seguridade Social. Entre os quais, está correto:

(A) a diversidade de atendimento.

(B) a equidade na forma de participação no custeio.

(C) a redutibilidade do valor dos benefícios.

(D) a universalidade e a equivalência dos benefícios e serviços às populações urbanas e rurais.

(E) a unicidade da base de financiamento.

A e **E:** a CF prevê universalidade do atendimento (não diversidade) e diversidade (não unicidade) da base de financiamento – art. 194, p. único, I e VI, da CF; **B:** art. 194, p. único, V, da CF; **C:** a CF prevê a irredutibilidade (não redutibilidade) do valor dos benefícios – art. 194, p. único, IV, da CF; **D:** a CF prevê a uniformidade (não universalidade) e a equivalência dos benefícios e serviços às populações urbanas e rurais – art. 194, p. único, II, da CF. Ademais, prevê a universalidade da cobertura e do atendimento – art. 194, p. único, I, da CF.

Gabarito "B"

(Técnico da Receita Federal – 2006 – ESAF) Nos termos da CF/88, no seu art. 194, parágrafo único, inciso VII, a gestão da Seguridade Social ocorre de forma

(A) descentralizada, monocrática e quadripartite.

(B) centralizada, monocrática e quadripartite.

(C) centralizada, colegiada e quadripartite.

(D) descentralizada, colegiada e tripartite.

(E) descentralizada, democrática e quadripartite.

A seguridade social será organizada com base no caráter democrático e descentralizado da administração, mediante gestão quadripartite, com participação dos trabalhadores, dos empregadores, dos aposentados e do Governo nos órgãos colegiados – art. 194, p. único, VII, da CF.

Gabarito "E"

2. CUSTEIO

(Procurador da Fazenda Nacional – 2007.2 – ESAF) Com relação aos Regimes de Financiamento da Previdência Social e da Previdência Complementar, a saber: regime de repartição simples e regime de capitalização, julgue os itens abaixo considerando o disposto no Título VIII – Da Ordem Social na Constituição de 1988 e na legislação federal pertinente.

I. No Regime de Repartição Simples, não há formação de poupança individual.

II. No Regime de Capitalização, a contribuição atual determina o valor do benefício futuro dos próprios agentes.

III. No Regime de Repartição Simples, previsto para o regime próprio dos servidores públicos, há alíquotas de contribuição mínima.

IV. No Regime de Capitalização, não há possibilidade de apropriação coletiva de sobras atuariais individuais.

(A) Somente I e IV estão incorretos.

(B) Somente I está incorreto.

(C) Todos estão corretos.

(D) Somente II e III estão corretos.

(E) Somente II e IV estão incorretos.

O regime geral (RGPS – art. 201 da CF) estrutura-se pelo regime de repartição simples, em que não há formação de poupanças individuais, pois as contribuições dos trabalhadores ativos custeiam as aposentadorias dos inativos. O regime próprio dos servidores adota, como regra, o regime de repartição, em que há valor mínimo para as contribuições – art. 149, § 1º, da CF. A previdência complementar (art. 202 da CF) adota o regime de capitalização, em que as contribuições de cada segurado formam poupança que custeará seus benefícios. Por essa razão, não há garantia do valor do benefício, que dependerá do montante individualmente capitalizado – art. 40, § 15, *in fine*, da CF.

Gabarito "C"

(Procurador da Fazenda Nacional – 2007.2 – ESAF) Na organização do Regime Geral da Previdência Social, o custeio é parte intimamente relacionada à tributação. As contribuições sociais, espécie do gênero tributo, são detalhadas na legislação federal previdenciária. Nesse sentido, analise a situação-problema abaixo e assinale a assertiva correta. Carlos, advogado autônomo, que possui escritório no qual trabalham uma secretária e um office boy, nega-se a pagar a contribuição previdenciária da empresa incidente sobre a folha de salários mensal.

(A) A posição assumida por Carlos encontra-se amparada pela Lei n. 8.212/91, uma vez que Carlos é advogado pessoa física.

(B) Carlos deve contribuir como trabalhador e empresa.

(C) Carlos contribui somente sobre os valores auferidos com o seu trabalho de contribuinte individual autônomo.

(D) Perante a Previdência, Carlos contribui como trabalhador e não como empresa.

(E) Carlos é empregador, mas não é empresa perante o fisco previdenciário.

Carlos é contribuinte individual (art. 12, V, *h*, do PCSS) e equiparado a empresa, com relação aos segurados que lhe prestam serviços – art. 15, parágrafo único, do PCSS. Deve, portanto, recolher contribuição social como contribuinte individual e também como empresa.

Gabarito "B".

(Procurador da Fazenda Nacional – 2007.2 – ESAF) O PIS (Programa de Integração Social) e o PASEP (Programa de Formação do Patrimônio do Servidor Público) foram instituídos, anteriormente à atual Constituição, para promover a integração do trabalhador na vida e no desenvolvimento da empresa. A respeito do PIS/PASEP, assinale a opção incorreta.

(A) É legítima a cobrança do PIS sobre as operações relativas a energia elétrica.

(B) É legítima a cobrança do PIS sobre as operações relativas a derivados de petróleo.

(C) A base de cálculo da contribuição do PIS/PASEP é o valor do faturamento.

(D) Os profissionais liberais são contribuintes do PIS/PASEP.

(E) O prazo para recolhimento do PIS é até o último dia útil da primeira quinzena do mês subsequente ao da ocorrência do fato gerador.

A: correto. As operações relativas à energia elétrica submetem-se à incidência do PIS/PASEP – art. 3º, IX, da Lei 10.637/2002; **B:** correto. As operações com derivados de petróleo sujeitam-se ao PIS/PASEP (somente as vendas de álcool para fins carburantes são excluídas – art. 1º, § 3º, IV, da Lei 10.637/2002); **C:** correto. art. 1º, § 2º, da Lei 10.637/2002; **D:** incorreto. o fato gerador do PIS/PASEP é o faturamento das pessoas jurídicas e equiparadas (há casos em que incide sobre folha de salário), não incluindo os profissionais liberais – art. 1º, *caput*, da Lei 10.637/2002 e art. 13 da MP 2.158-35/2001; **E:** correto. A assertiva indica norma revogada. Atualmente, o pagamento deve ser realizado até o vigésimo quinto dia do mês subsequente ao de ocorrência do fato gerador – art. 10 da Lei 10.637/2002 (redação dada pela Lei 11.933/2009).

Gabarito "D".

(Procurador da Fazenda Nacional - 2003 - ESAF) Assinale a assertiva <u>incorreta</u> sobre o PIS/PASEP, à luz da Constituição Federal e da legislação regulamentadora:

(A) Os recursos do PIS/PASEP servem, entre outros propósitos, para financiar o seguro-desemprego.

(B) As pessoas jurídicas de direito privado são contribuintes do PIS/PASEP.

(C) O PIS e o PASEP foram criados após a Constituição Federal de 1988.

(D) Os recursos do PIS/PASEP, financiam, também, programas de desenvolvimento econômico.

(E) O seguro-desemprego é um benefício vinculado à previdência social no âmbito da seguridade social estabelecida na Constituição Federal de 1988.

A: correta, conforme art. 239 da CF; **B:** correta, nos termos do art. 1º da Lei nº 10.637/2002; **C:** incorreta. O PIS e o PASEP foram criados em 1970, respectivamente pelas Leis Complementares 7 e 8; **D:** correta, nos termos do art. 239, § 1º, da CF; **E:** correta, nos termos do art. 201, III, da CF.

Gabarito "C".

(Auditor Fiscal da Receita Federal – 2012 – ESAF) Sobre o financiamento da seguridade social, assinale a opção <u>incorreta</u>.

(A) A sociedade financia a seguridade social, de forma indireta, entre outras formas, por meio das contribuições para a seguridade social incidentes sobre a folha de salários.

(B) O financiamento da seguridade social por toda a sociedade revela, entre outros, seu caráter solidário.

(C) A seguridade social conta com orçamento próprio, que não se confunde com o orçamento fiscal.

(D) O custeio da seguridade social também ocorre por meio de imposições tributárias não vinculadas previamente a tal finalidade.

(E) O financiamento da seguridade social também pode ensejar a instituição, pela União, no exercício de sua competência residual, de contribuição específica.

A: incorreta, pois essa é uma forma de financiamento direto pela sociedade, por meio de recolhimento das contribuições sociais diretamente destinadas à seguridade social – art. 195 da CF; **B:** correta, pois mesmo quem não tem benefício imediato e direto advindo da seguridade social deve contribuir para seu custeio; **C:** correta, conforme o art. 165, III, da CF; **D:** correta, pois a seguridade social é financiada também por recursos dos orçamentos dos entes políticos, na maior parte constituídos por tributos não diretamente relacionados com a seguridade social (impostos em geral, por exemplo); **E:** correta, pois a União pode criar, por lei complementar, outras contribuições sociais para custeio da seguridade – art. 195, § 4º, da CF.

Gabarito "A".

(Auditor Fiscal da Receita Federal – 2012 – ESAF) Sobre as verbas que não integram o salário de contribuição, analise os itens a seguir, classificando-os como corretos ou incorretos, para, a seguir, assinalar a assertiva que corresponda à sua opção.

I. A ajuda de custo, em parcela única, recebida exclusivamente em decorrência de mudança de local de trabalho do empregado.

II. A importância recebida a título de bolsa de complementação educacional de estagiário quando paga nos termos da Lei 6.494/1977.

III. A participação nos lucros ou resultados da empresa, quando paga ou creditada de acordo e nos limites de lei específica.

IV. O abono do Programa de Integração Social - PIS e do Programa de Assistência ao Servidor Público - PASEP.

V. A importância paga ao empregado a título de complementação ao valor do auxílio-doença, desde que este direito seja extensivo aos demais empregados da empresa.

Estão corretos apenas os itens:

(A) I, II e IV.

(B) II, IV e V.

(C) II e V.

(D) I e V.

(E) Todos os itens estão corretos.

I: correto, nos termos do art. 28, § 9º, *g*, do PCSS; **II:** correto, em conformidade com o art. 28, § 9º, *i*, do PCSS; **III:** correto, nos termos do art. 28, § 9º, *j*, do PCSS; IV: também correto, conforme o correto, art. 28, § 9º, *l*, do PCSS; V: correto, em consonância com o disposto no art. 28, § 9º, *n*, do PCSS.

Gabarito "E".

(Auditor Fiscal da Receita Federal – 2012 – ESAF) Sobre o conceito de salário de contribuição, analise os itens a seguir, classificando-os como corretos ou incorretos, para, a seguir, assinalar a assertiva que corresponda à sua opção.

I. Para os segurados empregado e trabalhador avulso, a remuneração auferida em uma ou mais empresas, assim entendida a totalidade dos rendimentos que lhe são pagos, devidos ou creditados a qualquer título, durante o mês, destinados a retribuir o trabalho, qualquer que seja a sua forma, inclusive as gorjetas, os ganhos habituais sob a forma de utilidades e os adiantamentos decorrentes de reajuste salarial, quer pelos serviços efetivamente prestados, quer pelo tempo à disposição do empregador ou tomador de serviços, nos termos da lei ou do contrato ou, ainda, de convenção ou de acordo coletivo de trabalho ou de sentença normativa, observados os limites mínimo e máximo.

II. Para o segurado empregado doméstico, a remuneração registrada em sua CTPS ou comprovada mediante recibos de pagamento, observados os limites mínimo e máximo.

III. Para o segurado contribuinte individual, independentemente da data de filiação ao RGPS, considerando os fatos geradores ocorridos desde 1º de abril de 2003, a remuneração auferida em uma ou mais empresas ou pelo exercício de sua atividade por conta própria, durante o mês, observados os limites mínimo e máximo do salário de contribuição.

IV. Para o segurado especial que usar da faculdade de contribuir individualmente, o valor por ele declarado.

Estão corretos apenas os itens:

(A) I, III e IV.
(B) III e IV.
(C) II, III e IV.
(D) II e IV.
(E) Todos os itens estão corretos.

I: correta, nos termos do art. 28, I, do PCSS; **II:** correta, conforme o art. 28, II, do PCSS; **III:** correta, nos termos do art. 28, III, do PCSS; **IV:** correta, em conformidade com o disposto no art. 28, IV, do PCSS.

Gabarito "E"

(Analista-Tributário da Receita Federal – 2012 – ESAF) Não se considera empresa, nem a ela se equipara, para fins de custeio da Previdência Social,

(A) a firma individual que reúne elementos produtivos para a produção ou circulação de bens ou de serviços e assume o risco de atividade econômica urbana ou rural.
(B) a sociedade que assume o risco de atividade econômica urbana ou rural, com fins lucrativos ou não, ainda que tenha duração temporária.
(C) a empresa individual de responsabilidade limitada (Eireli) que assuma o risco de atividade econômica.
(D) a cooperativa, a missão diplomática e a repartição consular de carreiras estrangeiras ou a entidade de qualquer natureza ou finalidade.
(E) aquele que admite empregado a seu serviço, mediante remuneração, sem finalidade lucrativa, no âmbito residencial de diretor de empresa.

A, B, C e **D:** incorretas, pois todas elas indicam empresas, para fins de custeio da seguridade social – art. 15, I, e parágrafo único, do PCSS e art. 12, I, e parágrafo único, do Regulamento da Previdência Social – RPS (Decreto 3.048/1999); **E:** correta, pois o contratante de empregado doméstico não é equiparado à empresa (é simples empregador doméstico, ainda que seja diretor de empresa) – art. 15, II, do PCSS.

Gabarito "E"

(Analista-Tributário da Receita Federal – 2012 – ESAF) Não se destina integralmente ao financiamento da Seguridade Social, até 2015:

(A) a COFINS – Contribuição para o Financiamento da Seguridade Social.
(B) Receita da Dívida Ativa da Contribuição Previdenciária do Segurado Obrigatório – Contribuinte Individual.
(C) Receita da Dívida Ativa da Arrecadação FIES – Certificados Financeiros do Tesouro Nacional.
(D) Taxa de Ocupação de Terrenos da União arrecadada pelas unidades da Previdência Social.
(E) Remuneração de Depósitos Bancários percebida pelas unidades integrantes do Ministério da Saúde.

A: correta. O art. 76 do ADCT dispõe sobre a Desvinculação de Receitas da União – DRU. Até 31.12.2015 são desvinculados 20% da arrecadação da União de impostos, contribuições sociais e de intervenção no domínio econômico, já instituídos ou que vierem a ser criados até essa data, seus adicionais e respectivos acréscimos legais. A única alternativa que indica contribuição ou imposto é a "A", de modo que é a correta.

Gabarito "A"

(Analista-Tributário da Receita Federal – 2012 – ESAF) Integra o salário de contribuição:

(A) o valor recebido a título de indenização por despedida sem justa causa nos contratos de trabalho por prazo determinado.
(B) a parcela *in natura* recebida de acordo com programa de alimentação aprovado pelo Ministério do Trabalho e Emprego, nos termos da Lei da Alimentação do Trabalhador.
(C) a importância recebida a título de férias indenizadas e respectivo adicional constitucional.
(D) o valor recebido como indenização de 40% do montante depositado no FGTS, como proteção à relação de emprego contra despedida arbitrária ou sem justa causa.
(E) a remuneração auferida, a qualquer título, em uma ou mais empresas, por trabalhador avulso, durante o mês, destinado a retribuir o trabalho.

A, B, C e **D:** incorretas, pois essas verbas não integram o salário de contribuição, conforme o art. 28, § 9º, *d, e, m*, do PCSS; **E:** correta, pois a remuneração indicada na alternativa integra o salário de contribuição – art. 28, I, do PCSS.

Gabarito "E"

(Analista-Tributário da Receita Federal – 2012 – ESAF) Avalie as afirmações abaixo e marque a opção correspondente:

I. a empresa é desobrigada a arrecadar a contribuição do contribuinte individual;
II. a empresa é obrigada a arrecadar a contribuição do segurado empregado e do trabalhador avulso;
III. contribuinte individual, quando exercer atividade econômica por conta própria é obrigado a recolher sua contribuição, por iniciativa própria, até o dia quinze do mês seguinte àquele a que as contribuições se referirem.

(A) As duas primeiras afirmações são corretas, e errada a outra.
(B) A primeira afirmação é correta, sendo erradas as demais.
(C) As três afirmações são corretas.
(D) A primeira afirmação é errada, sendo corretas as demais.
(E) As três afirmações são erradas.

I: incorreta, pois a empresa é obrigada a reter na fonte e arrecadar a contribuição do contribuinte individual a seu serviço, conforme o art. 4º da Lei 10.666/2003; **II:** correta, nos termos do art. 30, I, *a*, do PCSS; **III:** correta, conforme o art. 30, II, do PCSS.

Gabarito "D"

(Auditor Fiscal da Receita Federal – 2010 – ESAF) A respeito do financiamento da Seguridade Social, nos termos da Constituição Federal e da legislação de custeio previdenciária, assinale a opção correta.

(A) A pessoa jurídica em débito com o sistema de seguridade social pode contratar com o poder público federal.
(B) Lei ordinária pode instituir outras fontes de custeio além das previstas na Constituição Federal.
(C) Podem-se criar benefícios previdenciários para inativos por meio de decreto legislativo.
(D) As contribuições sociais criadas podem ser exigidas noventa dias após a publicação da lei.
(E) São isentas de contribuição para a seguridade social todas entidades beneficentes de utilidade pública distrital e municipal.

A: incorreta, pois a pessoa jurídica em débito com o sistema da seguridade social, como estabelecido em lei, **não poderá** contratar com o Poder Público nem dele receber benefícios ou incentivos fiscais ou creditícios – art. 195, § 3º, da CF; **B:** incorreta, pois outras fontes de custeio devem ser previstas em lei **complementar** federal (não simples lei ordinária, como consta da assertiva) – art. 195, § 4º, c/c art. 154, I, da CF; **C:** incorreta, pois todo e qualquer benefício previdenciário somente pode ser criado por lei (aprovada pelo Legislativo e sancionada pelo Executivo), nunca por decreto legislativo – art. 201, *caput*, da CF; **D:** essa é a assertiva correta, pois as contribuições sociais submetem-se apenas à anterioridade nonagesimal, não à anterioridade anual – art. 195, 6º, da CF; **E:** assertiva correta, pois tais entidades são imunes (a CF usa o termo "isenção"), desde que atendam às exigências estabelecidas em lei – art. 195, § 7º, da CF.

Gabarito "D"

(Auditor Fiscal da Receita Federal – 2005 – ESAF) Quanto ao financiamento da seguridade social, de acordo com o estabelecido na CF/88 e na legislação do respectivo custeio, assinale a opção correta.

(A) A lei não pode instituir outras fontes de custeio além daquelas previstas na Constituição Federal.
(B) São isentas de contribuição para a seguridade social as entidades beneficentes de assistência social que atendam às exigências estabelecidas em lei.
(C) As contribuições sociais criadas podem ser exigidas no ano seguinte à publicação da respectiva lei.
(D) Há possibilidade de criar benefício previdenciário sem prévio custeio.
(E) Mesmo em débito com o sistema da seguridade social, pode a pessoa jurídica contratar com o poder público.

A: o art. 195, § 4º, do PCSS prevê a possibilidade de a lei instituir outras fontes de custeio (outras contribuições sociais); **B:** essa imunidade é prevista pelo art. 195, § 7º, da CF (o dispositivo faz referência a "isenção"); **C:** as contribuições sociais não se submetem ao princípio da anterioridade, mas apenas à noventena – art. 195, § 6º, da CF; **D:** isso não é possível, pois é preciso existir fonte de custeio total – art. 195, § 5º, da CF; **E:** isso não é admitido – art. 195, § 3º, da CF.

Gabarito "B"

(Auditor Fiscal da Receita Federal – 2005 – ESAF) Leia cada um dos assertos abaixo e assinale (V) ou (F), conforme seja verdadeiro ou falso. Depois, marque a opção que contenha a exata sequência.

( ) A contribuição social previdenciária dos segurados empregado, empregado doméstico e trabalhador avulso é calculada mediante a aplicação da alíquota de oito, nove ou onze por cento sobre o seu salário de contribuição, de acordo com a faixa salarial constante da tabela publicada periodicamente pelo MPS.
( ) O segurado empregado, inclusive o doméstico, que possuir mais de um vínculo, deverá comunicar mensalmente ao primeiro empregador a remuneração recebida até o limite máximo do salário de contribuição, envolvendo os vínculos adicionais.
( ) No que couberem, as obrigações de comunicar a existência de pluralidade de fontes pagadoras aplicam-se ao trabalhador avulso que, concomitantemente, exerça atividade de empregado.

(A) V F V
(B) V V F
(C) V V V
(D) V F F
(E) F F F

1ª: art. 20 do PCSS; **2ª** e **3ª**: o segurado deve comunicar a todos os empregadores a existência de outros vínculos, para o correto cálculo do salário de contribuição e para a identificação da alíquota aplicável.

Gabarito "A"

(Auditor Fiscal da Receita Federal – 2005 – ESAF) Para os segurados empregados e trabalhadores avulsos, entende-se por salário de contribuição:

(A) a remuneração auferida, sem dependência da fonte pagadora, em uma ou mais empresas ou pelo exercício de sua atividade por conta própria, durante o mês, observados os limites mínimo e máximo do salário de contribuição.

(B) o valor recebido pelo cooperado, ou a ele creditado, resultante da prestação de serviços a terceiros, pessoas físicas ou jurídicas, por intermédio da cooperativa.

(C) o valor por eles declarado, observados os limites mínimo e máximo do salário de contribuição.

(D) vinte por cento do valor bruto auferido pelo frete, carreto, transporte, não se admitindo a dedução de qualquer valor relativo aos dispêndios com combustível e manutenção do veículo, ainda que parcelas a este título figurem discriminadas no documento.

(E) a remuneração auferida em uma ou mais empresas, assim entendida a totalidade dos rendimentos que lhe são pagos, devidos ou creditados a qualquer título, durante o mês.

A: a remuneração auferida por atividade exercida por conta própria, sem dependência em relação à fonte do pagamento, não corresponde ao salário de contribuição do empregado, mas sim ao do contribuinte individual – art. 28, III, do PCSS; **B:** a renda do cooperado, na hipótese, integra o salário de contribuição de contribuinte individual, não de empregado – art. 30, § 5º, do PCSS; **C:** o salário de contribuição é calculado pelo empregador e não se restringe a eventual declaração do cooperado – arts. 28, I, e 30, I, *a*, ambos do PCSS; **D:** frete, carreto e remuneração por transporte realizado compõem o salário de contribuição de autônomo, não de empregado – art. 201, § 4º, do Decreto 3.048/1999; **E:** essa é a definição dada pelo art. 28, I, do PCSS.

Gabarito "E"

(Auditor Fiscal da Previdência Social – 2002 – ESAF) A respeito do financiamento da Seguridade Social, nos termos da Constituição Federal e da legislação de custeio previdenciária, assinale a opção correta.

(A) A pessoa jurídica em débito com o sistema de seguridade social não pode contratar com o poder público.

(B) A lei não pode instituir outras fontes de custeio além das previstas na Constituição Federal.

(C) Pode-se criar benefício previdenciário sem prévio custeio.

(D) As contribuições sociais criadas podem ser exigidas no ano seguinte à publicação da lei.

(E) São isentas de contribuição para a seguridade social todas as entidades beneficentes de utilidade pública federal.

A: art. 195, § 3º, da CF; **B:** a lei poderá instituir outras fontes de custeio, nos termos do art. 195, § 4º, da CF; **C:** isso não é possível. Nenhum benefício ou serviço da seguridade social pode ser criado, majorado ou estendido sem a correspondente fonte de custeio total – art. 195, § 5º, da CF; **D:** as contribuições sociais não se submetem ao princípio da anterioridade, mas apenas à noventena – art. 195, § 6º, da CF; **E:** a imunidade prevista no art. 195, § 7º, da CF (o texto constitucional utiliza o termo "isenção") abrange entidades beneficentes de assistência social que atendam às exigências estabelecidas em lei (não basta ser entidade beneficente de utilidade pública federal, é necessário atender às exigências legais).

Gabarito "A"

(Auditor Fiscal da Previdência Social – 2002 – ESAF) A respeito do conceito previdenciário de empresa ou de empregador doméstico, assinale a assertiva incorreta.

(A) Empresa – a firma individual ou sociedade que assume o risco de atividade econômica urbana ou rural, com fins lucrativos, bem como os órgãos e entidades da administração pública direta, indireta ou fundacional.

(B) Empregador doméstico – a pessoa ou família que admite a seu serviço, sem finalidade lucrativa, empregado doméstico.

(C) Equipara-se à empresa, para os efeitos da Lei 8.213/1991, o contribuinte individual em relação a segurado que lhe presta serviço.

(D) Equipara-se à empresa, para os efeitos da Lei 8.213/1991, a cooperativa.

(E) Equipara-se à empresa, para os efeitos da Lei 8.213/1991, a associação ou entidade de qualquer natureza ou finalidade.

A: a entidade é considerada empresa, ainda que não tenha fins lucrativos – art. 15, I, do PCSS; **B:** art. 15, II, do PCSS; C, D e **E:** art. 15, p. único, do PCSS.

Gabarito "A"

(Auditor Fiscal da Previdência Social – 2002 – ESAF) Constituem parcelas integrantes do salário de contribuição, exceto:

(A) o salário-maternidade.

(B) gratificação natalina para todos os fins.

(C) a remuneração paga.

(D) o salário-base para o contribuinte individual.

(E) a remuneração registrada na Carteira de Trabalho para o empregado doméstico.

A: art. 28, § 2º, do PCSS; **B:** a gratificação natalina (décimo terceiro salário) integra o salário de contribuição, mas não para todos os fins (não o integra para fins de cálculo do benefício) – art. 28, § 7º, do PCSS; **C:** art. 28, I, do PCSS; **D:** art. 28, III, do PCSS (embora o dispositivo legal não utilize, atualmente, o termo "salário-base"); **E:** art. 28, II, do PCSS.

Gabarito "B"

3. CONTRIBUIÇÕES SOCIAIS

(Procurador da Fazenda Nacional – 2007.2 – ESAF) Nos termos da Constituição Federal, a contribuição para a seguridade social

(A) não está vinculada ao princípio constitucional da anterioridade. Entretanto, só pode ser exigida 90 dias após sua criação.

(B) não está vinculada ao princípio constitucional da anterioridade. Entretanto, só pode ser exigida 30 dias após sua criação.

(C) está vinculada ao princípio constitucional da anterioridade. Entretanto, só pode ser exigida 60 dias após sua criação.

(D) está vinculada ao princípio constitucional da anterioridade. Entretanto, só pode ser exigida 30 dias após sua criação.

(E) não está vinculada ao princípio constitucional da anterioridade, nem a qualquer outra limitação temporal.

Art. 195, § 6º, da CF – a contribuição social submete-se apenas à anterioridade nonagesimal.

Gabarito "A"

(Auditor Fiscal da Receita Federal – 2012 – ESAF) Assinale a opção incorreta.

(A) A base de cálculo da contribuição social devida pela empresa é a soma da remuneração paga, devida ou creditada aos segurados e às demais pessoas físicas a seu serviço, mesmo sem vínculo empregatício.

(B) O salário de contribuição dos empregados domésticos é a base de cálculo da contribuição social por eles devida.

(C) No caso dos segurados especiais, sua contribuição social incide sobre a receita bruta proveniente da comercialização da produção rural.

(D) Os trabalhadores, de forma geral, contribuem com alíquota incidente sobre seu salário de contribuição.

(E) No caso do produtor rural registrado sob a forma de pessoa jurídica, sua contribuição social recairá sobre o total de sua receita líquida.

A: correta, conforme o art. 22 do Plano de Custeio da Seguridade Social - PCSS (Lei 8.212/1991); **B:** correta, conforme o art. 20 do PCSS; **C:** correta, nos termos do art. 25 do PCSS; **D:** correta, nos termos do art. 20 do PCSS; **E:** incorreta, pois a contribuição social incide, no caso, sobre a receita bruta proveniente da comercialização da produção – art. 22A do PCSS.

Gabarito "E"

(Analista-Tributário da Receita Federal – 2012 – ESAF) É vedada a utilização dos recursos provenientes das contribuições sociais do empregador incidentes sobre a folha de salários para a realização de despesas distintas das enumeradas na Constituição. Entre essas, veda-se a aplicação de recursos dessa origem

(A) na cobertura dos eventos de doença, invalidez, morte e idade avançada.

(B) na proteção à maternidade, especialmente à gestante, nos termos da legislação pertinente.

(C) no aporte de recursos à entidade de previdência, tendo em vista as prioridades estabelecidas na lei de diretrizes orçamentárias.

(D) na proteção ao trabalhador em situação de desemprego involuntário, como previsto na legislação respectiva.

(E) no pagamento de salário-família e auxílio-reclusão para os dependentes dos segurados de baixa renda.

A questão se refere ao disposto nos arts. 167, XI, e 201, da CF. Nesse sentido, a arrecadação correspondente às contribuições sobre folha de salários somente pode ser destinada a (i) cobertura dos eventos de doença, invalidez, morte e idade avançada; (ii) proteção à maternidade, especialmente à gestante; (iii) proteção ao trabalhador em situação de desemprego involuntário; (iv) salário-família e auxílio-reclusão para os dependentes dos segurados de baixa renda; (v) pensão por morte do segurado, homem ou mulher, ao cônjuge ou companheiro e dependentes. Por essas razões, a alternativa "C" é a única que indica destinação incompatível com a diretriz constitucional.

Gabarito "C"

(Auditor Fiscal da Previdência Social – 2002 – ESAF) Nos termos da legislação previdenciária, assinale qual dos requisitos abaixo não é exigido da empresa para fins de isenção de contribuições.

(A) Ser reconhecida como de utilidade pública federal.

(B) Ser reconhecida como de utilidade pública pelo respectivo Estado, Distrito Federal ou Município onde se encontre a sua sede.

(C) Ser portadora do Registro e do Certificado de Entidade Beneficente de Assistência Social fornecidos pelo Conselho Nacional de Assistência Social.

(D) Não perceber seus diretores vantagens ou benefícios, por qualquer forma ou título, em razão das competências, funções ou atividades que lhes são atribuídas pelo respectivo estatuto social.

(E) Estar em situação irregular em relação às contribuições sociais.

Os requisitos para o reconhecimento da imunidade (o art. 195, § 7º, da CF e a legislação previdenciária utilizam o termo "isenção") incluem o disposto nas assertivas A, B, C e D. Ainda que não se conheça a norma, perceba que a alternativa E é absurda (não há como exigir que alguém esteja em situação irregular, para que seja reconhecida a imunidade).

Gabarito "E"

(Auditor Fiscal da Previdência Social – 2002 – ESAF) Não constitui receita das contribuições sociais:

(A) as das empresas, incidentes sobre a remuneração paga ou creditada aos segurados a seu serviço.

(B) as dos empregadores domésticos, incidentes sobre o salário de contribuição dos empregados domésticos a seu serviço.

(C) as provenientes da União.

(D) as das empresas, incidentes sobre o faturamento e o lucro.

(E) as incidentes sobre a receita de concursos de prognósticos.

A: art. 22, I, do PCSS; **B:** art. 24 do PCSS; **C:** a contribuição da União, prevista no art. 16 do PCSS, não é contribuição social, em sentido estrito (não é tributo recolhido, mas receita orçamentária disponibilizada para a previdência); **D:** art. 23 do PCSS; **E:** art. 26 do PCSS.

Gabarito "C"

(Auditor Fiscal da Receita Federal – 2010 – ESAF) A arrecadação e o recolhimento das contribuições destinadas à seguridade social constituem uma das principais tarefas de gestão tributária. Sobre elas o tempo decorrido mostra-se importante, considerando a jurisprudência dos Tribunais Superiores sobre a legislação previdenciária de custeio. Entre as assertivas a seguir indicadas, assinale a correta.

(A) Prazos de prescrição e decadência podem ser definidos em lei ordinária.

(B) O prazo decadencial das contribuições da seguridade social é de 5 anos.

(C) A arrecadação e o recolhimento das contribuições podem ser feitos em qualquer momento.

(D) Valores recolhidos pelo fisco antes do julgamento de recursos extraordinários que discutiam o prazo de prescrição deverão ser devolvidos se forem superiores ao prazo de 5 anos do lançamento.

(E) A ação de cobrança do crédito tributário oriundo de contribuição social pode ser impetrada em qualquer momento.

A legislação previdenciária (arts. 45 e 46 da Lei 8.212/1991) previa prazo decadencial (para lançamento das contribuições sociais) e prescricional (para sua cobrança) de dez anos. Esse texto ficou prejudicado pela Súmula Vinculante 8/STF, pois a matéria (decadência e prescrição tributárias) deve ser veiculada por lei complementar federal (art. 146, III, b, da CF). Esses dispositivos legais foram formalmente revogados pela LC 128/2008. Atualmente, portanto, vige o prazo de cinco anos para decadência e prescrição, conforme dispõe o CTN (arts. 173 e 174). **A:** incorreta, pois prescrição e decadência tributárias são matérias a serem veiculadas por lei complementar federal; **B:** correta, conforme comentários iniciais; **C:** incorreta, pois a decadência e a prescrição não apenas impedem a cobrança do crédito (arrecadação), como também implicam indébito tributário, em caso de recolhimento espontâneo (há direito do contribuinte à restituição); **D:** incorreta, pois o fisco não recolhe contribuições. Quem faz isso são os contribuintes e responsáveis. Apesar do texto confuso nessa alternativa, é interessante lembrar que eventual declaração de inconstitucionalidade de tributo não afeta a contagem do prazo prescricional para a repetição de indébito, conforme a jurisprudência do STJ – ver EDcl no AgRg no Ag 1.283.915/MG; **E:** incorreta, pois o prazo prescricional para a execução fiscal é de 5 anos. Observe que o termo "impetrada" é usualmente utilizado para mandado de segurança, por exemplo, mas não para execução fiscal.

Gabarito "B".

(Auditor Fiscal da Receita Federal – 2010 – ESAF) Além das contribuições sociais, a seguridade social conta com outras receitas. Não constituem outras receitas da seguridade social:

(A) as multas.
(B) receitas patrimoniais.
(C) doações.
(D) juros moratórios.
(E) sessenta por cento do resultado dos leilões dos bens apreendidos pela Secretaria da Receita Federal do Brasil.

Nos termos do art. 27 do PCSS, constituem outras receitas da seguridade social: (i) as multas, a atualização monetária e os juros moratórios; (ii) a remuneração recebida por serviços de arrecadação, fiscalização e cobrança prestados a terceiros; (iii) as receitas provenientes de prestação de outros serviços e de fornecimento ou arrendamento de bens; (iv) as demais receitas patrimoniais, industriais e financeiras; (v) as doações, legados, subvenções e outras receitas eventuais; (vi) 50% dos valores obtidos e aplicados na forma do parágrafo único do art. 243 da Constituição Federal; (vii) **40%** do resultado dos leilões dos bens apreendidos pelo Departamento da Receita Federal; e (viii) outras receitas previstas em legislação específica. Perceba, portanto, que a alternativa E é a incorreta.

Gabarito "E".

(Auditor Fiscal da Receita Federal – 2010 – ESAF) Nos termos do Regulamento da Previdência Social, analise as assertivas a respeito das obrigações acessórias de retenção e responsabilidade solidária da contribuição social, assinalando a incorreta.

(A) As empresas que integram grupo econômico cuja matriz tem sede em Brasília respondem entre si, solidariamente, pelas obrigações decorrentes do disposto no Regulamento da Previdência Social.
(B) A empresa contratante de serviços executados mediante cessão ou empreitada de mão de obra deverá reter onze por cento do valor bruto da nota fiscal, fatura ou recibo de prestação de serviços e recolher a importância retida em nome da empresa contratada.
(C) Considera-se construtor, para os efeitos do Regulamento da Previdência Social, a pessoa física ou jurídica que executa obra sob sua responsabilidade, no todo ou em parte.
(D) O proprietário, o incorporador definido na Lei n. 4.591, de 1964, o dono da obra ou condômino da unidade imobiliária cuja contratação da construção, reforma ou acréscimo não envolva cessão de mão de obra, são solidários com o construtor.
(E) Exclui-se da responsabilidade solidária perante a seguridade social o adquirente de prédio ou unidade imobiliária que realize a operação com empresa de comercialização.

A: incorreta, pois a localização da matriz é irrelevante para a responsabilidade solidária das empresas que integram grupo econômico de qualquer natureza – art. 222 do Regulamento da Previdência Social – RPS (Decreto 3.048/1999); **B:** correta, conforme o art. 31 do PCSS e o art. 219 do RPS; **C:** correta, conforme o art. 220, § 4º, do RPS; **D:** assertiva correta, nos termos do art. 220, *caput*, do RPS; **E:** correta, pois reflete o disposto no art. 221 do RPS.

Gabarito "A".

(Auditor Fiscal da Receita Federal – 2005 – ESAF) Constituem contribuições sociais, de acordo com a Lei n. 8.212/91, exceto:

(A) As das empresas, incidentes sobre a remuneração paga ou creditada aos segurados a seu serviço.
(B) As dos empregados domésticos.
(C) As dos trabalhadores, incidentes sobre o seu salário de contribuição.
(D) As das empresas, incidentes sobre faturamento e lucro.
(E) As dos proprietários rurais, incidentes sobre o seu faturamento.

A: art. 22, I, do PCSS; **B** e **C:** art. 20 do PCSS; **D:** art. 23 do PCSS; **E:** a contribuição do produtor rural pessoa física (não do proprietário rural, necessariamente) incide, em regra, sobre sua receita bruta – art. 25, *caput* e § 1º, do PCSS.

Gabarito "E".

(Auditor Fiscal da Receita Federal – 2005 – ESAF) Segundo a letra da legislação previdenciária,

(A) o direito de apurar e constituir os créditos previdenciários extingue-se após 10 anos, contados do primeiro dia do exercício seguinte àquele em que o crédito poderia ter sido constituído, ou da data em que se tornar definitiva a decisão que anulou, por vício formal, a constituição de crédito anteriormente efetuado.
(B) o prazo decadencial a ser aplicado é aquele vigente à época do fato gerador (565 §1).
(C) nos casos de dolo, fraude ou simulação, o prazo decadencial será de vinte anos, contados do primeiro dia do exercício seguinte àquele em que for constatado o evento doloso, fraudulento ou simulado, ou, tendo havido anulação em razão desses vícios, da data da publicação desta.
(D) a ação para cobrança do crédito tributário prescreve em cinco anos, contados da data da sua constituição definitiva.
(E) a prescrição se suspende pela citação pessoal feita ao devedor.

A legislação previdenciária (arts. 45 e 46 do PCSS) previa prazo decadencial (para lançamento das contribuições sociais) e prescricional (para sua cobrança) de dez anos. Esse texto ficou prejudicado pela Súmula Vinculante 8/STF, pois a matéria (decadência e prescrição tributárias) deve ser veiculada por lei complementar federal (art. 146, III, *b*, da CF). Esses dispositivos legais foram formalmente revogados pela LC 128/2008. Atualmente, portanto, vige o prazo de cinco anos para decadência e prescrição, conforme dispõe o CTN (arts. 173 e 174).

Gabarito "A"

(Auditor Fiscal da Receita Federal – 2005 – ESAF) No campo da responsabilidade dos sócios pelos débitos da Seguridade Social, é verdade afirmar que:

(A) A responsabilidade solidária dos sócios comporta benefício de ordem, se a sociedade, indiscutivelmente, possuir patrimônio mais do que suficiente para arcar com dívida.

(B) A responsabilidade solidária não inclui os sócios das sociedades de responsabilidade limitada.

(C) A responsabilidade solidária dos sócios não fica limitada ao pagamento do débito da sociedade no período posterior à Lei 8.620/93, que, pela relevância social do débito para com a Seguridade Social, retroage para alcançar o patrimônio dos sócios para pagamentos anteriores à sua entrada em vigor.

(D) A responsabilidade dos sócios por dívidas contraídas pela sociedade para com a Seguridade Social, decorrentes do descumprimento das obrigações previdenciárias, é solidária e encontra respaldo no art. 13 da Lei 8.620/93 e no art. 124 do Código Tributário Nacional.

(E) A Lei 8.620/93 não trouxe inovação ao ordenamento jurídico vigente, permanecendo a responsabilidade dos sócios pelos débitos da Seguridade Social como subsidiária e regulada pelo art. 135 do Código Tributário Nacional, que exige a comprovação de que o não recolhimento da exação decorreu de ato praticado com violação à lei, ao contrato social ou ao estatuto da empresa pelo sócio-gerente.

O STJ reconhece a aplicabilidade do art. 13 da Lei 8.620/1993 em seu período de vigência (foi revogado pela Lei 11.941/2009). O dispositivo legal previa a responsabilidade solidária dos sócios de limitadas e do titular da firma individual pelos débitos junto à seguridade social. Ademais, os acionistas controladores, os administradores, os gerentes e os diretores respondiam solidariamente e subsidiariamente por esses débitos, quando houvesse dolo ou culpa. Ocorre que a interpretação do STJ ao art. 13 da Lei 8.620/1993 observou o disposto no art. 135 do CTN, ou seja, a responsabilidade dependia de excesso de poderes, infração à lei, aos contratos sociais ou aos estatutos. Ver AgRg no REsp 1.039.289/BA.

Gabarito "D"

(Auditor Fiscal da Receita Federal – 2005 – ESAF) Com relação às contribuições sociais, no âmbito da seguridade social, é correto afirmar:

(A) As contribuições sociais, de que trata o art. 195 da CF/88, só poderão ser exigidas após decorridos noventa dias da data da publicação da lei que as houver instituído ou modificado, não se lhes aplicando o disposto no art. 150, III, b, da Carta Magna.

(B) As contribuições sociais de que trata o art. 195, da CF/88, só poderão ser exigidas após decorridos cento e oitenta dias da data da publicação da lei que as houver instituído ou modificado, não se lhes aplicando o disposto no art. 150, III, b, da Carta Magna.

(C) São isentas de contribuição para a seguridade social todas as entidades de assistência social que atendam às exigências estabelecidas em lei complementar.

(D) As contribuições sociais de que trata o art. 195, da CF/88, só poderão ser exigidas após decorridos noventa dias da assinatura da lei que as houver instituído ou modificado, não se lhes aplicando o disposto no art. 150, III, b, da Carta Magna.

(E) As contribuições sociais de que trata o art. 195, da CF/88, só poderão ser criadas e exigidas após decorridos noventa dias da publicação da lei que as houver instituído ou modificado, não se lhes aplicando o disposto no art. 150, III, b, da Carta Magna.

A, **B**, **D** e **E**: as contribuições sociais submetem-se à noventena (exigibilidade apenas após noventa dias da publicação da respectiva lei que as instituiu ou majorou), mas não à anterioridade – art. 195, § 6º, da CF; **C**: somente as entidades beneficentes (não são todas) de assistência social são imunes, observadas as exigências legais – art. 195, § 7º, da CF (o dispositivo refere-se a "isenção").

Gabarito "A"

(Auditor Fiscal da Receita Federal – 2005 – ESAF) Segundo a orientação uniformizadora do Superior Tribunal de Justiça (Súmula 148), "Os débitos relativos a benefício previdenciário, vencidos e cobrados em juízo após a vigência da Lei n. 6.899/81, devem ser corrigidos monetariamente na forma prevista nesse diploma legal", isso significa dizer, quanto ao termo inicial da atualização do débito, que, se posterior a vigência do referido diploma legal, de modo geral:

(A) conta-se a partir do ajuizamento da ação.

(B) conta-se a partir do momento em que era devida a dívida.

(C) conta-se a partir da citação válida.

(D) conta-se a partir da sentença.

(E) conta-se a partir do trânsito em julgado da sentença.

O art. 1º, §§ 1º e 2º, da Lei 6.899/1981 prevê, nas cobranças pelo fisco, a correção monetária a partir do respectivo vencimento e, nos demais casos, a partir do ajuizamento da ação.

Gabarito "B"

(Auditor Fiscal da Previdência Social – 2002 – ESAF) Nos termos do Regulamento da Previdência Social, assinale a assertiva incorreta a respeito do parcelamento de contribuições e demais importâncias devidas à seguridade social.

(A) Caso o segurado contribuinte individual manifeste interesse em recolher contribuições relativas a período anterior à sua inscrição, a retroação da data do início das contribuições será autorizada, podendo ser parcelado o pagamento.

(B) As contribuições sociais objeto de parcelamento ficam sujeitas, entre outros acréscimos, a juros de mora, de caráter irrelevável, incidentes sobre o valor atualizado.
(C) Poderão ser objeto de parcelamento as contribuições descontadas do segurado empregado.
(D) A empresa ou segurado que tenha sido condenado criminalmente por sentença transitada em julgado, por obter vantagem ilícita em prejuízo da seguridade social ou de suas entidades, não poderá obter parcelamento de seus débitos.
(E) O deferimento do parcelamento pelo Instituto Nacional do Seguro Social fica condicionado ao pagamento da primeira parcela.

A: art. 124 do RPS; **B:** art. 239, II, do RPS; **C:** isso não é possível – art. 244, § 1º, do RPS; **D:** art. 244, § 2º, do RPS; **E:** art. 244, § 6º, do RPS.

Gabarito "C"

(Auditor Fiscal da Previdência Social – 2002 – ESAF) Nos termos da legislação previdenciária, assinale a assertiva correta a respeito da restituição e compensação de contribuições.

(A) Na hipótese de pagamento ou recolhimento indevido, a contribuição não será atualizada monetariamente.
(B) Será admitida a restituição ou a compensação de contribuição a cargo da empresa, recolhida ao Instituto Nacional do Seguro Social, que, por sua natureza, tenha sido transferida ao preço de bem ou serviço oferecido à sociedade.
(C) Somente poderá ser restituída ou compensada contribuição para a seguridade social, arrecadada pelo Instituto Nacional do Seguro Social, na hipótese de pagamento ou recolhimento indevido.
(D) A restituição de contribuição ou de outra importância recolhida indevidamente, que comporte, por sua natureza, a transferência de encargo financeiro, será feita de imediato.
(E) Direito de pleitear judicialmente a compensação só pode ser exercido no prazo de cento e oitenta dias do seu pagamento.

A: o débito será corrigido monetariamente, na forma da legislação aplicável – art. 239, I, do RPS; B e **D:** isso não é admitido – art. 166 do CTN e art. 248 do RPS; **C:** art. 247 do RPS; **E:** o direito à compensação de um crédito perante o fisco com débito do contribuinte pode ser pleiteado judicialmente enquanto a pretensão do particular não estiver prescrita, ou seja, em até 5 anos contados na forma do art. 165 do CTN c/c art. 3º da LC 118/2005.

Gabarito "C"

(Auditor Fiscal da Previdência Social – 2002 – ESAF) Nos termos do Regulamento da Previdência Social, assinale a assertiva correta a respeito da prescrição e da decadência.

(A) É de cinco anos o prazo de decadência de todo e qualquer direito ou ação do segurado ou beneficiário para a revisão do ato de concessão de benefício.
(B) A contagem do prazo de decadência do direito do segurado ou beneficiário para a revisão do ato de concessão de benefício começa do segundo dia do mês seguinte ao do recebimento da primeira prestação.
(C) O direito da seguridade social de apurar e constituir seus créditos extingue-se após dez anos.
(D) Na hipótese de ocorrência de dolo, fraude ou simulação, a seguridade social não pode, a qualquer tempo, apurar e constituir seus créditos.
(E) O direito de pleitear judicialmente a desconstituição de exigência fiscal fixada pelo Instituto Nacional do Seguro Social no julgamento de litígio em processo administrativo fiscal extingue-se com o decurso do prazo de cento e oitenta dias.

A legislação previdenciária (arts. 45 e 46 do PCSS) previa prazo decadencial (para lançamento das contribuições sociais) e prescricional (para sua cobrança) de dez anos. Esse texto ficou prejudicado pela Súmula Vinculante 8/STF, pois a matéria (decadência e prescrição tributárias) deve ser veiculada por lei complementar federal (art. 146, III, *b*, da CF). Esses dispositivos legais foram formalmente revogados pela LC 128/2008. Atualmente, portanto, vige o prazo de cinco anos para decadência e prescrição, conforme dispõe o CTN (arts. 173 e 174).

Gabarito "A"

(Técnico da Receita Federal – 2006 – ESAF) Preencha as lacunas com as palavras que lhe parecerem adequadas e escolha a opção que as contenha. ____ da obrigação previdenciária é ____. Como regra geral, quando a remuneração do segurado empregado, inclusive do trabalhador avulso, for ____ durante o mês, o salário de contribuição será a remuneração efetivamente paga, devida ou a ele creditada.

(A) Fato gerador – o salário de contribuição – reduzido ou majorado
(B) Base de cálculo – o limite mínimo e máximo do salário de contribuição – por causa das horas extras, maior que o normalmente pago
(C) salário de contribuição – o valor que serve de base para os benefícios – variável
(D) Base de cálculo – salário de contribuição – proporcional ao número de dias trabalhados
(E) Alíquota – específica ou ad valorem – uniforme

A: o fato gerador da contribuição previdenciária é o pagamento de salário ou preço de serviço prestado à empresa, por exemplo, não o salário de contribuição, que é base de cálculo; **B:** o salário de contribuição, e não seus limites, é base de cálculo da contribuição previdenciária; **C:** o salário de contribuição é a base para a contribuição previdenciária, não para o cálculo dos benefícios; **D:** a alternativa indica as palavras que completam adequadamente a frase, nos termos dos arts. 11, p. único, *c*, e art. 28, I, e § 1º, ambos do PCSS; **E:** em princípio, as alíquotas das contribuições previdenciárias são *ad valorem*, ou seja, percentuais que incidem sobre a base de cálculo – arts. 20, 21 e 22, entre outros, do PCSS.

Gabarito "D"

(Técnico da Receita Federal – 2006 – ESAF) Deverão ser recolhidas até o dia dois do mês seguinte ao da ocorrência do seu fato gerador, prorrogando-se o vencimento para o dia útil subsequente quando não houver expediente bancário no dia do vencimento, as contribuições:

(A) incidentes sobre a receita bruta decorrente de qualquer forma de patrocínio, de licenciamento de uso de marcas e símbolos, de publicidade, de propaganda e transmissão de espetáculos desportivos, devida pela associação desportiva que mantém equipe de futebol profissional.

(B) do segurado empregado doméstico.
(C) descontadas da remuneração paga, devida ou creditada, aos segurados empregados.
(D) do empregador doméstico.
(E) do condutor autônomo de veículo rodoviário, inclusive o taxista, para o Serviço Social do Transporte – SEST.

A: o prazo de recolhimento, no caso, é até o dia 20 do mês subsequente ao da competência – art. 22, § 9º, c/c art. 30, I, *b*, do PCSS; **B** e **D:** o prazo de recolhimento, no caso, é até o dia 15 do mês subsequente ao da competência – art. 30, V, c/c inciso II, do PCSS; **C:** o prazo, que era até o dia 2 do mês subsequente, foi modificado sucessivamente (o que prejudica o gabarito oficial). Atualmente é, na hipótese, até o dia 20 do mês subsequente ao da competência – art. 30, I, *b*, do PCSS; **E:** o prazo, para o contribuinte individual, é até o dia 15 do mês subsequente ao da competência – art. 30, II, do PCSS.

Gabarito "C"

(Técnico da Receita Federal – 2006 – ESAF) Leia cada um dos assertos abaixo e assinale (V) ou (F), conforme seja verdadeiro ou falso. Depois, marque a opção que contenha a exata sequencia.

( ) Para fatos geradores a partir de janeiro de 1995 não há atualização monetária.
( ) Para fatos geradores ocorridos a partir de janeiro de 1995 serão aplicados como juros de mora um por cento no mês de vencimento e um por cento no mês de pagamento, fora a taxa própria para os meses intermediários.
( ) A taxa de juros aplicada às contribuições sociais não recolhidas em época própria não poderá ser inferior a um por cento ao mês ou fração.

(A) V V V
(B) F F F
(C) F V V
(D) V V F
(E) F F V

1ª: a partir de 1º de janeiro de 1995 incide exclusivamente a taxa SELIC sobre os débitos tributários federais, que, segundo a jurisprudência pacífica, não pode ser cumulada com outros índices de juros ou de correção monetária – art. 13 da Lei 9.065/1995. A rigor, entende-se que a correção monetária está embutida no índice da SELIC; 2ª: art. 239, II, do RPS; 3ª: o disposto no art. 239, § 1º, do RPS foi revogado em 2007, o que prejudica o gabarito oficial.

Gabarito "A"

(Técnico da Receita Federal – 2006 – ESAF) Segundo a Lei n. 8.212, de 24 de julho de 1991,

(A) o direito de cobrar os créditos da Seguridade Social, devidamente constituídos, prescreve em dez anos.
(B) o direito de cobrar os créditos da Seguridade Social, devidamente constituídos, decai em cinco anos.
(C) o direito de a Seguridade Social apurar e constituir seus créditos extingue-se após trinta anos contados do primeiro dia do exercício seguinte àquele em que o crédito poderia ter sido constituído.
(D) o direito de a Seguridade Social apurar e constituir seus créditos extingue-se após três anos contados da data em que se tornar definitiva a decisão que houver anulado, por vício formal, a constituição de crédito anteriormente efetuada.
(E) o direito de cobrar os créditos da Seguridade Social, constituídos na forma da lei e devidamente notificados ao sujeito passivo, prescreve em cinco anos contados da data do fato gerador.

A legislação previdenciária (arts. 45 e 46 do PCSS) previa prazo decadencial (para lançamento das contribuições sociais) e prescricional (para sua cobrança) de dez anos. Esse texto ficou prejudicado pela Súmula Vinculante 8/STF, pois a matéria (decadência e prescrição tributárias) deve ser veiculada por lei complementar federal (art. 146, III, *b*, da CF). Esses dispositivos legais foram formalmente revogados pela LC 128/2008. Atualmente, portanto, vige o prazo de cinco anos para decadência e prescrição, conforme dispõe o CTN (arts. 173 e 174).

Gabarito "A"

4. SEGURADOS, DEPENDENTES

(Procurador da Fazenda Nacional - 2004 - ESAF) Considerando os beneficiários do Regime Geral da Previdência, assinale a opção incorreta.

(A) É segurado obrigatório da Previdência Social, como empregado, o servidor público ocupante de cargo em comissão, sem vínculo efetivo com a União, Autarquias, inclusive em regime especial, e Fundações Públicas Federais.
(B) É segurado obrigatório da Previdência Social, como contribuinte individual, o exercente de mandato eletivo federal, estadual ou municipal, desde que não vinculado a regime próprio de previdência social.
(C) É segurado obrigatório da Previdência Social, como trabalhador avulso, quem presta serviços de natureza urbana ou rural a diversas empresas, sem vínculo empregatício, definidos no Regulamento.
(D) É segurado obrigatório da Previdência Social, como contribuinte individual, quem presta serviço de natureza urbana ou rural, em caráter eventual, a uma ou mais empresas, sem relação de emprego.
(E) É segurado obrigatório da Previdência Social, como empregado, o brasileiro civil que trabalha para a União, no exterior, em organismos oficiais brasileiros ou internacionais dos quais o Brasil seja membro efetivo, ainda que lá domiciliado e contratado, salvo se segurado na forma da legislação vigente do país do domicílio.

A: correta (art. 12, I, "g", da Lei nº 8.212/91 – PCSS); **B:** incorreta. O exercente de mandato eletivo é segurado obrigatório do RGPS como empregado (art. 12, I, "j", do PCSS); **C:** correta (art. 12, VI, do PCSS); **D:** correta (art. 12, V, "g", do PCSS); **E:** correta (art. 12, I, "e", do PCSS).

Gabarito "B"

(Advogado – IRB – 2006 – ESAF) Assinale a opção correta.

(A) É segurado obrigatório da Previdência Social o estrangeiro domiciliado e contratado no exterior, para trabalhar em agência de empresa nacional no seu país de origem.
(B) É segurado obrigatório da Previdência Social, como autônomo, o ministro de confissão religiosa.

(C) Todo aquele que exercer, concomitantemente, mais de uma atividade remunerada sujeita ao regime geral de Previdência Social poderá optar por filiar-se em relação a uma delas.

(D) Para fins previdenciários, equipara-se à empresa a pessoa física, proprietária ou não, que explore atividade agropecuária, diretamente ou através de prepostos e com o auxílio de empregados, utilizados a qualquer título, ainda que de forma não contínua.

(E) Mantém a qualidade de segurado, independentemente de contribuições, até 120 (cento e vinte) dias após a cessação das contribuições, o segurado que deixar de exercer atividade remunerada abrangida pela Previdência Social ou estiver suspenso ou licenciado sem remuneração.

A: incorreta. A legislação previdenciária elenca como segurado obrigatório, na qualidade de empregado, o brasileiro ou estrangeiro domiciliado e contratado no Brasil para trabalhar em empresa nacional no exterior (art. 12, I, "c", do PCSS); **B:** alternativa dada como correta pelo gabarito oficial, porém passível de duras críticas. A categoria previdenciária dos autônomos foi extinta em 1999, sendo incorporada ao grupo dos contribuintes individuais. Com isso em vista, está correto afirmar que os ministros de confissão religiosa são segurados obrigatórios da previdência social na qualidade de contribuintes individuais (art. 12, V, "c", do PCSS); **C:** incorreta. Quem exerce concomitantemente mais de uma atividade remunerada sujeita ao RGPS será considerado segurado, e deverá recolher contribuição, em cada uma delas (art. 12, § 2º, do PCSS); **D:** incorreta. Tal previsão não se encontra dentre os equiparados a empresa (art. 15, parágrafo único, do PCSS); **E:** incorreta. O período de graça do segurado, nessa hipótese, será de 12 meses (art. 15, II, do PBPS).

Gabarito "B"

(Auditor Fiscal da Receita Federal – 2010 – ESAF) Tendo em vista a classificação dos segurados obrigatórios na legislação previdenciária vigente, assinale a assertiva incorreta.

(A) Como empregado – a pessoa física residente no imóvel rural ou em aglomerado urbano ou rural próximo a ele que, individualmente ou em regime de economia familiar, ainda que com o auxílio eventual de terceiros a título de mútua colaboração.

(B) Como trabalhador avulso – quem presta, a diversas empresas, sem vínculo empregatício, serviço de natureza urbana ou rural definidos no Regulamento.

(C) Como contribuinte individual – o síndico ou administrador eleito para exercer atividade de direção condominial, desde que recebam remuneração.

(D) Como empregado – o brasileiro ou estrangeiro domiciliado e contratado no Brasil para trabalhar como empregado em sucursal ou agência de empresa nacional no exterior.

(E) Como contribuinte individual – o sócio solidário, o sócio de indústria, o sócio gerente.

A: incorreta, pois a descrição refere-se ao segurado especial (não ao empregado) – art. 12, VII, do Plano de Custeio da Seguridade Social – PCSS (Lei 8.212/1991); **B:** correta, conforme o art. 12, VI, do PCSS; **C:** assertiva correta, nos termos do art. 12, V, *f*, do PCSS; **D:** correta, conforme a previsão do art. 12, I, *c*, do PCSS; **E:** correta, nos termos do art. 12, V, *f*, do PCSS.

Gabarito "A"

(Auditor Fiscal da Receita Federal – 2010 – ESAF) Hermano, advogado autônomo, possui escritório no qual mantém relação de vínculo empregatício com Lia (advogada e assistente de Hermano) e Léa (secretária).

A construtora ABC Empreendimentos, pessoa jurídica cadastrada na Junta Comercial, possui na sua folha de pagamentos 10 empregados e 20 autônomos que prestam serviços para distintas construtoras na área de assentamento de mármore e granito.

De acordo com a situação-problema apresentada acima e do conceito previdenciário de empresa, é correto afirmar que:

(A) Hermano deve contribuir só como contribuinte individual.

(B) a construtora ABC pode contribuir como contribuinte individual autônomo.

(C) Hermano e a construtora ABC devem contribuir sobre a folha de pagamento de seus empregados.

(D) Hermano não pode contribuir como empresa, pois é pessoa natural.

(E) a construtora ABC não deve contribuir sobre a folha de pagamento de seus empregados, pois eles prestam serviços a terceiros.

Perceba que, para fins previdenciários, o conceito de "empresa" difere daquele adotado pelo direito empresarial (não é a atividade do empresário ou da sociedade empresária). Empresa, para fins previdenciários, é conceito muito amplo: a firma individual ou sociedade que assume o risco de atividade econômica urbana ou rural, com fins lucrativos ou não, bem como os órgãos e entidades da administração pública direta, indireta e fundacional; equipara-se a empresa, para os efeitos do PCSS, o contribuinte individual em relação a segurado que lhe presta serviço, bem como a cooperativa, a associação ou entidade de qualquer natureza ou finalidade, a missão diplomática e a repartição consular de carreira estrangeiras – art. 15, I, e p. único, do PCSS. A empresa, portanto, é sujeito passivo de contribuição previdenciária (art. 195, I, da CF). **A** e **D:** incorretas, pois a autônomo (contribuinte individual) é equiparado à empresa, em relação ao segurado que lhe presta serviço – art. 15, p. único, do PCSS; **B:** incorreta, pois contribuinte individual autônomo somente pode ser pessoa natural, nunca sociedade – art. 12, V, *h*, do PCSS; **C:** essa é a assertiva correta, pois ambos (Hermano e a construtora ABC) são considerados empresa, para fins do PCSS; **E:** incorreta, pois o empregador, a empresa e o equiparado contribuem sobre a folha de salários e demais rendimentos do trabalho pagos ou creditados, a qualquer título, à pessoa física que lhe preste serviço, mesmo sem vínculo empregatício – art. 195, I, a, da CF.

Gabarito "C"

(Auditor Fiscal da Receita Federal – 2010 – ESAF) A respeito dos segurados facultativos da Previdência Social, é correto afirmar que:

(A) a pessoa pode ser segurado facultativo independente da sua idade.

(B) o síndico de condomínio remunerado pela isenção da taxa de condomínio pode ser segurado facultativo.

(C) aquele que deixou de ser segurado obrigatório da previdência social não pode ser segurado facultativo.

(D) não pode ser segurado facultativo aquele que estiver exercendo atividade remunerada que o enquadre como segurado obrigatório da previdência social.

(E) o estudante maior de quatorze anos.

A e **E**: incorretas, pois, atualmente, a idade mínima para o trabalho e, portanto, para a filiação no regime geral (RGPS) é de 16 anos e, excepcionalmente, 14 anos para o aprendiz – art. 7º, XXXIII, da CF, art. 14 do PCSS e art. 13 do PBPS; **B**: incorreta, pois o síndico que recebe remuneração é contribuinte individual (obrigatório) – art. 12, V, *f*, do PCSS; **C**: incorreta, pois qualquer pessoa que não seja contribuinte obrigatório (nem seja filiado a regime próprio de servidores públicos – art. 201, § 5º, da CF) pode se filiar ao Regime Geral de Previdência Social – RGPS – como contribuinte facultativo – art. 14 do PCSS; **D**: essa é a assertiva correta, pois o contribuinte obrigatório não se qualifica, concomitantemente, como facultativo – art. 14 do PCSS.

Gabarito "D"

(Auditor Fiscal do Trabalho – 2010 – ESAF) Com relação aos segurados facultativos, à luz da legislação previdenciária vigente, assinale a opção correta.

(A) Pode ser menor de 14 anos.

(B) Pode ser segurado empregado.

(C) Pode ser aquele que deixou de ser segurado obrigatório da Previdência Social.

(D) Pode ser segurado especial.

(E) Pode ser segurado contribuinte individual.

A: incorreta, pois, atualmente, a idade mínima para o trabalho e, portanto, para a filiação no regime geral (RGPS) é de 16 anos e, excepcionalmente, 14 anos para o aprendiz – art. 7º, XXXIII, da CF, art. 14 do PCSS e art. 13 do PBPS; **B**: incorreta, pois o contribuinte obrigatório não pode ser, ao mesmo tempo, segurado facultativo – art. 14 do PCSS; **C**: essa é a assertiva correta, já que pode se filiar ao Regime Geral de Previdência Social qualquer pessoa que não seja contribuinte obrigatório (nem seja filiado a regime próprio de servidores públicos – art. 201, § 5º, da CF) – RGPS – como contribuinte facultativo – art. 14 do PCSS; D e **E**: incorretas, pois o segurado especial e o segurado contribuinte individual são espécies de segurado obrigatório, de modo que não podem se filiar, concomitantemente, como segurados facultativos – art. 14 do PCSS.

Gabarito "C"

(Auditor Fiscal da Receita Federal – 2005 – ESAF) Não é filiado obrigatório ao RGPS, na qualidade de segurado empregado,

(A) aquele que presta serviço de natureza urbana ou rural à empresa, em caráter não eventual, com subordinação e mediante remuneração.

(B) o contratado em caráter permanente em Conselho, Ordem ou autarquia de fiscalização do exercício de atividade profissional.

(C) o menor aprendiz, com idade de quatorze a dezoito anos, sujeito a formação técnica-profissional metódica.

(D) o trabalhador temporário contratado por empresa de trabalho temporário para atender à necessidade transitória de substituição de seu pessoal regular e permanente ou a acréscimo extraordinário de serviços.

(E) o carregador de bagagem em porto, que presta serviços sem subordinação nem horário fixo, mas sob remuneração, a diversos, com a intermediação obrigatória do sindicato da categoria ou OGMO.

A: art. 11, I, *a*, do PBPS; **B**: esses empregados de entidades autárquicas federais especiais (natureza dessas entidades de fiscalização profissional) são filiados obrigatórios ao RGPS, desde que não amparados por regime próprio de previdência social – art. 12 do PBPS; **C**: atualmente, a idade mínima para o trabalho e, portanto, para a filiação no regime geral (RGPS) é de 16 anos e, excepcionalmente, 14 anos para o aprendiz – art. 7º, XXXIII, da CF e art. 13 do PBPS. O menor empregado como aprendiz é segurado obrigatório – art. 28, § 4º, do PCSS; **D**: art. 11, I, *b*, do PBPS; **E**: esse trabalhador é filiado obrigatório na condição de avulso, não de empregado – art. 9º, VI, *g*, do RPS.

Gabarito "E"

(Auditor Fiscal da Receita Federal – 2005 – ESAF) O art. 11, § 1º, do Regulamento da Previdência Social, dispõe sobre os segurados facultativos. Não está entre os segurados facultativos expressamente previstos no citado dispositivo:

(A) Aquele que deixou de ser segurado obrigatório da previdência social.

(B) A dona de casa.

(C) O síndico de condomínio, quando não remunerado.

(D) O brasileiro que acompanha cônjuge que presta serviço no exterior.

(E) O estudante universitário.

A: art. 11, § 1º, V, do RPS; **B**: art. 11, § 1º, I, do RPS; **C**: art. 11, § 1º, II, do RPS; **D**: art. 11, § 1º, IV, do RPS; **E**: o estudante universitário não é citado expressamente no dispositivo legal, que não é taxativo (é bom lembrar). Nada impede que o estudante universitário filie-se como contribuinte facultativo, nos termos do art. 13 do PBPS (desde que não seja filiado obrigatório do RGPS ou de regime próprio).

Gabarito "E"

(Auditor Fiscal da Receita Federal – 2005 – ESAF) No Regime Geral da Previdência Social, é incorreto afirmar que, nas situações abaixo elencadas, mantém a qualidade de segurado, independentemente de contribuições:

(A) Até 6 (seis) meses após o livramento, o segurado retido ou recluso.

(B) Até 12 (doze) meses após a cessação das contribuições, o segurado que deixar de exercer atividade remunerada abrangida pela Previdência Social ou estiver suspenso ou licenciado sem remuneração.

(C) Até 12 (doze) meses após cessar a segregação, o segurado acometido de doença de segregação compulsória.

(D) Até 3 (três) meses após o licenciamento, o segurado incorporado às Forças Armadas para prestar serviço.

(E) Sem limite de prazo, quem está em gozo de benefício.

A: o prazo é de 12 meses, na hipótese – art. 15, IV, do PBPS; **B**: art. 15, II, do PBPS; **C**: art. 15, III, do PBPS; **D**: art. 15, V, do PBPS; **E**: art. 15, I, do PBPS.

Gabarito "A"

Veja a seguinte tabela, para estudo e memorização dos prazos em que se mantém a qualidade de segurado, independentemente de contribuições:

Mantém a qualidade de segurado, mesmo sem contribuições – art. 15 do PBPS
– sem limite de prazo, quem está em gozo de benefício
– até 12 meses após a cessação das contribuições, o segurado que deixar de exercer atividade remunerada abrangida pela Previdência Social ou estiver suspenso ou licenciado sem remuneração. Prorrogado para até 24 meses se o segurado já tiver pago mais de 120 contribuições mensais sem interrupção que acarrete a perda da qualidade de segurado. Serão acrescidos 12 meses para o segurado desempregado, desde que comprovada essa situação pelo registro no órgão próprio do Ministério do Trabalho e da Previdência Social
– até 12 meses após cessar a segregação, o segurado acometido de doença de segregação compulsória
– até 12 meses após o livramento, o segurado retido ou recluso
– até 3 meses após o licenciamento, o segurado incorporado às Forças Armadas para prestar serviço militar
– até 6 meses após a cessação das contribuições, o segurado facultativo

(Auditor Fiscal da Receita Federal – 2005 – ESAF) A Lei de Benefícios da Previdência Social (Lei n. 8.213/91), no art. 11, elenca como segurados obrigatórios da Previdência Social na condição de contribuinte individual, entre outros, as seguintes pessoas físicas, exceto:

534

(A) O brasileiro civil que trabalha no exterior para organismo oficial internacional do qual o Brasil é membro efetivo, ainda que lá domiciliado, e contratado, e que coberto por regime próprio de previdência social.
(B) A pessoa física, proprietária ou não, que explora atividade de extração mineral – garimpo, em caráter permanente ou temporário, diretamente ou por intermédio de prepostos, com ou sem o auxílio de empregados, utilizados a qualquer título, ainda que de forma não contínua.
(C) O ministro de confissão religiosa e o membro de instituto de vida consagrada, de congregação ou de ordem religiosa.
(D) Quem presta serviço de natureza urbana ou rural, em caráter eventual, a uma ou mais empresas, sem relação de emprego.
(E) A pessoa física, proprietária ou não, que explora atividade agropecuária ou pesqueira, em caráter permanente ou temporária, diretamente ou por intermédio de prepostos e com auxílio de empregados, utilizados a qualquer título, ainda que de forma não contínua.

A: o brasileiro, na hipótese, não será segurado obrigatório do RGPS, pois se submete a regime previdenciário próprio – art. 11, V, *e*, do PBPS; **B:** art. 11, V, *b*, do PBPS; **C:** art. 11, V, *c*, do PBPS; **D:** art. 11, V, *g*, do PBPS; **E:** a assertiva reproduz o antigo texto do art. 11, V, *a*, do PBPS, alterado em 2008. Atualmente, a inclusão obrigatória dos que exercem atividade pesqueira e dos que exploram áreas iguais ou menores que 4 módulos fiscais refere-se apenas àqueles que se valem de auxílio de empregados ou intermediação por prepostos. Ademais, incluiu-se entre os contribuintes individuais os excluídos da categoria de segurados especiais nos §§ 9º e 10º do art. 11 do PBPS.

Gabarito "A".

(Auditor Fiscal da Receita Federal – 2005 – ESAF) A Lei de Benefícios da Previdência Social (Lei n. 8.213/91), no art. 16, arrola como beneficiários do Regime Geral de Previdência Social, na condição de dependentes do segurado, exceto.

(A) o cônjuge.
(B) a companheira e o companheiro.
(C) os pais.
(D) o filho não emancipado, de qualquer condição, inválido ou menor de 21 (vinte e um) anos ou, se estudante, menor de 25 (vinte e cinco) anos.
(E) o irmão não emancipado, de qualquer condição, inválido ou menor de 21 (vinte e um) anos.

A e **B:** art. 16, I, do PBPS; **C:** art. 16, II, do PBPS; **D:** não há exceção para o caso de estudante com 21 anos ou mais – art. 16, I, do PBPS; **E:** art. 16, III, do PBPS.

Gabarito "D".

(Auditor Fiscal da Previdência Social – 2002 – ESAF) Pedro, menor carente, de 12 anos, e Paulo, empresário bem-sucedido, de 21 anos, desejam participar de programas assistenciais (Assistência Social) e de saúde pública (Saúde). De acordo com a situação-problema apresentada acima, é correto afirmar que:

(A) Pedro e Paulo podem participar da Assistência Social.
(B) só Pedro pode participar da Saúde.
(C) Pedro só pode participar da Assistência Social.
(D) Paulo pode participar da Assistência Social.
(E) Pedro e Paulo podem participar da Saúde.

Em princípio, Paulo não é amparado pela assistência social, que pressupõe situação de desatendimento das necessidades básicas – ver art. 203 da CF e Lei 8.742/1993. Já o acesso à saúde é universal e igualitário, de modo que Pedro e Paulo beneficiam-se das ações e dos serviços – art. 196 da CF.

Gabarito "E".

(Auditor Fiscal da Previdência Social – 2002 – ESAF) Não é segurado facultativo da Previdência Social:

(A) pessoa participante de regime próprio de previdência.
(B) a dona de casa.
(C) o síndico de condomínio, quando não remunerado.
(D) aquele que deixou de ser segurado obrigatório da previdência social.
(E) o bolsista que se dedique em tempo integral a pesquisa.

A: a pessoa participante de regime próprio de previdência não pode ingressar como contribuinte facultativo no RGPS – art. 201, § 5º, da CF (mas pode ser segurado obrigatório – art. 12, § 1º, do PBPS); **B**, **C**, **D** e **E:** art. 11, § 1º, I, II, V e VIII, do RPS.

Gabarito "A".

(Auditor Fiscal da Previdência Social – 2002 – ESAF) A respeito do regime geral de previdência social e da classificação dos segurados obrigatórios, assinale a assertiva incorreta.

(A) Como empregado – aquele que presta serviço de natureza urbana ou rural à empresa, em caráter não eventual, sob sua subordinação e mediante remuneração, inclusive como diretor empregado.
(B) Como trabalhador avulso – quem presta, a diversas empresas, sem vínculo empregatício, serviço de natureza urbana ou rural definidos em Regulamento.
(C) Como contribuinte individual – o ministro de confissão religiosa e o membro de instituto de vida consagrada, de congregação ou de ordem religiosa.
(D) Como empregado – o titular de firma individual urbana ou rural.
(E) Como contribuinte individual – o diretor não empregado e o membro de conselho de administração de sociedade anônima.

A: art. 12, I, *a*, do PBPS; **B:** art. 12, VI, do PBPS; **C:** art. 12, V, *c*, do PBPS; **D:** o titular de firma individual é contribuinte individual, não empregado – art. 12, V, *f*, do PBPS; **E:** art. 12, V, *f*, do PBPS.

Gabarito "D"

(Técnico da Receita Federal – 2006 – ESAF) Não está previsto, em caso algum, como segurado-empregado obrigatório da Previdência Social do Brasil

(A) o trabalhador contratado no exterior para trabalhar no Brasil em empresa constituída e funcionando em território nacional segundo as leis brasileiras com salário estipulado em moeda estrangeira.
(B) o brasileiro ou o estrangeiro domiciliado e contratado no Brasil para trabalhar como empregado no exterior, em sucursal ou em agência de empresa constituída sob as leis brasileiras e que tenha sede e administração no País.
(C) o brasileiro ou o estrangeiro domiciliado e contratado no Brasil para trabalhar como empregado em empresa domiciliada no exterior, com maioria de capital votante pertencente a empresa constituída sob as leis brasileiras, que tenha sede e administração no País e cujo controle efetivo esteja em caráter permanente sob a titularidade direta ou indireta de pessoas físicas domiciliadas e residentes no Brasil.
(D) o estrangeiro que presta serviços no Brasil a missão diplomática ou a repartição consular de carreira estrangeira, ainda que sem residência permanente no Brasil, e o brasileiro amparado pela legislação previdenciária do país da respectiva missão diplomática ou da repartição consular.
(E) o menor aprendiz, com idade de quatorze a dezoito anos, ainda que sujeito à formação técnico-profissional metódica, sob a orientação de entidade qualificada, nos termos da lei.

A: o trabalhador, na hipótese, sujeita-se às leis brasileiras, inclusive quanto à seguridade social – art. 11, I, *a*, do PBPS; **B:** art. 9º, I, *c*, do RPS; **C:** art. 9º, I, *d*, do RPS; **D:** esses não são segurados obrigatórios – art. 11, I, *d*, do PBPS; **E:** atualmente, a idade mínima para o trabalho e, portanto, para a filiação no regime geral (RGPS) é de 16 anos e, excepcionalmente, 14 anos para o aprendiz – art. 7º, XXXIII, da CF e art. 13 do PBPS. O menor empregado como aprendiz é segurado obrigatório – art. 28, § 4º, do PCSS.

Gabarito "D"

(Técnico da Receita Federal – 2006 – ESAF) Segundo a consolidação administrativa das normas gerais de tributação previdenciária e de arrecadação das contribuições sociais administradas pela Secretaria da Receita Previdenciária – SRP, deve contribuir obrigatoriamente na qualidade de "segurado-empregado":

( ) o diretor empregado que seja promovido para cargo de direção de sociedade anônima, mantendo as características inerentes à relação de trabalho?
( ) o trabalhador contratado em tempo certo, por empresa de trabalho temporário?
( ) aquele que presta serviços de natureza contínua, mediante remuneração, à pessoa, à família ou à entidade familiar, no âmbito residencial desta, em atividade sem fins lucrativos?

(A) Sim, sim, sim
(B) Sim, não, não
(C) Sim, não, sim
(D) Sim, sim, não
(E) Não, não, não

1ª: se há relação de trabalho, o diretor é empregado, ou seja, segurado obrigatório – art. 11, I, *a*, do PBPS; **2ª**: art. 11, I, *b*, do PBPS; **3ª**: a assertiva refere-se ao empregado doméstico, que é segurado obrigatório – art. 11, II, do PBPS.

Gabarito "D"

535

(Técnico da Receita Federal – 2006 – ESAF) Leia cada um dos assertos abaixo e assinale (V) ou (F), conforme seja verdadeiro ou falso. Depois, marque a opção que contenha a exata sequencia.

( ) O segurado que deixar de exercer atividade remunerada abrangida pela Previdência Social, ou estiver suspenso ou licenciado sem remuneração, que deixar de contribuir perde automaticamente a qualidade de segurado, para fins de receber benefícios.
( ) O irmão não emancipado, menor de 21 anos, válido para o trabalho, alista-se entre os beneficiários do Regime Geral de Previdência Social, na condição de dependente do segurado.
( ) Se o cônjuge que se divorcia abre mão dos alimentos, processa-se o cancelamento da inscrição de dependente, para fins de benefícios previdenciários.

(A) V, V, V
(B) F, F, F
(C) F, V, V
(D) V, V, F
(E) F, F, V

1ª: o cidadão mantém a qualidade de segurado até 12 meses após a cessação das contribuições, nessas hipóteses – art. 15, II, do PBPS; **2ª**: o irmão não emancipado, de qualquer condição, menor de 21 anos ou inválido qualifica-se como dependente do segurado – art. 16, III, do PBPS; **3ª**: o cônjuge, na hipótese, deixa de ser dependente – art. 17, § 2º, do PBPS.

Gabarito "C"

5. BENEFÍCIOS

(Procurador da Fazenda Nacional – 2007.2 – ESAF) À luz do previsto na Legislação Previdenciária Federal, julgue os itens abaixo referentes aos benefícios para os segurados de baixa renda.

I. Aposentadoria por invalidez permanente.
II. Aposentadoria por idade.
III. Salário-família.
IV. Pensão por morte.

(A) Todos estão corretos.
(B) Somente I está correto.
(C) Somente IV está incorreto.
(D) Somente I e III estão corretos.
(E) Somente I e II estão corretos.

I e **II**: o segurado de baixa renda faz jus à aposentadoria, na forma da lei; **III**: a Constituição prevê salário-família como benefício direcionado aos dependentes dos segurados de baixa renda (não aos próprios segurados) – art. 201, IV, da CF; **IV**: a pensão por morte é benefício em favor dos dependentes (não dos segurados), evidentemente – art. 18, II, *a*, do PBPS.

Gabarito "E".

(Procurador da Fazenda Nacional – 2007 – ESAF) À luz do texto constitucional, julgue os itens abaixo referentes aos benefícios e serviços que são de competência da Previdência Social:

I. Cobertura dos eventos de invalidez, morte e idade avançada.
II. Proteção à família.
III. Qualificação para o trabalho.
IV. Garantia de um salário-mínimo ao deficiente físico.

(A) Todos estão corretos.
(B) Somente I está correto.
(C) I e II estão corretos.
(D) I e III estão corretos.
(E) III e IV estão corretos.

Apenas I indica benefícios pagos pela Previdência Social, quais sejam aposentadorias por invalidez e por idade e pensão por morte – art. 18, I, *a* e *b*, e II, *a*, do PBPS.

Gabarito "B".

(Procurador da Fazenda Nacional - 2004 - ESAF) Considerando os benefícios devidos no Regime Geral da Previdência Social, assinale a opção <u>incorreta</u>.

(A) O acidente sofrido pelo segurado, no local e no horário de trabalho, em decorrência de ato praticado por pessoa privada do uso da razão, não constitui acidente do trabalho típico, mas a ele é equiparado para todos os fins legais.
(B) O auxílio-doença é devido ao segurado que, preenchendo, quando o caso, o período de carência fixado em lei, ficar incapacitado para o trabalho por período superior a 15 dias.
(C) Verificada a adoção de criança com 11 meses de idade por segurada da Previdência Social, será devida a licença-maternidade com duração de 120 dias.
(D) O aposentado por invalidez que for declarado apto para o exercício de atividade diversa da que habitualmente exercia, terá preservado o direito à aposentadoria, enquanto permanecer nessa condição, sem prejuízo de seu retorno à atividade.
(E) O auxílio acidente é devido, como indenização, ao segurado que apresentar sequelas permanentes resultantes de acidente de qualquer natureza que implique redução da capacidade para o trabalho que habitualmente exercia.

A: correta, conforme o disposto no art. 21, II, "d", da Lei nº 8.213/91 (PBPS); **B:** correta, nos exatos termos do art. 59 do PBPS; **C:** correta, lembrando que a licença-maternidade, e o respectivo salário-maternidade, para a segurada que adotar criança é regressiva de acordo com a idade do adotado. Efetivamente, para crianças com até 01 ano de idade, o benefício será integral (120 dias), nos termos do art. 71-A do PBPS; **D:** incorreta. Cessa o pagamento da aposentadoria por invalidez com o retorno da capacidade laborativa, ainda que diversa da que o segurado anteriormente exercia. O que ocorre é que a extinção do pagamento será progressiva, nos termos do art. 47, II, do PBPS; **E:** correta, nos exatos termos do art. 86 do PBPS.

Gabarito "D".

(Procurador da Fazenda Nacional - 2003 - ESAF) Com relação ao regime geral da previdência social, beneficiários, benefícios e custeio à luz da legislação previdenciária vigente, assinale a opção correta.

(A) São beneficiários do regime geral: os segurados das diversas categorias, não incluídos os seus dependentes.
(B) O auxílio-funeral é uma espécie de benefício existente no regime geral federal.
(C) Não há diferenças de alíquotas entre os diversos benefícios previdenciários.
(D) Período de carência é o número mínimo de contribuições mensais indispensáveis para que o beneficiário faça jus ao benefício.
(E) São dependentes obrigatórios os pais do segurado independentemente da comprovação de dependência econômica.

A: incorreta. O termo "beneficiários" é gênero que comporta duas espécies: os segurados e os dependentes, nos termos do art. 10 da Lei nº 8.213/1991; **B:** incorreta. O Regime Geral de Previdência Social não contempla o benefício do auxílio-funeral, por não estar inserido no rol do art. 18 da Lei nº 8.213/1991. O auxílio-funeral está previsto para os servidores públicos da União, dentro de seu regime próprio de previdência; **C:** incorreta. Primeiro, destacamos que a questão foi infeliz ao utilizar o termo "alíquota" para tratar de benefícios previdenciários, uma vez que tal expressão é comumente vinculada à relação de custeio através das contribuições sociais. Melhor seria dizer "percentual da renda mensal inicial", que se aplica sobre o valor do salário de benefício. Enfim, não é por tal razão que a questão está incorreta (a despeito da falta de técnica), mas porque cada benefício previdenciário tem previsão específica do percentual a ser aplicado sobre o salário de benefício para se encontrar a renda mensal a que faz jus o beneficiário; **D:** correta. Trata-se do conceito de período de carência encontrado no art. 24 da Lei nº 8.213/1991; **E:** incorreta. Os pais do segurado integram a segunda classe de dependentes, que não contam com a previsão legal absoluta de dependência econômica (art. 16, § 4º, da Lei nº 8.213/1991). Devem, assim, provar a dependência econômica do segurado para fazerem jus ao benefício, desde que não haja qualquer pessoa na classe superior (cônjuge, companheiro, filhos não emancipados menores de 21 anos ou inválidos de qualquer idade, bem como pessoas equiparadas aos filhos – enteado e menor tutelado).

Gabarito "D".

(Advogado – IRB – 2006 – ESAF) Assinale a opção <u>incorreta</u>.

(A) Para efeito de acidente do trabalho, não são consideradas doença do trabalho a doença degenerativa, a inerente a grupo etário e a que não produza incapacidade laborativa.

(B) A doença ou lesão de que o segurado já era portador ao filiar-se ao Regime Geral de Previdência Social não lhe conferirá direito à aposentadoria por invalidez, salvo quando a incapacidade sobrevier por motivo de progressão ou agravamento dessa doença ou lesão.

(C) As cotas do salário-família serão pagas pela empre-sa, mensalmente, junto com o salário, efetivando-se a compensação quando do recolhimento das contribuições, conforme dispõe o regulamento, mas, quando o pagamento do salário não for mensal, o salário-família será pago juntamente com o primeiro pagamento do mês subsequente ao vencido.

(D) O salário-maternidade é devido à segurada da Previdência Social que adotar ou obtiver guarda judicial para fins de adoção de criança com mais de um ano e até quatro anos completos, por 60 (sessenta) dias.

(E) O segurado que, tendo direito à aposentadoria por tempo de serviço, optar pelo prosseguimento na atividade, fará jus ao abono de permanência em serviço, mensal, correspondendo a 25% (vinte e cinco por cento) dessa aposentadoria para o segurado com 35 (trinta e cinco) anos ou mais de serviço e para a segurada com 30 (trinta) anos ou mais de serviço.

A: correta, nos termos do art. 20, § 1º, do PBPB; **B:** correta, nos termos do art. 42, § 2º, do PBPS; **C:** incorreta, devendo ser assinalada. Quando o pagamento não for mensal, o benefício será pago juntamente com o último pagamento relativo ao mês de competência (art. 68, § 2º, do PBPS); **D:** correta. Em caso de adoção, o salário-maternidade será devido por prazo proporcional à idade do adotado: para crianças de até 01 ano de idade, o benefício durará 120 dias; para crianças de 01 a 04 anos de idade, o benefício durará 60 dias; e para crianças de 04 a 08 anos de idade, o benefício durará 30 dias (art. 71-A do PBPS); **E:** no gabarito oficial, essa alternativa foi considerada correta, porém obviamente trata-se de um engano. O benefício previdenciário do abono de permanência em serviço foi revogado pela Lei nº 8.870/1994, de sorte que a assertiva está incorreta.

Gabarito "C" e "E".

(Auditor Fiscal da Receita Federal – 2010 – ESAF) Maria Clara, empregada doméstica com deficiência física, e Antônio José, empresário dirigente de multinacional sediada no Brasil, desejam contribuir para o Regime Geral de Previdência Social e com isso gozar de todos os benefícios e serviços prestados pela Seguridade Social. De acordo com a situação-problema apresentada acima, é correto afirmar que:

(A) Maria Clara e Antônio José podem participar da Assistência Social.

(B) só Antônio José pode participar da Previdência Social.

(C) só Antônio José pode participar de benefícios previdenciários.

(D) Maria Clara pode usufruir dos serviços de Saúde pública em razão da sua deficiência física.

(E) Maria Clara e Antônio José podem participar da Previdência Social.

A: incorreta, pois, em princípio, o empresário não necessita da assistência social (talvez nem a empregada doméstica, no caso), que é voltada prioritariamente para os mais desfavorecidos, que não têm condições de prover a própria manutenção (idosos desamparados, famílias com renda *per capita* inferior a ¼ de salário mínimo etc.) – art. 203 da CF e, entre outros, os arts. 20, 22 e 23 da Lei Orgânica da Assistência Social – LOAS (Lei 8.742/1993); B e **C:** incorretas, pois a empregada doméstica é segurada obrigatória do RGPS, podendo gozar de seus benefícios, na forma da legislação – art. 11, II, do Plano de Benefícios da Previdência Social – PBPS (Lei 8.213/1991); **D:** incorreta, no que se refere à relação de causalidade. Isso porque todos podem usufruir dos serviços da Saúde (= acesso universal), inclusive Maria Clara e Antônio José, **independentemente** da condição de deficiente físico (dito de outra forma, não é por conta de sua deficiência física que Maria Clara pode usufruir da Saúde pública) – art. 196 da CF; **E:** essa é a assertiva correta. A rigor, não só podem, como devem participar do RGPS, pois ambos são segurados obrigatórios – art. 11 do PBPS.

Gabarito "E".

Veja a tabela seguinte, para estudo e memorização dos objetivos da assistência social:

Objetivos da Assistência Social – art. 203 da CF
– proteção à família, à maternidade, à infância, à adolescência e à velhice
– o amparo às crianças e adolescentes carentes
– a promoção da integração ao mercado de trabalho
– a habilitação e reabilitação das pessoas portadoras de deficiência e a promoção de sua integração à vida comunitária
– a garantia de um salário mínimo de benefício mensal à pessoa portadora de deficiência e ao idoso que comprovem não possuir meios de prover à própria manutenção ou de tê-la provida por sua família, conforme dispuser a lei

(Auditor Fiscal do Trabalho – 2010 – ESAF) Considerando a teoria geral dos benefícios e serviços da Previdência Social na Lei n. 8.213/1991, julgue os itens abaixo relativos aos beneficiários da Previdência Social:

I. só são beneficiários da Previdência Social os segurados que contribuem para o caixa previdenciário.

II. dona de casa não pode ser beneficiária da Previdência Social.

III. pessoa jurídica pode ser beneficiária do sistema de Previdência Social.

IV. só os dependentes que contribuem podem ser beneficiários da Previdência Social.

(A) I e II estão corretos.

(B) Somente I está incorreto.

(C) II e IV estão corretos.

(D) Todos estão incorretos.

(E) III e IV estão corretos.

I: incorreta, pois, embora a previdência social seja contributiva (art. 201 da CF), é preciso lembrar que há os dependentes, que também são beneficiários, ainda que nada recolham – art. 10 do PBPS; **II:** incorreta, pois a dona de casa pode ser contribuinte facultativa – art. 13 do PBPS e art. 11, § 1º, I, do Regulamento da Previdência Social – RPS (Decreto 3.048/1999); **III:** incorreta, pois somente pessoas naturais são beneficiárias da previdência social – art. 10 do PBPS; IV: incorreta, pois os dependentes dos segurados são beneficiários da previdência social independentemente de contribuição própria – art. 16 do PBPS.

Veja as seguintes tabelas, com os segurados obrigatórios do RGPS e os dependentes:

Segurados obrigatórios do RGPS – art. 11 do PBPS	
Empregado	– aquele que presta serviço de natureza urbana ou rural à empresa, em caráter não eventual, sob sua subordinação e mediante remuneração, inclusive como diretor empregado
	– aquele que, contratado por empresa de trabalho temporário, definida em legislação específica, presta serviço para atender a necessidade transitória de substituição de pessoal regular e permanente ou a acréscimo extraordinário de serviços de outras empresas
	– o brasileiro ou o estrangeiro domiciliado e contratado no Brasil para trabalhar como empregado em sucursal ou agência de empresa nacional no exterior
	– aquele que presta serviço no Brasil a missão diplomática ou a repartição consular de carreira estrangeira e a órgãos a elas subordinados, ou a membros dessas missões e repartições, excluídos o não brasileiro sem residência permanente no Brasil e o brasileiro amparado pela legislação previdenciária do país da respectiva missão diplomática ou repartição consular
	– o brasileiro civil que trabalha para a União, no exterior, em organismos oficiais brasileiros ou internacionais dos quais o Brasil seja membro efetivo, ainda que lá domiciliado e contratado, salvo se segurado na forma da legislação vigente do país do domicílio
	– o brasileiro ou estrangeiro domiciliado e contratado no Brasil para trabalhar como empregado em empresa domiciliada no exterior, cuja maioria do capital votante pertença a empresa brasileira de capital nacional
	– o servidor público ocupante de cargo em comissão, sem vínculo efetivo com a União, Autarquias, inclusive em regime especial, e Fundações Públicas Federais.
	– o exercente de mandato eletivo federal, estadual ou municipal, desde que não vinculado a regime próprio de previdência social
	– o empregado de organismo oficial internacional ou estrangeiro em funcionamento no Brasil, salvo quando coberto por regime próprio de previdência social
	– o exercente de mandato eletivo federal, estadual ou municipal, desde que não vinculado a regime próprio de previdência social
Empregado doméstico	– aquele que presta serviço de natureza contínua a pessoa ou família, no âmbito residencial desta, em atividades sem fins lucrativos
Contribuinte individual	– a pessoa física, proprietária ou não, que explora atividade agropecuária, a qualquer título, em caráter permanente ou temporário, em área superior a 4 (quatro) módulos fiscais; ou, quando em área igual ou inferior a 4 (quatro) módulos fiscais ou atividade pesqueira, com auxílio de empregados ou por intermédio de prepostos; ou ainda nas hipóteses dos §§ 9º e 10 deste artigo
	– a pessoa física, proprietária ou não, que explora atividade de extração mineral - garimpo, em caráter permanente ou temporário, diretamente ou por intermédio de prepostos, com ou sem o auxílio de empregados, utilizados a qualquer título, ainda que de forma não contínua
	– o ministro de confissão religiosa e o membro de instituto de vida consagrada, de congregação ou de ordem religiosa
	– o brasileiro civil que trabalha no exterior para organismo oficial internacional do qual o Brasil é membro efetivo, ainda que lá domiciliado e contratado, salvo quando coberto por regime próprio de previdência social
	– o titular de firma individual urbana ou rural, o diretor não empregado e o membro de conselho de administração de sociedade anônima, o sócio solidário, o sócio de indústria, o sócio gerente e o sócio cotista que recebam remuneração decorrente de seu trabalho em empresa urbana ou rural, e o associado eleito para cargo de direção em cooperativa, associação ou entidade de qualquer natureza ou finalidade, bem como o síndico ou administrador eleito para exercer atividade de direção condominial, desde que recebam remuneração
	– quem presta serviço de natureza urbana ou rural, em caráter eventual, a uma ou mais empresas, sem relação de emprego
	– a pessoa física que exerce, por conta própria, atividade econômica de natureza urbana, com fins lucrativos ou não
Trabalhador avulso	– quem presta, a diversas empresas, sem vínculo empregatício, serviço de natureza urbana ou rural definidos no Regulamento
Segurado especial	– como segurado especial: a pessoa física residente no imóvel rural ou em aglomerado urbano ou rural próximo a ele que, individualmente ou em regime de economia familiar, ainda que com o auxílio eventual de terceiros

Dependentes no RGPS – art. 16 do PBPS – a primeira classe com dependente exclui as seguintes
– o cônjuge, a companheira, o companheiro e o filho não emancipado, de qualquer condição, menor de 21 (vinte e um) anos ou inválido. A dependência econômica desses é presumida, a dos demais deve ser comprovada – § 3º. O enteado e o menor tutelado equiparam-se a filho, mediante declaração do segurado e desde que comprovada a dependência econômica - § 2º.
– os pais
– o irmão não emancipado, de qualquer condição, menor de 21 (vinte e um) anos ou inválido

(Auditor Fiscal do Trabalho – 2010 – ESAF) Assinale a opção correta, entre as assertivas abaixo, relacionada aos benefícios que os dependentes da Previdência Social têm direito à luz da Lei n. 8.213/91.

(A) Aposentadoria por tempo de contribuição.
(B) Auxílio-doença.
(C) Auxílio-acidente.
(D) Aposentadoria por invalidez.
(E) Pensão por morte.

O dependente tem direito apenas a: (i) pensão por morte; (ii) auxílio-reclusão; (iii) serviço social; e (iv) reabilitação profissional – art. 18, II e III, do PBPS, de modo que a alternativa E é a correta.

Gabarito "E"

(Auditor Fiscal do Trabalho – 2010 – ESAF) Assinale a opção correta, entre as assertivas abaixo, relativas aos benefícios previdenciários de acidente de trabalho previstos na Lei n. 8.213/91.

(A) Equiparam-se ao acidente do trabalho a doença proveniente de contaminação acidental do empregado no exercício de sua atividade.
(B) A empresa não é responsável pela adoção e uso de medidas coletivas e individuais de proteção e segurança da saúde do trabalhador.
(C) O acidente de trabalho deve ser pago pelo INSS em caso de doença degenerativa.
(D) A empresa deverá comunicar o acidente do trabalho à Previdência Social até o 10º (décimo) dia útil seguinte ao da ocorrência, haja ou não morte.
(E) Os sindicatos de classe não poderão acompanhar a cobrança, pela Previdência Social, de multas oriundas de desrespeito às normas acidentárias.

A: essa é a assertiva correta, conforme o art. 21, III, do PBPS; **B:** incorreta, pois a empresa **é responsável** pela adoção e pelo uso das medidas coletivas e individuais de proteção e segurança da saúde do trabalhador – art. 19, § 1º, do PBPS; **C:** incorreta, pois a doença degenerativa não é considerada doença do trabalho – art. 20, § 1º, *a*, do PBPS; **D:** incorreta, pois a empresa deverá comunicar o acidente do trabalho à Previdência Social até o 1º dia útil seguinte ao da ocorrência e, em caso de morte, de imediato, à autoridade competente – art. 22, *caput*, do PBPS; **E:** incorreta, pois os sindicatos e as entidades representativas de classe **poderão acompanhar** a cobrança, pela Previdência Social, das multas relativas às normas acidentárias – art. 22, § 4º, do PBPS.

Gabarito "A"

(Auditor Fiscal do Trabalho – 2010 – ESAF) Assinale a opção correta, entre as assertivas abaixo, relativas ao número mínimo de contribuições mensais indispensáveis para que o beneficiário faça jus ao benefício previsto na Lei n. 8.213/1991.

(A) Auxílio-doença no caso de acidente de qualquer natureza – 14 (quatorze) contribuições mensais.
(B) Auxílio-reclusão – 12 contribuições mensais.
(C) Aposentadoria por idade – independe de contribuições mensais.
(D) Aposentadoria por tempo de serviço – 120 contribuições mensais.
(E) Pensão por morte – independe de contribuições mensais.

A e **B:** incorretas, pois não há carência para o auxílio-doença decorrente de acidente de qualquer natureza e para o auxílio-reclusão – art. 26, I e II, do PBPS; **C** e **D:** incorretas, pois há carência de 180 contribuições mensais, para a aposentadoria por idade, aposentadoria por tempo de serviço e aposentadoria especial – art. 25, II, do PBPS. A rigor, não há mais aposentadoria por tempo de serviço, mas sim por tempo de contribuição – art. 201, § 7º, I, da CF; **E:** assertiva correta, conforme o art. 26, I, do PBPS.

Gabarito "E"

Veja as seguintes tabelas, para estudo e memorização dos períodos de carência e das prestações que independem de carência:

Períodos de Carência – art. 25 do PBPS	
– auxílio-doença e aposentadoria por invalidez	12 contribuições mensais
– aposentadoria por idade, aposentadoria por tempo de serviço e aposentadoria especial	180 contribuições mensais
– salário-maternidade para contribuintes individuais, seguradas especiais e facultativas	10 contribuições mensais. Em caso de antecipação do parto, o período é reduzido em nº de contribuições equivalentes ao nº de meses em que o parto foi antecipado. A segurada especial deve apenas comprovar atividade rural nos 12 meses anteriores ao início do benefício – art. 39, p. único, do PBPS

Independem de Carência– art. 26 do PBPS
– pensão por morte, auxílio-reclusão, salário-família e auxílio-acidente
– auxílio-doença e aposentadoria por invalidez (nos termos do inciso II)
– aposentadoria por idade ou por invalidez, de auxílio-doença, auxílio-reclusão e pensão para o segurado especial, no valor de 1 salário mínimo, desde que comprove o exercício de atividade rural, ainda que de forma descontínua, no período, imediatamente anterior ao requerimento do benefício, igual ao número de meses correspondentes à carência do benefício requerido
– serviço social
– reabilitação profissional
– salário-maternidade para as seguradas empregada, trabalhadora avulsa e empregada doméstica

(Auditor Fiscal da Receita Federal – 2005 – ESAF) É falso afirmar que, quanto ao segurado e ao dependente, o Regime Geral da Previdência Social compreende as seguintes prestações, devidas inclusive em razão de eventos decorrentes de acidente de trabalho, expressas em benefícios e serviços, exceto.

(A) a pensão por morte.
(B) o auxílio-doença.
(C) o salário-família.
(D) a reabilitação profissional.
(E) o salário-maternidade.

A: a pensão por morte é devida apenas ao dependente (obviamente, pois pressupõe o falecimento do segurado) – art. 18, II, *a*, do PBPS; **B:** o auxílio-doença é devido apenas ao segurado – art. 18, I, *e*, do PBPS; **C:** o salário-família é devido apenas ao segurado – art. 18, I, *f*, do PBPS; **D:** a reabilitação profissional é o único serviço, dentre as alternativas, que é devido tanto ao segurado quanto ao dependente – art. 18, III, *c*, do PBPS; **E:** o salário-maternidade é devido apenas ao segurado – art. 18, I, *g*, do PBPS.

Gabarito "D"

(Auditor Fiscal da Receita Federal – 2005 – ESAF) Leia cada um dos assertos abaixo e assinale (V) ou (F), conforme seja verdadeiro ou falso. Depois, marque a opção que contenha a exata sequencia.

( ) Não são cumulativos o benefício de auxílio--doença e o de percepção, pelos dependentes, do auxílio-reclusão, ainda que, nessa condição, o segurado recluso contribua como contribuinte individual ou facultativo.
( ) Perde o direito ao auxílio-reclusão o beneficiário, se, o contribuinte individual ou facultativo, passa a exercer atividade remunerada em cumprimento de pena em regime fechado ou semiaberto.
( ) Na hipótese de aposentadoria por idade, a perda da qualidade de segurado não será considerada para a concessão desse benefício, irrelevante para o caso o tempo de contribuição.

(A) V,V,V
(B) V,F,F
(C) V,F,V
(D) V,V,F
(E) F,F,F

1ª: art. 80 do PBPS; **2ª**: art. 116, § 6º, do RPS; **3ª**: a perda da condição de segurado é relevante para a concessão da aposentadoria por idade, nos termos dos arts. 24, p. único, e 25, II, ambos do PBPS.

Gabarito "B"

(Auditor Fiscal da Receita Federal – 2005 – ESAF) Conforme estabelece o art. 80, da Lei n. 8.213/91, é correto afirmar com relação ao auxílio-reclusão:

(A) Será concedido aos dependentes do segurado que estiver preso preventivamente.
(B) Será concedido aos dependentes do segurado que estiver respondendo a processo criminal, independentemente de recolhimento à prisão.
(C) Será concedido aos dependentes do segurado recolhido à prisão, que não tiver remuneração.
(D) Será concedido aos dependentes do segurado recolhido à prisão, ainda que receba benefício de aposentadoria.
(E) Será concedido aos dependentes do segurado recolhido ou não à prisão, mas que esteja condenado e não receba qualquer remuneração.

A: art. 80 do PBPS; **B** e **E:** não há auxílio-reclusão sem prisão do segurado – art. 80, p. único, do PBPS; **C:** art. 80 do PBPS; **D:** o recebimento de remuneração da empresa, auxílio-doença, aposentadoria ou abono de permanência em serviço afastam a possibilidade de auxílio-reclusão – art. 80 do PBPS.

Gabarito "C"

(Auditor Fiscal da Receita Federal – 2005 – ESAF) Assinale a opção correta, no tocante ao auxílio-doença.

(A) Será concedido ao segurado, independentemente de carência.
(B) Será concedido ao segurado quando ficar constatada a sua incapacidade para o seu trabalho ou para sua atividade habitual por período de até 15 (quinze) dias consecutivos.
(C) Será concedido ao segurado quando ficar constatada a sua incapacidade para o seu trabalho ou para a sua atividade habitual por mais de 15 (quinze) dias consecutivos.
(D) Será concedido ao segurado quando ficar constatada a sua incapacidade para o seu trabalho ou para sua atividade habitual por período inferior a 15 (quinze) dias consecutivos.
(E) Será concedido ao segurado quando ficar constatada a sua incapacidade parcial para o trabalho ou para sua atividade habitual por período de até 15 (quinze dias consecutivos.

A: em regra, o auxílio-doença submete-se à carência de 12 contribuições mensais – art. 25, I, do PBPS (ver exceções no art. 26, II, da mesma lei); **B**, **C**, **D** e **E:** o prazo de 15 dias é mínimo, não máximo – art. 59 do PBPS.

Gabarito "C"

(Auditor Fiscal da Receita Federal – 2005 – ESAF) A Lei de Benefícios da Previdência Social (Lei n. 8.213/1991), no art. 11, elenca como segurados obrigatórios da Previdência Social na condição de empregado, entre outros, as seguintes pessoas físicas, exceto:

(A) Aquele que presta serviço de natureza urbana ou rural à empresa, em caráter não eventual, sob sua subordinação e mediante remuneração, inclusive como diretor empregado.
(B) Aquele que, contratado por empresa de trabalho temporário, definida em legislação específica, presta serviço para atender a necessidade transitória de substituição de pessoal regular e permanente ou a acréscimo extraordinário de serviço de outras empresas.
(C) O empregado de organismo oficial internacional ou estrangeiro em funcionamento no Brasil, ainda que coberto por regime próprio de previdência social.

(D) O exercente de mandato eletivo federal, estadual ou municipal, desde que não vinculado a regime próprio de previdência social.

(E) O brasileiro ou estrangeiro domiciliado e contratado no Brasil para trabalhar como empregado em empresa domiciliada no exterior, cuja maioria do capital votante pertença a empresa brasileira de capital nacional.

A: art. 11, I, *a*, do PBPS; **B:** art. 11, I, *b*, do PBPS; **C:** o empregado de organismo oficial internacional ou estrangeiro coberto por regime próprio de previdência social não é segurado obrigatório do RGPS – art. 11, I, *i*, do PBPS; **D:** art. 11, I, *j*, do PBPS; **E:** art. 11, I, *f*, do PBPS.

Gabarito "C"

(Auditor Fiscal da Receita Federal – 2005 – ESAF) Indique qual dos benefícios listados abaixo, de acordo com a legislação previdenciária, é reembolsado à empresa:

(A) Auxílio-acidente.

(B) Aposentadoria por idade.

(C) Salário-família pago aos segurados a seu serviço.

(D) Aposentadoria por invalidez.

(E) Pensão por morte.

Das alternativas, apenas o salário-família é pago pelo empregador ao segurado a seu serviço e, posteriormente, reembolsado pela seguridade social por meio de compensação – art. 68 do PBPS.

Gabarito "C"

(Auditor Fiscal da Receita Federal – 2005 – ESAF) De acordo com a Lei n. 8.213/91, na parte relativa ao auxílio-doença, indique qual das opções está incorreta:

(A) é um benefício de caráter continuado.

(B) é devido ao segurado.

(C) a sua extinção ocorre diante da recuperação da capacidade para o trabalho.

(D) em regra, possui prazo de carência para a sua concessão.

(E) é concedido diante da incapacidade permanente e para o trabalho.

A: art. 61 do PBPS; **B** e **C:** art. 60 do PBPS; **D:** em regra, o auxílio-doença submete-se à carência de 12 contribuições mensais – art. 25, I, do PBPS (ver exceções no art. 26, II, da mesma lei); **E:** o auxílio-doença é concedido por conta de incapacidade temporária. Se não houver recuperação para atividade habitual, o segurado deverá se submeter a processo de reabilitação profissional e, caso seja considerado não recuperável, será aposentado por invalidez – art. 62 do PBPS.

Gabarito "E"

(Auditor Fiscal da Receita Federal – 2005 – ESAF) Com relação à aposentadoria por invalidez, prevista na Lei 8.213/91, é incorreto afirmar:

(A) A aposentadoria por invalidez não será concedida ao trabalhador avulso.

(B) A concessão de aposentadoria por invalidez dependerá da verificação da condição de incapacidade mediante exame médico-pericial a cargo da Previdência.

(C) A aposentadoria por invalidez, uma vez cumprida, quando for o caso, a carência exigida, será devida ao segurado que, estando ou não em gozo de auxílio-doença, for considerado incapaz.

(D) A aposentadoria por invalidez, inclusive a decorrente de acidente do trabalho, consistirá numa renda mensal correspondente a 100% (cem por cento) do salário de benefício.

(E) A aposentadoria por invalidez será concedida ao trabalhador doméstico.

A e **E:** o trabalhador avulso e o doméstico também fazem jus à aposentadoria por invalidez – arts. 18, I, *a*, e 43, *b*, ambos do PBPS; **B:** art. 42, § 1º, do PBPS; **C:** art. 42, *caput*, do PBPS; **D:** art. 44 do PBPS.

Gabarito "A"

(Auditor Fiscal da Previdência Social – 2002 – ESAF) À luz da competência constitucional da Previdência Social, julgue os itens abaixo que são de competência da Previdência Social:

I. cobertura dos eventos de doença, invalidez, morte e idade avançada.

II. salário-família e auxílio-reclusão para os dependentes dos segurados de baixa renda.

III. pensão por morte do segurado, homem ou mulher, ao cônjuge ou companheiro e dependentes.

IV. a promoção da integração ao mercado de trabalho.

(A) Todos estão corretos.

(B) Somente IV está incorreto.

(C) I e II estão incorretos.

(D) I e III estão incorretos.

(E) III e IV estão incorretos.

I: art. 201, I, da CF; **II:** art. 201, IV, da CF; **III:** art. 201, V, da CF; **IV:** essa ação refere-se à assistência social, não à previdência social – art. 203, III, da CF.

Gabarito "B"

(Auditor Fiscal da Previdência Social – 2002 – ESAF) Com relação às espécies de prestações e aos períodos de carência correspondentes, assinale a opção incorreta.

(A) Aposentadoria por invalidez oriunda de doença profissional – doze contribuições.

(B) Auxílio-doença – doze contribuições.

(C) Salário-família – zero contribuições.

(D) Auxílio-funeral – zero contribuições.

(E) Pensão por morte – zero contribuições.

A: a aposentadoria por invalidez oriunda de doença profissional não se submete, excepcionalmente, a período de carência – art. 26, II, do PBPS; **B:** art. 25, I, do PBPS; **C**, **D** e **E:** não há carência, nessas hipóteses – art. 26, I, do PBPS. A Lei 8.742/1993 prevê benefício no âmbito da assistência social (que não é contraprestacional, ou seja, não há carência) em caso de morte, para famílias com renda per capita inferior a um quarto do salário mínimo, em substituição ao auxílio-funeral da previdência social (arts. 22 e 40).

Gabarito "A"

(Auditor Fiscal da Previdência Social – 2002 – ESAF) Considerando a orientação dos Tribunais Superiores sobre a legislação previdenciária, assinale a assertiva incorreta.

(A) A definição, em ato regulamentar, de grau mínimo de disacusia, não exclui, por si só, a concessão do benefício previdenciário.

(B) Não é inconstitucional a inclusão de sócios e administradores como contribuintes obrigatórios da Previdência Social.
(C) Compete à Justiça Estadual processar e julgar os litígios decorrentes de acidente do trabalho.
(D) Em caso de acidente de trabalho ou de transporte, a companheira tem direito a ser indenizada pela morte do amásio, se entre eles havia impedimento para o matrimônio.
(E) A ação acidentária prescinde do exaurimento da via administrativa.

A: Súmula 44/STJ; **B:** Súmula 466/STF; **C:** Súmulas 501/STF, 15/STJ e 366/STJ. Com a alteração do art. 114, VI, da CF/1988 (EC 45/2004), a Justiça Trabalhista passou a ser competente para julgar as ações de indenização por dano moral ou patrimonial decorrentes da relação de trabalho. Em se tratando de servidor e ente público (excluídos da expressão "relação de trabalho"), a competência é da Justiça comum, Estadual ou Federal, conforme o caso – ADI-MC 3.395/DF-STF; **D:** a companheira tem direito a ser indenizada, em princípio, apenas se não havia impedimento ao matrimônio – Súmula 35/STF, ver art. 1.727 Código Civil; **E:** Súmula 89/STJ.

Gabarito "D"

(Auditor Fiscal da Previdência Social – 2002 – ESAF) A respeito dos períodos de carência, assinale qual dos benefícios abaixo necessita de período de carência:

(A) Pensão por morte.
(B) Auxílio-reclusão.
(C) Salário-família.
(D) Auxílio-acidente.

(E) Auxílio-doença.

A, B, C, e **D:** art. 26, I, do PBPS; **E:** em regra, o auxílio-doença submete-se à carência de 12 contribuições mensais – art. 25, I, do PBPS (ver exceções no art. 26, II, da mesma lei).

Gabarito "E"

(Auditor Fiscal da Previdência Social – 2002 – ESAF) Com relação às espécies de prestações e aos beneficiários correspondentes, assinale a opção incorreta.

(A) Aposentadoria por invalidez – segurado.
(B) Pensão por morte – dependente.
(C) Salário-família – segurado.
(D) Auxílio-acidente – dependente.
(E) Auxílio-doença – segurado.

A: art. 18, I, *a*, do PBPS; **B:** art. 18, II, *a*, do PBPS; **C:** art. 18, I, *f*, do PBPS; **D:** o auxílio-acidente é devido ao segurado – art. 18, I, *h*, do PBPS; **E:** art. 18, I, *e*, do PBPS.

Gabarito "D"

(Auditor Fiscal da Previdência Social – 2002 – ESAF) Com relação ao auxílio-doença e suas características, assinale a opção incorreta.

(A) Benefício continuado.
(B) Devido ao segurado.
(C) Extinção do benefício pela recuperação da capacidade para o trabalho.
(D) Possui prazo de carência, em regra.
(E) Incapacitação permanente para o trabalho.

A: art. 61 do PBPS; **B:** art. 18, I, *e*, do PBPS; **C:** art. 60 do PBPS; **D:** em regra, o auxílio-doença submete-se à carência de 12 contribuições mensais – art. 25, I, do PBPS (ver exceções no art. 26, II, da mesma lei); **E:** o auxílio-doença é concedido por conta de incapacidade temporária. Se não houver recuperação para atividade habitual, o segurado deverá se submeter a processo de reabilitação profissional e, caso seja considerado não recuperável, será aposentado por invalidez – art. 62 do PBPS.

Gabarito "E"

(Auditor Fiscal da Previdência Social – 2002 – ESAF) Com relação ao auxílio-acidente e suas características, assinale a opção incorreta.

(A) Benefício instantâneo.
(B) Devido ao segurado.
(C) Caráter indenizatório.
(D) Vinculado a sequelas consolidadas.
(E) Extinção do benefício pelo óbito do segurado.

A: o auxílio-acidente é benefício mensal (continuado) – art. 86, §§ 1º e 2º, do PBPS; **B:** art. 18, I, *h*, do PBPS; **C:** art. 201, § 10, da CF e art. 86 do PBPS; **D:** art. 86, *caput*, do PBPS; **E:** há extinção pelo óbito do segurado ou por sua aposentadoria – art. 86, § 1º, do PBPS.

Gabarito "A"

(Auditor Fiscal da Previdência Social – 2002 – ESAF) Com relação à aposentadoria por invalidez e suas características, assinale a opção incorreta.

(A) Benefício de renda mensal.
(B) Exige, em regra, carência.
(C) Extinção do benefício com o retorno voluntário à atividade.
(D) Pode ser acumulado com auxílio-doença.
(E) Alíquota de 100% do salário de benefício.

A e **E:** art. 44 do PBPS; **B:** a aposentadoria por invalidez submete-se, em regra, à carência de 12 contribuições mensais – art. 25, I, do PBPS (ver exceções no art. 26, II, da mesma lei); **C:** art. 46 do PBPS; **D:** a aposentadoria por invalidez não pode ser cumulada com o auxílio-doença – arts. 43 e 124, I, ambos do PBPS.

Gabarito "D"

(Auditor Fiscal da Previdência Social – 2002 – ESAF) Com relação à reabilitação profissional e suas características, assinale a opção incorreta.

(A) Desenvolve capacidades residuais das pessoas incapacitadas.
(B) É um benefício temporário.
(C) Busca integração no mercado de trabalho.
(D) Exige trabalho integrado de profissionais de diferentes áreas.
(E) Permite readaptação profissional.

A, C, D e **E:** art. 89 do PBPS; **B:** a reabilitação profissional é serviço prestado no âmbito da previdência social, não benefício.

Gabarito "B"

(Técnico da Receita Federal – 2006 – ESAF) A seguinte prestação (benefício) somente é concedida aos dependentes, não ao segurado:

(A) salário-família
(B) auxílio-reclusão
(C) salário-maternidade
(D) auxílio-acidente
(E) aposentadoria por invalidez

A: o salário-família é devido apenas ao segurado – art. 18, I, *f*, do PBPS; **B:** o auxílio-reclusão é devido apenas aos dependentes – art. 18, II, *b*, do PBPS; **C:** o salário-maternidade é devido apenas ao segurado – art. 18, I, *g*, do PBPS; **D:** o auxílio-acidente é devido apenas ao segurado – art. 18, I, *h*, do PBPS; **E:** a aposentadoria por invalidez é devida apenas ao segurado – art. 18, I, *a*, do PBPS.

Gabarito "B"

(Auditor Fiscal da Previdência Social – 2002 – ESAF) Nos termos da legislação previdenciária, assinale qual benefício é reembolsado à empresa:

(A) salário-família pago aos segurados a seu serviço.
(B) auxílio-acidente.
(C) aposentadoria por idade.
(D) aposentadoria por invalidez.
(E) pensão por morte.

Das alternativas, apenas o salário-família é pago pelo empregador ao segurado a seu serviço e, posteriormente, reembolsado pela seguridade social por meio de compensação – art. 68 do PBPS.

Gabarito "A"

6. PREVIDÊNCIA PRIVADA COMPLEMENTAR

(Procurador da Fazenda Nacional – 2007 – ESAF) Assinale a opção correta quanto ao sistema das entidades de previdência privada, nos termos da legislação infraconstitucional.

(A) O sistema será denominado aberto, se for acessível a todos os empregados de empresas, grupo de empresas e agentes públicos da União, Estados, Distrito Federal e Municípios.
(B) As entidades fechadas são organizadas como sociedades anônimas e podem acordar dois tipos de planos individual ou coletivo.
(C) As entidades abertas possuem como característica a portabilidade das carteiras.
(D) A legislação não regulamenta as regras a respeito da relação entre a União, os Estados, o Distrito Federal e os Municípios e outras entidades públicas e suas respectivas entidades fechadas de previdência complementar, permitindo ampla discricionariedade administrativa.
(E) As entidades abertas de previdência são organizadas como fundação privada ou sociedade civil sem fim lucrativo e podem solicitar concordata.

A: incorreta. A assertiva descreve a previdência fechada – art. 31 da LC 109/2001; **B:** incorreta. As entidades fechadas organizam-se sob a forma de fundação ou sociedade civil, sem fins lucrativos – art. 31, § 1º, da LC 109/2001; **C:** correta (art. 27 da LC 109/2001); **D:** incorreta. Há rígida regulamentação legal, por expressa disposição constitucional – art. 202, § 4º, da CF; **E:** incorreta. As entidades abertas são constituídas unicamente sob a forma de sociedades anônimas – art. 36 da LC 109/2001.

Gabarito "C"

(Procurador da Fazenda Nacional - 2006 - ESAF) Em relação à Previdência Privada é correto afirmar que:

(A) entidades fechadas são aquelas acessíveis, na forma regulamentada pelo órgão fiscalizador, exclusivamente, aos empregados de uma empresa ou grupo de empresas e aos servidores da União, dos Estados, do Distrito Federal e dos Municípios e associados ou membros de pessoas jurídicas de caráter profissional, classista ou setorial.
(B) são denominados instituidores de entidades fechadas as empresas, os associados ou membros de pessoas jurídicas de caráter profissional, classista ou setorial.
(C) as entidades fechadas têm como objeto a administração e execução de planos de benefícios de natureza previdenciária, podendo ofertá-los nas modalidades de contribuição definida e benefício definido.
(D) nas entidades fechadas, será informado ao órgão regulador e fiscalizador o responsável pelas aplicações dos recursos da entidade, escolhido entre os membros do conselho deliberativo e que responderá subsidiariamente pelas obrigações contraídas.
(E) as entidades abertas são constituídas sob a forma de sociedades anônimas ou sociedades civis e têm por objetivo operar planos de benefícios de caráter previdenciário concedidos em forma de renda continuada ou pagamento único.

A: correta (art. 31 da Lei Complementar nº 109/2001); **B:** incorreta. São instituidores apenas as pessoas jurídicas de caráter profissional, classista ou setorial (art. 31, II, da Lei Complementar nº 109/2001); **C:** incorreta. Estão autorizados somente benefícios da modalidade contribuição definida (art. 31, § 2º, II, da Lei Complementar nº 109/2001); **D:** incorreta. O responsável será escolhido dentre os membros da diretoria-executiva (art. 35, § 5º, da Lei Complementar nº 109/2001); **E:** incorreta. As entidades abertas devem revestir-se, obrigatoriamente, da forma de sociedades anônimas (art. 36 da Lei Complementar nº 109/2001).

Gabarito "A"

(Procurador da Fazenda Nacional - 2003 - ESAF) Assinale a assertiva correta sobre as entidades de previdência privada: conceito e finalidades, constituição e organização, à luz da Constituição Federal de 1988.

(A) O regime de previdência privada e o regime geral de previdência pública atuam de forma mutuamente exclusiva.
(B) As informações relativas à gestão dos planos de previdência privada são inacessíveis aos participantes destes.
(C) Os benefícios da previdência privada fechada não integram o contrato de trabalho dos participantes.
(D) É impossível o aporte de recursos públicos a entidade de previdência privada na qualidade de patrocinador.
(E) A contribuição das entidades públicas para o fundo pode exceder a do segurado.

A: incorreta. Nos termos do art. 202 da CF, o regime de previdência privada atua de forma complementar ao regime geral de previdência; **B:** incorreta. O participante terá acesso pleno às informações nos termos da lei complementar (art. 202, §1º, da CF); **C:** correta, nos termos do art. 202, § 2º, da CF; **D:** incorreta, pois o aporte é possível na qualidade de patrocinador (art. 202, § 4º, da CF); **E:** incorreta, por ofensa direta ao disposto no art. 202, § 4º, *in fine*, da CF.

Gabarito "C"

(Procurador da Fazenda Nacional – 2007 – ESAF) À luz da Previdência Social definida na Constituição Federal e na legislação infraconstitucional, julgue os itens abaixo.

I. No Brasil, existe mais de um sistema de previdência. O sistema público caracteriza-se por ter filiação compulsória. O sistema privado caracteriza-se por ter filiação facultativa.

II. O sistema de previdência privada não tem natureza constitucional, estando regulado totalmente em normas infraconstitucionais.

III. As entidades de previdência privada podem sofrer intervenção ou liquidação.

IV. Toda entidade de previdência privada goza de imunidade tributária concedida às instituições de assistência social.

(A) Todos estão corretos.
(B) Somente I está incorreto.
(C) I e IV estão incorretos.
(D) I e III estão corretos.
(E) III e IV estão incorretos.

I e **II**: a Constituição fixa regras específicas para o regime próprio dos servidores (art. 40 da CF) e para o regime geral (RGPS – art. 201 da CF), além da previdência privada complementar (art. 202 da CF); **III**: art. 42 da LC 109/2001; **IV**: a imunidade tributária conferida a instituições de assistência social sem fins lucrativos (art. 150, VI, *c*, da CF) somente alcança as entidades fechadas de previdência social privada se não houver contribuição dos beneficiários – Súmula 730/STF.

Gabarito "D"

7. AÇÕES PREVIDENCIÁRIAS

(Procurador da Fazenda Nacional – 2007 – ESAF) O Instituto Nacional do Seguro Social – INSS é pessoa jurídica de direito público interno, autarquia federal, vinculada ao Ministério da Previdência Social, com sede no Distrito Federal. Com base nessa informação, na legislação e na jurisprudência do Supremo Tribunal Federal, é correto afirmar, em relação às regras de distribuição de competência, que:

(A) Para a matéria benefícios e serviços previdenciários a competência é da Justiça Federal, independente do domicílio do beneficiário.
(B) No caso de acidente do trabalho, após a promulgação da Emenda Constitucional n. 45/2004, o Supremo Tribunal afirmou que as ações acidentárias devem ser julgadas pela Justiça Federal.
(C) Na execução fiscal, se o executado estiver domiciliado em município sede da Vara da Justiça Federal, a competência recursal será do Tribunal de Justiça daquele estado-membro.
(D) O segurado pode ajuizar ação contra a instituição previdenciária só no juízo federal do seu domicílio.
(E) No caso de mandado de segurança contra ato de servidor do INSS, a competência é da Justiça Federal.

A e **D**: o segurado pode ajuizar ação contra a instituição previdenciária perante o juízo federal do seu domicílio ou nas varas federais da capital do Estado-membro – Súmula 689/STF; **B**: incorreta, pois, nos termos da Súmula Vinculante 22/STF, a Justiça do Trabalho é competente para processar e julgar as ações de indenização por danos morais e patrimoniais decorrentes de acidente de trabalho propostas por empregado contra empregador, inclusive aquelas que ainda não possuíam sentença de mérito em primeiro grau quando da promulgação da Emenda Constitucional 45/04; **C**: o particular deve ser demandado no local de seu domicílio. Se não houver Vara Federal na localidade, a execução será promovida perante a Justiça Estadual. O recurso, em qualquer hipótese, será julgado pelo Tribunal Regional Federal – art. 109, §§ 1º, 3º e 4º, da CF, Súmula 55/STJ (a *contrario sensu*), ver CC 56.914/RJ-STJ; **E**: art. 109, I e VIII, da CF.

Gabarito "E"

8. OUTROS TEMAS E MATÉRIAS COMBINADAS

(Procurador da Fazenda Nacional – 2007 – ESAF) Antônio, contribuinte empregado aposentado pelo Regime Geral de Previdência Social em 1994, propõe na justiça ação contra o Instituto Nacional do Seguro Social – INSS, alegando que seu benefício não foi revisto nos termos do art. 58 do Ato das Disposições Constitucionais Transitórias (ADCT). Ademais, alega que indevidamente o INSS vem recolhendo a contribuição previdenciária sobre o 13º salário. Assim, é correto afirmar que:

(A) O pedido referente à incidência indevida da contribuição previdenciária sobre o 13º salário é improcedente.
(B) A referida ação deve ser proposta dois anos após a concessão do referido benefício, sob pena de decadência do direito pleiteado.
(C) O pedido da revisão, nos termos do art. 58 da ADCT, deve ser considerado improcedente, independente da época em que o benefício foi concedido.
(D) O segurado está impedido de ajuizar ação contra a instituição previdenciária na vara federal do município em que reside.
(E) Antônio não tem legitimidade para propor ação contra o INSS por estar recebendo benefício.

A: correto. A contribuição incide sobre o 13º salário – art. 28, § 7º, do PCSS; B e **E**: incorreto. Antônio pode mover a ação no prazo de cinco anos – art. 103, parágrafo único, do PBPS; **C**: incorreto. Até o advento dos planos de custeio e de benefícios (Leis 8.212/1991 e 8.213/1991), o art. 58 do ADCT previa reajuste com base no valor do salário-mínimo. Atualmente, adota-se o INPC como índice de correção – art. 41-A do PBPS (houve diversas regras anteriores); **D**: incorreto. O segurado pode ajuizar ação contra a instituição previdenciária perante o juízo federal do seu domicílio ou nas varas federais da capital do Estado-membro – Súmula 689/STF.

Gabarito "A"

(Auditor Fiscal da Receita Federal – 2012 – ESAF) Nos termos da legislação previdenciária em vigor, constituem obrigações da empresa, <u>exceto</u>,

(A) a arrecadação, mediante desconto, e o recolhimento da contribuição do produtor rural pessoa física e do segurado especial incidente sobre a comercialização da produção, quando adquirir ou comercializar o produto rural recebido em consignação, somente nos casos em que essas operações tiverem sido realizadas diretamente com o produtor.

(B) a arrecadação, mediante desconto no respectivo salário de contribuição, e o recolhimento da contribuição ao SEST e ao SENAT, devida pelo segurado contribuinte individual transportador autônomo de veículo rodoviário (inclusive o taxista) que lhe presta serviços.

(C) o recolhimento das contribuições incidentes sobre a remuneração dos segurados empregados, trabalhadores avulsos e contribuintes individuais.

(D) a arrecadação, mediante desconto, e o recolhimento da contribuição incidente sobre a receita bruta decorrente de qualquer forma de patrocínio, de licenciamento de uso de marcas e símbolos, de publicidade, de propaganda e transmissão de espetáculos desportivos, devida pela associação desportiva que mantém equipe de futebol profissional.

(E) a arrecadação, mediante desconto, e o recolhimento da contribuição incidente sobre a receita bruta da realização de evento desportivo, devida pela associação desportiva que mantém equipe de futebol profissional, quando se tratar de entidade promotora de espetáculo desportivo.

A: incorreta, pois essa obrigação da empresa subsiste mesmo quando adquire a produção rural por intermediário (mesmo quando não compra diretamente do produtor) – art. 30, IV e XI, do PCSS; **B**, **C**, **D** e **E**: corretas, pois há essas obrigações a cargo da empresa – arts. 22, § 6º, 30, I, *a*, do PCSS, e art. 4º da Lei 10.666/2003.

Gabarito "A".

(Auditor Fiscal da Receita Federal – 2012 – ESAF) Constituem obrigações acessórias das empresas, de acordo com o Regulamento da Previdência Social, <u>exceto</u>,

(A) preparar folha de pagamento da remuneração paga, devida ou creditada a todos os segurados a seu serviço, devendo manter, em cada estabelecimento, uma via da respectiva folha e recibos de pagamento.

(B) lançar, mensalmente, em títulos próprios de sua contabilidade, de forma discriminada, os fatos geradores de todas as contribuições, o montante das quantias descontadas dos empregados, dos contribuintes individuais e das empresas prestadoras de serviços, as contribuições da empresa e os totais recolhidos.

(C) fornecer ao contribuinte individual que lhe presta serviços comprovante do pagamento de remuneração, com a identificação completa da empresa, o valor da remuneração paga, o desconto da contribuição efetuado, o número de inscrição do segurado no INSS e o compromisso de que a remuneração paga será informada na GFIP, bem como de que a contribuição correspondente será recolhida.

(D) prestar à Receita Federal do Brasil todas as informações cadastrais, financeiras e contábeis de interesse desta, na forma por esta estabelecida, bem como os esclarecimentos necessários à fiscalização.

(E) exibir à fiscalização da RFB, quando intimada para tal, todos os documentos e livros com as formalidades legais intrínsecas e extrínsecas, relacionados com as contribuições sociais, salvo na hipótese em que, justificadamente, tais documentos e livros estejam fora da sede da empresa.

A: correta, conforme o art. 225, I, do RPS; **B:** correta, nos termos do art. 225, II, do RPS; **C:** correta, conforme o art. 216, XII, e § 21, do RPS; **D:** correta, nos termos do art. 225, III, do RPS; **E:** incorreta, pois a obrigação de exibição dos documentos e livros não é afastada pelo argumento de que não sem encontram na sede da empresa – art. 232 do RPS.

Gabarito "E".

(Auditor Fiscal da Receita Federal – 2005 – ESAF) No âmbito da orientação sumulada dos Tribunais Superiores em matéria previdenciária, é correto afirmar, exceto:

(A) Cabe ação declaratória para reconhecimento de tempo de serviço para fins previdenciários.

(B) Os débitos relativos a benefício previdenciário, vencidos e cobrados em juízo após a vigência da Lei 6.899/81, devem ser corrigidos monetariamente na forma prevista nesse diploma legal. 545

(C) Os juros de mora nas ações relativas a benefícios previdenciários incidem a partir da citação válida.

(D) A prova exclusivamente testemunhal basta à comprovação da atividade rurícola, para efeito da obtenção de benefício previdenciário.

(E) A revisão de que trata o art. 58 do ADCT/88 não se aplica aos benefícios previdenciários concedidos após a promulgação de 1988.

A: Súmula 242/STJ; **B:** Súmula 148/STJ; **C:** Súmula 204/STJ; **D:** é o oposto, pois a prova exclusivamente testemunhal não é suficiente, na hipótese – Súmula 149/STJ; **E:** Súmula 687/STF.

Gabarito "D".

(Auditor Fiscal da Previdência Social – 2002 – ESAF) Ao Sistema Único de Saúde (SUS) compete:

(A) executar procedimentos, produtos e substâncias de interesse para a proteção dos desfavorecidos.

(B) ordenar a formação de recursos materiais na área de assistência.

(C) colaborar na proteção do meio ambiente, nele compreendido o do trabalho.

(D) proteção à maternidade, especialmente à gestante.

(E) proteção ao trabalhador em situação de desemprego involuntário.

A: o SUS tem competência para controlar e fiscalizar (não para executar) procedimentos, produtos e substâncias – art. 200, I, da

CF; **B:** a competência do SUS é para ordenar a formação de recursos humanos (não materiais) na área de saúde (não especificamente de assistência) – art. 200, III, da CF; **C:** art. 200, VIII, da CF; D e **E:** os itens referem-se a diretrizes da previdência social (não da saúde) – art. 201, II e III, da CF.

Gabarito "C"

(Auditor Fiscal da Previdência Social – 2002 – ESAF) Nos termos da legislação previdenciária, assinale a opção na qual não é exigido da empresa a prova da inexistência de débito.

(A) Na licitação.
(B) Na contratação com o poder público.
(C) No recebimento de benefícios ou incentivo fiscal ou creditício concedidos pelo poder público.
(D) Na alienação ou oneração, a qualquer título, de bem móvel de pequeno valor incorporado ao ativo permanente da empresa.
(E) Na alienação ou oneração, a qualquer título, de bem imóvel.

A: art. 195, § 3º, da CF e art. 257, I, *a*, do RPS; B e **C:** art. 195, § 3º, da CF e art. 47, I, *a*, do PCSS; **D:** no caso de bem incorporado ao ativo permanente da empresa, somente a alienação de bens móveis de valor superior ao mínimo legal sujeitam-se à apresentação de certidão negativa de débito – art. 47, I, *c*, do PCSS; **E:** art. 47, I, *b*, do PCSS.

Gabarito "D"

(Auditor Fiscal da Previdência Social – 2002 – ESAF) Nos termos do Regulamento da Previdência Social, Decreto-lei 3.048/1999, são obrigações acessórias da relação tributária previdenciária, exceto:

(A) preparar folha de pagamento da remuneração paga, devida ou creditada a todos os segurados a seu serviço, devendo manter, em cada estabelecimento, uma via da respectiva folha e recibos de pagamentos.
(B) lançar mensalmente em títulos próprios de sua contabilidade, de forma discriminada, os fatos geradores de todas as contribuições, o montante das quantias descontadas, as contribuições da empresa e os totais recolhidos.
(C) prestar ao Instituto Nacional do Seguro Social e à Secretaria da Receita Federal todas as informações cadastrais, financeiras e contábeis de interesse dos mesmos, na forma por eles estabelecida, bem como os esclarecimentos necessários à fiscalização.
(D) encaminhar ao sindicato representativo da categoria profissional mais numerosa entre seus empregados, até o dia dez de cada mês, cópia da Guia da Previdência Social relativamente à competência anterior.
(E) pagar todas contribuições sociais devidas no período de apuração, juntamente com as multas decorrentes do atraso no pagamento.

As assertivas em A, B, C e D indicam obrigações acessórias, listadas especialmente no art. 60 da IN MPS/SRP 3/2005. A alternativa E indica claramente obrigação principal (= pagar tributo ou penalidade pecuniária – art. 113, § 1º, do CTN), não obrigação acessória.

Gabarito "E"

(Auditor Fiscal da Previdência Social – 2002 – ESAF) Nos termos do Regulamento da Previdência Social, assinale a assertiva correta a respeito da notificação fiscal de lançamento de débito.

(A) Constatada a falta de recolhimento de qualquer contribuição ou outra importância devida nos termos desse Regulamento, a fiscalização lavrará notificação fiscal de lançamento, após a segunda advertência ao contribuinte faltoso.
(B) A notificação fiscal de lançamento deverá discriminar com clareza e precisão os fatos geradores, as contribuições devidas e os períodos a que se referem.
(C) Não haverá notificação fiscal de lançamento em caso de falta de pagamento de benefício reembolsado.
(D) Recebida a notificação, a empresa, o empregador doméstico ou o segurado terão o prazo de dez dias para efetuar o pagamento ou apresentar defesa.
(E) O crédito não pago, mesmo que questionado na via administrativa, será inscrito em Dívida Ativa.

A: a lavratura da notificação fiscal de lançamento é imediata, sem prévia advertência – art. 243 do RPS; **B:** art. 243 do RPS; **C:** há notificação de lançamento, no caso – art. 243, § 1º, do RPS; **D:** o prazo para pagamento ou impugnação é de 30 dias – art. 243, § 1º, do RPS; **E:** somente ao final do processo administrativo, com a confirmação do lançamento, é que há inscrição em dívida ativa, para posterior execução – arts. 243, § 6º, e 245, § 1º, do RPS.

Gabarito "B"

(Técnico da Receita Federal – 2006 – ESAF) Assinale abaixo o item que contenha uma informação errônea, sobre a obrigação acessória da empresa relativamente à Previdência Social. É obrigação da empresa

(A) inscrever, no Regime Geral de Previdência Social, os segurados empregados, mas não os trabalhadores avulsos a seu serviço.
(B) inscrever, quando pessoa jurídica, como contribuintes individuais no Regime Geral de Previdência Social, mas só a partir de 1º de abril de 2003, as pessoas físicas contratadas sem vínculo empregatício.
(C) elaborar folha de pagamento mensal da remuneração paga, devida ou creditada a todos os segurados a seu serviço, de forma coletiva por estabelecimento, mas deverá fazê-lo por obra de construção civil e por tomador de serviços, com a correspondente totalização e resumo geral.
(D) lançar mensalmente em títulos próprios de sua contabilidade, de forma discriminada, os fatos geradores de todas as contribuições sociais a cargo da empresa.
(E) fornecer ao contribuinte individual que lhes presta serviços, comprovante do pagamento de remuneração.

As obrigações acessórias listadas constam do art. 60 da IN MPS/SRP 3/2005, com a seguinte retificação: a empresa ou o equiparado devem inscrever, no RGPS, também os trabalhadores avulsos a seu serviço.

Gabarito "A"

9. CRIMES

(Auditor Fiscal da Receita Federal – 2005 – ESAF) No contexto dos Crimes contra a Previdência Social, em particular das inovações advindas da Lei n. 9.983/2000, é correto afirmar:

(A) O crime tipificado no art. 168-A do Código Penal não se consuma com o simples não recolhimento das contribuições previdenciárias descontadas dos empregados no prazo legal.

(B) O crime previsto na alínea "d" do art. 95 da Lei n. 8.212/91 não foi revogado pelo art. 3º do referido diploma legal, que não tipifica a mesma conduta no art. 168-A do Código Penal.

(C) O elemento subjetivo da infração penal prevista no art. 168-A do Código Penal exige a demonstração do especial fim de agir ou o dolo específico de fraudar a Previdência.

(D) O art. 3º do referido diploma legal apenas transmudou a base legal da imputação do crime da alínea "d" do art. 95 da Lei n. 8.212/91 para o art. 168-A do Código Penal.

(E) A teor da dicção do art. 168-A do Código Penal, a penhora de bens é causa de extinção de punibilidade da infração penal.

A: o não recolhimento ao fisco implica, na hipótese, crime previsto no art. 168-A, *caput*, do CP; **B** e **D:** o art. 95 do PCSS foi expressamente revogado pela Lei 9.983/2000. A tipificação antes prevista na alínea *d* desse artigo passou ser veiculada pelo art. 168-A, *caput*, do CP; **C:** a intenção de fraudar a previdência é irrelevante, para a tipificação penal; **E:** o art. 168-A, § 2º, do CP prevê a extinção da punibilidade apenas no caso de o agente, espontaneamente, declarar, confessar e pagar as contribuições, importâncias ou valores e prestar as informações devidas à previdência social, na forma definida em lei ou regulamento, antes do início da ação fiscal.

Gabarito "D"

(Auditor Fiscal da Previdência Social – 2002 – ESAF) A respeito de crime, responsabilização civil, criminal e administrativa contra a previdência social, assinale a opção incorreta a respeito da(s) natureza(s) da conduta "Deixar de repassar à previdência social as contribuições recolhidas dos contribuintes, no prazo e forma legal ou convencional":

(A) infração administrativa.

(B) crime.

(C) crime tipificado no Código Penal brasileiro.

(D) crime tipificado na Lei 8.212/91.

(E) infração administrativa que acarreta sanção administrativa.

A questão descreve o crime tipificado pelo art. 168-A, *caput*, do Código Penal.

Gabarito "C"

19. Direito Internacional Público e Privado

Renan Flumian

1. DIREITO INTERNACIONAL PÚBLICO

1.1. TRATADO

(Procurador da Fazenda Nacional – 2007 – ESAF) A respeito de tratados internacionais e do procedimento para que sejam incorporados à ordem jurídica brasileira, assinale V para as asserções verdadeiras e F para as falsas.

( ) Se o tratado nada dispuser sobre o assunto, entende-se que as reservas a um tratado internacional é possível, a não ser que seja incompatível com seu objeto e sua finalidade.

( ) Caso o tratado seja assinado com reservas, o Congresso Nacional não tem poderes para adotar o tratado em sua íntegra.

( ) Caso o tratado admita reservas, essas podem ser feitas pelo Congresso Nacional, mesmo que não tenham sido feitas pelo Presidente da República (ou outro plenipotenciário) no momento da assinatura.

( ) O Presidente da República pode promulgar um tratado internacional sem que tenha havido apreciação do Congresso Nacional, caso se verifiquem os requisitos de relevância e urgência no referido tratado.

( ) A concordância do Congresso Nacional é essencial para que o Brasil denuncie um tratado internacional, desvinculando-se das obrigações nele estabelecidas.

Assinale a sequência correta.

(A) V, V, V, V, V
(B) V, V, F, F, V
(C) V, V, V, F, F
(D) V, F, F, V, F
(E) F, V, V, F, F

1ª: verdadeira. De acordo com a Convenção de Viena sobre Direito dos Tratados, um tratado pode proibir expressamente a formulação de reservas (art. 19, *a*, da Convenção de Viena sobre o Direito dos Tratados) e que, se ele nada dispuser sobre o assunto, entende-se que as reservas a um tratado internacional são possíveis, a não ser que sejam incompatíveis com seu objeto e sua finalidade (art. 19, *c*, da Convenção de Viena sobre o Direito dos Tratados). Por fim, a Convenção de Viena sobre Direito dos Tratados também traz um conceito de reserva no seu art. 2º, I, *d*: "reserva significa uma declaração unilateral, qualquer que seja a sua redação ou denominação, feita por um Estado ao assinar, ratificar, aceitar ou aprovar um tratado, ou a ele aderir, com o objetivo de excluir ou modificar o efeito jurídico de certas disposições do tratado em sua aplicação a esse Estado"; **2ª** e **3ª**: A reserva pode aparecer tanto no momento da assinatura do tratado, como no da ratificação ou da adesão, momento em que o Congresso Nacional pode fazer ressalvas sobre o texto do tratado e até mesmo desabonar as reservas feitas por ocasião da assinatura do tratado. No primeiro caso, as ressalvas serão traduzidas em reservas no momento da ratificação pelo Presidente da República e, *no segundo caso, o Presidente da República fica impedido de confirmar as reservas previamente feitas*. Por todo o dito, percebe-se que a segunda assertiva está errada, apesar de o gabarito apontá-la como correta, e a terceira está correta; **4ª**: falsa, pois é inafastável a competência exclusiva do Congresso Nacional para resolver definitivamente sobre tratados, acordos ou atos internacionais que acarretem encargos ou compromissos gravosos ao patrimônio nacional (art. 49, I, da CF). Ou seja, o tratado só passará a ter validade interna após ter sido aprovado pelo Congresso Nacional e ratificado e promulgado pelo Presidente da República; **5ª**: falsa. O fenômeno de extinção de tratado por vontade unilateral de uma das partes é denominado denúncia. Este tipo de extinção[1] assemelha-se à ratificação e à adesão, todavia, com efeito jurídico inverso, pois pela denúncia, o Estado exterioriza sua retirada do acordo internacional. Mas existem tratados que, por sua própria natureza, são imunes a este tipo de extinção. Tal é o caso dos tratados de vigência estática[2]. Por outro lado, alguns tratados facultam a denúncia a todo momento, exigindo apenas o decurso de certo prazo (pré-aviso), tudo para proteger os interesses dos copactuantes. Em relação ao pré-aviso, a Convenção de Viena sobre Direitos do Tratados estatui regra geral que condiciona a validade da denúncia à sua comunicação com pelo menos doze meses de antecedência (art. 56, ponto 2) e a violação de tal regra gera responsabilidade internacional do Estado. Sobre o instituto, cabe ilustrarmos algumas considerações talhadas por Alberto do Amaral Júnior: "Em geral, a denúncia é efetuada em relação à globalidade do tratado. Só será consentida denúncia parcial se as cláusulas, que se pretende denunciar, forem separáveis do restante do acordo, não afetando a aplicação do tratado. A retratação da denúncia é cabível tão somente quando ainda não tiver produzido os efeitos jurídicos que lhe são inerentes".[3] O

1 A denúncia só vai extinguir os tratados bilaterais, pois nos multilaterais significa apenas a saída da parte denunciante.

2 Como exemplo tem-se os tratados que definem fronteiras.

3 **Curso de Direito Internacional Público**, 2ª edição, Ed. Atlas, 2011, pág. 116.

procedimento para realizar a denúncia é simples, exige-se uma comunicação por escrito em forma de notificação, carta ou instrumento para o outro Estado-parte nos tratados bilaterais e para o depositário nos tratados multilaterais. Tal transmissão significa a saída do acordo internacional pela parte comunicante. Como dito anteriormente, a denúncia assemelha-se à ratificação e à adesão, ou seja, é necessário um procedimento complexo em que tanto o Congresso Nacional como o Presidente da República emitam sua chancela. Daí a discussão sobre a necessidade de ambos os poderes participarem ou apenas um. Na visão de Francisco Rezek,[4] parece lógico que onde a comunhão de vontades entre os Poderes Executivo e Legislativo seja necessária para tornar o Estado obrigado por um acordo internacional, seja suficiente apenas a vontade de um daqueles dois poderes para desobrigá-lo por meio da denúncia. O consentimento do Estado apoiava-se sobre duas bases, destarte, quando não mais existir uma destas, a consequência será a denúncia do tratado. Essa posição é a mais aceita. A outra posição defende a chamada previsão convencional da denúncia, ou seja, a denúncia só tomará corpo após a concordância do Congresso Nacional e do Presidente da República.

Gabarito OFICIAL "C" / Gabarito NOSSO ANULADO

(Procurador da Fazenda Nacional – 2006 – ESAF) A Emenda Constitucional n. 45, de 8 de dezembro de 2004, entre outros, inseriu parágrafo no art. 5º do texto constitucional de 1988, explicitando que os tratados e convenções internacionais sobre direitos humanos que forem aprovados, em cada Casa do Congresso Nacional, em dois turnos, por três quintos dos votos dos respectivos membros, serão equivalentes a

(A) emendas à Constituição.
(B) leis complementares.
(C) leis ordinárias.
(D) leis delegadas.
(E) decretos legislativos.

Com a edição da Emenda Constitucional n. 45, os tratados de direitos humanos que forem aprovados, em cada Casa do Congresso Nacional, em dois turnos, por três quintos dos votos dos respectivos membros, serão equivalentes às emendas constitucionais – conforme ao que determina o artigo 5º, § 3º, da CF. Ou seja, tais tratados terão hierarquia constitucional.

Gabarito "A".

(Procurador da Fazenda Nacional – 2006 – ESAF) Nos termos da Convenção de Viena sobre o Direito dos Tratados entre Estados, e no que se refere à observância, aplicação e interpretação dos acordos, consolidou-se regra

(A) que reflete a cláusula *rebus sic stantibus*, isto é, alteradas as condições originárias do pacto, deve-se alterar seu alcance e sua aplicabilidade.
(B) que elimina preâmbulo e anexos, limitando-se o contexto interpretativo ao horizonte de sentido inserido no corpo do tratado.
(C) que prestigia a boa-fé, mas que não a elege a categoria interpretativa, dado o regime competitivo que impera na ordem internacional.
(D) que consolida como regra a retroatividade benigna dos tratados, mesmo que intenção diferente tenha informado a concepção do pacto internacional.
(E) que reflete a cláusula *pacta sunt servanda*, isto é, todo tratado em vigor obriga as partes e deve ser cumprido por elas de boa-fé.

O art. 26 da Convenção de Viena sobre Direito dos Tratados assim dispõe: "Todo tratado em vigor obriga as partes e deve ser cumprido por elas de boa-fé". Aliás, a Convenção de Viena sobre Direito dos Tratados entrou em vigor internacional em 27 de janeiro de 1980 e só foi promulgada no Brasil pelo Decreto n. 7.030 de 14 de dezembro de 2009. A ratificação não só demorou, mas veio com reserva aos arts. 25 e 66. O art. 25 cuida da aplicação provisória de um tratado e determina que, se for assim disposto ou acordado pelas partes, o tratado pode obter uma vigência provisória mesmo sem ter sido objeto de ratificação – o Brasil não aceita esta prática, já que, em regra, a ratificação dos tratados depende de um procedimento complexo, no qual o Congresso Nacional tem que aprovar o texto do tratado, e o fará por meio de um decreto legislativo promulgado pelo Presidente do Senado e publicado no *Diário Oficial da União*. Assim, a regra é que os tratados celebrados pelo Presidente da República sejam apreciados pelo Congresso Nacional (art. 84, VIII, da CF). Já o art. 66 discorre sobre o processo de solução judicial, de arbitragem e de conciliação e determina a competência obrigatória da Corte Internacional de Justiça quando houver conflito ou superveniência de norma imperativa de direito internacional (*jus cogens*) – este artigo não foi aceito pelo Brasil, lembrando que o país não está vinculado ao art. 36 do Estatuto da Corte Internacional de Justiça que disciplina a "cláusula facultativa de jurisdição obrigatória". Vale lembrar que a máxima *pacta sunt servanda* é a base do direito dos tratados e diz respeito somente aos estados que pactuaram livremente, isto é, o terceiro estado que não é parte do tratado não poderá ser obrigado por este. Por seu turno, o *jus cogens* (normas cogentes de direito internacional) é calcado no reconhecimento da existência de direitos e de obrigações naturais, isto é, independentemente da existência de algum tratado internacional. O *jus cogens* seria como um qualificador de regras consideradas basilares para a ordenação e a viabilidade da comunidade internacional. O direito internacional público sempre foi concebido como a expressão da vontade dos estados no plano internacional. Não se tinha a ideia de uma comunidade internacional, mas somente a existência de estados que buscavam se relacionar com os demais para satisfazer interesses próprios determinados e limitados. Foi dentro deste contexto que o princípio *pacta sunt servanda* imperou. Apesar de os Estados ainda se relacionarem consoante seus próprios interesses, hodiernamente alcançou-se consenso sobre determinados temas considerados de interesse de todos os sujeitos de direito internacional. Assim, a compreensão da existência de uma comunidade internacional e de interesses que advêm dela[5] (sobretudo para sua existência – como, por exemplo, na proteção internacional do meio ambiente) e não somente de estados na sua individualidade, deu suporte para o aparecimento do *jus cogens*, sobretudo, no considerado direito internacional pós-moderno. Com base em tal mentalidade, a qualidade de sujeito de direito internacional foi estendida às organizações internacionais e ao ser humano. Portanto, pode-se dizer que a própria dinâmica da vida internacional derrubou o voluntarismo como suporte único e fundamental das relações internacionais, ou seja, o positivismo voluntarista não foi capaz de explicar o aparecimento das normas

4 **Direito Internacional Público**, 11ª edição, Ed. Saraiva, 2008. pág. 112. Posição endoçada por Alberto do Amaral Júnior (**Curso de Direito Internacional Público**, 2.ª edição, Ed. Atlas, 2011. pág. 116).

5 A título histórico, pode-se indicar o Direito Humanitário, a Liga das Nações e a Organização Internacional do Trabalho como os primeiros exemplos de limitação, oriunda da comunidade internacional, que os estados sofrerem em sua inabalável soberania.

cogentes de direito internacional (*jus cogens*), que só pode ser explicado por razões objetivas de justiça, as quais darão, por sua vez, vazão a uma consciência jurídica universal. Nesse sentido é a colocação Antônio Augusto Cançado Trindade: "o modelo westfaliano do ordenamento internacional afigura-se esgotado e superado".

Gabarito "E".

(Procurador da Fazenda Nacional – 2004 – ESAF) Tradicionalmente o direito internacional concebeu duas teorias com referência à relação entre os ordenamentos jurídicos nacionais e internacionais: o dualismo e o monismo. Para esta última,

(A) não se aceita a existência de duas ordens jurídicas autônomas, independentes e não derivadas, defendendo-se por vezes a primazia do direito interno e por vezes a primazia do direito internacional.

(B) aceitam-se várias ordens jurídicas, com aplicabilidade simultânea, configurando-se um pluralismo de fontes, porém aplicadas por um único ordenamento.

(C) aceita-se a existência de duas ordens jurídicas, independentes e derivadas, uma nacional e outra internacional, sendo que esta última é que confere validade à primeira.

(D) não se aceita a validade de uma ordem jurídica internacional, dado que desprovida de sanção e de conteúdos morais, fundamentada meramente em princípios de cortesia internacional.

(E) aceita-se a validade de uma ordem jurídica internacional, conquanto que não conflitante com a ordem interna, e cujos critérios de validade sejam expressamente definidos pela ordem jurídica nacional.

Segundo a tese monista, o direito internacional e o nacional fazem parte do mesmo sistema jurídico, ou seja, incidem sobre o mesmo espaço. Ao contrário, a tese dualista advoga que cada um pertence a um sistema distinto e, por assim dizer, incidem sobre espaços diversos. A tese monista ainda subdivide-se: *a) monismo radical:* prega a preferência pelo direito internacional em detrimento do direito nacional; e *b) monismo moderado:* prega a equivalência entre o direito internacional e o direito nacional. É importante apontar que a jurisprudência internacional aplica o monismo radical, tal escolha é respaldada pelo artigo 27 da Convenção de Viena sobre Direito dos Tratados: "Uma parte não pode invocar as disposições de seu direito interno para justificar o inadimplemento de um tratado". O dualismo também se subdivide: *a) dualismo radical:* impõe a edição de uma lei distinta para incorporação do tratado; e *b) dualismo moderado:* não exige lei para incorporação do tratado, apenas se exige um procedimento complexo, com aprovação do Congresso e promulgação do Executivo. A Constituição Federal silenciou neste aspecto, e em virtude da omissão constitucional a doutrina defende que o Brasil adotou a corrente dualista, ou, melhor dizendo, a corrente dualista moderada. Isto porque o tratado só passará a ter validade interna após ter sido aprovado pelo Congresso Nacional e ratificado e promulgado pelo Presidente da República. Lembremos ainda que a promulgação é efetuada mediante decreto presidencial. A assertiva dada como correta é a "A", mas importante sublinhar que o monismo moderado prega a equivalência entre o direito internacional e o nacional e não a primazia do direito interno sobre o internacional.

Gabarito "A".

(Procurador da Fazenda Nacional – 2004 – ESAF) No que toca às obrigações e compromissos internacionais, assumidas pelos Estados em forma de tratados, têm-se as *reservas*, corretamente identificadas como

(A) qualificativos de consentimento, pelos quais os Estados pactuantes emitem declarações unilaterais visando a excluir ou modificar o efeito jurídico de certas disposições de tratados.

(B) indicativos de entendimento, pelos quais os Estados pactuantes emitem declarações multilaterais visando a incluir ou potencializar efeito jurídico de certas disposições do tratado, mediante prévia concordância dos demais signatários.

(C) quantitativos de aferição, pelos quais os Estados pactuantes medem os efeitos possíveis dos tratados em relação a seus desdobramentos internos, especialmente no plano normativo.

(D) incentivos de adesão, pelos quais os Estados pactuantes acenam com vantagens econômicas, de modo a justificarem a ampliação do conjunto de signatários.

(E) referenciais de submissão, pelos quais os Estados pactuantes justificam internamente a transigência para com normas jurídicas internas.

A reserva é um condicionante do consentimento. Ou seja, é a declaração unilateral do estado aceitando o tratado, mas sob a condição de que certas disposições não valerão para ele. A reserva pode aparecer tanto no momento da assinatura do tratado, como no da ratificação ou da adesão, momento em que o Congresso Nacional pode fazer ressalvas sobre o texto do tratado e até mesmo desabonar as reservas feitas por ocasião da assinatura do tratado. No primeiro caso, as ressalvas serão traduzidas em reservas no momento da ratificação pelo Presidente da República e, no segundo caso, o Presidente da República fica impedido de confirmar as reservas previamente feitas. E por razões óbvias, a reserva é fenômeno incidente sobre os tratados multilaterais. Cabe ressaltar que, de acordo com a Convenção de Viena sobre Direito dos Tratados, um tratado pode proibir expressamente a formulação de reservas (art. 19, *a*, da Convenção de Viena sobre o Direito dos Tratados) e que, se ele nada dispuser sobre o assunto, entende-se que as reservas a um tratado internacional são possíveis, a não ser que sejam incompatíveis com seu objeto e sua finalidade (art. 19, *c*, da Convenção de Viena sobre o Direito dos Tratados). Por fim, a Convenção de Viena sobre Direito dos Tratados também traz um conceito de reserva no seu art. 2º, I, d: "*reserva* significa uma declaração unilateral, qualquer que seja a sua redação ou denominação, feita por um Estado ao assinar, ratificar, aceitar ou aprovar um tratado, ou a ele aderir, com o objetivo de excluir ou modificar o efeito jurídico de certas disposições do tratado em sua aplicação a esse Estado".

Gabarito "A".

(Procurador da Fazenda Nacional – 2003 – ESAF) Considerando a prática brasileira, bem assim o entendimento do Direito Internacional acerca dos tratados internacionais, marque a opção incorreta.

(A) Qualquer tratado existente que seja conflitante com norma imperativa de direito internacional geral (*jus cogens*) posterior torna-se nulo e extingue-se.

(B) Os tratados internacionais incorporados ao ordenamento jurídico brasileiro mediante decreto presidencial de promulgação têm força de lei ordinária.

(C) O Supremo Tribunal Federal consolidou entendimento no sentido de que os tratados internacionais incorporados ao ordenamento jurídico nacional têm estatura de lei ordinária.

(D) Pode-se dizer que tratado internacional é um acordo celebrado por escrito entre sujeitos de direito internacional, qualquer que seja sua denominação particular.

(E) O Congresso Nacional resolve definitivamente sobre tratados internacionais toda vez que os ratifica no plano externo.

A: correta. O art. 53 da Convenção de Viena sobre Direito dos Tratados assim dispõe: "É nulo um tratado que, no momento de sua conclusão, conflite com uma norma imperativa de Direito Internacional geral. Para os fins da presente Convenção, uma norma imperativa de Direito Internacional geral é uma norma aceita e reconhecida pela comunidade internacional dos Estados como um todo, como norma da qual nenhuma derrogação é permitida e que só pode ser modificada por norma ulterior de Direito Internacional geral da mesma natureza"; **B** e **C:** corretas. O tratado só passará a ter validade interna após ter sido aprovado pelo Congresso Nacional e ratificado e promulgado pelo Presidente da República. Lembremos ainda que a promulgação é efetuada mediante decreto presidencial. Depois de internalizado, o tratado é equiparado hierarquicamente à norma infraconstitucional. O tema já foi decidido pelo STF na ADI-MC 1.480/DF, momento em que o STF exarou entendimento de que os tratados internacionais, em geral, ingressam no sistema jurídico brasileiro com força de lei ordinária federal; **D:** correta. Tratado é todo acordo formal concluído, por escrito, entre pessoas jurídicas de direito internacional público que tenha por escopo a produção de efeitos jurídicos. Existem inúmeras variantes terminológicas de tratado[6] – que foram bem catalogadas por Francisco Rezek[7]. Como, por exemplo, acordo, ajuste, arranjo, ata, ato, carta, código, compromisso, constituição, contrato, convenção, convênio, declaração, estatuto, memorando, pacto, protocolo e regulamento. Esses termos indicam a mesma ideia, não obstante certas preferências observáveis pela análise estatística. Assim, pode-se apontar que carta e constituição são utilizadas para nomear tratados constitutivos de organizações internacionais, enquanto ajuste, arranjo e memorando são utilizados para denominar tratados bilaterais de pouca importância. E convenção costuma ser multilateral e dispor acerca dos grandes temas do Direito Internacional. Apenas o termo concordata possui significado singular, pois é utilizado especificamente para nomear o tratado bilateral em que uma das partes é a Santa Sé, e que tem por objeto a organização do culto, a disciplina eclesiástica, missões apostólicas, relações entre a Igreja católica local e o estado copactuante; **E:** incorreta, pois o Congresso Nacional não ratifica tratados. Cabe lembrar que ratificação é o ato administrativo unilateral mediante o qual a pessoa jurídica de direito internacional, signatária de um tratado, exprime definitivamente, no plano internacional, seu consentimento. No Brasil é necessário um procedimento complexo para proceder à ratificação de tratados. O Congresso Nacional tem que aprovar o texto do tratado, e o fará por meio de um decreto legislativo[8] promulgado pelo Presidente do Senado e publicado no *Diário Oficial da União. Após, cabe ao Presidente da República ratificar ou não – lembrando que a aprovação congressional não obriga a ulterior ratificação do tratado pelo Presidente da República.* Por fim, o tratado regularmente concluído depende da promulgação e da publicidade levada a efeito pelo Presidente da República para integrar o direito nacional. E no Brasil a promulgação ocorre por meio de decreto presidencial e a publicidade perfaz-se com a publicação no Diário Oficial (**vide** art. 84, VIII, da CF).

Gabarito "E"

(Advogado – IRB – 2006 – ESAF) Os tratados internacionais, nos termos da Convenção de Viena, contam com regra geral interpretativa, nomeadamente,

(A) a abstração do contexto e a fixação na literalidade, que inclusive enseja cláusula *rebus sic stantibus*.

(B) a abstração de qualquer prática posterior na aplicação do tratado pela qual fique estabelecido o acordo das partes relativo à interpretação.

(C) a utilização da boa-fé, de conformidade com o sentido comum que deve ser atribuído aos termos do tratado em seu contexto à luz de seu objeto e finalidade.

(D) a vedação de atribuição de sentido especial a termo, mesmo se determinado que esta era a intenção das partes.

(E) a proibição de utilização de meios suplementares de interpretação, especialmente no que toca à utilização da documentação que instrui os trabalhos preparatórios do tratado.

O art. 31, ponto 1, da Convenção de Viena sobre Direito dos Tratados dispõe que: "Um tratado deve ser interpretado de boa-fé segundo o sentido comum atribuível aos termos do tratado em seu contexto e à luz de seu objetivo e finalidade".

Gabarito "C"

(Advogado – IRB – 2006 – ESAF) Nos termos da Convenção de Viena sobre o Direito dos Tratados, de 1969, *Estado negociador,* significa, efetivamente,

(A) um Estado que tenha consentido em se obrigar por um tratado, embora não tenha participado da elaboração do mesmo.

(B) um Estado que participou na elaboração e adoção do texto do tratado.

(C) um Estado que admite os efeitos jurídicos do tratado, por conta de articulação posterior, decorrente de adesão contratual derivada.

(D) um Estado que articulou a confecção de um tratado, geralmente como sede das negociações, embora, posteriormente, se recuse a assinar a tratativa.

(E) um Estado que consentiu em se obrigar por um tratado, de cuja elaboração não participou, mas cujos efeitos lhe são convenientes, obrigando-se, então, na qualidade de *terceiro Estado.*

O art. 2º, ponto 1, *e*, da Convenção de Viena sobre Direito dos Tratados assim dispõe: "Estado negociador" significa um Estado que participou na elaboração e na adoção do texto do tratado.

Gabarito "B"

6 Cabe aqui fazer um esclarecimento. O *gentlemen's agreement* é fundado sobre a honra e condicionado, no tempo, à permanência de seus atores no poder, mas não é uma forma de tratado internacional e sim um acordo informal, que não pode ser exigido formalmente se assim for desejado. Ademais, tratado é todo acordo formal concluído, por escrito, entre pessoas jurídicas de direito internacional público que tenha por escopo a produção de efeitos jurídicos e *gentlemen's agreement* é concluído geralmente por pessoas físicas, de forma oral e não pode ter efeitos jurídicos.

7 **Direito Internacional Público**, 11ª edição, Ed. Saraiva, 2008, pág. 16.

8 Lembrando que as matérias de competência exclusiva do Congresso Nacional (art. 49 da CF) devem ser normatizadas via decreto legislativo.

(Advogado – IRB – 2006 – ESAF) Em relação à aplicação provisória de tratados, é correto afirmar que

(A) o direito dos tratados desconhece modalidades de aplicação provisória.

(B) nos termos de convenção internacional sobre direito dos tratados só se admite aplicação provisória de tratado que verse sobre direitos humanos.

(C) o direito dos tratados recusa-se a reconhecer aplicação provisória, exceto quando há prejuízo material para as partes pactuantes, de modo que a aplicação provisória de tratado se dá apenas em âmbito de direito econômico.

(D) a aplicação provisória é possível enquanto o tratado não entrar em vigor e se assim o próprio tratado dispuser.

(E) a aplicação provisória de tratados depende de comunicação a Estados que não aderiram ao tratado, abrindo-se prazo para novas negociações, independentemente de disposição no tratado que se pretende aplicar.

O art. 25, ponto 1, *a* e *b*, da Convenção de Viena sobre Direito dos Tratados assim dispõe: "1. Um tratado ou uma parte do tratado aplica-se provisoriamente enquanto não entra em vigor, se: *a)* o próprio tratado assim dispuser; ou *b)* os Estados negociadores assim acordarem por outra forma". Importante apontar que a Convenção de Viena sobre Direito dos Tratados entrou em vigor internacional em 27 de janeiro de 1980 e só foi promulgada no Brasil pelo Decreto n. 7.030 de 14 de dezembro de 2009. A ratificação não só demorou, mas veio com reserva aos arts. 25 e 66. O art. 25 cuida da aplicação provisória de um tratado e determina que, se for assim disposto ou acordado pelas partes, o tratado pode obter uma vigência provisória mesmo sem ter sido objeto de ratificação – o Brasil não aceita esta prática, já que, em regra, a ratificação dos tratados depende de um procedimento complexo, onde o Congresso Nacional tem que aprovar o texto do tratado, e o fará por meio de um decreto legislativo promulgado pelo Presidente do Senado e publicado no *Diário Oficial da União*. Assim, a regra é que os tratados celebrados pelo Presidente da República sejam apreciados pelo Congresso Nacional (art. 84, VIII, da CF). Já o art. 66 discorre sobre o processo de solução judicial, de arbitragem e de conciliação e determina a competência obrigatória da Corte Internacional de Justiça quando houver conflito ou superveniência de norma imperativa de direito internacional (*jus cogens*) – este artigo não foi aceito pelo Brasil, lembrando que o país não está vinculado ao art. 36 do Estatuto da Corte Internacional de Justiça que disciplina a "cláusula facultativa de jurisdição obrigatória".

Gabarito "D".

1.2. NACIONALIDADE, VISTO E EXCLUSÃO DO ESTRANGEIRO

(Procurador da Fazenda Nacional – 2007 – ESAF) Roberto nasceu na cidade francesa de Nice. Sua mãe é argelina descendente de franceses. Seu pai, no entanto, é brasileiro, e trabalhava na França para uma empresa brasileira quando Roberto nasceu. Aos 22 anos, Roberto passou a residir no Brasil e, após dois anos, veio a optar pela nacionalidade brasileira, em janeiro de 2007. Tendo em vista o requerimento da nacionalidade brasileira por parte de Roberto, assinale a opção correta à luz da Constituição Federal de 1988.

(A) Roberto deve ter seu pedido deferido e, nesse caso, adquirirá a nacionalidade brasileira, passando a ser brasileiro naturalizado.

(B) Roberto deve ter seu pedido deferido e, nesse caso, será considerado brasileiro nato.

(C) Roberto não poderá ter seu pedido deferido porque é estrangeiro e, por isso, precisaria residir no Brasil por período superior a quinze anos para obter a nacionalidade brasileira, além de ter de cumprir outros requisitos.

(D) Roberto não poderá ter seu pedido deferido porque não estabeleceu residência no Brasil antes de completar a maioridade civil.

(E) Por ser filho de brasileiro, Roberto é brasileiro nato e o reconhecimento dessa condição independe da sua manifestação de vontade.

Segundo o inciso I do artigo 12, serão brasileiros natos: *a)* os nascidos em território brasileiro, embora de pais estrangeiros, desde que estes não estejam a serviço de seu país; *b)* os nascidos no estrangeiro, de pai ou mãe brasileira, desde que qualquer deles esteja a serviço do Brasil; e *c) os nascidos no estrangeiro, de pai ou mãe brasileira, desvinculados do serviço público, desde que sejam registrados em repartição brasileira competente ou venham a residir no território nacional e optem, a qualquer tempo, depois de atingida a maioridade, pela nacionalidade brasileira.* Deve-se comentar que a terceira hipótese exposta acima foi disciplinada pela EC n. 54/2007, que ainda criou o art. 95 do ADCT: "Os nascidos no estrangeiro entre 7 de junho de 1994 e a data da promulgação desta Emenda Constitucional, filhos de pai brasileiro ou mãe brasileira, poderão ser registrados em repartição diplomática ou consular brasileira competente ou em ofício de registro, se vierem a residir na República Federativa do Brasil".

Gabarito "B".

(Procurador da Fazenda Nacional – 2006 – ESAF) Na redação da Emenda Constitucional de Revisão n. 3, de 7 de junho de 1994, são brasileiros natos

(A) os nascidos no estrangeiro, de pai brasileiro ou de mãe brasileira, desde que venham a residir na República Federativa do Brasil e optem, em qualquer tempo, pela nacionalidade brasileira.

(B) os que, na forma da lei, adquiram a nacionalidade brasileira, exigidas aos originários de países de língua portuguesa apenas residência por um ano ininterrupto e idoneidade moral.

(C) os nascidos na República Federativa do Brasil, ainda que de pais estrangeiros, mesmo que estes estejam a serviço de seu país.

(D) os nascidos no estrangeiro, de pai brasileiro ou de mãe brasileira, desde que pelo menos um deles esteja a serviço da República Federativa do Brasil, e desde que os interessados optem, com a maioridade, pela nacionalidade brasileira.

(E) os estrangeiros de qualquer nacionalidade, originária ou derivada, residentes na República Federativa do Brasil há mais de quinze anos ininterruptos e sem condenação penal, desde que requeiram nacionalidade brasileira.

Segundo o inciso I do artigo 12, serão brasileiros natos: *a)* os nascidos em território brasileiro, embora de pais estrangeiros, desde que estes não estejam a serviço de seu país; *b)* os nascidos no estrangeiro, de pai ou mãe brasileira, desde que qualquer deles esteja a serviço do Brasil; e *c) os nascidos no estrangeiro, de pai ou mãe brasileira, desvinculados do serviço público, desde que sejam registrados em repartição brasileira competente ou venham a residir no território nacional e optem, a qualquer tempo, depois de atingida a maioridade, pela nacionalidade brasileira.* Deve-se comentar que a terceira hipótese exposta acima foi disciplinada pela EC n. 54/2007, que ainda criou o art. 95 do ADCT: "Os nascidos no estrangeiro entre 7 de junho de 1994 e a data da promulgação desta Emenda Constitucional, filhos de pai brasileiro ou mãe brasileira, poderão ser registrados em repartição diplomática ou consular brasileira competente ou em ofício de registro, se vierem a residir na República Federativa do Brasil". Percebe-se que a questão está desatualizada, posto que foi confeccionada em 2006 e a hipótese de "brasileiros natos" tratada foi alterada em 2007 pela EC n. 54.

Gabarito "A".

1.3 IMUNIDADES – DIPLOMÁTICAS, CONSULARES, DE JURISDIÇÃO E DE EXECUÇÃO. PROTEÇÃO DIPLOMÁTICA

(Procurador da Fazenda Nacional – 2003 – ESAF) Sobre o tema da imunidade de jurisdição, indique a opção correta.

(A) A regra que dispõe não haver jurisdição entre os pares (*par in parem non habet judicium)* não mais se aplica ao relacionamento entre Estados tendo em vista o princípio da jurisdição universal.

(B) Os cônsules e os diplomatas gozam da mesma pauta de privilégios e imunidades.

(C) A finalidade dos privilégios e imunidades diplomáticos, além de beneficiar indivíduos, é garantir o eficaz desempenho das funções das missões diplomáticas, em seu caráter de representantes dos Estados.

(D) O agente diplomático goza, em regra, da imunidade de jurisdição civil, administrativa e penal do Estado acreditado.

(E) A renúncia à imunidade de jurisdição no tocante às ações cíveis ou administrativas implica renúncia à imunidade quanto às medidas de execução da sentença, para as quais nova renúncia é necessária.

A: incorreta. A regra de imunidade jurisdicional do estado, enquanto pessoa jurídica de direito externo, existe há muito tempo no plano internacional e se consubstancia na não possibilidade de o estado figurar como parte perante tribunal estrangeiro contra sua vontade (*par in parem non habet judicium*). Mais tarde, tal regra foi corroborada pelo princípio da igualdade soberana dos estados. No entanto, essa outrora absoluta imunidade vem sendo reconfigurada (mas ainda continua sendo aplicada). A título de exemplo, aponta-se a Convenção Europeia sobre a Imunidade dos Estados, concluída em Basileia e em vigor desde 1976, que exclui do âmbito da imunidade do estado as ações decorrentes de contratos celebrados e exequendos *in loco*. Dispositivo semelhante aparece no State Immunity Act, que se editou na Grã-Bretanha em 1978. Também pode-se apontar a Convenção sobre as Imunidades dos Estados e seus Bens, adotada pela ONU, que tem por linha base a exclusão do âmbito de imunidade estatal as atividades de notável caráter econômico. No Brasil, por exemplo, o STF decidiu no julgamento da ACI 9.696 em 1989 que Estado estrangeiro não tem imunidade em causa de natureza trabalhista, entendida como ato de gestão. Ou seja, todo ato de gestão, que envolva relação civil, comercial ou trabalhista, não se encontra abrangido pela imunidade de jurisdição estatal. Assim, a imunidade recai apenas sobre os atos de império, mas poderá ser afastada mediante concordância do Estado por ela beneficiado. Percebe-se que a imunidade jurisdicional do estado estrangeiro passou de um costume internacional absoluto à matéria a ser regulada internamente por cada estado (mas sem relação com a justiça universal). Como panorama geral, pode-se dizer que a imunidade jurisdicional estatal não mais incidirá nos processos provenientes de relação jurídica entre o estado estrangeiro e o meio local – mais exatamente os particulares locais (atos de gestão); **B:** incorreta. 1) Imunidades Diplomáticas: a) titularidade: membros do quadro diplomático de carreira e do quadro administrativo e técnico; b) amplitude: jurisdição penal, civil e administrativa; c) fisicamente invioláveis: sim; d) podem depor como testemunha: não; e e) imunidade tributária: sim. 2) Imunidades Consulares: a) titularidade: os cônsules e os funcionários consulares; b) amplitude: apenas em relação aos processos relacionados ao trabalho; c) fisicamente invioláveis: sim; d) podem depor como testemunha: sim; e e) imunidade tributária: sim; **C:** incorreta, pois os privilégios e as imunidades diplomáticas não têm por finalidade beneficiar indivíduos, mas só garantir o eficaz desempenho das funções das missões diplomáticas, em seu caráter de representantes dos Estados; **D:** correta. No âmbito da missão diplomática, tanto os membros do quadro diplomático de carreira quanto os membros do quadro administrativo e técnico gozam de ampla imunidade de jurisdição penal, civil e administrativa, esta última sendo mais mitigada. São, ademais, fisicamente invioláveis, e em caso algum podem ser obrigados a depor como testemunhas. Reveste-os, além disso, a imunidade tributária. São também fisicamente invioláveis os locais da missão diplomática com todos os bens ali situados, assim como os locais residenciais utilizados pelo quadro diplomático e pelo quadro administrativo e técnico. Esses imóveis, e os valores mobiliários neles encontráveis, não podem ser objeto de busca, requisição, penhora ou medida qualquer de execução (imunidade de execução). Os arquivos e documentos da missão diplomática são invioláveis onde quer que estejam. Nessa linha é o art. 22, ponto 2, da Convenção de Viena sobre Imunidades Diplomáticas, pois determina que o estado acreditado (é o que recebe o agente diplomático ou consular) tem a obrigação especial de adotar todas as medidas apropriadas para proteger os locais da Missão contra qualquer dano e evitar perturbações à tranquilidade da Missão ou ofensas à sua dignidade; **E:** incorreta. A assertiva está contraditória, o que prejudica o entendimento da própria afirmação. Mas pode-se apontar sua incorreção pelo simples fato de aparentemente misturar a imunidade de jurisdição com a de execução. No comentário sobre a assertiva "A" foi analisada a imunidade de jurisdição. Já a imunidade de execução significa que não poderá ser decretada execução forçada – como, por exemplo, o sequestro, o arresto e o embargo – contra os bens de um Estado estrangeiro. Essa imunidade é considerada por parcela da doutrina como absoluta[9], mas pode ser renunciada pelo próprio estado (**vide** RE-AgR 222.368/PE, STF) ou relativizada quando a execução for de bens não afetos aos serviços diplomáticos e consulares do Estado estrangeiro, como, por exemplo, recursos financeiros vinculados a atividades empresariais disponíveis em contas bancárias (**vide** SBDI-2 ROMS n 282/2003-000-10-00-1).

Gabarito "D".

(Procurador da Fazenda Nacional – 2007 – ESAF) A empresa brasileira XYZ tem investimentos de grande vulto no país ABC. De forma arbitrária, o novo Governo de ABC, ao tomar posse, apropria-se do patrimônio que XYZ detinha em ABC. Inconformada, a empresa XYZ recorre ao Governo brasileiro para que lhe conceda proteção diplomática, encampando o problema da empresa e recorrendo à Corte Internacional de Justiça em sua defesa. Indique como se denomina o ato por meio do qual o Estado brasileiro assume a reclamação da empresa XYZ, fazendo-a sua, e dispondo-se a tratar da matéria junto ao Estado autor do ilícito.

(A) Reserva

(B) Imunidade

9 Para parte da doutrina a imunidade de execução foi relativizada na medida em que bens de uso comercial sem função pública podem ser objeto de penhora. Por exemplo, é a visão de Antenor Madruga.

(C) Denúncia
(D) Endosso
(E) Ratificação

A proteção diplomática é a assunção de defesa de nacional pelo seu estado. A concessão de proteção diplomática é denominada endosso. E exige alguns requisitos para ocorrer, quais são: a) a condição de nacional do indivíduo prejudicado (pessoa física ou jurídica); b) o esgotamento dos recursos internos (não só a existência de tais vias, como também sua acessibilidade, sua eficácia e sua imparcialidade); e c) a conduta escorreita do indivíduo reclamante (leia-se não ter violado o ordenamento jurídico interno ou internacional). Em outras palavras, o nacional – pessoa física ou jurídica – que for vítima de um procedimento estatal arbitrário no exterior e restar impossibilitado de fazer valer seus direitos, pede ao seu país que lhe represente, isto é, pede a proteção diplomática. Deve-se dizer que tal direito do indivíduo nacional não significa obrigação de seu estado em conceder a proteção, o qual ficará livre para aquiescer ou não. Discussões surgem quando aparece a dupla nacionalidade ou a múltipla nacionalidade. Neste caso, qualquer dos estados patriais pode proteger o indivíduo contra terceiro estado. Contudo, o endosso não poderá tomar corpo se a reclamação for contra um dos estados patriais; tal impossibilidade tem por fundamento o princípio da igualdade soberana dos estados. Outro ponto importante sobre a matéria é a possibilidade das organizações internacionais protegerem seus agentes, quando estes a seu serviço forem vítimas de ato ilícito. Tal possibilidade foi aventada no parecer consultivo da Corte Internacional de Justiça no caso *Folke de Bernadotte*.[10] A tal modalidade de endosso dá-se o nome de proteção funcional. Nesse sentido são as palavras de Francisco Rezek: "no parecer consultivo referente ao caso Bernadotte, a Corte da Haia revelou que não apenas os Estados podem proteger seus nacionais no plano internacional, mas também as organizações internacionais encontram-se habilitadas a semelhante exercício, quando um agente a seu serviço é vítima de ato ilícito. Não há entre o agente e a organização um vínculo de nacionalidade, mas um substitutivo deste para efeito de legitimar o endosso, qual seja o vínculo resultante da função exercida pelo indivíduo no quadro da pessoa jurídica em causa. A essa moderna variante da proteção diplomática dá-se o nome de proteção funcional."[11] Por fim, a consequência jurídica do endosso é transformar o Estado em *dominus litis*, ou seja, daí para frente o estado vai agir em nome próprio. Assim, o estado é livre para escolher os meios para materializar a proteção, como também o é para transigir ou desistir no curso da proteção.

Gabarito "D"

(Advogado – IRB – 2006 – ESAF) O agente diplomático gozará da imunidade de jurisdição penal do Estado acreditado. Gozará também da imunidade de jurisdição civil e administrativa, <u>exceto</u>:

(A) em ações possessórias e em ações de execução fiscal promovidas pela fazenda pública, por débitos vinculados a impostos de importação e de exportação.
(B) em reclamações trabalhistas, promovidas por trabalhadores brasileiros, e em ações cautelares fiscais, preparatórias de execução fiscal, para cobrança de quaisquer débitos tributários.
(C) em medidas de arresto, sequestro, caução, busca e apreensão, preparatórias de execução por quantia certa, independentemente do autor ou requerente.
(D) em ação sobre imóvel privado situado no território do Estado acreditado, salvo se o agente diplomático o possuir por conta do Estado acreditante para os fins da missão.
(E) em ação sucessória na qual o agente diplomático não figure, a título público ou privado, como auxiliar do executor testamentário, auxiliar do administrador, representante do herdeiro ou representante do legatário.

No âmbito da missão diplomática, tanto os membros do quadro diplomático de carreira quanto os membros do quadro administrativo e técnico gozam de ampla imunidade de jurisdição penal, civil e administrativa, esta última sendo mais mitigada. São, ademais, fisicamente invioláveis, e em caso algum podem ser obrigados a depor como testemunhas. Reveste-os, além disso, a imunidade tributária. São também fisicamente invioláveis os locais da missão diplomática com todos os bens ali situados, assim como os locais residenciais utilizados pelo quadro diplomático e pelo quadro administrativo e técnico para fins da missão e por conta do Estado acreditante – salvo o imóvel privado. Esses imóveis, e os valores mobiliários neles encontráveis, não podem ser objeto de busca, requisição, penhora ou medida qualquer de execução (imunidade de execução). Os arquivos e documentos da missão diplomática são invioláveis onde quer que estejam. Nesse sentido é o art. 22, ponto 2, da Convenção de Viena sobre Imunidades Diplomáticas, pois determina que o estado acreditado (é o que recebe o agente diplomático ou consular) tem a obrigação especial de adotar todas as medidas apropriadas para proteger os locais da Missão contra qualquer dano e evitar perturbações à tranquilidade da Missão ou ofensas à sua dignidade. Em que pese as imunidades diplomáticas, o Estado acreditado poderá a qualquer momento, e sem ser obrigado a justificar a sua decisão, notificar ao Estado acreditante que o Chefe da Missão ou qualquer membro do pessoal diplomático da Missão é *persona non grata* ou que outro membro do pessoal da Missão não é aceitável. O Estado acreditante, conforme o caso, retirará a pessoa em questão ou dará por terminadas as suas funções na Missão. Uma Pessoa poderá ser declarada *non grata* ou não aceitável mesmo antes de chegar ao território do Estado acreditado (art. 9º, ponto 1, da Convenção de Viena sobre Relações Diplomáticas).

Gabarito "D"

1.4. RESPONSABILIDADE INTERNACIONAL

(Procurador da Fazenda Nacional – 2007 – ESAF) A respeito de responsabilidade internacional, considere as asserções abaixo e, em seguida, assinale a opção correta.

I. Uma decisão do Poder Judiciário brasileiro pode levar à responsabilidade internacional do Brasil, caso a decisão viole compromissos jurídico-internacionais assumidos pelo país.
II. Uma lei de um dos Estados da federação não pode dar ensejo à responsabilidade internacional do Brasil porque, no âmbito nacional, os compromissos são assumidos pela União Federal.
III. A responsabilidade internacional do Estado deve ter sempre por base uma ação. Uma omissão não pode dar ensejo à responsabilização do Estado no plano internacional.

10 Conde sueco e mediador da ONU na Palestina que, no exercício de suas funções, foi assassinado por extremistas israelenses em Jerusalém, em 1948.

11 **Direito Internacional Público**, 11ª edição, Ed. Saraiva, 2008. pág. 281.

IV. A responsabilidade internacional do Estado apenas existe se há a violação de um tratado internacional. O desrespeito a um costume internacional, por exemplo, não é suficiente para dar ensejo à responsabilidade do Estado.

V. A despeito de terem personalidade jurídica internacional, as organizações internacionais não podem ser responsabilizadas juridicamente na ordem internacional.

(A) Apenas a asserção I está correta.
(B) Apenas as asserções I e II estão corretas.
(C) Apenas as asserções I, II e III estão corretas.
(D) Apenas a asserção V está incorreta.
(E) Todas as asserções estão incorretas.

I: correta. O ato ilícito internacional normalmente é praticado por agentes do Poder executivo. Mas é possível que o ilícito internacional resulte de atos oriundos do Poder Legislativo e do Judiciário. Entretanto, o ilícito internacional proveniente de ato dos particulares não dá causa, por si só, a responsabilidade internacional do estado; necessário se faz comprovar a falta de diligência do Estado, notadamente nos seus deveres de prevenção e de repressão; **II:** incorreta. A responsabilidade, no caso dos estados, pode ser direta ou indireta. Será direta quando o ato ilícito for perpetrado por órgão de qualquer natureza ou nível hierárquico. E indireta quando o ato ilícito for praticado por dependência sua, como, por exemplo, um ilícito praticado por um dos estados componentes da República Federativa do Brasil; **III:** incorreta. A responsabilidade internacional decorre de ato ilícito (comissivo ou omissivo), em face do ordenamento internacional, imputável ao agente de estado ou de organização internacional que cause dano a algum sujeito de direito internacional; **IV:** incorreta. O ato ilícito é um comportamento, comissivo ou omissivo, que viola o direito internacional (convencional e costumeiro). De forma mais detalhada, "a responsabilidade pode ser delituosa ou contratual, segundo resulte de atos delituosos ou da inexecução de compromissos contraídos."[12] A jurisprudência tem apontado que a configuração do ato ilícito dá-se mais por violação de tratados e dos costumes internacionais; **V:** incorreta. A responsabilidade internacional decorre de ato ilícito (comissivo ou omissivo), em face do ordenamento internacional (tratado, princípios, costumes), imputável ao agente de estado ou de organização internacional que cause dano a algum sujeito de direito internacional (**vide** art. 57 do Projeto de Convenção sobre Responsabilidade dos Estados).

Gabarito "A".

1.5. ONU

(Procurador da Fazenda Nacional – 2006 – ESAF) De acordo com a Carta das Nações Unidas, de 1945, a Assembleia Geral

(A) será composta de quinze membros, observando-se que a República da China, a França, o Reino Unido, a Rússia, a Inglaterra e os Estados Unidos são membros permanentes.
(B) será constituída por todos os membros das Nações Unidas.
(C) é composta por cinquenta e quatro membros das Nações Unidas, eleitos pelo Conselho Econômico e Social, respeitando-se a presença dos membros permanentes.
(D) será constituída por todos os países signatários da Carta, com exceção da Suíça e de países que estejam sob fiscalização internacional, no que toca ao desrespeito a pauta de direitos humanos.
(E) será composta pelos signatários originários da Carta, como membros permanentes, e por signatários supervenientes, como membros aderentes, outorgando-se direito de voto àqueles primeiros.

A Assembleia Geral é composta por todos os membros da ONU, cabendo a cada estado-membro apenas um voto e ser representado por no máximo cinco representantes. E reúne-se em sessões ordinárias, uma vez por ano, e em sessões extraordinárias sempre que preciso for. As decisões da Assembleia Geral são tomadas pela maioria simples dos membros presentes e votantes. Mas pode-se definir que o quórum será de dois terços quando tratar de questões consideradas importantes. Dentre algumas de suas funções pode-se citar: a) aprovação do orçamento; b) eleição dos membros não permanentes do Conselho de Segurança e dos membros do Conselho Econômico e Social; c) a nomeação do Secretário-Geral da Nações Unidas; d) a eleição, em conjunto com o Conselho de Segurança, dos juízes da Corte Internacional de Justiça; dentre outras.

Gabarito "B".

1.6. DIREITO COMUNITÁRIO E DA INTEGRAÇÃO

(Procurador da Fazenda Nacional – 2007.2 – ESAF) À luz do Direito da Integração, assinale em que estágio de um processo integrativo se encontra um arranjo comercial envolvendo dois ou mais países que, entre si, eliminam as barreiras tarifárias e não tarifárias à circulação de bens, serviços e fatores produtivos e adotam uma tarifa externa comum para os países que não fazem parte do bloco.

(A) Acordo de preferências tarifárias.
(B) Zona de livre comércio.
(C) Integração econômica total.
(D) Mercado comum.
(E) União aduaneira.

Existem inúmeras maneiras de se proceder à integração regional, normalmente apontadas como um processo evolucional rumo à integralização máxima. Conforme a tipologia das etapas do processo de integração elaborada pelo economista húngaro Béla Balassa, são elas: a) Zona de Preferência Tarifária – dois ou mais países gozam de tarifas mais baixas do que as aplicadas a outros que não possuem acordo preferencial. É o caso da ALADI (Associação Latino-Americana de Integração); b) Zona de Livre Comércio – os países do bloco reduzem drasticamente ou eliminam as tarifas alfandegárias ou não alfandegárias entre eles. É o caso do Nafta (Acordo de Livre Comércio da América do Norte), formado por Estados Unidos, Canadá e México; c) União Aduaneira – além dos países do bloco eliminarem as tarifas alfandegárias ou não alfandegárias entre eles, estabelecem as mesmas tarifas de importação (TEC – Tarifa Externa Comum) para o comércio internacional fora do bloco. O melhor exemplo é o Mercosul, apesar de este ser considerado uma união aduaneira imperfeita; d) Mercado Comum – conserva as características da união aduaneira com acréscimo das outras

12 Accioly, Hildebrando, Nascimento e Silva e Casella, Paulo Borba. **Manual de Direito Internacional Público**, 19ª edição, Ed. Saraiva, 2011, pág. 385.

liberdades fundamentais do mercado (livre circulação de pessoas, serviços e capitais). Percebe-se que na união aduaneira existe tão somente a livre circulação de bens. O exemplo foi a Comunidade Europeia – leia-se União Europeia antes da entrada em vigor do Tratado de Maastricht de 1993; e) União Econômica e Monetária – conserva todas as características anteriormente apresentadas com o acréscimo de possuir uma política macroeconômica unificada. Percebe-se que a principal diferença entre o mercado comum e a união econômica e monetária reside na política macroeconômica coordenada do primeiro e na unificada do segundo. A título de solapar possíveis dúvidas, a adoção de moeda única não é condição para constituição da união econômica e monetária, mas sim o ponto alto de tal modalidade de integração. É o caso da União Europeia pós-Tratado de Masstricht. Por todo o dito percebe-se que nenhuma das alternativas se enquadra perfeitamente na descrição feita no enunciado da questão, pois o processo integracional descrito está um pouco mais evoluído do que ao padrão da união aduaneira e um pouco menos que ao padrão de mercado comum. A resposta dada como correta pela banca examinadora foi união aduaneira. Mas vale frisar que o conceito padrão de união aduaneira só abarca a livre circulação de bens.

Gabarito "E"

(Procurador da Fazenda Nacional – 2004 – ESAF) Os modelos de integração regional que se registram, a exemplo da União Europeia, do Mercosul, do NAFTA, entre outros, passam por processos que podem se manifestar evolutivamente em zonas de livre comércio, uniões aduaneiras, mercados comuns, uniões econômicas e uniões totais, econômicas e políticas. Em relação às *uniões aduaneiras* é correto afirmar que

(A) se tratam das formas mais antigas e simples de integração econômica, prevendo apenas a completa eliminação de obstáculos tarifários entre os Estados participantes.

(B) se tratam de modelos que permitem a livre circulação de fatores e de serviços nos Estados-membros, isto é, a liberação de bens, capitais, serviços e pessoas, com a eliminação de toda forma de discriminação.

(C) se tratam de regimes de cooperação sofisticados e bem elaborados, no qual há a coordenação e unificação das economias nacionais dos Estados-membros.

(D) se tratam de regimes nos quais são introduzidas harmonizações de determinadas políticas comuns, em assuntos agrícolas, ambientais e industriais, com especial enfoque no campo macroeconômico.

(E) se tratam de regimes nos quais os Estados-membros adotam um sistema de tarifas aduaneiras comuns frente a terceiros países, podendo-se verificar uma tarifa exterior comum para as importações procedentes de terceiros países.

Existem inúmeras maneiras de se proceder à integração regional, normalmente apontadas como um processo evolucional rumo à integralização máxima. Conforme a tipologia das etapas do processo de integração elaborada pelo economista húngaro Béla Balassa, são elas: a) Zona de Preferência Tarifária – dois ou mais países gozam de tarifas mais baixas do que as aplicadas a outros que não possuem acordo preferencial. É o caso da ALADI (Associação Latino-Americana de Integração); b) Zona de Livre Comércio – os países do bloco reduzem drasticamente ou eliminam as tarifas alfandegárias ou não alfandegárias entre eles. É o caso do Nafta (Acordo de Livre Comércio da América do Norte), formado por Estados Unidos, Canadá e México; c) *União Aduaneira – além dos países do bloco eliminarem as tarifas alfandegárias ou não alfandegárias entre eles, estabelecem as mesmas tarifas de importação (TEC – Tarifa Externa Comum) para o comércio internacional fora do bloco. O melhor exemplo é o Mercosul, apesar de este ser considerado uma união aduaneira imperfeita*; d) Mercado Comum – conserva as características da união aduaneira com acréscimo das outras liberdades fundamentais do mercado (livre circulação de pessoas, serviços e capitais). Percebe-se que na união aduaneira existe tão somente a livre circulação de bens. O exemplo foi a Comunidade Europeia – leia-se União Europeia antes da entrada em vigor do Tratado de Maastricht de 1993; e) União Econômica e Monetária – conserva todas as características anteriormente apresentadas com o acréscimo de possuir uma política macroeconômica unificada. Percebe-se que a principal diferença entre o mercado comum e a união econômica e monetária reside na política macroeconômica coordenada do primeiro e na unificada do segundo. A título de solapar possíveis dúvidas, a adoção de moeda única não é condição para constituição da união econômica e monetária, mas sim o ponto alto de tal modalidade de integração. É o caso da União Europeia pós-Tratado de Masstricht.

Gabarito "E"

(Procurador da Fazenda Nacional – 2003 – ESAF) Indique a opção correta.

(A) São tipos (modalidades) de processos de integração econômica: zona de preferência tarifária, zona de livre comércio, união aduaneira, mercado comum e união econômica e monetária.

(B) A União Europeia é mais do que uma zona de livre comércio e menos do que um mercado comum.

(C) Ao Grupo Mercado Comum, um dos componentes da estrutura institucional do Mercosul, compete velar pela aplicação dos instrumentos de política comercial comum acordados pelos Estados-partes.

(D) Apesar de possuir personalidade jurídica de Direito Internacional, ao Mercosul é vedado contratar, adquirir ou alienar bens móveis e imóveis, ainda que no uso de suas atribuições.

(E) O Mercosul não pode celebrar acordos de sede já que não é uma organização internacional.

A: correta. Existem inúmeras maneiras de se proceder à integração regional, normalmente apontadas como um processo evolucional rumo à integralização máxima. Conforme a tipologia das etapas do processo de integração elaborada pelo economista húngaro Béla Balassa, são elas: a) Zona de Preferência Tarifária – dois ou mais países gozam de tarifas mais baixas do que as aplicadas a outros que não possuem acordo preferencial. É o caso da ALADI (Associação Latino-Americana de Integração); b) Zona de Livre Comércio – os países do bloco reduzem drasticamente ou eliminam as tarifas alfandegárias ou não alfandegárias entre eles. É o caso do Nafta (Acordo de Livre Comércio da América do Norte), formado por Estados Unidos, Canadá e México; c) União Aduaneira – além dos países do bloco eliminarem as tarifas alfandegárias ou não alfandegárias entre eles, estabelecem as mesmas tarifas de importação (TEC – Tarifa Externa Comum) para o comércio internacional fora do bloco. O melhor exemplo é o Mercosul, apesar de este ser considerado uma união aduaneira imperfeita; d) Mercado Comum – conserva as características da união aduaneira com acréscimo das outras liberdades fundamentais do mercado (livre circulação de pessoas, serviços e capitais). Percebe-se que na união aduaneira existe tão somente a livre circulação de bens. O exemplo foi a Comunidade Europeia – leia-se União Europeia antes da entrada em vigor do Tratado de Maastricht de 1993; e) União Econômica e Monetária – conserva todas as características anteriormente apresentadas com o acréscimo de possuir uma política macroeconômica unificada. Percebe-se que a principal diferença entre o mercado comum e a união econômica e monetária reside na política macroeconômica coordenada do primeiro e na unificada do segundo. A título de solapar possíveis dúvidas, a adoção de moeda única não é condição para constituição da união econômica e monetária, mas sim o ponto alto de tal modalidade de integração. É o caso da União Europeia pós-Tratado de Masstricht; **B:** incorreta, pois como visto no comentário anterior, a União Europeia é uma União Econômica e Monetária, que é mais do que uma zona de livre comércio e do que um mercado comum; **C:** incorreta, pois a competência descrita na assertiva é da alçada da Comissão de Comércio e não do Grupo Mercado Comum; **D:** incorreta, pois o Mercosul pode contratar, adquirir ou alienar bens móveis e imóveis; **E:** incorreta, pois o Mercosul é uma organização internacional (união aduaneira), logo, pode realizar acordos de sede. E acordo de sede é aquele celebrado pela organização internacional com o estado ou estados-hospedeiros. Neste estado(s) funcionará a sede da OI e seus centros de atividade. Um acordo de sede conhecido foi o firmado entre os EUA e a ONU em 1947.

Gabarito "A".

1.7. PROTEÇÃO INTERNACIONAL DO MEIO AMBIENTE

(Procurador da Fazenda Nacional – 2006 – ESAF) É objetivo do Protocolo de Quioto à Convenção-Quadro das Nações Unidas sobre Mudança de Clima, de 1997,

(A) a diminuição da eficiência energética em setores relevantes da economia internacional, como modo direto de internalização de externalidades negativas.

(B) a proibição imediata de formas sustentáveis e não sustentáveis de agricultura, à luz das considerações sobre mudança do clima.

(C) a redução gradual ou eliminação de imperfeições de mercado, de incentivos fiscais, de isenções tributárias e tarifárias e de subsídios para todos os setores emissores de gases de efeito estufa.

(D) a pesquisa, a promoção, o desenvolvimento e aumento do uso de formas não renováveis de energia, de tecnologia de sequestro de dióxido de carbono e de tecnologia ambientalmente seguras.

(E) a ampliação de emissões de metano por meio de sua recuperação e utilização no tratamento de resíduos, bem como no transporte, na produção e na distribuição de energia.

O art. 2º, ponto 1, a, V, do Protocolo de Quioto à Convenção-Quadro das Nações Unidas sobre Mudança de Clima determina, entre outros objetivos, o seguinte: a redução gradual ou eliminação de imperfeições de mercado, de incentivos fiscais, de isenções tributárias e tarifárias e de subsídios para todos os setores emissores de gases de efeito estufa".

Gabarito "C".

1.8. DIREITO TRIBUTÁRIO INTERNACIONAL

(Procurador da Fazenda Nacional – 2007.2 – ESAF) Assinale a opção correta a respeito de instrumentos jurídico-internacionais para promover investimentos e evitar bitributação.

(A) O Brasil atualmente se encontra juridicamente vinculado a vários tratados internacionais para evitar a bitributação. Entre os países com os quais o Brasil tem acordos dessa natureza estão, por exemplo, a Argentina e a Espanha.

(B) O Brasil atualmente se encontra juridicamente vinculado a vários tratados internacionais para promover a proteção de investimentos que, entre outros aspectos, preveem a arbitragem entre o investidor estrangeiro e o Estado receptor dos investimentos.

(C) No Brasil, os instrumentos jurídico-internacionais destinados a evitar a bitributação dispensam aprovação do Congresso Nacional por tratarem de tema de competência exclusiva do Poder Executivo.

(D) Em 2007 entrou em vigor o Protocolo de Bariloche, destinado a evitar a bitributação e prevenir a evasão fiscal em matéria de imposto sobre a renda entre os membros do Mercosul.

(E) As regras do Centro Internacional para Solução de Controvérsias sobre Investimentos permitem que um nacional do Estado "X" acione esse mesmo Estado por meio de uma arbitragem internacional, desde que o Estado "X" tenha ratificado a Convenção internacional que estabeleceu o Centro.

A: correta. Há diversos tratados firmados pelo Brasil que visam a evitar a bitributação, especificamente no que se refere ao imposto sobre renda e proventos (caso dos acordos com Argentina e Espanha); **B:** incorreta, pois dentre os acordos para promoção e proteção de investimentos, somente o celebrado com os EUA foi promulgado – o Protocolo de Colônia (Mercosul), que prevê solução de disputa entre investidor de um país em face de outro Estado, não está em vigor; **C:** incorreta, pois são tratados internacionais e, portanto, se submetem ao referendo do Congresso Nacional (art. 49, I, da CF); **D:** incorreta, pois a informação não procede; **E:** incorreta, pois o ICSID presta-se a solucionar controvérsias entre Estado e nacional (investidor) de outro Estado (o investidor não pode ser do país com que litiga) – art. 25 da Convenção que o instituiu.

Gabarito "A".

(Procurador da Fazenda Nacional – 2004 – ESAF) Para o direito brasileiro, como princípio geral, em âmbito de imposto de renda e de direito internacional tributário, as pessoas domiciliadas no exterior, sejam pessoas físicas, sejam pessoas jurídicas,

(A) são tributáveis no Brasil, na medida em que detenham nacionalidade brasileira ou que possuam sede no Brasil, independentemente de onde tenha ocorrido o fato gerador da obrigação tributária.

(B) são tributáveis no Brasil, na medida em que os valores a serem tributados tenham sido objeto de negociação com pessoas domiciliadas no Brasil, independentemente de onde tenha ocorrido o fato gerador da obrigação tributária.

(C) apenas são tributáveis no Brasil pelos rendimentos que aqui tenham sido produzidos, isto é, por rendimentos imputáveis a fontes nacionais.

(D) não são tributáveis no Brasil, mesmo que os rendimentos tenham sido produzidos no território brasileiro, dado que o domicílio dessas pessoas é fixado no exterior.

(E) não são tributáveis no Brasil, como decorrência de regra de direito internacional tributário, que repele o princípio da territorialidade, para efeitos de tributação sobre a renda.

Pelo princípio da territorialidade, as leis tributárias somente se aplicam aos fatos ocorridos dento do território da ordem jurídica a que pertencem, independentemente de outras circunstâncias, tais como a nacionalidade, o domicílio ou a residência do sujeito passivo. Até porque a obtenção da renda só se tornou factível em razão das condições políticas, econômicas, sociais e jurídicas existentes no Brasil; logo, é justo que se permita a tributação. Um exemplo cotidiano de aplicação do princípio da territorialidade é a situação de empresa estrangeira que tem filial no Brasil com atividade lucrativa.

Gabarito "C"

(Procurador da Fazenda Nacional – 2004 – ESAF) A concorrência fiscal internacional conhece países com tributação favorecida (*tax havens*), países com regimes bancários e financeiros favorecidos (paraísos bancários) e países com regimes penais favorecidos (paraísos penais). Em relação àqueles primeiros, também chamados de *paraísos fiscais*, pode-se afirmar que

(A) são países que tributam a renda com alíquotas mínimas, independentemente da origem dos rendimentos, mas que oferecem o benefício apenas para seus residentes, excluindo-se as pessoas físicas e jurídicas que também realizam negócios no exterior.

(B) são países que tratam os rendimentos de residentes ou equiparados a residentes com tributação reduzida ou nula e que ainda podem oferecer segredo bancário, falta de controle de câmbio e uma grande flexibilidade para a constituição e administração de sociedades locais.

(C) são países que mantêm tratados de bitributação com a maioria dos demais países, promovendo um impacto mais brando na tributação referente às operações internacionais, autorizando a constituição fictícia de empresas internacionais em seus territórios.

(D) são países que não tributam a atividade bancária, propiciando o fluxo de capitais, em relação aos quais a regulamentação é mínima.

(E) são países que não tributam as operações de compra e venda de bens e de mercadorias e que não tributam as operações internacionais, possibilitando um melhor tratamento na composição dos preços finais, de modo a incrementar a competitividade das empresas que mantêm sede ou sucursais nos territórios desses paraísos fiscais.

A assertiva "B" traz a correta definição de paraísos fiscais. Podemos listar os principais exemplos de paraísos fiscais: Luxemburgo, Suiça, Panamá, Ilhas Cayman, Hong Kong etc.

Gabarito "B"

1.9. DIREITO ECONÔMICO E DO COMÉRCIO INTERNACIONAL

(Procurador da Fazenda Nacional – 2007.2 – ESAF) Associe as colunas e indique a sequência correta.

(1) Apenas o sistema de solução de controvérsias do Mercosul

(2) Apenas o sistema de solução de controvérsias da Organização Mundial do Comércio

(3) Tanto o sistema de solução de controvérsias do Mercosul quanto o da Organização Mundial do Comércio

( ) prevê sanções econômico-comerciais em caso de descumprimento da decisão do sistema de solução de controvérsias.

( ) prevê o acesso indireto de particulares ao sistema de solução de controvérsias.

( ) prevê a possibilidade de recurso da decisão a um órgão de apelação.

( ) prevê a possibilidade de que dois ou mais países, em conjunto, apresentem contra outro um pleito no âmbito do sistema de solução de controvérsias.

( ) prevê a possibilidade de que o laudo arbitral seja adotado por maioria, em caso de não haver consenso entre seus componentes.

(A) 2, 1, 3, 2, 3

(B) 3, 3, 2, 1, 2

(C) 3, 1, 3, 3, 3

(D) 1, 2, 3, 3, 2

(E) 2, 1, 3, 2, 2

1ª: 3. As sanções econômico-comerciais são previstas no âmbito da OMC – art. 22 do Acordo sobre Normas e Procedimentos para Solução de Disputas – e também do Mercosul – art. 31 do Protocolo de Olivos; **2ª**: 1. Somente Estados são abrangidos pelo sistema da OMC. O Protocolo de Olivos (Mercosul) admite a formulação de reclamações por particulares – Capítulo XI; **3ª**: 3. No âmbito do Mercosul, cabe recurso das decisões arbitrais para o Tribunal Permanente de Revisão (Capítulo VII do Protocolo de Olivos). O sistema de solução de disputas da OMC prevê recurso das decisões proferidas pelos painéis para o Órgão de Apelação (*Appellate Body* – art. 17 do Acordo sobre Normas e Procedimentos para Solução de Disputas); **4ª**: 3. Ambos os sistemas permitem múltiplos Estados no mesmo polo do litígio (art. 13 do Protocolo de Olivos e art. 9º do Acordo sobre Normas e Procedimentos para Solução de Disputas); **5ª**: 3. O laudo arbitral no âmbito do Mercosul pode ser decidido por maioria (art. 25 do Protocolo de Olivos). No âmbito da OMC, os laudos dos painéis podem conter objeções de seus membros (art. 16, ponto 2, do Acordo sobre Normas e Procedimentos para Solução de Disputas), no entanto, podem ser recusados pelo Órgão de Solução de Controvérsias (*Dispute Settlement Body*) por consenso (art. 16, ponto 4); de forma semelhante, o Órgão de Solução de Controvérsias pode rejeitar o laudo do Órgão de Apelação, também por consenso (art. 17, ponto 14).

Gabarito "C"

(Procurador da Fazenda Nacional – 2007.2 – ESAF) Assinale a opção correta a respeito de medidas de defesa comercial.

(A) Para aplicar uma medida *antidumping*, o membro da Organização Mundial do Comércio (OMC) deve obter autorização prévia do Comitê de Práticas *Antidumping* da Organização.

(B) O membro da OMC prejudicado por uma medida de salvaguarda tem o direito de negociar compensações com o membro que a impôs.

(C) A aplicação de medida *antidumping* deve ocorrer de forma não seletiva, ou seja, o membro da OMC que aplica a medida deve fazê-la incidir sobre todas as importações do produto em questão, independentemente da origem ou da procedência.

(D) No Brasil, os recursos arrecadados a título de direitos *antidumping* são revertidos a favor da indústria doméstica prejudicada com a prática do *dumping* correspondente.

(E) A medida de salvaguarda é o instrumento de defesa comercial cabível no caso da ocorrência de importações que tenham sido beneficiadas por subsídios indevidos por parte do país exportador.

A: incorreta, pois os Estados devem apenas relatar ao Comitê de Práticas *Antidumping* suas ações preliminares e finais (art. 14, 4, do Acordo *Antidumping* – **vide** Decreto 93.941/1987). Importante aclarar que o *antidumping* funciona com a imposição de sobretaxa para a importação de certos produtos; **B** e **E:** diferentemente das medidas de defesa anteriormente vistas, as salvaguardas não são utilizadas para defender a produção nacional contra um subsídio concedido por governo estrangeiro (medidas compensatórias) ou contra a deslealdade de um exportador estrangeiro (*antidumping*), mas sim para proteger temporariamente parcela da indústria nacional[13] que será diretamente atingida com a abertura ao comércio internacional. Por exemplo, o setor têxtil é "fechado" no Brasil, ou seja, é proibida a importação de qualquer produto têxtil, eis que o governo brasileiro decide permitir a importação de produtos têxteis a partir de certo momento. Diante desse fato e para proteger o setor têxtil brasileiro, o governo impõe as salvaguardas, as quais podem ser na forma de sobretaxas (da mesma forma como o procedido nas medidas compensatórias e *antidumping*) ou na forma de limitações quantitativas com a determinação de quotas de importação. Como dito, "no caso das salvaguardas não existe a questão de uma prática comercial desleal a ser punida. Trata-se de um problema específico da indústria nacional de determinado país, que ainda não tem condições de enfrentar a concorrência de produtos importados. Por isso, a imposição de medidas de salvaguarda é vinculada a um compromisso de reestruturação do setor beneficiado pela proteção, e sujeita o país que as aplica a ter de outorgar compensações aos parceiros comerciais prejudicados com perda de exportações."[14] Portanto, o país prejudicado pode exigir compensações (art. 11 do Acordo sobre Salvaguardas – Decreto 1.488/1995); **C:** incorreta, pois é o oposto – a medida *antidumping* deve ser seletiva, com relação ao produto cujo preço é menor do que normalmente seria praticado no mercado interno do exportador (art. 8º, ponto 2, do Acordo **Antidumping**); **D:** incorreta, pois as receitas oriundas da cobrança dos direitos *antidumping* e dos direitos compensatórios serão destinadas ao Ministério do Desenvolvimento, Indústria e Comércio Exterior, para aplicação na área de comércio exterior, conforme diretrizes estabelecidas pela CAMEX (art. 10, parágrafo único, da Lei 9.019/1995).

Gabarito "B"

13 Considera-se como indústria nacional o conjunto de produtores de bens similares ou diretamente concorrentes ao produto importado, estabelecido no território brasileiro, ou os produtores cuja produção total de bens similares ou diretamente concorrentes ao importado constitua uma proporção substancial da produção nacional de tais bens. O termo indústria inclui, ainda, as atividades ligadas à agricultura.

14 Timm, Luciano Benetti; Ribeiro, Rafael Pellegrini; Estrella, Angela T. Gobbi. **Direito do Comércio Internacional**, Ed. FGV, 2009, pág. 142/143.

1.10. TRIBUNAL PENAL INTERNACIONAL

(Procurador da Fazenda Nacional – 2007.2 – ESAF) Indique V para os itens verdadeiros e F para os falsos. Em seguida, assinale a sequência correta.

( ) O Brasil ratificou o tratado internacional que constitui o Tribunal Penal Internacional.

( ) O Tribunal Penal Internacional, ademais de poder julgar Estados, exerce jurisdição sobre indivíduos acusados dos crimes previstos em seu Estatuto.

( ) Entre as penas previstas pelo Estatuto de Roma, que cria o Tribunal Penal Internacional, estão a prisão perpétua e a pena de morte.

( ) Entre os crimes da competência do Tribunal Penal Internacional estão os crimes de genocídio, crimes contra a humanidade e crimes de guerra.

( ) O Estado condenado pelo Tribunal Penal Internacional está sujeito a sanções econômicas.

(A) V, V, F, V, V
(B) V, V, F, V, F
(C) V, V, V, V, V
(D) V, F, F, V, F
(E) F, F, F, F, V

1ª: verdadeira (art. 5º, § 4º, da CF); **2ª:** falsa. O Tribunal Penal Internacional (TPI) foi constituído na Conferência de Roma, em 17 de julho de 1998, onde se aprovou o Estatuto de Roma (tratado que não admite a apresentação de reservas), que só entrou em vigor internacionalmente em 1º de julho de 2002, e passou a vigorar, para o Brasil, em 1º de setembro de 2002. A partir de então tem-se um tribunal permanente para julgar indivíduos acusados da prática de crimes de genocídio, de crimes de guerra, de crimes de agressão e de crimes contra a humanidade. Deve-se apontar que *indivíduos* diz respeito a quaisquer indivíduos, independentemente de exercerem funções governamentais ou cargos públicos (art. 27 do Estatuto de Roma), desde que, à data da alegada prática do crime, tenham completado 18 anos de idade; **3ª:** falsa, pois a pena de morte não é prevista no Estatuto de Roma. Se a acusação for devidamente processada e aceita pela Câmara Preliminar, o TPI poderá julgar o caso. E, caso condene o indiciado culpado, a pena imposta terá que respeitar o limite máximo de 30 anos. Todavia, caso o crime seja de extrema gravidade, poderá ser aplicada a pena de prisão perpétua. Concomitantemente, poderá ser aplicada a pena de multa e de confisco, caso restar comprovado que o culpado adquiriu bens de forma ilícita (art. 77 do Estatuto de Roma). Além de sanções de natureza penal, o TPI pode determinar a reparação às vítimas de crimes e respectivos familiares, principalmente por meio da restituição, da indenização ou da reabilitação. Ainda, o Tribunal poderá, de ofício ou por requerimento, em circunstâncias excepcionais, determinar a extensão e o nível dos danos, da perda ou do prejuízo causados às vítimas ou aos titulares do direito à reparação, com a indicação dos princípios nos quais fundamentou a sua decisão (art. 75 do Estatuto de Roma); **4ª:** verdadeira (reler o comentário sobre a segunda assertiva); **5ª:** falsa (reler o comentário sobre a segunda assertiva).

Gabarito "D"

(Procurador da Fazenda Nacional – 2006 – ESAF) Nos termos do Estatuto do Tribunal Penal Internacional, assinado em Roma, em 1998, ao qual o Brasil aderiu em fevereiro de 2000, é competência deste tribunal julgar, exceto

(A) crimes de genocídio, a exemplo de ofensas graves à integridade física ou mental de membros de grupo.

(B) crimes contra a humanidade, a exemplo de agressão sexual, escravatura sexual, prostituição forçada, gravidez forçada, esterilização forçada ou outra forma de violência no campo sexual de gravidade comparável.

(C) crimes de guerra, a exemplo da destruição ou a apropriação de bens em larga escala, quando não justificadas por quaisquer necessidades militares e executadas de forma ilegal e arbitrária.

(D) crimes políticos, a exemplo de manipulação de eleições, do forjamento de dados e de agressões à liberdade de expressão.

(E) a transferência, direta ou indireta, por uma potência ocupante de parte da sua população civil para o território que ocupa ou a deportação ou transferência da totalidade ou de parte da população do território ocupado, dentro ou fora desse território.

O Tribunal Penal Internacional (TPI) foi constituído na Conferência de Roma, em 17 de julho de 1998, onde se aprovou o Estatuto de Roma (tratado que não admite a apresentação de reservas), que só entrou em vigor internacionalmente em 1º de julho de 2002, e passou a vigorar, para o Brasil, em 1º de setembro de 2002. A partir de então tem-se um tribunal permanente para julgar indivíduos[15] acusados da *prática de crimes de genocídio, de crimes de guerra, de crimes de agressão e de crimes contra a humanidade.* Deve-se apontar que indivíduos diz respeito a quaisquer indivíduos, independentemente de exercerem funções governamentais ou cargos públicos (art. 27 do Estatuto de Roma), desde que, à data da alegada prática do crime, tenham completado 18 anos de idade. Cabe destacar que nenhuma pessoa será considerada criminalmente responsável por uma conduta anterior à entrada em vigor do Estatuto de Roma – é a chamada irretroatividade *ratione personae*. O TPI é orientado pelos princípios da legalidade e da anterioridade penal, o que é bem delineado pela redação do art. 5º, ponto 2, do Estatuto de Roma. A criação do TPI corrobora a ideia de responsabilidade internacional do indivíduo, consoante ao que se iniciou com os Tribunais *ad hoc* de Nuremberg e de Tóquio,[16] e depois de Ruanda e da Iugoslávia. É importante frisar que o Tribunal é uma entidade independente da ONU e tem sede em Haia, nos Países Baixos. Ademais, tem personalidade jurídica de direito internacional e é formado pela Presidência, Seção de Instrução, Seção de Julgamento em Primeira Instância, Seção de Recursos, Procuradoria e Secretaria. A grande característica do tribunal é sua complementaridade, isto é, a jurisdição do TPI somente será exercida caso a Seção de Instrução verificar que existem provas suficientes para o acusado ser levado para julgamento e também concluir que algum sistema jurídico nacional tenha sido incapaz ou não tenha demonstrado interesse em julgar o caso. Este último requisito pode ser verificado se ocorrer demora injustificada no procedimento, falta de independência do poder judiciário e até falta de capacidade para realizar a justiça penal. Cabe também destacar, consoante ao que dispõe o art. 29 do Estatuto de Roma, que os crimes da competência do TPI não prescrevem. A acusação, referente à prática de algum dos crimes tipificados no artigo 5º do Estatuto de Roma, poderá ser levada até o conhecimento do TPI, que tem jurisdição para julgar os crimes cometidos nos territórios dos estados-partes ou dos estados que reconheçam sua competência, por meio de algum estado-parte, pelo Conselho de Segurança (nos termos do Capítulo VII da Carta da ONU) ou pelo procurador-geral do TPI. Se a acusação for devidamente processada e aceita pela Câmara Preliminar, o TPI poderá julgar o caso. E, caso condene o indiciado culpado, a pena imposta terá que respeitar o limite máximo de 30 anos. Todavia, caso o crime seja de extrema gravidade, poderá ser aplicada a pena de prisão perpétua. Concomitantemente, poderá ser aplicada a pena de multa e de confisco, caso restar comprovado que o culpado adquiriu bens de forma ilícita (art. 77 do Estatuto de Roma). Além de sanções de natureza penal, o TPI pode determinar a reparação às vítimas de crimes e respectivos familiares, principalmente por meio da restituição, da indenização ou da reabilitação. Ainda, o Tribunal poderá, de ofício ou por requerimento, em circunstâncias excepcionais, determinar a extensão e o nível dos danos, da perda ou do prejuízo causados às vítimas ou aos titulares do direito à reparação, com a indicação dos princípios nos quais fundamentou a sua decisão (art. 75 do Estatuto de Roma). Por fim, a grande inovação do Estatuto foi a criação do instituto da entrega ou *surrender*. A entrega é a entrega de um estado para o TPI, a pedido deste, de indivíduo que deva cumprir pena por prática de algum dos crimes tipificados no art. 5º do Estatuto de Roma. A título comparativo, a extradição é a entrega de um estado para outro estado, a pedido deste, de indivíduo que em seu território deva responder a processo penal ou cumprir pena por prática de crime de certa gravidade. A grande finalidade do instituto da entrega é driblar o princípio da não extradição de nacionais e, logicamente, garantir o julgamento do acusado, pois o TPI não julga indivíduos à revelia. Ou seja, criou-se tal figura para permitir que o estado entregue indivíduo que seja nacional seu ao TPI. Em outras palavras, a entrega nada mais é do que o cumprimento de ordem emanada do Tribunal Penal Internacional. A legitimidade de tal autoridade reside no fato de o tribunal realizar os anseios de justiça de toda a comunidade internacional julgando e condenando autores de crimes tão nefastos para a humanidade. Assim, o estado, como signatário do estatuto de Roma, deve cooperar e entregar seu nacional para ser julgado pelo TPI. A título comparativo, a entrega é de interesse de toda a comunidade internacional, ao passo que a extradição é de interesse do país requerente. O Brasil, com fundamento no art. 5º, LI e § 4º, da CF, permite a entrega de nacional seu ao TPI, mas proíbe a extradição de nacional seu ao estado requerente. Lembrando, com base no inciso LI supracitado, que existe uma exceção ao princípio da não extradição de nacionais no Brasil, trata-se do caso de brasileiro naturalizado que tiver comprovado envolvimento em tráfico ilícito de entorpecentes e drogas afins. E a título de curiosidade, cabe lembrar que os EUA não reconhecem a jurisdição do TPI.

Gabarito "D".

---

15 Percebe-se que aqui, ao contrário da responsabilidade internacional do Estado, a responsabilidade pelo ato internacional ilícito é imputada exclusivamente ao indivíduo. Além dos crimes tipificados no Estatuto de Roma, podemos citar o tráfico de drogas e de escravos e a pirataria como outros exemplos de atos ilícitos internacionais imputados exclusivamente ao indivíduo.

16 Tanto o Tribunal de Nurembergue como o de Tóquio foram instituídos para julgar os crimes de guerra e contra a humanidade perpetrados durante a Segunda Guerra Mundial. O Tribunal de Nurembergue tinha por missão julgar os líderes nazistas (o julgamento começou em 20 de novembro de 1945) e foi idealizado pelos Aliados (principais: EUA, URSS, Reino Unido e França) da Segunda Guerra, que escalou o Chefe da Justiça estadunidense, Robert Jackson, para ser o seu coordenador. Cabe lembrar que a experiência de Nurembergue marcou a primeira vez em que crimes de guerra foram julgados por um tribunal internacional. Já o Tribunal de Tóquio ou Tribunal Militar Internacional para o Extremo Oriente tinha por missão julgar os líderes do Império japonês (o julgamento começou em 3 de maio de 1946) e também foi idealizado pelos Aliados da Segunda Guerra. Uma crítica que se faz aos dois Tribunais é que se trata de uma "justiça dos vencedores".

(Procurador da Fazenda Nacional – 2004 – ESAF) A violação das leis de guerra por parte de um combatente nos conflitos internacionais implica sua punição. Em 17 de julho de 1998 foi adotado o Estatuto do Tribunal Penal Internacional, seus Anexos e a Ata Final da Conferência de Roma sobre o estabelecimento de um Tribunal Penal Internacional. O principal dispositivo do Estatuto, que figura no artigo 1º, consagra o princípio da *complementaridade*, nos termos do qual a jurisdição do Tribunal Penal Internacional

(A) será exercida em qualquer circunstância, mediante provocação da Organização das Nações Unidas, comprovada a violação das leis de guerra, com exceção dos crimes de genocídio.

(B) será exercida em qualquer circunstância, mediante provocação da Organização das Nações Unidas, a menos que o país prejudicado não tenha ratificado a Ata Final da Conferência de Roma.

(C) será exercida permanentemente, independente de provocação da Organização das Nações Unidas e de comprovação de violação das leis de guerra, dependendo, no entanto, de instalação de um tribunal *ad hoc* a ser designado pela Corte de Haia, mediante provocação de no mínimo cinco países signatários da Ata Final da Conferência de Roma.

(D) terá caráter excepcional, isto é, somente será exercida em caso de manifesta incapacidade ou falta de disposição de um sistema judiciário nacional para exercer sua jurisdição primária, ou seja, os Estados terão primazia para investigar os crimes previstos no Estatuto do Tribunal.

(E) terá caráter eventual, isto é, somente será exercida em caso de comprovada violação de crimes contra a humanidade, dependendo, no entanto, de instalação de um tribunal a ser organizado pelas forças de ocupação.

A grande característica do tribunal é sua *complementaridade*, isto é, a jurisdição do TPI somente será exercida caso a Seção de Instrução verificar que existem provas suficientes para o acusado ser levado para julgamento e também concluir que algum sistema jurídico nacional tenha sido incapaz ou não tenha demonstrado interesse em julgar o caso. Este último requisito pode ser verificado caso ocorra demora injustificada no procedimento, falta de independência do poder judiciário e até falta de capacidade para realizar a justiça penal.

Gabarito "D"

1.11. COMBINADAS E OUTROS TEMAS

(Procurador da Fazenda Nacional – 2007 – ESAF) Assinale a opção correta, tendo em vista o Direito Econômico Internacional e, em particular, as disciplinas jurídico-internacionais relativas a investimentos.

(A) O Brasil ratificou a Convenção sobre Solução de Controvérsias relativas a Investimentos entre Estados e nacionais de outros Estados, que estabeleceu o Centro Internacional para Solução de Controvérsias sobre Investimentos (conhecido pela sigla ICSID, em inglês).

(B) A Convenção sobre Solução de Controvérsias relativas a Investimentos entre Estados e nacionais de outros Estados prevê a possibilidade de que, mediante consenso, dois Estados apresentem uma disputa para que seja submetida à arbitragem pelo Centro Internacional para Solução de Controvérsias sobre Investimentos (ICSID).

(C) O Protocolo de Colônia para Proteção e Promoção Recíproca de Investimentos no Mercosul, adotado em 1994, encontra-se atualmente em vigor, após ter sido incorporado à ordem jurídica interna dos países do Mercosul.

(D) Em 2006, o Brasil ratificou os Acordos de Proteção e Promoção de Investimentos que havia assinado com Reino Unido, EUA e Alemanha.

(E) O Protocolo de Colônia para Proteção e Promoção Recíproca de Investimentos no Mercosul prevê a possibilidade de uma controvérsia entre, de um lado, um investidor de um Estado-parte e, de outro, o Estado-parte receptor do investimento ser solucionada pela via arbitral.

A: incorreta, pois o Brasil não é signatário dessa Convenção; **B:** incorreta, pois o ICSID presta-se a solucionar controvérsias entre Estado e nacional (investidor) de outro Estado, e não entre Estados – art. 25 da Convenção que o instituiu (Convenção sobre Solução de Controvérsias relativas a Investimentos entre Estados e nacionais de outros Estados); **C:** incorreta, pois o Protocolo de Colônia não está em vigor; **D:** incorreta, pois dentre os acordos para promoção e proteção de investimentos, somente o celebrado com os EUA foi promulgado; **E:** correta (art. 9º do Protocolo de Colônia).

Gabarito "E"

Texto motivador para a questão.

"(...) a grande nota característica do Direito Internacional Público, na atualidade, é sua enorme expansão, tanto no referente à extensão de assuntos sob seu império (a mencionada globalização horizontal), quanto a seu vigor em direção a maior eficácia (uma das consequências da citada globalização vertical). Nesse particular, digno de nota, em comparação com os séculos anteriores, é a extraordinária multiplicação de suas fontes: o crescimento exponencial de tratados multilaterais, sobre os mais variados temas, a proliferação de organizações intergovernamentais, com seus poderes normativos próprios, e, no campo doutrinário, a emergência de obras coletivas, reunidas por um editor de talento ou sob a égide de organizações científicas nacionais ou internacionais, onde temas tópicos são versados com a mais alta competência e especialidade. Para completar o rol das fontes do Direito Internacional Público, neste início do século XXI, têm crescido em número e importância as decisões de tribunais internacionais, fato que confere à jurisprudência um papel da mais alta relevância, como forma de revelação das normas desse Direito, sem ter a possibilidade de descobrir qualquer paralelismo, com tal vigor, nos tempos passados da história das relações internacionais." (*in* SOARES, Guido Fernando Silva. **Curso de Direito Internacional Público**. São Paulo: Atlas, 2002. vol. 1, p. 34).

(Procurador da Fazenda Nacional – 2003 – ESAF) Considerando que o texto transcrito tem caráter unicamente motivador, avalie os seguintes itens e indique a opção correta.

I. No momento atual, o Direito Internacional Público ainda não dispõe de meios efetivos de sanção.

II. A ausência de um Poder Legislativo universal, bem assim de um Judiciário internacional com jurisdição compulsória, são alguns dos argumentos utilizados pelos negadores do direito internacional para falar da ausência de caráter jurídico do direito das gentes.

III. As organizações internacionais exprimem vontade própria – distinta da de seus Estados-membros – ao agir nos domínios em que desenvolve sua ação. Tal se dá tanto nas relações com seus membros, quanto no relacionamento com outros sujeitos do direito internacional.

IV. Pode-se mencionar como exemplos de tribunais internacionais: a Corte Internacional de Justiça (sede na Haia), a Corte Interamericana de Direitos Humanos (San José da Costa Rica), o Tribunal Internacional do Direito do Mar (Hamburgo), o Tribunal Penal Internacional (Haia) e a Corte Constitucional Italiana (Roma).

V. A doutrina, meio auxiliar para a determinação das regras de Direito Internacional Público, tem como funções fornecer a prova do conteúdo do direito e influir no seu desenvolvimento.

(A) Todos os itens estão corretos.
(B) Apenas os itens I, II e III estão corretos.
(C) Apenas os itens II, III e V estão corretos.
(D) Apenas o item IV está incorreto.
(E) Apenas os itens I e III estão incorretos.

I: incorreta, pois na solução pacífica de controvérsias, o Conselho de Segurança tem competência para agir preventiva ou corretivamente, utilizando-se até mesmo de força militar – mantida à sua disposição por membros das Nações Unidas – contra Estado ou movimento armado no interior de algum país (arts. 42 a 47 da Carta das Nações Unidas). Pode-se citar como exemplo recente a Resolução 1973 aprovada, em 2011, pelo Conselho de Segurança das Nações Unidas e que permitia o emprego de força militar na Líbia pela OTAN. O objetivo era impedir o massacre de civis por tropas do então ditador Muamar Kadafi e, assim, garantir a paz internacional. Na atualidade, existem inúmeras outras formas para garantir a efetividade das sanções, mas o exemplo dado demonstra que é possível até fazer uso da força para garantir a efetividade das sanções, portanto, a assertiva está incorreta; **II:** correta, pois, de fato, esses argumentos são utilizados para desacreditar o caráter jurídico do Direito Internacional. Mas é patente o seu não fundamento, pois o Direito Internacional tem sua especificidade e deve ser analisado com base em suas características peculiares. Aliás, cada vez mais ganha proeminência os tribunais regionais de proteção dos direitos humanos (notadamente as Cortes Interamericana e Europeia de Direitos Humanos), sem contar as resoluções onusianas que têm validade para quase todos os países do mundo, visto que membros da ONU; **III:** correta. As organizações internacionais são constituídas, de forma permanente, pela vontade coletiva dos estados ou por outras organizações internacionais, entre elas ou com estados, e possuem personalidade jurídica de direito internacional. Esta personalidade é derivada e distinta da personalidade de seus membros, o que permite as OIs exprimirem vontade própria tanto nas relações com seus membros, quanto no relacionamento com outros sujeitos do direito internacional; **IV:** incorreta, pois a Corte Constitucional Italiana não é um tribunal internacional; **V:** correta. Consoante ao que dispõe o artigo 38, *d*, do Estatuto do CIJ, a Corte poderá utilizar como meio auxiliar as decisões judiciárias e a doutrina dos autores mais qualificados para determinar as regras de direito. Tal regra visa, como no caso dos princípios gerais do direito, evitar o *non liquet*. A doutrina tem grande importância no direito internacional, até maior que no direito nacional, pois as normas internacionais, em geral, são mais vagas e imprecisas, isto em função dos diversos interesses que coexistem na comunidade internacional. Ademais, a doutrina é importante para o processo de individualização das normas jurídicas, sobretudo no caso dos costumes e dos princípios gerais do direito. Ainda, ela funciona como criadora de normas em relação aos novos ramos do direito internacional, o que foi evidenciado no Direito do Mar, onde a doutrina auxiliou na determinação das noções de plataforma continental e de zona econômica exclusiva. Como expoente máximo da doutrina internacional cabe apontar o Instituto de Direito Internacional, pois este, mediante resoluções e votos edita verdadeiras súmulas de princípios do direito internacional, o que acaba influenciando a confecção de tratados.

Gabarito "C"

2. DIREITO INTERNACIONAL PRIVADO

2.1. HOMOLOGAÇÃO DE SENTENÇA E LAUDO ARBITRAL ESTRANGEIROS

(Advogado – IRB – 2006 – ESAF) A denegação da homologação para reconhecimento ou execução de sentença arbitral estrangeira por vícios formais

(A) não obsta que a parte interessada renove o pedido, uma vez sanados os vícios apresentados.
(B) obsta que a parte interessada renove o pedido, suscitando preclusão, dado que se presume que o objeto do litígio não é suscetível de ser resolvido por arbitragem.
(C) obsta que a parte interessada renove o pedido, porque se presume que a aplicação da decisão arbitral ofende a ordem pública internacional.
(D) não obsta que a parte interessada renove o pedido, independentemente de saneamento dos vícios apresentados, dado que não há limites para requerimentos de homologação, em relação ao mesmo laudo arbitral.
(E) obsta que a parte interessada renove o pedido, dado que se presume que o vício de formalidade indique instituição desconhecida pelo direito brasileiro.

A denegação da homologação para reconhecimento ou execução de sentença ou laudo arbitral estrangeiro por vício formal não obsta que a parte interessada renove o pedido, uma vez sanado o vício verificado. Ou seja, o rechaço da homologação não faz coisa julgada material.

Gabarito "A"

20. LEGISLAÇÃO APLICADA AO MPU

Maria do Carmo P. Milani

1. PRINCÍPIOS

(Analista – MPU – 2004 – ESAF) É princípio institucional do Ministério Público da União a

(A) indivisibilidade.
(B) responsabilidade.
(C) legalidade.
(D) moralidade.
(E) vitaliciedade de seus membros.

Art. 127, § 1º, da CF. A indivisibilidade diz respeito à possibilidade de os membros do Ministério Público serem substituídos uns pelos outros, na forma da lei, sem que disso resulte qualquer efeito prático, pois quem pratica o ato é a instituição "Ministério Público".

Gabarito "A".

(Analista – MPU – 2004 – ESAF) À luz da Constituição Federal e da Lei Orgânica do Ministério Público da União, julgue os itens a seguir a respeito dos princípios institucionais do Ministério Público.

I. O pedido de arquivamento de inquérito policial pelo procurador-geral da República não pode ser objeto de retratação por novo titular do cargo.
II. O princípio da independência funcional significa, entre outras considerações, que cada membro e cada órgão do Ministério Público gozam de independência para exercer suas funções em face dos outros membros e órgãos da mesma instituição.
III. No Ministério Público, existe hierarquia funcional entre a chefia do Ministério Público e seus membros, devendo os pareceres e pronunciamentos ministeriais ser aprovados pela chefia da instituição.
IV. Pelo princípio da unidade, todo e qualquer membro do Ministério Público pode exercer quaisquer das atribuições previstas na legislação constitucional e infraconstitucional.

São assertivas incorretas

(A) III e IV.
(B) I e IV.
(C) II e III.
(D) I e III.
(E) II e IV.

I: Certo. Art. 28 do CPP. O juiz é obrigado a atender o arquivamento. Sendo assim, não poderá haver retratação; **II:** Certo. Na lição de Hugo Nigro Mazzilli, "independência funcional é o princípio segundo o qual cada membro e cada órgão do Ministério Público gozam de independência para exercer suas funções em face dos outros membros e órgãos da mesma instituição. Isso significa que, no exercício da atividade-fim do Ministério Público, cada qual deles pode tomar as decisões últimas afetas à instituição, sem se ater a ordem de outros membros ou órgãos da mesma instituição. Não se confunde independência funcional com autonomia funcional. (...) a autonomia funcional é a liberdade que tem cada Ministério Público brasileiro de tomar as decisões que lhe são próprias, subordinando-se apenas à Constituição e às leis, e não a outros órgãos do Estado." (**Introdução ao Ministério Público**, 2008, p. 70); **III:** Errado. O vínculo entre as chefias e seus membros é meramente administrativo, não havendo falar em hierarquia entre eles, em virtude do princípio da independência funcional; **IV:** Errado. O princípio da unidade enuncia que o Ministério Público é uno, "que os membros do Ministério Público integram um só órgão sob a direção de um só chefe" (Hugo Nigro Mazzilli, **Introdução ao Ministério Público**, 2008, p. 69).

Gabarito "A".

(Técnico – MPU – 2004 – ESAF) O membro do Ministério Público que deixa de se manifestar em processo judicial, embora solicitado pelo juiz, por entender que o interesse envolvido na causa não justifica sua intervenção

(A) pode ser obrigado a fazê-lo, por determinação do procurador-geral da República.
(B) viola um dever do cargo.
(C) age amparado por sua independência funcional.
(D) pratica ato de improbidade.
(E) descumpre um comando hierárquico.

Pelo princípio da independência funcional, o membro do Ministério Público tem legitimidade para opinar pela intervenção ou não em determinado processo judicial, sem que isso importe em responsabilização.

Gabarito "C".

2. NORMAS CONSTITUCIONAIS

(Analista – MPU – 2004 – ESAF) É prerrogativa processual do membro do Ministério Público da União que oficie perante tribunais ser processado e julgado por crimes de responsabilidade pelo

(A) Supremo Tribunal Federal.
(B) Superior Tribunal de Justiça.

(C) Tribunal Regional Federal.
(D) Senado Federal.
(E) Tribunal perante o qual atue.

Art. 105, I, "a", da CF.
Gabarito "B".

(Analista – MPU – 2004 – ESAF) A garantia de inamovibilidade dos membros do Ministério Público da União pode ser excepcionalizada quando presente(s), concomitantemente, o(s) seguinte(s) elemento(s):

(A) por motivo de interesse público, mediante decisão do Conselho Superior, por voto da maioria absoluta de seus membros.
(B) por motivo de interesse público, mediante decisão do Conselho Superior, por voto de dois terços de seus membros, assegurada ampla defesa.
(C) mediante decisão do Conselho Superior, pela maioria de seus membros, assegurada ampla defesa.
(D) por decisão judicial transitada em julgado.
(E) por motivo de interesse público, mediante decisão do procurador-geral da República, provocada pelo Conselho Superior, assegurada ampla defesa.

Alterada a redação do artigo pela Emenda Constitucional nº 45, de 30 de dezembro de 2004, prevendo a exigência de maioria absoluta do órgão colegiado. Art. 128, § 5º, I, "b", da CF.
Gabarito "B".

(Analista – MPU – 2004 – ESAF) À luz da autonomia constitucional do Ministério Público e da legislação infraconstitucional, analise as assertivas abaixo.

I. Há três modalidades de autonomias para o Ministério Público: funcional, administrativa e financeira.
II. Todos os ramos do Ministério Público gozam da autonomia funcional, administrativa e financeira, inclusive o Ministério Público junto aos Tribunais de Contas.
III. A capacidade de gerir e aplicar os recursos orçamentários destinados à instituição destaca uma expressão da autonomia financeira do Ministério Público.
IV. Cabe exclusivamente ao Ministério Público, o projeto de criação de cargos e fixação de subsídios.

São assertivas corretas

(A) II e III.
(B) I e IV.
(C) I e III.
(D) III e IV.
(E) II e IV.

I: Art. 127, §§ 2º e 3º, da CF e art. 22 da LC 75/1993; **II:** O Ministério Público junto aos Tribunais de Contas integram a estrutura desses tribunais, não gozando da mesma autonomia dos demais ramos; **III:** O MP administra os recursos orçamentários a ele destinados; **IV:** Não reflete o disposto no art. 127, § 2º, da CF.
Gabarito "C".

(Técnico – MPU – 2004 – ESAF) Os membros do Ministério Público da União que oficiem perante juízos de primeira instância são processados e julgados, nos crimes comuns e de responsabilidade

(A) pelos Tribunais Regionais Eleitorais, nos crimes de sua competência.
(B) pelo Superior Tribunal de Justiça, quando integrantes de órgão superior da Instituição.
(C) pelos Tribunais Regionais Federais, qualquer que seja a natureza do delito.
(D) pelos Juízes Federais de primeira instância, exceto se procuradores regionais da República.
(E) pelo Supremo Tribunal Federal.

Art. 108, I, "a", da CF.
Gabarito "A".

3. NORMAS INFRACONSTITUCIONAIS

(Analista – MPU – 2004 – ESAF) No âmbito das funções institucionais do Ministério Público da União, nos termos da Lei Complementar nº 75/93, não se inclui expressamente a seguinte competência:

(A) zelar pela observância dos princípios constitucionais relativos às finanças públicas.
(B) defender o patrimônio público e social.
(C) zelar pelo efetivo respeito dos Poderes Públicos da União aos princípios, condições e direitos previstos na legislação relativos à comunicação social.
(D) defender a ordem jurídica, o regime democrático, os interesses sociais e os interesses individuais indisponíveis.
(E) zelar pelo efetivo respeito dos Poderes da União quanto aos direitos assegurados na Constituição Federal relativos às ações e aos serviços de saúde, educação e habitação.

Art. 5º da LC 75/1993, cuja redação deve ser integralmente lida.
Gabarito "E".

(Analista – MPU – 2004 – ESAF) O Ministério Público da União exercerá o controle externo da atividade policial tendo em vista

(A) a repressão e a correção da ilegalidade.
(B) a subordinação dos órgãos incumbidos da segurança pública.
(C) a preservação da ordem pública, da incolumidade das pessoas e do patrimônio privado.
(D) a prevenção do abuso de poder.
(E) a disponibilidade da persecução penal.

Art. 3º, "c", da LC 75/1993.
Gabarito "D".

(Analista – MPU – 2004 – ESAF) São direitos assegurados ao membro do Ministério Público da União, exceto

(A) férias de sessenta dias por ano, facultada a conversão de um terço em abono pecuniário.
(B) licença-prêmio por tempo de serviço.
(C) aposentadoria com proventos iguais aos do cargo imediatamente superior ao último exercido pelo aposentado.

(D) ajuda de custo em caso de remoção de ofício, promoção ou nomeação que importe alteração do domicílio legal.

(E) salário-família.

A: Art. 220, *caput* e § 3º, da LC 75/1993; **B:** Art. 222, III, da LC 75/1993; **C:** Não reflete o disposto no art. 232, parágrafo único, da LC 75/1993; **D:** Art. 227, I, "a", da LC 75/1993; **E:** Art. 227, V, da LC 75/1993.

Gabarito "C"

(Analista – MPU – 2004 – ESAF) Assinale a afirmativa verdadeira quanto à autonomia do Ministério Público da União.

(A) Os recursos correspondentes às suas dotações orçamentárias ser-lhe-ão entregues até o dia 30 de cada mês.

(B) A fiscalização contábil, financeira, orçamentária, operacional, patrimonial e funcional do Ministério Público da União será exercida pelo Congresso Nacional, com o auxílio do Tribunal de Contas da União.

(C) O Ministério Público da União não se submete ao controle interno quanto à sua autonomia financeira.

(D) As contas referentes ao exercício anterior serão prestadas, anualmente, dentro de noventa dias da abertura da sessão legislativa do Congresso Nacional.

(E) A elaboração de sua proposta orçamentária deverá se vincular aos limites previstos na Lei de Diretrizes Orçamentárias.

Art. 127, § 3º, da CF.

Gabarito "E"

(Analista – MPU – 2004 – ESAF) O Ministério Público da União não compreende

(A) o Ministério Público do Trabalho.

(B) o Ministério Público Federal.

(C) o Ministério Público Eleitoral.

(D) o Ministério Público do Distrito Federal e Territórios.

(E) o Ministério Público Militar.

Art. 128, I, "a" a "d", da CF (MPU = MPF + MPT + MPM + MPDFT).

Gabarito "C"

(Analista – MPU – 2004 – ESAF) Quanto ao procurador-geral da República, é verdadeiro afirmar que

(A) sua nomeação se dá entre integrantes do último nível da carreira, maiores de trinta e cinco anos.

(B) é permitida uma recondução, precedida de nova decisão do Senado Federal.

(C) sua exoneração, de ofício, ocorre por iniciativa do presidente da República e mediante votação do Congresso Nacional.

(D) são exigidos, para sua exoneração, o quorum parlamentar de maioria simples e processo de votação secreta.

(E) ele exerce a chefia do Ministério Público Federal e do Ministério Público da União.

A e **B:** Não refletem o disposto no art. 128, § 1º, da CF; C e **D:** Não refletem o disposto nos arts. 52, XI e 128, § 2º, ambos da CF; **E:** Art. 128, § 1º, da CF e arts. 25 e 45 da LC 75/1993.

Gabarito "E"

(Analista – MPU – 2004 – ESAF) Quanto ao procurador-geral do Trabalho, assinale a afirmativa falsa.

(A) Será nomeado pelo procurador-geral da República entre membros da instituição, integrante de lista tríplice escolhida por meio de voto plurinominal, facultativo e secreto, pelo Colégio de Procuradores.

(B) Seu mandato é de dois anos, permitida uma recondução.

(C) Sua exoneração, antes do término do mandato, será proposta pelo Conselho Superior, mediante deliberação obtida pelo voto secreto da maioria absoluta de seus membros.

(D) Para concorrer ao cargo de procurador-geral do Trabalho, o integrante da carreira deverá ter mais de trinta e cinco anos de idade e cinco anos na carreira.

(E) Caso não haja número suficiente de candidatos para a lista tríplice com mais de cinco anos de carreira, pode concorrer aquele com mais de dois anos de carreira.

A, **B**, **D** e **E:** Art. 88 da LC 75/1993; **C:** Não reflete o disposto no art. 88, parágrafo único, da LC 75/1993.

Gabarito "C"

(Analista – MPU – 2004 – ESAF) Para promoção na carreira por antiguidade do membro do Ministério Público da União, assinale o primeiro critério de desempate na classificação.

(A) Tempo de serviço público federal.

(B) Tempo de serviço público em geral.

(C) Idade dos candidatos, em favor do mais idoso.

(D) Tempo de serviço na carreira.

(E) Tempo de contribuição previdenciária.

Art. 202, § 3º, da LC 75/1993.

Gabarito "D"

(Analista – MPU – 2004 – ESAF) Quanto ao concurso público para ingresso nas carreiras do Ministério Público da União, assinale a afirmativa falsa.

(A) O concurso terá âmbito nacional.

(B) O concurso será realizado, facultativamente, a juízo do Conselho Superior competente.

(C) A comissão de concurso terá entre seus membros um jurista indicado pelo respectivo Conselho Superior.

(D) O concurso será realizado, obrigatoriamente, quando o número de vagas exceder a vinte por cento do quadro respectivo.

(E) O concurso abrangerá as vagas existentes e aquelas que venham a surgir no respectivo prazo de eficácia.

Art. 186, *caput* e parágrafo único e art. 189, ambos da LC 75/1993.

Gabarito "D"

(Analista – MPU – 2004 – ESAF) Inclui-se, entre as vedações ao membro do Ministério Público da União,

(A) exercer a advocacia, ainda que gratuita.
(B) participar, como acionista ou cotista, de sociedade comercial.
(C) exercer o magistério superior em estabelecimento privado.
(D) filiar-se a partido político.
(E) exercer uma função de magistério público.

Art. 128, § 5º, II, "a" a "f", da CF e art. 237 da LC 75/1993.

Gabarito "A".

(Analista – MPU – 2004 – ESAF) A respeito da terminologia dos cargos do Ministério Público, à luz da organização administrativa do Ministério Público da União e da Constituição Federal, assinale a opção correta.

(A) Procurador do Estado é membro do Ministério Público Estadual.
(B) Procurador de Justiça é membro da primeira instância do Ministério Público do Distrito Federal e Territórios.
(C) Procurador-Geral do Estado é o chefe do Ministério Público Estadual.
(D) Procurador do Trabalho é membro da terceira instância do Ministério Público do Trabalho.
(E) Procurador da República é membro do Ministério Público Federal.

A: O Procurador do Estado é membro da advocacia pública estadual e exerce a representação judicial e a consultoria jurídica da respectiva unidade federada (art. 132 da CF); **B:** É membro da segunda instância do Ministério Público Estadual (art. 61, I, da Lei 8.625/1993 e art. 154, parágrafo único, da LC 75/1993); **C:** É o chefe da Procuradoria do Estado (advocacia pública); **D:** É o cargo inicial da carreira do Ministério Público do Trabalho (art. 86, parágrafo único, da LC 75/1993; **E:** Art. 44, *caput*, e parágrafo único, da LC 75/1993.

Gabarito "E".

(Analista – MPU – 2004 – ESAF) À luz da Lei Complementar nº 75/93, julgue os itens abaixo a respeito do perfil constitucional do Ministério Público da União (MPU).

I. O MPU é instituição permanente.
II. O MPU defende os interesses individuais disponíveis.
III. Incumbe ao MPU medidas paleativas para a garantia do respeito à ordem jurídica.
IV. O MPU exerce o controle interno da atividade de polícia judiciária.

O número de itens corretos é:

(A) zero.
(B) três.
(C) dois.
(D) um.
(E) quatro.

I: Certo. Art. 1º da LC 75/1993; **II:** Errado. Defende os interesses individuais indisponíveis (art. 1º da LC 75/1993); **III:** Errado. Incumbe ao MPU a defesa da ordem jurídica (art. 1º da LC 75/1993); **IV:** Errado. Exerce o controle externo da polícia judiciária (art. 129, VII, da CF e art. 3º da LC 75/1993).

Gabarito "D".

(Analista – MPU – 2004 – ESAF) Com relação às disposições estatutárias especiais da carreira dos membros do Ministério Público da União, assinale a opção correta.

(A) Os cargos das classes iniciais serão providos por nomeação, em caráter vitalício, mediante concurso público genérico para todos os ramos.
(B) Poderão inscrever-se no concurso para membro do Ministério Público da União bacharéis em Direito formados há pelo menos dois anos, de comprovada idoneidade moral.
(C) É facultada a transferência de membros de um para outro de seus ramos.
(D) O cargo de procurador-geral do trabalho é de provimento vitalício.
(E) A vitaliciedade somente será alcançada após três anos de efetivo exercício.

Sem resposta correta – **A:** Não reflete o disposto no art. 183 da LC 75/1993; **B:** O art. 187 da LC 75/1993 tem essa redação, mas o art. 129, § 3º, da CF, foi alterado pela EC 45/2004 para exigir do bacharel três anos de atividade jurídica para ingresso no Ministério Público; **C:** Há vedação expressa no art. 185 da LC 75/1993; **D:** O Procurador-Geral do Trabalho é nomeado dentre os membros do MPT para mandato de dois anos, permitida uma recondução, na forma do art. 88 da LC 75/1993; **E:** Após dois anos de efetivo exercício (art. 184 da LC 75/1993).

(Analista – MPU – 2004 – ESAF) À luz da legislação orgânica do Ministério Público da União, não é caso de demissão dos membros do Ministério Público da União

(A) lesão aos cofres públicos.
(B) abandono de cargo.
(C) improbidade administrativa.
(D) desrespeito ao princípio do promotor natural.
(E) aceitação ilegal de cargo ou função pública.

Art. 240, V, "a" a "h", da LC 75/1993.

Gabarito "D".

(Técnico – MPU – 2004 – ESAF) Assinale a opção correta, nos termos da Lei Orgânica do Ministério Público da União.

(A) O membro do Ministério Público pode, por motivos pessoais, renunciar às suas prerrogativas e garantias.
(B) Os membros do Ministério Público podem portar armas, desde que devidamente autorizados pelo procurador-geral da República.
(C) O membro do Ministério Público não pode ser preso antes de transitada em julgado a sentença condenatória.
(D) O membro do Ministério Público não pode ser indiciado em inquérito policial.
(E) O procurador-geral da República tem as mesmas honras e tratamento do ministro do Superior Tribunal de Justiça.

A: Não reflete o disposto no art. 21 da LC 75/1993; **B:** Não reflete o disposto no art. 18, I, "e" da LC 75/1993; **C:** Não reflete o disposto no art. 18, II, "d", da LC 75/1993; **D:** Art. 18, II, "f", da LC 75/1993; **E:** Não reflete o disposto no art. 19 da LC 75/1993.

Gabarito "D".

(Técnico – MPU – 2004 – ESAF) Assinale a opção correta.

(A) As atribuições do Ministério Público da União são de natureza regimental.
(B) Os Conselhos Superiores dos diversos ramos do Ministério Público da União são órgãos de assessoramento, cabendo-lhes opinar sobre as matérias de interesse geral da instituição.
(C) A criação de cargos por meio de ato administrativo é inerente à autonomia administrativa e financeira asseguradas pela Constituição Federal ao Ministério Público da União.
(D) As Câmaras de Coordenação e Revisão são órgãos setoriais presentes em cada um dos ramos do Ministério Público da União, subordinados aos respectivos procuradores-gerais.
(E) O procurador-geral eleitoral é órgão integrante da estrutura do Ministério Público Federal.

A: Estão previstas na própria Constituição (e.g., art. 129), em capítulo próprio, o que lhe confere o *status* de verdadeiro "quarto poder", como defendido pela doutrina e jurisprudência; **B:** O órgão de assessoramento é o Conselho Superior de Assessoramento (arts. 28 a 31 da LC 75/1993). As atribuições do Conselho Superior do Ministério Público Federal, por exemplo, podem ser conferidas nos arts. 54 e ss da LC 75/1993; **C:** A criação de cargos é realizada por lei, cabendo ao MPU propor ao Poder Legislativo sua criação ou extinção (art. 127, § 2º, da CF e art. 22, I, da LC 75/1993); **D:** As Câmaras de Coordenação e Revisão são órgãos presentes em cada um dos ramos do MPU, mas não há subordinação ao respectivo procurador-geral. A coordenação executiva é feita por um dos subprocuradores-gerais de cada ramo. V., por exemplo, arts. 102 e 108, II, da LC 75/1993, sobre as Câmaras de Coordenação e Revisão do MPT; **E:** Sim, pois o Procurador-Geral Eleitoral é o próprio Procurador-Geral da República (art. 73 da LC 75/1993) que, por sua vez, é chefe do MPF (art. 45 da LC 75/1993).

Gabarito "E"

(Técnico – MPU – 2004 – ESAF) Assinale, entre as opções abaixo, a que não corresponde a nenhuma das atribuições e poderes conferidos pela lei ao Ministério Público da União.

(A) Promover, privativamente, a ação penal pública.
(B) Requisitar informações e documentos a entidades privadas.
(C) Promover a responsabilidade disciplinar dos servidores públicos lotados no Executivo.
(D) Notificar testemunhas e requisitar sua condução coercitiva, no caso de ausência injustificada.
(E) Promover a arguição de descumprimento de preceito fundamental decorrente da Constituição Federal.

A: Art. 129, I, da CF; **B:** Art. 129, VI, da CF e art. 8º, IV, da LC 75/1993; **C:** Não reflete o disposto no art. 7º, III, da LC 75/1993; **D:** Art. 8º, I, da LC 75/1993; **E:** Os legitimados para propositura de ADPF são os mesmos da ADIN e da ADC, por força do art. 2º, I, da Lei 9.882/1999. Assim, como o Procurador-Geral da República tem legitimidade para ajuizar ADIn, também o tem para a ADPF.

Gabarito "C"

(Técnico – MPU – 2004 – ESAF) São privativas dos subprocuradores-gerais da República os (as) seguintes cargos/funções, exceto

(A) procurador-geral da República.
(B) vice-procurador-geral da República.
(C) vice-procurador-geral eleitoral.
(D) procurador federal dos direitos do cidadão.
(E) coordenador de Câmara de Coordenação e Revisão.

Art. 67, I a V, da LC 75/1993.

Gabarito "A"

(Técnico – MPU – 2004 – ESAF) A proteção dos direitos constitucionais do cidadão, conferida ao procurador dos Direitos do Cidadão, não compreende o poder de

(A) notificar a autoridade questionada para que preste informações.
(B) promover em juízo a defesa de direitos individuais lesados.
(C) notificar o responsável para que determine a cessação do desrespeito verificado.
(D) representar à autoridade competente para que promova a responsabilidade pela ação ou omissão inconstitucionais.
(E) agir de ofício.

A e **E:** Art. 12 da LC 75/1993; **B:** Há vedação expressa no art. 15 da LC 75/1993; **C:** Art. 13 da LC 75/1993; **D:** Art. 14 da LC 75/1993.

Gabarito "B"

(Técnico – MPU – 2004 – ESAF) A fiscalização das atividades funcionais e da conduta dos membros do Ministério Público da União é tarefa atribuída pela Lei Complementar nº 75/93

(A) ao corregedor-geral do Ministério Público da União.
(B) ao procurador-geral da República.
(C) ao Conselho de Assessoramento Superior do Ministério Público da União.
(D) ao corregedor-geral designado no âmbito de cada carreira.
(E) ao órgão do Poder Judiciário perante o qual atue.

Arts. 63 (MPF); 104 (MPT); 137 (MPM) e 172 (MPDFT), todos da LC 75/1993.

Gabarito "D"

(Técnico – MPU – 2004 – ESAF) Aos membros do Ministério Público da União a lei confere as seguintes prerrogativas de caráter irrenunciável, exceto

(A) ser intimado pessoalmente, com a remessa dos autos.
(B) não ser indiciado em inquérito policial.
(C) ser ouvido, como testemunha, em dia e local previamente ajustados com o magistrado ou a autoridade competente.
(D) não ser preso em razão de flagrante de crime inafiançável.
(E) ter ingresso e trânsito livres, em razão do serviço, em qualquer recinto público ou privado.

Art. 18, I e II, da LC 75/1993. Note-se que não existe prerrogativa de não ser preso no caso de crime inafiançável.

Gabarito "D"

21. CONTABILIDADE

Fabrício Bastos

1. TEORIA DA CONTABILIDADE

(Analista de Comércio Exterior/MDIC – 2012 – ESAF) A evolução do pensamento científico em Contabilidade foi marcada pela contribuição de diversos pensadores que culminaram no desenvolvimento das chamadas Teorias das Contas, as quais subdividem as rubricas contábeis em grandes grupos.

A respeito desse assunto, podemos afirmar que

(A) a teoria personalista subdivide as contas em Contas do Proprietário e Contas de Agentes Consignatários.
(B) a teoria materialista subdivide as contas em Contas Materiais e Contas de Resultado.
(C) a teoria patrimonialista subdivide as contas em Contas Patrimoniais e Contas Diferenciais.
(D) a teoria personalista subdivide as contas em Contas do Proprietário e Contas de Agentes Correspondentes.
(E) a teoria materialista subdivide as contas em Contas Integrais e Contas Diferenciais.

Teoria personalista – cada conta assume a configuração de uma pessoa no seu relacionamento com a empresa ou entidade, representando assim um direito ou obrigação do agente. As contas são classificadas da seguinte forma:

Agentes Consignatários: são as pessoas a quem o proprietário confia a guarda dos bens da empresa. As contas dos agentes consignatários representam os bens da empresa;

Agentes Correspondentes: são as pessoas que não pertencem à empresa. As contas dos agentes correspondentes representam os direitos e obrigações da entidade perante terceiros (Exemplo: Contas a pagar, Contas a receber, etc.);

Proprietários: são as contas do Patrimônio Líquido e suas variações, inclusive as receitas e despesas. O proprietário é o titular do patrimônio da empresa e a pessoa com a qual os agentes consignatários e correspondentes se relacionam.

Teoria patrimonialista – entende que o patrimônio é o objeto da Contabilidade sendo sua finalidade o seu controle.

Por essa teoria, as contas são classificadas em dois grupos:

Contas patrimoniais: são as contas que representam os bens, direitos, as obrigações e a situação líquida das entidades, ou seja: Ativo, Passivo e Patrimônio Líquido. Essas contas permanecem com o seu saldo no momento da apuração do resultado;

Contas de resultado: são as contas que representam as receitas e despesas. Essas contas devem ser sempre encerradas (tornar o saldo zero e transferi-lo à apuração do resultado) na apuração do resultado ou do exercício social, são incorporadas ao Balanço Patrimonial via PL;

Teoria materialista – as contas representam uma relação com a materialidade, ou seja, essas contas só devem existir enquanto existirem também os elementos materiais por ela representados na entidade.

Por essa teoria, as contas são classificadas em dois grupos:

Contas Integrais: são aquelas representativas de bens, direitos e obrigações;

Contas Diferenciais: são as representativas de receitas, despesas e Patrimônio Líquido.

Gabarito "E".

(Analista de Comércio Exterior/MDIC – 2012 – ESAF) O lançamento de terceira fórmula é chamado de lançamento composto porque é formado de 571

(A) duas contas devedoras e duas contas credoras.
(B) duas contas devedoras e uma conta credora.
(C) uma conta devedora e duas ou mais contas credoras.
(D) duas ou mais contas devedoras e duas ou mais contas credoras.
(E) duas ou mais contas devedoras e uma conta credora.

A classificação das partidas dobradas em fórmulas está assim definida:

Lançamentos de primeira fórmula – um débito e um crédito;

Lançamentos de segunda fórmula – um débito e mais de um crédito;

Lançamentos de terceira fórmula – mais de um débito e um crédito;

Lançamentos de quarta fórmula – mais de um débito e mais de um crédito.

Gabarito "E".

(Auditor Fiscal/RFB – 2012 – ESAF) Entre as características qualitativas de melhoria, a comparabilidade está entre as que os analistas de demonstrações contábeis mais buscam. Dessa forma, pode-se definir pela estrutura conceitual contábil que comparabilidade é a característica que

(A) permite que os usuários identifiquem e compreendam similaridades dos itens e diferenças entre eles nas Demonstrações Contábeis.
(B) utiliza os mesmos métodos para os mesmos itens, tanto de um período para outro, considerando a mesma entidade que reporta a informação, quanto para um único período entre entidades.

(C) considera a uniformidade na aplicação dos procedimentos e normas contábeis, onde, para se obter a comparabilidade, as entidades precisam adotar os mesmos métodos de apuração e cálculo.
(D) garante que usuários diferentes concluam de forma completa e igual, quanto à condição econômica e financeira da empresa, sendo levados a um completo acordo.
(E) estabelece procedimentos para a padronização dos métodos e processos aplicados em demonstrações contábeis de mesmo segmento.

A: Correto. O CPC 00 – Pronunciamento Conceitual Básico define que "comparabilidade é a característica qualitativa que permite que os usuários identifiquem e compreendam similaridades dos itens e diferenças entre eles. Diferentemente de outras características qualitativas, a comparabilidade não está relacionada com um único item. A comparação requer no mínimo dois itens". **B:** Incorreto. O item troca o conceito de comparabilidade com "uniformidade". O CPC 00 – Pronunciamento Conceitual Básico define que "comparabilidade não significa uniformidade. Para que a informação seja comparável, coisas iguais precisam parecer iguais e coisas diferentes precisam parecer diferentes. A comparabilidade da informação contábil-financeira não é aprimorada ao se fazer com que coisas diferentes pareçam iguais ou ainda ao se fazer coisas iguais parecerem diferentes". **C:** Idem ao item "b". **D:** Incorreto. Pois o objetivo da comparabilidade não é garantir conclusões econômicas e financeiras das empresas, mas identificar similaridades e diferenças entre os itens comparados. **E:** Incorreto. O item se refere à uniformidade.

Gabarito "A".

(Analista de Normas Contábeis e Auditoria/CVM – 2010 – ESAF) As demonstrações contábeis, quando corretamente elaboradas, satisfazem as necessidades comuns da maioria dos seus usuários, uma vez que quase todos eles as utilizam para a tomada de decisões de ordem econômica.

Sob esse aspecto, pode-se dizer que, entre outras finalidades, os usuários baseiam-se nas demonstrações contábeis para praticar as seguintes ações, exceto:

(A) decidir quando comprar, manter ou vender um investimento em ações.
(B) avaliar a capacidade da entidade de pagar seus empregados e proporcionar-lhes outros benefícios.
(C) determinar a distribuição de lucros e dividendos.
(D) regulamentar as atividades das entidades.
(E) fiscalizar a lisura dos atos administrativos.

A: Listado no CPC 00 – Pronunciamento Conceitual Básico como uma necessidade dos usuários das informações contábeis. **B:** Listado no CPC 00 – Pronunciamento Conceitual Básico como uma necessidade dos usuários das informações contábeis.: Listado no CPC 00 – Pronunciamento Conceitual Básico como uma necessidade dos usuários das informações contábeis. **D:** Listado no CPC 00 – Pronunciamento Conceitual Básico como uma necessidade dos usuários das informações contábeis. **E:** As demonstrações contábeis apresentam a posição financeira e patrimonial de uma empresa, não sendo possível ao usuários das informações contábeis inferir sobre a lisura dos atos administrativos da empresa.

Gabarito "E".

(Analista de Normas Contábeis e Auditoria/CVM – 2010 – ESAF) Aponte abaixo a opção que contém uma assertiva incorreta.

(A) Ativo é um recurso controlado pela entidade como resultado de eventos passados e do qual se espera que resultem futuros benefícios econômicos para a entidade.
(B) Passivo é uma obrigação presente da entidade, derivada de eventos já ocorridos, cuja liquidação se espera que resulte em saída de recursos capazes de gerar benefícios econômicos para a entidade.
(C) Patrimônio Líquido é o valor residual dos ativos da entidade depois de deduzidos todos os resultados.
(D) Muitos ativos têm uma substância física. Entretanto, substância física não é essencial à existência de um ativo.
(E) Muitos ativos estão ligados a direitos legais, inclusive a direito de propriedade. Ao determinar a existência de um ativo, entretanto, o direito de propriedade não é essencial.

A: O CPC 00 – Pronunciamento Conceitual Básico define que "ativo é um recurso controlado pela entidade como resultado de eventos passados e do qual se espera que fluam futuros benefícios econômicos para a entidade". **B:** O CPC 00 – Pronunciamento Conceitual Básico define que "passivo é uma obrigação presente da entidade, derivada de eventos passados, cuja liquidação se espera que resulte na saída de recursos da entidade capazes de gerar benefícios econômicos"; **C:** O CPC 00 – Pronunciamento Conceitual Básico define que "patrimônio líquido é o interesse residual nos ativos da entidade depois de deduzidos todos os seus passivos", e não deduzidos os resultados como apresentado na questão. **D:** O CPC 00 – Pronunciamento Conceitual Básico define que "a forma física não é essencial para a existência de ativo". **E:** O CPC 00 – Pronunciamento Conceitual Básico define que "ao determinar a existência do ativo, o direito de propriedade não é essencial".

Gabarito "C".

(Analista de Normas Contábeis e Auditoria/CVM – 2010 – ESAF) A empresa Material de Construções Ltda. adquiriu 500 sacos de argamassa Votoram, de 20 kg cada um, ao custo unitário de R$1,00 o quilo, pagando 15% de entrada e aceitando duplicatas pelo valor restante. A operação foi isenta de tributação.

Do material comprado, 10% serão para consumo posterior da própria empresa e o restante, para revender.

O registro contábil dessa transação é, tipicamente, um lançamento de quarta fórmula, e o fato a ser registrado é um Fato Administrativo

(A) composto aumentativo.
(B) composto diminutivo.
(C) modificativo aumentativo.
(D) modificativo diminutivo.
(E) Permutativo.

A questão afirma que o lançamento contábil realizado pela empresa é de quarta fórmula, ou seja, debitará duas ou mais contas e creditará duas ou mais contas.

O lançamento proposto pela questão implica no seguinte lançamento contábil:

Débito – Estoque para revenda – R$ 9.000,00
Débito – Estoque para consumo – R$ 1.000,00
Crédito – Caixa – R$1.500,00
Crédito – Fornecedores – R$ 8.500,00

Observa-se que as contas movimentadas pertencem ao ativo e ao passivo, não modificando o valor do patrimônio líquido. Sendo assim, trata-se de um fato permutativo.

Gabarito "E".

(Analista de Normas Contábeis e Auditoria/CVM – 2010 – ESAF)
As demonstrações contábeis são uma representação estruturada da posição patrimonial e financeira e do desempenho da entidade. Para satisfazer a seus objetivos, as demonstrações contábeis proporcionam informação da entidade acerca do seguinte:

(A) ativos, passivos, patrimônio líquido, receitas e despesas, alterações no capital próprio e fluxos de caixa.
(B) ativos, passivos, patrimônio líquido, receitas e despesas, alterações no capital próprio e valor adicionado.
(C) ativos, passivos, patrimônio líquido, receitas e despesas, alterações no capital de giro e fluxos de caixa.
(D) ativos, passivos, patrimônio líquido, resultados do período, alterações no capital de giro, fluxos de caixa e valor adicionado.
(E) ativos, circulantes e não circulantes, passivos, circulantes e não circulantes, patrimônio líquido, resultados do período, ganhos e perdas, alterações no capital de giro próprio, fluxos de caixa e valor adicionado.

O CPC 26 (R1) – Apresentação das Demonstrações Contábeis define que "as demonstrações contábeis proporcionam informação da entidade acerca do seguinte:

- ativos;
- passivos;
- patrimônio líquido;
- receitas e despesas, incluindo ganhos e perdas;
- alterações no capital próprio mediante integralizações dos proprietários e distribuições a eles; e
- fluxos de caixa".

Gabarito "A".

2. PRINCÍPIOS FUNDAMENTAIS DE CONTABILIDADE

(Auditor Fiscal da Receita Federal – 2010 – ESAF) Exemplificamos, abaixo, os dados contábeis colhidos no fim do período de gestão de determinada entidade econômico-administrativa: 573

- dinheiro existente	200,00	- máquinas	400,00
- dívidas diversas	730,00	- contas a receber	540,00
- rendas obtidas	680,00	- empréstimos bancários	500,00
- mobília	600,00	- contas a pagar	700,00
- consumo efetuado	240,00	- automóveis	800,00
- capital registrado	650,00	- casa construída	480,00

Segundo a Teoria Personalística das Contas e com base nas informações contábeis acima, pode-se dizer que, neste patrimônio, está sob responsabilidade dos agentes consignatários o valor de:

(A) R$ 1.930,00.
(B) R$ 3.130,00.
(C) R$ 2.330,00.
(D) R$ 3.020,00.
(E) R$ 2.480,00.

Na teoria personalista cada conta assume a configuração de uma pessoa no seu relacionamento com a empresa ou entidade. As contas classificadas como de agentes consignatários são as que representam os bens da empresa, conforme elencadas a seguir:

- dinheiro existente	200,00
- mobília	600,00
- máquinas	400,00
- automóveis	800,00
- casa construída	480,00
TOTAL	**2.480,00**

Gabarito "E".

(Auditor Fiscal da Receita Federal – 2010 – ESAF) O Conselho Federal de Contabilidade, considerando que a evolução ocorrida na área da Ciência Contábil reclamava a atualização substantiva e adjetiva de seus princípios, editou, em 29 de dezembro de 1993, a Resolução 750, dispondo sobre eles. Sobre o assunto, abaixo estão escritas cinco frases. Assinale a opção que indica uma afirmativa falsa.

(A) A observância dos Princípios Fundamentais de Contabilidade é obrigatória no exercício da profissão e constitui condição de legitimidade das Normas Brasileiras de Contabilidade (NBC).

(B) Os Princípios Fundamentais de Contabilidade, por representarem a essência das doutrinas e teorias relativas à Ciência da Contabilidade, a ela dizem respeito no seu sentido mais amplo de ciência social,cujo objeto é o patrimônio das Entidades.

(C) O Princípio da entidade reconhece o Patrimônio como objeto da Contabilidade e afirma a autonomia patrimonial e a desnecessidade da diferenciação de um Patrimônio particular no universo dos patrimônios existentes.

(D) O patrimônio pertence à entidade, mas a recíproca não é verdadeira. A soma ou agregação contábil de patrimônios autônomos não resulta em nova entidade,mas numa unidade de natureza econômico-contábil.

(E) São Princípios Fundamentais de Contabilidade: o da entidade; o da continuidade; o da oportunidade; o do registro pelo valor original; o da atualização monetária;o da competência e o da prudência.

A: de acordo com o § 1º do artigo 1º da Resolução CFC N.º 750/1993, destacando que após a edição da Resolução CFC N.º 1.282/2010 os princípios passaram a ser denominados "PRINCÍPIOS DE CONTABILIDADE"; **B:** de acordo com o artigo 2º da Resolução CFC N.º 750/1993; **C:** segundo o artigo 4º da Resolução CFC N.º 750/1993 "o princípio da entidade reconhece o patrimônio como objeto da contabilidade e afirma a autonomia patrimonial, a necessidade da diferenciação de um Patrimônio particular no universo dos patrimônios existentes"; **D:** de acordo com o parágrafo único do artigo 4º da Resolução CFC N.º 750/1993; **E:** de acordo com o artigo 3º da Resolução CFC N.º 750/1993, exceto pelo princípio da atualização monetária que foi retirado pela Resolução CFC N.º 1.282/2010.

Gabarito "C"

(Auditor Fiscal/MG – 2005 – ESAF) Assinale a opção que contém afirmativa correta sobre princípios fundamentais de contabilidade.

(A) Quando se apresentarem opções igualmente aceitáveis, o princípio da competência impõe a escolha da hipótese de que resulte menor patrimônio líquido.

(B) Diante de alternativas igualmente válidas, o princípio da competência impõe a adoção do menor valor para o ativo e do maior valor para o passivo.

(C) As receitas e as despesas devem ser incluídas na apuração do resultado do período em que ocorrerem, segundo afirma o princípio da prudência.

(D) O reconhecimento simultâneo das receitas e despesas correlatas é consequência natural do respeito ao período em que ocorrer sua geração, mas não atende ao princípio da continuidade.

(E) O princípio da entidade reconhece o patrimônio como objeto da contabilidade e afirma a autonomia patrimonial diferenciando o patrimônio particular no universo dos patrimônios existentes.

A: o Princípio da Prudência que impõe a escolha que resulte no menor valor para o ativo e no maior para o passivo, o que implica um menor Patrimônio Líquido; **B:** o Princípio da Prudência que impõe a adoção do menor valor para o ativo e do maior para o passivo; **C:** a inclusão das receitas e despesas ao exercício que ocorrerem é definido pelo Princípio da Competência; **D:** a adoção do correto registro das receitas e despesas em nada interfere no Princípio da Continuidade; **E:** conforme o artigo 4º da resolução CFC Nº 750/93.

Gabarito "E"

(Auditor Fiscal da Receita Federal – 2003– ESAF) Quando o Contador registra, no fim do exercício, uma variação cambial para atualizar a dívida em moeda estrangeira; quando faz provisão para crédito de liquidação duvidosa; ou quando faz um lançamento de ajuste do estoque ao preço de mercado está apenas:

(A) cumprindo a sua obrigação profissional.

(B) executando o regime contábil de competência.

(C) cumprindo o princípio fundamental da prudência.

(D) satisfazendo o princípio fundamental da entidade.

(E) seguindo a convenção do conservadorismo.

Ao realizar os procedimentos apresentados pela questão, a empresa está cumprindo o Princípio da Prudência, que, segundo o artigo 10º da resolução CFC Nº 750/93, determina a adoção do menor valor para os componentes do ativo e do maior para os do passivo, sempre que se apresentem alternativas igualmente válidas para a quantificação das mutações patrimoniais que alterem o patrimônio líquido.

Gabarito "C"

(Técnico da Receita Federal – 2003 – ESAF) Com relação aos Princípios Fundamentais de Contabilidade, assinale a opção incorreta.

(A) O Princípio da PRUDÊNCIA determina a adoção do menor valor para os componentes do ATIVO e do maior, para os do PASSIVO, sempre que se apresentem alternativas igualmente válidas para a quantificação das mutações patrimoniais que alterem o Patrimônio Líquido.

(B) O Princípio da PRUDÊNCIA impõe a escolha da hipótese de que resulte menor Patrimônio Líquido, quando se apresentarem opções igualmente aceitáveis diante dos demais Princípios Fundamentais de Contabilidade.

(C) O Princípio da PRUDÊNCIA somente se aplica às mutações posteriores, constituindo-se ordenamento indispensável à correta aplicação do Princípio da COMPETÊNCIA.

(D) A aplicação do Princípio da PRUDÊNCIA ganha ênfase quando, para definição dos valores relativos às variações patrimoniais, devem ser feitas estimativas que envolvem incertezas de grau variável.

(E) O Princípio da PRUDÊNCIA refere-se, simultaneamente, à tempestividade e à integridade do registro do patrimônio e das suas mutações, determinando que este seja feito de imediato e com a extensão correta, independentemente das causas que originaram o registro.

A: de acordo com o artigo 10º da resolução CFC N.º 750/93; **B:** item de acordo com o § 1º do artigo 10º da resolução CFC N.º 750/93 antes de ser revogado pela resolução CFC Nº 1.282/2010. Ainda assim, pelo *caput* do artigo, é possível concluir que o item está correto; **C:** item de acordo com o § 2º do artigo 10º da resolução CFC N.º 750/93 antes de ser revogado pela resolução CFC Nº 1.282/2010. Ainda assim, pelo *caput* do artigo, é possível concluir que o item está correto; **D:** de acordo com o § 3º do artigo 10º da resolução CFC N.º 750/93 antes de ser revogado pela resolução CFC Nº 1.282/2010. Ainda assim, pelo *caput* do artigo, é possível concluir que o item está correto; **E:** o item está incorreto, pois as causas que originaram as mutações precisam ser consideradas para fins de registro contábil.

Gabarito "E".

(Auditor do Tesouro Municipal/Recife-PE – 2003 – ESAF) Com relação aos Princípios Fundamentais de Contabilidade, assinale a opção incorreta.

(A) Do Princípio do REGISTRO PELO VALOR ORIGINAL resulta que a avaliação dos componentes patrimoniais deve ser feita com base nos valores de entrada, considerando-se como tais os resultantes do consenso com os agentes externos ou da imposição destes.

(B) Do Princípio do REGISTRO PELO VALOR ORIGINAL resulta que, uma vez integrados no patrimônio, os bens, direitos ou obrigações não poderão ter alterados seus valores intrínsecos, admitindo-se, tão somente, sua decomposição em elementos e/ou sua agregação, parcial ou integral, a outros elementos patrimoniais.

(C) Do Princípio do REGISTRO PELO VALOR ORIGINAL resulta que o valor original será mantido enquanto o componente permanecer como parte do patrimônio, inclusive quando da saída deste.

(D) Do Princípio do REGISTRO PELO VALOR ORIGINAL resulta que o uso da moeda do País na tradução do valor dos componentes patrimoniais constitui imperativo de homogeneização quantitativa dos mesmos.

(E) Do Princípio do REGISTRO PELO VALOR ORIGINAL resulta que é inadequada a utilização de qualquer tipo de CORREÇÃO ou ATUALIZAÇÃO MONETÁRIA.

Quando da aplicação da prova a questão era válida. No entanto, tornou-se inválida devido a alterações trazidas pela resolução CFC Nº 1.282/2010 no artigo 7º da resolução CFC Nº 750/93. Cabe no entanto a oportunidade de apresentar o novo texto do artigo, a seguir:
Art. 7º O Princípio do Registro pelo Valor Original determina que os componentes do patrimônio devem ser inicialmente registrados pelos valores originais das transações, expressos em moeda nacional.
§ 1º As seguintes bases de mensuração devem ser utilizadas em graus distintos e combinadas, ao longo do tempo, de diferentes formas:
I – Custo histórico. Os ativos são registrados pelos valores pagos ou a serem pagos em caixa ou equivalentes de caixa ou pelo valor justo dos recursos que são entregues para adquiri-los na data da aquisição. Os passivos são registrados pelos valores dos recursos que foram recebidos em troca da obrigação ou, em algumas circunstâncias, pelos valores em caixa ou equivalentes de caixa, os quais serão necessários para liquidar o passivo no curso normal das operações; e
II – Variação do custo histórico. Uma vez integrado ao patrimônio, os componentes patrimoniais, ativos e passivos, podem sofrer variações decorrentes dos seguintes fatores:
a) Custo corrente. Os ativos são reconhecidos pelos valores em caixa ou equivalentes de caixa, os quais teriam de ser pagos se esses ativos ou ativos equivalentes fossem adquiridos na data ou no período das demonstrações contábeis. Os passivos são reconhecidos pelos valores em caixa ou equivalentes de caixa, não descontados, que seriam necessários para liquidar a obrigação na data ou no período das demonstrações contábeis;
b) Valor realizável. Os ativos são mantidos pelos valores em caixa ou equivalentes de caixa, os quais poderiam ser obtidos pela venda em uma forma ordenada. Os passivos são mantidos pelos valores em caixa e equivalentes de caixa, não descontados, que se espera seriam pagos para liquidar as correspondentes obrigações no curso normal das operações da Entidade;
c) Valor presente. Os ativos são mantidos pelo valor presente, descontado do fluxo futuro de entrada líquida de caixa que se espera seja gerado pelo item no curso normal das operações da Entidade. Os passivos são mantidos pelo valor presente, descontado do fluxo futuro de saída líquida de caixa que se espera seja necessário para liquidar o passivo no curso normal das operações da Entidade;
d) Valor justo. É o valor pelo qual um ativo pode ser trocado, ou um passivo liquidado, entre partes conhecedoras, dispostas a isso, em uma transação sem favorecimentos; e
e) Atualização monetária. Os efeitos da alteração do poder aquisitivo da moeda nacional devem ser reconhecidos nos registros contábeis mediante o ajustamento da expressão formal dos valores dos componentes patrimoniais.
§ 2º São resultantes da adoção da atualização monetária:
I – a moeda, embora aceita universalmente como medida de valor, não representa unidade constante em termos do poder aquisitivo;
II – para que a avaliação do patrimônio possa manter os valores das transações originais, é necessário atualizar sua expressão formal em moeda nacional, a fim de que permaneçam substantivamente corretos os valores dos componentes patrimoniais e, por consequência, o do Patrimônio Líquido; e
III – a atualização monetária não representa nova avaliação, mas tão somente o ajustamento dos valores originais para determinada data, mediante a aplicação de indexadores ou outros elementos aptos a traduzir a variação do poder aquisitivo da moeda nacional em um dado período.

Gabarito "E".

(Auditor do Tesouro Municipal/Recife-PE – 2003 – ESAF) Com relação aos Princípios Fundamentais de Contabilidade, assinale a opção incorreta.

(A) O Princípio da ENTIDADE reconhece o Patrimônio como objeto da Contabilidade e afirma a autonomia patrimonial, a necessidade da diferenciação de um Patrimônio particular no universo dos patrimônios existentes.

(B) O Princípio do REGISTRO PELO VALOR ORIGINAL preconiza que os componentes do patrimônio devem ser registrados pelos valores originais das transações com o mundo exterior, expressos a valor presente na moeda do País, que serão mantidos na avaliação das variações patrimoniais posteriores, inclusive quando configurarem agregações ou decomposições no interior da ENTIDADE.

(C) O Princípio da CONTINUIDADE influencia o valor econômico dos ativos e, em muitos casos, o valor ou o vencimento dos passivos, especialmente quando a extinção da ENTIDADE tem prazo determinado, previsto ou previsível.

(D) O Princípio da OPORTUNIDADE refere-se, simultaneamente, à tempestividade e à integridade do registro do patrimônio e das suas mutações, determinando que este seja feito de imediato e com a extensão correta, independentemente das causas que as originaram.

(E) O Princípio da PRUDÊNCIA indica que as receitas e as despesas devem ser incluídas na apuração do resultado do período em que ocorrerem, sempre simultaneamente quando se correlacionarem, independentemente de recebimento ou pagamento.

A: conforme artigo 4º da Resolução CFC Nº 750/1993; **B:** conforme artigo 4º da resolução CFC Nº 750/93; **C:** conforme o artigo 5º da Resolução CFC Nº 750/1993; **D:** conforme artigo 6º da Resolução CFC Nº 750/1993; **E:** a descrição do item refere-se ao Princípio da competência.

Gabarito "E".

(Auditor do Tesouro Municipal/Fortaleza-CE – 2003 – ESAF) Assinale o princípio fundamental da contabilidade que reconhece o Patrimônio como objeto da contabilidade e afirma a autonomia patrimonial e a necessidade de diferenciação de um patrimônio particular no universo dos patrimônios existentes.

(A) Entidade.
(B) Registro pelo Valor Original.
(C) Prudência.
(D) Continuidade.
(E) Atualização Monetária.

O artigo 4º da Resolução CFC Nº 750/93 define que "o Princípio da ENTIDADE reconhece o Patrimônio como objeto da Contabilidade e afirma a autonomia patrimonial, a necessidade da diferenciação de um Patrimônio particular no universo dos patrimônios existentes, independentemente de pertencer a uma pessoa, um conjunto de pessoas, uma sociedade ou instituição de qualquer natureza ou finalidade, com ou sem fins lucrativos".

Gabarito "A".

(Auditor Fiscal da Receita Federal – 2002.1 – ESAF) Abaixo estão cinco assertivas relacionadas com os Princípios Fundamentais de Contabilidade. Assinale a opção que expressa uma afirmação verdadeira.

(A) A observância dos Princípios Fundamentais de Contabilidade é obrigatória no exercício da profissão, mas não constitui condição de legitimidade das Normas Brasileiras de Contabilidade.

(B) O Princípio da Entidade reconhece o Patrimônio como objeto da Contabilidade e afirma a autonomia patrimonial, exceto no caso de sociedade ou instituição, cujo patrimônio pode confundir-se com o dos sócios ou proprietários.

(C) Da observância do Princípio da Oportunidade resulta que o registro deve ensejar o reconhecimento universal das variações ocorridas no patrimônio da Entidade, em um período de tempo determinado.

(D) A apropriação antecipada das prováveis perdas futuras, antes conhecida como Convenção do Conservadorismo, hoje é determinada pelo Princípio da Competência.

(E) A observância do Princípio da Continuidade não influencia a aplicação do Princípio da Competência, pois o valor econômico dos ativos e dos passivos já contabilizados não se altera em função do tempo.

A: o § 1º do artigo 1º da Resolução CFC Nº 750/93, com a nova redação dada pela Resolução CFC Nº 1.282/2010 define que "a observância dos Princípios de Contabilidade é obrigatória no exercício da profissão e constitui condição de legitimidade das Normas Brasileiras de Contabilidade (NBC)"; **B:** em nenhuma hipótese o patrimônio da empresa pode se confundir com o patrimônio do sócio; **C:** item correto, pois o princípio da oportunidade determina que as alterações no patrimônio da empresa sejam registradas de imediato e com a extensão correta; **D:** é conhecido como Princípio da Prudência; **E:** o valor dos ativos e passivos podem se alterar em função da continuidade das atividades da empresa.

Gabarito "C".

(Fiscal de Tributos/PA – 2002 – ESAF) A escolha da hipótese que resulte em menor patrimônio líquido quando se apresentarem opções, igualmente aceitáveis diante dos demais princípios Fundamentais de Contabilidade, refere-se ao princípio da

(A) materialidade.
(B) consistência.
(C) integridade.
(D) prudência.
(E) entidade.

O § 1º do artigo 10 da Resolução CFC Nº 750/93 determina a adoção do menor valor para os componentes do ativo e do maior para os do passivo, o que resultará consequentemente no menor patrimônio líquido.

Gabarito "D".

(Fiscal de Tributos/PA – 2002 – ESAF) O reconhecimento da valoração de estoques vinícolas, em decorrência da ação do tempo, está ligado ao princípio contábil do(a):

(A) Realização da Receita.
(B) Competência de Exercício.
(C) Continuidade de Exercício.
(D) Entidade Contábil.
(E) Custo como Base de Valor.

Apesar de o § 3º do artigo 9º da Resolução CFC Nº 750/93 não mais apresentar as circunstâncias em que devem ser consideradas realizadas as receitas em função da edição da Resolução CFC Nº 1.282/2010, a situação descrita na questão apresenta a realização da receita pela geração natural de novos ativos independentemente da intervenção de terceiros.

Gabarito "A".

3. CONTABILIDADE GERAL

(Analista de Comércio Exterior/MDIC – 2012 – ESAF) A empresa "X", em 31 de dezembro, tem créditos normais, sem garantias específicas de recebimento, no montante de R$ 60.000,00. Deve, portanto, constituir uma provisão para risco de crédito. No seu livro Razão há um saldo remanescente da Provisão para Devedores Duvidosos no valor de R$ 1.000,00. A nova provisão deverá ser contabilizada à razão de 3% dos créditos sob risco, o que, neste balanço, fará a empresa suportar uma despesa no valor de

(A) R$ 770,00.
(B) R$ 800,00.
(C) R$ 1.770,00.
(D) R$ 1.800,00.
(E) R$ 2.800,00.

Segundo os dados da questão, a provisão deve ter o montante de R$1.800,00 (3% de R$60.000,00). Como ainda existe um saldo de R$1.000,00, a empresa deverá constituir uma provisão (com a respectiva despesa) no montante de R$800,00.

Gabarito "B"

(Analista de Comércio Exterior/MDIC – 2012 – ESAF) Uma máquina adquirida em abril de 2010 por R$ 3.000,00, instalada para funcionar em julho do mesmo ano, com expectativa de vida útil estimada em 10 anos, tem depreciação contabilizada, considerando-se um valor residual de 20%. No balanço referente ao exercício social de 2011, deverá ser computado como encargo de depreciação, em relação a essa máquina, o valor de

(A) R$ 450,00.
(B) R$ 360,00.
(C) R$ 300,00.
(D) R$ 240,00.
(E) R$ 180,00.

Se haverá um valor residual (não depreciado) de R$600,00 (20% de R$3.000,00), significa que o valor a ser depreciado durante os 10 anos de expectativa de vida será de R$2.400,00 (R$3.000,00 – R$600,00), sendo esse o valor depreciável. Se o valor de R$2.400,00 deve ser depreciado em 10 anos, significa que a depreciação será de R$240,00 por ano.

Gabarito "D"

(Analista de Comércio Exterior/MDIC – 2012 – ESAF) O lançamento contábil apropriado para registrar o pagamento de duplicatas no valor de R$ 2.800,00, com descontos de 15%, é o que segue abaixo:

(A)

Diversos		
a Caixa		
Duplicatas a Pagar	2.380,00	
Descontos Ativos	420,00	2.800,00

(B)

Caixa		
a Diversos		
a Duplicatas a Pagar	2.380,00	
a Descontos Ativos	420,00	2.800,00

(C)

Diversos		
a Duplicatas a Pagar		
Caixa	2.380,00	
Descontos Passivos	420,00	2.800,00

(D)

Duplicatas a Pagar		
a Diversos		
a Caixa	2.380,00	
a Descontos Ativos	420,00	2.800,00

(E)

Duplicatas a Pagar		
a Diversos		
a Caixa	2.380,00	
a Descontos Passivos	420,00	2.800,00

A contabilidade precisa refletir a posição patrimonial dos bens, direitos e obrigações da empresa. Sendo assim, para resolver a questão o candidato precisa identificar o que ocorreu com cada item patrimonial e seu reflexo no resultado. Se a duplicata tinha sido registrada na contabilidade pelo valor de R$2.800,00, esse será o valor a ser baixado da conta "Duplicatas a pagar". Mas, como houve um desconto de 15%, o valor que a empresa pagou, e portanto saiu do Caixa, foi de R$2.380,00. A diferença, R$420,00, representa um desconto obtido pela empresa e será registrado como uma receita de "Descontos Ativos". O lançamento contábil será:

Débito – Duplicatas a pagar – R$2.800,00

Crédito – Caixa – R$2.380,00

Crédito – Descontos Ativos – R$420,00

Gabarito "D"

(Analista de Comércio Exterior/MDIC – 2012 – ESAF) As demonstrações financeiras obrigatórias são as seguintes:

(A) Balanço Patrimonial, Demonstração do Resultado do Exercício, Demonstração de Lucros ou Prejuízos Acumulados, Demonstração do Fluxo de Caixa e Demonstração do Valor Adicionado, em alguns casos.
(B) Balanço Patrimonial, Demonstração do Resultado do Exercício, Demonstração de Lucros ou Prejuízos Acumulados, Demonstração das Origens e Aplicações de Recursos.
(C) Balanço Patrimonial, Demonstração do Resultado do Exercício, Demonstração de Lucros ou Prejuízos Acumulados, Demonstração das Mutações do Patrimônio Líquido e Demonstração do Valor Adicionado, em alguns casos.
(D) Balanço Patrimonial, Demonstração do Resultado do Exercício, Demonstração de Lucros ou Prejuízos Acumulados, Demonstração do Fluxo de Caixa.
(E) Balanço Patrimonial, Demonstração do Resultado do Exercício, Demonstração do Fluxo de Caixa e Demonstração do Valor Adicionado, em alguns casos.

O art. 176 da Lei 6.404/1976 define que "ao fim de cada exercício social, a diretoria fará elaborar, com base na escrituração mercantil da companhia, as seguintes demonstrações financeiras, que deverão exprimir com clareza a situação do patrimônio da companhia e as mutações ocorridas no exercício:

I – balanço patrimonial;

II – demonstração dos lucros ou prejuízos acumulados;

III – demonstração do resultado do exercício; e

IV – demonstração dos fluxos de caixa; e

V – se companhia aberta, demonstração do valor adicionado".

Gabarito "A".

(Analista de Comércio Exterior/MDIC – 2012 – ESAF) Saldos contábeis apurados no livro Razão em 31 de dezembro, antes do encerramento do resultado:

CONTAS	SALDOS
Receita de Vendas	21.000,00
Capital Social	15.000,00
Produtos Acabados	14.800,00
Duplicatas a Pagar	14.000,00
Custo das Mercadorias Vendidas	14.000,00
Duplicatas a Receber	10.000,00
Salários a Pagar	5.200,00
Equipamentos	4.600,00
Caixa	4.000,00
Veículos	3.900,00
Títulos a Pagar a Longo Prazo	3.800,00
Investimentos em Controladas	3.500,00
Salários	3.000,00
Títulos a Receber a Longo Prazo	3.000,00
Reserva Legal	1.800,00
Impostos	1.700,00
Aluguéis Ativos	1.600,00
Depreciação Acumulada	1.500,00
Prejuízos Acumulados	1.400,00
Reserva de Capital	1.200,00
Despesas Diferidas	1.200,00
Juros Passivos	1.100,00
Provisão p/ Ajuste de Estoques	1.100,00

578

Elaborando o balanço patrimonial com os títulos acima, obteremos os seguintes valores:

(A) Ativo Circulante R$ 30.000,00

(B) Ativo Circulante R$ 28.900,00

(C) Ativo Permanente R$ 12.000,00

(D) Ativo Não Circulante R$ 12.000,00

(E) Ativo Não Circulante R$ 15.000,00

A resolução da questão depende da apuração dos valores do ativo (circulante e não circulante). A apuração está apresentada a seguir:

CONTAS	SALDOS
Produtos Acabados	14.800,00
Duplicatas a Receber	10.000,00
Caixa	4.000,00
Despesas Diferidas	1.200,00
Provisão p/ Ajuste de Estoques	(1.100,00)
TOTAL ATIVO CIRCULANTE	**28.900,00**
Equipamentos	4.600,00
Veículos	3.900,00
Investimentos em Controladas	3.500,00
Títulos a Receber a Longo Prazo	3.000,00
Depreciação Acumulada	(1.500,00)
TOTAL ATIVO NÃO CIRCULANTE	**13.500,00**

O candidato pode ter dificuldade para classificar a conta "Despesas Diferidas". Essa conta não se confunde com o "Ativo Diferido", pois trata-se de despesas pagas antecipadamente, ficando registradas no ativo circulante.

Gabarito "B".

(Analista de Comércio Exterior/MDIC – 2012 – ESAF) Assinale abaixo a opção incorreta.

Nos termos da lei, a demonstração do resultado do exercício discriminará:

(A) a receita bruta das vendas e serviços, as deduções das vendas, os abatimentos obtidos e os impostos a recolher.

(B) a receita líquida das vendas e serviços, o custo das mercadorias e serviços vendidos e o lucro bruto.

(C) as despesas com as vendas, as despesas financeiras, deduzidas das receitas, as despesas gerais e administrativas, e outras despesas operacionais.

(D) o lucro ou prejuízo operacional, as outras receitas e as outras despesas.

(E) o resultado do exercício antes do imposto de renda e a provisão para o imposto.

A demonstração do resultado do exercício é abordada no artigo 187 da Lei 6.404/1976, apresentado a seguir:

"Art. 187. A demonstração do resultado do exercício discriminará:

I – a receita bruta das vendas e serviços, as deduções das vendas, os abatimentos e os impostos;

II – a receita líquida das vendas e serviços, o custo das mercadorias e serviços vendidos e o lucro bruto;

III – as despesas com as vendas, as despesas financeiras, deduzidas das receitas, as despesas gerais e administrativas, e outras despesas operacionais;

IV – o lucro ou prejuízo operacional, as outras receitas e as outras despesas;

V – o resultado do exercício antes do Imposto sobre a Renda e a provisão para o imposto".

Observe que o inciso I da lei cita "impostos" como um valor a deduzir da receita bruta. A questão apresenta texto semelhante, mas com "impostos a recolher". Ocorre que os impostos da demonstração do resultado do exercício são os "impostos sobre vendas", que é um conceito diferente de "impostos a recolher". Os "impostos a recolher" são obtidos deduzindo dos "impostos sobre vendas" (que constam da DRE) os "impostos a recuperar".

Gabarito "A".

(Analista de Comércio Exterior/MDIC – 2012 – ESAF) Certa empresa, após contabilizar suas contas de resultado, encontrou os seguintes valores:

Receita Líquida de Vendas	250.000,00
Custo das Vendas do Período	140.000,00
Receitas Operacionais	25.000,00
Despesas Operacionais	65.000,00
Ganhos de Capital	10.000,00
Provisão para Imposto de Renda	30.000,00

Os estatutos dessa empresa mandam pagar participação nos lucros, à base de 10% para empregados e 10% para administradores, além dos dividendos de 25%. No exercício social de que estamos tratando, a empresa destinou ao pagamento das participações o montante de

(A) R$ 10.000,00.
(B) R$ 9.500,00.
(C) R$ 7.600,00.
(D) R$ 3.750,00.
(E) R$ 3.156,00.

A Lei 6.404 define no artigo 187, inciso VI, que as participações serão discriminadas no resultado do exercício:

"VI – as participações de debêntures, de empregados e administradores, mesmo na forma de instrumentos financeiros, e de instituições ou fundos de assistência ou previdência de empregados, que não se caracterizem como despesa";

O artigo 190 completa definindo que "as participações estatutárias de empregados, administradores e partes beneficiárias serão determinadas, sucessivamente e nessa ordem, com base nos lucros que remanescerem depois de deduzida a participação anteriormente calculada". Sendo assim, apresentamos a seguir a apuração do resultado do exercício:

Receita Líquida de Vendas	250.000,00	
(-) Custo das Vendas do Período	(140.000,00)	
(=) Lucro Bruto	**110.000,00**	
(+) Receitas Operacionais	25.000,00	
(-) Despesas Operacionais	(65.000,00)	
(+) Ganhos de Capital	10.000,00	
(=) Lucro antes do IR	**80.000,00**	
(-) Provisão para Imposto de Renda	(30.000,00)	
(=) Lucro antes das participações	**50.000,00**	
(-) Participações empregados	(5.000,00)	(10% de R$50.000,00)
(-) Participações administradores	(4.500,00)	(10% de R$45.000,00)
(=) Lucro Líquido	**40.500,00**	

As participações a empregados e administradores totalizaram R$9.500,00.

Gabarito "B".

(Analista Tributário/RFB – 2012 – ESAF) A companhia Metalgrosso S.A. apresenta como extrato de seu Livro Razão, em 31.12.2011, a seguinte relação de contas e respectivos saldos:

Contas	Saldo
01 – Ações de Coligadas	60
02 – Ações em Tesouraria	10
03 – Aluguéis Passivos	32
04 – Amortização Acumulada	25
05 – Bancos c/ Movimento	100
06 – Caixa	80
07 – Capital a Realizar	45
08 – Capital Social	335
09 – Clientes	120
10 – Comissões Ativas	46
11 – Custo das Vendas	200
12 – Depreciação	28
13 – Depreciação Acumulada	45
14 – Descontos Concedidos	18
15 – Descontos Obtidos	17
16 – Despesas de Organização	90
17 – Duplicatas a Receber	85
18 – Duplicatas a Pagar	115
19 – Duplicatas Descontadas	35
20 – Fornecedores	195
21 – Máquinas e Equipamentos	130
22 – Mercadorias	145
23 – Móveis e Utensílios	40
24 – Obrigações Trabalhistas	18
25 – Prêmio de Seguros	40
26 – Prejuízos Acumulados	12
27 – Provisão para Devedores Duvidosos	30
28 – Provisão para Imposto de Renda	22
29 – Receitas de Vendas	350
30 – Reservas de Capital	65
31 – Reservas de Lucro	125
32 – Salários e Ordenados	60
33 – Seguros a Vencer	28
34 – Títulos a Pagar	20
35 – Veículos	180

Elaborando um balancete de verificação com os saldos acima, certamente encontraremos saldos credores no montante de

(A) R$ 1.065,00.
(B) R$ 1.308,00.
(C) R$ 1.338,00.
(D) R$ 1.373,00.
(E) R$ 1.443,00

Estão elencadas a seguir as contas que possuem saldo credor:

Contas	Saldo
04 – Amortização Acumulada	25
08 – Capital Social	335
10 – Comissões Ativas	46
13 – Depreciação Acumulada	45
15 – Descontos Obtidos	17
18 – Duplicatas a Pagar	115
19 – Duplicatas Descontadas	35
20 – Fornecedores	195
24 – Obrigações Trabalhistas	18
27 – Provisão para Devedores Duvidosos	30
28 – Provisão para Imposto de Renda	22
29 – Receitas de Vendas	350
30 – Reservas de Capital	65
31 – Reservas de Lucro	125
34 – Títulos a Pagar	20
TOTAL	**1.443**

Gabarito "E".

(Analista Tributário/RFB – 2012 – ESAF) Assinale a opção correta.

(A) São coligadas as empresas quando uma participa com 10% ou mais do capital social da outra sem exercer o controle acionário.
(B) O investimento é considerado relevante quando atinge ou ultrapassa 20% do patrimônio líquido da investida (ou 15% se for considerado um grupo de empresas).
(C) Capital Social é o capital subscrito e pago pelos acionistas quando adquirem ações, seja no início da sociedade ou quando ela promove aumento de capital durante seu funcionamento.
(D) A operação de *leasing* é um arrendamento mercantil ou aluguel de bens móveis; a sociedade de *leasing* concede um bem à empresa e essa lhe paga um aluguel mensal; o bem não deverá ser contabilizado como ativo.
(E) A expressão impostos a recolher é adequada ao nome da conta Impostos a Pagar porque, na verdade, quem paga o imposto é o consumidor; a empresa apenas entrega ou recolhe o imposto ao governo.

A: Incorreto. Uma empresa é coligada quando a investidora tem influência significativa sobre a investida. Segundo o artigo 243 da Lei 6.404/1976, "é presumida influência significativa quando a investidora for titular de 20% (vinte por cento) ou mais do capital votante da investida, sem controlá-la". **B:** Incorreto. Não existe tal previsão na Lei 6.404/1976. **C:** Incorreto. O capital subscrito é o valor que os acionistas se comprometeram a entregar à empresa, sendo que essa entrega pode ser à vista ou a prazo. Já o capital realizado (integralizado) é o capital subscrito que já foi entregue à empresa. **D:** Incorreto. A contabilização do bem arrendado no ativo dependerá do tipo de arrendamento (Financeiro ou Operacional). *Vide* CPC 06 – Arrendamento Mercantil. **E:** O valor do imposto está incluído no valor pago ao consumidor, sendo possível concluir que este é quem efetivamente o paga, restando à empresa o recolhimento.

Gabarito "E".

(Analista Tributário/RFB – 2012 – ESAF) A firma Mobiliada S.A. possui móveis e utensílios adquiridos em dezembro de 2010 por R$ 40.000,00. Incorporados ao grupo imobilizado em janeiro de 2011, esses bens são depreciados com valor residual de 5%, considerando-se uma vida útil de 10 anos como é costumeiro. No exercício de 2012, no balanço de 31 de dezembro, a empresa deverá apresentar esses móveis com valor contábil de

(A) R$ 40.000,00.
(B) R$ 32.400,00.
(C) R$ 32.000,00.
(D) R$ 30.400,00.
(E) R$ 30.000,00.

Se os bens têm valor residual de R$ 2.000,00 (5% de R$ 40.000,00), significa que o valor depreciável é de R$ 38.000,00 (R$ 40.000,00 – R$ 2.000,00). Esse valor será depreciado por 10 anos, o que significa R$ 3.800,00 por ano. Considerando que em 2010 os bens não foram depreciados, visto que foram adquiridos em dezembro, o montante depreciado em 2011 e 2012 foi R$ 7.600,00 (R$ 3.800,00 em 2011 e R$ 3.800,00 em 2012). Sendo assim, o valor contábil dos bens será R$ 32.400,00 (R$ 40.000,00 – R$ 7.600,00).

Gabarito "B".

(Auditor Fiscal da Receita Federal – 2012 – ESAF) A Empresa Controladora S.A., companhia de capital aberto, apura um resultado negativo de equivalência patrimonial que ultrapassa o valor total de seu investimento na Empresa Adquirida S.A. em R$ 400.000,00. A Empresa Controladora S.A. não pode deixar de aplicar recursos na investida, uma vez que ela é a única fornecedora de matéria-prima estratégica para seu negócio. Dessa forma, deve a investidora registrar o valor da equivalência

(A) a crédito do investimento, ainda que o valor ultrapasse o total do investimento efetuado.
(B) a crédito de uma provisão no passivo, para reconhecer a perda no investimento.
(C) a crédito de uma provisão no ativo, redutora do investimento.
(D) a débito do investimento, ainda que o valor ultrapasse o total do investimento efetuado.
(E) a débito de uma reserva de capital, gerando uma cobertura para as perdas.

O CPC 18 – Investimento em coligada e em controlada – define que "após reduzir a zero o saldo contábil da participação do investidor, perdas adicionais devem ser consideradas, e um passivo deve ser reconhecido somente na extensão em que o investidor tenha incorrido em obrigações legais ou construtivas (não formalizadas) de fazer pagamentos em nome da coligada. Se a coligada subsequentemente apurar lucros, o investidor retoma o reconhecimento de sua participação nesses lucros somente após o ponto em que a parte que lhe cabe nesses lucros posteriores se igualar à sua participação nas perdas não reconhecidas". Observe que quando o saldo do investimento for "zerado", o prejuízo adicional com o investimento (caso em que a empresa investida tenha passivo a descoberto) deverá ser reconhecido pela investidora com uma provisão no passivo (reconhecendo a perda adicional) apenas se o investidor tiver incorrido em obrigações legais ou construtivas (não formalizadas) de fazer pagamentos em nome da coligada. Na questão, a situação é de uma obrigação construtiva, visto que o investidor está "obrigado" a manter sua investida, pois esta é a principal fornecedora de matéria-prima estratégica para seu negócio. Sendo assim, uma perda adicional com o investimento deve ser reconhecida pela constituição de uma provisão no passivo.

Gabarito "B"

(Auditor Fiscal da Receita Federal – 2012 – ESAF) Na identificação e determinação de erro contábil de períodos anteriores, devem ser consideradas as omissões e incorreções nas demonstrações contábeis da entidade de um ou mais períodos anteriores que

(A) não estavam disponíveis quando da autorização para divulgação das demonstrações contábeis desses períodos e não retroagissem a prazo superior a dois exercícios contábeis.

(B) somente quando se verifica efetivamente fraudes administrativas nos cálculos e informações que respaldaram as informações sobre as quais as demonstrações retrospectivas foram baseadas.

(C) na avaliação de seus efeitos incluíssem os efeitos decorrentes de cálculos matemáticos ou aplicação equivocada de políticas contábeis que não retroagissem a cinco períodos contábeis.

(D) contivessem informações que pudessem ter sido razoavelmente obtidas e levadas em consideração na elaboração e na apresentação dessas demonstrações contábeis.

(E) a necessidade de uma reapresentação retrospectiva exigir premissas baseadas no que teria sido a intenção da Administração naquele momento passado e não produzissem efeitos fiscais.

O CPC 23 – Políticas Contábeis, Mudança de Estimativa e Retificação de Erro – define que "erros de períodos anteriores são omissões e incorreções nas demonstrações contábeis da entidade de um ou mais períodos anteriores decorrentes da falta de uso, ou uso incorreto, de informação confiável que: a) estava disponível quando da autorização para divulgação das demonstrações contábeis desses períodos; e b) pudesse ter sido razoavelmente obtida e levada em consideração na elaboração e na apresentação dessas demonstrações contábeis".

Gabarito "D"

(Auditor Fiscal da Receita Federal – 2012 – ESAF) Os bens adquiridos e mantidos pela empresa, sem a produção de renda e destinados ao uso futuro para expansão das atividades da empresa, são classificados no balanço como

(A) Imobilizado em Andamento.

(B) Realizável a Longo Prazo.

(C) Propriedades para Investimentos.

(D) Investimentos Temporários.

(E) Outros Investimentos Permanentes.

De acordo com o inciso III do artigo 179 da Lei 6.404/1976, serão classificadas em contas investimentos: "as participações..." Diz o inciso III do artigo 179: Art. 179. As contas serão classificadas do seguinte modo: (...) III – em investimentos: as participações permanentes em outras sociedades e os direitos de qualquer natureza, não classificáveis no ativo circulante, e que não se destinem à manutenção da atividade da companhia ou da empresa;A questão deixa claro que os bens serão utilizados para expansão das atividades da empresa no futuro, não devendo, portanto, serem registrados no imobilizado.

Gabarito "E"

(Auditor Fiscal da Receita Federal – 2012 – ESAF) A empresa Valorização S.A. tem como estratégia a compra de suas próprias ações para aumentar a liquidez de seus papéis no mercado e aproveitar a vantagem da diferença entre o valor patrimonial e o valor de mercado. O resultado obtido, quando da venda dessas ações em tesouraria, pela empresa Valorização S.A., deve ser contabilizado como

(A) reserva de capital, quando gerarem um ganho.

(B) outras receitas operacionais, quando gerarem um ganho.

(C) ágio na venda de ações, quando gerarem uma perda.

(D) ações em tesouraria, quando gerarem uma perda.

(E) despesas não operacionais, quando gerarem uma perda.

As ações em tesouraria são registradas deduzindo o saldo do patrimônio líquido, tendo, portanto, saldo devedor. Quando a empresa vende ações de emissão própria (ações em tesouraria) por um valor maior que o valor patrimonial, deve registrar o ganho em conta de reserva de capital, conforme demonstrado a seguir:

D – Caixa

C – Ações em Tesouraria (baixa pela venda)

C – Reserva de Capital – Ganho na Alienação de Ações em Tesouraria

Sendo assim, tal transação não transitará pelo resultado do exercício.

Gabarito "A"

(Auditor Fiscal da Receita Federal – 2012 – ESAF) O balancete de verificação evidencia

(A) os estornos efetuados no período.

(B) a configuração e classificação correta dos itens contábeis.

(C) a igualdade matemática dos lançamentos efetuados no período.

(D) o registro dos movimentos individuais das contas contábeis no período.

(E) os lançamentos do período, quando efetuados de forma correta no período.

O balancete de verificação elenca todas as contas contábeis e classifica seus saldos em duas colunas (credor e devedor). Tal demonstrativo tem como objetivo verificar se as partidas dobradas foram obedecidas no processo de escrituração contábil. Sendo assim, ele evidencia tão somente a "igualdade matemática dos lançamentos efetuados no período".

Gabarito "C"

(Auditor Fiscal da Receita Federal – 2012 – ESAF) Dos registros da Cia. Galáctica, relativos à operação de alienação de Investimentos, foram extraídos os seguintes dados:

Dados da negociação	Valor em R$
Valor Recebido pela Venda	9.500
Valor Patrimonial da Conta Investimento – Custo	9.000
Valor do Ágio já Amortizado	1.500
Saldo da Conta Investimento – Ágio (valor ainda não amortizado)	800
Estimativas de Perdas c/ Investimento Registradas	400

Com base nos dados fornecidos, pode-se afirmar que esse evento gerou

(A) um lançamento de crédito na conta de Investimento – Valor de Custo no valor de R$ 9.500,00.
(B) o reconhecimento de um desembolso na aquisição do investimento no valor de R$ 9.000,00.
(C) um Ganho com Alienação de investimentos no valor de R$ 100,00.
(D) o registro de um débito na conta de Investimentos – Ágio no valor total de R$ 800,00.
(E) uma Perda com a Alienação de Investimentos no valor de R$ 700,00.

O valor contábil do investimento pode ser assim apurado:

Valor patrimonial da conta Investimento – Custo	9.000
(+) Saldo da Conta Investimento – Ágio (valor ainda não amortizado)	800
(-) Estimativas de Perdas c/ Investimento registradas	400
(=) Valor Contábil	**9.400**

Se o bem tem valor contábil de R$ 9.400,00 e foi vendido por R$ 9.500,00, significa que apurou um ganho de R$ 100,00 com a sua alienação.

Gabarito "C"

(Auditor Fiscal da Receita Federal – 2012 – ESAF) Observado o exposto no gráfico de Participações Societárias da Cia. Firmamento, a seguir, pode-se afirmar que

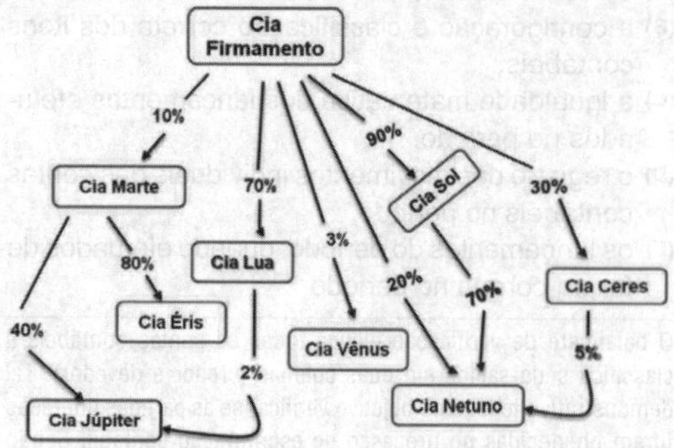

(A) a participação dos acionistas não controladores na Cia. Netuno corresponde a 16,5% do capital total.
(B) os dividendos distribuídos pela Cia. Vênus devem ser reconhecidos pela investidora como Receitas.
(C) os juros sobre o capital próprio, quando calculados e pagos pela Cia. Éris, são registrados pela investidora a débito de Participações Societárias.
(D) a Cia. Júpiter é controlada indireta da Cia. Firmamento, mesmo que não se verifique influência significativa da investidora.
(E) a investidora, ao registrar a remuneração distribuída aos acionistas pela Cia. Sol, efetua um crédito na conta Resultado de Equivalência Patrimonial.

A: Incorreto, a Cia. Firmamento é controladora da Cia. Netuno com 84,5% de participação (20% direto + 63% via Cia. Sol + 1,5% via Cia. Ceres). Sendo assim, os não controladores possuem 15,5% da Cia. Netuno; **B:** Correto, por possuir apenas 3% da Cia. Vênus pressupõe-se que não há influência da Cia. Firmamento. Sendo assim, o investimento é avaliado pelo método de custo e os dividendos são registrados como receita (crédito) a contrapartida de caixa (débito); **C:** Incorreto, os juros sobre o capital próprio são contabilizados como receita; **D:** Incorreto, pois a Cia. Firmamento não controla a Cia. Marte e apesar de controlar a Cia. Lua, esta não controla a Cia. Júpiter; **E:** Incorreto, por se tratar de uma controlada, a Cia. Firmamento deverá avaliar o investimento na Cia. Sol pelo método de equivalência patrimonial. Quando da apuração do lucro da Cia. Sol, a Cia. Firmamento efetuará o lançamento aumentando o valor do seu investimento (débito). No entanto, quando da distribuição de dividendos por parte da Cia. Sol, a Cia Firmamento creditará o investimento na Cia. Sol (refletindo assim a redução do patrimônio da Cia. Sol decorrente da distribuição de dividendos).

Gabarito "B"

(Auditor Fiscal da Receita Federal – 2012 – ESAF) A empresa Controle S.A. recebeu um laudo de avaliação da empresa adquirida Invest S.A., com os seguintes dados:

Laudo de avaliação Empresa Invest S.A.

	AVALIAÇÃO	CONTÁBIL
Marcas e Patentes	R$ 500.000,00	R$ 0,00
Carteira de Clientes – direito	R$ 150.000,00	R$ 0,00
Expectativa de rentabilidade futura	R$ 1.200.000,00	R$ 0,00
Fórmulas	R$ 50.000,00	R$ 0,00
Imobilizado	R$ 100.000,00	R$ 100.000,00
TOTAL	R$ 2.000.000,00	R$ 100.000,00

Essa operação, de aquisição, gera um lançamento contábil na empresa

(A) Invest S.A. na conta de ativo intangível – marcas e patentes de R$ 500.000,00.
(B) Controle S.A. na conta de valores a receber de R$ 150.000,00.
(C) Invest S.A. na conta de intangível de R$ 650.000,00.
(D) Controle S.A. na conta de investimento – ágio de R$ 1.200.000,00.
(E) Invest S.A. na conta de imobilizado R$ 2.000.000,00.

Dos R$ 2.000.000,00 referentes à aquisição, R$ 800.000,00 referem-se a ativos identificados e, portanto, serão registrados na contabilidade como um investimento. Já os R$ 1.200.000,00 restantes referem-se à expectativa de rentabilidade futura, sendo esse o valor a ser registrado como ágio.

Gabarito "D"

(Auditor Fiscal da Receita Federal – 2012 – ESAF) A empresa Highlith S.A. implantou nova unidade no norte do país. Os investimentos na unidade foram de R$ 1.000.000,00, registrados no ativo imobilizado. No primeiro ano, a empresa contabilizou um ajuste de perda de valor recuperável de R$ 15.000,00. No segundo ano, o valor da unidade, caso fosse vendida para o concorrente e único interessado na aquisição, seria de R$ 950.000,00. Ao analisar o valor do fluxo de caixa descontado da unidade, apurou-se um valor de R$ 980.000,00. Dessa forma, deve o contador da empresa

(A) manter o valor do investimento, visto não haver perda de valor recuperável.
(B) reconhecer um complemento de perda de valor recuperável de R$ 5.000,00.
(C) reverter parte da perda de valor recuperável no valor de R$ 25.000,00.
(D) registrar um complemento de perda de valor recuperável de R$ 15.000,00.
(E) estornar o total da perda de valor recuperável de R$ 50.000,00.

O valor recuperável é o maior entre o valor líquido de venda e o valor em uso, ou seja, R$ 980.000. O ativo está registrado, no entanto, pelo valor contábil de R$ 985.000,00 (R$ 1.000.000,00 menos R$ 15.000,00 referente ao ajuste de perda contabilizado). Sendo assim, a empresa precisará ajustar o valor contábil ao valor recuperável no montante de R$ 5.000,00, a ser reconhecido como perda de valor recuperável.

Gabarito "B"

(Auditor Fiscal da Receita Federal – 2012 – ESAF) A Cia. Gráfica Firmamento adquire uma máquina copiadora, em 02/01/2008, pelo valor de R$ 1,2 milhões, com vida útil estimada na capacidade total de reprodução de 5 milhões de cópias. A expectativa é de que, após o uso total da máquina, a empresa obtenha por este bem o valor de R$ 200.000,00, estabelecendo um prazo máximo de até 5 anos para atingir a utilização integral da máquina.

No período de 2008/2009, a empresa executou a reprodução de 2.500.000 das cópias esperadas e no decorrer de 2010 foram reproduzidas mais 1.300.000 cópias. Ao final de 2010, o Departamento de Gestão Patrimonial da empresa determina como valor recuperável desse ativo R$ 440.000,00.

Com base nos dados fornecidos, é possível afirmar que

(A) o valor depreciável dessa máquina é de R$ 1.000.000,00.
(B) o saldo da depreciação acumulado em 2010 é de R$ 720.000,00.
(C) em 2010 a empresa deve registrar como despesa de depreciação o valor de R$ 640.000,00.
(D) o valor líquido dessa máquina ao final de 2010 é R$ 240.000,00.
(E) ao final de 2010 a empresa deve reconhecer uma perda estimada de R$ 200.000,00.

A: Se a empresa adquiriu a máquina por R$ 1.200.000,00 e espera um valor residual de R$ 200.000,00 significa que a empresa depreciará R$ 1.000.000,00 durante o prazo de vida útil do bem, sendo esse o valor depreciável. **B:** Até 2010 a empresa efetuou 3.800.000 cópias de um total de 5.000.000,00. Sendo o valor depreciável de R$ 1.000.000,00, temos que proporcionalmente foi depreciado um montante de R$ 760.000,00 (R$ 1.000.000,00 / 5.000.000 x 3.800.000). **C:** No exercício de 2010 foram efetuadas 1.300.000 cópias das 5.000.000. Sendo a depreciação nesse exercício igual a R$ 260.000,00 (R$ 1.000.000,00 / 5.000.000 x 1.300.000). **D:** considerando que a empresa já depreciou R$ 760.000,00 até 2010 (*vide* item "b"), o valor contábil será de R$ 440.000,00. **E:** Se a empresa determinou o valor recuperável de R$4 40.000,00 e o valor contábil também é de R$ 440.000,00 não há que se falar em reconhecimento de perda.

Gabarito "A"

(Auditor Fiscal da Receita Federal – 2012 – ESAF) Os gastos com a aquisição de Peças e Materiais de Consumo e Manutenção de itens do imobilizado e o de Peças e Conjunto para Reposição em Máquinas e Equipamentos são classificados:

(A) ambos como Ativo Circulante.
(B) Despesas Operacionais e Estoques.
(C) Conta de Resultado e Imobilizado.
(D) ambos como Imobilizado.
(E) Imobilizado e estoques.

Peças e Materiais de Consumo e Manutenção de itens do imobilizado – itens de pequeno valor que não alteram a vida útil dos bens. Por esse motivo não deve ter seu valor agregado ao imobilizando, sendo lançado diretamente como despesa no resultado do exercício. Peças e Conjunto para Reposição em Máquinas e Equipamentos – são itens que alteram a vida útil dos equipamentos, devendo portanto ser lançados agregando valor ao imobilizado.

Gabarito "C"

(Auditor Fiscal da Receita Federal – 2012 – ESAF) A empresa Captação S.A. emitiu debêntures para financiamento de uma nova usina de açúcar. Foram realizados gastos com advogados, consultores e bancos de investimento, no processo de estruturação da emissão e colocação no mercado dos papéis. Fundamentado nas novas normas contábeis brasileiras, referidos gastos devem ser registrados como

(A) Conta redutora do passivo não circulante (debêntures) – longo prazo.
(B) Despesas com Emissão de Debêntures, no resultado, em outras despesas.
(C) Débito de conta redutora do Capital Social – Gastos com Captação.
(D) Despesa financeira para compor o custo financeiro total da operação de captação de recursos, durante a vigência do título.
(E) Despesa antecipada, no Ativo Circulante e Não Circulante, de acordo com o período que serão geradas as receitas decorrentes do projeto.

O CPC 08 (R1) – Custos de Transação e Prêmios na Emissão de Títulos e Valores Mobiliários – define que "os custos de transação de que trata este Pronunciamento Técnico, enquanto não captados os recursos a que se referem, devem ser apropriados e mantidos em conta transitória e específica do ativo como pagamento antecipado".

Gabarito "E".

(Auditor Fiscal da Receita Federal – 2012 – ESAF) A empresa Data Power S.A. apura sobre sua folha de pagamentos administrativa de R$ 100.000,00 o total de 20% de INSS, correspondente a 12% de contribuição da parcela de responsabilidade da empresa e 8% da parcela do empregado. A empresa efetuou a contabilização de R$ 20.000,00 como despesa de INSS no resultado. Ao fazer a conciliação da conta, deve o contador

(A) considerar o lançamento correto, uma vez que a folha refere-se a despesas administrativas.
(B) estornar da despesa o valor de R$ 8.000,00, lançando a débito da conta salários a pagar.
(C) reverter da despesa o valor de R$ 12.000,00, lançando contra a conta de INSS a recolher.
(D) reconhecer mais R$ 8.000,00 a débito de despesa de INSS pertinente a parcela do empregado.
(E) lançar um complemento de R$ 12.000,00 a crédito da conta salários a pagar.

Conforme descrito na questão, a empresa lançou como despesa sua o INSS dos empregados, tendo feito portanto o seguinte lançamento:
D – Despesa de Salários – 100.000
D – Despesa com Encargos Sociais – 20.000
C – Salários a Pagar – 100.000
C – Encargos Sociais a Pagar (INSS) – 20.000

584

Para deixar os lançamentos corretos é necessário manter como despesa com encargos sociais apenas a parte patronal do INSS (R$ 12.000,00), tendo como contrapartida do ajuste um débito na conta que foi originalmente creditada (salários a pagar). O lançamento de ajuste será:
D – Salários a Pagar
C – Despesas com Encargos Sociais – 8.000

Gabarito "B".

(Auditor Fiscal da Receita Federal – 2012 – ESAF) A empresa Venus S.A., fabricante de peças para automóveis, adquiriu um terreno para aproveitar a valorização que o mercado aquecido está permitindo. A Venus também aluga o prédio lateral de sua fábrica para a *Holding* do Grupo ocupar com as suas atividades administrativas. Dessa forma, esses eventos devem ser contabilizados, respectivamente, como

(A) propriedades para investimento e arrendamento mercantil.
(B) imobilizado e imobilizado.
(C) propriedade para investimento e propriedade para investimento.
(D) investimento e propriedade para investimento.
(E) propriedade para investimento e imobilizado.

O CPC 28 – Propriedade para Investimento – define Propriedade para investimento como "a propriedade (terreno ou edifício – ou parte de edifício – ou ambos) mantida (pelo proprietário ou pelo arrendatário em arrendamento financeiro) para auferir aluguel ou para valorização do capital ou para ambas". Observa-se que o terreno adquirido pela empresa Vênus tem essas características, sendo, portanto, uma "propriedade para investimento". O mesmo CPC 28 apresenta que "em alguns casos, a entidade possui propriedade que está arrendada e ocupada por sua controladora ou por outra controlada. A propriedade não se qualifica como propriedade para investimento nas demonstrações contábeis consolidadas, porque a propriedade está ocupada pelo proprietário sob a perspectiva do grupo". Sendo assim, o prédio que a empresa Vênus aluga para a *Holding* do grupo será classificada contabilmente como investimento.

Gabarito "E".

(Auditor Fiscal da Receita Federal – 2012 – ESAF) De conformidade com a legislação societária atualizada, os saldos existentes em 31.12.2008, no Ativo Diferido, poderiam ser

(A) integralmente baixados para as contas de Despesas Não Operacionais, quando não apresentassem condições de recuperação e realocados a outros ativos, quando fosse o caso.
(B) realocados de acordo com a sua natureza e finalidade a outro grupo do ativo e reclassificados como Ajustes de Exercícios Anteriores, caso não fosse possível realizar esta realocação em bases confiáveis.
(C) reclassificados para uma conta transitória de Ajustes de Conversão, para aqueles que pudessem ser identificados em bases confiáveis e o excedente, se fosse o caso, estornados contra a conta de Ganhos/Perdas de itens Descontinuados.
(D) alocados a outro grupo de contas, de acordo com a sua natureza, ou permanecer no ativo sob esta classificação até a completa amortização, desde que sujeito à análise de imparidade.
(E) transferidos integralmente para a conta de Ajustes de Avaliação Patrimonial, deduzido da avaliação do valor recuperável.

Com a extinção do grupo diferido, os valores ali registrados passaram a ter dois tratamentos distintos: a) aqueles itens com características de ativos intangíveis (os direitos que tenham por objeto bens incorpóreos destinados à manutenção da companhia ou exercidos com essa finalidade, inclusive o fundo de comércio adquirido) passaram a ser registrados no grupo intangível, grupo incluído pela Lei 11.638/2007; b) os demais itens seguem a definição do artigo 299-A da Lei 6.404/1976, que define que "o saldo existente em 31 de dezembro de 2008 no ativo diferido que, pela sua natureza, não puder ser alocado a outro grupo de contas, poderá permanecer no ativo sob essa classificação até sua completa amortização, sujeito à análise sobre a recuperação".

Gabarito "D".

(Auditor Fiscal da Receita Federal – 2012 – ESAF) Com relação à distribuição de dividendos de sociedades abertas, pode-se afirmar que:

(A) o dividendo deverá ser pago ou creditado, salvo deliberação em contrário da assembleia geral, no prazo de sessenta dias da data em que for declarado e, em qualquer caso, dentro do exercício social.
(B) em casos nos quais o estatuto da empresa for omisso quanto à distribuição do dividendo obrigatório, o acionista minoritário terá direito a 50% do total do lucro líquido apurado no exercício, acrescido pelos saldos das reservas de lucro.
(C) a companhia que, por força de lei ou de disposição estatutária, levantar balanço semestral, não poderá declarar, por deliberação dos órgãos de administração, dividendo à conta do lucro apurado nesse balanço.

(D) a companhia somente pode pagar dividendos à conta de lucro líquido do exercício, de lucros acumulados e de reserva de lucros para proprietários de ações ordinárias.

(E) a legislação societária veta a fixação de qualquer outra forma de cálculo dos dividendos, seja de acionistas controladores ou não controladores, que não contemple no mínimo 30% dos lucros líquidos de cada exercício.

O § 3º do artigo 205 da Lei 6.404/1976 define que "o dividendo deverá ser pago, salvo deliberação em contrário da assembleia-geral, no prazo de 60 (sessenta) dias da data em que for declarado e, em qualquer caso, dentro do exercício social".

Gabarito "A"

(Auditor Fiscal da Receita Federal – 2012 – ESAF) O conjunto completo das demonstrações contábeis exigidas pelas Normas Brasileiras de Contabilidade inclui

(A) o relatório do Conselho de Administração e as Notas Explicativas, compreendendo um resumo das políticas contábeis significativas.

(B) o resumo das políticas Contábeis e o Valor Adicionado obrigatoriamente a todos os tipos de entidade.

(C) a Demonstração do Valor Adicionado, se entidade prestadora de serviços, e de Resultado Abrangente, se instituição financeira.

(D) as Demonstrações dos Fluxos de Caixa e das Mutações do Patrimônio Líquido do período.

(E) a Demonstração da Conta Lucros / Prejuízos Acumulados e o Relatório de Impacto Ambiental.

O CPC 26 (R1) – Apresentação das Demonstrações Contábeis – define que o conjunto completo de demonstrações contábeis inclui:
Balanço patrimonial ao final do período;
Demonstração do resultado do período;
Demonstração do resultado abrangente do período;
Demonstração das mutações do patrimônio líquido do período;
Demonstração dos fluxos de caixa do período;
Notas explicativas, compreendendo um resumo das políticas contábeis significativas e outras informações elucidativas; e
Balanço patrimonial do início do período mais antigo comparativamente apresentado quando a entidade aplica uma política contábil retrospectivamente ou procede à reapresentação retrospectiva de itens das demonstrações contábeis, ou ainda quando procede à reclassificação de itens de suas demonstrações contábeis.
Demonstração do valor adicionado do período (CPC 09), se exigida legalmente ou por algum órgão regulador ou mesmo se apresentada voluntariamente;
A demonstração do resultado abrangente pode ser apresentada em quadro demonstrativo próprio ou dentro das mutações do patrimônio líquido (como uma coluna da DMPL).

Gabarito "D"

(Auditor Fiscal da Receita Federal – 2012 – ESAF) A Demonstração do Resultado Abrangente deve evidenciar

(A) somente as parcelas dos resultados líquidos apurados que afetem os acionistas não controladores.

(B) parcela dos outros resultados abrangentes de empresas investidas, reconhecida por meio do método de equivalência patrimonial.

(C) ajustes de instrumentos financeiros de participações societárias avaliadas pelo método de custo.

(D) o resultado líquido após tributos das operações descontinuadas das entidades controladas.

(E) o resultado antes do imposto sobre a renda e contribuições apuradas no período.

O CPC 26 (R1) – Apresentação das Demonstrações Contábeis – define que "a demonstração do resultado abrangente deve, no mínimo, incluir as seguintes rubricas: a) resultado líquido do período; b) cada item dos outros resultados abrangentes classificados conforme sua natureza (exceto montantes relativos ao item (c); c) parcela dos outros resultados abrangentes de empresas investidas reconhecida por meio do método de equivalência patrimonial; e d) resultado abrangente do período".

Gabarito "B"

Considere as informações a seguir para responder as próximas 2 questões.

Os estatutos da Cia. Omega estabelecem que, dos lucros remanescentes, após as deduções previstas pelo artigo 189 da Lei 6.404/1976 atualizada, deverá a empresa destinar aos administradores, debêntures e empregados uma participação de 10% do lucro do exercício a cada um. Tomando como base as informações constantes da tabela abaixo:

Itens apurados em 31.12.2010	Valores em R$
Resultado apurado antes do Imposto, Contribuições e Participações	500.000,00
Valor estabelecido para Imposto de Renda e Contribuição Social	100.000,00
Saldos da conta /Prejuízos Acumulados	(150.000,00)

(Auditor Fiscal da Receita Federal – 2012 – ESAF) O valor das Participações dos Administradores é: 585

(A) R$ 40.000.

(B) R$ 36.000.

(C) R$ 32.400.

(D) R$ 22.500.

(E) R$ 20.250.

A Lei 6.404/1976 define no artigo 187, inciso VI, que as participações serão discriminadas no resultado do exercício: *"VI – as participações de debêntures, de empregados, administradores e partes beneficiárias, mesmo na forma de instrumentos financeiros, e de instituições ou fundos de assistência ou previdência de empregados, que não se caracterizem como despesa;"*. O artigo 190 completa definindo que "as participações estatutárias de empregados, administradores e partes beneficiárias serão determinadas, sucessivamente e nessa ordem, com base nos lucros que remanescerem depois de deduzida a participação anteriormente calculada". A combinação dos dois artigos indica que as participações são calculadas no resultado do exercício, antes da constituição de reservas. Sendo assim, a apuração das participações será:

Lucro antes do IR e CSLL	500.000,00
(-) IR e CS	(100.000,00)
(-) Prejuízo Acumulado	(150.000,00)
(=) Base de cálculo para participações	**250.000,00**
(-) Participação de debenturistas (10%)	(25.000,00)
(=) Base de cálculo para participação de empregados	**225.000,00**
(-) Participação de empregados (10%)	(22.500,00)
(=) Base de cálculo para participação de administradores	**202.500,00**
(-) Participação de administradores (10%)	(20.250,00)

Gabarito "E"

(Auditor Fiscal da Receita Federal – 2012 – ESAF) Pode-se afirmar que o valor do Lucro Líquido do Exercício é:

(A) R$ 350.000.
(B) R$ 332.250.
(C) R$ 291.600.
(D) R$ 182.500.
(E) R$ 141.600.

Considerando os valores apurados na questão anterior é possível montar a seguinte demonstração do resultado do exercício:

Lucro antes do IR e CSLL	500.000,00
(-) IR e CS	(100.000,00)
(-) Participação de debenturistas (10%)	(25.000,00)
(-) Participação de empregados (10%)	(22.500,00)
(-) Participação de administradores (10%)	(20.250,00)
(=) Lucro Líquido do Exercício	**332.250,00**

Gabarito "B"

(Auditor Fiscal da Receita Federal – 2012 – ESAF) Nas empresas industriais são classificados como valor adicionado recebido em transferência os

(A) resultados de equivalência patrimonial e os dividendos relativos a investimentos avaliados ao custo.
(B) dividendos de participações societárias avaliadas pelo método de equivalência e os aluguéis.
(C) dividendos distribuídos e os resultados da avaliação de ativos ao seu valor justo.
(D) juros sobre o capital próprio creditados e as receitas financeiras de qualquer natureza.
(E) gastos com ativos construídos pela empresa para uso próprio e os resultados obtidos com aquisições societárias vantajosas.

O CPC 09 – Demonstração do Valor Adicionado – define que "valor adicionado recebido em transferência representa a riqueza que não tenha sido criada pela própria entidade, e sim por terceiros, e que a ela é transferida, por exemplo: receitas financeiras, de equivalência patrimonial, dividendos, aluguel, *royalties* etc. Precisa ficar destacado, *inclusive* para evitar dupla-contagem em certas agregações". A partir desse conceito podemos julgar os itens da questão:

A: Correto, os dois itens referem-se a valores oriundos de investimentos em outras empresas; **B:** Incorreto, os dividendos de participações societárias avaliadas pelo método de equivalência já estão incluídos no resultado da equivalência patrimonial; **C:** Incorreto, o resultado da avaliação de ativos é gerado pela própria empresa; **D:** Incorreto, capital próprio creditado é uma distribuição de riqueza; **E:** Incorreto, gastos com ativos são insumos.

Gabarito "A"

(Analista Tributário da Receita Federal – 2012 – ESAF) A empresa Merendaria Maria Ltda. realizou, no banco em que é correntista, uma operação de desconto de títulos com incidência de juros. O lançamento necessário para contabilizar essa operação no Diário da empresa deverá ser

(A) Bancos c/Movimento
a Diversos
a Duplicatas Descontadas xxx,xx
a Encargos da Operação x,xx xxx,xx

(B) Diversos
a Duplicatas Descontadas
Banco c/Movimento xxx,xx
Encargos da operação x,xx xxx,xx

(C) Bancos c/ Movimento
a Diversos
a Duplicatas a Receber xxx,xx
a Encargos da Operação x,xx xxx,xx

(D) Diversos
a Duplicatas a Receber
Bancos c/Movimento xxx,xx
Encargos da Operação x,xx xxx,xx

(E) Duplicatas Descontadas
a Duplicatas a Receber xxx,xx
e
Encargos da Operação
a Bancos c/Movimento x,xx

Quando do desconto de títulos, a empresa receberá do banco o montante líquido de encargos (débito em banco conta movimento). Já os encargos são lançados na conta de despesa (débito em Encargos da operação). A contrapartida desses lançamentos será a baixa do título descontado, que ocorrerá a crédito de uma conta de passivo (crédito em Duplicatas descontadas). O lançamento da operação será, portanto:
Débito: Banco Conta Movimento
Débito: Encargos da Operação
Crédito: Duplicatas Descontadas

Gabarito "B"

(Analista Tributário da Receita Federal – 2012 – ESAF) Uma empresa, cujo livro Razão contém essas contas, apresentou os seguintes saldos para compor o balanço patrimonial em 31/12/2011.

01 – Ações de Coligadas	10.000,00
02 – Aluguéis pagos Antecipadamente	1.200,00
03 – Bancos c/Movimento	20.000,00
04 – Bancos c/Poupança	6.000,00
05 – Caixa	3.000,00
06 – Capital a Integralizar	12.000,00
07 – Capital Social	55.000,00
08 – Clientes	9.000,00
09 – Contas a Receber	11.000,00
10 – Depreciação Acumulada	3.500,00
11 – Despesa de Organização	2.500,00
12 – Despesas Pré-Operacionais	2.000,00
13 – Duplicatas a Pagar	25.000,00
14 – Duplicatas a Receber	15.000,00
15 – Duplicatas Descontadas	8.000,00
16 – Empréstimos a Coligadas	6.500,00
17 – Empréstimos Bancários	32.000,00
18 – Endosso para Desconto	8.000,00
19 – Móveis e Utensílios	21.000,00

20 – Prov. p/Créditos de Liquidação Duvidosa	1.000,00
21 – Provisão para Férias	3.000,00
22 – Provisão para Imposto de Renda	4.500,00
23 – Reserva Legal	2.000,00
24 – Seguros a Vencer	1.800,00
25 – Títulos Endossados	8.000,00
26 – Títulos a Receber	13.000,00

Ao elaborar o balanço patrimonial a empresa vai apresentar um Ativo Circulante no valor de

(A) R$ 58.000,00.
(B) R$ 68.000,00.
(C) R$ 69.800,00.
(D) R$ 71.000,00.
(E) R$ 79.000,00.

Dentre as contas contábeis elencadas pela questão, apenas as apresentadas a seguir compõem o ativo circulante:

Conta Contábil	Valor
02 – Aluguéis Pagos Antecipadamente	1.200,00
03 – Bancos c/Movimento	20.000,00
04 – Bancos c/Poupança	6.000,00
05 – Caixa	3.000,00
08 – Clientes	9.000,00
09 – Contas a Receber	11.000,00
14 – Duplicatas a Receber	15.000,00
20 – Prov. p/Créditos de Liquidação Duvidosa	-1.000,00
24 – Seguros a Vencer	1.800,00
25 – Títulos Endossados	-8.000,00
26 – Títulos a Receber	13.000,00
TOTAL	**71.000,00**

Gabarito "E".

(Analista de Normas Contábeis e Auditoria/CVM – 2010 – ESAF) A empresa Comercial de Bolas e Balas Ltda. mandou elaborar um balancete de verificação com as seguintes contas e saldos constantes do livro Razão Geral:

Contas	Saldos
Caixa	13.000,00
Depreciação Acumulada	2.000,00
Títulos a Pagar	80.000,00
Salários e Ordenados	1.600,00
Bancos – Conta Movimento	74.000,00
Receitas de Serviços	14.400,00
Computadores e Periféricos	16.000,00
Despesas de Transporte	700
Salários a Pagar	1.000,00
Capital Social	160.000,00
Provisão p/Créditos de Liquidação Duvidosa	600
Capital a Realizar	18.000,00
Duplicatas Descontadas	10.000,00
Provisão p/FGTS	800
Aluguéis Passivos a Vencer	1.500,00
Imóveis	110.000,00
Clientes	34.000,00

Elaborada referida peça contábil de acordo com a solicitação, foi constatado o fechamento do balancete com o seguinte saldo total:

(A) R$ 537.600,00
(B) R$ 268.800,00
(C) R$ 223.300,00
(D) R$ 233.300,00
(E) R$ 134.400,00

A questão poderia ter sido facilmente resolvida a partir da lógica de que o equilíbrio das contas contábeis exige que do somatório das contas apresente-se metade do valor com saldo credor e a outra metade com saldo devedor. Como o somatório de todas as contas era igual a R$ 537.600,00, podemos concluir que o balancete de verificação apresentaria o valor de débitos e créditos igual a R$268.800,00 (R$537.600,00/2). Quem optasse por classificar cada uma das contas, obteria o resultado a seguir.

Contas	Devedor	Credor
Caixa	13.000,00	
Depreciação Acumulada		2.000,00
Títulos a Pagar		80.000,00
Salários e Ordenados	1.600,00	
Bancos – Conta Movimento	74.000,00	
Receitas de Serviços		14.400,00
Computadores e Periféricos	16.000,00	
Despesas de Transporte	700,00	
Salários a Pagar		1.000,00
Capital Social		160.000,00
Provisão p/Créditos de Liquidação Duvidosa		600,00
Capital a Realizar	18.000,00	
Duplicatas Descontadas		10.000,00
Provisão p/FGTS		800,00
Aluguéis Passivos a Vencer	1.500,00	
Imóveis	110.000,00	
Clientes	34.000,00	
TOTAL	**268.800,00**	**268.800,00**

A conta que poderia trazer alguma dificuldade de classificação para o candidato seria "Aluguéis Passivos a Vencer". Tal conta representa um ativo, uma despesa antecipada, referente a aluguéis pagos antecipadamente.

Gabarito "B".

(Analista de Normas Contábeis e Auditoria/CVM – 2010 – ESAF) O Banco do Brasil emitiu aviso de débito comunicando à empresa Fermônio S/A a quitação de uma de suas duplicatas da Carteira de Desconto, no valor de R$ 2.000,00.

Ao receber tal aviso, a empresa tomadora do empréstimo contabilizou o evento, lançando:

(A) débito em Duplicatas Descontadas e crédito em Bancos conta Movimento.

(B) débito em Duplicatas a Receber e crédito em Duplicatas Descontadas.

(C) débito em Bancos conta Movimento e crédito em Duplicatas Descontadas.

(D) débito em Bancos conta Movimento e crédito em Duplicatas a Receber.

(E) débito em Duplicatas Descontadas e crédito em Duplicatas a Receber.

Quando do desconto da duplicata, a empresa efetuou o seguinte lançamento contábil:

Débito – Banco Conta Movimento

Crédito –Duplicatas descontadas (conta redutora do ativo)

O momento da quitação desta duplicata descontada demonstra que o Banco que tinha a posse do título recebeu seu valor. Sendo assim, não existe mais a possibilidade de a empresa ter que arcar com o pagamento do título (caso de não pagamento pelo emissor da duplicata), bem como não mais receberá o valor referente à duplicata descontada (já recebida do banco quando do desconto). Sendo assim, há que se fazer a baixa do título e do desconto da duplicata, conforme o lançamento a seguir:

Débito – Duplicatas descontadas (baixa da conta redutora)

Crédito – Duplicatas a receber (baixa do ativo)

Gabarito "E".

(Analista de Normas Contábeis e Auditoria/CVM – 2010 – ESAF) A empresa Struturas & Modelos S/A, no fim do exercício social, apresentou as seguintes contas e saldos:

Contas	
01 – Caixa	690
02 – Receita de Vendas	8.000,00
03 – Fornecedores	2.700,00
04 – Bancos conta Movimento	1.200,00
05 – Aluguéis Ativos	200
06 – Duplicatas a Pagar	1.600,00
07 – Clientes	1.700,00
08 – Salários e Ordenados	800
09 – Empréstimos Bancários	4.900,00
10 – Duplicatas a Receber	2.300,00
11 – Aluguéis Passivos	240
12 – Provisão p/FGTS	90
13 – Duplicatas Descontadas	700
14 – Custo das Mercadorias Vendidas	4.300,00
15 – Provisão p/Imposto de Renda	110
16 – Mercadorias	3.000,00
17 – ICMS a Recolher	230
18 – Provisão p/Ajuste de Estoques	80
19 – Capital Social	5.300,00
20 – Provisão p/Devedores Duvidosos	110
21 – Capital a Realizar	300
22 – Juros Passivos	220
23 – Despesas Antecipadas	400
24 – Reserva Legal	300
25 – Móveis e Utensílios	2.900,00
26 – Reservas Estatutárias	280
27 – Veículos	5.700,00
28 – ICMS sobre Vendas	1.500,00
29 – Depreciação	900
30 – Juros Ativos	150
31 – Depreciação Acumulada	1.400,00

Do resultado do exercício, a empresa destinou R$ 190,00 para imposto de renda e o restante para reservas de lucros.

Contabilizado o resultado do exercício e a distribuição do lucro, pode-se dizer que das contas apresentadas surgirá um patrimônio líquido de

(A) R$ 5.580,00

(B) R$ 5.770,00

(C) R$ 5.780,00

(D) R$ 5.880,00

(E) R$ 5.970,00

A partir das contas contábeis elencadas no exercício, é possível concluir que o resultado do exercício foi de R$390,00, conforme detalhado a seguir:

Contas	Saldos
02 – Receita de Vendas	8.000,00
05 – Aluguéis Ativos	200,00
14 – Custo das Mercadorias Vendidas	(4.300,00)
28 – ICMS sobre Vendas	(1.500,00)
30 – Juros Ativos	150,00
08 – Salários e Ordenados	(800,00)
11 – Aluguéis Passivos	(240,00)
22 – Juros Passivos	(220,00)
29 – Depreciação	(900,00)
Resultado do Exercício	**390,00**

Deste resultado, R$190,00 foi destinado ao pagamento de imposto de renda, saindo, portanto, do patrimônio líquido. Sendo assim, do resultado do exercício, R$200,00 permaneceram no patrimônio líquido (reserva de lucros).

O patrimônio líquido existente antes da apuração do resultado era de R$..... , conforme detalhado a seguir:

Contas	Saldos
19 – Capital Social	5.300,00
21 – Capital a Realizar	(300,00)
24 – Reserva Legal	300,00
26 – Reservas Estatutárias	280,00
Resultado do Exercício	**5.580,00**

Somando o patrimônio existente (R$5.580,00) com a parte do resultado do exercício que permaneceu no patrimônio líquido (R$200,00), temos um patrimônio líquido de R$5.780,00.

Gabarito "C".

(Analista de Normas Contábeis e Auditoria/CVM – 2010 – ESAF) A empresa Modelos & Struturas S/A, no fim do exercício social, apresentou as seguintes contas e saldos:

Contas	Saldos
01 – Receita de Vendas	8.000,00
02 – Fornecedores	2.700,00
03 – Bancos conta Movimento	1.800,00
04 – Aluguéis Ativos	200,00
05 – Duplicatas a Pagar	1.600,00
06 – Clientes	1.700,00
07 – Salários e Ordenados	800,00
08 – Empréstimos Bancários	4.900,00
09 – Duplicatas a Receber	2.300,00
10 – Aluguéis Passivos	240,00
11 – ICMS sobre Compras	1.200,00
12 – Provisão p/FGTS	200,00
13 – Duplicatas Descontadas	700,00
14 – Compras de Mercadorias	6.000,00
15 – Depreciação Acumulada	1.400,00
16 – Mercadorias – estoque inicial	2.500,00
17 – ICMS a Recolher	230,00
18 – Provisão p/Ajuste de Estoques	80,00
19 – Capital Social	5.300,00
20 – Provisão p/Devedores Duvidosos	110,00
21 – Capital a Realizar	300,00
22 – Juros Passivos	200,00
23 – Despesas Antecipadas	400,00
24 – Reserva Legal	580,00
25 – Móveis e Utensílios	2.900,00
26 – Juros Ativos	150,00
27 – Veículos	5.700,00
28 – ICMS sobre Vendas	1.500,00
29 – Depreciação	900,00

O inventário de mercadorias no fim do exercício acusou um estoque final de mercadorias de R$ 3.000,00.

Do resultado do exercício, a empresa destinou R$ 190,00 para imposto de renda e o restante para reservas de lucros.

Após a contabilização, a Demonstração do Resultado do Exercício evidenciará um

(A) Custo da mercadoria vendida de R$ 5.500,00.
(B) Lucro operacional bruto de R$ 3.700,00.
(C) Lucro operacional líquido de R$ 2.200,00.
(D) Lucro líquido de exercício de R$ 410,00.
(E) Lucro líquido de exercício de R$ 220,00.

Para resolver a questão precisaremos inicialmente apurar o custo da mercadoria vendida através da fórmula: CMV = Estoque Inicial + Compras – Estoque Final. Lembrando que as compras da fórmula são compras líquidas, ou seja, já deduzidas do ICMS sobre compras (registrado em outra conta do ativo por se tratar de um imposto não cumulativo). Sendo assim, teremos: CMV = 2.500,00 + (6.000,00 – 1.200,00) – 3.000,00 = R$4.300,00.

Agora já é possível montar o resultado do exercício:

Receita de Vendas	8.000,00
ICMS sobre Vendas	(1.500,00)
CMV	(4.300,00)
Aluguéis Passivos	(240,00)
Aluguéis Ativos	200,00
Salários e Ordenados	(800,00)
Juros Passivos	(200,00)
Juros Ativos	150,00
Depreciação	(900,00)
Lucro Líquido	**410,00**

Gabarito "D".

(Analista de Normas Contábeis e Auditoria/CVM – 2010 – ESAF) A empresa Atividade Tributada S/A apurou, ao fim do exercício social, os seguintes componentes de resultados:

Receitas tributáveis	80.000,00
Despesas dedutíveis	58.200,00
Receitas Não Tributáveis	9.600,00
Despesas não dedutíveis	4.600,00
Contribuição Social sobre o lucro líquido	2.400,00

Imposto de Renda 15%

O saldo de prejuízos fiscais a compensar, conforme apuração na demonstração do lucro real de períodos anteriores e registrado no livro próprio, monta a R$ 10.000,00.

Com base nas informações acima, calcule o imposto de renda a provisionar e indique o seu valor.

(A) R$ 3.360,00
(B) R$ 3.270,00
(C) R$ 2.541,00
(D) R$ 2.289,00
(E) R$ 1.770,00

Sobre a questão, é importante ressaltar que os dados referentes a "Receitas Não Tributáveis", "Despesas não dedutíveis" e "Contribuição Social sobre o lucro líquido" não são utilizados por não entrarem na base de cálculo do imposto de renda.

Para iniciar o cálculo do imposto de renda a provisionar devemos encontrar o lucro ajustado, que na questão será encontrado a partir da fórmula: Receitas Tributáveis – Despesas Dedutíveis, sendo, portanto, R$21.800,00 (R$80.000,00 – R$58.200,00). Sobre este valor de lucro ajustado é calculado o limite para compensação de prejuízos fiscais, que é de 30%, representando na questão R$6.540,00 (30% de R$21.800).

Sendo assim, a base de cálculo do imposto de renda será igual a R$15.620,00 (R$21.800,00 – R$6.540). Aplicando sobre este valor o percentual de 15% de imposto de renda, teremos um imposto devido igual a R$2.289,00.

Gabarito "D"

(Analista de Normas Contábeis e Auditoria/CVM – 2010 – ESAF) Assinale a opção que não corresponde à verdade.

Entre as definições contidas nas resoluções do Conselho Federal de Contabilidade para o correto reconhecimento e mensuração de estoques, encontramos a seguinte:

(A) Valor realizável líquido é o preço de venda estimado no curso normal dos negócios deduzido dos custos estimados para sua conclusão e dos gastos estimados necessários para se concretizar a venda.
(B) Valor justo é aquele pelo qual um ativo pode ser trocado ou um passivo liquidado entre partes interessadas, conhecedoras do negócio e independentes entre si, com ausência de fatores que pressionem para a liquidação da transação ou que caracterizem uma transação compulsória.
(C) O valor realizável líquido refere-se à quantia líquida que a entidade espera realizar com a venda do estoque no curso normal dos negócios.
(D) O valor justo reflete a quantia pela qual o mesmo estoque pode ser trocado entre compradores e vendedores conhecedores e dispostos a isso.
(E) O valor justo é um valor específico para a entidade, ao passo que o valor realizável líquido não é. Por isso, o valor realizável líquido dos estoques pode não ser equivalente ao valor justo deduzido dos gastos necessários para a respectiva venda.

A: O CPC 16 (R1) – Estoques define que "valor realizável líquido é o preço de venda estimado no curso normal dos negócios deduzido dos custos estimados para sua conclusão e dos gastos estimados necessários para se concretizar a venda". **B:** O CPC 16 (R1) – Estoques define que "valor justo é aquele pelo qual um ativo pode ser trocado ou um passivo liquidado entre partes interessadas, conhecedoras do negócio e independentes entre si, com ausência de fatores que pressionem para a liquidação da transação ou que caracterizem uma transação compulsória". **C:** O CPC 16 (R1) – Estoques define que "o valor realizável líquido refere-se à quantia líquida que a entidade espera realizar com a venda do estoque no curso normal dos negócios". **D:** O CPC 16 (R1) – Estoques define que "o valor justo reflete a quantia pela qual o mesmo estoque pode ser trocado entre compradores e vendedores conhecedores e dispostos a isso". **E:** O CPC 16 (R1) – Estoques define que o valor realizável líquido "é um valor específico para a entidade" e o que valor justo não é. Por isso, o valor realizável líquido dos estoques pode não ser equivalente ao valor justo deduzido dos gastos necessários para a respectiva venda.

Gabarito "E"

(Analista de Normas Contábeis e Auditoria/CVM – 2010 – ESAF) Assinale a opção que não corresponde à verdade.

O Conselho Federal de Contabilidade – CFC aprovou a Resolução NBC T 19.20, relativa a Estoques, para entrar em vigor a partir de 1º de janeiro de 2010. Referida resolução leciona que:

(A) o valor de custo do estoque deve incluir todos os custos de aquisição e de transformação, bem como outros custos incorridos para trazer os estoques à sua condição e localização atuais.
(B) os estoques, objeto desta Norma, devem ser mensurados pelo valor de custo ou pelo valor realizável líquido, dos dois o menor.
(C) o custo de aquisição dos estoques compreende o preço de compra, os impostos de importação e outros tributos, os custos de transporte, seguro, manuseio e outros, deduzido de descontos comerciais, abatimentos e outros itens semelhantes.
(D) o custo dos estoques que não possa ser avaliado pelo valor específico deve ser atribuído pelo uso do critério primeiro a entrar, primeiro a sair (PEPS), último a entrar, primeiro a sair (UEPS) ou pelo critério do custo médio ponderado.
(E) Os custos de transformação de estoques incluem os custos diretamente relacionados com as unidades produzidas e a alocação sistemática de custos indiretos de produção, que sejam incorridos para transformar os materiais em produtos acabados.

A: A NBC T 19.20 define que "o valor de custo do estoque deve incluir todos os custos de aquisição e de transformação, bem como outros custos incorridos para trazer os estoques à sua condição e localização atuais". **B:** A NBC T 19.20 define que "os estoques objeto desta Norma devem ser mensurados pelo valor de custo ou pelo valor realizável líquido, dos dois o menor". **C:** A NBC T 19.20 define que: "O custo de aquisição dos estoques compreende o preço de compra, os impostos de importação e outros tributos, bem como os custos de transporte, seguro, manuseio e outros diretamente atribuíveis à aquisição de produtos acabados, materiais e serviços. Descontos comerciais, abatimentos e outros itens semelhantes devem ser deduzidos na determinação do custo de aquisição". **D:** A NBC T 19.20 define que o custo dos estoques deve ser atribuído pelo "uso do critério primeiro a entrar, primeiro a sair (PEPS) ou pelo critério do custo médio ponderado". Sendo assim, observa-se que não é possível a atualização do critério último a entrar, primeiro a sair (UEPS). **E:** A NBC T 19.20 define que "os custos de transformação de estoques incluem os custos diretamente relacionados com as unidades produzidas ou com as linhas de produção, como pode ser o caso da mão de obra direta. Também incluem a alocação sistemática de custos indiretos de produção, fixos e variáveis, que sejam incorridos para transformar os materiais em produtos acabados".

Gabarito "D"

(Analista de Normas Contábeis e Auditoria/CVM – 2010 – ESAF) A CIA. Dascartas é controladora da empresa Quatro Ases, pois possui 56% de seu capital votante.

Ao fim do exercício social, Quatro Ases apurou um lucro líquido de R$ 100.000,00, após os tributos, participações, reservas e outros ajustes cabíveis, e, dele, destinou 25% para pagamento de dividendos a seus acionistas.

O fato narrado provocou mutações no patrimônio da empresa controladora Dascartas, que mandou promover o competente registro contábil, debitando a conta

(A) Caixa a crédito de Receitas de Dividendos.
(B) Dividendos a Receber a crédito de Investimentos
(C) Dividendos a Receber a crédito de Receitas da Equivalência Patrimonial.
(D) Dividendos a Receber a crédito de Receitas de Dividendos.
(E) Investimentos a crédito de Dividendos a Receber.

O artigo 248 da lei 6.404/76 define que, no balanço patrimonial da companhia, os investimentos em coligadas ou em controladas e em outras sociedades que façam parte de um mesmo grupo ou estejam sob controle comum serão avaliados pelo método da equivalência patrimonial. Já o § 2º do artigo 243 da referida lei define que "considera-se controlada a sociedade na qual a controladora, diretamente ou através de outras controladas, é titular de direitos de sócio que lhe assegurem, de modo permanente, preponderância nas deliberações sociais e o poder de eleger a maioria dos administradores".
Como a Cia. Dascartas controladora da empresa Quatro Ases, o investimento será avaliado pelo método de equivalência patrimonial. Nesse método as variações no patrimônio líquido da investida são imediatamente refletidas no saldo da conta investimento da investidora. O pagamento de dividendos da empresa investida representa uma redução de seu patrimônio, sendo que essa redução deve se refletir no saldo da conta investimento na investidora. A redução na conta investimento terá como contrapartida o registro do direito a receber (a entrada de recursos no caixa da empresa investida).
Sendo assim, teremos o seguinte lançamento contábil:
Débito – Dividendos a receber
Crédito – Investimentos
Gabarito "B".

(Analista de Normas Contábeis e Auditoria/CVM – 2010 – ESAF) A empresa Modistas da Moda S/A tem um histórico de perdas no recebimento de seus créditos, por isso não costuma negligenciar a utilização de provisão para riscos de crédito.

Sob esse aspecto, verificamos que do balanço patrimonial de 2008 constou a conta Provisão para Devedores Duvidosos com saldo de R$ 2.300,00. Ao longo do exercício de 2009 foram comprovadas perdas efetivas no recebimento de créditos, no valor de R$ 1.100,00, e a estimativa de perdas que se faz para 2010 monta a R$ 1.800,00.

Com base nessas informações, pode-se dizer que a empresa deverá lançar na Demonstração do Resultado do Exercício, relativa a 2009, uma despesa provisionada para risco de crédito no montante de

(A) R$ 3.000,00
(B) R$ 2.900,00
(C) R$ 1.800,00
(D) R$ 1.100,00
(E) R$ 600,00

As perdas do exercício de 2009 (R$1.100,00) já estavam provisionadas e por esse motivo a baixa desses títulos (crédito em Contas a Receber) teve como contrapartida uma redução (débito) da conta redutora Provisões para Devedores Duvidosos. Dessa forma, a provisão que tinha saldo de R$2.300,00 passou a ter saldo de R$1.200,00. Como a expectativa de perdas é de R$1.800,00, deverá a empresa provisionar o montante de R$600,00.
Gabarito "E".

(Analista de Normas Contábeis e Auditoria/CVM – 2010 – ESAF) Entre as afirmativas abaixo, apenas uma não expressa a verdade. Indique-a, assinalando a opção que a contém.

Em relação à norma NBC T 19.31 – Benefícios a empregados, podemos dizer que ela

(A) tem como objetivo estabelecer a contabilização e divulgação dos benefícios concedidos aos empregados.
(B) determina que a entidade deve reconhecer um passivo quando o empregado prestar um serviço em troca de benefícios a serem pagos no futuro.
(C) aplica-se a todos os benefícios concedidos a empregados, exceto aqueles cujo pagamento é baseado em ações, que é tratado em outro texto.
(D) trata, inclusive, das demonstrações contábeis dos planos de benefícios a empregados e dos fundos de pensão e assemelhados.
(E) exige que uma despesa seja contabilizada quando a entidade se utilizar do benefício econômico proveniente do serviço recebido em troca de benefícios a empregado.

A: A NBC T 19.31 define que o objetivo da norma é "estabelecer a contabilização e a divulgação dos benefícios concedidos aos empregados". **B:** A NBC T 19.31 exige que a entidade reconheça "um passivo quando o empregado prestou o serviço em troca de benefícios a serem pagos no futuro".
C: A NBC T 19.31 define que a norma "deve ser aplicada pela entidade empregadora/patrocinadora na contabilização de todos os benefícios concedidos a empregados, exceto aqueles aos quais se aplica a NBC T 19.15 – Pagamento Baseado em Ações". **D:** O item está incorreto, pois a NBC T 19.31 define que a norma "deve ser aplicada pela entidade empregadora/patrocinadora na contabilização de todos os benefícios concedidos a empregados". **E:** A NBC T 19.31 exige que a entidade reconheça "uma despesa quando a entidade se utiliza do benefício econômico proveniente do serviço recebido do empregado em troca de benefícios a esse empregado".
Gabarito "D".

(Analista de Normas Contábeis e Auditoria/CVM – 2010 – ESAF) Entre as opções abaixo, assinale aquela que contém uma resposta errada.

Determinada empresa de capital fechado, que não tem títulos de dívida negociados em mercado de capitais, estando interessada em divulgar algumas informações por segmento, nos termos do IFRS 8 e do CPC 22, indagou a um especialista se isto era possível.

A resposta obtida foi no sentido de que essa empresa, por suas características informadas:

(A) não está obrigada a divulgar informações por segmento.

(B) não pode divulgar quaisquer informações por segmento.
(C) não pode divulgar "algumas" informações por segmento, apenas.
(D) ou divulga tudo que é requerido ou não divulga qualquer informação.
(E) os princípios do CPC 22/IFRS 8 devem ser aplicados em sua plenitude.

O CPC 22 – Informações por Segmento define que "se a entidade que não é obrigada a aplicar este Pronunciamento optar por divulgar informações sobre segmentos que não estiverem de acordo com este Pronunciamento, não deve classificá-las como informações por segmento".

Gabarito "B"

(Auditor Fiscal da Receita Federal – 2010 – ESAF) A firma comercial Alvorada Mineira Ltda. adquiriu um bem de uso por R$ 6.000,00, pagando uma entrada de 25% em dinheiro e financiando o restante em três parcelas mensais e iguais. A operação foi tributada com ICMS de 12%.

Ao ser contabilizada a operação acima, o patrimônio da firma Alvorada evidenciará um aumento no ativo no valor de:

(A) R$ 6.720,00.
(B) R$ 4.500,00.
(C) R$ 5.220,00.
(D) R$ 5.280,00.
(E) R$ 3.780,00.

Ao adquirir o bem por R$6.000 a empresa aumentou seu ativo permanente no mesmo montante e reduziu o caixa em R$1.500, decorrente do pagamento de 25% à vista, resultando num aumento líquido de R$4.500 no ativo. A informação sobre o ICMS é irrelevante.

Gabarito "B"

(Auditor Fiscal da Receita Federal – 2010 – ESAF) A quitação de títulos com incidência de juros ou outros encargos deve ser contabilizada em lançamentos de segunda ou de terceira fórmulas, conforme o caso, pois envolve, ao mesmo tempo, contas patrimoniais e de resultado. Especificamente, o recebimento de duplicatas, com incidência de juros, deve ter o seguinte lançamento contábil:

(A) débito de duplicatas e de juros e crédito de caixa.
(B) débito de duplicatas e crédito de caixa e de juros.
(C) débito de caixa e crédito de duplicatas e de juros.
(D) débito de caixa e de duplicatas e crédito de juros.
(E) débito de juros e de caixa e crédito de duplicatas.

O recebimento de duplicatas implicará e um débito na caixa, representando a entrada do dinheiro na empresa, um crédito em duplicatas a receber, representando a baixa do valor a receber, e um crédito na conta de receita de juros.

Gabarito "C"

(Auditor Fiscal da Receita Federal – 2010 – ESAF) A firma Comercial de Produtos Frutíferos Ltda., que encerra seu exercício social no último dia do ano civil, contabilizou por duas vezes o mesmo fato contábil em 31/10/2008, caracterizando o erro de escrituração conhecido como duplicidade de lançamento. Esse erro só foi constatado no exercício seguinte.

Os lançamentos foram feitos a débito de conta do resultado e a crédito de conta do passivo circulante. Em face dessa ocorrência, pode-se dizer que, no balanço patrimonial de 31/12/2008:

(A) a situação líquida da empresa foi superavaliada.
(B) o ativo circulante da empresa foi subavaliado.
(C) o passivo circulante da empresa apresentou uma redução indevida.
(D) o patrimônio líquido da empresa apresentou uma redução indevida.
(E) a situação líquida da empresa não foi afetada.

O lançamento descrito na questão representou para a empresa ao final do exercício um valor superavaliado do passivo circulante, devido ao crédito indevido, e um valor subavaliado do resultado, devido ao débito indevido. Este débito, ao reduzir a receita, reduziu consequentemente o patrimônio líquido da empresa.

Gabarito "D"

(Auditor Fiscal da Receita Federal – 2010 – ESAF) A empresa Revendedora S.A. alienou dois veículos de sua frota de uso, por R$ 29.000,00, à vista.

O primeiro desses carros já era da empresa desde 2005, tendo entrado no balanço de 2007 com saldo de R$ 25.000,00 e depreciação acumulada de 55%.

O segundo veículo foi comprado em primeiro de abril de 2008 por R$ 10.000,00, não tendo participado do balanço do referido ano de 2007.

A empresa atualiza o desgaste de seus bens de uso em períodos mensais.

Em 30 de setembro de 2008, quando esses veículos foram vendidos, a empresa registrou seus ganhos ou perdas de capital com o seguinte lançamento de fórmula complexa:

(A)

Diversos		
a Diversos		
Caixa	29.000,00	
Perdas de Capital	6.000,00	35.000,00
a Veículo "A"	25.000,00	
a Veículo "B"	10.000,00	35.000,00

(B)

Diversos		
a Diversos		
Caixa	29.000,00	
Depreciação Acumulada	18.500,00	47.500,00
a Veículos	35.000,00	
a Ganhos de Capital	12.500,00	47.500,00

(C)

Diversos		
a Diversos		
Caixa	29.000,00	
Depreciação Acumulada	17.500,00	46.500,00
a Veículos	35.000,00	
a Ganhos de Capital	11.500,00	46.500,00

(D)

Diversos		
a Diversos		
Caixa	29.000,00	
Depreciação Acumulada	13.750,00	42.750,00
a Veículos	35.000,00	
a Ganhos de Capital	7.750,00	42.750,00

(E)

Diversos		
a Diversos		
Caixa	29.000,00	
Depreciação Acumulada	19.000,00	48.000,00
a Veículos	35.000,00	
a Ganhos de Capital	13.000,00	48.000,00

Se o primeiro veículo entrou o ano de 2007 com 55% depreciado significa dizer que já havia sido depreciado 33 meses até aquela data. A seguir estão os cálculos da depreciação até o momento da venda.

	Veículo 1	Veículo 2
Valor do bem	25.000,00	10.000,00
Vida útil (em meses)	60	60
Depreciação mensal (valor depreciável ÷ vida útil)	416,67	166,67
Meses da data da compra a 30/9/2008	42	6
Depreciação acumulada (data da compra a 30/9/2008)	17.500,00	1.000,00
Valor contábil líquido (valor do bem – depreciação acumulada)	7.500,00	9.000,00

Considerando os dados apresentados, é possível concluir que o ganho obtido com a venda foi de R$12.500 (R$29.000 do preço de venda subtraído do valor contábil líquido de R$16.500). O lançamento contábil correto apresenta a entrada no caixa (débito) de R$29.000, a baixa (crédito) do ativo no valor de R$35.000, a baixa (débito)da depreciação acumulada no valor de R$18.500 e o ganho de capital de R$12.500.

Gabarito "B".

(Auditor Fiscal da Receita Federal – 2010 – ESAF) A diminuição do valor dos elementos do ativo será registrada periodicamente nas contas de:

(A) provisão para perdas prováveis, quando corresponder à perda por ajuste ao valor provável de realização,quando este for inferior.

(B) depreciação, quando corresponder à perda do valor de capital aplicado na aquisição de direitos da propriedade industrial ou comercial.

(C) exaustão, quando corresponder à perda de valor dos direitos que têm por objeto bens físicos sujeitos a desgaste ou perda de utilidade por uso, ação da natureza ou obsolescência.

(D) provisão para ajuste ao valor de mercado, quando corresponder à perda pelo ajuste do custo de aquisição ao valor de mercado, quando este for superior.

(E) amortização, quando corresponder à perda de valor, decorrente da exploração de direitos cujo objeto sejam recursos minerais ou florestais, ou bens aplicados nessa exploração.

A: em concordância com o artigo 183 da Lei 6.404/1976; **B:** o § 2º do artigo 183 da Lei 6.404/1976 define que a depreciação será utilizada "quando corresponder à perda do valor dos direitos que têm por objeto bens físicos sujeitos a desgaste ou perda de utilidade por uso, ação da natureza ou obsolescência"; **C:** o § 2º do artigo 183 da Lei 6.404/1976 define que a exaustão será utilizada "quando corresponder à perda do valor, decorrente da sua exploração, de direitos cujo objeto sejam recursos minerais ou florestais, ou bens aplicados nessa exploração"; **D:** a provisão para ajuste ao valor de mercado será utilizada quando o valor de mercado for inferior ao custo de aquisição (artigo 183 da Lei 6.404/1976); **E:** o § 2º do artigo 183 da Lei 6.404/1976 define que a amortização será utilizada "quando corresponder à perda do valor do capital aplicado na aquisição de direitos da propriedade industrial ou comercial e quaisquer outros com existência ou exercício de duração limitada, ou cujo objeto sejam bens de utilização por prazo legal ou contratualmente limitado".

Gabarito "A".

(Auditor Fiscal da Receita Federal – 2010 – ESAF) A relação seguinte refere-se aos títulos contábeis constantes do livro Razão da empresa comercial Concórdia Sociedade Anônima, e respectivos saldos, em 31 de dezembro de 2008:

Conta	Saldo
01 – Bancos Conta Movimento	17.875,00
02 – Bancos Conta Empréstimos	50.000,00
03 – Conta Mercadorias	42.500,00
04 – Capital Social	105.000,00
05 – Móveis e Utensílios	280.000,00
06 – ICMS a Recolher	7.500,00
07 – Custo das Mercadorias Vendidas (CMV)	212.500,00
08 – Salários e Ordenados	10.000,00
09 – Contribuições de Previdência	3.750,00
10 – Despesas com Créditos de Liquidação Duvidosa	3.500,00
11 – Depreciação Acumulada	44.800,00
12 – Retenção de Lucros	51.200,00
13 – Vendas de Mercadorias	352.000,00
14 – Impostos e Taxas	2.200,00
15 – PIS e COFINS	8.625,00
16 – ICMS sobre vendas	52.500,00
17 – Pró-labore	7.600,00
18 – Fornecedores	157.750,00
19 – PIS e COFINS a Recolher	1.800,00
20 – Duplicatas a Receber	100.000,00
21 – Encargos de Depreciação	32.000,00
22 – Provisão para Créditos de Liquidação Duvidosa	3.000,00

Ao elaborar o balancete geral de verificação, no fim do exercício social, com as contas e saldos apresentados, a empresa, certamente, encontrará:

(A) um balancete fechado em R$ 773.050,00.
(B) um saldo credor a menor em R$ 100.000,00.
(C) um saldo devedor a maior em R$ 25.600,00.
(D) um endividamento de R$ 167.050,00.
(E) um lucro com mercadorias de R$ 137.500,00.

Classificando as contas da questão temos o seguinte quadro:

Conta contábil	Débito	Crédito
01 – Bancos Conta Movimento	17.875,00	
02 – Bancos Conta Empréstimos		50.000,00
03 – Conta Mercadorias	42.500,00	
04 – Capital Social		105.000,00
05 – Móveis e Utensílios	280.000,00	
06 – ICMS a Recolher		7.500,00
07 – Custo das Mercadorias Vendidas (CMV)	212.500,00	
08 – Salários e Ordenados	10.000,00	
09 – Contribuições de Previdência	3.750,00	
10 – Despesas com Créditos de Liquidação Duvidosa	3.500,00	
11 – Depreciação Acumulada		44.800,00
12 – Retenção de Lucros		51.200,00
13 – Vendas de Mercadorias		352.000,00
14 – Impostos e Taxas	2.200,00	
15 – PIS e COFINS	8.625,00	
16 – ICMS sobre vendas	52.500,00	
17 – Pró-labore	7.600,00	
18 – Fornecedores		157.750,00
19 – PIS e COFINS a Recolher		1.800,00
20 – Duplicatas a Receber	100.000,00	
21 – Encargos de Depreciação	32.000,00	
22 – Provisão para Créditos de Liquidação Duvidosa		3.000,00
TOTAL	773.050,00	773.050,00

Como pode ser observado, o balancete fechou com débitos e créditos no montante de R$ 773.050,00.

Gabarito "A".

(Auditor Fiscal da Receita Federal – 2010 – ESAF) A Lei n. 6.404/76, com suas diversas atualizações, determina que, ao fim de cada exercício social, com base na escrituração mercantil da companhia, exprimindo com clareza a situação do patrimônio e as mutações ocorridas no exercício, a diretoria fará elaborar as seguintes demonstrações financeiras:

(A) balanço patrimonial; demonstração dos lucros ou prejuízos acumulados; demonstração do resultado do exercício; demonstração das origens e aplicações de recursos; demonstração dos fluxos de caixa; e, se companhia aberta, demonstração do valor adicionado.
(B) balanço patrimonial; demonstração dos lucros ou prejuízos acumulados; demonstração do resultado do exercício; demonstração dos fluxos de caixa; e demonstração do valor adicionado.
(C) balanço patrimonial; demonstração dos lucros ou prejuízos acumulados; demonstração do resultado do exercício; demonstração das origens e aplicações de recursos; e demonstração das mutações do patrimônio líquido.
(D) balanço patrimonial; demonstração dos lucros ou prejuízos acumulados; demonstração do resultado do exercício; demonstração das origens e aplicações de recursos; e, se companhia aberta, demonstração das mutações do patrimônio líquido.
(E) balanço patrimonial; demonstração dos lucros ou prejuízos acumulados; demonstração do resultado do exercício; demonstração dos fluxos de caixa; e, se companhia aberta, demonstração do valor adicionado.

Segundo o artigo 176 da lei 6.404/76 "ao fim de cada exercício social, a diretoria fará elaborar, com base na escrituração mercantil da companhia, as seguintes demonstrações financeiras, que deverão exprimir com clareza a situação do patrimônio da companhia e as mutações ocorridas no exercício: balanço patrimonial; demonstração dos lucros ou prejuízos acumulados; demonstração do resultado do exercício; demonstração dos fluxos de caixa; e, se companhia aberta, demonstração do valor adicionado".

Gabarito "E".

(Auditor Fiscal da Receita Federal – 2010 – ESAF) Em 31.12.2008, a empresa Baleias e Cetáceos S/A colheu em seu livro Razão as seguintes contas e saldos respectivos com vistas à apuração do resultado do exercício:

Conta	Saldo
01 – Vendas de Mercadorias	R$ 12.640,00
02 – Duplicatas Descontadas	R$ 4.000,00
03 – Aluguéis Ativos	R$ 460,00
04 – Juros Passivos	R$ 400,00
05 – ICMS sobre vendas	R$ 2.100,00
06 – Fornecedores	R$ 3.155,00
07 – Conta Mercadorias	R$ 1.500,00
08 – FGTS	R$ 950,00
09 – Compras de Mercadorias	R$ 3.600,00
10 – ICMS a Recolher	R$ 1.450,00
11 – Clientes	R$ 4.500,00
12 – Salários e Ordenados	R$ 2.000,00
13 – PIS s/Faturamento	R$ 400,00
14 – COFINS	R$ 1.100,00
15 – Frete sobre vendas	R$ 800,00
16 – Frete sobre compras	R$ 300,00
17 – ICMS sobre compras	R$ 400,00

O inventário realizado em 31.12.08 acusou a existência de mercadorias no valor de R$ 1.000,00.

Considerando que na relação de saldos acima estão indicadas todas as contas que formam o resultado dessa empresa, pode-se dizer que no exercício em causa foi apurado um Lucro Operacional Bruto no valor de

(A) R$ 9.040,00.
(B) R$ 6.540,00.
(C) R$ 5.040,00.
(D) R$ 4.240,00.
(E) R$ 2.350,00.

O primeiro passo para resolver a questão é apurar o Custo da Mercadoria Vendida (CMV), que é dado pela seguinte fórmula:
CMV = Estoque inicial + Compras – Estoque final.

O valor das compras que deve compor o saldo do estoque é dado da seguinte forma:

Compras brutas
(+) Fretes
(+)Seguros
(-) Deduções (Devolução de compras, abatimentos sobre compras, impostos recuperáveis e descontos incondicionais obtidos)

Sendo assim, o valor das compras a ser considerado no estoque da empresa em questão é dado da seguinte forma:

Compra de mercadorias	3.600
(+) Fretes	300
(-) Impostos recuperáveis	400
Total a ser registrado no estoque	3.500

Colocando os dados na fórmula do CVM, temos:
CMV = 1.500 + 3.500 – 1.000 = 4.000

Uma vez apurado o CMV, é possível montar a Demonstração do Resultado, conforme apresentado a seguir:

Vendas	12.640,00
(-) ICMS sobre vendas	(2.100,00)
(-) PIS sobre faturamento	(400,00)
(-) COFINS	(1.100,00)
(=) Receita líquida	9.040,00
(-) CMV	(4.000,00)
(=) Lucro bruto	5.040,00

Gabarito "C".

(Auditor Fiscal da Receita Federal – 2010 – ESAF) A empresa Livre Comércio e Indústria S.A. apurou, em 31/12/2008, um lucro líquido de R$ 230.000,00, antes da provisão para o Imposto de Renda e Contribuição Social sobre o Lucro e das participações estatutárias.

As normas internas dessa empresa mandam destinar o lucro do exercício para reserva legal (5%); para reservas estatutárias (10%); para imposto de renda e contribuição social sobre o lucro (25%); e para dividendos (30%).

Além disso, no presente exercício, a empresa determinou a destinação de R$ 50.000,00 para participações estatutárias no lucro, sendo R$ 20.000,00 para os Diretores e R$ 30.000,00 para os empregados.

Na contabilização do rateio indicado acima, pode-se dizer que ao pagamento dos dividendos coube a importância de:

(A) R$ 39.000,00.
(B) R$ 33.150,00.
(C) R$ 35.700,00.
(D) R$ 34.627,50.
(E) R$ 37.050,00.

A Lei 6.404 define no artigo 187, inciso VI, que as participações serão discriminadas no resultado do exercício.

VI – as participações de debêntures, de empregados e administradores, mesmo na forma de instrumentos financeiros, e de instituições ou fundos de assistência ou previdência de empregados, que não se caracterizem como despesa;

O artigo 190 completa definindo que "as participações estatutárias de empregados, administradores e partes beneficiárias serão determinadas, sucessivamente e nessa ordem, com base nos lucros que remanescerem depois de deduzida a participação anteriormente calculada".

A combinação dos dois artigos indica que as participações são calculadas no resultado do exercício, antes da constituição de reservas. Sendo assim, apresentamos a seguir o cálculo do valor do dividendo:

Lucro líquido antes do imposto	230.000,00
(-) Participação dos empregados	(30.000,00)
(=) Base de cálculo para IR e CS	200.000,00
(-) Provisão para IR e CS	(50.000,00)
(-) Participação dos administradores	(20.000,00)
(=) Lucro líquido	130.000,00
Reserva legal (5% do lucro líquido)	(6.500,00)
Base de cálculo para dividendos (lucro líquido excluído valor da reserva legal)	123.500,00
Dividendo (30% da base de cálculo)	37.050,00

Gabarito "E".

(Auditor Fiscal da Receita Federal – 2010 – ESAF) Na Contabilidade da empresa Atualizadíssima S.A. os bens depreciáveis eram apresentados com saldo de R$ 800.000,00 em 31/03/2008, com uma Depreciação Acumulada, já contabilizada, com saldo de R$ 200.000,00, nessa data.

Entretanto, em 31/12/2008, o saldo da conta de bens depreciáveis havia saltado para R$ 1.100.000,00, em decorrência da aquisição, em primeiro de abril, de outros bens com vida útil de 5 anos, no valor de R$ 300.000,00.

Considerando que todo o saldo anterior é referente a bens depreciáveis à taxa anual de 10%, podemos dizer que no balanço patrimonial a ser encerrado em 31 de dezembro de 2008 o saldo da conta Depreciação Acumulada deverá ser de

(A) R$ 340.000,00.
(B) R$ 305.000,00.

(C) R$ 325.000,00.
(D) R$ 320.000,00.
(E) R$ 290.000,00.

Para resolver a questão é necessário apurar o valor da depreciação do período de 1/4/2008 a 31/12/2008, considerando que o valor da depreciação acumulada até 31/3/2008 já é conhecido (R$200.000,00).

	Ativos existentes antes até 31/3/2008	Ativos adquiridos em 1/4/2008
Valor do bem	800.000,00	300.000,00
percentual de depreciação anual	10%	20%
Valor da depreciação anual	80.000,00	60.000,00
Depreciação de 1/4/2008 a 31/12/2008	60.000,00	45.000,00

A depreciação acumulada no período de 1/4/2008 a 31/12/2008 (R$60.000,00 + R$45.000,00) somada ao valor acumulado até 31/3/2008 (R$200.000,00) totaliza R$305.000,00.

Gabarito "B".

(Auditor Fiscal da Receita Federal – 2010 – ESAF) Ao elaborar a folha de pagamento relativa ao mês de abril, a empresa Rosácea Areal Ltda. computou os seguintes elementos e valores:

Salários e ordenados	R$ 63.000,00
Horas-extras	R$ 3.500,00
Salário-família	R$ 80,00
Salário-maternidade	R$ 1.500,00
INSS contribuição Segurados	R$ 4.800,00
INSS contribuição Patronal	R$ 9.030,00
FGTS R$	5.320,00

Considerando todas essas informações, desconsiderando qualquer outra forma de tributação, inclusive de imposto de renda na fonte, pode-se dizer que a despesa efetiva a ser contabilizada na empresa será de

(A) R$ 66.500,00.
(B) R$ 87.230,00.
(C) R$ 79.270,00.
(D) R$ 77.630,00.
(E) R$ 80.850,00.

Dentre os elementos apresentados pela questão, não representam despesas para a empresa o salário-família, o salário maternidade e o INSS – Contribuição Segurados. Os dois primeiros representam descontos ao valor do INSS a pagar e o último representa um desconto sobre o valor dos salários.

Gabarito "E".

(Técnico da Receita Federal – 2006 – ESAF) Assinale a opção que contém a afirmativa incorreta.

(A) No balanço, as contas serão classificadas segundo os elementos do patrimônio que registrem, e agrupadas de modo a facilitar o conhecimento e a análise da situação financeira da companhia.
(B) Os ingressos e os custos, as receitas e as despesas, os ganhos e as perdas, bem como todos os encargos do exercício social devem constar na Demonstração do Resultado do Exercício.
(C) No ativo, as contas serão dispostas em ordem crescente de grau de liquidez dos elementos nelas registrados, em grupos especificados na lei.
(D) Entre os componentes do passivo podemos encontrar as exigibilidades, as dívidas, os credores, bem como todo e qualquer débito da empresa para com seus agentes.
(E) Entre os componentes do ativo devem ser evidenciados os estoques, as disponibilidades, os créditos, como também os bens de uso, de renda e de consumo, existentes na data do balanço.

Dentre as afirmativas apresentadas apenas o item "c" está incorreto. No ativo, as contas são dispostas em ordem decrescente de grau de liquidez dos elementos nelas registrados, conforme definido no § 1º do artigo 178 da Lei 6.404/1976.

Gabarito "C".

(Técnico da Receita Federal – 2006 – ESAF) No encerramento do exercício de 2005, a empresa Javeli S/A promoveu a contabilização do encargo de depreciação do exercício, no valor de R$ 12.000,00; da provisão para créditos de liquidação duvidosa, no valor de R$ 7.000,00, e da provisão para Imposto de Renda e Contribuição Social sobre o Lucro, no valor de R$ 17.000,00.

Com o registro contábil dos fatos indicados a empresa teve seu ativo patrimonial diminuído em

(A) R$ 12.000,00.
(B) R$ 19.000,00.
(C) R$ 24.000,00.
(D) R$ 29.000,00.
(E) R$ 36.000,00.

Das operações apresentadas pela questão, apenas a Depreciação do Exercício e a Provisão para Créditos de Liquidação Duvidosa afetam o valor do ativo. A provisão para imposto de renda e contribuição social refere-se a um passivo (imposto a pagar), não afetando assim o valor do ativo. Sendo assim, o ativo será diminuído em R$19.000, sendo R$12.000 da Depreciação e R$7.000 da Provisão para Créditos de Liquidação Duvidosa.

Gabarito "B".

(Técnico da Receita Federal – 2006 – ESAF) Uma máquina de uso próprio, depreciável, adquirida por R$15.000,00 em março de 1999 e instalada no mesmo dia com previsão de vida útil de dez anos e valor residual de 20%, por quanto poderá ser vendida no mês de setembro de 2006, sem causar ganhos nem perdas contábeis?

Referido bem, nas condições acima indicadas e sem considerar implicações de ordem tributária ou fiscal, poderá ser vendido por

(A) R$ 5.900,00.
(B) R$ 5.400,00.
(C) R$ 3.900,00.
(D) R$ 3.625,00.
(E) R$ 3.000,00.

Apresentamos a seguir um resumo com dados apresentados pela questão:

Valor depreciável (80% de R$15.000,000,	R$ 12.000,00
Vida útil em meses (10 anos)	120
Depreciação mensal	R$ 100,00
Meses depreciados de março/1999 a setembro/2006	91
Valor depreciado	R$ 9.100,00
Valor residual à época da venda	R$ 5.900,00

O valor depreciável de R$12.000,00 decorre do fato de que, do valor total do bem (R$15.000,00), apenas 80% será depreciado posto que existe um valor residual de 20%. Como o valor depreciável durante os 120 meses de vida útil é de R$12.000,00, temos que o valor mensal de depreciação é de R$100,00 (R$12.000,00 ÷ 120 meses). Contando os meses decorridos da aquisição (março de 1999) até a venda do bem (setembro de 2006) apuramos 91 meses, o equivalente a R$9.100,00 depreciados e consequentemente um valor contábil igual a R$5.900,00 (R$15.000,00 – R$9.100,00). Vendendo a máquina pelo valor contábil (R$5.900,00), a empresa não apurará nem ganho nem perda na operação.

Gabarito "A".

(Técnico da Receita Federal – 2006 – ESAF) Assinale abaixo a opção que contém a afirmativa incorreta. Em relação à Escrituração, a Lei n. 6.404/76 e alterações pertinentes determinam que

(A) a escrituração da companhia será mantida em registros permanentes.

(B) os registros devem observar métodos ou critérios contábeis uniformes no tempo.

(C) as mutações patrimoniais devem ser registradas de acordo com o regime de competência.

(D) as diferenças entre os princípios contábeis e as determinações de leis fiscais serão observadas em registros auxiliares.

(E) as demonstrações financeiras serão assinadas pelos administradores, por contabilistas legalmente habilitados e pelos proprietários da companhia.

A: o *caput* do artigo 177 da Lei 6.404/1976 define que "a escrituração da companhia será mantida em registros permanentes"; **B:** o *caput* do artigo 177 da Lei 6.404/1976 define que os registros devem "observar métodos ou critérios contábeis uniformes no tempo"; **C:** o *caput* do artigo 177 da Lei 6.404/1976 define que os registros devem "registrar as mutações patrimoniais segundo o regime de competência"; **D:** o § 2º do artigo 177 da Lei 6.404/1976 define que "a companhia observará exclusivamente em livros ou registros auxiliares, sem qualquer modificação da escrituração mercantil e das demonstrações reguladas nesta Lei, as disposições da lei tributária, ou de legislação especial sobre a atividade que constitui seu objeto, que prescrevam, conduzam ou incentivem a utilização de métodos ou critérios contábeis diferentes ou determinem registros, lançamentos ou ajustes ou a elaboração de outras demonstrações financeiras"; **E:** O § 4º do artigo 177 da Lei 6.404/1976 define que "as demonstrações financeiras serão assinadas pelos administradores e por contabilistas legalmente habilitados".

Gabarito "E".

(Técnico da Receita Federal – 2006 – ESAF) Ao contratar um empréstimo no Banco do Brasil para reforço de capital de giro, a empresa Tomadora S/A contabilizou:

débito de Bancos c/Movimento	R$ 500,00
crédito de Empréstimos Bancários	R$ 500,00
crédito de Juros Passivos	R$ 40,00

Para corrigir esse lançamento em um único registro a empresa deverá contabilizar:

(A)

débito de Bancos c/Movimento	R$ 500,00
débito de Juros Passivos	R$ 40,00
crédito de Empréstimos Bancários	R$ 540,00

(B)

débito de Bancos c/Movimento	R$ 460,00
débito de Juros Passivos	R$ 40,00
crédito de Empréstimos Bancários	R$ 500,00

(C)

débito de Bancos c/Movimento	R$ 540,00
crédito de Empréstimos Bancários	R$ 500,00
crédito de Juros Ativos	R$ 40,00

(D)

débito de Juros Passivos	R$ 40,00
crédito de Bancos c/Movimento	R$ 40,00

(E)

débito de Juros Passivos	R$ 80,00
crédito de Bancos c/Movimento	R$ 40,00

O único lançamento que corrigiria o apresentado na questão é o que consta na letra "e". Após a realização desse lançamento de acerto, a contabilidade terá recebido de forma consolidada a seguinte movimentação:

Débito de Bancos c/Movimento	R$ 460,00
Débito de Juros Passivos	R$ 40,00
Crédito de Empréstimos Bancários	R$ 500,00

A correção deste lançamento está no fato de que ficará registrado na conta Banco c/Movimento o valor líquido depositado pelo banco na conta empresa. No passivo o valor líquido do empréstimo no momento da contratação será igual a R$ 460,00. A conta redutora de juros passivos indica que o empréstimo é prefixado, e será baixada proporcionalmente ao tempo decorrido da operação contratada.

Gabarito "E".

(Técnico da Receita Federal – 2006 – ESAF) As contas e saldos abaixo são da escrituração contábil da firma Experiência Experimental Ltda., ao fim do exercício de 2005.

Aluguéis Ativos	R$ 20.000,00
Bancos conta Movimento	R$ 40.000,00
Capital a Realizar	R$ 10.000,00
Capital Social	R$ 88.000,00
Custo das Vendas	R$ 65.000,00
Depreciação Acumulada	R$ 18.000,00

Despesas de Juros	R$ 16.000,00
Duplicatas a Pagar	R$ 40.000,00
Duplicatas a Receber	R$ 50.000,00
Duplicatas Descontadas	R$ 10.000,00
Fornecedores	R$ 75.000,00
Material de Consumo	R$ 4.000,00
Mercadorias	R$ 60.000,00
Móveis e Utensílios	R$ 80.000,00
Provisão p/Créditos de Liquidação Duvidosa	R$ 2.000,00
Provisão p/Imposto de Renda	R$ 5.000,00
Receitas de Vendas	R$ 110.000,00
Reserva Legal	R$ 9.000,00
Reservas de Capital	R$ 13.000,00
Salários	R$ 15.000,00
Veículos	R$ 70.000,00

A relação não constitui, necessariamente, um balancete fechado, em virtude da omissão proposital de alguns saldos, mas, uma vez organizadas por natureza de saldo, mesmo mantendo-se a eventual diferença inicial, essas contas vão evidenciar os seguintes valores.

Assinale a opção correta.

(A) saldos devedores R$ 400.000,00.
(B) saldos credores R$ 380.000,00.
(C) ativo R$ 290.000,00.
(D) patrimônio líquido R$ 130.000,00.
(E) passivo exigível R$ 115.000,00.

Apresentamos a classificação das contas apresentadas na questão:

Conta	Valor	Natureza do saldo	Grupo de contas
Aluguéis Ativos	20.000,00	Devedora	Ativo
Bancos conta Movimento	40.000,00	Devedora	Ativo
Capital a Realizar	10.000,00	Diferença entre capital subscrito e a subscrever	
Capital Social	88.000,00	Credora	Patrimônio líquido
Custo das Vendas	65.000,00	Devedora	Patrimônio líquido *
Depreciação Acumulada	18.000,00	Credora	Ativo
Despesas de Juros	16.000,00	Devedora	Patrimônio líquido *
Duplicatas a Pagar	40.000,00	Credora	Passivo
Duplicatas a Receber	50.000,00	Devedora	Ativo
Duplicatas Descontadas	10.000,00	Credora	Ativo
Fornecedores	75.000,00	Credora	Passivo
Material de Consumo	4.000,00	Devedora	Patrimônio líquido *
Mercadorias	60.000,00	Devedora	Ativo
Móveis e Utensílios	80.000,00	Devedora	Ativo
Provisão p/Créditos de Liquidação Duvidosa	2.000,00	Credora	Ativo
Provisão p/Imposto de Renda	5.000,00	Devedora	Patrimônio líquido *
Receitas de Vendas	110.000,00	Credora	Patrimônio líquido *
Reserva Legal	9.000,00	Credora	Patrimônio líquido
Reservas de Capital	13.000,00	Credora	Patrimônio líquido
Salários	15.000,00	Devedora	Patrimônio líquido *
Veículos	70.000,00	Devedora	ativo

* Referem-se a contas do resultado que afetam o patrimônio líquido.

Dentre as alternativas apresentadas pela questão, a única correta é a que define o Patrimônio Líquido com saldo de R$130.000,00.

Gabarito "D".

(Técnico da Receita Federal – 2006 – ESAF) A Lei n. 6.404/76 e as alterações pertinentes estabelecem que na Demonstração de Resultado do Exercício seja evidenciada a lucratividade absoluta, indicando-se o montante, em reais ou fração, do lucro obtido por ação do capital social.

A empresa Revendas Comerciais S/A, cujo capital social é constituído de 600 mil ações, apresentou os seguintes dados em relação ao exercício de 2005:

Reserva Legal	R$ 30.000,00
Reservas Estatutárias	R$ 45.000,00
Participações Estatutárias	R$ 18.000,00
Provisão para Imposto de Renda	R$ 40.000,00
Receita Líquida de Vendas	R$ 225.000,00
Lucro Operacional Bruto	R$ 145.000,00
Lucro Operacional Líquido	R$ 106.000,00
Lucro Não operacional	R$ 24.000,00
Capital Social	R$ 800.000,00

No caso ora apresentado, baseado apenas nas informações fornecidas, podemos dizer que o lucro por ação do capital social a ser indicado na última linha da DRE foi da ordem de

(A) R$ 0,15 por ação.
(B) R$ 0,12 por ação.
(C) R$ 0,11 por ação.
(D) R$ 0,09 por ação.
(E) R$ 0,08 por ação.

Com base nos dados apresentados pela questão é possível apurar o valor do Lucro Líquido, base para o cálculo do lucro por ação, conforme apresentado a seguir:

Lucro Operacional Líquido	106.000,00
(+) Lucro Não operacional	24.000,00
(=) Lucro antes do IR	130.000,00
(-) Provisão para Imposto de Renda	-40.000,00
(-) Participações Estatutárias	-18.000,00
(=) Lucro líquido	72.000,00
Lucro por ação (R$72.000 ÷ 600.000 ações)	0,12

Gabarito "B"

(Técnico da Receita Federal – 2006 – ESAF) O Contador da empresa Comercial de Laticínios S.A., cujos estatutos sociais determinavam o pagamento de 10% dos lucros como participação aos empregados, teve de informar à Assembleia Geral o valor absoluto dessa participação no exercício em que o lucro líquido foi de R$ 300.000,00, a reserva legal foi constituída de R$ 5.000,00, a participação estatutária de administradores foi de R$ 12.000,00, e o imposto de renda e a contribuição social sobre o lucro foram provisionados em R$ 75.000,00.

Com fulcro nessas informações, o referido contador pode afirmar que a participação de empregados foi de

(A) R$ 30.000,00.
(B) R$ 22.500,00.
(C) R$ 22.000,00.
(D) R$ 21.800,00.
(E) R$ 21.300,00.

A Lei 6.404 define no artigo 187, inciso VI, que as participações serão discriminadas no resultado do exercício.

VI – as participações de debêntures, de empregados e administradores, mesmo na forma de instrumentos financeiros, e de instituições ou fundos de assistência ou previdência de empregados, que não se caracterizem como despesa;

O artigo 190 completa definindo que "as participações estatutárias de empregados, administradores e partes beneficiárias serão determinadas, sucessivamente e nessa ordem, com base nos lucros que remanescerem depois de deduzida a participação anteriormente calculada".

A combinação dos dois artigos indica que as participações são calculadas no resultado do exercício, antes da constituição de reservas. A ordem de preferência no pagamento de participações definida na lei determina que a participação de empregados será determinada antes da participação dos administradores. Sendo assim, apresentamos a seguir o cálculo da participação de empregados:

Lucro líquido	300.000,00
(-) Imposto de renda e contribuição social	- 75.000,00
(=) Base de cálculo para a participação de empregados	225.000,00
Participação de empregados (10% de R$ 225.000)	22.500,00

Gabarito "B"

(Auditor Fiscal/CE – 2006 – ESAF) Na empresa Nutricional S/A, o resultado do exercício havia sido apurado acusando um lucro de R$ 50.000,00, quando foram realizadas as verificações de saldos para efeito de ajustes de encerramento e elaboração do balanço patrimonial. Os resultados, contabilizados segundo o regime contábil de Caixa ao longo do período, evidenciaram a existência de:

- salários de dezembro, no valor de R$ 15.000,00, ainda não quitados;
- juros de R$ 4.000,00 já vencidos no exercício, mas ainda não recebidos;
- aluguéis de R$ 6.300,00, referentes a janeiro de 2007, pagos em dezembro de 2006;
- comissões de R$ 7.200,00, recebidas em dezembro de 2006, mas que se referem ao exercício seguinte.

Após a contabilização dos ajustes segundo o Princípio da Competência, o lucro do exercício passou a ser de

(A) R$ 38.100,00.
(B) R$ 32.700,00.
(C) R$ 45.300,00.
(D) R$ 39.900,00.
(E) R$ 39.000,00.

Após apurar o resultado do exercício pelo regime da caixa, a empresa deverá efetuar ajustes para adequar o resultado ao regime de competência, conforme apresentado a seguir:

Resultado pelo regime de caixa	50.000,00
(-) salários de dezembro, no valor de R$ 15.000,00, ainda não quitados	(15.000,00)
(+) juros de R$ 4.000,00 já vencidos no exercício, mas ainda não recebidos	4.000,00
(+) aluguéis de R$ 6.300,00, referentes a janeiro de 2007, pagos em dezembro de 2006	6.300,00
(-) comissões de R$ 7.200,00, recebidas em dezembro de 2006, mas que se referem ao exercício seguinte	(7.200,00)
(=) Resultado pelo regime de competência	38.100,00

Gabarito "A"

(Auditor Fiscal/CE – 2006 – ESAF) A avaliação de bens do ativo imobilizado ocorre pelo custo de aquisição, deduzido de depreciação para reconhecer o desgaste físico ou a obsolescência.

Se um bem, de vida útil estimada em 5 anos, adquirido em outubro de 2005 por R$ 80.000,00, for depreciado com 10% de valor residual, no exercício de 2006 sofrerá depreciação no valor de

(A) R$ 7.200,00.
(B) R$ 8.000,00.
(C) R$ 14.400,00.

(D) R$ 16.000,00.
(E) R$ 18.000,00.

O importante na resolução dessa questão é observar que apenas parte do bem será depreciado, visto que existe um valor residual, a pergunta é sobre a depreciação no ano de 2006 e não a depreciação acumulada desde a aquisição do bem. Apresentamos a seguir um quadro com a resolução da questão:

Valor do bem	80.000,00
Valor depreciável (90% do valor do bem)	72.000,00
Depreciação mensal (valor depreciável ÷ meses de depreciação)	1.200,00
Meses depreciados no exercício de 2006	12
Depreciação em 2006 (depreciação mensal x 12 meses)	14.400,00

Gabarito "C"

(Auditor Fiscal/CE – 2006 – ESAF) Assinale abaixo a assertiva verdadeira.

Na equação geral do sistema contábil também são considerados como origem de recursos

(A) os aumentos de ativo, os aumentos de despesas e as diminuições de passivo.
(B) os aumentos de patrimônio líquido, os aumentos de resultado e as diminuições de passivo.
(C) os aumentos de ativo, os aumentos de patrimônio líquido e as diminuições de passivo.
(D) os aumentos de ativo, os aumentos de resultado e as diminuições de passivo.
(E) os aumentos de passivo, os aumentos de patrimônio líquido e as diminuições de ativo.

São consideradas origens de recursos as fontes que podem ser utilizadas para aquisição de bens e direitos, tais como: lucro do exercício, realização do capital social, recursos de terceiros, originários do aumento do passivo exigível a longo prazo, da redução do ativo realizável a longo prazo e da alienação de investimentos e direitos do Ativo Imobilizado.

Gabarito "E"

(Auditor Fiscal/CE – 2006 – ESAF) Assinale abaixo o lançamento contábil (com omissão de data e histórico, para fins de simplificação) que deverá ser utilizado para registrar no livro Diário a quitação de duplicatas no valor de R$ 1.100,00, com juros de 10% de seu valor.

(A)

Diversos		
a Bancos conta Movimento		
Duplicatas a Pagar	1.100,00	
Juros Ativos	110,00	1.210,00

(B)

Diversos		
a Bancos conta Movimento		
Duplicatas a Receber	1.100,00	
Juros Ativos	110,00	1.210,00

(C)

Bancos conta Movimento		
a Diversos		
a Duplicatas a Pagar	1.100,00	
a Juros Ativos	110,00	1.210,00

(D)

Bancos conta Movimento		
a Diversos		
a Duplicatas a Receber	1.100,00	
a Juros Ativos	110,00	1.210,00

(E)

Duplicatas a Receber		
a Diversos		
a Bancos conta Movimento	1.100,00	
a Juros Ativos	110,00	1.210,00

Como o valor da duplicata é R$1.100, esse será o valor a ser baixado na contabilidade a crédito de duplicatas a receber. No entanto, o valor efetivamente recebido foi R$1.210,00, sendo esse o valor que entrará na conta bancária da empresa (débito). O crédito necessário para completar a partida dobrada refere-se aos juros da operação, no montante de R$110,00. O lançamento será o apresentado a seguir:

D – Banco conta movimento	R$1.210,00
C – Duplicatas a receber	R$1.100,00
C – Juros ativos	R$110,00

Gabarito "D"

(Auditor Fiscal/CE – 2006 – ESAF) Com base na experiência de perdas efetivas no recebimento de seus créditos, a Microempresa Satélite S/A constituiu no exercício de 2005 uma provisão no valor de R$ 2.700,00. No exercício de 2006, a empresa deu baixa em créditos no valor de R$ 1.860,00 e chegou ao fim do exercício com valores a receber no montante de R$ 120.000,00.

Considerando-se a necessidade da constituição de nova provisão à base de 3% dos créditos existentes, mesmo levando em conta o saldo não utilizado da provisão anterior, pode-se dizer que os referidos créditos devem ir a balanço, deduzidos de provisão no valor de

(A) R$ 4.440,00.
(B) R$ 2.760,00.
(C) R$ 3.600,00.
(D) R$ 900,00.
(E) R$ 1.740,00.

Como a empresa possui valores a receber no montante de R$120.000 e constitui provisão de 3% sobre esse valor, a provisão para devedores duvidosos será igual a R$3.600 (3% de R$120.000).

Gabarito "C"

(Auditor Fiscal/CE – 2006 – ESAF) O Armazém de Brinquedos Ltda. promoveu vendas a prazo no valor de R$ 18.000,00, com entregas em domicílio. As vendas foram tributadas com ICMS de R$ 3.000,00, sendo de R$ 2.000,00 o valor do frete pago. Sabendo-se que a operação gerou como resultado operacional bruto (RCM) um prejuízo de R$ 1.800,00, pode-se afirmar que o custo das mercadorias vendidas (CMV) foi de

(A) R$ 19.800,00.
(B) R$ 16.800,00.
(C) R$ 14.800,00.
(D) R$ 13.200,00.
(E) R$ 11.200,00.

Os dados apresentados pela questão permitem montar a seguinte Demonstração do Resultado do Exercício:

Receita de vendas	18.000,00
(-) ICMS	(3.000,00)
(=) Receita líquida	15.000,00
(-) CMV	(16.800,00)
(=) Prejuízo	(1.800,00)

Gabarito "B"

(Auditor Fiscal/CE – 2006 – ESAF) A Cia. Boreal, em 01.10.2005, contrai um empréstimo bancário no valor de um milhão de euros, pelo prazo de 60 meses, com carência de 24 meses, pagamento do principal em 3 parcelas anuais após o período de carência e juros trimestrais de 6%, pagáveis no quinto dia útil subsequente ao dia de vencimento dos juros. Com relação a essa operação, é possível afirmar que,

(A) em 2006, havendo variação cambial, somente o passivo exigível a longo prazo da empresa será afetado.
(B) somente no exercício de 2007, por ocasião da primeira amortização de principal, deverá ocorrer o reconhecimento da variação cambial relativa à moeda externa.
(C) no exercício de 2006, deve ser registrado apenas o valor efetivamente pago das despesas de juros.
(D) em 2005, as disponibilidades foram afetadas pelo montante dos juros apropriados como despesas financeiras do período.
(E) o valor registrado como variação do valor do euro, se houver, na elaboração do fluxo de caixa de 2006, deve ser ajustado ao resultado para a identificação do caixa gerado pelas operações.

A: como existem parcelas que vencerão no curto prazo, o passivo circulante também será afetado; **B:** a variação cambial deverá ser reconhecida mensalmente pelo regime de competência; **C:** a variação cambial deverá ser registrada em 2006; **D:** a apropriação dos juros não afeta as disponibilidades, visto que se trata de um lançamento a débito na despesa e crédito no passivo; **E:** por se tratar de uma despesa que não representa desembolso, deverá ser efetuado o ajuste quando comparado, o fluxo de caixa e o resultado do exercício.

Gabarito "E"

(Auditor Fiscal/RN – 2005 – ESAF) A empresa Armazéns Gerais alugou um de seus depósitos pelo prazo de 25 meses, ao valor mensal de R$ 800,00, recebendo o valor total na assinatura do contrato, em primeiro de novembro de 2003.

A empresa contabilizou a transação segundo o princípio da competência de exercício. O procedimento resultou em acréscimo contábil do patrimônio no valor de

(A) R$ 20.000,00 no Ativo Circulante.
(B) R$ 18.400,00 no Ativo Realizável a Longo Prazo.
(C) R$ 11.200,00 no Ativo Circulante.
(D) R$ 10.400,00 no Ativo Realizável a Longo Prazo.
(E) R$ 1.600,00 no Ativo Circulante.

Afirmar que a empresa recebeu todo o valor do contrato em novembro de 2003 implica o aumento do caixa (Ativo Circulante) no valor de R$20.000,00 (R$800,00 x 25).

Gabarito "A"

(Auditor Fiscal/RN – 2005 – ESAF) A firma Linhas de Comércio Ltda. tem no livro razão uma conta intitulada "Provisão para Créditos de Liquidação Duvidosa" com saldo credor de R$ 9.000,00, oriundo do balanço patrimonial de 2002, mas que permanece inalterado ao final do exercício de 2003. 601

No balanço patrimonial, que será elaborado com data de 31.12.03, a empresa deverá demonstrar as contas "Duplicatas a Receber" e "Clientes", com saldo devedor de R$ 350 mil e R$ 200 mil, respectivamente.

Considerando-se que está comprovada a expectativa de perda provável de 3% dos créditos a receber, a empresa deverá contabilizar uma provisão. Este fato, aliado às outras informações constantes do enunciado, fará com que o lucro da empresa, referente ao exercício de 2003, seja reduzido no valor de

(A) R$ 7.500,00.
(B) R$ 9.000,00.
(C) R$ 16.290,00.
(D) R$ 16.500,00.
(E) R$ 25.500,00.

A Provisão para Devedores Duvidosos deverá ser de R$16.500, o equivalente a 3% sobre o saldo das contas duplicatas a receber e clientes. Como já havia um saldo de R$9.000 referente ao exercício anterior, é necessária a constituição de apenas R$7.500.

Gabarito "A"

(Auditor Fiscal/RN – 2005 – ESAF) A empresa Comércio & Serviços Generais S/A apresenta as seguintes contas e respectivos saldos, em 31 de dezembro de 2004.

Contas	saldos	Contas	saldos
Ações de Coligadas	260	Lucros Acumulados	90
Aluguéis Ativos	52	Máquinas e Equipamentos	300
Amortização Acumulada	35	Materiais	160
Bancos c/Movimento	140	Mercadorias	240
Caixa	215	Móveis e Utensílios	280
Capital a Integralizar	75	Produtos Acabados	180
Capital Social	700	Prov. p/Créditos Liquidação Duvidosa	90
Clientes	210	Provisão para Férias	45
Depreciação Acumulada	110	Provisão para Imposto de Renda	80
Despesas a Pagar	55	Provisão p/Perdas Investimentos	70
Despesas a Vencer	60	Receitas a Receber	95
Despesas Gerais	176	Receitas a Vencer	140
Despesas Pré-Operacionais	105	Receitas de Vendas	500
Devedores Duvidosos	65	Reservas de Capital	130
Duplicatas Descontadas	70	Reservas Estatutárias	125
Duplicatas a Pagar	230	Reserva Legal	95
Duplicatas a Receber	220	Salários e Ordenados	102
Encargos de Depreciação	124	Títulos a Pagar	490
Financiamentos Bancários	250	Títulos a Receber	200
Fornecedores	110	Veículos	200
ICMS a Recuperar	10	ICMS sobre Vendas	50

Elaborando-se o balancete geral de verificação com os saldos supra indicados, certamente, encontraremos

602

(A) contas patrimoniais com saldos credores, somando R$ 2.465,00.
(B) contas patrimoniais com saldos devedores, somando R$ 2.500,00.
(C) contas de natureza devedora, com saldos no valor de R$ 3.017,00.
(D) contas de natureza credora, com saldos no valor de R$ 3.392,00.
(E) saldos devedores e credores, igualmente, no valor de R$ 3.467,00.

Apresentamos a seguir o Balancete de Verificação da empresa:

Conta	Natureza da conta	
	Devedora	Credora
Ações de Coligadas	260	
Lucros Acumulados		90
Aluguéis Ativos		52
Máquinas e Equipamentos	300	
Amortização Acumulada		35
Materiais	160	
Bancos c/Movimento	140	
Mercadorias	240	
Caixa	215	
Móveis e Utensílios	280	
Capital a Integralizar	75	
Produtos Acabados	180	
Capital Social		700
Prov. p/Créditos Liquidação Duvidosa		90
Clientes	210	

Provisão para Férias		45
Depreciação Acumulada		110
Provisão para Imposto de Renda		80
Despesas a Pagar		55
Provisão p/Perdas Investimentos		70
Despesas a Vencer	60	
Receitas a Receber	95	
Despesas Gerais	176	
Receitas a Vencer		140
Despesas Pré-Operacionais	105	
Receitas de Vendas		500
Devedores Duvidosos	65	
Reservas de Capital		130
Duplicatas Descontadas		70
Reservas Estatutárias		125
Duplicatas a Pagar		230
Reserva Legal		95
Duplicatas a Receber	220	
Salários e Ordenados	102	
Encargos de Depreciação	124	
Títulos a Pagar		490
Financiamentos Bancários		250
Títulos a Receber	200	
Fornecedores		110
Veículos	200	
ICMS a Recuperar	10	
ICMS sobre Vendas	50	
TOTAL	3.467	3.467

(Auditor Fiscal/RN – 2005 – ESAF) Às 9 horas do dia 25 de novembro, a empresa Alvoradinha Ltda. praticou o seguinte fato contábil: recebimento, em cheque, de duplicatas no valor de R$ 2.200,00, com incidência de juros à taxa de 10% (dez por cento). Para contabilizar aludido fenômeno patrimonial em um único lançamento, o Contador deverá fazê-lo como segue.

(A)

Caixa		
a Diversos		
p/recebimento desta data, a saber:		
a Duplicatas a Receber valor principal	2.200,00	
a Juros Ativos valor dos juros incidentes	220,00	2.420,00

(B)

Caixa		
a Diversos		
p/recebimento desta data, a saber:		
a Duplicatas a Receber valor principal	2.000,00	
a Juros Ativos		
valor dos juros incidentes	200,00	2.200,00

(C)

Bancos conta Movimento		
a Diversos		
p/recebimento desta data, a saber:		
a Duplicatas a Receber		
valor principal	2.200,00	
a Juros Ativos		
valor dos juros incidentes	220,00	2.420,00

(D)

Diversos		
a Duplicatas a Receber		
p/recebimento desta data, a saber:		
Caixa		
valor principal	2.000,00	
Juros Ativos		
valor dos juros incidentes	200,00	2.200,00

(E)

Bancos Conta Movimento		
a Diversos		
p/recebimento nesta data, a saber:		
a Duplicatas a Receber		
valor principal	2.000,00	
a Juros Ativos		
valor dos juros incidentes	200,00	2.200,00

Por ter entrado no caixa da empresa o valor de R$2.420 (principal + juros), a conta caixa será debitada nesse valor. O título referente ao recebimento tinha o valor de R$2.200, devendo ser esse o valor da sua baixa (crédito). O crédito no valor de R$220 necessário para completar a partida dobrada representa a receita de juros da operação.

Gabarito "A"

(Auditor Fiscal/RN – 2005 – ESAF) A empresa Beta S/A, pertencendo ao mesmo ramo de atividade da empresa Alfa S/A, resolveu com ela estabelecer uma coligação acionária. Para isso adquiriu 20% das ações emitidas por Alfa S/A, pagando R$ 3,50 por unidade, com o cheque 850.013 do Banco do Brasil S/A.

A empresa Alfa S/A tem capital social no valor de R$ 320.000,00, composto de 100 mil ações, e patrimônio líquido no valor de R$ 340.000,00.

Sabendo-se que o investimento de Beta S/A deverá ser avaliado pelo método da Equivalência Patrimonial, podemos dizer que sua contabilidade deverá registrar o fato acima da seguinte forma:

(A) Débito de ativo permanente:
Ações de Coligadas 64.000,00.
Débito de ativo permanente:
Ágio na Aquisição 4.000,00.
Débito de resultado: Perda de Capital – Ágio 2.000,00.
Crédito de ativo circulante:
Bancos c/Movimento 70.000,00.

(B) Débito de ativo permanente:
Ações de Coligadas 64.000,00.
Débito de ativo permanente:
Ágio na Aquisição 6.000,00.
Crédito de ativo circulante:
Bancos c/Movimento 70.000,00.

(C) Débito de ativo permanente:
Ações de Coligadas 68.000,00.
Débito de ativo permanente:
Ágio na Aquisição 2.000,00.
Crédito de ativo circulante:
Bancos c/Movimento 70.000,00.

(D) Débito de ativo permanente:
Ações de Coligadas 68.000,00.
Débito de resultado: Perda de Capital – Ágio 2.000,00.
Crédito de ativo circulante:
Bancos c/Movimento 70.000,00.

(E) Débito de ativo permanente:
Ações de Coligadas 70.000,00.
Crédito de ativo circulante:
Bancos c/Movimento 70.000,00.

Ao adquirir 20% da empresa Alfa, a empresa Beta adquiriu o equivalente a R$68.000 do Patrimônio Líquido de Alfa (20% de R$340.000). Beta pagou por essa participação R$3,50 para cada uma das 20.000 ações que adquiriu, pagando um total de R$70.000, sendo esse o valor que saiu da conta bancária da empresa (crédito). O registro do investimento será também por R$70.000, sendo esse valor segregado em duas contas, uma de ações de coligadas no valor de R$68.000 e outra de ágio na aquisição no valor de R$2.000.

Gabarito "C"

(Auditor Fiscal/RN – 2005 – ESAF) A empresa Comércio de Linhas S/A promove, anualmente, a depreciação de seus ativos permanentes segundo o costume mercantil, mas sempre observando o valor residual de 15%. Este ativo está composto das contas

Móveis e Utensílios	R$ 120.000,00
Veículos	R$ 200.000,00
Edificações	R$ 300.000,00
Terrenos R$	100.000,00

Todos esses elementos foram adquiridos há mais de dois anos, mas estão contabilizados pelo valor original de aquisição, apenas com as atualizações decorrentes dos princípios fundamentais de contabilidade.

No exercício de 2003, para fins de encerramento do exercício social, a empresa deverá contabilizar encargos de depreciação no valor de

(A) R$ 68.000,00.
(B) R$ 64.000,00.
(C) R$ 57.800,00.
(D) R$ 54.400,00.
(E) R$ 46.800,00.

Como a questão informa que 15% do valor do bem não será depreciado, o valor depreciável de cada bem será igual a 85% do valor do bem. Apresentamos a seguir um quadro com a apuração da depreciação mensal dos bens da empresa:

	Valor do bem	Valor depreciável	% de depreciação anual	Valor da depreciação anual
Móveis e Utensílios	120.000,00	102.000,00	10%	10.200,00
Veículos	200.000,00	170.000,00	20%	34.000,00
Edificações	300.000,00	255.000,00	4%	10.200,00
Terrenos	100.000,00	-	0%	-
TOTAL	720.000,00			54.400,00

Gabarito "D"

605

(Auditor Fiscal/RN – 2005 – ESAF) Os móveis e utensílios usados, vendidos pelos Armazéns Alfa Ltda. por R$ 4.500,00, renderam um ganho de capital líquido de R$ 1.500,00. Como ditos objetos foram adquiridos por R$ 12.000,00 e tinham vida útil estimada em dez anos, sem valor residual, isto significa que, por ocasião da operação de venda, esses móveis já estavam depreciados em

(A) 12,5%.
(B) 25,0%.
(C) 33,3%.
(D) 37,5%.
(E) 75,0%.

Obter um ganho de R$1.500 com a venda dos móveis e utensílios por R$4.500 significa dizer que esses bens estavam registrados na contabilidade por um valor líquido de R$3.000 (R$4.500 – R$1.500). Se esses bens foram adquiridos por R$12.000 e tinham valor líquido de R$3.000 significa que esses já haviam sido depreciados em R$9.000, o equivalente a 75% do valor de aquisição.

Gabarito "E"

(Auditor Fiscal/RN – 2005 – ESAF) Considere os seguintes dados e informações sobre determinado bem de uso.

valor de mercado na data da compra	R$ 25.000,00
valor de mercado em 31/12/2004	R$ 21.000,00
valor de aquisição	R$ 20.000,00
valor residual estimado	R$ 2.000,00
data de aquisição	01/07/2003
vida útil estimada:	cinco anos
data de encerramento de exercício social	31 de dezembro

No exercício de 2004 o aludido bem de uso vai gerar encargos de depreciação no valor de

(A) R$ 5.400,00.
(B) R$ 5.000,00.
(C) R$ 4.000,00.
(D) R$ 3.600,00.
(E) R$ 1.800,00.

As informações sobre o valor de mercado do bem na data da compra e em 31/12/2004 são irrelevantes, visto que a contabilidade registrará o valor da compra. Para obter o valor da depreciação em 2004, basta considerar que o valor depreciável total é de R$18.000, visto que o bem adquirido por R$20.000 terá valor residual após os 5 anos de uso de R$2.000. Os R$18.000 serão depreciados em 5 anos, o equivalente a R$3.600 (R$18.000 ÷ 5) por ano, sendo esse o valor da despesa de depreciação no exercício de 2004.

Gabarito "D".

(Auditor Fiscal/RN – 2005 – ESAF) A pequena empresa Comercial Arruda possui apenas dois empregados: João, com salário bruto mensal de R$ 4.000,00, e Alberto, com salário mensal de apenas R$ 800,00. Os encargos da folha de pagamento são os seguintes:

- INSS referente ao João: 11%;
- INSS referente ao Alberto: 8%;
- INSS referente ao Empregador: 20%;
- FGTS dos empregados: 8%;
- Foi concedido adiantamento salarial de R$ 800,00 para João.

Ao elaborar a folha de pagamento do mês, a empresa vai contabilizar despesas no valor total de

(A) R$ 6.648,00.
(B) R$ 6.144,00.
(C) R$ 5.760,00.
(D) R$ 5.640,00.
(E) R$ 5.344,00.

O INSS do empregado não é considerado uma nova despesa, visto que representa um valor devido pelo empregado. O adiantamento concedido a João também não interfere no valor da despesa, pois quando da sua concessão não houve contabilização de despesa. Sendo assim, apresentamos a seguir o cálculo da despesa de pessoal:

	Salário	INSS empregador	FGTS	TOTAL
João	4.000,00	800,00	320,00	5.120,00
Alberto	800,00	160,00	64,00	1.024,00
TOTAL	4.800,00	960,00	384,00	6.144,00

Gabarito "B".

(Auditor Fiscal/RN – 2005 – ESAF) A Cia. Souto e Salto tinha prejuízos acumulados de R$ 40.000,00, mas durante o exercício social apurou lucro. Desse lucro, após destinar R$ 80.000,00 para imposto de renda e CSLL, a empresa distribuiu 10% em participação de debenturistas, no valor de R$ 4.000,00, 10% em participação de administradores, no valor de R$ 3.240,00, e 10% em participação de empregados.

De acordo com as informações acima e com as normas em vigor, podemos dizer que a Cia. Souto e Salto, no final da Demonstração de Resultado do Exercício, vai indicar o lucro líquido do exercício no valor de

(A) R$ 29.160,00.
(B) R$ 29.520,00.
(C) R$ 68.760,00.
(D) R$ 69.160,00.
(E) R$ 69.520,00.

O artigo 190 da lei 6.404/76 define que "as participações estatutárias de empregados, administradores e partes beneficiárias serão determinadas, sucessivamente e nessa ordem, com base nos lucros que remanescerem depois de deduzida a participação anteriormente calculada". Pelo fato da participação de debenturistas ser a primeira a ser paga e no valor de R$4.000, podemos concluir que a base de cálculo para as participações é de R$40.000. Considerando que essa base de cálculo é apurada a partir do lucro antes do imposto de renda deduzido do imposto de renda e contribuição social e dos prejuízos acumulados, temos o seguinte cálculo para as participações:

Lucro antes do IR e CSLL	160.000,00
(-) IR e CS	(80.000,00)
(-) Prejuízo acumulado	(40.000,00)
(=) Base de cálculo para participações	40.000,00
(-) participação de debenturistas	(4.000,00)
(=) Base de cálculo para participação de empregados	36.000,00
(-) participação de empregados	(3.600,00)
(=) Base de cálculo para participação de administradores	32.400,00
(-) participação de administradores	(3.240,00)

Com base nos valores apurados para as participações, é possível montar a seguinte Demonstração do Resultado do Exercício:

Lucro antes do IR e CSLL	160.000,00
(-) IR e CS	(80.000,00)
(-) participação de debenturistas	(4.000,00)
(-) participação de empregados	(3.600,00)
(-) participação de administradores	(3.240,00)
(=) Lucro liquido	69.160,00

Gabarito "D".

(Auditor Fiscal/MG – 2005 – ESAF) Ao registrar a proposta de destinação dos resultados do exercício, o setor de Contabilidade da empresa deverá contabilizar:

(A) a formação da reserva legal, a débito da conta de Apuração do Resultado do Exercício.
(B) a formação da reserva legal, a crédito da conta de Lucros ou Prejuízos Acumulados.
(C) a distribuição de dividendos, a débito da conta de Lucros ou Prejuízos Acumulados.
(D) a distribuição de dividendos, a crédito de conta do Patrimônio Líquido.
(E) a distribuição de dividendos, a débito de conta do Passivo Circulante.

O lucro apurado no exercício será contabilizado primeiramente na conta lucros e prejuízos acumulados e posteriormente transferido desta conta para a conta de dividendos a distribuir. Sendo assim, para a distribuição de dividendos, é necessário debitar a conta lucros e prejuízos acumulados (cuja natureza é credora) e creditar dividendos a distribuir.

Gabarito "C".

(Auditor Fiscal/MG – 2005 – ESAF) A empresa Paulistinha S/A possuía uma máquina, adquirida por R$ 7.680,00, instalada para utilização em 12 anos. Após nove anos de uso desse equipamento, tendo a depreciação adequada sido oportunamente contabilizada, foi ele vendido, ocasionando perda de R$ 720,00. Para que as afirmações acima sejam corretas podemos dizer que o valor obtido na venda foi de

(A) R$ 6.960,00
(B) R$ 5.040,00
(C) R$ 1.920,00
(D) R$ 1.200,00
(E) R$ 48,00

Com base nos dados da questão, é possível montar o seguinte quadro resumo:

Valor original do bem	7.680,00
Depreciação anual	640,00
Depreciação acumulada no período de uso (9 anos)	5.760,00
Valor contábil do bem no momento da venda (valor original – depreciação acumulada)	1.920,00

Se o valor contábil do bem no momento da venda era de R$1.920,00, e o bem foi vendido com prejuízo de R$720,00, significa que o bem foi vendido por um valor menor que o valor contábil em R$720,00, sendo esse valor igual a R$1.200,00.

Gabarito "D".

(Auditor Fiscal/MG – 2005 – ESAF) A empresa ACD Ltda., em 31/12/x4, tinha valores a receber com saldo no valor de R$ 27.000,00 e mandou fazer provisão para créditos de liquidação duvidosa no valor de R$ 810,00. Durante o exercício de x5 a empresa recebeu e deu quitação a 60% desses créditos e mandou dar baixa, por não recebimento, nos outros 40%. Ao findar o ano com novos saldos no valor de R$ 42.000,00, a empresa adotou procedimento igual ao anterior, mandando provisionar seus créditos para fins de balanço.

Com base nessas informações, podemos dizer que a contabilização da provisão para créditos de liquidação duvidosa, referente ao exercício de 2005, provocará na Demonstração do Resultado do Exercício uma redução do lucro final no valor de

(A) R$ 774,00
(B) R$1.746,00
(C) R$ 450,00
(D) R$1.260,00
(E) R$ 936,00

No ano X4 a empresa constituiu Provisão para Devedores Duvidosos no montante equivalente a 3% do saldo dos valores a receber. Mantendo a mesma política, a empresa constituirá em X5 o montante de R$1.260 (3% de R$42.000). Ocorre que nem todo o saldo de provisão de X4 foi utilizado, visto que 60% da provisão constituída (R$486) foi recebido normalmente. Sendo assim, para ficar com uma provisão em X5 com valor equivalente a 3% dos valores a receber, a empresa necessitará constituir apenas R$774 de provisão (R$1.260 – R$486).

Gabarito "A".

(Auditor Fiscal/MG – 2005 – ESAF) Duas empresas coligadas avaliam seus investimentos pelo método da equivalência patrimonial.

A primeira empresa tem:

Ativo Permanente de	R$ 500.000,00
Patrimônio Líquido de	R$ 300.000,00
Capital Social de	R$ 100.000,00

A segunda empresa tem:

Ativo Permanente de	R$ 350.000,00
Patrimônio Líquido de	R$ 300.000,00
Capital Social de	R$ 150.000,00

A primeira empresa possui 25% do capital social da segunda. A segunda companhia teve lucro de R$ 50.000,00 e distribuiu dividendos no valor de R$ 30.000,00.

Em consequência dos resultados e respectiva distribuição, ocorridos na segunda companhia, a primeira empresa deverá contabilizar o aumento de

(A) R$ 7.500,00 em receitas do período.
(B) R$ 7.500,00 no ativo circulante.
(C) R$ 7.500,00 no ativo permanente.
(D) R$ 12.500,00 no ativo circulante.
(E) R$ 12.500,00 no ativo permanente.

O lucro da segunda empresa impactará inicialmente com um aumento de R$12.500 (25% de R$50.000) do permanente da primeira empresa, visto que esta contabiliza seus investimentos pelo método de equivalência patrimonial. No entanto, a primeira empresa terá direito a R$7.500 (25% de R$30.000) dos dividendos distribuídos pela segunda empresa. A contabilização dessa distribuição de dividendos na primeira empresa consistirá no registro de R$7.500 na conta caixa/bancos e redução no mesmo valor do investimento, visto que a distribuição impactará na redução do patrimônio líquido da segunda empresa e consequentemente no valor do investimento na primeira empresa. Sendo assim, ao final desses lançamentos, a empresa terá contabilizado o aumento de R$12.500 de seu Ativo, sendo R$7.500 no Ativo Circulante e R$5.000 no Permanente – Investimentos.

Gabarito "B".

(Auditor Fiscal da Receita Federal – 2003– ESAF) São atributos necessários para identificar a existência dos ativos Permanente Investimentos

(A) constituírem direitos de qualquer natureza, essência ou forma destinados à continuidade da empresa.
(B) representarem direitos de qualquer natureza, essência ou forma destinados ao desenvolvimento da atividade principal da empresa.
(C) não possuírem a característica de realização e não se destinarem à manutenção da atividade da empresa.
(D) serem destinados ao desenvolvimento da atividade principal da empresa e à capacidade de transformação em moeda.
(E) somente representarem direitos não destinados à utilização no desenvolvimento da atividade principal da empresa.

O inciso III do artigo 179 da lei 6.404/76 define que no Ativo Permanente – Investimentos são registradas "as participações permanentes em outras sociedades e os direitos de qualquer natureza, não classificáveis no ativo circulante, e que não se destinem à manutenção da atividade da companhia ou da empresa".

Gabarito "C".

(Auditor Fiscal da Receita Federal – 2003– ESAF) A Cia. ABC adquire 2% do total de ações da Cia. Lavandisca. Na ocasião da operação, o preço acordado envolvia o valor das ações e dividendos adquiridos, relativos a saldos, de Reservas e Lucros Acumulados, pré-existentes e ainda não distribuídos. No momento em que ocorrer o efetivo pagamento dos dividendos referentes a esses itens, o tratamento contábil dado a esse evento deverá ser:

(A) creditar o valor correspondente a esse dividendo em conta de receita não operacional em contrapartida do registro do ingresso do recurso no caixa.
(B) ajustar o resultado do exercício e creditar o valor correspondente a esse dividendo em conta de deságio em aquisição de investimentos permanentes em contrapartida do registro do ingresso do recurso no caixa.
(C) lançar o valor correspondente a esse dividendo a crédito da conta participação societária em contrapartida do registro do ingresso do recurso no caixa.
(D) registrar os dividendos recebidos como receita operacional em contrapartida ao lançamento de débito na conta caixa.
(E) considerar o valor recebido como receita não operacional e debitando em contrapartida da conta ágio em investimentos societários.

Como o valor do investimento já incluía o valor dos dividendos ainda não distribuídos, ao receber esses valores, a empresa baixará o investimento (crédito) em contrapartida da entrada dos recursos em caixa (débito).

Gabarito "C".

(Auditor Fiscal da Receita Federal – 2003– ESAF) A diferença verificada, ao final do período, entre o valor da participação societária relevante de companhia aberta e o resultante da aplicação do percentual de sua participação no patrimônio líquido da empresa investida, é registrado como item do resultado operacional quando corresponder:

(A) a eventos que provoquem diminuição do percentual de participação no capital da investida se esta for uma coligada.
(B) a aumento no patrimônio líquido da empresa coligada decorrente da reavaliação de seus ativos.
(C) a eventos resultantes de aumentos do percentual de participação no capital social da empresa controlada.
(D) a variação cambial de investimento em coligada ou controlada e controlada no exterior.
(E) a diminuições do patrimônio líquido de coligadas provocadas por reavaliações de ativos.

A: a alteração no percentual de participação altera apenas o total do investimento, sem reflexo no resultado; **B:** quando o aumento na investida refere-se à reavaliação de ativos não altera o resultado, pois o aumento é registrado em conta de reserva de reavaliação de coligadas/controladas; **C:** a alteração no percentual de participação altera apenas o total do investimento, sem reflexo no resultado; **D:** a variação cambial de investimento será registrada como resultado operacional; **E:** o aumento na investida refere-se à reavaliação de ativos, não altera o resultado, pois o aumento é registrado em conta de reserva de reavaliação de coligadas/controladas.

Gabarito "D".

(Auditor Fiscal da Receita Federal – 2003– ESAF) A Cia. Jovial, controlada da Cia. Época, em um determinado exercício reconhece como ajustes de exercícios os efeitos relevantes decorrentes de efeitos da mudança de critério contábil. Neste caso, a controladora que avalia seu investimento pelo método de equivalência patrimonial deverá:

(A) registrar o efeito correspondente à sua participação em seu resultado como item operacional.
(B) proceder à realização de assembleia extraordinária e dar conhecimento aos acionistas minoritários do fato ocorrido na controlada.
(C) apenas efetuar a evidenciação do fato em notas explicativas e constar em ata de assembleia extraordinária.
(D) lançar também como Ajustes de Exercícios Anteriores o valor proporcional à sua participação societária.
(E) apenas fazer a evidenciação do fato em notas explicativas, tendo em vista que o fato não afeta o seu resultado.

O ajuste realizado na Cia. Jovial alterará o valor do seu Patrimônio Líquido, que é base de cálculo para registro do valor do investimento na Cia. Época, variação essa registrada como resultado operacional.

Gabarito "A".

(Auditor Fiscal da Receita Federal – 2003– ESAF) A Cia. Jaguaribe, em 01.03.2000, recebe em doação, do município x, um terreno industrial avaliado em R$ 250.000, para instalar uma nova unidade fabril. Essa operação, prevista no planejamento estratégico da empresa no item expansão, envolve um investimento total de 15,5 milhões com previsão para entrar em operação nos próximos dois anos. Indique o procedimento contábil que a Cia. Boa Sorte, detentora de 60% do capital votante dessa empresa, deverá ter em relação à doação do bem.

(A) Aplicar o percentual de participação no capital da controlada e registrar o valor apurado como Reserva de Lucros a Realizar.
(B) Reconhecer em seu resultado, no momento em que o evento ocorreu, uma receita operacional de valor proporcional à sua participação.
(C) Registrar em seu patrimônio líquido, como Reserva de Capital, o valor proporcional à sua participação societária.
(D) Indicar em notas explicativas o acréscimo patrimonial de sua investida e a potencialidade de um provável ganho de capital.
(E) Lançar ao final do exercício no qual a controlada registrou a incorporação do terreno como um ganho de capital relativo à doação.

A doação irá aumentar o ativo da Cia. Jaguaribe e consequentemente aumentará seu Patrimônio Líquido. O reflexo desse aumento na Cia. Boa Sorte será um aumento no investimento na mesma proporção, com contrapartida na receita operacional.

Gabarito "B"

(Auditor Fiscal da Receita Federal – 2003– ESAF) Na verificação de participação recíproca em operações de incorporação, o procedimento exigido pela Lei 6.404/76 será:

(A) a empresa incorporada deverá alienar, no período de seis meses, a parcela de ações ou quotas que não excederem o valor dos lucros e reservas.

(B) somente a empresa incorporadora deverá publicar o fato em jornal de grande circulação no local onde estiver sediada, justificando a natureza e o valor da operação.

(C) mencionar o fato nos relatórios e demonstração financeira de ambas as sociedades e eliminar esse tipo de participação, no prazo máximo de um ano.

(D) mencionar esse fato apenas no relatório da administração, justificando a necessidade da operação e indicando as classes e valor nominal das ações envolvidas.

(E) alienar, no período de seis meses, a parcela de ações ou quotas que não excederem o valor dos lucros acumulados da incorporadora.

De acordo com o § 5º do artigo 244 da lei 6.404/76, "a participação recíproca, quando ocorrer em virtude de incorporação, fusão ou cisão, ou da aquisição, pela companhia, do controle de sociedade, deverá ser mencionada nos relatórios e demonstrações financeiras de ambas as sociedades, e será eliminada no prazo máximo de 1 (um) ano; no caso de coligadas, salvo acordo em contrário, deverão ser alienadas as ações ou quotas de aquisição mais recente ou, se da mesma data, que representem menor porcentagem do capital social".

Gabarito "C"

(Auditor Fiscal da Receita Federal – 2003– ESAF) A empresa Chuí S.A. possui investimentos na empresa Oiapoque S.A., tendo, de acordo com as determinações da Lei das Sociedades por Ações, a obrigatoriedade de efetuar a consolidação. No ano de 2002 a empresa Chuí adquiriu da empresa Oiapoque R$100.000,00 de fios elétricos para reformar suas instalações. Pressupondo que este lucro será eliminado e nunca mais realizado, pode-se:

(A) eliminar agora o Imposto de Renda e a contribuição social sobre ele incidente.

(B) excluir definitivamente o Imposto de Renda e a contribuição social pois não são devidos.

(C) excluir o Imposto de Renda e manter a contribuição social como despesa do período.

(D) manter o Imposto de Renda e eliminar a contribuição social das demonstrações.

(E) manter o Imposto de Renda e a contribuição social pois ambos são despesas do período.

Como a operação entre as empresas se concluiu, visto que os fios adquiridos foram utilizados na reforma da própria empresa Chuí, o imposto de renda e a contribuição social decorrentes da operação serão mantidos.

Gabarito "E"

(Auditor Fiscal da Receita Federal – 2003– ESAF) A empresa Fortaleza S.A. consolida em suas demonstrações financeiras a empresa controlada Rio Branco S.A. No ano de 2002 a empresa Fortaleza comprou da empresa Rio Branco S.A. mercadorias para revenda no valor de R$ 10.000.000,00, que ainda permanecem em seus estoques. Considerando uma alíquota de 25% de Imposto de Renda e 9% da Contribuição Social, totalizando 34%, indique o lançamento a ser efetuado no Balanço Patrimonial

Consolidado, relativo ao Imposto de Renda e à Contribuição Social.

(A) Nenhum, pois o Imposto de Renda e a Contribuição Social são despesas do Período.

(B) Débito de Lucros Acumulados e Crédito do Passivo Circulante no valor de R$ 3.400.000,00.

(C) Débito no Ativo Circulante e Crédito nos Lucros Acumulados no valor de R$ 3.400.000,00.

(D) Débito no Passivo Circulante e Crédito nos Lucros Acumulados no valor de R$ 3.400.000,00.

(E) Débito de Ativo Realizável a Longo Prazo e Crédito de Passivo Circulante no valor de R$ 2.500.000,00, pois somente o Imposto de Renda deve ser eliminado.

O imposto de renda e a contribuição da operação reduziram o resultado da empresa Rio Branco S.A. em R$3.400.000 (34% de R$10.000.000). Como a operação ainda não se realizou financeiramente, pois a empresa Fortaleza S.A. ainda não vendeu o estoque, esse valor precisa retornar ao lucro da empresa, através de um crédito na conta lucros e prejuízos acumulados. A contrapartida desta operação (débito) irá eliminar o efeito do pagamento do imposto, através de um débito no ativo circulante.

Gabarito "C"

(Auditor Fiscal da Receita Federal – 2003– ESAF) É fator condicional para a efetivação das condições aprovadas, de operação de fusão se os peritos nomeados determinarem que o valor dos patrimônios líquidos vertidos para a formação do novo capital social seja:

(A) inferior a 20% do capital preferencial das empresas envolvidas.

(B) pelo menos, igual ao montante do capital a realizar.

(C) no máximo 50% do capital ordinário anterior de cada uma das empresas.

(D) inferior ao total do capital preferencial anterior de cada uma das empresas.

(E) totalmente integralizado e superior a 50% do capital ordinário.

De acordo com o artigo 226 da lei 6.404/76, "as operações de incorporação, fusão e cisão somente poderão ser efetivadas nas condições aprovadas se os peritos nomeados determinarem que o valor do patrimônio ou patrimônios líquidos a serem vertidos para a formação de capital social é, ao menos, igual ao montante do capital a realizar".

Gabarito "B"

(Auditor Fiscal da Receita Federal – 2003– ESAF) A Cia. Alternativa emitiu debêntures 1998, que ainda estavam em circulação em 2000, ano em que essa empresa passa por um processo de cisão.

Com relação à integridade dos direitos dos debenturistas, pode-se afirmar que:

(A) os sócios dissidentes do processo de cisão responderão pelo prazo de 5 anos pelo valor de resgate das debêntures.

(B) a responsabilidade pelo resgate das debêntures somente poderá ser repassada aos acionistas ordinários que permanecerem nas novas sociedades.

(C) os sócios dissidentes do processo de cisão responderão pelo prazo de 10 anos pelo valor de resgate das debêntures.

(D) tanto a sociedade cindida quanto aquelas que absorveram parcelas de seu patrimônio respondem solidariamente pelo resgate das debêntures.

(E) apenas as novas sociedades surgidas do processo de cisão serão responsáveis pelo resgate das debêntures na proporção registrada em seus passivos.

O artigo 233 da Lei 6.404/76 define que "na cisão com extinção da companhia cindida, as sociedades que absorverem parcelas do seu patrimônio responderão solidariamente pelas obrigações da companhia extinta. A companhia cindida que subsistir e as que absorverem parcelas do seu patrimônio responderão solidariamente pelas obrigações da primeira anteriores à cisão"

Gabarito "D".

(Auditor Fiscal da Receita Federal – 2003– ESAF) Em casos de liquidação de sociedades não é dado poder ao liquidante, sem a expressa autorização de assembleia, de:

(A) alienar bens móveis e imóveis da empresa em liquidação.

(B) receber e dar quitação em recebíveis da empresa em liquidação.

(C) convocar assembleia geral a cada 6 meses para prestar contas das operações praticadas.

(D) representar a companhia e praticar todos os atos necessários à liquidação.

(E) prosseguir na atividade social, ainda que, para facilitar o processo de liquidação, sem a expressa autorização da assembleia geral.

O parágrafo único do artigo 211 da lei 6.404/76 define que "sem expressa autorização da assembleia-geral o liquidante não poderá gravar bens e contrair empréstimos, salvo quando indispensáveis ao pagamento de obrigações inadiáveis, nem prosseguir, ainda que para facilitar a liquidação, na atividade social".

Gabarito "E".

Instruções para resolução das próximas seis questões.

Em uma operação de verificação dos livros contábeis, realizada na Cia. Luanda, foi possível identificar os seguintes dados:

I. O Balanço Patrimonial dos exercícios 20x1 e 20x2

CONTAS DO ATIVO	20x1	20x2
Disponibilidades	8.000	6.000
Clientes	12.000	22.500
(-) Prov. p/ Créditos de Liq. Duvidosa	(300)	(800)
Estoques	2.000	6.500
Participações Societárias	5.300	5.300
Imóveis	12.000	12.000
Equipamentos	15.000	20.000
Veículos	20.000	20.000
(-) Depreciação Acumulada	(2.000)	(7.500)
TOTAL DO ATIVO	72.000	84.000
CONTAS DO PASSIVO+PL	20x1	20x2
Contas a Pagar	1.000	4.000
Fornecedores	9.000	6.000
Dividendos a Pagar	------	3.000
Impostos Provisionados	1.000	2.000
Notas Promissórias a Pagar	10.000	----
Financiamentos de Longo Prazo	16.000	22.000
Capital Social	30.000	40.000
Reservas de Lucros	4.000	0
Lucros/Prejuízos Acumulados	1.000	7.000
TOTAL DO PASSIVO+PL	72.000	84.000

II. A Demonstração das Mutações do Patrimônio Líquido

	CAPITAL SOCIAL	RESERVA DE LUCROS	LUCROS/ PREJUÍZOS AC.	TOTAL
Saldo em 31.12.20x1	30.000	4.000	1.000	35.000
Transferências p/Capital	4.000	(4.000)	0	
Novas Subscrições	6.000		6.000	
Incorporação do Resultado Líquido 19x2			9.000	9.000
Distribuição do Resultado				0
Dividendos			(3.000)	(3.000)
Saldo em 31.12.20x2	40.000	0	7.000	47.000

III. Itens da Demonstração de Resultado do Exercício

Itens Adicionais	20x1	20x2
Vendas	100.000	152.000
CMV	64.000	82.000
Despesas totais do período	34.000	59.000
Resultado antes do IR	2.000	11.000
Variações Cambiais Passivas	---	6.000
Despesas de Depreciações	2.000	5.500
Provisão p/ pagamento do Imposto de Renda	1.000	2.000
Provisão p/ Créditos de Liquidação Duvidosa	300	800

IV. Outras informações adicionais

As Notas Promissórias vencem em 180 dias.

Os financiamentos foram contratados junto ao Banco ABC em 30.12.20x1 pelo prazo de 8 anos, com carência de 3 anos e juros de 5% anuais, pagáveis ao final de cada período contábil. O saldo devedor é corrigido pela variação da moeda x, com pagamento do principal em 5 parcelas anuais após o período de carência.

Com base unicamente nos dados fornecidos, responder às próximas seis questões.

(Auditor Fiscal da Receita Federal – 2003– ESAF) O valor dos ingressos de caixa gerado pelas vendas no período examinado foi:

(A) 159.500
(B) 150.000
(C) 141.200
(D) 139.500
(E) 139.200

O saldo da conta clientes aumentou R$10.500 (R$22.500 – R$12.000), indicando que do total de receita de vendas esse valor não foi recebido no período. Além disso, a despesa de provisão no período foi igual ao saldo da provisão para devedores duvidosos, indicando que a provisão de R$300 ora constituída havia sido baixada. Sendo assim, do total de receitas de vendas, apenas R$141.200 (R$152.000 – R$10.500 – R$300) ingressaram no caixa da empresa.

Gabarito "C"

(Auditor Fiscal da Receita Federal – 2003– ESAF) Examinando os dados, verifica-se que a empresa pagou aos fornecedores o valor de:

(A) 89.500
(B) 86.500
(C) 85.000
(D) 82.000
(E) 75.500

O primeiro passo para a resolução da questão é apurar o valor das compras no período, conforme apresentado a seguir:

CMV = Estoque inicial + Compras – Estoque Final

82.000 = 2.000 + Compras – 6.500

Compras = 82.000 – 2.000 + 6.500

Compras = 86.500

Com o valor das compras é possível definir a seguinte movimentação para a conta Fornecedores:

	Fornecedores		
Pagamentos	89.500	9.000	Saldo inicial
		86.500	Compras
		6.000	Saldo final

Gabarito "A"

(Auditor Fiscal da Receita Federal – 2003– ESAF) Com base nos dados identificados, pode-se afirmar que a saída de caixa para o pagamento de despesas foi:

(A) 52.700
(B) 50.700
(C) 44.700
(D) 45.500
(E) 43.700

Apresentamos a seguir o cálculo das despesas pagas no período, considerando as despesas que não representaram desembolso para a empresa.

Despesas totais do período	59.000
(-) Provisão p/ Créditos de Liquidação Duvidosa	(800)
(-) Despesas de Depreciações	(5.500)
(-) Variação no contas a pagar	(3.000)
(-) Variação de financiamentos de longo prazo	(6.000)
(=) Despesas pagas no período	43.700

Gabarito "E"

612

(Auditor Fiscal da Receita Federal – 2003– ESAF) No período a empresa efetuou compras de estoques no valor de:

(A) 89.500
(B) 86.500
(C) 85.000
(D) 82.000
(E) 75.500

Apresentamos a seguir o cálculo das compras efetuadas no período.
CMV = Estoque inicial + Compras – Estoque Final
82.000 = 2.000 + Compras – 6.500
Compras = 82.000 – 2.000 + 6.500
Compras = 86.500

Gabarito "B"

(Auditor Fiscal da Receita Federal – 2003– ESAF) Com os dados fornecidos e aplicando o método indireto para elaborar o fluxo de caixa, pode-se afirmar que a contribuição do resultado ajustado para a formação das disponibilidades é:

(A) 21.300
(B) 12.000
(C) 17.500
(D) 20.500
(E) 6.000

Ao Lucro Líquido do exercício devem ser somados os valores do resultado que não representaram movimentação nas disponibilidades da empresa, conforme apresentado a seguir:

Vendas	152.000
(-) CMV	(82.000)
(=) Lucro bruto	70.000
(-) Despesas totais do período	(59.000)
(=) Resultado antes do IR	11.000
(-) Provisão p/ pagamento do Imposto de Renda	(2.000)
(-) Provisão p/ Créditos de Liquidação Duvidosa	(800)
(=) Lucro líquido do exercício	8.200
(+) Variações Cambiais Passivas	6.000
(+) Despesas de Depreciações	5.500
(+) Provisão p/ Créditos de Liquidação Duvidosa	800
(=) Formação das disponibilidades	20.500

Gabarito "D"

(Auditor Fiscal da Receita Federal – 2003– ESAF) O valor dos itens de Investimentos que contribuíram para a variação das disponibilidades é:

(A) (5.500)
(B) (5.000)
(C) (500)
(D) 5.000
(E) 5.500

É possível verificar através da análise da variação dos saldos das contas do Ativo Permanente que a única que variou no período foi a de Equipamentos, que aumentou em R$5.000, indicando que houve uma variação negativa no mesmo valor das disponibilidades.

Gabarito "B"

(Auditor Fiscal da Receita Federal – 2003– ESAF) Representam operações que não afetam o fluxo de caixa:

(A) recebimento por doação de terrenos e depreciações lançadas no período.
(B) aquisição de bens não de uso e quitação de contrato de mútuo.
(C) alienação de participações societárias e depreciações lançadas no período.
(D) amortizações efetuadas no período de diferidos e venda de ações emitidas.
(E) repasse de recursos para empresas coligadas e aquisição de bens.

A: representa um aumento no Ativo Permanente e no Patrimônio Líquido, sem impacto no fluxo de caixa da empresa; **B:** as duas operações indicam saídas de caixa; **C:** a alienação de participações societárias indica a entrada de recursos em caixa; **D:** a venda de ações emitidas representa uma entrada de recursos em caixa; **E:** as duas operações indicam saídas de caixa.

Gabarito "A"

(Auditor Fiscal da Receita Federal – 2003– ESAF) No sistema contábil abaixo apresentado só faltou anotar as despesas incorridas no período. Todavia, considerando as regras do método das partidas dobradas, podemos calcular o valor dessas despesas.

Componentes	Valores
Capital	R$ 1.300,00
Receitas	R$ 1.000,00
Dívidas	R$ 1.800,00
Dinheiro	R$ 1.100,00
Clientes	R$ 1.200,00
Fornecedores	R$ 1.350,00
Prejuízos Anteriores	R$ 400,00
Máquinas	R$ 1.950,00

Com base nos elementos apresentados, pode-se afirmar que o valor das despesas foi

(A) R$ 200,00
(B) R$ 400,00
(C) R$ 800,00
(D) R$ 1.200,00
(E) R$ 1.400,00

Ao considerar que a única conta faltante para montar o Balanço Patrimonial da empresa é a de despesas, basta classificar adequadamente as contas e verificar que o valor das despesas é de R$800,00, conforme apresentado a seguir:

Ativo		Passivo	
Dinheiro	1.100,00	Dívidas	1.800,00
Clientes	1.200,00	Fornecedores	1.350,00
Máquinas	1.950,00	PL	
		Capital	1.300,00
		Receitas	1.000,00
		Prejuízos Anteriores	(400,00)
		Despesas	(800,00)
Total	4.250,00	Total	4.250,00

Gabarito "C".

(Auditor Fiscal da Receita Federal – 2003– ESAF) Eis aí as contas extraídas do balancete de verificação da empresa Emenes Ltda., em 31.12.2002:

Componentes	**valores**
Aluguéis Ativos	R$ 900,00
Adiantamento a Fornecedores	R$ 1.000,00
Caixa e Bancos	R$ 1.200,00
Capital Social	R$ 3.000,00
Clientes	R$ 1.500,00
Contas a Pagar	R$ 2.400,00
Custo da Mercadoria Vendida	R$ 300,00
Depreciação Acumulada	R$ 650,00
Descontos Concedidos	R$ 340,00
Descontos Obtidos	R$ 220,00
Duplicatas a Receber	R$ 1.600,00
Duplicatas Descontadas	R$ 1.350,00
Empréstimos Obtidos	R$ 1.040,00
Fornecedores	R$ 2.100,00
Insubsistência Ativa	R$ 160,00
Impostos	R$ 280,00
Impostos a Recolher	R$ 450,00
Juros Passivos	R$ 120,00
Máquinas e Equipamentos	R$ 2.010,00
Mercadorias	R$ 1.380,00
Móveis e Utensílios	R$ 2.250,00
Prejuízos Acumulados	R$ 900,00
Provisão p/ Devedores Duvidosos	R$ 400,00
Provisão p/ Imposto de Renda	R$ 200,00
Receitas de Serviços	R$ 300,00
Receitas de Vendas	R$ 260,00
Reserva de Reavaliação	R$ 1.000,00
Reserva Legal	R$ 840,00
Salários	R$ 750,00
Salários a Pagar	R$ 180,00
Seguros	R$ 90,00
Superveniências Passivas	R$ 80,00
Veículos	R$ 1.850,00

Com base nas contas e saldos anteriores, podemos dizer que, mesmo o balancete de verificação não estando fechado corretamente, ele apresenta:

(A) Ativo no valor de R$ 12.790,00
(B) Passivo no valor de R$ 7.720,00
(C) Patrimônio Líquido no valor de R$ 3.940,00
(D) Saldos Devedores no valor de R$ 15.650,00
(E) Saldos Credores no valor de R$ 13.250,00

A classificação das contas da questão de acordo com o saldo devedor ou credor está apresentada a seguir:

	Devedor	Credor
Aluguéis Ativos		900,00
Adiantamento a Fornecedores	1.000,00	
Caixa e Bancos	1.200,00	
Capital Social		3.000,00
Clientes	1.500,00	
Contas a Pagar		2.400,00
Custo da Mercadoria Vendida	300,00	
Depreciação Acumulada		650,00
Descontos Concedidos	340,00	
Descontos Obtidos		220,00
Duplicatas a Receber	1.600,00	

Duplicatas Descontadas		1.350,00
Empréstimos Obtidos		1.040,00
Fornecedores		2.100,00
Insubsistência Ativa		160,00
Impostos	280,00	
Impostos a Recolher		450,00
Juros Passivos	120,00	
Máquinas e Equipamentos	2.010,00	
Mercadorias	1.380,00	
Móveis e Utensílios	2.250,00	
Prejuízos Acumulados	900,00	
Provisão p/ Devedores Duvidosos		400,00
Provisão p/ Imposto de Renda		200,00
Receitas de Serviços		300,00
Receitas de Vendas		260,00
Reserva de Reavaliação		1.000,00
Reserva Legal		840,00
Salários	750,00	
Salários a Pagar		180,00
Seguros	90,00	
Superveniências Passivas	80,00	
Veículos	1.850,00	
TOTAL	15.650,00	15.450,00

Gabarito "D"

(Auditor Fiscal da Receita Federal – 2003– ESAF) Na microempresa do meu Tio, no mês de outubro, os salários somados às horas-extras montaram a R$ 20.000,00. Os encargos de Previdência Social foram calculados em 11%, a parte do segurado, e em 22%, a parcela patronal.

Ao contabilizar a folha de pagamento, o Contador deverá fazer o seguinte registro:

(A)

Salários e Ordenados	
a Salários a Pagar	20.000,00
Previdência Social	
a Previdência Social a Recolher	6.600,00

(B)

Salários e Ordenados	
a Salários a Pagar	17.800,00
Previdência Social	
a Previdência Social a Recolher	6.600,00

(C)

Salários e Ordenados	
a Salários a Pagar	17.800,00
Previdência Social	
a Previdência Social a Recolher	4.400,00

(D)

Salários e Ordenados	
a Salários a Pagar	17.800,00
Salários a Pagar	
a Previdência Social a Recolher	2.200,00
Previdência Social	
a Previdência Social a Recolher	4.400,00

(E)

Salários e Ordenados	
a Salários a Pagar	20.000,00
Salários a Pagar	
a Previdência Social a Recolher	2.200,00
Previdência Social	
a Previdência Social a Recolher	4.400,00

Os 11% referentes à parte do segurado não representam uma despesa adicional da empresa, visto que esse valor é descontado do salário dos funcionários. A parte patronal de 22%, no entanto, é uma despesa adicional da empresa. Sendo assim, os lançamentos contábeis da folha de pagamento estão apresentados a seguir:

Salários e ordenados a Salários a pagar 20.000,00

Justificativa: débito de despesa e crédito de salários a pagar, indicando o compromisso da empresa com os funcionários.

Salários a pagar a Previdência social a recolher 2.200,00

Justificativa: o débito em salários a pagar reduz o valor a ser pago aos funcionários decorrente da retenção dos encargos da previdência da parte referente ao segurado. O crédito é em previdência social a recolher, pois esse valor será repassado para a previdência social

Previdência social a Previdência social a recolher 4.400,00

Justificativa: por se tratar da parcela patronal da previdência social, o valor deve ser debitado como despesa e creditado como um passivo à previdência social.

Gabarito "E"

(Auditor Fiscal da Receita Federal – 2003– ESAF) A firma Rinho Ltda. apresenta as seguintes rubricas vinculadas ao resultado do exercício:

COFINS	R$ 180,00
Custo da Mercadoria Vendida	R$ 2.800,00
Despesas Financeiras	R$ 600,00
ICMS s/ Vendas	R$ 720,00
PIS s/ Faturamento	R$ 60,00
Receita Operacional Bruta	R$ 6.000,00
Salários e Ordenados	R$ 1.000,00

Com base nos dados apresentados, pode-se dizer que a empresa apresenta:

(A) Receita Líquida de Vendas R$ 5.280,00
(B) Receita Líquida de Vendas R$ 2.240,00
(C) Lucro Operacional Bruto R$ 5.040,00
(D) Lucro Operacional Líquido R$ 2.240,00
(E) Lucro Operacional Líquido R$ 640,00

Com base nos dados apresentados pela questão, é possível montar a seguinte Demonstração do Resultado do Exercício:

Receita Operacional Bruta	6.000,00
(-) ICMS s/ Vendas	(720,00)
(-) PIS s/ Faturamento	(60,00)
(=) Receita líquida	5.220,00
(-) Custo da Mercadoria Vendida	(2.800,00)
(=) Lucro bruto	2.420,00
(-) COFINS	(180,00)
(-) Despesas Financeiras	(600,00)
(-) Salários e Ordenados	(1.000,00)
(=) Lucro líquido	640,00

Gabarito "E".

(Auditor Fiscal da Receita Federal – 2003– ESAF) Observemos os seguintes fatos administrativos: aluguel de R$ 200,00 mensais que foi contratado em 30 de agosto de 2002, mas foi pago apenas até 30 de novembro do mesmo ano; compra de mercadorias por R$ 4.000,00, tendo sido vendido no mesmo ano 40% do volume adquirido, com lucro de 15%; salário de dezembro de R$ 500,00 com INSS de 11% dos empregados e 20% dos empregadores e FGTS de 8%.

Considerando o registro contábil correto desses eventos, podemos dizer que eles reduziram o lucro do ano de 2002 no valor de

(A) R$ 1.000,00
(B) R$ 1.200,00
(C) R$ 1.255,00
(D) R$ 1.440,00
(E) R$ 1.680,00

Apresentamos a seguir o quadro com o resumo do impacto dos eventos no resultado do exercício:

Evento	Receita	Custo	Despesa	Lucro/prejuízo
Aluguel de R$ 200,00 mensais, que foi contratado em 30 de agosto de 2002, mas foi pago apenas até 30 de novembro do mesmo ano;			800,00	(800,00)
Compra de mercadorias por R$ 4.000,00, tendo sido vendido no mesmo ano 40% do volume adquirido, com lucro de 15%;	1.840,00	1.600,00		240,00
Salário de dezembro de R$ 500,00 com INSS de 11% dos empregados e 20% dos empregadores e FGTS de 8%.			640,00	(640,00)
TOTAL	1.840,00	1.600,00	1.440,00	(1.200,00)

O aluguel foi considerado no montante de R$800,00 por se tratar de um valor mensal referente aos meses de setembro a dezembro. A venda de mercadorias teve o custo de R$1.600,00 por referir-se a 40% do total adquirido e a receita de R$1.840,00 decorre do lucro de 15%. A despesa de salários no total de R$640,00 refere-se ao salário (R$500,00), o INSS do empregador (R$100,00) e o FGTS (R$40,00). O INSS dos empregados não entra no cálculo por se tratar de um desconto sobre o salário, não representando nova despesa para a empresa.

Gabarito "B".

(Auditor Fiscal da Receita Federal – 2003– ESAF) Ao examinarmos a carteira de cobrança da empresa Gaveteiro S/A., encontramos diversas duplicatas a receber, algumas ainda a vencer, no valor de R$ 120.000,00; outras já vencidas, no valor de R$ 112.000,00; mais algumas em fase de cobrança, já protestadas, no valor de R$ 111.000,00 e outras descontadas em Bancos, no valor de R$ 98.000,00. Também havia uma Provisão para Créditos Incobráveis com saldo credor de R$ 4.000,00.

Pelo conhecimento que temos da empresa e de sua carteira de cobrança, sabemos que a experiência de perda com esses créditos tem sido de cerca de 4%, sendo correto um provisionamento deste porte.

Feitas as provisões e contabilizadas corretamente, com base em 4% dos devedores duvidosos, é correto dizer que a Demonstração do Resultado do Exercício conterá como despesa dessa natureza o valor de

(A) R$ 9.720,00
(B) R$ 9.640,00
(C) R$ 8.760,00

(D) R$ 5.800,00
(E) R$ 5.280,00

A Provisão para Devedores Duvidosos deve ser calculada sobre as duplicatas a vencer (R$120.000), vencidas (R$112.000) e em cobrança (R$111.000), totalizando uma base de cálculo de R$343.000. Ao calcularmos 4% sobre esse valor, apuramos R$13.720. Como já havia contabilizado R$4.000, a empresa deverá complementar lançando R$9.720 adicionais, sendo esse o valor da despesa.

Gabarito "A".

(Auditor Fiscal da Receita Federal – 2003– ESAF) A máquina ALFA foi comprada por R$ 130.000,00 em 01/10/2001 e a máquina BETA foi comprada pelo mesmo preço, em 01/04/2002. Ambas as máquinas têm durabilidade igual: deverão ser usadas durante dez anos.

O desgaste físico desses bens deverá ter contabilização anual. Assim sendo, na Demonstração de Resultado do Exercício de 2002, elaborada em 31.12.02, constarão Encargos de Depreciação no valor de

(A) R$ 3.250,00, referente à máquina BETA.
(B) R$ 9.750,00, referente à máquina ALFA.
(C) R$ 13.000,00, referente à máquina BETA.
(D) R$ 16.250,00, referente à máquina ALFA.
(E) R$ 22.750,00, referente a ambas as máquinas.

Ao perguntar qual o valor dos encargos de depreciação em 2002, a questão quer saber o valor da despesa de depreciação. Nesse caso, como a máquina Alfa foi adquirida em 2001, ela foi depreciada de outubro de 2001 a dezembro de 2002, devendo, no entanto, constar como despesa de 2002 apenas o valor da depreciação referente ao período compreendido entre janeiro a dezembro de 2002 (12 meses). A máquina Beta, adquirida em abril de 2002, foi depreciada por nove meses. Apresentamos a seguir o cálculo da depreciação do ano de 2002.

616

Máquina	Valor do bem	Depreciação mensal	Quantidade de meses depreciados em 2002	Valor da depreciação
Alfa	130.000,00	1.083,33	12	13.000,00
Beta	130.000,00	1.083,33	9	9.750,00
Total				22.750,00

Gabarito "E".

(Auditor Fiscal da Receita Federal – 2003– ESAF) Fomos chamados a calcular os dividendos a distribuir, no segundo semestre, da empresa Rentábil. A empresa é uma sociedade anônima e os seus estatutos determinam que os dividendos devem ser o mínimo obrigatório de acordo com a lei, mas não estabelecem o valor percentual sobre o lucro líquido.

Os valores que encontramos para montar a base de cálculo foram: reserva estatutária de R$ 6.500,00, participação de administradores no lucro de R$ 7.000,00, participação de empregados no lucro de R$ 8.000,00, Provisão para o Imposto de Renda e CSLL de R$ 95.000,00 e lucro líquido, antes do imposto de renda, de R$ 180.000,00. Ficamos com o encargo de calcular o valor da reserva legal e do dividendo mínimo obrigatório.

Feitos os cálculos corretamente, podemos afirmar com certeza que o dividendo será no valor de

(A) R$ 15.000,00
(B) R$ 16.625,00
(C) R$ 30.000,00
(D) R$ 33.250,00
(E) R$ 35.000,00

O artigo 202 da lei 6.404/76 define as regras para o dividendo obrigatório, sendo essas: "os acionistas têm direito de receber como dividendo obrigatório, em cada exercício, a parcela dos lucros estabelecida no estatuto ou, se este for omisso, a importância determinada de acordo com as seguintes normas:

I – metade do lucro líquido do exercício diminuído ou acrescido dos seguintes valores:

a) importância destinada à constituição da reserva legal (art. 193); e

b) importância destinada à formação da reserva para contingências (art. 195) e reversão da mesma reserva formada em exercícios anteriores;

II – o pagamento do dividendo determinado nos termos do inciso I poderá ser limitado ao montante do lucro líquido do exercício que tiver sido realizado, desde que a diferença seja registrada como reserva de lucros a realizar (art. 197);

III – os lucros registrados na reserva de lucros a realizar, quando realizados e se não tiverem sido absorvidos por prejuízos em exercícios subsequentes, deverão ser acrescidos ao primeiro dividendo declarado após a realização".

Apresentamos a seguir a memória de cálculo do dividendo:

Lucro líquido antes do imposto	180.000,00
(-) Provisão para IR e CS	(95.000,00)
(-) Participação dos empregados	(8.000,00)
(-) Participação dos administradores	(7.000,00)
(=) Lucro líquido	70.000,00
Reserva legal (5% do lucro líquido)	3.500,00
Base de cálculo para dividendos (lucro líquido excluído valor da reserva legal)	66.500,00
Dividendo (50% da base de cálculo)	33.250,00

Gabarito "D".

(Técnico da Receita Federal – 2003 – ESAF) A empresa Primavera Ltda., no encerramento do exercício de 2002, obteve as seguintes informações, conforme segue:

	Valores em R$
Adiantamento a Fornecedores	1.000,00
Adiantamento de Clientes	2.000,00
Ativo Imobilizado	20.000,00
Capital Social	29.000,00
Contas a Pagar	40.000,00
Depreciação Acumulada	2.000,00
Despesas Antecipadas	1.000,00
Disponibilidades	1.000,00
Duplicatas a Receber	30.000,00
Estoques	20.000,00
Realizável a Longo Prazo	2.000,00
Reserva Legal	2.000,00

Assinale a opção correta, que corresponde ao valor do Ativo que estará presente no Balanço Patrimonial.

(A) R$ 71.000,00
(B) R$ 72.000,00
(C) R$ 73.000,00
(D) R$ 74.000,00
(E) R$ 75.000,00

Apresentamos as contas descritas na questão que compõem o ativo:

Descrição	Valor
Adiantamento a Fornecedores	1.000,00
Ativo Imobilizado	20.000,00
Depreciação Acumulada	(2.000,00)
Despesas Antecipadas	1.000,00
Disponibilidades	1.000,00
Duplicatas a Receber	30.000,00
Estoques	20.000,00
Realizável a Longo Prazo	2.000,00
Total do ativo	73.000,00

Gabarito "C"

(Técnico da Receita Federal – 2003 – ESAF) A empresa Internacional S/A., no encerramento do exercício de 2002, obteve as seguintes informações, conforme segue:

	Valores em R$
Adiantamento a Fornecedores	15.000,00
Ativo Imobilizado	1.300.000,00
Contas a Pagar	1.100.000,00
Disponibilidades	150.000,00
Duplicatas a Receber	1.200.000,00
Empréstimos	1.000.000,00
Estoques	850.000,00
Lucros Acumulados	200.000,00
Reserva Legal	10.000,00

Na elaboração do Balanço Patrimonial da empresa, os valores do Patrimônio Líquido e do Capital Social Integralizado serão:

	Valores em R$	
	Patrimônio Líquido	Capital Social Integralizado
(A)	1.400.000,00	1.190.000,00
(B)	1.400.000,00	1.205.000,00
(C)	1.415.000,00	1.205.000,00
(D)	1.415.000,00	1.225.000,00
(E)	1.425.000,00	1.225.000,00

Ao classificar as contas apresentadas na questão, apuramos um Ativo Total igual a R$3.515.000,00 e Passivo igual a R$2.100.000,00, o que implica que o Patrimônio Líquido deve ser igual a R$1.415.000,00 (R$3.515.000,00 – R$2.100.000,00). Como a única conta não apresentada é o Capital Social, e as demais contas do Patrimônio Líquido somam R$210.000,00, é possível concluir que o valor do Capital Social é de R$1.205.000,00, conforme apresentado a seguir:

ATIVO		PASSIVO	
Disponibilidades	150.000,00	Contas a Pagar	1.100.000,00
Adiantamento a Fornecedores	15.000,00	Empréstimos	1.000.000,00
Estoques	850.000,00		
Duplicatas a Receber	1.200.000,00	Patrimônio líquido	1.415.000,00
Ativo Imobilizado	1.300.000,00	Capital Social	1.205.000,00
		Lucros Acumulados	200.000,00
		Reserva Legal	10.000,00
Total	3.515.000,00	Total	3.515.000,00

Gabarito "C"

(Técnico da Receita Federal – 2003 – ESAF) A Companhia Tríplice, no encerramento do exercício de 2002, obteve as seguintes informações, conforme segue:

	Valores em R$
Lucro Bruto	90.000,00
Lucro Operacional	70.000,00
Receitas Financeiras	2.000,00
Despesas Financeiras	10.000,00
Participação dos empregados	7.000,00
Provisão para Imposto de Renda e Contribuição Social sobre o Lucro Líquido	15.000,00

Assinale a opção correta, que contém o valor da Reserva Legal que deverá ser constituída, considerando que o saldo final da Reserva terá um percentual inferior ao limite legal.

(A) R$ 1.400,00
(B) R$ 1.800,00
(C) R$ 2.200,00
(D) R$ 2.400,00
(E) R$ 2.800,00

A reserva legal segue as regras de constituição definidas no artigo 193 da lei 6.404.

Art. 193. Do lucro líquido do exercício, 5% (cinco por cento) serão aplicados, antes de qualquer outra destinação, na constituição da reserva legal, que não excederá de 20% (vinte por cento) do capital social.

§ 1º A companhia poderá deixar de constituir a reserva legal no exercício em que o saldo dessa reserva, acrescido do montante das reservas de capital de que trata o § 1º do artigo 182, exceder de 30% (trinta por cento) do capital social.

Considerando que o lucro operacional já contempla em seu valor o lucro bruto, as receitas financeiras e as despesas financeiras, esses valores não serão considerados no cálculo do lucro líquido, que é a base de cálculo do lucro líquido, conforme apresentado a seguir:

Lucro operacional	70.000,00
Participação dos empregados	(7.000,00)
Provisão para IR e CSLL	(15.000,00)
Lucro líquido do exercício	48.000,00
Reserva legal (5% do lucro líquido)	2.400,00

Gabarito "D".

(Técnico da Receita Federal – 2003 – ESAF) A empresa Espera Ltda. determinou ao Banco do Brasil que protestasse um título, que estava em seu poder para cobrança, no valor de R$ 25.000,00; não suficiente, envidou esforços judiciais sem sucesso. A venda que originou o título havia acontecido no exercício anterior. Ao final do exercício anterior, a empresa possuía o seguinte Balanço Patrimonial:

	Valores em R$
ATIVO	
Ativo Circulante	330.000,00
Disponibilidades	10.000,00
Caixa e Bancos	10.000,00
Realizável a Curto Prazo	320.000,00
Duplicatas a Receber	200.000,00
Devedores Duvidosos	-30.000,00
Estoques	150.000,00
Ativo Permanente	180.000,00
Imobilizado	200.000,00
Depreciação acumulada	-20.000,00
Ativo Total	510.000,00
PASSIVO	
Passivo Circulante	220.000,00
Fornecedores	220.000,00
Patrimônio Líquido	290.000,00
Capital Social	200.000,00
Reserva Legal	10.000,00
Lucros Acumulados	80.000,00
Total do Passivo	510.000,00

Assinale a opção em que o registro contábil da operação, de baixa do título, está correto.

		Valores em R$	
	Contas	Débito	Crédito
(A)	Despesas com Títulos Incobráveis a	25.000	
	Duplicatas Descontadas		25.000
(B)	Devedores Duvidosos	25.000	
	a Duplicatas a Receber		25.000
(C)	Despesas com Títulos Incobráveis	25.000	
	a Duplicatas a Receber		25.000
(D)	Ajuste de Exercícios Anteriores	25.000	
	a Duplicatas a Receber		25.000
(E)	Despesas com Títulos Incobráveis	25.000	
	a Bancos Conta Movimento		25.000

No exercício financeiro cujo título foi originado havia uma Provisão para Devedores Duvidosos em montante suficiente para comportar a perda. Sendo assim, quando a empresa for efetuar a baixa do título, ela deverá fazê-lo em contrapartida à provisão existente, ficando o débito na conta Devedores Duvidosos e o crédito em Duplicatas a Receber.

Gabarito "B".

(Técnico da Receita Federal – 2003 – ESAF) A Companhia Delta, no encerramento do exercício de 2002, obteve as seguintes informações, conforme segue:

	Valores em R$
Capital Social	1.000.000,00
Financiamentos	50.000,00
Lucro Antes do Imposto de Renda	300.000,00
Prejuízos Acumulados	70.000,00
Provisão para Imposto de Renda e Contribuição Social sobre o Lucro Líquido	90.000,00

Estatutariamente as participações no resultado são: empregados 10%; administradores 10%. Assinale o valor do Lucro Líquido do Exercício.

Lucro Líquido do Exercício

Valores em R$

(A) 183.400,00
(B) 170.100,00
(C) 168.000,00
(D) 153.000,00
(E) 150.000,00

A Lei 6.404 define no artigo 190 as regras para cálculo das participações estatutárias:

"Art. 190. As participações estatutárias de empregados, administradores e partes beneficiárias serão determinadas, sucessivamente e nessa ordem, com base nos lucros que remanescerem depois de deduzida a participação anteriormente calculada."

Apresentamos a seguir o cálculo das participações;

Lucro antes do IR	300.000,00
(-) Provisão para IR	(90.000,00)
(-) Prejuízo acumulado	(70.000,00)
(=) Base de cálculo para a participação dos empregados	140.000,00
(-) Participação empregados	(14.000,00)
(=) Base de cálculo para a participação dos administradores	126.000,00
(-) Participação administradores	(12.600,00)

Substituindo os valores das participações na DRE, teremos o seguinte Lucro Líquido:

Lucro antes do IR	300.000,00
(-) Provisão para IR	(90.000,00)
(-) Participação empregados	(14.000,00)
(-) Participação administradores	(12.600,00)
(=) Lucro líquido	183.400,00

Gabarito "A".

(Técnico da Receita Federal – 2003 – ESAF) A empresa Comercial Luna Ltda. descontou uma duplicata em 01.07.03, pelo prazo de 25 dias, no valor de R$ 1.000,00. O Banco deduziu do valor a importância de R$ 50,00, referentes a Despesas Financeiras. Assinale a opção em que o registro contábil da operação está correto.

		Valores em R$
(A) Diversos		
a Duplicatas a Receber		1.000,00
Bancos Conta Movimento	950,00	
Despesas Financeiras	50,00	

(B) Diversos		
a Duplicatas Descontadas		1.000,00
Bancos Conta Movimento	950,00	
Despesas Financeiras	50,00	

(C) Duplicatas a Receber	1.000,00	
a Diversos		
a Bancos Conta Movimento		950,00
a Despesas Financeiras		50,00

(D) Duplicatas Descontadas	1.000,00	
a Diversos		
a Bancos Conta Movimento		950,00
a Despesas Financeiras		50,00

(E) Bancos Conta Movimento	1.000,00	
a Diversos		
a Duplicatas a Receber		950,00
a Despesas Financeiras		50,00

Como o banco descontou R$50 do valor da duplicata, a empresa só recebeu em sua conta bancária o valor de R$950 (a débito). O valor total da duplicada descontada é de R$1.000, sendo esse o valor registrado a crédito na conta de duplicatas descontadas. Os R$50 descontados pelo banco representam uma despesa financeira. O lançamento fica, portanto:

D – Banco conta movimento

D – Despesas financeiras

C – Duplicatas descontadas

Gabarito "B".

(Técnico da Receita Federal – 2003 – ESAF) Com relação às peças que compõem as Demonstrações Financeiras, assinale a opção correta.

(A) A Demonstração do Resultado do Exercício evidencia a modificação ocorrida na posição financeira da empresa.

(B) Na demonstração de lucros ou prejuízos acumulados estarão presentes todos os elementos da competência do período.

(C) A Demonstração das Origens e Aplicações de Recursos tem a função de apurar o resultado não operacional da empresa.

(D) No balanço, as contas serão classificadas segundo os elementos do patrimônio que registrem, e agrupadas de modo a facilitar o conhecimento e a análise da situação financeira da companhia.

(E) O Fluxo de Caixa tornou-se peça obrigatória das Demonstrações Financeiras, com a promulgação da Lei 10.303/01.

A: a DRE demonstrada não mostra variação da posição financeira, visto que nem toda transação evidenciada nesse demonstrativo representa uma variação nas disponibilidades da empresa; **B:** na DLPA estarão presentes apenas as transações que movimentaram a conta lucros/prejuízos acumulados; **C:** a DOAR tem a função de demonstrar a variação do capital circulante líquido e não é mais obrigatória a partir da edição da lei 11.638/2007; **D:** o item está de acordo com o artigo 178, que define que "no balanço, as contas serão classificadas segundo os elementos do patrimônio que registrem, e agrupadas de modo a facilitar o conhecimento e a análise da situação financeira da companhia"; **E:** a Demonstração do Fluxo de Caixa se tornou obrigatória a partir da edição da lei 11.638/2007.

Gabarito "D".

(Técnico da Receita Federal – 2003 – ESAF) Em cada círculo está inscrito o nome de uma empresa. A seta indica participação de uma empresa no capital de outra. No retângulo está o percentual de cada participação.

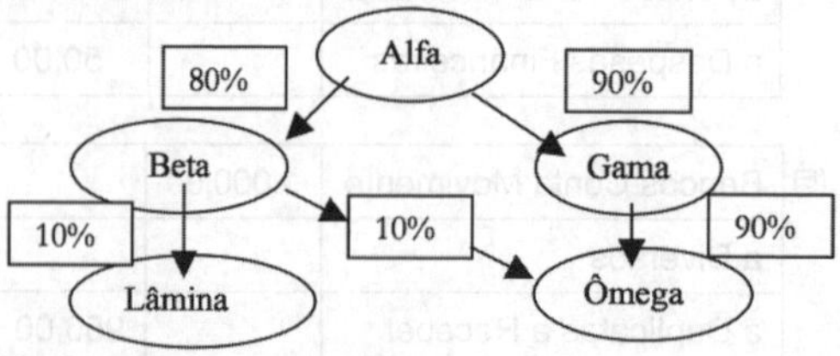

Assinale a opção correta.

(A) A empresa Alfa controla indiretamente a empresa Ômega.
(B) A empresa Alfa controla indiretamente a empresa Lâmina.
(C) A empresa Beta controla a empresa Lâmina.
(D) A empresa Beta controla a empresa Ômega.
(E) A empresa Gama controla a empresa Beta.

A: ao participar de 90% do capital da empresa Gama, que por sua vez participa de 90% da empresa Ômega, e de 80% da empresa Beta, que for sua vez participa dos 10% restantes da empresa Ômega, a empresa Alfa participa indiretamente com 89% da empresa Ômega; **B:** apesar da participação de 80% na empresa Beta, Alfa não controla Lâmina, pois Beta detém apenas 10% de Lâmina, o que representa uma participação indireta de 8%; **C:** Beta detém apenas 10% da Lâmina; **D:** Beta detém apenas 10% de Ômega; **E:** Gama não detém nenhuma participação em Beta.

Gabarito "A".

(Auditor do Tesouro Municipal/Recife-PE – 2003 – ESAF) A empresa "Z" Ltda., no encerramento do exercício de 2002, obteve as seguintes informações:

	Valores em R$
Adiantamento a Fornecedores	500,00
Adiantamento de Clientes	1.000,00
Ativo Imobilizado Bruto	20.000,00
Capital Social	26.500,00
Contas a Pagar	40.000,00
Depreciação Acumulada	2.000,00
Disponibilidades	1.000,00
Duplicatas a Receber	50.000,00
Reserva Legal	2.000,00

Considerando somente estas informações, assinale a única opção correta, correspondente ao valor do Ativo.

(A) R$ 69.000,00
(B) R$ 69.500,00
(C) R$ 72.000,00
(D) R$ 73.000,00
(E) R$ 74.500,00

Apresentamos a seguir as contas que compõem o ativo da empresa "Z" Ltda:

Conta	Valor
Adiantamento a Fornecedores	500,00
Ativo Imobilizado Bruto	20.000,00
Depreciação Acumulada	(2.000,00)
Disponibilidades	1.000,00
Duplicatas a Receber	50.000,00
TOTAL	69.500,00

Gabarito "B".

(Auditor do Tesouro Municipal/Recife-PE – 2003 – ESAF) Com base somente nas informações abaixo, em 31 de dezembro de 2002, com todas as contas do balanço presentes na listagem, indique o Lucro Líquido do Exercício da empresa.

Contas	Valores em R$
Caixa	70.000,00
Capital Social	125.000,00
Depreciação Acumulada	55.000,00
Duplicatas a Receber	150.000,00
Estoque Final	470.000,00
Fornecedores	520.000,00
Móveis e Utensílios – Valor Bruto	160.000,00

(A) R$ 120.000,00
(B) R$ 130.000,00
(C) R$ 140.000,00
(D) R$ 150.000,00
(E) R$ 160.000,00

Considerando que a única conta não apresentada pela questão é o Lucro líquido do Exercício, classificando as contas do ativo, Passivo e Patrimônio líquido, é possível concluir que o valor dessa conta para fechar o Balanço Patrimonial deve ser R$150.000,00, conforme apresentado a seguir:

Ativo		Passivo	
Caixa	70.000,00	Fornecedores	520.000,00
Duplicatas a Receber	150.000,00		
Estoque Final	470.000,00	PL	
Móveis e Utensílios – Valor Bruto	160.000,00	Capital Social	125.000,00
Depreciação Acumulada	(55.000,00)	Lucro líquido do exercício	150.000,00
TOTAL	795.000,00	TOTAL	795.000,00

Gabarito "D".

(Auditor do Tesouro Municipal/Recife-PE – 2003 – ESAF) A empresa "W" Ltda., no encerramento do exercício de 2002, apurou as seguintes informações:

	Valores em R$
Lucro Bruto	9.000,00
Lucro Operacional	7.000,00
Participação dos empregados	700,00
Provisão para Imposto de Renda e Contribuição Social sobre o Lucro Líquido	1.300,00

Assinale a opção que contém o valor correto da Reserva Legal que deverá ser constituída.

(A) R$ 150,00
(B) R$ 185,00
(C) R$ 250,00
(D) R$ 285,00
(E) R$ 350,00

A reserva legal é calculada aplicando-se 5% sobre o lucro líquido do exercício, que na questão é apurado deduzindo-se do lucro operacional a provisão para IR e CSLL e a participação dos empregados, conforme apresentado a seguir:

Lucro operacional	7.000,00
(-) Provisão para IR e CSLL	(1.300,00)
(-) Participação dos empregados	(700,00)
(=) Base de cálculo para a reserva legal	5.000,00
Reserva legal (5% de R$5.000)	250,00

A informação sobre o lucro bruto é irrelevante para a resolução da questão, visto que este valor é apurado anteriormente ao lucro operacional.

Gabarito "C".

(Auditor do Tesouro Municipal/Recife-PE – 2003 – ESAF) A empresa "X" S/A., no encerramento do exercício de 2002, apurou as seguintes informações, exceto a de Capital Social:

	Valores em R$
Adiantamento a Fornecedores	2.000,00
Ativo Imobilizado	13.000,00
Contas a Pagar	3.500,00
Disponibilidades	2.500,00
Duplicatas a Receber	12.000,00
Empréstimos	5.800,00
Estoques	5.300,00
Lucros Acumulados	4.500,00
Reserva Legal	400,00

Na elaboração do Balanço Patrimonial da empresa, os valores do Patrimônio Líquido e do Capital Social Integralizado serão:

	Patrimônio Líquido	Capital Social Integralizado
(A)	R$ 20.400,00	R$ 20.400,00
(B)	R$ 24.900,00	R$ 20.200,00
(C)	R$ 24.900,00	R$ 20.600,00
(D)	R$ 25.500,00	R$ 20.600,00
(E)	R$ 25.500,00	R$ 20.200,00

Considerando que a única conta não apresentada pela questão é o Capital Social, classificando as contas do Ativo, Passivo e Patrimônio líquido, é possível concluir que o valor dessa conta para fechar o Balanço Patrimonial deve ser R$20.600,00, conforme apresentado a seguir:

Ativo		Passivo	
Disponibilidades	2.500,00	Contas a Pagar	3.500,00
Duplicatas a Receber	12.000,00	Empréstimos	5.800,00
Estoques	5.300,00		
Adiantamento a Fornecedores	2.000,00	PL	25.500,00
Ativo Imobilizado	13.000,00	Capital social	20.600,00
		Lucros Acumulados	4.500,00
		Reserva Legal	400,00
TOTAL	34.800,00	TOTAL	34.800,00

Gabarito "D".

(Auditor do Tesouro Municipal/Recife-PE – 2003 – ESAF) A empresa "XYZ" apresenta o seguinte Balanço Patrimonial em 31 de dezembro de 2002 (valores em R$):

ATIVO	31.12.2002	31.12.2001
Ativo Circulante	50,00	20,00
Disponibilidades	50,00	20,00
Caixa e Bancos	50,00	20,00
Ativo Permanente	90,00	100,00
Imobilizado	100,00	100,00
Depreciação Acumulada	-10,00	0,00
Total do Ativo	140,00	120,00
PASSIVO		
Patrimônio Líquido	140,00	120,00
Capital Social	120,00	120,00
Reserva Legal	1,00	0,00
Lucros Acumulados	19,00	0,00
Total do Passivo	140,00	120,00

621

Considere que a empresa foi constituída em 31.12.2001, não possui estoques, todas as compras foram para cobrir pedidos de clientes; todas as compras e vendas foram pagas e recebidas a vista; não houve incidência de impostos e todo o Lucro Líquido do Exercício foi reinvestido na atividade. Levando-se em conta tais informações, assinale a proposição correta a respeito do Balanço Patrimonial apresentado.

(A) A empresa, em 2002, adquiriu novos equipamentos, para aumentar as suas instalações, no valor de R$ 100,00.

(B) O Lucro Líquido do Exercício, em 2002, foi de R$ 30,00, conforme pode-se observar pela variação da conta Caixa e Bancos.

(C) A depreciação lançada, em 2002, no valor de R$ 10,00, representa um fundo que fica no Patrimônio Líquido, na conta de Lucros Acumulados.

(D) A variação da conta Caixa e Bancos, no valor de R$ 30,00, em 2002, é formada pelo Lucro Líquido do Exercício no valor de R$ 20,00 adicionado pelo valor da depreciação, no período, que foi de R$ 10,00.

(E) A empresa aumentou o seu Capital Social, em 2002, no valor de R$ 120,00, para financiar o seu crescimento.

A: o imobilizado da empresa permaneceu no valor de R$100 no período, indicando que nada foi adquirido; **B:** o lucro líquido foi de R$20, tendo a empresa destinado R$1 para constituição da reserva legal e mantido R$19 na conta lucros acumulados; **C:** a contrapartida da depreciação acumulada é uma despesa de depreciação, que reduz o lucro líquido do exercício; **D:** a depreciação de R$10 afetou o lucro líquido da empresa. O lucro sem o efeito da depreciação (que não afeta o caixa) teria sido de R$30, sendo essa a variação do caixa no período; **E:** o capital social não se alterou no período, permanecendo com o valor de R$120.

Gabarito "D"

(Auditor do Tesouro Municipal/Recife-PE – 2003 – ESAF) A empresa Filinto Ltda., no encerramento do exercício, em 31 de dezembro de 2002, em seu balancete de verificação, apurou as seguintes informações:

	Valores em R$
Lucro Antes do Imposto de Renda	100.000,00
Imposto de Renda de Contribuição Social sobre o Lucro Líquido	25.000,00
Lucro Líquido do Exercício	75.000,00
Patrimônio Líquido(*)	200.000,00
Capital Social(*)	160.000,00
Reservas de Capital(*)	10.000,00
Reserva Legal(*)	30.000,00

(*) antes da distribuição do resultado do exercício.

Indique o valor da Reserva Legal que deverá ser constituída.

(A) R$ 2.000,00

(B) R$ 2.250,00

(C) R$ 2.750,00

(D) R$ 3.250,00

(E) R$ 3.750,00

Sobre o lucro líquido do exercício aplica-se 5% para apuração da reserva legal, sendo no montante de R$3.750 (5% de R$75.000) para a questão. No entanto, existem limites a serem seguidos de acordo com o artigo 193 da lei 6.404/76, conforme apresentado a seguir:

Art. 193. Do lucro líquido do exercício, 5% (cinco por cento) serão aplicados, antes de qualquer outra destinação, na constituição da reserva legal, que não excederá de 20% (vinte por cento) do capital social.

§ 1º A companhia poderá deixar de constituir a reserva legal no exercício em que o saldo dessa reserva, acrescido do montante das reservas de capital de que trata o § 1º do artigo 182, exceder de 30% (trinta por cento) do capital social.

§ 2º A reserva legal tem por fim assegurar a integridade do capital social e somente poderá ser utilizada para compensar prejuízos ou aumentar o capital.

Existem, portanto, duas regras a serem observadas quando do cálculo da reserva legal. A primeira é o limite de 20% do capital social. Na questão, esse limite seria de R$32.000,00 (20% de R$ 160.000,00), o que permitiria que se constituísse apenas mais R$ 2.000 de reserva legal.

No entanto, a segunda regra definida na lei diz que a companhia deixará de constituir a reserva legal quando o saldo dessa reserva somado ao montante de reservas de capital atingir 30% do capital social. Na questão, o somatório das duas reservas é igual a R$ 40.000,00, sendo possível para a empresa constituir reserva legal até o limite de R$ 48.000,00.

Gabarito "A"

(Auditor do Tesouro Municipal/Recife-PE – 2003 – ESAF) A empresa "Y" Ltda., no encerramento do exercício de 2002, obteve as seguintes informações:

	Valores em R$
Capital Social	50.000,00
Financiamentos	30.000,00
Lucro Antes do Imposto de Renda	100.000,00
Prejuízos Acumulados	20.000,00
Provisão para Imposto de Renda e Contribuição Social sobre o Lucro Líquido	25.000,00

Estatutariamente, as participações no resultado são: a) empregados 10%; b) administradores 10%.

Indique a opção que contém os valores corretos das participações dos Empregados e Administradores e do Lucro Líquido do Exercício.

	Empregados	Administradores	Lucro Líquido do Exercício
(A)	R$ 10.000,00	R$ 10.000,00	R$ 55.000,00
(B)	R$ 7.500,00	R$ 7.500,00	R$ 60.000,00
(C)	R$ 7.500,00	R$ 6.750,00	R$ 60.750,00
(D)	R$ 5.500,00	R$ 5.500,00	R$ 64.000,00
(E)	R$ 5.500,00	R$ 4.950,00	R$ 64.550,00

O artigo 190 da lei 6.404/76 define que "as participações estatutárias de empregados, administradores e partes beneficiárias serão determinadas, sucessivamente e nessa ordem, com base nos lucros que remanescerem depois de deduzida a participação anteriormente calculada". O cálculo das participações está apresentado a seguir:

Lucro antes do IR e CSLL	100.000,00
(-) Provisão para IR e CSLL	(25.000,00)
(-) Prejuízos acumulados	(20.000,00)
(=) Base de cálculo para participação de empregados	55.000,00
(-) Participação de empregados	(5.500,00)
(=) Base de cálculo para participação de administradores	49.500,00
(-) Participação de empregados	(4.950,00)

De posse dos valores pagos para as participações é possível apurar o Lucro Líquido do Exercício, conforme apresentado a seguir:

Lucro antes do IR e CSLL	100.000,00
(-) Provisão para IR e CSLL	(25.000,00)
(-) Participação de empregados	(5.500,00)
(-) Participação de empregados	(4.950,00)
(=) Lucro líquido do exercício	64.550,00

Gabarito "E".

(Auditor do Tesouro Municipal/Recife-PE – 2003 – ESAF) A empresa Comercial Lâmina Ltda. Descontou uma duplicata em 02.01.03, pelo prazo de 15 dias, no valor de R$ 100,00. O Banco deduziu do valor a importância de R$ 5,00, referente a Despesas Financeiras. O registro contábil da operação está correto em uma única opção. Assinale-a.

	Contas	Valores em R$ Débito	Crédito
(A)	Diversos		
	a Duplicatas Descontadas		100,00
	Bancos Conta Movimento	95,00	
	Despesas Financeiras	5,00	

(B)	Diversos		
	a Duplicatas a Receber		100,00
	Bancos Conta Movimento	95,00	
	Despesas Financeiras	5,00	

(C)	Duplicatas a Receber	100,00	
	a Diversos		
	a Bancos Conta Movimento	95,00	
	a Despesas Financeiras	5,00	

(D)	Duplicatas Descontadas	100,00	
	a Diversos		
	a Bancos Conta Movimento		95,00
	a Despesas Financeiras		5,00

(E)	Bancos Conta Movimento	100,00	
	a Diversos		
	a Duplicatas a Receber		95,00
	a Despesas Financeiras		5,00

O valor da duplicata descontada é R$100, devendo ser esse o valor a ser contabilizado a crédito na conta de duplicatas descontadas. Devido à dedução de R$ 5, o banco depositou na conta bancária da empresa apenas R$ 95, sendo esse o valor a ser debitado na conta bancos. Os R$ 5 descontados pelo banco representam uma despesa financeira (débito).

Gabarito "A".

(Auditor do Tesouro Municipal/Recife-PE – 2003 – ESAF) A empresa Participações S/A. adquiriu 60% do capital da empresa Contrata Ltda., tomando o seu controle com intenção de permanência, pelo valor de R$ 30.000,00, em 02/01/2003:

Contrata Ltda.	
Balanço de 30 de novembro de 2002	
	Valores em R$
Capital Social	40.000,00
Reserva de Capital	1.000,00
Reserva Legal	2.000,00
Lucro Líquido do Exercício (janeiro a novembro de 2002)	5.000,00

Com base nos dados da empresa Contrata Ltda., acima, assinale o lançamento que corresponde a este fato contábil.

	Contas	Valores em R$ Débito	Crédito
(A)	Carteira de Ações (Realizável LP)	30.000,00	
	a Bancos Conta Movimento		30.000,00

(B)	Diversos		
	a Bancos Conta Movimento		30.000,00
	Investimentos Avaliados pelo PL – Contrata Ltda.	28.800,00	
	Investimentos – Ágio – Contrata Ltda.	1.200,00	

(C)

Diversos		
a Bancos Conta Movimento		30.000,00
Investimentos Avaliados pelo PL – Contrata Ltda.	24.000,00	
Investimentos – Ágio – Contrata Ltda.	6.000,00	

(D)

Investimento em Ações	30.000,00	
a Bancos Conta Movimento		30.000,00

(E)

Bancos Conta Movimento	30.000,00	
a Diversos		
a Investimentos Avaliados pelo PL – Contrata Ltda.		24.000,00
a Investimentos – Ágio – Contrata Ltda.		6.000,00

A empresa Contrata Ltda. tem Patrimônio Líquido igual a R$48.000, sendo a participação adquirida pela empresa Participações S/A equivalente a R$28.800 (60% de R$48.000). Como a empresa pagou pela participação R$30.000, esse será o valor creditado da conta bancos. O investimento também será registrado por esse valor (débito), devendo a empresa separar o valor do investimento (R$28.800) do ágio na aquisição (R$1.200).

Gabarito "B".

(Auditor do Tesouro Municipal/Recife-PE – 2003 – ESAF) A empresa "Empresa" Ltda. realizou uma operação de recebimento de duplicata no valor de R$ 100,00, em dinheiro. Essa operação gerou um registro contábil de débito à conta CAIXA e crédito à conta Duplicatas a Receber. Assinale o tipo de fato contábil presente na única opção correta.

(A) Aumentativo
(B) Diminutivo
(C) Misto
(D) Modificativo
(E) Permutativo

A operação representou apenas uma troca (permuta) de ativos, não tendo alterado o valor do Patrimônio Líquido. Esse tipo de operação é classificada como permutativa.

Gabarito "E".

(Auditor do Tesouro Municipal/Recife-PE – 2003 – ESAF) Considerando o Método das Partidas Dobradas, assinale a única opção correta.

(A) Para cada fato contábil, teremos um registro indicando que, para cada débito, haverá um ou mais créditos de igual valor, ou ainda, para cada aplicação, haverá uma ou mais origens de igual valor.
(B) O Método garante o equilíbrio entre as receitas e as despesas, em respeito ao princípio da continuidade da Entidade, no tempo, considerando que o mais importante é que a empresa continue funcionando.
(C) Representa uma duplicidade de lançamentos, pois um valor contábil deve ser dividido por dois para localizar o valor correto. Esta é a razão de ser muito pouco utilizado.
(D) É um método de cálculo relacionado com as definições de Fatura e Duplicata, quando da emissão das notas fiscais pela venda de mercadorias, ou seja, emite-se a fatura e a duplicata será cobrada.
(E) Esse método só foi aplicado pelos mercadores de Veneza no século XIV. Atualmente ele só faz parte da história da evolução contábil, porque o método utilizado atualmente é o direto.

A: o item está correto, pois apresenta o exato conceito do método de partidas dobradas; **B:** o método garante equilíbrio entre débitos e créditos, não necessariamente de receitas e despesas; **C:** os lançamentos são efetuados pelo valor do fato que representa. Além disso, esse método é a base da contabilidade; **D:** não há relação entre o método das partidas dobradas e as faturas e duplicatas; **E:** o método das partidas dobradas é a base da contabilidade ainda hoje.

Gabarito "A".

(Auditor do Tesouro Municipal/Recife-PE – 2003 – ESAF) A empresa Multimáquinas Ltda. adquiriu um equipamento pelo valor de R$ 25.000,00, no dia 02/01/1995; vendeu-o em 02/01/2003, por R$ 8.000,00. Inicialmente estimou-se a vida útil de 10 anos, sem valor residual. Assinale a opção que contém o resultado da operação de venda do bem.

(A) R$ 500,00
(B) R$ 1.500,00
(C) R$ 3.000,00
(D) R$ 5.500,00
(E) R$ 8.000,00

Como o bem será depreciado em 10 anos, haverá uma depreciação anual de R$2.500. Da data de aquisição até o momento da venda se passaram 8 anos, o que representa uma depreciação acumulada no valor de R$20.000 (R$2.500 x 8 anos). O valor contábil líquido do bem era portanto de R$5.000 (R$25.000 – R$20.000). Se esse equipamento foi vendido por R$8.000, a empresa apurou um resultado com a venda igual a R$3.000 (R$8.000 – R$5.000).

Gabarito "C".

(Auditor do Tesouro Municipal/Recife-PE – 2003 – ESAF) A empresa Ômega Ltda. determinou ao Banco do Brasil que protestasse um título, que estava em seu poder para cobrança, no valor de R$ 20,00; não suficiente, envidou esforços judiciais sem sucesso. A venda que originou o título havia acontecido no exercício anterior. Ao final do exercício anterior, a empresa possuía o seguinte Balanço Patrimonial:

	Valores em R$
ATIVO	
Ativo Circulante	130,00
Disponibilidades	10,00
Caixa e Bancos	10,00
Realizável a Curto Prazo	120,00
Duplicatas a Receber	100,00
Devedores Duvidosos	-30,00

Estoques	50,00
Ativo Permanente	80,00
Imobilizado	100,00
Depreciação acumulada	-20,00
Ativo Total	210,00
PASSIVO	
Passivo Circulante	80,00
Fornecedores	80,00
Patrimônio Líquido	130,00
Capital Social	80,00
Reserva Legal	10,00
Lucros Acumulados	40,00
Total do Passivo	210,00

O registro contábil da operação, de baixa do título, está presente na única opção correta. Assinale-a.

	Valores em R$		
	Contas	Débito	Crédito
(A)	Despesas com Títulos Incobráveis	20,00	
	a Duplicatas Descontadas		20,00
(B)	Devedores Duvidosos	20,00	
	a Duplicatas a Receber		20,00
(C)	Despesas com Títulos Incobráveis	20,00	
	a Duplicatas a Receber		20,00
(D)	Ajuste de Exercícios Anteriores	20,00	
	a Duplicatas a Receber		20,00
(E)	Despesas com Títulos Incobráveis	20,00	
	a Bancos Conta Movimento		20,00

A empresa já possuía em seu balanço Provisão para Devedores Duvidosos em montante suficiente para comportar a perda com o título de R$20. Sendo assim, ao baixar a duplicata a receber (crédito), a empresa fará contra (a débito) a Provisão para Devedores Duvidosos.

Gabarito "B"

(Auditor do Tesouro Municipal/Recife-PE – 2003 – ESAF) A empresa Ipso Fato Ltda., no primeiro trimestre de 2003, realizou as seguintes operações:

- Venda Bruta = R$ 600,00;
- As operações aconteceram de forma linear, ou seja, valores iguais a cada mês;
- Estas são as primeiras operações da empresa, considerando que ela iniciou suas atividades em 02 de janeiro de 2003;
- O prazo médio de recebimento de vendas é de 30 dias.

Com base somente nos dados acima, indique qual foi o ingresso de caixa, proveniente da receita bruta e qual é o saldo da conta Contas a Receber.

	Valores em R$	
	Ingresso de Caixa	Saldo da conta Contas a Receber
(A)	200,00	400,00
(B)	300,00	300,00
(C)	400,00	200,00
(D)	500,00	100,00
(E)	600,00	0,00

Pelos dados apresentados pela questão, é possível concluir que a empresa recebe no mês seguinte pelas vendas efetuadas no mês anterior. Sendo assim, da receita de R$600, apenas R$400 entrou no caixa, pois as vendas de março serão recebidas apenas em abril, fora do período de análise. Os R$200 referentes às vendas de março ficarão registrados como contas a receber da empresa.

Gabarito "C"

(Auditor do Tesouro Municipal/Recife-PE – 2003 – ESAF) A empresa Grandeza Ltda., ao providenciar a conciliação bancária, constatou os seguintes fatos:

- O saldo da conta do Banco do Brasil, no extrato, era de R$ 255,00;
- Cheques emitidos pela empresa e não apresentados ao Banco, no valor de R$ 200,00;
- Cheques depositados pela empresa e não consignados em conta pelo Banco, no valor de R$ 150,00;
- Despesas apropriadas pelo Banco e não informadas em tempo hábil para contabilização, no valor de R$ 10,00.

Considerando as informações acima, o valor do saldo contábil na escrituração da empresa era de:

(A) R$ 95,00
(B) R$ 215,00
(C) R$ 295,00
(D) R$ 315,00
(E) R$ 595,00

Para apurar o saldo contábil da empresa é necessário ajustar ao saldo bancário os valores das operações não consideradas, conforme apresentado a seguir:

Operação	Valor
O saldo da conta do Banco do Brasil, no extrato, era de R$ 255,00;	255,00
(-) Cheques emitidos pela empresa e não apresentados ao Banco, no valor de R$ 200,00;	(200,00)
(+) Cheques depositados pela empresa e não consignados em conta pelo Banco, no valor de R$ 150,00;	150,00
(+) Despesas apropriadas pelo Banco e não informadas em tempo hábil para contabilização, no valor de R$ 10,00.	10,00
(=) Saldo contábil	215,00

Gabarito "B"

(Auditor do Tesouro Municipal/Fortaleza-CE – 2003 – ESAF)

Observando a lista de contas abaixo, indique a opção correta, que informa o valor total do ATIVO.

	Valores em R$
Adiantamento a Fornecedores	2.000,00
Adiantamento de Clientes	1.000,00
Ativo Imobilizado Bruto	20.000,00
Capital Social	28.000,00
Contas a Pagar	40.000,00
Depreciação Acumulada	2.000,00
Disponibilidades	1.000,00
Duplicatas a Receber	50.000,00
Estoques	38.000,00
Lucros Acumulados	38.000,00
Reserva Legal	2.000,00

(A) R$ 105.000,00
(B) R$ 107.000,00
(C) R$ 109.000,00
(D) R$ 111.000,00
(E) R$ 113.000,00

Apresentamos a relação das contas que compõem o ativo:

Conta	Valor
Disponibilidades	1.000,00
Duplicatas a Receber	50.000,00
Estoques	38.000,00
Adiantamento a Fornecedores	2.000,00
Ativo Imobilizado Bruto	20.000,00
Depreciação Acumulada	(2.000,00)
Total	109.000,00

Gabarito „C".

(Auditor do Tesouro Municipal/Fortaleza-CE – 2003 – ESAF)

Uma operação de recebimento de venda a vista, no valor de R$ 100,00, gera um registro contábil de débito à conta Caixa e crédito à conta Vendas Brutas. Assinale o tipo de fato contábil presente na única opção correta.

(A) Aumentativo.
(B) Diminutivo.
(C) Misto.
(D) Permutativo.
(E) Modificativo.

A operação descrita pela questão refere-se a um fato modificativo, pois modifica a situação patrimonial da empresa.

Gabarito „E".

(Auditor do Tesouro Municipal/Fortaleza-CE – 2003 – ESAF)

Analisando um desconto de duplicata em 02.01.03, pelo prazo de 15 dias, no valor de R$ 200,00, com despesas financeiras no montante de R$ 15,00, deduzidas pelo banco no momento da liberação do dinheiro, assinale a seguir a única opção que indica o registro correto da operação.

		Valores em R$	
	Contas	Débito	Crédito
(A)	Diversos		
	a Duplicatas Descontadas		200,00
	Bancos Conta Movimento	185,00	
	Despesas Financeiras	15,00	
(B)	Diversos		
	a Duplicatas a Receber		200,00
	Bancos Conta Movimento	185,00	
	Despesas Financeiras	15,00	
(C)	Duplicatas a Receber	200,00	
	a Diversos		
	a Bancos Conta Movimento		185,00
	a Despesas Financeiras		15,00
(D)	Duplicatas Descontadas	200,00	
	a Diversos		
	a Bancos Conta Movimento		185,00
	a Despesas Financeiras		15,00
(E)	Bancos Conta Movimento	200,00	
	a Diversos		
	a Duplicatas a Receber		185,00
	a Despesas Financeiras		15,00

Como a duplicata descontada tinha valor igual a R$200, esse será o valor creditado na conta duplicatas descontadas. O banco depositará na conta bancária da empresa (débito) o valor da duplicata descontado das despesas financeiras, sendo esse valor igual a R$185. Os R$15 referentes a despesas financeiras serão contabilizados a débito do resultado do exercício.

Gabarito „A".

(Auditor do Tesouro Municipal/Fortaleza-CE – 2003 – ESAF) A empresa Peças Prontas Ltda. adquiriu um equipamento pelo valor de R$ 60.000,00, no dia 02/01/1998; vendeu-o em 31/12/2002, por R$ 30.000,00. Inicialmente estimou-se a vida útil de 10 anos, com valor residual de R$ 6.000,00. Assinale a opção que contém o custo da baixa do bem.

(A) R$ 24.000,00
(B) R$ 30.000,00

(C) R$ 33.000,00
(D) R$ 34.000,00
(E) R$ 38.400,00

Apresentamos a seguir o quadro resumo com os dados da operação:

Valor do bem	60.000,00
Valor depreciável (valor do bem – valor residual)	54.000,00
Vida útil (em meses)	120
Depreciação mensal (valor depreciável ÷ vida útil)	450,00
Meses de 02/01/1998 a 31/12/2002	60
Depreciação acumulada (02/01/1998 a 31/12/2002)	27.000,00
Valor contábil líquido (valor do bem – depreciação acumulada)	33.000,00

Como é possível observar no quadro, o valor contábil líquido na data da venda do bem era de R$33.000, sendo esse o valor da baixa.

Gabarito "C"

(Auditor Fiscal da Receita Federal – 2002.1 – ESAF) Na ocorrência de eventos aleatórios, em empresas controladas, que tragam como consequência uma diminuição inesperada dos ativos da investida, tornando o valor total desse item patrimonial inferior ao somatório das obrigações para com terceiros, e identificando-se ainda a responsabilidade formal da controladora, na cobertura do passivo a descoberto de sua controlada. O procedimento contábil a ser efetuado pela controladora seria:

(A) creditar diretamente a conta de participação societária até o limite da equivalência patrimonial e evidenciar o montante que exceder ao valor contábil do investimento apenas nas notas explicativas do exercício em que ocorrer o evento.
(B) baixar para o resultado do exercício em que ocorrer o evento, como perda com investimento e controlar em contas de compensação o montante da eventual responsabilidade sobre o passivo a descoberto, só registrando efetivamente quando ocorrer alguma quitação da obrigação assumida.
(C) transferir para o grupo diferido o valor de equivalência patrimonial do investimento e amortizar para o resultado em até cinco exercícios subsequentes àquele em que ocorreu o evento, evidenciando o fato em notas explicativas.
(D) por não aceitar como dedutível para efeitos fiscais a provisão para perdas específicas para casos como este, a controladora deverá simplesmente baixar como perda total o investimento creditando a conta de participações societárias correspondente.
(E) provisionar as perdas com investimento até o limite do valor contábil do investimento, e o valor excedente a esse limite deverá ser registrado no passivo em conta específica, mesmo que para efeitos fiscais essa provisão seja indedutível.

O provisionamento total do valor do investimento no ativo seria necessário caso a empresa não tivesse responsabilidade para com terceiros na cobertura do passivo a descoberto. Como a questão informou que existe essa responsabilidade, a empresa deverá efetuar adicionalmente ao registro da provisão do ativo a contabilização da obrigação com os credores da investida.

Gabarito "E"

(Auditor Fiscal da Receita Federal – 2002.1 – ESAF) No final de 2000, a Cia. Quartzo apura o resultado do exercício e provisiona 1.000.000 de reais como dividendos devidos a seus acionistas. A Cia. Cristal, que possui uma participação societária não relevante nessa empresa, ao registrar os dividendos a que tem direito, credita a conta:

(A) Reservas de Capital
(B) Receitas de Dividendos
(C) Participações Societárias
(D) Resultados de Exercícios Futuros
(E) Valores a Receber

Como o investimento da Cia Cristal não é relevante, ele o registra pelo custo de aquisição. Nesse caso, o recebimento dos dividendos será registrado como receita de dividendos. Tal procedimento se difere dos investimentos registrados pelo método de equivalência patrimonial, pois nesse caso o registro do recebimento de dividendos ocorreria pela baixa do valor do investimento, que foi ajustado pelo patrimônio líquido atual da investida.

Gabarito "B"

Dados para a resolução das duas questões seguintes.

A Cia. XAVANTE, detentora de 60% do capital ordinário da Cia. CARIRI, ao final do exercício contábil de 1999, evidencia em seu Balanço Patrimonial o valor de 900.000 reais para este investimento societário. Por ocasião do encerramento do exercício de 2000, a contabilidade da investida forneceu os valores a seguir para os itens:

Itens identificados na Contabilidade da Investida:

Patrimônio Líquido Ajustado	R$ 2.150.000,00
Vendas de Estoques para a Investidora	R$ 2.500.000,00
Margem de Lucro das Vendas Intercompanhias	20%

(Auditor Fiscal da Receita Federal – 2002.1 – ESAF) Se ao final do exercício de 2000 restassem, na Cia. Xavante, R$ 500.000,00 dos estoques adquiridos da Cia. Cariri e o valor contábil da participação societária registrada na mesma data fosse R$ 900.000,00, de acordo com a Instrução CVM 247/96, o valor a ser registrado pela investidora como resultado de equivalência patrimonial seria uma:

(A) despesa de R$ 390.000,00
(B) despesa de R$ 330.000,00
(C) receita de R$ 330.000,00
(D) despesa de R$ 290.000,00
(E) receita de R$ 290.000,00

Se a Cia Xavante é detentora de 60% do capital da Cia. Cariri, ela deverá registrar em seu ativo o valor de R$ 1.290.000 (60% de R$ 2.150.000) deduzido da parcela do lucro não realizado de operações entre as partes. Esse lucro não realizado refere-se ao estoque ainda não vendido, cujo lucro não realizado é de R$ 100.000 (20% de R$ 500.000), perfazendo um valor final de R$ 1.190.000 (R$ 1.290.000 – R$ 100.000). Como o valor do investimento registrado na contabilidade era de R$ 900.000, será necessário um lançamento adicional de R$ 2 90.000 (R$ 1.190.000 – R$ 900.000).

Gabarito "E"

(Auditor Fiscal da Receita Federal – 2002.1 – ESAF) Se o estoque adquirido pela investidora tivesse sido repassado integralmente a terceiros, o valor ao final dessa participação seria:

(A) R$ 1.190.000,00
(B) R$ 1.230.000,00
(C) R$ 1.290.000,00
(D) R$ 1.309.000,00
(E) R$ 1.390.000,00

Caso o estoque adquirido pela empresa investidora tivesse sido totalmente vendido, não haveria "lucro não realizado", devendo a empresa registrar no seu investimento apenas a proporção do investimento na empresa, que no caso é de R$ 1.290.000 (60% de R$ 2.150.000).

Gabarito "C"

(Auditor Fiscal da Receita Federal – 2002.1 – ESAF) A empresa Juruá S/A, controladora do Grupo Solimões, evidencia, em um determinado período, os valores de 140 milhões como Participações Societárias e 250 milhões como total de Patrimônio Líquido. No mesmo período, essa empresa possui 5% do capital preferencial da Cia. Rio Negro, que é de 90.000. Com base nas informações anteriores, identifique o procedimento contábil correto a ser aplicado nessas circunstâncias.

(A) os dividendos, quando pagos pela investida, devem ser registrados como receita.
(B) as alterações ocorridas no Patrimônio Líquido da investida são simultaneamente reconhecidas na investidora.
(C) a empresa investida é reconhecida como equiparada à empresa Coligada no processo de Consolidação.
(D) na distribuição dos lucros da investida, os dividendos provisionados representam ingressos de Disponibilidades.
(E) na avaliação dessa participação societária, aplica-se a equivalência patrimonial.

O investimento da empresa Juruá S.A. na Cia. Rio Negro será registrado pelo custo de aquisição, visto que o investimento não se enquadra dentro dos critérios para utilização do método de equivalência patrimonial, que são:

- Coligadas com influência significativa (Ex.: direito de eleger diretores, etc.) ;
- Coligadas com 20% ou mais do capital votante;
- Controladas;
- Sociedades que fazem parte de um mesmo grupo;
- Sociedades com controle em comum (acordo de acionistas).

Sendo assim, o valor do investimento não será alterado com as variações ocorridas no patrimônio líquido da investida, e quando houver pagamento de dividendos o valor será registrado como receita na investidora.

Gabarito "A"

(Auditor Fiscal da Receita Federal – 2002.1 – ESAF) Em processo de incorporação, pela controladora, de companhia controlada, a avaliação dos dois patrimônios envolvidos, sendo ambas companhias abertas, deve ser feita por

(A) perito nomeado pela incorporada.
(B) três peritos nomeados pela Assembleia Geral.
(C) empresa especializada em avaliação.
(D) perito nomeado ou empresa especializada.
(E) peritos nomeados pelo conselho de administração.

Segundo o § 1º do artigo 264 da lei 6.404/76 "a avaliação dos dois patrimônios será feita por 3 (três) peritos ou empresa especializada e, no caso de companhias abertas, por empresa especializada". Como a questão especificou que ambas as companhias eram abertas, caberá a avaliação à empresa especializada.

Gabarito "C"

(Auditor Fiscal da Receita Federal – 2002.1 – ESAF) Uma operação realizada entre empresas que envolva a transferência de direitos de propriedade industrial de uma sociedade para a outra é caracterizada como um(a):

(A) participação recíproca.
(B) consórcio de empresas.
(C) parte relacionada.
(D) oligopólio.
(E) livre concorrência.

A operação descrita pela questão representa uma transação entre partes relacionadas. As partes relacionadas podem ser definidas como aquelas entidades, físicas ou jurídicas, com as quais uma companhia tenha possibilidade de contratar, no sentido lato deste termo, em condições que não sejam as de comutatividade e independência que caracterizam as transações com terceiros alheios à companhia, ao seu controle gerencial ou a qualquer outra área de influência. Os termos "contrato" e "transações" referem-se, neste contexto, a operações tais como: comprar, vender, emprestar, tomar emprestado, remunerar, prestar ou receber serviços, condições de operações, dar ou receber em consignação, integralizar capital, exercer opções, distribuir lucros, etc.

Gabarito "C"

(Auditor Fiscal da Receita Federal – 2002.1 – ESAF) O saldo em aberto de operações de repasse de recursos efetuadas da controladora para as controladas e coligadas por ocasião da elaboração da consolidação dos balanços será:

(A) avaliado
(B) realizado
(C) incorporado
(D) anulado
(E) registrado

Segundo o artigo 250 da lei 6.404/76, "das demonstrações financeiras consolidadas serão excluídas:

I. as participações de uma sociedade em outra;
II. os saldos de quaisquer contas entre as sociedades;
III. as parcelas dos resultados do exercício, dos lucros ou prejuízos acumulados e do custo de estoques ou do ativo não circulante que corresponderem a resultados, ainda não realizados, de negócios entre as sociedades".

As exclusões definidas pela lei 6.404/76 referem-se a valores que devem ser anulados quando da consolidação para que não haja duplicidade no cômputo de valores movimentados entre as empresas.

Gabarito "D"

(Auditor Fiscal da Receita Federal – 2002.1 – ESAF) Companhias investidas nas quais não se verifica a possibilidade de modo permanente, de forma direta ou indireta, de um acionista isoladamente exercer os poderes de preponderância nas deliberações sociais ou ainda de eleger ou destituir a maioria dos administradores, são denominadas

(A) consórcio, sucursal ou subsidiária.
(B) sucursais, filiais ou dependências no exterior.
(C) sociedades equiparadas a controladoras.
(D) empresa subsidiária integral.
(E) sociedades controladas em conjunto.

Se um acionista não consegue deter isoladamente poderes de preponderância nas deliberações, encontra-se numa situação em que a sociedade é controlada em conjunto. É o caso, por exemplo, das empresas cujos sócios assinam acordo de acionistas.

Gabarito "E".

(Auditor Fiscal da Receita Federal – 2002.1 – ESAF) No processo de consolidação, a participação societária dos acionistas não pertencentes ao grupo deve ser evidenciada como:

(A) Patrimônio Líquido
(B) Ativo
(C) Passivo
(D) Receitas
(E) Reservas

Na consolidação do balanço, a parcela do capital dos acionistas não controladores deve ser destacada do patrimônio líquido consolidado. Esse valor será apresentado no passivo da empresa sob o título de "participação dos acionistas não controladores".

Gabarito "C".

(Auditor Fiscal da Receita Federal – 2002.1 – ESAF) A operação pela qual se unem duas ou mais sociedades para formar uma nova é denominada

(A) fusão
(B) incorporação
(C) cisão
(D) consórcio
(E) sucursal

De acordo com o artigo 228 da lei 6.404/76, "a fusão é a operação pela qual se unem duas ou mais sociedades para formar sociedade nova, que lhes sucederá em todos os direitos e obrigações".

Gabarito "A".

(Auditor Fiscal da Receita Federal – 2002.1 – ESAF) As demonstrações financeiras de companhias abertas que servirem de base para operações de fusão, cisão e incorporação devem

(A) ter seus valores patrimoniais consolidados.
(B) ser auditadas por auditor registrado na CVM.
(C) ser assinadas por contador registrado na CVM.
(D) ter os dados apresentados confidencialmente aos interessados.
(E) divulgar o fluxo de dividendos dos acionistas controladores.

Pelo fato de se tratar de uma transação entre companhias abertas, as demonstrações financeiras nos processos de fusão, cisão e incorporação devem ser auditadas por auditor registrado na CMV.

Gabarito "B".

(Auditor Fiscal da Receita Federal – 2002.1 – ESAF) A deliberação sobre a transformação, fusão, incorporação e cisão da companhia, compete privativamente

(A) à Assembleia Geral.
(B) ao conselho Fiscal.
(C) à presidência da sociedade.
(D) ao conselho de Administração.
(E) à diretoria da empresa.

O artigo 122 da lei 6.404/76 define as atividades que competem privativamente à assembleia-geral. Nessa lista está incluída, no inciso VIII, deliberar sobre transformação, fusão, incorporação e cisão da companhia, sua dissolução e liquidação, eleger e destituir liquidantes e julgar-lhes as contas.

Gabarito "A".

Dadas as informações a seguir:

I. As Demonstrações Contábeis, de três períodos consecutivos, da CIA. MARACANÃ, registram nas contas abaixo os seguintes saldos:

SALDOS FINAIS	1999	2000	2001
Vendas	15.000.000	25.000.000	32.000.000
Custo das Mercadorias Vendidas	8.500.000	14.500.000	18.000.000
Despesa c/ Devedores Duvidosos	10.000	12.000	15.000
Clientes	13.000.000	22.000.000	26.000.000
Estoques	30.000	65.000	70.000
PDD	10.000	12.000	15.000
Reversão de PDD	---	---	4.000
Fornecedores	1.450.000	2.600.000	3.900.000
Despesas do Período	3.000.000	4.500.000	5.000.000
Contas a Pagar	220.000	350.000	400.000
Perdas com Clientes	---	8.000	---

II. O Balanço Patrimonial de 1998 evidenciava como saldos finais das contas a seguir os valores:

Estoques	Fornecedores	Clientes	PDD	Contas a Pagar
100.000	1.070000	3.000.000	3.000	150.000

III. A empresa utilizava Contas a Pagar somente para registrar despesas a prazo.

Com base unicamente nas informações fornecidas, responda às três próximas questões.

(Auditor Fiscal da Receita Federal – 2002.1 – ESAF) O valor das compras efetuadas pela empresa em 2001 é:

(A) 18.005.000
(B) 17.935.000
(C) 16.705.000
(D) 14.535.000
(E) 13.385.000

Considerando que o estoque aumenta (a débito) pelas compras e diminui (a crédito) pelas vendas apresentadas pelo custo da mercadoria vendida, é possível concluir, com base no saldo inicial, saldo final e custo da mercadoria vendida que o valor das compras em 2001 foi igual a R$18.005.000 (R$70.000 – R$65.000 + R$18.000.000). Apresentamos a seguir o razonete da conta estoques no período:

Estoques			
Saldo inicial	65.000	18.000.000	CMV
Compras	18.005.000		
Saldo final	70.000		

Gabarito "A".

(Auditor Fiscal da Receita Federal – 2002.1 – ESAF) O valor de ingresso no Fluxo de Caixa, nos três períodos, proveniente das Vendas é:

	1999	2000	2001
(A)	15.000.000	25.000.000	32.000.000
(B)	13.000.000	22.002.000	31.998.000
(C)	12.997.000	22.000.000	31.992.000
(D)	9.007.000	21.992.000	27.988.000
(E)	4.997.000	15.982.000	27.992.000

Para identificar quanto ingressou na empresa referente à venda é necessário considerar, além da conta de receita de vendas, a variação na conta de clientes, PDD do exercício anterior, perdas com clientes e a reversão de PDD, conforme apresentado a seguir:

	1999	2000	2001
Receita de vendas	15.000.000	25.000.000	32.000.000
(-) Variação na conta de clientes	10.000.000	9.000.000	4.000.000
(-) PDD do exercício anterior	3.000	10.000	12.000
(-) Perdas com Clientes	-	8.000	-
(+) Reversão de PDD	-	-	4.000
(=) Ingresso no Fluxo de Caixa	4.997.000	15.982.000	27.992.000

Gabarito "E".

(Auditor Fiscal da Receita Federal – 2002.1 – ESAF) Se 10% das Despesas do ano de 2000 representarem valores ligados a itens provisionados, pode-se afirmar que o valor das saídas de caixa decorrentes de pagamento de despesas é:

(A) 3.700.000
(B) 3.920.000
(C) 4.150.000
(D) 4.500.000
(E) 4.720.000

Para apurar o valor das saídas referentes às despesas no ano de 2000 é preciso considerar, além do valor da despesa do período, a variação de contas a pagar e o percentual de 10%, informado pela questão, referente aos itens provisionados, conforme apresentado a seguir:

Despesas do ano 2000	4.500.000,00
(-) Itens provisionados (10% das despesas)	(450.000,00)
(-) Variação nas contas a pagar	(130.000,00)
(=) Saídas de caixa	3.920.000,00

Gabarito "B".

(Auditor Fiscal da Receita Federal – 2002.1 – ESAF) Das operações listadas a seguir, indique aquela que <u>não</u> tem como consequência alteração nas disponibilidades.

(A) diminuições de financiamentos por amortizações
(B) novos investimentos de longo prazo
(C) aumento de imobilizados por reavaliações
(D) créditos concedidos a coligadas e controladas
(E) operações com debêntures conversíveis em ações

A: amortiza-se o financiamento através do seu pagamento; **B:** a contratação do investimento de longo prazo representa uma saída de recursos das disponibilidades; **C:** a reavaliação (quando ainda era permitida no Brasil) afeta apenas a conta do ativo reavaliado e em contrapartida a conta de reserva de reavaliação no patrimônio líquido; **D:** a concessão de créditos representa o repasse de recursos; **E:** a emissão de debêntures implica a entrada de recurso no caixa das empresas.

Gabarito "C".

(Auditor Fiscal da Receita Federal – 2002.1 – ESAF) A firma Comércio Livre Ltda. apurou os seguintes valores, em 31.12.01:

Depósito no banco	R$ 150,00
Salários do mês	R$ 620,00
Comissões Ativas	R$ 450,00
Títulos a Receber	R$ 900,00
Aluguéis Passivos	R$ 600,00
Produtos para Venda	R$ 750,00
Equipamentos	R$ 1.000,00
Serviços Prestados a Prazo	R$ 1.500,00
Capital Inicial	R$ 2.650,00
Duplicatas a Pagar	R$ 2.200,00
Lucros Anteriores	R$ 120,00
Casa e Terrenos	R$ 1.350,00
Receitas de Vendas	R$ 1.000,00
Impostos Atrasados	R$ 450,00

Ao elaborar Balancete de Verificação e o Balanço Patrimonial com fulcro nas contas e saldos acima, a empresa encontrará:

(A) Saldos devedores no valor de R$ 5.650,00.
(B) Ativo Circulante no valor de R$ 2.250,00.
(C) Passivo Circulante no valor de R$ 4.150,00.
(D) Ativo Permanente no valor de R$ 2.950,00.
(E) Patrimônio Líquido no valor de R$ 3.000,00.

Com base nos dados apresentados pela questão, é possível montar o seguinte Balanço Patrimonial para a firma Comércio Livre Ltda:

Ativo		Passivo	
Depósito no banco	150,00	Impostos Atrasados	450,00
Títulos a Receber	900,00	Duplicatas a Pagar	2.200,00
Produtos para Venda	750,00		
Equipamentos	1.000,00	PL	
Serviços Prestados a Prazo	1.500,00	Capital Inicial	2.650,00
Casa e Terrenos	1.350,00	Lucros Anteriores	120,00
		Receitas de Vendas	1.000,00
		Salários do mês	(620,00)
		Aluguéis Passivos	(600,00)
		Comissões Ativas	450,00
Total	5.650,00	Total	5.650,00

Gabarito "E".

(Auditor Fiscal da Receita Federal – 2002.1 – ESAF) Da leitura atenta dos balanços gerais da Cia. Emile, levantados em 31.12.01 para publicação, e dos relatórios que os acompanham, podemos observar informações corretas que indicam a existência de:

Capital de Giro no valor de	R$ 2.000,00
Capital Social no valor de	R$ 5.000,00
Capital Fixo no valor de	R$ 6.000,00
Capital Alheio no valor de	R$ 5.000,00
Capital Autorizado no valor de	R$ 5.500,00
Capital a Realizar no valor de	R$ 1.500,00
Capital Investido no valor de	R$ 8.000,00
Capital Integralizado no valor de	R$ 3.500,00
Lucros Acumulados no valor de	R$ 500,00
Prejuízo Líquido do Exercício no valor de	R$ 1.000,00

A partir das observações acima, podemos dizer que o valor do Capital Próprio da Cia. Emile é de

(A) R$ 5.500,00
(B) R$ 5.000,00
(C) R$ 4.000,00
(D) R$ 3.500,00
(E) R$ 3.000,00

Dentre as contas apresentadas na questão apenas as demonstradas a seguir, encontram-se no Patrimônio Líquido (capital próprio) da Cia. Emile:

Capital Integralizado no valor de	3.500,00
Lucros Acumulados no valor de	500,00
Prejuízo Líquido do Exercício no valor de	(1.000,00)
Total do capital próprio	3.000,00

Gabarito "E".

(Auditor Fiscal da Receita Federal – 2002.1 – ESAF) Assinale a opção que apresenta uma afirmativa <u>incorreta</u>.

(A) Reservas de Capital representam, genericamente, acréscimo ao Patrimônio Líquido que não transitam pela conta de resultado da companhia nem são provenientes de reavaliação de ativos.
(B) Reservas de Lucros representam, genericamente, a retenção de parcelas provenientes de ganhos, com o objetivo de preservar o Patrimônio Líquido de uma sociedade.
(C) A depreciação dos bens representa a diminuição de seu valor em consequência do desgaste pelo uso, ação da natureza ou obsolescência.
(D) Reservas de Lucros representam, genericamente, a retenção de parcelas provenientes dos ganhos da entidade, com o objetivo de preservar o patrimônio líquido para posterior destinação.
(E) Um imóvel que a diretoria não tem intenção de vender e que é alugado a terceiros, por não ter emprego na exploração da atividade da empresa, deve ser classificado como ativo permanente imobilizado.

A: acréscimos no capital que não devem ser registrados no resultado por se referirem a valores destinados a reforço do capital, sem terem como contrapartida qualquer esforço da empresa em termos de entrega de bens ou de prestação de serviços, devem ser registrados como reservas de capital; **B:** a lei 6.404/76 define como reservas de lucros as contas constituídas pela apropriação de lucros da companhia; **C:** exata definição do conceito de depreciação; **D:** conceito semelhante ao apresentado no item "b"; **E:** um imóvel com essas características deveria ser registrado no Ativo Permanente – Investimentos, visto que não está sendo utilizado na exploração da atividade da empresa.

Gabarito "E."

(Auditor Fiscal da Receita Federal – 2002.1 – ESAF) A Companhia Capcap de Negócios apresenta os seguintes valores relacionados ao capital próprio:

Capital Autorizado	R$ 100.000,00
Capital Subscrito	R$ 90.000,00
Capital Integralizado	R$ 70.000,00
Lucros Acumulados	R$ 20.000,00
Reserva de Ágio na Venda de Ações	R$ 19.000,00
Reserva para Contingências	R$ 17.000,00
Reserva de Correção Monetária	R$ 16.000,00
Reservas Estatutárias	R$ 15.000,00
Reservas para Investimento	R$ 14.000,00
Reserva Legal	R$ 13.000,00
Reserva de Reavaliação	R$ 12.000,00

Agrupando corretamente os títulos acima, encontraremos

(A) Capital Social no valor de R$ 100.000,00
(B) Capital a Realizar no valor de R$ 30.000,00
(C) Reservas de Lucros no valor de R$ 59.000,00
(D) Reservas de Capital no valor de R$ 47.000,00
(E) Patrimônio Líquido no valor de R$ 216.000,00

Apresentamos a seguir a classificação das contas da questão:

Conta	Classificação	Valor
Capital Autorizado	Não interfere no total do capital social, visto que se trata de mero limite para subscrição	100.000,00
Capital Subscrito	Não é o valor registrado no patrimônio líquido, visto que se trata do compromisso dos sócios em integralizar na empresa	90.000,00
Capital Integralizado	Registrado em conta específica	70.000,00
Lucros Acumulados	Registrado em conta específica	20.000,00
Reserva de Ágio na Venda de Ações	Reserva de capital	19.000,00
Reserva para Contingências	Reserva de lucros	17.000,00
Reserva de Correção Monetária	Vetado pela lei 9.249/95	16.000,00
Reservas Estatutárias	Reserva de lucros	15.000,00
Reservas para Investimento	Reserva de lucros	14.000,00
Reserva Legal	Reserva de lucros	13.000,00
Reserva de Reavaliação	Registrado em conta específica	12.000,00

Com base no quadro, é possível concluir que apenas o item "c" é correto, pois indica um total de reserva de lucros igual a R$59.000.

Gabarito "C."

(Auditor Fiscal da Receita Federal – 2002.1 – ESAF) A empresa Andaraí S/A extraiu de seu balancete o seguinte elenco resumido de contas patrimoniais:

Ações e Participações	R$ 3.000,00
Adiantamento a Diretores	R$ 500,00
Bancos Conta Movimento	R$ 2.000,00
Caixa	R$ 500,00
Despesas com Pesquisa	R$ 2.500,00
Duplicatas a Pagar	R$ 300,00
Duplicatas a Receber	R$ 3.000,00
Empréstimos e Financiamentos obtidos	R$ 10.000,00
Fornecedores	R$ 5.000,00
Imóveis	R$ 6.000,00
Mercadorias	R$ 3.000,00
Máquinas e Equipamentos	R$ 1.700,00
Poupança	R$ 1.000,00

Receitas Antecipadas	R$ 6.500,00
Seguros a Vencer	R$ 800,00
Títulos a Pagar	R$ 2.000,00
Veículos	R$ 1.000,00

Se agruparmos as contas acima por natureza contábil, certamente encontraremos uma diferença entre a soma dos saldos credores e devedores.

Assinale a opção que indica o valor correto.

(A) R$ 1.200,00 é a diferença devedora.
(B) R$ 1.200,00 é a diferença credora.
(C) R$ 1.800,00 é a diferença credora.
(D) R$ 17.300,00 é a soma dos saldos credores.
(E) R$ 22.000,00 é a soma dos saldos devedores.

Apresentamos a seguir a classificação das contas, indicando uma diferença devedora no total de R$1.200 (R$ 25.000 – R$23.800)

	Natureza da conta	
Conta	Devedora	Credora
Ações e Participações	3.000,00	
Adiantamento a Diretores	500,00	
Bancos Conta Movimento	2.000,00	
Caixa	500,00	
Despesas com Pesquisa	2.500,00	
Duplicatas a Pagar		300,00
Duplicatas a Receber	3.000,00	
Empréstimos e Financiamentos obtidos		10.000,00
Fornecedores		5.000,00
Imóveis	6.000,00	
Mercadorias	3.000,00	
Máquinas e Equipamentos	1.700,00	
Poupança	1.000,00	
Receitas Antecipadas		6.500,00
Seguros a Vencer	800,00	
Títulos a Pagar		2.000,00
Veículos	1.000,00	
TOTAL	25.000,00	23.800,00

Gabarito "A"

(Auditor Fiscal da Receita Federal – 2002.1 – ESAF) A empresa Livre Comércio Ltda. realizou as seguintes operações ao longo do mês de setembro de 2001:

I. venda a vista de mercadorias por R$ 300,00, com lucro de 20% sobre as vendas;
II. pagamento de duplicatas de R$ 100,00, com juros de 15%;
III. prestação de serviços por R$ 400,00, recebendo, no ato, apenas 40%; e
IV. pagamento de títulos vencidos no valor de R$ 200,00, com desconto de 10%.

Analisando as operações acima listadas podemos afirmar que, em decorrência delas,

(A) o ativo recebeu débitos de R$ 460,00.
(B) o ativo aumentou em R$ 165,00.
(C) o patrimônio líquido aumentou em R$ 460,00.
(D) o passivo recebeu créditos de R$ 300,00.
(E) o passivo diminuiu em R$ 335,00.

Apresentamos a seguir o quadro com o impacto da cada transação nos grupos de contas do Balanço Patrimonial:

Operação	Ativo	Passivo	Patrimônio líquido
I. Venda à vista de mercadorias por R$ 300,00, com lucro de 20% sobre as vendas (Receita de vendas igual a R$300 e custo da mercadoria vendida igual a R$240);	60,00		60,00
II. Pagamento de duplicatas de R$ 100,00, com juros de 15%;	(115,00)	(100,00)	(15,00)
III. Prestação de serviços por R$ 400,00, recebendo, no ato, apenas 40%; e	400,00		400,00
IV. Pagamento de títulos vencidos no valor de R$ 200,00, com desconto de 10%.	(180,00)	(200,00)	20,00
Variação	165,00	(300,00)	465,00

Gabarito "B"

(Auditor Fiscal da Receita Federal – 2002.1 – ESAF) A empresa Agro & Pecuária S/A apurou no exercício um lucro líquido de R$ 140.000,00. Não havendo prejuízos anteriores a amortizar, a Contabilidade providenciou o registro da seguinte destinação:

Participações estatutárias	R$ 7.000,00
Reservas estatutárias	R$ 8.000,00
Reserva legal	R$ 9.000,00
Reserva para contingência	R$ 10.000,00
Reversão de reserva p/contingências	R$ 2.000,00
Reversão de reservas estatutárias	R$ 1.000,00

Após a constituição e a reversão das reservas acima, o Contador deve contabilizar o Dividendo Mínimo Obrigatório de 30% sobre o lucro, conforme previsto nos Estatutos. Isso provocará um aumento do passivo no valor de

(A) R$ 32.700,00
(B) R$ 34.800,00
(C) R$ 37.200,00
(D) R$ 37.500,00
(E) R$ 37.800,00

O objetivo da questão é descobrir qual o valor dos dividendos a serem pagos aos acionistas. O cálculo dos dividendos é apurado de acordo com as definições do artigo 202 da Lei 6.404/1976, sendo para a questão o valor apresentado a seguir:

Lucro líquido	140.000,00
(-) Participações estatutárias	(7.000,00)
(-) Reserva legal	(9.000,00)
(-) Reserva para contingência	(10.000,00)
(-) Reversão de reserva p/contingências	2.000,00
(=) Base de cálculo dos dividendos	116.000,00
Dividendos (base de cálculo x 30%)	(34.800,00)

Gabarito "B"

(Auditor Fiscal da Receita Federal – 2002.1 – ESAF) A empresa Zucata S/A, que negocia com máquinas usadas, em 30 de abril, promoveu uma venda dos seguintes itens:

- um trator de seu estoque de vendas, vendido por R$ 35.000,00;
- um jeep de seu imobilizado, vendido por R$ 25.000,00; e
- um imóvel de sua propriedade, vendido por R$ 70.000,00.

A operação de venda não sofrerá nenhum gravame fiscal, a não ser de imposto de renda sobre eventuais lucros ao fim do ano e que serão calculados naquela ocasião.

Os dados para custeamento da transação foram os seguintes:

– o trator foi adquirido por R$ 28.000,00, tem vida útil de 10 anos e já estava na empresa há dois anos e meio;
– o jeep foi adquirido por R$ 20.000,00, tem vida útil de 8 anos e já estava na empresa há dois anos;
– o imóvel foi adquirido por R$ 80.000,00, tem uma edificação equivalente a 40% do seu valor, com vida útil estimada em 25 anos e já estava na empresa há dez anos.

Considerando essas informações, podemos afirmar que, na operação de venda, a Zucata alcançou um lucro global de

(A) R$ 26.200,00
(B) R$ 26.000,00
(C) R$ 21.000,00
(D) R$ 19.800,00
(E) R$ 14.000,00

O trator, por se tratar de um item de estoque, não sofre depreciação. Sendo assim, sua venda por R$35.000 representou para a empresa um lucro de R$7.000 (R$35.000 – R$28.000). Já o jeep, por se tratar de um bem do imobilizado da empresa, sofreu depreciação, conforme apresentado a seguir:

Custo de aquisição	20.000,00
Depreciação anual (R$20.000 ÷ 8)	2.500,00
Depreciação acumulada (R$2.500 x 2 anos)	5.000,00
Valor líquido do bem na contabilidade	15.000,00
Preço de venda	25.000,00
Lucro na venda	10.000,00

Quanto ao imóvel vendido pela empresa, deve-se calcular também o valor da depreciação, que incidirá somente sobre o valor da edificação, visto que o terreno não é depreciável. Apresentamos a seguir a apuração do resultado da venda do imóvel:

Valor do terreno	48.000,00
Valor da edificação	32.000,00
Depreciação anual da edificação (R$32.000 ÷ 25 anos)	1.280,00
Depreciação acumulada (R$1.280 x 10 anos)	12.800,00
Valor líquido do bem na contabilidade (R$48.000 + R$32.000 – 12.800)	67.200,00
Preço de venda	70.000,00
Lucro na venda	2.800,00

O lucro total apurado pela empresa foi R$19.800, sendo R$7.000 referentes à venda do trator, R$10.000 da venda do jeep e R$2.800 da venda do imóvel.

Gabarito "D"

(Auditor Fiscal da Receita Federal – 2002.1 – ESAF) A empresa Carnes & Frutas S/A, em 30 de agosto de 2000, obteve um financiamento em cinco parcelas semestrais iguais de R$ 3.000,00 e repassou, por R$ 20.000,00, uma de suas máquinas, dividindo o crédito em 10 parcelas bimestrais.

Todos os encargos foram embutidos nas respectivas parcelas e não se verificou nenhum atraso nas quitações.

Devedores e credores admitem compensar débitos e créditos dessas operações em 2002, mas só o farão à época própria, cabendo à empresa dar ou receber a quitação restante.

Em decorrência desses fatos, se observarmos o balanço de fim de exercício, elaborado com data de 31.12.00, certamente vamos encontrar

(A)	valores a receber a curto prazo	R$ 16.000,00.
(B)	valores a receber a longo prazo	R$ 4.000,00.
(C)	valores a pagar a curto prazo	R$ 7.000,00.
(D)	valores a pagar a longo prazo	R$ 13.000,00.
(E)	saldo a compensar a longo prazo	R$ 2.000,00.

Como o Balanço a ser considerado para apuração do curto e longo prazo é o de encerramento do ano 2000, temos que os valores que vencerem até o final de 2001 serão considerados de curto prazo e os que vencerem após 2001 serão considerados de longo prazo. Apresentamos a seguir o detalhamento do fluxo das parcelas:

Financiamento (valores a pagar)	Quantidade de parcelas	Valor total
Parcelas a vender em 2000	-	-
Parcelas a vencer em 2001 (curto prazo)	2	6.000
Parcelas a vencer após 2001 (longo prazo)	3	90.000

Venda da máquina (valores a receber)	Quantidade de parcelas	Valor total
Parcelas a vender em 2000	2	4.000
Parcelas a vencer em 2001 (curto prazo)	6	12.000
Parcelas a vencer após 2001 (longo prazo)	2	4.000

Gabarito "B"

(Auditor Fiscal da Receita Federal – 2002.1 – ESAF) A Cia. Poços & Minas possui uma máquina própria de sua atividade operacional, adquirida por R$ 30.000,00, com vida útil estimada em 5 anos e depreciação baseada na soma dos dígitos dos anos em quotas crescentes.

A mesma empresa possui também uma mina custeada em R$ 60.000,00, com capacidade estimada de 200 mil kg, exaurida com base no ritmo de exploração anual de 25 mil kg de minério.

O usufruto dos dois itens citados teve início na mesma data. As contas jamais sofreram correção monetária.

Analisando tais informações, podemos concluir que, ao fim do terceiro ano, essa empresa terá no Balanço Patrimonial, em relação aos bens referidos, o valor contábil de:

(A) R$ 34.500,00
(B) R$ 40.500,00
(C) R$ 49.500,00
(D) R$ 55.500,00
(E) R$ 57.500,00

O primeiro passo para a resolução da questão é apurar o valor depreciado da máquina, que ocorrerá de forma progressiva, com base nas cotas de depreciação, conforme apresentado a seguir:

	Quotas de depreciação	Valor da depreciação anual	Depreciação acumulada
ano 1	1	2.000,00	2.000,00
ano 2	2	4.000,00	6.000,00
ano 3	3	6.000,00	12.000,00
ano 4	4	8.000,00	20.000,00
ano 5	5	10.000,00	30.000,00
TOTAL	15	30.000,00	

Conforme observado no quadro, o valor da depreciação acumulada da máquina para o terceiro é de R$12.000,00. Já a exaustão acumulada da mina é apurada com base na quantidade exaurida, que para os 3 anos foi no montante de R$22.500,00(R$60.000 ÷ 8 anos x 3 anos). A tabela a seguir resume o valor contábil dos bens da Cia. Poços & Minas:

Ativo	Valor do bem	Tempo de vida útil	Depreciação/ exaustão acumulada	Valor contábil líquido (valor do bem – depreciação acumulada)
Máquina	30.000,00	5	12.000,00	18.000,00
Mina	60.000,00	8	22.500,00	37.500,00
TOTAL	90.000,00		34.500,00	55.500,00

Gabarito "D"

(Auditor Fiscal da Receita Federal – 2002.1 – ESAF) A Cia. Faunix & Florix, ao fim do ano de 2001, demonstrava o seguinte Patrimônio Líquido:

Capital Social	R$ 50.000,00
Reserva de Subvenção para Investimentos	R$ 2.000,00
Reserva de Reavaliação	R$ 3.000,00
Reserva Estatutária	R$ 4.000,00
Reserva Legal	R$ 8.000,00

O lucro líquido apurado no exercício foi de R$ 60.000,00, após a destinação planejada, exceto a constituição de reservas.

Agora, para seguir as regras e preceitos atinentes à espécie, a Contabilidade deverá contabilizar uma Reserva Legal de

(A) R$ 3.000,00
(B) R$ 2.500,00
(C) R$ 2.000,00
(D) R$ 1.000,00
(E) R$ 0,00

A Reserva Legal segue as regras de constituição definidas no artigo 193 da lei 6.404.

Art. 193. Do lucro líquido do exercício, 5% (cinco por cento) serão aplicados, antes de qualquer outra destinação, na constituição da reserva legal, que não excederá de 20% (vinte por cento) do capital social.

§ 1º A companhia poderá deixar de constituir a reserva legal no exercício em que o saldo dessa reserva, acrescido do montante das reservas de capital de que trata o § 1º do artigo 182, exceder de 30% (trinta por cento) do capital social.

§ 2º A reserva legal tem por fim assegurar a integridade do capital social e somente poderá ser utilizada para compensar prejuízos ou aumentar o capital.

Existem, portanto, duas regras a serem observadas quando do cálculo da reserva legal. A primeira é o limite de 20% do capital social. Na questão, esse limite seria de R$10.000,00 (20% de R$50.000,00), o que permitiria que se continuasse constituindo a reserva legal até esse limite.

Na questão, ao aplicarmos 5% sobre o lucro líquido, encontraríamos o valor de R$2.500,00 a ser contabilizado como reserva legal. Como a reserva já constituída era de R$8.000,00, teríamos agora um total de R$10.500,00. Como o limite de acordo com a lei é de R$10.000,00, a empresa deverá constituir a provisão de apenas R$2.000,00, atingindo assim o limite de R$10.000,00 para a reserva. A segunda regra definida na lei não interfere na questão. Ela diz que a companhia deixará de constituir a reserva legal quando o saldo dessa reserva somado ao montante de reservas de capital atingir 30% do capital social. Na questão, o somatório das duas reservas é igual a R$10.000,00, o que representa apenas 20% do capital social.

Gabarito "C"

(Auditor Fiscal da Receita Federal – 2002.1 – ESAF) A empresa Zola estava desmontando seu parque operacional e, para isto, efetuou as seguintes operações:

a. vendeu, a vista, por R$ 3.000,00 uma máquina adquirida por R$ 4.000,00 e que já fora depreciada em 70%;
b. baixou do acervo patrimonial um guindaste comprado por R$ 5.000,00, já depreciado em 80%; e
c. alienou por R$ 2.000,00 um cofre, ainda bom, com valor contábil de R$ 3.000,00, embora já depreciado em 25%.

No período não houve incidência de correção monetária e as operações não sofreram tributação.

Considerando apenas as transações citadas, podemos dizer que a empresa Zola incorreu em

(A) custos de R$ 13.000,00.
(B) custos de R$ 4.450,00.
(C) lucros de R$ 550,00.
(D) perdas de R$ 2.600,00.
(E) perdas de R$ 200,00.

O resultado das três operações implicou para a empresa lucros de R$550,00, conforme apresentado a seguir:

Operação	Valor do bem	Depreciação acumulada	Valor contábil líquido (valor do bem – depreciação acumulada)	Valor da venda	Resultado (valor da venda – valor contábil líquido)
a – vendeu, à vista, por R$ 3.000,00 uma máquina adquirida por R$ 4.000,00 e que já fora depreciada em 70%;	4.000,00	2.800,00	1.200,00	3.000,00	1.800,00
b – baixou do acervo patrimonial um guindaste comprado por R$ 5.000,00, já depreciado em 80%; e	5.000,00	4.000,00	1.000,00	-	(1.000,00)
c – alienou por R$ 2.000,00 um cofre, ainda bom, com valor contábil de R$ 3.000,00, embora já depreciado em 25%.	3.000,00	750,00	2.250,00	2.000,00	(250,00)
TOTAL	12.000,00	7.550,00	4.450,00	5.000,00	550,00

Gabarito "C"

(Auditor Fiscal da Receita Federal – 2002.2 – ESAF) Um investimento é considerado relevante quando:

(A) o valor inscrito na conta de participação societária de cada coligada e controlada, considerado em seu conjunto, não exceder a 5% do Patrimônio Líquido da investidora.
(B) o valor contábil dos investimentos em controladas e coligadas considerados em seu conjunto for igual ou superior a 15% do Patrimônio Líquido da investidora.
(C) o valor inscrito em investimento permanente em cada uma das empresas coligadas for igual ou inferior a 5% do Patrimônio Líquido da investidora.
(D) o custo de aquisição do investimento nas coligadas for igual ou inferior a 5% do patrimônio líquido da investidora e igual a 8% do Patrimônio Líquido da investida.
(E) o valor pago na aquisição do investimento em coligadas for igual ou inferior a 5% do patrimônio líquido da investidora e igual a 8% do Patrimônio Líquido da investida.

O parágrafo único do artigo 247 da Lei 6.404/1976 define as situações que tornam o investimento relevante, sendo essas:
Em cada sociedade coligada ou controlada, se o valor contábil é igual ou superior a 10% (dez por cento) do valor do patrimônio líquido da companhia;
No conjunto das sociedades coligadas e controladas, se o valor contábil é igual ou superior a 15% (quinze por cento) do valor do patrimônio líquido da companhia.

Gabarito "B"

(Auditor Fiscal da Receita Federal – 2002.2 – ESAF) A diferença verificada, ao final de cada período, no valor do investimento avaliado pelo método da equivalência patrimonial, quando relativo à variação cambial de investimento em coligada ou controlada no exterior, deve ser apropriada pela investidora

(A) como reserva de capital quando o saldo for credor.
(B) sempre como conta de despesa não operacional.
(C) como receita ou despesa operacional.
(D) sempre como ganho de capital.
(E) como subconta do ativo permanente diferido.

De acordo com o Manual de Contabilidade das Sociedades por Ações da FIPECAFI, o lucro ou prejuízo de participações em outras sociedades é considerado uma receita/despesa operacional, a ser contabilizado no grupo "Outras Receitas e Despesas Operacionais".

Gabarito "C"

Utilizando as informações contidas no quadro de composição acionária das companhias, responder às questões a seguir.

(Quadro de composição Acionária – quantidade de ações)

Empresas Investidas	Investidores			Total de Ações
	Cia. Itararé	Cia. Itacolomi	Outro(s) Acionista(s)	
Cia. Itajubá	80.000	90.000	30.000	200.000
Cia. Itaipu	195.000	90.000	15.000	300.000
Cia. Itamaracá	40.000	-----	10.000	50.000
Cia. Itacolomi	120.000	-----	30.000	150.000

(Auditor Fiscal da Receita Federal – 2002.2 – ESAF) O percentual de participação indireta da Cia. Itararé na Cia. Itaipu é:

(A) 20%
(B) 24%
(C) 30%
(D) 34%
(E) 52%

A participação indireta da Cia. Itararé na Cia. Itaipu ocorre através do investimento na Cia. Itacolomi. Apresentamos a seguir os percentuais de participação da Cia. Itararé na Cia. Itacolomi e da Cia. Itacolomi na Cia. Itaipu:

	Quantidade ações investidas	Quantidade de ações total	Participação %
Cia. Itararé na Cia. Itacolomi	120.000	150.000	80%
Cia. Itacolomi na Cia. Itaipu	90.000	300.000	30%

A combinação das duas participações implica uma participação indireta da Cia. Itararé na Cia. Itaipu de 24% (80% x 30%).

Gabarito "B".

(Auditor Fiscal da Receita Federal – 2002.2 – ESAF) As empresas em questão formam um grupo de empresas, localizadas em diversos estados brasileiros e possuem como atividade principal a extração, beneficiamento, industrialização e comercialização de mármores, granitos e pedras de diversos tipos; sua empresa holding é a Cia. ITA. Se essa empresa é a investidora direta das empresas Itararé e Itacolomi, indique o percentual máximo de participação direta, no capital da empresa Itacolomi, que a Cia. Ita poderia ter:

(A) 100%
(B) 88%
(C) 52%
(D) 40%
(E) 20%

Considerando que 80% (120.000 ações de 150.000) das ações da Cia. Itacolomi pertencem à Cia. Itararé, apenas as 30.000 ações restantes, equivalente à 20% do total de ações da Cia. Itacolomi, podem pertencer à Cia. Ita.

Gabarito "E".

(Auditor Fiscal da Receita Federal – 2002.2 – ESAF) Em dezembro de 2000 a Cia. Itamaracá distribui dividendos a seus acionistas; esse procedimento gera um lançamento de:

(A) crédito na conta Lucros/Prejuízos Acumulados da Cia. Itamaracá.
(B) crédito em conta do Ativo Permanente Investimentos da Cia. Itararé.
(C) débito em conta do Ativo Circulante Disponibilidades da Cia. Itacolomi.
(D) débito na conta de Participações Societárias da Cia. Itamaracá.
(E) reconhecimento de receita de dividendos na sua investidora. 637

A distribuição de dividendos da empresa Itamaracá geraria os seguintes lançamentos:
Na Cia. Itamaracá:
D – Lucros/prejuízos acumulados
C – Dividendos a pagar
Na Cia. Itararé (por se tratar de sua controladora):
D – Dividendos a receber
C – Ativo permanente investimentos

Gabarito "B".

(Auditor Fiscal da Receita Federal – 2002.2 – ESAF) Por decisão das diretorias das empresas do grupo ficou estabelecido como período de exercício contábil para todas as empresas o ano civil. Na verificação da ocorrência de uma venda de um bem imobilizado, com lucro, da Cia. Itacolomi para a Cia. Itararé e, ao final do período contábil de ambas, a compradora ainda mantinha em seu patrimônio esse bem. O resultado apurado nessa operação é classificado contabilmente como:

(A) resultado de investimento.
(B) ganho de capital.
(C) resultado não realizado.
(D) perda de capital.
(E) lucro das operações.

Quando uma operação é realizada entre empresas do mesmo grupo, sem produzir efeitos externos, o resultado dessa operação deve ser excluído quando da consolidação por se tratar de resultado não realizado.

Gabarito "C".

(Auditor Fiscal da Receita Federal – 2002.2 – ESAF) Para a elaboração das Demonstrações Contábeis Consolidadas, a investidora deve:

(A) em nenhuma hipótese utilizar períodos contábeis não idênticos, mesmo que este fato represente melhoria na qualidade da informação produzida.
(B) utilizar demonstrações contábeis e do patrimônio líquido das investidas apuradas na mesma data das demonstrações contábeis da investidora.
(C) compensar quaisquer ativos ou passivos pela dedução de outros ativos ou passivos mesmo na inexistência de direito de compensação.
(D) utilizar demonstrações contábeis de coligadas e controladas elaboradas até 90 dias antes da data das demonstrações contábeis da investidora.
(E) eliminar saldos de quaisquer contas de ativas e passivas resultantes de transações das sociedades incluídas na consolidação.

A: as sociedades controladas, cujo exercício social termine mais de sessenta dias antes da data do encerramento do exercício da companhia, elaborarão demonstrações financeiras extraordinárias. Dentro desse período não é necessário ser na mesma data; **B:** pode ter até sessenta dias de diferença entre essas datas; **C:** poderá compensar apenas quando houver esse direito; **D:** diferença de datas de no máximo 60 dias; **E:** as empresas deverão eliminar os saldos das transações realizadas entre as empresas do grupo.

Gabarito "E".

(Auditor Fiscal da Receita Federal – 2002.2 – ESAF) Dos procedimentos listados a seguir, indique aquele que não corresponde ao processo contábil de elaboração das demonstrações consolidadas.

(A) Eliminação das despesas e receitas de variação cambial efetuadas com instituições financeiras indicadas pela controladora.
(B) Exclusão de saldos de ativos e passivos em aberto de operações realizadas entre controladas e a controladora.
(C) Valores de despesas e receitas de prestação de serviços realizados entre empresas do grupo.
(D) Valores não realizados existentes nos ativos decorrentes de operações de compra e venda de ativos intercompanhias.
(E) Operações de vendas efetuadas entre as empresas do grupo que efetuará a consolidação.

A: por se tratar de uma operação externa às empresas não há que se falar em eliminar essas transações; **B:** a exclusão está correta por se tratar de uma transação dentro do grupo; **C:** a exclusão está correta por se tratar de uma transação dentro do grupo; **D:** a exclusão está correta por se tratar de uma transação dentro do grupo; **E:** a exclusão está correta por se tratar de uma transação dentro do grupo.

Gabarito "A".

(Auditor Fiscal da Receita Federal – 2002.2 – ESAF) De acordo com a Instrução CVM 358/2002 as operações de fusão, cisão ou incorporação, realizadas por companhias abertas, caracterizam-se como:

(A) ato relevante por não influir na decisão do acionista minoritário de comprar, vender ou manter valores imobiliários da empresa.
(B) fato relevante desde que possam influir na decisão dos investidores de comprar, vender ou manter valores mobiliários de emissão das companhias envolvidas na operação.
(C) ato administrativo por não influenciar na tomada de decisão do público para comprar, vender ou manter valores mobiliários emissão das companhias envolvidas na operação.
(D) fato contábil por não ser fator preponderante na decisão do acionista minoritário comprar, vender ou manter esses valores imobiliários da companhia.
(E) ato não relevante por influir na decisão do público de comprar, vender ou manter aqueles valores imobiliários.

O artigo 2º da instrução CVM 358/2002 define quais fatos são considerados relevantes nas decisões de acionista controlador, deliberação da assembleia geral ou dos órgãos de administração da companhia aberta e que podem influenciar de modo ponderável, dentre outros, na decisão dos investidores de comprar, vender ou manter aqueles valores mobiliários.

Gabarito "B".

(Auditor Fiscal da Receita Federal – 2002.2 – ESAF) Nas operações de Fusão envolvendo companhias abertas, é(são) regulado(s) pelas disposições da Instrução CVM 319/1999:

(A) o tratamento financeiro dado ao ágio, que deve ser comunicado a CVM até 45 dias antes da data da realização da operação.
(B) o fluxo de dividendos dos acionistas controladores e a remuneração da diretoria quando se tratar de sociedade limitada.
(C) a relação de substituição das ações dos acionistas controladores e o fluxo de dividendos dos minoritários.
(D) o conteúdo do relatório da administração, o aproveitamento econômico e o tratamento contábil do ágio e do deságio.
(E) o relatório de auditoria independente das demonstrações financeiras, que deverá ser enviado a CVM até 30 dias antes da data da realização da operação.

O artigo 1º da instrução CVM 319/1999 define que "são regulados pelas disposições da presente Instrução, relativamente às operações de incorporação, fusão e cisão envolvendo companhia aberta:
I – a divulgação de informações;
II – o aproveitamento econômico e o tratamento contábil do ágio e do deságio;
III – a relação de substituição das ações dos acionistas não controladores;
IV – a obrigatoriedade de auditoria independente das demonstrações financeiras;
V – o conteúdo do relatório da administração;
VI – hipóteses de exercício abusivo do poder de controle; e
VII – o fluxo de dividendos dos acionistas não controladores".

Gabarito "D".

(Auditor Fiscal da Receita Federal – 2002.2 – ESAF) 'São denominadas sociedades controladas em conjunto

(A) as sociedades nas quais nenhum acionista possua direitos de sócio que lhe assegure de modo permanente preponderância nas deliberações sociais ou poderes de eleger ou destituir a maioria dos administradores.

(B) as associações de empresas constituídas sob a forma de consórcios, com finalidade própria e determinada por estatuto nas quais o valor contábil investido por seus investidores tenha o mesmo percentual.

(C) o conjunto de sociedades desobrigadas da elaboração das demonstrações contábeis consolidadas por não serem companhias abertas mesmo que as participações societárias dos acionistas sejam de idêntico valor.

(D) as associações de investidores constituídas na forma de participação recíproca com finalidade própria determinada por estatuto ou contrato social com prazo de vida útil determinado.

(E) as associações de investidores constituídas na forma de consórcio cujo patrimônio líquido seja respaldado apenas por disponibilidades e possua finalidade própria determinada por estatuto ou contrato social com prazo de vida útil determinado.

O artigo 32 da instrução CVM 247/1996 define que se considera controlada em conjunto aquela em que nenhum acionista exerce, individualmente, a preponderância nas deliberações sociais e o poder de eleger ou destituir a maioria dos administradores.

Gabarito "A".

(Auditor Fiscal da Receita Federal – 2002.2 – ESAF) De acordo com o disposto na Instrução CVM 319/1999, nas operações de incorporação de companhia aberta por sua controladora, ou desta por companhia aberta controlada, o cálculo da relação de substituição das ações dos acionistas controladores deverá:

(A) excluir o saldo do ágio pago na aquisição da controlada.

(B) incluir o saldo do ágio pago na aquisição da controlada.

(C) favorecer com a inclusão do ágio pago nas ações de menor valor unitário.

(D) inserir o saldo do ágio pago na aquisição da controladora.

(E) incluir o valor do ágio pago favorecendo diretamente as ações preferenciais.

O artigo 9º da Instrução CVM 319/1999 define que "nas operações de incorporação de companhia aberta por sua controladora, ou desta por companhia aberta controlada, o cálculo da relação de substituição das ações dos acionistas não controladores deverá excluir o saldo do ágio pago na aquisição da controlada".

Gabarito "A".

(Auditor Fiscal da Receita Federal – 2002.2 – ESAF) De conformidade com o disposto na Instrução CVM 349/2001, o procedimento contábil relativo ao lançamento do montante do ágio resultante da aquisição do controle da companhia aberta que vier a incorporar sua controladora é registrar em

(A) conta específica do ativo diferido, quando o fundamento econômico tiver sido a aquisição de concessão ou permissão delegada pelo poder público.

(B) conta específica do ativo permanente investimento, quando o fundamento econômico tiver sido a expectativa de resultado futuro.

(C) conta específica do ativo imobilizado, quando o fundamento econômico tiver sido a expectativa de resultado futuro.

(D) conta de resultado específica como Ganhos/ Perdas, quando o fundamento econômico tiver sido a aquisição de concessão ou permissão delegada pelo poder público.

(E) conta específica do ativo imobilizado, quando o fundamento econômico tiver sido a aquisição de concessão delegada pelo poder público.

O artigo 6º da instrução CVM 319/1999 define que o montante do ágio ou do deságio, conforme o caso, resultante da aquisição do controle da companhia aberta que vier a incorporar sua controladora será contabilizado em conta específica do ativo imobilizado (ágio) – quando o fundamento econômico tiver sido a aquisição do direito de exploração, concessão ou permissão delegadas pelo Poder Público.

Gabarito "E".

(Auditor Fiscal da Receita Federal – 2002.2 – ESAF) A composição da diferença entre o Lucro Contábil com o Fluxo de Caixa Operacional Líquido é evidenciada:

(A) na Demonstração das Origens e Aplicações de Recursos.

(B) no Fluxo de Caixa Indireto.

(C) na Demonstração de Resultados.

(D) no fluxo gerado por Investimentos.

(E) na composição dos financiamentos de Caixa.

É o fluxo de caixa indireto que permite a composição da diferença entre o lucro contábil com o fluxo de caixa operacional líquido. Já o fluxo de caixa pelo método direto explicita as entradas e saídas brutas de dinheiro dos principais componentes das atividades operacionais, como os recebimentos pelas vendas de produtos e serviços e os pagamentos a fornecedores e empregados.

Gabarito "B".

(Auditor Fiscal da Receita Federal – 2002.2 – ESAF) O valor de resgate referente a aplicações financeiras de longo prazo é classificado no Fluxo de Caixa como item:

(A) de Empreendimentos

(B) de Financiamentos

(C) de Operações

(D) de Amortizações

(E) de Investimentos

O fluxo de caixa classifica as movimentações por grupo de atividades, sendo essas: operacionais, investimento e financiamento.

Atividades operacionais – envolvem todas as atividades relacionadas com a produção e entrega de bens e serviços e os eventos que não sejam definidos como atividades de investimento e financiamento.

Atividades de investimento – relacionam-se com o aumento e diminuição dos ativos de longo prazo.

Atividades de financiamento – relacionam-se com os empréstimos de credores e investidores à entidade.

A aplicação de longo prazo descrita pela questão enquadra-se como uma atividade de investimento.

Gabarito "E".

(Auditor Fiscal da Receita Federal – 2002.2 – ESAF) José Rodrigues Mendes, Maria Helena Souza e Pedro Paulo Frota, tempos atrás, criaram uma empresa para comerciar chinelos e roupas, na forma de Sociedade por Quotas de Responsabilidade Limitada, com capital inicial de 20 mil reais, dividido em quatro quotas iguais, sendo dois quartos para José Rodrigues, completamente integralizado.

Hoje, a relevação patrimonial dessa empresa apresenta:
dinheiro no valor de R$ 2.000,00;
títulos a receber de Manuel Batista, R$ 4.000,00;
duplicatas aceitas pelo mercado local, R$ 6.000,00;
móveis de uso, no valor de R$ 5.000,00;
duplicatas emitidas pela Brastemp R$ 2.500,00;
empréstimos no Banco do Brasil, R$ 5.800,00;
adiantamentos feitos a empregados, no valor de R$ 200,00;
adiantamento feito a Pedro Paulo, no valor de R$ 1.800,00.

Os bens para vender estão avaliados em R$ 5.300,00; o aluguel da loja está atrasado em R$ 1.000,00; e o carro da firma foi comprado por R$ 8.100,00.

No último período a empresa conseguiu ganhar R$ 4.900,00, mas, para isto, realizou despesas de R$ 2.600,00.

Ao elaborar a estrutura gráfica patrimonial com os valores acima devidamente classificados, a empresa vai encontrar capital próprio no valor de:

(A) R$ 20.000,00
(B) R$ 21.300,00
(C) R$ 23.100,00
(D) R$ 22.300,00
(E) R$ 24.300,00

Com os dados apresentados pela questão, é possível montar o Balanço Patrimonial apresentado a seguir, sendo que o total do Ativo e Passivo somente será coincidente no caso do Patrimônio Líquido (capital próprio) igual a R$ 23.100,00.

Ativo		Passivo	
Dinheiro (caixa)	2.000,00	Duplicatas emitidas pela Brastemp	2.500,00
Títulos a receber de Manuel Batista	4.000,00	Empréstimos no Banco do Brasil	5.800,00
Duplicatas aceitas pelo mercado local	6.000,00	Aluguel atrasado	1.000,00
Móveis de uso	5.000,00		
Adiantamentos feitos a empregados	200,00	Patrimônio líquido	23.100,00
Adiantamento feito a Pedro Paulo	1.800,00		
Bens para vender	5.300,00		
Veículo	8.100,00		
Total	32.400,00	Total	32.400,00

Gabarito "C"

(Auditor Fiscal da Receita Federal – 2002.2 – ESAF) Apresentamos as contas e saldos constantes do balancete de verificação da Cia. Cezamo, em 31.12.01:

Conta	Saldo
Adiantamento de Clientes	R$ 1.600,00
Adiantamento a Diretores	R$ 1.800,00
Adiantamento a Fornecedores	R$ 2.000,00
Aluguéis Ativos a Receber	R$ 1.000,00
Aluguéis Ativos a Vencer	R$ 1.200,00
Caixa	R$ 2.200,00
Capital Social	R$ 12.000,00
Clientes	R$ 4.600,00
Depreciação Acumulada	R$ 1.500,00
Fornecedores	R$ 5.000,00
Móveis e Utensílios	R$ 10.000,00
Prejuízos Acumulados	R$ 1.200,00
Reserva Legal	R$ 1.500,00

Com as contas listadas, a Cia. Cezamo elaborou o Balanço Patrimonial, cujo grupo Ativo tem o valor de

(A) R$ 18.100,00
(B) R$ 18.500,00
(C) R$ 19.700,00
(D) R$ 20.100,00
(E) R$ 21.700,00

Apresentamos a seguir as contas que, dentre as elencadas pela questão, representam o ativo da Cia. Cezamo:

Conta	Valor
Caixa	2.200,00
Adiantamento a Diretores	1.800,00
Adiantamento a Fornecedores	2.000,00
Aluguéis Ativos a Receber	1.000,00
Clientes	4.600,00
Móveis e Utensílios	10.000,00
Depreciação Acumulada	(1.500,00)
Total	20.100,00

Gabarito "D"

(Auditor Fiscal da Receita Federal – 2002.2 – ESAF) Abaixo são apresentadas cinco assertivas. Quatro delas são verdadeiras. Assinale a opção que contém a afirmativa incorreta.

(A) Do resultado do exercício serão deduzidos, antes de qualquer participação, os prejuízos acumulados e a provisão para o Imposto de Renda.

(B) O prejuízo do exercício será obrigatoriamente absorvido pelos lucros acumulados, pelas reservas de lucro e pelas reservas de capital, nessa ordem.

(C) Lucro líquido do exercício é o resultado do exercício que remanescer depois de deduzidas as participações estatuárias.

(D) A reserva constituída com o produto da venda de partes beneficiárias poderá ser destinada ao resgate desses títulos.

(E) A proposta para formação da reserva de contingências deverá indicar a causa da perda prevista e justificar a constituição da reserva.

A: conforme o artigo 189 da Lei 6.404/1976; **B:** o parágrafo único do artigo 189 da Lei 6.404/1976 define que "o prejuízo do exercício será obrigatoriamente absorvido pelos lucros acumulados, pelas reservas de lucros e pela reserva legal, nessa ordem"; **C:** conforme o artigo 189 da Lei 6.404/1976; **D:** conforme parágrafo único do artigo 200 da Lei 6.404/1976; **E:** conforme § 1º do artigo 195 da Lei 6.404/1976.

Gabarito "B"

(Auditor Fiscal da Receita Federal – 2002.2 – ESAF) A empresa Metais & Metalurgia S/A, no exercício de 2001, auferiu lucro líquido, antes do imposto de renda, da contribuição social e das participações contratuais e estatutárias, no valor de R$ 220.000,00.

Na Contabilidade da empresa foram colhidas as informações de que:

1 – o patrimônio líquido, antes da apropriação e distribuição do lucro, era composto de:

Capital Social	R$ 280.000,00
Prejuízos Acumulados	R$ 76.000,00

2 – o passivo circulante, após a apropriação e distribuição do lucro, era composto de:

Fornecedores	R$ 450.000,00
Dividendos a Pagar	R$ 20.000,00
Provisão p/ Imposto de Renda	R$ 64.000,00
Participações no Lucro a Pagar R$? ? ?	

As participações no lucro foram processadas nos seguintes percentuais:

Participação de Partes Beneficiárias	05%
Participação de Debenturistas	08%
Participação de Administradores	10%
Participação de Empregados	10%

Calculando-se o valor das participações citadas, nos termos da legislação societária, sem considerar as possíveis implicações de ordem fiscal, nem os centavos do cálculo, pode-se dizer que os valores apurados serão:

(A) Participação de Partes Beneficiárias R$ 3.240,00

(B) Participação de Debenturistas R$ 5.760,00

(C) Participação de Administradores R$ 7.360,00

(D) Participação de Empregados R$ 8.000,00

(E) Lucro Líquido final na DRE R$ 132.636,00

Apresentamos a seguir a memória de cálculo das participações, que são calculadas a partir do lucro antes do imposto de renda deduzido do imposto de renda e prejuízos acumulados. Além disso, o cálculo das participações de debenturistas, empregados, administradores e partes beneficiárias ocorrerá nessa ordem e sobre os lucros remanescentes após cada dedução.

Lucro antes do IR	220.000,00
(-) imposto de renda	(64.000,00)
(-) prejuízos acumulados	(76.000,00)
(=) Base para participação de debenturistas	80.000,00
(-) Participação de debenturistas	(6.400,00)
(=) Base para participação de empregados	73.600,00
(-) Participação de empregados	(7.360,00)
(=) Base para participação de administradores	66.240,00
(-) Participação de administradores	(6.624,00)
(=) Base para participação de partes beneficiárias	59.616,00
(-) Participação de partes beneficiárias	(2.980,00)

O lucro líquido do exercício está apresentado a seguir:

Lucro antes do IR	220.000,00
(-) Imposto de renda	(64.000,00)
(-) Participação de debenturistas	(6.400,00)
(-) Participação de empregados	(7.360,00)
(-) Participação de administradores	(6.624,00)
(-) Participação de partes beneficiárias	(2.980,00)
(=) Lucro liquido	132.636,00

Gabarito "E"

(Auditor Fiscal da Receita Federal – 2002.2 – ESAF) A empresa de Pedras & Pedrarias S/A. demonstrou no exercício de 2001 os valores como seguem:

Lucro bruto	R$ 90.000,00
Lucro operacional	R$ 70.000,00
Receitas operacionais	R$ 7.500,00
Despesas operacionais	R$ 27.500,00
Participação de Administradores	R$ 2.500,00
Participação de Debenturistas	R$ 3.500,00
Participação de Empregados	R$ 3.000,00

A tributação do lucro dessa empresa deverá ocorrer à alíquota de 30% para Imposto de Renda e Contribuição Social sobre Lucro Líquido, conjuntamente. Assim, se forem calculados corretamente o IR e a CSLL, certamente o valor destinado, no exercício, à constituição da reserva legal deverá ser de

(A) R$ 2.000,00
(B) R$ 2.070,00
(C) R$ 2.090,00
(D) R$ 2.097,50
(E) R$ 2.135,00

Por serem valores apurados antes do lucro operacional, o Lucro Bruto e as Receitas/Despesas Operacionais não necessitam ser considerados no cálculo do valor do Lucro Líquido, que será a base de cálculo da reserva legal. O importante nesta questão é lembrar que, das participações apresentadas, as participações de debenturistas e empregados são dedutíveis para fins de imposto de renda. Sendo assim o valor do imposto de renda será igual a R$19.050, apurado aplicando-se 30% sobre R$63.500 (R$70.000 de lucro operacional deduzido das participações de debenturistas (R$3.500) e empregados (R$3.000). Apresentamos a seguir o cálculo do Lucro Líquido e da Reserva Legal.

Lucro operacional	70.000,00
(-) Participação de Administradores	(2.500,00)
(-) Participação de Debenturistas	(3.500,00)
(-) Participação de Empregados	(3.000,00)
(-) Imposto de renda	(19.050,00)
(=) Lucro líquido	41.950,00
Reserva legal (5% de R$ 41.950)	2.097,50

Gabarito "D"

(Auditor Fiscal da Receita Federal – 2002.2 – ESAF) Apresentamos abaixo cinco frases relacionadas com o ativo permanente, sendo quatro verdadeiras e apenas uma falsa. Assinale a opção que contém a assertiva errada.

(A) Depreciação é a importância correspondente à diminuição do valor dos bens do ativo, resultante do desgaste pelo uso, ação da natureza e obsolescência.
(B) Exaustão é a importância correspondente à diminuição do valor dos recursos naturais, minerais e florestais, resultante de sua exploração.
(C) Amortização é a importância correspondente à recuperação do capital aplicado na aquisição de direitos, cuja existência ou exercício tenha duração limitada.
(D) Reparos são serviços que recolocam o ativo em condições normais de operação e que adicionam vida útil ao ativo, não sendo considerados despesas do exercício.
(E) Manutenção refere-se a serviços regulares e periódicos efetuados para prevenir contra a necessidade constante de reparos ou consertos e que não adicionam vida útil ao ativo e são considerados despesas do exercício.

O erro no item "d"está na afirmação de que os reparos adicionam vida útil ao ativo, sendo que na verdade esses gastos apenas mantêm o ativo em operação.

Gabarito "D"

(Auditor Fiscal da Receita Federal – 2002.2 – ESAF) A Nossa Firma de Comércio S/A comprou, à vista, por R$ 18.000,00, ações equivalentes a 40% do capital social da Cia. Sideral de Indústria.

Essa empresa tem um patrimônio líquido formado de:

Capital Social	R$ 40.000,00
Reservas de Capital	R$ 12.000,00
Reservas de Lucros	R$ 8.000,00

O investimento é relevante e deverá ser avaliado pelo método da equivalência patrimonial, para fins de balanço.

Por ocasião da operação de compra acima descrita, a empresa investidora deverá efetuar o seguinte lançamento contábil:

(A) Ações de Coligadas Cia. Sideral de Indústria
a Diversos
a Bancos conta Movimento — R$ 18.000,00
a Deságio – Cia. Sideral de Indústria — R$ 6.000,00 — R$ 24.000,00

(B) Ações de Coligadas Cia. Sideral de Indústria
a Diversos
a Bancos conta Movimento — R$ 18.000,00
a Ágio – Cia. Sideral de Indústria — R$ 6.000,00 — R$ 24.000,00

(C) Diversos
a Bancos conta Movimento
Ações de Coligadas Cia. Sideral de Indústria — R$ 16.000,00
Ágio – Cia. Sideral de Indústria — R$ 2.000,00 — R$ 18.000,00

(D) Diversos
a Bancos conta Movimento
Ações de Coligadas Cia Sideral de Indústria — R$ 16.000,00
Deságio – Cia. Sideral de Indústria — R$ 2.000,00 — R$ 18.000,00

(E) Ações de Coligadas Cia. Sideral de Indústria
a Bancos conta Movimento — R$ 18.000,00

Como o valor do Patrimônio Líquido da Cia. Sideral é de R$60.000, o valor patrimonial da participação adquirida é igual a R$24.000 (40% de R$60.000). Como a participação foi adquirida por R$18.000, essa diferença de R$6.000 (R$24.000 – R$18.000) deverá ser registrada como um deságio. O lançamento contábil registrará a débito o valor da participação no total de R$24.000, a crédito o pagamento efetuado no caixa (R$18.000) e o deságio redutor do investimento (R$6.000).

Gabarito "A"

(Auditor Fiscal da Receita Federal – 2002.2 – ESAF) A empresa Dag Mar e Serra S/A, em 31.12.01, apresentava o patrimônio líquido abaixo demonstrado, quando apurou o lucro líquido final no valor de R$ 65.000,00.

Patrimônio Líquido em 31.12.01	
Capital Social	R$ 100.000,00
Reservas de Capital	R$ 12.000,00
Reservas Estatutárias	R$ 8.000,00
Reserva para Contingência	R$ 61.000,00
Reserva Legal	R$ 17.000,00
Lucros Acumulados	R$ 10.000,00

Agora a empresa deverá constituir a reserva legal requerida por lei no caso de haver lucro no exercício de referência.

Assinale a opção que indica o procedimento correto a ser adotado neste caso.

(A) Deverá, obrigatoriamente, ser constituída uma reserva legal de R$ 3.250,00, pois 5% do lucro líquido do exercício deverão ser aplicados na constituição dessa reserva.

(B) Não poderá ser constituída uma reserva legal de valor superior a R$ 2.000,00, pois o saldo das reservas não pode ultrapassar o valor do capital social.

(C) Poderá ser constituída uma reserva legal de R$ 3.250,00, pois a soma das reservas de lucros, inclusive a reserva legal, não excederá de 30% do capital social.

(D) Só poderá ser constituída uma reserva legal de R$ 1.000,00, pois, nesse caso, o saldo da reserva legal somado às reservas de capital atingirá a 30% do capital social.

(E) Deverá, obrigatoriamente, ser constituída uma reserva legal de apenas R$ 3.000,00, pois o saldo dessa reserva não poderá exceder de 20% do capital social.

A reserva legal segue as regras de constituição definidas no artigo 193 da Lei 6.404.

Art. 193. Do lucro líquido do exercício, 5% (cinco por cento) serão aplicados, antes de qualquer outra destinação, na constituição da reserva legal, que não excederá de 20% (vinte por cento) do capital social.

§ 1º A companhia poderá deixar de constituir a reserva legal no exercício em que o saldo dessa reserva, acrescido do montante das reservas de capital de que trata o § 1º do artigo 182, exceder de 30% (trinta por cento) do capital social.

§ 2º A reserva legal tem por fim assegurar a integridade do capital social e somente poderá ser utilizada para compensar prejuízos ou aumentar o capital.

Existem portanto duas regras a serem observadas quando do cálculo da reserva legal. A primeira é o limite de 20% do capital social. Na questão, esse limite seria de R$20.000,00 (20% de R$100.000,00), o que permitiria que se continuasse constituindo a reserva legal até esse limite.

Ou seja, apesar do cálculo dos 5% sobre o lucro líquido indicar uma constituição de reserva legal no valor de R$3.250,00 (5% de R$65.000,00), o valor máximo a ser constituído será de R$3.000,00, pois esse valor somado ao total de R$17.000 já existente fará com que o valor da reserva legal represente seu valor máximo de R$20.000 (20% do capital social).

Gabarito "E"

(Auditor Fiscal da Receita Federal – 2002.2 – ESAF) A empresa Companhia Especial de Comércio, em 31.12.01, apresenta o seguinte patrimônio líquido:

Capital Social	R$ 200.000,00
Reservas de Capital	R$ 30.000,00
Reserva Legal	R$ 40.000,00
Reservas Estatutárias	R$ 90.000,00
Reserva de Lucros a Realizar	R$ 55.000,00
Lucros Acumulados	R$ 25.000,00

A empresa verificou que não houve a contabilização da reserva para uma contingência prevista no valor de R$ 20.000,00, o que se faria com parcela dos lucros do exercício, ora acumulados. Examinando-se o fato e as circunstâncias, à luz dos preceitos legais, pode-se dizer que a empresa

(A) pode contabilizar a reserva de contingências no valor total de R$ 20.000,00, mesmo ultrapassando o capital social, pois a reserva de contingências está fora do referido limite.

(B) não pode contabilizar a reserva de contingências, pois o saldo das reservas de lucros já ultrapassa 30% do capital social.

(C) não pode contabilizar a reserva de contingências. Ao contrário, deve deliberar a distribuição de dividendos ou o aumento do capital, com o excesso de reservas já verificado.

(D) pode contabilizar, no máximo, R$ 15.000,00 para a reserva de contingências, para que o saldo das reservas de lucros não ultrapasse o capital social.

(E) não pode contabilizar a reserva de contingências, pois o saldo das reservas já ultrapassa o capital social.

A empresa poderá constituir normalmente a reserva, visto que o artigo 199 da lei 6.404/76 define que "o saldo das reservas de lucros, exceto as para contingências, de incentivos fiscais e de lucros a realizar, não poderá ultrapassar o capital social. Atingindo esse limite, a assembleia deliberará sobre aplicação do excesso na integralização ou no aumento do capital social ou na distribuição de dividendos".

Gabarito "A"

(Auditor Fiscal da Previdência Social – 2002 – ESAF) Na Demonstração do Resultado do Exercício são classificados como itens não operacionais:

(A) Ganhos e Perdas de Capital no Ativo Diferido e Resultado de Equivalência Patrimonial.

(B) Provisão para Perdas Prováveis na Realização de Investimentos e Lucros ou Prejuízos de Participações em Outras Sociedades.
(C) Resultado de Equivalência Patrimonial e Ganhos e Perdas na Alienação de Investimentos.
(D) Ganhos e Perdas na Alienação de Investimentos e Ganhos e Perdas de Capital no Ativo Diferido.
(E) Variações Monetárias de Obrigações e Créditos e Amortização de Ágio em Investimentos.

As transações que se enquadram como não operacionais são muito limitadas, sendo, segundo o Manual de Contabilidade por Ações da FIPECAFI, apenas os ganhos e perdas na alienação do Ativo Permanente.

Gabarito "D".

(Auditor Fiscal da Previdência Social – 2002 – ESAF) Na existência de saldos de obrigações para com fornecedores relativos à aquisição de estoques, se indexados em moeda estrangeira, quando da ocorrência de variação na taxa de câmbio, a atualização desse passivo deverá ser registrada como:

(A) acréscimos da conta de estoques.
(B) ganhos com estoques importados.
(C) incremento de custo de mercadoria vendida.
(D) atualização dos saldos de estoque.
(E) despesas de Variação Cambial.

A variação cambial não afetará o valor do estoque, sendo a contrapartida do aumento da conta Fornecedores um débito em despesa de variação cambial.

Gabarito "E".

(Auditor Fiscal da Previdência Social – 2002 – ESAF) São fatores de variação do total do Patrimônio Líquido os lançamentos de:

(A) compensação de prejuízos com saldos de Reservas e de distribuição de dividendos.
(B) registro de doações e subvenções e de aumento de capital com utilização de reservas.
(C) ajustes de exercícios anteriores e de recebimento de prêmios na emissão de debêntures.
(D) reversão de reserva de capital e compensação de prejuízos com utilização de saldos de reservas para contingências.
(E) aumento de capital com subscrição firme de sócios e com utilização de saldos de reservas para expansão.

A: essas operações movimentam contas dentro do Patrimônio Líquido, não afetando seu valor total; **B:** essas operações movimentam contas dentro do Patrimônio Líquido, não afetando seu valor total; **C:** as duas operações representam alteração no valor do Patrimônio Líquido; **D:** essas operações movimentam contas dentro do Patrimônio Líquido, não afetando seu valor total; **E:** essas operações movimentam contas dentro do Patrimônio Líquido, não afetando seu valor total.

Gabarito "C".

(Auditor Fiscal da Previdência Social – 2002 – ESAF) O reconhecimento de provisões ativas ou passivas possuem como contrapartida uma conta de:

(A) ganho
(B) receita
(C) despesa
(D) reserva
(E) fundo

As provisões representam estimativas contábeis para ajustar os ativos e passivos ao seu valor de realização. Esses ajustes representam reduções no Patrimônio Líquido, que ocorrem pelo fato da contrapartida das provisões serem as contas de despesa.

Gabarito "C".

Enunciado para as três próximas questões:

A Cia. Itaguara tem determinado nos seus estatutos que 30% dos seus lucros líquidos serão pagos a título de dividendos a seus acionistas, cabendo aos acionistas de ações preferenciais classe A um dividendo fixo em R$0,15/ação e aos acionistas ordinários um dividendo mínimo estabelecido em R$0,10/ação. Em um determinado período o Lucro Líquido, após todas as inclusões/deduções, obtido pela empresa foi de R$ 4.000.000,00 e os dados referentes às ações eram os seguintes:

Informações	Ações Preferenciais		Ações Ordinárias
	Classe A	Classe B	
Quantidade de Ações	2.000.000	3.000.000	5.000.000
Valor Nominal Unitário	1,00	1,00	1,00
Valor Unitário de Mercado	6,00	8,50	não cotado
Valor Patrimonial Unitário	2,50	2,50	2,50

Com base nas informações fornecidas indique:

(Auditor Fiscal da Previdência Social – 2002 – ESAF) O montante a ser distribuído como dividendo para os acionistas preferenciais.

(A) R$600.000
(B) R$640.000
(C) R$650.000
(D) R$660.000
(E) R$700.000

O total de dividendos a ser distribuído é R$1.200.000 (30% de R$4.000.000), sendo esse total dividendo entre as 3 categorias de ações. Como a ação preferencial classe A deve receber como dividendo mínimo R$300.000 (R$0,15 x 2.000.000 ações) e as ações ordinárias R$500.000 (R$0,10 x 5.000.000 ações), restam para as ações preferenciais classe B R$400.000 de dividendos. Sendo assim, o total de dividendos para as ações preferências foi de R$700.000 (R$300.000 para a classe A e R$400.000 para a classe B).

Gabarito "E".

(Auditor Fiscal da Previdência Social – 2002 – ESAF) O valor do dividendo por ação a ser distribuído aos acionistas portadores de ações preferenciais classe B.

(A) R$0,150
(B) R$0,133
(C) R$0,121

(D) R$0,110
(E) R$0,100

Conforme verifica-se no exercício anterior, as ações preferenciais de classe B receberão R$400.000, e como são 3.000.000 de ações, o dividendo por ação para essas ações será igual R$0, 133 (R$400.000 ÷ 3.000.000).

Gabarito "B"

(Auditor Fiscal da Previdência Social – 2002 – ESAF) Dos dividendos distribuídos qual o percentual que caberá aos acionistas ordinários?

(A) 25,0%
(B) 33,3%
(C) 40,0%
(D) 41,7%
(E) 58,3%

Conforme apurado nas questões anteriores, as ações ordinárias receberão R$500.000 do total de R$1.200.000 a serem distribuídos, o que representa 41,7% (R$500.000 ÷ R$1.200.000).

Gabarito "D"

(Auditor Fiscal da Previdência Social – 2002 – ESAF) A diferença verificada entre o montante inscrito no Ativo Permanente Investimentos – Participações Societárias e o resultante da aplicação do método de equivalência patrimonial é classificada como:

(A) receita ou despesa operacional.
(B) item do patrimônio líquido da investidora.
(C) receita e despesa não operacional.
(D) ganhos e perdas não operacionais.
(E) receita de ágio em investimentos.

Segundo a classificação do Manual de Contabilidade das Sociedades por Ações da FIPECAFI, o resultado da aplicação da equivalência patrimonial será classificado como receita/despesa operacional.

Gabarito "A"

(Auditor Fiscal da Previdência Social – 2002 – ESAF) Os saldos finais resultantes da existência de contratos de mútuo, acordados por companhias pertencentes ao mesmo grupo, são:

(A) registrados como realizável a longo prazo apenas se corresponderem a repasses de recursos financeiros da investidora para a investida.
(B) reconhecidos isoladamente se essa operação for realizada somente entre empresas com investimentos relevantes.
(C) contabilizados como conta retificadora de Participações Societárias quando se tratar de empresas coligadas.
(D) anulados por ocasião da elaboração das demonstrações contábeis consolidadas do grupo.
(E) evidenciados apenas nas notas explicativas da companhia investidora se a operação for realizada com controladas.

Quando da elaboração de demonstrações contábeis consolidadas devem ser eliminadas (anuladas) da consolidação os saldos das operações realizadas dentro do grupo. Um exemplo desses saldos que deve ser eliminado é o contrato de mútuo entre empresas do grupo, que estão registradas no ativo de uma empresa e no passivo de outra, devendo seu saldo ser anulado para não inchar o ativo e o passivo das empresas.

Gabarito "D"

(Auditor Fiscal da Previdência Social – 2002 – ESAF) Dos procedimentos listados abaixo indique aquele que não corresponde a procedimentos exigidos pela CVM, para comunicação e divulgação de informações relativas às operações de fusão de companhias abertas.

(A) Comunicar de forma restrita a entidades do mercado de balcão, até cinco dias antes da data da assembleia geral que irá deliberar sobre o protocolo de intenção.
(B) As comunicações devem explicitar os benefícios esperados de natureza empresarial, patrimonial, legal, financeira e quaisquer outros efeitos positivos, bem como fatores de risco envolvidos na operação.
(C) As informações devem apresentar o detalhamento da composição dos passivos e das contingências passivas não contabilizadas a serem assumidas pela companhia resultante da operação.
(D) A comunicação deve conter a quantificação estimada das ações que os acionistas preferenciais receberão, e as razões para modificação de seus direitos, se houver, bem como eventuais mecanismos compensatórios.
(E) A comparação, em quadros demonstrativos, entre as vantagens políticas e patrimoniais das ações do controlador e dos demais acionistas antes e depois da operação, inclusive das alterações dos respectivos direitos.

A e **B**: conforme alínea "a" do inciso I do §1º do artigo 2º da instrução CVM Nº 319/99; **C**: conforme inciso XIII do §1º do artigo 2º da instrução CVM Nº 319/99; **D**: conforme inciso V do §1º do artigo 2º da instrução CVM Nº 319/99; **E**: conforme inciso IV do §1º do artigo 2º da instrução CVM Nº 319/99.

Gabarito "A"

(Auditor Fiscal da Previdência Social – 2002 – ESAF) Na elaboração do Fluxo dos Caixas são consideradas atividades de financiamento:

(A) recebimentos por emissão de debêntures, pagamentos de dividendos distribuídos no período e empréstimos obtidos.
(B) pagamentos pela aquisição de títulos patrimoniais de outras empresas, empréstimos obtidos no mercado e pagamentos a fornecedores.
(C) recebimento de dividendos pela participação no patrimônio de outras empresas, pagamento de fornecedores e recursos para aumento de capital.
(D) pagamentos de encargos sobre empréstimos de longo prazo, recebimentos de dividendos e recebimentos provenientes de clientes.
(E) recebimento do principal dos empréstimos concedidos, aquisições de novas participações societárias e recebimentos de dividendos de empresas coligadas.

O fluxo de caixa classifica as movimentações por grupo de atividades, sendo essas: operacionais, investimento e financiamento.
Atividades operacionais – envolvem todas as atividades relacionadas com a produção e entrega de bens e serviços e os eventos que não sejam definidos como atividades de investimento e financiamento.
Atividades de investimento – relacionam-se com o aumento e diminuição dos ativos de longo prazo.

Atividades de financiamento – relacionam-se com os empréstimos de credores e investidores à entidade.

Das operações elencadas pela questão apenas os recebimentos por emissão de debêntures, os pagamentos de dividendos distribuídos no período e os empréstimos obtidos se enquadram no fluxo de caixa como uma atividade de financiamento.

Gabarito "A".

(Auditor Fiscal da Previdência Social – 2002 – ESAF) Os Fluxos dos Caixas podem ser elaborados pelos métodos

(A) descontado e direto.
(B) de geração líquida e descontado.
(C) indireto e descontado.
(D) corrente e de geração líquida.
(E) direto e indireto.

Segundo o Comitê de Pronunciamentos Contábeis, no Pronunciamento Técnico CPC 03, os métodos de elaboração da Demonstração dos Fluxos de Caixa são os métodos: direto e indireto.

Gabarito "E".

(Auditor Fiscal da Previdência Social – 2002 – ESAF) Das assertivas a seguir, indique aquela que é formada por fatores que provocam movimentações do caixa geradas pelas atividades de investimentos.

(A) Contratação de financiamentos de longo prazo e aumento de capital com utilização de reservas.
(B) Acréscimos de capital por subscrição firme de ações ordinárias e reversão de reserva contingencial.
(C) Reversão de provisão para devedores duvidosos e alienação de imobilizado operacional.
(D) Alienação de imobilizado e aquisições de controle acionário de outras companhias.
(E) Aumento de capital com utilização de saldo de reservas de lucro e aquisição de investimentos permanentes.

A: aumento de capital com utilização de reservas não altera o caixa; **B:** a reversão de reserva contingencial não altera o caixa; **C:** a reversão de Provisão para Devedores Duvidosos não altera o caixa; **D:** as duas operações elencadas representam uma atividade de investimento, visto que se relacionam com o aumento e diminuição dos ativos de longo prazo; **E:** o aumento de capital com utilização de saldo de reservas de lucro não altera o caixa.

Gabarito "D".

(Auditor Fiscal da Previdência Social – 2002 – ESAF) A empresa Arbóresse Ltda. mandou elaborar a folha de pagamento do mês de outubro com os seguintes dados:

Salários e Ordenados R$ 21.000,00;
Horas Extras trabalhadas R$ 2.000,00;
Imposto de Renda Retido na Fonte R$ 2.500,00;
Contribuição para o INSS, parte dos empregados 11%;
Contribuição para o INSS, parte patronal 20%;
Depósito para o FGTS 8%.

Com base nos dados e informações acima fornecidos, pode-se dizer que a empresa, em decorrência dessa folha de pagamento, terá despesas totais no valor de

(A) R$ 29.440,00
(B) R$ 31.970,00
(C) R$ 34.470,00
(D) R$ 26.910,00
(E) R$ 24.410,00

O imposto de renda retido na fonte e o INSS (parte do empregado) não representam despesas adicionais para a empresa, visto que se trata de descontos sobre o salário do empregado. Sendo assim, a despesa com a folha de pagamento será de R$29.440,00, conforme detalhado a seguir:

Salários e ordenados	21.000,00
Horas extras	2.000,00
Contribuição patronal do INSS (20% sobre R$23.000)	4.600,00
FGTS (8% sobre R$23.000)	1.840,00
TOTAL	29.440,00

Gabarito "A".

(Auditor Fiscal da Previdência Social – 2002 – ESAF) Em termos sintéticos podemos dizer que o patrimônio da Cia. The Best está demonstrado abaixo.

Títulos a Receber	R$ 34.000,00
Títulos a Pagar	R$ 70.000,00
Seguros a Vencer	R$ 400,00
Reservas de Capital	R$ 12.000,00
Prejuízos Acumulados	R$ 2.000,00
Móveis e Utensílios	R$ 30.000,00
Mercadorias	R$ 47.000,00
Juros Passivos	R$ 900,00
Juros Ativos	R$ 600,00
Impostos a Recolher	R$ 5.000,00
Fornecedores	R$ 37.000,00
Clientes	R$ 16.000,00
Capital Social	R$ 40.000,00
Caixa	R$ 13.000,00
Bancos conta Movimento	R$ 22.000,00
Aluguéis Ativos a Vencer	R$ 700,00

Observações:

- dos títulos a receber, 80% são títulos a vencer a longo prazo;
- dos títulos a pagar, R$ 20.000,00 já estão vencidos em dezembro de 2001;
- R$ 35.000,00 vencerão em 2002 e R$ 15.000,00 vencerão em 2003.

A elaboração do Balanço Patrimonial dessa empresa, em 31.12.01, com base nas informações acima, certamente apresentará um passivo exigível no valor de

(A) R$ 15.000,00
(B) R$ 50.000,00
(C) R$ 70.000,00
(D) R$ 112.900,00
(E) R$ 113.000,00

Das contas apresentadas pela questão, apenas as apresentadas a seguir possuem a característica de exigibilidade:

Títulos a Pagar	70.000,00
Juros Passivos	900,00
Impostos a Recolher	5.000,00
Fornecedores	37.000,00
TOTAL	112.900,00

Gabarito "D".

(Técnico da Receita Federal – 2002.1 – ESAF) Em primeiro de outubro de 2001, a Imobiliária Casa & Terra S/A recebeu, antecipadamente, seis meses de aluguel com valor mensal de R$ 300,00 e pagou o aluguel dos próximos doze meses no valor anual de R$ 2.400,00.

Nesse caso, as regras do regime contábil da competência nos leva a afirmar que no balanço de encerramento do exercício, elaborado em 31.12.01, em decorrência desses fatos haverá

(A) despesas do exercício seguinte no valor de R$ 600,00.
(B) receitas do exercício seguinte no valor de R$ 900,00.
(C) despesas do exercício seguinte no valor de R$ 1.200,00.
(D) receitas do exercício seguinte no valor de R$ 1.800,00.
(E) despesas do exercício seguinte no valor de R$ 2.400,00.

Ao receber e pagar valores de aluguel antecipadamente, a empresa deve registrar esses valores no passivo e ativo, respectivamente, restando apenas calcular quanto desses valores se realizará no exercício seguinte. Considerando que de outubro a dezembro existem três meses, as parcelas que passarem desse período serão referentes ao exercício seguinte. No caso das receitas (aluguel recebido) três das seis parcelas de R$300,00 referem-se ao exercício seguinte, somando um total de R$900,00 de receitas para o exercício seguinte. Das despesas pagas, nove das doze parcelas referem-se ao exercício seguinte, somando um total de R$1.800 (R$2.400 ÷ 12 x 9) de despesas para o exercício seguinte.

Gabarito "B".

(Técnico da Receita Federal – 2002.1 – ESAF) O patrimônio da Empresa Alvas Flores, em 31.12.01, era composto pelas seguintes contas e respectivos saldos, em valores simbólicos.

Caixa	R$ 100,00
Capital Social	R$ 350,00
Empréstimos Obtidos LP	R$ 150,00
Bancos c/Movimento	R$ 200,00
Lucros Acumulados	R$ 200,00
Fornecedores	R$ 100,00
Contas a Receber	R$ 100,00
Empréstimos Concedidos LP	R$ 100,00
Dividendos a Pagar	R$ 150,00
Duplicatas Emitidas	R$ 800,00
Notas Promissórias Emitidas	R$ 500,00
Adiantamento de Clientes	R$ 200,00
Impostos a Pagar	R$ 50,00
Equipamentos	R$ 100,00
Clientes	R$ 450,00
Reserva Legal	R$ 100,00
Mercadorias	R$ 500,00
Notas Promissórias Aceitas	R$ 250,00
Duplicatas Aceitas	R$ 1.000,00
Patentes	R$ 200,00

A representação gráfica do patrimônio que acima se compõe evidenciará um ativo total no valor de

(A) R$ 2.400,00
(B) R$ 2.600,00
(C) R$ 2.800,00
(D) R$ 2.850,00
(E) R$ 3.050,00

Das contas apresentadas pela questão apenas as apresentadas a seguir referem-se ao ativo da empresa:

Caixa	100,00
Bancos c/Movimento	200,00
Contas a Receber	100,00
Empréstimos Concedidos LP	100,00
Duplicatas Emitidas	800,00
Equipamentos	100,00
Clientes	450,00
Mercadorias	500,00
Notas Promissórias Aceitas	250,00
Patentes	200,00
Total do ativo	2.800,00

Gabarito "C".

(Técnico da Receita Federal – 2002.1 – ESAF) A nossa Empresinha de Compras realizou as cinco operações abaixo, no prazo de uma semana.

1. comprou objetos por R$ 2.000,00, pagando 30% de entrada;
2. pagou a conta de luz vencida no mês passado, no valor de R$ 95,00;
3. vendeu 2/4 dos objetos por R$ 800,00, recebendo 40% de entrada;
4. registrou a conta de luz do mês (R$ 80,00) para pagamento no mês seguinte; e
5. vendeu, à vista, o resto dos objetos comprados, por R$ 1.300,00.

A contabilização obedece aos princípios fundamentais da Contabilidade; as operações de compra e venda não sofreram tributação; não houve outras transações no mês.

O registro contábil desses fatos, se corretamente lançados, evidenciará o seguinte resultado do mês:

(A) R$ 5,00 (lucro)
(B) R$ 20,00 (lucro)
(C) R$ 75,00 (prejuízo)
(D) R$ 100,00 (lucro)
(E) R$ 155,00 (prejuízo)

Apresentamos a seguir o quadro demonstrando a variação ocorrida no resultado do exercício:

Operação	Receita	Custo	Despesa	Resultado (Receita – Custo – Despesa)
1 – comprou objetos por R$ 2.000,00, pagando 30% de entrada	-	-	-	-
2 – pagou a conta de luz vencida no mês passado, no valor de R$ 95,00	-	-	-	-
3 – vendeu 2/4 dos objetos por R$ 800,00, recebendo 40% de entrada	800,00	1.000,00	-	(200,00)
4 – registrou a conta de luz do mês (R$ 80,00) para pagamento no mês seguinte	-	-	80,00	(80,00)
5 – vendeu, à vista, o resto dos objetos comprados, por R$ 1.300,00	1.300,00	1.000,00	-	300,00
TOTAL	2.100,00	2.000,00	80,00	20,00

Gabarito "B".

(Técnico da Receita Federal – 2002.1 – ESAF) A empresa Andaraqui S/A possui no Ativo Imobilizado um imóvel adquirido por R$ 65.000,00 e Móveis e Utensílios adquiridos por R$ 20.000,00. O desgaste desses bens é contabilizado anualmente, calculado pelo método da linha reta.

No encerramento do exercício, em 31.12.01, o imóvel completou exatos oito anos de uso e os móveis apenas quatro anos. A vida útil do imóvel (edificação) foi estimada em 25 anos e a dos móveis e utensílios em 10 anos. Os saldos não sofreram baixas, reavaliação, nem correção monetária.

O custo do terreno equivale a 60% do imóvel. Com as informações supra alinhadas, feitos os cálculos corretos, podemos dizer que, no balanço de 31.12.01, a depreciação acumulada de imóveis e de móveis e utensílios estará com saldo credor de

(A) R$ 4.600,00
(B) R$ 14.720,00
(C) R$ 16.320,00
(D) R$ 18.400,00
(E) R$ 28.800,00

Ao informar que 60% do valor do imóvel refere-se ao terreno, a questão indica que esse valor não será depreciado, restando apenas R$26.000 (R$65.000 – R$39.000) para serem depreciados pelo período de 25 anos. O quadro a seguir apresenta o cálculo do valor depreciado de cada bem:

Item	Valor depreciável	Vida útil (em anos)	Depreciação anual (valor depreciável ÷ vida útil em anos)	Valor depreciado (depreciação anual x idade do bem)
Imóvel	26.000,00	25,00	1.040,00	8.320,00
Móveis e utensílios	20.000,00	10,00	2.000,00	8.000,00
TOTAL	46.000,00		3.040,00	16.320,00

Gabarito "C".

(Técnico da Receita Federal – 2002.1 – ESAF) Entre as formalidades extrínsecas e intrínsecas dos Livros de Escrituração, destacamos as abaixo indicadas, <u>exceto</u>:

(A) Termos de abertura e de encerramento.
(B) Registro na Junta Comercial (autenticação).
(C) Numeração tipográfica e sequencial das folhas.
(D) Escrituração em ordem cronológica de dia, mês e ano.
(E) Existência de emendas, rasuras e espaço em branco.

Como todo documento, os Livros de escrituração não podem possuir emendas, rasuras ou espaços em branco. Quanto aos demais itens apresentados pela questão, são todos necessários à escrituração dos livros.

Gabarito "E".

(Técnico da Receita Federal – 2002.1 – ESAF) Abaixo estão cinco afirmativas relacionadas com o Balanço Patrimonial. Assinale a opção que expressa uma afirmação <u>falsa</u>.

(A) As duplicatas descontadas, cujos vencimentos ocorrerem após o encerramento do exercício social seguinte ao do balanço, formarão conta redutora do ativo realizável a longo prazo.

(B) As sociedades podem valer-se da constituição de reserva para contingências para enfrentar a quitação futura de seu passivo trabalhista.
(C) São coligadas as sociedades quando uma participa com 10% ou mais do capital social da outra, sem controlá-la.
(D) Consoante o critério de avaliação das contas, no ativo circulante, os direitos realizáveis compreendem as contas representativas de disponibilidades, bens, direitos ou valores a receber.
(E) Consideram-se ativo diferido as aplicações de recursos em gastos que contribuam para a formação do resultado de mais de um exercício social.

A: de acordo com a regra da Lei 6.404/1976 para segregação entre circulante e realizável a longo prazo; **B:** a reserva para contingência é uma reserva de lucro, cujo objetivo é reservar parte do lucro para honrar compromissos futuros; **C:** apesar de ter mudado as regras para o uso da equivalência patrimonial a Lei 11.638/2007 não alterou o conceito de coligada, que consiste em participar com 10% ou mais do capital de uma empresa sem controlá-la; **D:** conceito de acordo com o inciso I do artigo 179 da Lei 6.404/1976; **E:** o conceito está correto de acordo com a legislação vigente até a edição da Lei 11.491/2009, que revogou toda a referência ao diferido na Lei 6.404/1976.

Gabarito "D"

(Técnico da Receita Federal – 2002.1 – ESAF) Estudiosos notáveis da Contabilidade têm-na contemplado com diversas teorias e proposições. Três dessas teorias sobrevivem e, hoje, são consideradas principais. Uma delas, conhecida como Teoria Personalista ou Personalística, classifica todas as contas em:

(A) contas patrimoniais e contas diferenciais.
(B) contas integrais e contas diferenciais.
(C) contas patrimoniais e contas de resultado.
(D) contas de agentes consignatários e contas de proprietário.
(E) contas de agentes e contas de proprietário.

Na teoria personalista cada conta assume a configuração de uma pessoa no seu relacionamento com a empresa ou entidade. As contas são classificadas da seguinte forma:
Agentes Consignatários: representam os bens da empresa
Agentes Correspondentes: representam os direitos e obrigações da entidade perante terceiros;
Proprietários – são as contas do Patrimônio Líquido e suas variações, inclusive as receitas e despesas.

Gabarito "E"

(Técnico da Receita Federal – 2002.1 – ESAF) Observe o seguinte lançamento, constante do Diário da Firma Violetas – ME, do qual foi, cuidadosa e didaticamente, suprimido o histórico para fins de concurso.

Duplicatas Descontadas
a Diversos
valor que se registra em
decorrência ...., a saber:
a Bancos c/ Movimento
.... R$ 1.300,00
a Duplicatas a Receber
.... R$ 2.700,00 R$ 4.000,00

O histórico suprimido no lançamento supra descrito deverá descrever a

(A) quitação de desconto bancário, com devolução de duplicatas não recebidas.
(B) quitação de desconto bancário, com liquidação de duplicatas recebidas.
(C) contratação de desconto bancário, com entrega de duplicatas, recebendo parte do dinheiro em conta corrente.
(D) quitação de desconto bancário, com devolução de duplicatas não recebidas e liquidação de duplicatas recebidas.
(E) quitação de desconto bancário, com liquidação de duplicatas recebidas e devolução de duplicatas não recebidas.

Quando do desconto de duplicatas a empresa debita caixa pela entrada do dinheiro e credita duplicatas descontadas. Se o banco receber as duplicatas informará a empresa, que debitará duplicatas descontadas e creditará duplicatas a receber. Se o banco não receber as duplicatas, ele debitará duplicatas descontadas, visto que a operação se encerrou, e creditará bancos, recebendo o valor da duplicata descontada. Na questão houve tanto o crédito na conta bancos quanto em duplicatas a receber, indicando que parte das duplicatas foram recebidas e parte não.

Gabarito "D"

(Técnico da Receita Federal – 2002.2 – ESAF) Os itens abaixo contêm agrupamentos de três contas cada um. Assinale aquele que só contém contas com o mesmo tipo de saldo.

(A) Reservas Estatuárias, Provisão para Ajuste de Estoque e Despesas Provisionadas.
(B) Duplicatas a Pagar, Duplicatas Protestadas e Duplicatas Descontadas.
(C) ICMS Sobre Vendas, ICMS a Recuperar e ICMS a Recolher.
(D) Provisão para Férias, Provisão para Imposto de Renda e Créditos de Liquidação Duvidosa.
(E) Ações de Coligadas, Ações de Controladas e Ações em Tesouraria.

Dos itens da questão apenas a letra "e" contém contas com o mesmo tipo de saldo, conforme apresentado a seguir:
A: credora, credora, devedora.
B: credora, devedora, credora.
C: devedora, devedora, credora.
D: credora, credora, devedora.
E: devedora, devedora, devedora.

Gabarito "E"

(Técnico da Receita Federal – 2002.2 – ESAF) O Mercado de Artesanato Local mantém conta corrente no Banco da Terra S/A. Em 31 de agosto recebeu o extrato do mês com saldo credor de R$ 38.800,00. Como o livro razão apresentava na conta Bancos c/Movimento um saldo devedor de R$ 24.000,00, a empresa mandou fazer uma conciliação. Os dados colhidos para conciliação constaram dos seguintes fatos:

1. um cheque de R$ 600,00, recebido de clientes e depositado em 20.08, foi devolvido por insuficiência de fundos;

2. três cheques de R$ 1.200,00, 5.500,00 e 2.000,00, emitidos para pagamentos a terceiros, não foram apresentados;
3. um cheque de R$ 700,00 foi debitado ao Mercado, por engano do banco;
4. um depósito de R$ 200,00 foi erroneamente creditado a outro correntista;
5. uma cobrança de duplicatas, emitidas pelo Mercado, no valor de R$ 8.000,00 fora feita pelo banco, mas não houve emissão de aviso a tempo;
6. no extrato aparecem despesas bancárias de R$ 400,00, ainda não contabilizadas pelo Mercado.

Após analisar todos esses fatos, o Contador comunicou à administração que a conta Bancos c/ Movimento deverá ir a balanço com o saldo de

(A) R$ 16.400,00
(B) R$ 23.300,00
(C) R$ 31.000,00
(D) R$ 38.800,00
(E) R$ 46.600,00

Com base nos dados apresentados pela questão é possível montar a conciliação bancária da empresa, conforme apresentado a seguir:

	Extrato bancário	Contabilidade
Saldo inicial	38.800,00	24.000,00
1. um cheque de R$ 600,00, recebido de clientes e depositado em 20.08, foi devolvido por insuficiência de fundos;		(600,00)
2. três cheques de R$ 1.200,00, 5.500,00 e 2.000,00, emitidos para pagamentos a terceiros, não foram apresentados;	(8.700,00)	
3. um cheque de R$ 700,00 foi debitado ao Mercado, por engano do banco;	700,00	
4. um depósito de R$ 200,00 foi erroneamente creditado a outro correntista;	200,00	
5. uma cobrança de duplicatas, emitidas pelo Mercado, no valor de R$ 8.000,00 fora feita pelo banco, mas não houve emissão de aviso a tempo;		8.000,00
6. no extrato aparecem despesas bancárias de R$ 400,00, ainda não contabilizadas pelo Mercado.		(400,00)
TOTAL	31.000,00	31.000,00

Gabarito „C"

(Técnico da Receita Federal – 2002.2 – ESAF) A firma J.J.Montes Ltda. apurou os seguintes valores em 31.12.01:

- dinheiro existente	200,00
- máquinas	400,00
- dívidas diversas	900,00
- contas a receber	540,00
- rendas obtidas	680,00
- empréstimos bancários	500,00
- mobília	600,00
- contas a pagar	700,00
- consumo efetuado	240,00
- automóveis	800,00
- capital registrado	450,00
- adiantamentos a diretores	450,00

Os componentes acima, examinados pelo prisma doutrinário lecionado segundo a Teoria das Contas, demonstra a seguinte atribuição de valores:

(A) R$ 2.990,00 às contas de agentes devedores.
(B) R$ 2.540,00 às contas de agentes consignatários.
(C) R$ 2.100,00 às contas integrais devedoras.
(D) R$ 890,00 às contas de resultado.
(E) R$ 440,00 às contas diferenciais.

Com as contas apresentadas pela questão é possível montar o seguinte Balanço Patrimonial:

Ativo		Passivo	
dinheiro existente	200,00	dívidas diversas	900,00
máquinas	400,00	empréstimos bancários	500,00
contas a receber	540,00	contas a pagar	700,00
mobília	600,00		
automóveis	800,00	PL	
adiantamentos a diretores	450,00	capital registrado	450,00
		rendas obtidas	680,00
		consumo efetuado	(240,00)
Total	2.990,00	Total	2.990,00

Com base no Balanço Patrimonial é possível concluir que as contas de agentes devedores (ativo) é igual a R$2.990,00.

Gabarito „A"

(Técnico da Receita Federal – 2002.2 – ESAF) Os grupos e contas abaixo apresentados compõem o patrimônio da empresa Jeffertite S.A.

Grupos/Contas	Saldos
Disponibilidades	R$ 2.650,00
Créditos a Receber	R$ 8.900,00
Estoques	R$ 5.000,00
Financiamentos Bancários	R$ 6.500,00
Fornecedores	R$ 5.300,00
Capital Social	R$ 7.000,00

Adiantamentos a Diretores	R$ 1.200,00
Ações de Empresas Coligadas	R$ 2.000,00
Receitas Antecipadas	R$ 930,00
Reservas de Lucros	R$ 1.800,00
Ativo Diferido	R$ 1.510,00
Impostos a Recolher	R$ 1.300,00
Despesas a Vencer	R$ 370,00
Ativo Imobilizado	R$ 3.420,00
Obrigações Trabalhistas	R$ 1.120,00
Reservas de Capital	R$ 1.550,00
Prejuízos Acumulados	R$ 250,00

O balanço não está fechado, pois o Contador deixou de incluir uma, e apenas uma, das seguintes contas. Indique-a entre as seguintes opções:

(A) Provisão para Ajuste de Valores Mobiliários.
(B) Provisão para Imposto de Renda.
(C) Reversão de Devedores Duvidosos.
(D) Reversão de Reservas de Contingências.
(E) Contribuições Sociais a Recolher.

Com os dados apresentados pela questão, é possível montar o seguinte Balancete de Verificação:

Grupos/Contas	Devedor	Credor
Disponibilidades	2.650,00	
Créditos a Receber	8.900,00	
Estoques	5.000,00	
Financiamentos Bancários		6.500,00
Fornecedores		5.300,00
Capital Social		7.000,00
Adiantamentos a Diretores	1.200,00	
Ações de Empresas Coligadas	2.000,00	
Receitas Antecipadas		930,00
Reservas de Lucros		1.800,00
Ativo Diferido	1.510,00	
Impostos a Recolher		1.300,00
Despesas a Vencer	370,00	
Ativo Imobilizado	3.420,00	
Obrigações Trabalhistas		1.120,00
Reservas de Capital		1.550,00
Prejuízos Acumulados		250,00
TOTAL	25.050,00	25.750,00

É possível verificar que a conta não incluída na listagem tem natureza devedora e saldo igual a R$700,00. Dentre as contas elencadas como possível resposta apenas a reversão de reservas de contingência tem saldo devedor.

Gabarito "D"

(Técnico da Receita Federal – 2002.2 – ESAF) A empresa Belmont S/A adquiriu um equipamento por R$ 27.000,00 e gastou mais R$ 3.000,00 para sua instalação. Decorrido certo tempo, a empresa vendeu, à vista, o equipamento por R$ 12.000,00. Nessa época, a conta Depreciação Acumulada tinha saldo de R$ 15.000,00. O lançamento correto para registrar o fato acima citado deve ser o que segue:

(A) Diversos
a Equipamentos
Caixa R$ 12.000,00
Depreciação
Acumulada R$ 15.000,00 R$ 27.000,00

(B) Equipamentos
a Diversos
a Caixa R$ 12.000,00
a Depreciação
Acumulada R$ 15.000,00 R$ 27.000,00

(C) Diversos
a Diversos
Equipamentos R$ 27.000,00
Gastos de
Instalação R$ 3.000,00 R$ 30.000,00
a Caixa R$ 12.000,00
a Depreciação
Acumulada R$ 18.000,00 R$ 30.000,00

(D) Diversos
a Equipamentos
Caixa R$ 12.000,00
Depreciação
Acumulada R$ 15.000,00
Perda de Capital R$ 3.000,00 R$ 30.000,00

(E) Diversos
a Diversos
Caixa R$ 12.000,00
Depreciação
Acumulada R$ 18.000,00 R$ 30.000,00
a Equipamentos R$ 27.000,00
a Gastos de
Instalação R$ 3.000,00 R$ 30.000,00

Quando da venda a empresa deverá registrar a entrada do valor de R$12.000 da venda no caixa (débito). Deverá também baixar o equipamento (a crédito) e a respectiva depreciação (a débito) nos valores respectivos de R$30.000 e R$15.000. Como o valor líquido do bem na contabilidade era de R$15.000 e foi vendido por R$12.000, houve uma perda de R$3.000 a ser registrada a débito.

Gabarito "D"

651

(Técnico da Receita Federal – 2002.2 – ESAF) Em primeiro de outubro de 2001, a Ameriflores Ltda. adquiriu um veículo usado por R$ 23.000,00, pagando 60% a vista. O carro fora comprado novo pelo ora vendedor pela quantia de R$ 27.000,00, há um ano e meio, e contabilizado com valor residual de R$ 12.000,00. A depreciação considera a previsão normal do fisco para a vida útil de veículos (cinco anos). Em 31 de dezembro do mesmo ano, em relação ao referido veículo, pode-se afirmar que

(A) a conta Depreciação Acumulada desse veículo terá saldo de R$ 5.650,00.

(B) o valor contábil do veículo, no comprador, é de R$ 22.450,00.
(C) a operação de compra deu ao vendedor um lucro de R$ 4.100,00.
(D) a operação de compra deu ao vendedor uma perda de R$ 500,00.
(E) o valor contábil do veículo, no comprador, é de R$ 21.850,00.

Apresentamos a seguir quadros resumo com os dados da operação na empresa vendedora e na empresa compradora:

Na empresa vendedora		Na empresa compradora	
Valor contábil inicial	23.000,00	Valor contábil inicial	23.000,00
Valor residual	12.000,00	Valor residual	-
Valor depreciável	11.000,00	Valor depreciável	23.000,00
Valor depreciado	3.300,00	Valor depreciado	1.150,00
Valor líquido	19.700,00	Valor líquido	21.850,00

Como pode ser observado, o valor contábil do veículo na empresa que comprou o veículo depois dos três meses de depreciação (outubro a dezembro) é de R$21.850,00.

Gabarito "E".

(Fiscal de Tributos/PA – 2002 – ESAF) Assinale a opção correta.

(A) Os investimentos de terceiros na sociedade são fontes do Patrimônio Líquido.
(B) Quando o valor do Passivo é inferior ao valor do Ativo, fica caracterizada uma Situação Líquida negativa.
(C) A conta de Duplicatas Descontadas representa obrigação da empresa junto a bancos e é classificada como Passivo Circulante.
(D) Para que seja melhor evidenciada a situação da empresa os bens do Ativo devem ser avaliados pelo critério de valor de mercado.
(E) Em situações particulares o valor do Passivo pode ser superior ao valor do Ativo.

A: os investimentos de terceiros, apesar de serem realmente uma fonte de recursos, representam um passivo exigível da empresa; **B:** o ativo maior que o passivo caracteriza a existência de Patrimônio Líquido; **C:** é classificada como uma conta redutora de duplicatas a receber; **D:** apenas alguns bens do ativo podem ser avaliados a valor de mercado, conforme artigo 183 da Lei 6.404/76; **E:** quando o passivo exigível é maior que os ativos está caracterizada uma situação líquida negativa (passivo a descoberto).

Gabarito "E".

(Fiscal de Tributos/PA – 2002 – ESAF) Nos lançamentos contábeis, as partidas são denominadas de

(A) terceira fórmula, quando são debitadas duas contas e creditada uma conta.
(B) segunda fórmula, quando são debitadas duas contas e creditada uma conta.
(C) segunda fórmula, quando são debitadas duas contas e creditadas duas contas.
(D) terceira fórmula, quando são creditadas duas contas e debitada uma conta.
(E) terceira fórmula, quando são debitadas duas contas e creditadas duas contas.

A classificação das partidas dobradas em fórmulas está assim definida:
Lançamentos de primeira fórmula – um débito e um crédito;
Lançamentos de segunda fórmula – um débito e mais de um crédito;
Lançamentos de terceira fórmula – mais de um débito e um crédito;
Lançamentos de quarta fórmula – mais de um débito e mais de um crédito.

Gabarito "A".

(Fiscal de Tributos/PA – 2002 – ESAF) Os dados colhidos na Escrituração da Ville Gagnon S/A informam a existência dos seguintes valores em 31.12.01, data de encerramento do exercício:

Caixa	R$ 100,00
Máquinas, sendo 1/3 para revender	R$ 630,00
Ações de outras empresas, sendo 1/3 para revender	R$ 450,00
Despesas de Depreciação de Máquinas	R$ 90,00
Depreciação Acumulada	R$ 180,00
Perdas em Investimentos	R$ 20,00
Provisão para Perdas em Investimentos	R$ 60,00
Provisão para Ajustes de Ações ao Preço de Mercado	R$ 30,00
Fornecedores	R$ 850,00
Duplicatas Descontadas	R$ 90,00
Duplicatas a Receber	R$ 290,00
Capital Social	R$ 600,00
Reservas de Lucro	R$ 100,00

Organizando-se essas contas e respectivos saldos na forma de balancete, podemos não ter uma igualdade contábil, mas, certamente, teremos:

(A)	saldos credores de	R$ 1.550,00
(B)	saldos devedores de	R$ 1.220,00
(C)	ativo total com saldo de	R$ 1.110,00
(D)	passivo exigível com saldo de	R$ 940,00
(E)	diferença devedora no valor de	R$ 330,00

A análise da natureza das contas (devedora ou credora) e totalização do ativo e passivo exigível permitem a resolução da questão, conforme apresentado a seguir:

Conta	Devedora	Credora	Ativo	Passivo Exigível
Caixa	100,00		100,00	
Fornecedores		850,00		850,00
Ações de outras empresas, sendo 1/3 para revender	450,00		450,00	
Provisão para Perdas em Investimentos		60,00	(60,00)	
Máquinas, sendo 1/3 para revender	630,00		630,00	
Depreciação Acumulada		180,00	(180,00)	
Provisão para Ajustes de Ações ao Preço de Mercado		30,00	(30,00)	
Duplicatas a Receber	290,00		290,00	
Duplicatas Descontadas		90,00	(90,00)	
Capital Social		600,00		
Reservas de Lucro		100,00		
Despesas de Depreciação de Máquinas	90,00			
Perdas em Investimentos	20,00			
Total	1.580,00	1.910,00	1.110,00	850,00

Gabarito "C"

(Fiscal de Tributos/PA – 2002 – ESAF) Assinale a opção correta.

Do resultado do exercício devem ser deduzidos, antes de qualquer outra dedução:

(A) 20% para a constituição da reserva legal, nas companhias.
(B) os prejuízos acumulados.
(C) os valores destinados aos sócios.
(D) 5% para a constituição da reserva legal, nas companhias.
(E) os valores destinados às reservas de lucros.

O artigo 193 da lei 6.404/76 define que "do lucro líquido do exercício, 5% (cinco por cento) serão aplicados, antes de qualquer outra destinação, na constituição da reserva legal, que não excederá de 20% (vinte por cento) do capital social".

Gabarito "D"

(Fiscal de Tributos/PA – 2002 – ESAF) O Ativo Imobilizado de determinada empresa estava assim constituído:

- Caminhão adquirido em 01.07.99 R$ 500,00
- Móveis e Utensílios adquiridos em 01.01.99 R$ 100,00
- Máquinas e Equipamentos adquiridos em 01.03.99 R$ 200,00
- Automóvel adquirido em 01.01.00 R$ 400,00

Considerando que os bens entraram em uso na data de sua aquisição e que as quotas de depreciação foram calculadas à base de 20% ao ano para os veículos e 10% ao ano para os demais bens, durante todo o período, podemos afirmar que, no balanço levantado em 31.12.01, o valor

(A) contábil da conta Veículos era de R$ 410,00.
(B) da conta Depreciação Acumulada de Móveis e Utensílios era de R$ 55,00.
(C) contábil da conta Máquinas e Equipamentos era de R$ 200,00.

(D) da conta Depreciação Acumulada de Veículos era de R$ 410,00.

(E) da conta Depreciação Acumulada de máquinas e Equipamentos era de R$ 30,00.

Com base nos dados apresentados pela questão, é possível montar o seguinte quadro resumo:

	Valor do bem	% de deprec.	Deprec. anual	Deprec. mensal	Quantidade de meses de depreciação até 31/12/2001	Depreciação acumulada
- Caminhão adquirido em 01.07.99	500,00	20%	100,00	8,33	30,00	250,00
- Móveis e Utensílios adquiridos em 01.01.99	100,00	10%	10,00	0,83	36,00	30,00
- Máquinas e Equipamentos adquiridos em 01.03.99	200,00	10%	20,00	1,67	34,00	56,67
- Automóvel adquirido em 01.01.00	400,00	20%	80,00	6,67	24,00	160,00
TOTAL	1.200,00		210,00	17,50		496,67

É possível verificar que somando a depreciação do caminhão e do automóvel apuramos um total de R$410,00 de depreciação acumulada de veículos.

Gabarito „D"

(Fiscal de Tributos/PA – 2002 – ESAF) No Balancete levantado para balanço de encerramento do exercício, as contas estavam assim agrupadas (valores em R$):

ATIVO	
Circulante	100
Permanente	150
PASSIVO	
Circulante	80
PATRIMÔNIO LÍQUIDO	
Capital	100
Reservas	20
CUSTOS E DESPESAS	450
RECEITAS	500

Após a conciliação das contas, foram feitos os seguintes registros:

1. perda de estoques = R$ 10,00;
2. ajuste no valor de seguros levado a despesas do exercício, que se referem ao exercício seguinte – R$ 5,00;
3. valor de duplicatas a receber registrado como perdas, em virtude de serem consideradas incobráveis – R$ 5,00.

No balanço de encerramento do exercício, levantado após todos os ajustes e encerramento das contas de resultado, o saldo do

(A) Ativo Circulante era de R$ 80,00.

(B) Patrimônio Líquido era de R$ 160,00.

(C) Ativo Permanente era de R$ 140,00.

(D) Patrimônio Líquido era de R$ 170,00.

(E) Patrimônio Líquido era de R$ 120,00.

Apresentamos a seguir o quadro demonstrativo da variação das contas da empresa:

		Saldo inicial	Perda de estoques = R$ 10,00	Ajuste no valor de seguros – R$ 5,00	Ajuste em duplicatas a receber – R$ 5,00	TOTAL
Ativo	Ativo Circulante	100	(10)	5	(5)	90
	Ativo Permanente	150				150
Passivo Circulante		80				80
Patrimônio líquido	Capital	100				100
	Reservas	20				20
	Receitas	500				500
	Custos/Despesas	(450)	(10)	5	(5)	(460)
	Total	170	(10)	5	(5)	160

Gabarito „B"

(Fiscal de Tributos/PA – 2002 – ESAF) A firma Brontë S/A apresentava o seguinte balancete de fim de período:

Banco c/Movimento	R$ 600,00
Capital Social	R$ 2.000,00
Aplicações de Liquidez Imediata	R$ 240,00
Depreciação Acumulada	R$ 500,00
Despesas Administrativas	R$ 900,00
Empréstimos de Longo Prazo	R$ 280,00
Terrenos	R$ 1.600,00
Fornecedores	R$ 800,00
Lucros(Prejuízos) Acumulados	R$ 880,00
Material de Consumo	R$ 200,00
Receitas Antecipadas	R$ 340,00
Receitas de Serviços	R$ 1.100,00
Seguros Antecipados	R$ 200,00
Veículos	R$ 2.000,00
Despesas de Depreciação	R$ 160,00

quando teve de promover o registro:

– do pagamento antecipado de uma despesa de R$ 100,00;
– da ocorrência de uma despesa de R$ 160,00 para pagamento futuro; e
– da apropriação de uma despesa paga antecipadamente no valor de R$ 150,00.

No balanço patrimonial, após os registros acima, vamos encontrar um Ativo no valor de

(A) R$ 3.930,00
(B) R$ 4.090,00
(C) R$ 4.190,00
(D) R$ 4.240,00
(E) R$ 4.590,00

Apresentamos a seguir o quadro demonstrativo da variação das contas da empresa:

	Saldo inicial	pagamento antecipado de uma despesa de R$100	ocorrência de uma despesa de R$160 para pagamento futuro	apropriação de uma despesa paga antecipadamente no valor de R$150	Saldo final
Banco c/Movimento	600,00	(100,00)			500,00
Aplicações de Liquidez Imediata	240,00				240,00
Depreciação Acumulada	(500,00)				(500,00)
Material de Consumo	200,00				200,00
Seguros Antecipados	200,00			(150,00)	50,00
Terrenos	1.600,00				1.600,00
Veículos	2.000,00				2.000,00
Despesas antecipadas	-	100,00			100,00
Total do ativo	4.340,00	-	-	(150,00)	4.190,00
Empréstimos de Longo Prazo	280,00				280,00
Fornecedores	800,00				800,00
Receitas Antecipadas	340,00				340,00
Contas a pagar	-		160,00		160,00
Total do passivo	1.420,00	-	160,00	-	1.580,00
Capital Social	2.000,00				2.000,00
Lucros(Prejuízos) Acumulados	880,00				880,00
Receitas de Serviços	1.100,00				1.100,00
Despesas Administrativas	(900,00)		(160,00)	(150,00)	(1.210,00)
Despesas de Depreciação	(160,00)				(160,00)
Total do patrimônio líquido	2.920,00	-	(160,00)	(150,00)	2.610,00

Com os saldos finais das contas da Cia. Tocantins referentes aos exercícios de 1999 a 2001, responder às questões a seguir.

Saldos Finais	1999	2000	2001
Amortizações Acumuladas	3.000	4.000	5.000
Aplicações Financeiras Temporárias	18.000	23.000	16.000
Caixa e Bancos	5.000	8.000	10.000
Capital Social	50.000	50.000	60.000
Clientes	30.000	57.000	63.000
Contas a Pagar	14.000	25.000	15.000

Créditos de Coligadas	10.300	28.570	29.870
Custo das Mercadorias Vendidas	430.000	741.000	850.000
Depreciações Acumuladas	7.000	16.000	27.300
Despesas de Amortizações	1.000	1.000	1.000
Despesas de Variação Cambial	0	20.000	3.000
Despesas Administrativas	260.000	312.000	521.000
Despesas c/ Devedores Duvidosos	300	570	630
Despesas de Depreciação	7.000	9.000	11.300
Despesas de Juros	8.000	28.000	10.000
Despesas de Vendas	150.700	168.430	324.070
Dividendos a Pagar	2.000	3.500	2.500
Duplicatas Descontadas	20.000	40.000	50.000
Edificações	20.000	20.000	25.000
Empréstimos de Longo Prazo	25.000	52.000	55.000
Estoques	16.000	13.000	28.060
Fornecedores	23.000	18.500	28.500
Gastos Pré-Operacionais	6.000	6.000	6.000
Instalações	4.000	6.000	8.000
IR e Contribuição Social Provisionados	2.000	5.500	2.500
Juros a Pagar	4.000	11.500	8.000
Lucros/Prejuízos Acumulados	4.000	7.000	10.000
Participações Societárias	10.000	30.000	29.000
PDD	300	570	630
Provisão p/ IR e Contribuição Social	2.000	5.500	2.500
Receita de Juros	15.000	22.000	2.000
Reserva de Lucro	0	10.000	2.000
Reserva de Reavaliação	0	5.000	5.000
Resultado de Equivalência Patrimonial	0	10.000	1.000
Terrenos	35.000	40.000	45.000
Títulos a Pagar de Curto Prazo	20.000	15.000	28.500
Veículos	20.000	32.000	40.000
Vendas	850.000	1.270.000	1.730.000

Outras Informações:

I. Imposto de Renda e Contribuição Social calculados pela alíquota de 25%

II. Os Lucros Líquidos apurados nos períodos explicitados são, respectivamente:

1999	2000	2001
6.000	16.500	7.500

(Fiscal de Tributos/PA – 2002 – ESAF) Se, em 1999, a quantidade de ações emitidas pela empresa fosse de 100.000 ações, o valor do lucro por ação seria:

(A) 0,080
(B) 0,075
(C) 0,070
(D) 0,065
(E) 0,060

Apresentamos a seguir as contas que compõem o Resultado do Exercício:

Vendas	850.000
Custo das Mercadorias Vendidas	(430.000)
Despesas de Amortizações	(1.000)
Despesas de Variação Cambial	-
Despesas Administrativas	(260.000)
Despesas c/ Devedores Duvidosos	(300)
Despesas de Depreciação	(7.000)
Despesas de Juros	(8.000)
Despesas de Vendas	(150.700)
Provisão p/ IR e Contribuição Social	(2.000)
Receita de Juros	15.000
Resultado de Equivalência Patrimonial	-
Lucro líquido	6.000

Se o lucro líquido foi de R$6.000 e existem 100.000 ações, o lucro por ação será igual a R$0,60 (R$6.000/100.000).

Gabarito "E".

(Agente Fiscal/Teresina – 2002 – ESAF) No caso de uma empresa ter contratado um seguro contra fogo e roubo pelo período de doze meses, entre 01/10/00 a 30/09/01, pagando um prêmio único de dezoito mil reais e utilizando o princípio contábil da competência de exercícios, teríamos, em consequência dessa operação, por ocasião do encerramento do exercício social, em 31/12/00

(A) uma exigibilidade de R$ 18.000,00
(B) uma despesa de R$ 18.000,00
(C) uma exigibilidade de R$ 13.500,00
(D) uma despesa diferida de R$ 13.500,00
(E) um crédito a receber de R$ R$ 4.500,00

A empresa pagou antecipadamente R$18.000 pela cobertura pelo período de 12 meses, o que representa R$1.500 mensais. Esse valor será inicialmente contabilizado como despesa antecipada, que será baixado para despesa mensalmente pelo prazo decorrido. Como se passaram 3 meses da contratação do seguro até 31/12/2000, será baixado para o resultado (despesa) R$4.500 (R$1.500 x 3). Os R$13.500 estarão contabilizados na data do encerramento do exercício como despesa antecipada, cuja característica é de despesa diferida.

Gabarito "D".

(Agente Fiscal/Teresina – 2002 – ESAF) Uma empresa apura os resultados anualmente em 31 de dezembro. Em 30 de abril de 2001 verifica que um cliente tem uma dívida em duplicatas no valor de R$ 7.000,00, considerada incobrável. Como no dia 31 de dezembro de 2000 não foi constituída a Provisão para Créditos de Liquidação Duvidosa, o lançamento adequado no dia 30 de abril de 2001 será

(A)	Provisão para Créditos de Liquidação Duvidosa a Duplicatas a Receber	R$ 7.000,00
(B)	Duplicatas a Receber a Provisão para Créditos de Liquidação Duvidosa	R$ 7.000,00
(C)	Despesa com Créditos Incobráveis a Provisão para Créditos de Liquidação Duvidosa	R$ 7.000,00
(D)	Despesas com Créditos Incobráveis a Duplicatas a Receber	R$ 7.000,00
(E)	Duplicatas a Receber a Despesas com Créditos Incobráveis	R$ 7.000,00

Pelo fato da dívida ter sido considerada incobrável, deverá a empresa proceder à baixa desse título (crédito de duplicatas a receber). Se houve Provisão para Devedores Duvidosos, a baixa ocorreria contra esta conta, mas como não havia tal previsão a baixa ocorrerá contra o resultado, a débito de despesa com créditos incobráveis.

Gabarito "D".

(Agente Fiscal/Teresina – 2002 – ESAF) A empresa S/A Delta & Indústria possuía equipamentos industriais adquiridos por R$ 32.000,00, em março de 1999, e instalados para funcionamento em primeiro de setembro do mesmo ano. Embora com vida útil de oito anos, o equipamento foi alienado em 30 de junho de 2001, gerando um ganho de capital líquido de 30% sobre a receita da alienação.

Sabendo-se que:

- o valor residual para fins de depreciação foi estipulado em 10%;
- não houve correção monetária no período;
- o exercício social coincide com o ano civil;

pode-se afirmar, em relação ao exemplo dado, que na operação de alienação foi apurada uma Receita Não operacional no valor de

(A) R$ 10.885,71
(B) R$ 31.714,29
(C) R$ 29.685,71
(D) R$ 33.020,00
(E) R$ 36.285,71

Apresentamos a seguir o quadro resumo com os dados da operação:

Valor do bem	32.000,00
Valor depreciável (valor do bem – valor residual)	28.800,00
Vida útil (em meses)	96
Depreciação mensal (valor depreciável ÷ vida útil)	300,00
Meses de setembro/1999 a junho/2001	22
Depreciação acumulada (de setembro/1999 a junho/2001)	6.600,00
Valor contábil líquido (valor do bem – depreciação acumulada)	25.400,00
Valor de venda	36.285,71

É possível observar pelo quadro que o valor contábil líquido do bem era de R$ 25.400 no momento da venda. Para que a venda gere um ganho de capital equivalente a 30% sobre a receita da alienação é necessário vender o bem por R$ 36.285,71.

Gabarito "E".

(Agente Fiscal/Teresina – 2002 – ESAF) A empresa Emfoco Ltda. em 31.12.01, possui, entre outros componentes patrimoniais, o seguinte:

Caixa	R$ 4.000,00
Duplicatas a Pagar	R$ 3.500,00
Financiamentos	R$ 2.500,00
Investimentos	R$ 4.000,00
Capital Social	R$ 8.000,00
Terrenos	R$ 8.000,00
Empréstimos Obtidos	R$ 5.000,00
Móveis e Utensílios	R$ 1.000,00
Materiais	R$ 1.000,00
Capital a Integralizar	R$ 4.000,00

Elaborando-se corretamente a estrutura patrimonial acima, podemos afirmar a existência do seguinte valor para os grupos abaixo.

(A) Passivo a Descoberto de R$ 1.000,00
(B) Prejuízos Acumulados de R$ 3.000,00
(C) Patrimônio Líquido de R$ 4.000,00
(D) Passivo Exigível de R$ 6.000,00
(E) Patrimônio Bruto de R$ 7.000,00

Apresentamos a seguir as contas apresentadas pela questão agrupadas por grupo de contas:

Conta	Valor
Caixa	4.000,00
Materiais	1.000,00
Investimentos	4.000,00
Móveis e Utensílios	1.000,00
Terrenos	8.000,00
Total do ativo	18.000,00
Duplicatas a Pagar	3.500,00
Financiamentos	2.500,00
Empréstimos Obtidos	5.000,00
Total do passivo exigível	11.000,00
Capital Social	8.000,00
Capital a Integralizar	(4.000,00)
Total do patrimônio líquido	4.000,00

Como é possível observar, apenas a afirmativa que define o Patrimônio Líquido no valor de R$4.000 está correta.

Gabarito "C".

(Agente Fiscal/Teresina – 2002 – ESAF) A firma S.A. Mendes Som tem um plano de contas corretamente implantado com uma classificação adequada à elaboração das demonstrações financeiras, usando a seguinte codificação:

– Dígito inicial:

1 – contas do ativo

2 – contas do passivo

3 – contas do patrimônio liquido

4 – receitas

5 – despesas

– Segundo dígito:

1 – circulante

2 – realizável ou exigível a longo prazo

3 – permanente ou resultados de exercícios futuros

Ao lermos esse plano de contas, vamos verificar que o código 1.1.1.1 certamente corresponde a uma conta do subgrupo:

(A) Despesas do Exercício Seguinte
(B) Obrigações Mercantis a curto prazo
(C) Receitas Operacionais
(D) Reservas de Capital
(E) Resultados de Exercícios Futuros

Pelo plano de contas apresentado pela empresa, é possível concluir que o código 1.1.1.1 refere-se a uma conta do Ativo Circulante, visto que o primeiro dígito é 1 (contas do ativo) e o segundo dígito também é 1 (circulante). A única conta do Ativo Circulante apresentada entre as assertivas é a de despesas do exercício seguinte (despesa antecipada).

Gabarito "A".

(Agente Fiscal/Teresina – 2002 – ESAF) A Firma SYS ME tem dívidas em duplicatas com vencimento a 30 e 60 dias, nos valores de R$ 3.000,00 e R$ 6.000,00, respectivamente, com opção de liquidação no vencimento ou com desconto financeiro de 5% em antecipações não inferiores a 30 dias.

No dia de vencimento da primeira duplicata a SYS ME quitou a dívida toda, emitindo um cheque do Banco do Brasil.

A operação fora corretamente registrada com o seguinte lançamento:

	Conta	Débito	Crédito
(A)	Duplicatas a Pagar a Bancos C/Movimento		9.000,00
(B)	Duplicatas a pagar	9.000,00	
	Descontos Ativos	300,00	
	a Bancos C/Movimento		9.000,00
(C)	Duplicatas a Pagar	8.700,00	
	Descontos Passivos	300,00	
	a Bancos C/Movimento		9.000,00
(D)	Duplicatas a Pagar	9.000,00	
	a Descontos Ativos		300,00
	a Bancos C/Movimento		8.700,00
(E)	Bancos C/Movimento	8.700,00	
	Descontos Ativos	300,00	
	a Duplicatas a pagar		9.000,00

Ao quitar toda a dívida no momento do vencimento da primeira duplicata a empresa pagará a primeira duplicata sem desconto, no valor de R$3.000, e pagará a segunda duplicata com desconto de 5%, no valor de R$5.700 (R$6.000 – R$300). O valor que sairá da conta bancária (crédito) da empresa é R$8.700 (R$3.000 + R$5.700). As duplicatas a pagar serão baixadas (débito) pelo seu valor total de R$9.000, pois era esse o valor pelo qual elas foram contabilizadas. A diferença entre esses valores (R$300) representa uma receita contabilizada a crédito de descontos ativos.

Gabarito "D"

(Agente Fiscal/Teresina – 2002 – ESAF) A folha de pagamento referente ao mês de dezembro (mês de encerramento do exercício social), a ser paga no início de janeiro, apresentou os seguintes valores:

total da folha de pagamento	R$ 100.000,00
previdência social patronal	32%
previdência social do segurado	11%
FGTS	8%

Na hipótese, não há imposto de renda retido na fonte.

O lançamento contábil dessa folha, feito de conformidade com a Lei nº 6.404/76, reduz o lucro do exercício ou aumenta o prejuízo em:

(A) R$ 151.000,00
(B) R$ 140.000,00
(C) R$ 132.000,00
(D) R$ 100.000,00
(E) Zero

A previdência social do segurado não representa uma despesa adicional para a empresa, visto que se trata de um valor que será descontado do salário dos funcionários. Sendo assim, para obter o valor total da despesa de pessoal, basta considerar sobre o total da folha de pagamento (R$100.000) o valor referente à previdência social patronal no valor de R$32.000 (32% de R$100.000) e o FGTS no valor de R$8.000 (8% de R$100.000), totalizando uma despesa de R$140.000. Esse valor da despesa irá reduzir o valor do lucro do exercício ou aumentar o prejuízo, uma vez que se trata de despesa do exercício.

Gabarito "B"

(Agente Fiscal/Teresina – 2002 – ESAF) Alfa S/A possui 22% das ações emitidas por Beta S/A. Beta S/A apurou lucro líquido do exercício no valor de R$ 40.000,00 e distribuiu 30% deste lucro para seus acionistas, na forma de dividendos.

Sabendo-se que o investimento deve ser avaliado pelo método da equivalência patrimonial, pode-se observar na escrituração contábil, em decorrência desses fatos, um

(A) débito de R$ 12.000,00 no passivo circulante de Beta S/A.
(B) crédito de R$ 12.000,00 no patrimônio líquido de Beta S/A.
(C) débito de R$ 8.800,00 no ativo circulante de Alfa S/A.
(D) débito de R$ 2.640,00 no ativo permanente de Alfa S/A.
(E) crédito de R$ 2.640,00 no ativo permanente de Alfa S/A.

Do total de R$40.000 de lucro que a empresa Beta S/A apurou R$12.000 (30% de R$40.000) serão distribuídos na forma de dividendos. Desse valor de dividendo, R$2.640 (22% de R$12.000) pertencem à empresa Alfa S/A, pois é esse o valor que lhe cabe pela participação acionária. Como a empresa Alfa S/A adota a equivalência patrimonial, esse valor de R$2.640 será creditado no Ativo Permanente – Investimentos, representando a redução do Patrimônio Líquido de Beta S/A pela distribuição de dividendos.

Gabarito "E"

(Agente Fiscal/Teresina – 2002 – ESAF) Abaixo estão relacionadas as trinta contas movimentadas pela Cia. Comercial Aliança, conforme Razão Geral de 31.12.00 (data do encerramento do exercício social)

01	Ações de Coligadas	R$ 600,00
02	Ações em Tesouraria	R$ 400,00
03	Aluguéis Ativos	R$ 100,00
04	Aluguéis Passivos	R$ 275,00

05	Bancos c/ Aplicação	R$ 550,00
06	Caixa	R$ 600,00
07	Capital a Integralizar	R$ 1.500,00
08	Capital Social	R$ 5.000,00
09	Custo da Mercadoria Vendida	R$ 1.900,00
10	Depreciação Acumulada	R$ 250,00
11	Despesas a Pagar	R$ 80,00
12	Despesas a Vencer	R$ 150,00
13	Duplicatas a Pagar	R$ 1.500,00
14	Duplicatas a Receber	R$ 500,00
15	Duplicatas Descontadas	R$ 400,00
16	Fornecedores	R$ 2.000,00
17	Edificações	R$ 2.500,00
18	Impostos	R$ 325,00
19	Impostos a Recolher	R$ 250,00
20	Matéria-Prima	R$ 650,00
21	Mercadorias	R$ 1.250,00
22	Móveis e Utensílios	R$ 1.750,00
23	Participações Acionárias	R$ 400,00
24	Participação de Empregados a pagar	R$ 160,00
25	Provisão p/ Ajuste de Estoques	R$ 100,00
26	Provisão p/ Imposto de Renda	R$ 330,00
27	Receitas a Receber	R$ 300,00
28	Receitas a Vencer	R$ 100,00
29	Receita Bruta de Vendas	R$ 3.000,00
30	Reservas de Capital	R$ 380,00

Exclusivamente baseados nos saldos acima, podemos afirmar que a empresa apresenta:

(A) Saldos devedores no valor de R$ 11.000,00

(B) Ativo permanente no valor de R$ 5.250,00

(C) Passivo exigível no valor de R$ 4.420,00

(D) Patrimônio líquido no valor de R$ 3.880,00

(E) Patrimônio bruto no valor de R$ 8.500,00

A resolução da questão exige que cada conta seja classificada tanto pela natureza (devedora ou credora) quanto pelo grupo de contas a que pertence, conforme apresentado a seguir:

	Natureza				
Conta Contábil	Devedora	Credora	Ativo	Passivo	Patrimônio líquido
Ações de Coligadas	600,00		600,00		
Ações em Tesouraria	400,00				(400,00)
Aluguéis Ativos		100,00			100,00
Aluguéis Passivos	275,00				(275,00)
Bancos c/ Aplicação	550,00		550,00		
Caixa	600,00		600,00		
Capital a Integralizar	1.500,00				(1.500,00)

Capital Social		5.000,00			5.000,00
Custo da Mercadoria Vendida	1.900,00				(1.900,00)
Depreciação Acumulada		250,00	(250,00)		
Despesas a Pagar		80,00		80,00	
Despesas a Vencer	150,00		150,00		
Duplicatas a Pagar		1.500,00		1.500,00	
Duplicatas a Receber	500,00		500,00		
Duplicatas Descontadas		400,00	(400,00)		
Fornecedores		2.000,00		2.000,00	
Edificações	2.500,00		2.500,00		
Impostos	325,00				(325,00)
Impostos a Recolher		250,00		250,00	
Matéria-Prima	650,00		650,00		
Mercadorias	1.250,00		1.250,00		
Móveis e Utensílios	1.750,00		1.750,00		
Participações Acionárias	400,00		400,00		
Participação de Empregados a pagar		160,00		160,00	
Provisão p/ Ajuste de Estoques		100,00	(100,00)		
Provisão p/ Imposto de Renda		330,00		330,00	
Receitas a Receber	300,00		300,00		
Receitas a Vencer		100,00		100,00	
Receita Bruta de Vendas		3.000,00			3.000,00
Reservas de Capital		380,00			380,00
TOTAL	13.650,00	13.650,00	8.500,00	4.420,00	4.080,00

Com base nos dados fornecidos, responder à questão abaixo, considerando apenas duas casas após a vírgula e efetuando o arredondamento, se for o caso.

A CIA. Sete Cidades apresentava em suas Demonstrações Contábeis os seguintes saldos:

Contas	1998	1999	2000
Estoques	10.000	12.000	15.000
Disponibilidades	4.000	6.000	5.000
Clientes	28.000	32.000	60.000
Imobilizados Líquidos	70.000	81.000	150.000
Despesas Antecipadas	12.000	15.000	18.000
Participações Societárias	26.000	39.000	39.000
Realizáveis a Longo Prazo	20.000	22.000	24.000
Financiamentos de Longo Prazo	42.000	45.000	80.000
Patrimônio Líquido	65.000	95.000	156.000
Contas a Pagar	38.000	25.000	40.000
Fornecedores	25.000	42.000	35.000

(Agente Fiscal/Teresina – 2002 – ESAF) O valor do Ativo Permanente nos dois últimos anos é, respectivamente:

	1999	2000
(A)	311.000	287.000
(B)	207.000	213.000
(C)	189.000	207.000
(D)	120.000	189.000
(E)	96.000	155.000

Apresentamos a seguir a composição do Ativo Permanente da empresa em 1999 e 2000:

Contas	1999	2000
Imobilizados Líquidos	81.000	150.000
Participações Societárias	39.000	39.000
Total do ativo permanente	120.000	189.000

Gabarito "D"

(Agente Tributário Estadual/MS – 2001 – ESAF) A Nossa empresa fecha o exercício social e faz balanços a cada 31 de agosto. Em 31 de agosto de 2000, o balancete elaborado com vistas à realização de ajustes ao resultado do exercício apresentou a conta "Aluguéis Passivos a Vencer" com saldo remanescente de R$ 36.000,00, relativo ao contrato de aluguel do Depósito Geral celebrado no montante de R$ 135.000,00 para o período de 01/10/98 a 31/03/01.

A fim de atender ao Princípio Contábil da Competência dos Exercícios, o contador da empresa deverá fazer a seguinte partida de diário:

(A)	Aluguéis Passivos a Aluguéis Passivos a Vencer	R$ 4.500,00
(B)	Aluguéis Passivos a Vencer a Aluguéis Passivos	R$ 4.500,00
(C)	Aluguéis Passivos a Aluguéis Passivos a Vencer	R$ 22.500,00
(D)	Aluguéis Passivos a Vencer a Aluguéis Passivos	R$ 22.500,00
(E)	Aluguéis Passivos a Aluguéis Passivos a Vencer	R$ 31.500,00

O período do contrato é de 30 meses, compreendido entre 01/10/98 a 31/03/2001, e equivalente a R$ 4.500 mensais. Em 31/8/2000 restavam apenas 7 meses para apropriar na contabilidade o equivalente a R$ 31.500 (R$ 4.500 x 7). Como na contabilidade estava registrado R$ 36.000, a empresa deverá fazer o ajuste referente aos R$ 4.500 (R$ 36.000 – R$ 31.500). Esse lançamento reduzirá (crédito) a conta aluguéis passivos a vencer no ativo e debitará a conta de despesa aluguéis passivos.

Gabarito "A"

(Agente Tributário Estadual/MS – 2001 – ESAF) O fato contábil decorrente da quitação ou liquidação de um crédito de curto prazo causa no patrimônio o seguinte efeito:

(A) diminuição do ativo disponível e do passivo circulante.
(B) aumento do ativo disponível e do passivo circulante.
(C) diminuição e aumento no passivo circulante, simultaneamente.
(D) diminuição e aumento no ativo circulante, simultaneamente.
(E) não haverá alterações, pois o fato é permutativo.

Ao dizer que a empresa tinha um crédito a questão, referia-se ao sentido comercial, em que crédito está associado a valores a receber. Sendo assim, essa operação reduzirá o contas a receber e aumentará as disponibilidades, ambas as contas dentro do Ativo Circulante.

Gabarito "D"

(Agente Tributário Estadual/MS – 2001 – ESAF) A empresa Carente S/A recebeu aviso do Banco da Casa, comunicando o recebimento de uma duplicata com ele descontada anteriormente.

O Contador, acertadamente, promoveu o seguinte lançamento:

(A) Bancos c/Movimento
a Duplicatas a Receber
(B) Duplicatas a Receber
a Bancos c/Movimento
(C) Títulos Descontados
a Duplicatas a Receber
(D) Duplicatas a Receber
a Títulos Descontados
(E) Títulos Descontados
a Bancos c/Movimento

Ao descontar um título a empresa efetuará o seguinte lançamento:
Débito – Banco conta movimento (pela entrada do dinheiro disponibilizado pelo banco)
Crédito – Títulos descontados (conta redutora de duplicatas a receber)
Quando a duplicata é recebida pelo banco, a empresa já pode retirar de sua contabilidade aquela duplicata, que está registrada nas contas duplicatas a receber e títulos descontados. Nesse momento o lançamento será:
Débito – Títulos descontados
Crédito – Duplicatas a receber

Gabarito "C"

(Agente Tributário Estadual/MS – 2001 – ESAF) Em novembro passado a folha de pagamento da empresa Rubi Vermelho Ltda. discriminava:

Salários e Ordenados	R$ 120.000,00
Horas extras trabalhadas	R$ 8.000,00
INSS patronal a 22%	
INSS do segurado a 11%	
FGTS do segurado a 8%	

No mês de dezembro não foi computado nenhum reajuste salarial e a jornada de trabalho foi absolutamente igual ao mês anterior. Esta folha está dividida de tal modo que não há imposto de renda recolhido na fonte.

Exclusivamente a partir desses dados, considerando que a empresa acima encerra o exercício em 31 de dezembro, podemos afirmar que esta folha de pagamento ocasionou para a empresa em questão uma despesa total de

(A) R$ 180.480,00
(B) R$ 166.400,00
(C) R$ 156.160,00
(D) R$ 152.320,00
(E) R$ 149.920,00

O INSS (parte do empregado) não representa despesa adicional para a empresa, visto que se trata de desconto sobre o salário do empregado. Sendo assim, a despesa com a folha de pagamento será de R$166.400,00, conforme detalhado a seguir:

Salários e ordenados	120.000,00
Horas extras	8.000,00
Contribuição patronal do INSS (22% sobre R$128.000)	28.160,00
FGTS (8% sobre R$128.000)	10.240,00
TOTAL	166.400,00

Gabarito "B".

(Agente Tributário Estadual/MS – 2001 – ESAF) A empresa Alfa encerra seu balanço em 31 de dezembro de cada ano. No dia 10 de janeiro de 2001 adquiriu da empresa Beta uma máquina industrial usada, cuja vida útil remanescente foi estimada em 5 anos.

Sabe-se que a empresa Beta adquiriu este equipamento para instalação em seu parque industrial em 01 de janeiro de 1998. O valor pelo qual a empresa Alfa adquiriu a máquina foi de R$ 750,00. Seu valor residual é de R$ 50,00.

Com estas considerações, podemos afirmar que o valor da depreciação anual a ser contabilizada em 31 de dezembro de 2001, pelo método da linha reta será de

(A) R$ 140,00
(B) R$ 150,00
(C) R$ 280,00
(D) R$ 300,00
(E) R$ 700,00

Como a empresa Alfa adquiriu o equipamento por R$750 e seu valor residual é de R$50, a empresa deverá depreciar nos 5 anos de vida o equivalente a R$700, sendo R$140 por ano. Como a máquina foi adquirida em 10 de janeiro de 2001, o equipamento será depreciado por todo o ano, o equivalente a R$140.

Gabarito "A".

(Agente Tributário Estadual/MS – 2001 – ESAF) A Sapataria Pollíssola, no fim do exercício, inventariou seu estoque de mercadorias para fins de balanço, tendo apurado a seguinte situação a preço de custo e de mercado: 663

Descrição	quantidade	preço/custo	preço/ mercado
Sapato Polar	100 pares	R$ 45,00/par	R$ 40,00/par
Sandália Pescador	200 pares	R$ 22,00/par	R$ 25,00/par
Solado borracha	006 dúzias	R$ 11,00 / unidade	R$ 12,00 / unidade
Fivela metálica	001 grosa	R$ 2,50 / unidade	R$ 2,00 / unidade

Para obedecer aos critérios de avaliação patrimonial e tendo em vista o Princípio Contábil da Prudência, a Sapataria deve adotar uma das opções abaixo. Assinale-a.

(A) Não deve fazer provisões, pois o preço de mercado está maior que o de custo.
(B) Deve fazer uma provisão de R$ 100,00, que é a diferença entre preço de custo e de mercado.
(C) Deve dar baixa no estoque de sapatos e de fivelas, pela diferença a maior no preço de custo.
(D) Deve fazer uma provisão no valor de R$ 672,00 para ajustar o preço de custo ao de mercado.
(E) Deve fazer uma provisão no valor de R$ 572,00 para ajustar o preço de custo ao de mercado.

O inciso II do artigo 183 da lei 6.404/76 define que "os direitos que tiverem por objeto mercadorias e produtos do comércio da companhia, assim como matérias-primas, produtos em fabricação e bens em almoxarifado, pelo custo de aquisição ou produção, deduzido de provisão para ajustá-lo ao valor de mercado, quando este for inferior". Sendo assim, teremos uma provisão para ajuste ao valor de mercado para o Sapato Polar e para a Fivela metálica, conforme apresentado a seguir:

	Custo	Mercado	Ajuste unitário	Quantidade	Ajuste total
Sapato Polar	45,00	40,00	5,00	100	500,00
Fivela metálica	2,50	2,00	0,50	144	72,00
Total					572,00

Cabe observar que a questão informou que a quantidade de fivelas metálicas era igual a uma grosa, que equivale a 12 dúzias (144).

Gabarito "E".

(Agente Fiscal/PI – 2001 – ESAF) No último dia do exercício social, a empresa Red Green Ltda. demonstrou um patrimônio com bens no valor de R$ 13.000,00, direitos no valor de R$ 7.000,00, dívidas no valor de R$ 9.000,00 e capital social no valor de R$ 10.000,00, devidamente registrado na Junta Comercial.

Com base nessas informações pode-se afirmar que, do ponto de vista contábil, o patrimônio referido apresenta:

(A) Situação Líquida Nula ou Compensada
(B) Passivo a Descoberto no valor de R$ 1.000,00
(C) Prejuízos Acumulados no valor de R$ 1.000,00
(D) Patrimônio Líquido no valor de R$ 1.000,00
(E) Patrimônio Líquido no valor de R$ 11.000,00

Ao informar que o total de Ativo da empresa é igual a R$20.000 (R$13.000 de bens e R$7.000 de direitos) e Passivo igual a R$9.000, a questão impõe que o valor do Patrimônio Líquido seja igual a R$11.000 (R$20.000 – R$9.000).

Gabarito "E".

(Agente Fiscal/PI – 2001 – ESAF) Durante o mês de novembro, a empresa Cia. Indústria & Comércio realizou as seguintes operações:

01]-	compra de mesas por R$300,00, sendo 40% para vender e 60% para usar, pagando R$100,00 e aceitando duplicatas.
02]-	pagamento de duplicatas de R$ 100,00, com desconto de 10%.
03]-	registro do aluguel do mês no valor de R$ 300,00 para pagamento posterior.
04]-	venda a vista de mercadorias por R$ 300,00, com lucro de 20% sobre o valor de venda.

Observações:

Cada uma destas operações foi contabilizada mediante um único lançamento.

Antes das operações a conta Caixa apresentava saldo devedor de R$ 160,00.

Baseados, exclusivamente, nas informações acima e considerando que as aquisições não sofrem tributação, podemos afirmar que:

(A) o primeiro fato é administrativo permutativo e recebeu lançamento de quarta fórmula.
(B) o segundo fato é administrativo modificativo e recebeu lançamento de terceira fórmula.
(C) o terceiro fato é administrativo composto e recebeu lançamento de segunda fórmula.
(D) a ocorrência dos quatro fatos aumentou o lucro do exercício em R$ 230,00.
(E) o saldo da conta Caixa agora, após os quatro fatos, é de R$ 230,00.

A: trata-se de um lançamento permutativo, pois não alterou o valor do Patrimônio Líquido, representando tão somente uma troca de ativos. Trata-se de um lançamento de quarta fórmula, pois recebeu diversos débitos e créditos; **B:** é um fato permutativo, visto que não alterou o valor do Patrimônio Líquido; **C:** o lançamento é de primeira fórmula, pois debitou despesa e creditou valores a pagar; **D:** a ocorrência dos quatro fatos reduziram o lucro em R$230; **E:** considerando o saldo inicial da conta caixa e o impacto de cada operação sobre esse valor, é possível concluir que o saldo final de caixa é igual a R$270.

Gabarito "A".

(Agente Fiscal/PI – 2001 – ESAF) A empresa Red Blue S/A transferiu o lucro do exercício com o seguinte lançamento:

Resultado do Exercício a Lucros Acumulados valor do lucro líquido que se transfere p/balanço	R$480.000,00

Após este lançamento, a empresa destinou R$ 40.000,00 para constituir reserva legal e mais R$ 40.000,00 para reservas estatutárias.

Deste modo, o dividendo mínimo obrigatório, calculado com fulcro no lucro líquido do exercício, deverá ser de

(A) R$ 220.000,00, se o estatuto, antes omisso, fixar o percentual mínimo permitido.
(B) R$ 200.000,00, se o estatuto for omisso quanto ao percentual.
(C) R$ 110.000,00, se o estatuto, antes omisso, fixar o percentual mínimo permitido.
(D) R$ 110.000,00, se o estatuto for omisso quanto ao percentual.
(E) R$ 100.000,00, baseado no estatuto, que é livre para fixar qualquer percentual.

O § 2º do artigo 202 da Lei 6.404/76 define que "quando o estatuto for omisso e a assembleia-geral deliberar alterá-lo para introduzir norma sobre a matéria, o dividendo obrigatório não poderá ser inferior a 25% (vinte e cinco por cento) do lucro líquido ajustado nos termos do inciso I deste artigo". O inciso I desse artigo define que do lucro líquido deverão ser diminuídos ou acrescidos os valores referentes a: importância destinada à constituição da reserva legal (art. 193) e importância destinada à formação da reserva para contingências (art. 195) e reversão da mesma reserva formada em exercícios anteriores. Sendo assim, para encontrarmos o valor que será a base de cálculo para o dividendo, basta retirar dos R$480.000 o valor da constituição da reserva legal (R$40.000). Sobre esse valor de R$440.000 aplicar-se-á o percentual de 25%, obtendo-se o valor do dividendo mínimo obrigatório igual de R$110.000.

Gabarito "C".

(Agente Fiscal/PI – 2001 – ESAF) O fabricante de duas máquinas importadas, destinadas ao mesmo trabalho e nas mesmas condições de operação, informou que a vida esperada de utilização econômica de cada uma era de cinco anos, aproximadamente.

A primeira, que custou R$ 4.000,00, entrou em operação no dia primeiro de abril e a segunda, que custou R$ 5.000,00, entrou em operação no dia primeiro de julho do mesmo ano.

Levando-se em conta os dados acima, podemos afirmar que:

(A) no balanço de encerramento do exercício social relativo ao período de aquisição das máquinas o saldo da conta de Depreciação Acumulada relativa às referidas máquinas registra o valor de R$ 900,00.

(B) em função da informação dada pelo fabricante de que a vida útil de cada máquina era de cinco anos é admissível o registro da depreciação, no ano da aquisição, no montante de R$ 1.800,00.

(C) no balanço de encerramento do exercício social subsequente ao período de aquisição das máquinas o saldo da conta de Depreciação Acumulada relativa às referidas máquinas registra o valor de R$ 2.900,00.

(D) a empresa adquirente deve, obrigatoriamente, providenciar laudo expedido pelo representante do fabricante, corroborando a informação relativa ao período esperado de utilização das máquinas.

(E) somente após a entrada em funcionamento da segunda máquina a empresa poderá iniciar o registro de depreciação do conjunto, isto é, da associação da primeira máquina com a segunda.

Ao avaliarmos os dados da questão associados aos dados do item "c", verificamos que o valor da depreciação acumulada é realmente igual a R$2.900,00, conforme apresentado a seguir:

	Valor de aquisição	Depreciação mensal	Meses depreciados	Depreciação acumulada
Máquina A	4.000,00	66,67	21	1.400,00
Máquina B	5.000,00	83,33	18	1.500,00
Total	9.000,00			2.900,00

Gabarito "C".

(Auditor do Tesouro Municipal/Natal-RN – 2001 – ESAF) A firma Previdente S/A, em 01/08/01, contratou um seguro anual para cobertura de incêndio avaliada em R$ 300.000,00, com vigência a partir da assinatura do contrato. O exercício social da Previdente é coincidente com o ano calendário. O prêmio cobrado pela seguradora é equivalente a 10% do valor da cobertura e foi pago em 31 de agosto de 2001. Em consonância com o princípio contábil da competência de exercícios, no balanço patrimonial de 31/12/01, a conta "Seguros a Vencer" constará com saldo atualizado de

(A) R$ 175.000,00
(B) R$ 30.000,00
(C) R$ 20.000,00
(D) R$ 17.500,00
(E) R$ 12.500,00

A empresa pagou R$30.000 (10% de R$300.000) para a cobertura pelo período de 12 meses, sendo o equivalente a R$2.500 (R$30.000 ÷ 12meses) por mês. Como de 1/8/2001, data da contratação, até 31/12/2001 passaram-se 5 meses, é possível concluir que o equivalente a esses 5 meses foram lançados para o resultado do exercício como despesa. Referente aos 7 meses de cobertura remanescente para o ano seguinte deve ter ficado contabilizado em "seguros a vencer" o valor de R$17.500 (R$2.500 x 7).

Gabarito "D".

(Auditor do Tesouro Municipal/Natal-RN – 2001 – ESAF) O contador da firma Alfa Limitada ME criou os seguintes títulos para complementar seu plano de contas:

Despesas de Aluguel
Aluguéis a Receber
Aluguéis a Pagar
Aluguéis Ativos
Aluguéis Passivos
Aluguéis Ativos a Vencer (valores recebidos antecipadamente,
sem hipótese de reembolso)
Aluguéis Passivos a Vencer
Prêmios de Seguros
Seguros a Vencer
Seguros a Pagar
Impostos e Taxas
Impostos a Recolher
Impostos a Recuperar
Salários

Ao codificar as contas acima no plano de contas, o contador classificou, corretamente:

(A) sete contas de resultado
(B) seis contas patrimoniais
(C) seis contas de despesas
(D) quatro contas de passivo circulante
(E) quatro contas de ativo circulante

Apresentamos a seguir a classificação das contas contábeis da Alfa Limitada ME:

Conta	Classificação
Despesas de Aluguel	Despesa
Aluguéis a Receber	Ativo circulante
Aluguéis a Pagar	Passivo circulante
Aluguéis Ativos	Receita
Aluguéis Passivos	Despesa
Aluguéis Ativos a Vencer (valores recebidos antecipadamente, sem hipótese de reembolso)	Passivo circulante
Aluguéis Passivos a Vencer	Ativo circulante
Prêmios de Seguros	Despesa
Seguros a Vencer	Ativo circulante
Seguros a Pagar	Passivo circulante
Impostos e Taxas	Despesa
Impostos a Recolher	Passivo circulante
Impostos a Recuperar	Ativo circulante
Salários	Despesa

Gabarito "E".

(Auditor do Tesouro Municipal/Natal-RN – 2001 – ESAF) A firma Amoreiras S/A tem um plano de contas corretamente implantado com uma classificação adequada à elaboração das demonstrações financeiras. Quando a investidora comprou, com a intenção de logo revender, um lote de 0,5% das ações do Banco do Brasil e outro lote de 11% das ações dos Supermercados do Sol S/A, o contador precisou criar os títulos "Valores Mobiliários – Ações Banco do Brasil" e "Ações de Coligadas – Supermercados do Sol". Assinale a classificação correta para as citadas contas "Valores Mobiliários – Ações Banco do Brasil" e "Ações de Coligadas – Supermercados do Sol", respectivamente.

(A) Ativo Circulante e Ativo Realizável a Longo Prazo
(B) Ativo Permanente – Investimentos e Ativo Permanente – Investimentos
(C) Ativo Realizável a Longo Prazo e Ativo Permanente – Investimentos
(D) Ativo Permanente – Investimentos e Ativo Circulante
(E) Ativo Circulante e Ativo Permanente – Investimentos

Como a intenção da empresa em relação às ações do Banco do Brasil era de revendê-las num curto espaço de tempo, essa deverá ser contabilizada no Ativo Circulante. Já as ações do Supermercado do Sol, por se tratar de um investimento relevante, cuja intenção de venda não foi comentada pela questão, deverão ser contabilizadas no Ativo Permanente – investimentos.

Gabarito "E".

(Auditor do Tesouro Municipal/Natal-RN – 2001 – ESAF) Os estatutos sociais da firma que ora consideramos estabeleciam que do lucro do exercício deveriam ser constituídas uma reserva especial de 10%, uma reserva legal de 5%, além do pagamento de gratificação de 10% à Diretoria e provisionamento de 30% para o Imposto de Renda. No exercício social em que o lucro líquido do exercício, antes de qualquer destinação, alcançou a cifra de R$150.000,00, o montante destinado à Reserva Legal deverá ser de

(A) R$ 4.200,00
(B) R$ 4.500,00
(C) R$ 4.725,00
(D) R$ 5.250,00
(E) R$ 7.500,00

A apuração da reserva legal ocorrerá após deduzir do lucro antes do imposto de renda o próprio imposto e a participação de administradores, conforme o cálculo apresentado a seguir:

Lucro antes do IR	150.000,00
(-) Imposto de renda	(45.000,00)
(=) Base de cálculo para a participação dos administradores	105.000,00
(-) Participação dos administradores (10%)	(10.500,00)
(=) Base de cálculo para a reserva legal	94.500,00
Reserva legal (5%)	4.725,00

Gabarito "C".

(Auditor do Tesouro Municipal/Natal-RN – 2001 – ESAF) Abaixo estão relacionadas as trinta e uma contas movimentadas pela Cia. de Comércio Beta, conforme Razão Geral de 31.12.2000

01.	Ações de Coligadas	R$ 1.200,00
02.	Ações em Tesouraria	R$ 300,00
03.	Aluguéis Ativos	R$ 200,00
04.	Aluguéis Passivos	R$ 550,00
05.	Bancos c/ Aplicação	R$ 1.100,00
06.	Caixa	R$ 1.200,00
07.	Capital a Integralizar	R$ 3.000,00
08.	Capital Social	R$ 10.000,00
09.	Custo da Mercadoria Vendida	R$ 3.800,00
10.	Despesas a Pagar	R$ 160,00
11.	Despesas a Vencer	R$ 280,00
12.	Duplicatas a Pagar	R$ 3.000,00
13.	Duplicatas a Receber	R$ 1.000,00
14.	Duplicatas Descontadas	R$ 800,00
15.	Fornecedores	R$ 4.000,00
16.	Edificações	R$ 5.000,00
17.	Impostos	R$ 650,00
18.	Impostos a Recolher	R$ 500,00
19.	Matéria-Prima	R$ 1.300,00
20.	Mercadorias	R$ 2.500,00
21.	Móveis e Utensílios	R$ 3.500,00
22.	Participações Acionárias	R$ 800,00
23.	Participação de Empregados	R$ 320,00
24.	Provisão p/ Ajuste de Estoques	R$ 150,00
25.	Provisão p/ Imposto de Renda	R$ 700,00
26.	Receitas a Receber	R$ 600,00
27.	Receitas a Vencer	R$ 250,00
28.	Receita Bruta de Vendas	R$ 6.000,00
29.	Reservas de Capital	R$ 350,00
30.	Reservas de Lucros	R$ 400,00
31.	Lucros ou Prejuízos Acumulados com saldo igual à diferença entre devedores e credores.	

Considerando-se, exclusivamente, a relação, podemos afirmar que a empresa demonstra um Patrimônio Bruto de

(A) R$ 10.750,00
(B) R$ 17.530,00
(C) R$ 17.940,00
(D) R$ 18.290,00
(E) R$ 18.480,00

O conceito de patrimônio bruto equivale ao de total do ativo. As contas que totalizam o ativo da empresa estão a seguir elencadas:

Contas	Valor
Ações de Coligadas	1.200,00
Bancos c/ Aplicação	1.100,00
Caixa	1.200,00
Despesas a Vencer	280,00
Duplicatas a Receber	1.000,00
Duplicatas Descontadas	(800,00)
Edificações	5.000,00
Matéria-Prima	1.300,00
Mercadorias	2.500,00
Móveis e Utensílios	3.500,00
Participações Acionárias	800,00
Provisão p/ Ajuste de Estoques	(150,00)
Receitas a Receber	600,00
TOTAL	17.530,00

Gabarito "B".

4. CONTABILIDADE COMERCIAL

(Analista Tributário/RFB – 2012 – ESAF) A empresa Metalfino Ltda. não sofre tributação nas operações de compra e venda de mercadorias; só opera com transações extracaixa; utiliza o método de controle permanente de estoques, com avaliação a preço médio ponderado. Em 15 de outubro a empresa realizou a venda de 120 unidades ao preço unitário de 12 reais. As compras do mês foram: 150 unidades a 8 reais cada uma em 05/10 e 60 unidades a 11 reais, em 18/10.

Sabendo-se que em 30 de setembro desse ano já havia um estoque de mercadorias no valor de R$ 500,00 correspondentes a 100 unidades, pode-se afirmar que o custo das mercadorias vendidas em outubro foi de

(A) R$ 600,00.
(B) R$ 660,00.
(C) R$ 780,00.
(D) R$ 816,00.
(E) R$ 960,00.

A ficha de controle de estoque montada a partir dos dados da questão seria assim apresentada:

	Entradas			Saídas			Saldo		
Data	Qt	Valor Unitário	Total	Qt	Valor Unitário	Total	Qt	Valor Unitário	Total
Saldo Inicial							100	5,00	500,00
05/out	150	8,00	1.200,00				250	6,80	1.700,00
15/out				120	6,80	816,00	130	6,80	884,00
18/out	60	11,00	660,00				190	8,13	1.544,00

Destaca-se que a saída de mercadorias se dá pelo valor que a mercadoria está registrada no estoque (R$ 6,80). O custo das mercadorias vendidas é encontrado no total das saídas.

Gabarito "D".

(Analista Tributário/RFB – 2012 – ESAF) Considere uma operação de compra de materiais para revender, constante de 300 unidades ao preço unitário de R$ 600,00, com incidência de ICMS a 12% e de IPI a 8%. Se a operação for realizada a prazo, vai gerar uma dívida, com fornecedores, no valor de

(A) R$ 172.800,00.
(B) R$ 180.000,00.

(C) R$ 194.400,00.
(D) R$ 201.600,00.
(E) R$ 216.000,00.

O valor do ICMS está incluído no valor da mercadoria, mas o IPI é calculado "por fora". Sendo assim, o valor a ser pago aos fornecedores será: (300 unidades x R$ 600,00 de preço unitário) + 8% de IPI = R$ 180.000,00 + 8% x R$ 180.000,00 = R$ 194.400,00.

Gabarito "C"

(Auditor Fiscal da Receita Federal – 2012 – ESAF) Nas operações de mercadorias, o valor dos gastos com transportes, quando estes são feitos sob a responsabilidade do comprador,

(A) aumentam o valor das mercadorias compradas.
(B) são registrados a débito de uma conta de despesa.
(C) diminuem o valor dos estoques de mercadorias.
(D) não geram efeitos no custo das mercadorias vendidas quando estes são realizados.
(E) não afetam o valor dos estoques de mercadorias.

O valor das compras que deve compor o saldo do estoque é dado da seguinte forma:

Compras brutas

(+) Fretes

(+) Seguros

(-) Deduções (Devoluções, abatimentos, impostos e descontos incondicionais obtidos)

Sendo assim, os gastos com transportes (frete) aumentam o valor da mercadoria adquirida.

Gabarito "A"

(Analista de Comércio Exterior/MDIC – 2012 – ESAF) Elabore a ficha de controle de estoques com os seguintes dados:

Mercadorias existentes em 01/10 = 60 unidades ao custo de R$ 20,00;

Compras a prazo em 04/10 = 100 unidades ao custo unitário de R$ 24,00;

Vendas em 10/10 de 80 unidades ao preço unitário de R$ 30,00.

A empresa não sofre tributação e avalia os estoques a custo médio ponderado.

Com essas informações podemos dizer que a operação de venda teve um custo de

(A) R$ 1.600,00.
(B) R$ 1.680,00.
(C) R$ 1.800,00.
(D) R$ 1.920,00.
(E) R$ 2.400,00.

A ficha de controle de estoque seria assim apresentada:
Destaca-se que a saída de mercadorias se dá pelo valor que a mercadoria está registrada no estoque (R$22,50). O custo das mercadorias vendidas é encontrado no total das saídas.

Gabarito "C"

(Analista de Normas Contábeis e Auditoria/CVM – 2010 – ESAF) Ao fim do exercício social, a empresa Mel & Doces Ltda., ao inventariar três dos seus produtos para venda, apurou a seguinte situação em quantidades e custos de aquisição:

Item ALFA = 500 unidades ao custo unitário de R$ 3,00;

Item BETA = 100 unidades ao custo unitário de R$ 12,00;

Item ZETA = 300 unidades ao custo unitário de R$ 20,00.

As despesas estimadas com a venda equivalem a 10% do preço de custo. O preço de venda em vigor no dia do balanço era o seguinte: R$ 3,50 para o item ALFA; R$ 10,00 para o item BETA e R$ 20,00 para o item ZETA.

Em face da situação descrita, após registrar os ajustes e as provisões necessárias ao cumprimento das normas, a empresa levará a balanço, como saldo representativo desses três estoques, o valor de

(A) R$ 7.780,00
(B) R$ 7.880,00
(C) R$ 8.500,00
(D) R$ 8.750,00
(E) R$ 8.700,00

Considerando que a NBC T 19.20 define que os estoques "devem ser mensurados pelo valor de custo ou pelo valor realizável líquido, dos dois o menor"; para resolver a questão devemos apurar o valor de custo e o valor realizável líquido de cada produto a fim de identificar por qual valor este será registrado. Para o cálculo do valor realizável líquido é necessário considerar, além do preço de venda, a despesa de 10% sobre o valor de custo (atenção, é 10% sobre o valor de custo e não sobre o valor de venda). A seguir o cálculo para cada produto:

<u>Produto Alfa</u>
Custo = R$3,00 x 500 unidades = R$1.500,00
Valor realizável = R$3,50 x 500 unidades – (R$3,00 x 10% x 500 unidades) = R$1.600,00

<u>Produto Beta</u>
Custo = R$12,00 x 100 unidades = R$1.200,00
Valor realizável = R$10,00 x 100 unidades – (R$12,00 x 10% x 100 unidades) = R$880,00

<u>Produto Zeta</u>
Custo = R$20,00 x 300 unidades = R$6.000,00
Valor realizável = R$20,00 x 300 unidades – (R$20,00 x 10% x 300 unidades) = R$5.400,00

Para o balanço teremos como somatório dos produtos os valores R$1.500,00 (Alfa) + R$880,00 (Beta) + R$5.400,00 (Zeta), totalizando R$7.780,00 de estoque.

Gabarito "A"

(Auditor Fiscal da Receita Federal – 2010 – ESAF) No mercadinho de José Maria Souza, que ele, orgulhosamente, chama de Supermercado Barateiro, o Contador recebeu a seguinte documentação:

Inventário físico-financeiro de mercadorias:	
elaborado em 31.12.2007:	R$ 90.000,00
elaborado em 31.12.2008:	R$ 160.000,00
Notas-fiscais de compras de mercadorias:	
Pagamento a vista	R$ 120.000,00
Pagamento a prazo	R$ 80.000,00
Notas-fiscais de vendas de mercadorias:	
Recebimento a vista	R$ 90.000,00
Recebimento a prazo	R$ 130.000,00

Os fretes foram cobrados à razão de R$ 25.000,00 sobre as compras e de R$ 15.000,00 sobre as vendas; o Imposto sobre a Circulação de Mercadorias e Serviços foi calculado à razão de 15% sobre as compras e sobre as vendas. Não há ICMS sobre os fretes, nem outro tipo de tributação nas operações.

Com base nessa documentação, coube ao Contador contabilizar as operações e calcular os custos e lucros do Supermercado. Terminada essa tarefa, podemos dizer que foi calculado um lucro bruto de vendas, no valor de

(A) R$ 90.000,00.
(B) R$ 47.000,00.
(C) R$ 87.000,00.
(D) R$ 62.000,00.
(E) R$ 97.000,00.

O primeiro passo para resolver a questão é apurar o Custo da Mercadoria Vendida (CMV), que é dado pela seguinte fórmula:

CMV = Estoque inicial + Compras – Estoque final.

O valor das compras que deve compor o saldo do estoque é dado da seguinte forma:

Compras brutas
(+) Fretes
(+)Seguros
(-) Deduções (Devolução de compras, abatimentos sobre compras, impostos recuperáveis e descontos incondicionais obtidos)

Sendo assim, o valor das compras a ser considerado no estoque da empresa em questão é dado da seguinte forma:

Compra de mercadorias	200.000,00
(+) Fretes	25.000,00
(-) Impostos recuperáveis (15% de ICMS)	(30.000,00)
Total a ser registrado no estoque	195.000,00

Colocando os dados na fórmula do CVM, temos:

CMV = 90.000,00 + 195.000,00 – 160.000,00 = 125.000,00

O resultado montado a partir das informações da questão está apresentado a seguir:

Vendas	220.000,00
(-) ICMS sobre vendas	(33.000,00)
(=) Receita líquida	187.000,00
(-) CMV	(125.000,00)
(=) Lucro bruto	62.000,00
(-) Fretes sobre vendas	(15.000,00)
(=) Lucro líquido	47.000,00

Como pode ser observado, o lucro bruto pedido no enunciado da questão foi de R$62.000,00.

Gabarito "D"

(Técnico da Receita Federal – 2006 – ESAF) No período selecionado para esse estudo, foi constatada a seguinte movimentação de mercadorias isentas de qualquer tributação:

1) estoques anteriores de 1.500 unidades, avaliados em R$ 30,00 por unidade;

2) entradas de 2.300 unidades, adquiridas a prazo a R$ 40,00 cada uma;

3) saídas de 2.100 unidades, vendidas a vista a R$ 50,00 cada uma.

Sabendo-se que sob o critério PEPS os estoques serão avaliados ao custo das últimas entradas e que no referido período houve a devolução de 200 unidades vendidas, podemos dizer que o CMV foi de

(A) R$ 76.000,00.
(B) R$ 69.000,00.
(C) R$ 68.400,00.
(D) R$ 61.000,00.
(E) R$ 57.000,00.

Com base nos dados apresentados na questão, é possível montar o seguinte controle de estoque:

Entradas			Saídas			Saldo		
Qt	Preço unitário (R$)	Total (R$)	Qt	Preço unitário (R$)	Total (R$)	Qt	Preço unitário (R$)	Total (R$)
						1.500	30	45.000
2.300	40	92.000				1.500	30	45.000
						2.300	40	92.000
						3.800		137.000
			1.500	30	45.000	1.700	40	68.000
			600	40	24.000			
			2.100		69.000			
			(200)	40	(8.000)	1.900	40	76.000

É possível observar que as vendas geraram um Custo da Mercadoria Vendida no total de R$69.000, que foi posteriormente diminuído pela devolução de vendas no valor de R$8.000 (200 unidades a R$40 cada), resultando em um Custo da Mercadoria Vendida final de R$61.000.

Gabarito "D"

(Auditor Fiscal/CE – 2006 – ESAF) A movimentação do estoque de bens de vendas da empresa Almerícias Comercial, na primeira semana de novembro, evidenciou estoque inicial de R$ 1.200,00, estoque final de 72 unidades e vendas brutas de R$ 2.900,00.

Sabendo-se que as compras do período foram de R$ 1.800,00 para 150 unidades, que já havia 120 unidades em estoque e que as operações não sofrem qualquer tributação, pode-se dizer que o valor do

(A) estoque final, pelo critério PEPS, foi de R$ 720,00.
(B) estoque final, pelo critério UEPS, foi de R$ 864,00.
(C) custo da mercadoria vendida, pelo critério PEPS, foi de R$ 2.280,00.
(D) custo da mercadoria vendida, pelo critério UEPS, foi de R$ 2.136,00.
(E) lucro operacional bruto, pelo critério PEPS, foi de R$ 764,00.

Apresentamos a seguir o controle de estoques pelos métodos PEPS e UEPS:

PEPS								
Entradas			Saídas			Saldo		
Qt	Preço unitário (R$)	Total (R$)	Qt	Preço unitário (R$)	Total (R$)	Qt	Preço unitário (R$)	Total (R$)
						120	10,00	1.200,00
150	12,00	1.800,00				120	10,00	1.200,00
						150	12,00	1.800,00
						270		3.000,00
			120	10,00	1.200,00	72	12,00	864,00
			78	12,00	936,00			
			198		2.136,00			

UEPS								
Entradas			Saídas			Saldo		
Qt	Preço unitário (R$)	Total (R$)	Qt	Preço unitário (R$)	Total (R$)	Qt	Preço unitário (R$)	Total (R$)
						120	10,00	1.200,00
150	12,00	1.800,00				120	10,00	1.200,00
						150	12,00	1.800,00
						270		3.000,00
			150	12,00	1.800,00	72	10,00	720,00
			48	10,00	480,00			
			198		2.280,00			

Com base nas fichas de controle de estoques, é possível montar a seguinte Demonstração do Resultado:

	PEPS	UEPS
Vendas brutas	2.900,00	2.900,00
(-) CMV	(2.136,00)	(2.280,00)
(=) Lucro operacional bruto	764,00	620,00

(Auditor Fiscal/MG – 2005 – ESAF) A listagem de saldos para elaboração dos balanços da Companhia Gama S/A apresentou as contas patrimoniais e de resultado abaixo mencionadas. A eventual diferença aritmética existente decorre da conta corrente de ICMS, cujo encerramento ainda não havia sido contabilizado.

Caixa	R$ 28.000,00
Capital Social	R$ 16.000,00
Compras de Mercadorias	R$ 96.000,00
Contas a Receber	R$ 39.200,00
COFINS	R$ 152,00
Fornecedores	R$ 32.000,00
ICMS sobre Vendas	R$ 40.800,00
Impostos e Taxas	R$ 1.840,00
Juros Ativos	R$ 880,00
Mercadorias	R$ 36.000,00
Móveis e Utensílios	R$ 48.000,00
PIS sobre Faturamento	R$ 168,00
Prêmio de Seguros	R$ 2.880,00
Reserva Legal	R$ 800,00
Salários e Encargos	R$ 6.400,00
Salários e Encargos a Pagar	R$ 960,00
Vendas de Mercadorias	R$240.000,00
Veículos	R$ 32.000,00

Observações:

1. O estoque atual de mercadorias está avaliado em R$ 1.600,00.
2. As compras e as vendas são tributadas à mesma alíquota de ICMS.
3. Não houve nenhuma distribuição de lucros no período.

As demonstrações contábeis elaboradas a partir das informações anteriormente citadas, certamente, vão evidenciar:

(A) R$ 130.400,00 de Custo das Mercadorias Vendidas (CMV).
(B) R$ 85.680,00 de Lucro Operacional Bruto.
(C) R$ 147.200,00 de Ativo total.
(D) R$ 32.960,00 de Passivo Circulante.
(E) R$ 91.360,00 de Patrimônio Líquido.

O primeiro passo para a resolução da questão é a apuração do Custo da Mercadoria Vendida, que permitirá a apuração do Resultado do Exercício:

Estoque inicial	36.000,00
Compras (R$96.000 – 17% de ICMS)	79.680,00
Estoque final	1.600,00
CMV (estoque inicial + compras – estoque final)	114.080,00

O Resultado do Exercício ficou assim apresentado:

Vendas de Mercadorias	240.000,00
(-) PIS sobre Faturamento	(168,00)
(-) COFINS	(152,00)
(-) ICMS sobre Vendas	(40.800,00)
(=) Receita líquida	198.880,00
(-) CMV	(114.080,00)
(=) Lucro bruto	84.800,00
(-) Prêmio de Seguros	(2.880,00)
(-) Salários e Encargos	(6.400,00)
(+) Juros Ativos	880,00
(-) Impostos e Taxas	(1.840,00)
(=) Lucro líquido do exercício	74.560,00

Para concluir a elaboração do Balanço Patrimonial, é necessário calcular o ICMS a recolher, confrontando o ICMS sobre vendas e compras, conforme apresentado a seguir:

ICMS sobre vendas	40.800,00
ICMS sobre compras a recuperar	16.320,00
ICMS a recolher (ICMS sobre vendas – ICMS a recuperar)	24.480,00

O Balanço Patrimonial da empresa ficou assim apresentado:

Ativo		Passivo	
Caixa	28.000,00	Fornecedores	32.000,00
Contas a Receber	39.200,00	Salários e Encargos a Pagar	960,00
Mercadorias	1.600,00	ICMS a recolher	24.480,00
Móveis e Utensílios	48.000,00		
Veículos	32.000,00	PL	91.360,00
		Capital Social	16.000,00
		Reserva Legal	800,00
		Resultado do exercício	74.560,00
TOTAL	148.800,00	TOTAL	148.800,00

Gabarito "E".

(Auditor Fiscal/MG – 2005 – ESAF) Ao efetuar, diretamente da fábrica, uma compra, a prazo, de 200 latas de tinta, de 18 litros cada uma, ao preço unitário de R$ 35,00, sofrendo incidência de IPI a 8% e ICMS a 12%, destinando essa tinta para revender ao preço de R$ 54,00 cada unidade, a empresa deverá lançar a débito da conta estoques de mercadorias o valor de

(A) R$ 7.560,00
(B) R$ 7.000,00
(C) R$ 6.720,00
(D) R$ 6.652,80
(E) R$ 6.160,00

Para resolver a questão é irrelevante a informação sobre o valor de venda, visto que a pergunta objetiva saber qual o valor da compra (débito da conta estoques de mercadorias) que será registrado no estoque. É importante lembrar que o valor da compra informado na questão é o somatório do valor líquido do bem e seu respectivo ICMS, sobre esse valor devendo ser somado ainda o valor do IPI para encontrarmos o valor total da compra. Como o ICMS é recuperável, seu valor será excluído do estoque. Já o IPI, que não é recuperável, será somado ao valor líquido, conforme apresentado a seguir:

	Unitário	Total
Valor liquido	30,80	6.160,00
ICMS	4,20	840,00
TOTAL	35,00	7.000,00
IPI (8% de R$35)	2,80	560,00
Valor estoque (Valor líquido + IPI)	33,60	6.720,00

Gabarito "C".

(Auditor Fiscal/MG – 2005 – ESAF) O balancete de verificação da empresa Firma Livre Libery, levantado em 31 de dezembro, antes do ajuste de ICMS sobre compras e vendas, compunha-se das seguintes contas:

Bancos Conta Movimento	R$ 49.000,00
Caixa	R$ 35.000,00
Capital Social	R$ 20.000,00
Compras de Mercadorias	R$120.000,00
CONFINS	R$ 190,00
Fornecedores	R$ 40.000,00
Impostos e Taxas	R$ 2.300,00
Juros Ativos	R$ 1.100,00
Mercadorias	R$ 45.000,00
Móveis e Utensílios	R$ 60.000,00
PIS sobre Faturamento	R$ 210,00
Prêmio de Seguros	R$ 3.600,00
Reserva Legal	R$ 1.000,00
Salários e Encargos	R$ 8.000,00
Salários e Encargos a Pagar	R$ 1.200,00
Vendas de Mercadorias	R$300.000,00
Veículos	R$ 40.000,00

O ICMS incidente sobre as vendas alcançou o valor de R$ 51.000,00.

Examinando-se o balancete acima e considerando-se que o imposto sobre circulação de mercadorias e serviços incide sobre as compras à mesma alíquota incidente sobre as vendas e que a empresa tem estoque atual de mercadorias no valor de R$ 2.000,00, pode-se afirmar que essa empresa tem ICMS a Recolher no valor de

(A) R$ 51.000,00
(B) R$ 30.600,00
(C) R$ 30.260,00

(D) R$ 22.950,00
(E) R$ 20.400,00

O percentual do ICMS incidente sobre as operações da empresa é de 17%, visto que sobre as vendas de R$300.000 houve ICMS equivalente a R$51.000. Como o ICMS a recolher é apurado pela confrontação do ICMS sobre vendas e ICMS a recuperar, temos a seguir o cálculo desse valor:

ICMS sobre vendas (17% de R$300.000)	51.000,00
ICMS sobre compras a recuperar (R$17% de 120.000)	20.400,00
ICMS a recolher (ICMS sobre vendas – ICMS a recuperar)	30.600,00

Gabarito "B".

(Auditor Fiscal/MG – 2005 – ESAF) O balancete de verificação da Cia. Beta, em 31-12-X4, era composto pelos saldos das seguintes contas:

Caixa	R$ 1.500,00
Máquinas e Equipamentos	R$ 6.000,00
Vendas de Mercadorias	R$ 7.000,00
Mercadorias	R$ 2.000,00
Receitas Diversas	R$ 400,00
Compras de Mercadorias	R$ 5.000,00
Clientes	R$ 4.000,00
Fornecedores	R$ 3.000,00
Salários e Ordenados	R$ 1.100,00
Despesas de aluguel	R$ 300,00
Lanches e Refeições	R$ 200,00
Capital Social	R$10.000,00
Condução e Transporte	R$ 300,00
Lucros Acumulados	R$ 1.400,00
Juros Passivos	R$ 1.400,00

Observações:

1. O estoque final de mercadorias foi avaliado em R$ 1.500,00.
2. O salário de dezembro de X4, no valor de R$ 100,00, será pago somente em janeiro de X5.
3. Dos aluguéis pagos em X4, R$ 200,00 referem-se a despesas de janeiro de X5.

A Companhia mandou elaborar suas demonstrações financeiras sem considerar quaisquer implicações de natureza fiscal ou tributária. Todavia, se considerarmos que as mercadorias foram tributadas com ICMS de 10%, tanto nas entradas como nas saídas, vamos constatar que o resultado líquido do período terá sido

(A) aumentado em R$ 500,00 e diminuído em R$ 700,00.
(B) aumentado em R$ 650,00 e diminuído em R$ 700,00.
(C) aumentado em R$ 700,00 e diminuído em R$ 500,00.
(D) aumentado em R$ 700,00 e diminuído em R$ 650,00.
(E) aumentado em R$ 700,00 e diminuído em R$ 700,00.

A resolução da questão exige uma análise comparativa entre o procedimento adotado atualmente pela empresa (desconsiderando o ICMS) e a sistemática correta (considerando o ICMS). Para a apuração do resultado do exercício pelas duas metodologias, será necessário primeiramente calcular o Custo da Mercadoria Vendida:

	Desconsiderando o ICMS	Considerando o ICMS
Estoque inicial	2.000,00	2.000
Compras	5.000,00	4.500
Estoque final	1.500,00	1.500
CMV (estoque inicial + compras – estoque final)	5.500,00	5.000,00

Com base nos dados do CMV, é possível montar a seguinte Demonstração do Resultado:

	Desconsiderando o ICMS	Considerando o ICMS	Diferença
Vendas de mercadorias	7.000,00	7.000,00	
(-) ICMS	-	(700,00)	(700,00)
(=) Receita líquida	7.000,00	6.300,00	
(-) CMV	(5.500,00)	(5.000,00)	500,00
(=) Lucro Bruto	1.500,00	1.300,00	

Como é possível observar, o ICMS causa impacto numa redução do resultado do exercício em R$700,00 e num aumento de R$500, referente ao menor Custo da Mercadoria Vendida.

Gabarito "A".

(Auditor Fiscal/MG – 2005 – ESAF) No início do mês de maio, o estoque de mercadorias estava avaliado ao custo unitário de R$ 15,00 e constava de 80 unidades. Durante o mês ocorreram duas compras, uma dia três, de 120 unidades por R$ 2.400,00; e outra, no dia 10, de 160 unidades, por R$ 4.000,00. A única venda do mês aconteceu no dia 8 e foi feita a prazo por R$ 6.000,00. O inventário físico final acusa a existência de 200 unidades.

Considerando que as compras e vendas são tributadas com ICMS de 20% e que os estoques são avaliados pelo critério técnico-matemático do Custo Médio, podemos afirmar que o Custo das Mercadorias Vendidas (CMV), no aludido mês de maio, alcançou o valor de

(A) R$ 2.304,00
(B) R$ 2.496,00
(C) R$ 2.702,40
(D) R$ 2.808,00
(E) R$ 2.880,00

A resolução da questão consiste na relação da ficha de controle de estoques com base nos dados apresentados, como ressaltar que do valor informado para as compras parte refere-se ao ICMS a recuperar, que não será contabilizado como estoque. Sendo assim, o valor da compra do dia 3 será registrado no estoque como R$1.920 (R$2.400 – 20% de ICMS) e o valor da compra do dia 10 será registrado por R$3.200 (R$4.000 – 20% de ICMS). Apresentamos a seguir a ficha de controle de estoque, que demonstra o CMV igual a R$2.496,00:

	Entradas			Saídas			Saldo		
Data	Qt	Preço unitário (R$)	Total (R$)	Qt	Preço unitário (R$)	Total (R$)	Qt	Preço unitário (R$)	Total (R$)
							80	15,00	1.200,00
3/maio	120	16,00	1.920,00				200	15,60	3.120,00
8/maio				160	15,60	2.496,00	40	15,60	624,00
10/maio	160	20,00	3.200,00				200	19,12	3.824,00

Gabarito "B".

(Auditor Fiscal da Receita Federal – 2003– ESAF) As contas que computam os eventos de estoque, compras e vendas, tiveram o seguinte comportamento em setembro:

Vendas	R$ 100.000,00
Compras	R$ 60.000,00
ICMS sobre vendas	R$ 12.000,00
ICMS sobre compras	R$ 7.200,00
ICMS a Recolher	R$ 4.800,00
Fretes sobre Compras	R$ 5.000,00
Fretes sobre Vendas	R$ 7.000,00
Estoque Inicial	R$ 30.000,00
Estoque Final	R$ 40.000,00

Com base nos valores dados no exemplo, o lucro bruto alcançou o valor de

(A) R$ 45.200,00
(B) R$ 47.400,00
(C) R$ 52.400,00
(D) R$ 40.200,00
(E) R$ 33.200,00

O primeiro passo para resolver a questão é apurar o Custo da Mercadoria Vendida (CMV), que é dado pela seguinte fórmula:
CMV = Estoque inicial + Compras – Estoque final.
O valor das compras que deve compor o saldo do estoque é dado da seguinte forma:

Compras brutas
(+) Fretes
(+) Seguros
(-) Deduções (Devolução de compras, abatimentos sobre compras, impostos recuperáveis e descontos incondicionais obtidos)

Sendo assim, o valor das compras a ser considerado no estoque da empresa em questão é dado da seguinte forma:

Compra de mercadorias	60.000
(+) Fretes	5.000
(-) Impostos recuperáveis	7.200
Total a ser registrado no estoque	57.800

Colocando os dados na fórmula do CVM, temos:
CMV = 30.000 + 57.800 – 40.000 = 47.800
Uma vez apurado o CMV, é possível montar a Demonstração do Resultado, conforme apresentado a seguir:

Vendas	100.000,00
(-) ICMS sobre vendas	(12.000,00)
(=) Receita líquida	88.000,00
(-) CMV	(47.800,00)
(=) Lucro bruto	40.200,00
(-) Fretes sobre vendas	7.000,00
(=) Lucro líquido	33.200,00

Gabarito "D".

(Auditor Fiscal da Receita Federal – 2003– ESAF) A empresa Comércio Losso Ltda. renovou o seu estoque de mercadorias, que estava a zero em 20 de agosto, adquirindo 100 unidades ao custo unitário de R$ 3,80 e mais 200 unidades a R$ 4,80, dia 29/08.

Durante o mês de setembro, a empresa vendeu: 100 unidades no dia 03; 80 unidades no dia 10; e 120 unidades no dia 25. No mesmo mês, a empresa comprou: 50 unidades no dia 05 e mais 140 unidades no dia 15. As aquisições de setembro foram realizadas ao custo unitário de R$ 5,00 e não sofreram nenhuma tributação.

As vendas de setembro foram realizadas ao preço unitário de R$ 8,00, sofrendo tributação de ICMS a 12%.

Com base, exclusivamente, nos dados apresentados, podemos dizer que o estoque de mercadorias, em 30 de setembro, terá o valor de:

(A) R$ 660,00, se for avaliado pelo critério PEPS.
(B) R$ 660,00, se for avaliado pelo critério UEPS.
(C) R$ 760,00, se for avaliado pelo critério Preço Médio.
(D) R$ 794,20, se for avaliado pelo critério Preço Médio.
(E) R$ 950,00, se for avaliado pelo critério PEPS.

Os dados apresentados pela questão permitem montar as fichas de controle de estoque pelo método PEPS, UEPS e Preço médio, conforme apresentado a seguir:

PEPS

	Entradas			Saídas			Saldo		
Data	Qt	Preço unitário (R$)	Total (R$)	Qt	Preço unitário (R$)	Total (R$)	Qt	Preço unitário (R$)	Total (R$)
20-ago	100	3,80	380,00				100	3,80	380,00
29-ago	200	4,80	960,00				100 200 300	3,80 4,80	380,00 960,00 1.340,00
3-set				100	3,80	380,00	200	4,80	960,00
5-set	50	5,00	250,00				200 50 250	4,80 5,00	960,00 250,00 1.210,00
10-set				80	4,80	384,00	120 50 170	4,80 5,00	576,00 250,00 826,00
15-set	140	5,00	700,00				120 190 310	4,80 5,00	576,00 950,00 1.526,00
25-set				120	4,80	576,00	190	5,00	950,00

UEPS

	Entradas			Saídas			Saldo		
Data	Qt	Preço unitário (R$)	Total (R$)	Qt	Preço unitário (R$)	Total (R$)	Qt	Preço unitário (R$)	Total (R$)
20-ago	100	3,80	380,00				100	3,80	380,00
29-ago	200	4,80	960,00				100 200 300	3,80 4,80	380,00 960,00 1.340,00
3-set				100	4,80	480,00	100 100 200	3,80 4,80	380,00 480,00 860,00
5-set	50	5,00	250,00				100 100 50 250	3,80 4,80 5,00	380,00 480,00 250,00 1.110,00
10-set				50 30	5,00 4,80	250,00 144,00	100 70 170	3,80 4,80	380,00 336,00 716,00
15-set	140	5,00	700,00				100 70 140 310	3,80 4,80 5,00	380,00 336,00 700,00 1.416,00
25-set				120	3,80	456,00	100 70 20 190	3,80 4,80 5,00	380,00 336,00 100,00 816,00

Preço Médio									
	Entradas			Saídas			Saldo		
Data	Qt	Preço unitário (R$)	Total (R$)	Qt	Preço unitário (R$)	Total (R$)	Qt	Preço unitário (R$)	Total (R$)
20-ago	100	3,80	380,00				100	3,80	380,00
29-ago	200	4,80	960,00				300	4,47	1.340,00
3-set				100	3,80	380,00	200	4,47	893,33
5-set	50	5,00	250,00				250	4,57	1.143,33
10-set				80	4,57	365,87	170	4,57	777,47
15-set	140	5,00	700,00				310	4,77	1.477,47
25-set				120	4,77	571,92	190	4,77	905,54

Gabarito "E".

(Auditor Fiscal da Receita Federal – 2003– ESAF) A empresa Comércio Industrial Ltda. comprou 250 latas de tinta ao custo unitário de R$ 120,00, tributadas com IPI de 5% e ICMS de 12%. Pagou entrada de 20% e aceitou duas duplicatas mensais de igual valor.

A tinta adquirida foi contabilizada conforme sua natureza contábil funcional, com a seguinte destinação:

50 latas para consumo interno;

100 latas para revender; e

100 latas para usar como matéria-prima.

Após efetuar o competente lançamento contábil, é correto afirmar que, com essa operação, os estoques da empresa sofreram aumento no valor de

(A) R$ 31.500,00
(B) R$ 30.000,00
(C) R$ 28.020,00
(D) R$ 27.900,00
(E) R$ 26.500,00

Para fins de contabilização do estoque, a empresa deve considerar o valor dos 250 produtos (exceto tributos) e em relação aos tributos adotar a seguinte metodologia: para o ICMS considerar para o estoque apenas o equivalente a 50 unidades, visto que o ICMS das 50 latas a serem consumidas pela própria empresa não será recuperado; para o IPI considerar para o estoque o equivalente a 150 unidades, visto que o IPI das 100 latas a serem utilizadas como matéria-prima será recuperado quando da venda dos produtos, não devendo fazer parte do valor do estoque. Apresentamos a seguir a memória de cálculo do valor a ser registrado no estoque da empresa:

	Valor unitário	Quantidade a ser considerada	Total
Produto	105,60	250	26.400,00
ICMS	14,40	50	720,00
IPI	6,00	150	900,00
Total	126,00		28.020,00

Gabarito "C".

(Auditor do Tesouro Municipal/Fortaleza-CE – 2003 – ESAF) A empresa Reparadora Elétrica Ltda., que conserta eletrodomésticos, no mês atual possui as seguintes informações:

- Estoque inicial da peça QT era de 100 peças a um custo unitário de R$ 2,00;
- As compras, no mês, montaram em 150 peças a um custo unitário de R$ 2,50;
- Foram aplicadas 160 peças em reparos de eletrodomésticos.

Considerando o método de avaliação dos estoques denominado Custo Médio Ponderado, indique o Custo do Material Aplicado, que irá compor o Custo dos Serviços, assinalando a opção correta.

(A) R$ 320,00
(B) R$ 328,00
(C) R$ 360,00
(D) R$ 368,00
(E) R$ 400,00

Apresentamos a seguir a ficha de controle de estoques da peça QT:

Entradas			Saídas			Saldo		
Qt	Preço unitário (R$)	Total (R$)	Qt	Preço unitário (R$)	Total (R$)	Qt	Preço unitário (R$)	Total (R$)
						100	2,00	200,00
150	2,5	375				250	2,30	575,00
			160	2,30	368,00	90	2,30	207,00

O custo do material aplicado está representado pelas saídas, no montante de R$368.

Gabarito "D".

(Auditor do Tesouro Municipal/Recife-PE – 2003 – ESAF) A empresa Comercial Com Ltda. fez o levantamento de seu inventário e constatou as seguintes informações:

- Todos os valores presentes no estoque já sofreram os ajustes provenientes do ICMS;
- Os dados referem-se ao seu único produto de venda, o KLK;
- Saldo inicial = 100 unidades a R$ 2,00, totalizando R$ 200,00;

Operações do mês de janeiro de 2003;

- Compras = 200 unidades a R$ 2,60, totalizando R$ 520,00;
- Vendas = 250 unidades.

Indique o saldo do estoque final, apurado de acordo com cada método de avaliação dos estoques.

PEPS – primeiro a entrar, primeiro a sair;

UEPS – último a entrar, primeiro a sair;

PMP – preço médio ponderado – também conhecido como variável.

	PEPS	UEPS	PMP
(A)	100,00	70,00	90,00
(B)	110,00	80,00	100,00
(C)	120,00	90,00	110,00
(D)	130,00	100,00	120,00
(E)	140,00	110,00	130,00

Os dados apresentados pela questão permitem montar as seguintes fichas de controle de estoque:

PEPS								
Entradas			Saídas			Saldo		
Qt	Preço unitário (R$)	Total (R$)	Qt	Preço unitário (R$)	Total (R$)	Qt	Preço unitário (R$)	Total (R$)
						100	2,00	200,00
200	2,60	520,00				100	2,00	200,00
						200	2,60	520,00
						300		720,00
			100	2,00	200,00	50	2,60	130,00
			150	2,60	390,00			
			250		590,00			

UEPS								
Entradas			Saídas			Saldo		
Qt	Preço unitário (R$)	Total (R$)	Qt	Preço unitário (R$)	Total (R$)	Qt	Preço unitário (R$)	Total (R$)
						100	2,00	200,00
200	2,60	520,00				100	2,00	200,00
						200	2,60	520,00
						300		720,00
			200	2,60	520,00	50	2,00	100,00
			50	2,00	100,00			
			250		620,00			

Preço médio ponderado								
Entradas			Saídas			Saldo		
Qt	Preço unitário (R$)	Total (R$)	Qt	Preço unitário (R$)	Total (R$)	Qt	Preço unitário (R$)	Total (R$)
						100	2,00	200,00
200	2,60	520,00				300	2,40	720,00
			250	2,40	600,00	50	2,40	120,00

(Auditor Fiscal da Receita Federal – 2002.1 – ESAF) A Sapataria J.B. consegue fabricar botinas custeando materiais e mão de obra em partes iguais. Atualmente está vendendo as botinas a R$ 20,00 o par.

Nós, da J.C. Comércio, no início de maio, tínhamos 200 pares dessas botinas em estoque, ao custo unitário de R$ 17,00. Durante o mês, compramos mais 300 pares, ao preço oferecido por J.B. mais 30% de IPI. É verdade que o produto vende bem. No fim de maio, restaram-nos apenas 40 pares, avaliados a custo médio.

As operações de compra e venda são tributadas com ICMS a 20%.

Com essas informações, podemos dizer que o custo unitário das vendas de J.C. Comércio, no mês de maio, foi de

(A) R$ 16,40
(B) R$ 18,80
(C) R$ 20,00
(D) R$ 21,20
(E) R$ 22,40

Antes de montar o controle de estoque da J.C. Comércio, é necessário apurar o valor da compra efetuada pela empresa. Cabe lembrar que por ser uma empresa comercial ela não recupera o valor do IPI, que será somado ao custo do estoque. O valor do ICMS é recuperável para a empresa e será registrado na conta ICMS a Recuperar. O cálculo da compra está apresentado a seguir:

	Unitário	Total (unitário x 300 unidades)
Valor da compra	20	6.000
IPI	6	1.800
ICMS	4	1.200
Total da compra (valor da compra + IPI	26	7.800
Valor do estoque (total da compra – ICMS)	22	6.600

O controle de estoque apresenta a seguinte movimentação:

Entradas			Saídas			Saldo		
Qt	Preço unitário (R$)	Total (R$)	Qt	Preço unitário (R$)	Total (R$)	Qt	Preço unitário (R$)	Total (R$)
						200	17	3.400,00
300	22	6.600,00				500	20	10.000,00
			460	20	9.200,00	40	20	800,00

É possível observar que após a compra efetuada pela empresa o custo médio das mercadorias da empresa ficou com o valor de R$20, sendo esse o valor baixado quando da venda.

Gabarito "C".

(Auditor Fiscal da Receita Federal – 2002.1 – ESAF) Apresentamos abaixo os dados da movimentação do estoque de cestos de vime, comprados para revender, relativos ao mês de março.

O mês começou com a existência de 15 cestos avaliados a R$ 3,00 por unidade.

As vendas ocorreram no dia 5: cinco unidades; no dia 20: quinze unidades; e no dia 30: vinte unidades.

Os preços unitários foram, respectivamente, de R$ 4,00, R$ 6,00 e R$ 8,00.

As compras foram feitas no dia 10: vinte unidades; e no dia 15: dez unidades. A primeira compra teve custo unitário igual ao do estoque inicial e a última foi feita ao preço unitário de fatura de R$ 5,00.

As compras e vendas foram tributadas em 20% com ICMS. Não houve devoluções, nem descontos.

O estoque é contabilizado por Controle Permanente e avaliado pelo Custo Médio Ponderado.

Com as informações acima podemos afirmar que

(A) o estoque final apresenta custo unitário de R$ 3,25.
(B) o custo das mercadorias vendidas foi de R$ 130,00.
(C) a venda do dia 20 de março deu lucro bruto de R$ 41,25.
(D) o estoque existente ao fim do dia 10 de março foi de R$ 78,00.
(E) o valor total do estoque final de março foi de R$ 81,25.

Os dados apresentados na questão permitem montar o controle de estoques da empresa, cabendo ressaltar que sobre o valor da aquisição do dia 15, preço unitário de fatura igual a R$5,00, incidiu ICMS de 20%, ficando o valor do estoque igual a R$4,00. Apresentamos a seguir o controle de estoque da empresa:

	Entradas			Saídas			Saldo		
Data	Qt	Preço unitário (R$)	Total (R$)	Qt	Preço unitário (R$)	Total (R$)	Qt	Preço unitário (R$)	Total (R$)
01/03							15	3,00	45,00
05/03				5	3,00	15,00	10	3,00	30,00
10/03	20	3,00	60,00				30	3,00	90,00
15/03	10	4,00	40,00				40	3,25	130,00
20/03				15	3,25	48,75	25	3,25	81,25
30/03				20	3,25	65,00	5	3,25	16,25

Gabarito "A".

(Auditor Fiscal da Receita Federal – 2002.1 – ESAF) As contas abaixo representam um grupo de receitas e despesas e, embora distribuídas aqui aleatoriamente, compõem a demonstração do resultado do exercício da empresa Boapermuta S/A.

Receitas Não operacionais	R$ 2.000,00
Provisão para Contribuição Social	10%
Juros Recebidos	R$ 1.500,00
Depreciação	R$ 700,00
Participação de Administradores	5%
Impostos e Taxas	R$ 500,00
Propaganda e Publicidade	R$ 1.800,00
Vendas Canceladas	R$ 20.000,00
PIS/PASEP	1%
Despesas Bancárias	R$ 800,00
Estoque Inicial	R$ 30.000,00
Comissões sobre Vendas de Mercadorias	R$ 3.000,00
Descontos Incondicionais Concedidos	R$ 20.000,00
Estoque Final	R$ 37.000,00
Descontos Condicionais Concedidos	R$ 2.000,00
Participação de Partes Beneficiárias	5%
Juros Pagos	R$ 500,00
Vendas de Mercadorias	R$ 100.000,00
COFINS	2%
Salários e Encargos	R$ 3.000,00
Água e Energia	R$ 200,00
Provisão para Imposto de Renda	15%
Compras de Mercadorias	R$ 50.000,00
ICMS s/ Compras e Vendas	12%
Descontos Obtidos	R$ 15.000,00

Ordenando-se as contas acima, adequadamente e em conformidade com as regras de elaboração da Demonstração do Resultado do Exercício, vamos encontrar

(A) Receita Líquida de Vendas de R$ 48.000,00.
(B) Lucro Operacional Bruto de R$ 4.000,00.
(C) Lucro Operacional Líquido de R$ 15.000,00.
(D) Lucro Líquido antes da Contribuição Social e do Imposto de Renda de R$ 20.000,00.
(E) Lucro Líquido do Exercício de R$ 13.500,00.

Antes de organizar os dados da questão de forma a apurar o Resultado do Exercício, é necessário apurar, com base nos dados relativos ao estoque de mercadorias, o valor do Custo da Mercadoria Vendida (CMV), apresentado a seguir:

Estoque Inicial	30.000,00
Estoque Final	37.000,00
Compras de Mercadorias	50.000,00
ICMS sobre compras	6.000,00
Descontos Obtidos	15.000,00
CMV (Estoque inicial + Compras – Estoque final – ICMS sobre compras – Descontos obtidos)	22.000,00

Já de posse do valor do CMV, é possível montar a Demonstração do Exercício, conforme apresentado a seguir:

Vendas de Mercadorias	100.000,00
Vendas Canceladas	(20.000,00)
Descontos Incondicionais Concedidos	(20.000,00)
ICMS	(7.200,00)
PIS	(600,00)
COFINS	(1.200,00)
Receita líquida	51.000,00
CMV	(22.000,00)
Lucro bruto	29.000,00
Despesas Bancárias	(800,00)
Impostos e Taxas	(500,00)
Propaganda e Publicidade	(1.800,00)
Comissões sobre Vendas de Mercadorias	(3.000,00)
Descontos Condicionais Concedidos	(2.000,00)
Juros Pagos	(500,00)
Salários e Encargos	(3.000,00)
Água e Energia	(200,00)
Depreciação	(700,00)
Juros Recebidos	1.500,00
Receitas Não operacionais	2.000,00
Lucro antes do IR e CS	20.000,00
IR	(3.000,00)
CS	(2.000,00)
Lucro após o IR e CS	15.000,00
Participação de Administradores	(750,00)
Participação de Partes Beneficiárias	(712,50)
Lucro liquido	13.537,50

Como pode ser observado na Demonstração do Resultado do Exercício, apenas a assertiva que define o lucro líquido antes da contribuição social e imposto de renda está correta.

Gabarito "D"

(Auditor Fiscal da Receita Federal – 2002.2 – ESAF) Em 01.10.01 foram descontadas duplicatas em banco. Uma duplicata no valor de R$ 10.000,00, com vencimento para 10.11.01, não foi liquidada e o banco transferiu para cobrança simples, no dia do vencimento.

Em 01.12.01, após conseguir um abatimento de 30% no valor da duplicata, o cliente liquidou a dívida junto ao banco, pagando, ainda, juros de R$ 70,00.

O registro contábil da operação realizada no dia 01.12.01 foi assim feito pelo emitente da duplicata:

(A)

Diversos		
a Diversos		
Abatimentos Concedidos	3.000,00	
Bancos c/ Movimento	7.070,00	10.070,00
a Duplicatas a Receber	10.000,00	
a Juros Ativos	70,00	10.070,00

(B)

Diversos		
a Diversos		
Duplicatas Descontadas	10.000,00	
Juros Ativos	70,00	10.070,00
a Bancos c/ Movimento	7.070,00	
a Abatimentos Concedidos	3.000,00	10.070,00

(C)

Diversos		
a Diversos		
Bancos c/ Movimento	7.070,00	
Abatimentos Auferidos	3.000,00	10.070,00
a Duplicatas Descontadas	10.000,00	
a Juros Ativos	70,00	10.070,00

(D)

Duplicatas Descontadas	10.000,00	10.000,00
a Diversos		
a Bancos c/ Movimento	7.000,00	
a Abatimentos Auferidos	3.000,00	10.000,00

(E)

Diversos		
a Diversos		
Duplicatas a Receber	10.000,00	
Juros Ativos	70,00	10.070,00
a Abatimentos Obtidos	3.000,00	
a Bancos c/ Movimento	7.070,00	10.070,00

A duplicata estava registrada na contabilidade pelo valor de R$10.000 e após sua liquidação precisou ser baixada (crédito) pelo valor total. Como a questão informou que o cliente liquidou a dívida com um abatimento de 30% acrescido de R$70,00 referentes a juros, é possível concluir que ele efetuou o pagamento (débito de Bancos c/ Movimento) no valor de R$7.070,00 (R$10.000,00 – R$3.000,00 + R$70,00). O valor pago a título de juros será creditado como receita de juros (juros ativos) e o abatimento será debitado como uma despesa de abatimentos concedidos.

Gabarito "A"

(Auditor Fiscal da Receita Federal – 2002.2 – ESAF) A Mercearia Mercados S/A calculou custos e lucros em agosto de 2001, com fulcro nas seguintes informações:

O custo das vendas foi calculado com base em estoques iniciais ao custo total de R$ 120.000,00, compras, a vista e a prazo, ao preço total de R$ 260.000,00 e vendas, a vista e a prazo, no valor de R$ 300.000,00, restando em estoque para balanço o valor de R$ 150.000,00.

A tributação ocorreu de modo regular, com ICMS à alíquota de 17%, PIS/faturamento a 1% e COFINS a 3%.

Após a contabilização dos fatos narrados, a elaboração da Demonstração do Resultado do Exercício vai evidenciar o lucro bruto de

(A) R$ 50.880,00
(B) R$ 51.200,00

(C) R$ 61.280,00
(D) R$ 71.280,00
(E) R$ 71.600,00

O primeiro passo para resolver a questão é apurar quanto do valor pago das compras será registrado em Estoques. Do total de R$260.000 de compras, 17% refere-se a ICMS, restando contabilizar R$44.200 (17% de R$260.000) como ICMS a recuperar e os R$215.800 restantes como Estoque. Apresentamos a seguir o cálculo do CMV:

CMV = estoque inicial + compras – estoque final

CMV = 120.000 + 215.800 – 150.000

CMV = 185.800

A Demonstração do Resultado do Exercício está apresentada a seguir:

Receita de vendas	300.000,00
(-) ICMS (17% de R$300.000)	(51.000,00)
(-) PIS (17% de R$300.000)	(3.000,00)
(-) COFINS (17% de R$300.000)	(9.000,00)
(=) Receita líquida	237.000,00
(-) CMV	(185.800,00)
(=) Lucro bruto	51.200,00

Gabarito "B"

(Auditor Fiscal da Receita Federal – 2002.2 – ESAF) A empresa Asper Outra Ltda., no mês de agosto de 2001, realizou os negócios abaixo descritos com o item Z34 de seu estoque.

01	compra de 250 unidades;
02	venda de 200 unidades;
03	as mercadorias são tributadas na compra: com ICMS de 15%; e com IPI de 5%; na venda: com ICMS de 12%;
04	o custo inicial do estoque foi avaliado em R$ 25,00 por unidade;
05	nas compras foi praticado um preço unitário de R$ 30,00;
06	nas vendas o preço unitário praticado foi de R$ 45,00;
07	As operações de compra e de venda foram realizadas a vista, com cheques do Banco do Brasil, tendo a empresa Asper emitido o cheque 001356 e recebido o cheque 873102, prontamente depositado em sua conta corrente.

Considerando-se, exclusivamente, essas operações e todas as informações acima, pode-se afirmar que a conta corrente bancária da empresa Asper Outra Ltda. foi aumentada em

(A) R$ 2.250,00
(B) R$ 1.500,00
(C) R$ 1.125,00
(D) R$ 750,00
(E) R$ 275,00

As operações de compra e venda estão apresentadas a seguir:

	Valor unitário	Valor unitário do IPI (5%)	Total unitário	Quantidade	Total
Compra	30,00	1,50	31,50	250,00	7.875,00
Venda	45,00	-	45,00	200,00	9.000,00

O valor do IPI, que só aparece na operação de compra, não está considerado no valor do produto e, portanto, deve ser acrescido ao valor unitário de compra.

Como a operação de compra representa uma saída de caixa e a venda representa uma entrada de caixa, é possível concluir que a variação na conta corrente bancária da empresa foi de R$1.125 (R$9.000 – R$7.875).

Gabarito "C"

(Técnico da Receita Federal – 2002.1 – ESAF) A Comercial Flores Ltda. apurou os seguintes dados em relação à mercadoria "Palmas", no exercício de 2001:

Estoque inicial	120 unidades ao custo unitário de R$ 2,00
Compras	120 unidades ao preço unitário de R$ 2,50
Vendas	120 unidades ao preço unitário de R$ 3,50
Compras	100 unidades ao preço unitário de R$ 3,00
Vendas	100 unidades ao preço unitário de R$ 4,80

As operações de compra e venda são tributadas a 20% com ICMS e o faturamento é tributado a 3% para a COFINS.

A empresa utiliza o critério UEPS para avaliação dos estoques.

Feitos os cálculos devidos e elaborando-se a demonstração parcial do resultado do exercício, vamos encontrar um Lucro Bruto sobre Vendas no valor de:

(A) R$ 213,00
(B) R$ 240,00
(C) R$ 253,00
(D) R$ 280,00
(E) R$ 693,00

Apresentamos a seguir a ficha de controle de estoques da Comercial Flores Ltda.:

Entradas			Saídas			Saldo		
Qt	Preço unitário (R$)	Total (R$)	Qt	Preço unitário (R$)	Total (R$)	Qt	Preço unitário (R$)	Total (R$)
						120	2,00	240,00
120	2,00	240,00				240	2,00	480,00
			120	2,00	240,00	120	2,00	240,00
100	2,40	240,00				120	2,00	240,00
						100	2,40	240,00
						220		480,00
			100	2,40	240,00	120	2,00	240,00
				CMV	480,00			

O valor das entradas no estoque ocorre pelo valor líquido, excluído do preço unitário o ICMS de 20%. O quadro a seguir apresenta a apuração da Receita Líquida:

	quantidade	Preço unitário de venda	Receita bruta	ICMS sobre venda	Cofins (3% da receita bruta)	Receita líquida (Receita bruta – ICMS – Cofins)
Venda 1	120,00	3,50	420,00	84,00	12,60	323,40
Venda 2	100,00	4,80	480,00	96,00	14,40	369,60
TOTAL	220,00	8,30	900,00	180,00	27,00	693,00

Os dados apurados de Receita Líquida e Custo da Mercadoria Vendida permitem montar a seguinte Demonstração do Resultado do Exercício:

Receita líquida	693,00
(-) CMV	(480,00)
(=) Lucro bruto	213,00

Gabarito "A".

(Técnico da Receita Federal – 2002.2 – ESAF) A empresa Abestos S/A vendeu mercadorias, a prazo, para a Cia. Carvalhais por R$ 17.500,00, a preço de fatura, prometendo entregar em domicílio. Para fazer a referida entrega a Abestos teve que pagar o transporte da mercadoria vendida. Esse gasto realizado com o transporte até o endereço do comprador será, contabilmente

(A) Acréscimo na despesa da Abestos S/A.
(B) Redução no custo de vendas da Cia. Carvalhais.
(C) Acréscimo no custo de vendas da Abestos S/A.
(D) Redução no custo de vendas da Abestos e acréscimo no valor das compras da Carvalhais.
(E) Redução das vendas da Abestos e acréscimo no custo de vendas da Carvalhais.

Como a empresa Abestos S/A se comprometeu a entregar a mercadoria, a despesa de entrega correrá por conta dela, representando, portanto, uma despesa para a empresa Abestos S/A. Se o frete tivesse corrido por conta da Cia. Carvalhais, esta empresa registraria seu valor nas compras, somando ao valor do estoque.

Gabarito "A".

(Técnico da Receita Federal – 2002.2 – ESAF) A firma Pétrea Ltda. promoveu o movimento de entradas e saídas de mercadorias, isentas de tributação,na forma como segue:

- existência anterior de 1.000 unidades ao custo unitário de R$ 20,00;
- compra a vista de 1.500 unidades ao preço unitário de R$ 30,00;
- venda a vista de 2.000 unidades ao preço unitário de R$ 25,00;
- compra a prazo de 500 unidades ao preço unitário de R$ 35,00.

Nessa ordem, no fim do período considerado, a empresa terá um estoque de mercadorias no valor de

(A) R$ 27.500,00 se trabalhar com o critério Preço Médio.
(B) R$ 27.500,00 se trabalhar com o critério UEPS.
(C) R$ 30.500,00 se trabalhar com o critério PEPS.
(D) R$ 20.000,00 se trabalhar com o critério PEPS.
(E) R$ 20.000,00 se trabalhar com o critério UEPS.

Pelas tabelas apresentadas a seguir é possível concluir que o único item correto é o que define o estoque final igual a R$27.500,00 pelo critério UEPS.

Preço médio								
Entradas			Saídas			Saldo		
Qt	Preço unitário (R$)	Total (R$)	Qt	Preço unitário (R$)	Total (R$)	Qt	Preço unitário (R$)	Total (R$)
						1.000	20,00	20.000,00
1500	30,00	45.000,00				2.500	26,00	65.000,00
			2000	26,00	52.000,00	500	26,00	13.000,00
500	35,00	17.500,00				1.000	30,50	30.500,00

PEPS								
Entradas			Saídas			Saldo		
Qt	Preço unitário (R$)	Total (R$)	Qt	Preço unitário (R$)	Total (R$)	Qt	Preço unitário (R$)	Total (R$)
						1.000	20,00	20.000,00
1.500	30,00	45.000,00				1.000 1.500 2.500	20,00 30,00	20.000,00 45.000,00 65.000,00
			1.000 1.000 2.000	20,00 30,00	20.000,00 30.000,00 50.000,00	500	30,00	15.000,00
500	35,00	17.500,00				500 500 1.000	30,00 35,00	15.000,00 17.500,00 32.500,00

UEPS								
Entradas			Saídas			Saldo		
Qt	Preço unitário (R$)	Total (R$)	Qt	Preço unitário (R$)	Total (R$)	Qt	Preço unitário (R$)	Total (R$)
						1.000	20,00	20.000,00
1.500	30,00	45.000,00				1.000 1.500 2.500	20,00 30,00	20.000,00 45.000,00 65.000,00
			1.000 1.000 2.000	30,00 20,00	30.000,00 20.000,00 50.000,00	500	20,00	10.000,00
500	35,00	17.500,00				500 500 1.000	20,00 35,00	10.000,00 17.500,00 27.500,00

(Fiscal de Tributos/PA – 2002 – ESAF) Assinale a opção correta.

As despesas de fretes

(A) e seguros pagas na aquisição de mercadorias para revenda devem ser classificadas como custo de aquisição de mercadorias.

(B) e seguros pagas na aquisição de mercadorias para revenda devem ser classificadas como despesas comerciais.

(C) não pagas, devem ser classificadas no ativo diferido.

(D) pagas na entrega de mercadorias vendidas devem ser classificadas como custo de mercadorias vendidas.

(E) pagas na venda de mercadorias não alteram o resultado operacional.

A regra para o pagamento de fretes e seguros é a seguinte:
Na aquisição de mercadorias – incluem no custo da mercadoria vendida.
Na venda de mercadorias – contabilizada como despesa.

Gabarito "A".

(Fiscal de Tributos/PA – 2002 – ESAF) Indique a opção <u>incorreta</u>.

(A) A manutenção de um sistema de controle permanente de estoques é admitida para efeito de apuração dos resultados do exercício.

(B) A escrituração do livro Diário pode ser substituída pela escrituração obrigatória do livro Razão.

(C) A avaliação dos estoques pelo método do custo médio ponderado é aceita para efeito de apuração dos resultados do exercício.

(D) Os créditos de impossível realização devem ser expurgados do Ativo.

(E) A perda de valor dos recursos minerais explorados deve ser reconhecida através de registro em contas de exaustão.

A: o controle permanente é a forma mais adequada de controle de estoques; **B:** os livros são complementares e exigidos pelo código civil; **C:** tanto o custo médio ponderado quanto o PEPS são aceitos para fins de apuração do resultado do exercício; **D:** se não for possível a realização do ativo este deve ser baixado (expurgado) contra uma conta de despesa; **E:** segundo a lei 6.404/76, a exaustão refere-se à perda do valor, decorrente da sua exploração, de direitos cujo objeto sejam recursos minerais ou florestais, ou bens aplicados nessa exploração.

Gabarito "B".

(Fiscal de Tributos/PA – 2002 – ESAF) Em 10.01.2002, uma empresa comercial adquiriu da Indústria X, para revenda, 8 unidades do produto X, pelo valor de fatura de R$ 400,00.

O estoque inicial, em 31.12.2001, do produto X era de 4 unidades, no total de R$ 160,00.

A compra do produto X, sujeita ao ICMS de 20% e isenta do IPI, foi feita a prazo.

O registro contábil da compra foi:

(A) Produtos Prontos
Produto X
a Fornecedores
Indústria X
Pela aquisição de 8 unidades para revenda 400,00

(B) Produtos Prontos
Produto X
a Mercadorias para Revenda
Produto X
Pela aquisição de 8 unidades para revenda 400,00

(C) Mercadorias para Revenda
Produto X
a Fornecedores
Indústria X
Pela aquisição de 8 unidades para revenda 400,00

(D) Diversos
a Fornecedores
Indústria X
Mercadorias para Revenda 320,00
Produto X
Pela aquisição de 8 unidades para revenda
Contas Correntes ICMS 80,00 400,00

(E) Diversos
a Fornecedores
Indústria X
Mercadorias para Revenda 400,00
Produto X
Pela aquisição de 8 unidades para revenda
Contas Correntes ICMS 80,00 480,00

Se o valor pago pela mercadoria foi R$400,00, é possível concluir que dentro desse valor está o ICMS, que no caso da empresa adquirente trata-se de um imposto a recuperar. Sendo assim, os R$400,00 podem ser desmembrados em ICMS a recuperar no valor de R$80,00 (20% de R$400,00) e estoque de mercadorias no valor líquido de R$320,00 (R$400,00 – R$80,00). Como a empresa se comprometeu a pagar R$400,00 pela mercadoria, esse valor será creditado na conta fornecedores. Os débitos desse lançamento serão contra a conta mercadorias para revenda no valor de R$320,00 e ICMS a recuperar (conta corrente ICMS) no valor de R$80,00.

Gabarito "D".

(Fiscal de Tributos/PA – 2002 – ESAF) Considere os dados abaixo e assinale a opção correta.

Compras do período (líquidas de ICMS)	R$ 200,00
Custo das Mercadorias Vendidas	R$ 150,00
Despesas com Vendas	R$ 100,00
Despesas Financeiras	R$ 50,00
Despesas Gerais	R$ 80,00
Lucro Líquido do Exercício	R$ 20,00
Receita Líquida de Vendas	R$ 400,00

Os estoques inicial e final são, respectivamente, de:

(A) R$ 70,00 e R$ 50,00.
(B) R$ 50,00 e R$ 70,00.
(C) R$ 20,00 e R$ 70,00.
(D) R$ 70,00 e R$ 20,00.
(E) R$ 20,00 e R$ 50,00.

A conta estoque foi aumentada pelas compras no valor de R$200,00 e diminuída em R$150 pelo custo da mercadoria vendida, o que representou um aumento líquido da conta em relação ao saldo inicial de R$50,00 (R$200,00 – R$150,00). Dentre as alternativas da questão, apenas uma apresenta saldo inicial e final com essa característica, sendo essa a que define o saldo inicial igual a R$20,00 e saldo final igual a R$70,00.

Gabarito "C".

(Agente Fiscal/Teresina – 2002 – ESAF) A empresa Induscom Têxtil Ltda., contribuinte de ICMS e IPI, adquiriu a matéria-prima necessária ao processo fabril do mês de maio, em uma única partida, como segue:

- aquisição de 1.000 metros ao preço unitário de R$ 6,00;
- pagamento em moeda corrente na apresentação da nota;
- tributação de ICMS sobre a compra e transporte, no valor de R$ 720,00;
- tributação de IPI sobre a compra, no valor de R$ 300,00;
- fretes e seguro relativos à operação de compra, no valor de R$ 150,00.

De posse dos documentos decorrentes da operação acima exemplificada, o contador promoveu lançamentos na forma seguinte. Assinale o registro correto.

(A) Diversos
a Caixa
pelas aquisições desta data, como segue:
Mercadorias R$ 6.000,00
ICMS a Recuperar R$ 720,00
IPI a Recuperar R$ 300,00
Despesas Acessórias R$ 150,00 R$ 7.170,00
(Fretes e Seguros)

(B) Diversos
a Caixa
pelas aquisições desta data, como segue:
Mercadorias R$ 6.150,00
ICMS a Recuperar R$ 720,00
IPI a Recuperar R$ 300,00 R$ 7.170,00

(C) Diversos
a Caixa
pelas aquisições desta data, como segue:
Mercadorias R$ 5.430,00
ICMS a Recuperar R$ 720,00
IPI a Recuperar R$ 300,00 R$ 6.450,00

(D) Diversos
a Caixa
pelas aquisições desta data, como segue:
Mercadorias R$ 5.730,00
ICMS a Recuperar R$ 720,00 R$ 6.450,00

(E) Diversos
a Caixa
pelas aquisições desta data, como segue:
Mercadorias R$ 5.130,00
ICMS a Recuperar R$ 720,00
IPI a Recuperar R$ 300,00 R$ 6.150,00

O valor total da nota está apresentado no esquema a seguir:

Preço de aquisição (ICMS incluso)	6.000,00
IPI	300,00
Fretes e seguros	150,00
Valor total da nota	6.450,00

O valor total da nota (R$ 6.450) representa o valor desembolsado pela empresa, a crédito de caixa. Como o preço de aquisição é R$6.000 e nesse valor estão incluídos R$ 720 de ICMS é possível concluir que o valor líquido de mercado é de R$5.280. Além desse valor, deve ser contabilizado no estoque de mercadorias o valor referente a fretes e seguros (R$150), totalizando R$5.430.

Por se tratar de uma empresa industrial, a empresa irá contabilizar em conta do ativo o IPI e o ICMS a recuperar sobre as compras. O lançamento ficará assim apresentado:

Débito – Mercadorias – R$ 5.430

Débito – ICMS a recuperar – R$ 720

Débito – IPI a recuperar – R$ 300

Crédito – Caixa – R$ 6.450

Gabarito "C"

(Agente Tributário Estadual/MS – 2001 – ESAF) Considere uma empresa comercial que tenha adquirido, a prazo, 600 unidades de certo objeto ao custo unitário de R$ 30,00, pagando frete de R$ 0,50 por unidade. Em seguida, tenha vendido metade dessas aquisições, emitindo nota fiscal no valor de R$ 12.000,00 com entrega em domicílio, pagando frete total de R$ 320,00.

Sabendo-se que não havia estoques iniciais, que o frete está isento de tributação, mas que as compras e vendas foram tributadas com ICMS à alíquota de 17%, assinale a opção que indica corretamente o lucro bruto alcançado na operação.

(A) R$ 3.490,00
(B) R$ 2.365,00
(C) R$ 2.340,00
(D) R$ 2.170,00
(E) R$ 2.020,00

O primeiro passo para a resolução da questão é apurar o Custo da Mercadoria Vendida (CMV), que é dado pela seguinte fórmula: CMV = Estoque inicial + Compras – Estoque final.

O valor das compras é dado da seguinte forma:

Compras brutas

(+) Fretes

(+) Seguros

(-) Deduções (Devolução de compras, impostos recuperáveis, abatimentos sobre compras e descontos incondicionais obtidos)

Sendo assim, o valor das compras será igual a R$15.240 (R$18.000 + R$300 de frete – R$3.060 de ICMS sobre a compra).

O Custo da Mercadoria Vendida será, portanto:

CMV = Estoque inicial + Compras – Estoque final

CMV = 0 + 15.240 – 7.620

CMV = 7.620

A partir desses valores é possível montar a seguinte Demonstração do Resultado do Exercício:

Receita bruta	12.000,00
(-) ICMS (17% sobre a receita)	(2.040,00)
(=) Receita líquida	9.960,00
(-) CMV	(7.620,00)
(=) Lucro bruto	2.340,00

Gabarito "C"

(Agente Tributário Estadual/MS – 2001 – ESAF) A empresa MIP Comercial utiliza o Método do Inventário Periódico, com avaliação pelo critério PEPS, para controlar os seus estoques. Durante o exercício de 2000, entretanto, houve um roubo de mercadorias que só foi descoberto em março de 2001 com a confissão do culpado.

No exercício de 2000 o "custo das mercadorias roubadas" foi incluído, despercebidamente,

(A) no estoque inicial de mercadorias
(B) nas compras de mercadorias
(C) nas vendas de mercadorias
(D) no estoque final de mercadorias
(E) no custo das mercadorias vendidas

Quando a empresa efetuou o inventário periódico, identificou a quantidade de estoque existente, já descontado das mercadorias roubadas. Nesse caso, toda a baixa do estoque foi considerada como custo da mercadoria, inclusive o valor das mercadorias roubadas.

Gabarito "E"

(Agente Tributário Estadual/MS – 2001 – ESAF) No mês de outubro de 2000 a empresa "M" apurou um lucro operacional bruto de R$ 3.000,00 nas operações de compra e venda de sua mercadoria "Beta", cuja tributação de ICMS é feita à alíquota de 17%.

O cálculo desse lucro considerou a contabilização de Receita Bruta de Vendas no valor de R$ 10.000,00 e de Compras de Mercadorias no valor de R$ 7.000,00.

O Custo das Mercadorias Vendidas foi equivalente a 50% do preço bruto de venda e a contribuição para o COFINS foi de 3%. Não haverá PIS/Faturamento.

Após a contabilização dos fatos geradores do resultado acima listado, ocorreu a devolução de 20% das compras e de 10% das vendas do período.

A efetivação dos ajustes contábeis provocados pelas devoluções mencionadas vai evidenciar para o lucro operacional bruto o valor correto de:

(A) R$ 2.000,00
(B) R$ 2.250,00
(C) R$ 2.700,00
(D) R$ 3.000,00
(E) R$ 3.200,00

Deve ser considerado primeiramente que as devoluções de compras não alteram em nada o resultado do exercício, não devendo ser considerada tal informação para fins de apuração do lucro operacional bruto. Já as devoluções de vendas afetam a receita de vendas e todos os outros valores decorrentes dessa receita. Apresentamos a seguir a Demonstração do Resultado antes e após a contabilização das devoluções de vendas:

	Antes das devoluções de vendas	Após as devoluções de vendas
Receita de vendas	10.000,00	9.000,00
(-) ICMS(17% da receita)	(1.700,00)	(1.530,00)
(-) Cofins(3% da receita)	(300,00)	(270,00)
(=) Receita líquida	8.000,00	7.200,00
(-) CMV (50% da receita)	(5.000,00)	(4.500,00)
(=) Lucro bruto	3.000,00	2.700,00

Gabarito "C"

(Agente Fiscal/PI – 2001 – ESAF) No balancete levantado ao final de um determinado mês a conta Mercadorias para Revenda apresentava o saldo de R$ 200,00. No mês subsequente foram adquiridas mercadorias no valor de fatura de R$ 100,00.

Sabendo-se que, no mês subsequente, o Custo de Mercadorias Vendidas foi de R$ 150,00 e que a alíquota de ICMS sobre as compras é uniforme, podemos afirmar que as mercadorias adquiridas estavam sujeitas a alíquota de ICMS de:

(A) zero, porque as mercadorias estavam isentas de ICMS
(B) 15%, se o estoque final foi de R$ 130,00
(C) 15%, se o estoque final foi de R$ 140,00
(D) 20%, se o estoque final foi de R$ 140,00
(E) 20%, se o estoque final foi de R$ 130,00

Para resolver a questão, basta calcular o estoque final a partir dos dados apresentados. Nesse cálculo deve ser utilizado como valor líquido das compras o valor da compra excluído o percentual de ICMS definido por cada item. Apresentamos a seguir um quadro resumo com o cálculo do valor do estoque final:

Item	Estoque inicial	Compras	CMV	Estoque final (Estoque inicial + Compras – CMV)
a)	item errado, pois contraria o enunciado que diz que existe ICMS			
b)	200	85	150	135
c)	200	85	150	135
d)	200	80	150	130
e)	200	80	150	130

Gabarito "E".

(Auditor do Tesouro Municipal/Natal-RN – 2001 – ESAF) A empresa Com Têxtil Limitada trabalha, exclusivamente, com o tecido "alfa". Em 20 de outubro negociou uma partida nos seguintes termos:

– aquisição de 2.000 metros ao preço unitário de R$ 5,00;
– pagamento em moeda corrente na apresentação da nota;
– tributação de ICMS sobre a compra e transporte, no valor de R$ 1.200,00;
– tributação de IPI sobre a compra, no valor de R$ 500,00;
– fretes e seguro relativos à operação de compra, no valor de R$ 300,00.

De posse dos documentos decorrentes da operação acima exemplificada, o contador promoveu lançamentos na forma seguinte. Assinale o registro correto, sabendo-se que a empresa é contribuinte do ICMS e não contribuinte do IPI.

(A) Diversos
a Caixa
pelas aquisições desta data,
como segue:
Mercadorias R$ 10.000,00
ICMS a Recuperar R$ 1.200,00
IPI a Recuperar R$ 500,00
Despesas Acessórias
(Fretes e Seguros) R$ 300,00 R$ 12.000,00

(B) Diversos
a Caixa
pelas aquisições desta data,
como segue:
Mercadorias R$ 10.300,00
ICMS a Recuperar R$ 1.200,00
IPI a Recuperar R$ 500,00 R$ 12.000,00

(C) Diversos
a Caixa
pelas aquisições desta data,
como segue:

Mercadorias	R$ 9.100,00	
ICMS a Recuperar	R$ 1.200,00	
IPI a Recuperar	R$ 500,00	R$ 10.800,00

(D) Diversos
a Caixa
pelas aquisições desta data,
como segue:

Mercadorias	R$ 9.600,00	
ICMS a Recuperar	R$ 1.200,00	R$ 10.800,00

(E) Diversos
a Caixa
pelas aquisições desta data,
como segue:

Mercadorias	R$ 9.100,00	
ICMS a Recuperar	R$ 1.200,00	R$ 10.300,00

Pelo fato da empresa ser contribuinte do ICMS, esse imposto sobre as compras será contabilizado em conta separada da conta de mercadorias. Já o IPI será somado ao valor das mercadorias, visto que a empresa não poderá se creditar do valor pago por esse imposto por não ser contribuinte. Dentro do valor total de R$10.000 (2.000 metros x R$5,00) referentes à aquisição estão incluídos R$1.200 de ICMS, sendo necessário para apurar o valor total da nota fiscal e somar aos R$10.000 os valores referentes ao IPI (R$500) e fretes (R$300). O valor total da nota será igual a R$10.800, devendo ficar contabilizado R$1.200 referente ao ICMS a recuperar separado dos R$9.600 que serão contabilizados na conta mercadorias. O lançamento ficará, portanto:
Débito – Mercadorias – R$9.600
Débito – ICMS a recuperar – R$1.200
Crédito – Caixa – R$10.800
Gabarito "D".

5. CONTABILIDADE DE CUSTOS

(Auditor Fiscal/CE – 2006 – ESAF) A Cia. Boa Vista fabrica e vende os produtos A e B, durante um determinado mês, o departamento fabril reporta para a contabilidade o seguinte relatório da produção:

CUSTOS	PRODUTO A	PRODUTO B	VALOR TOTAL
Matéria Prima	1.600.000	2.000.000	3.600.000
Mão de Obra Direta	1.200.000	800.000	2.000.000
Unidades Produzidas no Período	10.000 Und.	8.000 Und.	18.000 Und.
CIF – Custos Indiretos de Produção			5.000.000

Se a empresa distribui os CIF com base nos custos diretos de produção, os custos unitários dos produtos “A” e “B” são respectivamente:

(A) R$ 675,25 e R$ 705,00
(B) R$ 670,50 e R$ 675,25
(C) R$ 662,50 e R$ 570,50
(D) R$ 545,25 e R$ 530,00
(E) ’R$ 530,00 e R$ 662,50

Apresentamos a seguir o quadro resumo a distribuição dos custos:

	Produto A	Produto B	Total
Matéria-prima	1.600.000,00	2.000.000,00	3.600.000,00
Mão de obra direta	1.200.000,00	800.000,00	2.000.000,00
Total de custos diretos	2.800.000,00	2.800.000,00	5.600.000,00
Custos indiretos	2.500.000,00	2.500.000,00	5.000.000,00
Custo Total	5.300.000,00	5.300.000,00	10.600.000,00
Custo unitário	530,00	662,50	

Como o total de custos diretos foi dividido igualmente entre os dois produtos, e sendo esse o critério de rateio dos custos indiretos, é possível verificar que os custos indiretos também foram divididos igualmente entre os produtos. A apuração do custo unitário é obtida dividindo o custo total pela quantidade produzida.

Gabarito "E".

(Auditor Fiscal/MG – 2005 – ESAF) A empresa Atualíssima é totalmente automatizada, usando tecnologia de computação de última geração em seu processo produtivo, necessitando por essa razão manter um Departamento de Manutenção de Microcomputação, que apresenta sistematicamente uma ociosidade de utilização de aproximadamente 25% por mês, mas justificada como imprescindível, pela Diretoria de Produção segundo os relatórios apresentados em reunião de diretoria.

Nessa mesma reunião o Diretor Administrativo informa que a manutenção e conserto dos microcomputadores de seu departamento vêm sendo realizados, até então, por uma empresa terceirizada, o que implica em um desembolso médio anual de $800.000,00. Tendo em vista a política de contenção de gastos aprovada, solicita que esse serviço seja realizado pelo Departamento de Produção utilizando a ociosidade de tempo relatada, tendo em vista que é plenamente viável a medição de todos os gastos que vierem a ser efetuados. Além disso, poder-se-ia aproveitar pelo menos parte da ociosidade do Departamento de Manutenção de Microcomputação.

Nesse caso os gastos efetuados com a manutenção solicitada pela diretoria administrativa deveriam ser tratados como:

(A) Custo de Produção
(B) Despesa de Manutenção
(C) Receita Eventual
(D) Recuperação de Custo
(E) Custo Primário

A manutenção dos computadores da diretoria administrativa a ser realizada pelo departamento de manutenção de microcomputação deverá ser considerada uma despesa de manutenção, visto que não poderia ser contabilizada como custo, pois não se trata de gasto no processo de produção.

Gabarito "B".

(Auditor Fiscal/MG – 2005 – ESAF) Assinale a opção que contém procedimento, utilizado no tratamento de custos, conflitante com princípios/ normas/ convenções contábeis.

(A) custeio variável
(B) custeio por absorção
(C) custo benefício
(D) consistência
(E) materialidade

O custeio variável consiste em contabilizar os custos variáveis diretamente para o resultado do exercício, tratamento equivalente ao dado às despesas. Ocorre que essa sistemática contraria os princípios contábeis, visto que esses custos formam o estoque e, portanto, deveriam estar contabilizados como tal.

Gabarito "A".

Com base nas informações abaixo, resolva as três questões que seguem.

A Indústria de Ferro e Ferragem, fabricante do produto x, possuía a seguinte estrutura de custos e despesas em 20x4:

Estrutura de Custos em R$	
Custos Fixos	12.000.000/ano
Custos Variáveis	1.200/unidade
Estrutura de Despesas em R$	
Despesas Fixas	3.000.000/ano
Despesas Variáveis	600/unidade

O mercado no qual atua valida o preço de venda de R$3.800/unidade o que proporcionou a obtenção de uma receita total de R$39.900.000 em 20x4.

(Auditor Fiscal/MG – 2005 – ESAF) Conforme as informações dadas pode-se afirmar que:

(A) o lucro obtido pela empresa, no período de 20x4, foi na ordem de R$ 11.299.000.
(B) para que a empresa não tivesse prejuízo em 20x4 deveria vender pelo menos 7.301 unidades.
(C) se a empresa vendesse 7.550 unidades, o resultado obtido pela empresa seria nulo.
(D) no ano de 20x4 essa empresa teria equilíbrio no resultado se vendesse 7.800 unidades.
(E) a empresa vendeu 3.000 unidades acima de seu ponto de equilíbrio em 20x4.

Apresentamos a seguir a Demonstração do Resultado do Exercício considerando as unidades efetivamente vendidas (10.500 unidades) e considerando o ponto de equilíbrio (resultado igual a zero com a venda de 7.500 unidades:

	Venda de 10.500 unidades	Venda de 7.500 unidades
Receita de vendas	39.900.000,00	28.500.000,00
(-) Custos variáveis	(12.600.000,00)	(9.000.000,00)
(-) Despesas variáveis	(6.300.000,00)	(4.500.000,00)
(=) Margem de contribuição	21.000.000,00	15.000.000,00

(-) Custos fixos	(12.000.000,00)	(12.000.000,00)
(-) Despesas fixas	(3.000.000,00)	(3.000.000,00)
(=) Lucro líquido	6.000.000,00	-

Gabarito "E".

(Auditor Fiscal/MG – 2005 – ESAF) O valor da margem de contribuição da empresa é:

(A) R$ 2.000
(B) R$ 2.500
(C) R$ 3.000
(D) R$ 3.500
(E) R$ 3.800

A margem de contribuição é apurada deduzindo-se da receita de vendas os custos variáveis. Apresentamos a seguir o cálculo da margem de contribuição da indústria:

Receita de vendas	3.800,00
(-) Custos variáveis	(1.200,00)
(-) Despesas variáveis	(600,00)
(=) Margem de contribuição	2.000,00

Gabarito "A".

(Auditor Fiscal/MG – 2005 – ESAF) Nas condições dos dados fornecidos, o percentual de margem de segurança é:

(A) 18,5%
(B) 20,7%
(C) 28,6%
(D) 36,8%
(E) 38,2%

A margem de segurança representa as unidades vendidas a mais que o ponto de equilíbrio. Como foram vendidas 10.500 unidades e o ponto de equilíbrio é de 7.500 unidades, a margem de segurança é igual a 28,6%, apurada pela seguinte fórmula: (7.500/10.500) – 1.

Gabarito "C".

(Auditor do Tesouro Municipal/Fortaleza-CE – 2003 – ESAF) A empresa Elétrica de Automóveis Ltda. apurou os seguintes dados no mês:

Itens	Valores em R$
Custo da mão de obra	3.000,00
Custo de baixa de bens	1.000,00
Custo do material aplicado	2.000,00
Depreciação de equipamentos operacionais	200,00
Despesas Financeiras	300,00
Imposto sobre serviços	400,00
Vendas de Serviço	10.400,00

Indique a opção que contém o valor do custo dos serviços prestados.

(A) R$ 5.000,00
(B) R$ 5.200,00
(C) R$ 5.600,00
(D) R$ 6.200,00
(E) R$ 6.600,00

O custo dos serviços prestados é composto apenas pelos itens relacionados à prestação dos serviços, que para a questão são:

Item de custo	Valor
Custo da mão de obra	3.000,00
Custo do material aplicado	2.000,00
Depreciação de equipamentos operacionais	200,00
Total	5.200,00

Os demais itens apresentados pela questão não se referem a custos, pois não estão relacionados à prestação dos serviços.

Gabarito "B".

(Auditor do Tesouro Municipal/Fortaleza-CE – 2003 – ESAF) A empresa Reparadora Ltda. apurou os seguintes dados no mês:

Itens	Valores em R$
Custo da mão de obra	5.000,00
Custo de baixa de bens	1.000,00
Custo do material aplicado	4.000,00
Depreciação de equipamentos operacionais	300,00
Despesas Financeiras	500,00
Imposto sobre serviços	500,00
Vendas de Serviços	15.500,00

Indique a opção que contém o valor correspondente ao Lucro Bruto.

(A) R$ 4.200,00
(B) R$ 4.700,00
(C) R$ 5.000,00
(D) R$ 5.200,00
(E) R$ 5.700,00

Com base nos dados apresentados pela questão, é possível montar a seguinte Demonstração do Resultado:

Vendas de Serviços	15.500,00
(-) Imposto sobre serviços	(500,00)
(-) Custo dos serviços prestados	
Custo da mão de obra	(5.000,00)
Custo do material aplicado	(4.000,00)
Depreciação de equipamentos operacionais	(300,00)
(=) Lucro bruto	5.700,00

Gabarito "E".

(Agente Tributário Estadual/MS – 2001 – ESAF) A Firma Com-Serviçal Limitada, no exercício de 2000, apurou resultados baseados nas seguintes informações:

Serviços prestados a vista	R$ 12.000,00
Serviços prestados a prazo	R$ 18.000,00
Materiais estocados no fim do período:	
para uso nos serviços oferecidos	R$ 1.400,00
para revenda direta "in natura"	R$ 7.000,00

Compras a vista:	
Materiais para uso nos serviços	R$ 4.000,00
Materiais para revenda direta	R$ 5.000,00
Compras a prazo:	
Materiais para uso nos serviços	R$ 6.000,00
Materiais para revenda direta	R$ 5.000,00
Estoques iniciais inexistentes em ambos os tipos de materiais:	
Mão de obra direta do serviço	R$ 6.200,00
Mão de obra do restante da atividade	R$ 2.700,00
Despesas de Juros e Multas	R$ 1.000,00
Cofins e PIS/Faturamento:	4%
ICMS e ISS: alíquota zero	
Lucro Operacional Bruto da atividade de revenda de materiais:	R$ 6.500,00

A contabilização correta desses valores vai demonstrar, no referido exercício, a existência de:

(A) custo das mercadorias vendidas no valor de R$ 3.260,00

(B) custo dos serviços prestados no valor de R$ 20.200,00

(C) custo total (de mercadorias e serviços) no valor de R$ 21.500,00

(D) lucro bruto na atividade serviços no valor de R$ 14.000,00

(E) lucro líquido no valor de R$ 16.540,00

Para apurarmos qual o resultado da empresa na atividade serviços, é necessário primeiramente apurar o custo dos materiais aplicados, da mesma forma que se apura o Custo da Mercadoria Vendida, conforme apresentado a seguir:

Materiais aplicados = Estoque inicial + Compras(a vista e a prazo) – Estoque Final

Materiais aplicados = 0 + 4.000 + 6.000 – 1.400 = 8.600

Agora já é possível montar a Demonstração do Resultado da atividade serviços, conforme apresentado a seguir:

Receita de prestação de serviços	30.000,00
(-) Cofins e PIS (4% da receita)	(1.200,00)
(-) Materiais aplicados	(8.600,00)
(-) Mão de obra direta	(6.200,00)
(=) Lucro bruto	14.000,00

Gabarito "D"

(Agente Fiscal/PI – 2001 – ESAF) Indique a opção correta.

(A) Quando a empresa fabrica um produto único, com especificações próprias, deve avaliar o seu custo de produção pelo critério de apuração denominado custos por processo, uma vez que o processo de fabricação se desenvolve durante um determinado período de tempo.

690 (B) Quando a empresa tem necessidade de conhecer e controlar as diversas fases de fabricação de seus produtos, deve organizar os registros de sua contabilidade de custos atendendo aos critérios que norteiam o denominado custo padrão, porque é a forma segura de obter informações prévias quanto ao custo final do produto e manter controles que assegurem a execução conforme tenha sido planejado.

(C) Quando a empresa mantém uma produção contínua, desenvolvida em diversas fases distintas, a apuração de custos poderá ser feita por departamentos, mas está sujeita, ao final de cada período, à verificação do nível de acabamento de todos os produtos existentes em cada Departamento ligado à produção.

(D) Quando a empresa não tem necessidade de conhecer com exatidão e de manter controle sobre os custos, como nos casos de produção sob encomenda, o Departamento de Custos pode ser organizado em Centros de Custos, em um sistema denominado Centro de Custo-Padrão.

(E) Quando a empresa adota a apuração de custos pelo método de custo-padrão, como o sistema mais simples de registro dos custos de produção, deve tomar como base de verificação e acompanhamento dos custos de produção os parâmetros de padrões registrados em fabricações anteriores, na própria empresa ou em empresa similar.

A: se a empresa fabrica apenas um produto, não é necessário adotar critérios de apuração; **B:** a metodologia do custo-padrão não assegura a execução conforme o planejamento; **C:** ao final de cada período, a empresa deverá identificar quantos produtos estão acabados e quantos estão em elaboração de forma a reparar os custos entre esses produtos; **D:** os centros de custos representam uma forma sofisticada de apuração do custo; **E:** o custo-padrão não é uma metodologia simples de registro dos custos de produção.

Gabarito "C"

(Agente Fiscal/PI – 2001 – ESAF) Certos gastos de fabricação não estão ligados diretamente ao custo de um produto.

O sistema de contabilidade de custos dispõe de um instrumento que distribui esses gastos entre os diversos produtos, sem provocar distorções inaceitáveis.

O instrumento é denominado:

(A) apropriação de custos

(B) compensação de custos

(C) estorno de despesas

(D) estorno de gastos

(E) rateio de gastos

Os custos indiretos de fabricação precisam ser distribuídos entre os produtos. Essa distribuição é chamada de rateio.

Gabarito "E"

(Agente Fiscal/PI – 2001 – ESAF) Observe os seguintes dados: desconsidere existência de estoques inicial e final e assinale a opção correta.

	Depto. A	Depto. B	Depto. C
Matérias-Primas	200	400	400
Mão de Obra	150	600	250
Gastos Gerais de Fabricação	50	200	150
Total	400	1.200	800
Quantidade de produtos em elaboração	2.000	2.400	2.400
Fase de elaboração – %	40	50	10

Os dados indicam que:

(A) o custo das matérias-primas, por unidade fabricada, nos Departamentos B e C é o dobro do custo das matérias-primas, por unidade fabricada no Departamento A.
(B) estando o Departamento A na fase de elaboração de 40%, significa dizer que 40% das 2.000 unidades, em elaboração nesse Departamento, estão prontas para venda.
(C) sendo a fase de elaboração do Departamento B muito maior que a fase de elaboração do Departamento C, significa dizer que a eficiência do pessoal do Departamento B é maior do que a do Departamento C.
(D) para o cálculo do custo unitário da produção é indispensável que sejam conhecidos os estoques inicial e final dos produtos em elaboração, em cada Departamento.
(E) foram extraídos de uma planilha de avaliação das variações positivas e negativas levantada para acompanhamento do custo real em relação ao custo-padrão.

A: não é possível confirmar a afirmativa visto que podem ter passado pelos departamentos B e C uma quantidade maior de produtos que pelo departamento A, o que faria com que o custo das matérias-primas por unidade de produto fosse menor; **B:** significa que na média os produtos estão com 40% de acabamento; **C:** por se tratarem de departamentos distintos, não há que se comparar a eficiência dos dois; **D:** os estoques iniciais e finais fazem parte do cálculo para apuração do custo juntamente com o valor das compras, sendo, portanto, essencial para a apuração do custo unitário; **E:** nada indica que os dados apresentados referem-se à metodologia de apuração do custo-padrão.

Gabarito "D"

(Agente Fiscal/PI – 2001 – ESAF) A empresa industrial é uma organização que:

(A) visa, além da transformação, da compra e venda de bens, atender a fins sociais da comunidade.
(B) visa à transformação de matérias-primas em bens.
(C) visa à exploração de atividades de transformação de matérias-primas e à prestação de serviços em geral.
(D) visa à compra e venda de produtos.
(E) exerce várias funções na sociedade, como compra e venda de produtos, transformação de matérias-primas e criação de empregos.

Se a empresa é exclusivamente industrial, sua atividade é a transformação de matérias-primas em bens.

Gabarito "B"

(Agente Fiscal/PI – 2001 – ESAF) Assinale a opção que não pode ser considerada como representativa de operações de gestão de uma empresa industrial.

(A) Aplicação de capitais na aquisição de máquinas e equipamentos.
(B) Venda de produtos de fabricação própria.
(C) Compra de matérias-primas e de produtos secundários.
(D) Contratação de mão de obra e aquisição de componentes.
(E) Compra e venda de produtos de terceiros.

A: máquinas e equipamentos que serão utilizados na produção de bens; **B:** uma empresa industrial venderá apenas os produtos fabricados por ela; **C:** é com esses produtos que a empresa fabricará seus produtos; **D:** a aplicação desses custos transformará a matéria-prima em produtos para revenda; **E:** a venda de produtos de terceiros não se enquadra como atividade de uma empresa industrial.

Gabarito "E"

(Agente Fiscal/PI – 2001 – ESAF) Indique a opção que contém lançamento contábil que representa uma etapa do processo de produção industrial.

(A) Matérias-Primas
Chapas de aço no 18
a Fornecedores Cia. do Aço
Pago sua fatura no 2323, nesta data 50

(B) Matérias-Primas
Chapas de aço no 18
a Produtos em Elaboração
Caldeiras
Pelo consumo de matérias-primas no Período 50

(C) Matérias-Primas
Chapas de aço no 16
a Produtos Prontos
Fogões elétricos
Produção concluída neste mês 50

(D) Produtos Prontos
Fogões elétricos
a Produtos em Elaboração
Fogões elétricos
Valor da produção concluída neste mês 50

(E) Produtos em Elaboração
Fogões elétricos
a Produtos Prontos
Fogões elétricos
Produção concluída no corrente mês 50

A: refere-se à aquisição de matérias-primas, operação não relacionada à produção; **B:** lançamento incoerente com a descrição, pois transfere produtos em elaboração para a conta de matérias-primas; **C:** lançamento incoerente com a descrição, pois transfere produtos prontos para a conta de matérias-primas; **D:** o lançamento representa a conclusão do processo de elaboração, transferindo o valor referente aos produtos prontos para sua conta contábil; **E:** lançamento incoerente com a descrição, pois transfere produtos prontos para a conta de produtos em elaboração.

Gabarito "D".

6. CONTABILIDADE PÚBLICA

(Analista – CGU – 2012 – ESAF) Examine os itens a seguir a respeito dos conceitos e campo de aplicação da contabilidade aplicada ao setor público, assinale Verdadeiro(**V**) ou Falso(**F**) e escolha a opção que indica a sequência correta.

I. O campo de aplicação da contabilidade aplicada ao setor público abrange todas as entidades do setor público;
II. A função social da contabilidade aplicada ao setor público deve refletir, sistematicamente, o ciclo da administração pública para evidenciar informações necessárias para a tomada de decisão;
III. Ocorre o surgimento de novas unidades contábeis quando se procede à soma, agregação ou divisão do patrimônio de uma ou mais entidades;
IV. O objeto da contabilidade aplicada ao setor público são os recursos públicos.

(A) V, V, F, F;
(B) F, F, V, F;
(C) V, V, V, F;
(D) V, F, V,V;
(E) V, V, V,V.

I: Verdadeiro. A NBC T 16.1 – Normas Brasileiras de Contabilidade Aplicadas ao Setor Público define que o "Campo de Aplicação: espaço de atuação do Profissional de Contabilidade que demanda estudo, interpretação, identificação, mensuração, avaliação, registro, controle e evidenciação de fenômenos contábeis, decorrentes de variações patrimoniais em: (a) entidades do setor público; e (b) ou de entidades que recebam, guardem, movimentem, gerenciem ou apliquem recursos públicos, na execução de suas atividades, no tocante aos aspectos contábeis da prestação de contas."
II: Verdadeiro. A NBC T 16.1 – Normas Brasileiras de Contabilidade Aplicadas ao Setor Público define que "a função social da Contabilidade Aplicada ao Setor Público deve refletir, sistematicamente, o ciclo da administração pública para evidenciar informações necessárias à tomada de decisões, à prestação de contas e à instrumentalização do controle social".
III: Verdadeiro. A NBC T 16.1 – Normas Brasileiras de Contabilidade Aplicadas ao Setor Público define que "a soma, agregação ou divisão de patrimônio de uma ou mais entidades do setor público resultará em novas unidades contábeis".
IV: Falso. A NBC T 16.1 – Normas Brasileiras de Contabilidade Aplicadas ao Setor Público define que "o objeto da Contabilidade Aplicada ao Setor Público é o patrimônio público".

Gabarito "C".

(Analista – CGU – 2012 – ESAF) Assinale a opção <u>incorreta</u> a respeito dos critérios a serem levados em conta para a mensuração dos ativos dos entes submetidos às regras da contabilidade aplicada ao setor público.

(A) Os títulos de crédito, os direitos e as obrigações prefixadas são ajustados a valor presente.
(B) Os ativos imobilizados recebidos por doação devem ser registrados por valor simbólico.
(C) A participação no capital de empresas deve ser avaliada pelo método da equivalência patrimonial.
(D) Um dos critérios a ser levado em conta na mensuração do intangível é se o custo desse ativo pode ser mensurado com segurança.
(E) As disponibilidades em moeda estrangeira são mensuradas pelo valor original, feita a conversão à taxa vigente na data do Balanço Patrimonial.

A: A NBC T 16.1 – Normas Brasileiras de Contabilidade Aplicadas ao Setor Público define que "os direitos, os títulos de crédito e as obrigações prefixados são ajustados a valor presente"; **B:** A NBC T 16.1 – Normas Brasileiras de Contabilidade Aplicadas ao Setor Público define que "quando se tratar de ativos do imobilizado obtidos a título gratuito deve ser considerado o valor resultante da avaliação obtida com base em procedimento técnico ou valor patrimonial definido nos termos da doação"; **C:** A NBC T 16.1 – Normas Brasileiras de Contabilidade Aplicadas ao Setor Público define que "as participações em empresas e em consórcios públicos ou público-privados sobre cuja administração se tenha influência significativa devem ser mensuradas ou avaliadas pelo método da equivalência patrimonial"; **D:** A NBC T 16.1 – Normas Brasileiras de Contabilidade Aplicadas ao Setor Público define que "os direitos que tenham por objeto bens incorpóreos destinados à manutenção da atividade pública ou exercidos com essa finalidade são mensurados ou avaliados com base no valor de aquisição ou de produção"; **E:** A NBC T 16.1 – Normas Brasileiras de Contabilidade Aplicadas ao Setor Público define que "as disponibilidades são mensuradas ou avaliadas pelo valor original, feita a conversão, quando em moeda estrangeira, à taxa de câmbio vigente na data do Balanço Patrimonial".

Gabarito "B".

(Analista – CGU – 2012 – ESAF) Em contratos de Parcerias Público-Privadas – PPP, o parceiro público deve seguir a seguinte regra na contabilização de investimento em obras ou aquisição de bens financiados por ele.

(A) O reconhecimento contábil somente ocorre se o valor do bem for superior ao estipulado em documento específico para esse fim.
(B) Tendo em vista que na parceria os riscos são do ente privado, o ente público não realiza qualquer registro em seu balanço.

(C) O reconhecimento contábil no ente público ocorre quando, em decisão compartilhada, a administração couber ao financiador do bem.

(D) Registra-se contabilmente somente a transferência financeira ao parceiro privado destinada à aquisição do bem ou à realização da obra.

(E) Registra-se no seu balanço patrimonial como obras em andamento ou bem específico, podendo haver a assunção de dívida.

A: Quanto ao reconhecimento contábil da PPP, o Manual de Contabilidade Aplicada ao Setor Público – Parte III define "a assunção pelo parceiro público de parte relevante de pelo menos um entre os riscos de demanda, disponibilidade ou construção será considerada condição suficiente para caracterizar que a essência de sua relação econômica implica o reconhecimento dos ativos imobilizados ou intangíveis constituídos pela SPE no balanço patrimonial do ente público"
B: O Manual de Contabilidade Aplicada ao Setor Público – Parte III define que os riscos da PPP são divididos entre os parceiros envolvidos. O mesmo manual fala que "muitos dos riscos são assumidos pelo setor público, mas dificilmente de forma integral".
C: Quanto ao reconhecimento contábil da PPP, o Manual de Contabilidade Aplicada ao Setor Público – Parte III define "a assunção pelo parceiro público de parte relevante de pelo menos um entre os riscos de demanda, disponibilidade ou construção será considerada condição suficiente para caracterizar que a essência de sua relação econômica implica o reconhecimento dos ativos imobilizados ou intangíveis constituídos pela SPE no balanço patrimonial do ente público"
D: A depender das condições contratuais da PPP, principalmente no que se refere à assunção de riscos, pode o ente público registrar contabilmente os ativos imobilizados ou intangíveis constituídos pela SPE.
E: O Manual de Contabilidade Aplicada ao Setor Público – Parte III define que "nos contratos de PPP, os investimentos específicos em obras ou aquisição de bens financiados pelo parceiro público são registrados em seu balanço patrimonial como obras em andamento ou bem específico, podendo haver a assunção de dívida, a ser reconhecida de acordo com o princípio da competência"

Gabarito "E"

(Analista – CGU – 2012 – ESAF) Assinale a opção <u>incorreta</u> a respeito da estrutura, conteúdo e forma de apresentação do Balanço Financeiro de que trata o art. 103 da Lei n. 4.320/64.

(A) As destinações vinculadas não podem ser demonstradas de forma agrupadas nesta demonstração.

(B) O superávit ou déficit financeiro apurado nesta demonstração não se confunde com o resultado financeiro apurado no Balanço Patrimonial.

(C) As transferências financeiras não decorrentes da execução orçamentária também são evidenciadas nesta demonstração.

(D) O saldo inicial e o saldo final em espécie devem ser evidenciados no Balanço Financeiro.

(E) A diferença entre o somatório dos ingressos orçamentários com os extraorçamentários deduzidos dos dispêndios orçamentários e extraorçamentários constitui o resultado financeiro.

A: O artigo 103 não trata de vinculação. A Lei de Responsabilidade Fiscal define no Parágrafo único do art. 8º "os recursos legalmente vinculados a finalidade específica serão utilizados exclusivamente para atender ao objeto de sua vinculação, ainda que em exercício diverso daquele em que ocorrer o ingresso"
B: O superávit/déficit do balanço financeiro representa a variação das disponibilidades no período, enquanto o superávit/déficit do balanço patrimonial representa a diferença entre ativo financeiro e passivo financeiro.
C: A exemplo do depósito de caução, que mesmo não sendo decorrente da execução orçamentária é evidenciado no balanço financeiro.
D: Tais informações são utilizadas para equilibrar o balanço financeiro.
E: O resultado financeiro é apurado a partir da diferença entre ingressos e dispêndios.

Gabarito "A"

(Analista – CGU – 2012 – ESAF) Assinale a opção correta a respeito das regras sobre a escrituração contábil e consolidação das contas públicas determinadas pela Lei de Responsabilidade Fiscal – LRF.

(A) As receitas e despesas previdenciárias serão apresentadas em demonstrativos financeiros e orçamentários separados quando seus valores superarem em trinta por cento as despesas totais do ente.

(B) O regime de competência deve ser observado tanto para as receitas quanto para as despesas e também na assunção de compromissos.

(C) Os recursos vinculados a órgão, fundo ou despesa obrigatória devem ser identificados na demonstração das disponibilidades de caixa.

(D) Os recursos oriundos da alienação de ativos podem ser evidenciados na demonstração das variações patrimoniais pelos seus valores globais juntamente com os demais recursos.

(E) As transações das empresas estatais dependentes não integram as demonstrações contábeis consolidadas em razão de o seu regime contábil ser diferenciado dos demais entes públicos.

A: O artigo 50 da Lei de Responsabilidade Fiscal define que "as receitas e despesas previdenciárias serão apresentadas em demonstrativos financeiros e orçamentários específicos", sem entrar em detalhes quanto a percentuais das despesas totais.
B: O artigo 50 da Lei de Responsabilidade Fiscal define que "a despesa e a assunção de compromisso serão registradas segundo o regime de competência". Sabe-se que no setor público a receita adota o regime de caixa.
C: O artigo 50 da Lei de Responsabilidade Fiscal define que "a disponibilidade de caixa constará de registro próprio, de modo que os recursos vinculados a órgão, fundo ou despesa obrigatória fiquem identificados e escriturados de forma individualizada".
D: O artigo 50 da Lei de Responsabilidade Fiscal define que "a demonstração das variações patrimoniais dará destaque à origem e ao destino dos recursos provenientes da alienação de ativos".
E: O § 3º do artigo 1º da Lei de Responsabilidade Fiscal elenca as empresas estatais dependentes como parte integrante dos entes federativos. Tal situação se explica pelo fato de que essas empresas recebem recursos para a manutenção de suas atividades. As empresas estatais independentes não integram as demonstrações contábeis consolidadas.

Gabarito "C"

(Auditor do Tesouro Municipal/Recife-PE – 2003 – ESAF) Compete à Contabilidade Pública destacar os fatos ligados à Administração:

(A) Financeira, Industrial, Comercial e Patrimonial.

(B) Orçamentária, Comercial, Tributária e Industrial.

(C) Tributária, Comercial, Industrial e Comercial.

(D) Patrimonial, Orçamentária, Financeira e Industrial.
(E) Comercial, Patrimonial, Financeira e Tributária.

A Lei 4.320/1964 define no artigo 89 que "a contabilidade evidenciará os fatos ligados à administração orçamentária, financeira patrimonial e industrial".
Gabarito "D".

(Auditor do Tesouro Municipal/Recife-PE – 2003 – ESAF) Inscreve-se como Restos a Pagar a parcela da diferença entre a despesa

(A) fixada e paga.
(B) empenhada e paga.
(C) fixada e liquidada.
(D) autorizada e paga.
(E) empenhada e liquidada.

O artigo 36 da Lei 4.320/1964 define restos a pagar como "as despesas empenhadas, mas não pagas até o dia 31 de dezembro". Sendo assim, restos a pagar é a diferença entre a despesa empenhada e a despesa paga.
Gabarito "B".

(Auditor do Tesouro Municipal/Recife-PE – 2003 – ESAF) O estágio da Despesa Pública que consiste na verificação do direito adquirido pelo credor, tendo como base os títulos e documentos comprobatórios do respectivo crédito, é:

(A) Pagamento da Despesa.
(B) Empenho da Despesa.
(C) Liquidação da Despesa.
(D) Contabilização da Despesa.
(E) Classificação da Despesa.

O artigo 63 da lei 4.320/64 define liquidação da despesa como a "verificação do direito adquirido pelo credor tendo por base os títulos e documentos comprobatórios do respectivo crédito".
Gabarito "C".

(Auditor do Tesouro Municipal/Recife-PE – 2003 – ESAF) São consideradas Receitas de Capital:

(A) Alienação de Bens Imóveis, Investimentos e Restituição.
(B) Alienação de Bens Móveis, Operações de Crédito Internas e Externas.
(C) Operações de Créditos Externos, Receita de Dívida Ativa e Indenizações.
(D) Restituição, Dívida Ativa e Restos a Pagar.
(E) Alienação de Títulos Mobiliários, Tarifas de Pedágio e Arrendamentos.

A: investimento e restituição são despesas; **B:** todas as receitas elencadas enquadram-se no conceito de receita de capital definido no artigo 11 da lei 4.320/64; **C:** receita de dívida ativa e indenizações são receitas correntes; **D:** dívida ativa e restos a pagar não são receitas; **E:** tarifas de pedágio e arrendamentos são receitas correntes.
Gabarito "B".

(Auditor do Tesouro Municipal/Recife-PE – 2003 – ESAF) Assinale a afirmativa correta.

(A) Na Contabilidade Pública, a conta Tesouraria será sempre credora.
(B) A Proposta Orçamentária é uma Lei Orçamentária.
(C) Na Contabilidade Pública, Dívida Ativa corresponde aos compromissos do Poder Público.
(D) Na Contabilidade Pública, a Dívida Ativa corresponde às receitas lançadas e não arrecadadas no exercício de lançamento.
(E) Na Contabilidade Pública, Restos a Pagar são as despesas pagas no exercício.

A: por se tratar de uma conta do ativo, estará sempre devedora; **B:** para virar lei a proposta precisa ser votada; **C:** dívida ativa corresponde a crédito do poder público junto a terceiros; **D:** exato conceito de dívida ativa; **E:** restos a pagar são despesas empenhadas e não pagas.
Gabarito "D".

(Auditor do Tesouro Municipal/Recife-PE – 2003 – ESAF) Na Contabilidade Pública, constituem contas do Ativo Financeiro:

(A) Duplicatas a Pagar e Tesouraria.
(B) Bancos e Fornecedores.
(C) Duplicatas a Receber e Duplicatas a Pagar.
(D) Fornecedores e Duplicatas a Receber.
(E) Bancos e Tesouraria.

A: duplicatas a pagar é uma conta do passivo; **B:** fornecedores é uma conta do passivo; **C:** duplicatas a pagar é uma conta do passivo; **D:** fornecedores é uma conta do passivo; **E:** bancos e tesouraria são contas do ativo financeiro.
Gabarito "E".

(Auditor do Tesouro Municipal/Recife-PE – 2003 – ESAF) O Balanço que demonstrará as receitas e despesas previstas em confronto com as realizadas é:

(A) Balanço Orçamentário.
(B) Balanço Financeiro.
(C) Balanço Patrimonial.
(D) Balanço de Orçamento e Finanças.
(E) Balanço de Compensação.

O artigo 102 da lei 4.320/64 define que "o Balanço Orçamentário demonstrará as receitas e despesas previstas em confronto com as realizadas".
Gabarito "A".

(Auditor do Tesouro Municipal/Recife-PE – 2003 – ESAF) Um ingresso de numerário será extraorçamentário quando corresponder:

(A) à entrada compensatória no ativo e passivo financeiro e que não tenha sido prevista em lei.
(B) ao aumento de ativo financeiro realizável.
(C) à diminuição de passivo financeiro.
(D) à diminuição de ativo permanente.
(E) ao aumento de passivo permanente.

A: o ingresso extraorçamentário representa embolsos que aumentam a disponibilidade dos órgãos públicos, mas em compensação também provocam o aumento do passivo financeiro; **B:** esse aumento do ativo financeiro pode ser decorrente de uma receita orçamentária; **C:** essa diminuição do passivo financeiro pode ser decorrente de uma despesa orçamentária; **D:** essa diminuição do ativo permanente pode ser decorrente da venda de imobilizado, o que gera uma receita orçamentária (de capital); **E:** esse aumento de passivo permanente pode ser oriundo de contratação de operação de crédito, o que representaria uma receita orçamentária (de capital).
Gabarito "A".

(Auditor do Tesouro Municipal/Recife-PE – 2003 – ESAF) A Demonstração das Variações Patrimoniais evidenciará:

(A) as receitas e despesas previstas em confronto com as realizadas.
(B) as receitas e despesas orçamentárias, bem como os recebimentos e os pagamentos de natureza extra-orçamentária, conjugados com os saldos em espécie de exercício anterior os quais transferem para o exercício seguinte.
(C) as alterações verificadas no patrimônio, resultantes ou independentes da execução orçamentária e indicará o resultado patrimonial do exercício.
(D) os bens, créditos e valores cuja mobilização depende de autorização legislativa.
(E) os créditos e valores realizáveis independentemente de autorização orçamentária e valores numerários.

O artigo 104 da lei 4.320/64 define que "a Demonstração das Variações Patrimoniais evidenciará as alterações verificadas no patrimônio, resultantes ou independentes da execução orçamentária, e indicará o resultado patrimonial do exercício".

Gabarito "C".

7. ANÁLISE DAS DEMONSTRAÇÕES FINANCEIRAS

(Auditor Fiscal da Receita Federal – 2010 – ESAF) A seguir, são apresentados dados do balanço patrimonial da empresa Comercial Analisada S.A., simplificados para facilidade de cálculos:

Caixa	R$ 10.000,00
Duplicatas a Receber (a longo prazo)	R$ 8.000,00
Duplicatas a Pagar	R$ 13.000,00
Bancos c/Movimento	R$ 22.000,00
Títulos a Pagar (a longo prazo)	R$ 9.000,00
Capital Social	R$ 60.000,00
Mercadorias	R$ 30.000,00
Financiamentos Bancários	R$ 31.000,00
Contas a Receber	R$ 15.000,00
Reservas de Lucros	R$ 7.000,00

Elaborando a análise das demonstrações financeiras dessa empresa, o Contador encontrará os seguintes elementos:

(A) Liquidez Seca = 1,07.
(B) Liquidez Corrente = 1,45.
(C) Liquidez Imediata = 1,75.
(D) Liquidez Geral = 0,71.
(E) Grau de Endividamento = 0,57.

Os indicadores financeiros elencados na questão estão detalhados a seguir:

$$\text{Liquidez corrente} = \frac{\text{Ativo circulante}}{\text{Passivo circulante}}$$

$$\text{Liquidez seca} = \frac{\text{Ativo circulante} - \text{Estoques}}{\text{Passivo circulante}}$$

$$\text{Liquidez imediata} = \frac{\text{Disponibilidades}}{\text{Passivo circulante}}$$

$$\text{Liquidez geral} = \frac{\text{Ativo circulante} + \text{Ativo não circulante}}{\text{Passivo circulante} + \text{Passivo não circulante}}$$

$$\text{Grau de endividamento} = \frac{\text{Passivo exigível}}{\text{Patrimônio líquido}}$$

A classificação das contas contábeis apresentadas está apresentada a seguir:

Ativo Circulante	R$ 77.000,00
Caixa	R$ 10.000,00
Bancos c/Movimento	R$ 22.000,00
Mercadorias	R$ 30.000,00
Contas a Receber	R$ 15.000,00
Ativo Não circulante	R$ 8.000,00
Duplicatas a Receber (a longo prazo)	R$ 8.000,00
Passivo Circulante	R$ 44.000,00
Financiamentos Bancários	R$ 31.000,00
Duplicatas a Pagar	R$ 13.000,00
Passivo Não circulante	R$ 9.000,00
Títulos a Pagar (a longo prazo)	R$ 9.000,00
Patrimônio líquido	R$ 67.000,00
Capital Social	R$ 60.000,00
Reservas de Lucros	R$ 7.000,00

Sendo assim, temos os seguintes indicadores financeiros para a Comercial Analisada S.A.:

Liquidez corrente – 1,75
Liquidez seca – 1,07
Liquidez imediata – 0,73
Liquidez geral – 1,60
Grau de endividamento – 0,79

Gabarito "A".

(Técnico da Receita Federal – 2006 – ESAF) Para manter a margem de lucro bruto de 10% sobre as vendas, a empresa Méritus e Pretéritus Limitada, cujo custo é composto de CMV de R$146.000,00 e ICMS sobre Vendas de 17%, terá de obter receitas brutas de vendas no montante de

(A) R$ 182.500,00.
(B) R$ 185.420,00.
(C) R$ 187.902,00.
(D) R$ 193.492,00.
(E) R$ 200.000,00.

A margem de lucro é apurada dividindo o Lucro Bruto pela Receita Bruta. A resolução da questão exige que seja encontrado o valor da Receita Bruta que após subtraída do ICMS e do Custo da Mercadoria Vendida apresente Lucro Bruto equivalente a 10% da Receita Bruta. Dentre as alternativas apresentadas, apenas a que define o Lucro Bruto de R$200.000,00 atende o comando da questão, conforme apresentado a seguir:

Receita bruta	200.000,00
(-) ICMS (17% de R$200.000)	- 34.000,00
(=) Receita líquida	166.000,00
(-) CMV (dado da questão)	- 146.000,00
(=) Lucro bruto	20.000,00

Gabarito "E".

(Auditor Fiscal/CE – 2006 – ESAF) Uma empresa com dificuldades de saldo no caixa negocia a quitação de parte de suas dívidas, para com seus fornecedores de curto prazo, com a dação de um de seus equipamentos em uso. O registro desse evento gera

(A) uma despesa operacional.
(B) um aumento no capital circulante líquido.
(C) um débito em conta de imobilizado.
(D) uma diminuição de disponibilidade.
(E) um ingresso de recursos.

A operação descrita quita uma dívida de curto prazo com a venda de um Ativo Permanente. A referida operação reduz o Passivo Circulante sem afetar o Ativo Circulante, aumentando o capital circulante líquido, que é apurado pela seguinte fórmula: Ativo circulante – Passivo circulante.

Gabarito "B".

(Auditor Fiscal/CE – 2006 – ESAF) Se o estoque de mercadorias médio de uma empresa é R$ 50.000, seu índice de liquidez seca é 0,60, seu Ativo Circulante é R$ 350.000 e o Passivo Exigível a Longo Prazo é R$ 800.000, pode-se dizer que o valor do Capital de Terceiros dessa empresa é de

(A) R$ 1.300.000
(B) R$ 1.200.000
(C) R$ 1.100.000
(D) R$ 1.000.000
(E) R$ 900.000

O índice de liquidez seca é representado pela seguinte fórmula:

$$\text{Liquidez seca} = \frac{\text{Ativo Circulante} - \text{Estoques}}{\text{Passivo Circulante}}$$

Substituindo os dados da questão na fórmula, obtemos o seguinte resultado:

$$0{,}6 = \frac{350.000 - 50.000}{\text{Passivo Circulante}}$$

Passivo Circulante = (350.000 – 50.000) ÷ 0,6
Passivo Circulante = 500.000
Como a questão informou que o valor do passivo exigível a longo prazo é igual a R$800.000, é possível concluir que o capital de terceiros (passivo circulante + exigível a longo prazo) é igual a R$1.300.000.

Gabarito "A".

(Auditor Fiscal/RN – 2005 – ESAF) Para calcular o capital circulante líquido a empresa Méritos Homéricos S/A dispõe das seguintes informações.

	Exerc. xxx1	Exerc.xxx2
Ativo Circulante	51.200	49.000
Ações de Coligadas	2.000	2.300
Máquinas e Equipamentos	13.000	11.500
Móveis e Utensílios	7.000	9.300
Depreciação Acumulada	1.700	2.100
Passivo Circulante	28.000	17.800
Capital Social	40.000	44.100
Capital a Realizar	5.000	1.900
Reserva de Reavaliação	3.000	1.000
Reservas Estatutárias	2.000	3.000
Reserva Legal	3.500	6.000

Após a elaboração da Demonstração das Origens e Aplicações de Recursos – DOAR, pode-se ver que o capital circulante líquido aumentou em

(A) R$ 2.500,00.
(B) R$ 3.500,00.
(C) R$ 8.000,00.
(D) R$ 5.000,00.
(E) R$ 4.000,00.

O capital circulante líquido é apurado deduzindo-se o Passivo Circulante do Ativo Circulante, conforme apresentado a seguir:

	Exercício xxx1	Exercício xxx2	Diferença
Ativo circulante	51.200,00	49.000,00	(2.200,00)
Passivo circulante	28.000,00	17.800,00	(10.200,00)
Capital circulante líquido	23.200,00	31.200,00	8.000,00

Gabarito "C".

(Auditor Fiscal/MG – 2005 – ESAF) As demonstrações financeiras da Cia. Abaptiste Comercial foram elaboradas com base nas contas e saldos abaixo:

Caixa e Bancos	R$ 200,00
Mercadorias	R$ 620,00
Clientes	R$ 400,00
Móveis e Máquinas	R$2.000,00
Depreciação Acumulada	R$ 180,00
Títulos a Receber a LP	R$ 200,00
Fornecedores	R$1.150,00
Contas a Pagar	R$ 250,00
Empréstimos a Longo Prazo	R$ 430,00
Capital Social	R$1.400,00
Lucros Acumulados	R$ 100,00
Vendas de Mercadorias	R$5.120,00

Compras de Mercadorias	R$3.160,00
Despesas Administrativas	R$1.370,00
Despesas Financeiras	R$ 500,00
Encargos de Depreciação	R$ 180,00

Observações:

1. Desconsiderar quaisquer implicações fiscais ou tributárias.
2. O estoque final de mercadorias está avaliado em R$780,00.

Promovendo-se a análise das demonstrações financeiras elaboradas com base nas informações supra, certamente, encontraremos um quociente percentual de Liquidez Corrente ou Comum equivalente a

(A) 43%
(B) 70%
(C) 86%
(D) 87%
(E) 99%

A liquidez corrente é apurada dividindo o ativo circulante pelo passivo circulante. Apresentamos a seguir as contas que compõem esses grupos:

Caixa e Bancos	200,00	Fornecedores	1.150,00
Mercadorias	780,00	Contas a Pagar	250,00
Clientes	400,00		
Ativo circulante	1.380,00	Passivo Circulante	1.400,00

$$\text{Liquidez Corrente} = \frac{\text{Ativo Circulante}}{\text{Passivo Circulante}} = \frac{1.380,00}{1.400,00} = 99\%$$

Observe que o valor da conta mercadorias é R$780,00, pois foi este o valor informado como estoque final.

Gabarito "E"

(Auditor Fiscal/MG – 2005 – ESAF) A empresa Anna Alisée S/A iniciou o exercício com estoque de mercadorias avaliadas em R$ 12.000,00 e contabilizou, durante o período, um custo de vendas no valor de R$ 81.000,00. Sabendo-se que o prazo médio de rotação dos estoques alcançou oitenta dias, podemos afirmar que

(A) o giro do estoque teve quociente igual a quatro.
(B) o estoque inicial foi um terço do estoque médio.
(C) o estoque médio foi avaliado em R$ 24.000,00.
(D) o estoque que vai a balanço é o dobro do estoque inicial.
(E) não há dados suficientes para efetuar os cálculos.

O prazo médio de rotação do estoque é dado pela seguinte fórmula:
PMRE = (Estoque Médio/CMV) x 360 dias
Substituindo os dados da questão teríamos:
80 = (estoque médio/81.000)x360
Estoque médio = R$18.000
Para o estoque médio ser igual a R$18.000, considerando que o estoque inicial era de R$12.000, é necessário que o estoque final seja igual a R$24.000, o dobro do estoque inicial.

Gabarito "D"

Contas	Período	
	2000	2001
Fornecedores	23.000	32.000
CMV	800.000	1.300.000
Compras	750.000	1.200.000
Vendas	2.500.000	6.500.000
Despesas Antecipadas	15.000	240.000
Despesas Totais do Período	1.200.000	4.000.000
Depreciações do Período	320.000	540.000

(Auditor Fiscal da Receita Federal – 2002.2 – ESAF) O valor pago pelas compras no ano de 2001 foi:

(A) 1.300.000
(B) 1.200.000
(C) 1.191.000
(D) 1.101.000
(E) 1.091.000

Como o saldo da conta Fornecedores aumentou R$9.000 (R$32.000 – R$23.000) no período, é possível concluir que do total de compras (R$1.200.000) não foi pago R$9.000. Sendo assim, o valor pago pelas compras no período foi de R$1.191.000 (R$1.200.000 – R$9.000).

Gabarito "C"

(Auditor Fiscal da Receita Federal – 2002.2 – ESAF) Se o valor do estoque final for 90.000, o estoque inicial será:

(A) 190.000
(B) 180.000
(C) 120.000
(D) 100.000
(E) 90.000

Como em 2001 a empresa adquiriu R$1.200.000 em mercadorias e vendeu o equivalente a R$1.300.000, seria necessário um estoque inicial de R$190.000 para que após as transações de compra e venda o saldo final ficasse igual a R$90.000, conforme apresentado a seguir:

	Estoque		
Saldo inicial	190.000	1.300.000	CMV
Compras	1.200.000		
Saldo final	90.000		

Gabarito "A"

(Auditor Fiscal da Receita Federal – 2002.2 – ESAF) Considerando que o Passivo Circulante da empresa era formado unicamente pela rubrica fornecedores e o Balanço Patrimonial não evidenciava a existência de Realizável a Longo Prazo, pode-se afirmar que o valor das Despesas pagas no período é:

(A) 3.220.000
(B) 3.445.000
(C) 3.460.000
(D) 3.685.000
(E) 4.000.000

Do total de R$4.000.000 de despesas no período, R$540.000 referem-se à depreciação do período, o que representa uma despesa que não foi paga. Além disso, as despesas antecipadas, definidas como de longo prazo, aumentaram em R$225.000 (R$240.000 – R$15.000) no período, indicando que essas despesas foram pagas, mas não foram ainda computadas no total de despesas do período. Sendo assim, é possível concluir que as despesas pagas no período foram no total de R$3.685.000 (R$4.000.000 – R$540.000 + R$225.000).

Gabarito "D".

(Auditor Fiscal da Receita Federal – 2002.2 – ESAF) A Cia. Comercial de Marcas apresentou os seguintes demonstrativos contábeis:

Balanço Patrimonial	2000	2001
	Ativo	
Caixa	R$ 2.000,00	R$ 10.600,00
Duplicatas a Receber	R$ 28.800,00	R$ 18.600,00
Provisão Devedores Duvidosos	R$ 800,00	R$ 600,00
Terrenos	R$ 6.000,00	R$ 9.600,00
Veículos	R$ 4.200,00	R$ 7.000,00
Depreciação Acumulada	R$ 200,00	R$ 400,00

	Passivo Circulante	
Contas a Pagar	R$ 8.000,00	R$ 14.000,00
Provisão para Imposto de Renda	R$ 1.000,00	R$ 1.200,00
Longo Prazo Empréstimos	R$ 10.000,00	R$ 4.000,00
Patrimônio Líquido Capital Social	R$ 14.000,00	R$ 14.000,00
Lucros Acumulados	R$ 7.000,00	R$ 3.400,00

Demonstração do Resultado do Exercício de 2001	
Receitas de Serviços	R$ 70.000,00
Despesas Administrativas	R$ 54.000,00
Despesas Financeiras	R$ 6.000,00
Devedores Duvidosos	R$ 600,00
Depreciação	R$ 200,00
Provisão para Imposto de Renda	R$ 1.200,00

Ao elaborar a Demonstração de Origens e Aplicações de Recursos – DOAR, a empresa em questão deverá apresentar

(A) Origens de recursos no valor de R$ 8.000,00.
(B) Redução de Capital Circulante Líquido no valor de R$ 7.600,00.
(C) Aumento de Capital Circulante Líquido no valor de R$ 15.800,00.
(D) Aplicação de Recursos no valor de R$ 20.200,00.
(E) Capital Circulante Líquido no valor de R$ 23.800,00.

698

O capital circulante líquido sofreu uma redução de R$7.600,00 (R$21.000,00 – R$13.400,00) no período, conforme demonstrado a seguir:

Caixa	2.000,00	10.600,00
Duplicatas a Receber	28.800,00	18.600,00
Provisão Devedores Duvidosos	(800,00)	(600,00)
Ativo circulante	30.000,00	28.600,00
Contas a Pagar	8.000,00	14.000,00
Provisão para Imposto de Renda	1.000,00	1.200,00
Passivo circulante	9.000,00	15.200,00
Capital Circulante líquido	21.000,00	13.400,00

Gabarito "B".

(Auditor Fiscal da Previdência Social – 2002 – ESAF) A empresa Rotetok Ltda. ostenta, orgulhosamente, demonstrações financeiras com os seguintes dados:

Contas	saldos
Disponibilidades	R$ 1.000,00
Créditos	R$ 6.000,00
Estoques	R$ 3.000,00
Fornecedores	R$ 1.500,00
Duplicatas a Pagar	R$ 2.500,00
Exigível a Longo Prazo	R$ 1.000,00
Realizável a Longo Prazo	R$ 1.000,00
Imobilizado	R$ 1.000,00
Capital Social	R$ 10.000,00
Reservas	R$ 1.000,00
Lucros Acumulados	R$ 2.000,00
Receitas de Vendas	R$ 18.000,00
Custo da Mercadoria Vendida	R$ 12.000,00
Despesas Operacionais	R$ 4.000,00
O estoque inicial de mercadorias era de	R$ 3.000,00.

Analisando os elementos que compõem a demonstração acima, pode-se dizer, em relação a essa empresa que

(A) o estoque tem rotação no prazo médio de 90 dias.
(B) o coeficiente de rotação dos estoques é 5,00.
(C) a liquidez seca não chega a 3/5 da liquidez corrente.
(D) o quociente de imobilização de capitais equivale a 50%.
(E) o rendimento do capital nominal chega a 30%.

A rotação do estoque é apresentada pela seguinte fórmula:

Rotação do estoque = Estoques / Custo da Mercadoria Vendida x 360 dias

Rotação do estoque = 3.000 / 12.000 x 360

Rotação do estuque = 90 dias

Gabarito "A".

(Fiscal de Tributos/PA – 2002 – ESAF) Assinale a opção correta.

(A) Todo acréscimo de valor em contas do Ativo corresponde, necessariamente, a um decréscimo de valor em contas do Passivo.

(B) Um decréscimo no valor de contas do Ativo corresponde, necessariamente, a um acréscimo de valor em contas do Passivo.

(C) Um acréscimo no valor de uma conta do Ativo corresponde, necessariamente, a um acréscimo de valor em conta do Passivo ou do Patrimônio Líquido.

(D) A um decréscimo no valor total do Ativo corresponde, necessariamente, um acréscimo no valor de uma, ou mais, contas do Passivo ou do Patrimônio Líquido.

(E) Um acréscimo no valor total do Ativo não corresponde, necessariamente, a um acréscimo no valor do Patrimônio Líquido.

A: o acréscimo do ativo pode decorrer de acréscimo do passivo ou patrimônio líquido ou redução de outro ativo; **B:** o decréscimo do ativo pode decorrer de decréscimo do passivo ou patrimônio líquido ou aumento de outro ativo; **C:** o acréscimo do ativo pode decorrer de acréscimo do passivo ou patrimônio líquido ou redução de outro ativo; **D:** o decréscimo do ativo pode decorrer de decréscimo do passivo ou patrimônio líquido ou aumento de outro ativo; **E:** o acréscimo do ativo pode decorrer de acréscimo do passivo ou patrimônio líquido ou redução de outro ativo.

Gabarito "E".

Com os saldos finais das contas da Cia. Tocantins referentes aos exercícios de 1999 a 2001, responder às cinco questões seguintes.

Saldos Finais	1999	2000	2001
Amortizações Acumuladas	3.000	4.000	5.000
Aplicações Financeiras Temporárias	18.000	23.000	16.000
Caixa e Bancos	5.000	8.000	10.000
Capital Social	50.000	50.000	60.000
Clientes	30.000	57.000	63.000
Contas a Pagar	14.000	25.000	15.000
Créditos de Coligadas	10.300	28.570	29.870
Custo das Mercadorias Vendidas	430.000	741.000	850.000
Depreciações Acumuladas	7.000	16.000	27.300
Despesas de Amortizações	1.000	1.000	1.000
Despesas de Variação Cambial	0	20.000	3.000
Despesas Administrativas	260.000	312.000	521.000
Despesas c/ Devedores Duvidosos	300	570	630
Despesas de Depreciação	7.000	9.000	11.300
Despesas de Juros	8.000	28.000	10.000
Despesas de Vendas	150.700	168.430	324.070
Dividendos a Pagar	2.000	3.500	2.500
Duplicatas Descontadas	20.000	40.000	50.000
Edificações	20.000	20.000	25.000
Empréstimos de Longo Prazo	25.000	52.000	55.000
Estoques	16.000	13.000	28.060
Fornecedores	23.000	18.500	28.500
Gastos Pré-Operacionais	6.000	6.000	6.000
Instalações	4.000	6.000	8.000
IR e Contribuição Social Provisionados	2.000	5.500	2.500
Juros a Pagar	4.000	11.500	8.000
Lucros/Prejuízos Acumulados	4.000	7.000	10.000

Participações Societárias	10.000	30.000	29.000
PDD	300	570	630
Provisão p/ IR e Contribuição Social	2.000	5.500	2.500
Receita de Juros	15.000	22.000	2.000
Reserva de Lucro	0	10.000	2.000
Reserva de Reavaliação	0	5.000	5.000
Resultado de Equivalência Patrimonial	0	10.000	1.000
Terrenos	35.000	40.000	45.000
Títulos a Pagar de Curto Prazo	20.000	15.000	28.500
Veículos	20.000	32.000	40.000
Vendas	850.000	1.270.000	1.730.000

Outras Informações:

I. Imposto de Renda e Contribuição Social calculados pela alíquota de 25%

II. Os Lucros Líquidos apurados nos períodos explicitados são, respectivamente:

1999	2000	2001
6.000	16.500	7.500

(Fiscal de Tributos/PA – 2002 – ESAF) O valor Capital Circulante Líquido do exercício de 2001 é

(A) menor que o de 1999.
(B) 10% maior que o de 2000.
(C) de valor idêntico ao de 1999.
(D) igual ao apurado em 2000.
(E) menor que o apurado em 2000.

O capital circulante líquido é apurado subtraindo-se do ativo circulante o passivo circulante, conforme apurado a seguir:

Contas do ativo circulante	1999	2000	2001
Aplicações Financeiras Temporárias	18.000	23.000	16.000
Caixa e Bancos	5.000	8.000	10.000
Clientes	30.000	57.000	63.000
Duplicatas Descontadas	(20.000)	(40.000)	(50.000)
Estoques	16.000	13.000	28.060
PDD	(300)	(570)	(630)
Total do ativo circulante	48.700	60.430	66.430
Contas do passivo circulante	1999	2000	2001
Contas a Pagar	14.000	25.000	15.000
Dividendos a Pagar	2.000	3.500	2.500
Fornecedores	23.000	18.500	28.500
IR e Contribuição Social Provisionados	2.000	5.500	2.500
Juros a Pagar	4.000	11.500	8.000
Títulos a Pagar de Curto Prazo	20.000	15.000	28.500
Total do passivo circulante	65.000	79.000	85.000
Capital circulante líquido	(16.300)	(18.570)	(18.570)

Observa-se que além do capital circulante líquido de 2001 ser igual ao de 2000, conforme definido no item "d" da questão, ele também é menor que o de 1999, conforme definido no item "a"da questão. Tal situação seria suficiente para anular a questão visto que existem duas respostas corretas.

(Fiscal de Tributos/PA – 2002 – ESAF) O valor do índice de Liquidez Seca para os períodos em análise é:

	1999	2000	2001
(A)	0,45	0,65	0,40
(B)	0,50	0,60	0,45
(C)	0,55	0,55	0,50
(D)	0,60	0,50	0,55
(E)	0,65	0,45	0,60

O índice de liquidez seca é representado pela seguinte fórmula:

$$\text{Liquidez seca} = \frac{\text{Ativo Circulante} - \text{Estoques}}{\text{Passivo Circulante}}$$

Apresentamos a seguir o elenco de contas que formam a liquidez seca e o respectivo cálculo da fórmula:

Contas do ativo circulante	1999	2000	2001
Aplicações Financeiras Temporárias	18.000	23.000	16.000
Caixa e Bancos	5.000	8.000	10.000
Clientes	30.000	57.000	63.000
Duplicatas Descontadas	(20.000)	(40.000)	(50.000)
PDD	(300)	(570)	(630)
Total do ativo circulante (exceto estoque)	32.700	47.430	38.370
Contas do passivo circulante	1999	2000	2001
Contas a Pagar	14.000	25.000	15.000
Dividendos a Pagar	2.000	3.500	2.500
Fornecedores	23.000	18.500	28.500
IR e Contribuição Social Provisionados	2.000	5.500	2.500
Juros a Pagar	4.000	11.500	8.000
Títulos a Pagar de Curto Prazo	20.000	15.000	28.500
Total do passivo circulante	65.000	79.000	85.000
Índice de liquidez seca	0,50	0,60	0,45

Gabarito "B".

(Fiscal de Tributos/PA – 2002 – ESAF) O valor da Margem Líquida apurada em 2001 é

(A) inferior ao apurado em 1999.
(B) o maior dos três períodos.
(C) 10% maior que o do ano 2000.
(D) igual ao apurado no ano de 1999.
(E) superior em 30% ao de 2001.

Apresentamos a seguir a lista de contas que compõem o Resultado do Exercício e o respectivo cálculo da margem líquida para os 3 anos de análise:

	1999	2000	2001
Vendas	850.000	1.270.000	1.730.000
Custo das Mercadorias Vendidas	(430.000)	(741.000)	(850.000)
Despesas de Amortizações	(1.000)	(1.000)	(1.000)
Despesas de Variação Cambial	0	(20.000)	(3.000)
Despesas Administrativas	(260.000)	(312.000)	(521.000)
Despesas c/ Devedores Duvidosos	(300)	(570)	(630)
Despesas de Depreciação	(7.000)	(9.000)	(11.300)
Despesas de Juros	(8.000)	(28.000)	(10.000)
Despesas de Vendas	(150.700)	(168.430)	(324.070)
Provisão p/ IR e Contribuição Social	(2.000)	(5.500)	(2.500)
Receita de Juros	15.000	22.000	2.000
Resultado de Equivalência Patrimonial	0	10.000	1.000
Lucro líquido	6.000	16.500	9.500
Margem líquida (Lucro líquido/Vendas)	0,71%	1,30%	0,55%

Gabarito "A".

(Fiscal de Tributos/PA – 2002 – ESAF) O prazo médio de recebimento de clientes em 2000 é:

(A) 10 dias
(B) 12 dias
(C) 13 dias
(D) 14 dias
(E) 16 dias

O prazo médio de recebimento de clientes é representado pela seguinte fórmula:

$$\text{Prazo médio de recebimento de clientes} = \frac{\text{Clientes}}{\text{Vendas}} \times 360$$

O preenchimento da fórmula com os dados da questão está a seguir apresentado:

$$\text{Prazo médio de recebimento de clientes} = \frac{57.000}{1.270.000} \times 360 = 16{,}15$$

Gabarito "E".

(Fiscal de Tributos/PA – 2002 – ESAF) O prazo médio de renovação dos estoques em 2001 é:

(A) 10 dias
(B) 12 dias
(C) 13 dias
(D) 14 dias
(E) 16 dias

O prazo médio de renovação dos estoques é representado pela seguinte fórmula:

$$\text{Prazo médio de renovação dos estoques} = \frac{\text{Estoque}}{\text{CMV}} \times 360$$

O preenchimento da fórmula com os dados da questão está a seguir apresentado:

$$\text{Prazo médio de renovação dos estoques} = \frac{28.060}{850.000} \times 360 = 12{,}04$$

Gabarito "B".

(Agente Fiscal/Teresina – 2002 – ESAF) No cálculo do valor do Capital Circulante Líquido, não são incluídos os valores referentes aos itens:

(A) provisão para pagamento do imposto de renda e provisão para pagamento de 13º salário.

(B) recebíveis com mais de 360 dias e provisão para perdas permanentes em investimentos.
(C) provisão para ajuste ao valor de mercado de estoques e recebíveis em 360 dias.
(D) despesas antecipadas de seguro anual e provisão para créditos vencidos não liquidados.
(E) antecipações de salários e ordenados e financiamentos bancários de curto prazo.

A: entra no cálculo do capital circulante líquido visto que se trata de Passivo Circulante; **B:** não entra no cálculo do capital circulante líquido visto que se trata de Ativo Não circulante; **C:** entra no cálculo do capital circulante líquido visto que se trata de conta redutora do Ativo Circulante; **D:** entram no cálculo do capital circulante líquido visto que se tratam de Ativos Circulantes; **E:** entram no cálculo do capital circulante líquido visto que se tratam de contas do Ativo e Passivo circulante, respectivamente.

Gabarito "B".

Com base nos dados fornecidos, responder às duas questões que seguem, considerando apenas duas casas após a vírgula e efetuando o arredondamento, se for o caso.

A CIA. Sete Cidades apresentava em suas Demonstrações Contábeis os seguintes saldos:

Contas	1998	1999	2000
Estoques	10.000	12.000	15.000
Disponibilidades	4.000	6.000	5.000
Clientes	28.000	32.000	60.000
Imobilizados Líquidos	70.000	81.000	150.000
Despesas Antecipadas	12.000	15.000	18.000
Participações Societárias	26.000	39.000	39.000
Realizáveis a Longo Prazo	20.000	22.000	24.000
Financiamentos de Longo Prazo	42.000	45.000	80.000
Patrimônio Líquido	65.000	95.000	156.000
Contas a Pagar	38.000	25.000	40.000
Fornecedores	25.000	42.000	35.000

(Agente Fiscal/Teresina – 2002 – ESAF) O saldo do Ativo Circulante em 2000 apresenta um crescimento nominal em relação a 1998 de:

(A) 0,20
(B) 0,32
(C) 0,51
(D) 0,64
(E) 0,81

Apresentamos a seguir a composição do Ativo Circulante em 1998 e 2000:

Contas	1998	2000
Estoques	10.000	15.000
Disponibilidades	4.000	5.000
Clientes	28.000	60.000
Despesas Antecipadas	12.000	18.000
Total do ativo circulante	54.000	98.000

Como é possível observar, houve um aumento de R$44.000 (R$98.000 – R$54.000) no Ativo Circulante no período. Esse aumento representa 0,81 (81%) em relação aos R$54.000 de 1998.

Gabarito "E".

(Agente Fiscal/Teresina – 2002 – ESAF) O índice de Liquidez Corrente da empresa em 2000 é:

(A) 0,70
(B) 0,86
(C) 0,97
(D) 1,11
(E) 1,31

Apresentamos a seguir a apuração do índice de liquidez corrente da CIA. Sete Cidades no ano 2000:

Contas	Valor
Estoques	15.000
Disponibilidades	5.000
Clientes	60.000
Despesas Antecipadas	18.000
Total do ativo circulante	98.000
Contas a Pagar	40.000
Fornecedores	35.000
Total do passivo circulante	75.000
Índice de liquidez corrente (ativo circulante ÷ passivo circulante)	1,31

Gabarito "E".

(Agente Tributário Estadual/MS – 2001 – ESAF) De acordo com a legislação vigente sobre classificação contábil, os empréstimos tomados de empresas coligadas ou controladas, com vencimento para 120 dias, devem ser classificados no Grupo Patrimonial

(A) Ativo Circulante
(B) Passivo Circulante
(C) Ativo Realizável a Longo Prazo
(D) Passivo Exigível a Longo Prazo
(E) Ativo Permanente – Investimentos

Por se tratar de uma dívida que vencerá dentro do exercício social seguinte, a dívida deverá ser contabilizada no Passivo Circulante, conforme definido no artigo 180 da lei 6.404/76.

Gabarito "B".

(Agente Tributário Estadual/MS – 2001 – ESAF) O chapeleiro Sr. Francisco de Paula, fabricante dos chapéus Frapa, está planejando uma promoção de vendas em que possa oferecer a todos os clientes um desconto-padrão de 20%, mas precisa obter uma margem bruta sobre vendas também de 20%. Sabendo-se que o custo unitário dos chapéus é R$ 80,00, qual será o preço bruto a ser marcado para cada unidade?

(A) R$ 112,00
(B) R$ 115,20
(C) R$ 120,00
(D) R$ 125,00
(E) R$ 133,20

A margem bruta é apurada pela seguinte fórmula: Lucro Bruto ÷ Receita Líquida. Conforme descrito pela questão, o objetivo do chapeleiro é obter a seguinte Demonstração do Resultado.

Receita líquida	100
(-) CMV	(80)
(=) Lucro bruto	20

Ocorre que antes da venda ele necessitará precificar seu produto de forma que, após dar um desconto de 20%, obtenha os R$100 pela venda da mercadoria. Sendo assim, o preço do produto deverá ser de R$125, pois ao oferecer 20% de desconto o preço de venda será igual aos R$100 desejados.

Gabarito "D"

(Agente Fiscal/PI – 2001 – ESAF) A firma Mercadinho do Bairro ME apresenta em 31 de dezembro o seguinte patrimônio:

Ativo Circulante	R$ 400.000,00
Disponibilidades	R$ 80.000,00
Estoques	R$ 220.000,00
Créditos	R$ 100.000,00
Ativo Permanente	R$ 600.000,00
Passivo Circulante	R$ 500.000,00
Patrimônio Líquido	R$ 500.000,00
Capital Social	R$ 380.000,00
Reservas	R$ 100.000,00
Lucros Acumulados	R$ 20.000,00

O balanço patrimonial foi assim publicado, mas, na análise de balanços mandada proceder pela Direção da entidade, foi simulada a seguinte indagação: Se a empresa tivesse vendido a totalidade de seus estoques a preço de custo, sendo 50% a vista e 50% a prazo de 60 dias, poderíamos afirmar, com certeza absoluta, que

(A) a liquidez imediata teria sido mantida em 16%
(B) a liquidez imediata teria aumentado para 56%
(C) a liquidez seca (*acid test*) teria sido mantida em 36%
(D) a liquidez corrente teria sido mantida em 80%
(E) a liquidez seca (*acid test*) teria aumentado para 60%

Com base nos dados apresentados pela questão, é possível montar o seguinte quadro resumo com os indicadores de liquidez da firma Mercadinho do Bairro ME:

	Fórmula	Sem vender o estoque	Após vender o estoque
Liquidez imediata	Disponibilidades / Passivo circulante	16%	38%
Liquidez seca	(Ativo circulante – Estoques) / Passivo circulante	36%	124%
Liquidez corrente	Ativo circulante / Passivo circulante	80%	80%

Gabarito "D"

(Auditor do Tesouro Municipal/Fortaleza-CE – 2003 – ESAF) O valor do resultado apurado em 20x2 foi

(A) R$ 38.750,00
(B) (R$ 37.500,00)
(C) R$ 33.000,00
(D) (R$ 25.000,00)
(E) R$ 25.000,00

Com base nos dados apresentados pela questão é possível apurar a seguinte Demonstração do Resultado:

Receita de vendas	2.500.000
(-) CMV	(1.500.000)
(=) Lucro bruto	1.000.000
(-) Depreciação	(23.750)
(-) Despesa de juros (financiamento)	(7.500)
(-) Despesas administrativas	(943.750)
(=) Lucro líquido	25.000

Gabarito "E"

(Auditor do Tesouro Municipal/Fortaleza-CE – 2003 – ESAF) O valor do lucro por ação em 20x2 é

(A) R$ 0,450
(B) R$ 0,500
(C) R$ 0,660
(D) R$ 0,750
(E) R$ 0,975

Apresentamos a seguir a Demonstração do Resultado da Cia. Comercial Iracema e o respectivo lucro por ação:

Receita de vendas	2.500.000
(-) CMV	(1.500.000)
(=) Lucro bruto	1.000.000
(-) Depreciação	(23.750)
(-) Despesa de juros (financiamento)	(7.500)
(-) Despesas administrativas	(943.750)
(=) Lucro líquido	25.000
Lucro por ação (R$25.000 ÷ 50.000 ações)	0,50

Gabarito "B"

(Auditor do Tesouro Municipal/Fortaleza-CE – 2003 – ESAF) O valor do CMV é

(A) R$ 1.745.000
(B) R$ 1.650.000
(C) R$ 1.500.000
(D) R$ 1.350.000
(E) R$ 1.050.000

O CMV é apurado pela seguinte fórmula:
CMV = Estoque inicial + Compras – Estoque final
O valor das compras pode ser apurado através da informação "V", que define que o saldo de fornecedores (R$170.000) equivale a 10% das compras, o que permite concluir que as compras foram de R$1.700.000.
Substituindo os valores na fórmula do CMV teremos:
CMV = 50.000 + 1.700.000 – 250.000
CMV = R$1.500.000

Gabarito "C"

(Auditor do Tesouro Municipal/Fortaleza-CE – 2003 – ESAF) O valor da variação do CCL é

(A) R$ 200.950
(B) R$ 199.900
(C) R$ 150.700
(D) (R$ 135.000)
(E) (R$ 140.700)

O capital circulante líquido (CCL) é apurado pela seguinte fórmula:
CCL = Ativo circulante – Passivo circulante

Apresentamos a seguir a apuração do capital circulante líquido de cada exercício e variação no período:

	20x1	20x2
Ativo circulante	223.950,00	506.200,00
Passivo circulante	375.700,00	457.000,00
Capital circulante líquido	(151.750,00)	49.200,00
Variação no capital circulante líquido		200.950,00

Gabarito "A".

22. AUDITORIA

Fabrício Bastos

(Auditor Fiscal da Receita Federal – 2010 – ESAF) A responsabilidade primária na prevenção e detecção de fraudes e erros é:

(A) da administração.
(B) da auditoria interna.
(C) do conselho de administração.
(D) da auditoria externa.
(E) do comitê de auditoria.

A responsabilidade primária na prevenção e identificação de fraude e erros é da administração da entidade, através da implementação e manutenção de adequado sistema contábil e de controle interno.

Gabarito "A".

(Auditor Fiscal da Receita Federal – 2010 – ESAF) O auditor, ao realizar o processo de escolha da amostra, deve considerar:

I. que cada item que compõe a amostra é conhecido como unidade de amostragem;
II. que estratificação é o processo de dividir a população em subpopulações, cada qual contendo um grupo de unidades de amostragem com características homogêneas ou similares;
III. na determinação do tamanho da amostra, o risco de amostragem, sem considerar os erros esperados.

(A) Somente a I é verdadeira.
(B) Somente a II é verdadeira.
(C) I e III são verdadeiras.
(D) Todas são falsas.
(E) Todas são verdadeiras.

I: incorreta, a literatura de auditoria não nomeia os itens da amostra; **II:** correta, pois a estratificação é a subdivisão da população a partir das características em comum; **III:** incorreta, pois o auditor deve considerar: população, estratificação, tamanho, risco da amostragem, erro tolerável e erro esperado.

Gabarito "B".

(Auditor Fiscal da Receita Federal – 2010 – ESAF) O auditor da empresa Negócios S.A. estabeleceu três procedimentos obrigatórios para emissão do parecer. O primeiro, que a empresa renovasse o contrato de auditoria para o próximo ano, o segundo, que a empresa emitisse a carta de responsabilidade da administração e o terceiro, que o parecer seria assinado por sócio do escritório de contabilidade, cuja única formação é administração de empresas. Pode-se afirmar, com relação aos procedimentos, respectivamente, que:

(A) é ético, não é procedimento de auditoria e atende as normas de auditoria e da pessoa do auditor.
(B) não é ético, não é procedimento de auditoria e não atende as normas de auditoria e da pessoa do auditor.
(C) é ético, não deve ser considerado para emissão do parecer e atende as normas de auditoria e da pessoa do auditor.
(D) é ético, considera-se apenas em alguns casos para emissão do parecer e não atende as normas de auditoria e pessoa do auditor.
(E) não é ético, é procedimento de auditoria e não atende as normas de auditoria e da pessoa do auditor.

Quanto aos três procedimentos é possível relatar:
1) renovasse o contrato de auditoria para o próximo ano – não se trata de um procedimento ético, visto que o auditor não pode vincular a emissão do seu parecer à renovação contratual;
2) que a empresa emitisse a carta de responsabilidade da administração – é um procedimento válido, cujo objetivo é evidenciar a responsabilidade da administração quanto às informações e dados submetidos aos exames de auditoria.
3) que o parecer seria assinado por sócio do escritório de contabilidade, cuja única formação é administração de empresas – tal procedimento não atende às normas de auditoria, que define que o parecer de auditoria é de exclusiva responsabilidade de contador registrado no Conselho Regional de Contabilidade.

Gabarito "E".

(Auditor Fiscal da Receita Federal – 2010 – ESAF) A empresa Agrotoxics S.A. tem seus produtos espalhados por diversos representantes, em todas as regiões do Brasil.

Seu processo de vendas é por consignação, recebendo somente após a venda. O procedimento de auditoria que garantiria confirmar a quantidade de produtos existentes em seus representantes seria:

(A) inventário físico.
(B) custeio ponderado.
(C) circularização.
(D) custeio integrado.
(E) amostragem.

Mesmo estando espalhado pelos representantes, o procedimento de auditoria adequado para confirmar a existência física dos estoques seria a contagem física (inventário físico).

Gabarito "A"

(Auditor Fiscal da Receita Federal – 2010 – ESAF) Com relação aos relatórios de auditoria interna, pode-se afirmar que:

(A) podem considerar posições de interesse da administração e dos gestores, sendo conduzidos aos interesses desses.
(B) devem estar disponíveis a qualquer administrador da empresa, sem restrição.
(C) podem relatar parcialmente os riscos associados aos possíveis pontos a serem levantados pela auditoria externa.
(D) somente devem ser emitidos antes do final dos trabalhos, quando houver irregularidades que requeiram ações imediatas.
(E) não devem ser emitidos antes do final dos trabalhos, por não possuírem informações completas.

A NBC T1 01 – Da Auditoria Interna define que "a Auditoria Interna deve avaliar a necessidade de emissão de relatório parcial, na hipótese de constatar impropriedades/irregularidades/ ilegalidades que necessitem providências imediatas da administração da entidade, e que não possam aguardar o final dos exames".

Gabarito "D"

(Auditor Fiscal da Receita Federal – 2010 – ESAF) A auditoria externa realizou na empresa Avalia S.A. o cálculo do índice de rotatividade dos estoques para verificar se apresentava índice correspondente às operações praticadas pela empresa. Esse procedimento técnico básico corresponde a:

(A) inspeção.
(B) revisão analítica.
(C) investigação.
(D) observação.
(E) confronto.

A: inspeção consiste em exame de registros, documentos e de ativos tangíveis; **B:** revisão analítica consiste na verificação do comportamento de valores significativos, mediante índices, quocientes, quantidades absolutas ou outros meios, procedimento adotado na empresa Avalia S.A.; **C:** investigação consiste na obtenção de informações com pessoas ou entidades conhecedoras da transação, dentro ou fora da entidade; **D:** observação é o acompanhamento de processo ou procedimento quando de sua execução; **E:** confronto é a comparação de dados contábeis com os registros físicos.

Gabarito "B"

(Auditor Fiscal da Receita Federal – 2010 – ESAF) A empresa Evolution S.A. comprou novo sistema de faturamento para registro de suas vendas. A auditoria externa realizou testes para confirmar se todas as operações de vendas, efetivamente, haviam sido registradas na contabilidade. Esse procedimento tem como objetivo confirmar a:

(A) existência.
(B) abrangência.
(C) mensuração.
(D) ocorrência.
(E) divulgação.

A: existência verifica se o componente patrimonial existe em certa data; **B:** abrangência verifica se todas as transações estão registradas, conforme o teste realizado na empresa Evolution S.A.; **C:** mensuração verifica se os itens estão avaliados de acordo com os Princípios Fundamentais de Contabilidade e as Normas Brasileiras de Contabilidade.; **D:** ocorrência verifica se a transação de fato ocorreu; **E:** divulgação verifica se os itens estão classificados e descritos de acordo com os Princípios Fundamentais de Contabilidade e as Normas Brasileiras de Contabilidade.

Gabarito "B"

(Auditor Fiscal da Receita Federal – 2010 – ESAF) A empresa Grandes Resultados S.A. possui prejuízos fiscais apurados nos últimos três anos. A empresa estava em fase pré-operacional e agora passou a operar em plena atividade. As projeções para os próximos cinco anos evidenciam lucros. O procedimento técnico básico que aplicado pelo auditor constataria esse evento seria:

(A) ocorrência.
(B) circularização.
(C) cálculo.
(D) inspeção.
(E) inventário físico.

A: ocorrência verifica se a transação de fato ocorreu; **B:** circularização consiste na confirmação de saldos com terceiros. Sendo assim, esse procedimento confirma o saldo apresentado pela empresa na conta clientes; **C:** Cálculo é a conferência da exatidão aritmética de documentos comprobatórios, registros e demonstrações contábeis e outras circunstâncias; **D:** inspeção consiste em exame de registros, documentos e de ativos tangíveis. Esse procedimento será utilizado na auditoria da empresa Grandes resultados S.A. pois permite a constatação de que a empresa teve prejuízos fiscais na fase pré-operacional e que as projeções para os próximos anos evidenciam lucros; **E:** inventário físico é a contagem de bens materiais.

Gabarito "D"

(Auditor Fiscal da Receita Federal – 2010 – ESAF) A empresa Eletronics S.A. fabrica televisores de LCD de última geração. A garantia convencional é dada para três anos e a garantia oferecida é estendida para mais um ano mediante pagamento complementar. Como o custo é baixo, em 90% dos casos o cliente adquire. A empresa registra o valor da venda do televisor como receita de vendas e a garantia estendida como receita de serviços, no resultado. Pode-se afirmar que, nesse caso, não está sendo atendido o princípio:

(A) da continuidade.
(B) do custo como base do valor.
(C) da competência.
(D) da neutralidade.
(E) da entidade.

O valor recebido a título de garantia estendida deverá ser registrado no passivo, evidenciando a obrigação de garantir assistência técnica. Apenas com o término do período de garantia que a sobra do valor registrado no passivo será revertido para o resultado na forma de receita. Sendo assim, ao registrar o valor diretamente no resultado a empresa estará desobedecendo o princípio da competência, que determina que os efeitos das transações e outros eventos sejam reconhecidos nos períodos a que se referem, independentemente do recebimento ou pagamento.

Gabarito "C"

(Auditor Fiscal da Receita Federal – 2010 – ESAF) No processo de amostragem o LSE – Limite Superior de Erro para superavaliações é determinado pela:

(A) soma do erro projetado e da provisão para risco de amostragem.
(B) divisão da população pela amostra estratificada.
(C) soma do erro estimado e da confiabilidade da amostra.
(D) divisão do erro total pela população escolhida.
(E) subtração do erro total, do desvio das possíveis perdas amostrais.

A fórmula para obtenção do valor limite superior de erro (LSE) para superavaliação é: LSE = Resultado da soma do erro projetado + provisão para risco de amostragem.

Gabarito "A".

(Auditor Fiscal da Receita Federal – 2003– ESAF) A ética profissional é condição para o exercício de qualquer profissão. Na execução do trabalho de auditoria, o auditor externo deve atender aos seguintes princípios éticos profissionais:

(A) integridade, eficiência, confidencialidade e dependência
(B) independência, integridade, eficiência e confidencialidade
(C) dependência, integridade, imparcialidade e ineficiência
(D) confidencialidade, integridade, eficiência e negligência
(E) eficiência, confidencialidade, integridade e parcialidade

A: o auditor deve agir com independência; **B:** todos os princípios estão corretos; **C:** o auditor deve agir com independência; **D:** o auditor não pode agir com negligência; **E:** o auditor deve agir com imparcialidade.

Gabarito "B".

(Auditor Fiscal da Receita Federal – 2003– ESAF) A escolha do auditor nas Sociedades Anônimas é de competência:

(A) do Conselho de Administração
(B) do Conselho Consultivo
(C) do Conselho Fiscal
(D) da Comissão de Valores Mobiliários
(E) da Diretoria Executiva

Dada a importância de escolher o auditor, principalmente nas sociedades anônimas, esse ato deve ocorrer pelo seu órgão máximo, o Conselho de Administração.

Gabarito "A".

(Auditor Fiscal da Receita Federal – 2003– ESAF) A empresa Restrição S.A. contratou empresa de auditoria independente somente para emitir parecer sobre seu Balanço Patrimonial. A empresa disponibilizou acesso ilimitado a todas as áreas da empresa, a todos os relatórios, registros, dados, informações e demais demonstrações contábeis, de forma a serem possíveis todos os procedimentos de auditoria. Assim, podemos classificar esta auditoria como sendo:

(A) uma limitação na extensão do trabalho.
(B) um trabalho de objetivo ilimitado.
(C) uma indeterminação na extensão do trabalho.
(D) um trabalho de objetivo limitado.
(E) uma restrição na extensão do trabalho.

Na situação descrita pela questão não há que se falar em restrição na extensão de um trabalho, visto que esta situação se caracteriza com o não acesso do auditor às áreas objeto do trabalho de auditoria. O trabalho de auditoria na empresa Restrição S.A. caracteriza-se pela delimitação da demonstração contábil a ser auditada, tratando-se, portanto, de um trabalho de objetivo limitado.

Gabarito "D".

(Auditor Fiscal da Receita Federal – 2003– ESAF) Assinale a assertiva correta quanto às características da auditoria interna e externa.

(A) A auditoria interna é independente da empresa e a auditoria externa deve realizar testes nos controles internos e modificá-los quando necessário.
(B) A auditoria interna é obrigatória, conforme determina a Lei 6.404/1976, e a auditoria externa deve disponibilizar seus papéis de trabalho sempre que solicitados.
(C) A auditoria interna tem como objetivo atender à gestão da empresa e a auditoria externa atender às necessidades da diretoria da empresa.
(D) A auditoria interna não avalia os controles internos e a auditoria externa os elabora, modifica e implanta na empresa auditada.
(E) A auditoria interna tem como objetivo a revisão das atividades da empresa continuamente e a auditoria externa é independente em todos os aspectos.

A: a auditoria interna, por ser realizada por profissionais da própria estrutura da empresa, não tem independência, apenas autonomia; **B:** a lei 6.404/1976 não define obrigatoriedade de auditoria interna; **C:** o objetivo da auditoria externa é emitir um parecer sobre as demonstrações contábeis; **D:** a auditoria interna, como a auditoria externa, avalia os controles internos da empresa e a auditoria externa não elabora, modifica ou implanta esses controles; **E:** ambos os conceitos apresentados estão corretos. 707

Gabarito "E".

(Auditor Fiscal da Receita Federal – 2003– ESAF) A qualidade nos trabalhos da auditoria independente é essencial para a boa condução dos trabalhos e para emissão do parecer. Assim, em que periodicidade os auditores independentes devem se submeter à revisão dos controles de qualidade internos, por outros auditores independentes com estrutura compatível, conforme determinação do CFC, IBRACON e CVM?

(A) 1 ano
(B) 2 anos
(C) 3 anos
(D) 4 anos
(E) 5 anos

A NBC PA 11 define que "o Auditor deve submeter-se à Revisão Externa de Qualidade, no mínimo uma vez, a cada ciclo de quatro anos".

Gabarito "D".

(Auditor Fiscal da Receita Federal – 2003– ESAF) O auditor externo deve recusar o serviço de auditoria, sempre que:

(A) possuir ações ou debêntures da entidade auditada.
(B) for independente em relação à entidade auditada.

(C) tiver conhecimento da atividade da entidade auditada.

(D) identificar e compreender as atividades da empresa.

(E) estiver capacitado para exercer o trabalho.

A NBC PA 290 – Independência – Trabalhos de Auditoria e Revisão define situações que podem ameaçar a independência. Dentre essas situações está a ameaça de que interesse financeiro ou outro interesse influenciará de forma não apropriada o julgamento ou o comportamento do auditor. A norma também define que interesse financeiro é a participação em ações ou outros títulos, debênture, empréstimo ou outro instrumento de dívida da entidade, incluindo direitos e obrigações de adquirir essa participação e derivativos diretamente relacionados a essa participação. Sendo assim, possuir ações ou debêntures da entidade auditada é uma situação que poderá implicar na independência do auditor e na consequente recusa a prestar o serviço.

Gabarito "A".

(Auditor Fiscal da Receita Federal – 2003– ESAF) Entre as assertivas a seguir, indique a opção que não representa uma consideração relevante a ser feita no planejamento do trabalho da auditoria externa.

(A) O conhecimento detalhado das práticas contábeis adotadas pela entidade e as alterações procedidas em relação ao exercício anterior.

(B) O conhecimento detalhado do sistema contábil e de controles internos da entidade e seu grau de confiabilidade.

(C) A natureza, oportunidade e extensão dos procedimentos de auditoria a serem aplicados no trabalho.

(D) O uso dos trabalhos de outros auditores independentes, especialistas e auditores internos.

(E) O conhecimento das práticas contábeis adotadas pelos fornecedores e clientes da empresa auditada e as alterações procedidas.

O planejamento deve considerar todos os fatores relevantes na execução dos trabalhos, especialmente os seguintes:

a) o conhecimento detalhado das práticas contábeis adotadas pela entidade e as alterações procedidas em relação ao exercício anterior;

b) o conhecimento detalhado do sistema contábil e de controles internos da entidade e seu grau de confiabilidade;

c) os riscos de auditoria e identificação das áreas importantes da entidade, quer pelo volume de transações, quer pela complexidade de suas atividades;

d) a natureza, oportunidade e extensão dos procedimentos de auditoria a serem aplicados;

e) a existência de entidades associadas, filiais e partes relacionadas;

f) o uso dos trabalhos de outros auditores independentes, especialistas e auditores internos;

g) a natureza, conteúdo e oportunidade dos pareceres, relatórios e outros informes a serem entregues à entidade; e

h) a necessidade de atender prazos estabelecidos por entidades reguladoras ou fiscalizadoras e para a entidade prestar informações aos demais usuários externos.

Gabarito "E".

(Auditor Fiscal da Receita Federal – 2003– ESAF) O risco de controle é o risco:

(A) de o auditor deixar de realizar um procedimento de auditoria, que levará a divergências relevantes nas demonstrações contábeis.

(B) de associar a empresa a um cliente sem credibilidade e ter sua imagem confundida com a imagem do cliente.

(C) de que os sistemas contábeis e de controle interno deixem de detectar uma distorção de saldo que poderia ser relevante.

(D) de que os sistemas administrativos e o auditor deixem de avaliar as demonstrações contábeis.

(E) de o auditor emitir uma opinião tecnicamente inadequada sobre as demonstrações contábeis e estas apresentarem uma situação enganosa ao mercado.

O risco de controle ocorre quando um erro ou uma fraude não foram detectados pelo sistema de controle interno. Este deixou de prevenir e corrigir em tempo uma distorção no saldo de uma conta, sendo que era responsabilidade dos controles a sua detecção. O risco pode ser relevante individualmente ou em conjunto com outras distorções; o nível deste risco é em função da efetividade dos procedimentos de controle interno da empresa auditada.

Gabarito "C".

(Auditor Fiscal da Receita Federal – 2003– ESAF) A avaliação dos controles internos compreende:

(A) suposição e presunção de que os procedimentos e métodos estabelecidos e um grau razoável de segurança de que estes não estão sendo aplicados e funcionando conforme o previsto.

(B) conhecimento e compreensão dos procedimentos e métodos estabelecidos e um grau razoável de insegurança de que estes estão sendo aplicados e não estão funcionando conforme o previsto.

(C) suposição e presunção de que os procedimentos e métodos estabelecidos e um grau elevado de insegurança de que estes estão sendo aplicados e funcionando conforme o previsto.

(D) certeza e compreensão dos procedimentos e métodos estabelecidos e um grau razoável de segurança de que estes estão sendo aplicados e não funcionando conforme o previsto.

(E) conhecimento e compreensão dos procedimentos e métodos estabelecidos e um grau razoável de segurança de que estes estão sendo aplicados e funcionando conforme o previsto.

A: o trabalho de auditoria não pode ser embasado em suposição e presunção; **B:** o auditor deve ter um nível adequado de segurança sobre os procedimentos e métodos utilizados pela empresa; **C:** o trabalho de auditoria não pode ser embasado em suposição e presunção, e, além disso, o auditor deve ter um nível adequado de segurança sobre os procedimentos e métodos utilizados pela empresa; **D:** o auditor busca com um grau razoável de segurança a compreensão de que os procedimentos e métodos utilizados pela empresa funcionam conforme o previsto; **E:** exato conceito da avaliação dos controles internos.

Gabarito "E".

(Auditor Fiscal da Receita Federal – 2003– ESAF) O teste substantivo tem como objetivo:

(A) a obtenção de evidência quanto à suficiência, exatidão e validade dos dados produzidos pelos sistemas de informação da entidade.

(B) a suposição de evidência quanto à suficiência, exatidão e valor dos dados produzidos pelo sistema contábil da entidade.

(C) a obtenção de evidência quanto à suficiência, exatidão e velocidade dos dados produzidos pelo sistema de custos da entidade.
(D) a suposição de evidência quanto à suficiência, inexatidão e valor dos lançamentos produzidos pelo sistema contábil da entidade.
(E) a obtenção de evidência quanto à insuficiência, exatidão e validade dos registros produzidos pelo sistema contábil da entidade.

A NBC TI 01 – Da Auditoria Interna define que "os testes substantivos visam à obtenção de evidência quanto à suficiência, exatidão e validade dos dados produzidos pelos sistemas de informação da entidade".

Gabarito "A".

(Auditor Fiscal da Receita Federal – 2003– ESAF) A CVM, no intuito de reduzir a possibilidade de comprometer a qualidade dos serviços de auditoria, em virtude do auditor manter a prestação de serviços a um mesmo cliente por período indeterminado, instituiu o rodízio das empresas de auditoria ao realizarem auditoria em companhias abertas. Assim, efetuado o rodízio, é permitido o retorno da empresa de auditoria ao mesmo cliente, após:

(A) 1 ano
(B) 2 anos
(C) 3 anos
(D) 4 anos
(E) 5 anos

O artigo 31 da instrução CVM 308/1999 define que "o Auditor Independente – Pessoa Física e o Auditor Independente – Pessoa Jurídica não podem prestar serviços para um mesmo cliente, por prazo superior a cinco anos consecutivos, contados a partir da data desta Instrução, exigindo-se um intervalo mínimo de três anos para a sua recontratação".

Gabarito "C".

(Auditor Fiscal da Receita Federal – 2003– ESAF) Ao selecionar a amostra, o auditor não deve considerar:

(A) sistematização
(B) materialidade
(C) casualidade
(D) experiência
(E) aleatoriedade

A: na seleção da amostra deve-se considerar a seleção sistemática, observando um intervalo constante entre as transações realizadas; **B:** o auditor não deve considerar a materialidade, visto que a amostragem vai buscar qualquer item com a mesma chance de ocorrência; **C:** na seleção da amostra deve-se considerar a seleção casual, a critério do auditor, baseada em sua experiência profissional; **D:** a experiência do auditor pode ser observada na seleção casual; **E:** na seleção da amostra deve-se considerar a seleção aleatória.

Gabarito "B".

(Auditor Fiscal da Receita Federal – 2003– ESAF) Para o exercício da profissão, o auditor deve ter acesso a todos os documentos, fatos e informações da empresa. Assim, o sigilo deve ser mantido em diversas situações, exceto:

(A) na relação entre o auditor e a justiça.
(B) na relação entre o auditor e a entidade auditada.
(C) na relação entre os auditores e os órgãos fiscalizadores.
(D) na relação entre o auditor e demais terceiros.
(E) na relação entre os auditores.

O item 1.6.1 da resolução CFC No 821/1997, que definia em quais circunstâncias o auditor deve observar o sigilo profissional, foi revogado. O assunto passou a ser regulado pela NBC P 1.6 e continua a constar como circunstâncias em que o sigilo deve ser observado:
a) na relação entre o auditor e a entidade auditada;
b) na relação entre os auditores;
c) na relação entre os auditores e os organismos reguladores e fiscalizadores;
d) na relação entre o auditor e demais terceiros.

Gabarito "A".

(Auditor Fiscal da Receita Federal – 2002.1 – ESAF) Uma revisão limitada, em face do caráter restrito de seu alcance, não possibilita ao auditor condições de expressar uma opinião sobre as demonstrações contábeis. Essa limitação refere-se a:

(A) avaliação de risco de auditoria, controles internos e sistemas de informações contábeis da empresa.
(B) avaliação de controles internos e inadequado controle do sistema de informações contábeis.
(C) falta de planejamento adequado e da adequada avaliação dos controles internos da empresa.
(D) falta de conhecimento suficiente das estratégias e das atividades operacionais da empresa auditada.
(E) avaliação dos sistemas de controles internos e testes nos registros contábeis na extensão necessária.

O objetivo de uma revisão limitada é a emissão de um relatório no qual o auditor, apesar de não ter efetuado uma auditoria completa, afirma que os valores mais significativos das demonstrações contábeis foram revisados e que nada chamou sua atenção no sentido de que as referidas demonstrações não representem, adequadamente, em todos os aspectos relevantes, a posição patrimonial e financeira da empresa. Em uma revisão limitada, além de serem efetuados testes de saldos, utiliza-se, também, questionários específicos para documentar os controles internos e os procedimentos que a empresa utiliza para resumir, classificar e registrar suas operações. Outra técnica muito utilizada é a da revisão analítica dos saldos. Sendo assim, a limitação da revisão refere-se apenas a avaliação dos sistemas de controles internos e testes nos registros contábeis na extensão necessária.

Gabarito "E".

(Auditor Fiscal da Receita Federal – 2002.1 – ESAF) Indique o componente abaixo que não está relacionado com a estrutura de controle interno de uma entidade.

(A) Controle das atividades
(B) Informação e comunicação
(C) Risco de auditoria
(D) Monitoração
(E) Avaliação de risco

O sistema contábil e de controles internos compreende o plano de organização e o conjunto integrado de método e procedimentos adotados pela entidade na proteção do seu patrimônio, promoção da confiabilidade e tempestividade dos seus registros e demonstrações contábeis e da sua eficácia operacional. Nesse sentido é possível concluir que o único item que não representa um controle interno é o risco de auditoria.

Gabarito "C".

(Auditor Fiscal da Receita Federal – 2002.1 – ESAF) Quando os produtos que estão sendo vendidos pela empresa auditada estão sujeitos a alterações significativas de preços, o auditor deve considerar:

(A) aumento de risco inerente.
(B) redução de risco de controle.
(C) aumento de risco de detecção.
(D) redução de risco inerente.
(E) aumento de risco de controle.

Apresentamos a seguir os conceitos dos riscos relacionados à auditoria:
Risco de detecção – É a possibilidade do saldo de uma conta ou de uma informação estar errada e não ser detectada ou ainda levar o auditor a concluir pela sua inexistência em função de um erro de avaliação próprio ou da sua equipe.
Risco de controle – Ocorre quando um erro ou uma fraude não foi detectado pelo sistema de controle interno. Este deixou de prevenir e corrigir em tempo uma distorção no saldo de uma conta, sendo que era responsabilidade dos controles a sua detecção. O risco pode ser relevante individualmente ou em conjunto com outras distorções; o nível deste risco é em função da efetividade dos procedimentos de controle interno da empresa auditada.
Risco inerente – É o risco que está relacionado com as atividades operacionais da empresa, normalmente este risco já existe, é intrínseco da natureza das ações e negócios da empresa.
Pelos conceitos apresentados é possível concluir que a alteração nos preços dos produtos vendidos pela empresa é um risco inerente.

Gabarito "A".

(Auditor Fiscal da Receita Federal – 2002.1 – ESAF) Quando um auditor eleva o nível de risco de controle, porque determinados procedimentos de controle do cliente mostraram-se ineficientes, ele deve:

(A) aumentar o nível de risco inerente.
(B) estender os testes de controle.
(C) aumentar o nível de risco de detecção.
(D) efetuar testes alternativos de controle.
(E) aumentar o nível de testes substantivos.

A avaliação dos controles internos da empresa é de extrema importância para definir a quantidade de testes substantivos a serem realizados. Se o auditor concluir que os controles são ineficientes, deverá aumentar a quantidade de testes substantivos para reduzir assim o risco de auditoria.

Gabarito "E".

(Auditor Fiscal da Receita Federal – 2002.1 – ESAF) Os testes substantivos de auditoria dividem-se nas seguintes categorias:

(A) testes de eventos subsequentes e testes de transações e saldos
(B) testes de observância e testes de circularização de saldos
(C) testes de amostragem estatística e procedimentos de revisão analítica
(D) testes de observância e testes de amostragem estatística
(E) testes de transações e saldos e procedimentos de revisão analítica

Os testes substantivos visam à obtenção de evidência quanto à suficiência, exatidão e validade dos dados produzidos pelo sistema contábil da entidade, dividindo-se em: a) testes de transações e saldos; e b) procedimentos de revisão analítica.

Gabarito "E".

(Auditor Fiscal da Receita Federal – 2002.1 – ESAF) Quando a administração de uma entidade solicita, por carta postal, aos seus clientes que respondam diretamente aos seus auditores independentes, caso não concorde com o saldo em aberto informado, numa determinada data, tem-se uma circularização:

(A) branca
(B) preta
(C) positiva
(D) negativa
(E) atestatória

Apresentamos a seguir a descrição dos tipos de circularização:
Circularização do Tipo Positiva – é utilizada quando há necessidade de resposta da pessoa de quem quer se obter uma confirmação formal. Este pedido pode ser:
Branco – quando não se coloca valores nos pedidos de confirmação; e
Preto – quando utilizados saldos ou valores a serem confirmados na data base indicada.
Circularização do Tipo Negativa – é utilizada quando a resposta for necessária, em caso de discordância da pessoa de quem quer se obter a confirmação, ou seja, na falta de confirmação, o auditor entende que a pessoa concorda com os valores colocados no pedido de confirmação. Esse tipo de pedido é geralmente usado como complemento do pedido de confirmação positivo e deve ser expedido como carta registrada para assegurar que a pessoa de quem se quer obter a confirmação, efetivamente, recebeu tal pedido.
As descrições permitem concluir que o tipo de circularização utilizada na questão foi negativa.

Gabarito "D".

(Auditor Fiscal da Receita Federal – 2002.1 – ESAF) Durante a fase de testes de observância, o auditor constatou algumas imperfeições no ciclo de compras e foi necessário aumentar o nível de risco de detecção. Assim, pode-se afirmar que o auditor deve:

(A) aumentar os testes de controle.
(B) diminuir os testes substantivos.
(C) aumentar os testes substantivos.
(D) diminuir os testes de controle.
(E) manter os testes substantivos.

Risco de detecção é a possibilidade do saldo de uma conta ou de uma informação estar errada e não ser detectada ou ainda levar o auditor a concluir pela sua inexistência em função de um erro de avaliação próprio ou da sua equipe. Quando a empresa apresenta um elevado risco de detecção, o auditor deve aumentar a quantidade de testes substantivos, reduzindo assim o risco de auditoria.

Gabarito "C".

(Auditor Fiscal da Receita Federal – 2002.1 – ESAF) No momento da circularização de advogados da empresa auditada, o objetivo do auditor é

(A) identificar todos os compromissos.
(B) questionar os ativos e passivos contingentes.
(C) identificar todos os passivos contingentes.
(D) questionar as chances de sucesso das ações.
(E) identificar os valores a serem divulgados.

O foco da circularização de advogados é a identificação dos passivos contingentes, visto que são esses valores que devem ser contabilizados por representarem risco para a continuidade da empresa. O registro dos passivos contingentes é a aplicação do princípio da prudência.

Gabarito "C".

(Auditor Fiscal da Receita Federal – 2002.1 – ESAF) Como resposta a uma circularização de advogados, o auditor recebeu a seguinte resposta de um dos advogados da empresa auditada: o valor da ação, contra nosso cliente é 100.000 reais, e a expectativa de perda é remota. Baseado no julgamento do advogado, a posição do auditor é que a empresa

(A) contabilize o valor total da ação e adicione uma nota explicativa.

(B) contabilize o valor parcial da ação e adicione uma nota explicativa.

(C) contabilize o valor parcial da ação sem uma nota explicativa.

(D) não contabilize o valor da ação e não inclua nota explicativa.

(E) não contabilize o valor da ação e adicione uma nota explicativa.

A deliberação CVM Nº 489/2005, que versa sobre provisões, passivos, contingências passivas e contingências ativas, define que nem todas as contingências passivas devem ser provisionadas, devendo seguir o esquema apresentado a seguir:

<table>
<tr><th colspan="2">Probabilidade de ocorrência do desembolso</th><th>Tratamento contábil</th></tr>
<tr><td rowspan="2">Provável</td><td>Mensurável com suficiente segurança</td><td>Provisionar</td></tr>
<tr><td>Não mensurável com suficiente segurança</td><td>Divulgar em notas explicativas</td></tr>
<tr><td colspan="2">Possível</td><td>Divulgar em notas explicativas</td></tr>
<tr><td colspan="2">Remota</td><td>Não divulgar em notas explicativas</td></tr>
</table>

Como é possível observar, a empresa não necessitará provisionar ou divulgar a contingência.

Gabarito "D".

(Auditor Fiscal da Receita Federal – 2002.1 – ESAF) Durante o acompanhamento de um inventário físico de estoques, o auditor deve efetuar o *cut-off* para:

(A) determinar o momento em que os registros contábeis auxiliares, bem como os documentos com eles relacionados, refletem o levantamento do inventário.

(B) comprovar que efetivamente todos os itens a serem inventariados estão adequadamente acondicionados no almoxarifado da empresa.

(C) determinar o momento em que as três últimas compras e as três últimas vendas de mercadorias ocorreram durante o inventário.

(D) comprovar que os procedimentos adotados pela administração para a contagem de estoques são adequados às práticas usuais.

(E) comprovar que os documentos de compras de mercadorias estão suportados por documentação suporte às necessidades da empresa.

O teste de *cut-off* representa um corte nas operações para avaliar a aderência às normas, ou seja, o auditor pede para que sejam parados os procedimentos que estão sendo executados naquele momento e verifica a aderência às normas e diretrizes. No caso do cut-off do inventário físico o objetivo será determinar se o estoque está de acordo com a documentação correlata.

Gabarito "A".

(Auditor Fiscal da Receita Federal – 2002.1 – ESAF) Um assistente de auditoria foi designado para acompanhar a contagem física de lingotes de alumínio nas instalações da Alumiar S/A. Ao chegar no local, foi atendido pelo engenheiro responsável e gerente de contabilidade, quando então foi convidado para conhecer o lugar onde estavam empilhados os lingotes. Retornando ao escritório, tratou logo de efetuar o *cut-off* das movimentações de mercadorias.

No pátio da empresa, o engenheiro comunicou que a primeira pilha de lingotes referia-se a alumínio de 95% de pureza, a segunda pilha referia-se a alumínio de 50% de pureza e a terceira 25% de pureza.

O procedimento de contagem foi efetuado como o auditor havia previsto. No entanto, retornando ao seu escritório, o auditor passou a refletir: "será que aquele produto era realmente alumínio e com os percentuais de pureza que me informaram?" Indique qual o procedimento que o auditor deveria ter efetuado para que essa dúvida fosse esclarecida.

(A) Contactar um outro auditor mais experiente da empresa e pedir sua presença imediata para auxiliar no acompanhamento do inventário.

(B) Pedir ao engenheiro presente no local do inventário que emita um certificado atestando os percentuais de pureza de cada pilha.

(C) Retirar amostras de cada pilha de lingotes de alumínio para que sejam enviadas posteriormente para certificação por um profissional independente.

(D) Interromper a contagem dos lingotes de alumínio e relatar que, por não conhecer o produto, o saldo de estoques deve ser ressalvado.

(E) Acompanhar os procedimentos de contagem e relatar que, por não conhecer suas características, o saldo de estoque deve ser ressalvado.

A: a opinião de outro auditor pouco adiantaria nessa situação, pois há a necessidade de validar uma informação técnica de engenharia; **B:** a opinião do próprio engenheiro da empresa não apresenta a independência necessária para validar o material; **C:** o profissional independente poderá informar ao auditor se o material auditado referia-se ao informado pelo engenheiro; **D:** mesmo que fosse retirar lingotes para certificação por um profissional independente, de nada adiantaria interromper a contagem; **E:** considerando que a empresa disponibilizou o estoque para verificação da auditoria, não caberia a emissão de parecer com ressalva, que é utilizado apenas em caso de discordância com as demonstrações contábeis ou limitação dos trabalhos do auditor.

Gabarito "C".

(Auditor Fiscal da Receita Federal – 2002.1 – ESAF) Durante o trabalho final de auditoria, o auditor identificou algumas diferenças numéricas em determinadas áreas testadas. Assinale, entre os pontos relacionados abaixo, o de maior relevância.

(A) Diferença de 2% no valor da depreciação anual do imobilizado.

(B) Ausência de apropriação *pro rata temporis* de receita financeira.
(C) Diferença de 5% no valor da provisão para devedores duvidosos.
(D) Ausência de contratos de seguros dos veículos e caminhões.
(E) Diferença de 5%, considerado imaterial, de conciliação bancária.

A: por se tratar de uma conta que não envolve recursos financeiros e pelo baixo percentual de diferença, trata-se de um evento de pouca relevância; **B:** a ausência da apropriação da receita foi, apesar de errada, conservadora pelo fato de ter deixado de registrar uma receita; **C:** por se tratar de uma estimativa contábil, é esperada uma margem de erro na apuração; **D:** a ausência de contratos é um item de controle interno, não tendo impacto nas demonstrações contábeis; **E:** a conciliação bancária evidencia a gestão financeira da empresa, tornando qualquer diferença relevante.
Gabarito "E"

(Auditor Fiscal da Receita Federal – 2002.1 – ESAF) A Cia. Miudezas vende, em média, 70% de seus produtos a prazo e possui cerca de 5 mil clientes. O perfil de seus clientes é o de pessoas que possuem renda familiar de até 10 salários mínimos. Na análise da constituição de provisão para devedores duvidosos do saldo de clientes da Cia. Miudezas, o auditor deve

(A) circularizar um percentual significativo de clientes, questionando quanto à posição em atraso e suas justificativas.
(B) analisar individualmente o máximo possível a carteira de clientes da empresa e tirar suas conclusões pessoais.
(C) segregar a carteira de clientes em função de períodos de contas vencidas, medindo tendências e probabilidades de perdas.
(D) efetuar testes globais sobre o saldo de clientes, uma vez que as perdas efetivas do setor variam de 5 a 10 % das vendas.
(E) estabelecer um valor adicional de provisão para cobrir perdas prováveis, de modo que não afete o fluxo de caixa projetado.

A: no caso da Cia Miudezas seria infrutífera a circularização dada à grande pulverização dos clientes; **B:** analisar individualmente os clientes implicaria um grande dispêndio de tempo para pouco resultado dada à grande pulverização da carteira; **C:** trabalhar com a tendência e o histórico de perdas seria a forma mais produtiva para calcular a provisão para devedores duvidosos; **D:** os testes globais impedem a análise das características da carteira; **E:** estabelecer sem critério um adicional de provisão não é recomendável visto que isso deve ser feito com base em dados.
Gabarito "C"

(Auditor Fiscal da Receita Federal – 2002.1 – ESAF) O risco de amostragem em auditoria nos testes de procedimentos de comprovação pode ser assim classificado:

(A) subavaliação e superavaliação da confiabilidade.
(B) aceitação incorreta e superavaliação da confiabilidade.
(C) superavaliação da confiabilidade e rejeição incorreta.
(D) rejeição incorreta e subavaliação da confiabilidade.
(E) rejeição incorreta e aceitação incorreta.

O risco de superavaliação e subavaliação da confiabilidade refere-se aos testes de observância, nos quais o auditor irá avaliar se pode ou não confiar nos controles internos. Os riscos que se referem ao testes de procedimentos (substantivos) são os riscos de rejeição incorreta ou aceitação incorreta, em que o auditor aceitará ou rejeitará o saldo de uma conta contábil.
Gabarito "E"

(Auditor Fiscal da Receita Federal – 2002.1 – ESAF) O risco que o auditor corre por considerar, como resultado de uma amostra que suporte sua conclusão, que o saldo de uma conta ou classe de transações registradas estão relevantemente corretos, quando de fato não estão, é denominado:

(A) risco de aceitação incorreta
(B) risco de superavaliação de confiabilidade
(C) risco de rejeição incorreta
(D) risco de subavaliação de confiabilidade
(E) risco de estimativa contábil

Ao aceitar incorretamente o saldo de uma conta ou classe de transações, o auditor estará afetando a eficácia da auditoria, pois emitirá um parecer sobre dados incorretos.
Gabarito "A"

(Auditor Fiscal da Receita Federal – 2002.1 – ESAF) O auditor deve reavaliar o risco de amostragem quando o:

(A) erro tolerável excede os erros da população.
(B) risco de controle excede o risco de rejeição.
(C) erro da população excede o erro tolerável.
(D) risco de aceitação excede o de rejeição.
(E) erro tolerável excede o risco de detecção.

Como o erro tolerável é o erro máximo na população que o auditor está disposto a aceitar e ainda assim concluir que o resultado da amostra atingiu o objetivo da auditoria, caso o erro da população exceda o erro tolerável. o auditor deverá reavaliar o risco de amostragem.
Gabarito "C"

(Auditor Fiscal da Receita Federal – 2002.1 – ESAF) Ao determinar o tamanho de uma amostra, o auditor deve considerar:

(A) tamanho da população, risco de amostragem e erro esperado.
(B) tamanho da população, erro tolerável e erro esperado.
(C) risco da população, risco de controle e erro esperado.
(D) risco de amostragem, erro tolerável e erro esperado.
(E) risco de detecção, tamanho da população e desvio aceitável.

Na determinação da amostra o auditor deve levar em consideração os seguintes fatores:
a) população objeto da amostra;
b) estratificação da amostra;
c) tamanho da amostra;
d) risco da amostragem;
e) erro tolerável; e
f) erro esperado.
Gabarito "D"

(Auditor Fiscal da Receita Federal – 2002.2 – ESAF) Entre as seguintes opções, não é de competência da auditoria interna examinar os seguintes objetivos:

(A) integridade, adequação e eficácia dos controles internos.
(B) eficácia das informações físicas, contábeis e financeiras.
(C) adequação dos controles internos e das informações físicas.
(D) integridade das informações operacionais, financeiras e físicas.
(E) eficiência e eficácia do parecer dos auditores independentes.

Da NBC TI 01, que trata das regras da auditoria interna, é possível extrair as competências da auditoria interna, mas nenhuma delas refere-se à validação do parecer dos auditores independentes, cujo objetivo é distinto do trabalho de auditoria interna.

Gabarito "E".

(Auditor Fiscal da Receita Federal – 2002.2 – ESAF) Para o fornecimento de evidências às conclusões e recomendações da auditoria interna, as informações devem ser:

(A) suficientes, adequadas, relevantes e úteis.
(B) relevantes, razoáveis, exatas e adequadas.
(C) suficientes, comprobatórias, subjetivas e úteis.
(D) adequadas, calculáveis, hábeis e comprobatórias.
(E) objetivas, exatas, razoáveis e adequadas.

A NBC TI 01 define que "a obtenção de informações sobre os assuntos relacionados aos objetivos e ao alcance da Auditoria Interna, devendo ser observado que: a informação suficiente é aquela que é factual e convincente, de tal forma que uma pessoa prudente e informada possa entendê-la da mesma forma que o auditor interno; a informação adequada é aquela que, sendo confiável, propicia a melhor evidência alcançável, por meio do uso apropriado das técnicas de Auditoria Interna; a informação relevante é a que dá suporte às conclusões e às recomendações da Auditoria Interna; a informação útil é a que auxilia a entidade a atingir suas metas".

Gabarito "A".

(Auditor Fiscal da Receita Federal – 2002.2 – ESAF) Quando o auditor, de posse de algumas faturas selecionadas, tem como objetivo conferir detalhes cotejando os dados de embarque com os dados da prestação de serviços efetuados por uma determinada empresa, este teste denomina-se:

(A) de revisão analítica
(B) substantivo
(C) de conferência
(D) abrangente
(E) de observância

Como o objetivo do teste realizado pelo auditor é obter evidência quanto à suficiência, exatidão e validade dos dados produzidos pelo sistema contábil da entidade, ele está realizando um teste substantivo. Segundo a NBC TI 01, os "testes substantivos visam à obtenção de evidência quanto à suficiência, exatidão e validade dos dados produzidos pelos sistemas de informação da entidade".

Gabarito "B".

(Auditor Fiscal da Receita Federal – 2002.2 – ESAF) O teste referente à constatação, pelo auditor, de que os orçamentos para aquisição de ativos são revisados e aprovados por um funcionário adequado, denomina-se:

(A) de revisão analítica
(B) de observância
(C) substantivo
(D) de abrangência
(E) documental

Como o objetivo do teste realizado pelo auditor é confirmar com razoável segurança que os procedimentos de controle interno estabelecidos pela administração estão em efetivo funcionamento e cumprimento, ele está realizando um teste de observância. Segundo a NBC TI 01, os testes de observância visam à obtenção de razoável segurança de que os controles internos estabelecidos pela administração estão em efetivo funcionamento, inclusive quanto ao seu cumprimento pelos funcionários e administradores da entidade".

Gabarito "B".

(Auditor Fiscal da Receita Federal – 2002.2 – ESAF) O teste referente à análise de movimentação e investigação de quaisquer flutuações relevantes e não usuais, entre o exercício corrente e o exercício anterior, nos índices de empréstimos de curto e longo prazo, denomina-se:

(A) de revisão analítica
(B) substantivo
(C) de observância
(D) documental
(E) de abrangência

O teste tipificado na questão é a revisão analítica, cujo objetivo é a verificação do comportamento de valores significativos, mediante índices, quocientes, quantidades absolutas ou outros meios, com vistas à identificação de situação ou tendências atípicas.

Gabarito "A".

(Auditor Fiscal da Receita Federal – 2002.2 – ESAF) O auditor, por meio de uma listagem de dividendos, confere a exatidão dos valores de pagamentos desses, com as respectivas autorizações dadas em atas de reuniões de diretoria ou de assembleias de acionistas. Esse procedimento chama-se:

(A) inspeção
(B) observação
(C) investigação
(D) cálculo
(E) confirmação

O teste tipificado na questão é o cálculo, cujo objetivo é a conferência da exatidão aritmética de documentos comprobatórios, registros e demonstrações contábeis e outras circunstâncias.

Gabarito "D".

(Auditor Fiscal da Receita Federal – 2002.2 – ESAF) O acompanhamento para verificar os procedimentos de contagem física de barras de ouro, no cofre de um determinado banco, é denominado:

(A) investigação
(B) conferência
(C) inspeção

(D) revisão
(E) cálculo

O teste tipificado na questão é a inspeção, que segundo a NBC TI 01 consiste na verificação de registros, documentos e de ativos tangíveis.

Gabarito "C".

(Auditor Fiscal da Receita Federal – 2002.2 – ESAF) O procedimento a ser aplicado, quando o auditor tiver como objetivo investigar relações inesperadas ou não usuais entre os valores do exercício corrente e o anterior, das despesas de reparos e manutenção de equipamentos, é denominado:

(A) observação
(B) confirmação
(C) investigação
(D) inspeção
(E) procedimento analítico

O teste tipificado na questão é o procedimento de revisão analítica (procedimento analítico) cujo objetivo é a verificação do comportamento de valores significativos, mediante índices, quocientes, quantidades absolutas ou outros meios, com vistas à identificação de situação ou tendências atípicas.

Gabarito "E".

(Auditor Fiscal da Receita Federal – 2002.2 – ESAF) Após uma série de respostas de advogados da empresa auditada, o auditor segregou os processos judiciais movidos contra a empresa em três categorias de chance de insucesso, a saber: provável, possível e remota. Quando os processos forem classificados como prováveis, cujo efeito não possa ser razoavelmente estimado, o auditor deve emitir um parecer:

(A) sem ressalva
(B) com parágrafo de ênfase
(C) com ressalva
(D) adverso
(E) com abstenção

Na situação descrita pela questão enquadra-se o uso do parágrafo de ênfase. Esse parágrafo deve ser utilizado quando ocorrer incerteza em relação a fato relevante, cujo desfecho poderá afetar significativamente a posição patrimonial e financeira da entidade e esta incerteza relevante não estiver adequadamente divulgada nas demonstrações contábeis.

Gabarito "B".

(Auditor Fiscal da Receita Federal – 2002.2 – ESAF) Um auditor, sabendo que a taxa de depreciação de um determinado grupo de imobilizado é de 10% ao ano e que não ocorreram adições ou baixas no período sob exame, efetua um cálculo global de despesa de depreciação no valor de $ 1.000. Se os saldos iniciais de custo do bem e da depreciação acumulada eram de $ 10.000 e $ 5.000, respectivamente, e o auditor constata que o livro contábil, no final do exercício, apresenta um saldo de $ 10.000 para o custo do imobilizado e $ 5.500 como depreciação acumulada, neste caso o auditor falhou em:

(A) confiar demasiadamente no sistema da empresa.
(B) confiar que a taxa de depreciação era de 10% ao ano.
(C) não verificar os itens totalmente depreciados.
(D) não verificar os itens reavaliados do imobilizado.
(E) não considerar a adição de um novo imobilizado.

Na situação descrita pela questão o auditor supõe, a princípio corretamente, que o valor da despesa de depreciação do período será igual a R$ 1.000 após a informação de que todos os bens são depreciados a 10% ao ano e que o valor dos bens é igual a R$10.000. Ocorre que o auditor não considerou a possibilidade de existirem dentro do grupo valores totalmente depreciados, que afetariam no valor da despesa de depreciação. Seria o caso, por exemplo, se a empresa tivesse ativos no valor de R$5.000 totalmente depreciados. Nesse caso, apenas os R$5.000 restantes seriam depreciados, gerando apenas R$500 (10% de R$5.000) de despesa.

Gabarito "C".

(Auditor Fiscal da Receita Federal – 2002.2 – ESAF) O auditor independente, ao efetuar o teste de auditoria nos contratos de seguros, constatou que todas as apólices estavam em vigor conforme relatório entregue pelo contador da Cia. Siderúrgica Ferro e Aço S.A. Dois dias após o encerramento dos trabalhos de auditoria, uma explosão ocorre em uma das principais caldeiras da empresa e o auditor é convocado pelo conselho de administração do cliente para esclarecimentos, já que a cobertura de seguros não era suficiente para o sinistro ocorrido. Apesar de ter efetuado o teste quanto à vigência das apólices, o auditor não atentou em:

(A) verificar o grau de risco de eventual sinistro dos imobilizados.
(B) avaliar o montante segurado com o valor dos imobilizados.
(C) verificar as medidas preventivas tomadas pela empresa.
(D) avaliar a real situação financeira da companhia seguradora.
(E) verificar detalhadamente as informações fornecidas para a seguradora.

A situação descrita pela questão indica que o auditor considerou suficiente a existência da apólice de seguros. No entanto, no momento da ocorrência do sinistro, o valor segurado se mostrou insuficiente para cobrir os prejuízos da empresa, demonstrando que o auditor não comparou o valor segurado com o valor dos ativos imobilizados.

Gabarito "B".

(Auditor Fiscal da Receita Federal – 2002.2 – ESAF) O auditor utiliza o método de seleção aleatória de uma amostra quando:

(A) o intervalo entre as seleções for constante.
(B) sua amostra for representativa da população toda.
(C) os itens da população têm igual chance de seleção.
(D) os itens menos representativos são excluídos da população.
(E) não confiar nos controles internos mantidos na população.

A seleção aleatória ou randômica é o método que assegura que todos os itens da população ou do estrato fixado tenham idêntica possibilidade de serem escolhidos.

Gabarito "C".

(Auditor Fiscal da Receita Federal – 2002.2 – ESAF) Quando da aplicação da técnica de amostragem estatística em testes substantivos, quanto menor o tamanho da amostra:

(A) a taxa de desvio aceitável será maior.
(B) a quantificação do erro tolerável será maior.
(C) a taxa de desvio aceitável será menor.
(D) a quantificação do erro tolerável será menor.
(E) esta não afeta o erro tolerável nem o esperado.

Ao usar métodos de amostragem estatística ou não estatística, o auditor deve projetar e selecionar uma amostra de auditoria, aplicar a essa amostra procedimentos de auditoria e avaliar os resultados da amostra, de forma a proporcionar evidência de auditoria suficiente e apropriada. Sendo assim, se a amostra for pequena, é necessário que o auditor aceite um maior desvio para os resultados apresentados.

Gabarito "A".

(Auditor Fiscal da Receita Federal – 2002.2 – ESAF) Assinale a opção que não se refere ao objetivo de obtenção, pelo auditor independente, da carta de responsabilidade da administração.

(A) Atendimento às normas de auditoria independente.
(B) Delimitação de responsabilidade do auditor e da administração.
(C) Obtenção de evidências de auditoria por escrito.
(D) Esclarecimento de pontos não constantes nas demonstrações contábeis.
(E) Confirmação da exatidão e fidedignidade dos números.

Dentre as alternativas da questão apenas a que se refere à confirmação da exatidão e fidedignidade dos números não se referem à carta de responsabilidade da administração, pois este item é justamente o objeto do trabalho do auditor.

Gabarito "E".

(Auditor Fiscal da Receita Federal – 2002.2 – ESAF) Se, após a emissão do parecer, o auditor tomar conhecimento de um fato, existente na data da emissão do parecer que, se conhecido na ocasião, poderia ter gerado a modificação do seu parecer final, nesse caso o procedimento a ser efetuado pelo auditor será:

(A) emitir um novo parecer de auditoria com parágrafo de ênfase sobre as demonstrações contábeis revisadas.
(B) avaliar o efeito junto com a administração e incluir como parágrafo de ênfase no próximo parecer.
(C) comunicar aos órgãos reguladores que o parecer emitido naquela data não tem validade legal.
(D) emitir um comunicado público que, exceto pelo fato mencionado, sua opinião é correta.
(E) emitir um comunicado à Comissão de Valores Mobiliários de que desconhecia tal fato na data de emissão do parecer.

Os fatos ocorridos após a divulgação das demonstrações contábeis também devem ser considerados para os eventos subsequentes. A identificação de um evento relevante, mesmo após a emissão do parecer, exigirá um novo parecer de auditoria contendo o parágrafo de ênfase.

Gabarito "A".

(Auditor Fiscal da Previdência Social – 2002 – ESAF) Segundo as normas de auditoria, as definições de fraude e erro são, respectivamente:

(A) Ato não intencional de registrar documentos oficiais corretamente, bem como elaborar demonstrações financeiras de forma correta. Ato intencional resultante de omissão, desatenção ou má interpretação de fatos na elaboração de registros e demonstrações contábeis.
(B) Ato não intencional de omissão ou manipulação de transações, adulteração de documentos, registros e demonstrações contábeis. Ato intencional resultante de omissão, desatenção ou má interpretação de fatos na elaboração de registros e demonstrações contábeis.
(C) Ato não intencional de evidenciar a manipulação de transações, adulteração de documentos, registros e demonstrações contábeis. Ato intencional resultante de omissão, desatenção ou interpretação correta de fatos na elaboração de registros e demonstrações financeiras.
(D) Ato intencional de registrar as transações de forma adequada os fatos contábeis e a elaboração das demonstrações contábeis. Ato não intencional resultante de omissão, desatenção ou interpretação de fatos de forma correta na elaboração de registros e demonstrações contábeis.
(E) Ato intencional de omissão ou manipulação de transações, adulteração de documentos, registros e demonstrações contábeis. Ato não intencional resultante de omissão, desatenção ou má interpretação de fatos na elaboração de registros e demonstrações contábeis.

Apresentamos a seguir os conceitos de fraude e erro:
Fraude – o ato intencional de omissão ou manipulação de transações, adulteração de documentos, registros e demonstrações contábeis;
Erro – o ato não intencional resultante de omissão, desatenção ou má interpretação de fatos na elaboração de registros e demonstrações contábeis.

Gabarito "E".

(Auditor Fiscal da Previdência Social – 2002 – ESAF) O objetivo da revisão pelos pares consiste na:

(A) explicação de motivos que levaram os auditores a emitir pareceres com ressalva contratados por seus clientes.
(B) avaliação dos procedimentos adotados pelos auditores com vistas a assegurar a qualidade dos trabalhos desenvolvidos.
(C) análise dos procedimentos adotados pelos auditores no cumprimento de um razoável critério de seleção de amostras.
(D) determinação dos procedimentos indicados pelo auditor revisor quanto à qualidade dos trabalhos executados.
(E) análise da variação de taxa horária média dos três últimos anos praticada pelo auditor.

De acordo a NBC PA 11 – Revisão Externa de Qualidade pelos Pares, objetivo da revisão pelos pares é a "avaliação dos procedimentos adotados pelo Contador que atua como Auditor Independente e pela Firma de Auditoria, daqui em diante denominados "Auditor", com vistas a assegurar a qualidade dos trabalhos desenvolvidos. A qualidade, neste contexto, é medida pelo atendimento ao estabelecido nas Normas Brasileiras de Contabilidade Técnicas e Profissionais editadas pelo Conselho Federal de Contabilidade (CFC) e, na falta destas, nos pronunciamentos do IBRACON – Instituto dos Auditores Independentes do Brasil, e, quando aplicável, nas normas emitidas por órgãos reguladores".

Gabarito "B".

(Auditor Fiscal da Previdência Social – 2002 – ESAF) O objetivo geral da auditoria interna é atender:

(A) à administração da empresa.
(B) aos acionistas da empresa.
(C) à auditoria externa da empresa.
(D) à gerência financeira da empresa.
(E) à gerência comercial da empresa.

Segundo a NBC TI 01 – Da Auditoria Interna, "a Auditoria Interna compreende os exames, análises, avaliações, levantamentos e comprovações, metodologicamente estruturados para a avaliação da integridade, adequação, eficácia, eficiência e economicidade dos processos, dos sistemas de informações e de controles internos integrados ao ambiente, e de gerenciamento de riscos, com vistas a assistir à administração da entidade no cumprimento de seus objetivos".

Gabarito "A".

(Auditor Fiscal da Previdência Social – 2002 – ESAF) Os procedimentos relacionados para compor um programa de auditoria são desenhados para:

(A) detectar erros e irregularidades significativas.
(B) proteger o auditor em caso de litígio legal.
(C) avaliar a estrutura dos controles internos.
(D) coletar evidências suficientes de auditoria.
(E) desenvolver um plano estratégico da empresa.

Os procedimentos de auditoria são o conjunto de técnicas que permitem ao auditor obter evidências ou provas suficientes e adequadas para fundamentar sua opinião sobre as demonstrações contábeis auditadas e abrangem testes de observância e testes substantivos.

Gabarito "D".

(Auditor Fiscal da Previdência Social – 2002 – ESAF) Os controles internos podem ser classificados em:

(A) contábeis e jurídicos.
(B) patrimoniais e econômicos.
(C) financeiros e econômicos.
(D) empresariais e externos.
(E) administrativos e contábeis.

Os controles internos são classificados conforme apresentado a seguir:

Controles internos administrativos – representam o conjunto de procedimentos que está indiretamente relacionado com a elaboração das demonstrações contábeis. Consiste em avaliar os setores que fornecem as informações para a contabilidade.

Controles internos contábeis – representam o conjunto de processos internos que está diretamente relacionado com a elaboração das demonstrações contábeis.

Gabarito "E".

(Auditor Fiscal da Previdência Social – 2002 – ESAF) O risco de sistemas contábeis e de controles internos que deixarem de prevenir e/ou detectar uma distorção no saldo de uma conta que pode ser relevante, classifica-se como risco:

(A) inerente
(B) do trabalho
(C) de controle
(D) detecção
(E) do negócio

Apresentamos a seguir os conceitos dos riscos relacionados à auditoria:

Risco de detecção – É a possibilidade do saldo de uma conta ou de uma informação estar errada e não ser detectada ou ainda levar o auditor a concluir pela sua inexistência em função de um erro de avaliação próprio ou da sua equipe.

Risco de controle – Ocorre quando um erro ou uma fraude não foram detectados pelo sistema de controle interno. Este deixou de prevenir e corrigir em tempo uma distorção no saldo de uma conta, sendo que era responsabilidade dos controles a sua detecção. O risco pode ser relevante individualmente ou em conjunto com outras distorções; o nível deste risco é em função da efetividade dos procedimentos de controle interno da empresa auditada.

Risco inerente – É o risco que está relacionado com as atividades operacionais da empresa, normalmente este risco já existe, é intrínseco da natureza das ações e negócios da empresa.

O risco descrito pela questão é o risco de controle.

Gabarito "C".

(Auditor Fiscal da Previdência Social – 2002 – ESAF) Ao constatar a ineficácia de determinados procedimentos de controle o auditor deve:

(A) aumentar a extensão dos testes de controle.
(B) diminuir a extensão dos testes substantivos.
(C) aumentar o nível planejado de risco de detecção.
(D) diminuir o nível de risco inerente da área em questão.
(E) aumentar o nível planejado de testes substantivos.

A avaliação dos controles internos da empresa é de extrema importância para definir a quantidade de testes substantivos a serem realizados. Se o auditor concluir que os controles são ineficientes, deverá aumentar a quantidade de testes substantivos para reduzir assim o risco de auditoria.

Gabarito "E".

(Auditor Fiscal da Previdência Social – 2002 – ESAF) A determinação da amplitude dos exames necessários à obtenção dos elementos de convicção que sejam válidos para o todo no processo de auditoria é feita com base:

(A) na experiência do auditor em trabalhos executados.
(B) na quantidade de horas negociadas com o cliente para execução do trabalho.
(C) na análise de riscos de auditoria e outros elementos que dispuser.
(D) na quantidade de lançamentos contábeis feitos pela empresa.
(E) na observância dos documentos utilizados no processo de contabilização.

A aplicação dos procedimentos de auditoria deve ser realizada, em razão da complexidade e volume das operações, por meio de provas seletivas, testes e amostragens, cabendo ao auditor, com base na análise de riscos de auditoria e outros elementos de que dispuser, determinar a amplitude dos exames necessários à obtenção dos elementos de convicção que sejam válidos para o todo.

Gabarito "C".

(Auditor Fiscal da Previdência Social – 2002 – ESAF) A circularização é um procedimento de auditoria que aplicado à área de contas a receber confirma:

(A) os cálculos efetuados pelo auditor.
(B) a existência física do bem da empresa.
(C) a existência física do documento gerador do fato.
(D) a existência de duplicatas descontadas.
(E) o saldo apresentado pela empresa no cliente.

A circularização consiste na confirmação de saldos com terceiros. Sendo assim, esse procedimento confirma o saldo apresentado pela empresa na conta clientes.

Gabarito "E".

(Auditor Fiscal da Previdência Social – 2002 – ESAF) A administração de uma entidade envia uma carta às diversas instituições financeiras com as quais se relaciona comercialmente, solicitando informações dos saldos em aberto existentes nessas empresas em uma determinada data, cuja resposta deva ser enviada diretamente aos seus auditores independentes. Nesse caso, ocorre um procedimento de:

(A) investigação
(B) observação
(C) confirmação
(D) revisão analítica
(E) inspeção

A questão descreve o procedimento de circularização, também conhecida como confirmação por se tratar de uma confirmação dos saldos com terceiros.

Gabarito "C".

(Auditor Fiscal da Previdência Social – 2002 – ESAF) Para determinação da suficiência de cobertura de seguros para ativo imobilizado deve-se proceder ao confronto da cobertura da apólice com o valor:

(A) da existência física do ativo imobilizado.
(B) das despesas antecipadas.
(C) total das despesas de seguros.
(D) do saldo contábil do ativo imobilizado.
(E) do Patrimônio Líquido.

O saldo contábil do Ativo Imobilizado é o valor a ser validado pelo auditor, sendo necessário que este valor esteja totalmente coberto por seguro para garantir a integridade desses bens.

Gabarito "D".

(Auditor Fiscal da Previdência Social – 2002 – ESAF) Assinale a opção que não corresponde ao fator de risco inerente em estoques.

(A) Flutuações significativas nos preços de materiais.
(B) Alterações significativas nos níveis de produção.
(C) Variação no custo-padrão é relevante.
(D) Processo de produção envolve várias etapas complexas.
(E) Análise de composição de estoques.

Risco inerente é o risco que está relacionado com as atividades operacionais da empresa, normalmente este risco já existe, é intrínseco da natureza das ações e negócios da empresa. A análise da composição de estoques não se trata de qualquer risco para a empresa.

Gabarito "E".

(Auditor Fiscal da Previdência Social – 2002 – ESAF) Em decorrência das respostas de circularização, de advogados internos e externos da empresa auditada, o auditor independente recebeu diversas respostas com opinião sobre a possibilidade remota de insucesso de ações de diversas naturezas, contra a empresa, já em fase de execução. Neste caso, o auditor deve:

(A) concordar integralmente com os advogados.
(B) discordar parcialmente dos advogados.
(C) concordar parcialmente com os advogados.
(D) discordar integralmente dos advogados.
(E) não concordar nem discordar dos advogados.

As respostas dos advogados se mostraram não confiáveis, visto que mesmo ações já em fase de execução foram informadas como de baixa probabilidade de perda. Sendo assim, é possível que o auditor desconsidere essa opinião, discordando integralmente dos advogados, visto que se trata de informação que poderia levar a uma conclusão inadequada do auditor.

Gabarito "D".

(Auditor Fiscal da Previdência Social – 2002 – ESAF) Na determinação da amostra, o auditor não deve levar em consideração o(a):

(A) erro esperado.
(B) valor dos itens da amostra.
(C) tamanho da amostra.
(D) população objeto da amostra.
(E) estratificação da amostra.

Na determinação da amostra o auditor deve levar em consideração os seguintes fatores:

* População objeto da amostra;
* Estratificação da amostra;
* Tamanho da amostra;
* Risco da amostragem;
* Erro tolerável; e
* Erro esperado.

Gabarito "B".

(Auditor Fiscal da Previdência Social – 2002 – ESAF) Nas alternativas de escolha da amostra, um dos tipos a ser considerado pelo auditor é a seleção:

(A) direcionada e padronizada dos itens que compõem a amostra.
(B) dirigida e padronizada dos itens que comporão a base da amostra a ser utilizada.
(C) casual, a critério do auditor, baseada em sua experiência profissional.
(D) casual, a critério da empresa auditada, para determinação da amostra a ser utilizada.
(E) dirigida em comum acordo entre a empresa auditada e o auditor.

Na seleção de amostra devem ser considerados:

* Seleção aleatória;
* Seleção sistemática, observando um intervalo constante entre as transações realizadas; e
* Seleção casual, a critério do auditor, baseada em sua experiência profissional".

Gabarito "C".

(Auditor Fiscal da Previdência Social – 2002 – ESAF) Na realização dos serviços de auditoria, a avaliação do controle interno é de fundamental importância para o auditor. Assim sendo, pode-se afirmar que:

(A) há relação do controle interno com o número de testes a serem aplicados pela auditoria. Desta forma, se o controle interno for eficiente, menor será o número de testes, mas o auditor nunca deverá deixar de aplicá-los. No entanto, se o controle interno for deficiente, o auditor deverá aplicar número maior.
(B) empresa que apresente controle interno deficiente, segundo a avaliação do auditor, dispensa a aplicação de teste, pois o controle interno não interfere nessa análise.
(C) o número de testes é puramente subjetivo, ou seja, depende da experiência do auditor.
(D) os testes de auditoria não guardam correlação com a avaliação do controle interno da empresa.
(E) empresa que apresente controle interno eficiente, segundo a avaliação do auditor, dispensa a aplicação de testes de auditoria.

A avaliação dos controles internos da empresa é de extrema importância para definir a quantidade de testes substantivos a serem realizados. Se o auditor concluir que os controles são ineficientes, deverá aumentar a quantidade de testes substantivos para reduzir assim o risco de auditoria.

Gabarito "A".

(Auditor Fiscal da Previdência Social – 2002 – ESAF) Em relação aos procedimentos de auditoria, pode-se dizer que o procedimento de correlação das informações é aplicado quando

(A) faz-se a contagem de caixa.
(B) implica declaração formal e imparcial de pessoas independentes da empresa auditada e que estejam habilitadas a confirmar.
(C) o auditor verificar o recebimento de duplicatas a receber que afetam as disponibilidades e contas a receber.
(D) analisam-se os registros de uma determinada área da empresa que está sob exame.
(E) é realizado qualquer procedimento de auditoria em contas do passivo, caracterizando-se pela observação das rotinas adotadas pelo empregado da empresa auditada em relação à execução de sua atividade diária.

A correlação citada na questão refere-se ao reflexo da movimentação de uma conta contábil em outra, dada à existência das partidas dobradas.

Gabarito "C".

(Auditor Fiscal/CE – 2006 – ESAF) A empresa CompraVia Ltda. determinou que a partir do mês de dezembro as funções de pagamento das compras efetuadas passarão a ser feitas pelo departamento de compras, extinguindo-se o setor de Contas a Pagar. Esse procedimento afeta a eficácia da medida de controle interno denominada

(A) confirmação.
(B) segregação.
(C) evidenciação.
(D) repartição.
(E) atribuição.

Um importante controle interno é a segregação de funções, que consiste em estabelecer que uma mesma pessoa não tenha acesso a transações conflitantes. Ao permitir que o departamento que efetua a compra também efetue o pagamento, a empresa está aumentando o risco de fraude e erro, pois não adotou a adequada segregação de funções.

Gabarito "B".

(Auditor Fiscal/CE – 2006 – ESAF) O sistema adquirido pela empresa Certifica S.A. continha um erro de parametrização interna, não registrando na contabilidade dez notas fiscais. O auditor ao realizar os testes de auditoria constata o erro. Esse risco de auditoria é denominado risco de

(A) negócio.
(B) detecção.
(C) inerência.
(D) controle.
(E) estrutura.

Apresentamos a seguir os conceitos dos riscos relacionados à auditoria:

Risco de detecção – É a possibilidade do saldo de uma conta ou de uma informação estar errada e não ser detectada ou ainda levar o auditor a concluir pela sua inexistência em função de um erro de avaliação próprio ou da sua equipe.

Risco de controle – Ocorre quando um erro ou uma fraude não foi detectada pelo sistema de controle interno. Este deixou de prevenir e corrigir em tempo uma distorção no saldo de uma conta, sendo que era responsabilidade dos controles a sua detecção. O risco pode ser relevante individualmente ou em conjunto com outras distorções; o nível deste risco é em função da efetividade dos procedimentos de controle interno da empresa auditada.

Risco inerente – É o risco que está relacionado com as atividades operacionais da empresa, normalmente este risco já existe, é intrínseco da natureza das ações e negócios da empresa.

Pelos conceitos apresentados é possível concluir que a alteração nos preços dos produtos vendidos pela empresa é um risco de controle.

Gabarito "D".

(Auditor Fiscal/CE – 2006 – ESAF) Os testes de observância visam:

(A) confirmar que as normas e procedimentos da empresa estejam estabelecidos e previstos em seus manuais.
(B) estabelecer normas para implantação dos controles internos na empresa.
(C) evidenciar que os procedimentos estabelecidos pela empresa estão funcionando e sendo cumpridos na prática.
(D) assegurar que as demonstrações contábeis sejam apresentadas a todos os usuários.
(E) garantir que os administradores da empresa estejam implantando os sistemas de controles internos.

A NBC TI 01 – Da Auditoria Interna define que os testes de observância "visam à obtenção de razoável segurança de que os controles internos estabelecidos pela administração estão em efetivo funcionamento, inclusive quanto ao seu cumprimento pelos funcionários e administradores da entidade".

Gabarito "C".

(Auditor Fiscal/MG – 2005 – ESAF) É objetivo do controle interno, exceto:

(A) a precisão e a confiabilidade dos relatórios contábeis.

(B) a salvaguarda do patrimônio da empresa.

(C) o estímulo à eficiência operacional.

(D) a unificação das responsabilidades.

(E) à aderência às políticas existentes.

Dentre os itens apresentados pela questão, apenas a unificação das responsabilidades não se refere a objetivo do controle interno. A unificação de responsabilidades é contrária aos mandamentos do controle interno, visto que as boas práticas pregam a segregação de funções, que consiste na separação de responsabilidades conflitantes.

Gabarito "D"

(Auditor Fiscal/MG – 2005 – ESAF) Ao ser feita a análise da conta de Estoques da empresa Comercial de sapatos Ltda., o auditor externo depara-se com lançamento a débito, dessa conta, do valor referente a ICMS sobre mercadorias adquiridas. A consideração que pode ser feita sobre o processo de auditoria é que o auditor afirmará que:

(A) o saldo da conta encontra-se subavaliado em decorrência de o débito de ICMS ser um crédito de imposto da empresa.

(B) o lançamento deveria ter sido efetuado a débito de ICMS no resultado, por tratar-se de imposto sobre mercadorias.

(C) o lançamento é devido e o saldo da conta não se encontra nem super-avaliado, nem subavaliado.

(D) a conta deve ser ajustada, sendo creditada pelo valor e a contrapartida levada a resultado em despesa de ICMS.

(E) o saldo da conta encontra-se super-avaliado, em função do ICMS sobre mercadorias ser um direito da empresa.

O ICMS sobre mercadorias adquiridas representa um ativo da empresa, visto que se trata de um valor a recuperar. Esse valor, no entanto, deve ser registrado em conta específica. O registro do ICMS na conta estoque implicou na superavaliação do estoque.

Gabarito "E"

Dadas as tabelas fornecidas a seguir, responder à questão seguinte.

Tabela I: 5% de risco de Avaliação do Risco de Controle em Nível Baixo

Taxa aceitável de desvios

Taxa Esperada de desvio da população (%)	2%	3%	4%	5%	6%
0,00	151	101	76	61	51
0,50	–	159	119	95	80
1,00			158	95	80
1,50				126	105
2,00					90

Tabela II: 10% de risco de Avaliação do Risco de Controle em Nível Baixo

Taxa aceitável de desvios

Taxa Esperada de desvio da população (%)	2%	3%	4%	5%	6%
0,00	116	78	59	47	40
0,50	196	131	98	79	66
1,00		178	98	79	66
1,50			134	107	66
2,00			200	134	90
2,50				160	112
3,00					132

(Auditor Fiscal/RN – 2005 – ESAF) Ao analisar a área de Contas a Receber, constata-se um risco de avaliação de 10%. No ano anterior a empresa de auditoria constatou desvio de 4% e a taxa esperada do desvio da população do ano foi de 1,0%. Determine o tamanho da amostra a ser utilizada.

(A) 200

(B) 107

(C) 158

(D) 178

(E) 98

Para responder a questão basta localizar nas tabelas os dados informados. Como o risco de avaliação do contas a receber foi de 10%, devemos nos ater à tabela II. A taxa esperada do desvio da população de 1% e o desvio de 4% interceptam-se na amostra de 98.

Gabarito "E"

(Auditor Fiscal/RN – 2005 – ESAF) Para reconhecimento dos passivos tributários, em discussão jurídica, devem os escritórios de advocacia ou advogados da entidade auditada classificar o sucesso das causas em remoto, possível ou provável. Assim podemos afirmar que o auditor deve

(A) calcular a provisão reconhecendo os passivos prováveis e analisando as probabilidades nos processos possíveis.

(B) não contabilizar provisão para as autuações que estejam sendo discutidas administrativamente, mesmo com posição desfavorável à entidade.

(C) não reconhecer referidos passivos porque se assim o fizer estará reconhecendo a obrigação.

(D) compor a provisão sem considerar os processos com provável perda judicial.

(E) solicitar o registro contábil de provisão para processos com classificação remota de perda.

A deliberação CVM Nº 489/2005, que versa sobre provisões, passivos, contingências passivas e contingências ativas, define que nem todas as contingências passivas devem ser provisionadas, devendo seguir o esquema apresentado a seguir:

Probabilidade de ocorrência do desembolso		Tratamento contábil
Provável	Mensurável com suficiente segurança	Provisionar
	Não mensurável com suficiente segurança	Divulgar em notas explicativas
Possível		Divulgar em notas explicativas
Remota		Não divulgar em notas explicativas

Gabarito "A"

(Auditor Fiscal/RN – 2005 – ESAF) Analise as afirmativas a seguir e assinale a opção correta.

I. A auditoria interna deve assessorar a administração na prevenção de fraudes e erros;
II. A auditoria interna é independente e imparcial;
III. Fraude é o ato intencional de omissão praticado para manipular documentos, registros e relatórios.

(A) As assertivas I, II e III estão erradas.
(B) As assertivas I, II e III estão corretas.
(C) As assertivas I e II estão corretas e a III está incorreta.
(D) As assertivas II e III estão incorretas e a I está correta.
(E) As assertivas I e III estão corretas e a II está incorreta.

I: correta, conforme item 12.1.3.1 da NBC TI 01 – Da Auditoria Interna; **II:** incorreta, pois a auditoria interna faz parte da estrutura organizacional da empresa, possuindo apenas autonomia para realização dos trabalhos; **III:** correta, conforme conceito do item 12.1.3.2 da NBC TI 01 – Da Auditoria Interna.

Gabarito "E"

(Auditor Fiscal/RN – 2005 – ESAF) A segregação de funções é um dos procedimentos de atividades de controle para resguardar que as diretrizes da administração sejam seguidas. Indique qual das funções a seguir estaria atendendo ao procedimento de segregação de funções, no processo de recebimentos de caixa, se acumulada sob responsabilidade do mesmo indivíduo.

(A) Autoridade para aprovar e registrar créditos em contas de clientes.
(B) Autoridade para efetuar fechamentos de caixa.
(C) Ser responsável pelo cálculo da provisão para devedores duvidosos.
(D) Poder efetuar a baixa de créditos considerados incobráveis.
(E) Autoridade para efetuar devoluções de vendas.

A: não é recomendável acumular essas funções, visto que seria possível a esse indivíduo registrar créditos inexistentes; **B:** não haveria problema em acumular essas atividades, visto que o fechamento de caixa deve ser feito pelo responsável pelos recebimentos; **C:** não é recomendável acumular essas funções, visto que seria possível a esse indivíduo superestimar a provisão para imprimir perdas para a empresa; **D:** não é recomendável acumular essas funções, visto que seria possível a esse indivíduo baixar créditos recebidos e "embolsar" o dinheiro; **E:** não é recomendável acumular essas funções, visto que seria possível a esse indivíduo simular a devolução de vendas e "embolsar" o dinheiro.

Gabarito "B"

(Auditor Fiscal/RN – 2005 – ESAF) A responsabilidade primária na prevenção e identificação de fraude e erros da entidade é:

(A) da auditoria independente da entidade.
(B) do contador da entidade.
(C) da consultoria contábil da entidade.
(D) do advogado da entidade.
(E) da administração da entidade.

A responsabilidade primária na prevenção e identificação de fraude e erros é da administração da entidade, através da implementação e manutenção de adequado sistema contábil e de controle interno.

Gabarito "E"

(Auditor Fiscal/RN – 2005 – ESAF) Os testes de observância têm como objetivo obter:

(A) certeza de que os procedimentos de controle interno estabelecidos pela administração estão em efetivo funcionamento e cumprimento.
(B) razoável segurança de que os procedimentos de controle interno estabelecidos pela administração estão em efetivo funcionamento e cumprimento.
(C) certeza de que os procedimentos de controle interno estabelecidos pela administração não estão em efetivo funcionamento e cumprimento.
(D) confiabilidade absoluta de que os procedimentos de controle interno estabelecidos pela administração não estão em efetivo funcionamento e parcial cumprimento.
(E) razoável certeza de que os procedimentos de controle interno estabelecidos pela administração não estão em efetivo funcionamento e cumprimento.

A NBC TI 01 – Da Auditoria Interna define que "os testes de observância visam à obtenção de razoável segurança de que os controles internos estabelecidos pela administração estão em efetivo funcionamento, inclusive quanto ao seu cumprimento pelos funcionários e administradores da entidade".

Gabarito "B"

(Auditor Fiscal/RN – 2005 – ESAF) O auditor interno, ao constatar impropriedades e irregularidades relevantes com necessidade de providências imediatas, deve

(A) proceder à conclusão dos relatórios imediatamente.
(B) antecipar o relatório final para permitir providências rápidas.
(C) emitir relatório parcial para permitir providências imediatas.
(D) concluir os trabalhos no curso do prazo planejado.
(E) expedir relatório até o estágio de realização, sem concluir o trabalho.

A NBC TI 01 – Da Auditoria Interna define que "a auditoria interna deve avaliar a necessidade de emissão de relatório parcial, na hipótese de constatar impropriedades/irregularidades/ ilegalidades que necessitem providências imediatas da administração da entidade, e que não possam aguardar o final dos exames".

Gabarito "C"

(Auditor Fiscal/RN – 2005 – ESAF) A relação custo *versus* benefício para a avaliação e determinação dos controles internos deve considerar que o custo dos controles internos de uma entidade:

(A) deve ser superior aos benefícios por ele gerados.
(B) não deve ser inferior aos benefícios por ele gerados.
(C) não deve ser igual ou inferior aos benefícios por ele gerados.
(D) deve ser superior ou igual aos benefícios por ele gerados.
(E) não deve ser superior aos benefícios por ele gerados.

Se o custo de implantação de um controle interno for superior ao benefício por ele gerado em termo de proteção aos ativos da empresa, não será viável a implantação do controle. Sendo assim, o custo dos controles internos de uma entidade "não deve ser superior aos benefícios por ele gerados".

Gabarito "E"

(Auditor Fiscal/RN – 2005 – ESAF) No planejamento de auditoria, o auditor deve avaliar relevância em dois níveis:

(A) de demonstração de resultado e de saldo sintético.
(B) de demonstrações contábeis e de saldo de conta.
(C) de saldo de conta e de parecer de auditoria.
(D) de parecer de auditoria e volume de transações.
(E) de volume de transações e de demonstrações contábeis.

A NBC TA 200 define que s riscos de distorção relevante podem existir em dois níveis: no nível geral da demonstração contábil; e no nível da afirmação para classes de transações, saldos contábeis e divulgações.

Gabarito "B"

(Auditor do Tesouro Municipal/Fortaleza-CE – 2003 – ESAF) Identifique a afirmação que não corresponde a definições ou características da auditoria interna ou externa.

(A) A principal característica da auditoria interna é a independência, ou seja, não possui vínculo com a empresa.
(B) O auditor externo será culpado se negligenciar fato importante em seus exames ou relatórios.
(C) A inspeção física de um bem é um procedimento da auditoria externa para confirmação da existência do bem contabilizado.
(D) A fraude é o ato intencional de omissão de transações e o erro ato não intencional resultante da omissão, desatenção etc.
(E) A auditoria das demonstrações contábeis tem como objetivo obter evidências sobre as demonstrações contábeis para emissão de parecer.

A: Segundo a NBC TA 01 a auditoria interna tem autonomia para realizar seus trabalhos, mas por estar subordinada à alta administração não possui independência; **B:** o auditor possui responsabilidade sobre o trabalho realizado, respondendo pelos fatos que negligenciar; **C:** Segundo a NBC TA 01 inspeção é o exame de registros, documentos e de ativos tangíveis; **D:** Segundo a NBC TA 01 fraude é ato intencional e erro é ato não intencional; **E:** o objetivo da auditoria é a emissão de parecer.

Gabarito "A"

(Auditor do Tesouro Municipal/Fortaleza-CE – 2003 – ESAF) O processo de auditoria tem sido muito questionado mundialmente, levando os auditores e as empresas de auditoria a avaliarem com maior rigor os riscos, antes de aceitarem os trabalhos. Assim, os principais riscos avaliados pela auditoria são:

(A) Risco Inerente, Risco de Controle e Risco de Atualização.
(B) Risco de Controle, Risco Inerente e Risco de Processo.
(C) Risco de Detecção, Risco de Controle e Risco Inerente.
(D) Risco de Processo, Risco de Detecção e Risco de Controle.
(E) Risco de Detecção, Risco de Controle e Risco de Atualização.

Apresentamos a seguir os conceitos dos riscos relacionados à auditoria:
Risco de detecção – É a possibilidade do saldo de uma conta ou de uma informação estar errada e não ser detectada ou ainda levar o auditor a concluir pela sua inexistência em função de um erro de avaliação próprio ou da sua equipe.
Risco de controle – Ocorre quando um erro ou uma fraude não foram detectados pelo sistema de controle interno. Este deixou de prevenir e corrigir em tempo uma distorção no saldo de uma conta, sendo que era responsabilidade dos controles sua detecção. O risco pode ser relevante individualmente ou em conjunto com outras distorções; o nível deste risco é em função da efetividade dos procedimentos de controle interno da empresa auditada.
Risco inerente – É o risco que está relacionado com as atividades operacionais da empresa, normalmente este risco já existe, é intrínseco da natureza das ações e negócios da empresa.

Gabarito "C"

(Auditor do Tesouro Municipal/Recife-PE – 2003 – ESAF) As indicações de que a continuidade da entidade em regime operacional esteja em risco podem vir das demonstrações contábeis ou de outras fontes. De acordo com a interpretação técnica dada pelo Conselho Federal de Contabilidade, indique qual das opções a seguir não representa uma indicação financeira.

(A) Perda de mercado importante, fornecedor essencial ou financiador estratégico.
(B) Passivo a Descoberto ou Patrimônio Líquido Negativo.
(C) Posição negativa de Capital Circulante ou Capital Circulante Negativo.
(D) Falta de capacidade financeira dos clientes para saldar seus compromissos.
(E) Prejuízos operacionais substanciais de forma continuada.

A: trata-se de um indicador de operação, não relacionado à capacidade financeira da empresa; **B:** indicador financeiro; **C:** indicador financeiro; **D:** indicador financeiro; **E:** indicador financeiro.

Gabarito "A"

(Auditor do Tesouro Municipal/Recife-PE – 2003 – ESAF) Um dos instrumentos complementares da auditoria para auxiliar a revisão analítica é a utilização de índices econômicos e financeiros. Para avaliação da capacidade de pagamentos ou liquidação do total dos compromissos, indique qual índice deve ser utilizado.

(A) Índice de Rentabilidade do Ativo
(B) Índice de Liquidez Geral

(C) Índice de Contas a Receber
(D) Índice de Giro do Ativo
(E) Índice de Imobilizações

A: trata-se de um indicador de rentabilidade e não de liquidez; **B:** por considerar todos ativos e passivo de curto e longo prazo, esse indicador de liquidez permitir identificar a capacidade de pagamento da empresa; **C:** analisa apenas o contas a receber, sem considerar os demais ativos e passivos; **D:** não demonstra a capacidade de pagamento da empresa; **E:** demonstra quando do capital próprio está aplicado em ativos permanentes, não indicando a capacidade de pagamento da empresa.

Gabarito "B".

(Auditor do Tesouro Municipal/Recife-PE – 2003 – ESAF) A auditoria estabelece como "escopo" do trabalho o período das demonstrações financeiras. Indique qual das normas abaixo não se refere ao período objeto da auditoria.

(A) Transações com partes relacionadas.
(B) Carta de responsabilidade da administração.
(C) Amostragem estatística.
(D) Eventos subsequentes.
(E) Estimativas contábeis.

Eventos subsequentes são eventos ocorridos entre as datas do balanço e a do seu parecer que possam demandar ajustes nas Demonstrações Contábeis ou a divulgação de informações nas notas explicativas.

Gabarito "D".

(Fiscal de Tributos/PA – 2002 – ESAF) As estimativas contábeis que requerem o seu julgamento, na determinação do valor adequado a ser registrado nas demonstrações contábeis são de responsabilidade do:

(A) administrador
(B) auditor independente
(C) auditor interno
(D) acionista
(E) contador

As estimativas contábeis são de responsabilidade da administração da entidade e se baseiam em fatores objetivos e subjetivos, requerendo seu julgamento na determinação do valor adequado a ser registrado nas Demonstrações Contábeis.

Gabarito "A".

(Agente Fiscal/Teresina – 2002 – ESAF) Examinando os valores de um demonstrativo da movimentação mensal dos custos dos produtos vendidos, o auditor constatou incongruências na correlação com os valores de um demonstrativo similar das receitas de vendas do mesmo período. O procedimento técnico de auditoria aplicado neste caso denomina-se:

(A) inspeção
(B) observação
(C) investigação e confirmação
(D) revisão analítica
(E) cálculo

A análise da correlação de valores permite ao auditor identificar inconsistência no comportamento desses valores, sendo esse um procedimento da revisão analítica. Esse procedimento consiste na verificação do comportamento de valores significativos, mediante índices, quocientes, quantidades absolutas ou outros meios, com vistas à identificação de situação ou tendências atípicas.

Gabarito "D".

(Agente Fiscal/Teresina – 2002 – ESAF) Assinale a opção que contenha apenas rubricas que são objeto dos exames de auditoria sobre as estimativas contábeis realizadas pela administração da entidade auditada.

(A) Salários a pagar, depreciação acumulada e provisão para devedores duvidosos.
(B) Comissões a pagar, depreciação acumulada e provisão para perdas permanentes.
(C) Custos dos produtos vendidos, depreciação e provisões para garantias de produtos.
(D) Caixa e bancos, contas a pagar e provisão para imposto de renda diferido a pagar.
(E) Reserva de contingências, provisão para férias e provisão de comissões a pagar.

Estimativas contábeis são valores esperados para ativos e passivos da empresa, cálculos com base em critérios subjetivos. O principal exemplo de estimativa é o cálculo de provisões. A reserva para contingências também é uma estimativa contábil, visto que se trata de valor estimado com base em critérios subjetivos.

Gabarito "E".

(Agente Fiscal/Teresina – 2002 – ESAF) Assinale a opção que contém apenas rubricas que são objeto dos exames de auditoria sobre as estimativas contábeis realizadas pela administração da entidade auditada.

(A) Salários a pagar, depreciação acumulada e provisão para devedores duvidosos
(B) Comissões a pagar, depreciação acumulada e provisão para perdas permanentes
(C) Custos dos produtos vendidos, depreciação e provisões para garantias de produtos
(D) Caixa e bancos, contas a pagar e provisão para imposto de renda diferido a pagar
(E) Reserva de contingências, provisão para férias e provisão de comissões a pagar

Estimativas contábeis são valores esperados para ativos e passivos da empresa, cálculos com base em critérios subjetivos. O principal exemplo de estimativa é o cálculo de provisões. A reserva para contingências também é uma estimativa contábil, visto que se trata de valor estimado com base em critérios subjetivos.

Gabarito "E".

(Auditor do Tesouro Municipal/Natal-RN – 2001 – ESAF) Em razão do método de partida dobrada, diversas contas patrimoniais e de resultado são inter-relacionadas. Das opções abaixo, assinale a que não corresponde a esta afirmativa.

(A) Vendas – Contas a Receber
(B) Compras – Contas a Pagar
(C) Estoques – Custo das Mercadorias Vendidas
(D) Investimentos – Resultado da Equivalência Patrimonial
(E) Imobilizado – Provisão para Devedores Duvidosos

A: a contrapartida das vendas a prazo é o contas a receber; **B:** a contrapartida das compras a prazo é o contas a receber; **C:** a contrapartida da baixa de estoques é o Custo das Mercadorias Vendidas; **D:** a contrapartida do aumento ou diminuição dos investimentos avaliados pelo método de equivalência patrimonial é o resultado da equivalência patrimonial; **E:** não existe qualquer relação entre o imobilizado e a Provisão para Devedores Duvidosos.

Gabarito "E".

(Auditor do Tesouro Municipal/Natal-RN – 2001 – ESAF) O sócio-diretor pagou diversos compromissos pessoais com recursos financeiros da empresa e determinou que tais valores fossem contabilizados como duplicatas a receber de um determinado cliente. A situação descrita caracteriza-se como:

(A) Ativo fictício
(B) Ativo oculto
(C) Passivo fictício
(D) Passivo oculto
(E) Ativo intangível

Contabilizar como duplicatas a receber (ativo) valores que não representam tal bem significa a criação de um ativo inexistente, fictício.

Gabarito "A".

(Auditor do Tesouro Municipal/Natal-RN – 2001 – ESAF) No encerramento do exercício social, o balanço patrimonial apresentava a rubrica contábil "Caixa" com saldo credor. Indique a opção que pode justificar essa situação.

(A) pagamentos a fornecedores não contabilizados.
(B) empréstimos concedidos não contabilizados.
(C) recebimentos de numerários não contabilizados.
(D) adiantamentos recebidos de clientes.
(E) compras a prazo canceladas.

Considerando que fisicamente é impossível um saldo credor de caixa, visto que o caixa poderá chegar ao mínimo de zero, é possível concluir que entradas de recursos não foram contabilizadas. A única entrada de recursos elencada na questão é o recebimento de numerário.

Gabarito "C".

(Auditor do Tesouro Municipal/Natal-RN – 2001 – ESAF) A posição negativa do capital circulante líquido pode indicar que a empresa tem risco de continuidade operacional. Essa situação ocorre quando o

(A) Ativo Circulante é maior do que o Passivo Circulante.
(B) Ativo Circulante e o Realizável a Longo Prazo são inferiores ao Passivo Total.
(C) Ativo Circulante, deduzido dos Estoques, é superior ao Passivo Circulante.
(D) Ativo Circulante é menor do que o Passivo Circulante.
(E) Ativo Circulante é menor do que o Ativo Fixo.

O capital circulante líquido é apurado pela seguinte fórmula:
Capital circulante líquido = Ativo circulante – Passivo circulante
Para o capital circulante líquido, apresentar posição negativa é necessário que o Ativo Circulante seja menor que o Passivo Circulante.

Gabarito "D".

(Auditor do Tesouro Municipal/Natal-RN – 2001 – ESAF) Um dos indicadores de riscos de continuidade operacional citado pelas normas de auditoria independente de demonstrações contábeis é a existência de passivo a descoberto, ou seja, quando o(a)

(A) Ativo Total é superior ao Passivo Total.
(B) Ativo Total é inferior à soma do Passivo Circulante e Exigível a Longo Prazo.
(C) Ativo Total é superior ao Patrimônio Líquido.
(D) Passivo Circulante é superior ao Patrimônio Líquido.
(E) soma do Passivo Circulante e Exigível a Longo Prazo é superior ao Patrimônio Líquido.

O passivo a descoberto é caracterizado pela existência de passivos exigíveis (circulante e de longo prazo) em maior quantidade que o ativo total. Nessa situação inexiste Patrimônio Líquido.

Gabarito "B".

(Auditor do Tesouro Municipal/Natal-RN – 2001 – ESAF) Efetuando análises verticais e horizontais das demonstrações de resultados mensais de uma empresa, o auditor constatou expressivas variações nas margens operacionais em determinados meses. A fórmula de cálculo utilizada para obter tal margem foi:

(A) Lucro Líquido/Vendas Líquidas
(B) Lucro Operacional/Vendas Brutas
(C) Lucro Líquido/Despesas Operacionais
(D) Lucro Operacional/Vendas Líquidas
(E) Despesas Operacionais/Vendas Brutas

A margem operacional demonstra a relação entre o lucro operacional e as vendas líquidas, sendo apresentada pela seguinte fórmula:

$$\text{Margem operacional} = \frac{\text{Lucro operacional}}{\text{Vendas líquidas}}$$

Gabarito "D".

(Auditor do Tesouro Municipal/Natal-RN – 2001 – ESAF) Na análise dos indicadores de atividade da empresa, o auditor constatou significativa variação no prazo médio de estocagem. Indique a fórmula que o profissional utilizou para mensurar esse prazo em dias.

(A) Estoque Final/Custo dos Produtos Vendidos Final) x 360
(B) (Estoque Inicial/Custo dos Produtos Vendidos do Ano Anterior) x 360
(C) (Estoque Médio Anual/Custo dos Produtos Vendidos do Ano) x 360
(D) (Estoque Final/Custo dos Produtos Vendidos do Ano) x 12
(E) (Estoque Inicial/Custo dos Produtos Vendidos no Ano) x 360

O Custo da Mercadoria Vendida (CMV) representa a baixa do estoque pela venda, sendo sua análise decisiva para saber o tempo médio que os produtos ficam estocados na empresa. Dividindo o CMV pelo valor médio do estoque, é possível obter quantas vezes esse estoque médio foi vendido no período. Multiplicando esse valor pela quantidade de dias de período é possível obter qual o prazo de venda médio do estoque nesse período. Sendo assim, a fórmula para o prazo médio de estocagem anual é:

$$\text{Prazo médio de estocagem} = \frac{\text{Estoque médio anual}}{\text{Custos dos produtos vendidos no ano}} \text{ X } 360$$

Gabarito "C".

(Auditor do Tesouro Municipal/Natal-RN – 2001 – ESAF) Assinale a opção que não representa um controle eficaz para prevenir o inflacionamento da folha de pagamento.

(A) Reajuste de salários previamente aprovados pela diretoria.

(B) Anotações formais de realização de jornada de trabalho.

(C) Resumo da folha de pagamento contabilizado mensalmente.

(D) Conferência dos cálculos realizada por funcionário independente.

(E) Comparação com valores anteriores e análise de variações independentes.

A: ajuda no controle, pois exige uma análise mais apurada de alçada superior; **B:** ajuda no controle, pois permite o controle de horas extras e ociosidade; **C:** apesar de representar um controle interno a análise do resumo da folha esse procedimento em nada adiantaria para prevenir o aumento da folha; **D:** ajuda no controle, pois evita os pagamentos em duplicidade; **E:** ajuda no controle, pois permite a percepção de variações indevidas na folha de pagamento.

Gabarito "C".

(Auditor do Tesouro Municipal/Natal-RN – 2001 – ESAF) Quando não há controles internos projetados para registrar uma transação contábil relevante, o auditor independente de demonstrações contábeis está incorrendo no risco

(A) de Detecção

(B) Inerente

(C) de Controle

(D) Controlável

(E) Absoluto

Apresentamos a seguir os conceitos dos riscos relacionados à auditoria:

Risco de detecção – É a possibilidade do saldo de uma conta ou de uma informação estar errada e não ser detectada ou ainda levar o auditor a concluir pela sua inexistência em função de um erro de avaliação próprio ou da sua equipe.

Risco de controle – Ocorre quando um erro ou uma fraude não foi detectada pelo sistema de controle interno. Este deixou de prevenir e corrigir em tempo uma distorção no saldo de uma conta, sendo que era responsabilidade dos controles sua detecção. O risco pode ser relevante individualmente ou em conjunto com outras distorções; o nível deste risco é em função da efetividade dos procedimentos de controle interno da empresa auditada.

Risco inerente – É o risco que está relacionado com as atividades operacionais da empresa, normalmente este risco já existe, é intrínseco da natureza das ações e negócios da empresa.

Pelos conceitos apresentados é possível concluir que a alteração nos preços dos produtos vendidos pela empresa é um risco inerente.

Gabarito "B".

(Auditor do Tesouro Municipal/Natal-RN – 2001 – ESAF) O auditor comparou os valores constantes no orçamento anual, elaborado pela administração da entidade auditada, com os valores realizados, apresentados nos balancetes analíticos contábeis. O procedimento de auditoria aplicado, nesse caso, denomina-se:

(A) revisão analítica

(B) cálculo

(C) observação

(D) investigação e confirmação

(E) inspeção

A comparação do orçamento com os valores realizados permite ao auditor identificar a tendência de comportamento do patrimônio da empresa, sendo esse, portanto, um procedimento da revisão analítica. Esse procedimento consiste na verificação do comportamento de valores significativos, mediante índices, quocientes, quantidades absolutas ou outros meios, com vistas à identificação de situação ou tendências atípicas.

Gabarito "A".

(Auditor do Tesouro Municipal/Natal-RN – 2001 – ESAF) As informações obtidas pelo auditor independente, para chegar às conclusões em que se baseia sua opinião sobre as demonstrações contábeis, são denominadas:

(A) avaliação de risco de controle

(B) cartas de circularização

(C) evidências de auditoria

(D) avaliação do risco inerente

(E) relatório de auditoria

As evidências (provas) de auditoria são os fatos levantados pelo auditor que irão fundamentar sua opinião sobre as demonstrações contábeis auditadas.

Gabarito "C".

(Auditor do Tesouro Municipal/Natal-RN – 2001 – ESAF) Quando o auditor independente for impedido de examinar um saldo de conta relevante do balanço patrimonial, o seu parecer deverá ser do tipo:

(A) com ressalva ou adverso

(B) com abstenção de opinião ou com ressalva

(C) com parágrafo de ênfase ou de impedimento

(D) adverso ou com ressalva de escopo

(E) com abstenção de opinião ou adverso

O impedimento de examinar o saldo de uma conta relevante representa uma limitação na extensão do trabalho do auditor. Nesse caso o auditor deve emitir opinião com ressalva ou à abstenção de opinião, dependendo da representatividade da conta.

Gabarito "B".

(Auditor do Tesouro Municipal/Natal-RN – 2001 – ESAF) O auditor independente de demonstrações contábeis comunicou ao seu cliente, em documento confidencial, uma circunstância adversa que influiria na contratação dos seus serviços. Assinale a opção correta.

(A) O procedimento feriu o Código de Ética dos Contabilistas.

(B) A comunicação deveria ser feita na Carta de Representação.

(C) A comunicação deveria ser feita no Parecer dos Auditores.

(D) O procedimento não feriu o Código de Ética dos Contabilistas.

(E) Tal fato justificaria a ressalva no parecer, por limitação de escopo.

O fato de ter comunicado ao cliente a circunstância adversa que influenciaria na contratação dos serviços demonstrou observância aos padrões éticos da profissão. Assim sendo, o auditor não feriu o Código de Ética dos Contabilistas.

Gabarito "D".

23. Economia e Finanças

Antônio Carlos do Amaral Filho[1], Joelson Sampaio, Eric Universo Brasil, André Roncaglia de Carvalho e George Sales

1. ECONOMIA

(Auditor Fiscal da Receita Federal – 2002.1 – ESAF) Segundo o princípio da equidade, na teoria da tributação, dois critérios são propostos: a classificação dos indivíduos que são considerados iguais e o estabelecimento de normas adequadas de diferenciação. Indique quais são esses critérios.

(A) Neutralidade e eficiência.
(B) Benefício e capacidade de contribuição.
(C) Unidade e universalidade.
(D) Eficiência e justiça.
(E) Produtividade e eficiência.

Critério do benefício – atribuir a cada indivíduo o ônus equivalente aos benefícios que ele usufrui; Critério da capacidade de contribuição – repartição do ônus em função das respectivas capacidades individuais de contribuição.

Gabarito "B".

(Auditor Fiscal da Receita Federal – 2002.1 – ESAF) A principal fonte de receita do setor público é a arrecadação tributária. Com relação às características de um sistema tributário ideal, assinale a opção falsa.

(A) A distribuição do ônus tributário deve ser equitativa.
(B) A cobrança dos impostos deve ser conduzida no sentido de onerar mais aquelas pessoas com maior capacidade de pagamento.
(C) O sistema tributário deve ser estruturado de forma a interferir o minimamente possível na alocação de recursos da economia.
(D) O sistema tributário deve ser eficiente e maximizar os custos de fiscalização da arrecadação.
(E) O sistema tributário deve ser de fácil compreensão para o contribuinte e de fácil arrecadação para o governo.

O sistema tributário deve minimizar os custos de fiscalização.

Gabarito "D".

(Auditor Fiscal da Receita Federal – 2002.1 – ESAF) Admitindo que um imposto geral e progressivo sobre a renda é mais eficiente que outro tributo, identifique a única afirmativa que não é verdadeira.

(A) Diferentes categorias de rendimentos são variáveis homogêneas no que se refere ao esforço e ao custo financeiro envolvido na sua percepção.
(B) O imposto de renda da pessoa física permite uma adaptação às características pessoais do contribuinte.
(C) A utilidade marginal da renda é decrescente e assume valores equivalentes para indivíduos diversos, de tal forma que uma curva de utilidade marginal para a comunidade pode ser obtida pela agregação dos valores individuais correspondentes.
(D) As distorções provocadas a longo prazo pela inflação e pelo crescimento econômico são adequadamente compensadas por reajustamentos periódicos na escala do imposto.
(E) O nível de renda é considerado como um parâmetro de pior qualidade para a medição da capacidade individual de contribuição.

O nível de renda é um bom parâmetro para medir a capacidade individual de contribuição

Gabarito "E".

(Auditor Fiscal da Receita Federal – 2002.1 – ESAF) Uma abordagem do controle social dos monopólios é baseada no controle indireto, através da taxação. Indique a única opção incorreta em relação à taxação dos monopólios.

(A) A única forma de taxação dos monopólios é o imposto sobre os lucros.
(B) Permite-se que o monopolista fixe qualquer nível de preço e de produção que deseje e, então, taxa-se aquela parte do lucro operacional que foi considerada excessiva.
(C) A lógica que fundamenta a aplicação de imposto sobre os lucros do monopolista é bastante simples.

1 O autor comentou as questões extraídas da obra **Como Passar em Concursos Fiscais.**

(D) O preço que maximiza os lucros do monopolista não muda com a aplicação do imposto sobre os lucros excessivos e o vendedor absorve todo o impacto do imposto.

(E) O que torna o imposto sobre os lucros excessivos do monopolista diferente da regulação direta é que esse imposto transfere uma parte dos ganhos do monopólio para o governo.

Os monopólios podem ser controlados por impostos ou por controle de preços. Por impostos pode ser através de um imposto fixo (valor fixo), imposto sobre o lucro, imposto específico sobre as vendas, imposto *ad valorem* sobre as vendas.

Gabarito "A".

(Auditor Fiscal da Receita Federal – 2002.1 – ESAF) Em relação à composição da receita tributária no Brasil, indique a opção incorreta.

(A) Após a reforma tributária de 1988, destacou-se o aumento da participação das receitas de contribuição, não sujeitas a partilhas com os Estados e Municípios, como percentual do PIB.

(B) A tendência à elevação da carga tributária ao longo dos anos 90 decorreu principalmente da carga de tributos incidentes sobre bens e serviços, explicada em boa parte pelo crescimento da carga de impostos cumulativos, que, do ponto de vista econômico, são de boa qualidade.

(C) No que diz respeito ao imposto de renda retido na fonte, destacou-se a tendência à maior taxação dos rendimentos de capital, no final dos anos 90.

(D) O Imposto sobre Produtos Industrializados (IPI) é uma fonte importante de receita do governo federal, sendo o traço mais marcante do imposto a concentração da sua arrecadação em um grupo reduzido de bens.

(E) Na década de 90, observou-se um aumento da arrecadação do imposto de importação, refletindo os efeitos do processo de abertura comercial e da redução das barreiras quantitativas.

Os principais impostos incidentes sobre bens e serviços (ICMS e IPI) não são cumulativos. Estes impostos também não são considerados de boa qualidade do ponto de vista econômico.

Gabarito "B".

(Auditor Fiscal da Receita Federal – 2002.1 – ESAF) O multiplicador de impostos autônomos é a variação proporcional na renda causada por uma variação nos impostos autônomos. Assim sendo, o multiplicador do imposto autônomo é um número

(A) positivo.

(B) neutro.

(C) negativo.

(D) maior que 1.

(E) igual a 1.

Como o aumento de impostos autônomos implica a redução da renda e vice-versa, o multiplicador será sempre negativo.

Gabarito "C".

(Auditor Fiscal da Receita Federal – 2002.1 – ESAF) A dificuldade de estabelecer um ajuste fiscal em bases permanentes levou as autoridades brasileiras à criação de fontes temporárias de contenção fiscal. Desde 1994, houve quatro fatores que se destacaram como elementos temporários de contenção fiscal. Aponte a opção que não é pertinente.

(A) A criação da Contribuição Social sobre o Lucro Líquido (CSLL).

(B) A receita do imposto provisório sobre movimentações financeiras (IPMF), depois transformado em contribuição (CPMF).

(C) O Fundo Social de Emergência (FSE), depois transformado em Fundo de Estabilização Fiscal (FEF).

(D) A receita de concessões.

(E) O componente extraordinário de aumento da receita de imposto de renda na fonte sobre aplicações financeiras, aprovado em fins de 1997 para vigorar em 1998.

A CSLL foi criada em 1988, logo após a Constituição de 1988, e não em 1994.

Gabarito "A".

(Auditor Fiscal da Receita Federal – 2005 – ESAF) Considere as seguintes informações para uma economia hipotética (em unidades monetárias):

Exportações de bens e serviços não fatores:	200
Importações de bens e serviços não fatores:	300
Renda líquida enviada ao exterior:	100

Com base nessas informações e considerando as identidades macroeconômicas básicas decorrentes de um sistema de contas nacionais, é correto afirmar que essa economia hipotética apresentou:

(A) déficit no balanço de pagamentos em transações correntes de 100.

(B) déficit no balanço de pagamentos em transações correntes de 200.

(C) superávit no balanço de pagamentos de 200.

(D) saldo nulo no balanço de pagamentos em transações correntes.

(E) superávit no balanço de pagamentos de 100.

Confira os cálculos:

- Balança de Bens e serviços = Exportações – Importações = 200 – 300 = –100
- Balança de Capitais = Ingressos de Capitais – Saída de Capitais = Renda líquida enviada = –100
- Balança de Pagamentos = Balança Bens e serviços + Balança de Capitais = –100 –100 = –200 (déficit)

Gabarito "B".

(Auditor Fiscal da Receita Federal – 2005 – ESAF) Considere as seguintes informações para uma economia hipotética (em unidades monetárias):

Variação de estoques:	50
Poupança líquida do setor privado:	270
Depreciação:	30
Déficit do balanço de pagamentos em transações correntes:	100
Saldo do governo em conta corrente:	300

Com base nessas informações e considerando as identidades macroeconômicas básicas decorrentes de um sistema de contas nacionais, é correto afirmar que a formação bruta de capital fixo dessa economia foi de:

(A) 520.
(B) 620.
(C) 550.
(D) 650.
(E) 600.

Formação Bruta de Capital Fixo = Poupança + déficit b.pagto + saldo do governo – variação de estoques – depreciação = 270 + 100 + 300 + 30 – 50 = 650

Gabarito "D".

(Auditor Fiscal da Receita Federal – 2005 – ESAF) Suponha:

c = papel moeda em poder do público/M1
d = 1 – c
R = encaixes totais dos bancos comerciais / depósitos à vista
M1 = meios de pagamentos
B = base monetária
M1 = m.B
c = d

Considere que no período 1 o valor para R foi de 0,5 enquanto que no período 2 esse valor passou para 0,6. Considerando que não houve variações nos outros coeficientes de comportamento, pode-se afirmar que o valor de m apresentou, entre os períodos 1 e 2:

(A) uma queda de 6,250%.
(B) um aumento de 6,250%.
(C) uma queda de 4,100%.
(D) um aumento de 4,100%.
(E) uma queda de 8,325%.

m é o multiplicador, ele é igual a 1 / E + c (1-E). No período 1, m = 1 / 0,5 + 0,5 (0,5) = 1,3333. No período 2, m = 1 / 0,6 + 0,5 (0,4) = 1,25. Portanto m teve uma queda de 1,25/1,33 -1 = 6,25%.

Gabarito "A".

(Auditor Fiscal da Receita Federal – 2005 – ESAF) Considere:

Md = demanda por moeda
P = nível geral de preços
Y = renda agregada
r = taxa de juros

Considere ainda:

Demanda real por moeda: Md/P = 0,3.Y – 20.r
Relação IS: Y = 650 – 1.000.r
Renda real de pleno emprego = 600

Considerando todas essas informações e supondo ainda que o nível geral de preços seja igual a 1, pode-se afirmar que a oferta real de moeda no equilíbrio de pleno emprego é igual a

(A) 183.
(B) 139.
(C) 123.
(D) 97.
(E) 179.

Confira os cálculos:
–Y= 600, então 600 = 650 – 1000.r , assim, r =0,05
–Se r = 0,05, P = 1 e Y = 600, então: 0,3.600 – 20.0,05 = 180 – 1 = 179

Gabarito "E".

(Auditor Fiscal da Receita Federal – 2005 – ESAF) Com relação à incidência tributária de um imposto, assinale a única opção incorreta.

(A) O peso morto é uma forma de ineficiência econômica que deve ser levada em consideração quando políticas são elaboradas e implementadas.
(B) A incidência de um imposto ou de um subsídio é, normalmente, compartilhada por produtores e consumidores, sendo que a fração que cada um acabará pagando, dependerá das elasticidades da oferta e da demanda.
(C) A intervenção governamental resulta, geralmente, em um peso morto.
(D) Se o governo impõe um imposto sobre vendas de determinada mercadoria, esse imposto terá por efeito deslocar a curva de demanda dessa mercadoria para cima.
(E) Quando o governo cria um imposto ou subsídio, o preço geralmente não reflete elevação ou queda igual ao valor total do imposto ou subsídio.

O imposto sobre vendas desloca a curva de demanda para baixo ou a curva de oferta para a direita

Gabarito "D".

(Auditor Fiscal da Receita Federal – 2005 – ESAF) A diferença entre a arrecadação tributária e o gasto público leva a um dos conceitos mais discutidos na economia brasileira nos últimos anos, que é o déficit público. Identifique a opção incorreta no que diz respeito a déficit público e finanças públicas.

(A) Para evitar distorções causadas pela inflação, é desejável se utilizar o conceito de déficit operacional do setor público, no qual, do lado da despesa, são excluídos os gastos com correção cambial e monetária das dívidas interna e externa.
(B) O déficit público é equivalente à diferença entre o valor dos investimentos públicos e a poupança do governo em conta corrente.
(C) Ao financiar o déficit público com a colocação de títulos junto ao setor privado, o governo aumenta as pressões inflacionárias do excesso de moeda e expande a dívida interna.
(D) O governo pode financiar o déficit público por meio de emissão de moeda ou via colocação de títulos públicos junto ao setor privado.
(E) O conceito de déficit primário exclui, além dos pagamentos relativos à correção monetária, as despesas com juros reais das dívidas interna e externa, refletindo, na prática, a situação das contas públicas, caso o governo não tivesse dívida.

A colocação de títulos pelo setor público reduz o excesso de moeda e diminui as pressões inflacionárias

Gabarito "C".

(Auditor Fiscal da Receita Federal – 2005 – ESAF) A Constituição de 1988 teve como objetivo o fortalecimento da Federação. Identifique qual a mudança provocada na tributação pela mesma, que não é verdadeira.

(A) Aumentou o grau de autonomia fiscal dos Estados e Municípios e descentralizou os recursos tributários.

(B) Atribuiu competência a cada um dos estados para fixar autonomamente as alíquotas do seu principal imposto, o Imposto sobre Circulação de Mercadorias e Serviços (ICMS), sucessor do Imposto sobre Circulação de Mercadorias (ICM).

(C) Reduziu os recursos disponíveis da União, por meio do aumento das transferências tributárias e da limitação de suas bases impositivas.

(D) Obrigou o governo federal a criar novos tributos e elevar as alíquotas dos já existentes, em particular daqueles não sujeitos à partilha com Estados e Municípios.

(E) Obrigou à União a recompor sua receita utilizando outros tributos tecnicamente melhores do que o Imposto de Renda e o Imposto sobre Produtos Industrializados, do ponto de vista da eficiência do sistema econômico como um todo.

A União se utilizou de outros tributos para recompor suas receitas, especialmente as contribuições sociais, que são melhores tecnicamente do ponto de vista da eficiência do sistema econômico.

Gabarito "E".

(Auditor Fiscal da Receita Federal – 2005 – ESAF) Considere os seguintes dados:

Consumo autônomo:	500
Investimento:	300
Gastos do Governo:	200
Exportações:	200
Importações:	100
Renda agregada:	5.500

Com base nessas informações e considerando uma função consumo keynesiana linear, pode-se afirmar que o valor da propensão marginal a consumir é de:

(A) 0,72.

(B) 0,70.

(C) 0,60.

(D) 0,80.

(E) 0,68.

Confira os cálculos:

- Y = C + I + G + (X – M) > 5500 = C + 300 + 200 + (200-100) > C = 5500 – 600 = 4900
- C = 500 + cY > 4900 = 500 + c5500 > 5500c = 4400 > c = 0,8

Gabarito "D".

(Auditor Fiscal da Receita Federal – 2005 – ESAF) Os mecanismos da tributação afetam grande parte do sistema econômico. Com relação à teoria da tributação, identifique a afirmativa correta.

(A) Os efeitos da aplicação do imposto unitário podem afetar apenas o consumidor.

(B) Uma curva de oferta perfeitamente elástica implicará o repasse parcial do ônus tributário aos consumidores via aumento de preços.

(C) Um imposto muito elevado resulta em um peso morto também muito elevado, mas a arrecadação do governo é pequena, pois o imposto reduz sensivelmente o tamanho do mercado.

(D) Em um mercado monopolista, o imposto *ad valorem* propicia uma arrecadação de tributos menor do que aquela oriunda do imposto unitário.

(E) A aplicação dos impostos diretos, que admitem repasse, afeta a disposição de oferta dos proprietários de trabalho e capital, na medida em que a incidência tributária valoriza o trabalho e a poupança e desvaloriza o consumo.

O imposto pode afetar também o produtor (a); Se a oferta for totalmente inelástica o ônus tributário será repassado integralmente ao consumidor (b); Não se pode afirmar se o imposto *ad valorem* propicia uma arrecadação menor, igual ou maior que um imposto específico (d); o imposto direto não valoriza o trabalho e a poupança e nem desvaloriza o consumo.

Gabarito "C".

(Auditor Fiscal da Receita Federal – 2005 – ESAF) Do ponto de vista da eficiência econômica e da competitividade dos produtos brasileiros nos mercados doméstico e internacional, há enormes entraves fiscais que precisam ser eliminados. Aponte a opção falsa no que concerne a esses entraves fiscais.

(A) O efeito da tributação que desonera as operações financeiras.

(B) A tributação dos bens de capital.

(C) O pesado ônus sobre as exportações.

(D) O peso dos impostos que incidem sobre matérias primas e demais insumos utilizados no processo de produção.

(E) Correção de injustiças derivadas da regressividade dos tributos.

A correção de injustiças quanto à regressividade não afeta a competitividade dos produtos brasileiros.

Gabarito "E".

(Auditor Fiscal da Receita Federal – 2005 – ESAF) Observando-se o comportamento das finanças públicas, no Brasil, a partir de 1999, não se pode afirmar que:

(A) houve profunda reversão do desempenho fiscal do governo, que passou a apresentar, a partir de então, superávits primários expressivos.

(B) o ajuste fiscal foi fortemente concentrado na elevação das receitas de impostos não cumulativos.

(C) a existência de superávits primários seria necessária para permitir a absorção de choques na economia, liberar a taxa de juros para ser usada para fins de política monetária e permitir a redução da dívida pública ao longo do tempo.

(D) houve a aprovação da Lei de Responsabilidade Fiscal, com a imposição de limites de gastos com pessoal para os três níveis de governo.

(E) o fator previdenciário, implementado em novembro de 1999, visou adequar o benefício ao tempo médio de recebimento do benefício (expectativa de sobrevida), à idade e ao tempo de contribuição.

A imposição de limites de gastos com pessoal não foi trazida pela LRF, já existiam leis específicas. A LRF veio definir limites dentro de cada poder (executivo, legislativo e judiciário).

Gabarito "D"

(Auditor Fiscal da Receita Federal – 2003 – ESAF) A tributação é um instrumento pelo qual a sociedade tenta obter recursos coletivamente para satisfazer às necessidades da sociedade. De acordo com a teoria da tributação, aponte a opção falsa.

(A) O mecanismo da tributação, associado às políticas orçamentárias, intervém diretamente na alocação dos recursos, na distribuição de recursos na sociedade e pode reduzir as desigualdades na riqueza e na renda.
(B) O sistema tributário é o principal instrumento de política fiscal do governo.
(C) Por princípio, o sistema de tributação deve ser o mais justo possível.
(D) Os tributos devem ser escolhidos de forma a maximizar sua interferência no sistema de mercado, a fim de não torná-lo mais ineficiente.
(E) A análise da aplicação da tributação baseia-se no princípio do benefício e no princípio da habilidade de pagamento.

Os tributos devem ser escolhidos de forma a minimizar sua interferência no sistema de mercado.

Gabarito "D"

(Auditor Fiscal da Receita Federal – 2003 – ESAF) Com base na imposição de um imposto, assinale a única opção falsa.

(A) Quando um imposto é aplicado num mercado, há dois preços de interesse: o que o demandante paga e o que o ofertante recebe.
(B) O imposto sobre a quantidade é uma taxa cobrada por cada unidade vendida ou comprada do bem.
(C) O imposto sobre o valor é uma taxa expressa em unidades percentuais.
(D) A parte de um imposto que é repassada aos consumidores independe das inclinações relativas das curvas de oferta e demanda.
(E) A produção perdida é o custo social do imposto.

O repasse do imposto aos consumidores dependerá das inclinações das curvas de demanda e de oferta.

Gabarito "D"

(Auditor Fiscal da Receita Federal – 2003 – ESAF) A forma como são estruturados os sistemas tributários determina o impacto dos impostos tanto sobre o nível de renda como sobre a organização econômica. Quanto ao aspecto de afetar a distribuição de renda, não se pode afirmar que:

(A) os impostos indiretos aumentam a desigualdade na distribuição do produto nacional.
(B) a implantação de um sistema tributário em que todos pagam 7% de sua renda como imposto caracteriza um sistema proporcional.
(C) os impostos diretos, tais como o ICMS e o IPI, que não incidem sobre a renda, mas sobre o preço das mercadorias, são impostos regressivos.
(D) com impostos regressivos, os segmentos sociais de menor poder aquisitivo são os mais onerados.
(E) a estrutura tributária, baseada em impostos progressivos, onera proporcionalmente mais os segmentos da sociedade de maior poder aquisitivo.

O ICMS e o IPI são impostos indiretos

Gabarito "C"

(Auditor Fiscal da Receita Federal – 2003 – ESAF) Suponha uma alíquota tributária de 50%, incidente sobre um produto que agrega valor a matérias-primas, sem o uso de outros produtos que tenham passado previamente por algum processo de transformação. O valor por unidade do produto é de R$ 100,00. O preço do produto quando o imposto é calculado "por dentro" será:

(A) R$ 125,00
(B) R$ 175,00
(C) R$ 150,00
(D) R$ 155,00
(E) R$ 200,00

No cálculo do imposto por dentro este incide sobre o preço com o imposto. Assim, o preço é igual ao valor dividido por: (1-alíquota). Então: 100 / (1 – 0,5) = 200.

Gabarito "E"

(Auditor Fiscal da Previdência Social – 2002 – ESAF) Do ponto de vista da base econômica, os impostos podem ser classificados em três grandes categorias. Com relação aos Impostos sobre a Riqueza, assinale a opção pertinente.

(A) O lucro auferido pelas pessoas físicas, na alienação de participações societárias, está sujeito à incidência do imposto.
(B) A base sobre a qual incide o imposto é o estoque acumulado de capital.
(C) O fato gerador do imposto é a aquisição da disponibilidade econômica ou jurídica de renda ou de proventos de qualquer natureza.
(D) São impostos cujas alíquotas variam de acordo com a política monetária.
(E) A base de cálculo do imposto é constituída pelos rendimentos do trabalho e do capital.

O imposto sobre a riqueza incide sobre o estoque acumulado de capital. As alternativas "a", "c" e "e" referem-se ao imposto sobre a renda. Sua alíquota nada tem a ver com a política monetária "d".

Gabarito "B"

(Auditor Fiscal da Previdência Social – 2002 – ESAF) Com base no sistema tributário brasileiro, assinale a única opção não pertinente.

(A) No que se refere à questão distributiva, verifica-se que a estrutura tributária brasileira é fortemente regressiva, em função da predominância de impostos diretos.
(B) Uma distorção do sistema tributário brasileiro refere-se à sua limitação como instrumento de desenvolvimento econômico.
(C) A incidência de impostos em "cascata" (PIS, Cofins, CPMF) tira a competitividade da produção nacional, tanto na exportação como na concorrência com o produto importado.

(D) Os impostos em "cascata" acabam sobretaxando os bens de capital, à medida que não é possível isentar tais produtos na cadeia produtiva de máquinas e equipamentos.

(E) A complexidade do sistema impõe custos para as empresas que precisam dispor de estrutura adequada para atender a todas as necessidades impostas pelo fisco.

A estrutura é regressiva por predominância dos impostos indiretos e não dos impostos diretos.

Gabarito "A".

(Auditor Fiscal da Previdência Social – 2002 – ESAF) A maior parte das diferenças entre a progressividade nominal e efetiva pode ser explicada pelos abatimentos permitidos pela legislação do imposto de renda sobre a pessoa física. Dos abatimentos permitidos, identifique quais são os únicos que beneficiam claramente em maior proporção os contribuintes de mais baixo nível de renda.

(A) Despesas com a previdência social.

(B) Despesas com médicos, dentistas e gastos com hospitalização.

(C) Despesas com doações a entidades filantrópicas.

(D) Despesas com educação.

(E) Dependentes.

Como o valor é fixo, ele proporcionalmente será maior quanto menor a renda.

Gabarito "E".

(Auditor Fiscal da Previdência Social – 2002 – ESAF) A incidência de um imposto seletivo eleva os preços dos produtos tributados em relação aos preços dos produtos isentos. Segundo a definição desse tipo de imposto, identifique a opção que não é verdadeira.

(A) O preço do produto tributado elevar-se-á de um valor igual ao do imposto, caso ele seja produzido a custos constantes.

(B) A distribuição do imposto entre compradores e vendedores é igual à razão entre as elasticidades da oferta e da demanda.

(C) Parte do gravame tributário é absorvida pelos lucros, quando o imposto incide sobre uma indústria monopolista.

(D) O preço do produto tributado elevar-se-á de um valor maior do que o do imposto se ele for produzido sob custos crescentes.

(E) A receita que pode ser obtida de um imposto seletivo sobre vendas é limitada.

O preço do produto não será maior do que o imposto no caso de custos crescentes, e sim menor.

Gabarito "D".

(Auditor Fiscal da Previdência Social – 2002 – ESAF) O déficit do setor público representou uma significativa parcela do PIB durante a década de 80, tendo aumentado sistematicamente durante toda a década. Identifique a opção falsa, entre as razões que explicam esse comportamento do déficit público brasileiro.

(A) Incremento das despesas do setor público em decorrência do grande aumento do número de funcionários públicos.

(B) Surgimento de salários significativamente elevados para os funcionários públicos considerados como elite do funcionalismo.

(C) Fragilidade política do governo.

(D) Efeitos da nova Constituição.

(E) Redução das receitas do governo em virtude do forte desempenho da economia ao longo da década.

Houve redução das receitas do governo em razão do fraco desempenho da economia ao longo da década.

Gabarito "E".

(Auditor Fiscal da Previdência Social – 2002 – ESAF) As causas que explicam o déficit previdenciário no Brasil podem ser classificadas em estruturais, conjunturais ou mais recentes. Entre as afirmativas abaixo, aponte qual não foi uma das causas do desequilíbrio da previdência brasileira.

(A) A não separação do financiamento do seguro social da assistência social.

(B) A profunda transformação na estrutura etária do Brasil, com o envelhecimento da população nas últimas duas décadas, impactando diretamente no equilíbrio atuarial da previdência.

(C) O aumento da inflação e seus efeitos sobre o valor real dos benefícios.

(D) Os efeitos da Constituição de 1988.

(E) A antecipação das aposentadorias em função da reforma previdenciária.

Esse efeito auxiliava o equilíbrio da previdência, sendo que com o fim da inflação deixou-se de ter esse efeito positivo para as contas da previdência.

Gabarito "C".

(Fiscal de Tributos/PA – 2002 – ESAF) De acordo com os princípios teóricos de tributação, indique a única opção correta.

(A) Pelo princípio da equidade, os tributos são utilizados na correção de ineficiências observadas no setor privado.

(B) Segundo o princípio do benefício, inexistem problemas de implementação de impostos ou taxas.

(C) O imposto de renda é um típico exemplo de aplicação do princípio da capacidade de pagamento.

(D) Os tributos são constituídos por impostos e taxas.

(E) Pelo princípio da neutralidade, um tributo deve ser equânime, no sentido de distribuir seu ônus de maneira justa entre os indivíduos.

a) refere-se ao princípio da eficiência; b) princípio do benefício é aplicável para as taxas e traz problema para sua aplicação por meio dos impostos; d) impostos, taxas e contribuições são as espécies tributárias; e) refere-se ao princípio da equidade.

Gabarito "C".

(Fiscal de Tributos/PA – 2002 – ESAF) A literatura econômica tem considerado o Imposto sobre o Valor Adicionado IVA a forma mais atrativa, em termos de tributação de vendas, sobretudo por se tratar de um imposto neutro. Várias são as vantagens que consolidam os argumentos a favor da adoção do IVA. Escolha a opção que não representa uma vantagem na adoção desse tipo de imposto.

(A) O IVA não afeta a posição de competição inter-regional de uma indústria.

(B) O IVA apresenta caráter multiestágio de tributação, não concentrando a carga em um único estágio.
(C) No IVA, os bens de produção podem ser facilmente e totalmente isentos, evitando a bitributação.
(D) O IVA é um imposto complexo e de difícil assimilação pelos contribuintes menos esclarecidos.
(E) O IVA tem caráter autofiscalizador.

Não se trata de vantagem, mas sim de desvantagem.

Gabarito "D"

(Fiscal de Tributos/PA – 2002 – ESAF) Com relação à curva de Laffer, assinale a opção falsa.

(A) A curva de Laffer mostra a relação entre receita tributária e as alíquotas tributárias.
(B) Observa-se que, a princípio, a curva sobe quando as alíquotas tributárias afastam-se de zero, mas, adiante, a curva começa a declinar.
(C) Supondo que as alíquotas tributárias subissem até 100% da renda, todos os incentivos para produzir e trabalhar seriam retirados e as receitas tributárias seriam zero.
(D) Se as alíquotas tributárias fossem 0% da renda, haveria incentivos para trabalhar e produzir, uma vez que nenhum imposto seria pago.
(E) A curva de Laffer mostra a relação entre a renda real e alíquotas tributárias.

A curva de Laffer mostra a relação entre a receita tributária e as alíquotas tributárias.

Gabarito "E"

2. ECONOMIA FINANCEIRA

(Analista – ANEEL – 2006 – ESAF) São pressupostos básicos na análise das condições de equilíbrio de uma empresa em um modelo de concorrência perfeita, exceto:

(A) a empresa tomar como constante os preços de seus produtos e dos fatores por ela consumidos.
(B) a empresa possuir perfeito conhecimento e prever exatamente as condições do mercado de seus produtos e de seus fatores de produção.
(C) a empresa possuir perfeito conhecimento de sua função de produção.
(D) a empresa ser suficientemente pequena no mercado a ponto de poder considerar perfeitamente elástica a procura por seus produtos e a oferta de seus fatores.
(E) a empresa poder exercer influência no mercado apenas pela diferenciação informacional do produto.

A: Esta afirmação está correta. Trata-se de hipótese adotada no modelo de concorrência perfeita; **B:** Esta afirmação está correta. Trata-se de hipótese adotada no modelo de concorrência perfeita; **C:** Esta afirmação está correta. Trata-se de hipótese adotada no modelo de concorrência perfeita; **D:** Esta afirmação está correta. Trata-se de hipótese adotada no modelo de concorrência perfeita; **E:** Esta afirmação está incorreta. Exatamente pela hipótese adotada no item (D), considera-se que uma empresa em concorrência perfeita não pode sozinha influenciar o mercado. Além disso, neste modelo adota-se também a hipótese de que os produtos concorrentes não são diferenciados.

Gabarito "E"

(Analista – ANEEL – 2006 – ESAF) O preço do monopolista pode ser interpretado como sendo formado por meio de uma margem (*mark-up*) sobre:

(A) o seu custo marginal, e não dependerá da elasticidade preço da demanda.
(B) o seu custo marginal, e irá depender da elasticidade preço da demanda.
(C) o seu custo médio, e irá depender da elasticidade preço da demanda.
(D) o seu custo médio, e não dependerá da elasticidade preço da demanda.
(E) 1 + o valor absoluto da elasticidade preço da demanda.

O preço do monopolista é dado por:

$$P = \frac{\text{Custo Marginal}}{1 + \left(\frac{1}{\text{Elasticidade da Demanda}}\right)}$$

Portanto, ele pode ser interpretado como sendo um *mark-up* sobre o Custo Marginal, mas que depende da Elasticidade-preço da demanda.

Gabarito "B"

(Analista – ANEEL – 2006 – ESAF) Considere as seguintes afirmações:

I. estrutura de mercado caracterizada pelo fato de que as empresas produzem produtos diferenciados, embora substitutos próximos, e que trabalham com a hipótese de livre entrada de novas empresas no mercado;
II. estrutura de mercado caracterizada pela existência de reduzido número de produtores vendedores fabricando bens que são substitutos próximos entre si;
III. estrutura de mercado em que a firma nunca deve atuar no ramo inelástico de sua curva de demanda;
IV. estrutura de mercado em que a firma maximiza o lucro quando receita marginal é igual ao custo marginal.

Com base nessas informações, é incorreto afirmar que:

(A) a estrutura de mercado II é incompatível com a estrutura de monopólio.
(B) a estrutura de mercado I é incompatível com a estrutura caracterizada como de concorrência monopolística pela hipótese explicitada.
(C) a estrutura III é compatível com a estrutura de monopólio.
(D) a estrutura IV é compatível com a estrutura de concorrência perfeita.
(E) a estrutura IV é compatível com a estrutura de monopólio.

A: Esta afirmação está correta. No monopólio só há um ofertante que não sofre concorrência de produtos substitutos; **B:** Esta afirmação está incorreta. Na concorrência monopolística tanto as empresas produzem produtos diferenciados, e substitutos, quanto trabalham com a hipótese de livre entrada de novas empresas no mercado; **C:** Esta afirmação está correta. No monopólio a empresa deve atuar no ramo inelástico de sua curva de demanda; **D:** Esta afirmação está correta. Na concorrência perfeita as firmas maximizam o lucro quando receita marginal é igual ao custo marginal; **E:** Esta afirmação está correta. No monopólio a empresa maximiza o lucro quando receita marginal é igual ao custo marginal.

Gabarito "B"

(Analista – ANEEL – 2006 – ESAF) Considere uma firma em concorrência perfeita. Suponha que o custo total seja dado pela seguinte função:

$$y = 1 + 2.x + 3.x^2$$

Onde y= custo total e x = quantidade produzida

Ao realizar a produção que maximiza o seu lucro, esta firma obteve um lucro total de 26 unidades monetárias. Com base nessas informações, pode-se afirmar que o preço de mercado é de:

(A) 20
(B) 25
(C) 15
(D) 12
(E) 10

No modelo de concorrência perfeita, temos que:
Preço = Custo Marginal
Como a função do Custo Marginal é a derivada da função do Custo Total, temos neste caso (onde "p" representa o preço):
$p = 2 + 6x$
Além disso, o Lucro de qualquer empresa é dado por:
Lucro = Receita Total – Custo Total
Portanto, no exercício acima podemos escrever:
$26 = p * x - 1 - 2x - 3x^2$
Resolvendo o sistema, , encontramos x = 3 e p = 20 .

Gabarito "A"

(Analista – ANEEL – 2006 – ESAF) Em determinadas transações econômicas, em que são formalizados contratos denominados na literatura de "incompletos", uma das partes contratantes pode realizar ações que comprometem os resultados esperados de acordo com o contrato, prejudicando a outra parte contratante. Essas ações, tomadas após a formalização do contrato, caracterizam o problema conhecido na literatura econômica como:

(A) poder de mercado.
(B) seleção adversa.
(C) bem público.
(D) risco moral.
(E) custos irrecuperáveis.

A: Esta afirmação está incorreta. Poder de mercado representa a capacidade que uma empresa tem de elevar o seu *mark-up* sem perder receita.
B: Esta afirmação está incorreta. Seleção adversa representa o risco de uma agente contratar um produto ou serviço e após a contratação descobrir que o bem em questão não representa o que ele esperava *ex ante*.
C: Esta afirmação está incorreta. Bem público é um bem não excludente e não rival.
D: Esta afirmação está correta. A descrição da questão representa um caso de risco moral.
E: Esta afirmação está incorreta. Custos irrecuperáveis são custos que a empresa não consegue recuperar caso ela decida fechar a empresa.

Gabarito "D"

(Analista – ANEEL – 2006 – ESAF) As opções indicadas completam adequadamente a lacuna abaixo, exceto:

"As externalidades ______________."

(A) são negativas, quando seus efeitos reduzem o bem-estar.
(B) ocorrem quando o bem-estar de um consumidor ou as possibilidades de produção de uma firma são diretamente afetadas pelas ações de um outro agente da economia.
(C) podem ser definidas como os efeitos, sobre uma terceira parte, derivadas de uma transação econômica sobre a qual a terceira parte não tem controle.
(D) são positivas quando seus efeitos aumentam o bem-estar.
(E) não existem em processos produtivos em que a firma busca maximizar o lucro.

A única afirmação que não pode completar a frase é a afirmação (E), pois externalidades podem ser geradas em processos produtivos que geram lucro e, neste caso, são normalmente chamadas de "externalidade da produção".

Gabarito "E"

(Analista – ANEEL – 2006 – ESAF) Considere uma curva de demanda linear do tipo

$$X = \alpha - \beta.P$$

Onde X = quantidade demandada, P = preço e α e β constantes positivas. A demanda será necessariamente inelástica quando o preço for:

(A) igual α/β
(B) maior do que $\alpha/(2.\beta)$
(C) menor do que $\alpha/(2.\beta)$
(D) maior do que α/β
(E) menor do que α/β

A elasticidade-preço da demanda é dada por:

$$\text{Elasticidade} = \frac{\partial X}{\partial P} \cdot \frac{P}{X}$$

Que neste exercício será:

$$\text{Elasticidade} = -\beta\left(\frac{P}{\alpha - \beta P}\right)$$

Além disso, a demanda é inelástica quando o módulo da elasticidade é menor do que um, portanto:

$$\beta\left(\frac{P}{\alpha - \beta P}\right) < 1$$

Neste caso, simples transformações algébricas mostrarão que:

$$P < \frac{\alpha}{2\beta}$$

Gabarito "C"

(Analista – ANEEL – 2006 – ESAF) As opções indicadas completam adequadamente a lacuna abaixo, exceto:

"Custos afundados (*sunk costs*) ______________."

(A) sua extensão depende de um mercado para máquinas e equipamentos usados.
(B) dependem do grau de especificidade do uso do capital.

(C) não podem ser recuperados quando a empresa sai do mercado.

(D) facilitam a entrada de empresas no setor onde estes custos ocorrem.

(E) dependem do volume de investimentos necessários para garantir a distribuição do produto (gastos com promoção, publicidade e formação da rede de distribuidores).

A única afirmação que não pode completar a frase é a afirmação (D), pois Custos afundados são Custos Irrecuperáveis (conforme descrito na afirmação (C), o que na verdade dificulta a entrada das empresas no setor.

Gabarito "D"

(Analista – ANEEL – 2004 – ESAF) Considere um modelo de duopólio com duas empresas (empresa 1 e empresa 2) que produzem produtos diferenciados, mas substitutos próximos. Suponha que a empresa 1 deva anunciar o preço de seu produto antes de a empresa 2 o fazer. Nenhuma empresa pode remarcar o preço de seu produto após esse ser anunciado.

Nessas condições, pode-se afirmar que

(A) a empresa 1 estará em condições mais vantajosas, caso ambas as empresas tenham as mesmas condições de custo e de demanda.

(B) a empresa 2 terá lucro superior ao da empresa 1, independentemente das condições de custo e de demanda das duas empresas.

(C) o resultado desse modelo é equivalente ao resultado de um modelo de liderança de quantidade (Stackelberg).

(D) o resultado desse modelo será idêntico ao resultado do modelo de Cournot, caso as duas empresas tenham as mesmas condições de custo.

(E) o equilíbrio desse modelo gerará uma provisão eficiente do produto das duas empresas, caso não haja diferenciação entre os produtos.

A: Esta afirmação está incorreta. Sob mesmas condições de custo e demanda nada garante que a empresa 1 terá vantagem; **B:** Esta afirmação está incorreta. Para que isto ocorra, as condições de custo e demanda precisam ser propícias; **C:** Esta afirmação está incorreta. As empresas escolhem preço, portanto se trata de liderança de preço; **D:** Esta afirmação está incorreta. O modelo de Cournot representa uma concorrência com escolhas simultâneas de quantidade, e mesmo sob custos iguais ele não é equivalente ao modelo de concorrência de liderança de preço; **E:** Esta afirmação está correta. Se não houver diferenciação do produto, a concorrência entre as empresa fará com que elas escolham o menor preço possível (dado o Custo Marginal de produção) e maximizem a produção, o que irá gerar uma provisão eficiente do produto.

Gabarito "E"

24. COMÉRCIO INTERNACIONAL

Gustavo Caldas Guimarães de Campos

1. PARTE GERAL

(Auditor Fiscal da Receita Federal – 2012 – ESAF) Sobre o sistema multilateral de comércio e a Organização Mundial do Comércio (OMC), assinale a opção incorreta.

(A) A acomodação institucional dos acordos regionais de comércio dentro da OMC é fundamentada no artigo XXIV do GATT 1994.

(B) A partir da Rodada Tóquio do *Acordo Geral sobre Tarifas e Comércio* (GATT), foi adotada a cláusula de habilitação, aplicável aos países em desenvolvimento.

(C) As decisões na OMC são, como regra geral, adotadas por consenso, inclusive com os votos dos países de menor desenvolvimento relativo.

(D) Na estrutura orgânica da OMC, o órgão máximo é a Conferência Ministerial, composta por representantes de todos os membros.

(E) Novos membros da OMC, em seu processo de acessão à Organização, devem denunciar os acordos regionais que tenham assumido anteriormente.

A: correta. Ressalte-se que a Parte Contratante deverá comunicar às demais Partes sempre que pretender integrar uma união aduaneira ou uma zona de livre troca – parágrafo 7(A) do Art. XXIV do GATT. **B:** correta. A cláusula de habilitação, que consta no art. 1º da Decisão de 28 de novembro de 1979, permite o tratamento tarifário preferencial aos produtos dos países em desenvolvimento. **C:** correta. De acordo com o art. IX.1 de seu Acordo Constitutivo, a OMC segue a prática de processo decisório de consenso, havendo deliberação por meio de voto apenas quando o consenso não for possível. **D:** correta, conforme disposto no art. IV.1 do Acordo Constitutivo da OMC. **E:** incorreta. O Acordo Constitutivo da OMC não faz essa exigência para a acessão (art. XII).

Gabarito "E".

(Auditor Fiscal da Receita Federal – 2012 – ESAF) Quanto ao Sistema Geral de Preferências, é correto afirmar que:

(A) trata-se de instrumento unilateral e recíproco, pelo qual os outorgantes recebem o mesmo tratamento tarifário preferencial em contrapartida.

(B) em razão das regras multilaterais, sua concessão é revestida por cláusula de irrevogabilidade.

(C) sua concessão é autorizada, no âmbito da Organização Mundial do Comércio (OMC), por meio da Cláusula de Habilitação, por tempo indeterminado.

(D) pode beneficiar apenas as mercadorias oriundas de países de menor desenvolvimento relativo, não se aproveitando para as mercadorias de países em desenvolvimento.

(E) sua criação ocorreu no âmbito da Rodada Doha da OMC.

A: incorreta. O Sistema Geral de Preferências (SGP) consiste em concessões de tarifas mais favoráveis aos países em desenvolvimento ou pouco desenvolvidos. O objetivo é propiciar a integração ao comércio internacional das nações em desenvolvimento, o que não se relaciona com políticas de caráter protecionista. É unilateral e não recíproco. **B:** incorreta. No SGP, cada outorgante elabora uma lista de produtos elegíveis, a redução tarifária e as regras para concessão do benefício. Não há cláusula de irrevogabilidade. **C:** correta. **D:** incorreta, pois pode beneficiar tanto produtos originários de países em desenvolvimento e quanto de menor desenvolvimento. **E:** incorreta. O SGP foi criado no âmbito da UNCTAD – Conferência das Nações Unidas para o Comércio e Desenvolvimento.

Gabarito "C".

(Auditor Fiscal da Receita Federal – 2012 – ESAF) Sobre práticas desleais de comércio e medidas de defesa comercial, é correto afirmar que:

(A) a medidas *antidumping* se materializam na cobrança de valores adicionais quando da importação do produto objeto da medida.

(B) para aplicar uma medida *antidumping*, é suficiente comprovar a prática de discriminação de preços em mercados nacionais distintos.

(C) o subsídio específico não enseja a aplicação de medidas compensatórias, pois apenas o subsídio geral é considerado ilegal com base nas regras da OMC.

(D) as medidas de salvaguarda, destinadas a proteger a indústria nacional que estejam sendo afetadas por surtos repentinos de importações de produtos concorrentes, devem vigorar pelo prazo máximo de seis anos.

(E) por se tratar de uma medida que impõe exceção a um comércio que está sendo praticado de forma leal, a medida de salvaguarda prescinde de processo prévio de investigação.

A: correta. **B:** incorreta, pois, de acordo com o Dec. 1.602/1995, reconhece-se o *dumping* quando determinado produto é exportado por preço inferior ao que é normalmente praticado no mercado doméstico. O art. 5º do mesmo Decreto dispõe que valor normal é o preço efetivamente praticado para o produto similar nas operações mercantis normais, que o destinem a consumo interno no país exportador. **C:** incorreta. Apenas os subsídios específicos interessam à defesa comercial. Consideram-se subsídios específicos aqueles concedidos a uma empresa ou a um grupo de empresas, ramos de produção ou regiões geográficas. **D:** incorreta. De acordo com o art. 9º do Dec. 1.488/1995, as medidas de salvaguarda serão aplicadas apenas durante o período necessário para prevenir ou reparar o prejuízo grave e para facilitar o ajustamento. O período não deve ser superior a quatro anos, podendo ser estendido. De todo modo, a duração total da medida não será superior a dez anos. **E:** incorreta. De acordo com o art. 2º, § 1º, do Dec. 1.488/1995, a aplicação de medidas de salvaguarda será precedida de investigação pela SECEX.

Gabarito "A"

(Auditor Fiscal da Receita Federal – 2010 – ESAF) A participação no comércio internacional é importante dimensão das estratégias de desenvolvimento econômico dos países, sendo perseguida a partir de ênfases diferenciadas quanto ao grau de exposição dos mercados domésticos à competição internacional. Com base nessa assertiva e considerando as diferentes orientações que podem assumir as políticas comerciais, assinale a opção correta.

(A) As políticas comerciais inspiradas pelo neomercantilismo privilegiam a obtenção de superávits comerciais notadamente pela via da diversificação dos mercados de exportação para produtos de maior valor agregado.

(B) Países que adotam políticas comerciais de orientação liberal são contrários aos esquemas preferenciais, como o Sistema Geral de Preferências, e aos acordos regionais e sub-regionais de integração comercial celebrados no marco da Organização Mundial do Comércio por conterem, tais esquemas e acordos, componentes protecionistas.

(C) A política de substituição de importações valeu-se preponderantemente de instrumentos de incentivos à produção e às exportações, tendo o protecionismo tarifário importância secundária em sua implementação.

(D) A ênfase ao estímulo à produção e à competitividade de bens de alto valor agregado e de maior potencial de irradiação econômica e tecnológica a serem destinados fundamentalmente para os mercados de exportação caracteriza as políticas comerciais estratégicas.

(E) As economias orientadas para as exportações, como as dos países do Sudeste Asiático, praticam políticas comerciais liberais em que são combatidos os incentivos e quaisquer formas de proteção setorial, privilegiando antes a criação de um ambiente econômico favorável à plena competição comercial.

A: incorreta, pois as políticas neomercantilistas privilegiam, de fato, a obtenção de superávits comerciais e formação de reservas, mas isso não se dá necessariamente pela via da diversificação dos mercados de exportação para produtos de maior valor agregado. A política neomercantilista vale-se de medidas de desestímulo às importações (protecionismo) e incentivo às exportações. **B:** incorreta. O Sistema Geral de Preferências (SGP) consiste em concessões de tarifas mais favoráveis aos países em desenvolvimento ou pouco desenvolvidos. O objetivo é propiciar a integração ao comércio internacional das nações em desenvolvimento, o que não se relaciona com políticas de caráter protecionista. **C:** incorreta. A política de substituição de importações, como o nome indica, consistia no incentivo à produção nacional de bens antes importados. Portanto, seu objetivo era o de evitar importações e não o de incentivar exportações, como consta na assertiva. **D:** correta. **E:** incorreta, pois esses países contam com estímulos governamentais à exportação.

Gabarito "D"

(Auditor Fiscal da Receita Federal – 2010 – ESAF) Acerca das práticas desleais de comércio e respectivas medidas de defesa, e tomando por base a normativa da Organização Mundial do Comércio, é correto afirmar que:

(A) a prática do *dumping* consiste na venda de um produto por preço inferior ao custo de produção de seu similar no mercado de exportação e enseja, de parte do país importador, como forma de defesa, a imposição de salvaguardas comerciais.

(B) a adoção de restrições quantitativas às importações, embora proibida pelo Acordo Geral de Tarifas e Comércio (GATT), é lícita como medida prévia de defesa à prática do *dumping*, vigorando provisoriamente até o início de investigação por parte do Órgão de Solução de Controvérsias da Organização Mundial do Comércio.

(C) a imposição de salvaguardas comerciais é justificada quando comprovada a concessão, pelo país exportador, de subsídios específicos em favor da produção de um bem a ser exportado, mas é condicionada à efetiva comprovação e determinação do dano causado pelos subsídios à produção doméstica no país importador.

(D) o aumento abrupto de importações provocando grave prejuízo à indústria doméstica faculta a adoção, pelo país importador, de direitos compensatórios, envolvendo a implementação de restrições quantitativas e/ou a redução de direitos aduaneiros aplicados às suas exportações na medida e no tempo necessários para sanar o dano original.

(E) a concessão de subsídios que sejam vinculados diretamente ao desempenho das exportações ou ao uso preferencial de insumos e bens domésticos àqueles importados pode ensejar a abertura de investigação no marco da OMC e a subsequente aplicação de direitos compensatórios.

A: incorreta, pois, de acordo com o Decreto 1.602/1995, reconhece-se o *dumping* quando determinado produto é exportado por preço inferior ao que é normalmente praticado no mercado doméstico, e não ao preço de custo, como consta na assertiva; **B:** incorreta, pois o "direito *antidumping* significa um montante em dinheiro igual ou inferior à margem de *dumping* apurada, calculado e aplicado, em conformidade com este artigo, com o fim exclusivo de neutralizar os efeitos danosos das importações objeto de *dumping*". O direito *antidumping* será calculado mediante a aplicação de alíquotas *ad valorem* ou específicas, fixas ou variáveis, ou pela conjugação de ambas (art. 45, *caput* e § 1º, do referido decreto). Ademais, a apuração se dá pelo país importador, e não pelo Órgão de Solução de Controvérsias da Organização Mundial do Comércio; **C**: o caso não é de aplicação de salvaguardas comerciais, mas de medidas compensatórias. **D**: este é o caso de aplicação de salvaguardas comerciais (e não de medidas compensatórias), pois o aumento das importações causa ou ameaça causar prejuízo grave à indústria doméstica de bens similares ou diretamente concorrentes (art. 1º do Decreto 1.488/1995).

Gabarito "E".

(Auditor Fiscal da Receita Federal – 2002.1 – ESAF) Assinale a opção que melhor define "Comércio Internacional".

(A) A expressão "Comércio Internacional" designa, unicamente, a troca de mercadorias entre diferentes países, não abrangendo serviços nem aspectos ligados à sua execução, como o transporte e o pagamento.

(B) A expressão "Comércio Internacional", refere-se às trocas de mercadorias entre diferentes países exclusivamente por compra e venda internacional e abrange tudo o que for ligado à sua execução, incluindo transporte e pagamento.

(C) A expressão "Comércio Internacional" designa a troca de mercadorias e serviços entre os países signatários do GATT.

(D) A expressão "Comércio Internacional" designa a troca de mercadorias entre o Brasil e os países do Mercosul.

(E) A expressão "Comércio Internacional" designa a troca de mercadorias e serviços de todos os tipos entre diferentes países em tudo o que for ligado à sua execução, incluindo transporte e pagamento.

O comércio internacional envolve todos os países (não apenas os do Mercosul ou os signatários do GATT) e abrange compra e venda, serviços (*leasing* e aluguel), transporte, seguro e pagamento, ou seja, tudo o que for ligado à execução da troca de mercadorias e serviços.

Gabarito "E".

(Auditor Fiscal da Receita Federal – 2002.1 – ESAF) A fiscalização e o controle sobre o comércio exterior, essenciais à defesa dos interesses fazendários nacionais, serão exercidos pelo Ministério da Fazenda. (Constituição Federal 1988, art.237). Com base no enunciado acima, assinale a opção correta.

(A) Compete ao Ministério da Fazenda a fiscalização e o controle somente quando as operações de comércio exterior sejam definidas como essenciais aos interesses fazendários nacionais.

(B) Compete ao Ministério da Fazenda a fiscalização e o controle das operações de comércio exterior, atividades administrativas consideradas essenciais aos interesses fazendários nacionais.

(C) Compete ao Ministério da Fazenda a fiscalização e o controle das operações de comércio exterior relativas a bens ingressados no país, tendo em vista serem as importações essenciais aos interesses fazendários nacionais.

(D) Compete ao Ministério da Fazenda a fiscalização e o controle das operações de comércio exterior relativas a bens saídos do país, tendo em vista serem as exportações essenciais aos interesses fazendários nacionais.

(E) Compete ao Ministério da Fazenda a fiscalização e o controle das operações de comércio exterior relativamente às obrigações do País frente aos seus compromissos internacionais.

A e **B**: a fiscalização e o controle serão sempre exercidos, pois o comércio exterior é considerado atividade essencial aos interesses fazendários nacionais. Mesmo nos casos de mercadorias imunes ou isentas, o Ministério da Fazenda deve fiscalizar, a fim de verificar, p.ex., se o produto é falsificado ou se coloca em risco a saúde ou a segurança. Em relação à competência da Secretaria da Receita Federal do Brasil, ver art. 15, ver art. 15, inciso XVI, do Decreto 7.482/2011; **C**: incorreta, pois exclui do controle as exportações; **D**: incorreta, pois exclui as importações; **E**: o comércio exterior não diz respeito a compromissos internacionais do Estado.

Gabarito "B".

(Auditor Fiscal da Receita Federal – 2002.1 – ESAF) Assinale a opção correta.

(A) O texto do GATT 1994 será autêntico em inglês, francês e alemão.

(B) O texto do GATT 1994 será autêntico em inglês, espanhol e alemão.

(C) O texto do GATT 1994 será autêntico em inglês, alemão e português.

(D) O texto do GATT 1994 será autêntico em inglês, francês e espanhol.

(E) O texto do GATT 1994 será autêntico em inglês, francês e português.

Conforme Nota Explicativa 2, "c", i, do Acordo Geral sobre Tarifas e Comércio –GATT, de 1994.

Gabarito "D".

(Auditor Fiscal da Receita Federal – 2002.2 – ESAF) Conforme as regras de origem aplicáveis aos Estados-Partes do MERCOSUL, adotando exclusivamente o critério do salto tarifário, serão considerados originários do MERCOSUL os produtos em cuja elaboração foram utilizados materiais não originários de seus países membros, quando resultantes de um processo de transformação substancial realizado em seu território, que lhes confira uma nova individualidade caracterizada pelo fato de estarem classificados na Nomenclatura Comum do MERCOSUL

(A) na mesma posição do material cuja função seja preponderante.

(B) em posição diferente à dos mencionados materiais.

(C) em subposição diferente à dos mencionados materiais.

(D) em item diferente ao dos mencionados materiais. No mesmo capítulo, porém, em subposição igual e item diferente.

De acordo com diversos Protocolos que disciplinam o Regime de Origem Mercosul (ver, a propósito, o Decreto 5.455/2005), serão considerados originários do Mercosul os produtos em cuja elaboração forem utilizados materiais não originários dos Estados Partes, quando resultantes de um processo de transformação que lhes confira uma nova individualidade, caracterizada pelo fato de estarem classificados em uma posição tarifária (primeiros quatro dígitos da Nomenclatura Comum do MERCOSUL) diferente da dos mencionados materiais.

Gabarito "B".

2. PRINCÍPIOS

(Técnico da Receita Federal – 2006 – ESAF) A medida de defesa comercial que restringe as importações de um determinado produto, cujo surto de importações esteja causando dano ou ameaça de dano à indústria doméstica, é denominada:

(A) medida *antidumping*.
(B) medida compensatória.
(C) salvaguarda.
(D) *drawback*.
(E) cota às importações.

Os acordos *antidumping*, de subsídios e medidas compensatórias, e de salvaguardas, firmados no âmbito do GATT e da OMC, permitem que os países apliquem essas medidas para proteção de seus mercados, desde que observados os requisitos, as normas e os procedimentos respectivos. **A:** reconhece-se o *dumping* quando determinado produto é exportado por preço inferior ao que é normalmente praticado no mercador doméstico (pode, ou não, decorrer de subsídio concedido pelo país exportador); **B:** as medidas compensatórias ou direitos compensatórios podem ser aplicados com o objetivo de compensar subsídio concedido, direta ou indiretamente, no país exportador, à fabricação, à produção, à exportação ou ao transporte de qualquer produto, cuja exportação ao Brasil cause dano à indústria doméstica (art. 1º do Decreto 1.751/1995); **C:** poderão ser aplicadas medidas de salvaguarda a um produto se de uma investigação resultar a constatação, de acordo com as disposições previstas neste regulamento, de que as importações desse produto aumentaram em tais quantidades e, em termos absolutos ou em relação à produção nacional, e em tais condições que causem ou ameacem causar prejuízo grave à indústria doméstica de bens similares ou diretamente concorrentes (art. 1º do Decreto 1.488/1995); **D:** o regime aduaneiro especial de *drawback* consiste na suspensão ou eliminação de tributos incidentes sobre insumos importados para utilização em produto exportado. Trata-se de incentivo às exportações, pois reduz os custos dos produtos a serem exportados, tornando-os mais competitivos no mercado internacional; **E:** o estabelecimento de quotas às importações é apenas uma das medidas de salvaguarda previstas na legislação (art. 8º do Decreto 1.488/1995).

Gabarito "C"

(Auditor Fiscal da Receita Federal – 2005 – ESAF) A respeito de defesa comercial, assinale a opção correta.

(A) Caso não seja possível o cálculo do preço de exportação, ou caso o preço seja duvidoso segundo os parâmetros da legislação aplicável, o preço de exportação do produto investigado pode ser construído pela autoridade investigadora para fins de constatação da prática do *dumping*.
(B) Para neutralizar a prática do *dumping*, o país prejudicado pode aplicar uma medida *antidumping*, respeitando o princípio da não seletividade, ou seja, a aplicação da medida deverá atingir todas as importações do produto em questão, não importando sua procedência.
(C) Segundo as normas da OMC, pratica *dumping* a empresa que vende no mercado de outro país abaixo do seu preço de custo.
(D) Para a aplicação da medida *antidumping* é necessária a comprovação do dolo específico, ou seja, do objetivo da empresa estrangeira de eliminar ou restringir a ação da concorrência no país importador.
(E) A aplicação da medida *antidumping* pode ser feita de modo tanto qualitativo, por meio de um direito *antidumping ad valorem* ou específico, ou de modo quantitativo, ou seja, por meio da definição de uma cota que restrinja o ingresso do produto no mercado do país importador.

A: conforme art. 8º, parágrafo único, do Decreto 1.602/1995, nos casos em que não exista preço de exportação ou que este pareça duvidoso, por motivo de associação ou acordo compensatório entre o exportador e o importador ou uma terceira parte, o preço de exportação poderá ser construído a partir: do preço pelo qual os produtos importados foram revendidos pela primeira vez a um comprador independente, ou de uma base razoável, no caso de os produtos não serem revendidos a comprador independente, ou não serem revendidos na mesma condição em que foram importados; **B:** as medidas *antidumping* só poderão ser aplicadas a quem introduziu um bem no mercado doméstico a preço de exportação inferior ao valor normal, e não de forma genérica a todas as importações do produto; **C:** o art. 4º do Decreto 1.602/1995 define *dumping* como a introdução de um bem no mercado doméstico a preço de exportação inferior ao valor normal, e não ao preço de custo; **D:** a legislação não exige dolo específico, basta a caracterização do *dumping* (preço de exportação inferior ao valor normal), do dano e do nexo causal entre eles (art. 42 do Decreto 1.602/1995); **E:** não há previsão de aplicação de cotas como medidas *antidumping*. O art. 45, §1º, do Decreto 1.602/1995, dispõe que o direito *antidumping* será calculado mediante a aplicação de alíquotas *ad valorem* ou específicas, fixas ou variáveis, ou pela conjugação de ambas.

Gabarito "A"

(Auditor Fiscal da Receita Federal – 2005 – ESAF) O estado X, principal importador mundial de brocas helicoidais, adquire o produto de vários países, entre eles os estados Y e Z. Alegando questões de ordem interna, o estado X, num dado momento, decide majorar o imposto de importação das brocas helicoidais provenientes de Y, e mantém inalterado o tributo para as brocas helicoidais oriundas de Z. Considerando que os países X, Y e Z fazem parte da Organização Mundial do Comércio, com base em que princípio da Organização o estado Y poderia reclamar a invalidade dessa prática?

(A) Princípio da transparência.
(B) Princípio do tratamento nacional.
(C) Respeito ao compromisso tarifário.
(D) Cláusula da nação mais favorecida.
(E) Princípio da vedação do desvio de comércio.

A: o princípio da transparência ou publicidade impõe às partes contratantes a publicação dos atos (leis, regulamentos, decisões judiciais etc.) relativos ao comércio internacional (classificação de produtos, interdição de importações etc.), de maneira a permitir aos Governos ou aos comerciantes deles tomar conhecimento (art. X.1. do Acordo do GATT); **B:** o princípio do tratamento nacional consiste em conferir aos produtos de qualquer parte contratante o mesmo tratamento dispensado a produtos similares de origem nacional (art. III.1 do Acordo do GATT); **C:** o respeito ao compromisso tarifário nada mais é que a observância das alíquotas estabelecidas no Acordo do GATT; **D:** esta opção está em conformidade com o art. I.1 do Acordo do GATT, que estabelece o "tratamento geral de nação mais favorecida", nos seguintes termos: "qualquer vantagem, favor, imunidade ou privilégio concedido por uma parte contratante em relação a um produto originário de ou destinado a qualquer outro país, será imediata e incondicionalmente estendido ao produtor similar, originário do território de cada uma das outras partes contratantes ou ao mesmo destinado"; **E:** vedação do desvio de comércio não pode ser entendida como princípio aplicável à situação descrita.

Gabarito "D".

(Auditor Fiscal da Receita Federal – 2002.1 – ESAF) Todas as vantagens, favores, privilégios ou imunidades concedidos por uma parte contratante a um produto originário ou com destino a qualquer outro país serão, imediatamente e incondicionalmente, estendidos a qualquer produto similar originário ou com destinação ao território de quaisquer outras partes contratantes. (GATT-1994, artigo 1, parágrafo 1).

O excerto acima destacado (*caput* do parágrafo 1 do artigo 1) define uma cláusula conhecida, internacionalmente, como:

(A) cláusula de tratamento preferencial.
(B) cláusula da nação mais favorecida.
(C) cláusula de favorecimento comercial.
(D) cláusula de país aderente a Acordo Comercial.
(E) cláusula de definição comercial.

A questão descreve claramente a cláusula ou princípio da nação mais favorecida (NMF). O art. I do Acordo do GATT, denominado "tratamento geral de nação mais favorecida", prevê em seu parágrafo primeiro: "qualquer vantagem, favor, imunidade ou privilégio concedido por uma parte contratante em relação a um produto originário de ou destinado a qualquer outro país, será imediata e incondicionalmente estendido ao produtor similar, originário do território de cada uma das outras partes contratantes ou ao mesmo destinado".

Gabarito "B".

3. REGIMES ADUANEIROS

(Auditor Fiscal da Receita Federal – 2012 – ESAF) Sobre os regimes aduaneiros, é <u>incorreto</u> afirmar que:

(A) os regimes aduaneiros especiais se distinguem do regime comum pela suspensão ou isenção de tributos incidentes nas operações de comércio exterior.
(B) de acordo com a legislação em vigor, as empresas instaladas em Zonas de Processamento de Exportação (ZPE), caracterizadas como áreas de livre comércio com o exterior, não podem vender produtos para o mercado interno.
(C) o regime aduaneiro especial de *drawback* objetiva desonerar de tributos os insumos utilizados na produção de bens destinados à exportação.
(D) o regime de admissão temporária permite a entrada no País de certas mercadorias, com uma finalidade e por período de tempo determinados, com a suspensão total ou parcial do pagamento de tributos aduaneiros incidentes na sua importação, com o compromisso de serem reexportadas.
(E) o regime de trânsito aduaneiro permite o transporte de mercadorias, sob controle aduaneiro, de um ponto a outro do território aduaneiro, com suspensão de tributos.

A: correta. Ver arts. 307 e seguintes do Regulamento Aduaneiro. **B:** incorreta. É possível a venda de produtos industrializados em ZPE para o mercado interno, mas, nesse caso, estarão sujeitos ao pagamento do imposto de importação e do adicional ao frete para renovação da marinha mercante relativos a matérias-primas, produtos intermediários e materiais de embalagem de procedência estrangeira neles empregados, com acréscimo de juros e multa de mora, na forma da lei (art. 18, § 3º, II, da Lei 11.508/2007, e art. 536, § 3º, do RA). **C:** correta. Ver arts. 383 e seguintes do RA. **D:** correta. Ver arts. 353 e seguintes do RA. **E:** correta, conforme disposto no art. 315 do RA.

Gabarito "B".

(Analista-Tributário da Receita Federal – 2012 – ESAF) Sobre os regimes aduaneiros especiais, é correto afirmar que:

(A) a concessão e a aplicação do Regime Especial de Trânsito Aduaneiro serão requeridas à autoridade aduaneira competente da unidade de destino.
(B) sem prejuízo de controles especiais determinados pela Secretaria da Receita Federal do Brasil, depende de despacho para trânsito a remoção de mercadorias de uma área ou recinto para outro, situado na mesma zona primária.
(C) no caso de transporte multimodal de carga internacional, na importação ou na exportação, quando o desembaraço não for realizado nos pontos de entrada ou de saída do País, a concessão do Regime Especial de Trânsito Aduaneiro será considerada válida para todos os percursos no território nacional, independentemente de novas concessões.
(D) o Regime de *Drawback* não é considerado um incentivo à exportação.
(E) a concessão do Regime de *Drawback* na modalidade suspensão é de competência da Secretaria da Receita Federal do Brasil.

A: incorreta. A concessão e a aplicação do regime de trânsito aduaneiro serão requeridas à autoridade aduaneira competente da unidade de origem, e não na de destino, conforme disposto no art. 325 do Regulamento Aduaneiro. **B:** incorreta, pois a remoção de mercadorias de uma área ou recinto para outro, situado na mesma zona primária independe de despacho para trânsito (§ 2º do art. 325 do RA). **C:** correta, conforme art. 27 da Lei 9.611/1998, e art. 325, § 3º, do RA. **D:** incorreta, conforme art. 383 do RA. **E:** incorreta. De acordo com o art. 386 do RA, "a concessão do regime [de *Drawback*], na modalidade de suspensão, é de competência da Secretaria de Comércio Exterior, devendo ser efetivada, em cada caso, por meio do SISCOMEX".

Gabarito "C".

(Analista-Tributário da Receita Federal – 2012 – ESAF) Sobre os regimes aduaneiros aplicados em áreas especiais, é incorreto afirmar que:

(A) a isenção do Imposto de Importação e do Imposto sobre Produtos Industrializados prevista no art. 30 do Decreto-Lei n. 288, de 28 de fevereiro de 1967, para a Zona Franca de Manaus, abrange também os automóveis de passageiros.
(B) a exportação de mercadorias da Zona Franca de Manaus para o exterior, qualquer que seja sua origem, está isenta do Imposto de Exportação.

(C) de acordo com o Decreto-Lei n. 291, de 28 de fevereiro de 1967, a Amazônia Ocidental é constituída pelos Estados do Amazonas, do Acre, de Rondônia e de Roraima.

(D) a venda de mercadorias nacionais ou nacionalizadas, efetuada por empresas estabelecidas fora das Áreas de Livre Comércio de Boa Vista – ALCBV e de Bonfim – ALCB, de que trata a Lei n. 8.256, de 25 de novembro de 1991, para empresas ali estabelecidas, fica equiparada à exportação.

(E) as áreas de livre comércio serão administradas pela Superintendência da Zona Franca de Manaus.

A: incorreta, conforme disposto no § 1º do art. 3º do Dec.-lei 288/1967 (com redação dada pela Lei 8.387/1991) e no art. 505, IV, do Regulamento Aduaneiro. **B:** correta, conforme disposto no art. 515 do RA. **C:** correta, conforme § 4º do art. 1º do Dec.-lei 291/1967. **D:** correta, conforme disposto no art. 7º da Lei 11.732/2008 e no art. 527 do RA. **E:** correta, conforme disposto no art. 530 do RA.

Gabarito "A"

(Analista-Tributário da Receita Federal – 2012 – ESAF) Sobre os regimes aduaneiros especiais e os regimes aduaneiros aplicados em áreas especiais, assinale a opção incorreta.

(A) O Regime Especial de Trânsito Aduaneiro é o que permite o transporte de mercadoria, sob controle aduaneiro, de um ponto a outro do território aduaneiro, com suspensão do pagamento de tributos.

(B) O Regime Aduaneiro Especial de Admissão Temporária é o que permite a importação de bens que devam permanecer no País durante prazo fixado, com suspensão total do pagamento de tributos, ou com suspensão parcial, no caso de utilização econômica, na forma e nas condições estabelecidas na legislação.

(C) No caso de extinção da aplicação do Regime Aduaneiro Especial de Admissão Temporária para Utilização Econômica mediante despacho para consumo, os tributos originalmente devidos deverão ser recolhidos deduzido o montante já pago.

(D) A concessão do Regime de *Drawback*, na modalidade de restituição, é de competência da Secretaria da Receita Federal do Brasil, e poderá abranger, total ou parcialmente, os tributos pagos na importação de mercadoria exportada após beneficiamento, ou utilizada na fabricação, complementação ou acondicionamento de outra exportada.

(E) Não é permitida a aplicação de regimes aduaneiros suspensivos em Zonas de Processamento de Exportação.

A: correta, conforme disposto no art. 315 do Regulamento Aduaneiro. **B:** correta, conforme disposto no art. 353 do RA. **C:** correta, conforme disposto no art. 375 do RA. **D:** correta, conforme disposto no art. 397 – competência da Secretaria da Receita Federal do Brasil – e do art. 383, III, do RA – que dispõe sobre o Regime de *Drawback* na modalidade restituição. **E:** incorreta. De acordo com o § 4º do art. 536 do RA, "é permitida a aplicação de regimes aduaneiros suspensivos em zonas de processamento de exportação, observados os termos, limites e condições do regime".

Gabarito "E"

(Auditor Fiscal da Receita Federal – 2010 – ESAF) O regime aduaneiro especial que contempla a estocagem de partes, peças e materiais de reposição ou manutenção, com suspensão do pagamento dos impostos federais, da contribuição para o PIS/PASEP – Importação e da COFINS importação, para veículos, máquinas, equipamentos, aparelhos e instrumentos estrangeiros, nacionalizados ou não, e nacionais em que tenham sido empregados partes, peças e componentes estrangeiros, nos casos definidos pelo Ministro da Fazenda, é conhecido como:

(A) depósito alfandegado.
(B) trânsito aduaneiro.
(C) depósito especial.
(D) loja franca.
(E) depósito alfandegado certificado.

A e **E:** incorretas. De acordo com o art. 493 do Decreto 6.759/2009, "o regime de depósito alfandegado certificado é o que permite considerar exportada, para todos os efeitos fiscais, creditícios e cambiais, a mercadoria nacional depositada em recinto alfandegado, vendida a pessoa sediada no exterior, mediante contrato de entrega no território nacional e à ordem do adquirente (Decreto-lei nº 2.472, de 1988, art. 6º)"; **B:** o regime especial de trânsito aduaneiro é o que permite o transporte de mercadoria, sob controle aduaneiro, de um ponto a outro do território aduaneiro, com suspensão do pagamento de tributos (art. 315 do Decreto 6.759/2009); **C:** correta, nos termos do art. 480 do Decreto; **D:** o regime aduaneiro especial de loja franca é o que permite a estabelecimento instalado em zona primária de porto ou de aeroporto alfandegado vender mercadoria nacional ou estrangeira a passageiro em viagem internacional, contra pagamento em moeda nacional ou estrangeira (Decreto-Lei nº 1.455, de 1976, art. 15, *caput*, com a redação dada pela Lei nº 11.371, de 28 de novembro de 2006, art. 13).

Gabarito "C"

(Técnico da Receita Federal – 2002.2 – ESAF) Avalie a correção das afirmações abaixo. Atribua a letra V para as verdadeiras e F para as falsas. Em seguida, marque a opção que contenha a sequência correta.

Extingue(m) o regime aduaneiro de admissão temporária:

( ) despacho para consumo promovido por terceiro autorizado a nacionalizar os bens na vigência do regime.
( ) a reexportação, ainda que realizada fora do prazo.
( ) a exportação de produto equivalente ao produto nacional exportado definitivamente e que tenha retornado ao País para reparo ou substituição em virtude de defeito técnico que exija sua devolução.

(A) V, V, V
(B) F, V, F
(C) F, V, V
(D) F, F, F
(E) V, F, V

1ª e **2ª**: o art. 367 do RA/2009 prevê a extinção do regime de admissão temporária: i) pela reexportação dos bens (regra), ii) sua entrega à Fazenda Nacional (desde que a autoridade aduaneira concorde em recebê-los), iii) destruição, iv) transferência para outro regime especial ou v) despacho para consumo, se nacionalizados. **3ª**: o art. 368 do RA/2009 estabelece hipótese de extinção do regime de admissão temporária a produto, parte, peça ou componente recebido do exterior, para substituição em decorrência de garantia ou para reparo, revisão, manutenção, renovação ou recondicionamento a exportação de produto equivalente àquele submetido ao regime (ver, ainda, art. 60 da Lei 10.833/2003).

Gabarito "A".

(Auditor Fiscal da Receita Federal – 2002.2 – ESAF) Os regimes aduaneiros especiais típicos se diferenciam do regime aduaneiro geral ou comum, caracterizam- se por serem em regra regimes econômicos ou suspensivos, enfatizam a geração de divisas e de empregos, são aplicados em regra às mercadorias não nacionalizadas, e sua admissão ao regime não se processa através de um despacho aduaneiro de importação para consumo, exceto, neste caso, o regime de

(A) *drawback*.
(B) entreposto industrial.
(C) entreposto aduaneiro.
(D) admissão temporária com pagamento proporcional dos tributos.
(E) admissão temporária para aperfeiçoamento ativo.

A: em regra, nos regimes aduaneiros especiais, a mercadoria ingressa no território brasileiro a título temporário. O *drawback* é peculiar. Enquanto os demais regimes sujeitam-se a despacho para admissão, o *drawback* submete-se a despacho para consumo (ver art. 2º da IN/SRF 680/2006). O regime de *drawback* é considerado incentivo à exportação (art. 383 do RA/2009, art. 78 do DL 37/1966 e art. 1 da Lei 8.402/1992). Pode ser aplicado nas modalidades: i) suspensão do pagamento dos tributos exigíveis na importação de mercadoria a ser exportada após beneficiamento ou destinada à fabricação, complementação ou acondicionamento de outra a ser exportada; ii) isenção dos tributos exigíveis na importação de mercadoria, em quantidade e qualidade equivalentes à utilizada no beneficiamento, fabricação, complementação ou acondicionamento de produto exportado; e iii) restituição, total ou parcial, dos tributos pagos na importação de mercadoria exportada após beneficiamento, ou utilizada na fabricação, complementação ou acondicionamento de outra exportada; **B**, **C**, **D** e **E**: os regimes aduaneiros especiais estão sujeitos a despacho para admissão, não para consumo.

Gabarito "A".

(Auditor Fiscal da Receita Federal – 2002.2 – ESAF) No regime aduaneiro especial de admissão temporária

(A) os impostos e penalidades pecuniárias previstos para a hipótese de descumprimento das normas que disciplinam o regime serão consubstanciados em Termo de Responsabilidade.
(B) a parcela dos impostos devida na importação, suspensa em decorrência da aplicação do regime será garantida em Termo de Responsabilidade cuja exigência será objeto de procedimento fiscal administrativo em que se assegure o contraditório e ampla defesa, no caso de inadimplência do beneficiário do regime.
(C) a parcela das penalidades pecuniárias e de outros acréscimos legais devida pelo descumprimento das condições do regime será, após quantificada, objeto de execução administrativa juntamente com os impostos devidos constantes do Termo de Responsabilidade, se não houver recolhimento nos 30 (trinta) dias subsequentes à ciência da notificação fiscal.
(D) a parcela dos impostos devida na importação, suspensa em decorrência da aplicação do regime, será consubstanciada em Termo de Responsabilidade, garantido por fiança ou seguro aduaneiro, que, no caso de descumprimento das condições do regime concedido, será encaminhado à Procuradoria da Fazenda Nacional para inscrição na Dívida Ativa se não comprovado o pagamento no prazo estabelecido e a parcela relativa às penalidades pecuniárias e ajuste de cálculo de tributos devidos será exigida através da lavratura do auto de infração regularmente notificado ao contribuinte.
(E) a parcela relativa às penalidades pecuniárias decorrentes do descumprimento da obrigação tributária principal cuja alíquota prevista para o bem objeto do regime figurar na Tarifa Externa Comum igual a "zero" será calculada aplicando-se o percentual correspondente ao produto de maior alíquota da posição respectiva na TEC e encaminhada à Procuradoria da Fazenda Nacional para o fim de cobrança judicial do título, no caso de inadimplemento do regime.

A: o termo de responsabilidade é o documento no qual são constituídas obrigações fiscais cujo adimplemento fica suspenso pela aplicação dos regimes aduaneiros especiais (ver art. 758 do RA/2009 e art. 72 do Decreto-Lei 37/1966). As multas por eventual descumprimento do compromisso assumido no termo de responsabilidade não integram o crédito tributário nele constituído; **B**, **C** e **D**: descumprido o compromisso assumido no termo de responsabilidade, o crédito nele constituído será objeto de exigência, com os acréscimos legais cabíveis. Destaque-se, contudo, que a exigência do crédito tributário constituído em termo de responsabilidade deve ser precedida de: I – intimação do responsável para, no prazo de dez dias, manifestar-se sobre o descumprimento, total ou parcial, do compromisso assumido; e II - revisão do processo vinculado ao termo de responsabilidade, à vista da manifestação do interessado, para fins de ratificação ou liquidação do crédito (arts. 760 e 761 do RA/2009). Não efetuado o pagamento do crédito tributário exigido, o termo será encaminhado à Procuradoria da Fazenda Nacional, para cobrança (art. 763). A exigência de crédito tributário apurado em procedimento posterior à apresentação do termo de responsabilidade, em decorrência de aplicação de penalidade ou de ajuste no cálculo de tributo devido, será formalizada em auto de infração, lavrado por Auditor-Fiscal da Receita Federal do Brasil, observado o disposto no RA/2009 (art. 766); **E**: o procedimento descrito na opção "e" não tem previsão legal.

Gabarito "D".

(Auditor Fiscal da Receita Federal – 2002.2 – ESAF) Considerando que o regime especial de *drawback* em uma de suas modalidades é suspensivo de tributação, identifique nas opções abaixo aquela que corresponde ao despacho aduaneiro a ele aplicável na importação.

(A) Despacho de admissão ao regime (DA).
(B) Despacho de trânsito aduaneiro conjugado com despacho de admissão (DTA/DA).

(C) Despacho antecipado de importação em *drawback* (DAI-DRAWBACK).
(D) Ato concessório do *drawback* (AC).
(E) Despacho de importação para consumo (DI).

Em regra, nos regimes aduaneiros especiais, a mercadoria ingressa no território brasileiro a título temporário. O *drawback* é peculiar. Enquanto os demais regimes sujeitam-se a despacho para admissão, o *drawback* submete-se a despacho para consumo (ver art. 2º da IN/SRF 680/2006).

Gabarito "E".

(Técnico da Receita Federal – 2002.1 – ESAF) Por Depósito Franco entende-se o Regime Aduaneiro Especial Atípico que

(A) permite a estocagem de partes, peças e materiais de reposição ou manutenção para veículos, máquinas, equipamentos, aparelhos e instrumentos, assim como de seus componentes, estrangeiros, nacionalizados ou não, nos casos definidos pelo Ministro da Fazenda.
(B) permite a guarda de materiais de manutenção e preparo de embarcações e aeronaves utilizadas no transporte comercial internacional, de empresas autorizadas a operar esse serviço.
(C) permite o funcionamento, em portos ou aeroportos, de lojas para venda de mercadoria nacional ou estrangeira a passageiros em viagens internacionais, contra pagamento em cheque de viagem ou moeda estrangeira conversível.
(D) permite a determinado estabelecimento de uma indústria importar, com suspensão de tributos, mercadorias que, depois de submetidas à industrialização, deverão destinar-se ao mercado externo.
(E) consiste em recinto alfandegado, instalado em porto brasileiro, e que visa atender o fluxo comercial de países limítrofes com terceiros países.

O regime aduaneiro especial de depósito franco é o que permite, em recinto alfandegado, a armazenagem de mercadoria estrangeira para atender ao fluxo comercial de países limítrofes com terceiros países (art. 499 do RA/2009).

Gabarito "E".

4. INCOTERMS E CONTRATOS

(Técnico da Receita Federal – 2006 – ESAF) A respeito das fórmulas contratuais usualmente aplicadas aos Contratos Internacionais de Compra e Venda de Mercadorias (INCOTERMS), associe as colunas abaixo e, em seguida, assinale a opção que contenha a sequência correta.

(1) FCA
(2) CFR
(3) EXW
(4) FOB
(5) FAS

( ) A obrigação básica do vendedor consiste em disponibilizar a mercadoria no seu próprio estabelecimento, para que então transfira a responsabilidade sobre ela para o comprador.
( ) Ao vendedor cabe arcar com todas as despesas até o momento em que a mercadoria é colocada a bordo do navio indicado pelo comprador, no porto de embarque.
( ) É de responsabilidade do vendedor disponibilizar a mercadoria a bordo do navio indicado pelo comprador e arcar com o frete até o porto de destino.
( ) Ao vendedor compete entregar a mercadoria ao transportador indicado pelo comprador, no local determinado, momento a partir do qual a responsabilidade pelo bem corre por conta do comprador.
( ) Compete ao vendedor arcar com todas as despesas, incluindo a liberação para a exportação, até o momento em que a mercadoria é colocada ao lado do costado do navio, no porto de embarque.

(A) 1, 4, 2, 5, 3
(B) 3, 4, 2, 1, 5
(C) 3, 2, 4, 1, 5
(D) 1, 5, 3, 2, 4
(E) 3, 4, 1, 2, 5

INCOTERMS significa International Commercial Terms, ou seja, Termos de Comércio Internacional e foram criados pela Câmara de Comércio Internacional (CCI). Trata-se de conjunto de regras que permitem a interpretação segura de termos usualmente utilizados no comércio internacional. **1ª**: FCA significa *free carrier*. Por esta cláusula, o vendedor entrega a mercadoria ao transportador indicado pelo comprador, no local determinado. A partir desse momento, a responsabilidade pelo bem corre por conta do comprador; **2ª**: CFR significa *cost and freight* (custo e frete). Por esta cláusula, o vendedor entrega a mercadoria a bordo do navio indicado pelo comprador. É o vendedor que paga o frete até o porto de destino, mas os riscos são transferidos para o comprador; **3ª**: EXW significa *ex works*. O vendedor disponibiliza a mercadoria, no seu próprio estabelecimento ou em outro local indicado, não desembaraçada para exportação, nem carregada em veículo coletor. Este termo diminui as obrigações do vendedor, pois transfere ao comprador os custos e os riscos; **4ª**: FOB significa *free on board*. O vendedor tem a obrigação de entregar a mercadoria a bordo do navio (deve transpor a amurada do navio), no porto indicado pelo comprador. O vendedor arca com as despesas até o momento em que a mercadoria é entregue a bordo. A partir daí, o comprador assume o risco; **5ª**: FAS significa *free alongside ship*. Por esta cláusula, o vendedor cumpre sua obrigação de entrega quando coloca a mercadoria ao lado do costado do navio, no porto de embarque. O comprador suporta, a partir de então, as despesas e os riscos. Cabe ao vendedor liberar a mercadoria para exportação.

Gabarito "B".

(Auditor Fiscal da Receita Federal – 2003 – ESAF) Os Incoterms (International Commercial Terms / Termos Internacionais do Comércio), conjunto de regras internacionais que estabelecem um padrão de definições, de caráter uniformizador:

(A) são 13 termos, representados por siglas de três letras, distribuídos em 4 grupos identificados pelas letras E, F, C, D, que vão da obrigação mínima para o exportador à obrigação máxima para o exportador, alguns dos quais são aplicáveis apenas a determinado modal de transporte.
(B) são 13 termos, representados por siglas de três letras, distribuídos em 4 grupos identificados pelas letras E, F, C, D, que vão da obrigação mínima

para o exportador à obrigação máxima para o exportador, aplicáveis ao transporte internacional marítimo e aéreo.

(C) são 13 termos, representados por siglas de três letras, distribuídos em 3 grupos identificados pelas letras C (**Cost**), I (**Insurance**) e F (**Freight**), que vão da obrigação mínima para o exportador à obrigação máxima para o exportador, alguns dos quais são aplicáveis apenas a determinado modal de transporte.

(D) são 13 termos, representados por siglas de três letras, distribuídos em 4 grupos identificados pelas letras E, F, C, D, que vão da obrigação mínima para o comprador à obrigação máxima para o importador, aplicáveis a todos os modais de transporte.

(E) são 13 termos, representados por siglas de três letras, distribuídos em 4 grupos identificados pelas letras C, D, E, F, que vão da obrigação mínima para o exportador à obrigação máxima para o exportador, alguns dos quais são aplicáveis apenas às exportações.

A e **C**: são 13 termos, representados por siglas de três letras: EXW, FCA, FAS, FOB, CFR, CIF, CPT, CIP, DAF, DES, DEQ, DDU e DDP; são distribuídos em: Grupo "E" (EXW), Grupo "F" (FCA, FAS, FOB), Grupo "C" (CFR, CIF, CPT, CIP) e Grupo "D" (DAF, DES, DEQ, DDU e DDP). Estes termos definem as obrigações (custos e riscos) do comprador e do vendedor e o local onde será entregue a mercadoria. Nos Grupos "C", "E" e "F", o vendedor cumpre o contrato no país de embarque ou expedição para exportação (contratos de partida). O Grupo "E" representa obrigação mínima para o vendedor, que coloca a mercadoria à disposição do comprador no próprio estabelecimento do vendedor ou em outro local indicado. No Grupo "F", o vendedor entrega a mercadoria à transportadora designada pelo comprador no local e prazo determinados. No Grupo "C", cabe ao vendedor contratar a transportadora, mas ele não assume os riscos e custos adicionais para embarque ou expedição da mercadoria. No Grupo "D", o vendedor arca com os custos e riscos até entregar a mercadoria no país de destino (contratos de chegada); **B** e **D**: os INCOTERMS também são aplicáveis ao transporte ferroviário e rodoviário. Recorde-se, contudo, que alguns INCOTERMS são aplicáveis apenas a determinado modal de transporte (ex.: FAS, FOB, CFR, CIF, DES e DEQ devem ser utilizados exclusivamente para o transporte marítimo tradicional –mercadorias levantadas a bordo); **E**: não há termos aplicáveis apenas às exportações.

Gabarito "A".

(Auditor Fiscal da Receita Federal – 2003 – ESAF) Quanto aos Incoterms (International Commercial Terms), é correto afirmar que:

(A) São administrados pela OMC (Organização Mundial do Comércio) e divulgados pela Câmara de Comércio Internacional; atualmente está em vigor a Revisão 2000, que trouxe pequenas mudanças em relação aos Incoterms 1990; obrigam apenas o exportador e o importador que os adotarem, tendo os contratantes liberdade de especificar alterações ou aditamentos.

(B) São publicados e revistos pela Câmara de Comércio Internacional; atualmente está em vigor a Revisão 2000, que trouxe pequenas mudanças em relação aos Incoterms 1990; obrigam apenas o exportador e o importador que os adotarem, tendo os contratantes liberdade de especificar alterações ou aditamentos.

(C) São publicados e revistos pela Câmara de Comércio Internacional; atualmente está em vigor a Revisão 2000, que trouxe pequenas mudanças em relação aos Incoterms 1990; obrigam apenas o exportador e o importador que os adotarem, não tendo os contratantes liberdade de especificar alterações ou aditamentos.

(D) São administrados pela OMC (Organização Mundial do Comércio) e divulgados pela Câmara de Comércio Internacional; atualmente está em vigor a Revisão 2000, que trouxe pequenas mudanças em relação aos Incoterms 1990; obrigam os intervenientes no transporte internacional (importador, exportador, *traders*, transportador, seguradoras e depositários), tendo os contratantes liberdade de especificar alterações ou aditamentos.

(E) São publicados e revistos pela Câmara de Comércio Internacional; atualmente está em vigor a Revisão 2000, que revogou a versão de 1990, adaptando as cláusulas ao transporte intermodal e alterando as regras "DEQ" (Delivered Ex-Quay), "Duty Paid", "C e F" e "C+I"; obrigam apenas o exportador e o importador que os adotarem, tendo os contratantes liberdade de especificar alterações ou aditamentos.

A, **B**, **C** e **D**: os INCOTERMS – International Commercial Terms – foram criados pela Câmara de Comércio Internacional (CCI), e não pela OMC, em 1936. Trata-se de conjunto de regras que permitem a interpretação segura de termos usualmente utilizados no comércio internacional. Atualmente vigora a revisão efetuada em 2000 (INCOTERMS 2000). O uso não é obrigatório, cabendo às partes especificá-lo nos contratos. Os contratantes podem dispor livremente sobre alterações e aditamentos; **E**: incorreta, pois as cláusulas em vigor são EXW, FCA, FAs, FOB, CFR, CIF, CPT, CIP, DAF, DES, DEQ, DDU e DDP.

Gabarito "B".

(Auditor Fiscal da Receita Federal – 2002.2 – ESAF) Os INCOTERMS contêm em seu bojo cláusulas padronizadas que, na essência, resumem, definem e simplificam um contrato internacional de

(A) arrendamento mercantil.
(B) *leasing* operacional.
(C) compra e venda.
(D) importação de serviços.
(E) importação temporária de mercadorias para utilização econômica.

Os INCOTERMS aplicam-se aos contratos de compra e venda internacional e têm por função, basicamente, disciplinar as obrigações (custos e riscos) do comprador e do vendedor e o local onde será entregue a mercadoria.

Gabarito "C".

(Auditor Fiscal da Receita Federal – 2002.2 – ESAF) Nos INCOTERMS versão 2000, evidenciando contratos de partida (embarque) a correspondência é com

(A) os termos "C" e " F ".
(B) exclusivamente o termo " C ".

(C) exclusivamente o termo " F ".
(D) os termos " E " e " D".
(E) exclusivamente o termo " D".

Os Grupos "C", "E" e "F" são considerados contratos de partida, ou seja, o cumprimento se dá no embarque (país de origem). Apenas o Grupo "D" constitui contrato de chegada: o vendedor suporta os custos e riscos até a entrega da mercadoria no país de destino. No Grupo "C", cabe ao vendedor contratar a transportadora, mas ele não assume os riscos e custos adicionais para embarque ou expedição da mercadoria. No Grupo "E", a mercadoria é entregue ao comprador no estabelecimento do vendedor ou em local indicado. No Grupo "F", o vendedor entrega a mercadoria à transportadora designada pelo comprador no local e prazo determinados. No Grupo "D", o vendedor arca com os custos e riscos até entregar a mercadoria no país de destino (contratos de chegada).

Gabarito "A".

(Auditor Fiscal da Receita Federal – 2002.1 – ESAF) Transporte multimodal de cargas é aquele que, regido por:

(A) dois ou mais contratos, utiliza duas ou mais modalidades de transporte, desde a origem até o destino, e é executado sob a responsabilidade única de um Operador de Transporte Multimodal.
(B) um único contrato, utiliza duas ou mais modalidades de transporte, desde a origem até o destino, e é executado sob a responsabilidade de mais de um Operador de Transporte Multimodal.
(C) dois ou mais contratos, utiliza uma única modalidade de transporte, desde a origem até o destino, e é executado sob a responsabilidade única de um Operador de Transporte Multimodal.
(D) um único contrato, utiliza duas ou mais modalidades de transporte, desde a origem até o destino, e é executado sob a responsabilidade única de um Operador de Transporte Multimodal.
(E) um único contrato, utiliza duas ou mais modalidades de transporte, desde a origem até o porto de descarga no destino, e é executado sob a responsabilidade única de mais de um Operador de Transporte Multimodal.

A assertiva corresponde ao texto do art. 2º da Lei 9.611/1998, que dispõe sobre o Transporte Multimodal de Cargas. Destaque-se que o Transporte Multimodal de Cargas pode ser nacional, quando os pontos de embarque e de destino estiverem situados no território nacional, ou internacional, quando o ponto de embarque ou de destino estiver situado fora do território nacional. O Transporte Multimodal de Cargas compreende, além do transporte em si, os serviços de coleta, unitização desunitização, movimentação, armazenagem e entrega de carga ao destinatário, bem como a realização dos serviços correlatos que forem contratados entre a origem o destino, inclusive os de consolidação e desconsolidação documental de cargas.

Gabarito "D".

(Auditor Fiscal da Receita Federal – 2002.1 – ESAF) O expedidor, o operador de transporte multimodal ou qualquer subcontratado para a realização do transporte multimodal:

(A) são responsáveis solidários, perante a Fazenda Nacional, pelo crédito tributário exigível.
(B) são responsáveis por designação expressa, perante a Fazenda Nacional, pelo crédito tributário exigível.
(C) na qualidade de sujeitos passivos por sujeição direta, respondem perante a Fazenda Nacional proporcionalmente ao crédito tributário exigível.
(D) são contribuintes substitutos perante a Fazenda Nacional, respondendo proporcionalmente pelo crédito tributário exigível.
(E) são responsáveis solidários perante a Fazenda Nacional e nessa qualidade respondem proporcional e equitativamente pelo crédito tributário exigível.

A assertiva corresponde ao art. 28 da Lei 9.611/1998. A solidariedade, nos termos do art. 264 do Código Civil, faz com que cada devedor fique obrigado por toda a dívida. Ressalte-se que o Operador de Transporte Multimodal será responsável solidário preferencial, cabendo-lhe direito de regresso.

Gabarito "A".

(Auditor Fiscal da Receita Federal – 2002.1 – ESAF) Num determinado contrato de compra e venda internacional foi adotada a cláusula Incoterms EXW – *Ex works* (significando Na Origem). Assinale a opção correta.

(A) *Ex works* significa que o vendedor entrega as mercadorias quando ele as coloca à disposição do comprador, em suas dependências, na origem, ou em outro local designado (isto é, estabelecimento, fábrica, armazém etc.) desembaraçados para exportação e não carregados em qualquer veículo coletor.
(B) *Ex works* significa que o vendedor entrega as mercadorias quando ele as coloca à disposição do comprador, no porto de embarque designado, não desembaraçados para exportação e não carregados em qualquer veículo coletor.
(C) *Ex works* significa que o vendedor entrega as mercadorias quando ele as coloca à disposição do comprador, em suas dependências, na origem, ou em outro local designado (isto é, estabelecimento, fábrica, armazém etc.) não desembaraçados para exportação e não carregados em qualquer veículo coletor.
(D) *Ex works* significa que o vendedor entrega as mercadorias quando ele as coloca à disposição do comprador, em suas dependências, na origem, ou em outro local designado (isto é, estabelecimento, fábrica, armazém etc.) não desembaraçados para exportação e carregados em qualquer veículo coletor.
(E) *Ex works* significa que o vendedor entrega as mercadorias quando ele as coloca à disposição do comprador no porto de embarque desembaraçados para exportação e não carregados em qualquer veículo coletor.

A cláusula EXW (*ex works*) significa que o vendedor disponibiliza a mercadoria no seu próprio estabelecimento ou em outro local indicado (fábrica, armazém etc), e não no porto de embarque. Não compete ao vendedor desembaraçar as mercadorias para exportação, nem carregá-las em veículo coletor.

Gabarito "C".

(Auditor Fiscal da Receita Federal – 2002.1 – ESAF) Numa compra e venda internacional, vendedor e comprador conveniaram determinada cláusula Incoterms-2000, através da qual ficou acertado que as mercadorias serão entregues pelo vendedor ao comprador no exato momento em que estes cruzem a amurada do navio, no porto de embarque e já desembaraçados para exportação. A partir desse momento o comprador arca com todos os custos e riscos, de perda ou dano às mercadorias, inclusive contrato de transporte. Em face do enunciado, assinale a opção correta.

(A) A cláusula é FCA – Free Carrier (Livre no Transportador).
(B) A cláusula é FAS – Free Alongside Ship (Livre no costado do navio).
(C) A cláusula é FOB – Free on Board (Livre à bordo).
(D) A cláusula é CFR – Cost and Freight (Custo e Frete).
(E) A cláusula é CPT – Carriage Paid To... (Transporte pago até...).

A: pela cláusula FCA (*free carrier*), o vendedor entrega a mercadoria ao transportador indicado pelo comprador. Portanto, a opção está incorreta, pois a mercadoria não é entregue diretamente ao comprador, a bordo do navio; **B:** pela cláusula FAS (*free alongside ship*), o vendedor cumpre sua obrigação de entrega quando coloca a mercadoria ao lado do costado do navio, no porto de embarque, e não a bordo (cruzar a amurada do navio); **C:** assertiva correta. Pela cláusula FOB (*free on board*), o vendedor tem a obrigação de entregar a mercadoria a bordo do navio (deve transpor a amurada do navio), no porto indicado pelo comprador. O vendedor arca com as despesas até o momento em que a mercadoria é entregue a bordo. A partir daí, o comprador assume o risco; **D:** pela cláusula CFR (*cost and freight*), o vendedor entrega a mercadoria a bordo do navio indicado pelo comprador. Diferentemente do que consta no enunciado da questão, o vendedor paga o frete até o porto de destino, mas os riscos são transferidos para o comprador; **E:** pela cláusula CPT (*carriage paid to*), o vendedor é responsável pelo pagamento do frete até ao destino. Contudo, os riscos são transferidos do vendedor para o comprador a partir do momento em que a mercadoria é entregue à transportadora.

Gabarito "C".

(Auditor Fiscal da Receita Federal – 2002.1 – ESAF) Numa operação de compra e venda internacional foi adotada, pelo comprador e vendedor, a cláusula Incoterms-2000, DES – Delivered Ex-Ship (Entregue a partir do navio). Em face do enunciado, assinale a opção correta.

(A) Os bens são colocados à disposição do comprador a bordo do navio e no porto de destino, não desembaraçados para importação.
(B) Os bens são colocados à disposição do comprador ao costado do navio e no porto de embarque, desembaraçados para importação.
(C) Os bens são colocados à disposição do comprador a bordo do navio e no porto de destino, desembaraçados para importação.
(D) Os bens são colocados à disposição do comprador ao costado do navio e no porto de destino, não desembaraçados para importação.
(E) Os bens são colocados à disposição do comprador ao costado do navio e no porto de embarque, não desembaraçados para importação.

A: assertiva correta. Pela cláusula *delivered ex ship*, o vendedor deve colocar a mercadoria à disposição do comprador a bordo do navio, não desembaraçada para importação, no porto de destino designado. O vendedor assume os custos e riscos até colocar a mercadoria no porto de destino, antes do desembarque; **B**, **C**, **D** e **E:** a mercadoria é colocada à bordo, e não no costado do navio; no porto de destino, e não no de embarque; e não é desembaraçada para importação.

Gabarito "A".

(Auditor Fiscal da Receita Federal – 2002.1 – ESAF) A operação comercial pela qual uma empresa concede à outra o direito de utilizar sua marca na produção de um determinado artigo, denomina-se:

(A) *factoring*
(B) *leasing*
(C) *joint-venture*
(D) arrendamento operacional
(E) *franchising*

A: *factoring* é a cessão de créditos oriundos de operação de compra e venda e outras de natureza comercial; **B:** *lease-back* ou *leasing* de retorno ocorre quando o proprietário do bem (arrendatário) vende-o à arrendadora, que, em seguida, arrenda o mesmo bem para o antigo proprietário (ao arrendatário), *leasing* financeiro ou *leasing* puro (o mais comum) existe quando o arrendatário indica o bem que a arrendadora adquirirá de terceiro e, em seguida, arrendará ao primeiro (ao arrendatário), *leasing* operacional ou *leasing renting* ocorre quando o bem pertence previamente à arrendadora, que o arrenda ao interessado (ao arrendatário); **C:** *joint-venture* é uma modalidade de associação empresária (combinação de bens, dinheiro, conhecimentos), organizada para a execução de um único empreendimento lucrativo, normalmente de curta duração; **D:** arrendamento (mercantil) operacional equivale a *leasing* operacional, já comentado no item "B"; **E:** assertiva correta. Nos termos do art. 2º da Lei 8.955/1994, franquia empresarial (*franchising*) é o sistema pelo qual um franqueador cede ao franqueado o direito de uso de marca ou patente, associado ao direito de distribuição exclusiva ou semiexclusiva de produtos ou serviços e, eventualmente, também ao direito de uso de tecnologia de implantação e administração de negócio ou sistema operacional desenvolvidos ou detidos pelo franqueador, mediante remuneração direta ou indireta, sem que, no entanto, fique caracterizado vínculo empregatício.

Gabarito "E".

5. CLASSIFICAÇÃO DE MERCADORIAS

(Auditor Fiscal da Receita Federal – 2010 – ESAF) A classificação aduaneira das mercadorias é recurso essencial para a aplicação, pela autoridade aduaneira, dos direitos que incidem sobre a exportação e importação de mercadoria e é objeto de convenções e instrumentos internacionais. A respeito, assinale a opção correta.

(A) O Sistema Harmonizado de Designação e de Codificação de Mercadorias (SH) é uma convenção internacional que padroniza os sistemas de classificação nacionais dos países do Mercosul, não podendo, por conseguinte, sofrer alterações ou adaptações por parte dos países que o implementam.
(B) A adoção da Tarifa Externa Comum do Mercosul tornou necessária a harmonização dos respectivos sistemas nacionais de classificação de mercadorias dos países membros.

(C) Por possuir o Brasil a pauta comercial mais diversificada no âmbito do Mercosul, a Nomenclatura Brasileira de Mercadorias é a referência para o instrumento de designação e codificação de mercadorias que é aplicado no Mercosul.

(D) A Nomenclatura Comum do Mercosul está baseada no Sistema Harmonizado, contendo dois dígitos adicionais introduzidos pelos próprios países do bloco, tendo substituído, no Brasil, a Nomenclatura Brasileira de Mercadorias.

(E) Com o advento da Tarifa Externa Comum, os países do Mercosul substituíram seus sistemas nacionais de classificação de mercadorias pelo Sistema Harmonizado de Designação e Codificação de Mercadorias (SH).

A: incorreta. O SH, instituído por Convenção Internacional a que aderiram quase todos os países, permite adaptações por parte dos países que o utilizam. O SH permite, p.ex., que os países signatários criem desdobramentos aos seis algarismos que indicam a classificação tarifária. O Brasil adota a Nomenclatura Comum do Mercosul, que acrescenta mais dois dígitos: o sétimo, chamado de item, e o oitavo, subitem; **B:** a assertiva não está completamente errada, mas é imprecisa. Isso porque a adoção da Tarifa Externa Comum levou à extinção dos sistemas nacionais (e não, propriamente, à harmonização) e à aplicação, pelos países-membros, da Nomenclatura Comum do Mercosul; **C:** "a referência para o instrumento de designação e codificação de mercadorias que é aplicado no Mercosul" é a Nomenclatura Comum do Mercosul (NCM), e não a Nomenclatura Brasileira de Mercadorias (NBM). Note-se que a NBM utilizava 10 dígitos, enquanto a NCM utiliza 8. **D:** correta. **E:** os países do Mercosul substituíram seus sistemas nacionais de classificação de mercadorias pela Nomenclatura Comum do Mercosul, e não pelo Sistema Harmonizado de Designação e Codificação de Mercadorias (SH).

Gabarito "D"

(Auditor Fiscal da Receita Federal – 2005 – ESAF) 46- Assinale a opção incorreta.

(A) O Sistema Harmonizado, composto por 21 Seções, constitui instrumento empregado internacionalmente para a classificação de mercadorias, a partir de uma estrutura de códigos e suas respectivas descrições. Os Capítulos 98 e 99 do referido Sistema, contudo, foram reservados para usos especiais dos países vinculados a ele. O Brasil emprega o Capítulo 99 para registrar operações como, por exemplo, de consumo de bordo de combustíveis.

(B) No que atine à interpretação do Sistema Harmonizado, quando uma mercadoria aparentemente possa ser classificada em duas ou mais posições, a classificação deve ser feita, em regra, pela posição mais genérica em detrimento das mais específicas.

(C) A classificação fiscal da mercadoria deve ser feita pelo próprio importador. Não obstante, em caso de dúvida sobre a classificação do bem, há previsão legal para que, respeitados parâmetros, seja formulada consulta à autoridade aduaneira com vistas à correta classificação da mercadoria.

(D) Dos oito dígitos que compõem a Nomenclatura Comum do Mercosul, os seis primeiros são formados pelo Sistema Harmonizado, ao passo em que o sétimo e oitavo dígitos correspondem a desdobramentos específicos definidos no âmbito do Mercosul.

(E) Os títulos das seções, capítulos e subcapítulos do Sistema Harmonizado têm apenas valor indicativo. Para os efeitos legais, a classificação fiscal é determinada pelos textos das posições e das Notas de Seção e de Capítulo.

Nos termos da Regra Geral de Interpretação do Sistema Harmonizado 3 a) quando pareça que a mercadoria possa ser classificada em duas ou mais posições por aplicação da Regra 2 b) ou por qualquer outra razão, a posição mais específica prevalece sobre as mais genéricas.

Gabarito "B"

(Auditor Fiscal da Receita Federal – 2003 – ESAF) Avalie a correção das afirmativas abaixo a respeito da classificação na TIPI/NCM, Tabela de Incidência do IPI/ Nomenclatura Comum do Mercosul. Atribua a letra V para as verdadeiras e F para as falsas. Em seguida, marque a opção que contenha a sequência correta.

( ) As embalagens contendo mercadorias, do tipo normalmente utilizado para seu acondicionamento e que sejam claramente suscetíveis de utilização repetida seguirão o regime de classificação das mercadorias ou, quando submetidas aos regimes aduaneiros especiais de admissão temporária ou de exportação temporária, seguirão seu próprio regime de classificação.

( ) As embalagens contendo mercadorias, do tipo normalmente utilizado para seu acondicionamento e que sejam claramente suscetíveis de utilização repetida seguirão o regime de classificação das mercadorias.

( ) As embalagens suscetíveis de utilização repetida, que sejam claramente do tipo normalmente utilizado para o acondicionamento dos produtos que contenham, seguem o regime de classificação das mercadorias.

( ) As embalagens contendo mercadorias, do tipo normalmente utilizado para seu acondicionamento e que sejam claramente suscetíveis de utilização repetida seguirão seu próprio regime de classificação quando submetidas aos regimes aduaneiros especiais de admissão temporária ou de exportação temporária.

( ) As embalagens, importadas a título definitivo, ainda que sejam do tipo normalmente utilizado para o acondicionamento de determinado produto e claramente suscetíveis de utilização repetida, seguirão seu próprio regime de classificação.

(A) F, V, V, F, F
(B) F, F, V, V, V
(C) V, F, V, V, V
(D) V, F, F, V, F
(E) V, V, F, F, V

A questão versa sobre a aplicação da Regra Geral de Interpretação do Sistema Harmonizado 5 b) e da Regra Geral Complementar 2 (RGC-2). Podemos resumi-las da seguinte forma: regra – as embalagens contendo mercadorias classificam-se com estas últimas quando sejam do tipo normalmente utilizado para o seu acondicionamento [Regra 5 b) do SH]. Nos casos de embalagens contendo mercadorias e que sejam claramente suscetíveis de utilização repetida: i) seguem regime próprio de classificação sempre que estejam submetidas aos regimes aduaneiros especiais de admissão temporária ou de exportação temporária; ii) caso contrário (ou seja, importadas a título definitivo), seguirão o regime de classificação das mercadorias (RGC-2). **1ª** e **4ª**: verdadeiras, nos termos da RGC-2; **2ª**: falsa, pois, se submetidas a regime aduaneiro especial de admissão temporária ou de exportação temporária, seguem regime próprio de classificação; **3ª**: esta assertiva parece com a anterior, exceto pelo fato de as embalagens prestarem-se ao acondicionamento "dos produtos que contenham"; **5ª**: verdadeira. Aplica-se o regime próprio, pois a embalagem é importada sem a mercadoria (não é possível, portanto, seguir o regime de nenhuma outra mercadoria).

Gabarito "C"

(Auditor Fiscal da Receita Federal – 2003 – ESAF) O Sistema Harmonizado distribui as mercadorias em:

(A) seções e capítulos, dos quais três foram reservados para utilização futura. Possui seis regras gerais de interpretação (RGI) e duas regras gerais complementares (RGC-1 e RGC-2). O texto de descrição das mercadorias é precedido de um código, composto de seis algarismos, separados da seguinte forma XXXX.XX, indicando os dois primeiros o capítulo, os quatro primeiros a posição, e os dois últimos, a subposição, que pode ser de primeiro nível ou de segundo nível ou composta.

(B) seções e capítulos, dos quais três foram reservados para utilização pelas partes contratantes, individualmente. Possui seis regras gerais de interpretação (RGI) e uma regra geral complementar (RGC-1). O texto de descrição das mercadorias é precedido de um código, composto de oito algarismos, separados da seguinte forma XXXX.XX.XX, indicando os dois primeiros o capítulo, os quatro primeiros a posição, o 5º e o 6º, a subposição, que pode ser de primeiro nível ou de segundo nível ou composta, e os dois últimos, o item e o subitem.

(C) seções e capítulos, dos quais um foi reservado para utilização pelas partes, individualmente, e dois foram reservados para utilização futura. Possui seis regras gerais de interpretação (RGI) e uma regra geral complementar (RGC-1). O texto de descrição das mercadorias é precedido de um código, composto de oito algarismos, separados da seguinte forma XX.XX.XX.XX, indicando os dois primeiros o capítulo, os quatro primeiros a posição, o 5º e o 6º, a subposição, que pode ser de primeiro nível ou de segundo nível ou composta, e os dois últimos, o item e o subitem.

(D) seções e capítulos, dos quais três foram reservados para utilização futura. Possui seis regras gerais de interpretação (RGI) e uma regra geral complementar (RGC-1). O texto de descrição das mercadorias é precedido de um código, composto de oito algarismos, separados da seguinte forma XXXX.XX.XX, indicando os dois primeiros o capítulo, os quatro primeiros a posição, o 5º e o 6º, a subposição, que pode ser de primeiro nível ou de segundo nível ou composta, e os dois últimos, o item e o subitem.

(E) seções e capítulos, dos quais um foi reservado para utilização futura e dois, para utilização pelas partes contratantes. Possui seis regras gerais de interpretação (RGI). O texto de descrição das mercadorias é precedido de um código, composto de seis algarismos, separados da seguinte forma XXXX.XX, indicando os dois primeiros o capítulo, os quatro primeiros a posição, e os dois últimos, a subposição, que pode ser de primeiro nível ou de segundo nível ou composta.

O Sistema Harmonizado compreende 21 seções, composta por 96 capítulos mais 3 a serem preenchidos. Isso porque o Capítulo 77 foi reservado para utilização futura no SH e os Capítulos 98 e 99 foram reservados para usos especiais pelos países signatários. Além dos capítulos, há as Notas de Seção, de Capítulo e de Subposição. Os capítulos são divididos em posições e subposições, atribuindo-se códigos numéricos a cada um dos desdobramentos citados. O código no SH é composto por seis algarismos. Os dois primeiros indicam o capítulo, o terceiro e o quarto a posição dentro do capítulo, o quinto a subposição simples ou de primeiro nível e o último, a subposição composta ou de segundo nível. São seis as Regras Gerais de Interpretação do SH. Há duas Regras Gerais Complementares no âmbito do Mercosul (Nomenclatura Comum do Mercosul).

Gabarito "E"

(Auditor Fiscal da Receita Federal – 2002.2 – ESAF) O contêiner encerrando em seu interior mercadorias despachadas para consumo de uma só espécie, natureza, tipo etc. (por exemplo, tecidos idênticos) por ocasião da conferência aduaneira 747

(A) classifica-se em posição específica da Nomenclatura Comum do Mercosul (NCM).

(B) segue a classificação fiscal da mercadoria nele contida.

(C) classifica-se de conformidade com a Regra 5-b, para a Interpretação do Sistema Harmonizado.

(D) não é objeto de classificação fiscal na Declaração de Importação para consumo das mercadorias despachadas.

(E) classifica-se à parte, porém, em regime isentivo do imposto de importação tendo em vista não pertencer ao consignatário das mercadorias.

Contêiner não é embalagem, razão por que não se aplica a Regra Geral para Interpretação do Sistema Harmonizado 5 b). O contêiner faz parte do próprio veículo transportador (unidade de carga), não se justificando, portanto, sua classificação fiscal na declaração de Importação. Ver, a propósito, art. 24 da Lei 9.611/1998.

Gabarito "D"

(Auditor Fiscal da Receita Federal – 2002.2 – ESAF) Aplicando-se a Regra Geral para Interpretação do Sistema Harmonizado nº 5 (cinco), é correto afirmar- se que a embalagem de utilização repetida, apresentada com os artigos nela contidos

(A) não segue a classificação das mercadorias, tendo em vista sua utilização repetida.

(B) segue a classificação das mercadorias tendo em vista ser embalagem de apresentação à autoridade fiscal.

(C) segue a classificação das mercadorias por ser de uso prolongado.

(D) não segue a classificação das mercadorias porque não confere às mesmas o seu caráter de essencialidade.
(E) não segue a classificação das mercadorias porque a ela se aplica o regime de trânsito aduaneiro.

A redação atual da Regra Geral de Interpretação do Sistema Harmonizado 5 b) dispõe que "as embalagens contendo mercadorias classificam-se com estas últimas quando sejam do tipo normalmente utilizado para o seu acondicionamento. Todavia, esta disposição não é obrigatória quando as embalagens sejam claramente suscetíveis de utilização repetida". Hoje, portanto, a alternativa "A" (considerada correta) já não seria precisa, pois o fato de "não ser obrigatória" determinada classificação, não a torna vedada. Assim, mesmo nos casos de utilização repetida, a embalagem pode seguir a classificação da mercadoria que contém. A questão deve ser resolvida a partir da aplicação da Regra Geral de Interpretação do Sistema Harmonizado 5 b) e da Regra Geral Complementar 2 (RGC-2). Podemos resumi-las da seguinte forma: regra – as embalagens contendo mercadorias classificam-se com estas últimas quando sejam do tipo normalmente utilizado para o seu acondicionamento [Regra 5 b) do SH]. Nos casos de embalagens contendo mercadorias e que sejam claramente suscetíveis de utilização repetida: i) seguem regime próprio de classificação sempre que estejam submetidas aos regimes aduaneiros especiais de admissão temporária ou de exportação temporária; ii) caso contrário (ou seja, importadas a título definitivo), seguirão o regime de classificação das mercadorias (RGC-2).

Gabarito "A"

(Auditor Fiscal da Receita Federal – 2002.2 – ESAF) Considerando que o Sistema Harmonizado de Designação e de Codificação de Mercadorias possui em sua estrutura 6 (seis) Regras Gerais Interpretativas, Notas de Seções e de Capítulos, uma Lista ordenada de posições e de subposições, apresentadas sistematicamente, compreendendo 21 Seções, 96 Capítulos e 1241 posições, subdivididas (exceto 311) em subposições, resultando num total de 5019 grupos de mercadorias, podemos afirmar que ele:

(A) abrange todo o universo de mercadorias, produtos e materiais existentes e por existir no Universo, inclusive a energia elétrica, omitindo mesmo as mercadorias dos Capítulos 77, 98 e 99, sendo assim um sistema racional e completo.
(B) abrange todo o universo de mercadorias, produtos e materiais atualmente existentes no Universo, omitindo todas as mercadorias do Capítulo 77, e por essa razão, é um sistema racional e incompleto.
(C) abrange todo o universo de mercadorias, produtos e materiais existentes inclusive a energia elétrica, e por essa razão é um sistema irracional e completo.
(D) abrange todo o universo de mercadorias, produtos e materiais atualmente existentes no Universo e por essa razão é um sistema racional e completo.
(E) por abranger os produtos de alta sofisticação e complexidade tecnológica, exigindo para sua identificação e codificação a aplicação de regras técnicas, lógicas e legais no processo mental para seu enquadramento no Sistema, empresta caráter subjetivo a essa atividade e, por essa razão, tal sistema é irracional e completo.

O Sistema Harmonizado compreende 21 seções, composta por 96 capítulos mais 3 a serem preenchidos. Isso porque o Capítulo 77 foi reservado para utilização futura no SH e os Capítulos 98 e 99 foram reservados para usos especiais pelos países signatários. Além dos capítulos, há as Notas de Seção, de Capítulo e de Subposição. Apesar dos termos absolutos utilizados (abrange todos os produtos e materiais existentes e por existir no Universo) sugerirem o contrário, a assertiva "A" está correta. É possível enquadrar no SH todo e qualquer produto, ainda que não tenha classificação específica. Note-se que o Sistema utiliza frequentemente a classificação "outros", justamente para permitir o enquadramento de mercadorias que não estejam especificamente descritas, por falha (omissão) ou por ainda não existirem. Nesse sentido, pode-se afirmar que o Sistema é racional e completo.

Gabarito "A"

(Auditor Fiscal da Receita Federal – 2002.1 – ESAF) Identifique, no código tarifário abaixo, os dígitos que indicam a sub-posição tarifária – 0703.90.01

(A) o primeiro e o segundo dígitos
(B) o segundo e o terceiro dígitos
(C) o terceiro e o quarto dígitos
(D) o quinto e o sexto dígitos
(E) o sétimo e o oitavo dígitos

O código no SH é composto por seis algarismos. Os dois primeiros indicam o capítulo, o terceiro e o quarto a posição dentro do capítulo, o quinto a subposição simples ou de primeiro nível e o sexto, a subposição composta ou de segundo nível. O SH permite que os países signatários criem desdobramentos. O Brasil adota a Nomenclatura Comum do Mercosul, que acrescenta mais dois dígitos: o sétimo, chamado de item, e o oitavo, subitem. Portanto, está correta a opção "D", pois a subposição é indicada pelo quinto e sexto dígitos.

Gabarito "D"

6. VALORAÇÃO ADUANEIRA

(Auditor Fiscal da Receita Federal – 2012 – ESAF) Sobre o Imposto de Importação, e sobre valoração aduaneira, é correto afirmar que:

(A) considera-se estrangeira, para fins de incidência do Imposto de Importação, toda mercadoria nacional ou nacionalizada exportada, que retorne ao País.
(B) o Imposto de Importação incide sobre mercadoria estrangeira que tenha sido objeto de pena de perdimento, exceto na hipótese em que não seja localizada, tenha sido consumida ou revendida.
(C) o fato gerador do Imposto de Importação é a entrada de mercadoria estrangeira no território nacional. Este é o conceito que a doutrina chama de elemento geográfico ou espacial do fato gerador. Para efeito de cálculo, entre outras situações, considera-se ocorrido o fato gerador do Imposto de Importação no dia do lançamento do correspondente crédito tributário, quando se tratar de bens compreendidos no conceito de bagagem, acompanhada ou desacompanhada.
(D) a base de cálculo do Imposto de Importação, quando a alíquota for específica, é o valor aduaneiro apurado segundo as normas do artigo VII do Acordo Geral sobre Tarifas Aduaneiras e Comércio (GATT 1994).
(E) o Acordo de Valoração Aduaneira estabelece seis métodos para o procedimento de valoração

aduaneira, cuja utilização deve ser sequencial, de modo que, na impossibilidade de se pautar pelos anteriores, deve ser adotado o método subsequente. São eles: 1 – método do valor de transação ajustado; 2 – método do valor de transação de produtos similares ao importado; 3 – método do valor de transação de produtos idênticos; 4 – método dedutivo; 5 – método computado; 6 – método dos critérios razoáveis ou método residual.

A: incorreta. Nem toda mercadoria nacional ou nacionalizada exportada que retorna ao país será considerada estrangeira para fins de imposto de importação. O art. 1º, § 1º, do Decr.-Lei 37/1966 (reproduzido no art. 70 do Regulamento Aduaneiro) estabelece como exceção a essa regra geral a mercadoria: I – enviada em consignação e não vendida no prazo autorizado; II – devolvida por motivo de defeito técnico, para reparo ou para substituição; III – por motivo de modificações na sistemática de importação por parte do país importador; IV – por motivo de guerra ou de calamidade pública; ou V – por outros fatores alheios à vontade do exportador. **B:** incorreta. O art. 1º, § 4º, III, do Dec.-Lei 37/1966 dispõe exatamente o contrário: o imposto de importação não incide sobre mercadoria estrangeira que tenha sido objeto de pena de perdimento, exceto na hipótese em que não seja localizada, tenha sido consumida ou revendida. **C:** correta. Ver art. 73 do RA. **D:** incorreta. De acordo com o art. 2º do Dec.-Lei 37/1966 (reproduzido no art. 75 do RA), a base de cálculo do imposto, quando a alíquota for específica, é a quantidade de mercadoria, expressa na unidade de medida indicada na tarifa. **E:** incorreta. O Acordo sobre Implementação do Artigo VII do Acordo Geral de Tarifas e Comércio (GATT), ou Acordo de Valoração Aduaneira (AVA) prevê seis métodos: 1º: valor da transação (art. 1); 2º: valor de transação de mercadorias idênticas (art. 2); 3º: valor de transação de mercadorias similares (art. 3); 4º: preço unitário pelo qual as mercadorias importadas ou as mercadorias idênticas ou similares importadas são vendidas no país de importação (método de revenda, art. 5); 5º: valor computado, que será a soma (a) dos custos dos materiais e da fabricação da mercadoria (b) com lucros e despesas gerais e (c) custos de todas as demais despesas necessárias para aplicar a opção de valoração escolhida pelo país – transporte até o porto, carregamento, seguro etc. (art. 6); e 6º: adoção de critérios razoáveis, condizentes com os princípios e disposições gerais deste Acordo e com o Artigo VII do GATT 1994, e com base em dados disponíveis no país de importação (art. 7). O art. 25 da IN/SRF 327/2003 estabelece como regra a aplicação dos métodos substitutivos na ordem sequencial prevista no AVA: quando o valor aduaneiro não puder ser determinado segundo as disposições do art. 1, deve-se passar sucessivamente aos artigos seguintes, até chegar ao primeiro que permita determinar tal valor. O art. 4 do AVA permite a inversão da ordem de aplicação dos métodos previstos nos arts. 5 (4º método) e 6 (5º método). A Instrução Normativa admite essa inversão apenas quando houver a aquiescência da autoridade aduaneira.

Gabarito "C"

(Auditor Fiscal da Receita Federal – 2010 – ESAF) A respeito do Acordo sobre Implementação do Artigo VII do Acordo Geral de Tarifas e Comércio (GATT), é correto afirmar que:

(A) o mesmo dispõe as regras para a definição do valor de mercadorias a serem exportadas e que servirá de base para a fixação dos preços de carregamento, frete e seguro.

(B) define regras para a determinação do valor de uma mercadoria para fins do cálculo de tarifas e quotas que incidam em sua importação ou do estabelecimento de direitos *antidumping* ou de medidas compensatórias.

(C) foi um acordo que se tornou inoperante quando da criação da Organização Mundial do Comércio em substituição ao Acordo Geral de Tarifas e Comércio (GATT) de 1947.

(D) foi um acordo provisório que estabeleceu os critérios operacionais para a implementação dos compromissos previstos no Código sobre Normas Técnicas firmado na Rodada de Tóquio, no âmbito do Acordo Geral de Tarifas e Comércio (GATT).

(E) é o principal instrumento no marco da Organização Mundial de Aduanas (OMA) voltado para a harmonização, entre os países signatários, dos controles e procedimentos administrativos envolvidos na verificação aduaneira referente à exportação e à importação de mercadorias.

A e **B:** incorretas. O Acordo sobre Implementação do Artigo VII do Acordo Geral de Tarifas e Comércio (GATT), ou Acordo de Valoração Aduaneira (AVA), dispõe sobre os métodos de definição do valor aduaneiro (base de cálculo do Imposto de Importação), e não sobre "valor de mercadorias a serem exportadas e que servirá de base para a fixação dos preços de carregamento, frete e seguro", ou sobre estabelecimento de direitos *antidumping* e medidas compensatórias. **C:** incorreta. O Acordo continua em vigor. **D:** incorreta. O Acordo não é provisório. **E:** incorreta. O Acordo foi firmado no âmbito da Organização Mundial do Comércio (OMC), e não da Organização Mundial de Aduanas (OMA). QUESTÃO ANULADA

(Auditor Fiscal da Receita Federal – 2010 – ESAF) Sobre a valoração aduaneira no Mercosul, é correto afirmar que:

(A) são observados os mesmos critérios estabelecidos no Acordo de Valoração Aduaneira firmado no marco da Organização Mundial do Comércio, com o que considera-se, como referência primária, o preço efetivamente pago ou a pagar pelos bens importados.

(B) dadas as diferenças, entre os países membros, quanto ao tratamento fiscal dispensado às mercadorias importadas de terceiros países, o Mercosul lhes faculta maior discricionariedade quanto à aplicação das regras de valoração aduaneira.

(C) o Código Aduaneiro ora vigente no Mercosul reporta-se às regras da Associação Latino-Americana de Integração para a determinação da origem de mercadorias importadas pelos seus países membros do bloco.

(D) não devem ser considerados, para efeitos do cálculo do valor aduaneiro, gastos relativos ao carregamento, descarregamento e manuseio associados ao transporte das mercadorias importadas até o porto ou local de importação.

(E) o Código Aduaneiro do Mercosul é o instrumento que, entre outras finalidades, objetiva harmonizar os critérios de determinação do valor aduaneiro de mercadorias, sendo sua aplicação compulsória para os países membros do bloco e facultativa aos países associados à área de livre comércio.

A: correta. De acordo com a Decisão CMC 17/1994, que aprova a Norma de Aplicação sobre Valoração Aduaneira das Mercadorias, "a base de cálculo dos direitos aduaneiros para a importação será o valor aduaneiro das mercadorias importadas, ingressadas a qualquer título no Território Aduaneiro do Mercosul, apurado segundo as normas do Acordo sobre a Implementação do Artigo VII do GATT". **B:** incorreta, pois o Mercosul tem por objetivo uniformizar as regras de valoração aduaneira, evitando a discricionariedade. **C:** o Código Aduaneiro do Mercosul foi aprovado apenas em 2 de agosto de 2010, cabendo aos Estados-partes, nos 6 meses seguintes, fazer consultas e gestões necessárias para a eficaz implementação do referido Código dentro de seus respectivos sistemas jurídicos (**MERCOSUL/CMC/DEC. nº 27/10**). Portanto, não estava em vigor na data da prova. **D:** incorreta. Conforme a Decisão CMC 17/1994, que aprova a Norma de Aplicação sobre Valoração Aduaneira das Mercadorias, "no valor aduaneiro serão incluídos os seguintes elementos: a) o custo de transporte das mercadorias importadas até o porto ou local de importação; b) os gastos relativos ao carregamento, descarregamento e manuseio, associados ao transporte das mercadorias importadas até o porto ou local de importação; e c) o custo de seguro. **E:** como visto, o Código não estava em vigor.

Gabarito "A"

(Técnico da Receita Federal – 2003– ESAF) Assinale a opção correta.

(A) No Brasil, o valor aduaneiro inclui as importâncias pagas pelo frete e pelo prêmio do seguro, sendo a base de cálculo do Imposto de Importação o valor CIF (Cost, Insurance and Freight).

(B) As mercadorias são admitidas em regime aduaneiro especial pelo valor declarado, podendo a autoridade aduaneira adotar os procedimentos para fins de valoração nas hipóteses de extinção do regime, exigindo os tributos com base na diferença de valor.

(C) O custo do transporte será incluído na determinação do valor aduaneiro, tomando-se por base os custos normalmente incorridos na modalidade de transporte utilizada, para o mesmo percurso, quando o transporte for gratuito ou executado pelo próprio importador.

(D) Os juros devidos em razão de contrato de financiamento não são considerados como parte do valor aduaneiro.

(E) O valor aduaneiro será apurado mediante a aplicação de método substitutivo ao valor de transação, quando não for possível a apuração do preço efetivamente praticado na importação, por fraude, sonegação ou conluio, se o importador conservar em perfeita ordem e apresentar à fiscalização os documentos relativos à transação comercial.

A: incorreta, nos termos do art. 77 do RA/2009; **B:** nos regimes aduaneiros especiais o pagamento dos tributos é exigido apenas em caso de descumprimento dos termos do regime. Nesse caso, o pagamento será integral (art. 311 do RA/2009), e não "com base na diferença de valor", como consta na assertiva "B"; **C:** correta. O RA/2009 estabelece que, na determinação do valor aduaneiro, inclui-se o custo de transporte da mercadoria importada até o porto ou o aeroporto alfandegado de descarga ou o ponto de fronteira alfandegado onde devam ser cumpridas as formalidades de entrada no território aduaneiro. A segunda parte da assertiva, que trata das hipóteses de transporte gratuito ou executado pelo próprio importador, reproduz o disposto no art. 4º, § 1º, da IN/SRF 327/2003; **D:** os juros devidos em razão de contrato de financiamento integram o valor aduaneiro, exceto nas hipóteses previstas no art. 80, I a III, do RA/2009; **E:** nos casos de fraude, a base de cálculo dos tributos será determinada mediante arbitramento do preço da mercadoria (art. 86 do RA/2009).

Gabarito "C"

(Técnico da Receita Federal – 2006 – ESAF) Atribua a letra (V) para as afirmativas verdadeiras e (F) para as falsas. Em seguida, marque a opção que contenha a sequência correta.

( ) Compete ao importador escolher o método de definição do valor aduaneiro aplicável à sua operação, entre os previstos no Acordo sobre Valoração Aduaneira da Organização Mundial do Comércio (OMC) e na legislação brasileira.

( ) Mesmo que a mercadoria a ser importada tenha seu valor comercial reduzido em função de dano ou acidente, não poderá haver redução no valor aduaneiro a ser definido para fins de cálculo dos tributos aplicáveis.

( ) O valor aduaneiro de bens importados deve ser o valor de transação, isto é, o preço de comercialização de bem idêntico no mercado interno.

( ) Caso não seja possível a determinação do valor aduaneiro do bem pelo seu valor de transação, a autoridade aduaneira está autorizada a, em seguida, definir o valor aduaneiro a partir do método da construção de preço.

(A) F, V, F, V
(B) V, F, V, F
(C) V, V, F, F
(D) F, F, V, F
(E) F, F, F, F

1ª: falsa. Os métodos de definição do valor aduaneiro estão previstos no Acordo sobre a Implementação do Artigo VII do Acordo Geral sobre Tarifas e Comércio - GATT 1994 – ou Acordo de Valoração Aduaneira (AVA), e foram expressamente adotados pelo art. 75 do RA/2009. Não há, portanto, discrepância entre os métodos previstos no AVA e na legislação brasileira, nem liberdade de escolha por parte do importador; **2ª:** falsa, pois o art. 89 do RA/2009 prevê a redução proporcional no caso de prejuízo decorrente de dano casual ou de acidente; **3ª:** falsa. O valor de transação corresponde ao preço efetivamente pago ou a pagar pelas mercadorias, em uma venda para exportação para o país de importação (art. 1.1 do AVA). Portanto, como se infere do próprio nome, é o valor da transação (preço pago ou a pagar pela mercadoria importada), e não o preço de bem idêntico no mercado interno; **4ª:** falsa. Se o valor aduaneiro das mercadorias importadas não puder ser determinado segundo as disposições do Artigo 1, será ele o valor de transação de mercadorias idênticas vendidas para exportação para o mesmo país de importação e exportadas ao mesmo tempo que as mercadorias objeto de valoração, ou em tempo aproximado (art. 2.1, "a", do AVA).

Gabarito "E"

(Auditor Fiscal da Receita Federal – 2005 – ESAF) Assinale a opção correta.

(A) Não integram o valor aduaneiro do bem os gastos relativos a carga, descarga e manuseio, associados ao transporte da mercadoria importada até o ponto onde devam ser cumpridas as formalidades de entrada no território aduaneiro.

(B) Caso não seja possível a determinação do valor aduaneiro pelo método do valor de transação, a autoridade aduaneira está autorizada a, em seguida, definir o valor aduaneiro do bem tendo como parâmetro o preço do produto similar no mercado doméstico.

(C) A autoridade aduaneira no Brasil deve respeitar a sequência de métodos de valoração aduaneira prevista no Acordo sobre Valoração Aduaneira da OMC. Contudo, caso haja a aquiescência da autoridade aduaneira, o importador pode optar pela aplicação do método do valor computado antes do método dedutivo.

(D) Não integra o valor aduaneiro da mercadoria o custo de transporte do bem importado até o porto ou o aeroporto alfandegado de descarga ou o ponto de fronteira alfandegado onde devam ser cumpridas as formalidades de entrada no território aduaneiro.

(E) O Acordo sobre Valoração Aduaneira da OMC é um dos chamados acordos plurilaterais da Organização, ou seja, vincula apenas os países que desejarem aderir ao Acordo, situação na qual se enquadra o Brasil.

A e **D:** incorretas, nos termos do art. 77, I, do RA/2009; **B:** se o valor aduaneiro das mercadorias importadas não puder ser determinado pelo valor de transação (preço pago ou a pagar pela mercadoria importada), será ele o valor de transação de mercadorias idênticas (e não similares) vendidas para exportação para o mesmo país de importação e exportadas ao mesmo tempo que as mercadorias objeto de valoração, ou em tempo aproximado (art. 2.1, "a", do AVA); **C:** correta. O art. 25 da IN/SRF 327/2003 estabelece como regra a aplicação dos métodos substitutivos na ordem sequencial prevista no AVA: quando o valor aduaneiro não puder ser determinado segundo as disposições do artigo 1, deve-se passar sucessivamente aos artigos seguintes, até chegar ao primeiro que permita determinar tal valor. O artigo 4 do AVA permite a inversão da ordem de aplicação dos métodos previstos nos artigos 5 (4º método) e 6 (5º método). A IN admite essa inversão apenas quando houver a aquiescência da autoridade aduaneira; **E:** o AVA consiste em acordo multilateral (ver Decreto 1.355/1994) e vincula todos os membros da OMC.

Gabarito "C".

(Auditor Fiscal da Receita Federal – 2002.2 – ESAF) Conforme estabelecido no Acordo de Valoração Aduaneira existem 6 (seis) métodos de Valoração Aduaneira nele descritos articuladamente, para as mercadorias importadas que devem ser aplicados

(A) sucessiva e sequencialmente até chegar ao primeiro na sequência que permita determinar tal valor independentemente de o importador solicitar a inversão da ordem dos 4º e 5º métodos.

(B) em sua totalidade, elegendo a autoridade fiscal aquele cujo valor aduaneiro se revele mais elevado tendo em vista a função protecionista do imposto de importação.

(C) sucessivamente, porém, não pela ordem, iniciando-se por quaisquer deles, até chegar ao primeiro que permita determinar tal valor, tendo em vista o poder discricionário da autoridade fiscal.

(D) sucessiva e sequencialmente, até chegar ao terceiro método, e assim prosseguir com os seguintes, salvo se o importador solicitar a inversão da ordem dos métodos 4º e 5º, independentemente da viabilidade da aplicação do 5º método.

(E) sucessiva e sequencialmente, até chegar ao terceiro método, e assim prosseguir com os seguintes, salvo se o importador solicitar a inversão da ordem dos métodos quarto e quinto, desde que seja possível a aplicação do quinto método na sequência solicitada.

O art. 25 da IN/SRF 327/2003 estabelece como regra a aplicação dos métodos substitutivos na ordem sequencial prevista no AVA: quando o valor aduaneiro não puder ser determinado segundo as disposições do artigo 1, deve-se passar sucessivamente aos artigos seguintes, até chegar ao primeiro que permita determinar tal valor. O artigo 4 do AVA permite a inversão da ordem de aplicação dos métodos previstos nos artigos 5 (4º método) e 6 (5º método). A IN admite essa inversão apenas quando houver a aquiescência da autoridade aduaneira.

Gabarito "E".

(Auditor Fiscal da Receita Federal – 2002.2 – ESAF) O tratamento fiscal aplicável na valoração aduaneira das mercadorias objeto de *dumping*

(A) assemelhando-se a uma importação de mercadorias a um preço inferior aos preços correntes de mercado para mercadorias idênticas, é o da rejeição pelo Fisco do valor declarado.

(B) é o mesmo reservado às mercadorias importadas a um preço inferior aos preços correntes de mercado para mercadorias idênticas, ou seja, o valor declarado deve ser admitido pelo Fisco, sem prejuízo de seu direito à confirmação do valor de transação.

(C) consiste em acrescer ao valor de transação a parcela correspondente à margem de *dumping* necessária a tornar o valor de transação igual ao do preço corrente de mercado para mercadorias idênticas.

(D) é o mesmo reservado às mercadorias objeto de subfaturamento, ou seja, a diferença entre o preço corrente de mercado para mercadorias idênticas e o valor de transação deverá ser tributado à alíquota fixada na Tarifa Externa Comum, com aplicação das multas fiscais e administrativas previstas nos artigos 524 e 526, III do Regulamento Aduaneiro.

(E) visto tratar-se o *dumping* de uma prática desleal no comércio exterior, consiste na rejeição do valor declarado, selecionando-se a mercadoria para o canal cinza de conferência aduaneira e aplicando-se à mercadoria um valor baseado no preço das mercadorias vendidas para exportação para um terceiro país.

A, **B** e **D:** o valor aduaneiro corresponde, em regra, ao valor da transação (preço pago ou a pagar pela mercadoria importada). Correta, portanto, a opção "B", pois, se o valor declarado corresponder ao valor da transação, deve ser admitido pelo Fisco; **C** e **E:** nos termos do art. 785, parágrafo único, do RA/2009, os direitos *antidumping* e os direitos compensatórios serão cobrados independentemente de quaisquer obrigações de natureza tributária relativas à importação dos produtos afetados (ver art. 1º da Lei 9.019/1995). As medidas de defesa (*antidumping*) não têm relação com a majoração do tributo.

Gabarito "B".

(Auditor Fiscal da Receita Federal – 2002.1 – ESAF) O Acordo sobre a Implementação do Artigo VII do Acordo Geral sobre Tarifas e Comércio-1994 prevê Métodos Valorativos, a serem aplicados sequencialmente, isto é, se o problema valorativo não se equacionar pelo Método Primeiro aplicar-se-á o Método Segundo, e assim sucessivamente. Estão previstos:

(A) Dois métodos
(B) Três métodos
(C) Quatro métodos
(D) Cinco métodos
(E) Seis métodos

O AVA prevê seis métodos: **1º**: valor da transação (artigo 1); **2º**: valor de transação de mercadorias idênticas (artigo 2); **3º**: valor de transação de mercadorias similares (artigo 3); **4º**: preço unitário pelo qual as mercadorias importadas ou as mercadorias idênticas ou similares importadas são vendidas no país de importação (método de revenda, artigo 5); **5º**: valor computado, que será a soma (a) dos custos dos materiais e da fabricação da mercadoria (b) com lucros e despesas gerais e (c) custos de todas as demais despesas necessárias para aplicar a opção de valoração escolhida pelo país – transporte até o porto, carregamento, seguro etc. (artigo 6); e **6º**: adoção de critérios razoáveis, condizentes com os princípios e disposições gerais deste Acordo e com o Artigo VII do GATT 1994, e com base em dados disponíveis no país de importação (artigo 7).

Gabarito "E".

7. CONTROLE ADMINISTRATIVO

(Analista-Tributário da Receita Federal – 2012 – ESAF) Sobre o Sistema Integrado de Comércio Exterior – SISCOMEX, e o Sistema Integrado de Comércio Exterior de Serviços, Intangíveis e outras Operações que Produzam Variações no Patrimônio – SISCOSERV, analise os itens a seguir, classificando-os como verdadeiros (V) ou falsos (F). Em seguida, escolha a opção adequada às suas respostas.

I. O art. 25 da Lei n. 12.546, de 14 de dezembro de 2011, instituiu a obrigação de prestação de informações para fins econômico-comerciais ao Ministério do Desenvolvimento, Indústria e Comércio Exterior relativas às transações entre residentes ou domiciliados no País e residentes ou domiciliados no exterior que compreendam serviços, intangíveis e outras operações que produzam variações no patrimônio das pessoas físicas, das pessoas jurídicas ou dos entes despersonalizados.

II. A prestação das informações de que trata o *caput* do art. 25 da Lei n. 12.546, de 14 de dezembro de 2011, também compreende as operações de compra e venda efetuadas exclusivamente com mercadorias e será efetuada por meio de sistema eletrônico a ser disponibilizado na rede mundial de computadores.

III. O SISCOMEX é o instrumento administrativo que integra as atividades de registro, acompanhamento e controle das operações de comércio exterior, mediante fluxo único, computadorizado, de informações.

IV. No Brasil, em regra, o despacho aduaneiro é processado no SISCOMEX.

(A) Estão corretos somente os itens I e III.
(B) Estão corretos somente os itens I, II e III.
(C) Estão corretos somente os itens I, III e IV.
(D) Estão corretos somente os itens II e IV.
(E) Todos os itens estão corretos.

I: correta, nos termos do próprio art. 25 da Lei 12.546/2011. **II:** incorreta. De acordo com o inc. II do § 1º do art. 25 da Lei 12.546/2011, a prestação de informações não compreende as operações de compra e venda efetuadas exclusivamente com mercadorias. **III:** correta, conforme disposto no art. 2º do Dec. 660/1992. **IV:** correta. Vide art. 1º da IN/SRF 680/2006.

Gabarito "C".

(Analista-Tributário da Receita Federal – 2012 – ESAF) Analise os itens a seguir, classificando-os como verdadeiros (V) ou falsos (F). Em seguida, escolha a opção adequada às suas respostas.

I. O art. 23 do Decreto-Lei n. 1.455, de 7 de abril de 1976, dispõe sobre infrações consideradas dano ao Erário. De acordo com tal dispositivo, o dano ao erário decorrente das infrações previstas no *caput* do artigo será punido com a pena de perdimento das mercadorias. O aludido artigo também reza que as infrações previstas em seu *caput* serão punidas com multa equivalente ao valor aduaneiro da mercadoria, na importação, ou ao preço constante da respectiva nota fiscal ou documento equivalente, na exportação, quando a mercadoria não for localizada, ou tiver sido consumida ou revendida, observados o rito e as competências estabelecidos no Decreto n. 70.235, de 6 de março de 1972.

II. Na hipótese de decisão administrativa ou judicial que determine a restituição de mercadorias que houverem sido destinadas, será devida indenização ao interessado, com recursos do Fundaf, tendo por base o valor declarado para efeito de cálculo do imposto de importação ou de exportação. Porém, tomar-se-á como base o valor constante do procedimento fiscal correspondente nos casos determinados na legislação.

III. A denúncia espontânea exclui a aplicação de penalidades de natureza tributária ou administrativa, com exceção das penalidades aplicáveis na hipótese de mercadoria sujeita à pena de perdimento.

IV. Aplicam-se às atividades de exploração, avaliação, desenvolvimento e produção de que trata a Lei n. 12.351, de 22 de dezembro de 2010, os regimes aduaneiros especiais e os incentivos fiscais aplicáveis à indústria de petróleo no Brasil.

(A) Estão corretos somente os itens I e III.
(B) Estão corretos somente os itens I, II e III.
(C) Estão corretos somente os itens I e II.
(D) Estão corretos somente os itens III e IV.
(E) Todos os itens estão corretos.

I: correta, conforme disposto nos §§ 1º e 3º do art. 23 do Dec.-Lei 1.455/1976. **II:** correta, nos termos do art. 30, *caput* e § 1º, do Dec.-Lei 1.455/1976. **III:** correta, conforme disposto no § 2º do art. 102 do Dec.-Lei 37/1966, com a redação dada pela Lei 12.350/2010. **IV:** correta, conforme disposto no art. 61 da Lei 12.351, de 2010.

Gabarito "E"

(Analista-Tributário da Receita Federal – 2012 – ESAF) Analise os itens a seguir, classificando-os como verdadeiros (V) ou falsos (F). Em seguida, escolha a opção adequada às suas respostas.

I. Compete ao Ministro de Estado da Fazenda autorizar a destinação de mercadorias abandonadas, entregues à Fazenda Nacional ou objeto de pena de perdimento.
II. A destinação das mercadorias a que se refere o art. 28 do Decreto-Lei n. 1.455, de 7 de abril de 1976, será feita das seguintes formas: alienação; incorporação ao patrimônio de órgão da Administração Pública; destruição; ou inutilização.
III. O produto da alienação de que trata a alínea a do inciso I do *caput* do art. 28 do Decreto-Lei n. 1.455, de 7 de abril de 1976, terá a seguinte destinação: sessenta por cento ao Fundo Especial de Desenvolvimento e Aperfeiçoamento das Atividades de Fiscalização (Fundaf), instituído pelo Decreto-Lei n. 1.437, de 17 de dezembro de 1975; e quarenta por cento à seguridade social.
IV. Compete ao Presidente da República dispor sobre outras formas de destinação de mercadorias.

(A) Estão corretos somente os itens I e III.
(B) Estão corretos somente os itens I, II e III.
(C) Estão corretos somente os itens I e II.
(D) Estão corretos somente os itens III e IV.
(E) Todos os itens estão corretos.

I: correta, conforme disposto no art. 28 do Dec.-Lei 1.455/1976. **II:** correta, conforme disposto no art. 29, I a IV, do Dec.-Lei 1.455/1976. **III:** incorreta. O dispositivo que trata da alienação é a alínea a do inc. I do *caput* do art. 29, e não do art. 28, como constou na questão. No entanto, a distribuição do produto da arrecadação está correta (art. 29, § 5°, I, do Dec.-Lei 1.455/1976). **IV:** incorreta. De acordo com o § 10 do art. 29 do Dec.-Lei 1.455/1976, "compete ao Ministro de Estado da Fazenda estabelecer os critérios e as condições para cumprimento do disposto neste artigo e dispor sobre outras formas de destinação de mercadorias".

Gabarito "C"

(Auditor Fiscal da Receita Federal – 2002.2 – ESAF) As peças sobressalentes que acompanham as máquinas e/ou equipamentos importados sujeitam-se ao tratamento fiscal e administrativo (dados da importação informados no SISCOMEX) a seguir descrito:

(A) são licenciadas separadamente da licença referente às máquinas e/ou equipamentos, sendo classificadas na NCM separadamente, quando com elas despachadas.
(B) são licenciadas conjuntamente com as máquinas e/ou equipamentos, independentemente do valor das mesmas porém classificam- se na posição das máquinas e/ou equipamentos quando o seu peso não ultrapassar 5% (cinco por cento) do peso total da mercadoria licenciada.
(C) desde que detalhadamente descritas e seu valor não ultrapasse 5% (cinco por cento) do valor da máquina e/ou equipamento, podem figurar na mesma licença de importação e no mesmo código da NCM.
(D) sendo detalhadamente descritas, podem figurar na mesma licença de importação das máquinas e/ou equipamentos e no mesmo código da NCM, desde que seu valor, seja qual for, esteja previsto na documentação relativa à importação (fatura, contrato etc.).
(E) é dispensada a descrição detalhada das peças sobressalentes, desde que elas figurem na mesma licença de importação e no mesmo despacho aduaneiro das máquinas e/ou equipamentos, com o mesmo código de Nomenclatura Comum do MERCOSUL- NCM, desde que seu valor não ultrapasse 10% (dez por cento) do valor da máquina e/ou equipamento e esteja previsto na documentação relativa à importação (contrato, fatura, projeto etc.).

Nos termos do art. 11, § 2º, da Portaria Secex 36/2007, é dispensada a descrição detalhada das peças sobressalentes que acompanham as máquinas e/ou equipamentos importados, desde que observadas as seguintes condições: I – as peças sobressalentes devem figurar na mesma licença de importação que cobre a trazida das máquinas e/ ou equipamentos, inclusive com o mesmo código da Nomenclatura Comum do Mercosul (NCM), não podendo seu valor ultrapassar 10% (dez por cento) do valor da máquina e/ou do equipamento; II – o valor das peças sobressalentes deve estar previsto na documentação relativa à importação (contrato, projeto, fatura, e outros).

Gabarito "E"

(Auditor Fiscal da Receita Federal – 2003 – ESAF) A Secex mantém um Cadastro de Exportadores e Importadores, do qual é parte o REI – Registro de Exportadores e Importadores. A regra geral é que todas as exportações e importações somente podem ser efetuadas por pessoas e empresas inscritas no REI. São exceções:

(A) As exportações efetuadas pela via postal, com ou sem cobertura cambial, realizadas por pessoas físicas ou jurídicas, até o limite de US$10,000.00 ou o equivalente em outra moeda, exceto donativos.
(B) As operações de exportação, com cobertura cambial e para embarque imediato para o exterior, até o limite de US$10,000.00, conceituadas como "Operação Normal – código 80.00" na Tabela de Enquadramento da Operação, não sujeitas ao Imposto de Exportação ou a contingenciamento, nem vinculadas ao Regime Automotivo.
(C) As exportações e importações de mercadorias e bens destinados a feiras, exposições e eventos semelhantes, promovidas por instituições governamentais.

(D) Os representantes de órgãos da administração pública direta, autarquia e fundação pública, organismo internacional ou outra instituição extraterritorial.

(E) As importações objeto de Despacho Simplificado de Importação (DSI) e Licença de Importação (LI) automática, sem cobertura cambial, e as exportações objeto de Despacho Simplificado de Exportação (DSE) e Registro de Exportação Simplificado (RES), até o valor de US$3,000.00 ou o equivalente em outra moeda.

A assertiva "A" estava correta, à época da prova. Hoje, a Portaria Secex 36/2007 (art. 148, § 6º) prevê a dispensa da inscrição do exportador no REI nos casos de exportações via remessa postal, com ou sem cobertura cambial, exceto donativos, realizadas por pessoa física ou jurídica até o limite de US$ 20.000,00 (vinte mil dólares dos Estados Unidos da América) ou o equivalente em outra moeda, exceto quando se tratar de: I – produto com exportação proibida ou suspensa; II – produto sujeito a Registro de Venda (RV); III – exportação com margem não sacada de câmbio; IV – exportação vinculada a regimes aduaneiros especiais e atípicos; V – exportação vinculada ao Programa Especial de Exportação – Befiex; e VI – exportação sujeita a Registro de Operações de Crédito (RC).

Gabarito "A".

(Auditor Fiscal da Receita Federal – 2003 – ESAF) A saída temporária de mercadorias da Zona Franca de Manaus, das Áreas de Livre Comércio e da Amazônia Ocidental e sua readmissão serão feitas com base em:

(A) Declaração de Saída Temporária (DST)

(B) Declaração Simplificada de Internação (DSI)

(C) Demonstrativo do Coeficiente de Redução (DCR)

(D) Declaração para Controle de Internação (DCI)

(E) Declaração de Internação Temporária (DIT)

Assertiva correta, nos termos do art. 1º da IN/SRF 300/2003.

Gabarito "A".

(Auditor Fiscal da Receita Federal – 2003 – ESAF) Assinale a opção correta.

(A) O licenciamento não automático, quando exigível, deve ser providenciado, em regra, anteriormente ao embarque da mercadoria no exterior. Em determinadas hipóteses, pode ser providenciado após o embarque e anteriormente ao despacho aduaneiro.

(B) Todas as mercadorias importadas estão sujeitas a licenciamento, que ocorre, por meio do Siscomex, de forma automática ou não automática, o que significa que a mercadoria está com a importação proibida ou suspensa, ou depende da manifestação de órgão anuente.

(C) As mercadorias importadas sem licença de importação ficam sujeitas à pena de perdimento, que poderá ser aplicada cumulativamente com a multa por infração ao controle administrativo das importações.

(D) O licenciamento das importações deve ser requerido antes do embarque da mercadoria, nas hipóteses de licenciamento automático, ou até o início do exame documental, nas hipóteses de licenciamento não automático.

(E) Exige-se o licenciamento não automático para as mercadorias sujeitas ao regime comum de importação e o licenciamento automático para as sujeitas aos regimes aduaneiros especiais, suspensivos ou isentivos.

A e **D**: nas importações sujeitas aos licenciamentos automático e não automático, o importador deverá prestar, no Siscomex, as informações a que se refere o Anexo II da Portaria Interministerial MF/Mict 291/1996, previamente ao embarque da mercadoria no exterior. Nas situações indicadas no art. 10, § 1º, da Portaria Secex 36/2007, o licenciamento poderá ser efetuado após o embarque da mercadoria no exterior, mas anteriormente ao despacho aduaneiro; **B**: incorreta. O sistema administrativo das importações brasileiras compreende as seguintes modalidades: I – importações dispensadas de licenciamento; II – importações sujeitas a licenciamento automático; e III – importações sujeitas a licenciamento não automático. Como regra, as importações brasileiras estão dispensadas de licenciamento, devendo os importadores tão somente providenciar o registro da Declaração de Importação (DI) no Siscomex, com o objetivo de dar início aos procedimentos de Despacho Aduaneiro junto à unidade local da Receita Federal do Brasil (RFB); **C**: incorreta, pois aplica-se a pena de multa de 30%, nos termos do art. 706, I, "a", do RA/2009; **E**: não existe a distinção feita pela assertiva. Para algumas mercadorias ou operações especiais, o licenciamento pode ser automático ou não automático e previamente ao embarque da mercadoria no exterior. Os produtos sujeitos a licenciamento são listados apenas no SISCOMEX. As operações constam da Portaria SECEX. Atualmente, as operações de *drawback* são as únicas sujeitas a licenciamento automático e são conduzidas previamente ao despacho aduaneiro de importação.

Gabarito "A".

(Auditor Fiscal da Receita Federal – 2002.2 – ESAF) O licenciamento não automático previamente ao embarque das mercadorias no exterior é exigível para as importações

(A) sujeitas à obtenção de cota tarifária amparadas em acordos bilaterais no âmbito da União Europeia, excluídas aquelas sujeitas à cota não tarifária.

(B) objeto de arrendamento operacional simples e as sujeitas a exame de similaridade.

(C) a serem submetidas ao regime aduaneiro especial de entreposto aduaneiro na modalidade de não vinculado.

(D) objeto de medidas compensatórias em decorrência de subsídios concedidos por governos estrangeiros.

(E) objeto de obrigatoriedade de transporte em navio ou aeronave de bandeira brasileira.

À época, as operações de arrendamento operacional simples estavam sujeitas a licenciamento não automático, nos termos da já revogada Portaria Secex 21/1996 c/c Comunicado Decex 2/1997. Hoje, nos termos do art. 9º da Portaria Secex 36/2007, estão sujeitas a licenciamento não automático as importações: I – de produtos relacionados no Tratamento Administrativo do Siscomex e também disponíveis no endereço eletrônico do Mdic para simples consulta; II – efetuadas nas seguintes situações (operações): a) sujeitas à obtenção de cotas tarifária e não tarifária; b) ao amparo dos benefícios da Zona Franca de Manaus e das Áreas de Livre Comércio; c) sujeitas à anuência do Conselho Nacional de Desenvolvimento Científico e Tecnológico (CNPq); d) sujeitas ao exame de similaridade; e) de material usado, salvo a exceção estabelecida no §2º do art. 35 desta Portaria; f) originárias de países com restrições constantes de Resoluções da ONU; g) substituição de mercadoria, nos termos da Portaria MF n.º 150, de 26 de julho de 1982; e, h) sujeitas a medidas de defesa comercial. Destaque-se que a já mencionada Portaria Secex 36/2007 dispensa de licenciamento o arrendamento mercantil (*leasing*), arrendamento simples, aluguel ou afretamento (art. 7º, parágrafo único, XI).

Gabarito "B"

(Auditor Fiscal da Receita Federal – 2002.1 – ESAF) Por licenciamento entende-se o regime administrativo que faz valer a necessidade de uma licença como condição para importar mercadorias. Pode ser automático e não automático. Em face do enunciado, assinale a opção correta.

(A) O licenciamento não automático implica na proibição da importação.
(B) O licenciamento não automático prescinde de exame por parte da autoridade administrativa.
(C) O licenciamento automático dá-se através da emissão de uma Guia de Importação.
(D) O licenciamento não automático condiciona a importação ao exame de certos requisitos e condições elencados na norma administrativa.
(E) O licenciamento automático precede o licenciamento não automático.

O sistema administrativo das importações brasileiras compreende as seguintes modalidades: I – importações dispensadas de licenciamento; II – importações sujeitas a licenciamento automático; e III – importações sujeitas a licenciamento não automático. Nas importações sujeitas aos licenciamentos automático e não automático, o importador deverá prestar, no Siscomex, as informações a que se refere o Anexo II da Portaria Interministerial MF/Mict 291/1996, previamente ao embarque da mercadoria no exterior. Nas situações indicadas no art. 10, § 1º, da Portaria Secex 36/2007, o licenciamento poderá ser efetuado após o embarque da mercadoria no exterior, mas anteriormente ao despacho aduaneiro. **A** e **D**: no licenciamento não automático verifica-se o cumprimento de requisitos previstos em normas legais e infralegais para que seja autorizada a importação; **B**: ao contrário, o importador solicita o licenciamento, que deverá ser analisado em até 60 dias corridos (art. 17 da Portaria Secex 36/2007); **C**: ambos os licenciamentos terão validade de 60 (sessenta) dias para fins de embarque da mercadoria no exterior, exceto os casos previstos nos §§ 1º e 2º do art. 10 da referida Portaria; **E**: as duas modalidades não são sucessivas, mas excludentes: ou se aplica o licenciamento automático ou o não automático.

Gabarito "D"

(Auditor Fiscal da Receita Federal – 2002.2 – ESAF) Para fins e efeitos tributários, de controle administrativo e licenciamento não automático das importações, o embarque da mercadoria a ser importada considera-se ocorrido na data da

(A) assinatura do contrato de câmbio.
(B) colocação da mercadoria a bordo do veículo transportador (navio, aeronave ou veículo terrestre), informada pelo transitário.
(C) entrega da mercadoria no porto, aeroporto ou ponto de fronteira do país de exportação, informada pelo depositário.
(D) expedição do conhecimento internacional de embarque, informada pelo emitente.
(E) expedição do manifesto internacional de carga do veículo transportador comprobatório da carga a ser transportada.

Nos termos do art. 5º da Lei 6.562/1978 e do art. 708 do RA/2009, para efeitos tributários, o embarque da mercadoria a ser importada ou exportada considera-se ocorrido na data da emissão do conhecimento de carga.

Gabarito "D"

8. DESPACHO E DESEMBARAÇO ADUANEIRO

(Auditor Fiscal da Receita Federal – 2012 – ESAF) No que concerne à Jurisdição Aduaneira, é incorreto afirmar que:

(A) o recolhimento da multa de que trata o *caput* do art. 38 da Lei n. 12.350, de 20 de dezembro de 2010, não garante o direito à operação regular do local ou recinto alfandegado nem prejudica a aplicação das sanções estabelecidas no art. 37 da referida Lei e de outras penalidades cabíveis ou a representação fiscal para fins penais, quando for o caso.
(B) a Jurisdição dos serviços aduaneiros estende-se às Áreas de Controle Integrado criadas em regiões limítrofes dos países integrantes do MERCOSUL com o Brasil.
(C) poderão ser demarcadas, na orla marítima e na faixa de fronteira, Zonas de Vigilância Aduaneira.
(D) os portos secos não poderão ser instalados na zona primária de portos e aeroportos alfandegados.
(E) para efeito de controle aduaneiro, segundo a Lei n. 11.508, de 20 de julho de 2007, as Zonas de Processamento de Exportação constituem zona secundária.

A: correta, conforme disposto no parágrafo único do art. 38 da Lei 12.350/2010. **B:** correta, conforme disposto no art. 3º, § 5º, do Regulamento Aduaneiro. **C:** correta, conforme disposto no art. 4º, *caput*, do RA. **D:** correta, conforme disposto no art. 11, § 1º, do RA. **E:** incorreta. O parágrafo único do art. 1º da Lei 11.508/2007, dispõe que as ZPE são consideradas zonas primárias para efeito de controle aduaneiro.

Gabarito "E"

(Auditor Fiscal da Receita Federal – 2012 – ESAF) Sobre mercadorias avariadas e extraviadas; alfandegamento; e sobre infrações e penalidades dispostas na legislação aduaneira, é correto afirmar:

(A) considerar-se-á, para efeitos fiscais, dano ou avaria qualquer prejuízo que sofrer a mercadoria ou seu envoltório; e extravio toda e qualquer falta de mercadoria, ressalvados os casos de erro inequívoco ou comprovado de expedição.
(B) os créditos relativos aos tributos e direitos correspondentes às mercadorias extraviadas na importação serão exigidos do responsável mediante lançamento por declaração. Porém, fica dispensado o referido lançamento na hipótese

de o importador ou de o responsável assumir espontaneamente o pagamento dos tributos.

(C) salvo disposição expressa em contrário, a responsabilidade por infração depende da intenção do agente ou do responsável e da efetividade, natureza e extensão dos efeitos do ato.

(D) compete à Secretaria da Receita Federal do Brasil definir os requisitos técnicos e operacionais para o alfandegamento dos locais e recintos onde ocorram, sob controle aduaneiro, movimentação, armazenagem e despacho aduaneiro de mercadorias procedentes do exterior, ou a ele destinadas, com exceção daquelas sob regime aduaneiro especial, bagagem de viajantes procedentes do exterior, ou a ele destinados, e remessas postais internacionais.

(E) a pessoa jurídica de que tratam os arts. 35 e 36 da Lei n. 12.350, de 20 de dezembro de 2010, responsável pela administração de local ou recinto alfandegado, fica sujeita, observados a forma, o rito e as competências estabelecidos no art. 76 da Lei n. 10.833, de 29 de dezembro de 2003, à aplicação direta da sanção de suspensão das atividades de movimentação, armazenagem e despacho aduaneiro de mercadorias sob controle aduaneiro, referidas no *caput* do art. 34 da Lei n. 12.350, de 20 de dezembro de 2010.

A: correta, conforme disposto no art. 60 do Dec.-Lei 37/1966, e no art. 649 do Regulamento Aduaneiro. **B:** incorreta. De acordo com o art. 60, § 1º, do Dec.-Lei 37/1966, os créditos relativos aos tributos e direitos correspondentes às mercadorias extraviadas na importação serão exigidos do responsável mediante lançamento de ofício. O § 3º do mesmo dispositivo legal dispensa o lançamento de ofício na hipótese de o importador ou o responsável assumir espontaneamente o pagamento dos tributos. **C:** incorreta. O art. 94, § 2º, do Dec.-Lei 37/1966 dispõe que "salvo disposição expressa em contrário, a responsabilidade por infração *independe* da intenção do agente ou do responsável e da efetividade, natureza e extensão dos efeitos do ato". Note-se que há dispositivo semelhante no Código Tributário Nacional (art. 136). **D:** incorreta. De acordo com os arts. 9º e 10 do Regulamento Aduaneiro, essa competência da Secretaria da Receita Federal do Brasil abrange mercadorias procedentes do exterior ou a ele destinadas, inclusive sob regime aduaneiro especial, bagagem de viajantes procedentes do exterior, ou a ele destinados, e remessas postais internacionais. **E:** incorreta. De acordo com o disposto no art. 37, II, da Lei 12.350/2010, a sanção de suspensão das atividades de movimentação, armazenagem e despacho aduaneiro de mercadorias sob controle aduaneiro, deverá ser aplicada apenas na hipótese de reincidência em conduta já punida com advertência, até a constatação pela autoridade aduaneira do cumprimento do requisito ou da obrigação estabelecida.

Gabarito "A".

(Analista-Tributário da Receita Federal – 2012 – ESAF) Avalie os itens a seguir e assinale a opção correta.

I. O desembaraço aduaneiro de produto de procedência estrangeira é fato gerador do Imposto sobre Produtos Industrializados, considerando-se ocorrido o referido desembaraço quando a mercadoria consta como tendo sido importada e o extravio ou avaria venham a ser apurados pela autoridade fiscal, inclusive na hipótese de mercadoria sob regime suspensivo de tributação.

II. Considera-se ocorrido o fato gerador do Imposto sobre Produtos Industrializados na saída de armazém geral ou outro depositário do estabelecimento industrial ou equiparado a industrial depositante, quanto aos produtos entregues diretamente a outro estabelecimento.

III. Considera-se ocorrido o fato gerador do Imposto sobre Produtos Industrializados na saída do estabelecimento industrial diretamente para estabelecimento da mesma firma ou de terceiro, por ordem do encomendante, quanto aos produtos mandados industrializar por encomenda.

(A) Somente o item I está correto.

(B) O item I e o item II estão corretos.

(C) Os itens I, II e III estão corretos.

(D) Os itens II e III estão corretos.

(E) Os itens I e III estão corretos.

I: correta, conforme disposto no art. 2º, I e § 3º, da Lei 4.502/1964, e no art. 238 do RA. **II:** correta, conforme disposto nos arts. 2º e 5º, I, *a*, da Lei 4.502/1964, e no art. 36, II, do RIPI (Decreto 7.212/2010). **III:** correta, conforme disposto nos arts. 2º e 5º, I, *c*, da Lei 4.502/1964, e no art. 36, IV, do RIPI.

Gabarito "C".

(Analista-Tributário da Receita Federal – 2012 – ESAF) Sobre território aduaneiro, portos, aeroportos e pontos de fronteira alfandegados, recintos alfandegados, e administração aduaneira, é incorreto afirmar que:

(A) o território aduaneiro compreende todo o território nacional.

(B) compreende-se na Zona de Vigilância Aduaneira a totalidade do Estado atravessado pela linha de demarcação, ainda que parte dele fique fora da área demarcada.

(C) com exceção da importação e exportação de mercadorias conduzidas por linhas de transmissão ou por dutos, ligados ao exterior, observadas as regras de controle estabelecidas pela Secretaria da Receita Federal do Brasil, somente nos portos, aeroportos e pontos de fronteira alfandegados poderá efetuar-se a entrada ou a saída de mercadorias procedentes do exterior ou a ele destinadas.

(D) portos secos são recintos alfandegados de uso público nos quais são executadas operações de movimentação, armazenagem e despacho aduaneiro de mercadorias e de bagagem, sob controle aduaneiro.

(E) a fiscalização aduaneira poderá ser ininterrupta, em horários determinados, ou eventual, nos portos, aeroportos, pontos de fronteira e recintos alfandegados.

A: correta, conforme disposto no art. 2º do Regulamento Aduaneiro. **B:** incorreta. De acordo com o § 3º do art. 4º do RA, compreende-se na Zona de Vigilância Aduaneira a totalidade do Município atravessado pela linha de demarcação, e não do Estado. **C:** correta, conforme disposto no art. 8º do RA. **D:** correta, conforme disposto no art. 11 do RA. **E:** correta, conforme disposto no art. 36 do Dec.-Lei 37/1966, e no art. 16 do RA.

Gabarito "B".

(Analista-Tributário da Receita Federal – 2012 – ESAF) Sobre controle aduaneiro de veículos, é incorreto afirmar que:

(A) a entrada ou a saída de veículos procedentes do exterior ou a ele destinados não poderá ocorrer em porto, aeroporto ou ponto de fronteira não alfandegado.

(B) o agente de carga, assim considerada qualquer pessoa que, em nome do importador ou do exportador, contrate o transporte de mercadoria, consolide ou desconsolide cargas e preste serviços conexos, e o operador portuário, também devem prestar as informações sobre as operações que executem e respectivas cargas.

(C) o conhecimento de carga original, ou documento de efeito equivalente, constitui prova de posse ou de propriedade da mercadoria.

(D) a mercadoria procedente do exterior, transportada por qualquer via, será registrada em manifesto de carga ou em outras declarações de efeito equivalente. O manifesto de carga conterá a identificação do veículo e sua nacionalidade; o local de embarque e o de destino das cargas; o número de cada conhecimento; a quantidade, a espécie, as marcas, o número e o peso dos volumes; a natureza das mercadorias; o consignatário de cada partida; a data do seu encerramento; e o nome e a assinatura do responsável pelo veículo.

(E) no caso de divergência entre o manifesto de carga e o conhecimento de carga, prevalecerá o conhecimento de carga, podendo a correção do manifesto ser feita de ofício.

A: incorreta. Conforme art. 26 do Regulamento Aduaneiro, a entrada ou a saída de veículos procedentes do exterior ou a ele destinados só poderá ocorrer em porto, aeroporto ou ponto de fronteira alfandegado. **B:** correta, conforme disposto no art. 37, § 1º, do Dec.-Lei 37/1966, e no art. 31, § 2º, do RA. **C:** correta, conforme disposto no art. 46 do Dec.-Lei 37/1966, e no art. 554 do RA. **D:** correta, conforme disposto no art. 39 do Dec.-Lei 37/1966, e nos arts. 41 e 44 do RA. **E:** correta, conforme disposto no art. 47 do RA.

Gabarito "A".

(Analista-Tributário da Receita Federal – 2012 – ESAF) Sobre os procedimentos gerais de importação e de exportação, analise os itens a seguir, classificando-os como verdadeiros (V) ou falsos (F). Em seguida, escolha a opção adequada às suas respostas.

I. O despacho aduaneiro de importação poderá ser efetuado apenas em zona primária.

II. A declaração de importação é o documento base do despacho de importação e será instruída com a via original do conhecimento de carga ou documento de efeito equivalente; a via original da fatura comercial, assinada pelo exportador; o comprovante de pagamento dos tributos, se exigível; e outros documentos exigidos em decorrência de acordos internacionais ou por força de lei, de regulamento ou de outro ato normativo.

III. A conferência aduaneira na importação poderá ser realizada na zona primária ou na zona secundária.

IV. A verificação de mercadoria, na conferência aduaneira ou em outra ocasião, será realizada por Auditor-Fiscal da Receita Federal do Brasil ou, sob a sua supervisão, por Analista-Tributário, na presença do viajante, do importador, do exportador ou de seus representantes, podendo ser adotados critérios de seleção e amostragem, de conformidade com o estabelecido pela Secretaria da Receita Federal do Brasil. Na hipótese de mercadoria depositada em recinto alfandegado, a verificação deverá ser realizada na presença do importador ou do exportador.

(A) Estão corretos somente os itens I e III.

(B) Estão corretos somente os itens I, II e III.

(C) Estão corretos somente os itens II e III.

(D) Estão corretos somente os itens II e IV.

(E) Todos os itens estão corretos.

I: incorreta, pois o despacho de importação poderá ser efetuado em zona primária ou em zona secundária, conforme disposto no art. 49 do Dec.-Lei 37/1966, e no art. 544 do Regulamento Aduaneiro. **II:** correta, conforme artigos 551 e 553 do RA. **III:** correta, conforme disposto no art. 565 do RA. **IV:** incorreta. De acordo com o § 1º do art. 50 do Dec.-Lei 37/1966, e o § 1º do art. 566 do RA, na hipótese de mercadoria depositada em recinto alfandegado, a verificação poderá ser realizada na presença do depositário ou de seus prepostos, dispensada a exigência da presença do importador.

Gabarito "C".

(Analista-Tributário da Receita Federal – 2012 – ESAF) O art. 76 da Lei n. 10.833, de 29 de dezembro de 2003, dispõe acerca das sanções que os intervenientes nas operações de comércio exterior ficam sujeitos. Para efeito do disposto no referido artigo, considera-se interveniente, exceto:

(A) o despachante aduaneiro, salvo seus ajudantes, uma vez que, nos termos da legislação de regência, a responsabilidade é pessoal do despachante.

(B) o beneficiário de regime aduaneiro ou de procedimento simplificado.

(C) o importador e o exportador.

(D) o transportador, o agente de carga, o operador de transporte multimodal, o operador portuário, o depositário, o administrador de recinto alfandegado, o perito, o assistente técnico.

(E) qualquer outra pessoa que tenha relação, direta ou indireta, com a operação de comércio exterior.

A: correta. De acordo com o § 2º do art. 76 da Lei 10.833/2003, e com o § 2º do art. 735 do Regulamento Aduaneiro, considera-se interveniente o importador, o exportador, o beneficiário de regime aduaneiro ou de procedimento simplificado, o despachante aduaneiro e seus ajudantes, o transportador, o agente de carga, o operador de transporte multimodal, o operador portuário, o depositário, o administrador de recinto alfandegado, o perito, o assistente técnico, ou qualquer outra pessoa que tenha relação, direta ou indireta, com a operação de comércio exterior. Portanto, os ajudantes do despachante aduaneiro também são considerados intervenientes nas operações de comércio exterior.

Gabarito "A".

(Auditor Fiscal da Receita Federal – 2002.2 – ESAF) No sistema aduaneiro brasileiro a nacionalização de uma mercadoria

(A) é condicionada ao seu despacho para consumo.
(B) ocorre quando se importa uma mercadoria a título definitivo ou não.
(C) é condicionada ao prévio pagamento dos tributos ou ao reconhecimento de sua dispensa pela autoridade aduaneira.
(D) implica a sua importação a título definitivo independente de seu despacho para consumo.
(E) ocorre para a mercadoria importada a título não definitivo, no momento em que é submetida a despacho aduaneiro de admissão a um regime especial.

A: há hipóteses de nacionalização sem despacho para consumo. Ver, a propósito, o art. 73, II, do RA/2009. **B, D** e **E:** conforme art. 212, § 1º, do RA/2009, "considera-se nacionalizada a mercadoria estrangeira importada a título definitivo"; **C:** a nacionalização da mercadoria importada não é expressamente vinculada ao pagamento do tributo.

Gabarito "D"

(Auditor Fiscal da Receita Federal – 2002.1 – ESAF) Estão dispensadas de despacho aduaneiro de importação:

(A) mercadorias que tendo sido exportadas em regime de consignação retornem ao País.
(B) mercadorias que tendo sido exportadas são devolvidas ao País para efeitos de reparo ou restauração.
(C) mercadorias que tendo sido exportadas são devolvidas ao País por motivo de guerra ou calamidade pública.
(D) malas diplomáticas, sempre que contenham sinais exteriores visíveis que indiquem seu caráter e que sejam entregues a pessoa formalmente credenciada por Missão Diplomática.
(E) mercadorias que tendo sido exportadas são devolvidas ao País por fatores alheios à vontade do exportador, devidamente comprovados por laudo pericial firmado por autoridade competente.

A, B, C e **E:** conforme o art. 543 do RA/2009, as mercadorias reimportadas e as que, de acordo com o art. 70, I a V, do mesmo Regulamento, não são consideradas estrangeiras para fins de Imposto de Importação, deverão ser submetidas a despacho de importação; **D:** correta. Nos termos do art. 547 do RA/2009, está dispensada de despacho de importação a entrada, no País, de mala diplomática, assim considerada a que contenha tão somente documentos diplomáticos e objetos destinados a uso oficial. A mala diplomática deverá conter sinais exteriores visíveis que indiquem seu caráter e ser entregue a pessoa formalmente credenciada pela Missão Diplomática.

Gabarito "D"

(Técnico da Receita Federal – 2002.2 – ESAF) Avalie a correção das afirmações abaixo. Atribua a letra V para as verdadeiras e F para as falsas. Em seguida, marque a opção que contenha a sequência correta.

A verificação da mercadoria, no curso do despacho aduaneiro, pode ser feita na presença:

( ) do importador ou seu representante, do depositário e do transportador ou de seus prepostos.
( ) do viajante, do importador, do exportador, ou de seus representantes.
( ) de depositário ou de seus prepostos, na hipótese de mercadoria depositada em recinto alfandegado.

(A) V, V, V
(B) F, V, F
(C) F, V, V
(D) F, F, F
(E) V, F, V

1ª: não há previsão de verificação perante o transportador; **2ª** e **3ª:** atualmente, a matéria é regulada pela IN/SRF 680/2006. Em regra, a verificação da mercadoria deverá ser realizada na presença do importador ou de seu representante. Os arts. 31 e 32 desse ato normativo preveem hipóteses excepcionais, em que a verificação se dará perante o depositário ou seu preposto.

Gabarito "C"

(Técnico da Receita Federal – 2002.1 – ESAF) Identifique a razão que leva o legislador aduaneiro a "alfandegar" determinados portos, aeroportos ou pontos da fronteira terrestre, fixando os locais servidos por repartições aduaneiras onde possam

(A) estacionar ou transitar veículos procedentes ou destinados ao exterior; ser efetuadas operações de carga, descarga, armazenagem ou passagem de mercadorias procedentes do exterior ou a ele destinadas; embarcar, desembarcar ou transitar viajantes procedentes do exterior ou a ele destinados.
(B) estacionar ou transitar veículos procedentes ou destinados ao exterior; ser efetuadas operações de descarga e pesagem de mercadorias procedentes do exterior ou a ele destinadas; embarcar, desembarcar ou transitar viajantes procedentes do exterior ou a ele destinados.
(C) estacionar ou transitar veículos procedentes do exterior; ser efetuadas operações de carga, descarga, armazenagem ou passagem de mercadorias procedentes do exterior ou a ele destinadas; embarcar, desembarcar ou transitar viajantes procedentes do exterior ou a ele destinados.
(D) estacionar ou transitar veículos destinados ao exterior; ser efetuadas operações de carga, ou passagem de mercadorias destinados ao exterior; embarcar, desembarcar ou transitar viajantes procedentes do exterior ou a ele destinados.
(E) estacionar ou transitar veículos procedentes ou destinados ao exterior; ser efetuadas operações de carga, descarga, armazenagem ou passagem de mercadorias procedentes do exterior ou a ele destinadas; desembarcar ou transitar viajantes procedentes do exterior.

A assertiva "A" corresponde ao art. 5º, I, II e III, do atual Regulamento Aduaneiro (Decreto 6.759/2009). Nas demais alternativas há omissões ou imprecisões.

Gabarito "A"

(Técnico da Receita Federal – 2002.1 – ESAF) Caso se trate de mercadoria constante de manifesto ou documento equivalente, cuja falta for apurada pela autoridade aduaneira, reputar-se-á como ocorrido o fato gerador:

(A) no dia do registro do manifesto.
(B) no dia do lançamento do crédito tributário.
(C) no dia do registro da declaração de importação.
(D) no primeiro dia útil do mês subsequente à apuração da falta.
(E) no dia da atracação do veículo transportador.

Conforme art. 73, II, "c", do RA/2009. Destaque-se que o fato gerador do imposto de importação é a entrada de mercadoria estrangeira no território aduaneiro (art. 72 do RA/2009). De acordo com o art. 73, para efeito de cálculo do imposto, considera-se ocorrido o fato gerador na data do registro da declaração de importação de mercadoria submetida a despacho para consumo (inciso I). Contudo, o inciso II prevê 4 hipóteses em que se considera ocorrido no dia do lançamento do correspondente crédito tributário: 1) bens contidos em remessa postal internacional não sujeitos ao regime de importação comum; 2) bens compreendidos no conceito de bagagem, acompanhada ou desacompanhada; 3) mercadoria constante de manifesto ou de outras declarações de efeito equivalente, cujo extravio ou avaria tenha sido apurado pela autoridade aduaneira; e 4) mercadoria estrangeira que não haja sido objeto de declaração de importação, na hipótese em que tenha sido consumida ou revendida, ou não seja localizada.

Gabarito "B".

(Técnico da Receita Federal – 2002.2 – ESAF) A jurisdição dos serviços aduaneiros, exercida atualmente, compreende:

(A) os portos, os aeroportos e os pontos de fronteira.
(B) a zona primária e a zona secundária.
(C) a Zona Franca de Manaus, as Zonas de Processamento das Exportações e o restante do território nacional.
(D) os enclaves e os exclaves aduaneiros.
(E) os recintos alfandegados situados nas zonas de vigilância aduaneira.

Nos termos do art. 3º do RA/2009, a jurisdição dos serviços aduaneiros estende-se por todo o território aduaneiro e abrange: 1) a zona primária, constituída pela 1.1) área terrestre ou aquática, contínua ou descontínua, nos portos alfandegados; 1.2) área terrestre, nos aeroportos alfandegados; e 1.3) área terrestre, que compreende os pontos de fronteira alfandegados; e 2) a zona secundária, que compreende a parte restante do território aduaneiro, nela incluídas as águas territoriais e o espaço aéreo.

Gabarito "B".

9. PAGAMENTOS E CÂMBIO

(Auditor Fiscal da Receita Federal – 2005 – ESAF) Assinale a opção que completa corretamente a lacuna abaixo.

A / O ______________ consiste em modalidade de financiamento de exportações em que o exportador recebe os recursos relativos à operação após o embarque da mercadoria, com base no título de crédito gerado pela operação, antes, porém, que o banco tenha recebido as divisas relativas à transação.

(A) Carta de Crédito de Exportação
(B) Cobrança de Exportação
(C) Adiantamento sobre Contrato de Câmbio (ACC)
(D) Convênio de Pagamento de Crédito Recíproco
(E) Adiantamento sobre Cambiais Entregues (ACE)

A: a Carta de Crédito é modalidade de pagamento, não de financiamento, pela qual o banco emitente, a pedido de cliente importador, assume o compromisso de realizar pagamento a exportador, mediante a apresentação de documentos e cumprimento dos termos e condições estipulados; **B:** também é modalidade de pagamento, não de financiamento. Na cobrança de exportação, o exportador envia as mercadorias ao país de destino e remete os documentos de embarque a uma instituição financeira, que os remete para outro banco (cobrador), na praça do importador. O banco cobrador entrega os documentos ao importador mediante pagamento (cobrança à vista) ou aceite (cobrança a prazo); **C:** o Adiantamento sobre Contrato de Câmbio (ACC) constitui antecipação parcial ou total por conta do preço em moeda nacional da moeda estrangeira comprada para entrega futura (Regulamento do Mercado de Câmbio e Capitais Internacionais – RMCCI, Circular BACEN 3.462/2009). Portanto, no ACC desconta-se o Contrato de Câmbio, constituindo modalidade de financiamento anterior ao embarque; **D:** não é modalidade de financiamento. Trata-se de sistema de compensação de pagamentos operacionalizado pelos bancos centrais dos países membros da ALADI, por meio de compensações quadrimestrais; **E:** assertiva correta.

Gabarito "E".

(Auditor Fiscal da Receita Federal – 2005 – ESAF) A respeito das modalidades de pagamentos internacionais, relacione as colunas e, em seguida, assinale a opção correta.

1. remessa sem saque
2. remessa antecipada
3. cobrança à vista
4. crédito documentário

( ) forma de pagamento mediante a qual o importador remete previamente o valor parcial ou total da transação, após o que o exportador providencia a exportação da mercadoria e o envio da respectiva documentação.

( ) forma de pagamento em que, após a expedição da mercadoria, o exportador entrega a um banco de sua preferência os documentos de embarque, juntamente com um saque contra o importador. O banco, a seu turno, remete os documentos, acompanhados de um carta-cobrança, a seu correspondente na praça do importador, para cobrar do sacado. Efetuado o pagamento, o banco libera a documentação ao importador, para que ele possa retirar a mercadoria na alfândega.

( ) modalidade de pagamento não empregada com muita frequência no comércio internacional, por colocar o importador na dependência do exportador, implicando, assim, riscos para o primeiro, à medida que, enquanto não receber a mercadoria, não poderá ter certeza do cumprimento regular da obrigação por parte do exportador.

( ) forma de pagamento utilizada em contratos internacionais segundo a qual um banco, por instruções de um cliente seu, compromete-se a efetuar um pagamento a um terceiro, contra a entrega de documentos estipulados, desde que os termos e condições sejam cumpridos.

( ) modalidade de pagamento que envolve maior risco para o exportador, razão pela qual é pouco empregada no comércio internacional (salvo nas importações realizadas por filiais ou subsidiárias de firmas no exterior).

( ) forma de pagamento segundo a qual o importador recebe diretamente do exportador os documentos de embarque, promove o desembaraço da mercadoria na aduana e, posteriormente, providencia a remessa da quantia respectiva para o exterior.

(A) 3, 4, 3, 2, 4, 1
(B) 2, 3, 2, 4, 1, 1
(C) 3, 4, 3, 1, 4, 2
(D) 1, 3, 1, 4, 2, 2
(E) 2, 4, 2, 1, 3, 3

1: na Remessa sem Saque, o importador recebe diretamente do exportador os documentos de embarque, sem letra de câmbio ou cambial, desembaraça a mercadoria e, depois, remete a quantia diretamente para o exportador; **2:** na Remessa ou Pagamento Antecipado, o importador remete previamente o valor da transação, após o que o exportador providencia a exportação da mercadoria e o envio da respectiva documentação; **3:** Na cobrança de exportação à vista, o exportador envia as mercadorias ao país de destino e remete os documentos de embarque a uma instituição financeira, que os remete para outro banco (cobrador), na praça do importador. O banco cobrador entrega os documentos ao importador mediante pagamento; **4:** pelo Crédito Documentário ou Carta de Crédito, o banco emitente, a pedido de cliente importador, assume o compromisso de realizar pagamento a exportador, diretamente ou por meio de banco intermediário, contra a apresentação dos documentos estipulados, desde que todos os termos e condições tenham sido cumpridos.

Gabarito "B."

(Auditor Fiscal da Receita Federal – 2003 – ESAF) A remessa de moedas de uma praça para outra com o objetivo de auferir vantagem advinda de diferenças temporárias no valor das taxas cambiais configura

(A) uma especulação cambial;
(B) uma operação de SWAP;
(C) uma arbitragem cambial;
(D) um hedging financeiro;
(E) uma operação *day–trade*.

A: não é termo técnico para designar operações com moeda; B e **D:** o *swap* cambial é operação em que há simultaneamente a compra e a venda de moedas. Tem por objetivo a proteção cambial (*hedge*), por meio da troca dos resultados financeiros decorrentes da aplicação de taxas ou índices sobre ativos ou passivos utilizados como referenciais; **C:** correta; **E:** Considera-se *day trade* a operação ou conjugação de operações iniciadas e encerradas em um mesmo dia, com o mesmo ativo, em que a quantidade negociada tenha sido liquidada, total ou parcialmente.

Gabarito "C."

(Auditor Fiscal da Receita Federal – 2003 – ESAF) O controle da entrada, saída e depósito de moeda estrangeira é exercido pelo Governo Federal por intermédio do Banco Central, podendo ser exercido sob diversas modalidades. Assim, direta ou indiretamente, os mecanismos aplicados pelo Governo refletem no controle de entrada ou saída de divisas.

Nas opções abaixo, refletem direta e imediatamente no fluxo de divisas:

(A) contingenciamento nas importações e exportações e regime de similaridade.
(B) barreiras tarifárias, paratarifárias e não tarifárias.
(C) sistema de taxas múltiplas de câmbio, exigência de liquidação prévia das cambiais na importação de bens com alíquotas do II acima de determinado patamar e, desvalorização da moeda.
(D) licenciamento de importações e barreiras técnicas ao comércio exterior.
(E) imposição de direitos *antidumping*, compensatórios e salvaguardas.

A, B, D e **E:** incorretas, pois não guardam relação com o controle de moeda estrangeira exercido pelo Banco Central. Referem-se diretamente ao controle da entrada e saída de mercadorias, exercido por diversos outros órgãos; **C:** correta. Única assertiva que dispõe sobre câmbio/moeda.

Gabarito "C."

(Auditor Fiscal da Receita Federal – 2002.2 – ESAF) Os riscos de não pagamento de compromissos comerciais internacionais causados por fatores de ordem econômica, política, comercial, má-fé do comprador etc., podem ser minimizados, ou mesmo evitados pelos operadores comerciais ao selecionar o meio de pagamento mais adequado. Nesse sentido, o meio de pagamento através do qual um banco (tomador) assume documentalmente compromisso de pagar ao beneficiário (exportador) identifica-se como uma

(A) cobrança a prazo.
(B) remessa antecipada.
(C) remessa sem saque.
(D) carta de crédito.
(E) accepted invoice consularizada.

A: na cobrança a prazo, o exportador envia as mercadorias ao país de destino e remete os documentos de embarque a uma instituição financeira, que os remete para outro banco (cobrador), na praça do importador. O banco cobrador entrega os documentos ao importador mediante aceite; **B:** na Remessa ou Pagamento Antecipado, o importador remete previamente o valor da transação, após o que o exportador providencia a exportação da mercadoria e o envio da respectiva documentação; **C:** na Remessa sem Saque, o importador recebe diretamente do exportador os documentos de embarque, sem letra de câmbio ou cambial, desembaraça a mercadoria e, depois, remete a quantia diretamente para o exportador; **D:** correta; **E:** não constitui modalidade de pagamento.

Gabarito "D."

(Técnico da Receita Federal – 2006 – ESAF) Após enviar a mercadoria ao seu destinatário, o exportador entrega a um banco de sua preferência os documentos relativos a essa operação para que então o estabelecimento bancário, a partir de um correspondente seu na praça do importador, possa cobrar o pagamento da transação e liberar os documentos que serão necessários ao desembaraço aduaneiro do bem. Esta modalidade de pagamento, comum nas operações internacionais de compra e venda de mercadorias, é denominada:

(A) Adiantamento de cambiais entregues.
(B) Remessa sem saque.
(C) Cobrança a vista.
(D) Crédito documentário.
(E) Remessa antecipada.

A: o Adiantamento de Cambiais Entregues (ACE) é modalidade de financiamento às exportações, por meio da antecipação de recursos; **B:** na Remessa sem Saque, o importador recebe diretamente do exportador os documentos de embarque, sem letra de câmbio ou cambial, desembaraça a mercadoria e, depois, remete a quantia diretamente para o exportador; **C:** correta; **D:** pelo Crédito Documentário ou Carta de Crédito, o banco emitente, a pedido de cliente importador, assume o compromisso de realizar pagamento a exportador, diretamente ou por meio de banco intermediário, contra a apresentação dos documentos estipulados, desde que todos os termos e condições tenham sido cumpridos; **E:** na Remessa ou Pagamento Antecipado, o importador remete previamente o valor da transação, após o que o exportador providencia a exportação da mercadoria e o envio da respectiva documentação.

Gabarito "C"

10. COMPETÊNCIA

(Auditor Fiscal da Receita Federal – 2012 – ESAF) A propósito das instituições relacionadas a comércio exterior no Brasil, assinale a opção correta.

(A) A Câmara de Comércio Exterior (CAMEX) não tem interação com o setor privado, pois é um órgão composto por Ministros de Estado e por representantes do Congresso Nacional.
(B) A investigação e determinação final dos direitos *antidumping* e compensatórios é de competência do Departamento de Defesa Comercial (DECOM), do Ministério da Fazenda.
(C) A CAMEX tem por objetivo a formulação, a adoção, a implementação e a coordenação de políticas e atividades relativas ao comércio exterior de bens e também de serviços.
(D) O conselho de ministros da CAMEX é presidido pelo Ministro das Relações Exteriores.
(E) O Comitê de Financiamento e Garantia das Exportações (COFIG), órgão do Ministério da Fazenda, tem por atribuições enquadrar e acompanhar as operações do Programa de Financiamento às Exportações (PROEX).

A: incorreta. O art. 5º do Dec. 4.732/2003, dispõe que integra a CAMEX o Conselho Consultivo do Setor Privado – CONEX. **B:** incorreta. Cabe à CAMEX fixar direitos *antidumping* e compensatórios (art. 2º, XV do referido Decreto). **C:** correta, conforme disposto no art. 1º do Decreto já mencionado. **D:** incorreta. A CAMEX é presidida pelo Ministro de Estado do Desenvolvimento, Indústria e Comércio Exterior, conforme previsto no art. 4º, I, do Dec. 4.732/2003. **E:** incorreta, pois o COFIG não é órgão do Ministério da Fazenda, mas da CAMEX (art. 5º do Dec. 4.732/2003).

Gabarito "C"

(Auditor Fiscal da Receita Federal – 2010 – ESAF) No contexto do comércio exterior brasileiro, são atribuições da Receita Federal do Brasil:

(A) exercer a fiscalização aduaneira das mercadorias, produtos e bens que ingressam no território aduaneiro do país e esclarecer dúvidas sobre a classificação aduaneira de mercadorias.
(B) gerir e executar os serviços de administração, fiscalização e controle aduaneiro e reprimir os diferentes tipos de ilícitos comerciais.
(C) subsidiar a formulação da política de comércio exterior em matérias tributária e aduaneira e atuar, em nome do Ministério da Fazenda, nas instâncias do Mercosul em questões relativas à aplicação da Tarifa Externa Comum.
(D) negociar e implementar acordos internacionais em matéria aduaneira; supervisionar a aplicação da receita aduaneira em programas de incentivo ao comércio exterior.
(E) cobrar direitos aduaneiros que incidem nas operações de comércio exterior e orientar os operadores do comércio exterior quanto ao emprego dos Termos Internacionais de Comércio.

A: correta. De acordo com o art. 15 do Decreto 7.482/2011, compete à Secretaria da Receita Federal do Brasil: "XVII – dirigir, supervisionar, orientar, coordenar e executar os serviços de administração, fiscalização e controle aduaneiros, inclusive no que diz respeito a alfandegamento de áreas e recintos; XVIII – dirigir, supervisionar, orientar, coordenar e executar o controle do valor aduaneiro e de preços de transferência de mercadorias importadas ou exportadas, ressalvadas as competências do Comitê Brasileiro de Nomenclatura; XIX – dirigir, supervisionar, orientar, coordenar e executar as atividades relacionadas com nomenclatura, classificação fiscal e econômica e origem de mercadorias, inclusive representando o País em reuniões internacionais sobre a matéria; XX – planejar, coordenar e realizar as atividades de repressão ao contrabando, ao descaminho, à contrafação e pirataria e ao tráfico ilícito de entorpecentes e de drogas afins, e à lavagem e ocultação de bens, direitos e valores, observada a competência específica de outros órgãos; XXI – administrar, controlar, avaliar e normatizar o Sistema Integrado de Comércio Exterior – SISCOMEX, ressalvadas as competências de outros órgãos". **B**, **C**, **D** e **E:** incorretas, pois não compete à Secretaria da Receita Federal do Brasil: i) reprimir os diferentes tipos de ilícitos comerciais; ii) atuar nas instâncias do Mercosul em questões relativas à aplicação da Tarifa Externa Comum; iii) supervisionar a aplicação da receita aduaneira em programas de incentivo ao comércio exterior; e iv) orientar os operadores do comércio exterior quanto ao emprego dos Termos Internacionais de Comércio.

Gabarito "A"

(Técnico da Receita Federal – 2006 – ESAF) No Brasil, a formulação das diretrizes básicas da política tarifária na importação e exportação é de competência do(a)

(A) Ministério das Relações Exteriores.
(B) Ministério do Desenvolvimento, Indústria e Comércio Exterior.

(C) Ministério da Fazenda.
(D) Câmara de Comércio Exterior.
(E) Casa Civil da Presidência da República.

A assertiva "D" é a correta, nos termos do art. 2º, VI, do Decreto 4.732/2003.

Gabarito "D".

11. TRIBUTAÇÃO

(Auditor Fiscal da Receita Federal – 2012 – ESAF) Sobre o Regime de Tributação Simplificada, o Regime de Tributação Especial e o Regime de Tributação Unificada, analise os itens a seguir, classificando-os como corretos (**C**) ou errados (**E**).

Em seguida, escolha a opção adequada às suas respostas.

I. O Regime de Tributação Especial permite a classificação genérica, para fins de despacho de importação, dos bens por ele abarcados, mediante a aplicação de alíquotas diferenciadas do Imposto de Importação, e isenção do Imposto sobre Produtos Industrializados, da Contribuição para o PIS/PASEP-Importação e da COFINS-Importação.

II. O Regime de Tributação Simplificada permite o despacho de bens integrantes de bagagem mediante a exigência tão somente do Imposto de Importação, calculado pela aplicação da alíquota de cinquenta por cento sobre o valor do bem.

III. O Regime de Tributação Unificada é o que permite a importação, por via terrestre, de mercadorias procedentes do Paraguai, mediante o pagamento unificado dos seguintes impostos e contribuições federais incidentes na importação: Imposto de Importação; Imposto sobre Produtos Industrializados; Contribuição para o PIS/PASEP-Importação e COFINS-Importação.

IV. Apesar de ser tributo de competência dos Estados e do Distrito Federal, o Regime de Tributação Unificada poderá incluir o Imposto sobre Operações Relativas à Circulação de Mercadorias e sobre Prestações de Serviços de Transporte Interestadual e Intermunicipal e de Comunicação devido pelo optante.

(A) Estão corretos somente os itens II e III.
(B) Estão corretos somente os itens I, II e III.
(C) Estão corretos somente os itens I e II.
(D) Estão corretos somente os itens III e IV.
(E) Todos os itens estão corretos.

I e II: incorretas. De acordo com os arts. 99 e 101 do Regulamento Aduaneiro, o regime de tributação simplificada é o que permite a classificação genérica, para fins de despacho de importação, de bens integrantes de remessa postal internacional, mediante a aplicação de alíquotas diferenciadas do imposto de importação, e isenção do imposto sobre produtos industrializados, da contribuição para o PIS/PASEP-Importação e da COFINS-Importação; e o regime de tributação especial é o que permite o despacho de bens integrantes de bagagem mediante a exigência tão somente do imposto de importação, calculado pela aplicação da alíquota de cinquenta por cento sobre o valor do bem. **III:** correta, conforme disposto no art. 2º da Lei 11.898/2009, e no art. 102-A do RA. **IV:** correta. De acordo com o art. 9º, § 3º, da Lei 11.898/2009, o Regime de Tributação Unificada poderá incluir o ICMS devido pelo optante, desde que o Estado ou o Distrito Federal venha a aderir ao Regime mediante convênio.

Gabarito "D".

(Analista-Tributário da Receita Federal – 2012 – ESAF) São tributos incidentes sobre o comércio exterior, exceto:

(A) Imposto de Importação.
(B) Imposto sobre Produtos Industrializados.
(C) Imposto sobre Operações Relativas à Circulação de Mercadorias e sobre Prestações de Serviços de Transporte Interestadual e Intermunicipal e de Comunicação.
(D) Contribuição de Intervenção no Domínio Econômico – Combustíveis.
(E) Imposto sobre Operações Relativas à Circulação de Mercadorias e sobre Prestações de Serviços de Transporte Interestadual e Intermunicipal e de Comunicação sobre operações que destinem mercadorias para o exterior.

A: correta (art. 153, I, da CF). **B:** correta, o IPI não incidirá apenas sobre as exportações (art. 153, § 3º, III, da F). **C:** correta, pois o ICMS incide sobre a entrada de bem ou mercadoria importada do exterior por pessoa física ou jurídica (art. 155, § 2º, IX, a, da CF). **D:** correta (art. 177, § 4º, da CF). **E:** incorreta, pois o ICMS não incidirá sobre operações que destinem mercadorias para o exterior (art. 155, § 2º, X, *a*, da CF).

Gabarito "E".

(Analista-Tributário da Receita Federal – 2012 – ESAF) Sobre as disposições constitucionais relativas aos tributos incidentes sobre comércio exterior, e sobre a Zona Franca de Manaus, assinale a opção correta.

(A) Ao dispor sobre o Imposto de Importação, o art. 153, I, da Constituição Federal, reza que compete à União instituir impostos sobre importação de bens estrangeiros.
(B) O Imposto sobre Produtos Industrializados incide sobre mercadorias industrializadas destinadas ao exterior.
(C) Com o objetivo de fomentar as exportações, a Constituição Federal atribui, excepcionalmente, aos Estados e ao Distrito Federal a competência para exonerar os contribuintes do Imposto de Exportação.
(D) O art. 40 do Ato das Disposições Constitucionais Transitórias (ADCT), manteve a Zona Franca de Manaus, com suas características de área de livre comércio, de exportação e importação, e de incentivos fiscais, pelo prazo de vinte e cinco anos, a partir da promulgação da Constituição Federal.
(E) O art. 92 do Ato das Disposições Constitucionais Transitórias, incluído pela Emenda Constitucional n. 42, de 19 de dezembro de 2003, acrescentou quinze anos ao prazo fixado no art. 40 do ADCT.

A: incorreta, pois o art. 153, I, da Constituição Federal dispõe que compete à União instituir imposto sobre importação de produtos estrangeiros, e não bens estrangeiros. **B:** incorreta. O art. 153, § 3º, III, dispõe que o IPI não incidirá sobre produtos industrializados destinados ao exterior. **C:** incorreta, pois compete à União legislar sobre imposto de importação. **D:** correta. Esta é a redação do art. 40 do ADCT. **E:** incorreta. O art. 92 do ADCT acrescentou dez anos ao prazo fixado no art. 40.

Gabarito "D"

(Analista-Tributário da Receita Federal – 2012 – ESAF) Sobre o Imposto de Importação, é incorreto afirmar que:

(A) o imposto não incide sobre mercadoria estrangeira em trânsito aduaneiro de passagem, acidentalmente destruída.

(B) para efeito de cálculo do imposto, considera-se ocorrido o fato gerador na data do registro da declaração de importação de mercadoria submetida a despacho para consumo.

(C) para efeito de cálculo do imposto, considera-se ocorrido o fato gerador na data do registro da declaração de importação, inclusive no caso de despacho para consumo de mercadoria sob regime suspensivo de tributação e de mercadoria contida em remessa postal internacional ou conduzida por viajante, sujeita ao regime de importação comum.

(D) são contribuintes do imposto o importador, assim considerada qualquer pessoa que promova a entrada de mercadoria estrangeira no Território Nacional, o destinatário de remessa postal internacional indicado pelo respectivo remetente e o adquirente de mercadoria entrepostada.

(E) o representante, no País, do transportador estrangeiro é responsável subsidiário pelo imposto.

A: correta, conforme disposto no art. 1º, § 4º, II, do Dec.-Lei 37/1966, e no art. 71, VII, do Regulamento Aduaneiro. **B:** correta, conforme disposto no art. 23 do Dec.-Lei 37/1966, e no art. 73, I, do RA. **C:** correta, conforme disposto no parágrafo único do art. 73 do RA. **D:** correta, conforme disposto no art. 31 do Dec.-Lei 37/1966, e no art. 104 do RA. **E:** incorreta, pois a responsabilidade do representante, no País, do transportador estrangeiro é solidária, e não subsidiária, conforme previsto no art. 6º, III, da Lei 10.865/2004, e no art. 255, III, do RA.

Gabarito "E"

(Analista-Tributário da Receita Federal – 2012 – ESAF) A Lei n. 11.898, de 8 de janeiro de 2009, instituiu o Regime de Tributação Unificada – RTU, na importação de mercadorias procedentes da República do Paraguai. Sobre o RTU, é correto afirmar, exceto:

(A) é vedada a inclusão no Regime de quaisquer mercadorias que não sejam destinadas ao consumidor final, bem como de armas e munições, fogos de artifícios, explosivos, bebidas, inclusive alcoólicas, cigarros, veículos automotores em geral e embarcações de todo tipo, inclusive suas partes e peças, medicamentos, pneus, bens usados e bens com importação suspensa ou proibida no Brasil.

(B) o Poder Executivo poderá fixar limites quantitativos, por tipo de mercadoria, para as importações.

(C) não poderá optar pelo RTU a microempresa optante pelo Regime Especial Unificado de Arrecadação de Tributos e Contribuições devidos pelas Microempresas e Empresas de Pequeno Porte – SIMPLES NACIONAL, de que trata a Lei Complementar n. 123, de 14 de dezembro de 2006.

(D) a operação de importação e o despacho aduaneiro poderão ser realizados pelo empresário ou pelo sócio da sociedade empresária, por pessoa física nomeada pelo optante pelo Regime ou por despachante aduaneiro.

(E) decorrido o prazo de trinta dias da entrada no recinto alfandegado onde será realizado o despacho aduaneiro de importação ao amparo do Regime, sem que tenha sido iniciado ou retomado o respectivo despacho aduaneiro, por ação ou por omissão do optante pelo Regime, a mercadoria será declarada abandonada pela autoridade aduaneira e destinada na forma da legislação específica.

A: correta, conforme disposto no parágrafo único do art. 3º da Lei 11.898/2009. **B:** correta, conforme disposto no inc. III do art. 4º da mesma Lei. **C:** incorreta. De acordo com o art. 7º da referida Lei, a microempresa optante pelo SIMPLES NACIONAL poderá optar pelo RTU. **D:** correta, conforme disposto no § 2º do art. 7º da Lei. **E:** correta, conforme disposto no § 3º do art. 8º da Lei.

Gabarito "C"

(Analista-Tributário da Receita Federal – 2012 – ESAF) Acerca do Imposto de Exportação, analise os itens a seguir, classificando-os como verdadeiros (V) ou falsos (F). Em seguida, escolha a opção adequada às suas respostas.

I. A Câmara de Comércio Exterior, observada a legislação específica, relacionará as mercadorias sujeitas ao Imposto de Exportação, mas de acordo com o art. 153, § 10 da Constituição Federal, a alteração das alíquotas do imposto é de competência privativa do Chefe do Poder Executivo.

II. Mesmo considerando a função regulatória do Imposto de Exportação, suas alíquotas não poderão ser manejadas sem a observância de condições e limites estabelecidos em lei em sentido estrito.

III. Segundo entendimento do Supremo Tribunal Federal, é incompatível com a Constituição Federal a norma infraconstitucional que atribui a órgão integrante do Poder Executivo da União a faculdade de estabelecer as alíquotas do Imposto de Exportação.

IV. O Imposto de Exportação incide sobre mercadoria nacional ou nacionalizada destinada ao exterior.

Considera-se nacionalizada a mercadoria estrangeira importada a título definitivo.

(A) Estão corretos somente os itens II e III.

(B) Estão corretos somente os itens I e III.

(C) Estão corretos somente os itens I e II.

(D) Estão corretos somente os itens II e IV.

(E) Todos os itens estão corretos.

I: incorreta. De acordo com o art. 1º, § 3º, e art. 3º do Dec.-Lei 1.578/1977, e os arts. 212, § 2º, e 215, § 1º, do RA, A Câmara de Comércio Exterior relacionará as mercadorias sujeitas ao imposto de exportação e poderá reduzir ou aumentar a alíquota do imposto. **II:** correta, conforme disposto no § 1º do art. 153 da CF. **III:** incorreta. No julgamento do RE 570.680/RS, o STF concluiu que a competência estabelecida no art. 153, § 1º, da CF não é exclusiva do Presidente da República, pois foi deferida, genericamente, ao Poder Executivo, permitindo que seja exercida por órgão que integre a estrutura desse Poder. **IV:** correta, conforme disposto no art. 1º do Dec.-Lei 1.578/1977, e no art. 212 do RA.

Gabarito "D".

(Auditor Fiscal da Receita Federal – 2002.2 – ESAF) O imposto de importação tem como elementos que o caracterizam, na essência:

(A) o lançamento por declaração; o valor da fatura como base de cálculo; tem por finalidade o incremento da arrecadação federal.

(B) alíquota *ad valorem*; lançamento misto; o preço normal da mercadoria no comércio internacional como base de cálculo.

(C) incidência inclusive sobre as mercadorias objeto de contrabando; a base de cálculo, para as mercadorias vendidas em leilão, é o valor da arrematação; lançamento de ofício.

(D) as alíquotas previstas em acordos internacionais sempre prevalecem sobre as alíquotas da Tarifa Externa Comum; é contribuinte, além do importador, o adquirente, em licitação de mercadoria estrangeira; o depositário de mercadoria sob sua custódia é contribuinte relativamente à mercadoria cuja falta for apurada pela autoridade aduaneira.

(E) lançamento por homologação; decai após 5 (cinco) anos da data do registro da declaração de Importação no SISCOMEX; o valor de transação previsto no Acordo de Valoração Aduaneira não é aplicável quando a alíquota for específica.

A e **B:** o II é lançado por homologação, em regra. Ademais, sua base de cálculo é o valor aduaneiro (quando a alíquota for *ad valorem*) ou a quantidade de mercadoria (quando a alíquota for específica) – art. 75 do RA/2009. A finalidade do II é extrafiscal (regulação do comércio internacional), não fiscal (arrecadatória); **C:** o termo contrabando refere-se a bem que não pode ser importado, o que impede, em princípio, a tributação. O descaminho corresponde à entrada irregular de bens no país, sem o recolhimento dos tributos devidos – ver art. 333 do CP. Quanto ao leilão, apesar do disposto no art. 20, III, do CTN, note que o art. 75 do RA/2009 não prevê o valor da arrematação como base de cálculo; **D:** a alíquota fixada em acordo internacional prevalece, exceto se a aplicação das normas gerais resultar em tributação mais favorável ao contribuinte – art. 95 do RA/2009. Note que, apesar do disposto no art. 22, II, do CTN, o art. 104 do RA/2009 não indica o arrematante como contribuinte do II. O depositário poderá ser considerado responsável tributário, na hipótese, não contribuinte – art. 105, II, do RA/2009; **E:** o II é lançado por homologação, de modo que o direito de o fisco realizar o lançamento de ofício (ou revisão do ato praticado pelo contribuinte) em caso de pagamento a menor é de 5 anos contados do fato gerador, nos termos do art. 150, § 4°, do CTN (exceto se houver dolo, fraude ou simulação, hipótese em que o prazo é contado nos termos do art. 173 do CTN). O fato gerador do II ocorre, em regra, na data do registro da declaração de importação, atualmente realizado pelo SISCOMEX – art. 73, I, do RA/2009. Conclui-se, portanto, que após 5 anos desse registro, o fisco não poderá realizar o lançamento de ofício (houve decadência), nos termos do art. 150, § 4°, do CTN, desde que o contribuinte tenha recolhido algum valor a título de imposto (se não houve recolhimento algum, aplica-se o disposto no art. 173, I, do CTN, conforme pacífica jurisprudência), e desde que não tenha havido dolo, fraude ou simulação (é bom reiterar). No caso de alíquota específica, o II é calculado pela multiplicação de um valor em moeda pela quantidade de mercadoria (em unidades de medida, conforme fixadas pela legislação – litros, metros lineares etc.) – art. 91 do RA/2009.

Gabarito "E".

(Auditor Fiscal da Receita Federal – 2002.1 – ESAF) O Acordo sobre a Implementação do Artigo VII do Acordo Geral sobre Tarifas e Comércio-1994 estabelece no seu Artigo 1, parágrafo 1, que "O valor aduaneiro de mercadorias importadas será o valor de transação, isto é, o preço pago ou a pagar pelas mercadorias, em uma venda para exportação para o país de importação, ajustado de acordo com as disposições do Artigo 8, desde que ...". Com base nessa definição, assinale a opção correta.

(A) A base de cálculo tributária do Imposto de Importação – II (valor aduaneiro) é obtida pelo valor de transação ajustado segundo o Artigo 8 do Acordo.

(B) A base de cálculo tributária do Imposto de Importação – II (valor aduaneiro) é obtida pelo somatório do preço efetivamente pago ou a pagar mais o valor de transação ajustado segundo o Artigo 8 do Acordo.

(C) A base de cálculo tributária do Imposto de Importação – II (valor aduaneiro) é determinada pelo Artigo 1 do Acordo, acrescido do montante do próprio Imposto de Importação- II.

(D) A base de cálculo tributária do Imposto de Importação – II (valor aduaneiro) é obtida pelo ajuste, segundo o Artigo 8, do valor aduaneiro menos o preço efetivamente pago ou a pagar pela mercadoria importada.

(E) A base de cálculo tributária do Imposto de Importação – II (valor aduaneiro) é o valor obtido pela soma dos ajustes ao preço efetivamente pago ou a pagar pela exportação das mercadorias.

A base de cálculo do II, no caso de alíquota *ad valorem*, é o valor aduaneiro (ou valor de transação) apurado segundo as normas do Artigo VII do Acordo Geral sobre Tarifas e Comércio – GATT 1994, observadas, ainda, as regras do art. 8° do Acordo de Valoração Aduaneira – arts. 75, 77 e 79, entre outros, do RA/2009.

Gabarito "A".

(Auditor Fiscal da Receita Federal – 2002.2 – ESAF) A importação de mercadoria estrangeira idêntica, em igual quantidade e valor, e que se destine à reposição de outra anteriormente importada que se tenha revelado, após o despacho aduaneiro, defeituosa ou imprestável para o fim a que se destinava, desde que satisfeitas as condições estabelecidas pelo Ministro da Fazenda, configura relativamente ao imposto de importação uma hipótese de

(A) isenção condicionada.

(B) regime suspensivo até o implemento das condições.
(C) não incidência.
(D) reimportação com não ocorrência do fato gerador.
(E) isenção de natureza objetiva.

Trata-se de hipótese de não incidência do II, nos termos do art. 71, II, do RA/2009.

Gabarito "C".

(Técnico da Receita Federal – 2003– ESAF) Assinale a opção correta.

(A) O Imposto de Exportação incide sobre mercadorias nacionais ou nacionalizadas, relacionadas em lei complementar, tendo como fato gerador sua saída do território aduaneiro, que se considera ocorrida na data de registro da exportação no Siscomex; sua base de cálculo é o preço normal ou o preço apurado segundo critérios específicos fixados ou pauta de valor mínimo estabelecida pela CAMEX (Câmara de Comércio Exterior); a alíquota é de 30%, podendo ser elevada, pela CAMEX, para até 150%; o prazo de pagamento é fixado pelo Ministro da Fazenda.
(B) O Imposto de Exportação incide sobre mercadorias nacionais ou nacionalizadas, relacionadas pela CAMEX, tendo como fato gerador sua saída do território aduaneiro, que se considera ocorrida na data de registro da exportação no Siscomex; sua base de cálculo é o preço normal ou o preço apurado segundo critérios específicos fixados ou pauta de valor mínimo estabelecida pela CAMEX; a alíquota é de 30%, podendo ser elevada, pela CAMEX, para até 150%; o prazo de pagamento é fixado pela CAMEX.
(C) O Imposto de Exportação incide sobre mercadorias nacionais ou nacionalizadas, relacionadas pela CAMEX, tendo como fato gerador sua saída do território aduaneiro, que se considera ocorrida na data de registro da exportação no Siscomex; sua base de cálculo é o preço normal ou o preço apurado segundo critérios específicos fixados ou pauta de valor mínimo estabelecida pela CAMEX; a alíquota é de 30%, podendo ser elevada, pelo Ministro da Fazenda, para até 150%; o prazo de pagamento é fixado pela CAMEX.
(D) O Imposto de Exportação incide sobre mercadorias nacionais ou nacionalizadas, relacionadas pela CAMEX, tendo como fato gerador sua saída do território aduaneiro, que se considera ocorrida na data de registro da exportação no Siscomex; sua base de cálculo é o preço normal ou o preço apurado segundo critérios específicos fixados ou pauta de valor mínimo estabelecida pela CAMEX; a alíquota é de 30%, podendo ser elevada, pela CAMEX, para até 150%; o prazo de pagamento é fixado pelo Ministro da Fazenda.
(E) O Imposto de Exportação incide sobre mercadorias nacionais ou nacionalizadas, relacionadas em lei complementar, tendo como fato gerador sua saída do território aduaneiro, que se considera ocorrida na data de registro da exportação no Siscomex; sua base de cálculo é o preço normal ou o preço apurado segundo critérios específicos fixados ou pauta de valor mínimo estabelecida pela CAMEX; a alíquota é de 30%, podendo ser elevada, pela CAMEX, para até 150%; o prazo de pagamento é fixado pelo Ministro da Fazenda, ad referendum da CAMEX.

A e **E**: as mercadorias sujeitas ao IE são relacionadas pela CAMEX, não por lei complementar, observada a legislação específica – art. 212, § 2°, do RA/2009; **B**: a forma e o prazo de pagamento são fixados pelo Ministro de Estado da Fazenda, não pela CAMEX – art. 216 do RA/2009; **C**: a alíquota básica de 30% poderá ser alterada pela CAMEX (observado o teto de 150%), não pelo Ministro de Estado da Fazenda – art. 215 do RA/2009; **D**: arts. 212 a 216 do RA/2009.

Gabarito "D".

(Técnico da Receita Federal – 2002.2 – ESAF) A responsabilidade tributária pelas faltas ou extravios de volumes ou de mercadorias importadas pode ser do transportador ou do depositário, conforme normas contidas

(A) nos Incoterms.
(B) no Direito Comercial.
(C) nos acordos internacionais de transporte.
(D) na legislação tributária.
(E) nos contratos de transporte internacional e de armazenagem da carga.

A responsabilidade tributária (espécie de sujeição passiva) será sempre fixada expressamente por lei (que integra a legislação tributária, nos termos do art. 96 do CTN) – art. 105 do RA/2009 à luz dos arts. 97, III, e 121, p. único, II, ambos do CTN.

Gabarito "D".

12. ORGANIZAÇÕES, TRATADOS E ACORDOS INTERNACIONAIS DE COMÉRCIO

(Auditor Fiscal da Receita Federal – 2012 – ESAF) Sobre a integração regional nas Américas, assinale a opção correta.

(A) Após a extinção da Associação Latino-Americana de Integração (ALADI), foi criada em 1990 a Associação Latino-Americana de Livre Comércio (ALALC), com objetivos mais amplos do que a sua predecessora.
(B) A Tarifa Externa do Mercado Comum do Sul (MERCOSUL) não admite exceções, em função do objetivo de formação de um mercado comum estabelecido no Tratado de Assunção.
(C) De acordo com o Tratado de Assunção, que institui o Mercado Comum do Sul (MERCOSUL), o Grupo Mercado Comum é o órgão superior, correspondendo-lhe a condução política do MERCOSUL e a tomada de decisões para assegurar o cumprimento dos objetivos e prazos estabelecidos para a constituição definitiva do mercado comum.

(D) O sistema de pagamentos em moeda local do MERCOSUL é um mecanismo que viabiliza a realização de operações de comércio exterior nas moedas locais dos Estados Partes, tendo sido implementado de forma voluntária por Brasil e Argentina até o momento.

(E) A Associação Latino-Americana de Integração (ALADI) objetiva a criação de uma união aduaneira latino-americana, com exclusão do México, que já se integrou ao NAFTA.

A: incorreta. A ALALC, criada em 1960, foi substituída pela ALADI, de 1980, e não o contrário. **B:** incorreta. A Tarifa Externa do Mercosul (TEC) comporta exceções. No Brasil, as listas de exceções à TEC constavam dos Anexos do Dec. 2.376/1997, revogado pelo Decreto 4.008/2002. Consultar a Resolução Camex 102, de 3 de dezembro de 2013. **C:** incorreta. De acordo com o Artigo 10 do Tratado de Assunção, o Conselho é o órgão superior do Mercado Comum. O Conselho é integrado pelos Ministros das Relações Exteriores e os Ministros da Economia dos Estados Partes (Artigo 11). **D:** correta. O Conselho do Mercado Comum aprovou o Sistema de Pagamento em Moedas Locais para reduzir os custos financeiros nas transações comerciais entre os Estados Partes. O Sistema já está em funcionamento para operações entre Brasil e Argentina. **E:** incorreta. O México é membro da ALADI.

Gabarito "D"

(Auditor Fiscal da Receita Federal – 2010 – ESAF) Na América Latina coexistem diferentes esquemas de integração econômica. Considerando este fato, assinale a opção que expressa corretamente as relações entre a Associação Latino-Americana de Integração (ALADI) e o Mercado Comum do Sul (Mercosul).

(A) O Mercosul e a ALADI são esquemas preferenciais complementares, na medida em que perseguem distintos níveis de integração econômica.

(B) Por possuírem objetivos, alcance e instrumentos distintos de integração, não há nenhuma relação funcional e jurídica entre ambos esquemas de integração.

(C) O Mercosul foi constituído sob a égide da Associação Latino-Americana de Integração por meio de acordo de complementação econômica firmado por Argentina, Brasil, Uruguai e Paraguai.

(D) Como os membros da ALADI estão formalmente proibidos de integrarem outros esquemas preferenciais, os países do Mercosul desligaram-se daquela associação quando firmaram o Tratado de Assunção que constituiu o Mercosul.

(E) Embora sejam esquemas idênticos quanto aos propósitos e instrumentos que aplicam visando à integração econômica regional, inexistem vínculos funcionais ou jurídicos entre eles.

A ALADI constitui uma área de preferências econômicas entre 12 países da América Latina, com o objetivo de criar um mercado comum latino-americano. Vale-se de três mecanismos: i) preferência tarifária regional, aplicada a produtos originários dos países-membros frente às tarifas em vigor para terceiros países; ii) acordos de alcance regional (comuns a todos os países-membros); e iii) acordos de alcance parcial, com a participação de dois ou mais países da área. Os acordos sub-regionais, plurilaterais e bilaterais de integração inserem-se perfeitamente na estrutura jurídica da ALADI (Comunidade Andina das Nações, Grupo dos Três, Mercosul etc.). Já o Mercosul implica: i) a livre circulação de bens, serviços e fatores produtivos entre os países, através, entre outros, da eliminação dos direitos alfandegários e restrições não tarifárias à circulação de mercadorias e de qualquer outra medida de efeito equivalente; ii) o estabelecimento de uma tarifa externa comum e a adoção de uma política comercial comum e relação a terceiros Estados ou agrupamentos de Estados e a coordenação de posições em foros econômico-comerciais regionais e internacionais; iii) a coordenação de políticas macroeconômicas e setoriais entre os Estados Partes – de comércio exterior, agrícola, industrial, fiscal, monetária, cambial e de capitais, de outras que se acordem –, a fim de assegurar condições adequadas de concorrência entre os Estados Partes; e iv) o compromisso dos Estados Partes de harmonizar suas legislações, nas áreas pertinentes, para lograr o fortalecimento do processo de integração.

A: incorreta, pois ambos (ALADI e Mercosul) perseguem o mesmo nível de integração econômica, qual seja a formação de um mercado comum. **B**, **D** e **E:** incorretas, pois, como visto, o Mercosul insere-se na estrutura jurídica da ALADI (trata-se de acordo de complementação econômica).

Gabarito "C"

(Auditor Fiscal da Receita Federal – 2010 – ESAF) A respeito da Convenção de Viena sobre contratos de Compra e Venda Internacional de Mercadorias (CVIM), é correto afirmar que:

(A) é instrumento jurídico que vincula Estados Nacionais em torno do objetivo de harmonizar internacionalmente as fórmulas que definem as obrigações e direitos dos exportadores e importadores em torno da comercialização de um bem internacionalmente.

(B) firmada no âmbito da Conferência das Nações Unidas sobre Comércio e Desenvolvimento (UNCTAD), estabelece procedimentos padrões para a celebração de contratos comerciais internacionais entre agentes privados.

(C) celebrada no marco da Organização Mundial de Comércio (OMC), estabelece procedimentos uniformes para os aspectos não financeiros de uma transação comercial internacional.

(D) celebrada no âmbito da Câmara Internacional de Comércio (CCI), é instrumento de direito privado que rege os atos administrativos e jurídicos que envolvem a transferência da propriedade da mercadoria transacionada internacionalmente.

(E) firmada no âmbito das Nações Unidas, uniformiza as regras sobre compra e venda de mercadorias, envolvendo aspectos como transporte, seguro, transferência de riscos, propriedade industrial, pagamentos e indenizações por não cumprimento de obrigações, mercadoria avariada, danos e prejuízos.

A: incorreta. A Convenção de Viena sobre contratos de Compra e Venda Internacional de Mercadorias (CVIM) não estabelece fórmulas (INCOTERMS). Regula exclusivamente a formação do contrato de compra e venda e os direitos e obrigações do vendedor e do comprador. Salvo disposição expressa em contrário, a Convenção não concerne, em particular: à validade do contrato, a nenhuma de suas cláusulas ou aos efeitos que o contrato possa produzir sobre a propriedade das mercadorias vendidas. A Convenção pode ser aplicada até mesmo em contratos celebrados por parte domiciliada em países que não a ratificaram (caso do Brasil): basta que os contratantes incorporem suas disposições. Por outro lado, as partes domiciliadas em países que ratificaram a Convenção podem excluir sua aplicação, estabelecer exceções às suas disposições ou modificar seus efeitos. **B**, **C** e **D:** incorretas, pois se trata de Convenção das Nações Unidas (ONU) celebrada a partir dos trabalhos da Comissão das Nações Unidas para o Direito Comercial Internacional (UNCINTRAL), e não da UNCTAD, OMC ou CCI.

Gabarito "E"

(Auditor Fiscal da Receita Federal – 2009 – ESAF) O Sistema Global de Preferências Comerciais, instituído no âmbito da Conferência das Nações Unidas sobre Comércio e Desenvolvimento (UNCTAD), objetiva promover e manter o comércio entre países em desenvolvimento por meio da concessão mútua de preferências comerciais. Sobre seu funcionamento, é incorreto afirmar que:

(A) dele participam exclusivamente países em desenvolvimento membros do Grupo dos 77.

(B) contempla-se a aplicação da Cláusula da Nação Mais Favorecida quanto à extensão das concessões negociadas e implementadas pelos países participantes, ressalvado o princípio da mutualidade de vantagens, que lhe é anterior.

(C) os países menos desenvolvidos não estão obrigados a fazer concessões em base de reciprocidade aos demais no âmbito do (SGPM).

(D) o Sistema abrange produtos manufaturados e de base em todas as formas de processamento.

(E) por se tratar de arranjo preferencial, e para evitar superposição de compromissos de tal ordem, o SGPC suplanta quaisquer outras formas e instrumentos comerciais de caráter preferencial pré-existentes entre os países participantes.

A: correta. De acordo com o art. 3º, "a", do Acordo sobre o sistema global de preferências comerciais entre países em desenvolvimento, gestado no âmbito da Conferência das Nações Unidas sobre Comércio e Desenvolvimento (UNCTAD), "o SGPC será reservado à participação exclusiva de países em desenvolvimento membros do Grupo dos 77, do qual o Brasil faz parte. O SGPC passou a vigorar em 1989, com a assinatura de 40 países. Hoje conta com 43 participantes. **B:** incorreta, pois o artigo 9 do Acordo sobre o sistema global de preferências comerciais entre países em desenvolvimento mitiga a aplicação da Cláusula da Nação Mais Favorecida no âmbito do SGPC. **C:** Incorreta, pois não existe SGPM; **D:** correta, pois não há restrição a qualquer tipo de produto; **E:** incorreta. Conforme art. 3º, "e", do Acordo sobre o sistema global de preferências comerciais entre países em desenvolvimento, "o SGPC não substituirá, mas reforçará e suplementará, grupos econômicos sub-regionais, regionais e inter-regionais, atuais ou futuros, de países em desenvolvimento do Grupo dos 77, e levará em conta as preocupações e compromissos de tais grupos econômicos".

QUESTÃO ANULADA

25. Administração Pública

Robinson Sakiyama Barreirinhas

1. TEORIAS E CORRENTES DOUTRINÁRIAS

(Analista – CGU – 2008 – ESAF) Indique a opção que completa corretamente as lacunas das frases a seguir: Há três modos pelos quais historicamente se formam os Estados: Os modos __________ em que a formação é inteiramente nova, o Estado nasce diretamente da população e do país; os modos __________, quando a formação se produz por influências externas e os modos __________, quando vários Estados se unem para formar um novo Estado ou quando um se fraciona para formar um outro.

(A) originários – derivados – secundários
(B) derivados – contratuais – originários
(C) contratuais – derivados – naturais
(D) naturais – originários – derivados
(E) secundários – naturais – originários

A formação histórica dos Estados pode se dar pelos modos originário, secundário ou derivado, conforme a assertiva adequadamente complementada pelos termos da alternativa "A".

Gabarito "A".

(Analista – CGU – 2008 – ESAF) O movimento que incorporou à gestão pública características como a competição na prestação de serviços, a perspectiva empreendedora, a descentralização, o foco em resultados e a orientação para o mercado é denominado:

(A) Patrimonialista.
(B) Governança Corporativa.
(C) Reinventando o Governo.
(D) Administração Pública Societal.
(E) Pós-Burocrático.

A assertiva refere-se ao movimento denominado "reinventando o governo", sendo que a inserção da cultura e das técnicas gerenciais modernas na administração pública orientaram a reforma do aparelho do Estado a que se refere o PDRAE/1995 e a administração pública gerencial. Por essa razão, a alternativa "C" é a correta.

Gabarito "C".

(Analista – CGU – 2008 – ESAF) Indique a opção que não apresenta uma característica da administração pública gerencial.

(A) Uso de indicadores de desempenho transparentes.
(B) Disciplina e parcimônia no uso dos recursos.
(C) Descentralização administrativa.
(D) Administração profissional, autônoma e organizada em carreiras.
(E) Ênfase nas práticas de controle dos processos.

Na administração pública gerencial a estratégia volta-se (1) para a definição precisa dos objetivos que o administrador público deverá atingir em sua unidade, (2) para a garantia de autonomia do administrador na gestão dos recursos humanos, materiais e financeiros que lhe forem colocados à disposição para que possa atingir os objetivos contratados, e (3) para o controle ou cobrança *a posteriori* dos resultados. Adicionalmente, pratica-se a competição administrada no interior do próprio Estado, quando há a possibilidade de estabelecer concorrência entre unidades internas. No plano da estrutura organizacional, a descentralização e a redução dos níveis hierárquicos tornam-se essenciais. Em suma, afirma-se que a administração pública deve ser permeável à maior participação dos agentes privados e/ou das organizações da sociedade civil e deslocar a ênfase dos procedimentos (meios) para os resultados (fins) – Item 2 do PDRAE/1995. Por essa razão, a alternativa "E" é a dissonante, pois se refere a característica da administração pública burocrática não incorporada pela moderna administração pública gerencial.

Gabarito "E".

(Analista – CGU – 2008 – ESAF) Indique a opção que apresenta respectivamente o objetivo central do modelo burocrático de gestão e suas principais características.

(A) Qualidade – profissionalismo, transparência e especialização.
(B) Produtividade – hierarquia, descentralização e padronização.
(C) Eficiência – padronização, descentralização e autonomia.
(D) Coordenação – especialização, hierarquia e centralização.
(E) Controle – impessoalidade, hierarquia e formalismo.

Constituem princípios orientadores do desenvolvimento da administração pública burocrática a profissionalização, a ideia de carreira, a hierarquia funcional, a impessoalidade, o formalismo, em síntese, o poder racional-legal. Os controles administrativos visando evitar a corrupção e o nepotismo são sempre *a priori* – Item 2 do PDRAE/1995. A alternativa "E" é a correta, portanto.

Gabarito "E"

(Analista – CGU – 2008 – ESAF) Considerando a diferenciação conceitual para fins didáticos dos modelos patrimonialista, burocrático e gerencial da administração pública no Brasil, selecione a opção que conceitua corretamente o modelo burocrático de gestão.

(A) Estado centralizador, onipotente, intervencionista e espoliado por uma elite que enriquece e garante privilégios por meio de exclusão da maior parte da sociedade.
(B) Estado centralizador, profissional e impessoal que busca a incorporação de atores sociais emergentes e estabelece normas e regras de funcionamento.
(C) Estado desconcentrado que privilegia a delegação de competências para os municípios e foca o controle social de suas ações.
(D) Estado coordenador de políticas públicas nas três esferas da federação, visando à desburocratização dos processos governamentais.
(E) Estado descentralizado que tem como foco de suas ações o contribuinte, que é visto como cliente dos serviços públicos.

A: incorreta, pois a administração burocrática surge como reação à corrupção e ao nepotismo do modelo anterior (administração pública patrimonialista); **B:** essa é a melhor alternativa – Item 2 do PDRAE/1995; **C** e **E:** incorretas, pois o modelo burocrático não se caracteriza pela descentralização, nem no foco no cidadão. Pelo contrário, como aspecto altamente negativo deste modelo, o Estado volta-se para si mesmo (autorreferência); **D:** incorreta, até porque seria incoerente denominar modelo burocrático algo que visa à desburocratização.

Gabarito "B"

(Analista – CGU – 2008 – ESAF) Apesar da heterogeneidade de situações que caracterizam a administração pública brasileira nos diferentes níveis de governo, a União tem promovido reformas em sua estrutura para fazer face aos processos de industrialização e à crise fiscal do Estado. A modernização da administração pública por meio do uso de instrumentos próprios da gestão de empresas privadas, a criação de uma administração indireta com procedimentos próprios de contratação e gestão de funcionários e de processos de compras públicas são características presentes .... Selecione a opção que completa corretamente a frase acima.

(A) na criação do DASP.
(B) na criação de Agências Reguladoras.
(C) na formação do Estado brasileiro.
(D) nas ações implementadas a partir do Decreto-Lei 200.
(E) no alinhamento ao Estado mínimo.

A assertiva, especialmente a referência à "criação de uma administração indireta com procedimentos próprios de contratação e gestão de funcionários e de processos de compras públicas", remete às reformas operadas pelo DL 200/1967, de modo que a alternativa "D" é a correta. Ver, além do próprio DL, o item 3.2 do PDRAE/1995.

Gabarito "D"

(Analista – CGU – 2008 – ESAF) O Estado moderno é constituído de três poderes: Executivo, Legislativo e Judiciário, que podem estar nitidamente separados ou não em função do sistema de governo adotado. Escolha a opção correta.

(A) No parlamentarismo, o sistema de governo é monárquico.
(B) No presidencialismo, o chefe de governo é escolhido pela Assembleia Legislativa.
(C) No parlamentarismo, o monarca exerce a chefia do Estado e do governo.
(D) No parlamentarismo, há uma nítida separação entre a chefia de Estado e de governo.
(E) No presidencialismo, os poderes Executivo e Legislativo estão nitidamente separados.

O sistema de governo (parlamentarista ou presidencialista) refere-se ao grau de separação dos poderes legislativo e executivo, não se confundido com a forma de governo (monarquia ou república, por exemplo). **A:** incorreta, pois o parlamentarismo é um dos sistemas de governo (monarquia refere-se à forma de governo); **B:** incorreta, pois no presidencialismo há separação nítida entre os poderes executivo e legislativo, de modo que a escolha do chefe de governo (presidente) pela assembleia legislativa não poderia ser característica desse sistema; **C:** incorreta por duas razões. Em primeiro lugar, o parlamentarismo não implica, necessariamente, monarquia como forma de governo (é possível uma república parlamentarista). Em segundo lugar, nas monarquias parlamentaristas, o monarca normalmente exerce apenas a chefia do Estado, enquanto a chefia do governo é exercida pelo primeiro-ministro ou figura equivalente; **D:** discutível. Em regra, há essa separação no parlamentarismo, mas o exercício da chefia do Estado depende, em regra, do aval do governo (daí porque é discutível referir-se à *nítida* separação); **E:** correta. Essa é a melhor alternativa, pois o presidencialismo é caracterizado essencialmente pela separação entre os poderes executivo e legislativo.

Gabarito "E"

(Analista – CGU – 2008 – ESAF) Durante a crise do Estado dos anos 1980 e 1990, palavras e expressões foram forjadas para possibilitar o entendimento de suas diferentes dimensões e propiciar a busca de soluções. Neste contexto, quando um governo está preocupado em legitimar decisões e ações se diz que ele está buscando maior .... Complete a frase com a opção correta.

(A) governabilidade.
(B) efetividade.
(C) governança.
(D) *accountability*.
(E) eficiência.

O gabarito oficial indicava a alternativa "C", ou seja, à *governança*, definida como capacidade de governo do Estado, de implementar as decisões tomadas, de viabilizar as condições financeiras e administrativas indispensáveis à execução das decisões que o governo toma – item 1 do PDRAE/1995. A *governabilidade é o* poder para governar, que pressupõe a legitimidade democrática e o apoio da sociedade civil, o que indicaria a alternativa "A" (mas não houve modificação do gabarito, mas sim anulação).

Anulada

(Analista – CGU – 2008 – ESAF) Segundo o Plano Diretor de Reforma do Aparelho do Estado de 1995, instituiu-se novos modelos organizacionais visando à modernização da gestão da administração pública: agências executivas e agências reguladoras. Selecione, do ponto de vista conceitual, a opção correta.

(A) Agências reguladoras são criadas por determinação do Presidente da República.
(B) As atividades das agências executivas são definidas por Lei pelo Congresso Nacional.
(C) Agências reguladoras estão sujeitas à mudança de governo.
(D) A finalidade das agências executivas é prestar serviços públicos exclusivos do Estado.
(E) Os dirigentes das agências reguladoras são de livre nomeação e exoneração do Presidente da República.

A: incorreta, pois as agências reguladoras federais têm natureza de autarquia especial e, como tais, são criadas por lei – art. 37, XIX, da CF; **B:** incorreta, pois agência executiva refere-se à qualificação de autarquia ou fundação pelo poder Executivo, nos termos do art. 51 da Lei 9.649/1998. Os objetivos, metas e respectivos indicadores de desempenho são estabelecidos no Contrato de Gestão firmado com o Ministério supervisor – art. 52, § 2º, da Lei 9.649/1998; **C:** adequada, pois as agências reguladoras detém autonomia administrativa, o que inclui, em regra, mandato fixo para seus dirigentes (conforme as respectivas leis), o que afastaria ingerências decorrentes de mudança de governo; **D:** correta, pois essa foi a finalidade delineada no item 6.3 do PDRAE/1995; **E:** incorreta, conforme comentário à alternativa "C".

Gabarito "D"

(Analista – CGU – 2008 – ESAF) No âmbito da Reforma do Aparelho do Estado de 1995, foram previstas instituições privadas, sem fins lucrativos com finalidade pública. A qualificação de uma organização por meio de Termo de Parceria, por sua iniciativa, visando ao fortalecimento da esfera pública não estatal e o aumento do estoque de capital social são características inerentes a ....Escolha a opção correta.

(A) Organizações da Sociedade Civil de Interesse Público.
(B) Organizações não Governamentais.
(C) Organizações Sociais.
(D) Organizações Sociais de Classe.
(E) Organizações a Serviço do Interesse Público.

A assertiva refere-se às Organizações da Sociedade Civil de Interesse Público – OSCIP – qualificadas na forma da Lei 9.790/1999, que podem firmar Termos de Parceria com o Poder Público, definidos no art. 9º da mesma Lei. Por essa razão, a alternativa "A" é a melhor – ver também o item 6.4 do PDRAE/1995.

Gabarito "A"

(Analista – ANEEL – 2006 – ESAF) Após a reforma do aparelho do Estado brasileiro, a gestão pública passa a ser orientada predominantemente pelos valores da eficiência e qualidade na prestação de serviços públicos e pelo desenvolvimento de uma cultura gerencial nas organizações. A respeito das estratégias adotadas pela administração pública gerencial, assinale a opção incorreta.

(A) Definição precisa dos objetivos que o administrador público deverá atingir em sua unidade.
(B) Garantia de autonomia do administrador na gestão dos recursos que lhe forem colocados à disposição para que possa atingir os objetivos contratados.
(C) Prática da competição administrada no interior do próprio Estado, quando há a possibilidade de estabelecer concorrência entre unidades internas.
(D) Descentralização e redução dos níveis hierárquicos no plano da estrutura organizacional.
(E) Deslocamento da ênfase do controle dos resultados para o controle dos processos.

Na administração pública gerencial a estratégia volta-se (1) para a definição precisa dos objetivos que o administrador público deverá atingir em sua unidade, (2) para a garantia de autonomia do administrador na gestão dos recursos humanos, materiais e financeiros que lhe forem colocados à disposição para que possa atingir os objetivos contratados, e (3) para o controle ou cobrança *a posteriori* dos resultados. Adicionalmente, pratica-se a competição administrada no interior do próprio Estado, quando há a possibilidade de estabelecer concorrência entre unidades internas. No plano da estrutura organizacional, a descentralização e a redução dos níveis hierárquicos tornam-se essenciais. Em suma, afirma-se que a administração pública deve ser permeável à maior participação dos agentes privados e/ou das organizações da sociedade civil e deslocar a ênfase dos procedimentos (meios) para os resultados (fins) – Item 2 do PDRAE/1995. Por essa razão, a alternativa "E" é a dissonante, pois o deslocamento é em sentido inverso (da ênfase nos processos, característica da administração burocrática, para a ênfase nos resultados).

Gabarito "E"

(Analista – ANEEL – 2006 – ESAF) Escolha a opção que preenche corretamente as lacunas da frase a seguir: 771

Alguns autores acreditam que a gestão pública é essencialmente distinta da gestão privada porque ambas apresentam especificidades estruturais. Enquanto o setor privado é constituído por organizações cuja característica distintiva é ____________, o setor público é constituído por organizações cuja característica distintiva é a tentativa de operacionalizar políticas governamentais que atendam ____________.

(A) o empreendedorismo – à participação popular
(B) a flexibilização organizacional – ao uso eficiente de recursos
(C) a responsabilidade social – à sistematização do desenvolvimento
(D) a orientação para a sobrevivência no mercado – ao interesse público
(E) o ajuste estrutural – à eficiência administrativa

A alternativa "D" complementa adequadamente a assertiva, indicando as características distintivas das organizações que compõem os setores privado e público. É importante lembrar, entretanto, que há diversas entidades privadas sem fins lucrativos que operacionalizam políticas governamentais, como é o caso das OSCIPs – ver Lei 9.790/1999.

Gabarito "D"

(Analista – ANEEL – 2006 – ESAF) Em relação à gestão pública e à gestão privada, classifique as frases a seguir em Verdadeiras (V) ou Falsas (F).

I. Na gestão pública e na gestão privada a demanda é caracterizada por sua imprevisibilidade e seu caráter compulsório.

II. Na gestão pública as atividades gerenciais seguem pressupostos distintos da gestão privada, como a relação com o cidadão e a universalização do acesso aos serviços públicos.
III. Na gestão privada a origem de receitas indica que ser superavitário não é um parâmetro de desempenho na prestação dos serviços.
IV. Na gestão pública e na gestão privada os produtos são claramente traduzíveis em termos de uma relação de custo-benefício.
V. Na gestão pública a introdução de inovações administrativas, tecnológicas e comportamentais é um ato político e não somente técnico.

Aponte a resposta que contém apenas as opções falsas.

(A) I, II e III.
(B) I e II.
(C) I, III e IV.
(D) IV e V.
(E) III e V.

I: incorreta, pois a imprevisibilidade da demanda e seu caráter compulsório são ligadas distintivamente ao setor público apenas; **II:** correta, já que a gestão pública é orientada sempre ao atendimento do interesse público; **III:** incorreta, pois o superávit (receitas superiores às despesas) é um parâmetro básico para análise do desempenho da gestão privada; **IV:** incorreta, pois, embora a eficiência seja diretriz também para a gestão pública, dependente da adequada relação custo/benefício em suas ações, a prestação de serviços públicos nem sempre permitem essa análise de maneira clara, como indicado na assertiva; **V:** correta, pois a adoção e o aprimoramento da administração pública gerencial decorre de decisões políticas.

Gabarito "C"

(Analista – ANEEL – 2004 – ESAF) Assinale a opção que corretamente apresenta a função que o Estado deve incrementar quando ocorre um processo de desestatização.

(A) Desenvolvimentista
(B) Propulsor da era pós-industrial
(C) De polícia
(D) Prestador de todos os serviços sociais
(E) De regulação

A redução do papel do Estado como executor ou prestador direto de serviços exige o fortalecimento do papel regulador, provedor ou promotor desses serviços – ver a Introdução do PDRAE/1995. Por essa razão, a alternativa "E" é a correta.

Gabarito "E"

(Analista – ANEEL – 2004 – ESAF) Analise as assertivas a seguir que tratam das semelhanças e diferenças entre a gestão pública e a gestão privada e marque com V as verdadeiras e com F as falsas. Depois marque a opção correta.

( ) O gestor privado pode fazer tudo o que a lei não proíbe; o gestor público só pode fazer o que a lei permite.
( ) Tanto a gestão pública quanto a gestão privada têm seu foco na satisfação do cliente. Portanto, estratégias que estimulem a fidelidade dos clientes especiais, como o tratamento diferenciado, são válidas nos dois casos.
( ) Na gestão privada, eventualmente, um acionista pode ser cliente dos serviços de sua própria organização; na gestão pública o cliente é sempre "acionista" da organização pública que lhe presta serviço.
( ) A gestão pública e a gestão privada têm, cada uma, uma missão, cuja finalidade é dar foco e coerência às ações dessas organizações e determinar o seu campo de atuação.
( ) Em termos de gestão não há qualquer diferença entre os setores público e privado.

(A) F, F, V, F, F
(B) V, V, F, F, V
(C) V, F, F, V, V
(D) V, F, V, V, F
(E) F, V, V, F, F

1: correta. No âmbito privado, pode-se fazer tudo que não for proibido por lei (autonomia da vontade – art. 5º, II, da CF). No âmbito público, a Administração somente pode fazer aquilo que é permitido por lei (estrita legalidade – art. 37, *caput*, da CF); **2:** incorreta, pois a administração pública deve ser impessoal, vedando-se, em princípio, tratamento diferenciado, exceto quando determinado pelo interesse público; **3:** correta, sendo adequada a analogia. O "cliente" da administração pública é o cidadão, que é, ao mesmo tempo, "sócio" da organização (o público é de todos os cidadãos); **4:** correta, pois a ideia de missão vale tanto para as organizações privadas como para as públicas; **5:** incorreta, pois a gestão pública é sempre orientada para o interesse público, enquanto a privada é direcionada, em regra, para o lucro (embora haja entidades privadas sem fins lucrativos que prestam serviços em colaboração com o poder público).

Gabarito "D"

(Analista – ANEEL – 2004 – ESAF) A Administração Pública direta e indireta de qualquer dos Poderes dos diferentes níveis da federação obedecerá aos princípios de legalidade, impessoalidade, moralidade, publicidade e eficiência. (Constituição Federal de 1988, art.37) Escolha a opção correta.

(A) Entende-se por legalidade alcançar os objetivos determinados.
(B) Entende-se por eficiência o satisfatório atendimento das necessidades da comunidade.
(C) Entende-se por publicidade dar ciência aos funcionários do orçamento da unidade.
(D) Entende-se por moralidade agir em prol do interesse público.
(E) Entende-se por impessoalidade decidir entre o justo e o injusto.

A: incorreta, pois a assertiva se refere à eficácia ou à efetividade (nem sempre a doutrina concorda em relação a esses conceitos); **B:** correta. Essa é a melhor alternativa, embora eficiência seja, normalmente, entendida como adequada prestação dos serviços com boa aplicação dos recursos disponíveis (análise em relação aos meios disponíveis); **C:** incorreta, pois a publicidade não se restringe aos funcionários, sendo, essencialmente, em favor da população em geral; **D:** imprecisa, pois a moralidade refere-se à obediência à ética da administração, consistente no conjunto de preceitos da moral administrativa, como o dever de honestidade, lealdade, boa-fé e probidade; **E:** incorreta, pois impessoalidade refere-se ao tratamento igualitários das pessoas (sem distinções), além da ideia de que os atos dos agentes públicos são imputados diretamente à administração pública.

Gabarito "B"

(Analista – ANEEL – 2004 – ESAF) A eficiência alçada a princípio norteador da atividade administrativa, conforme a Constituição Federal de 1988, provocou mudanças na administração, conforme se segue.

I. controle sobre resultados;
II. dispensa de servidor público estável;
III. implantação de avaliação periódica de desempenho;
IV. controle sobre o custo operacional;
V. dispensa da avaliação de mérito;
VI. implantação da remuneração variável.

Selecione a opção que expressa corretamente essas mudanças.

(A) I, III e IV.
(B) II, IV e V.
(C) III, IV e V.
(D) I, II e VI.
(E) I, V e VI.

I: correta, pois o controle sobre o resultado, e não sobre os processos, é característica da moderna administração pública gerencial e do enfoque na eficiência; **II:** incorreta, pois a dispensa de servidor público estável é hipótese excepcionalíssima – arts. 41, § 1º, e 169, § 4º, da CF; **III:** correta, conforme o art. 41, § 1º, III, e 4º, da CF; **IV:** correta, pois a EC 19/1988, além de prever expressamente o princípio da eficiência (art. 37, *caput*, da CF), reforçou a determinação de limites para despesas com pessoal, fixadas posteriormente pela Lei de Responsabilidade Fiscal – art. 169 da CF; V: incorreta, pois a avaliação de desempenho é diretriz decorrente do princípio da eficiência; **VI:** incorreta, pois a remuneração variável é pouco utilizada no setor público.

Gabarito "A".

(Analista – ANEEL – 2004 – ESAF) Indique a opção que apresenta corretamente a finalidade da estabilidade do servidor no serviço público.

(A) Garantir ganhos salariais diferenciados do setor privado.
(B) Possibilitar o apoio político necessário a um novo governo.
(C) Instituir um regime previdenciário equiparado aos celetistas.
(D) Premiar o bom desempenho do funcionário.
(E) Assegurar a continuidade do serviço quando da mudança de governo.

As finalidades básicas da estabilidade são garantir a continuidade do serviço público e coibir pressões ou perseguições indevidas contra os servidores por parte dos governantes eleitos. Por essa razão, a alternativa "E" é a correta.

Gabarito "E".

2. RECURSOS HUMANOS

2.1. TREINAMENTO E DESENVOLVIMENTO

(Analista – ANEEL – 2006 – ESAF) Indique a opção correta. No seu sentido mais amplo por competências humanas se entende

(A) o estoque de qualificações que credenciam a pessoa a exercer um trabalho.
(B) as realizações da pessoa em determinado contexto.
(C) a sinergia entre qualificações e desempenho individual e organizacional.
(D) o valor social agregado ao produto ou serviço da organização.
(E) a experiência profissional acumulada na organização.

A: incorreta, pois esse é um aspecto específico (subjetivo) da competência, não amplo, como pedido pela questão; **B:** incorreta, pois esse é também um aspecto específico (objetivo) da competência, relacionado ao resultado; **C:** correta. Essa é a melhor alternativa, sendo bastante aceita a existência de correlação estreita entre o desempenho individual e o da organização que, em conjunto com a experiência e a qualificação, refere-se à competência no sentido mais amplo; **D:** incorreta, pois o valor agregado refere-se a aspecto específico da competência, relacionado ao resultado; **E:** incorreta, pois a experiência refere-se à qualificação profissional, outro aspecto específico da competência.

Gabarito "C".

(Analista – ANEEL – 2006 – ESAF) Indique a opção que completa corretamente a frase a seguir: "Competências podem ser descritas ..."

(A) na forma de referenciais de desempenho ou dimensões da competência.
(B) na forma de requisitos de escolaridade ou de experiência.
(C) na forma de atribuições a serem desempenhadas no cargo.
(D) na forma de cursos de treinamento a serem realizados.
(E) na forma de atitudes esperadas do ocupante do cargo no desempenho de suas funções.

A: correta, pois competência refere-se às qualificações e ao desempenho individual e organizacional; **B**, **C** e **E:** incorreta, pois esses são apenas aspecto específicos das competências, relativos às qualificações e ao comportamento do profissional; **D:** incorreta, pois o treinamento refere-se à ampliação ou ao aprimoramento da competência, não se confundindo com ela.

Gabarito "A".

(Analista – ANEEL – 2006 – ESAF) O treinamento é um ato intencional de fornecer os meios para possibilitar a aprendizagem, constituindo-se de uma sequência programada de eventos. Fase de I_________, responsabilidade do gerente de II_________. Fase de III_________ sob responsabilidade da IV_________. Fase de V_________ e fase VI_________, sob responsabilidade VII_________.

Indique a opção que completa corretamente a frase acima.

(A) I – especificação dos cargos, II – linha. III – escolha de métodos instrucionais, IV – área gerencial. V – avaliação de reação e VI – avaliação de resultados, VII – de instituições de ensino.
(B) I – determinação de necessidades, II – linha. III – planejamento e programação, IV – área de recursos humanos. V – execução e VI – avaliação, VII – compartilhada entre área de recursos humanos, gerentes de linha e treinandos.
(C) I – determinação de necessidades, II – recursos humanos. III – escolha de métodos instrucionais, IV – área educacional da empresa. V – avaliação de reação e VI – avaliação de processo, VII – dos gerentes de linha.

(D) I – descrição de cargos. II – de negócios. III – planejamento e programação, IV – área de produção. V – execução e VI – avaliação, VII – exclusiva da área de recursos humanos.

(E) I – avaliação de desempenho, II – recursos humanos. III – planejamento e programação, IV – área corporativa da empresa. V – avaliação de reação e VI – avaliação de processo, VII – compartilhada entre área de recursos humanos, gerentes de linha e treinandos.

A frase, corretamente preenchida pelos termos da alternativa "B", fica assim: O treinamento é um ato intencional de fornecer os meios para possibilitar a aprendizagem, constituindo-se de uma sequência programada de eventos. Fase de *determinação de necessidades*, responsabilidade do gerente de *linha*. Fase de *planejamento e programação*, sob responsabilidade da área de recursos humanos. Fase de *execução* e fase *avaliação* sob responsabilidade *compartilhada entre área de recursos humanos, gerentes de linha e treinandos*.

Gabarito "B"

2.2. AVALIAÇÃO E GESTÃO DE DESEMPENHO

(Analista – ANEEL – 2006 – ESAF) Escolha a opção que não expressa corretamente os objetivos de um processo de avaliação de desempenho de funcionários.

(A) Indicação para promoção e aumentos salariais.

(B) Definição de plano de melhoria de desempenho e adequação aos padrões da empresa.

(C) Identificação do potencial do funcionário e planejamento da carreira.

(D) Adequação do indivíduo ao cargo e oportunidade de conhecer problemas.

(E) Definição de pisos salariais e plano de benefícios.

A, **C** e **D**: corretas, pois indicam benefícios diretos para o avaliado; **B**: correta, pois indica vantagem para a gestão da organização, decorrente da avaliação de desempenho; **E**: incorreta, pois a definição genérica de pisos salariais e planos de benefícios não tem relação direta com a avaliação de desempenho individual (de cada funcionário).

Gabarito "E"

(Analista – ANEEL – 2006 – ESAF) A gestão por competências tem sido apontada por vários autores como uma das formas das organizações obterem vantagem competitiva. Com relação a essa frase é correto afirmar que:

(A) a vantagem competitiva provém do processo de negociação que se estabelece entre as lideranças dos funcionários e a direção da organização.

(B) a vantagem competitiva provém do esforço da organização em identificar requisitos básicos para preenchimento de cargos.

(C) a vantagem competitiva provém do processo de remuneração variável que se implanta na organização.

(D) a vantagem competitiva provém do esforço de capacitação voltado para melhoria da qualidade e atendimento ao cliente.

(E) a vantagem competitiva provém do esforço de relacionar as aptidões do quadro de funcionários a resultados organizacionais.

A vantagem competitiva decorrente da gestão por competência refere-se à melhor alocação da força de trabalho, além de seu aprimoramento por meio de treinamento e desenvolvimento, para atingimento dos resultados esperados pela organização. Por essa razão, a alternativa "E" é a correta.

Gabarito "E"

(Analista – ANEEL – 2006 – ESAF) Escolha a opção que expressa corretamente medidas objetivas de desempenho.

(A) Escalas gráficas.

(B) Método de classificação.

(C) Absenteísmo e produtividade.

(D) Escalas de incidentes críticos.

(E) Distribuição forçada.

A, **B**, **D** e **E**: incorretas, pois indicam ferramentas ou métodos para avaliação de desempenho, e não medidas objetivas, **C**: correta, pois é a única assertiva que indica medidas objetivas para a avaliação de desempenho (faltas e produtividade).

Gabarito "C"

3. GESTÃO E LIDERANÇA

(Analista – ANEEL – 2006 – ESAF) Assinale a opção correta.

(A) O modelo de liderança situacional apresenta uma concepção bidimensional de liderança que oferece uma explicação para conciliar a eficácia do líder com a orientação para a produção e para as pessoas.

(B) O modelo de liderança situacional apresenta a liderança como a capacidade de criar uma visão de futuro de longo prazo, que seja viável e desejável pelos membros da organização e capaz de direcioná-los em suas ações.

(C) O modelo de liderança situacional apresenta uma concepção de liderança na qual os líderes possuem certas características e atributos pessoais, físicos, mentais e culturais que os diferenciam de seus seguidores.

(D) O modelo de liderança situacional apresenta uma concepção de liderança focada no desenvolvimento das pessoas, incentivando o trabalho independente, a dedicação e a busca de padrões de desempenho que vão além do próprio cargo.

(E) O modelo de liderança situacional apresenta uma concepção de liderança que reconhece a importância dos liderados e se baseia na lógica de que os líderes podem compensar as limitações motivacionais e de capacitação de seus seguidores.

A liderança situacional é aquela flexível, com estilo adaptável conforme situação. Essa adaptação se dá conforme (a) as relações entre líder e seguidores, (b) grau de estruturação da tarefa e (c) poder da posição (conforme Fiedler). Por outra aproximação, pode-se afirmar que o estilo da liderança deve se adequar à presteza dos seguidores (maturidade), decorrente dos níveis de capacidade e de disposição para realização de uma tarefa (conforme Hersey e Blanchard). Assim, dependendo dos níveis de capacidade e disposição, varia o estilo de liderança indicado. Por essas razões, a alternativa "E" é a correta.

Gabarito "E"

(Analista – ANEEL – 2006 – ESAF) Alguns autores consideram o modelo de Fiedler e de Hersey e Blanchard como modelos de liderança situacional. A respeito desses modelos, classifique as frases a seguir em Verdadeiras (V) ou Falsas (F).

I. A eficácia do desempenho do grupo depende da adequação entre o estilo do líder e quanto de controle a situação proporciona a ele.
II. O líder deve flexibilizar seu comportamento a fim de ajustá-lo à situação.
III. O grau de favorabilidade da situação para o líder é definido pelas relações entre líder e subordinados, pelo grau de estruturação da tarefa e pelo poder de oposição.
IV. O comportamento do líder diante da situação é capaz de definir e estruturar o papel dos liderados.
V. O estabelecimento de valores e padrões da situação pelo líder incentiva comportamentos transformadores nos liderados.

Aponte a resposta que contém apenas as opções verdadeiras.

(A) I, II e III.
(B) I, III e IV.
(C) I, II e V.
(D) IV e V.
(E) III e V.

A liderança situacional é aquela flexível, com estilo adaptável conforme a situação. Essa adaptação se dá conforme (a) as relações entre líder e seguidores, (b) grau de estruturação da tarefa e (c) poder da posição (conforme Fiedler). Por outra aproximação, pode-se afirmar que o estilo da liderança deve se adequar à presteza dos seguidores (maturidade), decorrente dos níveis de capacidade e de disposição para realização de uma tarefa (conforme Hersey e Blanchard). Por essas razões, apenas as assertivas I, II e III são corretas, de modo que a alternativa "A" deve ser indicada.

(Analista – ANEEL – 2006 – ESAF) Kotler (2000) cita uma pesquisa conhecida como Harvard Negociation Project de Fisher e Ury na qual chegam a quatro pontos básicos para conduzir negociações com princípios. Associe cada um desses pontos básicos ao seu respectivo conceito: 775

COLUNA A		COLUNA B	
A1	Separar as pessoas do problema.	B1	Procurar um bolo maior em vez de discutir o tamanho de cada fatia. Buscar opções que ofereçam ganho mútuo ajuda a identificar interesses comuns.
A2	Focalizar interesses, não posições.	B2	Insistir para que o acordo reflita os critérios de maneira objetiva, independentemente das posições de cada lado. Essa abordagem evita uma situação em que um lado deve ceder ao outro. Em vez disso, ambos os lados estão cedendo a uma solução justa com base em critérios que ambos aceitam.
A3	Inventar opções para ganhos mútuos.	B3	Cada parte deve compreender o ponto de vista da outra parte e o nível de emoção com que ela o sustenta, mas o foco deve estar no interesse das partes e não em suas diferenças pessoais. Ouvir atentamente argumentos contrários e abordar o problema com bases nestes argumentos melhora a chance de se chegar a uma conclusão satisfatória.
A4	Insistir em critérios objetivos.	B4	A distinção entre posições e interesses é similar àquela entre soluções e resultados desejados, ou significado e fim. Ao atentar para os ganhos, as negociações têm mais possibilidades de encontrar um meio de acordo mútuo para alcançar os interesses comuns

A partir da associação entre as colunas, assinale a opção correta.

(A) A1-B3 / A2-B4 / A3-B1 / A4-B2
(B) A1-B4 / A2-B3 / A3-B1 / A4-B2
(C) A1-B3 / A2-B4 / A3-B2 / A4-B1
(D) A1-B4 / A2-B3 / A3-B2 / A4-B1
(E) A1-B1 / A2-B4 / A3-B3 / A4-B2

A alternativa correta é a "A", ficando assim a tabel**A:**

COLUNA A		COLUNA B	
A1	Separar as pessoas do problema.	B3	Cada parte deve compreender o ponto de vista da outra parte e o nível de emoção com que ela o sustenta, mas o foco deve estar no interesse das partes e não em suas diferenças pessoais. Ouvir atentamente argumentos contrários e abordar o problema com bases nestes argumentos melhora a chance de se chegar a uma conclusão satisfatória.
A2	Focalizar interesses, não posições.	B4	A distinção entre posições e interesses é similar àquela entre soluções e resultados desejados, ou significado e fim. Ao atentar para os ganhos, as negociações têm mais possibilidades de encontrar um meio de acordo mútuo para alcançar os interesses comuns
A3	Inventar opções para ganhos mútuos.	B3	Cada parte deve compreender o ponto de vista da outra parte e o nível de emoção com que ela o sustenta, mas o foco deve estar no interesse das partes e não em suas diferenças pessoais. Ouvir atentamente argumentos contrários e abordar o problema com bases nestes argumentos melhora a chance de se chegar a uma conclusão satisfatória.
A4	Insistir em critérios objetivos.	B2	Insistir para que o acordo reflita os critérios de maneira objetiva, independentemente das posições de cada lado. Essa abordagem evita uma situação em que um lado deve ceder ao outro. Em vez disso, ambos os lados estão cedendo a uma solução justa com base em critérios que ambos aceitam.

Gabarito "A"

4. PLANEJAMENTO

(Analista – CGU – 2012 – ESAF) Acerca dos conceitos de gestão estratégica e planejamento estratégico, é correto afirmar que:

(A) o conceito de gestão estratégica é mais amplo que o de planejamento estratégico.
(B) problemas rotineiros e previsíveis constituem objeto principal do planejamento estratégico.
(C) o conceito de planejamento estratégico é mais amplo que o de gestão estratégica.
(D) problemas rotineiros e previsíveis constituem objeto principal da gestão estratégica.
(E) ambos os conceitos se equivalem, podendo ser tidos como sinônimos.

Gestão não se confunde com planejamento. Gestão indica administração, gerência, algo mais amplo que planejamento. A gestão estratégica refere-se à administração focada na adequação das estratégias de modo sistemático e continuado conforme as mudanças e tendências ambientais. É um processo de ação gerencial sistemática e contínua que visa a assegurar à organização senso de direção e continuidade a longo prazo (gabarito ESAF). O planejamento estratégico é realizado em um momento determinado (não é contínuado, ao longo do tempo), em que se busca definir ou reconhecer a missão, a visão, os valores e os objetivos da organização, com análise global da situação interna e externa e formulação de estratégias, voltando-se ao longo prazo. **A:** correta, conforme comentário inicial; **B:** incorreta, pois o planejamento estratégico é o mais amplo, relativo aos objetivos e às estratégias de longo prazo para toda a organização. O planejamento tático refere-se a cada área funcional da organização. O planejamento operacional corresponde ao nível básico da organização a suas atividades rotineiras; **C:** incorreta, conforme comentário inicial; **D:** incorreta, pois a gestão estratégica refere-se ao âmbito gerencial mais amplo, da empresa como um todo; **E:** incorreta, conforme comentário inicial.

Gabarito "A"

(Analista – ANEEL – 2006 – ESAF) Escolha a opção que não apresenta corretamente uma razão para as organizações investirem em planejamento.

(A) Interferir no curso dos acontecimentos.
(B) Enfrentar eventos futuros previsíveis.
(C) Coordenar eventos e recursos entre si.
(D) Analisar séries temporais.
(E) Criar o futuro.

Perceba que as alternativas A, B, C e E referem-se à preparação da organização para o futuro, atuando nos eventos e recursos presentes para atingimento de seus objetivos. Tudo isso indica razões para o planejamento. Análise de séries temporais refere-se ao estudo estatístico, em que a variável é apresentada em função do tempo (por exemplo, preço de mercado do produto ao longo dos anos). Isso pode ser ferramenta para planejamento, mas não razão para sua realização, de modo que a alternativa "D" deve ser indicada.

Gabarito "D"

(Analista – ANEEL – 2006 – ESAF) Assinale a opção correta.

(A) O planejamento estratégico se constitui em um processo de implementação e controle estratégico que permeia todos os níveis organizacionais.
(B) A gestão estratégica e o planejamento estratégico preveem o delineamento de cenários econômicos de modo a otimizar as oportunidades.
(C) A gestão estratégica é um processo de ação gerencial sistemática e contínua que visa assegurar à organização senso de direção e continuidade a longo prazo.
(D) O planejamento estratégico foca em planos das áreas funcionais da organização e na definição de objetivos específicos.
(E) A gestão estratégia tem como objetivo definir planos de atividades, aplicação de recursos e cronogramas.

A: incorreta, pois o planejamento estratégico não se reduz à sua implementação e controle. As etapas do planejamento estratégico são (1ª) análise da situação atual (recursos humanos, financeiros, materiais disponíveis, possibilidades do mercado), (2ª) análise do ambiente externo (ameaças e oportunidades), (3ª) análise do ambiente interno (pontos fortes e fracos dentro da organização), (4ª) definição do plano estratégico (objetivos e estratégias) – depois disso vêm a implementação da estratégia, seu monitoramento e controle; **B**: adequada, pois um dos objetivos da análise do ambiente externo (em conjunto com o interno) é de identificação das oportunidades; **C**: essa é a melhor a alternativa, pois define adequadamente a gestão estratégica; **D**: incorreta, pois o planejamento estratégico é o mais amplo, relativo aos objetivos e às estratégias de longo prazo para toda a organização. Busca definir ou reconhecer a missão, a visão, os valores e os objetivos da organização, com análise global da situação interna e externa e formulação de estratégias; **E**: incorreta, pois o nível estratégico é o mais alto, envolvendo globalmente a organização e voltado ao longo prazo.

Gabarito "C"

5. FERRAMENTAS E TÉCNICAS GERENCIAIS

(Analista – CGU – 2012 – ESAF) Como ensina a Análise *SWOT*, nos casos em que, da combinação entre ambientes e variáveis resultar a predominância simultânea de pontos fortes e de ameaças, espera-se que a organização se decida pela(o):

(A) Sobrevivência.
(B) Desenvolvimento.
(C) Manutenção.
(D) Crescimento.
(E) Confrontação

A Matriz SWOT é ferramenta de análise do ambiente interno, no que se refere às forças (Strenghts) e às fraquezas (Weaknesses) da organização, e do ambiente externo, quanto às oportunidades (Opportunities) e às ameaças (Threats). A conjugação do cenário de ponto forte (ambiente interno) e ameaça (ambiente externo) sugere a estratégia de manutenção. Por essa razão, a alternativa "C" é a correta.

Veja um modelo de matriz Swot:

Pontos fortes (*Streghts*)		Ambiente interno	
		Pontos fracos (*Weaknesses*)	
Ambiente externo	Oportunidades (*Opportunities*)	– a organização deve capitalizar as oportunidades; – Estratégias de Desenvolvimento: de mercado, de produtos e serviços, financeiro, de capacidades, de estabilidade, de diversificação;	– a organização deve melhorar, corrigir seus pontos fracos e identificar as oportunidades que podem ser aproveitadas; – Estratégias de Crescimento: inovação, internacionalização, parceria, expansão;
	Ameaças (*Threats*)	– a organização deve monitorar as ameaças; – Estratégias de Manutenção: estabilidade, nicho, especialização;	– a organização deve eliminar os pontos fracos; – Estratégias de Sobrevivência: redução de custos, desinvestimento, liquidação.

Gabarito "C"

(Analista – CGU – 2012 – ESAF) Considerado uma importante ferramenta de gestão estratégica, o *Balanced Scorecard* busca a maximização dos resultados com base nas seguintes perspectivas, exceto:

(A) Concorrência e tecnologia.
(B) Financeira.
(C) Clientes.
(D) Processos internos.
(E) Aprendizado e crescimento.

O *balanced scorecard* – BSC é um método de avaliação da performance organizacional e também uma ferramenta de gestão estratégica. Por meio do BSC é possível verificar e alinhar as operações da organização à estratégia definida pela alta administração, sua missão e visão. São adotados indicadores financeiros e não financeiros para fins de comparação da realidade da organização com determinadas metas. O modelo mais disseminado abrange quatro perspectivas (dimensões): (1) Financeira, (2) Clientes, (3) Negócio interno e (4) Inovação e aprendizagem. Por essa razão, a alternativa "A" deve ser indicada.

Gabarito "A"

(Analista – CGU – 2012 – ESAF) De acordo com o Guia Referencial para Medição do Desempenho da Gestão, de lavra da Secretaria de Gestão do Ministério do Planejamento, indicadores de desempenho devem ser especificados por meio de métricas estatísticas, comumente formadas por porcentagem, média, número bruto, proporção e índice. Isso posto, a grandeza qualitativa ou quantitativa que permite classificar as características, resultados e consequências dos produtos, processos ou sistemas refere-se ao seguinte componente básico de um indicador:

(A) Medida.
(B) Fórmula.
(C) Índice.
(D) Padrão de comparação.
(E) Meta.

A assertiva refere-se à medida, de modo que a alternativa "A" é a correta. Consulte o guia em http://www.gespublica.gov.br/Tecnologias/pasta.2010-05-24.1806203210/guia_indicadores_jun2010.pdf.

Gabarito "A"

6. CULTURA E CLIMA ORGANIZACIONAL

(Analista – ANEEL – 2006 – ESAF) Complete a frase a seguir, indicando a resposta correta: O conjunto de suposições fundamentais que um grupo inventou, descobriu ou desenvolveu aprendendo a resolver seus problemas de adaptação externa e de integração interna e que funcionou suficientemente bem para ser considerado válido e, então, ser ensinado aos novos membros de uma organização como o modo correto de perceber, pensar e sentir estes problemas é chamado de ________.

(A) clima organizacional
(B) cultura organizacional
(C) comportamento organizacional
(D) liderança organizacional
(E) aprendizagem organizacional

A assertiva define adequadamente a cultura organizacional.

Gabarito "B"

(Analista – ANEEL – 2006 – ESAF) As frases a seguir referem-se aos temas cultura e clima organizacional. Classifique as alternativas em Verdadeiras (V) ou Falsas (F).

I. O clima organizacional é o reflexo do estado de espírito ou do ânimo das pessoas, que predomina numa organização em um determinado período, sendo instável, conforme a influência que sofre de algumas variáveis ao longo do tempo.
II. A cultura organizacional é o elo entre o nível individual e o nível organizacional no sentido de expressar a compatibilidade das expectativas, valores e interesses individuais com as necessidades, valores e diretrizes formais.
III. O clima organizacional é afetado por conflitos e por fatores positivos e negativos que ocorrem no ambiente de trabalho, no contexto socioeconômico e político da organização como, também, na vida particular dos funcionários.
IV. A cultura organizacional é formada por valores que definem questões que são prioritárias para a organização e estabelecem padrões a serem seguidos que fornecem um senso de direção comum para todos e um guia para o comportamento diário.
V. O clima organizacional é caracterizado pela presença de heróis que personificam os valores e condensam a força da organização com a função de tornar o sucesso atingível, fornecer modelos, estabelecer padrões de desempenho e motivar os empregados.

Aponte a resposta que contém apenas as opções corretas.

(A) II, IV e V
(B) I, III e V
(C) II, III e V
(D) I, III e IV
(E) II e IV

I: correta. Clima organizacional refere-se ao ambiente de trabalho, mais especificamente aos fatores ambientais que influenciam o grau de satisfação (motivação, portanto) e o comportamento dos integrantes da organização. Pode também ser definido como reflexo desse grau de satisfação e motivação dos integrantes da organização, do seu estado de ânimo; **II:** incorreta, pois a cultura organizacional não está ligada diretamente à estrutura formal da organização; **III:** correta, pois o clima organizacional é influenciado pelos fatores que interferem no ambiente interno da organização; **IV:** correta, referindo-se adequadamente à cultura organizacional; **V:** incorreta, pois refere-se à cultura organizacional, não ao clima organizacional.

Gabarito "D".

7. PROJETOS

(Analista – ANEEL – 2004 – ESAF) Selecione a opção que apresenta corretamente características de projetos.

I. São empreendimentos independentes.
II. Objetivos amplos e variáveis.
III. Têm duração limitada.
IV. Recursos e administração próprios.
V. Têm data determinada de início.
VI. Objetivos precisos e resultados previsíveis.
VII. São empreendimentos rotineiros.

(A) I, III, IV e VI.
(B) V, VI e VII.
(C) I, II e V.
(D) II, IV, V e VII.
(E) V, IV, VII.

I: correta, pois cada projeto tem escopo próprio e bem definido. Entretanto, é importante ressaltar que deve haver integração entre os projetos na organização, o que aumenta a eficiência, reduzindo custos, evitando retrabalho, e amplia igualmente a eficácia da organização, facilitando o atingimento dos objetivos; **II:** incorreta, pois o projeto tem um objeto definido; **III:** correta, pois o projeto é definido como ação limitada no tempo, relativa à expansão ou ao aperfeiçoamento de atividade; **IV:** correta, pois cada projeto tem seu orçamento e liderança; **V:** imprecisa, pois, a rigor, há prazo para término como característica fundamental do projeto; **VI:** correta, pois o escopo do projeto deve ser claro e mensurável, de modo a possibilitar o atingimento das metas e a avaliação do resultado; **VII:** incorreta, pois o projeto não é rotineiro. Rotineira é a atividade, ação contínua no tempo, relativa a um produto já oferecido aos clientes.

Gabarito "A".

8. SISTEMAS E PROCESSOS

(Analista – ANEEL – 2006 – ESAF) Por processo se entende uma sequência integrada de atividades, interdependentes, efetuadas para produzir bens ou serviços de valor para o cliente. Assinale a opção que não identifica corretamente aspectos presentes na definição acima.

(A) Entrada-processamento e saída
(B) Fluxo de atividades
(C) Ênfase no processo
(D) Foco nos clientes
(E) Agregação de valor

Perceba que as alternativas "C" e "D" são excludentes, incompatíveis. O processo é focado nos clientes, não nele mesmo, de modo que a alternativa "C" deve ser indicada.

Gabarito "C".

(Analista – ANEEL – 2006 – ESAF) Os processos podem ser classificados em diferentes categorias. Assinale a opção correta.

(A) Processos operacionais ou de produção se destinam a monitorar as mudanças tecnológicas e aferir a satisfação dos clientes.
(B) Processos gerenciais se destinam a atender às demandas dos clientes por bens e serviços.
(C) Processos estratégicos se destinam a desenvolver equipes de funcionários.
(D) Processos operacionais ou de produção se destinam a atender às demandas dos clientes por bens e serviços.
(E) Processos operacionais se destinam a desenvolver critérios de avaliação financeira.

Os processos nos níveis estratégico, gerencial e operacional focam, respectivamente, a gestão global da organização, a gerência setorial e a execução com foco no cliente. Por essa razão, a alternativa "D" é a correta.

Gabarito "D".

(Analista – ANEEL – 2006 – ESAF) Sobre gestão de processos é correto afirmar:

(A) A gestão de processos prioriza a participação do corpo gerencial da organização.
(B) A gestão de processos foca fluxos de produção.

(C) A gestão de processos prioriza a avaliação da efetividade.

(D) A gestão de processos se fundamenta na ação de planejamento.

(E) A gestão de processos se fundamenta nos princípios da qualidade total.

A: incorreta, pois a gestão por processos implica descentralização e envolvimento de toda a organização; **B:** incorreta, pois o foco é no cliente; **C:** incorreta, pois o foco é na eficiência e avaliação dos resultados cotejados com as metas fixadas (eficácia); **D:** inadequada, pois o planejamento não é característica peculiar da gestão de processos; **E:** correta. Essa é a melhor alternativa, até por exclusão das demais.

Gabarito "E"

9. GESTÃO DE QUALIDADE

(Analista – ANEEL – 2006 – ESAF) O Prêmio Nacional da Qualidade (PNQ) e o Prêmio Nacional da Gestão Pública (PQGF) são premiações nacionais que objetivam o reconhecimento à excelência na gestão das organizações brasileiras. A respeito do PNQ e do PQGF, classifique as frases a seguir em Verdadeiras (V) ou Falsas (F) e assinale a opção correta.

( ) Os critérios Clientes e Sociedade pertencem à avaliação da gestão no PQGF.

( ) Os órgãos da Administração Pública podem participar do PNQ.

( ) As autarquias, fundações e empresas públicas podem participar do PQGF.

( ) Os critérios Liderança e Tecnologia pertencem à avaliação da gestão no PNQ.

( ) Os critérios Pessoas e Resultados pertencem à avaliação do PNQ e do PQGF.

(A) V, F, F, F, V

(B) F, V, V , F, V

(C) F, F, F, V, V

(D) V, F, F, V, F

(E) F, F, V, V, F

1: incorreta, pois os critérios do PQGF são (a) liderança, (b) estratégia e planos, (c) cidadãos, (d) sociedade, (e) informações e conhecimento, (f) pessoas, (g) processos e (h) resultados – Instrumento para Avaliação da Gestão Pública, ver em www.gespublica.gov.br, também ver Decreto 5.378/2005. Os critérios do PNQ são (a) liderança, (b) estratégias e planos, (c) clientes, (d) sociedade, (e) informações e conhecimento, (f) pessoas, (g) processos, (h) resultados – ver em http://www.fnq.org.br/site/397/default.aspx; 2 e 3: corretas, conforme os respectivos regulamentos; 4: incorreta, conforme comentário à primeira assertiva; 5: correta, conforme comentário à primeira assertiva.

Gabarito "B"

26. ADMINISTRAÇÃO FINANCEIRA E ORÇAMENTÁRIA

Robinson Sakiyama Barreirinhas

1. PRINCÍPIOS E NORMAS GERAIS

(Analista – CGU – 2012 – ESAF) Segundo disposição da Constituição Federal, são <u>exceções</u> ao princípio orçamentário da *Não Afetação da Receita:*

(A) os Fundos de Participação dos Estados e dos Municípios, as despesas de pessoal, as despesas com a saúde até o limite constitucional.
(B) os Fundos de Participação dos Estados e dos Municípios, Fundos de Desenvolvimento do Norte, Nordeste e Centro-Oeste e garantias às operações de crédito por antecipação de receita.
(C) as despesas obrigatórias de pessoal, as despesas obrigatórias da saúde e as transferências constitucionais.
(D) apenas as transferências constitucionais e legais destinadas aos Municípios.
(E) despesas relacionadas à dívida externa, à despesa com pessoal e transferências para a saúde desvinculadas pela DRU.

O art. 167, IV, da CF dispõe sobre o princípio da não afetação, prevendo as exceções para **a repartição do produto da arrecadação dos impostos a que se referem os arts. 158 e 159 da CF e a destinação de recursos para as ações e serviços públicos de saúde, para manutenção e desenvolvimento do ensino e para realização de atividades da administração tributária, como determinado, respectivamente, pelos arts. 198, § 2º, 212 e 37, XXII, da CF e a prestação de garantias às operações de crédito por antecipação de receita, previstas no art. 165, § 8º, da CF, bem como o disposto no § 4º do art. 167 da CF (vinculação da receita própria de impostos estaduais e municipais e das transferências constitucionais para prestação de garantia ou contragarantia à União ou para pagamento de débitos para com ela).** Ademais, os arts. 80 e 82 do ADCT preveem outras hipóteses de vinculação de receitas de impostos específicas. As alternativas **A**, **C** e **E** estão incorretas, pois não há possibilidade de vinculação da receita de impostos a despesas com pessoal; **B:** essa é a correta, conforme comentário inicial e art. 159, I, da CF; **D:** incorreta, pois há outras exceções, tendo em vista o exposto.

Gabarito "B"

(Analista – CGU – 2012 – ESAF) A transparência do processo orçamentário, possibilitando a fiscalização pela sociedade, pelos órgãos de controle e pelo Congresso Nacional, é conferida especialmente pelo seguinte princípio orçamentário:

(A) Publicidade.
(B) Universalidade.
(C) Unidade (Totalidade).
(D) Exclusividade.
(E) Transparência (Especificação ou Especialização).

A: discutível. Não é a melhor alternativa apenas porque o princípio da publicidade não é especificamente orçamentário, valendo para toda a Administração Pública – art. 37, *caput*, da CF; **B**, **C** e **D:** os princípios da universalidade, unidade e exclusividade facilitam a fiscalização das contas públicas, mas a melhor alternativa é mesmo a "E"; **E:** essa é a melhor alternativa, pois a previsão pormenorizada de receitas e despesas, sem dotações globais ou ilimitadas (princípio da especificação, especialização ou discriminação – art. 167, VII, da CF e art. 5º da Lei 4.320/1964) possibilita o acompanhamento preciso e detalhado do processo orçamentário. 781

Gabarito "E"

(Analista – CGU – 2008 – ESAF) No Brasil, para que o controle orçamentário se tornasse mais eficaz, ao longo dos anos, tornou-se necessário estabelecer alguns princípios que orientassem a elaboração e a execução do orçamento.

Assim, foram estabelecidos os chamados "Princípios Orçamentários", que visam estabelecer regras para elaboração e controle do Orçamento. No tocante aos Princípios Orçamentários, indique a opção correta.

(A) O orçamento deve ser uno, ou seja, no âmbito de cada esfera de Poder deve existir apenas um só orçamento para um exercício financeiro.
(B) O princípio da exclusividade veda a inclusão, na lei orçamentária anual, de autorização para aumento da alíquota de contribuição social, mesmo respeitando-se o prazo de vigência previsto na Constituição Federal.

(C) A vinculação de receitas de taxas a fundos legalmente constituídos é incompatível com o princípio da não afetação, definido na Constituição Federal.

(D) O princípio da especificação estabelece que a lei orçamentária anual deverá especificar a margem de expansão das despesas obrigatórias de caráter continuado, conforme determina a Lei de Responsabilidade Fiscal.

(E) O princípio do equilíbrio é constitucionalmente fixado e garante que o montante das receitas correntes será igual ao total das despesas correntes.

A: incorreta, pois o princípio da unidade refere-se a cada esfera de governo (União, Estados, Distrito Federal e Municípios), e não a cada esfera de Poder (Executivo, Legislativo e Judiciário) – art. 165, § 5º, da CF e art. 1º da Lei 4.320/1964; **B:** correta, pois a LOA não pode conter dispositivo estranho à previsão da receita e à fixação da despesa, admitindo-se apenas a autorização para abertura de créditos suplementares e para contratação de operações de crédito – art. 165, § 8º, da CF; **C:** incorreta, pois o princípio da não vinculação refere-se a impostos – art. 167, IV, da CF. Nada impede a vinculação da receita de taxas a fundos, na forma da lei; **D:** incorreta, pois a especificação, especialização ou discriminação refere-se à previsão pormenorizada de receitas e despesas, não cabendo dotações globais ou ilimitadas – art. 167, VII, da CF e art. 5º da Lei 4.320/1964; **E:** parece-nos que o princípio do equilíbrio está implícito na Constituição Federal, sendo perceptível em normas como a do art. 166, § 3º, II, da CF, por exemplo, além de em disposições legais, como o art. 48, *b*, da Lei 4.320/1964 e o art. 31, § 1º, II, da LRF (note-se que há gabarito do CESPE no sentido de que "O princípio do equilíbrio orçamentário [não] permanece, no Brasil, como norma de hierarquia constitucional". De qualquer forma, a assertiva é incorreta, pois o equilíbrio não implica em montantes exatamente iguais de receitas e despesas, o que é praticamente impossível, sendo admitidos déficits ou superávits moderados, desde que justificados).

Gabarito "B"

2. PLANO PLURIANUAL – PPA

(Analista – CGU – 2008 – ESAF) A Constituição Federal instituiu o Plano Plurianual – PPA e a Lei de Responsabilidade Fiscal (Lei Complementar 101/2000) e ratificou sua obrigatoriedade para todos os entes da federação. De acordo com a Constituição Federal e os últimos planos aprovados para o Governo Federal, indique a opção incorreta.

(A) Após a Constituição Federal, não há mais a possibilidade da existência de planos e programas nacionais, regionais e setoriais, devendo ser consolidado em um único instrumento de planejamento que é o PPA.

(B) A regionalização prevista na Constituição Federal considera, na formulação, apresentação, implantação e avaliação do PPA, as diferenças e desigualdades existentes no território brasileiro.

(C) Na estrutura dos últimos planos plurianuais da União, as metas representam as parcelas de resultado que se pretende alcançar no período de vigência do PPA.

(D) A Constituição Federal remete à lei complementar a disposição sobre a vigência, os prazos, a elaboração e a organização do PPA e, enquanto não for editada a referida lei, segue-se o disposto no Ato das Disposições Constitucionais Transitórias.

(E) Toda ação finalística do Governo Federal deverá ser estruturada em Programas orientados para a consecução dos objetivos estratégicos definidos para o período do PPA.

A: incorreta, pois a existência do PPA não impede a criação de outras espécies de planos e programas nacionais, regionais e setoriais – art. 165, § 1º, da CF. Ademais, é interessante salientar que não há apenas o PPA nacional, produzido no âmbito da União, mas também estaduais, distrital e municipais (cada ente político produz seu próprio PPA); B, C e **E:** corretas, pois descrevem adequadamente o PPA no âmbito federal; **D:** assertiva correta. O envio dos projetos de lei ao Poder Legislativo deve ser regulado por lei complementar federal (art. 166, § 6º, da CF). Atualmente, os prazos para envio dos projetos pelo Poder Executivo para o Poder Legislativo são regidos pelo art. 35, § 2º, do ADCT, contados em relação ao encerramento das sessões e períodos legislativos. O encerramento das sessões e períodos legislativos são definidos no art. 57, *caput*, da CF: o Congresso nacional se reúne anualmente de 2 de fevereiro a 17 de julho (= primeiro período) e de 1º de agosto a 22 de dezembro (= segundo período da sessão legislativa). O projeto de PPA para vigência até o final do primeiro exercício financeiro do mandato presidencial subsequente será encaminhado até quatro meses antes do encerramento do primeiro exercício financeiro (= até o dia 31 de agosto do primeiro ano do mandato) e devolvido para sanção até o encerramento da sessão legislativa (= até 22 de dezembro do mesmo ano). O projeto de LDO, que vigorará no ano seguinte, será encaminhado até oito meses e meio antes do encerramento do exercício financeiro (= até 15 de abril) e devolvido para sanção até o encerramento do primeiro período da sessão legislativa (até 17 de julho). O projeto de LOA, assim como o do PPA, será encaminhado até quatro meses antes do encerramento do exercício financeiro (= até o dia 31 de agosto) e devolvido para sanção até o encerramento da sessão legislativa (= até 22 de dezembro do mesmo ano).

Gabarito "A"

(Analista – CGU – 2008 – ESAF) Considerando a premissa constitucional de elaboração do Plano Plurianual – PPA, o Governo Federal, desde 1998, vem adotando ações no sentido de organizar a forma de elaboração e gestão do PPA e consolidou conceitos em relação ao Ciclo de Gestão do PPA. Segundo o previsto na legislação federal, indique a opção correta.

(A) O Ciclo de Gestão do PPA é um conjunto de eventos integrados que viabilizam o alcance dos objetivos de governo e compreende os processos de elaboração da programação orçamentária, a implementação, o monitoramento, a avaliação e a revisão dos projetos.

(B) A Revisão do PPA se traduz no contínuo acompanhamento da implementação do Plano, referenciado na estratégia de desenvolvimento e nos desafios, com o objetivo de subsidiar a alocação dos recursos, identificar e superar restrições sistêmicas, corrigir rumos, sistematizar elementos para subsidiar os processos de avaliação e revisão, e, assim, contribuir para a obtenção dos resultados globais desejados.

(C) Na fase de Elaboração do PPA, acontece a definição de orientações estratégicas, diretrizes e objetivos estruturados em programas com vistas ao alcance do projeto de Governo.

(D) O Monitoramento do PPA é o processo sistemático de aferição periódica dos resultados e da aplicação dos recursos, segundo os critérios de eficiência, eficácia e efetividade, permitindo o aperfeiçoamento do Plano Plurianual e o alcance dos objetivos de governo.

(E) Na fase da Avaliação do PPA, adequa-se o Plano às mudanças internas e externas da conjuntura política, social e econômica, por meio da alteração, exclusão ou inclusão de programa, resultante do processo de avaliação.

Ciclo de Gestão do PPA refere-se ao conjunto de eventos integrados que viabilizam o alcance dos objetivos de governo. O ciclo compreende os processos de elaboração da programação, considerando prévio diagnóstico do problema ou demanda da sociedade, a implementação dos programas, o monitoramento, avaliação e revisão deles – ver o glossário do Decreto 5.233/2004 (Normas para a gestação do PPA Federal 2004-2007, revogado pelo Decreto 6.601/2008). **A:** imprecisa, pois o ciclo se refere à implementação, monitoramento, avaliação e revisão dos programas, não de projetos especificamente; **B:** incorreta, pois a assertiva refere-se ao monitoramento do PPA. A revisão refere-se ao processo de adequação do Plano Plurianual às mudanças internas e externas da conjuntura política, social e econômica, por meio da alteração, exclusão ou inclusão de programa, resultante dos processos de monitoramento e avaliação; **C:** assertiva correta, pois indica adequadamente a fase de elaboração do PPA; **D:** incorreta, pois a assertiva refere-se à fase de avaliação do PPA. Monitoramento refere-se ao processo contínuo de acompanhamento da implementação do Plano Plurianual, referenciado na estratégia de desenvolvimento e nos desafios, que objetiva subsidiar a alocação dos recursos, identificar e superar restrições sistêmicas, corrigir rumos, sistematizar elementos para subsidiar os processos de avaliação e revisão, e, assim, contribuir para a obtenção dos resultados globais desejados; **E:** incorreta, pois a assertiva refere-se à revisão do PPA. A avaliação do PPA refere-se ao processo sistemático de aferição periódica dos resultados e da aplicação dos recursos, segundo os critérios de eficiência, eficácia e efetividade, permitindo sua implementação no âmbito das organizações públicas, o aperfeiçoamento do Plano Plurianual e o alcance dos objetivos de governo.

Gabarito "C"

3. LEI DE DIRETRIZES ORÇAMENTÁRIAS – LDO

(Analista – CGU – 2012 – ESAF) Assinale a opção que indica matéria que, segundo dispõe a Constituição Federal, não é objeto da Lei de Diretrizes Orçamentárias – LDO.

(A) Diretrizes para a elaboração dos orçamentos.

(B) Estabelecimento da política de aplicação das agências financeiras de fomento.

(C) Regras para alteração da legislação tributária.

(D) Orientação relacionada aos gastos com transferências a terceiros.

(E) Prioridades da Administração Pública Federal.

Nos termos do art. 165, § 2º, da CF, a LDO compreenderá as metas e prioridades da Administração Pública Federal, incluindo as despesas de capital para o exercício financeiro subsequente, orientará a elaboração da lei orçamentária anual, disporá sobre as alterações na legislação tributária e estabelecerá a política de aplicação das agências financeiras oficiais de fomento. Perceba que a alternativa "D" é a única que indica objeto da LDO.

Gabarito "D"

(Analista – CGU – 2012 – ESAF) Segundo o que dispõe a Lei de Diretrizes Orçamentárias – LDO, *programa de governo* é definido como:

(A) o segundo nível da categoria de programação e destina-se à especificação dos gastos governamentais cuja mensuração se faz por indicadores do PPA.

(B) instrumento de organização dos gastos governamentais, composto por ações e mensuração a partir de indicadores da LOA.

(C) conjunto de ações e metas de um determinado exercício cuja mensuração se faz pelo volume de gasto realizado.

(D) mecanismo de organização da ação governamental, detalhado por projetos cuja mensuração se faz por indicadores do PPA.

(E) instrumento de organização da ação governamental, visando à concretização dos objetivos pretendidos cuja mensuração se faz por indicadores do PPA.

Nos termos do art. 5º, I, da Lei 12.465/2011 (LDO federal para 2012), programa de governo é o instrumento de organização da ação governamental visando à concretização dos objetivos pretendidos, sendo mensurado por indicadores estabelecidos no plano plurianual. Por essa razão, a alternativa "E" é a correta.

Gabarito "E"

(Analista – CGU – 2008 – ESAF) De acordo com a Constituição Federal, foi reservada à Lei de Diretrizes Orçamentárias a função de:

(A) definir, de forma regionalizada, as diretrizes, os objetivos, as metas e prioridades da Administração Pública Federal, incluindo as despesas de capital para o exercício financeiro subsequente.

(B) estabelecer critérios e forma de limitação de empenho, nos casos previstos na legislação.

(C) disciplinar as transferências de recursos a entidades públicas e privadas.

(D) dispor sobre alterações na legislação tributária.

(E) dispor sobre o equilíbrio entre receitas e despesas.

A: incorreta, pois as diretrizes, os objetivos e as metas regionalizadas são estabelecidos pelo PPA – art. 165, § 1º, da CF; **B:** incorreta. De fato, a LDO disporá sobre critérios e forma de limitação de empenho, mas isso é previsto pelo art. 4º, I, *b*, da LRF, e não pela Constituição Federal; **C:** incorreta, pois é a LRF (art. 4º, I, *f*), não a CF, que determina que a LDO disporá sobre as demais condições e exigências para transferências de recursos a entidades públicas e privadas; **D:** correta, conforme o art. 165, § 2º, da CF; **E:** incorreta, pois também nesse caso a previsão é da LRF (art. 4º, I, *a*), e não da CF.

Gabarito "D"

(Analista – CGU – 2008 – ESAF) Com a publicação da Lei de Responsabilidade Fiscal (Lei Complementar 101/2000), a Lei de Diretrizes Orçamentárias – LDO assumiu novas prerrogativas, entre as quais, a de apresentar o Anexo de Metas Fiscais – AMF e o Anexo de Riscos Fiscais – ARF.

Em relação ao AMF e ARF não se pode afirmar:

(A) no ARF, serão avaliados os passivos contingentes e outros riscos capazes de afetar as contas públicas, informando as providências a serem tomadas, caso se concretizem.

(B) o AMF estabelece as metas de Receita, Despesa, Resultado Primário e Nominal e montante da dívida pública a serem observadas no exercício financeiro a que se refere, além de indicar as metas fiscais para os dois exercícios seguintes.

(C) de acordo com as últimas Leis de Diretrizes Orçamentárias da União, os riscos fiscais podem ser classificados em duas grandes categorias: Riscos orçamentários e Riscos de dívida.

(D) faz parte do AMF o demonstrativo da estimativa e compensação da renúncia de receita e da margem de expansão das despesas obrigatórias de caráter continuado.

(E) considerando os riscos dos déficits atuariais dos sistemas de previdência, a LRF determina que integre o ARF a avaliação da situação financeira e atuarial do regime próprio dos servidores públicos.

A: correta, conforme o art. 4º, § 3º, da LRF; **B:** assertiva correta, nos termos do art. 4º, § 1º, da LRF; **C:** assertiva correta, conforme o item II, do Anexo V, do Anexo de Metas Fiscais da LDO federal de 2008 (Lei 11.514/2007); **D:** assertiva correta, conforme o art. 4º, § 2º, V, da LRF; **E:** incorreta, pois a avaliação da situação financeira e atuarial dos regimes previdenciários próprios dos servidores constará do Anexo de Metas Fiscais – art. 4º, § 2º, IV, *a*, da LRF.

Gabarito "E".

4. LEI ORÇAMENTÁRIA ANUAL – LOA

(Analista – CGU – 2012 – ESAF) Assinale a opção incorreta a respeito da Lei Orçamentária Anual – LOA de que trata o art. 165 da Constituição Federal.

(A) O efeito das remissões nas receitas das entidades deve constar de anexo ao projeto de LOA.

(B) O projeto da LOA é apreciado por comissão mista do Congresso Nacional.

(C) Empresas em que a detenção da maioria do capital pela União for de forma indireta não integra o orçamento.

(D) Autorização para a abertura de créditos suplementares contida na LOA não fere dispositivo constitucional.

(E) Entidades da administração indireta integram o orçamento fiscal.

A: assertiva correta, conforme o art. 165, § 6º, da CF, lembrando que a LDO deve dispor sobre as alterações na legislação tributária, nos termos do art. 165, § 2º, da CF, de modo a orientar a elaboração do projeto de LOA; **B:** correta, conforme o art. 165, § 1º, I, da CF; **C:** essa é a incorreta, pois a LOA compreende o orçamento de investimento das empresas em que a União, direta ou indiretamente, detenha a maioria do capital social com direito a voto – art. 165, § 5º, II, da CF; **D:** correta, pois, embora a LOA não possa conter dispositivo estranho à previsão da receita e à fixação da despesa, não se inclui nessa proibição a autorização para abertura de créditos suplementares e contratação de operações de crédito, ainda que por antecipação de receita, nos termos da lei – art. 165, § 8º, da CF; **E:** correta, conforme o art. 165, § 5º, I, da CF.

Gabarito "C".

(Analista – CGU – 2008 – ESAF) O Orçamento é um dos principais instrumentos da política fiscal do governo e traz consigo estratégias para o alcance dos objetivos das políticas. Das afirmações a seguir, assinale a que não se enquadra nos objetivos da política orçamentária ou nas funções clássicas do orçamento.

(A) Assegurar a disponibilização para a sociedade dos bens públicos, entre os quais aqueles relacionados com o cumprimento das funções elementares do Estado, como justiça e segurança.

(B) Utilizar mecanismos visando à universalização do acesso aos bens e serviços produzidos pelo setor privado ou pelo setor público, este último principalmente nas situações em que os bens não são providos pelo setor privado.

(C) Adotar ações que visem fomentar o crescimento econômico.

(D) Destinar recursos para corrigir as imperfeições do mercado ou atenuar os seus efeitos.

(E) Cumprir a meta de superávit primário exigida pela Lei de Responsabilidade Fiscal.

A e **B:** corretas, pois se referem à política fiscal ou orçamentária do Estado, na prestação de serviços e bens públicos à população (função alocativa do governo), viabilizada pela execução do orçamento; C e **D:** corretas, referindo-se às funções redistributiva e estabilizadora do governo, também viabilizadas pela política financeira e orçamentária (além das políticas monetária e regulatórias); **E:** essa é a alternativa a ser indicada, pois não se refere especificamente a um objetivo da política orçamentária ou às funções clássicas do orçamento. É de se ressaltar, entretanto, a importância do resultado primário na execução orçamentária, cujas metas devem ser indicadas no Anexo de Metas Fiscais da LDO – art. 4º, § 1º, da LRF.

Gabarito "E".

(Analista – CGU – 2008 – ESAF) Das afirmações a seguir relacionadas com a Lei Orçamentária Anual – LOA, assinale a que não se enquadra nas regras estabelecidas na legislação federal.

(A) As empresas sob controle direto da União, que recebam no exercício financeiro recursos do Tesouro a título de aumento de participação acionária, deverão integrar os orçamentos Fiscal e da Seguridade Social.

(B) As emendas ao Projeto de Lei Orçamentária não podem acarretar aumento na despesa total do orçamento, a menos que sejam identificados erros ou omissões nas receitas, devidamente comprovados.

(C) Os recursos para emendas parlamentares não podem ter como fonte o cancelamento de despesas com pessoal, benefícios previdenciários, juros, transferências constitucionais e amortização de dívida.

(D) Todas as empresas em que a União, direta ou indiretamente, detenha a maioria do capital social com direito a voto integram o orçamento de investimento das estatais, exceto aquelas enquadradas no conceito de empresa estatal dependente na forma da Lei de Responsabilidade Fiscal.

(E) A elaboração da Proposta de Lei Orçamentária Anual é uma prerrogativa do Poder Executivo, podendo o poder legislativo efetuar emendas.

A: incorreta. A rigor, a empresa controlada direta ou indiretamente pela União terá suas despesas compreendidas nos orçamentos fiscal e da seguridade social, desde que receba recursos do Tesouro – ver art. 6º da Lei 12.465/2011 (LDO federal para 2012). Entretanto, o simples aumento de capital não qualifica a empresa como dependente, nem implica, em princípio, sua inclusão nos orçamentos fiscal e da seguridade social – art. 2º, III, da LRF. É importante destacar que, em relação ao orçamento de investimento, este abrangerá todas as empresas controladas direta ou indiretamente pela União, independentemente do recebimento de recursos do Tesouro – art. 165, II, da CF; **B:** assertiva correta, conforme o art. 166, § 3º, II e III, da CF e o art. 12, § 1º, da LRF; **C:** correta, nos termos do art. 166, § 3º, II, da CF; **D:** incorreta, pois o orçamento de investimento abrange todas as empresas controladas direta ou indiretamente pela União – art. 165, § 5º, II, da CF – ver também o art. 51 da Lei 12.465/2011 (LDO federal para 2012); **E:** correta, conforme os arts. 165, *caput*, e 166, § 2º, da CF.

Gabarito "A" e "D".

5. LEI DE RESPONSABILIDADE FISCAL – LRF

(Analista – CGU – 2008 – ESAF) A Lei de Responsabilidade Fiscal – LRF instituiu mecanismos mais rigorosos para a administração das finanças nas três esferas de governo e funciona como um código de conduta para os administradores públicos, que devem obedecer às normas e limites estabelecidos na lei. Com base na Lei de Responsabilidade Fiscal, assinale a opção incorreta.

(A) A LRF estabelece limites para gastos com pessoal, sendo que na União esse limite chega a 50% do total das Receitas Correntes.

(B) São princípios gerais da LRF o Planejamento, a Transparência e a Responsabilização.

(C) Estão sujeitos às disposições da LRF todos os entes da Federação inclusive suas empresas estatais dependentes na forma definida na Lei.

(D) São exemplos de instrumentos de transparência da gestão fiscal, segundo a LRF: os planos, orçamentos e leis de diretrizes orçamentárias; as prestações de contas e o respectivo parecer prévio; o Relatório Resumido da Execução Orçamentária e o Relatório de Gestão Fiscal.

(E) A LRF proíbe a realização de operação de crédito entre entes da Federação, inclusive por intermédio de fundo, ainda que sob a forma de novação de dívida contraída anteriormente.

A: incorreta, pois o percentual do limite é calculado sobre o total da receita corrente *líquida* – art. 19, I, da LRF; **B:** correta, nos termos do art. 1º, § 1º, da LRF; **C:** correta, nos termos do art. 1º, § 3º, I, *b*, da LRF; **D:** correta, conforme as disposições constitucionais e da LRF relativas às leis orçamentárias e aos relatórios a serem publicados pelos entes públicos; **E:** correta, conforme o art. 35 da LRF.

Gabarito "A".

Veja a seguinte tabela, para estudo e memorização dos limites para despesas com pessoal, calculados sobre a receita corrente líquida de cada ente:

Limites para despesas com pessoal % sobre a receita corrente líquida		
	Percentual	**Base de cálculo**
União	50%	2,5% para o Poder Legislativo, incluindo o Tribunal de Contas da União;
		6% para o Poder Judiciário;
		40,9% para o Poder Executivo;
		0,6% para o Ministério Público da União.
Estados e Distrito Federal	60%	3% para o Poder Legislativo, incluindo o Tribunal de Contas Estadual;
		6% para o Poder Judiciário;
		49% para o Poder Executivo;
		2% para o Ministério Público Estadual.
Municípios	60%	6% para o Poder Legislativo, incluindo o Tribunal de Contas Municipal, quando houver;
		54% para o Poder Executivo.

(Analista – CGU – 2008 – ESAF) A LRF estabelece a obrigatoriedade do Poder Executivo elaborar a programação financeira e o cronograma de execução mensal de desembolso e, quando for o caso, poderá ser promovida a limitação de empenho e de movimentação financeira. No que se refere a esses procedimentos, assinale a opção correta.

(A) Em nenhuma hipótese serão objeto de limitação as despesas que constituam obrigações constitucionais e legais do ente, inclusive aquelas destinadas ao pagamento do serviço da dívida.

(B) Se verificada a necessidade de contingenciamento, cada um dos Poderes, por ato próprio e nos montantes necessários, terá até o final do bimestre seguinte para efetuar a limitação de empenho e movimentação financeira.

(C) No governo federal, os saldos de caixa apurados ao final do exercício e que integraram o superávit primário são utilizados para pagamento da dívida pública, independentemente de sua vinculação.

(D) Os critérios para realização da limitação de empenho e de movimentação financeira serão estabelecidos na Lei Orçamentária Anual.

(E) A limitação de que trata a LRF somente acontecerá se verificado que ao final do quadrimestre a realização da receita poderá não comportar o cumprimento das metas de resultado primário e nominal estabelecidas na LDO.

A: correta – art. 9º, § 2º, da LRF; **B:** incorreta, pois o prazo para o contingenciamento é de até 30 dias após o final do bimestre considerado – art. 9º, *caput*,da LRF; **C:** incorreta, pois não há essa vinculação; **D:** incorreta, pois os critérios para o contingenciamento são fixados pela LDO – art. 9º, *caput, in fine*, da LRF; **E:** incorreta, pois a verificação é bimestral – art. 9º, *caput*,da LRF.

Gabarito "A"

6. RECEITAS

(Analista – CGU – 2012 – ESAF) A respeito da classificação econômica da receita de que tratam a Lei 4.320/1964 e a Portaria SOF/STN 163/2001, é correto afirmar, <u>exceto</u>:

(A) ingressos extraorçamentários são recursos financeiros de caráter temporário que entram no caixa do ente público mediante a constituição de passivos.

(B) o conceito de natureza da receita e a correspondente classificação somente se aplica ao governo federal.

(C) quanto ao impacto no patrimônio, as receitas são classificadas como efetivas e não efetivas.

(D) o conceito de receita originária e derivada não é utilizado como classificador na receita pública.

(E) a receita intraorçamentária se origina de operações com órgãos e entidades do mesmo orçamento.

A: correta, pois é definição adequada para a receita extraorçamentária; **B:** incorreta, pois, enquanto o conselho de gestão fiscal previsto no art. 67 da LRF não for implementado, compete ao órgão central de contabilidade da União editar as normas gerais para consolidação das contas públicas – art. 50, § 2º, da LRF; **C:** adequada, pois receita efetiva é a receita orçamentária em geral; **D:** assertiva correta, pois essa classificação doutrinária, bastante importante, diga-se, não é refletida expressamente na contabilidade oficial; **E:** assertiva correta. As receitas intraorçamentárias são ingressos provenientes do pagamento das despesas realizadas na modalidade de aplicação "91 – Aplicação Direta Decorrente de Operação entre Órgãos, Fundos e Entidades Integrantes dos Orçamentos Fiscal e da Seguridade Social". Dessa forma, na consolidação das contas públicas, essas despesas e receitas são identificadas, evitando-se as duplas contagens decorrentes de sua inclusão no orçamento – ver item 5 do Manual de Receita Nacional (Portaria Conjunta STN/SOF 3/2008).

Gabarito "B"

(Analista – CGU – 2012 – ESAF) Com base nas normas e procedimentos adotados no âmbito do governo federal, assinale a opção <u>incorreta</u> a respeito dos conceitos e estágios relacionados com a receita pública.

(A) A receita arrecadada não pode ser superior ao montante previsto pela lei orçamentária.

(B) No lançamento de receitas, é verificada a procedência do crédito fiscal e a pessoa devedora.

(C) O recolhimento das receitas deve obedecer ao princípio da unidade de tesouraria e é vedada a criação de caixas especiais.

(D) A entrega dos recursos ao tesouro obedece ao regime de caixa em obediência às definições da Lei 4.320/1964.

(E) A previsão da receita deve considerar as alterações na legislação, a variação do índice de preço e o crescimento econômico.

A: incorreta, pois, diferentemente da despesa, a previsão de receita na LOA não é vinculativa; **B:** correta, nos termos do art. 53 da Lei 4.320/1964; **C:** correta, conforme o art. 56 da Lei 4.320/1964; **D:** assertiva correta, nos termos do art. 35, I, da Lei 4.320/1964; **E:** assertiva correta, nos termos do art. 12, *caput*, da LRF.

Gabarito "A"

(Analista – CGU – 2008 – ESAF) Sobre os conceitos e classificações relacionados com Receita Pública, assinale a opção correta.

(A) Toda receita orçamentária efetiva é uma receita primária, mas nem toda receita primária é uma receita orçamentária efetiva.

(B) São exemplos de receitas correntes as receitas tributárias e as oriundas de alienação de bens.

(C) São exemplos de receitas de capital aquelas derivadas de alienações de bens imóveis e de recebimento de taxas por prestação de serviços.

(D) As receitas intraorçamentárias constituem contrapartida das despesas realizadas entre Órgãos, Fundos e Entidades Integrantes dos Orçamentos Fiscal, da Seguridade Social e de investimento das empresas.

(E) O ingresso de recursos oriundo de impostos se caracteriza como uma receita derivada, compulsória, efetiva e primária.

A: assertiva incorreta. Receita efetiva é a receita orçamentária em geral. Receita primária, conceito adotado para cálculo do resultado primário, é o somatório das receitas fiscais líquidas (aquelas que não geram obrigatoriedade de contraprestação financeira, como ônus, encargos e devolução). O cálculo da receita primária é efetuado somando-se as receitas correntes com as de capital e, depois, excluindo da conta receitas d**E:** operações de crédito e seus retornos (juros e amortizações), de aplicações financeiras, de empréstimos concedidos e do superávit financeiro. Assim, nem toda receita efetiva é receita primária, mas toda receita primária é receita efetiva; **B:** incorreta, pois a receita decorrente de alienação de bens é receita de capital – art. 11, §§ 2º e 4º, da Lei 4.320/1964; **C:** incorreta, pois as taxas, como todos os tributos, compõem a receita corrente – art. 11, §§ 1º e 4º, da Lei 4.320/1964; **D:** assertiva incorreta, pois a receita intraorçamentária decorre de operações com órgãos e entidades abrangidos pelo mesmo orçamento – ver item 5 do Manual de Receita Nacional (Portaria Conjunta STN/SOF 3/2008); **E:** essa é a correta, pois a receita de impostos pode ser classificada como derivada, compulsória, efetiva e primária.

Gabarito "E"

(Analista – CGU – 2008 – ESAF) A execução da receita orçamentária segue algumas etapas consubstanciadas nas ações desenvolvidas e percorridas pelos órgãos e pelas repartições encarregados de executá-las, respeitando-se o princípio do caixa único ou da unidade de tesouraria. Em relação a esse tema e tendo por base a legislação federal e o disposto na 4ª edição do Manual de Receitas Públicas, instituído pela Portaria STN/SOF n. 2, de 08 de agosto de 2007, marque a opção correta.

(A) A Previsão se caracteriza pela estimativa de arrecadação da receita orçamentária e não pode ser superior ao valor estabelecido na Lei de Diretrizes Orçamentárias.
(B) As receitas orçamentárias originárias, para serem arrecadadas, dependem de autorização na Lei Orçamentária Anual.
(C) Independentemente da natureza, a receita passa pelo estágio do lançamento.
(D) As receitas intraorçamentárias decorrem da realização de despesas intraorçamentárias, mas não alteram o saldo da Conta Única do Tesouro no Banco Central, traduzindo-se em meros lançamentos contábeis.
(E) No Governo Federal, o Recolhimento é a transferência dos valores arrecadados, pelos agentes arrecadadores autorizados, para a Conta Única do Tesouro mantida no Banco do Brasil.

As etapas da gestão da receita orçamentária são: (1) planejamento, (2) execução e (3) controle e avaliação – ver o item 8 Manual de Receita Nacional (Portaria Conjunta STN/SOF 3/2008). **A:** incorreta. A previsão de arrecadação da receita, dentro da etapa de planejamento, refere-se à LDO, mas não é por ela limitada; **B:** incorreta, pois, diferentemente da despesa, a previsão de receita na LOA não é vinculativa; **C:** incorreta, pois nem toda receita depende de lançamento – art. 52 da Lei 4.320/1964; **D:** assertiva correta – ver item 5 do Manual de Receita Nacional (Portaria Conjunta STN/SOF 3/2008); **E:** assertiva correta – ver o item 8.5 do Manual de Receita Nacional (Portaria Conjunta STN/SOF 3/2008).

Gabarito "D"

(Analista – MPU – 2004 – ESAF) Com base na classificação da receita pública por fonte, indique a única opção que não é incluída nas receitas correntes.

(A) Operações de Crédito.
(B) Receita Agropecuária.
(C) Receita Tributária.
(D) Receita Patrimonial.
(E) Receita de Contribuições.

Ver comentário à questão anterior. Operação de crédito resulta receita de capital.

Gabarito "A"

(Analista – MPU – 2004 – ESAF) Com relação à Receita Pública, aponte a única opção falsa.

(A) O tributo é uma receita derivada e compulsória.
(B) As finalidades dos tributos são arrecadar para o Estado, servir de instrumento de política econômica e atender às exigências sociais.
(C) As contribuições sociais e econômicas são consideradas, por alguns, receitas parafiscais ou especiais.
(D) Os impostos, conforme as características que determinam sua exigibilidade, são classificados em diretos, indiretos, fixos, adicionais, proporcionais, progressivos, reais regressivos e pessoais.
(E) A contribuição de melhoria é um imposto de competência comum aos entes federados, consistindo seu fato gerador na valorização efetiva de um bem imóvel, de propriedade privada, decorrente da realização de obras públicas na área onde está localizado.

A: art. 9º da Lei 4.320/1964 e art. 3º do CTN; **B:** o tributo tem função fiscal (receita para sustentação do aparato estatal) e extrafiscal (instrumento de política econômica, por exemplo). Nesse sentido, deve possibilitar que o Estado atenda às exigências sociais, desde que a tributação observe a capacidade contributiva e permita a prestação de serviços públicos adequados; **C:** as contribuições previstas no art. 149 da CF são classificadas, por muitos, como especiais. A parafiscalidade refere-se à sua exigibilidade por ente diverso daquele que detém a competência tributária, sendo que esse sujeito ativo (a quem a contribuição é recolhida) fica com a receita para consecução de seus objetivos (caso da contribuição social patronal para o INSS); **D:** Imposto direto é aquele cujo ônus econômico recai prioritariamente sobre o sujeito passivo; o encargo financeiro do imposto indireto é repassado ao adquirente do bem ou do serviço a que se refere a exação, nos termos da lei. O imposto fixo seria cobrado em valor único; imposto proporcional tem alíquota (percentual) incidente sobre base de cálculo variável; imposto progressivo tem alíquotas maiores para bases de cálculo maiores. Imposto regressivo tende a onerar mais pesadamente aquele que possui menos capacidade contributiva, o que é, em princípio, indesejável. Impostos reais referem-se à tributação da propriedade ou à transferência de determinado bem; impostos pessoais são os demais; **E:** contribuição de melhoria é espécie de tributo que não se confunde com imposto – art. 145, III, da CF.

Gabarito "E"

7. DESPESAS

(Analista – CGU – 2012 – ESAF) Tendo por base as regras definidas pela Lei 4.320/1964, assinale a opção cuja operação, do ponto de vista econômico, não é classificada como realização de despesa corrente.

(A) Pagamento da despesa com pessoal efetivo da instituição.
(B) Pagamento de juros da dívida pública.
(C) Contribuições à Previdência Social.
(D) Subvenções sociais.
(E) Aumento da participação no capital de empresas industriais ou agrícolas.

A, B, C e **D:** essas assertivas indicam despesas correntes – arts. 12 e 13 da Lei 4.320/1964 e Anexo III da Portaria Interministerial **SOF/STN** 163/2001; **E:** o aumento da participação societária é despesa de capital, classificada como investimento – art. 12, § 4º, *in fine*, da Lei 4.320/1964.

Gabarito "E"

Veja as seguintes tabelas, a primeira com diversas classificações das despesas públicas e a segunda com a específica classificação das despesas pelo critério das categorias econômicas, conforme os arts. 12 e 13 da Lei 4.320/1964:

Classificações das Despesas Públicas			
Critério	**Espécies**	**Definição**	**Exemplos**
Previsão orçamentária	Orçamentária	Oneram dotação orçamentária (exigem empenho)	Salários, manutenção de equipamentos públicos, obras, aquisição de participação societária (quase todos os dispêndios financeiros – esta é a regra).
	Extraorçamentária	À margem do orçamento	Devolução de cauções e fianças, repasse de valores retidos no contracheque (empréstimo consignado repassado ao banco).
Regularidade	Ordinária	Usual, comum	Salários, manutenção de equipamentos públicos, aluguel, água e luz, limpeza urbana, segurança pública.
	Extraordinária	Esporádica, eventual	Aquisição de um imóvel, compra de equipamento bélico incomum, socorro a catástrofe totalmente inesperada etc.
Categoria econômica	Corrente	Indicadas no art. 12, §§ 1º a 3º, da Lei 4.320/1964, muito próximo das despesas ordinárias, que implicam redução do patrimônio público	Pagamento de salários, aluguéis, água, luz, manutenção de equipamentos, limpeza urbana, segurança pública, transferências correntes.
	De Capital	Listagem no art. 12, §§ 4º a 6º, da Lei 4.320/1964 – muito próximo das receitas extraordinárias, que representam aumento ou manutenção do patrimônio público	Aquisição de bens, realização de obras, aquisição de participação societária, transferências de capital.

Despesas – categorias econômicas		
Despesas correntes	**Despesas de custeio**	Para manutenção de serviços anteriormente criados, inclusive as destinadas a atender a obras de conservação e adaptação de bens imóveis.
	Transferências correntes	Para despesas as quais não corresponda contraprestação direta em bens ou serviços, inclusive para contribuições e subvenções destinadas a atender à manifestação de outras entidades de direito público ou privado. As subvenções podem ser sociais ou econômicas.
Despesas de capital	**Investimentos**	Para o planejamento e a execução de obras, inclusive as destinadas à aquisição de imóveis considerados necessários à realização destas últimas, bem como para os programas especiais de trabalho, aquisição de instalações, equipamentos e material permanente e constituição ou aumento do capital de empresas que não sejam de caráter comercial ou financeiro.
	Inversões financeiras	Para (a) aquisição de imóveis, ou de bens de capital já em utilização, (b) aquisição de títulos representativos do capital de empresas ou entidades de qualquer espécie, já constituídas, quando a operação não importe aumento do capital, (c) constituição ou aumento do capital de entidades ou empresas que visem a objetivos comerciais ou financeiros, inclusive operações bancárias ou de seguros.
	Transferências de capital	Para investimentos ou inversões financeiras que outras pessoas de direito público ou privado devam realizar, independentemente de contraprestação direta em bens ou serviços, constituindo essas transferências auxílios ou contribuições, segundo derivem diretamente da Lei de Orçamento ou de lei especialmente anterior, bem como as dotações para amortização da dívida pública.

(Analista – CGU – 2012 – ESAF) Assinale a opção incorreta a respeito da classificação orçamentária da despesa, segundo o que dispõe a Lei 4.320/1964 e a Portaria SOF/STN 163/2001 e suas alterações.

(A) As transferências de capital são classificadas como despesas efetivas no ente transferidor dos recursos.

(B) No âmbito do orçamento federal, a territorialização das metas físicas é realizada por meio do localizador de gastos.

(C) As ações na classificação econômica da despesa identificam operações que resultam em produtos que podem ser bens ou serviços.

(D) O desdobramento do elemento de despesa é obrigatório em todos os entes em razão de disposição legal.

(E) A natureza da despesa é formada por um conjunto de informações que representa a categoria econômica, o grupo, a modalidade de aplicação e o elemento.

A: correta, pois a transferência de capital é espécie de despesa de capital para o ente transferidor – art. 12, § 6º, da Lei 4.320/1964; **B:** correta, pois, de fato, a territorialização das metas físicas é expressa nos localizadores de gastos previamente definidos para a ação – ver item 5.6.1.1 do Manual Técnico de Orçamento – MTO do Ministério do Planejamento, Orçamento e Gestão para 2013; **C:** correta. Ação orçamentária é a operação da qual resultam produtos (bens ou serviços) que contribuem para atender ao objetivo de um programa. Incluem-se também no conceito de ação as transferências obrigatórias ou voluntárias a outros entes da Federação e a pessoas físicas e jurídicas, na forma de subsídios, subvenções, auxílios, contribuições, entre outros, e os financiamentos. A ação pode ser (i) projeto, (ii) atividade ou (iii) operação especial (embora, neste último caso, não haja produto resultante) – ver item 5.5.2 do Manual Técnico de Orçamento – MTO; **D:** essa é incorreta, pois o desdobramento do elemento de despesa é facultativo. Na classificação por natureza da despesa, a codificação é feita por 6 ou 8 dígitos, sendo: 1º: categoria econômica; 2º: grupo de natureza da despesa; 3º e 4º: modalidade de aplicação; 5º e 6º: elemento de despesa; e 7º e 8º: desdobramento facultativo do elemento – ver o item 5.6.2.1 do Manual Técnico de Orçamento – MTO; **E:** correta, conforme comentário à alternativa anterior.

Gabarito "D".

(Analista – CGU – 2008 – ESAF) Sobre os conceitos e classificações relacionados com Despesa Pública, assinale a opção correta.

(A) Segundo a Portaria Interministerial n. 163/2001, a discriminação da despesa, quanto à sua natureza, deverá constar da Lei Orçamentária, no mínimo, por categoria econômica, grupo de natureza de despesa, modalidade de aplicação e elemento da despesa.

(B) Os Grupos de Natureza da Despesa podem relacionar-se indistintamente com qualquer Categoria Econômica da Despesa.

(C) São exemplos de despesas de capital aquelas derivadas do pagamento do serviço da dívida: juros e amortização da dívida.

(D) A Modalidade de Aplicação permite a identificação das despesas intraorçamentárias.

(E) Toda despesa corrente é uma despesa primária, mas nem toda despesa primária é uma despesa corrente.

A: assertiva incorreta, pois, na LOA, a discriminação da despesa, quanto à sua natureza, far-se-á, no mínimo, por categoria econômica, grupo de natureza de despesa e modalidade de aplicação – art. 6º da Portaria Interministerial SOF/STN 163/2001; **B:** assertiva incorreta, pois cada grupo de natureza da despesa (pessoal, encargos, juros, investimentos etc.) refere-se a uma das duas categorias econômicas (correntes e de capital); **C:** incorreta, pois o pagamento dos juros e encargos é classificado como despesa corrente; **D:** assertiva correta. A receita intraorçamentária decorre de operações com órgãos e entidades abrangidos pelo mesmo orçamento – ver item 5 do Manual de Receita Nacional (Portaria Conjunta STN/SOF 3/2008). A modalidade de aplicação permite identificar a despesa intraorçamentária correspondente, pois objetiva, principalmente, eliminar a dupla contagem dos recursos transferidos – item 5.6.2.1.3 do Manual da Receita Nacional; **E:** incorreta. Despesa primária ou nãofinanceira corresponde ao conjunto de gastos que possibilita a oferta de serviços públicos à sociedade, deduzidas as despesas financeiras. Nem toda despesa corrente, portanto, é despesa primária (há determinadas despesas financeiras, como pagamento de juros, por exemplo, que são despesas correntes, mas não primárias). Ademais, nem toda despesa primária é receita corrente (há despesas de capital, como investimentos, por exemplo, que são despesas primárias).

Gabarito "D".

(Analista – CGU – 2008 – ESAF) Existem ocorrências especiais na execução da despesa pública, tais como os Restos a Pagar. No que diz respeito a esse assunto, julgue os itens que se seguem e marque a opção que corresponde à sequência correta.

I. Compreendem somente despesas empenhadas, liquidadas ou não, e nãopagas até o final do exercício.

II. O pagamento da despesa inscrita em Restos a Pagar independe de autorização orçamentária.

III. A despesa empenhada e liquidada é passível de inscrição em Restos a Pagar – Processados, enquanto as despesas empenhadas, mas não liquidadas, somente são passíveis de inscrição em Restos a Pagar – Não Processados, se forem atendidas determinadas condições.

IV. O superávit financeiro do exercício deve ser reservado preferencialmente para pagamento de Restos a Pagar.

V. As dívidas de exercícios anteriores, reconhecidas na forma da legislação pelo ordenador de despesa e que não foram pagas no exercício deverão ser inscritas como Restos a Pagar.

(A) V, V, F, F, F
(B) F, F, V, F, F
(C) V, V, V, F, F
(D) V, F, F, V, V
(E) F, F, V, V, V

I: correta, conforme o art. 36 da Lei 4.320/1964; **II:** correta, pois o pagamento dos restos a pagar é considerado despesa extraorçamentária; **III:** assertiva correta – art. 36 da Lei 4.320/1964; **IV:** assertiva incorreta, até porque o valor de restos a pagar amplia o passivo financeiro e, com isso, diminui o superávit financeiro – art. 43, § 2º, da Lei 4.320/1964; **V:** incorreta, pois a assertiva refere-se à despesas de exercícios anteriores (DEA) – art. 37 da Lei 4.320/1964.

Gabarito "C".

(Analista – MPU – 2004 – ESAF) Existem várias causas que justificam o aumento real das Despesas Públicas. Aponte a opção não pertinente.

(A) Alteração do papel do Estado.
(B) O progresso técnico.
(C) A redução dos poderes dos governos.
(D) A influência das guerras.
(E) O desenvolvimento de novas necessidades sociais.

Aumento real significa aumento além do simples reajuste inflacionário, ou seja, incremento efetivo no dispêndio estatal. A assertiva em A é capciosa, pois "alteração" pode significar redução do papel estatal, hipótese em que a despesa tenderia a diminuir. De qualquer forma, C é a melhor alternativa, pois a redução dos poderes dos governos tende a levar à redução do aparato estatal, pelo menos em tese, o que indicaria diminuição da despesa pública.

Gabarito "C".

(Analista – MPU – 2004 – ESAF) A despesa orçamentária deve passar por estágios. Com relação ao estágio empenho, identifique a única opção falsa.

(A) Existem três modalidades de empenho, que são extraordinário, por estimativa e global.

(B) O empenho da despesa não poderá exceder o limite dos créditos concedidos.

(C) Uma vez autorizado o empenho, pela autoridade competente, fica criada a obrigação de pagamento para o Estado, podendo ficar dependendo de algumas condições ou não.

(D) É o ato emanado de autoridade competente que cria para o Estado obrigação de pagamento pendente ou não de implemento de condição.

(E) É vedada a realização de despesa sem prévio empenho.

A: o empenho é efetivado, em regra, por valor certo e para pagamento único (= **ordinário**, comum). Apenas excepcionalmente (= extraordinariamente) admite-se o empenho por **estimativa** (valor não previamente determinado) e o empenho **global** (pagamento parcelado). Essas são as três modalidades: ordinário, estimativo e global – art. 60, §§ 2º e 3º, da Lei 4.320/1964; **B:** art. 59 da Lei 4.320/1964; **C** e **D:** o art. 58 da Lei 4.320/1964 dispõe que empenho de despesa é o ato emanado de autoridade competente que cria para o Estado obrigação de pagamento pendente ou não de implemento de condição, razão pela qual as assertivas em C e D podem ser consideradas corretas (a A é evidentemente incorreta, de modo que é a alternativa que deveria ser escolhida pelo candidato). Na verdade, o simples empenho não gera obrigação para o Estado, pois é necessário que a despesa seja adequadamente realizada (por exemplo, após o empenho, é preciso que o contratado entregue a mercadoria comprada para que surja a obrigação de pagamento – não se trata de simples condição, mas o próprio adimplemento do contrato); **E:** art. 60 da Lei 4.320/1964.

Gabarito "A"

8. EXECUÇÃO ORÇAMENTÁRIA E FINANCEIRA

(Analista – CGU – 2012 – ESAF) De acordo com os arts. 58, 62 e 63 da Lei 4.320/1964, o empenho, a liquidação e o pagamento são procedimentos essenciais à realização da despesa pública e são denominados estágios na realização desta. Diante desse fato, assinale a opção <u>incorreta</u>, a respeito desses procedimentos.

(A) Despesas empenhadas podem ter seu pagamento transferido para o exercício seguinte.

(B) Para unidades gestoras não contempladas com créditos diretamente na contabilização inicial do orçamento, o recebimento de provisão é um fato que precede a emissão de empenhos.

(C) O pagamento pode ser realizado antes da liquidação da despesa nos casos em que a espera pela liquidação pode comprometer a segurança de pessoas.

(D) A liquidação da despesa é o reconhecimento do direito adquirido pelo credor, tendo por base o exame de documentos comprobatórios do respectivo crédito.

(E) A emissão da nota de empenho reduz a disponibilidade de créditos da unidade gestora emitente, pois reserva dotação para fim específico.

A: correta, pois é possível a inscrição da despesa em Restos a Pagar, para pagamento no exercício seguinte – art. 36 da Lei 4.320/1964; **B:** assertiva correta – ver, por exemplo, o art. 1º do Decreto 7.680/2012 (decreto da execução orçamentária federal para 2012); **C:** incorreta, pois não é possível, em regra, o pagamento antes da liquidação da despesa – art. 62 da Lei 4.320/1964; **D:** correta, nos termos do art. 63 da Lei 4.320/1964; **E:** assertiva correta, pois a realização do empenho reduz a disponibilidade na respectiva dotação orçamentária – art. 25 do Decreto 93.872/1986.

Gabarito "C"

9. CRÉDITOS ADICIONAIS

(Analista – CGU – 2008 – ESAF) Ao longo do exercício financeiro, pode ocorrer a necessidade de abertura de créditos adicionais para cobrir despesas nãocomputadas ou insuficientemente dotadas. Com base na legislação vigente, relativa a esse assunto, identifique a opção incorreta.

(A) A abertura dos créditos suplementares e especiais depende da existência de recursos disponíveis para atender à despesa e será precedida de exposição justificada.

(B) Somente será admitida a abertura de crédito extraordinário para atender a despesas imprevisíveis e urgentes, como as decorrentes de guerra, comoção interna ou calamidade pública, observado o disposto na Constituição Federal.

(C) A vigência dos créditos especiais não pode ultrapassar o exercício financeiro em que foram autorizados, em respeito ao princípio orçamentário da anualidade.

(D) Terão vigência até o final do exercício financeiro os créditos extraordinários cujo ato de autorização tenha sido promulgado nos primeiros 4 (quatro) meses do exercício financeiro.

(E) Para fins de abertura de créditos suplementares e especiais, consideram-se recursos disponíveis os provenientes do excesso de arrecadação, ou seja, do saldo positivo das diferenças, acumuladas mês a mês, entre a arrecadação prevista e a realizada, considerando-se, ainda, a tendência do exercício.

A: correta, conforme o art. 43, *caput*, da Lei 4.320/1964; **B:** correta, nos termos do art. 167, § 3º, da CF; **C:** assertiva incorreta. Embora seja essa a regra, há importante exceção. É possível, excepcionalmente, a reabertura dos créditos especiais e extraordinários no exercício seguinte, no limite de seus saldos, desde que sua autorização tenha sido promulgada nos últimos quatro meses do ano – art. 167, § 2º, da CF e art. 45 da Lei 4.320/1964; **D:** correta, conforme comentário à alternativa anterior; **E:** correta, conforme o art. 43, § 1º, II, e § 3º, da Lei 4.320/1964.

Gabarito "C"

(Analista – MPU – 2004 – ESAF) De acordo com a classificação dos créditos adicionais, assinale a opção correta em relação a créditos extraordinários.

(A) São autorizados para cobertura de despesas eventuais ou essenciais e, por isso mesmo, não considerados na Lei do Orçamento.

(B) São os destinados a despesas urgentes e imprevistas, como em caso de guerra, comoção intestina ou calamidade pública.

(C) São os destinados a despesas para as quais não haja dotação orçamentária específica.

(D) São autorizações abertas por decreto do Poder Executivo até o limite estabelecido em lei.

(E) Destinam-se ao reforço de dotações orçamentárias.

A, **B** e **D:** a abertura de crédito extraordinário somente será admitida para atender a despesas imprevisíveis e urgentes, como as decorrentes de guerra, comoção interna ou calamidade pública – art. 167, § 3º, da CF. Independe de autorização legal prévia, sendo aberto diretamente por decreto do Executivo, que dará imediato conhecimento ao Legislativo – art. 44 da Lei 4.320/1964. C e **E:** embora o crédito extraordinário possa se referir a hipóteses em que não haja dotação específica ou de insuficiência da dotação, essas disposições (inexistência de dotação e reforço de dotação) são expressamente relacionadas, respectivamente, ao crédito adicional especial e ao crédito adicional suplementar, nos termos do art. 41 da Lei 4.320/1964.

Gabarito "B"

10. LEI DE RESPONSABILIDADE FISCAL – LRF

(Analista – MPU – 2004 – ESAF) A Lei de Responsabilidade Fiscal estabeleceu várias sanções institucionais e pessoais em caso de não cumprimento de suas normas. Aponte a única opção que não é exemplo de sanção institucional.

(A) No caso de limites para o estoque da dívida, vencido o prazo de retorno ao limite máximo e enquanto perdurar o excesso, ficam os governantes impedidos de receber transferências voluntárias da União ou do Estado.

(B) Na concessão de garantias, caso não sejam obedecidos os mecanismos de correção e seus prazos, o ente cuja dívida tiver sido honrada pela União ou Estado, terá suspenso o acesso a novos créditos ou financiamentos até a liquidação da dívida.

(C) As sanções pessoais, previstas em um projeto de lei ordinária, denominada Lei de Crimes de Responsabilidade Fiscal, prevê que os governantes poderão ser responsabilizados pessoalmente e punidos com a perda de cargo, inabilitação para exercício de emprego público, prisão e multa.

(D) A suspensão de transferências constitucionais para aquele governo que não instituir, prever e arrecadar recursos de sua competência.

(E) No que se refere aos limites de despesas com pessoal, é nulo de pleno direito o ato que não atender ao mecanismo de compensação.

A: não é possível, na hipótese, o recebimento de transferências voluntárias, exceto as relativas a ações de educação, saúde e assistência social – art. 25, § 1º, IV, *c* e § 3º, da LRF; **B:** art. 40, § 10, da LRF; **C:** existe a Lei 10.028/2000, que incluiu o Capítulo IV "Dos Crimes Contra as Finanças Públicas" ao Código Penal, além de alterar as leis dos crimes de responsabilidade (Lei 1.079/1950 e Decreto-Lei 201/1967). São incomuns provas de concursos públicos exigirem conhecimento relacionado a projetos de lei, até porque há inúmeros e inconstantes (são usualmente alterados, consolidados, retirados etc.). Ademais, a previsão em simples projeto de lei não pode ser considerada, juridicamente, sanção institucional. De qualquer forma, a assertiva em D é claramente incorreta, de modo que é a melhor alternativa; **D:** essa sanção refere-se apenas à omissão quanto a **impostos**, não a outras espécies de receitas públicas – art. 11, p. único, da LRF; **E:** art. 21 da LRF.

Gabarito "D"

11. OUTROS TEMAS E COMBINADOS

(Analista – MPU – 2004 – ESAF) A implantação do Sistema Integrado de Administração Financeira do Governo Federal (SIAFI) foi viabilizada a partir da criação da Secretaria do Tesouro Nacional, vinculada ao Ministério da Fazenda. Indique a única opção falsa no tocante aos objetivos do SIAFI.

(A) Prover de mecanismos adequados e simplificados o registro e o controle diário da gestão orçamentária, financeira e patrimonial dos órgãos central, setorial e seccional do Sistema de Controle Interno e dos órgãos executores.

(B) Eliminar inconsistências de dados e defasagens na escrituração contábil.

(C) Permitir a transparência dos gastos públicos à sociedade.

(D) Fornecer meios para dar agilidade à programação financeira, buscando a eficiência e eficácia da gestão pública e maximização dos custos.

(E) Permitir a programação e o acompanhamento físico-financeiro do orçamento, de modo analítico.

Os objetivos do SIAFI, listados nas assertivas (com a ressalva que faremos a seguir, em relação à alternativa D), estão no Capítulo II da Instrução Normativa STN 3/2001. Perceba que a parte final da assertiva D é absurda, pois se refere à **maximização** dos custos. É preciso atenção: se a assertiva consigna, corretamente, que o SIAFI busca a eficiência e a eficácia na gestão pública, é claro que não se trata de maximizar (aumentar ao máximo) os custos, mas sim de reduzi-los ao mínimo.

Gabarito "D"

(Analista – MPU – 2004 – ESAF) O sistema de controle interno tem por objetivo manter a integridade do patrimônio da entidade e, portanto, deve a sua organização, implantação e implementação definir prioritariamente quatro fatores. Aponte a opção não pertinente.

(A) Definir a área a controlar.

(B) Definir um sistema de controle pessoal, ou seja, um controle que permita desenvolver a administração por exceção.

(C) Definir quem informa quem, ou seja, o nível hierárquico que deve prestar informações e o que deve recebê-las, analisá-las e providenciar medidas necessárias para manter operante a administração.

(D) Definir o que deve ser informado, ou seja, o objeto da informação.

(E) Definir o período em que as informações devem ser prestadas.

Sistema de controle pessoal, a permitir desenvolver administração por exceção, não é fator pertinente.

Gabarito "B".

(Analista – MPU – 2004 – ESAF) O pagamento de uma letra de câmbio já vencida, com encargos de multas e de juros, constitui um

(A) Fato Administrativo Composto diminutivo.

(B) Fato Administrativo Modificativo diminutivo.

(C) Fato Administrativo Modificativo aumentativo.

(D) Fato Administrativo Permutativo.

(E) Fato Administrativo Composto aumentativo.

Há variação patrimonial qualitativa (permuta de dinheiro por obrigação) e quantitativa (modificação do patrimônio líquido – redução por conta dos encargos). Trata-se, portanto, de fato administrativo e contábil composto (= misto) diminutivo (características do permutativo e do modificativo diminutivo).

Gabarito "A".

27. ÉTICA

Renan Flumian e Wander Garcia

1. DEFINIÇÕES E NUANCES

(Analista – ANEEL – 2006 – ESAF) Ética no setor público pode ser qualificada como:

I. o padrão de comportamento que cada servidor estabelece como adequado à sua conduta.

II. o conjunto de valores e regras estabelecidos com a finalidade de orientar a conduta dos servidores públicos.

III. cumprimento dos deveres e finalidades para os quais o serviço público foi criado.

IV. cuidar para que os usuários do serviço público sejam tratados com respeito, cortesia, honestidade e humanidade.

V. não utilizar o cargo público para atendimento de interesses e sentimentos pessoais.

Estão corretas:

(A) as afirmativas I, II, III, IV e V.
(B) apenas as afirmativas I, II, III e IV.
(C) apenas as afirmativas II, III, IV e V.
(D) apenas as afirmativas II, III e IV.
(E) apenas as afirmativas IV e V.

I: incorreta, pois a ética é uma construção objetiva e apriorística e não subjetiva e casuística; **II:** correta, pois traz um possível conceito de ética no setor público; III: correta, pois traz um possível conceito de ética no setor público; **IV:** correta, pois a assertiva cuida de uma responsabilidade ética do servidor público; **V:** correta, pois a assertiva cuida de uma responsabilidade ética do servidor público.

Gabarito "C"

(Analista – ANEEL – 2004 – ESAF) Julgue as afirmações referentes a Moral e Ética e, em seguida, marque a opção que apresenta os itens corretos.

I. Moral e Ética são termos que possuem sentido semelhante.

II. "Moral" vem do latim mos, que quer dizer "costume".

III. "Ética" vem do grego ethos, que quer dizer "costume".

IV. Os dois termos – Moral e Ética – vêm do grego mos e ethos, sendo que o primeiro (mos) quer dizer "moradia" enquanto que o segundo (ethos) quer dizer "costume".

V. Moral e Ética são termos complementares um do outro e significam "costume" (ethos) segundo o lugar em que se mora (mos).

(A) I, II e III
(B) III, IV e V
(C) I, IV e V
(D) I, III e IV
(E) I, III, IV e V

Etimologicamente a palavra *ética* possui conexões com as palavras gregas *ethos* e *areté*. *Ethos* significa costume, uso, hábito, mas também significa caráter, temperamento, índole, maneira de ser de uma pessoa. O *ethos* é tratado pela ética (*tá ethiká*), que estuda as ações e as paixões humanas segundo o caráter ou a índole natural dos seres humanos. Na filosofia latina (Cícero) a palavra *ethos* foi traduzida por moral (*moralem*). Por esse motivo, as palavras *moral* e *ética* aparecem muitas vezes como sinônimos. Ética pode ser definida como uma disciplina filosófica cujo objeto de estudo é o *ethos* ou *moralem*. Ao longo da História, os filósofos elaboraram diversos modelos éticos (paradigmas), motivo pelo qual também se usa a palavra *ética* para se referir a esses modelos. Nesse sentido fala-se na ética dos antigos, na ética socrática, na ética aristotélica, na ética estoica, na ética cristã, ética utilitária, ética kantiana, ética protestante etc. Em síntese, a ética como disciplina estuda os paradigmas (modelos) éticos elaborados ao longo da História e que ainda não foram superados.

I: correta, pois, de fato, possuem sentido semelhante. Mas cabe ressaltar que ética é a parte da filosofia que estuda a moral, isto é, reflete sobre as regras morais, assim é algo mais abrangente; **II:** correta; **III:** correta; **IV:** incorreta, pois tanto *ethos* como *mos* querem dizer *costume*; **V:** incorreta, reler os comentários anteriores e a consideração inicial.

Gabarito "A"

(Analista – ANEEL – 2004 – ESAF) Ética no setor público pode ser qualificada como

I. cumprimento dos deveres e finalidades para os quais o serviço público foi criado.

II. uso do cargo público para alcançar as finalidades de interesse do seu titular.

III. poder responsabilizar o servidor público por aquilo que ele fez e, também, por aquilo que não fez mas que deveria tê-lo feito.

IV. fornecimento aos cidadãos de informações relativas às razões que levaram à adoção de decisão de interesse público, num sentido ou noutro.

V. pleitear ajuda financeira dos administrados, quando entender necessária, em retribuição ao cumprimento de suas obrigações funcionais.

Estão corretos os itens

(A) I, II e III.
(B) I, III e IV.
(C) II, III e V.
(D) I, IV e V.
(E) II, IV e V.

As únicas assertivas que trazem exemplos de como ética no setor público pode ser qualificada são: I, III e IV.

Gabarito "B"

2. DEVERES FUNDAMENTAIS DO SERVIDOR PÚBLICO

(Analista – ANEEL – 2004 – ESAF) De acordo com o Decreto 1.171/1994 (Código de Conduta do Servidor Público Civil do Poder Executivo Federal), são deveres fundamentais do servidor público

I. ser probo, reto, leal e justo, demonstrando toda a integridade do seu caráter, escolhendo sempre, quando estiver diante de duas opções, a melhor e a mais vantajosa para o bem comum.
II. não prejudicar a Administração Pública, mesmo que, para tanto, seja necessário omitir a verdade sobre fato relevante.
III. abster-se de observar as formalidades legais desde que não cometa qualquer violação expressa à lei.
IV. facilitar a fiscalização de todos os atos ou serviços por quem de direito.
V. apresentar-se ao trabalho com vestimentas adequadas ao exercício da função.

Estão corretos os itens

(A) I, II e III.
(B) II, IV e V.
(C) III, IV e V.
(D) I, II e IV.
(E) I, IV e V.

I: correto (art. XIV, *c*, do Anexo do Código de Conduta do Servidor Público Civil do Poder Executivo Federal); **II:** incorreto, pois não se trata de um dever fundamental do servidor público; **III:** incorreto, pois não se trata de um dever fundamental do servidor público; **IV:** correto (art. XIV, *s*, do Anexo do Código de Conduta do Servidor Público Civil do Poder Executivo Federal); **V:** correto (art. XIV, *p*, do Anexo do Código de Conduta do Servidor Público Civil do Poder Executivo Federal).

Gabarito "E"

(Auditor Fiscal da Receita Federal – 2003 – ESAF) Das condutas relacionadas a seguir, indique todas as que constituem deveres éticos do servidor público:

I. ser probo, leal e justo no exercício das suas funções;
II. desempenhar, a tempo, as atribuições do cargo, função ou emprego público de que seja titular;
III. exercer com estrita moderação as prerrogativas funcionais que lhe sejam atribuídas;
IV. agir de forma a beneficiar aqueles que colaboram com o governo.

(A) I, II e IV
(B) II, III e IV
(C) I, III e IV
(D) I, II e III
(E) I, II, III e IV

I: Item XIV, "c", "a" e "t", do Código de Ética Profissional do Servidor Público Civil do Poder Executivo Federal, instituído pelo Decreto 1.171/1994.

Gabarito "D"

(Auditor Fiscal da Receita Federal – 2003 – ESAF) De acordo com o Código de Ética Profissional do Servidor Público Civil do Poder Executivo Federal, "a moralidade da Administração Pública não se limita à distinção entre o bem e o mal, devendo ser acrescida da ideia de que o fim é sempre o bem comum. O equilíbrio entre a legalidade e a finalidade, na conduta do servidor, é que poderá consolidar a moralidade do ato administrativo". Esse enunciado expressa:

(A) o sentido do princípio da legalidade na Administração Pública.
(B) que o estrito cumprimento da lei conduz à moralidade na Administração Pública.
(C) que o ato administrativo praticado de acordo com a lei não pode ser impugnado sob o aspecto da moralidade.
(D) que todo ato legal é também moral.
(E) um valor ético que deve nortear a prática dos atos administrativos.

Esse enunciado está no item III do Código de Ética Profissional do Servidor Público Civil do Poder Executivo Federal, instituído pelo Decreto 1.171/1994. De fato, o item trata do princípio da moralidade, como se pode reparar do seu início ("a moralidade da Administração Pública não se limita...") e do seu fim ("...é que poderá consolidar a moralidade do ato administrativo"). E o princípio da moralidade impõe obediência aos **valores éticos**, conforme a alternativa "e".

Gabarito "E"

(Auditor Fiscal da Receita Federal – 2003 – ESAF) Um servidor da Secretaria da Receita Federal, por curiosidade, utilizou sua senha de acesso aos sistemas informatizados para conhecer a situação fiscal de determinadas autoridades públicas. Manteve segredo sobre as informações obtidas, mas, como o acesso ficou registrado, o fato chegou ao conhecimento de seus superiores. Nesta hipótese, esse servidor:

(A) cometeu crime contra a administração pública.
(B) cometeu crime de violação de sigilo funcional.
(C) cometeu infração funcional de falta de zelo, dedicação às atribuições do cargo e descumprimento de normas legais.
(D) não cometeu qualquer irregularidade.
(E) deve receber uma menção de elogio se tiver descoberto alguma irregularidade nos dados consultados.

Art. 116, I e III, da Lei 8.112/1990.

Gabarito "C"

(Auditor Fiscal da Receita Federal – 2003 – ESAF) Das afirmativas a seguir, indique todas as que estão corretas:

I. o administrado tem direito de ter vista dos autos em que figure na condição de interessado, de obter cópia das decisões nele contidas e conhecer as decisões proferidas;

II. o administrado pode arguir a suspeição da autoridade administrativa, se esta não o fizer espontaneamente;

III. os princípios da razoabilidade e da proporcionalidade, por comportarem juízo subjetivo na sua aplicabilidade, não podem ser considerados no processo administrativo;

IV. o decoro, a probidade e a boa-fé, embora sejam valores éticos, devem ser observados no processo administrativo.

(A) I, III e IV
(B) I, II e IV
(C) II, III e IV
(D) I, II e III
(E) I, II, III e IV

I: art. 3º, II, da Lei 9.784/1999; **II:** art. 20 da Lei 9.784/1999; **III:** art. 2º, *caput*, da Lei 9.784/1999; **IV:** art. 2º, p. único, IV, da Lei 9.784/1999.

Gabarito "B".

3. VEDAÇÕES AO SERVIDOR PÚBLICO

(Analista – ANEEL – 2006 – ESAF) De acordo com o Código de Ética Profissional do Servidor Público Civil do Poder Executivo Federal, é vedado ao servidor público:

I. ser sócio de empresa que explore atividade considerada ilegal ou imoral.

II. sugerir ao usuário do serviço público que dê uma colaboração em dinheiro para as reuniões de confraternização da repartição.

III. deixar de dar regular andamento a um processo administrativo porque o interessado é seu desafeto.

IV. determinar a servidor subordinado que realize serviços do seu interesse particular (interesse do mandante).

V. deixar de utilizar os avanços técnicos e científicos ao seu alcance ou do seu conhecimento para atendimento do seu mister.

Estão corretas:

(A) as afirmativas I, II, III, IV e V.
(B) apenas as afirmativas I, II, III e IV.
(C) apenas as afirmativas II, III e IV.
(D) apenas as afirmativas II e IV.
(E) apenas as afirmativas III e IV.

I, II, III, IV e **V**: As cinco assertivas estão corretas, pois tratam de situações que se enquadram nas hipóteses previstas pelo Código de Ética como vedações ao servidor público. Segue a redação do art. XV do Código de Ética Profissional do Servidor Público Civil do Poder Executivo Federal que traz todas as vedações: "É vedado ao servidor público; *a)* o uso do cargo ou função, facilidades, amizades, tempo, posição e influências, para obter qualquer favorecimento, para si ou para outrem; *b)* prejudicar deliberadamente a reputação de outros servidores ou de cidadãos que deles dependam; *c)* ser, em função de seu espírito de solidariedade, conivente com erro ou infração a este Código de Ética ou ao Código de Ética de sua profissão; *d) usar de artifícios para procrastinar ou dificultar o exercício regular de direito por qualquer pessoa, causando-lhe dano moral ou material; e) deixar de utilizar os avanços técnicos e científicos ao seu alcance ou do seu conhecimento para atendimento do seu mister; f)* permitir que perseguições, simpatias, antipatias, caprichos, paixões ou interesses de ordem pessoal interfiram no trato com o público, com os jurisdicionados administrativos ou com colegas hierarquicamente superiores ou inferiores; *g) pleitear, solicitar, provocar, sugerir ou receber qualquer tipo de ajuda financeira, gratificação, prêmio, comissão, doação ou vantagem de qualquer espécie, para si, familiares ou qualquer pessoa, para o cumprimento da sua missão ou para influenciar outro servidor para o mesmo fim; h)* alterar ou deturpar o teor de documentos que deva encaminhar para providências; *i)* iludir ou tentar iludir qualquer pessoa que necessite do atendimento em serviços públicos; *j) desviar servidor público para atendimento a interesse particular; l)* retirar da repartição pública, sem estar legalmente autorizado, qualquer documento, livro ou bem pertencente ao patrimônio público; *m)* fazer uso de informações privilegiadas obtidas no âmbito interno de seu serviço, em benefício próprio, de parentes, de amigos ou de terceiros; *n)* apresentar-se embriagado no serviço ou fora dele habitualmente; *o)* dar o seu concurso a qualquer instituição que atente contra a moral, a honestidade ou a dignidade da pessoa humana; *p) exercer atividade profissional aética ou ligar o seu nome a empreendimentos de cunho duvidoso*". Mais especificamente, o item I relaciona-se com *p*; o item II relaciona-se com *g*; o item III relaciona-se com *d*; o tem IV relaciona-se com *j*; e o item V relaciona-se com *e*.

Gabarito "A".

4. COMISSÕES DE ÉTICA

(Analista – Ministério da Int. Nacional – 2012 – ESAF) Nos termos do Código de Ética Profissional do Servidor Público Civil do Poder Executivo Federal, o conceito de servidor público, para fins de apuração do comprometimento ético, é

(A) restritivo, abrangendo apenas os que, por força de lei, prestem serviços de natureza permanente, ligados diretamente a qualquer órgão do poder estatal.

(B) restritivo, abrangendo apenas os que, por força de lei ou contrato, prestem serviços de natureza permanente, ligados diretamente a qualquer órgão do poder estatal.

(C) relativamente restritivo, abrangendo apenas os que, por força de lei, contrato ou outro ato jurídico, prestem serviços de natureza permanente, ligados diretamente a qualquer órgão do poder estatal.

(D) bastante amplo, abrangendo até mesmo os que, por força de qualquer ato jurídico, prestem serviços de natureza excepcional, mesmo que não remunerados para tanto e ligados apenas indiretamente a um órgão do poder estatal.

(E) amplo, abrangendo também os que, por força de qualquer ato jurídico, prestem até mesmo serviços de natureza temporária ou excepcional, desde que com retribuição financeira e ligados diretamente a algum órgão do poder estatal.

A assertiva D é a correta porque está em conformidade com a redação do art. XXIV do Código de Conduta do Servidor Público Civil do Poder Executivo Federal: "Para fins de apuração do comprometimento ético, entende-se por servidor público todo aquele que, por força de lei, contrato ou de qualquer ato jurídico, preste serviços de natureza permanente, temporária ou excepcional, ainda que sem retribuição financeira, desde que ligado direta ou indiretamente a qualquer órgão do poder estatal, como as autarquias, as fundações públicas, as entidades paraestatais, as empresas públicas e as sociedades de economia mista, ou em qualquer setor onde prevaleça o interesse do Estado".

Gabarito "D".

5. SISTEMA DE GESTÃO DA ÉTICA DO PODER EXECUTIVO FEDERAL

(Analista – Ministério da Int. Nacional – 2012 – ESAF) Considerando-se as normas aplicáveis ao Sistema de Gestão da Ética do Poder Executivo Federal, assinale a opção *incorreta*.

(A) As pessoas jurídicas de direito privado podem provocar a atuação de Comissão de Ética para apuração de infração ética imputada a agente público.

(B) As Comissões de Ética, ao concluir pela existência de falta de ética, poderão aplicar ao servidor penas disciplinares como a de advertência e suspensão.

(C) A abertura de processo para apuração de infração de natureza ética não depende de recebimento de denúncia.

(D) Até sua conclusão, os procedimentos instaurados para apuração de possíveis infrações das normas éticas serão mantidos com a chancela de "reservado".

(E) Nem sempre a identidade do denunciante de infração às normas éticas será mantida sob reserva.

A: correta, pois em consonância com a redação do art. 11 do Sistema de Gestão da Ética do Poder Executivo Federal (Decreto 6.029/2007): "Qualquer cidadão, agente público, pessoa jurídica de direito privado, associação ou entidade de classe poderá provocar a atuação da CEP ou de Comissão de Ética, visando à apuração de infração ética imputada a agente público, órgão ou setor específico de ente estatal"; **B:** incorreta (devendo ser assinalada), pois o art. 12, § 5.º, do Sistema de Gestão da Ética do Poder Executivo Federal (Decreto 6.029/2007) assim estatui: "Se a conclusão for pela existência de falta ética, além das providências previstas no Código de Conduta da Alta Administração Federal e no Código de Ética Profissional do Servidor Público Civil do Poder Executivo Federal, as Comissões de Ética tomarão as seguintes providências, no que couber: I – encaminhamento de sugestão de exoneração de cargo ou função de confiança à autoridade hierarquicamente superior ou devolução ao órgão de origem, conforme o caso; II – encaminhamento, conforme o caso, para a Controladoria-Geral da União ou unidade específica do Sistema de Correição do Poder Executivo Federal de que trata o Decreto 5.480, de 30 de junho de 2005 para exame de eventuais transgressões disciplinares; e III – recomendação de abertura de procedimento administrativo, se a gravidade da conduta assim o exigir". E segundo o art. XXII do Anexo do Código de Conduta do Servidor Público Civil do Poder Executivo Federal, a Comissão de Ética pode aplicar a pena de censura; **C:** correta, pois não existe a necessidade de recebimento da denúncia (art. 12, § 5.º, III, do Decreto 6.029/2007 – Sistema de Gestão da Ética do Poder Executivo Federal); **D:** correta, pois reflete a redação do art. 13 do Sistema de Gestão da Ética do Poder Executivo Federal (Decreto 6.029/2007); **E:** correta, pois em consonância com a redação do art. 10, II, do Decreto 6029/2007 – Sistema de Gestão da Ética do Poder Executivo Federal: "Art. 10. Os trabalhos da CEP e das demais Comissões de Ética devem ser desenvolvidos com celeridade e observância dos seguintes tópicos: (...) II – proteção à identidade do denunciante, que deverá ser mantida sob reserva, *se este assim o desejar*".

Gabarito "B".

6. COMBINADAS E OUTROS TEMAS

(Analista – ANEEL – 2006 – ESAF) De acordo com o Código de Ética Profissional do Servidor Público Civil do Poder Executivo Federal, "a moralidade da Administração Pública não se limita à distinção entre o bem e o mal, devendo ser acrescida da ideia de que o fim é sempre o bem comum. O equilíbrio entre a legalidade e a finalidade, na conduta do servidor, é que poderá consolidar a moralidade do ato administrativo". Esse enunciado expressa:

I. um valor ético destinado a orientar a prática dos atos administrativos.

II. uma regra de conduta consubstanciada num dever.

III. a impossibilidade de um ato administrativo, praticado de acordo com a lei, ser impugnado sob o aspecto da moralidade.

IV. que a finalidade do ato administrativo influencia a sua análise sob o aspecto da moralidade.

V. que todo ato legal é também moral.

Estão corretas:

(A) as afirmativas I, II, III, IV e V.

(B) apenas as afirmativas I, II, III e IV.

(C) apenas as afirmativas II, IV e V.

(D) apenas as afirmativas II, III e IV.

(E) apenas as afirmativas I e IV.

I: correta, pois se trata, indiscutivelmente, de uma orientação ética para a prática de atos administrativos (art. III do Anexo); **II:** incorreta. Não se trata de um dever, mas sim de uma orientação que visa a realização do bem comum; **III:** incorreta, pois a assertiva não cuida de um possível significado a ser extraído do texto mediante o recurso interpretativo; **IV:** correta, pois a finalidade do ato administrativo sempre deverá ser o bem comum; **V:** incorreta, pois essa afirmação é errônea.

Gabarito "E".

Nas próximas duas questões, as proposições representam valores éticos e regras éticas. Distinga as que representam "valor" das que representam "regra".

I. É vedado ao servidor público usar do cargo ou função, facilidades, amizades, tempo, posição e influências, para obter qualquer favorecimento, para si ou para outrem.

II. A cortesia, a boa vontade, o cuidado e o tempo dedicados ao serviço público caracterizam o esforço pela disciplina.

III. A dignidade, o decoro, o zelo, a eficácia e a verdade são primados maiores que devem nortear o servidor público.

IV. Ao servidor público não se pode permitir que perseguições, simpatias, antipatias, caprichos, paixões ou interesses de ordem pessoal interfiram no trato com o público, com os jurisdicionados administrativos ou com colegas hierarquicamente superiores ou inferiores.
V. Ao servidor público é proibido pleitear, solicitar, provocar, sugerir ou receber qualquer tipo de ajuda financeira, gratificação, prêmio, comissão, doação ou vantagem de qualquer espécie, para si, familiares ou qualquer pessoa, para o cumprimento da sua missão ou para influenciar outro servidor para o mesmo fim.
VI. O trabalho desenvolvido pelo servidor público perante a comunidade deve ser entendido como acréscimo ao seu próprio bem-estar, já que, como cidadão, integrante da sociedade, o êxito desse trabalho pode ser considerado como seu maior patrimônio.

(Analista – ANEEL – 2004 – ESAF) Representam "valores" as proposições indicadas nos itens

(A) I, II e III.
(B) IV, V e VI.
(C) I, III e VI.
(D) II, III e VI.
(E) I, IV e V.

Representam valores as proposições indicadas nos itens II (art. IX do Anexo do Código de Ética), III (art. I do Anexo do Código de Ética) e VI (art. V do Anexo do Código de Ética).

Gabarito "D"

(Analista – ANEEL – 2004 – ESAF) Representam "regras" as proposições indicadas nos itens

(A) I, II e III.
(B) IV, V e VI.
(C) I, IV e V.
(D) II, III e VI.
(E) I, III e VI.

Representam regras as proposições indicadas nos itens I (art. XV, *a*, do Anexo do Código de Ética), IV (art. XV, *f*, do Anexo do Código de Ética) e V (art. XV, *g*, do Anexo do Código de Ética).

Gabarito "C"

(Técnico – ANEEL – 2009 – ESAF) São valores estabelecidos no Código de Ética da ANEEL e que devem ser observados pelos agentes públicos dessa Agência:

I. proibição de conflito de interesses.
II. proibição de receber benefícios ou presentes que possam gerar dúvida sobre a probidade do agente público.
III. imparcialidade na análise dos casos que lhes forem apresentados.
IV. isonomia no tratamento das pessoas que estejam numa mesma situação.
V. responsabilidade social na execução das ações afetas ao seu mister.

Estão corretas:

(A) as afirmativas I, II, III, IV e V.
(B) apenas as afirmativas I, II, III e IV.
(C) apenas as afirmativas III, IV e V.
(D) apenas as afirmativas II, III e IV.
(E) apenas as afirmativas I e II.

O Código de Ética da ANEEL prevê, como valores a serem observados pelos agentes públicos, a imparcialidade na análise dos casos que lhes forem apresentados, a isonomia no tratamento das pessoas que estejam numa mesma situação e a responsabilidade social na execução das ações afetas ao seu mister. As assertivas contidas nos itens I e II não estão previstas no "Capítulo 3 – Valores" do Código de Ética da ANEEL como valores a serem observados pelos agentes públicos da Agência.

Gabarito "C"

(Técnico – ANEEL – 2009 – ESAF) São condutas que o Código de Ética da ANEEL considera inadmissíveis de serem adotadas pelos agentes públicos dessa Agência:

I. prestar informação sobre matéria que não seja da competência específica do agente que a presta.
II. utilizar, em suas atividades laborais, brindes cujo logotipo ou logomarcas identifiquem empresas ou organizações que tenham interesse em decisões da Agência.
III. assumir responsabilidade por ato de terceiro.
IV. deixar de registrar e disponibilizar os assuntos tratados com o público externo, relacionados às atividades da Agência.
V. aceitar brindes de valor superior a R$ 100,00 (cem reais).

Estão corretas: 797

(A) as afirmativas I, II, III, IV e V.
(B) apenas as afirmativas I, II, III e IV.
(C) apenas as afirmativas III, IV e V.
(D) apenas as afirmativas II, III e IV.
(E) apenas as afirmativas I, II e V.

As assertivas contidas nos cinco itens da questão refletem condutas consideradas inadmissíveis de serem praticadas pelos servidores da ANEEL, conforme previsão contida no "Capítulo 5 – Condutas", do Código de Ética da Agência.

Gabarito "A"

(Analista – ANEEL – 2006 – ESAF) São condutas que, de acordo com o Código de Ética da ANEEL, violam o compromisso com os valores nele estabelecidos:

I. tratar colega de trabalho, de forma discriminada, em razão de orientação sexual do mesmo.
II. não transferir, ao seu substituto ou a quem lhe for indicado, as informações necessárias à adequada manutenção do serviço, quando do seu desligamento do cargo ou função.
III. apresentar, como seu, trabalho realizado por outra pessoa.
IV. aceitar o pagamento de hospitalidade, tais como diárias de hotéis e jantares, feito por representante de agente regulado pelo setor de energia elétrica, quando representar a Agência em eventos e compromissos externos.
V. deixar a ANEEL de prevenir potenciais conflitos entre os agentes regulados e demais segmentos da sociedade.

Estão corretas:

(A) as afirmativas I, II, III, IV e V.
(B) apenas as afirmativas I, II, III e V.
(C) apenas as afirmativas II, III, IV e V.
(D) apenas as afirmativas I, III e V.
(E) apenas as afirmativas II e V.

Todos os comportamentos descritos nos itens I a V se encontram previstos no "Capítulo 4 – Compromissos" do Código de Ética da ANEEL como sendo condutas violadoras de compromisso nele estabelecidos.

Gabarito "A".

(Analista – ANEEL – 2006 – ESAF) De acordo com o Código de Ética da ANEEL, a conduta dos agentes públicos dessa Agência deve ser pautada pelos seguintes valores:

I. Compromisso de priorizar os interesses dos agentes regulados, haja vista que são eles os fornecedores dos serviços.
II. Imparcialidade na análise dos casos que lhes forem apresentados, não emitindo juízo prévio de valor.
III. Independência na tomada de decisões, com base em suas competências técnicas.
IV. Eficiência no desempenho de suas atividades, otimizando recursos de forma a obter os resultados esperados pela sociedade.
V. Justiça nas decisões adotadas, afastando a aplicação das normas que, a seu juízo, são injustas.

Estão corretas:

(A) as afirmativas I, II, III, IV e V.
(B) apenas as afirmativas I, II, III e IV.
(C) apenas as afirmativas I, II e IV.
(D) apenas as afirmativas II, III e IV.
(E) apenas as afirmativas I, II e V.

Somente os itens I e V não enunciam condutas constantes no Código de Ética da ANEEL (Capítulo 3 – Valores).

Gabarito "D".

(Analista – ANEEL – 2006 – ESAF) São condutas que o Código de Ética da ANEEL considera inadmissíveis de serem adotadas pelos agentes públicos dessa Agência:

I. solicitar ao superior hierárquico que estabeleça uma rotina de trabalho diferenciada em relação aos demais.
II. ter participação societária, em percentual superior a cinco por cento do capital social, em empresa que negocie com o Poder Público.
III. omitir a existência de fato impeditivo de sua participação em instrução de processo da ANEEL.
IV. solicitar à empresa que presta serviços de segurança à ANEEL que contrate o seu filho (filho do solicitante), como empregado.
V. assediar moralmente colega de trabalho.

Estão corretas:

(A) as afirmativas I, II, III, IV e V.
(B) apenas as afirmativas II, III, IV e V.
(C) apenas as afirmativas III, IV e V.
(D) apenas as afirmativas I, II e V.
(E) apenas as afirmativas I, II, III e IV.

Somente as condutas descritas nos itens I e II não constam expressamente no Código de Ética da ANEEL (Capítulo 5 – Condutas).

Gabarito "C".

28. LÍNGUA INGLESA

Mark Hughes e Anthony Rosenberg

For the following questions, choose the best answer in accordance with this Text

Brazil's exports

Trade barriers imposed by Argentina on imports in general have resulted in a drop of 16% in Brazil's exports to its neighbor in the first half of this year. Between January and June last year, Brazil sold goods worth US$ 10.43 billion to Argentina. This year, during the same period, the value of goods sold to Argentina is US$ 1.6 billion less.

In spite of the trade barriers, the executive secretary at the Ministry of Development, Industry and Foreign Trade, Alessandro Teixeira, blames the international crisis for the situation. "The cause of these problems is the international crisis. It affects Argentina and it affects us, too," he declared. Teixeira noted that negotiations have improved the relationship with Argentina, that there has been a more positive dialogue.

Brazil's exports to Eastern Europe are down 38% and down 8% to the European Union in the first half. On the other hand, they have risen by over US$ 2 billion to China during the same period.

From: Brazzil Magazine July 2012 [adapted]

Tradução

Para as questões seguintes escolha a melhor resposta de acordo com o Texto

Barreiras comerciais impostas pela Argentina sobre importações em geral resultaram em uma redução de 16% nas exportações do Brasil para seu vizinho na primeira metade deste ano. Entre janeiro e junho do ano passado, o Brasil vendeu US$ 10,43 bilhões em bens para a Argentina. Este ano, durante o mesmo período, o valor dos bens vendidos para a Argentina é US$ 1,6 bilhões a menos.

Apesar das barreiras comerciais, o secretário executivo do Ministério de Desenvolvimento, Indústria e Comércio Exterior, Alessandro Teixeira, culpa a crise internacional pela situação. "A causa desses problemas é a crise internacional. Ela afeta a Argentina e afeta-nos também", ele declarou. Texeira notou que as negociações melhoraram a relação com a Argentina, que houve um diálogo mais positivo.

As exportações brasileiras para a Europa Oriental caíram 38% e 8% para a União Europeia no primeiro semestre. Por outro lado, elas cresceram mais de US$ 2 bilhões para a China no mesmo período.

De: Brazzil Magazine Julho de 2012 [adaptado]

(Auditor Fiscal da Receita Federal – 2012 – ESAF) In 2012, Brazil's exports

(A) have all been reduced in comparison with last year.
(B) to Argentina have increased due to positive dialogue.
(C) have decreased with Eastern Europe but gone up with the European Union.
(D) are expected to show an increase by the end of the year.
(E) have generally declined, except for goods sent to China.

Tradução

Em 2012, as exportações brasileiras

(A) reduziram-se todas em comparação com o último ano.
(B) aumentaram para a Argentina devido a diálogo positivo.
(C) reduziram-se em relação à Europa Oriental, mas subiram em relação à União Europeia.
(D) devem crescer (há uma expectativa nesse sentido) até o final do ano.
(E) reduziram-se em geral, com exceção dos bens enviados à China.

E: reduziram-se em geral, com exceção dos bens enviados à China.

Gabarito "E"

(Auditor Fiscal da Receita Federal – 2012 – ESAF) Argentina has

(A) placed restrictions on most imports.
(B) discriminated against Brazil more than others.
(C) encouraged the entry of goods from abroad.
(D) allowed Brazil to export more than last year.
(E) blamed the international crisis for it imports.

Tradução

A Argentina

(A) impôs restrições na maioria das importações.
(B) discriminou mais o Brasil do que outros.

(C) encorajou a entrada de bens vindos do exterior.
(D) permitiu que o Brasil exportasse mais no ano passado.
(E) culpou a crise internacional por suas importações.

Obs.: apesar do gabarito oficial, a alternativa "A" é claramente a correta.

Gabarito "C"

(Auditor Fiscal da Receita Federal – 2012 – ESAF) Alessandro Teixeira's comments on Argentina's position could best be described as

(A) hostile.
(B) cowardly.
(C) diplomatic.
(D) unfriendly.
(E) pessimistic.

Tradução

Os comentários de Alessandro Teixeira sobre a posição da Argentina poderiam ser melhor descritos como

(A) hostis.
(B) covardes.
(C) diplomáticos.
(D) não amigáveis.
(E) pessimistas.

C: diplomáticos.

Gabarito "C"

For the following questions, choose the best answer in accordance with this Text

South Korea banks in rate-rigging investigation

A South Korea financial regulator has started an investigation into alleged interest rate rigging by some of the country's banks. The Fair Trade Commission is looking at possible collusion over setting certificates of deposit (CD), used as a benchmark to set lending rates. It follows the Libor-rigging scandal involving Barclays and possibly several other UK banks.

A CD is a way of saving with a fixed interest rate and maturity sold by banks and circulated in the secondary market by brokerages. Financial firms benefit from a high CD rates as many household loans are linked to them. They are frequently used to help South Koreans buy homes. The possible rigging of CD can help flatter companies' financial health.

The indebtedness of South Koreans has become a particular worry to the authorities as the economy slows.

From: www.bbc.com/news [slightly adpated]

Tradução

Bancos sul-coreanos sob investigação por manipulação de taxas de juros

Um regulador do mercado financeiro da Coreia do Sul iniciou uma investigação sobre suposta manipulação de taxas de juros por alguns dos bancos do país. A Comissão de Comércio Justo está analisando o possível conluio relacionado ao ajuste de certificados de depósitos (CD), utilizados como padrão para fixar as taxas dos empréstimos. Isso segue o escândalo da manipulação da taxa Libor envolvendo a Barclays e possivelmente muitos outros bancos britânicos.

Um CD é um meio de poupança com juros e vencimento fixos vendido por bancos e que corretores fazem circular no mercado secundário. Empresas financeiras ganham com uma alta das taxas dos CDs já que muitos empréstimos domésticos são ligados a eles. Eles são frequentemente utilizados para ajudar os sul-coreanos a comprar casas. A possível manipulação de CDs pode ajudar a maquiar a saúde financeira das empresas.

A dívida dos sul-coreanos tornou-se particularmente preocupante para as autoridades, considerando a redução da velocidade da economia.

De: www.bbc.com/news [ligeiramente adaptado]

(Auditor Fiscal da Receita Federal – 2012 – ESAF) The opening paragraph suggests that some South Koreanbanks may have

(A) acted dishonestly.
(B) deserved commendation.
(C) been unfairly attacked.
(D) started an investigation.
(E) moved to the UK.

Tradução

O parágrafo de abertura sugere que alguns bancos sul-coreanos podem ter

(A) agido desonestamente.
(B) merecido elogio.
(C) sido atacados injustamente.
(D) iniciado uma investigação.
(E) se mudado para a Grã-Bretanha.

A: agido desonestamente.

Gabarito "A"

(Auditor Fiscal da Receita Federal – 2012 – ESAF) In paragraph 2 line 3, the word "brokerages" refers to

(A) second class financial deals.
(B) companies that buy and sell financial assets.
(C) firms perceived as likely to go bankrupt.
(D) large accountancy enterprises.
(E) risky exchange rate transactions.

Tradução

No parágrafo 2 linha 3, a palavra "brokerages" refere-se a

(A) negócios financeiros de segunda classe.
(B) empresas que compram e vendem ativos financeiros.
(C) empresas vistas como muito passíveis de falirem.
(D) grandes empreendimentos de contabilidade.
(E) transações cambiais de risco.

B: empresas que compram e vendem ativos financeiros.

Gabarito "B"

(Auditor Fiscal da Receita Federal – 2012 – ESAF) Officials in South Korea are concerned about

(A) high levels of personal debt in a sluggish economy.
(B) poor credit-ratings and economic over-heating.
(C) rising household expenditures and house prices.

(D) broken homes and inability to support flattery.

(E) the national debt and how to pay it off.

Tradução

Autoridades na Coreia do Sul estão preocupadas com

(A) alto níveis de dívida pessoal em uma economia lenta.

(B) fracas avaliações de crédito e economia superaquecida.

(C) aumento nos gastos domésticos e nos preços das casas.

(D) lares quebrados e inabilidade para suportar maquiagem.

(D) a dívida nacional e como pagá-la.

A: alto níveis de dívida pessoal em uma economia lenta.

Gabarito "A".

For the following questions, choose the best answer in accordance with this Text

Rio+20: reasons to be cheerful

Read the commentaries from Rio+20, and you'd think a global disaster had taken place. The UN multilateral system is said to be in crisis. Pundits and NGOs complain that it was "the greatest failure of collective leadership since the first world war", "a bleak day, a disastrous meeting" and "a massive waste of time and money".

Perspective, please. Reaction after the 1992 Rio summit was uncannily similar. Countries passed then what now seemfar-sighted treaties and embedded a slew of aspirations and commitments into international documents – but NGOs and journalists were still distraught. In short, just like Rio 2012, the meeting was said to be a dismal failure of governments to co-operate.

I was pretty downhearted then, too. So when I returned I went to see Richard Sandbrook, a legendary environmental activist who co-founded Friends of the Earth, and profoundly influenced a generation of governments, business leaders and NGOs before he died in 2005. Sandbrook made the point that NGOs always scream blue murder because it is their job to push governments and that UN conferences must disappoint because all views have to be accommodated. Change, he said, does not happen in a few days' intense negotiation. It is a long, muddled, cultural process that cannot come from a UN meeting. Real change comes from stronger institutions, better public information, promises being kept, the exchange of views, pressure from below, and events that make people see the world differently.

Vast growth in global environmental awareness has taken place in the past 20 years, and is bound to grow in the next 20.

[From The Guardian PovertyMatters blog- adapted]

Tradução

Rio+20: razões para comemorar

Leia os comentários sobre a Rio+20, e você vai achar que aconteceu um desastre global. Dizem que o sistema multilateral das Nações Unidas está em crise. Especialistas e ONGs reclamam que foi "o maior fracasso de liderança global desde a primeira guerra mundial", "um dia desolador, uma conferência desastrosa" e "uma enorme perda de tempo e dinheiro".

Perspectiva, por favor. As reações após a Cúpula do Rio de 1992 foram inacreditavelmente similares. Países aprovaram então o que agora parecem ser tratados visionários e inseriram um grande número de aspirações e comprometimentos em documentos internacionais – mas ONGs e jornalistas ainda estavam preocupados. Em suma, como em relação a Rio 2012, disseram que a conferência foi um fracasso melancólico da cooperação entre governos.

Eu estava bem triste naquela época também. Então, quando voltei fui ver Richard Sandbrook, um lendário ativista ambiental que co-fundou o Amigos da Terra e influenciou profundamente uma geração de governos, líderes empresariais e ONGs antes de morrer em 2005. Sandbrook assinalou que ONGs sempre gritam muito alto porque é o seu trabalho pressionar governos e que as conferências das Nações Unidas devem desapontar porque todos os pontos de vista devem ser acomodados. Mudança, ele disse, não acontece em alguns poucos dias de intensa negociação. É um longo e confuso processo cultural que não pode vir de uma conferência das Nações Unidas. Mudança real vem de instituições mais fortes, melhor informação pública, promessas que são mantidas, troca de pontos de vista, pressão vinda de baixo e eventos que fazem as pessoas verem o mundo de modo diferente.

Um vasto crescimento da consciência ambiental global ocorreu nos últimos 20 anos e está destinada a crescer nos próximos 20.

[De The Gardian PovertyMatters blog – adaptado]

(Auditor Fiscal da Receita Federal – 2012 – ESAF) According to the text, the general reaction to the Rio+20Conference was

(A) generally optimistic.

(B) absolutely singular.

(C) relatively cheerful.

(D) extremely gloomy.

(E) remarkably sanguine.

Tradução

De acordo com o texto, a reação geral em relação à Conferência Rio+20 foi

(A) em geral otimista.

(B) absolutamente singular.

(C) relativamente alegre.

(D) extremamente triste, melancólica.

(E) notadamente otimista, confiante.

D: extremamente triste, melancólica.

Gabarito "D".

(Auditor Fiscal da Receita Federal – 2012 – ESAF) The author of the article believes that immediately after the1992 environmental conference

(A) his only hope was to visit a famous environmentalist.
(B) the response to the event was much the same as now.
(C) the United Nations failed to foster any agreements.
(D) everybody praised the far-sighted accords reached.
(E) the climate began to change all around the world.

Tradução

O autor do artigo acredita que imediatamente após a Conferência de 1992

(A) sua única esperança foi visitar um famoso ambientalista.
(B) a resposta ao evento foi muito parecida com a atual.
(C) as Nações Unidas fracassaram em promover qualquer acordo.
(D) todos louvaram os acordos visionários formulados.
(E) o clima começou a mudar em todo o mundo.

B: a resposta ao evento foi muito parecida com a atual

Gabarito "B".

(Auditor Fiscal da Receita Federal – 2012 – ESAF) The main aim of the third paragraph is to report on

(A) the views of a well-known environmentalist on how change occurs.
(B) the failure of the UN to achieve any significant results in 1992.
(C) the life and work of a late-lamented UN environmental activist.
(D) the author's despondent mood in 1992 and the reasons for it.
(E) the similarities between the conference results in 2012 and 1992.

Tradução

O principal objetivo do terceiro parágrafo é noticiar sobre

(A) os pontos de vista de um conhecido ambientalista sobre como ocorrem as mudanças.
(B) o fracasso das Nações Unidas em atingir qualquer resultado significativo em 1992.
(C) a vida e o trabalho de um saudoso ativista ambiental das Nações Unidas.
(D) o ânimo pessimista do autor em 1992 e as razões para isso.
(E) as similaridades entre os resultados das conferências em 2012 e 1992.

Obs.: entendemos que a alternativa "A" é claramente a correta.

Gabarito "D".

(Auditor Fiscal da Receita Federal – 2012 – ESAF) The expression "scream blue murder" in paragraph 3 line7 means

(A) feel severely threatened.
(B) call out for protection.
(C) commit environmental crimes.
(D) shout about their mistreatment.
(E) raise an indignant outcry.

Tradução

A expressão "scream blue murder" no parágrafo 3 linha 7 significa

(A) sentir-se gravemente ameaçado.
(B) pedir proteção.
(C) cometer crimes ambientais.
(D) gritar sobre seus maus tratos
(E) dar um grito de protesto indignado.

E: dar um grito de protesto indignado.

Gabarito "E".

For the following questions, choose the best answer in accordance with this Text

Brazil's economy

Government spending and exports of commodities like soy beans and metals to fast-growing countries in Asia, have propelled Brazil's economy to sixth place in the world. But red-hot growth when Latin America's largest economy clocked in a 7.5% growth rate in 2010 appears to have fizzled out.

The economy stalled in May following an unexpected dropin retail sales. That heightened fears for what was one ofthe few bright spots of the world economy, making it the worst performer among Brics nations. GDP grew just 0.2%in the first quarter year-on-year, marking the third straightquarter of near-zero growth.

There seem to be few signs that GDP growth will head backup above the 2.6% posted last year. The Bank of Brazil expects growth to be lower than 2.5%. The drop in retail sales raised worries over Brazil's consumer-led growth model, which was fuelled by rising incomes and easy credit. In fact, the amount of loans that could not be paid back hit an all-time high in May, underlining how Brazilians are increasingly struggling to keep debt under control. That prompted banks to tighten lending, and the central bank cut interest rates for the eighth straight time in July to 8%.

[From: BBC.co.uk/news/business July 13 2012 – adapted]

Tradução

Para as questões seguintes, escolha a melhor resposta de acordo com o Texto

A economia do Brasil

Os gastos governamentais e a exportação de commodities como grãos de soja e metais para países asiáticos com rápido crescimento impulsionaram a economia brasileira para o sexto lugar no mundo. Mas o crescimento acelerado de quando a maior economia da América Latina atingiu a alta recorde de 7,5% de crescimento em 2010 parece ter acabado.

A economia paralisou-se em maio após uma inesperada queda nas vendas do varejo. Isso ampliou os receios em relação àquele que era um dos poucos pontos brilhantes na economia mundial, transformando-se na pior performance entre as nações Brics. O PIB cresceu apenas 0,2% no primeiro trimestre (= quarto do ano) em relação ao mesmo período no ano anterior, marcando o terceiro quadrimestre de crescimento próximo a zero.

Parece haver poucos sinais de que o crescimento do PIB subirá acima dos 2,6% atingidos no ano passado. O Banco do Brasil prevê crescimento abaixo de 2,5%. A queda nas vendas no varejo aumentaram as preocupações acerca do modelo brasileiro de crescimento baseado no consumidor, que foi abastecido pelo aumento da renda e pelo crédito fácil. De fato, a quantidade de empréstimos que poderá não ser pago atingiu uma alta recorde em maio, indicando como os brasileiros estão brigando cada vez mais para manter a dívida sob controle. Isso levou os bancos a reduzirem os empréstimos, e o Banco Central a cortar a taxa de juros pela oitava vez seguida em julho para 8%.

[De: BBC.co.uk/news/business 13 de julho de 2012 – adaptado]

(Analista-Tributário da Receita Federal – 2012 – ESAF) The phrase "in the first quarter year-on-year" refers to

(A) January-March 2012 compared to the same period of 2011.
(B) the last nine months of the current year.
(C) the last trimester of 2011 and the first of 2012.
(D) annual economic figures for successive years.
(E) the period April-June two years running.

Tradução

A frase "in the first quarter year-on-year" refere-se a

(A) janeiro-março de 2012 comparado com o mesmo período em 2011.
(B) os últimos nove meses deste ano.
(C) o último trimestre de 2011 e o primeiro de 2012.
(D) números econômicos anuais para anos sucessivos.
(E) o período de abril a junho dois anos corridos.

A: janeiro-março de 2012 comparado com o mesmo período em 2011.

Gabarito "A".

(Analista-Tributário da Receita Federal – 2012 – ESAF) Paragraph 3 suggests that Brazil's economy has grown due to

(A) increased exports to Asia.
(B) international loans.
(C) foreign direct investment.
(D) high prices and inflation.
(E) domestic consumption.

Tradução

O parágrafo 3 sugere que a economia brasileira cresceu devido

(A) ao aumento de exportações para a Ásia.
(B) a empréstimos internacionais.
(C) ao investimento estrangeiro direto.
(D) à alta de preços e inflação.
(E) ao consumo doméstico.

E: ao consumo doméstico.

Gabarito "E".

For the following questions, choose the best answer in accordance with this Text

A Coup in Paraguay

On June 22, 2012, the Paraguayan Senate invoked a clause in the constitution which authorized it to impeach the president for "poor performance in his duties." The President was Fernando Lugo, who had been elected some three years earlier and whose term was about to end in April 2013. Under the rules, Lugo was limited to a single term of office.

Lugo charged that this was a coup, and if not technically illegal, certainly illegitimate. Almost every Latin American government agreed with this analysis, denouncing the destitution, and cutting relations in various ways with Paraguay.

The removal of Lugo had the negative consequence for those who made the coup of making possible the one thing the Paraguayan Senate had been blocking for years. Paraguay is a member of the common market Mercosur, along with Brazil, Argentina and Uruguay. Venezuela had applied to join. This required ratification by the legislatures of all five member states. All had long since given their assent except the Paraguayan Senate. After the coup, Mercosur suspended Paraguay, and immediately welcomed Venezuela as a member.

[From: International Herald Tribune 18-7-12]

Tradução

Para as questões seguintes, escolha a melhor resposta de acordo com o Texto

Um golpe no Paraguai

No dia 22 de junho de 2012, o Senado paraguaio invocou uma cláusula constitucional que o autorizou a afastar o presidente por "performance fraca em seus deveres". O presidente era Fernando Lugo, que tinha sido eleito há aproximadamente três anos e cujo mandato estava para terminar em abril de 2013. Pelas regras, Lugo estava limitado a um único mandato no cargo.

Lugo alegou ter sofrido um golpe, e, ainda que não tecnicamente ilegal, certamente ilegítimo. Quase todos os governos latino-americanos concordaram com essa análise, denunciando a destituição e cortando relações de várias maneiras com o Paraguai.

A remoção de Lugo teve uma consequência negativa para os golpistas, pois tornou possível a principal coisa que o Senado paraguaio vinha impedindo há anos. O Paraguai é membro do mercado comum Mercosul, ao lado de Brasil, Argentina e Uruguai. A Venezuela pediu para ingressar. Isso requeria ratificação pelas legislaturas de todos os cinco Estados-membros. Todos deram consentimento há muito tempo, exceto o Senado paraguaio. Depois do golpe, o Mercosul suspendeu o Paraguai e imediatamente recebeu a Venezuela como membro.

[De: International Herald Tribune 18-7-12]

(Analista-Tributário da Receita Federal – 2012 – ESAF) President Lugo of Paraguay was removed from office in a process he considered to be

(A) a poor performance of his duties.
(B) premature and destitute.
(C) of dubious legality and legitimacy.
(D) unfair after a full three years in office.
(E) technically unnecessary in view of 2013 elections.

Tradução

Presidente Lugo do Paraguai foi removido do cargo em um processo que ele considerou ser

(A) uma performance fraca de seus deveres.
(B) prematuro e deficiente.
(C) de duvidosa legalidade e legititimidade.
(D) injusto depois de três anos completos no cargo.
(E) tecnicamente desnecessário, considerando as eleições em 2013.

C: de duvidosa legalidade e legititimidade.
Gabarito "C".

(Analista-Tributário da Receita Federal – 2012 – ESAF) As a result of Lugo's impeachment, many Latin American governments

(A) applauded the move.
(B) severed ties with Paraguay.
(C) changed their analysis.
(D) impeached their own authorities.
(E) charged Lugo with illegitimacy.

Tradução

Como resultado da destituição de Lugo, muitos governos latino-americanos

(A) aplaudiram o ocorrido.
(B) cortaram relações com o Paraguai.
(C) mudaram suas análises.
(D) afastaram suas próprias autoridades.
(E) acusaram Lugo de ilegitimidade.

B: cortaram relações com o Paraguai.
Gabarito "B".

(Analista-Tributário da Receita Federal – 2012 – ESAF) The unexpected result of the overthrow of President Lugo was

(A) the blocking of Venezuela's membership of Mercosur.
(B) the Paraguayan Senate's ratification of Venezuela's entry into Mercosur.
(C) the permanent expulsion of Paraguay from Mercosur.
(D) the admission of Venezuela to Mercosur in Paraguay's absence.
(E) Venezuela's denunciation of the coup at a Mercosur meeting.

Tradução

O resultado inesperado da deposição do Presidente Lugo foi

(A) o bloqueio da associação da Venezuela como membro do Mercosul.
(B) a ratificação da entrada da Venezuela no Mercosul pelo Senado paraguaio.
(C) a expulsão permanente do Paraguai do Mercosul.
(D) a admissão da Venezuela no Mercosul na ausência do Paraguai.
(E) A denúncia do golpe pela Venezuela em uma conferência do Mercosul.

D: a admissão da Venezuela no Mercosul na ausência do Paraguai.
Gabarito "D".

For the following questions, choose the best answer in accordance with this Text

Armenia: prisoner of history

ARMENIA tends to feature in the news because of its problems (history, geography, demography and economics to name but a few). But a new report says not all is doom and gloom. The parliamentary elections in May showed significant improvement. Media coverage was more balanced, and the authorities permitted greater freedom of assembly, expression and movement than in previous years. That bodes well for the future.

The economy is still recovering from the global financial crisis, which saw GDP contract by 14.2% in 2009. In the same period, the construction sector contracted by more than 40%. Remittances from the diaspora dropped by 30%.That led Forbes magazine to label Armenia the world's second worst performing economy in 2011. Over one-third of the country lives below the poverty line. Complaints of corruption are widespread, and inflation is high.

Low rates of tax collection-19.3% of GDP, compared with a 40% average in EU countries–limit the government's reach. Cracking down on tax evasion could increase government revenue by over $400 million, says the World Bank. A few, high-profile businessmen dominate the economy.Their monopolies and oligopolies put a significant brake on business development. Their influence also weakens political will for the kind of reforms that the country sorelyneeds.

[From The Economist print edition June 24, 2012]

Tradução

Para as questões seguintes, escolha a melhor resposta de acordo com o Texto

Armênia: prisioneira da história

A Armênia tende a aparecer no noticiário por causa de seus problemas (história, geografia, demografia e economia, para apontar uns poucos). Mas uma nova notícia indica que nem tudo é desgraça e tristeza. A eleições parlamentares em maio mostraram significativa evolução. A cobertura pela mídia foi mais balanceada, e as autoridades permitiram maior liberdade de reunião, expressão e movimento que nos anos anteriores. Isso indica algo de bom para o futuro.

A economia ainda está se recuperando da crise financeira, que viu o PIB contrair 14,2% em 2009. No mesmo período, o setor de construção contraiu-se mais de 40%. Remessas de emigrantes caíram 30%. Isso levou a revista Forbes a indicar a Armênia como a segunda pior performance econômica no mundo em 2011. Mais de um terço da população do país vive abaixo da linha de pobreza. Reclamações sobre a corrupção são generalizadas, e a inflação é alta.

Baixas taxas de arrecadação tributária – 19,3% do PIB, comparada com uma média de 40% nos países da União Europeia – limitam a capacidade governamental. Combater a evasão fiscal poderia aumentar as receitas governamentais em mais de $ 400 milhões, segundo o Banco Mundial. Poucos empresários proeminentes dominam a economia. Seus monopólios e oligopólios freiam significantemente o desenvolvimento dos negócios. Sua influência também enfraquece a vontade política para o tipo de reformas de que o país precisa desesperadamente.

[De The Economist edição impressa 24 de junho de 2012]

(Analista-Tributário da Receita Federal – 2012 – ESAF) With regard to the political situation in Armenia, the opening paragraph of the text is

(A) unnecessarily pessimistic.
(B) wildly enthusiastic.
(C) depressingly frank.
(D) remarkably despondent.
(E) mildly optimistic.

Tradução

Em relação à situação política na Armênia, o parágrafo inicial do texto é

(A) desnecessariamente pessimista.
(B) amplamente entusiástico.
(C) deprimentemente franco.
(D) notadamente sem esperanças.
(E) moderadamente otimista.

E: moderadamente otimista.

Gabarito "E"

(Analista-Tributário da Receita Federal – 2012 – ESAF) The international economic adversities of 2009 had multiple effects on Armenia, including

(A) a massive boom in the country's construction industry.
(B) attempts to control the country's endemic corruption.
(C) critical acclaim of the country's economy in Forbes magazine.
(D) poverty-reduction plans to bring people into line.
(E) a drop in funds sent home by Armenians working abroad.

Tradução

As adversidades econômicas internacionais de 2009 tiveram múltiplos efeitos sobre a Armênia, incluindo

(A) um grande crescimento na indústria de construção do país.
(B) tentativas de controlar a corrupção endêmica no país.
(C) aclamação crítica da economia do país na revista Forbes.
(D) planos de redução de pobreza em favor das pessoas.
(E) uma queda dos fundos enviados para casa pelos armênios que trabalham em outros países.

E: uma queda dos fundos enviados para casa pelos armênios que trabalham em outros países.

Gabarito "E"

(Analista-Tributário da Receita Federal – 2012 – ESAF) According to the World Bank, the government could raise money by

(A) taking steps to repress tax dodging.
(B) joining the European Union soon.
(C) making the rich pay more for business.
(D) raising tax rates for high-profile businessmen.
(E) introducing reforms in all sectors.

Tradução

De acordo com o Banco Mundial, o governo poderia aumentar a arrecadação de dinheiro

(A) tomando medidas para evitar a evasão de tributos.
(B) ingressando em breve na União Europeia.
(C) fazendo os ricos pagarem mais pelos negócios.
(D) aumentado a tributação para empresários proeminentes.
(E) introduzindo reforma em todos os setores.

A: tomando medidas para evitar a evasão de tributos.

Gabarito "A"

(Analista-Tributário da Receita Federal – 2012 – ESAF) In paragraph 3 line 8, the word "sorely" could best be replaced by

(A) usually.
(B) obviously.
(C) scarcely.
(D) badly.
(E) painfully.

Tradução

No parágrafo 3 linha 8, a palavra "sorely" poderia ser melhor substituída por

(A) usualmente.
(B) obviamente.
(C) quase, por muito pouco.
(D) muito (quando alguém precisa muito de algo – *need it badly*).
(E) dolorosamente.

D: muito (quando alguém precisa muito de algo – *need it badly*).

Gabarito "D"

Read the text below entitled "Another one bites the dust" in order to answer the five questions below:

Another one bites the dust

Source: www.economist.com Apr 27th, 2012 (Adapted)

Less than three months after it took office, Romania´s government has fallen. The centre-right administration lost a no-confidence vote filed by the left-wing opposition. When the motion was originally filed few thought the government was in danger. But in recent weeks it has been weakened by a series of defections.

"Today there was justice," celebrated Victor Ponta, leader of the centre-left Social-Liberal Union (USL), after securing 235 votes in favour of his motion, four more than he needed. "We don´t want any more dubious firms, no more selling under the market price and huge bribes," he said in a five-hour long debate that preceded the vote.

Traian Basescu, the president and main political player in Romania, proposed Mr Ponta as prime minister back in February when the previous government, led by Emil Boc, resigned after three weeks of street protests denouncing party cronyism, incompetence and harsh austerity measures. Mr Ponta refused, but now he seems more willing to step in thanks to the fair-weather politicians who have flocked to his party from the centre-right.

The International Monetary Fund (IMF), which began an official visit to Romania earlier this week to review the country´s performance linked to a 5 billion euro credit line it was granted last year, announced it would suspend its mission until a new government is in place. That may not take long. But with Romanian governments showing the longevity of mayflies, and the European Union (EU) weary of a country that seems unable or unwilling to make serious progress on the corruption problems that continue to plague it five years after it was accepted into the club, it will take a good deal longer for Romania to acquire the clout that should come naturally to an EU country with 22m people.

(Analista – CGU – 2012 – ESAF) According to paragraph 1, Romania´s government

(A) is on the verge of taking office.
(B) has been defeated.
(C) is likely to fall.
(D) has strengthened its political support.
(E) will leave office in three months.

A: incorrect – In the first sentence, the text clearly states that *"(...) Romania's government* ***has fallen****"*, meaning that they are not about to take office, but are leaving it; **B:** correct – In the second sentence, the text clearly states that *"The centre-right administration* ***lost a no--confidence vote*** *filed by the left-wing opposition"*; **C:** incorrect – In the first sentence, the text clearly states that *"(...) Romania's government* ***has fallen****"*, meaning that they are not about to fall, but have already fallen; **D:** incorrect – In the second sentence, the text clearly states that *"The centre-right administration* ***lost a no-confidence vote*** *filed by the left-wing opposition"*, meaning that there is very little support or confidence in the government; **E:** incorrect – In the first sentence, the text clearly states that *"Less than three months* ***after it took office****, Romania's government* ***has fallen****"*, meaning that it took office three months ago and that now it is leaving.

Gabarito "B".

(Analista – CGU – 2012 – ESAF) At the opening of paragraph 2, the leader of the centre-left USL, Victor Ponta, expressed his

(A) contentment.
(B) resentment.
(C) rage.
(D) hopelessness.
(E) disappointment.

A: correct – In the sentence *"Today there was justice,"* ***celebrated*** *Victor Ponta, leader of the centre-left Social-Liberal Union (USL), after* ***securing 235 votes in favour of his motion****, four more than he needed"*, the text clearly shows that Mr. Ponta was contented; **B:** incorrect – The word "resentment" means anger and bitterness; **C:** incorrect – The word "rage" means anger or fury; **D:** incorrect – The word "hopelessness" means despair and desperation; **E:** incorrect – The word "disappointment" means discontent and dissatisfaction.

Gabarito "A".

(Analista – CGU – 2012 – ESAF) According to paragraph 3, Mr Ponta

(A) took office as prime minister in February.
(B) unfortunately resigned as prime minister.
(C) may soon join a centre-right party.
(D) might still run for a political post.
(E) led decisive street protests for weeks.

A: incorrect – In the first sentence in the third paragraph, the text clearly states that *"Traian Basescu, the president and main political player in Romania,* ***proposed Mr Ponta as prime minister back in February****"*, which shows that it was a proposal. Mr. Ponta did not take office in February; **B:** incorrect – In the first sentence in the third paragraph, the text clearly states that *"Traian Basescu, the president and main political player in Romania, proposed Mr Ponta as prime minister back in February* ***when the previous government, led by Emil Boc, resigned*** *after three weeks of street protests"*, which shows that it was Emil Boc that resigned, not Mr. Ponta; **C:** incorrect – In the last sentence in the third paragraph, the text clearly states that *"Mr Ponta refused, but now he seems more willing to step in thanks to the fair-weather* ***politicians who have flocked to his party from the centre-right.****"* This shows that he will remain in his centre-left Social-Liberal Union (USL), but that politicians **from the centre--right** have joined him; **D:** correct – In the last sentence in the third paragraph, the text clearly states that *"Mr Ponta refused, but now* ***he seems more willing to step in*** *thanks to the fair-weather politicians who have flocked to his party from the centre-right."* This shows the possibility of his candidacy; **E:** incorrect – In the first sentence in the third paragraph, the text clearly states that *"Traian Basescu, the president and main political player in Romania, proposed Mr Ponta as prime minister back in February* ***when the previous government, led by Emil Boc, resigned after three weeks of street protests****"*, which shows that the street protests were not led by Mr. Ponta. The text does not reveal who led the protests.

Gabarito "D".

(Analista – CGU – 2012 – ESAF) In paragraph 4, the European Union is said to be "weary" as regards Romania´s attitude towards corruption. In other words,

(A) hopeful.
(B) not certain.
(C) very tired.
(D) quite optimistic.
(E) rather doubtful.

A: incorrect – The word "hopeful" means expectant; **B:** incorrect – The phrase "not certain" means unsure; **C:** correct – The word "weary" means very tired; **D:** incorrect – The phrase "quite optimistic" means confident and positive; **E:** incorrect – The phrase "rather doubtful" means quite suspicious.

Gabarito "C".

(Analista – CGU – 2012 – ESAF) According to paragraph 4,

(A) Romanians have succeeded in their struggle against corrupt practices.
(B) the IMF has denied the 5 billion euro credit line agreed upon.
(C) the new government will have to be recognized by the IMF.
(D) the EU recognizes the steps taken by Romania so as to fight corruption.
(E) Romania has still not obtained the political influence it could.

A: incorrect – In the last sentence, the text clearly states that *"(...) and the European Union (EU) weary of* ***a country that seems unable or unwilling to make serious progress on the corruption problems*** *(...)"*, meaning that the EU is tired of Romania's lack of progress against corruption; **B:** incorrect – In the first sentence of the fourth paragraph, the text clearly states that *"****The International Monetary Fund*** *(IMF), which began an official visit to Romania earlier this week to* ***review the country's performance linked to a 5 billion euro credit line*** *it was granted last year, announced it would suspend its mission until a new government is in place."* This means that the loan has not been canceled, but rather that it is under review; **C:** incorrect – In the first sentence of the fourth paragraph, the text clearly states that *"****The International Monetary Fund*** *(IMF), which began an official visit to Romania earlier this week to review the country's performance linked to a 5 billion euro credit line it was granted last year,* ***announced it would suspend its mission until a new government is in place****."* This means that the IMF will wait until a new government is in power before sending a team to the country. This does not suggest that the government require recognition from the IMF; **D:** incorrect – In the last sentence, the text clearly states that *"(...) and the European Union (EU) weary of* ***a country that seems unable or unwilling to make serious progress on the corruption problems*** *(...)"*, meaning that the EU believes the steps are futile or that the steps have not really been taken; **E:** correct – In the last sentence, the text clearly states that *"(...)* ***it will take a good deal longer for Romania to acquire the clout that should come naturally*** *to an EU country with 22m people"*, showing that Romania is behind in acquiring the political sway it could have.

Gabarito "E".

Read the text below entitled "Currency disunion" in order to answer the questions below:

Currency disunion

Source: www.economist.com (Adapted) Apr 7th, 2012

The Irish left the sterling zone. The Balts escaped from the rouble. The Czechs and Slovaks left each other. History is littered with currency unions that broke up. Why not the euro? Had its fathers foreseen turmoil, they might never have embarked on currency union.

The founders of the euro thought they were forging a rival to the American dollar. Instead they recreated a version of the gold standard abandoned by their predecessors long ago. Unable to devalue their currencies, struggling euro countries are trying to regain competitiveness by "internal devaluation", ie, pushing down wages and prices. That hurts: unemployment in Greece and Spain is above 20%. And resentment is deepening among creditors. So why not release the yoke? The treaties may declare the euro "irrevocable", but treaties can be changed.

One reason the euro holds together is fear of financial and economic chaos on an unprecedented scale. Another is the impulse to defend the decades-long political investment in the European project. So, despite many bitter words, Greece has a second rescue. So the euro zone remains vulnerable to new shocks.

Markets still worry about the risk of sovereign defaults, and of a partial or total collapse of the euro. Common sense suggests that leaders should think about how to manage a break-up.

(Analista – MDICE – 2012 – ESAF) In paragraph 1, the author claims that if the euro´s fathers had foreseen turmoil, they would never have

(A) begun a currency union.
(B) replaced the euro.
(C) maintained the euro zone currencies.
(D) turned down a currency union.
(E) devalued the euro.

A: correct – The text clearly states that *"(...) they might never have embarked on currency union"*. Here, "embark" means the same as "begin"; **B:** incorrect – The word "replace" means to substitute. In the text, "embark" means the same as "begin"; **C:** incorrect – The word "maintained" means to keep. In the text, "embark" means the same as "begin"; **D:** incorrect – The phrasal verb "turned down" means refuse. In the text, "embark" means the same as "begin"; **E:** incorrect – The word "devalued" means depreciated. In the text, "embark" means the same as "begin".

Gabarito "A".

(Analista – MDICE – 2012 – ESAF) In paragraph 2, the author points out that "struggling euro countries" are

(A) steadily recuperating competitiveness.
(B) currently devaluing their currencies.
(C) expected to value their currencies.
(D) incapable of devaluing their currencies.
(E) not allowed to push down wages and prices.

A: incorrect – In the third sentence of the second paragraph, the text clearly states that *"Unable to devalue their currencies,* ***struggling euro countries*** *are* ***trying to regain competitiveness*** *by "internal devaluation"*. This suggests that these countries are not steadily recuperating; **B:** correct – In the third sentence of the second paragraph, the text clearly states that *"****Unable to devalue their currencies****,* ***struggling euro countries*** *are trying to regain competitiveness by "internal devaluation"*. This shows that the countries are unable to do so; **C:** incorrect – There is no mention in the text of "valuing" their currencies. The word "value" is misleading in this question as it is a false cognate which is easily confused with the Portuguese word "valorizar". The word "value" only means "valorizar" in the figurative sense, and not in the monetary sense. A currency does not value; it appreciates. However, a person can value a friendship; **D:** correct – In the third sentence of the second paragraph, the text clearly states that *"****Unable to devalue their currencies****,* ***struggling euro countries*** *are trying to regain competitiveness by "internal devaluation"*; **E:** *incorrect – In the third sentence of the second paragraph, the text clearly states that "Unable to devalue their currencies, struggling euro countries are trying to regain competitiveness by "internal devaluation", ie,* ***pushing down wages and prices****." Although it is not helping countries like Greece and Spain, they are allowed to do this.*

Gabarito "D".

(Analista – MDICE – 2012 – ESAF) In paragraph 2, the author argues that treaties

(A) might have been ratified.
(B) may be altered.
(C) should have been negotiated.
(D) ought to bring about changes.
(E) must be urgently approved.

A: incorrect – The text does not mention the ratification of treaties; **B:** correct – In the last sentence of the second paragraph, the text clearly states that "The treaties may declare the euro "irrevocable", but **treaties can be changed**"; **C:** incorrect – In the last sentence of the second paragraph, the text clearly states that "The treaties may declare the euro "irrevocable", but **treaties can be changed**". This suggests that the author believes they should be negotiated, but not that this has already happened; **D:** incorrect – In the last sentence of the second paragraph, the text clearly states that "The treaties may declare the euro "irrevocable", but **treaties can be changed**". This does not suggest that the author believes the treaties are expected to cause change; **E:** incorrect – The text does not mention the approval of treaties.

Gabarito "B".

(Analista – MDICE – 2012 – ESAF) In paragraph 3, the author tries to explain why the euro

(A) recovered.
(B) devalued.
(C) values.
(D) collapsed.
(E) remains.

A: incorrect – In the last sentence of the third paragraph, the text clearly states that "So the euro zone **remains vulnerable to new shocks**", showing that it has not recovered; **B:** incorrect – In the third sentence of the second paragraph, the text clearly states that "**Unable to devalue their currencies**, struggling euro countries are trying to regain competitiveness by "internal devaluation"; **C:** incorrect – In terms of values, the only mention in the text refers to desired depreciation and not appreciation. The word "value" is misleading in this question as it is a false cognate which is easily confused with the Portuguese word "valorizar". The word "value" only means "valorizar" in the figurative sense, and not in the monetary sense. A currency does not value; it appreciates. However, a person can value a friendship; **D:** incorrect – The collapse of the euro is expressed as a concern, not a fact; **E:** correct – The text clearly states that "**One reason the euro holds together** is fear of financial and economic chaos on an unprecedented scale. **Another** is the impulse to defend the decades-long political investment (...)".

Gabarito "E".

(Analista – MDICE – 2012 – ESAF) According to the text, currency unions

(A) have invariably strengthened markets.
(B) are not supposed to break up.
(C) have previously proved unsuccessful.
(D) restructure regional markets.
(E) prevent long-term damages.

A: incorrect – The text mentions nothing about strengthening markets; **B:** incorrect – In the last sentence of the text, the author explicitly recommends that *"Common sense suggests that leaders should think about **how to manage a break-up**"*. This suggests that the break-up of currency unions is common sense and, therefore, can happen; **C:** correct – In the first paragraph, the text clearly states that "***History is littered with currency unions that broke up***."; **D:** incorrect – The text mentions nothing about restructuring regional markets; **E:** incorrect – The text mentions nothing about long-term damages.

Gabarito "C".

Read the text below entitled "The long climb" so as to answer questions 21 to 23:

The long climb

Source: www.economist.com
st Oct, 2009 (Adapted)

The world economy is fitfully getting back to normal, but it will be a "new normal". This phrase has caught on, even if people disagree about what it means. In the new normal, as defined by Pimco´s CEO, Mohamed El-Erian, growth will be subdued and unemployment will remain high. "The banking system will be a shadow of its former self," and the securitization markets, which buy and sell marketable bundles of debt, will presumably be a shadow of a shadow. Finance will be costlier and investment weak, so the stock of physical capital, on which prosperity depends, will erode.

The crisis invited a forceful government entry into several of capitalism´s inner sanctums, such as banking, American carmaking and the commercial-paper market. Mr El-Erian worries that the state may overstay its welcome. In addition, national exchequers may start to feel some measure of the fiscal strain now hobbling California. America´s Treasury, in particular, must demonstrate that it is still a "responsible shepherd of other countries´ savings."

Tradução

Leia o texto abaixo intitulado "A longa escalada" para responder às questões seguintes:

A longa escalada

Fonte: www.economist.com

A economia mundial está aos poucos [*fitfully* = de modo descontínuo, intermitente] voltando ao normal, mas será um "novo normal". Essa frase pegou, ainda que as pessoas discordem acerca de seu significado. No novo normal, como definido pelo CEO [executivo-chefe, presidente] da Pimco, Mohamed El-Erian, o crescimento será restrito e o desemprego permanecerá alto. "O sistema bancário será uma sombra do que era antes", e os mercados de securitização, que compram e vendem pacotes comercializáveis de dívida, serão, provavelmente, uma sombra da sombra. As finanças serão mais custosas e os investimentos fracos, de modo que o estoque de capital físico, de que a prosperidade depende, será corroído.

A crise sugeriu [convida] uma entrada forçada do governo em diversos santuários internos do capitalismo, como sistema bancário, indústria automobilística americana e o mercado de *commercial-papers*. O sr. El-Erian preocupa-se com a possibilidade de o Estado permanecer assim além do tempo devido [além do período para o qual foi convidado]. Adicionalmente, os tesouros do país [caixas dos governos] podem começar a sentir algo da pressão fiscal que agora incomoda a Califórnia. O Tesouro Americano, em particular, deve demonstrar que é ainda um "pastor responsável das economias de outros países".

(Auditor Fiscal da Receita Federal – 2010 – ESAF) In paragraph 1, growth in the new order is defined as

(A) both real and active.
(B) absolutely extraordinary.
(C) not very active or busy.
(D) sustainable and rapid.
(E) unpredictable.

Tradução

No parágrafo 1, o crescimento na nova ordem é definido como

(A) ao mesmo tempo real e ativo.
(B) absolutamente extraordinário.
(C) não muito ativo ou ocupado.
(D) sustentável e rápido.
(E) imprevisível.

C: não muito ativo ou ocupado.

Gabarito "C".

(Auditor Fiscal da Receita Federal – 2010 – ESAF) In paragraph 1, finance is referred to as

(A) remaining low throughout the crisis.
(B) having been affected by the crisis.
(C) having eroded throughout the process.
(D) likely to be considered in a future analysis.
(E) likely not to be hit by this scenario.

Tradução

No parágrafo 1, as finanças são descritas como

(A) permanecendo fracas [baixas] através [durante e após] da crise.
(B) afetadas pela crise.
(C) corroídas durante [através, durante e após] o processo.
(D) a serem, provavelmente, consideradas em uma futura análise.
(E) a não serem, provavelmente, atingidas por este cenário.

B: afetadas pela crise.

Gabarito "B".

(Auditor Fiscal da Receita Federal – 2010 – ESAF) In paragraph 2, the author mentions "the fiscal strain now hobbling California". In other words, the fiscal

(A) policies which have been favouring California´s growth.
(B) pressure currently preventing California´s development.
(C) programmes successfully spoused by California.
(D) measures which have steadily gained acceptance.
(E) incentives recently promoted by the Californian government.

Tradução

No parágrafo 2, o autor menciona "a pressão fiscal que agora incomoda a Califórnia". Em outras palavras,

(A) as políticas fiscais que têm favorecido o crescimento da Califórnia.
(B) as pressões fiscais que atualmente impedem o desenvolvimento da Califórnia.
(C) programas fiscais adotados com sucesso pela Califórnia.
(D) medidas fiscais que ganharam contínua aceitação.
(E) inventivos fiscais promovidos recentemente pelo governo da Califórnia.

B: as pressões fiscais que atualmente impedem o desenvolvimento da Califórnia.

Gabarito "B".

Read the text below entitled "Taxation Trends in the European Union" so as to answer questions 24 to 26:

Taxation Trends in the European Union

Source: www.ec.europa.eu
2009 Edition (Adapted)

This year´s edition of the Taxation Trends in the European Union appears at a time of upheaval. The effects of the global economic and financial crisis have hit the European Union (EU) with increasing force from the second half of 2008. Given that the last year for which detailed data are available is 2007, this year´s report cannot yet analyze the consequences of the recession on tax revenues. Nevertheless, the report takes stock of the tax policy measures taken by EU governments in response to the crisis up to spring 2009.

The European Union is, taken as a whole, a high tax area. In 2007, the overall tax ratio, i.e. the sum of taxes and social security contributions in the 27 Member States amounted to 39.8% of GDP. This value is about 12 percentage points above those recorded in the United States and Japan.

The high EU overall tax ratio is not new, dating back essentially to the last third of the 20th century. In those years, the role of the public sector became more extensive, leading to a strong upward trend in the tax ratio in the 1970s, and to a lesser extent also in the 1980s and early 1990s.

Tradução

Leia o texto abaixo intitulado "Tendências Tributárias na União Europeia" para responder às questões seguintes:

Tendências Tributárias na União Europeia

Fonte: ec.europa.eu
Edição de 2009 (adaptada)

A edição deste ano das Tendências Tributárias na União Europeia aparece em um momento de reviravolta [*upheaval* = mudança brusca]. Os efeitos da crise econômica e financeira atingiram a União Europeia (UE) com força crescente desde a segunda metade de 2008. Considerando que o último ano em relação ao qual há dados disponíveis é 2007, o relatório deste ano não pode ainda analisar as consequências da recessão nas receitas tributárias. De qualquer forma, o relatório faz um balanço das medidas de políticas tributárias tomadas pelos governos da UE em resposta à crise até a primavera (no hemisfério norte, de março a junho) de 2009.

A União Europeia é, considerada no todo, uma área de alta tributação. Em 2007, o nível geral de tributação, ou seja, a soma dos tributos e das contribuições sociais nos 27 Estados Membros chegou a 39,8% do PIB. Esse valor está aproximadamente 12 pontos percentuais acima daquele registrado nos Estados Unidos e no Japão.

O alto nível geral de tributação não é novo, vindo desde o último terço do século 20. Nesses anos, o papel do setor público tornou-se mais extensivo, levando a uma forte tendência de crescimento no nível de tributação nos anos 1970 e também, em menor extensão, nos anos 1980 e inícios dos anos 1990.

(Auditor Fiscal da Receita Federal – 2010 – ESAF) According to paragraph 1, the global economic and financial crisis

(A) has impacted on the EU.
(B) may still hit the European Union.
(C) has caused tax reductions in the EU.
(D) could have affected the EU.
(E) might bring about growth in the EU.

Tradução

De acordo com o parágrafo 1, a crise global econômica e financeira

(A) teve impacto na União Europeia.
(B) ainda pode atingir a União Europeia.
(C) causou reduções na tributação na UE.
(D) poderia ter afetado a UE.
(E) pode trazer crescimento para a UE.

A: teve impacto na União Europeia.

Gabarito "A".

(Auditor Fiscal da Receita Federal – 2010 – ESAF – adaptada) In relation to the EU´s overall tax ratio, it

(A) must hit 39.8% of GDP.
(B) is likely to reach 39.8% of GDP.
(C) is soon to be defined.
(D) exceeds half the GDP.
(E) reached 39.8% of GDP in 2007.

Tradução

Em relação ao nível geral de tributação na UE, ele

(A) deve [no sentido de obrigação, não de probabilidade] atingir 39,8% do PIB.
(B) deve [no sentido de probabilidade] atingir 39,8% do PIB.
(C) será definido em breve.
(D) é superior à metade do PIB.
(E) atingiu 39,8% do PIB em 2007.

Alteramos a alternativa E, que consignava, originalmente, "equals to 39.8% of GDP" [equivale a 39,8% do PIB]. Não havia resposta correta, razão pela qual a questão foi anulada. Com nossa adaptação, ficou claro que esse nível de tributação foi atingido no ano de 2007, especificamente, de modo que a alternativa passou a ser correta.

Gabarito "E".

(Auditor Fiscal da Receita Federal – 2010 – ESAF) According to paragraph 3, the role played by the public sector

(A) widened.
(B) lessened.
(C) diminished.
(D) faded.
(E) decreased.

Tradução

De acordo com o parágrafo 3, o papel representado pelo setor público

(A) ampliou-se.
(B) reduziu-se.
(C) diminuiu.
(D) dissolveu-se.
(E) decresceu.

As alternativas B a E indicam diminuição, razão pela qual são incorretas.

Gabarito "A".

Read the interview below entitled "Reason with him" so as to answer questions 27 to 30:

Reason with him

Source: www.newsweek.com
22nd Sep, 2009 (Adapted)

Question (Q) 1: Margolis: When you took office, Brazil was regarded as an underachiever, and the last among the BRIC nations. Now Brazil is considered a star among emerging countries. What´s happened?

Lula: No one respects anyone who doesn´t respect themselves. And Brazil always behaved like a second-class country. We always told ourselves we were the country of the future. But we never transformed these qualities into anything concrete. In a globalized world you cannot sit still. You have to hit the road and sell your country. So we decided to make strengthening Mercosul (the South American trading bloc) a priority, and deepened our relations with Latin America in general. We prioritized trade with Africa and went into the Middle East aggressively. Our trade balance today is diversified. This helped us cushion the blow of the economic crisis.

Q2: Margolis: Has Brazil´s success in navigating the economic crisis changed investors´views?

Lula: There was no miracle. We had a strong domestic market. We had consumers who wanted to buy cars. We reduced part of the sales tax and asked the companies to offer consumers credit on affordable items. It´s the same case with refrigerators, stoves, washing machines, and with computers and the housing construction.

Q3: Margolis: What are the lessons for other countries?
Lula: The great lesson is that the state has an important role to play, and has great responsibility. We don´t want the state to manage business. But it can be an inducer of growth and can work in harmony with society.

Tradução

Leia a entrevista abaixo intitulada "Debata com ele [tentando convencê-lo]" ou "A razão está com ele" [duplo sentido]

"Debata com ele [tentando convencê-lo]" ou "A razão está com ele" [duplo sentido]

Fonte: www.newsweek.com
22 de Setembro de 2009 (adaptado)

Pergunta (P) 1: Margolis: Quando você tomou posse, o Brasil era considerado underachiever = [alguém que não atinge seus objetivos, ou os objetivos considerados importantes] e o último dentre as nações BRIC. Agora o Brasil é considerado uma estrela entre os países emergentes. O que aconteceu?

Lula: Ninguém respeita quem não tem respeito por si mesmo. E o Brasil sempre agiu como um país de segunda classe. Nós sempre nos dissemos que éramos o país do futuro. Mas nós nunca transformamos essas qualidades em algo concreto. Em um mundo globalizado, você não pode ficar sentado parado. Você tem que pegar a estrada [sair, "circular", "rodar", "bater perna"] e vender o seu país. Então nós decidimos priorizar o fortalecimento do Mercosul (o bloco econômico sulamericano) e aprofundar nossas relações com a América Latina em geral. Nós priorizamos o comércio com a África e nos voltamos agressivamente para o Oriente Médio. Nossa balança comercial é hoje diversificada. Isso nos ajudou a amortecer o impacto da crise econômica.

P2: Marcolis: O sucesso do Brasil em atravessar a crise econômica mudou a visão dos investidores?

Lula: Não houve milagre. Nós tínhamos um forte mercado doméstico. Nós tínhamos consumidores que queriam comprar carros. Nós reduzimos parte do imposto sobre vendas e pedimos que as empresas oferecessem crédito aos consumidores em relação a itens acessíveis. É o mesmo caso com geladeiras, fornos, máquinas de lavar e com computadores e a construção de casas.

P3: Margolis: Quais são as lições para outros países?

Lula: A grande lição é que o Estado tem um importante papel a cumprir [representar], e tem grande responsabilidade. Nós não queremos que o Estado administre empresas. Mas ele pode ser um indutor do crescimento e pode trabalhar em harmonia com a sociedade.

(Auditor Fiscal da Receita Federal – 2010 – ESAF) In his answer to question 1, Brazil´s president refers to "strengthening Mercosul as a priority." In other words, a measure he considered

(A) risky.
(B) unattainable.
(C) pivotal.
(D) unnecessary.
(E) advisable.

Tradução

Na sua resposta à pergunta 1, o presidente do Brasil se refere a "priorizar o fortalecimento do Mercosul". Em outras palavras, uma medida que ele considerou

(A) arriscada.
(B) inatingível.
(C) primordial.
(D) desnecessária.
(E) recomendável.

C: primordial.
Gabarito "C".

(Auditor Fiscal da Receita Federal – 2010 – ESAF) In his answer to question 2, Luiz Inácio Lula da Silva says that

(A) the Brazilian domestic market was frail.
(B) a miracle did come about in Brazil.
(C) credit on affordable items was halved.
(D) part of the sales tax was lowered.
(E) consumers were not willing to spend.

Tradução

Em sua resposta à pergunta 2, Luiz Inácio Lula da Silva diz que

(A) o mercado doméstico brasileiro era frágil.
(B) aconteceu um milagre no Brasil.
(C) o crédito em relação a itens acessíveis foi reduzido pela metade.
(D) parte do imposto sobre vendas foi reduzido.
(E) os consumidores não estavam dispostos a gastar.

D: parte do imposto sobre vendas foi reduzido.
Gabarito "D".

(Auditor Fiscal da Receita Federal – 2010 – ESAF) Brazil´s president refers to the country´s diversified trade balance as having

(A) contributed to worsen the global economic crisis.
(B) resulted from trade with one sole strategic partner.
(C) been prevented by internal regulations.
(D) been considered as an unattainable goal.
(E) minimized the adverse effects of the world crisis.

Tradução

O presidente do Brasil refere-se à diversificada balança comercial do país como tendo

(A) contribuído para piorar a crise econômica global.
(B) resultado do comércio com um único parceiro estratégico.
(C) sido impedido pelas regulamentações internas.
(D) sido considerado um objetivo inatingível.
(E) minimizado os efeitos adversos da crise mundial.

E: minimizado os efeitos adversos da crise mundial.
Gabarito "E".

(Auditor Fiscal da Receita Federal – 2010 – ESAF) In his answer to question 3, Brazil´s president

(A) emphasizes the role played by the private sector.
(B) criticizes initiatives derived from private ownership.
(C) sees the private sector as an inducer of growth.
(D) affirms the significance of the state.
(E) disregards duties attributed to the state.

Tradução

Em sua resposta à pergunta 3, o presidente do Brasil

(A) enfatiza o papel representado pelo setor privado.
(B) critica iniciativas derivadas da propriedade privada.
(C) vê o setor privado como um indutor do crescimento.
(D) afirma a significância do Estado.
(E) desconsidera obrigações atribuídas ao Estado.

D: afirma a significância do Estado.
Gabarito "D".

Read the text and answer questions 31-33.

Companies in the rich world are confronted with a rapidly ageing workforce. Nearly one in three American workers will be over 50 by 2012, and America is a young country compared with Japan and Germany.

China is also ageing rapidly, thanks to its one-child policy. This means that companies will have to learn how to manage older workers better.

Most companies are remarkably ill-prepared. There was a flicker of interest in the problem a few years ago but it was snuffed out by the recession. The management literature on older workers is a mere molehill compared with the mountain devoted to recruiting and retaining the young.

Companies are still stuck with an antiquated model for dealing with ageing, which assumes that people should get pay rises and promotions on the basis of age. They have dealt with the burdens of this model by periodically "downsizing" older workers or encouraging them to take early retirement. This has created a dual labour market for older workers, of cosseted insiders on the one hand and unemployed or retired outsiders on the other.

But this model cannot last. The number of young people, particularly those with valuable science and engineering skills, is shrinking. And governments are raising retirement ages and making it more difficult for companies to shed older workers, in a desperate attempt to cope with their underfunded pension systems.

Feb 4th 2010 | From *The Economist* print edition [adapted]

Tradução

Leia o texto e responda às perguntas seguintes.

Empresas no mundo rico estão confrontadas com uma força de trabalho que envelhece rapidamente. Aproximadamente um em cada três trabalhadores americanos terá mais que 50 anos em 2012, e os Estados Unidos são um país jovem, em comparação com o Japão e a Alemanha. A China também está envelhecendo rapidamente, graças à sua política de filho-único. Isso significa que as empresas terão que aprender a gerenciar melhor as forças de trabalho [trabalhadores] mais velhas.

A maioria das empresas está notavelmente mal preparada. Havia uma centelha de interesse no problema alguns anos atrás, mas que foi apagada pela recessão. A literatura administrativa relativa aos trabalhadores mais velhos é um montinho de terra comparado com a montanha dedicada ao recrutamento e à retenção dos jovens.

As empresas ainda estão presas a um modelo antiquado para lidar com o envelhecimento, que parte da premissa de que as pessoas devem ter aumentos salariais e promoções baseados na idade. Elas lidaram com os encargos desse modelo reduzindo periodicamente o número de trabalhadores mais velhos [*downsizing* em relação aos trabalhadores mais velhos] ou encorajando-os a aposentarem-se mais cedo. Isso criou um mercado de trabalho duplo para trabalhadores mais velhos, de internos [*insiders*, trabalhadores dentro das empresas] mimados de um lado e externos [*outsiders*, trabalhadores fora das empresas] desempregados ou aposentados de outro lado.

Mas esse modelo não pode durar. O número de jovens, particularmente aqueles com habilidades valiosas em ciência e engenharia, está diminuindo. E os governos estão aumentando as idades de aposentadoria e tornando mais difícil para as empresas demitirem trabalhadores mais velhos, em uma tentativa desesperada de lidar com seus sistemas de pensão deficitários [sub-financiados].

4 de fevereiro de 2010 | Da edição impressa de *The Economist* [adaptado]

(Auditor Fiscal do Trabalho – 2010 – ESAF) According to the text, businesses

(A) are fully prepared to deal with an ancient workforce.
(B) cannot cope with an influx of elderly workers.
(C) are incapable of growing old gracefully.
(D) must get rid of older workers through streamlining operations.
(E) must learn to deal with the need to keep older staff employed.

Tradução

De acordo com o texto, as empresas

(A) estão totalmente preparadas para lidar com uma força de trabalho mais velha [*ancient* = antiga]
(B) não podem lidar com um fluxo de trabalhadores mais velhos.
(C) são incapazes de envelhecer com graça.
(D) devem se livrar dos trabalhadores mais velhos por meio de operações de aumento de eficiência.
(E) devem aprender a lidar com a necessidade de manter o pessoal mais velho empregado.

E: devem aprender a lidar com a necessidade de manter o pessoal mais velho empregado.

Gabarito "E"

(Auditor Fiscal do Trabalho – 2010 – ESAF) In paragraph 2, the author claims that the recent economic recession has

(A) awakened an interest in science and engineering among younger workers.
(B) caused the number of young people seeking jobs in business to increase.
(C) extinguished what little interest firms had shown in how to manage an older staff.
(D) made a mountain of business management out of a managerial molehill.
(E) led many firms to dismiss older workers in their periodic staff reductions.

Tradução

No parágrafo 2, o autor afirma que a recente recessão econômica

(A) despertou um interesse em ciência e engenharia entre trabalhadores mais novos.
(B) causou um aumento [*increase*] no número de jovens procurando empregos em empresas.
(C) extinguiu o pequeno interesse que as empresas haviam mostrando em relação à gestão de um pessoal mais velho.

(D) fez uma montanha de gestão empresarial a partir de um montinho.
(E) levou muitas empresas a demitir os trabalhadores mais velhos em reduções periódicas de pessoal.

C: extinguiu o pequeno interesse que as empresas haviam mostrando em relação à gestão de um pessoal mais velho.

Gabarito "C"

(Auditor Fiscal do Trabalho – 2010 – ESAF) The text suggests that the governments of industrialized countries are

(A) trying to stop companies dismissing older members of their workforce.
(B) refusing to employ younger workers because of their expensive pensions.
(C) cutting the retirement pensions of valuable workers on the basis of age.
(D) making desperate attempts to cope with an inefficient labour market.
(E) regretting their generosity to workers who have taken early retirement.

Tradução

O texto sugere que os governos de países industrializados estão

(A) tentando impedir que as empresas demitam os membros mais velhos de sua força de trabalho.
(B) recusando-se a empregar trabalhadores mais jovens por conta de seus caros benefícios securitários [aposentadorias, pensões].
(C) cortando os benefícios de aposentadoria de trabalhadores valiosos com base na idade.
(D) fazendo tentativas desesperadas para lidar com um mercado de trabalho ineficiente.
(E) lamentando sua generosidade em relação a trabalhadores que se aposentaram mais cedo [precocemente].

A: tentando impedir que as empresas demitam os membros mais velhos de sua força de trabalho.

Gabarito "A"

Read the text and answer questions 34-37.

Minister calls for wider flexible working rights

British government ministers are considering giving all employees the right to ask for flexible working hours "from the beginning" of a new job as part of plans to encourage a fundamental shift in working habits.

The Work and Pensions Secretary, Yvette Cooper, says her office is working with employers and organisations such as the federation of small businesses to draw up new ways of supporting men as well as women and non-parents as well as parents working more flexible hours.

The current rules are limited to parents of children under 16 and carers, and Cooper wants to extend them. "You want people to offer flexible working from the beginning and we need to look again at how the legislation can support different ways of doing that," she said.

"There will be some areas where it's not possible to fit round particular school hours or particular things where the nature of the business makes it hard – but what you need is the cultural change for everybody to think differently." Cooper's proposals come as the government announced that fathers will be given the right to six months' paternity leave.

There will be a legal right to take the mother's place at home for the last three months of a nine-month maternity break; they would receive £123 a week in statutory pay. Fathers would then be entitled to take a further three months' unpaid leave. The move was criticised by some business leaders.

(From: *The Guardian*, Friday 29 January 2010 – slightly adapted)

Tradução

Leia o texto e responda às questões seguintes.

Ministra pede direitos trabalhistas mais flexíveis

Ministros do governo britânico estão considerando a hipótese de dar aos empregados o direito de pedir horários de trabalho flexíveis "desde o início" de um novo emprego, como parte de planos para encorajar uma mudança fundamental nos hábitos de trabalho.

A Secretária de Trabalho e Benefícios Previdenciários, Yvette Cooper, diz que seu gabinete está trabalhando com empregadores e organizações como a federação de pequenas empresas para delinear novos meios que garantam horários mais flexíveis para homens assim como para mulheres, para pessoas sem filhos assim como para pais que trabalham.

As atuais regras são restritas para pais de crianças menores de 16 anos e trabalhadores de áreas de assistência, e Cooper quer ampliá-las. "Queremos [expressão *you want* @ todos queremos] que as pessoas ofereçam trabalho flexível desde o início e precisamos analisar novamente como a legislação pode garantir diferentes meios para que isso seja feito", disse ela.

"Haverá algumas áreas em que não é possível ajustar determinadas horas de escola ou determinadas coisas em que a natureza do empreendimento torna difícil – mas precisamos é da mudança cultural para que todos pensem de modo diferente." As propostas de Cooper vêm no momento em que o governo anuncia que os pais terão direito a seis meses de licença paternidade.

Haverá direito legal de substituir a mãe em casa pelos últimos três meses da licença maternidade de nove meses; eles receberiam £ 123 de salário legal por semana. Os pais teriam, então, direito de tirar mais três semanas de licença sem remuneração. A medida foi criticada por alguns líderes empresariais.

(De: *The Guardian*, sexta-feira, 29 de janeiro de 2010 – ligeiramente adaptado)

(Auditor Fiscal do Trabalho – 2010 – ESAF) According to the text, current British laws on working timetables are designed mainly for

(A) women who work as secretaries for the government.

(B) parents of young children and teenagers, as well as care workers.
(C) men who have been in their current jobs for some time.
(D) women extending their maternity leave with unpaid work.
(E) those who want a change in the cultural mentality of businesses.

Tradução

De acordo como o texto, as atuais leis britânicas relativas a horário de trabalho são feitas principalmente para

(A) mulheres que trabalham como secretárias para o governo.
(B) pais de crianças pequenas e adolescentes, assim como trabalhadores de áreas de assistência.
(C) homens que estão em seus atuais empregos há algum tempo.
(D) mulheres que ampliam sua licença maternidade com trabalho não remunerado.
(E) aqueles que querem uma mudança na mentalidade cultural das empresas.

B: pais de crianças pequenas e adolescentes, assim como trabalhadores de áreas de assistência.

Gabarito "B"

(Auditor Fiscal do Trabalho – 2010 – ESAF) With regard to paternity leave, the government has given men the right to

(A) take six months' paid leave as soon as their baby is born.
(B) care for a baby if the mother returns to work within three months.
(C) receive their full salary to look after the baby for three out of the first six months.
(D) take a three-month break receiving payment when the baby is six months old.
(E) stay at home with the baby's mother on unpaid leave for six months.

Tradução

Em relação à licença paternidade, o governo deu aos homens o direito de

(A) tirar seis meses de licença paternidade assim que o bebê nasce.
(B) cuidar do bebê se a mãe retorna ao trabalho dentro de três meses.
(C) receber seus salários integrais para cuidar do bebê por três dos seis primeiros meses.
(D) tirar uma licença de três meses recebendo pagamento quando o bebê tiver seis meses de idade.
(E) ficar em casa com a mãe do bebê por seis meses de licença não remunerada.

A alternativa D é correta, pois, de acordo com o texto, "Haverá direito legal de substituir a mãe em casa pelos últimos três meses da licença maternidade de nove meses", ou seja, após 6 meses do início da licença da mãe, a partir do nascimento do bebê.

Gabarito "D"

(Auditor Fiscal do Trabalho – 2010 – ESAF) The Work and Pensions Secretary

(A) has been personally attacked by company bosses who dislike her plans.
(B) believes flexible working hours are a drawback for many workers.
(C) is seeking employers' cooperation for new proposals on working hours.
(D) shows scant regard for the needs of parents wanting flexible timetables.
(E) wants pensions to be paid to fathers who care for their neonate infants.

Tradução

A Secretária de Trabalho e Benefícios Previdenciários

(A) foi atacada pessoalmente por empresários que não gostaram de seus planos.
(B) acredita que horas de trabalho flexíveis são uma desvantagem para muitos trabalhadores.
(C) está buscando a cooperação de empregadores para novas propostas relativas à jornada de trabalho.
(D) demonstra pouca consideração pelas necessidades de pais que querem horários de trabalho flexíveis.
(E) quer que benefícios sejam pagos para pais que cuidam de seus filhos recém-nascidos.

C: está buscando a cooperação de empregadores para novas propostas relativas à jornada de trabalho.

Gabarito "C"

(Auditor Fiscal do Trabalho – 2010 – ESAF) Ms Cooper hopes her new proposals will give more flexible working hours

(A) from the outset, to workers of both genders.
(B) to fathers of babies, concurrently with mothers.
(C) after six months, to those established in their jobs.
(D) to senior staff who want to start a family.
(E) to parents and youth workers up to the age of sixteen.

Tradução

A Srta. Cooper espera que suas novas propostas propiciem horários de trabalho mais flexíveis

(A) desde o princípio, para trabalhadores de ambos os sexos.
(B) para pais de bebês, concomitantemente com as mães.
(C) após seis meses, para aqueles estabelecidos em seus empregos.
(D) para o pessoal mais antigo que quer iniciar uma família.
(E) para pais e jovens trabalhadores de até dezesseis anos.

A: desde o princípio, para trabalhadores de ambos os sexos.

Gabarito "A"

Read the text and answer questions 38-40.

The International Labour Organization

The International Labour Organization (ILO) is devoted to advancing opportunities for women and men to obtain decent and productive work in conditions of freedom, equity, security and human dignity. Its main aims are to promote rights at work, encourage decent employment opportunities, enhance social protection and strengthen dialogue in handling work-related issues.

Origins and history

The ILO was founded in 1919, in the wake of a destructive war, to pursue a vision based on the premise that universal, lasting peace can be established only if it is based upon decent treatment of working people. The ILO became the first specialized agency of the UN in 1946.

ILO's vision of decent work

Work is central to people's well-being. In addition to providing income, work can pave the way for broader social and economic advancement, strengthening individuals, their families and communities. Such progress, however, hinges on work that is decent. Decent work sums up the aspirations of people in their working lives.

Tripartism and social dialogue

The ILO is the only 'tripartite' United Nations agency in that it brings together representatives of governments, employers and workers to jointly shape policies and programmes. This unique arrangement gives the ILO an edge in incorporating 'real world' knowledge about employment and work.

Source: http://www.ilo.org/global/About_the_ILO/lang--en/index.htm

Tradução

Leia o texto e responda às questões seguintes.

A Organização Internacional do Trabalho

A Organização Internacional do Trabalho (OIT) é dedicada à promoção de oportunidades para que as mulheres e os homens possam obter trabalho decente e produtivo em condições de liberdade, equidade, segurança e dignidade humana. Seus objetivos principais são a promoção dos diretos no trabalho, a promoção de oportunidades decentes de trabalho, a melhoria da proteção social e o fortalecimento do diálogo em questões relacionadas ao trabalho.

Origens e história

A OIT foi fundada em 1919, logo após uma guerra destrutiva, em busca de uma visão baseada na premissa de que a paz universal e duradoura somente pode ser estabelecida se for baseada no tratamento decente em favor dos trabalhadores. A OIT tornou-se a primeira agência especializada das Nações Unidas em 1946.

A visão de trabalho decente da OIT

O trabalho é fundamental para o bem-estar das pessoas. Além de proporcionar renda, o trabalho pode abrir caminho para um maior avanço social e econômico, fortalecendo os indivíduos, suas famílias e comunidades. Tal progresso, entretanto, depende de trabalho que seja digno. O trabalho decente representa as aspirações das pessoas em sua vidas profissionais.

Tripartismo e diálogo social

A OIT é a única agência "tripartite" das Nações Unidas na medida em que reúne representantes de governos, empregadores e trabalhadores para, conjuntamente, darem forma a políticas e programas. Esse arranjo único dá à OIT uma vantagem ao incorporar conhecimento do "mundo real" acerca do emprego e do trabalho.

Fonte: http://www.ilo.org/global/About_the_ILO/lang--en/index.htm

(Auditor Fiscal do Trabalho – 2010 – ESAF) The International Labour Organization seeks to

(A) encourage social equality at international level.
(B) foster workers' rights and good working practices.
(C) stamp out protectionism and restrictive practices.
(D) promote national wealth through higher productivity.
(E) overturn protective practices in the workplace.

Tradução

A Organização Mundial do Trabalho busca

(A) encorajar a igualdade social no nível internacional.
(B) promover os direitos dos trabalhadores e as boas práticas de trabalho.
(C) afastar o protecionismo e as práticas restritivas.
(D) promover a riqueza nacional por meio de maior produtividade.
(E) anular práticas protetivas no local de trabalho.

B: promover os direitos dos trabalhadores e as boas práticas de trabalho.

(Auditor Fiscal do Trabalho – 2010 – ESAF) The founders of the ILO believed that

(A) the people must wake up again after a damaging war.
(B) decent social rights must be promoted by advanced countries.
(C) individuals' mercenary aims reinforce community life.
(D) good working conditions are essential to maintain world peace.
(E) the ILO favours tripartite progress between men, women and the UN.

Tradução

Os fundadores da OIT acreditavam que

(A) as pessoas devem acordar novamente após uma guerra destruidora.
(B) direitos sociais decentes devem ser promovidos por países desenvolvidos.
(C) os objetivos mercenários dos indivíduos reforçam a vida em comunidade.
(D) boas condições de trabalho são essenciais para a manutenção da paz mundial.
(E) a OIT favorece o progresso tripartite entre homens, mulheres e as Nações Unidas.

D: boas condições de trabalho são essenciais para a manutenção da paz mundial.

(Auditor Fiscal do Trabalho – 2010 – ESAF) The phrase "gives the ILO an edge" [paragraph 4 line 4] means

(A) offers the ILO a shove.
(B) cuts the ILO to the quick.
(C) sends the ILO to the rearguard.
(D) lumps the ILO together with.
(E) provides the ILO with an advantage.

Tradução

A frase "gives the ILO an edge" [parágrafo 4, linha 4] significa

(A) oferece um empurrão à OIT.
(B) machuca a OIT [*to cut to the quick* = machucar alguém]
(C) manda a OIT para a retaguarda.
(D) junta a OIT a algo [*to lump something together with another thing* = juntar algo a outra coisa]
(E) dá uma vantagem à OIT.

E: dá uma vantagem à OIT.

Gabarito "E".

Your answers to the following questions should be based on the text below entitled "Land of Promise":

Land of Promise Source: www.economist.com/specialreports

April 12th 2007 (Adapted)

In 2003 Goldman Sachs, an investment bank, selected Brazil, along with Russia, India and China, as one of the "BRICs"– the developing countries that would share dominance of the world economy by 2050.

In some ways Brazil is the steadiest of the BRICs. Unlike China and Russia it is a full-blooded democracy; unlike India it has no serious disputes with its neighbours. It is the only BRIC without a nuclear bomb. The Heritage Foundation's "Economic Freedom Index", which measures such factors as protection of property rights and free trade, ranks Brazil ("moderate free") above the other BRICs ("mostly unfree"). One of the main reasons why Brazil's growth has been slower than China's and India's is that Brazil is richer and more urbanized.

The survey will argue that disgruntlement persists because Brazil is a battleground between progress and inertia. Since independence was proclaimed by the son of the Portuguese king, Brazil has been adding layer upon layer of change rather than sweeping away the old and starting afresh.

(Analista – CGU – 2008 – ESAF) In paragraph 1, four countries are referred to as

(A) unlikely to play a key role in the world economic scenario.
(B) the slowest-growing economies of the present.
(C) likely to dominate the world economy in the future.
(D) the fastest-growing economies over the past 50 years.
(E) being today's richest and most prosperous economies.

A: incorrect – The sentence clearly states that *"the developing countries that would **share dominance of the world economy by 2050**."*; **B:** incorrect – The text does not mention the speed of growth; **C:** correct – The sentence clearly states that *"the developing countries that would **share dominance of the world economy by 2050**."*; **D:** incorrect – The text does not mention the speed of growth; **E:** incorrect – The sentence clearly states that *"the developing countries that would **share dominance of the world economy by 2050**."* It makes reference to the future, not today.

Gabarito "C".

(Analista – CGU – 2008 – ESAF) In paragraph 2, the author compares Brazil's growth to China's and India's and, therefore, defines it as

(A) not being as fast.
(B) dependent on the latter.
(C) unexpectedly higher.
(D) not as stable.
(E) the least steady.

A: correct – In the last sentence in the second paragraph, the text clearly states that *"One of the main reasons why **Brazil's growth has been slower than China's and India's** is that Brazil is richer and more urbanized."*; **B:** incorrect – The text show no dependence of any country on another; **C:** incorrect – In the last sentence in the second paragraph, the text clearly states that *"One of the main reasons why **Brazil's growth has been slower than China's and India's** is that Brazil is richer and more urbanized."*; **D:** incorrect – In the first sentence of the second paragraph, the text clearly states that *"In some ways **Brazil is the steadiest of the BRICs**."*; **E:** *incorrect – In the first sentence of the second paragraph, the text clearly states that "In some ways **Brazil is the steadiest of the BRICs**."*

Gabarito "A".

(Analista – CGU – 2008 – ESAF) In paragraph 3, progress and inertia are cited as the two

(A) complementary forces in Brazil's promising future.
(B) opposing forces in the Brazilian battleground.
(C) foes of Brazil's past growth as a world economy.
(D) forces that triggered Brazil's economic growth.
(E) realities which are likely to coexist in Brazil's economic scenario.

A: incorrect – The text clearly states that *"The survey will argue that disgruntlement persists because **Brazil is a battleground between progress and inertia**."* This shows these two issues are opposing ideas; **B:** correct – The text clearly states that *"The survey will argue that disgruntlement persists because **Brazil is a battleground between progress and inertia**."*; **C:** incorrect – The text clearly states that *"**Since independence was proclaimed** by the son of the Portuguese king, **Brazil has been adding layer upon layer of change** rather than sweeping away the old and starting afresh."* This does not mean that progress and inertia are foes, but rather the reasons underpinning Brazil's slow progress; **D:** incorrect – The word "trigger" is too positive for this meaning. Brazil's growth has been slow, not fast; **E:** incorrect – The word "likely", here, suggests that this has not been proven. The text clearly states that *"**The survey** will argue that disgruntlement persists because Brazil is a battleground between progress and inertia."* The existence of a survey makes the word "likely" inappropriate.

Gabarito "B".

Your answers to the following questions should be based on the text below entitled "Brazil's president is wildly popular":

Brazil's President is Wildly Popular

Source: Special Double Issue Newsweek

Dec 31st, 2007/ Jan 7th, 2008 (Adapted)

For Brazilian President Luiz Inácio Lula da Silva, 2007 has been a good year. The economy is surging, even as the United States shows signs of weakness. Rising real wages, school enrollments and life expectancy have finally nudged Brazil into the United Nations' elite of "high human development" nations. One by one Lula has seen top aides and allies fall to corruption scandals, but so far nothing seems to dim his aura. Now some of Lula's most ardent devotees in the ruling Workers Party (PT) are even pushing to change the Constitution to allow him to run for a third consecutive term in office. "All the stars are aligned," says Walter Molano, a specialist in emerging markets with BCP Securities.

(Analista – CGU – 2008 – ESAF) The opening sentence of the text refers to the year of 2007 as having been

(A) challenging.
(B) lost.
(C) positive.
(D) negative.
(E) gloomy.

A: incorrect – The word "challenging" means difficult; **B:** incorrect – The word "lost" means off course; **C:** correct – The text clearly states that *"(...) 2007 has been a **good** year."*; **D:** incorrect – The word "negative" means bad; **E:** incorrect – The word "gloomy" means depressing.

Gabarito "C".

(Analista – CGU – 2008 – ESAF) The text reports that the Brazilian economy **is surging**. In other words,

(A) its scenario had urged caution.
(B) its growth has been slowing down.
(C) it will emerge in the near future.
(D) it is undergoing a process of growth.
(E) its development has been hindered.

A: incorrect – The phrase "to urge caution" means to recommend carefulness; **B:** incorrect – The phrase "slow down" means to reduce speed; **C:** incorrect – The phrase "to emerge in the near future" means to become known soon; **D:** correct – The word "surge" means to rise; **E:** incorrect – The word "hinder" means to hold back.

Gabarito "D".

(Analista – CGU – 2008 – ESAF) According to the text, the Brazilian President

(A) could have run for a third consecutive term.
(B) might have to face a second consecutive term in office.
(C) must have run for a third term.
(D) ought to have faced a second election round.
(E) is not currently allowed to run for a third consecutive term.

A: incorrect – The word "could" suggests that the Constitution would allow this. It did not; **B:** incorrect – The phrase "might have to face a second (...) term" suggests that Lula had not already run a second time for office. He had already done so; **C:** incorrect – The phrase "must have run" suggests that the only logical conclusion is that he had already run for office for the third consecutive time. This cannot be true as the Constitution did not allow it – Lula's supporters wanted to change this; **D:** incorrect – The phrase "ought to have faced a second election" suggests that he did not do this. Lula did and this is evident because his supporters were seeking a **third** election; **E:** correct – The text clearly states that *"(...) Lula's most ardent devotees in the ruling Workers Party (PT) are even pushing to **change the Constitution to allow him to run for a third consecutive term in office**."*

Gabarito "E".

Read the text entitled "The case for flat taxes" in order to answer questions 31 to 34:

The case for flat taxes

Source: The Economist (adapted) Apr 14th 2005

Estonia's economy has grown impressively since its 1994 reform. Growth reached double digits in 1997, and has since settled at around 6% annually, after a slump at the turn of the century. Repealing its high tax rate on the rich did not erode the country's tax base as some might have feared. In 1993, general government revenues were 39.4% of the gross domestic product (GDP); in 2002, they were 39.6%. Estonia now plans to cut its flat tax from 26% to 20% by 2007. How much do Estonia's robust revenues owe to its flat income tax? Perhaps less than is frequently advertised. In 1993, the year before its reform, Estonia's multiple personal income taxes raised revenues amounting to 8.2% of GDP. In 2002, its flat income tax raised revenues worth just 7.2%. Indeed, the flat income tax that generated so much excitement abroad seems to be carrying less weight than Estonia's old-fashioned value-added tax (VAT), which raised 9.4% of GDP in revenues in 2002. VAT is, of course, the flattest tax of all. It levies a uniform rate on the goods you buy, taking a constant cut of your money when it is spent as opposed to when it is earned. Estonia's VAT is also quite broad, leaving relatively few things out (hydropower and windpower were two curious exceptions).

Tradução

Leia o texto intitulado "Os argumentos a favor dos tributos com alíquota única" para responder às duas questões seguintes:

Os argumentos a favor dos tributos com alíquota única

A economia da Estônia cresceu de maneira impressionante desde sua reforma de 1994. O crescimento atingiu dois dígitos em 1997 e estabilizou-se, desde então, em aproximadamente 6% ao ano, depois de uma queda na virada do século. A redução da alta tributação sobre os ricos não erodiu a base tributária do país, como algumas pessoas poderiam temer. Em 1993, as receitas do governo geral correspondiam a 39,4% do produto doméstico bruto (PIB); em 2002, elas correspondiam a 39,6%. A Estônia agora planeja reduzir sua tributação de imposto único de 26% para 20% até 2007.

Quanto das robustas receitas da Estônia é devido à sua tributação com alíquota única? Talvez menos do que é frequentemente anunciado. Em 1993, no ano anterior à sua reforma, os múltiplos impostos sobre a renda pessoal da Estônia representaram receita equivalente a 8,2% do PIB. Em 2002, seu imposto de renda de alíquota única representou receita equivalente a apenas 7,2%. De fato, o imposto de renda de alíquota fixa que gerou tanta excitação em outros países (fora da Estônia – abroad) parece que pesa menos do que o velho imposto de valor adicionado (IVA) da Estônia, cujas receitas representam 9,4% do PIB em 2002.

O IVA é, evidentemente, o imposto de aliquota única em sentido mais estrito. Ele incide com uma alíquota uniforme sobre bens que você adquire, tomando uma constante parcela de seu dinheiro quando ele é gasto, em oposição ao momento em que ele é auferido. O IVA da Estônia é realmente amplo, deixando relativamente poucas coisas fora (energia hidráulica e energia eólica eram duas curiosas exceções).

Your answers to the following questions should be based on the text below, which is titled "And the winners are ..."

And the winners are...

Source: The Economist/ Technology Quarterly

(Adapted) Dec 8th 2005

This newspaper was established in 1843 to take part in "a severe contest between intelligence, which presses forward, and an unworthy, timid ignorance obstructing our progress". One of the chief ways in which intelligence presses forward is through innovation, which is now recognized as one of the most important contributors to economic growth. Innovation, in turn, depends on the creative individuals who dream up new ideas and turn them into reality.

The Economist recognizes these talented people through our annual Innovation Awards, presented in seven fields, including energy and the environment – whose winner is:

Stanford Ovshinsky, president and chief scientist and technologist, Energy Conversion Devices, for developing the **nickel-metal-hydride battery**. This is the battery technology found in hybrid cars, laptop computers and many other devices, and is just one of the many innovations devised by Mr Ovshinsky , a self-taught inventor who pioneered the field of amorphous materials in the 1950s. He is now focusing on solar panels and hydrogen-powered cars.

(Analista – ANEEL – 2006 – ESAF) In paragraph 1, the author refers to innovation and its

(A) lack in current society.
(B) main drawbacks.
(C) uninspiring role.
(D) harmful consequences.
(E) invaluable contribution.

A: incorrect – Lack refers to absence. There is no mention of its absence in society; **B:** incorrect – Drawbacks are disadvantages; **C:** incorrect – On the contrary, innovation is presented as being positive and inspiring; **D:** incorrect – No harmful or negative consequences are mentioned; **E:** correct – Invaluable meaning means having great value/priceless and contributing to economic growth.

Gabarito "E".

(Analista – ANEEL – 2006 – ESAF) The field of energy and the environment

(A) makes up the set of fields awarded by the newspaper.
(B) was mentioned as the least relevant among other areas.
(C) has been excluded due to its questionable contributions.
(D) has its main researchers and specialists listed and assessed.
(E) should have been included as well as highlighted.

A: correct – Energy and the Environment is one of seven different fields where awards are given. correct – This question is correct by means of elimination of the other options; **B:** incorrect – The field of energy and the environment is not given any more or less prestige than other areas; **C:** incorrect – The field of energy and the environment is not excluded; **D:** incorrect – There is not concentration on "main" researchers; **E:** incorrect – The field of energy and the environment is included and highlighted.

Gabarito "A".

(Analista – ANEEL – 2006 – ESAF) The text mentions Stanford Ovshinsky,

(A) whose inventions derive from a solid academic background.
(B) who is said to have developed some of his skills by himself.
(C) who might be awarded a prize for his scientific breakthroughs.
(D) whose innovative scientific approach has been underestimated.
(E) who used to research key scientific areas such as solar panels.

A: incorrect – He is a self-taught inventor; **B:** correct – He is a self-taught inventor; **C:** incorrect – He has already been awarded the prize; **D:** incorrect – No mention that he has been underestimated; **E:** incorrect – Solar panels are a current area of research, not a past one.

Gabarito "B".

Your answers to the following questions should be based on the text below which is entitled "The politics of power":

The politics of power

Source: www.economist.co.uk

Feb 9th 2006 (Adapted)

There is an intense debate over the future of energy and its impact on Europe's economy. On the one hand is a longstanding project for lower prices led by the European Commission designed to liberalize the market and enable producers and distributors to compete freely within and across national borders.

On the other is a camp that argues with growing confidence against further freeing the market. In its view, long-term security and stable prices can best be preserved in managed national markets that are dominated by strong quasi-monopolistic companies which can withstand bullying producers and sudden shifts in demand and supply.

This tension has implications for businesses across Europe. Today business customers in different countries pay prices that vary as much as 100% across what is supposed to be a single European market. A freer market in energy promises to reduce prices back to something like a Europe-wide clearing level. Energy is a critical input to businesses, especially manufacturing, and rising prices are putting unwelcome pressure on already tight margins, as companies try to compete with emerging low-wage economies in Asia.

(Analista – ANEEL – 2006 – ESAF) Paragraph 1 reports a debate on the future of energy and its impact on Europe's economy which

(A) has been closed.
(B) must be opened.
(C) is currently taking place.
(D) has been postponed.
(E) might be officially addressed.

A: incorrect – The debate is current; **B:** incorrect – The debate is already open; **C:** correct – **Line 1 – 'there is an intense debate'**; **D:** incorrect – Postponed means delayed; **E:** incorrect – The debate is current, not something that might happen.

Gabarito "C".

(Analista – ANEEL – 2006 – ESAF) In paragraph 2, the author refers to a single European market whose prices

(A) are just the same.
(B) may soon equal.
(C) are set by officials.
(D) presently differ.
(E) ought to be increased.

A: incorrect – There is a great variation in prices; **B:** incorrect – No evidence to suggest this; **C:** incorrect – This is what some want – a state controlled system, but it does not exist yet; **D:** correct – The text states, **'prices vary as much as 100% across what is supposed to be a single European market'.** Vary means to differ; **E:** incorrect – ought to – suggestion that it should be increased. This is against the tone of the text, which discussed reducing energy costs.

Gabarito "D".

(Analista – ANEEL – 2006 – ESAF) The author

(A) portrays the present reality of the European energy industry.
(B) analyses the on-going deregulation of the energy sector.
(C) foresees steep price increases and fears over supply.
(D) advertises the creation of a European chain of energy companies.
(E) defends the past European market position and behavior.

A: correct – Use of present tense throughout the text and in paragraph 2 reference to 'Today' suggest the text is about the present reality of the European energy industry; **B:** incorrect – De-regulation is contrary to liberalization as mentioned in the text; **C:** incorrect – To foresee is to predict. There is no prediction of steep increases or supply, but rather over existing price discrepancies; **D:** incorrect – No mention of the creation of this chain; **E:** incorrect – There is no mention of defending past positions or behavior. Longstanding in paragraph 1 – i.e. having existed for a long time – refers to "project for lower prices", but it is not defended by the author.

Gabarito "A".

Your answers to the following questions should be based on the text below which is entitled "The Knowledge Race":

The Knowledge Race

Source: Newsweek Special Edition

Dec 2006 – Feb 2006 (Adapted)

There are losers in every race, but let not the worries over who is winning and losing the knowledge race obscure the more powerful underlying dynamic: knowledge is liberating. It creates the possibility for change and improvement everywhere. It can create amazing devices and techniques, save lives, improve living standards and spread information. Some will do well on one measure, others on another. But on the whole, a knowledge-based world will be a healthier and richer world.

The caveat I would make is not about one or another country's paucity of engineers or computers. These problems can be solved. But knowledge is not the same thing as wisdom. Knowledge can produce equally powerful ways to destroy life, intentionally and unintentionally. It can produce hate and seek destruction. Knowledge does not by itself produce good sense, courage, generosity and tolerance. And most crucially, it does not produce the farsightedness that will allow us all to live together – and grow together –on this world without causing war, chaos and catastrophe. For that we need wisdom.

(Analista – ANEEL – 2006 – ESAF) The author intends to make a caveat in relation to the distinction between knowledge and wisdom. Thus, he is posing

(A) a threat.
(B) a problem.
(C) a risk.
(D) a challenge.
(E) a warning.

A: incorrect – To pose a threat would imply to actually threaten. Instead the author warns about a possible threat; **B:** incorrect – He poses a warning about a possible problem; **C:** incorrect – The warning he gives is about possible risks; **D:** incorrect – A challenge would demand action; **E:** correct – He is giving advice to beware.

Gabarito "E".

(Analista – ANEEL – 2006 – ESAF) In the author's point of view,

(A) knowledge undoubtedly hinders progress and development.

(B) considering the future results of an action is of critical importance.
(C) there has been an alarming paucity of engineers and computers.
(D) destruction ought to be sought by wise and knowledgeable leaders.
(E) the knowledge race fortunately obscured the value of wisdom.

A: incorrect – To hinder means to hold back or to curb; **B:** correct – We need to be **farsighted/** to consider the consequences of out actions; **C:** incorrect – On the contrary the scarcity of engineers and computers is not the worrying/arming issue for the author; **D:** incorrect – Destruction will be avoided not sought/pursued by wise and knowledgeable leaders; **E:** incorrect – 'Let not' means we should not allow the knowledge race to obscure the value of wisdom.

Gabarito "B".

Your answers to the following questions should be based on the text below, which is entitled "The technologies to halt global warming":

The technologies to halt global warming

Source: www.mg.co.za August 17, 2004 (Adapted)

The technologies to halt global warming for 50 years already exist, according to research published this week in the journal Science. The study's authors, Stephen Pacala and Rob Socolow, say that implementing them should begin immediately.

The researchers identified 15 technologies that store carbon, provide energy without producing carbon emissions or improve the efficiency of carbon-based energy suppliers. They say the large-scale use of any one of any of these has the potential to reduce global carbon emissions by at least one billion tons a year by 2054. Options available include renewable energy sources such as wind and solar power, switching of fuel from coal to nuclear or natural-gas supplies, storage of carbon dioxide produced by power plants, more efficient use of car fuel and electricity, increasing the global forested area, and the use of "biomass" fuels, such as ethanol.

(Técnico da Receita Federal – 2006 – ESAF) In paragraph 1, the author provides a brief outline of

(A) Estonia's growth in 1994.
(B) a country's reform attempt.
(C) Estonia's burdensome tax system.
(D) a country's growth and fiscal policy.
(E) a country's upcoming interest rates.

Tradução

No parágrafo 1, o autor oferece uma breve descrição

(A) do crescimento da Estônia em 1994.
(B) da tentativa de reforma de um país.
(C) do oneroso sistema tributário da Estônia.
(D) do crescimento e da política fiscal de um país.
(E) das crescentes taxas de juros de um país.

O início do texto descreve brevemente o crescimento econômico da Estônia a partir de 1994 e o perfil de sua arrecadação tributária com os impostos de alíquota única.

Gabarito "D".

(Técnico da Receita Federal – 2006 – ESAF) The author mentions a slump in Estonia's growth at the turn of the century which characterizes

(A) a much less successful period.
(B) a remarkable period of prosperity.
(C) a slightly better fi scal period.
(D) a landmark in Estonia's growth.
(E) the beginning of Estonia's growth.

Tradução

O autor menciona uma queda (*a slump*) no crescimento da Estônia na virada do século, o que caracteriza

(A) um período de muito menos sucesso.
(B) um memorável período de prosperidade.
(C) um período fiscal ligeiramente melhor.
(D) um marco no crescimento da Estônia.
(E) o início do crescimento da Estônia.

O autor se refere a uma brusca queda do índice de crescimento, que estava em dois dígitos, para a média em que se estabilizou a partir de então (6%). Ver a frase que se inicia em "O crescimento atingiu dois dígitos...".

Gabarito "A".

(Técnico da Receita Federal – 2006 – ESAF) In paragraph 2, the role played by Estonia's flat income tax in relation to its "robust revenues" is

(A) ignored.
(B) questioned.
(C) omitted.
(D) not mentioned.
(E) disregarded.

Tradução

No parágrafo 2, o papel do imposto de renda de alíquota única da Estônia em relação a suas "robustas receitas"

(A) é ignorado.
(B) é questionado.
(C) é omitido.
(D) não é mencionado.
(E) é desconsiderado.

O autor indica que as receitas do imposto de renda estoniano são menos representativas do que se imagina, inferiores às do IVA.

Gabarito "B".

(Técnico da Receita Federal – 2006 – ESAF) In paragraph 3, the author refers to VAT, a tax which

(A) is about to be raised.
(B) may frequently be dodged.
(C) might be repealed.
(D) will be simplified.
(E) has already been set.

Tradução

No parágrafo 3, o autor se refere ao IVA, um imposto que

(A) está para ser majorado.
(B) pode ser evadido frequentemente (em relação ao qual se pode esquivar).
(C) pode ser repelido.
(D) será simplificado.
(E) sempre foi ajustado.

O autor descreve a incidência ampla e constante do IVA, incidente com alíquota única sobre a aquisição de praticamente todos os bens.

Gabarito "E".

Read the text entitled "The prices of sin" in order to answer questions 35 to 37:

The prices of sin

Source: The Economist (adapted)
Aug 25th 2005

Much ministerial brow-sweat has been devoted to turning Britons into healthier, better-adjusted citizens, but the public has a nasty habit of spoiling the party. New figures provoked hand-wringing this week when they suggested that British alcohol consumption is rising even as the French and the Germans are drinking less. Alcoholfuelled crime is on the increase and smoking rates, which the government has promised to reduce, are stuck. To economists, the solution is obvious: just raise taxes on the goods in question. Successive governments have taken this advice to heart, leaving Britain with some of the highest "sin taxes" in Europe. Yet Labour has abandoned fiscal tinkering for a sort of social engineering that comes over as inconsistent: liberal laws that allow pubs to open around the clock in the hope of curing Britain's drink culture sit oddly with authoritarian plans to forbid smoking in public places.

Tradução

Leia o texto intitulado "Os preços do pecado" para responder às três questões seguintes:

Os preços do pecado

Muito trabalho [ministerial brow-sweat é expressão utilizada nesse sentido] foi despendido para transformar os britânicos em cidadãos mais saudáveis e melhor ajustados, mas o público tem o péssimo hábito de estragar a festa. Novos dados (números) provocaram preocupação [hand-wringing é o ato de apertar as próprias mãos, sinal de preocupação] esta semana quando sugeriram que o consumo de álcool na Grã-Bretanha está aumentando, ainda que os franceses e os alemães estejam bebendo menos. Os crimes relacionados ao consumo de álcool estão crescendo e os índices de fumantes, que o governo prometeu reduzir, estão estacionados.

Para economistas, a solução é óbvia: simplesmente aumentar a tributação sobre os bens em questão. Sucessivos governos têm adotado fielmente esse conselho, deixando a Grã-Bretanha com alguns dos maiores "tributos sobre o pecado" na Europa. Por ora, o Partido Trabalhista abandonou os remendos tributários e optou por uma espécie de engenharia social que se mostra inconsistente: leis liberais que permite que bares (*pubs*) permaneçam abertos todo o tempo, na esperança de curar a cultura de bebida da Grã-Bretanha, colocam-se estranhamente ao lado de planos autoritários de proibir o fumo em lugares públicos.

(Técnico da Receita Federal – 2006 – ESAF) The author

(A) describes the successful health service in Germany.
(B) looks into the increase in alcohol consumption in France.
(C) comments on the politics of alcohol in Britain.
(D) praises the effectiveness of some British social policies.
(E) sets up policies concerning alcohol consumption in Britain.

Tradução

O autor

(A) descreve o serviço de saúde de sucesso na Alemanha.
(B) analisa o aumento do consumo de álcool na França.
(C) comenta as políticas relacionadas ao álcool na Grã--Bretanha.
(D) elogia a efetividade de algumas políticas sociais britânicas.
(E) constrói políticas relacionadas ao consumo de álcool na Grã-Bretanha.

O texto refere-se às políticas relacionadas ao consumo de álcool na Grã-Bretanha, especialmente à tributação mais pesada como ferramenta para sua inibição.

Gabarito "C".

(Técnico da Receita Federal – 2006 – ESAF) In paragraph 1, the new figures related to the British alcohol consumption are said to have caused

(A) worries.
(B) consternation.
(C) relief.
(D) disbelief.
(E) mistrust.

Tradução

No parágrafo 1, os mais recentes dados (números) relacionados ao consumo de álcool na Grã-Bretanha teriam causado

(A) preocupações.
(B) consternação.
(C) alívio.
(D) descrença.
(E) desconfiança.

Ver a frase que se inicia com "Novos dados provocaram preocupação...".

Gabarito "A".

(Técnico da Receita Federal – 2006 – ESAF) According to the text, the "sin taxes"

(A) are likely to be adopted in Britain.
(B) have been proposed by the German authorities.
(C) should have been implemented in Britain.
(D) must be forbidden by the European Union.
(E) have been put into practice by British governments.

Tradução

De acordo com o texto, os "tributos sobre o pecado"

(A) provavelmente serão adotados na Grã-Bretanha.
(B) foram propostos pelas autoridades alemãs.

(C) deveriam ter sido implementados na Grã-Bretanha.
(D) devem ser proibidos pela União Europeia.
(E) foram colocados em prática pelos governos britânicos.

Ver a frase que se inicia com "Sucessivos governos têm adotado...".

Gabarito "E".

Read the interview below entitled "When should you start to worry?" in order to answer questions 38 to 40:

When should we start to worry?

Source: Newsweek (adapted)
Oct 17, 2005

I'm concerned about the long-term risks of drinking a lot of caffeine (two or more cups of coffee a day). I have no family history of heart disease and no history of heart trouble. Am I at risk?

Dr. Thomas H. Lee: I wouldn't worry about the caffeine in a few cups of coffee. Lots of caffeine can rev up your heart and make it beat faster, occasionally even launching into prolonged periods of a racing heart. You will almost surely feel palpitations if you get these abnormal heartbeats, and then you should heed your body's advice to cut back on the caffeine. Heavy coffee drinkers don't have a higher risk of cardiomyopathy (damaged heart muscle) or heart attacks. If you do decide to cut back on caffeine, you may experience headaches during the transition.

Until recently, vitamin E was touted as a good--heart supplement. Now several studies indicate that vitamin E supplements can increase the risk of heart disease or stroke. Does the medical community agree?

Dr. Thomas H. Lee: You have it right. In the 1990's, vitamin E was very promising – but controversial. Epidemiological studies showed that regular vitamin E users had 20 to 40 percent lower rates of heart disease than nonusers. Since then, larger experiments have not shown any benefi t from taking vitamin E.

Tradução

Leia a entrevista abaixo, intitulada "Quando você deveria começar a se preocupar?" para responder às três perguntas seguintes:

Quando você deveria começar a se preocupar

Eu estou preocupado com os riscos de longo prazo relacionados ao grande consumo de cafeína (dois ou mais copos por dia) [note que o *cup* americano, para café, é bem grande – não é simples xícara, como no Brasil]. Eu não tenho histórico familiar de doenças do coração ou histórico de problemas no coração. Eu estou em risco?

Dr. Thomas H. Lee: Eu não me preocuparia com a cafeína em uns poucos copos de café. Muita cafeína pode acelerar seu coração e fazê-lo bater mais rápido, até mesmo, ocasionalmente, iniciando prolongados períodos de aceleração cardíaca. Você irá, muito provavelmente, sentir palpitações, caso tenha esses batimentos anormais e, então, deverá prestar atenção ao conselho dado por seu corpo para reduzir a cafeína. Grandes consumidores de café não têm um risco maior de cardiomiopatia (dano ao músculo cardíaco) ou de ataques cardíacos. Se você resolver reduzir o consumo de cafeína, você poderá sentir dores de cabeça durante a transição.

Até recentemente, a vitamina E era promovida como um suplemento bom para o coração. Agora diversos estudos indicam que os suplementos de vitamina E podem aumentar o risco de doenças do coração ou derrame. A comunidade médica concorda?

Dr. Thomas H. Lee: Você tem razão. Nos anos 1990, a vitamina E era muito promissora – mas controversa. Estudos epidemiológicos mostraram que usuários regulares de vitamina E tinham índices 20 a 40% menores de doenças do coração em relação aos não usuários. Desde então, experiências mais amplas não mostraram qualquer benefício advindo do consumo de vitamina E.

(Técnico da Receita Federal – 2006 – ESAF) In his answer to question 1, Dr. Lee warns against drinking lots of caffeine since it

(A) might cause a sudden faint.
(B) can slow the heartbeats.
(C) may accelerate the heartbeats.
(D) will surely increase the heartbeats.
(E) damages the heart muscle.

Tradução

Na resposta à pergunta 1, o Dr. Lee alerta contra beber muita cafeína, pois

(A) pode causar um desmaio súbito.
(B) pode reduzir os batimentos cardíacos.
(C) pode acelerar os batimentos cardíacos.
(D) irá certamente aumentar os batimentos cardíacos.
(E) danificará o músculo cardíaco.

Leia a frase que se inicia com "Muita cafeína pode acelerar seu coração...".

Gabarito "C".

(Técnico da Receita Federal – 2006 – ESAF) According to Dr. Lee, we should listen to our body's advice to "cut back on the caffeine". In other words, our body advises us

(A) not to stop drinking it.
(B) to reduce our caffeine intake.
(C) to increase caffeine consumption.
(D) to regularly consume caffeine.
(E) to quit caffeine consumption.

Tradução

De acordo com o Dr. Lee, nós deveríamos ouvir o conselho de nosso corpo para "reduzir a cafeína". Em outras palavras, nosso corpo sugere que nós

(A) não paremos de beber a cafeína.
(B) diminuamos o consumo de cafeína.
(C) aumentemos o consumo de cafeína.
(D) consumemos regularmente cafeína.
(E) paremos com o consumo de cafeína.

Ao entendermos o significado de "cut back on the caffeine", a resposta torna-se evidente. Leia a frase que se inicia com "Você irá, muito provavelmente...".

Gabarito "B".

(Técnico da Receita Federal – 2006 – ESAF) In his answer to question 2, Dr. Lee

(A) prescribes the intake of vitamin E supplements.
(B) points out the risks of taking vitamin E.
(C) bears out the claim that supplements are risky.
(D) demystifies the benefits from taking vitamin E.
(E) corroborates the benefits of vitamin E intake.

Tradução

Na resposta à pergunta 2, o Dr. Lee

(A) prescreve o consumo de suplementos de vitamina E.
(B) aponta os riscos em tomar vitamina E.
(C) confirma a alegação de que esses suplementos são arriscados.
(D) desmistifica os benefícios relacionados ao consumo de vitamina E.
(E) corrobora os benefícios no consumo de vitamina E.

O Dr. Lee afirma que os estudos mais recentes não demonstraram benefício no consumo da vitamina E.

Gabarito "D".

Your answers to questions 21 to 24 must be based on the text below entitled "A dip in the middle":

A dip in the middle

Source: The Economist (adapted) Sep 8th 2005

Income tax has been paid in Britain for more than two centuries. First introduced by William Pitt the Younger to finance the war against Napoleonic France, it is the Treasury´s biggest source of revenue, raising 30% of tax receipts. It arouses strong political emotions, regarded as fair by some because it makes the rich pay a bigger share of their income than the poor, but unfair by others because it penalizes enterprise and hard work. During the past 30 years, income tax has been subject to sweeping changes, notably the cut in the top rate from 98% to 40% under Margaret Thatcher between 1979 and 1988. Now another Conservative politician, George Osborne, is floating a radical reform to match that earlier exploit. The shadow chancellor announced on September 7th that he was setting up a commission to explore the possible introduction of a income tax in Britain. Introducing a income tax into Britain would involve two main changes. At present, there are three marginal tax rates. These three rates would be replaced by a single rate, which would be considerably lower than the current top rate. At the same time there would be an increase in the tax-free personal allowance, currently worth 4,895 pounds.

Tradução

Suas respostas às quatros questões seguintes devem ser baseadas no texto abaixo, cujo título é "A dip in the middle" (a expressão "a dip in the middle" foi utilizada como trocadilho, em relação à tributação sobre a classe média – "middle class").

A dip in the middle

O imposto de renda tem sido pago na Grã-Bretanha por mais de dois séculos. Introduzido por William Pitt, o Jovem, para financiar a guerra contra a França napoleônica, é a maior fonte de receita do Tesouro, representando 30% dos recebimentos de impostos. Traz à tona fortes sentimentos (convicções) políticos, considerado justo por alguns, pois faz o rico pagar uma parcela maior de sua renda do que o pobre, mas injusto por outros, porque penaliza o empreendimento e o trabalho duro. Durante os últimos 30 anos, o imposto de renda foi amplamente modificado, notadamente quanto à redução na alíquota máxima de 98% para 40% no governo Margaret Thatcher, entre 1979 e 1988. Atualmente, outro político conservador [a política inglesa é delineada entre conservadores e trabalhistas] George Osborne, está propondo [floating, utilizado nesse sentido] uma reforma radical para igualar a façanha anterior. O líder oposicionista anunciou no dia 7 de setembro que estava formando uma comissão para analisar a possibilidade de introduzir um imposto de renda de alíquota única [flat income tax] na Grã-Bretanha.

Introduzir um imposto de renda de alíquota única na Grã-Bretanha envolveria duas grandes mudanças. Atualmente, há três alíquotas marginais. Essas três alíquotas teriam que ser substituídas por uma única, que seria consideravelmente menor que a atual alíquota máxima. Ao mesmo tempo, haveria um aumento na faixa de isenção pessoal [tax-free personal allowance], atualmente em 4.895 libras.

(Auditor Fiscal da Receita Federal – 2005– ESAF) According to the text,

(A) a commission introduced at income tax into Britain.
(B) a war once justified the payment of income tax.
(C) at income tax would be made up of three tax rates.
(D) the reform would yield many economic benefits.
(E) George Osborne has managed to introduce the single rate.

Tradução

De acordo com o texto,

(A) uma comissão introduziu um imposto de renda de alíquota única na Grã-Bretanha.
(B) uma guerra justificou, em determinada oportunidade, o pagamento do imposto de renda.
(C) um imposto de renda de alíquota única seria composto por três alíquotas [esta alternativa não faz sentido, desde que se compreenda seu significado!].
(D) a reforma traria muitos benefícios econômicos.
(E) George Osborne conseguiu introduzir a alíquota única.

Ver a frase que se inicia com "Introduzido por William Pitt..."

Gabarito "B".

(Auditor Fiscal da Receita Federal – 2005– ESAF) According to paragraph 2, Margaret Thatcher's government brought in

(A) major alterations to British income tax rates.
(B) measures that made cosmetic changes only.
(C) a tax system that discourages hard work.
(D) proposals imitated by a shady politician.
(E) a substantial increase in top taxation rates.

Tradução

De acordo com o parágrafo 2, o governo de Margaret Thatcher trouxe

(A) grandes alterações em relação às alíquotas do imposto de renda britânico.
(B) medidas que fizeram alterações cosméticas, apenas.
(C) um sistema tributário que desencoraja o trabalho duro.
(D) propostas imitadas por um político obscuro.
(E) um aumento substancial nas alíquotas tributárias máximas.

Ver a frase que se inicia com "Durante os últimos 30 anos...".

Gabarito "A".

(Auditor Fiscal da Receita Federal – 2005– ESAF) The flat income tax

(A) is intended to hinder enterprise and hard work.
(B) would be below the present top rate.
(C) ought to please low-earners and high-fliers.
(D) must generate a cut in public spending.
(E) might be financed by increases in other taxes.

Tradução

O imposto de renda de alíquota única

(A) tem por objetivo dificultar o empreendimento e o trabalho duro.
(B) seria inferior à atual alíquota máxima.
(C) deve agradar a quem tem pouca renda e aos ambiciosos.
(D) deve gerar um corte nas despesas públicas.
(E) deve ser financiado pelo aumento em outros tributos.

Ver a frase que se inicia com "Essas três alíquotas teriam...".

Gabarito "B".

(Auditor Fiscal da Receita Federal – 2005– ESAF) In paragraph 3, the author notes that the present tax-free personal allowance would

(A) remain unchanged.
(B) be cut.
(C) rise.
(D) be abolished.
(E) be phased out.

Tradução

No parágrafo 3, o autor nota que a atual faixa de isenção pessoal

(A) seria mantida.
(B) seria reduzida.
(C) seria aumentada.
(D) seria abolida.
(E) seria reduzida gradualmente até a extinção.

Ver a frase que se inicia com "Ao mesmo tempo, haveria um aumento...".

Gabarito "C".

Your answers to questions 25 to 27 must be based on the text below entitled "Flight of the French":

Flight of the French

Source: Newsweek (adapted) Sept 26th/Oct 3rd 2005

The Belgians call them ".fiscal refugees", but these refugees wear Chanel. They are runaways from high taxes in France. Officially, France has lost, on average, one millionaire or billionaire tax payer per day for tax reasons since 1997, when the government started trying to track capital flight. Privately, economists say the number is much higher. "The statistic is stupid," holds French economist Nicolas Baverez. "It's as if, to count contraband, you only counted what people declared at the border." While much of Europe has revised its tax codes, France's fiscal inertia is virtually begging its rich to leave. Holding dear its commitment to *égalité* and *fraternité*, France has bucked the trend in the European Union, where most member states have dropped the wealth tax since the mid-1990s. France went the opposite way in 1997 by abolishing a cap that limited the wealth-tax bill, which kicks in at incomes over 720,000 euros to 85% of a taxpayer's income. The result: some pay more taxes than they earn in income.

Tradução

Suas respostas às três questões seguintes devem ser baseadas no texto abaixo, cujo título é "O voo dos franceses":

O voo dos franceses

Os belgas os chamam de "refugiados fiscais", mas esses refugiados usam Chanel. Eles são fugitivos da alta tributação na França. Oficialmente, a França perdeu, em média, um contribuinte milionário ou bilionário por dia, por conta da tributação, desde 1997, quando o governo passou a tentar rastrear a fuga de capitais. Nos bastidores, economistas dizem que o número é muito maior. "A estatística é estúpida", sustenta o economista francês Nicolas Baverez. "É como se, para mensurar o contrabando, você apenas contasse aquilo que as pessoas declaram na fronteira."

Enquanto boa parte da Europa revisou sua legislação tributária, a inércia fiscal da França está virtualmente suplicando que os ricos deixem o país. Apegando-se ao seu comprometimento com a *égalité* [igualdade] e a *fraternité* [fraternidade], a França navegou contra a corrente (desafiou a tendência, foi contra a tendência – bucked the trend) na União Europeia, na qual a maior parte dos países reduziu a tributação sobre a riqueza desde meados de 1990. A França foi pelo caminho oposto, abolindo um teto que limitava a cobrança de tributo sobre a riqueza, que, na faixa de rendimento acima de 720.000 euros, implica tributação de 85% da renda do contribuinte. O resultado: alguns pagam mais impostos do que aquilo que auferem em renda.

(Auditor Fiscal da Receita Federal – 2005– ESAF) The text refers to France's

(A) historic decision to drop its wealth-tax.
(B) recent proposal to suppress the wealth-tax.
(C) commitment to prevent the so-called capital flight.
(D) current fiscal policy in relation to the rich.
(E) controversial attempt to penalize its .fiscal refugees.

Tradução

O texto, em relação à França, refere-se

(A) à decisão histórica de reduzir sua tributação sobre a riqueza.

(B) à recente proposta de suprimir a tributação sobre a riqueza.
(C) ao comprometimento em evitar a chamada fuga de capitais.
(D) à atual política fiscal em relação aos ricos.
(E) à tentativa controversa de penalizar seus refugiados fiscais.

O texto se refere à alta tributação sobre os ricos franceses, em relação a boa parte da Europa.

Gabarito "D".

(Auditor Fiscal da Receita Federal – 2005– ESAF) The so-called 'fiscal refugees' are the

(A) fleeing taxpayers.
(B) successful shareholders.
(C) well-known tax attorneys.
(D) notorious smugglers.
(E) top company executives.

Tradução

Os chamados "refugiados fiscais" são os

(A) contribuintes que fogem.
(B) os acionistas de sucesso.
(C) os conhecidos advogados tributaristas.
(D) os notórios contrabandistas.
(E) os altos executivos empresariais.

Ver a frase que se inicia com "Eles são fugitivos...".

Gabarito "A".

(Auditor Fiscal da Receita Federal – 2005– ESAF) According to the author, France

(A) might change its fiscal system.
(B) must preserve its wealth tax.
(C) has not changed its fiscal policy.
(D) ought to slash its public spending.
(E) could lose from a tax reform.

Tradução

De acordo com o autor, a França

(A) pode alterar (é possível que altere) seu sistema tributário.
(B) deve manter sua tributação sobre a riqueza.
(C) não alterou sua política fiscal.
(D) deveria reduzir sua despesa pública.
(E) poderia perder com uma reforma tributária.

A rigor, o texto diz que a França trilhou sentido contrário em relação à maioria dos países europeus, ampliando a tributação sobre a riqueza (não houve simples manutenção da política fiscal, mas recrudescimento em relação aos maiores rendimentos). Ver a frase que se inicia com "A França foi pelo caminho oposto...". De qualquer forma, a alternativa C é a que mais se aproxima do texto, até por exclusão das demais.

Gabarito "C".

Your answers to questions 28 to 30 must be based on the text below entitled "The real medicine":

The real medicine

Source: Newsweek (adapted) Oct 17th 2005

People who survive a heart attack often describe it as a wake-up call. But for a 61-year old executive I met recently, it was more than that. This man was in the midst of a divorce when he was stricken last spring, and he had fallen out of touch with friends and family members. The executive´s doctor, unaware of the strife in his life, counseled him to change his diet, start exercising and quit smoking. He also prescribed drugs to lower cholesterol and blood pressure. It was sound advice, but in combing the medical literature, the patient discovered that he needed to do more. Studies suggested that his risk of dying within six months would be four times greater if he remained depressed and lonely. So he joined a support group and reordered his priorities, placing relationships at the top of the list instead of the bottom. His health has improved steadily since then, and so has his outlook on life. In fact he now describes his heart attack as the best thing that ever happened to him. "Yes, my arteries are more open," he says. "But even more important, *I´m* more open."

Tradução

Suas respostas às três questões seguintes devem ser baseadas no texto abaixo, cujo título é "A medicina real (ou O remédio real)":

A medicina real (ou O remédio real)

As pessoas que sobrevivem a um ataque cardíaco muitas vezes descrevem-no como uma chamada de despertar. Mas, para um executivo de 61 anos que eu conheci recentemente, foi mais que isso. Esse homem estava no meio de um divórcio quando foi golpeado (pelo ataque cardíaco) na última primavera, e perdeu contato com amigos e familiares. O médico do executivo, que não sabia dos problemas em sua vida, aconselhou-o a modificar sua dieta, a começar a se exercitar e a parar de fumar. Ele também receitou remédios para redução do colesterol e da pressão sanguínea. Foram conselhos ótimos, mas, ao vasculhar a literatura médica, o paciente descobriu que ele precisava fazer mais. Estudos sugerem que o risco de morrer dentro de seis meses seria quatro vezes maior se ele continuasse deprimido e sozinho. Ele, então, juntou-se a um grupo de apoio e reorganizou suas prioridades, colocando os relacionamentos no topo da lista, em vez de no fim dela. Sua saúde tem melhorado regularmente desde então, da mesma forma que sua visão sobre a vida. De fato, ele agora descreve seu ataque cardíaco como a melhor coisa que lhe aconteceu. "Sim, minhas artérias estão mais abertas," ele diz. "Mas, mais importante, *eu* estou mais aberto."

(Auditor Fiscal da Receita Federal – 2005– ESAF) According to the text, the executive

(A) actually refused to eat right, exercise and avoid smoking.
(B) seems to have increased his risk of early death.
(C) agrees that medicine should focus primarily on drugs.
(D) declined new choices and priorities in his life.
(E) went further in his search for recovery and health.

Tradução

De acordo como texto, o executivo

(A) realmente recusou-se a comer direito, exercitar-se ou evitar o fumo.
(B) parece ter aumentado o risco de morte prematura.
(C) concorda que a medicina deveria focar os remédios.
(D) refutou novas escolhas e prioridades em sua vida.
(E) foi adiante em sua busca pela recuperação e pela saúde.

Veja as frases que se iniciam com "Foram conselhos ótimos, mas...".

Gabarito "E".

(Auditor Fiscal da Receita Federal – 2005– ESAF) The advice given by the doctor is defined as sound. In other words, it

(A) might be effective.
(B) is reliable and effective.
(C) is questionable.
(D) should be looked into.
(E) must be deeply researched.

Tradução

O conselho dado pelo médico foi definido com "sound". Em outras palvras, ele

(A) pode ser eficaz.
(B) é confiável e eficaz.
(C) é questionável.
(D) deve ser considerado.
(E) deve ser profundamente pesquisado.

"Sound", além do significado mais conhecido (som), indica também algo eficaz e confiável.

Gabarito "B".

(Auditor Fiscal da Receita Federal – 2005– ESAF) The text focuses on the relevance of

(A) current scientific and technological advances.
(B) studies carried out by obscure scientists.
(C) preventive medicine in relation to some ailments.
(D) a desirable change of attitude to life.
(E) leading a healthy life in spite of loneliness.

Tradução

O texto foca a relevância

(A) dos atuais avanços científicos e tecnológicos.
(B) dos estudos realizados por cientistas obscuros.
(C) da medicina preventiva em relação a alguns alimentos.
(D) de uma desejável mudança de atitude em relação à vida.
(E) de se levar uma vida saudável, apesar da solidão.

O texto refere-se à mudança de atitude do executivo em relação à vida, com uma reorganização de suas prioridades. Ver as frases que se iniciam com "Ele, então, juntou-se a um grupo de apoio...".

Gabarito "D".

Read the text below in order to answer questions 21 to 23:

Analysis: Brazil's Lula faces new phase

In a speech last week from the capital, Brazil's president Luiz Inácio Lula da Silva appeared to balloon with pride over his accomplishments and gloated over achieving in months what his predecessor Fernando Henrique Cardoso could not do during his eight years in office.

"I am pleased and the Brazilian people are satisfied that we have done something in seven months that has taken other countries years to do," said Lula on the pension reform amendment. "The last president of Brazil spent eight years trying to get a social security reform bill through Congress."

While the president is riding high over his win with pensions, analysts see a much tougher field to hoe in the coming months.

Next on the Lula administration agenda is taxes, a fight that will not only be waged in the capital, but at the state and local levels as well. Governors, who backed Lula's pension proposal in Congress, want to see additional revenue tickle down to the local levels. The president, however, insists on "tax reform designed to stimulate production, not to boost revenue" for the states, as he put it on Monday.

Tradução

Leia o texto abaixo para responder às três questões seguintes:

Análise: O Brasil de Lula enfrenta nova fase

Em um discurso na última semana, na capital, o presidente do Brasil Luiz Inácio Lula da Silva parecia inflar-se de orgulho por suas realizações e vangloriava-se de ter atingido em meses o que seu antecessor Fernando Henrique Cardoso não foi capaz de fazer durante seus oito anos no governo.

"Eu estou satisfeito e o povo brasileiro está satisfeito por nós termos feito algo em sete meses que outros países levaram anos para realizar," disse Lula acerca da emenda da reforma previdenciária. "O último presidente do Brasil gastou oito anos tentando aprovar uma reforma previdenciária no Congresso"

Embora o presidente esteja nas nuvens por conta de sua vitória com a previdência, analistas veem um desafio muito mais duro [a much tougher field to hoe – um campo muito mais difícil de cultivar] nos próximos meses.

O próximo ponto na agenda da administração de Lula é a tributação, uma luta a ser travada não apenas na capital, mas também nos níveis estadual e local. Governadores, que apoiaram a proposta previdenciária de Lula no Congresso, querem ver recursos adicionais fluírem para os níveis locais. O presidente, entretanto, insiste em uma "reforma tributária planejada para estimular a produção, não para aumentar receitas" para os estados, conforme ele afirmou na segunda-feira.

(Analista – ANEEL – 2004 – ESAF) According to the article, "The technologies **to halt global warming** for 50 years already exist." In other words, global warming may be

(A) researched.
(B) successfully mapped.
(C) gradually increased.

(D) decreased.
(E) stopped.

A: incorrect – The idea is to stop global warming, not to research it; **B:** incorrect – This is not the definition given by 'to halt'; **C:** incorrect – The opposite is true; **D:** incorrect – The idea of halt is stronger than to merely decrease, or reduce global warming; **E:** correct – The dictionary definition of **'to halt' is to stop.**

Gabarito "E"

(Analista – ANEEL – 2004 – ESAF) According to the text,

(A) 15 technologies will have been implemented up to 2054.
(B) global carbon emissions might be decreased.
(C) renewable energy sources must have been forbidden.
(D) researchers ought to identify the sources of global warming.
(E) global carbon emissions have been halted.

A: incorrect – 'will have been implemented' suggests a definite action. The text says that 15 technologies have been identified and that **'use of any one of any of these has the potential to reduce global carbon emissions....'**; **B:** correct – The text states, in paragraph 2, **'They say the large-scale use of any one of any of these has the potential to reduce global carbon emissions by at least one billion tons a year by 2054'**. Having potential means we can say emissions might be decreased – There is a possibility or potential; **C:** incorrect – There is no suggestion of renewable energy sources being forbidden or prohibited; **D:** incorrect – The use of ought is a polite suggestion or recommendation – The text states that researchers have already identified options to reduce emissions; presumably they have thus identified the sources of emissions; **E:** incorrect – Emissions have not yet been halted/stopped – the text states there is the potential to halt emissions not that they have already been halted.

Gabarito "B"

Your answers to the following questions should be based on the text below, which is entitled "Latest Distribution News":

Latest Distribution News Source:

www.energyinforsource.com August 17, 2004 (Adapted)

Florida Power & Light Company (FPL) remains determined to do whatever is needed as safely and as quickly as possible to restore electrical power to all customers whose lives and neighborhoods were impacted by Hurricane Charley.

Since the state began to feel the effects of the Category 4 hurricane, FPL has restored power to 577,000 customers of the 874,000 that were originally left without electricity.

"We at FPL appreciate the patience of our customers as we continue our around-the-clock efforts," said Geisha Williams, vice-president of electrical distribution. The logistical challenges posed by this massive rebuilding and restoration effort are compounded for the electrical workers by many of the same challenges confronted by residents of the damaged areas: hot and humid weather, long days and nights and limited services.

(Analista – ANEEL – 2004 – ESAF) The text refers to Hurricane Charley, which

(A) is said to have been a man-made catastrophe.
(B) has been looked into as well as foreseen by FPL.
(C) has hit an American state.
(D) will be researched so as to be categorized.
(E) had been predicted by the American government.

A: incorrect – Man-made means to be made by humans as opposed to nature; **B:** incorrect – There is no evidence to suggest that Hurricane was 'looked into' i.e. researched/investigated or that it was foreseen or predicted; **C:** correct – **'To feel the effects of'** means to effect or to suffer the consequences of something. The state is specifically mentioned in paragraph 2, and it can be deduced the state may be Florida from the mention of Florida Power and Light Company (paragraph 1); **D:** incorrect – No evidence to suggest that it will be researched. The only action will be to reestablish power supplies; **E:** incorrect – No evidence to suggest the hurricane had been predicted.

Gabarito "C"

(Analista – ANEEL – 2004 – ESAF) According to the text,

(A) efforts have been made all day and all night.
(B) electrical power might no longer be supplied by FPL.
(C) customers have called off their contracts with FPL.
(D) residents and customers have decided to join hands.
(E) federal financial assistance may be pivotal.

A: correct – **'As we continue our around-the-clock efforts'** – this infers the efforts are continuous; **B:** incorrect – In paragraph one, the company is said to be determined to restore power quickly and safely. Thus, there is no suggestion FPL will no longer supply power, nor that customers are canceling/calling off their contracts; **C:** incorrect – In paragraph one, the company is said to be determined to restore power quickly and safely. Thus there is no suggestion FPL will no longer supply power nor that customers are canceling/calling off their contracts; **D:** incorrect – There is nothing in the text that they will join hands; **E:** incorrect – 'Pivotal' means of crucial importance. Although this sounds sensible as the scale of the disaster is huge, there is no evidence to support this in the text.

Gabarito "A"

(Analista – ANEEL – 2004 – ESAF) Florida Power & Light Company (FPL) is determined to

(A) minimize the extensive environmental damage.
(B) assess the vast local electricity supplies.
(C) provide shelter for its potential customers.
(D) keep on working despite the practical difficulties.
(E) file a lawsuit against the local government.

A: incorrect – No evidence to support this. The **'restoration efforts'** mentioned are related to power supplies not environmental damage; **B:** incorrect – No evidence that the company will assess/estimate the electricity supply; **C:** incorrect – No evidence that the company will provide shelter or accommodation for customers; **D:** correct – The text states in paragraph one that, "Florida Power & Light Company (FPL) **remains determined to do whatever is needed as safely and as quickly as possible to restore electrical power to all customers whose lives and neighborhoods were impacted by Hurricane Charley'**. Furthermore, in paragraph three, logistical challenges are mentioned. Both parts of the above information make this option correct; **E:** incorrect – There is no suggestion of legal action in the text.

Gabarito "D"

(Auditor Fiscal da Receita Federal – 2003– ESAF) According to the text, Brazil's president Luiz Inácio Lula da Silva

(A) pretends to have revoked an amendment proposed by the former Brazilian president.
(B) might submit a controversial amendment that revamps the nation's pension policy.
(C) has postponed a major political battle related to the nation's pension policy.
(D) conceals his feeling of pride in relation to his accomplishments.
(E) did not conceal his elation concerning a political accomplishment.

Tradução

De acordo com o texto, o presidente do Brasil Luiz Inácio Lula da Silva

(A) finge ter revogado uma emenda proposta pelo anterior presidente brasileiro.
(B) pode submeter uma emenda controvertida que revisa a política previdenciária nacional.
(C) adiou uma grande batalha política relacionada à política previdenciária nacional.
(D) esconde seus sentimentos de orgulho em relação às suas realizações.
(E) não esconde sua alegria em relação a uma realização (conquista) política.

Ver o primeiro parágrafo do texto.

Gabarito "E".

(Auditor Fiscal da Receita Federal – 2003– ESAF) According to the author, analysts

(A) foresee difficulties.
(B) predict victories.
(C) forecast gains.
(D) praise Lula's victory.
(E) triggered political reactions.

Tradução

De acordo com o autor, analistas

(A) preveem dificuldades.
(B) preveem vitórias.
(C) preveem ganhos.
(D) elogiam a vitória de Lula.
(E) desencadearam reações políticas.

Ver o terceiro parágrafo do texto.

Gabarito "A".

(Auditor Fiscal da Receita Federal – 2003– ESAF) Brazil's president intends to

(A) deregulate production.
(B) slash the budget.
(C) increase revenue.
(D) fight another war.
(E) state legal requirements.

Tradução

O presidente do Brasil pretende

(A) desregulamentar a produção.
(B) reduzir o orçamento.
(C) aumentar a receita.
(D) lutar outra batalha.
(E) afirmar requerimentos legais.

Segundo o texto, a próxima batalha do presidente seria a reforma tributária. Ver o quarto parágrafo do texto.

Gabarito "D".

Read the text below in order to answer questions 24 to 26:

Tax Strategies for 2003 and Beyond

Even the accountants are having a hard time keeping all the phase-ins and phase-outs straight after the last tax law change (the Jobs and Growth Tax Relief Reconciliation Act of 2003, which was signed by President Bush on May 28, 2003). Our Tax Act Timeline can help you take maximum advantage of income, gift, and estate tax laws.

Almost everyone will see a decrease in overall tax paid in 2003. The ordinary income tax brackets that were due to decrease gradually over time until 2006 have been accelerated into 2003. The top tax bracket is now 35%.

Watch out for how those income tax brackets change over time, however. For example, in 2003-2004 the 10% bracket applies to $0-$7,000 of income for single filers and $0-$14,000 for married filing jointly. But in 2005, the brackets shrink and only $0-$6,000 (single) will quality for the 10% tax and $0-$12,000 for married filing jointly. The brackets change again (back to the higher levels) in 2008.

Tradução

Leia o texto abaixo para responder às três questões seguintes:

Estratégias tributárias para 2003 e além

Até mesmo os contadores estão tendo dificuldades para manter as entradas e saídas corretas depois da última alteração na legislação tributária (o Ato de Reconciliação do Alívio Tributário para Empregos e Crescimento de 2003, que foi assinado pelo presidente Bush em 28 de maio de 2003). Nossa Linha do Tempo da Lei Tributária pode ajudar você a aproveitar ao máximo as vantagens relacionadas à legislação tributária sobre renda, doações (presentes) e imóveis.

Quase todos perceberão uma redução no total de impostos pagos em 2003. As alíquotas progressivas ordinárias que deveriam ser reduzidas gradualmente ao longo do tempo até 2006 foram reduzidas de modo acelerado em 2003. A faixa máxima de tributação é agora de 35%.

Entretanto, preste atenção sobre como essas alíquotas progressivas do imposto de renda modificam-se ao longo do tempo. Por exemplo, em 2003-2004, a alíquota de 10% aplica-se aos rendimentos de $0-$7.000 para contribuintes individuais e $0-$14.000 no caso de declaração conjunta de casais. Mas, em 2005, a alíquota encolhe e apenas $0-$6.000 (individual) poderão se sujeitar à alíquota de 10% e $0-$12.000 no caso de declaração conjunta de casais. As alíquotas progressivas modificam-se novamente (de volta para os níveis mais altos) em 2008.

(Auditor Fiscal da Receita Federal – 2003– ESAF) The author refers to the Jobs and Growth Tax Relief Reconciliation Act of 2003 as

(A) likely to be signed.
(B) an achievable change.
(C) officially accepted.
(D) a changeable tax law.
(E) having been changed.

Tradução

O autor se refere ao Ato de Reconciliação do Alívio Tributário para Empregos e Crescimento de 2003 como

(A) algo que provavelmente será assinado.
(B) uma mudança atingível.
(C) oficialmente aprovado.
(D) uma lei tributária modificável.
(E) algo que foi modificado.

Esse Ato foi oficialmente aprovado, no momento da assinatura pelo presidente Bush em 2003. Ver o primeiro parágrafo do texto.

Gabarito "C".

(Auditor Fiscal da Receita Federal – 2003– ESAF) According to the author, in 2003 almost everybody's total tax bill will show

(A) a sharp fall.
(B) a reduction.
(C) a steep rise.
(D) a balance.
(E) an increase.

Tradução

De acordo com o texto, em 2003 a tributação sobre quase todos (os contribuintes)

(A) cairá abruptamente.
(B) será reduzida.
(C) aumentará abruptamente.
(D) manter-se-á estável.
(E) aumentará.

Ver o segundo parágrafo do texto.

Gabarito "B".

(Auditor Fiscal da Receita Federal – 2003– ESAF) The author points out

(A) the difficulties faced by accountants in setting sensible tax brackets.
(B) the urgent need to change the last tax law.
(C) the government's decision to increase tax brackets in 2005.
(D) a certain number of changes concerning tax brackets.
(E) the need to be married so as to qualify for the 10% tax bracket.

Tradução

O autor aponta

(A) as dificuldades enfrentadas pelos contadores para ajustar alíquotas progressivas sensíveis.
(B) uma urgente necessidade em se alterar a última lei tributária.
(C) a decisão governamental de majorar as alíquotas progressivas tributárias em 2005.
(D) um certo número de mudanças relativas às alíquotas progressivas tributárias.
(E) a necessidade de ser casado para poder aproveitar a alíquota progressiva de 10%.

O autor se refere às alterações nas alíquotas progressivas do imposto de renda e, especialmente, às faixas de rendimento a que se aplica a alíquota mínima de 10%. Ver o segundo e o terceiro parágrafos do texto.

Gabarito "D".

Read the text below in order to answer questions 27 to 30:

EU Law Taxes Overseas Net Firms

They've survived the bursting of the tech bubble, a global economic downturn and the occasional virus, but now overseas Internet retailers may see their European profit push derailed by one of the oldest drags on business: tax.

On July 1, a new EU (European Union) directive goes into effect requiring all Internet firms to account for value-added tax, or VAT, on "digital sales".

The law adds a 15 to 25 percent levy on select Internet transactions such as software and music downloads, monthly subscriptions to an Internet service provider and on any product purchased through an online auction anywhere in the 15-member bloc of nations.

The VAT tax is nothing new for some Net firms. European dot-coms have been charging customers VAT since their inception. Their overseas rivals though have been exempt, making foreign firms an obvious choice for the bargain-hunting consumer.

Tradução

Leia o texto abaixo para responder às quatro questões seguintes:

Lei da UE tributa empresas de outros países que atuam na internet

Elas sobreviveram ao estouro da bolha tecnológica, a um declínio da economia mundial e a vírus ocasionais, mas agora as lojas que vendem pela internet poderão ver seus lucros descarrilarem por conta de um dos mais antigos empecilhos aos negócios: tributação.

Em 1º de julho, uma nova diretiva da UE (União Europeia) entra em vigor exigindo que todas as empresas que atuam na internet [Internet firms] contabilizem o imposto sobre valor adicionado, ou IVA, sobre "vendas digitais".

A lei impõe uma alíquota adicional de 15 a 25% sobre determinadas transações realizadas pela internet como downloads de software e de música, assinaturas mensais de serviços de provedor de acesso à internet e sobre qualquer produto adquirido por meio de leilão on-line realizado em qualquer uma das 15 nações integrantes do bloco.

O IVA não é novidade para algumas empresas que atuam na internet [NET firms]. Empresas ponto-com europeias têm cobrado IVA de seus consumidores desde o início. Seus rivais de outros países, entretanto, têm sido isentos, tornando as empresas estrangeiras uma escolha óbvia para o consumidor que caça barganhas.

(Auditor Fiscal da Receita Federal – 2003– ESAF) The opening paragraph of the text

(A) emphasizes the need to tax digital sales.
(B) foresees a global economic downturn.
(C) refers to tax as something annoying.
(D) defines a future increase in digital sales.
(E) outlines the profit globally made.

Tradução

O parágrafo de abertura do texto

(A) enfatiza a necessidade de tributação sobre vendas digitais.
(B) prevê um declínio da economia mundial.
(C) refere-se à tributação como algo que incomoda.
(D) define um futuro aumento das vendas digitais.
(E) delineia o lucro auferido globalmente.

O primeiro parágrafo, em seu final, descreve a tributação como um dos mais antigos empecilhos aos negócios.

Gabarito "C".

(Auditor Fiscal da Receita Federal – 2003– ESAF) According to the text, all Internet firms are required to

(A) obey a new EU official order.
(B) prevent taxation in certain cases.
(C) save in tax payments.
(D) relocate their headquarters.
(E) apply for tax exemption.

Tradução

De acordo com o texto, todas as empresas que atuam na internet deverão

(A) obedecer a uma nova ordem oficial da UE.
(B) evitar a tributação em certos casos.
(C) economizar nos pagamentos de tributos.
(D) realocar seus estabelecimentos principais (matrizes, centros de decisão).
(E) requerer isenção tributária.

O texto se refere a uma nova diretiva normativa da UE, que deverá ser observada por todas as empresas que atuam na internet, inclusive aquelas que operam a partir de outros países (sujeição de suas operações ao IVA).

Gabarito "A".

(Auditor Fiscal da Receita Federal – 2003– ESAF) The author states that the VAT (value-added tax) has been

(A) lowered.
(B) lifted.
(C) forbidden.
(D) reduced.
(E) charged.

Tradução

O autor afirma que o IVA (imposto sobre valor adicionado) foi

(A) reduzido.
(B) afastado.
(C) proibido.
(D) reduzido.
(E) cobrado.

O último parágrafo do texto deixa claro que o IVA já vem sendo recolhido pelas empresas europeias que atuam na internet. A nova diretiva vem apenas submeter as empresas estrangeiras ao mesmo tratamento tributário.

Gabarito "E".

(Auditor Fiscal da Receita Federal – 2003– ESAF) Concerning the European profit made by the overseas Internet retailers, it

(A) may be re-invested.
(B) may be affected.
(C) must be spent.
(D) shall be cut.
(E) might remain high.

Tradução

Em relação ao lucro auferido por empresas de outros países que vendem na internet, ele

(A) poderá ser reinvestido.
(B) poderá ser afetado.
(C) deverá ser gasto.
(D) deverá ser reduzido.
(E) poderá permanecer alto.

O primeiro parágrafo do texto deixa claro que os lucros dessas empresas poderão ser reduzidos, por conta da tributação. É uma possibilidade (*may, might*) não uma certeza, um dever a ser cumprido ou um conselho a ser seguido (*must, shall*).

Gabarito "B".

For questions 21-24 below, choose the answer which best fits the ideas in the text.

Brazil: One Growth Obstacle after Another

After just eight months in office, President Luiz Inácio Lula da Silva of the left-wing Workers' Party has won congressional approval for economically critical and politically controversial pension and tax reforms. Now, however, da Silva faces a bigger challenge: reviving Brazil's economy.

In 2003's first half, Brazil's economy fell into recession. Most economists expect growth for the entire year to be a miserly 1%. And a governmentlinked research group recently embarrassed ministers by predicting growth of just 0.5% in 2003.

Taxes are a serious obstacle to growth. Brazil's tax burden is among the highest in the world, equal to 41.7% of salaries. Reforms now proceeding through Congress will simplify the tax system, but won't reduce the total burden. That will be possible only if interest rates fall and the government can keep spending in check, thereby reducing the amount of money needed to pay its own debts. For now, Brazil's economy is going nowhere.

(By Jonathan Wheatley in São Paulo – adapted. From: ***Business Week*** September 10, 2003)

Tradução

Para as quatro questões abaixo, escolha a resposta que melhor se ajusta à ideia do texto.

Brasil: Um obstáculo ao crescimento após o outro

Depois de apenas oito meses no governo, o Presidente Luiz Inácio Lula da Silva, do esquerdista Partido dos Trabalhadores, conquistou a aprovação do Congresso para as economicamente críticas e politicamente controversas reformas previdenciária e tributária. Agora, entretanto, da Silva enfrenta um desafio maior: revitalizar a economia do Brasil.

Na primeira metade de 2003, a economia do Brasil caiu em recessão. A maioria dos economistas espera que o crescimento para o ano todo seja de miserável 1%. E um instituto de pesquisa ligado ao governo embaraçou os ministros ao prever crescimento de apenas 0,5% em 2003.

Tributos são um sério obstáculo ao crescimento. A carga tributária do Brasil está entre as mais altas do mundo, equivalente a 41,7% dos salários. Reformas em andamento no Congresso irão simplificar o sistema tributário, mas não irão reduzir a carga total. Isso será possível apenas se as taxas de juros caírem e o governo puder manter o controle sobre os gastos, desta forma reduzindo o dinheiro necessário para pagar por suas próprias despesas. Por enquanto, a economia do Brasil não está indo a lugar algum.

(Técnico da Receita Federal – 2003 – ESAF) The picture of the current Brazilian economy given by this article is

(A) highly optimistic.
(B) guardedly hopeful.
(C) unremittingly positive.
(D) faintly negative.
(E) distinctly bleak.

Tradução

A imagem da atual economia brasileira dada pelo artigo é

(A) altamente otimista.
(B) cautelosamente esperançosa.
(C) incessantemente positiva.
(D) levemente negativa.
(E) claramente pessimista.

A frase final ("Por enquanto, a economia do Brasil não está indo a lugar algum") indica o tom claramente pessimista do texto em relação à situação da economia.

Gabarito "E".

(Técnico da Receita Federal – 2003 – ESAF) According to the text, a think tank recently caused the government some embarrassment by predicting

(A) lower growth than most other economists had forecast.
(B) cynicism over the government's tax reform program.
(C) one of the highest tax burdens in the world.
(D) stubbornly high interest rates for bank loans.
(E) further cuts in the national interest rates for loans.

Tradução

De acordo com o texto, um instituto de pesquisa avançado causou algum embaraço ao governo ao prever

(A) crescimento menor do que o previsto pela maioria dos economistas.
(B) cinismo acerca do programa de reforma tributária do governo.
(C) uma das mais altas cargas tributárias do mundo.
(D) altas taxas de juros para empréstimos bancários persistentes.
(E) mais cortes na taxa de juros nacional para empréstimos.

A maioria dos economistas previa taxa de crescimento de 1%, enquanto o instituto de pesquisa ligado ao governo previu índice de apenas 0,5%. Ver as frases que se iniciam com "A maioria dos economistas espera...".

Gabarito "A".

(Técnico da Receita Federal – 2003 – ESAF) The advantage of the proposed tax reform measures is

(A) particularly fast progress through Congress.
(B) a proposed 41.7% reduction in taxation.
(C) a welcome simplification of the tax system.
(D) the prospect of controlling high inflation.
(E) further political support for the government

Tradução

A vantagem das medidas da reforma tributária proposta é

(A) um andamento particularmente rápido no Congresso.
(B) uma proposta de redução da tributação em 41,7%.
(C) uma bem-vinda simplificação no sistema tributário.
(D) a perspectiva de controlar a alta inflação.
(E) mais apoio político ao governo.

Ver a frase que se inicia com "Reformas em andamento no Congresso irão simplificar...".

Gabarito "C".

(Técnico da Receita Federal – 2003 – ESAF) According to the last section of the text, taxation will only be reduced if

(A) there are strong signs of growing inflation.
(B) Congress passes the new taxation reform bill.
(C) Brazil's economy goes nowhere soon.
(D) the sum needed to meet public debt is reduced.
(E) income tax bills cease to be such a heavy burden.

Tradução

De acordo com a última parte do texto, a tributação será reduzida apenas se

(A) houver fortes sinais de crescimento da inflação.
(B) o Congresso aprovar a nova reforma tributária.
(C) a economia do Brasil for a lugar nenhum.
(D) a soma necessária para cobrir a despesa pública for reduzida.
(E) a cobrança pelo imposto de renda deixar de ser tão pesada.

Ver a frase que se inicia com "Isso será possível apenas se...".

Gabarito "D".

For questions 25-27 below, choose the answer which best fits the ideas in the text.

How the world's poor changed dynamics of global politics

A new alliance of some of the world's poorest countries forged during the last week's global trade talks has changed the entire dynamics of world politics, the foreign minister of Brazil told *The Independent* yesterday.

In an exclusive interview, Celso Amorim said the formation of the Group of 21 nations (G21) had "reshuffled the cards" by creating a powerful counterweight to Washington and Brussels. The creation of the G21 has been one of the most significant developments of the World Trade Organisation meetings that have dominated the Mexican beach resort of Cancun since Wednesday.

Thanks to tough negotiating by the G21, analysts believe that the world's two most powerful economic blocs have been prevented from riding roughshod over the 100-plus countries that make up the developing world. It has also enhanced the reputation of Brazil – the leading voice in the G21 and the country with the largest democratic support for any left-wing government in the world – and the administration led by the uneducated steelworker Lula da Silva. "We have gained the political initiative," said Mr Amorim on the fringes of the conference.

(From: ***The Independent*** September 15th 2003 – slightly adapted.)

Tradução

Para as três questões abaixo, escolha as respostas que se ajustam melhor às ideias no texto.

Como os pobres do mundo modificaram a dinâmica da política global

Uma nova aliança entre alguns dos países mais pobres do mundo, forjada durante as discussões de comércio global na última semana, mudou totalmente a dinâmica da política mundial, disse ontem o ministro das relações exteriores do Brasil ao *The Independent*.

Em uma entrevista exclusiva, Celso Amorim disse que a formação do Grupo de 21 nações (G21) "redistribuiu as cartas" ao criar um poderoso contrapeso em relação a Washington e a Bruxelas. A criação do G21 foi um dos mais significantes resultados das reuniões da Organização Mundial do Comércio que dominaram o resort de praia mexicano em Cancun, desde quarta-feira.

Graças a duras negociações realizadas pelo G21, analistas acreditam que os dois blocos econômicos mais fortes do mundo foram impedidos de oprimir os mais de 100 países que formam o mundo em desenvolvimento. Também ampliou a reputação do Brasil – o líder do G21 e o país com o maior suporte democrático a um governo de esquerda no mundo – e a administração do metalúrgico sem formação acadêmica Lula da Silva. "Nós ganhamos a iniciativa política," disse o Sr. Amorin durante a (paralelamente à) conferência.

(Técnico da Receita Federal – 2003 – ESAF) The expression "forged" in the first paragraph of the text could best be defined as

(A) misled.
(B) broken down.
(C) set up.
(D) made off with.
(E) falsified.

Tradução

A expressão "forjada" no primeiro parágrafo do texto pode ser melhor definida como

(A) desencaminhada.
(B) desmoronada, quebrada.
(C) ajustada, combinada, formada.
(D) feita a partir de.
(E) falsificada.

O texto refere-se a uma nova aliança formada por países em desenvolvimento, o G21.

Gabarito "C"

(Técnico da Receita Federal – 2003 – ESAF) According to the text, G21 is a group involved in trade talks, and it aims to

(A) bring up new trump cards in Mexico negotiations.
(B) offset the bargaining power of the USA and the EU.
(C) shore up the power of the WTO to do deals.
(D) lead over 100 countries to victory in the talks.
(E) enhance the power of Brazil internationally.

Tradução

De acordo com o texto, o G21 é um grupo envolvido em discussões comerciais e tem por objetivo

(A) apresentar um novo trunfo nas negociações no México.
(B) contrabalancear o poder de barganha dos Estados Unidos e da União Europeia.
(C) dar suporte ao poder da OMC para realizar acordos.
(D) liderar mais de 100 países à vitória nas negociações.
(E) ampliar o poder do Brasil internacionalmente.

Segundo Celso Amorim, o G21 criou "um poderoso contrapeso em relação a Washington [EUA] e a Bruxelas [UE]".

Gabarito "B"

(Técnico da Receita Federal – 2003 – ESAF) In relation to Brazil, the G 21 is expected to

(A) reinforce the President's left-wing tendencies.
(B) override national decisions of smaller powers.
(C) make it the leading voice in the WTO.
(D) leave it on the fringes of the conference.
(E) bring additional prestige to the country.

Tradução

Em relação ao Brasil, espera-se que o G21

(A) reforce as tendências esquerdistas do presidente.
(B) suplante as decisões nacionais de pequenos poderes.
(C) faça dele a liderança na OMC.

(D) deixe-o às margens da conferência ["on the fringes of", significa literalmente "nas franjas de" e foi utilizado no texto para indicar uma conversa paralela, durante a convenção].

(E) traga prestígio adicional ao país.

Ver a frase que se inicia com "Também ampliou a reputação...".

Gabarito "E".

For questions 28-30 below, choose the answer which best fits the ideas in the text.

Virtues of vice
The rewards from investing in politically incorrect companies

REGRETTABLE though it may be, the wages of sin can be well worth having. Vice Fund, a mutual fund started 14 months ago by Mutuals.com, a Dallas investment company, is profiting nicely from what some would consider the wickedest corners of the legitimate economy: alcohol, arms, gambling and tobacco. So far this year, Vice Fund has returned 17.2% to investors, beating both the S&P 500 (15.2%) and the Dow Jones industrial average (13.2%) by a few points.

In fact, all four vice-ridden sectors have outperformed the overall American market during the past five years. "No matter what the economy's state or how interest rates move, people keep drinking, smoking and gambling," says Dan Ahrens, a portfolio manager at the self-described "socially irresponsible" fund. With President George Bush pursuing a muscular foreign policy, the outlook for defence spending is also bright.

(From: *The Economist* October 30th 2003)

Tradução

Para as três questões abaixo, escolha as respostas que melhor se ajustam às ideias no texto.

Virtudes do vício
As recompensas por investir em empresas politicamente incorretas

Por mais lastimável que possa ser, pode valer a pena ganhar dinheiro com o pecado. Fundo do Vício, um fundo mútuo iniciado 14 meses atrás pela Mutual.com, uma empresa de investimentos de Dallas, está lucrando bem com aquilo que alguns poderiam considerar os cantos ruins (o lado mau, vicioso, pecaminoso) da economia legítima: álcool, armas, jogos e fumo. Até o momento neste ano, o Fundo do Vício deu 17,2% de retorno aos investidores, batendo tanto o índice S&P 500 (15,2%) quanto a média industrial da Dow Jones (13,2%) por alguns pontos.

De fato, todos os quatro setores direcionados ao vício ultrapassaram o mercado geral americano durante os últimos cinco anos. "Não importa qual o estado da economia ou como as taxas de juros se comportem, as pessoas continuam bebendo, fumando e jogando," diz Dan Ahrens, um gerente de portfólio no autodescrito fundo "socialmente irresponsável". Com o Presidente George Bush adotando uma política externa muscular, a perspectiva para as despesas com defesa também são brilhantes.

(Técnico da Receita Federal – 2003 – ESAF) According to the text, Vice Fund

(A) is concerned with stamping out illegal vices.

(B) deals with illicit assets in the grey economy.

(C) has attracted 17.2% of the legitimate investors.

(D) profits from human addictions and conflicts.

(E) is barely worth serious attention from investors.

Tradução

De acordo com o texto, o Fundo do Vício

(A) está preocupado em extinguir vícios ilegais.

(B) negocia com bens ilegais no mercado informal.

(C) atraiu 17,2% dos investidores legítimos.

(D) lucra com os vícios e conflitos humanos.

(E) praticamente não vale a atenção séria por parte de investidores.

O Fundo do Vício investe em empresas que exploram os vícios humanos. Há também boas perspectivas em relação aos conflitos bélicos. Ver as frases que se iniciam com "Fundo do Vício, um fundo mútuo iniciado..." e "Com o Presidente George Bush...".

Gabarito "D".

(Técnico da Receita Federal – 2003 – ESAF) The text points out that Vice Fund has

(A) proved a good investment for its shareholders.

(B) outperformed smoking, drinking and gambling.

(C) had mutually regrettable fund results.

(D) found popularity with portfolio managers.

(E) been promoted in wicked corners of Dallas.

Tradução

O texto aponta que o Fundo do Vício

(A) provou ser um bom investimento para seus participantes.

(B) teve melhor desempenho que o mercado de fumo, bebidas e jogo.

(C) teve resultados mutualmente lastimáveis.

(D) tornou-se popular entre gerentes de portfólio.

(E) tem sido promovido em cantos ruins de Dallas.

Ver a frase que se inicia com "Até o momento neste ano...".

Gabarito "A".

(Técnico da Receita Federal – 2003 – ESAF) The word "muscular" (paragraph 2, last line) implies that US foreign policy is

(A) peaceable.

(B) belligerent.

(C) athletic.

(D) protective.

(E) well-formed.

Tradução

A palavra "muscular" (parágrafo 2, última linha) significa que a política americana para o exterior é

(A) pacífica.

(B) beligerante.
(C) atlética.
(D) protetora.
(E) bem formada.

A expressão refere-se à política beligerante do governo Bush, que abriria boas perspectivas para investimentos ligados à defesa.

Gabarito "B".

Read the text below in order to answer questions 21 to 23.

Election fears harm Brazilian economy

Brazil's presidential election does not take place until October, but investors are already voting with their feet at the prospect of victory for the leftwing opposition candidate, Luiz Inácio Lula da Silva.

The presidential contender from the Workers' Party, better known simply as Lula, holds a commanding lead over José Serra, the ruling Social Democratic party candidate. The possibility that Lula, a former metalworker, will become leader of Latin America's most important economy has got the markets – which consider him a leftwing firebrand – rattled.

Stocks have tumbled and the currency, the real, has slumped in recent weeks. Last week, credit rating agencies – which access the ability of borrowers to repay their debt – downgraded Brazilian debt.

Investors fear that if Brazil goes off the rails, the rest of Latin America will descend into chaos as the economic contagion spreads. Although Argentinians are suffering terribly from economic turmoil and a once-proud country is reverting to a barter economy, Argentina's problems have not spread to the rest of the continent so far.

Tradução

Leia o texto abaixo para responder às três questões seguintes.

O medo em relação às eleições prejudica a economia brasileira

As eleições presidenciais do Brasil acontecem apenas em outubro, mas os investidores já estão votando com os pés [deslocando-se] por conta da perspectiva de vitória do candidato esquerdista da oposição, Luiz Inácio Lula da Silva.

O candidato presidencial do Partido dos Trabalhadores, melhor conhecido simplesmente como Lula, mantém uma liderança sobre José Serra, o candidato do Partido Social Democrata que atualmente ocupa o governo. A possibilidade de Lula, um ex-metalúrgico, tornar-se o líder da economia mais importante da América Latina deixou os mercados – que o consideram um agitador de esquerda – em alvoroço.

Ações caíram e a moeda, o real, desvalorizou-se nas últimas semanas. Semana passada, agências de classificação de crédito – que captam a capacidade de os devedores pagarem suas dívidas – reduziram a classificação da dívida brasileira.

Os investidores temem que, se o Brasil sair dos trilhos, o resto da América Latina descerá ao caos em decorrência do contágio econômico. Embora os argentinos estejam sofrendo terrivelmente por conta de distúrbios econômicos e o país, que já teve muito orgulho de si, esteja se convertendo em uma economia primária ("barter economy" – literalmente, economia de permutas), os problemas da Argentina ainda não se espalharam para o resto do continente.

(Auditor Fiscal da Receita Federal – 2002.2 – ESAF) According to the text, Lula's possible victory in Brazil's upcoming presidential election

(A) would avoid economic turmoil.
(B) might relieve the economic pressure.
(C) would hardly impact the national economy.
(D) already worries the markets.
(E) would underpin the national growth.

Tradução

De acordo com o texto, a possível vitória de Lula na próxima eleição presidencial do Brasil

(A) evitaria um distúrbio econômico.
(B) poderia aliviar a pressão econômica.
(C) iria ter um impacto duro na economia nacional.
(D) já preocupa os mercados.
(E) iria fortalecer o crescimento nacional.

A perspectiva de vitória já estaria preocupando os mercados. Esse é o teor do texto.

Gabarito "D".

(Auditor Fiscal da Receita Federal – 2002.2 – ESAF) The author says that the Brazilian currency **has slumped in recent weeks**, which means it

(A) has suddenly fallen.
(B) has rallied.
(C) has not been hit.
(D) could have been depreciated.
(E) has reached its highest quotation.

Tradução

O autor diz que a moeda brasileira desvalorizou-se (caiu) nas últimas semanas, o que significa que ela

(A) caiu subitamente.
(B) recuperou-se.
(C) não foi atingida.
(D) pode ter sido depreciada.
(E) atingiu sua mais alta cotação.

O texto informa que "Ações caíram e a moeda, o real, desvalorizou-se nas últimas semanas."

Gabarito "A".

(Auditor Fiscal da Receita Federal – 2002.2 – ESAF) Argentina's present economic situation is referred to as

(A) affluent.
(B) harrowing.
(C) thriving.
(D) smooth.
(E) impeccable.

Tradução

A presente situação econômica na Argentina é descrita como

(A) afluente, abundante.
(B) preocupante.
(C) próspera.
(D) suave.
(E) impecável.

A imagem da Argentina, no texto, é negativa, indicando distúrbios e retrocessos econômicos. Ver seu último parágrafo.

Gabarito "B"

Read the text below in order to answer questions 24 to 26.

High level of protectionism

As a member of the Southern Cone Common Market (MERCOSUR), Argentina maintains relatively low trade barriers with Brazil, Paraguay, and Uruguay but applies a high tariff on all goods and services coming into Argentina from countries outside MERCOSUR. This year, the common external tariff rate for MERCOSUR is 13.5 percent. Because the common external tariff rate is applied to most of the world's countries, Argentina's average tariff rate is 13.5 percent this year, up from 7.5 percent last year. As a result, its trade policy score is 1 point worse this year. In an effort to stimulate the economy, MERCOSUR has allowed Argentina to raise tariffs on consumer goods, in some cases up to 35 percent, while eliminating ariffs on capital goods. Argentina maintains some non-tariff barriers, such as quotas on automobiles. According to the U.S. Department of State, "Customs procedures are opaque and timeconsuming, thus raising the cost for importers".

Tradução

Leia o texto abaixo para responder às três questões seguintes.

Alto nível de protecionismo

Como membro do Mercado Comum do Sul (Mercosul), a Argentina mantém barreiras comerciais relativamente baixas em relação ao Brasil, ao Paraguai e ao Uruguai, mas aplica altas tarifas sobre todos os bens e serviços que entram na Argentina oriundas de países fora do Mercosul. Este ano, a tarifa externa comum para o Mercosul é de 13,5%. Em razão de a tarifa externa comum ser aplicada à maioria dos países do mundo, a tarifa média da Argentina é de 13,5% este ano, acima dos 7,5% do ano passado. Como resultado, a pontuação (nota) para sua política comercial está 1 ponto pior este ano. Em um esforço para estimular a economia, o Mercosul permitiu que a Argentina aumentasse as tarifas sobre bens de consumo, em alguns casos para até 35%, e eliminasse as tarifas sobre bens de capital. A Argentina mantém algumas barreiras não tarifárias, como cotas para automóveis. De acordo com o Departamento de Estado dos Estados Unidos, "Os procedimentos aduaneiros são opacos e demorados, o que aumenta o custo para os importadores".

(Auditor Fiscal da Receita Federal – 2002.2 – ESAF) According to the text, Argentina

(A) intends to become a member of the MERCOSUR.
(B) has exempted Brazil from paying tariffs on its goods.
(C) might soon implement some aggressive market reforms.
(D) has been given a lower score in relation to its trade policy.
(E) has kept low trade barriers with the American countries.

Tradução

De acordo com o texto, a Argentina

(A) pretende se tornar membro do Mercosul.
(B) isentou o Brasil em relação ao pagamento de tarifas sobre seus produtos.
(C) poderá implementar, em breve, algumas reformas agressivas no mercado.
(D) recebeu uma pontuação (nota) menor em relação à sua política comercial.
(E) manteve baixas barreiras em relação aos países americanos.

Ver a frase que se inicia com "Como resultado, a pontuação (nota) para...".

Gabarito "D"

(Auditor Fiscal da Receita Federal – 2002.2 – ESAF) Argentina's customs procedures are considered by the U.S. Department of State as

(A) sluggish and transparent.
(B) transparent, but obsolete.
(C) obscure and sluggish.
(D) innovative, but time-consuming.
(E) both well-defined and efficient.

Tradução

Os procedimentos aduaneiros da Argentina são considerados pelo Departamento de Estado dos Estados Unidos como

(A) lentos e transparentes.
(B) transparentes, mas obsoletos.
(C) obscuros e lentos.
(D) inovadores, mas demorados.
(E) bem definidos e eficientes.

O Departamento de Estado americano descreve os procedimentos aduaneiros da Argentina como opacos (não transparentes) e demorados. Ver a última frase do texto.

Gabarito "C"

(Auditor Fiscal da Receita Federal – 2002.2 – ESAF) In the main, the text deals with

(A) Argentina's wages and prices.
(B) Argentina's trade policy.
(C) Paraguay's high fiscal deficit.
(D) Brazil's financial institutions.
(E) Brazil's regulation score.

Tradução

Em seu cerne, o texto trata

(A) dos salários e preços na Argentina.

(B) da política comercial argentina.
(C) o alto déficit fiscal paraguaio.
(D) das instituições financeiras do Brasil.
(E) da pontuação dada à regulação do Brasil.

O texto trata da política da Argentina em relação ao comércio exterior.

Gabarito "B".

Read the text below in order to answer questions 27 to 30.

US tax evasion probe extends to Singapore

The reach of Uncle Sam's taxman in pursuit of unpaid revenue has apparently extended even to Singapore, despite the banking secrecy laws here in the U.S..

The Republic has reportedly become involved in an attempt by the United States tax authorities to identify tax evaders among an estimated one to two million American citizens who have opened offshore bank accounts.

The fact the taxman is going to this extent may seem astonishing to Singaporeans. But it makes sense when you realize that all income earned by US citizens is taxable, whether it is held locally or in other countries.

The information, which the US Internal Revenue Service (IRS) hopes will stem the loss of between US$20 billion and US$40 billion each year in tax revenues, is being sought from MasterCard International. This is because offshore bank account holders often use credit cards issued by MasterCard, Visa, American Express and other payment specialists to gain access to their funds from the US.

But whether the IRS will succeed in obtaining information such as the names and transaction records of such account holders is still an open question, because of the present US banking secrecy laws.

Tradução

Leia o texto abaixo para responder às quatro questões seguintes.

A investigação dos Estados Unidos sobre a evasão tributária estende-se a Cingapura

O alcance dos fiscais tributários do Tio Sam em perseguição às receitas inadimplidas estendeu-se, aparentemente, até Cingapura, apesar das leis de sigilo bancário aqui nos Estados Unidos.

A República, pelo que consta, envolveu-se em uma tentativa das autoridades dos Estados Unidos de identificar quem não paga tributos entre os estimados um a dois milhões de cidadãos americanos que abriram contas bancárias em outros países.

O fato de o fiscal tributário estar chegando a esse ponto pode parecer surpreendente para os cidadãos de Cingapura. Mas faz sentido quando você percebe que toda a renda auferida por cidadãos americanos é tributável, seja ela mantida no país ou em outras localidades.

A informação, com a qual o IRS (órgão fiscal federal dos Estados Unidos – a "Receita Federal" americana) espera eliminar a perda de algo entre US$ 20 bilhões e US$ 40 bilhões por ano em receitas tributárias, está sendo buscada junto às empresas MasterCard International, VISA, American Express e outros especialistas em pagamento, para conseguir acesso aos seus fundos dos Estados Unidos.

Mas saber se o IRS terá sucesso na obtenção de informações, como os nomes e os registros de transações de tais titulares de contas, é, ainda, uma pergunta em aberto, em razão das atuais leis americanas de sigilo bancário.

(Auditor Fiscal da Receita Federal – 2002.2 – ESAF) The expression "to stem the loss" means to

(A) stop it.
(B) bring it about.
(C) sum it up.
(D) take it over.
(E) make it out.

Tradução

A expressão "to stem de loss" significa

(A) parar a perda.
(B) causar a perda.
(C) estimar a perda.
(D) apropriar-se da perda.
(E) estabelecer ou provar a perda.

"To stem" (verbo) significa, literalmente, retirar o cabo de uma fruta, por exemplo. É utilizado no texto no sentido de eliminar, acabar, excluir.

Gabarito "A".

(Auditor Fiscal da Receita Federal – 2002.2 – ESAF) The aim of the US tax authorities

(A) could have been to pursue tax evaders.
(B) has been to restrain the issue of credit cards.
(C) is to root out tax evaders.
(D) is to target all the tax haven countries.
(E) has been to forbid offshore bank accounts.

Tradução

O objetivo das autoridades fiscais dos Estados Unidos

(A) poderia ter sido perseguir aqueles que não pagam tributos.
(B) foi reprimir a emissão de cartões de crédito.
(C) é descobrir aqueles que não pagam tributos.
(D) é focar todos os países que são paraísos fiscais.
(E) foi proibir contas bancárias no exterior.

O texto indica a intenção de o fisco federal americano identificar aqueles que evadem tributos, por meio de informações a respeito das movimentações bancárias no exterior.

Gabarito "C".

(Auditor Fiscal da Receita Federal – 2002.2 – ESAF) According to the text,

(A) one or two million American citizens are, in fact, tax evaders.
(B) deposits made by American citizens abroad are eligible for tax reductions.
(C) there is a set of laws which determine that bank accounts cannot be surrendered.

(D) purchases made by credit card may benefit from tax exemption.
(E) Singaporeans might have their accounts disclosed by US tax authorities.

Tradução

De acordo com o texto

(A) um ou dois milhões de americanos deixam efetivamente de pagar tributos.
(B) os depósitos realizados por cidadãos americanos no exterior podem se qualificar para fins de abatimentos tributários.
(C) há um conjunto de leis que determinam que os dados relativos às contas bancárias não podem ser entregues.
(D) as compras realizadas por meio de cartão de crédito são beneficiadas por isenção tributária.
(E) os cidadãos de Cingapura podem ter suas contas abertas e investigadas pelas autoridades fiscais americanas.

O texto refere-se às leis que garantem o sigilo bancário nos Estados Unidos.

Gabarito "C".

(Auditor Fiscal da Receita Federal – 2002.2 – ESAF) The main subject of the text is

(A) the impact of fiscal adjustments in the United States.
(B) a considerable drop in tax revenues due to the American recession.
(C) a significant increase in tax revenues in the United States.
(D) the unsustainable pension system adopted by the United States.
(E) a procedure adopted by the IRS in order to identify tax evaders.

Tradução

O tema principal do texto é

(A) o impacto dos ajustes fiscais nos Estados Unidos.
(B) uma considerável queda nas receitas tributárias decorrente da recessão americana.
(C) um significante crescimento nas receitas tributárias nos Estados Unidos.
(D) o insustentável sistema previdenciário adotado pelos Estados Unidos.
(E) um procedimento adotado pelo IRS com o objetivo de identificar aqueles que não pagam tributos.

O texto indica a intenção de o fisco federal americano identificar aqueles que evadem tributos, por meio de informações a respeito das movimentações bancárias no exterior.

Gabarito "E".

Read the text below in order to answer questions 21-25.

Britain's budget

When the New Labour government first came to power in 1997, Gordon Brown, the Chancellor of the Exchequer (or finance minister), was tightfisted. He bolted down public spending and increased the tax burden. In 2000 the dividends arrived, as Mr Brown ladled out money for public services. The ever-more-powerful Chancellor promised targeted giveaways in the 2001 budget.

This year's budget focused on reviving the perpetually troubled National Health Service. Mr Brown vowed to raise taxes—National Insurance contributions, more precisely—to bring British health spending to European levels. In his mid-year spending review, delivered in July, he showered still more money on other services, education in particular. But pouring money into an unreformed system may not be his cleverest idea.

Tradução

Leia o texto abaixo para responder às cinco questões seguintes:

O orçamento britânico

Quando o novo governo Trabalhista assumiu o poder pela primeira vez em 1997, Gordon Brown, o Chanceler do Tesouro (ou ministro das finanças), era mão-fechada. Ele reduziu fortemente a despesa pública e aumentou a carga tributária. Em 2000 os dividendos chegaram, quando o Sr. Brown despejou dinheiro para a prestação de serviços públicos. O poderoso Chanceler prometeu benefícios específicos (focados) no orçamento de 2001.

O orçamento deste ano focou a revitalização do perpetuamente problemático Serviço de Saúde Nacional. O Sr. Brown prometeu aumentar a tributação – contribuições para o Seguro Nacional, mais precisamente – para elevar os gastos britânicos com saúde aos níveis europeus. Em sua análise dos gastos realizada no meio do ano, trazida ao público em julho, ele disponibilizou ainda mais dinheiro para outros serviços, educação em particular. Mas, despender dinheiro em um sistema não reformado pode não ser sua ideia mais inteligente.

(Técnico da Receita Federal – 2002.2 – ESAF) With regard to public spending, the British finance minister was

(A) first parsimonious , then more generous.
(B) generous at first, then more cautious.
(C) first anxious to please, then more objective.
(D) popular in the early stages, but now unpopular.
(E) first concerned with education, now with health.

Tradução

Em relação ao gasto público, o ministro das finanças britânico foi

(A) primeiro parcimonioso, depois mais generoso.
(B) primeiro generoso e depois mais cauteloso.
(C) primeiro ansioso para agradar, depois mais objetivo.
(D) popular nos primeiros estágios, mas agora impopular.
(E) primeiro preocupado com a educação, agora com a saúde.

O texto relata que Gordon Brown, então ministro das finanças, foi parcimonioso ("tight-fisted", mão-fechada) em um primeiro momento. Posteriormente, a partir de 2000, passou a despejar ("ladled out") dinheiro para a prestação de serviços públicos.

Gabarito "A".

(Técnico da Receita Federal – 2002.2 – ESAF) The text says that, as a minister, George Brown is becoming

(A) more and more impotent.
(B) increasingly pro-European.
(C) stronger and stronger.
(D) less and less influential.
(E) more and more tight-fisted.

Tradução

O texto diz que, como ministro, George [o correto é Gordon] Brown está se tornando

(A) mais e mais impotente.
(B) crescentemente pró-europeu.
(C) cada vez mais forte.
(D) cada vez menos influente.
(E) mais e mais mão-fechada.

ANULADA

(Técnico da Receita Federal – 2002.2 – ESAF) Gordon Brown's plans for the National Health Service aims to

(A) provide more patients with low-cost free treatment.
(B) permit European countries to imitate Britain's health care system.
(C) help health services to reach the same standards as those of education.
(D) allow for progressive privatization of health care, on European lines.
(E) catch up with spending on health care in other European countries.

Tradução

O plano de Gordon Brown para o Serviço de Saúde Nacional tem por objetivo

(A) oferecer tratamentos de baixo-custo gratuitamente para mais pacientes.
(B) permitir que países europeus imitem o sistema de saúde da Grã-Bretanha.
(C) ajudar os serviços de saúde a atingir os mesmos padrões que os da educação.
(D) permitir a privatização progressiva dos serviços de saúde, nos moldes europeus.
(E) alcançar o nível de gasto com saúde em outros países europeus.

Segundo o texto, "O Sr. Brown prometeu aumentar a tributação (...) para elevar os gastos britânicos com saúde aos níveis europeus."

Gabarito "E".

(Técnico da Receita Federal – 2002.2 – ESAF) Improvements in the British National Health system are to be financed by

(A) European direct investment.
(B) increases in income tax.
(C) outsourcing of some services.
(D) higher national insurance contributions.
(E) Borrowing money from public coffers.

Tradução

As melhorias no Serviço de Saúde Nacional Britânico devem ser financiadas por

(A) investimentos europeus diretos.
(B) aumento no imposto de renda.
(C) terceirização de alguns serviços.
(D) aumento nas contribuições para o Seguro Nacional.
(E) empréstimo de dinheiro dos cofres públicos.

Segundo o texto, as melhorias serão financiadas pelo aumento da tributação, "contribuições para o Seguro Nacional, mais precisamente".

Gabarito "D".

(Técnico da Receita Federal – 2002.2 – ESAF) The writer of the article has reservations about whether increased spending on public services

(A) can be effective without first reforming them.
(B) is advisable in times of global recession.
(C) has ever been a viable economic target.
(D) can lead to more equality with Europe.
(E) can really be achieved before mid year.

Tradução

O autor do artigo tem dúvida: se o aumento dos gastos em serviços públicos

(A) pode ser efetivo sem primeiro reformá-los.
(B) é aconselhável em tempos de recessão global.
(C) já foi alguma vez um objetivo economicamente viável.
(D) pode levar a mais igualdade com a Europa.
(E) pode realmente ser realizado até o meio do ano.

Segundo o texto, "despender dinheiro em um sistema não reformado pode não ser sua [de Gordon Brown] ideia mais inteligente".

Gabarito "A".

Read the text below in order to answer questions 26-30.

(Re) Brand You

This marketing expert and author will help you reboot yourself after a layoff.

by Cecilia Rothenberger

Late last year, as the tide of layoffs in the dotcom sector reached a groundswell, a certain bravado still characterized the newly unemployed. Pink-slip parties were all the rage in Manhattan and San Francisco. Internet castoffs were using their severance checks to travel or just to recover from a massive dotcom hangover.

But as the winter dragged on, reality began to sink in: Job = Money = Rent. And with Internet job losses totaling more than 50,000 people in the past 12 months, people who were courted enthusiastically a few months ago are now finding the job market excruciatingly tight.

Small wonder that armies of dotcom refugees are now feeling a little dispirited, wondering how to regroup and reposition themselves, especially with a layoff or two sullying their résumés.

Robin Fisher Roffer says not to worry. The marketing veteran wants people to build brands strong enough to survive a dotcom flop. Roffer translates the rules of product marketing into a personal arena that helps people find their "big idea" and go after it.

Lose the Guilt

Above all, promote your authentic self – your specialized set of talents and the vital strengths that you bring to the table, inside and outside of a job. Create a personal mission statement and tag line. Your slogan shouldn't hinge on your company or job title. Get to know your audience's taste and package yourself accordingly. "As with any product, it is vital that your personal brand resonates with your audience and its specific needs," Roffer says.

Tradução

Leia o texto abaixo para responder às cinco questões 26-30.

(Re) Marque você

Este especialista em marketing e autor ajudará você a se reiniciar [reboot] depois de uma demissão.

por Cecilia Rothenberger

No final do ano passado, quando a onda de demissões no setor ponto-com alcançou um ponto crítico, certa bravata ainda caracterizava os recém-desempregados. Festas de pessoas que receberam a notícia de demissão estavam na moda em Manhattan e em San Francisco. Os demitidos da internet estavam usando suas verbas rescisórias para viajar ou simplesmente para recuperarem-se de uma massiva ressaca ponto-com.

Mas, como o inverno foi se alongando, a realidade começou "a bater": Emprego = Dinheiro = Aluguel. Com as perdas de postos de trabalho da internet totalizando mais que 500.000 pessoas nos últimos 12 meses, pessoas que eram cortejadas entusiasticamente há alguns meses estão agora achando o mercado de trabalho extremamente apertado.

Não surpreende que exércitos de refugiados ponto-com estão agora sentindo-se desanimados, imaginando como reagrupar-se e reposicionar-se, especialmente com uma demissão ou duas manchando seus currículos.

Robin Fischer Roffer diz que não há com que se preocupar. O veterano do marketing quer que as pessoas construam marcas fortes o suficiente para sobreviver a um tombo ponto-com. Roffer adapta as regras do marketing de produto para uma arena pessoal que ajuda as pessoas a encontrar sua "grande ideia" e ir atrás dela.

Deixe a culpa de lado

Acima de tudo, promova seu eu autêntico – seu conjunto especializado de talentos e as forças vitais que você traz à mesa, dentro e fora de um emprego. Crie uma declaração de missão e uma frase de efeito. Seu slogan não deveria se ater à sua empresa ou ao título de seu emprego. Conheça o gosto de sua audiência e apresente-se (empacote-se) de acordo. "Como com qualquer produto, é vital que sua marca pessoal ressoe em sua audiência e suas necessidades específicas," diz Roffer.

(Técnico da Receita Federal – 2002.2 – ESAF) The purpose of this article is to

(A) express confidence in the resurgence of the technology sector.
(B) teach people about the commercial advertising industry.
(C) offer helpful advice to people who have lost their jobs.
(D) suggest how people can help the authorities tackle unemployment.
(E) promote better sales techniques through new technology.

Tradução

O propósito deste artigo é

(A) expressar confiança no ressurgimento do setor de tecnologia.
(B) ensinar as pessoas sobre a indústria de propaganda comercial.
(C) oferecer conselhos úteis a pessoas que perderam seus empregos.
(D) sugerir como as pessoas podem ajudar as autoridades a reduzir (atacar, derrubar) o desemprego.
(E) promover melhores técnicas de vendas por meio de novas tecnologias.

O artigo refere-se a dicas para o reposicionamento de pessoas que perderam o emprego no setor ponto-com.

Gabarito "C".

(Técnico da Receita Federal – 2002.2 – ESAF) According to the article, people took some time to realize that

(A) they might have to leave their country.
(B) drinking would have bad effects on health.
(C) they might need new boots after a layoff.
(D) some bosses are unenthusiastic about technology.
(E) it might be quite difficult to find another job.

Tradução

De acordo com o artigo, as pessoas levaram algum tempo para perceber que

(A) elas poderiam ter que deixar seus países.
(B) beber teria efeitos ruins para a saúde.
(C) elas poderiam precisar de novas botas após uma demissão.
(D) alguns chefes não são entusiasmados com tecnologia.
(E) poderia ser bem difícil encontrar outro emprego.

Ver a frase que se inicia com "E com as perdas de postos de trabalho da internet totalizando...".

Gabarito "E".

(Técnico da Receita Federal – 2002.2 – ESAF) It can be deduced from Paragraph 1 of the text that "pink slip parties" are for

(A) rich socialites in Manhattan.
(B) women's underwear manufacturers.
(C) bosses planning to dismiss staff.
(D) people notified of their dismissal.
(E) workers in the car industry.

Tradução

Pode-se deduzir do Parágrafo 1 do texto que "Pink slip parties" são para

(A) socialites ricas em Manhattan.
(B) fabricantes de roupas íntimas para mulheres.

(C) chefes planejando demitir equipes.
(D) pessoas notificadas a respeito de suas demissões.
(E) trabalhadores da indústria automobilística.

"Pink slip" é o aviso de demissão. "Pink slip parties" é uma expressão bem humorada que indica festas realizadas por pessoas nessa situação.

Gabarito "D".

(Técnico da Receita Federal – 2002.2 – ESAF) The meaning of "with a layoff or two sullying their résumés" (Paragraph 3) means

(A) with one or more dismissals from jobs spoiling their work record.
(B) with a few notable professional successes to their credit.
(C) bringing summaries of their achievements for their CVs.
(D) with plans to help refugees and displaced persons settle down.
(E) having a criminal record which might cause future problems.

Tradução

O significado da expressão "with a layoff or two sullying their résumés" (Parágrafo 3) é

(A) com uma ou mais demissões prejudicando os seus históricos de trabalho.
(B) Com alguns notáveis sucessos profissionais para o seu crédito
(C) com alguns sucessos profissionais notáveis creditados a eles.
(D) a anotação de sumários de suas realizações em seus currículos.
(E) ter um registro de crime (ficha criminal) que pode causar futuros problemas.

Ver o final da frase que se inicia com "Não surpreende que exércitos de refugiados ponto-com...".

Gabarito "A".

(Técnico da Receita Federal – 2002.2 – ESAF) The marketing expert Robin Fisher Roffer advises people to

(A) market almost everything they own.
(B) sell themselves like a brand of goods.
(C) re-launch a product on the market.
(D) use new technology to boost sales.
(E) avoid using any kind of sales jargon.

Tradução

O especialista em marketing Robin Fisher Roffer aconselha pessoas a

(A) comercializar quase tudo que possuam.
(B) venderem-se como se fossem produtos no mercado.
(C) re-lançar um produto no mercado.
(D) usar nova tecnologia para disparar as vendas.
(E) evitar usar qualquer tipo de jargão de vendas.

Segundo o texto, o especialista adapta o marketing de produtos para a reinserção do profissional no mercado.

Gabarito "B".

29. Língua Espanhola

Rodrigo Goyena Soares e Simone Cordeiro*

CPC espera conocer propuesta de reforma tributaria antes que sea enviada al Congreso

Su deseo de conocer el proyecto de reforma tributaria que prepara el gobierno antes de que sea enviado al Parlamento manifestó el timonel de la Confederación de la Producción y del Comercio (CPC), Lorenzo Constans, quien dijo que, de todas formas, esa es una decisión que debe tomar el presidente chileno, Sebastián Piñera.

Asimismo, planteó que no opinará sobre los cambios tributarios hasta que no se conozcan en detalle, pero aprovechó para enviar un consejo al presidente Piñera en momentos previos a la reunión que sostendría con el primer ministro japonés, teniendo en cuenta que también se está discutiendo una reforma de este tipo en este país. "Esperemos que se reúnan, que tenga una información que sirva para comparar, porque también, a lo mejor, hay que alivianar la carga", dijo Constans.

(Texto adaptado de **Diario Financiero**, *31. 03.2012)*

(Analista – MDICE – 2012 – ESAF) En el texto se dice que el presidente de la CPC solo emitirá su opinión sobre los cambios tributários cuando estos se conozcan:

(A) de oficio.
(B) bajo mano.
(C) al detalle.
(D) sin dilación.
(E) de público.

En la primera línea del segundo párrafo, se dice que Lorenzo Constant, presidente, o timonel, en sentido figurado, de la CPC, no opinará sobre los câmbios tributários hasta que no se conozacan en detalle.

Gabarito "C".

(Analista – MDICE – 2012 – ESAF) De acuerdo con el texto, el Sr. Constans espera que de la reunión con el primer ministro de Japón surjan datos a partir de los cuales:

(A) habrá que equilibrar los impuestos.
(B) se redefina la estructura tributaria.
(C) tal vez sea necesario elevar gravámenes.
(D) será preferible alivianar la carga.
(E) quizá se tenga que aligerar la tributación.

En las propias palabras de Constans, se espera que el encuentro con el primer ministro japonés resulte en, a lo mejor, perspectivas para alivianar, o aligerar, la carga tributaria.

Gabarito "E".

Amparos contra aranceles a importaciones de EU

Diversas empresas mexicanas han promovido al menos 45 demandas de amparo en siete estados Del país para impugnar la constitucionalidad del decreto que impuso aranceles de entre 10 y 20 por ciento a diversos productos estadounidenses en represalia por no permitir el acceso a transportistas mexicanos. La mayoría de las compañías inconformes han argumentado la inequidad, porque el castigo sólo se aplicó a ciertos productos dentro de las mismas fracciones arancelarias.

El impacto de los aranceles ya se refleja en diversos productos, ya que, por ejemplo, las manzanas y las fresas han subido 20 por ciento para los importadores, quienes transmiten el costo a las ventas por menudeo.

(Fragmento de **La Jornada**, *04.04.2012)*

(Analista – MDICE – 2012 – ESAF) Según el texto, las demandas presentadas por diversas compañías mexicanas:

(A) buscan equilibrar el comercio bilateral.
(B) persiguern elevar los precios al por menor.
(C) rechazan la aplicación equitativa de gravámenes a las importaciones.
(D) refutan las tarifas a productos estadounidenses.
(E) reivindican el acceso de los transportistas locales al mercado de Estados Unidos.

En línea 2, se deduce que las demandas de amparo presentadas por compañías mexicanas buscaron contrarrestar la constitucionalidad del decreto que impuso aranceles a diversos productos estadounidenses, es decir, que colocaran barreras aduaneras.

Gabarito "D".

* Questões de Auditor Fiscal da RF 2010 comentadas e traduzidas por Simone Cordeiro.

La crisis no da tregua en Portugal

Portugal cumple ahora un año intervenida sin que el rescate financiero haya mejorado sus cifras macroeconómicas, lo que se refleja en la "vida real" en forma de aumento de parados y emigrantes, así como en la profundización de las brechas sociales. Los 78.000 millones de euros concedidos por la Unión Europea y el Fondo Monetario Internacional han servido para garantizar que el país cumpla con sus compromisos y evite el riesgo de impago, aunque no para revitalizar de momento su economía ni reducir la presión de los mercados. En ese lapso han perdido el trabajo más de 100.000 portugueses y se prevé que este año sigan sus pasos otros 40.000 más; su PIB se ha contraído un 1,6% y caerá el doble en 2012; mientras el gasto y la inversión pública se han desplomado.

La recesión ha contribuido a que la deuda pública del país supere ya incluso el valor total de su economía, sobrepasando así los 180.000 millones de euros. El préstamo de la troika llevaba, como contrapartida, la adopción de un vasto programa de ajustes que el Gobierno luso ha aplicado con firmeza. Entre ellos destaca el incremento de la carga fiscal, a través de un aumento del IVA que ha encarecido para todos los portugueses por igual desde la luz, el gas y el combustible hasta la compra de alimentos, lo que ha penalizado el consumo privado, considerado fundamental para regresar a la senda del crecimiento.

(Texto adaptado de Elmundo.es, 07.04.2012)

(Analista – MDICE – 2012 – ESAF) El sentido del primer párrafo del texto se mantendría inalterado si la palabra "aunque" se sustituyera por:

(A) más
(B) pero
(C) igual
(D) aún
(E) todavía

En este caso, la palabra "aunque" tiene sentido de adversidad, por lo tanto, podría ser substituida por la conjunción "pero".

Gabarito "B".

(Analista – MDICE – 2012 – ESAF) A juzgar por la información contenida en el texto, el préstamo concedido a Portugal por la Unión Europea y el Fondo Monetario Internacional ha:

(A) supuesto un mínimo de control y fiscalización externa.
(B) aumentado el desempleo y la inmigración.
(C) asegurado la capacidad estatal de honrar obligaciones financieras.
(D) de garantizar el regreso de Portugal a la senda del crecimiento este año.
(E) de disminuir la deuda pública del país.

Según se lee en la línea 5, el préstamo concedido a Portugal por la Unión Europea y el Fondo Monetario Internacional ha servido para garantizar que el país cumpla con sus compromisos, es decir, para asegurar la capacidad estatal de honror obligaciones fiscales.

Gabarito "C".

ING no cree que España logre sus objetivos de déficit ni en 2012 ni en 2013

El banco holandés ING cree que España no logrará sus objetivos de déficit fiscal ni en 2012 ni en 2013, cuando calcula que el desfase entre ingresos y gastos de las cuentas públicas roce el 5% del PIB, casi dos puntos más de lo previsto (6,1% del PIB, por encima del 5,3% previsto por el Gobierno este año y 4,9% en 2013, un desfase de casi 21.000 millones en comparación con el objetivo de España). Con estas previsiones, los expertos de ING no descartan que el país vaya a necesitar un rescate que pasaría por pedir ayuda del Fondo Europeo de Estabilidad Financiera para sanear el sistema financiero.

"Con la sombría perspectiva económica y la crisis del sector inmobiliario, los bancos españoles podrían necesitar más capital que el previsto actualmente. El sistema bancario también sigue siendo vulnerable a las presiones de financiación", añade ING. Para el banco holandés, el desequilibrio de las cuentas españolas se deberá principalmente a que los gobiernos autonómicos no cumplirán los objetivos de déficit fijados, del 1,5% del PIB, mientras que los ingresos del Estado serán menores de lo previsto por la recesión de la economía española, que persistirá al menos hasta finales de 2013, en términos interanuales.

(Texto adaptado de CincoDías.com – Madrid – 24/04/2012. Disponible en:http://www.cincodias.com/articulofinanzas-personales/ing-cree-espanalogre- objetivos-deficit-2012 2013/20120424cdscdsfpe_1/)

(Analista – CGU – 2012 – ESAF) De acuerdo con los expertos del banco holandés ING, el déficit fiscal previsto por las autoridades españolas:

(A) llegará a 21 mil millones de euros en 2012 y 2013.
(B) se logrará a duras penas.
(C) supondrá ayudas externas superiores al 5% del PIB.
(D) no se alcanzará.
(E) contribuirá al saneamiento del sistema financiero.

Según se lee en el título del artículo, el ING no cree que España logre sus objetivos de déficit ni en 2012 ni en 2013. Dicho de otra manera, el déficit fiscal previsto por las autoridades españolas no se alcanzará. La primera línea del artículo justifica esta posición. La respuesta A está incorrecta, dado que la cifra de 21 millones representa un desfase en comparación con el objetivo de España, y no el monto total del déficit. La respuesta B está incorrecta, teniéndose en cuenta que el texto dispone sobre la incapacidad de alcanzar el déficit previsto. La respuesta C está incorrecta, dado que el texto no estipula una cifra porcentual específica para las ayudas exteriores. Por fin, la respuesta E está incorrecta, ya que el déficit fiscal bajo ninguna perspectiva puede contribuir para subsanar el sistema financiero.

Gabarito "D".

(Analista – CGU – 2012 – ESAF) Según las previsiones del ING, el desfase entre ingresos y gastos de las cuentas públicas españolas en 2012 y 2013:

(A) exigirá financiación externa dentro del sistema europeo.

(B) será consecuencia de la recesión y de incumplimientos en las autonomías.
(C) superará en 5,3% lo previsto por el gobierno.
(D) se deberá a la crisis del sector inmobiliario.
(E) estará por debajo del 5% del PIB.

Según se lee en la primera línea, el banco holandés ING cree que España no logrará sus objetivos de déficit fiscal. Según se lee en el segundo párrafo, el desequilíbrio fiscal de las cuentas españolas, es decir, el desfase entre ingresos y gastos, será consecuencia principalmente del hecho que los gobiernos autónomos no cumplirán los objetivos de déficit fijados. Al mismo tempo, los ingresos del Estado español serán menores de lo previsto por la recesión.

Gabarito "B"

Europa ha fracasado en la política de empleo: OIT

Los gobiernos europeos han fracasado en la política de empleo, según reporta la Organización Internacional del Trabajo (OIT) en su nuevo informe "Mundo del trabajo", donde señala que con SUS programas de ahorro, los países europeos, sobre todo los del sur, no se han centrado en crear puestos de trabajo, sino en recortar el déficit. El autor principal del informe, Raymond Torres, apela en su análisis a los países a que emprendan "un cambio dramático" en el rumbo político. Agrega que la estrategia de los países europeos de reducir el déficit apuntaba a allanar el camino a una mayor inversión y crecimiento; "pero esas expectativas no se han cumplido", por su incapacidad de estimular la inversión privada.

El director de la investigación señala que "la intensa concentración de muchos países de la eurozona en la política de ahorro ha profundizado la crisis de empleo y podría conducir a más recesión en Europa". Por el contrario, aquellos países que apuestan por una política de fomentar el empleo arrojan mejores datos económicos. "Tenemos que observar bien esa experiencia y sacar conclusión de ello", añadió. Desde 2011 el desempleo vuelve a crecer. Y especialmente problemático considera esta agencia de la ONU el desempleo juvenil y de larga duración. Para los países industrializados, la OIT no espera una recuperación en las cifras del desempleo hasta 2016, cuando habrá cifras como las de antes de la crisis de 2008.

(*La Jornada en línea 30.04.12 http://www.jornada.unam.mx/ultimas/2012/04/30/103310864-acusa-oit-a-europa-de-fracasar-en-lapolitica-de-empleo*)

(Analista – CGU – 2012 – ESAF) Según el texto, la política europea de empleo ha fracasado porque:
(A) ha faltado incentivo a la inversión.
(B) se han incumplido los programas de austeridad.
(C) ha habido un cambio de modelo productivo.
(D) ha continuado alto el déficit fiscal.
(E) ha aumentado el desempleo juvenil.

Según se lee en el primer párrafo, la estratégia de los países europeos de reducir el déficit apuntaba a allanar el camino a una mayoir inversión. En otros términos, la política europea ha optado por reducir el déficit en vez de combatirlo com mayor inversión y crecimiento.

Gabarito "A"

(Analista – CGU – 2012 – ESAF) En las líneas 5 y 6 del texto (…no se han centrado en crear puestos de trabajo, sino en recortar el déficit), la palabra "sino" denota:
(A) idea de excepción.
(B) solamente.
(C) contraposición de ideas.
(D) adición de otro elemento.
(E) afrenta.

En este caso, el conector "sino" denota contraposición de ideas. En otras palabras, y refiriéndonos al texto, se ha optado por combatir el déficit en lugar de crear puestos de trabajo.

Gabarito "C"

CGR imputó Responsabilidad Fiscal al Ex Gobernador Luis Alfredo Ramos y dos de sus ex secretarios

La Contraloría General de la República (CGR) imputó cargos de responsabilidad fiscal, por un presunto detrimento patrimonial superior a $18 mil millones de pesos, contra el ex Gobernador de Antioquia, Luis Alfredo Ramos Botero, los ex secretarios de Infraestructura Física, Mauricio Restrepo Gutiérrez y María Cristina Mesa Zapata, 10 consorcios y uniones temporales que abarcan 20 empresas de obras civiles y la Fundación para el Buen Gobierno (hoy Fundación Cubo). La decisión se origina al verificar, en más de 22 indagaciones preliminares y procesos fiscales, que hubo deficiencias en la planeación contractual, demoras injustificadas en la ejecución de las obras contratadas y adiciones no justificadas, entre otras irregularidades.

De otra parte, es importante señalar que en desarrollo de las indagaciones preliminares y procesos de responsabilidad fiscal que se adelantaron en su momento sobre estos hechos, en las vigencias 2008 a 2010, se presentaron situaciones irregulares en la actuación de funcionarios de la CGR de la gerencia departamental de Antioquia de esa época, que fueron puestos en conocimiento de la Fiscalía General de la Nación, Regional Medellín.

(*Adaptado de Controlaría General de la República de Colombia, 16.04.2012*)

(Analista – CGU – 2012 – ESAF) En el texto se dice que la Contraloría General de Colombia:
(A) acusó al ex Gobernador y descubrió irregularidades en la actuación de funcionarios de la CGR.
(B) calculó pérdidas patrimoniales de $18 mil millones de pesos, imputables al ex Gobernador de Antioquia.
(C) abrió 22 procesos contra el ex Gobernador de Antioquia y funcionarios de su gobierno.
(D) reconoció la implicación de funcionarios suyos en el desvío de recursos públicos.
(E) informó a la Fiscalía sobre la participación de funcionarios de la CGR en actos de cohecho.

Según se lee en las dos primeras líneas del primer párrafo y en la tercera del segundo, la Contraloría General de la República (CGR) acusó el ex Gobernador de Antioquia, Luis Alfredo Ramos Botero, y descubrió irregularidades en la actuación de funcionarios de la CGR. Se deduce de la nota al pie del texto que se trata de la CGR de Colombia.

Gabarito "A"

'La calle' está tranquila

Zapatero ha declarado a Newsweek que para comprobar que España no se hunde «sólo hay que salir a la calle». Subraya así la paradoja de que no exista conflictividad social con cuatro millones de parados. Tiene razón em parte, aunque quizá debería preguntarse por qué La calle está tranquila y entonces su análisis no podría ser tan complaciente. Según publicamos hoy, la economia sumergida ha aumentado el 30% en el verano que ahora finaliza. Es el cálculo de los inspectores de Trabajo, que han estimado en 320 millones de euros la recaudación en multas para 2009, una cifra récord. Así pues, en El auge de la economía sumergida – de la que un país no puede sentirse orgulloso, sino todo lo contrario – está la explicación de la calma de la calle, puesto que los parados optan por las «chapuzas» para ir tirando. Aquí estaría la explicación de otro dato que Zapatero comentó, asombrado, ante el Comité Federal: sólo 28.000 parados sin ingresos han solicitado los 420 euros, cuando los posibles beneficiarios de esta medida son en torno a um millón. Como el subsidio lleva aparejada la obligación de asistir a cursos de formación, tal vez la mayoría de estos desempleados sin ingresos en realidad sí cobran por algún trabajo, aunque no declaran, ni cotizan. Ello quiere decir que la política social de Zapatero se vuelve contra El y contra los que él dice proteger. El empleo que se crea es clandestino por las rigideces del mercado laboral y al subir los impuestos aumentará la economía del dinero negro.

(**El mundo**, 22/09/2009)

Tradução

'A rua' está tranquila

Zapatero declarou à Newsweek que para comprovar que a Espanha não se afunda «só terá que sair à rua». Salienta assim o paradoxo de que não existe conflito social com quatro milhões de desempregados. Tem razão em parte, embora quem sabe deveria se perguntar por que a rua está tranquila e então sua análise não seria tão complacente. Conforme publicamos hoje, a economia informal aumentou 30% no verão que agora finaliza. É o cálculo dos fiscais do trabalho, que estimaram em 320 milhões de euros a arrecadação em multas para 2009, uma cifra recorde. Assim, no auge da economia informal – aquela de que um país não pode se sentir orgulhoso, mas ao contrário – está a explicação da tranquilidade da rua, visto que os desempregados optam pelos «bicos» para ir se virando. Aqui estaria a explicação de outro dado que Zapatero comentou, assustado, diante do Comitê Federal: só 28.000 desempregados sem salários solicitaram os 420 euros, quando os possíveis beneficiários desta medida são em torno de um milhão. Como o benefício leva consigo a obrigação de assistir a cursos de formação, talvez a maioria destes desempregados sem salários em realidade cobram sim por algum trabalho, embora não declarem, nem calculem. Isso quer dizer que a política social de Zapatero se volta contra ele e contra os que ele diz proteger. O emprego que se cria é clandestino pelas rigidezes do mercado de trabalho, e ao subir os impostos aumentará a economia do dinheiro negro.

Comentário: «chapuzas» significa trabalho sem arte nem esmero. Todavia, no contexto acima, significa trabalho simples, informal, "bico".

(Auditor Fiscal da Receita Federal – 2010 – ESAF) En el texto se dice que en España no hay conflictividad social:

(A) por la solidez institucional.
(B) gracias a las prestaciones públicas asistenciales.
(C) a pesar del desempleo.
(D) debido a la eficacia de la política laboral del gobierno.
(E) pese al aumento de la recaudación por multas.

Tradução

No texto se diz que na Espanha não há conflito social:

(A) pela solidez institucional.
(B) graças aos benefícios públicos assistenciais.
(C) apesar do desemprego.
(D) devido à eficácia da política trabalhista do governo.
(E) em virtude do aumento da arrecadação por multas.

A: falso, a rigidez do mercado trabalhista e os impostos acentuam o problema; **B:** falso, no benefício para o desempregado há ônus de assistir a cursos, por exemplo, o que os empregados preferem não fazer; **C:** correta, é exatamente a crítica do texto, apesar do desemprego e do enorme número de emprego informal, diz-se que o país não tem problemas sociais; **D:** falso, esse é um dos causadores do problema social. **E:** falso, a arrecadação de multas não é causa do conflito social.

Gabarito "C"

(Auditor Fiscal da Receita Federal – 2010 – ESAF) De acuerdo con el texto, las actividades económicas marginales en España:

(A) disminuirán si suben los impuestos.
(B) han aumentado.
(C) elevarán las cotizaciones al tesoro.
(D) garantizan un aumento de los ingresos públicos.
(E) ocupan a cerca de un millón de parados.

Tradução

De acordo com o texto, as atividades econômicas marginais na Espanha:

(A) diminuirão se subirem os impostos.
(B) aumentaram.
(C) aumentarão as cotações ao tesouro.
(D) garantem um aumento das receitas públicas.
(E) empregam cerca de um milhão de desempregados.

A: falso, é exatamente o oposto, quanto maior o imposto, mais a economia informal cresce; **B:** correto, aumentaram por causa da política social/trabalhista atual; **C:** falso, não há essa informação no texto; **D:** falso, as economias informais não geram arrecadação de tributos. **E:** falso, não necessariamente todos os desempregados têm trabalho informal.

Gabarito "B"

(Auditor Fiscal da Receita Federal – 2010 – ESAF) Dentro del texto, la palabra «chapuzas» significa:

(A) pequeñas contravenciones.
(B) obras sin arte ni esmero.
(C) contratos temporales.
(D) cursos de reciclaje profesional.
(E) subsidios fraudulentos.

Tradução

Dentro do texto, a palavra «chapuzas» significa:

(A) pequenas contravenções.
(B) trabalho sem arte nem esmero.
(C) contratos temporários.
(D) cursos de reciclagem profissional.
(E) benefícios fraudulentos.

A: falso, não há essa referência no texto; **B:** correto, serviço informal, "bico"; **C:** falso, não se trata de contrato, não há, a princípio, empregador; **D:** falso, não se trata de qualquer curso; **E:** falso, aqui é sobre o trabalho informal.

Gabarito "B".

Periodo recesivo hasta 2010: UNAM

José Luis Calva Téllez, académico del Instituto de Investigaciones Económicas de la Universidad Nacional Autónoma de México (UNAM), dijo que de aprobarse el paquete económico del presidente Felipe Calderón, habría una pérdida en 2010 de 200 mil empleos y una contracción del Producto Interno Bruto (PIB) de 1.8 por ciento. Para esse especialista, la inflación alcanzaría 6.1 por ciento anual a causa de las alzas de impuestos; y el déficit de la cuenta corriente se situaría en 12 mil millones de dólares.

Destacó que esos resultados negativos estarán infuenciados aún por la recesión económica del país, por la carga fiscal que se enfrentaría con la aprobación Del presupuesto económico como lo presentó el Ejecutivo federal ante el Congreso; y por la baja inversión que habrá por parte del sector privado. "La Secretaría de Hacienda y Crédito Público está esperando que la economía de Estados Unidos levante a México, pero en aquel país la recuperación se está enfocando a amortizar deudas y por consecuencia el consumo seguirá deprimido", indicó.

(**Excélsior,** 22/09/2009)

Tradução

Período recessivo até 2010: UNAM

José Luis Calva Téllez, acadêmico do Instituto de Investigações Econômicas da Universidade Nacional Autônoma do México (UNAM), disse que se aprovado o pacote econômico do presidente Felipe Calderón, haveria uma perda em 2010 de 200 mil empregos e uma redução do Produto Interno Bruto (PIB) de 1.8 por cento. Para esse especialista, a inflação alcançaria 6.1 por cento anuais por causa das altas de impostos; e o déficit da conta corrente se situaria em 12 bilhões de dólares.

Destacou que esses resultados negativos serão influenciados ainda pela recessão econômica do país, pela carga fiscal que se enfrentaria com a aprovação do orçamento econômico como o apresentou o Executivo federal diante do Congresso e pelo baixo investimento que haverá por parte do setor privado. "A Secretaria de Fazenda e Crédito Público está esperando que a economia dos Estados Unidos levante o México, mas naquele país a recuperação está focalizando-se em amortizar dívidas e por consequência o consumo seguirá deprimido", indicou.

(Auditor Fiscal da Receita Federal – 2010 – ESAF) En el texto, la locución "de aprobarse" tiene valor:

(A) condicional.
(B) concesivo.
(C) temporal.
(D) causal.
(E) imperativo.

Tradução

No texto, a locução "de aprovar-se" tem valor:

(A) condicional.
(B) concessivo.
(C) temporal.
(D) causal.
(E) imperativo.

A: correto, a expressão representa condição.

Gabarito "A".

(Auditor Fiscal da Receita Federal – 2010 – ESAF) De acuerdo con las declaraciones del académico de la UNAM, recogidas en el texto, en 2010:

(A) la inflación anual se elevará al 6,1%.
(B) igual el sector privado invierte menos.
(C) a lo mejor se expande el PIB.
(D) se enfocará la amortización de deudas.
(E) puede que desaparezcan empleos en México.

Tradução

De acordo com as declarações do acadêmico da UNAM, colhidas no texto, em 2010:

(A) a inflação anual chegará a 6,1%.
(B) da mesma forma o setor privado investe menos.
(C) talvez se expanda o PIB.
(D) se enfocará na amortização de dívidas.
(E) pode ser que desapareçam empregos em México.

A: falso, pois o texto somente supõe, sem afirmar categoricamente; **B:** falso, porque o "investir menos" é uma suposição futura do acadêmico; **C:** falso, o PIB reduziria; **D:** falso, os EUA é que estão enfocados em amortizar dívidas; **E:** correto, a perda de empregos pode ser que aconteça em 2010.

Gabarito "E".

Los 17 mil chilenos con mayores ingresos entregan el 35% del impuesto a la renta.

En Chile, 1.329.297 personas pagan impuestos a la renta, ya sea bajo la modalidad de segunda categoría o de global complementario. A estas se suman otras 6.346.693 que si bien son formalmente contribuyentes para los registros del Servicio de Impuestos Internos (SII), en la práctica están en el primer tramo impositivo, que es cero. De este 1,32 millón de chilenos, el 1,27% está en el tramo más alto de impuestos – con una tasa marginal del 40% –, que es para quienes tienen ingresos de cerca de $5,5 millones de pesos mensuales o más. En conjunto, pagan más tributos al año que los bancos o todo el sector comercio. De acuerdo com los datos del SII, este grupo es el responsable del 35,1% de la recaudación por impuesto a la renta; es decir, US$ 908 millones del total de US$ 2.589 millones que los contribuyentes chilenos aportan por este concepto.

Para el socio principal de Ernst & Young, Cristián Levefre, la cifra demuestra que el grueso del aporte de impuestos lo entregan quienes más dinero reciben. Según él, existe uma discriminación entre los contribuyentes de los tramos altos. Los independientes – muchos de ellos empresarios – tienen opciones de desarrollar una planificación tributaria para reducir el pago y los dependientes no las tienen. A su juicio, Chile debería impulsar beneficios para este segmento, como los que hay en economías más desarrolladas, como EE.UU., Inglaterra y España, donde se deduce por pago de colegios e intereses de créditos hipotecarios.

(El Mercurio, 25/09/2009)

Tradução

Os 17 mil chilenos com maiores salários entregam 35% ao imposto de renda.

No Chile, 1.329.297 pessoas pagam imposto de renda, seja sob a modalidade de segunda categoria ou de global complementar. A estas se somam outras 6.346.693 que, embora são formalmente contribuintes para os registros do Serviço de Impostos Internos (SII), na prática estão na primeira faixa tributária, cuja alíquota é zero. Deste 1,32 milhões de chilenos, 1,27% está na faixa mais alta de impostos – com uma taxa marginal de 40% –, que é para quem tem salários de perto de $5,5 milhões de pesos mensais ou mais. Na totalidade, pagam mais tributos ao ano que os bancos ou todo o setor de comércio. De acordo com os dados do SII, este grupo é o responsável por 35,1% da arrecadação por imposto de renda; ou seja, US$ 908 milhões do total de US$ 2.589 milhões que os contribuintes chilenos contribuem sob este conceito.

Para o sócio principal do Ernst & Young, Cristián Levefre, a cifra demonstra que o grosso da contribuição de impostos o faz quem mais dinheiro recebe. Segundo ele, existe uma discriminação entre os contribuintes das faixas altas. Os autônomos – muitos deles empresários – têm opções de desenvolver um planejamento tributário para reduzir o pagamento e os dependentes não as têm. A seu juízo, o Chile deveria impulsionar benefícios para este segmento, como os que há em economias mais desenvolvidas, como os EUA, Inglaterra e Espanha, onde se deduz por pagamento de colégios e juros de créditos hipotecários.

(El Mercurio, 25/09/2009)

Comentário: Tanto a segunda categoria quanto a global complementar são categorias do imposto de renda descritas na Lei do Imposto de Renda do Chile.

(Auditor Fiscal da Receita Federal – 2010 – ESAF) Según el texto, el cobro del impuesto sobre la renta en Chile:

(A) se concentra en los mayores ingresos.
(B) incluye a la mayoría de la población.
(C) alcanza al 35% de los trabadores.
(D) castiga a los autónomos.
(E) es menor entre los empleados bancarios.

Tradução

Segundo o texto, o pagamento do imposto de renda no Chile:

(A) concentra-se nos maiores salários.
(B) inclui a maioria da população.
(C) alcança 35% dos trabalhadores.
(D) castiga os autônomos.
(E) é menor entre os empregados bancários.

A: correto, o texto afirma essa ideia logo no começo; **B:** falso, não é a maioria da população; **C:** falso, alcançam somente 17 mil chilenos com maiores salários; **D:** falso, eles têm opção de diminuir o pagamento; **E:** falso, não há no texto qualquer comparação entre empregados.

Gabarito "A".

(Auditor Fiscal da Receita Federal – 2010 – ESAF) En el texto se aconseja:

(A) aumentar los tributos al sector bancario.
(B) disminuir los intervalos impositivos.
(C) introducir deducciones por determinados pagos.
(D) reducir la tasa marginal de los tramos de impuestos.
(E) gravar más a los independientes.

Tradução

No texto se aconselha:

(A) aumentar os tributos ao setor bancário.
(B) diminuir os intervalos impositivos.
(C) introduzir deduções por determinados pagamentos.
(D) reduzir a taxa marginal das faixas de tributação.
(E) sobrecarregar mais os autônomos.

A, **B** e **D:** falso, não há menção no texto; **C:** correto, seguindo o exemplo dos países desenvolvidos; **E:** falso, não aos autônomos, mas aos dependentes.

Gabarito "C".

(Auditor Fiscal da Receita Federal – 2010 – ESAF) En el contexto del texto, "a su juicio" conserva su sentido al sustituirse por:

(A) a su aire.
(B) en su prejuicio.
(C) a lo suyo.
(D) en su opinión.
(E) a regañadientes.

Tradução

No contexto do texto, "a seu juízo" conserva seu sentido ao substituir por:

(A) do seu jeito.
(B) com preconceito.
(C) do seu modo.
(D) em sua opinião.
(E) a contragosto.

D: correto.

Gabarito "D".

(Auditor Fiscal da Receita Federal – 2010 – ESAF) De acuerdo con el texto, los contribuyentes dependientes chilenos:

(A) se benefician con desgravaciones.
(B) están concentrados en los tramos impositivos intermedios.
(C) cotizan más que los bancos.

(D) planifican el pago de sus tributos.
(E) sufren discriminación.

Tradução

De acordo com o texto, os contribuintes dependentes chilenos:

(A) beneficiam-se com reduções.
(B) estão concentrados nas faixas tributárias do meio.
(C) cotizam mais que os bancos.
(D) planejam o pagamento de seus tributos.
(E) sofrem discriminação.

A: falso, **B:** falso; **C:** falso; **D:** falso; **E:** correto, pois os autônomos têm opções para reduzir o pagamento:

Gabarito "E".

Necesidad de préstamos

Los gobiernos latinoamericanos necesitarán entre 350 y 400 billones de dólares en préstamos en 2010 para reactivar sus economías tras la crisis financiera global, según la vicepresidenta del Banco Mundial para América Latina y el Caribe, Pamela Fox. La obtención de prestamos no será fácil, incluso para proyectos de inversión, advirtió la funcionaria, debido a las dificultades para conseguir fondos que están restringidos por la enorme demanda internacional de las naciones desarrolladas para sus paquetes de estímulo.

"A raíz de la crisis el papel del Estado ha crecido a niveles que eran inimaginables años atrás", dijo Fox, pero el Estado dispone de menos recursos, de forma tal que "este momento exige más de los ciudadanos que pagan impuestos, especialmente de aquéllos con más ingresos, que deberían tener que afrontar una mayor carga tributaria", indicó. La funcionaria destacó que según la Organización de Cooperación Económica y Desarrollo menos de un 4% de los ingresos públicos en America Latina provienen de pagos de impuestos personales, comparado con un 27% en las naciones industrializadas.

(**El Nacional**, *29/09/2009*)

Tradução

Necessidade de empréstimos

Os governos latino-americanos necessitarão entre 350 e 400 trilhões de dólares em empréstimos em 2010 para reativar suas economias depois da crise financeira global, segundo a vice-presidenta do Banco Mundial para a América Latina e o Caribe, Pamela Fox. A obtenção de empréstimos não será fácil, inclusive para projetos de investimento, advertiu a funcionária, devido às dificuldades para conseguir recursos que estão restringidos pela enorme demanda internacional das nações desenvolvidas para seus pacotes de estímulo.

"Como consequência da crise, o papel do Estado cresceu a níveis que eram inimagináveis anos atrás", disse Fox, mas o Estado dispõe de menos recursos, de forma tal que "este momento exige mais dos cidadãos que pagam impostos, especialmente daqueles com maiores receitas, que deveriam ter que enfrentar uma maior carga tributária", esclareceu. A funcionária destacou que segundo a Organização de Cooperação Econômica e Desenvolvimento menos de 4% das receitas públicas no America Latina provêm de pagamentos de impostos pessoais, comparado com 27% nas nações industrializadas.

(**El Nacional**, *29/09/2009*)

Comentário: Os numerais bilhão (português) e "billión" (espanhol) não têm o mesmo significado. Em português, bilhão corresponde a 1.000.000.000, enquanto que "billión" corresponde a 1.000.000.000.000.

(Auditor Fiscal da Receita Federal – 2010 – ESAF) Según el texto, la reactivación económica de América Latina tras la crisis financiera global:

(A) supondrá una mayor regulación de la intervención estatal.
(B) demandará entre 350 y 400 mil millones de dólares.
(C) recabará más de toda la ciudadanía.
(D) exigirá entre 350 y 400 millones de millones de dólares.
(E) incidirá en los paquetes de estímulo de los países desarrollados.

Tradução

Segundo o texto, a reativação econômica da América Latina depois da crise financeira global:

(A) suporá uma maior regulação da intervenção estatal.
(B) demandará entre 350 e 400 bilhões de dólares.
(C) exigirá mais de todos os cidadãos.
(D) exigirá entre 350 e 400 trilhões de dólares.
(E) incidirá nos pacotes de estímulo dos países desenvolvidos.

A: falso, o texto não fala em maior regulação estatal; **B:** falso; **C:** falso, somente daqueles cidadãos que pagam impostos; **D:** correto; **E:** falso, as nações desenvolvidas que estão voltadas para seus pacotes de estímulo.

Gabarito "D".

Detener la crisis: los líderes mundiales forjan un "Pacto Mundial por el Empleo"

El Pacto Mundial para el Empleo constituye la respuesta mundial de más amplio alcance a la crisis económica, adoptado en un año en el que la OIT celebra su 90º aniversario. En él se insta a gobiernos y organizaciones representantes de trabajadores y de empleadores para que colaboren a abordar colectivamente la crisis mundial del empleo mediante políticas en línea con el Programa de Trabajo Decente de la Organización.

El Pacto se aprobó en el contexto creado por un reciente informe de la OIT en el que se pone de relieve el aumento sin precedentes del desempleo en todo el mundo, así como la persistencia de niveles de pobreza muy elevados. El director General de la OIT, Juan Somavia, señaló que, aun cuando la recuperación económica comience a asentarse este año o el próximo, la crisis mundial del empleo podría persistir durante seis a ocho años. Añadió que, con 45 millones de trabajadores de nuevo acceso al mercado mundial del empleo cada año (en su mayoría, hombres y mujeres jóvenes), la economía mundial tendría que generar unos 300 millones de nuevos puestos de trabajo en los próximos cinco años sólo para regresar a los niveles de desempleo anteriores a la crisis.

Fragmento adaptado del reportaje de igual título, disponible en http://www.ilo.org/wow/Articles/lang--es/WCMS_115506/index.htm

Tradução

Deter a crise: os líderes mundiais forjam um "Pacto Mundial pelo Emprego"

O Pacto Mundial para o Emprego constitui a resposta mundial de mais amplo alcance à crise econômica, adotado em um ano no qual a OIT celebra seu 90º aniversário. Nele pede-se a governos e organizações representantes de trabalhadores e de empregadores que colaborem para abordar coletivamente a crise mundial do emprego mediante políticas em linha com o Programa de Trabalho Decente da Organização.

O Pacto foi aprovado no contexto criado por um recente relatório da OIT no qual se destacou o aumento sem precedentes do desemprego em todo mundo, assim como a persistência de níveis de pobreza muito elevados. O diretor Geral da OIT, Juan Somavia, assinalou que, mesmo que a recuperação econômica comece a assentar-se este ano ou no próximo, a crise mundial do emprego poderia persistir durante seis a oito anos. Acrescentou que, com 45 milhões de trabalhadores de novo acesso ao mercado mundial do emprego cada ano (em sua maioria, homens e mulheres jovens), a economia mundial teria que gerar 300 milhões de novos postos de trabalho nos próximos cinco anos só para retornar aos níveis de desemprego anteriores à crise.

Fragmento adaptado da reportagem de igual título, disponível no http://www.ilo.org/wow/Articles/lang--es/WCMS_115506/index.htm

(Auditor Fiscal do Trabalho – 2010 – ESAF) De acuerdo con el texto, la respuesta mundial a la crisis económica:

(A) exhorta a una colaboración tripartita.
(B) es el programa de mayor alcance en 90 años.
(C) generará 300 millones de empleos en 5 años.
(D) ha sido el Programa de Trabajo Decente de la OIT.
(E) sacará del paro a 45 millones de trabajadores.

Tradução

De acordo com o texto, a resposta mundial à crise econômica:

(A) estimula uma colaboração tripartida.
(B) é o programa de maior alcance em 90 anos.
(C) gerará 300 milhões de empregos em 5 anos.
(D) foi o Programa de Trabalho Decente da OIT.
(E) tirará do desemprego 45 milhões de trabalhadores.

A: correto, colaboração dos governos e organizações representantes de trabalhadores e de empregadores, **B:** falso, a OIT que celebra seu 90º aniversário; **C:** falso, há apenas um comentário de que se houvesse 300 milhões de novos postos de trabalho, o desemprego chegaria ao nível atingido antes da crise; **D:** falso, esse é um programa já existente na OIT, que orienta o pacto mundial; **E:** falso, esse é o número de trabalhadores novos no mercado de trabalho.

Gabarito "A"

(Auditor Fiscal do Trabalho – 2010 – ESAF) El significado del enunciado "El director…o el próximo" (. 15 y 17) se mantiene si "aun cuando" se sustituye por:

(A) conque.
(B) en cuanto.
(C) aunque.
(D) desde que.
(E) mientras.

Tradução

O significado do enunciado "O diretor…ou o próximo" (. 15 e 17) mantém-se se "mesmo que" se substitui por:

(A) por consequência.
(B) assim que.
(C) embora.
(D) desde que.
(E) enquanto.

C: correto.

Gabarito "C"

Fallo de la Suprema sobre IPC negativo

El fallo de la Tercera Sala de la Corte Suprema que prohibió bajar los salarios ante un escenario de inflación negativa tuvo un coletazo inesperado: los jubilados comenzaron a preguntarse si la definición de reajuste que usó el máximo tribunal también serviría para defender sus pensiones.

El debate comenzó a fraguarse en agosto de 2009, cuando los trabajadores de la compañía Metalúrgica Sorena Norte (MSN) recurrieron a la Dirección del Trabajo (DT) para denunciar a su empleador por haber corregido los salários a la baja, basándose en las cifras de inflación negativa que se registraron ese año. El organismo fiscalizador aplico una multa y, como respuesta, la compañía recurrió a los tribunales cuestionando las atribuciones de la DT para interpretar la aplicación de un contrato entre privados.

Lo que precipitó un debate mayor es que la Corte Suprema no se limitó a revisar el proceder de la DT, sino que fue al fondo del asunto y determinó que la expresión reajuste entraña la noción de aumentar la cuantía. A ojos del diputado Pablo Lorenzini, el fallo de la Corte lleva a uma discusión de fondo y fija una línea que debe aplicarse más allá de un escenario que se presenta cada 15 años. Agregó que lo importante es la injerencia que deben tener las agencias del Estado respecto a cláusulas abusivas.

El Mercurio, 6.02.2010

Tradução

Sentença do Supremo sobre IPC negativo

A sentença da Terceira Sala da Corte Suprema que proibiu baixar os salários diante de um cenário de inflação negativa teve uma consequência inesperada: os aposentados começaram a se perguntar se a definição de reajuste que usou o tribunal superior também serviria para defender suas pensões.

O debate começou a ser delimitado em agosto de 2009, quando os trabalhadores da companhia Metalúrgica Sorena Norte (MSN) recorreram à Direção do Trabalho (DT) para denunciar seu empregador por ter corrigido os salários para baixo, apoiando-se nas cifras de inflação negativas que se registraram esse ano. O organismo fiscalizador aplicou uma multa e, como resposta, a companhia recorreu aos tribunais discordando das atribuições da DT para interpretar a aplicação de um contrato entre particulares.

O que precipitou um debate maior é que a Corte Suprema não se limitou a revisar a atitude da DT, mas foi ao fundo do assunto e determinou que a expressão reajuste incluísse a noção de aumentar a quantia. Aos olhos do deputado Pablo Lorenzini, a sentença da Corte leva a uma discussão de fundo e fixa uma linha que deve se aplicar além de um cenário que se apresenta a cada 15 anos. Adicionou que o importante é a ingerência que devem ter as agências do Estado em relação a cláusulas abusivas

El Mercurio, 6.02.2010

(Auditor Fiscal do Trabalho – 2010 – ESAF) Según el texto, los empleados de la MSN acudieron a la DT

(A) para garantizar derechos de jubilación.
(B) en defensa del aumento de las pensiones.
(C) a favor de un cambio de modelo productivo.
(D) porque habían sido perjudicados.
(E) a causa de los bajos sueldos.

Tradução

Segundo o texto, os empregados da MSN foram a DT

(A) para garantir direitos de aposentadoria.
(B) em defesa do aumento das pensões.
(C) a favor de uma mudança do modelo produtivo.
(D) porque tinham sido prejudicados.
(E) por causa dos baixos salários.

A, **B** e **C**: falso, foram a DT para discutir a redução salarial; **D**: correto, porque tiveram seus salários reduzidos; **E**: falso, os salários foram reduzidos.

Gabarito "D".

(Auditor Fiscal do Trabalho – 2010 – ESAF) De acuerdo con el texto, el fallo de la Corte Suprema:

(A) podría favorecer a los retirados.
(B) es positivo para algunos pensionados.
(C) frena la intromisión estatal en asuntos laborales.
(D) es el primero de su tipo en 15 años.
(E) absolvió a la MSN.

Tradução

De acordo com o texto, a sentença da Corte Suprema:

(A) poderia favorecer aos aposentados.
(B) é positivo para alguns pensionistas.
(C) freia a intromissão estatal em assuntos trabalhistas.
(D) é o primeiro de seu tipo em 15 anos.
(E) absolveu a MSN.

A: correto, pois englobaria as pensões; **B**: falso, para todos os aposentados; **C**: falso, na verdade aumenta a ingerência do Estado nos contratos trabalhistas; **D**: falso, o texto nessa parte aponta uma situação esporádica; **E**: falso, não há esse registro.

Gabarito "A".

(Auditor Fiscal do Trabalho – 2010 – ESAF) En el texto se dice que la MSN recibió una multa:

(A) de la Tercera Sala de la Corte Suprema.
(B) pero no la pagó.
(C) y preguntó a los tribunales sobre las atribuciones de la DT.
(D) por corregir salarios con base en la deflación.
(E) por la injerencia de un diputado.

Tradução

No texto se diz que a MSN recebeu uma multa:

(A) da Terceira Sala da Corte Suprema.
(B) mas não a pagou.
(C) e indagou aos tribunais sobre as atribuições da DT.
(D) por corrigir salários com base na deflação.
(E) pela ingerência de um deputado.

A: falso, a multa foi aplicada pela DT, **B**: falso, não há esse registro; **C**: falso, porque o "cuestionando" no texto está no sentido de discordar; **D**: correto; **E**: falso, o deputado apenas comentou o fato.

Gabarito "D".

Todos los caminos llevan a Suecia

En el sistema de seguridad social español, los trabajadores en activo son los que pagan las pensiones de los jubilados y, aunque ese modelo desafía a la demografía, apenas ha sido modificado. Existe cierto consenso en Europa sobre las soluciones más apropiadas. Buena parte de los analistas descartan la instauración de un modelo totalmente privado, pero aceptan reforzar el componente de capitalización del sistema, que puede ser privado o público, algo que se ha hecho en países con sistemas de bienestar tan acreditados como el sueco. El país nórdico introdujo entre 1994 y 1998 una reforma profunda en su modelo de seguridad social, en el que las pensiones están correlacionadas con las contribuciones, la redistribución es pequeña y el sistema se estabiliza, algo fundamental.

Las proyecciones de la Comisión Europea (CE) indican que en 2050 España prácticamente habrá duplicado el coste que suponen las pensiones para el PIB, pasando del 8,6% en 2004 hasta el 15,7% a mediados de siglo. Un incremento insostenible, salvo que el PIB español se doble en el mismo periodo, para lo que haría falta un crecimiento anual algo por debajo del 2% durante cuatro décadas. Los especialistas consultados coinciden en la necesidad de una reforma urgente y, en general, están a favor de las propuestas del Gobierno (retrasar la jubilación hasta los 67 años y aumentar la base de cotización), e incluso de que se compute, como ocurre en Francia, prácticamente toda la vida laboral de los trabajadores. Ésa es la esencia del modelo sueco, donde los trabajadores tienen cuentas propias que registran sus aportaciones a lo largo del tiempo para, posteriormente, hacer las devoluciones. Allí, además, el trabajador puede administrar parte del importe eligiendo fondos de capitalización privados o públicos.

Texto adaptado de **El mundo**, 07.02.2010

Tradução

Todos os caminhos levam à Suécia

No sistema de seguridade social espanhol, os trabalhadores ativos são os que pagam as pensões dos aposentados e, embora esse modelo desafie a demografia, quase não foi modificado. Existe certo consenso na Europa sobre as soluções mais apropriadas. Boa parte dos analistas descarta a instauração de um modelo totalmente privado, mas aceita reforçar o componente de capitalização do sistema, que pode ser privado ou público, algo que se fez em países com sistemas de bem-estar tão afamado como o sueco. O país nórdico introduziu entre 1994 e 1998 uma reforma profunda em seu modelo de seguridade social, no qual as pensões estão correlacionadas com as contribuições, a redistribuição é pequena e o sistema se estabiliza, algo fundamental.

As projeções da Comissão Europeia (CE) indicam que em 2050 a Espanha praticamente terá duplicado o custo que supõem as pensões para o PIB, passando de 8,6% em 2004 até 15,7% em meados do século. Um incremento insustentável, a não ser que o PIB espanhol dobre no mesmo período, para o que faria falta um crescimento anual algo em torno de 2% durante quatro décadas. Os especialistas consultados coincidem na necessidade de uma reforma urgente e, em geral, estão a favor das propostas do Governo (atrasar a aposentadoria até os 67 anos e aumentar a base de cotização), e inclusive de que se compute, como ocorre na França, praticamente toda a vida trabalhista dos trabalhadores. Essa é a essência do modelo sueco, onde os trabalhadores têm contas próprias que registram suas contribuições ao longo do tempo para, posteriormente, fazer as devoluções. Lá, ademais, o trabalhador pode administrar parte da importância escolhendo recursos de capitalização privados ou públicos.

Texto adaptado de **El mundo**, 07.02.2010

(Auditor Fiscal do Trabalho – 2010 – ESAF) De acuerdo con el texto, el sistema de seguridad social español:

(A) se parece al sueco.
(B) casi no ha sido transformado.
(C) duplicará los beneficios de los pensionados hasta 2050.
(D) reducirá las contribuciones de los trabajadores en activo.
(E) va a aumentar su base de cotización.

Tradução

De acordo com o texto, o sistema de segurança social espanhol:

(A) se parece com o sueco.
(B) quase não foi transformado.
(C) duplicará os benefícios dos pensionatos até 2050.
(D) reduzirá as contribuições dos trabalhadores ativos.
(E) vai aumentar sua base de cotização.

A: falso, o texto cita o sueco apenas como modelo; **B:** correto, porque no texto a palavra "apenas" significa "quase não"; **C:** falso, até 2050 os custos das pensões é que estarão duplicados; **D:** falso, aumentarão as contribuições; **E:** falso, não há essa informação no texto:

Gabarito "B"

(Auditor Fiscal do Trabalho – 2010 – ESAF) En el texto se favorece la adopción de un sistema de pensiones:

(A) privado.
(B) totalmente estatal.
(C) mixto.
(D) con contribuciones de los jubilados.
(E) desvinculado del comportamiento del PIB.

Tradução

No texto se favorece a adoção de um sistema de pensões:

(A) privado.
(B) totalmente estatal.
(C) misto.
(D) com contribuições dos aposentados.
(E) desvinculado do comportamento do PIB.

A: falso, **B:** falso; **C:** correto, com contribuições privadas e públicas; **D:** falso; **E:** falso:

Gabarito "C"

Las políticas de exclusión

Muchas industrias han adoptado algún tipo de medida para proteger a los trabajadores. A menudo, se trata de negarles trabajo o trasladar a los que consideran más susceptibles a los riesgos para la reproducción, que suelen ser las mujeres en edad de procrear. Se ha afirmado, sin embargo, que esas políticas no tienen por objeto proteger a los trabajadores, sino al empleador de cualquier litigio futuro. Por lo general no se aplican con coherencia ni uniformemente las políticas que excluyen a las mujeres de determinados puestos laborales. Por ejemplo, se ponen en práctica en aquellos que tradicionalmente han estado fuera del alcance de las mujeres, al tiempo que excluir a las mujeres de determinados puestos laborales no es uma política seguida en industrias en las que ellas han sido y siguen siendo un porcentaje considerable de la mano de obra. En esas industrias, a menudo se las emplea a pesar de las posibilidades de que estén expuestas a riesgos para su función reproductora. Es, por ejemplo, el caso de los ayudantes de rayos X, los esteticistas, los limpiadores en seco y lavanderos, así como el personal de los quirófanos.

Uno de los problemas mayores que plantean las políticas de exclusión de las mujeres es que, al tiempo que discriminan a las fértiles denegándoles la asunción de determinados puestos de trabajo, o apartándolas de ellos, los hombres fértiles están expuestos en los mismos. Es esencial que se preste atención también a los problemas de reproducción de los hombres. Lamentablemente, a la fecha no se han estudiado bien las consecuencias de los riesgos en La función reproductora de los varones.

Adaptado de OIT, La Salud y la Seguridad en el Trabajo, disponible en http://training.itcilo.it/actrav_cdrom2/es/osh/

Tradução

As políticas de exclusão

Muitas indústrias adotaram algum tipo de medida para proteger os trabalhadores. Frequentemente, trata-se de lhes negar trabalho ou transferir os que consideram mais suscetíveis aos riscos para a reprodução, que costumam ser as mulheres em idade de procriação. Afirmou-se, entretanto, que essas políticas não têm por objeto proteger aos trabalhadores, e sim o empregador de qualquer litígio futuro. Em geral não se aplicam com coerência nem uniformemente as políticas que excluem as mulheres de determinados postos trabalhistas. Por exemplo, põe-se em prática naqueles que tradicionalmente tenham estado fora do alcance das mulheres, enquanto que excluir as mulheres de determinados postos de trabalho não é uma política seguida em indústrias nas que elas tenham sido e seguem sendo um percentual considerável da mão de obra. Essas indústrias frequentemente as empregam apesar das possibilidades de que estejam expostas a riscos para sua função reprodutora. É, por exemplo, o caso dos ajudantes de raios X, os esteticistas, os limpadores a seco e lavaderias, assim como o pessoal das salas de cirurgia.

Um dos problemas maiores que expõem as políticas de exclusão das mulheres é que, ao mesmo tempo que discriminam as férteis lhes denegando o encargo de determinados postos de trabalho, ou as apartando deles, os homens férteis estão expostos a eles. É essencial que se preste atenção também aos problemas de reprodução dos homens. Infelizmente, até essa data não se estudaram bem as consequências dos riscos na função reprodutora dos varões.

Adaptado de OIT, La Salud y la Seguridad en el Trabajo, disponível em http://training.itcilo.it/actrav_cdrom2/es/osh/

(Auditor Fiscal do Trabalho – 2010 – ESAF) En el texto se dice que las medidas de protección a los trabajadores, adoptadas por muchas industrias:

(A) se aplican de manera coherente y uniforme.
(B) rebasan las expectativas de los trabajadores.
(C) benefician a ambos sexos.
(D) buscan proteger a los empleadores.
(E) dan prioridad a los traslados.

Tradução

No texto se diz que as medidas de proteção aos trabalhadores, adotadas por muitas indústrias:

(A) se aplicam de maneira coerente e uniforme.
(B) ultrapassam as expectativas dos trabalhadores.
(C) beneficiam a ambos os sexos.
(D) procuram proteger aos empregadores.
(E) dão prioridade aos transferidos.

A: falso, em geral não se aplicam com coerência nem uniformemente, pois excluem as mulheres de determinados postos trabalhistas; **B:** falso, não preenche as expectativas das mulheres; **C:** falso, as mulheres não são tratadas com uniformidade em relação aos homens; **D:** correto, protegem os empregadores de futuros litígios; **E:** falso, não há essa prioridade.

Gabarito "D"

(Auditor Fiscal do Trabalho – 2010 – ESAF) De acuerdo con el texto, pese a la exposición a los riesgos para la reproducción, las industrias donde las mujeres han representado un importante porcentaje de mano de obra las contratan:

(A) esporádicamente.
(B) para funciones muy específicas.
(C) de cuando en cuando.
(D) en casos excepcionales.
(E) frecuentemente.

Tradução

De acordo com o texto, apesar da exposição aos riscos para a reprodução, as indústrias onde as mulheres representaram um importante percentual de mão de obra as contratam:

(A) esporadicamente.
(B) para funções muito específicas.
(C) de quando em quando.
(D) em casos excepcionais.
(E) frequentemente.

A: falso, **B:** falso; **C:** falso; **D:** falso; **E:** correto, as indústrias frequentemente as empregam, apesar dos riscos.

Gabarito "E"

(Auditor Fiscal do Trabalho – 2010 – ESAF) De acuerdo con el texto, las políticas de exclusión de muchas industrias:

(A) contemplan a los varones fértiles.
(B) incluyen la no contratación de mujeres fértiles.
(C) prevén los riesgos a la función reproductora.
(D) se basan en estudios sobre salud reproductiva.
(E) son justas y eficaces.

Tradução

De acordo com o texto, as políticas de exclusão de muitas indústrias:

(A) contemplam aos varões férteis.
(B) incluem a não contratação de mulheres férteis.
(C) preveem os riscos da função reprodutora.
(D) apoiam-se em estudos sobre saúde reprodutiva.
(E) são justas e eficazes.

A: falso, somente as mulheres férteis; **B:** correto, frequentemente nega-se trabalho a mulheres na fase fértil; **C**, **D** e **E:** falso, não há essa informação no texto.

Gabarito "B"

EL IPC DE ESPAÑA

Para el Cuerpo de Técnicos de Gestión de la Hacienda Pública (Gestha), el repunte de la inflación armonizada (4,3% en tasa interanual) y el consecuente diferencial de la economía española respecto a la media de la zona euro (1,2 puntos) no se deben a la dependencia energética de ese país y al encarecimiento de los alimentos, sino al mayor porcentaje de economía sumergida (estimada en el 23% del PIB, frente a la media europea de 10%) y al exceso de dinero negro en circulación existente en España (56.438 millones de euros). Desde la entrada en funcionamiento del euro, el volumen de crédito bancario en España dobla ya al del resto de los países con la misma moneda.

Gestha opina que este nivel de economía sumergida agrava el diferencial de precios con respecto al de la zona euro, lo cual merma el poder adquisitivo –unos diez puntos por encima de otros países europeos-y la competitividad del comercio exterior, que sitúa a España a la cabeza del déficit del PIB exterior mundial. Los Técnicos de Hacienda proponen un aumento de los ingresos, una reducción del fraude fiscal y la economía sumergida, a lo que hay que sumar una rebaja específica del IRPF.

(**El Mundo**. España, 16.01.08)

(Analista – CGU – 2008 – ESAF) En el texto se dice que la tasa inflacionaria española:

(A) rebasa la media europea.
(B) es menor que la media de la zona euro.
(C) ha aumentado.
(D) presiona el volumen de crédito bancario.
(E) está bajo el influjo de los precios energéticos y alimenticios.

En la primera línea, se lee que el repunte de la inflación ha alcanzado 4,3% en tasas interanuales, con lo cual, se trata de un aumento del nivel de precios.

Gabarito "C"

(Analista – CGU – 2008 – ESAF) De acuerdo con el texto, para los técnicos de Gestha, el diferencial de precios español con respecto al de la zona euro:

(A) afecta la capacidad económica para adquirir bienes y servicios.
(B) se estima en un 23% del PIB español.
(C) eleva la capacidad exportadora del país.
(D) ha estimulado la circulación de dinero ilegal.
(E) supone un aumento de los ingresos.

Según se deduce de las líneas 2, 3 y 4 del segundo párrafo, el Gestha estima que el diferencial de precios con respecto al de la zona euro, merma, o disminuye, el poder adquisitivo y la competitividad del comercio exterior español. Afecta, por lo tanto, la capacidad económica española de adquirir bienes y servicios.

Gabarito "A"

Vigilancia del erario cuesta

La Secretaría de la Función Pública (SFP) prevé un gasto de 122 millones 66 mil pesos para sus labores de auditoría del erario público federal. Eso representa 8% de sus recursos, pues el presupuesto global de la dependencia, a cargo de Salvador Vega Casillas, es de mil 520 millones 601 mil 500 pesos para 2008. El gobierno federal destina más de 3 mil millones de pesos anuales a fiscalización y cada oficina gubernamental con un órgano interno de control (OIC) debe pagar su operación de su presupuesto, aunque su autoridad máxima es la SFP.
En la administración pública federal encabezada por la Presidencia de la República existen 212 OIC, es decir, uno por cada dependencia federal. De enero a junio de 2006, el costo de esos órganos fue de mil 811.7 millones de pesos; para el mismo periodo de 2007 pasó a mil 796 millones de pesos, según información de la SFP.

Para 2008 aún no hay datos sobre el gasto de los 212 OIC; sin embargo, a partir de datos de los dos años previos se infiere un gasto anual de alrededor de 3 mil millones de pesos, integrando el presupuesto de la SFP y el costo de los OIC. Según la SFP "una de las funciones centrales de la Secretaría es reforzar los mecanismos de fiscalización para mejorar la gestión pública".

(**El Universal**, México, 11.01.08)

(Analista – CGU – 2008 – ESAF) De acuerdo con el texto, la Secretaría de la Función Pública (SFP) de México prevé:

(A) gastos menores en 2008.
(B) menos del 10% de sus recursos para fiscalizar el tesoro público.
(C) recursos adicionales para fiscalizar el erario.
(D) más de tres billones de pesos para auditoría.
(E) un aumento de sus dependencias.

Según se deduce de las líneas 1 y 2, la Secretaria de la Función Pública de México prevé un gasto de 122 millones 66 mil pesos para sus labores de auditoria del erario público federal, lo que representa 8% de sus recursos, es decir, menos de 10%.

Gabarito "B"

(Analista – CGU – 2008 – ESAF) En el contexto del texto y sin ninguna alteración de significado o estructura, la palabra "aunque" puede ser sustituida por:

(A) mientras.
(B) pese a.
(C) pero.
(D) entretanto.
(E) más.

En este caso, "aunque" equivale a "pero". Expresa adversidad, por lo tanto.

Gabarito "C"

(Analista – CGU – 2008 – ESAF) En el texto se dice que los órganos internos de control mexicanos:

(A) generan recursos propios.
(B) dependen del presupuesto de la SFP.
(C) costarán 3 mil millones de pesos en 2008.
(D) funcionan en cada oficina federal.
(E) están desvinculados de la SFP.

En la línea 5 se explica que los órganos internos de control mexicanos funcionan en cada oficina gubernamental.

Gabarito "D"

Sin embargo, la hipotética integración de los diversos bancos confederados no es ni mucho menos fácil. Un ejemplo: la remuneración media en el Banco Exterior es la más alta de la banca, un 30% superior a la media. En este contexto, si se propusiera la fusión sin más del Exterior y Caja Postal, lo lógico es que los empleados de esta última entidad quisieran igualarse, y no precisamente por debajo, con los de la primera.

REAL ACADEMIA ESPAÑOLA: Banco de datos (CORDE) [en línea]. Corpus diacrónico del español. <http://www.rae.es> [Consulta del 20.01.08]

(Analista – CGU – 2008 – ESAF) En el contexto del texto la palabra "propusiera" significa que la fusión:

(A) se había propuesto.
(B) no se habría propuesto.
(C) se propuso.
(D) se propondrá.
(E) no se ha propuesto.

Conjugado en el subjuntivo imperfecto, el verbo proponer expresa posibilidad aún no concretada. Por lo tanto, todavía "no se ha propuesto".

Gabarito "E"

30. Língua Portuguesa

Magally Dato, Fernanda Franco e Rodrigo Ferreira de Lima

1. INTERPRETAÇÃO DE TEXTOS

(Auditor Fiscal da Receita Federal – 2010 – ESAF) Assinale a opção que está de acordo com as ideias do texto.

Apesar de todos os problemas relacionados à Justiça brasileira, um dos grandes avanços no país nos últimos anos foi a criação do Conselho Nacional de Justiça (CNJ).

Tem sido um alento seus esforços no sentido de racionalizar e modernizar a estrutura burocrática do Poder Judiciário – quebrando focos de resistência corporativistas – e de forçar a devida celeridade aos processos que tramitam nos tribunais. A criação de um sistema de estatística, com indicadores que medem uma série de atributos – relacionados, por exemplo, aos gastos e à produtividade dos estados e das instâncias judiciais – tem derrubado um dos maiores obstáculos à reforma das práticas do Judiciário: a falta de um diagnóstico preciso. Este é o primeiro e necessário passo para que as mudanças de rota sejam feitas. Mas pôr o sistema nos eixos, atacar suas discrepâncias, requer ação.

(Editorial, **Jornal do Brasil,** 24/8/2009.)

(A) A criação do Conselho Nacional de Justiça não representou uma mudança significativa nos problemas relacionados à Justiça brasileira.

(B) O desconhecimento de indicadores referentes aos gastos e à produtividade do sistema é o primeiro passo para as mudanças de rota.

(C) Os esforços do Conselho Nacional de Justiça ainda não conseguiram quebrar os focos de resistências corporativas no sistema judiciário.

(D) Um diagnóstico preciso referente a vários indicadores, como os que revelam gastos e produtividade do judiciário, decorre da criação de um sistema de estatística.

(E) O Poder Judiciário tem procurado racionalizar e modernizar a estrutura das resistências corporativas.

A: veja primeiro parágrafo; **B:** ao contrário, o conhecimento de indicadores é o primeiro passo; **C** e **E:** veja trecho: "Tem sido um alento seus esforços no sentido de racionalizar a estrutura burocrática do Poder Judiciário – quebrando focos de resistência corporativistas"; **D:** veja trecho: "A criação de um sistema de estatística, com indicadores que medem uma série de atributos – relacionados, por exemplo, aos gastos e à produtividade dos estados e das instâncias judiciais – tem derrubado um dos maiores obstáculos à reforma das práticas do Judiciário: a falta de um diagnóstico preciso.".

Gabarito "D".

(Auditor Fiscal da Receita Federal – 2010 – ESAF) Assinale a opção em que a reescrita de segmento do texto não mantém as informações originais.

A demanda doméstica depende de vários fatores, e da perspectiva do seu aumento depende a produção industrial. É normal, então, dar atenção especial ao nível do emprego e à evolução da massa salarial real, sem deixar de acompanhar as receitas e despesas do governo federal. Enquanto a ligeira retomada da economia norte-americana é acompanhada por aumento do desemprego, no Brasil o quadro é diferente. Os dados de julho, nas seis principais regiões do País, mostram redução do desemprego de 8,1% para 8%, o que significa a geração de 185 mil postos de trabalho. Essa taxa de desemprego, em julho, é a menor da série desde 2002.

Paralelamente, houve melhora na qualidade do emprego, e 142 mil postos foram criados com carteira de trabalho assinada.

(**O Estado de S. Paulo**, Editorial, 21/8/2009.)

(A) A demanda doméstica depende de vários fatores, e a produção industrial depende da perspectiva do aumento dessa demanda.

(B) Essa taxa de desemprego é a menor em julho de 2002. Paralelamente, em 142 mil postos, a carteira de trabalho assinada melhorou a qualidade do emprego já existente.

(C) O aumento do desemprego acompanha a ligeira retomada da economia norte-americana, enquanto no Brasil o quadro é diferente.

(D) Nas seis principais regiões do País, os dados de julho mostram a geração de 185 mil postos de trabalho, o que significa redução do desemprego de 8,1% para 8%.

(E) É normal, então, dar atenção especial tanto ao nível do emprego e à evolução da massa salarial real quanto às receitas e despesas do governo federal.

A: veja primeiro período; **B:** veja o trecho: "Essa taxa de desemprego, em julho, é a menor da série desde 2002."; **C** e **D:** veja o trecho: "Os dados de julho, nas seis principais regiões do País, mostram redução do desemprego de 8,1% para 8%"; **D:** veja o trecho: "É normal, então, dar atenção especial ao nível do emprego e à evolução da massa salarial real, sem deixar de acompanhar as receitas e despesas do governo federal."

Gabarito "B".

(Analista – ANEEL – 2006 – ESAF) Indique a opção que apresenta uma substituição do segmento sublinhado, com o objetivo de ser corrigido o erro de natureza morfossintática introduzido no texto.

O pleno e regular exercício da função executiva que é conferida de forma precípua à administração pública exige e impõe a outorga de um conjunto de prerrogativas (a) que se acha contido em um regime jurídico-administrativo típico dessa atividade estatal e (b) que se presta colocar a administração pública numa posição privilegiada, superior na relação jurídico-administrativa. Tais privilégios devem estar voltados ao atingimento de fins específicos, (c) quais sejam o de alcançar o bem comum da coletividade e tornar efetiva a defesa do interesse público. Não admitem, todavia, o uso absoluto do poder e (d) veem-se contidos por instrumentos específicos de sujeição das condutas administrativas, (e) que geram o necessário equilíbrio entre a autoridade da administração e a liberdade do indivíduo.

(Airton Rocha Nóbrega, "Fazenda Pública e execução administrativa", **Direito&Justiça-CB**, 15 nov. 2004, com adaptação)

	Substituir:	Por:
(A)	"que se acha contido"	que se acham contidas
(B)	"que se presta colocar"	que se presta a colocar
(C)	"quais sejam o de alcançar"	quais sejam: alcançar
(D)	"veem-se contidos"	vêm-se contidos
(E)	"que geram"	Gerando

(Reescrita) A: incorreta, pois o sujeito da oração é representado pelo pronome "que", que se refere à expressão "um conjunto de prerrogativas". O núcleo da expressão é "conjunto", que define a regência do verbo na oração subordinada. A frase original está correta; **B:** correta, pois o verbo prestar rege a preposição "a" para seus complementos, assim como adéqua a reescrita; **C:** incorreta. A reescrita está correta e atende aos critérios gramaticais e textuais, no entanto não havia qualquer problema na redação original. O uso dos dois-pontos torna o texto mais objetivo, mas há quebra na estrutura discursiva; **D:** incorreta, pois a mudança na grafia altera o sentido do verbo de *ver* para *vir*, tornando o trecho incoerente; **E:** incorreta, pois a oração subordinada do item é uma adjetiva explicativa e se refere ao termo "condutas administrativas". A substituição pela oração reduzida de gerúndio traria ao trecho o significado de consequência, ou seja, todo o processo teria como resultado gerar equilíbrio.

Gabarito "B".

Do Painel do Leitor da *Folha de S. Paulo* de 8/1/2006 transcreve-se a seguinte mensagem:

"Antônio Negri e Giuseppe Cocco foram muito precisos e felizes no artigo de 5/1 ao destacarem como o programa Bolsa-Família tem contribuído para diminuir a desigualdade e o seu caráter de embrião de uma renda universal e cidadã, sobretudo ao concluírem com a sugestão de que o governo Lula deveria colocar sua própria prática na perspectiva de aceleração do processo de democratização, apontando para a incondicionalidade.

Já existe o instrumento legal para isso. É a Lei 10.835, sancionada pelo presidente em 8/1/2004. Ela institui, por etapas, começando pelos mais necessitados, a critério do Poder Executivo, uma renda básica de cidadania, ou seja, o direito de todas as pessoas no Brasil, incondicionalmente, receberem uma renda para atender as suas necessidades vitais.

O Executivo definirá o seu valor levando em conta o grau de desenvolvimento do país."

(Eduardo Matarazzo Suplicy, senador – PT-SP, São Paulo, SP)

(Analista – ANEEL – 2006 – ESAF) Assinale a opção que contém asserção falsa a respeito da compreensão das ideias do texto e das inferências permitidas por uma leitura correta.

(A) O autor inicia sua mensagem tecendo um elogio a Antônio Negri e Giuseppe Cocco pelo teor do artigo escrito por eles.

(B) Pelas palavras da mensagem, deduz-se que os autores concluem seu artigo recomendando ao governo Lula que se aproveite de sua prática com o programa Bolsa-Família para acelerar o processo de democratização, por meio da concessão de renda universal.

(C) É louvável, da perspectiva do autor da mensagem, o referido artigo ter atribuído ao programa Bolsa--Família a peculiaridade de ser a semente da qual pode germinar a instituição de uma renda básica de cidadania.

(D) A menção à Lei 10.835/2004 é uma forma de o senador Suplicy indicar o caminho legal à consecução da sugestão feita pelos autores do artigo ao governo Lula.

(E) No contexto em que se encontra, entende-se que o substantivo "incondicionalidade", que significa "adesão irrestrita", aponta para a doação de uma renda que atenda às necessidades de todo brasileiro, independentemente de quanto custe sua sobrevivência.

(Interpretação de texto) Para a análise da questão, é necessário notar que o autor do texto, Eduardo Suplicy, faz leitura e comentário de outro texto, ao qual não temos acesso. É necessário inferir a partir dos comentários do autor o que foi dito no artigo a que se refere. **A:** incorreta, pois o autor do texto se refere aos autores do artigo como "muito precisos e felizes"; **B:** incorreta, pois o item lê corretamente a análise do autor: "sobretudo ao concluírem com a sugestão de que o governo Lula deveria colocar sua própria prática na perspectiva de aceleração do processo de democratização"; **C:** incorreta, pois a partir da caracterização de precisos e felizes, diz que o foram especialmente ao "destacarem como o programa Bolsa-Família tem contribuído para diminuir a desigualdade e o seu caráter de embrião de uma renda universal e cidadã"; **D:** incorreta, pois a referência da lei é exatamente a prova de que existem meios legais para que a iniciativa louvável funcione; **E:** correta, pois a lei citada pelo autor será colocada em prática "começando pelos mais necessitados" e dará a todos condições de sobrevivência. O termo incondicionalmente se refere à possibilidade de todos aderirem ao programa e seu valor será definido pelo Executivo para atender às necessidades vitais. Portanto, é incondicional a adesão, mas não o valor.

Gabarito "E".

(Analista – ANEEL – 2006 – ESAF) Assinale o segmento que dá continuidade ao texto, respeitando a coerência, a coesão e a correção gramatical.

O meu segundo contato com a massa proletária de Pernambuco foi em uma assembleia, que presidi, de fundação da União Cosmopolita, nome dado ao sindicato dos trabalhadores da Pernambuco Tramways. Não obstante o entusiasmo que dominava o ambiente, observei que havia certa apreensão, se não receio da atitude que viesse a tomar a companhia contra os empregados ali reunidos, muito particularmente contra os que mais se tinham salientado como promotores da organização. Não era sem motivo que temessem qualquer ato de hostilidade porque sabiam, por experiência própria, quanto aquela empresa era autoritária e inacessível em atendê-los fosse no que fosse, ____________

(A) tanto mais em permitir que se associassem para a defesa de direitos que ela jamais suportaria que pudessem ter a veleidade de os reivindicar.
(B) quanto mais em anuir aquela associação na luta por direitos que ela nunca iria concedê-los.
(C) com muito mais razão em aceitar que se tivessem reunido os empregados numa associação para pleitear direitos que ela jamais pensasse em conceder.
(D) mormente agora, em que haviam conseguido congregar-se num sindicato para a conquista de direitos que ela teria de lhes reivindicar.
(E) principalmente num caso de sublevação, em que os empregados se fortaleciam na defesa de direitos que ela nunca imaginou viesse eles lutar a favor.

(Joaquim Pimenta, **Retalhos do passado**. Rio, 1949, p. 197, com adaptações)

(Mista) Apesar do vocabulário rebuscado e da estrutura complexa do item, não há qualquer incoerência ou incorreção gramatical na escrita da letra. **A:** correta. É preciso notar os erros presentes nos outros itens: **B:** incorreta, pois a regência do verbo *anuir* é de objeto indireto com a preposição "a", "com" ou "em", ou seja, é necessário o uso da crase ou da preposição no trecho, sendo a escrita mais natural "quanto mais em anuir com aquela associação". Há também um excesso que prejudica a coesão do texto no trecho "que ela nunca iria concedê-los". O pronome relativo "que" se refere ao termo "direitos" e o pronome oblíquo "(l)os" também; **C:** incorreta, pois a introdução do trecho com a expressão "com muito mais razão" deixa entender que a empresa teria razão em manter sua posição autoritária e inacessível. O trecho subsequente diz que ela aceita a associação dos empregados, gerando incoerência; **D:** incorreta, pois o verbo *reivindicar* significa "requerer, solicitar", ação dos representantes do sindicato. No trecho, a ação é referida à empresa. A ação da empresa seria "conceder"; **E:** incorreta, pois o sujeito do verbo "viesse" está posposto e é o pronome "eles". O verbo deveria estar no plural "viessem" para que a concordância esteja correta.

Gabarito "A".

Leia o texto abaixo para responder a questão seguinte.

A abertura do mercado brasileiro trouxe benefícios para o País e (1) acirrou a concorrência, especialmente entre as multinacionais e (2) empresas que controlam antigas estatais. Por outro lado, fez surgir o medo da espionagem industrial e obrigou as grandes companhias que detêm tecnologia moderna e (3) sofisticada a adotarem medidas de proteção muitas vezes extremas.

Isso porque o trabalho dos espiões tecnológicos é descobrir segredos e (4) obter informações valiosas sobre os principais e (5) mais lucrativos produtos das empresas ou de instituições militares. Para se proteger nessa guerra silenciosa vale tudo.

(**ISTOÉ**, 21/1/2004, com adaptações)

(Analista – MPU – 2004 – ESAF) Assinale a proposição textualmente coerente e gramaticalmente correta que pode servir de argumento para a tese expressa no segundo parágrafo do texto.

(A) Hoje, qualquer funcionário, executivo ou não, sabem que um micro pouca capacidade tem de armazenar toda tecnologia utilizada numa empresa: é o funcionário que o opera quem sabe de tudo.
(B) Entre as principais recomendações estão nunca deixar documentos ou disquetes sobre a mesa e não tratar de assuntos sigilosos pelo celular; cuidados semelhantes se estendem até mesmo às festas de confraternização.
(C) Em São Paulo, na quarta fabricante de aviões civis do mundo, são obrigatórios o uso de crachás de identificação, embora ninguém circula facilmente por todos os lugares, mesmo que tenha credencial de acesso.
(D) Algumas dependências das empresas são restritas: uma área da fábrica Xis, próximo ao local onde ficam guardadas à sete chaves as informações estratégicas, foi interditada para impedir que vaze.
(E) Todas as senhas e códigos da empresa ZOOX são alteradas diariamente e os cuidados são também direcionados a qualquer espiões que agem através dos computadores.

A seguir, veja os dois parágrafos mesclados: "Isso porque o trabalho dos espiões tecnológicos é descobrir segredos e obter informações valiosas [*'entre as principais recomendações estão nunca deixar documentos ou disquetes sobre a mesa e não tratar de assuntos sigilosos pelo celular'*] sobre os principais e mais lucrativos produtos (...). Para se proteger nessa guerra silenciosa vale tudo [*'cuidados semelhantes se estendem até mesmo às festas de confraternização'*]."

Gabarito "B".

(Analista – MPU – 2004 – ESAF) Assinale a opção cuja afirmação vai ao encontro do que defende Arthur Caplan no texto abaixo.

Autores têm escrito sobre os riscos que as maquinações das biotecnologias na medicina supostamente trariam à natureza humana, pela modificação de sua base biológica (com clonagem, certas técnicas de reprodução assistida, modulação do comportamento por remédios e genética).

Arthur Caplan diz que essas alegações não são muito convincentes. Afirma, com propriedade: "A própria natureza humana tem mudado drasticamente em reação à tecnologia". E mais: "Tampouco há razão para glorificar uma fase particular da evolução da natureza humana e declará-la sacrossanta."

(Adaptado de Marcelo Leite).

(A) Deve-se lutar para preservar a natureza humana, que, conforme comprovações científicas, é una e imutável.

(B) É necessário chamar a atenção para todos os riscos do avanço da ciência, mesmo para os não imediatamente identificáveis e mensuráveis, para evitar que ocorram mudanças na natureza humana e que ela se deteriore.

(C) A pesquisa biomédica é muito perigosa para ser levada adiante e, portanto, cabe ao Estado, por meio de legislação, proibir os estudos da genética.

(D) É consensual a ideia de que a base biológica da humanidade deve ser mantida e, para que não seja desvirtuada, deve-se respeitar a relação entre fato – determinações biológicas – e norma – dogmas a que se deve obedecer.

(E) A mensuração dos riscos da pesquisa científica pode ser falaciosa caso sejam desprezadas as mudanças já ocorridas na base biológica da natureza humana.

A assertiva que apresenta um argumento de acordo com que Arthur Caplan diz é a **E**: "A própria natureza humana tem mudado drasticamente em reação à tecnologia [*mudanças já ocorridas na base biológica da natureza humana*]."

Gabarito "E".

(Técnico – ANEEL – 2009 – ESAF) Cometer erros não é bom, mas pior é não aprender com eles. Os erros fazem parte de todo processo de crescimento. E, quanto mais aprendermos com eles, mais saudável será esse crescimento e, consequentemente, mais raros serão os erros. Sabe-se que, durante a vida, não paramos de crescer. Mas não são todos que aceitam que também não paramos de aprender. Durante a vida toda.

(Adaptado de **ISTOÉ**, Editorial,19/10/2005.)

Depreende-se do texto que

(A) o crescimento evita erros.

(B) sem aprendizado não há erros.

(C) nem todos aceitam os próprios erros.

(D) o amadurecimento significa uma vida isenta de erros.

(E) aprender com os erros significa crescer saudavelmente.

(Interpretação de texto) A: Errada. Segundo o texto, o crescimento não evita os erros, apenas os torna mais raros.

B: Errada. Aprender com os erros é apenas uma parte do aprendizado da vida.

C: Errada. Segundo o texto, nem todos aceitam que não paramos de aprender.

D: Errada. O amadurecimento não significa uma vida isenta de erros, ao contrário, os erros tornam-se mais raros.

E: Correta, pois o texto afirma que os erros são parte de um crescimento saudável que ocorre durante toda a vida.

Gabarito "E".

Leia o seguinte texto para responder às duas questões seguintes.

De fato, os jovens têm motivos para se sentirem inseguros. Começam a vida profissional assombrados pelos altos índices de desemprego. Quase a metade dos desempregados nos grandes centros no Brasil é jovem. Além da falta de experiência, há o despreparo mesmo. Grande parte tem baixa escolaridade. O mercado de trabalho ajuda a perpetuar a desigualdade. Muitos jovens deixam de estudar para trabalhar. Mas a disputa é acirrada também entre os mais bem-preparados. A grande oferta de mão de obra resulta em um processo cruel de avaliação, com testes de conhecimentos e de raciocínio lógico, redação, dinâmicas de grupo, entrevistas. E não é só. O jovem deve demonstrar habilidades que muitas vezes nem teve tempo de saber se possui ou de descobrir como adquiri-las. Como o conhecimento hoje fica obsoleto muito rápido, a qualificação e o potencial comportamental é que definem um bom candidato, e não só o preparo técnico.

(Adaptado de **ISTOÉ** 5/10/2005.)

(Técnico – ANEEL – 2009 – ESAF) Avalie, como verdadeiros (V) ou falsos (F), os motivos compatíveis com aquilo que o texto considera fatores de insegurança para os jovens.

(1) A necessidade de trocar o trabalho pelos estudos faz com que muitos dos jovens que ingressam no mercado de trabalho sejam despreparados, tenham pouca experiência e baixa escolaridade.

(2) O preparo técnico – que nem todos possuem – perpetua a desigualdade social porque facilita a disputa apenas para os mais bem-preparados, tanto nos conhecimentos quanto no potencial comportamental.

(3) Os conhecimentos, o raciocínio lógico e as habilidades de redigir, avaliados nos testes e as entrevistas compõem processos de seleção que chegam a ser cruéis por causa da grande oferta de mão de obra.

(4) Muitas vezes, para ingressar no mercado de trabalho, o jovem candidato a um emprego não pode demonstrar certas habilidades, ou por não ter tido tempo de descobrir que as possui ou por não saber como adquiri-las.

(5) Para o conhecimento tornar-se obsoleto, as entrevistas e as dinâmicas de grupo constituem as técnicas mais reveladoras do potencial de comportamento que vai definir um bom candidato ao atual mercado de trabalho.

A sequência correta é

(A) V F V V F
(B) V V F F F
(C) V F F V V
(D) F F V V F
(E) F V V F V

(Interpretação de texto) 1: Verdadeiro, pois o despreparo está relacionado à baixa escolaridade (muitos abandonam a escola para trabalharem) e à pouca experiência. Esses fatores são observados no trecho entre as linhas 2 a 5.

2: Falso, os mais bem-preparados também sofrem com o rápido surgimento dos novos conhecimentos e, por isso, muitos dos candidatos demonstrar alto nível de qualificação, bem como um potencial comportamental e o preparo técnico.

3: Verdadeiro, tais processos chegam a ser cruéis, pois o jovem, muitas vezes, deve demonstrar certas habilidades que não teve tempo para adquiri-las.

4: Verdadeiro, pois devido à falta de experiência e de tempo, muito dos jovens não conseguem alcançar o potencial desejado para a vaga, bem como não têm consciência de suas habilidades.

5: Falso, devido à velocidade com que o conhecimento torna-se obsoleto, a qualificação, o potencial comportamental e o preparo técnico são fundamentais para uma boa avaliação do candidato no mercado de trabalho.

Gabarito "A".

(Auditor Fiscal/CE – 2006 – ESAF) Na seção Tendências/Debates da *Folha de S. Paulo*, 21/10/2006, A3, foi formulada a pergunta: "A publicidade infantil deve ser proibida por lei? Sim ou Não?" Dos argumentos expostos abaixo, assinale o que não serve para fundamentar a resposta pelo Sim.

(A) O princípio da liberdade de expressão e informação não se aplica à publicidade.
(B) Eleger uma programação televisiva livre de conteúdos publicitários direcionados a crianças e adolescentes é uma opção por colocar os direitos dessas populações acima de outros interesses.
(C) Há uma compreensão deturpada do poder e alcance da comunicação mercadológica que confunde a publicidade com o ato de consumir.
(D) Problemas sérios de saúde pública, como a obesidade em crianças e jovens, têm sido associados à vinculação de uma publicidade danosa que associa, por exemplo, quesitos de magreza, cabelos lisos e brancura da pele a padrões de beleza e aceitabilidade social.
(E) Declarações públicas como as de Cheryl Idell, executiva do setor de pesquisa de mercado nos EUA (disse ela que a publicidade é eficaz quando se vale das crianças como instrumentos capazes de levar os pais a adquirirem produtos em oferta) estão em desarmonia com a ética centrada nos direitos da criança e do jovem.

A questão pede o argumento contra a proibição da publicidade infantil, isto é, o **argumento a favor da publicidade**. **A:** essa assertiva representa argumento a favor da proibição: "o princípio da liberdade de expressão e informação não se aplica à publicidade"; **B:** essa assertiva representa argumento a favor da proibição: "colocar os direitos dessas populações ['crianças e adolescentes'] acima de outros interesses"; **C:** essa assertiva representa argumento **contra** a proibição: "há uma compreensão deturpada (...) que confunde a publicidade com o ato de consumir"; **D:** essa assertiva representa argumento a favor da proibição: "problemas sérios de saúde pública (...) têm sido associados à vinculação de uma publicidade danosa"; **E:** essa assertiva argumenta a favor da proibição: "publicidade (...) se vale das crianças como instrumentos capazes de levar os pais a adquirirem produtos".

Gabarito "C".

(Auditor Fiscal/CE – 2006 – ESAF) Leia o trecho abaixo, extraído de discurso do governador do Ceará, Dr. Lúcio Alcântara, e assinale a asserção que interpreta e/ou reproduz erroneamente as ideias do texto.

Um dos capítulos mais tristes da nossa História é aquele que se refere à escravidão de homens e mulheres, arrancados de suas terras, mantidos em cativeiro e forçados a trabalhos insalubres até quase o final do século 19. Essa parte da nossa crônica social, feita de perseguições, rebeliões, fugas, quilombos e injustiças, ainda está sendo revista, mas infelizmente não pode ser modificada.

No Ceará, a vergonha do passado é encoberta pelo orgulho de termos sido os primeiros a abolir o trabalho escravo em 25 de março de 1884, portanto, quatro anos antes do resto do País. Aqui, o movimento abolicionista contou com o reforço heroico dos jangadeiros, liderados por Francisco José do Nascimento, o Chico da Matilde, nosso mitológico Dragão do Mar. Em protesto ao cruel tráfico de seres humanos, Chico e seus seguidores recusaram-se a continuar embarcando escravos no porto de Fortaleza. Foi um exemplo e uma inspiração.

O jornalista José do Patrocínio tratou de divulgar a decisão solidária dos jangadeiros cearenses, e logo o Ceará passou a ser chamado de "Terra da Luz". Políticos, advogados, artistas, escritores e intelectuais de destaque, como Joaquim Nabuco, já haviam criado, no Rio de Janeiro, a Sociedade Brasileira Contra a Escravidão, que resultou no surgimento de dezenas de grêmios semelhantes, cuja missão consistia também em arrecadar fundos para pagamento de cartas de alforria. Assim, também, o jornal O Abolicionista, de Nabuco, e a Revista Ilustrada, de Angelo Agostini, serviram de modelo para publicações antiescravagistas.

Essa história de lutas levou o Governo do Estado a instituir, em 1963, a Medalha da Abolição, que celebra o pioneirismo dos nossos abolicionistas e promove os ideais de justiça e fraternidade, homenageando cearenses e não cearenses que tenham dado a sua contribuição para as mais diversas áreas do conhecimento humano. Já receberam a Medalha da Abolição intelectuais como o professor Antônio Martins Filho e a escritora Rachel de Queiroz; artistas como Aldemir Martins, Eleazar de Carvalho e Renato Aragão; líderes espirituais como os arcebispos Dom Aloísio Lorscheider e Dom Hélder Câmara; além de homens de visão como os industriais Edson Queiroz e José Macedo. A mais alta distinção concedida pelo Governo do Estado já foi entregue também à Academia Cearense de Letras, ao Instituto do Ceará, à Associação Cearense de Imprensa e a outras instituições ligadas ao progresso cultural, científico e educacional do Ceará.

(http://www.ceara.gov.br/pls/portal/PORTAL.wwv_media.show?p_id=306260&p_settingssetid=290100&p_settingssiteid=213&p_siteid=213&p_type=basetext&p_textid=306261, pesquisa em 20/10/2006)

(A) O texto inicia com uma referência consternada e pesarosa à escravidão no Brasil.
(B) Instituída em homenagem aos heróis abolicionistas, a Medalha da Abolição agracia personalidades e instituições que fomentam o espírito de solidariedade e igualdade.
(C) A atitude libertária de Francisco José do Nascimento influenciou pessoas proeminentes da época, o que deu origem a diversas ações abolicionistas.
(D) O Ceará se orgulha de ter sido precursor na luta contra a escravatura.
(E) A menção ao fato de o Ceará ter sido o primeiro estado a se insurgir contra o tráfico de escravos constitui uma forma de desculpa pela mancha vergonhosa que a escravidão imprimiu na nossa história.

A: o texto inicia com uma referência pesarosa: "Um dos capítulos mais tristes da nossa História é aquele que se refere à escravidão."; **B:** ver início do quarto parágrafo; **C:** ver as orações: "Foi um exemplo e uma inspiração." e "o jornal O Abolicionista, de Nabuco, e a Revista Ilustrada, de Angelo Agostini, serviram de modelo para publicações antiescravagistas"; **D:** ver o primeiro período do segundo parágrafo; **E:** o texto não diz que o fato de o Ceará ter sido o primeiro Estado a se insurgir contra o tráfico de escravos constitui uma forma de desculpa. O texto diz que "a vergonha do passado é encoberta pelo orgulho de termos sido os primeiros a abolir o trabalho escravo".

Gabarito "E".

(Auditor Fiscal/CE – 2006 – ESAF) Na seção Tendências/Debates da *Folha de S. Paulo*, 21/10/2006, A3, foi formulada a pergunta: "A publicidade infantil deve ser proibida por lei? Sim ou Não?" Gilberto C. Leifert respondeu Não, no artigo intitulado: "Educar, sim; proibir, não".

Um trecho de seu artigo está reproduzido abaixo. Complete as lacunas com a opção que preserve a coerência e a coesão no desenvolvimento das ideias.

Até recentemente, a sociedade entendia ser a educação tarefa exclusiva de pais e professores. _____(1)_____ esse conceito evoluiu. Cobra-se, agora, o compromisso de educar _____(2)_____ de veículos de comunicação, publicidade, das artes etc. Não poderia haver _____(3)_____ mais justa, dada a importância da educação – desde que não se esqueça o essencial: a responsabilidade de pais e professores continua sendo _____(4)_____.

	(1)	(2)	(3)	(4)
(A)	Infelizmente	apenas	restrição	prioritária
(B)	Sabiamente	também	reivindicação	intransferível
(C)	Tardiamente	exclusivamente	demanda	escamoteada
(D)	Concomitantemente	inclusive	exigência	subtraída
(E)	Ultimamente	tão somente	modificação	limitada

Devemos preencher as lacunas de modo que o argumento seja a favor da publicidade infantil: "Até recentemente, a sociedade entendia ser a educação tarefa exclusiva de pais e professores. **Sabiamente** esse conceito evoluiu. Cobra-se, agora, o compromisso de educar **também** de veículos de comunicação, publicidade, das artes etc. Não poderia haver **demanda** mais justa, dada a importância da educação – desde que não se esqueça o essencial: a responsabilidade de pais e professores continua sendo **intransferível**."

Gabarito "B".

(Auditor Fiscal/CE – 2006 – ESAF) Com base nesta definição de paráfrase: "dizer a mesma coisa com outras palavras", aponte a opção que não constitui paráfrase do segmento sublinhado correspondente (segmento identificado com a mesma letra). Ignore questões de estilo e mudanças mínimas de significação que não alteram as ideias principais do texto.

O estado de Rondônia quase sempre aparece nos meios de comunicação (a) devido a notícias negativas, como os incêndios provocados por queimadas, (b) que devastam grandes áreas da floresta amazônica, e os violentos conflitos ocorridos em reservas controladas pela Fundação Nacional do Índio (Funai), (c) que opõem garimpeiros e indígenas por causa da busca de diamantes. Também são frequentes as notícias sobre as disputas de terras envolvendo posseiros, indígenas, fazendeiros e grileiros, às vezes com muitos mortos, (d) e sobre a libertação de trabalhadores submetidos ao regime de semi-escravidão, (e) o que mostra a gravidade da questão fundiária ao sul da Amazônia.

(Jacob Binsztok, Camponeses de Rondônia, **Ciênciahoje**, julho/2006, 30)

(A) vinculado a um noticiário desfavorável.
(B) que assolam largas extensões da nossa hileia.
(C) que fazem garimpeiros e íncolas se estremarem em razão da procura por diamantes.
(D) bem como a denúncia de pessoas sendo mantidas à força para trabalhar quase como escravos,
(E) o que revela quão profundo é o problema agrário na Amazônia austral.

A paráfrase é uma interpretação, explicação ou nova apresentação de um texto com o objetivo de torná-lo mais inteligível ou sugerir um novo enfoque ao seu sentido. Das assertivas, apenas a D não é paráfrase do segmento correspondente. Isso porque o texto se refere à libertação de trabalhadores, enquanto a alternativa fala em denúncia de situação análoga à de escravo.

Gabarito "D".

(Auditor Fiscal/CE – 2006 – ESAF) Os fragmentos transcritos abaixo em sequência aleatória devem constituir um texto. Numere os parênteses de modo a se obter um texto com um sequenciamento correto das ideias, além de respeitadas a coerência e a coesão textuais.

( ) Ao longo de cinquenta anos, estudiosos de diversos centros de pesquisa peregrinaram pelas regiões mais geladas do planeta em busca de exemplares preservados do vírus da gripe espanhola.

( ) Graças aos avanços no campo da biologia molecular e ao desenvolvimento de sequenciamento genético, foi possível reativar o vírus da gripe espanhola e descobrir, em experimento com ratos de laboratório, que o H1N1 tem poder de destruição mais alto do que se supunha.

( ) Entre setembro de 1918 e abril de 1919, 50 milhões de pessoas morreram em todo o mundo, o equivalente a 4% da população mundial de então. Só no Rio de Janeiro a gripe fez 15 mil vítimas fatais em apenas um mês, entre elas o presidente Rodrigues Alves.

( ) Pesquisadores americanos deram um grande passo na elucidação de um dos maiores enigmas da medicina do século XX – o que fez do infl uenza H1N1 um vírus tão letal, responsável pela pior pandemia da história, a gripe espanhola.

( ) Em 1997, no cemitério de um pequeno vilarejo do Alasca, foram encontrados fragmentos do vírus no cadáver exumado de uma senhora bastante gorda – este detalhe é importante porque o acúmulo de tecido adiposo ajudou a preservar as partículas da ação do tempo.

(Giuliana Bergamo, Letal por natureza. **Veja**, 18/10/2006, 117, com adaptações)

A sequência numérica correta é:

(A) 5-4-2-3-1
(B) 1-4-3-2-5
(C) 3-5-2-1-4
(D) 1-2-3-5-4
(E) 4-5-1-3-2

Os fragmentos contêm as seguintes informações:

I) pesquisadores procuravam exemplares do vírus nas regiões mais geladas de todo o planeta;
II) graças aos avanços da biologia, o vírus foi reativado e descobriu-se que o H1N1 tem poder de destruição mais alto do que se supunha;
III) o H1N1 matou 4% da população mundial no final dos anos 20;
IV) pesquisadores deram um grande passo. Esclareceram o que fez do H1N1 um vírus tão letal;
V) em 1997, no Alasca, foram encontrados fragmentos do vírus.

Os sequenciamentos possíveis são:
IV; III; I; V; II ou
III; IV; I; V; II

Importante notar que:

1) o primeiro trecho, o quinto e o segundo estão em sequência nas duas ordenações possíveis;
2) os trechos III e IV possuem informações genéricas, o que seria um bom indicador para a introdução de um texto;
3) para que haja sequência lógica, o fragmento II tem que vir depois do V, pois (1º) encontraram fragmentos do vírus e, depois, (2º) reativaram-no.

Fragmentos ordenados:

IV: Pesquisadores americanos deram um grande passo na elucidação de um dos maiores enigmas da medicina do século XX – o que fez do influenza H1N1 um vírus tão letal, responsável pela pior pandemia da história, a gripe espanhola. **III:** Entre setembro de 1918 e abril de 1919, 50 milhões de pessoas morreram em todo o mundo, o equivalente a 4% da população mundial de então. Só no Rio de Janeiro a gripe fez 15 mil vítimas fatais em apenas um mês, entre elas o presidente Rodrigues Alves. **I:** Ao longo de cinquenta anos, estudiosos de diversos centros de pesquisa peregrinaram pelas regiões mais geladas do planeta em busca de exemplares preservados do vírus da gripe espanhola. **V:** Em 1997, no cemitério de um pequeno vilarejo do Alasca, foram encontrados fragmentos do vírus no cadáver exumado de uma senhora bastante gorda – este detalhe é importante porque o acúmulo de tecido adiposo ajudou a preservar as partículas da ação do tempo. **II:** Graças aos avanços no campo da biologia molecular e ao desenvolvimento de sequenciamento genético, foi possível reativar o vírus da gripe espanhola e descobrir, em experimento com ratos de laboratório, que o H1N1 tem poder de destruição mais alto do que se supunha.

Gabarito "C".

(Técnico da Receita Federal – 2006 – ESAF) Em relação ao texto, assinale a opção incorreta.

Com 7,5 milhões de famílias atendidas e meta de alcançar 11 milhões até o fim do primeiro mandato do presidente Lula, o programa Fome Zero/Bolsa Família tem sido crescentemente elogiado por especialistas e bem avaliado por organismos multilaterais de peso, caso do Banco Mundial. Estudo recente patrocinado pela instituição constatou que o programa tem conseguido atingir o público-alvo previsto, que é a faixa mais pobre da população. Verifica-se também que a transferência de renda propiciada pelo programa, menos de 50 meses depois de iniciado, faz efetiva e fundamental diferença quando se mede a melhoria na qualidade de vida das populações beneficiadas e o dinamismo renovado das economias locais.

(José Paulo Kupfer – http://nominimo.ibest.com.br/notitia)

(A) O Banco Mundial é uma das instituições que avalia positivamente o programa Fome Zero/Bolsa Família.
(B) Os elogios dos especialistas ao programa Fome Zero/ Bolsa Família têm crescido.
(C) Estudo do Banco Mundial constatou que o programa Fome Zero/Bolsa Família tem atingido o público-alvo previsto.
(D) O programa Fome Zero/Bolsa Família ainda não atingiu 50 meses de funcionamento.
(E) A transferência de renda propiciada pelo programa Fome Zero/Bolsa Família ainda não afeta a qualidade de vida e o dinamismo das economias locais.

A e **C:** ver o período: "bem avaliado por organismos multilaterais de peso, caso do Banco Mundial. Estudo recente patrocinado pela instituição constatou que o programa tem conseguido atingir o público-alvo previsto, que é a faixa mais pobre da população."; **B:** ver: "o programa Fome Zero/Bolsa Família tem sido crescentemente elogiado por especialistas"; **D:** ver: "menos de 50 meses depois de iniciado"; **E:** pelo contrário, de acordo com o texto: "quando se mede a melhoria na qualidade de vida das populações beneficiadas e o dinamismo renovado das economias locais."

Gabarito "E"

(Técnico da Receita Federal – 2006 – ESAF) Assinale a opção que apresenta inferência em <u>desacordo</u> com as ideias do texto.

Uma importante reivindicação dos europeus recebeu pouco destaque do governo brasileiro, nos relatos oficiais sobre a reunião dos ministros do Mercosul e da União Europeia (UE). Entre os pontos que os ministros decidiram transformar em prioridade, na discussão do acordo de livre comércio entre os dois blocos, está a reivindicação europeia de eliminação de barreiras ao comércio de mercadorias entre os países do Mercosul. É uma pressão a mais contra iniciativas como os recentes movimentos do governo argentino na relação comercial com o Brasil – criação de licenças não automáticas de importação, acordos de restrição voluntária de exportações e taxas estendidas a produtos dos sócios do Mercosul.

(Sergio Leo, **Valor Econômico**,12/09/2005.)

(A) Os relatos oficiais do governo brasileiro a respeito da reunião dos ministros do Mercosul e da União Europeia subestimaram reivindicação dos europeus.

(B) Os europeus reivindicam a eliminação de barreiras ao comércio de mercadorias entre os países do Mercosul.

(C) A reivindicação dos europeus é uma pressão a mais contra recente posição da Argentina na relação comercial com o Brasil.

(D) Houve a criação de licenças não automáticas na relação comercial entre Argentina e Brasil.

(E) Os argentinos propuseram acordos de restrição voluntária de exportações aos países da União Europeia.

A: ver no primeiro período do texto: "reivindicação recebeu pouco destaque"; **B:** ver: "a reivindicação europeia de eliminação de barreiras ao comércio de mercadorias entre os países do Mercosul."; **C** e **D:** ver no texto: "É uma pressão a mais contra iniciativas como os recentes movimentos do governo argentino na relação comercial com o Brasil – criação de licenças não automáticas de importação, acordos de restrição voluntária de exportações e taxas estendidas a produtos dos sócios do Mercosul."; **E:** "restrição voluntária de exportações (...) a produtos dos sócios do Mercosul".

Gabarito "E"

Leia o texto a seguir para responder às duas próximas questões.

Na opinião de Malthus, os habitantes da Terra multiplicar-se-iam numa taxa muito superior à disponibilidade de recursos. Seria uma catástrofe. Sua previsão falhou por não prever o espetacular desenvolvimento da ciência e o aumento da eficiência na produção de alimentos e outros bens. Mas será que essa eficiência será mantida nos próximos 50 anos? É bem provável que sim, a despeito de certos recursos que estão se esgotando, como é o caso da terra agriculturável e da água.

(Antônio Ermírio de Moraes, **O planeta e o desafio do futuro**. Jornal do Brasil, 20 de março de 2005, com adaptações.)

(Técnico da Receita Federal – 2006 – ESAF) Assinale a opção que expressa de forma gramaticalmente correta uma relação lógica coerente com o texto.

(A) Se for mantida a eficiência na produção de alimentos e outros bens, a taxa de multiplicação dos habitantes da Terra será superior à disponibilidade de recursos.

(B) Não chegou a haver catástrofe que cause a multiplicação dos habitantes da Terra, porque Malthus não previu o espetacular desenvolvimento da ciência nem o aumento da eficiência na produção de alimentos e outros bens.

(C) Se não tivesse havido um desenvolvimento espetacular da ciência e o aumento da eficiência na produção de alimentos e outros bens, a multiplicação dos habitantes da Terra poderia se tornar uma catástrofe.

(D) Por causa do espetacular desenvolvimento da ciência na produção de alimentos houve uma eficiência na produção de alimentos e outros bens; o que levou ao fracasso a opinião de Malthus.

(E) Embora estarem se esgotando certos recursos, a eficiência na produção de alimentos e outros bens serão mantidos e, felizmente, a catástrofe prevista por Malthus não ocorrerá.

A: a oração é incoerente, tendo como base o texto. Seria correto: "se for mantida a eficiência na produção de alimentos (...) a disponibilidade de recursos será superior à taxa de multiplicação dos habitantes da Terra"; **B:** há erro gramatical: "Não chegou a haver catástrofe que *causasse* a multiplicação"; **C:** está correta. Ver linhas 3 a 7; **D:** linhas 4 a 6; **E:** há incorreção gramatical: "Embora *estejam* se esgotando certos recursos".

Gabarito "C"

Leia o texto para responder à questão seguinte.

– ISTOÉ – Quem são os heróis de verdade?
Roberto Shinyashiki – Nossa sociedade ensina que, para ser uma pessoa de sucesso, você precisa ser diretor de uma multinacional, ter carro importado, viajar de primeira classe. O mundo define que poucas pessoas deram certo. Isso é uma loucura. Para cada diretor de empresa, há milhares de funcionários que não chegam a ser gerentes. E essas pessoas são tratadas como uma multidão de fracassados. Quando olha para a própria vida, a maioria se convence de que não valeu a pena porque não conseguiu ter o carro nem a casa maravilhosa. Heróis de verdade são aqueles que trabalham para realizar seus projetos de vida, e não para impressionar os outros.

(**ISTOÉ**, Entrevista.*19/10/2005, com adaptações.)*

(Técnico da Receita Federal – 2006 – ESAF) Assinale a opção incorreta a respeito do desenvolvimento da argumentação do texto.

(A) Para organizar os argumentos, o entrevistado refere-se, genericamente, às mesmas pessoas por meio do pronome "você"(l.3), ou das expressões "poucas pessoas"(l. 6) e "essas pessoas"(l.9).

(B) Preserva-se a coerência da argumentação da resposta ao se deslocar a oração "Isso é uma loucura" (l. 6 e 7) para antes do último período sintático do texto.

(C) A organização semântica do texto permite entender que as pessoas que compõem "a maioria"(l.11) compartilham do mesmo tipo de visão expressa em "Nossa sociedade ensina" (l.2) e "O mundo define" (l.5 e 6).

(D) Através de exemplos e argumentos, o entrevistado prepara o leitor para aceitar a resposta que resume no último período sintático do texto.

(E) Pelo desenvolvimento da argumentação, depreende-se que "os outros"(l.15) constituem parte dos conjuntos nomeados como "Nossa sociedade" (l.2) e "O mundo"(l.5).

A: por meio do pronome de tratamento "você" o entrevistado se refere às pessoas no geral; **B:** a oração "Isso é uma loucura" pode ser deslocada sem que haja alterações sintático-semânticas no texto; **C:** está correta. De acordo com o texto, "a maioria" acha "que precisa ser diretor de uma multinacional, ter carro" (...) acha "que poucas pessoas deram certo"; **D:** o entrevistado utiliza como recurso argumentativo a explicação do que virá categoricamente como uma verdade, sua resposta; **E:** "Nossa sociedade" e "O mundo" são os objetos do verbo *impressionar* na linha 15, representados por "os outros".

Gabarito "A".

(Técnico da Receita Federal – 2006 – ESAF) Assinale a opção correta em relação ao texto abaixo.

É comum entender-se responsabilidade social empresarial como apoio ou investimento que a empresa faz na comunidade. É até muito frequente ouvirmos de uma organização: "Somos uma empresa socialmente responsável porque apoiamos determinado projeto ou fazemos doações para tal comunidade". Isso é altamente louvável e importante. Mas o conceito de responsabilidade social das empresas, enquanto relacionamento das organizações com a comunidade e com a sociedade, é muito mais amplo. O compromisso socialmente responsável da empresa em todas as suas ações, em todas as suas políticas, em todas as suas práticas, em todas as suas relações significa responsabilidade social da empresa em relação à comunidade, aos seus empregados, aos componentes da cadeia produtiva com os quais tenha relações diretas e indiretas, ao meio ambiente, ao Estado, aos consumidores, ao mercado e aos acionistas. Esse compromisso, capaz de promover um modelo de desenvolvimento sustentável, compreende as dimensões econômica, social e ambiental, dimensões que passam a ser muito importantes na composição de toda a estrutura empresarial e de Estado.

(Carlos Eugênio Friedrich Barreto – http://www2.uerj.br/~labore/cquestoesc/sociedade_2-main.htm)

(A) A substituição de "entender-se responsabilidade social empresarial"(l.1 e 2) por **a responsabilidade social empresarial ser entendida** prejudica a correção gramatical do período.

(B) Depreende-se do texto que o conceito de responsabilidade social das empresas defendido pelo autor coincide com o entendimento frequentemente adotado pelas organizações.

(C) Haverá prejuízo para a correção gramatical e alteração no sentido do período, caso a conjunção "Mas"(l.7) seja substituída por qualquer uma das seguintes: **Contudo, No entanto, Todavia**.

(D) A repetição da expressão "em todas"(l.12 e 13) provoca o efeito de sentido de ênfase.

(E) O emprego da preposição "a" em todas as ocorrências das linhas 15 a 18 justifica-se pela regência da expressão "responsabilidade social" (l.14).

A: o "se" na primeira oração é pronome apassivador. Essa oração está na voz passiva sintética ("entender-se responsabilidade social empresarial"). Transpondo essa oração para a voz passiva analítica, teremos: "a responsabilidade social ser entendida". As duas orações são equivalentes semanticamente; **B:** o conceito de responsabilidade social que as empresas têm diz respeito ao apoio a determinado projeto ou a doações para tal comunidade. Para o autor o conceito é mais amplo: "O compromisso socialmente responsável da empresa em todas as suas ações, em todas as suas políticas, em todas as suas práticas, em todas as suas relações significa responsabilidade social da empresa em relação à comunidade, aos seus empregados, aos componentes da cadeia produtiva (...) ao Estado, aos consumidores, ao mercado e aos acionistas." (linhas 11 a 18); **C:** a conjunção *mas* pode ser substituída por outras adversativas (*contudo, no entanto, todavia*) sem que haja alterações sintático-semânticas; **D:** o autor repete a expressão para dar ênfase ao seu argumento; **E:** está incorreta. O termo regente é *relação. Esse termo* exige a preposição *a.*

Gabarito "D".

Leia o texto abaixo para responder à questão seguinte.

O cérebro humano é um órgão que absorve quase 25% da glicose que consumimos e 20% do oxigênio que respiramos. Carregar neurônios ou sinapses que interligam os neurônios em demasia é uma desvantagem evolutiva, e não uma vantagem, como se costuma afirmar.

Todos nós nascemos com muito mais sinapses do que precisamos. Aqueles que nascem em ambientes seguros e tranquilos vão perdendo essas sinapses, fenômeno chamado de regressão sináptica.

Portanto, toda criança nasce com inteligência, mas aquelas que não a usam vão perdendo-a com o tempo. Estimular o cérebro da criança desde cedo é uma das tarefas mais importantes de toda mãe e de todo pai modernos.

(Stephen Kanitz, **A favor dos videogames**, **VEJA**, 12 de outubro, 2005, com adaptações.)

(Técnico da Receita Federal – 2006 – ESAF) De acordo com o texto, constitui uma "desvantagem evolutiva" (l.5):

(A) levar o cérebro a consumir mais glicose do que oxigênio.

(B) sobrecarregar de sinapses e neurônios cérebros que não se conectam.

(C) perder sinapses que não são desenvolvidas quando a criança cresce em ambientes seguros e tranquilos.

(D) não nascer com inteligência necessária para evitar o fenômeno da regressão sináptica.

(E) ter uma educação que se diz moderna, mas que retira dos pais a tarefa de educar os filhos.

Ver linhas 3 a 5.

Gabarito "C".

(Técnico da Receita Federal – 2006 – ESAF) Em artigo na *Veja* (2/11/2005), Roberto Pompeu de Toledo reproduz uma correspondência do INSS a um solicitante de aposentadoria. No final da carta, consta o seguinte trecho:

Comunico-vos que vosso pedido de Benefício será indeferido por desinteresse, se não comparecerdes dentro de 10 dias a contar desta data. Deveis apresentar esta carta no ato do comparecimento.

Detendo-se nesse trecho, Roberto Pompeu de Toledo faz o seguinte comentário:

Uma suspeita começa a se firmar. A crase não foi feita para humilhar ninguém, mas o "vós" foi. (...) O "vós", tal qual se apresenta no texto, ressoa amedrontador como um castigo. Humilhar? Não, ainda é pouco. A intenção é aterrorizar. Volte-se ao texto: "Se não comparecerdes..." Isso é muito mais assustador do que "se você não comparecer", ou "se o senhor não comparecer."

Indique a opção que completa o enunciado abaixo com uma ideia errônea ou falsa.

O comentário do articulista ...

(A) recomenda ao INSS o emprego das formas de tratamento "você" e "o senhor" nas correspondências a serem enviadas aos contribuintes.

(B) evoca relações que podem ser estabelecidas entre a linguagem e seus usuários.

(C) condena o emprego de formas linguísticas que possam causar algum tipo de constrangimento no leitor.

(D) compara a reação que podem causar no usuário da língua portuguesa o tratamento de segunda pessoa do plural e o conhecimento da ocorrência da crase.

(E) exemplifica o fato de a escolha das palavras ser influenciada pelo desejo do escritor de provocar determinada reação no leitor.

A: o autor não chega a recomendar o uso dos pronomes de tratamento "senhor" ou "você", apenas aponta as diferenças em relação ao sentimento causado ao destinatário da mensagem; **B**, **C**, **D** e **E:** o autor demonstrou, com um exemplo prático, como o uso da 2ª pessoa do plural pode causar medo, humilhação, opressão. Tal como o desconhecimento das regras acerca do emprego da crase, o "vós" pode humilhar.

Gabarito "A".

(Técnico da Receita Federal – 2006 – ESAF) Abaixo estão os segmentos inicial e final de uma correspondência oficial. É preciso completá-la nos espaços pontilhados, ordenando os parágrafos na ordem em que devem constar no documento. Numere os parênteses, obedecendo aos princípios de coesão, coerência e encadeamento de ideias. Assinale, a seguir, a opção que reproduz a ordem correta.

E.M. n. 122 /Interministerial MF – CGU-PR

Brasília, 26 de setembro de 2005.

Excelentíssimo Senhor Presidente da República

....

....

....

Respeitosamente,

MURILO PORTUGAL FILHO

Ministro de Estado da Fazenda Interino

WALDIR PIRES

Ministro de Estado do Controle e da Transparência

( ) Com o objetivo de dar fiel cumprimento àquela determinação legal, cuja finalidade precípua consiste na preservação do princípio constitucional da publicidade, submetemos a Vossa Excelência o incluso Relatório de Gestão Fiscal do Poder Executivo Federal, referente ao período de janeiro a agosto do exercício de 2005.

( ) O referido Relatório deverá ser objeto de encaminhamento ao Congresso Nacional e ao Tribunal de Contas da União, conforme dispõe o art. 116 da Lei n. 10.934, de 11 de agosto de 2004.

( ) O Relatório de Gestão Fiscal, consoante determina a supracitada Lei, deve conter informações relativas à despesa total com pessoal, dívida consolidada, concessão de garantias e operações de crédito, devendo, no último quadrimestre, ser acrescido de demonstrativos referentes ao montante das disponibilidades de caixa em 31 de dezembro, de cada exercício e das inscrições em restos a pagar.

( ) Determina a mesma Lei que o Relatório deverá ser publicado e disponibilizado ao acesso público até trinta dias após o encerramento do período a que corresponder, prazo esse que, para o segundo quadrimestre de 2005, se encerra em 30 de setembro do corrente.

( ) A Lei Complementar n. 101, de 04 de maio de 2000, que estabelece normas de finanças públicas voltadas para a responsabilidade na gestão fiscal, exige, em seu art. 54, a emissão, ao final de cada quadrimestre, pelos titulares dos Poderes e órgãos referidos no art. 20, do Relatório de Gestão Fiscal assinado pelo respectivo Chefe e pelas autoridades responsáveis pela administração financeira e pelo controle interno, bem como por outras autoridades que vierem a ser definidas por ato próprio de cada Poder ou órgão.

(http://www.fazenda.gov.br/portugues/documentos/2005/relatorioLRF2005. pdf, com adaptações.)

A sequência correta é:

(A) 5 4 1 3 2
(B) 4 5 2 3 1
(C) 5 2 4 3 1
(D) 1 3 2 4 5
(E) 1 2 4 3 5

V: "A Lei Complementar n. 101, de 04 de maio de 2000, que estabelece normas de finanças públicas voltadas para a responsabilidade na gestão fiscal" [esse trecho apresenta pela primeira vez a Lei Complementar 101/200 a que se refere o texto, o que indica ser o primeiro da sequência]; **III:** "O Relatório de Gestão Fiscal, consoante determina a supracitada Lei" [esse 2º trecho começa a descrever o Relatório de Gestão Fiscal citado no primeiro trecho]; **IV:** "Determina a mesma Lei que o Relatório deverá ser publicado e disponibilizado" [de modo semelhante ao anterior, esse trecho descreve as normas que regem o Relatório de Gestão Fiscal]; **I:** "Com o objetivo de dar fiel cumprimento àquela determinação legal" [após a descrição do Relatório de Gestão Fiscal, esse trecho indica o encaminhamento dado pelo autor ("submissão à autoridade destinatária da correspondência")]; **II:** "O referido Relatório deverá ser objeto de encaminhamento ao Congresso Nacional" [finalmente esse trecho recomenda o encaminhamento a ser dado pela autoridade].

Gabarito "B".

Leia o texto para responder à questão seguinte.

A questão proposta é a do acaso. Na tradição ocidental, o tema aparece invariavelmente ligado a um outro, o da razão:o dos limites e do alcance da racionalidade. Nem seria errôneo afirmar que o empenho maior para o pensamento filosófico inaugurado na Grécia antiga resume-se em querer vencer a sujeição ao acaso. De fato, um dos traços peculiares ao homem primitivo está em deixar-se surpreender pelo acaso, em guiar-se pelo imprevisível. Já o homem racional instaurado pelos gregos entrega-se, pela primeira vez na história, a esse esforço descomunal e decisivo para a evolução do Ocidente, de tentar conjurar o mais possível as peias do acaso, estabelecendo as bases para um comércio racional do homem com o seu meio ambiente; mais precisamente: a postura racional passou a designar, de modo gradativo, um comportamento de dominação por parte do homem, elaborando racionalmente as suas relações com a natureza, o homem terminaria abocanhando as vantagens de ver subordinada a natureza aos seus desígnios pessoais.

(Gerd Bornheim. **Racionalidade e acaso.** fragmento.)

(Auditor Fiscal da Receita Federal – 2005 – ESAF) Assinale a opção que apresenta coerência com as ideias do texto e correção gramatical.

(A) Seria errôneo afirmar que nem o empenho maior do pensamento . Filosófico grego sujeitaria-se ao objetivo de querer trocar os limites do acaso pelo alcance da racionalidade.
(B) A racionalidade opõe-se ao acaso na medida em que é uma postura culturalmente adquirida, que visa não mais deixar o homem surpreender-se pelo imprevisível, mas ressaltar a supremacia da razão sobre a natureza.
(C) Vencer a sujeição ao acaso pode ser considerada uma das errôneas preocupações do pensamento filosófico inaugurado na Grécia; ou seja, ter como propósito superar um dos traços peculiares do homem primitivo.
(D) A evolução do Ocidente resulta do esforço descomunal e decidido (do homem racional) de se extirpar o mais possível as teias do acaso, fundamentando a racionalidade no comércio e no meio ambiente.
(E) A dicotomia entre o homem que se deixa surpreender pelo acaso e aquele que tenta conjurar o mais possível o imprevisível, guia-se pelo racional, terminando por ganhar as vantagens de designar a natureza a seus arbítrios.

Ver o período: "a postura racional passou a designar, de modo gradativo, um comportamento de dominação por parte do homem, elaborando racionalmente as suas relações com a natureza, o homem terminaria abocanhando as vantagens de ver subordinada a natureza aos seus desígnios pessoais.".

Gabarito "B".

Leia o texto para responder à questão seguinte.

É urgentemente necessário criar critérios objetivos para a seleção de projetos, obrigando a autoridade pública a comprovar o atendimento a critérios mínimos de interesse público, de viabilidade econômico-financeira, de equilíbrio social e ambiental e de agregação de valor.

Diante da realidade federativa do Brasil, é de se esperar também que o governo federal tenha uma visão ampla e generosa do papel central que deve exercer, no incentivo às boas práticas de planejamento e implantação de projetos.

Essas inquietações surgem porque ações prepósteras do governo podem gerar erros graves na condução de programas de Parcerias Público-Privadas (PPP). Reverter erros em PPP – que se verificam na experiência internacional – pode custar muito caro ao país e a frustração decorrente pode inviabilizar mudança cultural tão necessária.

(Rubens Teixeira Alves & Leonardo Grilo. PPP – uma lei só não faz verão. **Correio Braziliense**, 25 de julho de 2005, com adaptações.)

(Auditor Fiscal da Receita Federal – 2005 – ESAF) A argumentação textual está organizada em torno da seguinte relação de condicionalidade:

(A) Não haverá realidade federativa se o governo federal não tiver uma visão ampla e generosa do seu papel central de incentivador das boas práticas de planejamento e implantação de projetos.
(B) Se ações proteladoras do governo gerarem inquietações que ocasionem erros graves na condução de programas de PPPs, poderá ser inviabilizada a mudança cultural por eles pretendida.
(C) Será urgentemente necessário criar critérios objetivos para a seleção de projetos, se for verificada na experiência internacional que reverter erros nas PPPs pode custar caro.

(D) Erros graves na condução de PPPs podem custar caro ao país, se não forem criados critérios objetivos para a seleção de projetos e a autoridade pública não comprovar o atendimento a critérios mínimos.

(E) Se custar muito caro ao país a frustração decorrente de más práticas de planejamento e implantação de projetos, poderá ser inviabilizada a mudança cultural tão necessária para a implantação das PPPs.

Erros graves na condução de PPPs ver no texto: "Essas inquietações surgem porque ações prepósteras (opostas à boa ordem) do governo podem gerar erros graves na condução de (...)(PPP).") **podem custar caro ao país** ver no texto: "Reverter erros em PPP (...) pode custar muito caro ao país"], **se não forem criados objetivos para a seleção de projetos** [linhas 1 e 2: "É urgentemente necessário criar critérios objetivos para a seleção de projetos"] **e a autoridade pública não comprovar o atendimento a critérios mínimos** [linhas 2 a 5].

Gabarito "D".

Leia o fragmento de texto abaixo para responder às quatro questões seguintes.

O enquadramento pós-estruturalista da teoria da comunicação analisa o modo como a comunicação eletronicamente mediada (o que eu chamo modo de informação) desafia, e ao mesmo tempo reforça, os sistemas de dominação emergentes na sociedade e cultura pós-moderna. A minha tese é que o modo de informação decreta uma reconfiguração radical da linguagem, que constitui sujeitos fora do padrão do indivíduo racional e autônomo. Esse sujeito familiar moderno é deslocado pelo "modo de informação" em favor de um que seja múltiplo, disseminado e descentrado, interpelado continuamente como uma identidade instável. Na cultura, essa instabilidade coloca tanto perigos como desafios que se tornam parte de um movimento político – ou se estão relacionados com as políticas feministas, minorias étnicas/raciais, posições gays e lésbicas, podem conduzir a um dessa. o fundamental às instituições e estruturas sociais modernas.

(Haik Poster. **A segunda era dos mídia.***)*

(Auditor Fiscal da Receita Federal – 2005 – ESAF) Julgue como falsos (**F**) ou verdadeiros (**V**) os seguintes itens a respeito das estruturas linguísticas do texto.

( ) Preservam-se as relações semânticas e a correção gramatical do texto ao deslocar "pós--estruturalista" (l.1) para depois de " teoria da comunicação" (l.1 e 2).

( ) Preserva-se a correção gramatical e a coerência, mas alteram-se as relações semânticas do texto ao substituir "o que" (l.3) por **a que**.

( ) "Esse sujeito familiar" (l.10) corresponde ao "indivíduo racional e autônomo" (l.9 e10).

( ) Preservam-se as relações semânticas e a correção gramatical do texto ao substituir "como" (l.13) pela preposição **por**.

( ) O desenvolvimento da textualidade mostra que, na linha 15, se o termo "desafios" fosse substituído por **o desafio**, a flexão de plural em "que se tornam" deveria ser substituída pela flexão de singular.

A sequência obtida é

(A) V-F-V-V-F
(B) V-V-F-F-V
(C) F-V-V-F-F
(D) F-F-V-V-V
(E) F-V-V-F-V

I: as relações semânticas não se preservam ao deslocar o termo "pós-estruturalista" que está ligado a "enquadramento". Ao deslocarmos o termo "pós-estruturalista", pode ser entendido como se estivesse ligado a "teoria da comunicação"; **IV**: os sintagmas "interpelado continuamente como uma identidade" e "interpelado continuamente **por** uma identidade" não possuem as mesmas relações semânticas; **V**: os núcleos do sujeito do verbo *tornar* são **perigos** e **desafios** ("Na cultura, essa instabilidade coloca tanto **perigos** como **desafios** que se **tornam** parte"). Se a palavra *desafios* fosse substituída por *o desafio*, o sujeito ainda teria dois núcleos. O verbo continuaria flexionado no plural.

Gabarito "C".

(Auditor Fiscal da Receita Federal – 2005 – ESAF) Os problemas políticos contemporâneos são extremamente inquietantes e complexos e exigem intensos esforços para sua compreensão. Parece-me que pode haver um caminho promissor na perspectiva que busca problematizar não os valores da modernidade mas a lógica das fundações através da qual esses valores foram apresentados com o caráter de verdade que legitimou projetos de dominação em seu interior. Ao invés de rejeitar a modernidade, esse pensamento crítico investe em seu caráter reflexivo, visando ampliar os ideais libertários e emancipatórios do projeto iluminista.

(Sylvia G. Garcia, Antropologia, modernidade, identidade. *In:* **Tempo Social**, *vol. 5, nº. 1 – 2, com adaptações.)*

De acordo com o desenvolvimento das ideias do texto, a autora sugere que

(A) o projeto iluminista deve rejeitar a modernidade.
(B) o pensamento crítico e reflexivo deve tomar o lugar da lógica da modernidade iluminista e libertária.
(C) a complexidade dos problemas políticos contemporâneos decorre da falta de esforço para sua compreensão.
(D) é impossível chegar à compreensão da lógica das verdadeiras fundações dos valores sem compreender os valores de dominação da modernidade.
(E) é problematizando a lógica da fundação dos valores da modernidade que se pode compreender os inquietantes problemas políticos contemporâneos.

A autora sugere que é problematizando a lógica da fundação dos valores da modernidade, ver segundo período do texto: "problematizar (...) a lógica das fundações através da qual esse valores (os da modernidade)"], que se pode compreender "os inquietantes problemas políticos contemporâneos" [linha 1].

Gabarito "E".

As duas questões abaixo tomam por base o seguinte fragmento de texto.

A extrema diferenciação contemporânea entre a moral, a ciência e a arte hegemônicas e a desconexão das três com a vida cotidiana desacreditaram a utopia iluminista. Não faltaram tentativas de conectar o conhecimento científico com as práticas ordinárias, a arte com a vida, as grandes doutrinas éticas com a conduta comum, mas os resultados desses movimentos foram pobres. Será então a modernidade uma causa perdida ou um projeto inconcluso?

(Nestor Garcia Canclini, **Culturas Híbridas**, p. 33, com adaptações.)

(Auditor Fiscal da Receita Federal – 2005 – ESAF) Assinale a opção que constituiria, de maneira coerente com a argumentação e gramaticalmente correta, uma possível resposta para a pergunta final do texto.

(A) A resposta poderia estar na sugestão de aprofundar o projeto modernista, inserindo-o com a prática cotidiana, renovando-o o sentido das possíveis contradições.

(B) Para não considerá-la causa perdida, alguns teóricos sugerem encontrar outras vias de inserção da cultura especializada na práxis cotidiana, por meio de novas políticas de recepção e de apropriação dos saberes profissionais.

(C) Visando ao desenvolvimento de uma autonomia social e cultural, vários autores retomam uma tradição de pensamento que diz de que o moderno se forma nas cinzas do antigo e na luz que trouxe pelo novo.

(D) Segundo alguns pensadores modernos, não se tratam de projeções utópicas os empreendimentos culturais e sociais que renovam valores modernistas, enriquecendo saberes especializados.

(E) Nem causa perdida, nem projeto inconcluso: apenas a necessidade que o conhecimento e as relações sociais vêm a ser recolocados em novos patamares de dinâmica interna, criando novas relações entre os sujeitos.

A: esta poderia ser uma solução para que a modernidade não seja uma "causa perdida" ou um "projeto inconcluso", mas não resposta para a pergunta (se a modernidade é ou não "causa perdida" ou "projeto inconcluso"); **B:** esta assertiva é correta; **C:** a assertiva não é resposta para a indagação, mas trata do "desenvolvimento de uma autonomia social e cultural"; **D:** a pergunta refere-se a ser, a modernidade, a "causa perdida" ou "projeto inconcluso", e não quanto à natureza utópica relativa aos empreendimentos culturais e sociais; **E:** há incorreção gramatical: "apenas a necessidade de que o conhecimento e as relações sociais venham a ser".

Gabarito "B".

Leia o texto a seguir para responder às duas questões seguintes.

Enquanto o patrimônio tradicional continua sendo responsabilidade dos Estados, a promoção da cultura moderna é cada vez mais tarefa de empresas e órgãos privados. Dessa diferença derivam dois estilos de ação cultural. Enquanto os governos pensam sua política em termos de proteção e preservação do patrimônio histórico, as iniciativas inovadoras ficam nas mãos da sociedade civil, especialmente daqueles que dispõem de poder econômico para financiar arriscando. Uns e outros buscam na arte dois tipos de ganho simbólico: os Estados, legitimidade e consenso ao aparecer como representantes da história nacional; as empresas, obter lucro e construir através da cultura de ponta, renovadora, uma imagem "não interessada" de sua expansão econômica.

(Nestor Garcia Canclini, **Culturas Híbridas**, p. 33, com adaptações.)

(Auditor Fiscal da Receita Federal – 2005 – ESAF) Assinale como verdadeiras (**V**) ou falsas (**F**) as seguintes inferências a respeito do texto.

( ) O Estado e a sociedade civil são co-responsáveis por ações culturais, cada um no seu âmbito.

( ) Não existe preservação do patrimônio histórico sem produção de cultura de ponta.

( ) Ambos os estilos de ação cultural identificados no texto produzem ganhos simbólicos.

( ) Financiar iniciativas culturais inovadoras implica incorrer em riscos econômico-financeiros.

( ) A arte pode servir para camuflar interesses econômicos expansionistas.

( ) Só pela atuação cultural, os Estados podem tornar-se representantes da história nacional.

A sequência de respostas corretas é

(A) V-V-F-F-V-F

(B) V-F-V-V-V-F

(C) V-F-F-V-V-V

(D) F-F-V-F-F-V

(E) F-V-V-F-V-F

I: linhas 1 a 4; **II:** linhas 12 e 13; **III:** linhas 4 a 12; **IV:** linha 10; **V:** linhas 13 a 15; **VI:** linhas 11 a 13.

Gabarito "B".

(Auditor Fiscal da Receita Federal – 2005 – ESAF) Todo homem, como membro da sociedade, tem o direito à segurança social e à realização, pelo esforço nacional, pela cooperação internacional e de acordo com a organização e recursos de cada estado, dos direitos econômicos, sociais e culturais indispensáveis à sua dignidade e ao livre desenvolvimento de sua personalidade.

(Artigo XXII da **Declaração Universal dos Direitos Humanos***)*

O artigo acima está organizado em apenas um período sintático. Assinale a opção que o reescreve em dois períodos sintáticos, preservando as relações semânticas entre as ideias originais.

(A) Como membro da sociedade, todo homem tem direito à realização de sua dignidade e ao desenvolvimento de sua personalidade. Tudo isso de acordo com o esforço nacional, a cooperação internacional e a organização de recursos de cada estado.

(B) Todo homem membro da sociedade tem o direito à segurança social e à realização, pelo esforço nacional, pela cooperação internacional e de acordo com a organização e recursos de cada estado, dos direitos econômicos, sociais e culturais indispensáveis à sua dignidade. Tem também direito ao livre desenvolvimento de sua personalidade.

(C) Já que membro da sociedade, todo homem tem o direito à segurança social e à realização e ao livre desenvolvimento de sua personalidade; seja pelo esforço nacional, pela cooperação internacional ou de acordo com a organização e recursos de cada estado, dos direitos econômicos, sociais e culturais indispensáveis à sua dignidade.

(D) Todo homem, como membro da sociedade, tem o direito à segurança social e à realização dos direitos econômicos, sociais e culturais indispensáveis à sua dignidade e ao livre desenvolvimento de sua personalidade. Isso se dá pelo esforço nacional, pela cooperação internacional e de acordo com a organização e recursos de cada estado.

(E) Ao ser considerado membro da sociedade, todo homem tem o direito à segurança social e à realização – pelo esforço nacional, pela cooperação internacional e de acordo com a organização e recursos de cada estado, dos direitos econômicos, sociais e culturais indispensáveis à sua dignidade – e ao livre desenvolvimento de sua personalidade.

Observar a esquematização do texto:

I) Todo homem (...) tem o direito: 1) **à segurança social**;

II) Todo homem (...) tem o direito: 2) **à realização**: a) (pelo esforço nacional; b) pela cooperação internacional c)e de acordo com a organização de cada estado);

III) Todo homem (...) tem o direito: 3) **à realização dos direitos econômicos, sociais e culturais indispensáveis**: a) à sua dignidade; b) e ao livre desenvolvimento de sua personalidade.

Gabarito „D".

O setor público não é feito apenas de filas, atrasos, burocracia, ineficiência e reclamações. A sétima edição do Prêmio de Gestão Pública, coordenado pelo Ministério do Planejamento, mostra que o serviço público federal também é capaz de oferecer serviços com qualidade de primeiro mundo. De 74 instituições públicas inscritas, 13 foram selecionadas por ter conseguido, ao longo dos anos, implantar e manter práticas e rotinas de gestão capazes de melhorar de forma crescente seus resultados, tornando-os referências nacionais. O perfil dos premiados mostra que o que está em questão não é tamanho, visibilidade ou importância estratégica, mas, sim, a capacidade de fazer com que as engrenagens da máquina funcionem de forma eficiente, constante e muito bem controlada.

(Ilhas de Excelência. **ISTOÉ**, 2/3/2005, com adaptações.)

(Auditor Fiscal/MG – 2005 – ESAF) A argumentação do texto <u>não</u> permite inferir que:

(A) A melhora de resultados é critério para uma instituição pública se tornar referência nacional.

(B) A capacidade de funcionar de forma eficiente, constante e bem controlada pode resultar em serviços de qualidade.

(C) A qualidade de primeiro mundo em gestão pública tem como critérios a visibilidade e a importância estratégica da instituição.

(D) A qualidade de serviços do primeiro mundo constitui parâmetro para avaliação da qualidade de serviços públicos federais no Brasil.

(E) A premiação considerou como qualidade a implantação e a manutenção de práticas de rotina que melhoram os resultados da gestão.

Em questões como essa, deve-se voltar ao texto, buscando paralelismo de ideias. **A:** linhas 7 a 11; **B:** linhas 13 a 16; **D:** linhas 4 a 6; **E:** linhas 7 a 9.

Gabarito „C".

O texto abaixo serve de base para as duas questões seguintes.

Os teóricos, ao dizerem que os indivíduos são cronicamente insatisfeitos porque são consumistas, não estão constatando um fato, mas emitindo um julgamento moral, isto é, a satisfação psicológica obtida com a compra de objetos é interpretada como insatisfação, porque seria um tipo de realização emocional espúria. Em outras palavras, supõe-se que existe uma forma mais nobre de satisfação emocional que se perderia no contato com o mundo dos artefatos, ou então, como nos autores de orientação marxista, que a insatisfação é inevitável quando o sujeito é expropriado do que ele próprio produz e coagido a comprar os objetos produzidos pelos proprietários do capital. Em suma, pode existir satisfação com os objetos de uso, mas, não, com os de troca, ou seja, com a mercadoria.

(Texto adaptado de Jurandir Freire Costa. ***O vestígio e a aura: corpo e consumismo na moral do espetáculo****, p.203.)*

(Auditor Fiscal/MG – 2005 – ESAF) Assinale a afirmativa que está de acordo com o que argumenta o autor do texto.

(A) Na análise do ser humano e de sua conduta pessoal e social, deve haver mais rigor, para que não prevaleçam as crenças e os fatos sejam examinados com objetividade.

(B) Aqueles que criticam as leis de mercado, como os marxistas, por exemplo, elaboram análises equivocadas a respeito dos estados psicológicos do ser humano.

(C) É verdadeiro o pressuposto de que é espúria a satisfação emocional resultante da compra de objetos, mas a relação de causa e efeito entre esses dois fatos é falsa.

(D) A mercadoria, vilã da satisfação plena do indivíduo, é referida por grande parte dos teóricos como a forma mais nobre de satisfação emocional.

(E) Os teóricos não estariam emitindo julgamento de valor se, ao contrário do que afirmam sobre a insatisfação crônica dos indivíduos, declarassem que, apesar de insatisfeitos, os indivíduos continuam consumistas.

A: assertiva correta: o autor indica a falta de objetividade ao usar a expressão "não estão constatando um fato" e subjetividade ao usar a expressão "emitindo um julgamento moral"; **B:** o autor não afirma que os marxistas criticam as leis de mercado; **C:** o autor não toma esse pressuposto como verdadeiro; **D:** é o oposto; a aquisição de mercadorias é relacionada à realização emocional espúria; **E:** segundo o autor, os teóricos apontam o consumismo como causa de insatisfação crônica.

Gabarito "A".

(Auditor Fiscal/MG – 2005 – ESAF) Assinale o trecho que dá continuidade ao texto de forma coerente e que atende à prescrição gramatical.

(A) Não é no entanto, espúria, como julgam os teóricos, a satisfação por meio do consumo de artefatos. Tratase a questão de afastar da análise as interferências ideológicas, com vistas à retratar com exatidão a realidade psicológica sob escopo.

(B) Não há como negar que a sociedade de mercado exige que uma análise dessa natureza se baseie em outro paradigma da psicologia, conquanto a satisfação dos indivíduos esteja diretamente relacionada às determinações da sociedade dentro da qual ele se insere.

(C) Como é visível, a hipótese da insatisfação vem a reboque da crítica ao universo da mercadoria. A intrusão de objetos de troca na esfera mental seria a responsável pelo bloqueio ou distorção do movimento natural das emoções. Não se pode, contudo, fundamentar críticas a visões do mundo com base em afirmações psicológicas inexatas.

(D) Ainda que a insatisfação seja inerente ao ser humano, há que se verificar porque terá ele buscado refúgio nas mercadorias para experimentar estados de plena satisfação. Enquanto que uns, preconceituosos, abominam o mercado, e nenhum deles rejeitam os prazeres e facilidades obtidos com os artefatos modernos, outros vivem insatisfeitos e excluídos do mercado.

(E) Conforme se observa, a moral é capaz de obscurecer a análise dos fatos e manter a sociedade sob o manto das crenças, estas, sim, possibilidade de satisfação inquestionável, onde o indivíduo dispondo do sonho, pode criar realidades utópicas e buscar alcançá-las.

A: "vistas a retratar"; **B:** "porque a satisfação dos indivíduos está diretamente"; **C:** alternativa correta; **D:** "Enquanto uns preconceituosos abominam o mercado, nenhum deles rejeita os prazeres e as facilidades"; **E:** a oração que começa com "possibilidade de satisfação..." não guarda coerência com o trecho anterior ou com o texto da questão.

Gabarito "C".

Leia o texto seguinte para responder às três questões abaixo.

Vinte e quatro séculos atrás, Sócrates, Platão e Aristóteles lançaram as bases do estudo científico da sociedade e da política. Muito se aprendeu depois disso, mas os princípios que eles formularam conservam toda a sua força de exigências incontornáveis. O mais importante é a distinção entre o discurso dos agentes e o discurso do cientista que o analisa. Doxa (opinião) e episteme (ciência) são os termos que os designam respectivamente, mas estas palavras tanto se desgastaram pelo uso que, para torná-las novamente úteis, é preciso explicar o seu sentido em termos atualizados. Foi o que fez Edmund Husserl com a distinção entre discurso "pré-analítico" e o discurso tornado consciente pela análise de seus significados embutidos.

Por exemplo, na linguagem corrente, podemos opor o comunismo ao anticomunismo como duas ideologias. No entanto, comunismo é uma ideologia, mas o anticomunismo não é uma ideologia, é a simples rejeição de uma ideologia.

É analisando e decompondo compactados verbais como esse e comparando-os com os dados disponíveis que o estudioso pode chegar a compreender a situação em termos bem diferentes daqueles do agente político. Mas também é certo que os próprios conceitos científicos daí obtidos podem incorporar-se depois no discurso político, tornando-se expressões da doxa. É isso, precisamente, o que se denomina uma ideologia: um discurso de ação política composto de conceitos científicos esvaziados de seu conteúdo analítico e imantados de carga simbólica. Então, é preciso novas e novas análises para neutralizar a mutação da ciência em ideologia.

(Olavo de Carvalho, com cortes)

(Auditor Fiscal da Receita Federal – 2003 – ESAF) Indique o item que está de acordo com as ideias desenvolvidas no texto.

(A) É no conhecimento produzido pelos filósofos da Grécia Antiga que se encontram as mais consistentes análises científicas a respeito de política e sociedade.

(B) Boa parte da produção científica do mundo contemporâneo distancia-se dos axiomas formulados por Sócrates, Platão e Aristóteles, devido à incompatibilidade entre princípios filosóficos e rigor formal da ciência.

(C) Os discursos dos agentes políticos devem ser rechaçados porque se fundamentam na 'doxa', não contemplando, portanto, os conceitos científicos vigentes.

(D) O discurso 'pré-analítico' prescinde de análise da realidade concreta e caracteriza-se por abordar os significados implícitos dos enunciados produzidos na instância pública.

(E) O esvaziamento de significado a que os conceitos científicos estão sujeitos pelo seu uso em instâncias sociais não exclusivamente científicas gera a necessidade de renovação de terminologia na ciência.

Linhas 33 a 38.

Gabarito "E".

(Auditor Fiscal da Receita Federal – 2003 – ESAF) Assinale o item que expressa uma ideia depreendida dos sentidos explícitos e implícitos que compõem a rede temática do texto.

(A) Apesar de os princípios filosóficos carregarem em si uma regulação e se basearem exclusivamente na 'doxa', eles sobrevivem às contingências históricas, como bem o demonstra a atualidade dos princípios formulados na Grécia Antiga.

(B) Por meio do conhecimento científico, as sociedades buscam interpretações da realidade que não se orientem na ideologia, cabendo, portanto, à 'episteme' a análise crítica dos discursos que circulam na sociedade.

(C) A formação da corrente de pensamento anticomunista exemplifica a supremacia do discurso epistemológico e representa a reação da sociedade a análises subjetivas dos fatos históricos.

(D) A ciência tende a tornar-se cada vez mais dogmática e menos neutra, intensificando, portanto, seus procedimentos persecutórios perante os discursos dos agentes políticos que banalizam conceitos científicos.

(E) Os filósofos gregos previram a mutação da ciência em ideologia, ao analisarem a força simbólica que esta assume nos discursos hegemônicos dos agentes políticos.

A: o princípio mais importante, deixado por Platão e Sócrates, é a distinção entre doxa (opinião) e epistema (ciência); **B:** correta; **C:** é o oposto, pois a qualificação do anticomunismo como ideologia não é cientificamente adequada; **D:** a suposta tendência mais dogmática da ciência, indicada na assertiva, não é apontada pelo texto; **E:** o autor não diz que os filósofos previam essa mutação.

Gabarito "B".

(Auditor Fiscal da Receita Federal – 2003 – ESAF) Marque com (V) as afirmações verdadeiras e com (F) as falsas. Indique, em seguida, a sequência correta.

( ) Mantém-se a correção gramatical substituindo-se a expressão 'Vinte e quatro séculos atrás'(l.1) por 'Há vinte e quatro séculos' ou por 'Fazem vinte e quatro séculos'.

( ) A oração 'Muito se aprendeu depois disso'(l.3 e 4) poderia ser substituída por 'Aprenderam-se muitas coisas depois', preservando-se o sentido e a correção gramatical do texto.

( ) Compromete-se a clareza do texto e há prejuízo para a correção gramatical do período se o pronome da expressão 'estas palavras'(l.11) for substituído por 'essas'.

( ) A oração 'que é preciso explicar o seu sentido em termos atualizados'(l.12 e 13) expressa consequência, sendo correto, portanto, substituir 'que' pelo conector 'porquanto'.

( ) No segundo parágrafo, predomina a articulação semântica e sintática de oposição na produção de sentido dos enunciados.

(A) F, V, F, F, V
(B) F, F, F, F, V
(C) V, V, V, F, F
(D) F, F, V, V, V
(E) V, F, F, V, V

1: falsa. Estão corretas as construções: "Há vinte e quatro séculos" ou "Faz vinte e quatro séculos – com o uso dos verbos impessoais haver e fazer na 3ª pessoa do singular; **2:** verdadeira. Na oração "Muito se aprendeu depois disso", o *se* é partícula apassivadora. O pronome apassivador *se* está ligado a um verbo transitivo direto e é possível colocar a oração na voz passiva analítica: "Aprendeu-se muito [muita coisa] depois disso". Logo, o plural está correto: "Aprenderam-se muitas coisas depois disso."; **3:** falsa. A substituição do pronome demonstrativo *estas* por *essas* não compromete a correção gramatical do período; **4:** falsa. A conjunção *portanto* é coordenativa conclusiva e exprime conclusão, consequência. Já o conectivo *porquanto* é uma conjunção explicativa e introduz uma explicação ou justificativa para o que foi dito anteriormente; **5:** verdadeira. No segundo parágrafo predomina a articulação semântica – referente aos significados das palavras ("podemos opor o comunismo ao anticomunismo como duas ideologias") e sintática – que trata a combinação dos signos entre si – ("No entanto, comunismo é uma ideologia, mas o anticomunismo não é") de oposição (os antônimos: comunismo/anticomunismo) na produção de sentido dos enunciados.

Gabarito "A".

(Auditor do Tesouro Municipal/Fortaleza-CE – 2003 – ESAF) Leia o texto para responder:

A crítica ao desenvolvimento no contexto da globalização capitalista é que ele está centrado na ilusão de que o crescimento econômico pode ser ilimitado, que ele é e será sempre sinônimo de mais empregos, bem-estar e felicidade, e isso para toda a humanidade. A história de quinhentos anos de capitalismo e de todo sistema centrado no produtivismo e no consumismo tem comprovado que essa noção é equivocada; tem sido motivo de frustração para a maioria da população trabalhadora e fator de sistemática destruição do meio ambiente. Questiona-se também o fato de o crescimento capitalista não estar centrado nas necessidades, aspirações e recursos dos povos e nações, mas na propensão ao consumo daqueles indivíduos e países que têm poder de compra. Em consequência, quanto mais se produzem e se acumulam riquezas, maior o número das pessoas, coletividades e países excluídos daquele crescimento, daquela acumulação e, portanto, do direito à vida, ao trabalho e ao desenvolvimento.

(Sandra Quintela e Marcos Arruda)

Assinale a opção que está de acordo com as ideias do texto.

(A) No contexto da globalização capitalista o crescimento econômico não encontra limites, mas apresenta uma crítica ilusória.

(B) O crescimento capitalista está voltado para quem tem poder aquisitivo, o que provoca grande margem de exclusão social.

(C) A crença de que toda a humanidade se beneficia com empregos, bem-estar e felicidade se há crescimento econômico ilimitado é combatida pelos adeptos da globalização capitalista.

(D) O produtivismo e o consumismo são a comprovação de que a população trabalhadora tem tido acesso ao crescimento econômico.

(E) A destruição do meio ambiente cessa quando as populações têm acesso ao consumo.

Linhas 12 a 19: "O fato de o crescimento capitalista não estar centrado nas necessidades, aspirações e recursos dos povos e nações, mas na propensão ao consumo daqueles indivíduos e países que têm poder de compra. Em consequência, quanto mais produzem e se acumulam riquezas, maior o número das pessoas, coletividades e países excluídos".

Gabarito "B"

Um dos motivos principais pelos quais a temática das identidades é tão frequentemente focalizada tanto na mídia assim como na universidade são as mudanças culturais, sociais, econômicas, políticas e tecnológicas que estão atravessando o mundo e que são experienciadas, em maior ou menor escala, em comunidades locais específicas. Como indica Fridman (2000, p. 11), "se a modernidade alterou a face do mundo com suas conquistas materiais, tecnológicas, científicas e culturais, algo de abrangência semelhante ocorreu nas últimas décadas, fazendo surgir novos estilos, costumes de vida e formas de organização social". Há nas práticas sociais cotidianas que vivemos um questionamento constante de modos de viver a vida social que têm afetado a compreensão da classe social, do gênero, da sexualidade, da idade, da raça, da nacionalidade etc., em resumo, de quem somos na vida social contemporânea. É inegável que a possibilidade de vermos a multiplicidade da vida humana em um mundo globalizado, que as telas do computador e de outros meios de comunicação possibilitam, tem colaborado em tal questionamento ao vermos de perto como vivemos em um mundo multicultural e que essa multiculturalidade, para qual muitas vezes torcíamos/ torcemos os narizes, está em nossa própria vida local, atravessando os limites nacionais: os grupos *gays*, feministas, de rastafáris, de hip-hop, de trabalhadores rurais sem-terra etc.

(Luiz Paulo da Moita Lopes, **Discursos de identidades**, p. 15.)

(Técnico da Receita Federal – 2003 – ESAF) Das seguintes relações de causa (primeira coluna) e consequência (segunda coluna), assinale a única que não é possível inferir a partir do texto.

(A)	mudanças culturais e sociais -----	focalização da temática das identidades
(B)	modernidade no mundo ----	novas formas de organização social
(C)	acesso à multiculturalidade ----	acesso às telas do computador
(D)	questionamento dos modos de viver ----	alteração na compreensão da sexualidade
(E)	novas conquistas tecnológicas e culturais ----	novos estilos e costumes de vida

A: linhas 1 a 5; **B:** linhas 9, 10, 13 a 15; **C:** a causa é o "acesso às telas do computador" que tem como consequência o "acesso à multiculturalidade" (linhas 24 a 28); **D:** linhas 16 a 19; **E:** linhas 10 a 14.

Gabarito "C"

Leia o texto abaixo para responder às duas questões seguintes.

Com a tramitação das reformas constitucionais no Congresso, estamos prestes a inscrever em nossa Carta Magna disposições como limite salarial de integrantes dos poderes e dos serviços públicos estaduais, assunto que dificilmente se discutirá no Legislativo de qualquer outra federação, monárquica ou republicana, presidencialista ou parlamentarista, e que pouco provavelmente se encontrará em outra Constituição. A indagação cabível, a meu ver, é como e por que chegamos a tanto.

O cerne desse desafio, que julgo não respondido, pode ser resumido num simples raciocínio: o sistema federativo, por oposição à forma unitária do Estado, nada mais é do que distribuir espacialmente o poder.

A origem e o fundamento da divisão espacial do poder, representados pela federação, devem ser procurados entre aqueles que criaram o primeiro regime federativo do mundo. O modelo confederativo, como se sabe, já era conhecido historicamente e foi adotado nos artigos da confederação que precederam e viabilizaram a luta pela independência das 13 colônias da América do Norte. O que marca a singularidade do novo sistema é exatamente a diferença entre as confederações anteriores e a alternativa criada pelos convencionais da Filadélfia.

Equilibrar poderes, distribuir competências e responsabilidades rigorosamente simétricas em uma nação tão profundamente assimétrica, mais do que um desafio de engenharia política, ainda é uma incógnita indecifrada, que, como a esfinge, ameaça-nos devorar.

(Marco Maciel, Pacto federativo, **Folha de São Paulo**, 14/09/2003, com adaptações.)

(Técnico da Receita Federal – 2003 – ESAF) Marque **F** (falso) ou **V** (verdadeiro) para inferências a partir do texto.

( ) As reformas constitucionais reforçam a distribuição espacial do poder.

( ) Um Estado que adota uma forma unitária não distribui espacialmente o poder.

( ) Confederações são Estados que adotam, constitucionalmente, o regime federativo a partir da independência dos Estados Unidos.

( ) Nossa Carta Magna será a primeira, ou uma das primeiras, a dispor sobre limite salarial de integrantes dos poderes mas não sobre dos serviços estaduais.

A sequência correta é

(A) V, V, F, V
(B) V, V, F, F
(C) F, V, V, V
(D) V, F, F, F
(E) F, F, V, F

I: verdadeira. "O cerne [*o essencial*] desse desafio ['as reformas constitucionais no Congresso'] nada mais é do que distribuir espacialmente o poder." (linhas 13 a 17); **II:** verdadeira. Ver linhas 15 a 17: "O sistema federativo, por oposição à forma unitária do Estado, nada mais é do que distribuir espacialmente o poder."; **III:** falsa. Ver linhas 22 a 27; **IV:** falsa. Ver linhas 2 a 6.

Gabarito "B"

(Técnico da Receita Federal – 2003 – ESAF) Assinale a opção que representa uma relação de coesão no texto.

(A) "assunto"(l.5 e 6) refere-se à "tramitação das reformas constitucionais no Congresso" (l.1 e 2)

(B) "tanto" (l.12) refere-se a "inscrever em nossa Carta Magna disposições como limite salarial de integrantes dos poderes e dos serviços públicos estaduais" (l.2 a 5)

(C) "aqueles" (l.20) refere-se a "artigos da confederação" (l.24)

(D) "modelo confederativo" (l.22) refere-se à "luta pela independência" (l.25 e 26)

(E) "nação" (l.33) refere-se a "13 colônias da América do Norte"(l.26 e 27)

A: "assunto" se refere à inscrição de disposições como limite salarial de integrantes dos poderes e dos serviços públicos estaduais" (linhas 3 a 5); **C:** "aqueles" se refere textualmente aos Estados Unidos; **D:** "modelo federativo" se refere a "origem e fundamento da divisão espacial do poder" (linhas 18 e 19); **E:** "nação" se refere textualmente ao Brasil.

Gabarito "B"

Seja nos mitos de criação seja na cosmologia de hoje, há uma busca do sentido do mundo, um esforço de compreensão da natureza e do universo. As representações do espírito humano, num caso e noutro, constituem variações sobre o mesmo tema: penetrar no âmago da realidade.

Não é segredo algum descobrir que a busca de sentido para o cosmos se engata com a procura de sentido para a existência da família humana. Para além das concepções científicas e das diversidades culturais, o porquê da nossa vida, de sua origem e do seu destino, acompanha passo a passo nossa evolução histórica. A ocupação do planeta, a organização da convivialidade, a compatibilização dos contrários, presentes em toda parte, e a eterna busca de valores transcendentes estão no mesmo séquito que acompanha a observação do mundo natural, nas descobertas de nexo entre causa e efeito, nos postulados científicos e nas aplicações técnicas.

(José de Ávila Aguiar Coimbra, **Fronteiras da Ética**, São Paulo: Senac, 2002, p.20.)

(Técnico da Receita Federal – 2003 – ESAF) Assinale a opção que está de acordo com a ideia central do texto.

(A) A cosmologia é uma ciência exata que dispensa valores humanísticos e procura apenas relações de causa e efeito.

(B) Os mitos, como exclusivas representações do espírito humano, configuram o caminho por excelência para a busca por valores transcendentes.

(C) As concepções científicas e a diversidade cultural são obstáculos que invalidam uma visão hegemônica do mundo natural.

(D) O porquê da vida humana, sua origem e seu destino são indagações subjacentes tanto aos mitos quanto às investigações de caráter científico.

(E) Nos postulados científicos e nas aplicações técnicas, as descobertas de nexo entre causa e efeito negligenciam as leis da cosmologia.

A: a cosmologia, a exemplo dos mitos de criação, refere-se tanto à análise da natureza quanto da convivência humana (ver primeiro parágrafo e início do segundo); **B:** tanto os mitos de criação quanto a cosmologia de hoje referem-se às representações do espírito humano (ver primeiro parágrafo); **C:** as concepções científicas e a diversidade cultural são indicadas, no texto, como questões transcendidas pela (que não impedem a) busca de sentido para o cosmos e para a existência humana (ver o seguinte trecho: "Não é segredo algum (...) nossa evolução histórica."); **D:** a assertiva descreve o conteúdo do texto. Repare que o autor faz referência aos mitos de criação (mitos) e à cosmologia moderna (investigações de caráter científico); **E:** cosmologia é termo utilizado pelo autor para se referir à investigação científica.

Gabarito "D"

(Técnico da Receita Federal – 2003 – ESAF) Assinale a opção em <u>desacordo</u> com as ideias do texto.

Não mais se conta com um eixo filosófico ou religioso sobre o qual girem as ciências, as técnicas e até mesmo a organização social. Como adverte Edgar Morin, a ciência também produz a ignorância, uma vez que as especializações caminham para fora dos grandes contextos reais, das realidades complexas. Paradoxalmente, cada avanço unidirecional dos conhecimentos científicos produz mais desorientação e perplexidade na esfera das ações a implementar, para as quais se pressupõem acerto e segurança. Vivemos em uma nebulosa, que não é a via-láctea deslocando-se no espaço cósmico e explicável pela astronomia, mas em uma nebulosa provocada pela falta de contornos definidos para o saber, para a razão e, na prática, para as decisões fundamentais. Afinal, o que significa tudo isso para a felicidade das pessoas e o destino último da sociedade?

(José de Ávila Aguiar Coimbra, **Fronteiras da Ética**, São Paulo: Senac, 2002, p. 27.)

(A) O eixo filosófico ou religioso sobre o qual giravam as ciências, as técnicas e até mesmo a organização social não está mais disponível.
(B) Como as especializações se desviam dos grandes contextos reais e das realidades complexas, a ciência também produz ignorância.
(C) Se o avanço dos conhecimentos é unidirecional, produz-se desorientação e perplexidade nas ações para as quais acerto e segurança são pressupostos.
(D) A falta de contornos definidos para o saber é provocada pela razão e pelas decisões fundamentais da prática.
(E) A nuvem de matéria interestelar em que vivemos, que se desloca no espaço cósmico, é explicável pela astronomia.

A: ver o trecho "Não mais se conta (...) mesmo a organização social."; **B:** ver o trecho "Como adverte (...) realidades complexas."; **C:** ver o trecho "Paradoxalmente (...) acerto e segurança."; **D:** a desorientação (falta de contornos definidos) é causada pelo avanço unidirecional dos conhecimentos científicos, desconectado dos grandes contextos reais, das realidades complexas, sem um eixo filosófico ou religioso; **E:** ver o trecho "que não é a via-láctea (...) explicável pela astronomia".

Gabarito "D".

O homem é moderno na medida das senhas de que ele é escravo para ter acesso à vida. Não é mais o senhor de seu direito constitucional de ir-e-vir. A senha é a senhora absoluta. Sem senha, você fica sem seu próprio dinheiro ou até sem a vida. No cofre do hotel, são quatro algarismos; no seu *home bank*, seis; mas para trabalhar no computador da empresa, você tem que digitar oito vezes, letras e algarismos. A porta do meu carro tem senha; o alarme do seu, também. Cada um de nossos cartões tem senha. Se for sensato, você percebe que sua memória não pode ser ocupada com tanta baboseira inútil. Seus neurônios precisam ter finalidade nobre. Têm que guardar, sim, os bons momentos da vida. Então, desesperado, você descarrega tudo na sua agenda eletrônica, num lugar secreto que só senha abre. Agora só falta descobrir em que lugar secreto você vai guardar a senha do lugar secreto que guarda as senhas.

(Alexandre Garcia, **Abre-te sésamo**, com adaptações.)

(Auditor Fiscal da Receita Federal – 2002.1 – ESAF) Julgue os itens a respeito das ideias do texto.

I. Depreende-se do texto que o autor se coloca na posição de quem se exclui da sociedade informatizada.
II. O texto argumenta contra a modernidade, propondo como ideia principal que um direito constitucional, ora desrespeitado, deve ser o ideal a almejar.
III. Depreende-se do texto que comportamentos sensatos poupam a memória para finalidades mais nobres e evitam qualquer procedimento ligado à informatização.
IV. O segundo parágrafo constitui-se apenas de exemplos e ilustrações que explicam e justificam a última oração do parágrafo anterior, sem ampliar a reflexão.

Assinale a opção correta.

(A) Estão corretos apenas os itens I e II.
(B) Estão corretos apenas os itens II e III.
(C) Estão corretos apenas os itens III e IV.
(D) Nenhum item está correto.
(E) Todos os itens estão corretos.

I, II e **III:** incorretas, pois não há informação no texto que permita inferir o descrito nas afirmações; **IV:** incorreta: a última oração do primeiro parágrafo é: "Sem senha, você fica sem seu próprio dinheiro e até sem a vida." O segundo parágrafo constitui-se de exemplos, ilustrações e comentários que explicam e justificam a última oração, **ampliando** a reflexão.

Gabarito "D".

Sob o direito, o administrador público não age contra a lei. Sob a moral, deve satisfazer o preceito da impessoalidade, não distinguindo amigos ou inimigos, partidários ou contrários, no tratamento que lhes dispense ou na atenção às suas reivindicações, com transparência plena de suas condutas em face do povo. Descumprir a lei gera o risco da punição prevista no Código Penal ou de sofrer sanções civis. Quando desatendidos os princípios da certeza moral, aquela que o ser humano em seu justo juízo adota convicto, o descumpridor fere regras de convivência, mas não conflita necessariamente com normas de Direito que lhe sejam aplicáveis.

(Walter Ceneviva, **Moralidade como Fato Jurídico**, com adaptações.)

(Auditor Fiscal da Receita Federal – 2002.1 – ESAF) Considere o seguinte período do texto para analisar os esquemas propostos abaixo:

Descumprir a lei gera o risco da punição prevista pelo Código Penal ou de sofrer sanções civis.

A = Descumprir a lei

B = gera o risco

C = da punição prevista pelo Código Penal

D = de sofrer sanções civis

Considerando que as setas representam relações sintáticas entre as expressões linguísticas, assinale a opção que corresponde à estrutura do período.

(A)

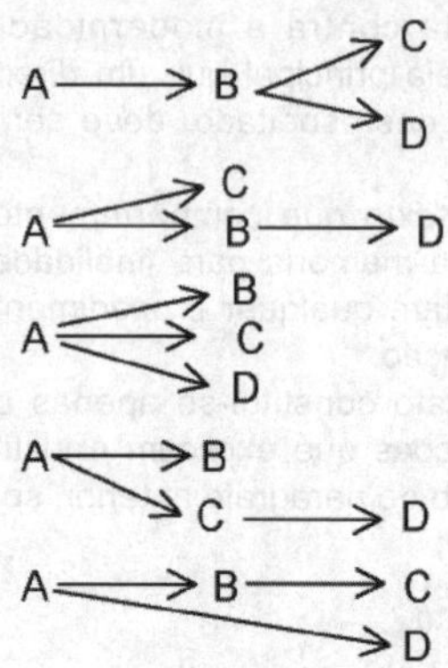

(B)

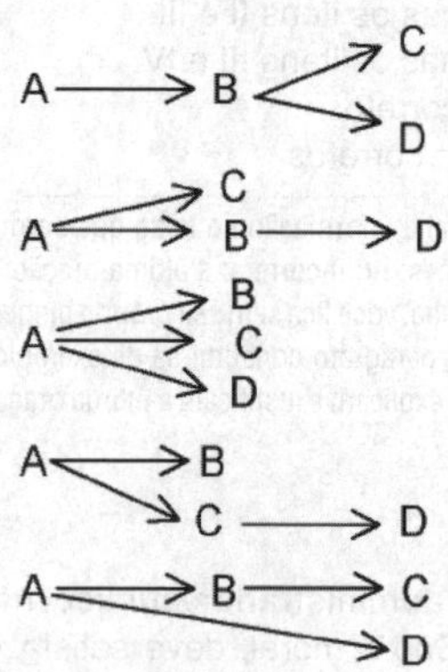

(C)

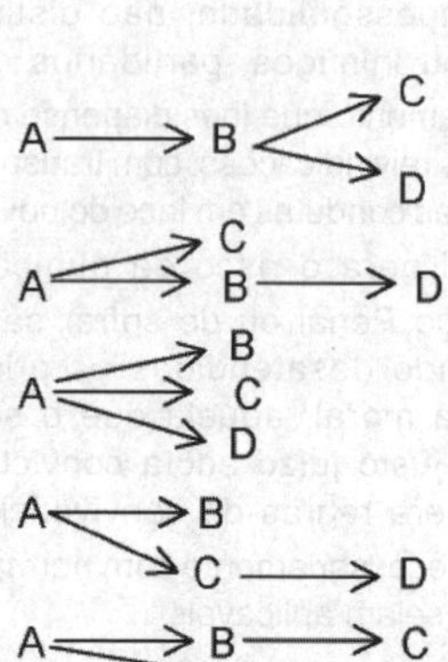

(D)

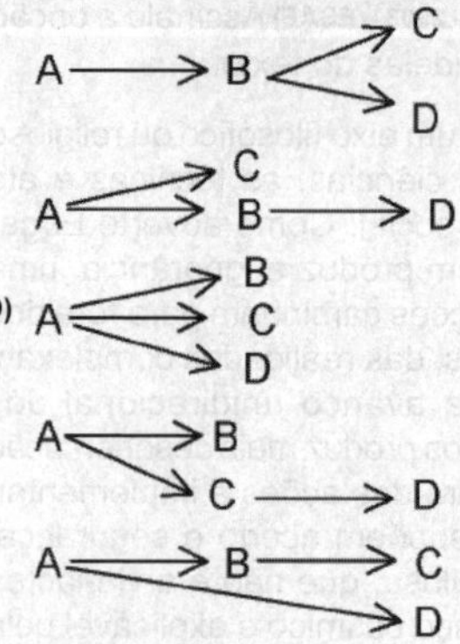

(E)

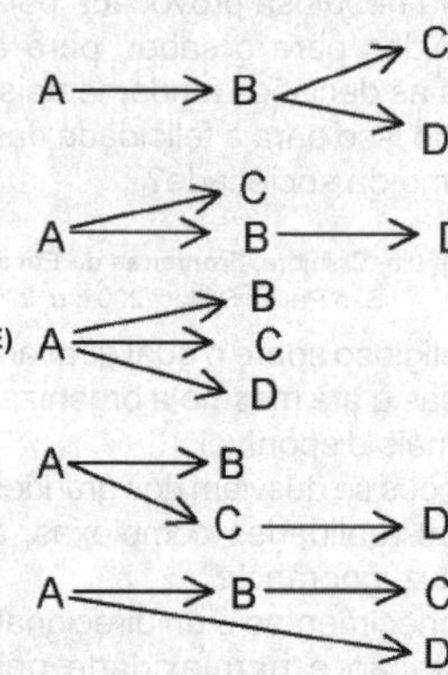

A oração "Descumprir a lei gera o risco da punição prevista pelo Código Penal ou de sofrer sanções civis." É alternativa. Sendo assim, *punição prevista* e *sofrer sanções* são as duas opções possíveis, de acordo com essa oração, no caso de haver descumprimento da lei. A alternativa A é a única que representa a relação sintática de alternância.

Gabarito "A".

A moral e a ética não são fatos ou institutos jurídicos. Direito é uma coisa, moral é outra. Todo ser humano informado sabe disso. O comportamento das pessoas em grupo, tornando suas ações conhecidas e avaliadas, segundo critérios éticos do mesmo grupo quanto ao caráter, às condutas ou às intenções manifestadas e assim por diante, só repercutem no direito se extrapolarem os limites deste. A manifestação ofensiva a respeito de outrem confunde os dois elementos no plano individual.

(Walter Ceneviva, **Moralidade como Fato Jurídico**, com adaptações)

(Auditor Fiscal da Receita Federal – 2002.1 – ESAF) De acordo com as ideias do texto, analise os itens abaixo para, a seguir, assinalar a opção correta.

I. Os dois primeiros períodos sintáticos constituem uma síntese da argumentação desenvolvida no texto.

II. Infere-se do texto que o caráter, a conduta e as intenções das pessoas não devem ser avaliados quanto à moralidade pelo seu grupo ético.

III. Conclui-se do texto que moral, ética e direito não revelam influências mútuas se considerados como fatos ou institutos diversos.

(A) Apenas I está correto.
(B) Apenas II está correto.
(C) Apenas III está correto.
(D) Todos os itens estão corretos.
(E) Nenhum item está correto.

I: assertiva correta. A síntese da argumentação desenvolvida no texto está nos dois primeiros períodos sintáticos (linhas 1 e 2): "A moral e a ética não são fatos ou institutos jurídicos. Direito é uma coisa, moral é outra."; **II:** linhas 4 a 8; **III:** não é possível concluir o que a assertiva diz.
Gabarito "A".

A revolução da informação, o fim da guerra fria – com a decorrente hegemonia de uma superpotência única – e a internacionalização da economia impuseram um novo equilíbrio de forças nas relações humanas e sociais que parece jogar por terra as antigas aspirações de solidariedade e justiça distributiva entre os homens, tão presentes nos sonhos, utopias e projetos políticos nos últimos dois séculos. Ao contrário: o novo modelo – cuja arrogância chegou ao extremo de considerar-se o ponto final, senão culminante, da história – promove uma brutal concentração de renda em âmbito mundial, multiplicando a desigualdade e banalizando de maneira assustadora a perversão social.

(Ari Roitman, ***O desafio ético,*** com adaptações.)

(Auditor Fiscal da Receita Federal – 2002.1 – ESAF) Nos itens abaixo, trechos do texto foram reescritos. Assinale a opção em que as ideias, ou a argumentação, do texto <u>não</u> foram respeitadas.

(A) Parece que destruir antigas aspirações de solidariedade e justiça distributiva é fruto da arrogância a que chegou o ponto final da história nos últimos dois séculos: os homens presentes na nova utopia têm diferentes projetos políticos.
(B) Um novo equilíbrio de forças nas relações humanas e sociais surgiu a partir de três fatores: a revolução da informação, o fim da guerra fria e a internacionalização da economia.
(C) Como consequência do fim da guerra fria houve hegemonia de uma superpotência única e um novo equilíbrio de forças – também ligado a outros fatores – nas relações humanas e sociais.
(D) Nos últimos dois séculos, estiveram presentes nos sonhos, utopias e projetos políticos antigas aspirações de solidariedade e justiça que parecem estar em risco com o surgimento de um novo equilíbrio de forças nas relações humanas e sociais.
(E) Uma brutal concentração de renda em âmbito mundial vem com um novo equilíbrio de forças nas relações humanas e sociais; têm-se, consequentemente, uma banalização da perversão social com a multiplicação da desigualdade.

Não há informações no texto que nos permitam inferir o afirmado na assertiva A.
Esquematização do texto:
[1] A revolução da informação,
[2] o fim da guerra fria – com a decorrente hegemonia de uma superpotência única –
[3] e a internacionalização da economia
[1], [2] e [3] impuseram um novo equilíbrio [4] de forças nas relações humanas e sociais
[4] [novo equilíbrio] que parece jogar por terra as antigas aspirações
[5] de <u>solidariedade</u> e <u>justiça distributiva entre os homens</u>,
[5] [aspirações] tão presentes nos sonhos, utopias e projetos políticos nos últimos dois séculos.
[6] Ao contrário: [*esse termo explica porque não houve equilíbrio*]
[7] o novo modelo [*o novo equilíbrio*] – cuja arrogância chegou ao extremo de considerar-se o ponto final, senão culminante, da história
[8] promove uma <u>brutal concentração de renda</u> em âmbito mundial, <u>multiplicando a desigualdade</u> e banalizando de maneira assustadora a perversão social.
Gabarito "A".

O trecho abaixo serve de base às questões.

Questão velha, polêmica e controvertida, que constitui obstáculo à ação das autoridades administrativo- tributárias, mas que sempre viva e exacerbadamente atual, é a do "sigilo bancário", pois frente ao crédito tributário e ao Fisco, aquele como um bem público relevante e indisponível e este na busca de cumprir os objetivos a que se destina de aferir a real capacidade contributiva, arrecadar tributos, promover a igualdade e a justiça fiscal, colocam- se a preservação e a garantia dos direitos fundamentais invioláveis de privacidade e intimidade inerentes às pessoas dos contribuintes.

(Mary Elbe G. Q. Maia, "A inexistência de sigilo bancário frente ao poder-dever de investigação das autoridades fiscais", **Tributação em Revista**, julho/setembro de 1999.)

(Auditor Fiscal da Receita Federal – 2002.2 – ESAF) Assinale a opção que dá continuidade ao trecho, preservando a coerência, a coesão e a progressão das ideias.

(A) No seu âmago, o que exsurge é a discussão acerca dos interesses públicos frente aos interesses privados e qual deles deverá prevalecer.
(B) No cerne da questão, desponta a dicotomia entre um sistema fortemente estatal e o poder fiscalizador da sociedade organizada.
(C) Em suma: trata-se de questionar até que ponto a quebra do sigilo bancário vai contribuir para revelar elisão fiscal e evasão de divisas.
(D) Torna-se, assim, fundamental discutir sob o manto da ética a questão da inexistência de sigilo bancário em estados democráticos de direito.
(E) A despeito disso, não basta conceder às autoridades fiscais o poder-dever de investigação, se não se lhes faculta o direito fundamental inviolável de privacidade.

Poderíamos sintetizar o texto: "Questão velha (...) é a do 'sigilo bancário', pois frente ao crédito tributário e ao Fisco (...) colocam-se a preservação e a garantia dos direitos fundamentais invioláveis de privacidade e intimidade inerentes às pessoas dos contribuintes.".
Gabarito "A".

(Auditor Fiscal da Receita Federal – 2002.2 – ESAF) Assinale a proposição nuclear do texto, aquela que contém a ideia-síntese em torno da qual se desenvolve sintática e semanticamente o parágrafo.

(A) Questão velha, polêmica e controvertida é a do sigilo bancário frente ao crédito tributário e ao Fisco.

(B) Frente ao crédito tributário e ao Fisco, colocase a questão do sigilo bancário como um obstáculo à ação das autoridades administrativo-tributárias.

(C) Por ser um bem público relevante e indisponível, o crédito tributário deve preservar e garantir o direito de privacidade do contribuinte.

(D) A preservação dos direitos fundamentais de privacidade dos contribuintes frente ao crédito tributário e ao Fisco deve ser colocada na discussão da questão do sigilo bancário.

(E) Na tarefa de cumprir os objetivos de aferir a capacidade contributiva, arrecadar tributos e promover a igualdade e a justiça fiscal, o Fisco deve preservar e garantir a questão do sigilo bancário dos contribuintes.

Ao sintetizar o texto para a questão anterior, levantamos os elementos para responder a essa questão: "Questão velha (...) é a do 'sigilo bancário', pois frente ao crédito tributário e ao Fisco (...) colocam-se a preservação e a garantia dos direitos fundamentais invioláveis de privacidade e intimidade inerentes às pessoas dos contribuintes.".

Gabarito "D".

(Auditor Fiscal da Receita Federal – 2002.2 – ESAF) Julgue as proposições a respeito do texto como verdadeiras (V) ou falsas (F) para, em seguida, marcar a opção correta.

> Desde que cheguei a Brasília me intriga o panorama da economia do Distrito Federal. É que a permanência das então futuras gerações de brasilienses na sua terra dependeria das condições de atração do mercado de trabalho local para fixação da crescente oferta de mão de-obra em geral. A configuração da cidade administrativa, onde tudo gira em função do majoritário segmento da classe média de burocratas federais e locais, com a completa ausência de vida industrial, poderia não sobreviver ao esgotamento natural do modelo de economia estatal. Desde o início, tratava-se, como se trata ainda, de uma economia do contra cheque. Essa característica, aliada à da Brasília centro de decisões, provavelmente a tenha marcado, fantasiosamente, como uma ilha da fantasia.
>
> (Edgard Proença, **Correio Braziliense**, 15/07/2002, com adaptações.)

( ) O autor demonstra, pela argumentação do texto, não estar muito de acordo com aqueles que chamam Brasília de "ilha da fantasia".

( ) A expressão "panorama da economia do Distrito Federal"(l.2) representa, num esquema de tópicos e subtópicos, o tópico superior ao qual se vinculam os argumentos do autor.

( ) Pelo emprego da forma verbal "dependeria"(l.4), o autor sugere que sua ideia inicial não se concretizou, como demonstra no final do texto.

( ) O advérbio "então"(l.3) situa temporalmente as "futuras gerações"(l.3 e 4) em referência ao tempo em que o autor chegou a Brasília.

A sequência correta é:

(A) V, V, F, V
(B) V, F, V, F
(C) F, V, F, V
(D) F, F, V, V
(E) V, V, V, V

1ª: o autor deixa claro que as características de Brasília, antes indicadas, "provavelmente a tenha marcado, fantasiosamente, como uma ilha da fantasia", ou seja, não realisticamente; **2ª**: a partir do segundo período, o autor passa a desenvolver o tópico "panorama da economia do Distrito Federal"; **3ª**: pelo contrário, o autor utiliza, mais adiante, a expressão "poderia não sobreviver", deixando implícito que as então futuras gerações permaneceram no Distrito Federal, apesar do panorama econômico vinculado à economia estatal; **4ª**: a assertiva é verdadeira. As então futuras gerações correspondem à geração atual e (talvez) anteriores.

Gabarito "A".

(Auditor Fiscal da Receita Federal – 2002.2 – ESAF) Indique o período capaz de preencher o espaço assinalado por [...] com clareza, correção gramatical, além de respeitar a coerência de ideias e obedecer à direção argumentativa do segmento transcrito.

> [...] Isso exatamente porque esse binômio, fundamental para o crescimento intelectual e social do indivíduo, tem hoje a sua concepção teórica ampliada do ponto de vista dos cientistas sociais e analistas de recursos humanos, ao reconhecerem acertadamente que, além da conquista pessoal, a saúde e a educação representam um investimento certo também no desenvolvimento coletivo.
>
> (Lourdes Maria Frazão de Moraes, *Correio Braziliense*, 08/08/2002.)

(A) Um sistema de saúde, para ser adequado ao atendimento de saúde da população necessitada, não pode prescindir da educação do povo assistido, tão somente.

(B) Educação e saúde são valores que não mais podem ser compreendidos, na generalidade, como bens de consumo pessoal, apenas.

(C) Segurança no trabalho e informação acerca das doenças e riscos a que pode submetê-lo as condições de trabalho – aí está o binômio que garante a higidez do trabalhador.

(D) Investir em educação e saúde traz uma taxa de retorno cientificamente comprovada. A ignorância e a doença andam juntas: são companheiras inseparáveis na marcha fúnebre para o caos.

(E) A assistência à saúde assegurada pelo Estado e a cobertura dos seguros de saúde privados são os dois termos do binômio que sustenta o desenvolvimento individual e coletivo.

A assertiva indicada na questão aponta "esse binômio, fundamental para o crescimento intelectual e social do indivíduo" como sendo a saúde e a educação. A assertiva em A é incorreta, pois indica apenas a educação como essencial. A alternativa C é inadequada, pois se refere à segurança do trabalho e à informação acerca de doenças e riscos trabalhistas. A assertiva em D faz referência à "marcha fúnebre para o caos", ideia que não é complementada pelo texto da questão. A alternativa E refere-se à saúde pública e privada, que não é o binômio a que se refere o texto da questão. Finalmente, a assertiva em B refere-se adequadamente à educação e à saúde, como os valores indicados no texto da questão.

Gabarito "B".

(Auditor Fiscal da Receita Federal – 2002.2 – ESAF) Assinale a opção que não constitui uma inferência das ideias do trecho abaixo.

Na tentativa de explicar a ocorrência de fome nos países subdesenvolvidos, surge, após a Segunda Guerra Mundial, a teoria demográfica neomalthusiana, logo perfilhada pelos países desenvolvidos e pelas elites dos países subdesenvolvidos. Segundo essa teoria, uma população jovem numerosa, resultante das elevadas taxas de natalidade verificadas em quase todos os países subdesenvolvidos, exige grandes investimentos sociais em educação e saúde. Com isso, diminuem os investimentos produtivos nos setores agrícola e industrial, o que impede o pleno desenvolvimento das atividades econômicas e, portanto, da melhoria das condições de vida da população. Ainda segundo os neomalthusianos, quanto maior o número de habitantes de um país, menor a renda *per capita* e a disponibilidade de capital a ser distribuído pelos agentes econômicos.

(Eustáquio de Sene e João Carlos Moreira, **Geografia geral e do Brasil: espaço geográfico e globalização**, São Paulo: Scipione, 1998, pp. 338/9, com adaptações.)

(A) O crescimento populacional é o responsável pela ocorrência da miséria.

(B) Em consequência das elevadas taxas de natalidade, os países subdesenvolvidos vêem-se impedidos de alcançar o pleno desenvolvimento das atividades econômicas.

(C) Sem programas efetivos de controle de natalidade acessíveis às camadas mais pobres, toda política de redistribuição de renda tenderá ao fracasso.

(D) Uma população numerosa condena muitos jovens a engrossar o enorme contingente de mão de obra desqualificada que ingressa anualmente no mercado de trabalho.

(E) À medida que as famílias obtêm condições condignas de vida, tendem a diminuir o número de filhos para não comprometerem o acesso de seus dependentes aos sistemas públicos de educação e saúde.

Não há informação no texto que nos permita inferir o que a assertiva diz (veja *esquematização do texto* abaixo).
Esquematização do texto:
Teoria demográfica neomalthusiana à elevada taxa de natalidade à população jovem numerosa à grandes investimentos sociais à diminuição dos investimentos produtivos à impede o pleno desenvolvimento da atividade econômica à impede a melhoria das condições de vida à menor renda *per capita*

Gabarito "E".

O texto abaixo serve de base para as duas questões seguintes.

A época da independência fervilha de figuras representativas, em cujas atitudes o ideário político do momento se reflete. Figuras cujos perfis se recortam sobre um fundo um tanto confuso: novidades emancipacionistas, remanescências coloniais, antagonismos de tendências que puxavam a vida brasileira para posições diferentes. Época sem dúvida tumultuosa, ocupada por várias transições superpostas: a da dependência para a independência, a do agrarismo para os modos urbanos, a do quase silêncio para o falatório – um falatório crescente –, a dos particularismos para a consciência nacional. Agora, estabelecida a existência oficial de um Brasil declarado estado autônomo, a liquidação dos obstáculos restantes caberia a esses homens.

(Nelson Nogueira Saldanha, **História das ideias políticas no Brasil**, p. 97.)

(Auditor Fiscal da Receita Federal – 2002.2 – ESAF) Na mesma linha de raciocínio do autor, várias transições se superpõem à época da independência, exceto uma. Aponte-a.

(A) do rural para o urbano.

(B) do individualismo para o coletivo.

(C) do desimpedimento para os obstáculos.

(D) do atrelamento para a emancipação.

(E) da dependência para a autonomia.

A: "transições superpostas: (...) a do agrarismo para os modos urbanos"; **B:** "transições superpostas: (...) a do quase silêncio para o falatório"; **D** e **E:** "transições superpostas: a da dependência para a independência".

Gabarito "C".

(Auditor Fiscal da Receita Federal – 2002.2 – ESAF) Indique a paráfrase correta do primeiro período do texto.

(A) A época da independência fervilha de figuras representativas, e em suas atitudes se reflete o ideário político do momento.

(B) A época da independência fervilha de figuras representativas, nas quais atitudes o ideário político do momento se reflete.

(C) À época da independência, fervilham figuras representativas, nas atitudes das quais o ideário político do momento se reflete.

(D) À época da independência fervilha de figuras representativas, cujas atitudes refletem o ideário político do momento.

(E) A época da independência fervilha de figuras representativas, em cujas atitudes delas se reflete o ideário político do momento.

O primeiro período do texto: "A época da independência fervilha de figuras representativas, em cujas atitudes o ideário político do momento se reflete." (o ideário político do momento se reflete nas atitudes das figuras representativas).

Gabarito "A".

A reforma tributária não pode ser realizada, na verdade, para livrar o orçamento da sangria dos juros exorbitantes, embora enfeitada com os argumentos apelativos, tanto da simplificação fiscal para todo o empresariado quanto do milagre fiscal da multiplicação dos empregos para os mais despossuídos.

Trata-se do contrário. Os de baixo vão, de fato, pagar mais e não há garantia nenhuma da boa teoria econômica de que o emprego possa crescer sem o planejamento de um projeto nacional digno do nome, que defina e articule todas as potencialidades existentes para tanto.

(Fátima Gondim Farias, "Reforma Tributária", em **Tributação em revista**, abril/junho de1999, com adaptações.)

(Auditor Fiscal da Receita Federal – 2002.2 – ESAF) Em relação às ideias do texto, assinale a opção incorreta.

(A) Os argumentos arrolados para justificar a vinculação da reforma tributária ao pagamento de juros não se sustentam, aos olhos da autora.

(B) O atrelamento da reforma tributária à sangria dos juros é, para a autora, uma argumentação apelativa engendrada pelos empresários e desempregados.

(C) A reforma tributária vai onerar os pequenos e microempresários, sobre os quais vai recair o encargo de pagar mais imposto.

(D) Pela boa teoria econômica não é possível engendrar o milagre da multiplicação de empregos para os desempregados, sem o respaldo de uma política nacional de emprego.

(E) Imputar à reforma tributária o propósito de livrar o orçamento da sangria de juros escorchantes é, para a autora, um argumento apelativo, pois não desonera as empresas nem gera mais empregos.

A: linha 8; **C:** linhas 8 e 9: "Os de baixo vão, de fato, pagar mais"; **D:** linhas 9 a 12: "não há garantia nenhuma da boa teoria econômica de que o emprego possa crescer sem o planejamento de um projeto nacional digno do nome"; **E:** primeiro parágrafo.

Gabarito "B".

A entrada dos anos 2000 têm trazido a reversão das expectativas de que haveria a inauguração de tempos de fraternidade, harmonia e entendimento da humanidade. Os resultados das cúpulas mundiais alimentaram esperanças que novos tempos trariam novas perspectivas referentes a qualidade de vida e relacionamento humano em todos os níveis. Contudo, o movimento que se observa em nível mundial sinaliza perdas que ainda não podemos avaliar. O recrudescimento do conservadorismo e de práticas autoritárias, efetivadas à sombra do medo, tem representado fonte de frustração dos ideais historicamente buscados.

(Roseli Fischmann, **Correio Braziliense.** 26/08/2002, com adaptações)

(Auditor Fiscal da Previdência Social – 2002 – ESAF) Se cada período sintático do texto for representado, respectivamente, pelas letras X, Y, W e Z, as relações semânticas que se estabelecem no trecho correspondem às ideias expressas pelos seguintes conectivos:

(A) X e Y mas W e Z.

(B) X porque Y porém W logo Z.

(C) X mas Y e W porque Z.

(D) Não só X mas também Y porque W e Z.

(E) Tanto X como Y e W embora Z.

X: A entrada dos anos 2000 tem trazido a reversão das expectativas de que haveria a inauguração de tempos de fraternidade (...) *e* **Y**: Os resultados das cúpulas mundiais alimentaram esperanças **de** que novos tempos trariam novas perspectivas (...), *mas* **W**: o movimento que se observa em nível mundial sinaliza perdas que ainda não podemos avaliar *e* **Z**: O recrudescimento do conservadorismo e de práticas autoritárias, efetivadas à sombra do medo, tem representado fonte de frustração dos ideais historicamente buscados.

Gabarito "A".

(Auditor Fiscal da Previdência Social – 2002 – ESAF) Considerando as ideias do texto, assinale as inferências como verdadeiras (V) ou falsas (F) e marque a correta opção em seguida.

Li que a espécie humana é um sucesso sem precedentes. Nenhuma outra com uma proporção parecida de peso e volume se iguala à nossa em termos de sobrevivência e proliferação. E tudo se deve à agricultura. Como controlamos a produção do nosso próprio alimento, somos a primeira espécie na história do planeta a poder viver fora de seu ecossistema de nascença. Isso nos deu mobilidade e a sociabilidade que nos salvaram do processo de seleção, que limitou outros bichos de tamanho equivalente. É por isso que não temos mudado muito, mas também não nos extinguimos.

(Luiz Fernando Veríssimo, **Recursos Humanos**, *in:* **O Desafio Ético**, org. de Ari Roitman, com adaptações.)

( ) Mede-se o sucesso pela capacidade de sobrevivência e proliferação.

( ) Se a espécie humana tivesse outro peso e volume não teria sobrevivido.

( ) Viver fora do ecossistema de nascença depende da capacidade de criar o próprio alimento.

( ) O processo de seleção das espécies é que limita a mobilidade e a sociabilidade.

( ) A história da espécie humana poderia ser outra se não houvesse agricultura.

( ) Poucas mudanças trazem como consequência a **não-extinção** da espécie.

A sequência correta é:

(A) V, V, V, F, F, V

(B) V, F, F, V, V, F

(C) F, F, V, V, F, V

(D) F, V, F, V, V, F

(E) V, F, V, F, V, F

I: linhas 1 a 5; **II:** linha 5: "E tudo se deve à agricultura"; **III:** linhas 6 a 9; **IV:** linhas 9 a 12; **V:** linha 5; **VI:** linhas 9 a 14.

Gabarito "E".

Acho que a globalização tem graves problemas. Nós estamos percebendo que é hora de fazer ajustes, de garantir acesso dos países pobres aos mercados do Primeiro Mundo. É hora de os países ricos fazerem algumas concessões. Culturalmente falando, a globalização é um sucesso espetacular, mas do ponto de vista econômico é um fracasso. Precisamos entender que a globalização não é uma força indomável da natureza. Ela é criação humana, produto de instituições e governos, de regras, e pode ser alterada.

(Michel Bailey, **VEJA**, 22/05/2002, com adaptações.)

(Auditor Fiscal da Previdência Social – 2002 – ESAF) Assinale a opção, gramaticalmente correta, que corresponde a um argumento contrário à tese do texto.

(A) Para que os problemas do mundo do trabalho e os do mundo da pobreza sejam equacionados, urge-se uma mudança radical nas relações mundiais do trabalho.

(B) Em geral, os especialistas reconhecemos que, com a atual configuração de forças políticas e econômicas no mundo, é inescapável a alternativa para a globalização.

(C) O mundo das grandes e médias empresas estão em transição para uma inserção internacional, como implantação inevitável do modelo de distribuição de riqueza que vivemos.

(D) Não se podem pedir os mesmos acordos que beneficiam nações mais desfavorecidas nas relações comerciais com os países ricos, para os países do Terceiro mundo.

(E) Até a segunda grande guerra, nenhum homem, nenhum país nesta terra haviam conhecido as tensões e as contradições dialéticas que passou a nortear as relações internacionais desde então.

Linhas 9 a 12: "Precisamos entender que a globalização não é uma força indomável da natureza. Ela é criação humana (...) e pode ser alterada."

Gabarito "B".

A incorporação dos direitos humanos como eixo sustentador e medida de progresso no campo do desenvolvimento permitiu a construção do conceito de desenvolvimento sustentável como um processo capaz de integrar dimensões como produtividade, equidade, sustentabilidade, participação nas decisões, segurança e cooperação. O grande desafio do Brasil é assegurar a estabilização econômica conquistada na segunda metade dos anos 90 e, a partir dela, instalar uma tendência irreversível em direção à elevação do nosso *Índice de Desenvolvimento Humano*. Diante desse quadro, impõe-se, de forma inarredável e urgente, a adoção de uma ética de co-responsabilidade entre os três grandes setores da vida nacional. Cumpre ao Estado não abrir mão de seus fins universais e se empenhar na construção de políticas públicas efetivamente redistributivas e autopromotoras. Ao mundo empresarial cabe identificar aspectos relevantes do desenvolvimento social brasileiro e atuar de forma complementar ao poder público, no sentido do aumento e da melhoria das ações no foco eleito. Por fim, às organizações sem fins lucrativos, com sua sensibilidade, espírito de luta e criatividade pessoal, institucional e comunitária, contribuir para a expansão dos limites do possível, através da produção de ideias e iniciativas que se mostrem capazes de promover a alteração das ações do governo e das empresas, no que diz respeito ao bem comum.

(Viviane Senna, Desenvolvimento Humano, **Folha de São Paulo**, 25/08/2002, com adaptações)

(Auditor Fiscal da Previdência Social – 2002 – ESAF) De acordo com a argumentação do texto, assinale a opção <u>incorreta</u>.

(A) O "quadro" (l.14) a que o segundo parágrafo se refere está resumido na última oração do parágrafo anterior: "instalar uma tendência irreversível em direção à elevação do nosso Índice de Desenvolvimento Humano."

(B) Os "três grandes setores" (l.16 e 17) a que se refere o texto são: o Estado, o mundo empresarial e as organizações sem fins lucrativos.

(C) Infere-se do texto que ações voltadas para o bem comum, tanto do Estado quanto das empresas, devem ser sensíveis à influência das organizações não governamentais.

(D) A argumentação do texto admite como parágrafo introdutório: O resgate de nosso passivo social deverá ser empreendido pela convergência e complementariedade de três setores responsáveis pelo equilíbrio entre transformação produtiva e equidade social.

(E) O desenvolvimento do texto admite como parágrafo conclusivo: Essa nova ótica e essa nova ética precisam ser instaladas na consciência social do nosso tempo.

O "quadro" está descrito nas linhas de 1 a 13.

Gabarito "A".

A questão abaixo está baseada no seguinte texto:

Época – Na economia globalizada, expectativa, confiança e credibilidade são moedas de grande valor. Do pequeno poupador interno ao grande investidor externo, tudo é questão de acreditar. Como fazer crescer a economia num país com escândalos de corrupção e falta de credibilidade nas instituições públicas?

Langoni – O novo governo terá de dar um choque de credibilidade. Escolher pessoas competentes e confiáveis. E não adiar medidas imprescindíveis. Eu apontaria três principais: reforma tributária que estimule a poupança, novo ambiente para crescimento das exportações e o Banco Central independente. Só o crescimento contínuo gera empregos e aumento real da renda. Com 5%, 6% ao ano por dez anos, duplicamos a renda *per capita*. E daí combater a pobreza fica mais fácil.

(Entrevista com Carlos Langoni. Revista **Época**. 26/8/2002, p. 17.)

(Auditor Fiscal da Previdência Social – 2002 – ESAF) Indique a única opção abaixo cujo conteúdo vai de encontro às ideias contidas na entrevista.

(A) A estrutura de impostos do Brasil, embora arraste multidões para a informalidade, precisa continuar.
(B) Precisamos dar ao comércio exterior um novo *status* e poder político para traçar estratégias.
(C) Na economia globalizada, o Brasil precisa ter acesso aos megamercados mundiais para fazer a economia crescer.
(D) Hoje a carga tributária do Brasil é de 36% do PIB, índice de país desenvolvido, mas os serviços sociais são de Terceiro Mundo.
(E) A informalidade é um mundo de baixa produtividade, só capaz de competir em preços por deixar de pagar as contas.

A questão pediu a alternativa que estivesse em desacordo com o texto, isto é, cujo conteúdo vai de encontro às ideias contidas na entrevista. Fala-se da imprescindível reforma tributária na entrevista e na assertiva trata-se da continuidade da estrutura de impostos do Brasil. As outras alternativas estão fora do contexto.

Gabarito "A".

Leia o texto para responder à questão abaixo:

O papel do Estado tem sido fundamental no terreno da assistência social. As três esferas do governo são responsáveis por 10 mil programas sociais. Calcula-se que ONGs melhorem a vida de 9 milhões de pessoas. Os números ligados ao governo são incomparavelmente maiores. A aposentadoria do INSS beneficia 20 milhões de cidadãos. As escolas públicas educam 50 milhões de crianças e o sistema de saúde do governo está aberto para 100 milhões de pessoas. A filantropia e o assistencialismo jamais vão resolver os problemas da pobreza e da má distribuição de renda. Mas o trabalho voluntário e a vigilância da sociedade sobre a ação do governo nesse campo podem diminuir a dor dos menos favorecidos.

(**VEJA Especial,** maio de 2002, p. 59, com adaptações.)

(Auditor Fiscal da Previdência Social – 2002 – ESAF) Escolha a opção abaixo que, tendo sofrido alterações de ordem sintático-semântica, não representa mais o conteúdo do texto ou contém erro gramatical.

(A) O papel do governo, cujas três esferas de atuação são responsáveis por 10.000 programas sociais, tem sido fundamental no terreno da assistência social.
(B) Embora se calcule que as ONGs estejam melhorando a vida de 9 milhões de pessoas, os números ligados ao governo são incomparavelmente maiores.
(C) Se apenas a aposentadoria do INSS já beneficia 20 milhões de cidadãos, então conclui-se que os números do governo são muito maiores que os das ONGs.
(D) Aos 20 milhões de cidadãos beneficiados pela aposentadoria do INSS, some-se os 50 milhões de crianças das escolas públicas e os 100 milhões de pessoas sob a proteção do sistema de saúde do governo.
(E) Mesmo que filantropia e assistencialismo jamais possam resolver os problemas de pobreza e má distribuição de renda, trabalho voluntário e vigilância do governo pelos cidadãos podem minimizar as mazelas sociais.

A questão pediu a alternativa que estivesse em desacordo com o texto ou que apresentasse erro gramatical. **A:** linhas 1 a 3; **B:** linhas 3 a 6; **C:** linhas 5 a 7; **D:** "somem-se" fica no plural (se é pronome apassivador), pois o verbo concorda com "50 milhões de crianças" e "100 milhões de pessoas"; **E:** linhas 9 a 14.

Gabarito "D".

(Fiscal de Tributos/PA – 2002 – ESAF) Assinale a opção que não representa ilustração confirmatória da tese do texto.

Brasileiros e latino-americanos fazemos constantemente a experiência do caráter *postiço, inautêntico, imitado* da vida cultural que levamos. Essa experiência tem sido um dado formador de nossa reflexão crítica desde os tempos da Independência. Ela pode ser e foi interpretada de muitas maneiras, por românticos, naturalistas, modernistas, esquerda, direita, cosmopolitas, nacionalistas etc., o que faz supor que corresponda a um problema durável e de fundo. Antes de arriscar uma explicação a mais, digamos portanto que o mencionado mal-estar é um fato. As suas manifestações cotidianas vão do inofensivo ao horripilante.

(SCHWARZ, Roberto, **Cultura e política,** p. 108.)

(A) Papai Noel enfrentando a canícula em roupa de esquimó configura uma inadequação cultural.
(B) Da ótica de um tradicionalista, a guitarra elétrica no país do samba é um despropósito.
(C) Entre os representantes do regime de 64, era comum dizer que o povo brasileiro é despreparado e que democracia aqui não passava de uma impropriedade.
(D) Os brasileiros souberam associar o clima tropical a um inusitado estilo de vida, em que se conjugam pouca roupa, muita sensualidade e alegria.
(E) No século XIX comentava-se o abismo entre a fachada liberal do Império, calçada no parlamentarismo inglês, e o regime de trabalho efetivo, que era escravo.

O trecho é crítico em relação a brasileiros e latino-americanos, que "fazemos constantemente a experiência do caráter postiço, inautêntico, imitado da vida cultural que levamos." Note-se que é descrição negativa, que reforça o conceito de falsidade, imitação ou inadequação. A assertiva em A aponta a inadequação da roupa de inverno do Papai Noel no calor da região. B indica o despropósito da guitarra elétrica na terra do samba. C vai contra o senso comum e conceito universalmente aceito de que a democracia é adequada para os povos da região. A alternativa E cita o paradoxo do trabalho escravo convivendo com o regime aparentemente parlamentarista do Império. Somente D destoa, indicando algo positivo, de adaptação do povo ao clima, com sensualidade e alegria.

Gabarito "D".

Leia o texto abaixo para responder às duas questões seguintes.

Não é preciso ser adepto da tradição intelectual para reconhecer os inconvenientes da praxe de preterição do influxo interno, a que falta a convicção não só das teorias, mas também das suas implicações menos próximas, de sua relação com o movimento social conjunto, e da relevância do próprio trabalho e dos assuntos estudados. Percepções e teses notáveis a respeito da cultura do país são decapitadas periodicamente, e problemas a muito custo identificados e assumidos ficam sem o desdobramento que lhes poderia corresponder. O prejuízo acarretado pode se comprovar pela via contrária, lembrando a estatura isolada de uns poucos escritores como Machado de Assis, Mário de Andrade e hoje, Antônio Cândido, cuja qualidade se prende a este ponto.

(SCHWARZ, Roberto, **Cultura e política**, p.110.)

(Fiscal de Tributos/PA – 2002 – ESAF) Em relação às estruturas do texto, assinale a opção incorreta.

(A) A substituição de "a que"(l.3) por **à qual** não acarreta prejuízo à correção gramatical do período.

(B) O emprego de "mas também"(l.4 e 5) é exigência decorrente do emprego de "não só"(l.4).

(C) A estrutura sintática do período em que ocorrem estabelece as seguintes relações de dependência entre os termos:
falta a convicção
• das teorias, (l.4)
• das suas implicações menos próximas (l.5 e 6)
• de sua relação com o movimento social conjunto (l.6 e 7)
• da relevância (l.7)
• dos assuntos estudados(l.8).

(D) Em "a muito custo"(l.11) o "a" funciona como uma preposição.

(E) O emprego do pronome "lhes", em "lhes poderia"(l.12), está empregado de forma proclítica em virtude da presença do "que"(l.12).

De acordo com o texto "falta a convicção: 1) das teorias; 2) das suas implicações menos próximas; 3) de sua relação com o movimento social conjunto; 4) da relevância do próprio trabalho e; 5) dos assuntos estudados".

Gabarito "C".

(Fiscal de Tributos/PA – 2002 – ESAF) Assinale a opção que continua o texto de forma coesa e coerente.

(A) Com aquela praxe de conciliar o estrangeiro com o autóctone, a convivência familiar e estabilizada entre concepções em princípio incompatíveis esteve no centro da inquietação ideológico-moral do Brasil desde sempre.

(B) A certos intelectuais tal herança colonial de preocupar-se apenas com o que vem do próprio país parecia um resíduo que logo seria superado pela marcha desse progresso.

(C) Outros intelectuais viam naquele movimento o país autêntico, o Brasil genuíno, original, o berço a ser protegido e preservado contra imitações absurdas.

(D) A nenhum deles faltou informação nem abertura para a atualidade. Entretanto, souberam retomar criticamente o trabalho dos predecessores, entendido não como peso morto, mas como elemento dinâmico, subjacente às contradições contemporâneas.

(E) Outros ainda desejavam harmonizar esse progresso com trabalho escravo, para não abrir mão de nenhum dos dois, e outros mais consideravam que esta conciliação já existia e era desmoralizante.

(Adaptado de SCHWARZ, Roberto, **Cultura e política.**)

O elemento crítico sempre foi preponderante nas obras dos escritores Machado de Assis, Mário de Andrade e Antônio Cândido.

Gabarito "D".

O texto abaixo serve de base para a questão seguinte.

SONEGAÇÃO Receita pune cartórios

A Receita Federal desencadeou uma série de ações fiscais nos cartórios de registros imobiliários e tabeliões. A devassa começou pelos Estados de Minas Gerais, Paraná e Rio Grande do Sul. Pelo menos 13 ações fiscais já foram concluídas, revelando uma dívida com o Fisco de R$ 3,014 milhões, entre imposto devido, juros e multa sobre operações do ano-calendário 1998. As ações fiscais serão estendidas para outros Estados. Muitos cartórios não declaram corretamente o que recebem em forma de taxas, emolumentos e outros serviços, segundo a Receita. Além disso, outras obrigações estão sendo descumpridas, entre elas a de informar mensalmente as operações imobiliárias. Esse tipo de irregularidade faz com que a Receita perca o controle sobre compra e venda de imóveis.

(**Correio Braziliense**,28/07/2002.)

(Técnico da Receita Federal – 2002.2 – ESAF) Em relação às estruturas do texto, assinale a opção <u>incorreta</u>.

(A) A palavra "devassa"(l.3) está sendo empregada na acepção de processo de investigação que revela as provas de um ato criminoso.

(B) Infere-se do texto que mais de 12 ações fiscais já foram concluídas.

(C) O emprego do presente em "declaram"(l.11), "recebem"(l.12) e "estão"(l.14) permite a inferência de que a informação refere-se apenas aos cartórios cujas ações fiscais ainda não foram concluídas.

(D) Para interpretar a expressão "entre elas a de informar"(l.15) subentende-se a palavra **obrigação**.

(E) Caso a expressão "Esse tipo de irregularidade" (l.16 e 17) fosse substituída por **Essas formas de irregularidade**, o verbo deveria ir para o plural – **fazem** – e a referência seria relativa a todas as irregularidades citadas anteriormente.

Não há informação no texto que permita essa inferência. O sujeito desses verbos é "muitos cartórios".

Gabarito "C"

(Técnico da Receita Federal – 2002.2 – ESAF) Assinale a opção que está de acordo com as ideias do texto.

O principal problema brasileiro, que consiste na retomada da confiança para possibilitar o crescimento, só terá solução possível a partir do momento em que houver um quadro favorável a uma redução substancial dos juros básicos da economia.

Para isso, as reformas tributária e previdenciária são pré-condições estratégicas. A tributária é fundamental para desonerar a indústria e elevar o poder aquisitivo dos salários, proporcionando escala e competitividade que ajudarão na substituição das importações e no crescimento consistente dos saldos positivos na balança comercial.

A previdenciária é imperiosa para construir um sistema auto-sustentável de seguridade social, que concomitantemente invista um grande volume de poupança em projetos produtivos de longo prazo.

(Emerson Kapaz, "Para reverter o pessimismo, **Folha de S.Paulo**, 31/07/2002.)

(A) Os juros básicos da economia, se reduzidos, impulsionariam as reformas tributária e previdenciária.

(B) Um sistema auto-sustentável de seguridade social traria as condições para que o crescimento permita a redução dos juros.

(C) A retomada da confiança para possibilitar o crescimento contribui para promover a elevação dos salários.

(D) Com a desoneração da indústria e com a elevação dos salários, há condições estratégicas para a reforma tributária e para investimentos em projetos produtivos de longo prazo.

(E) As reformas tributária e previdenciária são o passo prévio para favorecer a redução dos juros básicos da economia, e, consequentemente, a retomada da confiança para que haja crescimento.

A e **B:** as reformas tributária e previdenciária são pré-condições para redução de juros (início do segundo parágrafo); **C** e **D:** a reforma tributária desonera a indústria e o poder aquisitivo dos salários (segundo período do segundo parágrafo); **E:** este é o resumo do texto.

Gabarito "E"

(Técnico da Receita Federal – 2002.2 – ESAF) De acordo com as ideias do texto, julgue os itens abaixo para marcar, a seguir, a opção correta. A produção, a socialização, o consumo e as práticas culturais incidem sobre usos diferenciais do espaço e espelham os ritmos desiguais que caracterizam não só as relações entre as classes, mas a dinâmica das gerações e dos grupos de idade, as relações entre os gêneros, os ciclos de vida no trabalho e no lazer. Enfim, conjunto intenso de relações que projetam em um só presente diversas temporalidades, a cidade pode se tornar, também, a expressão de conflitos multifacetados, capazes de oferecer novas possibilidades de apropriação do tecido urbano.

(Marília P. Sposito, **A sociabilidade juvenil e a rua:** novos conflitos e ação coletiva na cidade, com adaptações.)

I. As relações entre as classes, a dinâmica das gerações e dos grupos de idade caracterizam-se por ritmos desiguais espelhados nos usos diferenciais do espaço.

II. A produção, a socialização, o consumo e as práticas culturais relacionam-se com os ciclos de vida no trabalho e no lazer tentando preservar as formas homogêneas dos espaços em que se distribuem.

III. O espaço urbano expressa conflitos multifacetados e abriga um conjunto intenso de relações, que, embora diferenciadas, projetam a influência de diversas temporalidades em um tempo presente.

(A) Todos os itens estão corretos.

(B) Apenas I e II estão corretos.

(C) Apenas I e III estão corretos.

(D) Apenas II e III estão corretos.

(E) Nenhum item está correto.

Ver esquematização do texto:

Esquematização do 1º período:

1) A produção, a socialização, o consumo e as práticas culturais incidem:

1.1) sobre usos diferenciais do espaço

2) A produção, a socialização, o consumo e as práticas culturais espelham:

2.2) os ritmos desiguais que caracterizam:

a) as relações entre as classes

b) a dinâmica

b1) das gerações

b2) dos grupos de idade

c) as relações entre:

c1) os gêneros

c2) os ciclos de vida:

c2.1) no trabalho

c2.2) no lazer

Esquematização do 2º período:

1) Cidade é um conjunto intenso de relações

1.1) relações que projetam em um só presente diversas temporalidades;

2) A cidade pode se tornar a expressão de conflitos multifacetados;

2.2) conflitos capazes de oferecer novas possibilidades de apropriação do tecido urbano.

Gabarito "C"

Leia o texto a seguir para responder a próxima questão.

No passado, para garantir o sucesso de um filho ou de uma filha, bastava conseguir que eles tirassem um diploma de curso superior. Uma vez formados, seriam automaticamente chamados de "doutor" e teriam um salário de classe média para o resto da vida. De uns anos para cá, essa fórmula não funciona mais. Quem pretende garantir o futuro dos filhos, além do curso superior, terá de lhes arrumar um capital inicial. Esse capital deverá ser suficiente para o investimento que gerará um emprego para seu filho. Todo emprego requer investimentos prévios, algo óbvio mas esquecido por nossos políticos e governantes.

(Stephen Kanitz, **VEJA**, 5/6/2002, com adaptações.)

(Técnico da Receita Federal – 2002.2 – ESAF) Marque a opção que não dá continuidade coerente ao texto.

(A) Criar um emprego não é somente oferecer um salário e colocar o indivíduo para trabalhar. Muito antes de contratar um porteiro, é necessário construir uma guarita para alojá-lo.

(B) Alguns dirão chocados: a que ponto chegamos, ter de comprar o próprio emprego! Mas no fundo sempre foi assim. Todos nós precisamos de um capital inicial para começar a trabalhar.

(C) Se não forem os pais a investir no próprio filho, quem será? Quem comprará as máquinas, os equipamentos, o escritório, os computadores para que ele possa começar a trabalhar?

(D) Americanos ganham oito vezes mais que brasileiros não porque trabalham oito vezes mais, mas porque investem muito mais em estoque, máquinas e equipamentos, aumentando brutalmente a produtividade de seus filhos.

(E) Fica evidente que todos os investimentos prévios no combate à miséria devem propor um programa integrado de políticas sociais. Várias propostas apontam as fontes de recursos que, em geral, representam redirecionamentos de outros pagamentos.

A: linhas 10 a 12; **B:** linhas 13 a 15; **C:** linhas 8 a 10; **D:** linhas 8 a 12; **E:** o texto não fala sobre combate à miséria ou de políticas sociais.

Gabarito "E."

(Técnico da Receita Federal – 2002.2 – ESAF) Observe, nos gráficos abaixo, as principais causas de estresse no trabalho e o *ranking* dos países onde elas são mais ou menos severas no universo pesquisado.

Conflito entre chefes e subordinados	Falta de confiança no próprio desempenho	Exaustão física e emocional
+ França China Japão Estados Unidos Alemanha Brasil - Israel	+ Alemanha França Brasil Japão Estados Unidos Israel - China	+ Japão Brasil China Estados Unidos Alemanha França - Israel

Assinale a opção que dá redação coerente e correta a respeito das informações acima.

(A) Embora a falta de confiança no próprio desempenho deixe a França atrás da Alemanha é no conflito entre chefes e subordinados que o Brasil perde para ambas.

(B) Sabendo-se que não é tão afetado pelo conflito entre chefes e subordinados com a exaustão física e emocional em alto grau os Estados Unidos apresente sempre menos pressão trabalhista que aquele país.

(C) Entre a exaustão física e emocional e o conflito entre chefes e subordinados, os Estados Unidos perdem para eles mesmo com a falta de confiança no próprio desempenho.

(D) Entre os países considerados, exceto a China quanto à falta de confiança no próprio desempenho, Israel apresenta os mais baixos níveis de pressão no trabalho, enquanto França, Alemanha e Japão apresentam os mais altos.

(E) Para o Brasil superar o conflito entre chefes e subordinados, com a falta de confiança no próprio desempenho e a exaustão física e emocional, o nosso país fica pouco acima da média quanto à confiança no próprio desempenho.

A: a assertiva é incorreta, pois a França está em melhor situação que a Alemanha, quanto à falta de confiança no próprio desempenho. Além disso, no conflito entre chefes e subordinados, o Brasil está melhor que ambos; **B:** o texto não faz sentido. Parece faltar algum conectivo entre "subordinados" e "com a exaustão". Ademais, faz-se referência a um segundo país, além dos Estados Unidos ("que aquele país"), mas não é possível vislumbrar qual; **C:** não fica claro o significado de "perdem para eles mesmos". De qualquer forma, a situação dos Estados Unidos é melhor quanto à falta de confiança no próprio desempenho, em relação às demais causas de estresse no trabalho, diferentemente do que parece indicar a assertiva; **D:** a assertiva descreve adequadamente as informações constantes do quadro; **E:** a assertiva não é coesa. "Para o Brasil superar..." parece indicar uma solução para o problema, mas que não é trazida ao final do texto. Ademais, o nosso país fica em colocação pior que a média (mais acima, no quadro) quanto à confiança no próprio desempenho.

Gabarito "D."

Max Weber, um dos analistas mais críticos da lógica da história moderna (ou da falta dela), observou que o fenômeno que marcava o nascimento do novo capitalismo era a separação entre atividade econômica e atividade doméstica – em que o doméstico significava a densa rede de direitos e obrigações mútuas mantidas pelas comunidades rurais e urbanas, pelas paróquias ou grupos de artesãos, em que as famílias e vizinhos estavam estreitamente envolvidos. Com essa separação, o mundo dos negócios se aventurou por uma autêntica terra fronteiriça, uma terra de ninguém, livre de problemas morais e restrições legais e pronta a ser subordinada ao código de conduta próprio da empresa. Como já sabemos, essa extraterritorialidade sem precedentes da atividade econômica conduziu a um avanço espetacular da capacidade industrial e a um acréscimo da riqueza. Também sabemos que, durante quase todo o século

XX, essa mesma extraterritorialidade resultou em muita miséria humana, em pobreza e em uma quase inconcebível polarização das oportunidades e níveis de vida da humanidade.

Por último, também sabemos que os Estados modernos, então emergentes, reclamaram essa terra de ninguém que o mundo dos negócios considerava de sua exclusiva propriedade.

(Zygmunt Bauman, O desafio ético da globalização, **Correio Braziliense**, 21/07/2001.)

(Agente Tributário Estadual/MS – 2001 – ESAF) Em relação às ideias do texto, assinale a opção incorreta.

(A) Com a separação entre o mundo dos negócios e o mundo doméstico, houve um grande desenvolvimento industrial e distribuição mais justa da riqueza produzida.

(B) No novo capitalismo há uma separação entre a atividade econômica, ou mundo dos negócios e a atividade doméstica.

(C) No mundo dos negócios predomina o código de conduta próprio da empresa, que é livre de questões morais.

(D) A noção de "extraterritorialidade" se opõe à existência de uma densa rede de direitos e obrigações mútuas, próprias das comunidades menores.

(E) A extraterritorialidade conduziu inicialmente a um avanço industrial e à riqueza, mas posteriormente à pobreza e à desigualdade.

A: ver a frase que se inicia com "essa mesma extraterritorialidade resultou em muita miséria humana..."; **B:** ver a frase "o fenômeno que marcava o nascimento do novo capitalismo era a separação entre atividade econômica e atividade doméstica"; **C:** ver a frase que se inicia com "Com essa separação, o mundo dos negócios se aventurou..."; **D:** A "extraterritorialidade" diz respeito à atividade econômica, que se opõe à atividade doméstica ("densa rede de direitos e obrigações mútuas"); **E:** ver as frases que se iniciam com "Como já sabemos, essa extraterritorialidade sem precedentes...".

Esquematização do texto:

Nascimento do novo capitalismo à separação das atividades: a) econômica; b) doméstica: direitos e obrigações mútuas mantidas pelas comunidades rurais e urbanas. Com a separação à mundo dos negócios à terra de ninguém à riqueza à miséria humana/polarização das oportunidades.

Gabarito "A".

Atualmente, o maior entrave da Justiça brasileira é a morosidade. E, como bem enfatizou Rui Barbosa, justiça protelada é negação da justiça. A falta de agilidade do Judiciário compromete, principalmente, a cidadania plena, uma vez que vivemos em um país onde as desigualdades são históricas e a distribuição da justiça vem-se constituindo como um fator a mais na diferenciação entre os cidadãos, quando todos deveriam ter acesso igualitário à lei, sem privilégios e exceções.

(Carlos Miguel Aidar, Mediação, in Direito e Justiça, **Correio Braziliense**, 16/07/2001.)

(Agente Tributário Estadual/MS – 2001 – ESAF) A ideia central do texto é

(A) Todos deveriam ter acesso igual à justiça.

(B) Vivemos num país em que as desigualdades são históricas.

(C) A distribuição da justiça é fator de diferenciação entre indivíduos.

(D) Rui Barbosa enfatizou que a justiça protelada é a negação da justiça.

(E) A morosidade do judiciário compromete a cidadania plena e a igualdade.

Todas as assertivas apresentam ideias contidas no texto, mas somente a assertiva E apresenta a ideia central.

Esquematização do texto:

Justiça brasileira à morosidade à comprometimento da cidadania plena.

Distribuição da justiça à diferenciação entre os cidadãos.

Gabarito "E".

(Agente Fiscal/PI – 2001 – ESAF) Assinale a opção em que as duas versões do trecho estão gramaticalmente corretas e contêm a mesma informação.

(A) Desde 95, o Governo tenta coibir a elisão fiscal. Uma das brechas consideradas fechadas é a operação de preço de transferência. / O Governo tenta coibir a elisão fiscal desde 95, e a operação de preço de transferência é uma das brechas consideradas fechadas.

(B) Descobriu-se que as filiais de multinacionais no Brasil estavam superfaturando importações ou subfaturando exportações como uma maneira de enviar recursos para suas matrizes sem tributação. / As filiais de multinacionais no Brasil estavam superfaturando importações ou subfaturando exportações, pois uma maneira sem tributação de enviar recursos para suas matrizes foi descoberto.

(C) Casos como o de profissionais que se tornam pessoas jurídicas e são contratados para prestar serviços fazem parte do grupo em relação ao qual também se pretende intensificar a fiscalização. / Os profissionais que são contratados para prestar serviços às pessoas jurídicas são alguns dos casos que fazem parte do grupo que também pretende intensificarem a fiscalização.

(D) Para pagar menos imposto, o contribuinte abre uma empresa e é tributado como pessoa jurídica, pois as alíquotas são menores. / O contribuinte abre uma empresa e é tributado como pessoa jurídica, embora as alíquotas são menores para pagar menos imposto.

(E) Pelo fato de a relação entre o prestador de serviço e a empresa não estabelecer vínculo empregatício, a empresa não fica obrigada a reter encargos sociais e tampouco o Imposto de Renda Retido na Fonte. / A empresa não fica obrigada a reter encargos sociais e tampouco o Imposto de Renda Retido na Fonte, porque não se estabelece vínculo empregatício na relação entre o prestador de serviço e a empresa.

(Itens adaptados de www.estadao.com.br, 4/8/ 2001.)

A conjunção **porque** e o termo **pelo fato de** indicam, da mesma forma, o motivo da ação contida na oração principal.

Gabarito "E".

Nas questões a seguir marque a afirmação que não é verdadeira.

Leia o texto seguinte para responder às questões abaixo:

> Certamente já não é mais possível o ingresso no Refis, salvo nova autorização legislativa. Entretanto, a duração desse programa será muito longa, para não dizer interminável.
>
> Assim, a situação por nós aqui figurada pode dar-se em muitos casos, de sorte que a questão de saber se a adesão do contribuinte ao Programa de Recuperação Fiscal, instituído pela Lei nº 9.964, de 10/4/2000, consubstancia uma transação, tem importante consequência de ordem prática.

(Auditor do Tesouro Municipal/Natal-RN – 2001 – ESAF)

(A) Pode-se suprimir o advérbio "mais" na linha 1, sem prejuízo estilístico ou sintático ao texto.

(B) "de sorte que"(l.6) equivale a **de maneira que**.

(C) A sigla "Refis" termina com a letra "s" porque se refere a um conceito semanticamente plural.

(D) "Entretanto"(l.3) introduz um enunciado que contraria a expectativa criada pelo anterior.

(E) Estaria igualmente correto escrever-se ... **a situação por nós aqui figurada pode-se dar em muitos casos** ... às linhas 5 e 6.

A sigla "Refis" é uma abreviação de "Programa de Recuperação Fiscal". Daí vem a letra s final. As siglas são constituídas das letras iniciais das palavras que compõem seu significado ou partes iniciais formando quase-palavras.

Gabarito "C".

(Auditor do Tesouro Municipal/Natal-RN – 2001 – ESAF)

(A) "salvo"(l.2) pode ser apropriadamente substituído por **exceto**, sem necessidade de qualquer outra alteração no respectivo período.

(B) A expressão "autorização legislativa"(l.2 e 3) refere-se genericamente a lei ou qualquer ordenamento jurídico.

(C) Toda a sequência [a adesão do contribuinte ao Programa de Recuperação Fiscal,] (l.7 e 8) constitui sujeito de "consubstancia".

(D) O uso da vírgula após "dar-se em muitos casos... ..."(l.6) tem motivação sintática.

(E) A palavra "figurada"(l.5) pode ser adequadamente substituída por "descrita" e "analisada".

A substituição de salvo no período "Certamente já não é mais possível o ingresso no Refis, salvo nova autorização legislativa." por exceto acarreta alterações: "Certamente já não é mais possível o ingresso no Refis, exceto se houver nova autorização legislativa."

Gabarito "A".

2. REDAÇÃO

(Auditor Fiscal da Receita Federal – 2010 – ESAF) Os trechos abaixo constituem um texto adaptado do Editorial do jornal *O Globo*, de 26/8/2009. Assinale a opção em que o segmento está gramaticalmente correto.

(A) Quando se trata de enfrentar a ameaça das mudanças climáticas à Humanidade, junta-se notícias apavorantes, desempenho pífio da maioria dos países e pequenos avanços, configurando um quadro de urgência e de angústia.

(B) No Ártico, a temperatura da água está quase 5 graus em cima do normal.Todas as expectativas convergem para a Conferência sobre Mudança Climática da ONU, em dezembro, em Copenhague, na Dinamarca.

(C) Uma coisa é ter noção de que a temperatura dos oceanos está subindo. Outra é ficar sabendo, pelo Centro Nacional de Dados Climáticos, dos EUA, que a temperatura média dos oceanos em julho — 17 graus — bateram recorde em 130 anos de monitoramento.

(D) Uma coisa é o mundo ser informado de que as geleiras estão se derretendo num ritmo assustador. Outra coisa é tomar conhecimento da primeira estação de esqui do mundo a sucumbir ao aquecimento global: o Glaciar Chacaltaya, na Bolívia, importante contribuinte da bacia que abastece de água La Paz.

(E) Até lá, é preciso que cada um faça mais que sua parte. No Brasil, o setor privado lhe mobiliza e empresários se comprometeram, no encontro "Brasil e as mudanças climáticas", a publicar anualmente o inventário de suas empresas das emissões de gases que provocam efeito estufa e as ações adotadas para reduzi-las.

A: no trecho "juntam-se notícias apavorantes", o *se* é pronome apassivador. O verbo deve concordar com o sujeito da ativa ["notícias apavorantes"]; **B:** "5 graus **acima** do normal". A locação "em cima" se refere a lugar, a parte superior de alguma coisa; **C:** atentar à concordância do sujeito e do verbo ("a temperatura média [...] **bateu**"); **E:** a redação dessa assertiva está totalmente confusa. É necessário reescrevê-la: "No Brasil, o setor privado se mobiliza. Empresários se comprometeram, no encontro, a publicar anualmente o inventário de suas empresas, referente a emissões de gases que provocam efeito estuda e as ações adotadas a fim de reduzir essas emissões."

Gabarito "D".

(Técnico da Receita Federal – 2006 – ESAF) Indique o segmento que, inserido nas linhas em branco, preserva a correção gramatical e as qualidades linguísticas do trecho abaixo.

> Espécie de grande homem pelo avesso, Antonio Conselheiro reunia no misticismo doentio todos os erros e superstições que formam o coeficiente de redução da nossa nacionalidade. ________
>
> ____
>
> ____ Favorecia-o o meio e ele realizava, às vezes, o absurdo de ser útil. Obedecia à finalidade irresistível de velhos impulsos ancestrais; e jugulado por ela espelhava em todos os atos a placabilidade de um evangelista incomparável.
>
> (*Euclides da Cunha*, **Os sertões**)

(A) Arrastava o povo sertanejo não porque lhe dominava; mas porque o dominavam as aberrações daquele.

(B) Arrastava o povo sertanejo não porque o dominasse, mas porque o dominavam as suas aberrações.

(C) Arrastava o povo sertanejo não porque lhe dominava, mas porque lhe dominavam as aberrações deste.

(D) Arrastava o povo sertanejo não porque o dominasse, mas porque o dominavam as aberrações daquele.

(E) Arrastava o povo sertanejo não porque o dominasse, mas porque lhe dominavam as aberrações dele.

"(...) Antonio Conselheiro reunia no misticismo doentio todos os erros e superstições (...). [*Antonio Conselheiro*] Arrastava o povo sertanejo não porque o [*pronome pessoal do caso oblíquo; objeto direto do verbo dominar – o povo sertanejo*] dominasse, mas porque o [*pronome pessoal do caso oblíquo; objeto direto do verbo dominar – o povo sertanejo*] dominavam as aberrações daquele [*de Antonio Conselheiro – As aberrações de Antonio Conselheiro dominavam o povo sertanejo.*]"

Gabarito "D".

(Técnico – ANEEL – 2009 – ESAF) Os fragmentos abaixo foram adaptados do texto **Crescer, mas com equidade**, de Luciano Coutinho, publicado na Folha de S. Paulo, de 19 de fevereiro de 2006. Ordene-os para que componham um texto coerente e coeso.

(1) A possibilidade de retomar crescimento acelerado, com juros muito mais baixos e com firme elevação da taxa de investimento, pode abrir novas perspectivas para tal crescimento.

(2) Não há no mundo sistema socioeconômico tão desigual, com nível de renda *per capita* semelhante ao nosso: o crescimento pífio produziu mobilidade social descendente, queda do emprego formal e explosão da informalidade.

(3) Mas se um crescimento rápido viabiliza a expansão da renda e do emprego formal, como é sabido pela nossa experiência nos anos 70, ele não garante a distribuição mais abrangente de benefícios.

(4) Isso, combinado com a sustentação de juros reais elevadíssimos no circuito da dívida pública, agravou ainda mais a concentração de renda (tornando efêmeros os ganhos distributivos da estabilidade monetária).

A ordem obtida foi

(A) (1) (3) (4) (2)
(B) (1) (4) (3) (2)
(C) (2) (1) (4) (3)
(D) (2) (1) (3) (4)
(E) (3) (1) (4) (2)

(Redação) E: correta. O item 3 introduz a ideia de que o crescimento rápido viabiliza a expansão de renda e destaca que tal expansão não é garantia para uma distribuição mais abrangente de benefícios (é importante observar que essa abordagem é desenvolvida nos demais trechos). O item 2 mantém a continuidade da passagem anterior, desenvolvendo a ideia de uma retomada do crescimento. No início do item 4, o pronome demonstrativo <u>isso</u> retoma "com juros muito mais baixos e com firme elevação da taxa de investimento, pode abrir novas perspectivas para tal crescimento" e destaca o agravamento da concentração de renda, esta, por sua vez, é apresentada na passagem 2 como o principal motivo para a desigualdade do sistema socioeconômico brasileiro.

Gabarito "E".

(Técnico da Receita Federal – 2006 – ESAF) Lê-se no Manual de Redação da Presidência da República: **onde** Como pronome relativo significa 'em que (lugar)': A cidade onde nasceu. Com base nessa definição e nas demais funções morfossintáticas que o termo onde pode desempenhar, aponte a frase na qual o emprego de tal termo está incorreto.

(A) (...) o método utilizado pode afastar os auditores, pela falta de estrutura, da descoberta dos grandes esquemas de corrupção. Porque ele está muito voltado a atender à grande novidade inventada por Waldir Pires, os sorteios dos municípios. Ali, faz-se uma auditoria por amostragem, onde pegar um grande esquema dependerá, como tudo num sorteio, da sorte.

(B) O Portal de Transparência é até onde a CGU conseguiu tornar possível a sua ideia de tornar público o Sistema Integrado de Administração Financeira (...).

(C) "Cultura" é um termo quase infinitamente maleável. (...). Sua origem ou, pelo menos, até onde se possa saber, seu sentido primitivo parece se relacionar com a criação, descoberta ou invenção da agricultra (...).

(D) Passada a euforia da libertação, muitos ex-escravos regressaram a suas fazendas, ou a fazendas vizinhas; para retomar o trabalho por baixo salário. Dezenas de anos após a abolição, os descendentes de escravos ainda viviam, nas fazendas, uma vida pouco melhor do que a de seus antepassados escravos. Outros dirigiram-se às cidades, como o Rio de Janeiro, onde foram engrossar a grande parcela da população sem emprego fixo.

(E) Onde havia dinamismo econômico provocado pela expansão do café, como em São Paulo, os novos empregos, tanto na agricultura como na indústria, foram ocupados por milhares de imigrantes italianos que o governo atraía para o país. Lá, os ex-escravos foram expulsos ou relegados aos trabalhos mais brutos e mais mal pagos.

(Fontes: Rudolfo Lago, **Correio Braziliense**, 24/10/2005; Nelson Archer, **Relativismo cultural e multiculturalimo**, FSP, 31/10/2005; José Murilo de Carvalho, **Cidadania no Brasil**: o longo caminho, pág.52)

As alternativas B, D e E indicam explicitamente o lugar a que se refere o pronome relativo *onde*: "Portal da Transparência" (B); "Rio de Janeiro" (D) e "São Paulo" (E). Na alternativa C refere-se a lugar a palavra *origem*. Já na alternativa A usou-se incorretamente o pronome *onde* para se referir a "auditoria por amostragem".

Gabarito "A".

(Técnico da Receita Federal – 2006 – ESAF) Assinale a opção que preenche corretamente as lacunas do texto.

É clara a relação __1__ endividamento e as expectativas __2__ futuro da economia, tendo o endividamento aumentado de 28,3% para 31,9% – ou seja, 3,6 pontos – o porcentual __3__ se declaram endividados. É o nível de endividamento mais alto desde julho de 2003 e confirma a avaliação dos analistas __4__ o motor da recuperação é o crédito, mais __5__ renda. Daí o temor dos especialistas da FGV quanto ao risco de aumento da inadimplência.

(**O Estado de S. Paulo**, 04/10/2005, Editorial)

	1	2	3	4	5
(A)	do	com o	de quem	que	que
(B)	entre	quanto ao	dos que	de que	do que a
(C)	com	pelo	daqueles	que	qual da
(D)	de	relativas ao	dos quais	de	pela
(E)	sobre	do	que	cujo	de

Texto reescrito com observações: "É clara a relação entre (B) [*preposições possíveis: a; (para) com...entre; para com; entre; de...para*) endividamento e as expectativas quanto ao (B) futuro da economia, tendo o endividamento aumentado de 28,3% para 31,9% – ou seja, 3,6 pontos – o porcentual dos que (B) / daqueles que (C) se declaram endividados. É o nível de endividamento mais alto desde julho de 2003 e confirma a avaliação dos analistas de que (B) o motor da recuperação é o crédito, mais do que a (B) renda. Daí o temor dos especialistas da FGV quanto ao risco de aumento da inadimplência."

Gabarito "B"

(Técnico da Receita Federal – 2006 – ESAF) Assinale a opção que preenche corretamente as lacunas do texto.

A ideia de responsabilidade social, __1__ não seja nova, ganhou notoriedade quando a deterioração dos ecossistemas, provocada pela poluição, estimulou o debate __2__ benefícios e malefícios da sociedade industrial. Parece evidente que as consequências indesejáveis da industrialização aguçaram a consciência ecológica de certos segmentos sociais e motivaram o surgimento de grupos de ativistas que se propuseram a combater o comportamento ecologicamente irresponsável de certas empresas e ramos de negócios, __3__ os madeireiros, os caçadores de baleias, a indústria de pele de animais, as empresas petrolíferas e organizações que trabalham com materiais radioativos, entre outras. O princípio da responsabilidade social se baseia na premissa de que as organizações são instituições sociais porque foram socialmente legitimadas. __4__, as empresas são depositárias dos recursos sociais e afetam a qualidade de vida da sociedade; __5__, por isso mesmo, a obrigação de agir segundo os interesses da sociedade, devendo prestar contas de suas ações a ela.

(Adaptado de Carlos Eugênio Friedrich Barreto – http://www2.uerj.br/~labore/cquestoesc/sociedade_2-main.htm)

	1	2	3	4	5
(A)	talvez	a cerca dos	quais sejam	Apesar	disso assim
(B)	embora	sobre	os como	Assim sendo	têm
(C)	certamente	cerca dos	tais como	Diante disso	detém
(D)	caso	sob os	sejam	Comparativamente	tem
(E)	como	em relação aos	seja	Em decorrência	recebem

"A ideia de responsabilidade social, embora [*as alternativas A, C, D e E já não se encaixam nessa lacuna sem que sejam feitas alterações. Já temos a alternativa B como resposta.*] não seja nova, ganhou notoriedade quando a deterioração dos ecossistemas (...) estimulou o debate sobre os (B) / em relação aos (E) benefícios e malefícios da sociedade industrial. Parece evidente que as consequencias indesejáveis da industrialização aguçaram a consciência ecológica de certos segmentos sociais e motivaram o surgimento de grupos de ativistas que se propuseram a combater o comportamento ecologicamente irresponsável de certas empresas e ramos de negócios, como (B), tais como (C) os madeireiros, os caçadores de baleias (...) entre outras. O princípio da responsabilidade social se baseia na premissa de que as organizações são instituições sociais porque foram socialmente legitimadas. Assim sendo (B) / Diante disso (C), as empresas são depositárias dos recursos sociais e afetam a qualidade de vida da sociedade; têm (B) [*Nessa quinta lacuna é necessário um verbo, caso contrário o período ficaria sem sentido. Devemos observar que o verbo tem que estar no plural, pois seu sujeito ("as empresas") está no plural. Assim sendo, excluem-se as alternativas: A, C e D.*], por isso mesmo, a obrigação de agir segundo os interesses da sociedade, devendo prestar contas de suas ações a ela."

Gabarito "B"

(Técnico da Receita Federal – 2006 – ESAF) Assinale a opção que preenche corretamente as lacunas do texto.

Talvez, na história da sociedade industrial, a mais antiga manifestação de cumprimento da responsabilidade social empresarial __1__ expressa pelos direitos dos trabalhadores assegurados pela legislação trabalhista e seguridade social. Em cada país, __2__ sua história de luta política das organizações trabalhistas, de participação dos partidos políticos e de interveniência do Estado – ou __3__ de ações conjugadas entre os três – essa história de conquistas, muitas vezes marcada pela violência, fruto da intransigência da classe dominante, e também, __4__ marcada por manifestações de radicalismo ideológico dos próprios trabalhadores, foi sendo construída ao longo do tempo.

(Carlos Eugênio Friedrich Barreto -http://www2.uerj.br/~labore/cquestoesc/sociedade_2-main.htm)

	1	2	3	4
(A)	é	de acordo com	ou	com mesmo
(B)	seja	em relação a	mesmo com	mesmo
(C)	tenha sido	conforme a	até mesmo	outras vezes
(D)	será	diante de	seja	cada vez
(E)	tendo sido	frente a	diante	certa vez

"<u>Talvez</u> (...) a mais antiga manifestação (...) tenha sido [*o advérbio talvez nos dá a dica de que deve ser usado um verbo no subjuntivo. Usamos o "tenha sido" que está no pretérito perfeito do subjuntivo. Excluem-se as alternativas A, D e E.*] expressa pelos direitos dos trabalhadores (...). Em cada país, **de acordo com** (A) / conforme a (C) / [*conjunção conformativa*] sua história de luta política das organizações trabalhistas, de participação dos partidos políticos e de interveniência do Estado – ou até mesmo [*exclui-se a alternativa B, pois não é possível usá-la sem que sejam feitas alterações no* *período*] de ações conjugadas entre os três – essa história de conquistas, muitas vezes marcada pela violência, (...) e também, outras vezes marcada por manifestações de radicalismo ideológico dos próprios trabalhadores, foi sendo construída ao longo do tempo.

Gabarito "C"

(Técnico da Receita Federal – 2006 – ESAF) Indique a opção que preenche com as formas gramaticalmente corretas as lacunas do trecho.

Numa economia industrial, a inversão faz crescer diretamente a renda da coletividade em quantidade idêntica __1__. A inversão feita numa economia __2__ é fenômeno inteiramente diverso. A mão de obra escrava pode ser comparada às instalações de uma fábrica: a inversão consiste na compra do escravo, e sua manutenção representa custos fixos. __3__ a fábrica ou o escravo trabalhando ou não, os gastos de manutenção __4__.

(*Celso Furtado,* **Formação econômica do Brasil**, *com adaptações*)

	1	2	3	4
(A)	a si mesma	exportadora--escravocrata	Esteja	terão de ser dispendidos
(B)	a si própria	exportadora--escravista	Estejam	terão de ser dispendidos
(C)	a ela mesma	exportadora--escravista	Esteja	terão de ser despendidos
(D)	consigo mesma	exportadora--escravagista	Estejam	terão de ser despendidos
(E)	consigo própria	exportadora--escravagista	Estando	terão de ser dispendiosos

"Numa economia industrial, a inversão faz crescer diretamente a renda da coletividade em quantidade idêntica **a ela mesma**. A inversão feita numa economia **exportadora-escravista** é fenômeno inteiramente diverso. A mão de obra escrava pode ser comparada às instalações de uma fábrica: a inversão consiste na compra do escravo, e sua manutenção representa custos fixos. **Esteja** [*verbo no singular, pois a conjunção ou, nesse caso, tem valor excludente. Eliminada a alternativa D.*] a fábrica ou o escravo trabalhando ou não, os gastos de manutenção **terão de ser despendidos** [*observar que despender significa fazer despesas, dispêndios. Embora exista a palavra dispendioso (aquilo que exige muito dispêndio; que dá despesa) não existe o verbo "dispender". Excluem-se as alternativas A, B e E.*]"

Gabarito "C"

(Técnico da Receita Federal – 2006 – ESAF) Assinale a opção que corresponde a erro gramatical.

McLuhan foi certeiro ao antever a vida globalizada de hoje, na qual a palavra, **senão(1)** perdeu de todo a potência, tornou-se uma espécie de valise, estrutura vazia que carrega todos os sentidos e que, **por isso(2)**, forma uma grande poeira de signifi cados, evocando assim as confi gurações cósmicas. McLuhan estava cheio de razão quando dizia que a tecnologia, **em vez de(3)** ser algo que paira acima de nós e que está sempre **à(4)** nossa disposição, tornou-se, ao contrário, uma extensão do corpo, seu prolongamento – e por isso o afeta, moldando também as mentes que o gerem. Com a revolução da tecnologia eletrônica, **não são só(5)** os meios que se transformaram, mas o próprio homem entrou em metamorfose. É o mundo em mutação constante previsto pelos escritores de ficção científica e pelos revolucionários radicais.

(Adaptado de José Castello
http://nominimo.ibest.com. br/notitia)

(A) 1
(B) 2
(C) 3
(D) 4
(E) 5

"McLuhan foi certeiro ao antever a vida globalizada de hoje, na qual a palavra, **se não** [indica alternância] perdeu de todo a potência, tornou-se espécie de valise".

Gabarito "A"

(Técnico da Receita Federal – 2006 – ESAF) Assinale a opção em que inexiste erro de natureza gramatical e/ou linguística.

(A) Um dos grandes impulsionadores de mudanças são os gestores urbanos que adotam a forma incrementalista de atuação e agem, associados ou não a empresas imobiliárias, no intuito de alterar usos da terra urbana ou de ampliar fisicamente os limites da cidade.
(B) A cidade também apresenta fixos com permanência, nos quais não se alteram mesmo ao longo de processos seculares, e é por isso que algumas cidades apresentam feições históricas, preservadas como testemunhas de culturas passadas, ultimamente "tombadas como patrimônios históricos da humanidade".
(C) Aparentemente, as cidades parecem apresentar maior densidade de fixos, pois o caráter de mudanças e transformações não é capturado ao longo de uma mesma geração social, ou se percebe apenas aquelas mudanças de maior impacto, como derrubada de velhas fábricas nas quais se constroem modernos centros de compras.
(D) A cidade, como construto socioespacial, reveste--se de caráter cambiante conforme a atuação das forças que impulsionam o processo de urbanização. Daí por que, no decurso de algumas dezenas de anos, certos "fixos urbanos" poderão não resistir à pressões da sociedade, emergindo estruturas novas a partir de intervenções nos antigos cascos da cidade.
(E) Nessa ação incremental de governo tem papel de destaque um amplo trabalho de *marketing* político sob a hégide da "ideologia da casa própria" e a partir da doação de terreno e uso constante dos meios de comunicação de massa anunciando as diferentes estratégias de acesso a lotes.

(*Aldo Paviani,* **A realidade da metrópole: mudança ou transformação na cidade?**, *com adaptações.*)

A: assertiva correta; **B:** "os quais não se alteram mesmo ao longo de processos seculares, e é por isso que algumas cidades apresentam feições históricas, preservadas como testemunhas de culturas passadas, ultimamente [retirar aspas] tombadas como [colocar aspas] 'patrimônios históricos da humanidade'."; **C:** "não é capturado ao longo de uma mesma geração social [retirar vírgula] ou se percebem [verbo no plural concorda com 'aquelas mudanças'] apenas aquelas mudanças de maior impacto"; **D:** "poderão não resistir a [preposição] pressões da sociedade"; **E:** "trabalho de *marketing* político sob a égide [ortografia]".

Gabarito "A".

(Auditor Fiscal da Receita Federal – 2005 – ESAF) Leia o texto para responder à questão seguinte.

Olhamos e não vemos. Não conseguimos olhar nada pela primeira vez. Já o primeiro olhar é preconceituoso – dá informação falsa ou verdadeira, mas sempre pré-fabricada, anterior ao ato de olhar. O economista cheio de teorias pensa que sabe o remédio para a inflação, a origem da miséria, o segredo da estabilidade e quanto desaforo a democracia aguenta. Erra como o médico, o astrônomo ou o caixa que aceita o cheque do homem elegante, de terno e cabelo com brilhantina que parece ser rico, mas é estelionatário.

Só que no caso do economista, não é apenas o paciente que fica com dor de cabeça, ou mais um cheque sem fundo. São 10% de desempregados. Um deles acaba apontando um revólver para a sua cabeça. Nada é visto pela primeira vez. Ninguém olha atentamente como as corujas, antes de propor ou piar.

(João Sayad. **A primeira vez.** Revista TAM, julho de 2005, com adaptações.)

Assinale o esquema que representa corretamente a estrutura sintático-semântica do período sintático retirado do texto (desconsidere a pontuação e as letras maiúsculas).

(A) (ℓ.1 e 2) o primeiro olhar → é preconceituoso
→ dá informação → falsa
→ ou verdadeira
→ mas sempre pré-fabricada

(B) (ℓ.2 e 3) O economista → cheio de teorias
→ pensa que sabe o remédio para → a inflação
→ a origem da miséria
→ o segredo da estabilidade
→ e quanto desaforo ...

(C) (ℓ.4) Erra como → o médico
→ o astrônomo
→ ou o caixa
→ que aceita o cheque do homem elegante

(D) (ℓ.6) não é apenas o paciente que → fica com dor de cabeça
→ ou mais um cheque sem fundo

(E) (ℓ.7 e 8) São 10% de desempregados → Um deles acaba apontando → um revólver
→ para a sua cabeça
→ Nada é visto pela primeira vez
→ Ninguém olha atentamente como....

O esquema que representa a estrutura sintático-semântica está correto.
B: O economista:
1) cheio de teorias
2) pensa que sabe: a) o remédio para a inflação; b) a origem da miséria; c) o segredo da estabilidade; d) e quanto desaforo...
C: Erra como:
1) o médico;
2) o astrônomo;
3) ou o caixa: a) que aceita o cheque...
D: não é apenas:
1) o paciente que fica com dor de cabeça;
2) ou mais um cheque sem fundo.
E: Trata-se de orações independentes.

Gabarito "A".

(Auditor Fiscal da Receita Federal – 2005 – ESAF) Preservam-se a coerência da argumentação e a correção gramatical ao se substituir "desacreditaram a utopia iluminista" (l.4) por

(A) fez desacreditar a utopia iluminista.
(B) desacreditaram-na.
(C) tornaram desacreditada a utopia iluminista.
(D) desacreditaram-se da utopia iluminista.
(E) foi desacreditada para a utopia iluminista.

A: a "diferenciação" e a "desconexão" fizeram [plural] da utopia iluminista algo desacelerado; **B:** "utopia iluminista" ainda não foi citada no texto, o que impede sua substituição pelo pronome "-na". **C:** assertiva correta; **D** e **E:** a "diferenciação" e a "desconexão" não se desacreditaram, nem foram [plural] desacreditadas.

Gabarito "C".

(Auditor Fiscal da Receita Federal – 2005 – ESAF) Os trechos abaixo constituem um texto, mas estão desordenados. Ordene-os nos parênteses e indique a sequência correta.

( ) Principalmente porque, com recursos parcos e uma formação basicamente literária, ele anteviu o mundo em que vivemos, no qual as palavras se evaporam e se dispersam em redes virtuais, as ideias circulam em direções caóticas e a noção de sentido, quer dizer, de uma direção e de um futuro, se perde num presente em abismo.

( ) E no qual, enfim, depois de séculos de hostilidade e de enclausuramento, o homem se veria dissolvido em uma grande colcha democrática, capaz de abrigar a todos, sem lugares fixos e sem destinos rígidos, um mundo, por fim, em que poderíamos compartilhar uma mesma experiência.

( ) Profeta da morte da imprensa e do fim de um mundo linear e geométrico, ele antecipou, já nos anos 50 e 60, a chegada de um novo mundo unificado, na forma de grande teia, e gerido por uma espécie de alma supra-pessoal.

( ) Nascido em 1911, em Edmonton, Canadá, Herbert Marshall McLuhan foi, afora erros e acertos de suas hipóteses, um pensador genial.

( ) Previa McLuhan que, nesse novo mundo unificado da mídia que estava a se afirmar, os homens se veriam imersos em uma grande malha global, um mundo devassado, sobreposto e instantâneo, no qual as ideias se dissolveriam e as diferenças se anulariam – exatamente como na cultura pop que ele mesmo via nascer.

(Adaptado de José Castello. http://nominimo.ibest.com.br/notitia*)*

(A) 5º, 3º, 2º, 1º, 4º
(B) 2º, 5º, 3º, 1º, 4º
(C) 3º, 2º, 4º, 5º, 1º
(D) 4º, 1º, 5º, 3º, 2º
(E) 1º, 4º, 2º, 5º, 3º

4: Nascido em 1911, (...) McLuhan foi (...) um pensador genial [*esse primeiro trecho apresenta o assunto que será tratado*]. **1:** Principalmente porque, com recursos parcos e uma formação basicamente literária, ele [McLuhan – esse trecho certamente teria que aparecer depois de um outro que já tenha mencionado McLuhan] anteviu o mundo em que vivemos (...). **3:** Profeta da morte (...), ele antecipou (...) a chegada de um novo mundo unificado, na forma de grande teia, e gerido por uma espécie de alma suprapessoal. **5:** Previa McLuhan que, nesse novo mundo unificado da mídia que estava a se afirmar, os homens se veriam imersos em uma grande malha global (...). **2:** E no qual, enfim, (...), o homem se veria dissolvido em uma grande colcha democrática, capaz de abrigar a todos, sem lugares fixos e sem destinos rígidos, um mundo, por fim [*enfim* e *por fim são marcadores de conclusão – dão a sinalização de que se trata do último trecho*], em que poderíamos compartilhar uma mesma experiência.

Gabarito "B".

(Auditor Fiscal da Receita Federal – 2005 – ESAF) Os fragmentos abaixo foram adaptados do texto **O sentido do som**, de Leonardo Sá, para compor três itens. Julgue-os quanto ao respeito às regras gramaticais do padrão culto da língua portuguesa para assinalar a opção correta a seguir.

I. A ausência de discurso é silêncio. O silêncio enquanto formador do discurso expressivo e entendido em sua forma dinâmica, em contraposição aquele que corresponde à ausência de discurso, ganha amplitude a gravidade quando passa a ser o perfil de comportamento, isto é, quando passa a ser uma atitude assumida por (e imposta a) segmentos sociais que não "discursam", mas que apenas silenciam, que exercem a expressão em dimensão mínima e deixam projetarem-se no discurso de outrem como sendo o seu discurso.

II. Em um contexto como o do Brasil, no qual há uma perversa concentração de privilégios, e no qual o acesso aos meios disponíveis é restrito, outra vez coloca-se a questão que abordamos ao falar dos silêncios: apenas alguns segmentos sociais "emitem", enquanto amplas maiorias tornam-se "silenciosas", resultando daí que as imagens acústicas encontram suporte em meios que, por razões tecnológicas e culturais, são inacessíveis às massas.

III. Por conseguinte, esse monólogo passa a gerar imagens sobre si mesmo, imagens de imagens, sem diálogo, produtos fortuitos que a indústria da cultura massifica, difunde, impõe, substitui, esquece, retoma, redimensiona, rejeita e reinventa.... As razões do "silêncio", portanto, são também razões sociais e econômicas. Neste silêncio, o que se absorve não são apenas imagens, mas também o imaginário em seu conjunto pré-delimitado, um imaginário que não identifica as fontes de suas imagens, que nem sequer se preocupa em identificá-las, que aos poucos as esquece.

Estão respeitadas as regras gramaticais apenas

(A) no item I.
(B) nos itens I e II.
(C) no item II.
(D) nos itens II e III.
(E) no item III.

I: "A ausência de discurso é silêncio. O silêncio enquanto formador do discurso expressivo e entendido em sua forma dinâmica, em contraposição **àquele** que corresponde à ausência de discurso, ganha amplitude e gravidade quando passa a ser o perfil de comportamento, isto é, quando passa a ser uma atitude assumida por (e imposta a) segmentos sociais que não 'discursam', mas que apenas silenciam, **que** exercem a expressão em dimensão mínima e se **deixam** projetar no discurso de outrem como sendo o seu discurso."

Gabarito "D".

(Analista – ANEEL – 2006 – ESAF) O texto abaixo apresenta cinco segmentos sublinhados, identificados com letras de (a) a (e). Em cada opção, encontra-se uma reescritura do respectivo segmento sublinhado. Assinale a única reescritura que atende aos requisitos da norma padrão da língua escrita e às exigências textuais de coesão e coerência.

Pesquisas mostram que hoje a honestidade é um dos principais critérios de avaliação quando os cidadãos escolhem candidatos em eleições. Há quem diga com alguma razão que a distinção honesto/desonesto substituiu as antigas guerras ideológicas entre esquerda e direita, (a) cujas fronteiras se confundiram diante da onda de pragmatismo na política. Seja como for, é fato que existe um mercado político em torno da demanda por mais honestidade. (b) O discurso anticorrupção tomou conta dos debates não somente na época das eleições. O tema da corrupção é manejado com facilidade por integrantes de todo o espectro ideológico, da esquerda à direita. (c) Para os primeiros, a corrupção é a captura do Estado, para os últimos é sinal da deterioração moral da sociedade. Também influencia as discussões sobre políticas públicas e as finanças do Estado. (d) Diante da escassez de recursos novos e do comprometimento dos orçamentos públicos com gastos programados, a discussão na área de políticas públicas gira basicamente em torno da questão da qualidade dos gastos comprometidos. (e) Ora, a qualidade dos gastos públicos está intimamente ligada a problemas de desperdício e desvio de recursos em benefício próprio, portanto, à corrupção.

(Bruno Wilhem Speck, "Porque a corrupção tornou-se uma doença". **Pensa/CB,** 4 jun. 2005, p. 4)

(A) cujos os limites ficaram tênues em virtude da maré de pragmatismo que tomou conta da política.

(B) clamar pela ética passou a ser um tópico presente na agenda do país não apenas em períodos de eleição.

(C) sendo a corrupção, para os esquerdistas, um ato de usurpação do Estado; para a direita ela é índice da decadência moral da sociedade.

(D) face a insuficiência de dinheiro novo com o contingenciamento dos orçamentos públicos com despesas vinculadas.

(E) pois, o modo como se gasta o dinheiro público, tem relação estreita com questões de gastança desenfreada e recursos direcionados para destinatários indevidos, por conseguinte, para a malversação.

(Reescrita) O gabarito traz como alternativa correta a única que não reproduz por completo e de maneira coesa o conteúdo do texto original. É possível que se trate de um erro de gabarito ligado ao enunciado: a alternativa que deveria ser assinalada é a única incorreta, e não a correta. A letra B não carrega na sua reescrita os detalhes e pormenores do original. No texto, a luta contra a corrupção é tratada como um recurso dos meios políticos, uma espécie de ferramenta discursiva e não um puro desejo de ética.

Gabarito "B"

(Analista – ANEEL – 2006 – ESAF) Estão transcritos abaixo trechos do artigo "O Brasil tem futuro?", de Jaime Pinsky. Assinale a opção que apresenta a paráfrase do segmento sublinhado que atende a estes dois requisitos: 1) mantém o sentido original e 2) constrói-se em linguagem escorreita.

(A) A pergunta cabe: nosso país tem futuro? Podemos, de fato, acreditar num Brasil diferente e melhor do que temos? Ou estamos condenados a servir de lastro para as naves do progresso que insistem em não se fixar por aqui?
Ou estamos fadados a ser o peso morto que se alija das embarcações que para cá insistem em arribar, trazendo o progresso para nossos portos?

(B) Trata-se de pensar se o Brasil tem chances de chegar entre os mais bem colocados no campeonato mundial de desenvolvimento, justiça social, infraestrutura, saúde e educação de qualidade para todos, estradas decentes, cidades organizadas, respeito ao cidadão e respeito do cidadão pelo coletivo.
É o caso de se cogitar se nosso país disporá das oportunidades para estar entre os países campeões de desenvolvimento, ...

(C) Os brasileiros, quem somos, afinal? Uma turma de explorados pelo capital internacional, um povo sem vocação para o capitalismo moderno, um bando de incompetentes hipócritas, uma cambada de salafrários hipócritas, um grupo irreversível de desunidos?
Cabe perguntar sobre a identidade que no final iremos assumir.

(D) Nossa inconsequência e baixo sentido de cidadania fazem com que sejamos radicais no discurso a respeito de temas sobre os quais temos pouca possibilidade de interferir, mas não passemos de comodistas com relação a situações cotidianas sobre as quais temos condições (além de direito e dever) de modificar.
... quando tratemos de assuntos cuja possibilidade de interferência a temos pouca, ...

(E) Mudanças ocorrem não por acaso, mas como fruto de vontade forte. Uma lembrança histórica: a escravidão se manteve no Brasil até quase o final do século 19 não apenas por que assim o desejavam meia dúzia de grandes latifundiários, mas por que estava largamente espalhada pelo país.
... devido não apenas à vontade de um pequeno grupo de proprietários de terras, mas também porque se alastrara por todos lugares.

(**Correio Braziliense,** 8 jan. 2006, p. 17)

(Reescrita) A: incorreta, pois a reformulação traz vocabulário bastante rebuscado e uma estrutura preciosa que está em desacordo com os padrões textuais previamente estabelecidos. O texto peca pelo exagero. Para a apreciação mais exata do vocabulário da reescrita, sugere-se a consulta ao dicionário; **B:** correta, pois o item apresenta estrutura e vocabulários adequados à situação inicial; **C:** incorreta, pois o item resume em forma indireta as diversas questões propostas. A rescrita perde força argumentativa e detalhamento e não transmite inteiramente todas as nuances que o texto original busca ressaltar; **D:** incorreta, pois o pronome "cuja" é usado para unir duas orações, a principal e a subordinada adjetiva, estabelecendo uma relação de sentido entre elas. A segunda deve qualificar um termo da primeira a partir da relação sintática da preposição "de", o que não ocorre. Uma reescrita correta seria "quando tratamos de assuntos em que temos pouca possibilidade de interferência; **E:** incorreta, pois grandes latifundiários é uma expressão carregada de valor semântico de poder político e social, diretamente associados à escravidão. Tal carga desaparece na expressão proprietários de terra.

Gabarito "B".

(Auditor Fiscal/MG – 2005 – ESAF) Assinale a opção em que foram plenamente respeitadas as prescrições gramaticais.

(A) Em certo sentido, a cultura capitalista reduziu na prática, os princípios do liberalismo, do utilitarismo, ou do pragmatismo político-filosófico, a defesa da ganância de uns poucos, em prejuízo à justiça humanitária, defendida pelos ideais republicanos e democráticos. Nada disso porém, autoriza à depreciação mental do sujeito *comprista* dos séculos XIX e XX.

(B) Do ponto de vista marxista, pode-se falar, se for o caso, de uma amoralidade na produção e da venda dos objetos, mas não no ato da compra. O próprio produtor/vendedor, ao se tornar comprador muda de posição intencional em relação à mercadoria. Ao produzir/vender, quer apenas lucrar; ao comprar, pode querer atingir objetivos outros, que não o lucro.

(C) A imagem do burguês, indiferente ao bem comum e obcecado pelo consumo de objetos, é uma ideia feita, que não sobrevive ao testemunho da história. Nem o hábito de comprar mercadorias, nem a ambição da felicidade interior revelou-se contrário à experiência de realização emocional e a de propósitos éticos.

(D) Em algumas análises, o que se critica é a utilização dos objetos para os propósitos de auto-realização emocional. Os objetos, em virtude da sedução do consumo, usurpam a função dos bens simbólicos ou se prestam apenas à celebração do narcisismo. Todavia verifica-se que essa não foi a prática histórica dos compradores. Os objetos foram usados para fins de desenvolvimento emocional e também para se atingirem outros objetivos.

(E) Os compradores setecentistas adquiriram avidamente livros, telas de pintar, entre outros. Esses objetos foram usados de forma, digamos, egoísta, mas serviram, igualmente, à expressão de pretensões éticas e estéticas válidas para todos. Falamos, hoje, em paroxismo consumista, considerando-o causa de desorientação pessoal e violência social. Entretanto, se for verdade que tal exarcerbação existe, sugiro, que sua origem não esteja na natureza alienante das mercadorias, mas na redefinição de nossos ideais de felicidade.

(Itens adaptados de Jurandir Freire Costa)

A: "a cultura capitalista reduziu, [*vírgula*] na prática, (...) Há defesa da ganância de uns poucos. (...) Nada disso porém, autoriza a depreciação"; **B:** "em uma amoralidade (...) O próprio produtor (...) ao se tornar comprador"; **C:** "A imagem do burguês [sem vírgula] indiferente (...) obcecado pelo consumo de objetos é uma (...) Nem o hábito de comprar mercadorias, nem a ambição da felicidade interior revelaram-se contrários"; **D:** assertiva correta; **E:** retirar a vírgula antes da conjunção integrante que: "sugiro que sua origem não esteja".

Gabarito "D".

(Auditor Fiscal/MG – 2005 – ESAF) Assinale em que ordem os seguintes fragmentos, adaptados de Roberto de Aguiar, **Ética e Direitos Humanos, em Desafios Éticos**, p.63-64, devem ser escritos de modo a compor um texto coeso e coerente.

I. Nesse quadro, alguns direitos humanos passam a ser paradigmáticos: o direito à liberdade, o direito à segurança pessoal, o direito a um julgamento justo, o direito à privacidade, à inviolabilidade do domicílio, à nacionalidade, à propriedade, à livre expressão do pensamento, entre outros.

II. Sua única missão era a de transformar o mundo por seu trabalho.

III. O homem do iluminismo era um desterrado. Ele já não tinha mais a segurança de um cosmos hierarquizado medieval, não possuía a segurança de Deus e era considerado como um átomo individual, que financiava a produção ou vendia sua força de trabalho.

IV. É a partir disso que a ciência passa a ter importância crescente, a fim de melhorar os processos produtivos, renovar a organização dos poderes e manter os trabalhadores com um mínimo de condições para produzir.

(A) I, IV, II, III
(B) III, I, IV, II
(C) IV, II, I, III
(D) II, III, IV, I
(E) III, II, I, IV

III. "O homem do iluminismo era um desterrado. Ele já não tinha mais a segurança de um cosmos hierarquizado medieval, não possuía a segurança de Deus e era considerado como um átomo individual, que financiava a produção ou vendia sua força de trabalho. II. Sua única missão [*a missão do homem do* iluminismo] era a de transformar o mundo por seu trabalho. **I:** Nesse quadro, alguns direitos humanos passam a ser paradigmáticos (...); IV. É a partir disso [*iniciar a oração com expressão "é a partir disso" indica que essa não pode ser a proposição inicial e que se está retomando alguma ideia*] que a ciência passa a ter importância crescente, a fim de melhorar os processos produtivos, renovar a organização dos poderes e manter os trabalhadores com um mínimo de condições para produzir."

Gabarito "E".

(Auditor Fiscal/RN – 2005 – ESAF) Marque a paráfrase do texto de Darcy Ribeiro <u>isenta</u> de erros.

(A) Ao longo da costa brasileira se defrontaram duas visões de mundo completamente opostas: a selvageria e a civilização. Concepções diferentes de mundo, da vida, da morte e do amor chocaram-se cruamente. Aos olhos dos europeus, os indígenas pareciam belos seres inocentes, que não tinham noção do “pecado”. Mas, com um grande defeito: eram “vadios”, não produziam nada que pudesse ter valor comercial. Serviam apenas para serem vendidos como escravos. Com a descoberta de que as matas estavam cheias de pau-brasil, o interesse mudou... Era preciso mão de obra para retirar a madeira.

(B) Duas visões de mundo, a selvageria e a civilização, completamente opostas, se defrontaram ao longo da costa brasileira. Concepções diferentes de mundo, da vida, da morte e do amor, se chocaram cruamente. Aos olhos dos europeus, os indígenas pareciam belos seres inocentes, que não tinham noção do “pecado”. Mas, com um grande defeito: eram “vadios”, não produziam nada que pudesse ter valor comercial. Serviam apenas para serem vendidos como escravos. Com a descoberta que as matas estavam cheias de pau-brasil, o interesse mudou... Era preciso mão de obra para retirarem a madeira.

(C) A selvageria e a civilização, duas visões de mundo completamente opostas, se confrontaram ao longo da costa brasileira; ali se chocaram, cruamente, concepções diferentes de mundo, da vida, da morte, do amor. À vista dos europeus os indígenas pareciam belos seres inocentes, que não tinham noção do “pecado”. Mas com um grande defeito: eram “vadios”, não produziam nada que pudesse ter valor comercial. Servia apenas para ser vendidos como escravos. Com a descoberta de que as matas estavam cheias de pau-brasil, o interesse mudou... Era preciso mão de obra para retirar a madeira.

(D) Completamente opostas, duas visões de mundo, a selvageria e a civilização, defrontaram-se, ao longo da costa brasileira, fazendo com que concepções diferentes de mundo, da vida, da morte, do amor se chocasse cruamente. Aos olhos dos europeus os indígenas pareciam belos seres inocentes, que não tinham noção do “pecado”; mas com um grande defeito: eram “vadios”, não produziam nada que pudesse ter valor comercial. Serviam apenas para ser vendidos como escravos. Com a descoberta de que as matas estavam cheias de pau-brasil, o interesse mudou... Era preciso mão de obra para retirar a madeira.

(E) A selvageria e a civilização visões de mundo completamente opostas, defrontaram-se ao longo da costa brasileira. Eram concepções diferentes do mundo, da vida, da morte, do amor, que chocaram cruamente. Na visão dos europeus, os indígenas pareciam belos seres inocentes que não tinham noção do “pecado”! Mas tinham um grande defeito, pois eram “vadios”, não produziam nada que pudesse ter valor comercial. Serviam apenas para a venda como escravos. Ao se descobrir que as matas estavam cheias de pau-brasil, o interesse mudou... Era preciso mão de obra para retirar a madeira.

A: alternativa isenta de erros; **B:** “Concepções diferentes de mundo, da vida, da morte e do amor [sem vírgula] se chocaram cruamente.”; **C:** “À vista dos europeus, [vírgula] os indígenas pareciam belos seres inocentes (...) Mas, [vírgula] com um grande defeito: eram ‘vadios’ (...) Serviam [os indígenas] apenas para serem vendidos como escravos. **D:** “defrontaram-se [sem vírgula] ao longo da costa brasileira, fazendo com que concepções diferentes de mundo, da vida, da morte [sem vírgula] e do amor (...) os indígenas pareciam belos seres inocentes, que não tinham noção do ‘pecado’; mas, [vírgula] com um grande defeito: eram ‘vadios’, não produziam nada que pudesse ter valor comercial. Serviam apenas para serem vendidos como escravos.”; **E:** “A selvageria e a civilização, [vírgula] visões de mundo completamente opostas, defrontaram-se ao longo da costa brasileira. Eram concepções diferentes do mundo, da vida, da morte [sem vírgula] e do amor, que se chocaram cruamente. Na visão dos europeus, os indígenas pareciam belos seres inocentes que não tinham noção do ‘pecado’. Mas, [vírgula] tinham um grande defeito (...)”.

Gabarito “A”.

As duas próximas questões baseiam-se em um modelo de regulamento de uma associação fictícia. Marque o segmento gramaticalmente correto.

(Auditor Fiscal/RN – 2005 – ESAF)

(A) O Presidente da Associação Brasileira de Incentivo ao Esporte, no uso de suas atribuições estatutárias, em cumprimento ao disposto no art. 14 da Lei nº 9.790/1999 e considerando os princípios da publicidade, da legalidade, da moralidade e da impessoalidade e da isonomia a serem observados entre os contratantes e fornecedores, e ainda como medida de economia a ser observado em suas compras e contratações, visando a obtenção de melhores preços, resolve aprovar o presente Manual de Contratações que irá nortear tais procedimentos.

(B) Art. 1º – A aquisição de materiais e contratações de bens e serviços de interesse da Associação, serão efetuadas de acordo com procedimento licitatório de natureza simplificada, de modo a assegurar a obtenção de melhores preços e condições e maior agilidade no seu processamento.

(C) Parágrafo Único – As contratações de pessoal ficam dispensadas do procedimento licitatório, devendo, porém, observarem os princípios de seleção especificados em norma própria.

(D) Art. 2º – As compras ou aquisições de material de interesse da Associação, serão realizadas para atender às necessidades dos setores interessados e serão precedidas da formalização de processo de pesquisa de preços, com vistas à obtenção de melhores preços e condições, aliada à qualidade e rendimento do material e que lhe parecer mais vantajosa.

(E) Art. 3º – A pesquisa de preço será elaborada mediante Pedido de Cotação, que será encaminhado a 03 (três) fornecedores do ramo, no mínimo, por meio de correspondência protocolada, com antecedência de 03 (três) dias, admitindo-se a apresentação de proposta nas mesmas modalidades.

A: "(...) considerando os princípios da publicidade, da legalidade, da moralidade e da impessoalidade e da isonomia a serem observados entre os contratantes e fornecedores, e, ainda, [vírgula] como medida de economia a ser observado em suas compras e contratações, visando à [ocorre a crase] obtenção de melhores preços (...)". **B:** "(...) interesse da Associação [não há vírgula entre o sujeito e o verbo] serão efetuadas de acordo com procedimento licitatório de natureza simplificada"; **C:** "(...) observar [singular] os princípios de seleção especificados em norma própria"; **D:** "(...) aquisições de material de interesse da Associação[não há vírgula entre o sujeito e o verbo] serão realizadas para atender às necessidades dos setores interessados e serão precedidas da formalização de processo de pesquisa de preços, com vistas à obtenção de melhores preços e condições, aliada à qualidade e ao rendimento do material o que lhe parecer mais vantajosa."

Gabarito "E".

(Auditor Fiscal/RN – 2005 – ESAF)

(A) Art. 4º – Estará dispensada da pesquisa de preços as despesas miúdas e de pronto pagamento, entendidas como tal as que envolverem compras ou serviços de pequena monta, cujo valor seja igual ou inferior a 20 (vinte) salários mínimos.

(B) Parágrafo Único – Estará dispensada do procedimento acima, as despesas consideradas urgentes ou atender situações emergenciais e aquelas que não houve cotação de preço em pesquisa anteriormente realizada, bem como para aquisição de materiais ou produtos de fabricação própria ou de representante exclusivo.

(C) Art. 5º – Recebidas as propostas de Cotação de Preços, será elaborada uma planilha onde se demonstrarão os preços ofertados, decidindo-se pela proposta mais vantajosa, devendo tais documentos serem anexados ao processo de despesa.

(D) Art. 6º – Quando o vencedor da licitação não retirar o pedido ou ordem de fornecimento no prazo estabelecido, é facultado à Associação deferir o objeto da licitação aos demais licitantes, observada a ordem de classificação.

(E) § 1º – Na contratação de bens e serviços de que se tratam neste Regulamento, fica o contratado obrigado a aceitar, nas mesmas condições contratuais, os acréscimos ou supressões que se fizerem necessários, até o limite de 30% (trinta por cento) do valor inicialmente cotado.

A: "Estarão dispensadas (...) as despesas miúdas e de pronto pagamento, entendidas como tais"; **B:** "Estarão dispensadas (...) as despesas consideradas urgentes ou destinadas a atender situações emergenciais e aquelas em que não houve cotação"; **C:** "devendo tais documentos ser anexados"; **D:** assertiva correta; **E:** "de que se trata neste Regulamento, fica o contratado obrigado a aceitar, nas mesmas condições contratuais, os acréscimos ou as supressões";

Gabarito "D".

(Auditor Fiscal/RN – 2005 – ESAF) Os fragmentos abaixo compõem um texto, mas estão desordenados. Ordene-os para que constituam um texto coeso e coerente e indique a opção que apresenta a sequência correta.

A) Mas é necessário ressaltar que juízes e tribunais com essa configuração, ou seja, real e efetivamente independentes, somente existem nos países em que vigora o Estado Democrático de Direito.

B) O Judiciário tem a função de promover a paz social, restabelecendo a ordem e até mesmo punindo os infratores, independentemente da camada social a que pertençam.

C) Essas prerrogativas, isso é, as garantias da magistratura, não constituem privilégio pessoal do magistrado, mas direito do cidadão.

D) E é exatamente por isto que os órgãos do Judiciário, os tribunais e os magistrados devem gozar de prerrogativas para o exercício dessa missão, sob pena de somente poderem exercê-la em relação aos pobres e às pessoas que não tenham qualquer influência político-social.

E) Evidentemente esse cidadão, que eventualmente tenha um direito violado, somente terá proclamada a justiça a seu favor se houver juízes e tribunais independentes, isentos da possibilidade de interferências e pressões indevidas de quem quer que seja.

(A) A, C, D, E, B
(B) B, D, C, E, A
(C) C, B, E, A, D
(D) D, A, B, C, E
(E) B, E, C, D, A

1º **B:** O trecho introduz o tema: discussão acerca do Judiciário; 2º **D:** este trecho refere-se ao Judiciário, indicado no trecho anterior, e inicia a discussão quanto às suas prerrogativas; 3º **C:** este trecho continua tratando das prerrogativas do Judiciário; 4º **E:** este trecho retoma a referência a "cidadão", feita no final do trecho anterior; 5º **A:** esta é a conclusão do texto, com a ênfase inicada, relacionada ao Estado Democrático de Direito.

Gabarito "B".

A questão a seguir tem o texto abaixo como base.

Falar em direitos humanos pressupõe localizar a realidade que os faz emergir no contexto sócio-político e histórico-estrutural do processo contraditório de criação das sociedades. Implica, em suma, desvendar, a cada momento deste processo, o que venha a resultar como direitos novos até então escondidos sob a lógica perversa de regimes políticos, sociais e econômicos, injustos e comprometedores da liberdade humana.

Este ponto de vista referencial determina a dimensão do problema dos direitos humanos na América Latina.

Neste contexto, a fiel abordagem acerca das condições presentes e dos caminhos futuros dos direitos humanos passa, necessariamente, pela reflexão em torno das relações econômicas internacionais entre países periféricos e países centrais.

As desarticulações que desta situação resultam não chegam a modificar a base estrutural destas relações: a extrema dependência a que estão submetidos os países periféricos, tanto no que concerne ao agravamento das condições de trabalho e de vida (degradação dos salários e dos benefícios sociais), quanto na dependência tecnológica, cultural e ideológica.

(Núcleo de Estudos para a Paz e Direitos Humanos, UnB, in: **Introdução Crítica ao Direito**, com adaptações.)

(Auditor Fiscal da Receita Federal – 2003 – ESAF) Assinale a opção que não estabelece uma continuidade coerente e gramaticalmente correta para o texto.

(A) Nesta parte do mundo, imensas parcelas da população não têm minimamente garantida sua sobrevivência material. Como, pois, reivindicar direitos fundamentais se a estrutura da sociedade não permite o desenvolvimento da consciência em sua razão plena?

(B) Por conseguinte, a questão dos Direitos tem significado político, enquanto realização histórica de uma sociedade de plena superação das desigualdades, como organização social da liberdade.

(C) Assim, pois, a opressão substitui a liberdade. A percepção da complexidade da realidade latino-americana remete diretamente a uma compreensão da questão do homem ao substituí-lo pela questão da tecnologia.

(D) Na América Latina, por isso, a luta pelos direitos humanos engloba e unifica em um mesmo momento histórico, atual, a reivindicação dos direitos pessoais.

(E) Não nos esqueçamos que a construção do autoritarismo, que marcou profundamente nossas estruturas sociais, configurou o sistema político imprescindível para a manutenção e reprodução dessa dependência.

Não há no texto referência à opressão ou à tecnologia.

Gabarito "C".

(Auditor Fiscal da Receita Federal – 2003 – ESAF) Assinale a opção incorreta para constituir continuação coesa e coerente do texto a seguir.

O caráter ético das relações sociais, hoje em dia, é proporcionado sobretudo pelo respeito aos direitos humanos. Isso significa, de imediato, afirmar enfaticamente que aqueles que se opõem a esses direitos — por exemplo, defendendo a tortura — negam que as relações entre os seres humanos possam ter sentido ético. É claro que não dizem isso com todas as letras,

(A) mas acusam, sempre, os defensores dos direitos humanos de somente se ocuparem dos direitos de bandidos, deixando desprotegidas as pessoas de bem.

(B) já que nunca têm resposta para uma pergunta elementar, que é: *quem* e *como* se decide quem é criminoso e quem é inocente?

(C) porém supõem que o recorte entre bons e maus possa ser praticado de maneira expedita, por exemplo, por um policial dentro de um carro na noite escura, que ao ver uma pessoa que considere suspeita, já atire e execute uma sentença de morte sem tribunal, sem contraditório e sem apelação possível.

(D) já que na sociedade civilizada é hegemônico o pensamento de que toda pessoa, qualquer que seja o crime de que esteja sendo acusada, precisa ter os meios de se defender da acusação, até porque esta pode ser infundada.

(E) contudo sempre lutam contra essa apologia da barbárie, pois é bom lembrar que os direitos humanos são de todos; que os militantes deles também se ocupam das vítimas dos criminosos.

(Adaptado de Renato Janine Ribeiro, **Fronteiras da Ética**, São Paulo: Senac, 2002, p.136.)

Para responder a essa questão devemos procurar o sujeito do verbo *dizer* na oração "É claro que não **dizem** isso com todas as letras," pois no complemento da oração haverá referência a esse sujeito. O sujeito do verbo *dizer* é *"aqueles que se opõem a esses direitos [humanos]"*. As assertivas A, B e C permitem a inserção desse sujeito tornando o texto coeso e coerente. Vejamos os trechos reescritos, muitas vezes com redundância, para que fique clara a solução proposta. **A:** "mas *'aqueles que se opõem a esses direitos [humanos]'* acusam (...) os defensores dos direitos humanos"; **B:** "já que *'aqueles que se opõem a esses direitos [humanos]'* nunca têm resposta"; **C:** "porém *'aqueles que se opõem a esses direitos [humanos]'* supõem que o recorte"; **D:** essa alternativa não permite a utilização do sujeito como proposto. De qualquer modo, apresenta uma continuação coesa e coerente; **E:** verifiquemos que não é possível a utilização daquele sujeito proposto, pois não haveria coerência: "contudo, *'aqueles que se opõem a esses direitos [humanos]'* sempre **lutam contra** essa apologia da barbárie". Pelo contrário, lutam a favor dessa apologia.

Gabarito "E".

(Auditor Fiscal da Receita Federal – 2003 – ESAF) Assinale o item que, atendidos os requisitos de coerência e coesão, possa dar continuidade ao seguinte período:

Os historiadores vêm, há muito tempo, estudando o corpo no campo de uma demografia ou de uma patologia históricas. Mostraram até que ponto os processos históricos estavam implicados no que se poderia considerar a base puramente biológica da existência. 893

(A) Apesar disso, o corpo está diretamente mergulhado no campo político, as relações de poder têm alcance imediato sobre ele.

(B) Na medida em que o encaram como sede de necessidades e de apetites, como lugar de processos fisiológicos e de metabolismos, o corpo só se torna útil se é, ao mesmo tempo, corpo produtivo e corpo submisso.

(C) Também está o corpo envolvido por relações de poder e de dominação, que o sujeitam a trabalhos, o supliciam e lhe exigem sinais. Esse processo pode ser denominado tecnologia política do corpo.

(D) Portanto, o investimento político do corpo está ligado, segundo relações complexas e recíprocas, à sua utilização econômica.

(E) Em compensação, sua constituição como força de trabalho só é possível se ele está preso num sistema de sujeição, onde a necessidade é também um instrumento político organizado.

(Itens adaptados de Michel Foucault)

A: a assertiva não se opõe à ideia do texto, de modo que a expressão "Apesar disso" é inadequada; **B:** a ideia de que o corpo só se torna útil nessas condições não decorre do texto; **C:** correta; **D:** a ideia indicada na assertiva não decorre do texto, o que torna o uso de "Portanto" inadequado; **E:** a assertiva não se opõe à ideia do texto, o que torna "Em compensação" inadequado.

Gabarito "C".

(Auditor do Tesouro Municipal/Fortaleza-CE – 2003 – ESAF) Assinale a opção em que a reescrita do trecho apresenta problema sintático que compromete a clareza da informação apresentada na primeira versão.

(A) Qualquer balanço que se faça do que ocorreu no Brasil na década de 90 não pode deixar de levar em conta o desemprego. / Não se pode deixar de levar em conta o desemprego quando se fizer qualquer balanço do que ocorreu no Brasil na década de 90.

(B) Não sem razão esse período passou a ser denominado "década do desemprego". / Esse período passou a ser denominado, não sem razão, "década do desemprego".

(C) Inúmeros fenômenos que já existiam anteriormente tornam-se mais evidentes, a exemplo das micro e pequenas empresas, do trabalho informal e das cooperativas. / A exemplo das micro e pequenas empresas, do trabalho informal e das cooperativas, tornam-se mais evidentes inúmeros fenômenos que anteriormente já existiam.

(D) Muitos fenômenos ganharam maior relevância, merecendo novas análises e políticas de intervenção. / Muitos fenômenos ganharam maior relevância e, por isso, mereceram novas análises e políticas de intervenção.

(E) Entre esses fenômenos, estão instituições que têm como foco central a busca de alternativas para o desemprego, a serem produzidas para e com os próprios trabalhadores. / Instituições que têm a busca de alternativas – a serem produzidas para e com os próprios trabalhadores, para o desemprego estão entre esses fenômenos, como foco central.

(Itens adaptados de Marilena Nakano)

Na assertiva E, a segunda redação não condiz com a primeira. A primeira redação passa as seguintes informações: 1) Entre esses fenômenos há instituições que focam na busca de alternativa para o desemprego; 2) Alternativas a serem produzidas *para* os próprios trabalhadores; 3) Alternativas a serem produzidas *com* os próprios trabalhadores. A segunda redação desloca os termos da primeira e não forma um texto coerente.

Gabarito "E".

(Auditor do Tesouro Municipal/Fortaleza-CE – 2003 – ESAF) Os trechos abaixo constituem um texto, mas estão desordenados. Ordene-os nos parênteses para que constituam um texto coeso e coerente e indique a opção correspondente.

( ) Em torno das multinacionais produtoras de veículos que constituem esse núcleo, encontram-se grandes empresas fornecedoras de peças e componentes automotivos e empresas produtoras de bens de capital e eletro eletrônicos.

( ) A região do ABC paulista agrega um importante complexo industrial, formado a partir dos anos 50. Esse parque industrial tem no setor metalmecânico, e mais centralmente no setor automotivo, o seu núcleo dinâmico.

( ) Essa forte concentração industrial e o fato de ter sido palco das grandes greves do final dos anos 70 e da construção de um novo sindicalismo fizeram com que a região passasse a exercer um importante papel econômico e político no cenário nacional.

( ) Entre essas transformações podem-se observar: fechamento de empresas industriais, deslocamento de plantas produtivas para outras regiões do país, reestruturação da produção e do trabalho, enxugamento das grandes estruturas verticalizadas, redução da mão de obra na indústria, expansão do setor de serviços e novo perfil dos postos de trabalho.

( ) Contudo, desde o início dos anos 90, a economia do ABC vem passando por um processo de intensas mudanças.

(Nilson Tadashi Oda 92)

(A) 1, 3, 4, 2, 5
(B) 3, 2, 1, 4, 5
(C) 2, 1, 3, 5, 4
(D) 4, 3, 5, 2, 1
(E) 5, 2, 1, 3, 4

O texto se inicia com "A região do ABC paulista (...) o seu núcleo dinâmico." (1º). Esse primeiro período nos fornece uma informação geral daquilo que o texto irá tratar. A seguir, "Em torno das multinacionais produtoras de veículos que constituem esse ['esse' é pronome demonstrativo e indica um elemento já mencionado anteriormente] núcleo, encontram-se grandes empresas fornecedoras de peças e componentes automotivos e empresas produtoras de bens de capital e eletro-eletrônicos." (2º). Em seguida, "Essa forte concentração industrial [mais uma vez aparece o elemento anafórico esse. Quanto à concentração industrial, trata-se das "multinacionais produtoras de veículos e (...) grandes empresas fornecedoras de peças e componentes automotivos e empresas produtoras de bens de capital e eletro-eletrônicos" mencionadas no período anterior] e o fato de ter sido palco das grandes greves do final dos anos 70 e da construção de um novo sindicalismo fizeram com que a região passasse a exercer um importante papel econômico e político no cenário nacional." (3º). O quarto trecho é "Contudo, [contudo é uma conjunção adversativa que inicia um período que irá contrastar com o anterior] desde o início dos anos 90, a economia do ABC vem passando por um processo de intensas mudanças." (4º). Finalmente, a conclusão do texto: "Entre essas transformações [refere-se às mudanças citadas no trecho anterior] podem-se observar: (...)."

Gabarito "C".

(Auditor do Tesouro Municipal/Fortaleza-CE – 2003 – ESAF) Assinale a opção que continua de forma coerente e gramaticalmente correta o texto abaixo.

O crescente desemprego, as transformações no mercado de trabalho e na própria organização econômica no Brasil e no mundo estão desencadeando um forte processo de expansão de novas formas de organização do trabalho e da produção. Inúmeras experiências coletivas de trabalho e produção estão se disseminando em todo o país.

(Adaptado de Reginaldo Sales Magalhães e Remígio Todeschini)

(A) Assim, diversas formas de cooperativas de produção, de serviços, de crédito e de consumo, associações de produtores, empresas em regime de autogestão, bancos comunitários e organizações populares, no campo e na cidade, que conformando em seu conjunto a chamada economia solidária.

(B) São diversas formas de cooperativas de produção, de serviços, de crédito e de consumo, associações de produtores, empresas em regime de autogestão, bancos comunitários e organizações populares, no campo e na cidade, que conformam em seu conjunto a chamada economia solidária.

(C) Diversas formas de cooperativas de produção, de serviços, de crédito e de consumo, associações de produtores, empresas em regime de autogestão, bancos comunitários e organizações populares, no campo e na cidade, embora conformassem em seu conjunto a chamada economia solidária.

(D) Consequentemente, diversas formas de cooperativas de produção, de serviços, de crédito e de consumo, associações de produtores, empresas em regime de autogestão, bancos comunitários e organizações populares, no campo e na cidade, apesar de conformarem em seu conjunto a chamada economia solidária.

(E) Como diversas formas de cooperativas de produção, de serviços, de crédito e de consumo, associações de produtores, empresas em regime de autogestão, bancos comunitários e organizações populares, no campo e na cidade, conformassem em seu conjunto a chamada economia solidária.

A: o trecho "que conformando em seu conjunto..." não faz sentido. O correto seria "que conformam em seu conjunto..."; **B:** esse parágrafo complementa adequadamente o texto inicial. Ver comentário à alternativa anterior; **C:** "embora conformassem..." dá a ideia de concessão, que não se conforma com o texto inicial; **D:** "apesar de se conformarem..." significa concessão, o que não guarda coerência com o texto inicial; **E:** a expressão "conformassem em seu conjunto..." não faz sentido, no contexto. O correto seria "que conformam em seu conjunto...".

Gabarito "B".

(Auditor do Tesouro Municipal/Fortaleza-CE – 2003 – ESAF) Assinale a opção em que o texto foi transcrito de forma gramaticalmente <u>incorreta</u>.

(A) Para que as cooperativas de crédito se diferenciem dos bancos convencionais e cumpram a função e os objetivos para os quais foram criadas, elas devem atuar como agentes do desenvolvimento local.

(B) Para que a função das cooperativas de crédito se concretize, cada associado deve ser respeitado como tal, independentemente de sua situação econômica.

(C) O empréstimo ao associado deve ser feito com base na análise das condições do crédito, do projeto técnico apresentado e das reais condições de pagamento do agricultor.

(D) A perspectiva da liberação de crédito para um associado não deve definir a ação da cooperativa em relação a ele.

(E) Cabe à cooperativa o atendimento aos agricultores, sejam por meio da liberação de crédito, do debate de ideias sobre o seu projeto técnico, ou de informações sobre as linhas de crédito disponíveis e sobre sua real condição de pagamento.

(Adaptado de Gilson Alceu Bittencourt)

A palavra *seja* nessa assertiva é conjunção alternativa e não sofre flexão: "Cabe à cooperativa o atendimento aos agricultores, seja por meio da liberação de crédito (...)".

Gabarito "E".

(Auditor do Tesouro Municipal/Fortaleza-CE – 2003 – ESAF) Assinale a opção que continua de forma coesa e coerente o texto abaixo.

Como são muitas e diversas as organizações que estão sendo criadas em função da agricultura familiar, tais como: associações, cooperativas, pequenas agroindústrias, casas familiares rurais, escolas comunitárias, organizações profissionais, novos sindicatos etc., elas devem agir de forma articulada. É por meio dessas organizações que o poder público, principalmente o municipal, poderá dispensar o atendimento individual e discriminatório, e passar a resolver os problemas da população por intermédio de entendimentos institucionais, em que governo e sociedade possam realmente formar uma parceria democrática.

(Gilson Bittencourt)

(A) Os agricultores, por meio dessas estruturas e espaços políticos, poderão cobrar dos governantes maior apoio e zelar por um desenvolvimento sustentável.

(B) Muitos desses agricultores ainda estavam presos à prática de monocultura e à lógica do latifúndio.

(C) Embora os agricultores devessem se organizar em grupos ou associações pois, mais importante do que o número ou patrimônio dos cooperados é a sua capacidade organizativa.

(D) Tanto que no campo da assistência técnica, muitos profissionais das ciências agrárias não foram reciclados para compreender as novas demandas.

(E) O ideal seria que cada município possuísse essa sua própria cooperativa de crédito, mas isso só será possível quando existirem instituições capazes de viabilizá-las.

A: a assertiva complementa adequadamente o texto inicial. Note o termo anafórico "dessas estruturas", que se refere às "diversas organizações" citadas no excerto da questão; **B:** a assertiva refere-se a "muitos desses agricultores", mas o texto inicial não faz referência direta a eles; **C:** o correto seria "Embora os agricultores devam se organizar...". Ademais, o conjunto formado por "Embora" e "pois" não faz sentido; **D:** o uso de "Tanto que" remete a uma consequência do que foi dito antes. Entretanto, a falta de reciclagem dos profissionais não decorre daquilo que foi indicado no texto inicial; **E:** o uso do elemento anafórico "essa sua própria cooperativa de crédito" é inadequado, pois o texto inicial não faz referência a isso (às cooperativas de crédito, especificamente).

Gabarito "A".

(Auditor do Tesouro Municipal/Recife-PE – 2003 – ESAF) Os trechos abaixo constituem um texto, mas estão desordenados. Ordene-os nos parênteses e em seguida assinale a sequência correta correspondente.

( ) Um desses projetos teve raízes plantadas pelo liberalismo econômico do Império, mas sua formulação mais consistente e moderna foi dada pela política monetária ortodoxa e pela defesa intransigente do equilíbrio fiscal e do padrão-ouro, dos governos paulistas de Prudente de Morais, Campos Sales e Rodrigues Alves.

( ) O que de fato está uma vez mais em jogo é o velho conflito que atravessa a história brasileira, entre diferentes projetos para o Brasil, que conviveram e lutaram entre si durante todo o século XX.

( ) Essas ideias, seus objetivos e políticas atuaram no início do século XX, como a expressão mais coerente e eficaz do projeto liberal de inserção da burguesia cafeeira, dentro da divisão internacional do trabalho, liderada pela Inglaterra.

( ) Essas mesmíssimas ideias ressurgiriam, trinta anos depois, no liberalismo antivarguista e antiestatista do governo Cardoso-Malan. Esse projeto estratégico teve algum fôlego sempre que contou com o aval do capital financeiro, inglês nos primeiros tempos e norte-americano agora no fim do século XX. Mas mostrou-se insustentável nos momentos de crise.

( ) Tais objetivos e políticas se mantiveram praticamente intocados até retrocederem com a crise econômica de 1930, mas as ideias fundamentais permaneceram vivas e atuantes mesmo depois da crise, reaparecendo em vários momentos no plano político, econômico ou cultural até Castello Branco.

(Adaptado de José Luís Fiori, Correio Braziliense, 27/10/2002.)

(A) 2º, 1º, 3º, 5º, 4º
(B) 3º, 2º, 5º, 4º, 1º
(C) 5º, 1º, 2º, 4º, 3º
(D) 1º, 3º, 5º, 2º, 4º
(E) 4º, 3º, 1º, 2º, 5º

Embora o trecho "O que de fato está em jogo..." (1º) indique a continuação de uma ideia, é ele que inicia o texto da questão, por exclusão dos demais. Note que todos os outros trazem, em seu início, elementos anafóricos expressos, como veremos a seguir. O parágrafo que se inicia com "Um desses projetos..." (2º) traz o elemento anafórico "desses projetos", que se refere aos projetos citados no trecho inicial ("diferentes projetos para o Brasil"). A seguir, temos o trecho que se inicia com "Essas ideias..." (3º), cujo elemento anafórico "essas ideias" remete ao projeto com "raízes plantadas pelo liberalismo econômico do Império", com a formulação indicada no trecho anterior. O trecho seguinte, que começa com "Tais objetivos e políticas..." (4º) remete ao "projeto liberal de inserção da burguesia cafeeira, dentro da divisão internacional do trabalho" a que se refere o trecho anterior. Finalmente, o parágrafo que se inicia com "Essas mesmíssimas ideias..." adota o elemento anafórico "essas (...) ideias" para indicar a existência daqueles "objetivos e políticas" no contexto econômico atual.

Gabarito "A".

(Auditor do Tesouro Municipal/Recife-PE – 2003 – ESAF) Assinale a opção em que o trecho do texto abaixo apresenta problema de construção sintática.

(A) Um grande projeto estratégico ligado à luta em torno do futuro do Brasil já aparece esboçado nas teses dos "industrialistas", presentes na Constituinte de 1891. Mas sua verdadeira história começa na década de 30 e responde pelo nome de "nacional-desenvolvimentismo", ou "desenvolvimentismo conservador".

(B) Inicialmente, foi uma reação defensiva e pragmática à crise econômica de 1929, mas essa reação foi se transformando aos poucos — durante o Estado Novo — num projeto de construção de uma economia nacional, apoiado por uma parte da intelectualidade modernista, por amplos segmentos das burocracias civis e militares e por um grupo de empresários industriais.

(C) Programa desenvolvimentista e industrializante que adquiriu maior consistência e velocidade nos anos 50, durante os governos de Vargas e JK, prolongando-se no regime militar, em particular na gestão do general Geisel.

(D) Durante esse período, cujo Estado brasileiro teve um papel decisivo para o sucesso econômico do desenvolvimentismo conservador.

(E) Primeiramente, quando se viu isolado da economia internacional pela crise de 30 e pela II Guerra Mundial. E, depois, porque contou com uma margem de manobra e de iniciativa que lhe foi viabilizada pelos Acordos de Bretton Woods e pelo apoio norteamericano às políticas desenvolvimentistas.

(Adaptado de José Luís Fiori, **Correio Braziliense**, 27/10/2002.)

O trecho "Durante esse período, cujo Estado brasileiro teve um papel decisivo para o sucesso econômico do desenvolvimentismo conservador." está inacabado. Além disso, "cujo" não faz sentido, no contexto (o correto seria "em que o").

Gabarito "D".

Nas duas questões seguintes, marque o item sublinhado que corresponda a erro gramatical, de grafia ou configure uma impropriedade vocabular.

(Auditor do Tesouro Municipal/Recife-PE – 2003 – ESAF) A reforma tributária delineada em(1) documento do Ministério da Fazenda tem basicamente três objetivos: aumentar a eficiência do sistema, para dar maior competitividade à(2) economia; reduzir a informalidade no mercado de trabalho; combater a desigualdade, aumentando a progressividade do sistema tributário (fazer com que os mais ricos paguem proporcionalmente mais impostos do que(3) os mais pobres). Segundo o estudo, a complexidade e as distorções do sistema tributário brasileiro faz(4) com que "muito do esforço e dos recursos da sociedade, que deveriam estar sendo usados para aumentar a eficiência e a produtividade, estejam sendo direcionados para o planejamento tributário." Os principais vilões do sistema são as contribuições cumulativas que incidem sobre(5) o faturamento das empresas e a multiplicidade de impostos e alíquotas.

(Adaptado de **O Estado de S. Paulo**, 11/04/2003.)

(A) 1
(B) 2
(C) 3
(D) 4
(E) 5

"Segundo o estudo, a complexidade e as distorções do sistema tributário brasileiro fazem [o verbo fazer vai para o plural para concordar com o sujeito composto] com que (...)"

Gabarito "D".

(Auditor do Tesouro Municipal/Recife-PE – 2003 – ESAF) Pelo ângulo da eficiência econômica, a reforma tributária visa desonerar(1) a produção e o investimento; aumentar a competitividade dos produtos nacionais; reduzir a guerra fiscal entre os Estados; e eliminar incentivos para a verticalização(2) ineficiente das empresas. O estudo promete a reforma constitucional do ICMS, com a(3) adoção de um sistema de tributação que unifique(4) a legislação, as normas, e alíquotas da incidência do tributo no País, mantendo a carga tributária e elimina(5) os incentivos à guerra fiscal entre os Estados.

(Adaptado de **O Estado de S. Paulo**, 11/04/2003.)

(A) 1
(B) 2
(C) 3
(D) 4
(E) 5

O verbo eliminar deve estar no gerúndio (oração reduzida) para que o período faça sentido: "mantendo a carga tributária e eliminando os incentivos à guerra fiscal entre os Estados."

Gabarito "E".

(Auditor do Tesouro Municipal/Recife-PE – 2003 – ESAF) Os trechos abaixo constituem um texto, mas estão desordenados. Ordene-os nos parênteses e em seguida assinale a sequência correta correspondente.

( ) O governo se compromete, ainda, a aumentar a progressividade dos impostos indiretos e a reduzir a tributação da cesta básica. Uma última questão importante é a concessão de benefícios fiscais, que devem atingir R$ 24 bilhões em 2003.

( ) Uma das questões mais graves do panorama econômico é que a informalidade aumenta a rotatividade de emprego, reduz a produtividade e o salário real, desestimula a ampliação das empresas, afeta a arrecadação e contribui para o desequilíbrio da Previdência.

( ) Como solução, o governo propõe a substituição parcial das contribuições sobre folha por um tributo que não onere o setor produtivo, como um imposto sobre valor agregado. A reforma previdenciária e os investimentos em treinamento e qualificação profissional serão complementos ao esforço de formalização.

( ) O compromisso da equipe econômica é reconsiderar tais benefícios e renúncias fiscais de natureza regressiva.

( ) Além disso, o desenho tributário brasileiro incentiva essa "informalização" do mercado de trabalho ao exigir altos impostos e contribuições sobre a folha de pagamento.

(Adaptado de **O Estado de S. Paulo**, 11/04/2003.)

(A) 5º, 1º, 2º, 3º, 4º
(B) 3º, 2º, 5º, 4º, 1º
(C) 4º, 1º, 3º, 5º, 2º
(D) 1º, 3º, 5º, 2º, 4º
(E) 4º, 3º, 1º, 2º, 5º

O texto começa com "Uma das questões mais graves..." (1º), que introduz a temática a ser desenvolvida (informalidade no mercado). O trecho seguinte, que se inicia com "Além disso, o desenho..." (2º), traz o elemento anafórico "essa 'informalização' do mercado", que remete ao conteúdo do trecho anterior. O parágrafo que se inicia com "Como solução..." (3º) refere-se ao problema delineado nos trechos anteriores (informalidade no mercado) e aponta a solução proposta pelo governo (alterações na tributação, complementadas por reforma previdenciária e investimentos em treinamento e qualificação profissional). A seguir, o trecho que se inicia com "O governo se compromete..." (4º) adota o termo "ainda", que indica continuação das propostas governamentais delineadas no trecho anterior. Finalmente, o parágrafo que se inicia com "O compromisso da..." (5º) conclui a ideia do texto, indicando o intuito do governo de reconsiderar as medidas de natureza regressiva, que se opõem à proposta de progressividade indicada no trecho anterior.

Gabarito "C".

(Auditor do Tesouro Municipal/Recife-PE – 2003 – ESAF) Assinale a opção gramaticalmente correta.

(A) Os números falam por si mesmo: com uma alíquota de 0,38% e incidindo somente no débito, a CPMF arrecadou, em 2002, mais de R$ 20 bilhões.

(B) Como um tributo de baixa sonegação, o IUF ampliaria a base tributária atual, elevando o número de contribuintes, e promovera a desoneração do setor produtivo e a formalização de milhares de empresas, que se encontram na ilegalidade.

(C) É mais do que uma proposta, o IUF é a reforma desejada por todos os cidadãos. Em recente pesquisa, o Instituto Datafolha comprovou a aceitação do tributo pelos brasileiros. Entre os 40% da população que conhece o projeto, 70% aprova a ideia.

(D) As nossas autoridades devem urgentemente entender que a sociedade não pretende isentar da obrigação de pagar tributos.

(E) A população exige um sistema que respeite a capacidade contributiva do cidadão. Por outro lado, quer que o Estado ofereça serviços públicos de qualidade. Aí estão os princípios plenamente atendidos pelo Imposto Único Federal.

(Adaptado de Carlos Eduardo Cadoca, **Folha de S.Paulo**, Dinheiro/ Opinião Econômica, 31/03/2003.)

A: "Os números falam por si mesmos (...); **B:** "Como um tributo de baixa sonegação, o IUF ampliaria a base tributária atual, elevando o número de contribuintes, e promoveria a desoneração do setor produtivo e a formalização de milhares de empresas [sem vírgula] que se encontram na ilegalidade."; **C:** "(...) Entre os 40% da população que conhece o projeto, 70% aprovam a ideia."; **D:** "As nossas autoridades devem urgentemente entender que a sociedade não pretende se isentar da obrigação de pagar tributos."

Gabarito "E".

Um dos motivos principais pelos quais a temática das identidades é tão frequentemente focalizada tanto na mídia assim como na universidade são as mudanças culturais, sociais, econômicas, políticas e tecnológicas que estão atravessando o mundo e que são experienciadas, em maior ou menor escala, em comunidades locais específicas. Como indica Fridman (2000, p. 11), "se a modernidade alterou a face do mundo com suas conquistas materiais, tecnológicas, científicas e culturais, algo de abrangência semelhante ocorreu nas últimas décadas, fazendo surgir novos estilos, costumes de vida e formas de organização social". Há nas práticas sociais cotidianas que vivemos um questionamento constante de modos de viver a vida social que têm afetado a compreensão da classe social, do gênero, da sexualidade, da idade, da raça, da nacionalidade etc., em resumo, de quem somos na vida social contemporânea. É inegável que a possibilidade de vermos a multiplicidade da vida humana em um mundo globalizado, que as telas do computador e de outros meios de comunicação possibilitam, tem colaborado em tal questionamento ao vermos de perto como vivemos em um mundo multicultural e que essa multiculturalidade, para qual muitas vezes torcíamos/torcemos os narizes, está em nossa própria vida local, atravessando os limites nacionais: os grupos *gays*, feministas, de rastafáris, de hip-hop, de trabalhadores rurais sem-terra etc.

(Luiz Paulo da Moita Lopes, Discursos de identidades, p. 15)

(Técnico da Receita Federal – 2003 – ESAF) Analise as seguintes alterações propostas para as estruturas linguísticas do texto e assinale a opção correta.

(A) Preserva-se a correção gramatical e a coerência textual ao usar o pronome relativo **que** em lugar de "quais" (l.1), desde que precedido da preposição **por**.

(B) Preserva-se a correção gramatical e os sentidos do texto ao retirar "de abrangência" (l.12).

(C) Preserva-se a correção gramatical mas altera-se a coerência textual ao usar a forma verbal flexionada **faz** no lugar da forma nominal "fazendo" (l.13), desde que se insira antes dela a conjunção **e**.

(D) Preservam-se a correção gramatical e os sentidos do texto ao inserir **o** diante de "que" (l .24), desde que seja retirada a vírgula após "possibilitam" (l.26).

(E) Preserva-se a correção gramatical, mas prejudica-se a coerência textual ao substituir a forma nominal "atravessando"(l.31) por **e atravessa**.

A: quais não pode ser substituído por "por que", sem alteração sintático-semântica; **B:** "algo de abrangência semelhante" equivale a "algo semelhante", no contexto; **C:** é possível substituir "fazendo surgir" por "e fez surgir", sem a vírgula antecedente (no passado, não no presente – faz); **D:** embora seja possível a inclusão do pronome o, não se pode excluir as vírgulas antes e depois da expressão "que as telas (...) possibilitam", pois é explicativa; **E:** é possível a substituição, sem alteração contextual ou incorreção gramatical, desde que retirada a vírgula após "local".

Gabarito "B".

Nas duas questões seguintes assinale a opção que corresponde a erro gramatical ou de grafia das palavras.

(Técnico da Receita Federal – 2003 – ESAF) O Tribunal de Contas da União, **por meio do(1) Acórdão(2)** nº 1.137, de 13 de agosto de 2003, apresentou o resultado de trabalhos de inspeção realizados junto aos Órgãos Centrais, **à(3)** Delegacia da Receita Federal em Brasília e à Delegacia Especial de Instituições Financeiras em São Paulo, tendo por objeto avaliar o controle exercido pela Superintendência da Receita Federal **sobre à(4)** rede arrecadadora de receitas federais. Em diversos trechos de seu relatório, aquele Tribunal reconhece os benefícios **advindos(5)** do Projeto de Reestruturação do Controle da Rede Arrecadadora de Receitas Federais – Projeto Nova Rarf.

(Adaptado de www. receita. fazenda.gov.br, 10/09/2003)

(A) 1
(B) 2
(C) 3
(D) 4
(E) 5

"O Tribunal de Contas da União, por meio do (1) Acórdão (2) nº 1.137 (...) apresentou o resultado de trabalhos de inspeção realizados junto aos Órgãos Centrais, [*apresentou*] à (3) [*correto o uso da crase (preposição + artigo), pois o verbo apresentar é transitivo direto e indireto e o termo subsequente 'Delegacia' é o objeto indireto*] Delegacia (...), tendo por objeto avaliar o controle exercido pela Superintendência da Receita Federal sobre a (4) [*não ocorre a crase. Não há a preposição a, somente a preposição sobre e o artigo definido a*] rede arrecadadora de receitas federais. Em diversos trechos de seu relatório, aquele Tribunal reconhece os benefícios advindos (5) [*esse adjetivo masculino plural concorda com o substantivo masculino plural benefícios*] do Projeto (...)."

Gabarito "D".

(Técnico da Receita Federal – 2003 – ESAF) A sociedade humana, desde os seus primórdios, soube desenvolver as dimensões essenciais de sua atividade prática — e já por isso o homem **pôde (1)**ser definido como tendo sido, desde a sua origem, um animal técnico, ou seja, uma criatura **afeita à fainas(2)** da transformação da natureza. Foi a filosofia grega, no entanto, e apenas ela, que conseguiu estabelecer aquelas categorias fundamentais para o desdobramento da tecnologia. Não que esse desdobramento estivesse **desde sempre(3)** na mira daqueles primeiros pensadores gregos. **Em verdade(4)**, a ligação entre esse pensamento das categorias de base e a sua subserviência ao desenvolvimento da tecnologia só **viria a manifestar-se(5)** dois milênios mais tarde.

(Adaptado de Gerd Bornheim, **Fronteiras da Ética**, São Paulo: Senac, 2002, p.147).

(A) 1
(B) 2
(C) 3
(D) 4
(E) 5

"A sociedade humana (...) soube desenvolver as dimensões essenciais de sua atividade prática — e já por isso o homem pôde (1) [*verbo poder no pretérito perfeito do indicativo*] ser definido como tendo sido, desde a sua origem, um animal técnico, ou seja, uma criatura afeita às fainas (2) [*o termo regente* afeita *exige preposição* a *e o termo regido* fainas *aceita artigo definido feminino plural. Ocorre a crase. Também está correta a forma 'afeita a fainas'*.] da transformação da natureza."

Gabarito "B"

(Técnico da Receita Federal – 2003 – ESAF) Os trechos abaixo constituem um texto, mas estão desordenados. Ordene-os nos parênteses e, em seguida, assinale a sequência correspondente.

( ) As operações de compra de imóveis pelas *off shores* também estão sendo monitoradas pela Receita. Os dados serão comparados com as declarações de Imposto de Renda dos residentes no Brasil e até com o cadastro de imóveis das prefeituras.

( ) Sem identificação dos donos, cujos nomes são mantidos em sigilo pela legislação dos países onde estão registradas, muitas dessas empresas fazem negócios no Brasil, como a participação em empreendimentos comerciais ou industriais, compra e aluguel de imóveis.

( ) Além de não saber quem são os proprietários dessas *off shores*, pois não há mecanismos legais que permitem acesso aos verdadeiros donos, o governo também não tem conhecimento da origem desse dinheiro aplicado no País, sem o recolhimento dos impostos devidos.

( ) A Receita Federal está fechando o cerco contra as empresas estrangeiras sediadas em paraísos fiscais que atuam no Brasil, conhecidas como *off shores*.

( ) Para reduzir essa evasão fiscal, a Receita está identificando as pessoas físicas que alugam imóveis de luxo pertencentes a pessoas jurídicas ou mesmo físicas que atuam em paraísos fiscais. Toda remessa de aluguel é tributada.

(Adaptado de Ana D'Angelo, Andrea Cordeiro e Vicente Nunes, **Correio Braziliense**, 08/09/2003).

(A) 1º,2º,4º,3º,5º
(B) 2º,3º,5º,4º,1º
(C) 5º,2º,3º,1º,4º
(D) 1º,5º,4º,3º,2º
(E) 3º,2º,1º,5º,4º

O texto coerente e coeso inicia-se com "A receita está fechando o cerco..." (1º), que é introdução para a temática a ser desenvolvida. O trecho que se inicia com "Sem identificação dos donos..." (2º) traz o elemento anafórico "dessas empresas", o que indica ser sequência do trecho anterior (que se refere a empresas estrangeiras). O trecho seguinte é aquele que se inicia com "Além de não saber..." (3º): perceba que o autor retoma a referência à falta de identificação dos proprietários das empresas, feita no trecho anterior. A seguir, vem o trecho que se inicia com "Para reduzir essa..." (4º), que traz o elemento anafórico "essa evasão fiscal", referindo-se ao ilícito indicado no final do trecho anterior ("sem o recolhimento dos impostos devidos"). Finalmente, o trecho que se inicia com "As operações de compra..." (5º) conclui o texto: note o uso da expressão "também estão sendo monitoradas", que aponta medida adicional de fiscalização, em relação à identificação das pessoas físicas a que se refere o trecho anterior.

Gabarito "C"

(Técnico da Receita Federal – 2003 – ESAF) Os trechos abaixo constituem um texto, mas estão desordenados. Ordene-os nos parênteses e, em seguida, assinale a sequência correspondente.

( ) Em geral, esta firma é constituída apenas para atuar como subsidiária da estrangeira, intermediando seus negócios. Caso a empresa compre imóvel no Brasil, tem que haver registro, tem que existir um responsável, com CPF, o que permite o controle.

( ) O investidor estrangeiro entra no Brasil via Bolsa de Valores, fundos de investimentos ou como sócio de uma empresa brasileira.

( ) O secretário da Receita admite, no entanto, que não há mecanismos para controlar a atuação de brasileiros que mandam dinheiro ilícito para os paraísos fiscais e o repatriam por meio de negócios realizados em nome das *off shores*.

( ) E também a contabilidade da empresa, em tais países, não precisa ser auditada. Os donos dos recursos podem movimentar dinheiro ou constituir empresas por vários meios que omitem seus nomes, como o sistema de ações ao portador.

( ) Esses países conhecidos como paraísos fiscais têm como principais atrativos a legislação tributária branda, com direito até a isenção de impostos, e garantia de sigilo bancário, comercial e societário.

(Adaptado de Ana D'Angelo, Andrea Cordeiro e Vicente Nunes, **Correio Braziliense**, 08/09/2003.)

(A) 1º,2º,4º,3º,5º
(B) 2º,1º,3º,5º,4º
(C) 3º,2º,1º,5º,4º
(D) 1º,5º,4º,3º,2º
(E) 5º,2º,3º,1º,4º

A: o texto começa com "O investidor estrangeiro entra..." (1º), que introduz a temática a ser desenvolvida. O trecho que se inicia com "Em geral, esta..." (2º) traz o elemento anafórico "esta firma" (o correto seria "essa firma"), que faz referência à "empresa brasileira" indicada no final do trecho anterior. A seguir, o trecho que se inicia com "O secretário da Receita..." (3º) afirma que a autoridade admite a inexistência de mecanismos de controle: note o uso da expressão "no entanto", pois no trecho anterior foi dito que há um controle por meio do registro da aquisição de imóvel no Brasil. O trecho que se inicia com "Esses países..." (4º) traz o elemento anafórico "esses países", referindo-se aos paraísos fiscais indicados no trecho anterior. Finalmente, o trecho que se inicia com "E também a contabilidade..." (5º) volta a fazer referência a "tais países", indicando ser sequência em relação ao trecho anterior, o que é confirmado pelo uso de "E também".

Gabarito "B"

(Agente Fiscal/Teresina – 2002 – ESAF) Marque o segmento de texto que foi reproduzido com erro na estrutura sintática.

(A) O conceito de cidade sustentável tem por objetivo introduzir a dimensão ambiental nas políticas urbanas.
(B) Atualmente, esse conceito está sendo incorporado à proposta brasileira da Agenda 21.
(C) O conceito de cidade sustentável tem um enfoque de longo prazo.
(D) Se pensarmos que alguns dos principais desafios da humanidade, para o próximo século, envolvem diretamente as cidades, com destaque aqui para as demandas hídricas e impactos que as áreas urbanas trazem para os sistemas hídricos, à-que se trabalhar mais de perto com esse conceito.
(E) Parte-se do pressuposto de que o foco de longo prazo deve ser sobre a promoção da capacidade humana de construir seu bemestar social, econômico e cultural.

(Mônica Veríssimo *et alii*, adaptado)

"Se pensarmos que alguns dos principais desafios da humanidade, para o próximo século, envolvem diretamente as cidades, com destaque aqui para as demandas hídricas e impactos que as áreas urbanas trazem para os sistemas hídricos, **há que** se trabalhar mais de perto com esse conceito."

Gabarito "D".

(Agente Fiscal/Teresina – 2002 – ESAF) Marque o segmento de texto que foi reproduzido com erro na estrutura sintática.

(A) Os primeiros filósofos fizeram de uma vez duas grandes rupturas com o passado.
(B) Em primeiro lugar, tentaram entender o mundo com o uso da razão, sem recorrer à religião, à revelação, à autoridade ou à tradição.
(C) Isso, por si só, foi algo totalmente novo e um dos mais importantes marcos no desenvolvimento humano.
(D) Mas, ao mesmo tempo, eles ensinavam outras pessoas a usar a própria razão também e a pensar por si mesmos.
(E) Assim, nem sequer esperavam que seus próprios discípulos concordassem necessariamente com eles.

(Adaptado de *História da Filosofia*, de Bryan Magee.)

"Mas, ao mesmo tempo, eles ensinavam outras pessoas a usar a própria razão e também a pensar por si mesmos."

Gabarito "D".

(Auditor Fiscal da Receita Federal – 2002.1 – ESAF) Marque, em cada item, o período que inicia o respectivo texto de forma coesa e coerente. Depois, escolha a sequência correta.

(Itens baseados em Emir Sader)

I. ....

O abandono da tematização do capitalismo, do imperialismo, das relações centro-periferia, de conceitos como exploração, alienação, dominação, abriu caminho para o triunfo do liberalismo.

(X) O socialismo, em consequência desses fatores, desapareceu do horizonte histórico, em virtude de ter ganho atualidade política com a vitória da Revolução Soviética de 1917.
(Y) O triunfo do neoliberalismo se consolidou quando o pensamento social passou a ser dominado por teses conservadoras.

II. ....

Compravam um passaporte para o camarote dos vencedores. Mas, como "há uma dignidade que o vencedor não pode alcançar", como dizia Borges, o que ganharam em prestígio perderam em capacidade de análise.

(X) Os que abandonaram Marx com soltura de corpo e com alívio, como se se desvencilhassem de um peso, na verdade não trocavam um autor por outro, mas uma classe por outra.
(Y) Eles substituíram a exploração de classes e de países pela temática do totalitarismo, aperfeiçoando suas análises políticas ao vinculá-las à dimensão social.

III. ....

No mundo contemporâneo, tais modos nos permitem compreender a etapa atual do capitalismo, em sua fase de hegemonia política norte-americana.

(X) Para atender a atualidade, são necessários modos de compreensão férteis, capazes de dar conta das relações entre a objetividade e a subjetividade, entre os homens como produtores e como produtos da história.
(Y) Trata-se de uma compreensão míope, que ignora componentes essenciais ao fenômeno do capitalismo que estamos vivendo.

IV. ....

Quem pode entender a política militarista dos EUA e do seu complexo militar-industrial sem a atualização da noção de imperialismo?

(X) Quem pode entender hoje a crise econômica internacional fora dos esquemas da superprodução, essencial ao capitalismo?
(Y) Portanto, é a unipolaridade vigente há uma década que busca impor a dicotomia livre mercado/protecionismo.

V. ....

Nunca as relações mercantis tiveram tanta universalidade, seja dentro de cada país, seja nas novas fronteiras do capitalismo.

(X) O capitalismo dá mostras de enfrentar forte declínio, que leva os especialistas a preverem profunda fragmentação na ordem econômica interna de cada nação.
(Y) Assiste-se ao capitalismo em plena fase imperialista consolidada, em que as formas de dominação se multiplicam.

(A) X,X,Y,Y,X
(B) Y,X,X,X,Y
(C) Y,Y,X,X,Y
(D) X,Y,Y,X,Y
(E) X,Y,Y,X,X

I: o trecho inicial refere-se ao triunfo do liberalismo. A sequência (Y) trata de sua evolução (ou mutação) para o neoliberalismo, a partir do domínio das teses conservadoras; **II:** o trecho inicial refere-se a pessoas que, embora pretendessem evoluir ("Compravam um passaporte para o camarote dos vencedores"), acabaram perdendo "em capacidade de análise". A assertiva em Y refere-se a uma evolução ("aperfeiçoando suas análises"), o que conflita com o trecho inicial. Diferentemente, X aponta o engano das pessoas a que se refere o texto, de modo que é a opção coerente; **III:** o trecho inicial indica a compreensão a respeito da etapa atual do capitalismo. A assertiva em X explica como essa compreensão é possível, o que segue coerentemente a ideia inicial. Já a assertiva em Y inverte o sentido do texto, de modo incoerente ("compreensão míope"); **IV:** a assertiva em X enumera um segundo tema relacionado aos pressupostos para a compreensão da realidade atual, de modo coerente com o trecho inicial. Já a assertiva em Y adota "Portanto", que é conjunção conclusiva, sem que haja conclusão em relação ao trecho inicial, o que demonstra ser opção errada; **V:** o trecho inicial indica a força atual das relações mercantis no contexto capitalista, o que se harmoniza apenas com Y, que aponta o "capitalismo em plena fase", e não a X, que faz referência a seu "forte declínio".

Gabarito "B".

(Auditor Fiscal da Receita Federal – 2002.1 – ESAF) Leia os trechos adaptados de José Luiz Rossi, **A sociedade do conhecimento**, para assinalar a opção correta.

(A)

Esse é um fenômeno que mudará o perfil da população mundial nos próximos anos. O aumento da expectativa de vida é um fenômeno que já vem ocorrendo nos últimos 300 anos, mas a redução da população jovem é um fato relativamente novo, cujas consequências socioeconômicas ainda não foram totalmente exploradas.

(B)

Estamos falando de transformações que ocorrerão em virtude das maiores mudanças demográficas ocorridas desde que o homem começou a se organizar em sociedades. Uma delas é a diminuição da população jovem em todos os países desenvolvidos, e também em países como o Brasil e a China, onde a taxa de natalidade já está abaixo da de reposição de 2,2 por cento por mulher em idade reprodutiva.

(C)

A outra transformação é nas características da força de trabalho. Até o início do século XX, a maior parte dos trabalhos eram manuais. Cinquenta anos depois, a indústria foi o grande empregador. Hoje, a força de trabalho que mais cresce, e que já é maior em números absolutos, é a dos "trabalhadores do conhecimento", valorizados mais pelo conhecimento especializado do que por qualquer outra característica.

(D)

Nos últimos meses, verificou-se que a nova economia não substituirá de todo a velha economia, mas, sim, conviverá com ela, transformando-a por meio de profunda integração entre as empresas e de disseminação quase infinita do conhecimento. Entretanto, dois outros fenômenos também influenciarão nosso meio de vida.

Para que os trechos constituam um texto coeso e coerente, sua ordenação deve ser:

(A) A, C, B, D
(B) B, A, D, C
(C) B, C, A, D
(D) D, A, B, C
(E) D, B, A, C

Para essa questão devem ser lembradas as noções de coesão e coerência. Ao ordenar fragmentos, devem ser observados elementos que retomam algum termo do discurso (elementos anafóricos ou catafóricos – a anáfora é um processo pelo qual um termo gramatical retoma a referência de um sintagma anteriormente usado; já a catáfora diz respeito ao uso de um termo ao final de uma frase para especificar o sentido de outro anteriormente expresso).
Fragmentos ordenados:
D: "(...), verificou-se que a nova economia não substituirá de todo a velha economia, (...) conviverá com ela, transformando-a por meio de profunda integração entre as empresas e de disseminação quase infinita do conhecimento. (...). **B:** Estamos falando de transformações que ocorrerão em virtude das maiores mudanças demográficas (...). Uma delas [*1ª transformação apresentada no* texto] é a diminuição da população jovem (...). **A:** Esse é um fenômeno [*diminuição da população* jovem] que mudará o perfil da população mundial nos próximos anos. O aumento da expectativa de vida é um fenômeno que já vem ocorrendo (...). **C:** A outra transformação [*essa informação tem que vir depois da 1ª* transformação] é nas características da força de trabalho. (...) Hoje, a força de trabalho que mais cresce, e que já é maior em números absolutos, é a dos ´trabalhadores do conhecimento´ (...)".

Gabarito "E".

(Auditor Fiscal da Receita Federal – 2002.1 – ESAF) Os trechos a seguir foram adaptados de um texto de Gilson Schwartz, mas estão desordenados. Numere-os de forma que constituam um texto coeso e coerente e assinale a opção correta correspondente.

( ) No caso do Brasil, que já tem fundos setoriais em apoio ao desenvolvimento tecnológico, resta saber como será a distribuição desses recursos e que impacto terão no sistema econômico.
( ) Entretanto, criar a cultura organizacional necessária nessas redes para que os recursos e as políticas públicas tenham mais eficácia não é algo trivial.
( ) As pesquisas que se fazem internacionalmente sugerem que o segredo do desenvolvimento com base na inovação tecnológica está menos no volume de recursos e mais na qualidade das redes que se formam para recebê-los.
( ) Claro que a existência desses recursos para investir é condição necessária, mas não é suficiente. As políticas públicas brasileiras teriam, provavelmente, mais chance de êxito se incluíssem entre os seus objetivos a própria mudança cultural e comportamental das suas organizações.
( ) Exige, por exemplo, a formação de grupos articulados de cooperação para produção de conhecimento, ou seja, sistemas incompatíveis com as práticas institucionais e empresariais.

(A) 3, 4, 1, 5, 2
(B) 2, 5, 4, 3, 1
(C) 4, 2, 1, 5, 3
(D) 3, 4, 2, 1, 5
(E) 5, 1, 3, 2, 4

A questão pede que os fragmentos sejam ordenados levando em consideração a coerência e a coesão.

Fragmentos ordenados:

1: As pesquisas (...)sugerem que o segredo do desenvolvimento (...) está menos no <u>volume de recursos</u> e mais na qualidade <u>das redes</u> que se formam para recebê-los. **2:** Entretanto [a], criar a cultura organizacional necessária <u>nessas redes</u> [b] para que <u>os recursos</u> e as políticas públicas tenham mais eficácia não é algo trivial. **3:** Exige [c], por exemplo, a formação de grupos articulados de cooperação para produção de conhecimento (...). **4:** No caso do Brasil (...) resta saber como será a distribuição <u>desses recursos</u> [d] e que impacto terão no sistema econômico. **5:** Claro que a existência <u>desses recursos</u> [d] para investir é condição necessária, mas não é suficiente. (...)

Observações:

[a] O uso da conjunção adversativa *entretanto* permite concluir que haverá contraste entre a oração iniciada pela conjunção e a anterior;

[b] O elemento anafórico (pronome *nessas*) nos dá a dica de que o termo *redes* foi mencionado anteriormente;

[c] O sujeito do verbo *exigir* é oracional: "criar a cultura organizacional necessária nessas redes";

[d] O elemento anafórico (pronome *desses*) nos dá a dica de que o termo *recursos* foi mencionado anteriormente.

Gabarito "C".

Leia o texto abaixo para responder às duas questões seguintes.

Em artigo publicado na década de noventa, o professor Paul Krugman explicava que todos aqueles países que falavam inglês haviam tido um desempenho econômico acima da média de seus vizinhos e que o inglês estava se tornando rapidamente a língua franca dos negócios, do turismo e da internet. Assim, os processos de fusão de empresas, tão comuns naquele tempo, só teriam sucesso se utilizassem o inglês como língua de integração das corporações.

Essa visão nos preocupou quando resolvemos integrar todas as áreas de consultoria espalhadas pela América Latina em uma única divisão de consultoria. Mas ficou uma pergunta no ar: "que língua oficial adotar"? O espanhol ou o português acirraria a rivalidade que já era bastante grande no campo dos esportes. Adotar o inglês teria a vantagem da neutralidade e da facilidade de interação com nossos colegas de outras regiões, mas com perda significativa na agilidade da comunicação e no andamento das reuniões. Foi adotada então uma postura única: haveria três línguas oficiais. Essa pequena sutileza significava, na verdade, que todos eram obrigados a entender as três línguas, mas poderiam se expressar no idioma em que se sentissem mais à vontade. Hoje, cinco anos depois, sentimos que essa decisão foi fundamental para o nosso processo de integração, e a lição aprendida é que muitas vezes a criatividade local pode ser mais efetiva que verdades importadas.

(José Luiz Rossi, Integração cultural na América Latina, **CLASSE ESPECIAL**, 89/2001, com adaptações.)

(Auditor Fiscal da Receita Federal – 2002.2 – ESAF) Marque a opção incorreta a respeito do emprego das estruturas linguísticas do texto.

(A) As duas ocorrências da conjunção "que"(l.3 e 5) têm a função de demarcar o início das duas orações ligadas por "e"(l.5), mas, sintaticamente, o segundo **que** pode ser omitido.

(B) A preposição "em"(l.14), exigida pelas regras de regência do verbo "integrar"(l.13), pode sofrer contração com o artigo que a segue, sem prejudicar a correção e as ideias do texto.

(C) Para preservar a correção gramatical, se fosse usada a expressão **Ao se adotar**, em lugar de somente "Adotar"(l.19), seria obrigatória a mudança de "teria"(l.19) para **haveria**.

(D) Preserva-se a correção gramatical do texto e o sentido do adjetivo da estrutura "com perda significativa"(l.21 e 22) ao substituí-la por **significaria perder**.

(E) Mantém-se a estrutura sintática de voz passiva e a ideia de passividade ao empregar **Adotou-se** em lugar de "Foi adotada"(l.23 e 24).

Preserva-se a correção gramatical do texto ao substituir "com perda significativa" por "significaria perder", porém não se preserva o sentido do adjetivo *significativa* que está modificando e dando ênfase ao substantivo *perda* na construção original.

Gabarito "D".

(Auditor Fiscal da Receita Federal – 2002.2 – ESAF) Marque a opção em que, de acordo com as ideias do texto, existe uma relação de condição do tipo

Se X então Y

(A) X = falássemos inglês
Y = teríamos desempenho econômico acima da média

(B) X = adotássemos inglês como língua oficial
Y = agilizaríamos a comunicação

(C) X = empregássemos espanhol ou português
Y = exacerbaríamos a rivalidade

(D) X = houvesse três línguas oficiais
Y = teríamos facilidade de interação com outras regiões

(E) X = entendêssemos as três línguas
Y = deveríamos nos expressar nas três línguas

A e **B:** linhas 19 a 21: "Adotar o inglês teria (...) perda significativa na agilidade da comunicação."; **C:** linhas 16 e 17: "O espanhol ou o português acirraria a rivalidade"; **D:** linhas 19 a 21: "Adotar o inglês teria (...) facilidade de interação com (...) outras regiões"; **E:** linhas 26 a 29: "(...) todos eram obrigados a entender as três línguas, mas poderiam se expressar no idioma em que se sentissem mais à vontade."

Gabarito "C".

(Auditor Fiscal da Receita Federal – 2002.2 – ESAF) Num determinado ponto do discurso de posse como Arcebispo de Olinda e Recife, Dom Hélder Câmara faz um raciocínio baseado em quatro proposições. Ordene tais proposições, obedecendo ao esquema: 1- proposição genérica; 2- proposição acidental; 3- proposição resolutiva; 4- proposição consecutiva.

I. A melhor maneira de combater o erro é libertar as parcelas de verdade prisioneiras dentro dele.
II. Quando o erro perde a verdade que nele se esconde, deixa de ter poder de sedução e consistência interior.
III. Deus fez a inteligência voltada para a verdade.
IV. Quando a inteligência adere ao erro é seduzida pela alma de verdade que existe dentro de todo erro.

A ordenação correta é:

	1	2	3	4
(A)	I	II	IV	III
(B)	I	IV	II	III
(C)	III	IV	I	II
(D)	III	II	I	IV
(E)	II	III	I	IV

A assertiva em III indica a proposição genérica e, como se espera de um teórico religioso, começa pela criação da inteligência por Deus, voltada para a verdade. Em seguida, o período em IV indica o desvio da inteligência em relação à orientação inicialmente traçada, ou seja, afastamento da verdade (indicada no trecho anterior) em direção ao erro. A seguir, o texto em I aponta como combater esse erro (a que se refere o trecho anterior), por meio da libertação de parcelas de verdade. Finalmente, a assertiva em II conclui a ideia, indicando que a libertação das parcelas de verdade que existem no erro (conforme dito no trecho anterior) enfraquece-o.

Gabarito "C"

A reforma tributária não pode ser realizada, na verdade, para livrar o orçamento da sangria dos juros exorbitantes, embora enfeitada com os argumentos apelativos, tanto da simplificação fiscal para todo o empresariado quanto do milagre fiscal da multiplicação dos empregos para os mais despossuídos.

Trata-se do contrário. Os de baixo vão, de fato, pagar mais e não há garantia nenhuma da boa teoria econômica de que o emprego possa crescer sem o planejamento de um projeto nacional digno do nome, que defina e articule todas as potencialidades existentes para tanto.

(Fátima Gondim Farias, "Reforma Tributária", em **Tributação em revista**, abril/junho de1999, com adaptações.)

(Auditor Fiscal da Receita Federal – 2002.2 – ESAF) Preencha os espaços do trecho, de forma a resultar um texto que preserve a coerência de ideias e da direção argumentativa.

Nenhuma reforma tributária será ____________, ____________ para os mesmos de sempre, enquanto cerca de metade da arrecadação fiscal ____________ circuito do gasto público social e produtivo para consumar a delícia usurária da ciranda financeira global.

(Fátima Gondim Farias, "Reforma Tributária", em **Tributação em revista**, abril/junho de1999.)

(A) improdutiva – tirante – estiver afastando-se do
(B) boa – exceto – for desviada do
(C) eficaz – se dirigida – estiver centrada no
(D) justa – inclusive – continuar concentrada no
(E) distributiva – se acumula – ficar confinada ao

A: o uso da palavra "improdutiva" não dá sentido ao texto; **B:** "Nenhuma reforma tributária será **boa**, **exceto** para os mesmos de sempre, enquanto cerca de metade da arrecadação fiscal **for desviada do** circuito do gasto público social e produtivo (...)"; **C:** o uso da expressão "se dirigida" não dá sentido ao texto; **D:** o uso da palavra "inclusive" não dá sentido ao texto; **E:** o uso da expressão "se acumula" não dá sentido ao texto.

Gabarito "B"

(Auditor Fiscal da Receita Federal – 2002.2 – ESAF) Nos trechos adaptados de VEJA, 24/04/2002, dois períodos sintáticos foram transformados em apenas um período. Assinale a opção em que essa transformação está gramaticalmente correta e textualmente coerente.

(A) Acaba de ser concluído um dos maiores estudos sobre estresse no trabalho. Coordenado por uma instituição americana, um grupo de pesquisadores ouviu 1000 executivos em vários países, inclusive o Brasil. Coordenado por uma instituição americana, acaba de ser concluído um dos maiores estudos sobre estresse no trabalho, que foram ouvidos 1000 executivos de vários países, dentre eles no Brasil, por um grupo de pesquisadores.
(B) Uma das conclusões é que os brasileiros estão entre os que mais sofrem com as pressões do **dia-a-dia.** Segundo o estudo, eles estão à beira de uma exaustão severa. Segundo uma das conclusões do estudo, é que os brasileiros estão entre os que mais sofrem com as pressões cotidianas, pois estão prestes a uma exaustão severa.
(C) Os nossos executivos lideram a lista dos que dedicam mais horas ao trabalho, mas esse não é o fator determinante para deixá-los tão nervosos. O que falta aos brasileiros, revela a pesquisa, é principalmente confiança em si próprio. Apesar de os nossos executivos liderarem a lista dos que dedicam mais horas ao trabalho, não é esse o fator determinante para deixálos tão nervosos, pois a pesquisa revela é principalmente a falta de confiança em si próprio.
(D) Não importa o país, o trabalho é naturalmente um ambiente de estresse. Hoje, no entanto, a pressão é maior do que há vinte anos, a partir de quando

as grandes empresas sofreram cirurgias profundas em sua estrutura. No entanto, hoje a pressão no trabalho é maior que a vinte anos atrás, quando as grandes empresas sofreram profundas cirurgias em suas estruturas, onde naturalmente um ambiente de trabalho é de estresse natural, não importando o país.

(E) Elas estão menos verticalizadas, divididas que estão em unidades menores. Nesse novo tipo de organização, é comum o executivo receber ordens de pessoas diferentes, muitas vezes contraditórias. Nesse novo tipo de organização, em que as empresas – divididas em unidades menores – estão menos verticalizadas, é comum o executivo receber ordens, muitas vezes contraditórias, de pessoas diferentes.

A: o erro está em "dentre eles **no** Brasil". O período original diz: "grupo de pesquisadores ouviu 1000 executivos de vários países, inclusive o Brasil."; **B:** o erro está em "pressões cotidianas, pois estão prestes a uma exaustão severa." O período original não diz que a exaustão severa explica as pressões cotidianas; **C:** o período original diz "o que falta, revela a pesquisa, é principalmente confiança". Diferente do período reescrito: "pesquisa revela principalmente a falta de confiança".

Gabarito "E".

(Auditor Fiscal da Receita Federal – 2002.2 – ESAF) Assinale a opção em que o trecho apresenta-se coeso, coerente e gramaticalmente correto.

(A) O problema atual dos direitos do homem não é mais justificar-lhes ou enunciá-los, mas protegê-los, buscar as condições, os meios para realizá-los e, efetivamente, desfrutá-los. Trata-se, portanto, de passar a ação, ou seja, de um problema político.

(B) Pelo princípio da igualdade material o Estado tem obrigação de intervim e retificar a ordem social, a fim de remover as mais profundas e perturbadoras injustiças sociais.

(C) A igualdade e a justiça são a base para a justiça fiscal que são componentes da justiça social.

(D) Diante desse preceito maior, a distribuição dos gastos para a manutenção do Estado, ou seja, a parcela com que cada indivíduo vai contribuir para essas despesas, deve alcançar a todos os cidadãos que se acham na mesma situação jurídica, sem privilegiar indivíduos ou classes sociais.

(E) Portanto, o princípio da igualdade leva ao princípio da generalidade da tributação, pois o sacrifício econômico e financeiro que o contribuinte deve suportar precisam ser iguais para todos os que se encontram na mesma situação. A lei tributária deve ser igual para todos e a todos deve ser aplicada com igualdade.

(Adaptado de www.unafisco.org.br)

A: o verbo *justificar* é transitivo direto (justificá-los); **B:** verbo *intervir*: "tem a obrigação de **intervir**"; **C:** "A igualdade e a justiça são a base para a justiça fiscal **e** são componentes da justiça social."; **E:** "pois o **sacrifício** econômico e financeiro (...) **precisa** ser igual para todos".

Gabarito "D".

(Auditor Fiscal da Previdência Social – 2002 – ESAF) Um trecho do texto **Brasil, um crescimento difícil**, de Luiz Gonzaga Belluzzo, foi adaptado e fragmentado em quatro partes com duas possibilidades de redação cada uma. Julgue a correção gramatical e o emprego dos mecanismos de coesão e coerência de cada um dos seguintes pares para, a seguir, marcar a opção que torna o texto correto e coerente.

(A – 1) Dada a desigualdade distributiva vigente no país, o desejo de combinar crescimento elevado e aumento do saldo comercial só pode ser satisfeito se houver:

(A – 2) Considerando a desigualdade distributiva vigente no país, o desejo de combinar crescimento elevado com aumento do saldo comercial só poderá ser satisfeito se houverem três condições:

(B – 1) Uma política, muito agressiva, de exportações,

(B – 2) uma política muito agressiva de exportações,

(C – 1) uma mudança na composição da demanda doméstica (estimulando a construção civil e a produção de bens populares com baixo conteúdo importado) e

(C – 2) uma mudança, para a composição da demanda doméstica – e estímulo a construção civil e ao consumo de bens populares de baixo conteúdo importado – e

(D – 1) uma política tributária e de gasto público capaz de moderar a expansão do consumo das camadas de alta renda na mesma proporção em que permite o crescimento da renda dos mais pobres.

(D – 2) uma política tributária e de gasto público capazes de moderar a expansão do consumo das camadas de alta renda em proporção ao que permite o crescimento de renda dos mais pobres.

Obtém-se um texto coerente e gramaticalmente correto com a seguinte sequência:

(A) (A – 1) , (B – 2) , (C – 2) , (D – 1)
(B) (A – 1) , (B – 1) , (C – 2) , (D – 1)
(C) (A – 2) , (B – 2) , (C – 1) , (D – 2)
(D) (A – 2) , (B – 1) , (C – 2) , (D – 2)
(E) (A – 1) , (B – 2) , (C – 1) , (D – 1)

Texto gramaticalmente correto e coerente: (A-1) Dada a desigualdade distributiva vigente no país, o desejo de combinar crescimento elevado e aumento do saldo comercial só pode ser satisfeito se houver: (B-2) uma política muito agressiva de exportações, (C-1) uma mudança na composição da demanda doméstica (estimulando a construção civil e a produção de bens populares com baixo conteúdo importado) e (D-1) uma política tributária e de gasto público capaz de moderar a expansão do consumo das camadas de alta renda na mesma proporção em que permite o crescimento da renda dos mais pobres.

Correções:

(A-2) Considerando a desigualdade distributiva vigente no país, o desejo de combinar crescimento elevado com aumento do saldo comercial só poderá ser satisfeito se **houver** [*o verbo haver é impessoal no sentido de existir. Não tem sujeito, por isso, fica sempre na 3ª pessoa do singular*] três condições:

(B-1) **uma** [*deve estar em letra minúscula*] política**,** muito agressiva, de exportações,

(C-2) uma mudança, para a composição da demanda doméstica – e **estímulo à** [*a palavra regente estímulo exige preposição a e a palavra regida permite o artigo* a. *Ocorre crase*] construção civil e ao consumo de bens populares de baixo conteúdo importado – e

(D-2) uma política tributária e de gasto público **capazes** [o núcleo do sujeito é singular "política", então, o verbo fica no singular] de moderar a expansão do consumo das camadas de alta renda em proporção ao que permite o crescimento de renda dos mais pobres.

Gabarito "E".

(Auditor Fiscal da Previdência Social – 2002 – ESAF) Analise as paráfrases propostas para o período abaixo e assinale a opção em que se preservam as relações semânticas e a correção gramatical.

Não denunciamos com eficácia o desemprego e o desleixo com que tratamos metade da população urbana brasileira que vive em condições subumanas.

(João Sayad, Crime e Castigo, **Revista Classe**, nº 87, 2002, com adaptações.)

(A) Não denunciamos com eficácia o desemprego e o desleixo que metade da população urbana é, por nós, tratada e que vive em condições subumanas.

(B) Tratamos com o desemprego e o desleixo metade da população urbana brasileira vivendo em condições subumanas; não a denunciamos com eficácia.

(C) Não somos eficazes ao denunciar nem o desemprego nem o desleixo com que tratamos metade da população urbana brasileira que vive em condições subumanas.

(D) Metade da população urbana brasileira que vive em condições subumanas não é denunciada com eficácia quanto ao desemprego e o desleixo em que a tratamos.

(E) Não denunciamos metade da população urbana brasileira – que vive em condições subumanas – devido à nossa ineficácia e o desleixo que tratamos o desemprego.

O período a ser analisado nos dá 3 informações:

1) *Não denunciamos com eficácia o desemprego e o desleixo com que tratamos metade da população.*

Observar:

a) o sujeito do verbo *denunciar* é desinencial (nós);

b) o verbo transitivo direto *denunciar* tem como objetos o desemprego e o desleixo;

c) "com eficácia" é adjunto adverbial de modo, ligado ao verbo *denunciar.*

2) *Tratamos metade da população urbana brasileira com desleixo.*

Observar:

a) o sujeito do verbo *tratar* é desinencial (nós);

b) "com desleixo" indica o modo como a população foi tratada;

c) "com desleixo" é adjunto adverbial de modo, ligado ao verbo *tratar*,

d) o objeto direto do verbo *tratar* é "metade da população brasileira".

3) *Metade da população urbana brasileira vive em condições subumanas.*

Observar:

a) o sujeito do verbo *viver* é "metade da população urbana brasileira"

b) "em condições subumanas" é adjunto adverbial de modo, ligado ao verbo *viver.*

A: incorreta. Regência do verbo *tratar*: "Não denunciamos com eficácia o desemprego e o desleixo **com** que metade da população urbana é, por nós, tratada e que vive em condições subumanas"; **B:** incorreta. O objeto do verbo *denunciar* foi alterado: "Tratamos com o desemprego e o desleixo metade da **população urbana brasileira** vivendo em condições subumanas; **não a denunciamos** com eficácia"; **C:** correta. As estruturas sintático-semânticas foram preservadas; **D:** A regência do verbo *tratar* e o sujeito do verbo *denunciar* (nós) foram alterados: "Metade da população urbana brasileira que vive em condições subumanas não é denunciada com eficácia quanto ao desemprego e **ao** desleixo **com** que a tratamos."; **E:** o objeto direto do verbo *denunciar* foi alterado: "Não denunciamos metade da população urbana brasileira – que vive em condições subumanas – devido à nossa ineficácia e o desleixo **com** que tratamos o desemprego."

Gabarito "C".

(Auditor Fiscal da Previdência Social – 2002 – ESAF) Os trechos abaixo constituem um texto, mas estão desordenados. Ordene-os e assinale a opção que apresenta a sequência que organiza o texto de forma coesa e coerente.

( ) Por isso, foi apresentado à Mesa da Câmara o Projeto de Lei 6680/02, que obriga o chefe do Executivo a encaminhar anualmente ao Congresso Nacional, como parte integrante da Prestação de Contas de que trata a Constituição, o mapa da exclusão social brasileira.

( ) O projeto já está na comissão de Seguridade Social e Família, onde o relator apresentará seu parecer no retorno dos trabalhos parlamentares, após as eleições. Depois, será votado conclusivamente pela comissão de Desenvolvimento Urbano e Interior, pela comissão de Constituição, Justiça e Redação.

( ) Tal proposta é classificada pelo seu autor como Lei de Responsabilidade Social, em comparação com a Lei de Responsabilidade Fiscal – que impõe ao Governo determinadas medidas visando atingir metas financeiras.

( ) Para comprovar essa responsabilidade social, o mapa deverá fazer um diagnóstico da exclusão por região e estados, com base nos indicadores sociais referentes à expectativa de vida, renda, desemprego, educação, saúde, saneamento básico, habitação, população em situação de risco nas ruas, reforma agrária e segurança.

( ) O principal problema que o País enfrenta na hora de definir um planejamento estratégico de combate à exclusão social é a falta de divulgação de informações e estatísticas oficiais sobre a nossa realidade social.

( ) Os dados de cada item serão comparados com os do ano anterior, a fim de avaliar a ação do governo em cada área.

(Adaptado de Agência Câmara)

(A) 1º, 3º, 5º, 2º, 4º, 6º
(B) 2º, 1º, 4º, 5º, 6º, 3º
(C) 2º, 6º, 3º, 4º, 1º, 5º
(D) 3º, 4º, 1º, 6º, 2º, 5º
(E) 6º, 3º, 4º, 5º, 1º, 2º

Fragmentos ordenados:

5: [*Esse primeiro trecho é uma proposição genérica, própria de início de texto*] O principal problema que o País enfrenta na hora de definir um planejamento estratégico de combate à exclusão social é a falta de divulgação de informações e estatísticas oficiais sobre a nossa realidade social. **1:** [*Esse segundo trecho é uma proposição explicativa (uso do "por isso"). Temos que procurar nessa proposição elementos que nos remetam à anterior*] Por isso, foi apresentado à Mesa da Câmara o Projeto de Lei 6680/02, que obriga o chefe do Executivo a encaminhar anualmente ao Congresso Nacional (...) o mapa da exclusão social brasileira. **3:** Tal proposta é classificada pelo seu autor como **Lei de Responsabilidade Social** (...). **4:** Para comprovar **essa responsabilidade social** [*o elemento anafórico "essa" nos remete a "Lei de Responsabilidade Social" do trecho anterior*], o mapa deverá fazer um diagnóstico da exclusão por região e estados, com base nos indicadores sociais referentes à expectativa de vida, renda, desemprego, educação, saúde, saneamento básico, habitação, população em situação de risco nas ruas, reforma agrária e segurança. **6:** Os dados de cada item serão comparados com os do ano anterior, a fim de avaliar a ação do governo em cada área. **2:** O projeto já está na comissão de Seguridade Social e Família (...)"

Gabarito "C".

(Fiscal de Tributos/PA – 2002 – ESAF) Os trechos abaixo constituem um texto, mas estão desordenados. Ordene-os de forma coesa e coerente e assinale a opção correspondente.

( ) Entretanto, quando, nos anos 90, se verificou a inviabilidade dessa proposta conservadora de Estado mínimo, estas reformas revelaram sua verdadeira natureza: uma condição necessária da reconstrução do Estado – para que este pudesse realizar não apenas suas tarefas clássicas de garantia da propriedade e dos contratos, mas também seu papel de garantidor dos direitos sociais.

( ) A grande tarefa política dos anos 90 é a reforma ou a reconstrução do Estado. Entre os anos 30 e os anos 60 deste século, o Estado foi um fator de desenvolvimento econômico e social.

( ) A partir dos anos 70, porém, face ao seu crescimento distorcido e ao processo de globalização, o Estado entrou em crise e se transformou na principal causa da redução das taxas de crescimento econômico, da elevação das taxas de desemprego e do aumento da taxa de inflação que, desde então, ocorreram em todo o mundo.

( ) Nesse período, e particularmente depois da Segunda Guerra Mundial, assistimos a um período de prosperidade econômica e de aumento dos padrões de vida sem precedentes na história da humanidade.

( ) A onda neoconservadora e as reformas econômicas orientadas para o mercado foram a resposta a essa crise – reformas que os neoliberais em um certo momento imaginaram que teriam como resultado o Estado mínimo.

(Luiz Carlos Bresser Pereira)

(A) 5, 1, 3, 2, 4
(B) 3, 2, 4, 1, 5
(C) 1, 4, 2, 3, 5
(D) 2, 3, 5, 4, 1
(E) 4, 5, 1, 2, 3

O trecho que se inicia por "A grande tarefa política" (1º) introduz a temática do texto que é a reforma e a reconstrução do Estado. O trecho seguinte "Nesse período, e particularmente depois" (2º) apresenta o elemento anafórico "Nesse período" referindo-se ao período mencionado no trecho anterior ("Entre os anos 30 e os 60 deste século"). A seguir o 3º trecho fala sobre os anos 70: "A partir dos anos 70..." – os trechos anteriores falaram acerca das décadas de 30 a 60. A seguir o 4º trecho que se inicia por "A onda conservadora e as reformas" usa elementos anafóricos mencionados no 3º trecho: "essa crise" nos dá a dica de que este trecho está na sequência de outro que já tenha comentado sobre crise. O 5º e último trecho se inicia com a conjunção adversativa entretanto o que indica que será abordada uma ideia contrária à anterior: "Entretanto, quando, nos anos 90, se verificou a inviabilidade dessa proposta conservadora de Estado Mínimo..." O pronome dessa refere-se a um termo já mencionado anteriormente no 4º trecho.

Gabarito "A".

Leia o texto a seguir para responder a questão seguinte.

Um aspecto crucial para o bom funcionamento do sistema tributário é a importância estratégica da administração tributária. A efetividade e a eficácia do sistema tributário dependem da administração tributária, que desempenha um papel, fundamental e imprescindível, de instrumento de garantia da aplicação efetiva da legislação. Grande parte dos problemas do sistema brasileiro não poderá ser resolvida exclusivamente no plano da legislação. Há uma relação importante entre a fragilidade dos órgãos da administração e determinadas deficiências do sistema tributário nacional. Com uma administração tributária desprovida de recursos materiais e humanos, numa economia complexa e de proporções continentais como a brasileira, o sistema tributário, por mais concebido que possa ser sob o ponto de vista da legislação, deixará fatalmente a desejar em termos de qualidade, eficácia e justiça fiscal.

(www.unafisco.org.br)

(Técnico da Receita Federal – 2002.2 – ESAF) Marque como corretos os itens que constituem continuação coesa e coerente para o texto.

I. Portanto, é fundamental o fortalecimento da máquina fiscal, que torna a administração tributária mais efetiva.

II. Diante dessa evidência, hoje há um consenso quanto ao prescindível papel que desempenha o fortalecimento da administração tributária como efetivo instrumento de garantia da eficácia de todo o Sistema Tributário.

III. Para que a administração tributária seja fortalecida e efetiva são também fundamentais o cumprimento voluntário das obrigações tributárias e a percepção do risco de sonegar por parte do contribuinte.

IV. Embora a máquina fiscal não se mostre capaz de recuperar as obrigações tributárias descumpridas, então resta comprometida a eficácia de todo o sistema.

V. Em última análise, é uma fiscalização fortalecida que vai definir o limite da efetividade da administração tributária, e, por consequência, do Sistema Tributário.

A quantidade de itens corretos é

(A) 1
(B) 2
(C) 3
(D) 4
(E) 5

I: A assertiva é coerente com o texto inicial. O fortalecimento da máquina fiscal tende a tornar a administração tributária mais efetiva. Ver o trecho "A efetividade e a eficácia (...) efetiva da legislação."; **II:** o termo "prescindível" indica que algo não é necessário, que é dispensável, de modo que não pode ser aplicado ao "fortalecimento da administração tributária", sob pena de contradizer o texto inicial; **III:** "o cumprimento voluntário das obrigações tributárias" e "a percepção do risco de sonegar" complementam adequadamente o texto inicial, como elementos para o fortalecimento e para a efetividade da administração tributária. Note o uso do "também", que indica essa complementaridade; **IV:** o uso de "Embora" em conjunto com "então" é contraditório, nessa construção. Ademais, o texto inicial não informa que a máquina fiscal não é capaz de recuperar as obrigações tributárias descumpridas, o que torna o uso do "Embora a máquina fiscal..." inadequado; **V:** esse trecho resume corretamente a ideia passada pelo texto inicial.

Gabarito "C".

(Técnico da Receita Federal – 2002.2 – ESAF) Para que o texto abaixo apresente coesão, coerência de ideias e progressão temática, é necessária a inserção de dois dos trechos nomeados a seguir como (A), (B) e (C) nos espaços [*] e [**].

Metade dos postos de trabalho com carteira assinada já é preenchida por profissionais que têm, no mínimo, o ensino médio. Para os cargos mais altos, as exigências estão aumentando.

[*]

Os trabalhadores permanecem em emprego menos qualificado durante o período em que estão estudando e, depois de formados, sentem-se preparados para tentar um posto mais elevado. Essa nova leva de trabalhadores já é conhecida como a "geração do canudo". Educar a força de trabalho constitui um dos maiores desafios de qualquer país e era uma grande trava ao desenvolvimento do Brasil.

[**]

A compensação pode ser confirmada nos contracheques. Em valores reais, o salário dos executivos triplicou nas últimas décadas.

(**VEJA ESPECIAL,** maio de 2002, com adaptações.)

A) Tanto que a qualificação para as funções de alta gerência e de diretoria requer dezessete anos de estudo, dois a mais do que era requisitado dos diretores de empresas brasileiras no passado.

B) Por isso, com o desenvolvimento da economia, o que vai diferençar as pessoas, seja os operários controlando máquinas pesadas, seja os altos executivos dirigindo multinacionais, é o investimento na prática que neutraliza as lacunas da graduação.

C) Nos anos 80, a mão de obra tinha, em média, três anos de estudo. Atualmente os trabalhadores brasileiros estudam cerca de cinco anos. Continuam entre os menos instruídos e os menos produtivos do mundo, mas a curva de educação é ascendente.

Deve-se inserir, respectivamente, em [*] e [**]:

(A) A e B
(B) A e C
(C) B e C
(D) B e A
(E) C e B

O único trecho que não se encaixaria ao contexto e feriria a coerência é o B, que é uma opção que está em todas as alternativas, exceto na alternativa **B:** "*Para os cargos mais altos, as exigências estão aumentando.* Trecho **A:** Tanto que a qualificação para as funções de alta gerência [*cargo mais alto*] e de diretoria requer dezessete anos de estudo, dois a mais do que era requisitado [*exigências estão* aumentando] dos diretores de empresas brasileiras no passado. *Educar a força de trabalho constitui um dos maiores desafios de qualquer país e era uma grande trava ao desenvolvimento do Brasil.* Trecho **C:** Nos anos 80, a mão de obra tinha, em média, três anos de estudo. Atualmente os trabalhadores brasileiros estudam cerca de cinco anos [*Educar a força de trabalho*]. Continuam entre os menos instruídos e os menos produtivos do mundo, mas a curva de educação é ascendente.

Gabarito "B".

(Técnico da Receita Federal – 2002.2 – ESAF) Marque onde deve ser inserido o trecho abaixo para que o texto a seguir apresente coesão e coerência.

Elas contêm definições sobre a dimensão estratégica do país e sua relação com os marcos internacionais. Importa-lhes indicar os principais interesses nacionais e desenhar a defesa externa, sendo imprescindível o seu compromisso com os regimes democráticos dos quais decorrem.

O livro de defesa nacional

A

As políticas de defesa nacional são políticas de Estado que dependem da legitimidade democrática, não se limitando a um mandato nem ao estrito jogo parlamentar, não raro com o apoio das oposições.

B

E o Brasil, por meio da política de defesa nacional, objetiva preservar a soberania e a integridade territorial (além do patrimônio e interesses nacionais), o Estado de Direito e suas instituições, além de vislumbrar a promoção dos interesses brasileiros no exterior (inclusive a manutenção da paz e da segurança internacionais).

C

Por isso, o livro de defesa de que o Brasil carece deverá ir além da política de defesa nacional. Deverá dar indicações claras das unidades militares, distribuição territorial, equipamentos bélicos e estratégias de defesa que, até o momento, são conhecidos por públicos muito restritos.

D

Em relação aos nossos interesses nacionais, definidos na Constituição, o livro de defesa nacional, que se encontra em fase de atualização, será, ao mesmo tempo, um instrumento de poder, de diálogo e de confiança. Até porque a defesa nacional é (e deve ser cada vez mais) um tema de toda a sociedade.

E

(Eliézer Rizzo de Oliveira, *Correio braziliense*, 13/07/2002, com adaptações)

(A) A
(B) B
(C) C
(D) D
(E) E

O pronome *elas* (que se refere a "as políticas de defesa nacional") nos dá a dica que o trecho deve ser inserido após o primeiro parágrafo: "As políticas de defesa nacional são políticas de Estado que dependem da legitimidade democrática (...). Elas [*'as políticas de defesa nacional'*] contêm definições sobre a dimensão estratégica do país e sua relação com os marcos internacionais."

Gabarito "B".

(Técnico da Receita Federal – 2002.2 – ESAF) Os trechos abaixo constituem um texto, mas estão desordenados. Ordene-os e assinale, entre as opções abaixo, a sequência que recompõe o texto, com coesão e coerência.

( ) Por este sistema, chamado de Emissão de Cupom Fiscal (ECF), o cliente recebe a nota fiscal imediatamente e, ao mesmo tempo, o aparelho mantém em seus arquivos os valores das compras, que são informados posteriormente aos órgãos responsáveis pela arrecadação nos estados.

( ) Além disso, reduz a burocracia que existe atualmente para que os estados tenham acesso a essas informações. Os dados serão mantidos em meio eletrônico pelas administrações estaduais e compartilhados com a Receita Federal em uma rede interna.

( ) Por determinação das secretarias de Fazenda dos estados, lojas de todo o país estão instalando máquinas que já emitem o boleto do cartão em uma fatura com efeito de nota fiscal.

( ) Para a fiscalização da Receita, a vantagem será contar com mais subsídios para fazer o cruzamento de dados das empresas e dos contribuintes. O Fisco terá acesso às informações declaradas pelos contribuintes, pelas administradoras de cartão e pelo comércio no Imposto de Renda.

( ) Essa modernização do sistema de arrecadação do ICMS estadual reduz ainda a antiga preocupação com a emissão de notas fiscais falsas por parte das empresas, porque a mesma nota que está sendo emitida para o cliente já tem valor fiscal.

(Adaptado de "Sistema eletrônico para facilitar a arrecadação", Vivian Oswald, **O Globo**, 29/07/2002.)

(A) 1, 4, 5, 3, 2
(B) 2, 5, 4, 3, 1
(C) 2, 4, 1, 5, 3
(D) 3, 5, 4, 2, 1
(E) 5, 1, 4, 2, 3

Ao ordenar fragmentos, devemos procurar elementos que ligam os trechos entre si.

Fragmentos ordenados:

III: [*Essa proposição enuncia o assunto* abordado] Por determinação das secretarias de Fazenda dos estados, lojas de todo o país estão instalando máquinas que já emitem o boleto do cartão em uma fatura com efeito de nota fiscal. **I:** Por este sistema, (...) o cliente recebe a nota fiscal imediatamente e, ao mesmo tempo, o aparelho mantém em seus arquivos os valores das compras, que são informados posteriormente aos órgãos responsáveis pela arrecadação nos estados. **V:** Essa modernização do sistema de arrecadação do ICMS estadual **reduz** ainda a antiga preocupação com a emissão de notas fiscais falsas por parte das empresas (...). **II:** Além disso, **reduz** a burocracia que existe atualmente para que os estados tenham acesso a essas informações. Os dados serão mantidos em meio eletrônico pelas administrações estaduais e compartilhados com a Receita Federal em uma rede interna. **IV:** [*Este último trecho conclui os temas tratados, dando um desfecho*] Para a fiscalização da Receita, a vantagem será contar com mais subsídios para fazer o cruzamento de dados das empresas e dos contribuintes. O Fisco terá acesso às informações declaradas pelos contribuintes, pelas administradoras de cartão e pelo comércio no Imposto de Renda.

Gabarito "C".

Leia o texto abaixo para responder a questão seguinte.

Mesmo sem ser incluído entre os países cujo "desenvolvimento a convite" foi fortemente apoiado — por motivos geopolíticos — pelo governo americano, o Brasil transformou-se no laboratório de uma estratégia associada — pública e privada — de industrialização que contemplou todos os segmentos do capitalismo central. Não se pode esquecer que, depois da vitória da Revolução Chinesa e da Guerra da Coreia, e do início da descolonização asiática, o 'desenvolvimentismo' se transformou na resposta capitalista — tolerada pelos liberais — ao projeto socialista para os países subdesenvolvidos. Esse foi um fator decisivo para que o projeto de industrialização e o intervencionismo estatal do novo modelo econômico contassem com o apoio de quase todos os segmentos da classe dominante brasileira e de suas elites políticas regionais. Quando essas facilidades se estreitaram, com o fim do padrãodólar e a crise econômica mundial dos anos 70, e quando a política econômica internacional dos Estados Unidos e a geoeconomia dos países centrais mudaram, com a restauração liberal-conservadora dos anos 80, o consenso e a coalizão desenvolvimentista se desfizeram.

(José Luís Fiori, Um país ao sul dos impérios, *Correio Braziliense*, 22/07/2001.)

(Agente Tributário Estadual/MS – 2001 – ESAF) Em relação às ideias e à estrututra do texto, assinale a opção correta.

(A) A expressão “o consenso e a coalizão desenvolvimentista se desfizeram” (l.24 e 25) é a oração principal e poderia ser deslocada para o início do período a que pertence.
(B) O Brasil foi laboratório de uma experiência de industrialização porque foi convidado pelo governo americano.
(C) Houve uma motivação geopolítica para que o governo brasileiro recusasse a industrialização americana.
(D) O desenvolvimentismo foi a resposta liberal ao capitalismo subdesenvolvido.
(E) O projeto socialista dos países subdesenvolvidos foi o modelo econômico de industrialização apoiado pelas elites regionais.

O período está escrito dessa forma: “Quando essas facilidades se estreitaram (...) e quando a política econômica (...) e a geoeconomia dos países mudaram (...), o consenso e a coalizão desenvolvimentista se desfizeram.”. A terceira oração é a principal. É possível que seja deslocada para o início do período a que pertence: “O consenso e a coalizão desenvolvimentista se desfizeram quando essas facilidades se estreitaram (...) e quando a política econômica (...) e a geoeconomia dos países mudaram (...)”.

Gabarito “A”

(Agente Tributário Estadual/MS – 2001 – ESAF) Numere os trechos, observando a ordem em que devem aparecer para constituírem um texto coeso e coerente, e assinale a resposta correta.

( ) Em decorrência dessa atitude de desdém, de rejeição, não ter aparelho televisor, não assistir à televisão são marcas de distinção intelectual.
( ) Ela é a principal difusora de informações, entretenimento, modismos, comportamentos, valores.
( ) A popularidade da televisão torna-a suspeita aos olhos dos bem pensantes.
( ) Poucos negariam que a influência da televisão, nas sociedades contemporâneas, é gigantesca.
( ) Mas a atenção dos acadêmicos é inversamente proporcional à força dessa difusão. Uma palavra é suficiente para entender tal fenômeno: preconceito.

(Itens adaptados de Luís Felipe Miguel, Cegueira intelectual, Caderno Pensar, **Correio Braziliense**, 22/07/2001.)

(A) 2, 4, 3, 5, 1
(B) 5, 2, 4, 1, 3
(C) 3, 1, 2, 4, 5
(D) 4, 3, 2, 1, 5
(E) 4, 5, 1, 3, 2

Para essa questão devem ser lembradas as noções de coesão e coerência.

Fragmentos ordenados:

1: Poucos negariam que a influência da **televisão**, nas sociedades contemporâneas, é gigantesca. **2: Ela** é a principal difusora de informações, entretenimento, modismos, comportamentos, valores. **3:** Mas a atenção dos acadêmicos é inversamente proporcional à força dessa difusão. Uma palavra é suficiente para entender tal fenômeno: preconceito. **4:** A popularidade da televisão torna-a suspeita aos olhos dos bem-pensantes. **5:** Em decorrência dessa atitude de desdém, de rejeição, não ter aparelho televisor, não assistir à televisão são marcas de distinção intelectual.

Ao ordenar fragmentos, devem ser observados elementos (**pronomes**, por exemplo) que retomam algum termo do discurso (elementos anafóricos). No fragmento 2, o pronome pessoal **ela** nos remete à **televisão** (fragmento 1). Temos no fragmento 3 “dessa difusão”. Como há o elemento anafórico *dessa*, sabemos que o termo difusão está sendo retomado no fragmento 2 (“principal difusora”). O fragmento 4 apresenta termos como “suspeita aos olhos” e “bem pensantes”. “Suspeita aos olhos” pode ser relacionado à palavra preconceito do fragmento 3 e rejeição do fragmento 5. Já “bem-pensantes” está relacionado ao termo do fragmento 5 “distinção intelectual”.

Gabarito “B”

(Agente Fiscal/PI – 2001 – ESAF) Os fragmentos abaixo constituem um texto, mas estão desordenados. Numere-os, observando a ordem em que devem ocorrer para constituírem um texto coeso e coerente, e assinale a sequência correspondente.

( ) Essa incapacidade, que é também uma impossibilidade de exercer a cidadania, fomenta a censura e a obrigatoriedade de normas como forma de conquista da ordem.
( ) A existência de regras acrescidas desse significado individual torna o resultado mais efetivo.
( ) Para Montesquieu, quando o indivíduo entrega ao Estado o poder de governar e decidir os rumos que ele deve seguir, começa a morrer a sua capacidade de auto governar-se.
( ) Por isso, na constituição da ética de controle social deve haver espaço para a contribuição e estabelecimento de uma ética individual.
( ) Contudo, a coerção não é o caminho desejado para uma nação democrática e moderna.

(Itens adaptados de www.receita.fazenda.gov.br)

(A) 4, 3, 1, 5, 2
(B) 2, 5, 1, 4, 3
(C) 4, 1, 3, 5, 2
(D) 3, 2, 1, 5, 4
(E) 3, 4, 5, 2, 1

Para essa questão devem ser lembradas as noções de coesão e coerência.

Fragmentos ordenados:

1: Para Montesquieu, quando o indivíduo entrega ao Estado o poder de governar [...], começa a **morrer a sua capacidade** de autogovernar-se. **2: Essa incapacidade** [...] fomenta a censura e a obrigatoriedade de normas [...]. **3:** Contudo, a coerção não é o caminho desejado para uma nação democrática e moderna. **4:** Por isso [...] deve haver espaço para a contribuição e o estabelecimento de uma ética individual. **5:** A existência de regras acrescidas **desse** significado individual torna o resultado mais efetivo.

2 e **5:** Ao ordenar fragmentos, devem ser observados elementos (**pronomes**, por exemplo) que retomam algum termo do discurso (elementos anafóricos). No fragmento 2 "**essa** incapacidade" faz alusão a "morrer a sua capacidade" (fragmento 1). No fragmento 5 "desse significado individual" retoma "estabelecimento de uma ética individual". **3:** O fragmento 3 inicia-se com a conjunção adversativa contudo. Isso indica que há contraste ou restrição na ligação **desse** fragmento com o anterior. O núcleo desse fragmento é a palavra coerção, que é um tipo de repressão, remetendo-nos ao termo "censura" do fragmento 2. **4:** A conjunção conclusiva **por isso** liga o fragmento 4 ao anterior exprimindo uma ideia de consequência.

Gabarito "B".

As questões a seguir estão baseadas em parágrafos adaptados do texto de Hugo de Brito Carvalho: **O Refis como transação**

O Refis – Programa de Recuperação Fiscal – caracteriza-se, ontologicamente, como uma transação que se divide em duas fases, sucessivas mas independentes: a primeira ocorre quando o contribuinte aceita e satisfaz os termos impostos pela lei, renuncia ao direito pleiteado nas ações que discutem a validade do crédito e desiste destas, adquirindo o direito de efetuar o pagamento dos seus débitos de forma parcelada e conforme o percentual de descontos estipulados. A segunda é compreendida como a continuidade dessa transação e consiste na efetivação fática do parcelamento deferido, com o pagamento das prestações.

(Auditor do Tesouro Municipal/Natal-RN – 2001 – ESAF) Marque o período que constitui sequência lógica do texto anterior.

(A) Mesmo assim, para afastar a referida dúvida, o contribuinte pode pedir ao juiz da causa que mande intimar a Fazenda Pública.

(B) O reconhecimento do direito do contribuinte que ingressou no Refis de pagar o débito então consolidado, nos termos estabelecidos na transação, implica automaticamente o afastamento do direito da Fazenda Pública de compensar, com aquele débito, quaisquer créditos do contribuinte, resultantes de sentença judicial posterior à transação.

(C) Embora a Fazenda Pública não se manifeste neste prazo concedido pelo juiz, ou ofereça manifestação insistindo na tese da improcedência da ação, que deseja ver julgada, ou do recurso, que deseja ver apreciado pela instância superior, teria optado por deixar o direito em questão fora do âmbito do Refis.

(D) Nesse caso, a Fazenda Pública terá de cumprir via precatório o julgado que a condenou à restituição.

(E) Por sua vez, o contribuinte poderá ceder o seu crédito a terceiros, conforme está expressamente admitido pelo art. 78, introduzido no ADCT pela Emenda Constitucional no 30, de 13/9/2000.

A: o trecho nesta alternativa indica "a referida dúvida", mas o texto original não indica dúvida alguma; **B:** esse trecho faz referência ao "direito do contribuinte que ingressou no Refis", tratado no texto original, e indica uma consequência ("afastamento do direito da Fazenda Pública de compensar..."). Há coerência e coesão, o que esta alternativa correta; **C:** o trecho "neste prazo concedido pelo juiz" é incongruente, pois em nenhum momento foi feita referência a tal prazo no texto original (ademais, caso houvesse essa referência, o correto seria "nesse prazo..."); **D:** o trecho faz referência a "julgado que a condenou à restituição", informação inexistente no texto original; **E:** "Por sua vez, o contribuinte poderá..." dá a entender que o texto original referiu-se a outro agente (que não o contribuinte). No entanto, o autor indicou duas fases em que o agente é o próprio contribuinte (1ª: aceita e satisfaz os termos legais; 2ª: realiza o pagamento das prestações).

Gabarito "B".

3. SEMÂNTICA

Nas três próximas questões, baseadas em Antenor Nascimento, indique o conjunto de itens que substitui com propriedade e correção as lacunas do texto.

(Analista – ANEEL – 2004 – ESAF) Quando Getúlio Vargas chegou ao Rio de Janeiro, __________ de um exército revolucionário, no final de outubro de 1930, tomou posse como presidente de um recanto __________ e esquecido da América do Sul. Tinha 47 anos. A economia brasileira __________ na produção e exportação de café. O que havia __________ revolução social era apenas a lembrança de uma agitação pouco importante que ficou conhecida como a Marcha da Coluna Prestes. No trem militar que o levou do Rio Grande do Sul às portas da Capital Federal, Getúlio usava uniforme cáqui e revólver na cintura, uma roupa que se adequava __________ dos heróis da época, os tenentes da década de 20.

(A)	a frente	pacífico	se sustentava	em relação a	a estética
(B)	a frente	agrícola	mantinha-se	relativamente a	a padrões
(C)	em frente	ordeiro	apoiava-se	no tocante a	à estética
(D)	no comando	entrépido	se apoiava	no que respeita a	aos padrões
(E)	à frente	sonolento	sustentava-se	em termos de	à estética

(Regência/valor semântico) Para facilitar a resolução da questão, considere a numeração correspondente a cada lacuna a ser preenchida. **(1)** A expressão introduzida pela locução preposicional indica o modo como Getúlio chega ao Rio de Janeiro. As duas expressões que respondem a esse pré-requisito são "no comando" e "à frente", sendo a segunda uma expressão de forma fixa com crase. **(2)** A partir da resolução do primeiro espaço, restam como opção as alternativas **D** e **E**. A grafia da palavra entrépido é incorreta. É "intrépido" o termo correto, que significa "corajoso, audaz". Mesmo que a grafia estivesse correta, é incoerente textualmente que um país esquecido da América do Sul é intrépido, o que nos deixa com a resposta **E**. Apesar do estranhamento que pode causar o termo "ordeiro", as outras possibilidades de resposta atenderiam corretamente à gramática e ao estilo do texto. **(3)** À exceção do verbo "manter", que na acepção de "sustentar" rege preposição "de", todas as lacunas preenchem corretamente o texto. O valor semântico dos termos é semelhante e regem a mesma preposição "em". Além disso, não há no trecho regras que determinem a colocação pronominal em ênclise ou próclise, a escolha fica a cargo do autor. **(4)** As expressões dos itens A e D terminam com preposição "a". O termo subsequente é feminino e pode vir acompanhado de artigo. No caso de serem usadas as expressões, essa configuração ("a" preposição + termo feminino singular) exigiria o uso da crase. A única expressão em que a preposição final permite a exclusão do artigo junto ao termo "revolução" é "em termos de". **(5)** O verbo "adequava" rege complemento introduzido pela preposição "a". Por se tratar da vestimenta do presidente, o termo "estética" responde corretamente ao valor semântico da frase. Trata-se de um termo feminino singular, que vem acompanhado de artigo feminino singular "a", o que torna necessário o acento indicativo de crase.

Gabarito "E".

(Analista – ANEEL – 2004 – ESAF) ________ frouxa existente até 1930, ______ o chefe regional muitas vezes ________ impunemente o presidente da República, deu lugar ____ uma em que o poder da Capital passou a ser ________.

(A)	A federação	em que	desafiava	a	incontestável
(B)	À federação	na qual	arrostava	à	absoluto
(C)	À federação	que	contestava	a	dominante
(D)	Na federação	na qual	confrontava	à	respeitado
(E)	Na federação	que	enfrentava	a	inconteste

(Regência/valor semântico) Para facilitar a resolução da questão, considere a numeração correspondente a cada lacuna a ser preenchida. **(1)** O termo Federação funciona como sujeito da oração principal do período, centrada em torno do verbo "deu". O sujeito de uma oração principal não pode vir introduzido por preposição (a preposição indica que existe uma ligação entre o termo anterior e o seguinte. O sujeito é um termo essencial da oração a que se ligam outros e não o contrário). Tal análise elimina a possibilidade de resposta "à Federação" e "na Federação". **(2)** A expressão introduz uma oração subordinada adjetiva explicativa que se liga à principal por caracterizar a Federação como lugar em que certas coisas acontecem. Essa relação é corretamente estabelecida pela preposição "em" e, por se tratar de uma subordinada adjetiva, pelos pronomes relativos "que" ou "a qual". **(3)** Os verbos são semanticamente semelhantes. O contexto mostra que se tratar de um enfrentamento figurado e provocativo, portanto, seria mais adequado o uso de verbos que indicam oposição e provocação. Os que cumprem essa função são "desafiar", "contestar" (sinônimos na acepção do verbo "desafiar" no *Dicionário Houaiss*: "*opor-se abertamente a (uma autoridade, uma instituição etc.), ger. com audácia ou desrespeito; contestar*") e "arrostar". **(4)** O verbo "dar" é bitransitivo e rege um objeto direto (o que se dá) e um indireto com a preposição "a" (a quem se dá). No trecho, o objeto direto é o termo "lugar" e o indireto "uma (Federação) em que (...)". O termo "Federação" está elíptico para evitar a repetição, já que está referenciado no início do trecho, e a expressão vem introduzida pelo artigo indefinido "uma". A presença desse artigo elimina a necessidade da crase, sendo o "a" apenas a preposição exigida pelo verbo. **(5)** Apesar de todos os termos preencherem corretamente a lacuna, o termo "incontestável" responde mais adequadamente ao que é exigido pelo termo da lacuna (3), é o poder que não pode ser desafiado, contestado.

Gabarito "A".

(Analista – ANEEL – 2004 – ESAF) Uma das principais obras de Getúlio Vargas, a CLT vive na linha de tiro. A alta do desemprego e a informalidade ocorrida nos últimos anos ____________ a necessidade de uma boa faxina nas leis trabalhistas, o que não chega a ser nenhuma surpresa, uma vez que a CLT é uma lei criada há mais de 60 anos para lidar com os problemas de um Brasil que já não existe. Antes de 1930, o país tinha leis trabalhistas dispersas e recentes. A escravidão ________ sido abolida apenas 42 anos antes. As primeiras ____________ ao trabalhador por acidentes de trabalho foram criadas somente em 1919. Um período anual de férias de 15 dias foi estabelecido em 1925, mais tarde ampliado pela CLT para 20 dias, o mês de férias __________ todos os trabalhadores formais têm direito atualmente __________ muito mais tarde, em 1977.

(A)	evidenciou	haviam	licenças	ao qual	vieram
(B)	marcou	tinha	licenças	às quais	vieram
(C)	marcaram	houvera	obrigações	que	chegou
(D)	mostrou	tinham	compensações	as quais	estabeleceu-se
(E)	evidenciaram	havia	compensações	a que	veio

(Concordância/regência/valor semântico) Para facilitar a resolução da questão, considere a numeração correspondente a cada lacuna a ser preenchida. **(1)** O sujeito do verbo que preenche a lacuna é composto e tem como núcleos os termos "alta" e "informalidade". O verbo que completa o espaço deve estar no plural. Semanticamente, o trecho pede o verbo "evidenciar", já que os elementos do sujeito não promoveram a mudança, mas mostraram a necessidade de repensar a CLT, que vive na linha de tiro. **(2)** O sujeito "a escravidão" está centrado em um termo no singular e é paciente, ou seja, recebe a ação do verbo, que está composto numa locução verbal: verbo auxiliar "ser" + verbo principal no particípio. O verbo auxiliar da locução está conjugado no tempo composto do pretérito mais que perfeito equivalente à forma "fora". Esse tempo composto é formado por verbo auxiliar haver (formal) ou ter (informal) no pretérito imperfeito e verbo "ser" no particípio. A forma do verbo adequada é, portanto, "havia sido abolida". **(3)** O contexto exige que o termo que preenche o espaço tenha valor semântico de positividade aos trabalhadores que sofrem acidentes, sendo possíveis, por falta de um contexto mais profundo, o termo "licenças" ou "compensações". **(4)** A lacuna deve ser preenchida com o termo que introduz a oração subordinada adjetiva restritiva "todos os trabalhadores formais têm direito atualmente", que qualifica o termo "Mês de férias". O pronome que une as orações exerce na subordinada a função sintática de complemento nominal do termo "direito" (quem tem direito, tem direito a algo) e por isso se liga à oração pela preposição "a". O valor semântico daquilo a que trabalhadores têm direito é "um mês de férias", termo que na oração subordinada é representado pelo pronome relativo "(a) que" ou "(a)o qual". **(5)** O sujeito da oração é "um mês de férias", termo no singular, portanto, as possibilidades se resumem a "chegou", "estabeleceu-se" e "veio", de valor semântico semelhante.

Gabarito "E".

(Analista – ANEEL – 2004 – ESAF) Marque a letra que não substitui com correção o item correspondente no texto.

O Brasil moderno é o Brasil criado por Getúlio Vargas – eis(A) uma das poucas afirmações quase unânimes(B) sobre a história brasileira do século 20. Morto há(C) exatos 50 anos, o ex-presidente é um exemplar(D) raro na política brasileira. O Brasil depara com(E) essa herança diariamente, para o bem e para o mal.

(Adaptado de Antenor Nascimento)

(A) esta é
(B) consensuais
(C) fazem
(D) espécime
(E) Ao Brasil se lhe depara

(Valor semântico) A: correta, pois o advérbio "eis" é usado para apresentar informações e é sinônimo de "aqui está". A expressão do item tem o mesmo valor semântico de apresentação; **B:** correta. Lê-se na definição do Dicionário Houaiss do termo "consenso", de que deriva o adjetivo "consensual": "concordância ou uniformidade de opiniões, pensamentos, sentimentos, crenças etc., da maioria ou da totalidade de membros de uma coletividade". A definição do termo unânime diz "que exprime acordo ou concordância geral"; **C:** incorreta (devendo ser assinalada), pois o verbo "fazer", ao indicar sentido de tempo decorrido, é impessoal e não admite plural. Apesar de a relação semântica estar correta, o item decai em um erro de concordância. A forma adequada seria "faz"; **D:** correta. Diz uma das acepções do termo "espécime" no Dicionário Houaiss: "2 peça individual de uma coleção ou série; exemplar, unidade, indivíduo". Ou seja, são sinônimos; **E:** correta, pois o pronome "lhe" retoma o termo "ao Brasil" na regência do verbo deparar pronominal com preposição "a". De acordo com o *Dicionário Houaiss*: "3 (pron.) [prep.: a] aparecer de forma imprevista; surgir subitamente. ◻*no interior do bar, deparou-se-lhe um indivíduo estranho*".

Gabarito "C".

(Auditor Fiscal/CE – 2006 – ESAF) Assinale a opção que contém erro de grafia ou inadequação vocabular. (Artigo extraído, com modificações, do Estatuto dos Funcionários Públicos Civis do Estado do Ceará).

Art. 192 – O funcionário deixará de cumprir ordem de autoridade superior quando:

(A) a autoridade de quem emanar a ordem for incompetente;
(B) não se contiver a ordem na área da competência do órgão a que servir o funcionário seu destinatário, ou não se referir a nenhuma das atribuições do servidor;
(C) for a ordem expendida sem a forma exigida por lei;
(D) não tiver a ordem como causa uma necessidade administrativa ou pública, ou visar a fins não estipulados na regra de competência da autoridade da qual promanou ou do funcionário a quem se dirige;
(E) a ordem configurar abuso ou excesso de poder ou de autoridade;

(http://www.al.ce.gov.br/publicacoes/estatutocivis/estatuto/capitulo_2_t6.htm, pesquisa em 20/10/2006)

A palavra *expender* tem as acepções de "expor ou explicar de maneira minuciosa; despender, gastar". Pelo contexto, há inadequação vocabular. Seria correto o uso do vocábulo *expedir* (mesmo que despachar): "for a ordem **expedida** sem a forma exigida por lei".

Gabarito "C".

(Auditor Fiscal/CE – 2006 – ESAF) Assinale a única reescritura do segmento sublinhado que, em vez de corrigi-lo, introduz erro de natureza morfossintática ao texto.

A campanha "Sua Nota Vale Dinheiro. Ganha você. Ganha o Ceará", desenvolvida pela Secretaria da Fazenda do Estado do Ceará – SEFAZ , atinge o seu primeiro ano de atividades, (a) cujo crescimento de suas estatísticas revela o sucesso da campanha. Ela premia os participantes com 0,5% do valor das operações constantes nos cupons e notas fiscais enviados e digitados na SEFAZ.

(b) Participantes de todo Ceará tem aderido à campanha de educação tributária, (c) que objetiva a conscientizar à população acerca da importância da emissão de documentos fiscais nas compras no comércio atacadista e varejista, além de incentivar projetos sociais desenvolvidos por entidades sem fins lucrativos.

Para se ter uma amostra do alcance da "Sua Nota", 286 entidades, de acordo com os dados consolidados até o dia 16 de agosto, (d) procederam o cadastramento na coordenação-executiva da promoção, o que perfaz um total de 70.354 participantes indiretos e 47.297 pessoas diretamente cadastradas na SEFAZ. Números que, certamente, podem mudar (e) à medida que novos cadastramentos se forem concretizando

(Adaptado de http://www.sefaz.ce.gov.br/comunicacaosocial/sefaznot.asp#, consulta em 20/10/2006)

Reescrituras:

(A) com estatísticas cujo crescimento revela o sucesso da campanha.

(B) Participantes de todo o Ceará têm aderido à campanha de educação tributária

(C) que objetiva conscientizar a população sobre a importância da emissão de documentos fiscais

(D) procederam ao cadastramento junto à cordenação-executiva da promoção

(E) à medida em que se for concretizando novos cadastramentos.

"À medida que" significa "à proporção que". Não existe a expressão "à medida **em** que"

Gabarito "E"

Santo Agostinho (354-430), um dos grandes formuladores do catolicismo, uniu a teologia à filosofia. Sua contribuição para o estudo das taxas de juros, ainda que involuntária, foi tremenda. Em suas *Confissões*, o bispo de Hipona, filho de Santa Mônica, conta que, ainda adolescente, clamou a Deus que lhe concedesse a castidade e a continência e fez uma ressalva – ansiava por essa graça, mas não de imediato. Ele admitiu que receava perder a concupiscência natural da puberdade. A atitude de Santo Agostinho traduz impecavelmente a urgência do ser humano em viver o aqui e agora. Essa atitude alia-se ao desejo de adiar quanto puder a dor e arcar com as consequências do desfrute presente – sejam elas de ordem financeira ou de saúde. É justamente essa urgência que explica a predisposição das pessoas, empresas e países a pagar altas taxas de juros para usufruir o mais rápido possível seu objeto de desejo.

(Viver agora, pagar depois, (Fragmento). In: Economia e Negócios, **Revista VEJA**, 30/03/2005, p.90)

(Auditor Fiscal/MG – 2005 – ESAF) Assinale a opção correta com base no que se depreende do texto.

(A) Na adolescência, o bispo de Hipona foi concupiscente.

(B) O clamor de Santo Agostinho a Deus incluía o adiamento dos prazeres libidinosos.

(C) A predisposição para o pagamento de altas taxas de juros é causa da urgência de se querer viver intensamente o momento presente.

(D) A atitude tomada pelo filósofo católico, na adolescência, diferenciava-o dos demais homens e prenunciava a santificação futura.

(E) O teólogo e filósofo do catolicismo contribuiu significativamente para a formulação do conceito das taxas de juros, ainda que fosse contrário à matéria.

A: o termo concupiscente é relativo à luxúria carnal e aos desejos libidinosos: "ainda adolescente, clamou a Deus que lhe concedesse a castidade e a continência e fez uma ressalva – ansiava por essa graça, mas não de imediato. Ele admitiu que receava perder a concupiscência natural da puberdade" (linhas 6 a 10); **B:** "mas não de imediato" – linhas 8 a 10; **C:** é o contrário do que está sendo dito nessa assertiva: "essa urgência que explica a predisposição (...) a pagar altas taxas de juros" (linhas 15 a 18); **D:** assumir não querer perder a concupiscência de imediato deixa o filósofo mais próximo dos demais homens; **E:** em nenhum momento é dito que o teólogo e filósofo era contrário às taxas de juros.

Gabarito "A"

(Auditor Fiscal/RN – 2005 – ESAF) Marque a assertiva errada em relação ao seguinte texto:

O momento é de resgatar as essências, guiar-se pelo bom senso e praticar a ética junto a consumidores, fornecedores, acionistas e comunidade.

Num mundo estarrecido pelas guerras, pelo terrorismo e pelo imperialismo a qualquer preço, ganham admiração o diálogo, a transparência e a contribuição para uma sociedade melhor. Fora e dentro do meio empresarial.

(**Carta Capital**, n° 307)

(A) Seria também correto escrever-se: " O momento é de se resgatarem as essências".

(B) Em "praticar a ética" seria correto empregar-se um índice de sujeito indeterminado.

(C) A preposição em "a consumidores" poderia ser contraída ao artigo definido masculino plural.

(D) A forma "num" como em "num mundo" só deveria ser empregada em linguagem oral.

(E) A forma verbal "ganham" poderia estar corretamente flexionada no singular.

A forma *num* (contração da preposição *em* e o artigo indefinido *um*) pode ser empregada na linguagem escrita.

Gabarito "C"

(Auditor Fiscal/RN – 2005 – ESAF) Marque a assertiva errada em relação ao texto seguinte:

O ano de 2003 é marcado pela recessão econômica no Brasil e em vários países do mundo. Aqui, o clima foi de expectativa em relação a um novo governo que assumiu o País diante de um grave quadro de desigualdade social. O Brasil assistiu, estarrecido, no outro lado do mundo, a uma invasão no Oriente Médio promovida pela dupla Bush/Blair. E o terrorismo só recrudesceu. De que forma todos esses acontecimentos podem ter influído no imaginário do executivo brasileiro?

(**Carta Capital**, n° 307)

(A) A substituição de "é marcado"(l.1) por marca-se mantém a informação original e a correção gramatical do período.

(B) A vírgula depois de "Aqui"(l.3) pode ser dispensada sem prejuízo da correção por tratar-se de pontuação facultativa.

(C) "Expectador" é uma palavra cognata de "Expectativa", mas ao contrário dessa pode também ser grafada com "s" na primeira sílaba, sem alteração de sentido.

(D) Se as vírgulas que estão isolando "estarrecido" (l.6) forem substituídas por travessões, o período permanece correto.

(E) A preposição "a" em "a uma invasão"(l.7) caracteriza a escrita formal, culta e, geralmente, é dispensada se usado um estilo menos formal.

As palavras *expectativa* e *expectador* são cognatas, isto é, vêm da mesma raiz (*esperar*). A grafia de ambas é sempre com a letra *x*.

Gabarito "C".

(Auditor Fiscal/RN – 2005 – ESAF) Marque o item em que um dos trechos apresenta erro gramatical.

(A) Não se pretende aqui negar o óbvio: que, em termos de línguas, passado histórico, tradições culturais, problemas comuns, os povos da América Latina são menos diferentes entre si do que em outros continentes. / Não se pretende aqui negar o óbvio: em termos de línguas, passado histórico, tradições culturais, problemas comuns, os povos da América Latina são menos diferentes entre si do que em outros continentes.

(B) Na Europa, Ásia e África, às vezes, um só país abriga cem idiomas e etnias distintas. / Na Europa, Ásia e África, por vezes, um só país abriga cem idiomas e etnias distintas.

(C) A unidade básica na América Latina não tem impedido, contudo, que se venha acentuando, nos últimos tempos, tendência à crescente diversificação entre o México, a América Central e o Caribe, de um lado, e a América do Sul, do outro. / Não obstante a unidade básica a América Latina não tem impedido, contudo, que se acentuem, nos últimos tempos, tendência à crescente diversificação entre o México, a América Central e o Caribe, de um lado, e a América do Sul, do outro.

(D) A diferenciação vem-se fazendo mais nítida em dois setores fundamentais: o grau de instabilidade política e a dependência econômica e comercial em relação aos Estados Unidos. / As diferenças vêm-se configurando mais nítidas em dois setores fundamentais: o grau de instabilidade política e a dependência econômica e comercial em relação aos Estados Unidos.

(E) Até os anos 80, a América Central era o "homem doente" do continente, com o sandinismo no poder na Nicarágua, a guerrilha fortemente organizada em El Salvador e a guerra civil com tinturas de genocídio na Guatemala. / Até os anos 80, a América Central era o "homem doente" do continente: o sandinismo no poder na Nicarágua, a guerrilha fortemente organizada em El Salvador e a guerra civil com tinturas de genocídio na Guatemala.

(Baseado em Rubens Ricupero)

Somente a assertiva C apresenta erros: "não se tem impedido, contudo, que (...)".

Gabarito "C".

(Auditor Fiscal/RN – 2005 – ESAF) Marque a sequência do texto com erro gramatical.

(A) Em 1946, visando impulsionar a liberalização comercial e combater práticas protecionistas adotadas desde a década de 30, 23 países, posteriormente denominados fundadores, iniciaram negociações tarifárias.

(B) A primeira rodada de negociações resultou em 45.000 concessões, e o conjunto de normas e concessões tarifárias estabelecido passou a ser denominado Acordo Geral sobre Tarifas e Comércio – GATT.

(C) Os membros fundadores, juntamente com outros países, formaram um grupo em que elaborou o projeto de criação da Organização Internacional do Comércio – OIC, sendo os Estados Unidos um dos países mais atuantes no convencimento da ideia do liberalismo comercial regulamentado em bases multilaterais.

(D) O foro de discussões, que se estendeu de novembro de 1947 a março de 1948, ocorreu em Havana, Cuba, e culminou com a assinatura da Carta de Havana, na qual constava a criação da OIC.

(E) O projeto de criação da OIC era ambicioso, pois, além de estabelecer disciplinas para o comércio de bens, continha normas sobre emprego, práticas comerciais restritivas, investimentos estrangeiros e serviços.

(Adaptado de www.desenvolvimento.gov.br)

"Os membros fundadores, juntamente com outros países, formaram um grupo **que** [*não há a preposição* em *antes do pronome* que] **elaborou** o projeto de criação da Organização Internacional do Comércio – OIC (...)"

Gabarito "C".

(Auditor Fiscal/RN – 2005 – ESAF) Marque a sequência do texto com erro gramatical.

(A) A geografia ainda conta, e muito, apesar de tudo o que se diz sobre a globalização e seu suposto efeito de anular a distância.

(B) Não é novidade que, desde os primórdios coloniais, os ianques sempre dispensaram, para o bem e para o mal, atenção prioritária ao seu entorno físico imediato, boa parte dos quais – da Flórida e Porto Rico a Louisiana, Texas, Califórnia – compraram, anexaram ou associaram.

(C) A Doutrina Monroe, a política do *big stick*, as guerras contra o México e a Espanha, as repetidas intervenções e ocupações na Nicarágua, no Haiti, em Cuba e no Panamá tiveram basicamente por cenário essas extensões terrestres e marítimas do norte.

(D) Nesse sentido, existe uma linha de continuidade histórica do passado com o padrão recente. O *big stick* e as intervenções sobreviveram no apoio aos "contras", nas operações clandestinas de financiamento e orientação ao combate musculoso da guerrilha, chegando diretamente ao uso da força em Granada e no Panamá.

(E) Mais ao sul, exceto em episódios como a queda de Allende e, em razão das drogas e da guerrilha colombiana, os métodos são mais sutis.

(Baseado em Rubens Ricupero)

Somente a assertiva B apresenta erros: "boa parte do qual (...)".

Gabarito "B".

(Auditor Fiscal/RN – 2005 – ESAF) Assinale a opção em que a estrutura sugerida para preenchimento da lacuna correspondente provoca defeito de coesão e incoerência nos sentidos do texto.

A violência no País há muito ultrapassou todos os limites. ______1______ dados recentes mostram o Brasil como um dos países mais violentos do mundo, levando-se em conta o risco de morte por homicídio. Em 1980, tínhamos uma média de, aproximadamente, doze homicídios por cem mil habitantes. ______2____, nas duas décadas seguintes, o grau de violência intencional aumentou, chegando a mais do que o dobro do índice verificado em 1980 – 121,6% –, ______3_____, ao final dos anos 90 foi superado o patamar de 25 homicídios por cem mil habitantes. _______4_____, o PIB por pessoa em idade de trabalho decresceu 26,4%, isto é, em média, a cada queda de 1% no PIB a violência crescia mais do que 5% entre os anos 1980 e 1990. Estudos do Banco Interamericano de Desenvolvimento mostram que os custos da violência consumiram, apenas no setor saúde, 1,9% do PIB entre 1996 e 1997. _____5_____ a vitimização letal se distribui de forma desigual: são, sobretudo, os jovens pobres e negros, do sexo masculino, entre 15 e 24 anos, que têm pago com a própria vida o preço da escalada da violência no Brasil.

(Adaptado de http://www.brasil.gov.br/acoes.htm)

(A) 1 – Tanto é assim que
(B) 2 – Lamentavelmente
(C) 3 – ou seja
(D) 4 – Simultaneamente
(E) 5 – Se bem que

A assertiva que se inicia com "a vitimização letal..." indica uma informação autônoma que enriquece o texto de modo que não cabe a expressão "se bem que" que indica ressalva em relação à ideia anterior.

Gabarito "E".

A questão a seguir tem o texto abaixo como base.

Falar em direitos humanos pressupõe localizar a realidade que os faz emergir no contexto sócio-político e histórico-estrutural do processo contraditório de criação das sociedades. Implica, em suma, desvendar, a cada momento deste processo, o que venha a resultar como direitos novos até então escondidos sob a lógica perversa de regimes políticos, sociais e econômicos, injustos e comprometedores da liberdade humana.

Este ponto de vista referencial determina a dimensão do problema dos direitos humanos na América Latina.

Neste contexto, a fiel abordagem acerca das condições presentes e dos caminhos futuros dos direitos humanos passa, necessariamente, pela reflexão em torno das relações econômicas internacionais entre países periféricos e países centrais.

As desarticulações que desta situação resultam não chegam a modificar a base estrutural destas relações: a extrema dependência a que estão submetidos os países periféricos, tanto no que concerne ao agravamento das condições de trabalho e de vida (degradação dos salários e dos benefícios sociais), quanto na dependência tecnológica, cultural e ideológica.

(Núcleo de Estudos para a Paz e Direitos Humanos, UnB, in: **Introdução Crítica ao Direito**, com adaptações)

(Auditor Fiscal da Receita Federal – 2003 – ESAF) Assinale a opção em que, no texto, a expressão que antecede a barra <u>não</u> retoma a ideia da segunda expressão que sucede a barra.

(A) "realidade"(l.2) / "contexto sócio-político e histórico-estrutural do processo"(l.2 e 3).
(B) "deste processo"(l.6) / "processo contraditório de criação das sociedades"(l.3 e 4).
(C) "Este ponto de vista referencial"(l.11) / ideias expressas no primeiro parágrafo.
(D) "Neste contexto"(l.14) / discussão sobre os direitos humanos na América Latina.
(E) "desta situação"(l.20) / relações econômicas internacionais entre países periféricos e países centrais.

Para essa questão é necessário localizar no texto as expressões das assertivas verificando suas relações. A alternativa A é a única que não retoma a ideia da segunda expressão que sucede a barra.

Gabarito "A".

(Auditor Fiscal da Receita Federal – 2003 – ESAF) Julgue se as substituições sugeridas para elementos do texto provocam <u>erro</u> gramatical.

A partir do próximo ano, a Receita Federal exigirá dos contribuintes mais informações sobre compra e venda de bens. Esses dados serão cruzados com o cadastro do fisco para flagrar quem <u>tenta sonegar</u> tributos. Técnicos da Receita Federal <u>devem acrescentar</u> novas perguntas ao formulário da declaração do Imposto de Renda de Pessoa Física (IRPF) no ano que vem ou mudar o enfoque de algumas delas. O objetivo é coletar informações mais precisas para <u>serem cruzadas</u> com outros bancos de dados em poder da Receita, como os cadastros enviados por cartórios de imóveis, incorporadoras, imobiliárias, bancos e administradoras de cartão de crédito, além dos números contidos nas declarações de renda de terceiros. Quem omitir informações ou fornecer dados errados, movido por boa ou má-fé, <u>poderá ter</u>

dois problemas: ficar no final da fila de restituição do imposto ou ser convocado a dar explicações pessoalmente. Das entregues em 2002, cerca de 597 mil declarações ficaram retidas na malha fina. A finalidade das mudanças é aperfeiçoar ainda mais os cruzamentos com os dados fornecidos por terceiros. Em 2003, a Receita passou a cruzar dados dos contribuintes com informações prestadas por imobiliárias, incorporadoras e administradoras de cartão de crédito. A cada ano, fica mais difícil enganar o fisco.

(Adaptado de Lauro Rutkowski, **Correio Braziliense**, 09/09/2003.)

I. tenta sonegar → buscando sonegar
II. devem acrescentar → deverão acrescentar
III. serem cruzadas → que sejam cruzadas
IV. poderá ter → poderia ter
V. ficaram retidas → estão retidas
VI. passou a cruzar → já cruza

Estão gramaticalmente corretas as substituições sugeridas em

(A) I, II e III
(B) I, III e IV
(C) II, III e IV
(D) II, III, V e VI
(E) III, IV, V e VI

Reescrevemos o texto com as substituições propostas e somente as em negrito puderam ser utilizadas sem que houvesse comprometimento no entendimento: "(...) Esses dados serão cruzados com o cadastro do fisco para flagrar quem tenta sonegar tributos. Técnicos da RF devem acrescentar/**deverão acrescentar** novas perguntas (...). O objetivo é coletar informações (...) para serem cruzadas/**que sejam cruzadas** (...). Quem omitir informações (...) poderá ter/**poderia ter** dois problemas (...). Das entreguem em 2002, cerca de 597 mil (...) ficaram retidas/**estão retidas** (...). Em 2003, a Receita passou a cruzar dados dos contribuintes (...)".

Gabarito "D".

(Auditor Fiscal da Receita Federal – 2003 – ESAF) Indique o item em que todas as palavras estão corretamente empregadas e grafadas.

(A) A pirâmide carcerária assegura um contexto em que o poder de infringir punições legais a cidadãos aparece livre de qualquer excesso e violência.
(B) Nos presídios, os chefes e subchefes não devem ser exatamente nem juízes, nem professores, nem contramestres, nem suboficiais, nem "pais", porém avocam a si um pouco de tudo isso, num modo de intervenção específico.
(C) O carcerário, ao homogeinizar o poder legal de punir e o poder técnico de disciplinar, ilide o que possa haver de violento em um e de arbitrário no outro, atenuando os efeitos de revolta que ambos possam suscitar.
(D) No singular poder de punir, nada mais lembra o antigo poder do soberano iminente que vingava sua autoridade sobre o corpo dos supliciados.
(E) A existência de uma proibição legal cria em torno dela um campo de práticas ilegais, sob o qual se chega a exercer controle e aferir lucro ilícito, mas que se torna manejável por sua organização em delinquência.

(Itens adaptados de Michel Foucault)

A: A assertiva estaria correta com o uso da palavra infligir ("poder de infligir punições") no lugar de infringir. Fiquemos atento à grafia das palavras infringir e infligir. Infringir é desobedecer a; violar, transgredir, desrespeitar e infligir é impor, aplicar (pena, castigo etc.); cominar; causar (algo desagradável) a; obrigar a suportar (algo lesivo ou doloroso); **B:** correta. Avocar é atribuir a si; **C:** a grafia da palavra homogeneizar (igualar-se) está incorreta na assertiva; **D:** a palavra iminente tem a acepção daquilo que está a ponto de acontecer; próximo, imediato. Diferente de eminente que significa aquilo que se destaca por sua qualidade ou importância; **E:** houve erro ao utilizar aferir (afilar, afinar) em vez de auferir (ter como resultado; conseguir, obter).

Gabarito "B".

(Auditor do Tesouro Municipal/Fortaleza-CE – 2003 – ESAF) Em relação ao texto abaixo, assinale a opção incorreta.

O capitalismo é o modo de produção em que os meios de produção e de distribuição, assim como o trabalho, tornam-se mercadorias, apropriadas privadamente. Os meios de produção e distribuição tornam-se capital à medida que se concentram nas mãos duma minoria, enquanto a maioria se limita à posse de sua capacidade individual de trabalho.

(Paul Singer)

(A) Após a expressão "à medida"(l.5), admite-se, pela norma escrita culta, a inserção da preposição **em**.
(B) No primeiro período do texto predominam os tempos verbais do presente por tratar-se de uma definição, de um conceito.
(C) As ocorrências de "se" em "se concentram" e "se limita"(l.5, 6 e 7) têm a mesma função sintática.
(D) Em "se limita"(l.7), de acordo com a norma culta escrita, admite-se também a colocação pronominal enclítica **limita-se**.
(E) De acordo com as ideias do texto, o pronome "sua" l.7) refere-se a "a maioria"(l.6)

A: não existe a expressão "à medida em que". Usamos as expressões à medida que (significa: "à proporção que") ou na medida em que (significa: "tendo em vista que").

Gabarito "A".

(Auditor do Tesouro Municipal/Fortaleza-CE – 2003 – ESAF) Assinale a opção em que a substituição sugerida altera o sentido do texto.

Houve apenas uma época na história do capitalismo em que imperou o pleno emprego nos países mais adiantados: os assim chamados trinta anos "dourados" após o fim da Segunda Guerra Mundial.

Nesse período, as forças políticas representativas da classe operária foram hegemônicas, subordinando os interesses da classe capitalista ao pleno aproveitamento das forças produtivas. No último quartel do século XX, o capitalismo voltou por assim dizer ao seu ramerrão: o capital privado rompeu as amarras, o pleno emprego deixou de ser um objetivo da política econômica e o exército de reserva voltou a se tornar cada vez mais ponderável.

(Paul Singer)

(A) em que (l.2) na qual

(B) hegemônicas(l.6) preponderantes

(C) ramerrão (l.10) ritmo rotineiro

(D) pleno (l.11) melhor

(E) ponderável (l.13 e 14) observável

"Houve apenas uma época na história do capitalismo em que / na qual [época na qual] imperou"; **B:** "Nesse período, as forças políticas representativas da classe operária foram hegemônicas [*hegemonia* é a supremacia, a influência preponderante. As duas palavras são sinônimas]/ preponderantes, subordinando os interesses (...)"; **C:** "o capitalismo voltou por assim dizer ao seu ramerrão [*ramerrão* é uma repetição enfadonha, um ruído sucessivo e monótono] / ritmo rotineiro"; **D:** "o capital privado rompeu as amarras, o pleno [palavra *pleno* usada na acepção de 'perfeito'] emprego deixou de ser um objetivo"; **E:** "e o exército de reserva voltou a se tornar cada vez mais ponderável [*ponderável* é digno e reflexão e exame, de ponderação. *Observável* pode ser usado na mesma acepção] / observável."

Gabarito "D".

(Auditor do Tesouro Municipal/Fortaleza-CE – 2003 – ESAF) Assinale a opção que completa de forma coesa e coerente as lacunas do texto abaixo.

Sendo a síntese de fatores objetivos e subjetivos que não se esgotam no processo de trabalho propriamente dito, os elementos constitutivos da cultura do trabalho precisam ser considerados em sua historicidade, não apenas condicionada pela realidade externa, ______1______ pelas diferentes motivações que orientam a ação coletiva. ____2____ a cultura do trabalho resulta da dinâmica interna de um determinado sistema cultural, temos que considerar que, também nos empreendimentos populares, ela é o resultado de suas inter-relações com os outros sistemas.

(Iia Tiriba)

	1	2
(A)	já como	Hája visto que
(B)	mas também	Se
(C)	mas não	Apesar de
(D)	mas também	Embora
(E)	entretanto	Se

"(...) os elementos constitutivos da cultura do trabalho precisam ser considerados em sua historicidade, não apenas condicionada pela realidade externa, mas também [conjunção adversativa] pelas diferentes motivações que orientam a ação coletiva. Se [conjunção condicional] a cultura do trabalho resulta da dinâmica interna de um determinado sistema cultural, temos que considerar que, também nos empreendimentos populares, ela é o resultado de suas inter-relações com os outros sistemas."

Gabarito "B".

(Auditor do Tesouro Municipal/Fortaleza-CE – 2003 – ESAF) Em relação ao texto, assinale a opção <u>incorreta</u>.

A concentração do capital, que se encontra na origem do capitalismo, permitiu a invenção de meios automáticos de produção e distribuição, ou seja, em que o trabalho humano é substituído por "forças naturais" de animais domesticados, da água corrente, do vento etc. Em seguida, foram inventadas formas mais complexas de captação e governo da energia do vapor, da eletricidade, de derivados do petróleo etc.

(Paul Singer)

(A) A expressão "que se encontra na origem do capitalismo"(l.1 e 2) está entre vírgulas por se tratar de oração de natureza explicativa.

(B) Pode-se, sem prejuízo para o período, inserir a preposição **de** antes da palavra "distribuição"(l.3).

(C) De acordo com a norma escrita culta, "em que"(l.4) pode ser substituído por **nos quais,** e a coesão textual é mantida.

(D) A expressão "foram inventadas"(l.6 e 7) pode ser substituída, sem prejuízo para a correção do período, pela estrutura **inventaram-se.**

(E) A palavra "governo"(l.8) está sendo empregada com o sentido de **propriedade oficial**.

A: a expressão entre vírgulas é uma oração adjetiva explicativa; **B:** as expressões "meios automáticos de produção e distribuição" e "meios automáticos de produção e de distribuição" são equivalentes; **C:** nesse contexto, "nos quais" e "em que" equivalem-se; **D:** a oração "inventaram-se formas mais complexas" é a passiva sintética da oração passiva analítica "forma mais complexas foram inventadas"; **E:** a palavra "governo" está sendo utilizada no sentido de administrar.

Gabarito "E".

(Auditor do Tesouro Municipal/Recife-PE – 2003 – ESAF) A propósito dos recursos linguísticos que estruturam o texto a seguir, assinale a opção <u>incorreta</u>.

Não é sensato pensar que a história e as fórmulas possam ser repetidas. Mas não é nenhum anacronismo retomar velhos objetivos frustrados e reprimidos ao longo da história para reencontrar seus novos caminhos. Quem sabe não chegou finalmente para o Brasil a hora de um projeto de desenvolvimento nacional e de uma sociedade mais democrática e inclusiva, dirigida e protegida por um Estado que se aproxime progressivamente do *welfare state* dos europeus? Exigirá dos novos governantes uma manobra fina e atilada dentro do novo contexto internacional inaugurado pela administração Bush, mas não é impossível. Seja lá como for, uma coisa é totalmente certa: chegou a hora de dizer adeus aos "moedeiros falsos".

(José Luís Fiori, **Correio Braziliense**, 27/10/2002.)

(A) A substituição do ponto final após "repetidas"(l.2) por vírgula estaria correta se a conjunção subsequente viesse em minúscula.

(B) A palavra "anacronismo"(l.3) está sendo empregada com o sentido de **posicionamento em desacordo com a época**.

(C) As expressões "Quem sabe"(l.6) e "Seja lá como for"(l.15 e 16) conferem certo grau de informalidade ao texto.

(D) A ideia implícita antes da palavra "Exigirá"(l.12) pode ser representada por **A realização de um projeto dessa natureza.**

(E) Após a conjunção "mas"(l.15) subentende-se **esse contexto internacional**.

Após a conjunção mas subentende-se "projeto de desenvolvimento nacional e de uma sociedade mais democrática e inclusiva, dirigida e protegida" (linhas 7 a 9).

Gabarito "E".

(Auditor do Tesouro Municipal/Recife-PE – 2003 – ESAF) Assinale a opção que preenche as lacunas do texto de forma coesa e coerente.

O sistema tributário atual, com sua parafernália de regras esdrúxulas, além de não conseguir acompanhar as transformações do mundo globalizado, ___1___ a atuação dos agentes produtivos e deixa a classe média mais pobre.

O imposto nosso de cada dia é um vilão discreto. Está presente em cada gesto de consumo e, embora passe quase sem ser notado ___2___ olhos do consumidor comum, chega ___3___ mesa do brasileiro com um peso inimaginável. Embutido em todos os preços, provoca impactos na indústria e faz estragos no orçamento doméstico. Restringe o poder aquisitivo dos trabalhadores ___4___ atrasa o desenvolvimento nacional.

Nos últimos anos, a carga tributária brasileira ___5___ caracterizando por elevações ininterruptas.

(Carlos Eduardo Cadoca, **Folha de S.Paulo,** Dinheiro/ Opinião Econômica, 31/03/2003.)

	1	2	3	4	5
(A)	estimula	face os	na	já que	está
(B)	inibe	perante os	à	e	vem-se
(C)	restringe	diante dos	a	mas	está se
(D)	amplia	em face dos	para a	entretanto	vem
(E)	constrange	face aos	até a	portanto	estava

O sistema tributário atual (...) inibe (B) / restringe (C) [pelo contexto escolheríamos essas alternativas. Eliminadas as alternativas A, D e E] a atuação dos agentes produtivos e deixa a classe média mais pobre. O imposto (...) Está presente em cada gesto de consumo e, embora passe quase sem ser notado perante os (B) / diante dos (C) olhos do consumidor comum, chega à (B) [o verbo regente chegar exige a preposição a e a palavra regida mesa aceita o artigo a. Ocorre a crase. Sabendo-se disso, seriam eliminadas todas as outras alternativas, exceto a B] mesa do brasileiro com um peso inimaginável. Embutido em todos os preços, provoca impactos na indústria e faz estragos no orçamento doméstico. Restringe o poder aquisitivo dos trabalhadores e (B) [a conjunção e une as duas orações coordenadas. Seriam eliminadas as outras alternativas, exceto a B] atrasa o desenvolvimento nacional. Nos últimos anos, a carga tributária brasileira vem-se (B) / está-se (C) [eliminadas as alternativas A, D e E] caracterizando por elevações ininterruptas.

Gabarito "B".

918

Leia o texto abaixo para responder à seguinte questão.

O panorama da sociedade contemporânea sugere-nos incontáveis abordagens da ética. À medida que a modernidade — ou a pós-modernidade — avança, novas facetas surgem com a metamorfose do espírito humano e sua variedade quase infinita de ações. Mas, falar sobre ética é como tratar da epopeia humana. Na verdade, está mais para odisseia, gênero que descreve navegações acidentadas, lutas e contratempos incessantes, embates de vida e morte, ilusões de falsos valores como cantos de sereias, assédios a pessoas e a propriedades, interesses contraditórios de classes dominantes figuradas pelos deuses, ora hostis ora favoráveis. As aventuras de Ulisses sintetizam e representam o confronto de ideais nobres e de paixões mesquinhas. Não obstante narram-se também feitos de abnegação, laços de fidelidade entre as pessoas e suas terras, lances de racionalidade e emoção, a perseverança na reconquista de valores essenciais. Os mitos clássicos são representações de vicissitudes humanas e situações éticas reais.

(Adaptado de José de Ávila Aguiar Coimbra, **Fronteiras da Ética,** São Paulo: Senac, 2002, págs.17 e 18.)

(Técnico da Receita Federal – 2003 – ESAF) Em relação ao texto, assinale a opção correta.

(A) Em "sugere-nos" (l.2) o pronome enclítico exerce a mesma função sintática do "se" em "narram-se" (l.17 e 18).

(B) Ao se substituir "À medida que" (l.2 e 3) por **À medida em que**, preservam-se as relações semânticas originais do período.

(C) A preposição "com" (l.5) está sendo empregada para conferir a ideia de comparação entre "novas facetas" (l.4) e "metamorfose do espírito humano" (l.5).

(D) A expressão "Na verdade, está mais para odisseia"(l.8) e as informações que se sucedem permitem a inferência de que "epopeia" (l.7) não traria a noção de dificuldades, fracassos.

(E) O período permaneceria correto se a preposição na expressão "confronto de ideais" (l.16) fosse, sem outras alterações no período, substituída por **entre**.

A: o pronome *nos* em "sugere-nos" é o objeto direto. Já o pronome *se* é apassivador em "narram-se também feitos de abnegação"; **B:** "À medida que" significa "à proporção que". Não existe a expressão "à medida **em** que"; **C:** a preposição *com* confere a ideia de união; **D:** está correta a assertiva. As duas palavras "epopeia" e "odisseia" estão sendo usadas em sentidos contrários; **E:** as preposições *de* e *entre* transmitem ideias diferentes: a primeira indica assunto de que se trata, já a segunda preposição indica colateralidade.

Gabarito "D".

Seja nos mitos de criação seja na cosmologia de hoje, há uma busca do sentido do mundo, um esforço de compreensão da natureza e do universo. As representações do espírito humano, num caso e noutro, constituem variações sobre o mesmo tema: penetrar no âmago da realidade.

Não é segredo algum descobrir que a busca de sentido para o cosmos se engata com a procura de sentido para a existência da família humana. Para além das concepções científicas e das diversidades culturais, o porquê da nossa vida, de sua origem e do seu destino, acompanha passo a passo nossa evolução histórica. A ocupação do planeta, a organização da convivialidade, a compatibilização dos contrários, presentes em toda parte, e a eterna busca de valores transcendentes estão no mesmo séquito que acompanha a observação do mundo natural, nas descobertas de nexo entre causa e efeito, nos postulados científicos e nas aplicações técnicas.

(José de Ávila Aguiar Coimbra, **Fronteiras da Ética**, São Paulo: Senac, 2002, p. 20.)

(Técnico da Receita Federal – 2003 – ESAF) Assinale a substituição ou adaptação sugerida que prejudicaria os sentidos originais ou a correção gramatical do texto.

(A) "Seja...seja"(l.1) > Quer ...quer
(B) "num caso e noutro"(l.5) > em um caso e em outro
(C) "tema:"(l.6) > tema, que é
(D) "com a"(l.10) > na
(E) "Para além das"(l.11) > Por meio das

As acepções das expressões "para além de" e "por meio de" são diferentes. "Para além de" significa *para mais adiante de* e "por meio de" significa *por intermédio de.*

Gabarito "E".

(Agente Fiscal/Teresina – 2002 – ESAF) Nos fragmentos de textos, marque o que foi reproduzido com incorreções de sintaxe ou com impropriedade vocabular.

(A) O Fundo de Garantia do Tempo de Serviço – FGTS – foi criado pela Lei nº 5.107, de 13 de setembro de 1966, e reformulado pela Lei no 8.036, de 11 de maio de 1990.
(B) Os recursos do Fundo provêm de contribuições mensais dos empregadores, corrrespondentes a 8% da remuneração dos trabalhadores, depositados em contas vinculadas e individualizadas.
(C) A Caixa Econômica Federal é o agente operador do Fundo, centralizando, em 31 de dezembro de 2000, aproximadamente 92 milhões de contas ativas e 16 milhões de contas paralisadas.
(D) Conforme a Lei no 8.036, o saldo das contas vinculadas é garantido pelo Governo Federal.
(E) A CAIXA exerce à administração do Fundo, aferindo remuneração na forma determinada pelo Conselho Curador do FGTS.

(Adaptado de nota explicativa do Governo Federal publicada na imprensa.)

"A CAIXA exerce a [*artigo*] administração do Fundo, auferindo [*aferir* é julgar por meio de comparação, avaliar; auferir tem a acepção de ter como resultado, conseguir, obter] remuneração na forma determinada pelo Conselho Curador do FGTS."

Gabarito "E".

(Agente Fiscal/Teresina – 2002 – ESAF) Nos fragmentos de textos, marque o que foi reproduzido com incorreções de sintaxe ou com impropriedade vocabular.

(A) Vêm sendo pleiteada por titulares de contas vinculadas recomposição dos índices de atualização monetária aplicados nos Planos de Estabilização Econômica – Plano Verão e Plano Collor.
(B) Em recente manifestação acerca dessa matéria, o Supremo Tribunal Federal posicionou-se favoravelmente à correção das contas vinculadas referentes aos Planos Econômicos: Verão (fevereiro de 1989) e Collor I (maio de 1990).
(C) Em outubro de 2000, a 1ª Turma do STJ, por maioria, deu parcial provimento ao agravo Regimental da CAIXA, mantendo-se os índices de correção já fixados pela jurisprudência do STJ de 42% para o Plano Verão e de 44,80% para o Plano Collor I.
(D) O Ministério do Trabalho iniciou entendimentos com as organizações sindicais com o objetivo de propor formas que assegurem que todos os trabalhadores tenham o crédito da correção adicional e igualdade de tratamento em seu saque.
(E) Desses entendimentos resultou o Projeto de Lei Complementar no 195/01.

(Adaptado de nota explicativa do Governo Federal publicada na imprensa.)

"Vem [o núcleo do sujeito do verbo *vir* é recomposição] sendo pleiteada por titulares de contas vinculadas recomposição dos índices de atualização monetária aplicados nos Planos de Estabilização Econômica – Plano Verão e Plano Collor."

Gabarito "A".

(Agente Fiscal/Teresina – 2002 – ESAF) Marque a palavra ou sequência sublinhada que foi mal empregada.

Após longa discussão, deve ser aprovada e promulgada(A) a emenda constitucional que altera substancialmente(B) a redação do art. 62 da Constituição Federal de 1988, que disciplina(C) a expedição(D) de medidas provisórias. Nos doze parágrafos que passam a integrar o art. 62, deslumbra-se(E) a intenção de restringir e delimitar a atividade legislativa do Poder Executivo.

(Ana Claudia Manso Rodrigues, adaptado.)

(A) A
(B) B
(C) C
(D) D
(E) E

"Nos doze parágrafos que passam a integrar o art. 62, vislumbra-se a intenção de restringir e delimitar a atividade legislativa do Poder Executivo." A palavra deslumbrar tem a acepção de "encher-se de admiração, causar encantamento", não poderia ser empregada nesse contexto. Seria melhor usar o verbo *vislumbrar* que tem a acepção de "perceber ou compreender indistintamente".

Gabarito "E".

Nas duas questões seguintes, indique o item que caracteriza erro gramatical ou impropriedade vocabular

(Textos adaptados da Revista **VEJA**, edição 1735.)

(Técnico da Receita Federal – 2002.1 – ESAF) Ser miserável significa viver de forma absolutamente **salubre**(A). **No Recife**(B), favelas enormes são erguidas em cima de mangues ou rios sem **qualquer**(C) condição de segurança ou higiene. Quando a maré sobe, o lixo invade os barracos, espalhando **dejetos**(D) por **toda a**(E) vizinhança. A falta de saneamento é responsável pela proliferação de doenças.

(A) A
(B) B
(C) C
(D) D
(E) E

Salubre significa sadio, saudável, que contribui para a saúde. Pelo contexto é incoerente o uso dessa palavra. O correto seria *insalubre*: "Ser miserável significa viver de forma absolutamente **insalubre**. (...) Quando a maré sobe, o lixo invade os barracos, espalhando dejetos por toda a vizinhança. A falta de saneamento é responsável pela proliferação de doenças."

Gabarito "A".

(Técnico da Receita Federal – 2002.1 – ESAF) As **bolhas**(A) de miseráveis parecem ter paredes de aço no país. Parecem **inexpugnáveis**(B). Sobrevivem intactas, indiferentes **aos**(C) progressos que o país experimenta **à**(D) sua volta. Não regridem **se quer**(E) diante de fenômenos sociais que em outros países e situações históricas foram decisivos para derrotar a pobreza.

(A) A
(B) B
(C) C
(D) D
(E) E

Sequer é advérbio e significa *pelo menos, ao menos*: "Não regridem **sequer** diante de fenômenos sociais que em outros países e situações históricas foram decisivos para derrotar a pobreza."

Gabarito "E".

Leia o texto a seguir para responder a questão seguinte.

Um aspecto crucial para o bom funcionamento do sistema tributário é a importância estratégica da administração tributária. A efetividade e a eficácia do sistema tributário dependem da administração tributária, que desempenha um papel, fundamental e imprescindível, de instrumento de garantia da aplicação efetiva da legislação. Grande parte dos problemas do sistema brasileiro não poderá ser resolvida exclusivamente no plano da legislação. Há uma relação importante entre a fragilidade dos órgãos da administração e determinadas deficiências do sistema tributário nacional. Com uma administração tributária desprovida de recursos materiais e humanos, numa economia complexa e de proporções continentais como a brasileira, o sistema tributário, por mais concebido que possa ser sob o ponto de vista da legislação, deixará fatalmente a desejar em termos de qualidade, eficácia e justiça fiscal.

(www.unafisco.org.br)

(Técnico da Receita Federal – 2002.2 – ESAF) Em relação ao texto, assinale a opção correta.

(A) Se a palavra "crucial"(l.1) for substituída por **decisivo**, haverá alteração substancial na informação do texto e prejuízo semântico.
(B) As palavras "efetividade" e "eficácia"(l.4) estão sendo utilizadas no texto como sinônimas.
(C) Sem que outras alterações gramaticais se façam necessárias, a concordância do terceiro período do texto, se feita no plural – **poderão** -, estaria igualmente correta.
(D) Em "órgãos da administração e determinadas deficiências"(l.12 e 13) a conjunção "e" corresponde, gramatical e semanticamente, à preposição **com**.
(E) A preposição "Com"(l.14) pode ser substituída pela palavra **Apresentando**, sem que haja prejuízo para a correção gramatical do trecho.

A: não haveria prejuízo semântico; **B:** as duas palavras não estão sendo usadas como sinônimas; **C:** se a concordância do terceiro período do texto fosse feita no plural, haveria alteração gramatical, além da flexão verbal: "Grande parte dos problemas do sistema brasileiro não poderão ser resolvidos". **D:** seriam semanticamente diferentes as orações: (1)"Há uma relação (...) entre a fragilidade dos órgãos (...) e determinadas deficiências" e (2)"Há uma relação (...) entre a fragilidade dos órgãos (...) com determinadas deficiências":

1) Há relação entre:
a) fragilidade dos órgãos e
b) determinadas deficiências
2) Há relação entre:
a) fragilidade dos órgãos com determinadas deficiências

Gabarito "E".

O texto abaixo serve de base para a questão seguinte.

Mister se faz entender que o objetivo da lei, ao estabelecer a obrigatoriedade de que as instituições financeiras também prestem informações às autoridades fiscais, é(A) de lhes impor um dever de colaboração no intuito de auxiliar a atividade do Fisco. (B) Os dados e registros dos quais elas detêm a posse são indispensáveis à ação fiscal para que se conheçam as movimentações financeiras dos correntistas, sejam pessoas físicas ou jurídicas, que poderão ser relativas a operações (C) que ensejem a realização de fatos jurídicos tributários e se configurem como de interesse da Administração Tributária. Em última instância, a citada exigência encerra um interesse coletivo de ordem pública, no sentido de que todos os fatos da vida real (D) que se configurem como tributários e possam dar nascimento a obrigações tributárias (E) deverão estar sujeitos e não poderão ficar ao abrigo da verificação e apuração dos agentes fiscais.

(Mary Elbe G. Q. Maia, "A inexistência de sigilo bancário frente ao poder-dever de investigação das autoridades *fiscais*", **Tributação em Revista**, julho/setembro de 1999.)

(Técnico da Receita Federal – 2002.2 – ESAF) Assinale a substituição proposta para os segmentos sublinhados do texto (identificados com as respectivas letras das opções) que esteja construída com correção gramatical e que preserve as relações de sentido do texto.

(A) sujeitar-lhes a uma posição de auxiliares do Fisco, no intuito de colaborar com a atividade fiscalizatória.
(B) Os dados e registros de cuja posse elas detêm
(C) que dêem causa à concretização de fatos jurídicos tributários e se revelem significativos para a Administração Tributária.
(D) suspeitos de tributação e dos quais possa se originar obrigações tributárias
(E) deverão se sujeitar e ficar ao amparo das autoridades do Fisco, não podendo abrigar-se na investigação e no apuro fiscais.

A: o termo *sujeitar* é, nesse contexto, transitivo direto, de modo que deve ser utilizado "sujeitá-las" (as instituições financeiras), e não "sujeitar-lhes"; **B:** *Deter*, no sentido de ter a posse, é transitivo direto, razão pela qual o correto é "Os dados e registros cuja posse [sem o de] elas detêm" (a rigor, deter já se refere à posse, de modo que o mais correto seria "Os dados e registros que elas detêm"); **C:** a assertiva substitui adequadamente o texto grifado; **D:** "suspeitos de tributação" não equivale a "que se configurem como tributários". O texto original não traz essa dúvida, indicada na alternativa. Ademais, o correto é "dos quais possam [no plural, concordando com obrigações] se originar obrigações tributárias"; **E:** a autora afirma que todos esses fatos relevantes para a tributação devem se sujeitar à fiscalização. A alternativa traz conceitos diversos, pois não se trata de esses fatos serem amparados pelas autoridades fiscais ou abrigarem-se na investigação e no apuro fiscais (o que não faz sentido).

Gabarito "C"

(Técnico da Receita Federal – 2002.2 – ESAF) Assinale a opção gramaticalmente correta que preenche os espaços do trecho (que é continuação do texto-base para as duas questões anteriores), preservando a orientação argumentativa e respeitando a coerência e a coesão do texto.

Entendimento em contrário, no sentido de ________ o dever-poder do Fisco de examinar as citadas operações, resultaria em tornar ________ a ação fiscal, pois somente ________ de exame os valores que os contribuintes espontaneamente quisessem informar em suas declarações, o que se constituiria em um permissivo para se encobrir valores que os contribuintes não quisessem declarar e resultaria em violação da igualdade tributária, com total ________ daqueles contribuintes que não querem, ou não podem, esconder valores do crivo da tributação.

(Mary Elbe G. Q. Maia, "A inexistência de sigilo bancário frente ao poder-dever de investigação das autoridades fiscais", **Tributação em Revista**, julho/setembro de 1999.)

(A) abster ou restringir – ineficaz – poderiam ser passíveis – desprestígio
(B) consagrar ou fortalecer – mais hesitosa – estariam sob o crivo – desoneração
(C) cercear ou limitar – inoperante – seria passível – desconsideração
(D) conceder foros de legitimidade – jubilosa – seriam merecedores – desrespeito
(E) legalizar e respaldar – mais pródiga – seria possível – penalização

1ª lacuna: o texto já começa com o período *"Entendimento em contrário"* o que nos permite ter certeza de que se trata de ideia oposta à defendida no texto-base. Podemos preencher a 1ª lacuna assim: *"no sentido de abster/restringir* (A) / *cercear/limitar* (C) *o dever-poder do Fisco de examinar as citadas operações"*. Excluem-se por falta de coerência as alternativas B, D e E; 2ª lacuna: a opção *jubilosa* da alternativa D não se encaixa no contexto: *"resultaria em tornar ineficaz* (A) / *inoperante* (C) *a ação fiscal"*. Excluída a alternativa D; 3ª lacuna: a oração do período tem sujeito plural (os valores). A terceira lacuna pede um verbo que concorde com esse sujeito: *"pois somente poderiam ser passíveis* (A) *de exame os valores que os contribuintes espontaneamente quisessem informar em suas declarações"*. Desse modo, excluem-se as alternativas C e E; 4ª lacuna: excluídas as alternativas B e E que não se encaixam no contexto: *"o que se constituiria em um permissivo para se encobrir valores que os contribuintes não quisessem declarar e resultaria em violação da igualdade tributária, com total desprestígio* (A) / *desconsideração* (C) / *desrespeito* (D) *daqueles contribuintes que não querem, ou não podem, esconder valores do crivo da tributação."*

Gabarito "A"

A formação do Brasil como território, Estado e capitalismo é incompreensível fora do contexto geopolítico da competição Imperial entre as grandes potências e fora do contexto geoeconômico do desenvolvimento do capitalismo mundial. Boa parte do território brasileiro foi definida pelas lutas entre o império Habsburgo, a França e a Holanda; sua independência do império português foi obra da nova geopolítica europeia, desenhada a partir das guerras napoleônicas e do Congresso de Viena (1815), e sacramentada pela expansão do poder imperial inglês. E o capitalismo brasileiro só se viabilizou, de fato, na segunda metade do século XIX como periferia primário exportadora da "economia-mundo" européia, liderada pela revolução industrial inglesa.

(José Luís Fiori, Um país ao sul dos impérios, **Correio Braziliense**, 22/07/2001.)

(Agente Tributário Estadual/MS – 2001 – ESAF) Em relação ao texto, assinale a opção incorreta.

(A) A expressão "é incompreensível fora do"(l.2) equivale, semanticamente, a **só pode ser compreendida no**.

(B) O Brasil participou do desenvolvimento econômico europeu como exportador de matéria-prima para a Europa.

(C) A relação entre o primeiro período do texto e os demais pode ser representada pela conjunção **uma vez que**.

(D) A palavra "desenhada"(l.10) está sendo utilizada, no texto, com o sentido de **definida**, **formulada**.

(E) Ao se substituir a palavra "sacramentada" (l.11) pela palavra **consolidada**, prejudica-se a compreensão do texto.

A substituição não prejudica a compreensão do texto: "e consolidada pela expansão do poder imperial inglês". A palavra *sacramentada* tem, no seu uso informal, a acepção de legalizado, formalizado.

Gabarito "E".

Leia o texto abaixo para responder a questão seguinte.

Mesmo sem ser incluído entre os países cujo "desenvolvimento a convite" foi fortemente apoiado — por motivos geopolíticos — pelo governo americano, o Brasil transformou-se no laboratório de uma estratégia associada — pública e privada — de industrialização que contemplou todos os segmentos do capitalismo central. Não se pode esquecer que, depois da vitória da Revolução Chinesa e da Guerra da Coreia, e do início da descolonização asiática, o 'desenvolvimentismo' se transformou na resposta capitalista — tolerada pelos liberais — ao projeto socialista para os países subdesenvolvidos. Esse foi um fator decisivo para que o projeto de industrialização e o intervencionismo estatal do novo modelo econômico contassem com o apoio de quase todos os segmentos da classe dominante brasileira e de suas elites políticas regionais. Quando essas facilidades se estreitaram, com o fim do padrão dólar e a crise econômica mundial dos anos 70, e quando a política econômica internacional dos Estados Unidos e a geoeconomia dos países centrais mudaram, com a restauração liberal-conservadora dos anos 80, o consenso e a coalizão desenvolvimentista se desfizeram.

(José Luís Fiori, Um país ao sul dos impérios, **Correio Braziliense**, 22/07/2001.)

(Agente Tributário Estadual/MS – 2001 – ESAF) Em relação ao texto, assinale a opção em que a substituição sugerida é gramaticalmente incorreta.

(A) "Mesmo sem" (l.1) por **Apesar de não**.

(B) travessões das linhas 3, 5 e 6 por vírgulas.

(C) "transformou-se" (l.4) por **foi transformado**.

(D) "se transformou" (l.11) por **transformou-se**.

(E) "contassem" (l.16) por **contasse**.

Não é possível substituir a forma verbal "contassem" por "contasse", pois o sujeito do verbo *contar* é composto ("projeto de industrialização e intervencionismo") e o verbo deve sempre concordar com o sujeito.

Gabarito "E".

(Agente Tributário Estadual/MS – 2001 – ESAF) No processo da mediação, o trabalho do mediador será importantíssimo, exercido por advogados assistidos, e, __1__ necessário, por profissionais multidisciplinares. Ele terá função diferenciada do magistrado, __2__ não julgará, __3__ propiciará __4__ partes a análise de diferenciados pontos de vista, estimulando a discussão, apontando fatos importantes e facilitando o entendimento. Em nenhum momento estimulará a contenda, __5__ o entendimento, e não tomará partido.

(Carlos Miguel Aidar, Mediação, in Direito e Justiça, **Correio Braziliense**, 16/07/2001.)

Assinale a opção que indica o preenchimento incorreto da lacuna correspondente.

(A) 1- quando

(B) 2- por que

(C) 3- mas

(D) 4- às

(E) 5- mas

Na oração "porque não julgará", a conjunção *porque* é explicativa. *Porque* deve ser escrito junto quando for conjunção causal, conjunção explicativa ou conjunção final. *Porque* deve ser escrito junto. O *por* e o *que* são escritos separados quando este tem função de pronome relativo (por = preposição; que = pronome relativo); *porquê* é substantivo e é escrito junto e com acento.

Gabarito "B".

(Agente Tributário Estadual/MS – 2001 – ESAF) O emprego da mediação deve evidenciar __1__ uma sociedade plural necessita de soluções diferenciadas e criativas, __2__ possam atender às divergentes demandas, vencendo alguns problemas cruciais da Justiça, como a morosidade dos processos. Os efeitos pedagógicos __3__ sociedade, provocados por esse instrumento, também devem ser positivos, principalmente __4__ tange à cultura do entendimento e da solução rápida e eficiente __5__ contendas que, de outra forma, demandariam dispêndio significativo de tempo e recursos.

(Carlos Miguel Aidar, Mediação, in Direito e Justiça, **Correio Braziliense**, 16/07/2001.)

Assinale a opção que indica o preenchimento incorreto da lacuna correspondente.

(A) 1- que

(B) 2- as quais

(C) 3- sob a

(D) 4- no que
(E) 5- para as

Para essa assertiva, podemos usar a acepção da palavra *sobre* como *relação de influência ou dominância a alguma coisa*: "Os efeitos pedagógicos **sobre a** sociedade (...)". Diferente da palavra *sob*, que é o antônimo de *sobre*.

Gabarito "C".

(Agente Tributário Estadual/MS – 2001 – ESAF) Marque a palavra que pode substituir, no contexto, a palavra sublinhada, preservando o sentido do enunciado.

O lançamento do imposto pode ser diferido nas operações ou prestações com os produtos e serviços nominados no art. 44, I, na forma do Regulamento.

(A) deferido
(B) indeferido
(C) antecipado
(D) retardado
(E) anulado

O verbo *diferir* tem as acepções: adiar; prolongar; distinguir-se ou discordar. Se lembrarmos uma acepção de cada item teremos: **A:** deferir é condescender; **B:** indeferir é desconsiderar; **C:** antecipar é adiantar; **D:** retardar é adiar; **E:** anular é invalidar. Assim, temos: "O lançamento do imposto pode ser *diferido/retardado/adiado* nas operações (...)".

Gabarito "D".

(Agente Tributário Estadual/MS – 2001 – ESAF)

(A) O adjetivo "divisíveis", no inciso II, refere-se explicitamente à divisão dos tributos entre Município, Estado e União.
(B) No inciso IV, pode-se, corretamente, substituir "dos" por "aos".
(C) No inciso IV, "do sistema de previdência e assistência social" é complemento nominal de "custeio".
(D) Se o sintagma "as prescrições deste Código" ocorresse imediatamente antes de "os direitos individuais", no parágrafo único, seria correto empregar-se ali "respeitadas" em vez de "respeitadas".
(E) No parágrafo único do inciso IV, "sujeito passivo da obrigação" refere-se a "contribuinte".

O adjetivo "divisíveis" **não** se refere **explicitamente** à divisão dos tributos entre Município, Estado e União.

Gabarito "A".

Nos fragmentos de textos adaptados de diploma legal, nas questões abaixo, marque o que foi reproduzido com incorreções de sintaxe ou com impropriedade vocabular.

(Agente Tributário Estadual/MS – 2001 – ESAF)

(A) Equipara-se à operação de que trata o inciso I a saída de produtos industrializados, realizada com o fim específico de exportação para o exterior.
(B) No caso do disposto no parágrafo anterior, o Regulamento pode instituir regime especial visando ao controle das saídas dos produtos e da sua efetiva exportação para o exterior.
(C) O disposto no inciso IV não aplica-se à operação relativa a circulação de livros em branco, ou simplesmente pautados.
(D) Está isenta do imposto a operação destinada diretamente ao consumidor final, hipótese em que cabe ao Estado de destino tributá-la integralmente.
(E) O imposto não incide sobre mercadoria destinada a Armazém Geral localizado neste Estado, para depósito em nome do remetente.

"O disposto no inciso IV não **se aplica** à operação **relativa à** circulação de livros em branco, ou simplesmente pautados."

Gabarito "C".

(Agente Tributário Estadual/MS – 2001 – ESAF) O imposto incide sobre:

(A) I- as operações relativas à circulação de mercadorias, inclusive o fornecimento de alimentação e bebidas em bares, restaurantes e estabelecimentos similares;
(B) II- as prestações de serviços de comunicação, por qualquer meio, inclusive a geração, emissão, recepção, transmissão, retransmissão, repetição e remição de comunicação de qualquer natureza;
(C) III- o fornecimento de mercadorias com prestação de serviços sujeitos ao imposto sobre serviços, de competência dos Municípios, quando a lei complementar aplicável expressamente o sujeitar à sua incidência;
(D) IV- o fornecimento de mercadorias com prestação de serviços compreendidos na competência tributária dos Municípios;
(E) V- a aquisição, em outro Estado, por contribuinte, de mercadoria ou bem destinados a uso, consumo ou ativo fixo.

Uso inadequado da palavra *remição* (resgate), em B. O art. 2º, III, da LC 87/1996 (que trata do ICMS), cita "a geração, a emissão, a recepção, a transmissão, a retransmissão, a repetição e a ampliação de comunicação de qualquer natureza".

Gabarito "B".

(Agente Tributário Estadual/MS – 2001 – ESAF)

(A) O imposto não incide sobre operação e prestação que destinem ao exterior produtos primários e industrializados semi-elaborados, ou serviços.
(B) A não incidência prevista neste artigo fica extinta em relação ao respectivo produto se Lei Complementar nacional excluí-lo do benefício.
(C) No caso do disposto neste artigo, o Regulamento pode instituir regime especial visando ao controle das saídas dos produtos e da sua efetiva exportação.
(D) Equipara-se à operação em que trata este artigo a saída de produtos realizada com o fim específico de exportação para o exterior, destinada a empresa comercial importadora, inclusive trading ou outro estabelecimento da mesma empresa.
(E) A isenção do imposto será concedida ou revogada consoante o que deliberaram os Estados reunidos para esse fim.

O verbo *tratar* na acepção de "ter por assunto ou temática" é transitivo indireto e é regido pelas preposições *de* ou *sobre* ("Equipara-se à operação **de que** trata este artigo"). Ocorre a crase em "**destinada à** empresa comercial" (regência nominal da palavra destinado).

Gabarito "D".

(Agente Tributário Estadual/MS – 2001 – ESAF) Assinale a opção que foi transcrita com erro de sintaxe.

(A) O processo de globalização significa que uma rede de dependências chega aos mais remotos cantos do planeta. Mas, hoje, essa rede ainda não atingiu seus limites.

(B) Seria muito prematuro falar de uma sociedade global ou de uma cultura global, e mais ainda de uma política ou de um direito global.

(C) Está surgindo um sistema social global neste extremo último do processo de globalização? Se tal sistema existe, não se assemelha aos sistemas sociais que costumamos considerar normativos.

(D) Costumávamos pensar em sistemas sociais como uma totalidade de que coordenava e adaptava os aspectos da existência humana por meio de mecanismos econômicos, poder político e padrões culturais.

(E) Hoje em dia, no entanto, aquele sistema que costumava coordenar tudo no mesmo nível e dentro de uma mesma totalidade foi separado e situado em níveis radicalmente diferentes.

(Zygmunt Bauman, O desafio ético da globalização, *Correio Braziliense*, 21/07/2001.)

É incorreto o uso da preposição *de* no trecho: "sistemas sociais como uma totalidade [*sem a preposição de*] que coordenava e adaptava".

Gabarito "D"

A Lei admite, implicitamente, que o contribuinte ingresse no Refis deixando fora dele um ou mais de seus débitos. Nesse caso, se a final vencido, terá o prazo de trinta dias para pagar o débito, sob pena de ser excluído do programa.

(Auditor do Tesouro Municipal/Natal-RN – 2001 – ESAF)

(A) "Lei"(l.1) foi usada de forma definida.

(B) "a final", empregado à linha 3, é uma variante livre de "afinal", que poderia ter sido usado com igual sentido.

(C) O pronome possessivo "seus"(l.3) refere-se a "contribuinte".

(D) Podem-se dispensar as vírgulas que estão isolando o advérbio "implicitamente"(l.1).

(E) O emprego do modo subjuntivo em "ingresse"(l.2) é obrigatório naquele contexto.

O advérbio *afinal* não tem variante escrita separadamente.

Gabarito "B"

Ocorre que o contribuinte, ao ingressar no Refis, pode ter, pendente de decisão judicial, pretensão à restituição de tributo que tenha pago indevidamente. Nesse caso, a questão que se coloca é a de saber se a Fazenda Pública, a final vencida na ação de repetição do indébito, poderá exercer o direito à compensação, deduzindo simplesmente o valor, a cuja restituição foi condenada, do valor do débito consolidado no Refis.

(Auditor do Tesouro Municipal/Natal-RN – 2001 – ESAF)

(A) Em "... a questão que se coloca é a de saber se a Fazenda Pública..."(l. 4, 5 e 6) pode-se suprimir "a de" sem prejuízo da correção do enunciado.

(B) Em "tenha pago"(l.3 e 4) pode-se usar também o particípio passado regular.

(C) "pendente de decisão judicial"(l.2) refere-se a "pretensão à restituição de tributo"(l.3).

(D) "indébito"(l.7) é o mesmo que **dívida**.

(E) Em "a cuja restituição foi condenada"(l.8 e 9) a preposição é indispensável porque está introduzindo o objeto indireto da forma verbal passiva "foi condenada".

Dívida refere-se à quantia que deve ser paga. *Indébito* refere-se ao que foi pago sem ser devido.

Gabarito "D"

4. VERBO

(Analista – MPU – 2004 – ESAF) Assinale a opção que corresponde a uso incorreto de estrutura linguística sublinhada no texto.

Passamos por um momento <u>em que</u> (1) nada é previsível. Escolha uma área qualquer da vida, e o que <u>se encontra</u> (2) é incerteza. Seja no que diz respeito à segurança nacional e à vida das empresas, seja no encaminhamento das carreiras individuais. Ninguém mais está seguro de nada. Esse ambiente se encaixa <u>às</u> (3) definições técnicas e científicas das teorias sobre o caos.

Hoje em dia, muitas ideias que foram sólidas como rocha para gerações e gerações se desmancharam no ar como fumaça. As regras antigas foram jogadas pela janela. Não surgiram outras. O que se tem a fazer agora é seguir adiante e <u>refazê-las</u> (4) <u>à medida que</u> avançamos (5).

(Tom Peters, O mundo está um caos, **VEJA**, 17 de dezembro de 2003, com adaptações)

(A) 1
(B) 2
(C) 3
(D) 4
(E) 5

O verbo *encaixar* na acepção de "estar em consonância" é intransitivo. A construção correta é "Esse ambiente se encaixa **nas** definições".

Gabarito "C"

(Analista – MPU – 2004 – ESAF) Leitor, que já tens direito ______ uma cadeira na câmara ______; que já estás ______ na fatal casa dos –enta, ______ se começa a rolar pelo plano inclinado dos pés-de-galinha nas ______ de lua; leitor benévolo, que és pai e avô de fresca data, ______ alguns minutos de atenção.

(Baseado em França Júnior)

(A)	à	de honra	Assentado	das quais	fases	preste-me
(B)	a	perpétua	Assentado	de onde	fases	prestai-me
(C)	a	vitalícia	Aboletado	donde	conjunções	presta-me
(D)	a	perpétua	Parado	da qual	casas	preste-me
(E)	à	vitalícia	estacionado	donde	conjunções	prestai-me

Para responder a essa questão, observar a regência nominal da palavra "direito" e também, pela análise dos verbos, a qual pessoal verbal a primeira pessoa do discurso está se referindo: "direito **a** [*preposição – a palavra regente 'direito' exige preposição a, porém a palavra regida 'cadeira' já está determinada por um artigo indefinido. Não ocorre a crase.*] uma cadeira (...) **vitalícia**; que já estás [*tu*] **aboletado** [*instalado*] na fatal casa dos –enta, **donde** se começa a rolar (...) nas **conjunções** de lua; que és [*tu*] pai e avô de fresca data, **presta-me** [*verbo 'prestar' na 2ª pessoa do imperativo afirmativo*]".

Gabarito "C".

(Auditor Fiscal/CE – 2006 – ESAF) Leia um trecho da entrevista da escritora Lia Luft à **Revista do Correio** (22/10/2006, p.4). A seguir, assinale a asserção correta.

Um dos papéis do escritor é ser um pensador do seu tempo e da sua sociedade. O que pensa sobre os tempos de hoje, sobre o Brasil com seus problemas e suas potencialidades?

Eu exerço minha escrita como arte, pelo puro prazer que isso me dá. Lúdico, intrigante, estimulante. Como colunista, comento também coisas do meu tempo e do meu país, mas como brasileira que tem voz, nada mais. Penso que estamos num momento de caída, de decadência. Precisamos dar a volta por cima depressa e lindamente. Ou em algum tempo ser brasileiro será infamante, vergonhoso e humilhante.

(A) Analisam-se sintaticamente os termos da oração *que isso me dá* (l.2) desse modo: que=sujeito; isso=objeto direto; me= objeto indireto, sendo o verbo *dar* transitivo direto e indireto.

(B) Subentende-se da resposta da escritora que se o Brasil não sair rapidamente da fase de rebaixamento e afrouxamento em que se encontra será motivo de indignidade, degradação e mortificação dizer-se brasileiro.

(C) Ao adjetivar sua escrita como *intrigante* (l.2), entende-se que a escritora busca, em sua literatura, "malquistar com intrigas, mexericar, inimizar-se", que são alguns sentidos de **intrigar**, conforme o Dicionário Aurélio Eletrônico.

(D) Pertencem à mesma etimologia de *decadência* (l.6) os termos: **decadentismo, decálogo, decantação**.

(E) O entrevistador, em sua pergunta, faz uma assertiva que não é contestada pela entrevistada, pois coincide com a função que ela admite estar desempenhando no papel de escritora.

A: o verbo *dar* é transitivo direto e indireto. Seu objeto direto está subentendido textualmente ("prazer"). O objeto indireto é o pronome *me* ("prazer que isso dá a mim mesma"). O sujeito do verbo *dar* é *isso* (que se refere à "minha escrita"); **C:** a autora utilizou o adjetivo *intrigante* no sentido daquilo que desperta a curiosidade, que surpreende, que faz querer entender; **D:** a etimologia estuda a origem e a evolução das palavras. As palavras *decadência* e *decadentismo* vêm de *cair*. *Decálogo* é o conjunto de dez normas ou princípios e *decantação* tem duas acepções bem diferentes: pode se referir à filtragem das impurezas contidas em um líquido ou à louvação, celebração. Somente as palavras *decadência* e *decadentismo* pertencem à mesma etimologia.

Gabarito "B".

(Auditor Fiscal/CE – 2006 – ESAF) Assinale o período que, ao dar continuidade ao trecho abaixo, respeita o padrão morfossintático da língua portuguesa escrita, a coesão textual e/ou a coerência entre as ideias.

O panorama atual no Brasil não é dos mais animadores. O rebaixamento da exigência para se entrar (e sair) de um curso superior tem criado uma enorme quantidade de bacharéis e licenciados que não conseguem entrar no mercado de trabalho em suas áreas de especialização. Assim, já se encontram em nosso país muitos motoristas de táxi que fizeram direito, telefonistas que concluíram comunicação, digitadoras que terminaram psicologia.

____

____

____

(Jaime Pinsky. O Japão não é aqui. **Correio Braziliense**, 17/9/2006, 17.)

(A) Trabalhar em atividades "menores" que sua formação universitária lhes qualifica, não tem nada de errado, mas há, no caso, um investimento excessivo para uma formação que poderia ser obtida com menos esforço, tempo e dinheiro.

(B) Para muitos desses profissionais, que buscam no diploma de curso superior a base para a ascensão social, aspiração legítima de um segmento que vem sendo excluído das universidades há décadas, realizam o sonho de melhorar o padrão de vida e de consumo.

(C) Seria melhor que tais profissionais, em vez de perseguirem o sonho de cursar uma faculdade, se dediquem desde cedo a uma formação técnica, para atender à uma demanda crescente do País por quadros técnicos.

(D) Ora, como dizia Octavio Ianni, nem todos precisam ou devem fazer uma faculdade. Ao Estado cabe o dever de proporcionar educação fundamental de qualidade a todos, instrumento básico para o jovem prosseguir nos estudos, se tiver talento para tanto.

(E) Pelo contrário, mesmo quando conseguem trabalhar em sua área de formação, muitos desses diplomados recebem salários ínfimos, muitas vezes em função da baixa qualificação que receberam nos bancos universitários.

A: o verbo *qualificar* é transitivo direto. O seu objeto é direto (*os*) "trabalhar em atividades 'menores' que sua formação universitária **os** qualifica"; **B:** o período estaria correto se não tivesse começado com a preposição *para*; **C:** não ocorrerá a crase em "para atender a uma demanda". A palavra regente *atender* exige preposição *a*, porém a palavra regida *demanda* está determinada pelo artigo indefinido *uma*; **D:** assertiva correta; **E:** a utilização da locução "pelo contrário" invalida o período.

Gabarito "D"

(Auditor Fiscal/CE – 2006 – ESAF) As estrofes abaixo pertencem ao Hino do Estado do Ceará (letra de Thomaz Lopes e música de Alberto Nepomucemo). Assinale a asserção incorreta a respeito de sua significação e estruturação linguística.

Terra do sol, do amor, terra da luz!
Soa o clarim que a tua glória conta!
Terra, o teu nome a fama aos céus remonta
Em clarão que seduz!
Nome que brilha – esplêndido luzeiro
Nos fulvos braços de ouro do cruzeiro!

Tua jangada afoita enfune o pano!
Vento feliz conduza a vela ousada
Que importa que teu barco seja um nada,
Na vastidão do oceano
Se à proa vão heróis e marinheiros
E vão no peito corações guerreiros?

(http://www.ceara.gov.br/portal/page?_pageid=214,300680&_dad=portal&_schema=PORTAL, pesquisa em 20/10/2006)

(A) O primeiro verso está composto de vocativos.

(B) Em ordem sintática direta, o segundo verso se transforma em: O clarim que conta a tua glória soa!

(C) Os adjetivos das expressões "jangada afoita" e "vela ousada" (versos 7/8) pertencem ao mesmo campo de significação, podendo ser trocados entre si, sem prejuízo da significação geral da estrofe.

(D) "Enfune" e "conduza" (versos 7/8) são formas verbais flexionadas, respectivamente, no presente do indicativo e no presente do subjuntivo.

(E) Nos dois últimos versos, exercem a função de sujeito as expressões "heróis e marinheiros" e "corações guerreiros".

Os verbos *enfunar* (*encher-se de orgulho*) e *conduzir* estão no presente do subjuntivo (*enfune, conduza*).

Gabarito "D"

(Técnico da Receita Federal – 2006 – ESAF) A respeito do emprego dos modos e tempos verbais no texto, assinale a opção incorreta.

(A) O sentido do verbo e o emprego do pretérito perfeito em "falhou"(l.4) justifica o emprego do futuro do pretérito em "multiplicar-se-iam" (l.2) e em "Seria" (l.3).

(B) Embora "prever"(l.4) não tenha marca de tempo, subentende-se textualmente que indica uma ação ocorrida no passado.

(C) Com o emprego do futuro do presente em "será que"(l.7), o autor anuncia um acontecimento provável em tempo posterior ao da elaboração do texto.

(D) Considerando a ideia de hipótese ou probabilidade da oração, o desenvolvimento da textualidade permitiria que o modo indicativo na flexão de "É" (l.8) fosse alterado para o correspondente modo subjuntivo.

(E) O emprego da forma composta em "estão se esgotando"(l.9 e 10) enfatiza a ideia de continuidade, duração do fato em um momento preciso do presente; ênfase que não haveria com a flexão de presente simples do indicativo.

A: o verbo *falhar* no pretérito perfeito, ao indicar a ação do sujeito (*previsão*) no passado, justifica que a suposição referente a essa previsão esteja no futuro do pretérito; **B:** o verbo *prever* não tem marca de tempo, porém no período em que está inserido há o verbo *falhar* no pretérito perfeito, desse modo, subentende-se textualmente o valor do *prever* no passado; **C:** o marcador "será que" anuncia um acontecimento futuro provável; **D:** a expressão "é bem provável", pelo contexto, é uma resposta à pergunta retórica feita pelo autor. Levando-se em conta o desenvolvimento da textualidade nesse texto, não é possível o modo subjuntivo; **E:** é exatamente o uso do gerúndio na locução verbal que dá a ideia de continuidade.

Gabarito "D"

Leia o texto para responder à questão seguinte.

Na seção CARTAS, da revista ISTOÉ, de 12/10/2005, encontramos a seguinte carta de leitora.

Emprego

[...]

Parabéns pelo destaque a este assunto tão importante. Pena que a matéria não tenha tratado do drama daqueles que fizeram estágio, se formaram em um curso superior e, recém-formados, saem à procura de uma oportunidade de trabalho e não encontram. As empresas não querem criar vínculo empregatício, principalmente com alguém com pouca experiência. O problema é ainda maior do que a matéria apresenta, mas pelo menos já foi dado o pontapé inicial para a discussão de um tema tão preocupante como este.

MARIANA BUSANELLI Jundiaí – São Paulo

(Técnico da Receita Federal – 2006 – ESAF) Assinale a proposta de inserção que torna o texto incoerente ou gramaticalmente <u>incorreto</u>. Desconsidere os ajustes necessários em pontuação, letras maiúsculas e minúsculas.

(A)	Congratulo-lhes meus	antes de	“Parabéns” (l.1)
(B)	Entretanto, é uma	antes de	“Pena”(l.2)
(C)	a	antes de	“encontram” (l.6)
(D)	Pois	antes de	“As empresas” (l.6)
(E)	Destaque-se que	antes de	“O problema” (l. 8)

A: o verbo *congratular* é transitivo direto e indireto: *congratula-se por, de.* Não é possível o uso do “congratulo-lhes meus” porque o pronome *lhe, que corresponde a “a você” não é aceito* pelo verbo. O período reescrito com as outras sugestões ficaria assim: “Parabéns pelo destaque a este assunto tão importante. **B:** Entretanto é uma [*correto o uso da conjunção adversativa entretanto. Há a ideia de oposição entre esse período e o anterior*] pena que a matéria não tenha tratado do drama daqueles que fizeram estágio, se formaram em um curso superior e, recém-formados, saem à procura de uma oportunidade de trabalho e não **C:** a [*esse pronome refere-se a “oportunidade de trabalho”; é o objeto direto do verbo encontrar*] encontram, **D:** pois [*conjunção explicativa*] as empresas não querem criar vínculo empregatício, principalmente com alguém com pouca experiência. **E:** “Destaque-se que [*o uso dessa expressão é estilístico e não altera o sentido da oração*] o problema é ainda maior do que a matéria apresenta, mas pelo menos já foi dado o pontapé inicial para a discussão de um tema tão preocupante como este.”

Gabarito “A”.

Leia o texto para responder à questão seguinte.

> O advento da moderna indústria tecnológica fez com que o contexto em que passa a dispor-se a máquina mudasse completamente de configuração. Entretanto, tal mudança obedece a certas coordenadas que começam a ser pensadas já na antiga Grécia, que novamente se relacionam com a questão da verdade. É que a verdade, a partir de Platão e Aristóteles, passa a ser determinada de um modo novo, verificando-se uma transmutação em sua própria essência. Desde então, entende-se usualmente a verdade como sendo o resultado de uma adequação, ou seja, a verdade pode ser constatada sempre que a ideia que o sujeito forma de determinado objeto coincida com esse objeto.
>
> (Gerd Bornheim. **Racionalidade e acaso.** fragmento)

(Auditor Fiscal da Receita Federal – 2005 – ESAF) Assinale a opção correta a respeito do uso das estruturas linguísticas do texto.

(A) Mantém-se a coerência da argumentação ao substituir “fez” (l.1) por **faz**; mas para que a correção gramatical seja mantida, torna-se obrigatória então a substituição de “mudasse” (l.3) para **mude**.

(B) Preservam-se as relações de sentido entre “contexto” (l.2) e “máquina” (l.3) com a substituição do pronome relativo “que” (l.2) por **qual**, mantendo-se obrigatória a presença de “em”.

(C) Tanto a supressão da preposição no termo “a certas coordenadas” (l.4 e 5) como sua substituição por *às* preservam as relações de sentido e respeitam as regras de regência verbal.

(D) A construção da textualidade mostra que o advérbio “então” (l.10) refere-se ao tempo de “Platão e Aristóteles” (l.8); por isso, preservam-se a coerência e a correção do texto ao substituir “Desde então” (l.10) por **Adiante desses filósofos.**

(E) A expressão “ou seja” (l.12) permite a troca de lugar entre os termos “adequação” (l.12) e “verdade pode ser constatada sempre que a ideia que o sujeito forma de determinado objeto coincida com esse objeto” (l.12 a 14), sem prejudicar a correção gramatical do texto.

É possível a substituição dos verbos *fez* (conjugado no pretérito perfeito do indicativo) e *mudasse* (conjugado no pretérito imperfeito do subjuntivo) pelas formas *faz* (presente do indicativo) e *mude* (presente do subjuntivo) mantendo a correção gramatical: “O advento da moderna indústria tecnológica faz com que o contexto em que passa a dispor-se a máquina mude”; **B:** incorreta. A substituição do pronome *que* por *qual*, neste contexto, não é possível; **C:** incorreta. O verbo *obedecer* é transitivo indireto e exige a preposição *a*, por isso não é possível a supressão da preposição. O uso do *às* (artigo + preposição) também não é possível, uma vez que não temos artigo para que seja feita essa combinação e ocorra a crase; **D:** incorreta. “Adiante desses filósofos” significa “À frente desses filósofos”; **E:** incorreta. A expressão “ou seja” dá ênfase ao que será apresentado posteriormente: “entende-se usualmente a verdade como sendo o resultado de uma adequação, ou seja, a verdade (...)”

Gabarito “A”.

(Auditor Fiscal da Receita Federal – 2005 – ESAF) Em relação ao texto, assinale a opção correta.

> IBGE e BNDES mostraram que a desesperança nas cidades pequenas empurra a força de trabalho para as médias, que detêm maior dinamismo econômico. A carga da pesada máquina administrativa das pequenas “cidades mortas” é paga pelas verbas federais do Fundo de Participação dos Municípios. A economia local nesses municípios, como o IBGE também já mostrou, é dependente da chegada do pagamento dos aposentados do Instituto Nacional de Seguridade Social. O seminário “Qualicidade”, por sua vez, confirmou que a favelização é produto de “duas ausências”, a do crescimento econômico e a de política urbana.
>
> (**Gazeta Mercantil**, 17/10/2005, Editorial)

(A) A forma verbal “detêm” (l.3) está no plural para concordar com “cidades pequenas” (l.2).

(B) A expressão “é paga” (l.5) concorda com “máquina administrativa” (l.4).

(C) As vírgulas após “municípios” (l.7) e após “mostrou” (l.8) justificam-se por isolar oração intercalada entre termos da oração principal.

(D) O emprego de dois-pontos após "duas ausências" (l.12), no lugar da vírgula, prejudica a correção do período.

(E) A presença de artigo definido feminino singular, em suas duas ocorrências (l.12), indica que se pode subentender após o artigo a repetição da palavra "favelização"(l.11).

A: a forma verbal *detêm* está no plural para concordar com "médias" (linha 3); **B:** a expressão "é paga" concorda com *carga* (linha 4); **D:** os dois pontos anuncia um esclarecimento; **E:** a presença do artigo definido feminino singular (linha 12) indica que é possível subentender após o artigo a palavra "ausência".

Gabarito "C".

Um dos motivos principais pelos quais a temática das identidades é tão frequentemente focalizada tanto na mídia assim como na universidade são as mudanças culturais, sociais, econômicas, políticas e tecnológicas que estão atravessando o mundo e que são experienciadas, em maior ou menor escala, em comunidades locais específicas. Como indica Fridman (2000, p. 11), "se a modernidade alterou a face do mundo com suas conquistas materiais, tecnológicas, científicas e culturais, algo de abrangência semelhante ocorreu nas últimas décadas, fazendo surgir novos estilos, costumes de vida e formas de organização social". Há nas práticas sociais cotidianas que vivemos um questionamento constante de modos de viver a vida social que têm afetado a compreensão da classe social, do gênero, da sexualidade, da idade, da raça, da nacionalidade etc., em resumo, de quem somos na vida social contemporânea. É inegável que a possibilidade de vermos a multiplicidade da vida humana em um mundo globalizado, que as telas do computador e de outros meios de comunicação possibilitam, tem colaborado em tal questionamento ao vermos de perto como vivemos em um mundo multicultural e que essa multiculturalidade, para qual muitas vezes torcíamos/torcemos os narizes, está em nossa própria vida local, atravessando os limites nacionais: os grupos *gays*, feministas, de rastafaris, de hip-hop, de trabalhadores rurais sem-terra etc.

(Luiz Paulo da Moita Lopes, **Discursos de identidades**, p. 15.)

(Técnico da Receita Federal – 2003 – ESAF) Assinale a opção correta a respeito do emprego dos verbos no texto.

(A) As regras gramaticais da norma culta exigem o emprego de plural em "são"(l.4) para respeitar a concordância com "tanto na mídia assim como na universidade"(l.3 e 4).

(B) A alternativa textual de se empregar o verbo **existir** no lugar do impessoal "Há" (l.15), e preservar a correção gramatical, exige que seja usada a forma de plural: **existem**.

(C) O emprego do acento em "têm"(l.18), tornando o vocábulo tônico, indica que o verbo está aí concordando com "práticas sociais cotidianas" (l.15 e 16).

(D) A complementação do verbo **viver** preenche funções sintáticas diferentes nas ocorrências das linhas 16 e 27.

(E) A dupla possibilidade verbal que o texto oferece, "torcíamos/torcemos" (l.29 e 30) envolve variação no tempo e modo verbais, mas preserva a pessoa gramatical.

A: o verbo *ser* (*são*) está concordando com "as mudanças culturais" (linhas 4 e 5); **B:** caso fosse empregado o verbo *existir* no lugar do *haver*, não haveria flexão, pois o sujeito é singular ("um questionamento" – linha 16); **C:** o sujeito do verbo *ter* é o pronome relativo que está se referindo à palavra plural *modos*: "**modos** (...) **que têm** afetado"; **D:** o verbo *viver* é transitivo direto na linha 16: "vivemos um questionamento" e intransitivo na linha 27: "vivemos em um mundo"; **E:** a dupla possibilidade verbal envolve variação somente no tempo e não no modo verbal. "Torcíamos" está no pretérito imperfeito do indicativo e "torcemos" está no presente do indicativo.

Gabarito "D".

A reforma tributária não pode ser realizada, na verdade, para livrar o orçamento da sangria dos juros exorbitantes, embora enfeitada com os argumentos apelativos, tanto da simplificação fiscal para todo o empresariado quanto do milagre fiscal da multiplicação dos empregos para os mais despossuídos. Trata-se do contrário. Os de baixo vão, de fato, pagar mais e não há garantia nenhuma da boa teoria econômica de que o emprego possa crescer sem o planejamento de um projeto nacional digno do nome, que defina e articule todas as potencialidades existentes para tanto.

(Fátima Gondim Farias, "Reforma Tributária", em **Tributação em revista**, abril/junho de1999, com adaptações.)

(Auditor Fiscal da Receita Federal – 2002.2 – ESAF) Identifique a asserção incorreta, a respeito dos elementos linguísticos do texto.

(A) As expressões "na verdade"(l.2) e "de fato"(l.8 e 9) figuram no texto entre vírgulas por compartilharem ambas de traços morfossintáticos e semânticos comuns.

(B) Se, no mesmo contexto sintático de "defina e articule"(l.12 e 13) estivessem os verbos **arguir** e **averiguar**, a expressão correta (deixando-se de lado os ajustes de sentido) seria "argua e averigúe".

(C) A oração concessiva do primeiro período manteria a correção e não ficaria alterado o sentido geral do texto se estivesse assim redigida: **a despeito de vir envolta em argumentos apelativos.**

(D) Constitui estratégia de leitura lícita e legítima o leitor evocar o fato bíblico do **milagre da multiplicação dos pães** diante da expressão "milagre fiscal da multiplicação dos empregos"(l.6 e 7).

(E) Dado o caráter negativo presente no prefixo **des-**, constitui pleonasmo vicioso empregar a expressão superlativa "os mais despossuídos"(l.7).

A: "na verdade" e "de fato" são locuções que significam *realmente* – ambas possuem traços morfossintáticos e semânticos comuns; **B:** correta, com observações: o verbo *arguir* é escrito sem o trema de acordo com o novo Acordo Ortográfico da Língua Portuguesa. Os verbos *definir* e *articular* nas linhas 12 e 13 estão flexionados no presente do subjuntivo. Se fossem substituídos por *arguir* e *averiguar*, a flexão correta seria "argua e averigue" (este último sem acento gráfico); **C:** *a despeito de* assim como *embora* são conjunções subordinativas concessivas e introduzem orações que contém a afirmação de um fato contrário ao da afirmação contida na oração principal, porém esse fato não é suficiente para anular o outro; **D:** trata-se de uma estratégia argumentativa legítima fazer alusão a uma expressão habitualmente conhecida; **E:** não se trata de pleonasmo vicioso. Este é um vício de linguagem, utilizado sem nenhum efeito estilístico.

Gabarito "E"

(Fiscal de Tributos/PA – 2002 – ESAF) Assinale a opção que preenche corretamente as lacunas.

Se a Espanha – a segunda maior investidora na Argentina (25,7% dos investimentos estrangeiros) e no Brasil (15,6% dos investimentos) – não ________ escorada pelo euro, a peseta e a economia espanhola ________ rolado ladeira abaixo. No contexto pós-Guerra Fria, em que a hegemonia americana ________ que as nações se esborrachem, a crise argentina ________ uma dimensão muito mais ampla, atingindo o Brasil em cheio.

(luiz Felipe de Alencastro, **VEJA**, 16/01/2002, p.22.)

(A) está – terão – deixava – tomava
(B) esteve – terão – deixa – tomava
(C) estava – teriam – deixava – tomou
(D) estivesse – teriam – deixa – tomaria
(E) estivessem – teria – deixou – tomaria

"Se a Espanha (...) não **estivesse** [*verbo na 3ª pessoa do singular do pretérito imperfeito do subjuntivo concorda com o sujeito 'Espanha' e com a ideia condicional que o pronome* se *impõe*] escorada pelo euro, a peseta e a economia espanhola **teriam** [*verbo na 3ª pessoa do plural, no futuro do pretérito do indicativo indicando uma hipótese. O verbo concorda com o sujeito composto "euro", "peseta" e "economia"*] rolado ladeira abaixo. No contexto pós-Guerra Fria, em que a hegemonia americana **deixa** [*verbo na 3ª pessoa do presente do indicativo concorda com o sujeito "hegemonia americana"*] que as nações se esborrachem, a crise argentina **tomaria** [*verbo na 3ª pessoa do singular, no futuro do pretérito do indicativo indicando uma hipótese. O verbo concorda com o sujeito "crise argentina"*] uma dimensão muito mais ampla, atingindo o Brasil em cheio."

Gabarito "D"

(Fiscal de Tributos/PA – 2002 – ESAF) Assinale a opção em que o trecho foi transcrito com <u>erro</u> de sintaxe.

(A) Com a aceleração do desenvolvimento tecnológico ocorrida na segunda metade deste século, o sistema econômico mundial passou por uma profunda transformação.
(B) Com a redução brutal dos custos de transporte e de comunicação, a economia mundial globalizou, ou seja, tornou muito mais integrada e competitiva.
(C) Em consequência, os estados nacionais perderam autonomia, e as políticas econômicas desenvolvimentistas, que pressupunham países relativamente fechados e autárquicos, não mais se revelaram efetivas.
(D) Aos poucos foi se tornando claro que o objetivo da intervenção deixara de ser a proteção contra a concorrência, para se transformar na política deliberada de estimular e preparar as empresas e o país para a competição generalizada.
(E) Estado e mercado não mais podiam ser vistos como alternativas polares para se transformarem em fatores complementares de coordenação econômica.

(luiz Carlos Bresser Pereira)

"Com a redução brutal dos custos de transporte e de comunicação, a economia mundial **globalizou-se** [*o verbo* globalizar *é pronominal no sentido de 'tornar-se globalizado'*], ou seja, **tornou-se** muito mais integrada e competitiva."

Gabarito "B"

(Fiscal de Tributos/PA – 2002 – ESAF) Assinale a opção que preenche corretamente as lacunas.

No primeiro mundo, as taxas de crescimento ________ para a metade em relação ao que foram nos primeiros 20 anos após a Segunda Guerra Mundial, enquanto as taxas de desemprego ________, principalmente na Europa, e o milagre japonês que ________ aos anos 80, afinal ________ nos anos 90. Na América Latina e no Leste Europeu, que se recusam a realizar o ajustamento fiscal nos anos 70, a crise se desencadeia nos anos 80 com muito mais violência.

(A) reduzem – aumenta – sobreviveria – soçobraria
(B) reduzem-se – aumenta – sobrevive – soçobra
(C) reduziram – aumentam – sobrevivera – soçobram
(D) reduziam – aumentaram – sobrevivera – soçobra 929
(E) reduzem-se – aumentam – sobrevivera – soçobra

"No primeiro mundo, as taxas de crescimento **reduzem-se** (1) para a metade em relação ao que foram nos primeiros 20 anos após a Segunda Guerra Mundial, enquanto as taxas de desemprego **aumentam (2)**, principalmente na Europa, e o milagre japonês que **sobrevivera** (3) aos anos 80, afinal **soçobra** (4) nos anos 90. (...)."

Comentários:

1) o verbo *reduzir* no sentido de sofrer restrição é pronominal. Está sendo usado na 3ª pessoa do plural (para concordar com o sujeito "taxas de crescimento") do presente do indicativo, pois se trata de uma constatação;
2) o verbo *aumentar* está sendo usado na 3ª pessoa do plural (para concordar com o sujeito no plural "taxas de desemprego") do presente do indicativo. É também uma constatação;
3) o verbo *sobreviver* está sendo usado na 3ª pessoa do singular do pretérito mais-que-perfeito do indicativo. Seu sujeito é "o milagre japonês". Esse tempo verbal indica uma ação ocorrida antes de outra já passada (antes de *soçobrar*);
4) o verbo *soçobrar* (*fracassar*) está sendo usado na 3ª pessoa do singular do presente do indicativo. É também uma constatação.

Gabarito "E"

(Técnico da Receita Federal – 2002.1 – ESAF) Assinale a opção que preenche as lacunas do texto de forma coerente e gramaticalmente correta.

Boa parte do apoio à abertura econômica vinha da expectativa de que os novos capitais estrangeiros ________um embalo e ________ainda mais capitais, ________um círculo virtuoso. Passado o momento de transferência de empresas nacionais para estrangeiros, ________ uma dinâmica que, no devido tempo, ________ as escalas de produção e o tamanho dos mercados também para empresas nacionais, além de ________ novas fontes de financiamento e caminhos para o crescimento econômico, a inovação tecnológica e a ocupação de mercados mundiais. Mas esse segundo momento ainda não chegou.

(Editorial – **Folha de S. Paulo**,17/02/ 2002.)

(A) criavam / atraiam / gerando / surgirá / aumentaria / abriria
(B) criariam / atrairiam / gerando/ surgiria / aumentaria / abrir
(C) criaram / atraíram / gerava / surgiria / aumentaria / abrindo
(D) criassem / atraíssem / gerando / surgisse / aumentará / abrirem
(E) criarão / atrairão / gerasse / surgisse / aumentará / abrirem

"Boa parte do apoio à abertura econômica vinha [pretérito imperfeito do indicativo – expressa um fato passado, ainda não concluído em relação ao tempo em que ocorre a ação] da expectativa de que os novos capitais estrangeiros **criariam** [futuro do pretérito do indicativo – expressa um fato ainda não realizado, dependente de alguma condição] um embalo e **atrairiam** [futuro do pretérito do indicativo] ainda mais capitais, **gerando** [esse gerúndio inicia uma oração subordinada reduzida] um círculo virtuoso. Passado o momento de transferência de empresas nacionais para estrangeiros, **surgiria** [futuro do pretérito do indicativo] uma dinâmica que, no devido tempo, **aumentaria** [futuro do pretérito do indicativo] as escalas de produção (...), além de **abrir** [infinitivo] novas fontes de financiamento e caminhos para o crescimento econômico (...). Mas esse segundo momento ainda não chegou [afirmação que nos permite entender que o uso do futuro do pretérito, que expressa um fato ainda não realizado, é o mais indicado no caso dos verbos criar, atrair e surgir]."

Gabarito "B".

(Técnico da Receita Federal – 2002.1 – ESAF) Assinale a opção em que o texto foi transcrito com erro de estrutura sintática.

(A) A corrida privada para as formas imaginárias e socialmente perversas do valor e da riqueza vai afetar negativamente a valorização e a reprodução da verdadeira riqueza social, ou seja, a demanda de ativos reprodutivos e de trabalho.
(B) Os preços inflados dos direitos sobre a riqueza real fazem com que as ações e dívidas privadas despencam, revelando a insuperável mesmice das "novas economias".
(C) Por isso, Keynes insistia "na direção inteligente pela sociedade dos mecanismos profundos que movem os negócios privados", particularmente os processos que envolvem as decisões de investimento, ou seja, a criação de riqueza nova.
(D) Os efeitos negativos do "amor ao dinheiro" só podem ser neutralizados mediante a ação do Estado racional e pela atuação de "corpos coletivos intermediários", como um Banco Central dedicado à gestão consciente e socialmente responsável da moeda e do crédito.
(E) Não é surpreendente que Keynes tenha tomado posições radicais em favor da "administração" centralizada e pública do sistema internacional de pagamentos e de criação de liquidez.

(Itens adaptados de Luiz Gonzaga Belluzzo)

"Os preços inflados dos direitos sobre a riqueza real fazem com que as ações e dívidas privadas **despenquem**, revelando a insuperável mesmice das 'novas economias'."

Gabarito "B".

(Técnico da Receita Federal – 2002.1 – ESAF) Assinale a opção em que não se desrespeitam as regras da norma culta, ao se efetuarem as alterações propostas.

Maior é a exigência de uma ação transparente naqueles domínios em(a) que a atividade estatal gera encargos financeiros para a cidadania. É o caso da imposição de tributos. Se os indivíduos devem concorrer(b) para a manutenção dos serviços públicos, hão(c) de ter a garantia de não ser surpreendidos. É por isso que a constituição estabelece como princípio que os tributos sejam instituídos num(d) exercício e cobrados noutro, e sempre criados por lei. Assim se assegura o benefício ao Estado(e), e ao indivíduo a garantia do conhecimento prévio e certo de suas responsabilidades.

(Josaphat Marinho, ***Surpresas Tributárias***, com adaptações.)

(A) retirar **em** diante de "que"(l.2).
(B) substituir "concorrer"(l.5) por **concorrerem.**
(C) substituir "hão"(l.6) por **há**.
(D) substituir "num"(l.10) por **em um**.
(E) inverter a ordem entre "Estado" e "benefício" (l.11 e 12).

A: não é possível retirar *em* diante de *que* (linha 2), pois *em que* tem a função anafórica e está mostrando em qual espaço "a atividade estatal gera encargos"; **B:** não se flexiona o infinitivo quando este faz parte de uma locução verbal, a não ser que o verbo principal esteja afastado do auxiliar e desejemos dar destaque à pessoa a quem a ação se refere; **C:** o verbo *haver* pessoal, seguido da preposição *de* mais infinitivo, exprime uma ideia futura indicando aquilo que *é do propósito de alguém:* "os indivíduos (...) hão de ter a garantia"; **D:** a forma *num* corresponde à contração da preposição *em* e do artigo indefinido *um*. Têm o mesmo significado; **E:** não podemos apenas inverter a ordem dos vocábulos "Estado" e "benefício", pois a regência estaria incorreta. Poderíamos inverter se o verbo fosse acompanhado da preposição *a*: "Assim se assegura **ao** *Estado* o *benefício*".

Gabarito "D".

(Agente Tributário Estadual/MS – 2001 – ESAF) Leia o texto adaptado de diploma legal e, em seguida, responda à questão.

O imposto é tachado no momento:

I. da saida de mercadoria de estabelecimento de contribuinte, ainda que para outro estabelecimento do mesmo titular;
II. do fornecimento de alimentação, bebidas e outras mercadorias por qualquer estabelecimento;
III. da transmissão a terceiro de mercadoria depositada em armazem geral ou em depósito fechado, neste Estado;
IV. da transmissão de propriedade de mercadoria, ou de título que a represente, quando a mercadoria não tiver transitado pelo estabelecimento transmitente;

V. do início da prestação de serviços de transporte, de qualquer natureza;

VI. do ato final do transporte iniciado no exterior;

VII. do fornecimento de mercadoria com prestação de serviços não compreendidos na competência tributária dos Municípios.

Quanto à ortografia, ocorre(m) neste texto

(A) um erro
(B) nenhum erro
(C) dois erros
(D) três erros
(E) quatro erros

Linha **1:** o verbo *taxar* significa impor ou cobrar taxa, já o verbo *tachar* tem a acepção de desaprovar; linha **2:** o hiato da palavra *saída* é acentuado; linha 8: a palavra oxítona (*armazém*) é acentuada quando termina em *em (ens).*

Gabarito “D”

O Poder Judiciário ____1____se mostrando sensível ao problema da protelação e ___2___buscado novas soluções. Encontrou na mediação um projeto promissor, uma alternativa modernizante e eficaz para solucionar conflitos, que ___3____anos nos tribunais e significativos recursos, __4__o Judiciário e o cidadão não dispõem. O campo de aplicação da mediação é amplo. Seu principal efeito ___5___ será reduzir o tempo para solução dos conflitos que chegam à Justiça.

(Carlos Miguel Aidar, “Mediação”, *in* **Direito e Justiça, Correio Braziliense**, 16/07/2001.)

(Agente Tributário Estadual/MS – 2001 – ESAF) Assinale a opção que indica o preenchimento incorreto da lacuna correspondente.

(A) 1- vem
(B) 2- tem
(C) 3- demandariam
(D) 4- os quais
(E) 5- a curto prazo

O verbo *dispor* é transitivo indireto no sentido de “contar com o auxílio de”. Assim, é necessário o uso da preposição *de*: “significativos recursos, **dos quais** o Judiciário e o cidadão não dispõem”.

Gabarito “D”

5. CONCORDÂNCIA

(Auditor Fiscal da Receita Federal – 2010 – ESAF) Os trechos a seguir constituem um texto adaptado de *Valor Econômico*. Assinale a opção que apresenta erro gramatical.

(A) Há fatos e erros envolvidos na história da rejeição aos biocombustíveis, como é costume acontecer sempre que interesses econômicos poderosos estão em jogo. Um dos erros mais comuns é o de misturar no mesmo argumento o etanol à base de milho, que foi a opção dos EUA, e o etanol à base de cana-de-açúcar, utilizado pelo Brasil.

(B) A equação de benefícios é abertamente favorável à cana, já que, no etanol de milho, gasta-se quase tanta energia suja para produzi-lo que as vantagens praticamente desaparecem.

(C) Ainda assim, a elevação nos preços dos alimentos tem como fator principal a melhoria do nível de renda e de consumo de centenas de milhões de pessoas na Índia e na China, que antes estavam afastadas do mercado.

(D) O etanol de milho é um programa caro, que prospera mediante subsídios do governo e distorce preços. Ele, de fato, concorreu para substituir outras culturas na busca por áreas de produção e deslanchou uma inflação nos preços dos alimentos.

(E) O único argumento a favor do etanol de milho não é econômico, e, sim, político. O governo Bush incentivou- os por não querer mais depender do petróleo do explosivo Oriente Médio, e nem terem o fornecimento de combustíveis alternativos nas mãos de países que não sejam inteiramente confiáveis para os EUA.

Segue a assertiva E com as alterações sugeridas: “O governo Bush incentivou *a produção do etanol de milho* por não querer mais depender [...], e nem (“o governo Bush”) *ter* o fornecimento de combustíveis”.

Gabarito “E”

(Auditor Fiscal da Receita Federal – 2010 – ESAF) Os trechos a seguir constituem um texto adaptado do Editorial de *O Estado de S. Paulo*, de 30/8/2009. Assinale a opção em que o segmento apresenta erro gramatical.

(A) A Pesquisa Anual de Serviços, do IBGE, é um retrato confiável do emprego, do salário e da renda no setor que mais contribui para o PIB (65,8%). Na pesquisa que saiu agora, de 2007, o IBGE se valeu de dados de 1 milhão de empresas, que empregavam 8,7 milhões de pessoas e obtiveram receita operacional de R$ 580,6 bilhões.

(B) O rendimento médio dos trabalhadores do setor declinou de 3,2 salários mínimos para 2,5 salários mínimos no período. Sabe-se que o salário mínimo foi corrigido bem acima da inflação, mas o salário real nos serviços cresceu apenas 6,3% entre 2003 e 2007, ou seja, abaixo do PIB.

(C) A participação da folha de salários no valor adicionado caiu de 51,8%, em 2003, para 47,4%, em 2007. É um indício de que mais recursos foram destinados para pagamento de tributos ou para aumentar os lucros das companhias.

(D) Nela, o IBGE comparou os dados de 2003 com os de 2007, período em que a massa salarial paga pelas empresas pesquisadas evoluíram de R$ 61 bilhões para R$ 106,8 bilhões.

(E) Quando se somam salários, retiradas e outras remunerações, alguns setores apresentaram recuperação expressiva entre 2006 e 2007 — caso dos serviços financeiros de corretoras e distribuidoras de valores (+28,6%), atividades imobiliárias e aluguel de bens (+18,6%), serviços de informação (+10,3%) e serviços prestados às famílias (+9,8%).

Verificar a concordância entre sujeito e verbo. Na assertiva D, o sujeito “massa salarial paga pelas empresas pesquisadas” tem como núcleo o nome singular “massa”. Desse modo, o verbo que indica a ação desse sujeito deve estar no singular (“evoluiu”).

Gabarito “D”

(Auditor Fiscal da Receita Federal – 2010 – ESAF) Os trechos abaixo constituem um texto adaptado do Editorial do jornal **Folha de S. Paulo**, de 20/8/2009. Assinale a opção em que o segmento está gramaticalmente correto.

(A) No entanto, dez meses depois da quebra do banco americano Lehman Brothers, que desencadeou a derrocada vertiginosa, as novas regras praticamente continuam em fase de discussões, sejam no plano internacional, sejam no ambiente doméstico dos países que concentraram as operações responsáveis pelo abalo sistêmico.

(B) Se já parece ser possível comemorar a recuperação embrionária, o mesmo não se pode afirmar da prometida reforma nas finanças globais. Até pouco tempo, a modificação radical das regras sobre a atuação dos bancos nos sistemas financeiros eram alardeadas como condição fundamental para a retomada do crescimento em bases sólidas.

(C) A economia mundial registra, nas últimas semanas, sinais de recuperação, ainda que lenta. Países cujo crescimento foi duramente afetado desde o ano passado – como França, Japão, Alemanha e mesmo Estados Unidos – já exibem indicadores que evidenciam saída da recessão ou, pelo menos, menor retração da atividade econômica.

(D) Enquanto isso, surgem indícios de que instituições financeiras retomam estratégias de investimento arriscadas – tais como especulação com taxas de câmbio e empréstimos à clientes de altíssimo risco –, prometendo elevada rentabilidade. É como se a memória do trauma recente já estivesse apagada: foi justamente esse tipo de atuação que originou o colapso mundial e intensificou seus efeitos.

(E) O movimento se segue às bilionárias operações de salvamento e injeção de capital feitas pelos governos de vários países para impedir a quebradeira generalizada de bancos. A ausência de regulamentação ampla e eficaz para a atuação das instituições financeiras são ainda mais preocupantes num contexto de recuperação econômica.

A: a palavra *seja* é uma conjunção e, portanto, invariável ("**seja** no plano internacional, **seja** no ambiente doméstico"); **B:** verificar a concordância entre o sujeito "a modificação radical", que tem núcleo singular e o verbo que deve acompanhá-lo no singular ("era alardeada"); **C:** assertiva correta; **D:** não ocorre a crase em "empréstimos a clientes"; **E:** verificar a concordância entre o sujeito "A ausência" e o verbo que deve estar também no singular "**é** ainda mais preocupante".

Gabarito "C"

(Auditor Fiscal da Receita Federal – 2010 – ESAF) Os trechos abaixo constituem um texto adaptado de *O Globo*. Assinale a opção que apresenta erro de concordância.

(A) Para sustentar um crescimento duradouro nos moldes do registrado no ano passado, a economia brasileira precisa se preparar, multiplicando seus investimentos, que, aliás, parecem deslanchar. Mas leva algum tempo até que atinjam a fase de maturação.

(B) Nesse período, seria preferível que a economia crescesse em ritmo moderado, na faixa de 4% a 5% ao ano, para evitar pressões indesejáveis sobre os preços ou uma demanda explosiva por importações, o que poderia comprometer em futuro próximo as contas externas do país.

(C) O Brasil felizmente tem uma economia de mercado, na qual controles artificiais não funcionam ou causam enormes distorções. As iniciativas de política econômica para se buscar um equilíbrio conjuntural deve, então, se basear nos conhecidos mecanismos de mercado.

(D) No caso do Banco Central, o instrumento que tem mais impacto sobre as expectativas de curto prazo, sem dúvida, é a taxa básica de juros, que estabelece um piso para a remuneração dos títulos públicos e, em consequência, para as demais aplicações financeiras e operações de crédito não subsidiado.

(E) Se a taxa de juros precisa agir sozinha na busca desse equilíbrio conjuntural, o aperto monetário pode levar os agentes econômicos a reverem seus planos de investimento, e com isso o ajuste se torna mais moroso, sacrificando emprego e renda.

Verificar a concordância entre o sujeito, que tem como núcleo um nome no plural ("iniciativas), e o verbo *dever*: "As **iniciativas** de política econômica para se buscar um equilíbrio conjuntural **devem**"

Gabarito "C"

(Analista – ANEEL – 2004 – ESAF) Os fragmentos seguintes formam um texto. Assinale o que foi transcrito sem erros formais.

(A) Os contratos de concessão assinados entre a Agência Nacional de Energia Elétrica – ANEEL – e as empresas prestadoras dos serviços de transmissão e distribuição de energia estabelecem regras claras a respeito de tarifa, regularidade, continuidade, segurança, atualidade e qualidade dos serviços e do atendimento prestado aos consumidores. Da mesma forma, define penalidades para os casos em que a fiscalização da ANEEL constatar irregularidades.

(B) Os novos contratos de concessão de distribuição priorizam o atendimento abrangente do mercado, sem que haja qualquer exclusão das populações de baixa renda e das áreas de menor densidade populacional. Prevê ainda o incentivo à implantação de medidas de combate ao desperdício de energia e de ações relacionadas às pesquisas voltadas para o setor elétrico.

(C) A concessão para operar o sistema de transmissão é firmada em contrato com duração de 30 anos. As cláusulas estabelecem que, quanto mais eficiente as empresas forem na manutenção e na operação das instalações de transmissão, evitando desligamentos por qualquer razão, melhor será a sua receita.

(D) Quanto aos contratos de concessão de geração, no caso de novas concessões, outorgadas a partir de processos licitatórios, os mesmos têm vigência de 35 anos, podendo ser renovados por igual período, a critério da ANEEL.

(E) Para as concessões outorgadas, anteriores as Leis nº 8.987/1995 e nº 9.074/1995, a renovação é por 20 anos.

(Adaptado de texto de www.Aneel.gov.br)

(Concordância/regência) A: incorreta, pois o verbo "define", no segundo período do texto, tem sujeito oculto, mas o seu referente está explicitado no período anterior. Pelo contexto, sabe-se que é o mesmo sujeito do verbo "estabelecem", ou seja, tem como núcleo o termo no plural "contratos". O verbo deveria estar no plural "definem"; **B:** incorreta, pois o verbo "prevê", no segundo período tem sujeito oculto e seu referente está no período anterior, tendo como núcleo o termo "contratos". Deveria, portanto, estar no plural "preveem" (a forma perdeu o acento circunflexo após o novo acordo ortográfico); **C:** incorreta, pois no trecho "As cláusulas estabelecem que, quanto mais eficiente as empresas forem" o uso da vírgula separa a conjunção da oração que introduz. Tal uso não é considerado um erro, pois quebra com o raciocínio sintático da construção; **D:** correta, pois o uso das regras de regência e concordância atende às exigências da norma culta; **E:** incorreta, pois o termo "anteriores" rege complemento nominal com preposição "a". No trecho, o complemento é introduzido pelo artigo as (Leis). A união do artigo e da preposição resultaria na forma craseada "às".

Gabarito "D".

(Analista – ANEEL – 2006 – ESAF) Assinale a opção que se encaixa no espaço pontilhado do parágrafo abaixo, respeitadas a coerência e a coesão do texto, bem como o correto desenvolvimento das ideias do texto.

Desde a criação do Proálcool, em 1975, o uso do álcool como combustível não experimentava tamanho otimismo no país quanto em 2005. ....
O entusiasmo, contudo, cede diante da desenfreada alta dos preços.

("Preço descontrolado", **Correio Braziliense**, 6 Jan. 2006, p. 16)

(A) Nesse ano, o álcool hidratado passou a custar, em média, 28% mais caro, cerca de cinco vezes a inflação do ano.

(B) Segundo os produtores de álcool, o problema está na entressafra da cana-de-açúcar, que se estenderá até abril. Uma ideia é antecipar a colheita e o início do processo de moagem da cana para março.

(C) O lançamento de veículos bicombustíveis (são aqueles que podem ser abastecidos com álcool ou com gasolina, segundo a preferência do consumidor) esquentou a concorrência no setor automobilístico, obrigando as montadoras a desovarem rapidamente seus estoques de carros a gasolina.

(D) A acelerada venda de automóveis bicombustíveis, que funcionam tanto com álcool hidratado quanto com gasolina, parecia ressuscitar o programa de três décadas atrás, com inestimáveis benefícios sobretudo para o meio ambiente, já que, além de sustentado por fonte renovável de energia, contribui para reduzir a poluição do ar.

(E) O otimismo provinha principalmente do setor sucroalcooleiro, que acenava com novos recordes na cotação do açúcar no mercado internacional, o que provocou a elevação do preço do açúcar no mercado interno, a despeito do acordo de manutenção do lucro firmado no ano anterior entre usineiros e supermercadistas.

(Coerência) A: incorreta, pois o item torna incoerente a ideia de que há entusiasmo, já que trata justamente da alta dos preços o impede; **B:** incorreta, pois o item apresenta um problema e um aprovável solução, também tornando incoerente a ideia de entusiasmo da frase subsequente; **C:** incorreta, pois a ação das montadoras não condiz com a ideia positiva que pode se subentender do trecho que segue. Desovar os carros movidos a gasolina não é um fato de entusiasmo aos produtores de álcool; **D:** correta, pois o item é único que apresenta uma informação positiva a respeito do uso do álcool e que, portanto, pode ser referência exata do termo "entusiasmo"; **E:** incorreta, pois o fator positivo do setor sucroalcooleiro e é a alta dos preços, criticada no trecho complementar.

Gabarito "D".

(Analista – ANEEL – 2004 – ESAF) Numere os sequencializadores na ordem em que devem preencher as lacunas do texto, de modo a garantir-lhe coesão. A seguir, marque a ordenação correta.

( ) ou
( ) pois
( ) assim
( ) além do que
( ) que
( ) além de

Depois da primeira linha de transmissão – LT Taquaruçu/Assis/Sumaré, de 505 km de extensão, __1__ entrou em operação comercial em 12/10/2001, com investimento de R$ 207,5 milhões, diversos empreendimentos passaram a operar comercialmente __2__ foram licitados com sucesso. __3__ a ANEEL já outorgou concessões para 13,7 mil quilômetros de novas linhas e entre elas 7,4 mil quilômetros entraram em operação comercial até junho de 2004 __4__ está prevista a entrada em operação de mais 800 km até o final do ano. Esses empreendimentos melhorarão significativamente a capacidade de transmissão de energia, __5__ acrescentarão mais de 20% na extensão das linhas, em relação aos 61,5 mil km existentes em 1995, __6__ criarem oportunidade de empregos diretos para mais de 25 mil pessoas.

(Adaptado de texto de www.Aneel. gov.br)

A ordenação correta é

(A) 2, 5, 3, 4, 1, 6.
(B) 1, 3, 2, 6, 5, 4.

(C) 4, 2, 3, 6, 1, 5.
(D) 3, 4, 1, 5, 2, 6.
(E) 6, 1, 3, 5, 2, 4.

(Coesão) Cada um dos conectivos possui uma carga semântica, estabelecendo relações entre as partes do texto. Pela ordem em que foram usados: **(1)** O pronome relativo "que" une uma oração subordinada adjetiva ao termo que qualifica. A oração "que entrou em operação comercial em 12/10/2001" explica qual foi a primeira linha de transmissão. **(2)** O conectivo "ou" indica uma relação de alternativa. No caso, tanto operar comercialmente como ser licitado com sucesso são possibilidades do que ocorreu. O conectivo é alternativo não excludente. **(3)** A conjunção "assim" estabelece relação de conclusão entre o trecho anterior e o subsequente. O segundo período traz dados consecutivos à informação dada no primeiro período. **(4)** A locução conjuntiva tem função aditiva, ou seja, apresenta uma informação complementar e coordenada à anterior. O trecho transmite a ideia de que algo aconteceu no passado e algo acontecerá no futuro. **(5)** Pronome relativo usado para introduzir uma oração subordinada adjetiva explicativa do termo "empreendimentos". **(6)** A conjunção tem função aditiva e introduz uma informação complementar e semelhante sintaticamente à anterior.

Gabarito "A".

(Analista – ANEEL – 2004 – ESAF) Ordene os segmentos seguintes de modo a formar um texto coeso, levando em conta os sinais de pontuação necessários para garantir essa coesão. A seguir, marque a ordenação correta.

( ) Quando se fala em trabalho, lembra-se da consolidação das leis do trabalho (CLT)
( ) Pense nas discussões sobre a flexibilização das leis do trabalho
( ) O papel do estado como agente direto do desenvolvimento econômico
( ) Quando se fala em estado investidor
( ) Embora na ordem do dia, todas essas questões têm uma origem antiga: vargas
( ) Ou o controle do governo sobre atividades consideradas essenciais
( ) Lembra-se da companhia siderúrgica nacional (CSN)

(Baseado em Antenor Nascimento)

(A) 4, 3, 1, 7, 6, 2, 5
(B) 5, 1, 2, 6, 4, 3, 7
(C) 2, 3, 7, 5, 4, 6, 1
(D) 3, 4, 1, 6, 7, 2, 5
(E) 2, 6, 3, 4, 1, 5, 7

(Coesão) Na transcrição completa, já consideradas as adequações de pontuação, o texto seria: "Pense nas discussões sobre a flexibilização das leis do trabalho, o papel do Estado como agente direto do desenvolvimento econômico ou o controle do governo sobre atividades consideradas essenciais. Embora na ordem do dia, todas essas questões têm uma raiz antiga: Vargas. Quando se fala em trabalho, lembra-se da Consolidação das Leis do Trabalho (CLT). Quando se fala em Estado investidor, lembra-se da Companhia Siderúrgica Nacional (CSN)." Observa-se que os elementos de coesão funcionam como guias da união das partes. O pronome "essa" retoma as discussões propostas no período anterior. A conjunção "embora" cria a relação de concessão entre o fato presente e sua datação no passado, o que não o impede de ser atual. As exemplificações introduzidas pela conjunção "quando" completam o sentido da relação presente-passado estabelecida nos períodos anteriores.

Gabarito "B".

(Analista – ANEEL – 2004 – ESAF) Em cada item marque o sequenciador pertinente à lacuna correspondente no texto e, depois, escolha a sequência correta.

Getúlio chegou ao poder em meio a um movimento que representava a ruptura com as oligarquias da República Velha. Personalizava, ________(A), um projeto de mudança, ________(B) dele não fosse consciente. É verdade que ele próprio tinha pertencido ao regime anterior – foi ministro da Fazenda e presidente do Rio Grande do Sul – , numa repetição de padrão brasileiro.________(C), chegou ao Rio de Janeiro no bojo de um movimento que propunha algo de inovador. Seu período na Presidência marcou a presença na política deu m novo ator: a classe trabalhadora. Getúlio soube perceber a importância das classes populares e passou a apelar para elas. ________(D), não se tratava exatamente de um novo ator – ________(E),o povo não tinha força efetiva.

(Adaptado de Fernando Henrique Cardoso)

(A) x. portanto; y. todavia
(B) x. porquanto; y. mesmo que
(C) x. De todo modo; y. Ademais
(D) x. Já que; y. Na verdade
(E) x. afinal; y. conquanto

(A) y,x,x,y,y
(B) x,y,x,y,x
(C) y,x,y,x,x
(D) x,x,y,y,x
(E) x,y,x,y,y

(Coesão) A escolha do valor semântico dos conectivos cria relações de sentido entre as partes. A escolha do conectivo inadequado cria incoerência textual. **A:** incorreta, pois "portanto" introduz a conclusão a que se chega a partir da informação anterior; **B:** correta, pois "mesmo que" cria relação de concessão, ou seja, a informação posterior é um fato que poderia alterar o fato da anterior, mas não o faz; **C:** incorreta, pois "de todo modo" também introduz uma informação concessiva; **D:** incorreta, pois "na verdade" indica que a informação seguinte irá desmentir algo anterior. Apesar de certa mudança, não há essencialmente novo; **E:** incorreta. "Afinal": o povo não ter força efetiva é a conclusão a que se chega a partir da análise do período anterior. Ele não tem força efetiva e por isso não é exatamente um novo ator.

Gabarito "B".

(Analista – ANEEL – 2006 – ESAF) Assinale o segmento morfossintaticamente correto, sobretudo quanto ao que estabelece a norma padrão da língua escrita nos capítulos da concordância e da regência.

(A) O projeto de lei que visa melhorar a regulamentação da interceptação, da interrupção, da escuta e da gravação de comunicações telefônicas e das que lhes são equiparadas não representa, de modo algum, uma forma de censura à imprensa.
(B) Como vem sendo noticiada, a captação de dados de informática têm sofrido ataques constantes de criminosos que, com avançados meios tecnológicos, tem perpetrado grampos e gravações ilícitas de conversas e comunicações de dados.

(C) O projeto de lei tem não só a preocupação de punir àquele que realiza o ato ilícito mas também quem, de qualquer forma, utiliza do que é obtido com esse crime.

(D) Não se punem apenas o ato de furtar ou roubar bens, mas também o receptador que, sem praticar o furto ou o roubo, se valem do bem (objeto do crime) para uso pessoal ou para obter lucro.

(E) A imprensa brasileira, que tem atendido tão honradamente com os princípios de legalidade, não vai querer anuir a sedução de incentivar os grampos ilegais para utilizar o produto desse crime como matéria-prima de seu trabalho.

(Trechos adaptados de Maurício Z. de Moraes, "Avanço para proteger os cidadãos", *Folha de S. Paulo*, 21 jan. 2006, A3)

(Concordância/regência) A: correta. O gabarito oficial apresenta a resposta como correta, mas devemos analisar com cuidado. O verbo *visar* rege a preposição "a" quando significa pretender, aspirar. A forma gramaticalmente adequada seria "O projeto de lei que visa a melhorar (...). Na linguagem coloquial, a forma sem preposição já é aceita, mas a norma culta recomenda o uso da preposição. A questão é passível de anulação; **B:** incorreta, pois o verbo *ter*, quando conjugado na terceira pessoa do plural do presente do indicativo leva acento circunflexo. O núcleo do sujeito do verbo, na primeira ocorrência, é "captação", termo singular. O verbo deveria ser grafado sem acento. Já na segunda ocorrência, o sujeito é o pronome relativo "que", que tem como referência o termo "criminosos". Portanto, deveria ser grafado com acento; **C:** incorreta. Há três problemas na frase. O primeiro, é a regência do verbo *punir*. Ele possui dois complementos: "aquele que realiza (...)" e "quem utiliza (...)". O verbo não rege preposição "a", portanto o uso da crase no primeiro complemento é incorreto. O segundo: verbo utilizar só rege preposição "de" para introduzir seu complemento se for pronominal. A escrita correta seria "(...) utiliza-se do que é obtido (...)" ou "(...) utiliza o que é obtido (...)". Em terceiro lugar, a expressão "não só" colocada junto ao verbo "tem" indica que o projeto possui mais de um objetivo, ou seja que o verbo "ter" terá dois complementos sintaticamente semelhantes. No entanto, o termo sintático que se repete é o complemento do verbo "punir". Para que o trecho ficasse mais claro, o ideal seria "O projeto de lei tem a preocupação de punir não só àquele que realiza o ato ilícito, mas também quem, de qualquer forma, utiliza do que é obtido com esse crime"; **D:** incorreta, pois o sujeito do verbo "valem" é "o receptador", termo no singular. A grafia correta seria "vale"; **E:** incorreta, pois o verbo *atender* tem duas possibilidades de regência: transitivo direto ou transitivo indireto com a preposição "a". Não há a possibilidade de ele reger a preposição "com", como aparece no trecho. A escrita correta seria "que tem atendido tão honradamente aos princípios da legalidade". Outro problema é na regência do verbo "anuir", que deve ter seu complemento introduzido por preposição "a", "com" ou "em", dependendo do contexto de aplicação, sendo, no caso, a preposição ideal "a". No trecho, o complemento do verbo é "a sedução". Por ser um termo feminino acompanhado de artigo, deveria ser usada a crase: "não vai querer anuir à sedução de incentivar os grampos ilegais"

Gabarito "A"

(Analista – ANEEL – 2006 – ESAF) Ao texto original, foram feitas alterações morfossintáticas. Assinale a opção que apresenta o único trecho que restou inteiramente correto, quanto aos ditames da norma padrão da língua escrita e às exigências textuais de coesão e coerência.

(A) No crescimento do PIB, no ano de 2004, teve significativa importância a expansão do consumo interno e do investimento, e não apenas o das exportações, como em surtos de crescimento anteriores.

(B) Foram responsáveis, internamente, por essa expansão: o consumo das famílias que cresceu 4,3% ao ano e o crescimento do investimento da ordem da mais alta taxa desde o final de 1997, bem como das exportações de bens e serviços.

(C) A resposta à indagação sobre é viável sustentar taxas de crescimento do PIB real em torno dos 5% ao ano é a de um sim. Mas temos de torcer para que não ocorrem acidentes externos com fortes impactos negativos.

(D) Ademais, é fundamental que se atue para elevar nossas taxas de poupança e de investimento a níveis compatíveis com a sustentação do crescimento – o que exige a criação de um ambiente favorável ao investimento e pela ampliação da capacidade de mobilizar poupança, especialmente a doméstica.

(E) A poupança doméstica necessita de ser estimulada para assegurar um crescimento elevado e duradouro do PIB real. A poupança privada requer políticas que lhe estimulem.

(Charles C. Mueller, *UnB Revista*, Ano IV, n. 11, maio 2005, com modificações)

(Regência/concordância) A: incorreta, pois o trecho trata da importância da expansão de certos elementos para o crescimento do PIB. No trecho "e não apenas o das exportações", o pronome demonstrativo está no masculino, mas se refere a "expansão". Há, portanto, um erro de concordância de gênero, decorrente da confusão de referência do termo entre "expansão" e "crescimento"; **B:** incorreta, pois, no trecho "o consumo das famílias que cresceu 4,3% ao ano", a oração "que cresceu 4,3% ao ano" se refere ao termo consumo. Para que a referência fique clara, a oração deve ser colocada entre vírgulas. Caso contrário, o referente seria "famílias", o que causaria um erro de concordância (que cresceram 4,3%). É possível compreender que o que cresceu foi o consumo e não as famílias, portanto, a correção ideal é na pontuação; **C:** incorreta, pois há três erros na redação do item. O primeiro é a conjugação do verbo em "sobre é viável". A preposição "sobre", desacompanhada da conjunção "se", exige que o verbo seja conjugado no infinitivo "ser", configurando uma oração substantiva reduzida de infinitivo. O segundo problema está na construção "é a de um sim", que configura um excesso linguístico, portanto, um vício de linguagem. O trecho estaria mais adequado na forma "é sim". O terceiro problema é a conjugação do verbo *ocorrer* em "temos de torcer para que não ocorrem acidentes". A oração introduzida pela expressão "para que" exige a conjugação do verbo no presente do subjuntivo, ou seja, a forma correta seria "ocorram"; **D:** correta, pois o item segue corretamente as regras gramaticais, estando adequado à norma culta; **E:** incorreta, pois é interessante observar o uso do verbo "necessitar" que usualmente é transitivo direto quando tem complemento oracional, ou seja, não rege oração subordinada substantiva objetiva com preposição. A forma correta seria "A poupança doméstica necessita ser estimulada" (Segundo o *Dicionário Houaiss: "depois de necessitar, a prep.* de *é freq. omitida antes de complemento oracional (p.ex., necessita (de) que o amparemos), o que faz com que alguns autores considerem este verbo tb. transitivo* direto"). O trecho apresenta um erro incontestável: o verbo *estimular* é classificado como transitivo direto, ou seja, rege objeto sem preposição. No trecho "A poupança privada requer políticas que lhe estimulem", foi usado o pronome "lhe" como objeto do verbo *estimular*, em substituição ao termo "poupança privada", a fim de evitar a repetição. Esse pronome deve ser usado em substituição a um termo que venha acompanhado de preposição, pois carrega em si a ideia de regência preposicionada. A forma correta seria com o pronome "a": "A poupança privada requer políticas que a estimulem".

Gabarito "D"

(Analista – ANEEL – 2006 – ESAF) A pichação é uma das expressões mais visíveis da invisibilidade humana. São mais do que rabiscos. São uma forma de estabelecer uma relação de pertencimento com a comunidade – mesmo que por meio da agressão – e, ao mesmo tempo, de dar ao autor um sentido de autoidentidade.

(Gilberto Dimenstein, *Folha de S. Paulo*, 21 jan. 2006)

Sobre esse trecho, são feitas quatro declarações. Analise-as e assinale, a seguir, a opção correta em relação a elas.

I. A norma escrita culta permite também uma outra forma de concordância na expressão partitiva da primeira linha, que é: **uma das expressões mais visível**.

II. Nos dois períodos iniciados pela forma verbal "São", a concordância verbal se faz com o predicativo do sujeito.

III. O verbo "dar", na penúltima linha, está empregado como bitransitivo, constando da frase seus dois objetos: o direto e o indireto.

IV. Os dois verbos antecedidos de preposição: "de estabelecer..." e "de dar", coordenados entre si, estão subordinados ao mesmo termo.

A opção correta é:

(A) São verdadeiras as quatro declarações.
(B) São verdadeiras apenas duas declarações: II e IV.
(C) Apenas III e IV são declarações verdadeiras.
(D) Três declarações são verdadeiras: II, III e IV.
(E) A I é a única declaração verdadeira.

(Concordância/regência) I: incorreta, pois a expressão partitiva, quando no sujeito, permite a dupla concordância do verbo: no singular com o termo "uma" ou no plural com o seu determinante semântico. No caso apresentado, o termo "visíveis" é adjetivo de "expressões" e faz parte da locução adjetiva que determina o sentido da expressão partitiva, portanto, não é possível que ela esteja no singular; **II:** incorreta, pois os dois predicativos têm como núcleo termos no singular: "mais" e "forma". O referente do sujeito destas orações é "pichação", que, devido à expressão "uma das expressões mais visíveis", foi reapropriado para a construção das orações seguintes no plural; **III:** correta, pois o verbo *dar* aceita dois objetos: um direto (o que se dá) e um indireto com a preposição "a" (a quem se dá). No trecho, esses objetos são representados por OD – um sentido de autoidentidade; e OI – ao autor; **IV:** correta, pois o termo "forma" é sintaticamente incompleto e pede complemento nominal regido pela preposição "de". No trecho, recebe dois complementos, representados pelas orações "de estabelecer..." e "de dar...". Por cumprirem a mesma função sintática e subordinados ao mesmo termo, essas orações são coordenadas entre si.

Gabarito "C"

(Técnico – ANEEL – 2009 – ESAF) Os trechos abaixo constituem um texto. Assinale a opção gramaticalmente incorreta.

(A) A desigualdade na repartição da renda, riqueza e poder é uma marca inalienável do Brasil.
(B) De acordo com o "Atlas de exclusão social — Os ricos no Brasil" (Cortez, 2004), somente 5 mil famílias chegam a se apropriar de mais de 40% de toda a riqueza nacional, embora o país registre mais de 51 milhões de famílias.
(C) Se considerarmos somente a parcela da população que se concentram no décimo mais rico, verificam-se que 75% de toda a riqueza contabilizada termina sendo por ela absorvida.
(D) Em outras palavras, restam 25% da riqueza nacional a ser apropriada por 90% da população brasileira. Esse descalabro em relação à concentração sem limites da riqueza no País não é algo recente.
(E) Pelo contrário, isso parece ser algo consolidado desde sempre no País, embora desde 1980, com o abandono do projeto de industrialização nacional, tenha avançado no país o ciclo da financeirização da riqueza, com retorno ao modelo primário-exportador de matérias-primas e produtos agropecuários.

(Marcio Pochmann)

(Concordância) A: correta, pois o verbo "é" concorda com o sujeito da oração "desigualdade".
B: correta, porque o verbo "chegam" concorda com o sujeito "5 mil".
C: incorreta(e deve ser assinalada), pois o verbo "concentram" não concorda com a expressão "parcela da população".
D: correta, pois o verbo "restam" concorda com o sujeito "25%".
Alternativa **E:** correta, porque a locução verbal "tenha avançado" concorda com o sujeito "ciclo".

Gabarito "C"

(Técnico da Receita Federal – 2006 – ESAF) Escolha a opção que preenche com correção as lacunas do trecho abaixo.

Mesmo que __1__ evitar a superprodução, não seria possível evitar que a política de defesa dos preços do café fomentasse a produção desse artigo naqueles outros países que __2__ de terras e de mão de obra em condições semelhantes às do Brasil, ainda que menos vantajosas. A manutenção dos preços em baixos níveis era condição indispensável para que os produtores brasileiros __3__ sua situação de semimonopólio. __4__ dessa situação semimonopolística para defenderem os preços, estavam eles destruindo as bases em que se assentara o seu privilégio.

(Celso Furtado, **Formação econômica do Brasil**, com adaptações)

	1	2	3	4
(A)	se lograsse	dispossem	retessem	Ao se prevalecer
(B)	se lograsse	dispusessem	retivessem	Ao se prevalecerem
(C)	tivesse se logrado	dispunham	retessem	Ao se prevalecerem
(D)	tivesse se logrado	dispunham	retivessem	Ao se prevalescer
(E)	se tivesse logrado	dispusessem	retivessem	Ao se prevalescerem

"Mesmo que **se lograsse** [*verbo lograr no pretérito imperfeito do subjuntivo. Excluídas as alternativa C e D.*] evitar a superprodução, não seria possível evitar que a política de defesa dos preços do café fomentasse a produção desse artigo naqueles outros países que **dispusessem** [*verbo dispor no pretérito imperfeito do subjuntivo. Excluída a alternativa, pois a forma verbal sugerida ('dispossem') não existe.*] de terras e de mão de obra em condições semelhantes às do Brasil (...). A manutenção dos preços em baixos níveis era condição indispensável para que os produtores brasileiros **retivessem** [*verbo reter no pretérito imperfeito do subjuntivo. Excluídas as alternativas A e C. A forma verbal proposta não existe.*] sua situação de semimonopólio. **Ao se prevalecerem** [*infinitivo pessoal conjugado, pois o sujeito está claro: eles. Alternativas D e E excluídas. Erro na grafia da palavra prevalecer*] dessa situação semimonopolística para defenderem os preços, estavam eles destruindo as bases em que se assentara o seu privilégio."

Gabarito "B".

(Auditor Fiscal/RN – 2005 – ESAF) Marque o conjunto que preenche devidamente as lacunas do texto.

Lançando hoje o olhar ao vasto espaço varrido pelos furacões, ______ dos desertos mexicanos ______ "poeira de ilhas" do Caribe, o que se vê é uma placidez cálida, ______ por salsas e merengues, calipsos e *reggae*. O contraste não poderia ser maior com os roncos subterrâneos, as súbitas ______ antecipadoras de explosões vulcânicas, ao longo de todo o arco andino, da Venezuela à Colômbia, à Bolívia, ao Peru, ao Equador até a Argentina ao sul. Pelo menos até agora, o fim da guerrilha na América Central aparentemente inaugurou fase de estabilidade menos precária do que a partida dos ditadores militares sul-americanos. Será ilusório, fugaz, um descompasso ______ entre norte e sul no eterno retorno do ciclo de turbulência?

(Rubens Ricupero)

(A)	que se estendem	a	embaladas	irupções	somente
(B)	que se espalham	à	envoltas	irrupções	tão somente
(C)	que estendem-se	a	inebriadas	errupções	somente
(D)	que estende-se	a	entorpecidas	irupções	só
(E)	que se estende	à	embalada	erupções	apenas

"Lançando hoje o olhar ao vasto espaço varrido pelos furacões, **que se estende** ['*o vasto espaço varrido que se estende'. A questão já está respondida sabendo-se disso. A alternativas A, B e C estão no plural e a alternativa D está gramaticalmente incorreta.*] dos desertos mexicanos **à** [*que se estende de um ponto a outro*] 'poeira de ilhas' do Caribe, o que se vê é uma placidez cálida, **embalada** [*o adjetivo 'embalada' concorda no singular com 'placidez cálida'. A questão também já estaria respondida sabendo-se disso, pois as outras alternativas estão no plural.*] por salsas e merengues, calipsos e *reggae*. O contraste não poderia ser maior com os roncos subterrâneos, as súbitas **erupções** [*as palavras* erupções *e* irrupções *são parônimas. As palavras 'irupções' e 'errupções' não existem.*] antecipadoras de explosões vulcânicas, ao longo de todo o arco andino (...). Será ilusório, fugaz, um descompasso **apenas** [*também poderia ser: somente ou tão somente*] entre norte e sul no eterno retorno do ciclo de turbulência?"

Gabarito "E".

(Auditor Fiscal/RN – 2005 – ESAF) Marque a opção que <u>não</u> substitui corretamente o item sublinhado no texto, respeitando-se a ordem em que ocorrem.

<u>Na medida em que</u> a dinâmica da acumulação privada e a mobilidade dos capitais já não são controladas pelo Estado <u>através</u> da tributação, os direitos humanos, numa visão jurídico-positiva, encontram-se em fase regressiva. Eles podem até <u>continuar</u> existindo no plano legal, sobrevivendo, em termos formais, aos processos de tributação. Mas <u>não têm mais</u> condições de <u>ser</u> efetivamente implementados no plano real (se é que o foram, integralmente, um dia).

(Baseado em Mário Antônio Lobato de Paiva em www.ambitojuridico.com.br)

(A) Considerando que
(B) por meio
(C) continuarem
(D) já não têm
(E) serem

C: nesse contexto, não há como substituir o verbo *continuar* pela forma no plural "continuarem".

Gabarito "B".

(Auditor Fiscal/RN – 2005 – ESAF) Assinale a opção que corresponde a erro gramatical ou de seleção lexical.

As audiências públicas **<u>para a</u>**(1) elaboração dos planos de recursos hídricos, de todos os níveis, representam a concretização **<u>simultânea</u>**(2) da informação e da participação e devem **<u>estar</u>**(3) integradas **<u>ao</u>**(4) processo decisório de outorga das águas. Há necessidade de **<u>preverem-se</u>**(5) a participação da sociedade civil no processo decisório das outorgas hídricas, incluindo-se nesta participação os comitês de bacias hidrográficas.

(Adaptado de http://www.esmpu.gov.br/eventos/2003/direito_ambiental.htm)

(A) 1
(B) 2
(C) 3
(D) 4
(E) 5

Não há a flexão do infinitivo: "Há necessidade de **se prever** a participação da sociedade civil".

Gabarito "E".

(Auditor Fiscal da Receita Federal – 2003 – ESAF) Assinale o item que está de acordo com a norma culta da língua escrita.

(A) Ficou claro, em uma pesquisa da AT Kearney, divulgada há uma semana, a preocupação dos investidores em relação a maior economia do mundo, a qual antes se limitava aos mercados emergentes. Segundo a pesquisa, as contas externas do Brasil registram déficit em transações correntes de US$ 3 bilhões, que pode ser bancado pela entrada de US$ 15 bilhões de investimentos estrangeiros diretos.

(B) Para os membros da Comissão de Assuntos Econômicos do Senado (CAE), a qual os acordos internacionais são submetidos, cabe ao Brasil novas solicitações de empréstimos ao Fundo Monetário Brasileiro se este retirar do superávit primário os investimentos das empresas públicas e der prioridade ao crescimento da economia.

(C) Um dos senadores integrantes da CAE manifestou-se contra qualquer acordo com o FMI e a favor de uma auditoria na dívida externa brasileira, haja vista os pagamentos já feitos corresponderem a valor superior ao que o Brasil devia aos credores.

(D) Resta ainda, segundo alguns senadores, os necessários recuos do FMI em sua posição de impedir investimentos de instituições como BNDES, Caixa Econômica Federal e Banco do Brasil. Para eles, deve existir mudanças nessas regras. Caso contrário, consideram inadequado, sob qualquer pretexto, a renovação do acordo.

(E) O Fundo Monetário Internacional deixou de disciplinar a paridade das moedas, cuja a função foi criada há 59 anos para contentar-se com o craxá de auditor de confiança dos bancos credores nas contas e nos planos dos governos devedores, sem entrar no mérito do formato, do conteúdo e da sequela dessa assistência.

(Adaptado de **O Globo**, 21/9/2003)

A: incorreta. Verificar a concordância: "Ficou clara [adjetivo feminino] (...) a preocupação [substantivo feminino]"; **B:** incorreta. Verificar regência e concordância: o pronome relativo *a qual* concorda com o termo subsequente (os acordos) e é regido pela locução verbal *são submetidos*. A redação correta seria: "Para os membros da (...) CAE, aos quais os acordos (...) são submetidos"; **C:** correta. *Haja vista* é uma expressão invariável. Não admite a forma haja visto; **D:** incorreta. Verificar concordância entre sujeito e verbo. O verbo sempre concorda com o sujeito: "Restam [verbo no plural] (...) os necessários recuos [sujeito no plural]"; **E:** incorreta. O pronome *cuja* é relativo possessivo e concorda com a coisa possuída. Não admite artigo posposto: "deixou de disciplinar a paridade das moedas, cuja função".

Gabarito "C"

(Auditor Fiscal da Receita Federal – 2003 – ESAF) Assinale o item em que são atendidas as prescrições gramaticais da língua culta escrita.

(A) O Banco Mundial (Bird) constatou que grande parte dos países gasta mal os recursos que investe no social e, assim, as Metas de Desenvolvimento do Milênio – que prevêm a redução da pobreza a metade até 2015 – correm risco de não ser alcançadas.

(B) Grandes melhoras nas condições humanas, conforme adverte o Bird, só vai acontecer se as camadas de renda mais baixas da população tiverem acesso a serviços essenciais. Embora renda e desempenho dos indicadores sociais estejam fortemente associados, o relatório do Bird garante que seria necessário, para que os países de baixa renda atinjam as metas, taxas altas de crescimento econômico.

(C) Impressionou ao Banco Mundial o fato de que 56% dos estudantes brasileiros esteja no nível um (o mais baixo entre os cinco níveis da escala usada pelo Bird) de leitura, enquanto nos países da Organização para Cooperação e Desenvolvimento Econômico (OCDE), a média é de 18%.

(D) A economista sênior do Banco Mundial evitou polemizar sobre o assunto, mas disse que, embora hajam experiências de sucesso em Cuba, falta por lá o acesso da população ao governo. O que o banco considera uma das perdas fundamentais do processo de ampliação do acesso aos serviços para os pobres.

(E) Para o Bird, não adianta gastar mais se não forem feitas reformas nas instituições que prestam serviço à comunidade, de modo que se passe a dar foco maior à população mais pobre. O relatório dá a entender que se aplicam mal verbas nas áreas de saúde e de educação e desperdiçam-se os recursos.

(Adaptado de **O Globo**, 21/9/2003)

A: a flexão do infinitivo pessoal ocorre quando o sujeito está explícito na oração: "as Metas de Desenvolvimento (...) correm o risco de não serem alcançadas"; **B:** concordância: "Grandes melhoras [sujeito plural] (...) só vão acontecer [verbo no plural] (...). Embora renda e desempenho (...)estejam (...) associados, (...) o relatório do Bird garante que seriam necessárias [adjetivo, feminino, plural] (...) taxas [substantivo, feminino, plural] altas"; **C:** o verbo *impressionar* é transitivo direto: "Impressionou [VTD] o Banco Mundial [objeto direto] o fato [sujeito]"; **D:** o verbo *haver* é impessoal no sentido de existir. Não tem sujeito, por isso, fica sempre na 3ª pessoa do singular: "embora haja experiências".

Gabarito "E"

(Auditor Fiscal da Receita Federal – 2003 – ESAF) Julgue se os trechos abaixo estão gramaticalmente corretos e assinale a opção correspondente.

I. O projeto de reestruturação das atividades de controle da Rede Arrecadadora, denominado NOVA RARF, em implementação desde 1999, foi concebido pela Superintendência da Receita Federal como uma forma de atenuar as inúmeras deficiências da área de controle da rede.

II. Os esclarecimentos prestados pela Superintendência da Receita Federal, assim como informações obtidas com técnico do órgão, demonstra uma postura da Receita Federal no sentido de aprimorar os seus controles internos.

III. Verifica-se que estão sendo adotadas várias medidas pelas unidades da SRF no sentido de identificar as diferenças encontradas na conciliação bancária. Apesar de remanescerem ainda diferenças muito antigas, isso não caracteriza por si só o descumprimento da determinação do Tribunal, haja visto que muitas delas talvez nunca sejam solucionadas, pois são referentes ao início de funcionamento do SISBACEN.

IV. A equipe de inspeção noticia significativo aprimoramento no sistema de arrecadação da SRF e o implemento de medidas recomendadas por esta Corte, como as desenvolvidas pelo projeto denominado NOVA RARF.

V. Entre as diversas alterações observadas pela equipe de inspeção, merece destaque a centralização do controle da rede arrecadadora. Espera-se que agora os acertos necessários para tornar compatível o fluxo financeiro com o de informação sejam acelerados e, consequentemente, minimizado o número de erros.

(Adaptado de www. receita. fazenda.gov.br, 10/09/2003.)

Os itens corretos são:

(A) I, II e IV
(B) II, IV e V
(C) I, IV e V
(D) III, IV e V
(E) I, III e IV

II: "Os <u>esclarecimentos</u> prestados pela Superintendência da Receita Federal, assim como <u>informações</u> obtidas com técnico do órgão, <u>demonstram</u> [verbo no plural concordando com o sujeito composto: esclarecimentos e informações] (...)"; **III:** *Haja vista* é uma expressão invariável. Não admite a forma 'haja visto': "(...) da determinação do Tribunal, <u>haja vista</u> que muitas delas (...)".

Gabarito "C".

(Auditor Fiscal da Receita Federal – 2003 – ESAF) Assinale a opção em que o trecho do texto foi transcrito com <u>erro</u> de concordância.

(A) A Superintendência da Receita Federal em Minas Gerais montou equipe de auditores para fiscalizar os integrantes da "máfia" de adulteração de combustíveis. Foram concluídas nos dois últimos meses as primeiras sete ações fiscais, com lançamentos de crédito tributário no valor aproximado de 2 milhões de reais. Outras duas ações fiscais estarão sendo encerradas em breve e vão gerar créditos tributários da ordem de 6 milhões de reais.
(B) As fiscalizações já concluídas se referem a empresas, abrangendo também os seus respectivos sócios, sobre os quais pesa a acusação da prática de adulteração de combustíveis, fato este que envolveu até mesmo o assassinato do Promotor que investigava o caso.
(C) No decorrer dos trabalhos já encerrados, foram constatados fortes indícios da prática de crime contra a ordem tributária, e, ainda, fraude, sonegação e conluio, tendo em vista a utilização de "laranjas" na constituição das empresas, além da prática do uso de "notas calçadas" e de "livros paralelos".
(D) De acordo com as investigações realizadas, a sistemática utilizada para a distribuição irregular dos solventes adquiridos pelas empresas, assim como de combustíveis já adulterados, envolvem a emissão de notas fiscais calçadas e paralelas, além da utilização de empresas "fantasmas" ou inabilitadas, como destinatárias fictícias das mercadorias nas notas fiscais.
(E) O trabalho continua e se estende por todo o Estado. Já estão em andamento dezoito outras ações fiscais em pessoas físicas e jurídicas, podendo, após o término do trabalho de pesquisa da equipe, outras ações serem incluídas. Estes programas fazem parte de um esforço coordenado da Receita Federal com outros órgãos, no combate às atividades ilícitas.

(Adaptado de www. receita. fazenda.gov.br, 09/09/2003)

Verificar a concordância entre sujeito e verbo: " (...) a **sistemática** [sujeito singular] utilizada (...) **envolve** [verbo no singular] a emissão de notas fiscais (...)".

Gabarito "D".

(Auditor do Tesour o Municipal/Fortaleza-CE – 2003 – ESAF) Assinale o trecho do texto abaixo que foi transcrito de forma gramaticalmente correta.

(A) A razão de ser do desemprego como elemento estrutural do capitalismo, derivam diretamente do antagonismo entre compradores e vendedores da força de trabalho.
(B) Aos compradores — as empresas capitalistas — interessa que haja concorrência entre os vendedores para que o custo caia; aos trabalhadores, obviamente, interessam o contrário.
(C) Relativamente cedo os trabalhadores conquistaram o direito de se unir em sindicatos, o que tornou possível e provável a monopolização da oferta da força de trabalho.
(D) A monopolização do mercado de trabalho, acrescidas das sucessivas conquistas de direitos sociais pelos trabalhadores, tornou o custo do trabalho o preço estratégico da economia capitalista, contraposto à taxa de lucro sobre o capital invertido.
(E) Sempre que a economia se aproxima do pleno emprego — isto é, quando o exército de reserva tende à zero — quase todos os preços subindo, ameaçando o valor "real" da riqueza financeira.

(Itens adaptados de Paul Singer)

A: "A razão de ser do desemprego como elemento estrutural do capitalismo, deriva [verbo e sujeito no singular] diretamente do antagonismo entre compradores e vendedores da força de trabalho."; **B:** "Aos compradores — as empresas capitalistas — interessa que haja concorrência entre os vendedores para que o custo caia; aos trabalhadores, obviamente, interessa [verbo no singular concorda com o sujeito singular ('o contrário')] o contrário." **D:** "A monopolização do mercado de trabalho, acrescida [concorda com 'monopolização'] das sucessivas conquistas de direitos sociais pelos trabalhadores, tornou o custo do trabalho o preço estratégico da economia capitalista [sem vírgula] contraposto à taxa de lucro sobre o capital invertido." **E:** "Sempre que a economia se aproxima do pleno emprego — isto é, quando o exército de reserva tende à zero — quase todos os preços sobem, ameaçando o valor 'real' da riqueza financeira."

Gabarito "C".

(Técnico da Receita Federal – 2003 – ESAF) Assinale a opção em que a concordância está de acordo com a norma-padrão.

(A) Os milhares de pessoas que cometeram delitos, após cumprirem suas penas, ficam quites com a sociedade.
(B) Nenhum dos colegas de seção afirmaram ter presenciado qualquer ato delituoso, apenas relataram o que ouviram do funcionário punido.

(C) A maioria dos casos examinados indicava ser necessário a instauração de sindicância, ainda que alguns de nós relutássemos em acatar a auditoria realizada.

(D) Dadas as circunstâncias em que ocorreu um grande número de exonerações, foi publicado, na mídia, uma nota que justificava tal procedimento administrativo.

(E) Seguia anexo ao processo administrativo a cópia dos contratos de serviços especializados que haviam sido prestados na gestão anterior.

B: "**Nenhum** dos colegas de seção **afirmou** ter presenciado qualquer ato delituoso, apenas **relatou** o que **ouviu** do funcionário punido."; **C:** "A maioria dos casos examinados indicava ser **necessária a instauração** de sindicância, ainda que alguns de nós relutássemos em acatar a auditoria realizada."; **D:** "Dadas as circunstâncias em que ocorreu um grande número de exonerações, **foi publicada**, na mídia, **uma nota** que justificava tal procedimento administrativo."; **E:** "Seguia **anexada** ao processo administrativo **a cópia** dos contratos de serviços especializados que haviam sido prestados na gestão anterior."

Gabarito "A".

(Técnico da Receita Federal – 2003 – ESAF) Assinale o trecho que, ao preencher a lacuna correspondente, provoca erro gramatical, de pontuação ou de coesão textual.

___________(1)___________ com predominância de fusões e aquisições de empresas, a mudança de natureza das inversões diretas iniciou-se nos Estados Unidos na década de 80. ________(2)_________ acompanhada de uma grande expansão do investimento de portfólio e da formação de megacorporações, estendeu-se aos demais países nos anos 90. __________(3)__________ apoiada na valorização global das Bolsas, ocorreu com maior intensidade na segunda metade dos anos 90. ________(4)_________ de movimento de natureza patrimonial que deu lugar a dois processos simultâneos: a fusão de empresas, com fechamento de plantas no centro industrializado, e o concomitante deslocamento para a periferia dinâmica. _____________(5)_________ da concorrência mundial ensejou a criação concentrada de capacidade produtiva nos setores de nova tecnologia e nas regiões capazes de promover uma integração virtuosa ao processo de internacionalização capitalista.

(A) 1- É necessário esclarecer que,

(B) 2 – Tal transformação na economia,

(C) 3 – Essa aceleração da centralização de capital,

(D) 4 – Tratavam-se, essencialmente,

(E) 5 – Esse último estágio da evolução da estrutura

"É necessário esclarecer que, com predominância de fusões e aquisições de empresas, a mudança de natureza das inversões diretas iniciou-se nos Estados Unidos na década de 80. Tal transformação na economia (...) estendeu-se aos demais países nos anos 90. Essa aceleração da centralização de capital, apoiada na valorização global das Bolsas, ocorreu com maior intensidade na segunda metade dos anos 90. Tratava-se, essencialmente, [*o se é índice de indeterminação do sujeito. O verbo tratar é transitivo indireto e deve estar na 3ª pessoa do singular*] de movimento de natureza patrimonial que deu lugar a dois processos simultâneos: a fusão de empresas (...) e o concomitante deslocamento para a periferia dinâmica. Esse último estágio da evolução da estrutura da concorrência mundial ensejou a criação concentrada de capacidade produtiva nos setores de nova tecnologia e nas regiões capazes de promover uma integração virtuosa ao processo de internacionalização capitalista."

Gabarito "D".

(Auditor Fiscal da Receita Federal – 2002.1 – ESAF) 'Marque o segmento do texto que foi transcrito com erro gramatical.

(A) Em recente acórdão, proferido no AG nº 96.01.01984-7/DF, ajuizado contra decisão que, em processo executivo, homologou cálculos de atualização de dívida da Fazenda Pública decorrente de condenação em reclamação trabalhista, não conheceu do recurso a Primeira Turma Suplementar do Tribunal Regional Federal da 1ª Região.

(B) Este o único fundamento do julgado: " ... na sistemática processual trabalhista inexiste recurso contra sentença homologatória de cálculos de liquidação, porque a CLT, em norma clara e objetiva, composta nos parágrafos 3º e 4º do seu artigo 844, prevê, com exclusividade, o instituto dos embargos para impugnação de ato jurisdicional de tal jaez.

(C) Incorreu, data vênia, o ato decisório ora analisado em dois grandes e manifestos equívocos.

(D) O primeiro deles é confundir "cálculos de atualização" do valor do título exequendo com "liquidação da sentença".

(E) Na atual sistemática processual civil, essa atualização, depois de tornada certa o valor da condenação, ainda que decorrente de conta elaborada pelo exequente, não constitui uma "liquidação": no curso de processo executivo, tem a natureza de questão incidente deste.

(Baseado em Diomar Bezerra Lima)

Erro de concordância. Trecho reescrito: "(...) essa atualização, depois de tornado certo o valor da condenação".

Gabarito "E".

(Auditor Fiscal da Previdência Social – 2002 – ESAF) Em relação às lacunas do texto, assinale a opção correta.

A questão da Previdência Social deve ser recolocada na sucessão presidencial. Não é possível que uma questão dessa magnitude – o pacto entre gerações, que interessa às passadas, presentes e futuras – continue, como sempre aconteceu, fora da pauta da sucessão presidencial. Uma questão que diz respeito ____ 20 milhões de beneficiários – aposentados e pensionistas; ____ 26,7 milhões de contribuintes ativos, só no Sistema Geral de Previdência Social – o INSS; ____ 60,0 milhões de brasileiros que estão na População Economicamente Ativa – PEA, mas excluídos do INSS, entre os quais os 40 milhões da economia informal; ___ 4 milhões da Previdência Complementar aberta; ______ 6,6 milhões da Previdência Complementar fechada – 1,7 milhões de participantes ativos, 4,4 milhões de participantes dependentes e 558 mil participantes assistidos; ______ 10 milhões de servidores públicos civis e militares, da União (1,8 milhão), de estados (4,0 milhões, em 97) e municípios (4,0 milhões, em 97), aproximadamente.

(Adaptado de Paulo César de Sousa –www.anasps)

(A) Como são informações de natureza numérica, o artigo masculino é obrigatório.

(B) Já que todas as informações têm a mesma função sintática, basta preencher as lacunas com o artigo feminino singular.

(C) Devido à regência da forma verbal "diz"(l.7) todas as lacunas devem ser preenchidas com a preposição **de**.

(D) A regência da palavra "respeito"(l.8) exige que as duas primeiras lacunas sejam preenchidas com **em** e as seguintes com **de**.

(E) Todas as lacunas podem ser preenchidas com preposição e artigo masculino plural: **aos**.

A palavra regente *respeito* exige a preposição *a*: "Uma questão que **diz respeito a** [*preposição*] 20 milhões de beneficiários (...); **a** [*preposição*] 26,7 milhões de contribuintes ativos(...); **a** [*preposição*] 60,0 milhões de brasileiros que estão na (...) PEA(...); **a** [*preposição*] 4 milhões da Previdência Complementar aberta; **a** [*preposição*] 6,6 milhões da Previdência Complementar fechada (...); **aos** [*preposição a + artigo masculino* o] 10 milhões de servidores públicos civis e militares (...)."

Gabarito "E".

(Fiscal de Tributos/PA – 2002 – ESAF) Assinale a opção em que o trecho do texto foi transcrito com erro de sintaxe.

(A) Não se trata de especular se *teoricamente* a ciência e a técnica capacitam o homem para solucionar este ou aquele problema criado por nossa civilização.

(B) Trata-se apenas de reconhecer que o que chamamos de criação de valor econômico tem como contrapartida processos irreversíveis no mundo físico, cujas consequências tratamos de ignorar.

(C) Convém não perder de vista que na civilização industrial o futuro está em grande parte condicionado por decisões que já foram tomadas no passado ou que estão sendo tomadas no presente em função de um curto horizonte temporal.

(D) À medida que avança a acumulação de capital, maior é a interdependência entre o futuro e o passado.

(E) Consequentemente, aumentam a inércia do sistema, e as correções de rumo tornam-se mais lentas ou exige maior esforço.

(Adaptado de FURTADO, Celso. **O Mito do Desenvolvimento Econômico**, p.12.)

Adequar a concordância entre sujeito e verbo: "e as **correções de rumo** tornam-se mais lentas ou **exigem** maior esforço".

Gabarito "E".

(Fiscal de Tributos/PA – 2002 – ESAF) Assinale a opção que corresponde a erro gramatical.

A desvalorização do câmbio que(1) o mercado impôs(2) ao governo e a(3) posterior escolha do sistema de metas inflacionárias e do sistema de câmbio flexível (essas feitas pelo governo por sugestão do FMI), mostraram(4) muito úteis e resistiram ao duro teste de 2001. Quando há(5) equilíbrio fiscal (ainda que precário) e meta inflacionária seriamente perseguida pelo Banco Central, o câmbio só pode flutuar dentro de certos limites.

A grande lição é precisamente esta: em condições adequadas (fiscais e monetárias) o câmbio flutuante flutua...

(Antonio Delfim Netto)

(A) 1

(B) 2

(C) 3

(D) 4

(E) 5

"mostraram-se"

Gabarito "D".

(Fiscal de Tributos/PA – 2002 – ESAF) Assinale a opção que corresponde a erro gramatical.

Mesmo em circunstâncias externas adversas(1) (crise argentina, recessão nos EUA, redução de crescimento na Eurolândia e Japão, ataque terrorista em setembro), o equilíbrio fiscal, ainda que(2) precário, a "meta inflacionária" e o câmbio flexível foram capaz(3) de isolar, relativamente, a economia brasileira.

Ficou claro, por outro lado, que a imensa dependência externa só pode ser(4) reduzida com um substancial aumento do saldo comercial. Mas isso exige muito mais do que(5) câmbio. Exige disposição de correr algum risco, de ampliar o crédito ao setor e uma política inteligente de substituição de importações.

(Antonio Delfim Netto)

(A) 1

(B) 2

(C) 3

(D) 4

(E) 5

Verificar concordância: "Mesmo em circunstâncias externas adversas (...), o equilíbrio fiscal, ainda que precário, a "meta inflacionária" e o câmbio flexível foram **capazes** de isolar".

Gabarito "C".

(Fiscal de Tributos/PA – 2002 – ESAF) Assinale a opção que preenche corretamente as lacunas.

Pela primeira vez na história uma dúzia de países – sem guerra nem violência, somente com negociações e entendimento democrático – ______ parte essencial de sua soberania para ______ uma moeda única ______ ao bem-estar coletivo. ______ problemas no horizonte. Mas esse empreendimento admirável do Velho Mundo já está servindo aos interesses dos brasileiros.

(Luiz Felipe de Alencastro, **VEJA**, 16/01/2002, p.22.)

(A) abandonam – criarem – com o visto – A
(B) abandona – criar – visando – Há
(C) abandonaram – criarem – com vistas – A
(D) abandona – criarem – com vista – Haverão
(E) abandonam – criar – para visar – Haverão

"Pela primeira vez na história, uma dúzia de países (...) **abandona** [*verbo concorda com o sujeito 'uma dúzia de países'*] parte essencial de sua soberania para **criar** uma moeda única **visando** [*verbo* visar *no sentido de ter por fim ou* objetivo] ao bem-estar coletivo. **Há** [*o verbo* haver *no sentido de existir permanece sempre no singular, pois é impessoal*] problemas no horizonte. Mas esse empreendimento admirável do Velho Mundo já está servindo aos interesses dos brasileiros."

Gabarito "B".

(Técnico da Receita Federal – 2002.1 – ESAF) Marque a opção que preenche, com adequação semântica e correção gramatical, as lacunas do texto.

As populações sertanejas, desenvolvendo-se ____ da costa, _______ em pequenos núcleos _____ do deserto humano que é o __________ pastoril, conservaram muitos traços arcaicos. A eles acrescentaram diversas peculiaridades adaptativas ao meio e à função produtiva que exercem, ou decorrentes dos tipos de sociedade que desenvolveram. Contrastam flagrantemente em sua postura e em sua mentalidade _______ com as populações litorâneas, que _____ de intenso convívio social e se _______ em comunicação com o mundo.

(Adaptado de Darcy Ribeiro)

(A) isoladamente, concentradas, ao encontro, território, mística, gozam, mantém
(B) isolada, reunida, no meio do, espaço, fatalista, usufruem, mantém
(C) insuladas, agrupada, no fim do, sertão, tradicionalista, desfrutam, preservam
(D) afastada, distribuídas, ao redor, mundo, religiosa, desfrutam, estruturam
(E) isoladas, dispersas, ao longo, mediterrâneo, fatalista, gozam, mantêm

Os dois primeiros adjetivos devem estar no plural, pois estão ligados a um nome plural ("populações sertanejas"). Tendo essa informação, as alternativas B, C e D já foram eliminadas. A alternativa A é excluída ao observarmos o sujeito plural dos verbos *gozar* e *manter*. "As populações sertanejas, desenvolvendo-se **isoladas** [*adjetivo*] da costa, **dispersas** [*adjetivo*] em pequenos núcleos **ao longo** do deserto humano que é o **mediterrâneo** pastoril, conservaram muitos traços arcaicos. (...) Contrastam flagrantemente em sua postura e em sua mentalidade **fatalista** com as populações litorâneas, que **gozam** [*concorda com o sujeito: 'populações litorâneas'*] de intenso convívio social e se **mantêm** [*concorda com o sujeito: 'populações litorâneas'*] em comunicação com o mundo.

Gabarito "E".

(Técnico da Receita Federal – 2002.1 – ESAF) Assinale a opção em que o trecho foi transcrito de forma gramaticalmente correta.

(A) Além das atividades que caracterizam o estado clássico, liberal, temos uma série de outras atividades que lhes são exclusivas e que correspondem aos seus deveres como estado social.
(B) Em essência, são as atividades de formular políticas na área econômica e social e, em seguida, de realizar transferências para a educação, a saúde, a assistência social, a previdência social, entre outras, bem como para a defesa do meio ambiente, a proteção do patrimônio cultural e o estímulo às artes.
(C) Essas áreas não são intrinsecamente monopolistas ou exclusivas, mas, na prática, diante do volume das transferências de recursos orçamentários que envolve, são de fato responsabilidade exclusiva do estado.
(D) O principal argumento econômico que lhes justifica é o que mesmo se referindo a atividades que envolvem externalidades positivas importantes, não são devidamente remuneradas pelo mercado.
(E) O argumento ético para a participação do estado é o que são atividades que envolvem direitos humanos fundamentais que qualquer sociedade deve garantir à seus cidadãos.

(Luiz Carlos Bresser Pereira, com modificações)

A: há erro de concordância em "que lhes são exclusivas", pois o pronome *lhe* se refere a "estado". O correto seria "que lhe são exclusivas"; **C:** há erro de concordância em "recursos orçamentários envolve". O sujeito do verbo *envolver* é "essas áreas", portanto o verbo é flexionado no plural; **D:** o verbo *justificar* é transitivo direto. Deve-se substituir o pronome *lhes* antes do verbo por *as* ("as transparências"): "O principal argumento econômico que as justifica é que, mesmo se referindo a atividades que envolvem externalidades positivas importantes, [*essas áreas*] não são devidamente remuneradas pelo mercado."; **E:** eliminar o acento grave depois do verbo *garantir*, mantendo somente a preposição *a* ou combinando a preposição e o artigo masculino: "O argumento ético para a participação do estado é que são atividades que envolvem direitos humanos fundamentais que qualquer sociedade deve garantir **aos** seus cidadãos." Também eliminar o *o* que está entre a expressão expletiva *é que*.

Gabarito "B".

(Técnico da Receita Federal – 2002.1 – ESAF) Assinale a opção em que uma das duas possibilidades de redação está gramaticalmente <u>incorreta</u>.

(A) A economia americana sobreviveu a muitos percalços e, até o início da curta e moderada recessão, da qual parece começar a emergir, conheceu nove anos de uma das mais exuberantes expansões de sua história. / A economia americana sobreviveu a muitos percalços e conheceu nove anos de uma das mais exuberantes expansões de sua história até o início da curta e moderada recessão, de que parece começar a emergir.
(B) O professor Paul Kennedy, figura expressiva da "escola do declínio" na década de 80, confessa ter mudado de posição. Temia o pior em 1985, quando o esforço militar consumia 45% do PIB. / Figura expressiva da "escola do declínio" na década de 80, o professor Paul Kennedy confessa que mudou de posição. Temia o pior em 1985, quando o esforço militar consumia 45% do PIB.

(C) Pensa hoje que se tornou barato adquirir a hegemonia ao preço de 3,8% de PIB florescente e produtividade que permite encarar sem susto o momento próximo em que os EUA gastarão com a defesa US$ 1 bilhão por dia. / Seu pensamento hoje é esse: tornou-se barato adquirir a hegemonia ao preço de 3,8% de PIB florescente e produtividade que permite encarar sem susto o momento próximo em que os EUA gastarão com a defesa US$ 1 bilhão por dia.

(D) Não quer isso dizer que os americanos sejam onipotentes ou possam ignorar para sempre alguns ameaçadores desequilíbrios de sua economia e as reações do resto do mundo. / Não quer isso dizer que os americanos sejam onipotentes ou que alguns ameaçadores desequilíbrios de sua economia e as reações do resto do mundo possa por eles serem ignorados para sempre.

(E) Significa apenas reconhecer que a atual configuração do poder mundial está longe do declínio e que um país como os Estados Unidos tem uma extraordinária capacidade para recuperar-se de erros que para outros seriam provavelmente fatais. / Significa apenas o reconhecimento de que a atual configuração do poder mundial está longe do declínio e de que um país como os Estados Unidos tem uma extraordinária capacidade para recuperar-se de erros que para outros seriam provavelmente fatais.

(Itens adaptados de Rubens Ricupero)

Erro na concordância: "Não quer isso dizer que os americanos sejam onipotentes ou que alguns <u>ameaçadores desequilíbrios</u> de sua economia e as **<u>reações</u>** <u>do resto do mundo</u> **possam** [verbo concorda com o sujeito <u>sublinhado</u>] por eles serem **ignoradas** [reações] para sempre. Observar que, embora o gabarito oficial tenha marcado a alternativa D, a alternativa C apresenta incorretamente um elemento catafórico: "Seu pensamento hoje é **esse**: tornou-se" seria melhor "Seu pensamento hoje é **este**: tornou-se".

Gabarito "D".

(Técnico da Receita Federal – 2002.1 – ESAF) Em relação ao texto, assinale a opção em que a substituição sugerida exige transformações adicionais no texto para assegurar a correção gramatical.

> Admitir que a concentração sem precedentes de poder num só país está em vias de aumentar, não de diminuir, não pressupõe que se aprove tal tendência ou se desconheçam os riscos que encerra. Para comprovar isso, basta voltar à advertência dos próprios fundadores da república americana contra o perigo da acumulação de todos os poderes em uma só mão. Ou lembrar o aviso de Burke: "Quanto maior o poder, mais perigoso o abuso".

(Rubens Ricupero)

(A) "que se aprove"(l.3) por **seja aprovada**
(B) "tal tendência"(l.3 e 4) por **tais tendências**
(C) "se desconheçam"(l.4) por **sejam desconhecidos**
(D) "Para comprovar isso"(l.5) por **Para a comprovação disso**
(E) "voltar à"(l.5) por **retomar a**

A alteração sugerida exige transformações adicionais: "(...) não pressupõe que se <u>aprovem</u> **tais tendências**". *Tais tendências* é sujeito da passiva e, se estiver no plural, haverá a concordância do verbo (*aprovar*) também no plural.

Gabarito "B".

(Técnico da Receita Federal – 2002.1 – ESAF) Assinale a opção em que a substituição sugerida torna o texto <u>incorreto</u>.

> Keynes rejeitava Bentham e o utilitarismo. Professava a crença de que a sociedade e o indivíduo são produtos da tradição e da história. Isso não quer dizer que recusasse o projeto da modernidade, para ele indissociável da progressiva autonomia do indivíduo, entendida como a vitória da liberdade sobre a necessidade. A boa vida para todos só vai começar quando a arte e o conhecimento desinteressados expulsarem o egoísmo dos cuidados humanos. Não acreditava que essa promessa pudesse ser cumprida em uma sociedade individualista.

(Luiz Gonzaga Belluzzo)

(A) "Isso"(l.3) por **Tal assunção**
(B) "para ele"(l.5) por **o qual para ele era**
(C) "só vai começar"(l.8) por **somente vão estar começando**
(D) "Professava"(l.1 e 2) por **Adotava**
(E) "dos cuidados humanos"(l.10) por **das cogitações humanas**

"Keynes (...) **Adotava (D)** a crença de que a sociedade e o indivíduo são produtos da tradição e da história. **Tal assunção (A)** não quer dizer que recusasse o projeto da modernidade, **o qual para ele era (B)** indissociável da progressiva autonomia do indivíduo (...). A boa vida para todos **só vai começar (C)** [*não é possível a substituição sugerida, pois o verbo concorda com o sujeito que, nesse caso, é singular – 'boa vida'*] quando a arte e o conhecimento desinteressados expulsarem o egoísmo **das cogitações humanas (E)**. (...)"

Gabarito "C".

(Técnico da Receita Federal – 2002.1 – ESAF) Assinale a opção que corresponde a erro gramatical.

Keynes imaginava **que**(1) o controle de capitais **deveria ser**(2) "uma característica permanente da nova ordem econômica mundial". Uma instituição supranacional — um banco central dos bancos centrais — **seriam encarregados**(3) de executar a gestão "consciente e socialmente responsável" das necessidades de liquidez dos negócios internacionais e dos problemas de ajustamento do balanço de pagamentos **entre** (4) países tanto superavitários **como**(5) deficitários.

(Luiz Gonzaga Belluzzo, com modificações)

(A) 1
(B) 2
(C) 3
(D) 4
(E) 5

Concordância entre sujeito e verbo: "Uma **instituição supranacional** — um banco central dos bancos centrais — **seria encarregada**".

Gabarito "C".

(Técnico da Receita Federal – 2002.1 – ESAF) Assinale a opção que corresponde a erro gramatical.

A história política e econômica do planeta, desde meados da década de 70, **vêm registrando**(1) – na contramão da proposta keynesiana – uma intensificação das pressões para a liberalização das contas de capital e para a desregulamentação financeira. E ainda pior, a utopia do Estado racional **transfigurou-se**(2) no pesadelo do Estado **plutocrático**(3), arena onde as gangues privadas **se engalfinham**(4) para **impor**(5) seus interesses.

(Luiz Gonzaga Belluzzo, com modificações)

(A) 1
(B) 2
(C) 3
(D) 4
(E) 5

Concordância entre sujeito e verbo: "**A história** política e econômica do planeta, desde meados da década de 70, **vem registrando**".

Gabarito "A".

(Técnico da Receita Federal – 2002.1 – ESAF)

O CPF é hoje um dos documentos mais utilizados no Brasil. Foi criado em 1965, com o objetivo de identificar o contribuinte – pessoa física – perante a Secretaria da Receita Federal e para que ela tivesse um maior controle dos contribuintes brasileiros. Com o passar do tempo, instituições financeiras e o comércio passaram a exigir o número do documento para fazer várias operações, como financiamentos, por exemplo. Enquanto o CPF é uma forma de identificação do contribuinte, a carteira de identidade tem a finalidade de identificar o cidadão por meio da Secretaria de Segurança Pública.

(**Correio Braziliense**, 16/2/2002, com adaptações.)

Assinale a opção correta a respeito do emprego das palavras e expressões no texto.

(A) A preposição "com"(l.3) agrega ao substantivo "objetivo" uma ideia de modo, como na expressão **com vagar**.
(B) A preposição "para"(l.5), na sentença em que ocorre, introduz um julgamento, uma opinião.
(C) O emprego do infinitivo flexionado, **fazerem**, no lugar de "fazer"(l.9) mantém a coerência textual e a correção gramatical.
(D) A preposição **de,** em "controle dos contribuintes" (l.6), estabelece entre os nomes que liga uma relação semântica correspondente a **os contribuintes que controlam**.
(E) O valor semântico do conectivo "Enquanto" (l.11) corresponde ao de uma conjunção alternativa.

Na oração "instituições financeiras e o comércio passaram a exigir o número do documento **para fazer/para fazerem** várias operações", o infinitivo sem flexão faz com que nossa atenção se volte para a ação verbal. Já a flexão dá ênfase à pessoa do sujeito. As duas formas são aceitas.

Gabarito "C".

(Técnico da Receita Federal – 2002.1 – ESAF) Na próxima questão, marque o segmento do texto que foi transcrito com erro gramatical.

(A) O que dizer de uma sociedade em que o padrão perverso passa a ser a regra do jogo chancelada socialmente? À nossa volta, o fantasma da fome suplicia diariamente milhões de corpos.
(B) O sistema de saúde pública está falido. São cada vez maiores os contingentes humanos que se amontoam nas ruas e praças. A desnutrição compromete definitivamente o desenvolvimento afetivo e intelectual (para não dizer físico) das pessoas.
(C) A violência, sobretudo a do Estado, se dirige prioritariamente contra as camadas mais pobres e desprotegidas da sociedade. A prostituição infantil se alastra, assim como o consumo da droga entre as crianças.
(D) Tudo isso enquanto a cada dia se ergue mais lojas de luxo, a corrupção e a impunidade proliferam-se como ideologia – e pior, de multidão de adeptos – e os meios de comunicação incentivam o hedonismo desenfreado.
(E) Quando se chega a um estado de coisas como esse, quando a desgraça humana é encarada apenas como um aspecto repulsivo do espetáculo do mundo, quando os valores perdem consistência e credibilidade, é hora de convocar a ética para o centro dos debates.

(Ari Roitman, *O desafio ético*, com adaptações.)

"Tudo isso enquanto a cada dia se [*pronome apassivador*] **erguem** [*verbo concorda com o sujeito passivo 'lojas de luxo'*] mais **lojas de luxo**, a corrupção e a impunidade proliferam-se como ideologia – e pior, de multidão de adeptos – e os meios de comunicação incentivam o hedonismo desenfreado."

Gabarito "D".

(Técnico da Receita Federal – 2002.1 – ESAF) Na próxima questão, marque o segmento do texto que foi transcrito com erro gramatical.

(A) A arborização urbana caracteriza-se pela plantação de árvores de porte em praças, parques e nas calçadas de vias públicas, como avenidas e alamedas, e constitui uma das mais relevantes atividades da gestão urbana, devendo fazer parte dos planos, programas e projetos urbanísticos das cidades.
(B) Todo o complexo arbóreo de uma cidade, quer seja plantada ou natural, compõem, em termos globais, a sua área verde.
(C) Todavia, costuma-se excluir a arborização ao longo das vias públicas como integrante de sua área verde, por ser considerada acessória e ter objetivos distintos, já que as áreas verdes são

destinadas, principalmente, à recreação e ao lazer, e aquela tem finalidade estética, de ornamentação e sombreamento.

(D) Deve-se isso também ao fato de que a legislação de uso e parcelamento do solo obriga os loteamentos a destinarem apenas uma área verde para praças, silenciando-se sobre a arborização das ruas.

(E) Outros ainda afirmam que a falta de permeabilidade em vista das calçadas descaracteriza essa forma de arborização como área verde.

(Baseado em Antônio Silveira Ribeiro dos Santos)

"**Todo o complexo arbóreo de uma cidade**, quer seja plantada ou natural, **compõe** [*o verbo concorda com o sujeito singular 'complexo arbóreo'*], em termos globais, a sua área verde."

Gabarito "B".

Nas duas questões seguintes, indique o item que caracteriza erro gramatical ou impropriedade vocabular

(Textos adaptados da Revista **VEJA**, *edição 1735)*

(Técnico da Receita Federal – 2002.1 – ESAF) Metade dos miseráveis brasileiros **vive**(A) no Nordeste, geralmente na zona rural de cidades muito pequenas. **Nesses**(B) **bolsões**(C) de pobreza, assolados pela seca, falta comida e não há trabalho para **todo mundo**(D). Em muitos casos, a única fonte de rendimentos das famílias **provêm**(E) da venda de ossos aos comerciantes, que usam o "produto" como matéria-prima de ração de animais.

(A) A
(B) B
(C) C
(D) D
(E) E

"Em muitos casos, **a única fonte** de rendimentos das famílias **provém** [*verbo no singular concorda com o sujeito no singular 'única fonte'*] da venda de ossos aos comerciantes, que usam o 'produto' como matéria-prima de ração de animais."

Gabarito "E".

(Técnico da Receita Federal – 2002.1 – ESAF) O Brasil gasta 21% do **produto interno bruto**(A) na área social, mas os pobres ficam com a menor fatia **desse**(B) dinheiro. Os 10% mais ricos **recebem**(C) quase a metade dos recursos distribuídos entre os aposentados. Cerca de 60% do gasto com educação **financia**(D) as universidades do governo, onde estudam os integrantes do topo da pirâmide. Só 2% das despesas sociais **é destinado**(E) a investimentos em saneamento básico.

(A) A
(B) B
(C) C
(D) D
(E) E

A concordância (E) pode ser feita com "2%" (*são destinados*) ou "despesas sociais" (*são destinadas*). Nesse caso, sempre no plural.

Gabarito "E".

Leia o texto a seguir para responder a próxima questão.

No passado, para garantir o sucesso de um filho ou de uma filha, bastava conseguir que eles tirassem um diploma de curso superior. Uma vez formados, seriam automaticamente chamados de "doutor" e teriam um salário de classe média para o resto da vida. De uns anos para cá, essa fórmula não funciona mais. Quem pretende garantir o futuro dos filhos, além do curso superior, terá de lhes arrumar um capital inicial. Esse capital deverá ser suficiente para o investimento que gerará um emprego para seu filho. Todo emprego requer investimentos prévios, algo óbvio mas esquecido por nossos políticos e governantes.

(Stephen Kanitz, **VEJA**, 5/6/2002, com adaptações)

(Técnico da Receita Federal – 2002.2 – ESAF) O texto apresenta dois grupos de formas verbais: um expressa situações ligadas ao passado; outro, ao presente. Marque a opção em que a substituição proposta para a forma verbal provoca erro gramatical ou desrespeita as relações temporais do texto.

(A) "seriam"(l.4) > eram
(B) "teriam"(l.5) > tinham
(C) "funciona"(l.7) > tem funcionado
(D) "pretende"(l.8) > pretendia
(E) "terá"(l.9) > tem

A: "Uma vez formados, seriam/eram automaticamente doutores"; **B:** "e teriam/tinham um salário de classe média"; **C:** "essa fórmula não funciona/tem funcionado mais"; **D:** o verbo no presente "pretende" não pode ser alterado pelo verbo no pretérito imperfeito "pretendia" sem que sejam desrespeitadas as relações temporais do texto. O período "De uns anos para cá, essa fórmula não funciona mais." determina o término das inserções sobre o passado. A partir desse período, é do presente que será falado; **E:** "Quem pretende garantir o futuro dos filhos (...) terá/tem de lhes arrumar um capital inicial."

Gabarito "D".

(Técnico da Receita Federal – 2002.2 – ESAF) Considerando que os trechos abaixo constituem um texto retirado – com adaptações – de **ÉPOCA**, 17/12/2001, assinale o item que foi transcrito com erro de natureza gramatical.

(A) Nesta quarta-feira, o Presidente Fernando Henrique Cardoso anuncia um pacote com a política federal de cotas para negros. O pacote é composto de três medidas:

(B) empresas que prestam serviço ao Ministério da Justiça ficam obrigados a manter 20% de funcionários negros; para os outros ministérios, a medida é estimulada, mas não obrigatória.

(C) cria-se um programa especial para auxiliar os negros a seguir carreira diplomática;

(D) 20% dos cargos sem concurso da Administração Federal ficam reservados para negros;

(E) Há razões para que as medidas sejam bem recebidas. Elas certamente abrirão espaço para que o Brasil debata uma questão necessária.

Observar a concordância: "empresas [*palavra feminina*] que prestam serviço ao Ministério da Justiça ficam obrigadas [*obrigadas concorda com o substantivo feminino plural 'empresas'*] a manter".

Gabarito "B".

(Técnico da Receita Federal – 2002.2 – ESAF) Assinale a opção que, ao completar o texto abaixo, deixa-o gramaticalmente correto. ________ nos dedos servidores públicos, ______do Executivo, do Legislativo ou do Judiciário, que________ em exercício até os 70 anos de idade. Os que existem continuam no serviço público ________ – e enquanto – exercem cargo comissionado, o que ________ retribuição bem superior ______ de seu cargo efetivo.

(Hugo C. Melo Filho, **Correio Braziliense**, 29/07/2002, com adaptações)

(A) Conta-se / sejam / permaneça / por que / lhe garante / à

(B) Contam-se / sejam / permaneçam / por que / garante-lhes / ao

(C) Conta-se / seja / permanecem / por que / garante-lhe / a

(D) Contam-se / seja / permanece / porque / garante-lhes / ao

(E) Contam-se / sejam / permanecem / porque / lhes garante / à

1ª lacuna: sujeito da passiva no plural, verbo no plural. O *se* é partícula apassivadora: "**Contam-se** nos dedos servidores públicos" (*excluídas as alternativas A e C*); 2ª lacuna: o verbo *ser* está usado do sentido de "fazer parte". O sujeito é *servidores públicos*, logo o verbo é plural: "**sejam** do Executivo, do Legislativo ou do Judiciário" (*excluída a alternativa D*); 3ª lacuna: o verbo no presente do indicativo denota uma ação que ocorre habitualmente. O verbo tem que estar no plural, pois se refere a *servidores públicos*: "que permanecem em exercício até os 70 anos de idade." (*excluídas as alternativas A, B e D*); 4ª lacuna: uso da conjunção explicativa. Nesse caso a palavra porque é junta e sem acento: "Os que existem continuam no serviço público **porque** – e enquanto – exercem cargo comissionado" (*excluída a alternativa B*); 5ª lacuna: O verbo transitivo direto e indireto *garantir* tem como objeto indireto o pronome oblíquo *lhes*, no plural, pois se refere a *servidores*. Esse pronome oblíquo é atraído pelo *que* – dá-se a próclise: "que **lhes garante** retribuição" (*excluídas as alternativas A, B, C e D*); 6ª lacuna: a palavra regente *superior* exige preposição *a*. Há omissão da palavra subentendida regida (*retribuição*) que permite o artigo *a*: "retribuição bem superior **à** de seu cargo efetivo." (*excluídas as alternativas B, C e* D).

Gabarito "E".

(Agente Tributário Estadual/MS – 2001 – ESAF) Assinale a opção sintaticamente correta.

(A) Durante os setenta anos da história imperial brasileira, o velho sonho do paraíso, que alimentou a vontade dos primeiros colonizados, foram sendo substituídos pela utopia da "modernização", uma idealização explícita do modelo socieconômico das potências da Europa do norte, e mais tarde do modelo da sociedade norte-americana.

(B) Até a crise mundial de 1930, o país foi fiel ao livre cambismo e seguiu uma trajetória de crescimento e modernização restrita as suas áreas exportadoras.

(C) O Brasil não era um domínio da Inglaterra (como o Canadá, a Austrália e a Nova Zelândia), mas estava submetido ao seu sistema monetário e financeiro e à Doutrina Monroe, que foi formulada, de fato, por Castlereagh, ministro de Relações Exteriores inglês.

(D) Mais tarde, no período da transição para a hegemonia norte-americana, o país foi forçado a adotar uma posição defensiva, começando o caminho de construção de uma economia nacional de que só consolidou depois da Segunda Guerra Mundial.

(E) O Brasil não ocupou posição relevante na geo-política da Guerra Fria, embora manteve um alinhamento quase automático com a política internacional norte-americana, ocupando, durante esse período, a posição de principal sócio econômico dos Estados Unidos na periferia sul-americana.

(José Luís Fiori, Um país ao sul dos impérios, **Correio Braziliense**, 22/07/2001)

A: concordância entre o sujeito e o verbo: "(...) o **velho sonho** (...) **foi** sendo substituído"; **B:** o período está incorreto. As redações possíveis seriam: "**restrita às** suas áreas exportadoras" ou "restrita a suas áreas exportadoras"; **C:** o período está correto; **D:** regência verbal. O verbo *consolidar* na acepção de se tornar estável é transitivo direto e pronominal: "(...) construção de uma economia nacional que só **se consolidou** depois da Segunda Guerra Mundial."; **E:** os verbos da oração principal (verbo *ocupar*) e da oração iniciada pela conjunção subordinativa *embora* (verbo *manter*) não podem ser conjugados no mesmo tempo, pois as duas orações não estão no mesmo modo verbal: "O Brasil não **ocupou** [*verbo no pretérito perfeito do indicativo*] (...), embora **tenha mantido** [*verbo no pretérito perfeito do subjuntivo*]".

Gabarito "C".

(Agente Tributário Estadual/MS – 2001 – ESAF) Marque o item em que uma das sentenças está gramaticalmente mal formada.

É vedado à Administração Tributária:

(A) exigir tributo não previsto neste Código / exigir tributo que não esteja previsto neste Código.

(B) aumentar tributo sem que a lei o estabeleça / aumentar tributos sem que a lei os estabeleçam.

(C) cobrar tributos relativos a fatos geradores ocorridos antes do início deste Código ou de outra lei que os instituir ou aumentar / cobrar tributos relativos a fatos geradores ocorridos antes do início deste Código ou de outra lei que os institua ou aumente.

(D) cobrar tributos no mesmo exercício financeiro em que haja sido publicada a lei que os instituiu ou aumentou / cobrar tributos no mesmo exercício financeiro em que tenha sido publicada a lei que os instituiu ou aumentou.

(E) estabelecer diferença tributária entre bens e serviços de qualquer natureza, em razão de sua procedência ou destino / estabelecer diferença tributária entre bens e serviços de quaisquer naturezas, em razão de sua procedência ou destino.

O sujeito do verbo *estabelecer* é *lei*. Desse modo, somente se o sujeito fosse para o plural é que o verbo iria para o plural. Na segunda redação ("aumentar tributos sem que a lei os estabeleçam") somente o objeto representado pelo pronome oblíquo átono *o* foi para o plural. O verbo acompanha o sujeito e não os objetos. A redação correta seria: "aumentar tributos sem que a lei os estabeleça".

Gabarito "B".

(Agente Tributário Estadual/MS – 2001 – ESAF) Assinale a opção em que o texto foi transcrito com erro de concordância.

(A) Seja qual for a forma adotada para controle global sobre as forças globais, não pode ser uma cópia ampliada das instituições democráticas desenvolvidas nos primeiros séculos da história contemporânea.

(B) Tais instituições se fizeram na medida do Estado nacional – que era então a totalidade social maior – e são particularmente pouco aptas para ampliação em uma escala global.

(C) O Estado nacional também não era uma hipérbole dos mecanismos comunitários, mas, pelo contrário, era o produto final de formas radicalmente novas de convivência humana, assim como a solidariedade social.

(D) O Estado nacional, que finalmente proporcionou a tão procurada resposta aos desafios da "primeira secessão", surgiram apesar dos obstinados defensores das tradições comunitárias e mediante progressiva erosão das já débeis e diminutas soberanias locais.

(E) Toda resposta eficaz à globalização não pode ser nada além de global. E o destino de semelhante resposta global depende de que surja e tome corpo um âmbito político global, entendido como algo distinto de "internacional".

(Zygmunt Bauman, O desafio ético da globalização, **Correio Braziliense**, 21/07/2001.)

O sujeito simples do verbo *surgir* é *Estado nacional*. O sujeito e o verbo estão distantes, pois há uma oração intercalada entre eles. Essa oração intercalada pode confundir o leitor. Lembrar que o verbo concorda sempre com o sujeito. A redação correta seria: "**O Estado nacional**, que finalmente proporcionou a tão procurada resposta aos desafios da 'primeira secessão', **surgiu** apesar (...)".

Gabarito "D".

(Agente Tributário Estadual/MS – 2001 – ESAF) Três fatores condicionam hoje <u>o panorama nacional:</u>(A) a crise argentina, a crise de energia e as incertezas políticas. A persistência <u>desses</u>(B) quadros <u>reduzem</u>(C) o ritmo de crescimento do país <u>de 4% para cerca de 2% ao ano</u>(D) e deixa o mercado cambial mais <u>instável</u>(E).

(Geraldo Carbone, adaptado)

(A) A
(B) B
(C) C
(D) D
(E) E

O verbo *reduzir* deve concordar no singular com seu sujeito que é "A persistência": "A persistência desses quadros reduz o ritmo".

Gabarito "C".

6. PONTUAÇÃO

(Auditor Fiscal da Receita Federal – 2010 – ESAF) Assinale a opção correta em relação ao emprego dos sinais de pontuação no texto abaixo.

A Conferência de Copenhague será a 15ª dos países que integram a Convenção do Clima, de 1992. É o prazo final para que se adote um tratado substituto ao Protocolo de Kyoto (1997), (1) que fracassou no objetivo de reduzir a poluição aceleradora do aquecimento global. Teme-se que Copenhague fique aquém do que seria necessário para sanar as deficiências de Kyoto.

Em causa estão emissões dos gases do efeito estufa, como o CO2. Eles são produzidos por vários setores: (2) energia, (3) indústria, (3) transportes, (3) agricultura e desmatamento, entre os principais. Os compostos engrossam um cobertor invisível na atmosfera, (4) aquecendo-a globalmente.

A temperatura média já se elevou 0,7ºC em dois séculos. Para evitar que ultrapasse a barreira dos 2ºC, (5) considerada perigosa para a estabilidade do clima planetário, (5) pesquisadores estimam que seria preciso cortar até 40% das emissões antes do ano 2020.

(**Folha de S. Paulo**, Editorial, 31/8/2009.)

(A) (1) O emprego de vírgula se justifica porque isola oração subordinada adjetiva restritiva.

(B) (2) O emprego de sinal de dois-pontos justifica-se porque antecede citação de discurso alheio ao do autor do texto.

(C) (5) O emprego de vírgulas se justifica para isolar oração subordinada reduzida de gerúndio.

(D) (4) O uso de vírgula se justifica para isolar expressão apositiva.

(E) (3) As vírgulas se justificam porque isolam elementos de mesma função sintática componentes de uma enumeração.

A: oração subordinada explicativa; **B:** o sinal de dois-pontos inicia uma enumeração; **C:** as vírgulas se justificam para isolar uma oração intercalada; **D:** a vírgula isola a oração subordinada reduzida de gerúndio.

Gabarito "E".

(Auditor Fiscal da Receita Federal – 2010 – ESAF) Os trechos abaixo foram adaptados do Editorial do *Correio Braziliense* de 18/8/2009. Assinale a opção em que o segmento apresenta erro de emprego dos sinais de pontuação.

(A) Um dos agravantes é a falta de experiências bem-sucedidas e replicáveis Brasil afora, além da ausência de um marco regulatório que estabeleça não apenas responsabilidades, como também padrões mínimos a serem observados na destinação do lixo pelas autoridades regionais e municipais.

(B) O que fazer com essa perigosa montanha de sujeira é um desafio que, assim como ocorre nos países mais desenvolvidos, a sociedade brasileira precisa enfrentar e resolver o quanto antes.

(C) Os brasileiros produzem 43 milhões de toneladas de lixo por ano. Isso quer dizer, que todos os dias são retiradas 150 mil toneladas de restos, embalagens e dejetos das casas, ruas e avenidas em todo o país.

(D) Depois de quase 20 anos de debates e embates entre interesses divergentes, o país caminha para superar essa deficiência e, em breve, poderá contar com uma legislação federal que estabeleça diretriz a ser seguida em todo o território nacional.

(E) Já é hora de cada um dos que se dizem adeptos da preservação ambiental deixar de atirar lixo pela janela do carro ou de despejar suas sobras no lote vago do vizinho. Afinal, mais do que um modismo, o compromisso com a ecologia precisa ir além do discurso; requer atitude de cada um e o envolvimento de todos.

As vírgulas isolam o adjunto adverbial deslocado: "Isso quer dizer que, todos os dias, são retiradas".

Gabarito "C".

(Auditor Fiscal do Trabalho – 2010 – ESAF) Em relação aos elementos do texto, assinale a opção correta.

O presidente do Banco Central Europeu (BCE), Jean-Claude Trichet, ao anunciar que a taxa básica do BCE não seria mudada, alertou os governos da União Europeia sobre o déficit crescente das contas públicas, um perigo para a economia, pois enfraquece o crescimento na zona do euro. A advertência vale para o Brasil, embora as causas do nosso déficit sejam diferentes das da União Europeia.

A crise que se iniciou em 2008 nos EUA para depois atingir todas as economias, no quadro da globalização, ao contrário da de 1929, levou os governos a optarem pela intervenção pública para salvar o sistema bancário e para dar um impulso à economia. Isso se traduziu como forte pressão sobre as finanças públicas, que estão acusando déficits muito elevados.

(*O Estado de S. Paulo*, 16/01/2010.)

(A) O nome próprio "Jean-Claude Trichet" está entre vírgulas por tratar-se de um vocativo.

(B) Mantém-se a correção gramatical do período e as informações originais ao se substituir "embora" (l.7) por qualquer um dos seguintes termos: conquanto, se bem que, apesar de que, contanto que, consoante.

(C) A preposição para em "para depois atingir" (l.9 e 10) tem a mesma função significativa que nas ocorrências "para salvar o sistema bancário"(l.12) e "para dar um impulso "(l.13).

(D) A substituição de "se traduziu" (l.13) por foi traduzido prejudica a correção gramatical do período.

(E) A palavra "acusando" (l.15) está sendo empregada com a acepção de indicando, mostrando, revelando.

A: o nome próprio está entre vírgulas por se tratar de um aposto; **B:** a conjunção *embora* pode ser substituída por qualquer outra concessiva (*conquanto, ainda que, posto que, se bem que* etc.); **C:** nas linhas 12 e 13 a preposição para tem ideia de finalidade. Já nas linhas 9 e 10 a ideia é de intenção; **D:** é possível a alteração de "se traduziu" para "foi traduzido" sem que haja alterações sintático-semânticas. **E:** assertiva correta.

Gabarito "E".

(Auditor Fiscal/CE – 2006 – ESAF) Os fragmentos a seguir reproduzem parcialmente o texto de um recurso contra a avaliação de uma prova discursiva. Assinale o fragmento que respeita integralmente as normas do padrão formal escrito da língua portuguesa.

(A) Nos termos do Edital n. xx, de 15 de fevereiro de 2006, e do item 4.2 do Edital n. yy, de 12 de dezembro de 2005, dirijo-me, mui respeitosamente, à nobre Banca Examinadora do concurso, para recorrer, tempestivamente, da nota atribuída à prova dissertativa da Fase 2 no tocante ao uso do idioma.

(B) Não entendi a nota que tirei. Colegas erraram mais do que eu e não tiraram nota tão baixa. Eu escrevo há muito tempo, escrevo bem! É o que todo mundo diz, e não coaduna com meu conhecimento da língua portuguesa ter uma nota de português inferior à média.

(C) Por não ser divulgado os critérios de desconto por erro encontrado, supõe o candidato que a nobre Banca na aplicação das penalidades dos erros considera a natureza e a gravidade deste no conjunto de toda a dissertação.

(D) Diante disso, requeiro seja revisto os valores retirados pelos erros apontados no segundo e terceiro parágrafo da dissertação, que não podem ser tão graves a ponto de retirar da nota penalização tão alta de dois pontos e meio.

(E) Pelo exposto, a exceção dos erros que concorda o candidato, ele atendeu devidamente a todas as outras exigências da norma culta da língua portuguesa, portanto bem como as relativas à adequação ao tema, coerência, coesão, pertinência argumentativa, adequação vocabular, pelo que merece ter sua nota aumentada.

A: assertiva correta; **B:** não se usa a vírgula antes da conjunção e quando essa tem sentido de adição; **C:** "Por não serem divulgados os critérios (...) a Banca na aplicação das penalidades dos erros considera a natureza e a gravidade destes"; **D:** verificar a concordância: "requeiro que sejam [plural] revistos [*plural*] os [*plural*] valores [*plural*] retirados pelos erros apontados no segundo e terceiro parágrafos [*plural*]". A argumentação diz: "retirar da nota penalização tão alta" parece indicar exclusão da penalidade, mas a intenção do autor é dizer que os erros não podem implicar penalização tão alta; **E:** na primeira oração dessa assertiva, o verbo regente *concordar* exige preposição *com*: "a exceção dos erros com os quais concorda o candidato". A conjunção *portanto* deve ser excluída, pois não cabe seu uso nessa oração. Seria melhor: "bem como as relativas à adequação".

Gabarito "A".

Para responder às duas questões a seguir, considere o trecho transcrito abaixo.

O próximo dia 27 é uma data que está sendo comemorada em todo o mundo. Há 250 anos nascia em Salzburg, na Áustria, Joannes Theophilus Mozart. Não é por esse nome que ele ficou conhecido. Joannes deu lugar a Wolfgang e quanto a Theophilus, nome grego que significa "amor de Deus", foi substituído, pelo próprio Mozart, por Amadé ou Amadeus – esse, o título da famosa peça de Peter Schaffer, mais tarde transformada em filme por Milos Forman. Tratava-se de uma família musical: o pai, Leopold, era exímio violinista, a irmã, mais velha, Nannerl, tocava cravo. Mas talentoso era mesmo Wolfgang, e talento precoce. Aos quatro anos, também tocava cravo, e depois órgão, piano e violino. Aos cinco anos, compôs um concerto para cravo de incrível complexidade. Leopold não perdeu tempo; organizou um conjunto musical que viajou por vários países da Europa, sempre com bons cachês. Aos 10 anos, Wolfgang já era famoso. Jovem, passou a viajar sozinho.

(Moacyr Scliar, "Mozart: anjo ou demônio?", *Correio Braziliense*, 20 jan. 2006, C-6)

(Analista – ANEEL – 2006 – ESAF) Assinale a opção que contém a única asserção correta sobre os sinais de pontuação empregados no texto.

(A) É a mesma a regra gramatical que exige o emprego da dupla vírgula em "Leopold" (ℓ.10), "a irmã" (ℓ.11) e "Nannerl" (ℓ.11).

(B) Responde às mesmas circunstâncias morfossintáticas o emprego da vírgula nos três adjuntos adverbiais: "na Áustria" (ℓ.3) "Aos quatro anos" (ℓ.13) e "Aos cinco anos" (ℓ.14).

(C) A dupla vírgula que isola o agente da passiva "pelo próprio Mozart" (ℓ.7) poderia ser suprimida, sem dano à correção do período sintático em que se encontra.

(D) A vírgula antes do "e", no período "Mas talentoso era mesmo Wolfgang, e talento precoce" (ℓ.12) é facultativa, uma vez que tem seu emprego justificado por razões estilísticas.

(E) A vírgula após o adjunto adnominal "Jovem" (ℓ.18) é de rigor, por vir tal adjunto antecipado, deslocado para a posição inicial do período.

(Pontuação) A: As vírgulas que isolam o termo "Leopold" são obrigatórias por se tratar de um aposto, assim como o termo "Nannerl" vem isolado por essa razão. Já "a irmã" não é um termo isolado por vírgulas: a que o precede é usada para indicar a enumeração dos membros da família. A posterior isola o aposto "mais velha"; **B:** A circunstância expressa pela locução adverbial "na Áustria" é de lugar, enquanto as outras duas expressam circunstância de tempo. O uso da vírgula para isolar expressões de tempo e espaço deslocadas ao início da oração é adequado nos três casos; **C:** O agente da passiva (quem substitui um nome por outro) é isolado por vírgulas num recurso de ênfase. A gramática não exige as vírgulas e não seria prejudicada por sua ausência; **D:** Apesar de a vírgula ter função estilística, sua retirada causaria menos impacto da informação. O fato de Mozart ser um talento precoce é relevante na construção do sentido do texto e seu destaque essencial para função argumentativa; **E:** O termo "jovem" cumpre função de adjunto adverbial de tempo, pois indica quando Mozart passou a viajar sozinho. Toda expressão de tempo, quando deslocada ao início da oração, deve vir isolada por vírgulas.

Gabarito "C".

(Analista – ANEEL – 2006 – ESAF) Assinale a opção que contém asserção correta sobre os sinais de pontuação empregados no texto.

(A) Um dos casos em que se empregam as aspas é para indicar a significação de uma palavra ou expressão. É esse motivo que justifica o emprego das aspas em "amor de Deus" (ℓ.6).

(B) Nas linhas 5 e 6, a expressão "nome grego que significa 'amor de Deus'" está separada por vírgulas por ser um aposto.

(C) O ponto e vírgula empregado na linha 16 poderia ser substituído, com correção gramatical, por um desses sinais: ponto-final (passando-se a letra inicial de "organizou" para maiúscula), dois-pontos e travessão.

(D) No lugar dos dois-pontos da linha 10, o autor poderia ter optado por empregar o ponto-final. Tal opção também manteria a correção gramatical do texto e não alteraria o sentido original do texto.

(E) A vírgula após a palavra "irmã" (ℓ.11) poderia ser retirada, sem que isso resultasse em alteração do sentido original do texto ou em incorreção gramatical.

(Pontuação) A: incorreta, pois o uso das aspas é facultativo, não é necessário que o significado do termo venha entre aspas, especialmente quando está introduzido pelo verbo "significa", as aspas servem unicamente para ressaltar a expressão dentro do contexto; B. incorreta, pois a presença do verbo no trecho entre vírgulas faz com que o trecho seja uma oração. Aposto é um termo que compõem uma oração centrada em torno de um único verbo. "nome grego" serve como aposto do nome Theophilus, mas a presença de uma oração subordinada adjetiva, que completa o sentido do termo "nome grego", invalida a resposta do item; **C:** correta, pois o trecho subsequente à pontuação tem valor de explicação e a alteração da pontuação muda a ênfase dada à expressão, mas não altera gramaticalmente o texto, se observadas as correções propostas; **D:** incorreta, pois a alteração por ponto-final só estaria gramaticalmente correta se a letra inicial "o" fosse grafada em maiúscula; **E:** incorreta, pois a vírgula isolando o termo dá ênfase à expressão "mais velha", colocando-o como aposto do termo "irmã. A ausência das vírgulas transformaria o termo em adjunto adnominal, mas não alteraria o sentido ou influiria na correção gramatical do texto.

Gabarito "C".

(Auditor Fiscal/CE – 2006 – ESAF) Assinale o trecho inteiramente correto quanto à pontuação, grafia e estruturação morfossintática.

(A) Estou falando de educação, como prioridade nacional. Educação que concorra para a democratização da sociedade. Educação como meta estratégica do governo. E isso, evidentemente, não existe no Brasil. Pelo contrário, em vez de escola pública de boa qualidade para todos, há um investimento massivo em cursos superiores que acaba não alcançando seus objetivos educacionais.

(B) Estou falando de educação como prioridade nacional: educação que concorra para a democratização da sociedade, que seja meta estratégica do governo. Evidentemente, isso não existe no Brasil. Pelo contrário: ao invez de escola pública de boa qualidade para todos, há um investimento maciço em cursos superiores, os quais, acabam não alcançando seus objetivos educacionais.

(C) Estou falando de educação como prioridade nacional – educação que concorra para a democratização da sociedade, educação como meta estratégica do governo. E isso, evidentemente, não existe no Brasil. Pelo contrário. Em vez, de escola pública de boa qualidade para todos, há um investimento massiço em cursos superiores que acabam não alcançando seus objetivos educacionais.

(D) Estou falando de educação como prioridade nacional, educação, que concorra para a democratização da sociedade, educação, como meta estratégica do governo – o que, evidentemente, não existe no Brasil. Pelo contrário, em vez de escola pública de boa qualidade para todos há um investimento em massa em cursos superiores dos quais acabam não alcançando seus objetivos educacionais.

(E) Estou falando de educação como prioridade nacional, educação que concorra para a democratização da sociedade. Educação como meta estratégica do governo. E isso não existe no Brasil, evidentemente. Pelo contrário, em vez de escola pública de boa qualidade para todos há um forte investimento em cursos superiores que acabam não alcançando seus objetivos educacionais.

(Jaime Pinsky. O Japão não é aqui. **Correio Braziliense**, 17/9/2006, 17, com adaptações.)

A: "Estou falando de educação [*sem vírgula*] como prioridade nacional."; **B:** "Pelo contrário: em vez [*ao invés* deve ser usado com termos claramente antagônicos] de escola pública de boa qualidade para todos, há um investimento maciço em cursos superiores, os quais [*sem vírgula*] acabam não alcançando"; **C:** "Em vez [*sem vírgula*] de escola pública de boa qualidade para todos, há um investimento maciço [*ortografia*] em cursos superiores que acabam não alcançando seus objetivos educacionais."; **D:** "Estou falando de educação como prioridade nacional, educação [*sem vírgula*] que concorra para a democratização da sociedade, educação [*sem vírgula*] como meta estratégica do governo – o que, evidentemente, não existe no Brasil. Pelo contrário, em vez de escola pública de boa qualidade para todos há um investimento em massa em cursos superiores, [*vírgula*] os quais acabam não alcançando seus objetivos educacionais."; **E:** assertiva correta.

Gabarito "E".

(Auditor Fiscal/CE – 2006 – ESAF) Foram introduzidos erros morfossintáticos, de pontuação e/ou de falta de paralelismo em artigos do Estatuto dos Funcionários Públicos Civis do Estado do Ceará. Assinale o único artigo inteiramente correto.

(A) Os deveres do funcionário são gerais, quando fixados neste Estatuto e legislação complementar, e especiais, cujos são as peculiaridades das atribuições funcionais.

(B) É dever de o funcionário levar, por escrito, ao conhecimento da autoridade superior irregularidades administrativas que tiver ciência em razão do cargo que ocupa, ou da função que exerça.

(C) Deve o funcionário guardar sigilo sobre a documentação e os assuntos de natureza reservada que tem conhecimento em razão do cargo que ocupa, ou da função que exerce.

(D) É dever de o funcionário atender, nos prazos que lhe for definido por lei ou regulamento, os requerimentos de certidões para defesa de direitos e esclarecimentos de situações.

(E) Deve o funcionário atender, prontamente, e na medida de sua competência, os pedidos de informação do Poder Legislativo e às requisições do Poder Judiciário.

(http://www.al.ce.gov.br/publicacoes/estatutocivis/estatuto/capitulo_2_t6.htm)

A: "Os deveres do funcionário são gerais, quando fixados neste Estatuto e legislação complementar, e especiais, cujas [*o pronome cujo é relativo possessivo. Concorda com a coisa possuída e não admite posposição de artigo.*] peculiaridades **são** das atribuições funcionais"; **B:** "É dever **do** funcionário levar, por escrito, ao conhecimento da autoridade superior, [*vírgula*] irregularidades administrativas **de** [*a palavra regente ciência exige preposição de*] que tiver **ciência** em razão do cargo que ocupa, ou da função que exerça."; **C:** "Deve o funcionário guardar sigilo sobre a documentação e os assuntos de natureza reservada **de** [*a palavra regente conhecimento exige preposição de*] que tem conhecimento em razão do cargo que ocupa, ou da função que exerce."; **D:** "É dever de o funcionário atender, nos prazos que lhe for definido por lei ou regulamento, **a**os [*o verbo regente atender exige preposição a*] requerimentos de certidões para defesa de direitos e esclarecimentos de situações."; **E:** assertiva correta.

Gabarito "E".

(Técnico da Receita Federal – 2006 – ESAF) Os trechos a seguir constituem sequencialmente um texto. Assinale o segmento que apresenta erro de pontuação.

(A) Aguardado com certa ansiedade por analistas do mercado financeiro, mas de leitura difícil para o cidadão comum, desta vez o Relatório de Inflação, divulgado a cada três meses pelo Banco Central (BC), tem um conteúdo que interessa a todos.

(B) A avaliação positiva do desempenho da economia e as projeções otimistas sugeridas por ele justificam a expectativa de um cenário promissor para os próximos meses.

(C) É um cenário no qual parece inevitável a queda dos juros a uma velocidade maior do que a decidida pelo Comitê de Política Monetária (Copom) em sua reunião de setembro, quando reduziu a taxa Selic em 0,25 ponto percentual.

(D) Apesar de seu título sugerir um estudo limitado à inflação, o documento trata, também do desempenho da economia brasileira e dos impactos que fatores externos podem ter sobre a atividade doméstica. Em praticamente todos os itens analisados, as perspectivas são boas.

(E) Se não ficar abaixo da meta de 5,1% fixada para este ano, a inflação deve ficar muito próximo dela, não há riscos de gargalos na produção que possam pressionar os preços internos, a cotação do dólar não preocupa, não existem ameaças reais ou riscos iminentes no cenário internacional.

(Itens adaptados de **O Estado de S. Paulo**, 01/10/2005, Editorial.)

"Apesar de seu título sugerir um estudo limitado à inflação, o documento trata [*sem vírgula*] também do desempenho da economia brasileira e dos impactos que fatores externos podem ter sobre a atividade doméstica. Em praticamente todos os itens analisados, as perspectivas são boas."

Gabarito "D."

(Técnico da Receita Federal – 2006 – ESAF) Assinale a opção que apresenta erro de pontuação.

(A) Parece bastante óbvio que vários fatores têm forçado as empresas a assumirem responsabilidades sociais, até recentemente tidas como de exclusiva competência do Estado, para com um modelo de desenvolvimento sustentável, o que vai muito além do desempenho econômico-financeiro do negócio.

(B) Didaticamente, poderíamos organizar esses fatores em três grandes variáveis. Primeiro, a crise social aumenta a pressão por soluções para os problemas do crescente contingente de empobrecidos em todo o mundo.

(C) Brotam, em todos os lugares, mobilizações sociais: algumas localizadas sob a forma de ações comunitárias; outras de dimensões globais, como movimentos em defesa dos recursos naturais e movimentos em defesa da igualdade econômica e social.

(D) Segundo, a incapacidade do Estado de atender às crescentes demandas de contingentes sociais crescentemente numerosos. Parece que o avanço do contingente populacional, impõe demandas desproporcionalmente superiores à capacidade do Estado em atendê-las.

(E) Terceiro, o excesso de oferta generalizada e a crescente concentração dos meios de produção em todos os segmentos de negócios, que colocam em cheque a criatividade e os modelos de gestão empresarial. A todo momento, a sobrevivência das empresas é desafiada. A redução de custos tem exaurido e destruído organizações inteiras, sem distinção de tamanho e de áreas de atividade.

(Itens adaptados de Carlos Eugênio Friedrich Barreto -http://www2.uerj.br/~labore/cquestoesc/sociedade_2- main.htm)

"Segundo, a incapacidade do Estado de atender às crescentes demandas de contingentes sociais crescentemente numerosos. Parece que o avanço do contingente populacional [*não há vírgula entre o sujeito e o verbo*] impõe demandas desproporcionalmente superiores à capacidade do Estado em atendê-las."

Gabarito "D."

(Auditor Fiscal da Receita Federal – 2005 – ESAF) Assinale a alteração na pontuação que provoca incoerência textual ou erro gramatical no texto.

(A) A substituição do ponto final depois de "cultural" (l.5) por **dois-pontos**.

(B) A substituição dos dois-pontos depois de "simbólico" (l.11) pelo sinal de **ponto-e-vírgula**.

(C) A substituição do sinal de ponto-e-vírgula depois de "nacional" (l.13) pela conjunção **e**.

(D) A inserção de uma vírgula depois de "construir" (l.14).

(E) A retirada da vírgula depois de "ponta" (l.14).

O sintagma "obter lucro e construir, através da cultura de ponta, (...) uma imagem" fica corretamente redigido com a vírgula depois das palavras *construir* e *ponta*, pois se trata de termo intercalado.

Gabarito "E."

(Auditor Fiscal da Receita Federal – 2005 – ESAF) No texto abaixo foram substituídos sinais de pontuação por números. Assinale a sequência de sinais de pontuação que devem ser inseridos nos espaços indicados para que o texto se torne coerente e gramaticalmente correto.

Desconsidere a necessidade de transformar letras minúsculas em maiúsculas.

Os seres humanos sofrem sempre conflitos de interesse com os ressentimentos, facções, coalizões e instáveis alianças que os acompanham(1) no entanto, o que mais interessa nesses fenômenos conflituosos não é o quanto eles nos separam, mas quão frequentemente eles são neutralizados, perdoados e desculpados. Nos seres humanos(2) com seu extraordinário dom narrativo, uma das principais formas de manutenção da paz é o dom humano de apresentar(3) dramatizar e explicar as circunstâncias atenuantes em torno de violações que ameaçam introduzir conflito na habitualidade da vida(4) o objetivo de tal narrativa não é reconciliar, não é legitimar, nem mesmo desculpar, mas antes(5) explicar.

(Jerome Bruner. **Atos de significação**, com adaptações.)

	(1)	(2)	(3)	(4)	(5)
(A)	;	,	.	:	,
(B)	;	–	;	.	;
(C)	,	;	–	;	:
(D)	.	,	;	;	:
(E)	.	,	,	.	,

1: há conclusão da ideia, o que indica o uso do ponto final; **2:** "com seu extraordinário dom narrativo" descreve "seres humanos" o que indica o uso de vírgulas antes e depois da expressão [aposto]"; **3:** utiliza-se a vírgula na enumeração de "apresentar, dramatizar e explicar"; **4:** há conclusão da ideia, o que indica o uso do ponto final; **5:** há omissão da expressão "o objetivo de tal narrativa é" antes do verbo explicar.

Gabarito "E."

(Auditor Fiscal/RN – 2005 – ESAF) Marque a versão do fragmento de texto de Delfim Netto (em **Carta Capital**) que está em desacordo com as normas de emprego dos sinais de pontuação.

(A) É um pesadelo a Ata da última reunião do Conselho de Política Monetária (Copom)! O parágrafo 26 lembra que as metas inflacionárias são fixadas pelo Conselho Monetário Nacional (CMN) e que, ao BC, resta cumpri-las. Estabelecido esse *hedge*, o "ambiente" da ata é de um radicalismo absoluto: obedecê-las, custe o que custar!

(B) É um pesadelo a Ata da última reunião do Conselho de Política Monetária (Copom): o parágrafo 26 lembra que as metas inflacionárias são fixadas pelo Conselho Monetário Nacional (CMN) e que, ao BC, resta cumpri-las. Estabelecido esse *hedge*, o "ambiente" da ata é de um radicalismo absoluto: obedecê-las, custe o que custar!

(C) É um pesadelo a Ata da última reunião do Conselho de Política Monetária (Copom). O parágrafo 26 lembra que as metas inflacionárias são fixadas pelo Conselho Monetário Nacional (CMN) e que, ao BC, resta cumpri-las. Estabelecido esse *hedge*, o "ambiente" da ata é de um radicalismo absoluto: obedecê-las, custe o que custar!

(D) É um pesadelo a Ata da última reunião do Conselho de Política Monetária (Copom)! O parágrafo 26 lembra que, as metas inflacionárias são fixadas pelo Conselho Monetário Nacional (CMN) e que, ao BC, resta cumpri-las. Estabelecido esse *hedge*, o "ambiente" da ata é de um radicalismo absoluto: obedecê-las, custe o que custar!

(E) É um pesadelo a Ata da última reunião do Conselho de Política Monetária (Copom)! O parágrafo 26 lembra que as metas inflacionárias são fixadas pelo Conselho Monetário Nacional (CMN) e que, ao BC, resta cumpri-las. Estabelecido esse *hedge*, o "ambiente" da ata é de um radicalismo absoluto. Obedecê-las, custe o que custar!

"É um pesadelo a Ata da última reunião do Conselho de Política Monetária (Copom): [*dois pontos*] o parágrafo 26 lembra que [*sem vírgula*] as metas inflacionárias são fixadas pelo Conselho Monetário Nacional (CMN) e que, ao BC, resta cumpri-las. Estabelecido esse *hedge*, o 'ambiente' da ata é de um radicalismo absoluto: obedecê-las, custe o que custar!"

Gabarito "D".

(Auditor Fiscal da Receita Federal – 2003 – ESAF) Marque o item em que o emprego da vírgula está correto e mantém a coerência do enunciado.

(A) Nos estudos sobre violência, normalmente, são analisadas as relações de poder entre grupos ou classes e focalizadas, especialmente, as ações individuais ou coletivas, que buscam, na defesa de seus respectivos pleitos sociais, anular a força do adversário.

(B) Numa direção diferente, penso em abordar a violência a partir da visão que o indivíduo de elite tem de seu destino socioindividual. A escolha desse ponto de vista deve-se a duas razões principais. A primeira concerne ao poder, que tem tal indivíduo de formar mentalidades.

(C) As elites brasileiras monopolizam a maior parte das riquezas materiais do país e os instrumentos, que consagram normas de comportamentos e aspirações como recomendáveis e desejáveis. Seu valor estratégico, no que concerne a mudanças sociais, é, por esse motivo, de grande importância.

(D) A segunda razão diz respeito à possibilidade de entender mais facilmente "como e em que pensam as elites", dado o hábito cultural que têm de tematizarem a si mesmas. Nas camadas populares, tomar a própria subjetividade como objeto de preocupação e discurso público é uma exceção; nas elites, esse hábito é a regra.

(E) Nesse sentido, alguns pensadores mostraram que a contingência das imagens, que temos "do que é ser humano", pode levar-nos a desconhecer o outro como um semelhante. Ao contrário do ódio, da rivalidade explícita ou do temor diante do adversário, que ameaça privarnos do que julgamos fundamental para nossas vidas, o alheamento consiste numa atitude de distanciamento, em que a hostilidade ou o vivido persecutório são substituídos pela desqualificação do sujeito como ser moral.

(Adaptado de Jurandir Freire)

A: não há vírgula após "sobre violência, normalmente" e "focalizadas, especialmente"; **B:** não há vírgula após "concerne ao poder"; **C:** não há vírgula após "do país e os instrumento"; **D:** correta; **E:** não há vírgula após "contingência das imagens" e "que é ser humano".

Gabarito "D".

(Auditor Fiscal da Receita Federal – 2003 – ESAF) O texto adaptado de Hindenburgo Pereira Diniz, ***Advertência importante***, (*Correio Braziliense*, 17/03/2003) foi fragmentado para compor as opções abaixo. Assinale o trecho que foi transcrito desrespeitando as regras gramaticais.

(A) Tendo em vista as limitações da estrutura empresarial brasileira e a conveniência de resguardarem-se certos segmentos sob controle nativo, jamais acreditei que o progresso floresça beneficamente entre nós sem a presença ativa do Estado nas áreas da segurança (interna e externa), educação, saúde, infraestrutura, tecnologia e promoção de fomento financeiro de longo prazo às atividades produtivas conduzidas pela iniciativa privada.

(B) Por certo, a mesma conclusão não é necessariamente válida nas economias ricas, animadas por atores e coadjuvantes sadios e preparados, dotadas de condições estruturais avançadas e eficazes, centros de iniciativas privadas importantes e florescentes.

(C) Da mesma forma, é preciso considerar-se a situação do equilíbrio monetário interno. Sem dinheiro relativamente estável, fica difícil, mesmo para leigos conscientes, imaginar solução respeitável preocupada apenas com a importância maior do crescimento material.

(D) Desequilibrando-se monetariamente demais, as proporções dos valores relativos desaparecem as condições de utilizar a moeda como meio eficiente de promover à expansão econômica. Contudo, não cabe deixar de priorizar melhor destino a metas permanentes.

(E) Portanto, nesta etapa ainda inicial da história da humanidade (do *homo economicus*), tudo recomenda cuidado com a sanidade desse instrumento essencial à realização completa de nossas necessidades materiais e dos sonhos que estimulam a ação dos empreendedores.

Há erro na colocação da vírgula: "Desequilibrando-se monetariamente demais as proporções dos valores relativos, desaparecem [*verbo* intransitivo] as <u>condições de utilizar a moeda [sujeito do verbo desaparecer]</u>". Há também erro na regência do verbo *promover*, que é transitivo direto: "(...) promover a expansão econômica".

Gabarito "D".

(Auditor do Tesouro Municipal/Fortaleza-CE – 2003 – ESAF) Em relação ao emprego dos sinais de pontuação, assinale o trecho do texto abaixo que foi transcrito de forma gramaticalmente <u>incorreta.</u>

(A) Porque a concentração do capital possibilitou o emprego de vastas somas na atividade inventiva e na fabricação dos novos meios de produção e distribuição, as revoluções industriais tornaram-se economicamente viáveis.

(B) Essa transformação levou à enorme expansão do modo de produção e distribuição capitalista, em detrimento da produção simples de mercadorias, que, no entanto, não desapareceu, mas foi convertida em um modo marginal e subordinado.

(C) A ruína de parte do artesanato, do pequeno comércio e da agricultura camponesa liberou numerosa mão de obra, que foi parcialmente absorvida pela economia capitalista.

(D) Tornou-se característica do capitalismo, o aproveitamento incompleto da capacidade de trabalho do proletariado, ou seja, do que Marx conceituou como a perpetuação de um exército industrial de reserva.

(E) Nesse ponto, o capitalismo distingue-se dos demais modos de produção.

(Itens adaptados de Paul Singer)

"Tornou-se característica do capitalismo [sem vírgula. O termo a seguir – 'o aproveitamento incompleto' – é sujeito do verbo tornar-se. Não se utiliza a vírgula entre o sujeito e o verbo] o aproveitamento incompleto da capacidade de trabalho do proletariado, ou seja, do que Marx conceituou como a perpetuação de um exército industrial de reserva."

Gabarito "D".

(Auditor do Tesouro Municipal/Fortaleza-CE – 2003 – ESAF) Assinale a opção <u>incorreta</u> em relação ao texto.

Sob modalidades institucionais diferentes — padrão ouro, padrão dólar, taxas flutuantes de câmbio e de juros — a economia é freada preventivamente antes que a espiral preços-salários a precipite em uma inflação crescente. O caso das economias latino-americanas, que tiveram grandes inflações em época de paz, na segunda metade do século XX, é a exceção que confirma essa regra.

(Paul Singer)

(A) Os travessões podem ser substituídos por parênteses, sem prejuízo para a correção do período.

(B) Em "a espiral" e "a precipite"(l.4 e 5), o "a" exerce a mesma função sintática, pois pertence à mesma classe gramatical.

(C) Ao anteceder a expressão "preços-salários"(l.4) pela preposição **de**, mantém-se a correção gramatical do período.

(D) A eliminação da vírgula após "latinoamericanas"(l.6) mantém a correção gramatical, mas altera a informação do período.

(E) A expressão "essa regra"(l.8) retoma a ideia de que "a economia é freada antes que a espiral preços-salários a precipite em uma inflação crescente" (l.3, 4 e 5).

A: assim como os travessões, os parênteses isolam um sintagma. Não causaria erro a substituição de um pelo outro; **B:** em "a espiral" o *a* é artigo definido feminino singular. Já em "a precipite" o *a* é pronome; **C:** a expressão "de preços-salários" mantém a correção gramatical, nesse texto, com ou sem a preposição *de*; **D:** o uso da vírgula antes da palavra que torna a oração explicativa. Desse modo, "tiveram grandes inflações" se refere à economia. Sem a vírgula a palavra que seria pronome relativo e a expressão "tiveram grandes inflações" se referiria à palavra antecedente ("latino-americanas"); **E:** a regra é a freada preventiva na economia antes que ocorra a inflação e a exceção é "grandes inflações em época de paz".

Gabarito "B".

(Auditor do Tesouro Municipal/Fortaleza-CE – 2003 – ESAF) Em relação ao texto assinale a opção correta.

(A) Justifica-se inserir após a expressão "incluindo" (l.8) sinal de dois pontos, pois em seguida há uma enumeração de itens.

(B) A palavra "quereres"(l.8 e 9) está entre vírgulas por exercer função de aposto.

(C) O emprego de aspas(l.11, 12 e 13) justifica-se por se tratar de expressões de natureza coloquial.

(D) Caso a palavra "subordinados"(l.17) seja substituída <u>**por que se subordinem**</u>, a coerência e a correção gramatical do período prejudicam-se.

(E) Pelos sentidos do texto, a expressão "suas populações" (l.21) refere-se a "Hemisfério Norte" (l.19 e 20).

A: o sinal de dois-pontos pode iniciar uma enumeração; **B:** trata-se de uma enumeração; **C:** as aspas estão sendo usadas para dar ênfase aos termos; **D:** são equivalentes os sintagmas "governos subordinados" e "governos que se subordinem"; **E:** refere-se a países do Sul.

Gabarito "A".

(Auditor do Tesouro Municipal/Fortaleza-CE – 2003 – ESAF) Assinale o trecho do texto que foi transcrito com problema de sintaxe.

(A) O Brasil conheceu uma intensa transformação em suas estruturas fundiárias e em sua agricultura no período de 1965 a 1985.

(B) Nas décadas de ditadura, os governos militares implantaram uma política de desenvolvimento agropecuário para a modernização do campo que causou transformações profundas ao privilegiar a agricultura capitalista em detrimento da agricultura camponesa.

(C) O campo brasileiro foi transformado em espaço de conflitos frequentes, pelo crescimento das desigualdades socioeconômicas.

(D) O modelo modernizante adotado conservou a secular concentração da estrutura fundiária, intensificando a histórica luta pela terra, e criou uma crise política que persistindo até os dias de hoje.

(E) Com a expansão do capitalismo no campo e, consequentemente, com a sujeição da renda da terra ao capital, a luta pela terra é, antes de tudo, uma luta contra a essência do capital: a expropriação e a exploração.

(Itens adaptados de Elenar Ferreira)

"O modelo modernizante adotado conservou a secular concentração da estrutura fundiária, intensificando a histórica luta pela terra [*sem vírgula*] e criou uma crise política que persiste até os dias de hoje."

Gabarito "D".

(Auditor do Tesouro Municipal/Recife-PE – 2003 – ESAF) Assinale a opção em que o emprego dos sinais de pontuação está em desacordo com as normas da língua escrita culta.

(A) O Imposto Único Federal – IUF, eliminaria 11 tributos federais, e incidiria sobre as movimentações financeiras de forma semelhante à CPMF.

(B) Com uma alíquota de 1,7% no crédito e no débito, totalizando 3,4%, o IUF preservaria o atual nível de arrecadação, sem prejuízos aos cofres públicos. Eliminam-se, assim, não só os tributos, mas também um sistema complexo, ineficiente, injusto e incentivador da sonegação.

954

(C) Ressalta-se que o projeto altera apenas as fontes de arrecadação. As transferências financeiras para os Estados, Municípios e Previdência Social continuarão existindo.

(D) Estados e Municípios ingressariam no novo sistema, ou não, após avaliarem os resultados obtidos pela União. Essa transição gradual visa a implantação segura e confiável do novo sistema tributário.

(E) O IUF traria simplificação ao sistema de impostos e distribuição da carga tributária com maior justiça social, aliviando a excessiva incidência sobre os assalariados e sobre as empresas organizadas.

(Adaptado de Carlos Eduardo Cadoca, **Folha de S.Paulo**, Dinheiro/Opinião Econômica, 31/03/2003.)

O Imposto Único Federal – IUF [não há vírgula entre o sujeito e o verbo] eliminaria 11 tributos federais (...).

Gabarito "A".

(Técnico da Receita Federal – 2003 – ESAF) Assinale o trecho do texto que foi transcrito com erro.

(A) Os direitos humanos, a grande conquista moderna, procedem da ideia de que o governo está a serviço dos cidadãos, e não o contrário. Cada indivíduo, antes mesmo de fazer parte do poder político, já detêm direitos que são seus, pelo simples ato de nascer.

(B) É esse vínculo dos direitos humanos ao nascimento que permite dizer que eles são direitos naturais. Já o Estado é um instrumento para realizar fins comuns às pessoas.

(C) Vários teóricos da política, ao longo dos séculos XVII e XVIII, afirmaram que o Estado nasceria de um contrato. Eles foram indevidamente contestados depois que os avanços da história mostraram que seria impossível a pessoas isoladas entre si desenvolverem a sofisticação necessária para adotar o conjunto de regras e leis que forma um Estado.

(D) O que os contratualistas pretendiam não era tanto afirmar uma verdade histórica, ou sequer uma hipótese, mas expressar uma ideia filosófica forte, revolucionária: o indivíduo tem prioridade sobre o Estado.

(E) Mesmo que cada um de nós, em sua vida, nasça dentro de um Estado — e, portanto, depois dele —, este último somente tem validade como ferramenta ou meio para promover fins que são os nossos.

Adaptado de Renato Janine Ribeiro, **Fronteiras da Ética**, São Paulo: Senac, 2002, p.134,135.

"Os direitos humanos, a grande conquista moderna, procedem da ideia de que o governo está a serviço dos cidadãos [*não há vírgula*] e não o contrário. Cada indivíduo, antes mesmo de fazer parte do poder político, já **detém** [*verbo no singular, concordando com o sujeito 'cada indivíduo'*] direitos que são seus, pelo simples ato de nascer."

Gabarito "A".

(Técnico da Receita Federal – 2003 – ESAF) Em relação ao texto, assinale a opção incorreta a respeito dos sinais de pontuação.

O governo, de janeiro a maio deste ano, arrecadou R$ 937 milhões adicionais por meio do Programa de Integração Social – PIS. Em dezembro do ano passado, a alíquota da contribuição subiu de 0,65% para 1,65%. O aumento foi concedido para compensar possíveis perdas de arrecadação com o fim da cumulatividade – incidência da contribuição em todas as etapas da fabricação do mesmo produto –, que foi aprovado no final do ano passado.

(Sílvia Mugnatto, **Folha de S.Paulo**, 01/09/2003.)

(A) As vírgulas da linha 1 se justificam por isolar um complemento circunstancial intercalado entre o sujeito e o predicado do período.

(B) Eliminando-se o travessão(l.3), "PIS" poderia estar entre parênteses, sem prejuízo gramatical para o período.

(C) Se a expressão "Em dezembro do ano passado"(l.4) estivesse no final do período (com minúscula) não haveria exigência de isolá-la antecedendo-a com uma vírgula.

(D) Os travessões das linhas 8 e 10 poderiam ser substituídos por parênteses e o período se manteria gramaticalmente correto.

(E) A vírgula após o travessão(l.10) justifica-se para isolar a subsequente oração de caráter restritivo.

A vírgula deve ser colocada após a palavra cumulatividade ou após o travessão ou parênteses, nesse contexto. A oração tem caráter explicativo: "O aumento foi concedido para compensar possíveis perdas de arrecadação com **o fim** da cumulatividade (incidência da contribuição em todas as etapas de fabricação), **que** foi aprovado no final do ano passado."

Gabarito "E".

A revolução da informação, o fim da guerra fria – com a decorrente hegemonia de uma superpotência única – e a internacionalização da economia impuseram um novo equilíbrio de forças nas relações humanas e sociais que parece jogar por terra as antigas aspirações de solidariedade e justiça distributiva entre os homens, tão presentes nos sonhos, utopias e projetos políticos nos últimos dois séculos. Ao contrário: o novo modelo – cuja arrogância chegou ao extremo de considerar-se o ponto final, senão culminante, da história – promove uma brutal concentração de renda em âmbito mundial, multiplicando a Desigualdade e banalizando de maneira assustadora a perversão social.

(Ari Roitman, **O desafio ético**, com adaptações)

(Auditor Fiscal da Receita Federal – 2002.1 – ESAF) Julgue se os itens a respeito do emprego dos sinais de pontuação no texto são falsos (F) ou verdadeiros (V) para, em seguida, assinalar a opção correta.

( ) As duas ocorrências de duplo travessão demarcam intercalações e desempenham função análoga à dos parênteses.

( ) As vírgulas que se seguem a "homens"(l.8.) e "sonhos"(l.8) destacam uma explicativa restritiva e, por isso, seu emprego é opcional.

( ) O emprego de dois-pontos após "contrário"(l.10) justifica-se por introduzir um esclarecimento sobre o que foi dito no período anterior.

( ) A função das vírgulas que isolam a expressão "senão culminante"(l.12) é a de destacá-la sintaticamente e dar-lhe relevo estilístico.

A ordem correta dos itens é

(A) V F V F
(B) F F V F
(C) V F F V
(D) V F V V
(E) F V V V

I: os parênteses são empregados para intercalar uma indicação acessória. As duas ocorrências de duplo travessão (linhas 2 e 3; linhas 10 e 13) isolaram comentários paralelos ao que se afirmava; **II:** o uso da vírgula na linha 8 não é facultativa. Trata-se de um termo intercalado; **III:** os dois pontos marcam na linha 10 um esclarecimento; **IV:** "senão culminante" na linha 12 é um recurso estilístico. Está destacado entre vírgulas.

Gabarito "D".

(Auditor Fiscal da Receita Federal – 2002.2 – ESAF) Analise as propostas e assinale a opção que indica alterações corretas para o trecho abaixo.

É importante mencionar que em 99,99% dos casos em que as autoridades fiscais têm acesso às movimentações bancárias dos contribuintes, e lhes é permitida a tão referenciada quebra do sigilo bancário, são apuradas irregularidades. Entretanto, somente exsurge a lide tributária que exige o contraditório e ampla defesa quando após a formalização do lançamento o contribuinte, inconformado, tempestivamente apresenta impugnação ou defesa contra o ato administrativo por meio do qual se exterioriza a exigência do crédito tributário (...).

Mary Elbe G. Q. Maia, "A inexistência de sigilo bancário frente ao poder-dever de investigação das autoridades fiscais", **Tributação em Revista**, julho/setembro de 1999 (sinais de pontuação suprimidos).

Propostas:

1) Colocar uma vírgula após o verbo *mencionar*.
2) Colocar aspas na expressão *quebra do sigilo bancário*.
3) Separar com duplo travessão a oração *que exige o contraditório e ampla defesa*.
4) Manter separada por dupla vírgula a expressão *após a formalização do lançamento*.
5) Colocar entre parênteses o segmento *ou defesa contra o ato administrativo*.

Estão corretas as propostas:

(A) 1, 2 e 4
(B) 1, 3 e 4
(C) 1, 4 e 5
(D) 2, 3 e 5
(E) 2, 3 e 4

1: não há necessidade da vírgula após o verbo *mencionar*; **2:** as aspas em "quebra do sigilo bancário" foram usadas para que a expressão se sobressaia; **3:** há necessidade do uso do travessão para isolar do contexto a oração "que exige o contraditório e ampla defesa"; **4:** a expressão "após a formalização do lançamento" está intercalada. Usa-se a vírgula nesse caso; **5:** não se deve colocar a expressão "ou defesa contra o ato administrativo" entre parênteses, a não ser que o segmento fosse uma explicação ou um comentário do termo anterior.

Gabarito "E".

(Auditor Fiscal da Previdência Social – 2002 – ESAF) Assinale a opção incorreta quanto ao emprego dos sinais de pontuação.

(A) O governo conseguiu uma vitória importante na área dos acidentes de trabalho: o Programa Nacional de Redução dos Acidentes Fatais do Trabalho reduziu em 34,27% o número de mortes entre 1999 e 2001.

(B) Os ministros comemoraram a redução que só foi possível, devido à ação integrada desenvolvida pelo governo, e amparada no engajamento de toda a sociedade.

(C) O governo continuará agindo para reduzir ainda mais o número de acidentes e de mortes. Um decreto já encaminhado para exame do Presidente da República, por exemplo, reclassifica os 593 setores da economia de acordo com o grau de risco que oferecem aos trabalhadores.

(D) Hoje as empresas contribuem com alíquotas de 1% a 3% sobre a folha de salários para o custeio do acidente de trabalho, de acordo com a atividade que desenvolvem.

(E) Ao analisar os dados dos últimos quatro anos, a Previdência constatou que muitos segmentos estão classificados erradamente, ou seja, são responsáveis por um grande número de acidentes, mas estão listados, por exemplo, na área de menor risco, com alíquota mínima.

(**O Estado de S. Paulo**)

Os ministros comemoraram a redução, [*incluir vírgula, pois o trecho seguinte explica o anterior*] que só foi possível devido à ação integrada desenvolvida pelo governo [*sem vírgula*] e amparada no engajamento de toda a sociedade.

Gabarito "B".

(Fiscal de Tributos/PA – 2002 – ESAF) Assinale a opção em que o trecho foi transcrito com erro de pontuação.

(A) A Independência Brasileira não foi uma revolução: ressalvadas a mudança no relacionamento externo e a reorganização administrativa no topo, a estrutura econômico-social criada pela exploração colonial continuava intacta, agora em benefício das classes dominantes locais.

(B) Diante dessa persistência, era inevitável que as formas modernas de civilização, vindas na esteira da emancipação política e implicando liberdade e cidadania, parecessem estrangeiras – ou postiças, antinacionais, emprestadas, despropositadas etc., conforme as preferências dos diferentes críticos.

(C) A violência da adjetivação indica as contorções do amor-próprio brasileiro (de elite), obrigado a desmerecer em nome do progresso, os fundamentos de sua preeminência social, ou vice-versa, opção deprimente nos dois casos.

(D) De um lado, tráfico negreiro, latifúndio, escravidão e mandonismo, um complexo de relações com regra própria, firmado durante a Colônia e ao qual o universalismo da civilização burguesa não chegava.

(E) De outro lado, sendo posto em xeque pelo primeiro, mas pondo-o em xeque também, a Lei (igual para todos), a separação entre o público e o privado, as liberdades civis, o parlamento, o patriotismo romântico etc.

(SCHWARZ, Roberto, **Cultura e política**, p. 127-128.)

"A violência da adjetivação indica as contorções do amor-próprio brasileiro (de elite) [sem vírgula] obrigado a desmerecer em nome do progresso, os fundamentos de sua preeminência social, ou vice-versa, opção deprimente nos dois casos."

Gabarito "C".

Nas duas próximas questões, marque o sinal de pontuação que foi mal empregado.

(Técnico da Receita Federal – 2002.1 – ESAF) Os episódios da crise recente na Argentina,(A) não podem ser entendidos sem uma perspectiva que abraça a noção mais ampla de tempo,(B) a envolver as duas últimas décadas. Há três dimensões – (C) uma de ordem estrutural, (D) uma de ordem institucional e outra de caráter sociocultural – (E) que iluminam o ocaso do país vizinho.

(Baseado em José Flávio Sombra Saraiva)

(A) A
(B) B
(C) C
(D) D
(E) E

A vírgula não pode separar sujeito e verbo: "**Os episódios** [sujeito] da crise recente na Argentina não **podem ser entendidos** [verbo] sem uma perspectiva (...)."

Gabarito "A".

(Técnico da Receita Federal – 2002.1 – ESAF) A transição para a democracia no Brasil produziu resultados diferentes daqueles obtidos nos países vizinhos. Aqui,(A) pela primeira vez na história,(B) operários e camponeses conquistaram um lugar permanente na cena política oficial. Forjaram suas organizações independentes e logo,(C) passaram a contracenar com as elites tradicionais. CUT,(D) MST e partidos de esquerda são frutos desse processo.

Na Argentina,(E) a redemocratização reconduziu à cena velhos atores presentes há setenta anos.

(Baseado em Walter Pinheiro)

(A) A
(B) B
(C) C
(D) D
(E) E

Nesse caso (C) utiliza-se ou o par de vírgulas: "Forjaram suas organizações independentes e, logo, passaram (...)." ou a supressão da vírgula após *logo*: Forjaram suas organizações independentes e logo passaram (...)."

Gabarito "C".

(Técnico da Receita Federal – 2002.1 – ESAF) Assinale a opção em que o texto foi transcrito com erro no emprego dos sinais de pontuação.

(A) Em célebre artigo, Keynes ironizou a ideia de que a busca do interesse privado levaria necessariamente ao bem-estar coletivo: "Não é uma dedução correta dos princípios da teoria econômica afirmar que o egoísmo esclarecido leva sempre ao interesse público. Nem é verdade que o auto-interesse é, em geral, esclarecido."

(B) O "amor ao dinheiro" é o sentimento que domina o indivíduo na economia mercantilcapitalista. Objeto do desejo, o dinheiro é também o refúgio para conter a incontornável incerteza quanto ao futuro.

(C) Nos momentos em que o medo do futuro é superado pelo otimismo quanto aos resultados dos novos empreendimentos, os espíritos animais atropelam qualquer cálculo racional e produzem nova riqueza e novas fontes de trabalho.

(D) Mas o sucesso não aplaca senão, excita o desejo suscitando a febre de investimentos excessivos e mal dirigidos – bolhas especulativas nos mercados de ações; tudo isso, apoiado no endividamento imprudente.

(E) Na reversão da exuberância irracional, o medo do futuro vai predominar. A busca obsessiva e irracional pela riqueza concentra-se, então, na posse do dinheiro em si (ou substitutos próximos, como os títulos da dívida pública) como riqueza inerte.

(luiz Gonzaga Belluzzo, com modificações)

1) não há virgula após a palavra *isso*, pois não se separam sujeito e verbo: "Mas o sucesso não aplaca, senão [*conjunção*], excita o desejo (...); **tudo isso** [*sujeito do verbo apoiar*] **apoiado** [*verbo*] no endividamento imprudente."; 2) O travessão é utilizado de maneira análoga aos parênteses, isto é, isola um trecho do período, de modo que é preciso acrescentar outro travessão: "– bolhas especulativas nos mercados de ações –;".

Gabarito "D".

(Técnico da Receita Federal – 2002.2 – ESAF) Julgue os itens a respeito do emprego das palavras e dos sinais de pontuação do texto, para, em seguida, marcar a opção correta.

A secular luta da mulher pela realização profissional enfrenta também, a negligência do registro histórico de suas conquistas, por muitos historiadores. Sob esse aspecto, não apenas as realizações das mulheres, mas também as de qualquer grupo menos privilegiado, acabem sempre sepultadas no silêncio da história ou, o que é pior, na sua má versão. Quantos de nós conhecem a história de seu próprio povo escrita sob a visão dos menos privilegiados ou mesmo dos vencidos? No particular da mulher, cuja discriminação é de âmbito quase universal, são também raras as interpretações de libertação.

(Eliane Azevedo & Cristina Fortuna, **Ciência e Cultura,** revista da SBPC, novembro de 1989, com adaptações.)

Para que o texto fique gramaticalmente correto, é obrigatória a seguinte alteração:

I. a vírgula após "também"(l.2) deve ser retirada.

II. a forma verbal "acabem"(l.7) deve ser substituída por **acabam**.

III. a forma verbal "conhecem"(l.9) deve ser substituída por **conhecemos.**

IV. o ponto de interrogação(l.11) deve ser substituído por vírgula.

V. deve ser inserida a preposição **de** antes do pronome "cuja"(l.12).

Estão corretos apenas os itens

(A) I e II
(B) I, II e III
(C) II e III
(D) II, III e V
(E) III, IV e V

I: o uso da vírgula em "enfrenta também a negligência" é incorreto; **II:** é incorreto o uso do subjuntivo (*acabem*) no período "Sob esse aspecto, não apenas as realizações das mulheres, mas também as de qualquer grupo menos privilegiado, **acabam** sempre sepultadas". A constatação está sendo feita no presente. Não se trata de uma suposição que justifique o uso do subjuntivo; **III:** é incorreta. A forma verbal "conhecem" não precisa necessariamente ser substituída por "conhecemos", embora ambas as construções sejam corretas. No período "Quantos de nós conhecem/conhecemos a história" é facultativa a concordância: "quantos conhecem" ou "quantos de nós conhecemos". Essa concordância vai depender do sentido que o enunciador quer dar; **IV:** é incorreta. Trata-se de um questionamento. O ponto de interrogação deve ser mantido; **V:** é incorreta. Não há termo regente que exija a preposição *de*.

Gabarito "A".

(Técnico da Receita Federal – 2002.2 – ESAF) Assinale a opção que corresponde ao emprego incorreto do sinal de pontuação. O Fisco terá acesso às informações declaradas tanto pelos contribuintes, como pelas administradoras de cartão de crédito e pelo comércio no Imposto de Renda, e, também, por meio do novo sistema eletrônico, (1) às informações da movimentação real. Um contribuinte que,(2) não tenha capacidade econômica, ou seja, (3) que tenha um salário baixo e que, em um mês,(4) gaste no cartão de crédito R$ 100 mil, por exemplo,(5) poderá ser investigado. As novas máquinas estão sendo implantadas em todos os estados. Entre os mais adiantados estão a Bahia e o Distrito Federal.

(Adaptado de "**Sistema eletrônico para facilitar a arrecadação**", Vivian Oswald, *O Globo*, 29/07/2002.)

(A) 1
(B) 2
(C) 3
(D) 4
(E) 5

O pronome relativo *que* retoma o termo anterior que é o sujeito do verbo *ter*. Não há vírgula entre sujeito e verbo: "Um **contribuinte que não tenha** capacidade econômica".

Gabarito "B".

(Agente Tributário Estadual/MS – 2001 – ESAF) Assinale a opção em que o texto foi pontuado em desacordo com as normas da língua culta.

(A) A mediação traz um novo conceito à prática do Direito, uma vez que não tem caráter adversarial.

(B) Pode ser utilizada por pessoas físicas, jurídicas e públicas e envolve técnicas de negociação processualizada, em que os interesses e a igualdade entre as partes devem ser amplamente respeitados.

(C) Pelo contrário, opta, pelo diálogo e pelo entendimento entre as partes, mediado por um especialista neutro.

(D) Se na Justiça comum os litigantes buscam a solução de um terceiro, na mediação a solução está ao alcance das partes, que se dispõem previamente a chegar a um entendimento.

(E) O conflito é atenuado a partir dessa predisposição em negociar, comum aos dois lados, que anseiam por encontrar acordo satisfatório para todos os envolvidos.

(Carlos Miguel Aidar, Mediação, in Direito e Justiça, **Correio Braziliense**, 16/07/2001.)

Não há vírgula entre o verbo e o objeto: "Pelo contrário, opta pelo diálogo e pelo entendimento (...)".

Gabarito "C"

Nas duas questões seguintes, marque a palavra, a sequência ou o sinal de pontuação sublinhado, que foi mal empregado.

(Agente Tributário Estadual/MS – 2001 – ESAF) O desatendimento(A) das normas regulamentares,(B) enseja a cobrança imediata do imposto, atualizado monetariamente e acrescido de multa e dos juros incidentes(C), desde a data da remessa da mercadoria ou bem(D), inclusive no caso de venda no mercado interno da mercadoria destinada à(E) exportação.

(A) A
(B) B
(C) C
(D) D
(E) E

Não há vírgula entre o sujeito e o verbo.

Gabarito "B"

(Agente Tributário Estadual/MS – 2001 – ESAF) Vivemos um período de adversidade,(A) mas contamos com o apoio de uma política econômica adequada para contorná-lo(B). Prova disso é a atuação do Banco Central no câmbio, que mantêm(C) também os juros sob(D) controle. No passado, víamos os juros subirem(E) de 15% a 45% de uma só vez.

(Fernando Xavier Ferreira, adaptado)

(A) A
(B) B
(C) C
(D) D
(E) E

O verbo manter deve concordar no singular com seu referente que é "Banco Central": "é a atuação do Banco Central no câmbio, que mantém também (...)".

Gabarito "C"

(Agente Tributário Estadual/MS – 2001 – ESAF) O cenário econômico deteriorou-se(A) significativamente nos últimos meses e não deve apresentar melhora(B) expressiva a curto prazo(C). As incertezas advindas(D) do ambiente político, da situação na Argentina e da crise de energia,(E) deverão nos acompanhar por um bom tempo.

(Horácio Lafer Piva, adaptado.)

(A) A
(B) B
(C) C
(D) D
(E) E

Não há vírgula entre o sujeito e o verbo: "As incertezas advindas do ambiente político, da situação na Argentina e da crise de energia [sem vírgula] deverão (...)".

Gabarito "E"

(Agente Tributário Estadual/MS – 2001 – ESAF) Creio que o aspecto mais relevante e inesperado do atual momento é a resposta da sociedade civil à crise energética.(A) Isso mostra que a capacidade de mobilização do povo,(B) diante de um desafio real é muito maior do que se imaginava(C). Esse fato nos enche de esperança porque pode ser aproveitado pelas lideranças políticas para promover melhorias(D) nas condições de vida da população. Afinal, crises comparáveis à da energia elétrica(E) existem na educação, na saúde, na segurança e no funcionamento da máquina administrativa.

(Sérgio Andrade, adaptado.)

(A) A
(B) B
(C) C
(D) D
(E) E

Não há vírgula após a palavra "povo": "Isso mostra que a capacidade de mobilização do povo [sem vírgula] diante de um desafio real é muito maior".

Gabarito "B"

7. PRONOME

(Analista – MPU – 2004 – ESAF) Marque a opção correta a respeito de aspectos gramaticais do texto abaixo.

Hoje, há dois tópicos que determinam a atitude tolerante-liberal em relação ao outro: o respeito à diferença, a receptividade a ela, e o temor obsessivo do molestamento – em síntese, o outro não representa problema, desde que sua presença não seja intrusiva, contanto que o outro não seja de fato o outro... E é isto que vem emergindo com intensidade cada vez maior como o "direito humano" central na sociedade capitalista avançada: o direito de não ser molestado, isto é, de ser mantido a uma distância segura dos outros. Uma estrutura similar faz-se claramente presente na maneira como nos relacionamos com a exploração capitalista: não há nada de errado com tal exploração se ela for contrabalançada com atividades filantrópicas – primeiro, a pessoa acumula seus bilhões, depois, os restitui (em parte) aos necessitados.

(Adaptado de Slavoj Zizek)

(A) A forma verbal **existe** pode substituir "há" (l.1) sem que haja prejuízo para a correção gramatical.

(B) Seria correta a inserção da vírgula antes do pronome relativo "que"(l.1), pois ele introduz uma explicação a respeito dos dois tópicos que serão enumerados.

(C) A referência do pronome "ela" (l.3) é "atitude tolerante-liberal" (l. 1 e 2).

(D) O pronome "isto" (l.8) refere-se especificamente ao "direito de não ser molestado" (l.11).

(E) Sem necessidade de ajustes no período, o conector "se"(l.16) pode corretamente ser substituído pela conjunção caso.

A: o verbo *haver* está sendo usado no sentido de *existir*, porém se houvesse substituição de um pelo outro, o verbo *existir* iria para o plural: "existem dois tópicos"; **B:** o pronome relativo *que* está sendo usado como restritivo. Desse modo, não seria correta a inserção da vírgula antes dele; **C:** o pronome "ela" refere-se à "diferença"; **D:** o pronome anafórico "isto" retoma a ideia do parágrafo anterior; **E:** o conector "se" pode ser substituído pela conjunção "caso", porém ocorrerá ajuste: "**caso** ela **seja** contrabalançada".

Gabarito "D".

(Auditor Fiscal da Receita Federal – 2010 – ESAF) Os trechos abaixo constituem um texto adaptado do Editorial do jornal *Valor Econômico* de 1/9/2009. Assinale a opção em que o segmento apresenta erro gramatical.

(A) Diante de números ruins para o futuro do ambiente, não deixa de ser algo animador e cheio de possibilidades futuras a união de 22 grandes empresas para lançar uma carta ambiental.

(B) Uma das metas é buscar a redução contínua do balanço líquido de CO2 e uma maneira de tornar-lhe mensurável é a publicação de inventários anuais das emissões.

(C) As empresas se comprometem a monitorar a emissão dos gases do efeito estufa de várias formas. Uma delas, por meio de investimentos que promovam a diminuição da emissão nos processos, produtos e serviços.

(D) As companhias também aproveitarão o seu grande papel despoluidor na cadeia produtiva para convencer seus fornecedores a fazerem o mesmo.

(E) A iniciativa é inédita e as medidas propostas não passam perto de devaneios ou soluções idealistas — têm como pano de fundo o mais sólido realismo empresarial.

Na assertiva B há o uso incorreto do pronome pessoal *lhe*, que se refere a pessoa. Reescrevendo, teremos: "uma maneira de torná-lo mensurável".

Gabarito "B".

(Auditor do Tesouro Municipal/Fortaleza-CE – 2003 – ESAF) Marque o item sublinhado que corresponda a erro gramatical, de grafia ou configure uma impropriedade vocabular. A economia solidária começou a ressurgir, no Brasil, de forma **esparsa(1)** e tomou impulso crescente a partir da segunda metade dos anos 90. Ela resulta de movimentos sociais que reagem **à (2)** crise de desemprego em massa, que tem seu início em 1981 e **se agrava(3)** com a abertura do mercado interno às importações, a partir de 1990. Em 1991, tem início o apoio de assessores sindicais a operários que conseguem **se apossar(4)** da massa falida da empresa que antes **lhes empregava(5),** formando uma cooperativa de produção, que retoma as operações e, assim, "salva" os postos de trabalho até então ameaçados de fechamento.

(Paul Singer)

(A) 1

(B) 2

(C) 3

(D) 4

(E) 5

"Em 1991, tem início o apoio de assessores sindicais a operários que conseguem se apossar da massa falida da empresa que antes **os** empregava [a empresa empregava os operários]."

Gabarito "E".

Leia o seguinte texto para responder às questões a seguir.

A classe média está mudando. Essa classe média é herdeira da porção Bélgica da Belíndia (mistura de Bélgica e Índia, expressão usada na década de 70 para explicar a desigualdade no Brasil). Ela antes tinha acesso ao sistema financeiro habitacional, a universidades públicas, à expansão de empresas estatais cheias de ofertas de trabalho e à indexação, que reajustava o dinheiro nos bancos. Na década de 90, essas facilidades acabaram e a classe média passou a ter mais gastos. É como se ela tivesse viajado sempre de executiva e agora tivesse de andar de econômica. Em compensação, existe uma população que era de baixa renda e ascendeu.

(Adaptado de Ricardo Neves, **Correio Braziliense**, 22 de fevereiro de 2006)

(Técnico – ANEEL – 2009 – ESAF) Assinale a opção incorreta a respeito das estruturas sintáticas do texto.

(A) O trecho entre parênteses corresponde a uma explicação de como deve ser interpretado o termo "Belíndia"(ℓ.2); por isso, a retirada dos sinais de parênteses e a inserção de vírgula seguida do termo **que é a** antes de "mistura"(ℓ.2) preserva a correção gramatical e a coerência do texto.

(B) As estruturas linguísticas mostram que "acesso" (ℓ.5) é complementado, sintática e semanticamente, pelas quatro expressões centradas, respectivamente, em "sistema"(ℓ.5), "universidades" (ℓ.6), "expansão"(ℓ.6) e "indexação"(ℓ.7).

(C) As duas orações coordenadas que seguem a expressão "Na década de 90" (ℓ.8) expressam, semanticamente, uma relação que também pode ser escrita em apenas uma oração: **com o fim dessas facilidades, a classe média passou a ter mais gastos**.

(D) A conjunção "e"(ℓ.11) coordena duas orações que, semanticamente, expressam um contraste; por isso equivale a **mas**.

(E) O conectivo "Em compensação" (ℓ.12) está empregado com valor adversativo, pois introduz um período sintático que, semanticamente, contradiz o que afirma a primeira oração do texto.

(Conjunção) A: correta, pois o emprego do pronome relativo que resgata o termo "Berlíndia" e introduz uma oração adjetiva explicativa, além de preservar a correção e a coerência gramatical do texto; **B:** correta, pois "sistema", "universidades", "expansão" e "indexação" são complementos nominais de "acesso" e completam seu sentido. Além disso, todos esses complementos são introduzidos pela preposição a, devido à regência nominal do substantivo "acesso"; **C:** correta, pois tanto a oração com o fim dessas facilidades quanto "essas facilidades acabaram" indicam o término de um período próspero da classe média. Ademais, o emprego em ambos os casos dos pronomes demonstrativos dessas e "essas" resgatam as facilidades vivenciadas antes da década de 1990; **D:** correta, porque a conjunção adversativa e (é importante lembrar que frequentemente tal conjunção pode sugerir uma relação aditiva, entretanto, quando tratamos de conjunções coordenadas, é necessário analisar o contexto em que tais conjunções são empregadas.) relaciona duas orações "viajar de executiva" e "andar de econômica"; **E:** incorreta, pois o conectivo "em compensação" não foi empregado com valor adversativo, mas proporcional, estabelecendo uma equidade entre as orações.

Gabarito "E"

(Técnico – ANEEL – 2009 – ESAF) Assinale a única opção que identifica trecho do texto que, ao ser retirado, não prejudica a correção gramatical nem a coerência entre os argumentos.

(A) A classe média está mudando.

(B) Essa classe média é herdeira da porção Bélgica da Belíndia (mistura de Bélgica e Índia, expressão usada na década de 70 para explicar a desigualdade no Brasil).

(C) Ela antes tinha acesso ao sistema financeiro habitacional, a universidades públicas, à expansão de empresas estatais cheias de ofertas de trabalho e à indexação, que reajustava o dinheiro nos bancos.

(D) Na década de 90, essas facilidades acabaram e a classe média passou a ter mais gastos.

(E) É como se ela tivesse viajado sempre de executiva e agora tivesse de andar de econômica. Em compensação, existe uma população que era de baixa renda e ascendeu.

(Pronome) A: incorreta, pois não há informações que informem o caráter dessa mudança; **B:** correta, o trecho preserva a sua principal informação: explicação do termo "Berlíndia"; **C:** incorreta, pois não há como saber qual o referente do pronome pessoal "ela"; **D:** incorreta, pois a ausência do referente do pronome demonstrativo "essas" prejudica a coerência do argumento; **E:** incorreta, o pronome pessoal "ela" não possui referente no contexto.

Gabarito "B"

(Técnico – ANEEL – 2009 – ESAF) Assinale a opção que, ao preencher as lacunas com vocábulos, expressões e sinais de pontuação, mantém o texto coerente, coeso e gramaticalmente correto.

A pólvora dos tempos modernos __(1)__ o presidente da Ordem dos Advogados do Brasil (OAB), Reginaldo de Castro, descreve a Internet, a rede mundial de computadores __(2)__ advento fez surgir um novo ponto em comum entre as mais variadas profissões: a busca de conhecimento e agilidade na atualização.

Hoje em dia, não __(3)__ profissional ter apenas os conhecimentos específicos da área em que atua. É preciso enfrentar os desafios que levam __(4)__ informações e recursos disponíveis na chamada grande rede. Isso vale também, é claro, __(5)__ ainda não se profissionalizou e em especial para o estudante. A pesquisa ganhou dimensões planetárias __(6)__ chegada da internet.

(Adaptado da *Revista do Provão*, n. 5, p. 35.)

	(1)	(2)	(3)	(4)	(5)	(6)
(A)	. Assim	quando o	basta o	A	a quem	desde a
(B)	Assim	, cujo	basta ao	Às	para quem	com a
(C)	é assim	cujo	é suficiente	Às	aos que	na
(D)	: assim	em que o	cabe ao	Aos	a quem,	pela
(E)	; é como	, em que o	é bastante o	A	àquele que	desde à

(Pronome) A: incorreta, porque a expressão quando o não estabelece a relação de posse necessária entre os substantivos "rede" e "advento"; **B:** correta, pois o termo assim sugere o modo como a Internet é descrita por Reginaldo de Castro; o emprego do pronome relativo cujo estabelece relação de posse entre os termos "rede" e "advento" (advento da rede); o verbo "basta" é regido pela preposição a que se combina com o artigo definido masculino, formando a preposição ao; o verbo "levam" é regido pela preposição a que se contrai com o artigo definido feminino plural, obrigando o uso da crase (às); verbo "vale" é regido pela preposição para quando se liga ao complemento (quem), além disso o pronome relativo quem é empregado para referir-se a uma pessoa; a expressão com a estabelece a união entre a "pesquisa" e a "chegada da internet"; **C:** incorreta, pois a expressão é assim retoma nenhum referente anterior à ela; **D:** incorreta, porque uso do pronome relativo em que o não estabelece relação de posse entre os termos "rede" e "advento"; **E:** incorreta, porque uso do pronome relativo em que o não estabelece relação de posse entre os termos "rede" e "advento".

Gabarito "B"

(Auditor do Tesouro Municipal/Recife-PE – 2003 – ESAF) Em relação aos elementos do texto assinale a opção <u>incorreta</u>.

> O que separa os engenheiros projetistas e os operadores chamados para aplicar suas invenções? Certamente, uma divergência de interesses: eles entram em conflito para saber quem deve definir a sociedade de amanhã, quem deve dirigir suas transformações. Mas, em primeiro lugar, duas experiências do real, duas culturas quase incomunicáveis.
>
> (Victor Scardigli, trad. Fábio de Castro, "Um mundo totalmente digital?", **Correio Braziliense**, Caderno Pensar, 10/10/2002.)

(A) A expressão "O que"(l.1) confere maior ênfase à pergunta, sendo que o elemento "o" poderia ser suprimido sem prejuízo para a correção gramatical do período.

(B) Os pronomes "suas"(l.2 e 6) constituem elementos coesivos, pois em ambas as ocorrências referem-se a "engenheiros projetistas"(l.1).

(C) O pronome "eles"(l.4) retoma, por meio de um termo no plural, dois antecedentes: "os engenheiros projetistas" e "os operadores"(l.1 e 2).

(D) A expressão "Mas, em primeiro lugar"(l.6 e 7) organiza, de forma enfática, a hierarquia das ideias que constituem resposta à pergunta inicial do texto.

(E) A ideia implícita no último período do texto pode ser explicitada como: Mas, o que separa engenheiros e operadores, em primeiro lugar, é o fato de terem duas experiências do real, ou seja, participarem de duas culturas quase incomunicáveis.

Os pronomes "suas" (na alternativa B) referem-se respectivamente a "engenheiros projetistas" e "transformações da sociedade de amanhã".

Gabarito "B".

(Técnico da Receita Federal – 2003 – ESAF) Assinale a opção que preenche corretamente as lacunas do texto.

Todo e qualquer processo de reforma ___1___ realiza pela necessidade de modificar procedimentos___2___ encontrem inadequados ou ultrapassados diante das finalidades para ____3____foram instituídos. O modelo tributário brasileiro foi redesenhado na **Assembleia** Nacional Constituinte de 1988, dentro de uma visão federativa ___4____ buscava o fortalecimento dos Estados e municípios. Essa afirmação é comprovada ____5____ observamos o espaço tributário pertencente à União que foi cedido aos Estados, como a tributação da energia elétrica, do petróleo e seus derivados, da comunicação e da prestação do serviço de transporte.

(Adaptado de Lúcio Alcântara, **Folha de S.Paulo**,01/09/2003.)

	1	2	3	4	5
(A)	as	se	que	e	sempre que
(B)	lhe	caso	quem	mas	se
(C)	se	que se	as quais	que	quando
(D)	a	os quais	cujas	quem	caso
(E)	os	que	quando	a qual	ao

Somente a alternativa C preenche todas as lacunas: "Todo e qualquer processo de reforma se (C) realiza pela necessidade de modificar procedimentos que se (C) encontrem inadequados ou ultrapassados diante das finalidades para que (A) / as quais (C) foram instituídos [*os procedimentos*]. O modelo tributário brasileiro foi redesenhado na Assembleia Nacional Constituinte de 1988, dentro de uma visão federativa que (C) buscava o fortalecimento dos Estados e municípios. Essa afirmação é comprovada sempre que (A) / quando (C) / ao (D) observamos o espaço tributário pertencente à União (...)."

Gabarito "C".

(Fiscal de Tributos/PA – 2002 – ESAF) Em relação ao texto, julgue os itens a seguir:

> A crítica de Sílvio Romero, <u>contemporânea do declínio do Segundo Reinado</u>, usa argumentos conservadores dentro de ânimo progressista: salienta o país "real", <u>fruto e continuação do autoritarismo da Colônia</u>, mas para combatê-lo; e menospreza o país "ilusório", das leis, dos bacharéis, da cultura importada, depreciado por inoperante. Daí a sua observação: "não há povo que tenha melhor constituição no papel (...). A realidade é horrível!".

I. Os termos grifados exercem função sintática semelhante: aposto explicativo.

II. As formas verbais "usa"(l.2) e "salienta"(l.3) têm como sujeito "A crítica"(l.1).

III. Em "para combatê-lo"(l.5) o "para" corresponde a **com o objetivo de.**

IV. O pronome enclítico "-lo"(l.5) refere-se a "autoritarismo"(l.4).

V. À linha 7, "por inoperante" é agente da voz passiva.

VI. Entre "mas" e "para"(l.5) subentende-se a ideia **faz isso**, e entre "por" e "inoperante"(l.7) subentende-se o verbo **ser**.

Estão certos os itens

(A) I, II e IV

(B) I, II, III e VI

(C) II, III e IV

(D) III, IV, V e VI

(E) IV, V e VI

IV: o pronome enclítico refere-se a "o país real": "saliente o país real, (...) mas pra combatê-lo"; **V:** os termos "por inoperante" indicam característica do "país 'ilusório' (...) depreciado [por ser inoperante]". Não é agente da voz passiva.

Gabarito "B".

O texto abaixo serve de base para a questão seguinte.

> Mister se faz entender que o objetivo da lei, ao estabelecer a obrigatoriedade de que as instituições financeiras também prestem informações às autoridades fiscais, é(A) <u>de lhes impor um dever de colaboração no intuito de auxiliar a atividade do Fisco</u>.(B) <u>Os dados e registros dos quais elas detêm a posse</u> são indispensáveis à ação fiscal para que se conheçam as movimentações financeiras

dos correntistas, sejam pessoas físicas ou jurídicas, que poderão ser relativas a operações (C) <u>que ensejem a realização de fatos jurídicos tributários e se configurem como de interesse da Administração Tributária</u>. Em última instância, a citada exigência encerra um interesse coletivo de ordem pública, no sentido de que todos os fatos da vida real (D) <u>que se configurem como tributários e possam dar nascimento a obrigações tributárias</u> (E) <u>deverão estar sujeitos e não poderão ficar ao abrigo da verificação e apuração dos agentes fiscais</u>.

(Mary Elbe G. Q. Maia, "A inexistência de sigilo bancário frente ao poder-dever de investigação das autoridades *fiscais*", **Tributação em Revista**, julho/setembro de 1999.)

(Técnico da Receita Federal – 2002.2 – ESAF) Em relação aos elementos linguísticos do texto, assinale a proposição incorreta.

(A) Proveniente do mesmo étimo latino de *ministério*, o termo "Mister"(l.1), além de significar **o que é necessário e forçoso**, assume também os sentidos de **ofício, profissão, incumbência, propósito, intuito.**

(B) Uma forma de eliminar o segundo "que"(l.2) do primeiro período é transformar a oração subordinada iniciada por ele em reduzida de infinitivo. Assim: "as instituições financeiras também prestarem ...".

(C) Devido à forma infinitiva do verbo *impor*, o pronome "lhes"(l.5) poderia também figurar em posição enclítica, sem provocar erro de colocação.

(D) O pronome "se"(l.1) poderia figurar em posição enclítica ao infinitivo *entender*, e as relações sintáticas e semânticas do período permaneceriam inalteradas e corretas.

(E) Se trocássemos "a" por **às** na construção "relativas a operações"(l.11 e 12), o período permaneceria gramaticalmente correto.

O pronome *se* está ligado ao verbo *fazer*.

Gabarito "D".

8. REGÊNCIA

(Analista – ANEEL – 2004 – ESAF) Assinale o item sublinhado que representa erro gramatical.

<u>Foram inauguradas</u>(A) recentemente as novas instalações de armazenagem de óleo combustível marítimo pela Transpetro, no Terminal do Rio Grande. A subsidiária da Petrobrás investiu R$ 7,5 milhões no empreendimento, que <u>visa a garantir</u>(B) maior agilidade e segurança <u>as</u>(C) operações de carga e descarga dos produtos no Porto de Rio Grande. A Agência Nacional de Petróleo concedeu aprovação ao projeto após vistoria nas instalações. Foram implantados três tanques de armazenamento e duas linhas que os <u>interligam</u>(D) ao <u>píer</u>(E) petroleiro do Porto. A construção da tancagem e dos dutos portuários foi iniciada em outubro de 2002.

(Adaptado de texto de www.mme.gov.br)

(A) Foram inauguradas

(B) visa a garantir

(C) as

(D) interligam

(E) píer

(Regência/concordância) A: correta, pois a forma verbal de voz passiva "foram inauguradas" tem como sujeito a expressão no plural "as novas instalações"; **B:** correta, pois o verbo "visar", no sentido de pretender, aspirar, é transitivo indireto e rege complemento com a preposição "a"; **C:** incorreta (devendo ser assinalada), pois os termos "agilidades" e "segurança" pedem complemento nominal regido pela preposição "a". No trecho, esse complemento é representado pela expressão, introduzida pelo artigo feminino plural "as", "as operações de carga e descarga dos produtos no Porto de Rio Grande". Para que a correção gramatical seja mantida, é necessário o uso da crase: "às operações de carga e descarga dos produtos no Porto de Rio Grande"; **D:** correta, pois o sujeito do verbo é "três tanques". A concordância no plural está correta; **E:** A palavra deve ser acentuada por se tratar de uma paroxítona (sílaba tônica *pi*) terminada em *r*.

Gabarito "C".

(Analista – MPU – 2004 – ESAF) Marque a opção que, ao preencher as lacunas do texto abaixo, atende às relações de regência e as articulações semânticas entre as orações.

A redemocratização brasileira – ___(A)____ ícones foram a Campanha das Diretas Já, em 1984, a eleição do Presidente Tancredo Neves e a posse do governo civil, em 1985, e a promulgação da Constituição, em 5 de outubro de 1988 – conferiu significado mais amplo ___(B)___ substantivo cidadão. A cada dia de liberdade política, o termo foi se consolidando ___(C)____ predicado essencial ___(D)____ pessoas, em suas atividades e no cotidiano de sua interação com a sociedade, o Estado, a Justiça, a imprensa e o mercado consumidor.

(Ruy Altenfelder, **Correio Braziliense**, 26/02/2004, com adaptações)

	(A)	(B)	(C)	(D)
(A)	dos quais	do	em	em
(B)	cujos para	o	a	das
(C)	Que	ao	em	às
(D)	Cujos	ao	como	das
(E)	dos quais	do	como	às

Lacuna (A): o pronome relativo *cujos* relaciona dois substantivos, um antecedente e outro consequente: "A redemocratização brasileira – cujos ícones". Esse pronome concorda sempre com o termo consequente. Lacuna (B): o verbo *conferir* no sentido de outorgar é bitransitivo. Nessa oração, o objeto direto é "significado mais amplo" e o indireto é "ao cidadão"; Lacuna (C): o advérbio *como* indica o modo ("predicado social") como "o termo foi se consolidando"; Lacuna (D): "das pessoas" é complemento nominal do adjetivo "essencial".

Gabarito "D".

(Auditor Fiscal da Receita Federal – 2010 – ESAF) Assinale a opção que preenche corretamente as lacunas do texto abaixo.

O tema espinhoso da conferência de dezembro em Copenhague será a redução de emissões __1__ desmatamento e degradação de florestas, conhecida como *Redd* (ao apodrecer ou queimar, a madeira lança CO2 no ar). *Redd* é uma maneira barata de reduzir emissões, __2__ restringe só atividades predatórias, como a pecuária extensiva de baixa rentabilidade.

O Brasil poderia obter bons recursos no mercado mundial de carbono, pois vem reduzindo o desflorestamento. Brasília, contudo, aceita apenas doações voluntárias __3__ compensação pelo desmatamento evitado.

Resiste __4__ converter o ativo em créditos negociáveis, argumentando que países ricos se safariam de suas obrigações pagando pouco pelo "direito de poluir" (créditos de carbono *Redd* que inundariam o mercado).

Para impedir o desvio, bastaria acordar um teto para os créditos *Redd*. Por exemplo, 10% do total de reduções.

Para usufruir desse mercado, o Brasil precisaria recalcular quanto produz, hoje, de poluição __5__ desmatamento.

(**Folha de S. Paulo**, Editorial, 31/8/2009.)

	1	2	3	4	5
(A)	do	porque	de	à	no
(B)	por	pois	como	a	com o
(C)	com o	embora	em	por	em
(D)	em	mas	por	ao	pelo
(E)	no	já que	na	de	contra o

1: na primeira lacuna o uso da preposição *por* é o mais adequado, tendo em vista que "a redução de emissões" a que o contexto se refere é aquela **causada pelo** "desmatamento e degradação de florestas"; **2:** na segunda lacuna, as conjunções explicativas *pois* ou *porque* poderiam ser escolhidas. A oração "pois restringe só atividades predatórias" explica a anterior "*Redd* é uma maneira barata de reduzir emissões"; **3:** em "doações voluntárias *como* compensação pelo desmatamento evitado." é adequado o uso da conjunção *como* pela ideia de equivalencia; **4:** o verbo regente *resistir* exige a preposição **a**; **5:** pelo contexto, "o Brasil precisa recalcular quanto produz **com o** desmatamento.".

Gabarito "B".

(Auditor Fiscal do Trabalho – 2010 – ESAF) Os trechos abaixo compõem, sequencialmente, um texto adaptado do Editorial do jornal *Zero Hora* (RS) de 18/01/2010. Assinale a opção que está gramaticalmente correta quanto à ausência ou à presença do acento grave indicativo de crase.

(A) O novo estímulo aos usineiros, também com pesado suporte de subsídios, levou à indústria automobilística a investir na produção não mais de carros movidos a álcool, mas de veículos flex, que permitem o uso dos dois combustíveis. No ano passado, as vendas de carros flex cresceram 14% em relação a 2008.

(B) Apresentado nos anos 70 como opção à crise do petróleo, sob forte apoio governamental, o álcool perdeu relevância nas décadas de 80 e 90. A produção foi retomada e intensificada nos últimos anos, com a explosão nos preços internacionais dos derivados da energia fóssil.

(C) As montadoras aplicaram recursos no desenvolvimento de tecnologias, e o consumidor se dispôs a pagar mais por veículos mais modernos. Ambos apostaram nas vantagens de um combustível que, além de reduzir à dependência da gasolina e do diesel, apresentava ainda as virtudes do ecologicamente correto, por ser menos poluente e renovável.

(D) A partir do ano passado, com a queda nos preços do petróleo, outros fatores de mercado conspiraram contra o álcool, como a quebra na produção da cana e o aumento dos preços do açúcar. Mesmo que o álcool se submeta à oscilações de cotações, como qualquer outro produto, o que não se pode admitir é que essas variações façam com que a oferta do produto seja imprevisível e instável.

(E) A sazonalidade e outras questões envolvidas não são suficientes para explicar a ausência de uma política que assegure, à fabricantes e consumidores, a certeza de que investiram em uma opção de combustível tratada com a seriedade que merece.

A: o verbo *levar* é transitivo direto e indireto. O objeto direto é "a indústria automobilística". Nesse caso não ocorre a crase, pois o *a* antes da palavra indústria é artigo. Já em "a investir", o *a* é preposição, porém não ocorre a crase diante de verbo; **B:** assertiva correta; **C:** o verbo *reduzir* é transitivo direto. Desse modo, não haverá preposição diante de seu objeto ("a dependência"); **D:** o verbo *submeter-se* é transitivo indireto e exige a preposição *a*. Haveria a crase se houvesse um artigo feminino, porém não há: "se submete a oscilações"; **E:** o verbo assegurar é transitivo direto e indireto. Exige a preposição *a*. Em "que assegure, a [*preposição*] fabricantes e consumidores, a [*artigo*] certeza", temos como objeto direto "a certeza" e objeto indireto "a fabricantes e consumidores". No objeto indireto há a preposição, mas não ocorre a crase diante de palavras masculinas.

Gabarito "B".

(Auditor Fiscal da Receita Federal – 2003 – ESAF) Marque o item em que a regência empregada atende ao que prescreve a norma culta da língua escrita.

(A) Trata-se o interrogatório de uma prática regulamentada, que obedece a procedimento bem definido.

(B) A prisão, local de execução da pena, é, ao mesmo tempo, local de observação dos indivíduos punidos, o que implica dois dispositivos essenciais: manter o prisioneiro sob olhar permanente e contabilizar todas as anotações a respeito dele.

(C) Para analisar o investimento político do corpo e a microfísica do poder, é preciso renunciar – no que se refere o poder – a oposição violência-ideologia, ao modelo do contrato ou da conquista.

(D) Foi feito um longo trabalho para impor a percepção que se tinha dos delinquentes contornos bem determinados, apresentá-los como bem próximos, presentes em toda parte e, em toda parte, temíveis.

(E) Os fatores que acarretaram na maior credibilidade ao sistema de punição da sociedade ainda encontram resistência e incitam a lutas.

(Itens adaptados de Michel Foucault.)

A: está incorreta a regência do verbo *obedecer* (*obedecer a*); **B:** o verbo *implicar* é transitivo direto no sentido de dar a entender, supor; **C:** referir-se a; **D:** percepção de (regência nominal); **E:** acarretá-lo (a...) ou acarretar(-lhe) algo – *acarretar* é verbo transitivo direto e indireto.

Gabarito "B".

(Auditor Fiscal da Receita Federal – 2003 – ESAF) Marque o item em que a regência empregada atende ao que prescreve a norma culta da língua escrita.

(A) A causa por que lutou ao longo de uma década poderia tornar-se prioridade de programas sociais de seu estado.

(B) Seria implementado o plano no qual muitos funcionários falaram a respeito durante a assembleia anual.

(C) A equipe que a instituição mantinha parceria a longo tempo manifestou total discordância da linha de pesquisa escolhida.

(D) Todos concordavam que as empresas que a licença de funcionamento não estivesse atualizada deveriam ser afastadas do projeto.

(E) Alheio aos assuntos sociais, o diretor não se afinava com a nova política que devia adequar-se para desenvolver os projetos.

B: "plano **do** qual (...) muitos funcionários falaram **a respeito**"; **C:** "mantinha parceria **há** longo tempo"; **D:** "Todos concordaram que deveriam ser afastadas do projeto as empresas que não estivessem com a licença de funcionamento atualizada."; **E:** adequar-se a ("a nova política **a** que devia **adequar-se**").

Gabarito "A".

(Técnico da Receita Federal – 2002.1 – ESAF) Na próxima questão, marque o segmento do texto que foi transcrito com erro gramatical.

(A) A Convenção de Varsóvia para unificação de certas regras relativas ao transporte aéreo internacional, concluída aos 12 de outubro de 1929, já não é um instrumento seguro para a defesa dos transportadores aéreos, no concernente a hipóteses que envolvam a responsabilidade por danos de modo limitado.

(B) O direito contemporâneo, não só já não reconhece a responsabilidade limitada para certos casos, como também tem ampliado a responsabilidade civil das empresas aéreas, como a referente a indenização por dano moral decorrente de extravio e por atraso em vôo.

(C) Além disso, há expressivas reações contra a Convenção, que comprometem sua universalidade, sendo a mais importante a capitaneada pelos Estados Unidos da América.

(D) Em 15 de novembro de 1965, os Estados Unidos, atendendo a pressões de juristas, da própria opinião pública americana e de decisões judiciais, resolveram manifestar denúncia da Convenção, pelo meio formal da notificação.

(E) Na motivação do Tio Sam estavam os baixos limites da responsabilidade por morte ou dano pessoal, previstos na Convenção.

(Baseado em Carlos Fernando Mathias de Souza)

"O direito contemporâneo [*sem vírgula*] não só já não reconhece a responsabilidade limitada para certos casos, como também tem ampliado a responsabilidade civil das empresas aéreas, como a **referente à** [*a palavra regente 'referente' exige a preposição e a regida aceita o artigo. Ocorre a crase*] indenização por dano moral decorrente de extravio e por atraso em voo."

Gabarito "B".

O Governo está investigando todos os contratos de dívida externa de cerca de 8 mil empresas que tiveram seus débitos considerados pagos pelo Banco Central. Os técnicos querem saber se os débitos foram realmente liquidados ou repactuados. Algumas dessas operações podem ter sido contabilizadas de modo irregular ___________ menos imposto.

(Itens adaptados de Renato Andrade, 8/11/2001, **O Estado de S. Paulo.**)

(Agente Fiscal/PI – 2001 – ESAF) Assinale o trecho que, ao ser inserido na lacuna, torna o período gramaticalmente incorreto.

(A) para que se permitisse às empresas pagarem

(B) para que às empresas fosse permitido pagar

(C) de forma que as empresas pagassem

(D) para permitirem as empresas pagarem

(E) para permitir que as empresas pagassem

Nessa questão devem ser observadas as regências e as flexões dos verbos *permitir* e *pagar*. No período da assertiva D o verbo *permitir* é bitransitivo; "as empresas" é o objeto indireto. Exige-se o uso da preposição *a*: "para permitirem às empresas pagarem". A flexão do infinitivo do verbo *pagar* está correta, pois o infinitivo assume a forma flexionada quando tem sujeito (as empresas) claramente expresso.

Gabarito "D".

(Agente Fiscal/PI – 2001 – ESAF) No que se refere à estrutura gramatical do texto, assinale a opção correta.

(A) Desde setembro, o Banco Central passou a considerar pagos todos os vencimentos de dívida externa de empresas privadas depois de decorridos 120 dias, mesmo sem ter recebido comunicação oficial das companhias.

(B) Além disso, em agosto o BC passou a considerar investimento direto, e não dívida, os empréstimos concedidos por multinacionais à suas filiais no Brasil.

(C) Os dois procedimentos, que seguem padrões do Fundo Monetário Internacional, reduziram há cerca de US$ 30 bilhões o montante total da dívida externa brasileira.

(D) A preocupação dos técnicos está voltada para os empréstimos com mais de 15 anos de prazo e os lançamentos de papéis com prazo superior há oito anos.

(E) Pela legislação vigente, as remessas de recursos ao exterior para o pagamento de juros dessa forma de operação não sofre a incidência do Imposto de Renda Retido na Fonte (IRRF).

(Itens adaptados de Renato Andrade, 8/11/2001, *O* **O Estado de S. Paulo.**)

B: a palavra regente *conceder* exige preposição *a*, porém não há artigo definido feminino, desse modo, não ocorre a crase "empréstimos **concedidos** a suas filiais"; **C:** É incorreto o uso do verbo *haver*. O correto seria "reduziram cerca de"; **D:** "superior a oito anos"; **E:** há erro na concordância verbal: "as **remessas** de recursos ao exterior não **sofrem**".

Gabarito "A".

9. ANÁLISES SINTÁTICA E MORFOLÓGICA

(Auditor Fiscal da Receita Federal – 2010 – ESAF) Em relação ao texto, assinale a opção correta.

Há alguma esperança de que a diminuição do desmatamento no Brasil possa se manter e não seja apenas, e mais uma vez, o reflexo da redução das atividades econômicas causada pela crise global. Mas as notícias ruins agora vêm de outras frentes. As emissões de gases que provocam o efeito estufa pela indústria cresceram 77% entre 1994 e 2007, segundo estimativas do Ministério do Meio Ambiente a partir de dados do IBGE e da Empresa de Pesquisa Energética. Para piorar, as fontes de energia se tornaram mais "sujas", com o aumento de 122% do CO2 lançado na atmosfera, percentual muito acima dos 71% da ampliação da geração no período. Assim, enquanto as emissões por desmatamento tendem a se reduzir para algo entre 55% e 60% do total, as da indústria e do uso de combustíveis fósseis ganham mais força.

(Editorial, **Valor Econômico**, 1/9/2009.)

(A) Em "possa se manter"(l.2) o pronome "se" indica sujeito indeterminado.
(B) O termo "causada"(l.4) está no singular e no feminino porque concorda com "esperança"(l.1).
(C) O termo "enquanto"(l.13) confere ao período uma relação de consequência.
(D) Em "se tornaram"(l.10) o pronome "se" indica voz passiva.
(E) O segmento "que provocam o efeito estufa pela indústria"(l.6 e 7) constitui oração subordinada adjetiva restritiva.

A: reflexivo; **B:** concorda com "redução"; **C:** "enquanto" é uma conjunção; **D:** reflexivo; **E:** sim. Essa oração restringe a ideia da palavra "gases".

Gabarito "E".

Leia o texto abaixo para responder à questão seguinte.

O cérebro humano é um órgão que absorve quase 25% da glicose que consumimos e 20% do oxigênio que respiramos. Carregar neurônios ou sinapses que interligam os neurônios em demasia é uma desvantagem evolutiva, e não uma vantagem, como se costuma afirmar.

Todos nós nascemos com muito mais sinapses do que precisamos. Aqueles que nascem em ambientes seguros e tranquilos vão perdendo essas sinapses, fenômeno chamado de regressão sináptica.

Portanto, toda criança nasce com inteligência, mas aquelas que não a usam vão perdendo-a com o tempo. Estimular o cérebro da criança desde cedo é uma das tarefas mais importantes de toda mãe e de todo pai modernos.

(Stephen Kanitz, **A favor dos videogames**, **VEJA**, 12 de outubro, 2005, com adaptações.)"

(Técnico da Receita Federal – 2006 – ESAF) Julgue as seguintes afirmações a respeito do emprego das estruturas linguísticas do texto:

I. A expressão adverbial "em demasia"(l.4) refere-se a "neurônios"(l.4).
II. O conjunto de pessoas expresso por "Todos nós"(l.7) inclui o conjunto de pessoas expresso por "Aqueles"(l.8).
III. O substantivo "fenômeno"(l.10) inicia um aposto que nomeia a ação expressa por "vão perdendo essas sinapses"(l.9 e 10).
IV. A expressão verbal "vão perdendo-a"(l.13) corresponde gramaticalmente a **vão-a perdendo**.
V. A flexão de singular da expressão "o cérebro da criança"(l.14) é responsável pelo emprego do infinitivo singular de "Estimular"(l.14); se a preferência do autor fosse por usar o plural, **os cérebros das crianças**, o texto manteria a coerência, mas o verbo deveria ser usado no plural: **Estimularem.**

A quantidade de itens certos é

(A) 1
(B) 2
(C) 3
(D) 4
(E) 5

Estão corretos os itens II e III. **I:** a expressão adverbial "em demasia" refere-se ao verbo *interligar*. **IV:** não é correta a colocação pronominal no meio da locução verbal. **V:** o sujeito do verbo *estimular* é "uma das tarefas mais importantes de toda mãe e de todo pai". O verbo concorda com o sujeito.

Gabarito "B".

(Técnico da Receita Federal – 2006 – ESAF) Assinale a opção correta em relação à função do "se".

Embora a recuperação da confiança tenha sido modesta em setembro, é possível que a tendência positiva **se(1)** acentue no final do ano, **se(2)** a queda do juro básico **se(3)** transferir para o crédito ao consumo e **se(4)** os salários reais continuarem a **se(5)** recuperar devido à contenção da inflação, que eleva o poder aquisitivo.

(**O Estado de S. Paulo**, *04/10/2005, Editorial.*)

(A) 1 – conjunção condicional
(B) 2 – pronome reflexivo
(C) 3 – índice de indeterminação do sujeito
(D) 4 – conjunção condicional
(E) 5 – palavra expletiva ou de realce

"Embora a recuperação da confiança tenha sido modesta em setembro, é possível que a tendência positiva **se** [*1 – pronome reflexivo*] acentue no final do ano, **se** [*2 – conjunção condicional*] a queda do juro básico **se** [*3 – pronome reflexivo*] transferir para o crédito ao consumo e **se** [*4 – conjunção condicional*] os salários reais continuarem a **se** [*5 – pronome reflexivo*] recuperar devido à contenção da inflação, que eleva o poder aquisitivo.

Gabarito "D".

Leia o texto para responder à questão abaixo.

Boa parte de nossa infelicidade ou aflição nasce do fato de vivermos rodeados (por vezes esmagados ou algemados) por mitos. Nem falo dos belos, grandiosos ou enigmáticos mitos da Antiguidade Grega. Falo, sim, dos mitinhos bobos que inventou nosso inconsciente medroso, sempre beirando precipícios com olhos míopes e passo temeroso. Inventam-se os mitos, ou deixamos que aflorem, e construímos em cima deles a nossa desgraça.

(Iya Luft, **Faxina nos mitos**. **VEJA**, 20 de abril, 2005, com adaptações.)

(Técnico da Receita Federal – 2006 – ESAF) Julgue os seguintes itens a respeito das estruturas linguísticas do texto:

I. De acordo com as regras gramaticais, o verbo da primeira oração do texto poderia ser empregado tanto no singular quanto no plural.

II. É pela flexão de número no verbo da oração subordinada, "que inventou nosso inconsciente medroso"(l.6), que são identificados o sujeito e o objeto dessa oração.

III. A ideia de "sempre beirando precipícios com olhos míopes e passo temeroso"(l.7 e 8) constitui uma forma figurativa para explicar "mitinhos"(l.5).

IV. O desenvolvimento do texto mostra que **inventar e deixar aflorar** são empregados para indicar a passividade dos mitos na sua criação.

Estão corretos apenas

(A) I e II

(B) I e III

(C) II e III

(D) III e IV

(E) II e IV

I: o verbo da primeira oração (*nascer*) concorda com o sujeito "Boa parte". Caso a redação fosse "Nossa infelicidade ou nossa aflição nasce.", o verbo no plural também seria aceito "Nossa infelicidade ou nossa aflição nascem."; **II:** Na oração "Falo, sim, dos mitinhos bobos que inventou nosso inconsciente medroso". Sabemos que o sujeito do verbo *falar* é desinencial (eu) e o seu objeto é "dos mitinhos bobos". Quanto à subordinada que segue essa primeira oração, o sujeito do verbo *inventar* é inconsciente medroso; **III:** a ideia de "sempre beirando precipícios com olhos míopes e passo temeroso" explica figurativamente "inconsciente medroso"; **IV:** "os mitos são inventados ou aflorados".

Gabarito "E".

(Técnico da Receita Federal – 2006 – ESAF) Os segmentos abaixo são partes sequenciadas de um texto. Assinale o trecho incorreto quanto à organização sintática.

(A) O Estado, em dificuldades, já não consegue atender às demandas da sociedade, notadamente aquelas dos segmentos mais carentes.

(B) Esses, proporcionalmente, concentram seus maiores contingentes nos países mais pobres, reduzindo-lhes crescentemente a possibilidade de superar a discriminação de toda ordem e o resgate de seus direitos econômicos, sociais, políticos e até de sobrevivência.

(C) Movida pelas necessidades decorrentes da carência, a sociedade procura construir sua autonomia e sua identidade fora da tutela do Estado.

(D) Num processo de reivindicação e expressão de luta, ela busca uma nova maneira de encarar o Estado e de agir coletivamente, manifestando suas aspirações e necessidades.

(E) Nasce, então, novos atores sociais e políticos, que não só lutam por políticas públicas que os atendam, mas, principalmente, pelo reconhecimento como sujeitos legítimos na construção e efetivação de direitos e de uma cultura política de respeito às liberdades, à igualdade social, à justiça econômica e à transparência das ações do poder público.

(itens adaptados de Carlos Eugênio Friedrich Barreto http:// www2. uerj.br/~labore/cquestoesc/sociedade_2- main.htm)

Há erro de concordância entre sujeito ("novos atores sociais e políticos") e o verbo *nascer*. "Nascem, então, novos atores sociais e políticos".

Gabarito "E".

(Técnico da Receita Federal – 2006 – ESAF) A seguir estão transcritos trechos de relatórios, que encerram recomendações ou exigências a serem cumpridas. Aponte o trecho inteiramente correto quanto ao emprego da modalidade padrão do idioma.

(A) Sejam extraídas cópias do ofício n.12 e do Relatório de Auditoria de acompanhamento de Gestão, às fls. 153/163 dos presentes autos, para inclusão no Processo X, concernente a Auditoria de Obras, realizada na Superintendência da Zona Franca de Manaus, a qual analisa inclusive as obras do Centro de Biotecnologia da Amazônia – CBA.

(B) Sejam determinadas à Secretaria Competente a realização de levantamento ou auditoria no Ministério do Meio Ambiente, com vistas à avaliar o Contrato de Gestão firmado entre esse Ministério e a Associação Brasileira para o Uso Sustentável da Biodiversidade da Amazônia, sob os primas da legalidade, dos interesses público e social e da execução do seu objeto.

(C) Proceda os aditamentos contratuais e a sua publicação em tempo hábil, observando o disposto nos arts. 57, § 2º, e 61, parágrafo único, da Lei n. 8.666/1993, sob pena de nulidade do aditamento com vício de intempestividade na sua assinatura ou publicação.

(D) Faça publicar as cessões de servidores a outros órgãos e entidades públicas e suas eventuais prorrogações no Diário Oficial da União, como forma de dar eficácia aos respectivos atos de cessão e cumprimento ao contido no art. 93, § 3º, da Lei n. 8.112/1990.

(E) Faça constar, dos próximos certames licitatórios, inclusive nas dispensas e inexigibilidades, pesquisa prévia de preços que comprove ter sido ela realizada e ter sido cumpridas as disposições legais pertinentes relativas à seleção da proposta mais vantajosa e à sua compatibilidade com os preços de mercado (arts. 3º, *caput*, 26, parágrafo único, inciso III, 38, inciso XII, e 43, inciso IV, da Lei n. 8.666/1993, etc).

(Adaptado de https://contas.tcu.gov.br/portaltextual/ PesquisaLivre, acesso em 21/10/2005)

A: "concernente à [ocorre a crase] Auditoria de Obras"; **B:** "com vistas a [preposição] avaliar"; **C:** "Procedam [verbo no plural; verbo transitivo indireto] aos aditamentos contratuais"; **D:** assertiva correta; **E:** "que comprove (...) terem sido cumpridas as disposições legais".

Gabarito "D".

O setor público não é feito apenas de filas, atrasos, burocracia, ineficiência e reclamações. A sétima edição do Prêmio de Gestão Pública, coordenado pelo Ministério do Planejamento, mostra que o serviço público federal também é capaz de oferecer serviços com qualidade de primeiro mundo. De 74 instituições públicas inscritas, 13 foram selecionadas por ter conseguido, ao longo dos anos, implantar e manter práticas e rotinas de gestão capazes de melhorar de forma crescente seus resultados, tornando-os referências nacionais. O perfil dos premiados mostra que o que está em questão não é tamanho, visibilidade ou importância estratégica, mas, sim, a capacidade de fazer com que as engrenagens da máquina funcionem de forma eficiente, constante e muito bem controlada.

(Ilhas de Excelência. **ISTOÉ**, 2/3/2005, com adaptações.)

(Auditor Fiscal/MG – 2005 – ESAF) Assinale a opção <u>incorreta</u> a respeito das estruturas linguísticas do texto.

(A) A retirada do advérbio “apenas” (l.1) preserva a correção gramatical do texto, mas altera as relações significativas entre os argumentos.

(B) A supressão do advérbio “também” (l.5) preserva a correção gramatical, mas retira do texto a ideia pressuposta de que o serviço público oferece serviços que não são de qualidade.

(C) A substituição da forma não flexionada de “ter” (l.7) pelo infinitivo flexionado correspondente, **terem**, respeita as regras gramaticais e preserva a coerência textual.

(D) A retirada do pronome do termo “tornando-os” (l.10) preserva a correção gramatical e a coerência textual, deixando subentendido o objeto de “referências nacionais” (l.10 e 11).

(E) Na linha 11, a substituição do primeiro “que” pelo sinal de dois pontos preserva a correção gramatical e a coerência argumentativa do texto, com a vantagem de evitar uma repetição de palavra.

A: na oração “práticas e rotinas de gestão capazes de melhorar (...) seus resultados, tornando-os referências nacionais”, o objeto direto do verbo transitivo direto *tornar* é o pronome *os* que está no lugar de “seus resultados”. Os termos “referências nacionais” são adjuntos adnominais do objeto direto.

Gabarito “D.”

(Auditor Fiscal/RN – 2005 – ESAF) Leia o texto seguinte e marque o item correto.

O restante do planeta, sobretudo os europeus, deverá entender que o governo do presidente reeleito dos EUA, George W. Bush, continuará a privilegiar a segurança nacional do país e a utilizar as ferramentas que considera necessárias para garanti-la.

A explicação é de Jonh Hulsman, diretor de pesquisas da Fundação Heritage (situada em Washington), um dos mais influentes centros de pesquisas conservadores dos EUA, e especialistas em relações transatlânticas e em política externa americana.

(**Folha de São Paulo**, 5/11/2004.)

(A) Em “sobretudo os europeus” está implícito um substantivo no plural: “países” ou “povos” ou “estados” etc.

(B) A oração substantiva que complementa o verbo “entender” poderia ser também iniciada pela preposição “de”, sem prejuízo da correção do texto.

(C) O pronome em “garanti-la” poderia estar no plural, concordando com “as ferramentas”, sem prejuízo do sentido.

(D) A forma verbal “deverá” poderia ter sido corretamente usada no plural.

(E) Com base nos dicionários de Língua Portuguesa, percebemos que a palavra “transatlânticas” neste contexto nos situa no campo semântico de navios de grande porte que cruzam oceanos.

B: A oração subordinada substantiva é iniciada por uma conjunção integrante: “O restante do planeta (...) deverá entender **que** o governo” (linhas 1 e 2); **C:** O pronome está no singular, pois se refere à “segurança nacional”; **D:** a locução verbal concorda com o sujeito “O restante do planeta”; **E:** a palavra *transatlântico* está sendo usada no sentido daquilo que está além do Oceano Atlântico.

Gabarito “A.”

A questão a seguir tem o texto abaixo como base.

Falar em direitos humanos pressupõe localizar a realidade que os faz emergir no contexto sócio-político e histórico-estrutural do processo contraditório de criação das sociedades. Implica, em suma, desvendar, a cada momento deste processo, o que venha a resultar como direitos novos até então escondidos sob a lógica perversa de regimes políticos, sociais e econômicos, injustos e comprometedores da liberdade humana.

Este ponto de vista referencial determina a dimensão do problema dos direitos humanos na América Latina.

Neste contexto, a fiel abordagem acerca das condições presentes e dos caminhos futuros dos direitos humanos passa, necessariamente, pela reflexão em torno das relações econômicas internacionais entre países periféricos e países centrais.

As desarticulações que desta situação resultam não chegam a modificar a base estrutural destas relações: a extrema dependência a que estão submetidos os países periféricos, tanto no que concerne ao agravamento das condições de trabalho e de vida (degradação dos salários e dos benefícios sociais), quanto na dependência tecnológica, cultural e ideológica.

(Núcleo de Estudos para a Paz e Direitos Humanos, UnB, in: **Introdução Crítica ao Direito**, com adaptações.)

(Auditor Fiscal da Receita Federal – 2003 – ESAF) Analise os seguintes itens a respeito do emprego das estruturas linguísticas do texto, para, em seguida, assinalar a opção correta.

I. O paralelismo sintático e semântico entre “pressupõe”(l.1) e “Implica”(l.4 e 5) evidencia que remetem ao mesmo sujeito oracional.

II. O tempo e modo verbal em que “venha”(l.6) está empregado indicam incerteza, dúvida a respeito do que pode vir a ser resultante em termos de “direitos novos”(l.7).

III. As regras de regência nominal permitem que “dependência”(l.22) também seja empregada com a preposição **com**; por isso está igualmente correto: a extrema dependência com que estão submetidos...

IV. “concerne”(l.24) apresenta dois complementos sintáticos: (a) “agravamento das condições de trabalho e de vida”(l.24 e 25), e (b) “dependência tecnológica, cultural e ideológica” (l.27).

Estão corretos apenas

(A) I e II
(B) I, II e III
(C) I e III
(D) II, III e IV
(E) II e IV

I: o sujeito oracional dos verbos *pressupor* e *implicar* é: “Falar em direitos humanos”; **II:** *venha* está no presente do subjuntivo e realmente indica incerteza e dúvida; **III:** a oração “dependência a que estão submetidos” usa a preposição *a* por exigência do verbo *submeter*; **IV:** o verbo *concernir* é transitivo indireto e apresenta um complemento sintático “concerne ao agravamento”.

Gabarito “A”

(Técnico da Receita Federal – 2003 – ESAF) Assinale a opção em que o trecho do texto foi transcrito com erro de sintaxe.

(A) As empresas do setor imobiliário que deixaram de prestar contas das transações realizadas em 2002 vão ser alvo de investigação da Receita Federal. Imobiliárias, construtoras e incorporadoras tinham prazo limitado para entregar a Declaração de Informação sobre Atividades Imobiliárias-Dimob.

(B) A estimativa é de que metade das empresas não declarou, mas o coordenador-geral de Fiscalização da Receita acredita que muitas delas ainda vão cumprir a exigência. Até o prazo foram entregues 21.395 declarações, mas nos registros da Receita constam em cerca de 40 mil empresas que estariam obrigadas a declarar.

(C) O coordenador diz que os dados da Dimob serão confrontados com as informações da declaração das empresas e das pessoas físicas. O coordenador afirma ainda que as informações serão cruzadas com os dados da CPMF, que têm sido instrumento indispensável ao trabalho de fiscalização do órgão.

(D) Na declaração, as imobiliárias só devem informar as operações realizadas no ano passado. As empresas que não tiveram atividades em 2002 estão desobrigadas de prestar contas. Quem deixou de entregar a declaração no prazo pagará multa mínima de R$ 5 mil por mês-calendário. Em caso de omissão ou informação de dados incorretos ou incompletos, a multa será de 5% sobre o valor da transação.

(E) Essa declaração foi criada em fevereiro de 2003 para identificar as operações de venda e aluguel de imóveis. A Receita quer saber, por exemplo, a data, o valor da transação e a comissão paga ao corretor. No ano passado, foram fiscalizadas 495 empresas do setor, cujas autuações somaram R$ 1,2 bilhão.

(Adaptado de www.receita.fazenda.gov.br, 5/06/2003)

“A estimativa é de que metade das empresas [o sujeito do verbo declarar é constituído pelo termo partitivo metade e um nome plural. Nesse caso, o verbo pode concordar no singular ou plural.] não declarou (...). Até o prazo foram entregues 21.395 declarações, mas nos registros da Receita constam **cerca** de 40 mil empresas que estariam obrigadas a declarar.”

Gabarito “B”

A moral e a ética não são fatos ou institutos jurídicos. Direito é uma coisa, moral é outra. Todo ser humano informado sabe disso. O comportamento das pessoas em grupo, tornando suas ações conhecidas e avaliadas, segundo critérios éticos do mesmo grupo quanto ao caráter, às condutas ou às intenções manifestadas e assim por diante, só repercutem no direito se extrapolarem os limites deste. A manifestação ofensiva a respeito de outrem confunde os dois elementos no plano individual.

(Walter Ceneviva, **Moralidade como Fato Jurídico**, com adaptações)

(Auditor Fiscal da Receita Federal – 2002.1 – ESAF) Assinale a opção incorreta a respeito das estruturas linguísticas do texto.

(A) O emprego de terceira pessoa, feminino, plural do pronome “suas”(l.5) refere-se a “pessoas”(l.4) concorda com “ações”(l.5).

(B) Altera-se o tempo verbal, mas garante-se a correção gramatical, se no lugar de “se extrapolarem”(l.9), for empregado **quando extrapola**.

(C) Para que o texto respeite as regras de concordância da norma culta, a forma verbal “repercutem”(l.9) deve ser substituída pelo singular: **repercute**.

(D) A oração subordinada reduzida de gerúndio “tornando suas ações conhecidas e avaliadas”(l.4 e 5) mantém seu valor adjetivo ao ser substituída pela desenvolvida adjetiva restritiva **que tornam suas ações conhecidas e avaliadas**.

(E) O pronome pessoal “outrem”(l.11) corresponde originalmente a **qualquer outro**, diferentemente de **outro**, que corresponde a **diverso do primeiro.**

A oração subordinada reduzida de gerúndio deve ser substituída pela desenvolvida “que torna suas ações conhecidas e avaliadas.”, uma vez que o sujeito do verbo *tornar* é *comportamento*.

Gabarito “D”

(Auditor Fiscal da Receita Federal – 2002.2 – ESAF) Assinale a opção em que o trecho está gramaticalmente correto.

(A) Em 5 de outubro de 1988, os representantes do povo brasileiro, reunidos em Assembleia Nacional Constituinte promulgaram, entre outros, a igualdade e a justiça como valores supremos da sociedade brasileira, figurando no preâmbulo da nossa Constituição.

(B) Naquela data, os representantes do povo estabeleceram também os fundamentos e os objetivos da República Federativa do Brasil, entre os quais figuram: a cidadania; a dignidade da pessoa humana; a construção de uma sociedade livre, justa e solidária; a erradicação da pobreza e da marginalização; a redução das desigualdades sociais e regionais.

(C) Para que alcançamos tais objetivos, é indispensável que o Sistema Tributário Nacional seja utilizado como instrumento de distribuição de renda e redistribuição de riqueza, com o apoio de outros mecanismos auxiliares.

(D) A essência do direito é a sua aplicação prática – dever das autoridades públicas. Os princípios constitucionais não podem ser meras declarações de boas intenções, embora a regra jurídica existe para agir sobre à realidade social.

(E) Portanto, já não basta à igualdade formal. É tempo de concretizar os direitos fundamentais estabelecidos pela Constituição. É preciso buscar a igualdade material, na sua acepção ideal, humanista, que significa acesso a bens da vida.

(Adaptado de www.unafisco.org.br)

A: o sujeito do verbo *figurar* ("figurando") não está explícito, o que dificulta o entendimento do texto; **C:** para alcançarmos; **D:** "embora a regra jurídica **exista** para agir sobre a realidade"; **E:** "já não basta a igualdade".

Gabarito "B".

(Auditor Fiscal da Receita Federal – 2002.2 – ESAF) Assinale a opção que, ao preencher a lacuna, torna o texto incoerente.

O princípio da igualdade tributária deve ser realizado por meio de um critério estabelecido pela própria Constituição brasileira – a **capacidade contributiva** –, que consiste em graduar os tributos de acordo com a riqueza de cada contribuinte, de modo que os ricos paguem mais, e os pobres paguem menos. Em outros termos, a capacidade contributiva é a ferramenta que fornece a medida para comparações, isto é, para distinguir os iguais e os desiguais. ________________ não é legítimo que pessoas com a mesma capacidade contributiva (mesma renda) sejam tributadas de forma distinta, com alíquotas diferenciadas em função da natureza da renda ou do local em que esta foi produzida.

(www.unafisco.org.br)

(A) Ela é necessária conquanto

(B) Esse critério reforça a ideia de que

(C) Tal instrumento fundamenta-se no consenso de que

(D) Justifica-se sua adoção porquanto

(E) Para a consolidação desse critério partiu-se da constatação de que

O uso da expressão "Ela é necessária conquanto" tornará o texto incoerente, pois *conquanto* é uma conjunção subordinativa concessiva e introduz uma oração que contém a afirmação de um fato contrário ao da afirmação contida na oração principal, sendo que esse fato não é suficiente para anular o outro. Todas as outras alternativas apresentam expressões que explicam o período anterior.

Gabarito "A".

Acho que a globalização tem graves problemas. Nós estamos percebendo que é hora de fazer ajustes, de garantir acesso dos países pobres aos mercados do Primeiro Mundo. É hora de os países ricos fazerem algumas concessões. Culturalmente falando, a globalização é um sucesso espetacular, mas do ponto de vista econômico é um fracasso. Precisamos entender que a globalização não é uma força indomável da natureza. Ela é criação humana, produto de instituições e governos, de regras, e pode ser alterada.

(Michel Bailey, **VEJA**, 22/05/2002, com adaptações.)

(Auditor Fiscal da Previdência Social – 2002 – ESAF) Julgue os itens a respeito do emprego das estruturas linguísticas do texto e marque, a seguir, a opção correta.

I. Preservam-se as relações semânticas entre as orações e a correção gramatical, simplificando o período, ao substituir "que é hora"(l.2) por **a hora**.

II. De acordo com a norma culta, não é recomendada a contração entre "de" e "os"(l.5) porque a preposição e o artigo pertencem a orações diferentes.

III. A substituição da preposição "de"(l.5) por **que**, antes de "os países ricos"(l.5), e a consequente substituição de "fazerem"(l.5) por **fizessem**, mantém as relações semânticas e a correção gramatical.

IV. As regras da norma culta permitem que a forma de infinitivo verbal "fazerem"(l.5) seja também empregada sem flexão: **fazer**.

(A) Apenas I e III estão corretos.

(B) Apenas II está correto.

(C) Apenas II e IV estão corretos.

(D) Apenas III e IV estão corretos.

(E) Apenas IV está correto.

I: incorreta. A oração "que é hora de fazer ajustes" é uma substantiva que perderá sua relação semântica se houver a substituição; **II:** a preposição e o artigo pertencem à mesma oração, porém não é possível a contração, pois não se contrai a preposição *de* com o artigo que inicia o sujeito de um verbo; **III:** as substituições não permitirão correção semântica ou sintática.

Gabarito "E".

(Técnico da Receita Federal – 2002.2 – ESAF) Marque a opção correta a respeito do emprego das palavras e expressões do texto.

A absorção dos jovens pelo mercado de trabalho também comporta oscilações no último decênio, em seus momentos de maior recessão. Portadora de índices de escolaridade mais altos do que seus pais, essa população, ao apresentar credenciais escolares valorizadas pelo jogo de mercado, pode estar mais protegida do desemprego no momento das crises, que atingiram, de forma mais intensa, a população adulta. Mesmo assim, torna-se importante considerar que o fantasma do desemprego não deixa de estar presente, embora suas consequências sejam mais atenuadas sobre a mão de obra juvenil. Em termos gerais, a estreiteza do mercado de trabalho – pela escassa oferta de novos postos – e a baixa remuneração, expressa na perda crescente do poder aquisitivo dos salários, afetam as expectativas e comportamentos desta faixa etária.

(Marília P. Sposito, **A sociabilidade juvenil e a rua: novos conflitos e ação coletiva na cidade,** com adaptações.)

(A) A oração subordinada reduzida de infinitivo iniciada por "ao apresentar ..."(l.6) tem, textualmente, valor de uma subordinada causal.

(B) Mantém-se a correção gramatical do período e a coerência textual ao substituir a expressão substantiva que inicia o texto pela forma oracional correspondente: **O mercado de trabalho absorve os jovens**...

(C) A negativa na expressão "não deixa de estar presente"(l.12) corresponde semanticamente a **deixa de não estar ausente.**

(D) Mantém-se a correção gramatical e as ideias do texto ao se substituir a concessiva "embora" (l.13) por **apesar de ou conquanto.**

(E) A forma verbal "afetam"(l.19) está empregada no plural por exigência das regras de concordância com "salários"(l.18 e 19).

A oração subordinada reduzida de infinitivo "Ao apresentar credenciais escolares valorizadas pelo jogo de mercado" tem valor de subordinada causal. Essa oração indica, textualmente, o motivo da oração: "[essa população] pode estar mais protegida do desemprego no momento das crises"; **B:** alterações no período teriam que ser feitas; **C:** a negativa corresponderia a "deixa de estar ausente"; **D:** as três conjunções são concessivas (*embora*, *apesar de* e *conquanto*) e a substituição mantém as ideias do texto, porém não seria mantida a correção gramatical: "apesar de suas consequências serem mais atenuadas sobre a mão de obra juvenil" ou "conquanto suas consequências sejam mais atenuadas sobre a mão de obra juvenil"; **E:** o verbo *afetar* está no plural para concordar com o sujeito composto: "a estreiteza do mercado de trabalho (...) e a baixa remuneração (...) afetam as expectativas e comportamentos desta faixa etária.

Gabarito "A".

No período desenvolvimentista, o Brasil foi um dos poucos países subdesenvolvidos que conseguiu percorrer quase todos os passos previstos para o processo de industrialização retardatária, registrando uma das mais elevadas taxas médias de crescimento mundial. De maneira que, ao ser atingido pela crise dos anos 80, o Brasil singularizava-se no contexto latino-americano pela extensão de sua indústria, pelo porte de seu setor de bens de consumo duráveis e de bens de produção, pelo seu grau de articulação interindustrial, e, finalmente, pelo dinamismo de seu setor externo. Durante todo esse longo período, a heterogeneidade e as desigualdades sociais aumentaram e se alastraram com o desenvolvimento econômico e a urbanização.

(José Luís Fiori, "Um país ao sul dos impérios", **Correio Braziliense**, 22/07/2001.)

(Agente Tributário Estadual/MS – 2001 – ESAF) Em relação ao texto assinale a opção incorreta.

(A) A expressão "quase todos os" (l.3) pode, sem prejuízo para a correção do período, ser substituída por **grande parte dos.**

(B) A forma verbal de gerúndio "registrando" (l.5), pode ser substituída por **e registrou**, sem prejuízo para a correção do texto.

(C) A expressão "De maneira que" (l.6 e 7) estabelece com a ideia do período anterior uma relação de natureza explicativa.

(D) Em "singularizava-se" (l.8) o verbo é pronominal.

(E) Se a expressão "Durante todo esse longo período" l.13 e 14) fosse substituída por **ao longo desse período**, a palavra **longo** pertenceria à mesma classe e teria a mesma função sintática nas duas formulações.

Na expressão "Durante esse longo período", a palavra **longo** é um adjunto adverbial. Já na expressão "ao longo desse período", **ao longo** é uma locução adverbial.

Gabarito "E".

(Agente Fiscal/PI – 2001 – ESAF) Assinale a opção em que as duas versões do trecho estão gramaticalmente corretas e contêm a mesma informação.

(A) Desde 95, o Governo tenta coibir a elisão fiscal. Uma das brechas consideradas fechadas é a operação de preço de transferência. / O Governo tenta coibir a elisão fiscal desde 95, e a operação de preço de transferência, é uma das brechas consideradas fechadas.

(B) Descobriu-se que as filiais de multinacionais no Brasil estavam superfaturando importações ou subfaturando exportações como uma maneira de enviar recursos para suas matrizes sem tributação. / As filiais de multinacionais no Brasil estavam superfaturando importações ou subfaturando exportações, pois uma maneira sem tributação de enviar recursos para suas matrizes foi descoberto.

(C) Casos como o de profissionais que se tornam pessoas jurídicas e são contratados para prestar serviços fazem parte do grupo em relação ao qual também se pretende intensificar a fiscalização. / Os profissionais que são contratados para prestar serviços às pessoas jurídicas são alguns dos casos que fazem parte do grupo que também pretende intensificarem a fiscalização.

(D) Para pagar menos imposto, o contribuinte abre uma empresa e é tributado como pessoa jurídica, pois as alíquotas são menores. / O contribuinte abre uma empresa e é tributado como pessoa jurídica, embora as alíquotas são menores para pagar menos imposto.

(E) Pelo fato de a relação entre o prestador de serviço e a empresa não estabelecer vínculo empregatício, a empresa não fica obrigada a reter encargos sociais e tampouco o Imposto de Renda Retido na Fonte. / A empresa não fica obrigada a reter encargos sociais e tampouco o Imposto de Renda Retido na Fonte, porque não se estabelece vínculo empregatício na relação entre o prestador de serviço e a empresa.

(Itens adaptados de www.estadao.com.br, 4/8/2001.)

A conjunção **porque** e o termo **pelo fato de** indicam, da mesma forma, o motivo da ação contida na oração principal.

Gabarito "E".

Independentemente de dispositivos específicos da legislação tributária, em princípio a Fazenda Pública tem o direito de compensar créditos seus com débitos que tenha de pagar. E isso inclui, certamente, aqueles decorrentes de condenação judicial em ação de repetição do indébito tributário. Entretanto, se o Refis na verdade é uma transação, penso que o contribuinte tem o direito de, ao ingressar no programa, submeter à consideração da Fazenda aquele crédito que entenda ter em face de pagamento de tributo que reputa indevido.

(Auditor do Tesouro Municipal/Natal-RN – 2001 – ESAF)

(A) Pode-se usar vírgula após "em princípio" (l.2).

(B) Em "débitos que tenha de pagar"(l.4) seria igualmente correto o emprego da forma verbal no modo indicativo.

(C) "aqueles"(l.5) refere-se a "débitos".

(D) "condenação judicial"(l.6) no contexto tem como complemento nominal implícito "do contribuinte".

(E) "em face de"(l.11) poderia ser substituído por **em virtude de**, sem alteração da correção gramatical do enunciado.

O complemento nominal implícito de "condenação judicial" é a Fazenda Pública.

Gabarito "D".

(Auditor do Tesouro Municipal/Natal-RN – 2001 – ESAF) Marque o segmento de texto que foi reproduzido com erro na estrutura sintática.

(A) Tema bastante controvertido, a arbitragem vem ensejando acalorados debates e posições antagônicas quanto à sua natureza jurídica: parte da doutrina a considera instituto de natureza privatista e outra como instituto de natureza publicista ou jurisdicional.

(B) Sofre, ainda, em sede do Supremo Tribunal Federal, questionamento no tocante à sua constitucionalidade.

(C) Rui Barbosa, influenciado pelo pensamento de Aristóteles, já asseverava que a postergação da justiça é a pior das injustiças.

(D) "Tratar com desigualdade a iguais, ou a desiguais com igualdade, seria desigualdade flagrante, não igualdade real".

(E) Hoje, o excesso de formalismos fazem com que garantias ou procedimentos aparentemente formais levem à postergação e, até mesmo, à própria negação da justiça.

(Cristina Ayoub Riche, adaptado)

Observar concordância entre o sujeito singular [*excesso*] e o verbo: "Hoje, o excesso de formalismos faz com que (...)".

Gabarito "E".

10. CRASE

(Auditor Fiscal da Receita Federal – 2010 – ESAF) Os trechos a seguir constituem um texto adaptado de *Valor Econômico*. Assinale a opção que apresenta erro de sintaxe.

(A) Pela primeira vez desde a década de 1970, uma onda de fome se espalha por vários pontos do globo simultaneamente. Os protestos não ocorrem apenas na miserável África, mas atingem o Vietnã e as Filipinas, na Ásia, as ex-províncias soviéticas, como o Cazaquistão, e os países latino-americanos, como o México.

(B) Ao contrário das crises de anos anteriores, não há nenhuma grande quebra de safra provocada por desastres climáticos de grandes proporções — a única exceção atual é o trigo. Desta vez, os próprios preços se abatem sobre os miseráveis e remediados dos países em desenvolvimento com a força de calamidades naturais.

(C) A reação dos governos diante da pressão de massas esfomeadas na rua, ou diante da possibilidade de tê-las em futuro próximo, foi a suspensão das exportações, a redução das tarifas de importação, o subsídio direto ao consumo ou o controle de preços.

(D) As previsões de inflação média dos países emergentes subiram para algo em torno de 7% este ano. Quando examinada a inflação específica dos alimentos, os índices pulam para os dois dígitos. O trigo aumentou 77% no ano passado e o caso do arroz é dramático para os pobres da Ásia: ele mais que dobrou de preço no ano.

(E) A instabilidade econômica criada com a crise das hipotecas nos EUA soma-se agora princípios de instabilidade política em boa parte do planeta, fruto de uma situação que tem tudo para se tornar explosiva. A alta dos preços dos alimentos é forte e disseminada à ponto de elevar os índices de inflação em todo o mundo.

O verbo somar-se é transitivo direto e indireto, isto é, "soma-se alguma coisa a outra", desse modo, o primeiro período da oração da assertiva E deveria estar escrito do seguinte modo: "À instabilidade econômica [...] soma-se agora princípios de instabilidade". Ademais, no último período deve ser corrigido o trecho "a ponto de", pois não ocorre crase diante de palavra masculina.

Gabarito "E".

(Técnico da Receita Federal – 2006 – ESAF) Assinale a opção que preenche corretamente as lacunas do texto abaixo.

Na próxima reunião de cúpula do Mercosul, no fim do ano, os diplomatas esperam sacramentar _1_ regulamentação para acabar com a burocracia nas aduanas, para a passagem de produtos hoje sujeitos _2_ alíquota zero na tarifa de importação comum. É o primeiro passo para estender progressivamente a liberalização do trânsito de produtos _3_ outros importados, esses sujeitos a pagamento de tarifas. A maior resistência _4_ liberalização vem do Paraguai, pela dependência do país em relação _5_ receitas das alfândegas – 40% do total arrecadado pelo Tesouro local. Os europeus já ofereceram a sua experiência aos países do Cone Sul, para tentar remover as resistências e obstáculos _6_ integração das alfândegas.

(Sergio Leo, **Valor Econômico**,12/09/2005.)

	1	2	3	4	5	6
(A)	a	a	a	a	as	a
(B)	à	à	a	à	às	a
(C)	a	a	à	a	as	a
(D)	à	à	à	a	as	a
(E)	a	a	a	à	às	à

"(...) os diplomatas esperam sacramentar a [*artigo*] regulamentação para acabar com a burocracia nas aduanas, para a passagem de produtos hoje sujeitos a [*preposição; palavra regente* sujeitos *exige preposição* a] alíquota zero (...). É o primeiro passo para estender progressivamente a liberalização do trânsito de produtos a [*preposição*] outros importados (...). A maior resistência à [*a palavra regente* resistência *exige preposição* a *e a palavra regida* liberalização *aceita o artigo a. Ocorre a crase.*] liberalização vem do Paraguai, pela dependência do país em relação às [*preposição + artigo plural; a palavra regente* relação *exige preposição* a. *A palavra regida* receitas *está no plural e aceita o artigo definido feminino plural* as. *Ocorre a crase.]* receitas das alfândegas – 40% do total arrecadado pelo Tesouro local. Os europeus já ofereceram a sua experiência aos países do Cone Sul, para tentar remover as resistências e obstáculos *à* [*a palavra regente* obstáculos *exige preposição* a *e a palavra regida* integração *aceita o artigo* a. *Ocorre a crase.*] integração das alfândegas.

Gabarito "E".

(Técnico da Receita Federal – 2006 – ESAF) Os trechos abaixo compõem sequencialmente um texto. Assinale a opção em que o segmento está de acordo com as exigências da norma escrita padrão.

(A) As pressões sobre o preço do petróleo se renovam. A cotação do produto voltou à subir nos últimos dias, refletindo, sobretudo, o temor de que, prejudicada pelo impacto dos furacões Katrina e Rita, a capacidade de refino dos EUA se revele insuficiente para atender à demanda.

(B) A alta do petróleo já se estende por um bom tempo. Analistas e instituições, como o FMI, manifestaram várias vezes surpresa com o fato de que, até o momento, o crescimento da economia global se viu muito pouco afetado pelo encarecimento de um produto tão estratégico.

(C) Alguns fatores capazes de efetivamente atenuar o impacto da alta do petróleo estão presentes. Desde fins da década de 70, quando eclodiu a chamada segunda crise do petróleo, houve esforços importantes de economia do combustível, seja por meio de uma maior eficiência no seu consumo, sejam por meio de sua substituição por outras fontes de energia.

(D) Com isso – e a despeito de certo relaxamento nesse esforço de conservação de energia fóssil na década de 90 quando o preço do produto chegou à níveis bastante baixos –, o consumo de petróleo por unidade do PIB mundial caiu muito, comparativamente à década de 70.

(E) Ainda assim, a intensidade da alta da cotação e a duração do período de petróleo "caro" justifica as dúvidas em relação à permanência do dinamismo da economia mundial. Até porque essa alta pode se estancar, mas, dada a demora para a expansão da oferta, uma queda expressiva e rápida do preço do petróleo não é esperada.

(Itens adaptados de **Folha de S. Paulo**, 02/10/2005, Editorial.)

A: não ocorre crase em "voltou a subir"; **C:** a conjunção *seja...seja* serve para ligar palavras ou orações indicando ênfase ou alternância. Não há flexão; **D:** não ocorre crase em "chegou a níveis"; **E:** o verbo *justificar* deve estar no plural para concordar com o seu sujeito composto ("a <u>intensidade</u> da alta cotação e a <u>duração</u> do período de petróleo").

Gabarito "B".

(Auditor Fiscal/RN – 2005 – ESAF) Marque o item que preenche de forma correta as lacunas do texto seguinte:

Institucionalizada ___ partir das lutas antiabsolutistas, no século 18, e da expansão dos movimentos constitucionalistas, no século 19, ___ democracia representativa foi consolidada ao longo de um processo histórico marcado pelo reconhecimento de três gerações de direitos humanos: os relativos ___ cidadania civil e política, os relativos ___ cidadania social e econômica e os relativos ___ cidadania "pós-material", que se caracterizam pelo direito ___ qualidade de vida, ___ um meio ambiente saudável, ___ tutela dos interesses difusos e ao reconhecimento da diferença e da subjetividade.

(Baseado em Mário Antônio Lobato de Paiva em www.ambitojurídico.com.br)

(A) a, à, à, a, à, à, a, a
(B) a, a, à, à, à, à, a, à
(C) à, a, a, à, à, a, a, à
(D) à, a, a, à, à, à, a, à
(E) a, à, à, a, à, à, a, à

"Institucionalizada **a** (1) partir das lutas antiabsolutistas (...) **a** (2) democracia representativa foi consolidada ao longo de um processo histórico marcado pelo reconhecimento de três gerações de direitos humanos: os relativos **à** (3) cidadania civil e política, os relativos **à** (3) cidadania social e econômica e os relativos **à** (3) cidadania "pós-material", que se caracterizam pelo direito **à** (4) qualidade de vida, **a** (5) um meio ambiente saudável, **à** (6) tutela dos interesses difusos e ao reconhecimento da diferença e da subjetividade."

Comentários:

1) o *a* é preposição. Não há artigo antes de verbo, sendo assim, não ocorre crase;
2) artigo definido;

3) a palavra regente *relativos* exige preposição *a* e a palavra regida *cidadania* aceita artigo definido feminino *a*. Ocorre a crase;
4) a palavra regente *direito* exige preposição *a* e a palavra regida *qualidade* aceita artigo definido feminino *a*. Ocorre a crase;
5) a palavra regente *direito* exige preposição *a* e a palavra regida *meio ambiente* é masculina. Não ocorre a crase;
6) a palavra regente *direto* exige preposição *a* e a palavra regida *tutela* aceita artigo definido feminino *a*. Ocorre a crase.

Gabarito "B".

(Auditor do Tesouro Municipal/Fortaleza-CE – 2003 – ESAF) Leia o texto para responder:

A crítica ao desenvolvimento no contexto da globalização capitalista é que ele está centrado na ilusão de que o crescimento econômico pode ser ilimitado, que ele é e será sempre sinônimo de mais empregos, bem-estar e felicidade, e isso para toda a humanidade. A história de quinhentos anos de capitalismo e de todo sistema centrado no produtivismo e no consumismo tem comprovado que essa noção é equivocada; tem sido motivo de frustração para a maioria da população trabalhadora e fator de sistemática destruição do meio ambiente. Questiona-se também o fato de o crescimento capitalista não estar centrado nas necessidades, aspirações e recursos dos povos e nações, mas na propensão ao consumo daqueles indivíduos e países que têm poder de compra. Em consequência, quanto mais se produzem e se acumulam riquezas, maior o número das pessoas, coletividades e países excluídos daquele crescimento, daquela acumulação e, portanto, do direito à vida, ao trabalho e ao desenvolvimento.

(Sandra Quintela e Marcos Arruda)

(Auditor do Tesouro Municipal/Fortaleza-CE – 2003 – ESAF) Em relação ao texto, assinale a opção incorreta.

(A) A expressão "e será sempre" (l.4) pode ser isolada por vírgulas sem prejuízo gramatical para o período.
(B) O sinal de ponto-e-vírgula após "equivocada"(l.9) pode ser substituído por sinal de dois-pontos.
(C) Pode-se subentender antes da expressão "tem sido"(l.9) ideia correspondente a **tanto que**.
(D) A expressão "Questiona-se" (l.12) pode ser substituída pela forma correspondente **É questionado**.
(E) Conforme a norma escrita culta, ao se eliminar o sinal indicativo de crase antes de "vida", antes de "trabalho" e de "desenvolvimento" (l.20 e 21) o emprego dos artigos definidos é obrigatório.

O sinal grave indica que ocorreu a crase, isto é, houve a contração da preposição *a* e do artigo definido. Nas linhas 20 e 21 ocorre a crase em "direito à vida", pois o termo regente direito exige a preposição *a* e o termo regido vida aceita o artigo definido feminino *a*. Em "ao trabalho" e "ao desenvolvimento", temos a preposição *a* exigida pela palavra direito e o artigo definido masculino o. Há contração da preposição e do artigo, mas nunca ocorre a crase com artigo masculino.

Gabarito "E".

(Auditor do Tesouro Municipal/Recife-PE – 2003 – ESAF) Assinale a opção em que uma das duas formas de redação do trecho está gramaticalmente <u>incorreta</u>.

(A) O totalmente digital reforça a dinâmica dominante: mercantilização do cotidiano, divisão social e desigualdades planetárias que se aprofundam de forma extrema. / O totalmente digital reforça a dinâmica dominante, ou seja, mercantilização do cotidiano, divisão social e desigualdades planetárias que se aprofundam de forma extrema.
(B) Um abismo cultural se cava entre os idealizadores da modernidade e as populações. / Cava-se, entre os idealizadores da modernidade e as populações, um abismo cultural.
(C) A caminho da felicidade "tecnomercadológica" como única cultura mundial, perdemos nossas raízes culturais. / Nossas raízes culturais estão sendo perdidas a caminho da felicidade "tecnomercadológica" como única cultura mundial.
(D) Convocados a nos comportar como máquinas perfeitas, dialogando com outros autômatos, não sabemos mais o que é próprio do homem. / Convocados à apresentar comportamento de máquinas perfeitas, que em diálogo com outros autômatos, não sabemos mais o que é o próprio homem.
(E) Estamos ameaçados em nossa própria humanidade! / Ameaçam-nos em nossa própria humanidade!

(Baseado em Victor Scardigli, trad. Fábio de Castro, "Um mundo totalmente digital?", **Correio Braziliense**, Caderno Pensar, 10/10/2002.)

"Convocados a [*preposição – não ocorre a crase*] apresentar comportamento de máquinas perfeitas (...)"

Gabarito "D".

(Auditor do Tesouro Municipal/Recife-PE – 2003 – ESAF) Assinale a opção que preenche corretamente as lacunas do texto.

Em um universo em que nada poderia escapar ___medida e ao número, os domínios que ignoram ___ quantificação – ___ consciência e os valores – deixam de ter direito ___ existência. Não só ___ digitalização facilita ___ tomada de poder dos engenheiros sobre o saber de outros cidadãos, como também nega qualquer possibilidade de existência de uma outra compreensão do mundo, de um outro projeto de sociedade.

(Adaptado de Victor Scardigli, trad. Fábio de Castro, "Um mundo totalmente digital?", **Correio Braziliense**, Caderno Pensar, 10/10/2002.)

(A) a, à ,a, à, a, à
(B) à, à, à, a, a, a
(C) à, a, a, à, a, a
(D) a, a, a, a, à, à
(E) a, à, à, à, à, a

"Em um universo em que nada poderia escapar à [o verbo escapar no sentido de evitar ou ser preservado exige a preposição *a* em sua regência; a palavra regida medida aceita o artigo definido feminino. Ocorre a crase.] medida e ao número, os domínios que ignoram a [artigo] quantificação – a [artigo] consciência e os valores – deixam de ter direito à [palavra regente direito exige preposição a e a palavra regida existência aceita o artigo definido a. Ocorre a crase.] existência. Não só a [artigo] digitalização facilita a [artigo] tomada de poder dos engenheiros sobre o saber de outros cidadãos (...)"

Gabarito "C".

(Auditor Fiscal da Receita Federal – 2002.1 – ESAF) Marque a opção que preenche corretamente as lacunas.

Completamente excluídos das engrenagens de desenvolvimento da sociedade, os miseráveis são reduzidos _____ uma condição subumana. Seu único horizonte passa ____ ser ____ luta feroz pela sobrevivência. No lixão do Valparaíso, ____ poucos quilômetros de Brasília, ____ gente disputando os restos com os animais.

(Fonte: Revista **VEJA**, edição 1735.)

(A) à, a, a, há, há
(B) a, à, à há, a
(C) a, a, a, a, há
(D) à, a, a, à, há
(E) a, à, à, há, a

"Completamente excluídos das engrenagens de desenvolvimento da sociedade, os miseráveis são reduzidos a [preposição] uma condição subumana. Seu único horizonte passa a [preposição] ser a [artigo] luta feroz pela sobrevivência. No lixão do Valparaíso, a [preposição] poucos quilômetros de Brasília, há [verbo *haver* no sentido de *existir*] gente disputando os restos com os animais.

Gabarito "C".

(Auditor Fiscal da Previdência Social – 2002 – ESAF) Assinale a opção que preenche de forma correta as lacunas do texto.

Está em exame na Casa Civil anteprojeto de lei que instituirá um sistema de incentivo _(1)__ redução dos acidentes e de punição das empresas que submetem seus trabalhadores _(2)__ risco. __(3)__ intenção é reduzir pela metade ou dobrar _(4)__ alíquotas de contribuição para cobertura de acidentes trabalhistas, dependendo do caso. Uma empresa que esteja abaixo da média nacional de acidentes, por exemplo, pode vir _(5)__ pagar menos. O contrário acontecerá __(6)__ empresa que tiver registrado número de acidentes muito acima da média do seu setor. Ela poderá ter _(7)__ alíquota duplicada.

(*O Estado de S.Paulo*)

	1	2	3	4	5	6	7
(A)	a	à	À	às	à	a	à
(B)	à	a	A	às	à	a	a
(C)	a	à	A	as	a	a	à
(D)	à	a	A	as	a	à	a
(E)	a	à	À	às	à	à	à

Está em exame na Casa Civil anteprojeto de lei que instituirá um sistema de **incentivo à redução** [*preposição* a – *elemento regente (incentivo) exige preposição e o elemento regido (redução) permite o artigo* a] dos acidentes e de punição das empresas que **submetem** seus trabalhadores **a risco** [*elemento regente (submetem) exige preposição* a]. **A** [artigo definido] intenção é reduzir pela metade ou dobrar **as** [artigo definido] alíquotas de contribuição para cobertura de acidentes trabalhistas, dependendo do caso. Uma empresa que esteja abaixo da média nacional de acidentes, por exemplo, pode vir **a** [preposição] pagar menos. O contrário acontecerá **à** [*preposição + artigo definido*] empresa que tiver registrado número de acidentes muito acima da média do seu setor. Ela poderá ter **a** [artigo definido] alíquota duplicada.

Gabarito "D".

(Auditor Fiscal da Previdência Social – 2002 – ESAF) Identifique o item sublinhado que contenha erro de natureza ortográfica ou gramatical, ou impropriedade vocabular.

Fala-se(A) com arroubo(B) sobre os inesgotáveis recursos de novas tecnologias, como o vídeo ou a realidade virtual, mas qualquer reflexão à respeito do(C) invariavelmente **orbita(**D) em torno da matéria-prima(E) desta página – o texto.

(Paul Saffo, com adaptações.)

(A) A
(B) B
(C) C
(D) D
(E) E

Não ocorre a crase diante de palavra masculina, pois a crase é contração da preposição a e do artigo definido feminino a.

Gabarito "C".

(Fiscal de Tributos/PA – 2002 – ESAF) Assinale a opção que preenche as lacunas de forma gramaticalmente correta.

No que diz respeito ____ taxa de inflação, ainda que os resultados estejam longe da meta (mais de 7% ante ____ meta de 4%), é preciso reconhecer que diante dos acontecimentos de 2001 não se trata de um mau resultado. Todos sabemos que os "choques de oferta" não se prestam ____ ser controlados facilmente pela manipulação da taxa de juros e que frequentemente, quando ocorre um choque é melhor encontrar um caminho mais longo para retornar ____ meta do que forçar uma volta rápida com maiores custos em matéria de crescimento.

(Antonio Delfim Netto)

(A) à – a – a – à
(B) a – à – à – a
(C) à – a – à – a
(D) a – a – a – a
(E) a – a – à – a

"No que diz respeito **à** (1) taxa de inflação, ainda que os resultados estejam longe da meta (mais de 7% ante **a** (2) meta de 4%), é preciso reconhecer que diante dos acontecimentos de 2001 não se trata de um mau resultado. Todos sabemos que os 'choques de oferta' não se prestam **a** (3) ser controlados facilmente pela manipulação da taxa de juros e que frequentemente, quando ocorre um choque, é melhor encontrar um caminho mais longo para retornar **à** (4) meta do que forçar uma volta rápida com maiores custos em matéria de crescimento.

Comentários:

1) a palavra regente **respeito** exige preposição **a** e a palavra regida **taxa** aceita artigo definido feminino **a**. Ocorre a crase;
2) artigo definido; *ante* é preposição;
3) o *a* é preposição. Não há artigo antes de verbo, sendo assim, não ocorre crase;
4) a palavra regente **retornar** exige preposição **a** e a palavra regida **meta** aceita artigo definido feminino **a**. Ocorre a crase.

Gabarito "A".

(Agente Tributário Estadual/MS – 2001 – ESAF) Ocorre crase da preposição "a" e do artigo "a(s)", que deveria ter sido assinalada, nos seguintes períodos do texto:

I. O reconhecimento da imunidade de que trata o inciso III é subordinado a efetiva observância dos seguintes requisitos pelas entidades nele referidas;

II. Não distribuírem qualquer parcela de seu patrimônio ou de suas rendas, a título de lucro ou participação no seu resultado;

III. Aplicarem, integralmente, no País, os seus recursos visando a manutenção dos seus objetivos institucionais;

IV. O disposto neste artigo não exclui a atribuição, as entidades nele referidas, da condição de responsáveis pelos tributos que lhes caiba reter.

V. O disposto neste artigo não as dispensa da prática de atos previsto neste Código.

(A) em I, III e IV
(B) em II, III e V
(C) em I
(D) em I, II e IV
(E) em III e IV

I: regência nominal da palavra *subordinado* (*a*): "O reconhecimento da imunidade (...) é **subordinado à** efetiva"; **III:** o verbo *visar* no sentido de ter por fim ou objetivo é transitivo indireto: "os seus recursos **visando à** manutenção dos seus objetivos"; **IV:** regência nominal da palavra *atribuição* (*a...de; de...a*): "O disposto neste artigo não exclui a **atribuição, às entidades** nele referidas, da condição de responsáveis".

Gabarito "A".

(Agente Fiscal/PI – 2001 – ESAF) Assinale a opção que preenche correta e coerentemente as lacunas do texto.

Uma preocupação do governo está relacionada ___ manutenção do registro do débito na contabilidade das empresas mesmo depois de seu pagamento. Isso pode propiciar ___ contabilização de prejuízos referentes ___ variação cambial e ___gastos com juros que na verdade não existiriam. Se o pagamento tiver sido feito, mas ___ empresas tiverem mantido seus registros contábeis, isso pode reduzir artificialmente o lucro das companhias, o que prejudica ___ arrecadação do imposto.

(Renato Andrade, 8/11/2001, **O Estado de S. Paulo.**)

(A) a – a – a – aos – as – à
(B) a – à – à – a – às – a
(C) à – a – à – aos – as – a
(D) à – à – a – aos – às – à
(E) a – à – a – à – às – a

Observar nessa questão as regências nominal e verbal. Regência verbal – verbo transitivo indireto: "está relacionada à manutenção"; regência verbal – verbo transitivo direto: "propiciar a contabilização"; regência nominal: "referentes à variação [...] e aos gastos"; artigo definido "mas as empresas"; regência verbal – verbo transitivo direto: "prejudica a arrecadação".

Gabarito "C".

(Auditor do Tesouro Municipal/Natal-RN – 2001 – ESAF) Marque o segmento de texto que foi reproduzido com erro na estrutura sintática.

(A) A problemática de disposição dos resíduos sólidos urbanos (RSU) está historicamente associada ao surgimento dos primeiros núcleos urbanos.
(B) A solução adotada por cada país depende de sua situação geográfica e meios tecnológicos disponíveis.
(C) No Brasil, a disposição final no solo é amplamente utilizada para os RSU.
(D) Dados, obtidos na última Pesquisa Nacional de Saneamento Básico, feita pelo IBGE (1992), mostram que 97,85% do lixo coletado era diretamente disposto no solo, seja em aterros ou vazadouros à céu aberto.
(E) Embora a pesquisa não fosse diretamente voltada para a caracterização dos locais de disposição, o percentual de RSU disposto em vazadouros sobre áreas alagadas é uma clara indicação de uma característica do meio físico dessas áreas.

(Ana Cristina Strava Corrêa e Newton Moreira Souza, adaptado.)

Não é possível ocorrer crase diante de palavra masculina, uma vez que a crase é a contração da preposição *a* e do artigo feminino *a* / *as*: "Dados (...) mostram que 97,85% do lixo coletado era diretamente disposto no solo, seja em aterros ou vazadouros a [*preposição*] céu aberto."

Gabarito "D".

11. COMBINADAS

(Técnico – ANEEL – 2009 – ESAF) Para cada lacuna abaixo são propostas duas formas de preenchimento. Assinale a opção em que as duas propostas complementam de maneira coerente e gramaticalmente correta o texto.

O Brasil está assumindo papel ___(a)___liderança no fornecimento de energia de fonte renovável, ___(b)___o álcool. Chamou, por isso, ___(c)___atenção do mundo desenvolvido e há países negociando a compra do produto nacional. Problemas como o do preço interno devem ser administrados com responsabilidade para não corrermos o risco de perder a oportunidade, rara, ___(d)___fixar papel preponderante ___(e)___ setor essencial como o energético.

(Adaptado de **Correio Braziliense**, 22 de fevereiro de 2006.)

(A) na/de
(B) como/para
(C) a/à
(D) de/para
(E) em/pelo

(Preposição) A: incorreta, pois a preposição na não relaciona o objeto direto "papel" ao seu complemento nominal "liderança"; **B:** incorreta, pois o verbo "chamou" não é regido pela preposição como; **C:** incorreta, pois a preposição a não relaciona o objeto direto "papel" ao seu complemento nominal "liderança"; **D:** correta, pois a preposição de relaciona corretamente a função sintática dos termos "papel"(objeto direto) e "liderança" (complemento nominal); o termo "fornecimento", quando necessita de complemento nominal é regido pelas preposições de/para; o verbo "chamou", quando transitivo indireto pode ser regido pela preposição de

Gabarito "D".

(Técnico – ANEEL – 2009 – ESAF) Verifique quantas alterações propostas para o texto preservam sua coerência e correção gramatical.

> Não é a violência nem as turbulências da economia e muito menos a saúde. A maior preocupação do brasileiro é o trabalho. A conclusão é resultado de uma consulta realizada com 23,5 mil pessoas de 42 países. Num suposto ranking mundial de pessimismo em relação às oportunidades de trabalho, o brasileiro apareceria nas primeiras posições.
>
> Na média global, o emprego seguro é citado por 21% dos entrevistados, ficando em segundo lugar entre as preocupações de curto prazo, depois da economia.
>
> (Adaptado da **Folha de São Paulo**, 19 de fevereiro de 2006.)

I. Retirar os artigos antes de "violência", "turbulências" e "saúde", nas linhas 1 e 2.

II. Substituir o sinal de ponto pelo de dois-pontos depois de "saúde"(ℓ.2), grafando a palavra seguinte com letra inicial minúscula.

III. Inserir a preposição **com** antes de "resultado"(ℓ.3).

IV. Substituir "Num"(ℓ.4) por **Em um**.

V. Retirar o artigo definido antes de "oportunidades" (ℓ.6), escrevendo apenas **à**.

VI. Substituir a preposição "entre"(ℓ.9) pela preposição **em**, o que resulta na contração **nas**.

A quantidade de itens corretos é

(A) 1
(B) 2
(C) 3
(D) 4
(E) 5

(Preposição) I: é possível retirar os artigos definidos sem que haja prejuízos de coesão e coerência textual, já que são apenas adjuntos adnominais, ou seja, termos acessórios da oração; **II:** é possível o emprego dos dois-pontos, pois eles introduzem uma explicação acerca do maior problema do brasileiro; **III:** não é possível inserir tal preposição devido aos problemas de coerência e correção gramatical; **IV:** a expressão "Num" é a contração da preposição em e do artigo indefinido um, de modo que é possível a substituição por em um; **V:** ao retirar o artigo definido, o emprego da crase não seria mais possível, sendo que a forma correta seria "a oportunidades". O uso da crase ocorre quando a preposição a sofre contração com o artigo definido feminino a; **VI:** ao substituir a preposição "entre" por em, a preposição sofre processo de contração com o artigo definido as, resultando na preposição nas.

Gabarito "D".

(Técnico – ANEEL – 2009 – ESAF) Assinale a opção que corresponde a erro gramatical.

Há pelo menos duas compreensões **a cerca do(1)** Estado e sua natureza: ou ele seria um produto da razão pura ou ética do homem **em busca de(2)** construir na Terra um regime de ordem, de paz e de justiça assegurado pelo Direito positivo erigido, ou, ao contrário, seria uma criação socioeconômica de base política e militar organizada juridicamente **conforme o(3)** interesse material dos grupos ou classes sociais **que(4)** dominam efetivamente as relações econômicas de produção da riqueza de um país determinado.

Para o pensamento moderno oficial, o Estado é uma entidade socioeconômica e política criada racional e conscientemente pelo homem, **situando-se(5)** acima dos interesses das classes, que busca a ordem e a paz social e, ainda, cria o direito positivo e realiza a justiça legal.

(Oscar d'Alva e Souza Filho)

(A) 1
(B) 2
(C) 3
(D) 4
(E) 5

(Ortografia) A: incorreta, pois a cerca do estabelece uma ideia de distância, quando, na verdade, o correto seria acerca (a respeito de). **B:** correta, em busca de significa procurar algo ou alguém. No contexto, buscar "construir na Terra um regime". **C:** correta, pois estabelece uma relação de conformidade entre "criação socioeconômica" e "interesse material dos grupos" **D:** correta, o verbo "dominam" concorda com os referentes do pronome relativo que, "grupos ou classes sociais". **E:** correta, pois o verbo "situando-se" é reflexivo e concorda com o sujeito "Estado".

Gabarito "A".

(Técnico – ANEEL – 2009 – ESAF) Assinale a opção que reescreve o seguinte fragmento de texto em dois períodos sintáticos, coerentes e gramaticalmente corretos.

Se, em outro tempo, poderia se dizer que a condição humana do labor é a própria vida, ou seja, o processo biológico do corpo cujo desenvolvimento e declínio dependem da satisfação das atividades básicas atendidas pela atividade laborativa, hoje, este processo elementar já tem uma dependência íntima com o conhecimento tecnológico.

(Adaptado de José Liberato Ferreira Caboclo, **Ética e tecnologia**)

(A) Em outro tempo, poderia se dizer que a condição humana do labor é a própria vida, ou seja, o processo biológico do corpo cujo desenvolvimento e declínio dependem da satisfação das atividades básicas atendidas pela atividade laborativa. Hoje, no entanto, este processo elementar já tem dependência íntima com o conhecimento tecnológico.

(B) Se em outro tempo poderia-se dizer que a condição humana do labor é o processo biológico do corpo, isto é, a própria vida, cujo desenvolvimento e declínio dependem da satisfação das atividades básicas atendidas pela atividade laborativa; este processo elementar, hoje, já tem uma dependência íntima com o conhecimento tecnológico.

(C) Antigamente, poderíamos dizer que a condição humana do labor é a própria vida. Explicando: o processo biológico do corpo em que o desenvolvimento e declínio dependem do atendimento as atividades básicas pela atividade laborativa. O conhecimento tecnológico, hoje, já está intimamente ligado a este processo elementar.

(D) Poder-se-ia dizer, em outro tempo que a condição humana do labor é a própria vida: é o processo biológico do corpo em que o desenvolvimento e declínio dependem da satisfação das atividades básicas atendidas pela atividade laborativa: este processo elementar, no entanto, hoje tem uma dependência íntima com o conhecimento tecnológico.

(E) Caso se pudesse dizer, em outro tempo, que a condição humana do labor é a própria vida – que o desenvolvimento e declínio desse processo biológico depende da satisfação das atividades básicas atendidas pela atividade laborativa – hoje, o conhecimento tecnológico mantem este processo elementar em íntima dependência.

(**Ortografia**) **A:** correta, pois a expressão "Em outro tempo" expressa uma ideia temporal em relação à segunda oração, distinguindo as diferenças entre a condição humana "em outro tempo" (quando estava relacionada à atividade laborativa) e "hoje" (quando a condição humana está ligada ao conhecimento tecnológico). Além disso, a contraposição entre esses períodos é ressaltada pela utilização da locução conjuntiva adversativa "no entanto"; **B:** incorreta, não atende às regras gramaticais, pois o verbo "poderia-se" está grafado incorretamente, o correto seria poder-se-ia; **C:** incorreta, pois em "atendimento as atividades básicas" há um problema de regência nominal, já que o substantivo "atendimento" é regido pela preposição a e seria necessário o uso da crase. Nesse caso, a reescrita seria da seguinte forma: "atendimento às atividades básicas"; **D:** incorreta, porque o segundo emprego dos dois-pontos não introduz uma explicação, mas demonstra como se configura tal processo nos dias de hoje; **E:** incorreta, pois a ausência de acentuação do verbo "mantem" prejudica o sentido e desrespeita as regras de acentuação gramatical. Feita a correção, o verbo seria reescrito da seguinte maneira: "mantém", concordando com o sujeito "conhecimento tecnológico".

Gabarito "A".

(Técnico – ANEEL – 2009 – ESAF) Em relação ao texto, assinale a opção correta.

Apesar das dificuldades, o Programa de Metas foi executado e seus resultados manifestam-se na transformação da estrutura produtiva nacional. O governo JK, que soube mobilizar com maestria a herança de Vargas e elevar a autoestima do povo brasileiro, realizou-se em condições democráticas, com liberdade de imprensa e tolerância política. A taxa de inflação, que em 1956 foi de 12,5%, no final do governo JK, elevou-se para o patamar de 30,5%. A Nação, por sua vez, obteve um crescimento econômico médio de 8,1% ao ano. Apesar das pressões do Fundo Monetário Internacional (FMI), que já advogava o "equilíbrio fiscal" e o Estado mínimo para o Brasil, e de setores conservadores da vida brasileira, JK conseguiu elevar o PIB nacional em cerca de 143%. E tudo isto ocorreu em um contexto marcado por um déficit de transações correntes que atingiu 20% das exportações em 1957 e 37% em 1960, o que ampliava a fragilidade externa e fazia declinar a condição de solvência da economia brasileira. No entanto, foi graças ao controle do câmbio e ao regime de incentivos criados que as importações de bens de consumo duráveis foram contidas.

(Rodrigo L. Medeiros, com adaptações)

(A) Em "manifestam-se"(ℓ.2) o "se" é índice de indeterminação do sujeito.

(B) As vírgulas após "JK" (ℓ.4) e após "brasileiro"(ℓ.6) isolam oração de natureza restritiva.

(C) Por se tratar de verbo expletivo, "foi" (ℓ.20) pode ser retirado da oração sem prejuízo do sentido e da sintaxe.

(D) A substituição de "Apesar das"(ℓ.11) por **Porquanto as** mantém a correção gramatical e as informações originais do período.

(E) A substituição de "No entanto"(ℓ.20) por **Contudo** mantém a correção gramatical e as informações originais do período.

(**Conjunção**) **A:** o pronome "se", no contexto, é partícula integrante do verbo reflexivo "manifestar-se"; **B:** orações de natureza restritiva não são isoladas por vírgulas, somente orações de natureza explicativa têm esse tipo de estrutura; **C:** por se tratar de um verbo expletivo, ou de realce, se retirarmos esse termo da oração, prejudicaremos as relações de sentido da oração; **D:** ao substituirmos a expressão "Apesar das" (que, no contexto, tem valor adversativo) por Porquanto as, de valor explicativo, as informações originais do período seriam modificadas; **E:** tanto a locução conjuntiva "No entanto" quanto a conjunção contudo possuem o mesmo valor semântico adversativo e, por isso, podem ser substituídas uma pela outra.

Gabarito "E".

As duas questões seguintes tomam por base o seguinte trecho adaptado de uma entrevista publicada em Época, de 6 de fevereiro, 2006.

Época – Qual é o grande problema brasileiro?

Ricardo Neves – Assim como a inflação foi nosso dragão tempos atrás, a informalidade é nosso câncer que está entrando em metástase. A informalidade tem três eixos. O primeiro são os direitos de propriedade. Os barracos das favelas não podem ser comercializados, não podem ser usados para conseguir crédito. O segundo é o trabalho. Estima-se que entre 55% e 60% dos trabalhadores estão na informalidade. São pessoas que não contribuem, não pagam INSS. A carga tributária fica concentrada nos 40% restantes da população. O terceiro é a informalidade na cadeia produtiva. São empresas que estão fora da lei, seja porque os tributos são altos, seja porque a burocracia é complicada.

(Técnico – ANEEL – 2009 – ESAF) Assinale a opção que dá continuidade, gramaticalmente correta e coerente com a argumentação, ao seguinte início de resumo para o texto:

O grande problema brasileiro é a informalidade,

(A) porque os barracos, construídos irregularmente e não podendo serem comercializados impedem o crédito dos trabalhadores que ao não contribuirem para o INSS estão fora da lei, tanto quanto as empresas que também não o fazem quando atuem fora do sistema formal.

(B) pois, sem crédito, os proprietários de barracos, por exemplo, não podem contribuir para a carga de tributos necessária na estabilidade e legalização das empresas que deveriam ser formais mas não regularizam suas situações contábeis.

(C) que se **apóia** em três aspectos: a não inexistência dos direitos à propriedade de construções realizadas na informalidade, que prejudica as possibilidades de crédito para esses proprietários; o não recolhimento dos tributos dos trabalhadores na informalidade; e a não formalização de empresas na cadeia produtiva.

(D) que apresenta três facetas ligadas a contribuição de tributos, sonegados estes pelas empresas informais na cadeia produtiva – que não adimplem seus tributos convenientemente – e ao fato de aqueles proprietários não consigam crédito por não serem titulares formais de seus imóveis construídos irregularmente.

(E) porque concentrando a carga tributária apenas em cerca de 60% dos trabalhadores que conseguem se inserirem no mercado formal, prejudicando o crédito dos que não são legalmente proprietários de seus barracos têm-se na burocracia complicada e inacessível pela grande massa da população um rompimento na cadeia produtiva.

(Conjunção) A: incorreta, pois a conjunção explicativa porque introduz "barracos" como a principal causa da informalidade, quando é, na verdade, apenas um dos fatores; **B:** incorreta, porque a conjunção explicativa pois estabelece a falta de crédito dos proprietários de barracos como o principal fator da informalidade e da ilegalidade das empresas; **C:** correta, pois o pronome relativo que resgata o termo anterior ("informalidade") e demonstra os 3 fatores responsáveis pela informalidade a partir do emprego da enumeração que, no contexto, é introduzido pelo uso dos dois pontos; **D:** incorreta, pois o termo "ligadas" é regido pela preposição a e sofre processo de contração com o artigo definido feminino. Desse modo, a frase deveria ser reescrita da seguinte forma: "ligadas à contribuição de tributos"; **E:** incorreta, pois a conjunção explicativa porque introduz como a principal causa da informalidade a concentração da carga tributária em apenas 60% dos trabalhadores formais (que, no contexto, está errado, pois se tratam de 40% apenas)

Gabarito "C".

(Técnico – ANEEL – 2009 – ESAF) Avalie a correção dos seguintes itens a respeito da organização das ideias no texto.

I. As expressões usadas para os sentidos figurados de "inflação"(ℓ.2) e "informalidade"(ℓ.3) ressaltam seus aspectos negativos, amedrontadores; razões por que deve ser combatida.

II. O desenvolvimento da textualidade permite depreender que a figura de linguagem "entrando em metástase" (ℓ.4) sugere que o problema da informalidade está se alastrando, se espalhando na sociedade.

III. Nas linhas 7 a 9, pela contribuição de significados que os dois períodos sintáticos trazem para o texto, a substituição do sinal de ponto que separa "trabalho" de "Estima-se" pelo sinal de dois-pontos preserva a coerência da argumentação e a correção gramatical.

IV. Pelas marcas de alternação, "seja ...seja"(ℓ.13 e 14), que ligam as orações indicadoras das razões da informalidade na cadeia produtiva, depreende-se que tais razões excluem-se mutuamente: ou existe uma ou existe outra.

Estão corretos apenas os itens

(A) I e II
(B) I, II e III
(C) II e III
(D) II, III e IV
(E) III e IV

(Questões combinadas) I: correto, pois o emprego das expressões "dragão" e "câncer" enfatizam o aspecto negativo das palavras "inflação" e "informalidade" e demonstra a importância de se combater tais problemas da sociedade brasileira.
II: correto, pois, ao utilizar tal figura de linguagem, o autor emprega uma expressão típica da medicina para sugerir que o "câncer" (sentido figurado para "informalidade") está se espalhando na sociedade.
III: correto, pois o uso dos dois-pontos introduziria uma explicação acerca da informalidade no trabalho.
IV: incorreto, pois a locução conjuntiva alternativa "seja...seja" não depreende que tais razões excluam-se mutuamente, mas demonstra que os dois fatores são responsáveis pela informalidade na cadeia produtiva.

Gabarito "B".

(Técnico – ANEEL – 2009 – ESAF) Assinale a opção incorreta a respeito do emprego das estruturas linguísticas do texto.

(A) A relação de sentidos entre os dois primeiros períodos sintáticos do texto permite subentender uma ideia explicativa, expressa pela conjunção **Pois**, antes de "Começam" (ℓ.2).

(B) Como a expressão "a metade" (ℓ.3) pode ser considerada um sinônimo textual para **50%**, a substituição daquela por esta preservaria a coerência textual e a correção gramatical.

(C) A regência do verbo **resultar** permite a troca da preposição "em"(ℓ.11) pela preposição de; mas, nesse caso, a relação semântica entre "oferta" (ℓ.10) e "processo"(ℓ.11) se inverte.

(D) A função textual da oração "E não é só" (ℓ.13) é a de fazer o leitor antecipar que, além das ideias expostas nos dois períodos sintáticos anteriores, mais problemas serão enumerados nos períodos seguintes.

(E) A forma de singular em "é" (ℓ.18) deve-se ao emprego do vocábulo "que" (ℓ.18); pois o verbo que se flexiona de acordo com o sujeito da oração é "definem" (ℓ.18).

(Questões combinadas) A: correta, pois a inserção da conjunção explicativa pois estabelece uma explicação para a insegurança dos jovens: "altos índices de desemprego" (linha 3); **B:** incorreta (devendo ser assinalada), pois a expressão "metade" está relacionada ao advérbio "quase", ou seja, a parcela descrita no texto não equivale aos 50%, mas a uma porcentagem aproximativa. Além disso, se substituirmos a expressão "metade" pela porcentagem 50%, o verbo "é" (linha 4) deve ser flexionado no plural devido à expressão numérica (50% dos desempregados). Nessa expressão, os possíveis núcleos do sujeito – 50% de desempregados – estão flexionados no plural e, por isso, o verbo deve concordar com o sujeito, seguindo as regras de concordância verbal; **C:** correta, pois, ao substituirmos a preposição em pela preposição de, a regência do verbo resultar sofrerá mudanças, de modo que, quando o verbo é regido pela preposição em, significa vir a dar, redundar (ou seja, a grande oferta redunda em um processo cruel); quando regido pela preposição de, significa ser consequência, efeito (Processo cruel é consequência da grande oferta); **D:** correta, pois a oração "E não é só" é introduzida pela conjunção aditiva e, a qual tem função de adicionar mais problemas que serão enumerados nos períodos seguintes; **E:** correta, pois o verbo "definem" está em concordância de número e pessoa com o sujeito composto "qualificação" e "potencial comportamental".

Gabarito "B".

(Analista – ANEEL – 2004 – ESAF) Marque o segmento do texto de Ferreira Gullar que foi reproduzido com erro.

(A) Foi há muitos anos quando me vi de repente metido numa feroz campanha eleitoral, no agreste maranhense.

(B) O governo estadual, sabendo que os chefes políticos mais fortes da região eram da oposição, mandou para lá um destacamento da polícia militar que não brincava em serviço.

(C) A primeira vez que falei pelo alto-falante da casa do prefeito criticando o governador, uma rajada de tiros me fez parar o discurso.

(D) Eu tinha 20 anos, nunca me metera em política e não saberia explicar porque estava ali, tão longe de casa, brigando uma briga que não era minha.

(E) Mas, desafiado, resolvi topar a parada.

(Uso do porquê) Na frase "não saberia explicar porque estava ali" o "porque" deveria ser grafado separado. Trata-se da junção da preposição "por" com o pronome interrogativo ou indefinido "que", e possui o significado de "por qual razão" ou "por qual motivo".

Gabarito "D".

(Analista – ANEEL – 2006 – ESAF) Indique a opção que preenche com correção as lacunas numeradas no texto abaixo.

A colonização jamais correspondeu, entre nós, ...(1)... necessidades do trabalho; correspondeu sempre, sim, ...(2)... necessidade da produção, ou, mais realmente à necessidade das colheitas, isto é, ...(3)... necessidades de dinheiro pronto e de dinheiro fácil, que é o que sustenta as culturas, nas regiões onde se encontram colonos. No dia em que se abrir guerra ...(4)... ociosidade e se oferecerem garantias ...(5)... gente do campo, afluirá para o trabalho remunerado grande parte da população, hoje mantida .... (6)............. da bondade alheia.

(Adaptado de Alberto Torres, **"As fontes da vida no Brasil"**. Rio, 1915, p. 47)

	(1)	(2)	(3)	(4)	(5)	(6)
(A)	às	a	às	a	a	a custas da
(B)	às	à	as	à	a	às custas da
(C)	as	à	as	a	à	a custas da
(D)	a	a	às	à	a	a custa da
(E)	a	à	às	à	à	à custa da

(Preposição) Nas três primeiras lacunas, o termo introduz o complemento de "correspondeu", verbo que rege complementos com a preposição "a". Em (1), há duas possibilidades de preenchimento: "a", preposição simples, excluindo a presença do artigo "as" para acompanhar "necessidades", ou a contração "às" entre crase e artigo. Em (2), o complemento é "necessidade", feminino singular. Essa forma não permita a escolha entre omissão de artigo ou não, já que o "a" sem crase deixaria dúvida em sua classificação como preposição ou artigo, sendo obrigatória a forma "à". Em (3), temos o mesmo caso de (1). Em (4) a preposição "a" é opção para introduzir o complemento nominal de "guerra", que é o termo feminino "ociosidade" acompanhado de artigo e, portanto, exige a presença do sinal indicativo de crase. Em (5), o verbo "oferece" é bitransitivo, com um objeto direto (o que se oferece – garantias) e um indireto (a quem se oferece – a gente do campo). Novamente a união do artigo e da preposição exige crase. Em (6), "à custa de" é uma locução prepositiva de forma fixa, que pode ser usada tanto no singular como no plural (às custas de) e significa "às expensas de".

Gabarito "E".

(Analista – MPU – 2004 – ESAF) Em relação ao emprego dos sinais de pontuação, à concordância, à regência e à grafia, assinale o trecho abaixo que foi transcrito com correção gramatical.

(A) Na atualidade, avanços da biologia molecular e genética começam a viabilizar procedimentos médicos que afetam as fronteiras do universo ético. O "Projeto Genoma Humano", responsável pela leitura do nosso código genético e as técnicas de clonagem de embriões de mamíferos cataliza discussões calorosas, não raro desinformadas sobre a necessidade ou não de expansão desse universo ético.

(B) Ignorar os potenciais benefícios e os custos sociopolíticos associados a medicina molecular – alternativa inercial –, é moralmente repugnante. Uma estratégia de instrução do debate deve incluir o estudo crítico de cenários hipotéticos e reais.

(C) É difícil delimitar o universo ético de uma sociedade, que se queira democrática. Abandonado o fetiche da "ética absoluta", resta a sociedade, inclusive aos profissionais de saúde, debates e construção de novo código de ética médica e legislação federal em sintonia com os novos tempos.

(D) É necessário um contrato social que defina minimamente o ser humano como um ser provido da capacidade de exercer o livre-arbítrio. Ao Estado, cabe proteger tal capacidade – apenas a natureza poderá restringi-la (doença) ou aboli-la (morte). A maior contribuição da natureza ao livre-arbítrio, e, portanto, ao humano em cada um de nós são o nosso patrimônio genético. 979

(E) Um novo código de ética deve preservar os interesses dos cidadãos, inclusive daqueles doentes, e fazer do Estado guardião das liberdades individuais contra a tirania da maioria. Espera-se que nossa herança de Hipócrates – primeiro, não causar dano – constitua, por mais um milênio, o limite da ciência e, em particular, da arte médica.

(Adaptado de Antonio Oliveira dos Santos)

A: grafia da palavra "catalisa"; **B:** regência nominal da palavra *associados* ("associados à medicina"). **C:** regência verbal de *restar* ("resta à sociedade"); **D:** concordância verbal: o sujeito do verbo *ser* é singular ("A maior contribuição (...) **é** o nosso patrimônio genético."); **E:** assertiva correta.

Gabarito "E".

Nas quatro questões seguintes, baseadas em Manuel Bandeira, escolha o segmento do texto que não está isento de erros gramaticais e de ortografia, considerando-se a ortodoxia gramatical.

(Analista – MPU – 2004 – ESAF) Escolha o texto que isento de erros gramaticais e de ortografia

(A) As duas grandes sombras de Ouro Preto, aquelas em que pensamos invencivelmente a cada volta de rua, são o Tiradentes e o Aleijadinho.

(B) Cláudio Manuel da Costa asseverou de que o alferes era homem de tão fraco talento, que nunca serviria para tentar-se com ele um levante.
(C) Alguns de seus companheiros da Inconfidência falaram dele desdenhosamente nos depoimentos da devassa.
(D) O Coronel Domingos Vieira chama-lhe "malvado".
(E) É ainda hoje difícil formar um juízo seguro sobre Joaquim José da Silva Xavier.

Verificar a regência do verbo: "asseverou [*verbo transitivo direto*] que o alferes" era homem de tão fraco talento, que nunca serviria para tentar-se com ele um levante.

Gabarito "B"

(Analista – MPU – 2004 – ESAF) Escolha o texto que isento de erros gramaticais e de ortografia

(A) Descoberta a conspiração, enquanto os outros não procuravam outra coisa se não salvar-se, ele revelou a mais heroica força de ânimo, chamando a si toda a culpa.
(B) Antes de alistar-se na tropa paga, vivera da profissão que lhe valera o apelido.
(C) Não obstante, foi ele talvez o único a demonstrar fé, entusiasmo e coragem na aventura de 89.
(D) A verdade é que Gonzaga, Cláudio Manuel da Costa, Alvarenga eram homens requintados, letrados, a quem a vida corria fácil, ao passo que o alferes sempre lutara pela subsistência.
(E) Com coragem, serenidade e lucidez, até o fim, enfrentou a pena última.

Pela existência do nome atrativo *não*, a redação correta será: "se não **se** salvar".

Gabarito "A"

(Analista – MPU – 2004 – ESAF) Escolha o texto que isento de erros gramaticais e de ortografia

(A) Antônio Francisco Lisboa, o Aleijadinho, nasceu em 1738 e era filho natural do mestre de obras português, Manuel Francisco Lisboa.
(B) Os livros de medicina é provável que os lessem em busca de conhecimento para tratamento e lenitivo de sua medonha enfermidade.
(C) Antônio Francisco frequentou apenas a classe de primeiras letras.
(D) Sabe-se que, depois de adulto, a sua principal leitura era a Bíblia, alimento de sua arte, toda ela de inspiração religiosa.
(E) Aleijadinho teve vários irmãos paternos. Um deles, o Padre Félix, também trabalhou na talha.

O adjunto adverbial deslocado deve estar isolado por vírgula: "Os livros de medicina, é provável".

Gabarito "B"

(Analista – MPU – 2004 – ESAF) Escolha o texto que isento de erros gramaticais e de ortografia

(A) À antiga Vila do Carmo pode-se ir de trem ou de automóvel.
(B) Nada se pôde apurar, contudo, quer quanto à sua autoria, quer quanto à data do início das obras.
(C) O risco de São Pedro seria, segundo Diogo de Vasconcelos, de Antônio Pereira de Sousa Calheiros.
(D) Indo de trem, entra-se na cidade atravessando o Ribeirão do Carmo, mas a estrada de rodagem penetra nela pelo alto de São Pedro, aonde está a igreja do mesmo nome, hoje contígua à residência episcopal.
(E) Uma pia batismal tem gravado o ano de 1743, dado como sendo o do começo das obras.

O advérbio *onde* indica em que lugar, em qual lugar. Já o advérbio *aonde* indica ao lugar que (em que direção); para o lugar que (para que direção); para qual lugar. Com o verbo **estar** usa-se *onde*: "onde está a igreja"

Gabarito "D"

(Técnico – MPU – 2001 – ESAF) Assinale o trecho que apresenta erro na grafia de palavra.

(A) O filme *justiça* mostra situações à beira da explosão, que de alguma maneira já conhecíamos por meio de filmes como *Carandiru* e *O Prisioneiro da Grade de Ferro*. O diferencial aqui é o acesso à intimidade de cinco casos específicos, flagrados no cenário ascéptico do Tribunal de Justiça do Rio de Janeiro.
(B) Por intermédio deles, o filme tenta construir uma metonímia da sociedade brasileira, na qual a Justiça funcionaria como elemento de reafirmação de uma ordem social fundamentalmente injusta.
(C) Antes de mais nada, Maria Augusta desvenda um pequeno mundo solenemente ignorado pela grande maioria dos espectadores. A frieza do ambiente nas salas de audiência e o caráter altamente ritualístico dos procedimentos de interrogatório favorecem o método da diretora.
(D) A câmera comporta-se como um olho neutro, fixo, quase ausente. Mas o uso de várias câmeras permite uma montagem que sublinha os jogos de olhares, as reações contidas, as dissimulações. E sobretudo a rigidez de um dispositivo em que o juiz todo-poderoso e o réu intimidado se confrontam sem qualquer sentido de proporção, ante o silêncio quase total dos demais circunstantes.
(E) O diálogo impossível – porque na verdade não é buscado – ressalta a impessoalidade dos julgamentos em ritmo industrial. Os longos corredores do tribunal, imersos em sua típica iluminação indistinta, materializam o labirinto sem saída de um sistema penal alienado das condições do país. O que o filme consegue captar desse "teatro" absurdo é simplesmente admirável.

(Adaptado de Carlos Alberto Mattos, Corredores sem saída, 24/06/2004 www.nominimo.com)

Ascético é aquele que se volta para a vida espiritual, mística, contemplativa. Também se refere ao que é sisudo, incorruptível.

Gabarito "A"

Leia o texto abaixo para responder a questão seguinte.

A abertura do mercado brasileiro trouxe benefícios para o País e (1) acirrou a concorrência, especialmente entre as multinacionais e (2) empresas que controlam antigas estatais. Por outro lado, fez surgir o medo da espionagem industrial e obrigou as grandes companhias que detêm tecnologia moderna e (3) sofisticada a adotarem medidas de proteção muitas vezes extremas.

Isso porque o trabalho dos espiões tecnológicos é descobrir segredos e (4) obter informações valiosas sobre os principais e (5) mais lucrativos produtos das empresas ou de instituições militares. Para se proteger nessa guerra silenciosa vale tudo.

(**ISTOÉ**, 21/1/2004, com adaptações)

(Analista – MPU – 2004 – ESAF) Assinale a opção em que a substituição da conjunção **e**, assinalada no texto, por **ponto** não provoca erro sintático. Despreze a necessidade de ajustes nas letras minúsculas e maiúsculas.

(A) 1
(B) 2
(C) 3
(D) 4
(E) 5

A conjunção *e* em (1) está unindo duas orações independentes, que podem, sem perda de significado estar separadas em dois períodos diferentes: "A abertura do mercado brasileiro trouxe benefícios para o País. Acirrou a concorrência".

Gabarito "A".

(Técnico da Receita Federal – 2006 – ESAF) Em relação ao texto abaixo, assinale a opção incorreta.

Está infringindo a legislação de propriedade industrial quem fabrica, exporta, vende, expõe ou oferece à venda, tem em estoque, oculta ou recebe, para utilização com fins econômicos, um produto que seja objeto de patente de invenção ou de modelo de utilidade, segundo os artigos 183 e 184 da Lei n. 9.279, de 14 de maio de 1996, uma das mais modernas e avançadas leis de propriedade industrial do mundo. Se houver comprovação de delito, a penalidade poderá variar de um mês a um ano de detenção ou multa, conforme o caso específico.

Também incorre em ilícito penal aquele que fabrica, sem autorização do titular, exporta, vende, tem em estoque, oculta ou recebe, para utilização com fins econômicos, objeto que incorpore ilicitamente um desenho industrial registrado, ou imitação substancial que possa induzir a erro ou confusão. É um crime contra o registro de desenho industrial. É um desrespeito ao consumidor que, muitas vezes, pela aparência, não consegue distinguir o produto original do copiado, mas tem de arcar com o prejuízo de adquirir um artigo de má qualidade.

(Cláudio França Loureiro, **Valor Econômico**, 28/09/2005.)

(A) A expressão "Está infringindo" (l.1) está no singular para concordar com "quem"(l.2).
(B) As quatro primeiras vírgulas das linhas 2 e 3 justificam-se porque separam elementos de uma enumeração.
(C) Mantém-se a correção gramatical e o significado da informação do período ao se substituir "Se houver" (l.8 e 9) por Caso haja.
(D) O emprego do modo subjuntivo em "incorpore" (l.15).
(E) em "possa" (l.17) justifica-se por se tratar de um fato certo, confirmado, assegurado.
(E) Subentende-se após "induzir"(l.17) qualquer uma das expressões a seguir: os consumidores, alguém, as pessoas, os compradores.

A: o pronome "quem" é o sujeito de " Está infringindo"; **B:** uma das funções da vírgula é separar elementos de uma enumeração; **C:** as expressões "Se houver" e "Caso haja" são equivalentes; **D:** o uso do subjuntivo indica uma suposição, e não um fato certo, confirmado; **E:** subentende-se que essas expressões correspondam ao objeto direto do verbo *induzir*.

Gabarito "D".

(Técnico da Receita Federal – 2006 – ESAF) No trecho abaixo, foram inseridos erros no que respeita ao emprego da norma gramatical padrão. Para eliminá-los do trecho, foram propostas seis alterações. Analise-as e responda ao que se pede.

O ministro da Controladoria Geral da União, Waldir Pires, escreveu uma longa carta a Oded Grajew, na qual reconhece que o Brasil ainda carece de ações preventivas no combate à corrupção. Diante de uma máquina estatal pouco transparente e que reage as tentativas de publicidade das suas ações, o País surpreende-se com os casos de corrupção, e só os descobre quando já são esquemas consolidados e milionários.

Waldir Pires afirma que vem mudando essa realidade. Criou o Portal da Transparência e o sistema de auditoria por sorteio, estabeleceu convênio para troca de informações com o Ministério Público, articulou-se com a Polícia Federal em diversas operações que a PF realizou nos últimos anos.

A carta do ministro para Oded, tornada pública, gerou uma segunda carta, dessa vez do presidente da União Nacional dos Analistas e Técnicos de Finanças e Controle (Unacon), Fernando Antunes, que reconhece o desejo real da CGU de tornar o Estado brasileiro mais transparente. Consequentemente admite a existência de uma queda-de-braço entre setores do governo. Nem a todos interessa a publicidade dos atos governamentais.

(Adaptado de Rudolfo Lago, **Correio Braziliense**, 24/10/2005.)

Alterações propostas:

I. Usar o acento grave para indicar ocorrência de crase na expressão "reage as tentativas" (l.6).
II. Alterar a configuração morfossintática do final do primeiro parágrafo para: **só descobrindo-os quando já são esquemas consolidados e milionários.**

III. Desenvolver a oração reduzida das linhas 17 e 18 na seguinte oração adverbial: **quando se tornou pública.**

IV. Substituir "Consequentemente"(l.23) por **Mas.**

V. Reescrever a última oração do terceiro parágrafo assim: **Não são todos que se interessam pela publicidade dos atos governamentais.**

Indique a opção que relaciona apenas as alterações necessárias para eliminar os erros gramaticais do trecho.

(A) I, IV e V
(B) I, II, III e IV
(C) I e IV
(D) II e IV
(E) III, IV e V

I: a palavra regente *reage* exige a preposição *a* e a palavra regida *tentativas* aceita o artigo definido feminino plural *as*. Ocorre a crase; **IV:** as orações do terceiro parágrafo "A carta do ministro para Oded (...) gerou uma segunda carta (...) que reconhece o desejo real da CGU de tornar o Estado brasileiro mais transparente, mas admite a existência de uma queda-de-braço entre setores do governo. Nem a todos interessa a publicidade (...)." possuem uma ideia de oposição, contraste. A conjunção adversativa (*mas*) deve ser empregada.

Gabarito "C".

(Auditor Fiscal da Receita Federal – 2005 – ESAF) Mas os problemas do mundo dos nossos netos e bisnetos serão diferentes. Eles viverão no meio de um crescimento perigosamente desequilibrado entre os povos. Sim, porque dois terços dos moradores do planeta – cerca de dois bilhões de habitantes – terão de ser alimentados e educados em nações pobres e sem recursos.

(Antônio Ermírio de Moraes, **O planeta e o desafio do futuro**. **Jornal do Brasil**, 20 de março de 2005, com adaptações)

Assinale a opção que constitui uma paráfrase coerente e gramaticalmente correta para o trecho acima.

(A) Contudo, os problemas do mundo dos nossos netos e bisnetos serão diferentes porque eles viverão em meio a um crescimento perigosamente desequilibrado entre os povos, dado que dois terços dos moradores do planeta – cerca de dois bilhões de habitantes – terão de ser alimentados e educados em nações pobres e sem recursos.

(B) Mas os problemas do mundo dos nossos netos e bisnetos serão diferentes, posto que eles viverão no meio de um crescimento entre os povos perigosamente desequilibrados. Sim, pois dois terços dos moradores do planeta (aproximadamente de dois bilhões de habitantes), terão de ser alimentados e educados em nações pobres e sem recursos.

(C) Todavia os problemas do mundo dos nossos netos e bisnetos serão diferentes: eles viverão no meio de um crescimento perigosamente desequilibrado entre os povos; num planeta em cujos dois terços dos moradores – cerca de dois bilhões de habitantes – terão de ser alimentados e educados em nações pobres e sem recursos.

(D) Porém, os problemas do mundo, e dos nossos netos e bisnetos, serão diferentes, pois viverão entre povos de um crescimento perigosamente desequilibrado. Isso, porque cerca de dois bilhões de habitantes do planeta (dois terços deles) terão de se alimentar e educar em nações pobres e sem recursos.

(E) No entanto, os problemas do mundo dos nossos netos e bisnetos serão diferentes, eles viverão em nações pobres e sem recursos, no meio de um crescimento perigosamente desequilibrado entre os povos, onde terão de ser alimentados e educados. Sim, porque serão dois terços dos moradores do planeta – cerca de dois bilhões de habitantes.

A: assertiva correta; **B:** "posto que", em conformidade com a norma culta, é uma conjunção concessiva e não indica explicação; **C:** "em cujos" não faz sentido. Poderia ser substituído por "num planeta em que dois terços"; **D:** o texto fala dos problemas do mundo, na época dos nossos netos e não dos problemas desses diretamente. Ademais, refere-se ao crescimento desequilibrado entre os povos ("povos de um crescimento desequilibrado"); **E:** o texto não diz que nossos netos e bisnetos viverão necessariamente em nações pobres.

Gabarito "A".

(Auditor Fiscal da Receita Federal – 2005 – ESAF) As opções trazem o diagnóstico e a indicação de correção do que estiver gramatical e linguisticamente errado no trecho abaixo. Assinale a letra que for verdadeira tanto para o diagnóstico quanto para a indicação de correção.

Podemos prever o traço fundamental do comércio colonial: ele deriva imediatamente do próprio caráter da colonização, organizada como ela está na base da produção de gêneros tropicais e metais preciosos para o fornecimento do mercado internacional. É a exportação desses gêneros, pois, que constituirá o elemento essencial das atividades comerciais da colônia.

O comércio exterior brasileiro é todo ele, pode-se dizer, marítimo. Nossas fronteiras atravessavam áreas muito pouco povoadas, quando não inteiramente indevassadas. A colonização portuguesa vinda do Atlântico, e a espanhola, quase toda do Pacífico, mal tinham ainda engajado suas vanguardas, de sorte que entre ambas ainda sobravam vastos territórios ocupados.

Circunstância essa ditada por contingências geográficas e econômicas, e que tem grande significação política e administrativa, pois facilitou, pode-se dizer mesmo que tornou possível, o monopólio do comércio da colônia que a metrópole pretendia para si. Foi bastante reservar-se a navegação, providência muito mais simples que uma fiscalização fronteiriça – difícil, se não impraticável, nos extensos limites do país.

(Caio Prado Júnior, **História econômica do Brasil**, com adaptações.)

(A) Diagnóstico do erro: vírgulas isolando a conjunção "pois"(l.6) Indicação de correção: suprimir a vírgula posterior à referida conjunção.

(B) Diagnóstico do erro: pontuação da expressão "vinda do Atlântico"(l.12 e 13). Indicação de correção: colocá-la entre parênteses, sem a vírgula após "Atlântico".

(C) Diagnóstico do erro: falta de concordância verbal no verbo "tinham" (l.14). Indicação de correção: empregar o referido verbo no singular.

(D) Diagnóstico do erro: incoerência textual no emprego do adjetivo "ocupados" (l.16). Indicação de correção: substituí-lo por **inocupados**.

(E) Diagnóstico do erro: mau emprego do travessão, na linha 24. Indicação de correção: eliminá-lo.

A: não há erro. A conjunção *pois* entre vírgulas tem valor conclusivo; **B:** é correto colocar a expressão "vinda do Atlântico" entre vírgulas; **C:** o sujeito do verbo *ter* tem dois núcleos (linha 14: "A colonização portuguesa (...) e a espanhola"), por isso deve ser mantido no plural; **D:** "de sorte que entre ambas ainda sobravam vastos territórios inocupados"; **E:** é necessário o duplo travessão: "uma fiscalização fronteiriça – difícil, se não impraticável – nos extensos limites do país.".

Gabarito "D"

(Auditor Fiscal da Receita Federal – 2005 – ESAF) Assinale a opção que preenche corretamente a sequência de lacunas do texto, mantendo sua coerência textual e sua correção gramatical.

Tendo ____ unidade de análise o gênero humano no tempo, Morgan dispõe ______ sociedades humanas na história segundo graus de complexidade crescente ________ se aproximam da civilização. Diferentes organizações sociais sucedem-se porque se superam _____ desenvolvimento de sua capacidade de _____ e de dominar a natureza, identificando vantagens biológicas e econômicas em certas formas de comportamento que são, então, instituídas _____ modos de organização social.

(Sylvia G. Garcia, Antropologia, modernidade, identidade. *In:* **Tempo Social**, *vol. 5, no. 1 – 2,* com adaptações.)

(A) por – as – conforme – pelo – adaptar-se – como

(B) por – das – à medida que – no – adaptarem-se – em

(C) como – as – na medida em que – ao – se adaptar – por

(D) como – nas – conforme – até – se adaptarem – como

(E) a – das – à medida que – como – adaptar-se – em

Tendo **por/como** unidade de análise o gênero humano no tempo, Morgan dispõe as [o verbo *dispor* é transitivo direto no sentido de organizar] sociedades humanas na história segundo graus de complexidade crescente **conforme** se aproximam da civilização. Diferentes organizações sociais sucedem-se porque se superam **pelo** [*superam-se uns aos outros 'por meio do' desenvolvimento*] desenvolvimento de sua capacidade de **adaptar-se** e de dominar a natureza, identificando vantagens biológicas e econômicas em certas formas de comportamento que são, então, instituídas **como** [regência nominal de instituído: *como* ou *por*] modos de organização social.

Gabarito "A"

Santo Agostinho (354-430), um dos grandes formuladores do catolicismo, uniu a teologia à filosofia. Sua contribuição para o estudo das taxas de juros, ainda que involuntária, foi tremenda. Em suas *Confissões*, o bispo de Hipona, filho de Santa Mônica, conta que, ainda adolescente, clamou a Deus que lhe concedesse a castidade e a continência e fez uma ressalva – ansiava por essa graça, mas não de imediato. Ele admitiu que receava perder a concupiscência natural da puberdade. A atitude de Santo Agostinho traduz impecavelmente a urgência do ser humano em viver o aqui e agora. Essa atitude alia-se ao desejo de adiar quanto puder a dor e arcar com as conse quências do desfrute presente – sejam elas de ordem financeira ou de saúde. É justamente essa urgência que explica a predisposição das pessoas, empresas e países a pagar altas taxas de juros para usufruir o mais rápido possível seu objeto de desejo.

(Viver agora, pagar depois, (Fragmento). In: Economia e Negócios, **Revista VEJA**, 30/03/2005, p.90.)

(Auditor Fiscal/MG – 2005 – ESAF) Julgue as afirmações a respeito do texto como verdadeiras (**V**) ou falsas (**F**), para marcar, a seguir, a opção correta.

( ) Em virtude do paralelismo sintático, o acento grave, em "à filosofia" (l.2), poderia ser eliminado.

( ) Estaria garantida a correção gramatical do texto se o pronome possessivo que inicia um período, na linha 2, fosse substituído, nessa mesma posição, pelo pronome "cujo", flexionado no feminino (cuja), e o ponto fosse substituído por uma vírgula.

( ) Haveria alteração do sentido original do texto se a expressão "ainda adolescente" (l.6) fosse deslocada para a posição imediatamente posterior à forma verbal "conta" (l.5).

( ) Dada a relação de sentido que se estabelece no período, a conjunção "e" (l.7) poderia ser substituída, mantendo-se a coerência textual, pela conjunção "mas" precedida de vírgula.

( ) O complemento verbal "seu objeto de desejo" (l.18) poderia vir precedido da preposição "de", atendendose à regência do verbo "usufruir".

A sequência correta obtida é:

(A) V, F, F, V, V

(B) F, V, V, V, F

(C) V, V, F, F, V

(D) V, F, V, F, F

(E) F, F, V, V, V

I: é falsa. O acento grave não poderia ser eliminado, pois "à filosofia" corresponde ao objeto indireto do verbo *unir* que exige a preposição *a*; **II:** é falsa. Haveria alterações sintático-semânticas caso fosse feita a substituição do pronome possessivo *sua* que se refere a Santo Agostinho pelo pronome relativo *cuja* que concordaria com a coisa possuída "filosofia"; **III:** é verdadeira. Haveria alterações no sentido original caso a expressão independente "ainda adolescente" fosse descolada: "conta que, ainda adolescente, clamou" (conta hoje sobre a época em que era adolescente) é diferente de "conta, ainda adolescente, que clamou" (conta no momento em que era adolescente); **IV:** é verdadeira. A segunda conjunção *e* pode ser substituída por *mas*; **V:** é verdadeira. O verbo *usufruir* pode ser transitivo direto ou transitivo indireto (exigindo, nesse caso, a preposição *de*).

Gabarito "E"

(Auditor Fiscal/MG – 2005 – ESAF) Assinale o trecho do texto abaixo que se apresenta gramaticalmente correto.

(A) A sociedade sem exploração é, antes de tudo, uma sociedade do trabalho, uma sociedade que todos tenham garantidos o direito ao trabalho, vivam do seu trabalho. Isto significa que, de alguma forma, todos se tornem trabalhadores e ninguém viva da exploração do trabalho alheio.

(B) Uma sociedade desse tipo elimina a exploração, fazendo com que ninguém possa viver do trabalho dos outros. Significa que ninguém dispõem do privilégio de possuir capital, negado a grande maioria.

(C) Assim, as máquinas, instalações, matérias-primas – isto é, os meios de produção – não poderia ser propriedade privada mas, propriedade democrática do conjunto da sociedade.

(D) Uma sociedade desse tipo choca-se frontalmente com o capitalismo, que se apoia estruturalmente na propriedade privada dos meios de produção, o que significa a separação entre capital e trabalho.

(E) Esta separação implica que a minoria tenha acesso a capital – sob qualquer forma de dinheiro ou de empresas, industriais, agrárias, comerciais ou de outro tipo –, e a grande maioria, dispondo apenas de seus braços para sobreviver, sejam obrigados a submeterse à exploração do capital.

(Adaptado de Emir Sader. *A Exploração. In:* **7 pecados do capital.** Rio de Janeiro, Record, 1999.)

A: "A sociedade sem exploração é, antes de tudo, uma sociedade do trabalho, uma sociedade que todos tenham **garantido o direito** ao trabalho, vivam do seu trabalho (...); **B:** Uma sociedade desse tipo elimina a exploração, **faz** com que ninguém possa viver do trabalho dos outros. Significa que **ninguém dispõe** do privilégio de possuir capital, **negado à** grande maioria; **C:** Assim, as máquinas, instalações, matérias-primas – isto é, **os meios de produção** – não **poderiam** ser propriedade<u>s</u> privada<u>s</u>, mas propriedade<u>s</u> democrática<u>s</u> do conjunto da sociedade; **E:** Esta separação implica que a minoria tenha acesso ao capital – sob qualquer forma de dinheiro ou de empresas; [*ponto-e-vírgula*] industriais, agrárias, comerciais ou de outro tipo – e, [*vírgula*] a grande maioria, dispondo apenas de seus braços para sobreviver, sejam obrigados a **submeter-se** à exploração do capital."

Gabarito "D".

(Auditor Fiscal/RN – 2005 – ESAF) Os itens desta questão foram adaptados de uma entrevista publicada na **Folha de São Paulo**. Marque o item reproduzido sem <u>erro</u> gramatical, ortográfico ou impropriedade vocabular.

(A) **Folha – Qual será o impacto da confortável vitória de Bush sobre as relações internacionais?**
John Hulsman – Até a última terça-feira, havia, em boa parte do planeta, um sentimento de que a primeira vitória de Bush fora uma anomalia, uma aberração, pois a eleição de 2000 fora uma experiência francamente bizarra.

(B) Sua reeleição, todavia, põe fim à ideia de que Bush foi um presidente acidental. Independentemente da nacionalidade, as pessoas são agora compelidas a entender de que as únicas questões nas quais Bush sempre esteve à frente de John Kerry nas pesquisas são a política externa e a segurança nacional.

(C) No que tange ao amplo tema da guerra ao terror, Bush manteve uma liderança de ao menos 12 pontos percentuais em todas pesquisas realizadas durante a campanha eleitoral. Em parte, essa tendência se deve a péssima atuação dos democratas durante a Guerra do Vietnã. Assim, eles estão atrás nas pesquisas relacionadas à segurança nacional desde o início da década de 70.

(D) **Folha – Podemos prever a existência de novos ataques preventivos dos EUA nos próximos anos?**
Hulsman – Tratam-se de possibilidades que não podem ser descartadas. Os EUA tem o mais poderoso aparato militar do planeta e não devem relegar ao segundo plano a opção militar. Contudo é pouco provável que haja ataques, já que a situação no Iraque tem-se mostrado bastante complexa. Por outro lado, ações preventivas ainda fazem parte do leque de opções do governo. Para Bush, numa era em que terroristas podem decidir atacar os EUA com uma bomba suja carregada de componentes nucleares, não há tempo para esperar uma decisão da ONU. Deve-se frisar que ela não conseguiu tomar uma decisão sobre Saddam Hussein em nove meses de debates e de negociações.

(E) **Folha – A atual crise iraquiana tem solução plausível?**
Hulsman – Precisamos encontrar interlocutores legítimos entre os iraquianos, pessoas que gosam de legitimidade política aos olhos da população. Não devemos apontar a liderança iraquiana, pois a população do país deve escolher seus próprios líderes políticos.

A: Correta; **B:** "(...) Independentemente da nacionalidade, as pessoas são agora compelidas a **entender que** as únicas questões (...)"; **C:** "No que tange ao amplo tema da guerra ao terror, Bush manteve uma liderança de, [*vírgula*] ao menos, [*vírgula*] 12 pontos percentuais em todas **as** pesquisas realizadas durante a campanha eleitoral. Em parte, essa tendência se deve **à** [*o verbo* dever *exige objeto indireto com preposição* a] péssima atuação dos democratas (...)"; **D: "Trata-se** [*o se é índice de indeterminação do sujeito. O verbo* tratar *é transitivo indireto e deve estar na 3ª pessoa do singular. Não há sujeito.*] de possibilidades que não podem ser descartadas. **Os EUA têm** [*o* verbo *concorda com o sujeito 'Os* EUA'] o mais poderoso aparato militar do planeta e não devem relegar ao segundo plano a opção militar (...)"; **E:** "(...) pessoas que **gozam** de legitimidade política aos olhos da população (...)".

Gabarito "A".

(Auditor Fiscal/RN – 2005 – ESAF) Os enunciados seguintes formam um texto. Marque o que está gramaticalmente correto.

(A) Com o avanço da tributação esta-se aprofundando a desigualdade e a exclusão, uma vez que os ganhos de produtividade em grande parte tem sido obtidos à custa, dentre outros, da sonegação tributária, revelando a simbiose entre marginalidade econômica e marginalidade social e obrigando as instituições jurídicas do Estado a concentrar sua atuação na preservação da ordem e da segurança.

(B) Com a sonegação, os excluídos dos mercados de trabalho perdem as condições materiais para exercer, em toda a sua plenitude, os direitos humanos de primeira geração e para exigir o cumprimento dos direitos humanos de segunda e terceira gerações.

(C) Condenados à marginalidade socio-econômica e, por consequência, à condições hobbesianas de vida, os marginalizados não mais aparecem como portadores de direitos subjetivos públicos.

(D) Nem por isso contudo, são dispensadas das obrigações estabelecidas pela legislação, especialmente em matéria criminal.

(E) Diante da ampliação dos bolsões de miséria nos centros urbanos, da expansão da criminalidade e da propensão à desobediência coletiva, as instituições jurídicas e judiciais do Estado, antes voltadas para o desafio de proteger os direitos civis e políticos e de conferir eficácia aos direitos sociais e econômicos, acaba agora tendendo a assumir papéis eminentemente punitivos-repressivos.

(Adaptado de Mário Antônio Lobato de Paiva em www.ambitojuridico.com.br)

A: "Com o avanço da tributação **está**-se aprofundando a desigualdade"; **C:** "marginalidade soioeconômica"; **D:** "Nem por isso, [*vírgula*] contudo, são **dispensados** [*os marginalizados*] das obrigações"; **E:** "as **instituições** jurídicas e judiciais do Estado (...) **acabam** [*o verbo concorda com o sujeito no plural*] agora tendendo a assumir".

Gabarito "B".

(Auditor Fiscal da Receita Federal – 2003 – ESAF) Assinale a opção em que uma das duas formas de redação do texto, independentemente de alteração semântica, apresenta erro gramatical ou problema de sintaxe.

(A) A globalização é a manifestação hodierna das ambiguidades que marcaram os primórdios dos tempos modernos. / Das ambiguidades que foram marcas dos primórdios dos tempos modernos, a globalização é a manifestação contemporânea.

(B) De forma semelhante ao que aconteceu no passado, o mundo atravessa um período de transição que parece completar a "grande transformação" iniciada no século XVI. / O mundo atravessa um período de transição – de forma semelhante ao acontecido no passado – que parece ser complemento da "grande transformação" iniciada no século XVI.

(C) Com a navegação em rede, estreitando os laços entre os povos e reunindo-os numa única sociedade, o processo de internacionalização econômico-político tende a fechar o ciclo que começou com a circunavegação. / O processo de internacionalização econômico-político que começou com a circunavegação tende a fechar o ciclo com a navegação em rede, estreitando os laços entre os povos, reunindo-os numa única sociedade.

(D) Conquanto intensas modificações tenham ocorrido ao longo desses quinhentos anos, a história volta a se repetir. / Volta-se a ser repetida a história, apesar das intensas modificações ocorridas ao longo desses quinhentos anos.

(E) A globalização não se dá nos mesmos níveis para todos os países e todas as pessoas, e tem beneficiado os países centrais em detrimento da grande maioria das regiões mais carentes. /Beneficiando os países centrais em prejuízo da grande maioria das regiões mais carentes, a globalização não ocorre nos mesmos níveis para todos os países e todas as pessoas.

(Adaptado de Fernando Magalhães, **"A globalização e as lições da história")**

Conquanto é uma conjunção subordinativa concessiva e introduz uma oração que contém a afirmação de um fato contrário ao da afirmação contida na oração principal, porém esse fato não é suficiente para anular o outro. O advérbio *apesar* indica uma informação oposta àquela expressa em outra parte do enunciado, contrariando uma expectativa (a conjunção concessiva seria *apesar de que*).

Gabarito "D".

(Auditor do Tesouro Municipal/Fortaleza-CE – 2003 – ESAF) O texto abaixo foi transcrito com erros. Assinale o único trecho gramaticalmente correto.

(A) Há diversas maneiras de organizarem a produção e a distribuição de bens e serviços, oriundo da interação de agentes especializados, inserido numa divisão social do trabalho.

(B) Um dos processos mais simples, e por isso dos mais antigos, é a produção simples de mercadorias: os agentes são os possuidores individuais dos seus meios de produção e distribuição e, portanto, também dos produtos de sua atividade, que eles intercambiam em mercados.

(C) O agente é nesse modo de produção quase sempre uma família ou um domicílio, cujos membros trabalham em conjunto, usufruíndo coletivamente dos resultados de sua atividade.

(D) A agricultura familiar, o artesanato e o pequeno comércio são exemplos de atividades integrantes desse modo de produção. O capitalismo se originou da produção simples de mercadorias, negando-lhe ao separar a posse e o uso dos meios de produção e distribuição.

(E) Essa separação surge mais ou menos naturalmente do funcionamento dos mercados, em que os vitoriosos no jogo competitivo acabam por apoderar dos meios de produção e distribuição dos derrotados.

(Adaptado de Paul Singer)

A: "Há diversas maneiras de organizarem a produção e a distribuição de bens e serviços, [a produção e a distribuição] oriundas da interação de agentes especializados, [a produção e a distribuição] inseridas numa divisão social do trabalho."; **C:** "O agente é, nesse modo de produção, quase sempre uma família ou um domicílio, cujos membros trabalham em conjunto, usufruindo [*não leva acento*] coletivamente dos resultados de sua atividade."; **D:** uso incorreto do pronome oblíquo *lhe*. Na oração não está claro o seu referente; **E:** "Essa separação surge mais ou menos naturalmente do funcionamento dos mercados, em que os vitoriosos no jogo competitivo acabam por se apoderar [*o verbo* apoderar *no sentido de dar posse é transitivo direto, porém no sentido em que está sendo usado – tomar posse – é pronominal*] dos meios de produção e distribuição dos derrotados."

Gabarito "B"

(Auditor do Tesouro Municipal/Fortaleza-CE – 2003 – ESAF) Assinale a opção que preenche as lacunas do texto com coesão e coerência.

Na década de 90, ____globalização da economia e____ reestruturação produtiva somadas____ privatização das empresas públicas representaram para os trabalhadores brasileiros, principalmente ____ inseridos no mercado formal, uma dramática ruptura causadora do desemprego com índices jamais antes vistos na nossa história.

Trabalhadores antes incluídos nos mercados formais vieram somar-se aos já historicamente excluídos, pertencentes ao mercado informal. ____ partir do fato de que a referência social do trabalhador está atrelada ____ sua inserção na economia, ____ perda do trabalho formal significa muito mais que ____ perda financeira.

Nessa conjuntura desfavorável aos trabalhadores floresceram importantes projetos, que marcaram os anos 90, como reação____ processo de fechamento de postos de trabalho e exclusão.

(Gonçalo Guimarães)

(A) a, a , à , aqueles, A, à, a, a, ao
(B) à, a, a, àqueles, À, à, a, à, ao
(C) a, à, à, aqueles, À, a, à, à, no
(D) à, à , à , aqueles, A, a, a, a, do
(E) a, à , à , àqueles, À, à, a, à, com o

"Na década de 90, a [artigo] globalização da economia e a [artigo] reestruturação produtiva somadas à [ocorre a crase. A palavra regente somadas exige preposição a e a palavra regida aceita artigo definido feminino] privatização das empresas públicas representaram para os trabalhadores brasileiros, principalmente aqueles inseridos no mercado formal (...). A [preposição] partir do fato de que a referência social do trabalhador está atrelada à [crase facultativa diante de pronome possessivo feminino] sua inserção na economia, a [artigo] perda do trabalho formal significa muito mais que a [artigo] perda financeira. Nessa conjuntura desfavorável aos trabalhadores floresceram importantes projetos, que marcaram os anos 90, como reação ao [preposição + artigo] processo de fechamento de postos de trabalho e exclusão."

Gabarito "A"

Leia o texto para responder às duas questões seguintes.

O "desenvolvimento" no mundo capitalista vem dos países do Norte para os países do Sul; vem dos mercados ricos, das empresas transnacionais, das agências multilaterais e dos governos do grupo dos mais ricos, em um movimento que tende à apropriação e ao controle do patrimônio natural e cultural dos países do Sul, e à homogeneização dos modos de vida, incluindo necessidades, quereres, gostos e modos de expressão. Vem do macro para o micro, do espaço global para o local, daqueles que se consideram "civilizados" para aqueles que esses consideram "atrasados" e "subdesenvolvidos". Aqueles agentes políticos e econômicos atuam segundo esses pressupostos e essa lógica e manipulam os sistemas políticos e culturais para que se estabeleçam nos países do Sul governos subordinados a esses mesmos valores, conceitos e objetivos, isto é, governos e políticos que se identifiquem muito mais com os ricos do Hemisfério Norte do que com a maioria trabalhadora e empobrecida das suas populações

(Sandra Quintela e Marcos Arruda)

(Auditor do Tesouro Municipal/Fortaleza-CE – 2003 – ESAF) Em relação ao texto assinale a opção correta.

(A) O emprego da preposição "para"(l.2) apresenta sentido de finalidade.
(B) Caso o artigo masculino em "ao controle"(l.6), seja eliminado, são desnecessárias outras transformações para que o período se mantenha gramaticalmente correto.
(C) O emprego do sinal indicativo de crase em "à homogeneização"(l.7) justifica-se pela presença da preposição que articula a expressão à forma verbal "tende"(l.5).
(D) Em "que se consideram"(l.11) o "se" indica indeterminação do sujeito.
(E) As duas ocorrências de "aqueles"(l.11, 12 e 13) têm um único referente.

A: "para" é preposição e expressa o sentido de direção; **B:** caso o artigo masculino fosse retirado do sintagma "que tende à apropriação e ao controle" seriam necessárias alterações: "que tende à apropriação e a controlar"; **C:** o verbo regente *tender* exige a preposição *a*; **D:** no sintagma "que se consideram 'civilizados'", o *se* é pronome apassivador; **E:** os referentes são respectivamente: "civilizados", "atrasados" e "agentes políticos e econômicos".

Gabarito "C"

(Auditor do Tesouro Municipal/Recife-PE – 2003 – ESAF) Os trechos abaixo constituem um texto. Assinale a opção em que o período apresenta problema sintático.

(A) Para nosso futuro cotidiano, os discursos de análise crítica do progresso continuam sendo enunciados truncados, que negam conflitos entre as diversas visões do mundo e entre interesses diferenciados dos segmentos sociais.
(B) A perfeição técnica é apenas um belo conto infantil, por que a carapaça de invulnerabilidade com que se pretende nos envolver está esburacada por imperfeições, insuficiências, falhas, fracassos, frustrações.
(C) Não se trata de contestar a competência e a seriedade dos idealizadores dos artefatos técnicos nem a qualidade de suas criações, que se tornaram imprescindíveis no mundo moderno.

(D) Sabemos que esforços consideráveis são empreendidos periodicamente pelos centros de estudo para incorporar o ponto de vista e as necessidades reais dos destinatários do desenvolvimento técnico.

(E) Entretanto, estamos muito longe do que seria desejável: a verdadeira "co-invenção" de cada aplicação técnica, ou seja, a participação dos futuros usuários na concepção dos artefatos.

(Adaptado de Victor Scardigli, trad. Fábio de Castro, "Um mundo totalmente digital?", **Correio Braziliense**, Caderno Pensar, 10/10/2002.)

"A perfeição técnica é apenas um belo conto infantil, porque [*conjunção explicativa*] a carapaça de invulnerabilidade (...)"

Gabarito "B".

(Auditor do Tesouro Municipal/Recife-PE – 2003 – ESAF) Julgue os trechos do texto a seguir quanto à correção gramatical e assinale a opção correta.

I. Um dos projetos para o Brasil nunca ocupou o poder estatal nem comandou a política econômica de nenhum governo republicano, mas teve enorme presença no campo da luta ideológico-cultural e das mobilizações sociais e democráticas.

II. Esteve presente nas lutas sindicais e nos movimentos tenentistas das primeiras décadas do século XX, mas foi só a partir da década de 30, e sobretudo nos anos 50/60, que essas mobilizações e lutas sociais começaram a se identificar com um projeto de desenvolvimento econômico nacional e popular.

III. No início da década de 60, essa vertente nacional, popular e democrática do desenvolvimentismo, chegou a propôr uma reforma do projeto, incluindo, ao lado da industrialização e do crescimento econômico acelerado, o objetivo da democratização da terra, da renda, da riqueza, do sistema educacional e do sistema político.

IV. Essa alternativa foi sintetizada, em parte, pelo Plano Trienal de Celso Furtado, de 1963, mas que foi vetada pelos conservadores e impedida pelo golpe militar de 1964.

V. Depois disso, essas ideias reformistas se confundiram com o movimento da resistência democrática, somando-se mais tarde às mobilizações sindicais que se intensificaram na luta final contra o regime militar e que estiveram na origem do Partido dos Trabalhadores.

VI. De uma forma ou de outra, esse projeto de democratização social e política do desenvolvimentismo, estiveram presentes nas intenções e ações reformistas de algumas áreas e políticas governamentais, logo depois da redemocratização.

VII. Acabou ocupando um lugar importante no texto da Constituição de 1988, sobre tudo nos capítulos relacionados em direitos civis, sociais, políticos e econômicos da cidadania brasileira.

(Adaptado de José Luís Fiori, **Correio Braziliense**, 27/10/2002.)

Os itens gramaticalmente corretos são:

(A) I, II, V
(B) II, III, V
(C) III, V, VI
(D) IV, V, VI
(E) II, V, VII

Estão corretos apenas os itens I, II e V. A seguir, indicamos os demais trechos corrigidos. **III:** "No início da década de 60, essa vertente nacional, popular e democrática do desenvolvimentismo, chegou a propor uma reforma do projeto (...)"; **IV:** "Essa alternativa foi sintetizada, em parte, pelo Plano Trienal de Celso Furtado [sem vírgula] de 1963, mas foi vetada pelos conservadores e impedida pelo golpe militar de 1964"; **VI:** "De uma forma ou de outra, esse projeto de democratização social e política do desenvolvimentismo esteve presente (...)"; **VII:** "Acabou ocupando um lugar importante no texto da Constituição de 1988, sobretudo [advérbio que significa 'especialmente'. Escreve-se junto.] nos capítulos relacionados aos direitos civis, sociais, políticos e econômicos da cidadania brasileira."

Gabarito "A".

Do ponto de vista do contribuinte e da economia real, a única reforma tributária que faz sentido é aquela que alivia a carga de impostos. E que também simplifica o sistema tributário, hoje regido, apenas na órbita Federal, por quase 6 mil normas legais. O sistema tributário brasileiro apresenta tamanha complexidade que já foi adequadamente designado de "manicômio tributário" pelo jurista Alfredo Augusto Becker há 40 anos. Com o decorrer do tempo esse problema se agravou, não sendo possível a ninguém ter a pretensão de efetivamente conhecer o sistema tributário nacional.

(**Gazeta Mercantil**, 28/04/2003.)

(Auditor do Tesouro Municipal/Recife-PE – 2003 – ESAF) Entre as substituições sugeridas, assinale a que prejudica o texto.

(A) "aquela"(l.3) > a
(B) "impostos. E que também"(l.3 e 4) > impostos e também
(C) "tamanha"(l.7) > exceciva
(D) "esse problema"(l.11) > essa complicação
(E) "se agravou"(l.11 e 12) > agravou-se

Em "O sistema tributário brasileiro apresenta tamanha complexidade", o adjetivo tamanha poderia ser substituído por excessiva (grafada corretamente com dois s) pelo contexto. Isto é, segundo o autor, o sistema tributário brasileiro apresenta desmedida (excessiva) complexidade, razão pela qual já foi até designado "manicômio tributário".

Gabarito "C".

(Técnico da Receita Federal – 2003 – ESAF) Em relação ao texto, assinale a opção incorreta.

A ciência moderna desestruturou saberes tradicionais, e seu paradigma mecanicista, que encara o mundo natural como máquina desmontável, levou a razão humana aos limites da perplexidade, porquanto a fragmentação do conhecimento em pequenos redutos fechados se afasta progressivamente da visão do conjunto.

A excessiva especialização das partes subtrai o conhecimento do todo. Daí resulta a dificuldade teórica e prática para que o espírito humano se situe no tempo e no espaço da sua existência concreta.

(José de Ávila Aguiar Coimbra, **Fronteiras da Ética**, São Paulo: Senac, 2002, p. 27.)

(A) O sentido da palavra "paradigma"(l.2) está associado à ideia de modelo, ponto de vista teórico.

(B) As vírgulas após "mecanicista"(l.2) e após "desmontável"(l.3 e 4) isolam uma expressão de caráter explicativo.

(C) Pelos sentidos do texto, o sujeito sintático de "levou"(l.4) é "seu paradigma mecanicista" (l.2).

(D) Ao se substituir a conjunção "porquanto"(l.5) pela conjunção **porque**, as relações sintáticas e semânticas do período são mantidas.

(E) Em "se situe"(l.11) o pronome "se" indica indeterminação do sujeito e contribui para conferir impessoalidade ao texto.

O pronome *se* é reflexivo em "para que o espírito humano se situe no tempo e no espaço". O sujeito do verbo *situar* é "o espírito humano".

Gabarito "E"

(Auditor Fiscal da Receita Federal – 2002.1 – ESAF) Marque a opção em que ambos os períodos estão gramaticalmente corretos.

(A) O racismo no sentido de prática discriminatória em razão da etinia de uma pessoa ou grupo, atenta, primeiro, contra a própria organização política brasileira. / O racismo, no sentido de prática discriminatória, em razão da etnia de uma pessoa ou grupo, atenta, primeiro, contra a própria organização política brasileira.

(B) A prática do racismo é definida como crime na Lei nº 7.716/1989, isto é, nessa Lei estão definidas várias condutas que implicam tratamento discriminatório, motivado pelo preconceito racial. / A prática do racismo é definida como crime na Lei nº 7.716/1989, isto é, nessa Lei estão definidas várias condutas que implicam em tratamento discriminatório, motivado pelo preconceito racial.

(C) O racismo é crime de ação múltipla ou de conteúdo variado, de maneira que a prática, no mesmo contexto de ação, de mais de um núcleo acarreta uma única incriminação. / O racismo é crime de ação múltipla ou de conteúdo variado, de maneira que a prática no mesmo contexto de ação, de mais de um núcleo, acarreta em uma única incriminação.

(D) O incitamento à discriminação não afasta a possibilidade de cometimento também de injúria, motivada pela discriminação ou qualquer outro crime contra a honra, previsto no CPB ou mesmo na Lei de Imprensa. / O incitamento à descriminação não afasta a possibilidade de cometimento também de injúria, motivado pela descriminação ou quaisquer outro crime contra a honra, previsto no CPB ou mesmo na Lei de Imprensa.

(E) A prática de tortura motivada pelo racismo, crime que tem por sujeito passivo o indivíduo, não afasta a incriminação de eventual crime de racismo previsto na legislação brasileira, que tem por sujeito passivo primário a coletividade, com lesões jurídicas da mesma forma diferenciadas: o primeiro, a integridade física, saúde e liberdade individual, e os demais, a paz pública. / A prática de tortura motivada pelo racismo, crime que tem por sujeito passivo o indivíduo, não afasta a incriminação de eventual crime de racismo previsto na legislação brasileira, que tem por sujeito passivo primário a coletividade, com lesões jurídicas da mesma forma diferenciadas, o primeiro a integridade física, saúde e liberdade individual, e os demais a paz pública.

(Baseado em Carlos Frederico de Oliveira Pereira)

A: erro na grafia da palavra *etnia*; **B:** está correta, pois o verbo *implicar*, na acepção de acarretar, é transitivo direto e bitransitivo ("implicam tratamento"; "implicam em tratamento"). São corretas as duas redações; **C:** no 1º período, é necessária a vírgula antes do verbo *acarretar*, pois o sujeito (a prática) está oculto. Além disso, o sintagma "de mais de um núcleo", por se tratar de termo intercalado, deve estar entre vírgulas; **D:** discriminar é distinguir. É o ato que quebra o princípio da igualdade; já descriminar é excluir criminalidade. **E:** somente o primeiro período está redigido corretamente. O uso dos dois pontos ("da mesma forma diferenciadas:") introduz uma explicação. Após o termo "o primeiro" deve haver vírgula, pois há referência a "sujeito passivo o indivíduo".

Gabarito "B"

O homem é moderno na medida das senhas de que ele é escravo para ter acesso à vida. Não é mais o senhor de seu direito constitucional de ir-e-vir. A senha é a senhora absoluta. Sem senha, você fica sem seu próprio dinheiro ou até sem a vida. No cofre do hotel, são quatro algarismos; no seu *home bank*, seis; mas para trabalhar no computador da empresa, você tem que digitar oito vezes, letras e algarismos. A porta do meu carro tem senha; o alarme do seu, também. Cada um de nossos cartões tem senha. Se for sensato, você percebe que sua memória não pode ser ocupada com tanta baboseira inútil. Seus neurônios precisam ter finalidade nobre. Têm que guardar, sim, os bons momentos da vida. Então, desesperado, você descarrega tudo na sua agenda eletrônica, num lugar secreto que só senha abre. Agora só falta descobrir em que lugar secreto você vai guardar a senha do lugar secreto que guarda as senhas.

(Alexandre Garcia, **Abre-te sésamo**, com adaptações.)

(Auditor Fiscal da Receita Federal – 2002.1 – ESAF) Assinale a opção incorreta a respeito do emprego das palavras e expressões do texto.

(A) Para que as regras da norma culta sejam respeitadas, é obrigatório o emprego da preposição **de** regendo a oração "que ele é escravo"(l.2).

(B) A expressão quantificadora "Cada um" (l.12) tem valor totalizante porque faz associar uma senha ao conjunto de cartões, os meus e os seus.

(C) Respeitam-se as regras de regência da norma culta ao empregar a preposição **de** em vez de **que** na expressão verbal "Têm que" (l.16).

(D) A inserção do pronome possessivo **sua** diante de "senha"(l.21) mantém coerente a argumentação do texto, mas altera o sentido de generalização que essa ausência provoca.

(E) Na argumentação, a alternância entre o emprego de pronomes de primeira pessoa e o pronome **você** evoca a ideia de que tanto o autor quanto o leitor compartilham a propriedade designada por **homem moderno.**

A: correta. A regência nominal da palavra *escravo* é feita pela preposição *de*; **B:** o valor da expressão *cada um* não é totalizante. Ao contrário, a expressão individualiza. **C:** a locução verbal *ter de + infinitivo* é preferencialmente empregada no sentido de obrigatoriedade, necessidade, desejo ou ordem. Já a locução *ter que + infinitivo* só pode ser empregada com verbos transitivos diretos, como no texto: "Têm que guardar".

Gabarito "B".

Sob o direito, o administrador público não age contra a lei. Sob a moral, deve satisfazer o preceito da impessoalidade, não distinguindo amigos ou inimigos, partidários ou contrários, no tratamento que lhes dispense ou na atenção às suas reivindicações, com transparência plena de suas condutas em face do povo. Descumprir a lei gera o risco da punição prevista no Código Penal ou de sofrer sanções civis. Quando desatendidos os princípios da certeza moral, aquela que o ser humano em seu justo juízo adota convicto, o descumpridor fere regras de convivência, mas não conflita necessariamente com normas de Direito que lhe sejam aplicáveis.

(Walter Ceneviva, **Moralidade como Fato Jurídico**, com adaptações.)

(Auditor Fiscal da Receita Federal – 2002.1 – ESAF) Assinale a opção incorreta a respeito do emprego das palavras e expressões do texto.

(A) A preposição "Sob"(l.1) tem, nas duas ocorrências do texto, o mesmo valor semântico do prefixo **sub** em palavras como **subtítulo ou subproduto**.

(B) Pelo sentido textual, o emprego da expressão com gerúndio, "não distinguindo"(l.3 e 4), mantém a mesma coerência argumentativa que a expressão com infinitivo **sem distinguir.**

(C) Mantém-se a coerência textual e a correção gramatical se a função sintática exercida pelo pronome átono "lhes"(l.5) for exercida por **a eles**.

(D) De acordo com as regras de regência da norma culta, a expressão "atenção às suas reivindicações" (l.6) admite a substituição por **atenção para as suas reivindicações.**

(E) Para que sejam respeitadas as regras da norma culta, o verbo **conflitar**, como empregado na linha 15, deve ter forma reflexiva: **não se conflita**.

A: a preposição *sob* em "Sob o direito (...). Sob a moral (...)." tem a acepção *posição inferior a outra, hierarquicamente*. A palavra *subtítulo* significa um título secundário, que se segue ao principal e o complementa e *subproduto é* aquilo que resulta secundariamente de outra coisa. Semanticamente a preposição *sob* nas orações das linhas 1 e 2 e *sub* das palavras *subtítulo* e *subproduto* têm o mesmo valor; **B:** mantém-se a mesma coerência argumentativa: "não distinguindo amigos ou inimigos" ou "sem distinguir amigos ou inimigos"; **C:** são corretos "que lhe dispense" ou "que dispense a eles" sem prejuízo algum; **D:** o substantivo feminino *atenção* pode ser regido pelas preposições *a* ou *para*; **E:** o verbo *conflitar* é intransitivo ou TI, regido pela preposição *com*. Não há a forma reflexiva.

Gabarito "E".

(Auditor Fiscal da Receita Federal – 2002.1 – ESAF)

Uma das características essenciais da boa administração pública é a certeza de suas decisões. Sabendo os cidadãos como e quando procede o poder administrativo, programam seguramente o cumprimento de seus deveres. Essa qualidade é tanto mais fundamental porque se multiplicam, no mundo moderno, as relações e as obrigações entre o setor público e o setor privado. Como o Estado tem o privilégio de impor ônus ao particular, e em prazos determinados, tanto mais deve agir com obediência a normas permanentes e conhecidas.

(Josaphat Marinho, **Surpresas Tributárias**, com adaptações.)

Julgue os itens a respeito das estruturas linguísticas do texto para, em seguida, assinalar a opção correta.

I. A forma verbal "procede"(l.4) está empregada com o mesmo valor semântico que o do exemplo: **Esse argumento não procede.**

II. Para conferir maior clareza e intelegibilidade ao período, se a oração subordinada reduzida de gerúndio iniciada por "Sabendo os cidadãos..." (l.3) fosse deslocada para depois de sua principal, o sujeito de ambas deveria aparecer claro na oração principal, não mais na subordinada.

III. O emprego da conjunção "Como"(l.10), de valor comparativo, no início da oração faz realçar o sujeito sintático, "o Estado" (l..10).

IV. Pela ausência do sinal indicativo de crase, entende-se que em "a normas permanentes" (l.13), existe apenas a preposição **a**.

Estão corretos apenas os itens

(A) I e II

(B) I, II e IV

(C) II e IV

(D) II, III e IV
(E) III e IV

I: está incorreta. Na linha 4, o verbo *proceder* está sendo usado na acepção de "ter um certo procedimento" enquanto que no exemplo "Esse argumento não procede.", o verbo está sendo usado no sentido de "mostrar-se verdadeiro". **II:** assertiva correta. Ao descolar a oração subordinada reduzida de gerúndio para depois da oração principal, teremos: "Os cidadãos programam seguramente o cumprimento de seus deveres sabendo como e quando procede o poder administrativo.". O sujeito (os cidadãos) de ambas aparece na oração principal; **III:** o valor da conjunção *como* (linha 10) não é comparativo; **IV:** está correta. A regência da palavra obediência exige a preposição *a* ou *de* no sentido de observância às normas, instruções, regras etc. Se houvesse a crase (preposição + artigo) teríamos: "obediências às normas".

Gabarito "C".

(Auditor Fiscal da Receita Federal – 2002.2 – ESAF) Assinale o período gramaticalmente correto.

(A) Importância especial têm os princípios gerais do direito no suprimento das chamadas lacunas (se é que as hão) de direito. Ferrara, por exemplo, rechaçava a ideia de lacunas de direito, posto que, a seu sentir, não há lacunas e, sim, defeitos da lei.
(B) De outra parte, tenha-se que, devido ao simples fato do caráter abstrato da norma a existência de lacunas (em face de situações concretas) é algo implícito.
(C) Todavia, se se trata de ausência irresgatável da norma, já não se pode falar em lacuna até por que (consigne-se o óbvio) não há como suprí-la ou como remediá-la.
(D) Na realidade, na aplicação da lei, têm-se situações que preciso é buscar-se suprimento nos princípios gerais de direito para colmatar o que, por vezes, se designa (não sem críticas) lacunas da lei.
(E) Quanto aos princípios gerais propriamente ditos, têm-se os de domínio comum às ordens jurídicas internas e ao direito internacional, é dizer-se, aqueles que são do direito das gentes, mais particularmente.

(Carlos Fernando Mathias de Souza, "Princípios gerais de direito", em **Revista de Informação Legislativa**, out./dez. 2001, pp. 103-114, com adaptações.)

A: o verbo *haver* é impessoal no sentido de existir. Não tem sujeito, por isso fica sempre na 3ª pessoa do singular: "se é que há"; **B:** a oração possui frases intercaladas que dificultam a compreensão do período. O uso da vírgula após a palavra 'norma' é essencial para facilitar o entendimento. O período foi construído a partir da oração subordinada substantiva "tenha-se que a existência de lacunas é algo implícito"; **C:** 1) "até porque": a conjunção *porque* é explicativa. *Porque* deve ser escrito junto, quando for conjunção causal, conjunção explicativa ou conjunção final; o *por* e o *que* são escritos separados quando este tem função de pronome relativo (por = preposição; que = pronome relativo); *porquê* é substantivo e é escrito junto e com acento. 2) "supri-la": não há acentuação gráfica na palavra oxítona *supri*. As oxítonas (palavras cuja sílaba tônica é a última) só são acentuadas quando terminadas em -a, -e, -o, (seguidas ou não de -s) e em -em, -ens; **D:** "se designam (...) lacunas da lei": o *se* é partícula apassivadora. O verbo no plural concorda com o sujeito no plural ("lacunas"); **E:** alternativa correta.

Gabarito "E".

Considere o texto para responder à questão abaixo.

Há muitos anos a Reforma Tributária brasileira vem sendo considerada como uma prioridade nacional, mas parece condenada a um eterno projeto. Apesar de haver consenso quanto a sua necessidade, a discussão não avança. Desde 1995, quando o governo encaminhou sua primeira proposta ao Legislativo, o tema é debatido e não se chega a uma conclusão. Todos concordam que o sistema tributário brasileiro é repleto de distorções e deficiências, porém, quando se aprofunda o debate, os conflitos de interesses aparecem, dificultando a aprovação do projeto.

(www.unafisco.org.br)

(Auditor Fiscal da Receita Federal – 2002.2 – ESAF) Em relação aos elementos que estruturam o texto, assinale a opção incorreta.

(A) A expressão "vem sendo considerada"(l.2) poderia, sem prejuízo para a correção gramatical do período, ser substituída por **tem sido considerada**.
(B) A presença da preposição em "a um eterno projeto"(l.3 e 4) é exigida pela regência da palavra "condenada"(l.3).
(C) Em "quanto a sua"(l.5) o uso do sinal indicativo de crase é opcional.
(D) Tanto em "se chega"(l.8) como em "se aprofunda" (l.11), o "se" indica indeterminação do sujeito.
(E) Uma forma opcional de redação para o trecho seria a substituição da forma "dificultando"(l.13) por **causando dificuldades para**.

A: não há prejuízo no entendimento se houver a substituição "a Reforma (...) tem sido considerada"; **B:** a preposição *a* rege o nome "condenada"; **C:** o uso de crase é facultativo diante de pronome possessivo feminino; **D:** em "não se chega a uma conclusão", o *se* é índice de indeterminação do sujeito. O verbo *chegar* é intransitivo e está na 3ª pessoa do singular (linha 8); em "quando se aprofunda o debate", o *se* uma partícula apassivadora (o pronome apassivador *se* está ligado a um verbo transitivo direto e é possível colocar a oração na voz passiva analítica: "quando o debate é aprofundado"); **E:** a substituição é possível sem que haja alteração de sentido.

Gabarito "D".

A entrada dos anos 2000 têm trazido a reversão das expectativas de que haveria a inauguração de tempos de fraternidade, harmonia e entendimento da humanidade. Os resultados das cúpulas mundiais alimentaram esperanças que novos tempos trariam novas perspectivas referentes a qualidade de vida e relacionamento humano em todos os níveis. Contudo, o movimento que se observa em nível mundial sinaliza perdas que ainda não podemos avaliar. O recrudescimento do conservadorismo e de práticas autoritárias, efetivadas à sombra do medo, tem representado fonte de frustração dos ideais historicamente buscados.

(Roseli Fischmann, **Correio Braziliense**. 26/08/2002, com adaptações.)

(Auditor Fiscal da Previdência Social – 2002 – ESAF) Para que o texto fique gramaticalmente correto, é obrigatória

I. a retirada do acento de "têm"(l.1).
II. a retirada da preposição antes de "que haveria"(l.2).
III. a inserção da preposição **de** diante de "que novos tempos"(l.6).
IV. a inserção do sinal indicativo de crase em "a qualidade"(l.7).
V. a substituição da expressão "em nível mundial"(l.9 e 10) por **mundialmente**.
VI. a substituição de "efetivadas"(l.12 e 13) por **efetivados.**
VII. a inserção do acento circunflexo em "tem"(l.13).

(A) apenas I e III estão corretos.
(B) apenas I, IV e V estão corretos.
(C) apenas II, III, IV e V estão corretos.
(D) apenas III, IV, V, VI e VII estão corretos.
(E) todos os itens estão corretos.

I: verbo e sujeito no singular: "A entrada dos anos 2000 tem trazido"; **II:** não é **obrigatória** a retirada da preposição *de* antes de "que haveria", pois podemos fazer as leituras: "a reversão das expectativas [de] que haveria a inauguração de tempos de fraternidade" e "a reversão das expectativas de tempos de fraternidade que haveria a inauguração"; **III:** a palavra regente *esperança* exige a preposição *de*: "alimentaram esperanças **de** que novos tempos"; **IV:** essa assertiva também está correta. A palavra regente *referentes* exige a preposição a: "novas perspectivas referentes à qualidade de vida"; **V:** não é **obrigatória** a substituição, porém pode ser feita; **VI:** a palavra *efetivadas* está concordando com *práticas autoritárias*, todas no feminino plural; **VI:** o sujeito do verbo *ter* é singular: "O recrudescimento (...) tem representado".

Gabarito "A"

A incorporação dos direitos humanos como eixo sustentador e medida de progresso no campo do desenvolvimento permitiu a construção do conceito de desenvolvimento sustentável como um processo capaz de integrar dimensões como produtividade, equidade, sustentabilidade, participação nas decisões, segurança e cooperação. O grande desafio do Brasil é assegurar a estabilização econômica conquistada na segunda metade dos anos 90 e, a partir dela, instalar uma tendência irreversível em direção à elevação do nosso *Índice de Desenvolvimento Humano*. Diante desse quadro, impõe-se, de forma inarredável e urgente, a adoção de uma ética de co-responsabilidade entre os três grandes setores da vida nacional. Cumpre ao Estado não abrir mão de seus fins universais e se empenhar na construção de políticas públicas efetivamente redistributivas e autopromotoras. Ao mundo empresarial cabe identificar aspectos relevantes do desenvolvimento social brasileiro e atuar de forma complementar ao poder público, no sentido do aumento e da melhoria das ações no foco eleito. Por fim, às organizações sem fins lucrativos, com sua sensibilidade, espírito de luta e criatividade pessoal, institucional e comunitária, contribuir para a expansão dos limites do possível, através da produção de ideias e iniciativas que se mostrem capazes de promover a alteração das ações do governo e das empresas, no que diz respeito ao bem comum.

(Viviane Senna, **Desenvolvimento Humano**, **Folha de São Paulo**, 25/08/2002, com adaptações.)

(Auditor Fiscal da Previdência Social – 2002 – ESAF) Marque a opção correta a respeito do emprego das palavras e expressões do texto.

(A) De acordo com a norma culta, o sujeito da oração em que ocorre a forma verbal "permitiu"(l.3) admite também o emprego no plural: **permitiram.**
(B) Os substantivos "produtividade"(l.6), "equidade" (l.6) e "sustentabilidade"(l.7) e os adjetivos "redistributivas" (l.20) e "autopromotoras" (l.20 e 21) correspondem, respectivamente, aos verbos: **produzir, equidar, sustentar, redistribuir e autopromover.**
(C) O emprego do pronome "se" em "impõe-se"(l.14) indica que esse verbo está sendo empregado de forma reflexiva; não como se emprega no seguinte exemplo: **A situação impõe novas regras**.
(D) Embora se subentenda a ideia de **Estado** como agente de "não abrir mão"(l.18), a palavra "Estado"(l.17) aí explicitada tem a função de completar sintática e semanticamente "Cumpre"(l.17).
(E) Subentendem-se as expressões **o mundo empresarial cabe** diante de "atuar"(l.23), **no sentido** diante de "melhoria"(l.25) e **cabem** diante de "contribuir"(l.29).

A: incorreta. O sujeito do verbo *permitir* é "A incorporação dos direitos humanos" (linha 1); **B:** *produtividade*: produto à produtivo + dade / produto à produzir; *equidade* (igual + dade); *sustentabilidade*: sustentar à sustentável + (bili)dade; redistributiva: *distribuir* à distributivo à redistributivo; *autopromotora*: promover à promotor à autopromotor; **C:** na oração "impõe-se (...) a adoção" o verbo transitivo direto impor está na voz passiva. O pronome *se* é apassivador; **D:** O verbo *cumprir* é transitivo indireto *no sentido de ser de responsabilidade de; caber a*. O sujeito do verbo *cumprir* é oracional: "não abrir mão (...) e se empenhar (...) *cumpre* [*cabe; é responsabilidade do*] ao Estado"; **E:** "Ao mundo empresarial cabe identificar aspectos (...) e [**ao mundo empresarial cabe**] atuar de forma complementar (...), no sentido do aumento e [**no sentido**] da melhoria das ações no foco eleito. Por fim, às organizações (...), [**cabe** – *verbo singular*] contribuir para a expansão dos limites do possível (...)".

Gabarito "D"

A questão abaixo está baseada no seguinte texto:

A Medida Provisória 2200 institui a Infra-Estrutura de Chaves Públicas Brasileira – ICP. As entidades prestadoras de serviço, denominadas autoridades certificadoras, deverão garantir a autenticidade e a integridade de documentos mesmo ao tratar de documentos, em forma eletrônica. Se o cidadão for impedido de escolher livremente os "aplicativos de suporte e habilitados" para os padrões e formatos supostamente públicos que a constituem, a exemplo do que ocorre na Inglaterra e com alguns serviços do órgão público brasileiro, e ao mesmo tempo impedido de usar a alternativa de tinta e papel, a exemplo de alguns serviços de recolhimento de tributos do INSS, a segurança jurídica na esfera virtual será natimorta.

(Pedro Antonio Dourado de Rezende. Publ. no **Observatório da Imprensa**, 13/03/2002. Excerto)

(Auditor Fiscal da Previdência Social – 2002 – ESAF) A única asserção redigida corretamente e que representa alguma ideia ou característica do texto é:

(A) Os documentos em forma eletrônica deverão ter garantida, sua autenticidade e integridade, pela ICP.

(B) Na situação hipotética de o cidadão não ter liberdade de escolha dos aplicativos que a constituem, a segurança jurídica dos documentos em forma eletrônica correrá risco.

(C) O pronome a, em "que a constituem"(l.11), não tem referente nesse excerto.

(D) No texto, a conjunção "e"(l.13) coordena os dois fatos que podem prejudicar a segurança jurídica dos documentos eletrônicos: o fato de o cidadão não poder escolher os aplicativos e o uso de formatos particulares que dão segurança ao documento.

(E) Com a aplicação correta da Medida Provisória 2200, a segurança jurídica na esfera virtual será afinal, garantida.

A: erro na colocação das vírgulas; **B:** linhas 8, 9, 17 e 18; **C:** o pronome *a* refere-se à forma eletrônica (linha 7); **D:** a conjunção *e* coordena: "Se o cidadão for impedido de 1) de escolher os aplicativos (...) e 2) de usar (...) tinta e papel (linhas 8 a 15); **E:** há erro na redação. Correção: "Com a aplicação correta da Medida Provisória 2200, a segurança jurídica, na esfera virtual, será, afinal, garantida."

Gabarito "B".

(Auditor Fiscal da Previdência Social – 2002 – ESAF) Depois de quase 1.400 turnos de votação ________ praticamente todas as palavras do documento, a Assembleia Geral da ONU aprovou, no dia 10 de dezembro de 1948, a Declaração Universal dos Direitos Humanos. Passados 53 anos, o desrespeito e o desprezo ______vida ainda continuam mundo ______, nos massacres de periferia, nas lutas do campo ou no trabalho infantil. Os abusos estão estampados ________ dias nos jornais. Esse fluxo de relatos é em si um tributo à Declaração, ________ possibilitou discussão séria sobre o tema e incentivou forte movimento internacional pelos direitos humanos.

(**Almanaque Brasil**, dezembro de 2001, com adaptações.)

Para completar corretamente o trecho acima é necessário inserir, pela ordem, os seguintes termos:

(A) de – à – afora – todos – em que

(B) sobre – por a – afora – todos os – com que

(C) de – pela – a fora – todos – por que

(D) sobre – pela – afora – todos os – que

(E) em – à – a fora – todos – com que

"Depois de quase 1.400 turnos de votação **sobre** ["acerca de" – *preposição*] praticamente todas as palavras do documento, a Assembleia Geral da ONU aprovou (...) a Declaração Universal dos Direitos Humanos. Passados 53 anos, o desrespeito e o desprezo **pela** [*os elementos regentes (desrespeito e desprezo) exigem a preposição "por"*] vida ainda continuam mundo **afora** [*advérbio*], nos massacres de periferia, nas lutas do campo ou no trabalho infantil. Os abusos estão estampados **todos os** [*pronome indefinido e artigo definido*] dias nos jornais. Esse fluxo de relatos é em si um tributo à Declaração, **que** [*pronome relativo*] possibilitou discussão séria sobre o tema (...)"

Gabarito "D".

(Fiscal de Tributos/PA – 2002 – ESAF) Assinale a opção em que a sequência preenche corretamente as lacunas do texto, tornando-o coeso e coerente.

A literatura ____(1)____ desenvolvimento econômico do último quarto de século nos dá um exemplo meridiano desse papel diretor dos mitos nas ciências sociais: pelo menos 90% do que aí encontramos ___(2)____funda na ideia que se dá por evidente, segundo ___(3)____ o *desenvolvimento econômico*, tal qual vem sendo praticado pelos países que lideraram a revolução industrial, pode ser universalizado. Mais precisamente: pretende-se que os padrões de consumo da minoria da humanidade, que atualmente vive nos países altamente industrializados, são acessíveis ___(4)____grandes massas de população em rápida expansão que formam o chamado Terceiro Mundo. Essa ideia constitui, seguramente, uma prolongação do mito do *progresso*, elemento essencial na ideologia diretora da revolução burguesa, dentro ___(5)_____se criou a atual sociedade industrial.

(FURTADO, Celso. **O Mito do Desenvolvimento Econômico**, p.8.)

	1	2	3	4	5
(A)	de cerca do	o	na qual	a	de que
(B)	cerca do	lhe	em que	as	de qual
(C)	acerca do	se	a qual	às	da qual
(D)	a cerca de	lhes	em qual	as	em qual
(E)	de cerca do	se	o qual	à	em que

"A literatura **acerca do** [*a respeito do; sobre*] desenvolvimento econômico do último quarto de século nos dá um exemplo meridiano desse papel diretor dos mitos nas ciências sociais: pelo menos 90% do que aí encontramos **se** funda na ideia que se dá por evidente, segundo **a qual** [*retoma 'ideia'*] o *desenvolvimento econômico* (...) pode ser universalizado. Mais precisamente: pretende-se que os padrões de consumo da minoria da humanidade, que atualmente vive nos países altamente industrializados, são acessíveis **às** [*a palavra regente* acessíveis *exige preposição* a *e a palavra regida* grandes massas *aceita artigo definido feminino* as. *Ocorre a crase.*] grandes massas de população (...). Essa ideia constitui, seguramente, uma prolongação do mito do *progresso*, elemento essencial na ideologia diretora da revolução burguesa, dentro **da qual** [dentro da *ideologia diretora*] se criou a atual sociedade industrial."

Gabarito "C".

(Técnico da Receita Federal – 2002.1 – ESAF) Em relação ao texto, assinale a opção correta.

A reforma do Estado é vista frequentemente como um processo de redução do tamanho do Estado, que envolve a delimitação de sua abrangência institucional e a redefinição de seu papel. Diante do seu crescimento excessivo no século XX, das esperanças demasiadamente grandes que foram nele depositadas pelos socialistas e das distorções de que o Estado afinal foi vítima, essa perspectiva é absolutamente correta.

(luiz Carlos Bresser Pereira, com adaptações.)

(A) O uso da voz passiva em "é vista"(l.1) é um recurso que torna o agente da ação mais evidente.
(B) A expressão "do tamanho"(l.2) funciona como complemento nominal de "processo"(l.2).
(C) O pronome relativo em "que envolve"(l.3) representa, na oração que inicia, seu antecedente imediato "Estado".
(D) A expressão "pelos socialistas"(l.7) exerce a função de complemento nominal de "nele" (l.7).
(E) O emprego da preposição "de" em "de que o Estado afinal foi vítima"(l.8) é uma necessidade ditada pela regência nominal de "vítima".

A: em "A reforma do Estado é vista" a oração está na voz ativa; **B:** "do tamanho" é complemento de "redução"; **C:** o pronome está ligado a "reforma do Estado". **D:** trata-se de um complemento da locução verbal "foram depositadas".

Gabarito "E".

(Técnico da Receita Federal – 2002.1 – ESAF) Em relação ao texto, assinale a opção correta.

Não se trata hoje de condenar, em tese, o capital estrangeiro, mas de perceber que há muitos modos de abrir a economia. A China certamente abriu seus mercados, mas o fez com base em contrapartidas políticas, industriais e tecnológicas e, também, com senso geopolítico. É algo muito diferente da abertura incondicional, unilateral, subserviente e sem projeto que caracterizou o ciclo de reformas liberais na América Latina.

(Editorial – **Folha de S. Paulo**,17/2/ 2002, com modificações.)

(A) A expressão "em tese"(l.1) está sendo utilizada no sentido de **em princípio, antes de qualquer consideração**.
(B) Após a conjunção "mas"(l.2), ocorre elipse da expressão já utilizada anteriormente "em tese".
(C) Caso o termo "o fez"(l.4) seja substituído pela repetição da forma verbal "abriu"(l.4), o período torna-se incoerente.
(D) A palavra "algo" (l.6) retoma a ideia de "condenar, em tese, o capital estrangeiro"(l.1 e 2).
(E) A colocação de uma vírgula após a palavra "projeto"(l.8) transforma a oração subsequente em restritiva.

B: "trata-se" está subentendido; **C:** a substituição mantém a coerência do período; **D:** refere-se à abertura de seus mercados; **E:** a colocação da vírgula transforma a oração em explicativa.

Gabarito "A".

(Técnico da Receita Federal – 2002.1 – ESAF) Indique a opção que completa com correção gramatical e com coerência as lacunas do texto abaixo.

O Estado cresceu em termos de pessoal e, principalmente, em termos de receita e despesa. Em muitos países, os servidores públicos, excluídos os trabalhadores das empresas estatais, correspondem ________ 10 a 20 por cento da força de trabalho, ________ no início do século XX essa proporção estava próxima de 5 por cento. As despesas do Estado, por sua vez, ________ nesse período: nos últimos trinta anos ________, variando entre 30 e 50 por cento do PIB. Naturalmente, esse processo de crescimento ocorria ao mesmo tempo em que ________ as funções do Estado, principalmente na área social.

(luiz Carlos Bresser Pereira, com adaptações.)

(A) a cerca de / enquanto/ multiplicaram-se/ dobraram / se ampliavam
(B) acerca de / quando/ multiplicara/ dobraram-se/ ampliava-se
(C) cerca de/ quanto/ multiplicaram/ dobravam-se/ se ampliava
(D) em cerca de/ em quanto/ se multiplicava/ dobrou/ ampliavam
(E) de cerca de / por quanto/ multiplicavam/ dobravam-se/ ampliava

"(...) Em muitos países, os servidores públicos, excluídos os trabalhadores das empresas estatais, <u>correspondem</u> **<u>a</u> cerca de** (a) 10 a 20 por cento da força de trabalho, **enquanto** no início do século XX essa proporção estava próxima de 5 por cento. **As despesas** do Estado, por sua vez, **multiplicaram-se** nesse período: nos últimos trinta anos **dobraram** [*sujeito do verbo dobrar: as despesas*], variando entre 30 e 50 por cento do PIB. Naturalmente, esse processo de crescimento ocorria ao mesmo tempo em que **se ampliavam** (b) as funções do Estado, principalmente na área social.

a) Lembrar as diferenças entre *cerca de, há cerca de* e *acerca de*: **cerca de** é uma expressão que indica quantidade aproximada; **há cerca de** é uma expressão em que o verbo *haver* está indicando tempo transcorrido; **acerca de** é uma locução prepositiva e equivale a "a respeito de";
b) "que se ampliavam as funções do Estado": o verbo transitivo direto tem como sujeito plural "funções do Estado". O *se* é pronome apassivador ("As funções do estado eram ampliadas.")

Gabarito "A".

(Técnico da Receita Federal – 2002.1 – ESAF) Assinale a opção que, ao preencher as lacunas, torna o texto sintaticamente <u>incorreto</u>.

________ na execução de programas sociais no Nordeste, ______ no desenho das relações entre centros de pesquisa e empresas, um dos maiores problemas sempre foi o de garantir que os recursos cheguem ao seu destino e que sejam usados com inteligência.

(Gilson Schwartz)

(A) Seja / seja
(B) Tanto / quanto
(C) Conquanto/ ou

(D) Tanto / como
(E) Quer/ quer

A e **E:** conjunções alternativas *seja... seja / quer... quer*: "**Seja/Quer** na execução (...), **seja/quer** no desenho das relações (...), um dos maiores problemas sempre foi o de garantir que os recursos cheguem (...)"; **B** e **D:** a locução *tanto quanto* e *tanto como* são usadas em orações correlativas: "**Tanto** na execução (...), **quanto/como** no desenho das relações (...), um dos maiores problemas sempre foi o de garantir que os recursos cheguem (...)"; **C:** *conquanto* é uma conjunção concessiva e não se encaixa no contexto. A concessiva introduz uma oração que contém a afirmação de um fato contrário ao da afirmação contida na oração principal, mas um fato que não seja suficiente para anular o outro.

Gabarito "C".

(Técnico da Receita Federal – 2002.1 – ESAF) Marque a opção que preenche de forma adequada as lacunas do texto.

A criação cultural na América, terra para ____ ____ tradições milenares das mais diversas origens e regiões do mundo, teve uma etapa nacional que deu frutos notáveis, não ___ como negá-lo, mas hoje em dia essa etapa se encontra superada por novos critérios de classificação entre amigos e inimigos _____ que já não exigem que a criação cultural tenha a exposição de _____ históricas ou poder político nacional.

(Baseado em Hernán Meira)

(A) onde , convergem, a, emergentes, pugnas
(B) aonde, reúnem, há, solidários, revoltas
(C) aonde, catalisam, há, fraternais, batalhas
(D) onde, confluem, há, potenciais, gestas
(E) onde, atraem, à, étnicos, cisões

B e **C:** são logo eliminadas, pois a primeira lacuna é certamente preenchida com o advérbio *onde* sem a preposição *a*, uma vez que já há a preposição *para* na oração. Se há a preposição, há um termo regente, que pode ser *convergir* (A), *confluir* (D) ou *atrair* (E). A próxima lacuna tem que ser preenchida pelo verbo *haver*. A única opção que temos é a alternativa **D:** "A criação cultural na América, terra **para onde confluem** tradições milenares das mais diversas origens e regiões do mundo, teve uma etapa nacional que deu frutos notáveis, não **há** como negá-lo, mas hoje em dia essa etapa se encontra superada por novos critérios de classificação entre amigos e inimigos **potenciais** que já não exigem que a criação cultural tenha a exposição de **gestas** [*façanha; proeza*] históricas ou poder político nacional."

Gabarito "D".

(Técnico da Receita Federal – 2002.1 – ESAF) Assinale a opção em que o texto foi transcrito de forma gramaticalmente incorreta.

(A) A presença crescente de capitais estrangeiros na economia brasileira ainda não produziu muitos dos bons resultados previstos pelos defensores da abertura econômica.
(B) As expectativas, aliás, não eram poucas, começando pelo aumento da competitividade e chegando à melhoria na qualidade dos produtos e serviços, sem esquecer a esperança de inserção mais virtuosa do País nos mercados internacionais.
(C) Os indicadores de desnacionalização da indústria brasileira são inequívocos. O capital estrangeiro respondia por 36% do faturamento dos 350 maiores grupos do País em 91. No final de 99, essa participação chegava a 53,5 %. É evidente a incorporação do Brasil à globalização.
(D) As empresas desnacionalizadas, em muitos casos também privatizadas, ganharam eficiência e produtividade. Mas, se o resultado caso a caso foi em geral favorável aos interesses dos novos proprietários, os resultados macroeconômicos dessa transformação ainda não surgiram.
(E) A principal explicação para esse descompasso dentre o "micro" e o "macro" está no fato que a entrada de capital estrangeiro significou principalmente mudança de propriedade, mas nem sempre criação de nova capacidade produtiva.

(Editorial – **Folha de S. Paulo**,17/2/2002, com modificações.)

Para comparar elementos, usa-se a preposição *entre*. *Dentre* é usado quando o elemento é destacado de um grupo.

Gabarito "E".

(Técnico da Receita Federal – 2002.1 – ESAF)

Quem não declarou no ano passado está classificado pela Receita como "pendente". Embora não tenha o CPF cancelado agora, sua situação será considerada irregular perante a Receita. O cancelamento do documento pode significar muitos problemas, pois o CPF passou a ser mais solicitado do que a carteira de identidade. Sem ele, é impossível abrir uma conta bancária, comprar a prazo, prestar concurso público. Caso ganhe em uma loteria, também será impedido de retirar o prêmio.

(**Correio Braziliense**, 16/2/2002, com adaptações.)

Assinale a opção correta a respeito das estruturas linguísticas do texto.

(A) Mantêm-se as relações semânticas e a correção gramatical ao substituir "Embora" (l.3) por **Apesar de.**
(B) De acordo com as regras de regência da norma culta, poderia ser empregado o sinal indicativo de crase em "perante a Receita" (l.4 e 5).
(C) O infinitivo é não flexionado na locução verbal "passou a ser"(l.7) porque complementa um verbo causativo.
(D) O emprego das duas formas verbais no subjuntivo, "tenha"(l.3) e "ganhe"(l.11) justifica-se por exigência da estrutura sintática em que ocorrem.
(E) O sujeito subentendido das duas últimas orações está explícito na primeira oração do texto: "Quem".

A: *embora* e *apesar de* são conjunções concessivas, porém ao substituir uma conjunção pela outra haverá a necessidade de adequações; **B:** o sinal indicativo de crase não deve ser colocado, pois *perante* é preposição e *a* artigo e não haveria a contração. Ocorre a crase na contração da preposição *a* com um termo regido que permita artigo; **C:** o infinitivo, quando se refere a um verbo no singular, não é flexionado; **D:** a estrutura sintática comandada pelas conjunções *embora* e *caso* exige que as duas formas verbais estejam no subjuntivo; **E:** o sujeito das duas últimas orações **está subentendido** na primeira oração do texto: "Quem não declarou no ano passado"

Gabarito "D"

(Técnico da Receita Federal – 2002.1 – ESAF) Assinale a opção <u>incorreta</u> a respeito do emprego das estruturas linguísticas do texto abaixo.

O mundo de hoje, especialmente nos países que adotam o sistema capitalista, apresenta acentuados desníveis econômicos, sociais e políticos. Pequenos grupos conseguiram influir de tal modo sobre a organização da sociedade que impuseram o estabelecimento de regras de convivência inteiramente favoráveis aos economicamente fortes e aos que se põem a seu serviço.

(Dalmo de Abreu Dallari, **O que é participação política,** com adaptações.)

(A) Mantém-se a característica modificadora, restritiva de **mundo**, na expressão "mundo de hoje"(l.1) mesmo se dela for retirada a preposição.

(B) As relações sintático-semânticas entre o primeiro e o segundo períodos sintáticos do texto permitem identificar subentendida entre ambos uma conjunção de natureza explicativa.

(C) Como a expressão "de tal modo"(l.5) tem função apenas de realce, sua supressão do texto não altera as relações semânticas nem a correção sintática.

(D) Respeitam-se as regras de regência da norma culta também ao empregar a preposição **em** na regência do verbo "influir"(l.5).

(E) O emprego do pronome pessoal em "se põem"(l.9), marca o verbo **pôr** como reflexivo, complementado por um objeto direto e um indireto.

A locução "de tal modo" não tem função de realce. A locução intensifica "influir". A supressão obrigaria alterações sintático-semânticas no período: "Pequenos grupos conseguiram influir sobre a organização da sociedade **e** impuseram".

Gabarito "C"

Globalização significa que todos nós dependemos uns dos outros. As distâncias pouco importam agora. O que acontece em um lugar pode ter consequências mundiais. Graças aos recursos, instrumentos técnicos e conhecimentos adquiridos, nossas ações abrangem enormes distâncias no espaço e no tempo. Por mais localmente limitadas que sejam nossas intenções, erraríamos se não levássemos em conta os fatores globais, pois eles podem decidir o êxito ou o fracasso de nossas ações. O que fazemos (ou nos abstemos de fazer) pode influir nas condições de vida (ou de morte) de gente que vive em lugares que nunca visitaremos e de gerações que jamais conheceremos.

(Zygmunt Bauman, O desafio ético da globalização, **Correio Braziliense**, 21/07/2001.)

(Agente Tributário Estadual/MS – 2001 – ESAF) Em relação ao texto, assinale a opção correta.

(A) O uso da primeira pessoa do plural confere ao texto mais formalidade, pois a voz do enunciador torna-se impessoal.

(B) O segundo período do texto permite a inferência de que as distâncias não terão importância no futuro.

(C) Se a palavra "gente" (l.13) for substituída por **pessoas** o texto dispensa outras alterações.

(D) Se a forma verbal "erraríamos" (l.9) for substituída por **erraremos** a forma verbal "levássemos" (l.9) deve também ser substituída por **levarmos**.

(E) Se a forma verbal "erraríamos"(l.9) for substituída por **erramos** a forma verbal "levássemos" (l.9) dispensa alterações.

A: o uso da primeira pessoa do plural aproxima o leitor ao enunciador e torna o texto mais informal. **B:** o segundo período ("Por último (...) considerava de sua exclusiva propriedade.") não nos permite inferir que as distâncias não terão importância no futuro; **C:** se houvesse a substituição sugerida, seria necessário adequar a concordância do verbo *viver*: "**pessoas** que **vivem** em lugares..."; **D:** a forma verbal no futuro do pretérito do indicativo (erraríamos) pede que a suposição seja feita no pretérito do subjuntivo (levássemos). Se for feita a substituição do primeiro verbo para o futuro do presente do indicativo (erraremos), a suposição deverá ser feita no futuro do subjuntivo (levarmos); **E:** ao substituirmos o verbo *errar* para uma forma verbal no presente do indicativo (erramos), a suposição representada pelo verbo *levar* na continuação do período seria *levarmos*.

Gabarito "D"

Leia o texto abaixo e, nas duas próximas questões, assinale a opção <u>incorreta</u>.

A competência tributária do Estado do Mato Grosso do Sul, disciplinada por este Código, compreende:

I – impostos sobre operações relativas à circulação de mercadorias e sobre prestação de serviços de transporte interestadual e intermunicipal e de comunicação, ainda que as operações e as prestações se iniciem no exterior;

II – taxas, em razão do exercício de polícia ou pela utilização, efetiva ou potencial, de serviços públicos específicos e divisíveis, prestados ao contribuinte ou postos à sua disposição;

III – contribuição de melhoria, decorrente de obras públicas;

IV – contribuição, cobrada dos servidores estaduais, para o custeio, em benefício destes, do sistema de previdência e assistência social.

Parágrafo único. Para conferir efetividade aos objetivos de pessoalidade dos impostos e da sua graduação segundo a capacidade econômica do contribuinte, fica facultado à Administração Tributária, sempre que possível e respeitados os direitos individuais e as prescrições deste Código, identificar o patrimônio, os rendimentos e as atividades do sujeito passivo da obrigação.

(Agente Tributário Estadual/MS – 2001 – ESAF)

(A) A segunda preposição "sobre", no inciso I, pode ser substituída por "à".

(B) Todos os sinais indicadores de crase empregados no texto são de uso obrigatório.

(C) No inciso II, "em razão do" pode ser substituído corretamente por "em virtude de".

(D) A próclise do pronome átono no inciso I é preferível à ênclise.

(E) A vírgula em III separa expressão de natureza explicativa.

A: a segunda preposição *sobre* não pode ser substituída por **à** sem que haja alteração de sentido na frase. Se houvesse a substituição, a frase estaria gramaticalmente correta, mesmo com o sentido alterado (impostos sobre prestação de serviços" e "impostos sobre operações relativas à prestação de serviços"); **B:** o uso da crase antes de pronomes possessivos femininos é facultativo. Inciso **II:** "(...) prestados ao contribuinte ou postos **à sua** disposição".

Gabarito "B".

(Agente Tributário Estadual/MS – 2001 – ESAF) Leia o texto seguinte e marque a opção incorreta.

São imunes dos impostos estaduais:

I. o patrimônio, a renda ou os serviços da União, dos Estados, do Distrito Federal e dos Municípios;

II. os templos de qualquer culto;

III. o patrimônio, a renda ou os serviços dos partidos políticos, inclusive suas fundações, das entidades sindicais dos trabalhadores, das instituições de educação e de assistência social, sem fins lucrativos, atendidos os requisitos deste e do Código Tributário Nacional.

(A) Poder-se-ia acrescentar uma vírgula depois de "das entidades sindicais", sem alterar o sentido do enunciado.

(B) O sintagma "da União, dos Estados, do Distrito Federal e dos Municípios" constitui adjunto adnominal do sujeito da oração.

(C) O pronome "suas" refere-se a "partidos políticos".

(D) "imunes" equivale a "isentos".

(E) "deste" (inciso III) refere-se à palavra "Código", que está implícita.

A: haveria alteração de sentido ao acrescentar uma vírgula depois de "das entidades sindicais". Ocorreria alteração de sentido porque "das entidades sindicais dos trabalhadores" é adjunto adnominal de *patrimônio, renda* e *serviços*. Caso fosse colocada a vírgula como proposto, "dos trabalhadores", que é adjunto adnominal de *entidades sindicais*, tornar-se-ia adjunto adnominal de *patrimônio, renda* e *serviços*.

Esquematizando:

1) O texto tal como está escrito:

III – o patrimônio, a renda ou os serviços

a) dos partidos políticos (...),

b) das entidades sindicais dos trabalhadores,

c) das instituições (...), sem fins lucrativos, atendidos os requisitos deste e do Código Tributário Nacional.

2) O texto com a vírgula acrescentada:

III – o patrimônio, a renda ou os serviços

a) dos partidos políticos (...),

b) das entidades sindicais

c) dos trabalhadores,

d) das instituições (...), sem fins lucrativos, atendidos os requisitos deste e do Código Tributário Nacional.

B: o adjunto adnominal é um termo que se refere ao substantivo qualificando, determinando ou explicando-o. O sintagma "da União, dos Estados, do Distrito Federal e dos Municípios" é adjunto adnominal do sujeito da oração ("o patrimônio, a renda ou os serviços"). **C:** o pronome possessivo tem função anafórica, isto é, retoma um termo já mencionado. No inciso III o pronome *suas* refere-se a partidos políticos: "(...) serviços dos partidos políticos, inclusive **suas** fundações"; **D:** a palavra *imune*, nesse contexto, assume a acepção de *isento*. Note-se que, no contexto jurídico, imunidade não se confunde com isenção (a imunidade decorre da Constituição e a isenção é fixada pela lei do ente tributante); **E:** o pronome demonstrativo *deste* refere-se ao *Código* que está sendo lido.

Gabarito "A".

31. ARQUIVOLOGIA

Elson Garcia

1. CONCEITOS FUNDAMENTAIS DE ARQUIVOLOGIA

(Técnico – ANEEL – 2009 – ESAF) Os documentos chegam, em determinado órgão público instalado em Brasília, de forma variada. Uns são registrados e, em seguida, enviados ao destinatário, outros entram sem nenhum tipo de anotação. Além disso, há aqueles que, atualmente, entram no órgão por meio das tecnologias da informação (*fax*, correio eletrônico). Cada setor de trabalho organiza seus documentos de maneira independente, sem nenhum tipo de orientação e, depois, por falta de espaço físico ou devido ao final do ano civil, esses documentos são transferidos para outro lugar, conhecido, geralmente, como arquivo morto. Assinale a opção que não corresponde a um elemento característico dos documentos de arquivo.

(A) Unicidade
(B) Organicidade
(C) Autenticidade
(D) Parcialidade
(E) Cumulatividade

A: correta, pois independentemente da forma, gênero, tipo ou suporte, os documentos de arquivo conservam seu caráter único; **B:** correta, pois os arquivos refletem a estrutura, funções e atividades da entidade produtora e organizadora; **C:** correta, pois os documentos têm que ser criados dentro dos procedimentos regulares estabelecidos pelo direito administrativo; **D:** incorreta, pois os demais conceitos se referem a elementos característicos de um documento de arquivo; **E:** correta, pois o arquivo tem que ser uma formação progressiva, natural e orgânica.

Gabarito "D"

(Técnico – ANEEL – 2009 – ESAF) Assinale a única opção que se refere ao gênero dos documentos de arquivo.

(A) Tridimensional.
(B) Notarial.
(C) Ostensivo.
(D) Sonoro.
(E) Privado.

Os gêneros dos arquivos são: textuais, cartográficos, iconográficos, filmográficos, sonoros, micrografico e informáticos. Portanto a resposta correta é letra D.

Gabarito "D"

(Técnico – ANEEL – 2009 – ESAF) Avalie os seguintes itens relativos à legislação arquivística brasileira.

I. Os documentos de valor permanente são alienáveis.
II. Os arquivos públicos são os conjuntos de documentos produzidos e recebidos por órgãos públicos.
III. São considerados privados os documentos produzidos e recebidos por pessoas físicas, por pessoas jurídicas, por instituições de caráter público, por entidades privadas encarregadas da gestão de serviços públicos.
IV. A eliminação de documentos públicos será realizada mediante autorização da instituição arquivística pública.

A quantidade dos itens corretos é igual a:

(A) 0
(B) 1
(C) 2
(D) 3
(E) 4

I: incorreto, pois de acordo com o artigo 10º da Lei 8.159 de 8 de janeiro de 1.991, os documentos de valor permanente são inalienáveis e imprescritíveis; **II:** correto, pois, de acordo com o artigo 7º da referida Lei, os arquivos públicos são os conjuntos de documentos produzidos e recebidos, no exercício de suas atividades, por órgãos públicos de âmbito federal, estadual, do Distrito Federal e municipal em decorrência de suas funções administrativas, legislativas e judiciárias; **III:** incorreto, pois de acordo com o § 1º do artigo do 7º da referida Lei, são também públicos os conjuntos de documentos produzidos e recebidos por instituições de caráter público, por entidades privadas encarregadas da gestão de serviços públicos no exercício de suas atividades; **IV:** correto, pois de acordo com o artigo 9º da referida Lei, a eliminação de documentos produzidos por instituições públicas e de caráter público será realizada mediante autorização da instituição arquivística pública, na sua específica esfera de competência. A quantidade dos itens corretos é igual a 2.

Gabarito "C"

2. O GERENCIAMENTO DA INFORMAÇÃO E A GESTÃO DE DOCUMENTOS: DIAGNÓSTICOS; ARQUIVO CORRENTE E INTERMEDIÁRIO; PROTOCOLOS; AVALIAÇÃO DE DOCUMENTOS; ARQUIVOS PERMANENTES

(Técnico – ANEEL – 2009 – ESAF) As atividades realizadas nos arquivos correntes são as seguintes, exceto:

(A) Preservação de documentos históricos.
(B) Expedição de documentos.
(C) Empréstimo e consulta.
(D) Arquivamento.
(E) Protocolo.

A única atividade não relacionada aos arquivos correntes é a preservação de documentos históricos que é relacionada aos arquivos permanentes. Os arquivos permanentes são constituídos de documentos de valor secundário que perderam todo valor de natureza administrativa e que se conservam em razão de seu valor histórico ou documental.

Gabarito "A"

(Técnico – ANEEL – 2009 – ESAF) Quanto ao arquivo intermediário podemos afirmar que

(A) é subordinado técnica e administrativamente ao arquivo corrente.
(B) a economia é a razão principal para sua criação.
(C) os documentos nessa fase têm uma classificação diferente da que lhes foi dada nos arquivos correntes.
(D) armazenam, principalmente, documentos de valor histórico e secundário.
(E) o acesso aos documentos é público, não havendo nenhuma restrição ao seu uso.

De acordo com o livro *Arquivo: teoria e prática*, Marilena Leite Paes. Rio de Janeiro, Ed. FGV, 2002. A razão principal para a criação do arquivo intermediário é a economia. Estes arquivos são transitórios, portanto os custos de sua construção e de seus equipamentos, não deve superar em gastos os dos arquivos tradicionais.

Gabarito "B"

(Técnico – ANEEL – 2009 – ESAF) Assinale o item que não faz parte das rotinas do Protocolo.

(A) Receber a correspondência.
(B) Abrir a correspondência ostensiva.
(C) Encaminhar a correspondência sigilosa aos respectivos destinatários.
(D) Avaliar os documentos de acordo com os valores primário e secundário.
(E) Receber dos vários setores os documentos a serem redistribuídos.

Avaliar os documentos de acordo com os valores primários e secundários é de responsabilidade de uma equipe técnica, composta por profissionais de diversas áreas, como: arquivistas, historiadores, pesquisadores, profissionais das unidades organizacionais as quais os documentos serão avaliados, economistas e etc.

Gabarito "D"

(Técnico – ANEEL – 2009 – ESAF) Assinale a opção que se refere ao instrumento de trabalho resultante do processo de avaliação de documentos de arquivo.

(A) Tabela de temporalidade.
(B) Plano de classificação.
(C) Quadro de arranjo.
(D) Inventário sumário.
(E) Catálogo seletivo.

O instrumento de trabalho resultante do processo de avaliação de documentos de arquivo é a Tabela de Temporalidade. Esta tabela determina: os prazos em que os documentos devem ser mantidos no arquivo corrente quando devem ser transferidos ao arquivo intermediário e por quanto tempo devem ali permanecer.

Gabarito "A"

(Técnico – ANEEL – 2009 – ESAF) Com relação à gestão de documentos eletrônicos, assinale a opção correta.

(A) Um programa de gestão arquivística de documentos eletrônicos está condicionado à forma ou ao suporte no qual o documento é produzido.
(B) A gestão arquivística de documentos digitais deverá prever a implantação de um sistema eletrônico de gestão, que adotará requisitos funcionais e requisitos estruturais.
(C) Considera-se documento arquivístico digital o documento codificado em dígitos binários armazenado por sistema computacional.
(D) A eliminação de documentos arquivísticos submetidos a processo de digitalização só poderá ser efetivada para documentos que apresentem valor secundário.
(E) São exemplos de documentos arquivísticos digitais: planilhas eletrônicas, sítios na internet, bases de dados e também textos, entre outras possibilidades, em formato digital.

Os documentos arquivísticos digitais são documentos arquivísticos codificados em dígitos binários, produzido, tramitado e armazenado por sistema computacional. Podem se apresentar em formato digital: textos, imagens fixas, imagens em movimento, gravações sonoras, mensagens de correio eletrônico, páginas web, bases de dados etc.

Gabarito "E"

3. TIPOLOGIAS DOCUMENTAIS E SUPORTES FÍSICOS: MICROFILMAGEM; AUTOMAÇÃO; PRESERVAÇÃO; CONSERVAÇÃO E RESTAURAÇÃO DE DOCUMENTOS

(Técnico – ANEEL – 2009 – ESAF) Conforme a Resolução n. 10 do Conselho Nacional de Arquivos, identifique a sinalética utilizada após a sequência de documentos microfilmados que deve constar de todos os rolos, para que não restem dúvidas quanto ao fim do filme:

(A) 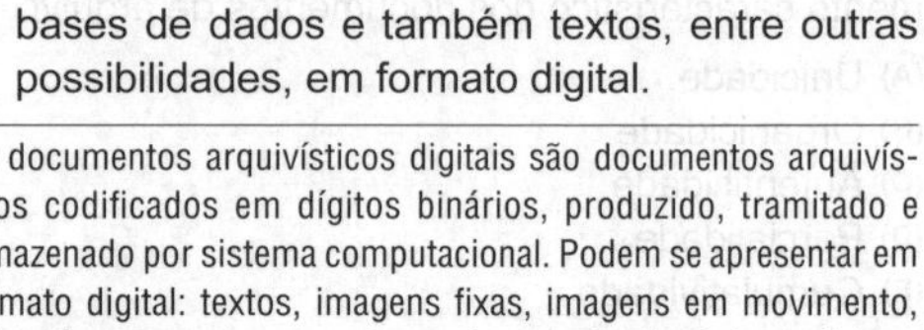

(B) 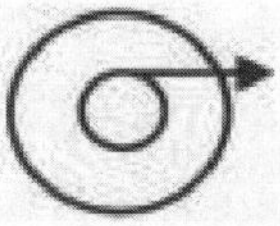

(C) 

(D) 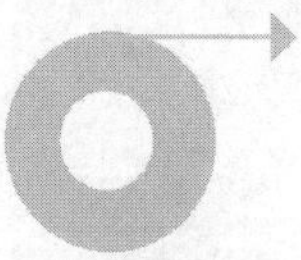

(E) 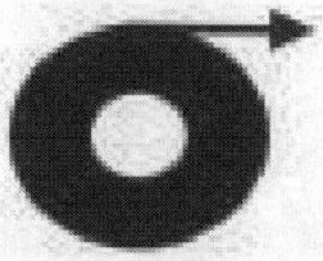

De acordo com a Norma ISO 9878/1990, adotada pelo Conarq, a sinalética utilizada após a sequência de documentos microfilmados que deve constar de todos os rolos, para que não restem dúvidas quanto ao fim do filme é a da letra B.

Gabarito "B"

(Técnico – ANEEL – 2009 – ESAF) Avalie os seguintes itens relativos à conservação e preservação de documentos arquivísticos.

I. Nas áreas de depósito, devem ser utilizados sistemas de combate ao fogo que não empreguem substâncias líquidas.
II. A higienização é o conjunto de procedimentos e medidas destinadas a assegurar a proteção física dos arquivos.
III. As áreas de depósito de documentos de arquivo devem ser integradas às áreas de trabalho administrativo.
IV. A exposição dos documentos à luz natural deve ser reduzida, por acelerar sua deterioração.

A quantidade dos itens corretos é igual a:

(A) 0
(B) 1
(C) 2
(D) 3
(E) 4

As afirmativas corretas são: I e IV, portanto a quantidade de itens corretos é 2.

Gabarito "C"

32. RACIOCÍNIO LÓGICO-QUANTITATIVO

Enildo Garcia, André Braga Nader Justo e André Fioravanti

1. LÓGICA DE ARGUMENTAÇÃO

(Auditor Fiscal da Receita Federal – 2012 – ESAF) A afirmação "A menina tem olhos azuis ou o menino é loiro" tem como sentença logicamente equivalente:

(A) se o menino é loiro, então a menina tem olhos azuis.
(B) se a menina tem olhos azuis, então o menino é loiro.
(C) se a menina não tem olhos azuis, então o menino é loiro.
(D) não é verdade que se a menina tem olhos azuis, então o menino é loiro.
(E) não é verdade que se o menino é loiro, então a menina tem olhos azuis.

Denominamos por *A* a proposição "A menina tem olhos azuis" e por *B* "O menino é loiro". Desta forma, a afirmação fornecida no enunciado e cada uma das alternativas foram colocadas na tabela a seguir, juntamente com seus valores lógicos:

A	*B*	**A ou B**	B → A	A → B	¬A → B	¬(A → B)	¬(B → A)
0	*0*	**0**	1	1	0	0	0
0	*1*	**1**	0	1	1	0	1
1	*0*	**1**	1	0	1	1	0
1	*1*	**1**	1	1	1	0	0

Podemos verificar da tabela que a sentença logicamente equivalente à "A ou B" é, portanto, "¬A → B".

Gabarito "C".

(Auditor Fiscal da Receita Federal – 2012 – ESAF) Se Anamara é médica, então Angélica é médica. Se Anamara é arquiteta, então Angélica ou Andrea são médicas. Se Andrea é arquiteta, então Angélica é arquiteta. Se Andrea é médica, então Anamara é médica.

Considerando que as afirmações são verdadeiras, segue-se, portanto, que:

(A) Anamara, Angélica e Andrea são arquitetas.
(B) Anamara é médica, mas Angélica e Andrea são arquitetas.
(C) Anamara, Angélica e Andrea são médicas.
(D) Anamara e Angélica são arquitetas, mas Andrea é médica.
(E) Anamara e Andrea são médicas, mas Angélica é arquiteta.

Vamos considerar, por hipótese, que Andrea é arquiteta. Então, de "se Andrea é arquiteta então Angélica é arquiteta" temos que Angélica também é arquiteta. De "se Anamara é arquiteta, então Angélica ou Andrea são médicas" podemos concluir que Anamara não é arquiteta, sendo portanto, médica. Mas de "se Anamara é médica, então Angélica é médica" obtemos uma contradição. Isso implica que nossa hipótese estava errada, e portanto Andrea é médica. Assim sendo, de "se Andrea é médica, então Anamara é médica" temos que Anamara é médica. E de "se Anamara é médica, então Angélica é médica" temos que Angélica é médica. Podemos verificar que nenhuma outra proposição gera uma contradição, então todas as três são médicas.

Gabarito "C".

(Auditor Fiscal da Receita Federal – 2012 – ESAF) Se Ana é pianista, então Beatriz é violinista. Se Ana é violinista, então Beatriz é pianista. Se Ana é pianista, Denise é violinista. Se Ana é violinista, então Denise é pianista. Se Beatriz é violinista, então Denise é pianista. Sabendo-se que nenhuma delas toca mais de um instrumento, então Ana, Beatriz e Denise tocam, respectivamente:

(A) piano, piano, piano.
(B) violino, piano, piano.

(C) violino, piano, violino.
(D) violino, violino, piano.
(E) piano, piano, violino.

Vamos considerar, por hipótese, que Ana é pianista. Neste caso temos que Beatriz é violinista (1ª proposição) e Denise é violinista (3ª proposição). Porém, pela 5ª proposição, Denise também é pianista, o que invalida o argumento de que nenhuma toca mais de um instrumento. Desta forma Ana não pode ser pianista. Assim sendo, considerando a 2ª proposição, Ana é violinista e Beatriz é pianista. Finalmente, pela 4ª proposição, Denise é pianista.

Gabarito „B".

(Auditor Fiscal da Receita Federal – 2012 – ESAF) Sabendo-se que o conjunto X é dado por

$X = \{x \in R \mid x^2 - 9 = 0 \text{ ou } 2x - 1 = 9\}$

e o que o conjunto Y é dado por

$Y = \{y \in R \mid 2y + 1 = 0 \text{ e } 2y^2 - y - 1 = 0\}$,

onde R é o conjunto dos números reais, então pode-se afirmar que:

(A) X ∪ Y = {-3; -0,5; 1; 3; 5}.
(B) X – Y = {-3; 3}.
(C) X ∪ Y = {-3; -0,5; 3; 5}.
(D) Y = {-0,5; 1}.
(E) Y = {-1}.

Relacionado ao conjunto X, calculamos que as soluções da equação $x^2 - 9 = 0$ é $x = \pm 3$ e $2x - 1 = 9$ tem como solução $x = 5$. Dessa forma, X, conjunto das soluções destas equações, é dado por X = {-3, 3, 5}. De forma análoga, $2y + 1 = 0$ implica em $y = -0.5$, e $2y^2 - y - 1 = 0$ tem como soluções $y = 1$ e $y = -0.5$. Observe que Y agora é o conjunto das soluções em comum destas equações, ou seja, Y = {-0.5}. Portanto X **U** Y = {-3, -0.5, 3, 5} e X – Y = {-3, 3, 5}.

Gabarito „C".

(Auditor Fiscal da Receita Federal – 2012 – ESAF) Considerando-se a expressão trigonométrica $x = 1 + \cos 30^0$, um dos possíveis produtos que a representam é igual a

(A) $2\cos^2 15^0$.
(B) $4\cos^2 15^0$.
(C) $2\,\text{sen}^2 30^0$.
(D) $2\cos^2 30^0$.
(E) $4\,\text{sen}^2 15^0$.

Das regras de trigonometria, temos que cos(a+b) = cos(a) cos(b) – sen(a) sen(b). Dessa forma:

$x = 1 + \cos 30° = 1 + \cos(15°+15°) = 1 + \cos^2 15° - \text{sen}^2 15°$. Mas temos também, pela fórmula fundamental da trigonometria, que $\cos^2 15° + \text{sen}^2 15° = 1$. Portanto, $x = 1 + \cos^2 15° - (1 - \cos^2 15°) = 2\cos^2 15°$.

Gabarito „A".

(Auditor Fiscal da Receita Federal – 2012 – ESAF) As matrizes, A, B, C e D são quadradas de quarta ordem. A matriz B é igual a 1/2 da matriz A, ou seja: B = 1/2 A. A matriz C é igual a matriz transposta de B, ou seja: $C = B^t$. A matriz D é definida a partir da matriz C; a única diferença entre essas duas matrizes é que a matriz D tem como primeira linha a primeira linha de C multiplicada por 2. Sabendo-se que o determinante da matriz A é igual a 32, então a soma dos determinantes das matrizes B, C e D é igual a

(A) 6.
(B) 4.
(C) 12.
(D) 10.
(E) 8.

Antes de resolver a questão, lembramos de duas propriedades do determinante. O determinante de uma matriz ou de sua transposta é o mesmo. E se multiplicarmos uma linha qualquer por uma constante, o determinante também se multiplica pela mesma constante. Dessa forma, como as matrizes são de 4ª ordem, precisamos multiplicar 4 linhas de A por 1/2 para obter a matriz B. Assim sendo, det(B) = $(1/2)^4$ det(A) = 32/16 = 2. Da propriedade das transpostas, det(C) = 2. Finalmente, det(D) = 2 det(C) = 4. Logo a soma dos determinantes de B, C e D é 2 + 2 + 4 = 8.

Gabarito „E".

(Auditor Fiscal da Receita Federal – 2012 – ESAF) Considere o sistema de equações lineares dado por:

$$\begin{vmatrix} x + y + z = 0 \\ x - y + rz = 2 \\ rx + 2y + z = -1. \end{vmatrix}$$

Sabendo-se que o sistema tem solução única para r ≠ 0 e r ≠ 1, então o valor de x é igual a

(A) $\frac{2}{r}$.
(B) $\frac{-2}{r}$.
(C) $\frac{1}{r}$.
(D) $\frac{-1}{r}$
(E) 2r.

Da primeira equação, temos que z = -x – y. Substituindo esses valores nas duas equações seguintes chegamos a: x – y + r.(-x -y) = 2, ou seja, (1 – r).x + (-1 – r).y = 2 e também r.x + 2y – x – y = -1, ou seja, (r – 1).x + y = -1. Desta última temos que y = -1 – (r – 1).x, e substituindo novamente na segunda temos (1 – r).x + (-1 – r).(-1 – r.x + x) = 2. Expandindo os termos, chegamos a: x – r.x + 1 + r.x – x + r + r².x – r.x = 2, que equivale a: 1 + r + r².x – r.x = 2, ou seja, r.(r – 1).x = 1 – r, sendo portanto x = -1/r a solução procurada quando r ≠ 0 e r ≠ 1.

Gabarito „D".

(Auditor Fiscal da Receita Federal – 2012 – ESAF) A função bijetora dada por $f(x) = \frac{x+1}{x-2}$ possui domínio no conjunto dos números reais, exceto o número 2, ou seja: **R** – {2}. O conjunto imagem de f(x) é o conjunto dos reais menos o número 1, ou seja: **R** – {1}. Desse modo, diz-se que f(x) é uma função de R – {2} em **R** – {1}. Com isso, a função inversa de f, denotada por f-1, é definida como

(A) $f^1(x) = \frac{2x+1}{x-1}$ de **R** - {1} em **R** - {2}.
(B) $f^1(x) = \frac{2x-1}{x+1}$ de **R** - {1} em **R** - {2}.
(C) $f^1(x) = \frac{2x-1}{x-1}$ de **R** - {2} em **R** - {1}.

(D) $f^{-1}(x) = \dfrac{x-2}{x+1}$ de **R** - 1 em **R** - {2}.

(E) $f^{-1}(x) = \dfrac{x-2}{x+1}$ de **R** - 2 em **R** - {1}.

Para encontrar a função inversa, denominamos f(x) de y e tentamos escrever x em função de y. Assim sendo, y = (x+1)/(x-2). Como $x \neq 2$, y.(x-2) = (x+1), o que equivale a x.(y – 1) = 2y + 1. Assim sendo, x = (2y + 1)/(y-1), para $y \neq 1$. Desta forma, a função inversa $f^{-1}(x)$ = (2x +1)/(x – 1), com domínio $x \neq 1$ e imagem os números reais salvo 2.

Gabarito "A".

(Analista – MPU – 2004 – ESAF) Fernanda atrasou-se e chega ao estádio da Ulbra quando o jogo de vôlei já está em andamento. Ela pergunta às suas amigas, que estão assistindo à partida, desde o início, qual o resultado até o momento. Suas amigas dizem-lhe:

Amanda: "Neste set, o escore está 13 a 12".

Berenice: "O escore não está 13 a 12, e a Ulbra já ganhou o primeiro set".

Camila: "Este set está 13 a 12, a favor da Ulbra".

Denise: "O escore não está 13 a 12, a Ulbra está perdendo este set, e quem vai sacar é a equipe visitante".

Eunice: "Quem vai sacar é a equipe visitante, e a Ulbra está ganhando este set".

Conhecendo suas amigas, Fernanda sabe que duas delas estão mentindo e que as demais estão dizendo a verdade. Conclui, então, corretamente, que

(A) o escore está 13 a 12, e a Ulbra está perdendo este set, e quem vai sacar é a equipe visitante.

(B) o escore está 13 a 12, e a Ulbra está vencendo este set, e quem vai sacar é a equipe visitante.

(C) o escore não está 13 a 12, e a Ulbra está vencendo este set, e quem vai sacar é a equipe visitante.

(D) o escore não está 13 a 12, e a Ulbra não está vencendo este set, e a Ulbra venceu o primeiro set.

(E) o escore está 13 a 12, e a Ulbra vai sacar, e a Ulbra venceu o primeiro set.

Suponha que Amanda está dizendo a verdade. Portanto, o escore está 13 a 12.

Nesse caso, devem ter mais duas amigas que não contradizem Amanda (e, portanto, falam a VERDADE), e duas que contradizem (e, portanto, falam MENTIRA). As amigas que contradizem Amanda e, portanto, estão mentindo, são: Berenice e Denise.

Sendo assim, as afirmações verdadeiras foram ditas por Amanda, Camila e Eunice. Reunindo as informações dadas por essas três amigas, verificamos que elas não se contradizem e, portanto:

O escore está 13 a 12, e a Ulbra está vencendo este set, e quem vai sacar é a equipe visitante.

Gabarito "B".

(Auditor Fiscal do Trabalho – 2010 – ESAF) Um poliedro convexo é regular se e somente se for: um tetraedro ou um cubo ou um octaedro ou um dodecaedro ou um icosaedro. Logo:

(A) Se um poliedro convexo for regular, então ele é um cubo.

(B) Se um poliedro convexo não for um cubo, então ele não é regular.

(C) Se um poliedro não for um cubo, não for um tetraedro, não for um octaedro, não for um dodecaedro e não for um icosaedro, então ele não é regular.

(D) Um poliedro não é regular se e somente se não for: um tetraedro ou um cubo ou um octaedro ou um dodecaedro ou um icosaedro.

(E) Se um poliedro não for regular, então ele não é um cubo.

Vamos verificar as alternativas.

A: Falso porque pode ser octaedro, um dodecaedro ou um icosaedro.

B: Falso, pois se não é um cubo pode ser um octaedro etc. e ser então regular.

C: Falso porque teria de ser tudo ou/ou.

D: Falso Se e somente se equivale a $p \rightarrow p$ E $(q \rightarrow p.)$ E a negação de p não implica a negação de q.

E: Verdadeiro.

Gabarito "E".

(Auditor Fiscal/MG – 2005 – ESAF) Sete modelos, entre elas Ana, Beatriz, Carla e Denise, vão participar de um desfile de modas. A promotora do desfile determinou que as modelos não desfilarão sozinhas, mas sempre em filas formadas por exatamente quatro das modelos. Além disso, a última de cada fila só poderá ser ou Ana, ou Beatriz, ou Carla ou Denise. Finalmente, Denise não poderá ser a primeira da fila. Assim, o número de diferentes filas que podem ser formadas é igual a:

(A) 420.

(B) 480.

(C) 360.

(D) 240.

(E) 60.

---

1) Se a última da fila for a Ana, temos 7 – 1 = 6 modelos -> 5 para a 1ª da fila (sem a Denise), 5 para a 2ª e 4 para a 3ª posição = 5 x 5 x 4 = 100 diferentes filas.

Idem para os casos de Beatriz e Carla. Temos, até agora, o total de 100 x 3 = 300 filas

Agora, a Denise sendo a última da fila, temos

1ª Sol.) 6 escolhas para a 1ª modelo da fila, 5 para a 2ª e 3 para a 3ª com um total de 6 . 5 . 4 = 120 filas diferentes.

2ª Sol.) um arranjo de 6 modelos 3 a 3, ie. A6,3 = 6.5.4 = 120 filas.

3ª Sol.) pelo Princípio da Contagem, 6.5.4 = 120 filas diferentes.

Somando 1) e 2) obtemos o total de 420 filas diferentes.

Gabarito "A".

(Auditor Fiscal/MG – 2005 – ESAF) O reino está sendo atormentado por um terrível dragão. O mago diz ao rei: "O dragão desaparecerá amanhã se e somente se Aladim beijou a princesa ontem". O rei, tentando compreender melhor as palavras do mago, faz as seguintes perguntas ao lógico da corte:

1. Se a afirmação do mago é falsa e se o dragão desaparecer amanhã, posso concluir corretamente que Aladim beijou a princesa ontem?
2. Se a afirmação do mago é verdadeira e se o dragão desaparecer amanhã, posso concluir corretamente que Aladim beijou a princesa ontem?
3. Se a afirmação do mago é falsa e se Aladim não beijou a princesa ontem, posso concluir corretamente que o dragão desaparecerá amanhã?

O lógico da corte, então, diz acertadamente que as respostas logicamente corretas para as três perguntas são, respectivamente:

(A) Não, sim, não.
(B) Não, não, sim.
(C) Sim, sim, sim.
(D) Não, sim, sim.
(E) Sim, não, sim.

Seja d: o dragão desapareceu e
b: Aladim beijou a princesa.
A afirmação d < = > b (se e somente se) é equivalente a d = >b E b = >d.
1) Se for falsa é porque d = >b é falsa, ie, não se sabe se Aladim beijou ou não
OU b = >d é falsa. De qualquer maneira não se pode concluir b.
A resposta é
1) é não.
2) Sim, devido à equivalência de d< = >b.
3) Sim, pois (d< = >b falso e não beijou) = > d.
Gabarito "D".

(Auditor Fiscal/MG – 2005 – ESAF) Se André é culpado, então Bruno é inocente. Se André é inocente, então Bruno é culpado. Se André é culpado, Léo é inocente. Se André é inocente, então Léo é culpado. Se Bruno é inocente, então Léo é culpado. Logo, André, Bruno e Léo são, respectivamente:

(A) Culpado, culpado, culpado.
(B) Inocente, culpado, culpado.
(C) Inocente, culpado, inocente.
(D) Inocente, inocente, culpado.
(E) Culpado, culpado, inocente.

Solução por enumeração dos 8 (2x2x2) casos possíveis.
A B L André, Bruno e Léo. C: culpado; I: inocente

	A	B	L
DI	I	C	C
DII	I	C	I
DIII	I	I	C
DIV	I	I	I
DV	C	C	C
DVI	C	I	I
DVII	C	C	I
DVIII	C	I	C

Sabe-se que
Se A é C = > B é I Saem casos 5 e 7.
Se A é I = > B é C casos 1 e 2. E eliminamos casos 3, 4, 5 e 7.
Se A é C = > L é I. Sai caso 8.
Se A é I = > L é C. Eliminam-se casos 2 e 4.
Se B é I = > L é C. Sai caso 6.
Restou o caso 1, que é a resposta da questão.
Gabarito "B".

(Analista – Aneel – 2006 – ESAF) Todo amigo de Luiza é filho de Marcos. Todo primo de Carlos, se não for irmão de Ernesto, ou é amigo de Luiza ou é neto de Tânia. Ora, não há irmão de Ernesto ou neto de Tânia que não seja filho de Marcos. Portanto, tem-se, necessariamente, que:

(A) todo filho de Marcos é irmão de Ernesto ou neto de Tânia.
(B) todo filho de Marcos é primo de Carlos.
(C) todo primo de Carlos é filho de Marcos.
(D) algum irmão de Ernesto é neto de Tânia.
(E) algum amigo de Luiza é irmão de Ernesto.

Da segunda afirmação, temos que todo primo de Carlos ou é irmão de Ernesto, ou é amigo de Luiza ou é neto de Tânia. Mas da terceira afirmação, todo irmão de Ernesto e todo neto de Tânia é filho de Marcos. Portanto, todo primo de Carlos ou é amigo de Luiza ou é filho de Marcos. Mas, da 1ª afirmação, todo amigo de Luiza é filho de Marcos, portanto todo primo de Carlos é filho de Marcos.
Gabarito "C".

(Analista – Aneel – 2006 – ESAF) Em determinada universidade, foi realizado um estudo para avaliar o grau de satisfação de seus professores e alunos. O estudo mostrou que, naquela universidade, nenhum aluno é completamente feliz e alguns professores são completamente felizes. Uma conclusão logicamente necessária destas informações é que, naquela universidade, objeto da pesquisa,

(A) nenhum aluno é professor.
(B) alguns professores são alunos.
(C) alguns alunos são professores.
(D) nenhum professor é aluno.
(E) alguns professores não são alunos.

Podemos dividir os professores em 2 grupos, os que são completamente felizes e os que não são completamente felizes. Como nenhum aluno é completamente feliz, então os professores do 1º grupo certamente não são alunos.
Gabarito "E".

(Analista – Aneel – 2006 – ESAF) Pedro toca piano se e somente se Vítor toca violino. Ora, Vítor toca violino, ou Pedro toca piano. Logo,

(A) Pedro toca piano, e Vítor não toca violino.
(B) se Pedro toca piano, então Vítor não toca violino.
(C) se Pedro não toca piano, então Vítor toca violino.
(D) Pedro não toca piano, e Vítor toca violino.
(E) Pedro toca piano, e Vítor toca violino.

Se Vítor toca violino temos, pela premissa, que Pedro toca piano. Por outro lado, se Pedro toca piano, então, pela premissa, Vítor toca violino. Portanto, Pedro toca piano e Vitor violino.
Gabarito "E".

(Analista – Aneel – 2006 – ESAF) Das premissas: Nenhum A é B. Alguns C são B, segue, necessariamente, que:

(A) nenhum A é C.
(B) alguns A são C.
(C) alguns C são A.
(D) alguns C não são A.
(E) nenhum C é A.

Temos que alguns C são B, porém, como nenhum B é A, temos que alguns C (os que são B) não são A.
Gabarito "D".

2. COMPREENSÃO E ELABORAÇÃO DA LÓGICA DAS SITUAÇÕES POR MEIO DE RACIOCÍNIO MATEMÁTICO

(Auditor Fiscal da Receita Federal – 2010 – ESAF) Se $\alpha = \sqrt[3]{e}$, então $\beta = \sqrt[3]{e}$. Se $\alpha = e^3$, então β ou δ são iguais a $\sqrt[3]{e}$. Se $\delta = e3$, então $\beta = e^3$.

Se $\delta = \sqrt[3]{e}$, então $\alpha = \sqrt[3]{e}$. Considerando que as afirmações são verdadeiras, segue-se, portanto, que:

(A) $\alpha = \beta = \delta = e^3$
(B) $\alpha = \beta = e^3$, mas $\delta = \sqrt[3]{e}$
(C) $\alpha = \sqrt[3]{e}$, mas $\beta = \delta = e^3$
(D) $\alpha = \beta = \delta = \sqrt[3]{e}$
(E) $\alpha = \delta = \sqrt[3]{e}$, mas $\beta = e^3$

---

i) Suponha $\alpha = \sqrt[3]{e}$.

Logo, $\beta = \sqrt[3]{e}$ e $\alpha = \beta = \sqrt[3]{e}$.

Se d = e3, então β = e3 Absurdo, pois supusemos $\beta = \sqrt[3]{e}$.

Então,

$d = \sqrt[3]{e}$. daí, temos que $\alpha = \beta = d = \sqrt[3]{e}$. → Resposta D.

ii) Suponha, agora, que $\alpha = e^3$. Então, β ou d são iguais a $\sqrt[3]{e}$.

Ou $d = \sqrt[3]{e}$, então $\alpha = \sqrt[3]{e}$ Absurdo pois supusemos $\alpha = e^3$.

Ou $\beta = \sqrt[3]{e}$, daí, $\beta = \sqrt[3]{e}$ e $\alpha = e^3$. → não há essa resposta.

Gabarito "D".

3. CONCEITOS BÁSICOS DE RACIOCÍNIO LÓGICO

(Analista-Tributário da Receita Federal – 2012 – ESAF) A negação da proposição "se Paulo estuda, então Marta é atleta" é logicamente equivalente à proposição

(A) Paulo não estuda e Marta não é atleta.
(B) Paulo estuda e Marta não é atleta.
(C) Paulo estuda ou Marta não é atleta.
(D) se Paulo não estuda, então Marta não é atleta.
(E) Paulo não estuda ou Marta não é atleta.

Denominamos por *A* a proposição "Paulo estuda" e por *B* "Maria é atleta". Desta forma, a afirmação fornecida no enunciado e cada uma das alternativas foram colocadas na tabela a seguir, juntamente com seus valores lógicos:

A	*B*	**¬(A → B)**	¬A ∧ ¬B	A ∧ ¬B	A ∨ ¬B	¬A → ¬B	¬A ∨ ¬B
0	*0*	**0**	1	0	1	1	1
0	*1*	**0**	0	0	0	0	1
1	*0*	**1**	0	1	1	1	1
1	*1*	**0**	0	0	1	1	0

Podemos verificar da tabela que a sentença logicamente equivalente à "¬(A → B)" é, portanto, " A ∧ ¬B".

Gabarito "B".

(Analista – MPU – 2004 – ESAF) Sócrates encontra-se em viagem por um distante e estranho país, formado por apenas duas aldeias, uma grande e outra pequena. Os habitantes entendem perfeitamente o português, mas falam apenas no idioma local, desconhecido por Sócrates. Ele sabe, contudo, que os habitantes da aldeia menor sempre dizem a verdade, e os da aldeia maior sempre mentem. Sabe, também, que "Milango" e "Nabungo" são as palavras no idioma local que significam "sim" e "não", mas não sabe qual delas significa "sim" e nem, consequentemente, qual significa "não". Um dia, Sócrates encontra um casal acompanhado de um jovem.

Dirigindo-se a ele, e apontando para o casal, Sócrates pergunta:

– Meu bom jovem, é a aldeia desse homem maior do que a dessa mulher?

– *Milango* –, responde o jovem.

– E a tua aldeia é maior do que a desse homem? –, voltou Sócrates a perguntar.

– *Milango* –, tornou o jovem a responder.

– E, dize-me ainda, és tu da aldeia maior? – perguntou Sócrates.

– *Nabungo* –, disse o jovem.

Sócrates, sorrindo, concluiu corretamente que

(A) o jovem diz a verdade, e o homem é da aldeia grande e a mulher da grande.
(B) o jovem mente, e o homem é da aldeia grande e a mulher da pequena.

(C) o jovem mente, e o homem é da aldeia pequena e a mulher da pequena.

(D) o jovem diz a verdade, e o homem é da aldeia pequena e a mulher da pequena.

(E) o jovem mente, e o homem é da aldeia grande e a mulher da grande.

Regras do enunciado:

- 2 aldeias, uma grande e uma pequena.

- Habitantes da aldeia grande mentem, da pequena falam a verdade.

- Duas respostas: Milango e Nabungo (não se sabe qual é sim e qual é não)

Resumo das perguntas ao jovem:

P1- Homem é da grande e mulher da pequena? Resposta: Milango

P2- Você é da aldeia grande e o homem é da aldeia pequena? Resposta: Milango

P3- Você é da aldeia grande? Resposta: Nabungo

Vamos considerar duas hipóteses:

H1: Jovem diz a verdade. Concluímos pela resposta da P3, que o jovem é da aldeia pequena, Nabungo é não e Milango é sim. Pela resposta da P1 que o homem é da grande e a mulher da aldeia pequena e pela resposta da P2 que o jovem é da aldeia grande e o homem é da pequena.

Portanto a hipótese H1 não é correta, pois o jovem não pode ser da aldeia pequena e da grande ao mesmo tempo.

H2: Jovem fala a mentira. Concluímos por P3 que Nabungo também é não e Milongo é sim.

Concluímos também que o Jovem é da aldeia grande.

Pela resposta da pergunta P2, o jovem diz que é da aldeia grande e que o homem é da pequena, o que é mentira (o homem é da aldeia grande). Pela resposta de P1, confirmamos que a mulher também é da aldeia grande.

Portanto a única frase que satisfaz é a E.

Gabarito "E".

(MPU – 2004 – ESAF) Uma empresa produz androides de dois tipos: os de tipo V, que sempre dizem a verdade, e os de tipo M, que sempre mentem. Dr. Turing, um especialista em Inteligência Artificial, está examinando um grupo de cinco androides – rotulados de Alfa, Beta, Gama, Delta e Épsilon –, fabricados por essa empresa, para determinar quantos entre os cinco são do tipo V. Ele pergunta a Alfa: "Você é do tipo M?" Alfa responde, mas Dr. Turing, distraído, não ouve a resposta. Os androides restantes fazem, então, as seguintes declarações:

Beta: "Alfa respondeu que sim".

Gama: "Beta está mentindo".

Delta: "Gama está mentindo".

Épsilon: "Alfa é do tipo M".

Mesmo sem ter prestado atenção à resposta de Alfa, Dr. Turing pôde, então, concluir corretamente que o número de androides do tipo V, naquele grupo, era igual a

(A) 1.

(B) 2.

(C) 3.

(D) 4.

(E) 5.

Se Alfa fosse do tipo M, ele diria que não era do tipo M, pois ele mente. Se ele fosse do tipo V, ele diria que não era do tipo M, pois fala a verdade. Em nenhuma circunstância, ele responderia "não" à pergunta feita pelo Dr. Turing. Portanto, concluímos que Beta está mentindo (tipo M). Logo, Gama fala a verdade (tipo V). Em seguida, concluímos que Delta está mentindo (tipo M), pois já sabemos que Gama fala a verdade.

E em relação à resposta do Épsilon, concluímos que: se Épsilon é do tipo V, então Alfa realmente é do tipo M (conforme dito na afirmação). Mas se Épsilon é do tipo M, então Alfa é do tipo V (ao contrário da afirmação de Épsilon). Ou seja, um deles será V e outro será M. Portanto, temos apenas dois androides do tipo V.

Gabarito "B".

(Auditor Fiscal da Receita Federal – 2010 – ESAF) Considere a seguinte proposição: "Se chove ou neva, então o chão fica molhado". Sendo assim, pode-se afirmar que:

(A) Se o chão está molhado, então choveu ou nevou.

(B) Se o chão está molhado, então choveu e nevou.

(C) Se o chão está seco, então choveu ou nevou.

(D) Se o chão está seco, então não choveu ou não nevou.

(E) Se o chão está seco, então não choveu e não nevou.

Seja

p: chove

q: neva

r: chão molhado

e

a proposição (p ou q) → r. Isto é, se chove ou neva então o chão está molhado.

Construímos a tabela-verdade:

p:	q:	(p ou q) → (chão molhado)	~(p ou q) → (chão seco)
chove	neva		
V	V	V	F
V	F	V	F
F	V	V	F
F	F	F	V

Logo se o chão está seco, isto é, ~(p ou q), então p é F e q é F, ou seja, não choveu e não nevou.

Gabarito "E".

(Técnico – Aneel – 2009 – ESAF) Se Elaine não ensaia, Elisa não estuda. Logo,

(A) Elaine ensaiar é condição necessária para Elisa não estudar.

(B) Elaine ensaiar é condição suficiente para Elisa estudar.

(C) Elaine não ensaiar é condição necessária para Elisa não estudar.

(D) Elaine não ensaiar é condição suficiente para Elisa estudar.

(E) Elaine ensaiar é condição necessária para Elisa estudar.

Seja N o evento de Elaine ensaiar e S o evento de Elisa estudar. Temos que ~ N → ~ S, ou seja, S → N. Portanto, S então N, implica que N é necessário para S.

Gabarito "E".

(Técnico – Aneel – 2009 – ESAF) Uma sentença logicamente equivalente a " Se Ana é bela, então Carina é feia" é:

(A) Se Ana não é bela, então Carina não é feia.

(B) Ana é bela ou Carina não é feia.

(C) Se Carina é feia, Ana é bela.

(D) Ana é bela ou Carina é feia.

(E) Se Carina não é feia, então Ana não é bela.

Dois equivalentes para uma sentença "Se A então B" são "Se (não B) então (não A)" ou "(não A) ou (B)". Dessa forma, o item E "Se Carina não é feia, então Ana não é bela" está correto pela primeira equivalência.

Gabarito "E".

(Analista – Aneel – 2006 – ESAF) A negação da afirmação condicional "se Ana viajar, Paulo vai viajar" é:

(A) Ana não está viajando e Paulo vai viajar.

(B) se Ana não viajar, Paulo vai viajar.

(C) Ana está viajando e Paulo não vai viajar.

(D) Ana não está viajando e Paulo não vai viajar.

(E) se Ana estiver viajando, Paulo não vai viajar.

Seja A a proposição "Ana viajar" e B a proposição "Paulo vai viajar". Então a afirmação dada é $A \rightarrow B$. Fazendo a tabela-verdade, temos que:

A	B	$A \rightarrow B$	$\neg(A \rightarrow B)$	$A \wedge (\neg B)$
V	V	V	F	F
V	F	F	V	V
F	F	V	F	F
F	V	V	F	F

Observamos então que a negação, dada por $\neg(A \rightarrow B)$, é equivalente a $A \wedge (\neg B)$, ou seja, Ana está viajando e Paulo não vai viajar.

Gabarito "C".

(Analista – Bacen – 2010 – CESGRANRIO) Num famoso *talk-show*, o entrevistado faz a seguinte afirmação: "*Toda pessoa gorda não tem boa memória*".

Ao que o entrevistador contrapôs: "*Eu tenho boa memória.*

Logo, não sou gordo".

Supondo que a afirmação do entrevistado seja verdadeira, a conclusão do entrevistador é

(A) falsa, pois o correto seria afirmar que, se ele não fosse gordo, então teria uma boa memória.

(B) falsa, pois o correto seria afirmar que, se ele não tem uma boa memória, então ele tanto poderia ser gordo como não.

(C) falsa, pois o correto seria afirmar que ele é gordo e, portanto, não tem boa memória.

(D) verdadeira, pois todo gordo tem boa memória.

(E) verdadeira, pois, caso contrário, a afirmação do entrevistado seria falsa.

Uma forma equivalente de uma proposição $A \rightarrow B$ é $(\neg B) \rightarrow (\neg A)$, onde $\neg$ é o sinal de negação. Portanto, seja A: "Pessoa gorda:" e B: "Pessoa sem boa memória", então, o entrevistado diz que $A \rightarrow B$. Logo, uma forma equivalente é $(\neg B) \rightarrow (\neg A)$, ou seja, uma pessoa com boa memória não é uma pessoa gorda. Portanto, como o entrevistado diz que tem boa memória temos que ele não é uma pessoa gorda.

Gabarito "E".

(Analista – CGU – 2012 – ESAF) Seja D um conjunto de pontos da reta. Sejam K, F e L categorias possíveis para classificar D. Uma expressão que equivale logicamente à afirmação "D é K se e somente se D é F e D é L" é:

(A) Se D é F ou D é L, então D é K e, se D não é K, então D não é F e D não é L.

(B) Se D é F e D é L, então D é K e, se D não é K, então D não é F ou D não é L.

(C) D não é F e D não é L se e somente se D não é K.

(D) Se D é K, então D é F e D é L e, se D não é K, então D não é F ou D não é L.

(E) D é K se e somente se D é F ou D é L.

Vamos considerar que P é a proposição "D é K", Q é a proposição "D é F" e R é a proposição "D é L". Assim sendo, a afirmação "D é K se e somente se D é F e D é L" é equivalente a $P \leftrightarrow (Q \wedge R)$. Analisando cada um dos itens temos que:

A) $[(Q \vee R) \rightarrow P] \wedge [(\neg P) \rightarrow (\neg Q) \wedge (\neg R)]$. Mas como $[(\neg P) \rightarrow (\neg Q) \wedge (\neg R)]$ é equivalente a $[Q \vee R \rightarrow P]$, então, a expressão inteira equivale a $[Q \vee R \rightarrow P]$, ou seja, não é logicamente equivalente à expressão procurada

B) $[(Q \wedge R) \rightarrow P] \wedge [(\neg P) \rightarrow (\neg Q) \vee (\neg R)]$. De forma semelhante, $[(\neg P) \rightarrow (\neg Q) \vee (\neg R)]$ é equivalente a $[Q \wedge R \rightarrow P]$, e portanto, a expressão inteira é equivalente a $[(Q \wedge R) \rightarrow P]$, diferente da expressão procurada.

C) $[(\neg Q) \wedge (\neg R)] \leftrightarrow (\neg P)$. Essa expressão é equivalente a $P \leftrightarrow (Q \vee R)$, diferente da procurada.

D) $[P \rightarrow (Q \wedge R)] \wedge [(\neg P) \rightarrow (\neg Q) \vee (\neg R)]$. Mas $[(\neg P) \rightarrow (\neg Q) \vee (\neg R)]$ é equivalente a $[(Q \wedge R) \rightarrow P]$, e, portanto, a expressão inteira é escrita por $P \leftrightarrow (Q \wedge R)$, como a procurada.

E) $P \leftrightarrow (Q \vee R)$ é diferente da expressão procurada.

Gabarito "D".

(Analista – CGU – 2008 – ESAF) Três meninos, Pedro, Iago e Arnaldo, estão fazendo um curso de informática. A professora sabe que os meninos que estudam são aprovados e os que não estudam não são aprovados. Sabendo-se que: se Pedro estuda, então Iago estuda; se Pedro não estuda, então Iago ou Arnaldo estudam; se Arnaldo não estuda, então Iago não estuda; se Arnaldo estuda então Pedro estuda. Com essas informações pode-se, com certeza, afirmar que: 1007

(A) Pedro, Iago e Arnaldo são aprovados.

(B) Pedro, Iago e Arnaldo não são aprovados.

(C) Pedro é aprovado, mas Iago e Arnaldo são reprovados.

(D) Pedro e Iago são reprovados, mas Arnaldo é aprovado.

(E) Pedro e Arnaldo são aprovados, mas Iago é reprovado.

Seja P a proposição Pedro estuda, Q a proposição Iago estuda e R a proposição Arnaldo estuda. Portanto, podemos construir a seguinte expressão:

$(P \rightarrow Q) \wedge (\neg P \rightarrow (Q \vee R)) \wedge (\neg R \rightarrow \neg Q) \wedge (R \rightarrow P)$

Se considerarmos que R é falso, então, de $(\neg R \rightarrow \neg Q)$, Q é falso. Porém, nesse caso, $Q \vee R$ é falso, o que impõe, devido a $(\neg P \rightarrow (Q \vee R))$, que P é verdadeiro. Mas isso gera uma contradição, pois, nesse caso, $(P \rightarrow Q)$ é falso, e portanto a expressão completa não pode ser satisfeita.

Isso implica que a consideração de que R é falsa está errada, ou seja, R é verdadeiro. Então, nesse caso, $(R \rightarrow P)$ implica que P é verdadeiro, e $(P \rightarrow Q)$ implica que Q é verdadeiro. Verificamos também que $(\neg P \rightarrow (Q \vee R)) \wedge (\neg R \rightarrow \neg Q)$ é verdadeiro para P, Q e R verdadeiros. Portanto, tanto Pedro, quanto Iago e Arnaldo estudam, e, dessa forma, são aprovados.

Gabarito "A".

(Analista – CGU – 2008 – ESAF) Maria foi informada por João que Ana é prima de Beatriz e Carina é prima de Denise. Como Maria sabe que João sempre mente, Maria tem certeza que a afirmação é falsa. Desse modo, e do ponto de vista lógico, Maria pode concluir que é verdade que:

(A) Ana é prima de Beatriz ou Carina não é prima de Denise.
(B) Ana não é prima de Beatriz e Carina não é prima de Denise.
(C) Ana não é prima de Beatriz ou Carina não é prima de Denise.
(D) se Ana não é prima de Beatriz, então Carina é prima de Denise.
(E) se Ana não é prima de Beatriz, então Carina não é prima de Denise.

Como Maria sabe que a afirmação é falsa, precisamos determinar a negação de "Ana é prima de Beatriz e Carina é prima de Denise". Porém, como $\neg(P \wedge Q) = (\neg P) \vee (\neg Q)$, temos que a negação dessa frase é "Ana não é prima de Beatriz ou Carina não é prima de Denise".

Gabarito "C"

4. IMPLICAÇÕES LÓGICAS

(Técnico – Aneel – 2009 – ESAF) Sabe-se que Beto beber é condição necessária para Carmem cantar e condição suficiente para Denise dançar. Sabe-se, também, que Denise dançar é condição necessária e suficiente para Ana chorar. Assim, quando Carmem canta,

(A) Beto não bebe ou Ana não chora.
(B) Denise dança e Beto não bebe.
(C) Denise não dança ou Ana não chora.
(D) nem Beto bebe nem Denise dança.
(E) Beto bebe e Ana chora.

Seja A o evento de Ana chorar, B de Beto beber, C de Carmem cantar e D de Denise dançar. Desta forma, do enunciado, temos que $B \leftarrow C$, $B \rightarrow D$, $D \leftrightarrow A$. Desta forma, se C ocorre então B também ocorre, e, por conseguinte, D e A também ocorrem.

Gabarito "E"

(Técnico – Aneel – 2009 – ESAF) Três rapazes - Alaor, Marcelo e Celso - chegam a um estacionamento dirigindo carros de cores diferentes. Um dirigindo um carro amarelo, o outro um carro bege e o terceiro um carro verde. Chegando ao estacionamento, o manobrista perguntou quem era cada um deles. O que dirigia o carro amarelo respondeu: "Alaor é o que estava dirigindo o carro bege". O que estava dirigindo o carro bege falou: "eu sou Marcelo". E o que estava dirigindo o carro verde disse: "Celso é quem estava dirigindo o carro bege".

Como o manobrista sabia que Alaor sempre diz a verdade, que Marcelo às vezes diz a verdade e que Celso nunca diz a verdade, ele foi capaz de identificar quem era cada pessoa. As cores dos carros que Alaor e Celso dirigiam eram, respectivamente, iguais a:

(A) amarelo e bege
(B) verde e amarelo
(C) verde e bege
(D) bege e amarelo
(E) amarelo e verde

Alaor não pode ser o motorista do carro, pois nesse caso a frase "Alaor é quem dirige o carro bege" seria falsa. Da mesma forma, ele não pode ser o motorista do carro bege, pois "eu sou Marcelo" seria falso. Dessa forma, Alaor dirige o carro verde, e, assim, a frase "Celso dirige o carro bege" é verdadeira.

Gabarito "C"

(Analista – Aneel – 2006 – ESAF) Se o anão foge do tigre, então o tigre é feroz. Se o tigre é feroz, então o rei fica no castelo. Se o rei fica no castelo, então a rainha briga com o rei. Ora, a rainha não briga com o rei. Logo:

(A) o rei não fica no castelo e o anão não foge do tigre.
(B) o rei fica no castelo e o tigre é feroz.
(C) o rei não fica no castelo e o tigre é feroz.
(D) o tigre é feroz e o anão foge do tigre.
(E) o tigre não é feroz e o anão foge do tigre.

Seja A a proposição "O anão foge do tigre", B a proposição "O tigre é feroz", C a proposição "O rei fica no castelo" e D a proposição "A rainha briga com o rei". Do enunciado, temos que $A \rightarrow B \rightarrow C \rightarrow D$. Ora, como a rainha não briga com o rei (ou seja, $\neg D$) então, obrigatoriamente, $\neg C$, $\neg B$ e $\neg A$, e portanto o rei não fica no castelo e o anão não foge do tigre.

Gabarito "A"

5. RACIOCÍNIO SEQUENCIAL

(Auditor Fiscal da Receita Federal – 2010 – ESAF) Considere um retângulo formado por pequenos quadrados iguais, conforme a figura abaixo. Ao todo, quantos quadrados de quaisquer tamanhos podem ser contados nessa figura?

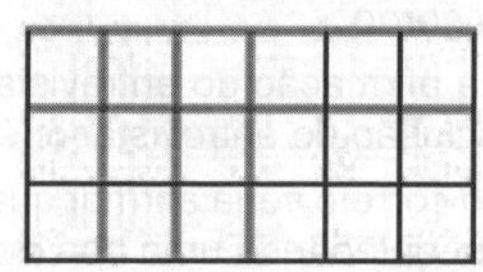

(A) 128. **(B)** 100. **(C)** 64. **(D)** 32. **(E)** 18.

São 18 quadrados de lado L,
10 „ „ „ 2L e
4 „ „ „ 3L. Total de 32 quadrados.

Gabarito "D"

(Auditor Fiscal do Trabalho – 2010 – ESAF) Em um grupo de pessoas, há 20 mulheres e 30 homens, sendo que 20 pessoas estão usando óculos e 36 pessoas estão usando calça *jeans*. Sabe-se que, nesse grupo, i) há 20% menos mulheres com calça *jeans* que homens com calça *jeans*, ii) há três vezes mais homens com óculos que mulheres com óculos e iii) metade dos homens de calça *jeans* estão usando óculos. Qual a porcentagem de pessoas no grupo que são homens que estão usando óculos, mas não estão usando calça *jeans*?

(A) 5%.
(B) 10%.
(C) 12%.
(D) 20%.
(E) 18%.

(Homens com *jeans*) + (Mulheres com *jeans*) = 36
(Mulheres com *jeans*) = 80% (Homens com *jeans*) = 0,8 (Homens c/ *jeans*)
Logo,
(Homens c/ *jeans*) + 0,8 (Homens c/ *jeans*) = 36
1,8 (Homens c/ *jeans*) = 36 → (Homens c/ *jeans*) = 20
Há 3 vezes mais (homens de óculos) do que (Mulheres de óculos)
Mas (Homens de óculos) + (Mulheres de óculos) = 20
3 (Mulheres de óculos) + (Mulheres de óculos) = 20
4 (Mulheres de óculos) = 20
(Mulheres de óculos) = 5 → (Homens de óculos) = 20 – 5 = 15
E metade dos (Homens com *jeans*) usam óculos, isto é, 20/2 = 10.
Temos, então,
(Homens de óculos sem usar *jeans*) = (Homens de óculos) - (Homens com *jeans* que usam óculos)
15 – 10 = 5. Então a percentagem desses em relação ao grupo é de: 5/50 = 1/10 = 10%.
Gabarito "B".

6. TEMAS COMBINADOS

(Auditor Fiscal da Receita Federal – 2012 – ESAF) A expectância de uma variável aleatória x — média ou esperança matemática como também é chamada — é igual a 2, ou seja: E(x) = 2. Sabendo-se que a média dos quadrados de x é igual a 9, então os valores da variância e do coeficiente de variação de x são, respectivamente, iguais a

(A) $5; \left(\dfrac{\sqrt{5}}{2}\right)$
(B) $5; \sqrt{5}$
(C) $\sqrt{5}; \dfrac{\sqrt{2}}{5}$
(D) $\sqrt{5}; \dfrac{2}{\sqrt{5}}$
(E) $\left(\dfrac{\sqrt{5}}{2}\right); 5$

A variância de uma variável aleatória Var(x) pode ser calculada por Var(x) = E(x²) – (E(x))², ou seja, no caso da questão, Var(x) = 9 – 2² = 9 – 4 = 5. O coeficiente de variação é calculado pela razão do desvio padrão pela média. Como o desvio padrão é a raiz quadrada da variância, temos que, neste caso, o coeficiente de variação é √5/2.
Gabarito "A".

(Auditor Fiscal da Receita Federal – 2012 – ESAF) Em uma cidade de colonização alemã, a probabilidade de uma pessoa falar alemão é de 60%. Selecionando-se ao acaso 4 pessoas desta cidade, a probabilidade de 3 delas não falarem alemão é, em valores percentuais, igual a

(A) 6,4.
(B) 12,26.
(C) 15,36.
(D) 3,84.
(E) 24,5.

A probabilidade de, ao acaso, selecionarmos, em ordem, 3 pessoas que não falam em alemão e 1 que fale, é de $(1 – 0,6)^3 \times 0,4 = 0,0384$. Mas como não exigimos a ocorrência destes eventos em uma ordem particular, o resultado que procuramos é 0,0384 × (4!)/(3!×1!) = 0,0384 × 4 = 0,1536 = 15,36%.
Gabarito "C".

(Auditor Fiscal da Receita Federal – 2012 – ESAF) Em um concurso público, a nota média da prova de inglês foi igual a 7 com desvio-padrão igual a 2. Por outro lado, a nota média da prova de lógica foi igual a 7,5 com desvio-padrão igual a 4. Naná obteve nota 8 em Inglês e nota 8 em Lógica. Nené obteve nota 7,5 em Inglês e 8,5 em Lógica. Nini obteve 7,5 em Inglês e 9 em Lógica. Com relação à melhor posição relativa — ou ao melhor desempenho —, pode-se afirmar que o desempenho de

(A) Naná foi o mesmo em Inglês e Lógica.
(B) Nini foi melhor em Lógica do que o de Naná em Inglês.
(C) Nené foi melhor em lógica do que o de Naná em Inglês.
(D) Nené foi o mesmo em Inglês e Lógica.
(E) Nené foi melhor em Lógica do que em Inglês.

Podemos calcular a posição relativa através do número de desvios--padrão de uma certa nota acima ou abaixo da média. Assim sendo, Naná obteve uma nota (8 – 7) / 2 = 0.5 desvios-padrão acima da média em inglês e (8 – 7,5) / 4 = 0,125 desvios-padrão acima da média em lógica. De forma semelhante, Nené obteve (7,5 – 7) / 2 = 0,25 e (8,5 – 7,5) / 4 = 0,25 desvio-padrão acima da média em inglês e lógica, respectivamente. Nini obteve, respectivamente, (7,5 – 7) / 2 = 0,25 e (9 – 7,5) / 4 = 0,375 desvio-padrão acima da média de inglês e lógica. Com estes resultados, observamos que apenas o item D está correto.
Gabarito "D".

(Auditor Fiscal da Receita Federal – 2012 – ESAF) Um modelo de regressão linear múltipla foi estimado pelo método de Mínimos Quadrados, obtendo-se, com um nível de confiança de 95%, os seguintes resultados:

I. $\hat{Y} = 10 + 2,5\,x_1 + 0,3\,x_2 + 2\,x_3$
II. o coeficiente de determinação R^2 é igual a 0,9532
III. o valor-p = 0,003

Desse modo, pode-se afirmar que:

(A) se a variável x_1 for acrescida de uma unidade, então Y terá um acréscimo de 2,5 %.
(B) 0,003 é o mais baixo nível de significância ao qual a hipótese nula pode ser rejeitada.
(C) x_3 explica 95,32% das variações de Y em torno de sua média.
(D) as probabilidades de se cometer o Erro Tipo I e o Erro Tipo II são, respectivamente, iguais a 5% e 95%.
(E) se no teste de hipóteses individual para β_2 se rejeitar a hipótese nula (H_0), então tem-se fortes razões para acreditar que x_2 não explica Y.

Analisando cada um dos itens individualmente:

A: Incorreto. Se a variável x_1 for acrescida de uma unidade, Y terá acréscimo de 2,5 unidades, e não 2,5%.

B: Correto. Sabemos que se o nível de significância é maior ou igual ao p-valor, rejeitamos a hipótese nula em favor da hipótese negativa. Logo, se o nível de significância for maior ou igual a 0,003, rejeitamos a hipótese nula.

C: Incorreto. O coeficiente de determinação R^2 nos indica que 95,32% da variação de Y é explicada pelo modelo de regressão linear múltipla.

D: Incorreto. Não há dados na questão que nos permita calcular as probabilidades dos dois tipos de erro.

E: Incorreto. Se no teste de hipótese individual para β_2 se rejeitar a hipótese nula, então tem-se fortes razões para se acreditar que x_2 explica Y.

Gabarito "B".

(Auditor Fiscal da Receita Federal – 2012 – ESAF) O Sr. Ramoile, professor de Estatística aposentado, vem há muito tempo acompanhando os dados sobre custos e faturamento do restaurante de sua filha Cecília. O restaurante funciona todos os dias da semana e o Sr. Ramoile concluiu que: o custo diário do restaurante segue uma distribuição normal, com média igual a R$ 500,00 e desvio- padrão igual a R$ 10,00 e que o faturamento diário, também, apresenta uma distribuição normal, com média R$ 800 e desvio-padrão R$ 20. Como o Sr. Ramoile conhece muito bem os princípios básicos da estatística, ele sabe que, se uma variável Z seguir uma distribuição normal padrão, então Z tem média 0 e variância 1. Ele também sabe que a probabilidade dessa variável Z assumir valores no intervalo entre $0 < Z < 2$ — ou seja, entre a média 0 e 2 desvios-padrão — é, aproximadamente, igual a 0,4772. Cecília, muito preocupada com o futuro de seu restaurante, perguntou a seu pai se ele poderia verificar a probabilidade de, em um dia qualquer, o custo ser maior do que R$ 520,00 e o faturamento ficar no intervalo entre R$ 760,00 e R$ 840,00. Após alguns minutos, o Sr. Ramoile disse, acertadamente, que as respectivas probabilidades são, em termos percentuais, iguais a

(A) 2,28; 95,44.
(B) 52,28; 95,44.
(C) 2,28; 98,69.
(D) 98,69; 95,44.
(E) 98,65; 2,28.

Observamos que a probabilidade do custo diário ser maior do que R$ 520,00 implica que neste dia o custo foi (520 – 500) / 10 = 2 desvios-padrão acima da média. A probabilidade disso acontecer é, portanto, 0,5 – 0,4772 = 0,0228, ou 2,28%. A probabilidade do faturamento ficar entre R$ 760,00 e R$ 840,00 implica que o faturamento fica entre -2 e 2 desvios-padrões a partir da média. A probabilidade deste evento é 2×0,4772 = 0,9544 = 95,44%.

Gabarito "A".

(Auditor Fiscal da Receita Federal – 2012 – ESAF) Os catetos de um triângulo retângulo medem, respectivamente, z metros e (w – 2) metros. Sabendo-se que o ângulo oposto ao cateto que mede (w – 2) metros é igual a um ângulo de 45^0, então o perímetro desse triângulo, em metros, é igual a

(A) $z\sqrt{2}(w-2)$.
(B) $zw(2-\sqrt{2})$.
(C) $zw(2+\sqrt{2})$.
(D) $(z+w)(z+w\sqrt{2})$.
(E) $z(2+\sqrt{2})$.

Temos um triângulo retângulo com um ângulo de 45°. Isso implica que o triângulo é isósceles, ou seja, o outro ângulo também é de 45° e também que os dois catetos têm o mesmo tamanho. Ou seja, z = w – 2. Pelo teorema de Pitágoras, a hipotenusa deste triângulo mede $z\sqrt{2}$. Assim sendo, o perímetro é $z + z + z\sqrt{2} = z(2+\sqrt{2})$

Gabarito "E".

(Auditor Fiscal da Receita Federal – 2012 – ESAF) Uma sequência de números $k_1, k_2, k_3, k_4, \ldots, k_n$ é denominada Progressão Geométrica — PG — de n termos quando, a partir do segundo termo, cada termo dividido pelo imediatamente anterior for igual a uma constante r denominada razão. Sabe-se que, adicionando uma constante x a cada um dos termos da sequência (p – 2); p; e (p + 3) ter-se-á uma PG. Desse modo, o valor de x, da razão e da soma dos termos da PG são, respectivamente, iguais a

(A) (6 – p); 2/3; 21.
(B) (p +6); 3/2; 19.
(C) 6; (6 – p); 21.
(D) (6 – p); 3/2; 19.
(E) (p – 6); p; 20.

Somando x aos termos da sequência, temos {p – 2 + x; p + x; p + 3 + x}; Denominamos p + x = y, assim sendo a sequência fica {y – 2; y; y + 3}. Esta sequência forma uma PG, e portanto y / (y – 2) = (y + 3) / y. Assim sendo, $y^2 = (y-2)(y+3) = y^2 + y - 6$, ou seja, y = 6. Assim sendo, p + x = 6, ou seja, x = 6 – p. A razão da PG é y / (y – 2) = 6 / 4 = 2 / 3. A soma dos termos da PG é y – 2 + y + y + 3 = 19.

Gabarito "D".

(Auditor Fiscal da Receita Federal – 2012 – ESAF) Luca vai ao shopping com determinada quantia. Com essa quantia, ele pode comprar 40 lápis ou 30 canetas. Luca, que sempre é muito precavido, guarda 10% do dinheiro para voltar de ônibus. Sabendo que Luca comprou 24 lápis, então o número de canetas que Luca pode comprar, com o restante do dinheiro, é igual a

(A) 9.
(B) 12.
(C) 6.
(D) 18.
(E) 15.

Sabemos que o valor de 40 lápis e 30 canetas é o mesmo, ou seja, pelo preço de 4 lápis podemos comprar 3 canetas. Como Luca guarda 10% do dinheiro para o ônibus, este pode comprar 40 – 4 = 36 lápis ou 30 – 3 = 27 canetas. Como ele comprou 24 lápis, Luca poderia comprar ainda 36 – 24 = 12 lápis, ou, pelo mesmo preço, 12 × 3 / 4 = 9 canetas.

Gabarito "A".

(Auditor Fiscal da Receita Federal – 2012 – ESAF) No sistema de juros simples, um capital foi aplicado a uma determinada taxa anual durante dois anos. O total de juros auferidos por esse capital no final do período foi igual a R$ 2.000,00. No sistema de juros compostos, o mesmo capital foi aplicado durante o mesmo período, ou seja, 2 anos, e a mesma taxa anual. O total de juros auferidos por esse capital no final de 2 anos foi igual a R$ 2.200,00.

Desse modo, o valor do capital aplicado, em reais, é igual a

(A) 4.800,00.
(B) 5.200,00.
(C) 3.200,00.
(D) 5.000,00.
(E) 6.000,00.

Seja C o capital aplicado e i a taxa anual de juros. Temos, pela quantia do sistema de juros simples, que C × (1 + 2i) – C = 2.000,00, ou seja, C × i = 1.000,00. Considerando agora o sistema de juros compostos, $C \times (1 + i)^2 - C = 2.200,00$, ou seja, $C + 2 \times C \times i + C \times i^2 - C = C \times i \times (2 + i) = 2.200,00$. Assim sendo, 2 + i = 2,2, ou seja, i = 0,2 e C = 1.000,00 / i = 5.000,00.

Gabarito "D".

(Auditor Fiscal da Receita Federal – 2012 – ESAF) A taxa cobrada por uma empresa de logística para entregar uma encomenda até determinado lugar é proporcional à raiz quadrada do peso da encomenda. Ana, que utiliza, em muito, os serviços dessa empresa, pagou para enviar uma encomenda de 25kg uma taxa de R$ 54,00. Desse modo, se Ana enviar a mesma encomenda de 25kg dividida em dois pacotes de 16kg e 9kg, ela pagará o valor total de

(A) 54,32.
(B) 54,86.
(C) 76,40.
(D) 54.
(E) 75,60.

Chamamos de $f(x)$ a taxa cobrada pela empresa para entregar a encomenda de peso x. Sabemos que $f(x) = a\sqrt{x}$ e que $f(25) = a\sqrt{25} = 54{,}00$. Assim sendo, a = 54/5 = 10,8. Portanto $f(16) + f(9) = 10{,}8\times(\sqrt{16} + \sqrt{9}) = 10{,}8\times(4 + 3) = 75{,}60.$

Gabarito "E".

(Analista-Tributário da Receita Federal – 2012 – ESAF) Uma esfera foi liberada no ponto *A* de uma rampa. Sabendo-se que o ponto *A* está a 2 metros do solo e que o caminho percorrido pela esfera é exatamente a hipotenusa do triângulo retângulo da figura abaixo, determinar a distância que a esfera percorreu até atingir o solo no ponto *B*.

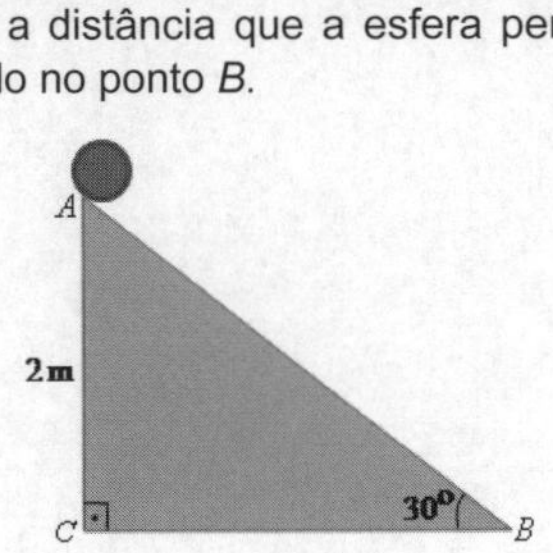

(A) 5 metros
(B) 3 metros
(C) 4 metros
(D) 6 metros
(E) 7 metros

Lembramos que sen(30º) = 1/2. Chamando de x a hipotenusa do triângulo em questão, sabemos que sen(30º) = 2/x, ou seja, x = 4 metros.

Gabarito "C".

(Analista-Tributário da Receita Federal – 2012 – ESAF) Se Paulo é irmão de Ana, então Natália é prima de Carlos. Se Natália é prima de Carlos, então Marta não é mãe de Rodrigo. Se Marta não é mãe de Rodrigo, então Leila é tia de Maria. Ora, Leila não é tia de Maria. Logo

(A) Marta não é mãe de Rodrigo e Paulo é irmão de Ana.
(B) Marta é mãe de Rodrigo e Natália é prima de Carlos.
(C) Marta não é mãe de Rodrigo e Natália é prima de Carlos.
(D) Marta é mãe de Rodrigo e Paulo não é irmão de Ana.
(E) Natália não é prima de Carlos e Marta não é mãe de Rodrigo.

Resolvemos a questão considerando primeiro as últimas proposições. Como Leila não é tia de Maria, então Marta é mãe de Rodrigo. Como Marta é mãe de Rodrigo, Natália não é prima de Carlos. Finalmente como Natália não é prima de Carlos, então Paulo não é irmão de Ana.

Gabarito "D".

(Analista-Tributário da Receita Federal – 2012 – ESAF) Dada a matriz $A = \begin{pmatrix} 2 & 1 \\ 0 & 1 \end{pmatrix}$

o determinante de A^5 é igual a

(A) 20.
(B) 28.
(C) 32.
(D) 30.
(E) 25.

Lembramos que o determinante do produto de matrizes quadradas é igual ao produto dos determinantes das matrizes. Desta forma, $\det(A^5) = (\det(A))^5$. O determinante de A é det(A) = 2 × 1 – 0 × 1 = 2. Assim sendo, $\det(A^5) = 2^5 = 32$.

Gabarito "C".

(Analista-Tributário da Receita Federal – 2012 – ESAF) A variância da amostra formada pelos valores 2, 3, 1, 4, 5 e 3 é igual a

(A) 3.
(B) 2.
(C) 1.
(D) 4.
(E) 5.

Podemos calcular a média da amostra como sendo (2 + 3 + 1 + 4 + 5 + 3)/6 = 18/6 = 3. Desta forma, a variância da amostra é dada ($(2-3)^2 + (3-3)^2 + (1-3)^2 + (4-3)^2 + (5-3)^2 + (3-3)^2) / (6-1)$ = 10/5 = 2.

Gabarito "B".

(Analista-Tributário da Receita Federal – 2012 – ESAF) O Ministério da Fazenda pretende selecionar ao acaso 3 analistas para executar um trabalho na área de tributos. Esses 3 analistas serão selecionados de um grupo composto por 6 homens e 4 mulheres. A probabilidade de os 3 analistas serem do mesmo sexo é igual a

(A) 40%.

(B) 50%.
(C) 30%.
(D) 20%.
(E) 60%.

A probabilidade das analistas serem 3 mulheres é (4/10) × (3/9) × (2/8) = 24/720. De forma análoga, a probabilidade de serem 3 homens é de (6/10) × (5/9) × (4/8) = 120/720. Portanto, a probabilidade de os 3 analistas serem do mesmo sexo é 120/720 + 24/720 = 144/720 = 0.2 ou 20%.

Gabarito "D".

(Analista-Tributário da Receita Federal – 2012 – ESAF) Marta aplicou R$ 10.000,00 em um banco por 5 meses, a uma taxa de juros simples de 2% ao mês. Após esses 5 meses, o montante foi resgatado e aplicado em outro banco por mais 2 meses, a uma taxa de juros compostos de 1% ao mês. O valor dos juros da segunda etapa da aplicação é igual a

(A) R$ 221,10.
(B) R$ 220,00.
(C) R$ 252,20.
(D) R$ 212,20.
(E) R$ 211,10.

Ao final dos 5 primeiros meses, Marta tinha um montante de 10.000,00 × (1 + 5×0,02) = 11.000,00. Aplicando este valor a juros compostos de 1% faz com que o montante, após 2 meses, seja 11.000,00 × $(1 + 0,01)^2$ = 11.221,10. Assim sendo, o valor dos juros desta etapa é 11.221,10 – 11.000,00 = 221,10 reais.

Gabarito "A".

(Analista-Tributário da Receita Federal – 2012 – ESAF) Um título de R$ 20.000,00 foi descontado 4 meses antes do seu vencimento, a uma taxa de desconto comercial simples de 5% ao mês. A taxa efetiva mensal de juros simples dessa operação é igual a

(A) 6,50%.
(B) 5,50%.
(C) 5,25%.
(D) 6,00%.
(E) 6,25%.

A taxa efetiva de desconto simples (i_{ef}) é aquela que torna igual os valores dos descontos racional e comercial para um mesmo valor nominal e período. Ele pode ser calculado através da fórmula $i_{ef} = i_c / (1 - i_c \times n)$. No nosso caso, $i_{ef} = 0,05 / (1 - 0,05 \times 4) = 0,05 / 0,8 = 0,0625$ ou 6,25%.

Gabarito "E".

(Analista-Tributário da Receita Federal – 2012 – ESAF) Para construir 120 m2 de um muro em 2 dias, são necessários 6 pedreiros. Trabalhando no mesmo ritmo, o número de pedreiros necessários para construir 210 m2 desse mesmo muro em 3 dias é igual a

(A) 2.
(B) 4.
(C) 3.
(D) 5.
(E) 7.

Como 6 pedreiros constroem um muro de $120m^2$ em 2 dias, cada pedreiro constrói 120 / 2 / 6 = $10m^2$ de muro por dia. Para construir 210 / 3 = 70 m^2 de muro por dia são necessários, portanto, 70 / 10 = 7 pedreiros.

Gabarito "E".

(Analista-Tributário da Receita Federal – 2012 – ESAF) Em um tanque há 3 torneiras. A primeira enche o tanque em 5 horas, a segunda, em 8 horas, já a terceira o esvazia em 4 horas. Abrindo-se as 3 torneiras ao mesmo tempo e estando o tanque vazio, em quanto tempo o tanque ficará cheio?

(A) 10 horas e 40 minutos
(B) 13 horas e 20 minutos
(C) 14 horas e 30 minutos
(D) 11 horas e 50 minutos
(E) 12 horas e 10 minutos

Seja V o volume do tanque. Dessa forma, o fluxo da primeira torneira é V/5, da segunda torneira V/8 e da terceira -V/4 (sinal negativo pois a torneira "esvazia" o tanque). Desta forma, o fluxo conjunto das 3 ao mesmo tempo é V(1/5 + 1/8 – 1/4) = 3V/40. Portanto, para encher o tanque, serão necessários 40/3 horas, ou 13 + 1/3 horas = 13 horas e 20 min.

Gabarito "B".

33. MATEMÁTICA BÁSICA

Enildo Garcia, André Braga Nader Justo e André Fioravanti

1. TRIGONOMETRIA

(Auditor Fiscal da Receita Federal – 2010 – ESAF) Um projétil é lançado com um ângulo de 30º em relação a um plano horizontal. Considerando que a sua trajetória inicial pode ser aproximada por uma linha reta e que sua velocidade média, nos cinco primeiros segundos, é de 900km/h, a que altura em relação ao ponto de lançamento este projétil estará exatamente cinco segundos após o lançamento?

(A) 0,333 km.
(B) 0,625 km.
(C) 0,5 km.
(D) 1,3 km.
(E) 1 km.

Distância percorrida d = v.t = 900 x 5/3 600 = 5/4 = 1,25 km

Altura atingida h = d x 0,5 onde 0,5 = sen 30º

Logo,

h = 1,25 x 0,5 = 0,625 km, =>

Gabarito "B"

(Analista – CGU – 2008 – ESAF) Sabendo que $x = arc\cos\frac{\sqrt{2}}{2}$ e que $y = arc\,sen\frac{1}{2}$, então o valor da expressão cos(x - y) é igual a:

(A) $\frac{\sqrt{6}+\sqrt{2}}{4}$.

(B) $\frac{\sqrt{6}-\sqrt{2}}{4}$.

(C) $\frac{\sqrt{2}}{2}$.

(D) $\sqrt{3}+\frac{\sqrt{2}}{2}$.

(E) $\sqrt{2}$.

Por conta do domínio das funções arco-seno e arco-cosseno, neste caso, podemos verificar que *x* e *y* estão no primeiro quadrante, Além disso, sabemos que, para qualquer ângulo x, então $sen^2(x) + cos^2(x) = 1$, ou seja, $sen^2(x) = 1/2$, sen(x) = $\sqrt{2}/2$. Da mesma forma, $cos^2(y) = 3/4$, cos(y) = $\sqrt{3}/2$. Finalmente, temos também que cos(x – y) = cos(x)cos(y) + sen(x)sen(y) = ($\sqrt{2}/2$) x ($\sqrt{3}/2$) + ($\sqrt{2}/2$) x (1/2) = $\sqrt{6}/4 + \sqrt{2}/4$.

Gabarito "A"

2. MATRIZES, DETERMINANTES E SOLUÇÃO DE SISTEMAS LINEARES

(Auditor Fiscal da Receita Federal – 2010 – ESAF) Com relação ao sistema,

$$\begin{cases} x+y+z=1 \\ \frac{2x-y}{3z+2} = \frac{z+1}{2x+y} = 1 \end{cases},$$

Onde $3z + 2 \neq 0$ e $2x + y \neq 0$ pode-se, com certeza, afirmar que:

(A) é impossível.
(B) é indeterminado.
(C) possui determinante igual a 4.
(D) possui apenas a solução trivial.
(E) é homogêneo.

As equações são

x+y+z=1 x+y+z=1

2x-y=3z+2 => 2x-y-3z=2

z+1=2x+y 2x+y-z=1

Temos o determinante:

$$\begin{vmatrix} 1 & 1 & 1 \\ 2 & -1 & -3 \\ 2 & 1 & -1 \end{vmatrix}$$

que vale 4.

Gabarito "C"

(Auditor Fiscal do Trabalho – 2010 – ESAF) Seja y um ângulo medido em graus tal que 0º ≤ y ≤ 180º com y ≠ 90º. Ao multiplicarmos a matriz abaixo por α, sendo α ≠ 0, qual o determinante da matriz resultante?

$$\begin{bmatrix} 1 & \text{tg } y & 1 \\ \alpha & \text{tg } y & 1 \\ \cos y & \text{sen } y & \cos y \end{bmatrix}$$

(A) α cos y.
(B) α^2 tg y.
(C) α sen y.
(D) 0.
(E) -α sen y.

Deseja-se o det (α.M)
Façamos tgy=seny/cosy para facilitar os cálculos:

M =

1	seny/cosy	1
α	seny/cosy	1
cosy	seny	cosy

O det M = (seny/cosy)(cosy) + (α)(seny/cosy)(cosy)+(seny) – (cosy)(seny)/(cosy)- α (seny/cosy)(cosy) - seny = seny + αseny +seny - seny - αseny -seny = 0

Então,
det(α.M)= α^3detM= α^3.0=0
A resposta é 0 →
Gabarito "D"

(Agente Fiscal/PI – 2001 – ESAF) Se o sistema formado pelas equações :

$$p\,y + x = 4$$
$$y - x = q$$

tem infinitas soluções, então o produto dos parâmetros "p" e "q" é igual a:

(A) 4.
(B) 5.
(C) 6.
(D) 8.
(E) 10.

Há infinitas soluções quando existem mais incógnitas que equações.
Det. do sistema x + py = 4 é detA = 1 p = p + 1.
-x + y = q -1 1

$$x = \frac{\det \begin{matrix} 4 & p \\ q & 1 \end{matrix}}{\det A} = \frac{4 - pq}{p + 1} \qquad y = \frac{\det \begin{matrix} 1 & 4 \\ -1 & q \end{matrix}}{\det A} = \frac{q + 4}{p + 1}$$

Eliminando a incógnita x,
x=0 => 4 – pq = 0 → pq = 4
Gabarito "A"

(Analista – CGU – 2012 – ESAF) Calcule o determinante da matriz:

$$\begin{pmatrix} \cos x & \text{sen } x \\ sen\ x & cos\ x \end{pmatrix}$$

(A) 1.
(B) 0.
(C) cos 2*x*.
(D) sen 2*x*.
(E) sen $\frac{x}{2}$.

O determinante dessa matriz é cos(x)cos(x) – sen(x)sen(x). Porém, pela regra do cosseno da soma de ângulos, temos que cos(x)cos(x) – sen(x)sen(x). = cos(x + x) = cos(2x).
Gabarito "C"

(Analista – CGU – 2008 – ESAF) Qualquer elemento de uma matriz *X* pode ser representado por *xij*, onde *i* representa a linha e *j* a coluna em que esse elemento se localiza. A partir de uma matriz *A* (*aij*), de terceira ordem, constrói-se a matriz *B* (*bij*), também de terceira ordem, dada por:

$$\begin{bmatrix} b_{11} = a_{31} & b_{12} = a_{32} & b_{13} = a_{33} \\ b_{21} = a_{21} & b_{22} = a_{22} & b_{23} = a_{23} \\ b_{31} = a_{11} & b_{32} = a_{12} & b_{23} = a_{13} \end{bmatrix}$$

Sabendo-se que o determinante da matriz A é igual a 100, então o determinante da matriz B é igual a:

(A) 50.
(B) -50.
(C) 0.
(D) -100.
(E) 100.

Vamos considerar que, na matriz dada, $b_{33} = a_{13}$. Dessa forma, temos que $B = \begin{bmatrix} 0 & 0 & 1 \\ 0 & 1 & 0 \\ 1 & 0 & 0 \end{bmatrix} \times A$. Ou seja, det(B) = det$\begin{bmatrix} 0 & 0 & 1 \\ 0 & 1 & 0 \\ 1 & 0 & 0 \end{bmatrix}$ × det(A) = -det(A) = -100.
Gabarito "D"

3. ÁLGEBRA E GEOMETRIA ANALÍTICA

(Auditor Fiscal da Receita Federal – 2010 – ESAF) Em uma repartição, 3/5 do total dos funcionários são concursados, 1/3 do total dos funcionários são mulheres e as mulheres concursadas correspondem a 1/4 do total dos funcionários dessa repartição. Assim, qual entre as opções abaixo é o valor mais próximo da porcentagem do total dos funcionários dessa repartição que são homens não concursados?

(A) 21%.
(B) 19%.
(C) 42%.
(D) 56%.
(E) 32%.

Monte-se o quadro:

	Concursados	Não Concursados	Totais
Homens	a	x	D
Mulheres	1/4	b	1/3
Totais	3/5	c	1

(Total de funcionários é 1 (100%). Deseja-se saber o número de homens não concursados x.

Temos o sistema de equações:

Colunas a+1/4=3/5 linhas a+x=d

x+b=c 1/4+b=1/3

d+1/3=1 3/5+c=1

daí,

a=3/5-1/4=7/20

b=1/3-1/4=1/12

c=1-3/5=2/5

d=1-1/3=2/3

E

x=c-b

x=2/5-1/12

x=19/60=31,67% Aproximadamente 32%.

Gabarito "E".

(Auditor Fiscal da Receita Federal – 2010 – ESAF) Se um polinômio *f* for divisível separadamente por (x – a) e (x – b) com a ≠ b, então, *f* é divisível pelo produto entre (x – a) e (x – b). Sabendo-se que 5 e -2 são os restos da divisão de um polinômio f por (x - 1) e (x + 3), respectivamente, então, o resto da divisão desse polinômio pelo produto dado por (x - 1) e (x + 3) é igual a:

(A) $\frac{13}{4}x + \frac{7}{4}$

(B) $\frac{7}{4}x - \frac{13}{4}$.

(C) $\frac{7}{4}x + \frac{13}{4}$.

(D) $-\frac{13}{4}x - \frac{13}{4}$.

(E) $-\frac{13}{4}x - \frac{7}{4}$.

Sendo

f(x)=p(x).q(x)+r(x), com q(x) quociente, r(x) resto e sabendo que na divisão de f(x) por (x-1), o resto vale f(1), temos:

f(1)=r(1)=5. O mesmo consideramos para (x+3) → f(-3)=-2.

Seja o resto da forma r(x)=ax+b.

Então,

r(1)=5=a+b

r(-3)=-2=-3a+b

Resolvendo o sistema, obtemos

a=7/4 e b=13/4 e r(x) tem a forma (7/4+13/4).

Gabarito "C".

(Auditor Fiscal da Receita Federal – 2010 – ESAF) Um corredor está treinando diariamente para correr a maratona em uma competição, sendo que a cada domingo ele corre a distância da maratona em treinamento e assim observou que, a cada domingo, o seu tempo diminui exatamente 10% em relação ao tempo do domingo anterior. Dado que no primeiro domingo imediatamente antes do início do treinamento, ele fez o percurso em 4 horas e 30 minutos e, no último domingo de treinamento, ele correu a distância da maratona em 3 horas, 16 minutos e 49,8 segundos, por quantas semanas ele treinou?

(A) 1.

(B) 5.

(C) 2.

(D) 4.

(E) 3.

Transformemos os tempos em segundos:

Uma semana antes do treino 4h T0 = 30min = 4,5 x 3600s=16200s

Último domingo 3h 16min Tn = 49,8s = 11809,8s

A cada treinamento fica 0,9 vezes mais rápido:

T1 = 16200 X 0,9 = 14580 → primeira semana

T2 = 14580 X 0,9 = 13122 → segunda semana

T3 = 13122 x 0,9 = 11809,8 → terceira semana e atingiu → tempo!

→ treinou 3 semanas →

Gabarito "E".

(Auditor do Tesouro Municipal/Recife-PE – 2003 – ESAF) Em uma amostra, realizada para se obter informação sobre a distribuição salarial de homens e mulheres, encontrou-se que o salário médio vale R$ 1.200,00. O salário médio observado para os homens foi de R$ 1.300,00 e para as mulheres foi de R$ 1.100,00. Assinale a opção correta.

(A) O número de homens na amostra é igual ao de mulheres.

(B) O número de homens na amostra é o dobro do de mulheres.

(C) O número de homens na amostra é o triplo do de mulheres.

(D) O número de mulheres é o dobro do número de homens.

(E) O número de mulheres é o quádruplo do número de homens.

Seja

m o número de mulheres

h " " homens

S soma dos salários de todos os funcionários

Sh " " " dos homens

Sm " " " das mulheres

Temos

S=Sh + Sm

xbarra = 1200 = S/(m+h) → 1200 = (Sh + Sm)/(m + h)

Sh/h =1300 → Sh =1300h

Sm/m =1100 → Sm =1100m

Daí,

1200 = (1300h + 1100m)/(m+h)

Suponha, agora, h = km.

1200 = (1300h+1100m)/(m+km)

12 = (13km + 11m)/(1+k)m → 12=(13k+11)m/(1+k)m

→ 12 = (13k+11)/(1+k)

12+12k = 13k+11

k=1 → h = m O o número de homens é igual ao número de mulheres.

Gabarito "A".

(Auditor Fiscal da Receita Federal – 2002.2 – ESAF) No tempo $t_0 + 2$ o preço médio de um bem é 30% maior do que em $t_0 + 1$, 20% menor do que em t_0 e 40% maior do que em $t_0 + 3$. Assinale a opção que dá o relativo de preços do bem em $t_0 + 3$ com base em $t_0 + 1$.

(A) 162,5%.
(B) 130,0%.
(C) 120,0%.
(D) 092,9%.
(E) 156,0%.

Considere a tabela

tempo	preço
t_0	x
$t_0 + 1$	y
$t_0 + 2$	z
$t_0 + 3$	w

Em $t_0 + 2$ temos

z = 1,3y = 0,8x = 1,4w

Deseja-se

(w/y) . 1100 .

1,3y = 1,4w → w/y = 1,3/1,4 = 13/14 e (w/y) . 100 = (13/14), 100 = 1 300/14 = 92,9%,

Gabarito „D"

(Auditor Fiscal da Previdência Social – 2002 – ESAF) Numa pesquisa amostral, observa-se que o salário médio mensal dos indivíduos entrevistados é de R$ 500,00. Os salários médios de homens e mulheres são R$ 600,00 e R$ 420,00, respectivamente. Assinale a opção que dá a relação entre o número de homens e de mulheres da amostra.

(A) O número de homens é o dobro do número de mulheres.
(B) O número de homens é 4/5 do número de mulheres.
(C) O número de homens é igual ao número de mulheres.
(D) O número de homens é 1/5 do número de mulheres.
(E) O número de homens é 3/5 do número de mulheres.

Seja

m o número de mulheres

h " " " homens

S soma dos salários de todos os funcionários

Sh " " " dos homens

Sm " " " das mulheres

Temos:

S = Sh + Sm

xbarra = 500 = S/(m+h) → 500 = (Sh + Sm)/(m + h)

Sh/h = 600 → Sh = 600h

Sm/m = 420 → Sm = 420m

Daí,

500 = (600h + 420m)/(m+h)

Suponha, agora, h = km.

50 = (60h+42m)/m+km)

50 = (60km + 42m)/(1+k)m → 50 = (60k+42)m/(1+k)m →

50 = (60k+42)/(1+k)

50+50k = 60k+42

10k = 8 k = 4/5 → h = 4/5 m o número de homens é 4/5 do número de mulheres.

Gabarito „B"

(Analista – ANEEL – 2006 – ESAF) Ana foi visitar Bia que mora a uma distância de 150 km de sua casa. Ana percorreu esta distância em seu automóvel, com uma determinada velocidade média, gastando x horas para chegar à casa de Bia. Ana teria percorrido os mesmos 150 km em duas horas a menos, se a velocidade média de seu automóvel fosse aumentada em 20 km/h (quilômetros por hora). Com estas informações, pode-se concluir que Ana percorreu os 150 km a uma velocidade média, em quilômetros por hora, igual a:

(A) 25.
(B) 30.
(C) 40.
(D) 35.
(E) 50.

Seja v a velocidade média que Ana viajou os 150km e t o tempo que ela levou nessa viagem. Portanto, v = 150 / t, ou seja, v.t = 150. Temos também que v + 20 = 150 / (t – 2), e portanto v.t – 2v + 20t – 40 = 150, ou seja, 150 – 2v + 20t = 190, -2v + 20t = 40. Sendo v = 150 / t, chegamos a -2.(150/t) + 20t = 40, ou seja, $-300 + 20t^2 - 40t = 0$. A única solução positiva para esse polinômio é t = 5 horas, e, portanto v = 150 / 5 = 30 km/h.

Gabarito „B"

(Analista – CGU – 2012 – ESAF) Um segmento de reta de tamanho unitário é dividido em duas partes com comprimentos x e 1-x respectivamente.

Calcule o valor mais próximo de x de maneira que x = (1-x) / x, usando = $\sqrt{5} \cong 2{,}24$.

(A) 0,62.
(B) 0,38.
(C) 1,62.
(D) 0,5.
(E) 1/ π.

Para x = (1-x) / x, temos que $x^2 + x - 1 = 0$. As soluções desse polinômio são

$$x = \frac{-1 \pm \sqrt{5}}{2}$$

Ou seja, x = (-1 ± 2,24) / 2. Ou seja, x = 0,62 ou x = -1,62. Portanto, a única solução positiva é x = 0,62.

Gabarito „A"

4. GEOMETRIA BÁSICA

(Auditor Fiscal da Receita Federal – 2010 – ESAF) Sabe-se que os pontos A, B, C, D, E, F e G são coplanares, ou seja, estão localizados no mesmo plano. Sabe-se, também, que destes sete pontos, quatro são colineares, ou seja, estão numa mesma reta. Assim, o número de retas que ficam determinadas por estes sete pontos é igual a:

(A) 16.
(B) 28.
(C) 15.
(D) 24.
(E) 2.

Sejam *A*, *B*, *C* e *D* os pontos colineares e *E*, *F* e *G* os outros pontos do plano.

Como por dois pontos distintos podemos passar uma reta, teremos retas que passam por

A e E B e E C e E D e E
A e F B e F C e F D e F
A e G B e G C e G D e G

E e F

E e G

F e G

Mais a reta que contém A, B, C e D. Então, total de 16 retas.

Gabarito "A".

(Auditor Fiscal do Trabalho – 2010 – ESAF) Quando se faz alguns lados de um polígono tenderem a zero ele degenera naturalmente em um polígono de menor número de lados podendo até eventualmente degenerar em um segmento de reta. Dessa maneira, considere um quadrilátero com duas diagonais iguais e de comprimento $5\sqrt{2}$ cada uma. Sendo A a área desse quadrilátero, então:

(A) $A = 25$.
(B) $25 \le A \le 50$.
(C) $5\sqrt{2} < A \le 25$.
(D) $0 \le A \le 25$.
(E) $A \ge 25$.

$L^2+L^2=D^2$ (pelo Teorema de Pitágoras)

$D^2=2\,L^2=50 \rightarrow L^2=25\ \ L=5$

Então,

Área máxima = 25 (quadrado)

Área mínima = 0 (segmento=quadrilátero degenerado) $0 \le A \le 25$

Logo, $0 \le$ Área ≤ 25

Gabarito "D".

5. CONTAGENS, COMBINAÇÕES, ARRANJOS E PERMUTAÇÃO

(MPU –2004 – ESAF) Marcelo Augusto tem cinco filhos: Primus, Secundus, Tertius, Quartus e Quintus. Ele sorteará, entre seus cinco filhos, três entradas para a peça Júlio César, de *Sheakespeare*. A probabilidade de que Primus e Secundus, ambos, estejam entre os sorteados, ou que Tertius e Quintus, ambos, estejam entre os sorteados, ou que sejam sorteados Secundus, Tertius e Quartus, é igual a

(A) 0,500.
(B) 0,375.
(C) 0,700.
(D) 0,072.
(E) 1,000.

Note que sortear Primus, Secundus eTertius é a mesma coisa que sortear Primus, Tertius e Secundus, portanto a ordem não importa, portanto, trata-se de combinação.

Assim, vamos "combinar" os 5 ingressos em grupos de 3:

Total de formas de sortear = C 5, 3 = (5!)/(3!2!) = (5*4)/(2) = 10

Formas que nos interessam:

Primus Secundus Tertius
Primus Secundus Quartus
Primus Secundus Quintus
Tertius Quintus Primus
Tertius Quintus Secundus
Tertius Quintus Quartus
Secundus Tertius Quartus

Portanto, a probabilidade é:

formas que nos interessam/ total de formas = 7/10 = 0,7

Gabarito "C".

(Técnico – ANEEL – 2009 – ESAF) Em um plano são marcados 25 pontos, dos quais 10 e somente 10 desses pontos são marcados em linha reta. O número de diferentes triângulos que podem ser formados com vértices em quaisquer dos 25 pontos é igual a:

(A) 2180.
(B) 1180.
(C) 2350.
(D) 2250.
(E) 3280.

O número total de triângulos formados a partir de 25 pontos pode ser calculada pela combinação de 25 elementos 3 a 3, ou seja, C(25;3) = 25! / (3! × 22!) = 2300. Deste, os que são formados por três elementos alinhados não delimitam ou triângulo, ou melhor, C(10;3) = 240. Portanto, o número de triângulos diferentes é 2300 – 120 = 2180.

Gabarito "A".

(Técnico – ANEEL – 2009 – ESAF) Em um campeonato de tênis participam 30 duplas, com a mesma probabilidade de vencer. O número de diferentes maneiras para a classificação dos 3 primeiros lugares é igual a:

(A) 24 360.
(B) 25 240.
(C) 24 460.
(D) 4 060.
(E) 4 650.

Como a ordem dos elementos é importante neste caso, o número de diferentes maneiras é o arranjo de 30 elementos 3 a 3, ou seja, A(30;3) = 30! / 27! = 24 360.

Gabarito "A".

(Analista – ANEEL – 2006 – ESAF) Um grupo de amigos formado por três meninos - entre eles Caio e Beto - e seis meninas - entre elas Ana e Beatriz - , compram ingressos para nove lugares localizados lado a lado, em uma mesma fila no cinema. Ana e Beatriz precisam sentar-se juntas porque querem compartilhar do mesmo pacote de pipocas. Caio e Beto, por sua vez, precisam sentar-se juntos porque querem compartilhar do mesmo pacote de salgadinhos. Além disso, todas as meninas querem sentar-se juntas, e todos os meninos querem sentar-se juntos. Com essas informações, o número de diferentes maneiras que esses amigos podem sentar-se é igual a:

(A) 1920.
(B) 1152.
(C) 960.
(D) 540.
(E) 860.

O grupo de 6 meninas pode se sentar, mantendo Ana e Beatriz juntas, de 2 × 5! = 240 formas. De maneira semelhante, o grupo de 3 meninos pode se sentar, mantendo Caio e Beto juntos, de 2 × 2! = 4 formas distintas. Como podemos ter o grupo de meninas no início ou no final da fileira, o número de maneiras que esses amigos podem sentar-se é 2 × 240 × 4 = 1 920.

Gabarito "A".

(Analista – CGU – 2012 – ESAF) Considere um órgão público com 30 técnicos, sendo 20 homens e 10 mulheres. Ao se escolher aleatoriamente, sem reposição, quatro técnicos para se formar uma comissão, sendo $C_{n,k}$ o número de combinações de n elementos tomados k a k, qual o valor mais próximo da probabilidade da comissão ser formada exatamente por duas mulheres e dois homens?

(A) $C_{4,2}$ $(1/3)^2(2/3)^2$.
(B) $C_{4,2}$ (20x19x10x9)/(30x29x28x27).
(C) $C_{4,4}$ (20x19x10x9)/(30x29x28x27).
(D) $C_{4,0}$ $(1/3)^2(2/3)^2$.
(E) $C_{4,4}$ $(2/9)^2$.

O total de grupos de quatro técnicos em um total de 30 é dado por C(30;4). Precisamos, para o cálculo da probabilidade procurada, saber a quantidade, dentro desses grupos, de resultados favoráveis. Como existem C(20;2) grupos de 2 homens em 20 e C(10;2) grupos de 2 mulheres em 10, temos, que a probabilidade procurada P = C(20;2) × C(10;2) / C(30;4) que equivale a

$$P = \frac{20\times 19}{2} \times \frac{10\times 9}{2} \div \frac{30\times 29\times 28\times 27}{4\times 3\times 2} =$$

$$\frac{4\times 3}{2} \times \frac{20\times 19\times 10\times 9}{30\times 29\times 28\times 27} = C(4;2) \times \frac{20\times 19\times 10\times 9}{30\times 29\times 28\times 27}$$

Gabarito "B".

6. OPERAÇÕES, PROPRIEDADES, PROBLEMAS ENVOLVENDO AS QUATRO OPERAÇÕES NAS FORMAS FRACIONÁRIA E DECIMAL

(Auditor Fiscal/MG – 2005 – ESAF) Um indivíduo fazendo cálculos chegou à dízima 5,48383.... Obtenha o número racional p/q que representa esta dízima.

(A) Tal número não existe porque esta dízima corresponde a um número irracional.
(B) p=5483, q=990.
(C) p=5483-54=5429, q=999.
(D) p=5483-54=5429, q=900.
(E) p=5483-54=5429, q=990.

N = 5,4 + 0,08383...
Mas d = 0,08383... => 1 000 d = 83,83...
Logo, 1 000d – d = 83
Ou 990 d = 83
d = 83/990
Então, N = 5,4 + 83/990 = 5 429/990

Gabarito "E".

(Técnico – ANEEL – 2009 – ESAF) Se $\frac{x^2 + 2x - 200}{y - 200} = 0$, então, é necessariamente verdade que:

(A) $x^2 + 2x \neq 200$ e $y = 200$.
(B) $x^2 + 2x = 200$ e $y = 200$.
(C) $x^2 + 2x = 200$ e $y \neq 200$.
(D) $x = 0$ e $y \neq 0$.
(E) $x \neq 0$ e $y = 200$.

Para que a expressão esteja definida, o denominador necessariamente tem que ser diferente de 0, ou seja, $y - 200 \neq 0$, $y \neq 200$. Desta forma, para que o resultado da expressão seja 0, seu numerador deverá ser igual a 0, ou seja, $x^2 + 2x - 200 = 0$, ou $x^2 + 2x = 200$.

Gabarito "C".

(Técnico – ANP – 2005 – CESGRANRIO) O dono de uma lanchonete compra caixas com 50 empadas a R$40,00 cada caixa. Se ele vende, em média, 115 empadas por dia a R$1,10 cada empada, o lucro médio diário que ele obtém com a venda das empadas é, em reais, de:

(A) 30,00.
(B) 32,40.
(C) 34,50.
(D) 38,40.
(E) 46,50.

Como cada caixa possui 50 empadas, o custo por empada que o dono da lanchonete paga para comprar é de 40,00 / 50 = R$ 0,80. Como ele vende cada empada por R$ 1,10, ele lucra 1,10 – 0,80 = R$ 0,30 com a venda de cada empada, o lucro médio diário é de 0,30 × 115 = R$ 34,50.

Gabarito "C".

7. PROGRESSÕES ARITMÉTICA E GEOMÉTRICA E SEQUÊNCIAS NUMÉRICAS

(Auditor Fiscal/MG – 2005 – ESAF) Os valores da função exponencial $f(t)=c(1+r)^t$, t real, c>0 e 1+r>0, nos pontos em que t é um número natural, constituem uma progressão geométrica.

Indique a razão desta progressão.

(A) c.
(B) 1+r.
(C) c-1.
(D) r.
(E) c(1+r).

f(t) = c(1 + r) t
Para t pertencente a N é PG, 1+r>0.
t = 1 => f(1) = c(1 + r)
t = 2 => f(2) = $c(1+ r)^2$ => q(razão) = f(2) / f(1) = [c(1 + r) [2] /[(c) (1 + r)] = > q = 1 +r

Gabarito "B".

(Agente Fiscal/PI – 2001 – ESAF) A soma dos três primeiros termos de uma progressão aritmética é igual a 30, e o seu produto igual a 360. O produto entre o primeiro e o terceiro termo desta mesma progressão é igual a:

(A) 18.
(B) 20.
(C) 26.
(D) 36.
(E) 40.

---

s= = a1+a2+a3 = 30
p=a1xa2xa3 = 360
Seja a1= a2 – r   r: razão da PA
a3= a2 + r

Daí,
s = (a2 – r) + a2 + (a2 + r) = 3a2
a2 = 30/3=10
e p (a2-r)a2x(a2+r)=360
$a_2(a_2^2-r^2) = 3600 \rightarrow 10(100 - r^2) = 3600 \rightarrow 100 - r^2 = 36\ r^2=64\ r=8$

Então,
a1=a2 – r = 10-8=2
a3=a2 +r=10 +8 = 18 e a1x a3= 2x18=36
Gabarito "D".

(Analista – ANEEL – 2006 – ESAF) Uma progressão aritmética é uma sequência de números a_1, a_2, a_3,...., a_n, cuja lei de formação de cada um dos termos desta sequência é dada por uma soma, conforme representação a seguir:

$$a_2 = a_1 + r,\ a_3 = a_2 + r,\ a_4 = a_3 + r, ...a_n = a_{n-1} + r,$$

onde r é uma constante, denominada razão da progressão aritmética. Uma progressão geométrica é uma sequência de números g_1, g_2, g_3,......., g_n, cuja lei de formação de cada um dos termos desta sequência é dada por um produto, conforme representação a seguir:

$$g_2 = g_1 * q,\ g_3 = g_2 * q,\ g_4 = g_3 * q,.....g_n = g_{n-1} * q,$$

onde q é uma constante, denominada razão da progressão geométrica. Os números A, B e 10 formam, nesta ordem, uma progressão aritmética. Os números 1, A e B formam, nesta ordem, uma progressão geométrica. Com estas informações, pode-se afirmar que um possível valor para o produto entre r e q é igual a:

(A) -12.
(B) -15.
(C) 10.
(D) 12.
(E) 8.

Da progressão aritmética, temos que B = A + r; 10 = B + r = A + 2r. Da progressão geométrica, deduz-se que A = q e B = A.q = q^2. Portanto, B = 10 – r = 10 – (B – A), ou seja, 2B = 10 + A, B = (10 + A) / 2. Porém, B = A.q = A^2. Dessa forma, $2A^2$ = 10 + A, ou seja, $2A^2$ – A – 10 = 0. As soluções desse polinômio são A = 2,5 ou A = -2. Escolhendo A = 2,5, temos que B = A^2 = 6,25. Dessa forma, r = B – A = 6,25 – 2,5 = 3,75 e q = A = 2,5. Portanto, q.r = 2,5 × 3,75 = 9,375, que não está como opção do gabarito. Então, escolhendo A = -2, temos que B = A^2 = 4. Portanto, r = B – A = 4 – (-2) = 6, e q = A = -2. Logo q.r = -2 × 6 = -12.
Gabarito "A".

8. QUESTÕES DE CONTEÚDO VARIADO DE MATEMÁTICA BÁSICA

(Técnico – ANEEL – 2009 – ESAF) X e Y são dois conjuntos não vazios. O conjunto X possui 64 subconjuntos. O conjunto Y, por sua vez, possui 256 subconjuntos. Sabe-se, também, que o conjunto Z = X ∩ Y possui 2 elementos. Desse modo, conclui-se que o número de elementos do conjunto P = Y - X é igual a:

(A) 4.
(B) 6.
(C) 8.
(D) vazio.
(E) 1.

O número de subconjuntos de um conjunto qualquer com N elementos é igual a 2^N. Portanto, o conjunto X possui 6 elementos e o conjunto Y 8 elementos. Como Y – X é o conjunto de elementos em Y que não estão em X, então este conjunto possuí 8 – 2 = 6 elementos.
Gabarito "B".

(Analista – CGU – 2012 – ESAF) Em um grupo de 120 empresas, 57 estão situadas na Região Nordeste, 48 são empresas familiares, 44 são empresas exportadoras e 19 não se enquadram em nenhuma das classificações acima. Das empresas do Nordeste, 19 são familiares e 20 são exportadoras. Das empresas familiares, 21 são exportadoras. O número de empresas do Nordeste que são ao mesmo tempo familiares e exportadoras é

(A) 21.
(B) 14.
(C) 16.
(D) 19.
(E) 12.

Sejam A, B e C os conjuntos que representam as empresas do Nordeste, familiares e exportadoras, respectivamente. Como grupo das 120 empresas, 19 não se enquadram em nenhum dos conjuntos A, B ou C, então n(A U B U C) = n(A) + n(B) + n(C) – n(A∩B) – n(A∩C) – n(B∩C) + n(A∩B∩C) = 120 – 19 = 101. Temos que n(A) = 57, n(B) = 48 e n(C) = 44. Temos, também, que n(A∩B) = 19 e n(A∩C) = 20. Finalmente, n(B∩C) = 21. Portanto temos que 57 + 48 + 44 – 19 – 20 – 21 + n(A∩B∩C) = 101, ou seja, n(A∩B∩C) = 101 – 89 = 12.
Gabarito "E".

34. Matemática Financeira

Enildo Garcia, André Braga Nader Justo e André Fioravanti

1. JUROS SIMPLES. MONTANTE E JUROS. TAXA REAL E TAXA EFETIVA. TAXAS EQUIVALENTES. CAPITAIS EQUIVALENTES

(Auditor Fiscal/CE – 2006 – ESAF) Qual o capital que aplicado a juros simples à taxa de 2,4% ao mês rende R$ 1.608,00 em 100 dias?

(A) R$ 20.000,00.
(B) R$ 20.100,00.
(C) R$ 20.420,00.
(D) R$ 22.000,00.
(E) R$ 21.400,00.

100 dias = 3 1/3 mês = 10/3
1 608 = (C) x (10/3) x (0,024)
4 824v = c x 10 x 0,024
C = 20 100
Gabarito "B"

(Auditor Fiscal da Receita Federal – 2003– ESAF) Os capitais de R$ 2.500,00, R$ 3.500,00, R$ 4.000,00 e R$ 3.000,00 são aplicados a juros simples durante o mesmo prazo às taxas mensais de 6%, 4%, 3% e 1,5%, respectivamente. Obtenha a taxa média mensal de aplicação destes capitais.

(A) 2,9%.
(B) 3%.
(C) 3,138%.
(D) 3,25%.
(E) 3,5%.

Calculem-se os juros
2 500x6% = 150
3 500x4% = 140
4 000x3% = 120
3 000x1,5% = 45
soma 13 000 455
Agora, uma simples regra de três
13 000 455
100 x x = 100x455/13 000 Então, x = 3,5%
Gabarito "E"

(Auditor do Tesouro Municipal/Fortaleza-CE – 2003 – ESAF) Os capitais de 200, 300 e 100 unidades monetárias são aplicados a juros simples durante o mesmo prazo às taxas mensais de 4%, 2,5% e 5,5%, respectivamente. Calcule a taxa mensal média de aplicação destes capitais.

(A) 2,5%.
(B) 3%.
(C) 3,5%.
(D) 4%.
(E) 4,5%.

Calculem-se os juros
200x4% = 8,0
300x2,5% = 7,5
100x5,5% = 5,5
soma 600 21,0
Agora, uma simples regra de três
600 21
100 x x = 100x21/600 Então, x = 3,5%
Gabarito "C"

(Auditor Fiscal da Receita Federal – 2002.2 – ESAF) Uma conta no valor de R$ 2.000,00 deve ser paga em um banco na segunda-feira, dia 8. O não pagamento no dia do vencimento implica uma multa fixa de 2% sobre o valor da conta mais o pagamento de uma taxa de permanência de 0,2% por dia útil de atraso, calculada como juros simples, sobre o valor da conta. Calcule o valor do pagamento devido no dia 22 do mesmo mês, considerando que não há nenhum feriado bancário no período.

(A) R$ 2.080,00.
(B) R$ 2.084,00.
(C) R$ 2.088,00.
(D) R$ 2.096,00.
(E) R$ 2.100,00.

multa = 2% de 2 000 = 40
tx sobre 10 dias úteis = 2 000 x 0,2% x 10 = 40
Valor do pagto. = 2 000 +40 (multa) + 40 *tx) = 2 080
Gabarito "A"

(Auditor Fiscal da Receita Federal – 2002.2 – ESAF) Os capitais de R$ 7.000,00, R$ 6.000,00, R$ 3.000,00 e R$ 4.000,00 são aplicados respectivamente às taxas de 6%, 3%, 4% e 2% ao mês, no regime de juros simples durante o mesmo prazo. Calcule a taxa média proporcional anual de aplicação destes capitais.

(A) 4%.
(B) 8%.
(C) 12%.
(D) 24%.
(E) 48%.

7 000 x 6% = 420
6 000 x 3% = 180
3 000 x 4 % = 120
4 000 x 2 % = 80
total 20 000 800
Com uma simples regra de três temos
20 000 800
100 x = > x = 80 000/20 000 = 4%am = > 48% aa
Gabarito "E".

(Fiscal de Tributos/PA – 2002 – ESAF) Três capitais nos valores de R$ 1.000,00, R$ 2.000,00 e R$ 4.000,00 são aplicados respectivamente às taxas de 5,5%, 4% e 4,5% ao mês, durante o mesmo número de meses. Obtenha a taxa média mensal de aplicação destes capitais.

(A) 3,5%.
(B) 4%.
(C) 4,25%.
(D) 4,5%.
(E) 5%.

Calculem-se os juros
1 000x5,5% = 55
2 000x4% = 80
4 000x4,5% = 180
soma 7 000 315
Agora, uma simples regra de três
7 000 315
100 x x = 100x315/7 000 Então, x = 4,5%
Gabarito "D".

(Agente Tributário Estadual/MS – 2001 – ESAF) Três capitais são aplicados a juros simples pelo mesmo prazo. O capital de R$ 3.000,00 é aplicado à taxa de 3% ao mês, o capital de R$ 2.000,00 é aplicado a 4% ao mês e o capital de R$ 5.000,00 é aplicado a 2% ao mês. Obtenha a taxa média mensal de aplicação desses capitais.

(A) 3%.
(B) 2,7%.
(C) 2,5%.
(D) 2,4%.
(E) 2%.

Calculem-se os juros
3 000x3% = 90
2 000x4% = 80
5 000x2% = 100
soma 10 000 270
Agora, uma simples regra de três
10 000 270
100 x x = 100x270/10 000 Então, x = 2,7%
Gabarito "B".

2. JUROS COMPOSTOS. MONTANTE E JUROS. TAXA REAL E TAXA EFETIVA. TAXAS EQUIVALENTES. CAPITAIS EQUIVALENTES. CAPITALIZAÇÃO CONTÍNUA

(Auditor Fiscal da Receita Federal – 2010 – ESAF) No sistema de juros compostos um capital PV aplicado durante um ano à taxa de 10 % ao ano com capitalização semestral resulta no valor final FV. Por outro lado, o mesmo capital PV, aplicado durante um trimestre à taxa de it% ao trimestre resultará no mesmo valor final FV, se a taxa de aplicação trimestral for igual a:

(A) 26,25 %.
(B) 40 %.
(C) 13,12 %.
(D) 10,25 %.
(E) 20 %.

Como 10% aa (ao ano) = > 5% as (ao semestre), temos
$PV(1+5\%)^2 = PV(1+i)$
(1+0,05) 2 = 1+i
1,052 = 1+i
1,1025 = 1+i
i = 0,1025 = 10,25%
Gabarito "D".

(Auditor Fiscal/CE – 2006 – ESAF) Qual o valor mais próximo da taxa equivalente à taxa nominal de 48% ao ano com capitalização mensal?

(A) 3,321% ao mês.
(B) 24% ao semestre.
(C) 26,532% ao semestre.
(D) 10,773% ao trimestre.
(E) 8,825% ao bimestre.

i = ik/k
i = 0,48/12 = 0,04 ao mês = 4% ao mês
$(1 + 0,04)^6$ (ao semestre) $1,04^2 = 1,0816$ $1,04^4 = 1,16986$
$1,04^6 = 1,26532$
Então, a taxa vale 26,532% ao semestre
Gabarito "C".

(Auditor Fiscal da Receita Federal – 2005– ESAF) Ana quer vender um apartamento por R$ 400.000,00 à vista ou financiado pelo sistema de juros compostos a taxa de 5% ao semestre. Paulo está interessado em comprar esse apartamento e propõe à Ana pagar os R$ 400.000,00 em duas parcelas iguais, com vencimentos a contar a partir da compra. A primeira parcela com vencimento em 6 meses e a segunda com vencimento em 18 meses. Se Ana aceitar a proposta de Paulo, então, sem considerar os centavos, o valor de cada uma das parcelas será igual a:

(A) R$ 220.237,00.
(B) R$ 230.237,00.
(C) R$ 242.720,00.
(D) R$ 275.412,00.
(E) R$ 298.654,00.

VP = R/(1 + 0,05) + R/(1 + 0,05)^3 (equivalência de capitais)
VP = R(1/1,05) + 1/(1,05)^3
VP = [R] [(0,9524) + (1/1,157625)]
400 000 = R (0,95238 + 0,86384) = R x 1,81622
R = 220 237
Gabarito "A".

(Auditor Fiscal/MG – 2005 – ESAF) A que taxa mensal de juros compostos um capital aplicado aumenta 80% ao fim de quinze meses.

(A) 4%.
(B) 5%.
(C) 5,33%.
(D) 6,5%.
(E) 7%.

cálculos
Deseja-se M = 1,80C. $1{,}04^2 = 1{,}0816$
Como M = C(1 +i)^{15}, temos $1{,}04^4 = 1{,}1698585$
1,80 C = C(1 +i)^{15} $1{,}04^{12} = 1{,}6010$
1,80 = (1 +i)^{15}
Sabe-se que (1 + 4%)^{15} = 1.80094. $1{,}04^{14} = 1{,}7318$
Logo, i = 0,04 = 4% $1{,}04^{15} = 1{,}80094$
Gabarito "A".

(Auditor do Tesouro Municipal/Fortaleza-CE – 2003 – ESAF) Qual o capital hoje que é equivalente a uma taxa de juros compostos de 10% ao semestre, a um capital de R$ 100.000,00 que venceu há um ano mais um capital de R$ 110.000,00 que vai vencer daqui a seis meses?

(A) R$ 210.000,00.
(B) R$ 220.000,00.
(C) R$ 221.000,00.
(D) R$ 230.000,00.
(E) R$ 231.000,00.

Primeiro capital
M = C(1+0,10)^2
M = 100 000x1,1^2
M = 100 000x1,21
M = 121 000
E, somado ao segundo capital, temos
121 000+100 000 = 221 000
Gabarito "C".

(Auditor Fiscal da Previdência Social – 2002 – ESAF) Obtenha o valor mais próximo da quantia que deve ser depositada ao fim de cada mês, considerando uma taxa de rendimento de 2% ao mês, juros compostos, com o objetivo de se obter R$ 50.000,00 ao fim de dez meses.

(A) R$ 5.825,00.
(B) R$ 5.000,00.
(C) R$ 4.782,00.
(D) R$ 4.566,00.
(E) R$ 3.727,00.

Como Sn = a1(q^n – 1)/(q – 1) PG de razão 1,02 e primeiro termo p
Temos 50000 = p(1,02)^{10} – 1/(1,02 – 1)
50 000 = p(1,218994 – 1)/0,02
50 000 = p(0,218994/0,02 = px10,9497 p = 50 000/10,94971 = 4 566,33
Gabarito "D".

3. DESCONTOS: SIMPLES, COMPOSTO. DESCONTO RACIONAL E DESCONTO COMERCIAL

(Auditor Fiscal do Trabalho – 2010 – ESAF) Um título sofre um desconto simples por dentro de R$ 10.000,00 cinco meses antes do seu vencimento a uma taxa de desconto de 4% ao mês. Qual o valor mais próximo do valor nominal do título?

(A) R$ 60.000,00.
(B) R$ 46.157,00.
(C) R$ 56.157,00.
(D) R$ 50.000,00.
(E) R$ 55.000,00.

D = 10 000 j = 4%am t = 5 meses
D = (C) (j) (t)
10 000 = (C) (0,04) (5)
C = (10.000) / (0,20) = 50 000
O valor nominal é de C + D = 50 000 + 10 000 = 60 000
Gabarito "A".

(Auditor Fiscal/CE – 2006 – ESAF) Uma empresa desconta um título no valor nominal de R$ 112 551,00 quatro meses antes do seu vencimento por meio de um desconto racional composto calculado à taxa de 3% ao mês. Calcule o valor mais próximo do valor do desconto.

(A) R$ 12.635,20.
(B) R$ 12.551,00.
(C) R$ 11.255,10.
(D) R$ 12.633,33.
(E) R$ 12.948,00.

d = N - N/(1 + i) ^{n}
d = 11 2551 11 2551/(1,03)^4 (1,03)^4 = 1,12551
d = 11 2551 – 11 2551/1,12551
d = 11 2551 – 100 000 = 12 551
Gabarito "B".

(Auditor Fiscal da Receita Federal – 2005– ESAF) O valor nominal de uma dívida é igual a 5 vezes o desconto racional composto, caso a antecipação seja de dez meses. Sabendo-se que o valor atual da dívida (valor de resgate) é de R$ 200.000,00, então o valor nominal da dívida, sem considerar os centavos, é igual a:

(A) R$ 230.000,00.
(B) R$ 250.000,00.
(C) R$ 330.000,00.
(D) R$ 320.000,00.
(E) R$ 310.000,00.

N = 5d R(resgate) = 200 000
Como d = N – R, temos
N/5 = N – 200 000
200 000 = N – N/5 = 4N/5
N = 1 000 000/4
N = 250 000
Gabarito "B".

(Auditor Fiscal/MG – 2005 – ESAF) Um cheque pré-datado é adquirido com um desconto de 20% por uma empresa especializada, quatro meses antes de seu vencimento. Calcule a taxa de desconto mensal da operação considerando um desconto simples por dentro.

(A) 6,25%.
(B) 6%.
(C) 4%.
(D) 5%.
(E) 5,5%.

D = N – N/(1 + ni)
0,20 N = N - N/(1 + 4i)
0,20 = 1 - 1/(1 + 4i)
1/(1 + 4i) = 1 – 0,2 = 0,8
1 + 4i = 1/0,8 = 1,25
4i = 0,25 i = 0,0625 = 6,25%
Gabarito "A"

(Auditor do Tesouro Municipal/Fortaleza-CE – 2003 – ESAF) Um título no valor nominal de R$ 20.000,00 sofre um desconto comercial simples de R$ 1.800,00 três meses antes de seu vencimento. Calcule a taxa mensal de desconto aplicada.

(A) 6%.
(B) 5%.
(C) 4%.
(D) 3,3%.
(E) 3%.

D = Nin (D:desconto comercial simples)
1 800 = 20 000.i.3 = 1800 = 60 000i
i = 0,03 = 3%.
Obs.: Pode-se conferir o resultado: 3% de 20 000 x 3 = 9 000 de desconto.
Gabarito "E"

(Agente Tributário Estadual/MS – 2001 – ESAF) Uma nota promissória no valor nominal de R$ 5.000,00 sofre um desconto comercial simples a uma taxa de desconto de 4% ao mês. Qual o valor do desconto, dado que a nota foi resgatada três meses antes do seu vencimento?

(A) R$ 416,70.
(B) R$ 524,32.
(C) R$ 535,71.
(D) R$ 555,00.
(E) R$ 600,00.

Como D = Nin, temos
D = 5 000 x 0,04 x 3 = 5 000x0,12 = 600
Gabarito "E"

(Agente Tributário Estadual/MS – 2001 – ESAF) Um título é descontado por R$ 4.400,00 quatro meses antes do seu vencimento. Obtenha o valor de face do título considerando que foi aplicado um desconto racional composto a uma taxa de 3% ao mês. (Despreze os centavos, se houver).

(A) R$ 4.400,00.
(B) R$ 4.725,00.
(C) R$ 4.928,00.
(D) R$ 4.952,00.
(E) R$ 5.000,00.

Como D = N - Nin/(1 + in), temos
4 400 = N - Nx0,03x4/(1 + 0,03x4)
4 400 = N – 0,12N/1,12 = N/1,12
N = 4 928 (valor nominal)
Gabarito "D"

4. AMORTIZAÇÕES. SISTEMA FRANCÊS. SISTEMA DE AMORTIZAÇÃO CONSTANTE. SISTEMA MISTO

(Auditor Fiscal do Trabalho – 2010 – ESAF) Um financiamento no valor de R$ 82.000,00 deve ser pago em 18 prestações trimestrais iguais, a uma taxa de 10% ao trimestre, vencendo a primeira prestação ao fim do primeiro trimestre. Calcule o valor mais próximo do saldo devedor imediatamente após o pagamento da segunda prestação.

(A) R$ 75.560,00.
(B) R$ 76.120,00.
(C) R$ 78.220,00.
(D) R$ 77.440,00.
(E) R$ 76.400,00.

C = 82.000
j = 10% ao trimestre
t = 18 trimestres
Valor da prestação p
C = p at,j   at,j - fator de amortização com tempo t e taxa j
82 000 = (p) (a 18,10%)
82 000 = p 8,20141 → p = 10 000
Depois de pagas duas prestações o saldo devedor sobre as 16 que faltam
saldo = p.a16,10%
saldo = 10 000 . 7,82371
saldo = 78 237
Gabarito "C"

5. QUESTÕES DE CONTEÚDO VARIADO DE MATEMÁTICA FINANCEIRA

CAIXA volta a financiar imóvel para a classe média.

(Auditor Fiscal/CE – 2006 – ESAF) Metade de um capital foi aplicada a juros compostos à taxa de 3% ao mês por um prazo de doze meses enquanto a outra metade foi aplicada à taxa de 3,5% ao mês, juros simples, no mesmo prazo de doze meses. Calcule o valor mais próximo deste capital, dado que as duas aplicações juntas renderam um juro de R$ 21 144,02 ao fim do prazo.

(A) R$ 25 000,00.
(B) R$ 39 000,00.
(C) R$ 31 000,00.
(D) R$ 48 000,00.
(E) R$ 50 000,00.

$M1 = [(1 + 0,03)]^{12} [C/2] = [1,4258][C/2]$

$M2 = [(1 + (0,035)(12)] = [1,42][C/2]$

$M1 + M2 = [2,8458] [C/2]$

Mas: Juros = 21 144,02 = [M1 – (C/2)] + [(M2 – (C/2)] = M1 + M2 – C

daí,

21 144,02 = (2,8458)(C/2) – C = 1,4229C – C = 0,4229C => C = 49 997,68

Gabarito "E"

(Auditor Fiscal da Receita Federal – 2003– ESAF) Um capital é aplicado a juros compostos à taxa de 40% ao ano durante um ano e meio. Calcule o valor mais próximo da perda percentual do montante considerando o seu cálculo pela convenção exponencial em relação ao seu cálculo pela convenção linear, dado que $1,40^{1,5} = 1,656502$.

(A) 0,5%.

(B) 1%.

(C) 1,4%.

(D) 1,7%.

(E) 2,0%.

Convenção linear = juros compostos no tempo inteiro x juros simples no tempo fracionário.

Linear: M1 = C (1 + 40%)1 x C(1 + 40%x0,5) = C1,4 x (1 + 0,2) = 1,4C+1,2C = 1,68C

Convenção exponencial = juros compostos

Exponencial: M2 = C(,1+ 0,4) 1. = Cx1,401,5 = 1,656502C

Perda = M1 - M2 = 1,68C - 1,656502C = 0,023498C

Então, 1,656502C 0,023498C

100 x

daí, x 1,42 ≈1,4%

Gabarito "C"

(Auditor Fiscal da Previdência Social – 2002 – ESAF) Uma pessoa física recebeu um empréstimo de um banco comercial no valor de R$ 10.000,00 por um prazo de três meses para pagar de volta este valor acrescido de 15% de juros ao fim do prazo. Todavia, a pessoa só pode usar em proveito próprio 75% do empréstimo, porque, por força do contrato, usou o restante para fazer uma aplicação no próprio banco que rendeu R$ 150,00 ao fim dos três meses. Indique qual foi a taxa efetiva de juros paga pela pessoa física sobre a parte do empréstimo que utilizou em proveito próprio.

(A) 12% ao trimestre.

(B) 14% ao trimestre.

(C) 15% ao trimestre.

(D) 16% ao trimestre.

(E) 18% ao trimestre.

Utilizou 2500 e obteve 150 de renda.

7 500 1 500-150 => x = 100x1 350/7 500 = 18%at => E

100 x

Gabarito "E"

35. ESTATÍSTICA

Enildo Garcia, André Braga Nader Justo e André Fioravanti

1. ESTATÍSTICA DESCRITIVA: GRÁFICOS, TABELAS, MEDIDAS DE POSIÇÃO E DE VARIABILIDADE

(Auditor Fiscal da Receita Federal – 2010 – ESAF) Considere a seguinte amostra aleatória das idades em anos completos dos alunos em um curso preparatório. Com relação a essa amostra, marque a única opção correta:

29, 27, 25, 39, 29, 27, 41, 31, 25, 33, 27, 25, 25, 23, 27, 27, 32, 26, 24, 36, 32, 26, 28, 24, 28, 27, 24, 26, 30, 26, 35, 26, 28, 34, 29, 23, 28.

(A) A média e a mediana das idades são iguais a 27.
(B) A moda e a média das idades são iguais a 27.
(C) A mediana das idades é 27 e a média é 26,08.
(D) A média das idades é 27 e o desvio-padrão é 1,074.
(E) A moda e a mediana das idades são iguais a 27.

Calculando as frequências, obtemos:

x	F	x.f	f (acum.)	Observ.
23	2	46	2	
24	3	72	5	
25	4	100	9	
26	5	130	14	
27	6	162	20	Moda
28	4	112	24	
29	3	87	27	
30	1	30	28	
31	1	31	29	
32	2	64	31	
33	1	33	32	
34	1	34	33	
35	1	35	34	
36	1	36	35	
39	1	39	36	
41	1	41	37	
Total	37	1052		

Idades em ordem crescente
23 23
24 24 24
25 25 25 25
26 26 26 26 26
27 27 27 27 (27) mediana (19ª Posição = (37+1)/2)
Então moda = mediana = 27.
Gabarito "E".

(Auditor Fiscal da Receita Federal – 2010 – ESAF) A tabela mostra a distribuição de frequências relativas populacionais (f') de uma variável X:

X	f '
– 2	6a
1	1a
2	3a

Sabendo que "a" é um número real, então a média e a variância de X são, respectivamente:

(A) $\mu_x = -0,5$ e $\sigma^2_x = 3,45$.
(B) $\mu_x = 0,5$ e $\sigma^2_x = -3,45$.
(C) $\mu_x = 0$ e $\sigma^2_x = 1$.
(D) $\mu_x = -0,5$ e $\sigma^2_x = 3,7$.
(E) $\mu_x = 0,5$ e $\sigma^2_x = 3,7$.

Solução:

Total	10ª	-5a
x	F	xf
-2	6ª	-12a
1	1ª	1a
2	3ª	6a
Total	10ª	-5a

daí,
Média = -5a/10a = -0,5

* As questões dos concursos de ministérios, agências reguladoras e autarquias federais, bem como dos concursos bancários e da Petrobras foram comentadas pelo autor **André Fioravanti**. As questões dos concursos fiscais e policiais, pelo autor **Enildo Garcia**. E as demais, pelos autores **Enildo Garcia** e **André Justo**.

Variância:

Como s^2 = [somat(xi^2)fi]/soma(f) – xbarra^2, temos

x	F	x^2	x^2f
-2	6ª	4	24a
1	1ª	1	1ª
2	3ª	4	12a
Soma	10a		37a

Então

s^2 = 37a/10a – (0,5)^2

s^2 = 3,7 – 0,25 = 3,45

Gabarito "A"

(Auditor Fiscal do Trabalho – 2010 – ESAF) Em uma universidade, 56% dos alunos estudam em cursos da área de ciências humanas e os outros 44% estudam em cursos da área de ciências exatas, que incluem matemática e física. Dado que 5% dos alunos da universidade estudam matemática e 6% dos alunos da universidade estudam física e que não é possível estudar em mais de um curso na universidade, qual a proporção dos alunos que estudam matemática ou física entre os alunos que estudam em cursos de ciências exatas?

(A) 20,00%.

(B) 21,67%.

(C) 25,00%.

(D) 11,00%.

(E) 33,33%.

5% dos alunos estudam Matemática e

6% dos alunos estudam Física

Logo, 5+6 = 11% dos alunos estudam Matemática ou Física.

Mas 44% são de Exatas

Então,

11% 44%

x 100% = > x = 11/44% = 25%.

Gabarito "C"

(Auditor Fiscal da Receita Federal – 2005– ESAF) Para dados agrupados representados por uma curva de frequências, as diferenças entre os valores da média, da mediana e da moda são indicadores da assimetria da curva. Indique a relação entre essas medidas de posição para uma distribuição negativamente assimétrica.

(A) A média apresenta o maior valor e a mediana se encontra abaixo da moda.

(B) A moda apresenta o maior valor e a média se encontra abaixo da mediana.

(C) A média apresenta o menor valor e a mediana se encontra abaixo da moda.

(D) A média, a mediana e a moda são coincidentes em valor.

(E) A moda apresenta o menor valor e a mediana se encontra abaixo da média.

Para curva assimétrica negativa temos

xbarra < Md < Mo

Gabarito "C"

(Auditor Fiscal da Receita Federal – 2002.1 – ESAF) Seja S o desvio-padrão do atributo X. Assinale a opção que corresponde à medida de assimetria de X como definida pelo primeiro coeficiente de Pearson.

(A) 3/S.

(B) 4/S.

(C) 5/S.

(D) 6/S.

(E) 0.

Ass = (xbarra – Mo)/S h = 20 fMo = 30 fant = 25 fpost = 15

Mo = linfMo - h(fMo – fant)/(2fMo – fant -fpost)

Mo = 140 – 20(30 – 25)/(2x30 – 25 – 15)

Mo = 140 – 20x5/(60 – 40)

Mo = 140 – 5

Mo = 135

Logo Ass = (138 – 135)/S

Ass = 3/S

Gabarito "A"

Para a solução da questão seguinte, utilize o enunciado que segue.

O atributo do tipo contínuo X, observado como um inteiro, numa amostra de tamanho 100 obtida de uma população de 1000 indivíduos, produziu a tabela de frequências seguinte:

Classes	Frequência (f)
29,5-39,5	4
39,5-49,5	8
49,5-59,5	14
59,5-69,5	20
69,5-79,5	26
79,5-89,5	18
89,5-99,5	10

(Auditor Fiscal da Receita Federal – 2002.2 – ESAF) Para a distribuição de frequências do atributo X sabe-se que

$$\sum_{i=1}^{7}\left(x_i-\overline{x}\right)^2 f_i = 24.500 \text{ e que}$$

$$\sum_{i=1}^{7}\left(x_i-\overline{x}\right)^4 f_i = 14.682.500.$$

(Nessas expressões os x_i representam os pontos médios das classes e a média amostra).

Assinale a opção correta. Considere para sua resposta a fórmula da curtose com base nos momentos centrados e suponha que o valor de curtose encontrado é populacional.

(A) A distribuição do atributo X é leptocúrtica.
(B) A distribuição do atributo X é platicúrtica.
(C) A distribuição do atributo X é indefinida do ponto de vista da intensidade da curtose.
(D) A informação dada se presta apenas ao cálculo do coeficiente de assimetria com base nos momentos centrados de X.
(E) A distribuição de X é normal.

Calcule-se o coeficiente momento de curtose (alfa4) = M4 / s4 onde M4 momento de ordem 4 e s4 var ao quadrado.
Então
alfa4 = 14682500 / 24500^2
alfa4 = 0,0246 < 3 → curva platicúrtica
Gabarito "B"

(Auditor Fiscal da Previdência Social – 2002 – ESAF) A média e o desvio-padrão obtidos num lote de produção de 100 peças mecânicas são, respectivamente, 16 Kg e 40 g. Uma peça particular do lote pesa 18 Kg. Assinale a opção que dá o valor padronizado do peso dessa bola.

(A) –50.
(B) 0,05.
(C) 50.
(D) –0,05.
(E) 0,02.

Como Z = (Xi – Xbarra)/s, temos
Z = (18 000 – 16 000)/40
Z = 2 000/40
Z = 50
Gabarito "C"

(Auditor Fiscal da Previdência Social – 2002 – ESAF) O atributo X tem distribuição normal com média 2 e variância 4. Assinale a opção que dá o valor do terceiro quartil de X, sabendo-se que o terceiro quartil da normal padrão é 0,6745.

(A) 3,3490.
(B) 0,6745.
(C) 2,6745.
(D) 2,3373.
(E) 2,7500.

O desvio-padrão DP é 2 e Z = (X-Xbarra)/s.
Para Z = 0,6745 temos
0,6745 = (X-2)/2
1,3490 = X – 2
X = 3,3490
Gabarito "A"

(Auditor Fiscal da Previdência Social – 2002 – ESAF) Dada a sequência de valores 4, 4, 2, 7 e 3 assinale a opção que dá o valor da variância. Use o denominador 4 em seus cálculos.

(A) 5,5.
(B) 4,5.
(C) 3,5.
(D) 6,0.
(E) 16,0.

Média xbarra = soma(xi)/5 = 20/5 = 4
xi (xi – xbarra)²
4 0
4 0
2 4
7 9
3 1
soma 14
Var(x) = soma[(xi – xbarra)²] / 4 = 14/4 = 3,5.
Gabarito "C"

(Auditor Fiscal da Previdência Social – 2002 – ESAF) Uma estatística importante para o cálculo do coeficiente de assimetria de um conjunto de dados é o momento central de ordem três μ_3. Assinale a opção correta.

(A) O valor de μ_3 é obtido calculando-se a média dos desvios absolutos em relação à média.
(B) O valor de μ_3 é obtido calculando-se a média dos quadrados dos desvios em relação à média.
(C) O valor de μ_3 é obtido calculando-se a média dos desvios positivos em relação à média.
(D) O valor de μ_3 é obtido subtraindo-se o cubo da média da massa de dados da média dos cubos das observações.
(E) O valor de μ_3 é obtido calculando-se a média dos cubos dos desvios em relação à média.

O momento central de ordem r é calculado pela fórmula
μ_r = [soma(di)^r]/n
onde os di são os desvios em relação à média.
Gabarito "E"

A Tabela abaixo mostra a distribuição de frequência obtida de uma amostra aleatória dos salários anuais em reais de uma firma. As frequências são acumuladas.

Classes de Salário	Frequências
(5.000 - 6.500)	12
(6.500 - 8.000)	28
(8.000 - 9.500)	52
(9.500 - 11.000)	74
(11.000 - 12.500)	89
(12.500 - 14.000)	97
(14.000 - 15.500)	100

(Agente Fiscal/PI – 2001 – ESAF) Assinale a opção que corresponde ao salário mediano da firma.

(A) R$ 10.250,00.
(B) R$ 8.000,00.
(C) R$ 8.700,00.
(D) R$ 9.375,00.
(E) R$ 9.500,00.

Md = 8 000 + 1 500(50 – 28)/24
Md = 8 000 + 1 500 x22/24
Md = 8 000 + 1 375 = 9 375
Gabarito "D"

(Auditor Fiscal da Receita Federal – 2002.1 – ESAF) Assinale a opção que corresponde à estimativa da frequência relativa de observações de X menores ou iguais a 145.

(A) 62,5%.
(B) 70,0%.
(C) 50,0%.
(D) 45,0%.
(E) 53,4%.

145 = 140 + 20(freq145 -40)/30
15 = 20(freq145 -40)/30
450/20 = freq145 -40
freq145 = 22,5+ 40
freq145 = 62,5%

Gabarito "A".

Para a solução das questões seguintes, utilize o enunciado que segue.

O atributo do tipo contínuo X, observado como um inteiro, numa amostra de tamanho 100 obtida de uma população de 1000 indivíduos, produziu a tabela de frequências seguinte:

Classes	Frequência (f)
29,5-39,5	4
39,5-49,5	8
49,5-59,5	14
59,5-69,5	20
69,5-79,5	26
79,5-89,5	18
89,5-99,5	10

(Auditor Fiscal da Receita Federal – 2002.2 – ESAF) Assinale a opção que corresponde à estimativa da mediana amostral do atributo X.

(A) 71,04.
(B) 65,02.
(C) 75,03.
(D) 68,08.
(E) 70,02.

Solução

classe	fi	f acum		Cálculos
	4	4		Md = linf + h(n/2 -facAnt)/fiMd
	8	12		Md = 69,5 + 10(50 – 46)/26
...	14	26		Md = 69,5 + 10x4/26
	20	46		Md = 69,5 + 1,54
69,5-79,5	26	72	classe da Md	Md = 71,04
...	18	90		
	10	100		

Gabarito "A".

(Auditor Fiscal da Receita Federal – 2002.2 – ESAF) Assinale a opção que corresponde ao valor modal do atributo X no conceito de Czuber.

(A) 69,50.
(B) 73,79.
(C) 71,20.
(D) 74,53.
(E) 80,10.

$Mo = l_{mo} + h(f_{mo} - f_{ant})/(2f_{mo} - f_{post} - f_{ant})$

Mo = 69,5+10(26-20)/(2x26 -18 -20)

69,5 + 10(26 - 20)/(52 – 20 - 18) = 69,5 + 60/14

Mo = 69,5+4,29

Mo = 73,79

Gabarito "B".

2. PROBABILIDADES: CONCEITO, AXIOMAS E DISTRIBUIÇÕES (BINOMINAL, NORMAL, POISSON, QUI-QUADRADO, ETC.)

(Analista – MPU – 2004 – ESAF) Carlos diariamente almoça um prato de sopa no mesmo restaurante. A sopa é feita de forma aleatória por um dos três cozinheiros que lá trabalham: 40% das vezes a sopa é feita por João; 40% das vezes por José, e 20% das vezes por Maria. João salga demais a sopa 10% das vezes, José o faz em 5% das vezes e Maria 20% das vezes. Como de costume, um dia qualquer Carlos pede a sopa e, ao experimentá-la, verifica que está salgada demais. A probabilidade de que essa sopa tenha sido feita por José é igual a

(A) 0,15.
(B) 0,25.
(C) 0,30.
(D) 0,20.
(E) 0,40.

Em primeiro lugar, devemos calcular qual a porcentagem de vezes que a sopa fica excessivamente salgada. Nesse momento, o candidato deve estar atento para não cair na pegadinha de somar a porcentagem que cada um dos cozinheiros salga demais a sopa (10%+5%+20%), pois essa porcentagem de cada um deve ser ponderada pela frequência com que cada um fica responsável pela sopa. Portanto, a porcentagem de vezes que a sopa fica excessivamente salgada é:

(João) + (José) + (Maria)

(40% x 10%) + (40% x 5%) + (20% x 20%) =

[(0,4).(0,1)]+[(0,4).(0,05)]+[(0,20).(0,20)] =

0,04 + 0,02 + 0,04 = 0,10 = 10%

Sendo assim, em cada 10 vezes que a sopa ficou muito salgada, 4 vezes o responsável foi João, 2 vezes foi o José e 4 vezes a Maria. Portanto, a probabilidade de o responsável ser José é 20%.

Gabarito "D".

(MPU –2004 – ESAF) Maria ganhou de João nove pulseiras, quatro delas de prata e cinco delas de ouro. Maria ganhou de Pedro onze pulseiras, oito delas de prata e três delas de ouro. Maria guarda todas essas pulseiras – e apenas essas – em sua pequena caixa de joias. Uma noite, arrumando-se apressadamente para ir ao cinema com João, Maria retira, ao acaso, uma pulseira de sua pequena caixa de joias. Ela vê, então, que retirou uma pulseira de prata. Levando em conta tais informações, a probabilidade de que a pulseira de prata que Maria retirou seja uma das pulseiras que ganhou de João é igual a

(A) 1/3.
(B) 1/5.
(C) 9/20.
(D) 4/5.
(E) 3/5.

No total, Maria tem 20 pulseiras, sendo 8 de ouro e 12 de prata. Das 12 pulseiras de prata, apenas 4 foram dadas por João. Portanto, a probabilidade de uma pulseira de prata retirada ao acaso ser uma das 4 presenteadas por João é:

Probabilidade (João) = $\frac{4}{12} = \frac{1}{3}$

Gabarito "A".

(Auditor Fiscal da Receita Federal – 2010 – ESAF) O número de petroleiros que chegam a uma refinaria ocorre segundo uma distribuição de Poisson, com média de dois petroleiros por dia. Desse modo, a probabilidade de a refinaria receber no máximo três petroleiros em dois dias é igual a:

(A) $\frac{32}{73} e^{-4}$

(B) $\frac{3}{71} e^{4}$

(C) $\frac{71}{3} e^{-4}$

(D) $\frac{71}{3} e^{-2}$

(E) $\frac{32}{3} e^{-2}$

É importante notar o parâmetro lambda que era antes 2 petroleiros por dia, agora é 4 por dois dias.

Então,

A probabilidade de receber no máximo 3 petroleiros em dois dias é

P(X< = 3) = P(X = 0)+P(X = 1)+P(X = 2)+P(X = 3) =

= (4^0/0!+4^1/1!+$4.^2$/2!+4^3/3!) e-4 = (1+4+8+32/3)e^{-4} =

= (3+12+24+32)e^{-4}/3 =

= 71 e^{-4}/3

Gabarito "C".

(Auditor Fiscal da Receita Federal – 2010 – ESAF) A função densidade de probabilidade de uma variável aleatória contínua x é dada por:

$$f(x) = \begin{cases} 3x^2, & \text{se } -1 \leq x \leq 0 \\ 0, & \text{caso contrário} \end{cases}$$

Para esta função, a média de x, também denominada expectância de x e denotada por E(x) é igual a:

(A) $\frac{4}{3}$

(B) $\frac{3}{4}$

(C) $-\frac{3}{4}$

(D) $\frac{-3}{4}x$

(E) $-\frac{4}{3}x$

E(X) = int x.f(x)dx -inf +inf

E(X) = int x.3x2dx -1 0

E(X) = int 3x3dx -1 0 = 3x4/4 ´[0 -1

E(X) = 0-3(-1)4

E(X) = -3/4

Gabarito "C".

(Auditor Fiscal do Trabalho – 2010 – ESAF) Em uma amostra aleatória simples de 100 pessoas de uma população, 15 das 40 mulheres da amostra são fumantes e 15 dos 60 homens da amostra também são fumantes. Desejando-se testar a hipótese nula de que nesta população ser fumante ou não independe da pessoa ser homem ou mulher, qual o valor mais próximo da estatística do correspondente teste de qui-quadrado?

(A) 1,79.
(B) 2,45.
(C) 0,98.
(D) 3,75.
(E) 1,21.

Constrói-se o quadro dos valores observados:

	Fumantes	Não fumantes	Total
Homens	15	45	60
Mulheres	15	25	40
Total	30	60	100

E o de valores esperados:

	Fumantes	Não fumantes	Total
Homens	18	42	60
Mulheres	12	28	40
Total	30	60	100

E a estatística qui-quadrado é

3^2(1/18+1/42+1/12+1/28) = 1 575/882 = 1,79

Gabarito "A".

(Auditor Fiscal do Trabalho – 2010 – ESAF) Considere os dados da questão anterior. Ao se escolher ao acaso cinco pessoas da amostra, sem reposição, a probabilidade de exatamente quatro delas serem homens fumantes é dada por:

(A) Cn.k p^k $(1-p)^{n-k}$, sendo p = 0,15, n = 5 e k = 4.

(B) Cm,k CN-m,n-k /CN,n, sendo N = 100, n = 5, m = 15 e k = 4.

(C) CM,k CN-m,n-k /CN,n, sendo N = 100, n = 5, m = 60 e k = 4.

(D) Cm,k CN-m,n-k /CN,n, sendo N = 100, n = 15, m = 5 e k = 4.

(E) Cn.k p^k $(1-p)^{n-k}$, sendo p = 0,25, n = 5 e k = 4.

Temos agora uma distribuição hipergeométrica.

Considere um conjunto de N objetos dos quais (r) são do tipo I e (N – r) são do tipo II. (sucesso/fracasso; Homem/mulher; Fumante/Não Fumante ...)

Um sorteio de n objetos (n < N) é feito ao acaso e sem reposição. A variável aleatória discreta X que é igual ao número de objetos do tipo I selecionados nesse sorteio tem distribuição hipergeométrica.

Os valores possíveis de X vão de 0 a min(r, n), uma vez que não podemos ter mais do que o número de objetos existentes do tipo I, nem mais que o total de sorteados.

Sua função de probabilidade é dada por

P(X = x) = , 0 ≤ x ≤ mínimo(r, n).ou P(X = x) = Cr,x .CN—r,n-x /CN,n.

No caso, N = 100(total de pessoas), x = 4(exatamente 4), r = 15(homens fumantes), n = 5.

Daí,

P(X = 4) = C15,4 .C85,1 /C100,5

Gabarito "B"

(Auditor Fiscal/MG – 2005 – ESAF) Ana precisa chegar ao aeroporto para buscar uma amiga. Ela pode escolher dois trajetos, A ou B. Devido ao intenso tráfego, se Ana escolher o trajeto A, existe uma probabilidade de 0,4 de ela se atrasar. Se Ana escolher o trajeto B, essa probabilidade passa para 0,30. As probabilidades de Ana escolher os trajetos A ou B são, respectivamente, 0,6 e 0,4. Sabendo-se que Ana não se atrasou, então a probabilidade de ela ter escolhido o trajeto B é igual a:

(A) 6/25.

(B) 6/13.

(C) 7/13.

(D) 7/25.

(E) 7/16.

Sejam K o evento se atrasar e

B o evento ir pelo caminho b.

Então, pela Regra da Probabilidade Total,

P(K) = P(K!Á).p(A)+P(K!B).P(B)

Logo,

P(K) = 0,40x0,60+0,30x0,40

P(K) = 0,24+0,12 = 0,36 => probabilidade de se atrasar = 0,36 e a de não se atrasar = 1-0,36 = 0,64.

Seja L o evento não se atrasar.

P(L) = 1-PK).

Então P(L) = P(L!Á).p(A)+P(L!B).P(B)

Obs.: P(L!A) = 1-P(K!A) = 1-0,4 = 0,6

Agora seja o evento não se atrasar E ter ido pelo caminho B, isto é, B inter L

P(B inter L) = P(B)xP(L)

0,28 = p(B)x0,64

P(B) = 0,28/0,64 = 28/64 = 7/16

Gabarito "E"

(Auditor Fiscal da Previdência Social – 2002 – ESAF) A variável aleatória X tem distribuição uniforme no intervalo (0,α) onde α é uma constante maior do que 0,5. Determine o valor de α tal que F(0,5) = 0,7, sendo F(x) a função de distribuição de X.

(A) 3/4.

(B) 1/4.

(C) 1.

(D) 5/7.

(E) ½.

---

f(x) = 1/(α – 0) = 1/α em (0,α)

F(X) = int (1/α) dx (integral de 0 a x). = x/α.

Mas F(0,5) = 0,7

0,5/α = 0,7

α = 0,5/0.7 => α = 5/7

Gabarito "D"

(Auditor Fiscal da Previdência Social – 2002 – ESAF) Sabe-se que o número de clientes que procuram atendimento numa agência da previdência no período das 17 às 18 horas tem distribuição de Poisson com média de 3 clientes. Assinale a opção que dá o valor da probabilidade de que mais de 2 clientes apareçam no período. Sabe-se que e^{-3} = 0,0498, sendo e o número neperiano.

(A) 0,776.

(B) 0,667.

(C) 0,500.

(D) 0,577.

(E) 1,000.

Parâmetro L(lambda) = 3 clientes por período.

Deseja-se p = .P(X>2).

Mas P(X ≤ 2) = P(X = 0) + P(X = 1) + P(X = 2) e P(X = x) = e^{-L} L^x /x!..

Então

P(X ≤ 2) = (1 + 3 + 9/2) e^{-3}

P(X ≤ 2) = (17/2) 0,0498 = 0,4233

Mas p = P(X>2) = 1 – P(X ≤2) = 1 – 0,4233 = 0,5767

Gabarito "D"

(Auditor Fiscal da Previdência Social – 2002 – ESAF) Considere um ensaio aleatório com espaço amostral {T,U,V,W}. Considere os eventos M = {T}, N = {U,V} e S = {W}. Assinale a opção correta relativamente à probabilidade de M N S.

(A) Não se pode determinar a probabilidade da interseção sem maiores informações.

(B) É o produto das probabilidades de M, N e S, pois os eventos são estatisticamente independentes.

(C) A probabilidade é um, pois pelo menos um dos três eventos deve ocorrer.

(D) A probabilidade da interseção é 1/3 se os eventos elementares forem igualmente prováveis.

(E) A probabilidade da interseção é nula, pois os eventos são mutuamente exclusivos.

Como M, N e S são disjuntos, ie, mutuamente exclusivos, a probabilidade da interseção é nula.

Gabarito "E".

(Técnico – ANEEL – 2009 – ESAF) Uma empresa possui 200 funcionários dos quais 40% possuem plano de saúde, e 60 % são homens. Sabe-se que 25% das mulheres que trabalham nesta empresa possuem planos de saúde. Selecionando-se, aleatoriamente, um funcionário desta empresa, a probabilidade de que seja mulher e possua plano de saúde é igual a:

(A) $\frac{1}{10}$.

(B) $\frac{2}{5}$.

(C) $\frac{3}{10}$.

(D) $\frac{4}{5}$.

(E) $\frac{4}{7}$.

Sabemos que a empresa possui 100% - 60% = 40% de mulheres, ou seja, 0,4 × 200 = 80. Destas, 25% possuem plano de saúde, ou seja, 0,25 × 80 = 20. Portanto, selecionando aleatoriamente um funcionário da empresa, a probabilidade de que seja mulher e possua plano de saúde é de 20 / 200 = 1 / 10.

Gabarito "A".

(Analista – ANEEL – 2006 – ESAF) Ana tem o estranho costume de somente usar blusas brancas ou pretas. Por ocasião de seu aniversário, Ana ganhou de sua mãe quatro blusas pretas e cinco brancas. Na mesma ocasião, o pai de Ana a presenteou com quatro blusas pretas e duas brancas. Vítor, namorado de Ana, a presenteou com duas blusas brancas e três pretas. Ana guardou todas essas blusas – e apenas essas – em uma mesma gaveta. Uma tarde, arrumando-se para ir ao parque com Vítor, Ana retira, ao acaso, uma blusa dessa gaveta. A probabilidade de a blusa retirada por Ana ser uma das blusas pretas que ganhou de sua mãe ou uma das blusas brancas que ganhou de seu pai é igual a:

(A) $\frac{4}{5}$.

(B) $\frac{7}{10}$.

(C) $\frac{3}{5}$.

(D) $\frac{3}{10}$.

(E) $\frac{2}{3}$.

Ana ganhou quatro blusas pretas e duas blusas brancas do pai, de um total de 20 blusas que ganhou da mãe, do pai e do namorado. Portanto, a probabilidade procurada é de (4 + 2) / 20 = 6 / 20 = 3 /10.

Gabarito "D".

(Analista – CGU – 2008 – ESAF) Uma empresa de consultoria no ramo de engenharia de transportes contratou 10 profissionais especializados, a saber: 4 engenheiras e 6 engenheiros. Sorteando-se, ao acaso, três desses profissionais para constituírem um grupo de trabalho, a probabilidade de os três profissionais sorteados serem do mesmo sexo é igual a:

(A) 0,10.

(B) 0,12.

(C) 0,15.

(D) 0,20.

(E) 0,24.

A probabilidade de se escolherem 3 engenheiros é de (6/10) × (5/9) × (4/8) = 1/6. A probabilidade de se escolherem 3 engenheiras é de (4/10) × (3/9) × (2/8) = 1/30. Portanto, a probabilidade de os três profissionais serem do mesmo sexo é 1/6 + 1/30 = 6/30 = 0,2.

Gabarito "D".

3. AMOSTRAGEM: AMOSTRAS CASUAIS E NÃO CASUAIS. PROCESSOS DE AMOSTRAGEM, INCLUINDO ESTIMATIVAS DE PARÂMETROS

(Auditor do Tesouro Municipal/Recife–PE – 2003 – ESAF) Para uma amostra de tamanho 100 de um atributo discreto X obteve-se a função de distribuição empírica seguinte: 1033

$$F(x)=\begin{cases} 0 & \text{se} \quad x<1 \\ 0,15 & \text{se} \quad 1\leq x<2 \\ 0,35 & \text{se} \quad 2\leq x<3 \\ 0,55 & \text{se} \quad 3\leq x<4 \\ 0,85 & \text{se} \quad 4\leq x<5 \\ 1 & \text{se} \quad x\geq 5 \end{cases}$$

Assinale a opção que corresponde à frequência de observações de X iguais a três.

(A) 55.

(B) 35.

(C) 20.

(D) 30.

(E) 85.

Solução:

Intervalo	F acumul.	Freq.	X	
< 1	0	0	0	
1 – 2	15	15	1	
2 – 3	35	20	2	
3 – 4	55	20	3	Freq. de x = 3 é 20 – Letra C
4 – 5	85	30	4	
< 5	100	15	5	
Soma		100		

Gabarito "C".

(Auditor do Tesouro Municipal/Recife–PE – 2003 – ESAF) O quadro seguinte apresenta a distribuição de frequências da variável valor do aluguel (X) para uma amostra de 200 apartamentos de uma região metropolitana de certo município. Não existem observações coincidentes com os extremos das classes. Assinale a opção que corresponde à estimativa do valor x tal que a frequência relativa de observações de X menores ou iguais a x seja 80%.

Classes	R$ Frequências
350-380	3
380-410	8
410-440	10
440-470	13
470-500	33
500-530	40
530-560	35
560-590	30
590-620	16
620-650	12

(A) 530.
(B) 560.
(C) 590.
(D) 578.
(E) 575.

Completemos a tabela

Classes	f	f acum	f acum relat	
350-380	3	3	1,5	
380-410	8	11	5,5	
410-440	10	21	10,5	
440- 470	13	34	17	
470-500	33	67	33,5	
500-530	40	107	53,5	
530-560	35	142	71	
560-590	30	172	86	→ Classe dos 80% (D8)
590-620	16	188	94	
620-650	12	200	100	

n = 200 i = 8
PD8 = in/10 = 8x200/10 = 160 h = 30 facant = 142 fD8 = 30
X80% = Linf + h(PD8 - facant)//fD8
X80% = 560 + 30(160 – 142)/30 = 560 + 18
X80% = 578
Gabarito "D".

(Auditor Fiscal da Receita Federal – 2002.1 – ESAF) Em um ensaio para o estudo da distribuição de um atributo financeiro (X) foram examinados 200 itens de natureza contábil do balanço de uma empresa. Esse exercício produziu a tabela de frequências abaixo. A coluna *Classes* representa intervalos de valores de X em reais e a coluna P representa a frequência relativa acumulada. Não existem observações coincidentes com os extremos das classes.

As questões seguintes referem-se a esses ensaios.

Classes	P (%)
70-90	5
90-110	15
110-130	40
130-150	70
150-170	85
170-190	95
190-210	100

Assinale a opção que dá o valor médio amostral de X.

(A) 140,10.
(B) 115,50.
(C) 120,00.
(D) 140,00.
(E) 138,00.

Calculem-se os pontos médios xy das classes

xi	fi	xifi	f acum	
80	5	400	5	
100	10	1000	15	
120	25	3000	40	
140	30	4200	70	(classe da moda)
160	15	2400	85	
180	10	1800	95	
200	5	1000	100	
soma	100	13800		

E xbarra = soma(xifi)/soma(fi)
xbarra = 13800/100 = 138
Gabarito "E".

(Auditor Fiscal da Receita Federal – 2002.1 – ESAF) Assinale a opção que corresponde à estimativa do quinto decil da distribuição de X.

(A) 138,00.
(B) 140,00.
(C) 136,67.
(D) 139,01.
(E) 140,66.

D5 = Linf + h(PD5 - fant)/fD5
D5 = 130 + 20(50 – 40)/30 = 130 + 6,67 = 136,67
Gabarito "C".

(Auditor Fiscal da Previdência Social – 2002 – ESAF) Sabe-se que P {X ≥ 4,3465} = 0,05 onde X tem distribuição F com 3 graus de liberdade no numerador e 7 graus de liberdade no denominador. Assinale a opção que dá o valor de y tal que P {Y ≥ y} = 0,95, onde Y tem distribuição F com 7 graus de liberdade no numerador e 3 graus de liberdade no denominador.

(A) 0,500.
(B) 0,230.
(C) 0,641.
(D) 0,150.
(E) 0,780.

3GL/4GI para x ≥ 4,3465 ;P(.) = a/b.
a)b = 4,3465 = > b)a = 1/ 4,365 = > b/a = 0,230.
Gabarito "B".

(Auditor Fiscal da Previdência Social – 2002 – ESAF) Assinale a opção correta em referência ao significado do termo amostragem aleatória simples.

(A) Refere-se a um método de classificação da população.
(B) Refere-se à representatividade da amostra.
(C) É um método de escolha de amostras.
(D) Refere-se a amostras sistemáticas de populações infinitas.
(E) Refere-se à amostragem por quotas.

É o método mais simples e um dos mais utilizados para escolher uma amostra.
Gabarito "C".

A tabela de frequências abaixo deve ser utilizada nas duas questões seguintes, apresenta as frequências acumuladas (F) correspondentes a uma amostra da distribuição dos salários anuais de economistas (Y) – em R$ 1.000,00, do departamento de fiscalização da Cia. X. Não existem realizações de Y coincidentes com as extremidades das classes salariais.

Classes	F
29,5 - 39,5	2
39,5 - 49,5	6
49,5 - 59,5	13
59,5 - 69,5	23
69,5 - 79,5	36
79,5 - 89,5	45
89,5 - 99,5	50

(Fiscal de Tributos/PA – 2002 – ESAF) Assinale a opção que corresponde ao salário anual médio estimado para o departamento de fiscalização da Cia. X.

(A) 70,0.
(B) 69,5.
(C) 68,0.
(D) 74,4.
(E) 60,0.

Solução

xi	fi	xifi	
34,5	2	68	
44,5	4	178	
54,5	7	381,5	
64,5	10	645	
74,5	13	968,5	← classe modal
84,5	9	760,5	
94,5	5	472,5	
soma	50	3475	xbarra = 3475/50 = 69,5

Gabarito "B".

(Fiscal de Tributos/PA – 2002 – ESAF) Assinale a opção que corresponde ao salário modal anual estimado para o departamento de fiscalização da Cia. X, no conceito de Czuber.

(A) 94,5.
(B) 74,5.
(C) 71,0.
(D) 69,7.
(E) 73,8.

Mo = linf + h(fMo – fant)/(2fMo – fant – fpost)
Mo = 69,5 + 10(13 – 10)/(2x13 -10 - 9)
Mo = 69,5 + 10x3/(26 - 19)
Mo = 69,5 + 30/7 = 73,8
Gabarito "E".

4. INFERÊNCIA: INTERVALOS DE CONFIANÇA. TESTES DE HIPÓTESES PARA MÉDIAS E PROPORÇÕES

(Auditor Fiscal da Previdência Social – 2002 – ESAF) Um atributo X tem distribuição aproximadamente normal com média μ e variância σ^2. A partir de uma amostra aleatória de tamanho 16 da população definida por X, deseja-se testar a hipótese H_0 : μ = 22 contra a alternativa Ha : μ 22. Para esse fim calcula-se a média amostral = 30 e a variância amostral $s^2 = 100$. Assinale a opção que corresponde à probabilidade de significância (p-valor) do teste.

(A) 2P {T > 3,2} onde T tem distribuição de Student com 15 graus de liberdade.
(B) p {IZI > 3,2} onde Z tem distribuição normal padrão.
(C) P {Z < –2,2} onde Z tem distribuição normal padrão.
(D) P {T < –3,2} onde T tem distribuição de Student com 15 graus de liberdade.
(E) P {ITI > 2,2} onde T tem distribuição de Student com 15 graus de liberdade

O p-valor do teste é
t = (xbarra - μ)/ s/sqrt(n) com *(n-1) graus de liberdade.
t = (30 – 22)/10/4 = 8x4/10 = 3,2, com GL = 15.
Gabarito "A".

(Auditor Fiscal da Previdência Social – 2002 – ESAF) Sejam $X_1,...,X_n$ observações de um atributo X.

Sejam

$$\overline{x} = \frac{1}{n}\sum_{i=1}^{n} x_i \text{ e } s^2 = \frac{1}{n}\sum_{i=1}^{n}(x_i - \overline{x})^2.$$

Assinale a opção correta.

(A) Pelo menos 95% das observações de X diferem de em valor absoluto por menos que 2S.
(B) Pelo menos 99% das observações de X diferem de em valor absoluto por menos que 2S.
(C) Pelo menos 75% das observações de X diferem de em valor absoluto por menos que 2S.
(D) Pelo menos 80% das observações de X diferem de em valor absoluto por menos que 2S.
(E) Pelo menos 90% das observações de X diferem de em valor absoluto por menos que 2S.

Sabe-se que o intervalo entre (*xbarra -2S) e (*xbarra + 2S) contém pelo menos 75% das observações, ie, pelo menos 75% das observações de X diferem de, em valor absoluto, por menos que 2S.
Gabarito "C"

(Auditor Fiscal da Previdência Social – 2002 – ESAF) Temos duas populações normais A e B com mesma variância e amostras aleatórias independentes dessas populações de tamanhos n1 = 20 e n2 = 20 respectivamente. Assinale a opção que dá o número de graus de liberdade da estatística de Student utilizada no teste de igualdade das médias das populações A e B.

(A) 40.
(B) 19.
(C) 16.
(D) 20.
(E) 38.

Teste μ1 = μ2 deve ter (n1 – 1) + (n2 – 1) = 19 + 19 = 38 graus de liberdade.
Gabarito "E"

(Auditor Fiscal da Previdência Social – 2002 – ESAF) Tem-se uma população normal com média μ e variância 225. Deseja-se construir, a partir de uma amostra de tamanho n dessa população, um intervalo de confiança para μ com amplitude 5 e coeficiente de confiança de 95%. Assinale a opção que corresponde ao valor de n. Use como aproximadamente 2 o quantil de ordem 97,5% da distribuição normal padrão.

(A) 225.
(B) 450.
(C) 500.
(D) 144.
(E) 200.

DP = sqrt(225) = 15
X ~ N(μ ,15)
Épsilon = 5/2 = 2,5
sqrt(n) = Zc. s/Épsilon
sqrt(n) = 2 .15/2,5 = 30/2,5
sqrt(n) = 12 = > n = 144
Gabarito "D"

5. CORRELAÇÃO E REGRESSÃO

(Auditor Fiscal da Previdência Social – 2002 – ESAF) Para o modelo de regressão linear y = α + ie + ε onde y é a variável resposta, x a variável independente, α e β são parâmetros desconhecidos e ε é uma componente de erro aleatória com média zero. Assinale a opção que corresponde à interpretação do parâmetro α.

(A) É o valor predito de y, dado que x = 0, desde que esse valor de x seja compatível com o conjunto de observações da variável exógena.
(B) Mede a variação esperada em y por unidade de variação na variável exógena.
(C) É o valor esperado de y, quando se padroniza a variável exógena.
(D) Mede a variação da reta de regressão.
(E) Mede o coeficiente angular da reta de regressão.

Quando x = 0, y = . α.
Gabarito "A"

36. INFORMÁTICA

Helder Satin

1. *HARDWARE*

(Técnico – MPU – 2004 – ESAF) "Quando se abre um documento do Word, esse documento será copiado do disco rígido para a memória, porque a memória permite um acesso muito mais rápido para que se faça modificações nesse documento. Quando se edita esse documento, as modificações surgem instantaneamente na tela, mas, enquanto não são salvas no disco rígido, elas não se tornam efetivas." Analisando o texto acima, é correto afirmar que o termo "a memória"

(A) indica a memória ROM.
(B) indica a memória RAM.
(C) indica BIOS.
(D) está aplicado de forma incorreta. O correto seria substituí-lo por "o processador".
(E) está aplicado de forma incorreta. O correto seria substituí-lo por "o *chipset* da placa-mãe".

A: Errada, a memória ROM não permite escrita. **B:** Correta, a memória RAM é uma memória de acesso rápido e volátil utilizada para agilizar alterações em arquivos. **C:** Errada, a BIOS é responsável pelo suporte básico de acesso ao *hardware*. **D:** Errada, o termo está aplicado de forma correta. **E:** Errada, o término está aplicado de forma correta.

Gabarito "B".

(Técnico – MPU – 2004 – ESAF) Analise as seguintes afirmações relativas às características das memórias *cache* e virtual.

I. A memória virtual é normalmente gerenciada e controlada pelo processador, enquanto a memória *cache* é gerenciada e controlada pelo sistema operacional.
II. Os sistemas de memória *cache* podem ser divididos em duas classes: as L1, de tamanho fixos, denominadas páginas, e as L2, de tamanho variável, denominadas segmentos.
III. O tempo de acesso a uma memória *cache* é muitas vezes menor que o tempo de acesso à memória virtual.
IV. A capacidade máxima de armazenamento da memória *cache* que um computador para uso pessoal pode alcançar é menor que a capacidade máxima de armazenamento que a memória virtual, para o mesmo computador, pode alcançar.

Indique a opção que contenha todas as afirmações verdadeiras.

(A) I e II
(B) II e III
(C) III e IV
(D) I e III
(E) II e IV

A: Errada, a afirmativa I está incorreta, a memória *cache* é gerenciada pela CPU. **B:** Errada, a afirmativa II está incorreta, as denominações de páginas e segmentos se referem à memória virtual. **C:** Correta, apenas as afirmativas III e IV estão corretas. **D:** Errada, a afirmativa I está incorreta, a memória *cache* é gerenciada pela CPU. **E:** Errada, a afirmativa II está incorreta, as denominações de páginas e segmentos se referem à memória virtual.

Gabarito "C".

(Técnico – MPU – 2004 – ESAF) Analisando o gerenciador de dispositivos do Windows, um usuário percebeu que alguns dispositivos já se encontravam instalados e configurados, devido à tecnologia *Plug and Play*. Com relação a essa tecnologia, é correto afirmar que ela é

(A) um conjunto de rotinas que efetua, em primeiro lugar, o teste do *hardware* durante o processo de inicialização, depois inicia o Sistema Operacional e, finalmente, dá suporte à transferência de dados entre dispositivos de *hardware*.
(B) um conjunto de *jumpers* que devem ser configurados no dispositivo de *hardware* para que o sistema operacional identifique a porta de comunicação que o usuário deseja instalar o referido dispositivo.
(C) um conjunto de especificações desenvolvidas pela Intel que permite que um Sistema Operacional detecte e configure automaticamente um dispositivo e, em seguida, instale os *drivers* apropriados para esse.

(D) um conjunto de especificações desenvolvidas pelos fabricantes de BIOS, armazenado em uma memória ROM, para que seja executado sempre que o computador for ligado.

(E) utilizada para permitir a comunicação entre o processador e o dispositivo de *hardware* antes da inicialização do Sistema Operacional.

A: Errada, a afirmativa descreve o funcionamento da BIOS. **B:** Errado, não há a necessidade de configurar *jumpers* para o funcionamento de um dispositivo *Plug and Play*. **C:** Correta, a tecnologia *Plug and Play* foi desenvolvida pela Intel em parceria com a Microsoft e permite que o Sistema Operacional detecte automaticamente dispositivos ligados ao computador. **D:** Errada, a tecnologia foi desenvolvida pela Intel em parceria com a Microsoft e não pelos fabricantes de BIOS. **E:** Errada, a função da tecnologia é permitir que o Sistema Operacional detecte automaticamente dispositivos ligados ao computador.

Gabarito "C"

(Técnico da Receita Federal – 2006 – ESAF) Analise as seguintes afirmações relacionadas aos conceitos básicos de informática: *Hardware* e Software.

I. Frequência de atualização de um monitor é a frequência com que a tela de vídeo é redesenhada para evitar que a imagem fique piscando. A área da imagem inteira da maioria dos monitores é atualizada aproximadamente 1.024 vezes por segundo.

II. Nas versões mais novas do Windows, para se utilizar o recurso de suporte a vários monitores, precisa-se, para cada monitor, de um adaptador de vídeo PCI, AGP, *onboard* ou outro tipo compatível com a placa-mãe.

III. O USB (*Universal Serial Bus* – barramento serial universal) é um barramento externo que dá suporte à instalação *Plug and Play*, permitindo a conexão e desconexão de dispositivos sem desligar ou reiniciar o computador.

IV. A resolução de tela é a configuração que determina a quantidade de informações apresentadas na tela do monitor, medida em polegadas quadradas. Uma resolução baixa, como 640 x 480, faz com que os itens na tela apareçam menores e a área da tela torna-se pequena. Uma resolução alta, como 1.024 x 768, apresenta uma área de exibição maior e os itens individuais tornam-se grandes.

Indique a opção que contenha todas as afirmações verdadeiras.

(A) I e II.
(B) II e III.
(C) III e IV.
(D) I e III.
(E) II e IV.

A: Errada, a afirmativa I está incorreta, a taxa de atualização da maioria dos monitores é de 60 vezes por segundo ou 60Hz. **B:** Correta, apenas as afirmativas II e III estão corretas. **C:** Errada, a afirmativa IV está incorreta, a área da tela é medida em *pixels* e uma resolução baixa faz com que os itens apareçam maiores e uma resolução maior faz com que itens apareçam menores devido à quantidade de *pixels* disponível para representar cada item. **D:** Errada, a afirmativa I está incorreta, a taxa de atualização da maioria dos monitores é de 60 vezes por segundo ou 60Hz. **E:** Errada, a afirmativa IV está incorreta, a área da tela é medida em *pixels* e uma resolução baixa faz com que os itens apareçam maiores e uma resolução maior faz com que itens apareçam menores devido à quantidade de *pixels* disponível para representar cada item.

Gabarito "B"

(Técnico da Receita Federal – 2006 – ESAF) Nos dispositivos de armazenamento de dados, quando se utiliza espelhamento visando a um sistema tolerante a falhas, é correto afirmar que

(A) ao apagar um arquivo em um disco com sistema de espelhamento, o arquivo equivalente no disco espelhado só será apagado após a execução de uma ação específica de limpeza que deve ser executada periodicamente pelo usuário.

(B) ao ocorrer uma falha física em um dos discos, os dados nos dois discos tornam-se indisponíveis. Os dados só serão mantidos em um dos discos quando se tratar de uma falha de gravação de dados.

(C) o sistema fornece redundância de dados usando uma cópia do volume para duplicar as informações nele contidas.

(D) o disco principal e o seu espelho devem estar sempre em partições diferentes, porém no mesmo disco físico.

(E) o disco a ser utilizado como espelho deve ter sempre o dobro do tamanho do disco principal a ser espelhado.

A: Errada, quando um arquivo é apagado em um sistema com espelhamento, ele é excluído automaticamente no disco espelhado. **B:** Errada, o espelhamento existe justamente para evitar este tipo de problema, uma falha física de um dos discos não afeta o arquivo no outro disco. **C:** Correta, o espelhamento cria uma cópia redundante dos arquivos duplicando-o em outra unidade. **D:** Errada, para que o espelhamento seja feito de forma eficaz deve-se utilizar duas unidades físicas de disco diferentes. **E:** Errada, ambos os discos devem ser exatamente iguais em tamanho para que o espelhamento possa ser feito.

Gabarito "C"

(Auditor Fiscal/CE – 2006 – ESAF) Analise as seguintes afirmações relacionadas a conceitos básicos de Informática.

I. O Chipset é o principal componente de uma placa-mãe, no qual é possível encontrar os controladores de acesso à memória, controladores do barramento IDE, AGP e ISA.

II. O Driver é um conjunto de rotinas que permite ao sistema operacional acessar o periférico, funcionando como uma espécie de tradutor entre o dispositivo.

III. Um HD SCSI, ao ser conectado à saída IDE UDMA/66 de uma placa-mãe, tem sua velocidade de acesso multiplicada por 66, chegando a uma taxa de transferência da ordem de 150 Giga Bytes/segundo.

IV. Um processador, para ler dados de uma memória RAM, deve indicar o endereço desejado na memória, usando, para isto, o barramento de dados, recebendo os dados desejados via memória *cache*.

Indique a opção que contenha todas as afirmações verdadeiras.

(A) I e II.
(B) II e III.
(C) III e IV.
(D) I e III.
(E) II e IV.

A: Correta, apenas as afirmativas I e II estão corretas. **B:** Errada, a afirmativa III está incorreta, um HD SCSI não pode ser ligado a uma interface IDE. **C:** Errada, as alternativas III e IV estão incorretas, um HD SCSI não pode ser ligado a uma interface IDE e na leitura da memória o processador recebe os dados via registradores. **D:** Errada, a afirmativa III está incorreta, um HD SCSI não pode ser ligado a uma interface IDE. **E:** Errada, a afirmativa IV está incorreta, na leitura da memória o processador recebe os dados via registradores.

Gabarito "A"

(Auditor Fiscal/MG – 2005 – ESAF) As memórias internas de um computador são de dois tipos básicos:

(A) a memória ROM, representada basicamente pelos CDs, e a memória RAM, que é composta pelos discos rígidos.
(B) a memória RAM, baseada em *chips* semicondutores, que é volátil e compõe a memória principal do microcomputador, e a memória ROM, que não é volátil e que normalmente armazena o BIOS (*Basic Input- Output System*).
(C) as memórias estáticas ou RAM e as memórias dinâmicas ou discos rígidos.
(D) o BIOS (*Basic Input-Output System) e os discos magnéticos.*
(E) *os arquivos e os programas utilitários.*

A: Errada, o CD não pode ser considerado uma memória ROM, que é uma memória não volátil que armazena a BIOS. **B:** Correta, a memória RAM é volátil e compõe a memória principal do computador e a ROM é uma memória não volátil que armazena a BIOS. **C:** Errada, a memória RAM não é uma memória estática. **D:** Errada, a BIOS não é um tipo de memória, mas sim instruções utilizadas na inicialização do computador. **E:** Errada, arquivos e programas não são tipos de memória, são apenas arquivos que são armazenados na memória.

Gabarito "B"

(Auditor Fiscal/RN – 2005 – ESAF) Analise as seguintes afirmações relacionadas a conceitos de *hardware*.

I. O barramento USB é um barramento externo que dá suporte à instalação *plug and play*.
II. Uma porta infravermelha é uma porta óptica utilizada em um computador para se comunicar com outros computadores ou dispositivos usando luz infravermelha e um cabo de fibras ópticas.
III. O uso do barramento USB permite a conexão e a desconexão de dispositivos de um computador sem desligar ou reiniciar o mesmo, sendo possível o uso de uma única porta USB para se conectar mais de 16 dispositivos periféricos.
IV. Um pool de impressão deve ser formado por duas ou mais impressoras diferentes conectadas a um servidor de impressão que agirá como uma única impressora. Nesse caso, quando se deseja imprimir um documento, o trabalho de impressão é enviado à impressora denominada Padrão, que se encarrega de distribuir os trabalhos para as impressoras disponíveis no pool.

Indique a opção que contenha todas as afirmações verdadeiras.

(A) I e II.
(B) II e III.
(C) III e IV.
(D) I e III.
(E) II e IV.

A: Errada, a afirmativa II está incorreta, na comunicação infravermelha não é utilizado nenhum tipo de cabo. **B:** Errada, a afirmativa II está incorreta, na comunicação infravermelha não é utilizado nenhum tipo de cabo. **C:** Errada, a afirmativa IV está incorreta, um pool de impressão consiste em uma impressora conectada a vários dispositivos por meio de várias portas. **D:** Correta, apenas as afirmativas I e III estão corretas. **E:** Errada, as afirmativas II e IV estão incorretas, na comunicação infravermelha não é utilizado nenhum tipo de cabo e um pool de impressão consiste em uma impressora conectada a vários dispositivos por meio de várias portas.

Gabarito "D"

(Auditor Fiscal/RN – 2005 – ESAF) Analise as seguintes afirmações relacionadas a conceitos de *hardware* e software.

I. O mais importante pacote de *software* de um computador é o conjunto de *drives* nele instalados, utilizados para controle de todos os periféricos.
II. O sistema operacional é um sistema integrado de programas que gerencia as operações da CPU, controla os recursos e atividades de entrada/saída e de armazenamento e fornece vários serviços de apoio à medida que o computador executa os programas aplicativos dos usuários.
III. O sistema operacional executa atividades que minimizam a necessidade de intervenções dos usuários, como, por exemplo, acesso à rede e gravação e recuperação de arquivos.
IV. Para obter o rendimento máximo de um computador utilizado como servidor, o sistema operacional deverá ser acionado após a inicialização de todos os aplicativos de gerenciamento de rede.

Indique a opção que contenha todas as afirmações verdadeiras.

(A) I e II.
(B) II e III.
(C) III e IV.
(D) I e III.
(E) II e IV.

A: Errada, a afirmativa I está incorreta, os *drives* não são *softwares*, mas sim um conjunto de instruções utilizadas pelo Sistema Operacional para controlar os periféricos. **B:** Correta, apenas as afirmativas II e III estão corretas. **C:** Errada, a afirmativa IV está incorreta, alterar a ordem com que o sistema operacional é inicializado não possui qualquer reflexo no desempenho de um computador. **D:** Errada, a afirmativa I está incorreta, os *drives* não são *softwares*, mas sim um conjunto de instruções utilizadas pelo Sistema Operacional para controlar os periféricos. **E:** Errada, a afirmativa IV está incorreta, alterar a ordem com que o sistema operacional é inicializado não possui qualquer reflexo no desempenho de um computador.

Gabarito "B".

(Auditor Fiscal da Receita Federal – 2003– ESAF) Uma das características do processador Intel Xeon é

(A) a semelhança de arquitetura com os processadores Intel Celeron, principalmente na velocidade de acesso à memória *cache* L1 e L2.
(B) a ausência das memórias *cache* L1 e L2.
(C) o seu alto desempenho, sendo normalmente utilizado para equipar servidores.
(D) a semelhança de arquitetura com processadores AMD Duron, principalmente na velocidade de acesso à memória *cache* L1 e L2.
(E) a capacidade de equipar uma placa-mãe para quatro processadores, sendo que os outros três podem ser Pentium III comum ou Intel Celeron.

A: Errada, a arquitetura de processadores Xeon é diferente de um processador Celeron, visto que o Xeon é utilizado em servidores de alta capacidade. **B:** Errada, os processadores da linha Xeon possuem memória *cache* L1 e L2. **C:** Correta, processadores Xeon possuem alto desempenho e são normalmente utilizados em servidores. **D:** Errada, a arquitetura de processadores Duron e Xeon é diferente, visto que o Xeon é utilizado em servidores de alta capacidade. **E:** Errada, os processadores Xeon em geral possuem 4 núcleos integrados e não podem ser ligados em uma mesma placa-mãe em conjunto com processadores do tipo Pentium III ou Celeron.

Gabarito "C".

(Técnico da Receita Federal – 2003 – ESAF) O sistema de arquivos mais comum de um CD-ROM é o

(A) CDR
(B) CDRW
(C) FAT
(D) NTFS
(E) CDFS

A: Errada, CDR não é um sistema de arquivos, mas sim uma modulação de fluxo de dados ou a denominação de um CD gravável. **B:** Errada, CDRW não é um sistema de arquivos, mas sim a denominação de um CD regravável. **C:** Errada, o sistema FAT é utilizado em versões mais antigas do OS Windows baseados em DOS e alguns tipos de *pen drive*. **D:** Errada, o sistema NTFS é utilizado nas últimas versões do Windows NT. **E:** Correta, o CDFS (CD-ROM File System) é o sistema de arquivos adotado em CDs do tipo ROM.

Gabarito "E".

(Técnico da Receita Federal – 2003 – ESAF) Analise as seguintes afirmações relativas a componentes básicos de um computador.

I. A memória RAM pode ser lida ou gravada pelo computador e outros dispositivos.
II. A memória virtual é utilizada para armazenamento temporário, visando à execução de programas que precisam de mais memória, além da principal.
III. Paginar significa mover as partes da memória ROM usadas com pouca frequência como memória de trabalho para outra mídia armazenável, geralmente o CD-ROM.
IV. As memórias ROM e Cache têm a mesma velocidade de acesso em computadores mais modernos, desde que o processador tenha sido configurado para utilizar a memória virtual como intermediária entre a memória RAM e o HD.

Indique a opção que contenha todas as afirmações verdadeiras.

(A) I e II.
(B) II e III.
(C) III e IV.
(D) I e III.
(E) II e IV.

A: Correta, apenas as afirmativas I e II estão corretas. **B:** Errada, a afirmativa III está incorreta, a memória ROM é do tipo não volátil que não permite a edição de seu conteúdo, e CDs do tipo CD-ROM não permitem escrita. **C:** Errada, as afirmativas III e IV estão incorretas, a memória ROM é do tipo não volátil que não permite a edição de seu conteúdo, CDs do tipo CD-ROM não permitem escrita e a memória Cache tem uma velocidade de acesso maior que a memória ROM. **D:** Errada, a afirmativa III está incorreta, a memória ROM é do tipo não volátil que não permite a edição de seu conteúdo, e CDs do tipo CD-ROM não permitem escrita. **E:** Errada, a afirmativa IV está incorreta, a memória Cache tem uma velocidade de acesso maior que a memória ROM.

Gabarito "A".

(Técnico da Receita Federal – 2003 – ESAF) Analise as seguintes afirmações relativas à UCP – Unidade Central de Processamento, ou processador, de um computador.

I. Um processador, além da capacidade de realizar leituras e gravações na memória, deve ser capaz de comunicar-se com o usuário. Ele deve ser capaz de ler dados provenientes do teclado, mouse e outros dispositivos de saída de dados, bem como transferir dados para o vídeo, impressora e outros dispositivos de entrada de dados.
II. O processador possui um barramento de dados, através do qual trafegam os dados que são transmitidos ou recebidos pelo barramento de endereços.
III. O processador utiliza o barramento de endereços para indicar qual é a posição de memória a ser acessada.
IV. Os processadores possuem, além do barramento de dados e de endereços, o barramento de controle.

Indique a opção que contenha todas as afirmações verdadeiras.

(A) I e II.
(B) II e III.
(C) III e IV.
(D) I e III.
(E) II e IV.

A: Errada, as afirmativas I e II estão incorretas, a função do processador é de executar as instruções e controlar as operações no computador, e ambos os barramentos de dados e endereço funcionam de maneira paralela. **B:** Errada, a afirmativa II está incorreta, ambos os barramentos de dados e endereço funcionam de maneira paralela. **C:** Correta, apenas as afirmativas III e IV estão corretas. **D:** Errada, a afirmativa I está incorreta, a função do processador é de executar as instruções e controlar as operações no computador. **E:** Errada, a afirmativa II está incorreta, ambos os barramentos de dados e endereço funcionam de maneira paralela.

Gabarito "C".

(Técnico da Receita Federal – 2003 – ESAF) Uma interrupção pode ser considerada como uma solicitação de atenção feita pelo processador. Sempre que o processador recebe uma interrupção ele

(A) se desliga imediatamente.
(B) acessa o BIOS, faz uma varredura no HD e transfere o controle para o usuário.
(C) suspende suas operações do momento, salva o status do trabalho e transfere o controle para o teclado.
(D) suspende suas operações do momento, salva o status do trabalho e transfere o controle para uma determinada rotina de tratamento de interrupção.
(E) acelera suas operações do momento para salvar os arquivos abertos e transfere o controle para o usuário.

A: Errada, uma interrupção apenas faz com que o processador interrompa a operação atual para atender o dispositivo que pediu a interrupção, não sendo necessário seu desligamento. **B:** Errada, a BIOS é acessado apenas na inicialização do sistema. **C:** Errada, o controle não é transferido para o teclado, e sim para o dispositivo que pediu a interrupção. **D:** Correta, o processador suspende a operação atual, salva o status do trabalho e manda o controle para o dispositivo que pediu a interrupção. **E:** Errada, ele não acelera a operação, mas sim a interrompe para que o dispositivo que pediu a interrupção possa ter o controle.

Gabarito "D".

(Auditor Fiscal da Receita Federal – 2002.1 – ESAF) Analise as seguintes afirmações relativas a sistemas de armazenamento:

I. O acesso aos registradores é mais rápido que o acesso à memória *cache*.
II. O tempo de acesso à memória RAM e aos discos magnéticos é praticamente o mesmo.
III. As unidades de fita DAT são muito utilizadas para efetuar cópias de segurança.
IV. Quando um disco magnético é utilizado como memória virtual, o tempo de acesso é inferior ao da memória *cache*.

Indique a opção que contenha todas as afirmações verdadeiras.

(A) I e II.
(B) II e III.
(C) III e IV.
(D) I e III.
(E) II e IV.

A: Errada, a afirmativa II está incorreta, o tempo de acesso à memória RAM é muito menor que o tempo de acesso aos discos magnéticos. **B:** Errada, a afirmativa II está incorreta, o tempo de acesso à memória RAM é muito menor que o tempo de acesso aos discos magnéticos. **C:** Errada, a afirmativa IV está incorreta, o tempo de acesso ao disco magnético é sempre maior que o tempo de acesso da memória *cache*, não importando se ele é utilizado como memória virtual. **D:** Correta, apenas as afirmativas I e III estão corretas. **E:** Errada, as afirmativas II e IV estão incorretas, o tempo de acesso à memória RAM é muito menor que o tempo de acesso aos discos magnéticos e o tempo de acesso ao disco magnético é sempre maior que o tempo de acesso da memória *cache*, não importando se ele é utilizado como memória virtual.

Gabarito "D".

(Auditor Fiscal da Receita Federal – 2002.1 – ESAF) Analise as seguintes afirmações relativas à arquitetura de computadores:

I. A memória virtual é dividida em páginas, que são relativamente grandes quando comparadas com os blocos de memória *cache*.
II. A arquitetura Intel 80x86, que atualmente está presente na maioria dos microcomputadores domésticos, tem suas raízes no microcomputador 8086. Só foi possível manter esta compatibilidade devido à arquitetura RISC destes processadores.
III. O registrador pode ser visto como uma memória pequena e rápida, separada da memória do sistema, que é usada para armazenamento temporário durante o processamento. 1041
IV. O ISA é um padrão de barramento de 64 *bits*.

Indique a opção que contenha todas as afirmações verdadeiras.

(A) I e III.
(B) II e III.
(C) III e IV.
(D) I e II.
(E) II e IV.

A: Correta, apenas as afirmativas I e III estão corretas. **B:** Errada, a afirmativa II está incorreta, os processadores 8086 possuíam arquitetura CISC. **C:** Errada, a afirmativa IV está incorreta, o ISA é um padrão de barramento de 16 *bits*. **D:** Errada, a afirmativa II está incorreta, os processadores 8086 possuíam arquitetura CISC. **E:** Errada, as afirmativas II e IV estão incorretas, os processadores 8086 possuíam arquitetura CISC e o ISA é um padrão de barramento de 16 *bits*.

Gabarito "A".

(Auditor Fiscal da Receita Federal – 2002.1 – ESAF) O sistema tolerante a falhas, cujos dados e paridades são distribuídos ao longo de três ou mais discos físicos, é denominado

(A) espelhamento.
(B) RAID-5.
(C) RAID-1.
(D) *backUp* incremental.
(E) *backUp* diferencial.

A: Errada, no espelhamento não são utilizados *bits* de paridade. **B:** Correta, o RAID-5 utiliza *bits* de paridade que são espalhados em três ou mais discos. **C:** Errada, o RAID-1 realiza o espelhamento e este não utiliza *bits* de paridades. **D:** Errada, o *backup* incremental realiza apenas a cópia de segurança dos dados, ele não distribui os dados entre discos. **E:** Errada, o *backup* diferencial realiza apenas a cópia de segurança dos dados, ele não distribui os dados entre discos.

Gabarito "B"

(Auditor Fiscal da Receita Federal – 2002.1 – ESAF) Quando dois processos A e B não concluem as suas execuções porque o processo A depende do término do processo B que, por sua vez, depende da conclusão do processo A, tem-se uma situação denominada

(A) deadlock.
(B) compartilhamento de recursos.
(C) *pipe*line.
(D) state wait.
(E) interrupção de CPU.

A: Correta, quando dois processos não concluem suas execuções porque um depende do término do outro temos um deadlock. **B:** Errada, compartilhamento de recursos se dá quando um certo recurso é divido por mais de um processo. **C:** Errada, *pipe*line é uma técnica que permite que a CPU realize a busca de uma ou mais instruções além da próxima a ser executada. **D:** Errada, *state wait* é o tempo de espera por parte do processador até que a memória esteja preparada para ler ou gravar dados. **E:** Errada, a interrupção do CPU ocorre quando a atenção do CPU é desviada para outro processo que necessita que algo seja feito.

Gabarito "A"

(Auditor Fiscal da Receita Federal – 2002.2 – ESAF) Em um computador, o objetivo do barramento é reduzir o número de interconexões entre a CPU e seus subsistemas. Para evitar a necessidade de um elevado número de caminhos de comunicação entre a memória e cada um dos dispositivos de entrada e saída, a CPU é interconectada com sua memória e sistemas de entrada e saída via um barramento de sistema compartilhado.

Com relação à funcionalidade dos barramentos e acessos à memória em um computador é correto afirmar que

(A) a memória gera endereços que são colocados no barramento de endereços e a CPU recebe endereços do barramento de endereços.
(B) a CPU e a memória geram endereços que são colocados no barramento de endereços e a memória recebe endereços do barramento de endereços.
(C) a CPU gera endereços que são colocados no barramento de endereços e a memória recebe endereços do barramento de endereços.
(D) a CPU gera endereços que são colocados no barramento de endereços e a CPU e a memória receberão endereços do barramento de endereços.
(E) tanto a CPU quanto a memória geram endereços que são colocados no barramento de endereços e recebem endereços do barramento de endereços.

A: Errada, a memória não tem capacidade de gerar endereços, ela apenas os armazena para que o processador possa acessar suas informações. **B:** Errada, a memória não tem capacidade de gerar endereços, ela apenas os armazena para que o processador possa acessar suas informações. **C:** Correta, a CPU gera os endereços que, por meio do barramento de endereços, chega à memória para que ela seja acessada. **D:** Errada, a memória é quem recebe os endereços que foram gerados pela CPU. **E:** Errada, apenas a CPU gera os endereços que são postos no barramento de endereços.

Gabarito "C"

(Auditor Fiscal da Receita Federal – 2002.2 – ESAF) A memória é organizada em uma hierarquia na qual a memória mais densa oferece a pior *performance*, enquanto a memória menos densa oferece uma melhor *performance*. Para se unir estes resultados o princípio da localidade é explorado no *cache* e na memória virtual. Com relação aos tipos de memória e suas características de acesso é correto afirmar que

(A) a memória virtual paginada e a memória *cache*, quando usadas no mesmo computador, apresentam velocidade de acesso e desempenho semelhantes, mas com capacidades de armazenamento diferentes.
(B) quando um programa referencia uma posição de memória, é provável que referencie a mesma posição de memória novamente em breve. Este princípio é conhecido como localidade temporal.
(C) a localidade espacial acontece porque os programas gastam muito do seu tempo em iterações ou em recursividade.
(D) uma das principais características do princípio da localidade temporal, bastante utilizado para aumentar o desempenho de um computador, é a tendência de se armazenar os dados em posições contíguas.
(E) uma memória virtual paginada melhora o tempo de acesso médio à memória principal.

A: Errada, a memória virtual utiliza o disco rígido para aumentar a memória disponível, portanto nunca terá desempenho semelhante a um tipo de memória menos densa. **B:** Correta, o princípio da localidade temporal consiste no fato de que um programa que acessa uma posição na memória poderá acessá-la novamente em breve. **C:** Errada, o conceito de localidade espacial consiste no fato de que, se um endereço foi acessado, é possível que seus vizinhos também sejam. **D:** Errada, este procedimento favorece a localidade espacial e não a temporal. **E:** Errada, a memória virtual paginada, não melhora o tempo de acesso à memória principal, apenas reduz o tempo de *swapping*.

Gabarito "B"

(Auditor Fiscal da Receita Federal – 2002.2 – ESAF) Analise as seguintes afirmações relativas à organização, à arquitetura e aos componentes funcionais de computadores:

I. Uma das características básicas da tecnologia RISC é: "Leia, com antecedência, instruções e as coloque em uma fila de instruções na CPU antes de elas serem executadas".
II. A arquitetura Intel 80x86, que usa tecnologia RISC, mantém até hoje a compatibilidade com o microprocessador 8086, que usava tecnologia CISC.

III. Uma característica adotada nas arquiteturas SPARC é a sobreposição de janelas de registradores. Estes registradores são usados para passar parâmetros entre procedimentos em vez de usar uma pilha na memória principal, reduzindo o custo imposto pela chamada e retorno de procedimentos que envolvem esta passagem.

IV. O desempenho de arquiteturas RISC pode ser otimizado abandonando-se o uso de *pipe*lines.

Indique a opção que contenha todas as afirmações verdadeiras.

(A) I e II.
(B) II e III.
(C) III e IV.
(D) I e III.
(E) II e IV.

A: Errada, a afirmativa II está incorreta, a arquitetura Intel 80x86 utiliza tecnologia CISC e não RISC. **B:** Errada, a afirmativa II está incorreta, a arquitetura Intel 80x86 utiliza tecnologia CISC e não RISC. **C:** Errada, a afirmativa IV está incorreta, a técnica de *pipe*line tem como objetivo acelerar a velocidade de operação da CPU. **D:** Correta, apenas as afirmativas I e III estão corretas. **E:** Errada, as afirmativas II e IV estão incorretas, a arquitetura Intel 80x86 utiliza tecnologia CISC e não RISC, e a técnica de *pipe*line tem como objetivo acelerar a velocidade de operação da CPU.

Gabarito "D"

(Auditor Fiscal da Previdência Social – 2002 – ESAF) A principal diferença entre um processador de 450 MHz equipado com memória *cache* e um segundo, também de 450 MHz, sem memória *cache*, está na

(A) velocidade de acesso ao disco rígido.
(B) velocidade de acesso à memória RAM.
(C) capacidade de armazenamento na memória RAM.
(D) velocidade final de processamento.
(E) velocidade de acesso à Internet.

A: Errada, a memória *cache* não altera a velocidade de acesso ao disco rígido. **B:** Errada, o acesso à memória RAM pelo processador é lento, o *cache* existe para suprir esse problema. **C:** Errada, a memória *cache* possui uma capacidade de armazenamento muito menor que a memória RAM. **D:** Correta, a velocidade de acesso à memória *cache* é muito grande, o que aumenta a velocidade final de processamento. **E:** Errada, a velocidade de acesso à Internet não depende da quantidade de memória do computador.

Gabarito "D"

(Auditor Fiscal da Previdência Social – 2002 – ESAF) Um usuário tinha uma impressora instalada e funcionando corretamente em um velho computador. Comprou um novo computador e resolveu transferir para ele a impressora. Após concluir a instalação da impressora, observou que, ao enviar um documento para impressão, este era impresso de uma forma incompreensível, isto é, o texto ou imagem enviados para impressão eram substituídos por uma série de caracteres completamente diferentes do original. A causa provável do problema é

(A) a inversão dos conectores do cabo da impressora.
(B) a instalação de um *driver* incorreto.
(C) a utilização de um cabo USB usado pelo computador novo no lugar de um cabo paralelo usado pela impressora antiga.
(D) utilização de alimentação 220Volts na impressora quando deveriam ser 110Volts.
(E) a existência de um outro equipamento em conflito com a impressora.

A: Errada, a ordem dos conectores não pode ser alterada e não afeta a transmissão dos dados para o dispositivo de impressão. **B:** Correta, um *driver* incorreto faz com que os caracteres a serem impressos não sejam reconhecidos corretamente pela impressora. **C:** Errada, o tipo do cabo não altera a transmissão dos dados para o dispositivo de impressão, apenas sua velocidade de transmissão. **D:** Errada, o tipo de alimentação da impressora não afeta a maneira como os dados são transmitidos para o dispositivo. **E:** Errada, a existência de outro dispositivo de impressão não causa problemas no reconhecimento da informação a ser impressa.

Gabarito "B"

(Técnico da Receita Federal – 2002.1 – ESAF) Um exemplo de periférico de entrada para ambientes gráficos é o(a)

(A) monitor de vídeo.
(B) impressora laser.
(C) impressora de jato de tinta.
(D) mouse.
(E) drive de CD-ROM.

A: Errada, o monitor é um dispositivo de saída. **B:** Errada, impressoras são dispositivos de saída. **C:** Errada, impressoras são dispositivos de saída. **D:** Correta, o mouse serve como dispositivo de entrada em um computador. **E:** Errada, o drive de CD-ROM é um dispositivo de armazenamento.

Gabarito "D"

(Técnico da Receita Federal – 2002.1 – ESAF) O dispositivo que permite a conexão de computadores em longas distâncias através da linha telefônica é a(o)

(A) placa de rede.
(B) *modem*.
(C) porta serial.
(D) porta paralela.
(E) cabo de par trançado UTP.

A: Errada, a placa de rede conecta computadores utilizando cabos de rede Ethernet a curtas distâncias. **B:** Correta, o *modem* conecta computadores por meio da linha telefônica convencional. **C:** Errada, a porta serial não é utilizada para conexão por linha telefônica. **D:** Errada, a porta paralela não é utilizada para conexão por linha telefônica. **E:** Errada, cabo de par trançado é utilizado em redes Ethernet e não com linhas telefônicas.

Gabarito "B"

(Técnico da Receita Federal – 2002.1 – ESAF) Em um computador, o local onde os dados são manipulados é denominado

(A) BIOS.
(B) barramento.
(C) memória.
(D) CPU.
(E) periférico.

A: Errada, a BIOS é responsável pelo suporte básico de acesso ao *hardware* e por iniciar a carga do sistema operacional. **B:** Errada, o barramento é responsável por levar os dados entre os diferentes componentes do computador. **C:** Errada, a memória é o local onde os dados são armazenados. **D:** Correta, a CPU (Central Processing Unit) é o local onde os dados são processados pelo computador. **E:** Errada, os periféricos são componentes externos que adicionam funcionalidades ao computador.

Gabarito "D"

(Técnico da Receita Federal – 2002.2 – ESAF) Após instalar uma nova impressora Post*Script* em um computador, observou-se que, ao enviar um arquivo contendo imagens para impressão, a mesma imprimia apenas uma sequência de caracteres ininteligíveis. Com relação às possíveis causas do problema apresentado é correto afirmar que

(A) o cabo utilizado para instalar a impressora está invertido, isto é, o lado que deveria ser conectado na impressora está conectado ao computador e vice-versa.
(B) a imagem enviada para impressão é uma imagem protegida.
(C) impressoras Post*Script* não podem ser utilizadas para imprimir imagens.
(D) provavelmente o arquivo enviado para impressão continha textos junto com a imagem e esse procedimento não pode ser realizado para o caso de impressoras Post*Script*.
(E) o *driver* utilizado para instalação da impressora não está correto ou não foi instalado corretamente.

A: Errada, nos cabos de conexão de uma impressora não há lado específico a ser utilizado. **B:** Errada, o fato de uma imagem estar protegida não impede que ela seja impressa. **C:** Errada, impressoras Post*Script* podem imprimir tanto texto quanto imagem. **D:** Errada, impressoras Post*Script* podem imprimir textos e imagens em um mesmo documento. **E:** Correta, quando o *driver* utilizado para a instalação da impressora está incorreto, esta irá apresentar falhas na impressão de documentos.

Gabarito "E"

(Técnico da Receita Federal – 2002.2 – ESAF) Ao concluir a instalação de um *modem*, que não era do tipo *Plug and Play*, em uma máquina com Windows 98, observou-se que o mouse parou de funcionar corretamente. Com relação a esta situação, é correto afirmar que uma causa provável para o problema foi

(A) a utilização de um *driver* inadequado para instalação do *modem*.
(B) a utilização de um *driver* inadequado para instalação do mouse.
(C) a instalação do *modem* na mesma porta COM que o mouse já utilizava anteriormente.
(D) a instalação do *modem* na mesma porta LPT que o mouse já utilizava anteriormente.
(E) a tentativa incorreta de se instalar um *modem* que não é do tipo *Plug and Play*, quando o Windows 98 só aceita a instalação de um *modem* se ele for munido de tecnologia *Plug and Play*.

A: Errada, para que um periférico pare de funcionar quando se instala outro, deve haver um conflito nas portas em que foram instalados. **B:** Errada, para que um periférico pare de funcionar quando se instala outro, deve haver um conflito nas portas em que foram instalados. **C:** Correta, se o *modem* for instalado na mesma porta COM que o mouse, o segundo irá parar de funcionar corretamente. **D:** Errada, portas LPTs são utilizadas para impressoras. **E:** Errada, o Windows 98 aceita dispositivos que não sejam Plug ad Play.

Gabarito "C"

(Técnico da Receita Federal – 2002.2 – ESAF) Analise as seguintes afirmações relativas a componentes básicos de um computador.

I. O *chipset* (conjunto de chips) controla o sistema e seus recursos. Todos os componentes comunicam-se com o processador por meio do *chipset* – a central de todas as transferências de dados. O *chipset* utiliza o controlador DMA e o controlador do barramento para organizar o fluxo contínuo de dados pelo qual ele é responsável.
II. O *cache* é um bloco de memória de alta velocidade, no qual os dados são copiados ao serem acessados da RAM. Esse armazenamento de instruções permite a melhoria do desempenho do processador.
III. A tecnologia Intel® MMX™ foi desenvolvida para acelerar os aplicativos de multimídia e de comunicações. Devido a sua elevada velocidade de processamento, os processadores Intel® MMX™ não incorporam cachês Nível 1 (L1, Level 1) e Nível 2 (L2, Level 2).
IV. Uma entrada USB (Universal Serial Bus) é um recurso disponível para os PCs que permite a conexão exclusiva de periféricos de captura de imagens tais como câmaras digitais e scanners.

Indique a opção que contenha todas as afirmações verdadeiras.

(A) I e II.
(B) II e III.
(C) III e IV.
(D) I e III.
(E) II e IV.

A: Correta, apenas as afirmativas I e II estão corretas. **B:** Errada, a afirmativa III está incorreta, processadores Intel® MMX™ possuem *cache* L1 e não possuem elevada velocidade de processamento. **C:** Errada, as afirmativas III e IV estão incorretas, processadores Intel® MMX™ possuem *cache* L1 e não possuem elevada velocidade de processamento e entradas USB permitem a conexão de vários outros tipos de periféricos, como armazenamento e entrada e saída. **D:** Errada, a afirmativa III está incorreta, processadores Intel® MMX™ possuem *cache* L1 e não possuem elevada velocidade de processamento. **E:** Errada, a afirmativa IV está incorreta, entradas USB permitem a conexão de vários outros tipos de periféricos, como armazenamento e entrada e saída.

Gabarito "A"

(Analista – Ministério da Int. Nacional – 2012 – ESAF) A memória *cache*

(A) é usada para maximizar a disparidade existente entre a velocidade do processador e a velocidade de leitura e gravação de dados.
(B) é uma memória volátil de alta velocidade, porém com pequena capacidade de armazenamento.
(C) armazena a maioria do conteúdo da memória principal.
(D) é uma memória volátil de baixa velocidade, porém com grande capacidade de armazenamento.
(E) é usada para eliminar a disparidade existente entre a quantidade de dados armazenados na memória principal e na memória secundária.

A: Errada, a memória *cache* é um tipo de memória auxiliar e alta velocidade. **B:** Correta, a memória *cache* é uma memória auxiliar de alta velocidade e baixa capacidade de armazenamento. **C:** Errada, a memória *cache* não tem capacidade para armazenar grandes volumes de dados. **D:** Errada, a memória *cache* é uma memória de alta velocidade. **E:** Errada, a memória *cache* possui tamanho muito pequeno para armazenar dados.

Gabarito "B"

2. PLANILHAS ELETRÔNICAS

(Técnico da Receita Federal – 2006 – ESAF) Analise as seguintes afirmações relacionadas ao uso Microsoft Excel, em suas versões mais recentes. Para isso, considere uma planilha formada pelas células A1:F9, na formatação original e preenchida com números reais.

I. Na planilha em questão, considerando-se que as células D1, D2 e D3 estão preenchidas com os valores inteiros 5, 6 e 7, respectivamente, ao se selecionar a célula D10, digitar =D1&D2&D3 e, finalmente, teclar <Enter>, o resultado apresentado na célula D10 será 18.

II. Partindo-se da célula A10, ao se selecionar o intervalo de A10 até F10, em seguida, digitar a fórmula =SOMA(A1: A9) e, finalmente, teclar <Ctrl> + <Enter>, a célula F10 irá apresentar o resultado da soma das células de F1 até F9.

III. Ao selecionar a célula F10, digitar a fórmula =MULT(A1: F10) e, finalmente, teclar <Enter>, a célula F10 irá apresentar o produto de todos os números contidos nas células da planilha.

IV. Ao selecionar a célula A10, digitar a fórmula =(5+3)*2+10% e, finalmente, teclar <Enter>, o resultado apresentado pela célula A10 será 1610,00%.

Indique a opção que contenha todas as afirmações verdadeiras.

(A) I e II.
(B) II e III.
(C) III e IV.
(D) I e III.
(E) II e IV.

A: Errada, a afirmativa I está incorreta, o caractere & quando utilizado em fórmulas concatena os valores, portanto o resultado seria 567. **B:** Errada, a afirmativa III está incorreta, a fórmula =MULT não é uma fórmula válida. **C:** Errada, a afirmativa III está incorreta, a fórmula =MULT não é uma fórmula válida. **D:** Errada, a afirmativa I está incorreta, o caractere & quando utilizado em fórmulas concatena os valores, portanto o resultado seria 567. **E:** Correta, apenas as afirmativas II e IV estão corretas.

Gabarito "E"

(Técnico da Receita Federal – 2003 – ESAF) Os aplicativos de planilhas eletrônicas mais utilizados no mercado disponibilizam ferramentas capazes de calcular a média ou o somatório dos elementos de uma determinada coluna. Com relação a estas ferramentas, é correto afirmar que

(A) elas só permitem a manipulação de números inteiros.
(B) o somatório de números negativos terá como resultado um número positivo.
(C) elas não são capazes de manipular dados no formato moeda.
(D) o somatório de valores configurados com formato de porcentagem terá como resultado padrão um valor configurado com formato de porcentagem.
(E) o somatório de valores configurados com formato de data terá como resultado padrão um valor inteiro.

A: Errada, as ferramentas de planilha eletrônica permitem a manipulação de qualquer tipo numérico. **B:** Errada, o somatório de números negativos será sempre um número negativo. **C:** Errada, as ferramentas de planilha eletrônica podem manipular dados em vários formatos diferentes, entre eles o formato moeda. **D:** Correta, somando-se valores que estão configurados como porcentagem, o resultado manterá a formatação dos elementos somados, neste caso, o de porcentagem. **E:** Errada, quando há somatória de valores, o resultado mantém a formatação dos elementos somados.

Gabarito "D"

(Auditor do Tesouro Municipal/Fortaleza-CE – 2003 – ESAF) No editor de planilhas eletrônicas Excel, considerando-se uma planilha inicialmente vazia, preenche-se as células A1 com o valor 5, A2 com o valor 15 e A3 com o valor 25. Após esta tarefa, preenche-se a célula B3 com a seguinte fórmula: =SOMA(A1:A3) e, finalmente, retorna-se à célula A1 e preenche-se com a seguinte fórmula: =SOMA(A1:B3). Ao se teclar <Enter>

(A) a célula A1 estará preenchida com o valor 90.
(B) a célula A1 estará preenchida com o valor 85.
(C) a célula A1 estará preenchida com o valor 80.
(D) a célula A1 estará preenchida com o sinal ####.
(E) O Excel emitirá uma mensagem de erro informando a tentativa de criar uma referência circular.

A: Errada, o Excel não permite referência circular em suas funções. **B:** Errada, o Excel não permite referência circular em suas funções. **C:** Errada, o Excel não permite referência circular em suas funções. **D:** Errada, ao detectar a existência da referência circular, o Excel emitirá um alerta sobre o fato. **E:** Correta, o Excel não permite a existência de referência circular, portanto emite um aviso quando tal fato ocorre.

Gabarito "E"

(Auditor do Tesouro Municipal/Recife-PE – 2003 – ESAF) Durante a realização de uma tarefa, um usuário, utilizando o Word, criou uma tabela com três linhas e três colunas. Preencheu todas as células dessa tabela com o valor 2, exceto a primeira célula (célula da primeira linha e primeira coluna), que foi preenchida com o seguinte texto: =SOMA(A2:C3). Após selecioná-la, fez uma cópia dessa tabela para a área de transferência do Windows, abriu o Excel e, seguindo todos os procedimentos necessários, colou a referida tabela na célula A1 da planilha aberta no Excel.

Considerando que a tabela foi copiada para o Excel com sucesso, o valor da célula A1 no Excel é um

(A) valor numérico e igual a 0.
(B) valor numérico e igual a 8.
(C) valor numérico e igual a 12.
(D) texto contendo "=SOMA(A2:C3)".
(E) texto indefinido.

A: Errada, somando-se os valores de A2 a C3 temos os elementos A2, A3, C1, C2 e C3 que somam 12. **B:** Errada, somando-se os valores de A2 a C3 temos os elementos A2, A3, C1, C2 e C3 que somam 12. **C:** Correta, como todas as células no intervalo estão preenchidas com o valor 2, por serem 6 células no intervalo, temos o valor 12. **D:** Errada, ao se digitar uma fórmula no Excel o software a substitui pelo seu resultado. **E:** Errada, a fórmula está correta e seria exibido o valor 12.

Gabarito "C"

(Auditor do Tesouro Municipal/Recife-PE – 2003 – ESAF) Uma tabela com quatro linhas e quatro colunas foi criada no Excel e todas as suas células foram preenchidas com o valor numérico 4. Em seguida, foi selecionada a célula F6, na mesma planilha, e que está fora da tabela criada anteriormente.

Considerando essa situação, é correto afirmar que

(A) ao se digitar SOMA, selecionar toda a tabela criada anteriormente e, finalmente, teclar <ENTER>, o resultado da célula F6 será 4.

(B) ao se digitar SOMA(, selecionar toda a tabela criada anteriormente e, finalmente, teclar <ENTER>, o resultado da célula F6 será 64.

(C) ao se digitar =SOMA, selecionar toda a tabela criada anteriormente e, finalmente, teclar <ENTER>, o resultado da célula F6 será 4.

(D) ao se digitar =SOMA(, selecionar toda a tabela criada anteriormente e, finalmente, teclar <ENTER>, o resultado da célula F6 será 64.

(E) ao se digitar =SOMA(, selecionar toda a tabela criada anteriormente e, finalmente, teclar <ENTER>, o resultado da célula F6 será indefinido e o Excel assumirá o valor zero para esta célula.

A: Errada, as funções no Excel devem começar com o símbolo =. **B:** Errada, as funções no Excel devem começar com o símbolo =. **C:** Errada, após o nome da função, deve-se seguir um parêntese. **D:** Correta, somando-se todos os elementos teremos 16 células preenchidas com 4, logo o resultado será 64. **E:** Errada, a função estará preenchida corretamente e o valor calculado deverá ser 64.

Gabarito "D"

(Auditor Fiscal da Previdência Social – 2002 – ESAF) No Excel, com uma planilha inicialmente sem dados, preenche-se o intervalo das células E1 até E10. Em seguida, preenche-se a célula F1 com Janeiro e a célula G1 com Fevereiro. Finalmente, seleciona-se a célula F1. Ao dar um clique duplo no pequeno quadrado que se encontra no canto inferior direito da seleção, o resultado da célula F10 será

(A) Janeiro.
(B) Fevereiro.
(C) Outubro.
(D) Julho.
(E) nulo.

A: Errada, o Excel irá preencher as células com os meses seguintes, portanto Janeiro ficará na célula F1. **B:** Errada, o Excel irá preencher as células com os meses seguintes, portanto Fevereiro ficará na célula F2. **C:** Correta, com o preenchimento automático das células com os meses seguintes, a célula F10 ficará com o mês de Outubro. **D:** Errada, o Excel irá preencher as células com os meses seguintes, portanto Julho ficará na célula F7. **E:** Errada, o Excel irá preencher as células até E10 com os meses seguintes.

Gabarito "C"

(Técnico da Receita Federal – 2002.1 – ESAF) Considere uma planilha do Excel com a seguinte distribuição de valores para as seguintes células:

C4 = 2; D4 = 16; E4 = 128

C5 = 4; D5 = 32; E5 = 256

C6 = 8; D6 = 64; E6 = 512

Após preencher a célula E7 com a fórmula =SOMA(C4;E6) e teclar ENTER, o resultado encontrado na célula E7 será

(A) 584
(B) 1022
(C) 514
(D) 546
(E) 896

A: Errada, a fórmula realizaria a soma das células C4 e E6, resultando em 514. **B:** Errada, a fórmula realizaria a soma das células C4 e E6, resultando em 514. **C:** Correta, somando-se os valores das células C4 e E6 temos o resultado 514. **D:** Errada, a fórmula realizaria a soma das células C4 e E6, resultando em 514. **E:** Errada, a fórmula realizaria a soma das células C4 e E6, resultando em 514.

Gabarito "C"

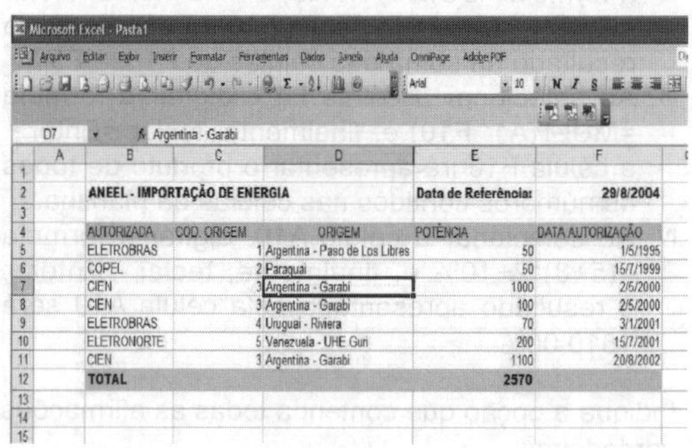

(Analista – ANEEL – 2004 – ESAF) A figura acima representa uma janela do programa Microsoft Excel 2003, na versão em português. Na mencionada figura, uma pequena planilha, em modo de edição, é apresentada, contendo dados hipotéticos sobre importação de energia elétrica no Brasil. Na planilha, a origem da energia elétrica importada, mostrada na coluna D, é determinada em função do código da fonte geradora, apresentada na coluna C. Com base na janela apresentada, julgue os itens a seguir.

1. Caso o valor total na célula E12 ainda não tivesse sido calculado, esse cálculo poderia ser feito por meio da seguinte sequência de ações: clicar na célula E12; digitar =SOMA(E5:E11) e, em seguida, teclar ENTER.

2. Caso fosse necessário determinar uma nova célula, digamos a célula G5, contendo o número de dias decorridos desse a data de autorização da primeira importação até a data de referência, na célula F2, poder-se-ia efetuar esse cálculo por meio da seguinte sequência de ações: selecionar a célula G5; formatar a célula para números; digitar, na célula G5, a expressão =F5-F2; teclar ENTER.

3. Caso se queiram formatar os títulos das colunas da tabela, localizados nas células B4, C4, D4, E4 e F4, é necessário efetuar a seguinte sequência de ações: mantendo-se a tecla Shift pressionada, deve-se clicar com o mouse nas células desejadas, a fim de selecioná-las e, em seguida, selecionar o botão negrito, na barra de ferramentas.
4. O Excel permite, a partir da função SE, automatizar o preenchimento da coluna D, da célula D5 até D11, com base nos valores dos códigos das usinas geradoras, na coluna C.
5. Para obter os subtotais importados, segundo as diferentes autorizadas, o Microsoft Excel disponibiliza um recurso Subtotais, no menu Ferramentas.

Assinale, entre as opções apresentadas, a que contém somente as assertivas incorretas.

(A) 1 e 3.
(B) 1 e 5.
(C) 3 e 4.
(D) 2 e 5.
(E) 2 e 3.

A, B, C, D e E: Apenas as afirmativas 2 e 5 estão incorretas, no caso da subtração de datas, a célula deve estar formatada como data e não como número para que a fórmula mencionada tenha efeito e o recurso Subtotal está na verdade no menu Dados. Portanto apenas a alternativa D está correta.

Gabarito "D"

(Analista – Ministério da Int. Nacional – 2012 – ESAF) No Microsoft Excel,

(A) na função SE(teste_lógico;valor_se_verdadeiro;valor_ se_falso), teste_lógico pode assumir até 5 valores diferentes.
(B) na função SE(teste_lógico;valor_se_verdadeiro;valor_ se_falso), valor_se_verdadeiro é sempre maior ou igual a zero.
(C) células podem ser mescladas por meio da seguinte sequência de comandos: **Ferramentas→Células→ Edição→Mesclar células→OK**.
(D) células podem ser mescladas por meio da seguinte sequência de comandos: **Formatar→Células→ Alinhamento→Mesclar células→ OK**.
(E) existe uma função para determinar diretamente o valor da tangente cujo seno é conhecido.

A: Errada, o teste lógico tem apenas dois valores possíveis, verdadeiro ou falso. **B:** Errada, o valor_se_verdadeiro é definido pelo usuário. **C:** Errada, o menu correto a ser acesso é o menu Formatar. **D:** Correta, a opção Mesclar células do item Alinhamento localizado na opção Células do menu Formatar permite mesclar as células selecionadas. **E:** Errada, não há tal função direta.

Gabarito "D"

3. EDITORES DE TEXTO

(Técnico da Receita Federal – 2006 – ESAF) Uma tabela é composta por linhas e colunas de células que podem ser preenchidas com textos e elementos gráficos. Considere uma tabela no Word com N linhas e M colunas, onde N e M são maiores que 2, e analise as seguintes afirmações relacionadas à navegação nesta tabela.

I. Ao se teclar <Enter> com o cursor posicionado no início da primeira célula de uma tabela, o Word irá permitir a inserção de um texto antes da tabela, caso esta esteja no início do documento.
II. Ao se teclar <Tab> com o cursor posicionado no fim da última linha de uma tabela, o Word irá adicionar uma nova linha na parte inferior da tabela.
III. Ao se teclar <Alt> + <End> em uma tabela, o Word irá mover o cursor para a última célula da coluna em que se encontra o cursor.
IV. Ao se teclar <Shift> + <Tab> em uma tabela, o Word irá mover o cursor para a última célula na tabela.

Indique a opção que contenha todas as afirmações verdadeiras.

(A) I e II.
(B) II e III.
(C) III e IV.
(D) I e III.
(E) II e IV.

A: Correta, apenas as afirmativas I e II estão corretas. **B:** Errada, a afirmativa III está incorreta, as teclas <Alt> + <End> movem o cursor para a última célula da linha e não da coluna. **C:** Errada, a afirmativa IV está incorreta, as teclas <Shift> + <Tab> movem o cursor uma célula para a esquerda, caso haja uma. **D:** Errada, a afirmativa III está incorreta, as teclas <Alt> +<End> movem o cursor para a última célula da linha e não da coluna. **E:** Errada, a afirmativa IV está incorreta, as teclas <Shift> + <Tab> movem o cursor uma célula para a esquerda, caso haja uma.

Gabarito "A"

(Técnico da Receita Federal – 2003 – ESAF) Os processadores de texto mais utilizados no mercado são capazes de gerar arquivos com extensão RTF. Com relação a um texto que foi salvo neste formato, é correto afirmar que

(A) em seu conteúdo não é possível incluir uma tabela.
(B) em seu conteúdo podem existir caracteres formatados com Negrito e Itálico.
(C) em seu conteúdo não pode existir uma palavra formatada com uma fonte diferente da utilizada pelo restante do texto.
(D) seu conteúdo só pode ser visualizado em computadores que utilizam este formato como padrão para seus editores de texto.
(E) para convertê-lo para o formato DOC deve-se primeiro convertê-lo para o formato TXT.

A: Errada, arquivos RTF têm suporte a tabelas. **B:** Correta, podem existir caracteres formatados em Negrito e Itálico. **C:** Errada, podem existir diferentes tipos de fonte em arquivos RTF. **D:** Errada, este formato pode ser visualizado por qualquer computador que possua um leitor compatível com RTF. **E:** Errada, não é necessário passar para um formato intermediário para que ele possa ser convertido.

Gabarito "B"

(Auditor do Tesouro Municipal/Recife-PE – 2003 – ESAF) Em um documento aberto no Word, um usuário seleciona um parágrafo que contém parte das palavras formatadas em Negrito, em seguida, clica no botão Negrito e, finalmente, pressiona a tecla <ENTER>.

Considerando essa situação, é correto afirmar que

(A) o texto selecionado do parágrafo irá desaparecer e será substituído por um parágrafo em branco.

(B) todo o parágrafo passará para formatação Normal, isto é, sem nenhum Negrito.

(C) todo o parágrafo permanecerá inalterado.

(D) em todo o parágrafo, as palavras que estavam em Negrito passarão para a formatação Normal e as palavras que estavam na formatação Normal passarão para Negrito.

(E) todo o parágrafo passará para Negrito.

A: Errada, pressionar a tecla <ENTER> não apaga um parágrafo, sua função no Word é de pular uma linha. **B:** Errada, ao pressionar o botão Negrito, todo o parágrafo selecionado será formatado em negrito. **C:** Errada, ao pressionar o botão Negrito, todo o parágrafo selecionado será formatado em negrito. **D:** Errada, se parte de um texto selecionado está em negrito e a formatação é aplicada a este mesmo trecho, todo ele passará a ser formatado desta forma. **E:** Correta, todo o parágrafo será formatado em Negrito.

Gabarito "E"

(Auditor Fiscal da Previdência Social – 2002 – ESAF) No Word, pode-se transformar uma tabela já existente em texto. No momento da transformação o Word pergunta ao usuário qual será a forma de apresentação do texto resultante. Com relação a essa transformação, o Word apresentará o texto onde

(A) o conteúdo de cada célula da tabela irá aparecer separado por um sinal de parágrafo e cada linha da tabela será separada por um caractere escolhido pelo usuário.

(B) tanto as linhas como as células irão aparecer separadas por um caractere escolhido pelo usuário.

(C) o usuário não poderá escolher um caractere para separação das células igual ao utilizado para separação das linhas.

(D) o usuário poderá escolher a formatação do texto, mas não poderá escolher nenhum tipo de caractere de separação de células ou de linhas.

(E) o conteúdo de cada célula da tabela irá aparecer separado por um caractere escolhido pelo usuário e cada linha da tabela será separada por um sinal de parágrafo.

A: Errada, os separadores foram informados de forma invertida, o conteúdo será separado pelo caractere escolhido pelo usuário e as linhas pelo sinal de parágrafo. **B:** Errada, as linhas serão separadas por um sinal de parágrafo, apenas o conteúdo das células será separado pelo caractere escolhido pelo usuário. **C:** Errada, o usuário tem a opção de escolher o caractere que irá separar o conteúdo das células. **D:** Errada, o usuário tem a opção de escolher o caractere que irá separar o conteúdo das células. **E:** Correta, as linhas serão separadas por um sinal de parágrafo enquanto o usuário poderá escolher o caractere que separará o conteúdo das células.

Gabarito "E"

(Técnico da Receita Federal – 2002.1 – ESAF) No editor de texto Word, considere um texto com vários parágrafos, cada um com várias linhas e sem nenhuma formatação inicial. Após clicar sobre uma palavra de um parágrafo qualquer e, em seguida, clicar no botão Centralizar, é correto afirmar que

(A) apenas a palavra que recebeu o clique ficará centralizada.

(B) todo o texto ficará centralizado.

(C) apenas a linha que contém a palavra que recebeu o clique ficará centralizada.

(D) o parágrafo que contém a palavra que recebeu o clique ficará centralizado.

(E) o parágrafo que contém a palavra que recebeu o clique não ficará centralizado, porque, para que isto acontecesse, todo o parágrafo deveria ter sido selecionado.

A: Errada, quando a opção Centralizar é escolhida, todo o parágrafo onde o cursor se encontra será centralizado. **B:** Errada, quando a opção Centralizar é escolhida, todo o parágrafo onde o cursor se encontra será centralizado. **C:** Errada, quando a opção Centralizar é escolhida, todo o parágrafo onde o cursor se encontra será centralizado. **D:** Correta, a opção Centralizar faz com que todo o parágrafo onde o cursor se encontra tenha a formatação centralizada. **E:** Errada, não é necessário que todo o parágrafo seja selecionado, basta que o cursor esteja naquele parágrafo.

Gabarito "D"

(Técnico da Receita Federal – 2002.1 – ESAF) No editor de textos Word, considere um texto com vários parágrafos e sem nenhuma formatação inicial. Após dar um clique triplo sobre qualquer palavra de um parágrafo qualquer e, em seguida, clicar no botão Negrito e, finalmente, no botão Itálico, é correto afirmar que

(A) apenas a palavra que recebeu o clique triplo ficará com formatação Negrito e Itálico.

(B) todo o texto ficará com formatação Negrito e Itálico.

(C) todo o texto ficará com formatação Itálico.

(D) o parágrafo que contém a palavra que recebeu o clique triplo ficará com formatação apenas Itálico.

(E) o parágrafo que contém a palavra que recebeu o clique triplo ficará com formatação Negrito e Itálico.

A: Errada, o triplo clique realiza a seleção de todo o parágrafo e não apenas da palavra. **B:** Errada, apenas o parágrafo que contém a palavra clicada teria a formatação. **C:** Errada, apenas o parágrafo que contém a palavra clicada teria a formatação, que também incluiria a formatação Negrito. **D:** Errada, o parágrafo também terá a formatação Negrito. **E:** Correta, o triplo clique seleciona todo o parágrafo, logo ele teria a formatação Itálico e Negrito.

Gabarito "E"

(Analista – ANEEL – 2004 – ESAF) A figura abaixo apresenta uma janela do programa Microsoft Word 2003, em português, contendo um fragmento de texto, extraído da coluna Ciência, do Jornal O Globo, de 28 de agosto de 2004:

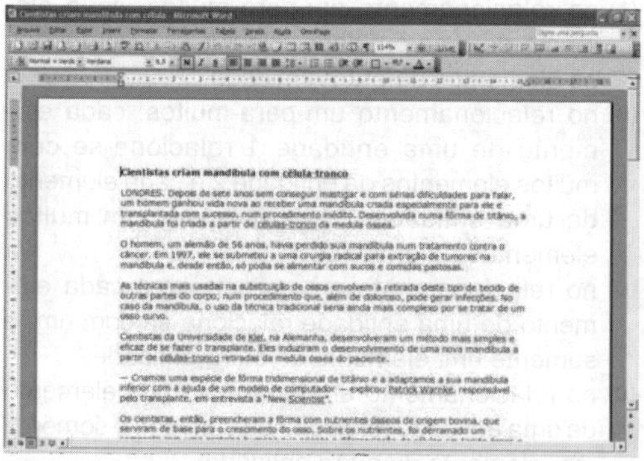

Com base na figura apresentada, julgue cada uma das afirmativas abaixo.

(1) Após a seleção de todo o texto, a opção pelo item de menu Formatar, permitirá a seleção da opção Colunas, que possibilitará a formatação do texto em duas ou mais colunas.

(2) Se desejássemos inserir um rodapé das páginas impressas do texto, contendo uma referência à fonte do texto, deveríamos selecionar no menu Formatar a opção Cabeçalho e rodapé.

(3) Admita que o trecho do texto "Cientistas da Universidade de Kiel, na Alemanha, ... retiradas da medula óssea do paciente.", correspondente ao quarto parágrafo, tenha sido selecionado e excluído do documento apresentado, pelo uso do botão Recortar. Se após essa operação, for clicado o botão Novo, teremos a oportunidade de inserir o texto removido em um novo documento, pressionando-se simultaneamente as teclas CTRL e V.

(4) Se desejássemos configurar as dimensões do papel a ser utilizado, bem como sua orientação – retrato ou paisagem – deveríamos selecionar a opção Configurar Página, no menu Formatar.

(5) Caso necessitássemos inserir uma foto do paciente da aludida matéria jornalística, e se a mesma estivesse armazenada em formato digital, e gravada no disco rígido do computador em que se está efetuando a edição do texto em referência, deveríamos selecionar, no menu Inserir, a opção Arquivo, a fim de que o arquivo que contém a foto pudesse ser escolhido e inserido no texto na posição adequada.

Os itens apresentados a seguir, que contém as afirmações corretas são

(A) 1 e 3.
(B) 1 e 5.
(C) 2 e 3.
(D) 3 e 5.
(E) 4 e 5.

A, B, C, D e **E:** Apenas as afirmativas 1 e 3 estão corretas. A opção Cabeçalho e Rodapé é acessível por meio do menu Exibir, já as Configurações de Página são acessíveis por meio do menu arquivo e a inserção de imagens é feita por meio da opção Imagem do menu Inserir. Portanto apenas a alternativa A está correta.

Gabarito "A"

(Analista – Ministério da Int. Nacional – 2012 – ESAF) No Microsoft Word,

(A) pode-se copiar um texto através do recurso **arrastar e soltar**, mantendo-se a tecla **Ctrl** pressionada.
(B) são efeitos de fonte: Tachado misto, Sobrescrito, Contorno, Relevância, Versalete.
(C) pode-se copiar um texto através do recurso **arrastar e soltar**, mantendo-se a tecla **Alt** pressionada.
(D) são efeitos de fonte: Tachado, Sobreposto, Compactado, Relevo, Versalete.
(E) são efeitos de fonte: Tachado duplo, Inter-escrito, Contorno, Relevo, Versão.

A: Correta, caso o trecho esteja selecionado, ao ser arrastado e soltado em outra área enquanto a tecla Ctrl estiver pressionada ele será copiado e não movido. **B:** Errada, Relevância e Contorno não são efeitos de fonte. **C:** Errada, a tecla sendo pressionada deve ser a Ctrl e não a Alt. **D:** Errada, Campactado e Relevo não são efeitos de fonte. **E:** Errada, Contorno, Relevo, Versão e Inter-escrito não são efeitos de fonte.

Gabarito "A"

4. BANCOS DE DADOS

(Técnico da Receita Federal – 2006 – ESAF) Analise as seguintes afirmações relacionadas aos conceitos básicos de gerenciadores de banco de dados.

I. Uma chave primária é uma ou mais linhas cujo valor ou valores identificam de modo exclusivo cada registro de uma tabela. Uma chave primária permite valores nulos e deve sempre ter um índice variável. Chaves estrangeiras são usadas para relacionar uma tabela a chaves primárias em outras tabelas.

II. Indexar um campo é um recurso que acelera a pesquisa e a classificação em uma tabela baseada em valores de chave e pode impor exclusividade nas linhas de uma tabela. A chave primária de uma tabela é automaticamente indexada. Alguns campos não podem ser indexados por causa de seus tipos de dados, como, por exemplo, campos Objeto OLE.

III. No uso da linguagem SQL para manipulação de dados em um banco de dados, a cláusula GROUP BY deve ser colocada antes da cláusula HAVING, pois os grupos são formados e as funções de grupos são calculadas antes de resolver a cláusula HAVING.

IV. No uso da linguagem SQL para manipulação de dados em um banco de dados, a cláusula WHERE funciona exatamente igual à cláusula HAVING.

Indique a opção que contenha todas as afirmações verdadeiras.

(A) I e II.
(B) II e III.
(C) III e IV.
(D) I e III.
(E) II e IV.

A: Errada, a afirmativa I está incorreta, chaves primárias não permitem valores nulos. **B:** Correta, apenas as afirmativas II e III estão corretas. **C:** Errada, a afirmativa IV está incorreta, a cláusula HAVING, diferentemente da cláusula WHERE, faz operações com funções agregadas. **D:** Errada, a afirmativa I está incorreta, chaves primárias não permitem valores nulos. **E:** Errada, a afirmativa IV está incorreta, a cláusula HAVING, diferentemente da cláusula WHERE, faz operações com funções agregadas.

Gabarito "B"

(Auditor Fiscal da Receita Federal – 2003– ESAF) Analise as seguintes afirmações relativas a estruturas de dados:

I. Em uma pilha circular todo elemento deve possuir um ponteiro apontando para um único ponteiro central da pilha.

II. A operação INSERT aplicada a uma pilha é frequentemente chamada de PUSH.

III. Em uma lista circular o ponteiro anterior do início da lista aponta para ele mesmo, da mesma forma que o ponteiro próximo do fim da lista também aponta para ele mesmo.

IV. Em um grafo conexo existe pelo menos um nó a partir do qual existem caminhos para todos os outros nós.

Indique a opção que contenha todas as afirmações verdadeiras.

(A) I e II.
(B) II e III.
(C) III e IV.
(D) I e III.
(E) II e IV.

A: Errada, a afirmativa I está incorreta, em uma pilha circular cada elemento deve possuir um ponteiro para seu antecessor e outro para seu sucessor. **B:** Errada, a afirmativa III está incorreta, em uma lista circular, o ponteiro próximo do fim aponta para o início, e o anterior ao início aponta para o fim. **C:** Errada, a afirmativa III está incorreta, em uma lista circular, o ponteiro próximo do fim aponta para o início, e o anterior ao inicio aponta para o fim. **D:** Errada, as afirmativas I e III estão incorretas, em uma pilha circular cada elemento deve possuir um ponteiro para seu antecessor e outro para seu sucessor e, em uma lista circular, o ponteiro próximo do fim aponta para o início, e o anterior ao início aponta para o fim. **E:** Correta, apenas as afirmativas II e IV estão corretas.

Gabarito "E"

(Auditor Fiscal da Receita Federal – 2003– ESAF) No desenvolvimento de banco de dados, quando se tem um relacionamento entre duas entidades, o número de ocorrências de uma entidade que está associado com ocorrências de outra entidade determina o grau do relacionamento. Considerando os graus de relacionamentos, é correto afirmar que

(A) no relacionamento um-para-muitos, cada elemento de uma entidade relaciona-se com todos os elementos da outra entidade.

(B) no relacionamento um-para-muitos, cada elemento de uma entidade 1 relaciona-se com muitos elementos da entidade 2 e cada elemento de uma entidade 2 relaciona-se com muitos elementos da entidade 1.

(C) no relacionamento um-para-muitos, cada elemento de uma entidade relaciona-se com um, e somente um, elemento de outra entidade.

(D) no relacionamento um-para-um, cada elemento de uma entidade relaciona-se com um, e somente um, elemento de outra entidade.

(E) no relacionamento um-para-um, cada elemento de uma entidade relaciona-se com pelo menos um elemento de outra entidade.

A: Errada, no relacionamento um-para-muitos, um elemento de uma entidade pode se relacionar com mais de um elemento da outra entidade. **B:** Errada, no relacionamento um-para-muitos, cada elemento da entidade 1 relaciona-se com muitos elementos da entidade 2 e cada elemento de uma entidade 2 relaciona-se com um elemento da entidade 1. **C:** Errada, no relacionamento um-para-muitos, um elemento de uma entidade pode se relacionar com mais de um elemento da outra entidade. **D:** Correta, no relacionamento um-para-um, cada elemento de uma entidade relaciona-se com apenas um elemento da outra entidade. **E:** Errada, no relacionamento um-para-um, cada elemento de uma entidade relaciona-se com apenas um elemento de outra entidade.

Gabarito "D"

(Auditor Fiscal da Receita Federal – 2003– ESAF) Em um banco de dados relacional, considere uma tabela com o nome Produto, composta por três colunas definidas com os nomes Codigo, Estoque e Valor. Usando-se a linguagem SQL padrão para listar todas as linhas desta tabela, deve-se executar o comando

(A) SELECT All FROM Table Produto
(B) SELECT Produto FROM Codigo, Estoque, Valor
(C) SELECT Codigo, Estoque, Valor FROM Produto
(D) SELECT Produto FROM All
(E) FROM * SELECT *

A: Errada, o valor imediatamente após a palavra FROM deve ser o nome da tabela. **B:** Errada, a ordem correta foi invertida, primeiro define-se os campos e depois a tabela. **C:** Correta, a sentença descrita irá selecionar todas as linhas e campos da tabela. **D:** Errada, após SELECT deve seguir o nome das colunas a serem retornadas pela consulta. **E:** Errada, a palavra reservada SELECT deve vir antes para indicar que a sentença é uma consulta.

Gabarito "C"

(Auditor Fiscal da Receita Federal – 2003– ESAF) Em uma consulta a uma tabela em um banco de dados relacional usando-se a linguagem SQL padrão, o usuário utilizou como complemento o comando WHERE Nome LIKE '[AD]%'. Considerando que a sintaxe do comando executado está toda correta, o resultado da consulta irá trazer somente informações das linhas nas quais o campo Nome contenha dados que

(A) comecem com o caractere A ou com o caractere D.
(B) comecem com o caractere A seguido do caractere D.
(C) comecem com qualquer caractere alfabético contido entre A e D.
(D) tenham em seu conteúdo os caracteres de A a D.
(E) tenham em seu conteúdo os caracteres AD.

A: Correta, a função LIKE procura por partes de texto que contenham a expressão [AD]%, onde [AD] indica que pode começar por A ou D e % indica que qualquer outro caracter pode ocorrer após isso. **B:** Errada, colocar os caracteres A e D entre chaves indica que o range de possibilidade é um ou o outro. **C:** Errada, colocar os caracteres A e D entre chaves indica que o range de possibilidade é um ou o outro. **D:** Errada, para isso o correto seria '%[A-D]%', onde o – indica que a sequência vai de A até D. **E:** Errada, para isso o correto seria '%AD%', indicando que poderia iniciar e terminar com qualquer sequência de caracteres, porém AD deveriam estar contidos na String.

Gabarito "A".

(Auditor Fiscal da Receita Federal – 2003– ESAF) Considerando os graus de relacionamentos no desenvolvimento de banco de dados, é correto afirmar que

(A) uma tabela com uma chave primária, que receba com frequência valores nulos, poderá receber um relacionamento muitos-para-muitos com outra tabela, desde que esta seja chave estrangeira na segunda tabela.
(B) pode-se definir um relacionamento muitos-para--muitos entre duas tabelas criando-se uma terceira tabela e definindo-se os relacionamentos um-para-muitos e muitos-para-um entre esta última e as duas primeiras tabelas.
(C) uma forma de se obter um relacionamento um-para-um entre duas tabelas é criando-se uma terceira tabela e definindo-se os relacionamentos um-para-muitos e muitos-para-um entre esta última e as duas primeiras tabelas.
(D) uma tabela com uma chave primária, que receba com frequência valores repetidos, poderá receber um relacionamento muitos-para-muitos com uma segunda tabela, criando-se uma terceira tabela e definindo-se os relacionamentos um-para-muitos e muitos-para-um entre esta última e as duas primeiras tabelas.
(E) parte das informações armazenadas em um banco de dados relacional, que possua relacionamentos um-para-um entre pelo menos uma de suas tabelas, perde a garantia de ser logicamente acessível.

A: Errada, chaves primárias não podem possuir valores nulos. **B:** Correta, um relacionamento muitos-para-muitos pode possuir uma terceira tabela que contém relacionamentos um-para-muitos e muitos-para-um entre as duas primeiras tabelas. **C:** Errada, em um relacionamento um-para-um não é necessário uma terceira tabela. **D:** Errada, chaves primeiras não podem se repetir em uma mesma tabela. **E:** Errada, continua sendo logicamente acessível caso haja um ou mais relacionamentos um-para-um.

Gabarito "B".

(Técnico da Receita Federal – 2003 – ESAF) Um SGBD – Sistema de Gerenciamento de Banco de Dados deve possibilitar um acesso eficiente aos dados. Com relação a um SGBD, é correto afirmar que

(A) para ler corretamente um dado deve-se, obrigatoriamente, configurar todas as tabelas do banco com relacionamento muitos-para-muitos.
(B) para alterar corretamente um dado deve-se, obrigatoriamente, configurar todas as tabelas do banco com relacionamento um-para-um.
(C) um campo que contenha o número de CPF de uma pessoa pode ser utilizado como campo-chave.
(D) um campo que contenha o nome de uma pessoa deve ser utilizado como campo-chave, permitindo assim o acesso direto às informações armazenadas sobre a referida pessoa.
(E) ele deve permitir apenas relacionamentos um-para-um, evitando assim a mistura de dados e garantindo a segurança do sistema.

A: Errada, o relacionamento muitos-para-muitos só deve ocorrer quando necessário, não interferindo no acesso eficiente aos dados. **B:** Errada, o relacionamento um-para-um só deve ocorrer quando necessário, não interferindo no acesso eficiente aos dados. **C:** Correta, por ser um identificador único, o CPF pode ser usado como campo-chave de uma tabela, pois neste tipo de campo não podem haver duas chaves idênticas. **D:** Errada, campos-chave devem ser únicos e não se pode garantir que nunca haverá duas pessoas que tenham o mesmo nome. **E:** Errada, um banco de dados pode ser eficiente mesmo possuindo diferentes tipos de relacionamento entre suas tabelas.

Gabarito "C".

(Auditor do Tesouro Municipal/Fortaleza-CE – 2003 – ESAF) Para um SGBD que utiliza a linguagem SQL, é correto afirmar que

(A) uma TRANSACTION só será concluída quando encontrar a instrução ROLLBACK TRANSACTION.
(B) dentro de uma mesma TRANSACTION não poderão ser utilizados os comandos COMMIT e ROLLBACK mesmo dentro de uma estrutura condicional.
(C) a instrução COMMIT TRANSACTION cancela todas as operações feitas desde o comando START TRANSACTION.
(D) uma TRANSACTION será concluída ao encontrar a instrução COMMIT TRANSACTION.
(E) Quando duas TRANSACTIONs estiverem sendo executadas simultaneamente, as duas devem se comunicar e trocar informações entre si, antes de acessarem o banco de dados.

A: Errada, uma TRANSACTION é concluída com a instrução do tipo COMMIT e não uma ROLLBACK. **B:** Errada, uma TRANSACTION pode possuir simultaneamente as instruções COMMIT e ROLLBACK. **C:** Errada, a descrição dada é da instrução ROLLBACK. **D:** Correta, uma TRANSACTION é concluída ao encontrar a instrução COMMIT TRANSACTION. **E:** Errada, cada TRANSACTION é totalmente isolada da outra, não havendo comunicação entre si.

Gabarito "D".

(Auditor do Tesouro Municipal/Recife-PE – 2003 – ESAF) Com relação aos SGBD, com um banco de dados relacional, é correto afirmar que

(A) o Excel deve ser utilizado como SGBD quando os dados envolvidos não possuem Chave-Primária.

(B) o SQL é um exemplo de linguagem utilizada para consulta na maioria dos SGBD modernos.

(C) no projeto do sistema de gerenciamento de uma escola pode-se utilizar a data de nascimento dos alunos como Chave-Primária, desde que se defina no SGBD que qualquer Chave-Primária pode ser duplicada na mesma coluna para uma mesma tabela.

(D) o valor de um campo é considerado nulo sempre que este for igual a 0 (zero).

(E) para se garantir a integridade relacional em um SGBD, este não poderá permitir relacionamentos um-para-muitos.

A: Errada, o Excel é uma planilha eletrônica e não um Sistema Gerenciador de Banco de Dados. **B:** Correta, o SQL é um tipo de linguagem utilizada para consulta na maioria dos bancos de dados. **C:** Errada, chaves-primárias devem sempre ter valores únicos. **D:** Errada, um campo só é considerado nulo quando não possui nenhum conteúdo. **E:** Errada, a integridade de um banco não está relacionada com os tipos de relacionamentos que ele possui.

Gabarito "B".

(Auditor do Tesouro Municipal/Recife-PE – 2003 – ESAF) Analise as seguintes afirmações relativas a banco de dados relacional:

I. Um SGBD permite que vários aplicativos utilizem dados de um mesmo banco de dados compartilhado.

II. Em um banco de dados a Chave-Estrangeira deve ser utilizada sempre que os dados da tabela principal forem corrompidos.

III. Quando um elemento da entidade 1 está relacionado com muitos elementos da entidade 2, mas cada elemento da entidade 2 somente pode estar relacionado a um elemento da entidade 1, tem-se é um relacionamento do tipo um-para-muitos.

IV. Quando todos os elementos da entidade 1 estão relacionados com todos os elementos da entidade 2, e cada elemento da entidade 2 está relacionado apenas a um elemento da própria entidade 2, tem-se é um relacionamento do tipo muitos-para-um.

Indique a opção que contenha todas as afirmações verdadeiras.

(A) I e II.
(B) II e III.
(C) III e IV.
(D) I e III.
(E) II e IV.

A: Errada, a afirmativa II está incorreta, a chave-estrangeira é utilizada para identificar a chave primária de uma tabela que está relacionada com outra. **B:** Errada, a afirmativa II está incorreta, a chave-estrangeira é utilizada para identificar a chave primária de uma tabela que está relacionada com outra. **C:** Errada, a afirmativa IV está incorreta, um relacionamento muitos-para-um se dá quando há uma ligação entre uma entidade fraca e sua respectiva entidade forte. **D:** Correta, apenas as afirmativas I e III estão corretas. **E:** Errada, as afirmativas II e IV estão incorretas, a chave-estrangeira é utilizada para identificar a chave primária de uma tabela que está relacionada com outra e um relacionamento muitos-para-um se dá quando há uma ligação entre uma entidade fraca e sua respectiva entidade forte.

Gabarito "D".

(Auditor Fiscal da Receita Federal – 2002.1 – ESAF) Em um banco de dados relacional, os objetos que realmente armazenam os dados são

(A) as chaves primárias.
(B) os relacionamentos.
(C) as tabelas.
(D) as transações.
(E) os procedimentos armazenados.

A: Errada, chaves primárias são apenas identificadores de uma das tuplas de um banco. **B:** Errada, os relacionamentos não armazenam os dados, apenas associações entre entidades. **C:** Correta, nos bancos de dados relacionais os dados são armazenados em tabelas. **D:** Errada, transações são sequências de operações. **E:** Errada, procedimentos são sub-rotinas que podem ser executadas por aplicações acessando um sistema de banco de dados relacional.

Gabarito "C".

(Auditor Fiscal da Receita Federal – 2002.1 – ESAF) Um tipo especial de procedimento armazenado que é executado pelo servidor do banco de dados quando certas operações são realizadas numa tabela é definido como

(A) trigger.
(B) relacionamento.
(C) transação.
(D) autorun.
(E) scanner.

A: Correta, os triggers são procedimentos acionados sempre que certas operações são feitas no banco de dados. **B:** Errada, relacionamentos são as associações entre entidades de um banco. **C:** Errada, transações são conjuntos de instruções a serem executados. **D:** Errada, o conceito de autorun não se aplica a bancos de dados. **E:** Errada, nenhum tipo de procedimento relacionado a banco de dados possui esta denominação.

Gabarito "A".

(Auditor Fiscal da Receita Federal – 2002.2 – ESAF) Analise as seguintes afirmações relativas às regras de integridade do modelo, no projeto de banco de dados:

I. Nenhum campo que participa da chave primária de uma tabela básica pode aceitar valores nulos.

II. Pode existir na chave estrangeira um valor que não exista na tabela na qual ela é chave primária.

III. Se uma determinada tabela T1 possui uma chave estrangeira, a qual é chave primária em uma tabela T2, então ela deve ser igual a um valor de chave primária existente em T2 ou ser nula.

IV. Uma tabela só é acessível por um campo se este for chave primária.

Indique a opção que contenha todas as afirmações verdadeiras.

(A) I e II.
(B) II e III.
(C) III e IV.
(D) I e III.
(E) II e IV.

A: Errada, a afirmativa II está incorreta, uma chave estrangeira só pode existir caso ela seja uma chave primária em sua tabela. **B:** Errada, a afirmativa II está incorreta, uma chave estrangeira só pode existir caso ela seja uma chave primária em sua tabela. **C:** Errada, a afirmativa IV está incorreta, para que uma tabela seja acessível, não é necessário que o campo de acesso seja a chave primária. **D:** Correta, apenas as afirmativas I e IV estão corretas. **E:** Errada, as afirmativas II e IV estão incorretas, uma chave estrangeira só pode existir caso ela seja uma chave primária em sua tabela e para que uma tabela seja acessível não é necessário que o campo de acesso seja a chave primária.

Gabarito "D"

(Auditor Fiscal da Receita Federal – 2002.2 – ESAF) Analise as seguintes afirmações relativas aos SGBDs:

I. Os *triggers* são um tipo especial de procedimento armazenado. Em vez de serem executados pelo usuário, eles são executados pelo servidor do banco de dados quando certas operações são realizadas numa tabela.
II. Uma transação pode ser vista como uma divisão das alterações no banco de dados. Desta forma, cada transação é uma parcela de uma alteração e deve ser concluída parcialmente.
III. As transações são suportadas pelos mecanismos chamados *commitment* (efetivação) e *rollback* (descarte).
IV. Os bancos de dados que permitem que vários usuários modifiquem os dados não podem usar o bloqueio para permitir este tipo de compartilhamento de acesso.

Indique a opção que contenha todas as afirmações verdadeiras.

(A) I e II.
(B) II e III.
(C) III e IV.
(D) I e III.
(E) II e IV.

A: Errada, a afirmativa II está incorreta, transações são conjuntos de instruções a serem executados. **B:** Errada, a afirmativa II está incorreta, transações são conjuntos de instruções a serem executados. **C:** Errada, a afirmativa IV está incorreta, o bloqueio tem por função sincronizar o acesso de vários usuários à mesma parte dos dados simultaneamente, portanto são necessários em bancos que permitem acesso de vários usuários. **D:** Correta, apenas as afirmativas I e III estão corretas. **E:** Errada, as afirmativas II e IV estão incorretas, transações são conjuntos de instruções a serem executados e o bloqueio tem por função sincronizar o acesso de vários usuários à mesma parte dos dados simultaneamente, portanto são necessários em bancos que permitem acesso de vários usuários.

Gabarito "D"

(Técnico da Receita Federal – 2002.2 – ESAF) Um usuário do MS Access criou uma tabela com três campos. O primeiro denominado ID, do tipo Autonumeração, e os outros dois do tipo texto. Definiu o campo ID como chave primária e iniciou o preenchimento dos campos diretamente na tabela. Ao tentar preencher manualmente o campo ID, o Access não permitiu. Com relação a esta situação, é correto afirmar que o usuário

(A) poderá preencher manualmente o campo ID sem fazer nenhuma alteração na estrutura da tabela, desde que escolha o primeiro valor como 0 (zero).
(B) poderá preencher manualmente o campo ID sem fazer nenhuma alteração na estrutura da tabela, desde que escolha o primeiro valor como 1 (um).
(C) poderá preencher manualmente o campo ID sem fazer nenhuma alteração na estrutura da tabela, desde que preencha inicialmente os outros dois campos.
(D) deverá retirar o atributo de chave primária deste campo para preencher manualmente o campo ID.
(E) deverá alterar o tipo deste campo, retirando a opção de Autonumeração, para preencher manualmente o campo ID.

A: Errada, por ser do tipo autonumeração este campo dispensa o preenchimento, ficando este a cargo do Access. **B:** Errada, por ser do tipo autonumeração este campo dispensa o preenchimento, ficando este a cargo do Access. **C:** Errada, por ser do tipo autonumeração este campo dispensa o preenchimento, ficando este a cargo do Access. **D:** Errada, o que faz com que ele não permita a edição deste campo é seu tipo ser Autonumeração e não o fato de ser uma chave primária. **E:** Correta, removendo a opção de Autonumeração o campo deverá ser editado manualmente, pois este tipo faz com que o campo seja preenchido automaticamente com um número seguinte ao do último registro inserido.

Gabarito "E"

5. INTERNET

(Técnico da Receita Federal – 2006 – ESAF) Analise as seguintes afirmações relacionadas a conceitos básicos de Internet, Intranet e redes de computadores.

I. Um *backbone* é a interconexão central de uma rede internet. Pode ser entendido como uma espinha dorsal de conexões que interliga pontos distribuídos de uma rede, formando uma grande via por onde trafegam informações.
II. *Finger* é um serviço Internet que permite obter informações sobre usuários de uma máquina.
III. *Download* é o processo de transferência de uma cópia de um arquivo presente em um computador remoto para outro computador através da rede. O arquivo recebido é gravado em disco no computador local e apagado do computador de origem.
IV. FTP é o protocolo padrão da Internet, usado para transferência de *e-mail* entre computadores.

Indique a opção que contenha todas as afirmações verdadeiras.

(A) I e II.
(B) II e III.
(C) III e IV.
(D) I e III.
(E) II e IV.

A: Correta, apenas as afirmativas I e II estão corretas. **B:** Errada, a afirmativa III está incorreta, no *download* o arquivo não é apagado do computador remoto, ele é apenas copiado. **C:** Errada, as afirmativas III e IV estão incorretas, no *download* o arquivo não é apagado do computador remoto, ele é apenas copiado e o protocolo FTP é utilizado para transferência de arquivos, o protocolo responsável por enviar *e-mail* é o SMTP. **D:** Errada, a afirmativa III está incorreta, no *download* o arquivo não é apagado do computador remoto, ele é apenas copiado. **E:** Errada, a afirmativa IV está incorreta, o protocolo FTP é utilizado para transferência de arquivos, o protocolo responsável por enviar *e-mail* é o SMTP.

Gabarito "A".

(Técnico da Receita Federal – 2006 – ESAF) Analise as seguintes afirmações relacionadas a conceitos básicos de Internet e Intranet.

I. O POP (*Post Office Protocol)* é um protocolo que trabalha no ciclo das mensagens eletrônicas. Serve para que os usuários possam enviar facilmente suas mensagens de *e-mail* para um servidor.

II. O *Dial Up* é um sistema utilizado pelos *browsers* para que, quando for solicitado um acesso a um endereço do tipo www.prova.com.br, o computador possa transformar este nome em um endereço IP válido e realizar a conexão.

III. Um *proxy* é um servidor que atua como “ponte”. Uma conexão feita através de *proxy* passa primeiro pelo *Proxy* antes de chegar no seu destino, por exemplo, a Internet. Desse modo, se todos os dados trafegam pelo *Proxy* antes de chegar à Internet, eles podem ser usados em redes empresariais para que os computadores tenham conexão à Internet limitada e controlada.

IV. Protocolos são um conjunto de instruções básicos de como duas ou mais ferramentas se comunicam. O navegador *web* e o servidor *web* precisam entender um ao outro, por isso os dois se utilizam do HTTP para interpretar as informações que recebem e formular as mensagens que irão mandar.

Indique a opção que contenha todas as afirmações verdadeiras.

(A) I e II.
(B) II e III.
(C) III e IV.
(D) I e III.
(E) II e IV.

A: Errada, as afirmativas I e II estão incorretas, o protocolo POP atua no recebimento de mensagens eletrônicas e não no envio delas e o *dial-up* é uma forma de conexão com a internet através de um *modem* e uma linha telefônica convencional, o sistema descrito se chama na verdade DNS. **B:** Errada, a afirmativa II está incorreta, *dial-up* é uma forma de conexão com a internet através de um *modem* e uma linha telefônica convencional, o sistema descrito se chama na verdade DNS. **C:** Correta, apenas as afirmativas III e IV estão corretas. **D:** Errada, a afirmativa I está incorreta, o protocolo POP atua no recebimento de mensagens eletrônicas e não no envio delas. **E:** Errada, a afirmativa II está incorreta, *dial-up* é uma forma de conexão com a internet através de um *modem* e uma linha telefônica convencional, o sistema descrito se chama na verdade DNS.

Gabarito "C".

(Auditor Fiscal/RN – 2005 – ESAF) Analise as seguintes afirmações relacionadas a conceitos básicos e modos de utilização de tecnologias, ferramentas, aplicativos e procedimentos associados à Internet/Intranet.

I. Na Internet, a escolha do caminho por onde uma mensagem deve transitar é chamado de roteamento.

II. Um endereço eletrônico de *e-mail* consiste de uma sequência de nomes separados por ponto, por exemplo, www.meunome.com.br, podendo ser entendido como a versão legível do endereço IP.

III. Quando copia um arquivo da rede para o seu computador, o usuário está fazendo um *download*. A expressão pode ser aplicada para cópia de arquivos de servidores FTP, imagens transferidas diretamente da tela do navegador ou quando as mensagens de correio eletrônico são trazidas para o computador do usuário.

IV. A linguagem padrão, de âmbito internacional, para a programação de *sites* na Web que possibilita que todas as ferramentas de navegação exibam o conteúdo do *site* é conhecida como WWW.

Indique a opção que contenha todas as afirmações verdadeiras.

(A) I e II.
(B) II e III.
(C) III e IV.
(D) I e III.
(E) II e IV.

A: Errada, a afirmativa II está incorreta, a descrição apresentada se encaixa melhor no conceito de *sites* e não de endereços eletrônicos de *e-mail*. **B:** Errada, a afirmativa II está incorreta, a descrição apresentada se encaixa melhor no conceito de *sites* e não de endereços eletrônicos de *e-mail*. **C:** Errada, a afirmativa IV está incorreta, a descrição apresentada descreve o HTML, www é um sistema de documentos de hipermídia executados na internet. **D:** Correta, apenas as afirmativas I e III estão corretas. **E:** Errada, as afirmativas II e IV estão incorretas, a descrição apresentada na afirmativa II se encaixa melhor no conceito de *sites* e não de endereços eletrônicos de *e-mail*, e a descrição apresentada na afirmativa IV descreve o HTML, www é um sistema de documentos de hipermídia executados na internet.

Gabarito "D".

(Auditor Fiscal/RN – 2005 – ESAF) Analise as seguintes afirmações relacionadas a conceitos básicos e modos de utilização de tecnologias, ferramentas, aplicativos e procedimentos associados à Internet/Intranet.

I. Intranet é uma rede privada que se baseia na mesma tecnologia da Internet, mas que é utilizada para agilizar e incrementar a comunicação e a produtividade dentro de uma empresa.

II. Duas Intranets podem ser interligadas por meio de uma VPN.

III. O comércio eletrônico é normalmente definido como a arte ou técnica de vender produtos elétricos ou eletrônicos por meio de redes interconectadas que utilizam tecnologias baseadas em rede.

IV. No comércio eletrônico seguro, os parceiros comerciais devem utilizar apenas suas Intranets para trocarem informações e realizarem transações seguras.

Indique a opção que contenha todas as afirmações verdadeiras.

(A) III e IV.
(B) II e III.
(C) I e II.
(D) I e III.
(E) II e IV.

A: Errada, a as afirmativas III e IV estão incorretas, o comércio eletrônico consiste em realizar transações comerciais por meio de um equipamento eletrônico, como, por exemplo, um computador e em transações seguras, deve existir um certificado de segurança que garante a confiabilidade do *site*. **B:** Errada, a afirmativa III está incorreta, o comércio eletrônico consiste em realizar transações comerciais por meio de um equipamento eletrônico, como, por exemplo, um computador. **C:** Correta, apenas as afirmativas I e II estão corretas. **D:** Errada, a afirmativa III está incorreta, o comércio eletrônico consiste em realizar transações comerciais por meio de um equipamento eletrônico, como, por exemplo, um computador. **E:** Errada, a afirmativa IV está incorreta, em transações seguras, deve existir um certificado de segurança que garante a confiabilidade do *site*.

Gabarito "C"

(Auditor Fiscal/RN – 2005 – ESAF) Analise as seguintes afirmações relacionadas a conceitos básicos e modos de utilização de tecnologias, ferramentas, aplicativos e procedimentos associados à Internet/ Intranet.

I. O MPEG foi criado para comprimir imagens retiradas do mundo real. Funciona bem com fotos e desenhos naturalísticos, mas não é tão eficiente com desenhos de letras, linhas e *cartoons*.
II. A Internet2 é uma rede paralela à Internet formada por universidades para desenvolver aplicações avançadas para a área acadêmica e de pesquisa.
III. Host é um computador ligado permanentemente à rede que mantém um repositório de serviços para outros computadores na Internet.
IV. A definição formal de HTML une os conceitos de hipertexto e multimídia. Ou seja, um documento HTML contém imagens, sons, textos e vídeos, como qualquer título multimídia.

Indique a opção que contenha todas as afirmações verdadeiras.

(A) I e II.
(B) II e III.
(C) III e IV.
(D) I e III.
(E) II e IV.

A: Errada, a afirmativa I está incorreta, o MPEG foi criado para comprimir e transmitir áudio e vídeo com qualidade. **B:** Correta, apenas as afirmativas II e III estão corretas. **C:** Errada, a afirmativa IV está incorreta, a definição de HTML inclui o conceito de hipermídia, em que os elementos que compõem um documento são conectados por hiperligações. **D:** Errada, a afirmativa I está incorreta, o MPEG foi criado para comprimir e transmitir áudio e vídeo com qualidade. **E:** Errada, a afirmativa IV está incorreta, a definição de HTML inclui o conceito de hipermídia, em que os elementos que compõem um documento são conectados por hiperligações.

Gabarito "B"

(Auditor Fiscal da Receita Federal – 2003– ESAF) Ao configurar um aplicativo para receber *e-mail* informou-se que o endereço do servidor SMTP da conta de *e-mail* é smtp.empresa.com.br, equivalente ao endereço IP 123.123.123.123. Após a configuração do aplicativo utilizando-se o endereço smtp.empresa.com.br, observou-se que este não conseguia enviar *e-mail*. Em seguida, substituiu-se o endereço smtp.empresa.com.br pelo endereço IP correspondente e verificou-se que o aplicativo passou a enviar *e-mail* corretamente. Com relação a esta situação, é correto afirmar que a causa provável do problema está

(A) no servidor DNS que atende à máquina.
(B) no servidor POP que atende à máquina.
(C) no Gateway que atende à rede onde a máquina está localizada.
(D) no Roteador que atende à rede onde a máquina está localizada.
(E) na configuração do protocolo SMTP da máquina.

A: Correto, quando o servidor DNS não está funcionando, o computador não consegue converter um endereço URL para seu respectivo IP. **B:** Errada, o protocolo POP atua no recebimento de mensagens, não tendo nenhuma influência sobre a resolução de nomes. **C:** Errada, caso o problema estivesse no *gateway*, o computador não teria acesso à Internet. **D:** Errada, o roteador não possui nenhuma influência sobre a resolução de nomes. **E:** Errada, o protocolo estava configurado corretamente, porém a máquina não conseguia converter seu endereço URL em seu endereço IP.

Gabarito "A"

(Técnico da Receita Federal – 2003 – ESAF) Analise as seguintes afirmações relativas ao uso da Internet.

I. Todos os servidores na Internet são gerenciados, fiscalizados e de propriedade de um órgão governamental que, no Brasil, denomina-se Comitê Gestor da Internet no Brasil, acessado pelo endereço www.registro.br.
II. Na Internet, utilizando-se o FTP, é possível transferir arquivos, autenticar usuários e gerenciar arquivos e diretórios.
III. Na transferência de arquivos, existem situações nas quais é necessário que o serviço FTP seja acessado por usuários que não têm conta no servidor FTP. Nestes casos pode-se utilizar o serviço FTP anônimo.
IV. A transferência de arquivos de algum ponto da Internet para um computador específico é denominada *download*, desde que o servidor intermediário no processo seja um servidor SMTP.

Indique a opção que contenha todas as afirmações verdadeiras.

(A) I e II.
(B) II e III.
(C) III e IV.
(D) I e III.
(E) II e IV.

A: Errada, a afirmativa I está incorreta, o papel do Comitê Gestor da Internet (CGI) é de coordenar e integrar as iniciativas de serviços de Internet no país, promovendo qualidade técnica, inovação e disseminação dos serviços **B:** Correta, apenas as afirmativas II e III estão corretas. **C:** Errada, a afirmativa IV está incorreta, o servidor SMTP controla o envio de mensagens de correio eletrônico, o protocolo responsável pela troca de arquivos é o FTP. **D:** Errada, a afirmativa I está incorreta, o papel do Comitê Gestor da Internet (CGI) é de coordenar e integrar as iniciativas de serviços de Internet no país, promovendo qualidade técnica, inovação e disseminação dos serviços. **E:** Errada, a afirmativa IV está incorreta, o servidor SMTP controla o envio de mensagens de correio eletrônico, o protocolo responsável pelo troca de arquivos é o FTP.

Gabarito "B"

(Técnico da Receita Federal – 2003 – ESAF) Analise as seguintes afirmações relativas ao uso da Internet.

I. Um serviço hospedado em um servidor na Internet pode ser acessado utilizando-se o número IP do servidor, como também a URL equivalente do serviço disponibilizado pelo referido servidor.

II. O endereço IP 161.148.231.001 é um exemplo de endereço IP que pode ser válido.

III. Para acessar a Internet é necessário apenas que o computador tenha uma placa de rede ligada à linha telefônica, permitindo, assim, uma conexão *dial-up* de alta velocidade.

IV. Para uma conexão à Internet com alta velocidade, isto é, velocidades superiores a 2Mbps, pode-se optar por uma ADSL ligada à porta serial do computador, o que dispensa o uso de adaptadores de rede, modens e qualquer outro tipo de conexão entre o computador e a ADSL.

Indique a opção que contenha todas as afirmações verdadeiras.

(A) I e II.
(B) II e III.
(C) III e IV.
(D) I e III.
(E) II e IV.

A: Correta, apenas as afirmativas I e II estão corretas. **B:** Errada, a afirmativa III está incorreta, a conexão *dial-up* é de baixa velocidade e utiliza um *modem* e não uma placa de rede para se conectar a internet. **C:** Errada, as afirmativas III e IV estão incorretas, a conexão *dial-up* é de baixa velocidade e utiliza um *modem* e não uma placa de rede para se conectar à internet, e as conexões ADSL utilizam uma placa de rede e não uma conexão serial para se conectar ao computador. **D:** Errada, a afirmativa III está incorreta, a conexão *dial-up* é de baixa velocidade e utiliza um *modem* e não uma placa de rede para se conectar à internet. **E:** Errada, a afirmativa IV está incorreta, as conexões ADSL utilizam uma placa de rede e não uma conexão serial para se conectar ao computador.

Gabarito "A"

(Auditor Fiscal da Previdência Social – 2002 – ESAF) A World Wide Web é um repositório *on-line* de informações em larga escala que os usuários podem procurar, usando um programa aplicativo interativo chamado navegador (*browser*). Com relação à navegação na Web, é correto afirmar que

(A) uma URL que começa com **http://** especifica que um navegador deve usar o HyperText Transport Protocol (HTTP) para acessar o item.

(B) os servidores Web apresentam uma arquitetura mais complexa que os navegadores. Um navegador executa uma tarefa simples repetidamente: o navegador aguarda que o servidor abra uma conexão e pergunte qual o item que o navegador deseja.

(C) um documento da Web estático feito em HTML não existe em uma forma predefinida. O documento estático é criado por um servidor Web sempre que um navegador solicita o documento. Quando chega uma requisição, o servidor da Web executa um aplicativo que cria o documento e envia ao navegador.

(D) um documento Web é considerado dinâmico quando é feito em HTML; o servidor apenas copia o arquivo e envia ao navegador, mas este é interpretado de forma diferente por cada navegador.

(E) ao requisitar uma página ASP em um servidor, o navegador informa qual é a versão do ASP que está utilizando para que o servidor envie arquivos ASP que possam ser interpretados pelo navegador.

A: Correta, URLs que iniciam com http:// especificam o protocolo HTTP para acessar o item desejado. **B:** Errada, o servidor é o elemento que aguarda a conexão do navegador. **C:** Errada, a definição dada é de uma página dinâmica e não estática. **D:** Errada, um documento WEB é considerado dinâmico quando seu conteúdo varia a cada acesso dependendo do programa que constrói a página. **E:** Errada, o servidor irá enviar os arquivos ASP na versão em que eles foram criados.

Gabarito "A"

(Auditor Fiscal da Previdência Social – 2002 – ESAF) Analise as seguintes afirmações relativas aos conceitos de comércio eletrônico.

I. Não existe diferença entre o comércio eletrônico e o comércio tradicional, quando ambos envolvem a entrega de mercadorias em domicílio.

II. O *e-mail* é vital para o comércio eletrônico porque torna as comunicações imediatas e baratas. Os compradores e vendedores utilizam o *e-mail* para negociar acordos.

III. O comércio eletrônico é o uso da tecnologia da informação, como computadores e telecomunicações, para automatizar a compra e a venda de bens e serviços.

IV. Uma transação comercial só é caracterizada como comércio eletrônico se não envolver negociação ou contato entre cliente e fornecedor.

Indique a opção que contenha todas as afirmações verdadeiras.

(A) I e II.
(B) II e III.
(C) III e IV.
(D) I e III.
(E) II e IV.

A: Errada, a afirmativa I está incorreta, comércio eletrônico consiste em realizar transações comerciais por meio de um equipamento eletrônico. **B:** Correta, apenas as afirmativas II e III estão corretas. **C:** Errada, a afirmativa IV está incorreta, uma transação só é caracterizada como comércio eletrônico se é realizada por meio de um equipamento eletrônico. **D:** Errada, a afirmativa I está incorreta, comércio eletrônico consiste em realizar transações comerciais por meio de um equipamento eletrônico. **E:** Errada, a afirmativa IV está incorreta, uma transação só é caracterizada como comércio eletrônico se for realizada por meio um equipamento eletrônico.

Gabarito "B"

(Auditor Fiscal da Previdência Social – 2002 – ESAF) Analise as seguintes afirmações relativas ao uso da Internet na educação.

I. Um curso interativo via Internet (*e-learning),* quando usado na escola, pode tornar os conceitos mais reais para os alunos, permite-lhes explorar tópicos de maneiras diferentes e os ajuda a definir um caminho próprio de aprendizagem e descoberta.

II. Uma grande vantagem da Educação a Distância (EAD) via Internet é que ela oferece ao aluno a opção de escolher o próprio local e horário de estudo.

III. A Educação a Distância (EAD) via Internet limita-se à consulta de apostilas disponibilizadas em *sites* de pesquisa e à compra de livros em *sites* de comércio eletrônico.

IV. O desenvolvimento de software para a Educação a Distância (EAD) via Internet é limitado ao uso da linguagem de programação HTML.

Indique a opção que contenha todas as afirmações verdadeiras.

(A) I e II.
(B) II e III.
(C) III e IV.
(D) I e III.
(E) II e IV.

A: Correta, apenas as afirmativas I e II estão corretas. **B:** Errada, a afirmativa III está incorreta, a Educação a Distância inclui interação com professor e com outros alunos de forma não física. **C:** Errada, as afirmativas III e IV estão incorretas, a Educação a Distância inclui interação com professor e com outros alunos de forma não física, e para o desenvolvimento de *softwares* para EAD é necessário empregar outras linguagens como Java, ASP ou PHP por exemplo. **D:** Errada, a afirmativa III está incorreta, a Educação a Distância inclui interação com professor e com outros alunos de forma não física. **E:** Errada, a afirmativa IV está incorreta, para o desenvolvimento de *softwares* para EAD, é necessário empregar outras linguagens como Java, ASP ou PHP por exemplo.

Gabarito "A"

(Auditor Fiscal da Previdência Social – 2002 – ESAF) Uma empresa fictícia registrou o domínio "passaro. com.br" com a autoridade de Internet no Brasil. Ao configurar os serviços que iria disponibilizar para a Internet, verificou que necessitaria utilizar os seguintes endereços de *sites* e servidores:

www.passaro.com.br
www2.passaro.com.br
smtp.passaro.com.br
pop3.passaro.com.br

Com relação a essa situação, é correto afirmar que

(A) a empresa só poderá utilizar os *sites* www.passaro.com.br e www2.passaro.com.br se registrar, com a autoridade de Internet no Brasil, as informações de endereço IP relacionadas a esses dois endereços.
(B) a empresa só poderá utilizar os *sites* www.passaro.com.br e www2.passaro.com.br e os servidores smtp.passaro.com.br e pop3.passaro.com.br se todos utilizarem o mesmo endereço IP registrado com a autoridade de Internet no Brasil para o domínio passaros.com.br.
(C) não existe a necessidade de se definir endereços IP para os servidores smtp.passaro.com.br e pop3.passaro.com.br por se tratar de servidores de *e-mail.*
(D) a empresa poderá criar os *sites* www.passaro.com.br e www2.passaro.com.br e os servidores smtp.passaro.com.br e pop3.passaro.com.br, devendo especificar no servidor DNS primário que irá atendê-lo e os endereços IP correspondentes a cada um. Não é necessário registrar, com a autoridade de Internet no Brasil, cada um deles separadamente.
(E) apenas o *site* www.passaro.com.br e o servidor pop3.passaro.com.br devem ser registrados individualmente com a autoridade de Internet no Brasil.

A: Errada, pode ser criado um subdomínio para a utilização do endereço www2.passaro.com.br. **B:** Errada, para utilizar os endereços necessários basta criar subdomínios registrados no servidor DNS utilizado no registro do domínio na autoridade de Internet no Brasil. **C:** Errada, mesmo sendo serviços deve-se definir endereços de IP do servidor que irá prover os serviços. **D:** Correta, a descrição dada apresenta os passos que devem ser feitos para utilizar múltiplos endereços a partir de um único domínio registrado. **E:** Errada, o único domínio que deve ser registrado é o www.passaro.com.br, o outro pode ser feito por meio do uso de subdomínios.

Gabarito "D"

(Auditor Fiscal da Previdência Social – 2002 – ESAF) Cada conta de *e-mail* tem um endereço único, que é dividido em duas partes: a primeira é usada para identificar a caixa de correio de um usuário, e a segunda é usada para identificar o servidor em que a caixa de correio reside. Por exemplo, no *e-mail* bemtivi@passaro.com.br, bemtivi é a primeira parte e passaro.com.br é a segunda parte.

Com relação às caixas postais e endereços eletrônicos, é correto afirmar que

(A) cada conta de *e-mail* está associada a um endereço IP único válido na Internet.
(B) em um servidor de *e-mail* apenas o *e-mail* da conta do administrador deverá estar associado a um endereço IP único válido na Internet.
(C) o software de *e-mail* no servidor remetente utiliza a segunda parte para selecionar o servidor de destino e o software de *e-mail* no computador de destino utiliza a primeira parte para identificar a caixa de correio do usuário.
(D) se o servidor de *e-mail* estiver associado a endereço IP 192.168.2.0, o endereço IP do primeiro *e-mail* deverá ser 192.168.2.1, o do segundo 192.168.2.2 e assim sucessivamente.
(E) em um servidor de *e-mail*, cada caixa postal poderá armazenar mensagens de no máximo 5 Mbytes. Para receber mensagens maiores, o administrador deverá reservar mais caixas postais para um mesmo endereço, reduzindo assim o número máximo de contas de *e-mail* permitidos para um servidor.

A: Errada, um endereço está relacionado com o IP do servidor no qual o *e-mail* é hospedado. **B:** Errada, todos os endereços de *e-mail* daquele servidor estarão associados ao seu endereço IP. **C:** Correta, o remetente utiliza a identificação do servidor para saber para onde enviar o *e-mail*, o destinatário utilizará a primeira parte para identificar o *e-mail* em seus registros. **D:** Errada, o endereço IP 192.168.2.0 não é um endereço válido. **E:** Errada, o tamanho máximo que cada caixa poderá utilizar é definido pelo administrador do servidor.

Gabarito "C".

(Auditor Fiscal da Previdência Social – 2002 – ESAF) Analise as seguintes afirmações relativas a conceitos de software.

I. ASP é um ambiente de programação por *script*, que pode ser usado para criar páginas dinâmicas e interativas para a Internet. As páginas ASP executam no cliente e não no servidor, aumentando assim o desempenho do aplicativo na Internet.

II. HTML é uma linguagem declarativa utilizada para criação de páginas e exibição de textos na Internet. As páginas HTML executam no servidor, e não no cliente, e é o próprio servidor que transforma os *scripts* HTML em ASP, permitindo assim que qualquer *browser* seja capaz de acessar essas páginas.

III. O tempo de execução de um programa interpretado é maior que o tempo de execução de um programa compilado, uma vez que no primeiro todas as instruções têm que ser interpretadas no momento de execução do programa.

IV. O ActiveX é um conjunto de tecnologias de integração que ajuda os aplicativos e componentes a se comunicarem e se coordenarem corretamente, seja em uma máquina, em uma rede local ou na Internet.

Indique a opção que contenha todas as afirmações verdadeiras.

(A) I e II.
(B) II e III.
(C) II e IV.
(D) I e III.
(E) III e IV.

A: Errada, as afirmativas I e II estão incorretas, as páginas ASP são executadas no servidor e não no cliente, e uma página HTML não é transformada em uma página ASP. **B:** Errada, a afirmativa II está incorreta, uma página HTML não é transformada em uma página ASP. **C:** Errada, a afirmativa II está incorreta, uma página HTML não é transformada em uma página ASP. **D:** Errada, a afirmativa I está incorreta, as páginas ASP são executadas no servidor e não no cliente. **E:** Correta, apenas as afirmativas III e IV estão corretas.

Gabarito "E".

(Técnico da Receita Federal – 2002.1 – ESAF) Ao se configurar um aplicativo de correio eletrônico para enviar e receber *e-mails* corretamente, deve-se especificar os servidores

(A) FTP e UDP.
(B) TCP e IP.
(C) DNS e TCP/IP.
(D) *Telnet* e DNS.
(E) SMTP e POP3.

A: Errada, FTP é um protocolo de troca de arquivos e UDP um protocolo da camada de transporte do modelo OSI. **B:** Errada, o TCP é um protocolo de transmissão de dados por uma rede e IP é um endereço identificador de um computador na rede. **C:** Errada, o DNS é utilizado na resolução de nomes na internet e o TCP/IP é o protocolo base de redes. **D:** Errada, *Telnet* é um protocolo de acesso remoto e o DNS é utilizado na resolução de nomes na internet. **E:** Correta, o SMTP é um protocolo utilizado para o envio de mensagens eletrônicas e o POP3 utilizado no recebimento de *e-mails*.

Gabarito "E".

(Técnico da Receita Federal – 2002.2 – ESAF) O serviço de correio eletrônico possibilita a rápida troca de informações entre usuários. Por meio desse serviço são trocadas mensagens e até documentos entre seus usuários. Com relação ao uso, configuração, protocolos e servidores de correio eletrônico é correto afirmar que

(A) o Internet Mail Access Protocol (IMAP) é um protocolo mais complexo que o POP, por meio do qual as máquinas dos usuários podem acessar mensagens nos servidores de correio eletrônico.
(B) o POP define comandos, permitindo que as mensagens possam ser enviadas, mas não acessadas.
(C) entre os recursos do SMTP pode-se destacar a possibilidade do compartilhamento de caixas postais entre usuários membros de um grupo de trabalho.
(D) quando um usuário se conecta a um servidor SMTP utilizando um cliente SMTP, ele pode solicitar informações sobre as mensagens, partes das mensagens ou as próprias mensagens, podendo verificar o tamanho de uma mensagem antes de solicitar sua transferência.
(E) um servidor de correio eletrônico deve ser configurado como um servidor POP e estar aguardando uma conexão na porta UDP número 21.

A: Correta, o IMAP é um protocolo de *e-mail* utilizado para acesso de mensagens em um servidor de correio eletrônico, ele permite um controle maior sobre a caixa de mensagens que o protocolo POP. **B:** Errada, o protocolo POP é utilizado para o acesso a mensagens e não para o envio delas. **C:** Errada, a função do protocolo SMTP é de realizar o envio de mensagens eletrônicas. **D:** Errada, a função do protocolo SMTP é de realizar o envio de mensagens eletrônicas. **E:** Errada, a porta deve ser TCP e não UDP, pois ele necessita de garantia de entrega dos pacotes.

Gabarito "A".

(Técnico da Receita Federal – 2002.2 – ESAF) A World Wide Web (WWW) é um repositório online de informações em larga escala que os usuários podem procurar usando um navegador (*browser*). Tecnicamente, a WWW é um sistema hipermídia distribuído que suporta acesso interativo. Um sistema hipermídia fornece uma extensão direta de um sistema hipertexto. A diferença entre hipertexto e hipermídia está no conteúdo do documento: enquanto o hipertexto contém apenas informações textuais, documentos de hipermídia podem conter informações adicionais, incluindo imagens e gráficos. Com relação às características da WWW e às informações nela contida é correto afirmar que

(A) os computadores usados para armazenar documentos da WWW devem ter administração interdependente.
(B) o conjunto de informações contidas na WWW é considerado não distribuído por ser de domínio público e pelo fato de a Internet não possuir um proprietário.
(C) quando um navegador solicita uma página a um servidor WWW, este atende e fica aguardando uma confirmação do navegador, que deverá informar se a solicitação foi atendida com sucesso. Só após esta confirmação o servidor poderá atender à solicitação de outro navegador.
(D) todas as páginas da WWW que contém um documento hipermídia devem usar uma representação padrão definida pelo ASP. Somente para o caso do documento ser hipertexto a representação padrão será definida pelo HTML.
(E) os navegadores apresentam uma estrutura diferente da dos servidores WWW. Um servidor espera que um navegador abra uma conexão e solicite uma página específica.

A: Errada, podem existir servidores de armazenamento independentes sem que isso cause qualquer problema à estrutura da WWW, o que ocorre na realidade pode ser removido. **B:** Errada, o conjunto de informação é distribuído justamente por ser de domínio público. **C:** Errada, o servidor atende à requisição retornando a informação desejada, não há resposta do navegador no processo. **D:** Errada, o ASP é apenas uma das linguagens de programação que podem ser utilizadas para o desenvolvimento de páginas de hipermídia. **E:** Correta, o navegador funciona como um programa cliente que se conecta ao servidor e exibe as informações retornadas por ele.

Gabarito "E"

(Agente Fiscal/Teresina – 2002 – ESAF) Com o aumento das taxas de transmissão, cabos de par trançados de melhor qualidade foram produzidos e receberam uma classificação que distingue cinco categorias de cabos UTP. Considerando estas categorias, os cabos UTP utilizados para taxas de transmissão de até 100Mbps devem ser de categoria

(A) 1
(B) 2
(C) 3
(D) 4
(E) 5

A: Errada, cabos de categoria 1 são desenhados para comunicação telefônica. **B:** Errada, cabos de categoria 2 suportam até 4Mbps. **C:** Errada, cabos de categoria 3 suportam até 10Mbps. **D:** Errada, cabos de categoria 4 suportam até 16 Mbps. **E:** Correta, cabos de categoria 5 suportam até 100Mbps.

Gabarito "E"

(Agente Fiscal/Teresina – 2002 – ESAF) O processo de escolha do caminho do nó de origem ao nó de destino, por onde uma mensagem deve transitar, é chamado de

(A) *gateway*
(B) WAN
(C) protocolo
(D) roteamento
(E) encaminhamento estruturado

A: Errada, o *gateway* é a porta de saída de um computador para a rede. **B:** Errada, WAN designa uma Wide Area Network, ou uma rede de longo alcance. **C:** Errada, protocolo é convenção ou padrão que controla e possibilita uma conexão, comunicação ou transferência de dados entre dois sistemas. **D:** Correta, o roteamento é a ação de escolha do caminho que um pacote fará de um nó de origem até o destino. **E:** Errada, encaminhamento estruturado não é um termo utilizado na transmissão de pacotes.

Gabarito "D"

(Auditor do Tesouro Municipal/Natal-RN – 2001 – ESAF) A convenção de nomes que identifica de forma exclusiva a localização de um computador, diretório ou arquivo na Internet é denominada:

(A) URL
(B) Logon Interativo
(C) DNS
(D) FTP
(E) HyperLink

A: Correta, a URL é uma identificação de um domínio na internet, que pode ser acessado por um navegador para sua visualização. **B:** Errada, Logon Interativo não é uma denominação de convenção da internet. **C:** Errada, o DNS é o protocolo responsável por transformar um endereço URL em seu endereço IP correspondente. **D:** Errada, o FTP é um protocolo utilizado na troca de arquivos. **E:** Errada, HyperLink é uma ligação em forma de referência que aponta para outro documento.

Gabarito "A"

(Analista – Ministério da Int. Nacional – 2012 – ESAF) Nos sistemas de conexão à Internet,

(A) o acesso discado permite uso simultâneo da linha telefônica para transmissão de voz.
(B) no acesso DSL, a linha telefônica conduz exclusivamente dados.
(C) o acesso a cabo utiliza-se do sinal da televisão por antena.
(D) no acesso DSL, o cabo conduz simultaneamente sinais telefônicos e sinais de televisão.
(E) o acesso discado à Internet bloqueia a linha telefônica comum do usuário.

A: Errada, no acesso discado apenas uma das atividades é possível por vez. **B:** Errada, no acesso DSL a linha telefônica transmite simultaneamente voz e dados. **C:** Errada, o acesso a cabo, como o próprio nome sugere, utiliza cabeamento físico para a transmissão de dados. **D:** Errada, no acesso DSL o cabo conduz voz e dados de forma simultânea. **E:** Correta, o acesso discado utiliza a rede telefônica para transmissão de dados exclusivamente.

Gabarito "E"

(Analista – Ministério da Int. Nacional – 2012 – ESAF) Uma rede privada virtual

(A) envia dados através da Internet, dispensando criptografia para garantir privacidade.
(B) envia dados através da Internet, mas criptografa transmissões entre *sites* para garantir privacidade.
(C) define um programa para um roteador em um *site* e usa encapsulamento *Pop-em-Ip*.
(D) não envia dados através da Internet e criptografa dados para uso local para garantir privacidade.
(E) define um túnel através da Intranet entre um roteador em um *site* e um roteador em outro e usa encapsulamento *drag-and-drop*.

A: Errada, as redes privadas usando obrigatoriamente a criptografia para garantir a privacidade. **B:** Correta, as redes privadas virtuais (VPN) criptografam os dados durante a transmissão pela Internet. **C:** Errada, a VPN é uma rede virtual que utiliza criptografia para a transmissão de dados de modo a garantir a segurança dos dados trafegados e não um programa de roteador. **D:** Errada, as VPNs enviam dados criptografados pela Internet. **E:** Errada, a comunicação é feita pela Internet e não por meio de uma Intranet.

Gabarito "B"

6. SISTEMAS OPERACIONAIS

(Técnico da Receita Federal – 2006 – ESAF) A memória virtual é um recurso de armazenamento temporário usado por um computador para executar programas que precisam de mais memória do que ele dispõe. Em relação ao uso e gerenciamento da memória virtual de um computador com o sistema operacional Windows é correto afirmar que:

(A) para cada 2 Kbytes reservado em disco para uso como memória virtual, o sistema irá utilizar apenas 1 Kbyte para armazenamento devido às diferenças entre palavras de 16 *bits* e 32 *bits* existentes entre a memória RAM e o HD.

(B) o espaço reservado em disco para uso como memória virtual deverá estar localizado somente na raiz da unidade de disco na qual está instalado o sistema operacional.

(C) quando o computador está com pouca memória RAM e precisa de mais, imediatamente, para completar a tarefa atual, o Windows usará espaço em disco rígido para simular RAM do sistema.

(D) o despejo da memória do sistema quando ocorre em memória virtual permite que o sistema se recupere do erro sem ser reiniciado.

(E) ao se reduzir as configurações de tamanho máximo ou mínimo do arquivo de paginação, não será necessário reiniciar o computador para que as alterações sejam efetivadas.

A: Errada, o espaço em disco reservado para a memória virtual é utilizado em sua totalidade, não havendo espaço inutilizado. **B:** Errada, pode-se alocar espaço de qualquer unidade de disco, contanto que esta tenha espaço livre para isso. **C:** Correta, o papel da memória virtual é suprir uma eventual falta de memória RAM utilizando o disco rígido para simular a RAM. **D:** Errada, o despejo de memória serve para que os dados armazenados na memória sejam despejados em um arquivo no HD para que eles possam ser recuperados caso o sistema reinicie. **E:** Errada, ao alterar o tamanho máximo ou mínimo do arquivo de paginação é necessário reiniciar o sistema.

Gabarito "C"

(Técnico da Receita Federal – 2006 – ESAF) No sistema operacional Windows, quando o sistema de arquivos utilizado é NTFS, é possível utilizar um recurso de compactação e descompactação automática de arquivos e pastas para se economizar espaço em disco rígido. Analise as seguintes afirmações relacionadas ao uso desse recurso.

I. Ao mover um arquivo de uma unidade NTFS diferente, na qual ele se encontrava compactado, para uma pasta não compactada, ele será mantido compactado no destino.

II. Ao adicionar um arquivo em uma pasta compactada, ele será compactado automaticamente.

III. Ao copiar um arquivo da mesma unidade NTFS para uma pasta compactada, o arquivo manterá o estado em que se encontrava na origem, seja ele compactado ou não.

IV. Ao mover um arquivo da mesma unidade NTFS para uma pasta compactada, o arquivo manterá o estado em que se encontrava na origem, seja ele compactado ou não.

Indique a opção que contenha todas as afirmações verdadeiras.

(A) I e II.

(B) II e III.

(C) III e IV.

(D) I e III.

(E) II e IV.

A: Errada, a afirmativa I está incorreta, para mover o arquivo ele é descompactado, como em seu destino não há compactação, ele não será compactado novamente. **B:** Errada, a afirmativa III está incorreta, o arquivo manterá o estado em que se encontrava na origem apenas quando for movido. **C:** Errada, a afirmativa III está incorreta, o arquivo manterá o estado em que se encontrava na origem apenas quando for movido. **D:** Errada, as afirmativas I e III estão incorretas, para mover o arquivo ele é descompactado, como em seu destino não há compactação, ele não será compactado novamente, e copiando-se um arquivo em uma mesma unidade ele não manterá seu estado anterior. **E:** Correta, apenas as afirmativas II e IV estão corretas.

Gabarito "E"

(Técnico da Receita Federal – 2006 – ESAF) O *Kernel* de um Sistema Operacional

(A) é o programa mais elementar existente no computador para ser executado antes do POST. Com a configuração do *Kernel*, pode-se gerenciar todas as configurações de *hardware* da máquina, como tamanho e tipo de disco rígido, tipo e quantidade de memória RAM, interrupções e acesso à memória (IRQs e DMA), hora e data do relógio interno e o estado de todos os periféricos conectados.

(B) é o método gráfico de controlar como o usuário interage com o computador. Ao invés de executar ações através de linha, o usuário desenvolve as tarefas desejadas usando um mouse para escolher entre um conjunto de opções apresentadas na tela.

(C) é uma tecnologia utilizada para fazer a "ponte" entre o *browser* e as aplicações de servidor. Os programas de servidor, denominados *Kernel,* são utilizados para desempenhar inúmeras tarefas, como, por exemplo, processar os dados inseridos em formulários, mostrar *banners* publicitários e permitir o envio de notícias para amigos.

(D) representa a camada mais baixa de interface com o *hardware*, sendo responsável por gerenciar os recursos do sistema como um todo. Ele define as funções para operação com periféricos e gerenciamento de memória.

(E) é uma interface para programadores que criam *scripts* ou aplicativos que são executados em segundo plano em um servidor da Web. Esses *scripts* podem gerar textos ou outros tipos de dados sem afetar outras operações.

A: Errada, esta alternativa descreve o funcionamento da BIOS e não do *Kernel*. **B:** Errada, esta alternativa descreve o funcionando de um ambiente gráfico, no *Kernel* não há interação por meio de mouse. **C:** Errada, a alternativa descreve o funcionamento dos CGIs (Commong Gateway Interface) e não de um *Kernel*. **D:** Correta, o *Kernel* gerencia os recursos do sistema, define operações com periféricos e gerenciamento de memória. **E:** Errada, o *Kernel* não possui como função servir de interface para programação, sua tarefa é gerenciar os recursos do sistema.

Gabarito "D"

(Técnico da Receita Federal – 2006 – ESAF) O sistema operacional Linux é composto por três componentes principais. Um deles, o *Shell*, é

(A) o elo entre o usuário e o sistema, funcionando como intérprete entre o dois. Ele traduz os comandos digitados pelo usuário para a linguagem usada pelo *Kernel* e vice-versa. Sem o *Shell* a interação entre usuário e o *Kernel* seria bastante complexa.

(B) o núcleo do sistema. É responsável pelas operações de baixo nível, tais como: gerenciamento de memória, suporte ao sistema de arquivos, periféricos e dispositivos.

(C) o substituto do *Kernel* para as distribuições mais recentes do *Linux*.

(D) o responsável por incorporar novas funcionalidades ao sistema. É através dele que se torna possível a implementação de serviços necessários ao sistema, divididos em aplicações do sistema e aplicações do usuário.

(E) o responsável pelo gerenciamento dos processos em execução pelo Sistema Operacional.

A: Correta, o *Shell* é a interface entre o usuário e o sistema, traduzindo comandos digitados para a linguagem utilizada pelo *Kernel*. **B:** Errada, a alternativa descreve o funcionamento do *Kernel* e não do *Shell*. **C:** Errada, o *Shell* é uma interface para o *Kernel* e não seu substituto. **D:** Errada, ele não é responsável por incorporar novas funcionalidades. **E:** Errada, o *Shell* é apenas uma interface entre o usuário e o sistema, portanto não tem capacidade de gerenciar processos.

Gabarito "A"

(Técnico da Receita Federal – 2006 – ESAF) No sistema operacional Linux devem-se respeitar vários tipos de limites de recursos que podem interferir com a operação de alguns aplicativos. Particularmente mais importantes são os limites do número de processos por usuário, o número de arquivos abertos por processo e a quantidade de memória disponível para cada processo. Nesse sistema operacional, o

(A) comando **/etc/conf/bin/idtune SHMMAX 100** define que a quantidade máxima de arquivos abertos suportados pelo sistema é igual a 100.

(B) comando **/etc/conf/bin/idtune -g SHMMAX** define a quantidade máxima de arquivos que podem ser abertos.

(C) comando **/proc/sys/fs/file-max** informa a quantidade máxima de arquivos que o sistema suporta.

(D) limite original padrão para o número de arquivos abertos geralmente é definido como um valor igual a zero.

(E) limite máximo de arquivos por processo é fixado quando o núcleo é compilado.

A: Errada, o comando descrito define o tamanho máximo para os segmentos de memória compartilhada. **B:** Errada, o comando descrito exibe o valor máximo para os segmentos de memória compartilhada. **C:** Errada, o comando descrito informa a quantidade máxima de arquivos abertos suportados pelo sistema. **D:** Errada, o limite-padrão de arquivos abertos é definido em um número maior que zero. **E:** Correta, o limite de arquivos por processo é fixado quando o núcleo é compilado.

Gabarito "E"

(Auditor Fiscal da Receita Federal – 2003– ESAF) Analise as seguintes afirmações relativas ao Sistema Operacional Linux:

I. Para se reinicializar uma máquina com o Sistema Operacional Linux pode-se utilizar o comando "*shutdown –h now*" onde a *flag –h* seguida de *now* dá uma instrução ao comando para iniciar o processo imediatamente e reinicializar o sistema quando o desligamento estiver completo.

II. Para se criar uma nova conta de usuário em uma máquina com o Sistema Operacional Linux que acabou de ser instalado, pode-se efetuar *login* como *root* e, no *prompt* do *shell*, digitar o comando *useradd adduser [nome do usuário]* e pressionar a tecla Enter. Em seguida, deve-se seguir as instruções para conclusão do processo. 1061

III. No Sistema Operacional Linux o comando *pwd* pode ser utilizado para informar o diretório de trabalho atual ao usuário.

IV. Da mesma forma que o DOS, o Sistema Operacional Linux interpreta os comandos *adduser* e *Adduser* como um mesmo comando.

Indique a opção que contenha todas as afirmações verdadeiras.

(A) I e II.

(B) II e III.

(C) III e IV.

(D) I e III.

(E) II e IV.

A: Errada, a afirmativa I está incorreta, para que o sistema fosse reiniciado após o desligamento deveria ser usada a *flag*–f e não –h. **B:** Correta, apenas as afirmativas II e III estão corretas. **C:** Errada, a afirmativa IV está incorreta, o Linux é case sensitive, portanto ele faz diferenciação de maiúsculas e minúsculas. **D:** Errada, a afirmativa I está incorreta, para que o sistema fosse reiniciado após o desligamento, deveria ser usada a *flag*–f e não –h. **E:** Errada, a afirmativa IV está incorreta, o Linux é case sensitive, portanto ele faz diferenciação de maiúsculas e minúsculas.

Gabarito "B"

(Auditor Fiscal da Receita Federal – 2003– ESAF) Analise as seguintes afirmações relativas a Sistemas Operacionais:

I. Um *cluster* é composto por um conjunto de computadores que atuam compartilhando entre si seus recursos computacionais. Todos os procedimentos para o uso do *cluster* são totalmente dependentes do usuário final e da aplicação.

II. O *cluster* deve ser construído com um grupo de nós fortemente agrupados, apresentando-se como um conjunto de sistemas operacionais e permitindo aos clientes externos ao *cluster* o direito de escolha do sistema operacional que irá utilizar ou executar suas tarefas.

III. A escalabilidade é um dos princípios básicos que a montagem de um *cluster* deve seguir, permitindo-se adicionar aplicações, nós, periféricos e interconexões de rede sem interromper a disponibilidade dos serviços do *cluster*.

IV. Em um *cluster*, um recurso representa a funcionalidade oferecida por um nó. Ele pode ser físico como, por exemplo, uma impressora.

Indique a opção que contenha todas as afirmações verdadeiras.

(A) I e II.
(B) II e III.
(C) III e IV.
(D) I e III.
(E) II e IV.

A: Errada, as afirmativas I e II estão incorretas, um *cluster* é um conjunto de computadores que atuam como uma única máquina, e o *cluster* se apresenta como um único sistema, porém que é executado dividido em diversos computadores. **B:** Errada, a afirmativa II está incorreta, o *cluster* se apresenta como um único sistema, porém que é executado dividido em diversos computadores. **C:** Correta, apenas as afirmativas III e IV estão corretas. **D:** Errada, a afirmativa I está incorreta, um *cluster* é um conjunto de computadores que atuam como uma única máquina. **E:** Errada, a afirmativa II está incorreta, o *cluster* se apresenta como um único sistema, porém que é executado dividido em diversos computadores.

Gabarito "C"

(Auditor Fiscal da Receita Federal – 2002.1 – ESAF) Analise as seguintes afirmações relativas a sistemas operacionais distribuídos:

I. Um sistema distribuído pode ser definido como uma coleção de processadores fracamente acoplados, interconectados por uma rede de comunicação.

II. Um sistema distribuído pode ser definido como uma coleção de processadores que não compartilham memória nem relógio.

III. Um sistema distribuído pode ser definido pela capacidade que um único processador tem para distribuir várias tarefas simultaneamente.

IV. Em um sistema operacional distribuído os usuários só podem acessar recursos locais.

Indique a opção que contenha todas as afirmações verdadeiras.

(A) I e II.
(B) II e III.
(C) III e IV.
(D) I e III.
(E) II e IV.

A: Correta, apenas as afirmativas I e II estão corretas. **B:** Errada, a afirmativa III está incorreta, sistemas distribuídos são aqueles que têm seu processamento dividido em várias máquinas, um grande exemplo disso são sistemas de grande porte como buscadores e grandes servidores corporativos. **C:** Errada, as afirmativas III e IV estão incorretas, sistemas distribuídos são aqueles que têm seu processamento dividido em várias máquinas, um grande exemplo disso são sistemas de grande porte como buscadores e grandes servidores corporativos, e em sistemas distribuídos os usuários podem utilizar os recursos das outras máquinas também. **D:** Errada, a afirmativa III está incorreta, sistemas distribuídos são aqueles que têm seu processamento dividido em várias máquinas, um grande exemplo disso são sistemas de grande porte como buscadores e grandes servidores corporativos. **E:** Errada, a afirmativa IV está incorreta, em sistemas distribuídos os usuários podem utilizar os recursos das outras máquinas também.

Gabarito "A"

(Auditor Fiscal da Receita Federal – 2002.1 – ESAF) Muitos sistemas operacionais fornecem suporte a *threads* (fluxos de controle) de usuários e de *kernel*, resultando em diferentes modelos de multithreading. O modelo muitos-para-muitos

(A) mapeia muitos *threads* de usuários em um *thread* de *kernel* e, recursivamente, em outro *thread* de usuário.
(B) mapeia um *thread* de usuário em um *thread* de *kernel* e, recursivamente, em outro *thread* de usuário.
(C) multiplexa muitos *threads* de usuários em um número menor ou igual de *threads* de *kernel*.
(D) multiplexa muitos *threads* de usuários em um número maior ou igual de *threads* de *kernel*.
(E) mapeia muitos *threads* de usuários em um número sempre maior de *threads* de *kernel*.

A: Errada, o modelo muitos-para-muitos multiplexa as *threads* de usuário e não as mapeia. **B:** Errada, o modelo muitos-para-muitos multiplexa as *threads* de usuário e não as mapeia. **C:** Correta, neste modelo as *threads* de usuário são multiplexadas em um número menor ou igual ao de *threads* de *kernel*. **D:** Errada, o número de *threads* deve ser menor ou igual ao de *threads* de *kernel*. **E:** Errada, o modelo muitos-para-muitos multiplexa as *threads* de usuário e não as mapeia.

Gabarito "C"

(Auditor Fiscal da Receita Federal – 2002.1 – ESAF) Analise as seguintes afirmações relativas ao sistema operacional UNIX:

I. O UNIX fornece um sistema de arquivo, com diretórios, estruturado em árvore. Os arquivos são suportados pelo *kernel* como sequência não estruturada de bytes.

II. O UNIX é um sistema multiprogramado, mas um processo não pode criar novos processos, o que eleva substancialmente seu nível de segurança.

III. De uma forma geral, os processos no UNIX são representados por duas estruturas: a estrutura de processo e a estrutura de usuário.

IV. No UNIX os processos não podem se comunicar.

Indique a opção que contenha todas as afirmações verdadeiras.

(A) I e II.
(B) II e III.
(C) III e IV.
(D) I e III.
(E) II e IV.

A: Errada, a afirmativa II está incorreta, um processo poderá criar um novo processo filho por meio de *threads*. **B:** Errada, a afirmativa II está incorreta, um processo poderá criar um novo processo filho por meio de *threads*. **C:** Errada, a afirmativa IV está incorreta, pode existir comunicação entre os processos. **D:** Correta, apenas as afirmativas I e III estão corretas. **E:** Errada, as afirmativas II e IV estão incorretas, um processo poderá criar um novo processo filho por meio de *threads* e pode existir comunicação entre os processos.

Gabarito "D"

(Auditor Fiscal da Receita Federal – 2002.1 – ESAF) No UNIX padrão, para se aplicar ao conteúdo de um arquivo a mesma rotina que é utilizada para criptografar senhas, pode-se utilizar o comando

(A) enroll.
(B) xmix.
(C) crypt.
(D) xpswrd.
(E) secure.

A: Errada, o enroll é usado para acrescentar um usuário ao sistema de correio eletrônico seguro. **B:** Errada, xmix não é um comando válido para o UNIX básico. **C:** Correta, o comando crypt aplica ao conteúdo de um arquivo a mesma rotina utilizada para criptografar senhas. **D:** Errada, xpswrd não é um comando válido para o UNIX básico. **E:** Errada, o comando secure não é um comando válido para o UNIX básico.

Gabarito "C"

(Técnico da Receita Federal – 2002.1 – ESAF) O controle e coordenação de todas as operações básicas do computador é exercido pelo

(A) boot.
(B) sistema operacional.
(C) sistema de gerenciamento de memória.
(D) POST.
(E) sistema de gerenciamento de periféricos.

A: Errada, boot controla apenas a inicialização do sistema computador. **B:** Correta, o sistema operacional é quem controla e coordena as operações que serão realizadas pelo processador, definindo prioridades e métodos de organização. **C:** Errada, o sistema de gerenciamento de memória trata da alocação e reciclagem dos dados na memória do computador. **D:** Errada, o POST é uma sequência de testes realizados pela BIOS para verificar se o sistema se encontra operacional. **E:** Errada, o sistema de gerenciamento de periféricos trata a forma como o sistema gerencia os drives de comunicação com os periféricos nele instalados.

Gabarito "B"

(Auditor Fiscal da Receita Federal – 2002.2 – ESAF) Analise as seguintes afirmações relativas a Sistemas Operacionais:

I. A maioria dos sistemas existentes no mercado são sistemas de um único processador, isto é, uma única CPU. Em algumas aplicações utilizam-se sistemas multiprocessadores. Nesse caso, a taxa de aumento da velocidade, comparando-se um sistema com um processador e um outro com N processadores, é N x N.

II. Os sistemas de múltiplos processadores modernos utilizam multiprocessamento assimétrico, no qual cada processador executa uma cópia idêntica do sistema operacional.

III. O multithreading de uma aplicação interativa pode permitir que um programa continue executando, mesmo se parte dele estiver bloqueada ou executando uma operação demorada, aumentando, assim, a capacidade de resposta para o usuário.

IV. Os *threads* de usuário são suportados acima do *kernel* e são implementados por uma biblioteca de *threads* no nível do usuário, que fornece suporte à criação, escalonamento e gerência de *threads*, sem suporte do *kernel*.

Indique a opção que contenha todas as afirmações verdadeiras.

(A) I e II.
(B) II e III.
(C) III e IV.
(D) I e III.
(E) II e IV.

A: Errada, as afirmativas I e II estão incorretas, a taxa incremental de velocidade com N processadores é menor que N e não N x N, e a maioria dos sistemas com múltiplos processadores funcionam com eles trabalhando em cooperação. **B:** Errada, a afirmativa II está incorreta, a maioria dos sistemas com múltiplos processadores funcionam com eles trabalhando em cooperação. **C:** Correta, apenas as afirmativas III e IV estão corretas. **D:** Errada, a afirmativa I está incorreta, a taxa incremental de velocidade com N processadores é menor que N e não N x N. **E:** Errada, a afirmativa II está incorreta, a maioria dos sistemas com múltiplos processadores funcionam com eles trabalhando em cooperação.

Gabarito "C"

(Auditor Fiscal da Receita Federal – 2002.2 – ESAF) Analise as seguintes afirmações relativas a sistemas distribuídos:

I. Um sistema distribuído é uma coleção de processadores que compartilham memória.

II. Um sistema distribuído é uma coleção de processadores fracamente acoplados interconectados por uma rede de comunicação. Do ponto de vista de um processador específico em um sistema distribuído, os demais processadores e seus respectivos recursos são remotos, enquanto seus próprios recursos são locais.

III. Em um sistema operacional distribuído, os usuários acessam recursos remotos da mesma forma que fazem com os recursos locais.

IV. A grande desvantagem de um sistema distribuído é que, como acontece na Internet, se um *site* falhar os outros *sites* envolvidos também irão parar.

Indique a opção que contenha todas as afirmações verdadeiras.

(A) I e II.
(B) II e III.
(C) III e IV.
(D) I e III.
(E) II e IV.

A: Errada, a afirmativa I está incorreta, um sistema distribuído é um conjunto de máquinas independentes que são usadas em conjunto para realizar uma tarefa ou prover um serviço. **B:** Correta, apenas as afirmativas II e III estão corretas. **C:** Errada, a afirmativa IV está incorreta, uma das vantagens dos sistemas distribuídos é justamente a capacidade de manter um serviço rodando mesmo que uma máquina pare. **D:** Errada, as afirmativas I e III estão incorretas, um sistema distribuído é um conjunto de máquinas independentes que são usadas em conjunto para realizar uma tarefa ou prover um serviço, e uma das vantagens dos sistemas distribuídos é justamente a capacidade de manter um serviço rodando mesmo que uma máquina pare. **E:** Errada, a afirmativa IV está incorreta, uma das vantagens dos sistemas distribuídos é justamente a capacidade de manter um serviço rodando mesmo que uma máquina pare.

Gabarito "B".

(Auditor Fiscal da Receita Federal – 2002.2 – ESAF) O UNIX foi projetado para ser um sistema de tempo compartilhado. Sua interface padrão com o usuário é simples e o sistema de arquivo é uma árvore com multiníveis. Com relação a este sistema operacional é correto afirmar que

(A) suporta múltiplos processos e cada processo pode facilmente criar novos processos. O UNIX utiliza um algoritmo de prioridade simples para o escalonamento de CPU.

(B) um processo pode terminar usando a chamada ao sistema **execve** e seu processo pai pode esperar por esse evento usando a chamada ao sistema **exit**.

(C) a forma mais simples de comunicação entre processos é por meio do *fork*, que pode ser criado antes do **execve.**

(D) as decisões relativas cujos processos devem ser carregados ou descarregados são tomadas pelo processo de gerenciamento de memória, também chamado de *pipe***s.**

(E) o *kernel* utiliza apenas uma informação, o **inode**, para identificar um arquivo.

A: Correta, o UNIX possui um algoritmo de prioridade simples para o escalonamento de processos da CPU. **B:** Errada, o comando execve executa um programa binário ou *shell script.* **C:** Errada, o comando *fork* tem como função a criação de processos, que serão filhos de quem o executou. **D:** Errada, o conceito de *pipe* consiste no fato de que a saída de um processo pode ser a entrada de outro. **E:** Errada, o *kernel* deve procurar por um arquivo e então convertê-lo em seu inode, portanto ele não pode ser utilizado para identificação.

Gabarito "A".

(Auditor Fiscal/CE – 2006 – ESAF) Analise as seguintes afirmações relacionadas a conceitos básicos de Sistemas Operacionais.

I. O Kerberos é um protocolo de criptografia de chave privada utilizado por algumas versões do Sistema Operacional Windows como protocolo de autenticação padrão. Nesses casos, o controlador de domínio Windows executa o serviço de servidor do Kerberos e os computadores clientes do Windows executam o serviço de cliente do Kerberos.

II. Nas versões do Windows com sistemas de arquivo NTFS e que permitem compactação de pastas, ao se adicionar ou copiar um arquivo para uma pasta compactada, ele será compactado automaticamente. Ao se mover um arquivo de uma unidade NTFS para uma pasta compactada, ele também será compactado, desde que a unidade de origem seja diferente da unidade de destino.

III. Quando um microcomputador é ligado, o primeiro software carregado é o Sistema Operacional, que faz a contagem da memória RAM, detecta os dispositivos instalados e por fim carrega o BIOS. Este procedimento inicial é chamado de POST (Power-On Self Test).

IV. O Samba é um servidor para Windows que permite o gerenciamento e compartilhamento de recursos em redes formadas por computadores com o Linux. Instalando o Samba, é possível usar o Windows como servidor de arquivos, servidor de impressão, entre outros, como se a rede utilizasse apenas servidores Linux.

Indique a opção que contenha todas as afirmações verdadeiras.

(A) I e II.

(B) II e III.

(C) III e IV.

(D) I e III.

(E) II e IV.

A: Correta, apenas as afirmativas I e II estão corretas. **B:** Errada, a afirmativa III está incorreta, o procedimento correto é o inverso, a BIOS é carregado primeiro e é seguida pelo Sistema Operacional. **C:** Errada, as afirmativas III e IV estão incorretas, o procedimento correto é o inverso, a BIOS é carregado primeiro e é seguida pelo Sistema Operacional, e Samba é um programa que simula um servidor Windows em sistemas baseados em UNIX. **D:** Errada, a afirmativa III está incorreta, o procedimento correto é o inverso, a BIOS é carregada primeiro e é seguida pelo Sistema Operacional. **E:** Errada, a alternativa IV está incorreta, Samba é um programa que simula um servidor Windows em sistemas baseados em UNIX.

Gabarito "A".

(Auditor Fiscal/RN – 2005 – ESAF) Analise as seguintes afirmações relacionadas a conceitos de organização e de gerenciamento de arquivos.

I. Os arquivos com extensões criadas para tipos específicos são, em geral, denominado "tipo de arquivo registrado". Estes tipos de arquivos não são rastreados pelo registro do sistema operacional.

II. Recursos compartilhados podem ser definidos como os recursos da rede disponíveis para os usuários, tais como pastas, arquivos ou impressoras. Um recurso compartilhado também pode se referir a um recurso em um servidor, disponível para usuários da rede.

III. Quanto maior o tamanho de *cluster* utilizado, também chamado de tamanho da unidade de alocação, mais eficiente será o armazenamento de informações no disco.

IV. Uma unidade de alocação é a menor quantidade de espaço em disco que pode ser alocada para manter um arquivo.

Indique a opção que contenha todas as afirmações verdadeiras.

(A) I e II.
(B) II e III.
(C) III e IV.
(D) I e III.
(E) II e IV.

A: Errada, a afirmativa I está incorreta, quando um arquivo com extensão desconhecida é executado, ele gera uma entrada no registro do sistema. **B:** Errada, a afirmativa III está incorreta, unidade de alocação é a menor quantidade de espaço em disco que pode ser alocada para armazenar um arquivo. **C:** Errada, a afirmativa III está incorreta, unidade de alocação é a menor quantidade de espaço em disco que pode ser alocada para armazenar um arquivo. **D:** Errada, as afirmativas I e III estão incorretas, quando um arquivo com extensão desconhecida é executado, ele gera uma entrada no registro do sistema, e unidade de alocação é a menor quantidade de espaço em disco que pode ser alocada para armazenar um arquivo. **E:** Correta, apenas as afirmativas II e IV estão corretas.

Gabarito "E"

(Auditor do Tesouro Municipal/Fortaleza-CE – 2003 – ESAF) Analise as seguintes afirmações relativas a Sistemas Operacionais:

I. Os arquivos são mapeados pelo Sistema Operacional em dispositivos lógicos. Estes dispositivos de armazenamento geralmente são voláteis, de modo que seu conteúdo desaparece no caso de reinicialização do sistema.

II. Um arquivo é criado em duas etapas: primeiro deve haver espaço no sistema de arquivos para o arquivo. Em segundo lugar, uma entrada para o novo arquivo deve ser feita no diretório. A entrada no diretório registra o nome do arquivo e sua localização no sistema de arquivos.

III. Existem várias formas para acessar as informações de um arquivo. A mais simples delas é o acesso sequencial. Neste caso, as informações são processadas, um registro após o outro.

IV. Um arquivo Objeto é uma sequência de caracteres organizados em linha e, possivelmente, em páginas, que o carregador do Sistema Operacional pode levar para a memória e executar.

Indique a opção que contenha todas as afirmações verdadeiras.

(A) I e II.
(B) II e III.
(C) III e IV.
(D) I e III.
(E) I, III e IV.

A: Errada, a afirmativa I está incorreta, os arquivos não desaparecem mesmo com o reinício do sistema. **B:** Correta, apenas as afirmativas II e III estão corretas. **C:** Errada, a afirmativa IV está incorreta, um arquivo objeto é o código resultante da compilação do código fonte. **D:** Errada, a afirmativa I está incorreta, os arquivos não desaparecem mesmo com o reinício do sistema. **E:** Errada, as afirmativas I e IV estão incorretas, os arquivos não desaparecem mesmo com o reinício do sistema, e um arquivo objeto é o código resultante da compilação do código fonte.

Gabarito "B"

(Auditor do Tesouro Municipal/Recife-PE – 2003 – ESAF) Analise as seguintes afirmações relativas ao ambiente Windows:

I. O Painel de Controle pode ser utilizado para se acrescentar novas fontes que poderão ser utilizadas posteriormente pelos aplicativos do MS Office.

II. Um arquivo criado no Bloco de Notas poderá ser utilizado pelo WordPad sem restrições.

III. Para se utilizar o Paint é obrigatório que o modo de exibição do monitor de vídeo esteja configurado para resolução 800 x 600.

IV. No Painel de Controle devem-se configurar as opções de acessibilidade para permitir o acesso à Internet via rede corporativa.

Indique a opção que contenha todas as afirmações verdadeiras.

(A) I e II.
(B) II e III.
(C) III e IV.
(D) I e III.
(E) II e IV.

A: Correta, apenas as afirmativas I e II estão corretas. **B:** Errada, a afirmativa III está incorreta, o Paint pode ser usado com outros tipos de resolução sem problemas. **C:** Errada, as afirmativas III e IV estão incorretas, o Paint pode ser usado com outros tipos de resolução sem problemas, e as opções de acessibilidade permitem determinados ajustes para contornar os efeitos de certas deficiências. **D:** Errada, a afirmativa III está incorreta, o Paint pode ser usado com outros tipos de resolução sem problemas. **E:** Errada, a afirmativa IV está incorreta, as opções de acessibilidade permitem determinados ajustes para contornar os efeitos de certas deficiências.

Gabarito "A"

(Auditor do Tesouro Municipal/Recife-PE – 2003 – ESAF) Analise as seguintes afirmações relativas ao ambiente Windows:

I. Um *driver* de impressora é um programa destinado a permitir que outros programas funcionem com uma impressora específica sem a necessidade de se precisarem os detalhes específicos do *hardware* e da linguagem interna da impressora.

II. A impressora padrão é aquela que o computador utiliza para enviar documentos para impressão bastando, para tanto, selecionar o comando **Imprimir**, sem antes especificar a impressora a ser acionada.

III. Uma memória virtual é armazenamento temporário em *cache* usado por um computador para executar programas que precisam de até 64 Kbytes de memória.

IV. Quando um documento é enviado para o spool de impressão, ele sai diretamente do aplicativo do usuário para a impressora, sem passar por processo ou arquivo intermediário, gerando, com frequência, o desaparecimento do documento sem que a impressão seja concluída. Isto se dá sempre que a impressora está ocupada com a impressão de outro documento.

Indique a opção que contenha todas as afirmações verdadeiras.

(A) I e II.
(B) II e III.
(C) III e IV.
(D) I e III.
(E) II e IV.

A: Correta, apenas as afirmativas I e II estão corretas. **B:** Errada, a afirmativa III está incorreta, a memória virtual é um recurso que permite utilizar o disco rígido como fonte de memória temporária para sanar problemas de falta de memória no sistema. **C:** Errada, as afirmativas III e IV estão incorretas, memória virtual é um recurso que permite utilizar o disco rígido como fonte de memória temporária para sanar problemas de falta de memória no sistema, e no spool de impressão o arquivo fica em uma fila de impressão para depois ir para impressora, apenas algumas impressoras possuem um spool interno. **D:** Errada, a afirmativa III está incorreta, a memória virtual é um recurso que permite utilizar o disco rígido como fonte de memória temporária para sanar problemas de falta de memória no sistema. **E:** Errada, a afirmativa IV está incorreta, no spool de impressão o arquivo fica em uma fila de impressão para depois ir para a impressora, apenas algumas impressoras possuem um spool interno.

Gabarito "A"

(Auditor Fiscal da Receita Federal – 2002.1 – ESAF) Um arquivo do tipo batch (lote) com extensão ".bat" contém

(A) um programa em linguagem de máquina pronto para executar.
(B) comandos para o sistema operacional em formato ASCII.
(C) uma biblioteca de rotinas.
(D) dados em linguagem de máquina, sem link edição.
(E) um código fonte utilizado por várias linguagens e sistemas operacionais.

A: Errada, os arquivos de lote são utilizados para automatizar tarefas e executam comandos em uma linguagem intermediária. **B:** Correta, os arquivos de lote contêm comandos para o SO em formato ASCII. **C:** Errada, bibliotecas são coleções de subprogramas, os arquivos de lote são arquivos utilizados para automatizar tarefas. **D:** Errada, os arquivos de lote são escrito em ASCII, uma linguagem intermediária. **E:** Errada, os arquivos de lote são automatizadores de tarefas.

Gabarito "B"

(Auditor Fiscal da Receita Federal – 2002.1 – ESAF) Um processo pode ser definido como

(A) a memória disponível para execução de um programa.
(B) a memória utilizada durante a execução de um programa.
(C) a memória compartilhada entre dois ou mais programas.
(D) um programa em execução.
(E) as chamadas ao sistema.

A: Errada, processo é um elemento que consome memória, portanto não pode ser definido como memória disponível. **B:** Errada, um processo consome memória, porém não é definido como memória sendo utilizada. **C:** Errada, um processo é um programa em execução que pode utilizar memória compartilhada pelo sistema. **D:** Correta, processos são programas em execução. **E:** Errada, as chamadas do sistema são denominadas system calls.

Gabarito "D"

1066

(Auditor Fiscal da Receita Federal – 2002.1 – ESAF) O estado de um processo é definido, em parte, pela sua atividade presente. Quando o processo está esperando para ser atribuído a um processador, ele se encontra em um estado denominado

(A) de espera.
(B) de execução.
(C) pronto.
(D) novo.
(E) encerrado.

A: Errada, processos em estado de espera foram colocados na fila de espera de E/S devido ao processador de E/S ser mais lento que o CPU. **B:** Errada, processos em estado de execução estão sendo executados pelo processador. **C:** Correta, processos que estão esperando ser atribuídos a um processador estão em estado pronto. **D:** Errada, novo não é um dos estados possíveis que um processo pode assumir. **E:** Errada, o processo em estado encerrado já foi concluído.

Gabarito "C"

(Auditor do Tesouro Municipal/Natal-RN – 2001 – ESAF) No Windows Explorer do Windows 98, a barra de títulos indica:

(A) o nome do arquivo que será aberto
(B) o nome do último arquivo aberto
(C) a pasta que está sendo explorada no momento
(D) apenas o nome da unidade de disco rígido que está ativa
(E) apenas o nome dos arquivos compartilhados

A: Errada, os arquivos são abertos por programas e não pelo Windows Explorer. **B:** Errada, os arquivos são abertos por programas e não pelo Windows Explorer. **C:** Correta, é exibido o nome da pasta que está sendo explorada atualmente. **D:** Errada, a barra de títulos mostra sempre o nome da pasta sendo explorada naquele momento. **E:** Errada, os arquivos são abertos por programas e não pelo Windows Explorer e na barra de títulos é exibido o nome da pasta explorada atualmente.

Gabarito "C"

(Auditor do Tesouro Municipal/Natal-RN – 2001 – ESAF) No Windows Explorer do Windows 98, para se fazer a seleção de um conjunto de arquivos não adjacentes deve-se, antes de dar um clique sobre cada arquivo a ser selecionado, pressionar:

(A) a tecla Shift
(B) a tecla Ctrl
(C) as teclas Shift + F4
(D) as teclas Shift + Ctrl
(E) as teclas Shift + Alt

A: Errada, a tecla Shift faz com que todos os arquivos no intervalo sejam selecionados. **B:** Correta, a tecla Ctrl permite selecionar arquivos não adjacentes. **C:** Errada, as teclas Shift + F4 não realizam a seleção de arquivos. **D:** Errada, as teclas Shift + Ctrl não realizam a seleção de arquivos. **E:** Errada, as teclas Shift + Alt não realizam a seleção de arquivos.

Gabarito "B"

(Analista – Ministério da Int. Nacional – 2012 – ESAF) A estrutura do núcleo do Linux contém os componentes:

(A) E/S, Gerenciador de periféricos, Gerenciador de programa.
(B) Gerenciador de TCP/IP, Gerenciador de memória virtual, Gerenciador de processo.

(C) E/S, Gerenciador de memória, Gerenciador de processo.

(D) E/S, Gerenciador de sinais, Gerenciador de escalonamento de CPU.

(E) Gerenciador de sistema operacional, Gerenciador de memória principal, Gerenciador de processador.

A: Errada, Gerenciador de programa não é um tipo de estrutura que compõem o núcleo de um sistema operacional. **B:** Errada, o protocolo TCP/IP não tem relação direta com o núcleo do sistema operacional. **C:** Correta, Gerenciador de memória e processo são componentes que fazem parte do núcleo de um sistema operacional, assim como os controladores de Entrada e Saída (E/S). **D:** Errada, Gerenciador de escalonamento não é um tipo de estrutura que compõem o núcleo de um sistema operacional. **E:** Errada, Gerenciador de sistema operacional não é um tipo de estrutura que compõem o núcleo de um sistema operacional.

Gabarito "C"

(Analista – Ministério da Int. Nacional – 2012 – ESAF) Em relação aos aplicativos do Microsoft Office e do BR Office, é correto afirmar que:

(A) o aplicativo de edição de textos do BR Office é o Impress.

(B) a ferramenta de "Verificação ortográfica" só está disponível nos aplicativos de edição de textos do Microsoft Office.

(C) os aplicativos do BR Office não permitem salvar documentos em formato .pdf.

(D) o recurso de "Alinhamento rápido" de parágrafos na "Barra de ferramentas" só está disponível nos aplicativos de edição de textos do BR Office.

(E) ambos dispõem de uma ferramenta muito útil para "copiar" atributos de um determinado texto para outro, chamados, respectivamente, de "Formatar pincel" e "Pincel de estilo".

A: Errada, o Impress é um aplicativo de apresentação de slides, o editor de texto se chama Writer. **B:** Errada, ambos os *softwares* possuem uma ferramenta de verificação ortográfica. **C:** Errada, é possível salvar os documentos no formato PDF usando os aplicativos do BrOffice. **D:** Errada, não há um tipo de alinhamento com esta denominação. **E:** Correta, as ferramentas Formatar Pincel e Pincel de Estilo copiam a formatação de um trecho de texto selecionado.

Gabarito "E"

7. PROGRAMAÇÃO E SISTEMAS

(Auditor Fiscal da Receita Federal – 2003– ESAF) Analise as seguintes afirmações relativas à programação de computadores:

I. Uma função, para ser caracterizada como recursiva, deve ter em seu código uma ou mais repetições do tipo *Do/Until* onde a quantidade de vezes que o referido laço *Do/Until* é executado quantifica a ordem da recursão.

II. Em programação Orientada a Objetos, o uso de um método construtor permite que se atribua valores iniciais aos atributos de uma classe quando esta é instanciada.

III. Em um programa Orientado a Objetos podem existir diversos tipos de relacionamentos estáticos entre as classes. A associação é um deles.

IV. O uso de funções e procedimentos é desaconselhável no desenvolvimento estruturado, pois quebram a sequência lógica da programação linear, objetivo principal deste modelo de desenvolvimento.

Indique a opção que contenha todas as afirmações verdadeiras.

(A) I e II.

(B) II e III.

(C) III e IV.

(D) I e III.

(E) II e IV.

A: Errada, a afirmativa I está incorreta, uma função recursiva é aquela que, durante sua execução, chama ela mesma. **B:** Correta, apenas as afirmativas II e III estão corretas. **C:** Errada, a afirmativa IV está incorreta, a utilização de funções no desenvolvimento estruturado ajuda a evitar repetição de código e pode melhorar a legibilidade deste. **D:** Errada, a afirmativa I está incorreta, uma função recursiva é aquela que, durante sua execução, chama ela mesma. **E:** Errada, a afirmativa IV está incorreta, a utilização de funções no desenvolvimento estruturado ajuda a evitar repetição de código e pode melhorar a legibilidade deste.

Gabarito "B"

(Auditor Fiscal da Receita Federal – 2003– ESAF) Em algumas situações na programação Orientada a Objetos é necessário descrever o relacionamento entre os objetos. Para isto, utilizam-se determinados diagramas que esclarecem como as instâncias das classes estão relacionadas em determinados instantes da execução do programa. Trata-se dos diagramas

(A) de classes.

(B) de relacionamentos.

(C) de objetos.

(D) dinâmicos de instâncias.

(E) estáticos de instâncias.

A: Errada, o diagrama de classes define as classes, seus métodos, atributos e suas interações. **B:** Errada, o diagrama de relacionamentos não consegue definir as interações em um determinado ponto da execução do programa. **C:** Correta, o diagrama de objetos mostra como as instâncias das classes estão relacionadas em determinado instante da execução. **D:** Errada, tal diagrama não é utilizado em programação Orientada a Objetos. **E:** Errada, tal diagrama não é utilizado em programação Orientada a Objetos.

Gabarito "C"

(Auditor Fiscal da Receita Federal – 2003– ESAF) Na programação Orientada a Objetos, quando uma instância de uma classe precisa saber sobre uma outra instância, pode-se utilizar um relacionamento entre classes do tipo

(A) abstração.

(B) generalização.

(C) especialização.

(D) herança.

(E) associação.

A: Errada, a abstração consiste em representar entidades e conceitos abstratos em classes. **B:** Errada, a generalização é um sinônimo da herança, em que um objeto herda todos os atributos e métodos de outro. **C:** Errada, a especialização é a adaptação de algo para um caso específico. **D:** Errada, na herança um objeto herda todos os atributos e métodos de outra. **E:** Correta, em uma associação, uma classe poderá utilizar os métodos fornecidos por outra, podendo também obter informações dela.

Gabarito "E"

(Auditor Fiscal da Receita Federal – 2003– ESAF) Analise as seguintes afirmações relativas à programação de computadores:

I. Na programação Orientada a Objetos, uma classe abstrata não gera objetos.

II. Na UML, a herança é representada com uma seta de generalização que se estende da subclasse derivada à classe da qual ela foi herdada.

III. Na programação Orientada a Objetos, a herança múltipla ocorre quando uma classe é derivada de uma segunda classe, que por sua vez foi derivada de um método.

IV. No diagrama de colaboração da UML os objetos que interagem por meio de mensagens aparecem como dois círculos concêntricos, de tamanhos diferentes, com cada um deles portando o nome do objeto e suas instâncias.

Indique a opção que contenha todas as afirmações verdadeiras.

(A) I e II.
(B) II e III.
(C) III e IV.
(D) I e III.
(E) II e IV.

A: Correta, apenas as afirmativas I e II estão corretas. **B:** Errada, a afirmativa III está incorreta, na herança múltipla, uma única classe herda as características de mais de uma classe. **C:** Errada, as afirmativas III e IV estão incorretas, na herança múltipla, uma única classe herda as características de mais de uma classe, e no diagrama de colaboração, os objetos são representados por retângulos contendo seu nome. **D:** Errada, a afirmativa III está incorreta, na herança múltipla, uma única classe herda as características de mais de uma classe. **E:** Errada, a afirmativa IV está incorreta, os objetos são representados por retângulos contendo seu nome.

Gabarito "A".

(Auditor Fiscal da Receita Federal – 2003– ESAF) Analise as seguintes afirmações relativas à programação de computadores:

I. Na programação Orientada a Objetos, o encapsulamento é o resultado ou ato de ocultar um objeto em outro objeto, dando ao resultado uma característica exclusiva da orientação a objetos denominada polimorfismo.

II. Na programação Orientada a Objetos, o diagrama de sequência é um tipo de diagrama de interação entre objetos que enfatizam mais a sequência temporal que os relacionamentos estáticos do objeto.

III. Em um diagrama de classe na programação Orientada a Objetos é importante descrever como as associações devem ser navegadas, podendo a navegação ser unidirecional ou bidirecional.

IV. Um banco de dados baseado em objetos, como todo banco de dados, armazena apenas dados, tendo como principal diferença para o banco de dados relacional a equivalência da coluna na tabela do banco relacional com a classe abstrata responsável pelo armazenamento do dado no banco baseado em objetos.

Indique a opção que contenha todas as afirmações verdadeiras.

(A) I e II.
(B) II e III.
(C) III e IV.
(D) I e III.
(E) II e IV.

A: Errada, a afirmativa I está incorreta, o encapsulamento consiste em limitar o acesso a métodos ou variáveis por meio das palavras reservadas "public", "protected" ou "private". **B:** Correta, apenas as afirmativas II e III estão corretas. **C:** Errada, a afirmativa IV está incorreta, nos bancos de dados relacionais, a coluna de uma tabela equivale a um atributo de um objeto de um banco de dados orientado a objetos, a principal diferença está no fato de um banco de dados relacional armazenar os dados em tabelas e o orientado a objetos armazená-los em objetos. **D:** Errada, a afirmativa I está incorreta, o encapsulamento consiste em limitar o acesso a métodos ou variáveis por meio das palavras reservadas "public", "protected" ou "private". **E:** Errada, a afirmativa IV está incorreta, nos bancos de dados relacionais, a coluna de uma tabela equivale a um atributo de um objeto de um banco de dados orientado a objetos, a principal diferença está no fato de um banco de dados relacional armazenar os dados em tabelas e o orientado a objetos armazená-los em objetos.

Gabarito "B".

(Auditor Fiscal da Receita Federal – 2003– ESAF) Analise as seguintes afirmações relativas a princípios de engenharia de software:

I. Considerando a Especificação dos Requisitos de um software, a característica da qualidade que garante que não há nenhum conflito entre nenhum dos subconjuntos de requisitos presentes é a Rastreabilidade.

II. Considerando as fases do ciclo de vida de um sistema, aquela em que o produto mostra sinais de exaustão é o declínio ou descarte.

III. Na fase de testes de um produto, a fase responsável por verificar que um elemento pode ser logicamente tratado como uma unidade de implementação é o Teste de Integração.

IV. Entre as medidas diretas do processo de engenharia de software incluem-se o custo e o esforço aplicados.

Indique a opção que contenha todas as afirmações verdadeiras.

(A) I e II.
(B) II e III.
(C) III e IV.
(D) I e III.
(E) II e IV.

A: Errada, a afirmativa I está incorreta, a rastreabilidade consiste em ter a origem dos requisitos claramente identificada para facilitar a gestão futura dos requisitos. **B:** Errada, a afirmativa III está incorreta, o Teste de Integração consiste em encontrar falhas provenientes da integração interna dos componentes do sistema. **C:** Errada, a afirmativa III está incorreta, o Teste de Integração consiste em encontrar falhas provenientes da integração interna dos componentes do sistema. **D:** Errada, as afirmativas I e III estão incorretas, a rastreabilidade consiste em ter a origem dos requisitos claramente identificada para facilitar a gestão futura dos requisitos e o Teste de Integração consiste em encontrar falhas provenientes da integração interna dos componentes do sistema. **E:** Correta, apenas as afirmativas II e IV estão corretas.

Gabarito "E".

(Auditor Fiscal da Receita Federal – 2003– ESAF) Um projeto bem gerenciado deve ser dividido em várias fases visando a um melhor controle gerencial e a uma ligação mais adequada de cada projeto aos seus processos operacionais contínuos. O conjunto das fases de um projeto é conhecido como

(A) cronograma do projeto
(B) pré-requisitos do projeto
(C) ciclo de vida do projeto
(D) gerenciamento de tempo do projeto
(E) escopo do projeto

A: Errada, o cronograma envolve a organização das datas que devem ser seguidas para que o projeto seja desenvolvido dentro do prazo. **B:** Errada, os pré-requisitos são todos os elementos necessários para a conclusão do projeto. **C:** Correta, o ciclo de vida do projeto é o conjunto de etapas que envolvem todo o desenvolvimento do projeto, desde as etapas iniciais até sua conclusão. **D:** Errada, o gerenciamento de tempo do projeto não tem ligação com o controle gerencial do projeto. **E:** Errada, o escopo do projeto é a definição das ações que devem ser desenvolvidas dentro do projeto.

Gabarito "C".

(Auditor Fiscal da Receita Federal – 2003– ESAF) Analise as seguintes afirmações relativas ao Ciclo de desenvolvimento de um software-produto.

I. Para o Gerenciamento de Riscos, todo risco deve ser avaliado segundo dois aspectos: probabilidade de ocorrência e gravidade das consequências.
II. O Gerenciamento de Requisitos tem como objetivo principal fazer o melhor uso dos indivíduos envolvidos no projeto.
III. O Gerenciamento de Escopo tem como objetivo principal definir e controlar os trabalhos a serem realizados pelo projeto de modo a garantir que o produto desejado seja obtido por meio da menor quantidade de trabalho possível, sem abandonar nenhuma premissa estabelecida no objetivo do projeto.
IV. O Gerenciamento de Comunicação tem como objetivo dar garantia ao projeto de que todo elemento externo participante do projeto irá garantir o fornecimento de seu produto para o projeto.

Indique a opção que contenha todas as afirmações verdadeiras.

(A) I e II.
(B) II e III.
(C) III e IV.
(D) I e III.
(E) II e IV.

A: Errada, a afirmativa II está incorreta, o Gerenciamento de Requisitos é um modelo sistemático para encontrar, documentar, organizar e rastrear os requisitos variáveis de um sistema. **B:** Errada, a afirmativa II está incorreta, o Gerenciamento de Requisitos é um modelo sistemático para encontrar, documentar, organizar e rastrear os requisitos variáveis de um sistema. **C:** Errada, a afirmativa IV está incorreta, o Gerenciamento de Comunicação emprega os processos necessários para garantir a geração, coleta, distribuição, armazenamento, recuperação e destinação final de todas as informações sobre o projeto. **D:** Correta, apenas as alternativas I e III estão corretas. **E:** Errada, as alternativas II e IV estão incorretas, o Gerenciamento de Requisitos é um modelo sistemático para encontrar, documentar, organizar e rastrear os requisitos variáveis de um sistema, e o Gerenciamento de Comunicação emprega os processos necessários para garantir a geração, coleta, distribuição, armazenamento, recuperação e destinação final de todas as informações sobre o projeto.

Gabarito "D".

(Auditor Fiscal da Receita Federal – 2003– ESAF) O CMM é uma estrutura que descreve os principais elementos de um processo de software efetivo e orienta a organização no sentido de implementar a melhoria contínua do processo de desenvolvimento de software, e o faz por meio de um modelo de 5 níveis. Considerando estes cinco níveis, é correto afirmar que no nível 1

(A) é necessário introduzir uma Metodologia de Desenvolvimento formal padronizada, com um ciclo de vida definido, acompanhada de métodos, técnicas e ferramentas apropriadas.
(B) deve-se atuar na melhoria dos seus processos, antes de cuidar das questões técnicas e organizacionais.
(C) devem ser estabelecidas métricas de forma a medir características específicas dos produtos, além de definir a forma de coletar, armazenar e analisar dados para sugerir melhorias específicas nos produtos.
(D) devem ser estabelecidos meios para a coleta automática de métricas com a utilização da informação coletada de forma a prevenir problemas, evitando que voltem a ocorrer.
(E) o desenvolvimento é caótico, não existem procedimentos padronizados, estimativas de custos nem planos de projeto, o desenvolvimento é individualizado, sem documentação nem mecanismos de controle.

A: Errada, a descrição fornecida descreve os níveis de maturidade maiores dentro do CMM em que o desenvolvimento é organizado e segue um padrão bem definido. **B:** Errada, o nível 1 do CMM ainda não possui processos definidos a serem melhorados. **C:** Errada, o nível 1 do CMM não se preocupa com métricas ou outras questões de controle. **D:** Errada, no nível 1 do CMM a ocorrência de problemas é recorrente, pois não há o cuidado da criação de padrões ou utilização de métricas de controle. **E:** Correta, no nível 1 do CMM o desenvolvimento é caótico e não segue nenhum tipo de padronização, e a ocorrência de problemas é alta.

Gabarito "E".

(Técnico da Receita Federal – 2003 – ESAF) Em relação às linguagens e aos conceitos de programação de computadores, é correto afirmar que

(A) um programa é um conjunto de regras e códigos definidos pelos dispositivos de entrada do computador.
(B) para os computadores de última geração, um programa é um conjunto de *drivers* utilizados para o gerenciamento do processador e memórias virtuais utilizadas pela CPU.
(C) as linguagens de programação Orientadas a Objetos têm como principais características a utilização da metodologia de programação estruturada linear e o fraco acoplamento entre dados e código.
(D) as linguagens de programação Java, Cobol, Pascal e ANSI C são bons exemplos de linguagens de programação Orientadas a Objetos.
(E) um programa de computador é um conjunto de instruções ou regras que o computador deve executar de modo a realizar determinadas tarefas.

A: Errada, um programa é sempre definido por um programador que irá impor as regras e construir os códigos. **B:** Errada, programa é qualquer conjunto de código que descreve uma tarefa a ser realizada pelo processador. **C:** Errada, as linguagens Orientadas a Objetos usando a metodologia de orientação a objetos não têm qualquer relação com a programação estruturada. **D:** Errada, as linguagens Pascal e C são linguagens estruturadas e apenas as versões mais novas do Cobol são orientadas a objeto. **E:** Correta, um programa de computador é um conjunto de instruções ou regras que o computador deve executar de modo a realizar determinadas tarefas.

Gabarito "E".

(Técnico da Receita Federal – 2003 – ESAF) Em relação às linguagens e aos conceitos de programação de computadores, é correto afirmar que

(A) um procedimento deve sempre ser encerrado com o comando "return 0" ou equivalente, dependendo da linguagem de programação utilizada.
(B) um procedimento tem como sua principal característica a utilização de variáveis locais com passagem por referência, para evitar que alterações que venham a ocorrer nestas variáveis dentro do procedimento interfiram nos valores fora do mesmo.
(C) em qualquer linguagem de programação a definição de um procedimento será exatamente igual à de uma função quando os parâmetros ou argumentos são passados por valor.
(D) apenas uma linguagem de programação interpretada pode utilizar um procedimento em seu código, por ser capaz de interpretar e montar seu código em tempo de execução.
(E) a Orientação a Objetos é uma tecnologia de desenvolvimento composta por metodologias e linguagens usadas na análise, no projeto e na implementação de programas.

A: Errada, e todo procedimento deve encerrar com algum tipo de retorno, linguagens como Java não necessitam deste recurso. **B:** Errada, procedimentos também podem utilizar variáveis globais. **C:** Errada, em muitas linguagens de programação a definição de procedimentos e funções é feita de forma diferente quando existem parâmetros ou argumentos a serem passados por valor. **D:** Errada, as linguagens compiladas também podem utilizar procedimentos em seus códigos. **E:** Correta, a Orientação a Objeto é um paradigma composto por metodologias e linguagens que é utilizada no projeto, na análise e no desenvolvimento de *softwares*.

Gabarito "E".

(Auditor Fiscal da Receita Federal – 2002.1 – ESAF) Analise as seguintes afirmações relativas à programação de computadores:

I. Uma estrutura de repetição permite ao programador especificar que uma ação deve ser repetida enquanto alguma condição for verdadeira.
II. Na chamada por referência o parâmetro não altera o argumento que o chamou.
III. O raio de ação de uma variável qualquer é chamado de escopo.
IV. Um vetor é uma estrutura múltipla que armazena vários dados de vários tipos diferentes.

Indique a opção que contenha todas as afirmações verdadeiras.

(A) I e II.
(B) II e III.
(C) III e IV.
(D) I e III.
(E) II e IV.

A: Errada, a afirmativa II está incorreta, nas chamadas por referência o parâmetro tem influência sobre o argumento que o chamou. **B:** Errada, a afirmativa II está incorreta, nas chamadas por referência o parâmetro tem influência sobre o argumento que o chamou. **C:** Errada, a afirmativa IV está incorreta, vetores são um conjunto de elementos de um mesmo tipo. **D:** Correta, apenas as afirmativas I e III estão corretas. **E:** Errada, as afirmativas II e IV estão incorretas, nas chamadas por referência o parâmetro tem influência sobre o argumento que o chamou, e vetores são um conjunto de elementos de um mesmo tipo.

Gabarito "D".

(Auditor Fiscal da Receita Federal – 2002.1 – ESAF) Uma função que chama a si mesma, direta ou indiretamente, é denominada

(A) procedimento.
(B) protótipo.
(C) função interativa.
(D) compilador.
(E) função recursiva.

A: Errada, um procedimento é uma sequência de instruções que realizam uma tarefa. **B:** Errada, um protótipo é uma versão não concluída de um sistema ou parte dele. **C:** Errada, uma função interativa não é uma denominação de função em programação. **D:** Errada, compilador é um software que transforma um código em um equivalente em outra linguagem. **E:** Correta, funções que chamam a si mesmas são chamadas funções recursivas.

Gabarito "E".

(Auditor Fiscal da Receita Federal – 2002.1 – ESAF) Em programação orientada a objetos, os atributos definem

(A) os métodos.
(B) o que um objeto armazena.
(C) os serviços que podem ser solicitados a um objeto.
(D) as classes.
(E) as heranças.

A: Errada, métodos são funções oferecidas por um objeto. **B:** Correta, atributos são informações armazenadas em variáveis dentro de um objeto. **C:** Errada, os serviços oferecidos por um objeto são os métodos. **D:** Errada, classes descrevem os serviços oferecidos por seus objetos e as informações por ela armazenadas. **E:** Errada, herança é uma característica que permite que um objeto possua as características de outro.

Gabarito "B".

(Auditor Fiscal da Receita Federal – 2002.1 – ESAF) A estrutura de dados que se caracteriza por uma relação de hierarquia entre os elementos que a compõem é denominada

(A) lista.
(B) grafo.
(C) fila.
(D) pilha.
(E) árvore.

A: Errada, em uma lista todos os elementos estão em um mesmo nível hierárquico. **B:** Errada, um grafo é um elemento de um conjunto de pontos ligados por retas de forma não hierárquica. **C:** Errada, em uma fila todos os elementos estão em um mesmo nível hierárquico. **D:** Errada, em uma pilha elementos possuem apenas um antecessor e um sucessor. **E:** Correta, em uma árvore cada nó pode possuir filhos ou ser filho de outro nó, possuindo assim uma estrutura hierárquica.

Gabarito "E".

(Auditor Fiscal da Receita Federal – 2002.1 – ESAF) A etapa do ciclo de vida na engenharia de software, na qual deve-se considerar e analisar a função, o desempenho e a interface exigidos para um software produto denomina-se

(A) distribuição.
(B) manutenção.
(C) testes.
(D) codificação.
(E) análise dos requisitos.

A: Errada, na distribuição não é feito nenhum tipo de análise sobre funções, desempenho ou interface do sistema. **B:** Errada, na manutenção são corrigidas possíveis falhas ou erros do sistema. **C:** Errada, na etapa de testes as funções, desempenho e a interface são testadas para verificar se estão atendendo aos requisitos do software. **D:** Errada, na codificação o software é construído na linguagem especificada nas etapas anteriores. **E:** Correta, durante a análise de requisitos do software são analisadas as funções, o desempenho e a interface que ele deverá possuir.

Gabarito "E".

(Auditor Fiscal da Receita Federal – 2002.1 – ESAF) Nas metodologias de modelagem orientadas a objetos, as entidades do domínio do problema são representadas por

(A) objetos.
(B) atributos.
(C) mensagens.
(D) casos de uso.
(E) classes.

A: Correta, as entidades são representadas por objetos que contém atributos e métodos relacionados a ele. **B:** Errada, os atributos são apenas informações armazenadas por um objeto. **C:** Errada, mensagens são a maneira utilizada por objetos para se comunicarem. **D:** Errada, casos de uso descrevem situações de uso de um software. **E:** Errada, classes descrevem os serviços oferecidos por seus objetos e as informações por elas armazenadas.

Gabarito "A".

(Auditor Fiscal da Receita Federal – 2002.1 – ESAF) A atividade de testes é uma etapa crítica para o desenvolvimento de um software. O teste que tem por objetivo validar o produto, ou seja, verificar se este atende aos requisitos especificados é o teste de

(A) unidade.
(B) integração.
(C) manutenção.
(D) aceitação.
(E) risco.

A: Errada, o teste de unidade é a fase em que se testam as menores unidades de software desenvolvidas. **B:** Errada, o teste de integração tem como objetivo encontrar falhas provenientes da integração interna dos componentes de um sistema. **C:** Errada, testes de manutenção não fazem parte da fase de teste em um projeto de software. **D:** Correta, os testes de aceitação podem verificar se seu comportamento está de acordo com o solicitado. **E:** Errada, teste de risco não é uma fase de testes em projeto de software.

Gabarito "D".

(Auditor Fiscal da Receita Federal – 2002.1 – ESAF) Analise as seguintes afirmações relativas a ferramentas CASE para manutenção de software:

I. Uma ferramenta de engenharia reversa estática deve monitorar o software quanto à sua execução e usar as informações obtidas durante a monitoração para construir um modelo comportamental do programa.

II. Uma ferramenta de engenharia reversa executa uma análise pós-desenvolvimento em um programa existente e pode ser classificada como estática e dinâmica.

III. Uma ferramenta de engenharia reversa dinâmica deve monitorar o software quanto à sua execução para extrair a arquitetura do programa.

IV. Uma ferramenta de engenharia reversa estática deve usar o código fonte do programa para extrair a sua arquitetura.

Indique a opção que contenha todas as afirmações verdadeiras.

(A) I e II.
(B) II e III.
(C) III e IV.
(D) I e III.
(E) II e IV.

A: Errada, a afirmativa I está incorreta, as ferramentas de engenharia reversa estática apenas leem o código e geram os respectivos elementos. **B:** Errada, a afirmativa III está incorreta, as ferramentas de engenharia reversa dinâmica geram logs mostrando o caminho, métodos executados e objetos instanciados quando o sistema é executado. **C:** Errada, a afirmativa III está incorreta, as ferramentas de engenharia reversa dinâmica geram logs mostrando o caminho, métodos executados e objetos instanciados quando o sistema é executado. **D:** Errada, as afirmativas I e III estão incorretas, as ferramentas de engenharia reversa estática apenas leem o código e geram os respectivos elementos, e as ferramentas de engenharia reversa dinâmica geram logs mostrando o caminho, métodos executados e objetos instanciados quando o sistema é executado. **E:** Correta, apenas as afirmativas II e IV estão corretas.

Gabarito "E".

(Auditor Fiscal da Receita Federal – 2002.2 – ESAF) Analise as seguintes afirmações relativas às questões semânticas fundamentais das variáveis nas linguagens de programação:

I. O endereço de uma variável local deve ser o mesmo do subprograma ou função que a utiliza.

II. Uma variável pode ser caracterizada como um sêxtuplo de atributos: nome, endereço, valor, tipo, tempo de vida e escopo.

III. O endereço de uma variável global deve ser o mesmo do subprograma ou função que a utiliza.

IV. O tipo de uma variável determina a faixa de valores que ela pode assumir e o conjunto de operações definidas para os valores do tipo.

Indique a opção que contenha todas as afirmações verdadeiras.

(A) I e II.
(B) II e III.
(C) III e IV.
(D) I e III.
(E) II e IV.

A: Errada, a afirmativa I está incorreta, uma variável local (aquela que só existe dentro do contexto de uma rotina) não precisa ter o mesmo endereço do subprograma ou função que a utiliza. **B:** Errada, a afirmativa III está incorreta, uma variável global (aquela que existe dentro do contexto de uma classe ou software) não precisa ter o mesmo endereço do subprograma ou função que a utiliza. **C:** Errada, a afirmativa III está incorreta, uma variável global (aquela que existe dentro do contexto de uma classe ou software) não precisa ter o mesmo endereço do subprograma ou função que a utiliza. **D:** Errada, as afirmativas I e III estão incorretas, a afirmativa III está incorreta, uma variável local (aquela que só existe dentro do contexto de uma rotina) não precisa ter o mesmo endereço do subprograma ou função que a utiliza nem uma variável global (aquela que existe dentro do contexto de uma classe ou software) precisa ter o mesmo endereço do subprograma ou função que a utiliza; **E:** Correta, apenas as afirmativas II e IV estão corretas.

Gabarito "E"

(Auditor Fiscal da Receita Federal – 2002.2 – ESAF) Analise as seguintes afirmações relativas a tipos de dados nas linguagens de programação:

I. O tipo ponteiro é aquele em que as variáveis têm uma faixa de valores que consiste em um endereço de memória ou em um valor especial **nil**. O **nil** não é um endereço válido de memória.

II. Os tipos de dados com ponto-flutuante modelam os números reais com representações exatas e finitas.

III. Os *arrays* devem ser usados quando todos os valores de dados têm o mesmo tipo e são processados da mesma maneira.

IV. Em máquinas que operam com palavras de 16 *bits*, os tipos booleanos representam 256 valores diferentes.

Indique a opção que contenha todas as afirmações verdadeiras.

(A) I e II.
(B) II e III.
(C) III e IV.
(D) I e III.
(E) II e IV.

A: Errada, a afirmativa II está incorreta, os tipos de dados com ponto flutuante modelam todo o conjunto dos números reais, incluindo os não exatos. **B:** Errada, a afirmativa II está incorreta, os tipos de dados com ponto flutuante modelam todo o conjunto dos números reais, incluindo os não exatos. **C:** Errada, a afirmativa IV está incorreta, os tipos booleanos representam apenas 2 valores, verdadeiro ou falso. **D:** Correta, apenas as afirmativas I e III estão corretas. **E:** Errada, as afirmativas II e IV estão incorretas, os tipos de dados com ponto flutuante modelam todo o conjunto dos números reais, incluindo os não exatos, e os tipos booleanos representam apenas 2 valores, verdadeiro ou falso.

Gabarito "D"

(Auditor Fiscal da Receita Federal – 2002.2 – ESAF) O objetivo da multiprogramação é ter sempre algum processo em execução para maximizar a utilização da CPU. Para um sistema uniprocessador, nunca haverá mais de um processo em execução. Se houver mais processos, o restante terá que esperar até que a CPU esteja livre e possa ser reescalonada.

Com relação à multiprogramação e ao escalonamento de CPU é correto afirmar que

(A) uma decisão de escalonamento de CPU nunca poderá ocorrer quando um processo termina.
(B) no escalonamento não preemptivo, depois que a CPU é alocada a um processo, ele mantém a CPU até liberá-la devido ao seu término ou ao passar para o estado de espera.
(C) o escalonamento *first-come, first-served* (FCFS) é o algoritmo de escalonamento preemptivo que tem uma característica especial: antes de atender ao primeiro processo da fila ele atende ao menor processo na fila.
(D) o algoritmo de escalonamento não preemptivo *Round-Robin (RR)* consiste em colocar os processos em uma lista circular ordenados por tamanho e, em seguida, executá-los do menor para o maior.
(E) no algoritmo de escalonamento não preemptivo *Round-Robin (RR)* é definida uma unidade de tempo igual a um ciclo de máquina denominada quantum de tempo, onde cada processo deverá ocupar a CPU no mínimo por um quantum e no máximo por 1000 quantuns. Processos com duração menor que um quantum são considerados prontos ou em estado de espera.

A: Errada, a decisão de escalonamento pode ocorrer com o término do processo atual. **B:** Correta, é no escalonamento não preemptivo que, após a alocação da CPU para um processo, a CPU se mantém alocada até o término do processamento ou até que entre em estado de espera. **C:** Errada, no escalonamento FCFS o primeiro processo a entrar na fila é o primeiro a ser atendido. **D:** Errada, no escalonamento não preemptivo o processo atual não pode ser interrompido para que outro seja atendido. **E:** Errada, no escalonamento não preemptivo o processo atual não pode ser interrompido para que outro seja atendido.

Gabarito "B"

(Auditor Fiscal da Receita Federal – 2002.2 – ESAF) Em uma linguagem de programação deve existir um meio de selecionar entre caminhos alternativos do fluxo de controle e um meio de provocar a execução repetida de certos conjuntos de instruções. Estes meios são denominados instruções de controle.

Com relação às instruções de controle é correto afirmar que

(A) uma instrução iterativa de controle de contagem tem uma variável de laço que, na maioria das linguagens, deve receber um valor constante durante todo o processo de repetição do laço.
(B) uma instrução recursiva é um tipo particular de instrução iterativa de controle de contagem onde o controle é exercido por uma variável booleana.
(C) uma instrução iterativa faz com que uma instrução ou um conjunto de instruções seja executado nenhuma, uma ou mais vezes.
(D) uma instrução recursiva é um tipo particular de instrução iterativa de controle de contagem onde o controle é exercido por uma variável que deve ser calculada pelo programa em tempo de execução.
(E) uma instrução de seleção oferece os meios de se escolher apenas entre dois caminhos de execução em um programa.

A: Errada, em uma instrução iterativa, a cada repetição do laço, o valor recebido é incrementado, geralmente em uma unidade. **B:** Errada, a instrução recursiva é aquela que, em algum ponto, executa ela mesma. **C:** Correta, a instrução iterativa será executada, nenhuma, uma ou mais vezes, dependendo de seus parâmetros. **D:** Errada, a instrução recursiva é aquela que, em algum ponto, executa ela mesma. **E:** Errada, a instrução de seleção oferece vários meios possíveis para que o fluxo continue.

Gabarito "C".

(Auditor Fiscal da Receita Federal – 2002.2 – ESAF) Considerando o paradigma do ciclo de vida clássico da Engenharia de Software, a atividade que envolve a coleta dos requisitos em nível de sistema é a de

(A) projeto.
(B) análise e engenharia de sistemas.
(C) estrutura de dados.
(D) detalhes procedimentais.
(E) arquitetura de software.

A: Errada, nessa fase, os modelos conceituais são transformados em modelos físicos, os quais devem estar mais próximos da implementação. **B:** Correta, nessa fase, os requisitos levantados são transformados em modelos os quais representam o sistema em nível conceitual. **C:** Errada, a estruturação dos dados necessita que os requisitos técnicos tenham sido coletados. **D:** Errada, esta etapa é feita após a coleta dos requisitos do sistema. **E:** Errada, esta etapa é feita após a coleta dos requisitos do sistema.

Gabarito "B".

(Auditor Fiscal da Receita Federal – 2002.2 – ESAF) O modelo espiral para a Engenharia de Software define quatro importantes atividades representadas pelos quatro quadrantes da espiral. São eles: Planejamento, Análise dos riscos, Engenharia e Avaliação feita pelo cliente. O desenvolvimento dos possíveis protótipos de software devem ser feitos durante a atividade

(A) intermediária entre o Planejamento e a Análise dos riscos.
(B) intermediária entre o Planejamento e a Análise do cliente.
(C) de Planejamento.
(D) de Análise de risco.
(E) de Engenharia.

A: Errada, o desenvolvimento de protótipos é feito em uma etapa definida e não em etapas intermediárias. **B:** Errada, o desenvolvimento de protótipos é feito em uma etapa definida e não em etapas intermediárias. **C:** Errada, na etapa de planejamento é feita toda a organização do ciclo seguinte. **D:** Errada, na etapa de análise de risco ainda não é construído nenhum modelo funcional do sistema. **E:** Correta, na etapa de engenharia, o projeto que foi planejado e analisado é transformado em um protótipo que seguirá para avaliação do cliente.

Gabarito "E".

(Auditor Fiscal da Receita Federal – 2002.2 – ESAF) Na Engenharia de Software, a qualidade de um projeto em evolução pode ser avaliada mediante uma série de revisões técnicas formais. O processo de projeto de Engenharia de Software estimula o bom projeto por meio da aplicação de princípios fundamentais, metodologias e uma revisão detalhada.

Com relação às diretrizes que devem ser seguidas para se ter uma boa avaliação quanto à qualidade do projeto de um software é correto afirmar que

(A) o projeto deve ter uma representação única de dados e procedimentos.
(B) um projeto deve ser derivado usando-se um método capaz de impedir repetições e não pode sofrer influência das informações obtidas durante a análise de requisitos de software.
(C) um projeto deve ser direcionado a módulos, com procedimentos e funções que apresentem características funcionais com a maior dependência possível.
(D) um projeto deve ser modular, isto é, o software deve ser logicamente dividido em componentes que executem funções e subfunções específicas.
(E) as conexões entre os módulos do software e a interface com o usuário são etapas que não podem ser consideradas em um projeto modular. Essas duas etapas só são consideradas se, no projeto, houver uma previsão de desenvolvimento de um protótipo.

A: Errada, projetos podem possuir várias formas de representar os dados ou procedimentos, sejam elas descritivas, gráficas, tabulares, etc. **B:** Errada, a análise de requisitos de software é uma etapa que irá guiar o projeto de um software, portanto não pode ser desconsiderada. **C:** Errada, as características funcionais devem possuir a menor dependência possível entre os módulos. **D:** Correta, é aconselhável que um projeto seja modular, dividindo-o em componentes menores que executam funções ou subfunções, isso ajuda a manter o código mais organizado e a isolar possíveis erros. **E:** Errada, em um projeto modular as conexões entre os módulos são de grande importância e devem ser consideradas em todos os casos.

Gabarito "D".

(Auditor Fiscal da Receita Federal – 2002.2 – ESAF) O diagrama de classe na UML é uma estrutura lógica em uma superfície de duas dimensões mostrando uma coleção de elementos declarativos de modelo, como classes, tipos e seus respectivos conteúdos e relações. Entre os tipos de relacionamentos no diagrama de classes, aquele que é utilizado para denotar relacionamentos entre classes não correlatas é a

(A) generalização.
(B) especificação.
(C) agregação.
(D) dependência.
(E) associação.

A: Errada, a generalização é um relacionamento entre um elemento mais geral e um mais específico, em que o elemento mais específico herda as propriedades e métodos do elemento mais geral. Portanto são classes correlatas. **B:** Errada, a especificação não é um relacionamento do diagrama de classes. **C:** Errada, a agregação é um relacionamento em que as informações de um objeto precisam ser complementadas de outra classe, objeto-todo e objeto-parte. Portanto são classes correlatas. **D:** Errada, a dependência é um relacionamento em que uma mudança na especificação de um elemento pode alterar a especificação do elemento dependente. Portanto são classes correlatas. **E:** Correta, a associação é um relacionamento estrutural entre instâncias e especificam que objetos de uma classe estão ligados a objetos de outras classes, portanto alterações em uma não afetam diretamente o funcionamento da outra.

Gabarito "E".

(Técnico da Receita Federal – 2002.1 – ESAF) Analise as seguintes afirmações relativas à programação de computador.

I. Quando duas funções distintas utilizam o mesmo nome para uma variável local, alterações no valor desta variável em uma das funções interfere no valor da variável na outra função;
II. Uma função recursiva é aquela que chama a si mesma, direta ou indiretamente;
III. Ponteiros são variáveis que contêm como seus valores os endereços de outras variáveis;
IV. O escopo de uma variável global é apenas a primeira das funções que a utiliza.

Indique a opção que contenha todas as afirmações verdadeiras.

(A) I e II.
(B) II e III.
(C) III e IV.
(D) I e III.
(E) II e IV.

A: Errada, a afirmativa I está incorreta, por serem variáveis locais, o fato de ter o mesmo nome não faz com que o comportamento de uma influencie na outra. **B:** Correta, apenas as afirmativas II e III estão corretas. **C:** Errada, a afirmativa IV está incorreta, o escopo da variável global é toda a classe a qual ela pertence. **D:** Errada, a afirmativa I está incorreta, por serem variáveis locais, o fato de ter o mesmo nome não faz com que o comportamento de uma influencie na outra. **E:** Errada, a afirmativa IV está incorreta, o escopo da variável global é toda a classe a qual ela pertence.

Gabarito "B".

(Técnico da Receita Federal – 2002.1 – ESAF) Indique a opção que contém uma linguagem totalmente Orientada a Objetos.

(A) Access
(B) ObjOriented
(C) Ansi C
(D) Cobool
(E) Java

A: Errada, Access é um gerenciador de banco de dados. **B:** Errada, ObjOriented não é uma linguagem de programação. **C:** Errada, Ansi C é um padrão que contém especificações da linguagem C, que é estruturada. **D:** Errada, o Cobol é uma linguagem orientada a negócios. **E:** Correta, Java é a linguagem orientada a objetos em maior crescimento atualmente.

Gabarito "E".

(Técnico da Receita Federal – 2002.2 – ESAF) Considere os operadores lógicos AND/OR e os valores binários X=00111000 e Y=11110011. Neste caso, a operação

(A) X AND Y resulta 00111000
(B) X AND Y resulta 1111011
(C) X AND Y resulta 00110000
(D) X OR Y resulta 00000100
(E) X OR Y resulta 00110000

A: Errada, no quinto elemento temos 1 AND 0 cujo resultado é 0 e não 1. **B:** Errada, nos dois primeiro elementos temos 00 AND 11 cujo resultado é 00 e não 11. **C:** Correta, aplicando-se a lógica booleana nos números informados e utilizando a operação, temos 00110000, pois na operação AND o resultado só será 1 quando ambos os elementos forem 1. **D:** Errada, no terceiro e quarto elementos temos 11 OR 11 cujo resultado é 11 e não 00. **E:** Errada, nos dois últimos elementos temos 00 OR 11 cujo resultado é 11 e não 00.

Gabarito "C".

(Técnico da Receita Federal – 2002.2 – ESAF) Analise as seguintes afirmações relativas a técnicas e recursos de programação.

I. Na Programação Orientada a Objetos os métodos definem o que um objeto armazena e os atributos definem os serviços que podem ser solicitados a um objeto.
II. Na Programação Orientada a Objetos, quando uma classe é instanciada, um método construtor pode ser utilizado caso haja necessidade de atribuir valores iniciais aos atributos.
III. Em um programa, se um contador não é inicializado, os resultados desse programa provavelmente serão incorretos. Esse é um exemplo de erro de lógica.
IV. Omitir o tipo do valor de retorno em uma definição de função não é considerado erro se o valor a ser retornado é um tipo padrão da linguagem de programação utilizada.

Indique a opção que contenha todas as afirmações verdadeiras.

(A) I e II.
(B) II e III.
(C) III e IV.
(D) I e III.
(E) II e IV.

A: Errada, a afirmativa I está incorreta, a definição está trocada, os métodos são os serviços e os atributos são o que o objeto armazena. **B:** Correta, apenas as afirmativas II e III estão corretas. **C:** Errada, a afirmativa IV está incorreta, em algumas linguagens de programação toda função deve ter o tipo de seu retorno especificado. **D:** Errada, a afirmativa I está incorreta, a definição está trocada, os métodos são os serviços e os atributos o que o objeto armazena. **E:** Errada, a afirmativa IV está incorreta, em algumas linguagens de programação toda função deve ter o tipo de seu retorno especificado.

Gabarito "B"

(Agente Fiscal/Teresina – 2002 – ESAF) As características que um produto deve possuir para que seja aceito são definidas como:

(A) liberação.
(B) acoplamento.
(C) projeto.
(D) arquitetura.
(E) requisitos.

A: Errada, liberação não é uma característica para que o produto seja aceito. **B:** Errada, acoplamento é o nível de interdependência entre os módulos do sistema. **C:** Errada, o projeto é o que irá guiar o desenvolvimento do software. **D:** Errada, a arquitetura consiste em componentes de software, suas propriedades externas e seus relacionamentos com outros *softwares*. **E:** Correta, os requisitos de um sistema são tudo aquilo que ele deve possuir ou realizar.

Gabarito "E"

(Agente Fiscal/Teresina – 2002 – ESAF) Analise as seguintes afirmações relativas à Engenharia de Software:

I. Considerando-se o desenvolvimento de sistemas, um dos serviços prestados ao cliente é a manutenção corretiva.
II. Considerando-se as fases do ciclo de vida de um sistema, aquela em que o produto mostra sinais de exaustão é o declínio ou descarte.
III. Uma das etapas que deve ser considerada para a estimativa de custo de um sistema é a de confiabilidade do sistema.
IV. A revisão dos requisitos determina as prioridades relativas dos requisitos.

Indique a opção que contém todas as afirmações verdadeiras.

(A) I e II.
(B) II e III.
(C) III e IV.
(D) I e III.
(E) II e IV.

A: Correta, apenas as afirmativas I e II estão corretas. **B:** Errada, a afirmativa III está incorreta, a confiabilidade não é uma etapa, mas sim uma característica que permite ao sistema realizar e manter seu funcionamento em circunstâncias de rotina, bem como em circunstâncias hostis e inesperadas. **C:** Errada, as afirmativas III e IV estão incorretas, a confiabilidade não é uma etapa, mas sim uma característica que permite ao sistema realizar e manter seu funcionamento em circunstâncias de rotina, bem como em circunstâncias hostis e inesperadas, e as prioridades relativas dos requisitos são definidas por entrevistas ou pesquisas. **D:** Errada, a afirmativa III está incorreta, a confiabilidade não é uma etapa, mas sim uma característica que permite ao sistema realizar e manter seu funcionamento em circunstâncias de rotina, bem como em circunstâncias hostis e inesperadas. **E:** Errada, a afirmativa IV está incorreta, as prioridades relativas dos requisitos são definidas por entrevistas ou pesquisas.

Gabarito "A"

(Agente Fiscal/Teresina – 2002 – ESAF) Considerando a Especificação dos Requisitos de um software, a característica da qualidade que garante que não há conflito entre os subconjuntos de requisitos presentes é a

(A) correção.
(B) consistência.
(C) precisão.
(D) manutenção corretiva.
(E) rastreabilidade.

A: Errada, na correção cada requisito deve reportar de maneira precisa as necessidades do cliente. **B:** Correta, na consistência conflitos internos entre requisitos devem ser resolvidos antes que o desenvolvimento comece. **C:** Errada, ser preciso faz com que não haja ambiguidades nos requisitos. **D:** Errada, manutenção corretiva não é uma característica de qualidade em Especificação de Requisitos. **E:** Errada, a rastreabilidade é ser capaz de ligar cada requisito de software a sua fonte.

Gabarito "B"

(Agente Fiscal/Teresina – 2002 – ESAF) Analise as seguintes afirmações relativas a desenvolvimento de software:

I. Um software que monitora, analisa e controla eventos do mundo real é chamado de software comercial.
II. Em uma das fases do desenvolvimento de um software, o projeto deve ser traduzido numa forma legível para uma máquina, caracterizando, assim, a etapa de codificação.
III. Entre as medidas diretas do processo de engenharia de software incluem-se o custo e o esforço aplicados.
IV. Nas etapas de desenvolvimento de um software, um dos tipos de mudanças que são encontradas durante a fase de manutenção é a análise de requisitos.

Indique a opção que contém todas as afirmações verdadeiras.

(A) I e II.
(B) II e III.
(C) III e IV.
(D) I e III.
(E) II e IV.

A: Errada, a afirmativa I está incorreta, um software que monitora, analisa e controla eventos do mundo real é chamado de Software de tempo real. **B:** Correta, apenas as afirmativas II e III estão corretas. **C:** Errada, a afirmativa IV está incorreta, a análise de requisitos é uma etapa anterior à etapa de manutenção. **D:** Errada, a afirmativa I está incorreta, um software que monitora, analisa e controla eventos do mundo real é chamado de Software de tempo real. **E:** Errada, a afirmativa IV está incorreta, a análise de requisitos é uma etapa anterior à etapa de manutenção.

Gabarito "B"

(Agente Fiscal/Teresina – 2002 – ESAF) A estrutura organizacional de um produto, que inclui a sua decomposição em partes e as conexões e interações entre essas, caracteriza

(A) seus testes.
(B) seu acoplamento.
(C) um caso de uso.
(D) sua arquitetura.
(E) sua codificação.

A: Errada, os testes são as atividades realizadas para encontrar erros no produto. **B:** Errada, o acoplamento é a forma como os módulos do sistema interagem entre si. **C:** Errada, um caso de uso representa uma unidade discreta da interação entre um usuário e o sistema. **D:** Correta, a estrutura organizacional de um produto caracteriza sua arquitetura. **E:** Errada, a codificação é a transcrição dos requisitos do sistema na forma de funções em linguagem de programação.

Gabarito "D"

(Agente Fiscal/Teresina – 2002 – ESAF) Analise as seguintes afirmações relativas à Programação Orientada a Objetos:

I. Quando uma classe é instanciada, pode ser necessário atribuir valores iniciais aos atributos ou executar um determinado procedimento. Isto é possível com a utilização da visibilidade.
II. Os objetos são instâncias de métodos.
III. Os atributos podem ser de instância ou de classes.
IV. Quem define os serviços que podem ser solicitados a uma instância, isto é, define o comportamento dinâmico de uma instância, é o método.

Indique a opção que contém todas as afirmações verdadeiras.

(A) I e II.
(B) II e III.
(C) III e IV.
(D) I e III.
(E) II e IV.

A: Errada, as afirmativas I e II estão incorretas, o que permite a inicialização dos atributos são os métodos construtores, e os objetos são instâncias de uma classe. **B:** Errada, a afirmativa II está incorreta, os objetos são instâncias de uma classe. **C:** Correta, apenas as afirmativas III e IV estão corretas. **D:** Errada, a afirmativa I está incorreta, o que permite a inicialização dos atributos são os métodos construtores. **E:** Errada, a afirmativa II está incorreta, os objetos são instâncias de uma classe.

Gabarito "C"

8. REDES

(Técnico da Receita Federal – 2006 – ESAF) Analise as seguintes afirmações relacionadas a conceitos básicos de redes de computadores.

I. Um repetidor é um dispositivo responsável pelo encaminhamento e roteamento de pacotes de comunicação em uma rede ou entre redes. Tipicamente, uma instituição, ao se conectar à Internet, deverá adquirir um repetidor para conectar sua Rede Local (LAN) ao ponto da Internet.
II. O SNMP (*Simple Network Management Protocol*) é um protocolo usado para monitorar e controlar serviços e dispositivos de uma rede TCP/IP. É o padrão adotado pela RNP para a gerência de rede.
III. O UDP é o protocolo de transporte sem conexão da família TCP/IP, usado com aplicações como o de serviço DNS.
IV. O WHOIS é um banco de dados de informações utilizados pelos *Firewalls* para permitir acesso dos usuários de uma LAN à Internet.

Indique a opção que contenha todas as afirmações verdadeiras.

(A) I e II.
(B) II e III.
(C) III e IV.
(D) I e III.
(E) II e IV.

A: Errada, a afirmativa I está incorreta, os repetidores não fazem roteamento de pacotes, sua função é unicamente retransmitir os pacotes, sem se importar para onde eles estão indo. **B:** Correta, apenas as afirmativas II e III estão corretas. **C:** Errada, a afirmativa IV está incorreta, o WHOIS é um protocolo de consulta de informações de contato e DNS de uma entidade na internet. **D:** Errada, a afirmativa I está incorreta, os repetidores não fazem roteamento de pacotes, sua função é unicamente retransmitir os pacotes, sem se importar para onde eles estão indo. **E:** Errada, a afirmativa IV está incorreta, o WHOIS é um protocolo de consulta de informações de contato e DNS de uma entidade na internet.

Gabarito "B"

(Técnico da Receita Federal – 2006 – ESAF) Analise as seguintes afirmações relacionadas a conceitos básicos de redes de computadores.

I. No roteamento dinâmico utilizado pelos *Hubs* e *Switches*, as tabelas de roteamento refletem dinamicamente as modificações na topologia da rede. As tabelas são atualizadas a partir de informações trocadas entre estes dispositivos.
II. O endereço usado para identificar uma sub-rede, denominado máscara de sub-rede, deve ser composto por bytes completos. Desta forma, em uma LAN, as três máscaras de sub-rede possíveis são: 255.255.255.0, 255.255.0.0 e 255.0.0.0.
III. Alguns endereços IP são reservados, não podendo ser utilizados para identificar as placas de interface de rede em um computador. Um desses endereços, o 127.0.0.0, identifica a própria máquina.
IV. Um ARP traduz um endereço IP para o endereço MAC correspondente. Quando o endereço MAC associado ao um endereço IP não é conhecido, o ARP envia uma mensagem de consulta para o endereço de *broadcast*. Cada máquina na rede recebe a mensagem e verifica se o endereço IP consultado pertence a uma de suas placas e, em caso afirmativo, responde informando o endereço MAC equivalente.

Indique a opção que contenha todas as afirmações verdadeiras.

(A) I e II.
(B) II e III.
(C) III e IV.
(D) I e III.
(E) II e IV.

A: Errada, as afirmativas I e II estão incorretas, os *Hubs* não realizam roteamento de pacotes, eles apenas os retransmitem, e as máscaras de subrede tem seus octetos definidos pela quantidade de *bits* presentes em cada um, portanto podem ter uma quantidade de *bits* menor que 8 e, logo, números diferentes de 255. **B:** Errada, a afirmativa II está incorreta, as máscaras de subrede têm seus octetos definidos pela quantidade de *bits* presentes em cada um, portanto podem ter uma quantidade de *bits* menor que 8 e logo números diferentes de 255. **C:** Correta, apenas as afirmativas III e IV estão corretas. **D:** Errada, a afirmativa I está incorreta, os *Hubs* não realizam roteamento de pacotes, eles apenas os retransmitem. **E:** Errada, a afirmativa II está incorreta, as máscaras de subrede têm seus octetos definidos pela quantidade de *bits* presentes em cada um, portanto podem ter uma quantidade de *bits* menor que 8 e logo números diferentes de 255.

Gabarito "C"

(Técnico da Receita Federal – 2006 – ESAF) Os *switches* são dispositivos

(A) capazes de estabelecer a comunicação de computadores distantes entre si e até mesmo com protocolos de comunicação diferentes.

(B) utilizados por uma tecnologia de rede desenvolvida pela IBM chamada *Token Ring*, cujo princípio de operação é a comunicação em forma de circuito fechado.

(C) que têm a função de transferir os pacotes de um segmento para todos os demais, não fazendo qualquer tipo de seleção ou endereçamento.

(D) semelhantes a *hubs*, mas não repetem o mesmo pacote para todas as portas. Cada pacote é dirigido para o dispositivo de destino, evitando colisões e excesso de tráfego.

(E) da estrutura de nível mais alto em uma rede composta por várias sub-redes. O *switch* é composto por linhas de conexão de alta velocidade, que se conectam às linhas de menor velocidade.

A: Errada, os *switches* interligam equipamentos por meio de cabos de par trançado, portanto seu alcance é limitado ao tamanho do cabo e também limitado à conexões locais. **B:** Errada, *switches* são utilizados em vários tipos de rede, e o equipamento utilizado em redes Token Ring é o HUB. **C:** Errada, os *switches* possuem a capacidade de diferenciar os destinos e assim apenas encaminham o pacote para seu destino, não realizando a transmissão deste para toda a rede. **D:** Correta, os *switches* enviam o pacote apenas para seu destino evitando, assim, colisões na rede. **E:** Errada, os *switches* operam atualmente nas camadas 2 ou 3 do modelo OSI, e nem sempre são compostos por linhas de alta velocidade.

Gabarito "D"

(Auditor Fiscal/CE – 2006 – ESAF) Os ______ são utilizados para dividir o tráfego entre os segmentos de uma mesma rede ou para interligar redes com diferentes protocolos na camada física.

Escolha a opção que preenche corretamente a lacuna acima.

(A) Servidores IDS

(B) Servidores DNS

(C) Hubs

(D) Roteadores

(E) Conectores RJ45

A: Errada, os Servidores IDS atuam na detecção de invasões em redes privadas. **B:** Errada, Servidores DNS realizam a conversão do endereço de um *site* para o endereço IP correspondente. **C:** Errada, HUBs são dispositivos que apenas retransmitem os pacotes para toda a rede sem fazer distinção de destinos. **D:** Correta, os Roteadores dividem o tráfego entre os segmentos de uma rede e também podem interligar redes com diferentes protocolos na camada física. **E:** Errada, conectores RJ45 são peças utilizadas nas pontas de cabos de rede para que estes possam ser ligados em uma interface de rede.

Gabarito "D"

(Auditor Fiscal/MG – 2005 – ESAF) Analise as seguintes afirmações relacionadas a conceitos básicos sobre Internet/Intranet.

I. A maioria dos gerenciadores de correio eletrônico instalados nas máquinas dos usuários podem ser configurados de tal forma que as mensagens são transferidas do servidor de correio eletrônico para o disco rígido na máquina do usuário e, em seguida, são removidas do servidor, mesmo que o usuário não as remova de sua própria máquina.

II. Os *Plug-ins* são programas auxiliares usados pelos computadores pessoais para permitirem conexões de alta velocidade com a Internet. Normalmente esses programas estão associados à transferência de arquivos muito grandes, tais como jogos, sons, vídeos e imagens.

III. Uma Intranet é uma rede privada interna baseada na tecnologia da Internet.

IV. URL são recursos da Internet para procurar diretórios FTP em busca de arquivos sobre um determinado assunto utilizando-se palavras-chave.

Indique a opção que contenha todas as afirmações verdadeiras.

(A) I e II.

(B) II e III.

(C) III e IV.

(D) I e III.

(E) II e IV.

A: Errada, a afirmativa II está incorreta, Plug-ins são pequenos pacotes que adicionam funcionalidades a outros programas. **B:** Errada, a afirmativa II está incorreta, Plug-ins são pequenos pacotes que adicionam funcionalidades a outros programas. **C:** Errada, a afirmativa IV está incorreta, URL corresponde a um endereço de um recurso na internet, como exemplo um *site* ou um servidor de arquivos. **D:** Correta, apenas as afirmativas I e III estão corretas. **E:** Errada, as afirmativas II e IV estão incorretas, Plug-ins são pequenos pacotes que adicionam funcionalidades a outros programas e URL corresponde a um endereço de um recurso na internet, como exemplo um *site* ou um servidor de arquivos.

Gabarito "D"

(Auditor Fiscal/MG – 2005 – ESAF) O conjunto de protocolos utilizados pela Internet permite a interconexão de diferentes redes para a transmissão de pacotes de dados. Com relação a esses protocolos e serviços a eles relacionados é correto afirmar que

(A) *Dial-up* é um termo utilizado na Internet para designar o ato de copiar arquivos de um computador remoto para a máquina do usuário, via FTP.

(B) um servidor *Gateway* na Internet oferece um serviço de busca que, a partir de uma palavra-chave, localiza a informação desejada em uma grande base de dados, normalmente hospedada em outro servidor na Internet.

(C) os dados transferidos pelo protocolo HTML podem conter apenas texto.

(D) os dados transferidos pelo protocolo HTTP podem conter texto, áudio ou imagens.

(E) os *Cookies* são vírus muito utilizados para rastrear e manter as preferências de um usuário ao navegar pela Internet.

A: Errada, Dial-up é a denominação de conexões que utilizam a linha telefônica convencional e um *modem* de conexão. **B:** Errada, o servidor Gateway é o aparelho que faz a comunicação entre redes, separando domínios de colisão. **C:** Errada, os dados transferidos pelo protocolo HTML também podem conter imagens e outros elementos. **D:** Correta, dados transferidos por HTTP podem conter texto e multimídia. **E:** Errada, os Cookies são arquivos de armazenamento temporário utilizados por vários *sites* durante a navegação.

Gabarito "D"

(Auditor Fiscal/MG – 2005 – ESAF) Analise as seguintes afirmações relativas a conceitos de protocolos e acesso à Internet.

I. Um computador que não tenha o protocolo TCP/IP instalado só poderá acessar a Internet através de um *modem* com uma linha discada.

II. Na Internet, o protocolo de aplicação FTP é o mais popular para a transferência de arquivos, sendo implementado por um processo servidor e por um processo cliente, sendo este último executado na máquina na qual a transferência foi solicitada.

III. O IMAP é o protocolo através do qual as máquinas dos usuários podem enviar mensagens para os servidores de correio eletrônico que, por sua vez, utilizam o mesmo protocolo para transferir a mensagem para o servidor de destino.

IV. Uma VPN ou Rede Privada Virtual é uma rede segura que utiliza a Internet como sua principal rede *backbone* para conectar as redes internas ou Intranets de uma ou várias empresas.

Indique a opção que contenha todas as afirmações verdadeiras.

(A) I e II.

(B) II e III.

(C) III e IV.

(D) I e III.

(E) II e IV.

A: Errada, a afirmativa I está incorreta, o protocolo TCP/IP também é necessário em conexões com linha discada. **B:** Errada, a afirmativa III está incorreta, o protocolo IMAP gerencia correios eletrônicos de modo que as mensagens continuam sendo armazenadas no servidor, ele não é utilizado para o envio de mensagens. **C:** Errada, a afirmativa III está incorreta, o protocolo IMAP gerencia correios eletrônicos de modo que as mensagens continuam sendo armazenadas no servidor, ele não é utilizado para o envio de mensagens. **D:** Errada, as afirmativas I e III estão incorretas, o protocolo TCP/IP também é necessário em conexões com linha discada, e o protocolo IMAP gerencia correios eletrônicos de modo que as mensagens continuam sendo armazenadas no servidor, ele não é utilizado para o envio de mensagens. **E:** Correta, apenas as afirmativas II e IV estão corretas.

Gabarito "E"

(Auditor Fiscal/RN – 2005 – ESAF) Um protocolo é um conjunto de regras e convenções para envio de informações em uma rede. Essas regras regem, além de outros itens, o conteúdo e o controle de erro de mensagens trocadas pelos dispositivos de rede. Com relação a estas regras e convenções é correto afirmar que

(A) o protocolo de rede SNMP é usado para gerenciar redes TCP/IP - *Transmission Control Protocol/Internet Protocol*. Em alguns sistemas operacionais, o serviço SNMP é utilizado para fornecer informações de *status* sobre um *host* em uma rede TCP/IP.

(B) uma conexão DHCP pode utilizar um servidor TCP/IP para obter um endereço IP.

(C) o IP é o protocolo mensageiro do TCP/IP responsável pelo endereçamento e envio de pacotes na rede, fornecendo um sistema de entrega com conexões que garante que os pacotes cheguem a seu destino na sequência em que foram enviados.

(D) o protocolo FTP é o mensageiro do TCP/IP, responsável pelo endereçamento e envio de pacotes FTP na rede. O FTP fornece um sistema de entrega sem conexões que não garante que os pacotes cheguem a seu destino.

(E) os protocolos FTP, SMTP, POP3 e HTTP são os únicos da família de protocolos TCP/IP utilizados na Internet que fornecem um sistema de entrega sem conexões, mas que garantem que os pacotes cheguem a seu destino na sequência em que foram enviados.

A: Correta, o protocolo SMTP é um dos tipos de protocolo para monitoramento de rede oferecendo uma série de informações sobre hosts. **B:** Errada, TCP/IP é um protocolo de rede e não um servidor de distribuição de IPs. **C:** Errada, o IP é um endereço de rede que identifica um computador dentro da rede, o protocolo TCP/IP realiza a transmissão de dados em redes IP. **D:** Errada, o FTP é um protocolo de troca de arquivos em rede. **E:** Errada, existem muitos outros tipos de protocolo que utilizam o TCP/IP, como por exemplo IMAP e HTTPS.

Gabarito "A"

(Auditor Fiscal da Receita Federal – 2003– ESAF) Em uma rede Ethernet as informações são transferidas em quadros. O formato de um quadro no modelo Ethernet original difere um pouco do quadro no formato IEEE 802.3. Uma semelhança entre eles está no preâmbulo do quadro, que tem uma função característica, que é a de

(A) identificar as máquinas envolvidas na comunicação.

(B) informar a quantidade de bytes no campo de dados.

(C) identificar o protocolo superior da pilha de protocolos.

(D) sincronizar as máquinas envolvidas na comunicação.

(E) informar o CRC calculado na transmissão.

A: Errada, o preâmbulo tem como função a sincronização e não a identificação em uma comunicação. **B:** Errada, o preâmbulo consiste de 8 bytes utilizados na sincronização da transmissão. **C:** Errada, o preâmbulo não acessa outras camadas de rede na pilha de protocolo. **D:** Correta, o preâmbulo é utilizado para sincronizar os receptores de forma a evitar perdas ou colisões. **E:** Errada, o CRC serve para verificar a integridade da informação, o papel do preâmbulo é de sincronizar a transmissão.

Gabarito "D"

(Auditor Fiscal da Receita Federal – 2003– ESAF) Analise as seguintes afirmações relativas a redes de computadores.

I. A conexão entre dois pontos de uma LAN feita através de um cabo UTP de 150 metros pode provocar erros na rede como uma Colisão Tardia ou um quadro que tenha FCS (*Frame Check Sequence*) corrompido.

II. Para se posicionar um servidor WWW em um segmento de rede protegido por um *firewall*, este deve ser configurado para que deixe passar as transações da porta TCP 80, permitindo assim o acesso externo ao servidor.

III. Ao separar uma LAN da Internet, a função de um roteador com recursos NAT Dinâmico é permitir que todos os endereços IP da LAN sejam replicados para a Internet, obrigando que cada máquina da LAN tenha um endereço IP válido para a Internet e consequentemente para roteamento.

IV. Uma VPN, ao utilizar o tunelamento, dispensa a criptografia e encapsula um protocolo dentro de outro para garantir a segurança durante a transmissão da informação.

Indique a opção que contenha todas as afirmações verdadeiras.

(A) I e II.

(B) II e III.

(C) III e IV.

(D) I e III.

(E) II e IV.

A: Correta, apenas as afirmativas I e II estão corretas. **B:** Errada, a afirmativa III está incorreta, o NAT dinâmico transforma um IP não rotável em um IP rotável por meio de uma tabela de endereços, assim a rede interna mantém endereços de IP não válidos. **C:** Errada, as afirmativas III e IV estão incorretas, o NAT dinâmico transforma um IP não rotável em um IP rotável por meio de uma tabela de endereços, assim a rede interna mantém endereços de IP não válidos e a VPN não dispensa a criptografia dos dados de forma a aumentar a segurança da transmissão. **D:** Errada, a afirmativa III está incorreta, o NAT dinâmico transforma um IP não rotável em um IP rotável por meio de uma tabela de endereços, assim a rede interna mantém endereços de IP não válidos. **E:** Errada, a afirmativa IV está incorreta, a VPN não dispensa a criptografia dos dados de forma a aumentar a segurança da transmissão.

Gabarito "A".

(Auditor Fiscal da Receita Federal – 2003– ESAF) TCP/IP é o nome que se dá ao conjunto de protocolos utilizados pela Internet. Este conjunto de protocolos foi desenvolvido para permitir aos computadores compartilharem recursos numa rede. Todo o conjunto de protocolos inclui padrões que especificam os detalhes de como conectar computadores, assim como também convenções para interconectar redes e rotear o tráfego. Oficialmente, este conjunto de protocolos é chamado Protocolo Internet TCP/IP, geralmente referenciado só como TCP/IP, devido a seus dois protocolos mais importantes. Considerando o modelo de referência OSI para o conjunto de protocolos TCP/IP, encontram-se dois protocolos: um deles oferecendo serviços sem conexão e o outro oferecendo serviços orientados à conexão. Estes dois protocolos localizados na camada de transporte são os protocolos

(A) SMTP e POP3

(B) FTP e UDP

(C) TCP e HTTP

(D) FTP e *Telnet*

(E) UDP e TCP

A: Errada, os protocolos SMTP e POP3 são protocolos exclusivos de envio e recebimento, respectivamente, de *e-mails*. **B:** Errada, o FTP é um protocolo de transferência de arquivos em redes. **C:** Errada, o HTTP é um protocolo destinado à navegação em páginas de hipertexto. **D:** Errada, o *Telnet* é um protocolo de acesso do tipo cliente-servidor para comunicação entre computadores. **E:** Correta, os protocolos UDP e TCP trabalham a comunicação de computadores em rede de maneira orientada à conexão ou não.

Gabarito "E".

(Auditor Fiscal da Receita Federal – 2003– ESAF) Analise as seguintes afirmações relativas à Arquitetura TCP/IP e serviços da Internet:

I. Um servidor de correio eletrônico deve ser configurado como um servidor POP e estar aguardando conexão UDP e TCP na porta 80.

II. A utilização do IMAP nos servidores de correio eletrônico dispensa o uso do protocolo SMTP.

III. O IMAP é um protocolo utilizado para as máquinas dos usuários acessarem mensagens nos servidores de correio eletrônico.

IV. Entre os recursos possíveis com o uso do IMAP está o compartilhamento de caixas postais entre usuários membros de um grupo de trabalho, além de permitir a pesquisa de informações em mensagens sem que estas sejam transferidas para a máquina do usuário.

Indique a opção que contenha todas as afirmações verdadeiras.

(A) I e II.

(B) II e III.

(C) III e IV.

(D) I e III.

(E) II e IV.

A: Errada, as afirmativas I e II estão incorretas, a porta utilizada pelo protocolo POP3 é a 110 e não a porta 80, e o protocolo IMAP trabalha apenas com o recebimento de *e-mails*, portanto necessita também do SMTP para o envio. **B:** Errada, a afirmativa II está incorreta, o protocolo IMAP trabalha apenas com o recebimento de *e-mails*, portanto necessita também do SMTP para o envio. **C:** Correta, apenas as afirmativas III e IV estão corretas. **D:** Errada, a afirmativa I está incorreta, a porta utilizada pelo protocolo POP3 é a 110 e não a porta 80. **E:** Errada, a afirmativa II está incorreta, o protocolo IMAP trabalha apenas com o recebimento de *e-mails*, portanto necessita também do SMTP para o envio.

Gabarito "C".

(Auditor Fiscal da Receita Federal – 2003– ESAF) Analise as seguintes afirmações relativas ao modelo de referência OSI:

I. No modelo OSI uma função da camada de apresentação é a de realizar transformações adequadas nos dados, antes do seu envio à camada de sessão.
II. O processo de transmissão de dados no modelo OSI começa com a entrega dos dados a serem transmitidos pelo usuário para uma entidade da camada de aplicação do sistema.
III. No modelo OSI a camada de transporte é a fronteira entre a camada física e a camada de rede.
IV. No processo de transmissão de dados no modelo OSI, o quadro a ser transmitido, quando chega na camada de rede, recebe um FCS (Frame Check Sequence) para detecção de erros, e finalmente é transmitido à máquina de destino pela camada de enlace.

Indique a opção que contenha todas as afirmações verdadeiras.

(A) I e II.
(B) II e III.
(C) III e IV.
(D) I e III.
(E) II e IV.

A: Correta, apenas as afirmativas I e II estão corretas. **B:** Errada, a afirmativa III está incorreta, no modelo OSI a camada de transporte está entre as camadas de Sessão e de Rede. **C:** Errada, as afirmativas III e IV estão incorretas, no modelo OSI a camada de transporte está entre as camadas de Sessão e de Rede e após a detecção de erros o quadro é enviado à camada física e não à camada de enlace. **D:** Errada, a afirmativa III está incorreta, no modelo OSI a camada de transporte está entre as camadas de Sessão e de Rede. **E:** Errada, a afirmativa IV está incorreta, após a detecção de erros o quadro é enviado à camada física e não à camada de enlace.

Gabarito "A".

(Auditor Fiscal da Receita Federal – 2003– ESAF) Analise as seguintes afirmações relativas a redes de computadores e interconexão de redes:

I. O *Frame Relay* é projetado para aceitar e entregar blocos de dados onde cada bloco pode conter até 8K de octetos de dados.
II. Para as velocidades alcançadas hoje na Internet, o *Frame Relay* é uma tecnologia ultrapassada, por permitir velocidade de transmissão máxima de até 512 Kbps.
III. A ATM é uma tecnologia que pode ser usada para transmitir dados, voz e vídeo. Para atender a estes três diferentes requisitos de transmissão, cada célula ATM contém 53 octetos, sendo 5 de cabeçalho e 48 de dados.
IV. Uma característica negativa da ATM é a impossibilidade de se especificar requisitos de qualidade de serviço para cada comunicação.

Indique a opção que contenha todas as afirmações verdadeiras.

(A) I e II.
(B) II e III.
(C) III e IV.
(D) I e III.
(E) II e IV.

A: Errada, a afirmativa II está incorreta, o *Frame Relay* pode alcançar velocidades de mais de 2Mbps. **B:** Errada, a afirmativa II está incorreta, o *Frame Relay* pode alcançar velocidades de mais de 2Mbps. **C:** Errada, a afirmativa IV está incorreta, a tecnologia ATM provê qualidade de serviço de forma nativa. **D:** Correta, apenas as afirmativas I e III estão corretas. **E:** Errada, as afirmativas II e IV estão incorretas, o *Frame Relay* pode alcançar velocidades de mais de 2Mbps e a tecnologia ATM provê qualidade de serviço de forma nativa.

Gabarito "D".

(Técnico da Receita Federal – 2003 – ESAF) Uma LAN é

(A) uma rede que permite a interconexão de equipamentos de comunicação de dados numa pequena região.
(B) uma rede capaz de se comunicar com a Internet utilizando protocolos de rede não roteáveis.
(C) uma rede 2BaseT capaz de se comunicar com outras redes a uma velocidade de 100Mbps.
(D) um conjunto de módulos processadores capazes de trocar informações e compartilhar recursos, permitindo apenas a topologia 10Base2, o que a torna ultrapassada quanto à velocidade quando comparada com as WANs, que permitem velocidades superiores a 100Mbps.
(E) um conjunto de módulos processadores capazes de trocar informações e compartilhar recursos, permitindo apenas a topologia 100BaseT, o que a torna compatível com as WANs, que permitem velocidades superiores a 100Mbps.

A: Correta, LAN é uma rede que interliga equipamentos a pequenas distâncias. **B:** Errada, LANs podem utilizar protocolos de rede roteáveis. **C:** Errada, a definição de LAN é de uma rede que conecta dispositivos em uma região pequena, não sendo necessária ser de um tipo específico. **D:** Errada, LAN são ambientes de rede compostas de dispositivos de rede interligados. **E:** Errada, LANs são compostas de vários dispositivos de rede interligados que trocam informações.

Gabarito "A".

(Técnico da Receita Federal – 2003 – ESAF) Analise as seguintes afirmações relativas a redes de computadores.

I. As redes corporativas utilizam sempre uma VPN para interligar sua Intranet à Internet.
II. Uma rede corporativa deve utilizar um meio físico de comunicação de dados com classificação *half-duplex*, para permitir a utilização do mesmo enlace na transmissão simultânea nos dois sentidos.
III. Em uma rede de computadores, os serviços de comunicação podem ser orientados a conexão ou não orientados a conexão. Um serviço orientado a conexão responsabiliza-se por identificar e corrigir dados perdidos, recebidos fora de ordem, em duplicidade ou incorretamente.

IV. Em uma rede de computadores, os serviços não orientados a conexão são mais rápidos e flexíveis que os orientados a conexão.

Indique a opção que contenha todas as afirmações verdadeiras.

(A) I e II.
(B) II e III.
(C) III e IV.
(D) I e III.
(E) II e IV.

A: Errada, as afirmativas I e II estão incorretas, as redes VPN são mais utilizadas no acesso externo da rede ou para ligar duas redes por meio da internet, e para garantir o uso do mesmo enlace na transmissão simultânea a rede deve ser *full-duplex*, na rede *half-duplex* a informação flui em apenas um sentido. **B:** Errada, a afirmativa II está incorreta, para garantir o uso do mesmo enlace na transmissão simultânea, a rede deve ser *full-duplex*, na rede *half-duplex* a informação flui em apenas um sentido. **C:** Correta, apenas as afirmativas III e IV estão corretas. **D:** Errada, a afirmativa I está incorreta, as redes VPN são mais utilizadas no acesso externo da rede ou para ligar duas redes por meio da internet. **E:** Errada, para garantir o uso do mesmo enlace na transmissão simultânea a rede deve ser *full-duplex*, na rede *half-duplex* a informação flui em apenas um sentido.

Gabarito "C"

(Técnico da Receita Federal – 2003 – ESAF) Analise as seguintes afirmações relativas a redes de computadores.

I. Em uma rede que utiliza cabo coaxial fino, as estações são conectadas ao cabo coaxial por meio de conectores BNC tipo T e as extremidades do cabo devem ter terminadores BNC de 50 ohms.

II. Na Internet, os HUBs trocam, entre si, tabelas de roteamento e informações acerca de distância, permitindo que estes equipamentos escolham o melhor caminho entre a origem e o destino de uma conexão.

III. O comprimento máximo de um cabo UTP categoria 5 utilizado para conectar equipamentos em uma LAN deve ser de 100 metros.

IV. A ligação entre dois HUBs em uma LAN nunca pode ser feita com a utilização de um cabo UTP com conectores RJ45 e configuração cross-over quando um dos HUBs já estiver ligado a um terceiro HUB.

Indique a opção que contenha todas as afirmações verdadeiras.

(A) I e II.
(B) II e III.
(C) III e IV.
(D) I e III.
(E) II e IV.

A: Errada, a afirmativa II está incorreta, os HUBs são apenas repetidores de sinal, não possuem nenhum tipo de tabela de roteamento, este é o papel do roteador. **B:** Errada, a afirmativa II está incorreta, os HUBs são apenas repetidores de sinal, não possuem nenhum tipo de tabela de roteamento, este é o papel do roteador. **C:** Errada, a afirmativa IV está incorreta, HUBs podem ser ligados por meio de cabos UTP com conectores RJ45 em cross-over mesmo quando já estiverem ligados a um terceiro HUB. **D:** Correta, apenas as afirmativas I e III estão corretas. **E:** Errada, as afirmativas I e III estão incorretas, os HUBs são apenas repetidores de sinal, não possuem nenhum tipo de tabela de roteamento, este é o papel do roteador, e HUBs podem ser ligados por meio de cabos UTP com conectores RJ45 em cross-over mesmo quando já estiverem ligados a um terceiro HUB.

Gabarito "D"

(Auditor do Tesouro Municipal/Fortaleza-CE – 2003 – ESAF) O administrador de uma Intranet tentou acessar, utilizando um navegador em sua Intranet, o *site* www.estaprova.com.br e não obteve sucesso. Investigando as causas deste fato utilizou o comando Ping para o mesmo endereço e obteve como resposta a seguinte mensagem:

"Host desconhecido www.estaprova.com.br"

Repetiu o comando Ping, só que desta vez substituiu o endereço www.estaprova.com.br pelo endereço IP correspondente, neste caso, 192.168.122.1. Nesta tentativa obteve resposta e, ao final da mesma, constava a seguinte informação:

Estatísticas do Ping para 192.168.122.1: Pacotes: Enviados = 4, Recebidos = 4, Perdidos = 0 (0% de perda) Tempos aproximados de ida e volta em milissegundos: Mínimo = 31ms, Máximo = 47ms, Média = 43ms

A causa provável da impossibilidade de acesso na tentativa inicial foi que

(A) a máquina que hospeda o *site* www.estaprova.com.br está desligada e a resposta ao Ping foi dada pelo roteador mais próximo a esta máquina.
(B) a máquina que hospeda o *site* www.estaprova.com.br está desligada e a resposta ao Ping foi dada pelo servidor DNS que atende à Intranet.
(C) o servidor DNS que atende à máquina que o Administrador está utilizando não consegue resolver o número IP para endereço www.estaprova.com.br.
(D) o servidor HTTP que atende à Intranet não consegue resolver o número IP para endereço www.estaprova.com.br.
(E) houve um problema de congestionamento na Intranet e o servidor que hospeda o *site* www.estaprova.com.br não conseguiu responder à solicitação em tempo hábil.

A: Errada, se a máquina que hospeda o *site* estivesse desligada, o ping não teria tido nenhum retorno. **B:** Errada, se a máquina que hospeda o *site* estivesse desligada, o ping não teria tido nenhum retorno. **C:** Correta, o DNS transforma endereços de *sites* em endereços de IP, quando ele não está funcionando corretamente, o computador não consegue acessar *sites* pelo endereço URL, mas consegue pelo endereço IP correspondente. **D:** Errada, o protocolo responsável por resolver endereços IP é o DNS e não o HTTP. **E:** Errada, o tempo de resposta do endereço está excelente (média de 43 milisegundos).

Gabarito "C"

(Auditor do Tesouro Municipal/Recife-PE – 2003 – ESAF) Considere um usuário que, em casa, tem acesso à Internet via conexão discada por um provedor gratuito qualquer, e no trabalho tem acesso à Internet e Intranet da empresa, via rede.

Com relação ao uso da Internet e de uma Intranet é correto afirmar que

(A) o fato de existir uma rede de computadores em uma empresa e um servidor de *e-mails* caracteriza a existência de uma Intranet.

(B) um dos servidores que existe na Internet e que não pode existir em uma Intranet é o servidor DNS.

(C) independentemente da configuração de sua máquina, em casa, e da Intranet, o referido usuário, por ter acesso à Internet, obrigatoriamente terá acesso de casa à Intranet da empresa.

(D) quando duas máquinas são ligadas entre si por um cabo de rede, diz-se que há uma Intranet.

(E) os protocolos utilizados por uma Intranet normalmente são os mesmos utilizados na Internet.

A: Errada, o servidor de *e-mails* não faz parte do mínimo necessário para uma Intranet. **B:** Errada, uma Intranet pode possuir um servidor interno de DNS. **C:** Errada, muitas empresas limitam o acesso à sua Intranet, em geral é utilizada uma conexão VPN para que se possa acessá-la externamente. **D:** Errada, duas máquinas ligadas entre si apenas formam um pequeno segmento de rede. **E:** Correta, a Internet e uma Intranet utilizam os mesmos tipos de protocolo.

Gabarito "E".

(Auditor Fiscal da Receita Federal – 2002.1 – ESAF) Na arquitetura de redes de computadores, a camada do modelo de referência OSI que é a interface do usuário com a rede e que pode ser chamada de camada do usuário final é a camada

(A) de apresentação.

(B) física.

(C) de rede.

(D) de aplicação.

(E) de enlace de dados.

A: Errada, a camada de apresentação converte o formato do dado recebido pela camada de Aplicação em um formato comum a ser usado na transmissão desse dado. **B:** Errada, a camada física define as características técnicas dos dispositivos elétricos e ópticos (físicos) do sistema. **C:** Errada, a camada de rede é responsável pelo endereçamento dos pacotes de rede. **D:** Correta, a camada de aplicação é aquela com que o usuário interage com a rede, por exemplo, ao solicitar a recepção de *e-mail* através do aplicativo de *e-mail* ou ao acessar um *site* na internet. **E:** Errada, a camada de enlace detecta e, opcionalmente, corrige erros que possam acontecer no nível físico.

Gabarito "D".

(Auditor Fiscal da Receita Federal – 2002.1 – ESAF) Analise as seguintes afirmações relativas à arquitetura TCP/IP, protocolos e serviços de Internet:

I. O DNS é um esquema de gerenciamento de nomes, hierárquico e distribuído.

II. O FTP é o protocolo usado no sistema de correio eletrônico na arquitetura Internet TCP/IP.

III. O HTTP é o protocolo usado para transferência de informações na WWW.

IV. O principal objetivo do protocolo *Telnet* é impedir que um usuário, utilizando uma máquina A, estabeleça uma sessão com uma máquina B na rede.

Indique a opção que contenha todas as afirmações verdadeiras.

(A) I e II.

(B) I e III.

(C) III e IV.

(D) II e III.

(E) II e IV.

A: Errada, a afirmativa II está incorreta, os protocolos utilizados no sistema de correio eletrônico são POP e SMTP. **B:** Correta, apenas as afirmativas I e III estão corretas. **C:** Errada, a afirmativa IV está incorreta, o protocolo *Telnet* é um protocolo cliente/servidor para acesso remoto. **D:** Errada, a afirmativa II está incorreta, os protocolos utilizados no sistema de correio eletrônico são POP e SMTP. **E:** Errada, as afirmativas II e IV estão incorretas, os protocolos utilizados no sistema de correio eletrônico são POP e SMTP, e o protocolo *Telnet* é um protocolo cliente/servidor para acesso remoto.

Gabarito "B".

(Auditor Fiscal da Receita Federal – 2002.1 – ESAF) O componente de rede que tem como objetivo manter o tráfego indesejado e não autorizado de uma rede desprotegida, como a Internet, fora de uma rede privada, como uma LAN, é o

(A) HUB.

(B) Repetidor.

(C) *Firewall*.

(D) Modem.

(E) Servidor DNS.

A: Errada, HUBs são apenas repetidores de rede. **B:** Errada, repetidores não têm qualquer função relacionada à segurança de redes. **C:** Correta, o *Firewall* é o elemento responsável pela segurança de uma rede, mantendo o tráfego indesejado fora dela. **D:** Errada, o papel do *modem* é de estabelecer uma conexão com a internet. **E:** Errada, o papel do servidor DNS é transformar endereços da internet em endereços de IP.

Gabarito "C".

(Auditor Fiscal da Receita Federal – 2002.1 – ESAF) Analise as seguintes afirmações relativas à administração e gerência de redes de computadores:

I. O mecanismo que permite a realização de auditorias de segurança é o registro de eventos.

II. O Cavalo de Troia não pode ser caracterizado como um ataque.

III. Um ataque é uma ameaça intencional concretizada.

IV. Um mecanismo muito usado na prática para aumentar a segurança de redes ligadas à Internet é o DHCP.

Indique a opção que contenha todas as afirmações verdadeiras.

(A) I e II.

(B) II e III.

(C) III e IV.

(D) I e III.

(E) II e IV.

A: Errada, a afirmativa II está incorreta, o Cavalo de Troia é um ataque que mantém uma porta aberta na máquina que pode ser explorada pelo atacante. **B:** Errada, a afirmativa II está incorreta, o Cavalo de Troia é um ataque que mantém uma porta aberta na máquina que pode ser explorada pelo atacante. **C:** Errada, a afirmativa IV está incorreta, o DHCP é um protocolo de rede que tem por objetivo distribuir configurações de IP para os computadores da rede. **D:** Correta, apenas as afirmativas I e III estão corretas. **E:** Errada, as afirmativas II e IV estão incorretas, o Cavalo de Troia é um ataque que mantém uma porta aberta na máquina que pode ser explorada pelo atacante, e o DHCP é um protocolo de rede que tem por objetivo distribuir configurações de IP para os computadores da rede.

Gabarito "D"

(Auditor Fiscal da Receita Federal – 2002.2 – ESAF) Um sistema operacional de rede fornece um ambiente no qual os usuários, que estão cientes da multiplicidade de máquinas, podem acessar recursos remotos efetuando o *login* na máquina remota apropriada ou transferindo dados da máquina remota para sua própria máquina.

Com relação aos recursos dos sistemas operacionais de rede é correto afirmar que

(A) o FTP fornece um meio de permitir que um usuário que não tenha uma conta em um servidor copie arquivos remotamente.

(B) o comando "*telnet* prova.escola.edu.br" cria uma conexão com ambiente gráfico entre a máquina local e a máquina prova.escola.edu.br, permitindo ao usuário utilizar o mouse remotamente na máquina prova.escola.edu.br.

(C) o User Datagram Protocol (UDP) responsabiliza-se por identificar e corrigir perdas de segmentos, segmentos fora de ordem e segmentos com informações incorretas.

(D) para garantir a entrega dos dados, o protocolo UDP espera que os segmentos recebidos sejam confirmados pela máquina no destino. Se a recepção não for confirmada dentro de um intervalo de tempo, a máquina na origem transmite novamente o segmento.

(E) a comunicação através de uma rede X.25 presta um serviço de comunicação não orientado a conexão e sem garantia de entrega.

A: Correta, por meio do acesso FTP pode-se permitir acesso a arquivos para que eles possam ser copiados do servidor. **B:** Errada, o comando *telnet* não cria conexões com ambiente gráfico, apenas no modo texto. **C:** Errada, o UDP não garante a entrega do pacote, o protocolo que o faz é o TCP. **D:** Errada, a descrição dada se encaixa no protocolo TCP e não no UDP. **E:** Errada, a comunicação em rede X.25 possui garantia de entrega exatamente por ser orientada a conexões.

Gabarito "A"

(Auditor Fiscal da Receita Federal – 2002.2 – ESAF) O IP (Internet Protocol) possibilita que os datagramas sejam divididos em fragmentos. Isso torna-se necessário quando o datagrama, ao passar por uma rede com limite de tamanho para datagramas, é inferior ao datagrama em trânsito.

Com relação à fragmentação de datagramas é correto afirmar que

(A) quando um datagrama é fragmentado, os dados do datagrama original são distribuídos entre os novos datagramas e apenas o primeiro fragmento do datagrama irá transportar os campos presentes no cabeçalho do datagrama original.

(B) em uma rede local 10baseT, o Hub é o único responsável pela fragmentação e recomposição dos datagramas.

(C) durante a transmissão, quando um fragmento é perdido, todo o datagrama original deve ser retransmitido.

(D) quando necessário, a retransmissão deve ser solicitada pelo próprio protocolo IP, responsável pela identificação do datagrama descartado.

(E) para que a recuperação de um datagrama ocorra sem problemas, os fragmentos que chegarem adiantados devem aguardar, na camada física do modelo OSI, a chegada de todos os fragmentos do datagrama original.

A: Errada, cada fragmento do datagrama original conterá as informações presentes no cabeçalho. **B:** Errada, o responsável pela fragmentação dos datagramas são os *switches*. **C:** Correta, se um dos fragmentos é perdido durante o envio todo o datagrama, deve ser reenviado para garantir a integridade da informação. **D:** Errada, o protocolo responsável por requisitar a retransmissão é o TCP. **E:** Errada, na recuperação, um temporizador é ativado após a chegada de um fragmento, os fragmentos recebidos após a expiração do temporizador são descartados e devem ser reenviados.

Gabarito "C"

(Auditor Fiscal da Receita Federal – 2002.2 – ESAF) O ICMP (Internet Control Message Protocol) utiliza os serviços providos pelo IP para a transferência de suas mensagens.

Com relação ao ICMP é correto afirmar que

(A) seu principal objetivo é garantir a entrega de datagramas no destino.

(B) nenhuma mensagem ICMP poderá ser gerada por um roteador.

(C) o intervalo de tempo que o ICMP aguarda a confirmação não pode ser fixo e é calculado dinamicamente pelo ICMP, afetando diretamente sua *performance*.

(D) para garantir a entrega dos dados, o protocolo ICMP espera que os segmentos recebidos sejam confirmados pela máquina no destino.

(E) uma mensagem é normalmente gerada pelo ICMP quando há algum problema no processamento de um datagrama recebido.

A: Errada, o ICMP é um protocolo que permite gerir as informações relativas aos erros nas máquinas conectadas. **B:** Errada, o protocolo ICMP é utilizado por todos os *switches* e roteadores, que o utilizam para assinalar um erro. **C:** Errada, o tempo de intervalo é em geral de 1 segundo podendo ser alterado. **D:** Errada, o ICMP depende das camadas superiores para garantir a entrega dos dados. **E:** Correta, o ICMP é utilizado para avisar sobre problemas nas máquinas conectadas.

Gabarito "E"

(Auditor Fiscal da Receita Federal – 2002.2 – ESAF) Entre os mecanismos utilizados para auxiliar a administração de uma rede, o SNMP

(A) é um conjunto de variáveis que corresponde aos protocolos UDP, TCP, IP e ARP, utilizados para diagnosticar falhas na rede.
(B) é um protocolo que utiliza um paradigma de carga e armazenamento no qual existem duas operações básicas: **carrega** *(fetch), usada para obter um valor de um dispositivo, e* **armazena** *(store), usada para configurar um valor em um dispositivo.*
(C) *é um conjunto de variáveis para hardware de rede como Ethernet, Token Ring e FDDI.*
(D) é um protocolo utilizado para permitir o rastreamento e a interceptação de mensagens de *e-mail*.
(E) é o protocolo utilizado para envio de mensagens de *e-mail*.

A: Errada, o SNMP corresponde a um protocolo de controle de rede. **B:** Correta, o SNMP é um protocolo que utiliza carga e armazenamento para realizar o monitoramento de dispositivos de rede. **C:** Errada, o SNMP não é um conjunto de variáveis, mas sim um protocolo de gerência de redes. **D:** Errada, ele é um protocolo utilizado na gerência de redes. **E:** Errada, o protocolo utilizado para o envio de mensagens é o SMTP.

Gabarito "B".

(Auditor Fiscal da Previdência Social – 2002 – ESAF) Um protocolo é um conjunto de regras e convenções precisamente definidas que possibilitam a comunicação através de uma rede.

Com relação aos protocolos, é correto afirmar que

(A) o protocolo TCP tem como uma de suas responsabilidades rotear os dados entre a máquina de origem e a máquina de destino.
(B) o UDP presta um serviço orientado a conexão e garante a entrega dos dados no destino.
(C) para garantir a entrega dos dados, o protocolo TCP espera que os segmentos recebidos sejam confirmados pela máquina de destino. Se a recepção não for confirmada dentro de um intervalo de tempo, a máquina na origem transmite novamente o segmento.
(D) o acesso à Internet feito a partir de uma conexão discada utiliza o protocolo X.25 com servidor de DHCP e endereços fornecidos pelo provedor de acesso.
(E) o IP é um protocolo de transporte orientado a conexão que confirma o recebimento dos datagramas entre a origem e o destino e entre as máquinas intermediárias, garantindo, assim, a entrega, o controle de fluxo e a ordenação dos dados.

A: Errada, o protocolo TCP verifica se os dados são enviados de forma correta, na sequência apropriada e sem erros, pela rede. **B:** Errada, o protocolo UDP não garante a entrega dos dados no destino. **C:** Correta, o protocolo TCP garante a entrega dos dados adotando o comportamento descrito. **D:** Errada, a conexão discada utiliza o protocolo TCP/IP para a navegação. **E:** Errada, o IP é um número de 32 *bits* escrito em forma de octetos que tem como função identificar um computador na rede.

Gabarito "C".

(Técnico da Receita Federal – 2002.1 – ESAF) O computador capaz de transmitir automaticamente pacotes de uma rede para outra é denominado

(A) Gateway.
(B) Hub.
(C) Servidor Web.
(D) Servidor de correio eletrônico.
(E) Servidor DNS.

A: Correta, o *gateway* faz com que pacotes de uma rede sejam transmitidos a outra rede. **B:** Errada, o HUB é um dispositivo de rede que interliga diferentes pontos de rede transmitindo o pacote a todos os outros pontos. **C:** Errada, o Servidor Web hospeda páginas web. **D:** Errada, o Servidor de correio eletrônico dá suporte às atividades de envio e recebimento de *e-mail* de um determinado domínio. **E:** Errada, o Servidor DNS é responsável por transformar endereços URL no endereço IP correspondente.

Gabarito "A".

(Técnico da Receita Federal – 2002.1 – ESAF) Para montar uma LAN com tecnologia 10BaseT pode-se utilizar

(A) cabos RG-8.
(B) cabos coaxial.
(C) cabos UTP.
(D) cabos RG-58.
(E) fibra óptica.

A: Errada, cabos RG-8 são utilizados em redes de cabo coaxial. **B:** Errada, a tecnologia 10BaseT é utilizada em redes do tipo Ethernet para par trançado e não com cabos coaxiais. **C:** Correta, cabos UTP são utilizados em redes Ethernet para par trançado, em que a tecnologia 10BaseT é utilizada. **D:** Errada, cabos RG-58 são utilizados em redes de cabo coaxial. **E:** Errada, a tecnologia 10BaseT é utilizada em redes do tipo Ethernet para par trançado e não com cabos de fibra ótica.

Gabarito "C".

(Técnico da Receita Federal – 2002.1 – ESAF) O equipamento indicado para isolar dois segmentos de uma rede Ethernet com o objetivo de evitar congestionamento é denominado

(A) Hub.
(B) *modem*.
(C) repetidor.
(D) ponte.
(E) RJ-45.

A: Errada, o HUB apenas interliga redes não possuindo controle sobre os pacotes que nele passam. **B:** Errada, o *modem* é utilizado para conexões que utilizam a linha telefônica. **C:** Errada, o repetidor apenas interliga redes não possuindo controle sobre os pacotes que nele passam. **D:** Correta, uma ponte pode separar segmentos de rede, podendo assim evitar o congestionamento de pacotes. **E:** Errada, o RJ-45 é um conector utilizado na ponte de cabos de par trançado.

Gabarito "D".

(Técnico da Receita Federal – 2002.1 – ESAF) A tecnologia que utiliza uma rede pública, como a Internet, em substituição às linhas privadas para implementar redes corporativas é denominada

(A) VPN.
(B) LAN.
(C) 10BaseT.
(D) 10Base2.
(E) 100BaseT.

A: Correta, uma VPN é uma rede privada construída sob uma rede pública. **B:** Errada, LAN (do inglês, Local Area Network) designa redes públicas locais. **C:** Errada, 10BaseT é uma implementação de Ethernet de 10 Mbps para interligar redes via par trançado. **D:** Errada, 10Base2 é um padrão de rede Ethernet que utiliza cabo coaxial fino. **E:** Errada, 100BaseT é uma implementação de Ethernet de 100 Mbps para interligar redes via par trançado.

Gabarito "A".

(Técnico da Receita Federal – 2002.1 – ESAF) O protocolo utilizado para a transmissão de dados na Internet é o

(A) TCP/IP.
(B) NetBEUI.
(C) DNS.
(D) IPX/SPX.
(E) WINS.

A: Correta, o protocolo TCP/IP é a base das redes de computadores e consequentemente da Internet. **B:** Errada, o NetBEUI é uma versão melhorada do protocolo NetBIOS, ele foi concebido para ser usado apenas em pequenas redes e, portanto, não suporta a Internet. **C:** Errada, o DNS é um protocolo que realiza a resolução de endereços URL em endereços IP. **D:** Errada, o protocolo IPX/SPX é um protocolo proprietário que fornece serviços de compartilhamento de arquivos, impressão, comunicação, fax, segurança, funções de correio eletrônico, etc. **E:** Errada, o protocolo WINS funciona para o NetBIOS de maneira análoga ao DNS com relação aos nomes de domínios.

Gabarito "A".

(Técnico da Receita Federal – 2002.2 – ESAF) A topologia de uma rede de comunicação refere-se à forma como os enlaces físicos e os nós de comutação estão organizados, determinando os caminhos físicos existentes e utilizáveis entre quaisquer pares de estações conectadas a essa rede. Com relação às topologias de redes é correto afirmar que

(A) em uma rede Estrela cada nó é interligado a um nó central, através do qual todas as mensagens devem passar.
(B) em uma rede Anel a comunicação entre estações só será possível se todas as estações estiverem em funcionamento. Quando uma estação pertencente à rede é desligada, a comunicação entre as demais estações é interrompida, mesmo que todas as estações utilizem repetidores externos.
(C) em uma rede que opera por difusão (*broadcasting)*, todas as informações são enviadas ao nó central, que é o responsável por distribuí-las a todos os nós da rede. Devido a esta característica as redes Estrela não podem operar por difusão.
(D) Em uma rede Anel, quando uma mensagem é enviada por um nó, ela entra no anel e circula até ser retirada pelo nó de destino, mas nunca retorna ao nó de origem.
(E) ao contrário da topologia Barramento, a topologia Anel pode empregar interfaces passivas nas quais as falhas não causam a parada total do sistema.

A: Correta, em redes Estrela há um nó central que interliga todos os outros. **B:** Errada, em redes do tipo Anel os repetidores externos aumentam a confiabilidade do sistema e impedem que ele pare caso uma máquina apresente problemas. **C:** Errada, redes Estrelas possuem um nó central e podem operar em difusão. **D:** Errada, em topologias do tipo Anel a mensagem pode retornar ao nó de origem. **E:** Errada, a interface passiva pode ser empregada em topologias de Barramento e não de Anel.

Gabarito "A".

(Técnico da Receita Federal – 2002.2 – ESAF) Em qualquer transmissão nos sistemas de comunicação, o sinal recebido consiste no sinal transmitido, modificado por várias distorções impostas pelas características do meio físico, adicionado de outras distorções inseridas durante a transmissão devido à interferência de sinais indesejáveis denominados ruídos. O ruído é um dos maiores limitantes do desempenho de sistemas de comunicação. Em relação às características dos ruídos, é correto afirmar que

(A) o ruído térmico é provocado por uma interferência indesejável entre condutores próximos que induzem sinais entre si.
(B) o *crosstalk* é provocado pela agitação dos elétrons nos condutores, estando presente em todos os dispositivos eletrônicos e meios de transmissão.
(C) o ruído impulsivo é não contínuo e consiste em pulsos irregulares e com grandes amplitudes, sendo de prevenção difícil. Tais ruídos podem ser provocados por diversas fontes como, por exemplo, distúrbios elétricos externos. Este tipo de ruído é, em geral, pouco danoso em uma transmissão digital e é a maior causa de erros de comunicação na transmissão analógica.
(D) a quantidade de ruído presente numa transmissão é medida em termos da razão entre a potência do sinal e a potência do ruído, denominada razão sinal-ruído.
(E) quando sinais de diferentes frequências compartilham um mesmo meio físico pode-se obter um ruído denominado *crosstalk*.

A: Errada, o ruído térmico é gerado pela agitação térmica de cargas no interior de um condutor elétrico em equilíbrio. **B:** Errada, o crosstalk ocorre quando há uma interferência entre os pares dentro de um cabo, ou seja, tendência do sinal de um par de fios serem induzidos por outro par adjacente. **C:** Errada, o ruído impulsivo é pouco danoso a transmissões analógicas e é o maior causador de erros em transmissões digitais. **D:** Correta, pode-se utilizar a razão entre potência do sinal e do ruído para medir a quantidade de ruído presente à transmissão, este resultado é denominado sinal-ruído ou Signal to Noise. **E:** Errada, o crosstalk ocorre quando há uma interferência entre os pares dentro de um cabo, ou seja, tendência do sinal de um par de fios serem induzidos por outro par adjacente.

Gabarito "D".

(Técnico da Receita Federal – 2002.2 – ESAF) Com relação a instalação e características de redes de computadores é correto afirmar que

(A) existem vários modos de passar o cabo através do espaço do escritório. É recomendado que se utilize o mesmo duto utilizado pelos cabos de energia elétrica devido à proteção já existente neste tipo de duto.

(B) se devem manter as configurações dos fios nas duas pontas dos cabos seguindo-se os tipos T568A e T568B. Todos os cabos que forem utilizados para conectar um computador a um HUB devem utilizar o tipo T568A em uma extremidade e o tipo T568B na outra. Caso contrário, o índice de colisão na rede será elevado.

(C) acesso remoto é a tecnologia que conecta um computador a um Hub utilizando conexão de rede sem fio do tipo infravermelho.

(D) uma Ethernet é uma Intranet quando esta tem acesso contínuo à Internet ou a outra Intranet.

(E) em vez dos dados serem transmitidos por impulsos elétricos correndo por fios de cobre, as conexões sem fio usam impulsos produzidos por microondas, luzes de laser, sinais de rádio ou luz infravermelha.

A: Errada, utilizar o mesmo duto de energia elétrica pode contribuir para a geração de interferência nos dados sendo transmitidos pela rede. **B:** Errada, um cabo que possui uma ponta do tipo T568A e outra do tipo T568B é um cabo crossover, que é utilizado para interligar dois computadores sem a necessidade de um HUB ou switch. **C:** Errada, o acesso remoto conecta um computador a outro, permitindo que este seja controlado a distância. **D:** Errada, uma Ethernet é uma tecnologia utilizada para interconexão de redes locais. **E:** Correta, conexões sem fio se utilizam de meios como micro-ondas, luz ou sinais de rádio e infravermelho para transmissão de dados, enquanto os fios utilizam impulsos elétricos ou de luz por meio de fios de cobre ou fibras óticas.

Gabarito "E"

(Técnico da Receita Federal – 2002.2 – ESAF) Em relação às características de uma rede de computadores, aos equipamentos relacionados a ela e protocolos utilizados é correto afirmar que

(A) um roteador é simplesmente uma caixa de conexão para os cabos que transmitem dados através da rede. Os roteadores representam uma alternativa fácil para conectar cabos, eliminando falhas que vierem a surgir.

(B) em uma LAN Ethernet cada quadro transmitido vai para todas as estações, mas só aquela que tem um endereço igual ao do destinatário aceita a mensagem. Desta forma, apenas uma estação por vez pode enviar mensagens, logo, quanto mais estações na rede, pior sua *performance*.

(C) uma VPN é como uma Internet privada, à qual somente os funcionários da empresa têm acesso. Através de uma VPN os funcionários da empresa podem comunicar-se via *e-mail*, compartilhar arquivos, formulários online, aplicativos, bancos de dados, cronogramas e outros recursos.

(D) o Internet Protocol (IP) é um dos principais protocolos em uma rede TCP/IP e é responsável pelo transporte de datagramas entre a máquina de origem e a máquina de destino. Cada datagrama é dependente dos outros datagramas trafegando na rede e devem ser estabelecidas conexões lógicas na comunicação.

(E) O User Datagram Protocol (UDP) é um protocolo de transporte que presta um serviço de comunicação orientado a conexão e com garantia de entrega.

A: Errada, roteadores possuem um papel mais importante em redes, realizando a comutação de protocolos e a comunicação entre diferentes redes. **B:** Correta, um pacote é enviado para a rede e apenas aquele que é seu destinatário aceita a mensagem, isso pode causar lentidão em redes de maior tamanho. **C:** Errada, uma VPN é uma rede virtual privada construída sobre uma rede pública, garantindo segurança, integridade e autenticação na transmissão de dados. **D:** Errada, o IP é responsável pela identificação de um computador na rede. **E:** Errada, o protocolo UDP não possui garantia de entrega.

Gabarito "B"

(Agente Fiscal/Teresina – 2002 – ESAF) Analise as seguintes afirmações relativas à transmissão de dados:

I. A atenuação é a queda na potência de um sinal em decorrência da distância percorrida, em qualquer meio físico.

II. O ruído não limita o desempenho de sistemas de comunicação.

III. O *Crosstalk* é provocado pela interferência indesejável entre condutores próximos que induzem sinais entre si.

IV. Mudanças de impedâncias em cabos coaxiais, quando utilizados em uma rede 10Base2, não provocam ecos devido à baixa velocidade de transmissão.

Indique a opção que contém todas as afirmações verdadeiras.

(A) I e II.

(B) II e III.

(C) III e IV.

(D) I e III.

(E) II e IV.

A: Errada, a afirmativa II está incorreta, o ruído diminui a qualidade da comunicação e pode causar perda de pacotes na transmissão. **B:** Errada, a afirmativa II está incorreta, o ruído diminui a qualidade da comunicação e pode causar perda de pacotes na transmissão. **C:** Errada, a afirmativa IV está incorreta, **D:** Correta, apenas as afirmativas I e III estão incorretas. **E:** Errada, as afirmativas II e IV estão incorretas, o ruído diminui a qualidade da comunicação e pode causar perda de pacotes na transmissão, e o aumento da impedância provoca eco que reforça o pulso original.

Gabarito "D"

(Agente Fiscal/Teresina – 2002 – ESAF) Analise as seguintes afirmações relativas à Internet e às redes locais:

I. O esquema de gerenciamento de nomes, hierárquico e distribuído, que define a sintaxe dos nomes na Internet é o DNS.

II. No encaminhamento adaptativo, a rota é escolhida de acordo com a carga na rede.

III. O protocolo usado no sistema de correio eletrônico na arquitetura Internet TCP/IP é o FTP.

IV. Em uma LAN, o servidor que tem como função oferecer os serviços de armazenamento e acesso a informações e de compartilhamento de disco é o servidor de comunicação.

Indique a opção que contém todas as afirmações verdadeiras.

(A) I e II.

(B) II e III.

(C) III e IV.

(D) I e III.

(E) II e IV.

A: Correta, apenas as afirmativas I e II estão corretas. **B:** Errada, a afirmativa III está incorreta, os protocolos usados são POP, SMTP ou IMAP. **C:** Errada, as afirmativas III e IV estão incorretas, os protocolos usados são POP, SMTP ou IMAP e o servidor responsável por oferecer funções de armazenamento e compartilhamento de disco é o servidor de armazenamento ou Storage. **D:** Errada, a afirmativa III está incorreta, os protocolos usados são POP, SMTP ou IMAP. **E:** Errada, a afirmativa IV está incorreta, o servidor responsável por oferecer funções de armazenamento e compartilhamento de disco é o servidor de armazenamento ou Storage.

Gabarito "A".

(Agente Fiscal/Teresina – 2002 – ESAF) Analise as seguintes afirmações relativas à segurança de redes:

I. Um mecanismo muito usado para aumentar a segurança de redes ligadas à Internet é o *Telnet*.

II. Em um *Firewall*, os filtros de pacotes utilizam as portas SMTP e DNS para tomar decisões de controle de acesso, além dos endereços IP de origem e de destino.

III. O mecanismo utilizado para garantir que o acesso a um recurso é limitado aos usuários devidamente autorizados é o de controle de acessos.

IV. O mecanismo que permite a realização de auditorias de segurança é o registro de eventos.

Indique a opção que contém todas as afirmações verdadeiras.

(A) I e II.

(B) II e III.

(C) III e IV.

(D) I e III.

(E) II e IV.

A: Errada, as afirmativas I e II estão incorretas, o *Telnet* é um protocolo de acesso remoto. Não tem funções de segurança para redes, e as portas utilizadas por um *firewall* são as portas TCP e UDP. **B:** Errada, a afirmativa II está incorreta, as portas utilizadas por um *firewall* são as portas TCP e UDP. **C:** Correta, apenas as afirmativas III e IV estão corretas. **D:** Errada, a afirmativa I está incorreta, o *Telnet* é um protocolo de acesso remoto. Não tem funções de segurança para redes. **E:** Errada, a afirmativa II está incorreta, as portas utilizadas por um *firewall* são as portas TCP e UDP.

Gabarito "C".

(Agente Fiscal/Teresina – 2002 – ESAF) Analise as seguintes afirmações relativas a meios físicos de transmissão:

I. Uma desvantagem do par trançado é a sua susceptibilidade à interferência e ruído, incluindo *crosstalk* de fiação adjacente.

II. Apenas a topologia em estrela se utiliza de ligações ponto a ponto.

III. A transmissão no par trançado pode ser tanto analógica quanto digital.

IV. Devido ao *crosstalk* o cabo coaxial só pode ser utilizado em transmissões em banda larga.

Indique a opção que contém todas as afirmações verdadeiras.

(A) I e II.

(B) II e III.

(C) III e IV.

(D) I e III.

(E) II e IV.

A: Errada, a afirmativa II está incorreta, há outras tecnologias como a de Anel que se utiliza de ligações ponto a ponto. **B:** Errada, a afirmativa II está incorreta, há outras tecnologias como a de Anel que se utiliza de ligações ponto a ponto. **C:** Errada, a afirmativa IV está incorreta, o cabo coaxial, por não possuir pares trançados, é imune ao crosstalk. **D:** Correta, apenas as afirmativas I e III estão corretas. **E:** Errada, as afirmativas II e IV estão incorretas, há outras tecnologias como a de Anel que se utiliza de ligações ponto a ponto e o cabo coaxial, por não possuir pares trançados, é imune ao crosstalk.

Gabarito "D".

9. SEGURANÇA

(MPU – 2004 – ESAF) Um usuário do Outlook Express 6, durante o procedimento de criação de uma nova conta de *e-mail*, deparou-se com tela de configuração apresentada acima. No processo de preenchimento dos campos dessa tela, é correto afirmar que, caso ele preencha o campo "Meu servidor de entrada de emails (POP3, IMAP ou HTTP)" com a opção

(A) IMAP, não será necessário preencher o campo "Servidor de saída de emails".

(B) IMAP, os campos "Servidor de entrada de emails" e "Servidor de saída de emails" irão desaparecer e surgirá um novo campo para escolha do provedor de email.

(C) HTTP, os campos "Servidor de entrada de emails" e "Servidor de saída de emails" irão desaparecer e surgirá um novo campo para escolha do provedor de email.

(D) HTTP, não será necessário preencher o campo "Servidor de saída de emails".

(E) HTTP, não será necessário preencher o campo "Servidor de entrada de emails".

A: Errada, o servidor IMAP necessita da configuração do "Servidor de saída de email" para seu funcionamento. **B:** Errada, os campos de "Servidor de entrada de emails" e "Servidor de saída de emails" permanecem na configuração de um servidor IMAP. **C:** Errada, o campo "Servidor de entrada de emails" permanece na configuração de um servidor do tipo HTTP. **D:** Correta, não é necessário configurar um "Servidor de saída de emails" para contas do tipo HTTP. **E:** Errada, o campo cujo preenchimento não é necessário é o de "Servidor de saída de emails".

Gabarito "D".

(MPU – 2004 – ESAF) Analise as seguintes afirmações relativas à Segurança da Informação:

I. A autoridade de certificação (CA) executa, no computador de um usuário, o processo para verificar se uma entidade ou objeto é quem ou o que afirma ser. É o processo de confirmação da origem e da integridade das informações, como, por exemplo, a verificação de uma assinatura digital ou da identidade de um usuário ou computador.

II. O bloqueio de conta é um recurso de segurança do Windows que bloqueia uma conta de usuário, caso ocorram falhas de *logon* em um determinado intervalo de tempo. Sua configuração é baseada nas diretivas de segurança e, enquanto estiver bloqueada, uma conta não poderá efetuar *logon*.

III. Na transmissão de dados seguros, o bit de paridade é o processo mais utilizado para garantir a autenticidade e a confidencialidade da informação, consistindo na inclusão de um bit extra para verificar erros em grupos de *bits* de dados transferidos entre computadores.

IV. Um "Carimbo de data e hora" é uma certificação emitida por terceiros confiáveis, especificando que determinada mensagem existia em uma hora e data específica. Em um contexto digital, os terceiros confiáveis geram um carimbo de hora confiável para uma mensagem, fazendo com que um serviço de carimbo de hora passe o valor do tempo para uma mensagem e, em seguida, assine digitalmente o resultado.

Indique a opção que contenha todas as afirmações verdadeiras.

(A) I e II
(B) II e III
(C) III e IV
(D) I e III
(E) II e IV

A: Errada, a afirmativa I está incorreta, autoridade de certificação não é um processo, mas sim um terceiro confiável que emite um certificado. **B:** Errada, a afirmativa III está incorreta, o processo mais utilizado é o de certificado digital ou a criptografia. **C:** Errada, a afirmativa III está incorreta, o processo mais utilizado é o de certificado digital ou a criptografia. **D:** Errada, ambas as afirmativas I e III estão incorretas. **E:** Correta, apenas as afirmativas II e IV estão corretas.

Gabarito "E".

(MPU – 2004 – ESAF) O padrão de interligação de redes mais popular é o TCP/IP. Essa família de protocolos é a base da Internet, que conecta milhares de computadores, e o seu objetivo é simplificar o padrão de interligação, dividindo hierarquicamente as responsabilidades entre camadas, com cada camada oferecendo serviços necessários à camada acima dela. Com relação às características dessa divisão, é correto afirmar que

(A) os roteadores utilizam o protocolo IP na camada de rede e são responsáveis por converter os endereços lógicos de rede e nomes em seus endereços físicos, como por exemplo o nome de computador em seu endereço MAC.
(B) um *gateway* opera na camada Física e é responsável por transmitir um fluxo de *bits* pelo cabo físico.
(C) um Hub opera na camada de Aplicação e tem como protocolo principal de operação o DNS.
(D) a placa de rede opera na camada de Aplicação e tem como protocolo principal de operação o TCP.
(E) um *gateway*, quando está operando na camada de Transporte, utiliza o protocolo Ethernet para transformar pacotes em *bits* e, no sentido inverso, transformar *bits* em pacotes.

A: Correta, a afirmativa sobre os roteadores está correta. **B:** Errada, o *gateway* pode trabalhar em diversos níveis da camada do protocolo TCP/IP. **C:** Errada, o Hub serve apenas como repetidor da comunicação de rede e trabalha na camada física. **D:** Errada, a placa de rede opera na camada de dados do protocolo TCP/IP. **E:** Errada, Ethernet é uma tecnologia de conexões de rede que define cabeamento e sinais elétricos para a camada física.

Gabarito "A".

(Técnico da Receita Federal – 2006 – ESAF) Analise as seguintes afirmações relacionadas à criptografia.

I. A criptografia de chave simétrica pode manter os dados seguros, mas se for necessário compartilhar informações secretas com outras pessoas, também deve-se compartilhar a chave utilizada para criptografar os dados.

II. Com algoritmos de chave simétrica, os dados assinados pela chave pública podem ser verificados pela chave privada.

III. Com algoritmos RSA, os dados encriptados pela chave pública devem ser decriptados pela chave privada.

IV. Com algoritmos RSA, os dados assinados pela chave privada são verificados apenas pela mesma chave privada.

Indique a opção que contenha todas as afirmações verdadeiras.

(A) I e II.
(B) II e III.
(C) III e IV.
(D) I e III.
(E) II e IV.

A: Errada, a afirmativa II está incorreta, algoritmos de chave simétrica possuem apenas uma chave para cifrar e decifrar os dados. **B:** Errada, a afirmativa II está incorreta, algoritmos de chave simétrica possuem apenas uma chave para cifrar e decifrar os dados. **C:** Errada, a afirmativa IV está incorreta, dados cifrados pela chave privada podem ser decifrados pela respectiva chave pública. **D:** Correta, apenas as afirmativas I e III estão corretas. **E:** Errada, as afirmativas II e IV estão incorretas, algoritmos de chave simétrica possuem apenas uma chave para cifrar e decifrar os dados e com algoritmos RSA dados cifrados pela chave privada podem ser decifrados pela respectiva chave pública.

Gabarito "D".

(Técnico da Receita Federal – 2006 – ESAF) Analise as seguintes afirmações relacionadas a vírus e antivírus.

I. Um *cookie* é um vírus do tipo *malware* que pode ser armazenado pelo *browser* se um *website* requisitar. A informação não tem um tamanho muito grande e, quando acionados, alteram a configuração de segurança do *browser*.

II. Qualquer *malware* que possua um *backdoor* permite que o computador infectado seja controlado totalmente ou parcialmente através de um canal de IRC ou via conexão com uma porta.

III. O Cavalo de Troia é um programa que, explorando deficiências de segurança de computadores, propaga-se de forma autônoma, contaminando diversos computadores geralmente conectados em rede. O Cavalo de Troia mais conhecido atacou quantidades imensas de computadores na Internet durante os anos 90.

IV. A Engenharia Reversa é a arte de reverter códigos já compilados para uma forma que seja legível pelo ser humano. Técnicas de engenharia reversa são aplicadas na análise de vírus e também em atividades ilegais, como a quebra de proteção anticópia. A engenharia reversa é ilegal em diversos países, a não ser que seja por uma justa causa como a análise de um *malware*.

Indique a opção que contenha todas as afirmações verdadeiras.

(A) I e II.
(B) II e III.
(C) III e IV.
(D) I e III.
(E) II e IV.

A: Errada, a afirmativa I está incorreta, cookies são arquivos de armazenamento temporários utilizados por diversos web*sites* durante a navegação do usuário, não tendo o poder de alterar qualquer configuração de segurança. **B:** Errada, a afirmativa III está incorreta, Cavalo de Troia é um programa que aparenta ser confiável, porém mantém uma porta de conexão aberta para que o computador seja invadido. **C:** Errada, a afirmativa III está incorreta, Cavalo de Troia é um programa que aparenta ser confiável, porém mantém uma porta de conexão aberta para que o computador seja invadido. **D:** Errada, as afirmativas I e III estão incorretas, cookies são arquivos de armazenamento temporários utilizados por diversos web*sites* durante a navegação do usuário, não tendo o poder de alterar qualquer configuração de segurança, e Cavalo de Troia é um programa que aparenta ser confiável, porém mantém uma porta de conexão aberta para que o computador seja invadido. **E:** Correta, apenas as afirmativas II e IV estão corretas.

Gabarito "E"

(Técnico da Receita Federal – 2006 – ESAF) Analise as seguintes afirmações relacionadas a sistemas de *backup*:

I. Um *backup* incremental copia somente os arquivos criados ou alterados desde o último *backup* normal ou incremental.

II. Ao se utilizar uma combinação de *backups* normais ou incrementais para restaurar dados, será necessário ter o último *backup* normal e todos os conjuntos de *backups* incrementais.

III. A forma mais segura de se fazer um *backup* diferencial em todo o conteúdo de um HD é por meio da implementação de um sistema de espelhamento de disco.

IV. Com um sistema tolerante a falhas, do tipo RAID3 ou RAID5, o *backup* completo é feito no último disco do conjunto, que deve ser substituído com a frequência necessária para se manter a segurança desejada. Recomenda-se, no mínimo, uma substituição semanal.

Indique a opção que contenha todas as afirmações verdadeiras.

(A) I e II.
(B) II e III.
(C) III e IV.
(D) I e III.
(E) II e IV.

A: Correta, apenas as afirmativas I e II estão corretas. **B:** Errada, a afirmativa III está incorreta, sistemas de espelhamento de disco realizam um *backup* total dos arquivos e não diferencial. **C:** Errada, as afirmativas III e IV estão incorretas, sistemas de espelhamento de disco realizam um *backup* total dos arquivos e não diferencial e sistemas com RAID3 ou 5 utilizam *bits* de paridade para garantir tolerância a falhas, não havendo um disco específico para o *backup* completo. **D:** Errada, a afirmativa III está incorreta, sistemas de espelhamento de disco realizam um *backup* total dos arquivos e não diferencial. **E:** Errada, a afirmativa IV está incorreta, sistemas com RAID3 ou 5 utilizam *bits* de paridade para garantir tolerância a falhas, não havendo um disco específico para o *backup* completo.

Gabarito "A"

(Técnico da Receita Federal – 2006 – ESAF) Entre as técnicas utilizadas pelos hackeres, a sniffing consiste

(A) no envio de um SYN como se fosse abrir uma conexão real que, em seguida, envia outro SYN para o fechamento da conexão. Este método é utilizado para interrupção de todas as conexões estabelecidas pelo sistema.
(B) na abertura de uma conexão TCP em uma porta alvo.
(C) na abertura de uma conexão UDP em uma porta alvo.
(D) na captura de pacotes que trafegam no mesmo segmento de rede em que o software funciona.
(E) na utilização de ferramentas para fazer o mapeamento de portas TCP e UDP acessíveis.

A: Errada, a técnica de sniffig apenas captura pacotes que transitam na rede em que o software se encontra. **B:** Errada, a técnica de sniffing não tem capacidade de abrir portas no computador-alvo. **C:** Errada, a técnica de sniffing não tem capacidade de abrir uma porta no computador-alvo. **D:** Correta, a técnica de sniffing captura pacotes transmitidos no mesmo segmento de rede em que o software funciona. **E:** Errada, a técnica de sniffing não mapea portas acessíveis e sim captura pacotes de informação.

Gabarito "D"

(Auditor Fiscal/CE – 2006 – ESAF) Nos sistemas de Segurança da Informação, existe um método que ________________________. Este método visa garantir a integridade da informação.

Escolha a opção que preenche corretamente a lacuna acima.

(A) valida a autoria da mensagem
(B) verifica se uma mensagem em trânsito foi alterada
(C) verifica se uma mensagem em trânsito foi lida por pessoas não autorizadas
(D) cria um *backup* diferencial da mensagem a ser transmitida
(E) passa um antivírus na mensagem a ser transmitida

A: Errada, validar a autoria de uma mensagem não garante sua integridade. **B:** Correta, verificar se uma mensagem foi alterada ou não garantirá sua integridade. **C:** Errada, o fato de verificar se uma mensagem foi lida por terceiros não garante que ela não foi alterada. **D:** Errada, o *backup* de uma mensagem também não garante que ela não foi alterada. **E:** Errada, o fato de uma mensagem ter sido escaneada por um antivírus não irá garantir que ela não foi alterada.

Gabarito "B"

(Auditor Fiscal/CE – 2006 – ESAF) Analise as seguintes afirmações relacionadas a conceitos básicos de Segurança da Informação.

I. Um *firewall*, instalado entre uma rede LAN e a Internet, também é utilizado para evitar ataques a qualquer máquina desta rede LAN partindo de máquinas da própria rede LAN.
II. A confidenciabilidade é a propriedade de evitar a negativa de autoria de transações por parte do usuário, garantindo ao destinatário o dado sobre a autoria da informação recebida.
III. Na criptografia de chaves públicas, também chamadas de criptografia assimétrica, uma chave é utilizada para criptografar e uma chave diferente é utilizada para decriptografar um arquivo.
IV. Uma das finalidades da assinatura digital é evitar que alterações feitas em um documento passem sem ser percebidas. Nesse tipo de procedimento, o documento original não precisa estar criptografado.

Indique a opção que contenha todas as afirmações verdadeiras.

(A) I e II.
(B) II e III.
(C) III e IV.
(D) I e III.
(E) II e IV.

A: Errada, as afirmativas I e II estão incorretas, como o *firewall* está localizado entre a rede LAN e a Internet ele não consegue controlar a comunicação interna da rede, e a confidenciabilidade é a propriedade que garante que a informação não estará disponível ou será divulgada a terceiros. **B:** Errada, a afirmativa II está incorretas, confidenciabilidade é a propriedade que garante que a informação não estará disponível ou será divulgada a terceiros. **C:** Correta, somente as afirmativas III e IV estão corretas. **D:** Errada, a afirmativa I está incorreta, como o *firewall* está localizado entre a rede LAN e a Internet ele não consegue controlar a comunicação interna da rede. **E:** Errada, a afirmativa II está incorreta, confidenciabilidade é a propriedade que garante que a informação não estará disponível ou será divulgada a terceiros.

Gabarito "C"

(Auditor Fiscal/MG – 2005 – ESAF) Os investimentos na área de segurança da informação têm crescido em paralelo com o crescimento do comércio eletrônico na Internet. Com relação aos conceitos de segurança da informação é correto afirmar que a

(A) confiabilidade é a habilidade de cada usuário saber que os outros são quem dizem ser.
(B) integridade de mensagens é a habilidade de se ter certeza de que a mensagem remetida chegará ao destino sem ser modificada.
(C) autenticidade é a garantia de que os sistemas estarão disponíveis quando necessário.
(D) integridade é a garantia de que os sistemas desempenharão seu papel com eficácia em um nível de qualidade aceitável.
(E) confiabilidade é a capacidade de controlar quem vê as informações e sob quais condições.

A: Errada, a confiabilidade garante que uma informação só poderá ser visualizada por aqueles que têm permissão para isso. **B:** Correta, a integridade dos dados garante que a informação mantém suas características originais e garante seu ciclo de vida. **C:** Errada, autenticidade garante que uma mensagem teve origem em um determinado local. **D:** Errada, a integridade dos dados garante que a informação mantém suas características originais e garante seu ciclo de vida. **E:** Errada, a confiabilidade garante que uma informação só poderá ser visualizada por aqueles que têm permissão para isso.

Gabarito "B"

(Auditor Fiscal/RN – 2005 – ESAF) Analise as seguintes afirmações relacionadas a conceitos de proteção e segurança da Informação.

I. O SSL é um protocolo para comunicações seguras em redes que usam uma combinação de tecnologia de chave secreta e pública.
II. Uma CA (Autoridade de Certificação) é uma entidade responsável pelo estabelecimento e a garantia da autenticidade de chaves públicas pertencentes a usuários ou a outras autoridades de certificação.
III. Uma VPN é a extensão da Internet que engloba vínculos autenticados, criptografados e encapsulados. Geralmente utilizadas por entidades financeiras para conexão com seus clientes domésticos, as conexões do tipo VPN podem fornecer acesso remoto e conexões seguras à Internet.
IV. Um sistema tolerante a falhas está relacionado à habilidade de um computador ou sistema operacional em assegurar a integridade dos dados quando falhas de *hardware* ocorrem. No gerenciamento de disco, apenas volumes espelhados são tolerantes a falhas.

Indique a opção que contenha todas as afirmações verdadeiras.

(A) I e II.
(B) II e III.
(C) III e IV.
(D) I e III.
(E) II e IV.

A: Correta, apenas as afirmativas I e II estão corretas. **B:** Errada, a afirmativa III está incorreta, VPN é uma rede privada que se utiliza de criptografia e tunelamento para garantir segurança e privacidade à comunicação. **C:** Errada, as afirmativas III e IV estão incorretas, VPN é uma rede privada que se utiliza de criptografia e tunelamento para garantir segurança e privacidade à comunicação, e existem outras formas de garantir tolerância a falhas por meio de utilização de técnicas de RAID. **D:** Errada, a afirmativa III está incorreta, VPN é uma rede privada que se utiliza de criptografia e tunelamento para garantir segurança e privacidade à comunicação. **E:** Errada, a afirmativa IV está incorreta, existem outras formas de garantir tolerância a falhas por meio de utilização de técnicas de RAID.

Gabarito "A"

(Auditor Fiscal/RN – 2005 – ESAF) Os tipos de *backups* determinam quais dados sofrem a cópia de segurança e a forma como ela deve ser feita. Com relação a este assunto é correto afirmar que

(A) o *backup* incremental deve ser feito sempre antes de um *backup* normal.
(B) o *backup* normal deve ser feito sempre após um *backup* diferencial e só deve ser descartado após o próximo *backup* incremental.
(C) o uso de um *backup* normal diário dispensa o uso de um *backup* incremental semanal.
(D) o uso de um *backup* diferencial após um *backup* normal pode danificar todo o sistema de *backup* de uma empresa se, após a sua realização, não for feito um *backup* incremental.
(E) a principal diferença entre os *backups* normal, incremental e diferencial está no sistema de fitas utilizado para armazená-los.

A: Errada, o *backup* incremental precisa de ao menos um *backup* total ou um *backup* incremental anterior para que possa ser feito, portanto deve ser feito após um *backup* normal. **B:** Errada, assim como o incremental, o *backup* diferencial precisa de um *backup* total para que possa ser feito, além disso, o *backup* total não pode ser descartado, pois ele é necessário para a restauração das informações. **C:** Correta, o *backup* normal diário dispensa o uso de qualquer outro tipo de *backup*. **D:** Errada, o *backup* diferencial não necessita de um *backup* incremental como complemento ou medida de segurança. **E:** Errada, o *backup* normal salva todos os dados do sistema, o *backup* incremental salva todas as alterações feitas desde o último *backup* total ou incremental feito e o *backup* diferencial salva as alterações desde o último *backup* total, sendo o último mais rápido na hora de restaurar os arquivos.

Gabarito "C"

(Auditor Fiscal da Receita Federal – 2003– ESAF) Um *Firewall* é um dispositivo de proteção de uma rede e pode ser configurado de diferentes formas. Com relação à configuração de um *firewall* é correto afirmar que

(A) o método mais eficiente é o de "permitir tudo o que não for especificamente negado". Este método dispensa a utilização de um IDS.
(B) a regra de "negar tudo que não for especificamente permitido" significa que é necessário ter uma regra para qualquer tráfego permitido na defesa do perímetro. Se o tráfego não corresponder a uma determinada regra de permissão, ele é derrubado pela regra padrão.
(C) conexão de aplicativos que utilizam o Finger deve ser permitida no *firewall* para possibilitar o funcionamento dos sistemas de detecção de intruso - IDS.
(D) o SNMP (Simple Network Management Protocol) deve ser liberado no *firewall*, uma vez que utiliza a porta 80 para conexão, o que o torna um protocolo praticamente seguro para administração remota de rede.
(E) os filtros de pacotes utilizam, para tomar decisões de controle de acesso, os endereços IP de origem e as portas FTP, TCP, SMTP e DNS.

A: Errada, ao permitir tudo que não é especificamente negado o *firewall* estará aberto para ataques desconhecidos pelo sistema. **B:** Correta, ao negar tudo que não for especificamente permitido, o sistema estará protegido e também facilitará a identificação de falhas. **C:** Errada, o protocolo Finger é em geral bloqueado nos servidores de *Firewall* por possuir uma brecha que pode dar acesso a informações de usuário e senha do sistema. **D:** Errada, o protocolo SNMP utiliza as portas 161 e 162 para o monitoramento de rede. **E:** Errada, os filtros de pacotes utilizam as portas TCP e UDP para o controle de acesso.

Gabarito "B"

(Auditor do Tesouro Municipal/Fortaleza-CE – 2003 – ESAF) Como os discos magnéticos às vezes falham, deve-se tomar certas medidas para evitar a perda de dados. Para isso, pode-se usar programas para fazer *backup* dos dados do disco para outro dispositivo de armazenamento. Com relação aos tipos de *backup*, é correto afirmar que

(A) para uma empresa que utiliza um ciclo de *backup* composto por sete *backups*, um para cada dia da semana, é conveniente que pelo menos em um dos dias se faça um *backup* completo, podendo nos outros seis fazer *backups* incrementais.
(B) o *backup* incremental é a forma mais segura de se trabalhar pois apenas com o último *backup* incremental pode-se recuperar todos os dados de uma máquina.
(C) em uma série de *backups* incremantais, a união do primeiro *backup* incremental com o último *backup* incremental forma o equivalente a um *backup* completo.
(D) um *backup* completo copia todo o conteúdo do disco, além de todo o conteúdo da memória RAM do computador, no momento da cópia.
(E) um *backup* incremental copia apenas os arquivos lidos e criados desde o último *backup* completo, desconsiderando a data do último *backup* incremental.

A: Correta, mantendo-se ao menos um *backup* completo junto com *backups* incrementais se tem uma maneira eficiente e segura de *backup*. **B:** Errada, o *backup* incremental necessita de ao menos um *backup* completo e todos os *backups* incrementais desde o *backup* total para restaurar o sistema. **C:** Errada, o *backup* incremental salva apenas os dados que foram alterados desde o *backup* total ou incremental mais recente, portanto ele não consegue substituir um *backup* total. **D:** Errada, a memória RAM não é armazenada em nenhum tipo de *backup*. **E:** Errada, o *backup* incremental salva apenas os dados que foram alterados desde o *backup* total ou incremental mais recente.

Gabarito "A".

(Auditor do Tesouro Municipal/Recife-PE – 2003 – ESAF) Deve-se tomar alguns cuidados com as informações armazenadas em um computador. Um dos mais importantes é a realização de cópias de segurança (*Backup*).

Com relação a essa situação e considerando o ambiente Windows, é correto afirmar que

(A) o mais importante é a realização diária da cópia de segurança do BIOS de sua máquina.
(B) o *backup* de cópia copia todos os arquivos selecionados, mas não marca cada arquivo como tendo sofrido *backup*.
(C) o *backup* normal copia somente os arquivos criados ou alterados desde o último *backup* diferencial e incremental.
(D) um *backup* normal é aquele que copia somente os arquivos criados desde o último *backup* normal.
(E) um *backup* incremental só copia arquivos criados desde o último *backup* incremental.

A: Errada, o mais importante é a cópia dos arquivos pessoais, pois a BIOS pode ser recuperada de outras formas. **B:** Correta, o *backup* de cópia copia os arquivos selecionados, mas não os marca como tendo sofrido um *backup*. **C:** Errada, o *backup* normal realiza a cópia de todo o sistema. **D:** Errada, a descrição dada se encaixa no *backup* diferencial. **E:** Errada, o *backup* incremental copia os arquivos criados desde o último *backup* total ou do último *backup* incremental.

Gabarito "B".

(Auditor Fiscal da Receita Federal – 2002.2 – ESAF) Os vários processos em um sistema operacional devem ser protegidos contra as atividades uns dos outros. Vários mecanismos garantem que os arquivos, os segmentos de memória, a CPU e outros recursos possam ser operados apenas pelos processos que obtiveram autorização adequada do sistema operacional. Com relação aos mecanismos, políticas e métodos envolvidos neste tipo de proteção, é correto afirmar que

(A) a matriz de acesso é um modelo geral de proteção que fornece um mecanismo de proteção, impondo obrigatoriamente uma política de proteção sobre o sistema ou seus usuários.
(B) o UNIX fornece proteção de leitura, escrita e execução separada para proprietário, grupo e usuários, para cada arquivo.
(C) um direito de acesso consiste em uma permissão apenas para leitura de um arquivo.
(D) os mecanismos decidem o que será realizado e as políticas determinam como será realizado.
(E) as políticas para o uso de recursos devem ser invariáveis, independente das aplicações e dos usuários, mantendo-se constantes ao longo do tempo.

A: Errada, na matriz de acesso cada linha representa um domínio e cada coluna um objeto, desta forma ela pode assegurar proteção sem impor uma política particular de proteção ao sistema ou aos usuários. **B:** Correta, cada arquivo possui, de forma separada por proprietário, grupo ou usuário, permissões de escrita, leitura e execução. **C:** Errada, o direito de acesso garante que o usuário poderá executar o arquivo. **D:** Errada, mecanismos são coisas que são possíveis de serem feitas, e politicas definem se podem ser feitas. **E:** Errada, podem haver ajustes para que as políticas se mantenham sempre atualizadas e atendendo as necessidades.

Gabarito "B".

(Auditor Fiscal da Previdência Social – 2002 – ESAF) Os problemas de segurança e crimes por computador são de especial importância para os projetistas e usuários de sistemas de informação.

Com relação à segurança da informação, é correto afirmar que

(A) confiabilidade é a garantia de que as informações armazenadas ou transmitidas não sejam alteradas.
(B) integridade é a garantia de que os sistemas estarão disponíveis quando necessários.
(C) confiabilidade é a capacidade de conhecer as identidades das partes na comunicação.
(D) autenticidade é a garantia de que os sistemas desempenharão seu papel com eficácia em um nível de qualidade aceitável.
(E) privacidade é a capacidade de controlar quem vê as informações e sob quais condições.

A: Errada, confiabilidade é a capacidade de um item desempenhar satisfatoriamente a função requerida, sob condições de operação estabelecidas, por um período de tempo predeterminado. **B:** Errada, a integridade é a garantia que a informação manipulada mantenha todas as características originais estabelecidas pelo proprietário da informação e garantia do seu ciclo de vida. **C:** Errada, confiabilidade é a capacidade de um item desempenhar satisfatoriamente a função requerida, sob condições de operação estabelecidas, por um período de tempo predeterminado. **D:** Errada, autenticidade é a garantia que um documento teve origem em determinado local. **E:** Correta, a privacidade permite controlar o acesso a determinadas informações e sob certas condições.

Gabarito "E".

(Auditor Fiscal da Previdência Social – 2002 – ESAF) Em um sistema em segurança de redes de computadores, a intrusão é qualquer conjunto de ações que tendem a comprometer a integridade, confidencialidade ou disponibilidade dos dados ou sistemas. Com relação aos sistemas de detecção de intrusos – IDS, é correto afirmar que, na tecnologia de detecção de intrusos Host Based,

(A) os IDSs são instalados em várias máquinas que serão responsáveis por identificar ataques direcionados a toda a rede.
(B) o IDS é instalado em um servidor para alertar e identificar ataques e tentativas de acessos indevidos à própria máquina.

(C) o IDS é instalado em uma máquina que analisa todos os dados que transitam na rede segundo um conjunto de regras específicas.
(D) o IDS funciona de forma passiva em diferentes ambientes, não interferindo no desempenho da máquina na qual está instalado.
(E) o IDS é instalado em uma máquina que analisa todos os dados que transitam na rede para identificar a assinatura dos dados capturados.

A: Sistemas de detecção do tipo Host Based são instalados em uma máquina específica. **B:** Correta, o IDS identifica ataques e tentativas de acesso não autorizados em um servidor no qual está instalado. **C:** Errada, o IDS analisa os dados relativos à máquina onde se encontra instalado. **D:** Errada, o monitoramento feito por um IDS ocorre de forma dinâmica. **E:** Errada, o IDS analisa os dados relativos à máquina onde se encontra instalado.

Gabarito "B"

(Auditor Fiscal da Previdência Social – 2002 – ESAF) Uma forma de proteger os dados de uma organização contra perdas acidentais é a realização periódica do *backup* desses dados de uma forma bem planejada. Entre os tipos de *backup*, no incremental

(A) é feito o *backup* dos arquivos selecionados ou indicados pelo usuário somente se eles não tiverem marcados como copiados (participado do último *backup*) ou se tiverem sido alterados, marcando-os como copiados (marca que indica que participaram do último *backup*).
(B) é feito o *backup* de todos os arquivos selecionados ou indicados pelo usuário, independentemente de estarem marcados como copiados (participado do último *backup*), marcando- os como copiados (marca que indica que participaram do último *backup*).
(C) é feito o *backup* de todos os arquivos selecionados ou indicados pelo usuário, independentemente de estarem marcados como copiados, mas nenhum é marcado como copiado (marca que indica que participaram do último *backup*).
(D) é feito o *backup* dos arquivos selecionados ou indicados pelo usuário somente se eles não tiverem marcados como copiados (participado do último *backup*) ou se tiverem sido alterados, mas nenhum é marcado como copiado (marca que indica que participaram do último *backup*).
(E) é feito o *backup* apenas dos arquivos selecionados ou indicados pelo usuário que tiverem sido alterados na data corrente, mas não marca nenhum como copiado (marca que indica que participaram do último *backup*).

A: Correta, o *backup* incremental realiza a cópia dos arquivos que foram alterados desde o último *backup* incremental ou total. **B:** Errada, os arquivos apenas são copiados caso estejam marcados como não copiados ou se tiverem sido alterados desde o último *backup* incremental ou total. **C:** Errada, apenas os arquivos marcados como não copiados ou alterados desde o último *backup* incremental ou total serão salvos. **D:** Errada, após o *backup*, os arquivos salvos serão marcados como copiados para que não sejam salvos no próximo *backup*, a menos que estes sejam alterados até que ele ocorra. **E:** Errada, a data não é levada em consideração, mas sim se eles estão ou não marcados como não copiados ou foram alterados desde o último *backup* incremental ou total e, ao final, eles são marcados como copiados.

Gabarito "A"

(Agente Fiscal/Teresina – 2002 – ESAF) Em segurança de redes, as ameaças podem ser classificadas como

(A) intencionais e Cavalo de Troia.
(B) acidentais e ataque.
(C) Cavalo de Troia e ataque.
(D) ataque e intencionais.
(E) acidentais e intencionais.

A: Errada, Cavalo de Troia é um tipo de vírus de computador. **B:** Errada, um ataque é um tipo de ameaça intencional. **C:** Errada, Cavalo de Troia é um tipo de vírus de computador. **D:** Errada, um ataque é um tipo de ameaça intencional. **E:** Correta, as ameaças podem ser acidentais (causadas por um erro do usuário) ou intencionais (causadas por terceiros com um objetivo).

Gabarito "E"

(Auditor do Tesouro Municipal/Natal-RN – 2001 – ESAF) Analise as seguintes afirmações relativas a cópias de segurança.

I. No Windows é possível fazer automaticamente um *backup*, em um servidor de rede, dos arquivos que estão no disco rígido de um computador, utilizando um serviço de rede denominado 'Agente de *backup*'.
II. É possível fazer *backup* dos arquivos em disquetes e em uma unidade de fita, mas nunca em outro computador da rede.
III. Geralmente, o administrador de rede especifica a frequência com que os *backups* são feitos.
IV. O usuário nunca poderá especificar para quais arquivos deve ser feito o *backup*.

Indique a opção que contenha todas as afirmações verdadeiras.

(A) I e II.
(B) II e III.
(C) III e IV.
(D) I e III.
(E) II e IV.

A: Errada, a afirmativa II está incorreta, é possível realizar *backups* em outro computador na rede. **B:** Errada, a afirmativa II está incorreta, é possível realizar *backups* em outro computador na rede. **C:** Errada, a afirmativa IV está incorreta, há varias técnicas de *backup* e pode-se especificar quais serão os arquivos salvos. **D:** Correta, apenas as afirmativas I e III estão corretas. **E:** Errada, as afirmativas II e IV estão incorretas, é possível realizar *backups* em outro computador na rede e há varias técnicas de *backup* e pode-se especificar quais serão os arquivos salvos.

Gabarito "D"

(Analista – ANEEL – 2006 – ESAF) Analise as seguintes afirmações relacionadas à Segurança da informação.

I. A garantia da integridade no uso do controle de acesso permite identificar os usuários legítimos da informação para que lhes seja liberado o acesso quando solicitado.
II. Na segurança dos serviços terceirizados, o Acordo de Nível de Serviço (ANS) estabelece as metas para o controle de configuração e para produtividade da equipe de desenvolvimento.
III. A assinatura digital de uma mensagem é a sua transformação através da aplicação de uma função matemática, com o objetivo de garantir que um conjunto de dados realmente provém de determinado remetente e não foi adulterado após o seu envio.

IV. Uma Autoridade Certificadora (AC) é uma entidade autorizada a emitir, suspender, renovar ou revogar certificados digitais. A principal competência de uma AC é emitir certificados que vinculem uma determinada chave pública ao seu titular.

Indique a opção que contenha todas as afirmações verdadeiras.

(A) I e II
(B) II e III
(C) III e IV
(D) I e III
(E) II e IV

A: Errada, as afirmativas I e II estão incorretas, integridade é a característica que garante que os dados não serão modificados sem autorização e o ANS estabelece o padrão de qualidade do serviço e informações como, por exemplo, em quanto tempo os chamados de suporte devem ser atendidos. **B:** Errada, a afirmativa II está incorreta, o ANS estabelece o padrão de qualidade do serviço e informações como, por exemplo, em quanto tempo os chamados de suporte devem ser atendidos. **C:** Correta, apenas as afirmativas III e IV estão corretas. **D:** Errada, a afirmativa I está incorreta, integridade é a característica que garante que os dados não serão modificados sem autorização. **E:** Errada, a afirmativa II está incorreta, o ANS estabelece o padrão de qualidade do serviço e informações como, por exemplo, em quanto tempo os chamados de suporte devem ser atendidos.

„Ɔ" oƚiɿɒdɒG

(Analista – ANEEL – 2004 – ESAF) Ao final de 2001, frente à crescente demanda por segurança da informação advinda da expansão da Internet e redes TCP/IP no Brasil, a Associação Brasileira de Normas Técnicas adotou nacionalmente o documento ISO/IEC17799, dando origem ao "Código de prática para a gestão da segurança da informação – NBRISO/IEC17799". Esse código tem por objetivo apresentar algumas definições sobre o tema e uma série de melhores práticas para a gestão da segurança da informação nas organizações.

Nesse contexto pode-se dizer que o termo "segurança da informação" é caracterizado como

(A) preservação da confidencialidade, disponibilidade e integridade das informações.
(B) uso de mecanismos de controle de acesso, plano da continuidade do negócio, classificação e controle dos ativos de informação.
(C) análise e gerenciamento dos riscos de informação para o negócio.
(D) preservação dos controles de acesso à informação e gerenciamento dos servidores de arquivos.
(E) tomada de ações preventivas ou corretivas para manter as informações seguras.

A: Correta, a segurança da informação visa garantir estas quatro características fundamentais das informações. **B:** Errada, a classificação e controle de ativo e planos de continuidade não fazem parte do escopo principal da segurança da informação. **C:** Errada, a análise e gerenciamento de risco, ainda que importante dentro do processo de segurança, não é parte do escopo principal da segurança da informação. **D:** Errada, o gerenciamento de servidor é um assunto pertinente a equipe de administração de sistemas e não à segurança da informação. **E:** Errada, a definição de informação segura passa pelos conceitos de confidencialidade, disponibilidade e integridade, conceitos estes que devem ser garantidos.

„A" oƚiɿɒdɒG

(Analista – ANP – 2008 – CESGRANRIO) Para executar tarefas comuns, que não exijam privilégios de administrador, é uma boa prática de segurança não utilizar um usuário que possua tais privilégios, uma vez que

(A) cavalos de troia só atacam máquinas autenticadas com administrador do sistema.
(B) um código malicioso pode ganhar os privilégios do usuário autenticado.
(C) programas antivírus só podem ser atualizados por usuários sem privilégios de administrador.
(D) usuários sem privilégio de administrador são imunes a código malicioso.
(E) usuários sem privilégios de administrador, apenas, possuem permissão para executar o navegador html.

A: Errada, as ameaças do tipo cavalo de troia atacam qualquer tipo de computador, independentemente do tipo de usuário autenticado. **B:** Correta, um código malicioso que tenha privilégio de administrador pode danificar muito mais o computador atacado uma vez que ele tem acesso total à máquina. **C:** Errada, qualquer usuário pode atualizar um software antivírus. **D:** Errada, nenhum usuário é imune à códigos maliciosos. **E:** Errada, usuários sem privilégio de administrador podem executar qualquer tipo de arquivo, são vetadas apenas ações que alterem as configurações do sistema.

„B" oƚiɿɒdɒG

10. QUESTÕES COMBINADAS E OUTROS TEMAS

(Analista – ANEEL – 2006 – ESAF) Analise as seguintes afirmações relacionadas a conceitos básicos de Tecnologia da Informação.

I. Nos testes de software, ao utilizar o método de caixa-preta, o engenheiro de software deve formar casos de testes que garantam que todos os caminhos independentes de um módulo tenham sido exercitados exaustivamente.
II. O processo de normalização é uma vantagem que o modelo relacional de dados apresenta em relação a outros modelos de gerenciamento de dados, visando eliminar todas as redundâncias do banco de dados.
III. Nos modelos de qualidade dos produtos de software a Confiabilidade é a capacidade do software manter seu nível de desempenho, sob as condições estabelecidas, por um período de tempo.
IV. O planejamento da escalabilidade do *hardware* de uma empresa faz referência à capacidade que um computador, produto ou sistemas têm de se recuperar no momento de uma pane.

Indique a opção que contenha todas as afirmações verdadeiras.

(A) I e II
(B) II e III
(C) III e IV
(D) I e III
(E) II e IV

A: Errada, a afirmativa I está incorreta, a técnica chamada caixa-preta avalia apenas o comportamento externo do software sem se importar com o comportamento interno. **B:** Correta, apenas as afirmativas II e III estão corretas. **C:** Errada, a afirmativa IV está incorreta, a escalabilidade é referente à capacidade do computador, produto ou sistema suportar uma grande carga de uso de forma estável. **D:** Errada, a afirmativa I está incorreta, a técnica chamada caixa-preta avalia apenas o comportamento externo do software sem se importar com o comportamento interno. **E:** Errada, a afirmativa IV está incorreta, a escalabilidade é referente à capacidade do computador, produto ou sistema suportar uma grande carga de uso de forma estável.

Gabarito "B"

(Analista – ANEEL – 2006 – ESAF) Os processos definidos pelo ITIL estão focados no desenvolvimento de planos para a melhoria da qualidade da entrega dos serviços de TI. Segundo esses processos, é correto afirmar que o *Security Management, além de outras tarefas, é o processo responsável por gerenciar*

(A) as mudanças e analisar os requisitos de integração usando produtos de terceiros.

(B) e criar um projeto seguro para gerenciamento de configuração.

(C) um nível definido de segurança da informação, serviços e infraestrutura de TI.

(D) e prover treinamento e atualização dos empregados.

(E) e estabelecer o fluxo de trabalho dos processos operacionais.

A, B, C, D e **E:** Dentro do ITIL o Security Management é o processo responsável por garantir os níveis de segurança estabelecidos no SLA além dos níveis básicos de segurança, necessários para garantir a continuidade da organização do gerenciamento, portanto a única resposta correta é a alternativa C.

Gabarito "C"

(Analista – Ministério da Int. Nacional – 2012 – ESAF) Assinale a opção correta.

(A) O CIO de uma organização administra seus recursos e atividades relacionados com informação.

(B) O CEO de uma organização executa atividades relacionadas com informação.

(C) O CIO de uma organização administra seus recursos e atividades relacionados exclusivamente com informação corporativa.

(D) O STEO de uma organização administra seus recursos e atividades relacionados com informação estratégica.

(E) O CIO de uma organização executa atividades relacionadas com informação.

A: Correta, o Chief Information Officer (CIO) é o responsável por administrar os recursos e atividades relacionados à informação. **B:** Errada, o Chief Executive Officer (CEO) é a pessoa que gerencia toda uma corporação. **C:** Errada, o CIO administra recursos e atividades ligadas à informação em geral. **D:** Errada, STEO não é uma sigla que defina uma pessoa dentro da organização. **E:** Errada, o CIO executa, mas sim administra as atividades e recursos ligados a informação.

Gabarito "A"

(Administrador – Ministério da Justiça – 2009 – FUNRIO) Existem diversas categorias comerciais de software. Aquela que é disponibilizada, ainda não acabada, para avaliação e testes é chamada de uma versão de *software*

(A) Trial.

(B) Freeware.

(C) ShareWare.

(D) Beta.

(E) Demo.

A: Errada, um programa trial é semelhante ao demo com a diferença de que é disponibilizado por um curto espaço de tempo. **B:** Errada, o programa Freeware é apenas um produto distribuído de forma gratuita. **C:** Errada, os Sharewares são programas gratuitos porém com algum tipo de limitação. **D:** Correta, os programas Beta são versões não concluídas de um software, muitas vezes distribuídas com intuito de testes. **E:** Errada, o software demo possui apenas algumas funções do software completo.

Gabarito "D"